LA BIBLE

LA BIBLE

Ancien Testament

avec les livres deutérocanoniques

et Nouveau Testament

ALLIANCE BIBLIQUE UNIVERSELLE

L'Alliance biblique universelle croit que tout être humain a le droit de recevoir la Parole de Dieu. Ceux qui ont rédigé les évangiles ont choisi d'écrire de façon très simple.
La Bible « Parole de Vie » essaie de suivre leur exemple. Les traducteurs espèrent qu'à travers ces mots de tous les jours, chacun pourra entendre la Parole de Dieu. Elle donne la vie.

La traduction « Parole de Vie », en français fondamental, a été réalisée à partir des textes originaux.
Pour les textes hébreux et araméens de l'Ancien Testament :
Biblia Hebraica Stuttgartensia,
© 1967, 1977, Deutsche Bibelgesellschaft, Stuttgart.
Pour les textes grecs de l'Ancien Testament :
Septuaginta, ed. A. Rahlfs
© 1935, 1979, Deutsche Bibelgesellschaft, Stuttgart.
Pour le Nouveau Testament :
The Greek New Testament, 4e édition,
© 1966, 1993 Deutsche Bibelgesellschaft, Stuttgart.

Des spécialistes catholiques, protestants et évangéliques ont vérifié et approuvé la Bible « Parole de Vie ».

Imprimatur :
Mgr Robert Sarah, Archevêque de Conakry,
Président de la Conférence épiscopale régionale
de l'Afrique de l'Ouest francophone (C.E.R.A.O.), le 20 juillet 2000

Logotype « Parole de Vie » : BD Consultant, Grenoble, France
Visuel couleur : Énora Elmoznino-Slama

5, avenue des Érables, F95400 Villiers-le-Bel
www.editionsbiblio.fr

ISBN 978-2-85300-382-7 PDVDC030 (SB1082) 2007 - 6.5K
ISBN 978-2-85300-482-4 PDVDC031 (AB1082) 2007 - 7.5K
ISBN 978-2-85300-474-9 PDVDC035G (SB1088) 2007 - 1K

C'est l'Esprit Saint qui donne la vie,
l'homme tout seul ne peut rien faire.
Les paroles que je vous ai dites viennent de l'Esprit Saint
et elles donnent la vie.

Jean 6.63

Table des matières

Signes et abréviations

Dans le texte

SEIGNEUR, DIEU	Ces noms sont parfois écrits en petites capitales. Voir « Les noms de Dieu », page 4.
Havila[a]	La lettre a renvoie à une note explicative au bas de la page.
*bénit	L'astérisque *, placé avant un mot, renvoie au Vocabulaire en fin de volume. On y trouvera des explications classées en ordre alphabétique.
[...]	Un numéro de verset placé entre crochets indique que le verset manque dans les manuscrits les plus anciens et les plus importants. Ces versets n'ont pas été traduits.

Dans les notes et dans les introductions

avant J.-C.	avant Jésus-Christ
après J.-C.	après Jésus-Christ
2.11	Les chiffres en gras qui précèdent chaque note indiquent à quel verset du livre en cours la note se rapporte. Le premier nombre est le numéro du chapitre, le nombre après le point est le numéro du verset.

Références bibliques

Genèse 7.11	renvoie au livre de la Genèse, chapitre 7, verset 11.
Jérémie 1.4-10	renvoie au livre de Jérémie, chapitre 1, versets 4 à 10.
Nombres 27.18,19	renvoie au livre des Nombres, chapitre 27, versets 18 et 19.
Marc 1.1–8.26	renvoie, dans la Bonne Nouvelle selon Marc, au passage qui va du chapitre 1 verset 1 au chapitre 8 verset 26.
Job 3–31	renvoie aux chapitres 3 à 31 du livre de Job.
Nombres 35.1-8 ; Josué 21	le point-virgule (;) sépare deux références.

La Bible

INTRODUCTION

Le mot « Bible » vient d'un mot grec qui veut dire « les livres ». La Bible est formée de nombreux écrits qui ont été réunis en un seul livre. Née dans l'ancien peuple d'Israël, la Bible n'est la propriété d'aucun groupe particulier, mais elle est un trésor pour tous les êtres humains.

Les deux Testaments

La Bible chrétienne est composée de deux parties : le Premier ou Ancien Testament et le Nouveau Testament. Le mot « testament » vient d'un mot qui signifie aussi « alliance ». Une alliance est un traité de solidarité et d'amitié entre des personnes ou des peuples. Dans la Bible, c'est toujours Dieu qui a l'initiative de l'alliance avec les êtres humains. C'est lui aussi qui la maintient avec amour contre toutes leurs infidélités.

Le Premier Testament, que les chrétiens appellent Ancien Testament, réunit les écrits de la première alliance. Ces écrits forment les Livres Saints des Juifs, c'est-à-dire des membres du peuple d'Israël en tant que peuple de Dieu. Ils racontent comment Dieu a choisi ce peuple et a fait alliance avec lui. Cette alliance est au cœur de l'Ancien Testament. Elle prend place dans celle que Dieu a établie, dès le début du monde, avec tous les peuples de la terre.

Le Nouveau Testament parle de cette même alliance renouvelée par Jésus de Nazareth. Il s'agit de l'alliance que Dieu établit par son Fils Jésus-Christ ou nouvelle alliance. Elle met fin à la séparation qui s'était installée entre Juifs et non-Juifs. Elle concerne tous les êtres humains. La personne, l'enseignement et les actions de Jésus sont au cœur du Nouveau Testament.

Jésus et les premiers chrétiens étaient juifs. Les Livres Saints étaient les textes qu'ils lisaient pour entrer en relation avec Dieu. C'est pourquoi les auteurs du Nouveau Testament en citent de nombreux passages. Ceux-ci les aident à mieux comprendre la personne et le message de Jésus.

Pour les chrétiens, les deux Testaments ne peuvent pas être séparés.

Le message de la Bible prend vie dans l'histoire et les cultures humaines

Les écrits contenus dans la Bible sont très variés : on y trouve des récits, des lois, des discours, des prières, des poèmes, des lettres, etc. Leur rédaction a pris sans doute plus de mille ans. Leurs auteurs ont vécu à différents moments de l'histoire, et ils appartiennent à des cultures diverses.

L'Ancien Testament est écrit presque entièrement en hébreu. Quelques rares passages sont en araméen, une langue proche de l'hébreu. Plusieurs livres, qui étaient lus surtout par des Juifs vivant à l'étranger, sont en grec, ou nous sont parvenus dans une traduction grecque. L'Ancien Testament couvre une longue période de l'histoire, et son cadre général est celui de l'ancien Orient. Le Nouveau Testament est écrit en grec. Son cadre général est celui des pays situés au-

tour de la mer Méditerranée. Ils faisaient partie d'un vaste empire : le pouvoir politique était romain, et la culture grecque.

Les textes de la Bible parlent de Dieu dans le cadre des réalités humaines. C'est pourquoi, à travers ces écrits, Dieu s'adresse aux femmes et aux hommes de tous les temps.

Le premier texte de la Bible affirme que tout ce que Dieu a créé est bon (Genèse 1). La fin de la Bible parle de la nouvelle création de Dieu, où le mal et le malheur n'existeront plus (Apocalypse 21 et 22). A l'intérieur de ce grand ensemble, l'histoire de certains personnages ainsi que des événements, des sujets de réflexion, etc. sont parfois repris sous des formes semblables ou différentes. Les textes de la Bible ont des liens de toutes sortes les uns avec les autres. Chaque passage signifie quelque chose en lui-même, mais les points de vue divers des textes ont aussi une grande importance. Pour connaître tous les aspects d'un sujet traité par la Bible, il est donc bon de lire plusieurs textes. La lecture de la Bible n'est jamais terminée : c'est là son immense richesse.

L'ANCIEN TESTAMENT

L'Ancien Testament et le monde de l'ancien Orient

Les événements présentés dans l'Ancien Testament se passent dans le Proche-Orient ancien. C'était un vaste ensemble comprenant l'Égypte au sud ainsi que les régions situées entre les fleuves de Mésopotamie (Tigre et Euphrate) à l'est et la mer Méditerranée à l'ouest. Les uns après les autres, les Égyptiens, les Assyriens, les Babyloniens, les Perses, les Grecs et les Romains ont dominé les peuples qui vivaient là.

Des groupes d'esclaves israélites sont sortis d'Égypte vers le 13e siècle avant J.-C. C'est le premier événement raconté par l'Ancien Testament que l'on peut dater dans l'histoire. Les Israélites se sont installés dans un territoire étroit situé entre le fleuve Jourdain et la mer Méditerranée. Le peuple d'Israël s'est trouvé ainsi à un endroit où les religions et les cultures de trois continents – l'Asie, l'Afrique et l'Europe – se rencontrent.

Le monde de l'ancien Orient était un monde religieux. De grandes civilisations s'y sont développées. Pour comprendre l'Ancien Testament, il faut se rappeler ceci : les textes sont écrits dans des langues et des cadres culturels et religieux différents de ceux des lecteurs d'aujourd'hui.

Ainsi, le sens figuré de certains mots, certaines comparaisons ou images, la manière de présenter les relations avec la nature et les relations entre les personnes sont parfois étrangères aux cultures actuelles. Par exemple, il existe des groupes humains où les gens se parlent en se disant « tu » ou « vous » en fonction du rang qu'ils occupent ou des relations qu'ils ont entre eux. Dans le monde de l'ancien Orient hébreu, chacun dit « tu » à tout le monde. Le respect, l'affection ou le mépris sont exprimés autrement. La traduction Parole de Vie *a choisi de garder ce « tu » partout, même s'il paraît peu naturel. Les lecteurs ont aussi un chemin à faire !*

Dans l'Ancien Testament, Dieu parle au cœur des réalités humaines

L'Ancien Testament affirme que le peuple d'Israël est le peuple choisi par Dieu pour montrer sa présence au cœur de l'humanité. Dieu fait alliance avec ce peuple, qui a la responsabilité de respecter cette alliance. Les relations entre Dieu et son peuple sont parfois difficiles. De nombreux textes reprochent au peuple ou à ses dirigeants d'abandonner l'alliance avec Dieu. Ils rappellent que l'amour de Dieu est un amour exigeant. Beaucoup d'histoires de l'Ancien Testament racontent des guerres, des conflits, des injustices. La violence qui existe dans le monde y apparaît. Les réalités humaines sont décrites sans rien cacher. C'est au milieu de ces réalités que Dieu parle.

Dès le début, l'Ancien Testament présente un Dieu qui agit dans le monde par sa parole. Cette parole invite des hommes et des femmes à se mettre debout, à créer du nouveau. C'est ainsi que Dieu appelle Abraham, Moïse, des prophètes... Il s'adresse au peuple d'Israël par l'intermédiaire de messagers qui communiquent ses paroles. Il s'adresse aussi à des étrangers, comme Cyrus, le roi de Perse. Comme toute la Bible, les textes de l'Ancien Testament parlent de la part de Dieu à tous les êtres humains, de génération en génération.

Les noms de Dieu

L'Ancien Testament nomme Dieu de plusieurs manières.

Les hommes de l'ancien Orient croyaient en des dieux. Pour eux, un dieu est un être supérieur qui agit sur le monde et les êtres humains. Dans la Bible, Dieu avec majuscule désigne le Dieu unique. Ce Dieu entre en relation de façon particulière avec l'humanité. Il le fait d'abord avec le peuple d'Israël. Quand Moïse demande à ce Dieu quel est son nom, celui-ci lui répond par une expression qui peut être traduite par « je suis qui je suis », ou « je suis qui je serai » ou encore « je suis celui qui est » (Exode 3.14). Le nom personnel que les Israélites ont donné à Dieu est formé à partir de cette expression mystérieuse. On ne sait pas comment ce nom était prononcé. En effet, par respect pour Dieu, les Juifs le remplacent par « le Seigneur » quand ils lisent les textes.

Traduction des noms de Dieu dans Parole de Vie *:*

- *YHWH (nom personnel du Dieu d'Israël) : le SEIGNEUR*
- *Élohim (nom commun donné aux dieux, employé au pluriel) : Dieu*
- *Adonaï (mot qui veut dire « seigneur ») : le Seigneur*
- *Adonaï YHWH : le Seigneur DIEU*

Les différents livres et l'ordre dans lequel ils sont placés

À partir d'une certaine époque, sans doute vers le 4e siècle avant J.-C., les textes prennent beaucoup d'importance pour la relation avec Dieu. Un certain nombre d'écrits constituent un canon de fait. Le canon est la liste des livres qui, tous ensemble, servent plus particulièrement à construire et à soutenir la foi en Dieu.

Les textes ont été rangés d'une certaine manière. L'ordre qui leur a été donné n'est pas celui de la date où ils ont été écrits.

Cette édition reprend l'ordre dans lequel les Juifs vivant en dehors de leur pays ont placé les Livres Saints quand ils les ont traduits d'hébreu en grec, avec quatre grandes parties :

- *Les livres de la loi*
- *Les livres historiques*
- *Les livres poétiques et de sagesse*
- *Les livres des prophètes*

À l'intérieur de ces quatre groupes se trouvent des livres écrits en hébreu et des livres d'auteurs juifs écrits en grec ou qui nous sont parvenus en grec. Ces textes grecs ne font pas partie des livres saints des Juifs. Ils sont souvent appelés deutérocanoniques pour dire qu'ils appartiennent à une deuxième liste de livres (en grec, « deutéro » veut dire deuxième).

Les livres de la loi

Les livres de la Genèse, de l'Exode, du Lévitique, des Nombres et du Deutéronome forment un ensemble. Dans la tradition juive, ces cinq livres sont désignés comme « la Loi ». Ce sont en effet des livres qui contiennent beaucoup de règles et de commandements. Cependant, le mot « loi » traduit le mot hébreu « tora » formé sur le verbe « enseigner ». La loi enseigne comment vivre en obéissant à ce que Dieu veut. Dans les cinq premiers livres de la Bible, les récits et les lois sont liés. Les récits enseignent eux aussi ce qu'est la vie en relation avec Dieu et avec les autres.

En fait, depuis le chapitre 12 de la Genèse jusqu'à la fin du Deutéronome, un grand récit se développe. Il est introduit par des textes qui parlent des commencements du monde et de l'humanité (Genèse 1–11).

La fin du livre de la Genèse parle des grands ancêtres du peuple d'Israël (Genèse 12–50).

Les livres suivants, de l'Exode au Deutéronome, racontent comment les Israélites apprennent peu à peu à devenir un peuple. Ils racontent aussi comment ils sont conduits vers le pays où Dieu veut les faire entrer.

C'est une histoire qui se passe entre Dieu, le peuple et Moïse. Moïse est appelé par Dieu pour délivrer le peuple, alors esclave en Égypte. Moïse communique au peuple les exigences de Dieu, et il prie pour le peuple. Le début du livre de l'Exode (Exode 2) raconte sa naissance, et la fin du Deutéronome (Deutéronome 34) parle de sa mort.

Voici les grandes étapes du récit :

- *Le peuple sort d'Égypte, conduit par Moïse (Exode 1–15)*
- *Le peuple vit et marche dans le désert où Dieu établit une alliance avec lui (Exode 16–Nombres 10)*
- *Moïse prépare le peuple à entrer dans le pays donné par Dieu (Nombres 11–Deutéronome 34)*

Des lois et des règles concernant la vie religieuse et sociale se trouvent au milieu des récits. Certaines de ces lois sont groupées dans de grands ensembles. Ce sont :

- *Les règles de l'alliance (Exode 21–23), c'est-à-dire les règles permettant de respecter l'alliance établie par Dieu.*
- *Les règles de sainteté (Lévitique 17–27), c'est-à-dire les règles à suivre pour appartenir vraiment à Dieu.*
- *Les règles pour vivre dans le pays donné par Dieu (Deutéronome 12–26).*

C'est Moïse qui communique toutes ces règles au peuple. Seuls les dix commandements (Exode 20.1-17 ; Deutéronome 5.6-21) sont donnés directement par Dieu. Ils indiquent ce qu'il n'est pas permis de faire, si l'on veut vivre avec Dieu et avec les autres. Les cinq premiers commandements concernent la relation avec Dieu, les cinq suivants concernent la relation avec les autres.

L'expression « la Loi » désigne soit ces cinq premiers livres de la Bible, soit l'ensemble des lois que Dieu a données à Moïse ou « loi de Moïse », ou encore tout l'Ancien Testament.

Mer Méditerranée
Euphrate
MÉSOPOTAMIE
CANAAN
Désert d'Arabie
Nil
ÉGYPTE
N
0
500
kilomètres
Golfe persique

Genèse

INTRODUCTION

Le mot « genèse » veut dire origine ou commencement.

Le livre de la Genèse raconte d'abord les **commencements du monde et de l'humanité** *(chapitres 1–11). Ces récits de commencements ont pour but de montrer à la fois ce que Dieu veut pour le monde et ce qui ne va pas dans le monde.*

Le livre de la Genèse raconte ensuite les **commencements du peuple d'Israël** *en racontant l'histoire de ses* **grands ancêtres** *(chapitres 12–50).*

- *Genèse 1–11*

Au début du livre de la Genèse, deux récits présentent ce que Dieu veut pour le monde et les êtres humains qu'il a créés. Le premier récit (chapitre 1) affirme que tout ce que Dieu a fait est bon. Le deuxième récit (chapitres 2–3) concerne des problèmes que l'humanité rencontre. Les relations entre les êtres humains et Dieu sont difficiles. Les relations des êtres humains entre eux, ainsi qu'avec la terre et les animaux, ne sont pas faciles non plus. Voilà ce que montre l'histoire du jardin préparé par Dieu en Éden. L'homme et la femme n'acceptent pas que Dieu impose une limite à ce qu'ils ont le droit de faire. Ils ne comprennent pas que c'est pour leur bien. Alors ils doivent quitter le jardin.

Les récits suivants montrent les malheurs qui arrivent quand les êtres humains refusent des limites à leur liberté. Ils ont du mal à accepter les autres, comme le montre l'histoire de Caïn qui tue Abel (chapitre 4). Leur violence met en danger la terre tout entière. C'est le sens du récit de la grande inondation (chapitres 6–9). Les êtres humains ont le désir de supprimer les différences entre eux et d'atteindre Dieu par eux-mêmes. Voilà ce que montre le récit de la construction de la tour à Babel (chapitre 11). La fin de tous ces récits indique comment Dieu protège la vie et la rend possible.

Entre ces récits, des listes de personnes décrivent la suite des générations : les êtres humains remplissent la terre, et des peuples divers se forment.

- *Genèse 12–50*

Ces chapitres racontent comment Dieu choisit des êtres humains, comment il se fait connaître à eux, comment il établit son alliance avec eux. Abraham (12.1–25.18), son fils Isaac et son petit-fils Jacob (25.19–36.43) sont présentés comme les ancêtres du peuple d'Israël. Les douze fils de Jacob donneront naissance aux douze tribus d'Israël. Parmi ces fils, Joseph a une place particulière, et sa vie est racontée longuement (37.1–50.26).

L'histoire des ancêtres raconte les difficultés rencontrées par les premiers groupes humains. Ils luttent entre eux pour obtenir des femmes, de la terre à cultiver, de l'eau pour les troupeaux. Chacun veut pouvoir vivre et recevoir la bénédiction de Dieu.

Ces grands ancêtres ne sont pas installés sur un territoire : ils voyagent entre la Mésopotamie et l'Égypte, en passant par le pays de Canaan.

Après avoir choisi Abraham, Dieu va choisir un peuple et faire ***alliance*** *avec lui. Le livre de la Genèse – en particulier les chapitres 1 à 11 – situe cette alliance dans le cadre plus large des relations entre Dieu et tous les peuples.*

LES DÉBUTS DU MONDE ET DE L'HUMANITÉ
1–11

Dieu crée le monde et les êtres vivants

1 1 Au commencement, Dieu crée le ciel et
la terre.
2 La terre est comme un grand vide. Elle est
dans la nuit. Une eau profonde la recouvre. Le
souffle de Dieu se tient au-dessus de l'eau.
3 Dieu dit : « Que la lumière brille ! » Et la
lumière se met à briller. 4 Dieu voit que la
lumière est une bonne chose. Alors il sépare
la lumière de l'obscurité. 5 Dieu appelle la
lumière « jour », et l'obscurité, il l'appelle
« nuit ». Il y a un soir, il y a un matin. Voilà
le premier jour.
6 Dieu dit : « Qu'un toit, au milieu de l'eau,
la sépare en deux parties ! » 7 Et cela arrive.
Ainsi, Dieu fait le toit qui sépare l'eau d'en
haut et l'eau d'en bas. 8 Dieu appelle le toit
« ciel ». Il y a un soir, il y a un matin. Voilà
le deuxième jour.
9 Dieu dit : « Que toute l'eau qui est sous le
ciel se rassemble au même endroit, et que le
sol apparaisse ! » Et cela arrive. 10 Dieu appelle
le sol « terre », et l'eau, il l'appelle « mer ».
Dieu voit que c'est une bonne chose. 11 Dieu
dit : « Que la terre produise l'herbe verte,
avec toutes sortes de plantes et toutes sortes
d'arbres à fruits ! Sur la terre, chaque plante
aura ses graines. Chaque arbre aura ses fruits,
avec des pépins ou un noyau, selon son espèce. » Et cela arrive. 12 La terre produit de
l'herbe verte avec toutes sortes de plantes et
toutes sortes d'arbres. Chaque plante a ses
graines selon son espèce. Chaque arbre a ses
fruits, avec des pépins ou un noyau selon
son espèce. Dieu voit que c'est une bonne
chose. 13 Il y a un soir, il y a un matin. Voilà
le troisième jour.
14 Dieu dit : « Que des lumières dans le ciel
séparent le jour et la nuit ! Elles marqueront
les fêtes, les jours et les années. 15 Dans le
ciel, elles serviront à éclairer la terre. » Et
cela arrive. 16 Ainsi, Dieu fait les deux grandes
sources de lumière : la plus grande pour
commander au jour, et la plus petite pour
commander à la nuit. Il fait aussi les étoiles.
17 Dieu les place dans le ciel pour éclairer la
terre, 18 pour commander au jour et à la nuit
et séparer la lumière de l'obscurité. Dieu
voit que c'est une bonne chose. 19 Il y a un
soir, il y a un matin. Voilà le quatrième jour.
20 Dieu dit : « Que toutes sortes d'animaux
vivent dans la mer ! Que les oiseaux volent
dans le ciel au-dessus de la terre ! » 21 Dieu
crée les grands animaux de la mer et toutes
les espèces d'animaux qui se déplacent et
s'agitent dans l'eau. Il crée aussi toutes les espèces d'oiseaux. Dieu voit que c'est une
bonne chose. 22 Dieu les *bénit en disant :
« Faites des petits, devenez nombreux. Remplissez l'eau des mers. Et vous, les oiseaux, devenez nombreux sur la terre. » 23 Il y a un soir,
il y a un matin. Voilà le cinquième jour.
24 Dieu dit : « Que la terre produise toutes
sortes d'animaux : animaux domestiques, petites bêtes et animaux sauvages de chaque espèce ! » Et cela arrive. 25 Ainsi, Dieu fait les
différentes espèces d'animaux : les animaux
sauvages, les animaux domestiques et les petites bêtes. Dieu voit que c'est une bonne
chose.
26 Dieu dit : « Faisons les êtres humains à
notre image, et qu'ils nous ressemblent vraiment ! Qu'ils commandent aux poissons dans
la mer, aux oiseaux dans le ciel, aux animaux
domestiques et à toutes les petites bêtes qui se
déplacent sur le sol ! »
27 Alors Dieu crée les humains à son image,
et ils sont vraiment à l'image de Dieu.
Il les crée homme et femme.
28 Puis il les bénit en disant : « Ayez des enfants, devenez nombreux. Remplissez la terre

et dominez-la. Commandez aux poissons dans la mer, aux oiseaux dans le ciel et à tous les animaux qui se déplacent sur la terre. » 29 Dieu dit : « Sur toute la terre, je vous donne toutes les plantes avec leurs graines. Je vous donne aussi tous les arbres qui portent des fruits avec des pépins ou un noyau : ce sera votre nourriture. 30 Et je donne toute l'herbe verte comme nourriture à tous les animaux de la terre, à tous les oiseaux, à toutes les bêtes qui se déplacent sur le sol, en un mot, à tout ce qui est vivant. » Et cela arrive. 31 Dieu regarde tout ce qu'il a fait. Et il voit que c'est une très bonne chose. Il y a un soir, il y a un matin. Voilà le sixième jour.

2 1 Ainsi Dieu finit de créer le ciel, la terre et tout ce qu'il y a dedans. 2 Le septième jour, Dieu a terminé le travail qu'il a fait. Et le septième jour, il se repose de tout le travail qu'il a fait. 3 Dieu bénit le septième jour : il fait de ce jour-là un jour qui lui est réservé. En effet, ce jour-là, Dieu s'est reposé de tout son travail de créateur. 4 Voilà comment Dieu a créé le ciel et la terre.

Le Seigneur Dieu plante un jardin en Éden

Au moment où le SEIGNEUR Dieu fait le ciel et la terre, 5 il n'y a encore aucune plante dans les champs, et l'herbe n'a pas encore poussé. En effet, le SEIGNEUR Dieu n'a pas encore fait tomber la pluie sur la terre, et il n'y a pas d'êtres humains pour cultiver le sol. 6 Mais une sorte de source sort de la terre et arrose toute la surface du sol.

7 Le SEIGNEUR Dieu prend de la poussière du sol et il forme un être humain. Puis il souffle dans son nez le souffle de vie, et cet homme devient un être vivant. 8 Ensuite, le SEIGNEUR Dieu plante un jardin dans le pays d'Éden, vers l'est. Là, il met l'homme qu'il a formé. 9 Le SEIGNEUR Dieu fait pousser du sol toutes sortes de beaux arbres, avec des fruits délicieux. Au milieu du jardin, il place l'arbre de vie et l'arbre qui fait connaître ce qui est bien ou mal.

10 Un fleuve sort du pays d'Éden pour arroser le jardin. De là, il se divise en quatre fleuves plus petits. 11 Le premier fleuve, c'est le Pichon. Il fait le tour du pays de Havila[a]. À cet endroit, il y a de l'or, 12 et l'or de ce pays est pur. On y trouve aussi des plantes parfumées et une pierre précieuse rouge foncé. 13 Le deuxième fleuve, c'est le Guihon. Il fait le tour de tout le pays de Kouch[b]. 14 Le troisième fleuve, c'est le Tigre. Il coule à l'est de la ville d'Assour. Le quatrième fleuve, c'est l'Euphrate[c].

15 Le SEIGNEUR Dieu prend l'homme et il le place dans le jardin d'Éden pour le cultiver et pour le garder. 16 Le SEIGNEUR Dieu donne cet ordre à l'homme : « Tu peux manger les fruits de tous les arbres du jardin. 17 Mais tu ne dois pas manger les fruits de l'arbre qui fait connaître ce qui est bien ou mal. Oui, le jour où tu en mangeras, tu mourras, c'est sûr. »

18 Le SEIGNEUR Dieu se dit : « Pour l'homme, ce n'est pas bon d'être seul. Je vais lui faire une aide qui lui convienne parfaitement. » 19 Avec de la terre, le SEIGNEUR Dieu fait toutes sortes de bêtes sauvages et toutes sortes d'oiseaux. Il les amène à l'homme pour voir comment celui-ci va les appeler. Chaque animal doit avoir le nom que l'homme va lui donner. 20 L'homme donne un nom à tous les animaux domestiques, à toutes les bêtes sauvages et à tous les oiseaux. Mais pour lui-même, il ne trouve pas l'aide qui lui convienne parfaitement. 21 Alors le SEIGNEUR Dieu fait tomber l'homme dans un sommeil très profond. Il lui prend une côte et il referme la peau à sa place. 22 Avec cette côte, le SEIGNEUR Dieu fait une femme et il l'amène à l'homme. 23 Alors l'homme dit :

« Cette fois, voici quelqu'un comme moi !

---

a **2.11** *Le pays de Havila : peut-être en Arabie ou dans une région proche de l'Égypte.*

b **2.13** *Le pays de Kouch : peut-être une région de Mésopotamie ou encore l'Éthiopie ancienne, au sud de l'Égypte. Celle-ci couvrait une partie du Soudan et de l'Éthiopie actuelle.*

c **2.14** *Le Tigre et l'Euphrate : les deux grands fleuves de Mésopotamie.*

Elle tient vraiment de moi
par tout son corps.
On l'appellera femme de l'homme,
parce qu'elle vient de l'homme. »
24 C'est pourquoi l'homme quittera son
père et sa mère pour vivre avec sa femme.
Et les deux deviendront comme une seule personne.
25 L'homme et sa femme sont nus tous les
deux. Mais ils n'ont pas honte l'un devant
l'autre.

Le Seigneur Dieu chasse Adam et Ève du jardin

3 1 Parmi les bêtes sauvages que le SEI-
GNEUR Dieu a faites, le serpent est le
plus rusé. Il demande à la femme : « Est-ce
que Dieu vous a vraiment dit : "Ne mangez
aucun fruit du jardin" ? » 2 La femme répond
au serpent : « Nous pouvons manger les fruits
du jardin. 3 Mais pour l'arbre qui est au milieu du jardin, Dieu a dit : "Ne mangez pas
ses fruits et n'y touchez pas ! Sinon, vous
mourrez." » 4 Le serpent répond à la femme :
« Pas du tout ! Vous ne mourrez pas ! 5 Mais
Dieu le sait bien : le jour où vous en mangerez, vos yeux s'ouvriront. Vous serez comme
des dieux, vous pourrez savoir ce qui est
bien ou mal. »
6 La femme se dit : les fruits de cet arbre
sont beaux, ils doivent être bons. Ils donnent
envie d'en manger pour savoir plus de choses.
Elle prend un fruit de cet arbre et le mange.
Elle en donne à son mari qui est avec elle, et
il en mange aussi. 7 Alors leurs yeux s'ouvrent.
Maintenant, ils voient qu'ils sont nus. Ils attachent ensemble des feuilles d'arbre, et cela
leur sert de pagne.
8 Le soir, un vent léger se met à souffler. Le
SEIGNEUR Dieu se promène dans le jardin.
L'homme et la femme l'entendent et ils se cachent devant lui, parmi les arbres du jardin.
9 Le SEIGNEUR Dieu appelle l'homme. Il lui demande : « Où es-tu ? » 10 L'homme répond :
« Je t'ai entendu dans le jardin. J'ai eu peur
parce que je suis nu. Alors, je me suis caché. »
11 Le SEIGNEUR Dieu lui demande : « Qui t'a appris que tu étais nu ? Est-ce que tu as mangé le
fruit que je t'avais interdit de manger ? »
12 L'homme répond : « La femme que tu m'as
donnée, c'est elle qui m'a donné ce fruit, et
j'en ai mangé. »
13 Le SEIGNEUR Dieu dit à la femme :
« Qu'est-ce que tu as fait là ? » La femme répond : « Le serpent m'a trompée, et j'ai mangé
du fruit. »
14 Alors le SEIGNEUR Dieu dit au serpent :
« Puisque tu as fait cela, je te maudis :
parmi tous les animaux,
tu avanceras sur ton ventre
et tu mangeras de la poussière
tous les jours de ta vie.
15 Voici ce que je décide :
la femme et toi,
vous deviendrez des ennemis.
Ceux qui naîtront d'elle
et ceux qui naîtront de toi
deviendront des ennemis.
Ceux qui naîtront d'elle
t'écraseront à la tête,
et toi, tu les blesseras au talon. »
16 Ensuite, le SEIGNEUR dit à la femme :
« Je rendrai tes grossesses pénibles,
et c'est dans la souffrance
que tu mettras des enfants au monde.
Tu seras attirée par ton mari,
mais il sera ton maître. »
17 Puis le SEIGNEUR dit à l'homme : « Tu as
écouté ta femme et tu as mangé le fruit que
je t'avais interdit de manger.
À cause de toi je maudis le sol.
Tu devras te fatiguer
tous les jours de ta vie
pour tirer ta nourriture de la terre.
18 Le sol produira pour toi
des plantes épineuses de toutes sortes.
Tu devras manger
ce qui pousse dans les champs.
19 Tu gagneras ta nourriture
en transpirant beaucoup,
jusqu'à ta mort.
À ce moment-là,
tu retourneras dans la terre d'où tu viens.
Oui, tu es fait de poussière
et tu retourneras à la poussière. »
20 L'homme, Adam, donne à sa femme le nom
d'Ève, c'est-à-dire « la Vivante ». En effet, elle
est la mère de tous les vivants. 21 Le SEIGNEUR

Dieu fait des vêtements en peau d'animal pour l'homme et la femme, et il les habille de cette façon. 22 Le SEIGNEUR Dieu se dit : « Eh bien, l'homme est devenu comme un dieu : il connaît ce qui est bien ou mal. Maintenant, il ne faut pas qu'il prenne aussi les fruits de l'arbre de la vie. S'il en mangeait, il vivrait pour toujours. » 23 Alors le SEIGNEUR Dieu chasse l'homme du jardin d'Éden et il l'envoie cultiver la terre qui a servi à le faire. 24 Après que le SEIGNEUR a chassé l'homme, il place des *chérubins à l'est du jardin d'Éden. Avec une *épée de feu qui tourne dans tous les sens, les chérubins gardent l'entrée du chemin qui conduit à l'arbre de la vie.

Caïn tue Abel

4 1 L'homme s'unit à Ève, sa femme. Elle devient enceinte et elle met au monde Caïn. Puis elle dit : « Avec l'aide du SEIGNEUR, j'ai donné la vie[d] à un petit d'homme ! » 2 Elle met aussi au monde Abel, le frère de Caïn.

Abel devient berger, et Caïn cultive la terre. 3 À la fin de l'année, Caïn apporte quelques récoltes du champ. Il les offre au SEIGNEUR. 4 De son côté, Abel apporte les premiers agneaux de son troupeau. Et il offre au SEIGNEUR les meilleurs morceaux. Le SEIGNEUR reçoit avec plaisir Abel et son offrande. 5 Mais il ne reçoit pas Caïn, ni son offrande. C'est pourquoi Caïn est très en colère. Son visage devient sombre de tristesse. 6 Le SEIGNEUR dit à Caïn : « Tu es en colère et ton visage est triste. Pourquoi ? 7 Si tu agis bien, tu peux te remettre debout. Si tu n'agis pas bien, le péché est comme un animal couché à ta porte. Il t'attend en cachette, prêt à t'attraper. Mais toi, sois plus fort que lui. »

8 Caïn dit à son frère Abel : « Sortons ! » Dehors, dans les champs, Caïn se jette sur son frère Abel et il le tue.

9 Alors le SEIGNEUR dit à Caïn : « Où est ton frère Abel ? » Caïn répond : « Je ne sais pas. Est-ce que je suis le gardien de mon frère ? » 10 Le SEIGNEUR continue : « Qu'est-ce que tu as fait là ? J'entends la voix du sang de ton frère. Dans le sol, elle crie vers moi pour demander vengeance. 11 Le sol s'est ouvert pour recevoir le sang de ton frère que tu as tué. Eh bien, maintenant, ce sol te maudit. 12 Quand tu le cultiveras, il ne te donnera plus ses richesses. Tu iras toujours d'un endroit à un autre, et tu ne pourras jamais t'arrêter sur la terre. » 13 Caïn dit au SEIGNEUR : « Ma punition est trop lourde à porter. 14 Aujourd'hui, tu me chasses de la bonne terre. Je vais être obligé de me cacher loin de toi. J'irai toujours d'un endroit à un autre, et je ne pourrai jamais m'arrêter sur la terre. Et celui qui me trouvera pourra me tuer. » 15 Le SEIGNEUR répond à Caïn : « Mais non ! Si quelqu'un te tue, il faudra tuer sept personnes, pour que tu sois vengé. »

Et le SEIGNEUR met une marque sur Caïn. Alors celui qui le rencontrera ne pourra pas le tuer. 16 Caïn part loin du SEIGNEUR. Il va habiter au pays de Nod[e], à l'est d'Éden.

La famille de Caïn

17 Caïn s'unit à sa femme. Elle devient enceinte et elle met au monde Hénok. Caïn se met à construire une ville. Il donne à cette ville le nom de son fils Hénok. 18 Hénok a un fils : Irad. Irad a un fils : Mehouyaël. Mehouyaël a un fils : Lémek.

19 Lémek prend deux femmes : la première s'appelle Ada, la deuxième s'appelle Silla. 20 Ada met au monde Yabal. C'est l'ancêtre de ceux qui habitent sous des tentes et élèvent des troupeaux. 21 Son frère s'appelle Youbal. C'est l'ancêtre de tous ceux qui jouent de la *cithare et de la flûte. 22 Silla met au monde Toubal-Caïn. C'est le forgeron qui fabrique tous les outils en bronze et en fer. La sœur de Toubal-Caïn, c'est Naama.

23 Lémek dit à ses femmes :

« Ada et Silla, écoutez-moi !
Mes chères femmes,

---

d **4.1** *En hébreu, le nom de Caïn ressemble au verbe traduit ici par « j'ai donné la vie ».*

e **4.16** *En hébreu, le nom de Nod ressemble à l'expression traduite aux versets 12 et 14 par « aller d'un endroit à un autre ».*

faites attention à ce que je vais dire.
Si on me frappe, je tue un homme.
Si on me blesse, je tue un enfant.
24 Pour venger Caïn,
il faut tuer sept personnes.
Pour me venger,
il faudra en tuer 77. »
25 Adam s'unit encore à sa femme. Ève met
au monde un fils. Elle l'appelle Seth[f], et elle
dit : « Caïn a tué Abel, mais Dieu m'a donné
un autre fils à sa place. »
26 Seth à son tour a un fils. Il l'appelle Énos.
À ce moment-là, les gens commencent à prier
Dieu en l'appelant SEIGNEUR.

La suite des générations depuis Adam jusqu'à Noé

5 1 Voici la liste des enfants et des petits-
enfants d'Adam.
Le jour où Dieu a créé les êtres humains, il
les a faits pour qu'ils lui ressemblent. 2 Dieu
les a créés homme et femme. Il les a *bénis
et leur a donné le nom d'êtres humains, le
jour même où il les a créés.
3 À l'âge de 130 ans, Adam a un fils qui lui
ressemble vraiment. Il l'appelle Seth. 4 Après
la naissance de Seth, Adam vit encore 800
ans. Il a d'autres fils et des filles. 5 Au total,
il vit 930 ans, puis il meurt.
6 À l'âge de 105 ans, Seth a un fils : Énos.
7 Après la naissance d'Énos, Seth vit encore
807 ans. Il a d'autres fils et des filles. 8 Au
total, il vit 912 ans, puis il meurt.
9 À l'âge de 90 ans, Énos a un fils : Quénan.
10 Après la naissance de Quénan, Énos vit encore 815 ans. Il a d'autres fils et des filles.
11 Au total, Énos vit 905 ans, puis il meurt.
12 À l'âge de 70 ans, Quénan a un fils : Malaléel. 13 Après la naissance de Malaléel, Quénan vit encore 840 ans. Il a d'autres fils et des
filles. 14 Au total, Quénan vit 910 ans, puis il
meurt.
15 À l'âge de 65 ans, Malaléel a un fils : Yéred. 16 Après la naissance de Yéred, Malaléel
vit encore 830 ans. Il a d'autres fils et des
filles. 17 Au total, Malaléel vit 895 ans, puis il
meurt.
18 À l'âge de 162 ans, Yéred a un fils : Hénok. 19 Après la naissance d'Hénok, Yéred vit
encore 800 ans. Il a d'autres fils et des filles.
20 Au total, Yéred vit 962 ans, puis il meurt.
21 À l'âge de 65 ans, Hénok a un fils : Matusalem. 22 Après la naissance de Matusalem,
Hénok vit 300 ans en suivant le chemin de
Dieu. Il a d'autres fils et des filles. 23 Au total,
Hénok vit 365 ans. 24 Il suit le chemin de Dieu
pendant toute sa vie, puis il disparaît. En effet,
Dieu l'enlève auprès de lui.
25 À l'âge de 187 ans, Matusalem a un fils :
Lémek. 26 Après la naissance de Lémek, Matusalem vit 782 ans. Il a d'autres fils et des filles.
27 Au total, Matusalem vit 969 ans, puis il
meurt.
28 À l'âge de 182 ans, Lémek a un fils. 29 Il
l'appelle Noé[g] en disant : « Le SEIGNEUR a maudit le sol. Mais ce garçon nous encouragera
dans nos travaux et dans la fatigue que nous
devons supporter. » 30 Après la naissance de
Noé, Lémek vit encore 595 ans. Il a d'autres
fils et des filles. 31 Au total, Lémek vit 777
ans, puis il meurt.
32 À l'âge de 500 ans, Noé a trois fils : Sem,
Cham et Japhet.

Dieu regrette d'avoir fait les êtres humains

6 1 Les êtres humains deviennent très nombreux sur la terre et ils mettent au monde
des filles. 2 Les habitants du *ciel voient que
ces filles sont belles et ils choisissent leurs
femmes parmi elles. 3 Alors le SEIGNEUR se
dit : « Le souffle de vie que j'ai donné aux êtres
humains ne restera pas toujours en eux. En effet, ils vont mourir un jour. À partir de maintenant, ils ne vivront pas plus de 120 ans. »
4 En ce temps-là, il y a des géants sur la terre.
Il y en a encore quand les habitants du ciel
viennent trouver les filles des humains et ils
ont avec elles des enfants. Ce sont les héros
d'autrefois, des hommes célèbres.

f **4.25** *En hébreu, le nom de Seth ressemble au verbe traduit ici par « donné ».*
g **5.29** *En hébreu, le nom de « Noé » ressemble au verbe traduit ici par « encouragera ».*

5 Le SEIGNEUR voit que sur la terre, les êtres humains sont de plus en plus méchants. Et toute la journée, dans leur cœur, ils ne pensent qu'à faire le mal. 6 Le SEIGNEUR regrette d'avoir fait les humains sur la terre, et son cœur est rempli de tristesse. 7 Le SEIGNEUR se dit : « Je vais faire disparaître de la terre les humains que j'ai créés, les grands animaux, les petites bêtes, et même les oiseaux. Vraiment, je regrette de les avoir faits. » 8 Mais le SEIGNEUR se montre bon pour Noé.

Dieu dit à Noé de construire un grand bateau

9-10 Voici l'histoire de Noé. Noé est le père de trois fils : Sem, Cham et Japhet. Parmi les hommes de son époque, Noé est un homme *juste, il fait ce qui plaît à Dieu. Il suit le chemin de Dieu.

11 Mais aux yeux de Dieu, les habitants de la terre sont pourris : le monde est rempli de violence. 12 Dieu regarde la terre. Il voit qu'elle est pourrie. En effet, tous les habitants se conduisent très mal. 13 Alors Dieu dit à Noé : « J'ai décidé d'en finir avec les humains. Le monde est rempli de violence à cause d'eux. Je vais donc les détruire avec la terre. 14 Construis pour toi une sorte de grand bateau[h] en bois solide. À l'intérieur tu le diviseras en plusieurs parties. Tu le couvriras de goudron à l'intérieur et à l'extérieur. 15 Voici comment tu feras ce bateau : il devra avoir 150 mètres de long, 25 mètres de large et 15 mètres de haut. 16 Tu le couvriras d'un toit et tu laisseras 50 centimètres entre le toit et les côtés du bateau. Tu mettras la porte du bateau sur le côté. Tu feras trois étages. 17 Et moi, je vais faire venir sur la terre une grande inondation. L'eau fera mourir tout ce qui vit sous le ciel. Tout ce qui se trouve sur la terre sera détruit. 18 Mais je vais faire *alliance avec toi. Tu entreras dans le bateau, toi, tes fils, ta femme et les femmes de tes fils avec toi. 19 Tu devras faire entrer aussi dans le bateau un couple de chaque espèce vivante, un mâle et une femelle, pour les garder en vie avec toi. 20 Deux animaux de chaque espèce, oiseaux, grands animaux et petites bêtes, viendront avec toi pour rester en vie. 21 Et toi, prends toute sorte de nourriture, mets-la de côté. Ainsi vous aurez ce qu'il faut pour manger, eux et toi. » 22 Noé obéit. Il fait exactement ce que Dieu lui a commandé.

Noé entre dans le bateau avec sa famille

7 1 Le SEIGNEUR dit à Noé : « Entre dans le bateau avec ta famille. En effet, je le vois : tu es le seul *juste parmi les hommes de ton époque. 2 Parmi les animaux *purs, prends sept couples de chaque espèce, un mâle et sa femelle. Parmi les animaux impurs, prends un couple de chaque espèce, un mâle et sa femelle. 3 Pour les oiseaux, prends aussi sept couples de chaque espèce, un mâle et sa femelle. Ainsi, on conservera leur race sur toute la terre. 4 Dans sept jours, je vais faire tomber la pluie pendant 40 jours et 40 nuits. Je vais faire disparaître de la terre tous les êtres que j'ai faits. » 5 Noé fait tout ce que le SEIGNEUR lui a commandé.

L'eau couvre toute la terre

6 Noé a 600 ans quand la grande inondation arrive sur la terre. 7 Il entre dans le bateau avec ses fils, sa femme et les femmes de ses fils, pour fuir l'inondation. 8 Les animaux *purs, les animaux impurs, les oiseaux et toutes les bêtes qui remuent sur le sol, 9 tous viennent auprès de Noé dans le bateau. Ils sont deux par deux, mâle et femelle, comme Dieu l'a commandé à Noé. 10 Au bout de sept jours, l'eau de la grande inondation couvre toute la terre.

11 L'année où Noé a 600 ans, le deuxième *mois, le 17 du mois, toutes les sources de l'océan immense situé sous la terre jaillissent,

h **6.14** *Ce grand bateau est souvent appelé « arche de Noé ».*

et les fenêtres du ciel[l] s'ouvrent toutes grandes. 12 La pluie tombe sur la terre pendant
40 jours et 40 nuits. 13 Ce jour-là, Noé entre
dans le bateau avec ses fils, Sem, Cham et Japhet, avec sa femme et avec les trois femmes
de ses fils. 14 Il entre avec toutes les espèces
d'animaux, les animaux sauvages et les animaux domestiques, les petites bêtes qui se déplacent sur le sol, les oiseaux et les insectes.
15 Deux animaux de chaque espèce vivante
viennent auprès de Noé dans le bateau. 16 Un
mâle et une femelle de chaque espèce entrent
là, comme Dieu l'a commandé. Puis le SEI-
GNEUR ferme la porte derrière Noé.

17 Sur la terre, la grande inondation dure 40
jours. L'eau monte, elle soulève le bateau, et
celui-ci se tient sur l'eau au-dessus de la terre.
18 L'eau monte de plus en plus, et le bateau
flotte sur l'eau. 19 L'eau continue à monter
au-dessus de la terre et elle couvre toutes les
hautes montagnes qui sont sous le ciel.
20 L'eau monte de sept mètres au-dessus des
montagnes et elle les couvre toutes. 21 Alors
tous les êtres vivants qui se déplacent sur la
terre meurent : les oiseaux, les animaux domestiques, les animaux sauvages, les petites
bêtes qui s'agitent sur la terre, et aussi tous
les humains. 22 Tous les êtres vivants qui ont
un souffle de vie et qui vivent sur la terre solide, meurent. 23 Ainsi, le SEIGNEUR fait disparaître de la terre tout ce qui vit : les êtres
humains, les grands animaux, les petites bêtes
et même les oiseaux. Ils disparaissent de la
terre. Il reste seulement Noé et ceux qui
sont avec lui dans le bateau.

Noé et sa famille sortent du bateau

24 L'eau monte au-dessus de la terre pendant 150 jours.

8 1 Dieu se souvient de Noé, de toutes les bêtes et de tous les grands animaux qui sont
avec lui dans le bateau. Dieu fait souffler un
vent sur la terre, et l'eau commence à baisser.
2 Les sources d'eau sous la terre ne coulent
plus, et les fenêtres du ciel[j] se ferment. La
pluie s'arrête, 3 et l'eau quitte la terre petit à
petit. 4 Le septième *mois, le dix-septième
jour du mois, le bateau se pose sur les montagnes de l'Ararat. 5 L'eau baisse jusqu'au
dixième mois. Le premier jour de ce mois,
on voit apparaître les sommets des montagnes.

6 Noé avait fait une fenêtre dans le bateau.
Au bout de 40 jours, il ouvre la fenêtre. 7 Il envoie un corbeau dehors. Celui-ci sort, s'en va
et revient plusieurs fois. Il attend que l'eau
sèche sur la terre. 8 Puis Noé envoie une *colombe dehors. Il veut voir si l'eau a baissé.
9 Mais la colombe ne trouve pas d'endroit où
poser ses pattes. L'eau couvre encore toute
la terre. Alors elle revient vers le bateau,
auprès de Noé. Noé tend la main, il prend la
colombe et il la fait rentrer dans le bateau.
10 Noé attend encore sept jours. Puis il envoie
de nouveau la colombe dehors. 11 Vers le soir,
elle revient auprès de Noé. Dans son bec, elle
tient une jeune tige *d'olivier. Ainsi Noé sait
que l'eau a baissé sur la terre. 12 Il attend encore sept jours et il envoie la colombe dehors.
Mais elle ne revient plus.

13 Quand Noé a 601 ans[k], le premier jour du
premier mois, il n'y a plus d'eau sur la terre.
Noé enlève le toit du bateau. Il regarde dehors : la surface de la terre est sèche. 14 Le
deuxième mois, le vingt-septième jour de ce
mois, la terre est complètement sèche.

15 Dieu dit à Noé : 16 « Sors du bateau, toi, ta
femme, tes fils et les femmes de tes fils. 17 Fais
sortir aussi toutes les espèces d'animaux qui
sont avec toi : tous les oiseaux, tous les grands
animaux et toutes les petites bêtes qui se déplacent sur le sol. Qu'ils remplissent la terre,
qu'ils fassent des petits et deviennent nombreux ! » 18 Alors Noé sort, avec ses fils, sa
femme et les femmes de ses fils. 19 Tous les

---

l 7.11 *Les fenêtres du ciel sont des ouvertures par où la pluie tombe. Dans l'ancien Orient on se représentait le monde ainsi : la terre est comme une sorte de galette plate et ronde, entourée d'eau de tous côtés. Le ciel est comme un toit solide au-dessus de la terre. Il la protège des eaux d'en haut. Sous la terre se trouve une mer formée par les eaux d'en bas. Voir Genèse 1.6-10.*

j 8.2 *Voir Genèse 7.11 et la note.*

k 8.13 *Voir Genèse 7.6.*

animaux, toutes les petites bêtes, tous les oiseaux, tout ce qui se déplace sur le sol, sortent du bateau par familles.

20 Noé construit un *autel pour le SEIGNEUR. Parmi les grands animaux et parmi les oiseaux qui sont *purs, il prend une bête de chaque espèce. Puis il les brûle entièrement sur l'autel en *sacrifice pour le SEIGNEUR. 21 Le SEIGNEUR respire la bonne odeur du sacrifice et il dit dans son cœur : « Maintenant, je ne maudirai plus le sol à cause des humains. C'est vrai, leur cœur désire faire le mal dès leur jeunesse. Mais je ne détruirai plus tout ce qui est vivant, comme je viens de le faire.

22 Tant que la terre durera,
on sèmera et on récoltera.
Il fera froid, il fera chaud.
Il y aura la mauvaise saison,
il y aura la belle saison.
Il fera jour, il fera nuit.
Ce sera toujours ainsi. »

Dieu fait alliance avec Noé

9 1 Dieu *bénit Noé et ses fils. Il leur dit : « Ayez des enfants, devenez nombreux, remplissez la terre. 2 À partir de maintenant, tous les animaux de la terre, tous les oiseaux, toutes les petites bêtes qui se déplacent sur le sol et tous les poissons auront très peur de vous. Je vous les donne, 3 comme je vous avais déjà donné les plantes. Maintenant, tout ce qui se déplace et qui est vivant servira à vous nourrir. Je vous donne tout cela. 4 Mais vous ne mangerez pas la viande avec sa vie, c'est-à-dire avec son sang. 5 Votre sang aussi, c'est votre vie. C'est pourquoi, si un animal ou une personne tue quelqu'un, je lui demanderai compte de cette vie. À chacun, je demanderai compte de la vie d'un être humain.

6 Celui qui fait couler le sang d'un être humain,
un autre humain fera couler son sang.
En effet,
Dieu a créé les humains à son image.

7 Et vous, ayez des enfants, devenez nombreux. Installez-vous en grand nombre sur la terre et remplissez-la. »

8 Alors Dieu dit à Noé et à ses fils : 9 « Je vais faire *alliance avec vous, avec vos enfants et avec les enfants de leurs enfants. 10 C'est aussi une alliance avec tous les êtres vivants qui sont autour de vous : avec les oiseaux, les animaux domestiques ou sauvages, donc avec tous ceux qui sont sortis du bateau et tous ceux qui vivront sur la terre. 11 Je fais alliance avec vous : l'eau de la grande inondation ne détruira plus jamais la vie sur la terre. Il n'y aura plus de grande inondation pour détruire la terre. » Dieu dit encore : 12 « Voici le signe de mon alliance. Je le mets entre moi et vous, entre moi et tous les êtres vivants qui sont autour de vous. Ce signe sera valable pour tous ceux qui naîtront après vous. 13 Je mets mon arc dans les nuages, il sera le signe de l'alliance entre moi et la terre. 14 Quand je ferai venir les nuages au-dessus de la terre, quand l'arc-en-ciel apparaîtra dans les nuages, 15 je penserai à mon alliance avec vous et avec tous les êtres vivants. Il n'y aura plus jamais de grande inondation pour détruire la vie. 16 Quand l'arc sera dans les nuages, je le verrai. Et je me souviendrai de l'alliance que j'ai faite pour toujours avec tous les êtres vivants de la terre. » 17 Et Dieu redit à Noé : « L'arc-en-ciel est le signe de l'alliance que je fais entre moi et tous les êtres vivants qui sont sur la terre. »

Les trois fils de Noé : Sem, Cham et Japhet

18 Les fils de Noé qui sont sortis du bateau sont Sem, Cham et Japhet. Cham est le père de Canaan. 19 Ces trois fils de Noé sont les ancêtres des habitants de toute la terre.

20 Noé est le premier cultivateur. Il plante une *vigne. 21 Il boit son vin et devient ivre. Alors il enlève tous ses vêtements sous sa tente. 22 Cham, le père de Canaan, voit son père tout nu, et il raconte cela à ses deux frères qui sont dehors. 23 Sem et Japhet prennent le vêtement de Noé. Ils le mettent sur leurs épaules. Puis ils entrent dans la tente en reculant et ils couvrent leur père. Ils regardent droit devant eux pour ne pas voir leur père nu. 24 Quand Noé n'est plus ivre, il apprend ce que son plus jeune fils a fait. 25 Il dit alors :

« Que Canaan soit maudit !
Qu'il soit pour ses frères
le dernier des esclaves ! »

26 Et il ajoute :
« *Gloire au SEIGNEUR,
le Dieu de Sem !
Que Canaan soit l'esclave de Sem !
27 Que Dieu donne beaucoup de terres à Japhet !
Que Japhet habite sous les tentes de Sem,
et que Canaan soit l'esclave de Japhet ! »
28 Noé vit encore 350 ans après la grande
inondation. 29 Au total, Noé vit 950 ans, puis
il meurt.

Les peuples de la terre : les clans de Sem, Cham et Japhet

10 1 Après la grande inondation, les fils de
Noé, Sem, Cham et Japhet, ont des fils.
Voici la liste des enfants de leurs enfants :
2 Les fils de Japhet sont : Gomer, Magog, Madaï, Yavan, Toubal, Méchek et Tiras. 3 Les
fils de Gomer sont : Achekénaz, Rifath et Togarma. 4 Les fils de Yavan sont : Élicha, Tarsis,
Kittim et Rodanim. 5 Ils ont donné naissance
aux peuples qui habitent le long des côtes.
Les habitants sont groupés par pays selon
leur langue, dans chaque peuple, selon leur
clan.

6 Les fils de Cham sont : Kouch et Misraïm,
Pouth et Canaan. 7 Les fils de Kouch sont :
Séba, Havila, Sabta, Ragma et Sabteka. Les
fils de Ragma sont : Saba et Dédan. 8 Kouch
est aussi le père de Nemrod. Nemrod a été
le premier héros sur la terre. 9 Il a été un grand
chasseur aux yeux du SEIGNEUR. C'est pourquoi on dit : « Grand chasseur aux yeux du SEI-
GNEUR, comme Nemrod. » 10 Les premières
villes de son royaume sont : Babel, Érek, Ac-
cad et Kalné, en *Mésopotamie. 11 Nemrod a
quitté ce pays pour l'Assyrie et il a construit
les villes de Ninive, Rehoboth-Ir, Kéla 12 et
Ressen, entre Ninive et la grande ville de Kéla.
13 Misraïm est l'ancêtre des gens de Loud,
Einam, Lehab, Naftou, 14 Patros, Kaslou et Kaftor. Les habitants de Kaslou ont donné naissance aux *Philistins.

15 Canaan est le père de Sidon, son fils aîné,
et de Heth. 16 Heth est l'ancêtre des Jébusites,
*Amorites, Guirgachites, 17 Hivites, Arquites,
Sinites, 18 Arvadites, Semarites et Hamatites.
Plus tard, les clans des *Cananéens sont partis
un peu partout, 19 et leur territoire s'est
étendu de Sidon, vers Guérar jusqu'à Gaza,
et vers Sodome, Gomorrhe, Adma et Seboïm
jusqu'à Lécha. 20 Ce sont les fils de Cham, regroupés selon leurs clans et leurs langues,
dans leurs pays et leurs nations.

21 Sem, le frère aîné de Japhet, a eu aussi des
fils. Il est l'ancêtre d'Éber et de tous les enfants de ses enfants. 22 Les fils de Sem sont :
Élam, Assour, Arpaxad, Loud et Aram. 23 Les
fils d'Aram sont : Ous, Houl, Guéter et
Mach. 24 Arpaxad est le père de Chéla, et
Chéla est le père d'Éber. 25 Éber a deux fils :
le premier s'appelle Péleg, ce qui veut dire
« Division ». En effet, au moment où il vit,
les habitants de la terre se divisent. Son frère
s'appelle Yoctan. 26 Yoctan est le père d'Almodad, Chélef, Hassarmaveth, Yéra, 27 Hadoram,
Ouzal, Dicla, 28 Obal, Abimaël, Saba, 29 Ofir,
Havila, Yobab. Tous ceux-là sont les fils de
Yoctan. 30 Ils habitent entre Mécha et la région
montagneuse de Séfar, à l'est. 31 Voilà les enfants des enfants de Sem, regroupés selon
leurs clans et leurs langues, dans leurs pays
et leurs nations.

32 Voilà les clans des fils de Noé selon leurs
listes, peuple par peuple. C'est de ces clans
que sont nés tous les peuples qui sont sur la
terre après la grande inondation.

Les habitants de la terre construisent une tour

11 1 À ce moment-là, tous les habitants de
la terre parlent la même langue et ils
utilisent les mêmes mots. 2 Un jour, les gens
vont vers l'est. Ils trouvent une plaine au
sud de la *Mésopotamie et ils s'installent là.
3 Ils se disent entre eux : « Allons ! Faisons
des briques et cuisons-les au feu. » Les briques
leur servent de pierres, et le bitume[l] leur sert
de ciment. 4 Puis ils disent : « Allons ! Construisons une ville et une grande tour aussi
haute que le ciel. Ainsi, nous deviendrons

l **11.3** *Le bitume est une sorte de goudron.*

célèbres et nous pourrons rester tous ensemble. »
5 Alors le SEIGNEUR descend du ciel pour voir
la ville et la tour que les êtres humains sont en
train de construire. 6 Ensuite, il dit : « Ils forment tous un seul peuple et ils parlent la
même langue. Cela commence bien ! Alors
maintenant, jusqu'où vont-ils aller ? Rien ne
pourra plus les arrêter. Ils vont faire tout ce
qu'ils veulent. 7 Ah non ! Je vais mélanger
leur langage. Il faut les empêcher de se
comprendre entre eux ! » 8 Le SEIGNEUR les
chasse de leur ville et il les envoie un peu partout dans le monde. Ils arrêtent de construire
la ville. 9 C'est pourquoi on donne à cette ville
le nom de Babel. En effet, c'est là que le SEI-
GNEUR a mélangé[m] le langage des habitants
de la terre. Et c'est à partir de là qu'il les a envoyés un peu partout dans le monde entier.

La suite des générations depuis Sem jusqu'à Abram

10 Voici la liste des enfants des fils de Sem. À
l'âge de 100 ans, deux ans après la grande
inondation, Sem a un fils : Arpaxad. 11 Après
la naissance d'Arpaxad, Sem vit encore 500
ans. Il a d'autres fils et des filles.
12 Arpaxad vit 35 ans et il a un fils : Chéla.
13 Après la naissance de Chéla, Arpaxad vit encore 403 ans. Il a d'autres fils et des filles.
14 Chéla vit 30 ans et il a un fils : Éber.
15 Après la naissance d'Éber, Chéla vit encore
403 ans. Il a d'autres fils et des filles.
16 À l'âge de 34 ans, Éber a un fils : Péleg.
17 Après la naissance de Péleg, Éber vit encore
430 ans. Il a d'autres fils et des filles.
18 À l'âge de 30 ans, Péleg a un fils : Réou.
19 Après la naissance de Réou, Péleg vit encore
209 ans. Il a d'autres fils et des filles.
20 À l'âge de 32 ans, Réou a un fils : Seroug.
21 Après la naissance de Seroug, Réou vit encore 207 ans. Il a d'autres fils et des filles.
22 À l'âge de 30 ans, Seroug a un fils : Nahor.
23 Après la naissance de Nahor, Seroug vit encore 200 ans. Il a d'autres fils et des filles.
24 À l'âge de 29 ans, Nahor a un fils : Téra.
25 Après la naissance de Téra, Nahor vit encore 119 ans. Il a d'autres fils et des filles.
26 À l'âge de 70 ans, Téra a trois fils : Abram,
Nahor et Haran.
27 Voici la liste des enfants des fils de Téra.
Téra est le père d'Abram, de Nahor et de Haran. Haran a un fils : Loth. 28 Haran meurt au
pays où il est né, à Our, en Babylonie. Mais
son père est encore vivant. 29 Abram prend
pour femme Saraï. Nahor prend pour femme
Milka, la fille de Haran. Haran était aussi le
père d'Iska. 30 Saraï n'a pas d'enfant, elle est
stérile.
31 Téra quitte Our en Babylonie pour aller
en *Canaan. Il emmène son fils Abram et
son petit-fils Loth, le fils de Haran. Il emmène aussi sa belle-fille Saraï, la femme
d'Abram. Ils voyagent jusqu'à Haran[n] et ils
s'installent là. 32 Téra vit 205 ans, puis il
meurt à Haran.

ABRAHAM
12.1–25.18

Dieu dit à Abram de quitter son pays

12 1 Le SEIGNEUR dit à Abram : « Quitte ton
pays, ta famille et la maison de ton
père. Puis va dans le pays que je vais te montrer. 2 Je ferai naître de toi un grand peuple, je
te *bénirai et je rendrai ton nom célèbre. Je
bénirai les autres par toi. 3 Je bénirai ceux
qui te béniront, je maudirai celui qui te maudira. Par toi, je bénirai toutes les familles de la
terre. »
4 Abram s'en va comme le SEIGNEUR l'a
commandé, et son neveu Loth part avec lui.
Au moment où il quitte Haran, Abram a

m 11.9 *En hébreu, le nom de Babel ressemble au verbe traduit ici par « a mélangé ».*

n 11.31 *Our : ville sur le fleuve Euphrate, près du golfe Persique.*
Haran : en Syrie, très loin au nord-ouest d'Our.

75 ans. 5 Il prend avec lui sa femme Saraï et son neveu Loth. Ils emportent toutes leurs richesses. Ils emmènent aussi tous les esclaves qu'ils ont achetés à Haran. Ils vont vers le pays de *Canaan.

Abram en Canaan, puis en Égypte

Ils arrivent donc en Canaan. 6 Abram traverse le pays jusqu'au grand arbre sacré de Moré, à Sichem. À cette époque, les *Cananéens habitent le pays.

7 Le SEIGNEUR se montre à Abram et il lui dit : « Je donnerai ce pays à tes enfants et aux enfants de leurs enfants. » À cet endroit, Abram construit un *autel pour le SEIGNEUR qui s'est montré à lui. 8 De là, il va dans une région de montagnes, à l'est de Béthel. Il dresse sa tente entre Béthel à l'ouest et Aï à l'est. Là, il construit un autre autel pour le SEIGNEUR et il prie Dieu en l'appelant SEIGNEUR. 9 Puis en plusieurs étapes, Abram va vers le sud de Canaan.

10 Il y a une famine dans le pays. Abram va en Égypte pour y rester. En effet, la famine est grande. 11 Au moment où Abram entre en Égypte, il dit à Saraï sa femme : « Écoute, je sais que tu es belle. 12 Quand les Égyptiens vont te voir, ils diront : "C'est sa femme." Puis ils me tueront et ils te laisseront en vie. 13 Dis donc que tu es ma sœur. Alors on me recevra bien, et ainsi, je resterai en vie grâce à toi. »

14 Quand Abram arrive en Égypte, les Égyptiens voient que sa femme est très belle. 15 Des officiers du roi la voient et ils font des compliments sur elle à leur maître. On conduit alors la femme dans le palais du roi. 16 Grâce à elle, le roi d'Égypte reçoit bien Abram. Il lui donne des moutons, des chèvres et des bœufs, des serviteurs et des servantes, des ânes, des ânesses et des chameaux.

17 Mais le SEIGNEUR frappe le roi d'Égypte et sa famille de grands malheurs, à cause de Saraï, la femme d'Abram. 18 Le roi fait venir Abram et il lui dit : « Qu'est-ce que tu m'as fait là ? Tu ne m'as pas dit que c'était ta femme ! Pourquoi donc ? 19 Tu as dit qu'elle était ta sœur. Pourquoi ? Et moi, je l'ai prise pour femme ! Maintenant, voilà ta femme ! Prends-la et va-t'en ! »

20 Le roi d'Égypte donne des ordres à ses serviteurs. Ils reconduisent Abram à la frontière avec sa femme et tout ce qui est à lui.

13 1 D'Égypte, Abram retourne au sud de *Canaan avec sa femme et tout ce qui est à lui. Loth est avec lui.

Abram et son neveu Loth vont chacun de leur côté

2 Abram est très riche. Il a de grands troupeaux, beaucoup d'argent et beaucoup d'or. 3 Il va par étapes du sud jusqu'à Béthel. Il a déjà campé là, entre Béthel et Aï, 4 et il a construit un *autel à cet endroit. C'est là qu'Abram prie Dieu en l'appelant SEIGNEUR.

5 Loth est venu avec Abram. Lui aussi possède des moutons, des chèvres et des bœufs, ainsi que des tentes. 6-7 Ce pays n'est pas assez grand pour les faire vivre tous ensemble. En effet, leurs troupeaux sont trop nombreux, et ils ne peuvent pas rester ensemble. De plus, les *Cananéens et les Perizites habitent le pays. Il y a une dispute entre les bergers d'Abram et ceux de Loth. 8 Alors Abram dit à Loth : « Nous sommes de la même famille, ne nous disputons pas ! Il ne faut pas de dispute non plus entre mes bergers et les tiens. 9 Tu as tout le pays devant toi. Séparons-nous ! Si tu vas vers le nord, j'irai vers le sud. Si tu vas vers le sud, j'irai vers le nord. »

10 Loth regarde : il voit toute la plaine du Jourdain. Elle est arrosée partout jusqu'à Soar. Elle est comme le jardin du SEIGNEUR[o], comme la vallée du Nil en Égypte. C'était avant que le SEIGNEUR détruise les villes de Sodome et de Gomorrhe. 11 Loth choisit pour lui toute la plaine du Jourdain et il part vers l'est. Voilà comment Loth et Abram se séparent. 12 Abram reste en *Canaan. Loth campe près des villes de la plaine du Jourdain. Il dresse ses tentes jusqu'à Sodome. 13 Les habitants de Sodome se conduisent très mal. Ils

---

o **13.10** *Voir Genèse 2.8-10.*

commettent des péchés graves contre le SEIGNEUR.

Le Seigneur promet un pays et de nombreux enfants à Abram

14 Après le départ de Loth, le SEIGNEUR dit à Abram : « Regarde bien autour de toi, vers le nord et vers le sud, vers l'est et vers l'ouest. 15 Je te donne pour toujours tout le pays que tu vois. Je le donne aussi à tes enfants et aux enfants de leurs enfants. 16 Tes enfants et les enfants de leurs enfants, je les rendrai aussi nombreux que les grains de poussière sur le sol. On ne pourra pas les compter, comme on ne peut pas compter les grains de poussière. 17 Va ! Déplace-toi dans le pays de long en large. Oui, c'est à toi que je le donne. »

18 Abram déplace ses tentes et il vient habiter près des grands arbres sacrés de Mamré, près d'Hébron. Là, il construit un *autel pour le SEIGNEUR.

Abram est vainqueur de rois ennemis

14 1-2 En ce temps-là, des rois entrent en guerre. Ce sont les rois Amrafel de *Mésopotamie, Ariok d'Ellasar, Kedor-Laomer d'Élam, et Tidal de Goïm. Ils font la guerre aux rois Béra de Sodome, Bircha de Gomorrhe, Chinab d'Adma, Chéméber de Seboïm et au roi de Béla, c'est-à-dire de Soar. 3 Ces cinq rois se rassemblent dans la vallée de Siddim, recouverte aujourd'hui par la mer Morte. 4 Pendant douze ans, ils sont soumis à Kedor-Laomer, mais la treizième année, ils se révoltent. 5 La quatorzième année, Kedor-Laomer arrive avec les rois ses alliés. Ils battent les Refaïtes à Achetaroth-Carnaïm, les Zouzites à Ham, les Émites dans la plaine de Quiriataïm. 6 Les Horites, ils les battent chez eux, dans les montagnes de Séir. Ils les poursuivent jusqu'à El-Paran, près du désert. 7 Ensuite, ils reviennent vers En-Michepath, c'est-à-dire Cadès. Ils détruisent tout le pays amalécite et ils battent les *Amorites qui habitent Hassasson-Tamar. 8 Les rois des villes de Sodome, Gomorrhe, Adma, Seboïm et de Béla, c'est-à-dire de Soar, font sortir leur armée. Ils se rangent dans la vallée de Siddim 9 pour combattre les rois Kedor-Laomer d'Élam, Tidal de Goïm, Amrafel de Mésopotamie, Ariok d'Ellasar : cinq rois contre quatre. 10 Il y a beaucoup de puits de bitume[p] dans la vallée de Siddim. Les rois de Sodome et de Gomorrhe fuient et ils tombent dans les puits. Ceux qui restent fuient dans la montagne. 11 Les vainqueurs prennent tous les biens de Sodome et de Gomorrhe, toutes les réserves de nourriture, puis ils s'en vont. 12 Loth, le neveu d'Abram, habite Sodome. Ils l'emmènent aussi, avec tous ses biens.

13 Un fuyard vient annoncer la nouvelle à Abram *l'Hébreu, qui habite près des grands arbres sacrés de Mamré, l'Amorite. Mamré est le frère d'Èchekol et d'Aner. Tous les trois sont les alliés d'Abram. 14 Quand Abram apprend que son neveu a été fait prisonnier, il regroupe ses partisans, 318 hommes de son clan. Et il poursuit ses ennemis jusqu'à Dan. 15 Abram divise ses hommes en plusieurs groupes et il attaque ses ennemis pendant la nuit. Il bat les rois et il les poursuit jusqu'à Hoba, au nord de Damas. 16 Il ramène tous les biens et il ramène aussi Loth, son neveu, avec ses biens, avec les femmes et les autres prisonniers.

17 Abram revient après sa victoire sur Kedor-Laomer et sur les rois ses alliés. Le roi de Sodome vient à sa rencontre dans la vallée de Chavé, c'est-à-dire la vallée du Roi.

Abram rencontre Melkisédec

18 Melkisédec[q] est roi de Salem et prêtre du Dieu très-haut. Il apporte du pain et du vin. 19 Il *bénit Abram en disant : « Le Dieu très-haut qui a créé le ciel et la terre, qu'il bénisse

p **14.10** *Voir Genèse 11.3 et la note.*

q **14.18** *Melkisédec veut dire « le roi juste ». Beaucoup de rois de l'ancien Orient étaient à la fois roi et prêtre.*

Abram ! 20 Chantons la louange du Dieu très-
haut qui a livré tes ennemis en ton pouvoir ! »
Abram lui donne le dixième de tout ce qu'il a
ramené de la guerre.
21 Le roi de Sodome dit à Abram : « Donne-
moi les personnes, prends les biens et garde-
les. » 22 Abram lui répond : « Je lève ma main
vers le SEIGNEUR, le Dieu très-haut qui a fait
le ciel et la terre. 23 Je fais ce serment : je ne
prendrai rien de ce qui est à toi : pas un fil,
même pas une lanière de sandale. Alors tu
ne pourras pas dire : "C'est moi qui ai augmenté la richesse d'Abram." 24 Je ne prendrai rien pour moi. J'accepte seulement le
prix de la nourriture que mes serviteurs
ont mangée et la part de mes alliés : Aner,
Èchekol et Mamré. Eux, ils prendront leur
part. »

Dieu fait alliance avec Abram

15 1 Après cela, le SEIGNEUR se montre à
Abram. Il lui dit : « N'aie pas peur,
Abram ! Je te protégerai, et je te donnerai
une grande récompense. » 2-3 Abram répond :
« Seigneur mon DIEU, qu'est-ce que tu vas
me donner ? Je n'ai pas d'enfant, personne
ne pourra naître de moi. C'est Éliézer de Damas qui est mon héritier. C'est lui qui va recevoir tout ce qui est à moi. » 4 Alors le SEIGNEUR
lui répond : « Non, ce n'est pas lui qui sera ton
héritier, ce sera un fils né de toi. » 5 Le SEI-
GNEUR conduit Abram dehors. Il lui dit : « Regarde le ciel et compte les étoiles si tu
peux. » Puis il ajoute : « Ceux qui naîtront de
toi seront aussi nombreux. »
6 Abram a confiance dans le SEIGNEUR. C'est
pourquoi le SEIGNEUR le reconnaît comme
*juste. 7 Il dit à Abram : « C'est moi le SEIGNEUR
qui t'ai fait sortir d'Our[r] en Babylonie. J'ai
voulu que le pays où tu es maintenant soit à
toi. » 8 Abram demande : « Seigneur DIEU,
comment savoir qu'il sera à moi ? » 9 Le SEI-
GNEUR répond : « Amène-moi une jeune vache
de trois ans, une chèvre de trois ans, un bélier
de trois ans, une tourterelle[s] et un jeune pigeon. » 10 Abram amène ces animaux. Il les
coupe en deux et il place les moitiés l'une
en face de l'autre. Mais il ne coupe pas les oiseaux. 11 Des charognards descendent sur les
animaux. Abram les chasse.
12 Au coucher du soleil, Abram s'endort profondément. Alors une nuit épaisse et effrayante tombe sur lui. 13 Le SEIGNEUR dit à
Abram : « Tu dois savoir ceci : tes enfants habiteront dans un pays étranger. Ils deviendront
des esclaves, et on les écrasera pendant 400
ans. 14 Mais je punirai le peuple qu'ils serviront, et ils pourront partir en emportant beaucoup de richesses. 15 Mais toi, tu mourras dans
la paix, et on t'enterrera après une heureuse
vieillesse. 16 Ceux qui naîtront de toi reviendront en *Canaan seulement à la quatrième
génération. En effet, les *Amorites n'ont pas
encore fait assez de mal pour que je les chasse
du pays. »
17 Après le coucher du soleil, il fait nuit
noire. Tout à coup, de la fumée et des flammes
passent entre les animaux partagés. 18 Ce jour-
là, le SEIGNEUR fait *alliance avec Abram. Il lui
dit : « Je donne ce pays à tes enfants et aux enfants de leurs enfants. Il s'étendra depuis le
fleuve d'Égypte jusqu'à l'Euphrate[t], le grand
fleuve. 19 C'est le pays des Quénites, des Que-
nizites, des Quadmonites, 20 des Hittites, des
Perizites, des Refaïtes, 21 des Amorites, des
*Cananéens, des Guirgachites et des Jébusi-
tes. »

La naissance d'Ismaël, fils d'Abram et d'Agar

16 1 Saraï, la femme d'Abram, ne lui a pas
donné d'enfant. Mais elle a une esclave
égyptienne, Agar. 2 Saraï dit à Abram : « Tu
vois, le SEIGNEUR m'a empêchée d'avoir

r 15.7 *Our : voir Genèse 11.31 et la note.*
s 15.9 *La tourterelle est un oiseau de la famille des pigeons.*
t 15.18 *Le fleuve d'Égypte : le Nil.*
L'Euphrate : un des deux grands fleuves de Mésopotamie, l'Irak actuel.

un enfant. Passe donc la nuit avec mon esclave. Elle pourra peut-être me donner un enfant[u]. » Abram suit la proposition de Saraï. 3 Il
habite le pays de *Canaan depuis dix ans.
Alors Saraï, la femme d'Abram, prend Agar,
son esclave égyptienne. Elle la donne comme
femme à Abram, son mari. 4 Il s'unit à Agar, et
elle devient enceinte. Quand Agar voit qu'elle
est enceinte, elle méprise sa maîtresse. 5 Alors
Saraï dit à Abram : « Agar m'insulte. Occupe-
toi toi-même de cette affaire ! C'est moi qui
ai mis mon esclave dans tes bras. Mais elle a
vu qu'elle était enceinte. Et depuis, je ne
suis plus rien pour elle. Que le SEIGNEUR juge
entre toi et moi ! » 6 Abram répond à Saraï :
« Mais ton esclave est à toi ! Tu peux lui faire
ce que tu veux. »

Alors Saraï traite Agar durement, et Agar
fuit dans le désert. 7 *L'ange du SEIGNEUR la
trouve près d'un puits, dans le désert, sur la
route de Chour. 8 Il lui demande : « Agar, esclave de Saraï, d'où viens-tu ? Où vas-tu ? »
Elle répond : « Je fuis Saraï, ma maîtresse. »
9 L'ange du SEIGNEUR lui dit : « Retourne chez
ta maîtresse, et obéis-lui. » 10 L'ange du
SEIGNEUR lui dit : « Je te donnerai beaucoup
d'enfants et de petits-enfants. Ils seront si
nombreux qu'on ne pourra pas les compter. »
11 L'ange du SEIGNEUR lui dit encore : « Tu es
enceinte, et tu vas avoir un garçon. Tu l'appelleras Ismaël. En effet, le SEIGNEUR a entendu
ton cri[v]. 12 Ton fils sera comme un âne sauvage. Il luttera contre tout le monde, et tout
le monde luttera contre lui. Il vivra seul, à
l'écart de tous ses frères. »

13 Agar se demande : « Est-ce que j'ai vraiment vu Celui qui me voit ? » Et elle nomme
le SEIGNEUR qui lui a parlé « Dieu qui me
voit ». 14 C'est pourquoi on appelle le puits :
puits de Lahaï-Roï, c'est-à-dire « le puits du
Vivant qui me voit ». Il se trouve entre Cadès
et Béred. 15 Agar donne un fils à Abram, et
Abram lui donne le nom d'Ismaël. 16 Abram
a 86 ans quand Agar lui donne Ismaël.

Dieu renouvelle son alliance avec Abram et change son nom en Abraham

17 1 Quand Abram a 99 ans, le SEIGNEUR
se montre à lui. Il dit à Abram : « Je
suis le Dieu tout-puissant. Vis sous mon regard et fais toujours ce qui me plaît. 2 Je
vais établir une *alliance entre toi et moi. Je
te donnerai un grand nombre d'enfants et de
petits-enfants. »

3 Abram se met à genoux, le front contre le
sol. Dieu continue à lui parler : 4 « Voici l'alliance que je fais avec toi : tu deviendras le
père de beaucoup de peuples. 5 Tu ne t'appelleras plus Abram. Ton nouveau nom sera
Abraham. En effet, je fais de toi le père de
beaucoup de peuples[w]. 6 Ceux qui naîtront
de toi seront très nombreux. Ils formeront
des peuples, et des rois naîtront de toi. 7 Je
vais faire alliance avec toi, avec tes enfants
et les enfants de leurs enfants, de génération
en génération. Cette alliance durera toujours.
Ainsi, je serai ton Dieu et je serai le Dieu de
tous ceux qui naîtront de toi. 8 Maintenant,
tu vis en *Canaan, mais ce pays n'est pas à
toi. Eh bien, je vais te donner tout ce pays, à
toi, à tes enfants et aux enfants de leurs enfants. Il sera à eux pour toujours, et je serai
leur Dieu. »

9 Dieu dit encore à Abraham : « Toi, tes enfants et les enfants de leurs enfants, de génération en génération, vous respecterez mon
alliance. 10 Voici le commandement que je
vous donne, à toi, à tes enfants et aux enfants
de leurs enfants : tous les garçons devront être
*circoncis. 11 Votre *circoncision sera le signe
de l'alliance entre moi et vous. 12 Tous vos garçons seront circoncis quand ils auront huit
jours, de génération en génération. Tu circon-
ciras de même tous les esclaves nés chez toi,

u **16.2** *Dans l'ancien Orient, quand une femme n'avait pas d'enfant, elle pouvait demander à son mari de s'unir à son esclave. L'enfant qui naissait était considéré comme le sien.*

v **16.11** *Le nom d'Ismaël veut dire « Dieu entend ».*

w **17.5** *En hébreu, le nom d'Abraham ressemble à l'expression traduite ici par « père de beaucoup de peuples ».*

ainsi que les esclaves achetés aux étrangers, qui ne font donc pas partie de ta famille. 13 Ainsi l'esclave né chez toi et l'esclave que tu as acheté seront circoncis. Alors mon alliance sera marquée dans votre corps, comme une alliance qui durera toujours. 14 L'homme qui ne sera pas circoncis, on le séparera de son peuple, parce qu'il n'a pas respecté mon alliance. »

15 Ensuite, Dieu dit à Abraham : « N'appelle plus ta femme Saraï. À partir de maintenant, son nom sera Sara. 16 Je la *bénirai et par elle, je te donnerai un fils. Oui, je la bénirai : elle deviendra la mère de plusieurs peuples, et des rois naîtront d'elle. » 17 Abraham se met à genoux, le front contre le sol. Il se met à rire. En effet, il se dit : « Moi, j'ai 100 ans, est-ce que je peux devenir père ? Et Sara a 90 ans, est-ce qu'elle peut avoir un enfant ? » 18 Alors Abraham dit à Dieu : « Permets à Ismaël de vivre sous ton regard, cela me suffit ! » 19 Mais Dieu répond à Abraham : « Pas du tout ! C'est Sara, ta femme, qui te donnera un fils. Tu l'appelleras Isaac[x]. Je ferai alliance avec lui, avec ses enfants et les enfants de leurs enfants. Cette alliance durera toujours. 20 Pour Ismaël, j'ai entendu ta demande. Je le bénirai. Je lui donnerai beaucoup d'enfants et de petits-enfants. Ils deviendront très nombreux. Il sera le père de douze chefs et il sera l'ancêtre d'un grand peuple. 21 Mais mon alliance, je veux la faire avec Isaac. C'est le fils que Sara va te donner l'an prochain, à cette même époque. »

22 Quand Dieu a fini de parler avec Abraham il le quitte. 23 Alors Abraham prend son fils Ismaël, et tous ses esclaves : ceux qui sont nés chez lui et ceux qu'il a achetés. Il prend donc tous les hommes de sa maison. Il les *circoncit le jour même, comme Dieu lui a commandé de le faire. 24-25 Abraham a 99 ans et son fils Ismaël a 13 ans quand ils sont circoncis. 26 Ils sont circoncis le même jour, 27 avec tous les hommes de la maison d'Abraham, esclaves nés chez lui ou achetés aux étrangers.

Le Seigneur Dieu annonce que Sara aura un fils

18 1 Le SEIGNEUR se montre à Abraham près des grands arbres sacrés de Mamré. Abraham est assis à l'entrée de sa tente. C'est le moment le plus chaud de la journée. 2 Tout à coup, il voit trois hommes debout, près de lui. Aussitôt, depuis l'entrée de la tente, il court à leur rencontre. Abraham s'incline jusqu'à terre devant eux. 3 Il dit : « Je t'en prie, si tu veux m'accorder cette faveur, accepte de t'arrêter chez moi, ton serviteur. 4 On va apporter un peu d'eau pour vous laver les pieds. Puis vous vous reposerez sous cet arbre. 5 Je vais vous donner quelque chose à manger. Alors vous pourrez reprendre des forces avant d'aller plus loin. C'est bien pour cela que vous êtes passés près de moi, votre serviteur. » Les visiteurs répondent : « D'accord ! Fais ce que tu viens de dire. » 6 Alors, Abraham se dépêche d'aller trouver Sara sous la tente. Il lui dit : « Vite ! Prends 25 kilos de ta meilleure farine. Prépare la pâte et fais des galettes. » 7 Ensuite, Abraham court vers le troupeau. Il prend un gros veau bien tendre et il le donne à un jeune serviteur. Celui-ci le prépare vite. 8 Quand la viande est prête, Abraham la met devant les visiteurs, avec du fromage blanc et du lait frais. Ils mangent. Pendant le repas, Abraham se tient debout près d'eux, sous l'arbre. 9 Les visiteurs demandent à Abraham : « Où est ta femme, Sara ? » Il répond : « Elle est là, sous la tente. » 10 L'un des visiteurs dit : « L'an prochain, je reviendrai chez toi, à cette même époque, et ta femme Sara aura un fils. »

Sara est à l'entrée de la tente, derrière Abraham, et elle écoute. 11 Abraham et Sara sont vieux, et Sara n'a plus l'âge d'avoir des enfants. 12 Sara se met à rire dans son cœur et elle pense : « Hélas, je suis bien trop vieille ! Mon mari aussi est vieux. Est-ce que je peux encore avoir du plaisir ? » 13 Alors le SEIGNEUR dit à Abraham : « Sara a ri. Pourquoi donc ? Pourquoi pense-t-elle : "Vraiment, je suis

---

x 17.19 *En hébreu, le nom d'Isaac ressemble au verbe traduit par « il se met à rire » au verset 17.*

trop vieille pour avoir des enfants"? 14 Est-ce qu'il y a quelque chose d'impossible pour le SEIGNEUR? L'an prochain, quand je reviendrai chez toi, à cette même époque, Sara aura un fils.» 15 Sara a peur. Elle dit: «Non, je n'ai pas ri.» Le SEIGNEUR lui dit: «Mais si, tu as ri!»

Abraham prie le Seigneur de pardonner à Sodome

16 Les hommes se lèvent pour partir et ils regardent dans la direction de Sodome. Abraham marche avec eux pour les reconduire. 17 Le SEIGNEUR se dit: «Je ne veux pas cacher à Abraham ce que je vais faire. 18 Il va devenir l'ancêtre d'un grand peuple, d'un peuple puissant. Par lui, je *bénirai tous les peuples de la terre. 19 Je l'ai choisi pour qu'il donne l'ordre à ses fils et à tous ceux qui naîtront de lui de vivre selon mes commandements. Il leur apprendra à faire ce qui est *juste et ce que je veux. Ainsi, je pourrai donner à Abraham ce que je lui ai promis.» 20 Alors le SEIGNEUR dit à Abraham: «Les accusations contre les habitants de Sodome et de Gomorrhe sont graves, leurs péchés sont très grands. 21 Est-ce qu'ils ont vraiment fait tout ce que j'entends dire? Je vais descendre pour voir cela. Ainsi, je saurai la vérité.»

22 Deux des visiteurs quittent cet endroit, ils vont vers Sodome, mais le SEIGNEUR reste avec Abraham. 23 Abraham s'approche et dit: «SEIGNEUR, est-ce que tu vas faire mourir l'innocent avec le coupable? 24 À Sodome, il y a peut-être 50 justes. Est-ce que tu ne vas pas pardonner à la ville, à cause des 50 justes qui habitent là? Est-ce que tu vas vraiment les supprimer? 25 Non, tu ne peux pas faire une chose pareille! Faire mourir l'innocent avec le coupable! Traiter l'innocent comme le coupable! Le juge du monde entier ne peut pas être injuste, c'est impossible!» 26 Le SEIGNEUR répond: «Si je trouve 50 justes à Sodome, je pardonnerai à toute la ville à cause d'eux.»

27 Abraham continue: «Pardon, mon Seigneur, je ne suis rien du tout. Pourtant, j'ose encore te parler. 28 Il n'y a peut-être pas 50 justes. Il en manque peut-être 5. Pour 5, est-ce que tu vas détruire toute la ville?» Le SEIGNEUR répond: «Si je trouve 45 justes à Sodome, je ne la détruirai pas.»

29 Abraham reprend encore la parole et dit: «Ils sont peut-être seulement 40.» Le SEIGNEUR répond: «À cause de ces 40, je ne détruirai pas la ville.»

30 Abraham dit: «Mon Seigneur, je t'en prie, ne te fâche pas si je parle encore. Ils sont peut-être seulement 30.» Le SEIGNEUR répond: «Si je trouve 30 justes dans la ville, je ne la détruirai pas.»

31 Abraham continue: «Mon Seigneur, pardonne-moi si j'ose encore parler. Ils sont peut-être seulement 20.» Le SEIGNEUR lui dit: «À cause de ces 20 justes, je ne détruirai pas la ville.»

32 Abraham dit encore: «Seigneur, je t'en prie, ne te fâche pas. C'est la dernière fois que je parle. Ils sont peut-être seulement 10.» Le SEIGNEUR répond: «À cause de ces 10 justes, je ne détruirai pas la ville.»

33 Quand le SEIGNEUR a fini de parler avec Abraham, il s'en va, et Abraham rentre chez lui.

Dieu détruit la ville de Sodome, mais il sauve Loth

19 1 Vers le soir, les deux *anges arrivent à Sodome. Loth est assis à la *porte de la ville. Dès qu'il les voit, il se lève pour aller à leur rencontre. Puis il s'incline jusqu'à terre devant eux. 2 Il dit: «Je vous en prie, acceptez de venir chez moi qui suis votre serviteur. Vous pourrez vous laver les pieds. Vous passerez la nuit et demain matin, vous continuerez votre chemin.» Les anges répondent à Loth: «Non, nous passerons la nuit dehors, sur la place.» 3 Mais Loth insiste beaucoup. Alors ils vont avec lui et ils entrent dans sa maison. Loth leur prépare un repas, il fait cuire des galettes, puis ils mangent.

4 Ils ne sont pas encore couchés, quand des hommes de la ville de Sodome entourent la maison. Du plus jeune au plus vieux, tous sont là sans exception. 5 Ils appellent Loth et lui disent: «Où sont les hommes qui sont venus chez toi cette nuit? Fais-les sortir, nous voulons coucher avec eux.»

6 Loth sort vers eux à l'entrée de sa maison et il ferme la porte derrière lui. 7 Il leur dit : « S'il vous plaît, mes frères, ne faites pas ce mal ! 8 J'ai deux filles qui n'ont jamais couché avec un homme. Je vais vous les amener, et vous leur ferez ce que vous voudrez. Mais ne faites rien à ces hommes. Ils sont sous mon toit, et je dois les protéger[y]. » 9 Les gens de Sodome répondent : « Va-t'en d'ici ! Tu n'es qu'un étranger et tu veux nous faire la leçon ! Eh bien, nous allons te faire plus de mal qu'à eux ! » Ils bousculent Loth avec violence et ils s'approchent de la porte pour l'enfoncer. 10 Mais les deux anges prennent Loth par la main. Ils le font rentrer avec eux dans la maison et ils ferment la porte. 11 Ils rendent aveugles tous ceux qui sont à l'entrée de la porte, du plus petit au plus grand. Alors ces gens ne peuvent plus trouver la porte.

12 Les deux anges disent à Loth : « Est-ce que tu as encore ici des gens de ta famille ? Un gendre, des fils, des filles, n'importe quel parent ? Emmène-les loin de la ville. 13 En effet, nous allons la détruire. Le SEIGNEUR a entendu dire beaucoup de mal des habitants de la ville. C'est pourquoi il nous a envoyés pour la détruire. » 14 Loth va trouver ses gendres, ceux qui devaient se marier avec ses filles. Il leur dit : « Vite, partez d'ici ! En effet, le SEIGNEUR va détruire la ville. » Mais les gendres de Loth croient qu'il ne parle pas sérieusement.

15 Dès qu'il fait jour, les anges poussent Loth à partir. Ils lui disent : « Debout ! Prends ta femme et tes deux filles qui sont ici. Sinon, vous mourrez avec les habitants de cette ville. Oui, ils vont être punis pour le mal qu'ils ont fait. » 16 Loth ne se presse pas, mais le SEIGNEUR a pitié de lui. Alors les deux anges le prennent par la main, avec sa femme et ses deux filles. Ils le conduisent en dehors de la ville.

17 Après qu'ils les ont fait sortir de la ville, l'un des anges dit à Loth : « Fuis pour sauver ta vie. Ne regarde pas derrière toi, ne t'arrête nulle part dans la plaine. Fuis vers la montagne pour ne pas mourir. » 18 Loth répond : « Oh ! non, je t'en prie, ce n'est pas possible. 19 C'est vrai, tu as été bon pour moi. Et tu m'as accordé un grand bienfait en me sauvant la vie. Mais moi, je ne peux pas fuir dans la montagne. Le malheur va me toucher avant, et je vais mourir. 20 Tu vois cette petite ville ? Elle n'est pas loin, je peux courir jusque-là. De plus, elle est toute petite. Laisse-moi me cacher là-bas. Alors je resterai en vie. » 21 L'ange dit à Loth : « D'accord ! J'ai encore pitié de toi. Je ne vais pas détruire cette ville-là. 22 Pars vite te cacher là-bas. En effet, je ne peux rien faire avant ton arrivée. » C'est pourquoi on appelle cette ville Soar[z].

23 Quand Loth arrive à Soar, le soleil se lève. 24 Alors le SEIGNEUR fait tomber du ciel sur Sodome et Gomorrhe une pluie de feu et de poussière brûlante. 25 Il bouleverse ces deux villes, leurs habitants, toute la région et ce qui pousse sur le sol. 26 La femme de Loth regarde derrière elle et elle devient une statue de sel.

27 Le jour suivant, tôt le matin, Abraham va à l'endroit où il s'est tenu devant le SEIGNEUR. 28 Il regarde dans la direction de Sodome, de Gomorrhe et de toute la région. Il voit une fumée qui monte de la terre. Elle ressemble à la fumée d'un grand feu.

29 Quand Dieu a détruit les villes de cette région, il s'est souvenu d'Abraham. Quand Dieu a bouleversé les villes où Loth avait habité, il a sauvé Loth du malheur.

Origine des Ammonites et des Moabites

30 Loth a peur d'habiter à Soar. Alors il quitte la ville et il va vivre dans la montagne. Ses deux filles l'accompagnent. Il loge avec elles dans une grotte. 31 Un jour, l'aînée dit à la plus jeune : « Notre père est vieux, et il n'y a pas d'homme dans la région pour se marier avec nous, comme cela se fait partout. 32 Viens, nous allons faire boire du vin à notre

---

y 19.8 *Dans l'ancien Orient, la règle de l'hospitalité était sacrée. Elle passait avant tout le reste.*

z 19.22 *En hébreu, le nom de Soar veut dire « petit », voir le verset 20.*

père. Ensuite, nous coucherons avec lui. Alors
grâce à nous, des enfants et des petits-enfants
naîtront de notre père. » 33 Ce soir-là, elles
font boire du vin à leur père, et l'aînée vient
coucher avec lui. Loth ne se rend compte de
rien, ni quand elle se couche, ni quand elle
se lève.

34 Le jour suivant, l'aînée dit à sa petite
sœur : « C'est fait, j'ai couché la nuit dernière
avec notre père. Donnons-lui encore du vin à
boire cette nuit, et tu iras coucher avec lui.
Alors grâce à nous, des enfants et des
petits-enfants naîtront de notre père. » 35 Ce
soir-là, les filles de Loth font encore boire
du vin à leur père, et la plus jeune vient coucher avec lui. Loth ne se rend compte de
rien, ni quand elle se couche, ni quand elle
se lève.

36 Les deux filles de Loth deviennent enceintes de leur père. 37 L'aînée met au monde
un fils. Elle l'appelle Moab. Il est l'ancêtre des
Moabites[a] d'aujourd'hui. 38 La plus jeune, elle
aussi, met au monde un fils. Elle l'appelle Ben-
Ammi. Il est l'ancêtre des Ammonites[b] d'aujourd'hui.

Abraham et Sara chez Abimélek

20 1 Abraham part pour la région du sud.
Il s'installe entre Cadès et Chour, puis
il vient habiter à Guérar. 2 Abraham dit en parlant de sa femme Sara : « C'est ma sœur. »
Alors Abimélek, roi de Guérar, la fait enlever.
3 Mais Dieu se montre à Abimélek dans un
rêve pendant la nuit. Il lui dit : « Tu vas mourir
à cause de la femme que tu as enlevée. En effet, elle est mariée. » 4 Abimélek ne s'est pas
encore approché d'elle. Il dit : « Seigneur,
mon peuple et moi, nous sommes innocents.
Est-ce que tu vas nous faire mourir quand
même ? 5 C'est Abraham qui m'a dit : "C'est
ma sœur." Et elle, elle a dit : "C'est mon
frère." J'étais vraiment sincère et je n'ai rien
fait de mal. »

6 Dieu lui répond dans un rêve : « Tu étais
sincère, je le sais, moi aussi. Et c'est moi qui
t'ai empêché de commettre une faute contre
moi. C'est pourquoi je ne t'ai pas laissé toucher cette femme. 7 Maintenant, rends-la à
son mari. C'est un *prophète. Il priera pour
que tu restes en vie. Si tu ne la rends pas, tu
dois savoir ceci : tu mourras *sûrement, toi et*
toute ta famille. »

8 Abimélek se lève tôt le matin. Il appelle
tous ses ministres et il leur raconte toute cette
affaire. Ils ont très peur. 9 Abimélek appelle
Abraham et lui demande : « Qu'est-ce que tu
nous as fait là ? Tu nous as poussés, moi et
mon royaume, à commettre une faute très
grave. Est-ce que j'ai fait une faute contre
toi ? Tu t'es conduit envers moi comme on
ne doit jamais le faire. » 10 Abimélek continue : « Qu'est-ce que tu cherchais en agissant
de cette façon ? » 11 Abraham répond : « J'ai
pensé : "Les gens d'ici n'ont aucun respect
pour Dieu. Ils vont me tuer à cause de ma
femme." 12 D'ailleurs, c'est vrai qu'elle est
ma sœur, puisque nous avons le même
père. Mais nous n'avons pas la même mère,
et elle est devenue ma femme. 13 Quand
Dieu m'a fait quitter la maison de mon père,
j'ai dit à Sara : "Voici la faveur que je te demande : partout où nous irons, dis que je
suis ton frère." »

14 Abimélek prend des moutons, des chèvres et des bœufs, des esclaves, hommes et
femmes. Il les donne à Abraham en lui rendant sa femme Sara. 15 Abimélek lui dit :
« Mon pays est devant toi. Installe-toi là où
tu veux. » 16 Puis il dit à Sara : « Tu vois, je
donne mille pièces d'argent à ton frère. Pour
tous ceux qui sont avec toi, ce sera la preuve
que tu n'es pas coupable dans cette affaire. Et
tu retrouveras ton honneur aux yeux de
tous. »

17-18 Le SEIGNEUR a rendu stériles toutes les
femmes de la maison d'Abimélek, à cause de

a 19.37 *En hébreu, le nom de Moab ressemble à l'expression « qui vient du père ». Les Moabites ont vécu à l'est de la mer Morte.*

b 19.38 *En hébreu, Ben-Ammi veut dire « fils de mon peuple » ou « fils de mon parent ». Les Ammonites ont vécu à l'est du fleuve Jourdain.*

Sara, la femme d'Abraham. Alors Abraham
prie Dieu, et Dieu guérit Abimélek, sa femme
et ses servantes : elles peuvent de nouveau
avoir des enfants.

La naissance d'Isaac, fils d'Abraham et de Sara

21 1 Le SEIGNEUR fait du bien à Sara comme
il l'a dit. Il fait pour elle ce qu'il a promis. 2 Elle devient enceinte et elle donne un
fils à Abraham au moment que Dieu a annoncé. Pourtant Abraham est déjà vieux. 3 Le
fils que Sara lui donne, Abraham l'appelle
Isaac. 4 Il le *circoncit à l'âge de huit jours,
comme Dieu l'a commandé. 5 Quand Isaac
naît, Abraham a 100 ans. 6 Sara dit : « Dieu
m'a fait rire[c] de joie. Tous ceux qui apprendront la naissance d'Isaac riront avec moi. »
7 Puis elle ajoute : « Qui pouvait dire à Abraham : "Un jour, Sara allaitera des enfants ?"
Pourtant, je lui ai donné un fils dans sa vieillesse ! »

Abraham renvoie Agar et son fils Ismaël

8 Isaac grandit, et Sara arrête de l'allaiter. Le
jour où Sara sèvre l'enfant, Abraham donne
un grand repas.
9 Agar, l'Égyptienne, a donné un fils à Abraham[d]. L'enfant est en train de s'amuser, et
Sara le voit. 10 Elle dit à Abraham : « Chasse
cette esclave et son fils. Le fils de cette esclave
ne doit pas hériter avec mon fils Isaac. »
11 Abraham est vraiment triste d'entendre
cela. En effet, Ismaël, l'enfant d'Agar est aussi
son fils. 12 Mais Dieu dit à Abraham : « Ne sois
pas triste à cause du garçon et de ton esclave.
Fais tout ce que Sara te dit. Les enfants et les
enfants de leurs enfants que je t'ai promis, tu
les auras par Isaac. 13 Je ferai aussi naître un
peuple du fils d'Agar, ton esclave. En effet,
Ismaël aussi est ton fils. »
14 Le jour suivant, Abraham se lève tôt le
matin. Il prend du pain et une *outre pleine
d'eau, il les donne à Agar. Il lui met l'enfant
sur le dos et il la renvoie. Agar s'en va et
elle se perd dans le désert de Berchéba.
15 Quand il n'y a plus d'eau dans l'outre, elle
laisse l'enfant sous un buisson. 16 Puis elle va
s'asseoir un peu plus loin, à la distance d'une
flèche. En effet, elle pense : « Je ne veux pas
voir mourir mon enfant. » Elle s'assoit donc
un peu plus loin, elle se met à pleurer.
17 Dieu entend les cris de l'enfant. Du *ciel,
*l'ange de Dieu appelle Agar. Il lui dit :
« Agar, qu'est-ce que tu as ? N'aie pas peur.
Dieu a entendu l'enfant crier là-bas. 18 Lève-
toi ! Prends ton fils et tiens-le d'une main
forte. Je ferai naître de lui un grand peuple. »
19 Dieu ouvre les yeux d'Agar. Elle aperçoit un
puits avec de l'eau. Elle va remplir l'outre et
elle donne à boire à son fils.
20 Dieu prend soin de l'enfant. Ensuite, l'enfant grandit et il habite dans le désert. Il devient un tireur à l'arc. 21 Il habite dans le
désert de Paran. Sa mère lui donne pour
femme une Égyptienne.

Abraham passe un accord avec Abimélek

22 À cette époque-là, Abimélek vient trouver Abraham avec Pikol, le chef de son armée.
Il dit à Abraham : « Dieu est avec toi dans tout
ce que tu fais. 23 Maintenant donc, jure-moi
par Dieu de ne pas me trahir, ni moi, ni mes
enfants, ni les enfants de leurs enfants. J'ai été
bon pour toi. Toi aussi, agis avec bonté envers
moi et envers le pays où tu habites. » 24 Abraham répond : « Je le jure. »
25 Un jour, les serviteurs d'Abimélek prennent un puits. Abraham se plaint de cette
affaire auprès d'Abimélek. 26 Abimélek lui répond : « Je ne sais pas qui a fait cela. Jusqu'à
aujourd'hui, tu ne m'as rien dit, et j'ignorais
tout. » 27 Alors Abraham prend des moutons,
des chèvres et des bœufs. Il les donne à Abimélek, et tous deux passent un accord.
28 Abraham met à part sept moutons. 29 Abimélek dit à Abraham : « Ces sept moutons
que tu as mis à part, c'est pour quoi faire ? »

---

c **21.6** *Voir Genèse 18.12-15 et Genèse 17.17-19 et la note.*
d **21.9** *Voir Genèse 16.1.*

30 Abraham lui répond : « Ils sont pour toi. Ils te rappelleront que c'est bien moi qui ai creusé ce puits. » 31 C'est pourquoi on appelle ce lieu Berchéba. En effet, c'est là que tous deux ont fait un serment[e].

32 Ils passent donc un accord à Berchéba. Ensuite, Abimélek part avec Pikol, le chef de son armée, et il retourne au pays des *Philistins. 33 À Berchéba, Abraham plante un arbre, un arbre du désert, et il prie le Dieu de toujours en l'appelant SEIGNEUR. 34 Abraham reste longtemps dans le pays des Philistins.

Abraham est prêt à offrir son fils Isaac à Dieu

22 1 Après cela, Dieu veut voir si Abraham est toujours prêt à lui obéir. Il l'appelle : « Abraham ! » Abraham répond : « Oui, je t'écoute ! » 2 Dieu continue : « Prends ton fils, Isaac, ton seul fils, celui que tu aimes tant. Va dans le pays de Moria. Et là, offre-le en *sacrifice sur une montagne que je te montrerai. »

3 Le jour suivant, Abraham se lève tôt le matin. Il coupe du bois pour le feu du sacrifice. Il prépare son âne pour le voyage. Il prend avec lui deux serviteurs et son fils Isaac. Puis il part vers l'endroit que Dieu lui a montré. 4 Le troisième jour, Abraham aperçoit au loin la montagne où il doit aller. 5 Abraham dit à ses serviteurs : « Restez ici avec l'âne. L'enfant et moi, nous allons là-haut pour adorer Dieu. Puis nous reviendrons vers vous. »

6 Abraham prend le bois pour le sacrifice et il le fait porter par son fils Isaac. Lui-même porte le feu et un couteau, et ils s'en vont tous deux ensemble. 7 Isaac dit à Abraham : « Père ! » Abraham répond : « Oui, mon fils, je t'écoute. » Isaac continue : « Nous avons le feu et le bois. Mais où est l'agneau pour le sacrifice ? » 8 Abraham répond : « Dieu s'arrangera pour trouver l'agneau du sacrifice, mon fils. »

Tous les deux continuent à marcher ensemble. 9 Quand ils arrivent à l'endroit que Dieu lui a montré, Abraham construit un *autel pour le sacrifice. Il met le bois sur l'autel, il attache son fils Isaac et il le met sur l'autel, au-dessus du bois. 10 Puis il prend le couteau pour *égorger son fils. 11 Mais *l'ange du SEIGNEUR l'appelle du *ciel : « Abraham ! Abraham ! » Abraham répond : « Oui, je t'écoute. » 12 Le SEIGNEUR continue : « Ne touche pas à l'enfant, ne lui fais pas de mal ! Maintenant, je sais que tu me respectes. En effet, tu as accepté de me donner ton fils, ton seul fils. »

13 Alors Abraham aperçoit un bélier, accroché par les cornes dans un buisson. Il va le chercher et il l'offre en sacrifice à Dieu, à la place de son fils. 14 Abraham appelle cet endroit : « Le SEIGNEUR s'arrangera. » C'est pourquoi on dit encore aujourd'hui : « Sur la montagne, le SEIGNEUR s'arrangera. »

15 Du ciel, l'ange du SEIGNEUR appelle Abraham une deuxième fois. 16 Il lui dit : « Voici ce que le SEIGNEUR déclare : Parce que tu as fait cela, parce que tu as accepté de me donner ton seul fils, aussi vrai que je suis Dieu, je fais ce serment : 17 je te *bénirai. Tes enfants et les enfants de leurs enfants, je les rendrai aussi nombreux que les étoiles du ciel et les grains de sable au bord de la mer. Ils prendront les villes de leurs ennemis. 18 Par eux, je bénirai tous les peuples de la terre parce que tu m'as obéi. » 19 Abraham revient vers ses serviteurs. Ils reprennent la route ensemble vers Berchéba. C'est là qu'Abraham habite.

Rébecca, petite-fille de Nahor, frère d'Abraham

20 Après ces événements, quelqu'un vient dire à Abraham : « Milka, la femme de ton frère Nahor, lui a donné des fils, elle aussi : 21 Ous, l'aîné, Bous, son frère, Quemouel le père d'Aram, 22 Kessed, Hazo, Pildach, Idlaf et Betouel. » 23 Voilà les huit fils que Milka a donnés à Nahor, le frère d'Abraham. Betouel est le père de Rébecca. 24 Nahor a une femme de deuxième rang qui s'appelle Réouma. Elle a aussi des enfants : Téba, Gaham, Tahach et Maaka.

---

e **21.31** *Berchéba veut dire « Puits-des-sept » ou « Puits-du-serment ».*

Abraham achète une tombe pour Sara

23 1 Sara vit 127 ans. 2 Elle meurt à Quiriath-Arba, c'est-à-dire Hébron, en *Canaan. Abraham fait les funérailles de Sara et il pleure sa femme. 3 Puis il quitte l'endroit où le corps de Sara se trouve. Et il va parler aux gens de la famille de Heth[f]. 4 Il leur dit : « Je vis au milieu de vous comme un étranger et un hôte. Permettez-moi d'acheter une tombe chez vous. Alors je pourrai enterrer ma femme à cet endroit. » 5 Les Hittites répondent à Abraham : 6 « Écoute-nous, nous t'en prions ! Dieu a fait de toi un chef au milieu de nous. Enterre ta femme dans la meilleure de nos tombes. Parmi nous, personne ne te refusera sa tombe pour enterrer ta femme. »

7 Abraham se lève et s'incline profondément devant les Hittites qui habitent cette région. 8 Puis il leur dit : « Si vous acceptez vraiment que j'enterre ma femme ici, écoutez-moi et parlez pour moi à Éfron, le fils de Soar. 9 Demandez-lui de me vendre la grotte de Makpéla. Elle est à lui et elle se trouve au bout de son champ. Demandez-lui de me la vendre à son juste prix, en votre présence. Alors cette grotte m'appartiendra, et j'en ferai une tombe. »

10 Éfron le Hittite se trouve là, au milieu de ses frères. Il répond à Abraham assez fort pour que ses paroles parviennent aux oreilles de tous les Hittites présents à la *porte de la ville. Éfron dit à Abraham : 11 « Non ! Écoute-moi, je t'en prie ! Le champ, je te le donne. La grotte qui est au bout du champ, je t'en fais cadeau sous les yeux des gens de mon clan. Tu peux enterrer ta femme à cet endroit. »

12 De nouveau, Abraham s'incline profondément devant les gens de la région. 13 Puis il parle à Éfron assez fort pour que tout le monde l'entende. Il dit : « Écoute-moi à ton tour, je t'en prie ! Je veux te payer le prix du champ. Accepte l'argent, et c'est là que je vais enterrer ma femme. » 14 Éfron répond à Abraham : 15 « Écoute-moi, je t'en prie ! Un terrain qui vaut 400 pièces d'argent, entre toi et moi, ce n'est rien. Enterre donc ta femme ! » 16 Abraham se met d'accord avec Éfron. Il compte l'argent qu'il a promis de lui donner en présence des Hittites : 400 pièces utilisées habituellement par les commerçants. 17-18 Voici ce qui appartient maintenant à Abraham : le champ d'Éfron, situé à Makpéla à l'est de Mamré, la grotte et tous les arbres qui sont dans le champ. Tous les Hittites qui sont venus à la porte de la ville sont *témoins de cela.

19 Ensuite, Abraham enterre sa femme Sara dans la grotte du champ de Makpéla, près de Mamré. C'est à Hébron, en Canaan. 20 Les Hittites reconnaissent qu'Abraham est propriétaire du champ et de la grotte qui s'y trouve. Il peut donc enterrer ses morts à cet endroit.

Abraham cherche une femme pour Isaac

24 1 Abraham est devenu très vieux. Le SEIGNEUR l'a *béni dans tout ce qu'il a fait. 2 Un jour, Abraham parle au plus vieux de ses serviteurs. C'est lui qui s'occupe de tous ses biens. Il lui dit : « Mets ta main sous ma cuisse[g]. 3 Jure-moi une chose par le SEIGNEUR, le Dieu qui a fait le ciel et la terre : pour mon fils, tu ne prendras pas comme femme une fille de *Canaan, ce pays où j'habite. 4 Tu iras dans mon pays et dans ma famille. Là, tu choisiras une femme pour mon fils Isaac. » 5 Le serviteur lui répond : « La femme refusera peut-être de me suivre ici. Alors, est-ce que je dois ramener ton fils dans le pays que tu as quitté ? » 6 Abraham répond : « Non, surtout pas ! Ne ramène pas mon fils là-bas. 7 Le SEIGNEUR, le Dieu qui est au ciel, m'a fait quitter la maison de mon père et le pays de ma famille. Il m'a parlé et il m'a fait ce serment : "Je donnerai ce pays à tes enfants et aux enfants de leurs enfants." Il enverra son *ange devant toi. Alors tu pourras ramener de là-bas une femme pour mon

f **23.3** *Les gens de la famille de Heth : les Hittites, voir le verset 10.*

g **24.2** *Dans l'ancien Orient, ce geste accompagnait parfois un serment.*

fils. [8] Si la femme ne veut pas te suivre, tu seras libéré du serment que tu vas faire. En tout cas, ne ramène pas mon fils là-bas. »

[9] Alors le serviteur met la main sous la cuisse d'Abraham et il jure de faire ce qu'il commande. [10] Le serviteur prend dix chameaux de son maître et il emporte tout ce que son maître a de meilleur. Il se met en route vers la ville de Nahor, dans le nord de la *Mésopotamie.

[11] Le serviteur d'Abraham arrive près du puits qui se trouve à l'extérieur de cette ville. Là, il fait se reposer les chameaux. C'est le soir, au moment où les femmes viennent chercher de l'eau. [12] Il fait cette prière : « SEIGNEUR, Dieu de mon maître Abraham, permets-moi de faire une rencontre heureuse aujourd'hui. Montre ainsi ta bonté pour Abraham, mon maître. [13] Me voici près du puits, et les filles des habitants de la ville vont venir chercher de l'eau. [14] Je vais demander à une jeune fille de pencher sa cruche pour que je puisse boire. Eh bien, si elle me répond : "Bois, et je donnerai aussi de l'eau à tes chameaux", je le saurai, c'est elle que tu as choisie pour Isaac, ton serviteur. Par là, je saurai que tu montres ta bonté envers mon maître. » [15] Le serviteur d'Abraham n'a même pas fini de parler, Rébecca arrive, la cruche sur l'épaule. C'est la fille de Betouel. Betouel est le fils de Milka et de Nahor, le frère d'Abraham. [16] C'est une jeune fille très belle. Aucun homme n'a couché avec elle. Elle descend vers le puits, elle remplit sa cruche et remonte.

[17] Le serviteur d'Abraham court vers elle et lui dit : « S'il te plaît, donne-moi à boire un peu d'eau de ta cruche. » [18] Elle répond : « Je t'en prie, bois ! » Vite, elle fait descendre sa cruche le long de son bras pour lui donner à boire. [19] Quand elle a fini, elle dit : « Je vais aussi puiser de l'eau pour faire boire tous tes chameaux. » [20] Elle se dépêche de vider sa cruche dans l'abreuvoir[h]. Ensuite, elle court de nouveau chercher de l'eau au puits. Elle en puise pour tous les chameaux. [21] L'homme la regarde sans dire un mot. Il se demande : « Est-ce que le SEIGNEUR a fait réussir mon voyage, oui ou non ? »

[22] Quand les chameaux ont fini de boire, l'homme donne à la jeune fille un anneau en or pesant environ six grammes. Il lui donne aussi deux bracelets en or pour ses poignets. Chacun pèse plus de cent grammes. [23] Il lui demande : « Tu es la fille de qui ? Dis-le-moi s'il te plaît. Dans la maison de ton père, est-ce qu'il y a de la place pour passer la nuit, pour moi et ceux qui sont avec moi ? » [24] Rébecca répond : « Je suis la fille de Betouel et la petite-fille de Milka et de Nahor. » [25] Puis elle ajoute : « Chez nous, il y a beaucoup de paille et d'herbe sèche. Il y a aussi de la place pour vous loger. »

[26] L'homme se met à genoux devant le SEIGNEUR. [27] Il dit : « Merci au SEIGNEUR, le Dieu de mon maître Abraham ! Pendant tout mon voyage, il a montré sa bonté et sa fidélité envers mon maître. Le SEIGNEUR m'a conduit directement dans la famille de mon maître. »

[28] La jeune fille court chez sa mère pour lui raconter tout ce qui s'est passé. [29] Or Rébecca a un frère appelé Laban. Laban sort vite pour rejoindre le serviteur d'Abraham près du puits. [30] Il a vu l'anneau et les bracelets aux poignets de sa sœur. Et Rébecca lui a raconté ce que l'homme lui a dit. Il trouve cet homme avec ses chameaux près du puits. [31] Laban dit au serviteur d'Abraham : « Viens chez nous, toi que le SEIGNEUR a béni. Pourquoi est-ce que tu restes dehors ? J'ai préparé la maison et j'ai fait de la place pour les chameaux. »

[32] Le serviteur d'Abraham vient donc chez Laban et il décharge les chameaux. Laban leur fait donner de la paille et de l'herbe sèche. On apporte aussi de l'eau. Alors le serviteur d'Abraham et ceux qui l'accompagnent se lavent les pieds. [33] On lui présente de la nourriture, mais il dit : « Je ne mangerai pas avant de dire ce que j'ai à dire. » Laban lui dit : « Alors, parle ! »

h **24.20** *Un abreuvoir est un grand récipient en bois ou en pierre où on met de l'eau pour faire boire les bêtes.*

34 L'homme dit : « Je suis un serviteur
d'Abraham. 35 Le SEIGNEUR a richement béni
mon maître, qui est devenu quelqu'un d'important. Le SEIGNEUR lui a donné des moutons,
des chèvres et des bœufs, de l'argent et de
l'or, des serviteurs et des servantes, des chameaux et des ânes. 36 Sara, sa femme, lui a
donné un fils dans sa vieillesse, et mon maître
a donné tous ses biens à son fils. 37 Mon maître
m'a dit : "Jure-moi une chose : pour mon fils,
tu ne prendras pas comme femme une fille de
Canaan, ce pays où j'habite. 38 Tu iras dans ma
famille, dans la maison de mon père. Là tu
choisiras une femme pour mon fils." 39 Alors
j'ai répondu : "Cette femme refusera peut-
être de me suivre." 40 Mon maître m'a répondu : "J'ai toujours vécu sous le regard du
SEIGNEUR. Lui, il enverra son ange avec toi, il
fera réussir ton voyage. Tu ramèneras pour
mon fils une femme de ma famille, de la maison de mon père. 41 Si tu vas dans ma famille,
tu seras libéré de ton serment. Même si tu
n'obtiens rien, je ne te maudirai pas." » 42 Le
serviteur d'Abraham continue : « Aujour-
d'hui, je suis arrivé près de ce puits et j'ai
dit : "SEIGNEUR, Dieu de mon maître Abraham,
je t'en prie, fais réussir mon voyage. 43 Maintenant, je suis près du puits. Je vais demander
à une jeune fille qui viendra chercher de
l'eau : S'il te plaît, donne-moi à boire un peu
d'eau de ta cruche. 44 Si elle me répond :
Bois, et je vais puiser de l'eau pour tes chameaux, cette jeune fille sera la femme que le
SEIGNEUR a choisie pour le fils de mon maître."
45 Je n'avais même pas fini de me dire cela
quand Rébecca est arrivée, sa cruche sur
l'épaule. Elle est descendue au puits et elle a
puisé de l'eau. Je lui ai dit : "S'il te plaît,
donne-moi à boire." 46 Vite, elle a penché sa
cruche et m'a dit : "Bois, et je donnerai aussi
à boire à tes chameaux." J'ai bu et elle a
donné à boire aux chameaux. 47 Je lui ai
demandé : "Tu es la fille de qui ?" Elle a
répondu : "Je suis la fille de Betouel et la petite-fille de Milka et de Nahor." Alors j'ai
mis l'anneau à son nez et les bracelets à ses
poignets. 48 Je me suis mis à genoux devant
le SEIGNEUR. J'ai remercié le SEIGNEUR, le
Dieu de mon maître Abraham. 49 Maintenant,
répondez-moi : Est-ce que vous voulez agir
avec bonté et fidélité envers mon maître ?
Sinon, dites-le-moi, et je partirai ailleurs. »
50 Laban et Betouel, le père de Rébecca, répondent : « Cette affaire vient du SEIGNEUR, et
nous n'avons rien à dire, ni oui ni non. 51 Rébecca est là devant toi. Prends-la et pars.
Qu'elle devienne la femme d'Isaac, comme
le SEIGNEUR l'a dit ! »

Rébecca devient la femme d'Isaac

52 Quand le serviteur d'Abraham entend ces
paroles, il se met à genoux devant le SEIGNEUR,
le front contre le sol. 53 Puis il sort de ses bagages des bijoux en argent et en or, avec des vêtements. Il les donne à Rébecca. Il offre aussi
de très beaux cadeaux à son frère et à sa mère.
54 Ensuite, le serviteur d'Abraham et ceux qui
l'accompagnent mangent et boivent. Puis ils
vont se coucher.
Le matin suivant, quand ils sont levés, le
serviteur d'Abraham dit au frère de Rébecca
et à sa mère : « Laissez-moi retourner chez
mon maître. » 55 Ils répondent : « Rébecca va
rester encore un peu avec nous, une dizaine
de jours. Ensuite elle pourra partir. » 56 Mais
le serviteur dit : « Ne me retenez pas. Le SEI-
GNEUR a fait réussir mon voyage, laissez-moi
donc retourner chez mon maître. » 57 Ils disent : « Appelons la jeune fille et demandons-
lui son avis. »
58 Le frère et la mère de Rébecca appellent
la jeune fille. Ils lui demandent : « Est-ce que
tu veux partir avec cet homme ? » Rébecca
répond : « Oui, je suis d'accord. » 59 Alors la
famille de Rébecca la laisse partir avec la
femme qui s'occupe d'elle. Elles s'en vont
avec le serviteur d'Abraham et avec ceux
qui l'accompagnent. 60 La famille de Rébecca
la *bénit :

« Toi, notre sœur,
deviens la mère de millions de personnes !
Que tes enfants et les enfants de leurs enfants
prennent les villes de ceux qui te détestent ! »

61 Rébecca et ses servantes montent sur les
chameaux et elles suivent le serviteur d'Abraham. Ils partent tous ensemble.

62 Isaac a quitté le puits de Lahaï-Roï. Il habite la région du sud. Un soir, au coucher du
soleil, 63 il sort se promener dans la campagne. Tout à coup, il voit des chameaux qui
arrivent. 64 Quand Rébecca aperçoit Isaac,
elle descend de son chameau. 65 Puis elle demande au serviteur d'Abraham : « Je vois un
homme dans la campagne. Il vient à notre
rencontre. Qui est-ce ? » Le serviteur répond : « C'est mon maître. » Alors Rébecca
prend son voile et elle cache son visage.
66 Le serviteur raconte à Isaac tout ce qu'il
a fait. 67 Ensuite, Isaac fait entrer Rébecca
dans une tente. C'était la tente de Sara, sa
mère. Isaac aime Rébecca. Elle devient sa
femme. C'est ainsi qu'Isaac se console de la
mort de sa mère.

La fin de la vie d'Abraham

25 1 Abraham a pris une autre femme.
Elle s'appelle Quetoura. 2 Elle lui a
donné pour fils Zimran, Yoxan, Medan, Madian, Ichebac et Choua. 3 Yoxan est le père
de Saba et de Dédan. De Dédan naissent les
Achourites, les Letouchites et les Leoumites.
4 Madian a pour fils Éfa, Éfer, Hanok, Abida,
et Elda. Voilà les enfants et les enfants des enfants de Quetoura.
5 Abraham donne tous ses biens à Isaac 6 et
il fait des cadeaux aux fils de ses autres femmes. Mais pendant qu'il est encore vivant, il
les envoie loin de son fils Isaac, vers l'est.
7 Abraham a 175 ans 8 quand il meurt. Il quitte
la vie après une vieillesse longue et heureuse.
Il va rejoindre ses ancêtres déjà morts. 9 Ses
fils Isaac et Ismaël l'enterrent dans la grotte
de Makpéla. Elle est dans le champ d'Éfron,
fils de Soar le Hittite, près de Mamré. 10 Abraham a acheté ce champ aux fils de Heth[i]. C'est
là qu'on enterre Abraham avec Sara, sa
femme. 11 Après la mort d'Abraham, Dieu
*bénit son fils Isaac. Isaac habite près du puits
de Lahaï-Roï[j].

La famille d'Ismaël, fils d'Abraham

12 Voici la famille d'Ismaël, le fils d'Abraham. Sa mère, c'est Agar, l'esclave égyptienne
de Sara. 13 Voici les noms des fils d'Ismaël, suivant l'ordre de leur naissance : Nebayoth
l'aîné, Quédar, Adbéel, Mibsam, 14 Michema,
Douma, Massa, 15 Hadad, Téma, Yetour, Nafich et Quedma. 16 Voilà les douze fils d'Ismaël. Chacun est le chef d'un clan. Ils
donnent leurs noms à leurs villages et à leurs
campements. 17 Ismaël a 137 ans quand il
meurt. Il quitte la vie et il va rejoindre ses ancêtres. 18 Les Ismaélites vivent dans la région
située entre Havila et Chour. Chour est près
de l'Égypte, vers Achour. Ils s'installent donc
loin de tous leurs frères.

JACOB
25.19–36.43

Rébecca donne naissance à Ésaü et Jacob

19 Voici l'histoire d'Isaac, le fils d'Abraham.
Abraham devient père d'Isaac. 20 À l'âge de
40 ans, Isaac prend pour femme Rébecca, fille
de Betouel, et sœur de Laban. Tous les deux
sont des Araméens de Haute-*Mésopotamie.
21 Mais Rébecca ne peut pas avoir d'enfant.
Alors Isaac prie le SEIGNEUR pour sa femme.
Le SEIGNEUR écoute sa prière, et Rébecca devient enceinte. 22 Elle attend des jumeaux, et
ses enfants se donnent des coups dans son
ventre. Alors Rébecca se dit : « Qu'est-ce qui
m'arrive ? » Elle va consulter le SEIGNEUR.
23 Le SEIGNEUR lui dit :
« Il y a deux nations dans ton ventre.
Deux peuples vont naître de toi.
L'un sera plus fort que l'autre,
et l'aîné servira le plus jeune. »
24 Quand le moment d'accoucher arrive,
c'est clair : elle a des jumeaux. 25 Le premier
qui sort est roux. Il est couvert de poils

---

i **25.10** *Voir Genèse 23.3-16.*
j **25.11** *Voir Genèse 16.13-14.*

comme la peau d'un animal. On lui donne le
nom d'Ésaü[k]. 26 Son frère sort après lui, il tient
le talon d'Ésaü par la main. On lui donne le
nom de Jacob[l]. Quand ils naissent, Isaac a 60
ans.

Ésaü vend ses droits de fils aîné à Jacob

27 Les garçons grandissent. Ésaü devient un
bon chasseur qui passe son temps dehors. Jacob est un homme tranquille qui reste sous
sa tente. 28 Isaac préfère Ésaü, parce qu'il
aime la viande de chasse. Rébecca préfère
Jacob.

29 Un jour, Jacob prépare un plat. Ésaü revient de la chasse. Il est très fatigué. 30 Il dit
à Jacob : « Je suis très fatigué. S'il te plaît,
laisse-moi avaler ton plat roux, je veux avaler
ce plat-là. » C'est pourquoi on a donné à Ésaü
le nom d'Édom, c'est-à-dire le Roux. 31 Jacob
lui répond : « Vends-moi d'abord tes droits
de fils aîné. » 32 Ésaü lui dit : « Je meurs de
faim. Mes droits de fils aîné peuvent me servir
à quoi ? » 33 Jacob lui dit : « Jure d'abord. »
Ésaü fait un serment et il vend à Jacob ses
droits de fils aîné. 34 Alors Jacob donne à
Ésaü du pain et un plat de lentilles. Ésaü
mange et boit. Puis il s'en va. Il se moque de
ses droits de fils aîné.

Isaac et Rébecca chez Abimélek

26 1 Il y a une famine dans le pays. Ce
n'est pas la même famine que pendant
la vie d'Abraham[m]. Isaac part pour Guérar,
chez Abimélek, roi des *Philistins. 2 Le SEI-
GNEUR se montre à Isaac et lui dit : « Ne pars
pas en Égypte, mais va habiter dans le pays
que je te montrerai. 3 Reste dans ce pays, je serai avec toi et je te *bénirai. Oui, je te donnerai ces terres, à toi et à ceux qui naîtront de
toi. Je tiendrai ainsi la promesse que j'ai faite
à Abraham ton père. 4 Je rendrai tes enfants et
les enfants de leurs enfants aussi nombreux
que les étoiles du ciel. Je leur donnerai toutes
ces terres, et tous les peuples du monde seront bénis à travers eux. 5 Voici pourquoi :
Abraham m'a écouté, il a respecté mes ordres,
mes commandements, mes règles et mes
lois. »

6 Isaac s'installe à Guérar. 7 Les gens de l'en-
droit l'interrogent sur sa femme. Il répond :
« C'est ma sœur. » Il n'ose pas dire que
Rébecca est sa femme. Il a peur que les gens
le fassent mourir à cause d'elle. En effet,
Rébecca est très belle.

8 Isaac est là depuis longtemps. Un jour,
Abimélek, roi des Philistins, regarde par la fenêtre. Il voit Isaac en train d'embrasser sa
femme Rébecca. 9 Abimélek le fait venir et
lui dit : « C'est sûrement ta femme ! Tu as dit
qu'elle était ta sœur. Pourquoi donc ? » Isaac
lui répond : « J'ai dit cela parce que j'avais
peur de mourir à cause d'elle. » 10 Abimélek
continue : « Qu'est-ce que tu nous as fait là ?
Un peu plus et quelqu'un de mon peuple aurait couché avec ta femme, et tu nous aurais
rendus coupables ! »

11 Abimélek donne cet avertissement à tout
le peuple : « Si quelqu'un touche à cet homme
ou à sa femme, je le ferai mourir. »

12 Isaac sème dans les champs de ce pays, et
cette année-là, il récolte cent fois ce qu'il a
semé. Le SEIGNEUR le bénit. 13 Ses biens augmentent sans cesse, et il devient de plus en
plus riche. 14 Il possède des troupeaux de moutons, de chèvres et de bœufs, et beaucoup de
serviteurs.

Isaac passe un accord avec Abimélek

Les *Philistins sont jaloux d'Isaac. 15 Quand
Abraham son père vivait, ses serviteurs
avaient creusé des puits. Les Philistins se mettent donc à boucher tous ces puits en les rem-
plissant de terre. 16 Abimélek dit à Isaac : « Tu
es devenu beaucoup plus puissant que nous.
Pars d'ici ! »

k **25.25** *En hébreu, le nom d'Ésaü ressemble à l'expression traduite ici par « couvert de poils ».*

l **25.26** *En hébreu, le nom de Jacob peut être rapproché de plusieurs autres mots. Ici le texte le rapproche du mot traduit par « talon ». Voir aussi Genèse 27.36 et la note.*

m **26.1** *Voir Genèse 12.10.*

17 Isaac part de là. Il campe dans la vallée de Guérar, où il s'installe. 18 Au temps d'Abraham son père, on avait creusé des puits, et les Philistins les ont bouchés après la mort d'Abraham. Alors Isaac les fait creuser de nouveau. Il leur donne les mêmes noms que son père leur avait donnés.

19 Un jour, les serviteurs d'Isaac creusent un puits dans la vallée et ils trouvent une source. 20 Les bergers de Guérar se disputent avec les bergers d'Isaac. Ils disent : « L'eau est à nous. » Isaac appelle ce puits Essec, ce qui veut dire « Dispute ». En effet, les bergers voulaient se disputer avec lui. 21 Les serviteurs d'Isaac creusent un autre puits. Il y a encore une dispute à cause de lui. Isaac appelle ce puits Sitna, ce qui veut dire « Querelle ». 22 Il part de là pour creuser un autre puits. Il n'y a pas de dispute pour celui-ci. Il l'appelle Rehoboth, ce qui veut dire « Espace libre ». Il dit : « Maintenant, le SEIGNEUR nous a donné de l'espace. Nous pourrons devenir riches dans ce pays. »

23 Isaac part de là pour Berchéba. 24 La nuit suivante, le SEIGNEUR se montre à lui et lui dit : « Je suis le Dieu d'Abraham ton père. N'aie pas peur. En effet, je suis avec toi. Je te bénirai et je rendrai très nombreux tes enfants et les enfants de leurs enfants pour l'amour de mon serviteur Abraham. » 25 Isaac construit un *autel à cet endroit et il prie Dieu en l'appelant SEIGNEUR. Là, il dresse sa tente, et ses serviteurs creusent un autre puits.

26 Abimélek vient de Guérar pour voir Isaac. Il vient avec Ahouzath, son ami, et avec Pikol, le chef de son armée. 27 Isaac leur dit : « Pourquoi est-ce que vous venez me voir ? Vous me détestez et vous m'avez renvoyé de chez vous. » 28 Ils répondent : « Nous voyons bien que le SEIGNEUR est avec toi. Nous avons pensé ceci : il faut faire la paix entre nous, une paix établie par un serment. Passons un accord avec toi. 29 Jure de ne pas nous faire de mal. En effet, nous ne t'avons rien fait de mal. Nous t'avons fait seulement du bien et nous t'avons laissé partir en paix. Maintenant, tu es un homme béni du SEIGNEUR. »

30 Isaac leur sert un grand repas. Ils mangent et ils boivent. 31 Le jour suivant, ils se lèvent tôt le matin, et chacun fait un serment envers l'autre. Isaac leur dit au revoir et ils se quittent dans la paix.

32 Le même jour, les serviteurs d'Isaac viennent lui apporter des nouvelles d'un puits qu'ils sont en train de creuser. Ils disent : « Nous avons trouvé de l'eau. » 33 Isaac appelle ce puits Chiba, ce qui veut dire « Serment ». C'est pourquoi aujourd'hui encore, la ville s'appelle Berchéba, c'est-à-dire « le Puits-du-serment ».

Le mariage d'Ésaü

34 Ésaü a quarante ans quand il se marie avec deux femmes hittites : Yehoudith, la fille de Béri, et Basmath, la fille d'Élon. 35 Elles rendent la vie difficile à Isaac et à Rébecca.

Jacob prend pour lui la bénédiction réservée à Ésaü

27 1 Isaac est devenu vieux. Sa vue a beaucoup baissé et il ne voit plus rien. Il appelle son fils aîné et lui dit : « Ésaü ! » Celui-ci répond : « Oui, père, je t'écoute. » 2 Isaac continue : « Tu le vois, je suis vieux. Je ne sais pas combien de temps je vais vivre encore. 3 Prends donc tes armes, ton arc et tes flèches. Va à la chasse dans la campagne et rapporte-moi du gibier. 4 Puis prépare-moi un plat, comme je l'aime. Apporte-le-moi, et je le mangerai. Ensuite, je te donnerai ma *bénédiction avant de mourir. »

5 Pendant qu'Isaac parle avec son fils Ésaü, Rébecca écoute. Puis Ésaü part à la chasse dans la campagne pour rapporter de la viande. 6 Rébecca dit à Jacob son fils : « J'ai entendu ton père dire à Ésaü : 7 "Apporte-moi du gibier et prépare un bon plat que je mangerai. Ensuite, je te donnerai ma bénédiction devant le SEIGNEUR avant de mourir." 8 Maintenant, mon fils, écoute-moi, et fais ce que je te commande. 9 Va au troupeau. Rapporte-moi deux beaux cabris. Je préparerai pour ton père un bon plat comme il l'aime. 10 Tu l'apporteras à ton père pour qu'il le mange. Alors il te donnera sa bénédiction avant de mourir. »

11 Jacob répond à sa mère : « Ésaü est couvert de poils, pas moi. 12 Si mon père me touche, il se rendra bien compte que je le trompe.
Et j'attirerai sur moi sa malédiction et non sa
bénédiction. » 13 Sa mère répond : « Je prends
cette malédiction sur moi, mon fils. Écoute-
moi seulement et va me chercher ces cabris. »
14 Jacob va les chercher et il les apporte à sa
mère. Rébecca prépare un bon plat comme
son père l'aime. 15 Ensuite, Rébecca prend
les vêtements d'Ésaü, son fils aîné. Elle choisit
les plus beaux qu'elle trouve à la maison. Puis
elle les met à Jacob, son fils plus jeune. 16 Avec
la peau des cabris elle couvre ses mains et son
cou, là où il n'a pas de poils. 17 Puis elle donne
à Jacob le bon plat et le pain qu'elle a préparés. 18 Jacob entre chez son père et dit :
« Mon père ! » Isaac répond : « Oui, je
t'écoute, mon fils. Mais qui es-tu ? » 19 Jacob
répond à son père : « Je suis Ésaü, ton fils
aîné. J'ai fait ce que tu m'as demandé. S'il te
plaît, lève-toi et viens manger de ma viande.
Ensuite, tu me donneras ta bénédiction. »
20 Isaac dit à son fils : « Comment as-tu fait
pour trouver l'animal si vite, mon fils ! » Jacob
répond : « Le SEIGNEUR ton Dieu l'a mis sur
mon chemin. »
21 Isaac dit à Jacob : « Viens plus près de
moi, mon fils. Je veux te toucher. Est-ce que
tu es bien mon fils Ésaü, oui ou non ? » 22 Jacob s'approche de son père. Isaac le touche
et il dit : « La voix est celle de Jacob, mais les
mains sont celles d'Ésaü. » 23 Les mains de Jacob sont couvertes de poils, comme celles de
son frère Ésaü. C'est pourquoi Isaac ne reconnaît pas Jacob. Avant de bénir Jacob, Isaac lui
demande : 24 « Tu es bien mon fils Ésaü ? »
Jacob répond : « Mais oui, c'est bien moi. »
25 Isaac dit : « Sers-moi, mon fils. Je mangerai de ton gibier, puis je te donnerai ma bénédiction. » Jacob sert son père, et Isaac mange.
Il lui apporte aussi du vin, et Isaac boit. 26 Ensuite, Isaac dit à Jacob : « Mon fils, viens plus
près de moi et embrasse-moi. » 27 Jacob s'approche de son père et il l'embrasse. Isaac
sent l'odeur de ses vêtements et il donne sa
bénédiction à Jacob. Il dit : « C'est bien
l'odeur de mon fils ! Elle est comme l'odeur
d'un champ que le SEIGNEUR a béni !
28 Que Dieu te donne
la rosée qui tombe du ciel,
des terres fertiles,
beaucoup de *blé et de vin nouveau !
29 Que des nations soient à ton service,
et que des peuples se mettent à genoux devant toi !
Sois le chef de tes frères,
et qu'ils se mettent à genoux devant toi !
Celui qui te maudit, qu'il soit maudit !
Celui qui te bénit, qu'il soit béni ! »

Isaac n'a plus de bénédiction pour Ésaü

30 Isaac a fini de *bénir Jacob, et Jacob vient
de quitter son père. Au même moment, Ésaü
revient de la chasse. 31 Il prépare lui aussi un
bon plat et il l'apporte à son père en disant :
« Lève-toi, père, pour manger la viande que
je t'ai apportée de la chasse. Ensuite, tu me
donneras ta bénédiction. » 32 Isaac demande :
« Qui es-tu ? » Il répond : « Je suis Ésaü, ton
fils aîné. »
33 Isaac est très bouleversé et il se met à
trembler de tout son corps. Il dit : « Mais alors,
qui est donc celui qui est allé à la chasse et m'a
rapporté de la viande ? J'ai mangé de tout
avant ton arrivée. Je lui ai donné ma bénédiction, et il la gardera. »
34 Quand Ésaü entend les paroles de son
père, son cœur est très amer, et il pousse de
grands cris. Il supplie son père : « Père,
bénis-moi, moi aussi ! » 35 Isaac répond :
« Ton frère est venu et il m'a trompé. Il a
pris la bénédiction que tu devais recevoir. »
36 Ésaü dit : « Il porte bien son nom, Jacob, le
trompeur[n]. Il m'a trompé deux fois. Il a pris
mon droit de fils aîné et maintenant, il prend
la bénédiction que je devais recevoir ! Est-ce
qu'il ne te reste pas une bénédiction pour
moi ? » 37 Isaac répond : « J'ai fait de lui ton
chef, je lui ai donné tous ses frères comme ser-

n **27.36** *Ici, le texte rapproche le nom de Jacob du mot traduit par « trompeur ». Voir aussi Genèse 25.26 et la note.*

viteurs. Je lui ai donné le *blé et le vin. Je ne
peux plus rien faire pour toi, mon fils ! »
38 Ésaü demande encore à son père : « Est-ce
que tu n'as qu'une seule bénédiction ? Bénis-
moi, moi aussi, père ! » Et il se met à pleurer
très fort. 39 Alors Isaac lui dit :

« Tu habiteras loin des terres fertiles,
loin de la rosée qui tombe du ciel.
40 Tu vivras grâce à ton *épée
et tu serviras ton frère.
Mais en allant d'un endroit à un autre,
tu te libéreras,
tu briseras le pouvoir
qu'il fait peser sur toi. »

Jacob fuit chez son oncle Laban

41 Ésaü déteste Jacob parce qu'il a reçu la
*bénédiction de leur père. Ésaü se dit :
« Mon père va bientôt mourir. Alors je vais
pouvoir tuer mon frère Jacob. » 42 Quand Rébecca apprend les intentions d'Ésaü, son fils
aîné, elle fait appeler Jacob, son fils plus jeune.
Elle lui dit : « Ton frère Ésaü veut te tuer pour
se venger de toi. 43 Maintenant, mon fils,
écoute-moi. Pars d'ici ! Fuis chez mon frère
Laban, à Haran. 44 Tu resteras chez lui
quelque temps jusqu'à ce que ton frère se
calme. 45 Quand ton frère ne sera plus en colère contre toi, quand il aura oublié ce que
tu lui as fait, j'enverrai quelqu'un te chercher
là-bas. Je ne veux pas vous perdre tous les
deux le même jour. »

46 Rébecca dit à Isaac : « Je n'ai plus envie de
vivre à cause de mes belles-filles hittites. Si
Jacob, lui aussi, prend pour femme une fille
de ce pays, pourquoi vivre encore ? »

28 1 Isaac appelle Jacob et il le bénit. Il lui
donne cet ordre : « Ne prends pas pour
femme une fille de *Canaan. 2 Va en Haute-
*Mésopotamie, chez Betouel, le père de ta
mère. Là-bas, prends pour femme une des filles de Laban, le frère de ta mère. 3 Que le Dieu
tout-puissant te bénisse ! Qu'il te donne beaucoup d'enfants ! Alors tu deviendras l'ancêtre
d'une communauté de peuples ! 4 Qu'il te bénisse, toi, tes enfants et les enfants de leurs
enfants, comme il a béni Abraham[o] ! Alors tu
posséderas le pays où tu habites, le pays que
Dieu a donné à Abraham. » 5 Isaac fait donc
partir Jacob en Haute-Mésopotamie, chez Laban, le fils de Betouel l'Araméen. Laban est
le frère de Rébecca, la mère de Jacob et
d'Ésaü.

6 Ésaü apprend ceci : quand Isaac a béni Jacob, il l'a envoyé en Haute-Mésopotamie chez
Laban, pour chercher une femme. En le bénis-
sant, il lui a interdit de se marier avec une fille
de Canaan. 7 Jacob a obéi à son père et à sa
mère et il est parti en Haute-Mésopotamie.
8 Ésaü comprend alors que les filles de Canaan
ne plaisent pas à son père Isaac. 9 Il décide
donc de prendre une autre femme. Il va trouver Ismaël, fils d'Abraham, et il prend pour
femme Mahalath, sa fille, la sœur de Nebayoth.

À Béthel, Jacob fait un rêve

10 Jacob quitte Berchéba pour aller à Haran.
11 Quand le soleil se couche, il s'arrête. Il veut
passer la nuit à cet endroit. Il prend une pierre
pour la mettre sous sa tête et se couche là. 12 Il
fait un rêve. Il voit un escalier qui est placé sur
la terre et qui arrive jusqu'au ciel. Des *anges
de Dieu le montent et le descendent. 13 Le SEI-
GNEUR se tient près de Jacob. Il lui dit : « Je suis
le SEIGNEUR, le Dieu d'Abraham, ton grand-
père, et le Dieu d'Isaac, ton père. La terre
où tu es couché, je te la donnerai, à toi, à tes
enfants et aux enfants de leurs enfants. 14 Ils
seront aussi nombreux que les grains de poussière sur le sol. Vous serez partout, à l'ouest et
à l'est, au nord et au sud. Par toi et par ceux
qui naîtront de toi, je *bénirai toutes les familles de la terre. 15 Moi, je suis avec toi. Je te protégerai partout où tu iras. Je te ferai revenir
dans ce pays. Non, je ne t'abandonnerai jamais. Je ferai tout ce que je t'ai promis. »

16 Jacob se réveille et il dit : « C'est sûr, le
SEIGNEUR est ici, et je ne le savais pas ! » 17 Jacob a peur et il ajoute : « Cet endroit me fait
peur. C'est vraiment la maison de Dieu et la
porte du ciel ! » 18 Jacob se lève tôt le matin.

o **28.4** *Voir Genèse 17.4-8.*

Il prend la pierre qui était sous sa tête. Il la
met debout. Il verse de l'huile dessus, pour
en faire une pierre sacrée. 19 Jacob appelle
cet endroit Béthel, c'est-à-dire « Maison de
Dieu ». Avant, on l'appelait Louz. 20 Puis Jacob
fait ce *vœu : « Si le SEIGNEUR est avec moi, s'il
me protège pendant mon voyage, s'il me
donne de la nourriture à manger et des vêtements pour me couvrir, 21 si je reviens en
bonne santé dans ma famille, alors le SEIGNEUR
sera mon Dieu. 22 Cette pierre que j'ai dressée
et *consacrée sera une maison de Dieu. Et je
lui donnerai le dixième de tout ce qu'il me
donnera. »

Jacob rencontre Rachel, la fille de Laban

29 1 Jacob reprend la route et il va vers
l'est. 2 Un jour, il aperçoit un puits
dans la campagne. Il y a là trois troupeaux
de moutons et de chèvres qui se reposent
près du puits. En effet, ils viennent boire à
cet endroit. Une grande pierre ferme le trou
du puits. 3 Quand tous les troupeaux sont là,
les bergers roulent la pierre du puits, ils donnent à boire aux bêtes. Puis ils replacent la
pierre sur le puits. 4 Jacob dit aux bergers :
« Mes frères, d'où venez-vous ? » Ils répondent : « Nous venons de Haran. » 5 Il leur demande : « Est-ce que vous connaissez Laban,
le fils de Nahor ? » Ils répondent : « Oui,
nous le connaissons. » 6 Jacob leur dit :
« Comment va-t-il ? » Ils répondent : « Il va
bien. Voici sa fille Rachel qui arrive avec les
moutons et les chèvres. » 7 Jacob continue :
« Nous sommes en plein jour. Ce n'est pas le
moment de rassembler les troupeaux. Donnez
à boire aux animaux et reconduisez-les au pâturage. » 8 Les bergers répondent : « Nous ne
pouvons pas le faire tout de suite. Il faut
d'abord rassembler tous les troupeaux. Ensuite, nous roulons la pierre qui ferme le
trou du puits. Et nous donnons à boire aux
animaux. »

9 Jacob parle encore avec eux quand Rachel
arrive avec les troupeaux de son père. En effet, elle est bergère. 10 Jacob voit sa cousine Rachel, et le troupeau de son oncle Laban.
Aussitôt, il s'approche du puits. Il roule la
pierre qui le ferme et il donne à boire aux
moutons de Laban. 11 Jacob embrasse Rachel
en pleurant. 12 Il lui dit : « Je suis un parent
de ton père, le fils de Rébecca. » Rachel court
annoncer la nouvelle à son père. 13 Quand Laban apprend que Jacob, le fils de sa sœur, est
là, il court à sa rencontre. Il le serre contre lui,
il l'embrasse et le conduit dans sa maison.
Alors Jacob raconte à Laban tout ce qui lui
est arrivé. 14 Laban dit à Jacob : « C'est sûr,
tu es de ma famille, tu es du même sang que
moi ! »

Jacob passe un mois entier chez Laban.

Le mariage de Jacob avec les filles de Laban

15 Un jour, Laban dit à Jacob : « Tu es mon
parent. Mais ce n'est pas une raison pour travailler gratuitement à mon service. Qu'est-ce
que tu veux comme salaire ? »

16 Laban a deux filles. L'aînée s'appelle Léa,
la plus jeune s'appelle Rachel. 17 Léa a un regard sans expression, mais Rachel est belle à
voir et elle est charmante. 18 Jacob aime Rachel. Il dit : « Je travaillerai sept ans à ton service pour me marier avec Rachel, ta plus jeune
fille. » 19 Laban répond : « Je préfère te la donner à toi que la donner à quelqu'un d'autre.
Reste avec moi. »

20 Jacob travaille sept ans au service de Laban pour avoir Rachel. Mais ces années sont
pour lui comme quelques jours, parce qu'il
aime Rachel. 21 Ensuite, Jacob dit à Laban :
« Mon temps est fini. Donne-moi ma femme,
je veux m'unir à elle. »

22 Laban invite tous les gens de l'endroit et
il fait un grand repas. 23 Le soir, il prend sa fille
Léa. Il la conduit à Jacob pour qu'il passe la
nuit avec elle. 24 Laban a donné sa servante
Zilpa comme servante à sa fille. 25 Le matin, Jacob s'aperçoit que c'est Léa. Il dit à Laban :
« Qu'est-ce que tu as fait là ? Est-ce que je
n'ai pas travaillé à ton service pour avoir
Rachel ? Tu m'as trompé. Pourquoi donc ? »
26 Laban répond à Jacob : « Chez nous, on ne
marie jamais la fille plus jeune avant l'aînée,
ce n'est pas la coutume. 27 Finis la semaine
de mariage avec l'aînée, ensuite, nous te donnerons aussi la plus jeune. Mais tu devras travailler encore sept ans à mon service. »

28 Jacob est d'accord. Il finit la semaine de mariage avec Léa. Puis Laban lui donne sa fille
Rachel pour femme. 29 Il donne sa servante
Bila comme servante à sa fille Rachel. 30 Jacob
s'unit aussi à Rachel et l'aime plus que Léa. Il
travaille pour Laban encore sept autres années.

Les enfants de Jacob

31 Le SEIGNEUR voit que Léa n'est pas aimée.
Alors il lui donne des enfants. Mais Rachel, au
contraire, ne peut pas en avoir. 32 Léa devient
enceinte. Elle met au monde un garçon. Elle
lui donne le nom de Ruben. En effet, elle
dit : « Le SEIGNEUR a vu ma honte. Maintenant,
mon mari va m'aimer[p]. »

33 Léa est de nouveau enceinte. Elle met au
monde un autre garçon et dit : « Oui, le SEI-
GNEUR a su que je n'étais pas aimée. Alors il
me donne encore ce fils. » Elle lui donne le
nom de Siméon[q].

34 Léa est encore enceinte. Elle met au
monde un troisième garçon et dit : « J'ai
donné trois fils à mon mari. Cette fois-ci, il
va s'attacher à moi. » C'est pourquoi Jacob
donne à ce fils le nom de Lévi[r].

35 Léa devient de nouveau enceinte. Elle
met au monde un garçon et dit : « Cette fois-
ci, je vais chanter la louange du SEIGNEUR. »
C'est pourquoi elle donne à son fils le nom
de Juda[s]. Ensuite, elle cesse d'avoir des enfants.

30 1 Rachel voit qu'elle ne peut pas donner d'enfant à Jacob. Alors, elle devient jalouse de sa sœur. Elle dit à Jacob :
« Donne-moi des enfants ou je meurs ! » 2 Jacob se met en colère contre elle et il dit :
« Est-ce que je suis à la place de Dieu, moi ?
C'est lui qui t'empêche d'en avoir ! » 3 Rachel
répond : « Prends ma servante Bila. Unis-toi à
elle[t] pour qu'elle ait des enfants. Je les adopte-
rai. Alors, par elle, j'aurai des enfants, moi
aussi. » 4 Rachel donne sa servante pour
femme à Jacob. Jacob s'unit à elle.

5 Bila devient enceinte et elle donne un fils
à Jacob. 6 Rachel dit : « Dieu m'a fait justice. Il
m'a écoutée et il m'a donné un fils, à moi
aussi. » C'est pourquoi elle lui donne le nom
de Dan[u].

7 Bila, la servante de Rachel, devient de
nouveau enceinte. Elle donne un deuxième
fils à Jacob. 8 Rachel dit : « J'ai lutté durement
contre ma sœur et j'ai gagné. » Elle donne à ce
fils le nom de Neftali[v].

9 Léa voit qu'elle cesse d'avoir des enfants.
Alors elle prend sa servante Zilpa et elle la
donne pour femme à Jacob. 10 Zilpa, la servante de Léa, donne un fils à Jacob. 11 Léa
dit : « Quelle chance ! » Et elle lui donne le
nom de Gad[w].

12 Zilpa, la servante de Léa, donne un
deuxième fils à Jacob. 13 Léa dit : « Quel bonheur pour moi ! Maintenant, les femmes peuvent dire que je suis heureuse. » Et elle donne
à ce fils le nom d'Asser[x].

14 Un jour, au moment de la récolte du *blé,
Ruben va aux champs. Il trouve des pommes
d'amour[y] et les apporte à Léa, sa mère. Alors
Rachel dit à Léa : « S'il te plaît, donne-moi
quelques pommes d'amour de ton fils. »
15 Léa lui répond : « Tu as déjà pris mon
mari. Est-ce que cela ne te suffit pas ? Tu

p **29.32** *En hébreu, le nom de Ruben ressemble au verbe traduit ici par « a vu ».*

q **29.33** *En hébreu, le nom de Siméon ressemble au verbe traduit ici par « a su ».*

r **29.34** *En hébreu, le nom de Lévi ressemble au verbe traduit ici par « s'attacher ».*

s **29.35** *En hébreu, le nom de Juda ressemble à l'expression traduite ici par « chanter la louange ».*

t **30.3** *Voir Genèse 16.2 et la note.*

u **30.6** *En hébreu, le nom de Dan ressemble à l'expression traduite ici par « a fait justice ».*

v **30.8** *En hébreu, le nom de Neftali ressemble à l'expression traduite ici par « lutté durement ».*

w **30.11** *En hébreu, le nom de Gad ressemble à l'expression traduite ici par « quelle chance ! ».*

x **30.13** *En hébreu, le nom d'Asser ressemble à l'expression traduite ici par « quel bonheur ! ».*

y **30.14** *Pommes d'amour : les gens de ce temps-là pensaient que ces fruits permettaient d'avoir des enfants.*

veux en plus prendre les pommes d'amour de mon fils ! » Rachel continue : « Eh bien, si tu me donnes les pommes d'amour, Jacob passera la nuit avec toi. »

16 Le soir, Jacob revient des champs. Léa sort à sa rencontre et dit : « Tu dois passer la nuit avec moi. J'ai acheté ce droit en donnant les pommes d'amour de mon fils. » Jacob passe donc la nuit avec elle cette nuit-là. 17 Dieu entend la prière de Léa. Elle devient enceinte et elle donne à Jacob un cinquième fils. 18 Léa dit : « Dieu m'a récompensée parce que j'ai donné ma servante à mon mari. » Et elle donne à ce fils le nom d'Issakar[z].

19 Léa devient de nouveau enceinte. Elle donne un sixième fils à Jacob. 20 Elle dit : « Dieu m'a fait un beau cadeau ! Cette fois-ci, mon mari va m'honorer. En effet, je lui ai donné six fils ! » Et elle donne à ce fils le nom de Zabulon[a]. 21 Plus tard, elle met au monde une fille. Elle lui donne le nom de Dina.

22 Alors Dieu se souvient de Rachel. Il entend sa prière et la rend capable d'avoir un enfant. 23 Rachel devient enceinte et elle met au monde un fils. Elle dit : « Enfin, Dieu a enlevé ma honte ! » 24 Elle donne à son fils le nom de Joseph, en disant : « Que le SEIGNEUR me donne encore un autre fils[b] ! »

Jacob devient riche

25 Après la naissance de Joseph, Jacob dit à Laban : « Laisse-moi partir pour aller chez moi, dans mon pays. 26 Permets-moi de partir avec mes femmes et mes enfants. C'est pour elles que j'ai travaillé à ton service. Tu sais bien tout le travail que j'ai fait chez toi. » 27 Laban répond : « Sois bon pour moi, écoute-moi, mes dieux m'ont fait savoir que le SEIGNEUR m'a *béni à cause de toi. 28 Dis-moi le salaire que tu veux, je te le donnerai. » 29 Jacob lui dit : « Tu sais comment je t'ai servi et ce que ton troupeau est devenu grâce à moi. 30 Avant mon arrivée, tu possédais peu de choses. Maintenant, tu en as beaucoup, et le SEIGNEUR t'a béni depuis que je suis chez toi. Est-ce que le moment n'est pas venu pour que je travaille aussi pour ma famille ? » 31 Laban demande : « Qu'est-ce que je dois te donner ? » Jacob répond : « Tu ne dois rien me donner. Si tu acceptes ce que je vais te demander, je suis prêt à m'occuper de ton troupeau et à le garder comme avant. 32 Aujourd'hui, je regarderai de très près toutes les bêtes. Je mettrai à part tous les moutons qui ont des taches de couleur, petites ou grandes, tous les moutons de couleur sombre, toutes les chèvres qui ont des taches, petites ou grandes. Ce sera mon salaire. 33 Plus tard, tu pourras voir si je suis honnête en venant contrôler mon salaire. Toutes les chèvres qui n'auront pas de taches, petites ou grandes, tous les moutons qui ne seront pas de couleur sombre seront des bêtes que j'aurai volées. » 34 Laban répond : « C'est bien ! Je suis d'accord avec ce que tu proposes. »

35 Mais le jour même, Laban met à part les boucs qui ont des raies et des taches, toutes les chèvres qui ont des taches, petites ou grandes, et les moutons de couleur sombre ou avec un peu de blanc. Il les confie à ses fils. 36 Puis il les envoie à trois jours de marche, loin de Jacob, qui garde le reste du troupeau de Laban.

37 Alors Jacob prend des branches vertes de trois arbres différents. Il découpe des petites bandes d'écorce pour laisser apparaître des raies blanches sur le bois. 38 Il met les bâtons rayés dans les abreuvoirs[c], sous les yeux des moutons et des chèvres. En effet, les bêtes s'accouplent facilement quand elles viennent boire. 39 Les bêtes s'accouplent donc devant les bâtons. Et les chèvres font des cabris qui ont des raies avec des taches, grandes ou petites. 40 Jacob met des moutons à part. Il les fait regarder les moutons de Laban qui ont des raies ou qui sont de couleur sombre.

---

z **30.18** *En hébreu, le nom d'Issakar ressemble au verbe traduit ici par « m'a récompensée ».*

a **30.20** *En hébreu, le nom de Zabulon ressemble au verbe traduit ici par « m'honorer ».*

b **30.24** *En hébreu, le nom de Joseph veut dire « donne encore ».*

c **30.38** *Voir Genèse 24.20 et la note.*

De cette façon, il forme des troupeaux à lui
et il ne les mélange pas avec les bêtes de Laban. 41 Chaque fois que de belles bêtes veulent
s'accoupler, Jacob met les bâtons sous leurs
yeux dans les abreuvoirs, pour qu'elles s'accouplent devant ces bâtons. 42 Mais quand
les bêtes sont maigres, il ne met pas de bâtons.
Ainsi les bêtes maigres sont pour Laban et les
belles bêtes sont pour Jacob.

Jacob s'enfuit de chez Laban

43 Jacob devient de plus en plus riche. Il possède beaucoup de moutons et de chèvres, des
servantes et des serviteurs, des chameaux et
des ânes.

31 1 Il apprend que les fils de Laban disent : « Jacob a pris ce qui était à notre
père, et c'est avec cela qu'il est devenu riche. » 2 Jacob observe le visage de Laban et il
voit que Laban n'agit plus avec lui comme
avant. 3 Alors le SEIGNEUR dit à Jacob : « Retourne dans le pays de tes ancêtres, auprès
de ta famille, je serai avec toi. »

4 Jacob est dans les champs avec les troupeaux. Il fait appeler Rachel et Léa. 5 Il leur
dit : « Je vois que votre père n'agit plus avec
moi comme avant. Mais le Dieu de mon
père a été avec moi. 6 Vous savez bien que
j'ai servi votre père de toutes mes forces.
7 Pourtant, il m'a trompé en changeant dix
fois mon salaire. Mais Dieu ne l'a pas laissé
me faire du mal. 8 Quand votre père disait :
"Les bêtes qui ont des petites taches, voilà
ton salaire", toutes les mères faisaient des petits avec des taches. Quand il disait : "Les bêtes qui ont des raies, voilà ton salaire", toutes
les mères faisaient des petits avec des raies.
9 Dieu a enlevé son troupeau à votre père et
il me l'a donné. 10 Au moment où les bêtes
s'accouplent, j'ai vu ceci dans un rêve : les béliers qui s'accouplaient avec les brebis, les
boucs qui s'accouplaient avec les chèvres
avaient des raies, des petites taches ou un
peu de blanc. 11 Dans un rêve, *l'ange de
Dieu m'a dit : "Jacob !" J'ai répondu : "Oui,
j'écoute." 12 Il a continué en disant : "Regarde ! Tous les béliers qui s'accouplent avec
les brebis, tous les boucs qui s'accouplent
avec les chèvres, tous ont des raies, des petites
taches ou un peu de blanc. Cela se passe de
cette façon, parce que j'ai vu ce que Laban
t'a fait. 13 Je suis le Dieu qui s'est montré à
toi à Béthel. Là-bas, tu as dressé une pierre,
tu as versé de l'huile sur elle, et tu m'as fait
un *vœu[d]. Maintenant, mets-toi en route,
quitte ce pays et retourne dans le pays de ta
famille." » 14 Rachel et Léa répondent à Jacob :
« Nous n'avons plus de part d'héritage dans la
maison de notre père. 15 Il nous a regardées
comme des étrangères. En effet, il nous a ven-
dues et il a même dépensé l'argent que nous
devions recevoir. 16 Donc, tous les biens que
Dieu a enlevés à notre père sont à nous et à
nos enfants. Fais donc tout ce que Dieu t'a
dit. »

17 Jacob se prépare à partir. Il fait monter ses
enfants et ses femmes sur des chameaux. 18 Il
emmène tous ses troupeaux et tous les biens
qu'il a acquis en Haute-*Mésopotamie, et il revient chez son père Isaac en *Canaan. 19 Laban
est allé couper la laine de ses moutons. Pendant ce temps, Rachel vole les petites statues
de son père[e]. 20 Jacob trompe Laban l'Araméen en partant sans le prévenir. 21 Il s'enfuit
avec tout ce qui est à lui. Il traverse le fleuve
Euphrate, puis il se dirige vers les montagnes
de Galaad.

Laban poursuit Jacob

22 Le troisième jour, quelqu'un dit à Laban
que Jacob a fui. 23 Laban emmène des gens
de sa famille avec lui. Il poursuit Jacob pendant sept jours et le rattrape dans les montagnes de Galaad. 24 Mais pendant la nuit,
Dieu se montre à Laban l'Araméen dans un
rêve et il lui dit : « Surtout ne dis rien à Jacob,
ni en bien ni en mal. »

25 Laban rejoint Jacob, qui a dressé sa tente
dans les montagnes de Galaad. Laban et les
gens de sa famille font la même chose. 26 La-

d **31.13** *Voir Genèse 28.20.*

e **31.19** *Ces statues étaient des objets sacrés. Elles représentaient les dieux qui protégeaient la famille.*

ban demande à Jacob : « Qu'est-ce que tu as
fait ? Tu m'as trompé en emmenant mes filles
comme des prisonnières de guerre. 27 Tu es
parti en cachette. Tu m'as trompé et tu ne
m'as pas prévenu. Pourquoi donc ? Je t'aurais
laissé partir dans la joie, avec des chants accompagnés du *tambourin et de la cithare.
28 Tu ne m'as pas laissé embrasser mes filles
et mes petits-enfants. Vraiment tu as agi
comme un fou. 29 J'ai les moyens de vous faire
du mal. Mais le Dieu de tes ancêtres m'a dit la
nuit dernière : "Surtout ne dis rien à Jacob, ni
en bien ni en mal." 30 Bon ! Maintenant, tu es
parti parce que tu étais pressé de rentrer chez
ton père. Mais pourquoi est-ce que tu m'as
volé mes dieux ? » 31 Jacob répond à Laban :
« Parce que j'ai eu peur et je me suis dit : "Il
va m'enlever ses filles." 32 Mais si tu trouves
tes dieux chez quelqu'un, cette personne
mourra. Devant nos parents, regarde tout ce
qui est chez moi et prends ce qui est à toi. »
Jacob ne sait pas que Rachel a pris les petites
statues de Laban.

33 Laban entre dans la tente de Jacob, dans
celle de Léa, puis dans celle des deux servantes. Il ne trouve rien. En sortant de la tente de
Léa, il entre dans celle de Rachel. 34 Or, c'est
Rachel qui a pris les petites statues. Elle les a
mises dans une selle de chameau et elle s'est
assise dessus. Laban cherche dans toute la
tente et il ne trouve rien. 35 Rachel dit à son
père : « Mon père, pardonne-moi, je ne peux
pas me lever devant toi. J'ai ce qui arrive
aux femmes. »

Laban cherche, mais il ne trouve pas ses
petites statues. 36 Jacob se met en colère et
il fait des reproches à Laban : « Qu'est-ce
que j'ai fait de mal ? Quel crime est-ce que
j'ai commis pour que tu continues à me poursuivre de cette façon ? 37 Tu as cherché dans
toutes mes affaires. Est-ce que tu as trouvé
un seul objet de chez toi ? Montre-le à tous
mes parents et aux tiens. Qu'ils jugent entre
nous deux ! 38 Cela fait vingt ans que je suis
avec toi. Jamais tes brebis ni tes chèvres n'ont
avorté ! Je n'ai jamais mangé les béliers de ton
troupeau. 39 Je n'ai jamais rapporté un animal
tué par les bêtes sauvages, je payais moi-
même pour lui[f]. Les animaux volés pendant
le jour ou pendant la nuit, tu me les récla-
mais. 40 Le jour, j'ai souffert de la chaleur,
la nuit, j'ai souffert du froid, et je ne pouvais
pas dormir. 41 Cela fait vingt ans que je suis
chez toi : je t'ai servi quatorze ans pour avoir
tes deux filles, et six ans pour posséder un
troupeau. Mais toi, tu as changé dix fois
mon salaire ! 42 Si le Dieu de mon grand-
père Abraham, le Dieu qui faisait trembler
mon père Isaac, ne m'avait pas aidé, tu m'aurais laissé partir les mains vides. Mais Dieu a
vu mon malheur et le dur travail que j'ai fait.
La nuit dernière, il a décidé à mon avantage. » 43 Laban répond à Jacob : « Ces filles
sont mes filles, leurs enfants sont mes enfants, ces animaux sont mes animaux, et
tout ce que tu vois est à moi ! Mais maintenant, je ne peux plus rien faire pour mes filles ou pour les enfants qu'elles ont mis au
monde. 44 Allons, il est temps de passer un
accord entre nous. Il faut un *témoin entre
toi et moi. »

45 Alors Jacob prend une pierre et il la
dresse. 46 Il dit à ceux de sa famille : « Ramassez des pierres. » Ils prennent des pierres et ils
en font un tas. Puis ils mangent sur ce tas.
47 Dans sa langue, Laban appelle cet endroit
Yegar Sahadouta, et Jacob l'appelle Galed[g].
48 Laban dit : « Aujourd'hui, ce tas est un témoin entre toi et moi. » C'est pourquoi on
l'appelle Galed, c'est-à-dire « Tas du témoin ».
49 On l'appelle aussi Mispa, c'est-à-dire « Poste
de surveillance ». En effet, Laban dit encore :
« Que le SEIGNEUR nous surveille quand nous
serons trop loin pour nous voir ! 50 Si tu fais
souffrir mes filles, si tu prends d'autres femmes, fais bien attention : ce n'est pas un

f **31.39** *Quand un animal manquait dans un troupeau, le berger devait payer pour cette perte. Mais s'il rapportait les restes d'un animal tué par les bêtes sauvages, il ne payait rien. Voir Exode 22.12.*

g **31.47** *En araméen, la langue de Laban, Yegar Sahadouta veut dire « tas du témoin », comme Galed en hébreu.*

homme qui est témoin entre nous, c'est Dieu
lui-même. »
51 Laban dit encore à Jacob : « Regarde ce tas
de pierres que j'ai placé entre nous, regarde
cette pierre dressée. 52 Ce tas et cette pierre
sont pour nous des témoins. Moi, je jure de
ne pas dépasser ce tas dans ta direction pour
faire le mal. Toi non plus, tu ne dois pas le dépasser dans ma direction. 53 Que le Dieu
d'Abraham et le Dieu de Nahor soit juge entre
nous ! »
Jacob fait un serment par le Dieu qui a fait
trembler son père Isaac. 54 Jacob offre un *sacrifice sur la montagne. Il invite ses parents au
repas. Ils mangent et passent la nuit sur la
montagne.
32 1 Laban se lève tôt le matin. Il embrasse ses filles et ses petits-enfants,
il les *bénit et retourne chez lui.

Jacob se prépare à rencontrer son frère Ésaü

2 Jacob continue sa route, et des *anges de
Dieu viennent à sa rencontre. 3 Quand il les
voit, il dit : « C'est un camp de Dieu ! » Et il appelle cet endroit Mahanaïm[h].
4 Jacob envoie devant lui des messagers à
son frère Ésaü. Celui-ci est au pays de Séir,
dans la campagne d'Édom[i]. 5 Il donne cet ordre aux messagers : « Voici ce que vous direz
à Ésaü : "Ton serviteur Jacob te fait dire ceci :
J'ai vécu chez Laban et j'y suis resté jusqu'à
maintenant. 6 Je possède des bœufs et des
ânes, des moutons et des chèvres, des serviteurs et des servantes. J'ai voulu te donner
ces nouvelles, mon maître, pour que tu te
montres bon envers moi." »
7 Les messagers reviennent auprès de Jacob.
Ils disent : « Nous sommes allés voir ton frère
Ésaü. Lui aussi vient à ta rencontre, avec 400
hommes. » 8 Alors Jacob est rempli d'une peur
terrible. Il divise en deux groupes les gens qui
sont avec lui, les moutons et les chèvres, les
bœufs et les chameaux. 9 Il se dit : « Si Ésaü arrive près d'un groupe et s'il l'attaque, l'autre
groupe pourra se sauver. »
10 Ensuite Jacob se met à prier : « Dieu de
mon grand-père Abraham, Dieu de mon père
Isaac, toi le SEIGNEUR, tu m'as dit : "Retourne
dans ton pays, auprès de ta famille, et je te ferai du bien." 11 Tu m'as si souvent montré ton
amour et ta fidélité, à moi ton serviteur. Je ne
le mérite pas. En effet, quand j'ai passé le
fleuve Jourdain, j'avais seulement mon bâton.
Maintenant, je reviens avec ces deux groupes.
12 Je t'en prie, sauve-moi de mon frère Ésaü.
J'ai peur de lui, j'ai peur qu'il vienne me
tuer, moi, mes femmes et mes enfants.
13 Toi, tu m'as dit : "Je veux te faire du bien.
Tes enfants et les enfants de leurs enfants seront aussi nombreux que les grains de sable de
la mer. Ils seront si nombreux qu'on ne
pourra pas les compter[j]." »
14 Cette nuit-là, Jacob reste à cet endroit.
Dans ses troupeaux, il choisit un cadeau
pour son frère Ésaü : 15 200 chèvres, 20 boucs,
200 brebis et 20 béliers. 16 30 chamelles qui
allaitent leurs petits, 40 vaches, 10 taureaux,
20 ânesses et 10 ânes. 17 Il confie chaque troupeau séparément à ses serviteurs. Il leur dit :
« Passez devant moi, et laissez un espace entre
chaque troupeau. » 18 Puis il donne cet ordre
au premier serviteur : « Quand mon frère
Ésaü te rencontrera, il va te demander : "À
qui es-tu ? Où vas-tu ? À qui est ce troupeau
qui marche devant toi ?" 19 Tu répondras :
"Cela appartient à ton serviteur Jacob. C'est
un cadeau qu'il t'envoie, à toi, mon maître
Ésaü. Et lui-même arrive derrière nous." »
20 Jacob donne le même ordre au deuxième
serviteur, ensuite au troisième, puis à tous
ceux qui marchent derrière les troupeaux :
« Et quand vous rencontrerez Ésaü, vous lui
parlerez de cette façon. » 21 Et vous lui direz :
« Ton serviteur Jacob arrive, lui aussi, derrière
nous. »
En effet, Jacob pense : « Si j'envoie les cadeaux devant moi, je vais calmer Ésaü. En-

---

h **32.3** *Mahanaïm veut dire « deux camps ».*
i **32.4** *Édom : au sud-est de la mer Morte.*
j **32.13** *Voir Genèse 28.14.*

suite, je me présenterai devant lui. Peut-être qu'il me recevra bien. » 22 Alors les troupeaux partent en avant et cette nuit-là, Jacob reste dans le camp.

Jacob lutte avec Dieu

23-24 Pendant la nuit, Jacob se lève. Il prend ses deux femmes, ses deux servantes et ses onze enfants. Il leur fait passer le torrent du Yabboq avec tout ce qu'il possède. 25 Jacob reste seul. Quelqu'un lutte avec lui jusqu'au lever du jour. 26 L'adversaire de Jacob voit que, dans la lutte, il n'arrive pas à être plus fort que lui. Alors il le frappe à la hanche et, pendant le combat, il le blesse à la hanche. 27 Puis il dit à Jacob : « Le jour se lève. Laisse-moi partir. » Jacob répond : « Je ne te laisserai pas partir. *Bénis-moi d'abord. » 28 L'autre demande : « Quel est ton nom ? » Jacob répond : « Je m'appelle Jacob. » 29 L'autre continue : « Tu ne t'appelleras plus Jacob. Ton nom sera Israël[k]. En effet, tu as lutté avec Dieu et avec les hommes, et tu as été le plus fort. »

30 Jacob lui demande : « Je t'en prie, dis-moi ton nom. » L'autre répond : « Tu veux savoir mon nom ? Pourquoi donc ? » Puis il bénit Jacob. 31 Jacob dit : « J'ai vu le visage de Dieu, et je suis encore en vie ! » Et il appelle cet endroit Penouel, c'est-à-dire « Visage de Dieu ». 32 Quand le soleil se lève, Jacob passe la rivière à Penouel. Il boite à cause de sa hanche. 33 Aujourd'hui encore, les Israélites ne mangent pas le muscle de la hanche. En effet, Jacob a été blessé à ce muscle.

Jacob fait la paix avec son frère Ésaü

33 1 Jacob voit son frère Ésaü qui arrive avec 400 hommes. Il répartit les enfants entre Léa, Rachel et les deux servantes Bila et Zilpa. 2 Il met en tête les servantes et leurs enfants, puis derrière eux, Léa et ses enfants, et enfin, Rachel et Joseph. 3 Puis Jacob avance devant les femmes et les enfants. Il s'incline sept fois jusqu'à terre avant d'arriver auprès de son frère. 4 Mais Ésaü court à sa rencontre. Il le serre dans ses bras et il l'embrasse. Tous les deux se mettent à pleurer. 5 Quand Ésaü voit les femmes et les enfants, il demande : « Qui sont ces gens avec toi ? » Jacob répond : « Ce sont les enfants que Dieu m'a donnés. »

6 Bila et Zilpa s'approchent avec leurs enfants. Puis ils s'inclinent devant Ésaü. 7 Léa s'approche aussi avec ses enfants, puis Joseph s'approche avec Rachel, et ils saluent Ésaü de la même façon. 8 Ésaü demande : « Qu'est-ce que tu allais faire avec tous les troupeaux que j'ai rencontrés ? » Jacob répond : « Mon maître, je voulais que tu te montres bon envers moi. » 9 Ésaü continue : « Mon frère, j'ai assez de biens. Garde ce qui est à toi. » 10 Jacob dit : « Non, je t'en prie ! Si tu ne m'en veux plus, accepte ce cadeau que je te fais. Ton visage a été pour moi comme le visage de Dieu. En effet, tu as été bon pour moi. 11 Accepte donc le cadeau que je t'ai envoyé. C'est Dieu qui me l'a donné, et j'ai tout ce qu'il me faut. »

Jacob insiste et Ésaü finit par accepter. 12 Il dit : « Levons le camp. Partons ! Je vais t'accompagner. » 13 Jacob lui répond : « Mon maître, tu le sais, les enfants sont fragiles. Et il faut faire attention aux brebis et aux vaches qui allaitent leurs petits. Si on les oblige à marcher vite, même un seul jour, toutes ces bêtes vont mourir. 14 S'il te plaît, Ésaü, passe devant. Moi, j'irai doucement au pas de mon troupeau et au pas des enfants, jusqu'à ce que j'arrive auprès de toi, au pays de Séir. » 15 Ésaü dit : « Je veux laisser avec toi une partie des gens qui m'accompagnent. » Jacob répond : « Ce n'est pas la peine. L'important, c'est que tu t'es montré bon envers moi. »

16 Ce jour-là, Ésaü reprend la route pour Séir. 17 Jacob, lui, part pour Soukoth[l]. Là, il construit une maison pour lui et des huttes pour son troupeau. C'est pourquoi on appelle cet endroit Soukoth, c'est-à-dire « Les Huttes ».

---

k **32.29** *En hébreu, le nom Israël ressemble à l'expression traduite ici par « lutté avec Dieu ».*

l **33.17** *Soukoth : endroit situé près du torrent du Yabboq, à l'est du fleuve Jourdain.*

Jacob en Canaan

18 Quand Jacob revient de Haute-*Mésopotamie, il arrive en bonne santé à la ville de Sichem, qui est en *Canaan. Il campe près de la
ville. 19 C'est Hamor qui l'a fondée. Jacob
achète aux enfants de ses enfants la parcelle
de terre où il a dressé sa tente. Il la paie
cent pièces d'argent[m]. 20 À cet endroit, il
dresse un *autel en honneur de El, le Dieu
d'Israël.

Les fils de Jacob vengent leur sœur Dina

34 1 Un jour, Dina, la fille de Jacob et de
Léa, va rendre visite aux femmes de
*Canaan. 2 Sichem, le fils de Hamor, le chef hi-
vite[n] de la région, la voit. Il l'enlève et il couche avec elle en lui faisant violence. 3 Mais il
s'attache vraiment à Dina, la fille de Jacob. Il
l'aime beaucoup et il essaie de gagner son
cœur. 4 Il dit à son père Hamor : « Demande
pour moi cette jeune fille. Je veux qu'elle devienne ma femme. » 5 Jacob apprend que Sichem a sali sa fille Dina. Mais ses fils sont
dans les champs avec le troupeau. Alors il ne
dit rien jusqu'à leur retour. 6 Hamor, le père
de Sichem, va chez Jacob pour lui parler.
7 Quand les fils de Jacob reviennent des
champs, ils apprennent ce qui s'est passé. Ils
se sentent insultés et se mettent dans une violente colère. En effet, Sichem a commis une
faute très grave en couchant avec la fille de Jacob. On ne doit pas se conduire de cette façon
en Israël. 8 Mais Hamor leur dit : « Mon fils
Sichem est amoureux de cette jeune fille.
Donnez-la pour femme à mon fils. 9 Unissez-
vous avec nous : vous nous donnerez vos filles
en mariage, et vous prendrez nos filles pour
femmes. 10 Vous habiterez auprès de nous.
Le pays vous sera ouvert. Vous pourrez vous
installer là, faire vos affaires et devenir propriétaires. »

11 Sichem lui-même vient dire au père et
aux frères de la jeune fille : « Soyez indulgents
pour moi, et je vous donnerai ce que vous me
demanderez. 12 Vous pouvez exiger de moi
une dot importante et beaucoup de cadeaux.
Je paierai tout ce que vous me demanderez.
Seulement donnez-moi cette jeune fille pour
femme. » 13 Les fils de Jacob répondent à Sichem et à son père Hamor. Ils leur mentent
parce que Sichem a sali leur sœur. 14 Ils leur
disent : « Nous ne pouvons pas donner notre
sœur en mariage à un homme qui n'est pas
*circoncis. Ce serait pour nous la honte.
15 Nous accepterons votre demande à une
seule condition : tous les hommes de chez
vous doivent se faire circoncire comme
nous. 16 Nous vous donnerons nos filles en
mariage, et nous prendrons vos filles pour
femmes. Nous habiterons près de vous et
ensemble, nous formerons un seul peuple.
17 Si vous n'acceptez pas d'être circoncis,
nous reprendrons notre sœur et nous partirons. »

18 Ces paroles plaisent à Hamor et à son fils
Sichem. 19 Le jeune homme se met tout de
suite à faire ce qui avait été demandé, car il
veut la fille de Jacob. Il a beaucoup d'influence
dans la famille de son père. 20 Hamor et Sichem viennent à la *porte de la ville et ils se
mettent à parler aux habitants de cette ville.
Ils disent : 21 « Ces gens sont en paix avec
nous. Ils n'ont qu'à habiter avec nous dans
le pays. Qu'ils y fassent des affaires, que tout
ce pays leur soit grand ouvert. Prenons leurs
filles pour femmes et donnons-leur nos filles
en mariage. 22 Ces gens accepteront d'habiter
avec nous pour former un seul peuple, mais à
une seule condition : tous les hommes de chez
nous doivent se faire circoncire comme eux.
23 Si nous leur donnons notre accord, ils viendront habiter auprès de nous. Et leurs troupeaux, leurs richesses, tous leurs animaux
seront à nous. » 24 Tous ceux qui sont présents
à la porte de la ville acceptent les paroles de
Hamor et de son fils Sichem. Tous les hommes
de la ville se font circoncire.

25 Deux jours plus tard, les hommes sont encore souffrants. Deux fils de Jacob, Siméon et

m **33.19** *Une pièce d'argent correspondait au prix d'un mouton.*

n **34.2** *Les Hivites étaient une population du pays de Canaan.*

Lévi, frères de Dina, prennent leur *épée. Ils
entrent dans la ville avec assurance et ils tuent
tous les hommes. 26 Ils tuent Hamor et son fils
Sichem. Dans la maison de Sichem, ils reprennent Dina et ils sortent. 27 Les autres fils de Jacob s'attaquent aux morts, et ils volent tout ce
qu'il y a dans la ville. Tout cela parce qu'on a
sali leur sœur. 28 Ils prennent les moutons et
les chèvres des gens de Sichem, leurs bœufs,
leurs ânes, tout ce qui est dans la ville et dans
les champs. 29 Ils emportent toutes leurs richesses, tous leurs enfants et leurs femmes,
et ils volent tout ce qui est dans leurs maisons.

30 Jacob dit à Siméon et à Lévi : « Vous
m'avez porté malheur. À cause de vous, les
Cananéens et les Perizites[o] vont me détester.
Nous sommes très peu nombreux. Ils vont
s'unir contre moi, ils m'attaqueront et je serai
détruit avec ma famille. » 31 Siméon et Lévi
répondent : « Est-ce que cet homme avait le
droit de traiter notre sœur comme une *prostituée ? »

À Béthel, Jacob construit un autel pour Dieu

35 1 Un jour, Dieu dit à Jacob : « Pars ! Va
à Béthel et reste là-bas. Tu me construiras un *autel. C'est là que je me suis montré à toi quand tu fuyais devant ton frère
Ésaü. »

2 Jacob dit à sa famille et à tous ceux qui l'accompagnent : « Enlevez les statues des dieux
étrangers[p] qui sont chez vous. Rendez-vous
*purs et changez de vêtements. 3 Préparez-
vous, nous allons à Béthel. Là-bas, je vais construire un autel pour Dieu. En effet, c'est lui
qui m'a répondu quand j'étais très malheureux, et c'est lui qui m'a aidé partout où je
suis allé. »

4 Ils donnent donc à Jacob toutes les statues
des dieux étrangers qu'ils possèdent. Ils lui
donnent aussi les anneaux qu'ils portent aux
oreilles. Jacob les enterre sous le grand arbre
sacré qui est près de Sichem. 5 Quand Jacob
et ses fils s'en vont, Dieu fait tomber une
grande peur sur les habitants des villes voisines. Alors personne n'ose les poursuivre.

6 Jacob arrive à Louz, c'est-à-dire à Béthel,
au pays de *Canaan, avec tous ceux qui l'accompagnent. 7 Là, il construit un autel et il appelle cet endroit « Dieu de Béthel ». En effet,
Dieu s'était montré à lui à cet endroit, quand
il fuyait devant son frère Ésaü.

8 Débora, la femme qui s'occupait de Rébecca, meurt. On l'enterre près de Béthel,
sous un grand arbre. Depuis ce jour-là, on l'appelle « l'arbre des Larmes ».

9 Quand Jacob revient de *Mésopotamie,
Dieu se montre encore à lui. Il le *bénit. 10 Il
lui dit : « Ton nom est Jacob. Mais on ne t'appellera plus ainsi. À partir de maintenant, ton
nom sera Israël[q]. » Dieu l'appelle donc Israël.
11 Il lui dit encore : « Je suis le Dieu tout-
puissant. Je te donnerai beaucoup d'enfants.
Alors tu deviendras l'ancêtre d'un peuple et
d'une communauté de peuples. Des rois
naîtront de toi. 12 Le pays que j'ai donné à
Abraham et à Isaac, je te le donne. Et plus
tard, je le donnerai à tes enfants et aux enfants
de leurs enfants. »

13 Puis Dieu s'éloigne du lieu où il a parlé à
Jacob. 14 Jacob dresse une pierre à cet endroit.
Il verse de l'huile sur elle et un peu de vin,
pour la *consacrer. 15 Cet endroit où Dieu a
parlé avec lui, Jacob l'appelle Béthel, c'est-à-
dire « Maison de Dieu ».

Rachel meurt en donnant naissance à Benjamin

16 Jacob et sa famille quittent Béthel. Ils sont
encore loin d'Éfrata quand Rachel met un enfant au monde. La naissance est pénible.
17 Pendant que Rachel accouche difficilement,
la sage-femme lui dit : « N'aie pas peur, c'est
encore un garçon. » 18 Rachel est mourante.
Au moment de mourir, elle appelle l'enfant

---

o **34.30** *Les Cananéens et les Perizites étaient des populations du pays de Canaan, situé entre le fleuve Jourdain et la mer Méditerranée.*

p **35.2** *Voir Genèse 31.19 et la note.*

q **35.10** *Voir Genèse 32.29 et la note.*

Ben-Oni, ce qui veut dire « Fils de ma douleur ». Mais Jacob l'appelle Benjamin, c'est-à-dire « Fils de la main droite »[r]. [19] Rachel meurt, et on l'enterre au bord de la route d'Éfrata, c'est-à-dire Bethléem[s]. [20] Jacob dresse une pierre sur sa tombe. C'est la pierre de la tombe de Rachel. Elle existe encore aujourd'hui.

Ruben se conduit mal envers son père

[21] Jacob part et il va dresser sa tente au-delà de Migdal-Éder. [22] Pendant que Jacob habite cette région, Ruben couche avec Bila, femme de deuxième rang de son père. Jacob l'apprend et il est très troublé.

Les douze fils de Jacob

Jacob a eu douze fils : [23] Léa lui a donné Ruben, l'aîné de Jacob, Siméon, Lévi, Juda, Issakar et Zabulon. [24] Rachel lui a donné Joseph et Benjamin. [25] Bila, la servante de Rachel, lui a donné Dan et Neftali. [26] Zilpa, la servante de Léa, lui a donné Gad et Asser. Voilà les fils de Jacob qui sont nés en *Mésopotamie.

La mort d'Isaac

[27] Jacob arrive chez son père Isaac, à Mamré, près de Quiriath-Arba. Cette ville s'appelle maintenant Hébron. Abraham et Isaac avaient habité là. [28] Isaac a 180 ans [29] quand il meurt. Il rejoint donc ses ancêtres après une longue vieillesse. Ses fils Ésaü et Jacob l'enterrent.

Ésaü s'installe avec sa famille dans la montagne de Séir

36 [1] Voici la famille d'Ésaü, c'est-à-dire Édom[t]. [2] Ésaü prend pour femmes des *Cananéennes : Ada, fille d'Élon le Hittite, Oholibama, fille d'Ana et petite-fille de Sibéon le Hivite. [3] Il prend encore pour femme Basmath, fille d'Ismaël et sœur de Nebayoth. [4] Ada est la mère d'Élifaz, Basmath est la mère de Réouel. [5] Oholibama est la mère de Yéouch, Yalam et Cora. Voilà les fils d'Ésaü qui sont nés en Canaan.

[6] Ésaü prend ses femmes, ses fils, ses filles, toutes les personnes de sa maison, son troupeau, tous ses animaux. Il prend aussi toutes les richesses qu'il a acquises en *Canaan. Il part loin de son frère Jacob, dans une autre région. [7] En effet, ils ne peuvent pas habiter l'un près de l'autre parce qu'ils sont trop riches. La région où ils se trouvent ne peut pas suffire pour nourrir leurs troupeaux. [8] Ésaü, c'est-à-dire Édom, va habiter dans la montagne de Séir.

La famille d'Ésaü

[9] Voici la famille d'Ésaü, l'ancêtre d'Édom, dans la montagne de Séir. [10] Voici les noms des fils d'Ésaü : Élifaz, fils de sa femme Ada, Réouel, fils de sa femme Basmath.

[11] Les fils d'Élifaz sont Téman, Omar, Sefo, Gatam et Quenaz. [12] Élifaz, le fils d'Ésaü, a aussi une femme de deuxième rang, Timna. Elle lui donne un autre fils : Amalec. Voilà les petits-fils d'Ésaü et de sa femme Ada.

[13] Voici les fils de Réouel : Nahath, Zéra, Chamma et Miza. Ce sont les petits-fils d'Ésaü et de sa femme Basmath. [14] Oholibama, fille d'Ana et petite-fille de Sibéon, a donné à Ésaü : Yéouch, Yalam et Cora.

[15-16] Voici les chefs des fils d'Ésaü : les chefs d'Élifaz, le fils aîné d'Ésaü et de sa femme Ada, sont : Téman, Omar, Sefo, Quenaz, Cora, Gatam et Amalec. Ils vivent en Édom.

[17] Les chefs de Réouel, fils d'Ésaü, sont : Nahath, Zéra, Chamma et Miza. Ils vivent en Édom. Ce sont les petits-fils de Basmath, femme d'Ésaü.

[18] Les chefs Yéouch, Yalam et Cora sont les fils d'Ésaü et de sa femme Oholibama, fille d'Ana.

---

r **35.18** *À la place du nom donné par Rachel, Jacob donne à l'enfant un nom qui porte bonheur. En effet, la main droite était considérée comme la meilleure main.*

s **35.19** *Éfrata se trouvait à quelques kilomètres au nord de Béthel. Plus tard, on a situé la tombe de Rachel à Bethléem.*

t **36.1** *Voir Genèse 25.30 et 32.4 et la note.*

19 Voilà les chefs des Édomites, de la famille
d'Ésaü.

20-21 Les premiers habitants du pays d'Édom
sont de la famille de Séir, le Horite[u]. Les chefs
des Horites fils de Séir sont : Lotan, Chobal, Sibéon, Ana, Dichon, Esser et Dichan. 22 Les fils
de Lotan sont : Hori et Hémam. La sœur de Lotan est Timna. 23 Les fils de Chobal sont : Al-
van, Manahath, Ébal, Chefo et Onam. 24 Les
fils de Sibéon sont : Aya et Ana. C'est Ana
qui a trouvé de l'eau dans le désert, quand il
gardait les ânes de son père Sibéon. 25 Les enfants d'Ana sont : son fils Dichon et sa fille
Oholibama. 26 Les fils de Dichon sont : Hem-
dan, Ècheban, Itran et Keran. 27 Les fils de
Esser sont : Bilehan, Zavan, Acan. 28 Les fils
de Dichan sont : Ous et Aran.

29-30 Les chefs des Horites, au pays de Séir,
sont : Lotan, Chobal, Sibéon, Ana, Dichon,
Esser et Dichan.

31 Voici ceux qui sont rois dans le pays
d'Édom avant qu'il y ait des rois en Israël :
32 Béla, fils de Béor, de la ville de Dinaba.
33 Quand Béla meurt, Yobab, fils de Zéra, de
la ville de Bosra, devient roi à sa place.
34 Quand Yobab meurt, Houcham, de la région
de Téman, devient roi à sa place. 35 Quand
Houcham meurt, Hadad, fils de Bedad, de la
ville d'Avith, devient roi à sa place. Il bat les
Madianites dans le pays de Moab. 36 Quand
Hadad meurt, Samla, de la ville de Masréca,
devient roi à sa place. 37 Quand Samla meurt,
Chaoul, de Rehoboth-sur-la-Rivière, devient
roi à sa place. 38 Quand Chaoul meurt, Baal-
Hanan, fils d'Akbor, devient roi à sa place.
39 Quand Baal-Hanan, fils d'Akbor, meurt, Ha-
dar devient roi à sa place. Il est de la ville de
Paou. Sa femme s'appelle Métabéel, elle est
fille de Matred et petite-fille de Mé-Zahab.

40 Voici les noms des chefs édomites : selon
leurs clans et les lieux où ils habitent : Timna,
Alva, Yéteth, 41 Oholibama, Éla, Pinon,
42 Quenaz, Téman, Mibsar, 43 Magdiel, Iram.
Voilà les chefs édomites. Ils habitent chacun
dans une région différente de leur pays.

Ésaü est l'ancêtre des Édomites.

JOSEPH
37–50

Joseph raconte ses rêves à ses frères

37 1 Jacob s'installe en *Canaan, où son
père était venu habiter. 2 Voici l'histoire des fils de Jacob. Joseph a dix-sept ans.
Il garde les moutons et les chèvres avec ses
frères, les fils de Bila et de Zilpa, femmes de
son père. Joseph rapporte à son père le mal
qu'on raconte sur eux. 3 Jacob aime Joseph
plus que ses autres enfants. En effet, il l'a eu
quand il était déjà vieux. Il lui fait faire un vêtement brodé magnifique. 4 Les frères de Joseph voient que leur père l'aime plus qu'eux
tous. Alors ils commencent à le détester. Ils
sont même incapables de lui parler gentiment.

5 Un jour, Joseph fait un rêve. Il le raconte à
ses frères, et ses frères le détestent encore
plus. 6 Joseph leur dit : « Écoutez donc le
rêve que j'ai fait. 7 Nous étions tous dans les
champs en train d'attacher les *gerbes de
blé. Tout à coup, ma gerbe s'est relevée et
elle est restée debout. Ensuite, toutes vos gerbes sont venues autour d'elle et elles se sont
inclinées profondément devant elle. » 8 Les
frères de Joseph lui demandent : « Est-ce que
tu as l'intention de devenir notre roi et de
nous commander ? » Ils le détestent encore
plus à cause de ses rêves et de ce qu'il raconte.
9 Joseph fait un autre rêve et il le raconte à ses
frères : « J'ai encore rêvé. Le soleil, la lune et
onze étoiles s'inclinaient profondément devant moi. »

10 Joseph raconte aussi le rêve à son père. Jacob lui fait des reproches. Il lui dit : « Ce rêve,
c'est quoi ? Est-ce que moi, ta mère et tes frères, nous devons nous incliner jusqu'à terre

u **36.20-21** *Les Horites étaient une population du pays de Canaan, situé entre le fleuve Jourdain et la mer Méditerranée.*

devant toi ? » 11 Les frères de Joseph sont jaloux de lui, mais son père pense souvent à ces rêves.

Joseph, vendu par ses frères, est emmené en Égypte

12 Les frères de Joseph vont à Sichem pour garder les moutons et les chèvres de leur père Jacob. 13 Un jour, Jacob dit à Joseph : « Tes frères gardent le troupeau près de Sichem. Va les voir de ma part. » Joseph répond : « Je veux bien, père. » 14 Jacob dit encore : « Va voir si tes frères sont en bonne santé et si le troupeau va bien. Puis rapporte-moi des nouvelles. »

Jacob envoie Joseph depuis la vallée d'Hébron. Quand Joseph arrive près de Sichem, 15 un homme le rencontre. Joseph cherche son chemin dans la campagne. L'homme lui demande : « Qu'est-ce que tu cherches ? » 16 Joseph répond : « Je cherche mes frères. Dis-moi où ils sont avec le troupeau. » 17 L'homme lui répond : « Ils sont partis d'ici. Je les ai entendus dire : "Allons à Dotan." » Joseph part à la recherche de ses frères et il les trouve à Dotan.

18 Ses frères le voient de loin. Avant que Joseph arrive près d'eux, ils préparent sa mort en secret. 19 Ils se disent entre eux : « Tiens, voilà le rêveur ! 20 Maintenant allez, tuons-le et jetons-le dans un puits ! Nous dirons qu'une bête sauvage l'a dévoré. Ensuite, nous verrons bien si ses rêves se réalisent. » 21 Ruben les entend. Il veut sauver Joseph, et il dit : « Ne le tuons pas ! » 22 Puis il ajoute : « Ne le faites pas mourir ! Jetez-le dans un puits du désert, mais ne touchons pas à sa vie ! » Ruben veut sauver Joseph de leurs mains et le ramener à son père.

23 Quand Joseph arrive près de ses frères, ils lui arrachent le magnifique vêtement brodé qu'il porte. 24 Ils prennent Joseph et ils le jettent dans un puits. Ce puits est vide, sans eau. 25 Ensuite, ils s'assoient pour manger. Ils aperçoivent un groupe d'Ismaélites qui viennent de Galaad. Leurs chameaux transportent plusieurs produits : de la gomme, de la résine et du ladanum[v]. Les Ismaélites vont les vendre en Égypte. 26 Juda dit à ses frères : « Quel intérêt est-ce que nous avons à tuer notre frère et à cacher sa mort ? 27 Il vaut mieux le vendre aux Ismaélites. Mais ne touchons pas à sa vie ! C'est notre frère. Il est de même sang que nous. » Les frères de Juda sont d'accord avec lui. 28 Des commerçants du pays de Madian passent par là. Ils retirent Joseph du puits et le vendent aux Ismaélites pour 20 pièces d'argent. Les Ismaélites emmènent Joseph en Égypte. 29 Quand Ruben revient près du puits, Joseph n'y est plus. Alors il *déchire ses vêtements. 30 Il revient vers ses frères en disant : « L'enfant n'est plus là. Et moi, qu'est-ce que je vais devenir maintenant ? »

31 Les frères tuent un bouc, ils prennent le vêtement de Joseph et ils le trempent dans le sang. 32 Ils envoient le beau vêtement à leur père avec ce message : « Nous avons trouvé ceci. Regarde bien si c'est le vêtement de ton fils, oui ou non. » 33 Jacob reconnaît le vêtement et dit : « C'est le vêtement de mon fils ! Une bête sauvage a déchiré Joseph et l'a dévoré ! » 34 Jacob déchire ses vêtements, il met un habit de deuil et il pleure son fils pendant des jours et des jours. 35 Tous ses fils et ses filles viennent pour le consoler. Mais il refuse de se laisser consoler. En effet, il dit : « Je serai encore en deuil quand je descendrai vers mon fils dans le monde des morts. » Et Jacob n'arrête pas de pleurer.

36 Les Madianites vendent Joseph en Égypte à Potifar. Cet homme est un officier du roi, le commandant de ses gardes.

Tamar affirme ses droits face à Juda

38 1 À cette époque-là, Juda quitte ses frères et il va à Adoullam, chez un homme appelé Hira. 2 Là, Juda voit la fille de Choua, un *Cananéen. Il la prend pour femme. Il s'unit à elle 3 et elle devient enceinte. Elle accouche d'un garçon. Juda l'ap-

v 37.25 *Ces produits de bonne odeur étaient utilisés pour soigner les gens. On s'en servait aussi pour conserver les corps des morts.*

pelle Er. 4 Elle devient enceinte de nouveau et
elle a un autre garçon. Elle l'appelle Onan.
5 Puis elle a un troisième fils. Elle l'appelle
Chéla. Au moment de l'accouchement, Juda
est à Kezib.

6 Juda marie son fils aîné Er à une femme
appelée Tamar. 7 Mais Er fait ce qui déplaît
au SEIGNEUR, et le SEIGNEUR le fait mourir.
8 Alors Juda dit à Onan : « Tu dois donner
des enfants à ton frère qui est mort. Fais
donc ton devoir de beau-frère et prends sa
veuve pour femme[w]. » 9 Mais Onan sait que
cet enfant ne sera pas considéré comme son
enfant à lui. C'est pourquoi, quand il s'unit à
sa belle-sœur, il laisse tomber sa semence à
terre. Ainsi il ne donnera pas d'enfant à son
frère. 10 Cela déplaît au SEIGNEUR, et le SEI-
GNEUR le fait mourir, lui aussi. 11 Alors Juda
dit à sa belle-fille Tamar : « Puisque tu es
veuve, va habiter chez ton père. Attends que
mon fils Chéla soit grand. » Il pense en effet :
« Il ne faut pas que Chéla meure comme ses
frères. » Tamar va donc habiter chez son père.

12 Longtemps après, la fille de Choua,
femme de Juda, meurt. Quand le temps du
deuil est fini, Juda va à Timna, avec son ami
Hira d'Adoullam. Il va voir ceux qui coupent
la laine de ses moutons. 13 Quelqu'un dit à Tamar : « Ton beau-père va à Timna pour couper
la laine de ses moutons. » 14 Alors Tamar enlève ses habits de veuve, elle se couvre le visage d'un voile pour qu'on ne la reconnaisse
pas. Elle va s'asseoir à l'entrée d'Énaïm, sur
le chemin de Timna. En effet, elle le voit
bien, Chéla est devenu un homme, mais elle
n'est toujours pas devenue sa femme.

15 Juda voit Tamar et il la prend pour une
*prostituée, parce qu'elle a le visage couvert.
16 Il ne sait pas que c'est sa belle-fille. Alors
il s'approche d'elle au bord du chemin et lui
dit : « Eh, je veux aller avec toi ! » Tamar répond : « Qu'est-ce que tu me donnes pour
cela ? » 17 Juda répond : « Je vais t'envoyer un
cabri de mon troupeau. » Elle continue :
« D'accord ! Mais donne-moi quelque chose
en attendant. » 18-19 Il dit : « Qu'est-ce que tu
veux ? » Tamar répond : « Donne-moi ton
*sceau avec son cordon et le bâton que tu tiens
à la main. » Juda lui donne ces trois objets et il
s'unit à elle. Tamar rentre chez elle, elle enlève son voile et elle reprend ses habits de
veuve. Tamar devient enceinte de Juda.

20 Juda envoie son ami d'Adoullam porter le
cabri promis. Il doit en même temps reprendre les objets que Juda a donnés à Tamar en
attendant. Mais son ami ne la trouve pas.
21 Il demande aux habitants d'Énaïm : « Où
est la prostituée qui était au bord du chemin
à Énaïm ? » Ils répondent : « Il n'y a jamais
eu de prostituée ici ! » 22 L'ami de Juda revient
le voir et lui dit : « Je n'ai pas trouvé la femme,
et les gens de l'endroit m'ont dit : "Il n'y a jamais eu de prostituée à cet endroit." » 23 Juda
répond à Hira : « Eh bien, qu'elle garde ces objets ! Ne nous couvrons pas de honte ! En tout
cas, j'ai envoyé le cabri, et toi, tu n'as pas retrouvé la femme ! »

24 Trois mois plus tard, on vient dire à Juda :
« Tamar, ta belle-fille, s'est prostituée. Main-
tenant elle est enceinte. » Juda répond :
« Faites-la sortir et brûlez-la vivante ! »

25 Pendant qu'on met Tamar dehors, elle
envoie quelqu'un dire à son beau-père : « Regarde ce sceau, ce cordon et ce bâton. C'est
de leur propriétaire que j'attends un enfant.
Tâche de savoir à qui ils sont. »

26 Juda les reconnaît et il dit : « Elle a respecté la loi mieux que moi. Je devais la donner
pour femme à mon fils Chéla et je ne l'ai pas
fait. » Après cela, Juda ne s'unit plus jamais à
elle.

27 Au moment de l'accouchement, on
s'aperçoit que Tamar a des jumeaux. 28 Pendant l'accouchement, l'un des bébés présente
une main, et la sage-femme la prend. Elle
attache un fil rouge à son poignet en disant :
« Celui-ci est sorti le premier. »

29 Mais l'enfant rentre sa main, et son frère
sort le premier. La sage-femme dit : « Quelle
ouverture tu as faite ! »

Alors Juda appelle l'enfant Pérès, ce qui
veut dire « Ouverture ». 30 Puis l'autre enfant

---

w **38.8** *Voir Deutéronome 25.5-6.*

sort avec le fil rouge au poignet, et Juda l'appelle Zéra[x].

L'Égyptien Potifar prend Joseph à son service

39 1 Les Ismaélites qui ont emmené Joseph en Égypte l'ont vendu à un Égyptien, Potifar. Cet homme est un officier du roi,
le commandant de ses gardes. 2 Le SEIGNEUR
est avec Joseph, et tout lui réussit. Joseph habite dans la maison de son maître égyptien.
3 Potifar le voit : le SEIGNEUR est avec Joseph
et il fait réussir tous ses projets. 4 Alors Potifar
se montre bon envers lui et il le prend à son
service. Il lui confie la responsabilité de sa
maison et de tout ce qu'il possède. 5 Dès que
Potifar a fait cela, le SEIGNEUR *bénit ses affaires à cause de Joseph. La bénédiction du
SEIGNEUR s'étend à tous ses biens, dans sa
maison comme dans ses champs. 6 Potifar
laisse tout ce qu'il possède entre les mains
de Joseph. Il ne s'occupe plus de rien, sauf
de la nourriture qu'il mange.

Joseph est accusé faussement par la femme de Potifar

Joseph est beau, et son visage est agréable.
7 Au bout de quelque temps, la femme de son
maître le remarque et lui dit : « Couche avec
moi ! » 8 Joseph refuse et il dit à la femme de
son maître : « Depuis que je suis ici, mon maître ne s'occupe plus de rien dans sa maison. Il
m'a confié tout ce qu'il possède. 9 Dans cette
maison, il n'a pas plus de pouvoir que moi.
Il ne m'a rien interdit, sauf de te toucher,
parce que tu es sa femme. Alors comment
est-ce que je peux faire un acte aussi grave
et pécher contre Dieu ? » 10 Tous les jours, la
femme de Potifar demande à Joseph de venir
dans son lit et de s'unir à elle. Mais Joseph
ne l'écoute pas.

11 Un jour, il entre dans la maison pour faire
son travail. Les serviteurs ne sont pas là. 12 La
femme de Potifar prend Joseph par son vêtement et elle lui dit : « Couche avec moi ! » Joseph lui laisse son vêtement dans les mains et
il s'enfuit de la maison. 13 La femme voit que
Joseph a fui dehors en lui laissant son vêtement dans les mains. 14 Alors, elle appelle ses
serviteurs et leur dit : « Regardez ! Mon mari
nous a amené un *Hébreu pour nous insulter.
Il s'est approché de moi pour coucher avec
moi. Mais j'ai poussé un grand cri. 15 Alors,
quand il m'a entendu crier et appeler, il s'est
enfui tout de suite de la maison en laissant son
vêtement à côté de moi. »

16 Puis la femme garde le vêtement de
Joseph près d'elle jusqu'au retour de son
mari. 17 Elle lui raconte la même chose : « L'esclave hébreu que tu nous as amené s'est
approché de moi pour me salir. 18 Quand j'ai
crié et appelé, il a laissé son vêtement à
côté de moi et il a fui dehors. Voilà comment
ton esclave a agi envers moi. » 19 Quand le
maître entend ce que sa femme lui raconte,
il se met en colère. 20 Il fait arrêter Joseph
pour le mettre en prison, là où on enferme
les prisonniers du roi.

Joseph en prison avec deux fonctionnaires du roi d'Égypte

Pendant que Joseph est dans cette prison,
21 le SEIGNEUR est avec lui, et il lui montre sa
bonté. En effet, il permet que le commandant
de la prison commence à faire confiance à
Joseph. 22 Il lui confie tous les autres prisonniers. C'est Joseph qui dirige tous les travaux qu'ils doivent accomplir. 23 Le commandant de la prison ne s'occupe plus de ce qu'il a
confié à Joseph. En effet, le SEIGNEUR est avec
Joseph et il fait réussir tous ses projets.

40 1-2 Le temps passe. Un jour, deux fonctionnaires importants du roi d'Égypte
commettent une faute contre lui. Ce sont le
responsable des boissons du roi et le chef
des boulangers. Le roi se met en colère contre
eux. 3 Il les fait donc enfermer dans la prison
du commandant de ses gardes, là où Joseph
est lui-même prisonnier. 4 Le commandant
des gardes du roi les confie à Joseph, et
celui-ci est à leur service. Les deux fonctionnaires restent en prison un certain temps.

---

x **38.30** ***En hébreu, le nom de Zéra ressemble au mot traduit ici par « rouge ».***

Joseph explique les rêves des deux fonctionnaires du roi

5 Une nuit, dans leur prison, le responsable des boissons du roi et le chef des boulangers font tous les deux un rêve. Chaque rêve a son sens particulier. 6 Le matin, quand Joseph vient les voir, ils sont tout tristes. 7 Joseph leur demande : « Vous avez l'air sombre aujourd'hui. Pourquoi donc ? » 8 Ils répondent : « Tous les deux, nous avons fait un rêve, mais personne ne peut l'expliquer. » Alors Joseph leur dit : « Dieu peut l'expliquer. Racontez-moi vos rêves. »

9 Le responsable des boissons raconte : « Dans mon rêve, il y avait une *vigne devant moi. 10 Son tronc avait trois branches. Cette vigne avait des bourgeons. Les fleurs ont poussé et elles ont donné des grappes de raisins mûrs. 11 Je tenais dans la main la *coupe du roi d'Égypte. J'ai pris les raisins, je les ai écrasés pour faire couler le jus dans la coupe et je lui ai présenté la boisson. » 12 Joseph lui dit : « Voici ce que ton rêve veut dire : les trois branches représentent trois jours. 13 Dans trois jours, le roi d'Égypte te placera dans une position élevée. Il te rendra ton travail. Tu pourras lui présenter sa coupe comme avant. 14 Quand tout ira bien pour toi, je t'en prie, ne m'oublie pas. Agis avec bonté et parle de moi au roi. Fais-moi sortir de cette prison. 15 Oui, on m'a amené de force du pays des *Hébreux, et ici, je n'ai rien fait pour qu'on me mette en prison. »

16 Le chef des boulangers voit que Joseph a donné une bonne explication du rêve. Il lui dit : « Moi aussi, j'ai fait un rêve. Je portais sur la tête trois paniers de gâteaux. 17 Dans le panier du dessus, il y avait des gâteaux de toutes sortes, ceux que le roi d'Égypte mange. Et des oiseaux venaient manger dans le panier, sur ma tête. » 18 Joseph dit : « Voici ce que ton rêve veut dire : les trois paniers représentent trois jours. 19 Dans trois jours, le roi te placera dans une position élevée, plus haute que tu ne souhaites. On te pendra à un arbre, et les oiseaux viendront manger ton corps. »

20 Trois jours après, le roi fête son anniversaire. Il offre un grand repas à tous ses ministres. Il fait libérer le responsable des boissons et le chef des boulangers devant tous. 21 Il rend son travail au responsable des boissons, et celui-ci présente de nouveau la coupe de vin au roi. 22 Mais il fait pendre le chef des boulangers, comme Joseph l'a annoncé. 23 Pourtant, le responsable des boissons oublie complètement Joseph.

Qui expliquera les rêves du roi d'Égypte ?

41 1 Deux ans plus tard, le roi d'Égypte fait un rêve. Il est au bord du fleuve, le Nil. 2 Il voit sept belles vaches bien grosses qui sortent du Nil. Elles se mettent à manger l'herbe de cet endroit. 3 Ensuite, sept autres vaches sortent du fleuve après les belles vaches. Elles sont laides et très maigres. Elles viennent auprès des belles vaches au bord du Nil. 4 Alors les sept vaches laides et maigres dévorent les sept belles vaches bien grosses. À ce moment-là, le roi se réveille.

5 Il se rendort et fait un deuxième rêve. Il voit sept beaux épis de *blé bien gros qui poussent sur la même tige. 6 Ensuite, sept épis secs, brûlés par le vent du désert, poussent après les beaux épis. 7 Alors les épis secs avalent les sept beaux épis bien remplis. À ce moment-là, le roi se réveille et il se rend compte qu'il a rêvé.

8 Le matin, le roi est inquiet. Il fait appeler tous les magiciens et tous les sages d'Égypte. Il leur raconte ses rêves, mais personne ne peut les expliquer. 9 Alors le responsable des boissons dit au roi d'Égypte : « Mon roi, aujourd'hui, je dois rappeler ma faute passée. 10 Un jour, tu t'es mis en colère contre le chef des boulangers et contre moi. Tu nous as enfermés dans la prison du commandant des gardes. 11 Tous les deux, nous avons fait un rêve la même nuit, et chaque rêve avait son sens particulier. 12 Dans la prison, il y avait avec nous un jeune esclave *hébreu qui était au service du commandant des gardes. Nous lui avons raconté nos rêves. Il les a expliqués en disant à chacun ce que son rêve voulait dire. 13 Eh bien, tout s'est passé exactement comme il nous l'avait annoncé : moi, on m'a rendu mon travail, et le chef des boulangers a été pendu. »

Joseph explique les rêves du roi d'Égypte

14 Le roi d'Égypte donne l'ordre d'aller chercher Joseph. Très vite, on le fait sortir de prison. On lui rase la barbe et les cheveux, il change de vêtements et il vient devant le roi. 15 Celui-ci dit à Joseph : « J'ai fait un rêve, et personne n'a pu l'expliquer. Mais on m'a dit que toi, tu sais interpréter les rêves qu'on te raconte. » 16 Joseph répond au roi : « Ce n'est pas moi, c'est Dieu qui peut te donner une explication juste. » 17 Le roi continue : « Voici mon rêve. Je suis au bord du Nil. 18 Je vois sept belles vaches bien grosses, qui sortent du fleuve. Elles se mettent à manger l'herbe de cet endroit. 19 Ensuite, sept autres vaches sortent du fleuve après les belles vaches. Elles sont maigres, très laides et faibles. Dans toute l'Égypte, je n'ai jamais vu de bêtes aussi laides. 20 Alors les vaches faibles et laides dévorent les sept premières, les grosses vaches. 21 Elles les avalent bien, mais cela ne se voit pas du tout. En effet, les vaches faibles sont aussi maigres qu'avant. À ce moment-là, je me réveille. 22 Puis je fais un autre rêve. Je vois sept beaux épis bien remplis qui poussent sur la même tige. 23 Ensuite, sept épis durs, secs, brûlés par le vent du désert, poussent après les beaux épis. 24 Alors les épis secs avalent les sept beaux épis. J'ai parlé de ces rêves aux magiciens, mais personne n'a pu les expliquer. »

25 Joseph répond au roi d'Égypte : « Tes deux rêves ont le même sens, mon roi. Dieu te dit ce qu'il va faire. 26 Les sept belles vaches et les sept beaux épis représentent sept années. C'est donc un seul rêve. 27 Les sept autres vaches, faibles et laides, et les sept épis secs, brûlés par le vent du désert, représentent aussi sept années, mais des années de famine. 28 Mon roi, je te l'ai dit, Dieu t'a montré ce qu'il va faire. 29 Les sept années qui viennent seront des années très riches en récoltes dans toute l'Égypte. 30 Ensuite, il y aura sept années de famine, et on ne se souviendra plus des riches récoltes d'Égypte. La famine rendra le pays très pauvre. 31 Elle sera très dure. Alors on ne saura plus ce qu'est la richesse dans le pays. 32 Tu as fait deux rêves qui veulent dire la même chose, voici pourquoi : c'est Dieu qui a décidé tout cela et il va bientôt le réaliser. 33 Maintenant, mon roi, cherche un homme intelligent et sage et donne-lui autorité sur l'Égypte. 34 Nomme aussi des agents. Ils prendront un cinquième des récoltes du pays, pendant les sept années de richesse. 35 Ils rassembleront toute la nourriture des sept bonnes années qui viennent. Dans les villes, ils mettront du *blé dans des magasins, sous ton autorité, pour faire des réserves de nourriture. 36 De cette façon, l'Égypte aura des réserves pour les sept années de famine. Ainsi la famine ne détruira pas le pays. »

Joseph devient gouverneur du pays d'Égypte

37 Cette proposition plaît au roi et à ses ministres. 38 Le roi leur dit : « Cet homme est rempli de l'esprit de Dieu. Est-ce que nous pourrons trouver un autre homme comme lui ? » 39 Ensuite le roi dit à Joseph : « C'est Dieu qui t'a fait connaître tout cela. Personne ne peut être aussi intelligent et aussi sage que toi. 40 Tu seras donc l'administrateur de mon royaume. Tout mon peuple obéira à tes ordres. Je serai au-dessus de toi seulement parce que je suis roi. 41 Maintenant, je te donne autorité sur toute l'Égypte. » 42 Le roi enlève de son doigt sa bague de roi et il la met au doigt de Joseph. Il lui donne des habits de *lin et il lui passe un collier d'or autour du cou. 43 Ensuite, il le fait monter sur son deuxième char, et les gens crient devant lui : « Laissez passer ! » Voilà comment le roi d'Égypte a donné à Joseph autorité sur tout son pays.

44 Le roi dit encore à Joseph : « Je suis le roi d'Égypte. Mais dans tout le pays, personne ne lèvera le petit doigt sans ton autorisation. » 45 Puis le roi donne à Joseph le nom égyptien de Safnath-Panéa. Il lui donne pour femme Asnath, la fille du prêtre Potiféra, de la ville d'On. Ensuite, Joseph part visiter l'Égypte. 46 Joseph a trente ans quand on le présente au Pharaon, roi d'Égypte.

Joseph quitte le roi d'Égypte et il part visiter tout le pays. 47 Pendant les sept années de richesse, la terre produit de très bonnes récoltes. 48 Pendant ces sept années, Joseph rassemble toute la nourriture en Égypte. Et il garde en réserve dans les villes la nourriture récoltée dans les champs qui les entourent. 49 Ensuite, Joseph met du *blé en réserve en très grande quantité. Il est aussi abondant que le sable au bord de la mer. Alors on arrête de compter les réserves parce que ce n'est plus possible.

50 Avant le début de la famine, la femme de Joseph, Asnath, fille de Potiféra, prêtre de la ville d'On, met au monde deux fils. 51 Joseph appelle l'aîné Manassé et il dit : « Dieu me permet d'oublier[y] toutes mes souffrances et ma séparation d'avec ma famille. » 52 Il appelle le plus jeune Éfraïm et il dit : « Dieu m'a donné des enfants[z] dans le pays où j'ai été si malheureux. »

53 En Égypte, les sept années de richesse finissent. 54 Alors les sept années de famine commencent, comme Joseph l'a annoncé. Il y a la famine dans tous les pays, mais en Égypte, il y a des réserves de nourriture. 55 Quand les Égyptiens commencent à avoir faim, ils demandent de la nourriture au roi d'Égypte. Le roi répond à tous les Égyptiens : « Allez trouver Joseph et faites ce qu'il vous dira. » 56 La famine se répand dans tout le pays. Joseph fait donc ouvrir les magasins de réserves dans les villes pour vendre du blé aux Égyptiens. Puis la famine devient encore plus dure dans le pays. 57 De tous les pays, les gens viennent pour acheter du blé à Joseph. En effet, la famine est très dure partout.

Jacob envoie ses fils en Égypte

42 1 Jacob apprend qu'il y a du *blé en Égypte. Alors il dit à ses fils : « Vous restez là à vous regarder les uns les autres. Pourquoi ? 2 On m'a dit qu'il y a du blé en Égypte. Allez donc là-bas pour en acheter. Alors nous pourrons rester en vie. Nous n'avons pas envie de mourir. » 3 Dix des frères de Joseph partent en Égypte pour acheter du blé. 4 Jacob ne laisse pas partir avec eux Benjamin, le frère de Joseph. En effet, il pense : « Il pourrait lui arriver un malheur. » 5 Les fils de Jacob arrivent en Égypte en même temps que d'autres pour acheter du blé. En effet, il y a la famine dans tout le pays de *Canaan.

Joseph traite durement ses frères

6 Joseph est le gouverneur du pays, et c'est lui qui organise la vente du *blé pour tout le monde. En arrivant, ses frères s'inclinent jusqu'à terre devant lui. 7 Dès que Joseph voit ses frères, il les reconnaît. Mais il ne dit pas qu'il est leur frère et il leur parle durement : « D'où venez-vous ? » Ils répondent : « Nous venons de *Canaan. Nous sommes venus ici pour acheter de la nourriture. »

8 Joseph reconnaît ses frères, mais eux, ils ne le reconnaissent pas. 9 Alors Joseph se souvient des rêves qu'il a faits à leur sujet. Il leur dit : « Vous êtes des espions[a] ! Vous êtes venus ici pour connaître les points faibles du pays. » 10 Ils répondent : « Non, Monsieur le Gouverneur, nous sommes venus simplement pour acheter de la nourriture. 11 Nous sommes tous fils du même père. Nous sommes des gens honnêtes, nous ne sommes pas des espions. » 12 Joseph répond : « C'est faux ! Vous êtes venus pour connaître les points faibles du pays. » 13 Ils répondent : « Non, nous sommes douze frères, nous sommes fils du même père, d'un homme de Canaan. Le plus jeune est resté auprès de notre père, et il y en a un qui a disparu. » 14 Joseph leur dit : « Je le disais bien, vous êtes des espions. 15 Je vais voir si vous dites la vérité. Par la vie du roi d'Égypte, je vous le jure, vous ne quitterez pas ce pays avant l'arrivée de votre plus jeune frère. 16 Envoyez l'un de vous le chercher. Pendant ce temps, les autres reste-

---

y **41.51** *En hébreu, le nom de Manassé ressemble au verbe traduit ici par « me permet d'oublier ».*

z **41.52** *En hébreu, le nom d'Éfraïm ressemble au verbe traduit ici par « m'a donné des enfants ».*

a **42.9** *Les rêves de Joseph : voir Genèse 37.5-9.*
Un espion est une personne chargée de recueillir des renseignements secrets dans un pays étranger.

ront en prison. Ainsi, je pourrai voir si vous m'avez dit la vérité. Si vous avez menti, par la vie du roi d'Égypte, vous êtes bien des espions. »

17 Joseph met ses frères en prison pendant trois jours. 18 Le troisième jour, il leur dit : « Si vous voulez rester en vie, vous allez faire ce que je vais vous dire. Moi, je respecte Dieu. 19 Si vous êtes des gens honnêtes, acceptez qu'un de vos frères reste en prison. Les autres, vous apporterez de la nourriture à vos familles qui ont faim. 20 Puis ramenez-moi votre plus jeune frère. Ainsi, je verrai si vous avez dit la vérité, et vous ne mourrez pas. » Les frères sont d'accord avec Joseph. 21 Mais ils se disent entre eux : « Hélas ! nous sommes punis pour ce que nous avons fait à Joseph notre frère. Nous avons vu qu'il était désespéré. Il nous a demandé d'avoir pitié de lui, et nous ne l'avons pas écouté. Voilà pourquoi ce malheur nous arrive. » 22 Ruben ajoute : « Je vous avais bien dit : "Ne faites pas de mal à cet enfant[b] !" Et vous ne m'avez pas écouté. Maintenant, nous sommes punis parce que nous l'avons fait mourir. » 23 Les frères ne savent pas que Joseph comprend ce qu'ils disent. En effet, il se sert d'un interprète. 24 Alors Joseph s'éloigne d'eux pour pleurer.

Les frères de Joseph retournent en Canaan

Ensuite, Joseph revient vers ses frères et il leur dit qu'il garde Siméon. Puis il le fait attacher sous leurs yeux. 25 Ensuite, Joseph donne ces ordres à ses serviteurs : « Mettez beaucoup de *blé dans les bagages de ces gens. Remettez aussi l'argent de chacun dans son sac. Donnez-leur de la nourriture pour le voyage. » Les serviteurs font cela. 26 Les frères de Joseph mettent les sacs de blé sur leurs ânes et ils partent.

27 Quand ils s'arrêtent pour la nuit, l'un d'eux ouvre son sac pour donner de l'herbe à son âne. Il trouve son argent placé à l'entrée du sac. 28 Il dit à ses frères : « On m'a rendu mon argent, il est dans mon sac ! » Ils sont très surpris et ils ont peur. Ils se demandent l'un à l'autre : « Qu'est-ce que Dieu nous a fait là ? »

29 Quand ils arrivent en *Canaan, auprès de leur père Jacob, ils lui racontent tout ce qui est arrivé. 30 Ils disent : « L'homme qui gouverne le pays nous a parlé durement. Il nous a traités comme des espions[c]. 31 Nous lui avons dit : "Nous ne sommes pas des espions, mais des gens honnêtes. 32 Nous étions douze fils d'un même père, mais un de nos frères a disparu, et le plus jeune est resté en Canaan avec notre père." 33 Cet homme nous a répondu : "Je veux savoir si vous êtes vraiment honnêtes. Laissez l'un de vous ici, et allez porter du blé à vos familles qui ont faim. 34 Ensuite, ramenez-moi votre plus jeune frère. Ainsi, je saurai que vous n'êtes pas des espions, mais des gens honnêtes. Alors je vous rendrai votre frère et je vous laisserai faire du commerce dans le pays." »

35 Ensuite, ils vident leurs sacs, et chacun trouve dans le sien un petit sac avec son argent. Quand ils voient cet argent, ils ont tous peur, même Jacob leur père. 36 Jacob leur dit : « Vous m'avez déjà enlevé deux enfants : je n'ai plus Joseph et je n'ai plus Siméon. Et vous voulez me prendre Benjamin ! C'est sur moi que tout cela retombe ! » 37 Ruben lui dit : « Si je ne te ramène pas Benjamin, tu pourras tuer mes deux fils. Confie-le-moi, je te le ramènerai. » 38 Jacob répond : « Non, mon fils ne partira pas avec vous. Son frère est mort, je n'ai plus que lui. Je suis très vieux. Si un malheur lui arrive pendant votre voyage, je mourrai de chagrin par votre faute. »

Jacob accepte de laisser partir son fils Benjamin

43 1 La famine continue à peser sur le pays de *Canaan. 2 La famille de Jacob a fini de manger tout le *blé rapporté d'Égypte. Alors Jacob dit à ses fils : « Repartez

---

b **42.22** *Voir Genèse 37.21-22.*

c **42.30** *Voir Genèse 42.9 et la note.*

en Égypte nous acheter un peu de nourriture. » 3 Juda lui répond : « Le gouverneur égyptien nous a dit clairement : "Je ne vous recevrai pas si votre frère n'est pas avec vous." 4 Si tu acceptes d'envoyer Benjamin avec nous, nous irons t'acheter de la nourriture. 5 Mais si tu refuses, nous n'irons pas. En effet, le gouverneur nous a dit : "Je ne vous recevrai pas si votre frère n'est pas avec vous." » 6 Jacob leur dit : « Pourquoi est-ce que vous avez dit à cet homme que vous aviez un autre frère ? Vous m'avez fait du tort. » 7 Ils répondent : « Le gouverneur nous a posé beaucoup de questions, sur nous et sur notre famille. Il nous a demandé : "Est-ce que votre père est encore vivant ? Est-ce que vous avez un autre frère ?" Nous avons seulement répondu à ses questions. Nous ne pouvions pas savoir qu'il allait nous dire : "Faites venir votre frère." »

8 Juda ajoute : « Père, laisse venir Benjamin avec moi. Nous devons partir si nous voulons rester en vie, toi, nous et nos enfants. Nous n'avons pas envie de mourir. 9 Je me tiens pour responsable de lui. Tu pourras me demander des comptes si je ne le ramène pas. S'il ne revient pas auprès de toi, je porterai cette faute devant toi toute ma vie. 10 D'ailleurs, si nous n'avions pas attendu si longtemps, nous aurions eu le temps d'aller deux fois en Égypte et de revenir. » 11 Jacob leur dit : « Eh bien, nous n'avons pas le choix. Voici ce que vous allez faire : prenez dans vos bagages de bons produits de notre pays pour les offrir à cet Égyptien. Emportez un peu de résine, un peu de miel, de la gomme, du ladanum[d], des pistaches et des amandes. 12 Rapportez l'argent que vous avez trouvé dans vos sacs de blé : c'était peut-être une erreur. Prenez aussi une deuxième somme d'argent. 13 Maintenant, repartez voir cet homme avec Benjamin. 14 Que le Dieu tout-puissant touche son cœur pour qu'il ait pitié de vous et qu'il laisse revenir Siméon et Benjamin ! Moi, je vais rester sans enfant, comme si je n'en avais jamais eu. »

Joseph offre un repas à ses frères

15 Les frères préparent les cadeaux et les deux sommes d'argent. Puis ils repartent en Égypte avec Benjamin. Ils se présentent devant Joseph. 16 Quand Joseph voit que Benjamin est avec eux, il dit à son intendant : « Conduis ces gens chez moi. Fais tuer une bête et prépare-la. À midi, ils mangeront avec moi. » 17 L'intendant fait ce que Joseph lui a commandé et il conduit ces hommes chez son maître. 18 Quand on leur demande d'entrer dans la maison de Joseph, ils ont peur. Ils pensent : « C'est à cause de l'argent remis dans nos sacs de *blé pendant le premier voyage. Ils vont tomber sur nous et nous faire du mal. Ils vont prendre nos ânes et faire de nous des esclaves. » 19 Au moment d'entrer, ils s'approchent donc de l'intendant et lui disent : 20 « Pardon, Monsieur l'intendant. Nous sommes déjà venus une première fois pour acheter de la nourriture. 21 En rentrant, quand nous nous sommes arrêtés pour la nuit, nous avons ouvert nos sacs. Et chacun de nous a retrouvé son argent à l'ouverture de son sac. C'était exactement la somme que nous avions payée. Donc, nous la rapportons aujourd'hui. 22 Nous avons une autre somme d'argent pour acheter encore de la nourriture. Nous ne savons pas qui avait remis l'argent dans nos sacs. » 23 L'intendant répond : « Soyez tranquilles, n'ayez pas peur. C'est votre Dieu, le Dieu de votre père, qui a mis un trésor dans vos sacs. Votre argent à vous, je l'ai bien reçu. »

Ensuite, il libère Siméon. 24 Il fait entrer tous les frères chez Joseph. Il leur apporte de l'eau pour qu'ils se lavent les pieds et il donne de l'herbe à leurs ânes. 25 Les frères préparent les cadeaux en attendant l'arrivée de Joseph à midi. Ils comprennent en effet qu'ils vont manger là, avec lui. 26 Quand Joseph arrive, ils lui présentent les cadeaux qu'ils ont apportés. Et ils s'inclinent jusqu'à terre devant lui. 27 Joseph leur demande comment ils vont, puis il ajoute : « Vous m'aviez parlé de votre

d **43.11** *Voir Genèse 37.25 et la note.*

vieux père. Comment va-t-il ? Est-ce qu'il est encore vivant ? » 28 Ils répondent : « Oui, ton serviteur, notre père, va bien, il est encore vivant. » Ils s'inclinent de nouveau jusqu'à terre. 29 Puis Joseph voit Benjamin, son frère, le fils de sa mère. Il demande : « Vous m'aviez parlé de votre plus jeune frère. Est-ce que c'est lui ? » Et il lui dit : « Que Dieu te *bénisse, mon enfant ! »

30 Quand Joseph voit Benjamin, il est très ému, et ses yeux se remplissent de larmes. Il sort rapidement et va dans sa chambre pour pleurer. 31 Puis il se lave le visage et revient. Il cache ses sentiments et dit : « Servez le repas ! » 32 On sert Joseph seul à une table et ses frères à une autre table. Les Égyptiens invités chez lui mangent aussi à part. En effet, ils ne peuvent pas manger avec les *Hébreux, leur religion leur interdit cela. 33 Les frères sont assis en face de Joseph. On les a placés par rang d'âge, de l'aîné au plus jeune. Ils se regardent les uns les autres, ils sont très surpris. 34 Joseph leur fait servir les plats qui sont sur sa table. Il fait donner à Benjamin un plat cinq fois plus rempli que les plats de ses frères. Et ils boivent beaucoup de vin avec Joseph.

Benjamin est accusé de vol

44 1 Plus tard, Joseph donne cet ordre à son intendant : « Remplis les sacs de ces gens-là. Donne-leur autant de nourriture qu'ils peuvent en porter. Remets aussi l'argent de chacun à l'ouverture de son sac. 2 Dans le sac du plus jeune, remets la somme qu'il voulait payer. Mets aussi ma *coupe en argent. » L'intendant fait ce que Joseph lui a commandé. 3 Le jour suivant, au lever du soleil, on laisse partir ces gens avec leurs ânes. 4 Ils sortent de la ville, mais ils ne sont pas encore très loin. Alors Joseph dit à son intendant : « Cours derrière ces gens, rattrape-les. Interroge-les en disant : "Vous avez rendu le mal pour le bien, pourquoi donc ? 5 Vous avez volé la coupe que mon maître utilise pour boire et pour deviner l'avenir. Ce que vous avez fait là, c'est mal." »

6 L'intendant les rattrape et il leur dit ces paroles. 7 Les frères de Joseph répondent : « Monsieur l'intendant, pourquoi nous accuser de cette façon ? Nous ne sommes pas capables de faire une chose pareille ! 8 Nous avons rapporté de *Canaan l'argent que nous avons retrouvé à l'ouverture de nos sacs. Ce n'est sûrement pas pour voler de l'argent ou de l'or dans la maison de ton maître ! 9 Monsieur l'intendant, si on trouve une coupe dans les bagages de l'un de nous, il faut le faire mourir. Et nous, nous serons tes esclaves. » 10 L'intendant répond : « D'accord ! Faisons comme vous dites. Mais celui chez qui on trouvera la coupe, celui-là sera mon esclave, et les autres seront libres. » 11 Chacun descend rapidement son sac de *blé et il l'ouvre. 12 L'intendant fouille tous les sacs. Il commence par le sac du frère aîné et il finit par celui du plus jeune. On trouve la coupe dans le sac de Benjamin. 13 Alors ils *déchirent leurs vêtements. Chacun remet le sac sur son âne, et ils retournent à la ville.

Juda prend la défense de Benjamin

14 Juda et ses frères arrivent à la maison de Joseph. Joseph est encore là. Ils s'inclinent jusqu'à terre devant lui. 15 Joseph leur dit : « Pourquoi est-ce que vous avez agi de cette façon ? Un homme comme moi a le pouvoir de tout deviner, vous ne savez pas cela ? » 16 Juda prend la parole et dit : « Monsieur le Gouverneur, nous ne pouvons rien répondre. Aucune parole ne peut prouver que nous ne sommes pas coupables. C'est Dieu qui a découvert notre faute. Nous serons donc tes esclaves avec celui qui avait la coupe dans son sac. » 17 Joseph leur dit : « Non, je ne ferai pas cela, quelle horreur ! Celui qui avait la coupe dans son sac, c'est celui-là seulement qui sera mon esclave. Vous, rentrez en paix chez votre père. »

18 Juda s'avance vers Joseph et dit : « Monsieur le Gouverneur, tu es aussi important que le roi d'Égypte. C'est pourquoi, je t'en prie, ne te mets pas en colère contre moi. Mais permets-moi de te dire quelque chose. 19 La première fois, tu nous as demandé si nous avions encore notre père et un autre frère. 20 Nous avons répondu : "Nous avons encore notre vieux père et un frère plus jeune.

Notre père a eu cet enfant quand il était déjà vieux et il l'aime beaucoup. En effet, c'est le seul enfant qui lui reste de sa femme préférée. L'autre fils est mort." 21 Tu nous as dit : "Amenez-le-moi, je veux m'occuper de lui." 22 Nous avons répondu : "Cet enfant ne peut pas quitter son père. S'il le quitte, son père mourra." 23 Mais tu nous as dit : "Si votre plus jeune frère ne revient pas avec vous, je ne vous recevrai pas." 24 Donc, quand nous sommes retournés auprès de notre père, ton serviteur, nous lui avons répété tes paroles. 25 Plus tard, notre père nous a dit : "Allez encore acheter de la nourriture." 26 Nous lui avons répondu : "Nous ne pouvons pas aller en Égypte sans notre plus jeune frère. S'il vient avec nous, nous irons là-bas. S'il ne vient pas avec nous, le gouverneur d'Égypte ne nous recevra pas." 27 Notre père nous a répondu : "Vous le savez, ma femme Rachel m'a donné seulement deux fils. 28 L'un des deux m'a quitté et j'ai dit : Une bête sauvage l'a sûrement dévoré. En effet, jusqu'à maintenant, je ne l'ai jamais revu. 29 Vous voulez encore m'enlever ce fils ! Je suis vieux. Si un malheur lui arrive, je mourrai de chagrin par votre faute."

30 « Maintenant donc, Monsieur le Gouverneur, je ne peux pas rentrer chez mon père sans ramener l'enfant. 31 La vie de mon père est trop liée à la sienne. S'il ne le voit pas revenir, il va mourir. Nous serons alors coupables de l'avoir fait mourir de chagrin dans sa vieillesse. 32 De plus, j'ai déclaré que j'étais responsable de l'enfant devant mon père. Je lui ai dit : "Si je ne le ramène pas auprès de toi, je porterai cette faute devant toi toute ma vie." 33 Je t'en prie, permets-moi de rester ici comme esclave à ton service, à la place de l'enfant. Laisse-le repartir avec ses frères. 34 Je ne pourrai jamais retourner chez mon père si l'enfant n'est pas avec moi. Je ne supporterais pas de voir le malheur qui frapperait mon père. »

Joseph se fait reconnaître par ses frères

45 1 Joseph ne peut plus cacher ses sentiments devant tous ceux qui le servent. Il leur demande donc de sortir.

Quand Joseph est seul avec ses frères, il leur dit qui il est. 2 Mais il pleure si fort que les Égyptiens l'entendent. Et la nouvelle arrive jusqu'au palais du roi d'Égypte.

3 Joseph dit à ses frères : « C'est moi Joseph ! Est-ce que mon père est encore vivant ? » Mais ses frères sont tellement émus de se trouver devant lui qu'ils sont incapables de répondre. 4 Joseph leur dit : « Venez près de moi. » Ils s'approchent de lui. Joseph continue : « C'est moi Joseph, votre frère. C'est moi que vous avez vendu pour être emmené en Égypte. 5 Maintenant, ne soyez pas remplis de tristesse. Ne vous faites pas de reproches, parce que vous m'avez vendu dans ce pays. En effet, c'est Dieu qui m'a envoyé ici avant vous, pour vous sauver la vie. »

6 Joseph dit encore à ses frères : « Ici en Égypte, c'est la famine depuis deux ans. Et pendant cinq ans encore, nous ne pourrons pas labourer ni récolter. 7 Dieu m'a envoyé ici avant vous. Il voulait vous permettre d'avoir des enfants dans ce pays et de rester en vie. Ainsi, il vous rend totalement libres. 8 Ce n'est donc pas vous qui m'avez envoyé ici, c'est Dieu. Et c'est Dieu qui a fait de moi le ministre le plus important du roi d'Égypte, le responsable du palais du roi et le gouverneur de toute l'Égypte. 9 Maintenant, dépêchez-vous d'aller dire à mon père : "Voici le message de ton fils Joseph : Dieu a fait de moi le gouverneur de toute l'Égypte. Viens chez moi le plus vite possible. 10 Tu t'installeras dans la région de Gochen avec tes enfants, tes petits-enfants, tes moutons, tes chèvres, tes bœufs et tout ce qui est à toi. Ainsi, tu seras auprès de moi. 11 Je te donnerai ce qu'il faut pour vivre, pour toi, pour ta famille et tes troupeaux. En effet, la famine durera encore cinq ans." »

12 Joseph ajoute : « Vous le voyez bien, et Benjamin mon petit frère le voit aussi, c'est moi, Joseph, qui vous parle. 13 Allez donc dire à mon père quelle situation importante j'occupe en Égypte. Racontez-lui tout ce que vous avez vu. Ensuite, amenez-le très vite ici. »

14 Joseph se jette au cou de Benjamin, et tous les deux s'embrassent en pleurant. 15 Jo-

seph embrasse aussi ses autres frères et il pleure beaucoup. Puis ses frères se mettent à lui parler.

Le roi invite Jacob en Égypte

16 Dans le palais du roi, on apprend que les frères de Joseph sont arrivés en Égypte. Le roi d'Égypte et ses ministres sont heureux d'entendre cette nouvelle. 17 Le roi dit : « Dis à tes frères de charger leurs bêtes et de repartir en *Canaan. 18 Ils iront chercher leur père et leurs familles pour les ramener ici. Je les installerai dans la région la plus riche d'Égypte, et ils mangeront les meilleurs produits du pays. 19 Tu diras aussi à tes frères de prendre en Égypte des chariots pour ramener leurs femmes, leurs enfants et leur père. 20 Ils ne doivent pas regretter ce qu'ils laisseront là-bas. En effet, ils vont venir s'installer dans la région la plus riche d'Égypte. »

21 Les fils de Jacob font ce qu'on leur dit. Joseph leur donne des chariots, comme le roi d'Égypte l'a commandé, et des provisions pour la route. 22 Il leur donne en cadeau un habit de fête à chacun. Mais à Benjamin, il en donne cinq avec 300 pièces d'argent. 23 Il envoie aussi à son père pour le voyage dix ânes chargés des meilleurs produits d'Égypte et dix ânesses chargées de *blé, de pain et de nourriture de toute sorte. 24 Joseph demande à ses frères de ne pas se disputer pendant le voyage. Puis il les laisse partir. 25 Ils quittent l'Égypte, ils arrivent en Canaan chez Jacob leur père. 26 Ils lui annoncent : « Joseph est toujours vivant. Il gouverne même toute l'Égypte. » Mais Jacob reste froid, car il ne les croit pas. 27 Ils lui racontent donc tout ce que Joseph a dit. Puis Jacob voit les chariots que son fils a envoyés pour le transporter. Alors il reprend vie. 28 Il dit : « C'est bon. Mon fils Joseph est encore vivant, je veux aller le voir avant de mourir. »

Jacob va en Égypte avec sa famille

46 1 Jacob se met en route avec tout ce qu'il possède. Il arrive à Berchéba. Là, il offre des *sacrifices au Dieu de son père Isaac. 2 Cette nuit-là, Dieu lui parle pendant qu'il dort. Il l'appelle : « Jacob ! Jacob ! » Jacob répond : « Oui, je t'écoute. » 3 Dieu dit : « Je suis Dieu, le Dieu de ton père. N'aie pas peur d'aller en Égypte. En effet, là-bas, les enfants de tes enfants seront si nombreux qu'ils formeront un grand peuple. 4 Je pars avec toi en Égypte, et c'est moi aussi qui te ferai revenir. Quand tu mourras, Joseph te fermera les yeux. »

5 Alors Jacob quitte Berchéba. Ses fils le transportent avec leurs enfants et leurs femmes dans les chariots que le roi d'Égypte a envoyés pour le voyage. 6 Ils emmènent aussi leurs troupeaux et toutes les richesses qu'ils ont acquises en *Canaan. Ainsi, Jacob arrive en Égypte avec tous ceux qui sont nés de lui : 7 ses fils et ses petits-fils, ses filles et ses petites-filles. Toute sa famille arrive avec lui en Égypte.

La famille de Jacob

8 Voici les noms des Israélites venus en Égypte, c'est-à-dire Jacob, ses enfants et les enfants de leurs enfants :

– Ruben, fils aîné de Jacob, 9 et ses fils Hanok, Pallou, Hesron et Karmi.

10 – Siméon et ses fils Yemouel, Yamin, Ohad, Yakin, Sohar et Chaoul, le fils d'une *Cananéenne.

11 – Lévi et ses fils Guerchon, Quéhath et Merari.

12 – Juda et ses fils Chéla, Pérès et Zéra. Les autres fils de Juda, Er et Onan, sont morts en *Canaan. Pérès a eu deux fils : Hesron et Hamoul.

13 – Issakar et ses fils Tola, Pouva, Yachoub et Chimron.

14 – Zabulon et ses fils Séred, Élon et Yaléel.

15 Ce sont les fils de Léa et de Jacob, nés en *Mésopotamie. Il y a aussi leur fille Dina. En ajoutant leurs enfants, ils sont 33 personnes en tout.

16 – Gad et ses fils Sifion, Hagui, Chouni, Esbon, Éri, Arodi et Aréli.

17 – Asser et ses fils Imna, Icheva, Ichevi et Beria avec leur sœur Séra. Beria a eu deux fils : Héber et Malkiel.

18 Voilà les seize enfants et petits-enfants de Jacob et de Zilpa. Laban avait donné Zilpa comme servante à sa fille Léa.

… lui a donné deux
… et Benjamin.
20 – En Égypte, Joseph a eu deux fils avec Asnath, fille de Potiféra, prêtre de la ville d'On.
Ce sont Manassé et Éfraïm.
21 – Benjamin a eu dix fils : Béla, Béker, Achebel, Guéra, Naaman, Éhi, Roch, Houppim,
Mouppim et Arde.
22 Voilà les quatorze enfants et petits-enfants
de Jacob et de Rachel.
23 – Dan et son fils Houchim.
24 – Neftali et ses fils Yassiel, Gouni, Yesser et
Chillem.
25 Voilà les sept enfants et petits-enfants de Jacob et de Bila. Laban avait donné Bila comme
servante à sa fille Rachel.
26 Les membres de la famille de Jacob, ses
enfants et petits-enfants venus en Égypte
sont 66 en tout. En plus il y a les femmes
de ses fils. 27 Avec les deux fils de Joseph
nés en Égypte, les membres de la famille de
Jacob venus en Égypte sont 70 personnes
en tout[e].

Jacob et sa famille s'installent en Égypte

28 Jacob envoie Juda en avant vers Joseph,
pour préparer son arrivée dans la région de
Gochen. Quand Jacob et sa famille arrivent à
Gochen, 29 Joseph prépare son char et il vient
à la rencontre de son père. Dès qu'il voit son
père, il se jette à son cou et il pleure longtemps en le serrant dans ses bras. 30 Alors Jacob lui dit : « Tu es encore vivant et je revois
ton visage. Maintenant, je peux mourir ! »
31 Joseph dit à ses frères et aux autres membres de la famille de son père : « Je vais aller
dire au roi d'Égypte : "Mes frères et toute la
famille de mon père qui étaient en *Canaan
sont arrivés." 32 Je lui dirai encore ceci : "Ce
sont des éleveurs de moutons et de chèvres.
Ils s'occupent de troupeaux et ils sont venus
avec leurs moutons, leurs chèvres, leurs
bœufs et tout ce qu'ils possèdent." 33 Si le
roi vous fait venir et vous demande : "Quel
est votre métier ?", 34 vous lui répondrez :
"Nous nous sommes occupés de troupeaux depuis notre jeunesse jusqu'à maintenant, comme nos ancêtres." Ainsi, vous pourrez habiter dans la région de Gochen. En effet, les Égyptiens détestent tous les éleveurs de moutons et de chèvres. »

47 1 Joseph va donc prévenir le roi
d'Égypte. Il lui dit : « Mon père et
mes frères sont arrivés de Canaan avec leurs
moutons, leurs chèvres, leurs bœufs, et tout
ce qu'ils possèdent. Ils sont actuellement
dans la région de Gochen. » 2 Ensuite, Joseph
prend cinq de ses frères et il les présente au
roi d'Égypte. 3 Le roi leur dit : « Quel est votre
métier ? » Ils répondent : « Notre roi, nous éle-
vons des moutons et des chèvres, comme nos
ancêtres le faisaient. 4 En Canaan, la famine
est si grande qu'il n'y a plus d'herbe pour
nos troupeaux. Nous sommes venus pour habiter ici. Permets-nous de nous installer dans
la région de Gochen. »
5 Le roi d'Égypte dit à Joseph : « Ton père et
tes frères sont venus auprès de toi. 6 Mon pays
est à ta disposition. Installe-les dans le meilleur endroit. Ils peuvent aller dans la région
de Gochen. Et si tu trouves parmi eux des
hommes capables, nomme-les responsables
de mes troupeaux. »
7 Joseph fait venir son père Jacob et il le présente au roi d'Égypte. Jacob salue le roi avec
respect. 8 Le roi lui demande : « Quel âge as-
tu ? » 9 Jacob répond : « Il y a 130 ans que je
vais d'un pays à l'autre comme un étranger.
C'est une vie courte, et j'ai connu des difficultés. Je n'ai pas vécu aussi longtemps que mes
ancêtres, qui étaient nomades comme moi. »
10 Jacob salue encore une fois le roi d'Égypte
et il sort de son palais.
11 Joseph installe son père et ses frères dans
le meilleur endroit de l'Égypte, dans la région
de Ramsès, comme le roi l'a commandé. Il
leur donne des terres en propriété. 12 Il fait
vivre son père, ses frères et toute la famille
de son père, en tenant compte du nombre
des enfants à nourrir.

---

e 46.27 ***Pour trouver 70 personnes, l'auteur a additionné les nombres indiqués dans les versets 15, 18, 22 et 25.***

Pendant la famine, Joseph gouverne à l'avantage du roi

13 La famine est très dure, et il n'y a plus
rien à manger nulle part. En Égypte et en
*Canaan, les gens n'ont plus de forces. 14 Ils
achètent du *blé à Joseph. Celui-ci ramasse
tout l'argent des Égyptiens et des *Cananéens
et il le met en réserve dans le palais du roi
d'Égypte. 15 Quand il n'y a plus d'argent en
Égypte et en Canaan, les Égyptiens viennent
dire à Joseph : « Donne-nous à manger. Est-
ce que nous allons mourir sous tes yeux, parce
que nous n'avons plus d'argent ? » 16 Joseph répond : « Si vous n'avez plus d'argent, donnez-
moi vos troupeaux et en échange, je vous
donnerai à manger. »

17 Ils amènent donc leurs troupeaux à Joseph. Joseph leur donne de la nourriture en
échange de leurs chevaux, de leurs moutons,
de leurs chèvres, de leurs bœufs et de leurs
ânes. Cette année-là, il leur donne à manger
en échange de tous leurs animaux. 18 L'année
suivante, ils reviennent lui dire : « Monsieur
le Gouverneur, nous ne pouvons pas te cacher
la vérité : nous n'avons plus d'argent, et nos
troupeaux, c'est toi qui les possèdes. Il nous
reste seulement notre corps et nos terres.
19 Est-ce que nous allons mourir sous tes
yeux ? Nos terres ne valent rien sans nous.
Achète-nous, nous et nos terres, et donne-
nous à manger. Nous serons les esclaves du
roi d'Égypte, et nos terres seront à son service.
Donne-nous des semences, alors nous vivrons, nous ne mourrons pas et nos terres
ne deviendront pas un désert. »

20 Joseph se met donc à acheter toutes les
terres d'Égypte pour le roi d'Égypte. En effet,
la famine est très dure, et chaque Égyptien
vend son champ. De cette façon, le pays tout
entier devient la propriété du roi d'Égypte.
21 Et d'un bout à l'autre du pays, Joseph fait
de tous les Égyptiens des esclaves. 22 Pourtant, il n'achète pas les terres des prêtres,
parce qu'une loi du roi d'Égypte les protège.
En effet, ils vivent grâce à ce que le roi leur
donne, et ils ne sont pas obligés de v[illegible]
leurs terres.

23 Joseph parle aux Égyptiens : « Maintenant, je vous ai achetés pour le roi d'Égypte,
vous et vos terres. Vous aurez du blé à semer
dans vos terres. 24 Au moment de la récolte,
vous en donnerez un cinquième au roi, et
les quatre parts qui restent seront pour vous.
Vous les prendrez pour semer dans vos
champs et pour vous nourrir : vous, vos enfants et ceux qui habitent avec vous. » 25 Les
Égyptiens répondent : « Monsieur le Gouverneur, tu nous as sauvé la vie. Montre-toi bon
envers nous, permets-nous d'être les esclaves
du roi d'Égypte. » 26 Joseph établit donc une
loi encore valable aujourd'hui : un cinquième
des récoltes doit être donné au roi d'Égypte.
Seules les terres des prêtres n'appartiennent
pas au roi.

Les dernières volontés de Jacob

27 Les Israélites sont installés en Égypte,
dans la région de Gochen. Ils deviennent propriétaires, ils ont beaucoup d'enfants et ils deviennent très nombreux. 28 Jacob vit dix-sept
ans en Égypte. Il vit 147 ans en tout.

29 Au moment de mourir, il appelle son fils
Joseph et lui dit : « Si tu as de l'affection pour
moi, donne-moi une preuve de ton amour et
de ta fidélité : ne m'enterre pas en Égypte.
Fais-moi cette promesse en mettant ta main
sous ma cuisse[f]. 30 Quand j'aurai rejoint mes
ancêtres, tu emporteras mon corps hors
d'Égypte et tu le mettras dans leur tombe. » Joseph répond : « Je ferai ce que tu me demandes. » 31 Jacob lui dit : « Jure-le. » Joseph le
jure. Alors Jacob se met à genoux près de la
tête de son lit.

Jacob bénit les deux fils de Joseph

48 1 Après ces événements, Joseph apprend que son père est malade. Alors
Joseph prend ses deux fils avec lui, Manassé
et Éfraïm. 2 On l'annonce à Jacob en disant :
« Regarde, ton fils Joseph vient te voir. » Jacob

f **47.29** *Voir Genèse 24.2 et la note. Ce geste montre que la promesse faite est sacrée et doit être tenue.*

… il dit à Jo-
… tout-puissant s'est montré à
… a Louz, en *Canaan. Il m'a *béni [4] et il
m'a dit : "Je te donnerai beaucoup d'enfants
et je ferai de toi l'ancêtre d'une communauté
de peuples. Je donnerai ce pays à tes enfants et
aux enfants de leurs enfants. Ils le posséderont
pour toujours." » [5] Jacob ajoute : « Tu as eu
deux fils en Égypte avant que je vienne avec
toi dans ce pays. Ils sont pour moi comme
des fils. Éfraïm et Manassé sont à moi comme
Ruben et Siméon. [6] Mais les enfants que tu auras après eux seront à toi. Ils recevront leur
part d'héritage dans le pays de leurs frères aînés. [7] Quand je suis revenu de *Mésopotamie,
peu avant d'arriver à Éfrata en Canaan, ta
mère Rachel est morte auprès de moi, en
cours de route. Je l'ai enterrée là, au bord de
la route d'Éfrata, c'est-à-dire Bethléem[g]. » [8] Jacob voit les fils de Joseph. Il demande : « Qui
est-ce ? » [9] Joseph répond : « Ce sont les enfants que Dieu m'a donnés en Égypte. » Jacob
dit : « Amène-les auprès de moi pour que je les
bénisse. »

[10] Jacob est très vieux et il ne voit plus très
clair. Joseph fait approcher ses fils. Alors Jacob
les embrasse et il les serre contre lui. [11] Puis il
dit à Joseph : « Je pensais que c'était impossible de revoir ton visage. Or, Dieu me fait
voir même tes enfants ! » [12] Joseph enlève ses
fils qui sont sur les genoux de son père[h]. Et
il s'incline jusqu'à terre. [13] Ensuite Joseph
prend ses deux fils par la main. Éfraïm, qui
est à sa droite, est à gauche de Jacob, Manassé,
qui est à sa gauche, est à droite de Jacob. Joseph les approche de Jacob. [14] Mais Jacob
croise ses mains : il pose sa main droite sur
la tête d'Éfraïm, le plus jeune. Il pose sa
main gauche sur la tête de Manassé, qui est
pourtant l'aîné[i]. [15] Il bénit Joseph en disant :

« Mon grand-père Abraham et mon père
Isaac ont toujours vécu sous le regard
de Dieu.
Que Dieu, mon berger depuis ma naissance
jusqu'à aujourd'hui,
[16] que *l'ange qui m'a délivré de tout mal
bénisse ces garçons !
Que grâce à eux,
on se souvienne de moi
comme on se souvient d'Abraham mon
grand-père et d'Isaac mon père !
Qu'ils aient beaucoup d'enfants sur la
terre ! »

[17] Joseph voit que son père a posé la main
droite sur la tête d'Éfraïm et il n'est pas
content. Il prend la main de son père qui est
sur la tête d'Éfraïm. Il veut la mettre sur celle
de Manassé. [18] Il dit à Jacob : « Mon père, tu te
trompes. C'est Manassé l'aîné. Mets ta main
droite sur sa tête. » [19] Mais son père refuse
en disant : « Je sais, mon fils. Les enfants de
Manassé et les enfants de leurs enfants deviendront un grand peuple, eux aussi. Pourtant, son petit frère sera plus grand que lui.
Ses enfants et les enfants de leurs enfants formeront des peuples nombreux. »

[20] Ce jour-là, Jacob bénit les fils de Joseph
en disant : « Les Israélites se serviront de vos
noms pour bénir. Ils diront : "Que Dieu soit
bon pour vous, comme il l'a été pour Éfraïm
et Manassé !" » C'est ainsi que Jacob a placé
Éfraïm avant Manassé.

[21] Ensuite il dit à Joseph : « Je vais mourir,
mais Dieu sera avec vous et il vous fera revenir dans le pays de vos ancêtres. [22] Moi, je te
donne une part plus grande qu'à tes frères.
Je te donne la région de Sichem. Je l'ai prise
aux *Amorites, grâce à mon *épée et à mon
arc. »

Jacob bénit ses douze fils

49 [1] Jacob appelle ses fils et leur dit :
« Réunissez-vous,
je veux vous annoncer
ce qui vous arrivera plus tard.
[2] Rassemblez-vous,

g 48.7 *Voir Genèse 35.19 et la note.*

h 48.12 *Jacob a pris ses petits-fils sur ses genoux. Cela indique qu'il les a adoptés comme ses enfants. Voir le verset 5.*

i 48.14 *Le fils aîné recevait d'habitude la meilleure bénédiction, donnée avec la main droite.*

écoutez, fils de Jacob,
écoutez Israël votre père !
3 Toi, Ruben, tu es mon fils aîné,
le premier fruit de ma puissance de père.
Tu dépasses tes frères
en force et en puissance.
4 Tu es un torrent bondissant.
Mais tu ne seras plus le premier.
En effet,
tu m'as fait perdre mon honneur
en t'unissant à l'une de mes femmes dans mon lit[j].

5 Siméon et Lévi sont frères.
Ils se mettent d'accord
pour agir avec violence[k].
6 Je ne veux pas participer au mal qu'ils préparent,
je ne veux pas participer à leurs rencontres.
En effet,
dans leur colère, ils ont tué des hommes,
et par plaisir, ils ont blessé des taureaux.
7 Je maudis leur colère si violente et si dure.
J'enverrai leurs enfants et les enfants de leurs enfants
un peu partout en Israël,
je les répandrai de tous côtés dans le pays.

8 Juda, tes frères chanteront ta louange.
Tu forceras tes ennemis à baisser la tête,
tes frères se mettront à genoux devant toi.
9 Juda, mon fils,
tu es comme un jeune lion
qui a mangé une bête
et qui revient dans son abri.
Le lion s'assoit, il se couche.
Qui peut l'obliger à se lever ?
10 Le pouvoir royal restera dans la famille de Juda.
Le bâton des chefs restera dans la main de ceux qui naîtront de lui.
Il y restera jusqu'à l'arrivée de son véritable propriétaire,
c'est à lui que les peuples obéiront.
11 Il attachera son âne à la *vigne,
il attachera son ânon au meilleur plant.
Il lavera son vêtement dans le vin,
sa chemise dans le jus de *raisin.
12 Ses yeux brilleront à cause du vin,
ses dents seront blanches à cause du lait[l].

13 Zabulon habitera au bord de la mer,
là où il y a un port pour les bateaux.
Son territoire s'étendra jusqu'à la ville de Sidon.

14 Issakar est un âne solide.
Il se couche dans un enclos entouré de deux murs.
15 Il a vu que l'endroit était bon
et le pays agréable.
Il courbe le dos pour porter des charges,
il est fait pour un travail d'esclave.

16 Dan gouvernera[m] son peuple,
comme les autres tribus d'Israël.
17 Dan est comme un serpent sur la route,
comme une vipère sur le chemin.
Il mord le cheval au pied,
et son cavalier tombe par terre.

18 SEIGNEUR, j'espère que tu me sauveras !

19 Quand les bandits attaquent Gad,
il se défend et les poursuit.

20 Le pays d'Asser produira beaucoup,
sa terre donnera une nourriture de rois.

21 Neftali est une gazelle en liberté
qui met au monde de beaux petits.

22 Joseph est un arbre magnifique
qui pousse près d'une source.
Ses branches dépassent le mur.

---

j **49.4** *Voir Genèse 35.22.*
k **49.5** *Voir Genèse 34.25-31.*
l **49.12** ***La vigne et les troupeaux, le vin et le lait sont les richesses de la tribu de Juda.***
m **49.16** ***En hébreu, le nom de Dan ressemble au verbe traduit ici par «gouvernera».***

23 Des hommes lui ont lancé des flèches,
ils l'ont provoqué, ils lui ont fait la guerre.
24-25 Mais il a tenu son arc solidement,
ses bras et ses mains sont restés souples.
Reçois comme *bénédiction
la pluie qui descend du ciel,
l'eau qui vient de la profondeur de la terre,
ainsi que beaucoup d'enfants
et des troupeaux nombreux.
Reçois tout cela
par la force du Dieu puissant
qui est mon Dieu,
par le nom du Berger
qui est le rocher d'Israël,
par mon Dieu qui vient à ton secours,
par le *Tout-Puissant qui te bénit.
26 Les bénédictions de ton père
dépassent les bienfaits des montagnes qui
existent depuis toujours.
Elles dépassent les richesses des collines
d'autrefois.
Que ces bénédictions descendent sur la tête
de Joseph,
sur celui qui a été mis à part parmi ses frères !

27 Benjamin est un *loup qui déchire.
Le matin, il mange une bête,
et le soir, il partage ce qu'il a pris. »

28 Tous ceux-là forment les douze tribus
d'Israël. Ce sont les paroles que leur père
leur a dites quand il les a bénis. Il a donné à
chacun une bénédiction particulière.

La mort de Jacob

29 Ensuite, Jacob leur donne cet ordre :
« Quand je serai mort, enterrez-moi dans la
tombe de mes ancêtres. C'est la grotte qui
est dans le champ d'Éfron le Hittite, 30 à
Makpéla, près de Mamré, en *Canaan. Abraham a acheté ce champ à Éfron, pour être
propriétaire de la tombe[n]. 31 C'est là qu'on
a enterré Abraham et sa femme Sara, puis
Isaac et sa femme Rébecca. C'est là que j'ai
enterré Léa. 32 Le champ et la grotte qui se
trouve là ont été achetés aux Hittites. »
33 Quand Jacob a fini de donner ses ordres
à ses fils, il se couche, puis il rejoint ses ancêtres.

Les funérailles de Jacob

50 1 Joseph se jette sur son père, il couvre
son visage de larmes et il l'embrasse.
2-3 Puis il donne cet ordre aux médecins qui
sont à son service : « Préparez le corps de
mon père pour l'enterrement. » Selon la coutume, les médecins passent 40 jours à préparer le corps de Jacob avec des huiles
parfumées pour le conserver. Les Égyptiens
font le deuil de Jacob pendant 70 jours.
4 Quand le temps du deuil est fini, Joseph
dit aux gens proches du roi d'Égypte : « Si
vous avez de l'amitié pour moi, je vous prie
de transmettre mon message au roi. 5 Dites-
lui de ma part : "Avant de mourir, mon père
m'a fait jurer de l'enterrer en *Canaan, dans
la tombe qu'il s'est préparée." Je souhaiterais
aller enterrer mon père maintenant, puis je reviendrai. » 6 Le roi d'Égypte fait dire à Joseph :
« Va enterrer ton père comme tu l'as promis. »
7 Joseph part avec tous les fonctionnaires importants du roi, avec les *anciens du palais
du roi, et tous les anciens d'Égypte. 8 Il emmène aussi toute sa famille, ses frères et les
autres personnes de la famille de son père.
Dans la région de Gochen, ils laissent seulement les enfants et les troupeaux. 9 Des chars
et des cavaliers les accompagnent. Ils forment
un groupe très important.
10 Ils arrivent au champ de l'Épine, à l'est du
fleuve Jourdain. Là, ils font pour Jacob des
funérailles extraordinaires et magnifiques.
Joseph pleure son père pendant sept jours.
11 Les *Cananéens qui habitent cette région
voient cet enterrement au champ de l'Épine
et ils disent : « C'est un deuil très dur pour
l'Égypte ! » C'est pourquoi on appelle cet endroit situé à l'est du Jourdain Abel-Misraïm,
c'est-à-dire « Deuil de l'Égypte ».
12 Ensuite, les fils de Jacob font ce que leur
père leur a commandé. 13 Ils transportent son

n **49.30** *Voir Genèse 23.3-20.*

corps en Canaan et ils l'enterrent dans la grotte du champ de Makpéla, près de Mamré. C'est le champ qu'Abraham avait acheté à Éfron le Hittite, pour être propriétaire de la tombe. 14 Après l'enterrement de son père, Joseph revient en Égypte, lui, ses frères et tous ceux qui sont allés avec lui pour l'enterrement.

Joseph pardonne à ses frères

15 Après la mort de Jacob leur père, les frères de Joseph se disent : « Maintenant, Joseph va peut-être nous considérer comme des ennemis. Il va peut-être nous rendre tout le mal que nous lui avons fait. » 16 Alors ils envoient à Joseph ce message : « Avant de mourir, ton père a donné cet ordre : 17 "Dites de ma part à Joseph : S'il te plaît, pardonne à tes frères leur faute, tout le mal qu'ils t'ont fait !" Oui, pardonne-nous cette faute, à nous qui servons le même Dieu que ton père. » Quand Joseph entend ces paroles, il se met à pleurer. 18 Ses frères viennent eux-mêmes le trouver. Ils se jettent à ses pieds en disant : « Nous sommes tes esclaves ! » 19 Joseph leur répond : « N'ayez pas peur ! Je ne suis pas à la place de Dieu. 20 Vous avez voulu me faire du mal, mais Dieu a voulu changer ce mal en bien. Il a voulu sauver la vie d'un grand nombre de gens, comme vous le voyez aujourd'hui. 21 Maintenant, n'ayez pas peur ! Je prendrai soin de vous et de vos familles. » Par ces paroles pleines d'affection, Joseph rend courage à ses frères.

La fin de la vie de Joseph

22 Joseph et la famille de son père restent en Égypte. Joseph vit 110 ans. 23 Il voit naître les enfants et les petits-enfants de son fils Éfraïm. Et il adopte les enfants de son petit-fils Makir, le fils de Manassé.

24 Un jour, Joseph dit à ses frères : « Je vais mourir, mais Dieu vous aidera sûrement. Il vous fera quitter l'Égypte et il vous conduira dans le pays qu'il a promis à Abraham, Isaac et Jacob. 25 Quand Dieu agira ainsi pour vous, jurez-moi d'emporter mon corps avec vous. »

26 Joseph meurt en Égypte à l'âge de 110 ans. On prépare son corps avec des huiles parfumées pour le conserver, puis on le met dans un cercueil de pierre.

Exode

INTRODUCTION

Le mot « exode » veut dire sortie. Dans le récit biblique, les fils de Jacob sont allés en Égypte. Ils s'y sont installés à l'époque où Joseph, leur frère, était gouverneur du pays (voir Genèse 37–50). Par la suite, les enfants de leurs enfants deviennent esclaves du roi d'Égypte. Celui-ci commande même de tuer tous les garçons nouveau-nés parmi les Israélites. L'un d'entre eux, Moïse, conserve cependant la vie. Dieu choisit Moïse pour faire sortir d'Égypte les Israélites, appelés aussi les Hébreux. Ceux-ci deviennent alors le peuple de Dieu.

Le livre de l'Exode raconte d'abord comment ***Dieu délivre les Israélites*** *(chapitres 1–18). Les chapitres 19 à 24 forment le centre du livre : ils rapportent comment* ***Dieu établit une alliance avec son peuple.*** *Cette alliance est la relation personnelle de Dieu avec le peuple qu'il conduit pour le rendre libre. Les chapitres suivants (25–40) indiquent comment* ***le peuple libéré doit servir Dieu.***

- *Les Israélites sortent du pays d'Égypte après de nombreux événements (1.1–15.21) :*
  - *La rencontre de Moïse avec Dieu. Dieu lui parle depuis un buisson en feu qui ne brûle pas. Il l'envoie pour libérer le peuple et il lui fait connaître son nom.*
  - *Les refus répétés du roi d'Égypte de laisser partir les Israélites.*
  - *Les malheurs qui atteignent l'Égypte.*
  - *Le passage du peuple à travers la mer des Roseaux.*

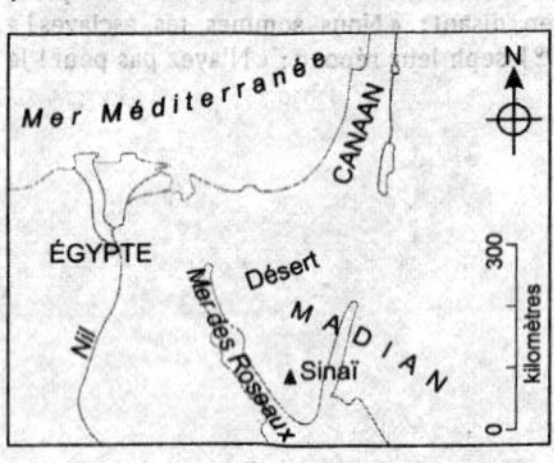

- *Ensuite, le peuple se met en marche vers le désert du Sinaï sous la conduite de Moïse (15.22–18.27).*

- *Dans le désert, Moïse, le représentant du peuple, rencontre Dieu sur le mont Sinaï. Il transmet au peuple des paroles de Dieu (chapitres 19–20). Il transmet aussi un certain nombre de règles pour la vie sociale et religieuse (chapitres 21–23). Ce sont « les règles de l'alliance ».*

Le peuple doit les respecter pour pouvoir vivre en relation avec son Dieu. Une cérémonie confirme cette alliance (chapitre 24).

- *Après cette cérémonie, Dieu indique aux Israélites comment fabriquer le lieu saint et les objets nécessaires pour le servir (chapitres 25–31). Mais les Israélites se fabriquent un dieu sous la forme d'un veau d'or. Ils brisent ainsi l'alliance que Dieu a faite avec eux. Moïse prie pour le peuple, et Dieu rétablit son alliance avec lui (chapitres 32–34). Des artisans réalisent alors ce qui est nécessaire pour le service de Dieu (chapitres 35–40), selon les indications reçues auparavant (chapitres 25–31). Maintenant, Dieu a un lieu pour être présent au milieu de son peu-*

ple. Il le guidera tout au long de sa route jusqu'à ce qu'il entre en Canaan, le pays que Dieu lui donne.

L'Exode est un livre très important pour la foi du peuple d'Israël. Dans ce livre, Dieu se fait connaître à son peuple par son nom, LE SEIGNEUR, et il le libère. Il lui indique aussi comment lui obéir et le servir.

DIEU FAIT SORTIR D'ÉGYPTE LES ISRAÉLITES
1.1–15.21

Les Israélites deviennent esclaves en Égypte

1 1 Voici les noms des fils de Jacob, ou fils d'Israël[a], qui arrivent en Égypte avec leur père : 2 Ruben, Siméon, Lévi et Juda. 3 Issakar, Zabulon et Benjamin, 4 Dan et Neftali, Gad et Asser. Chacun vient avec sa famille. 5 Au total, la famille de Jacob compte 70 personnes. Joseph, un autre fils de Jacob, est déjà en Égypte. 6 Ensuite, Joseph meurt, ainsi que ses frères et toute cette génération. 7 Les Israélites ont beaucoup d'enfants. Ils deviennent de plus en plus nombreux et puissants. Ils remplissent le pays.

8 Un nouveau roi commence à diriger l'Égypte, et ce roi n'a pas connu Joseph. 9 Il dit à son peuple : « Vous voyez, les Israélites forment un peuple trop nombreux et trop puissant pour nous. 10 Il faut trouver un bon moyen pour l'empêcher de grandir. Sinon, s'il y a une guerre, ils pourront s'unir à nos ennemis. Ils lutteront contre nous et ils quitteront notre pays. »

11 Alors les Égyptiens nomment des surveillants pour écraser le peuple d'Israël par des travaux forcés. Ainsi les Israélites construisent les villes de Pitom et de Ramsès. Elles servent à garder les réserves de nourriture du Pharaon, le roi d'Égypte. 12 Plus on écrase les Israélites, plus ils deviennent nombreux. Ils occupent de plus en plus de place, c'est pourquoi les Égyptiens les détestent. 13 Ils traitent les Israélites durement, comme des esclaves. 14 Ils leur rendent la vie très difficile par un travail pénible : ils les obligent à préparer l'argile, à faire des briques, à cultiver les champs. En un mot, les Égyptiens les écrasent par toutes sortes de travaux pénibles.

Le roi d'Égypte veut faire mourir tous les garçons israélites

15 Il y a des sages-femmes pour les *Hébreux : l'une d'elles s'appelle Chifra et l'autre Poua. Le roi d'Égypte leur donne cet ordre : 16 « Quand vous aiderez les femmes des Hébreux à accoucher, regardez bien l'enfant : si c'est un garçon, faites-le mourir, si c'est une fille, elle peut vivre. » 17 Mais les sages-femmes respectent Dieu. Elles n'obéissent pas au roi d'Égypte et elles laissent vivre les garçons. 18 Alors le roi appelle les sages-femmes et leur dit : « Pourquoi agissez-vous ainsi ? Vous avez laissé vivre les garçons. Pourquoi donc ? » 19 Les sages-femmes répondent au roi : « Les femmes des Hébreux ne sont pas comme les Égyptiennes. Elles sont plus fortes. Avant que la sage-femme arrive, elles ont déjà accouché. »

20 Les Israélites deviennent de plus en plus nombreux et très puissants. Dieu fait du bien aux sages-femmes. 21 Il leur donne des enfants parce qu'elles l'ont respecté. 22 À la fin, le roi d'Égypte donne cet ordre à tout son peuple : « Tous les garçons qui vont naître chez les Hébreux, jetez-les dans le Nil ! Mais laissez vivre les filles. »

a 1.1 *Jacob a reçu le nom d'Israël (voir Genèse 32.29). Il a donné son nom au peuple né de lui : le peuple d'Israël ou les Israélites.*

Naissance et enfance de Moïse

2 1 Un homme de la tribu de Lévi se marie avec une femme de la même tribu. 2 Cette femme devient enceinte et elle met au monde un garçon. Elle voit que l'enfant est beau. Alors elle le cache pendant trois mois. 3 Mais elle ne peut pas le cacher plus longtemps. Elle prend donc un panier fait avec des tiges de papyrus[b]. Elle le recouvre avec du goudron et de la colle. Puis elle met le bébé dedans et va poser le panier parmi les roseaux, au bord du Nil. 4 La sœur de l'enfant reste un peu plus loin pour voir ce qui se passera.

5 Plus tard, la fille du roi d'Égypte descend vers le Nil pour se baigner. Pendant ce temps, les femmes qui sont avec elle se promènent le long du fleuve. La princesse aperçoit le panier au milieu des roseaux et elle envoie sa servante le prendre. 6 Puis elle ouvre le panier et voit un petit garçon qui pleure. Elle a pitié de lui et dit : « C'est un petit *Hébreu ! » 7 La sœur de l'enfant demande à la princesse : « Est-ce que je dois aller chercher parmi les Hébreux une femme pour le nourrir ? Elle pourra allaiter l'enfant pour toi. » 8 La princesse lui répond : « Va ! »

Et la jeune fille va appeler la mère de l'enfant. 9 La princesse dit à la femme : « Prends ce bébé ! Allaite-le pour moi, et je te paierai pour cela. » La femme prend le bébé et lui donne son lait.

10 L'enfant grandit. Sa mère l'amène à la fille du roi d'Égypte. Celle-ci le prend pour fils. Elle dit : « Cet enfant, je l'ai tiré de l'eau, c'est pourquoi je vais l'appeler Moïse[c]. »

Moïse doit fuir au pays de Madian

11 Un jour, Moïse, devenu adulte, va trouver ses frères *hébreux. Il voit les durs travaux qu'on leur impose. Il aperçoit aussi un Égyptien en train de frapper un de ses frères hébreux. 12 Moïse regarde autour de lui et il ne voit personne. Alors il tue l'Égyptien et le cache dans le sable. 13 Le jour suivant, Moïse revient de nouveau. Il trouve deux Hébreux qui se battent. Il demande à celui qui a tort : « Pourquoi est-ce que tu frappes ton frère ? » 14 Celui-ci lui répond : « Qui t'a nommé chef pour nous juger ? Est-ce que tu as l'intention de me tuer, comme tu as tué l'Égyptien ? » Moïse se dit : « C'est sûr, les gens savent ce que j'ai fait ! », et il a peur. 15 Le roi d'Égypte, lui aussi, apprend la chose et il cherche à faire mourir Moïse. Mais Moïse s'enfuit et il va habiter au pays de Madian. Un jour, il s'assoit près d'un puits.

16 Sept jeunes filles viennent puiser de l'eau et remplir les abreuvoirs[d]. Elles vont donner à boire aux moutons et aux chèvres de leur père, qui est prêtre de Madian. 17 Mais des bergers arrivent et ils chassent les jeunes filles. Alors Moïse vient à leur secours et il donne à boire à leurs bêtes. 18 Elles reviennent chez leur père, Réouel. Celui-ci leur demande : « Vous rentrez très tôt aujourd'hui. Pourquoi ? » 19 Elles répondent : « Un Égyptien nous a protégées contre les bergers. Il a même puisé de l'eau pour nous et il a donné à boire aux bêtes. » 20 Réouel dit à ses filles : « Où est cet homme ? Vous ne l'avez pas amené ici ! Pourquoi donc ? Allez le chercher pour qu'il mange avec nous ! »

21 Moïse accepte d'habiter chez Réouel. Celui-ci lui donne sa fille Séfora pour femme. 22 Séfora met au monde un fils. Alors Moïse dit : « Je vais l'appeler Guerchom, c'est-à-dire "Étranger-là". En effet, je suis maintenant installé dans un pays étranger. »

Dieu choisit Moïse pour libérer son peuple

23 Longtemps après, le roi d'Égypte meurt. Les Israélites gémissent et crient du fond de leur esclavage, et leur appel monte vers Dieu. 24 Dieu entend leur plainte et il se sou-

---

b **2.3** *Cette plante pousse au bord du Nil.*

c **2.10** *En hébreu, le nom de Moïse ressemble au verbe traduit ici par « tirer de ».*

d **2.16** *Un abreuvoir est un grand récipient en bois ou en pierre où on met de l'eau pour faire boire les bêtes.*

vient de son *alliance avec Abraham, Isaac et
Jacob. 25 Il regarde les Israélites et comprend
leur situation.

3 1 Moïse garde les moutons et les chèvres
de Jéthro[e], son beau-père, le prêtre de Madian. Un jour, Moïse conduit le troupeau au-
delà du désert et il arrive à *l'Horeb, la montagne de Dieu. 2 Là, *l'ange du SEIGNEUR lui apparaît dans une flamme, au milieu d'un
buisson. Moïse regarde : le buisson est en
feu, mais le feu ne détruit pas le buisson.
3 Moïse se dit : « Je vais faire un détour pour
voir cette chose étonnante. Le buisson n'est
pas brûlé. Pourquoi donc ? » 4 Le SEIGNEUR
voit que Moïse fait un détour pour regarder.
Alors Dieu l'appelle du milieu du buisson :
« Moïse ! Moïse ! » Moïse répond : « Je suis
là ! » 5 Le SEIGNEUR dit : « N'approche pas du
buisson ! Enlève tes sandales parce que cet endroit est *saint. 6 Je suis le Dieu de tes ancêtres, le Dieu d'Abraham, le Dieu d'Isaac et
le Dieu de Jacob. »

Moïse se cache le visage parce qu'il a peur
de regarder Dieu. 7 Le SEIGNEUR continue :
« J'ai vu la misère de mon peuple en Égypte.
Je l'ai entendu crier sous les coups de ses chefs
égyptiens. Oui, je connais ses souffrances. 8 Je
suis donc descendu pour le délivrer du pouvoir des Égyptiens. Je veux l'emmener
d'Égypte dans un pays beau et grand qui *déborde de lait et de miel. C'est le pays des
*Cananéens, des Hittites, des Amorites, des
Perizites, des Hivites et des Jébusites. 9 En effet, les cris des Israélites sont montés jusqu'à
moi, et j'ai vu aussi comment les Égyptiens les
écrasent. 10 Alors maintenant, je t'envoie vers
le roi d'Égypte. Va et fais sortir de son pays les
Israélites, mon peuple. »

Dieu fait connaître son nom à Moïse

11 Moïse répond à Dieu : « Moi ? Est-ce que
je suis capable d'aller trouver le roi d'Égypte
pour faire sortir les Israélites de son pays ? »
12 Dieu lui dit : « Je serai avec toi. C'est moi qui
t'envoie. Voici la preuve : quand tu auras fait
sortir d'Égypte le peuple d'Israël, vous me servirez sur cette montagne. » 13 Moïse dit à
Dieu : « Bon ! Je vais donc aller trouver les Israélites. Je leur dirai : "Le Dieu de vos
ancêtres m'envoie vers vous." Mais ils vont
me demander ton nom. Qu'est-ce que je dois
répondre ? » 14 Dieu dit à Moïse : « JE SUIS QUI JE
SUIS[f]. Voici ce que tu diras aux Israélites : "JE
SUIS m'a envoyé vers vous." »

15 « Puis tu leur diras encore : "Celui qui
m'a envoyé vers vous s'appelle LE SEIGNEUR.
Il est le Dieu de vos ancêtres, le Dieu d'Abraham, le Dieu d'Isaac et le Dieu de Jacob."
C'est mon nom pour toujours. C'est le nom
par lequel vous pourrez faire appel à moi de
génération en génération. 16 Maintenant,
pars ! Réunis les *anciens d'Israël et dis-leur :
"Le SEIGNEUR, le Dieu de vos ancêtres, le
Dieu d'Abraham, le Dieu d'Isaac et le Dieu
de Jacob s'est montré à moi. Il m'a dit : J'ai
décidé d'agir pour vous aider, parce que les
Égyptiens vous font souffrir. 17 Alors je vais
vous retirer de ce pays où vous êtes dans la
misère. Je vous conduirai dans le pays des
*Cananéens, des Hittites, des Amorites, des
Perizites, des Hivites et des Jébusites. Ce
pays *déborde de lait et de miel." 18 Les Israélites vont t'écouter, et avec les anciens du peuple, tu iras trouver le roi d'Égypte. Vous lui
direz : "Le SEIGNEUR, le Dieu des *Hébreux,
s'est montré à nous. Maintenant, nous devons
marcher pendant trois jours et aller dans le désert pour offrir des *sacrifices au SEIGNEUR notre Dieu." 19 Mais je le sais, le roi d'Égypte ne
vous laissera pas partir, sauf s'il est vraiment
obligé de le faire. 20 J'agirai donc avec puissance contre son pays en faisant toutes sortes
d'actions extraordinaires. Ensuite, il vous laissera partir. 21 Grâce à moi, les Égyptiens vous
regarderont avec bonté. Alors, quand vous
partirez, vous n'aurez pas les mains vides.
22 Toutes les femmes israélites demanderont

e **3.1** *Dans le livre de l'Exode, le beau-père de Moïse a deux noms : Jéthro et Réouel. Voir Exode 2.18.*

f **3.14** *Cette expression peut aussi être traduite : JE SUIS QUI JE SERAI ou JE SUIS CELUI QUI EST.*

aux Égyptiennes, qui habitent chez elles ou près de leur maison, des objets en argent et en or et des vêtements. Vous les ferez porter par vos fils et vos filles et ainsi, vous prendrez les richesses des Égyptiens. »

Dieu fait connaître sa puissance à Moïse

4 1 Moïse répond au Seigneur : « Mais voilà ! Les Israélites ne me croiront pas. Ils ne m'obéiront pas, mais ils diront : "Non, le Seigneur ne s'est pas montré à toi." » 2 Le Seigneur demande à Moïse : « Qu'est-ce que tu tiens à la main ? » Moïse répond : « Un bâton. » 3 Le Seigneur lui dit : « Jette-le par terre ! » Moïse le jette par terre : le bâton devient un serpent. Moïse recule très vite devant lui. 4 Le Seigneur lui donne cet ordre : « Avance ta main et prends le serpent par la queue. » Moïse avance la main et il prend le serpent. Le serpent redevient un bâton dans sa main.

5 Le Seigneur dit : « Cela prouvera que je me suis montré à toi, moi, le Seigneur, le Dieu de leurs ancêtres, le Dieu d'Abraham, le Dieu d'Isaac et le Dieu de Jacob. » 6 Le Seigneur ajoute : « Mets ta main sur ta poitrine. » Moïse fait cela. Mais quand il retire sa main, il voit qu'elle est blanche comme du lait. Elle est couverte de *lèpre. 7 Le Seigneur dit encore à Moïse : « Remets ta main sur ta poitrine. » Moïse fait cela. Et quand il retire sa main, elle est redevenue normale. 8 Le Seigneur lui dit : « Les Israélites ne te croiront peut-être pas et ils ne t'obéiront pas, malgré le premier signe, celui du bâton. Alors ils croiront à cause du deuxième, celui de la lèpre sur ta main. 9 Mais s'ils ne croient pas malgré ces deux signes et s'ils ne t'obéissent pas, tu prendras de l'eau du Nil et tu la verseras par terre. Alors cette eau deviendra du sang. »

Dieu désigne Aaron pour aider Moïse

10 Moïse dit au Seigneur : « Ah, Seigneur, excuse-moi ! Je ne sais pas parler. Déjà quand j'étais petit, je ne parlais pas bien. Et cela n'a pas changé depuis que tu me parles. Ma bouche n'arrive pas à dire ce que je veux. » 11 Le Seigneur répond à Moïse : « Qui a fait une bouche à l'homme ? Qui lui ferme la bouche ou les oreilles ? Qui lui ouvre les yeux ? Qui le rend aveugle ? Est-ce que ce n'est pas moi, le Seigneur ? 12 Maintenant, pars ! Je serai avec toi quand tu parleras, et je t'apprendrai tout ce que tu devras dire. » 13 Moïse dit : « Ah, Seigneur, excuse-moi ! Envoie quelqu'un d'autre ! »

14 Alors le Seigneur se met en *colère contre Moïse. Il dit : « Et ton frère Aaron, le *lévite ? Il parle bien, lui, je le sais ! Le voici, il vient déjà à ta rencontre. Quand il te verra, son cœur sera plein de joie. 15 Parle-lui et dis-lui ce qu'il devra dire. Oui, moi, je serai avec vous deux quand vous parlerez et je vous montrerai ce que vous aurez à faire. 16 Aaron parlera au peuple à ta place, il sera ton porte-parole. Et toi, tu seras pour lui comme un dieu[g]. 17 De plus, tu tiendras ce bâton dans ta main. Avec lui, tu feras des choses étonnantes. »

Moïse retourne auprès de son peuple en Égypte

18 Moïse retourne auprès de Jéthro, son beau-père. Il lui dit : « Je dois partir et retourner vers mes frères *hébreux qui sont en Égypte. Je veux voir s'ils sont encore vivants. » Jéthro lui répond : « Va en paix ! »

19 Le Seigneur dit encore à Moïse au pays de Madian : « Oui, retourne en Égypte. En effet, ceux qui voulaient te tuer sont morts. » 20 Alors Moïse prend sa femme et ses fils. Il les fait monter sur un âne et il retourne en Égypte. Dans sa main, il tient le bâton que Dieu lui a dit de prendre. 21 Le Seigneur dit à Moïse : « Je t'ai donné le pouvoir de faire des choses extraordinaires. Quand tu seras retourné en Égypte, n'oublie pas de les faire devant le roi de ce pays. Mais moi, je fermerai son cœur, et il ne laissera pas partir les Israé-

---

g **4.16** *Moïse soufflera à Aaron ce qu'il doit dire au peuple, comme Dieu souffle ses paroles à un prophète. Voir Exode 7.1.*

lites. 22 Alors tu lui diras de ma part : "Voici ce que moi, le SEIGNEUR, je t'annonce : Le peuple d'Israël est mon fils, mon fils aîné. 23 Je t'ai commandé de le laisser partir pour me servir, mais tu refuses. C'est pourquoi je vais faire mourir ton fils aîné." »

24 Au cours du voyage, pendant le repos de la nuit, le SEIGNEUR s'approche de Moïse et il cherche à le faire mourir. 25 Séfora prend aussitôt une pierre coupante. Elle *circoncit son fils et touche les pieds[h] de Moïse avec la peau qu'elle a coupée. Puis elle dit : « Tu es pour moi un mari de sang. » 26 Alors le SEIGNEUR s'éloigne de Moïse. Séfora a dit « mari de sang »[i] à cause de la *circoncision.

27 Le SEIGNEUR dit à Aaron : « Va dans le désert à la rencontre de Moïse. » Aaron part. Il trouve son frère à la montagne de Dieu et il l'embrasse. 28 Moïse rapporte à Aaron les ordres du SEIGNEUR : toutes les paroles que lui, Moïse, doit dire de la part du SEIGNEUR, et les choses extraordinaires qu'il doit faire. 29 Ensuite, tous les deux vont réunir les *anciens du peuple d'Israël. 30 Aaron répète toutes les paroles que le SEIGNEUR a dites à Moïse. Et il fait les choses extraordinaires devant le peuple[j]. 31 Le peuple est d'accord avec ce qu'il dit. Les Israélites comprennent ceci : le SEIGNEUR va les aider parce qu'il a vu leur souffrance. Alors ils se mettent à genoux pour adorer le SEIGNEUR.

Moïse et Aaron font une demande au roi d'Égypte

5 1 Après cela, Moïse et Aaron vont trouver le roi d'Égypte. Ils lui disent : « Le SEIGNEUR, Dieu d'Israël, te donne cet ordre : "Laisse partir mon peuple dans le désert. Là, il doit célébrer une fête en mon honneur." » 2 Le roi répond : « Quoi ? Laisser partir les Israélites ? Mais qui est ce SEIGNEUR ? Est-ce que je dois l'écouter, moi ? Non ! Je ne connais pas le SEIGNEUR. Alors je ne vous laisserai pas partir ! » 3 Moïse et Aaron disent : « Le Dieu des *Hébreux s'est montré à nous. Laisse-nous partir ! Nous marcherons pendant trois jours dans le désert. Et là, nous offrirons des *sacrifices au SEIGNEUR notre Dieu. Ainsi, il ne nous fera pas mourir par la peste ou par la guerre. » 4 Le roi d'Égypte leur dit : « Moïse ! Aaron ! Vous voulez empêcher les Israélites de travailler ? Pourquoi donc ? Occupez-vous de vos affaires ! 5 Maintenant, ces gens-là sont devenus nombreux. Et vous voulez qu'ils laissent leur travail maintenant ? »

Le roi d'Égypte écrase les Israélites sous le travail

6 Ce jour-là, le roi appelle les Égyptiens qui surveillent les Israélites et les chefs d'équipe israélites. Voici ce qu'il leur commande : 7 « Avant, vous donniez de la paille aux Israélites pour faire des briques ! Ne leur en donnez plus ! Maintenant, ils iront la chercher eux-mêmes ! 8 Mais ils devront faire autant de briques qu'avant ! Pas moins ! Ces gens-là sont des paresseux ! C'est pour cela qu'ils disent : "Partons pour offrir des sacrifices à notre Dieu." 9 Écrasez-les sous le travail ! Je veux qu'ils soient très occupés et qu'ils oublient ces mensonges ! »

10 Les surveillants égyptiens et les chefs d'équipe israélites sortent du palais et ils vont dire aux Israélites : « Voici ce que le roi d'Égypte a décidé : On ne vous donnera plus de paille. 11 Allez en chercher vous-mêmes là où vous en trouverez. Mais vous devrez faire autant de briques qu'avant ! »

12 Alors les Israélites vont dans toute l'Égypte pour ramasser de la paille. 13 Les surveillants égyptiens sont derrière eux. Ils disent : « Finissez votre travail ! Chaque jour, faites autant de briques qu'avant, quand on vous donnait de la paille ! » 14 Les Égyptiens frappent même les chefs d'équipe israélites qu'ils ont nommés. Ils leur disent : « Ces

h **4.25** *Les pieds : en hébreu, cette expression désigne parfois le sexe de l'homme.*

i **4.26** *Mari de sang : cette expression est mystérieuse. Elle veut peut-être dire : le sang va te protéger.*

j **4.30** *Certains comprennent qu'il s'agit de Moïse ici. En effet, Moïse et Aaron ont fait tous les deux des choses extraordinaires.*

derniers jours, vous n'avez pas fait autant de briques qu'avant. Pourquoi donc ? »

15 Alors les chefs d'équipe israélites viennent se plaindre au roi d'Égypte : « Pourquoi est-ce que tu nous traites de cette façon ? 16 On ne nous donne plus de paille, mais on nous commande de faire des briques. De plus, on nous frappe. Ton peuple a tort ! » 17 Le roi répond : « Vous êtes des paresseux, oui, des paresseux ! C'est pourquoi vous dites : "Allons offrir des sacrifices au SEIGNEUR." 18 Maintenant, allez ! Au travail ! On ne vous donnera pas de paille, mais vous devrez faire autant de briques qu'avant ! »

19 Les chefs d'équipe israélites le voient : ils sont dans une situation difficile, puisqu'on leur commande de faire autant de briques qu'avant. 20 Au moment où ils sortent de chez le roi d'Égypte, ils s'adressent vivement à Moïse et à Aaron, qui les attendent. 21 Les chefs d'équipe leur disent : « Que le SEIGNEUR voie ce que vous avez fait ! Qu'il vous condamne ! À cause de vous, le roi d'Égypte et ceux qui l'entourent nous détestent. Vous leur avez donné une arme pour nous tuer ! » 22 Alors Moïse se tourne vers le SEIGNEUR et dit : « Seigneur, tu as fait du mal à ce peuple. Pourquoi ? Pourquoi est-ce que tu m'as envoyé ici ? 23 Depuis que je suis allé parler au roi d'Égypte de ta part, il fait souffrir les Israélites. Et tu ne fais rien pour libérer ton peuple ! »

6 1 Le SEIGNEUR répond à Moïse : « Eh bien, maintenant, tu vas voir ce que je vais faire au roi d'Égypte. Ma main puissante l'obligera à laisser partir les Israélites. À cause de ma main puissante, il va même les chasser de son pays. »

Dieu promet à Moïse de délivrer Israël

2 Dieu parle encore à Moïse : « LE SEIGNEUR, c'est moi. 3 Autrefois, je me suis montré à Abraham, à Isaac et à Jacob comme le Dieu tout-puissant. Mais je ne leur ai pas fait connaître mon nom "LE SEIGNEUR". 4 J'ai fait *alliance avec eux. J'ai promis de leur donner le pays de *Canaan, où ils habitaient comme étrangers. 5 Maintenant, j'entends les plaintes des Israélites, qui sont esclaves des Égyptiens. Et je me souviens de mon alliance avec eux. 6 C'est pourquoi, va dire aux Israélites de ma part : "LE SEIGNEUR, c'est moi. Je vais vous arracher aux travaux forcés. Je vais vous libérer de l'esclavage que les Égyptiens font peser sur vous. Grâce à ma puissance et à mon autorité, je vous libérerai. 7 Je vous prendrai comme mon peuple à moi et je serai votre Dieu. Vous saurez ceci : le SEIGNEUR votre Dieu, c'est moi, celui qui vous arrache aux travaux forcés de l'Égypte. 8 J'ai juré de donner un pays à Abraham, Isaac et Jacob. Eh bien, je vous ferai entrer dans ce pays-là, et il sera à vous. Le SEIGNEUR, c'est moi." »

9 Moïse va redire ces paroles aux Israélites, mais ils ne l'écoutent pas. En effet, ils sont découragés par leur dur esclavage.

10 Le SEIGNEUR dit encore à Moïse : 11 « Va parler au Pharaon, roi d'Égypte. Demande-lui de laisser partir les Israélites de son pays. » 12 Mais Moïse répond au SEIGNEUR : « Même les Israélites ne m'ont pas écouté. Alors comment le roi d'Égypte pourra-t-il m'écouter, moi qui parle si difficilement ? » 13 Alors le SEIGNEUR commande à Moïse et à Aaron : « Allez ensemble trouver les Israélites et le Pharaon, roi d'Égypte, pour que les Israélites puissent sortir de ce pays. »

Les familles des clans de Ruben, Siméon et Lévi

14 Voici les chefs de famille des ancêtres des Israélites : Hanok, Pallou, Hesron et Karmi. Ce sont les fils de Ruben, le premier fils de Jacob. Ils sont les ancêtres des clans de Ruben.

15 Yemouel, Yamin, Ohad, Yakin, Sohar et Chaoul, qui est de mère cananéenne. Ce sont les fils de Siméon. Ils sont les ancêtres des clans de Siméon.

16 Voici les noms de ceux qui font partie de la famille de Lévi, selon l'ordre des générations : Lévi a eu trois fils, Guerchon, Quéhath et Merari. Il a vécu 137 ans. 17 Guerchon a eu deux fils : Libni et Chiméi. Chacun est l'ancêtre de son clan. 18 Quéhath a eu quatre fils : Amram, Issar, Hébron et Ouziel. Quéhath a vécu 133 ans. 19 Merari a eu deux fils : Mali et Mouchi. Voilà les ancêtres des clans de Lévi, selon l'ordre des générations.

20 Amram s'est marié avec sa tante Yokébed. Elle lui a donné deux fils : Aaron et Moïse. Amram a vécu 137 ans.

21 Issar a eu trois fils : Coré, Néfeg et Zikri. 22 Ouziel a eu trois fils : Michaël, Élissafan et Sitri.

23 Aaron s'est marié avec Élichéba, la fille d'Amminadab, la sœur de Nachon. Elle lui a donné quatre fils : Nadab, Abihou, Élazar et Itamar.

24 Coré a eu trois fils : Assir, Elcana et Abiassaf. Ils sont les ancêtres des clans de Coré.

25 Élazar, le fils d'Aaron, s'est marié avec une fille de Poutiel. Elle lui a donné un fils, Pinhas. Voilà les chefs de famille dans les clans nés de Lévi.

26 C'est à Aaron et à Moïse que le SEIGNEUR a dit : « Faites sortir d'Égypte les Israélites, en bon ordre. » 27 Moïse et Aaron vont donc parler au Pharaon, le roi d'Égypte, pour qu'il laisse sortir les Israélites de son pays.

Dieu promet de nouveau à Moïse de libérer son peuple

28 Le jour où le SEIGNEUR parle à Moïse en Égypte, 29 il lui dit : « Le SEIGNEUR, c'est moi. Va répéter toutes mes paroles au Pharaon, roi d'Égypte. » 30 Mais Moïse répond : « Je parle très difficilement. Le roi d'Égypte ne m'écoutera jamais ! »

7 1 Alors le SEIGNEUR lui dit : « Je t'établis auprès de lui comme un dieu[k], et ton frère Aaron sera ton porte-parole. 2 Tu diras à ton frère tout ce que je te commanderai. Ensuite, c'est lui qui parlera au roi d'Égypte. Il lui demandera de laisser partir d'Égypte les Israélites. 3 Mais je fermerai le cœur du roi. Je ferai beaucoup de choses extraordinaires et étonnantes dans son pays. 4 Pourtant, le roi ne vous écoutera pas. Alors je ferai peser ma puissance sur l'Égypte. Et grâce à mon autorité, je ferai sortir de ce pays, et en bon ordre, mon peuple, les Israélites. 5 Je montrerai ma force à l'Égypte pour faire sortir les Israélites de ce pays. Les Égyptiens sauront ainsi que le SEIGNEUR, c'est moi. »

6 Moïse et Aaron font exactement ce que le SEIGNEUR leur a commandé. 7 Moïse a 80 ans et Aaron a 83 ans quand ils vont parler au roi d'Égypte.

Le roi d'Égypte refuse d'écouter Moïse et Aaron

8 Le SEIGNEUR dit à Moïse et à Aaron : 9 « Si le roi d'Égypte vous demande de faire une action extraordinaire, toi, Moïse, tu diras à Aaron de prendre son bâton. Qu'il le jette par terre devant le roi ! Le bâton deviendra alors un serpent. »

10 Moïse et Aaron vont chez le roi d'Égypte et ils font ce que le SEIGNEUR a commandé. Aaron jette son bâton par terre devant le roi et devant ceux qui l'entourent, et le bâton devient un serpent. 11 De son côté, le roi fait venir les sages et les sorciers d'Égypte, et ils font la même chose grâce à leur magie. 12 Chacun d'eux jette son bâton par terre, et les bâtons deviennent des serpents. Mais celui d'Aaron avale leurs bâtons. 13 Pourtant, le cœur du roi d'Égypte reste fermé, comme le SEIGNEUR l'a annoncé. Il n'écoute pas Moïse et Aaron.

Premier malheur : l'eau changée en sang

14 Le SEIGNEUR dit à Moïse : « Le roi d'Égypte ne veut rien entendre, il refuse de laisser partir les Israélites. 15 Va donc le trouver le matin, au moment où il descend près de l'eau. Attends-le au bord du Nil. Prends à la main le bâton qui est devenu un serpent. 16 Et dis au roi : "Le SEIGNEUR, le Dieu des *Hébreux, m'a envoyé te dire : Laisse partir mon peuple pour qu'il me serve au désert. Mais jusqu'ici, tu n'as pas écouté. 17 C'est pourquoi le SEIGNEUR le dit : cette fois-ci tu reconnaîtras qui il est. Je vais frapper l'eau du Nil avec le bâton que j'ai dans la main, et elle va devenir du sang. 18 Les poissons vont mourir, le fleuve sera empoisonné et les Égyptiens ne pourront plus boire son eau." » 19 Le SEIGNEUR dit encore à Moïse : « Commande à Aaron de prendre son bâton. Qu'il tende le bras en direction de tous les cours d'eau d'Égypte, vers les riviè-

---

k **7.1** *Comparer avec Exode 4.16 et la note.*

res, les canaux, et même vers les lacs. Alors
cette eau deviendra du sang. Ainsi, il y aura
du sang dans tout le pays, jusque dans les récipients en bois ou en pierre. »

20 Moïse et Aaron font ce que le SEIGNEUR a
commandé. Aaron lève son bâton et il frappe
l'eau du Nil sous les yeux du roi d'Égypte et
des gens qui l'entourent. Toute l'eau du fleuve
devient du sang. 21 Les poissons meurent, le
fleuve sent très mauvais, et les Égyptiens ne
peuvent plus boire son eau. Il y a du sang
dans tout le pays.

22 Or, les magiciens égyptiens font la même
chose grâce à leur magie, et le cœur du roi
reste fermé. Il n'écoute pas la demande de
Moïse et d'Aaron, comme le SEIGNEUR l'a annoncé. 23 Le roi d'Égypte leur tourne le dos
et il rentre chez lui sans prendre cette affaire
au sérieux. 24 Tous les Égyptiens se mettent à
creuser des trous au bord du Nil, pour avoir de
l'eau bonne à boire. En effet, ils ne peuvent
pas boire l'eau du fleuve.

25 Sept jours passent après que le SEIGNEUR a
frappé le Nil de ce malheur.

Deuxième malheur : les grenouilles

26 Ensuite, le SEIGNEUR dit à Moïse : « Va
trouver le roi d'Égypte et dis-lui : "Voici l'ordre du SEIGNEUR : Laisse partir mon peuple
pour qu'il me serve. 27 Si tu refuses de le laisser partir, je couvrirai toute l'Égypte de grenouilles. 28 Elles rempliront le Nil, puis elles
sortiront pour entrer dans ton palais, dans ta
chambre à coucher et jusque dans ton lit.
Les grenouilles entreront chez les gens qui
t'entourent et dans les maisons des Égyptiens,
dans les fours et dans les coffres à pain. 29 Elles
monteront sur toi, sur les Égyptiens et sur
ceux qui t'entourent." »

8 1 Le SEIGNEUR dit encore à Moïse :
« Commande à Aaron d'étendre son bras
et de diriger son bâton vers les rivières, les canaux et les lacs. Alors les grenouilles couvriront toute l'Égypte. » 2 Aaron étend son bras
vers les cours d'eau d'Égypte. Des grenouilles
en sortent et couvrent tout le pays. 3 Or, les
magiciens égyptiens font la même chose grâce
à leur magie. Eux aussi font sortir les grenouilles dans tout le pays.

4 Le roi d'Égypte appelle Moïse et Aaron et
il leur dit : « Priez le SEIGNEUR pour qu'il éloigne les grenouilles de moi et de mon peuple.
Ensuite, je laisserai les Israélites partir pour aller lui offrir des sacrifices. » 5 Moïse répond :
« Accepte de me dire le moment où je dois
prier Dieu pour toi, pour les gens qui t'entourent et pour ton peuple. Je vais lui demander
de faire mourir les grenouilles qui sont chez
toi et dans tes palais. Alors il y en aura seulement dans le Nil. » 6 Le roi répond : « Fais
cela demain. » Moïse dit : « Je ferai comme
tu veux. Alors tu le sauras : personne n'est
comme le SEIGNEUR notre Dieu. 7 Les grenouilles s'éloigneront de chez toi et de tes palais.
Les gens qui t'entourent et ton peuple en
seront débarrassés. Il y en aura seulement
dans le Nil. »

8 Moïse et Aaron sortent de chez le roi
d'Égypte. Moïse prie le SEIGNEUR de délivrer
le roi du malheur qu'il a causé en envoyant
les grenouilles. 9 Le SEIGNEUR fait ce que Moïse
lui demande. Les grenouilles meurent dans les
maisons, dans les cours et dans les champs.
10 On en fait des tas et des tas, et le pays est
rempli de leur mauvaise odeur. 11 Le roi
d'Égypte voit qu'il a encore du temps. Alors
il ne veut rien entendre. Il n'écoute pas Moïse
et Aaron, comme le SEIGNEUR l'a annoncé.

Troisième malheur : les puces

12 Le SEIGNEUR dit à Moïse : « Commande à
Aaron d'étendre son bâton et de frapper la
poussière du sol. Elle se changera en puces[l]
dans toute l'Égypte. » 13 Moïse et Aaron obéissent. Aaron étend le bras et, avec son bâton, il
frappe la poussière du sol. Dans toute
l'Égypte, toute la poussière du sol se change
en puces. Et les puces couvrent les gens et
les animaux. 14 Les magiciens égyptiens essaient à leur tour de chasser les puces grâce

l **8.12** *Le sens du mot hébreu traduit par « puces » n'est pas sûr. Plusieurs traductions rendent ce mot par « moustiques ».*

à leur magie, mais ils n'y arrivent pas. Les puces restent sur les gens et sur les animaux. 15 Alors les magiciens disent au roi d'Égypte : « C'est la puissance de Dieu ! »

Pourtant, le cœur du roi reste fermé. Il n'écoute pas Moïse et Aaron, comme le SEIGNEUR l'a annoncé.

Quatrième malheur : les mouches piquantes

16 Le SEIGNEUR dit à Moïse : « Demain, lève-toi tôt le matin et présente-toi au roi d'Égypte quand il descendra au bord du Nil. Tu lui diras de ma part : "Voici ce que moi, le SEIGNEUR, je commande : Laisse partir mon peuple pour qu'il me serve. 17 Si tu refuses de le laisser partir, je vais envoyer des mouches piquantes sur les gens qui t'entourent, sur ton peuple et dans tes palais. Elles rempliront les maisons des Égyptiens et elles couvriront le sol de l'Égypte. 18 Pourtant, ce jour-là, je ferai une différence pour la région de Gochen, où mon peuple habite. Là-bas, il n'y aura pas de mouches piquantes. De cette façon, tu sauras que moi, le SEIGNEUR, je suis présent dans ton pays. 19 Ainsi, grâce à moi, mon peuple ne connaîtra pas le malheur de ton peuple. Tu verras cette action étonnante demain." »

20 Le SEIGNEUR fait ce qu'il a dit : un nuage de mouches piquantes entre dans la maison du roi d'Égypte, dans la maison des gens qui l'entourent et dans tout le pays. Les mouches font beaucoup de dégâts dans le pays. 21 Le roi appelle Moïse et Aaron. Il leur dit : « Allez offrir des *sacrifices à votre Dieu, mais faites-le dans le pays ! » 22 Moïse répond : « Non, nous ne pouvons pas agir de cette façon. En effet, les Égyptiens détestent les sacrifices que nous offrons au SEIGNEUR notre Dieu. S'ils nous voient offrir ces sacrifices, ils nous tueront en nous jetant des pierres. 23 Nous devons aller dans le désert, à trois jours de marche. Là, nous offrirons au SEIGNEUR notre Dieu les sacrifices qu'il nous montrera. » 24 Le roi leur dit : « Je vais vous laisser partir, et vous offrirez vos sacrifices au SEIGNEUR votre Dieu dans le désert. Mais n'allez pas trop loin ! Priez pour moi. » 25 Moïse répond : « Dès que je serai sorti de chez toi, je prierai le SEIGNEUR. Demain, il chassera les mouches loin de toi, loin des gens qui t'entourent et de ton peuple. Mais il ne faut pas que tu te moques de nous en refusant aux Israélites de partir pour aller offrir des sacrifices au SEIGNEUR. »

26 Moïse quitte le roi d'Égypte et il prie le SEIGNEUR. 27 Le SEIGNEUR fait ce que Moïse lui demande. Il chasse les mouches loin du roi, loin des gens qui l'entourent et de son peuple. Il n'en reste plus une seule. 28 Pourtant, même cette fois-là, le roi d'Égypte ne veut rien entendre et il ne laisse pas partir les Israélites.

Cinquième malheur : la maladie des troupeaux

9 1 Le SEIGNEUR dit à Moïse : « Va trouver le roi d'Égypte et dis-lui : "Voici l'ordre du SEIGNEUR, le Dieu des *Hébreux : Laisse partir mon peuple pour qu'il me serve. 2 Si tu refuses toujours de le laisser partir, si tu continues à le retenir, 3 moi, le SEIGNEUR, je vais agir contre tes troupeaux qui sont dans les champs. J'enverrai une peste très grave qui rendra malades tes chevaux, tes ânes, tes chameaux, tes bœufs, tes moutons et tes chèvres. 4 Mais moi, le SEIGNEUR, je ferai une différence entre les troupeaux des Israélites et les troupeaux des Égyptiens. Aucun animal appartenant aux Israélites ne mourra." »

5 De plus, le SEIGNEUR précise le moment où cela doit arriver : « C'est demain que j'agirai ainsi en Égypte. » 6 Le jour suivant, le SEIGNEUR envoie la peste : tous les troupeaux des Égyptiens meurent, mais aucun animal n'est touché par cette maladie dans les troupeaux des Israélites. 7 Le roi se renseigne. Il apprend alors qu'il n'y a pas un seul animal mort dans les troupeaux des Israélites. Pourtant, le cœur du roi d'Égypte reste fermé, et il ne laisse pas partir les Israélites.

Sixième malheur : les plaies sur la peau

8 Le SEIGNEUR dit à Moïse et à Aaron : « Prenez dans vos mains de la cendre d'un feu. Moïse la lancera en l'air devant le roi d'Égypte. 9 Cette cendre se répandra dans toute l'Égypte. Ensuite, dans tout le pays, les

personnes et les animaux auront sur la peau
des boutons qui formeront des plaies. »

10 Moïse et Aaron prennent de la cendre et
ils vont voir le roi. Moïse la lance en l'air.
Alors les personnes et les animaux ont sur la
peau des boutons qui forment des plaies.
11 Les magiciens égyptiens ne peuvent pas se
présenter devant Moïse à cause de ces boutons. En effet, ils en sont couverts, comme
les autres Égyptiens. 12 Pourtant, le SEIGNEUR
ferme le cœur du roi d'Égypte. Et le roi
n'écoute pas Moïse et Aaron, comme le
SEIGNEUR l'a annoncé à Moïse.

Septième malheur : la pluie de grêle

13 Le SEIGNEUR dit à Moïse : « Demain, lève-
toi tôt le matin et présente-toi devant le roi
d'Égypte. Tu lui diras de ma part : "Voici ce
que moi, le SEIGNEUR, le Dieu des *Hébreux,
je commande : Laisse partir mon peuple pour
qu'il me serve. 14 En effet, cette fois-ci, je vous
enverrai toutes sortes de malheurs, à toi, aux
gens qui t'entourent et à ton peuple. Alors tu
le sauras : sur la terre, personne n'est comme
moi. 15 Si j'avais tendu le bras pour vous frapper d'une épidémie de peste, toi et ton peuple, vous ne seriez plus sur la terre. 16 Mais
je t'ai laissé vivre pour te montrer ma puissance et pour faire connaître mon nom sur
toute la terre. 17 Pourtant, tu continues à refuser de laisser partir mon peuple. 18 C'est pourquoi demain, à cette heure-ci, je vais faire
pleuvoir de la *grêle. Cette pluie sera si violente qu'il n'y a jamais eu une pluie pareille
depuis que l'Égypte existe. 19 Maintenant,
fais mettre à l'abri tes troupeaux et tout ce
qui t'appartient dans les champs. Si des gens
ou des animaux ne se mettent pas à l'abri, s'ils
restent dans les champs, ils mourront sous la
pluie de grêle." »

20 Certains parmi les gens qui entourent le
roi d'Égypte prennent au sérieux ces paroles
du SEIGNEUR. Ils commandent à leurs serviteurs de se mettre à l'abri avec leurs
troupeaux. 21 Mais d'autres n'y font pas attention. Ils laissent leurs serviteurs et leurs troupeaux dans les champs.

22 Le SEIGNEUR dit à Moïse : « Lève ton bras
vers le ciel. Que la grêle tombe sur toute
l'Égypte, sur les gens et les animaux, et sur
toutes les cultures du pays ! » 23 Moïse lève
son bâton vers le ciel. Le SEIGNEUR envoie le
tonnerre et la grêle. La foudre tombe sur la
terre, et le SEIGNEUR fait pleuvoir la grêle sur
le pays. 24 Depuis que l'Égypte existe comme
nation, les Égyptiens n'ont jamais vu un orage
aussi violent : grêle, foudre et glace en même
temps. 25 Dans toute l'Égypte, la grêle frappe
tous ceux qui sont dans les champs : gens et
bêtes. Elle écrase toutes les cultures et elle
casse tous les arbres. 26 La région de Gochen,
là où les Israélites habitent, est le seul endroit
où la grêle ne tombe pas. 27 Le roi d'Égypte fait
appeler Moïse et Aaron. Il leur dit : « Cette
fois-ci, j'ai eu tort. Moi et mon peuple, nous
sommes coupables. C'est le SEIGNEUR qui a
agi avec *justice. 28 Priez le SEIGNEUR d'arrêter
le tonnerre et la grêle. Je vais vous laisser partir, vous ne resterez pas plus longtemps ici. »
29 Moïse répond : « Dès que je serai sorti de la
ville, je lèverai les mains vers le SEIGNEUR pour
le prier. Le tonnerre et la grêle s'arrêteront.
Alors tu sauras que la terre appartient au SEI-
GNEUR. 30 Mais je sais une chose : toi et les
gens qui t'entourent, vous ne respecterez
pas encore le SEIGNEUR Dieu. »

31 Le *lin et *l'orge ont été détruits. En effet,
l'orge était en épis et le lin était en fleurs.
32 Mais les *céréales comme le blé et l'épeautre n'ont pas été détruites parce qu'elles poussent plus tard.

33 Moïse quitte le roi d'Égypte et il sort de la
ville. Il lève les mains vers le SEIGNEUR pour le
prier. Alors le tonnerre et la grêle s'arrêtent et
la pluie ne tombe plus. 34 Le roi voit que la
pluie, la grêle et le tonnerre se sont arrêtés.
Pourtant, il commet la même faute qu'avant :
lui et les gens qui l'entourent ne veulent rien
entendre. 35 Le cœur du roi d'Égypte reste
fermé. Il ne laisse pas partir les Israélites,
comme le SEIGNEUR l'a annoncé par l'intermédiaire de Moïse.

Huitième malheur : les sauterelles

10 1 Le SEIGNEUR dit à Moïse : « Va chez le
roi d'Égypte. C'est moi qui ai fermé le
cœur du roi et des gens qui l'entourent. Alors
j'ai pu faire des choses extraordinaires au mi-

lieu d'eux. 2 Ainsi, tu pourras raconter à tes
enfants et aux enfants de leurs enfants ce
que j'ai fait aux Égyptiens, les actions extraordinaires que j'ai accomplies dans leur pays. De
cette façon, vous saurez que le SEIGNEUR, c'est
moi. »

3 Moïse et Aaron vont trouver le roi
d'Égypte et ils lui disent : « Voici ce que le SEI-
GNEUR, le Dieu des *Hébreux, te demande :
"Est-ce que tu vas refuser encore longtemps
de m'obéir ? Laisse partir mon peuple pour
qu'il me serve. 4 Si tu refuses toujours de le
laisser partir, demain, je ferai venir les sauterelles dans ton pays. 5 Elles couvriront complètement le sol, et on ne le verra plus. Les
sauterelles mangeront le reste des cultures
que la *grêle n'a pas détruites. Elles ne laisseront rien sur vos arbres qui poussent dans les
champs. 6 Elles rempliront tes palais, les maisons des gens qui t'entourent et celles de
tous les Égyptiens. Ce sera un très grand malheur. On n'a jamais vu un malheur aussi
grand depuis le temps de vos ancêtres jusqu'à
ce jour." »

Moïse quitte le roi et il sort du palais. 7 Les
gens qui entourent le roi lui disent : « Cet
homme va causer notre malheur jusqu'à
quand ? Laisse donc partir les Israélites pour
qu'ils servent le SEIGNEUR leur Dieu. L'Égypte
va à sa perte, tu ne sais donc pas cela ? » 8 On
fait revenir Moïse et Aaron près du roi
d'Égypte. Celui-ci leur dit : « Vous pouvez aller servir le SEIGNEUR votre Dieu. Mais qui va
partir ? » 9 Moïse répond : « Nous partirons
tous, enfants et vieillards, hommes et femmes,
avec nos moutons, nos chèvres et nos bœufs.
En effet, nous devons faire une fête en l'honneur du SEIGNEUR. » 10 Le roi d'Égypte leur répond : « Eh bien, qu'il veille sur vous, votre
SEIGNEUR ! Vous croyez peut-être que je vais
vous laisser partir avec vos familles ! Vous
avez de mauvaises intentions. 11 Cela ne se
passera pas ainsi ! Seuls les hommes iront
servir le SEIGNEUR, puisque c'est ce que vous
voulez. » Et on les chasse de chez le roi.

12 Alors le SEIGNEUR dit à Moïse : « Étends
ton bras sur l'Égypte pour faire venir les sauterelles. Qu'elles couvrent le pays et mangent
toutes les plantes que la grêle a laissées. »
13 Moïse étend son bâton sur l'Égypte, et le SEI-
GNEUR envoie un vent d'est sur tout le pays,
pendant toute la journée et toute la nuit. Le
matin suivant, le vent amène les sauterelles.
14 Elles couvrent toute l'Égypte et se posent
partout. Elles sont très nombreuses. On n'en
a jamais vu autant et on n'en verra jamais autant plus tard. 15 Elles couvrent le pays entier,
et on ne voit plus le sol. Elles mangent toute
l'herbe et tous les fruits des arbres que la grêle
a laissés. Il ne reste aucune feuille sur les
arbres et aucune plante dans les champs.

16 Le roi d'Égypte appelle rapidement Moïse
et Aaron et il leur dit : « J'ai commis une faute
contre le SEIGNEUR votre Dieu et contre vous-
mêmes. 17 Maintenant, pardonnez-moi ma
faute, cette fois-ci encore. Priez le SEIGNEUR
votre Dieu pour qu'il éloigne de moi ce terrible malheur. » 18 Moïse quitte le roi et il
prie le SEIGNEUR. 19 Alors le SEIGNEUR fait souffler un vent d'ouest très fort. Ce vent emporte
les sauterelles et il les repousse vers la *mer
des Roseaux. Il ne reste plus une seule sauterelle dans toute l'Égypte. 20 Pourtant, le SEI-
GNEUR ferme le cœur du roi d'Égypte, et le
roi ne laisse pas partir les Israélites.

Neuvième malheur : la nuit noire

21 Le SEIGNEUR dit à Moïse : « Lève ton bras
vers le ciel. Que la nuit couvre l'Égypte, une
nuit si épaisse qu'on pourra la toucher. »
22 Moïse lève son bras vers le ciel, et, pendant
trois jours, il fait nuit noire dans toute
l'Égypte. 23 Pendant trois jours, les Égyptiens
ne se voient plus les uns les autres, et tout le
monde reste chez soi. Dans la région où les Israélites habitent, au contraire, il fait jour. 24 Le
roi d'Égypte appelle Moïse et lui dit : « Vous
pouvez aller servir le SEIGNEUR. Vos enfants
peuvent aller avec vous, mais vos moutons,
vos chèvres et vos bœufs doivent rester ici. »
25 Moïse répond : « Sûrement pas ! Tu nous
donneras toi-même les animaux que nous offrirons au SEIGNEUR notre Dieu en *sacrifices
de communion et en sacrifices complets.
26 De plus, nous emmènerons nos troupeaux.
Aucun animal ne restera ici. Nous devrons
prendre plusieurs de ces animaux pour les offrir au SEIGNEUR notre Dieu. Mais avant d'arri-

ver là-bas, nous ne savons pas lesquels nous devons offrir. »

27 Pourtant, le SEIGNEUR ferme le cœur du roi d'Égypte. Celui-ci ne veut pas laisser partir les Israélites. 28 Il dit à Moïse : « Va-t'en ! Attention, ne reviens plus te présenter devant moi ! Si tu te présentes encore devant moi, tu mourras ! » 29 Moïse répond : « En effet, comme tu le dis, je ne me présenterai plus devant toi. »

Le Seigneur annonce le dernier malheur

11 1 Le SEIGNEUR dit à Moïse : « Je vais frapper le roi d'Égypte et les Égyptiens par un dernier malheur. Après cela, il vous laissera partir, il vous chassera même d'ici pour toujours. 2 Va donc dire aux Israélites : "Que chaque homme demande à son voisin, que chaque femme demande à sa voisine des objets en argent et en or." » 3 Et grâce au SEIGNEUR, les Égyptiens regardent les Israélites avec bonté. D'ailleurs, en Égypte, Moïse lui-même est un homme important pour les gens qui entourent le roi et pour le peuple.

4 Moïse dit au roi d'Égypte : « Voici ce que le SEIGNEUR dit : "Vers minuit, je traverserai l'Égypte. 5 Tous les premiers-nés de ce pays mourront : ton fils aîné, qui doit être roi après toi, comme le fils aîné de la servante qui écrase le grain. Tous les premiers-nés des troupeaux mourront aussi. 6 Alors dans toute l'Égypte, il y aura de grands cris. Il n'y a jamais eu de cris aussi grands, et il n'y en aura jamais plus. 7 Mais chez les Israélites, on n'entendra même pas un chien aboyer contre quelqu'un ou contre un animal. Alors vous saurez ceci : moi, le SEIGNEUR, je fais la différence entre les Égyptiens et les Israélites." » 8 Moïse dit encore au roi : « À ce moment-là, tous les gens qui t'entourent ici viendront vers moi. Ils se mettront à genoux devant moi et me diront : "Va-t'en, toi et tout le peuple qui est avec toi !" Et je partirai aussitôt. » Et Moïse, très en colère, sort de chez le roi.

9 Le SEIGNEUR lui dit ensuite : « Le roi d'Égypte ne veut pas vous écouter. C'est pourquoi je peux faire beaucoup de choses extraordinaires en Égypte. » 10 En réalité, Moïse et son frère Aaron ont accompli toutes sortes de choses extraordinaires devant le roi d'Égypte. Pourtant le SEIGNEUR lui ferme le cœur, et le roi ne laisse pas partir les Israélites de son pays.

La première Pâque en Égypte

12 1 Le SEIGNEUR dit à Moïse et à Aaron en Égypte : 2 « Ce mois-ci marquera pour vous le début de l'année. Ce sera le premier mois[m]. 3 Allez dire à toute la communauté d'Israël : Le 10 de ce mois, prenez un agneau ou un cabri par famille ou par maison. 4 Si une famille est trop petite pour manger un animal entier, elle se mettra d'accord avec une famille voisine, en tenant compte du nombre de personnes. Vous choisirez l'animal d'après ce que chacun peut manger. 5 Vous choisirez un mouton ou un cabri d'un an, mâle, sans défaut. 6 Vous le garderez jusqu'au 14 du mois. Le soir de ce jour-là, dans la communauté d'Israël rassemblée, vous *égorgerez l'animal choisi. 7 Vous prendrez son sang. Et dans chaque maison où on mangera un de ces animaux, on couvrira de sang les deux montants et la poutre au-dessus de la porte d'entrée. 8 On fera griller la viande, puis, pendant la nuit, on la mangera avec des pains sans *levain et des herbes amères. 9 Vous ne mangerez pas la viande crue, ni bouillie. Vous la ferez griller sur le feu avec la tête, les pattes et les autres morceaux de l'animal. 10 Vous ne garderez rien pour le jour suivant. S'il reste quelque chose le matin, vous le brûlerez. 11 Voici dans quelle tenue vous mangerez ce repas : les vêtements serrés autour de la taille, les sandales aux pieds et un bâton à la main pour marcher. Vous mangerez vite. Ce sera la Pâque[n], une fête pour moi, le SEIGNEUR.

---

m **12.2** *Dans le calendrier d'Israël, l'année commençait vers le 15 mars. Le premier mois correspondait à la période du 15 mars au 15 avril du calendrier actuel.*

n **12.11** *Le mot « Pâque » vient d'un verbe hébreu qui veut dire « passer au-dessus », voir le verset 13.*

12 « Cette nuit-là, je traverserai l'Égypte et je
ferai mourir tous les premiers-nés de ce pays,
les premiers-nés des hommes et aussi des animaux. De cette façon, moi, le SEIGNEUR, je
condamnerai tous les faux dieux d'Égypte.
13 Mais sur les maisons où vous habitez, le
sang sera un signe qui vous protégera. Je verrai le sang et je passerai au-dessus de vos maisons sans m'arrêter. Ainsi, quand je frapperai
l'Égypte, le malheur qui détruit ne vous atteindra pas.

14 « Ce jour-là sera pour vous un jour de souvenir, et vous ferez une grande fête pour moi,
le SEIGNEUR. C'est une règle pour toujours,
vous la respecterez de génération en génération. »

La fête des Pains sans levain rappelle la sortie d'Égypte

15 Le Seigneur dit encore à Moïse et à
Aaron : « Pendant sept jours, vous mangerez
des pains sans *levain. Dès le premier jour,
vous supprimerez le levain dans vos maisons.
Si quelqu'un mange du pain fait avec du levain
pendant cette semaine-là, il faut le chasser de
la communauté d'Israël. 16 Le premier et le
septième jour, vous vous réunirez en mon
honneur. Ces jours-là, vous ne ferez aucun
travail. Vous pourrez seulement préparer le
repas pour chacun de vous.

17 « Vous respecterez cette fête des Pains
sans levain. Elle rappellera le jour précis où
j'ai fait sortir d'Égypte votre peuple en bon
ordre. Vous fêterez cet événement de génération en génération. C'est une règle pour
toujours. 18 Le premier mois, le 14 du mois,
le soir, et jusqu'au 21 au soir, vous mangerez
des pains sans levain. 19 Pendant sept jours, on
ne devra pas trouver de levain dans vos maisons. Si quelqu'un, un étranger installé chez
vous ou un Israélite, mange du pain fait avec
du levain, il faudra le chasser de la communauté d'Israël. 20 Vous ne mangerez donc
aucune pâte qui contient du levain. Partout
où vous habiterez, vous mangerez des pains
sans levain. »

L'agneau égorgé pour la fête de la Pâque

21 Moïse réunit tous les *anciens d'Israël. Il
leur dit : « Prenez un agneau ou un cabri pour
vos familles et égorgez-le pour la fête de la
*Pâque. 22 Vous prendrez une branche d'hyso-
pe[o], vous la tremperez dans le récipient qui
contient le sang de l'animal. Puis vous couvrirez de sang les deux montants et la poutre au-
dessus de la porte d'entrée. Ensuite, personne
ne devra sortir de sa maison avant le matin.
23 Le SEIGNEUR traversera l'Égypte pour punir
ses habitants. Mais quand il verra le sang sur
les montants et sur la poutre, il passera et il ne
laissera pas le Destructeur[p] entrer dans vos
maisons. 24 Pour vous et pour vos enfants, ce
commandement est valable pour toujours.
25 Quand vous serez entrés dans le pays que
le SEIGNEUR a promis de vous donner, vous ferez cette cérémonie. 26 Si vos enfants vous demandent : "Qu'est-ce que cela veut dire ?",
27 vous répondrez : "C'est le *sacrifice offert
au SEIGNEUR pour la fête de la Pâque. Quand
nos ancêtres israélites étaient en Égypte, le
SEIGNEUR a fait mourir les Égyptiens. Mais il
a passé au-dessus de nos maisons sans s'arrêter et il a protégé nos familles." »

Alors les Israélites se mettent à genoux.
28 Ensuite, ils partent et ils font exactement
ce que le SEIGNEUR a commandé à Moïse et à
Aaron.

Dernier malheur : la mort des fils aînés des Égyptiens

29 Au milieu de la nuit, le SEIGNEUR fait mourir tous les fils aînés des Égyptiens : le fils aîné
du roi d'Égypte qui devait être roi après lui,
comme le fils aîné des prisonniers. Il fait aussi
mourir les premiers-nés des troupeaux.
30 Cette nuit-là, le roi, les gens qui l'entourent
et tous les Égyptiens se lèvent. Il y a de grands

---

o **12.22** *L'hysope est une petite plante de bonne odeur. Elle était utilisée dans les cérémonies de purification.*

p **12.23** *Il s'agit sans doute d'un messager de Dieu. Il fait ce que Dieu a commandé.*

cris dans toute l'Égypte, parce qu'il y a un
mort dans chaque maison.

Les Israélites quittent l'Égypte

31 Le roi d'Égypte appelle Moïse et Aaron en
pleine nuit et leur dit : « Allez, quittez mon
pays, vous et tous les autres Israélites ! Partez
servir le SEIGNEUR, comme vous l'avez dit !
32 Prenez vos bœufs, vos moutons et vos chèvres, comme vous l'avez dit, et partez ! Et
demandez à votre Dieu de me *bénir. »

33 Les Égyptiens croient qu'ils vont tous
mourir. Alors ils poussent les Israélites à quitter le pays très vite. 34 C'est pourquoi les Israélites doivent emporter leur pâte à pain avant
qu'elle ait levé. Ils enveloppent le coffre à
pain dans leurs vêtements et ils l'emportent
sur leurs épaules.

35 Les Israélites ont fait ce que Moïse leur a
dit : ils ont demandé aux Égyptiens des objets
en argent et en or, et des vêtements. 36 Le SEI-
GNEUR a permis que les Égyptiens les regardent
avec bonté. De cette façon, les Israélites ont
enlevé les richesses des Égyptiens[q].

37 Ensuite, les Israélites partent de la ville
de Ramsès vers Soukoth. Ils sont à peu près
600 000 hommes, sans compter les femmes,
les enfants et les vieillards. 38 Beaucoup d'autres gens partent avec eux. Ils emmènent
des moutons, des chèvres et des bœufs qui forment de très grands troupeaux. 39 Avec la pâte
que les Israélites ont emportée d'Égypte, ils
font cuire des galettes sans *levain. En effet,
quand ils ont été chassés d'Égypte, ils n'ont
pas eu le temps d'attendre que la pâte lève.
Et ils n'ont pas pu prendre de nourriture
pour le voyage.

40 Le peuple d'Israël est resté 430 ans en
Égypte. 41 Au bout de ces 430 ans, en ce jour
précis[r], le peuple du SEIGNEUR est sorti
d'Égypte, en bon ordre. 42 Quand le SEIGNEUR
a fait sortir d'Égypte son peuple, il a veillé
toute la nuit[s]. De la même façon, les Israélites
veilleront toute la nuit, de génération en génération. En effet, cette nuit-là appartient au
SEIGNEUR.

Règles pour célébrer la Pâque

43 Le SEIGNEUR dit encore à Moïse et à
Aaron : « Voici les règles pour la fête de la
*Pâque :
« Aucun étranger non résident n'a le droit de
participer au repas.
44 « Un esclave qu'on a acheté pourra participer au repas, s'il est *circoncis.
45 « Mais un étranger de passage ou un ouvrier
qui reçoit un salaire n'ont pas le droit de participer au repas.
46 « On mange la viande dans la maison. Il est
interdit de l'emporter à l'extérieur.
« On ne doit pas briser les os de l'animal.
47 « Tous les membres de la communauté d'Israël participent à cette fête.

48 « Si un étranger installé chez vous veut
participer à la Pâque, en l'honneur du SEI-
GNEUR, il faut que tous les hommes et les garçons de sa famille soient circoncis. Ensuite, il
pourra prendre part à la fête comme les Israélites.
« Aucun homme non circoncis ne doit participer au repas.
49 « Ces règles sont valables pour les Israélites et aussi pour les étrangers installés dans
votre pays. »

50 Tous les Israélites font exactement ce que
le SEIGNEUR a commandé à Moïse et à Aaron.
51 En ce jour précis[t], le SEIGNEUR fait sortir les
Israélites d'Égypte, en bon ordre.

Autres règles concernant la Pâque

13
1 Le SEIGNEUR dit à Moïse : 2 « *Consa-
cre-moi tout premier-né en Israël.
Oui, le premier garçon d'une femme et le premier petit d'un animal sont à moi. » 3 Moïse
dit au peuple : « Souvenez-vous du jour d'aujourd'hui, où vous êtes sortis d'Égypte, de ce

q **12.36** *Voir Exode 3.21-22.*
r **12.41** *C'est-à-dire le 14 du premier mois. Voir Exode 12.6.*
s **12.42** *On peut comprendre aussi : « Le peuple a veillé en l'honneur du Seigneur. »*
t **12.51** *Voir Exode 12.41 et la note.*

pays où vous étiez esclaves. C'est grâce à sa
puissance que le SEIGNEUR vous a fait sortir
de là. Vous ne mangerez donc pas de pain
fait avec du *levain. 4 C'est aujourd'hui que
vous êtes partis, pendant le *mois des Épis.
5 Vous fêterez cet anniversaire ce mois-là,
quand le SEIGNEUR vous aura fait entrer dans
le pays des *Cananéens. C'est aussi le pays
des Hittites, des *Amorites, des Hivites et
des Jébusites. C'est le pays que le SEIGNEUR a
juré à vos ancêtres de vous donner, un pays
qui *déborde de lait et de miel. 6 Pendant
sept jours, vous mangerez du pain sans levain.
Le septième jour, vous ferez une fête en l'honneur du SEIGNEUR. 7 Tous ces jours-là, vous
mangerez du pain sans levain. Dans tout votre
pays, on ne devra trouver chez vous ni pain
levé, ni levain. 8 Pendant cette fête, vous donnerez cette explication à vos enfants : "Nous
faisons cela à cause de ce que le SEIGNEUR a
fait pour nous, quand nous sommes sortis
d'Égypte." 9 C'est grâce à sa puissance que
le SEIGNEUR vous a fait sortir d'Égypte. Cette
fête sera pour vous un souvenir, tout comme
une marque sur votre bras ou sur votre front.
Elle vous rappellera que vous devez annoncer
la loi du SEIGNEUR. 10 Chaque année, vous suivrez ces règles à la date fixée. »

11 Moïse dit encore au peuple d'Israël : « Le
SEIGNEUR vous conduira en *Canaan. Il vous
donnera ce pays, comme il l'a promis à vos ancêtres et à vous-mêmes. 12 Alors vous lui offrirez tous vos fils aînés et tous les premiers-nés
mâles de vos troupeaux. Ils sont au SEIGNEUR.
13 Le premier petit de l'ânesse, vous le remplacerez par un mouton ou un cabri. Ou bien,
vous le tuerez en lui brisant le cou. Mais
tous les fils aînés de votre peuple, vous les rachèterez avec de l'argent. 14 Plus tard, quand
vos enfants vous demanderont : "Pourquoi
faites-vous cela ?", vous répondrez : "C'est
grâce à sa puissance que le SEIGNEUR nous a
fait sortir d'Égypte, le pays de l'esclavage.
15 Le roi d'Égypte refusait de nous laisser
partir. Alors le SEIGNEUR a fait mourir tous
les premiers-nés de son pays, les premiers-
nés des hommes et ceux des animaux. C'est
pourquoi nous offrons en *sacrifice au SEI-
GNEUR tous les premiers-nés mâles des animaux, et nous rachetons tous nos fils aînés."
16 Ces sacrifices seront pour vous un souvenir,
tout comme une marque sur votre bras ou sur
votre front. Ils vous rappelleront ceci : c'est le
SEIGNEUR qui nous a fait sortir d'Égypte grâce à
sa puissance. »

Dieu lui-même marche devant son peuple

17 Quand le roi d'Égypte laisse partir les Israélites, Dieu ne leur fait pas prendre le chemin du pays des *Philistins[u]. Pourtant, c'est
le plus direct. En effet, il pense : « En voyant
les combats à mener, le peuple va peut-être
regretter son départ et revenir en Égypte. »
18 C'est pourquoi Dieu détourne les Israélites
vers le désert de la *mer des Roseaux. Ils quittent l'Égypte en bon ordre. 19 Moïse emporte
avec lui les os de Joseph, parce que celui-ci a
dit aux Israélites : « Dieu agira sûrement pour
vous aider. Jurez-moi d'emporter mes os avec
vous. »

20 Les Israélites quittent Soukoth. Ils dressent leurs tentes à Étam, au bord du désert.
21 Le SEIGNEUR lui-même marche devant eux.
Le jour, il se tient dans une colonne de fumée[v] pour leur montrer la route. La nuit, il
se tient dans une colonne de feu pour les éclairer. Ainsi ils peuvent marcher le jour et la
nuit. 22 La colonne de fumée pendant le jour
et la colonne de feu pendant la nuit avancent
toujours devant le peuple.

Les Égyptiens poursuivent les Israélites

14 1 Le SEIGNEUR dit à Moïse : 2 « Commande aux Israélites de revenir camper
devant Pi-Hahiroth, entre Migdol et la *mer
des Roseaux. Vous installerez votre camp à

u **13.17** *Le chemin... des Philistins : était le chemin le plus court pour aller dans le pays promis par Dieu. Mais les Philistins avaient des armes plus puissantes que les Israélites.*

v **13.21** *Au désert, la fumée était le signe que le Seigneur est présent au milieu de son peuple. Plus tard, cette fumée a été remplacée par les nuages d'encens brûlé sur l'autel du parfum.*

cet endroit, en face de Baal-Sefon, près de la
mer. 3 Le roi d'Égypte dira de vous : "Les Israélites se sont perdus dans le pays. Le désert
est devenu pour eux comme une prison." 4 Je
fermerai le cœur du roi, et il vous poursuivra.
Alors je montrerai ma *gloire en l'écrasant, lui
et toute son armée. Par là, les Égyptiens sauront que le SEIGNEUR, c'est moi. » Les Israélites
obéissent à cet ordre.

5 On dit au roi d'Égypte : « Le peuple d'Israël est parti. » Alors le roi et les gens qui l'entourent changent d'avis au sujet des Israélites.
Ils disent : « Qu'est-ce que nous avons fait là,
en les laissant partir ? Ils ne pourront plus
être nos esclaves ! » 6 Le roi fait atteler son
char et il part avec son armée. 7 Il prend
avec lui ses 600 meilleurs chars, suivis de
tous les autres chars d'Égypte. Sur chaque
char, il y a une équipe de trois hommes. 8 Le
SEIGNEUR ferme le cœur du Pharaon, roi
d'Égypte, et celui-ci se met à poursuivre les Israélites. Mais les Israélites sortent d'Égypte en
levant la main en signe de liberté. 9 Les Égyptiens les poursuivent avec leurs chevaux,
leurs chars, leurs cavaliers et toute l'armée
du roi d'Égypte. Et ils les rattrapent près de
Pi-Hahiroth, devant Baal-Sefon, là où ils campent près de la mer.
10 Comme le roi d'Égypte approche, les Israélites lèvent les yeux : voici les Égyptiens
qui avancent derrière eux ! Ils ont très peur,
ils se mettent à appeler le SEIGNEUR avec force
11 et ils disent à Moïse : « Tu nous as amenés
ici dans le désert pour nous faire mourir !
Pourquoi donc ? Est-ce qu'il n'y avait pas assez
de tombes en Égypte ? Pourquoi est-ce que tu
nous as fait sortir de ce pays ? 12 Quand nous
étions en Égypte, nous t'avons dit : "Laisse-
nous servir les Égyptiens ! Nous aimons mieux
travailler pour eux que de mourir dans le désert !" » 13 Moïse répond au peuple d'Israël :
« N'ayez pas peur ! Résistez ! Vous allez voir
comment le SEIGNEUR va vous sauver aujour-
d'hui. En effet, les Égyptiens que vous voyez
maintenant, vous ne les verrez plus jamais !
14 Le SEIGNEUR va combattre à votre place. Et
vous, vous n'aurez rien à faire. »

Dieu ouvre un passage à travers la mer

15 Le SEIGNEUR dit à Moïse : « Pourquoi est-
ce que tu m'appelles au secours ? Dis aux Israélites de se remettre en marche. 16 Toi,
prends ton bâton et lève-le sur la mer. Ouvre
ainsi un passage pour que les Israélites avancent au milieu de la mer sur un chemin sec.
17 Et moi, je fermerai le cœur des Égyptiens
pour qu'ils vous suivent dans la mer. Mais je
montrerai ma *gloire en écrasant le roi
d'Égypte et toute son armée, ses chars et ses
cavaliers. 18 Oui, cette défaite du roi d'Égypte,
de ses chars et de ses cavaliers montrera ma
gloire. Ainsi les Égyptiens sauront que le
SEIGNEUR, c'est moi. »
19 *L'ange de Dieu qui marchait devant les
Israélites va se placer derrière eux. La colonne de fumée[w] qui était devant eux passe
aussi derrière eux. 20 Elle vient se placer entre le camp des Égyptiens et le camp des Israélites. Du côté des Égyptiens, le nuage de
fumée est sombre, mais du côté des Israélites, il éclaire la nuit. C'est pourquoi les
Égyptiens et les Israélites ne peuvent pas
s'approcher les uns des autres pendant toute
la nuit.

21 Moïse lève sa main sur la mer. Toute la
nuit, le SEIGNEUR envoie de l'est un grand
vent qui fait reculer la mer. La mer s'ouvre
et il y a un chemin sec. 22 Les Israélites avancent sur le chemin sec au milieu de la mer.
L'eau forme comme un grand mur à leur
droite et à leur gauche. 23 Les Égyptiens suivent les Israélites. Tous les chevaux du roi
d'Égypte, ses chars et ses cavaliers entrent
derrière eux au milieu de la mer. 24 Vers la
fin de la nuit, le SEIGNEUR, qui est dans la colonne de feu et de fumée, regarde le camp
des Égyptiens et il met le désordre dans leur
armée. 25 Il bloque les roues de leurs chars,
qui n'arrivent plus à avancer. Alors les Égyptiens disent : « Fuyons loin des Israélites,

w **14.19** *Voir Exode 13.21 et la note.*

parce que le SEIGNEUR combat avec eux contre
nous ! »
26 Le SEIGNEUR dit à Moïse : « Lève ta main
sur la mer. L'eau va revenir sur les Égyptiens,
sur leurs chars et sur leurs cavaliers. »
27 Moïse lève la main sur la mer, et, au lever
du jour, elle reprend sa place comme avant.
Les Égyptiens qui fuient se trouvent tout à
coup devant la mer, et le SEIGNEUR les fait tomber dedans. 28 L'eau arrive sur les chars, les cavaliers et sur toute l'armée du roi d'Égypte.
Tous ceux qui sont entrés dans la mer derrière
les Israélites se noient. 29 Mais les Israélites
ont traversé la mer sur un chemin sec. L'eau
a formé comme un grand mur à leur droite
et à leur gauche.
30 Ce jour-là, le SEIGNEUR sauve les Israélites
du pouvoir des Égyptiens. Les Israélites voient
les corps des Égyptiens au bord de la mer.
31 Les Israélites voient que le SEIGNEUR a agi
avec puissance contre les Égyptiens. Alors ils
reconnaissent que le SEIGNEUR est grand. Ils
mettent leur confiance en lui et en Moïse,
son serviteur.

Moïse et les Israélites chantent la victoire

15 1 Alors, avec les Israélites, Moïse
chante pour le SEIGNEUR. Voici ce
chant :

Je veux chanter pour le SEIGNEUR.
Il a remporté une grande victoire !
Il a jeté à la mer chevaux et cavaliers !

2 Ma force et mon chant,
c'est le SEIGNEUR.
Il m'a sauvé ! Il est mon Dieu,
je veux chanter pour lui !
Il est le Dieu de mon père,
je veux chanter sa grandeur !
3 Le SEIGNEUR est un combattant.
Il mérite bien son nom : le SEIGNEUR !

4 Il a jeté à la mer
les chars et l'armée du roi d'Égypte.
Ses meilleurs officiers
sont tombés dans la *mer des Roseaux.
5 Ils ont coulé au fond de l'eau
comme des pierres,
et la mer les a couverts.
6 Ta main droite, SEIGNEUR,
magnifique de puissance,
ta main droite, SEIGNEUR,
écrase tes ennemis !
7 Tu es vraiment grand !
Tu renverses tes adversaires.
Quand tu es en colère,
tu ressembles à un feu,
et tes ennemis sont brûlés
comme de la paille.
8 Tu as soufflé avec force,
et l'eau s'est rassemblée.
De chaque côté, comme un mur,
les vagues se sont dressées,
l'eau profonde s'est durcie
au cœur de la mer.
9 Nos ennemis ont dit :
« Courons vite derrière eux !
Nous les rattraperons.
Nous partagerons leurs biens
et nous en aurons trop.
Avec nos *épées, nous les vaincrons ! »
10 Mais toi, SEIGNEUR, tu as soufflé,
et grâce à ton souffle,
la mer les a couverts.
Ils ont coulé comme du plomb
au fond de l'eau puissante.

11 SEIGNEUR, qui est comme toi
parmi les dieux ?
Qui est comme toi,
brillant de *sainteté,
digne de louanges ?
Ta grandeur est terrible
et tes actions extraordinaires !
12 Tu as levé ta main droite,
et nos ennemis ont disparu sous la terre !
13 Tu as libéré ton peuple !
Tu le conduis avec amour.
Ta force le guide vers ton pays,
vers le lieu où tu habites.
14 En entendant cette nouvelle,
les pays voisins tremblent :
les *Philistins sont malades de peur,
15 les chefs d'Édom sont effrayés.
Les princes de Moab tremblent aussi,
et les *Cananéens sont complètement découragés.

16 Ils ont vraiment très peur !
Tu agis avec puissance.
Alors ces gens-là sont comme des pierres.
Ils ne peuvent plus rien dire
pendant que ton peuple passe,
ce peuple que tu as acquis.
17 Maintenant, tu le conduis là-bas,
sur la montagne qui t'appartient[x].
C'est là que tu vas l'installer, SEIGNEUR.
C'est le lieu que tu as préparé pour y habiter,
le *lieu saint que tu as établi toi-même.
18 SEIGNEUR, tu es roi pour toujours !

19 Quand les chevaux du roi d'Égypte, ses
chars et ses cavaliers sont entrés dans la
mer, le SEIGNEUR a fait revenir sur eux l'eau
de la mer. Au contraire, les Israélites ont
avancé sur un chemin sec au milieu de la mer.
20 Alors la *prophétesse Miriam, sœur d'Aaron, prend son *tambourin. Toutes les femmes d'Israël la suivent en dansant au son des
tambourins. 21 Miriam chante devant elles ce
refrain :

Chantez pour le SEIGNEUR !
Il a remporté une grande victoire.
Il a jeté à la mer chevaux et cavaliers !

LA MARCHE DES ISRAÉLITES DANS LE DÉSERT
15.22–18.27

L'eau de Mara devient potable

22 Moïse fait partir les Israélites de la *mer
des Roseaux, et ils vont vers le désert de
Chour. Ils marchent trois jours dans le désert
et ils ne trouvent pas d'eau. 23 Ils arrivent à
Mara, où il y a de l'eau. Mais ils ne peuvent
pas la boire, parce qu'elle est amère. Le nom
de Mara, qui veut dire « amère », vient de là.
24 Le peuple parle contre Moïse en disant :
« Qu'est-ce que nous allons boire ? » 25 Moïse
prie le SEIGNEUR avec force, et le SEIGNEUR lui
montre un morceau de bois. Moïse le jette
dans l'eau, et l'eau devient potable.

C'est à cet endroit que le SEIGNEUR a donné des lois et des règles aux Israélites. C'est aussi à Mara qu'il a voulu voir ce qu'ils valaient.
26 Le SEIGNEUR leur dit : « J'ai frappé les Égyp-
tiens de plusieurs maladies. Mais vous, obéis-
sez-moi vraiment, à moi, le SEIGNEUR votre
Dieu. Faites ce qui est juste à mes yeux. Écoutez mes commandements, respectez toutes
mes lois. Alors, si vous faites tout cela, je ne
vous enverrai aucune de ces maladies. Oui,
celui qui vous guérit, le SEIGNEUR, c'est moi. »

27 Les Israélites arrivent à Élim : là, il y a
12 sources et 70 palmiers. Ils campent là,
près de l'eau.

Dieu nourrit son peuple

16 1 Les Israélites partent d'Élim. Le deuxième mois après la sortie d'Égypte, le
15 du mois, toute la communauté d'Israël
arrive au désert de Sin. Celui-ci est situé entre
Élim et le mont Sinaï. 2 Là, dans le désert,
toute la communauté d'Israël parle contre
Moïse et Aaron. 3 Ils disent : « Le SEIGNEUR aurait dû nous faire mourir en Égypte. Là-bas,
nous étions assis près de nos marmites pleines
de viande et nous avions assez à manger. Mais
vous nous avez fait venir dans ce désert pour
nous laisser tous mourir de faim ! »

4 Le SEIGNEUR dit à Moïse : « Pour vous, je
vais faire pleuvoir de la nourriture du haut
du ciel. Chaque jour, les gens sortiront du
camp. Ils ramasseront ce qu'il faut pour une
journée. Ainsi, je verrai ce que vous valez et
je saurai si vous suivez ma loi, oui ou non.
5 Le sixième jour, quand vous préparerez ce
que vous aurez rapporté, il y en aura deux fois

x **15.17** *Là-bas : c'est-à-dire dans le pays que Dieu a promis de donner aux Israélites.*
La montagne qui t'appartient : l'endroit où le temple de Jérusalem sera construit.

plus que les autres jours[y]. » 6 Moïse et Aaron
disent à tous les Israélites : « Ce soir, vous saurez que c'est le SEIGNEUR qui vous a fait sortir
d'Égypte. 7 Et demain matin, vous verrez sa
*gloire, car il vous a entendus parler contre
lui. Vous parlez contre nous, pourquoi
donc ? Nous, nous ne sommes pas importants. » 8 Puis Moïse continue : « Vous verrez
que c'est le SEIGNEUR, quand il vous donnera
de la viande à manger, le soir, et tout le pain
que vous voulez, le matin. Oui, le SEIGNEUR
vous a entendus parler contre lui. Nous,
nous ne sommes pas importants. Ce n'est
pas contre nous que vous avez parlé, c'est
bien contre le SEIGNEUR. »

9 Ensuite, Moïse dit à Aaron : « Le SEIGNEUR
a entendu toute la communauté d'Israël parler
contre lui. Dis-leur de venir devant lui ! »
10 Aaron parle à toute la communauté. Pendant ce temps, les Israélites regardent dans
la direction du désert. Tout à coup, ils voient
la gloire du SEIGNEUR dans le nuage de fumée.
11 Le SEIGNEUR dit à Moïse : 12 « J'ai entendu les
Israélites parler contre moi. Tu leur diras :
"Ce soir, vous mangerez de la viande, et demain matin, vous aurez tout le pain que
vous voulez. Ainsi, vous saurez que le SEI-
GNEUR votre Dieu, c'est moi." »

13 Le soir, des cailles[z] arrivent et elles se posent sur tout le camp. Le matin, le sol est
mouillé tout autour du camp. 14 Quand le sol
redevient sec, des petits grains blancs, très
fins, restent par terre. 15 Les Israélites regardent et se disent entre eux : « Qu'est-ce que
c'est ? » En effet, ils ne savent pas ce que c'est.
Mais Moïse leur dit : « C'est le pain que le SEI-
GNEUR vous donne à manger. 16 Voici ce que le
SEIGNEUR commande : "Chacun doit ramasser
ce qui lui est nécessaire. Prenez-en à peu
près une mesure par personne. Tenez compte
du nombre de personnes qui vivent dans la
même tente." »

17 Les Israélites obéissent. Quelques-uns en
ramassent plus, d'autres en ramassent moins.
18 Ils mesurent ce qu'ils ont ramassé. Celui qui
en a plus n'a pas trop à manger. Celui qui en a
moins ne manque pas de nourriture. Chacun a
pris ce qui lui était nécessaire.

Règles au sujet de la nourriture venue du ciel

19 Moïse leur dit encore : « Ne gardez rien
jusqu'à demain ! » 20 Certains n'écoutent pas
Moïse. Ils gardent de la nourriture jusqu'au
matin. Mais elle est pleine de vers et elle
sent très mauvais. Alors Moïse se met en colère contre eux. 21 Tous les matins, chacun ramasse ce qui lui est nécessaire. Quand le soleil
devient chaud, la nourriture qui reste par
terre fond.

22 Le sixième jour, les Israélites ramassent
deux fois plus de nourriture, à peu près
deux mesures pour chacun. Tous les chefs
de la communauté viennent le dire à Moïse.
23 Moïse leur répond : « C'est un ordre du SEI-
GNEUR. Demain, c'est le *sabbat, le jour du repos. C'est un jour pour le SEIGNEUR. Faites
cuire ce que vous voulez cuire, faites bouillir
ce que vous voulez bouillir. Ce qui reste,
gardez-le jusqu'à demain matin. » 24 Les Israélites gardent cette nourriture jusqu'au jour
suivant, comme Moïse l'a demandé. Et elle
est bonne à manger. Il n'y a pas de vers dedans, et elle ne sent pas mauvais. 25 Moïse
dit : « Mangez cette nourriture aujourd'hui.
Aujourd'hui, c'est le jour du sabbat, le jour
du SEIGNEUR. Vous ne trouverez rien à manger
autour du camp. 26 En effet, pendant six jours,
vous pouvez ramasser cette nourriture sur le
sol. Mais le septième jour, c'est le sabbat.
Vous n'en trouverez pas. »

27 Pourtant, le septième jour, quelques
Israélites sortent pour chercher de la nourriture. Ils ne trouvent rien. 28 Alors le SEIGNEUR
dit à Moïse : « Est-ce que vous allez refuser encore longtemps d'obéir à mes commandements et à mes enseignements ? 29 Moi, le
SEIGNEUR, je vous ai donné le sabbat. C'est

y **16.5** *Ainsi les Israélites n'en ramassent pas le septième jour, où ils doivent se reposer. Voir Exode 16.29-30.*

z **16.13** *Les cailles sont des oiseaux gros comme des poussins.*

pourquoi, le sixième jour, je vous donne aussi
à manger pour deux jours. Alors, le septième
jour, chacun doit rester chez soi. Personne ne
doit sortir de chez soi. » 30 Ainsi, le peuple
d'Israël se repose le septième jour.

31 Les Israélites donnent à cette nourriture
le nom de manne[a]. Elle est formée de petits
grains blancs et elle a le goût d'un gâteau au
miel.

32 Moïse dit : « Voici l'ordre du SEIGNEUR :
"Remplissez de manne un récipient. Vous la
garderez pour vos enfants et les enfants de
leurs enfants. Ainsi ils verront la nourriture
que je vous ai donnée dans le désert, quand
je vous ai fait sortir d'Égypte." » 33 Moïse dit
à Aaron : « Prends un récipient et mets dedans
une part de manne. Place-le devant le SEI-
GNEUR, afin de garder un peu de manne,
pour vos enfants et les enfants de leurs enfants. » 34 Aaron obéit au commandement
que le SEIGNEUR a donné à Moïse : il place le récipient devant les *tablettes de l'alliance[b]
pour qu'on le garde à cet endroit.

35 Les Israélites mangent de la manne pendant 40 ans, jusqu'à leur arrivée dans un
pays habité. Ils en mangent donc jusqu'à
leur arrivée à la frontière du pays de *Canaan. 36 La part pour chaque personne est
d'une mesure. Cette mesure appelée
« omer » correspond à un dixième de l'unité
de mesure appelée « épha ».

À Massa et Meriba, Dieu donne à boire à son peuple

17 1 Toute la communauté d'Israël part du
désert de Sin sur l'ordre du SEIGNEUR.
Ils vont par étapes à Refidim. Là, ils installent
leur camp, mais il n'y a pas d'eau à boire pour
le peuple. 2 Alors les Israélites cherchent querelle à Moïse. Ils disent : « Donne-nous de
l'eau à boire ! » Moïse leur répond : « Pourquoi est-ce que vous me cherchez querelle ?
Vous provoquez le SEIGNEUR. Pourquoi
donc ? » 3 Mais le peuple a soif et il continue
à parler contre Moïse. Il dit : « Pourquoi est-
ce que tu nous as fait quitter l'Égypte ? Est-
ce que tu veux nous faire mourir de soif,
nous, nos enfants et nos troupeaux ? » 4 Moïse
se met à crier vers le SEIGNEUR : « Qu'est-ce
que je dois faire pour ce peuple ? Encore un
peu, et ils vont me tuer en me jetant des pierres ! » 5 Le SEIGNEUR répond à Moïse : « Passe
devant eux ! Prends avec toi quelques *anciens d'Israël. Tiens à la main le bâton avec
lequel tu as frappé le Nil. 6 Je vais me tenir
devant toi, là, sur un rocher du mont *Horeb.
Tu frapperas le rocher. De l'eau en sortira,
et le peuple pourra boire. » Moïse obéit au
SEIGNEUR sous les yeux des anciens.

7 On a appelé cet endroit Massa, c'est-à-dire
« Provocation », et Meriba, « Querelle ». En effet, à cet endroit, les Israélites ont cherché
querelle à Moïse et ils ont provoqué le SEI-
GNEUR en disant : « Est-ce que le SEIGNEUR est
au milieu de nous, oui ou non ? »

Les Amalécites attaquent les Israélites

8 Les Amalécites[c] viennent attaquer les Israélites à Refidim. 9 Moïse dit à Josué : « Choisis des hommes pour nous défendre, puis va te
battre contre les Amalécites. Demain, je serai
en haut de la colline et je tiendrai le bâton de
Dieu à la main. » 10 Josué part se battre contre
les Amalécites, comme Moïse l'a commandé.
Pendant ce temps, Moïse, Aaron et Hour montent sur la colline. 11 Quand Moïse lève son
bras, les Israélites sont les plus forts. Mais
quand il le laisse retomber, les Amalécites
sont les plus forts. 12 Les bras de Moïse deviennent lourds de fatigue. Alors Aaron et Hour
prennent une pierre et ils la placent sous lui.
Moïse s'assoit dessus. Aaron et Hour, un de

---

a **16.31** *En hébreu, ce nom rappelle la question des Israélites : « Qu'est-ce que c'est ? » Voir Exode 16.15.*

b **16.34** *Voir Exode 24.12 et 31.18.*

c **17.8** *Les Amalécites vivaient dans les régions situées au sud du pays de Canaan. Ils se déplaçaient jusque dans le désert. Ils ont été de grands ennemis des Israélites.*

chaque côté, lui tiennent les bras. Ainsi,
Moïse garde les bras levés jusqu'au coucher
du soleil. 13 Et Josué est vainqueur des Amalécites en les frappant avec *l'épée.
14 Le SEIGNEUR dit à Moïse : « Mets tout cela
par écrit dans un livre pour qu'on s'en souvienne. Va dire à Josué que je vais détruire
les Amalécites. Alors personne sur la terre
ne se souviendra d'eux. » 15 Moïse construit
un *autel. Il lui donne ce nom : « Le SEIGNEUR
me donne la victoire. » 16 Et il dit : « Puisque
les Amalécites ont osé se dresser contre le
siège du SEIGNEUR, le SEIGNEUR leur fera toujours la guerre. »

La rencontre entre Moïse et son beau-père

18 1 Jéthro est prêtre de Madian et beau-
père de Moïse. Il entend parler de
tout ce que Dieu a fait pour Moïse et pour
Israël, son peuple. Il apprend comment le
SEIGNEUR les a fait sortir d'Égypte. 2 Jéthro a
chez lui sa fille Séfora, la femme de Moïse.
Moïse l'a renvoyée chez son père 3 avec ses
deux fils. Moïse a appelé l'aîné Guerchom,
c'est-à-dire « Étranger-là ». En effet, il disait :
« Je me suis installé dans un pays étranger. »
4 Moïse a appelé le plus jeune Éliézer, c'est-
à-dire « Mon Dieu vient à mon aide ». Il disait :
« Le Dieu de mon père est venu à mon aide. Il
m'a délivré des attaques du roi d'Égypte. »
5 Jéthro, son beau-père, part avec les fils et
la femme de Moïse dans le désert, près de la
montagne de Dieu[d]. Ils vont rejoindre Moïse
là où il campe. 6 Jéthro envoie quelqu'un
dire à Moïse : « C'est moi, Jéthro, ton beau-
père. Je viens te voir avec ta femme et ses
deux fils. » 7 Moïse sort à sa rencontre, il s'incline devant lui, puis il l'embrasse. Ils échangent des nouvelles de leur santé et ils vont
sous la tente de Moïse. 8 Moïse raconte à son
beau-père tout ce que le SEIGNEUR a fait au roi
d'Égypte et aux Égyptiens, à cause d'Israël. Il
lui dit toutes les difficultés survenues en cours
de route, et comment le SEIGNEUR les a délivrés. 9 Jéthro se réjouit de tout le bien que le
SEIGNEUR, a fait à Israël en le délivrant du pouvoir des Égyptiens. 10 Jéthro dit : « Remercions
le SEIGNEUR, qui vous a délivrés du pouvoir du
roi d'Égypte et des Égyptiens. 11 Maintenant,
je reconnais que le SEIGNEUR est plus grand
que tous les autres dieux. Il a montré cela
quand les Égyptiens écrasaient les Israélites. »
12 Ensuite, Jéthro, le beau-père de Moïse, offre à Dieu un *sacrifice complet et des sacrifices de communion. Aaron et tous les *anciens
d'Israël viennent manger le repas devant
Dieu, avec le beau-père de Moïse.

Moïse nomme des chefs pour rendre la justice

13 Le jour suivant, Moïse s'assoit pour rendre la justice. Les gens attendent depuis le matin jusqu'au soir de pouvoir se présenter
devant lui. 14 Le beau-père de Moïse voit tout
ce que celui-ci fait pour le peuple. Il lui dit :
« Pourquoi est-ce que tu travailles ainsi ? Tu
es tout seul, et les gens attendent debout, du
matin au soir, le moment de se présenter devant toi. Pourquoi donc ? » 15 Moïse répond à
Jéthro : « Voilà : les gens viennent me voir
pour consulter Dieu. 16 Quand ils ont un problème, ils viennent me trouver. Je juge l'affaire qui les oppose et je leur fais connaître
les lois et les enseignements de Dieu. »
17 Jéthro lui dit : « Ta façon de faire n'est pas
bonne. 18 Tu vas perdre tes forces, toi, et aussi
ceux qui viennent te consulter. Ce travail est
vraiment trop lourd pour toi. Tu ne peux pas
le faire seul. 19 Maintenant, écoute-moi. Je te
donne un conseil, et que Dieu soit avec toi !
Tu dois représenter le peuple devant Dieu,
pour lui présenter les affaires. 20 Tu dois aussi
faire connaître aux gens les lois et les enseignements de Dieu. Tu dois leur montrer le
chemin à suivre et la vie qu'ils doivent mener.
21 Pour le reste, tu vas choisir dans tout le peuple des hommes valables : ils doivent respecter Dieu, aimer la vérité et ne pas se laisser
corrompre. Tu vas les nommer comme chefs :
chefs de 1 000 hommes, chefs de 100, chefs de
50 et chefs de 10. 22 Ce sont eux qui jugeront
le peuple tous les jours. Ils te présenteront les

d **18.5** *La montagne de Dieu : l'Horeb, appelé aussi le Sinaï.*

affaires importantes, mais ils jugeront eux-
mêmes celles qui sont moins importantes.
De cette façon, ta charge sera moins lourde,
parce qu'ils la partageront avec toi. 23 Si tu
fais cela, et si c'est bien ce que Dieu te
commande, tu résisteras à la fatigue. De
plus, tout ce peuple rentrera chez lui en
paix. » 24 Moïse écoute les conseils de son
beau-père et il fait tout ce qu'il a dit. 25 Il choisit parmi tous les Israélites des hommes valables. Ils les nomme à la tête du peuple : chefs
de 1 000 hommes, chefs de 100, chefs de 50 et
chefs de 10. 26 Ils rendent la justice tous les
jours. Toutes les affaires difficiles, ils les présentent à Moïse. Mais les affaires moins
importantes, ils les jugent eux-mêmes.
27 Puis Moïse dit au revoir à son beau-père,
qui s'en va dans son pays.

DIEU FAIT ALLIANCE AVEC LE PEUPLE D'ISRAËL
19–24

Dieu propose une alliance au peuple d'Israël

19 1-2 Les Israélites quittent Refidim. Le
troisième mois après leur sortie
d'Égypte, le premier jour du mois, ils arrivent
au désert du Sinaï. Et ils installent leur camp
dans le désert, en face de la montagne.
3 Moïse monte pour rencontrer Dieu.
Le SEIGNEUR appelle Moïse du haut de la
montagne et il lui dit : « Voici ce que tu diras
aux gens de la famille de Jacob, les Israélites :
4 "Vous avez vu vous-mêmes ce que j'ai fait
aux Égyptiens. Vous avez vu comment je
vous ai amenés ici, auprès de moi. Je vous ai
portés comme sur les ailes d'un aigle. 5 Et
maintenant, si vous écoutez mes paroles et
si vous respectez mon *alliance avec vous,
vous serez pour moi comme un trésor parmi
tous les peuples. Oui, le monde entier est à
moi, 6 mais vous serez pour moi un royaume
de prêtres[e], un peuple choisi pour me servir."
Voilà ce que tu diras aux Israélites. »
7 Moïse revient au camp. Il réunit les *anciens d'Israël. Et il leur dit tout ce que le
SEIGNEUR lui a commandé. 8 Tout le peuple répond d'un seul cœur : « Nous ferons tout ce
que le SEIGNEUR a dit. » Moïse rapporte la
réponse du peuple au SEIGNEUR. 9 Le SEIGNEUR
dit à Moïse : « Je vais venir auprès de toi, dans
un épais nuage de fumée. Alors le peuple
pourra entendre quand je parlerai avec toi.
Et il aura confiance en toi aussi pour toujours. »
Moïse répète au SEIGNEUR la réponse du
peuple.

Dieu rencontre Moïse sur le mont Sinaï

10 Le SEIGNEUR dit encore à Moïse : « Retourne vers le peuple. Dis-leur de se rendre
*purs aujourd'hui et demain, et de laver leurs
vêtements. 11 Il faut qu'ils soient prêts le troisième jour. Oui, ce jour-là, je descendrai sur
le mont Sinaï, devant tout le peuple. 12 Fixe
des limites autour de la montagne et dis-
leur : "Ne montez pas sur la montagne et ne
vous en approchez pas !" Si quelqu'un s'approche de la montagne, il faut le tuer. 13 Que
ce soit une personne ou un animal, on ne le
laissera pas vivre. Personne ne touchera le
coupable, mais on le tuera en lui jetant
des pierres, ou en lui lançant des flèches.
Quelques-uns monteront sur la montagne seulement quand la corne de bélier sonnera. »
14 Moïse descend de la montagne vers le peuple. Il leur demande de se rendre purs et de
laver leurs vêtements. 15 Puis il leur dit :
« Soyez prêts pour après-demain. Ne vous
unissez pas à vos femmes. »
16 Le troisième jour, tôt le matin, il y a sur
la montagne des coups de tonnerre, des
éclairs et un épais nuage de fumée. On entend le son très puissant d'une corne de

---

e **19.6** *Un royaume de prêtres : cela veut dire que le peuple tout entier sert Dieu comme les prêtres le font, ou qu'il est dirigé par des prêtres.*

bélier. Dans le camp, tout le peuple tremble
de peur. 17 Moïse fait sortir les Israélites du
camp pour rencontrer Dieu. Ils s'arrêtent au
bas de la montagne. 18 Le SEIGNEUR descend
sur la montagne du Sinaï au milieu du feu.
Alors la montagne est couverte de fumée.
Partout la fumée monte comme celle d'un
grand feu. Toute la montagne tremble très
fort. 19 Le son de la corne est de plus en
plus fort. Quand Moïse parle, Dieu lui répond
dans le tonnerre.

20 Le SEIGNEUR descend sur le mont Sinaï, au
sommet de la montagne. De cet endroit, il appelle Moïse, et Moïse monte là-haut. 21 Le SEI-
GNEUR dit à Moïse : « Descends et donne cet
avertissement au peuple : "Ne vous précipitez
pas pour me voir. Sinon, beaucoup d'entre
vous mourront. 22 Même les prêtres, qui peuvent pourtant s'approcher de moi, doivent se
rendre purs. Sinon, j'agirai contre eux, moi le
SEIGNEUR." » 23 Moïse répond : « Le peuple ne
peut pas monter sur le mont Sinaï. En effet,
toi, tu nous as avertis en disant : "Fixe des
limites autour de la montagne, ainsi tu la
rendras sacrée !" » 24 Le SEIGNEUR lui dit :
« Descends, puis tu remonteras avec Aaron.
Les prêtres et le peuple ne doivent pas se pré-
cipiter pour monter vers moi. Sinon, j'agirai
contre eux. » 25 Moïse redescend donc vers
le peuple et il leur parle.

Dieu donne dix commandements à son peuple

20 1 Alors Dieu dit au peuple d'Israël :
2 « Je suis le SEIGNEUR ton Dieu. C'est
moi qui t'ai fait sortir d'Égypte, où tu étais
esclave.
3 « Tu ne dois pas avoir d'autres dieux que
moi.
4 « Ne fabrique pas de statues de dieux. Ne représente pas ce qu'il y a là-haut dans le ciel, en
bas sur la terre, ou dans l'eau sous la terre.
5 Ne te mets pas à genoux devant ces dieux,
ne les adore pas. En effet, le SEIGNEUR ton
Dieu, c'est moi, et je suis un Dieu exigeant.
Je punis la faute de ceux qui me détestent.
Je punis aussi leurs enfants, jusqu'à la troisième ou la quatrième génération. 6 Mais je
montre ma bonté pendant des milliers de générations à ceux qui m'aiment et qui obéissent à mes commandements.
7 « Ne te sers pas de mon nom n'importe
comment. Moi, le SEIGNEUR, ton Dieu, je déclare coupable celui qui se sert de mon nom
n'importe comment.
8 « N'oublie pas de me réserver le jour du
*sabbat. 9 Pendant six jours, travaille pour
faire tout ce que tu as à faire. 10 Mais le septième jour, c'est le sabbat qui m'est réservé,
à moi, le SEIGNEUR ton Dieu. Personne ne
doit travailler ce jour-là, ni toi, ni ton fils, ni
ta fille, ni ton serviteur, ni ta servante, ni tes
animaux, ni l'étranger installé dans ton pays.
11 En six jours, j'ai créé le ciel, la terre, la
mer et tout ce qu'ils contiennent. Mais le septième jour, je me suis reposé. C'est pourquoi,
moi, le SEIGNEUR, j'ai *béni le jour du sabbat :
ce jour est réservé pour moi.
12 « Respecte ton père et ta mère. Ainsi tu
vivras longtemps dans le pays que moi, le
SEIGNEUR, je te donne.
13 « Ne tue personne.
14 « Ne commets pas *d'adultère.
15 « Ne vole pas[f].
16 « Ne *témoigne pas faussement contre ton
*prochain.
17 « Ne désire pas pour toi la maison de ton
*prochain. N'aie pas envie de prendre sa
femme, ni son esclave, ni sa servante, ni son
bœuf, ni son âne. Ne désire rien de ce qui
est à lui. »

Moïse, porte-parole de Dieu

18 Tous les Israélites entendent les coups de
tonnerre et le son de la corne de bélier. Tous
voient les éclairs et la montagne pleine de fumée. Ils tremblent de peur et ils restent loin.
19 Ils disent à Moïse : « Parle-nous, toi, et nous
t'écouterons. Mais nous ne voulons pas que
Dieu nous parle directement. Sinon, nous

---

f **20.15** *Il peut s'agir de voler des objets ou de prendre une personne pour en faire un esclave. Voir Exode 21.16 et Deutéronome 24.7.*

allons mourir. » 20 Moïse dit au peuple : « N'ayez pas peur ! Dieu est venu voir si vous alliez lui obéir. Il veut que vous le respectiez et que vous ne commettiez pas de péché. » 21 Le peuple reste donc loin. Mais Moïse s'approche du nuage sombre où Dieu est présent.

L'autel des sacrifices : un autre lieu pour rencontrer Dieu

22 Le SEIGNEUR dit à Moïse : « Voici ce que tu diras aux Israélites : "Vous l'avez vu, je vous ai parlé du haut du ciel. 23 Vous ne fabriquerez pas des statues de dieux en argent ou en or pour les honorer à côté de moi. 24 Vous fabriquerez pour moi un *autel en terre. Là, vous m'offrirez vos moutons, vos chèvres et vos bœufs comme *sacrifices complets et comme sacrifices de communion. Et moi, je viendrai vous *bénir, partout où je montrerai ma présence. 25 Mais si vous me fabriquez un autel en pierres, ne le faites pas en pierres taillées. En effet, si vous taillez les pierres avec un outil, vous ne pouvez plus les utiliser pour moi. 26 Vous ne me fabriquerez pas un autel auquel on monte par des marches. Ainsi, personne ne verra que le prêtre est nu sous son pagne[g]." »

Règles de l'alliance que Dieu établit avec le peuple

a. Les esclaves hébreux

21 1 Le Seigneur dit encore : « Voici les règles que tu présenteras aux Israélites : 2 Quand vous achèterez un esclave hébreu, il servira pendant six ans. La septième année, il pourra s'en aller librement et il ne devra rien à personne. 3 S'il était seul en venant à votre service, il partira seul. S'il était marié, sa femme partira avec lui. 4 Si son maître lui a donné une femme, et si l'esclave a eu des garçons ou des filles avec elle, la femme et ses enfants appartiennent au maître. L'homme partira tout seul. 5 Mais l'esclave déclarera peut-être : "J'aime mon maître, ma femme et mes enfants, je ne veux pas les quitter pour être libre." 6 Dans ce cas, son maître se présente devant Dieu. Il place l'homme près de la porte de la maison ou près du montant de la porte. Là, il lui perce l'oreille avec un outil pointu. Alors l'homme sera son esclave pour toujours.

7 « Si un homme vend sa fille comme esclave, celle-ci ne retrouvera pas sa liberté dans les mêmes conditions que les hommes qui sont esclaves. 8 Voici ce qui peut arriver : son maître l'a achetée pour en faire une de ses femmes, mais ensuite, elle ne lui plaît plus. Le maître doit alors laisser quelqu'un la racheter. Il n'a pas le droit de la vendre à un peuple étranger[h] : ce serait la trahir. 9 Ou encore le maître l'a achetée pour la donner à son fils. Dans ce cas, il suivra la coutume qui règle le mariage des filles. 10 Le maître peut aussi prendre une autre esclave pour femme. Dans ce cas, il continuera comme avant à donner à sa première femme la nourriture et les vêtements, et à s'unir à elle. 11 S'il ne fait pas pour elle ces trois choses, elle peut reprendre sa liberté gratuitement, sans verser d'argent. »

b. Les fautes qui méritent la mort

12 Le Seigneur dit encore à Moïse : « Celui qui frappe une personne et qui la tue, il faut le faire mourir. 13 Mais supposons ceci : Cet homme n'avait pas l'intention de tuer. C'est moi, le Seigneur, qui lui en ai donné l'occasion[i]. Dans ce cas, je te montrerai un endroit où celui qui a causé l'accident pourra se réfugier. 14 Voici ce qui peut encore arriver : Quelqu'un attaque une personne par surprise pour la tuer. Même si cet homme s'est réfugié auprès de mon *autel, vous l'arrêterez pour le faire mourir.

15 « Si une personne frappe son père ou sa mère, il faut la faire mourir.

---

g **20.26** *Dans l'ancien Israël, le prêtre avait seulement un pagne autour de la taille.*

h **21.8** *Cette règle ne s'appliquait peut-être pas aux étrangers installés parmi les Israélites.*

i **21.13** *Pour l'auteur, c'est toujours Dieu qui agit, il n'y a pas de hasard.*

16 « Voici un autre cas : Un homme enlève une personne. Il la vend ou bien il la garde chez lui. Il faut faire mourir cet homme-là.

17 « Celui qui maudit son père ou sa mère, il faut aussi le faire mourir. »

c. Les blessures physiques

18 « Supposons ceci : Pendant une dispute, un homme frappe quelqu'un avec son poing, ou bien il lui jette une pierre. L'autre homme ne meurt pas, mais il doit rester couché. 19 S'il peut se lever et marcher dehors en s'appuyant sur un bâton, l'homme qui l'a frappé ne sera pas condamné. Il devra seulement payer pour cet arrêt de travail et le faire soigner jusqu'à sa guérison.

20 « Un homme frappe son esclave, homme ou femme, à coups de bâton, et la personne meurt. Cet homme-là doit être puni. 21 Mais si la personne vit encore un jour ou deux et meurt ensuite, l'homme ne sera pas puni. En effet, la personne lui appartenait.

22 « Pendant une dispute, des hommes se battent. Ils heurtent une femme enceinte, et alors la femme accouche trop tôt. S'il ne lui arrive rien de grave, le coupable doit payer la somme que le mari demande après discussions. 23 Mais s'il arrive quelque chose de grave à la femme, le coupable sera puni : s'il a pris une vie, sa vie sera prise, 24 s'il a crevé un œil, son œil sera crevé, s'il a cassé une dent, il aura une dent cassée, s'il a blessé quelqu'un à la main ou au pied, il recevra une blessure à la main ou au pied, 25 pour une brûlure il recevra une brûlure, pour une plaie une plaie, pour un coup un coup.

26 « Un homme frappe son esclave, homme ou femme, et il lui crève un œil. Il lui rendra sa liberté, en échange de son œil. 27 S'il lui casse une dent, il rendra la liberté à son esclave, homme ou femme, en échange de sa dent.

28 « Un taureau blesse un homme ou une femme à coups de cornes, et la personne meurt. On doit tuer l'animal en lui jetant des pierres et on ne mangera pas sa viande. Par contre, on ne déclarera pas le propriétaire coupable. 29 Mais le taureau avait peut-être l'habitude de donner des coups de cornes. Le propriétaire le savait et il n'a pas surveillé le taureau. Dans ce cas, si cet animal tue quelqu'un, on le tuera en lui jetant des pierres, et on fera mourir aussi son propriétaire. 30 Si on exige du propriétaire une rançon pour sauver sa vie, il devra donner tout ce qu'on lui demandera. 31 Si le taureau tue un garçon ou une fille à coups de cornes, on suivra les mêmes règles. 32 Si le taureau tue un esclave, homme ou femme, le propriétaire de l'animal devra donner trente pièces d'argent à son maître. Et on tuera le taureau en lui jetant des pierres.

33 « Un homme laisse une citerne ouverte, ou encore il creuse une citerne sans la couvrir. Un bœuf ou un âne tombe dedans. 34 Le propriétaire de la citerne doit payer en échange une somme d'argent au propriétaire de l'animal. Mais l'animal mort sera pour celui qui a payé.

35 « Le taureau d'un homme blesse le taureau de quelqu'un d'autre, et cet animal meurt. Les deux propriétaires vendront le taureau vivant et ils se partageront l'argent. Ils partageront aussi l'animal mort. 36 Mais tout le monde savait peut-être que ce taureau donnait des coups de cornes. Pourtant son propriétaire ne l'a pas surveillé. Dans ce cas, il devra remplacer l'animal mort par un taureau vivant. Mais l'animal mort sera pour lui. »

d. Les vols d'animaux

37 « Supposons ceci : Un homme vole un taureau, un mouton ou une chèvre. Il tue l'animal et il le vend. Cet homme-là devra donner cinq bœufs pour payer le bœuf volé et quatre moutons ou quatre chèvres, pour payer le mouton ou la chèvre volé. »

22 1 « Quelqu'un trouve un homme, pendant la nuit, en train de trouer un mur pour voler. Il le frappe, et le voleur meurt. Dans ce cas, ce n'est pas un meurtre. 2 Mais s'il a tué le voleur pendant le jour, il s'agit bien d'un meurtre. Un voleur doit payer pour ce qu'il a pris. S'il ne peut pas, il sera vendu comme esclave.

3 « Mais on retrouve peut-être vivant le bœuf, l'âne, le mouton ou la chèvre volé

dans les mains du voleur. Dans ce cas, celui-ci
devra rendre deux fois ce qu'il a pris. »

e. Autres cas

4 « Un homme envoie ses animaux manger
l'herbe de son champ ou de sa *vigne, mais
ils vont dans le champ de quelqu'un d'autre.
Cet homme devra donner en échange les produits de son meilleur champ ou de sa meilleure vigne.
5 « Quelqu'un brûle des buissons d'épines.
Mais le feu brûle aussi le *blé mûr déjà coupé,
le blé non coupé ou le blé en train de pousser.
Celui qui a allumé ce feu devra payer pour les
dégâts.
6 « Un homme reçoit d'un autre de l'argent
ou des objets à garder. Un voleur les prend
chez lui. Si on retrouve le voleur, celui-ci devra donner deux fois ce qu'il a pris. 7 Mais on
ne retrouve peut-être pas le voleur. Alors
l'homme qui a reçu les objets à garder se présentera devant moi, son Dieu, et il jurera qu'il
n'a pas pris les objets lui-même. 8 Voici ce
qu'il faut faire pour toute affaire malhonnête
au sujet d'un bœuf, d'un âne, d'un mouton,
d'un vêtement, ou de n'importe quel objet
perdu. Si deux personnes affirment que l'animal ou l'objet leur appartient, elles doivent
toutes les deux se présenter devant moi.
Moi, le Seigneur, je dirai qui est coupable, et
cette personne devra donner deux fois ce
qu'elle a pris.
9 « Voici encore d'autres cas : Quelqu'un demande à son voisin de lui garder son âne, son
bœuf, son mouton, sa chèvre ou n'importe
quel autre animal. Mais l'animal meurt, ou il
se blesse, ou des bandits le volent, et personne
n'a rien vu. 10 Le voisin doit jurer en mon nom
que lui-même n'a pas pris l'animal. Le propriétaire de l'animal acceptera le serment, et
le voisin n'aura rien à payer. 11 Mais si les voleurs ont pris l'animal chez cet homme, alors
il devra payer le propriétaire. 12 Si une bête
sauvage a déchiré l'animal, l'homme devra apporter les restes pour le prouver. Alors il
n'aura rien à rembourser.
13 « Ou bien quelqu'un emprunte un animal
à son voisin. Si la bête se blesse ou meurt
quand son propriétaire n'est pas là, l'homme
qui a demandé l'animal devra le rembourser.
14 Mais si le propriétaire est là au moment de
l'accident, l'homme ne rembourse rien. Si
l'homme a payé pour emprunter l'animal,
cet argent suffit. »

f. Lois diverses

15 « Un homme entraîne une jeune fille
vierge qui n'est pas encore fiancée, et il couche avec elle. Il devra se marier avec elle et
donner la dot à son père. 16 Mais le père refuse
peut-être de lui accorder sa fille. L'homme devra quand même payer en argent ce qu'on
donne d'habitude comme dot pour se marier
avec une jeune fille vierge.
17 « Vous ne laisserez pas vivre une femme
qui pratique la sorcellerie. 18 Il faut faire mourir celui qui s'unit à un animal. 19 À cause de
moi, le SEIGNEUR, il faut absolument faire mourir celui qui offre des *sacrifices aux faux
dieux, au lieu de les offrir à moi seul.
20 « Ne profitez pas des étrangers installés
chez vous, ne les maltraitez pas. Vous-mêmes,
vous avez été des étrangers en Égypte. 21 Ne
profitez pas des veuves et des orphelins. 22 Si
vous profitez d'eux, et s'ils crient au secours,
j'entendrai leurs cris. 23 Je me mettrai en *colère et je vous ferai mourir à la guerre. Alors
vos femmes deviendront veuves, et vos enfants seront orphelins.
24 « Si vous prêtez de l'argent à quelqu'un
de mon peuple, à un pauvre qui est avec
vous, ne soyez pas comme les autres prêteurs,
ne lui demandez pas d'intérêts.
25 « Si vous prenez le vêtement de quelqu'un en échange de quelque chose, rendez-
le avant le coucher du soleil. 26 Il n'a que
cela pour se couvrir, et pour se protéger.
Sinon, comment pourra-t-il se couvrir ? S'il
m'appelle au secours, je l'entendrai. Oui, je
suis bon, moi !
27 « Ne m'insultez pas, moi, votre Dieu. Ne
maudissez pas celui qui a une responsabilité
dans votre peuple.
28 « Apportez-moi sans retard la part de récoltes et de *raisin qui est pour moi.
« *Consacrez-moi l'aîné de vos fils.
29 « Vous ferez la même chose avec vos animaux. Le premier petit d'une vache, d'une

brebis ou d'une chèvre restera sept jours avec sa mère. Le huitième jour, vous me l'offrirez en *sacrifice.

30 « Vous serez totalement à moi. Ne mangez donc pas la viande d'un animal que les bêtes sauvages ont déchiré. Vous la jetterez aux chiens. »

g. Le respect des faibles

23 1 « Ne répandez pas de faux bruits. Ne défendez pas un coupable en *témoignant faussement. 2 Ne suivez pas l'avis du plus grand nombre pour faire le mal. Quand vous êtes témoins dans un procès, ne suivez pas l'avis du plus grand nombre, si les gens suivent un chemin tordu. 3 Ne favorisez pas un pauvre dans un procès.

4 « Si votre ennemi a perdu son bœuf ou son âne, rendez-lui l'animal quand vous le trouvez. 5 Si l'âne de votre ennemi tombe sous sa charge, ne le laissez pas ainsi. Aidez votre ennemi à le remettre debout.

6 « Dans un procès, ne soyez pas injustes envers le pauvre qui vous demande de l'aide. 7 N'écoutez pas les mensonges. Ne faites pas mourir l'innocent, ni celui qui est honnête. Si vous faites cela, moi, le Seigneur, je ne vous déclarerai pas innocents. 8 N'acceptez pas de cadeaux. Les cadeaux rendent aveugles même ceux qui voient clair, et ils faussent le jugement des gens honnêtes.

9 « Ne profitez pas des étrangers installés chez vous. Vous connaissez bien leur vie, puisque vous avez été des étrangers en Égypte. »

h. L'année de repos et le jour du sabbat

10 « Pendant six ans, vous sèmerez des graines dans vos champs et vous récolterez leurs produits. 11 Mais la septième année, vous laisserez la terre se reposer et vous ne récolterez rien. Les pauvres parmi vous y trouveront leur nourriture, et les animaux sauvages mangeront ce qu'ils laisseront. Vous ferez la même chose pour vos *vignes et vos *oliviers.

12 « Pendant six jours, faites ce que vous avez à faire, mais le septième jour, ne travaillez pas. Alors vos bœufs et vos ânes pourront se reposer, les serviteurs et les étrangers installés chez vous pourront reprendre leur souffle.

13 « Respectez attentivement tout ce que je vous commande. Ne priez jamais les dieux étrangers. Ne dites même pas leurs noms. »

i. Les fêtes religieuses

14 « Chaque année, vous célébrerez trois grandes fêtes en mon honneur. 15 La première fête sera celle des *Pains sans levain. Au cours du *mois des Épis, pendant sept jours, vous mangerez des pains sans levain, comme je l'ai commandé. En effet, c'est au mois des Épis que vous êtes sortis d'Égypte. Vous ne viendrez pas me voir les mains vides. 16 Ensuite, vous célébrerez la *fête des Moissons quand vous récolterez les premiers produits des champs que vous cultivez. Puis vous ferez la fête de la Récolte à la fin de l'année, quand vous aurez fini de récolter les produits de vos plantations[j]. 17 Trois fois par an, tous les hommes de votre peuple viendront se présenter devant moi, le Maître, le SEIGNEUR.

18 « Quand vous m'offrirez des animaux en *sacrifice, vous n'apporterez pas de pain fait avec du *levain. Vous ne garderez pas la graisse des sacrifices du soir jusqu'au matin du jour suivant[k]. 19 Vous m'apporterez les premiers produits de vos champs, à moi, le SEIGNEUR votre Dieu, dans ma maison. Vous ne ferez pas cuire un cabri dans le lait de sa mère. »

Dieu promet d'aider son peuple

20 Sur le mont Sinaï, Dieu dit encore à Moïse : « Je vais vous envoyer un *ange. Sur

---

j **23.16** *Dans un ancien calendrier utilisé en Israël jusqu'à une certaine époque, l'année se terminait vers le 15 septembre.*

k **23.18** *Graisse : les morceaux de viande gras étaient jugés les meilleurs. On les offrait à Dieu en les brûlant le jour même, pour qu'ils ne s'abîment pas.*

la route, il marchera devant vous et il vous
conduira dans le pays que je vous ai préparé.
21 Respectez-le et écoutez-le. Ne lui résistez
pas, il ne le supporterait pas. En effet, il agit
en mon nom. 22 Mais si vous l'écoutez, si
vous faites ce que je dis, je serai l'ennemi de
vos ennemis. Je combattrai ceux qui vous
combattront.
23 « Quand mon ange marchera devant
vous pour vous conduire chez les *Amorites,
les Hittites, les Perizites, les Cananéens, les
Hivites et les Jébusites, je détruirai ces peuples. 24 Alors vous ne devrez pas vous mettre
à genoux devant leurs dieux pour les servir.
Vous n'imiterez pas leurs cérémonies. Mais
vous détruirez les statues de ces dieux et
vous casserez leurs pierres dressées[l]. 25 C'est
moi seul, le SEIGNEUR votre Dieu, que vous
servirez. Alors je *bénirai votre nourriture
et votre boisson, j'éloignerai de vous la maladie. 26 Dans votre pays, aucune femme ne
perdra son bébé avant la naissance ou ne
sera stérile, et je vous donnerai une longue
vie.
27 « À la nouvelle de votre arrivée, les autres
peuples auront très peur. Je sèmerai le désordre parmi tous les peuples chez qui vous irez,
et je ferai fuir devant vous tous vos ennemis.
28 J'enverrai aussi devant vous de grosses guêpes. Elles chasseront les Hivites, les Cananéens et les Hittites avant votre arrivée.
29 Mais je ne les chasserai pas tous devant
vous la même année. Sinon, le pays deviendrait un désert où les bêtes sauvages seraient
très nombreuses, et cela ne serait pas bon
pour vous. 30 Je chasserai ces peuples devant
vous petit à petit, quand vous deviendrez
plus nombreux et quand vous occuperez le
pays. 31 Votre pays s'étendra depuis la *mer
des Roseaux jusqu'à la Méditerranée, du désert du Sinaï au fleuve Euphrate. Je livrerai
en votre pouvoir les habitants de ces régions,
et vous les chasserez devant vous. 32 Ensuite,
vous ne passerez aucun accord avec eux ni
avec leurs dieux. 33 Ils n'habiteront pas dans
votre pays. Sinon, ils vous entraîneront à
commettre des fautes contre moi. En effet,
vous risquez de servir leurs dieux et d'être
pris dans un piège. »

La cérémonie d'alliance entre Dieu et son peuple

24 1 Le SEIGNEUR dit à Moïse : « Monte
vers moi sur la montagne, avec Aaron,
Nadab, Abihou et 70 des *anciens d'Israël.
Quand vous serez encore loin, vous vous
mettrez à genoux devant moi. 2 Toi seul, tu
t'approcheras de moi. Les autres ne s'approcheront pas, et le peuple ne montera pas
avec vous sur la montagne. » 3 Moïse va dire
au peuple d'Israël toutes les paroles du SEI-
GNEUR et tous ses commandements. Alors
tout le peuple répond d'une seule voix :
« Nous ferons tout ce que le SEIGNEUR a dit. »
4 Moïse met par écrit toutes les paroles du
SEIGNEUR. Puis il se lève tôt le matin. Il construit un *autel au bas de la montagne et il
dresse douze pierres, une pour chaque tribu
d'Israël. 5 Moïse envoie quelques jeunes Israélites offrir des *sacrifices complets. Ils tuent
aussi des taureaux et ils les offrent en sacrifices de communion. 6 Moïse met la moitié du
sang dans des *coupes et il verse l'autre moitié
sur l'autel. 7 Il prend ensuite le livre de *l'alliance[m] et il le lit à haute voix devant le peuple. Les Israélites disent : « Tout ce que le
SEIGNEUR a dit, nous le ferons et nous lui obéirons. »
8 Alors Moïse prend le sang. Il en lance sur
le peuple en disant : « Voici le sang de l'alliance que le SEIGNEUR a faite avec vous en
accord avec tous ces commandements. »
9 Après cela, Moïse monte sur la montagne
avec Aaron, Nadab, Abihou et les 70 anciens
d'Israël. 10 Ils voient le Dieu d'Israël. Sous ses
pieds, on dirait un sol de pierres précieuses
bleues, aussi pures que le ciel. 11 Dieu ne
fait pas de mal aux notables d'Israël. Ils
peuvent le regarder, puis ils mangent et ils
boivent.

---

l **23.24** *Les pierres dressées représentaient des dieux.*

m **24.7** *Le livre de l'alliance contient les paroles que Moïse a mises par écrit, voir le verset 4.*

Moïse rencontre Dieu sur la montagne

12 Le SEIGNEUR dit à Moïse : « Monte auprès
de moi sur la montagne et reste là. Je vais te
donner les *tablettes de pierre sur lesquelles
j'ai écrit les commandements de la *loi. Tu
les enseigneras aux Israélites. »
13 Moïse, accompagné de Josué, son serviteur, monte sur la montagne de Dieu. 14 Mais
avant de monter, il dit aux *anciens : « Atten-
dez-nous ici jusqu'à notre retour. Aaron et Hour restent avec vous. Si vous avez un
problème à régler, allez les trouver. » 15 Moïse
monte donc sur la montagne. Le nuage de fumée[n] la recouvre. 16 La *gloire du SEIGNEUR
reste sur le mont Sinaï, et le nuage de fumée
le couvre pendant six jours. Le septième
jour, le SEIGNEUR appelle Moïse du milieu du
nuage. 17 Les Israélites voient alors la gloire
du SEIGNEUR comme un feu dévorant, au sommet de la montagne. 18 Moïse entre dans le
nuage de fumée et il continue à monter. Il
reste là-haut 40 jours et 40 nuits.

LE PLAN DU LIEU SAINT
25–31

Les dons des Israélites pour le lieu saint

25 1 Le SEIGNEUR dit à Moïse : 2 « Demande aux Israélites de faire des
dons pour moi. Vous les recevrez de tous
ceux qui les offriront de bon cœur. 3 Voici
les dons que vous recevrez d'eux : or, argent,
bronze, 4 très belle laine violette, rouge clair
ou rouge foncé, *lin fin, poils de chèvre,
5 peaux de béliers teintes en rouge, beau
cuir, bois d'acacia, 6 huile pour les lampes,
parfums pour l'huile de *consécration et
pour le parfum à brûler, 7 pierres rouges et autres pierres précieuses pour l'éfod et pour la
pochette[o] du *grand-prêtre. 8 Les Israélites
me feront un *lieu saint, et j'habiterai au milieu d'eux. 9 Je vais te montrer le plan de la
*tente sacrée et les modèles à suivre pour
fabriquer les objets. Vous les ferez exactement comme cela. »

Le coffre de l'alliance

10 « Vous fabriquerez un coffre en bois
d'acacia. Il aura 125 centimètres de long,
75 centimètres de large et 75 centimètres de
haut. 11 Vous le recouvrirez d'or pur à l'intérieur et à l'extérieur. Vous mettrez une bordure en or tout autour. 12 Vous fabriquerez
quatre anneaux en or et vous les fixerez aux
quatre coins du coffre : deux anneaux d'un
côté, deux anneaux de l'autre. 13 Vous couperez aussi deux barres en bois d'acacia et vous
les recouvrirez d'or. 14 Vous les passerez dans
les anneaux de chaque côté du coffre pour le
transporter. 15 Vous laisserez les barres dans
les anneaux, vous ne les enlèverez plus.
16 Dans ce coffre, tu mettras les *tablettes de
l'alliance que je te donnerai.
17 « Vous fabriquerez le couvercle du coffre
en or pur. Il aura 125 centimètres de long et
75 centimètres de large. 18 Vous fabriquerez
deux *chérubins en or battu aux deux bouts
du couvercle. 19 Ces deux chérubins formeront une seule pièce avec le couvercle, à
chaque bout. 20 Ils seront l'un en face de l'autre et ils auront le visage tourné vers le couvercle. Leurs ailes seront ouvertes toutes
grandes vers le haut et elles protégeront ainsi
le couvercle. 21 Dans le coffre, tu mettras les
tablettes de l'alliance que je te donnerai.
Puis tu mettras le couvercle sur le coffre.
22 C'est là que je me montrerai à toi, sur le
couvercle du coffre, entre les deux chérubins.

n **24.15** *Voir Exode 13.21 et la note.*

o **25.7** *L'éfod : sorte de tunique portée par le grand-prêtre. Elle était attachée à la poitrine et fixée aux épaules par deux bretelles.*
La pochette, que le grand-prêtre portait sur la poitrine, contenait des objets sacrés. Ces objets lui servaient pour connaître la volonté ou le jugement de Dieu.

C'est là que je te donnerai mes ordres pour les Israélites. »

La table des pains offerts à Dieu

23 « Ensuite, vous fabriquerez une table en bois d'acacia. Elle aura 1 mètre de long, 50 centimètres de large et 75 centimètres de haut. 24 Vous la recouvrirez d'or pur et vous ferez une bordure en or tout autour. 25 Sur les quatre côtés, vous mettrez un cadre de 8 centimètres de large et là aussi, vous fabriquerez une bordure en or. 26 Vous fabriquerez quatre anneaux en or. Vous les fixerez aux quatre coins, près des quatre pieds. 27 Les anneaux seront près du cadre. On fera entrer des barres dans les anneaux pour pouvoir transporter la table. 28 Vous couperez deux barres en bois d'acacia et vous les recouvrirez d'or. Elles serviront à transporter la table. 29 Vous fabriquerez en or pur des plats, des *coupes, des récipients, des bols pour les offrandes de vin. 30 Sur cette table, vous placerez les pains que vous m'offrirez. Il y en aura toujours devant moi. »

Le porte-lampes à sept branches

31 « Vous fabriquerez un porte-lampes en or pur battu. Le bas et la tige, les *coupes, les boutons et les fleurs formeront une seule pièce. 32 Six branches partiront de la tige du milieu : trois branches à droite, trois branches à gauche. 33 Sur chaque branche, il y aura trois coupes en forme d'amande avec bouton et fleur. 34 Sur la tige du milieu, il y aura quatre coupes en forme d'amande, avec bouton et fleur. 35 Il y aura aussi un bouton sous les deux premières branches qui partent l'une à droite et l'autre à gauche de la tige du milieu. Ce sera la même chose pour les six branches qui sortent du porte-lampes. 36 Les boutons et les branches formeront une seule pièce avec le reste du porte-lampes. L'ensemble sera en or pur battu. 37 Vous fabriquerez sept lampes. Vous les mettrez sur le porte-lampes pour qu'elles donnent de la lumière devant lui. 38 Ses pincettes et ses cendriers seront en or pur. 39 Pour fabriquer le porte-lampes, les pincettes et les cendriers, vous prendrez 30 kilos d'or pur. 40 Toi, Moïse, tu feras tout fabriquer selon le modèle que je te montre ici, sur cette montagne. »

La tente sacrée

26 1 « Pour la *tente sacrée, des artisans feront dix bandes de tissu, avec des fils de *lin solides, mélangés avec de la très belle laine violette, rouge clair et rouge foncé. Ils broderont dessus des *chérubins. 2 Toutes les bandes auront la même grandeur : 14 mètres sur 2 mètres. 3 Vous mettrez d'abord cinq bandes ensemble, puis les cinq autres. 4 Vous fixerez des attaches en laine violette au bord de la cinquième bande. Vous en mettrez aussi au bord de la première des cinq autres bandes. 5 Sur le côté droit des cinq premières bandes, et sur le côté gauche des cinq autres bandes, vous fixerez 50 attaches. Chaque attache sera en face d'une autre. 6 Vous fabriquerez 50 agrafes en or. Puis vous accrocherez les deux ensembles de cinq bandes aux attaches. Alors la tente sacrée formera un tout.

7 « Ensuite, vous ferez onze bandes de tissu en poils de chèvre, pour former une deuxième tente au-dessus de la tente sacrée. 8 Toutes les bandes auront la même grandeur : 15 mètres sur 2 mètres. 9 Vous mettrez d'abord cinq bandes ensemble, puis les six autres. Vous ferez tomber la sixième bande sur le devant de la tente. 10 Vous fixerez 50 attaches au bord de la cinquième bande et 50 attaches au bord de la première des six autres bandes. 11 Vous fabriquerez 50 agrafes en bronze. Puis vous les accrocherez aux attaches. Alors cette tente formera un tout. 12 Les bandes de cette deuxième tente dépasseront et retomberont librement : dans le sens de la largeur des bandes, une moitié du tissu en trop retombera librement sur le fond de la tente sacrée. 13 Dans le sens de la longueur des bandes, le mètre de tissu en trop retombera librement sur les deux côtés de la tente sacrée, pour la couvrir. 14 Pour protéger la deuxième tente, vous ferez une couverture en peaux de béliers teintes en rouge et une couverture en beau cuir par-dessus.

15 « Vous fabriquerez des cadres en bois d'acacia et vous les mettrez debout pour soutenir la *tente sacrée. 16-17 Tous les cadres se

ressembleront : chaque cadre aura 5 mètres sur 75 centimètres. En bas, on laissera dépasser deux morceaux de bois parallèles. 18 Vous fabriquerez 20 cadres pour le côté sud de la tente 19 et 40 supports en argent. Les cadres s'appuieront sur eux. Chaque cadre aura deux supports. Pour le faire tenir debout, on enfoncera les deux morceaux de bois qui dépassent dans les deux supports. 20 Pour le côté nord de la tente, vous fabriquerez aussi 20 cadres 21 avec 40 supports en argent. Chaque cadre s'appuiera sur deux supports. 22 Pour le fond de la tente, à l'ouest, vous fabriquerez six cadres 23 plus deux cadres spéciaux pour les coins du fond. 24 Ces deux cadres seront écartés en bas, mais ils se rejoindront en haut, dans le premier anneau. Tous les deux seront pareils et ils serviront de cadres pour les coins de la tente. 25 Le fond de la tente sacrée comprendra donc huit cadres et seize supports en argent. Chaque cadre s'appuiera sur deux supports.

26 « Ensuite, vous taillerez des traverses en bois d'acacia : cinq pour tenir les cadres sur un côté de la tente sacrée, 27 cinq pour les cadres de l'autre côté, cinq pour les cadres du fond, à l'ouest. 28 La traverse du milieu passera à la moitié de la hauteur des cadres, d'un bout à l'autre de la tente. 29 Vous recouvrirez les cadres et les traverses avec de l'or. Vous fabriquerez des anneaux en or dans lesquels les traverses entreront. 30 Ensuite, Moïse, tu feras dresser la tente sacrée selon le modèle que je te montre ici, sur cette montagne.

31 « Des artisans feront un rideau avec des fils de *lin solides, mélangés avec de la très belle laine violette, rouge clair et rouge foncé. Ils broderont dessus des chérubins. 32 Vous fixerez le rideau avec des crochets en or, à quatre colonnes en bois d'acacia recouvertes d'or. Ces colonnes seront plantées sur quatre supports en argent. 33 Vous placerez le rideau sous les agrafes.

« C'est derrière ce rideau que vous mettrez le coffre contenant les *tablettes de l'alliance. Le rideau séparera ainsi le lieu saint et le lieu très saint. 34 Vous mettrez le couvercle sur le coffre de l'alliance, dans le lieu très saint. 35 Vous mettrez la table des pains dans le lieu saint, devant le rideau, du côté nord de la *tente. Vous mettrez le porte-lampes devant la table des pains, du côté sud de la tente sacrée.

36 « Ensuite, pour l'entrée de la tente sacrée, des brodeurs feront un autre rideau avec des fils de lin solides, mélangés avec de la très belle laine violette, rouge clair et rouge foncé. 37 Pour porter le rideau, vous fabriquerez cinq colonnes en bois d'acacia. Vous les recouvrirez d'or. Vous fixerez le rideau aux colonnes avec des crochets en or. Vous ferez fondre pour les colonnes 5 supports en bronze. »

L'autel des sacrifices

27 1 « Ensuite, vous fabriquerez un *autel en bois d'acacia pour les *sacrifices. Il sera carré. Chaque côté aura 2 mètres et demi. Cet autel aura 1 mètre et demi de haut. 2 Ses quatre *coins seront relevés, mais ils formeront une seule pièce avec l'autel. Vous les recouvrirez de bronze. 3 Vous fabriquerez en bronze tous les ustensiles de l'autel : les récipients pour les cendres grasses, les pelles, les *coupes pour le sang, les fourchettes à viande et les brûle-parfums. 4 Vous fabriquerez une grille en bronze avec un anneau en bronze à chacun des coins de la grille. 5 Vous fixerez cette grille autour de l'autel, sous sa bordure, depuis le bas jusqu'à mi-hauteur. 6 Vous couperez deux barres en bois d'acacia et vous les recouvrirez de bronze. 7 Vous les passerez dans les anneaux, sur les côtés de l'autel, pour le transporter. 8 Cet autel en planches sera creux à l'intérieur. Vous le ferez selon le modèle que je te montre ici, sur cette montagne. »

Les tentures de la cour

9 « Autour de la *tente sacrée, vous laisserez un espace. Cette cour sera limitée par des tentures tissées en fils de *lin solides. Du côté sud, les tentures s'étendront sur 50 mètres. 10 Vous les fixerez avec des crochets et des tiges en argent à 20 colonnes en bronze. Les colonnes seront plantées sur 20 supports en bronze. 11 Du côté nord, les tentures s'éten-

dront aussi sur 50 mètres. Elles seront fixées
de la même façon. 12 Du côté ouest, les tentures s'étendront sur 25 mètres, dans le sens de
la largeur de la cour. Elles seront fixées à dix
colonnes plantées sur dix supports. 13 Du côté
de l'entrée, à l'est, la cour aura aussi 25 mètres de large. 14-15 De chaque côté de l'entrée,
il y aura des tentures sur 7 mètres et demi,
avec trois colonnes et trois supports. 16 À l'entrée de la cour, vous mettrez un rideau de
10 mètres. Des brodeurs le feront en fils de
lin solides, mélangés avec de la très belle laine
violette, rouge clair et rouge foncé. Il sera fixé
à quatre colonnes plantées sur quatre supports. 17 Des tiges en argent relieront toutes
les colonnes qui limitent la cour. Les crochets
seront en argent, et les supports seront en
bronze. 18 La cour aura 50 mètres de long et
25 mètres de large. La hauteur des tentures
de lin sera de 2 mètres et demi. Les supports
des colonnes seront en bronze. 19 Vous prendrez aussi du bronze pour tous les objets qui
serviront à construire la tente sacrée. De
même, pour les piquets de cette tente et
pour les piquets de la clôture, vous utiliserez
du bronze. »

L'huile pour le porte-lampes

20 « Toi, Moïse, tu commanderas aux Israélites de te donner de l'huile *d'olive de très
bonne qualité. Elle servira à allumer les lampes tous les soirs. 21 Aaron et ses fils placeront
le porte-lampes dans la *tente de la rencontre,
devant le rideau qui cache le coffre contenant
les *tablettes de l'alliance. Les lampes brûleront du soir au matin devant moi, le SEIGNEUR.
C'est une règle pour toujours, pour les Israélites, de génération en génération. »

Les vêtements des prêtres

28 1 « Moïse, fais venir auprès de toi ton
frère Aaron et ses fils : Nadab, Abihou,
Élazar et Itamar. Tu les sépareras des autres Israélites pour qu'ils me servent comme prêtres. 2 Vous ferez pour ton frère Aaron des
vêtements sacrés magnifiques. 3 Pour cela, tu
parleras à tous les artisans à qui j'ai donné
une grande habileté. Et ils feront les vêtements d'Aaron. Celui-ci les portera quand il
sera *consacré et ensuite quand il me servira
comme prêtre. 4 Ces vêtements seront : la pochette, l'éfod[p], le vêtement de dessus, le vêtement brodé, le turban et la ceinture. Ton frère
Aaron et ses fils les porteront pour me servir
comme prêtres. 5 Les brodeurs prendront de
la très belle laine violette, rouge clair et rouge
foncé, du *lin fin et des fils d'or. »

Le vêtement de dessus des prêtres

6 « Des artisans feront l'éfod[q] en fils de lin
solides, mélangés avec de la très belle laine
violette, rouge clair et rouge foncé. Ils le broderont avec des fils d'or. 7 Pour attacher
l'éfod, vous coudrez deux bretelles sur les côtés. 8 La ceinture qui attache l'éfod forme une
seule pièce avec lui. Vous la ferez aussi avec
des fils de lin solides, mélangés avec de la
très belle laine violette, rouge clair et rouge
foncé. Vous la broderez avec des fils d'or.
9 Vous prendrez deux pierres précieuses rouges et vous graverez sur elles les noms des
fils de Jacob : 10 six noms sur la première
pierre, et six autres noms sur la deuxième
pierre, dans l'ordre de leur naissance. 11 L'artisan qui gravera les noms sur les deux pierres
le fera comme on grave un *sceau. Il les fixera
ensuite dans deux montures en or. 12 On mettra les deux pierres sur les bretelles de l'éfod.
Elles représenteront les douze tribus d'Israël.
De cette façon, Aaron portera leurs noms sur
ses épaules, devant le SEIGNEUR. Et moi, le SEI-
GNEUR, je ne vous oublierai pas. 13 Les deux
montures seront en or 14 et on y attachera
deux petites chaînes en or pur. Vous les ferez
comme des tresses. »

La pochette du grand-prêtre

15 « Des artisans feront la pochette qui servira pour le jugement. On fera cette pochette
comme l'éfod[r], en fils de *lin solides, mélan-

p **28.4** *La pochette et l'éfod : voir Exode 25.7 et la note.*
q **28.6** *L'éfod : voir Exode 25.7 et la note.*
r **28.15** *La pochette et l'éfod : voir Exode 25.7 et la note.*

gés avec de la très belle laine violette, rouge
clair et rouge foncé, et ils la broderont avec
des fils d'or. 16 Cette pochette sera carrée, de
25 centimètres de côté. 17 Vous la décorerez
avec quatre rangées de pierres précieuses:
sur la première rangée, vous mettrez une
pierre rouge vif, une pierre jaune et une
pierre bleu-vert. 18 Sur la deuxième rangée,
vous mettrez une pierre rouge foncé, une
pierre bleue et un diamant. 19 Sur la troisième
rangée, vous mettrez une pierre orange, une
pierre de plusieurs couleurs et une pierre violette. 20 Sur la quatrième rangée, vous mettrez
une pierre vert clair, une pierre rouge et une
pierre verte. Vous fixerez chaque pierre sur
une monture en or. 21 Sur chaque pierre,
vous graverez le nom d'un des douze fils de Jacob, comme on grave un *sceau. Les douze
pierres représenteront les douze tribus d'Israël.

22 « Pour la pochette, vous tresserez deux
petites chaînes en or pur. 23 Vous fabriquerez
aussi deux anneaux en or et vous les fixerez
en haut de la pochette, aux deux coins.
24 Vous attacherez les deux petites chaînes
en or aux deux anneaux de la pochette.
25 Vous attacherez l'autre bout des chaînes
aux deux montures en or placées sur les bretelles de l'éfod, pour que la pochette soit
devant. 26 Vous fabriquerez deux autres anneaux en or et vous les fixerez en bas de la
pochette, aux deux coins, du côté de l'éfod.
27 Vous fabriquerez encore deux autres anneaux en or. Vous les fixerez au bas des
bretelles de l'éfod, devant, là où on les a cousues. Vous mettrez ces anneaux au-dessus de
la ceinture de l'éfod. 28 On reliera les anneaux de la pochette à ceux de l'éfod avec
un cordon violet. Alors la pochette restera
sur la ceinture de l'éfod et elle ne bougera
pas sur l'éfod.

29 « De cette façon, quand Aaron entrera
dans le *lieu saint, il portera sur la poitrine
cette pochette du jugement avec les noms
des douze tribus d'Israël, pour que moi, le SEI-
GNEUR, je ne vous oublie jamais. 30 Toi, Moïse,
tu placeras dans la pochette du jugement l'Ourim et le Toummim[s]. Alors Aaron les aura sur
la poitrine quand il se présentera devant moi.
En effet, il devra toujours les porter sur lui
quand il sera devant moi, pour connaître ma
volonté envers les Israélites. »

Les autres vêtements sacrés

31 « Ensuite, vous tisserez le vêtement qui
est sous l'éfod[t] entièrement avec de la laine
violette. 32 Pour passer la tête, vous ferez
une ouverture au milieu. Vous tisserez une
bordure autour de cette ouverture et vous la
rendrez solide pour qu'elle ne se déchire
pas. 33 Vous décorerez le bas du vêtement,
tout autour. Vous broderez des fruits appelés
grenades avec de la très belle laine violette,
rouge clair et rouge foncé. Vous y mettrez
aussi des petites cloches en or, tout autour:
34 il y aura une petite cloche en or, une grenade, puis une cloche et une grenade, et ainsi
de suite, tout autour. 35 Aaron portera ce vêtement quand il me servira. On entendra les petites cloches quand il se présentera devant
moi dans le *lieu saint et quand il sortira.
Ainsi, il ne risquera pas de mourir.

36 « Puis vous fabriquerez un bijou d'or pur
en forme de fleur. Vous graverez sur lui
"*Consacré au SEIGNEUR". Vous le graverez
comme un *sceau. 37 Vous fixerez ce bijou
avec un cordon violet sur le devant du turban
sacré. 38 Aaron le portera toujours sur son
front, quand il se présentera devant moi, le
SEIGNEUR. Grâce à cela, j'accepterai les dons
sacrés que les Israélites m'offriront, même
s'ils font des erreurs en me les apportant.

39 « Ensuite, pour Aaron, vous tisserez un
vêtement en *lin, et vous ferez un turban en
lin et une ceinture brodée.

40 « Pour les fils d'Aaron, vous ferez également des vêtements magnifiques, des ceintures et des tiares[u].

---

s **28.30** *L'Ourim et le Toummim étaient des objets sacrés qui permettaient de connaître la volonté ou le jugement de Dieu.*

t **28.31** *L'éfod: voir Exode 25.7 et la note.*

u **28.40** *La tiare était une sorte de turban, sans doute en tissu, que les prêtres portaient comme coiffure.*

41 « Toi, Moïse, tu mettras ces vêtements à
ton frère Aaron et à ses fils. Tu verseras de
l'huile sur leur tête[v] et tu les établiras à mon
service. De cette façon, tu les consacreras
pour qu'ils me servent comme prêtres.
42 Pour cacher leur corps[w], vous leur ferez
des caleçons en lin. Ils les couvriront depuis
les reins jusqu'aux cuisses. 43 Aaron et ses
fils les porteront quand ils entreront dans la
*tente de la rencontre. Ils les porteront aussi
quand ils approcheront de *l'autel pour me
servir dans le *lieu saint. Ainsi, ils ne se montreront pas nus et ils ne risqueront pas de
mourir à cause de cela. C'est une règle pour
toujours, pour Aaron, ses enfants, et les enfants de leurs enfants. »

La consécration des prêtres

29 1 « Voici comment tu feras pour
*consacrer Aaron et ses fils comme
prêtres à mon service.

« Tu choisiras un taureau et deux béliers
sans défaut. 2 Avec de la farine de *blé, tu prépareras des pains sans *levain, des gâteaux
sans levain, faits à l'huile, des galettes sans levain arrosées d'huile. 3 Tu les mettras dans un
panier et tu le présenteras dans le *lieu saint
avec le taureau et les deux béliers.

4 « Tu conduiras Aaron et ses fils à l'entrée
de la *tente de la rencontre et tu leur feras
prendre un bain pour se rendre *purs. 5 Tu
mettras à Aaron ces vêtements sacrés : l'éfod,
les deux vêtements sous l'éfod et la pochette[x]. Tu lui mettras la ceinture de l'éfod autour
de la taille. 6 Tu poseras le turban sur sa tête
et tu fixeras l'insigne sacré sur le turban.
7 Puis tu prendras l'huile de *consécration et
tu la verseras sur sa tête pour le consacrer.
8 Ensuite, tu demanderas aux fils d'Aaron de
s'approcher. Tu leur mettras leurs vêtements,
9 puis tu leur attacheras une ceinture autour
de la taille. Tu couvriras leurs têtes avec
une tiare[y].

« Ensuite, tu établiras Aaron et ses fils à
mon service, et à partir de ce moment, ils seront prêtres pour toujours.

10 « Tu présenteras le taureau devant la
tente de la rencontre. Aaron et ses fils poseront les mains sur sa tête. 11 Tu *égorgeras le
taureau pour le *sacrifice, devant moi, à l'entrée de la tente de la rencontre. 12 Tu prendras
de son sang et tu en mettras avec un doigt sur
les quatre coins de *l'autel. Puis tu verseras le
reste du sang au pied de l'autel. 13 Tu prendras
toute la graisse qui enveloppe les intestins et
l'estomac de l'animal, la meilleure partie du
foie et les deux reins avec la graisse qui les entoure. Tu brûleras tout cela sur l'autel. 14 Ce
sera le sacrifice des prêtres pour recevoir le
pardon de leurs péchés. Mais le reste du taureau, viande, peau et intestins, tu les jetteras
au feu à l'extérieur du camp.

15 « Puis tu prendras le premier bélier. Aaron et ses fils poseront les mains sur sa tête.
16 Tu l'égorgeras pour le sacrifice, tu prendras
son sang et tu le verseras sur les côtés de l'autel, tout autour. 17 Tu découperas l'animal en
morceaux, tu laveras ses intestins et ses pattes. Puis tu les mettras sur les morceaux et
la tête. 18 Tu brûleras tout le bélier sur l'autel.
Ce sera un sacrifice complet que vous m'offrirez. La fumée de bonne odeur de ce sacrifice
qui m'est offert me plaira, à moi, le SEIGNEUR.

19 « Ensuite, tu prendras le deuxième bélier.
Aaron et ses fils poseront les mains sur sa tête.
20 Tu l'égorgeras pour le sacrifice. Tu prendras
de son sang et tu en mettras au bas de l'oreille
droite d'Aaron et de ses fils. Tu en mettras sur
le pouce de leur main droite et de leur pied
droit. Et tu verseras du sang sur les côtés de
l'autel, tout autour. 21 Tu prendras un peu de
sang sur l'autel et de l'huile de consécration.
Tu en lanceras sur Aaron et sur ses vêtements,
puis sur ses fils et sur leurs vêtements. Alors
Aaron, ses fils et leurs vêtements seront
consacrés. 22 L'offrande du deuxième bélier

---

v **28.41** *Cette huile indique que ceux qui la reçoivent sont entièrement au service de Dieu.*

w **28.42** *Voir Exode 20.26 et la note.*

x **29.5** *L'éfod et la pochette : voir Exode 25.7 et la note.*

y **29.9** *Tiare : voir Exode 28.40 et la note.*

marquera le moment où les fils d'Aaron
commenceront à servir le SEIGNEUR. Tu prendras la queue de cet animal, la graisse qui enveloppe les intestins et l'estomac, la meilleure
partie du foie, les deux reins avec la graisse
qui les entoure, et la cuisse droite. 23 Dans le
panier des pains sans levain placé devant
moi, tu prendras un pain rond, un gâteau à
l'huile et une galette. 24 Tu mettras tous ces
dons dans les mains d'Aaron et de ses fils.
Tu leur diras de me les offrir avec le geste
de présentation. 25 Puis tu reprendras ces offrandes de leurs mains et tu les brûleras sur
l'autel, au-dessus du sacrifice complet. La fumée de bonne odeur de ces sacrifices qui me
sont offerts me plaira, à moi, le SEIGNEUR. 26 Tu
prendras la poitrine de ce deuxième bélier,
qui est pour Aaron, et tu me la présenteras
toi-même, avec le geste de présentation. Ensuite, cette part de l'animal sera pour toi.

27 « Tu déclareras ceci : la poitrine et la
cuisse droite prises sur ce bélier et offertes
avec le geste de présentation sont réservées
au SEIGNEUR. 28 Tu les mettras à part pour Aaron et ses fils. C'est pourquoi les Israélites devront toujours prendre ces morceaux sur les
animaux qu'ils m'offrent en sacrifices de
communion, à moi, le SEIGNEUR. Et ils les donneront à Aaron et à ses fils.

29 « Après la mort d'Aaron, ses vêtements
sacrés seront à ses fils. Ils les porteront le
jour où ils seront consacrés et où ils commenceront à me servir. 30 Le prêtre, un fils d'Aaron, qui remplacera celui-ci, portera ces
vêtements pendant sept jours quand il entrera
dans la *tente de la rencontre pour me servir
dans le *lieu saint.

31 « Vous prendrez le deuxième bélier, celui
qu'on offre pour marquer le moment où les
prêtres commencent à me servir. Vous ferez
cuire sa viande dans un endroit réservé à
cela. 32 Aaron et ses fils la mangeront, avec
les pains qui restent dans le panier, à l'entrée
de la tente de la rencontre. 33 Eux seuls mangeront les offrandes qui leur ont permis de
recevoir le pardon que je donne, moi, le SEI-
GNEUR, pour être consacrés comme prêtres et
établis à mon service. Personne d'autre n'aura
le droit d'en manger, parce que c'est une
nourriture consacrée. 34 Si le matin du jour
suivant, il reste de la viande ou du pain, on
le brûlera. On ne devra plus en manger, parce
que c'est une nourriture consacrée.

35 « Tu agiras envers Aaron et ses fils en suivant les ordres que je t'ai donnés. La cérémonie qui marquera pour les prêtres le début de
leur service durera sept jours.

36 « Chaque jour, tu offriras un taureau en
sacrifice pour recevoir le pardon des péchés.
Ainsi, tu *purifieras l'autel, puis tu verseras
de l'huile dessus pour le consacrer. 37 Cette
cérémonie durera aussi sept jours. Ensuite,
l'autel sera uniquement réservé à mon service. Alors, toute personne ou tout objet qui
le touchera en supportera les conséquences. »

Les sacrifices complets de chaque jour

38 « Chaque jour, vous offrirez sur *l'autel
deux agneaux âgés d'un an, et cela pour toujours. 39 Vous offrirez le premier le matin et
vous offrirez le deuxième le soir. 40-41 Avec
l'agneau du matin et avec celui du soir, vous
apporterez trois kilos de farine mélangée à
un litre et demi d'huile de bonne qualité.
Vous apporterez aussi un litre et demi de
vin. La fumée de bonne odeur de ces *sacrifices qui me sont offerts me plaira, à moi, le
SEIGNEUR. 42 À l'avenir, vous continuerez toujours à m'offrir des sacrifices complets, à
l'entrée de la *tente de la rencontre, de génération en génération. C'est là que je vous rencontrerai et que je te parlerai.

43 « C'est là que je rencontrerai les Israélites, et l'endroit sera rendu *saint par ma présence pleine de *gloire. 44 Je *consacrerai moi-
même la tente de la rencontre et *l'autel. Je
consacrerai Aaron et ses fils pour qu'ils me
servent comme prêtres. 45 Je serai présent
parmi les Israélites et je serai leur Dieu. 46 Ils
reconnaîtront alors que le SEIGNEUR leur Dieu,
c'est moi, moi, qui les ai fait sortir d'Égypte
pour habiter au milieu d'eux.

« Le SEIGNEUR, leur Dieu, c'est moi. »

L'autel du parfum

30 1 « Ensuite, vous fabriquerez un *autel
en bois d'acacia pour brûler le parfum
sacré. 2 Il sera carré, il aura 50 centimètres de

côté et 1 mètre de haut. Ses *coins seront relevés, mais ils formeront une seule pièce avec
l'autel. 3 Vous le recouvrirez entièrement d'or
pur : le dessus avec les coins relevés et les quatre côtés. Vous fabriquerez une bordure en or
tout autour. 4 Vous fabriquerez deux anneaux
en or et vous les fixerez de chaque côté de
l'autel, au-dessus de la bordure. Vous ferez entrer des barres dans les anneaux pour le transporter. 5 Vous couperez ces deux barres en
bois d'acacia et vous les recouvrirez d'or.
6 Vous laisserez cet autel devant le rideau
qui cache le coffre contenant les *tablettes
de l'alliance. C'est là, Moïse, que je te rencontrerai. 7 Chaque matin, Aaron y fera brûler
une offrande de parfum, au moment où il ira
nettoyer les lampes du *lieu saint. 8 Chaque
soir, il fera brûler du parfum au moment où
il ira allumer les lampes. Vous continuerez
toujours à brûler du parfum devant moi, de génération en génération. 9 Sur cet autel, vous
n'offrirez pas de parfum ordinaire ni des *sacrifices complets, ni des produits de la terre,
ni du vin. 10 Une fois par an, Aaron le rendra
*pur. Il placera sur les *coins relevés de cet au-
tel le sang de l'animal offert en sacrifice pour
recevoir le pardon des péchés[z]. On recommencera cette cérémonie chaque année, de
génération en génération. Cet autel me sera
*consacré et il sera uniquement réservé à
mon service. »

L'impôt pour le lieu saint

11 Le Seigneur dit encore à Moïse :
12 « Quand tu compteras les Israélites, chacun
d'eux me paiera une taxe pour racheter sa vie.
Alors aucun malheur ne vous atteindra pendant qu'on les comptera. 13 Chaque homme
compté donnera une pièce de cinq grammes
d'argent, c'est-à-dire la moitié de l'unité de
poids utilisée dans le *lieu saint. Cette taxe
sera pour moi. 14 Elle sera payée par tous les Israélites de 20 ans et plus, c'est-à-dire par ceux
qui seront comptés. 15 Le riche et le pauvre
paieront la même taxe : cinq grammes d'argent, ni plus ni moins. Chacun paiera pour
moi la somme fixée, pour racheter sa vie.
16 Quand tu auras reçu tout cet argent des
mains des Israélites, tu l'utiliseras pour entretenir la *tente de la rencontre. Ainsi, je me
souviendrai des Israélites et je protégerai
leur vie. »

Le bassin pour les purifications

17 Le Seigneur dit encore à Moïse : 18 « Pour
les purifications, vous fabriquerez un bassin
en bronze avec son support en bronze. Vous
le mettrez entre la *tente de la rencontre et
*l'autel des sacrifices, et vous le remplirez
d'eau. 19 Aaron et ses fils prendront cette
eau pour se laver les mains et les pieds.
20 En effet, avant d'entrer dans la tente de la
rencontre, ils se laveront à l'eau pour ne pas
mourir. Avant de s'approcher de l'autel pour
m'offrir un *sacrifice, 21 ils se laveront les
mains et les pieds pour ne pas mourir. C'est
une règle pour toujours, pour eux et les enfants de leurs enfants, de génération en génération. »

L'huile de consécration

22 Le Seigneur dit encore à Moïse :
23 « Trouve des parfums d'excellente qualité :
cinq kilos de myrrhe liquide, deux kilos et
demi de cinnamome, deux kilos et demi de
cannelle de bonne odeur, 24 et cinq kilos de
casse. Prends aussi six litres d'huile
*d'olive. 25 Un parfumeur les mélangera. Il
en fera l'huile de *consécration. 26 Tu t'en
serviras pour *consacrer la *tente de la rencontre, le coffre contenant les *tablettes de
l'alliance, 27 la table des pains et le porte-
lampes avec tous leurs ustensiles, *l'autel
du parfum, 28 l'autel des *sacrifices avec
tous ses ustensiles, le bassin et son support.
29 Tu les consacreras et ensuite, ils seront
uniquement réservés à mon service. Alors,
toute personne ou tout objet qui les touchera
en supportera les conséquences. 30 Tu verseras cette huile sur Aaron et ses fils, et tu les
consacreras pour qu'ils me servent comme
prêtres.

---

z 30.10 *Il s'agit du sacrifice offert le grand jour du Pardon. Voir Lévitique 16.*

31 « Ensuite, tu diras aux Israélites : “Voici
l'huile de consécration. Vous vous en servirez
uniquement au service du SEIGNEUR, de génération en génération. 32 Personne ne doit s'en
servir pour se frotter le corps. Personne ne
doit fabriquer un mélange composé de la
même façon. En effet, cette huile est réservée
aux consécrations, et elle doit rester sacrée
pour vous. 33 Si quelqu'un prépare un mélange comme celui-ci et en met sur le corps
d'une personne qui n'est pas prêtre, il faut
le chasser de la communauté.” »

Le parfum sacré

34 Le SEIGNEUR dit encore à Moïse : « Trouve
des produits de bonne odeur : résine et parfums de différentes plantes. Mélange-les
avec une quantité égale *d'encens pur. 35 Un
parfumeur les mélangera avec du sel pour
faire un produit pur et réservé à mon service.
36 Tu réduiras une partie de ce parfum en poudre fine. Tu en mettras dans la *tente de la
rencontre, devant le coffre contenant les *tablettes de l'alliance, là où je te rencontrerai.
Pour vous, ce produit sera uniquement réservé à mon service. 37 Personne ne doit fabriquer un parfum composé de la même façon. Et
vous ne vous en servirez pas pour vous-
mêmes. Vous le considérerez comme un produit réservé pour le SEIGNEUR. 38 Si quelqu'un
prépare un parfum comme celui-ci, pour en
respirer l'odeur, il faut le chasser de la
communauté. »

Les ouvriers du lieu saint

31 1 Le SEIGNEUR dit encore à Moïse :
2 « Écoute, j'ai choisi Bessalel, fils
d'Ouri et petit-fils de Hour, de la tribu de
Juda. 3 Je l'ai rempli de mon esprit pour le
rendre très habile et intelligent. Il connaît
toutes sortes de techniques : 4 il sait faire de
belles choses, il sait travailler l'or, l'argent
et le bronze. 5 Il sait tailler les pierres précieuses et les monter sur des objets, il sait
sculpter le bois. En un mot, il sait tout faire.
6 Je lui donne comme aide Oholiab, fils d'Ahissamak, de la tribu de Dan. Je rends aussi très
habiles d'autres artisans. Alors ils pourront
fabriquer tout ce que j'ai commandé : 7 la
*tente de la rencontre, le coffre sacré conte-
nant les *tablettes de l'alliance, le couvercle
du coffre sacré, tous les objets de la tente,
8 la table des pains et le porte-lampes en or
pur avec tous leurs ustensiles, *l'autel du parfum, 9 l'autel des *sacrifices avec tous ses ustensiles, le bassin avec son support, 10 les
vêtements de cérémonie, les vêtements sacrés
pour le prêtre Aaron, les vêtements que ses
fils porteront pour accomplir leur service de
prêtres, 11 l'huile de *consécration et le parfum à brûler pour le *lieu saint. Les artisans
feront tout exactement comme je l'ai
commandé. »

Le respect du sabbat

12 Le SEIGNEUR dit à Moïse : 13 « Voici les
commandements que tu donneras aux Israélites : “Vous respecterez bien les jours de *sabbat. En effet, le sabbat est un signe entre vous
et moi pour toujours. Il vous rappelle que le
SEIGNEUR, c'est moi, et que vous m'appartenez. 14 Vous respecterez donc le sabbat. Pour
vous, c'est un jour *consacré. Celui qui ne le
respectera pas et qui travaillera ce jour-là, il
faut le chasser de la communauté et le faire
mourir. 15 Vous travaillerez pendant six jours.
Mais le septième jour, c'est le sabbat, le jour
de repos qui m'est *réservé. Si quelqu'un travaille un jour de sabbat, il faut le faire mourir.
16 Les Israélites respecteront le sabbat de génération en génération. C'est un accord qui doit
rester valable pour toujours. 17 Le sabbat est
un signe entre vous et moi pour toujours. En
effet, j'ai créé le ciel et la terre en six jours.
Mais le septième jour, je me suis arrêté pour
me reposer.” »
18 Quand Dieu a fini de parler avec Moïse
sur le mont Sinaï, il lui donne les deux tablettes de pierre sur lesquelles il a écrit lui-même
les commandements.

LES ISRAÉLITES BRISENT L'ALLIANCE AVEC DIEU
32–34

Les Israélites fabriquent un dieu : le veau d'or

32 1 Le peuple voit que Moïse met du temps avant de descendre de la montagne[a]. Alors les Israélites se réunissent près d'Aaron et lui disent : « Allez, fabrique-nous un dieu qui marche devant nous. En effet, nous ne savons pas ce qui est arrivé à Moïse, l'homme qui nous a fait sortir d'Égypte. » 2 Aaron leur répond : « Prenez les anneaux en or qui sont aux oreilles de vos femmes, de vos fils et de vos filles. Apportez-les-moi ! »

3 Tous les Israélites enlèvent les anneaux en or qui sont à leurs oreilles et ils les apportent à Aaron. 4 Celui-ci les prend. Il les fait fondre dans un moule et il fabrique une statue de veau. Alors les Israélites disent : « Voici notre Dieu qui nous a fait sortir d'Égypte ! » 5 Quand Aaron voit cela, il bâtit un *autel devant la statue et il dit : « Demain, nous ferons une fête pour le SEIGNEUR. » 6 Le jour suivant, tôt le matin, le peuple offre des *sacrifices complets et ils apportent des sacrifices de communion. Les Israélites s'assoient pour manger et pour boire. Puis ils se lèvent pour s'amuser. 7 Alors le SEIGNEUR dit à Moïse : « Descends tout de suite ! En effet, ton peuple, que tu as fait sortir d'Égypte, est tombé dans un grand péché. 8 Très vite, ils ont quitté le chemin que je leur avais montré. Ils se sont fabriqué un veau en métal fondu. Ils se sont mis à genoux devant lui, et ils lui ont offert des sacrifices. Ensuite, ils ont dit : "Voici notre Dieu qui nous a fait sortir d'Égypte." 9 Eh bien, je le vois, ce peuple est un peuple à la tête dure ! 10 Maintenant, laisse-moi faire. Je vais me mettre en *colère et je les détruirai ! Ensuite, je ferai naître de toi un grand peuple. » 11 Mais Moïse demande avec force au SEIGNEUR son Dieu de calmer sa colère. Il lui dit : « Tu as utilisé ta puissance grande et terrible pour faire sortir d'Égypte ton peuple. Et maintenant, tu veux te mettre en colère contre ce peuple. Pourquoi donc ? 12 Si tu agis ainsi, les Égyptiens vont dire : "Le SEIGNEUR est méchant. C'est pourquoi il a fait sortir les Israélites de notre pays. Il a voulu les tuer dans les montagnes et les faire disparaître de la terre." SEIGNEUR, calme le feu de ta colère. Renonce à faire du mal à ton peuple. 13 Souviens-toi de tes serviteurs Abraham, Isaac et Jacob. Tu leur as fait toi-même ce grand serment : "Je rendrai vos enfants et les enfants de leurs enfants aussi nombreux que les étoiles du ciel. Je leur donnerai le pays que j'ai promis, et ils le posséderont pour toujours." » 14 Alors le SEIGNEUR renonce au mal qu'il voulait faire à son peuple.

15 Moïse descend de la montagne. Il tient les deux tablettes de pierre, gravées de chaque côté, où les paroles de *l'alliance sont écrites. 16 Ces tablettes sont le travail de Dieu. Dieu lui-même a écrit ses commandements sur elles. 17 Josué entend les cris poussés par le peuple. Il dit à Moïse : « Il y a des bruits de guerre dans le camp. » 18 Mais Moïse répond : « Non, ce ne sont pas des cris de victoire, ni des cris de défaite. Moi, j'entends des chants de fête. »

19 En arrivant près du camp, Moïse voit le veau et le peuple qui danse. Il est rempli de colère. Il jette les tablettes de pierre qu'il tient dans ses mains et il les casse au bas de la montagne. 20 Il prend la statue de veau que les Israélites ont faite et il la jette dans le feu. Puis il la réduit en poudre fine. Il met cette poudre dans de l'eau et il donne l'eau à boire aux Israélites[b]. 21 Ensuite Moïse dit à Aaron : « Tu as entraîné le peuple dans un péché très grave. Pourquoi donc ? Qu'est-ce que ce peuple t'a fait ? » 22 Aaron répond : « Je t'en prie, ne te mets pas en colère ! Tu le sais bien, ce peuple fait le mal très facilement. 23 Ils m'ont dit :

---

a **32.1** *Voir Exode 24.18.*

b **32.20** *Sans doute pour savoir qui était coupable.*

"Fabrique-nous un dieu qui marche devant
nous. En effet, nous ne savons pas ce qui est
arrivé à Moïse, l'homme qui nous a fait sortir
d'Égypte." 24 Alors je leur ai demandé : "Qui a
de l'or ?" Ils ont arraché les bijoux de leurs
oreilles et ils me les ont donnés. Je les ai fait
fondre au feu, et voilà le veau qui en est
sorti ! »

Les conséquences de la faute

25 Moïse comprend qu'Aaron a laissé le peuple faire ce qu'il voulait. Alors les ennemis
peuvent facilement se moquer des Israélites.
26 Moïse va donc se mettre à l'entrée du
camp et il crie : « Ceux qui sont pour le SEI-
GNEUR, venez ici ! » Tous les hommes de la
tribu de Lévi se réunissent autour de lui.
27 Moïse leur dit : « Voici ce que le SEIGNEUR,
Dieu d'Israël, commande : "Chacun de vous
va prendre son *épée. Vous passerez et repas-
serez dans le camp, d'un bout à l'autre. Vous
tuerez vos frères, vos amis, vos voisins !" »

28 Les *lévites obéissent à Moïse, et 3 000
Israélites environ meurent ce jour-là. 29 Alors
Moïse dit aux lévites : « Aujourd'hui, vous
avez été *consacrés au service du SEIGNEUR.
En effet, vous n'avez pas hésité à tuer
même vos fils ou vos frères. Que le SEIGNEUR
vous accorde donc sa *bénédiction aujour-
d'hui ! »

Moïse demande à Dieu de pardonner au peuple

30 Le jour suivant, Moïse dit au peuple :
« Vous avez commis un péché grave. Maintenant, je vais remonter vers le SEIGNEUR, sur la
montagne. J'obtiendrai peut-être le pardon
pour votre péché. »

31 Moïse retourne vers le SEIGNEUR et il lui
dit : « Hélas, SEIGNEUR, ce peuple a commis
un péché grave ! Ils ont fabriqué un dieu en
or. 32 Pardonne-leur, je t'en prie ! Sinon, efface
mon nom du livre de vie que tu as écrit. » 33 Le
SEIGNEUR répond : « Non, de mon livre, j'effacerai seulement le nom de ceux qui ont péché
contre moi. 34 Maintenant, va, conduis le peuple à l'endroit que je t'ai dit ! Mon *ange ira
devant toi. Et moi, le jour où j'agirai, je les punirai de leur péché. » 35 Le SEIGNEUR punit
donc les Israélites parce qu'ils ont demandé
à Aaron de leur fabriquer une statue de veau.

Dieu commande à Moïse de se mettre en route

33 1 Le SEIGNEUR dit à Moïse : « Allez, quittez ce lieu, toi et le peuple que tu as
fait sortir d'Égypte. J'ai juré à Abraham, à
Isaac et à Jacob de donner un pays aux enfants
de leurs enfants. Allez donc là-bas. 2 J'enverrai
mon *ange devant vous. Je chasserai les *Cananéens, les Amorites, les Hittites, les Perizites, les Hivites et les Jébusites. 3 Allez donc
dans ce pays qui *déborde de lait et de miel.
Mais moi, je n'irai pas avec vous. En effet,
vous êtes un peuple à la tête dure, et je risquerais de vous détruire en chemin. »

4 Quand le peuple entend ces paroles de
malheur, il est très triste. Plus personne ne
porte ses habits de fête. 5 Le SEIGNEUR dit à
Moïse : « Dis aux Israélites : "Vous êtes un
peuple à la tête dure. Si je vais avec vous
une seule minute, je risquerai de vous détruire. Et maintenant, mettez de côté vos habits de fête. Je verrai ensuite ce que je dois
faire." » 6 À partir du mont *Horeb, les Israélites ne portent plus leurs habits de fête.

Le Seigneur parle avec Moïse dans la tente de la rencontre

7 Quand les Israélites installent leur camp,
Moïse prend la *tente sacrée et il la dresse
en dehors du camp, assez loin. On l'appelle
« la tente de la rencontre ». Tous ceux qui veulent consulter le SEIGNEUR sortent du camp et
ils vont vers cette tente. 8 Chaque fois que
Moïse se rend à cet endroit, tout le monde
se lève. Chacun reste à l'entrée de sa tente
et il regarde Moïse jusqu'à ce qu'il entre
dans la tente sacrée. 9 Quand Moïse entre
dans la tente, la colonne de fumée descend.
Elle reste à l'entrée de la tente, et le SEIGNEUR
parle avec Moïse. 10 Tout le peuple voit la colonne de fumée qui s'arrête à l'entrée de la
tente de la rencontre. Alors tous se lèvent,
et chacun se met à genoux à l'entrée de sa
tente. 11 Le SEIGNEUR parle avec Moïse face à
face, comme un homme parle avec un autre
homme. Puis Moïse revient au camp. Mais

son serviteur, le jeune Josué, fils de Noun, reste dans la tente sacrée.

Le Seigneur et Moïse parlent ensemble

12 Moïse dit au SEIGNEUR : « Écoute, SEIGNEUR ! Tu m'as commandé de conduire ce peuple. Mais tu ne m'as pas fait connaître celui que tu vas envoyer pour m'aider. Pourtant, c'est toi qui m'as dit : "Je te connais par ton nom", et aussi : "Je te montrerai ma bonté." 13 Et maintenant, puisque tu es bon pour moi, fais-moi connaître ce que tu veux. Ainsi, je te connaîtrai vraiment et je profiterai pleinement de ta bonté. N'oublie pas que ce peuple, c'est ton peuple. » 14 Le SEIGNEUR répond à Moïse : « Je viendrai moi-même vous conduire. Tu n'as pas de souci à te faire. »

15 Moïse continue : « Si tu ne viens pas toi-même avec nous, ne nous commande pas de quitter ce lieu. 16 En effet, si tu ne nous accompagnes pas, comment savoir que tu es bon pour moi et pour ton peuple ? Oui, ce qui nous rend différents de tous les peuples de la terre, c'est que tu marches avec nous, avec ton peuple et avec moi. » 17 Le SEIGNEUR répond à Moïse : « Ce que tu viens de dire, je le ferai. Oui, je vais te montrer ma bonté et je te connais par ton nom. »

18 Alors Moïse dit au SEIGNEUR : « Je t'en prie, fais-moi voir ta *gloire ! » 19 Le SEIGNEUR lui répond : « Je vais passer devant toi. Je te montrerai toute ma bonté et je te dirai mon vrai nom, "LE SEIGNEUR". Je serai bon avec qui je veux être bon et j'aurai pitié de qui je veux avoir pitié. 20 Mais voir mon visage, c'est impossible. En effet, un être humain ne peut pas me voir et rester vivant. » 21 Le SEIGNEUR dit encore : « Voici une place près de moi. Reste là sur le rocher. 22 Alors quand ma gloire passera, je te cacherai dans le creux du rocher. Je te couvrirai de ma main pendant que je passerai. 23 Puis j'enlèverai ma main, et tu me verras de dos. Mais mon visage, on ne peut pas le voir. »

Moïse rencontre le Seigneur sur le mont Sinaï

34 1 Le SEIGNEUR dit à Moïse : « Taille deux tablettes de pierre, comme celles que tu as cassées. J'écrirai sur elles les paroles qui étaient sur les premières. 2 Prépare-toi pour demain matin. Tu monteras très tôt sur le mont Sinaï et tu m'attendras là-bas, au sommet de la montagne. 3 Personne ne doit monter avec toi, personne d'autre ne doit se montrer sur toute la montagne. Et aucun animal, mouton, chèvre ou vache, ne doit rester près de cet endroit. »

4 Moïse taille deux nouvelles tablettes de pierre, comme les premières. Il se lève tôt le matin et il monte sur le Sinaï avec les deux tablettes, comme le SEIGNEUR l'a commandé. 5 Le SEIGNEUR descend dans le nuage de fumée[c] et il se tient là, auprès de Moïse. Moïse prononce son nom, « LE SEIGNEUR ». 6 Ensuite, le SEIGNEUR passe devant Moïse et il dit d'une voix forte : « Je suis le SEIGNEUR. Oui, je suis un Dieu de pitié et de tendresse. Je suis patient, plein d'amour et de fidélité. 7 Je montre ma bonté pendant des milliers de générations. Je supporte les fautes, les révoltes et les péchés. Mais le coupable, je ne le déclare pas innocent. J'agis contre celui qui a péché, contre ses enfants jusqu'à la troisième ou la quatrième génération. »

8 Aussitôt Moïse s'incline et adore le SEIGNEUR. 9 Puis il dit : « Seigneur, puisque tu te montres bon pour moi, je t'en prie, viens avec nous ! Je le sais, ces gens ont la tête dure. Mais pardonne nos fautes et nos péchés, et considère-nous comme ton peuple ! »

Dieu rétablit son alliance avec les Israélites

10 Le SEIGNEUR dit à Moïse : « Je vais faire *alliance avec vous. Devant tout ton peuple, je vais accomplir des choses merveilleuses. Il n'y a jamais eu d'aussi belles choses sur la terre, nulle part et dans aucun pays. Tous les Israélites qui t'entourent verront combien les

c **34.5** *Voir Exode 13.21 et la note.*

actions que je vais accomplir avec toi sont
extraordinaires.

11 « Obéissez bien à ce que je vous
commande aujourd'hui. Je vais chasser devant
vous les *Amorites, les Cananéens, les Hittites, les Perizites, les Hivites et les Jébusites.
12 Attention ! Ne passez aucun accord avec
les habitants du pays où vous allez. Vous seriez ainsi pris dans un piège. 13 Au contraire,
vous détruirez leurs *autels, vous casserez
leurs pierres dressées[d], vous couperez leurs
*poteaux sacrés. 14 Vous n'adorerez aucun
dieu étranger. En effet, moi, le SEIGNEUR, je
m'appelle "Exigeant". Oui, je suis exigeant.
15 Ne passez donc aucun accord avec les habitants de ce pays. Sinon, quand ils se *prostituent avec leurs dieux et leur offrent des
*sacrifices, ils pourraient vous inviter, et
vous risqueriez de manger de leurs offrandes.
16 Et si vous preniez parmi eux des femmes
pour vos fils, celles-ci se prostitueraient avec
leurs dieux et elles amèneraient vos fils à en
faire autant.

17 « Vous ne fabriquerez pas de statues de
dieux en métal fondu.

18 « Vous célébrerez la fête des *Pains sans
levain. Au cours du *mois des Épis, pendant
sept jours, vous mangerez des pains sans *levain, comme je l'ai commandé. En effet, c'est
au mois des Épis que vous êtes sortis d'Égypte.

19 « Tous les premiers-nés sont à moi, même
tous ceux de vos troupeaux : vous devez
m'offrir le premier veau, le premier agneau,
le premier cabri. 20 Mais le premier petit de
l'ânesse, vous le remplacerez par un mouton
ou un cabri. Ou bien vous le tuerez en lui brisant le cou. Les fils aînés de votre peuple, vous
les rachèterez.

« Vous ne viendrez pas dans le *lieu saint
les mains vides.

21 « Vous travaillerez pendant six jours,
mais le septième jour, vous arrêterez de travailler, même au moment des labours ou des
récoltes.

22 « Vous célébrerez la *fête des Moissons,
au moment où vous récolterez les premiers
épis de *blé. À la fin de l'année, vous célébrerez la fête de la Récolte.

23 « Trois fois par an, tous les hommes de
votre peuple viendront se présenter devant
moi, le Maître, le SEIGNEUR, Dieu d'Israël.
24 Je chasserai devant vous les peuples du
pays et j'agrandirai votre terre. Personne n'es-
saiera de prendre votre pays pendant les trois
périodes de l'année où vous viendrez dans
mon *lieu saint.

25 « Quand vous m'offrirez des animaux en
*sacrifice, vous n'apporterez pas de pain fait
avec du levain. Vous ne garderez pas la viande
de l'animal offert pour la fête de la *Pâque du
soir jusqu'au matin du jour suivant. 26 Vous
apporterez les premiers produits de vos
champs à la maison du SEIGNEUR, votre Dieu.
Vous ne ferez pas cuire un cabri dans le lait
de sa mère. »

27 Le SEIGNEUR dit encore à Moïse : « Écris
ces commandements. Oui, c'est en accord
avec ces paroles que j'ai fait alliance avec toi
et avec le peuple d'Israël. » 28 Moïse reste
sur le mont Sinaï avec le SEIGNEUR 40 jours
et 40 nuits, sans manger ni boire. Sur les tablettes de pierre, il écrit les paroles de *l'alliance, les dix commandements.

Moïse redescend de la montagne

29 Moïse redescend de la montagne du Sinaï. Il tient en main les *tablettes de l'alliance.
La peau de son visage brille, parce que le SEI-
GNEUR a parlé avec lui. Mais Moïse ne le sait
pas. 30 Quand Aaron et tous les Israélites
voient briller son visage, ils ont peur de l'approcher. 31 Moïse les appelle. Alors Aaron et
tous les chefs du peuple viennent à lui, et
Moïse leur parle. 32 Ensuite, tous les autres Israélites s'approchent. Et Moïse leur présente
tous les commandements que le SEIGNEUR lui
a donnés sur le mont Sinaï.

33 Quand Moïse a fini de leur parler, il met
un voile sur son visage. 34 À partir de ce
moment-là, quand il entre devant le SEIGNEUR
pour parler avec lui, il enlève son voile. Et
quand il sort pour donner aux Israélites les

---

d **34.13** *Pierres dressées : voir Exode 23.24 et la note.*

ordres reçus, 35 les Israélites voient briller le visage de Moïse. Ensuite, Moïse remet le voile sur son visage et il le garde jusqu'à ce qu'il retourne parler avec Dieu.

LA CONSTRUCTION DU LIEU SAINT
35–40

Le sabbat, jour de repos

35 1 Moïse rassemble toute la communauté d'Israël et il leur dit : « Voici les choses que le SEIGNEUR commande[e] de faire : 2 Vous travaillerez pendant six jours. Mais le septième jour, c'est le *sabbat, le jour du repos. Vous devez le *consacrer au SEIGNEUR. Si quelqu'un travaille ce jour-là, on le fera mourir. 3 Vous n'allumerez même pas de feu le jour du sabbat, partout où vous habiterez. »

Les Israélites apportent leurs dons pour le lieu saint

4 Moïse continue de communiquer à toute la communauté d'Israël les commandements du SEIGNEUR : 5 « Faites des dons pour le SEIGNEUR. Tous ceux qui le feront de bon cœur apporteront au SEIGNEUR toutes sortes de choses : or, argent, bronze, 6 très belle laine violette, rouge clair ou rouge foncé, *lin fin, poils de chèvre, 7 peaux de béliers teintes en rouge, beau cuir, bois d'acacia, 8 huile pour les lampes, parfums pour l'huile de *consécration et pour le parfum à brûler, 9 pierres rouges et autres pierres précieuses pour l'éfod et pour la pochette[f] du *grand-prêtre. 10 Tous les artisans habiles parmi vous se réuniront pour fabriquer ce que le SEIGNEUR a commandé : 11 le *lieu saint avec la *tente sacrée et sa couverture, ses agrafes, ses cadres, ses traverses, ses colonnes et ses supports ; 12 le *coffre sacré avec ses barres et son couvercle ; le rideau de séparation ; 13 la table des pains avec ses barres, tous ses ustensiles et les pains offerts à Dieu ; 14 le porte-lampes avec ses ustensiles, ses lampes et l'huile pour les lampes ; 15 *l'autel du parfum avec ses barres, l'huile de consécration, le parfum à brûler et le rideau d'entrée de la tente sacrée ; 16 l'autel des sacrifices avec sa grille en bronze, ses barres et tous ses ustensiles ; le bassin pour les *purifications avec son support ; 17 les tentures de la cour avec leurs colonnes, leurs supports et le rideau pour l'entrée de la cour ; 18 les piquets de la tente sacrée, les piquets de la clôture de la cour avec leurs cordes ; 19 les vêtements de cérémonie pour le service de Dieu dans le *lieu saint, et les vêtements sacrés qu'Aaron et ses fils porteront pour accomplir leur service de prêtres. »

20 Les Israélites quittent Moïse. 21 Ensuite, tous les volontaires et tous ceux qui ont le cœur généreux viennent apporter au SEIGNEUR leurs dons pour construire la *tente de la rencontre, pour les cérémonies au service de Dieu et pour faire les vêtements sacrés. 22 Les hommes et les femmes au cœur généreux viennent avec toutes sortes de bijoux en or : broches, boucles, anneaux ou colliers, et ils les offrent au SEIGNEUR avec le geste de présentation. 23 Ceux qui possèdent de la très belle laine violette, rouge clair ou rouge foncé, du lin fin, des poils de chèvre, des peaux de béliers teintes en rouge ou du beau cuir, les apportent. 24 Ceux qui ont mis de côté pour le SEIGNEUR de l'argent ou du bronze, l'apportent. Ceux qui possèdent du bois d'acacia utile pour faire les travaux l'apportent. 25 Des femmes très habiles ont filé de leurs mains du lin fin, de la très belle laine violette, rouge clair ou rouge foncé, et elles les apportent. 26 D'autres femmes habiles filent les poils de chèvre. 27 Les chefs de la commu-

---

e **35.1** *Les chapitres 35 à 40 racontent comment les objets que le Seigneur a commandé de fabriquer sont réalisés. Voir Exode 25 à 31.*

f **35.9** *L'éfod et la pochette : voir Exode 25.7 et la note.*

nauté apportent les pierres rouges et les autres pierres précieuses pour l'éfod et la pochette du grand-prêtre. 28 Ils apportent aussi les parfums et l'huile pour les lampes, pour l'huile de consécration et pour le parfum à brûler. 29 Tous les Israélites au cœur généreux, hommes et femmes, apportent ainsi leurs dons volontaires au SEIGNEUR pour réaliser les travaux que le SEIGNEUR a commandés à Moïse.

Bessalel et Oholiab sont chargés des travaux

30 Moïse dit aux Israélites : « Voyez, le SEIGNEUR a choisi Bessalel, fils d'Ouri et petit-fils de Hour, de la tribu de Juda. 31 Il l'a rempli de son esprit pour le rendre très habile et intelligent. Bessalel connaît toutes sortes de techniques : 32 il sait faire de belles choses, il sait travailler l'or, l'argent et le bronze. 33 Il sait tailler les pierres précieuses et les monter sur des objets, il sait sculpter le bois. En un mot, il sait tout faire. 34 De plus, le SEIGNEUR lui a donné de savoir enseigner ces techniques. Il a fait ce don aussi à Oholiab, fils d'Ahissamak, de la tribu de Dan. 35 Il les a rendus habiles pour faire les travaux suivants : tailler des pierres précieuses, dessiner, broder de la très belle laine violette, rouge clair ou rouge foncé, broder du *lin fin et tisser. Ils sont capables de faire n'importe quel travail d'artisan et de créer de belles choses.

36 1 « Le SEIGNEUR a donné l'habileté et l'intelligence à Bessalel, à Oholiab et à d'autres artisans. Ainsi ils pourront faire les travaux nécessaires à son service dans le *lieu saint. Ils feront donc tout ce que le SEIGNEUR a commandé. »

2 Moïse fait venir Bessalel, Oholiab et les autres artisans. Le SEIGNEUR leur a donné une grande habileté, et ils acceptent de venir faire ces travaux. 3 Moïse leur remet tout ce que les Israélites ont apporté pour construire le *lieu saint. Tous les matins, les gens continuent d'apporter des dons volontaires. 4 Alors tous les artisans qui construisent le lieu saint arrêtent leur travail. Ils vont 5 dire à Moïse : « Les gens apportent trop de choses pour faire ce que le SEIGNEUR a commandé. » 6 Aussitôt, Moïse commande de dire à travers tout le camp : « Plus personne, ni homme ni femme, ne doit préparer de dons pour le lieu saint. » Le peuple arrête alors d'apporter des dons. 7 En effet, ils sont déjà suffisants pour faire les travaux. Il y en a même trop.

Fabrication de la tente sacrée

8 Les artisans les plus habiles fabriquent la *tente sacrée : ils font dix bandes de tissu, avec des fils de *lin solides, mélangés avec de la très belle laine violette, rouge clair et rouge foncé. Ils brodent dessus des *chérubins. 9 Toutes les bandes ont la même grandeur : 14 mètres sur 2 mètres. 10 Ils mettent d'abord cinq bandes ensemble, puis les cinq autres. 11 Ils fixent des attaches en laine violette au bord de la cinquième bande. Ils en mettent aussi au bord de la première des cinq autres bandes. 12 Sur le côté droit des cinq premières bandes et sur le côté gauche des cinq autres bandes, ils fixent 50 attaches. Chaque attache est en face d'une autre. 13 Ils fabriquent 50 agrafes en or. Puis ils accrochent les deux ensembles de cinq bandes avec les agrafes. Alors la tente sacrée forme un tout.

14 Ensuite, ils font onze bandes de tissu en poils de chèvre, pour former une deuxième tente au-dessus de la tente sacrée. 15 Toutes les bandes ont la même grandeur : 15 mètres sur 2 mètres. 16 Ils mettent d'abord cinq bandes ensemble, puis les six autres. 17 Ils fixent 50 attaches au bord de la cinquième bande et 50 attaches au bord de la première des six autres bandes. 18 Ils fabriquent 50 agrafes en bronze pour attacher les deux ensembles de bandes. Alors cette tente forme un tout. 19 Pour protéger la deuxième tente, ils fabriquent une couverture en peaux de béliers teintes en rouge, et une couverture en beau cuir par-dessus.

20 Ensuite, ils fabriquent des cadres en bois d'acacia et ils les mettent debout pour soutenir la tente sacrée. 21-22 Tous les cadres se ressemblent : chaque cadre a 5 mètres sur 75 centimètres. En bas, on laisse dépasser deux morceaux de bois parallèles. 23 Ils fabriquent 20 cadres pour le côté sud de la tente

24 et 40 supports en argent. Les cadres s'appuient sur eux. Chaque cadre a deux supports. Pour le faire tenir debout, on enfonce les deux morceaux de bois qui dépassent dans les deux supports. 25 Pour le côté nord de la tente, ils fabriquent aussi 20 cadres 26 avec 40 supports en argent. Chaque cadre s'appuie sur deux supports. 27 Pour le fond de la tente, à l'ouest, ils fabriquent six cadres, 28 plus deux cadres spéciaux pour les coins du fond. 29 Ces deux cadres sont écartés en bas, mais ils se rejoignent en haut, dans le premier anneau. Tous les deux sont pareils et ils servent de cadres pour les coins de la tente. 30 Le fond de la tente sacrée comprend donc huit cadres et seize supports en argent. Chaque cadre s'appuie sur deux supports.

31 Ensuite, ils taillent des traverses en bois d'acacia : cinq pour tenir les cadres sur un côté de la tente sacrée, 32 cinq pour les cadres de l'autre côté, cinq pour les cadres du fond, à l'ouest. 33 La traverse du milieu passe à la moitié de la hauteur des cadres, d'un bout à l'autre de la tente. 34 Ils recouvrent les cadres et les traverses avec de l'or. Ils fabriquent des anneaux en or dans lesquels les traverses entreront.

35 Des artisans font un rideau avec des fils de lin solides, mélangés avec de la très belle laine violette, rouge clair et rouge foncé. Ils brodent dessus des chérubins. 36 Ils coupent quatre colonnes en bois d'acacia et ils les recouvrent d'or. On peut y fixer le rideau avec des crochets en or. Ces colonnes sont plantées sur quatre supports en argent.

37 Pour l'entrée de la tente sacrée, des brodeurs font un autre rideau avec des fils de lin solides, mélangés avec de la très belle laine violette, rouge clair et rouge foncé. 38 Pour porter le rideau, ils fabriquent cinq colonnes avec leurs crochets et des tiges. Puis ils recouvrent d'or le haut des colonnes et les tiges. Les cinq supports sont en bronze.

Fabrication du coffre sacré

37 1 Bessalel fabrique le *coffre sacré en bois d'acacia. Il a 125 centimètres de long, 75 centimètres de large et 75 centimètres de haut. 2 Bessalel le recouvre d'or pur à l'intérieur et à l'extérieur. Il met une bordure en or tout autour. 3 Il fabrique quatre anneaux en or et il les fixe aux quatre coins du coffre : deux anneaux d'un côté, deux anneaux de l'autre. 4 Il coupe deux barres en bois d'acacia et il les recouvre d'or. 5 Il les passe dans les anneaux de chaque côté du coffre pour le transporter.

6 Il fabrique le couvercle du coffre sacré en or pur. Il a 125 centimètres de long et 75 centimètres de large. 7 Il fait deux *chérubins en or battu aux deux bouts du couvercle. 8 Ces deux chérubins forment une seule pièce avec le couvercle, à chaque bout. 9 Ils sont l'un en face de l'autre et ils ont le visage tourné vers le couvercle. Leurs ailes sont ouvertes toutes grandes vers le haut et ils protègent ainsi le couvercle.

Fabrication de la table des pains offerts à Dieu

10 Ensuite, Bessalel fabrique la table en bois d'acacia. Elle a 1 mètre de long, 50 centimètres de large et 75 centimètres de haut. 11 Il la recouvre d'or pur et il fait une bordure en or tout autour. 12 Sur les quatre côtés, il met un cadre de 8 centimètres de large et là aussi, il fabrique une bordure en or. 13 Il fabrique quatre anneaux en or. Il les fixe aux quatre coins, près des quatre pieds. 14 Les anneaux sont près du cadre. Il passe les barres dans les anneaux pour pouvoir transporter la table. 15 Il coupe deux barres en bois d'acacia et il les recouvre d'or. Elles servent à transporter la table. 16 Il fabrique en or pur des plats, des *coupes, des récipients, des bols pour les offrandes de vin. Tous ces ustensiles seront placés sur la table.

Fabrication du porte-lampes à sept branches

17 Bessalel fabrique un porte-lampes en or pur battu. Le pied et la tige, les *coupes, les boutons et les fleurs forment une seule pièce. 18 Six branches partent de la tige du milieu, trois branches à droite, trois branches à gauche. 19 Sur chaque branche, il y a trois coupes en forme d'amande avec bouton et fleur. 20 Sur la tige du milieu, il y a quatre coupes

en forme d'amande, avec bouton et fleur. 21 Il y a aussi un bouton sous les deux premières branches qui partent l'une à droite et l'autre à gauche de la tige du milieu. C'est la même chose pour les six branches qui sortent du porte-lampes. 22 Les boutons et les branches forment une seule pièce avec le reste du porte-lampes. L'ensemble est en or pur battu. 23 Bessalel fabrique sept lampes et aussi des pincettes pour le porte-lampes et des cendriers en or pur. 24 Pour fabriquer le porte-lampes, les pincettes et les cendriers, il prend 30 kilos d'or pur.

Fabrication de l'autel du parfum

25 Ensuite, Bessalel fabrique *l'autel en bois d'acacia pour brûler le parfum sacré. Cet autel est carré, il a 50 centimètres de côté et 1 mètre de haut. Ses *coins sont relevés, mais ils forment une seule pièce avec l'autel. 26 Il le recouvre entièrement d'or pur : le dessus avec les coins relevés et les quatre côtés. Il fabrique une bordure en or tout autour. 27 Il fabrique deux anneaux en or et il les fixe de chaque côté de l'autel, au-dessus de la bordure. On passera des barres dans les anneaux pour le transporter. 28 Bessalel coupe ces deux barres en bois d'acacia et il les recouvre d'or.

29 Un parfumeur prépare l'huile de *consécration et le parfum sacré qu'on brûle sur l'autel.

Fabrication de l'autel des sacrifices et du bassin des purifications

38 1 Ensuite, Bessalel fabrique un *autel en bois d'acacia pour les *sacrifices. Cet autel est carré. Chaque côté a 2 mètres et demi. Cet autel a 1 mètre et demi de haut. 2 Ses quatre *coins sont relevés, mais ils forment une seule pièce avec l'autel. Bessalel les recouvre de bronze. 3 Il fabrique en bronze tous les ustensiles de l'autel : les récipients pour les cendres grasses de l'autel, les pelles, les *coupes pour le sang, les fourchettes à viande et les brûle-parfums. 4 Il fabrique une grille en bronze. Il la fixe autour de l'autel, sous sa bordure, depuis le bas jusqu'à mi-hauteur. 5 Il fabrique quatre anneaux. Il les fixe aux quatre coins de la grille pour y faire entrer des barres. 6 Il coupe deux barres en bois d'acacia et il les recouvre de bronze. 7 Il les passe dans les anneaux, sur les côtés de l'autel, pour le transporter. Cet autel en planches est creux à l'intérieur.

8 Ensuite, Bessalel fabrique le bassin en bronze avec son support en bronze. Pour cela, il utilise les miroirs de bronze des femmes qui sont de service à l'entrée de la *tente de la rencontre.

Les tentures de la cour

9 Autour de la *tente sacrée, il y a un espace. Cette cour est limitée par des tentures tissées en fils de *lin solides. Du côté sud, les tentures s'étendent sur 50 mètres. 10 Elles sont fixées, avec des crochets et des tiges en argent, à 20 colonnes en bronze. Les colonnes sont plantées sur 20 supports en bronze. 11 Du côté nord, les tentures s'étendent aussi sur 50 mètres. Elles sont fixées de la même façon. 12 Du côté ouest, les tentures s'étendent sur 25 mètres. Elles sont fixées de la même façon à dix colonnes plantées sur dix supports. 13 Du côté de l'entrée, à l'est, la cour a aussi 25 mètres de large. 14-15 De chaque côté de l'entrée, il y a des tentures sur 7 mètres et demi, avec trois colonnes et trois supports.

16 Toutes les tentures qui entourent la cour sont en lin solide. 17 Les supports des colonnes sont en bronze, les crochets et les tiges sont en argent. Le haut des colonnes est recouvert d'argent. Des tiges en argent relient toutes les colonnes qui limitent la cour. 18 Pour l'entrée de la cour, des brodeurs ont tissé le rideau en fils de lin solides, mélangés avec de la très belle laine violette, rouge clair et rouge foncé. Ce rideau a 10 mètres de long et 2 mètres et demi de haut, comme les tentures de la cour. 19 Il est fixé à quatre colonnes en bronze, plantées sur quatre supports en bronze. Les crochets sont en argent, les tiges et le haut des colonnes sont recouverts d'argent. 20 Tous les piquets de la tente et de la clôture de la cour sont en bronze.

Les quantités de métaux utilisées

21 Voici quelles sont les quantités de métaux utilisées pour la *tente sacrée, qui doit abriter

les *tablettes de l'alliance. Comme Moïse l'a commandé, les *lévites, dirigés par Itamar, le fils du prêtre Aaron, font ce calcul. 22 Bessalel, fils d'Ouri et petit-fils de Hour, de la tribu de Juda, a fait tout ce que le SEIGNEUR a commandé à Moïse. 23 Oholiab, fils d'Ahissamak, de la tribu de Dan, l'a aidé. Oholiab est tailleur de pierres précieuses, dessinateur, brodeur de très belle laine violette, rouge clair et rouge foncé et brodeur de *lin.

24 Total de l'or donné par les Israélites et utilisé pour construire le *lieu saint : 877 kilos et 300 grammes.

25 Total de l'argent donné par les gens de la communauté qu'on a comptés : 3 017 kilos et 750 grammes. 26 Les 603 550 hommes de 20 ans et plus qu'on a comptés ont donné chacun 5 grammes d'argent. 27 Les artisans ont utilisé 3 000 kilos d'argent pour couler les 100 supports des colonnes du *lieu saint et du rideau intérieur. Cela fait 30 kilos par support. 28 Avec les 17 kilos et 750 grammes qui restaient, ils ont fabriqué les crochets des colonnes, ils ont recouvert leur sommet et fabriqué les tiges reliant les colonnes.

29 Total du bronze donné par les Israélites : 2 124 kilos. 30 Les artisans l'ont utilisé pour fabriquer les supports à l'entrée de la *tente de la rencontre, *l'autel en bronze avec sa grille en bronze, tous les ustensiles de l'autel, 31 les supports de la clôture et de l'entrée de la cour, les piquets de la tente et de la clôture de la cour.

Fabrication des vêtements des prêtres

39 1 Avec la très belle laine violette, rouge clair et rouge foncé, des artisans font des vêtements de cérémonie pour le service du SEIGNEUR dans le *lieu saint, ainsi que les vêtements sacrés d'Aaron, comme le SEIGNEUR l'a commandé à Moïse.

2 Ils font l'éfod[g] avec des fils de *lin solides, mélangés avec de la très belle laine violette, rouge clair et rouge foncé, et ils le brodent avec des fils d'or. 3 Ils découpent des bandes très fines dans des feuilles d'or battu. Les brodeurs les mélangent avec de la très belle laine violette, rouge clair et rouge foncé, et avec des fils de lin. 4 Pour attacher l'éfod, ils cousent deux bretelles sur les côtés. 5 La ceinture qui attache l'éfod forme une seule pièce avec lui, comme le SEIGNEUR l'a commandé à Moïse. 6 Ils préparent les deux pierres précieuses rouges et ils les fixent dans des montures en or. Sur ces pierres, ils gravent les noms des fils de Jacob, comme on grave un *sceau. 7 Ils les mettent sur les bretelles de l'éfod, pour représenter les douze tribus d'Israël, comme le SEIGNEUR l'a commandé à Moïse.

Fabrication de la pochette du grand-prêtre

8 Des artisans font la pochette[h] avec des fils de *lin solides, mélangés avec de la très belle laine violette, rouge clair et rouge foncé, et ils la brodent avec des fils d'or. 9 C'est une pochette carrée, de 25 centimètres de côté. 10 Ils la décorent avec quatre rangées de pierres précieuses : sur la première rangée, ils mettent une pierre rouge vif, une pierre jaune et une pierre bleu-vert. 11 Sur la deuxième rangée, ils mettent une pierre rouge foncé, une pierre bleue et un diamant. 12 Sur la troisième rangée, ils mettent une pierre orange, une pierre de plusieurs couleurs et une pierre violette. 13 Sur la quatrième rangée, ils mettent une pierre vert clair, une pierre rouge et une pierre verte. Ils fixent chaque pierre sur une monture en or. 14 Sur chaque pierre, ils ont gravé le nom d'un des douze fils de Jacob, comme on grave un *sceau. Les douze pierres représentent les douze tribus d'Israël.

15 Pour la pochette, ils tressent deux petites chaînes en or pur. 16 Ils fabriquent aussi deux montures en or et deux anneaux en or, qu'ils fixent en haut de la pochette, aux deux coins. 17 Ils attachent les deux petites chaînes en or aux deux anneaux de la pochette. 18 Ils attachent l'autre bout des chaînes aux deux mon-

g **39.2** *L'éfod : voir Exode 25.7 et la note.*
h **39.8** *Pochette : voir Exode 25.7 et la note.*

tures en or placées sur les bretelles de l'éfod[i]
pour que la pochette soit devant. 19 Ils fabriquent deux autres anneaux en or et ils les
fixent en bas de la pochette, aux deux coins,
du côté de l'éfod. 20 Ils fabriquent encore
deux autres anneaux en or. Ils les fixent au
bas des bretelles de l'éfod, devant, là où on
les a cousues. Ils mettent ces anneaux au-
dessus de la ceinture de l'éfod. 21 Ils relient
les anneaux de la pochette à ceux de l'éfod
avec un cordon violet. Alors la pochette reste
sur la ceinture et elle ne bouge pas sur l'éfod,
comme le SEIGNEUR l'a commandé à Moïse.

Fabrication des autres vêtements sacrés

22 Le vêtement qui est sous l'éfod[j] est entièrement tissé avec de la très belle laine
violette. 23 Pour passer la tête, il y a une ouverture. Des artisans tissent une bordure autour
de cette ouverture et ils la rendent solide
pour qu'elle ne se déchire pas. 24 Ils décorent
le bas du vêtement tout autour. Ils brodent des
fruits appelés grenades avec de la très belle
laine violette, rouge clair et rouge foncé et
avec des fils de *lin solides. 25 Ils fabriquent
des petites cloches en or et ils les mettent
aussi sur le bas du vêtement, tout autour, entre les grenades. 26 Il y a une petite cloche en
or, une grenade, puis une cloche et une grenade, et ainsi de suite, tout autour, comme
le SEIGNEUR l'a commandé à Moïse.

27 Des artisans tissent encore des vêtements
en lin pour Aaron et ses fils. 28 Ils tissent aussi
des turbans en lin, le tissu en lin pour les tiares[k], les caleçons en lin solide. 29 Ils tissent la
ceinture brodée avec des fils de lin solides,
mélangés avec de la très belle laine violette,
rouge clair et rouge foncé, comme le SEIGNEUR
l'a commandé à Moïse.

30 Enfin, ils fabriquent l'insigne sacré, le bijou d'or pur en forme de fleur. Ils gravent sur
lui « *Consacré au SEIGNEUR », comme on
grave un *sceau. 31 Ils fixent ce bijou avec un
cordon violet sur le devant du turban sacré,
comme le SEIGNEUR l'a commandé à Moïse.

Moïse voit tout le travail réalisé

32 Voilà comment tous les travaux pour la
*tente sacrée, la tente de la rencontre, se ter-
minent. Les Israélites ont fait exactement ce
que le SEIGNEUR a commandé à Moïse. 33 Ils apportent à Moïse tous les éléments de la tente
sacrée :

– la tente elle-même et tout ce qu'elle comprend : ses agrafes, ses cadres, ses traverses, ses colonnes et ses supports ;

34 – la couverture en peaux de bélier teintes en rouge, la couverture en beau cuir et le rideau de séparation ;

35 – le coffre contenant les *tablettes de l'alliance, avec ses barres et son couvercle ;

36 – la table des pains avec tous ses ustensiles et les pains offerts à Dieu ;

37 – le porte-lampes en or pur avec sa rangée de lampes, tous ses ustensiles et l'huile pour les lampes ;

38 – *l'autel en or, l'huile de *consécration et le parfum à brûler ;

– le rideau pour l'entrée de la tente ;

39 – l'autel en bronze avec sa grille en bronze, ses barres et ses ustensiles ;

– le bassin pour les *purifications, avec son support ;

40 – les tentures de la cour avec leurs colonnes et leurs supports, le rideau pour l'entrée de la cour, avec ses cordes et ses piquets ;

– tous les objets qui doivent être utilisés pour le service de la tente de la rencontre, la tente sacrée ;

41 – les vêtements de cérémonie pour le service dans le *lieu saint ;

– les vêtements sacrés du grand-prêtre Aaron, et les vêtements que ses fils doivent porter pour accomplir leur service de prêtres.

42 Les Israélites ont réalisé tout ce travail selon les ordres que le SEIGNEUR avait donnés à
Moïse. 43 Moïse voit tout le travail qu'ils ont

---

i **39.18** *L'éfod : voir Exode 25.7 et la note.*
j **39.22** *L'éfod : voir Exode 25.7 et la note.*
k **39.28** *Tiare : voir Exode 28.40 et la note.*

réalisé, exactement comme le SEIGNEUR l'avait
commandé. Alors il *bénit les Israélites.

Le Seigneur commande de dresser la tente sacrée

40 1 Le SEIGNEUR dit à Moïse : 2 « Le premier jour du premier *mois, tu feras
dresser la *tente de la rencontre, la tente sacrée. 3 Tu y mettras le coffre contenant les
*tablettes de l'alliance, tu le cacheras der-
rière le rideau de séparation. 4 Tu apporteras
la table des pains et tu placeras dessus les
pains offerts au SEIGNEUR. Tu apporteras le
porte-lampes et tu allumeras les lampes.
5 Tu mettras *l'autel en or pour le parfum devant le coffre contenant les tablettes de l'alliance. Tu fixeras le rideau d'entrée de la
tente sacrée. 6 Tu mettras l'autel des sacrifices devant l'entrée de la tente de la rencontre, la tente sacrée. 7 Tu mettras le bassin
pour les *purifications entre la tente de la
rencontre et l'autel, et tu le rempliras d'eau.
8 Tu mettras les tentures de la cour autour du
*lieu saint, et tu fixeras le rideau à l'entrée
de la cour.

9 « Tu prendras de l'huile de *consécration
et tu en verseras sur la tente sacrée et sur
tout ce qu'elle contient. Tu la consacreras de
cette façon avec tous ses ustensiles. Ensuite,
elle sera vraiment à moi. 10 Tu verseras aussi
de l'huile sur l'autel des sacrifices et sur
tous ses ustensiles. Tu le consacreras de cette
façon pour qu'il soit uniquement réservé à
mon service. 11 Tu verseras aussi de l'huile
sur le bassin et sur son support pour les consacrer.

12 « Tu conduiras Aaron et ses fils à l'entrée
de la tente de la rencontre et tu leur feras
prendre un bain pour se rendre *purs. 13 Tu
mettras à Aaron les vêtements sacrés. Tu verseras de l'huile sur sa tête, et tu le consacreras
ainsi pour qu'il me serve comme prêtre. 14 Tu
diras aux fils d'Aaron de s'approcher. Tu leur
mettras leurs vêtements. 15 Tu les consacreras
comme leur père, en versant de l'huile sur
leur tête, pour qu'ils me servent comme prêtres. De cette façon, ils seront consacrés
pour toujours comme prêtres, eux et les enfants de leurs enfants. »

Moïse fait installer le lieu saint

16 Moïse fait exactement tout ce que le SEI-
GNEUR lui a commandé. 17 Le premier jour du
premier *mois, une année après le départ
d'Égypte, on dresse la *tente sacrée.

18 Moïse fait dresser la tente : des artisans
placent les supports, les cadres et les traverses
et ils dressent les colonnes. 19 Ils installent la
deuxième tente au-dessus de la tente sacrée
et ils la recouvrent d'une couverture, comme
le SEIGNEUR l'a commandé à Moïse.

20 Puis Moïse prend les *tablettes de l'alliance et il les met dans le coffre sacré. Des
artisans placent les barres du coffre et ils le
recouvrent de son couvercle. 21 Moïse fait
entrer le coffre dans la tente sacrée. Puis des
artisans fixent le rideau de séparation pour
cacher le coffre contenant les tablettes de l'alliance, comme le SEIGNEUR l'a commandé à
Moïse.

22 Ils placent la table des pains dans la tente
de la rencontre, du côté nord, devant le rideau
de séparation. 23 Ils posent sur elle les pains
offerts au SEIGNEUR, comme le SEIGNEUR l'a
commandé à Moïse.

24 Ils mettent le porte-lampes dans la tente
de la rencontre, du côté sud, en face de cette
table. 25 Ils allument les lampes devant le SEI-
GNEUR, comme le SEIGNEUR l'a commandé à
Moïse.

26 Ils placent *l'autel en or dans la tente de
la rencontre, devant le rideau de séparation.
27 Ils font brûler sur l'autel le parfum, comme
le SEIGNEUR l'a commandé à Moïse.

28 Puis ils fixent le rideau à l'entrée de la
tente sacrée. 29 Ils placent l'autel des *sacrifices près de l'entrée de la tente sacrée, la
tente de la rencontre. Moïse offre sur lui
un sacrifice complet et une offrande de produits de la terre, comme le SEIGNEUR l'a
commandé.

30 Des artisans posent le bassin entre la
tente de la rencontre et l'autel, et ils le
remplissent d'eau pour les *purifications.
31 Moïse, Aaron et ses fils se lavent les mains
et les pieds dans le bassin. 32 De cette façon,
ils se rendent *purs chaque fois qu'ils doivent
entrer dans la tente de la rencontre, ou quand

ils s'approchent de l'autel, comme le Seigneur
l'a commandé à Moïse.
33 Moïse fait dresser les tentures de la cour
autour de la tente sacrée et de l'autel. Des artisans fixent le rideau à l'entrée de la cour.
Moïse finit les travaux de cette façon.

La gloire du Seigneur remplit la tente sacrée

34 Alors le nuage de fumée vient couvrir la
*tente de la rencontre, la *gloire du Seigneur
remplit la tente sacrée. 35 Moïse ne peut pas
entrer dans la tente de la rencontre. En effet,
le nuage de fumée reste sur elle, et la gloire du
Seigneur la remplit.
36 Quand le nuage de fumée monte au-
dessus de la tente sacrée, les Israélites se mettent en route pour une nouvelle étape. 37 Mais
si le nuage ne monte pas, ils ne partent pas. Ils
attendent le jour où il monte de nouveau.
38 Le nuage du Seigneur repose sur la tente
sacrée pendant le jour, un feu brille dans le
nuage pendant la nuit. Les Israélites voient
cela, tout au long de leur route.

Lévitique

INTRODUCTION

Ce livre a sans doute été écrit par des prêtres, et ceux-ci y tiennent une place importante. Dans l'ancien Israël, les prêtres étaient membres de la tribu de Lévi. De là vient le nom de Lévitique.

Le livre du Lévitique se présente comme un ***ensemble de lois et de règles*** *que Dieu donne à Moïse pour que celui-ci les communique aux Israélites.*

• *Les textes de l'Ancien Testament parlent de différentes formes de relations qui doivent exister entre les êtres humains et Dieu. L'obéissance aux lois données par Dieu est l'une de ces formes. Une autre forme est de le servir en lui rendant un culte. En Israël, les prêtres étaient mis à part pour ce service. Ils donnaient la possibilité d'entrer en relation avec Dieu. Ils étaient chargés en particulier de lui présenter les sacrifices que les êtres humains lui offraient. Les sacrifices devenaient sacrés parce qu'ils étaient offerts à Dieu. En retour, Dieu montrait sa présence et accordait son pardon. Il était donc très important de savoir dans quelles conditions les offrandes et les sacrifices pouvaient plaire à Dieu.*

Les chapitres 1 à 7 du Lévitique concernent les lois et les règles à appliquer pour les ***sacrifices****.*

Les chapitres 8 à 10 concernent les ***prêtres*** *mis à part pour servir Dieu.*

• *Dans l'ancien Israël, les idées de pureté et d'impureté avaient beaucoup d'importance. En effet, il fallait être pur pour pouvoir se présenter devant Dieu. Ce qui est pur, c'est ce qui n'est pas mélangé à autre chose, ce qui est entier, ce qui n'a pas de défaut physique ou moral.*

Les chapitres 11 à 16 du Lévitique donnent des règles pour ***distinguer le pur de l'impur*** *et rendre pur quelque chose d'impur.*

• *L'affirmation principale du Lévitique est que Dieu est saint. Dire que Dieu est saint, c'est dire qu'il est totalement différent des humains et que lui seul est Dieu. Une personne ou une chose est sainte quand elle est mise à part pour Dieu. Les textes de l'Ancien Testament affirment que le peuple d'Israël est saint parce qu'il appartient à Dieu. Cela a des conséquences sur la manière de vivre.*

Les chapitres 17 à 27 du Lévitique forment un ensemble indiquant « ***les règles de sainteté*** *» que le peuple de Dieu doit suivre. La raison de ces règles est exprimée ainsi : « Soyez saints parce que je suis saint, moi, le Seigneur votre Dieu » (19.2). Comme le chapitre 19 le montre, elles concernent les relations avec Dieu, avec le pays, avec les autres, Israélites ou non-israélites.*

Le commandement d'amour est l'un des textes les plus connus du Lévitique. Il est donné sous deux formes : « Chacun de vous doit aimer son prochain comme lui-même » (19.18), et « Quand un étranger viendra s'installer chez vous... vous agirez avec lui comme avec quelqu'un de votre peuple. Vous devez l'aimer comme vous-mêmes » (19.33-34).

Les lois et les règles du Lévitique sont à replacer dans les idées religieuses de leur temps. Cependant, aujourd'hui encore, elles rappellent ceci : il est important d'avoir une relation juste avec Dieu, et cette relation a des conséquences pour le culte et pour la vie.

LOIS ET RÈGLES POUR LES SACRIFICES
1–10

Le sacrifice complet

1 1 Le SEIGNEUR appelle Moïse et, depuis la
*tente de la rencontre, il lui commande
2 de donner aux Israélites les enseignements
suivants : « Quand l'un de vous veut offrir un
animal en *sacrifice au SEIGNEUR, il peut le
choisir parmi les bœufs, les moutons ou les
chèvres.
3 « S'il offre en sacrifice complet un animal
pris parmi les bœufs, il doit choisir un taureau
sans défaut. Il le conduit à l'entrée de la tente
de la rencontre pour que le SEIGNEUR accepte
son offrande. 4 Il pose la main sur la tête de
l'animal. Alors le SEIGNEUR accepte son offrande et il lui pardonne ses péchés. 5 Celui
qui offre l'animal *l'égorge devant la tente. Ensuite, les prêtres, fils d'Aaron, présentent le
sang au SEIGNEUR. Puis ils le versent sur tous
les côtés de *l'autel qui est à l'entrée de la
tente de la rencontre. 6 L'homme enlève la
peau de l'animal et le coupe en morceaux.
7 Les prêtres allument le feu sur l'autel et ils
mettent des morceaux de bois dessus. 8 Ils
mettent les morceaux de viande avec la tête
et les parties grasses sur le bois. 9 L'homme
lave les intestins, l'estomac et les pattes de
l'animal. Ensuite un prêtre brûle tout cela
sur l'autel. C'est un sacrifice complètement
brûlé, et sa fumée de bonne odeur plaît au SEI-
GNEUR.
10 « Si quelqu'un offre en sacrifice complet
un animal pris parmi les moutons et les chèvres, il doit présenter un bélier ou un bouc
sans défaut. 11 Il l'égorge devant le SEIGNEUR,
au nord de l'autel. Alors les prêtres, fils d'Aaron, versent le sang sur tous les côtés de l'autel. 12 On coupe l'animal en morceaux, avec la
tête et les parties grasses. Un prêtre met tous
ces morceaux sur le bois qui brûle sur l'autel.
13 L'homme lave les intestins, l'estomac et les
pattes de l'animal. Ensuite, le prêtre les présente au SEIGNEUR, puis il brûle tout cela sur
l'autel. C'est un sacrifice complètement brûlé,
et sa fumée de bonne odeur plaît au SEIGNEUR.
14 « Si quelqu'un offre un oiseau au SEIGNEUR
en sacrifice complet, il doit apporter une tourterelle[a] ou un pigeon. 15 Le prêtre présente
l'oiseau devant l'autel. Il lui tord le cou et il
brûle sa tête sur l'autel. Ensuite, il fait couler
le sang sur le côté de l'autel. 16 Il enlève la poche de nourriture de l'oiseau avec ce qu'elle
contient, et il la jette à côté de l'autel, à l'est,
là où on met les cendres grasses. 17 Il coupe
l'oiseau en deux entre les ailes, mais il ne sépare pas les deux moitiés. Puis il le brûle sur le
feu de l'autel. C'est un sacrifice complètement brûlé, et sa fumée de bonne odeur plaît
au SEIGNEUR. »

L'offrande des produits de la terre

2 1 « Si quelqu'un veut offrir au SEIGNEUR un
produit de la terre, il doit prendre de la
farine. Il met de l'huile dessus avec de
*l'encens. 2 Puis il l'apporte aux prêtres, fils
d'Aaron. L'un des prêtres prend une poignée
de farine mélangée à l'huile, et tout l'encens.
Un prêtre fait brûler sur *l'autel cette partie
de l'offrande qu'on appelle "souvenir"[b]. C'est
une offrande brûlée, et sa fumée de bonne
odeur plaît au SEIGNEUR. 3 Ce qui en reste est
pour Aaron et ses fils. C'est une part unique-

a 1.14 *La tourterelle est un oiseau de la famille des pigeons.*
b 2.2 *Souvenir : cette partie de l'offrande était brûlée pour que Dieu se souvienne de la personne qui l'avait offerte.*

ment réservée au Seigneur. En effet, elle vient
d'une offrande brûlée pour le Seigneur.

4 « Si c'est une offrande cuite au four, la
pâte doit être sans *levain. Vous apportez
alors des gâteaux à l'huile ou des galettes arrosées d'huile. 5 Si c'est une offrande cuite sur
une plaque, elle doit être faite de farine mélangée avec de l'huile, mais sans levain. 6 Celui qui apporte l'offrande la partage et verse
encore de l'huile sur les morceaux. C'est
une offrande tirée de la terre. 7 Si c'est une
offrande cuite dans une poêle, la farine doit
être préparée dans l'huile. 8 L'homme apporte
l'offrande préparée de cette façon pour le
Seigneur. Il la présente à un prêtre qui
approche de l'autel. 9 Le prêtre prend la part
qu'on appelle "souvenir" et il la brûle sur
l'autel. C'est une offrande brûlée, et sa fumée
de bonne odeur plaît au Seigneur. 10 Ce qui
reste de l'offrande est pour Aaron et ses fils.
C'est une part uniquement réservée au Seigneur. En effet, elle vient d'une offrande brûlée pour le Seigneur.

11 « Vous n'offrirez jamais au Seigneur une
offrande préparée avec du levain. En effet,
vous ne ferez jamais brûler pour le Seigneur
une offrande préparée avec du levain ou du
miel. 12 Vous pourrez en apporter au Seigneur
quand vous lui offrirez les premiers produits
de la terre. Mais vous ne devez pas les brûler
sur l'autel dans un *sacrifice à la fumée de
bonne odeur.

13 « Vous mettrez du sel sur chaque offrande
tirée de la terre. Vous n'oublierez jamais le sel
sur votre offrande. En effet, il représente
*l'alliance que Dieu a établie avec vous[c]. C'est
pourquoi vous offrirez toujours du sel avec vos
offrandes.

14 « Quand vous apporterez au Seigneur une
offrande des premiers produits de la terre,
vous commencerez par griller les épis au
feu. Puis vous écraserez les grains. Au moment de les apporter, 15 vous verserez de
l'huile et vous mettrez de l'encens dessus.
C'est une offrande tirée de la terre. 16 Ensuite
le prêtre brûlera la part qu'on appelle "souvenir" : une partie des grains et de l'huile avec
tout l'encens. Ce qui est brûlé de cette façon
appartient au Seigneur. »

Le sacrifice de communion

3 1 « Si quelqu'un veut offrir en *sacrifice de
communion un animal pris dans le troupeau de bœufs, il doit amener un taureau ou
une vache sans défaut devant le Seigneur. 2 Il
pose la main sur la tête de l'animal et il
*l'égorge à l'entrée de la *tente de la rencon-
tre. Alors les prêtres, fils d'Aaron, versent le
sang sur tous les côtés de *l'autel. 3 Voici les
morceaux qu'un des prêtres présente au
Seigneur et qu'il brûle pour lui : la graisse
qui entoure les intestins et l'estomac, 4 les
deux reins avec la graisse qui les enveloppe
et qui tient aux côtés de l'animal, enfin, la
meilleure partie du foie. On l'enlève avec les
reins. 5 Les prêtres brûlent tout cela sur l'autel
en plus du sacrifice complet placé sur le bois
qui brûle. C'est un sacrifice brûlé, et sa fumée
de bonne odeur plaît au Seigneur.

6 « Si quelqu'un offre au Seigneur un animal pris parmi les moutons et les chèvres,
en sacrifice de communion, il doit présenter
un animal sans défaut, mâle ou femelle. 7 Si
c'est un agneau, il le conduit devant le Seigneur. 8 Il met la main sur la tête de l'animal
et il l'égorge devant la tente de la rencontre.
Alors les fils d'Aaron versent le sang sur tous
les côtés de l'autel. 9 Voici les parties grasses
qu'un des prêtres présente au Seigneur et
qu'il brûle pour lui : toute la queue coupée
près de la colonne vertébrale, toute la graisse
qui entoure les intestins et l'estomac, 10 les
deux reins avec la graisse qui les enveloppe
et qui tient aux côtés de l'animal, enfin, la
meilleure partie du foie. On l'enlève avec
les reins. 11 Le prêtre brûle tout cela sur

---

c **2.13** *Le sel donne du goût aux aliments et, de plus, il conserve. C'est pourquoi il représente l'alliance entre Dieu et son peuple. Dieu ne la brisera jamais parce qu'il est fidèle. Voir Lévitique 26.44-45 et Nombres 18.19.*

l'autel. C'est de la nourriture brûlée pour le SEIGNEUR.

12 « Si quelqu'un offre un bouc ou une chèvre, il présente l'animal devant le SEIGNEUR. 13 Il pose la main sur la tête de l'animal et il l'égorge devant la tente de la rencontre. Alors les fils d'Aaron versent le sang sur tous les côtés de l'autel. 14 Voici les morceaux qu'un des prêtres présente au SEIGNEUR et qu'il brûle pour lui : la graisse qui entoure les intestins et l'estomac, 15 les deux reins avec la graisse qui les enveloppe et qui tient aux côtés de l'animal, enfin, la meilleure partie du foie. On l'enlève avec les reins. 16 Le prêtre brûle tout cela sur l'autel. C'est de la nourriture brûlée, un sacrifice à la fumée de bonne odeur.

« Toutes les parties grasses sont pour le SEIGNEUR. 17 C'est pourquoi vous ne mangerez jamais la graisse ni le sang d'un animal. C'est une règle pour toujours. Vous la respecterez de génération en génération, partout où vous habiterez. »

Les sacrifices pour recevoir le pardon

a. Le sacrifice offert par le grand-prêtre

4 1 Le SEIGNEUR dit à Moïse 2 de donner aux Israélites les enseignements suivants : « Quand quelqu'un a péché sans le vouloir, quand il a commis un acte interdit par un commandement du SEIGNEUR, voici ce qu'il faut faire. 3 Supposons ceci : C'est le *grand-prêtre qui a commis un péché, et par là, il a rendu le peuple coupable. Il doit alors offrir en sacrifice au SEIGNEUR un taureau sans défaut, pour recevoir le pardon des péchés. 4 Il conduit l'animal devant le SEIGNEUR, à l'entrée de la *tente de la rencontre. Il pose la main sur la tête du taureau et il *l'égorge à cet endroit. 5 Le grand-prêtre prend du sang du taureau et il l'emporte dans la tente de la rencontre. 6 Il trempe un doigt dans le sang et, devant le SEIGNEUR, il lance sept fois un peu de sang sur le rideau du *lieu très saint, sur sa partie visible. 7 Ensuite, le grand-prêtre met du sang sur les *coins relevés de l'autel du parfum qui se trouve devant le SEIGNEUR, dans la tente de la rencontre. Puis il verse tout le sang qui reste au pied de l'autel des sacrifices qui se trouve à l'entrée de la tente. 8 Il prend toutes les parties grasses du taureau : la graisse qui entoure les intestins et l'estomac, 9 les deux reins avec la graisse qui les enveloppe et qui tient aux côtés de l'animal, enfin, la meilleure partie du foie. On l'enlève avec les reins. 10 Ce sont les mêmes parties qu'on prend quand on offre un taureau en sacrifice de communion. Le grand-prêtre les brûle sur l'autel des sacrifices. 11 Ensuite, la peau du taureau, la viande, la tête, les pattes, les intestins et l'estomac avec ce qu'ils contiennent, 12 tout ce qui reste de l'animal, il le fait porter en dehors du camp. On porte ces restes dans un endroit *pur, là où on met les cendres grasses, et on les brûle sur un feu de bois. C'est à cet endroit qu'il faut tout brûler, sur le tas des cendres grasses. »

b. Le sacrifice offert par la communauté d'Israël

13 « Supposons ceci : C'est toute la communauté d'Israël qui a péché sans le vouloir et sans le savoir. Elle a fait un acte interdit par un commandement du SEIGNEUR. Dans ce cas, les Israélites sont devenus coupables. 14 Quand ils se rendent compte de ce péché, ils doivent offrir un taureau pour recevoir le pardon de Dieu. Ils conduisent l'animal devant la *tente de la rencontre. 15 Les *anciens de la communauté posent la main sur la tête du taureau, et l'un d'eux *l'égorge à cet endroit, devant le SEIGNEUR. 16 Le *grand-prêtre emporte un peu de son sang dans la tente de la rencontre. 17 Il trempe un doigt dans le sang et, devant le SEIGNEUR, il lance du sang sept fois sur le rideau du *lieu très saint, sur sa partie visible. 18 Ensuite, le grand-prêtre met du sang sur les *coins relevés de l'autel qui se trouve devant le SEIGNEUR, dans la tente de la rencontre. Puis il verse tout le sang qui reste au pied de l'autel des *sacrifices qui se trouve à l'entrée de la tente. 19 Il prend toutes les parties grasses du taureau et il les brûle sur l'autel. 20 Avec ce taureau, il fait exactement la même chose qu'avec le taureau offert pour son péché à lui. Quand le grand-prêtre fait sur la communauté d'Israël le geste du par-

don des péchés, Dieu pardonne à cette
communauté. 21 Ensuite, le grand-prêtre fait
porter en dehors du camp tout ce qui reste
de l'animal. On le brûle comme on a brûlé
le premier taureau offert pour le péché du
grand-prêtre. Voilà le sacrifice pour recevoir
le pardon, quand la communauté d'Israël a
commis un péché. »

c. Le sacrifice offert par un chef

22 « Supposons ceci : C'est un chef du peuple qui a péché sans le vouloir. Il a fait un
acte interdit par un commandement du SEI-
GNEUR son Dieu, et ainsi il est devenu coupable. 23 Quand il se rend compte de ce
péché, il doit offrir un bouc sans défaut. 24 Il
pose la main sur la tête de l'animal et il
*l'égorge devant le SEIGNEUR, là où on tue les
animaux offerts en *sacrifices complets. C'est
un sacrifice pour recevoir le pardon des péchés. 25 Le prêtre trempe un doigt dans le
sang du bouc et il en met sur les *coins relevés
de l'autel des sacrifices. Puis il verse tout le
sang qui reste au pied de cet autel. 26 Il brûle
sur l'autel toutes les parties grasses, comme
on le fait pour le sacrifice de communion.
Quand le prêtre fait sur le chef le geste de pardon pour son péché, Dieu pardonne à ce
chef. »

**d. Le sacrifice offert
par un membre du peuple**

27 « Supposons ceci : C'est n'importe quel
Israélite qui a péché sans le vouloir. Il a fait
un acte interdit par un commandement du
SEIGNEUR, et ainsi il est devenu coupable.
28 Quand il se rend compte de ce péché, il
doit offrir une chèvre sans défaut pour recevoir le pardon de Dieu. 29 Il pose la main sur
la tête de l'animal et il *l'égorge là où on
égorge les animaux offerts en *sacrifices
complets. 30 Le prêtre trempe un doigt dans
le sang de la chèvre et il en met sur les coins
relevés de *l'autel des sacrifices. Puis il verse
tout le sang qui reste au pied de cet autel. 31 Il
enlève toutes les parties grasses de la chèvre,
comme on le fait pour le sacrifice de communion. Le prêtre les brûle sur l'autel pour que la
fumée de bonne odeur de ce sacrifice plaise au
SEIGNEUR. Il fait sur le coupable le geste de pardon pour son péché. Alors Dieu pardonne à
cet homme.

32 « Si le coupable offre un mouton en sacrifice pour recevoir le pardon, il doit amener
une femelle sans défaut. 33 Il pose la main
sur la tête de l'animal et il l'égorge là où on
égorge les animaux offerts en sacrifices
complets. 34 Le prêtre trempe un doigt dans
le sang de l'animal et il en met sur les coins relevés de l'autel des sacrifices. 35 Il enlève toutes les parties grasses du mouton, comme
pour le sacrifice de communion. Le prêtre
les brûle sur l'autel avec les autres sacrifices
brûlés pour le SEIGNEUR. Il fait sur le coupable
le geste de pardon pour son péché. Alors Dieu
pardonne à cet homme. »

e. Quelques exemples

5 1 « Supposons ceci : Quelqu'un a vu
quelque chose de grave ou il en a entendu
parler. Il entend l'appel insistant adressé à
ceux qui peuvent en *témoigner. Pourtant, il
ne dit pas ce qu'il sait. C'est un péché, et il
est coupable.

2 « Voici un autre exemple : Quelqu'un touche, sans le savoir, quelque chose *d'impur :
un animal impur, sauvage ou domestique,
qui est mort, ou bien une petite bête impure
qui est morte. Cette personne est devenue
impure et elle est coupable.

3 « Voici encore deux exemples : Quelqu'un
touche un être humain rendu impur par
quelque chose qui rend aussi les autres impurs. Il ne le savait peut-être pas, mais quand
il s'en rend compte, il devient coupable.

4 « Un homme, sans réfléchir, fait un serment dans n'importe quel domaine. Ce serment peut faire du mal ou du bien à
quelqu'un d'autre. Mais quand cet homme
s'en rend compte, il devient coupable.

5 « Si quelqu'un se rend coupable d'une manière ou d'une autre, comme on vient de le
dire, il doit avouer son péché. 6 Ensuite,
pour que la faute commise soit pardonnée, il
amènera une brebis ou une chèvre. Il l'offrira
au SEIGNEUR en *sacrifice pour recevoir le pardon. Alors le prêtre fait sur le coupable le
geste de pardon pour son péché. »

f. Le sacrifice offert par des pauvres

7 « Supposons ceci : Quelqu'un n'a pas les moyens d'amener une brebis ou une chèvre pour la faute qu'il a commise. Alors il peut apporter au SEIGNEUR deux tourterelles[d] ou deux pigeons. L'un des oiseaux sera offert en *sacrifice pour recevoir le pardon, l'autre en sacrifice complet. 8 Cette personne les apportera donc au prêtre. Tout d'abord, le prêtre présente au SEIGNEUR l'oiseau offert pour recevoir le pardon. Il lui tord le cou, mais il ne détache pas la tête. 9 Il verse une partie du sang sur le côté de *l'autel. Puis il répand le reste du sang au pied de l'autel. C'est un sacrifice pour recevoir le pardon d'un péché. 10 Ensuite, le prêtre offre le deuxième oiseau en sacrifice complet, selon la règle. Il fait sur le coupable le geste de pardon pour son péché. Alors Dieu pardonne à cet homme.

11 « Quelqu'un n'a peut-être pas deux tourterelles ou deux pigeons sous la main. Il peut alors apporter trois kilos de farine comme offrande pour recevoir le pardon de son péché. Mais il ne doit pas verser d'huile dessus ni mettre de *l'encens. En effet, c'est une offrande pour recevoir le pardon des péchés. 12 Cet homme apporte la farine au prêtre : celui-ci en prend une poignée, qu'on appelle "souvenir"[e]. Le prêtre brûle cette farine sur l'autel, avec les autres sacrifices brûlés pour le SEIGNEUR. C'est une offrande pour recevoir le pardon. 13 Le prêtre fait sur le coupable le geste de pardon pour son péché. Alors Dieu pardonne à cet homme.

« Le prêtre fait cette cérémonie comme pour l'offrande d'un produit de la terre. »

Le sacrifice de réparation

14 Le SEIGNEUR dit à Moïse : 15 « Supposons ceci : Quelqu'un commet une faute grave, sans le vouloir, en n'offrant pas ce qu'il doit offrir au SEIGNEUR. Voici ce qu'il fera pour cette faute envers le SEIGNEUR : il amènera un bélier sans défaut, pris dans son troupeau. Il faudra qu'il ait une certaine valeur. On la calculera en pièces d'argent, selon l'unité de poids utilisée dans le *lieu saint. Il offrira cet animal en *sacrifice de réparation. 16 De plus, le coupable doit réparer le tort qu'il a causé au lieu saint. Non seulement il rembourse tout, mais il paie en plus un cinquième de cette somme, et il donne tout au prêtre. Le prêtre offre l'animal en sacrifice et il fait sur le coupable le geste de pardon pour son péché. Alors Dieu pardonne à cet homme.

17 « Voici un autre exemple : Quelqu'un a péché. Sans le vouloir, il a fait un acte interdit par un commandement du SEIGNEUR. Il est coupable et il est responsable de sa faute. 18 Il doit alors amener au prêtre un bélier sans défaut, pris dans son troupeau. Cet animal aura la valeur d'un animal offert en sacrifice de réparation. Le prêtre fait sur le coupable le geste de pardon pour le péché qu'il a commis sans le vouloir. Alors Dieu pardonne à cet homme. 19 C'est un sacrifice de réparation. En effet, cet homme était vraiment coupable envers le SEIGNEUR. »

20 Le SEIGNEUR dit à Moïse : 21 « Supposons ceci : Quelqu'un commet une faute grave envers le SEIGNEUR en mentant à son *prochain au sujet d'un objet. Il s'agit, par exemple, d'un objet qu'on lui a confié, ou qu'il a emprunté, ou qu'il a volé, ou qu'il a pris de force. 22 Ou encore il a trouvé un objet perdu et il dit qu'il ne l'a pas trouvé. Il peut aussi faire un faux serment pour cacher n'importe quelle faute du même genre. 23 Cet homme a donc commis un péché et il est devenu coupable. Il doit rendre cet objet qu'il a volé, ou qu'il a pris de force à son *prochain. Il doit rendre ce qu'il devait garder, ou l'objet perdu qu'il a trouvé quelque part. 24 Il doit rendre n'importe quel objet au sujet duquel il a fait un faux serment. Le coupable non seulement rembourse tout, mais il paie en plus un cinquième de cette somme. Il remet cela au propriétaire de l'objet dès qu'il se reconnaît coupable. 25 Ensuite, pour la faute qu'il a

---

d **5.7** *Voir Lévitique 1.14 et la note.*

e **5.12** *Voir Lévitique 2.2 et la note.*

commise envers le SEIGNEUR, il amène au prêtre un bélier sans défaut, pris dans son troupeau. Cet animal doit avoir la valeur d'un
animal offert en sacrifice de réparation. 26 Devant le SEIGNEUR, le prêtre fait sur le coupable
le geste de pardon pour son péché. Alors Dieu
pardonne à cet homme. »

Règles pour les prêtres

a. Le sacrifice complet

6 1 Le SEIGNEUR dit à Moïse 2 de donner les
commandements suivants à Aaron et à
ses fils : « Voici les règles pour le sacrifice
complet : Le *sacrifice doit rester sur le feu
de *l'autel toute la nuit jusqu'au matin, et le
feu doit rester allumé. 3 Ensuite, le prêtre
met un vêtement de *lin et un caleçon de
lin. Il enlève de l'autel les cendres grasses
du sacrifice brûlé et il les met à côté de l'autel.
4 Puis il change de vêtements. Il emporte les
cendres en dehors du camp, dans un endroit
*pur. 5 Le feu qui brûle sur l'autel ne doit ja-
mais s'éteindre. Là, chaque matin, le prêtre
remet des morceaux de bois. Il met dessus
l'animal pour le sacrifice complet. Ensuite, il
fait brûler les morceaux gras des animaux
pour les sacrifices de communion. 6 Il doit toujours y avoir du feu sur l'autel, et il ne doit
jamais s'éteindre. »

b. L'offrande des produits de la terre

7 « Voici les règles pour l'offrande des produits de la terre : Ce sont les fils d'Aaron qui
doivent la présenter au SEIGNEUR, devant
*l'autel. 8 Un prêtre prend une poignée de fa-
rine mélangée avec de l'huile et tout *l'encens
qui est sur l'offrande. Il fait brûler sur l'autel
cette partie de l'offrande qu'on appelle "souvenir"[f]. Sa fumée de bonne odeur plaît au SEI-
GNEUR. 9 Aaron et ses fils mangent ce qui reste.
Ils le mangent sans *levain, dans la cour de la
*tente de la rencontre, qui est un endroit ré-
servé. 10 On ne cuit donc pas ce reste de l'offrande avec du levain. En effet, c'est la part
que le SEIGNEUR donne aux prêtres. Elle vient
des *sacrifices qu'on brûle pour lui. Cette part
est uniquement réservée au SEIGNEUR, comme
la part qui reste du sacrifice pour le pardon
des péchés, ou du sacrifice de réparation.
11 Seuls les hommes de la famille d'Aaron peuvent en manger. En effet, cette partie des
offrandes apportées au SEIGNEUR leur est réservée pour toujours. Toutes les autres personnes
qui toucheront à cette part supporteront des
conséquences graves. »
12 Le SEIGNEUR dit à Moïse : 13 « Après leur
*consécration, Aaron et ses fils devront offrir
au SEIGNEUR trois kilos de farine par jour, la
moitié le matin, l'autre moitié le soir. 14 Il
faut bien mélanger la farine avec de l'huile
et faire cuire cette pâte sur une plaque. Puis
on partage cette galette et on offre les morceaux au SEIGNEUR. Sa fumée de bonne odeur
plaît au SEIGNEUR.
15 « Quand un des fils d'Aaron sera consacré
comme *grand-prêtre, il fera la même chose :
c'est une offrande qu'on fera toujours. On la
brûlera complètement pour le SEIGNEUR. 16 En
effet, quand un prêtre offre un produit de la
terre, il l'offre tout entier : on ne doit rien
en manger. »

c. Le sacrifice pour recevoir le pardon

17 Le SEIGNEUR dit à Moïse 18 de donner les
règles suivantes à Aaron et à ses fils : « Voici
les règles au sujet du *sacrifice pour recevoir
le pardon : On doit tuer l'animal devant le
SEIGNEUR, là où on tue les animaux offerts en
sacrifices complets. C'est une offrande uniquement réservée au SEIGNEUR. 19 Le prêtre
qui offre ce sacrifice peut manger cette
offrande seulement dans un endroit réservé
à cela, c'est-à-dire dans la cour de la *tente
de la rencontre. 20 La viande de ce sacrifice
est sacrée. Donc, tout ce qui la touche devient
sacré. Si du sang de l'animal tombe sur un
vêtement, il faut laver la partie tachée dans
un endroit réservé à cela. 21 Si on cuit la
viande dans un récipient en terre, il faut
ensuite détruire le récipient. Si on la cuit
dans un récipient en bronze, on le nettoiera
et on le rincera avec de l'eau. 22 Cette viande

f **6.8** *Voir Lévitique 2.2 et la note.*

est uniquement réservée au SEIGNEUR. C'est pourquoi seuls les hommes des familles de prêtres peuvent en manger. 23 Mais on a peut-être porté le sang de certains animaux à l'intérieur de la tente de la rencontre. On l'a peut-être utilisé dans le *lieu saint pour une cérémonie de pardon. Dans ce cas, il ne faut pas manger la viande de ces animaux, il faut la jeter au feu. »

d. Le sacrifice de réparation

7 1 « Voici les règles pour le sacrifice de réparation : C'est une offrande uniquement réservée au SEIGNEUR. 2 On doit *égorger l'animal là où on égorge les animaux offerts en *sacrifices complets. Puis le prêtre verse le sang sur tous les côtés de *l'autel. 3 Il présente au SEIGNEUR toutes les parties grasses : la queue, la graisse qui entoure les intestins et l'estomac, 4 les deux reins avec la graisse qui les enveloppe et qui tient aux côtés de l'animal, enfin, la meilleure partie du foie. On l'enlève avec les reins. 5 Ensuite, le prêtre brûle tout cela sur l'autel. C'est de la nourriture brûlée pour le SEIGNEUR. Voilà le sacrifice de réparation. 6 Seuls les hommes appartenant aux familles de prêtres peuvent manger cette viande. Ils doivent la manger dans un endroit réservé à cela, parce qu'elle est uniquement réservée au SEIGNEUR. 7 Les règles du sacrifice de réparation sont les mêmes que celles que du sacrifice pour recevoir le pardon des péchés. La viande de l'animal offert est pour le prêtre qui a fait la cérémonie du pardon. »

e. La part du prêtre

8 « Quand quelqu'un offre un *sacrifice complet, la peau de l'animal est pour le prêtre qui a fait la cérémonie. 9 Les offrandes des produits de la terre cuites au four, dans une poêle ou sur une plaque sont aussi pour le prêtre qui a fait la cérémonie. 10 Mais les offrandes qui ne sont pas cuites, préparées avec de l'huile ou sans huile, sont pour tous les fils d'Aaron. Chacun reçoit la même part. »

f. Le sacrifice de communion

11 « Voici les règles pour le *sacrifice de communion offert au SEIGNEUR : 12 Si quelqu'un offre un sacrifice de communion pour accompagner un chant de louange, il apporte, en plus de l'animal, des gâteaux à l'huile cuits sans *levain, des galettes sans levain arrosées d'huile, et des gâteaux faits de farine mélangée avec de l'huile. 13 Il apporte aussi une offrande de pain préparé avec du levain, pour accompagner un sacrifice de louange. 14 Il prend une part de chaque offrande et la présente au SEIGNEUR. Ces parts sont pour le prêtre qui a versé le sang de l'animal sur les côtés de *l'autel. 15 Mais la viande de l'animal offert en sacrifice de louange, on doit la manger le jour même. On ne doit rien garder pour le jour suivant.

16 « Quelqu'un peut offrir un sacrifice de communion, de façon spontanée ou pour réaliser un *vœu. Dans ce cas, on mange une partie de la viande le jour même du sacrifice, et la partie qui reste, on la mange le jour suivant. 17 S'il reste encore de la viande le troisième jour, on doit la jeter au feu. 18 Si quelqu'un mange quand même de la viande venant de son sacrifice le troisième jour, Dieu n'accepte pas son offrande. Son sacrifice ne compte pas. En effet, c'est de la viande qui ne convient plus. Et celui qui en mange devient coupable d'une faute. 19 De plus, si la viande a touché quelque chose *d'impur, on ne doit pas la manger, mais la jeter au feu.

« Il faut être *pur pour manger la viande du sacrifice. 20 Supposons ceci : Quelqu'un n'est pas pur, et il mange de la viande d'un sacrifice de communion offert au SEIGNEUR. On chassera cette personne-là de la communauté d'Israël. 21 Ou encore : Quelqu'un touche une personne impure, un animal impur ou n'importe quoi d'impur, et il mange de la viande d'un sacrifice de communion offert au SEIGNEUR. On chassera cette personne-là de la communauté d'Israël. »

Règles pour le peuple

22 Le SEIGNEUR dit à Moïse 23 de donner aux Israélites les règles suivantes : « Vous ne devez jamais manger aucun morceau gras d'un animal, bœuf, mouton ou chèvre. 24 La graisse d'une bête morte naturellement, ou tuée par des animaux sauvages, vous ne devez pas en

manger, mais vous pouvez l'utiliser pour autre
chose. 25 Supposons ceci : Quelqu'un mange
un morceau gras d'un animal qui doit être
brûlé en *sacrifice pour le SEIGNEUR. On chassera cette personne-là de la communauté d'Israël. 26 Vous ne devez jamais manger le sang
d'un oiseau ou d'un autre animal, partout où
vous habiterez. 27 Si une personne mange du
sang, on la chassera de la communauté d'Israël. »

28 Le SEIGNEUR dit à Moïse 29 de donner encore aux Israélites les règles suivantes :
« Quand quelqu'un offre un *sacrifice de
communion, il apporte au SEIGNEUR la part
qui est pour lui. 30 Il apporte lui-même ce
qui est réservé pour le SEIGNEUR, c'est-à-dire
les morceaux gras et la poitrine de l'animal.
Il doit offrir la poitrine au SEIGNEUR, avec le
geste de présentation. 31 Alors le prêtre brûle
les morceaux gras sur *l'autel. Mais la poitrine
est pour Aaron et ses fils. 32 Vous devez aussi
prendre la cuisse droite de l'animal offert, et
vous la donnerez au prêtre. 33 La cuisse droite
est la part du fils d'Aaron qui présente à l'autel
le sang et les morceaux gras de l'animal.
34 Voici en effet ce que le SEIGNEUR lui-même
vous commande, à vous les Israélites : Vous
devez mettre de côté la poitrine et la cuisse
des animaux offerts en sacrifice de communion. Vous devez les donner au prêtre Aaron
et aux fils de ses fils : ces morceaux-là leur
sont réservés pour toujours. »

35 Voilà les parts d'Aaron et de ses fils prises
sur les sacrifices brûlés pour le SEIGNEUR. Elles
sont pour eux à partir du jour où ils deviennent prêtres au service du SEIGNEUR. 36 Le SEI-
GNEUR a commandé aux Israélites de leur
donner ces parts le jour où il les a *consacrés
en versant de l'huile sur eux. C'est une règle
pour toujours. Vous la respecterez de génération en génération.

37 Voilà les règles pour les sacrifices
complets, les offrandes des produits de la
terre, les sacrifices pour recevoir le pardon,
les sacrifices de réparation, les sacrifices offerts le jour où les prêtres commencent leur
service et les sacrifices de communion. 38 Le
SEIGNEUR a donné ces règles à Moïse dans le
désert, sur le mont Sinaï, le jour où il a
commandé aux Israélites d'apporter leurs
offrandes.

La cérémonie de consécration d'Aaron et de ses fils

8 1 Le SEIGNEUR dit à Moïse : 2 « Réunis Aaron et ses fils à l'entrée de la *tente de la
rencontre. Fais apporter les vêtements sacrés
et l'huile de *consécration. Fais amener le taureau du *sacrifice pour recevoir le pardon des
péchés, les deux béliers et le panier des pains
sans *levain. 3 Ensuite, rassemble tout le peuple d'Israël à cet endroit. »

4 Moïse obéit au SEIGNEUR : il réunit les Israélites à l'entrée de la tente de la rencontre.
5 Alors Moïse dit à la communauté : « Maintenant, je vais faire ce que le SEIGNEUR a
commandé. » 6 Puis il demande à Aaron et à
ses fils d'avancer. Il leur fait prendre un bain
pour se rendre *purs. 7 Il met un premier vêtement à Aaron, il lui attache la ceinture. Il lui
met le vêtement de dessus avec l'éfod[g] qu'il
attache dans son dos. 8 Il place sur sa poitrine
la pochette où il met les objets sacrés appelés
Ourim et Toummim[h]. 9 Moïse pose le turban
sur la tête d'Aaron et il fixe l'insigne de
*consécration. C'est un bijou en or en forme
de fleur placé sur le devant du turban, comme
le SEIGNEUR l'a commandé à Moïse. 10 Moïse
prend l'huile de consécration et il s'en sert
pour consacrer la tente de la rencontre et
tout ce qu'elle contient. 11 Il lance sept fois
un peu d'huile pour consacrer *l'autel, tous
ses ustensiles, le bassin des *purifications et
son support. 12 Il consacre aussi Aaron en versant de l'huile sur sa tête. 13 Ensuite, Moïse
fait avancer les fils d'Aaron. Il leur met leurs
vêtements et leurs ceintures, puis il leur

g 8.7 *L'éfod : sorte de tunique portée par le grand-prêtre. Elle était attachée à la poitrine et fixée aux épaules par deux bretelles.*

h 8.8 *Ourim et Toummim : ces objets sacrés servaient à connaître la volonté ou le jugement de Dieu.*

pose une tiare[i] sur la tête, comme le SEIGNEUR
l'a commandé à Moïse.
14 Il fait amener le taureau qui sera offert en
sacrifice pour recevoir le pardon des péchés.
Aaron et ses fils posent la main sur sa tête.
15 Moïse *égorge l'animal. Il prend du sang et
il en met sur les coins relevés de l'autel pour le
rendre *pur. Puis il verse le reste du sang au
pied de l'autel. Voilà comment Moïse consacre l'autel. Ensuite, celui-ci pourra servir
aux sacrifices pour recevoir le pardon des péchés. 16 Puis Moïse prend certains morceaux :
toute la graisse qui enveloppe les intestins et
l'estomac du taureau, la meilleure partie du
foie, les deux reins avec la graisse qui les entoure et qui tient aux côtés de l'animal. Il
brûle tout cela sur l'autel. 17 Les restes du taureau, la peau, la viande et les intestins, on les
jette au feu en dehors du camp, comme le SEI-
GNEUR l'a commandé à Moïse.

18 Ensuite, Moïse fait amener le bélier qui
sera offert en sacrifice complet. Aaron et ses
fils posent la main sur la tête de l'animal.
19 Moïse égorge le bélier et il verse son sang
sur tous les côtés de l'autel. 20 Puis il découpe
l'animal en morceaux et il les brûle avec la
tête et les parties grasses. 21 Il lave les intestins, l'estomac et les pattes et il les brûle sur
l'autel avec le reste du bélier. C'est un sacrifice complet, et sa fumée de bonne odeur plaît
au SEIGNEUR. C'est un sacrifice brûlé, comme
le SEIGNEUR l'a commandé à Moïse.

22 Enfin, Moïse fait amener le deuxième bélier. Son sacrifice va marquer le moment où
les prêtres commenceront leur service. Aaron
et ses fils posent la main sur la tête du bélier.
23 Moïse l'égorge. Il prend du sang et il en met
au bas de l'oreille droite d'Aaron, sur le pouce
de sa main droite et sur le pouce de son pied
droit. 24 Moïse fait avancer les fils d'Aaron. Il
met du sang au bas de leur oreille droite, sur
le pouce de leur main droite et sur le pouce de
leur pied droit. Puis il verse le sang qui reste
sur tous les côtés de l'autel. 25 Ensuite, Moïse
prend les parties grasses du bélier : la queue,
la graisse qui enveloppe les intestins et l'estomac, la meilleure partie du foie, les deux reins
avec la graisse qui les entoure, enfin, la cuisse
droite. 26 Dans le panier des pains sans *levain
placé devant le SEIGNEUR, Moïse prend un gâteau sans levain, un gâteau à l'huile et une galette. Il les met sur les morceaux gras et sur la
cuisse droite. 27 Il place tous ces dons dans les
mains d'Aaron et dans les mains de ses fils. Il
leur dit de les offrir au SEIGNEUR avec le geste
de présentation. 28 Ensuite, Moïse reprend ces
offrandes de leurs mains et il les brûle sur l'autel, au-dessus du sacrifice complet. Voilà le
sacrifice offert le jour où les prêtres commencent leur service. Sa fumée de bonne odeur
plaît au SEIGNEUR. 29 Alors Moïse prend la poitrine du bélier et il l'offre au SEIGNEUR avec le
geste de présentation. Cette part du bélier offert le jour où les prêtres commencent leur
service est pour Moïse. Le SEIGNEUR lui a
donné cet ordre.

30 Ensuite, Moïse prend l'huile de consécration et du sang qui est sur l'autel. Il en lance
sur Aaron et sur ses vêtements, puis sur ses
fils et sur leurs vêtements. Voilà comment Aaron, ses fils et leurs vêtements sont *consacrés.

31 Moïse dit à Aaron et à ses fils : « Faites
cuire la viande du deuxième bélier à l'entrée
de la *tente de la rencontre. Vous la mangerez
vous-mêmes à cet endroit, avec le pain préparé pour cette cérémonie, selon l'ordre que
je vous ai donné. 32 S'il reste de la viande ou
du pain, vous les jetterez au feu. 33 Vous resterez à l'entrée de la tente de la rencontre pendant sept jours. Vous ne partirez pas avant la
fin du septième jour. En effet, la cérémonie
qui marque le moment où vous allez commencer à servir le SEIGNEUR dure sept jours. 34 Ce
qu'on a fait aujourd'hui, le SEIGNEUR a
commandé de le faire pour que vous receviez
le pardon de vos péchés. 35 Vous resterez donc
à l'entrée de la tente de la rencontre, jour et
nuit pendant ces sept jours. Vous obéirez à
ce commandement du SEIGNEUR, sinon vous
mourrez. Voilà ce que Dieu m'a commandé. »
36 Aaron et ses fils font tout ce que le SEIGNEUR

i **8.13** *La tiare était une sorte de turban, sans doute en tissu, que les prêtres portaient comme coiffure.*

leur a commandé par l'intermédiaire de Moïse.

Aaron et ses fils commencent à servir le Seigneur

9 1 Le huitième jour de la cérémonie, Moïse appelle Aaron, ses fils et les *anciens d'Israël. 2 Il dit à Aaron : « Prends un veau, et tu l'offriras en *sacrifice pour recevoir le pardon des péchés. Prends un bélier pour un sacrifice complet. Ces deux animaux doivent être sans défaut. Tu les présenteras devant le SEIGNEUR. 3 Puis tu donneras cet ordre aux Israélites : "Prenez un bouc, et vous l'offrirez en sacrifice pour recevoir le pardon de vos péchés. Prenez un veau et un agneau d'un an sans défaut pour un sacrifice complet. 4 Enfin, prenez un taureau et un bélier. Vous les offrirez au SEIGNEUR en sacrifice de communion, avec une offrande de farine mélangée avec de l'huile. En effet, aujourd'hui, le SEIGNEUR va se montrer à vous." »

5 On amène devant la *tente de la rencontre ce que Moïse a commandé. Toute la communauté s'approche et se tient debout devant le SEIGNEUR. 6 Moïse dit : « Voici ce que le SEIGNEUR vous ordonne de faire pour qu'il se montre à vous dans sa *gloire. » 7 Puis Moïse dit à Aaron : « Approche-toi de *l'autel. Offre ton sacrifice pour recevoir le pardon de tes péchés et ton sacrifice complet. Ensuite, fais le geste de pardon pour tes péchés et pour les péchés du peuple. Puis offre le sacrifice du peuple. Fais encore le geste de pardon pour ses péchés, comme le SEIGNEUR l'a commandé. »

8 Aaron s'approche de l'autel et il *égorge le veau qu'il offre pour recevoir le pardon de ses péchés. 9 Ses fils lui présentent le sang de l'animal. Aaron trempe son doigt dedans et il en met sur les *coins relevés de l'autel. Puis il verse le reste du sang au pied de l'autel. 10 Il brûle sur l'autel les morceaux gras, les reins et la meilleure partie du foie, comme le SEIGNEUR l'a commandé à Moïse. 11 On jette au feu la viande et la peau, en dehors du camp.

12 Ensuite, Aaron égorge le bélier du sacrifice complet. Ses fils lui donnent le sang de l'animal, et il en verse sur tous les côtés de l'autel. 13 Ils lui donnent aussi la tête et le corps coupé en morceaux. Aaron les brûle sur l'autel. 14 Il lave les intestins, l'estomac et les pattes, et il les brûle sur l'autel au-dessus des autres morceaux.

15 Puis Aaron présente au SEIGNEUR les sacrifices du peuple. Il prend le bouc offert par le peuple pour recevoir le pardon de ses péchés. Aaron le tue et il l'offre en sacrifice, comme il a offert le veau. 16 Il présente le veau et l'agneau du sacrifice complet et il les offre selon la règle. 17 Il présente l'offrande de farine. Il en prend une poignée et il la brûle sur l'autel, en plus du sacrifice complet de chaque matin. 18 Aaron égorge le taureau et le bélier que le peuple a offerts en sacrifice de communion. Ses fils lui donnent le sang des animaux, et il en verse sur tous les côtés de l'autel. 19 Ils lui donnent aussi les morceaux gras du taureau et du bélier, c'est-à-dire la queue, la graisse qui enveloppe les intestins et l'estomac, les reins et la meilleure partie du foie. 20 Les fils d'Aaron placent ces morceaux sur les poitrines des deux animaux. Puis Aaron brûle les morceaux gras sur l'autel. 21 Aaron offre au SEIGNEUR les poitrines et la cuisse droite avec le geste de présentation, comme Moïse l'a commandé.

22 Quand Aaron a fini d'offrir les sacrifices pour le pardon des péchés, les sacrifices complets et les sacrifices de communion, il lève les mains au-dessus du peuple et il le *bénit. Puis, il redescend de l'autel. 23 Moïse et Aaron entrent dans la tente de la rencontre. Quand ils en sortent, ils bénissent le peuple. Alors le SEIGNEUR se montre à tout le peuple dans sa *gloire. 24 Un feu jaillit devant le SEIGNEUR, et il brûle sur l'autel les sacrifices complets et les morceaux gras des autres sacrifices. Tous les Israélites voient cela. Ils poussent des cris de joie et ils se mettent à genoux, le front contre le sol.

La mort de Nadab et Abihou : règles au sujet du deuil

10 1 Nadab et Abihou, deux fils d'Aaron, prennent chacun leur brûle-parfum. Ils le remplissent de charbons brûlants et ils

versent du parfum dessus. Ils présentent donc
au SEIGNEUR une offrande qu'ils brûlent sur un
feu ordinaire. 2 Alors un feu jaillit devant le
SEIGNEUR et il les brûle tout vivants sur place[j].
3 Moïse dit à Aaron : « Le SEIGNEUR vous a prévenus quand il a dit :

"Ceux qui s'approchent de moi,
je veux qu'ils reconnaissent en moi le vrai Dieu.
Je veux qu'ils me rendent *gloire
devant tout le peuple." »

Aaron se tait.
4 Mais Moïse appelle Michaël et Élissafan,
fils d'Ouziel, l'oncle d'Aaron. Il leur dit : « Allez prendre les corps de vos frères devant le
*lieu saint. Puis emportez-les en dehors du
camp. » 5 Ils obéissent à Moïse et ils les transportent, dans leurs vêtements de prêtres, en
dehors du camp. 6 Alors Moïse dit à Aaron et
à ses deux autres fils, Élazar et Itamar : « Ne
laissez pas vos cheveux en désordre, ne déchirez pas vos vêtements en signe de deuil.
Sinon, vous allez mourir et faire venir la
*colère du SEIGNEUR sur tout le peuple. Laissez plutôt tous vos frères israélites pleurer
sur ceux que le SEIGNEUR a fait mourir par
le feu. 7 Vous, vous ne devez pas quitter l'entrée de la *tente de la rencontre, sinon vous
allez mourir. En effet, l'huile de *consécration qu'on a versée sur votre tête vous a
*consacrés au service du SEIGNEUR. » Aaron
et ses fils obéissent à l'ordre de Moïse.

Règles au sujet du vin et de l'alcool

8 Le SEIGNEUR dit à Aaron : 9 « Toi et tes fils,
ne buvez ni vin ni autre alcool quand vous devez aller à la *tente de la rencontre. Ainsi vous
ne mourrez pas. C'est une règle pour toujours.
Vous la respecterez de génération en génération. 10 Ne buvez pas d'alcool. Alors vous pourrez décider si une chose est sacrée ou non, si
elle est *pure ou *impure. 11 Vous pourrez
aussi enseigner aux Israélites les lois que je leur ai données par l'intermédiaire de Moïse. »

La part du prêtre sur les offrandes

12 Moïse dit à Aaron et aux deux fils qui lui
restent, Élazar et Itamar : « Prenez l'offrande de farine. Enlevez ce qui est réservé au SEIGNEUR. Ensuite, avec ce qui reste, faites des pains sans *levain et mangez-les près de *l'autel. En effet, c'est une part uniquement
réservée au SEIGNEUR. 13 Vous pouvez donc la
manger seulement dans un endroit réservé à cela. Cette part des offrandes apportées au SEIGNEUR est pour toi, Aaron, et pour tes fils.
C'est l'ordre que j'ai reçu du SEIGNEUR.
14 Voici ce que vous mangerez dans un endroit
*pur : la poitrine et la cuisse des animaux offerts en *sacrifices de communion et qui ont été présentés au SEIGNEUR avec le geste qui les accompagne. Vous mangerez ces morceaux, toi, tes fils et tes filles parce qu'ils
sont pour vous. 15 Les Israélites doivent apporter la cuisse et la poitrine en plus des parties grasses qu'on brûle sur l'autel. Après le geste de présentation devant le SEIGNEUR, ces morceaux sont pour vous. C'est la part qui vous est réservée à toi, Aaron, et à tes fils pour toujours, comme le SEIGNEUR l'a commandé. »
16 Moïse demande ce qu'on a fait du bouc offert pour le pardon des péchés du peuple. Il apprend qu'on l'a brûlé. Alors il se met en colère contre Élazar et Itamar, les deux fils encore vivants d'Aaron, et il leur demande :
17 « Vous n'avez pas mangé la viande de ce sacrifice dans un endroit réservé à cela. Pourquoi donc ? C'est une part uniquement réservée au SEIGNEUR. Le SEIGNEUR vous a donné cet animal afin d'enlever les fautes de la communauté d'Israël, et de faire sur elle devant lui le geste de pardon pour ses péchés.
18 Le sang de l'animal n'a pas été apporté à l'intérieur du *lieu saint. Vous deviez donc manger ce bouc dans un endroit réservé à cela,
comme je vous l'avais commandé. » 19 Aaron
répond à Moïse : « Écoute, le jour où les Israélites ont offert au SEIGNEUR le sacrifice pour recevoir le pardon de leurs péchés et leur

j **10.2** *La faute de ces deux hommes est sans doute de n'avoir pas respecté les règles en offrant du parfum sur un feu ordinaire. Voir Lévitique 16.1.*

sacrifice complet, tu sais bien ce qui m'est arrivé[k]. Est-ce que ce jour-là, je pouvais manger la viande d'un animal offert en sacrifice pour le pardon ? Est-ce que le SEIGNEUR aurait été d'accord ? » 20 Moïse est satisfait de cette réponse.

RÈGLES SUR LE PUR ET L'IMPUR
11–16

Les animaux purs et les animaux impurs

11 1 Le SEIGNEUR dit à Moïse et à Aaron 2 de donner aux Israélites les enseignements suivants : « Parmi tous les animaux qui vivent sur la terre, vous pouvez manger 3 ceux qui ont des sabots fendus et qui ruminent[l]. 4 Mais ne mangez pas ceux qui ont seulement des sabots fendus ou ceux qui ruminent seulement. Vous ne mangerez donc pas :

– Le chameau, qui rumine, mais qui n'a pas de sabots. Pour vous, il est *impur.

5 – Le daman[m], qui rumine, mais qui n'a pas de sabots. Pour vous, il est impur.

6 – Le lièvre, qui rumine, mais qui n'a pas de sabots. Pour vous, il est impur.

7 – Le cochon, qui a des sabots fendus, mais qui ne rumine pas. Pour vous, il est impur.
8 Ne mangez pas la viande de ces animaux. Ne les touchez pas quand ils sont morts. Pour vous, ils sont impurs.

9 « Parmi les animaux qui vivent dans l'eau, dans les lacs, les mers ou les rivières, voici ceux que vous pouvez manger : ceux qui ont à la fois des nageoires et des écailles, vous pouvez les manger. 10 Mais parmi les petites bêtes ou les autres animaux qui vivent dans l'eau, tous ceux qui n'ont pas de nageoires ou pas d'écailles, vous ne devez pas les manger. 11 Vous devez les détester. Vous ne mangerez pas leur chair et vous éviterez de les toucher quand ils sont morts. 12 Donc, les animaux qui vivent dans l'eau et qui n'ont ni nageoires ni écailles, vous ne devez pas les manger.

13 « Parmi les oiseaux, voici ceux que vous devez détester et que vous ne devez pas manger : les aigles, les gypaètes[n], les aigles de la mer, 14 les milans, les vautours de différentes espèces, 15 toutes les espèces de corbeaux, 16 les autruches, les chouettes, les mouettes, les oiseaux chasseurs de différentes espèces, 17 les hiboux, les cormorans, les hulottes, 18 les chouettes claires, les chouettes chevêches, les charognards, 19 les cigognes, les hérons de différentes espèces, les coqs des champs et les chauves-souris.

20 « Détestez les insectes qui ont des ailes et des pattes. 21 Mais vous pouvez manger ceux qui ont des pattes pour sauter sur le sol, 22 c'est-à-dire les sauterelles de différentes espèces et les criquets. 23 Détestez tous les autres insectes qui ont des ailes et des pattes. »

Ce qui rend impur

24 « De plus, certains animaux vous rendent *impurs. Celui qui les touche quand ils sont morts est impur jusqu'au soir. 25 Celui qui transporte leur corps doit laver ses vêtements. Il reste impur jusqu'au soir. 26 Voici les animaux qui sont impurs pour vous :

– Tous les animaux qui ont les sabots non fendus et ceux qui ne ruminent pas[o]. Celui qui les touche devient impur.

---

k **10.19** *Aaron parle de la mort de ses deux fils, Nadab et Abihou. Voir Lévitique 10.1-2.*

l **11.3** *Ruminer, c'est faire revenir les aliments dans la bouche pour les mâcher de nouveau.*

m **11.5** *Le daman ressemble à un lapin.*

n **11.13** *La traduction donnée pour certains noms d'oiseaux dans les versets 13 à 19 n'est pas toujours sûre.*
Le gypaète est un oiseau de la famille des aigles.

o **11.26-27** *Voir Lévitique 11.3 et la note.*

27 – Tous les animaux à quatre pattes qui marchent sur la plante des pieds. Celui qui les touche quand ils sont morts reste impur jusqu'au soir. 28 Celui qui transporte leur corps doit laver ses vêtements. Il reste impur jusqu'au soir.

29 « Parmi les nombreuses bêtes qui s'agitent sur le sol, voici celles qui sont impures pour vous : les taupes, les souris, les lézards de différentes espèces, 30 geckos, lézards aux taches rondes, lézards verts, lézards des sables et caméléons. 31 Voilà les animaux qui sont impurs pour vous. Celui qui les touche quand ils sont morts est impur jusqu'au soir. 32 Supposons ceci : Une de ces bêtes meurt et tombe sur un objet : récipient en bois, vêtement, peau ou sac, ou n'importe quel autre objet utile. Il faut laver cet objet. Il reste impur jusqu'au soir. Ensuite, il est pur de nouveau. 33 Si une de ces bêtes tombe dans un récipient en terre, tout ce qu'il y a dedans devient impur. Ensuite, vous devez détruire ce récipient. 34 Supposons ceci : On verse de l'eau de ce récipient sur de la nourriture qu'on a le droit de manger. Cette nourriture devient impure. Ou bien, ce récipient contient une boisson qu'on a le droit de boire. Cette boisson devient impure. Le récipient peut être en terre, en bois ou en peau, peu importe. 35 Si une de ces bêtes mortes tombe sur un objet, celui-ci devient impur. Si elle tombe sur un four ou sur un réchaud, il faut détruire ces objets. Ils sont impurs, et vous devez les considérer comme impurs. 36 Au contraire, si cette bête morte tombe dans un puits ou dans une citerne, l'eau reste pure. Mais celui qui retire la bête de l'eau devient impur. 37 Si cette bête tombe sur des graines qui vont être semées, les graines restent pures. 38 Mais si elle tombe sur des graines trempées dans l'eau pour être cuites, ces graines deviennent impures.

39 « Si un animal qu'on a le droit de manger meurt, celui qui le touche est impur jusqu'au soir. 40 Celui qui mange la viande de cet animal doit laver ses vêtements. Il reste impur jusqu'au soir. Celui qui transporte cet animal mort doit laver ses vêtements. Il reste impur jusqu'au soir.

41 « Toutes les bêtes qui s'agitent sur le sol, vous ne devez pas les manger. 42 Vous ne devez pas manger celles qui se déplacent sur leur ventre, ni celles qui marchent sur quatre pattes ou plus. Vous devez les détester. 43 Ne vous rendez pas impurs en touchant ces bêtes-là. Ne vous laissez pas toucher par elles, sinon vous deviendrez impurs. 44 Le SEIGNEUR votre Dieu, c'est moi. Votre conduite doit être *sainte parce que je suis saint. Ne vous rendez donc pas impurs en touchant les bêtes qui s'agitent sur le sol. 45 Oui, c'est moi, le SEIGNEUR, qui vous ai fait sortir d'Égypte. J'ai fait cela pour devenir votre Dieu. Soyez saints, parce que je suis saint. »

46 Voilà les enseignements au sujet des animaux, des oiseaux et de tous les êtres vivants qui remuent dans l'eau ou qui s'agitent sur le sol. 47 Ces règles servent à faire la différence entre les animaux purs et les animaux impurs, entre ceux qu'on peut manger et ceux qu'on ne doit pas manger.

Les femmes qui accouchent

12 1 Le SEIGNEUR dit à Moïse 2 de donner aux Israélites les enseignements suivants : « Supposons ceci : Une femme enceinte met au monde un garçon. Alors elle est *impure pendant sept jours, comme pendant ses règles. 3 Le huitième jour, on *circoncit l'enfant. 4 Puis la femme doit attendre encore 33 jours. Ensuite, elle sera entièrement *purifiée du sang qu'elle a perdu pendant son accouchement. Pendant tout ce temps, elle ne doit toucher aucune chose sacrée ni aller au *lieu saint.

5 « Voici un autre cas : Une femme met au monde une fille. Alors elle est impure comme pendant ses règles, mais cela dure deux semaines. Puis elle doit attendre encore 66 jours. Ensuite, elle sera entièrement *purifiée du sang qu'elle a perdu pendant son accouchement.

6 « Quand ce temps de *purification est fini après la naissance d'un garçon ou d'une fille, la mère va trouver le prêtre à l'entrée de la *tente de la rencontre. Elle lui amène un agneau d'un an pour faire un *sacrifice

complet. Elle apporte aussi un pigeon ou une
tourterelle[p] pour un sacrifice afin de recevoir
le pardon des péchés. 7 Le prêtre offre ces animaux au SEIGNEUR. Puis il fait sur la mère le
geste qui la rend pure. Après cela, elle est de
nouveau pure du sang de son accouchement. »

Voilà les enseignements au sujet de la
femme qui accouche d'un garçon ou d'une
fille.

8 Si une femme ne peut pas acheter un
agneau, elle apporte deux tourterelles ou
deux pigeons. On offre un oiseau en sacrifice
complet et on offre l'autre en sacrifice pour recevoir le pardon des péchés. Quand le prêtre a
fait sur la femme le geste qui la rend pure, elle
est purifiée.

Les maladies de peau

13 1 Le SEIGNEUR dit à Moïse et à Aaron :
2 « Quelquefois, on voit sur la peau de
quelqu'un une grosseur, une dartre[q] ou une
tache brillante. Quand cela devient une maladie de peau semblable à la *lèpre, il faut amener cette personne au prêtre Aaron, ou à l'un
des prêtres qui sont de la famille d'Aaron. 3 Le
prêtre examine l'endroit malade. Les poils
sont devenus blancs à cet endroit, et il y a
un trou dans la peau. Alors c'est un cas de lèpre. Après l'examen, le prêtre déclare que la
personne est *impure. 4 Au contraire, c'est
une tache brillante et blanche. Il n'y a pas
de trou dans la peau ni de poil blanc. Alors
le prêtre met la personne malade à l'écart pendant sept jours. 5 Le septième jour, il refait un
examen. Il voit que la tache n'a pas changé et
ne s'est pas agrandie sur la peau. Il met alors la
personne malade à l'écart une deuxième fois,
pendant sept jours. 6 À la fin de cette semaine-
là, il regarde encore la tache. Elle n'est plus
brillante, elle ne s'est pas agrandie. Le prêtre
déclare que la personne est *pure. C'est une
maladie de peau qui n'est pas grave. Cette personne doit seulement laver ses vêtements
pour être pure. 7 Au contraire, le mal s'étend
après que le prêtre l'a examinée et l'a déclarée
pure. La personne retourne chez le prêtre.
8 Le prêtre l'examine encore une fois. Quand
il voit que le mal s'est étendu sur la peau, il déclare que cette personne est impure. C'est
une sorte de lèpre.

9 « Voici un autre cas : Une personne a
comme une sorte de lèpre. On l'amène au prêtre. 10 Le prêtre l'examine. Il y a une grosseur
blanche sur la peau. Les poils sont blancs, et
on voit la chair sans peau. 11 Alors c'est un
cas de lèpre qui dure. Le prêtre déclare que
cette personne est impure. Ce n'est pas utile
de la mettre à l'écart : on voit bien qu'elle
est impure. 12 Au contraire, sa peau se couvre
de boutons, de la tête aux pieds, d'après ce
que le prêtre peut voir. 13 Il l'examine donc
en détail. Il constate alors que les boutons couvrent tout le corps. Il déclare que cette maladie ne rend pas impur. La personne est pure
parce que tout son corps est devenu blanc.
14 Mais le jour où on voit la chair de la personne malade sans la peau, cette personne devient impure. 15 Le prêtre examine l'endroit
où on voit la chair et il déclare que la personne
est impure. La chair sans la peau est impure.
C'est une sorte de lèpre. 16 Mais l'endroit où
on voit la chair redevient blanc. Alors la personne retourne chez le prêtre. 17 Celui-ci
l'examine. Il voit que la plaie est blanche de
nouveau. Il déclare qu'elle ne rend pas impur :
cette personne est pure.

18 « Voici un autre cas : Une personne avait
un furoncle, mais elle est guérie. 19 À l'endroit
du furoncle, une grosseur blanche se forme,
ou une tache brillante, rouge clair. La personne va trouver le prêtre. 20 Celui-ci examine
l'endroit malade. La tache semble faire un
trou dans la peau. Les poils sont devenus
blancs. Le prêtre déclare que cette personne
est impure. C'est une sorte de lèpre qui se développe sur la cicatrice du furoncle. 21 Mais
quand le prêtre l'examine, il ne trouve pas
de poil blanc. La plaie ne forme pas de trou
dans la peau, elle ne brille pas. Il met la per-

---

p 12.6 *Voir Lévitique 1.14 et la note.*

q 13.2 *Quand quelqu'un a une dartre, sa peau se détache par endroits.*

sonne malade à l'écart pendant sept jours.
22 Ensuite, le mal s'est étendu sur la peau. Le
prêtre déclare que la personne est impure.
C'est une sorte de lèpre. 23 Au contraire, la tache n'a pas changé. Elle ne s'est pas agrandie.
C'est donc simplement la cicatrice du furoncle. Le prêtre déclare alors que cette personne
est pure.

24 « Voici un autre cas : Une personne a été
brûlée. Une tache brillante et blanche ou
rouge clair se forme à l'endroit de la brûlure.
25 Le prêtre examine l'endroit malade. Les
poils sont devenus blancs, et on voit un trou
dans la peau. Alors c'est une sorte de lèpre
qui se développe à l'endroit de la brûlure. Le
prêtre déclare que cette personne est impure.
C'est une sorte de lèpre. 26 Mais quand le prêtre l'examine, il ne trouve pas de poil blanc.
La tache ne forme pas de trou dans la peau.
Elle ne brille pas. Le prêtre met la personne
malade à l'écart pendant sept jours. 27 Le septième jour, le prêtre voit que la tache s'est
agrandie sur la peau. Alors il déclare que cette
personne est impure. C'est une sorte de lèpre.
28 Au contraire, il voit que la tache n'a pas
changé. Elle ne s'est pas étendue et elle ne
brille plus. C'est donc une simple grosseur
causée par la brûlure. Le prêtre déclare que
la personne est pure. Il s'agit seulement de
la cicatrice de la brûlure.

29 « Voici un autre cas : Un homme ou une
femme a une maladie de peau sur la tête ou
au menton. 30 Le prêtre examine l'endroit malade. Il y a un trou dans la peau. Les poils n'ont
plus leur couleur normale et il n'y en a pas
beaucoup. Le prêtre déclare que cette personne est impure. C'est la teigne, une maladie
qui attaque la peau sur la tête ou au menton.
31 Au contraire, quand le prêtre l'examine, il
voit qu'il n'y a pas de trou dans la peau. Pourtant, les poils n'ont pas leur couleur normale.
Le prêtre met le malade à l'écart pendant sept
jours. 32 Le septième jour, le prêtre examine
de nouveau l'endroit malade. Le mal ne s'est
pas étendu. Les poils ont leur couleur normale, il n'y a pas de trou dans la peau. 33 Alors
la personne doit se raser, sauf sur la partie
malade. Puis le prêtre la met à l'écart une
deuxième fois, pendant sept jours. 34 À la fin
de cette semaine-là, le prêtre examine de nouveau l'endroit malade. Le mal ne s'est pas
étendu sur la peau et il n'y a pas de trou. Le
prêtre déclare que cette personne est pure.
Elle doit seulement laver ses vêtements pour
être pure. 35 Au contraire, le mal s'étend après
que le prêtre a déclaré cette personne pure.
36 Il l'examine de nouveau. Si le mal s'est
étendu sur la peau, le prêtre n'a même pas besoin de chercher si les poils n'ont pas leur couleur normale : la personne est impure. 37 Mais
l'endroit malade n'a pas changé. Les poils repoussent et leur couleur est normale. La teigne est donc guérie, et la personne est pure.
Alors le prêtre déclare qu'elle est pure.

38 « Voici un autre cas : Un homme ou une
femme a des taches blanches sur la peau.
39 Le prêtre l'examine. Si les taches sont blanches et ne brillent pas, cette maladie qui s'est
développée n'est pas grave, et la personne est
*pure.

40 « Quand un homme perd ses cheveux et
devient chauve, il reste pur. 41 S'il perd ses
cheveux sur le devant et a le front nu, il reste
pur. 42 Mais si un homme perd ses cheveux, et
si une tache rouge clair apparaît au sommet de
la tête ou sur le front, alors c'est une sorte de
lèpre. 43 Le prêtre l'examine. Il trouve dans la
partie malade une grosseur rouge clair qui ressemble à la lèpre. 44 Cet homme est comme un
lépreux et il est impur. Le prêtre déclare qu'il
est impur. Le mal l'a touché à la tête.

45 « L'homme qui a cette maladie doit porter
des vêtements *déchirés. Il ne se peigne pas.
Il couvre le bas de son visage. Il doit crier :
"Impur ! Impur !" 46 Il reste impur tant qu'il
est malade. C'est pourquoi il doit habiter à
l'écart, en dehors du camp. »

Le moisi sur les vêtements

47 « Supposons ceci : Des taches de moisi apparaissent sur des vêtements en laine ou en
*lin, 48 sur des tissus de lin ou de laine, sur
des peaux ou des objets en cuir. 49 Les taches
sont vertes ou rouges. Alors ce sont des taches
de moisi qu'il faut montrer à un prêtre. 50 Le
prêtre examine la tache, puis il met l'objet taché de côté pendant sept jours. 51 Le septième

jour, il l'examine de nouveau. Si la tache s'est étendue sur l'objet, c'est du moisi qu'on ne peut pas enlever. L'objet est *impur. 52 Alors le prêtre brûle le vêtement, le tissu de laine ou de lin ou l'objet en cuir. On ne peut pas enlever cette tache de moisi, il faut donc brûler l'objet. 53 Au contraire, quand le prêtre l'examine, il voit que la tache ne s'est pas étendue. 54 Il commande qu'on lave l'objet, puis il le met de côté encore pendant sept jours. 55 Il l'examine de nouveau quand on a lavé la tache. Si la tache n'a pas changé, et même si elle ne s'est pas étendue, l'objet est impur. On doit le brûler, le moisi est à l'endroit ou à l'envers, peu importe. 56 Au contraire, quand le prêtre examine la tache, il voit qu'elle a diminué après le lavage. Il découpe la partie tachée du vêtement, de la peau ou du tissu. 57 Mais la tache peut apparaître de nouveau plus tard sur le vêtement, sur le tissu ou sur l'objet en cuir. C'est que le moisi se développe de nouveau. Alors on brûle l'objet taché.

58 « Supposons ceci : On a lavé un objet moisi, vêtement, tissu ou cuir. Si la tache a disparu, il faut le laver une deuxième fois pour le rendre *pur. »

59 Voilà les enseignements au sujet des taches de moisi sur les vêtements de laine, de lin, sur des tissus ou sur des objets en cuir. Ces règles permettent de déclarer qu'un objet taché est pur ou impur.

La cérémonie pour rendre purs les malades de la peau

14 1 Le SEIGNEUR dit à Moïse : 2 « Voici les règles à respecter pour la cérémonie de *purification d'un homme qui a une maladie de peau : Quand on va le présenter au prêtre, 3 celui-ci sort du camp pour l'examiner. Si l'homme malade est guéri, 4 le prêtre commande d'apporter pour lui deux oiseaux vivants et *purs, du bois de *cèdre, de la laine rouge foncé et une branche d'hysope[r]. 5 Le prêtre fait *égorger un oiseau au-dessus d'un récipient en terre rempli d'eau de source. 6 Il prend l'oiseau vivant avec le bois de cèdre, la laine rouge foncé et la branche d'hysope. Il trempe tout cela dans le sang du premier oiseau qu'on a tué. 7 Il lance sept fois un peu de sang sur l'homme qui doit être *purifié de sa maladie de peau. Il déclare que l'homme est *pur. Il laisse l'oiseau vivant s'envoler dans la campagne. 8 L'homme lave ses vêtements. Il se rase complètement et il prend un bain qui le rend pur. Ensuite, il retourne au camp, mais il habite en dehors de sa tente pendant sept jours. 9 Le septième jour, il se rase les cheveux, la barbe, les sourcils et tous les autres poils. Puis il lave ses vêtements et il prend un bain. Alors il est purifié.

10 « Le huitième jour, l'homme prend deux agneaux sans défaut, une brebis d'un an sans défaut, une offrande de 9 kilos de farine mélangée avec de l'huile, et un demi-litre d'huile. 11 Le prêtre qui fait la cérémonie place l'homme avec ses offrandes devant le SEIGNEUR, à l'entrée de la *tente de la rencontre. 12 Il prend le premier agneau pour le *sacrifice de réparation avec le demi-litre d'huile. Il offre ces dons devant le SEIGNEUR avec le geste de présentation. 13 Il égorge l'agneau là où on égorge un animal offert pour recevoir le pardon des péchés ou pour un sacrifice complet, c'est-à-dire dans un endroit réservé à cela. En effet, le sacrifice de réparation, comme le sacrifice pour recevoir le pardon, est une offrande uniquement réservée au SEIGNEUR. Elle est pour le prêtre. 14 Le prêtre prend du sang de l'animal. Il en met au bas de l'oreille droite de l'homme, sur le pouce de sa main droite et de son pied droit. 15 Ensuite, le prêtre verse un peu d'huile dans sa main gauche. 16 Il trempe un doigt de sa main droite dans cette huile et, devant le SEIGNEUR, il lance sept fois un peu d'huile avec le doigt. 17 Puis il met un peu d'huile au bas de l'oreille droite de l'homme, sur le pouce de sa main droite et de son pied droit, là où il a déjà mis du sang

r 14.4 *L'hysope est une petite plante de bonne odeur. Elle était utilisée dans les cérémonies de purification.*

de l'agneau. 18 Il verse l'huile qui reste dans sa main sur la tête de l'homme. Puis il fait sur lui le geste qui le rend pur devant le SEIGNEUR. 19 Ensuite, le prêtre offre le sacrifice pour recevoir le pardon de Dieu. De nouveau, il fait sur lui le geste qui lui enlève son impureté. Puis il égorge l'animal pour le sacrifice complet. 20 Il le brûle complètement sur *l'autel avec l'offrande de farine. Et une dernière fois, il fait sur l'homme le geste qui le rend pur. »

Cas d'un malade pauvre

21 « Supposons ceci : L'homme est pauvre et il n'a pas tous ces dons sous la main. Alors il prend un seul agneau pour le *sacrifice de réparation. Il sera offert au SEIGNEUR avec le geste de présentation, pour que l'homme soit *purifié. Celui-ci prend encore une offrande de trois kilos de farine mélangée avec de l'huile, et un demi-litre d'huile. 22 Il prend aussi deux tourterelles[s] ou deux pigeons, selon ce qu'il possède. Un oiseau servira à un sacrifice pour recevoir le pardon des péchés, l'autre servira à un sacrifice complet. 23 Le huitième jour, l'homme apporte ces offrandes au prêtre, à l'entrée de la *tente de la rencontre, devant le SEIGNEUR, pour la cérémonie de *purification. 24 Le prêtre prend l'agneau et l'huile. Il les offre au SEIGNEUR avec le geste de présentation. 25 Il *égorge l'agneau. Ensuite, il prend un peu de sang. Il en met au bas de l'oreille droite de l'homme, sur le pouce de sa main droite et de son pied droit. 26 Il verse un peu d'huile dans sa main gauche. 27 Il trempe un doigt de sa main droite dans cette huile et avec le doigt, il lance sept fois un peu d'huile devant le SEIGNEUR. 28 Puis il met un peu d'huile au bas de l'oreille droite de l'homme, sur le pouce de sa main droite et de son pied droit, là où il a déjà mis du sang de l'agneau. 29 Il verse l'huile qui reste dans sa main sur la tête de l'homme. Puis il fait sur lui le geste qui le rend *pur devant le SEIGNEUR. 30 Ensuite, le prêtre prend l'une des tourterelles ou l'un des pigeons, selon ce que l'homme possédait. 31 Il l'offre en sacrifice pour que l'homme reçoive le pardon de ses péchés. Puis il offre l'autre oiseau en sacrifice complet, avec l'offrande de farine. Il fait sur l'homme le geste qui le rend pur devant le SEIGNEUR. »

32 Voilà les enseignements au sujet d'un malade de la peau qui n'a pas ce qu'il faut sous la main pour la cérémonie de purification.

Les taches de moisi sur une maison

33 Le SEIGNEUR dit à Moïse et à Aaron : 34 « Je vais vous donner le pays de *Canaan pour que vous le possédiez. Quand vous serez entrés là-bas, je ferai peut-être apparaître une tache de moisi dans une maison de votre nouveau pays. 35 Alors le propriétaire de la maison doit aller annoncer au prêtre : "J'ai aperçu une sorte de tache dans ma maison." 36 Le prêtre commandera de vider la maison avant d'y aller lui-même pour examiner la tache. De cette façon, les objets qui sont dans la maison ne deviendront pas *impurs. Ensuite, le prêtre entrera dans la maison pour l'examiner. 37 Il regardera la tache avec attention. Par exemple, elle a des trous légèrement rouges ou verts et elle forme comme un creux dans le mur. 38 Alors le prêtre viendra à l'entrée de la maison et il fermera la maison pour sept jours. 39 Le septième jour, le prêtre reviendra pour examiner de nouveau la maison. La tache s'est étendue sur les murs de la maison. 40 Le prêtre commandera d'enlever les pierres moisies et de les jeter en dehors de la ville, dans un endroit impur. 41 Il fera gratter tout l'intérieur de la maison, et on jettera la terre grattée en dehors de la ville, dans un endroit impur. 42 Ensuite, on prendra d'autres pierres pour remplacer les premières. On prendra de la nouvelle terre pour recouvrir les murs.

43 « Supposons ceci : On a enlevé les pierres moisies, on a gratté l'intérieur de la maison et on a recouvert les murs. Mais après cela, la tache de moisi apparaît de nouveau dans la maison. 44 Le prêtre reviendra pour l'examiner. Si

s **14.22** ***Voir Lévitique 1.14 et la note.***

en effet, la tache s'est étendue dans la maison, cela veut dire que le moisi ne peut pas partir. Cette maison est impure. 45 Il faudra démolir la maison, ses parties en pierre, ses parties en bois, et toute la terre qui recouvrait les murs. On emportera tout en dehors de la ville, dans un endroit impur.

46 « Si quelqu'un entre dans la maison pendant les jours où elle doit rester fermée, il restera impur jusqu'au soir. 47 Si quelqu'un couche dans cette maison, il doit laver ses vêtements. S'il mange à l'intérieur, il doit laver ses vêtements.

48 « Au contraire, quand le prêtre examine la tache, il voit qu'elle ne s'est pas étendue après que les murs ont été couverts d'une nouvelle terre. Alors il déclarera que la maison est *pure parce que le moisi a disparu.

49 « Pour la cérémonie de purification de la maison, le prêtre prendra deux oiseaux, du bois de *cèdre, de la laine rouge foncé et une branche d'hysope[t]. 50 Il *égorgera un oiseau au-dessus d'un récipient en terre rempli d'eau de source. 51 Il prendra l'oiseau vivant avec le bois de cèdre, la laine rouge foncé et la branche d'hysope. Il trempera tout cela dans le sang du premier oiseau et dans l'eau de source. Il lancera sept fois un peu de sang sur la maison. 52 De cette façon, il enlèvera l'impureté de la maison. Il fera cela avec le sang de l'oiseau, l'eau de source, l'oiseau vivant, le bois de cèdre, la branche d'hysope et la laine rouge foncé. 53 Il laissera l'oiseau vivant s'envoler en dehors de la ville, dans la campagne. Il fera sur la maison le geste qui la rend pure. Alors elle sera pure. »

54 Voilà les enseignements au sujet des différentes maladies de peau, au sujet de la teigne, 55 des taches de moisi sur un vêtement ou sur les murs d'une maison, 56 au sujet des grosseurs, des dartres[u], des taches brillantes. 57 Ces règles permettent de déclarer qu'une personne ou un objet est pur ou impur.

Les impuretés sexuelles de l'homme

15 1 Le SEIGNEUR dit à Moïse et à Aaron 2 de donner aux Israélites les enseignements suivants : « Supposons ceci : Les organes sexuels d'un homme sont infectés. Le liquide qui en coule le rend *impur. 3 Celui-ci peut sortir de ses organes ou les boucher. Dans les deux cas, l'homme est impur. 4 Et tout lit où il se couche, tout siège où il s'assoit devient impur. 5 Si quelqu'un touche ce lit, il doit laver ses vêtements et se laver entièrement. Il reste impur jusqu'au soir. 6 Si quelqu'un s'assoit sur le siège où l'homme malade s'est assis, il doit laver ses vêtements et se laver entièrement. Il reste impur jusqu'au soir. 7 Si quelqu'un touche cet homme malade, il doit laver ses vêtements et se laver entièrement. Il reste impur jusqu'au soir. 8 Si cet homme malade crache sur quelqu'un qui est *pur, cette personne doit laver ses vêtements et se laver entièrement. Elle reste impure jusqu'au soir. 9 Quand cet homme malade voyage, le siège où il s'est assis devient impur. 10 Si quelqu'un touche un objet qui s'est trouvé sous ce malade, il reste impur jusqu'au soir. Si quelqu'un le transporte, il doit laver ses vêtements et se laver entièrement. Il reste impur jusqu'au soir. 11 Cet homme malade touche quelqu'un sans se laver les mains avant. Cette personne doit laver ses vêtements et se laver entièrement. Elle reste impure jusqu'au soir. 12 L'homme malade touche un récipient en terre. Il faut détruire ce récipient. Si c'est un récipient en bois, il faut le laver avec beaucoup d'eau.

13 « Quand le liquide qui rend l'homme impur ne coule plus, l'homme doit attendre sept jours pour être pur de nouveau. Il lave ses vêtements et il se lave entièrement avec de l'eau de source. Ensuite il est pur. 14 Le huitième jour, il prend deux tourterelles[v] ou deux pigeons et il va les donner au prêtre, devant le SEIGNEUR, à l'entrée de la *tente de la rencon-

t **14.49** *Voir Lévitique 14.4 et la note.*
u **14.56** *Voir Lévitique 13.2 et la note.*
v **15.14** *Voir Lévitique 1.14 et la note.*

tre. 15 Le prêtre offre un oiseau en *sacrifice
pour que l'homme reçoive le pardon de ses
péchés. Il offre l'autre oiseau en sacrifice
complet. Ensuite, il fait sur l'homme, devant
le SEIGNEUR, le geste qui le *purifie de sa maladie.

16 « Si un homme perd sa semence, il doit se
laver entièrement. Il est impur jusqu'au soir.
17 Si cette semence a taché un vêtement ou
une couverture en peau, il faut laver cet objet.
Il reste impur jusqu'au soir.

18 « Quand un homme et une femme se sont
unis l'un à l'autre, ils doivent se laver entièrement. Ils restent impurs jusqu'au soir. »

Les impuretés sexuelles de la femme

19 « Chaque mois, la femme a ses règles. Du
sang coule de son corps. Elle est *impure pendant sept jours. Si quelqu'un la touche, il reste
impur jusqu'au soir. 20 Tout lit où la femme se
couche, tout endroit où elle s'assoit devient
donc impur. 21 Si quelqu'un touche ce lit, il
doit laver ses vêtements et se laver entièrement. Il reste impur jusqu'au soir. 22 Si quelqu'un touche le siège où cette femme s'est
assise, il doit laver ses vêtements et se laver
entièrement. Il reste impur jusqu'au soir.
23 Quelque chose se trouve sur le lit ou sur
le siège où cette femme s'est assise, et quelqu'un touche cet objet. La personne qui l'a
touché reste impure jusqu'au soir. 24 Voici ce
qui peut arriver: Un homme couche avec
cette femme et à ce moment-là, elle se met à
perdre son sang. Si le sang touche l'homme,
l'homme est impur pendant sept jours aussi.
Et tout lit où il se couche est impur.

25 « Voici un autre cas: Une femme perd
son sang pendant plusieurs jours, en dehors
de ses règles, ou bien ses règles durent plus
longtemps que d'habitude. Alors elle est impure pendant tout le temps où elle perd son
sang, comme pendant ses règles. 26 Tout lit
où elle se couche, tout siège où elle s'assoit
est impur, comme pendant ses règles. 27 Si
quelqu'un touche ce lit ou ce siège, il doit laver ses vêtements et se laver entièrement. Il
reste impur jusqu'au soir.

28 « Quand son sang s'arrête de couler, la
femme doit attendre sept jours pour être
*pure de nouveau. 29 Le huitième jour, elle
prend deux tourterelles[w] ou deux pigeons.
Elle les apporte au prêtre, à l'entrée de la
*tente de la rencontre. 30 Le prêtre offre un oi-
seau en *sacrifice pour que la femme reçoive
le pardon. Il offre l'autre oiseau en sacrifice
complet. Ensuite, il fait sur la femme, devant
le SEIGNEUR, le geste qui la *purifie de ses pertes de sang.

31 « Moïse et Aaron, vous demanderez aux
Israélites de se tenir à l'écart du *lieu saint,
quand ils sont impurs. Ainsi ils ne rendront
pas impure ma *tente sacrée qui est au milieu
d'eux, et ils ne risqueront pas de mourir. »

32 Voilà les enseignements au sujet d'un
homme malade quand un liquide coule de
ses organes sexuels, ou bien quand il perd sa
semence, et que cela le rend impur. 33 Ces enseignements concernent aussi la femme, pendant la période de ses règles, ou la femme qui
perd son sang à un autre moment. Enfin, ils
concernent l'homme qui couche avec une
femme quand elle est impure.

Le grand jour du Pardon

16 1 Deux fils d'Aaron sont morts au moment où ils faisaient devant le SEIGNEUR
une offrande[x]. Après cela, le SEIGNEUR dit à
Moïse :

2 « Dis à ton frère Aaron de ne pas entrer à
n'importe quel moment dans le *lieu très
saint, derrière le rideau de séparation, là où
se trouvent le *coffre de l'alliance et son couvercle sacré. Ainsi, il ne mourra pas quand
je me montrerai dans le nuage de fumée, au-
dessus du couvercle du coffre[y].

---

w **15.29** *Voir Lévitique 1.14 et la note.*

x **16.1** *Voir Lévitique 10.1-2.*

y **16.2** *Le nuage de fumée rappelle que le Seigneur est à la fois présent au milieu de son peuple et caché. Voir Exode 13.21 et la note.*

3 « Pour se rendre au *lieu saint, Aaron doit prendre avec lui un taureau et un bélier. Il offrira le taureau pour recevoir le pardon de ses péchés. Il offrira le bélier en sacrifice complet. 4 Il doit porter un vêtement de *lin et un caleçon de lin, une ceinture de lin autour de la taille et un turban de lin sur la tête. Ce sont des vêtements sacrés. Aaron doit donc se laver avant de les mettre. 5 La communauté d'Israël doit lui donner deux boucs et un bélier. Il offrira les boucs pour obtenir le pardon des péchés. Il offrira le bélier en sacrifice complet.

6 « Aaron offre le taureau pour son péché à lui. Ensuite, il fait le geste du pardon des péchés pour lui-même et pour sa famille. 7 Puis il amène les deux boucs devant le SEIGNEUR à l'entrée de la *tente de la rencontre. 8 Et il *tire au sort afin de savoir quel bouc est pour le SEIGNEUR, et quel bouc est pour Azazel[z]. 9 Après le tirage au sort, Aaron présente le bouc qui est choisi pour le SEIGNEUR. Il l'offre en sacrifice pour obtenir le pardon des péchés. 10 Le bouc pour Azazel sert à la cérémonie du pardon des péchés. On le place vivant devant le SEIGNEUR, avant de l'envoyer à Azazel dans le désert.

11 « Aaron commence donc par offrir le taureau pour son péché à lui. Puis il fait le geste du pardon pour lui-même et pour sa famille. Ensuite, il *égorge le taureau pour son péché. 12 Il prend des charbons allumés sur *l'autel qui se trouve dans le lieu saint et il en remplit un brûle-parfum. Il prend deux poignées de parfum en poudre et il emporte tout cela derrière le rideau de séparation. 13 Là, devant le SEIGNEUR, il met le parfum sur les charbons brûlants. Alors un nuage de fumée recouvre le couvercle du coffre qui contient les *tablettes de l'alliance. De cette façon, Aaron ne risque pas de mourir. 14 Puis Aaron trempe un doigt dans le sang du taureau. Et il lance un peu de sang sur le couvercle du coffre, vers l'est, puis sept fois devant le coffre. 15 Ensuite, il égorge le bouc du sacrifice pour obtenir le pardon des péchés du peuple. Il emporte son sang derrière le rideau de séparation. Il fait la même chose avec ce sang qu'avec le sang du taureau. Il en lance sur le couvercle et devant le coffre sacré. 16 Dans le lieu très saint, Aaron fait le geste qui rend ce lieu *pur. En effet, les révoltes et les fautes des Israélites l'ont rendu *impur. Puis il fait la même chose dans le reste de la tente de la rencontre, parce qu'elle se trouve au milieu de gens impurs. 17 Personne ne doit être dans la tente de la rencontre à partir du moment où Aaron entre dans le *lieu très saint pour la cérémonie de *purification, jusqu'à sa sortie. Aaron fait donc le geste du pardon pour lui-même, pour sa famille et pour toute la communauté d'Israël. 18 Ensuite, il quitte le lieu très saint et il s'avance vers *l'autel qui est devant la tente. Il fait le geste qui *purifie l'autel. Puis il prend un peu de sang du taureau et du bouc, et il en met sur chacun des coins relevés de l'autel. 19 Il trempe un doigt dans le sang et il lance sept fois un peu de sang sur l'autel. Les péchés des Israélites l'avaient rendu impur. Mais ainsi, Aaron le rend pur, et l'autel redevient sacré.

20 « Quand Aaron a fini la cérémonie qui rend purs le lieu très saint, le reste de la tente de la rencontre et l'autel, il amène le bouc vivant. 21 Il pose les deux mains sur la tête de l'animal et il énumère sur lui tous les péchés, les révoltes et les fautes des Israélites. Ainsi, il les met sur la tête du bouc. Ensuite, il envoie l'animal dans le désert, avec un homme pour le conduire. 22 Le bouc emporte avec lui tous les péchés des Israélites dans un endroit où personne n'habite.

« Quand Aaron a envoyé le bouc dans le désert, 23 il revient dans la tente de la rencontre. Il enlève les vêtements de lin qu'il avait mis pour entrer dans le lieu très saint, et il les dépose là. 24 Il prend un bain dans un endroit réservé à cela, puis il remet ses autres vêtements. Il va offrir les deux sacrifices complets, pour lui-même et pour le peuple. Puis il fait le geste du pardon pour ses péchés à lui et pour

---

z **16.8** *Azazel: sans doute un esprit mauvais qui habitait dans le désert.*

ceux du peuple. 25 Ensuite, il brûle sur l'autel
les morceaux gras des animaux offerts pour le
pardon des péchés.

26 « L'homme qui a conduit au désert le
bouc pour Azazel doit laver ses vêtements et
prendre un bain avant de rentrer au camp.
27 On a offert le taureau et le bouc pour recevoir le pardon des péchés. On a utilisé leur
sang pour rendre pur le lieu très saint. Maintenant, on doit porter ces deux animaux en
dehors du camp. Là, on brûle leur peau, leur
viande et leurs intestins. 28 Celui qui les a brûlés doit laver ses vêtements et se laver lui-
même. Ensuite, il rentre au camp.

29 « Voici une règle que vous devez toujours
suivre : le septième *mois, le 10 du mois, vous
*jeûnez et vous ne travaillez pas, vous, les Is-
raélites, comme les étrangers installés chez
vous. 30 En effet, ce jour-là, on fait sur vous
le geste du pardon pour vos péchés pour
vous rendre purs. Ainsi, ce jour-là, vous êtes
purifiés de tous vos péchés devant le SEIGNEUR.
31 C'est pour vous comme un *sabbat, un jour
de repos où vous jeûnez. Cette règle est valable pour toujours.

32 « Plus tard, celui qui fera le geste du pardon des péchés et de la *purification, ce sera
le prêtre *consacré avec de l'huile et établi
pour être *grand-prêtre à la place de son
père. Il mettra des vêtements de lin, des vêtements sacrés. 33 Il fera la cérémonie de purification du *lieu très saint, de la tente de la
rencontre et de *l'autel. Il fera la cérémonie
du pardon des péchés pour les prêtres et
pour toute la communauté d'Israël.

34 « C'est une règle pour toujours. Vous devez la suivre pour recevoir, une fois par an, le
pardon de tous les péchés des Israélites. »

Aaron obéit à tous les commandements que
le SEIGNEUR a donnés à Moïse.

RÈGLES POUR LE PEUPLE QUI APPARTIENT À DIEU
17–27

Le respect du sang

17 1 Le SEIGNEUR dit à Moïse 2 de donner
les commandements suivants à Aaron,
à ses fils et à tous les Israélites : 3 « Supposons
ceci : Un Israélite veut *égorger un bœuf, un
mouton ou une chèvre, dans le camp ou en
dehors du camp. 4 Il doit d'abord amener
cet animal à l'entrée de la *tente de la rencontre. Il doit le présenter en offrande au SEI-
GNEUR devant son *lieu saint. S'il ne fait pas
cela, on le considérera comme coupable
parce qu'il a versé le sang d'un être vivant.
Et on le chassera de la communauté d'Israël.
5 Cette règle oblige les Israélites à ne plus sa-
crifier les animaux dans les champs. Ils doivent plutôt les amener au prêtre, à l'entrée
de la tente de la rencontre, pour les offrir
au SEIGNEUR en *sacrifices de communion.
6 Le prêtre verse le sang de cet animal sur
*l'autel du SEIGNEUR, à l'entrée de la tente
de la rencontre. Il brûle sur cet autel les morceaux gras, et leur fumée de bonne odeur
plaît au SEIGNEUR. 7 De cette façon, les Israélites n'offriront plus de sacrifice aux faux
dieux en forme de boucs. Ils ne seront pas infidèles au SEIGNEUR en se *prostituant avec
eux. C'est une règle pour toujours. Les Israélites la respecteront de génération en génération.

8 « Tu leur diras encore : Par exemple, un
Israélite, ou un étranger qui vit au milieu
des Israélites, veut offrir un sacrifice complet
ou un autre sacrifice. 9 Il doit alors amener
l'animal à l'entrée de la tente de la rencontre
pour l'offrir au SEIGNEUR. S'il ne le fait pas, on
le chassera de la communauté d'Israël.

10 « Autre exemple : Un Israélite, ou un
étranger installé dans le pays, mange du
sang, sous une forme ou sous une autre.
Alors le SEIGNEUR agira contre lui et il chassera cet homme de la communauté d'Israël.
11 En effet, c'est dans le sang que se trouve
la vie d'un être. Le SEIGNEUR vous permet
d'utiliser le sang sur l'autel pour recevoir le
pardon de vos péchés. Oui, le sang obtient
le pardon des péchés parce qu'il porte la
vie. 12 C'est pourquoi le SEIGNEUR a dit aux

Israélites : “Aucun de vous et aucun étranger installé chez vous n’a le droit de manger du sang.”

13 « Supposons encore ceci : Un Israélite, ou un étranger installé dans le pays, prend à la chasse un animal ou un oiseau qu’on a le droit de manger. Il doit faire couler son sang sur le sol et il le couvrira de terre. 14 En effet, tant qu’un être est vivant, sa vie est dans son sang. C’est pourquoi le SEIGNEUR a dit aux Israélites : “Vous ne mangerez jamais de sang, parce que la vie d’un être est dans son sang. Si quelqu’un en mange, on le chassera de la communauté d’Israël.”

15 « Voici un autre cas : Un Israélite, ou un étranger installé dans le pays, mange de la viande d’un animal mort naturellement ou déchiré par une bête sauvage. Cet homme doit laver ses vêtements et se laver entièrement. Il est *impur jusqu’au soir. Ensuite, il sera *pur de nouveau. 16 S’il ne lave pas ses vêtements ni son corps, il en est responsable. »

Les unions interdites

18 1 Le SEIGNEUR dit à Moïse 2 de donner aux Israélites les enseignements suivants : « Le SEIGNEUR votre Dieu, c’est moi. 3 Ne faites pas ce qu’on fait en Égypte, là où vous avez habité. N’agissez pas comme on agit en *Canaan, là où je vais vous conduire. Ne suivez pas les lois de ces peuples. 4 Respectez mes règles, obéissez à mes lois attentivement. En effet, le SEIGNEUR votre Dieu, c’est moi.

5 « Gardez mes lois et mes règles. Celui qui les respecte, aura la vie par elles. Le SEIGNEUR, c’est moi.

6 « Aucun Israélite ne doit coucher avec une femme qui est de sa famille proche. Le SEIGNEUR, c’est moi.

7 « Tu ne dois pas coucher avec ta mère. Ce serait couvrir ton père de honte. Tu couvrirais aussi ta mère de honte, parce qu’elle est ta mère.

8 « Tu ne dois pas coucher avec une autre femme de ton père. Ce serait couvrir ton père de honte.

9 « Tu ne dois pas coucher avec ta demi-sœur, fille de ton père ou de ta mère, même si elle a été élevée dans une autre famille.

10 « Tu ne dois pas coucher avec ta petite-fille, la fille de ton fils ou de ta fille. Ce serait te couvrir de honte toi-même.

11 « Tu ne dois pas coucher avec la fille d’une femme de ton père. Elle est née de ton père, donc elle est ta sœur.

12 « Tu ne dois pas coucher avec une sœur de ton père. En effet, elle est du même sang que ton père.

13 « Tu ne dois pas coucher avec une sœur de ta mère. En effet, elle est du même sang que ta mère.

14 « Tu ne dois pas couvrir de honte le frère de ton père en couchant avec sa femme. En effet, elle est ta tante.

15 « Tu ne dois pas coucher avec ta belle-fille, la femme de ton fils.

16 « Tu ne dois pas coucher avec la femme de ton frère. Ce serait le couvrir de honte.

17 « Tu ne dois pas coucher avec une femme, et avec sa fille ou sa petite-fille, fille de son fils ou de sa fille. En effet, elles sont du même sang que cette femme, ce serait une conduite honteuse.

18 « Tu ne dois pas te marier avec la sœur de ta femme, quand ta femme est encore vivante. Cela pourrait provoquer de la jalousie.

19 « Tu ne dois pas coucher avec une femme pendant ses règles. Elle est *impure.

20 « Tu ne dois pas coucher avec la femme d’un autre Israélite. Si un homme fait cela, il est impur.

21 « Tu ne dois pas donner un de tes enfants pour le brûler en l’honneur du dieu Molek[a]. Ce serait mépriser mon nom. Le SEIGNEUR ton Dieu, c’est moi.

22 « Un homme ne doit pas coucher avec un homme comme on couche avec une femme. C’est une conduite horrible.

---

a **18.21** *Molek : dieu principal des Ammonites, installés à l’est du fleuve Jourdain. En hébreu, ce nom fait penser à deux mots : « roi » et « honte ».*

23 « Tu ne dois pas t'unir à un animal. Si un homme fait cela, il est *impur. Une femme ne doit pas s'unir à un animal. Si elle fait cela, c'est un désordre horrible.

24 « Ne vous rendez pas impurs en faisant une chose de ce genre. Les autres peuples que je chasse devant vous sont devenus impurs en faisant ces choses-là. 25 Le pays de Canaan lui-même est devenu impur à cause de ces fautes. J'ai dû agir contre lui, et il a craché ses habitants[b].

26 « Vous, Israélites, ou étrangers installés dans le pays, respectez mes lois et mes règles. Ne faites aucune de ces choses horribles. 27 Les gens qui habitaient le pays de Canaan avant vous faisaient toutes ces choses-là, et le pays est devenu impur. 28 Ne le rendez pas impur de nouveau. Ainsi, le pays ne vous crachera pas, comme il a craché les autres peuples qui étaient là avant vous. 29 En effet, tous ceux qui font ces choses horribles seront chassés du peuple d'Israël.

30 « Respectez mes commandements, ne faites pas ces choses horribles qu'on faisait avant votre arrivée. Ne vous rendez pas impurs par ces actions. Le SEIGNEUR votre Dieu, c'est moi. »

Un peuple saint pour un Dieu saint

19 1 Le SEIGNEUR dit à Moïse 2 de donner à toute la communauté d'Israël les enseignements suivants : « Soyez *saints parce que je suis saint, moi, le SEIGNEUR votre Dieu. 3 Chacun de vous doit respecter sa mère et son père. Chacun doit respecter le jour du *sabbat. Le SEIGNEUR votre Dieu, c'est moi.

4 « Ne vous tournez pas vers les faux dieux. Ne fabriquez pas des dieux sous forme de statues en métal fondu. Le SEIGNEUR votre Dieu, c'est moi.

5 « Quand vous m'offrirez un *sacrifice de communion, faites-le selon les règles, pour que je vous accepte. 6 On peut manger l'animal le jour du sacrifice et le jour suivant. Mais le troisième jour, vous jetterez au feu ce qui reste. 7 Si quelqu'un en mange le troisième jour, c'est de la viande qui ne convient plus, et je n'accepterai pas ce sacrifice. 8 Si quelqu'un en mange, il traite avec mépris ce qui m'est *consacré. Il se rend coupable d'une faute. On chassera cette personne de la communauté d'Israël.

9 « Quand vous ferez la récolte, vous ne couperez pas les épis qui sont au bord de vos champs. Vous ne reviendrez pas ramasser les épis qui restent. 10 Vous ne reviendrez pas non plus dans vos *vignes, pour ramasser les grappes de raisin qui restent ou les grains tombés par terre. Vous les laisserez aux pauvres et aux étrangers installés dans le pays. Le SEIGNEUR votre Dieu, c'est moi.

11 « Ne volez pas[c]. Ne mentez pas. Ne trompez pas votre *prochain. 12 Ne faites pas de serments faux en utilisant mon nom. Si vous le faites, vous méprisez mon nom. Le SEIGNEUR, c'est moi.

13 « Ne profitez pas de votre *prochain et ne le volez pas. Ne gardez pas le salaire d'un ouvrier jusqu'au matin du jour suivant. 14 N'insultez pas un sourd. Ne mettez pas d'obstacle devant un aveugle. Ainsi, vous me respecterez. Le SEIGNEUR, c'est moi.

15 « Ne soyez pas injustes quand vous jugez au tribunal. Ne favorisez pas les pauvres. Ne soyez pas trop indulgents avec les gens importants, mais jugez votre prochain avec justice. 16 Ne dites pas de choses fausses contre les gens de votre peuple. Ne faites pas condamner quelqu'un à mort en disant des mensonges contre lui. Le SEIGNEUR, c'est moi.

17 « N'ayez aucune pensée de haine contre un frère, mais n'hésitez pas à lui faire des reproches. Ainsi, vous ne commettrez pas de péché à cause de lui. 18 Ne vous vengez pas, et ne vous souvenez pas avec colère des fautes des gens de votre peuple. Mais chacun de vous doit aimer son prochain comme lui-même. Le SEIGNEUR, c'est moi.

---

b **18.25** *En arrivant dans le pays de Canaan, les Israélites ont chassé un certain nombre de populations.*

c **19.11** *Voir Exode 20.15 et la note.*

19 « Vous respecterez aussi les lois suivantes : dans vos troupeaux, ne laissez pas s'accoupler deux animaux d'espèces différentes.
Ne semez pas dans vos champs des graines
d'espèces différentes. Ne portez pas de vêtements tissés avec deux sortes de fils.

20 « Supposons ceci : Un homme couche
avec une esclave qui est fiancée à quelqu'un.
Mais elle n'est pas rachetée ni libérée. Cet
homme doit payer une amende. Mais on ne
fera pas mourir les coupables, parce que cette
femme était encore esclave. 21 L'homme doit
amener un bélier à l'entrée de la *tente de la
rencontre et il l'offrira au SEIGNEUR en sacrifice
de réparation. 22 Devant moi, le prêtre fera sur
le coupable le geste de pardon pour son péché.
Alors cet homme recevra le pardon pour le péché qu'il a commis.

23 « Quand vous serez entrés dans le pays
de *Canaan, vous planterez toutes sortes d'arbres fruitiers. Vous considérerez leurs fruits
comme interdits pendant trois ans. Vous
n'en mangerez pas. 24 La quatrième année,
pendant la fête de louange, vous me *consacrerez tous les fruits que ces arbres donneront. 25 À partir de la cinquième année,
vous pourrez les manger. Alors vos récoltes
augmenteront. Le SEIGNEUR votre Dieu, c'est
moi.

26 « Ne mangez pas la viande d'un animal à
l'endroit où vous avez fait couler son sang.
N'essayez pas de deviner l'avenir. N'allez
pas consulter ceux qui lisent dans le ciel.
27 Ne taillez pas vos cheveux en rond, ne coupez pas votre barbe sur les côtés. 28 Si vous
êtes en deuil, ne vous faites pas d'incisions
sur le corps. Ne faites pas de dessins sur votre
peau. Le SEIGNEUR, c'est moi.

29 « Ne détruisez pas l'honneur de vos filles
en les poussant à se *prostituer au service
d'un lieu sacré[d]. Ainsi, les habitants du pays
ne se prostitueront pas et ils ne coucheront
pas avec n'importe qui dans tout le pays.
30 Respectez le jour du *sabbat et respectez
mon *lieu saint. Le SEIGNEUR, c'est moi.

31 « Ne cherchez pas à consulter les esprits
des morts d'une manière ou d'une autre.
Cela vous rendrait *impurs. Le SEIGNEUR votre
Dieu, c'est moi.

32 « Levez-vous devant une personne âgée.
Soyez pleins de respect pour les gens âgés.
Ainsi, vous respecterez votre Dieu. Le SEI-
GNEUR, c'est moi.

33 « Quand un étranger viendra s'installer
chez vous, dans votre pays, ne profitez pas
de lui. 34 Au contraire, vous agirez avec lui
comme avec quelqu'un de votre peuple.
Vous devez l'aimer comme vous-mêmes. En
effet, vous aussi, vous avez été des étrangers
en Égypte. Le SEIGNEUR votre Dieu, c'est moi.

35 « Ne soyez pas injustes quand vous mesurez quelque chose avec une mesure de
longueur, de poids ou de capacité. 36 Vous
devez avoir des balances justes, des poids justes, des mesures justes. Le SEIGNEUR votre
Dieu qui vous a fait sortir d'Égypte, c'est moi.

37 « Respectez toutes mes lois et mes règles
et obéissez-leur. Le SEIGNEUR, c'est moi. »

Les cultes interdits

20 1 Le SEIGNEUR dit à Moïse 2 de donner
aux Israélites les enseignements suivants : « Si un Israélite ou un étranger installé
dans le pays offre un de ses enfants en *sacrifice au dieu Molek[e], il faut le faire mourir. Les
habitants du pays le tueront en lui jetant
des pierres. 3 Moi-même, j'agirai contre cet
homme. Je le chasserai de la communauté
d'Israël parce qu'il a offert un de ses enfants
à Molek. En effet, il a rendu *impur mon
*lieu saint et il a méprisé mon *saint nom.
4 Les habitants du pays ferment peut-être les
yeux sur la conduite de cet homme pour ne
pas le faire mourir. 5 Alors j'agirai moi-même
contre lui et contre sa famille. Je les chasserai
de la communauté d'Israël, lui et tous ceux

---

d **19.29** *Dans certaines religions de l'ancien Orient, des prostituées étaient au service des lieux sacrés. Les visiteurs s'unissaient à ces femmes pour obtenir de leurs dieux de bonnes récoltes, de beaux troupeaux ou des enfants.*

e **20.2** *Voir Lévitique 18.21 et la note.*

qui servent comme lui le dieu Molek. Ils adorent un faux dieu.

6 « Voici un autre exemple : Quelqu'un
consulte les esprits des morts d'une façon ou
d'une autre. C'est une manière d'adorer les
faux dieux. C'est pourquoi j'agirai contre lui
et je le chasserai de la communauté d'Israël.

7 « Conduisez-vous comme des personnes
saintes. En effet, le SEIGNEUR votre Dieu, c'est
moi. »

Les fautes qui entraînent des punitions graves

8 « Respectez mes lois et obéissez-leur. Le
SEIGNEUR, c'est moi. Je vous ai choisis pour
que vous soyez un peuple *saint.

9 « Si quelqu'un maudit son père ou sa
mère, il faut le faire mourir. Il est seul responsable de sa mort, parce qu'il a maudit son père
ou sa mère.

10 « Si quelqu'un commet un *adultère en
prenant la femme d'un autre Israélite, il faut
faire mourir l'homme et la femme. Ils sont
adultères tous les deux.

11 « Si un homme couche avec une des femmes de son père, il couvre son père de honte.
Il faut faire mourir les deux coupables. Ils sont
seuls responsables de leur mort.

12 « Si un homme couche avec sa belle-fille,
il faut faire mourir les deux coupables. Ils ont
fait une chose horrible. Ils sont seuls responsables de leur mort.

13 « Si un homme couche avec un autre
homme, comme on couche avec une femme,
tous les deux ont fait une chose horrible. Il
faut les faire mourir. Ils sont seuls responsables de leur mort.

14 « Si un homme prend pour femmes une
fille et sa mère, c'est une conduite honteuse.
Il faut brûler l'homme et les deux femmes.
Ainsi on évitera que cette chose honteuse arrive parmi vous.

15 « Si un homme s'unit à un animal, il faut
le faire mourir et tuer l'animal.

16 « Si une femme s'unit à un animal, on
tuera la femme et l'animal. On doit les faire
mourir. Ils sont seuls responsables de leur
mort.

17 « Voici un autre cas : Un homme prend
pour femme sa demi-sœur, c'est-à-dire une
fille de son père ou de sa mère, et ils couchent
ensemble. C'est une action honteuse. On les
punira sous les yeux des autres Israélites.
Cet homme s'est uni à sa demi-sœur. Il en
sera responsable.

18 « Voici un autre cas : Un homme couche
avec une femme pendant ses règles. On les
chassera tous les deux de la communauté d'Israël. En effet, tous les deux se sont unis pendant que la femme perdait du sang.

19 « Vous ne devez pas vous unir à une sœur
de votre mère, ou à une sœur de votre père.
En effet, si un homme couche avec quelqu'un
de sa famille proche, ils en seront responsables tous les deux.

20 « Si un homme couche avec sa tante, il
couvre son oncle de honte. Les deux seront
responsables de ce péché. Ils mourront sans
enfants.

21 « Si un homme prend pour femme la
femme de son frère, c'est une action *impure. Cet homme a couvert son frère de
honte, ils n'auront pas d'enfants.

22 « Respectez toutes mes lois et mes règles
et obéissez-leur. Alors le pays où je vous
conduis pour vous y installer ne vous crachera
pas[f].
23 Ne suivez pas les coutumes des peuples que je chasse devant vous. Ils ont commis
toutes ces fautes. C'est pourquoi ils m'ont dégoûté.
24 Alors je vous ai dit :

"C'est vous qui posséderez leur pays.
Je vous le donne pour qu'il soit à vous.
C'est un pays qui *déborde de lait et de
miel."

Le SEIGNEUR votre Dieu, qui vous a mis à part
des autres peuples, c'est moi.
25 C'est pour-
quoi vous devez faire la différence entre animaux *purs et impurs, entre oiseaux purs et
impurs. Vous ne devez pas vous rendre impurs vous-mêmes en touchant ce qui est impur : animaux, oiseaux, petites bêtes qui
marchent sur le sol. J'ai fait cette différence

f **20.22** *Voir Lévitique 18.25-28.*

pour que vous reconnaissiez les animaux impurs.

26 « Soyez saints, *consacrés à mon service, parce que je suis saint, moi, le SEIGNEUR. Je vous ai mis à part des autres peuples pour que vous soyez à moi.

27 « Si un homme ou une femme ont l'habitude d'interroger les esprits des morts, il faut les faire mourir. On les tuera en leur jetant des pierres. Ils seront seuls responsables de leur mort. »

Règles pour les prêtres

a. Comment les prêtres doivent se conduire

21 1 Le SEIGNEUR dit à Moïse de donner les enseignements suivants aux prêtres, fils d'Aaron : « Un prêtre ne doit pas se rendre *impur en touchant le corps d'un mort de la tribu de Lévi. 2 Mais il y a une exception s'il s'agit d'un parent très proche : sa mère, son père, son fils, sa fille, son frère, 3 ou une sœur qui n'est pas encore mariée. Elle appartient encore à sa famille, puisqu'elle n'est pas entrée dans la famille d'un autre homme. 4 Parmi les gens de sa famille, le prêtre est un chef. Il ne doit donc pas se rendre impur. En effet, il perdrait son honneur.

5 « Si les prêtres sont en deuil, ils ne doivent pas se raser la tête en rond. Ils ne doivent pas se couper la barbe sur les côtés, ni se faire d'incisions sur le corps. 6 Ils doivent se *consacrer à mon service et ils ne mépriseront pas mon nom. En effet, ce sont eux qui me présentent les *sacrifices, ma nourriture à moi, le SEIGNEUR leur Dieu. Ils doivent donc être *saints.

7 « Un prêtre ne doit pas se marier avec une *prostituée ni avec une femme qui a perdu son honneur avec un autre homme, ni avec une divorcée. En effet, le prêtre est consacré à mon service. 8 Chaque Israélite doit respecter les prêtres comme personnes *saintes. En effet, ils me présentent la nourriture que vous m'offrez, à moi, votre Dieu. Les prêtres seront pour vous des personnes saintes parce que je suis saint, moi le SEIGNEUR. Et j'ai choisi Israël pour qu'il soit un peuple saint.

9 « Si la fille d'un prêtre perd son honneur en se *prostituant, elle enlève l'honneur de son père. Il faut la brûler vivante. »

b. Règles pour le grand-prêtre

10 « Le *grand-prêtre est le chef des prêtres. On l'a *consacré en versant l'huile de consécration sur sa tête le jour où il a commencé son service. Il porte aussi les habits sacrés. C'est pourquoi il ne doit pas avoir les cheveux en désordre ni déchirer ses vêtements en signe de deuil. 11 Il ne doit pas non plus s'approcher d'un mort. Il ne doit pas se rendre *impur, même quand son père ou sa mère meurt. 12 Il n'a pas le droit de sortir des lieux sacrés. Sinon, il rendrait impur mon *lieu saint. En effet, l'huile l'a consacré à mon service. Le SEIGNEUR, c'est moi.

13 « Le grand-prêtre doit se marier avec une jeune fille vierge. 14 Il ne peut pas se marier avec une veuve, ni avec une divorcée, ni avec une femme qui a perdu son honneur en se *prostituant. Il doit se marier avec une jeune fille d'une famille de prêtres. 15 De cette façon, ses enfants appartiendront tous à la famille sacrée des prêtres. Le SEIGNEUR, c'est moi. J'ai mis le grand-prêtre à part pour mon service. »

c. Les défauts physiques qui empêchent d'être prêtre

16 Le SEIGNEUR dit à Moïse 17 de donner à Aaron les enseignements suivants : « Dans les générations à venir, parmi les enfants de tes enfants, ceux qui ont un défaut physique ne pourront pas servir à *l'autel. 18 En effet, aucun infirme ne pourra s'approcher de l'autel pour offrir ma nourriture : par exemple, un aveugle, un boiteux, un homme au visage déformé ou aux membres mal faits, 19 un homme qui a la jambe ou le bras cassé, 20 un bossu ou un homme trop maigre, un homme qui a les yeux malades, un homme qui a une maladie de peau, ou un homme au sexe abîmé. 21 Parmi les enfants de tes enfants, si quelqu'un a un défaut physique, il ne doit pas s'approcher de l'autel pour offrir ma nourriture. À cause de ce défaut, il ne peut pas s'approcher de l'autel. 22 Il peut manger ce

qu'on m'offre en *sacrifice, les aliments qui
sont uniquement réservés pour moi, comme
les autres aliments. 23 Mais à cause de son défaut physique, il ne doit pas s'approcher du rideau du *lieu saint ni de l'autel. Il ne doit pas
couvrir de honte mon lieu saint. Le SEIGNEUR,
c'est moi, et c'est moi qui mets les prêtres à
part pour mon service. »

24 Moïse dit ces paroles à Aaron, à ses fils et
à tous les Israélites.

d. Règles pour pouvoir manger des offrandes de l'autel

22 1 Le SEIGNEUR dit à Moïse : 2 « Présente
à Aaron et à ses fils les cas où ils ne
doivent pas manger les offrandes que les Israélites me *consacrent. Sinon, ils mépriseraient mon saint nom. Le SEIGNEUR, c'est
moi. 3 Tu leur diras : Supposons ceci : Dans
les générations à venir, un homme d'une famille de prêtres s'approche des offrandes
que les Israélites me consacrent, à moi le SEI-
GNEUR. Or ce prêtre est *impur. Alors on lui
interdira de rester à mon service. Le SEI-
GNEUR, c'est moi. 4 Ou encore : Un prêtre a
une maladie de peau, ou bien un liquide coule
de ses organes sexuels. Il doit se rendre *pur
avant de manger une offrande réservée à
Dieu. C'est la même chose : pour celui qui
touche une personne impure parce qu'elle a
touché un mort, pour celui qui perd sa semence, 5 pour celui qui a touché n'importe
quel animal qui rend impur, pour celui qui
a touché un homme qui rend impur. Peu importe la cause ! 6 Un prêtre à qui l'une de ces
choses arrive reste impur jusqu'au soir. Il doit
se laver entièrement avant de manger des offrandes réservées à Dieu. 7 Après le coucher
du soleil, il est pur. Il peut donc manger de
nouveau des offrandes réservées à Dieu. En
effet, cette nourriture est pour lui. 8 Un prêtre
ne doit pas manger la viande d'un animal
mort naturellement ou déchiré par une bête
sauvage. Sinon il sera impur. Le SEIGNEUR,
c'est moi.

9 « Les prêtres doivent obéir à mes commandements. Alors ils ne se rendront pas coupables à cause de la nourriture. S'ils traitent
cette nourriture sans respect, ils mourront.
Le SEIGNEUR, c'est moi, et c'est moi qui les
mets à part pour mon service.

10 « Aucun Israélite ne doit manger de la
nourriture réservée à Dieu, s'il n'est pas prêtre. Même l'invité d'un prêtre ou un ouvrier
payé par lui ne doivent pas en manger.
11 Mais si un prêtre a acheté un esclave,
celui-ci peut manger de la nourriture réservée
à Dieu. Un esclave qui est né dans la maison
du prêtre peut en manger aussi. 12 Si la fille
d'un prêtre s'est mariée avec quelqu'un qui
n'est pas prêtre, elle n'a plus le droit de manger la part prise sur les offrandes réservées à
Dieu. 13 Mais la fille d'un prêtre est peut-être
veuve, ou divorcée. Elle n'a pas d'enfants et
elle est revenue habiter chez son père, comme
avant le mariage. Alors elle peut manger la
même nourriture que lui. En dehors de ces
cas, personne ne doit manger des offrandes réservées à Dieu, s'il n'est pas prêtre.

14 « Si quelqu'un en mange sans le vouloir, il
doit rendre au prêtre la valeur de l'offrande. Et
il doit payer en plus un cinquième de cette
somme.

15 « Les prêtres ne doivent pas manquer de
respect envers les offrandes que les Israélites
consacrent au SEIGNEUR. 16 S'ils en mangent
en étant impurs, ils rendent les Israélites responsables d'une faute qui doit être pardonnée. Oui, le SEIGNEUR, c'est moi, et c'est moi
qui mets à part les prêtres pour mon service. »

Comment choisir les animaux à offrir

17 Le SEIGNEUR dit à Moïse 18 de donner les
enseignements suivants à Aaron, à ses fils et
à tous les Israélites : « Supposons ceci : Quelqu'un parmi vous, un Israélite ou un étranger
installé dans le pays, veut m'offrir un *sacrifice complet, à cause d'un *vœu qu'il a fait,
ou bien de façon spontanée. 19 S'il veut que
je l'accepte, il doit amener un mâle sans défaut pris parmi les bœufs, les moutons ou les
chèvres. 20 Il ne doit pas m'offrir un animal
avec un défaut : je ne l'accepterai pas. 21 Voici
un autre cas : Quelqu'un veut m'offrir un sacrifice de communion, parce qu'il a fait un
vœu, ou de façon spontanée. J'accepterai un
bœuf, un mouton ou une chèvre, si cet animal

n'a aucun défaut. 22 Ne présentez donc aucun animal aveugle, à la patte cassée ou coupée, ou avec des verrues, de la gale ou une autre maladie de peau. Ne m'offrez pas un tel animal en sacrifice pour le brûler sur mon *autel. 23 Si un animal, bœuf, mouton ou chèvre, a une patte trop longue ou trop courte, vous pouvez l'offrir de façon spontanée, mais je ne l'accepterai pas pour un vœu. 24 Ne me présentez pas un animal qui a les testicules écrasés, abîmés, arrachés ou coupés. Ne faites pas cela dans votre pays. 25 N'achetez pas à un inconnu de tels animaux pour me les offrir en sacrifice, à moi, votre Dieu. Ils sont abîmés. C'est donc un défaut, et je ne les accepterai pas de votre part. »

26 Le SEIGNEUR dit à Moïse : 27 « Un veau, un agneau ou un cabri doivent rester avec leur mère pendant sept jours après leur naissance. À partir du huitième jour, j'accepte qu'on les présente comme sacrifice brûlé pour moi. 28 Mais *n'égorgez pas pour moi une vache, une brebis ou une chèvre le même jour que son petit.

29 « Quand vous m'offrirez un animal pour accompagner un chant de louange, faites cela selon les règles, pour que je vous accepte. 30 Mangez cet animal le jour même. Ne gardez rien pour le jour suivant. Le SEIGNEUR, c'est moi.

31 « Gardez mes commandements et obéissez-leur. Le SEIGNEUR, c'est moi. 32 Ne méprisez pas mon *saint nom. Au contraire, voici ce que je veux : vous, les Israélites, vous devez montrer que je suis le vrai Dieu. C'est à moi, le SEIGNEUR, que vous appartenez. 33 Je vous ai fait sortir d'Égypte pour être votre Dieu. Le SEIGNEUR, c'est moi. »

Dates des fêtes d'Israël

a. Le sabbat

23 1 Le SEIGNEUR dit à Moïse 2 de donner aux Israélites les enseignements suivants : « Quand vous ferez de grandes fêtes en mon honneur, vous vous réunirez pour m'adorer. Voici les dates de ces fêtes : 3 Il y a six jours dans la semaine pour travailler. Mais le septième jour, c'est le *sabbat, un jour de repos. Ce jour-là est mis à part pour vous réunir en mon honneur. Vous ne devez faire aucun travail. C'est le sabbat. Vous devez garder ce jour pour moi, le SEIGNEUR, partout où vous habiterez.

4 « Les autres grandes fêtes pendant lesquelles vous vous réunirez en mon honneur, vous les célébrerez aux dates fixées. »

b. La Pâque et la fête des Pains sans levain

5 « Le premier mois[g], le 14 du mois, au coucher du soleil, c'est la fête de la *Pâque : vous la ferez en mon honneur.

6 « Le 15 de ce même mois, c'est la *fête des Pains sans levain. Elle est en mon honneur. Pendant sept jours, vous mangerez du pain sans *levain. 7 Le premier jour de cette semaine, vous vous réunirez en mon honneur. Ce jour-là, vous ne ferez pas votre travail ordinaire. 8 Chaque jour de cette semaine, vous m'offrirez un sacrifice complètement brûlé. Le septième jour, vous vous réunirez encore en mon honneur. Ce jour-là non plus, vous ne ferez pas votre travail ordinaire. »

c. La fête de la première gerbe

9 Le SEIGNEUR dit encore à Moïse 10 de donner aux Israélites les enseignements suivants : « Quand vous serez entrés dans le pays que je vais vous donner, au moment de la récolte, vous apporterez au prêtre la première *gerbe que vous récolterez. 11 Le prêtre me présentera cette gerbe le jour qui suit le *sabbat. Alors je l'accepterai. 12 Ce jour-là, vous m'offrirez aussi un agneau d'un an sans défaut, et on le brûlera complètement. 13 En même temps, vous m'offrirez six kilos de farine mélangée avec de l'huile, comme *sacrifice brûlé, et sa fumée de bonne odeur me plaira. Vous offrirez aussi un litre et demi de vin. 14 Vous ne mangerez rien de cette récolte avant le jour où vous m'offrirez la première gerbe : vous

g 23.5 *Le mois des Épis, en mars-avril.*

ne mangerez donc ni pain, ni épis grillés, ni *blé nouveau. C'est une règle pour toujours. Vous la respecterez de génération en génération, partout où vous habiterez. »

d. La fête des Moissons

15 « Vous compterez sept semaines complètes à partir du jour qui suit le *sabbat. C'est le jour où vous aurez offert la première *gerbe avec le geste de présentation. 16 Vous compterez donc 50 jours, jusqu'au jour qui suit le septième sabbat. Ce jour-là, vous me présenterez une offrande de votre nouvelle récolte. 17 Vous apporterez de vos maisons deux pains pour me les offrir devant *l'autel avec le geste de présentation. Vous ferez chaque pain avec trois kilos de farine et vous le cuirez avec du *levain. Cette offrande viendra des premières *céréales récoltées. 18 En plus de ce pain, vous m'offrirez sept agneaux sans défaut, âgés d'un an, un taureau et deux béliers. Vous les brûlerez complètement pour moi avec les offrandes de farine et de vin qui les accompagnent. Ce sont des *sacrifices brûlés pour moi, le SEIGNEUR, et leur fumée de bonne odeur me plaira. 19 Vous m'offrirez aussi un bouc en sacrifice pour recevoir le pardon de vos péchés, et deux agneaux d'un an, en sacrifices de communion. 20 Le prêtre les offrira avec le geste de présentation. Il offrira les deux agneaux en même temps que les pains. Ces offrandes me sont *consacrées. Elles sont donc pour le prêtre. 21 Le même jour, vous vous réunirez en mon honneur. Vous ne ferez pas votre travail ordinaire. C'est une règle pour toujours. Vous la respecterez de génération en génération, partout où vous habiterez.

22 « Quand vous ferez la récolte, vous ne couperez pas les épis qui sont au bord de vos champs. Vous ne reviendrez pas ramasser les épis qui restent. Vous les laisserez aux pauvres et aux étrangers installés chez vous. Le SEIGNEUR votre Dieu, c'est moi. »

e. Le jour de souvenir

23 Le SEIGNEUR dit à Moïse 24 de donner aux Israélites les enseignements suivants : « Le septième *mois, le premier jour du mois, ce sera pour vous un jour de repos. Vous vous réunirez en mon honneur. C'est un jour de souvenir et de cris de joie. 25 Vous ne ferez pas votre travail ordinaire, et vous m'offrirez des *sacrifices brûlés. »

f. Le grand jour du Pardon des péchés

26 Le SEIGNEUR dit à Moïse : 27 « Le septième *mois, le 10 du mois, ce sera le grand jour du Pardon des péchés. Vous vous réunirez en mon honneur. Vous *jeûnerez et vous m'offrirez un *sacrifice brûlé. 28 Ce jour-là, vous ne ferez aucun travail. En effet, ce jour-là, on fera sur vous le geste de pardon pour vos péchés, devant moi, le SEIGNEUR votre Dieu. 29 Si quelqu'un ne jeûne pas ce jour-là, on le chassera de la communauté d'Israël. 30 Et je ferai disparaître du peuple d'Israël toute personne qui fera un travail ce jour-là. 31 Ce jour-là, vous ne ferez jamais aucun travail. C'est une règle pour toujours. Vous la respecterez de génération en génération, partout où vous habiterez. 32 C'est pour vous un jour de repos, comme le *sabbat, et vous jeûnerez. Vous respecterez ce repos du sabbat, depuis le 9 du mois au soir jusqu'au 10 au soir. »

g. La fête des Huttes

33 Le SEIGNEUR dit à Moïse 34 de donner aux Israélites les enseignements suivants : « Le septième mois, à partir du 15 du mois, vous ferez la *fête des Huttes en mon honneur pendant sept jours. 35 Le premier jour, vous vous réunirez en mon honneur. Ce jour-là, vous ne ferez pas votre travail ordinaire. 36 Chaque jour de la semaine, vous m'offrirez un *sacrifice brûlé au feu. Le huitième jour, vous vous réunirez de nouveau en mon honneur et vous m'offrirez encore un sacrifice brûlé. Ce sera le dernier jour de la fête. Ce jour-là, vous ne ferez pas votre travail ordinaire.

37 « Quand vous ferez ces grandes fêtes en mon honneur, vous vous réunirez pour m'offrir des sacrifices complètement brûlés avec des offrandes de farine mélangée à de l'huile. Ou bien vous m'offrirez des sacrifices de communion avec du vin, selon les règles pour chaque fête. 38 Ces sacrifices, vous les ajouterez à ceux que vous m'offrez les jours de *sabbat. Vous les ajouterez aussi aux dons

et aux sacrifices offerts de façon spontanée ou
pour accomplir un *vœu.

39 « Le septième mois, le 15 du mois, à la fin
des récoltes, vous commencerez à faire une
fête en mon honneur pendant sept jours. Le
premier et le huitième jour seront des jours
de repos. 40 Le premier jour, vous prendrez
de beaux fruits, des feuilles de palmier, des
branches d'arbres couverts de feuilles ou d'arbres des rivières. Vous montrerez votre joie
devant moi, le SEIGNEUR votre Dieu, pendant
sept jours. 41 Chaque année, vous ferez cette
fête en mon honneur, pendant sept jours, le
septième mois. C'est une règle pour toujours.
Vous la respecterez de génération en génération. 42 Pendant ces sept jours, vous, les Israélites, vous devrez habiter dans des huttes.
43 Alors vos enfants et les enfants de leurs enfants sauront que j'ai fait habiter leurs ancêtres dans des huttes quand je les ai fait sortir
d'Égypte. Le SEIGNEUR votre Dieu, c'est moi. »

44 Voilà comment Moïse a donné aux Israélites la liste des fêtes à respecter en l'honneur
du SEIGNEUR.

Le porte-lampes du lieu saint

24 1 Le SEIGNEUR dit à Moïse : 2 « Commande aux Israélites de t'apporter de
l'huile *d'olive de très bonne qualité. Alors
on pourra allumer les lampes tous les soirs.
3 Aaron placera le porte-lampes dans la *tente
de la rencontre, devant le rideau qui cache le
coffre contenant les *tablettes de l'alliance.
Les lampes brûleront du soir au matin devant
moi. C'est une règle pour toujours. Vous la
respecterez de génération en génération.
4 Aaron mettra les lampes devant moi, sur le
porte-lampes en or pur, pour qu'elles brûlent
toutes les nuits. »

Les pains offerts à Dieu

5 Le Seigneur dit à Moïse : « Prends de la farine. Fais cuire douze galettes de six kilos chacune. 6 Tu les placeras devant moi, sur la table
en or pur, en deux tas de six galettes. 7 Tu
mettras sur chaque tas de *l'encens pur. Ensuite, on le brûlera en mon honneur, à la place
du pain, comme "souvenir"[h].

8 « Chaque jour de *sabbat, pour toujours,
on placera de telles galettes devant moi.
Vous, les Israélites, vous devrez toujours respecter cette obligation. 9 Les galettes seront
pour Aaron et pour ses fils. Ils les mangeront
dans un endroit réservé. En effet, elles sont
uniquement réservées pour moi, parce qu'elles m'ont été offertes. Cette part leur appartient pour toujours. »

Celui qui insulte Dieu doit mourir

10 Un jour, il y a une dispute dans le camp
entre un Israélite et un homme de père égyptien et de mère israélite. 11 Cette femme s'appelle Chelomith, elle est fille de Dibri, de la
tribu de Dan. Le fils de Chelomith insulte le
nom de Dieu et le maudit. On le conduit alors
auprès de Moïse 12 et on le garde en lieu sûr en
attendant que le SEIGNEUR prenne une décision.

13 Alors le SEIGNEUR dit à Moïse : 14 « Fais
sortir du camp celui qui m'a insulté. Que
tous ceux qui l'ont entendu posent leurs
mains sur sa tête[i] et que toute la communauté d'Israël le tue en lui jetant des pierres.
15 Et voici ce que tu diras aux Israélites : Si un
homme insulte son Dieu, il est responsable
de ce péché. 16 Il faut faire mourir celui qui
insulte le nom du SEIGNEUR. Toute la communauté d'Israël doit le tuer en lui jetant des
pierres. Si c'est un étranger installé chez
vous ou un Israélite, peu importe ! Il faut le
faire mourir parce qu'il a insulté le nom de
Dieu.

17 « Si quelqu'un tue un être humain, il faut
le faire mourir. 18 S'il tue un animal qui appartient à quelqu'un d'autre, il doit le remplacer
par un animal vivant. 19 Si quelqu'un blesse
une autre personne, on le blessera de la

---

h **24.7** *Voir Lévitique 2.2 et la note.*

i **24.14** *Ceux qui ont entendu l'insulte sont d'une certaine façon devenus impurs. Ils perdent cette impureté en la mettant sur la tête du coupable.*

même façon : 20 fracture pour fracture, œil pour œil, dent pour dent. On lui rendra le mal qu'il a fait à l'autre.

21 « Si quelqu'un tue un animal, il doit le remplacer. Si quelqu'un tue un être humain, il faut le faire mourir.

22 « Vous aurez les mêmes lois pour les étrangers installés chez vous et pour les Israélites. Le SEIGNEUR votre Dieu, c'est moi. »

23 Voilà ce que Moïse a dit aux Israélites. Alors on fait sortir du camp celui qui a insulté le nom de Dieu et on le tue en lui jetant des pierres. Les Israélites font ainsi ce que le SEIGNEUR a commandé à Moïse.

L'année de repos pour la terre

25 1 Sur le mont Sinaï, le SEIGNEUR dit à Moïse 2 de donner aux Israélites les enseignements suivants : « Quand vous serez entrés dans le pays que je vais vous donner, vous laisserez régulièrement la terre se reposer en mon honneur. 3 Pendant six ans, vous sèmerez dans vos champs, vous taillerez vos *vignes et vous ferez les récoltes. 4 La septième année me sera *consacrée. Ce sera une année de repos complet pour la terre. Vous ne devrez pas semer dans vos champs ni tailler vos vignes. 5 Vous ne ramasserez pas ce qui a poussé tout seul depuis la dernière récolte. Vous ne cueillerez pas les grappes des vignes non taillées. Ce sera une année de repos complet pour la terre. 6 Vous mangerez ce que la terre vous donnera pendant cette année de repos, vous, vos serviteurs et vos servantes, ainsi que vos ouvriers et les étrangers de passage qui habitent chez vous. 7 Tout cela servira aussi à nourrir vos animaux et même les bêtes sauvages de votre pays. »

L'année de la libération

8 « Vous compterez sept fois sept ans, c'est-à-dire 49 ans. 9 Ensuite, le septième *mois, le 10 du mois, le grand jour du Pardon, vous ferez entendre la corne de bélier dans tout le pays, et vous pousserez de grands cris. 10 De cette façon, vous ferez de cette cinquantième année une année *consacrée au SEIGNEUR. Vous annoncerez la libération pour tous les habitants du pays. Ce sera pour vous une Année de Réjouissance. Chacun de vous pourra être de nouveau propriétaire de ses champs et revenir dans sa famille. 11 C'est ainsi que vous fêterez l'Année de Réjouissance tous les 50 ans : vous ne sèmerez rien dans vos champs, vous ne récolterez pas les épis qui ont poussé tout seuls. Vous ne couperez pas les grappes de *raisin qui ont poussé sur les vignes non taillées. 12 En effet, ce sera l'Année de Réjouissance, une année consacrée au SEIGNEUR. Mais vous pourrez manger ce qui pousse tout seul dans les champs.

13 « À l'occasion de l'Année de Réjouissance, chacun de vous pourra être de nouveau propriétaire de ses champs. 14 Si vous vendez quelque chose à un Israélite, ou si vous lui achetez quelque chose, vous ne devez pas profiter de lui. 15 Achetez ou vendez en tenant compte des années passées depuis la dernière Année de Réjouissance. Et donc, tenez compte aussi des années de récolte qui restent jusqu'à la prochaine Année de Réjouissance. 16 Plus il restera d'années, plus votre prix de vente sera élevé. Moins il restera d'années, plus votre prix sera bas. En effet, pour vendre, on tient compte du nombre de récoltes à faire. 17 Ne profitez pas de votre *prochain. C'est ainsi que vous me respecterez. Le SEIGNEUR votre Dieu, c'est moi. 18 Respectez mes lois, gardez mes règles et obéissez-leur. Alors vous habiterez en sécurité dans ce pays. 19 La terre donnera des récoltes, vous aurez toujours assez à manger et vous habiterez en sécurité.

20 « Vous allez peut-être vous demander : "Qu'est-ce que nous allons manger la septième année ? En effet, nous ne devons pas semer, nous ne devons pas faire de récoltes." 21 Eh bien, je vous *bénirai la sixième année. Je commanderai à la terre de donner des récoltes pour trois ans. 22 La huitième année, vous sèmerez dans vos champs. Mais cette année-là, vous mangerez encore l'ancienne récolte. En effet, vous aurez assez de nourriture pour attendre la récolte de la neuvième année. »

Le droit de racheter des terres

23 « Vous ne vendrez jamais une terre de façon définitive. En effet, la terre est à moi, le

Seigneur. Vous serez comme des étrangers et des gens de passage dans mon pays. 24 C'est pourquoi, dans tout ce pays que je vous donnerai, vous établirez les règles permettant de racheter des terres.

25 « Supposons ceci : Un de vos frères israélites devient pauvre et il doit vendre une de ses terres. Un de ses parents proches qui possède le droit de racheter doit racheter cette terre. 26 Si cet homme pauvre n'a pas de parent qui possède ce droit, il trouvera peut-être les moyens de racheter lui-même sa terre. 27 Il calculera la somme d'argent qu'il doit à l'acheteur en comptant le nombre d'années qui restent jusqu'à l'Année de Réjouissance. Il paiera et il sera de nouveau propriétaire de sa terre. 28 S'il ne trouve pas les moyens de rembourser la terre, celle-ci appartient toujours à l'acheteur. Cela dure jusqu'à l'Année de Réjouissance. Cette année-là, l'homme pauvre sera de nouveau propriétaire de sa terre.

29 « Voici un autre cas : Quelqu'un vend une maison située dans une ville entourée de murs. Il a le droit de la racheter pendant un certain temps seulement, c'est-à-dire pendant un an à partir de la vente. 30 Si personne ne rachète la maison au bout d'un an, elle appartient pour toujours à l'acheteur et à ses enfants. Ils ne devront pas la rendre l'Année de Réjouissance. 31 Mais les maisons situées dans les villages qui ne sont pas entourés de murs, on leur applique les mêmes règles qu'aux champs du pays. Celui qui vend sa maison a toujours le droit de la racheter. En tout cas, il en sera de nouveau propriétaire l'Année de Réjouissance.

32 « Pourtant, les *lévites ont toujours le droit de racheter leurs maisons situées dans les villes des lévites[j]. 33 Même si un autre lévite a acheté une de ces maisons, il devra la rendre à son premier propriétaire l'Année de Réjouissance. En effet, les lévites possèdent seulement ces maisons en Israël. 34 Les champs situés autour de leurs villes ne doivent pas être vendus. En effet, les lévites les possèdent pour toujours. »

Les prêts aux pauvres

35 « Supposons ceci : Un de vos frères israélites devient pauvre et il ne peut pas vous rembourser. Vous devez l'aider pour qu'il continue à vivre auprès de vous. Vous ferez la même chose pour un étranger de passage ou un étranger installé dans votre pays, ou pour quelqu'un de passage. 36 Vous ne lui demanderez pas d'argent en plus de sa dette. De cette façon, vous montrerez du respect pour moi, votre Dieu, et votre frère pourra vivre auprès de vous. 37 Si vous lui prêtez de l'argent, ne lui demandez pas une somme en plus de sa dette. Si vous lui fournissez de la nourriture, ne lui demandez pas de vous la rendre avec un supplément. 38 Le SEIGNEUR votre Dieu, c'est moi. Je vous ai fait sortir d'Égypte pour vous donner le pays de *Canaan et devenir votre Dieu. »

Le droit de racheter des personnes

39 « Supposons ceci : Un de vos frères israélites est devenu pauvre et il doit se vendre à vous. Vous ne devez pas lui faire faire un travail d'esclave. 40 Faites-le travailler chez vous comme un ouvrier que vous payez ou comme un étranger de passage. Il sera à votre service jusqu'à l'Année de Réjouissance. 41 Cette année-là, il sera libre de nouveau, lui et ses enfants. Il retournera dans sa famille et il sera de nouveau propriétaire de la terre de ses ancêtres. 42 En effet, les Israélites sont mes serviteurs. Je les ai libérés d'Égypte. C'est pourquoi on ne doit pas les vendre, comme on vend des esclaves. 43 Ne les écrasez pas de votre pouvoir. De cette façon, vous montrerez votre respect pour moi, votre Dieu.

44 « Si vous voulez des esclaves ou des servantes, vous les achèterez chez les peuples qui vous entourent. 45 Vous pourrez aussi en acheter parmi les enfants des étrangers de passage qui viendront s'installer chez vous. Ou bien vous les prendrez parmi les étrangers

j **25.32** *Voir Nombres 35.1-8 ; Josué 21.*

qui sont nés dans le pays. Ces esclaves seront à vous. 46 Plus tard, vous les laisserez en héritage à vos enfants. Ils seront à eux. Vous pourrez les garder comme esclaves pour toujours. Mais personne parmi vous n'écrasera un de ses frères israélites sous son pouvoir.

47 « Supposons ceci : Un étranger installé chez vous ou un étranger de passage devient riche. Un Israélite, au contraire, devient pauvre et il se vend à lui ou à un autre membre du clan de ces étrangers. 48 On a le droit de racheter cet Israélite. Un de ses frères peut le racheter. 49 S'il n'a pas de frère, un frère de son père ou un fils de cet oncle, ou un autre parent de son clan peut le racheter. Il peut aussi se racheter lui-même, s'il trouve les moyens pour cela. 50 S'il peut se racheter, il comptera avec son patron le nombre d'années qu'il y a entre l'année où il s'est vendu et l'Année de Réjouissance. Le prix à payer dépend du nombre d'années. Et le prix d'une année sera calculé d'après ce qu'on donne à un ouvrier par jour de travail. 51 Il y a peut-être encore beaucoup d'années jusqu'à l'Année de Réjouissance. Celui qui veut se racheter doit alors rembourser une grande partie de la somme que son patron a payée pour l'acheter. 52 S'il n'y a pas beaucoup d'années jusqu'à l'Année de Réjouissance, il les comptera. Puis il remboursera son patron en tenant compte des années qui restent. 53 Cet Israélite peut rester comme ouvrier chez son patron. Il recevra un salaire pour l'année. Mais vous ne laisserez pas le patron écraser votre frère de son pouvoir. 54 Si cet Israélite n'est pas racheté d'une façon ou d'une autre, il retrouvera sa liberté avec ses enfants l'Année de Réjouissance. »

Règles pour le peuple qui appartient à Dieu : conclusion

a. C'est le Seigneur qui est Dieu

55 « Oui, c'est moi que les Israélites servent. Ils sont à mon service, parce que je les ai fait sortir d'Égypte. Le SEIGNEUR votre Dieu, c'est moi.

26 1 « Ne vous fabriquez pas de faux dieux. Ne dressez pas de statues ni de pierres sacrées. Ne placez pas dans votre pays des pierres décorées pour les adorer. En effet, le SEIGNEUR votre Dieu, c'est moi.

2 « Gardez le repos du *sabbat et montrez du respect pour mon *lieu saint. Le SEIGNEUR, c'est moi. »

b. La bénédiction de Dieu

3 « Si vous suivez mes lois, si vous respectez mes commandements et si vous leur obéissez, 4 je ferai tomber de l'eau à la saison des pluies. Alors la terre produira des récoltes, et les arbres donneront des fruits. 5 Chez vous, le battage des *céréales durera jusqu'à la récolte du *raisin. Et cette récolte durera jusqu'au moment où vous sèmerez. Vous aurez beaucoup de nourriture et vous habiterez en sécurité dans votre pays. 6 Grâce à moi, le pays sera en paix. Quand vous vous coucherez, rien ne vous troublera. Je ferai disparaître du pays les bêtes méchantes. On ne vous fera pas la guerre. 7 Vous ferez fuir vos ennemis, ils tomberont sous les coups de vos armes. 8 5 Israélites feront fuir 100 ennemis, 100 Israélites en feront fuir 10 000, et ils tomberont sous les coups de vos armes. 9 Je montrerai ma bonté envers vous, je vous donnerai beaucoup d'enfants et je garderai mon *alliance avec vous. 10 Vous récolterez tellement que vous pourrez vous nourrir longtemps de l'ancienne récolte. Vous devrez même sortir ce qui reste pour mettre en réserve les nouvelles récoltes. 11 Je viendrai habiter moi-même au milieu de vous et mon cœur ne vous rejettera pas. 12 Je serai toujours présent parmi vous, je serai votre Dieu et vous serez mon peuple. 13 Le SEIGNEUR votre Dieu, c'est moi. Je vous ai fait sortir d'Égypte pour que vous ne soyez plus esclaves des Égyptiens. J'ai brisé les liens qui vous attachaient et je vous ai fait marcher avec fierté. »

c. La malédiction de Dieu

14 « Mais supposons ceci : Vous ne m'écoutez pas, vous n'obéissez pas à mes commandements, 15 vous rejetez mes lois, vous détestez mes règles, vous ne m'obéissez pas. De cette façon, vous brisez mon *alliance avec vous. 16 Eh bien, voici ce que moi, je vous ferai : Je vous enverrai des malheurs terribles, des ma-

ladies qui ne guérissent pas et la fièvre. Votre regard ne brillera plus, et votre vie s'en ira petit à petit. Vous sèmerez dans vos champs, mais pour rien. Ce sont vos ennemis qui mangeront vos récoltes. 17 J'agirai contre vous, et vos ennemis vous vaincront. Ceux qui vous détestent seront vos maîtres et vous fuirez, même si personne ne vous poursuit.

18 « Si vous ne m'écoutez pas davantage, je vous punirai sept fois plus à cause de vos péchés. 19 Je briserai votre puissance orgueilleuse, je rendrai votre ciel dur comme du fer, et vos terres sans pluie deviendront dures comme du bronze. 20 Vous vous fatiguerez pour rien. La terre ne produira plus rien, et les arbres du pays ne donneront plus de fruits.

21 « Si vous vous opposez à moi en refusant de m'écouter, je vous punirai sept fois plus, en tenant compte de vos péchés. 22 J'enverrai contre vous des bêtes sauvages. Elles tueront vos enfants, elles détruiront vos troupeaux, elles vous feront disparaître, et vos chemins deviendront déserts.

23 « Si vous n'acceptez toujours pas ces punitions, si vous continuez à vous opposer à moi, 24 moi, je serai contre vous, je vous frapperai encore sept fois plus fort à cause de vos péchés. 25 Je ferai venir la guerre contre vous. Elle vous punira parce que vous avez brisé mon alliance avec vous. Vous vous réfugierez dans les villes. Mais je vous enverrai une épidémie de peste, et vous serez livrés au pouvoir de vos ennemis. 26 Je vous priverai de nourriture. Dix femmes pourront cuire votre pain dans un seul four. Elles vous en apporteront si peu que vous aurez toujours faim après avoir mangé.

27 « Si malgré tout cela, vous ne m'écoutez toujours pas, si vous continuez à vous opposer à moi, 28 à mon tour, je m'opposerai à vous avec une grande *colère. Je vous punirai moi-même sept fois plus à cause de vos péchés. 29 Vous devrez manger vos fils et vos filles. 30 Je détruirai vos lieux sacrés, je briserai vos *autels à parfums. Je mettrai vos corps morts sur les statues brisées de vos faux dieux, et mon cœur vous rejettera. 31 Je détruirai complètement vos villes et il n'y aura plus personne dans vos *lieux saints. Je n'accepterai plus la fumée de bonne odeur de vos *sacrifices. 32 Je détruirai moi-même votre pays. Vos ennemis qui viendront l'habiter en seront très étonnés. 33 Je lancerai des attaques contre vous et je vous ferai partir de tous les côtés dans les pays étrangers. Votre pays deviendra un désert et vos villes seront des tas de pierres.

34 « Alors, pendant toutes ces années où vous serez dans les pays de vos ennemis, vos terres abandonnées se reposeront. Cela remplacera les périodes de repos qui n'ont pas été respectées. 35 Oui, le sol se reposera. Cela remplacera toutes les périodes de repos que vous ne lui avez pas laissées quand vous habitiez votre pays.

36 « Ceux qui continueront à vivre dans les pays de leurs ennemis, je les découragerai. Le simple bruit d'une feuille qui tombe les fera fuir. Ils fuiront comme on fuit devant un ennemi armé, et ils tomberont, même si personne ne les poursuit. 37 Ils tomberont les uns sur les autres, comme lorsqu'on fuit devant des ennemis armés. Pourtant, personne ne les poursuivra. Ils ne pourront pas résister à leurs ennemis. 38 Ils finiront par mourir à l'étranger, et les pays de leurs ennemis les dévoreront. 39 Ceux qui continueront à vivre dans les pays de vos ennemis perdront leurs forces à cause de leurs péchés et des péchés de leurs ancêtres. »

Dieu se souviendra de son alliance avec les Israélites

40 « Mais ceux qui vivront encore reconnaîtront leurs fautes et celles de leurs ancêtres. Ils diront : "Nous avons commis des fautes graves envers le SEIGNEUR, nous nous sommes opposés à lui." 41 Alors ils comprendront que moi aussi, je me suis opposé à eux et que je les ai amenés dans le pays de leurs ennemis. Ils s'abaisseront devant moi en reconnaissant qu'ils ne m'ont pas été fidèles. Et ils accepteront d'être punis pour leurs fautes. 42 Alors je me souviendrai des *alliances établies avec leurs ancêtres : Jacob, Isaac et Abraham. Je me souviendrai aussi que je leur avais promis un pays. 43 Ainsi, quand ils seront absents de ce pays, la terre pourra se reposer. Pendant

ce temps, ils accepteront d'être punis parce qu'ils ont rejeté mes lois et détesté mes règles. 44 Pourtant, même pendant qu'ils seront dans le pays de leurs ennemis, je ne les rejetterai pas, je ne les détesterai pas, je ne les détruirai pas. Je ne briserai pas mon alliance avec eux, parce que le Seigneur leur Dieu, c'est moi. 45 Oui, je me souviendrai en leur faveur de l'alliance établie avec leurs ancêtres. Je les ai fait sortir d'Égypte sous les yeux des autres peuples pour devenir leur Dieu. Le Seigneur, c'est moi. »

46 Voilà les lois, les règles et les enseignements qui établissent les rapports entre le Seigneur et les Israélites. Le Seigneur les a donnés aux Israélites, par l'intermédiaire de Moïse, sur le mont Sinaï.

Règles pour le peuple qui appartient à Dieu : supplément

a. Le prix à payer pour les vœux

27 1 Le Seigneur dit à Moïse 2 de donner aux Israélites les enseignements suivants : « Si quelqu'un a fait le *vœu d'offrir une personne au Seigneur, il peut accomplir son vœu en donnant de l'argent. 3 Voici les prix :

– Pour une personne de 20 à 60 ans : 50 pièces d'argent en monnaie du *lieu saint, pour un homme, 4 30 pièces pour une femme.

5 – Pour un jeune de 5 à 20 ans : 20 pièces pour un garçon, 10 pièces pour une fille.

6 – Pour un enfant de 1 mois à 5 ans : 5 pièces pour un garçon, 3 pièces pour une fille.

7 – Pour une personne de plus de 60 ans : 15 pièces pour un homme, 10 pièces pour une femme.

8 « Si quelqu'un est trop pauvre pour payer ces prix-là, il place la personne à offrir devant le prêtre. Celui-ci juge de la somme à payer en tenant compte des moyens de celui qui a fait le vœu.

9 « Si quelqu'un a fait le vœu d'offrir un animal qu'on peut présenter au Seigneur, cet animal est réservé au Seigneur. 10 On n'a pas le droit de remplacer cet animal par un autre, meilleur ou moins bon. Mais si on le remplace quand même, les deux animaux seront réservés au Seigneur.

11 « Si le vœu porte sur un animal *impur qu'on ne peut pas offrir au Seigneur, on amène l'animal devant le prêtre. 12 Le prêtre juge de la valeur de l'animal, en tenant compte de ses qualités et de ses défauts. On suivra le jugement du prêtre. 13 Si celui qui a fait le vœu souhaite racheter l'animal, il paie le prix fixé par le prêtre et il ajoute un cinquième de cette somme.

14 « Si quelqu'un *consacre sa maison au Seigneur, le prêtre juge de la valeur de la maison, en tenant compte de son état bon ou mauvais. On suivra le jugement du prêtre. 15 Si le propriétaire souhaite racheter la maison, il paie le prix fixé par le prêtre et il ajoute un cinquième de cette somme. Ensuite, la maison sera à lui.

16 « Si quelqu'un consacre un de ses champs au Seigneur, on calcule sa valeur en tenant compte de la quantité de graines qu'on peut semer : 50 pièces d'argent pour 300 kilos *d'orge. 17 Si on consacre le champ l'Année de Réjouissance, on paie le prix fixé. 18 Si on consacre le champ après l'Année de Réjouissance, le prêtre calcule un prix plus faible. Il tient compte du nombre d'années qui restent jusqu'à la prochaine Année de Réjouissance.

19 « Si le propriétaire souhaite racheter son champ, il doit payer le prix fixé par le prêtre et il ajoute un cinquième de cette somme. Ensuite le champ sera à lui.

20 « S'il ne rachète pas son champ, mais s'il le vend à quelqu'un d'autre, le propriétaire ne pourra plus racheter ce champ. 21 L'Année de Réjouissance, on consacrera ce champ au Seigneur. Il appartiendra aux prêtres, comme un champ qu'on a consacré au Seigneur pour toujours.

22 « Voici un cas : Quelqu'un consacre au Seigneur un champ qu'il a acheté et qui ne faisait pas partie de son héritage. 23 Le prêtre calcule sa valeur en tenant compte des années qui restent jusqu'à l'Année de Réjouissance. Le propriétaire donne le jour même le prix

fixé. On consacre l'argent au SEIGNEUR.
24 L'Année de Réjouissance, le champ reviendra au premier propriétaire, c'est-à-dire à celui qui l'avait reçu en héritage.

25 « On calculera la valeur des biens promis
au SEIGNEUR selon la monnaie du *lieu saint, où la pièce d'argent pèse 10 grammes. »

b. Autres offrandes

26 « Personne n'a le droit de *consacrer au
SEIGNEUR par un vœu le premier-né d'un animal. En effet, tous les premiers-nés, veaux, cabris ou agneaux, appartiennent déjà au
SEIGNEUR. 27 S'il s'agit du premier-né d'un ani-
mal *impur, celui qui fait le vœu peut le racheter. Il paie le prix fixé par le prêtre et il ajoute un cinquième de cette somme. S'il ne le rachète pas, le prêtre peut le vendre au prix qu'il a calculé.

28 « De plus, quand quelqu'un consacre
pour toujours au SEIGNEUR une personne, un animal, ou un champ reçu en héritage, on ne peut pas le vendre ni le racheter. Tout ce qui est consacré pour toujours au SEIGNEUR devient sacré. Cela lui appartient totalement.
29 Même si c'est une personne, on ne peut
pas la racheter, il faut la faire mourir.

30 « On doit consacrer au SEIGNEUR un
dixième des récoltes de la terre et des fruits.
Cette part est pour le SEIGNEUR. 31 Si quelqu'un
veut en racheter une partie, il doit payer aux prêtres le prix de cette part, plus un cinquième de cette somme. 32 Pour les bœufs,
les moutons et les chèvres, on marque une bête sur dix, pour la consacrer au SEIGNEUR.
33 Le propriétaire ne doit pas faire de choix en-
tre les bêtes, bonnes ou mauvaises. Mais s'il remplace quand même une bête par une autre, les deux seront considérées comme consacrées au SEIGNEUR. Il ne pourra donc racheter ni l'une ni l'autre. »

34 Voilà les commandements que le SEI-
GNEUR a donnés à Moïse pour les Israélites sur le mont Sinaï.

Nombres

INTRODUCTION

Dans le livre des Nombres, les Israélites sont comptés plusieurs fois, ce qui explique son nom.

Le récit est entièrement situé dans le ***désert****. Les Israélites se trouvent dans le désert du Sinaï depuis Exode 19. Ils quittent cette région en Nombres 10.11, pour continuer leur route vers le pays promis par Dieu. Ils vont alors dans le désert de Paran et voyagent longtemps dans les régions désertiques au sud de Canaan. La fin du livre est située dans la plaine de Moab, au bord du Jourdain, en face de la ville de Jéricho (36.13).*

Le livre des Nombres peut être présenté selon un plan géographique :

- *Israël dans le désert du Sinaï : 1.1–10.10.*
- *Du Sinaï à la frontière de Moab : 10.11–21.35.*
- *Israël dans les plaines de Moab : 22.1–36.13.*

La partie située dans le désert du Sinaï prolonge la fin du livre de l'Exode et le Lévitique. L'organisation du peuple de Dieu continue. Un rôle particulier est donné à la tribu de Lévi.

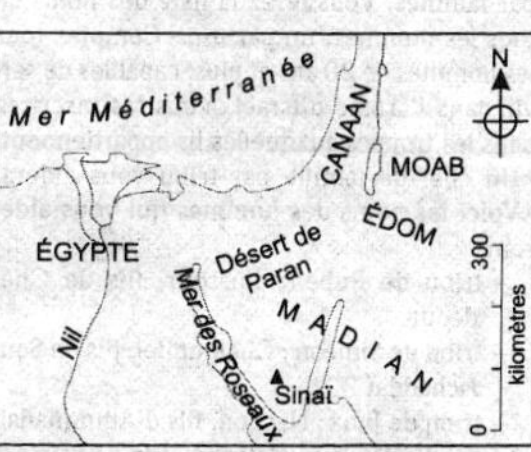

Dès que les Israélites quittent le Sinaï, les plaintes et les révoltes commencent. Le livre des Nombres le montre : le désert est un lieu où le peuple est mis à l'épreuve. Les Israélites rêvent de retourner en Égypte, où ils avaient une forme de sécurité et un certain confort. Ils critiquent leurs chefs, Moïse et Aaron. Ils ont peur de l'avenir. Ils réclament de la viande comme en Égypte (voir le chapitre 11) et refusent d'entrer en Canaan (voir le chapitre 14). Le peuple doute du projet que Dieu a fait pour lui. À cause de cette profonde ***crise****, le peuple marche pendant quarante ans dans le désert. Tous ceux qui sont sortis d'Égypte meurent là. Aucun d'eux, pas même Moïse, n'entrera en Canaan.*

Le livre des Nombres raconte aussi comment une ***nouvelle génération*** *se met en place, spécialement à partir du chapitre 26. Les pères n'entreront pas dans le pays promis, mais leurs enfants y entreront. Les derniers chapitres du livre préparent cette entrée. Josué va remplacer Moïse et, déjà, des règles sont données pour le partage du pays.*

Comme les livres de l'Exode et du Lévitique, le livre des Nombres présente deux points de vue différents sur les relations entre les Israélites et les autres peuples. Les étrangers peuvent conduire les Israélites à trahir leur Dieu. Dans ce cas, ceux-ci doivent se séparer des étrangers. Mais Moïse épouse une femme étrangère (chapitre 12). Et Dieu charge un étranger, Balaam, de bénir le peuple d'Israël (chapitres 22–24).

Beaucoup de problèmes actuels ressemblent à ceux que le peuple d'Israël rencontre dans le désert : par exemple le regret du passé et la peur de l'avenir... C'est pourquoi le livre des Nombres intéresse encore aujourd'hui ceux qui le lisent.

LES ISRAÉLITES DANS LE DÉSERT DU SINAÏ
1.1–10.10

Moïse et Aaron comptent les Israélites pour la première fois

1 1 Moïse se trouve au désert du Sinaï. Le SEI-
GNEUR lui parle dans la *tente de la rencontre. C'est la deuxième année après que les
Israélites sont sortis d'Égypte, le premier
jour du deuxième *mois. Le SEIGNEUR lui dit :
2 « Aaron et toi, vous allez compter les membres de la communauté d'Israël, par clans et
par familles. Vous ferez la liste des noms de
tous les hommes, un par un. 3 Comptez tous
les hommes de 20 ans et plus, capables de servir dans l'armée d'Israël. Vous les inscrirez
dans les troupes auxquelles ils appartiennent.
4 Un chef de famille par tribu vous aidera.
5 Voici les noms des hommes qui vous aideront :
– tribu de Ruben : Élissour, fils de Chedéour
6 – tribu de Siméon : Cheloumiel, fils de Sourichaddaï
7 – tribu de Juda : Nachon, fils d'Amminadab
8 – tribu d'Issakar : Netanéel, fils de Souar
9 – tribu de Zabulon : Éliab, fils de Hélon
10 – tribu d'Éfraïm, fils de Joseph : Élichama, fils d'Ammihoud
– tribu de Manassé, fils de Joseph : Gamliel, fils de Pedassour
11 – tribu de Benjamin : Abidan, fils de Guidoni
12 – tribu de Dan : Ahiézer, fils d'Ammichaddaï
13 – tribu d'Asser : Paguiel, fils d'Okran
14 – tribu de Gad : Éliassaf, fils de Déouel
15 – tribu de Neftali : Ahira, fils d'Énan. »

16 Les chefs de famille de la communauté
qu'on a choisis sont aussi des chefs militaires
d'Israël. 17 Moïse et Aaron prennent comme
adjoints ces douze hommes, qui ont été nommés pour cela. 18 Ils réunissent toute la
communauté le premier jour du deuxième
mois. Tous les Israélites âgés de 20 ans et
plus se font inscrire un par un, par clan et
par famille. 19 Comme le SEIGNEUR l'a
commandé, Moïse les fait donc compter
dans le désert du Sinaï.

20-43 Pour chaque tribu d'Israël, on compte
les gens par clans et par familles. On écrit
un par un les noms de tous les hommes de
20 ans et plus, capables de servir dans l'armée
d'Israël. On commence par la tribu de Ruben,
le fils aîné de *Jacob. On trouve alors :

tribu de Ruben :	46 500
tribu de Siméon :	59 300
tribu de Gad :	45 650
tribu de Juda :	74 600
tribu d'Issakar :	54 400
tribu de Zabulon :	57 400
tribu d'Éfraïm, fils de Joseph :	40 500
tribu de Manassé, fils de Joseph :	32 200
tribu de Benjamin :	35 400
tribu de Dan :	62 700
tribu d'Asser :	41 500
tribu de Neftali :	53 400

44 Voilà le nombre des Israélites comptés
par Moïse, Aaron et les douze chefs de famille
qui représentent les tribus d'Israël. 45 Le total
des Israélites comptés par familles, âgés de
20 ans et plus, et capables de servir dans
l'armée d'Israël, 46 est de 603 550.

La charge particulière de la tribu de Lévi

47 Les Israélites de la tribu de Lévi n'ont pas
été comptés en même temps que les autres.
48 En effet, le SEIGNEUR a dit à Moïse : 49 « Ne
compte pas les gens de la tribu de Lévi en
même temps que les autres. 50 Tu leur donneras la charge de la *tente sacrée qui abrite les

*tablettes de l'alliance[a]. Ils seront aussi char-
gés de tous les ustensiles et des choses qui
s'y trouvent. Ils transporteront la tente de la
rencontre et tout ce qu'il y a dedans. Ils feront
le service de la tente et ils camperont autour
d'elle. 51 Quand vous partirez, les *lévites dé-
monteront la tente sacrée. Puis quand vous
installerez votre camp, ils la remonteront. Si
quelqu'un qui n'est pas de cette tribu s'approche de la tente sacrée, il faut le faire mourir.
52 Les Israélites camperont chacun dans son
camp, chacun près de l'étendard de son
groupe d'armées[b]. 53 Seuls les lévites camperont autour de la tente sacrée qui abrite les tablettes de l'alliance, et ils y feront leur service.
De cette façon, je ne me mettrai pas en *colère
contre la communauté des Israélites. » 54 Les
Israélites font exactement ce que le SEIGNEUR
a commandé à Moïse.

La place des tribus dans le camp

2 1 Le SEIGNEUR dit à Moïse et Aaron :
2 « Chaque Israélite doit camper près de
l'étendard de son groupe d'armées, et près
de l'étendard[c] de sa famille. Ils camperont autour de la *tente de la rencontre, à une certaine distance.
3-8 « À l'est, il y aura le groupe d'armées rassemblé autour de l'étendard de Juda. Les hommes capables de servir dans l'armée seront
commandés par un chef de leur tribu. Voici
les noms de ces chefs :
– tribu de Juda : Nachon, fils d'Amminadab,
avec 74 600 hommes
– tribu d'Issakar : Netanéel, fils de Souar, avec
54 400 hommes
– tribu de Zabulon : Éliab, fils de Hélon, avec
57 400 hommes.
9 Le camp de Juda comptera donc 186 400
hommes pour les trois armées. Ils partiront
les premiers.
10-15 « Au sud, il y aura le groupe d'armées
rassemblé autour de l'étendard de Ruben.
Les hommes capables de servir dans l'armée
seront commandés par un chef de leur tribu.
Voici les noms de ces chefs :
– tribu de Ruben : Élissour, fils de Chedéour,
avec 46 500 hommes
– tribu de Siméon : Cheloumiel, fils de Souri-
chaddaï, avec 59 300 hommes
– tribu de Gad : Éliassaf, fils de Déouel, avec
45 650 hommes.
16 Le camp de Ruben comptera donc 151 450
hommes pour les trois armées. Ils partiront
les deuxièmes.
17 « Ensuite, les *lévites partiront avec la
tente de la rencontre. Ils se trouveront donc
au milieu des camps, entre les deux premiers
groupes et les deux derniers. Ils partiront dans
l'ordre où ils campent, chacun à sa place, un
groupe après l'autre.
18-23 « À l'ouest, il y aura le groupe d'armées
rassemblé autour de l'étendard d'Éfraïm. Les
hommes capables de servir dans l'armée seront commandés par un chef de leur tribu.
Voici les noms de ces chefs :
– tribu d'Éfraïm : Élichama, fils d'Ammihoud,
avec 40 500 hommes
– tribu de Manassé : Gamliel, fils de Pedassour, avec 32 200 hommes
– tribu de Benjamin : Abidan, fils de Guidoni,
avec 35 400 hommes.
24 Le camp d'Éfraïm comptera donc 108 100
hommes pour les trois armées. Ils partiront
après les lévites.
25-30 « Au nord, il y aura le groupe d'armées
rassemblé autour de l'étendard de Dan. Les
hommes capables de servir dans l'armée seront commandés par un chef de leur tribu.
Voici les noms de ces chefs :
– tribu de Dan : Ahiézer, fils d'Ammichaddaï,
avec 62 700 hommes
– tribu d'Asser : Paguiel, fils d'Okran, avec
41 500 hommes
– tribu de Neftali : Ahira, fils d'Énan, avec
53 400 hommes.

---

a 1.50 *Voir Exode 24.12 et 31.18.*

b 1.52 *L'étendard est une sorte de drapeau. Il peut être en tissu, en bois ou en métal. Un groupe comptait trois armées.*

c 2.2 *Voir Nombres 1.52 et la note.*

31 Le camp de Dan comptera donc 157 600
hommes pour les trois armées. Ils partiront
les derniers. Tous partiront, groupés autour
de leurs étendards. »

32 Le total des Israélites qu'on a comptés par
familles et par armées est de 603 550. 33 Les
lévites n'ont pas été comptés en même temps
que les autres Israélites. C'est ce que le SEI-
GNEUR a commandé à Moïse.

34 Les Israélites font exactement ce que le
SEIGNEUR a commandé à Moïse. Ils campent
près de leurs étendards, et ils partent par clans
et par familles.

Le travail de la tribu de Lévi

3 1 Voici quels sont les gens de la famille
d'Aaron et de Moïse à l'époque où le SEI-
GNEUR parle à Moïse au mont Sinaï. 2 Aaron
a quatre fils. L'aîné s'appelle Nadab. Les autres sont Abihou, Élazar et Itamar. 3 Ils ont
été *consacrés comme prêtres et ils ont
commencé leur service. 4 Mais Nadab et Abihou sont morts devant le *lieu saint, dans le
désert du Sinaï. En effet, ils avaient présenté
au SEIGNEUR une offrande de parfum brûlé
sur un feu interdit[d]. Ils n'avaient pas de fils.
C'est donc Élazar et Itamar qui servent
comme prêtres à côté de leur père Aaron.

5 Le SEIGNEUR dit à Moïse : 6 « Fais venir les
Israélites de la tribu de Lévi. Donne-les
comme aides à Aaron. 7 Ils seront à son service
et au service de toute la communauté d'Israël
devant la *tente de la rencontre. Ils s'occuperont de la tente sacrée[e]. 8 Ils prendront soin de
tous les objets de la tente de la rencontre. Et
ils seront au service des Israélites, pour s'occuper de la tente sacrée. 9 Tu donneras les
*lévites à Aaron et à ses fils. Ils lui seront vrai-
ment donnés comme aides, de la part des Israélites. 10 Attention ! Seuls Aaron et ses fils
doivent servir comme prêtres. Si quelqu'un
fait ce service sans être prêtre, il faut le faire
mourir. »

11 Le SEIGNEUR dit à Moïse : 12 « C'est moi qui
ai choisi les lévites parmi les Israélites, pour
remplacer les fils aînés du peuple d'Israël.
Les lévites m'appartiennent. 13 En effet, le
jour où j'ai fait mourir tous les premiers-
nés d'Égypte, je me suis réservé tous les
premiers-nés des Israélites et les premiers-nés
de leurs animaux[f]. Le SEIGNEUR, c'est moi. »

Moïse compte les gens de la tribu de Lévi pour la première fois

14 Dans le désert du Sinaï, le SEIGNEUR dit à
Moïse : 15 « Tu vas compter les gens de la tribu
de Lévi, par familles et par clans. Tu compteras tous les hommes et les garçons âgés d'un
mois et plus. » 16 Alors Moïse les compte
comme le SEIGNEUR l'a commandé.

17 Les fils de Lévi s'appellent Guerchon,
Quéhath et Merari.

18 – Guerchon a deux fils : Libni et Chimeï.
Ce sont les ancêtres des clans qui portent
leur nom.

19 – Quéhath a quatre fils : Amram, Issar, Hébron et Ouziel. Ce sont les ancêtres des clans
qui portent leur nom.

20 – Merari a deux fils : Mali et Mouchi. Ce
sont les ancêtres des clans qui portent leur
nom. Tous ces hommes ont donné leur nom
aux clans de la tribu de Lévi.

a. Les Guerchonites

21 Guerchon est l'ancêtre des Guerchonites.
Ils forment deux clans : le clan des Libnites et
le clan des Chiméites. 22 Le jour où on les
compte, ils sont 7 500 hommes et garçons
âgés d'un mois et plus. 23 Les clans des Guerchonites campent derrière la *tente sacrée, à
l'ouest. 24 Ils ont pour chef Éliassaf, fils de
Laël. 25 Les Guerchonites sont chargés des parties suivantes de la *tente de la rencontre : de
la tente intérieure, de la tente extérieure, de

---

d **3.4** *Voir Lévitique 10.1-7.*

e **3.7** *La tente de la rencontre est aussi appelée la tente sacrée. C'est le lieu où Dieu était présent quand les Israélites vivaient au désert.*

f **3.13** *Voir Exode 13.1-16.*

sa couverture, du rideau qui est à l'entrée de la tente de la rencontre, 26 des tentures et du rideau qui est à l'entrée de la cour, et des cordes nécessaires pour monter l'ensemble. La cour entoure la tente sacrée et *l'autel. Les Guerchonites sont responsables de l'entretien de tous ces objets.

b. Les Quéhatites

27 Quéhath est l'ancêtre des Quéhatites. Ils forment quatre clans : les clans des Amramites, des Issarites, des Hébronites et des Ouziélites. 28 Ils sont 8 600 hommes et garçons âgés d'un mois et plus. Ils sont chargés des objets sacrés dans le *lieu saint. 29 Les clans des Quéhatites campent au sud de la tente sacrée. 30 Ils ont pour chef Élissafan, fils d'Ouziel.

31 Les Quéhatites sont chargés du *coffre sacré, de la table des pains, du porte-lampes, des *autels, des ustensiles utilisés dans le lieu saint, et du rideau intérieur de la tente sacrée. Ils sont responsables de l'entretien de tous ces objets.

32 Le chef principal des lévites est Élazar, fils du prêtre Aaron. Il est responsable des hommes qui servent dans le lieu saint.

c. Les Merarites

33 Merari est l'ancêtre des Merarites. Ils forment deux clans : le clan des Malites et le clan des Mouchites. 34 Le jour où on les compte, ils sont 6 200 hommes et garçons âgés d'un mois et plus. 35 Ils ont pour chef Souriel, fils d'Abihaïl. Ils campent au nord de la *tente sacrée. 36 Les Merarites sont chargés des cadres de la tente sacrée, des barres, des colonnes avec leurs supports, et de tous les autres éléments qui vont avec ces objets. Ils sont responsables de leur entretien. 37 Ils sont chargés aussi des colonnes autour de la cour avec leurs supports, des piquets et des cordes.

38 Moïse, Aaron et ses fils campent devant la tente sacrée, à l'est, c'est-à-dire devant la *tente de la rencontre, du côté où le soleil se lève. Ils sont responsables du service du *lieu saint, au nom des Israélites. Si quelqu'un qui n'est pas prêtre s'en approche, il faut le faire mourir.

39 Le total des *lévites, hommes et garçons âgés d'un mois et plus, est de 22 000. Moïse et Aaron les comptent par clans, comme le SEIGNEUR l'a commandé.

Les lévites remplacent les fils aînés des autres Israélites

40 Le SEIGNEUR dit à Moïse : « Compte tous les fils aînés des Israélites, âgés d'un mois et plus, et écris leurs noms. 41 Ensuite, tu mettras à part les *lévites, pour qu'ils soient à moi, le SEIGNEUR, à la place des fils aînés des Israélites. De même, tu mettras à part pour moi les animaux des lévites, à la place de tous les animaux premiers-nés des Israélites. » 42 Alors Moïse compte tous les fils aînés des Israélites, âgés d'un mois et plus, comme le SEIGNEUR lui en a donné l'ordre. 43 D'après les listes des noms, ils sont au total 22 273.

44 Le SEIGNEUR dit à Moïse : 45 « Mets à part les lévites pour qu'ils soient à moi, le SEIGNEUR, à la place des fils aînés des Israélites. De même, mets à part pour moi les animaux des lévites, à la place des animaux premiers-nés. 46 Mais il y a 273 fils aînés de plus que de lévites. Il faudra les racheter. 47 Pour chacun d'eux, tu fixeras un prix de cinq pièces d'argent de 10 grammes chacune, comme celles utilisées dans le lieu saint. 48 Tu donneras l'argent à Aaron et à ses fils. Voilà comment on rachètera les fils aînés qui sont en plus. » 49 Moïse reçoit l'argent pour racheter ceux qui ne sont pas remplacés par des lévites. 50 Il reçoit en tout de la part des fils aînés 1 365 pièces d'argent, comme celles utilisées dans le lieu saint. 51 Il les remet à Aaron et à ses fils, comme le SEIGNEUR le lui a commandé.

Travaux des clans des lévites

a. Le travail des Quéhatites

4 1 Le SEIGNEUR dit à Moïse et à Aaron : 2-3 « Parmi les gens de la famille de Lévi, faites la liste des Quéhatites, âgés de 30 à 50 ans, par clans et par familles. On les prendra pour assurer certains services dans la *tente de la rencontre. 4 Ils seront responsables des objets réservés uniquement au service de Dieu. 5 Quand les Israélites quitteront ce lieu, Aaron et ses fils viendront enle-

ver le rideau de séparation du *lieu saint. Ils en couvriront le coffre sacré qui contient les *tablettes de l'alliance. 6 Ils poseront dessus une belle peau d'animal. Ils étendront sur l'ensemble une couverture en très belle laine violette. Puis ils fixeront des barres au coffre pour le transporter. 7 Ils étendront une autre couverture en très belle laine violette sur la table des pains offerts. Là, ils placeront les plats, les *coupes, les bols et les petits récipients pour les offrandes de vin. Ils mettront aussi les pains qu'on doit m'offrir sans cesse. 8 Ils étendront par-dessus une couverture en très belle laine violette. Ils couvriront tout cela avec une belle peau d'animal. Puis ils fixeront des barres à la table pour la transporter. 9 Ils couvriront d'une très belle étoffe violette le porte-lampes avec ses lampes, tous ses ustensiles, les pincettes, les cendriers et les petits récipients d'huile. 10 Ils couvriront tout cela avec une belle peau d'animal et ils le placeront sur deux bâtons solides. 11 Sur *l'autel en or, ils étendront une très belle étoffe violette. Ils le couvriront avec une belle peau d'animal. Puis ils fixeront des barres à l'autel pour le transporter. 12 Ensuite, ils prendront tous les objets qu'on utilise pour me servir dans le lieu saint. Ils les envelopperont dans une étoffe violette, ils les couvriront avec une belle peau d'animal. Puis ils les placeront sur deux bâtons solides. 13 Ils enlèveront les cendres de l'autel. Ils étendront sur lui une étoffe rouge. 14 Ils placeront dessus tous les ustensiles utilisés pour les *sacrifices : brûle-parfums, fourchettes à viande, pelles et coupes pour le sang. Ils couvriront tout cela avec une belle peau d'animal. Puis ils fixeront des barres à l'autel pour le transporter. 15 Quand les Israélites partiront, Aaron et ses fils finiront d'abord d'envelopper tous les objets du lieu saint. Ensuite seulement, les fils de Quéhath viendront les prendre. En effet, ils ne devront pas toucher les objets directement, sinon ils risqueront de mourir. Voilà ce que les fils de Quéhath seront chargés de transporter dans la tente de la rencontre. 16 Élazar, fils du prêtre Aaron, sera responsable de l'huile du porte-lampes, du parfum à brûler, des offrandes des produits de la terre pour chaque jour et de l'huile de *consécration. Il sera responsable de toute la tente sacrée et de tout ce qu'elle contient : les objets sacrés et les ustensiles. »

17 Le Seigneur dit encore à Moïse et à Aaron : 18 « Les Quéhatites doivent pouvoir vivre parmi les autres *lévites. 19 Ils ne doivent pas risquer de mourir en s'occupant des objets uniquement réservés à mon service. Pour cela, voici ce que vous ferez pour eux : toi, Aaron, avec tes fils, vous conduirez chacun d'eux devant l'objet à porter, en lui disant ce qu'il doit faire. 20 De cette façon, ils n'iront pas regarder les objets sacrés, même pas un instant. Cela causerait leur mort. »

b. Le travail des Guerchonites

21 Le Seigneur dit à Moïse : 22 « Fais aussi la liste des gens de la famille de Guerchon, par familles et par clans. 23 Tu compteras les hommes âgés de 30 à 50 ans. On les prendra pour assurer certains services dans la *tente de la rencontre. 24 Voici les travaux qu'ils feront : 25 ils porteront l'étoffe qui recouvre la tente sacrée, et qui forme la deuxième tente, la couverture en peaux de béliers et la belle peau qui recouvre l'ensemble, le rideau placé à l'entrée de la tente de la rencontre. 26 Ils porteront aussi les tentures et le rideau d'entrée de la cour qui entoure la tente sacrée et *l'autel, les cordes de la clôture de la cour, les objets et les ustensiles utilisés pour accomplir leur travail. 27 Les Guerchonites assureront leur service sous les ordres d'Aaron et de ses fils, pour les objets à transporter et pour les travaux à réaliser. Aaron et ses fils leur diront ce qu'ils ont à faire et à porter. 28 Voilà les activités des gens de la famille de Guerchon, dans la tente de la rencontre. Itamar, fils du prêtre Aaron, surveillera leurs travaux. »

c. Le travail des Merarites

29 Le Seigneur dit à Moïse : « Tu vas compter les gens de la famille de Merari, par clans et par familles. 30 Tu compteras les hommes âgés de 30 à 50 ans. On les prendra pour assurer certains services dans la *tente de la rencontre. 31 Voici les travaux qu'ils feront : ils porteront les cadres de la tente sacrée,

ses barres, ses colonnes, ses supports, 32 les colonnes qui entourent la cour, avec leurs supports, les piquets et les cordes et tous les objets qu'ils utilisent. Les prêtres diront à chacun les objets qu'il doit transporter. 33 Voilà le travail que les fils de Merari doivent faire dans la tente de la rencontre. Itamar, fils du prêtre Aaron, surveillera également ce qu'ils feront. »

Le nombre des lévites au travail

34-49 Moïse, Aaron et les responsables de la communauté d'Israël se mettent à compter, par clans et par familles, tous les *lévites nés de Quéhath, de Guerchon et de Merari, âgés de 30 à 50 ans. Ce sont ces hommes qui devront assurer certains services dans la *tente de la rencontre. En effet, le Seigneur a donné l'ordre de les compter par l'intermédiaire de Moïse. Voici le nombre des lévites :

fils de Quéhath :	2 750 hommes
fils de Guerchon :	2 630 hommes
fils de Merari :	3 200 hommes
Total des lévites :	8 580 hommes.

On dit à chacun ce qu'il doit faire et ce qu'il doit porter, comme le Seigneur l'a commandé à Moïse.

Les Israélites renvoient du camp les gens impurs

5 1 Le SEIGNEUR dit à Moïse : 2 « Commande aux Israélites de renvoyer du camp tous ceux qui sont *impurs : ceux qui ont une sorte de *lèpre, ou une maladie des organes sexuels, ou ceux qui ont touché un mort. 3 Vous devez les renvoyer du camp, les femmes comme les hommes. Ils ne doivent pas rendre impur le camp des Israélites parmi lesquels j'habite. » 4 Alors les Israélites renvoient du camp ceux qui sont impurs, comme le SEIGNEUR l'a commandé à Moïse.

Loi pour réparer une faute

5 Le SEIGNEUR dit à Moïse : 6 « Voici ce que tu diras aux Israélites : Supposons ceci : Un homme ou une femme fait du tort à quelqu'un et ainsi, cette personne se rend coupable d'une faute envers le SEIGNEUR. 7 Elle doit avouer le péché qu'elle a commis. Puis elle doit rendre l'objet à son propriétaire, et elle ajoute un cinquième de sa valeur. 8 Mais le propriétaire est peut-être mort et il n'a peut-être pas de parent proche à qui on peut rendre l'objet. Dans ce cas, on doit donner l'objet à un prêtre, c'est-à-dire à moi, le SEIGNEUR. De plus, le coupable offre un bélier, en *sacrifice de réparation. Et avec cet animal, le prêtre fait sur le coupable le geste de pardon pour son péché. 9 Quand les Israélites prennent une part sur une offrande et qu'ils l'apportent à un prêtre, cette part est pour ce prêtre. 10 Quand quelqu'un fait une offrande au SEIGNEUR, il la remet au prêtre. Ce que quelqu'un donne à un prêtre appartient à ce prêtre. »

Loi pour un cas de jalousie

11 Le SEIGNEUR dit à Moïse : 12 « Voici ce que tu diras aux Israélites : Supposons ceci : Une femme mariée se conduit mal en trompant son mari. 13 Elle a perdu son honneur en couchant en secret avec un autre homme. Son mari n'en est pas sûr, parce qu'il n'y a pas de *témoin contre elle. On ne l'a pas surprise au moment où elle trompait son mari. 14 Mais il devient jaloux, il pense que sa femme l'a trompé, et c'est vrai. Ou encore un homme devient jaloux, il croit que sa femme a perdu son honneur, et c'est faux. 15 Dans les deux cas, le mari doit conduire sa femme devant un prêtre. Il apportera l'offrande nécessaire pour elle : trois kilos de farine *d'orge. Il ne versera pas d'huile sur cette farine et il ne mettra pas *d'encens. En effet, c'est une offrande de jalousie. Un homme marié fait cette offrande quand il veut découvrir une faute. 16 Le prêtre conduit la femme dans le *lieu saint pour qu'elle se présente devant mon *autel. 17 Il prend de l'eau sacrée[g] dans un récipient en terre. Il prend de la poussière ramassée sur le sol de la *tente sacrée et il la

---

g **5.17** *Cette eau était ou bien de l'eau gardée dans le lieu saint, ou bien de l'eau qui venait d'une source sacrée.*

met dans l'eau. 18 Il met en désordre les cheveux de la femme[h] qu'il fait paraître devant moi, le SEIGNEUR. Il met sur ses mains ouvertes l'offrande qui va découvrir sa faute, c'est-à-dire l'offrande de jalousie. Lui-même tient dans ses mains l'eau amère, qui apporte la malédiction. 19 Le prêtre fait jurer la femme en disant : "Deux cas sont possibles : Ou bien un homme n'a pas couché avec toi. Tu ne t'es pas mal conduite. Tu n'as pas perdu ton honneur en trompant ton mari. Alors, que la malédiction de cette eau amère ne tombe pas sur toi ! 20 Ou bien, au contraire, tu as perdu ton honneur en trompant ton mari, un autre homme a couché avec toi. 21 Eh bien, que le SEIGNEUR te punisse : que tu n'aies jamais d'enfant, qu'il rende ton ventre stérile ! Alors les gens de ton peuple te citeront en exemple quand ils lanceront une malédiction en prononçant un serment. 22 Que cette eau qui apporte la malédiction entre dans ton corps pour que ton ventre soit stérile et que tu n'aies jamais d'enfant !" La femme doit répondre : "Oui, je suis d'accord."

23 « Le prêtre met par écrit les paroles de malédiction, puis il les trempe dans l'eau amère pour les effacer. 24 Il donne à boire l'eau amère à la femme, pour que cette eau qui porte la malédiction entre en elle. 25 Avant cela, il reprend des mains de la femme l'offrande qui va découvrir sa faute. Il l'offre au SEIGNEUR avec le geste de présentation et il l'apporte à *l'autel. 26 Il prend une poignée de farine appelée "souvenir"[i] et il la brûle sur l'autel. Ensuite, il fait boire l'eau à la femme. 27 Voici ce qui se passera : ou bien cette femme a vraiment perdu son honneur en trompant son mari. Dans ce cas, l'eau amère qui apporte la malédiction entre en elle, elle fait gonfler son ventre et elle la rend stérile. Alors les gens de son peuple la citent en exemple quand ils lancent une malédiction. 28 Ou bien, cette femme n'a pas perdu son honneur. Elle est *pure. Alors on reconnaît qu'elle n'est pas coupable, et elle pourra avoir des enfants.

29 « Voilà la loi pour un cas de jalousie. Elle s'applique à une femme qui se conduit mal en trompant son mari et qui perd son honneur. 30 Elle s'applique aussi à un homme qui devient jaloux. Il croit que sa femme l'a trompé, et c'est faux. Le mari oblige sa femme à se présenter devant moi, le SEIGNEUR, et le prêtre lui applique toutes les règles de cette loi. 31 On ne reprochera rien au mari, mais la femme sera punie, si elle est coupable. »

Règles pour consacrer quelqu'un au Seigneur

6 1 Le SEIGNEUR dit à Moïse : 2 « Voici ce que tu diras aux Israélites : Quand une personne, homme ou femme, décide de se *consacrer à moi, le SEIGNEUR, elle fait le *vœu de nazir[j]. 3 Cette personne ne doit jamais boire de vin ni d'alcool, ni de vinaigre de vin, ni de vinaigre d'alcool, ni de jus de *raisin. Elle ne doit pas manger de raisins frais ni de raisins secs. 4 Pendant tout le temps de son vœu, elle ne doit rien manger qui vient de la *vigne, même pas les pépins ou la peau des grains de raisin. 5 Elle ne doit pas non plus avoir les cheveux coupés. Elle est *consacrée à mon service. Elle doit donc laisser ses cheveux pousser librement jusqu'à la fin de la période de son vœu. 6 Pendant tout ce temps, elle ne doit pas s'approcher d'un mort. 7 Elle n'a pas le droit de se rendre *impure en s'approchant de son père, de sa mère, de son frère ou de sa sœur, s'ils meurent. En effet, elle est consacrée à mon service, comme ses cheveux non coupés le montrent.

8 « Pendant tout le temps de son vœu, cette personne m'est consacrée à moi, le SEIGNEUR.

h 5.18 *Ce geste montrait d'habitude la tristesse devant la mort. Ici, c'est sans doute un geste de tristesse à cause d'une faute.*

i 5.26 *Cette poignée de farine était brûlée pour que Dieu se souvienne de la personne qui l'avait offerte.*

j 6.2 *La personne qui faisait le vœu de nazir se mettait au service de Dieu pendant un certain temps. Elle ne buvait pas d'alcool et ne se coupait pas les cheveux, voir les versets 3 à 7.*

9 Si quelqu'un meurt brusquement à côté
d'elle, son temps de *consécration s'arrête,
parce qu'elle a touché un mort. Au bout d'une
semaine, elle est de nouveau *pure et elle se
rase la tête. 10 Le jour suivant, elle apporte
deux tourterelles[k] ou deux pigeons au prêtre,
à l'entrée de la *tente de la rencontre. 11 Le
prêtre offre un des oiseaux en *sacrifice
pour que cette personne reçoive le pardon,
et il offre l'autre oiseau en sacrifice complet.
Puis, il fait sur elle le geste de pardon pour
la faute qu'elle a commise en touchant le
mort. Ce jour-là, le prêtre consacre de nouveau cette personne. 12 Alors elle reprend
son temps de consécration à partir du début.
Elle offre un agneau d'un an en sacrifice de réparation. Le temps d'avant ne compte pas
puisque son vœu a été arrêté.

13 « Voici la cérémonie pour la personne qui
s'est consacrée à moi, le SEIGNEUR : le jour où le
temps de son vœu est terminé, on la conduit à
l'entrée de la tente de la rencontre. 14 Elle offre
au SEIGNEUR trois animaux sans défaut : un
agneau d'un an pour le sacrifice complet,
une brebis d'un an pour le pardon des péchés,
et un bélier pour le sacrifice de communion.
15 Elle apporte aussi un panier de gâteaux à
l'huile, cuits sans *levain, et des galettes sans
levain arrosées d'huile. Elle offre enfin de la farine et du vin pour les sacrifices. 16 Le prêtre
présente ces offrandes devant moi, le SEI-
GNEUR. Puis il offre le sacrifice pour le pardon
des péchés et le sacrifice complet. 17 Ensuite, il
offre le bélier en sacrifice de communion avec
le panier de gâteaux sans levain. Enfin, il présente les offrandes de farine et de vin. 18 À ce
moment-là, la personne qui s'est consacrée à
mon service se rase la tête à l'entrée de la tente
de la rencontre. Puis elle jette ses cheveux
dans le feu où on brûle le sacrifice de communion. 19 Quand l'épaule du bélier est cuite, le
prêtre la prend. Dans le panier, il prend aussi
un gâteau sans levain et une galette. Il les met
dans les mains de cette personne après qu'elle
s'est rasé la tête. 20 Le prêtre m'offre ces dons à
moi, le SEIGNEUR, avec le geste de présentation.
Ces dons sont pour le prêtre, en plus de la poitrine et de la cuisse de l'animal qui sont gardées pour lui. À partir de ce moment-là, la
personne qui s'est consacrée à mon service
peut de nouveau boire du vin.

21 « Voilà la cérémonie pour la personne qui
s'est consacrée à moi par un vœu. Voilà les
dons qu'elle doit m'offrir pour sa consécration. Si elle peut en faire d'autres en plus,
qu'elle les fasse. En tout cas, elle doit respecter le vœu qu'elle a fait, selon les règles de la
consécration qu'elle a promise. »

Comment les prêtres doivent bénir le peuple

22 Le SEIGNEUR dit à Moïse : 23 « Voici
comment Aaron et ses fils *béniront les Israélites :
24 "Que le SEIGNEUR vous bénisse
et vous protège !
25 Que le SEIGNEUR fasse briller sur vous son visage
et qu'il ait pitié de vous !
26 Qu'il vous regarde avec bonté
et qu'il vous donne la paix."
27 Quand les prêtres prononceront ainsi mon
nom pour bénir les Israélites, je leur donnerai
moi-même ma bénédiction. »

Dons des chefs de famille pour le lieu saint

7 1 Le jour où Moïse a fini de dresser la
*tente sacrée, il la *consacre en versant
sur elle de l'huile de *consécration. Il consacre aussi tous ses objets, avec *l'autel et tous
ses ustensiles. 2 Ensuite, les chefs de famille
représentant les tribus d'Israël s'avancent.
Ce sont les chefs qui ont compté les Israélites.
3 Ils amènent comme dons pour le SEIGNEUR
six chariots couverts et douze bœufs. Chaque
chariot est offert par deux chefs, et chaque
bœuf est offert par un chef. Ils les amènent devant la tente sacrée. 4 Le SEIGNEUR dit à Moïse :
5 « Accepte leurs dons. On utilisera ces chariots et ces bœufs pour le service de la *tente
de la rencontre. Tu les remettras aux *lévites
en tenant compte des travaux que chacun

k 6.10 *La tourterelle est un oiseau de la famille des pigeons.*

d'eux doit faire. » 6 Moïse accepte donc les chariots et les bœufs. Il les remet aux lévites. 7 Il donne deux chariots et quatre bœufs aux fils de Guerchon, en tenant compte des travaux qu'ils doivent faire. 8 Moïse donne les quatre chariots et les huit bœufs qui restent aux fils de Merari. Il tient compte des travaux qu'ils doivent faire sous la direction d'Itamar, fils d'Aaron. 9 Il ne remet pas de chariots ni de bœufs aux fils de Quéhath. En effet, ils sont responsables des objets sacrés et ils doivent les porter sur leurs épaules.

Dons des chefs de famille pour la consécration de l'autel

10 Le jour où on *consacre *l'autel, les chefs de famille apportent des dons pour la fête. 11 Le SEIGNEUR dit à Moïse : « Les chefs doivent venir l'un après l'autre, un chaque jour, offrir leurs dons pour la fête de la *consécration. »

12-83 Ils viennent donc dans l'ordre suivant :
Premier jour : Nachon, fils d'Amminadab, de la tribu de Juda.
Deuxième jour : Netanéel, fils de Souar, de la tribu d'Issakar.
Troisième jour : Éliab, fils de Hélon, de la tribu de Zabulon.
Quatrième jour : Élissour, fils de Chedéour, de la tribu de Ruben.
Cinquième jour : Cheloumiel, fils de Souri-chaddaï, de la tribu de Siméon.
Sixième jour : Éliassaf, fils de Déouel, de la tribu de Gad.
Septième jour : Élichama, fils d'Ammihoud, de la tribu d'Éfraïm.
Huitième jour : Gamliel, fils de Pedassour, de la tribu de Manassé.
Neuvième jour : Abidan, fils de Guidoni, de la tribu de Benjamin.
Dixième jour : Ahiézer, fils d'Ammichaddaï, de la tribu de Dan.
Onzième jour : Paguiel, fils d'Okran, de la tribu d'Asser.
Douzième jour : Ahira, fils d'Énan, de la tribu de Neftali.

Chacun apporte les dons suivants :

– Un plat en argent pesant 1 300 grammes ou plus, et un récipient en argent pour le sang pesant 700 grammes ou plus. On remplit ces deux récipients avec de la farine mélangée d'huile, pour une offrande des produits de la terre.

– Une *coupe en or, pesant 100 grammes, remplie de parfum à brûler.

– Un taureau, un bélier et un agneau d'un an, pour des *sacrifices complets.

– Un bouc qu'on offrira pour recevoir le pardon des péchés.

– Deux bœufs, cinq béliers, cinq boucs et cinq agneaux d'un an, pour des *sacrifices de communion.

84 Voici tous les dons des chefs de famille d'Israël, pour la fête de la consécration de l'autel :

– 12 plats en argent
– 12 récipients en argent pour le sang
– 12 coupes en or.

85 Chaque plat pèse 1 300 grammes ou plus, chaque récipient pèse 700 grammes ou plus. Cela fait en tout 24 kilos d'argent. 86 Chaque coupe en or pèse 100 grammes. Les 12 ensemble pèsent donc 1 200 grammes. Elles sont pleines de parfum à brûler.

87 – Il y a aussi 12 taureaux, 12 béliers et 12 agneaux d'un an, pour les sacrifices complets, avec les offrandes des produits de la terre qui les accompagnent.

– Il y a 12 boucs offerts pour recevoir le pardon des péchés,

88 – 24 taureaux, 60 béliers,

– 60 boucs et 60 agneaux d'un an pour les sacrifices de communion.

Voilà les dons offerts pour la fête après la consécration de l'autel.

89 Quand Moïse entre dans la *tente de la rencontre pour parler avec le SEIGNEUR, il entend la voix du SEIGNEUR. Elle vient de l'endroit situé entre les deux *chérubins, sur le couvercle du coffre qui contient les *tablettes de l'alliance. Alors il parle avec lui.

Le porte-lampes du lieu saint

8 1 Le SEIGNEUR dit à Moïse : 2 « Voici ce que tu diras à Aaron : "Quand tu allumeras les lampes, les sept lampes devront éclairer en avant du porte-lampes." »

3 Alors Aaron fait cela : il place les lampes
pour qu'elles éclairent vers l'avant, comme
le SEIGNEUR l'a commandé à Moïse. 4 Le
porte-lampes est en or battu, depuis le pied
jusqu'à la dernière fleur. On l'a fabriqué sur
le modèle que le SEIGNEUR a montré à Moïse.

La cérémonie de consécration des lévites

5 Le SEIGNEUR dit à Moïse : 6 « Sépare les
*lévites des autres Israélites pour les rendre
*purs. 7 Voici ce que tu feras pour les rendre
purs : tu lanceras sur eux de l'eau qui rend
pur. Ils se raseront tous les poils du corps et
ils laveront leurs vêtements. Ensuite, ils seront purs. 8 Ils prendront un taureau avec
une offrande de farine mélangée d'huile. Tu
prendras toi-même un deuxième taureau.
On l'offrira pour que les lévites reçoivent le
pardon de leurs péchés. 9-10 Tu réuniras toute
la communauté d'Israël. Puis tu feras avancer
les lévites devant moi, près de la *tente de la
rencontre. Les Israélites poseront la main
sur eux. 11 Aaron me présentera les lévites
comme une offrande faite par les Israélites,
et on les emploiera à mon service. 12 Ensuite,
les lévites poseront les mains sur la tête des
deux taureaux. Aaron m'offrira un taureau
en *sacrifice pour le pardon des péchés et l'autre en sacrifice complet. Puis il fera sur les lévites le geste de pardon pour leurs péchés.
13 Moïse, tu placeras les lévites devant Aaron
et ses fils et tu me les *consacreras. 14 De cette
façon, tu mettras à part les lévites et ils m'appartiendront. 15 Après cela, les lévites pourront servir dans la tente de la rencontre.

« Tu devras *purifier les lévites et me les
consacrer. 16 Ils sont à moi, vraiment à moi,
parmi les autres Israélites. Je les garde pour
moi pour remplacer les premiers-nés du peuple d'Israël. 17 En effet, tous les premiers-nés
en Israël m'appartiennent, ceux des hommes
et ceux des animaux. Depuis le jour où j'ai
fait mourir tous les premiers-nés en Égypte,
les premiers-nés des Israélites me sont consacrés[l]. 18 Mais je prends les lévites parmi les Israélites pour remplacer leurs fils aînés 19 et je
les mets au service d'Aaron et de ses fils parmi
les Israélites. Ils sont au service des autres Israélites dans la tente de la rencontre et ils obtiennent pour eux le pardon de leurs péchés.
De cette façon, je n'aurai pas à punir quelqu'un parce qu'il s'approche du *lieu saint. »

20 Moïse, Aaron et toute la communauté
d'Israël font exactement ce que le SEIGNEUR a
commandé à Moïse pour les lévites. 21 Les
lévites se rendent purs et ils lavent leurs
vêtements. Ensuite, Aaron les consacre au
SEIGNEUR, et il fait sur eux les gestes de pardon
et de *purification pour leurs péchés. 22 Puis
les lévites commencent leur service dans la
tente de la rencontre, sous la direction d'Aaron et de ses fils. Voilà comment on obéit
aux ordres que le SEIGNEUR a donnés à Moïse
au sujet des lévites.

23 Le SEIGNEUR dit encore à Moïse : 24 « Voici
ce que tu feras au sujet des *lévites : on prendra les lévites dès l'âge de 25 ans pour assurer
leur service dans la *tente de la rencontre.
25 À partir de 50 ans, ils n'assureront plus ce
service, ils ne travailleront plus. 26 Ils aideront
les autres lévites à surveiller la tente de la rencontre, mais ils ne travailleront plus. Voilà
comment tu organiseras le service des lévites. »

La date de la fête de la Pâque

9 1 Le SEIGNEUR parle à Moïse dans le désert
du Sinaï. C'est la deuxième année après
que les Israélites sont sortis d'Égypte, le premier mois[m]. Le SEIGNEUR lui dit : 2 « Les Israélites doivent fêter la *Pâque à la date fixée.
3 Fêtez-la le 14 de ce mois, le soir, en respectant les règles et les coutumes de cette fête. »
4 Alors Moïse donne cet ordre aux Israélites.
5 Ils fêtent donc la Pâque dans le désert du Sinaï, le premier mois de l'année, le 14 du mois,
le soir. Ils font exactement ce que le SEIGNEUR
a commandé à Moïse.

---

l 8.17 *Voir Exode 13.1-16.*

m 9.1 *Le premier mois : le mois des Épis. Il commençait vers le 15 mars.*

6 Mais quelques hommes sont *impurs parce qu'ils ont touché un mort. C'est pourquoi ils ne peuvent pas fêter la Pâque ce jour-là. Alors ils vont trouver Moïse et Aaron le jour même. 7 Ils disent à Moïse : « Nous avons touché un mort et nous sommes devenus impurs. Nous n'avons pas le droit d'apporter notre offrande au SEIGNEUR à la date fixée, comme tous les Israélites. Pourquoi donc ? » 8 Moïse répond : « Attendez, je dois savoir ce que le SEIGNEUR commande dans votre cas. »

9 Le SEIGNEUR dit à Moïse : 10-11 « Voici ce que tu diras aux Israélites : Supposons ceci : Au moment de fêter la Pâque en mon honneur, un homme est impur parce qu'il a touché un mort, ou bien il voyage au loin. Il fêtera quand même la Pâque. Ceci est valable pour vous-mêmes, pour vos enfants et les enfants de leurs enfants. Ils feront cette fête un mois plus tard, le 14 du mois, le soir. Ils mangeront l'agneau du *sacrifice avec des pains sans *levain et des herbes amères. 12 Ils ne garderont rien pour le jour suivant. Ils ne casseront pas les os de l'animal. Ils fêteront la Pâque en respectant fidèlement les règles de cette fête. 13 Mais voici un autre cas : Quelqu'un est *pur, il ne voyage pas. Mais il est négligent : il ne fête pas la Pâque à la date fixée. Alors il faut le chasser de la communauté d'Israël. Il s'est rendu coupable d'une faute parce qu'il n'a pas apporté son offrande à la date fixée. 14 Si des étrangers installés chez vous veulent fêter la Pâque en mon honneur, ils respecteront les règles et les coutumes de cette fête. Ces règles sont les mêmes pour vous tous, Israélites et étrangers. »

Le nuage de fumée couvre la tente sacrée

15 Le jour où on dresse la *tente sacrée, le nuage de fumée[n] vient couvrir la tente qui abrite les *tablettes de l'alliance. Le soir, le nuage devient comme du feu et il reste là jusqu'au matin. 16 À partir de ce jour-là, c'est toujours la même chose : le nuage de fumée couvre la tente sacrée et pendant la nuit, il devient comme du feu. 17 Chaque fois que ce nuage monte au-dessus de la tente, les Israélites partent aussitôt. Et ils dressent leurs tentes à l'endroit où le nuage de fumée se pose. 18 Les Israélites partent sur l'ordre du SEIGNEUR et ils dressent leurs tentes également sur son ordre. Ils restent dans le camp aussi longtemps que le nuage de fumée couvre la tente sacrée. 19 Quand le nuage reste longtemps sur la tente, les Israélites assurent le service du SEIGNEUR et ils ne partent pas. 20 Quelquefois, le nuage reste seulement peu de jours. Alors les Israélites dressent leurs tentes sur l'ordre du SEIGNEUR et ils partent sur l'ordre du SEIGNEUR. 21 Quelquefois, le nuage de fumée reste seulement du soir au matin suivant, ou bien un jour et une nuit. Dès que le nuage monte, les Israélites partent. 22 Mais si le nuage reste sur la tente sacrée deux jours, un mois, ou plus longtemps, les Israélites campent et ils ne partent pas. Quand le nuage de fumée monte, ils s'en vont. 23 Ils dressent leurs tentes sur l'ordre du SEIGNEUR et ils partent sur l'ordre du SEIGNEUR. Ils assurent le service du SEIGNEUR en obéissant à l'ordre que Moïse leur a donné de la part du SEIGNEUR.

La communauté se rassemble au son des trompettes

10 1 Le SEIGNEUR dit à Moïse : 2 « Fais fabriquer deux trompettes en argent battu. On s'en servira pour rassembler la communauté ou pour donner le signal de départ des camps. 3 Quand on sonnera des deux trompettes à la fois, toute la communauté se réunira autour de toi, à l'entrée de la *tente de la rencontre. 4 Quand on sonnera d'une seule trompette, seuls les responsables, les chefs de clans d'Israël, se réuniront autour de toi. 5 Quand vous donnerez une première fois le signal de guerre, ceux qui campent à l'est de la tente de la rencontre partiront. 6 Quand vous donnerez la deuxième fois le signal de guerre, ceux qui campent au sud partiront. Pour chaque départ, on donnera le signal de guerre.

---

n **9.15** *Le nuage de fumée rappelle que le Seigneur est présent au milieu de son peuple. Voir Exode 13.21 et la note.*

7 Mais pour rassembler toute la communauté
d'Israël, on sonnera de la trompette sans donner le signal de guerre.
8 « Seuls les prêtres de la famille d'Aaron
sonneront de ces trompettes. C'est un
commandement pour toujours, pour vous,
pour vos enfants et les enfants de leurs enfants.
9 « Dans votre pays, quand vous partirez
combattre des ennemis qui vous attaquent,
vous donnerez le signal de guerre en sonnant
de la trompette d'une certaine façon. Ainsi, je
me souviendrai de vous. Alors, moi, le SEI-
GNEUR votre Dieu, je vous délivrerai de vos ennemis. 10 Les jours de joie et de fête, et les
jours de la *nouvelle lune, vous sonnerez de
la trompette quand vous offrirez les *sacrifices complets et les sacrifices de communion.
De cette façon, je me souviendrai de vous.
Le SEIGNEUR votre Dieu, c'est moi. »

DU SINAÏ À LA FRONTIÈRE DE MOAB
10.11–21.35

Les Israélites quittent le désert du Sinaï

11 La deuxième année après la sortie
d'Égypte, le deuxième *mois, le 20 du mois,
le nuage de fumée[o] monte au-dessus de la
*tente sacrée qui abrite les *tablettes de l'al-
liance. 12 Les Israélites partent du désert du Sinaï, chacun à son tour, et le nuage de fumée
va se poser dans le désert de Paran. 13 Ils partent pour la première fois, en obéissant à l'ordre que Moïse leur a donné de la part du
SEIGNEUR.
14 Le groupe d'armées rassemblé autour de
l'étendard[p] de Juda part le premier. C'est Nachon, fils d'Amminadab, qui commande les
troupes de la tribu de Juda. 15 Netanéel, fils
de Souar, commande celles de la tribu d'Issakar, 16 et Éliab, fils de Hélon, commande celles
de la tribu de Zabulon.
17 On démonte la tente sacrée. Les fils de
Guerchon et de Merari partent en l'emportant.
18 Le groupe d'armées rassemblé autour de
l'étendard de Ruben part après eux. C'est Élissour, fils de Chedéour, qui commande les
troupes de la tribu de Ruben. 19 Cheloumiel,
fils de Sourichaddaï, commande celles de la
tribu de Siméon, 20 et Éliassaf, fils de Déouel,
commande celles de la tribu de Gad.
21 Ensuite, ce sont les *lévites, fils de Quéhath, qui partent en portant les objets uniquement réservés au service du SEIGNEUR. Les
autres lévites doivent monter la tente sacrée
avant l'arrivée des Quéhatites.
22 Le groupe d'armées rassemblé autour de
l'étendard d'Éfraïm part à son tour. C'est Élichama, fils d'Ammihoud, qui commande les
troupes de la tribu d'Éfraïm. 23 Gamliel, fils
de Pedassour, commande celles de la tribu
de Manassé, 24 et Abidan, fils de Guidoni,
commande celles de la tribu de Benjamin.
25 Enfin, le groupe d'armées rassemblé autour de l'étendard de Dan se met en route. Il
est le dernier de tous les camps et il ferme la
marche. C'est Ahiézer, fils d'Ammichaddaï,
qui commande les troupes de la tribu de
Dan. 26 Paguiel, fils d'Okran, commande celles
de la tribu d'Asser, 27 et Ahira, fils d'Énan,
commande celles de la tribu de Neftali.
28 C'est dans cet ordre que les troupes d'Israël se mettent en route.

Dieu lui-même guide son peuple

29 Moïse dit à Hobab, fils de son beau-père
madianite Réouel[q] : « Nous partons pour le
pays que le SEIGNEUR a promis de nous donner.
Viens avec nous, nous te ferons participer aux
bienfaits que le SEIGNEUR a promis de donner à
Israël. » 30 Hobab répond : « Non ! Je préfère

o **10.11** *Voir Nombres 9.15-23.*

p **10.14** *Voir Nombres 1.52 et la note.*

q **10.29** *Réouel : c'est l'autre nom de Jéthro, prêtre de Madian. Voir Exode 2.1-18 et Exode 3.1 et la note.*

retourner dans mon pays et dans ma famille. »
31 Moïse lui dit : « S'il te plaît, ne nous abandonne pas ! Tu connais les endroits où nous
pourrons camper dans le désert. Tu seras notre guide. 32 Si tu viens avec nous, nous te ferons participer aux bienfaits que le SEIGNEUR
va nous donner. »

33 Les Israélites quittent la montagne du SEI-
GNEUR et ils marchent pendant trois jours. Les
lévites, qui portent le *coffre de l'alliance, partent devant eux. Ils doivent leur trouver un
endroit où ils pourront installer leur camp.
34 Pendant la journée, le nuage du SEIGNEUR
les couvre quand ils quittent le camp.
35 Quand les lévites partent avec le coffre sacré, Moïse fait cette prière : « Lève-toi, SEI-
GNEUR ! Alors tes ennemis partiront de tous
côtés, et ils fuiront devant toi ! » 36 Et quand
les lévites s'arrêtent, il dit : « SEIGNEUR, reviens ! Installe-toi au milieu des familles d'Israël ! Elles sont si nombreuses ! »

La plainte des Israélites à Tabéra

11 1 Un jour, les Israélites se plaignent méchamment devant le SEIGNEUR. Quand le
SEIGNEUR entend cela, il se met en *colère. Il
leur envoie un feu qui détruit le bord du
camp. 2 Le peuple appelle Moïse au secours.
Celui-ci prie le SEIGNEUR pour eux, et le feu
s'éteint. 3 On donne à cet endroit le nom de
Tabéra, ce qui veut dire « incendie ». En effet,
c'est là que le SEIGNEUR a brûlé leur camp.

Les Israélites réclament de la viande

4 Un autre jour, un groupe de gens qui se
trouvent là ont une envie terrible de manger
de la viande. Et les Israélites recommencent
à se plaindre. Ils disent : « Ah ! si nous avions
de la viande à manger ! 5 Nous nous souvenons
du poisson que nous mangions en Égypte. On
ne le payait même pas ! Et les concombres, les
pastèques, les poireaux ! Et les oignons ! Et
l'ail ! 6 Ici, nous mourons de faim, plus rien
de tout cela ! Seulement de la manne[r] ! » 7 La
manne est comme des grains blancs, elle ressemble à la sève d'un arbre. 8-9 Pendant la
nuit, elle tombe sur le camp en même temps que les petites gouttes de rosée. Le matin, les gens vont un peu partout pour la ramasser, puis ils l'écrasent entre deux pierres, ou ils la pilent dans un mortier. Ensuite, ils la cuisent dans une marmite, ou bien ils en font des galettes. La manne a un goût de beignets cuits dans l'huile.

10 Les Israélites sont groupés par familles à
l'entrée de leurs tentes. Moïse les entend se
plaindre. Alors le SEIGNEUR se met dans une
violente colère. Et Moïse n'est pas content
du tout. 11 Il demande au SEIGNEUR : « Pourquoi
est-ce que tu me fais du mal ? Tu ne me montres plus ta bonté. Pourquoi donc ? Ce peuple
qu'il faut diriger est une charge très lourde.
Pourquoi est-ce que tu m'as obligé à la porter ?
12 Qui a donné la vie à ce peuple ? Qui l'a mis
au monde ? Ce n'est pas moi ! Et pourtant, tu
m'as donné cet ordre : "Porte ce peuple
comme on porte un bébé, et conduis-le dans
le pays que j'ai promis par serment à ses ancêtres." 13 Tous ces gens se plaignent de moi en
disant : "Donne-nous de la viande à manger !"
Où vais-je trouver de la viande pour en donner
à tout ce peuple ? 14 Je ne peux pas porter ce
peuple tout seul. C'est une charge trop lourde
pour moi. 15 Si tu veux me traiter de cette façon, fais-moi plutôt mourir ! Ainsi tu me montreras ta bonté, et je n'assisterai pas à mon
malheur. »

16 Le SEIGNEUR répond à Moïse : « Réunis 70
hommes parmi les *anciens d'Israël. Tu dois
les connaître comme anciens et comme responsables du peuple. Amène-les à la *tente
de la rencontre. Ils se tiendront là avec toi.
17 Je descendrai pour te parler à cet endroit.
Je prendrai une part de l'esprit qui est en toi
et je la mettrai en eux. Alors ils porteront
avec toi la charge du peuple, et tu ne seras
plus seul à la porter. 18 Dis au peuple de ma
part : "Rendez-vous *purs pour demain. Vous
aurez de la viande à manger, parce que moi, le
SEIGNEUR, j'ai entendu vos plaintes. Vous avez
dit : Qui nous donnera de la viande ? Nous
étions si bien en Égypte ! C'est pourquoi je

r 11.6 *La manne : voir Exode 16.13-15,31.*

vais vous en donner. 19 Vous n'en mangerez pas seulement un jour ou deux, ni même cinq, dix ou vingt jours. 20 Vous mangerez de la viande pendant un mois entier. Vous en serez dégoûtés, et elle vous sortira par le nez. Je vous punirai de cette façon. En effet, vous m'avez rejeté, moi, le SEIGNEUR, qui habite au milieu de vous, et vous vous êtes plaints à moi en disant : Pourquoi est-ce que nous sommes sortis d'Égypte !" »

21 Moïse répond : « Ce peuple qui m'entoure compte 600 000 hommes. Et tu dis que tu leur donneras de la viande à manger pour un mois entier ! 22 Même si on tue pour eux tous les moutons, les chèvres et les bœufs, cela ne suffira pas ! Même si on prend tous les poissons, cela ne suffira pas ! » 23 Le SEIGNEUR dit à Moïse : « Et moi, est-ce que je ne suis pas assez puissant ? Maintenant, tu vas voir si ma parole se réalise pour toi, oui ou non. »

Le Seigneur donne son esprit à 70 anciens

24 Moïse sort de la tente et il rapporte au peuple les paroles du SEIGNEUR. Puis il réunit 70 *anciens d'Israël et il les place autour de la tente. 25 Le SEIGNEUR descend dans le nuage de fumée[s] et il parle à Moïse. Il prend une part de l'esprit qui est en Moïse et il la donne aux 70 anciens. Dès que l'esprit se pose sur eux, ils se mettent à parler comme des *prophètes, mais ils ne continuent pas.

26 Deux hommes sont restés dans le camp. L'un s'appelle Eldad, l'autre Médad. Ils étaient sur la liste des 70 anciens, mais il ne sont pas sortis pour aller à la tente. L'esprit se pose sur eux, et ils se mettent à parler comme des prophètes, au milieu du camp. 27 Un garçon court prévenir Moïse : « Dans le camp, Eldad et Médad parlent comme des prophètes ! » 28 Josué, fils de Noun, est l'adjoint de Moïse depuis sa jeunesse. Il dit : « Moïse, mon maître, disleur de se taire ! » 29 Moïse répond : « Est-ce que tu es jaloux pour moi ? Si seulement le SEIGNEUR pouvait donner son esprit à tous les Israélites ! Si seulement ils étaient tous prophètes ! » 30 Ensuite Moïse retourne au camp avec les 70 anciens.

Les Israélites mangent de la viande

31 Le SEIGNEUR envoie un vent qui souffle de la mer. Ce vent amène des cailles[t] et il les fait tomber sur le camp. Il y en a tout autour du camp, sur une distance d'une journée de marche. Ces oiseaux couvrent le sol sur un mètre d'épaisseur environ. 32 Le peuple passe ce jour-là, la nuit suivante et le lendemain à ramasser des cailles. Celui qui en a ramassé le moins en a plusieurs milliers de kilos. Les Israélites les étalent tout autour du camp pour les faire sécher. 33 Ils n'ont même pas fini de manger la viande, elle est encore entre leurs dents que déjà, le SEIGNEUR se met en *colère contre eux et il les frappe d'un grand malheur. 34 Ensuite, on appelle cet endroit Quibroth-Taava, ce qui veut dire « tombes de l'envie ». En effet, c'est là qu'on a mis dans une tombe ceux qui ont eu une envie terrible de manger de la viande.

35 Puis les Israélites quittent Quibroth-Taava pour aller à Hasséroth. Ils dressent leurs tentes à cet endroit.

Aaron et Miriam critiquent Moïse

12 1 Moïse a pris pour femme une Kouchite[u]. Alors Miriam et Aaron le critiquent à cause de ce mariage. 2 Ils lui disent : « Est-ce que le SEIGNEUR a parlé à Moïse seulement ? Il nous a parlé, à nous aussi. » Le SEIGNEUR entend ce qu'ils disent. 3 Moïse est un homme très humble, plus humble que tous les autres habitants de la terre. 4 Tout à coup, le SEIGNEUR dit à Moïse, à Aaron et à Miriam : « Venez tous les trois à la *tente de la rencontre ! »

Ils y vont tous les trois. 5 Le SEIGNEUR descend dans une colonne de fumée[v] et il s'ar-

---

s **11.25** *Voir Nombres 9.15 et la note.*

t **11.31** *Les cailles sont des oiseaux gros comme des poussins.*

u **12.1** *Une Kouchite : sans doute une femme de la tribu de Kouchan, une tribu du désert du Sinaï.*

v **12.5** *Voir Nombres 9.15 et la note.*

rête à l'entrée de la tente. Il appelle Aaron et
Miriam, et tous les deux s'avancent. 6 Le Seigneur leur dit : « Écoutez bien ce que je vais
vous dire ! Quand il y a un *prophète parmi
vous, moi, le Seigneur, je me fais connaître à
lui en *visions et je lui parle en rêves. 7 Avec
mon serviteur Moïse, c'est différent. Lui, il
s'occupe fidèlement de tout mon peuple.
8 Je lui parle directement, et non de façon cachée. Je me montre à lui et il voit quelque
chose de moi, le Seigneur. Alors, comment
osez-vous critiquer mon serviteur Moïse ? »
9 Le Seigneur est très en *colère contre eux
et il part. 10 Quand le nuage de fumée quitte
la tente, Miriam est couverte de taches très
blanches. Ce sont des taches de *lèpre. Aaron la regarde : elle est lépreuse ! 11 Il dit à
Moïse : « Nous sommes coupables ! Nous
avons complètement manqué de sagesse.
Mais, je t'en supplie, ne nous punis pas à
cause de ce péché ! 12 Quand un enfant
meurt dans le ventre de sa mère, il n'a pas
toujours tous ses membres. Il ne faut pas
que Miriam perde ses membres comme cet
enfant-là. »
13 Alors Moïse prie le Seigneur avec force en
disant : « Je t'en prie, ô Dieu, guéris-la ! » 14 Le
Seigneur lui répond : « Si son père crache sur
son visage pour la maudire, est-ce qu'elle ne
sera pas couverte de honte pendant sept
jours ? Eh bien, il faut la chasser du camp
pour sept jours ! Ensuite seulement, elle aura
le droit de revenir. » 15 On chasse donc Miriam du camp pour une semaine. Les Israélites
ne partent pas avant son retour. 16 Puis ils quittent Hasséroth et ils vont dresser leurs tentes
dans le désert de Paran.

Moïse envoie des hommes explorer le pays de Canaan

13 1 Le Seigneur dit à Moïse : 2 « Envoie
des hommes se renseigner sur le pays
de *Canaan que je donne aux Israélites. Envoyez un homme par tribu. Choisissez-les
parmi les responsables des Israélites. »

3 Moïse obéit à l'ordre du Seigneur. Il envoie du désert de Paran des hommes qui
sont tous des chefs israélites. 4 Voici leurs
noms :
– Chammoua, fils de Zakour, de la tribu de Ruben.
5 – Chafath, fils de Hori, de la tribu de Siméon.
6 – Caleb, fils de Yefounné, de la tribu de Juda.
7 – Igal, fils de Joseph, de la tribu d'Issakar.
8 – Hosée, fils de Noun, de la tribu d'Éfraïm.
9 – Palti, fils de Rafou, de la tribu de Benjamin.
10 – Gaddiel, fils de Sodi, de la tribu de Zabulon.
11 – Gaddi, fils de Soussi, de la tribu de Manassé, fils de Joseph.
12 – Ammiel, fils de Guemali, de la tribu de Dan.
13 – Setour, fils de Mikaël, de la tribu d'Asser.
14 – Nabi, fils de Vofsi, de la tribu de Neftali.
15 – Gouel, fils de Maki, de la tribu de Gad.
16 Voilà les noms des hommes que Moïse envoie pour se renseigner sur le pays de Canaan.
Moïse donne à Hosée, fils de Noun, le nom de
Josué[w].

17 Au moment d'envoyer ces hommes,
Moïse leur dit : « Entrez par la région du Néguev. Vous monterez ensuite sur les montagnes de Judée 18 et vous verrez comment le
pays se présente : Est-ce que ses habitants
sont forts ou faibles ? Est-ce qu'il y en a peu
ou beaucoup ? 19 Est-ce que le pays est bon
ou mauvais ? Est-ce que les lieux où ils habitent sont des campements, ou bien est-ce
qu'ils sont entourés de murs de défense ?
20 Est-ce que le sol est riche ou pauvre ? Est-
ce qu'il y a des arbres ou non ? Vous étudierez
tout cela. N'ayez pas peur de cueillir des fruits
du pays. » En effet, c'est la saison des premiers
*raisins.

21 Ces hommes partent donc du désert de
Tsin et ils vont se renseigner sur le pays de

w 13.16 *Les noms de Hosée et de Josué sont formés sur le même verbe hébreu. Tous les deux veulent dire « le Seigneur sauve ».*

Canaan jusqu'à Rehob, près de Lebo-Hamath. 22 Ils entrent dans le pays par la région du Néguev, et ils arrivent près de la ville d'Hébron. Hébron a été construite sept ans avant la ville de Soan en Égypte. Les clans d'Ahiman, de Chéchaï et de Talmaï habitent là. Ce sont les gens de la famille du géant Anaq. 23 Ensuite, ils vont dans la vallée d'Èchekol[x]. Là, ils coupent une branche de *vigne qui porte une grappe de raisin. Ils la mettent avec d'autres fruits, des grenades et des *figues, sur des bâtons qu'ils portent à deux. 24 On appelle cet endroit vallée d'Èchekol, c'est-à-dire vallée de la grappe, à cause de la grappe de raisin que les Israélites ont cueillie là-bas.

Les envoyés de Moïse racontent ce qu'ils ont vu

25 Après 40 jours, les hommes qui sont allés se renseigner sur le pays de *Canaan reviennent. 26 Ils vont trouver Moïse, Aaron et toute la communauté d'Israël dans le désert de Paran, à Cadès. Ils leur disent ce qu'ils ont vu et ils leur montrent les fruits du pays. 27 Voici ce qu'ils racontent à Moïse : « Nous sommes allés dans le pays où tu nous as envoyés. Oui, c'est vrai, c'est un pays qui *déborde de lait et de miel. Et voici quelques fruits de ce pays. 28 Malheureusement, ses habitants sont puissants. Leurs villes sont très grandes et protégées par des murs. Là, nous avons même vu les gens de la famille du géant Anaq. 29 Les Amalécites habitent la région du Néguev. Les Hittites, les Jébusites et les *Amorites sont dans les montagnes. Les *Cananéens habitent au bord de la mer Méditerranée et sur les bords du Jourdain. »

30 Caleb fait taire les Israélites qui critiquent Moïse. Il dit : « Allons-y ! Montons là-bas et prenons le pays ! Nous aurons la victoire ! » 31 Mais les hommes qui sont montés avec Caleb disent : « Ce peuple est plus fort que nous. Nous ne pouvons pas l'attaquer. » 32 Et, devant les Israélites, ils se mettent à dire du mal du pays sur lequel ils sont allés se renseigner. Ils disent : « Le pays que nous avons visité fait mourir ses habitants. De plus, tous les gens que nous avons vus sont très grands. 33 Nous avons même vu des géants. Ce sont les gens de la famille d'Anaq. À côté d'eux, nous avions l'impression d'être des sauterelles. Et c'est bien ainsi qu'ils nous voyaient. »

Le peuple refuse d'entrer en Canaan

14 1 Toute la communauté des Israélites se met à pousser des cris. Ils passent la nuit à pleurer. 2 Tous parlent contre Moïse et Aaron, et ils leur disent : « Ah ! Pourquoi est-ce que nous ne sommes pas morts en Égypte ou dans ce désert ? 3 Pourquoi le SEIGNEUR nous conduit-il en *Canaan ? Là-bas, nous allons mourir au combat. On va prendre nos femmes et nos enfants. Si nous revenions en Égypte, est-ce que cela ne vaudrait pas mieux ? » 4 Ils se disent entre eux : « Nommons un autre chef et retournons en Égypte ! »

5 Alors Moïse et Aaron se jettent à terre devant toute la communauté d'Israël. 6 Josué, fils de Noun, et Caleb, fils de Yefounné, deux des hommes qui sont allés se renseigner sur le pays, déchirent leurs vêtements parce qu'ils sont très tristes. 7 Ensuite, ils disent à la communauté : « Le pays sur lequel nous sommes allés nous renseigner est un très très bon pays. 8 Il *déborde de lait et de miel. Si le SEIGNEUR nous veut du bien, il nous conduira dans ce pays et il nous le donnera. 9 Ne vous révoltez donc pas contre le SEIGNEUR. N'ayez pas peur des habitants de ce pays. Nous les vaincrons très vite. En effet, les dieux qui les protègent les ont abandonnés. Mais le SEIGNEUR, lui, est avec nous. N'ayez donc pas peur d'eux ! »

10 Toute la communauté parle de tuer Josué et Caleb en leur jetant des pierres. Mais au même moment, la *gloire du SEIGNEUR apparaît à tous les Israélites, sur la *tente de la rencontre.

x **13.23** *Le mot hébreu « èchekol » veut dire grappe de raisin. Voir le verset 24.*

Moïse demande pardon au Seigneur pour le peuple

11 Le Seigneur dit à Moïse : « Ce peuple va me rejeter jusqu'à quand ? Pourtant j'ai fait beaucoup d'actions puissantes au milieu d'eux. Est-ce qu'il refusera toujours de me faire confiance ? 12 Je vais le frapper d'une épidémie de peste et le détruire. Ensuite, je ferai naître de toi un peuple plus grand et plus puissant que le peuple d'Israël. »

13 Moïse répond au Seigneur : « Les Égyptiens ont appris que tu as fait sortir ce peuple de chez eux par ta puissance. 14 Ils l'ont raconté aux habitants de ce pays. Les gens de *Canaan ont donc appris ceci : toi, le Seigneur, tu es au milieu de ton peuple. Tu te montres à lui face à face. Tu le protèges d'un nuage et tu marches devant lui, le jour dans une colonne de fumée, la nuit dans une colonne de feu. 15 Et maintenant, tu veux détruire ton peuple d'un seul coup ! Alors les autres peuples qui ont entendu parler de toutes tes grandes actions, vont dire : 16 "Le Seigneur n'a pas été capable de faire entrer ce peuple dans le pays qu'il lui avait promis. C'est pourquoi il l'a complètement détruit dans le désert." 17 Alors je t'en prie, mon Seigneur, montre ta puissance ! En effet, tu as dit : 18 "Je suis le Seigneur, patient et d'une immense bonté. Je supporte les péchés et les révoltes. Mais je reconnais celui qui est coupable. J'agis contre celui qui a péché et contre ses enfants, jusqu'à la troisième ou quatrième génération." 19 Seigneur, puisque tu es si bon, pardonne encore le péché de ton peuple. En effet, depuis qu'il est sorti d'Égypte, tu lui as toujours pardonné. »

20 Le Seigneur répond : « Je lui pardonne comme tu le demandes. 21-23 Pourtant aucun de ceux qui ont vu ma *gloire et les actions puissantes que j'ai faites en Égypte et dans le désert n'entrera dans ce pays. Je suis vivant, et ma gloire remplit toute la terre. C'est la vérité. Eh bien, je le jure, aucun de ces hommes ne verra le pays que j'ai promis à leurs ancêtres. En effet, ils m'ont déjà provoqué trop souvent en ne m'écoutant pas. C'est pourquoi aucun de ceux qui m'ont rejeté ne verra le pays de Canaan. 24 Mais mon serviteur Caleb a agi autrement. Il m'a obéi sans hésiter. Pour cela, je le ferai entrer dans le pays sur lequel il est allé se renseigner et je donnerai cette région à ses enfants et aux enfants de leurs enfants. 25 Les Amalécites et les *Cananéens resteront dans la plaine. Demain donc, vous ferez demi-tour et vous repartirez par le désert dans la direction de la *mer des Roseaux. »

Le Seigneur agit contre son peuple

26 Le Seigneur dit encore à Moïse et à Aaron : 27 « J'ai entendu les Israélites se plaindre de moi. Cette communauté mauvaise va me critiquer jusqu'à quand ? 28 Allez leur dire ceci : "Voici ce que moi, le Seigneur, je déclare : Je suis vivant, c'est la vérité. Eh bien, je le jure, je vais agir avec vous en tenant compte des paroles que j'ai entendues de vous. 29 Vous allez mourir dans ce désert. Tous ceux parmi vous qu'on a comptés et inscrits sur des listes, qui ont 20 ans et plus, vous mourrez parce que vous me critiquez. 30 Je vous avais promis de vous faire habiter en *Canaan. Eh bien, je le jure, vous n'entrerez pas là-bas. Caleb, fils de Yefounné, et Josué, fils de Noun, seront les seuls à y entrer. 31 Vous avez dit que les habitants de Canaan allaient prendre vos enfants. Eh bien, je ferai entrer ces enfants dans le pays que vous avez méprisé, et ils le connaîtront. 32 Mais vous, vous mourrez dans le désert. 33 Vos enfants vont errer dans le désert pendant 40 ans. Ils souffriront parce que vous n'avez pas été fidèles envers moi. Cela durera jusqu'à ce que vous soyez tous morts dans le désert. 34 Vous avez mis 40 jours pour vous renseigner sur le pays de Canaan. Eh bien, vous souffrirez à cause de vos fautes pendant 40 ans, c'est-à-dire une année pour un jour. Ainsi, vous saurez que cela coûte cher de vous opposer à moi. 35 Voilà ce que j'ai à vous dire, moi, le Seigneur. Vous êtes une communauté mauvaise, vous vous mettez d'accord contre moi. Eh bien, je le jure, je vais agir envers vous de cette façon. Vous finirez tous dans le désert. C'est là que vous mourrez." »

36 Moïse avait envoyé des hommes se renseigner sur le pays de Canaan. Au retour, ils

ont dit du mal de ce pays et ils ont poussé la
communauté d'Israël à parler contre Moïse.
37 Ceux-là meurent brusquement. Le SEIGNEUR
les frappe parce qu'ils ont dit du mal du pays.
38 Parmi ces hommes, seuls Josué et Caleb
restent en vie.

Le peuple désobéit encore

39 Moïse redit toutes les paroles du SEIGNEUR
aux Israélites. Ils sont très tristes. 40 Le jour
suivant, tôt le matin, ils se mettent en route
vers la région des montagnes. Ils disent :
« C'est vrai, nous avons péché. Mais maintenant, nous sommes prêts à aller à l'endroit
que le SEIGNEUR a montré. » 41 Moïse leur demande : « Qu'est-ce que vous allez faire là ?
Vous désobéissez à l'ordre du SEIGNEUR, vous
ne réussirez pas. 42 Le SEIGNEUR n'est pas
avec vous, n'allez donc pas vous faire battre
par vos ennemis. 43 Les Amalécites et les *Cananéens sont là, devant vous. Vous allez être
tués dans le combat. Puisque vous n'avez
pas suivi le SEIGNEUR, il ne sera pas avec
vous. »

44 Pourtant, les Israélites sont têtus. Ils veulent quand même monter dans la région des
montagnes. Mais Moïse reste au camp, avec
le *coffre de l'alliance du SEIGNEUR. 45 Les
Amalécites et les Cananéens qui habitent ces
montagnes descendent de là-haut. Ils battent
les Israélites et ils les poursuivent jusqu'à
Horma.

Règles à observer après l'entrée dans le pays

a. Les offrandes ajoutées aux sacrifices

15 1 Le SEIGNEUR dit à Moïse : 2 « Voici ce
que tu diras aux Israélites : Quand
vous serez entrés dans le pays que je vais
vous donner, quand vous habiterez là-bas,
3 vous me ferez des offrandes. Vous m'offrirez
des *sacrifices complètement brûlés ou des sacrifices de communion. Vous me les présenterez pour réaliser un *vœu, ou bien de façon
spontanée, ou pour des fêtes. Pour cela,
vous choisirez un bœuf, un mouton ou une
chèvre, et leur fumée de bonne odeur me
plaira. 4 Celui qui me présentera l'animal apportera aussi une offrande de trois kilos de farine mélangée à un litre et demi d'huile. 5 Il
apportera en plus un litre et demi de vin, s'il
offre un agneau en sacrifice complet ou en sacrifice de communion. 6 S'il offre un bélier, il
apportera six kilos de farine mélangée à deux
litres d'huile, 7 et aussi deux litres de vin. La
fumée de bonne odeur de ces sacrifices me
plaira. 8 Supposons ceci : Quelqu'un offre un
bœuf, en sacrifice complet ou en sacrifice de
communion. Il l'offre pour réaliser un vœu
ou comme sacrifice ordinaire. 9 Alors il apportera neuf kilos de farine mélangée à trois litres
d'huile, 10 et aussi trois litres de vin. La fumée
de bonne odeur de ce sacrifice me plaira.

11 « On agira de cette façon, quand on offrira
un bœuf, un bélier, un agneau ou une chèvre.
12 Vous pouvez présenter beaucoup d'animaux ou peu, vous ajouterez toujours ces offrandes à chaque animal offert. 13 Tous les
Israélites suivront ces règles quand ils m'offriront des sacrifices à la fumée de bonne odeur.
14 Certains étrangers sont installés chez vous
depuis quelque temps, ou depuis plusieurs générations. Tous ceux-là suivront les mêmes règles que vous, s'ils veulent m'offrir des
sacrifices à la fumée de bonne odeur. 15 Les règles seront donc les mêmes pour tous les
membres de l'assemblée, Israélites et étrangers installés chez vous, et elles seront valables pour toujours. Moi, le SEIGNEUR, je ne
fais pas de différence entre les Israélites et
les étrangers installés chez vous : 16 il y a une
seule loi, une seule règle pour vous et pour
eux. »

b. L'offrande des premiers pains

17 Le SEIGNEUR dit à Moïse : 18 « Voici ce que
tu diras aux Israélites : Quand vous serez entrés dans le pays où je vous conduis, 19 quand
vous mangerez du pain cuit là-bas, vous en
prendrez une partie pour me l'offrir. 20 Vous
prendrez de la pâte que vous venez de travailler, et vous préparerez une galette pour me
l'offrir. Vous me l'offrirez comme première
part prise sur votre pâte, comme on m'offre
des grains après le battage du *blé et de
*l'orge. 21 De cette façon, vous m'offrirez la
première galette que vous aurez cuite. Cette
règle est valable pour toujours. »

Les sacrifices pour une faute involontaire

22-23 « Supposons ceci : Sans le vouloir, vous
désobéissez à des commandements que j'ai
donnés à Moïse, pour vous, pour vos enfants
et les enfants de leurs enfants, depuis le
commencement ou plus tard. 24 Si la communauté ne s'est pas rendu compte de cette faute
involontaire, toute la communauté m'offrira
un taureau en *sacrifice complet. Et sa fumée
de bonne odeur me plaira. Elle offrira aussi de
la farine et du vin, comme la coutume le demande, avec un bouc en sacrifice pour recevoir le pardon. 25 Ensuite, le prêtre fera sur
toute la communauté des Israélites le geste
de pardon pour leur péché, et ils recevront
le pardon. En effet, c'est une faute involontaire, et à cause d'elle, vous m'avez apporté
un animal brûlé en sacrifice avec un autre sacrifice pour recevoir le pardon. 26 Toute la
communauté des Israélites et les étrangers
installés chez eux recevront le pardon. En
effet, tout le monde aura participé à cette
faute sans le vouloir.

27 « Si c'est une seule personne qui commet
une faute sans le vouloir, elle devra offrir une
chèvre d'un an, en sacrifice pour recevoir le
pardon. 28 Ensuite, le prêtre fera devant moi
le geste de pardon pour son péché, et elle recevra le pardon. 29 La règle sera la même pour
tous ceux qui commettront une faute sans le
vouloir : Israélites ou étrangers installés chez
eux.

30 « Mais si un Israélite ou un étranger installé dans le pays commet une faute volontairement, il m'offense, et il faut le chasser de sa
communauté. 31 Cette personne sera responsable de sa faute. Il faut la chasser parce
qu'elle a méprisé ma parole et désobéi à mes
commandements. »

Mort d'un homme qui n'a pas respecté le sabbat

32 Pendant que les Israélites sont dans le désert, certains d'entre eux surprennent un
homme en train de ramasser du bois le jour
du *sabbat. 33 Ils amènent cet homme devant
Moïse, Aaron et toute la communauté. 34 On
le garde en lieu sûr. En effet, on n'a pas encore
décidé ce qu'ils vont faire de lui. 35 Alors le SEI-
GNEUR dit à Moïse : « Il faut faire mourir cet
homme. Toute la communauté doit le tuer
en lui jetant des pierres, à l'extérieur du
camp. » 36 On obéit à l'ordre du SEIGNEUR :
toute la communauté emmène l'homme en
dehors du camp. Les gens lui jettent des pierres, et il meurt.

Les franges des vêtements

37 Le SEIGNEUR dit à Moïse : 38 « Voici ce que
tu diras aux Israélites : Vous, vos enfants et les
enfants de leurs enfants, vous ferez des franges au bord de vos vêtements et vous y mettrez un fil violet. 39 Vous porterez donc des
vêtements à franges. Quand vous verrez ces
franges, vous vous souviendrez de mes
commandements et vous leur obéirez. Ainsi,
vous ne laisserez pas votre cœur et vos yeux
vous entraîner à la suite de faux dieux.
40 Vous vous souviendrez de tous mes
commandements, vous leur obéirez. Ainsi,
vous montrerez que vous êtes à moi. 41 Le
SEIGNEUR votre Dieu, c'est moi. Je vous ai fait
sortir d'Égypte pour devenir votre Dieu. Oui,
le SEIGNEUR votre Dieu, c'est moi. »

La révolte de Coré

16 1 Un *lévite appelé Coré, fils d'Issar, de
la famille des Quéhatites, entraîne Datan, Abiram et On contre Moïse. Datan et Abiram sont fils d'Éliab, On est fils de Péleth, et
tous les trois sont de la tribu de Ruben. 2 Ils
s'opposent à Moïse avec 250 autres Israélites,
des chefs de la communauté et des délégués
de l'assemblée des notables. 3 Ils se réunissent
contre Moïse et Aaron et ils leur disent :
« Nous en avons assez ! Tous les membres de
la communauté d'Israël appartiennent au SEI-
GNEUR, et le SEIGNEUR est au milieu de nous
tous. Vous vous élevez au-dessus de l'assemblée du SEIGNEUR. Pourquoi donc ? »

4 Quand Moïse entend ces critiques, il se
jette à terre. 5 Puis il dit à Coré et à toute sa
bande : « Demain matin, le SEIGNEUR fera
connaître celui qui est à lui, qui lui appartient
et qui peut s'approcher de lui. Il laissera venir
auprès de lui celui qu'il a choisi. 6 Voici ce que
vous allez faire, vous, Coré et ta bande : pre-

nez des brûle-parfums. 7 Demain, vous y mettrez des charbons brûlants. Vous mettrez de
*l'encens dessus en présence du SEIGNEUR.
Alors on verra bien l'homme que le SEIGNEUR
choisira. C'est celui-là qui lui appartient.
Moi, j'en ai assez de vous, les lévites ! » 8 Ensuite, Moïse dit encore à Coré : « Écoutez
donc, vous, les lévites ! 9 Le SEIGNEUR, Dieu
d'Israël, vous a mis à part parmi les autres Israélites. Avec son autorisation, vous pouvez
vous approcher de lui, vous êtes chargés de
la *tente du SEIGNEUR, vous le servez au nom
de la communauté d'Israël. Est-ce que cela
ne vous suffit pas ? 10 Le SEIGNEUR vous a permis, à toi, Coré, et à tous tes frères lévites,
de vous approcher de lui. Et vous réclamez
en plus d'être prêtres ! 11 C'est ainsi que toi
et ta bande, vous vous révoltez contre le SEI-
GNEUR ! En effet, finalement, ce n'est pas
contre Aaron que vous parlez. »

12 Ensuite, Moïse envoie quelqu'un appeler
Datan et Abiram, les fils d'Éliab. Mais ceux-ci
lui font répondre : « Nous ne monterons pas
en *Canaan ! 13 Tu nous as déjà fait quitter
un pays qui déborde de lait et de miel[y],
pour nous faire mourir dans le désert. Est-
ce que cela ne te suffit pas ? Tu veux encore
nous commander ! 14 Vraiment, ce n'est pas
vers un pays qui déborde de lait et de miel
que tu nous as fait venir ! Tu ne nous as
pas donné en partage des champs et des *vignes ! Est-ce que tu nous prends pour des
aveugles ? Nous refusons de monter en Canaan ! » 15 Alors Moïse est très en colère. Il
dit au SEIGNEUR : « N'accepte pas leur offrande ! Je ne leur ai jamais rien pris, même
pas un âne ! Je n'ai jamais rien fait contre aucun d'eux. »

La terre avale Coré et sa bande

16 Moïse dit à Coré : « Toi et ta bande, venez
demain vous présenter devant le SEIGNEUR.
Aaron viendra aussi. 17 Prenez chacun votre
brûle-parfum. Vous y mettrez de *l'encens,
et chacun de vous le présentera devant le SEI-
GNEUR. Cela fera 250 brûle-parfums. Aaron et
toi, vous ferez la même chose. » 18 Coré et sa
bande prennent donc chacun son brûle-
parfum. Ils mettent dedans des charbons brûlants, ils répandent de l'encens par-dessus et
ils viennent à l'entrée de la *tente de la rencontre. Moïse et Aaron sont là aussi. 19 Coré
réunit en face d'eux toute la communauté
d'Israël, près de l'entrée de la tente.

Alors la *gloire du SEIGNEUR se montre à
toute la communauté, 20 et le SEIGNEUR dit à
Moïse et à Aaron : 21 « Éloignez-vous de ces
gens-là, je vais les détruire tout de suite. »
22 Mais Moïse et Aaron se jettent à terre. Ils disent : « Ô Dieu, toi qui donnes la vie à tous
ceux que tu crées, est-ce que tu vas te mettre
en *colère contre toute la communauté ? Pourtant, c'est un seul homme qui a péché. » 23 Le
SEIGNEUR répond à Moïse : 24 « Commande à la
communauté de s'éloigner de l'endroit où
Coré, Datan et Abiram habitent. »

25 Moïse se relève et il va trouver Datan et
Abiram. Les *anciens d'Israël le suivent.
26 Moïse dit à la communauté : « Éloignez-
vous des tentes de ces gens mauvais. Ne touchez rien de ce qui est à eux. Sinon, vous allez
mourir, vous aussi, à cause de tous leurs péchés. » 27 Le peuple s'éloigne donc de l'endroit
où Coré, Datan et Abiram habitent.

Datan et Abiram sont sortis de leurs tentes
et ils se tiennent à l'entrée avec leurs femmes,
leurs enfants et leurs petits-enfants. 28 Moïse
dit : « C'est bien le SEIGNEUR qui m'a envoyé
pour faire tout cela. Je ne fais rien de moi-
même. Vous allez en avoir la preuve. 29 Si
ces gens-là meurent comme tout le monde,
si c'est une mort ordinaire, alors le SEIGNEUR
ne m'a pas envoyé. 30 Mais le SEIGNEUR peut
faire quelque chose d'extraordinaire : la terre
s'ouvrira pour les avaler, eux et tout ce qui
leur appartient, puis ils descendront vivants
dans le monde des morts. Dans ce cas, vous

y **16.13** *Un pays qui déborde de lait et de miel : cette expression désigne habituellement le pays que Dieu a promis et donné à son peuple. Voir Nombres 14.7-8. Ici, ceux qui s'opposent à Moïse l'emploient pour désigner l'Égypte.*

aurez la preuve que ces gens-là se sont moqués du SEIGNEUR. »
31 Moïse finit à peine de parler que le sol se
fend sous les pieds de Datan et d'Abiram. 32 La
terre s'ouvre et elle les avale avec leurs familles. Elle avale aussi toute la bande de Coré et
toutes leurs richesses. 33 Ils descendent vivants dans le monde des morts avec tout ce
qui est à eux, et la terre les recouvre. Ils disparaissent ainsi du milieu de la communauté
d'Israël. 34 En les entendant crier, tous les Israélites qui se trouvent près d'eux s'enfuient.
En effet, ils se disent : « Fuyons, sinon la terre
va nous avaler, nous aussi ! » 35 Le SEIGNEUR
fait jaillir un feu, et celui-ci dévore les 250
hommes qui présentent *l'encens.

Que faire des brûle-parfums de Coré et de sa bande ?

17 1 Le SEIGNEUR dit à Moïse : 2 « Commande au prêtre Élazar, fils d'Aaron,
d'enlever les brûle-parfums du milieu du feu
et de jeter au loin les charbons brûlants. Ces
brûle-parfums sont sacrés. 3 En effet, on les a
présentés devant moi, même s'ils appartiennent à des hommes qui ont péché et qui
sont morts à cause de cela. On les aplatira
pour faire des plaques et on en recouvrira
*l'autel. Elles serviront de rappel aux Israé-
lites. » 4 Le prêtre Élazar prend les brûle-
parfums en bronze de ceux qui ont été brûlés
vivants. On les aplatit pour recouvrir l'autel.
5 Voici ce que les plaques rappellent aux Israélites : ceux qui ne sont pas de la famille d'Aaron n'ont pas le droit de brûler de *l'encens
devant le SEIGNEUR. Si quelqu'un le fait, il lui
arrivera la même chose qu'à Coré et à sa
bande. Le SEIGNEUR a prévenu Aaron de cela,
par l'intermédiaire de Moïse.

Le peuple parle contre Moïse et Aaron

6 Le jour suivant, toute la communauté d'Israël parle contre Moïse et Aaron en disant :
« Vous avez fait mourir le peuple du SEI-
GNEUR ! » 7 Les Israélites se réunissent contre
eux. Alors Moïse et Aaron se tournent vers
la *tente de la rencontre. À ce moment-là,
le nuage de fumée la couvre, et la *gloire du
SEIGNEUR apparaît. 8 Moïse et Aaron vont
devant la tente. 9 Le SEIGNEUR dit à Moïse :
10 « Éloignez-vous de ces gens-là, je vais les
détruire en un instant. »
Moïse et Aaron se jettent à terre. 11 Ensuite
Moïse dit à Aaron : « Prends ton brûle-parfum.
Remplis-le de charbons brûlants pris sur
*l'autel et mets de *l'encens dessus. Dépê-
che-toi d'aller vers la communauté et de faire
sur elle le geste de pardon pour ses péchés.
Oui, le SEIGNEUR s'est mis en *colère, et le
grand malheur a déjà commencé. » 12 Aaron
prend le brûle-parfum, comme Moïse l'a dit.
Il court au milieu du rassemblement, là où le
grand malheur a déjà commencé. Il brûle de
l'encens et il fait sur les Israélites le geste de
pardon pour les péchés. 13 Il se place entre
les morts et les vivants. Alors le grand malheur s'arrête. 14 Ceux qui meurent à cause
de ce malheur sont 14 700, sans compter les
gens de Coré qui sont morts avant. 15 Dès
que le grand malheur est fini, Aaron retourne
auprès de Moïse, à l'entrée de la tente de la
rencontre.

Le Seigneur montre qu'il a choisi Aaron

16 Le SEIGNEUR dit à Moïse : 17 « Donne cet
ordre aux Israélites : le responsable de chaque
tribu doit te donner un bâton. Tu recevras
donc douze bâtons. Tu écriras le nom de la
tribu sur chaque bâton, 18 sauf sur celui de la
tribu de Lévi. Sur ce bâton-là, tu écriras le
nom d'Aaron. Ainsi, il y aura un bâton par
chef de tribu. 19 Tu placeras ces bâtons dans
la *tente de la rencontre, devant le coffre qui
contient les *tablettes de l'alliance, là où je me
montre à vous. 20 Voici ce qui va se passer :
des boutons de fleurs pousseront sur le bâton
de l'homme que j'ai choisi. De cette façon, je
n'aurai plus à entendre les paroles que les Israélites disent contre vous, et qui m'attaquent
aussi. »
21 Moïse donne ces ordres aux Israélites.
Alors les responsables des tribus lui donnent
chacun un bâton, un par tribu. Il en reçoit
douze en tout. Celui d'Aaron est au milieu
des autres. 22 Moïse place les bâtons devant
le SEIGNEUR, dans la tente qui abrite les tablettes de l'alliance. 23 Le jour suivant, Moïse entre dans la tente. Il voit sur le bâton d'Aaron,

de la tribu de Lévi, des boutons de fleurs, des fleurs et des amandes mûres. 24 Alors Moïse sort tous les bâtons de la tente pour les montrer aux Israélites. Tout le monde les voit, et chaque responsable reprend son bâton. 25 Le SEIGNEUR dit à Moïse : « Remets le bâton d'Aaron devant le coffre qui contient les tablettes de l'alliance. On le gardera à cet endroit. Ainsi, les Israélites se rappelleront qu'ils sont des révoltés. De cette façon, tu arrêteras les paroles qu'ils disent contre moi, et ils ne risqueront pas de mourir. » 26 Moïse fait exactement ce que le SEIGNEUR a commandé.

Le rôle des prêtres et celui des lévites

27 Les Israélites disent à Moïse : « Écoute, nous allons mourir, nous sommes tous perdus. Tu ne vois donc pas cela ? 28 Tous ceux qui s'approchent de la *tente du SEIGNEUR sont frappés de mort. Est-ce que nous allons vraiment tous mourir de cette façon ? »

18 1 Alors le SEIGNEUR dit à Aaron : « À partir de maintenant, toi, tes fils et les gens de la famille de ton père, vous serez responsables des fautes commises contre le *lieu saint. Par contre, toi et tes fils, vous serez les seuls responsables des fautes que vous commettez pendant votre service de prêtres. 2 Tu laisseras tes frères *lévites, de la tribu de ton père, s'approcher avec toi du lieu saint. Ils t'aideront et t'assisteront. Mais toi et tes fils, vous vous tiendrez devant la *tente qui abrite les *tablettes de l'alliance. 3 Tes frères lévites seront à ton service et au service de la tente tout entière. Mais ils ne devront s'approcher ni des objets réservés à mon service ni de *l'autel. De cette façon, personne ne risquera de mourir, ni eux ni vous. 4 Ils t'aideront pour tous les services et tous les travaux à faire dans la tente de la rencontre. Personne d'autre ne s'approchera de vous. 5 C'est vous qui ferez votre service dans le lieu saint et à l'autel. Ainsi, les Israélites échapperont à ma violente *colère. 6 Vous le voyez, j'ai choisi vos frères lévites parmi les autres Israélites. Ils sont à moi, et je vous les ai donnés pour qu'ils fassent les travaux de la tente de la rencontre. 7 Mais toi, Aaron, et tes fils, vous ferez votre service de prêtres à l'autel et dans le *lieu très saint, derrière le rideau de séparation. C'est moi qui vous donne ce service. Si quelqu'un d'autre s'approche du lieu très saint, il faut le faire mourir. »

La part des offrandes qui revient aux prêtres

8 Le SEIGNEUR dit à Aaron : « Écoute, je te donne la responsabilité de toutes les offrandes que les Israélites me *consacrent. Je te les donne. C'est ta part, et elle sera à tes fils pour toujours. 9 On brûle sur *l'autel la part qui est pour moi. Parmi les offrandes qui me sont uniquement réservées, voici ce qui reste pour vous : toutes les offrandes de farine, tous les *sacrifices pour recevoir le pardon des péchés, tous les sacrifices de réparation que les Israélites me présentent. Ces offrandes qui me sont réservées sont pour toi, pour tes fils et les fils de leurs fils. 10 Elles sont votre nourriture. Mais seuls les hommes et les garçons pourront en manger, parce que c'est une nourriture sacrée. 11 Vous pouvez aussi recevoir une partie des dons que les Israélites me présentent. Je vous donne cette part pour toujours, à toi, à tes fils et à tes filles. Tous ceux de ta famille qui seront *purs pourront en manger. 12 Je te donne aussi les premiers produits de la terre offerts par les Israélites : tout ce qu'il y a de meilleur en huile, en vin nouveau et en *blé. 13 Tous les premiers produits de leur pays qu'ils m'apportent seront pour vous. Tous ceux de ta famille qui seront purs pourront en manger. 14 Tout ce que les Israélites me consacrent pour toujours, c'est aussi pour vous. 15 Enfin, tous les premiers-nés qui me sont offerts, ceux des humains et ceux des animaux, seront aussi pour vous. Mais vous ferez racheter tout garçon premier-né, et aussi le premier-né d'un animal *impur. 16 Vous ferez racheter les garçons à l'âge d'un mois. Le prix de rachat est de cinq pièces d'argent pesant 10 grammes chacune. 17 Mais vous ne pourrez pas racheter le premier-né de la vache, de la brebis ou de la chèvre. Ils sont uniquement pour moi. Vous répandrez leur sang sur l'autel, et vous ferez brûler les parties grasses en *sacrifice. Alors leur fumée de bonne odeur me plaira. 18 En-

suite la viande sera pour vous. Vous recevrez
aussi la poitrine et la cuisse droite d'un animal
offert avec le geste de présentation en sacrifice de communion.
19 « Je vous donne donc tout ce que les Israélites me consacrent comme offrandes. Ce sera
votre part pour toujours. Elle sera pour toi, Aaron, pour tes fils et tes filles, par décision définitive. C'est *l'alliance définitive que j'ai
faite avec toi, avec tes enfants et les enfants
de leurs enfants. »
20 Le SEIGNEUR dit encore à Aaron : « Dans le
pays que je donnerai en partage aux Israélites,
tu n'auras pas une partie du pays pour toi, ni
des biens. C'est moi qui serai ton bien et ta
part au milieu des autres Israélites. »

La part des produits du sol qui revient aux lévites

21 Le SEIGNEUR ajoute : « Voici ce que je donnerai aux *lévites pour les services qu'ils rendent dans la *tente de la rencontre. Je leur
donne la dîme en partage, c'est-à-dire le
dixième de tout ce qu'on produit en Israël.
22 Les autres Israélites ne s'approcheront
plus de la tente de la rencontre. Ainsi, ils ne
se rendront pas coupables et ils ne risqueront
pas de mourir. 23 Ce sont les lévites qui feront
les services de la tente. Ils seront responsables
des fautes qu'ils commettront à cet endroit.
Vous respecterez cette règle pour toujours.
Les lévites ne posséderont pas de terres
comme les autres tribus d'Israël. 24 Mais je
leur donnerai en partage le dixième des produits que les Israélites doivent m'offrir. C'est
pourquoi je leur ai dit qu'ils ne posséderont
pas de terres comme les autres tribus. »
25 Le SEIGNEUR dit à Moïse : 26 « Voici ce que
tu diras aux lévites : "Quand les Israélites
vous apporteront la dîme que je vous donne
en partage, vous prendrez vous-mêmes le
dixième de cette part, et vous me l'offrirez.
27 Ce sera votre part pour moi. Les autres Israélites prennent aussi une part sur leurs *céréales ou sur leur vin nouveau pour me
l'offrir. C'est la même chose. 28 De cette façon, vous aussi, vous m'apporterez votre
part. Vous la prendrez sur le dixième des produits que vous recevrez des autres Israélites.
Vous me l'offrirez en la donnant au prêtre Aaron. 29 Sur tous les dons que vous recevrez,
vous prendrez la meilleure part, sans rien garder, et vous me la *consacrerez. 30 Quand
vous l'aurez prise, vous garderez le reste
pour vous. Les autres Israélites garderont
pour eux le reste de leurs céréales, de leur
vin nouveau et de leur huile. C'est la même
chose. 31 Vous pourrez manger ces produits
n'importe où, avec vos familles. En effet, c'est
votre salaire pour les services que vous rendez
dans la tente de la rencontre. 32 Si vous prenez
pour moi la meilleure part de ces choses, vous
ne commettrez pas de faute en mangeant ce
qui reste. Vous ne risquerez donc pas de traiter avec mépris les offrandes que les Israélites
me consacrent. Et vous ne serez pas frappés
de mort." »

La préparation de l'eau qui rend pur

19 1 Le SEIGNEUR dit à Moïse et à Aaron :
2 « Voici les règles de la loi que je vous
donne : Commandez aux Israélites de vous
amener une vache rousse, sans aucun défaut,
et qui n'a jamais porté le *joug. 3 Vous la donnerez au prêtre Élazar. Celui-ci la conduira à
l'extérieur du camp, et on *l'égorgera devant
lui. 4 Élazar prendra un peu de son sang avec
son doigt. Il en lancera sept fois vers l'entrée
de la *tente de la rencontre. 5 On brûlera
sous ses yeux la vache tout entière : peau,
chair, sang et intestins. 6 Le prêtre prendra
du bois de *cèdre, une branche d'hysope[z] et
de la laine rouge foncé. Il jettera tout cela
dans le feu où la vache est en train de brûler.
7 Ensuite, le prêtre lavera ses vêtements et
prendra un bain. Il rentrera au camp, mais il
restera *impur jusqu'au soir. 8 Celui qui brûlera la vache lavera aussi ses vêtements et
prendra un bain. Il restera impur jusqu'au
soir. 9 Un homme qui est *pur prendra les cen-

---

z **19.6** *L'hysope est une petite plante de bonne odeur. Elle était utilisée dans les cérémonies de purification.*

dres de la vache et il les mettra dans un endroit pur à l'extérieur du camp. La communauté d'Israël les gardera pour préparer l'eau
qui rend pur. Tout cela est une sorte de *sacrifice pour recevoir le pardon des péchés.
10 Celui qui prendra les cendres de la vache
lavera aussi ses vêtements. Il restera impur
jusqu'au soir. Les Israélites et les étrangers
installés chez eux doivent obéir à ces règles
pour toujours. »

Règles pour se rendre pur

11 Le SEIGNEUR dit encore : « Si quelqu'un
touche un mort, il est *impur pendant une semaine. 12 Le troisième jour et le septième jour,
il doit se rendre *pur avec de l'eau qui *purifie. S'il ne fait pas cela le troisième jour et le
septième jour, il reste impur. 13 Si quelqu'un
touche un mort et ne se purifie pas, il rend
ma *tente impure. Il faut chasser cette personne de la communauté d'Israël. Puisqu'on
n'a pas répandu sur elle l'eau qui purifie,
elle reste impure.

14 « Voici d'autres règles encore : Si une personne meurt dans une tente, ceux qui entrent
dans la tente ou qui sont déjà dedans sont impurs pendant une semaine. 15 Si un récipient
n'est pas fermé avec un couvercle attaché,
ce qu'il y a dedans devient impur. 16 Si, dans
les champs, quelqu'un touche un homme
assassiné ou mort d'une mort naturelle, il
devient impur pour une semaine. C'est la
même chose pour celui qui touche des os humains ou qui marche sur une tombe. 17 Pour
purifier cette personne impure, on prend
des cendres de la vache offerte en *sacrifice
pour recevoir le pardon des péchés. On les
met dans un récipient et on ajoute de l'eau
de source. 18 Un homme qui est pur prend
une branche d'hysope[a]. Il la trempe dans cette
eau et il lance l'eau sur la tente où quelqu'un
est mort, sur les objets et sur les gens qui sont
à l'intérieur. Ou bien il lance l'eau sur la personne qui a touché des os humains, ou un
homme assassiné, ou un mort ou une tombe.
19 Cet homme purifie la personne impure le
troisième jour et le septième jour. Après la purification du septième jour, cette personne
lave ses vêtements, elle prend un bain et, le
soir, elle est pure.

20 « Mais si une personne impure ne se purifie pas, il faut la chasser de l'assemblée d'Israël. En effet, elle rend impur mon *lieu saint.
On n'a pas lancé sur elle de l'eau qui rend
pur : elle reste impure.

21 « Les Israélites doivent obéir à ces règles
pour toujours. Celui qui lance de l'eau qui
rend pur doit laver ses vêtements, et celui
qui touche à cette eau est impur jusqu'au
soir[b]. 22 Tout ce qu'une personne impure touche devient impur. Celui qui touche une personne impure est impur jusqu'au soir. »

À Meriba, les Israélites cherchent querelle au Seigneur

20 1 Toute la communauté d'Israël arrive
dans le désert de Tsin pendant le premier *mois, et elle s'installe à Cadès. Miriam
meurt à cet endroit et on l'enterre.

2 Il n'y a pas d'eau pour la communauté.
Alors elle se réunit contre Moïse et Aaron.
3 Les Israélites accusent Moïse en disant :
« Ah ! si seulement nous étions morts, nous
aussi, quand nos frères sont morts sous les
coups du SEIGNEUR ! 4 Pourquoi est-ce que
vous nous avez amenés dans le désert, nous,
le peuple du SEIGNEUR ? Est-ce pour mourir là
avec nos troupeaux ? 5 Pourquoi est-ce que
vous nous avez fait quitter l'Égypte ? Pour
nous amener dans ce lieu horrible ? Ici, nous
ne pouvons rien semer. Il n'y a ni *figuiers,
ni *vignes, ni arbres fruitiers. Il n'y a même
pas d'eau à boire ! »

6 Moïse et Aaron quittent ces gens rassemblés et ils vont à l'entrée de la *tente de la ren-

---

a **19.18** *Hysope : voir Nombres 19.6 et la note.*

b **19.21** *L'eau qui rend pur appartenait au domaine de Dieu, donc du sacré. Si quelqu'un utilisait cette eau en dehors du domaine sacré, il était impur. Par ailleurs, quand quelqu'un était entré dans le domaine du sacré, il devait appliquer certaines règles pour retourner à la vie ordinaire.*

contre. Là, ils tombent, le front contre le sol,
et la *gloire du SEIGNEUR se montre à eux.
7 Le SEIGNEUR dit à Moïse : 8 « Prends ton bâton
et, avec ton frère Aaron, réunis la communauté d'Israël. Sous leurs yeux, vous parlerez
au rocher qui est là-bas, et il donnera de l'eau.
Pour eux, tu feras sortir de l'eau du rocher et
tu donneras à boire à la communauté d'Israël
et à ses troupeaux. » 9 Moïse obéit, il va chercher son bâton dans la tente du SEIGNEUR.
10 Moïse et Aaron réunissent l'assemblée des
Israélites devant le rocher et ils leur disent :
« Écoutez donc, vous qui vous révoltez ! Est-
ce que nous serons capables de faire sortir
pour vous de l'eau de ce rocher ? »

11 Moïse lève la main et, avec son bâton, il
frappe le rocher deux fois. Aussitôt, l'eau sort
en grande quantité. La communauté d'Israël
peut boire et ses troupeaux aussi. 12 Mais le
SEIGNEUR dit à Moïse et à Aaron : « Vous
n'avez pas eu confiance en moi, vous n'avez
pas montré aux Israélites que je suis le vrai
Dieu ! Pour cela, ce n'est pas vous qui conduirez ce peuple dans le pays que je leur
donne. »

13 Cette source est la source de Meriba,
c'est-à-dire la source de la Querelle. En effet,
à cet endroit, les Israélites ont cherché querelle au SEIGNEUR. Mais là, le SEIGNEUR a montré qu'il est le vrai Dieu.

Le roi d'Édom refuse de laisser passer les Israélites

14 Depuis Cadès, Moïse envoie des messagers au roi d'Édom. Ils lui disent : « Voici le
message de tes frères israélites : Tu sais toutes les difficultés que nous avons rencontrées. 15 Autrefois, nos ancêtres sont partis
en Égypte, et notre peuple est resté là-bas
très longtemps. Les Égyptiens nous ont fait
du mal, à nous et à nos ancêtres. 16 Nous
avons poussé des cris vers le SEIGNEUR, et il
nous a entendus. Il a envoyé un *ange pour
nous faire sortir d'Égypte. Maintenant, nous
sommes à Cadès, la ville située tout près de
ton pays. 17 Donne-nous l'autorisation de le
traverser. Nous ne passerons pas dans les
champs ni dans les *vignes. Nous ne boirons
pas l'eau des puits. Nous suivrons la route
principale, sans la quitter ni à droite ni à gauche jusqu'à la sortie de ton pays. » 18 Mais le
roi d'Édom répond : « Vous ne traverserez
pas mon pays. Si vous passez, je vous ferai
la guerre ! »

19 Les Israélites insistent : « Nous resterons
sur la route ! Et si nous et nos troupeaux,
nous buvons de ton eau, nous te la paierons.
Nous te demandons une seule chose, c'est
de traverser ton pays. » 20 Mais le roi répond :
« Non, vous ne passerez pas ici ! » Les Édomites viennent au-devant des Israélites avec une
armée nombreuse et puissante. 21 Ils les empêchent de traverser leur pays, et les Israélites
prennent un autre chemin.

La mort d'Aaron

22 Toute la communauté d'Israël part de Cadès et ils vont à la montagne de Hor, 23 à la
frontière du pays d'Édom. Là, le SEIGNEUR dit
à Moïse et à Aaron : 24 « Aaron va bientôt mourir et rejoindre ses ancêtres. Il n'entrera pas
dans le pays que je donne aux Israélites. En effet, vous n'avez pas obéi à mes ordres à la
source de Meriba. 25 Toi, Moïse, emmène
donc Aaron et son fils Élazar et fais-les monter
sur la montagne de Hor. 26 Là-haut, tu enlève-
ras à Aaron ses vêtements de prêtre et tu les
mettras à Élazar. Aaron rejoindra ses ancêtres
et mourra à cet endroit. »

27 Moïse obéit au SEIGNEUR. Tous les trois
montent sur la montagne de Hor sous les
yeux de toute la communauté. 28 Moïse prend
les vêtements d'Aaron et il les met à Élazar.
Aaron meurt là-haut, au sommet de la montagne. Ensuite, Moïse et Élazar redescendent.
29 Quand les Israélites comprennent qu'Aaron
est mort, ils font ses funérailles pendant
30 jours.

Première victoire des Israélites sur les Cananéens

21 1 Le roi d'Arad est un *Cananéen qui
habite la région du Néguev. Il apprend
que les Israélites arrivent par le chemin d'Ata-
rim. Il les attaque donc et il fait quelques
prisonniers. 2 Alors les Israélites font cette
promesse au SEIGNEUR : « Si tu livres ce peuple
entre nos mains, nous détruirons complète-

ment ses villes[c]. » 3 Le SEIGNEUR accepte cette
promesse des Israélites et il leur livre les Cananéens. Les Israélites les tuent, ils détruisent
leurs villes et ils appellent cette région Horma,
c'est-à-dire « Destruction ».

Les serpents venimeux et le serpent de bronze

4 Les Israélites quittent la montagne de Hor.
Ils vont dans la direction de la *mer des Roseaux pour éviter le pays d'Édom. Mais pendant qu'ils marchent dans le désert, ils se
découragent. 5 Ils se mettent à critiquer Dieu
et Moïse : « Pourquoi est-ce que vous nous
avez fait quitter l'Égypte ? Pour nous faire
mourir dans le désert ? Ici, il n'y a pas de
pain, pas d'eau, et cette nourriture horrible
nous dégoûte. » 6 Alors le SEIGNEUR envoie
contre le peuple des serpents venimeux. Ils
mordent les Israélites, et beaucoup d'entre
eux meurent. 7 Ceux qui restent viennent
trouver Moïse. Ils lui disent : « Nous avons
commis une faute en critiquant le SEIGNEUR
et en te critiquant. Prie le SEIGNEUR pour qu'il
éloigne ces serpents de nous. » Moïse se met à
prier le SEIGNEUR pour le peuple. 8 Le SEIGNEUR
dit à Moïse : « Fabrique un serpent en métal et
place-le en haut d'un poteau. Tous ceux qui
ont été mordus et qui regarderont ce serpent
resteront en vie. » 9 Moïse fabrique un serpent
de bronze et il le place en haut d'un poteau.
Tous ceux qui ont été mordus par un serpent
et qui regardent le serpent en métal restent en
vie.

Les étapes de la route jusqu'au mont Pisga

10 Les Israélites partent et ils campent à
Oboth. 11 Ensuite, ils quittent Oboth et campent à Yé-Abarim, dans le désert à l'est de
Moab. 12 Puis ils campent au bord du torrent
de Zéred. 13 Ils quittent cet endroit et se rendent au-delà de l'Arnon. En descendant du
pays des *Amorites, ce torrent traverse le désert. Puis il sert de frontière entre le pays de
Moab et celui des Amorites. 14 Un chant dans
le « Livre des guerres du SEIGNEUR »[d] parle de
la ville de Vaheb avec ses rivières, dans la région de Soufa. Il parle aussi du torrent de l'Arnon 15 avec ses vallées, qui forme la frontière
du pays de Moab et va jusqu'à la ville d'Ar.
16 À partir de l'Arnon, les Israélites vont au
lieu appelé le Puits. Là, le SEIGNEUR a dit à
Moïse : « Réunis le peuple, et je lui donnerai
de l'eau à boire. » 17 C'est au sujet de ce puits
que les Israélites ont lancé ce chant :

« Crions de joie !
L'eau a jailli du puits !
18 Les chefs l'ont creusé,
les notables l'ont creusé,
avec leurs bâtons de commandement,
avec leurs bâtons de chefs ! »

À partir du désert, les Israélites vont dans la
ville de Mattana, 19 puis à Nahaliel, puis à Ba-
moth. 20 Enfin, ils se rendent dans la vallée qui
traverse le pays de Moab, vers le sommet du
mont Pisga. À partir de cette montagne, on
voit tout le désert.

Victoire des Israélites sur les rois Sihon et Og

21 Les Israélites envoient des messagers dire
à Sihon, roi des *Amorites : 22 « Nous voulons
traverser ton pays. Nous n'irons pas dans les
champs ni dans les *vignes, et nous ne boirons
pas l'eau des puits. Nous suivrons la route
principale jusqu'à la sortie de ton pays. »

23 Pourtant, Sihon ne leur permet pas de traverser son pays. Il réunit toute son armée, il
vient au-devant d'eux jusqu'à la ville de Yahas, dans le désert, et il les attaque. 24 Mais
les Israélites remportent la victoire sur eux.
Alors ils occupent tout leur pays, entre le torrent de l'Arnon au sud, celui du Yabboq au
nord et la frontière bien défendue des Ammonites à l'est. 25 Ils prennent toutes les villes des
Amorites. Ils s'installent là, ainsi qu'à Hèche-

---

c **21.2** *Dans les guerres de l'ancien Orient, les vainqueurs prenaient pour eux tout ce qui appartenait aux ennemis : personnes et biens. Pourtant, dans certains cas, ils devaient réserver la totalité ou une partie de ces biens à leur dieu. Cette coutume s'applique aussi aux guerres de l'Israël ancien. Elle n'a jamais été totalement suivie.*

d **21.14** *Il s'agit d'un ancien livre de poèmes qui n'a pas été conservé.*

bon et dans les villages voisins. 26 Hèchebon
était la capitale de Sihon, roi des Amorites.
En effet, il avait fait la guerre au premier roi
de Moab, et il lui avait pris toute la région
jusqu'à l'Arnon. 27 C'est pourquoi les poètes
disent :

Venez à Hèchebon,
rebâtissez la ville de Sihon,
reconstruisez-la !
28 Un feu est sorti de Hèchebon,
une flamme a jailli de la ville de Sihon.
Elle a brûlé la ville d'Ar au pays de Moab,
et les faux dieux des collines de l'Arnon.
29 Quel malheur pour toi, Moab !
Vous êtes perdus, adorateurs de Kemoch[e] !
Les hommes qui étaient encore en vie,
les femmes,
tous ont été livrés prisonniers
à Sihon, roi des Amorites.

30 Mais nous avons lancé nos flèches
sur les Amorites.
Maintenant Hèchebon n'existe plus,
et tout le pays est détruit jusqu'à Dibon.
Nous avons tout démoli jusqu'à Nofa,
et au même moment,
le feu se répandait jusqu'à Mèdeba.

31 Voilà comment les Israélites se sont installés dans le pays des Amorites. 32 Moïse envoie des espions[f] reconnaître la ville de
Yazer. Puis les Israélites prennent les villages
voisins, et ils chassent les Amorites. 33 Ensuite, ils changent de direction et ils montent
par la route du *Bachan. Aussitôt Og, roi du
Bachan, et toute son armée viennent au-
devant des Israélites pour les combattre à
Édréi. 34 Le SEIGNEUR dit à Moïse : « N'aie
pas peur de lui ! Je vais le livrer en ton pouvoir, avec toute son armée et tout son pays.
Tu lui feras ce que tu as fait à Sihon, le roi
des Amorites, qui habitait à Hèchebon. »
35 Les Israélites remportent la victoire sur
Og, sur ses fils et sur toute son armée. Ils
ne laissent aucune personne vivante et ils
occupent le pays.

ISRAËL DANS LES PLAINES DE MOAB
22–36

Balac, le roi de Moab, fait appel à Balaam

22 1 Les Israélites repartent. Ils campent
dans la plaine de Moab, à l'est du Jourdain, en face de Jéricho. 2-4 À cette époque, Balac, fils de Sippor, est roi de Moab. Il apprend
ce que les Israélites ont fait aux *Amorites. Le
roi et tout son peuple se mettent à trembler de
peur en voyant arriver tant d'Israélites. Alors
les Moabites disent aux notables de Madian :
« Ces gens si nombreux vont bientôt tout détruire autour de nous, comme des bœufs qui
mangent l'herbe des champs. »
5 Le roi envoie donc des messagers à Balaam, fils de Béor. Celui-ci habite Petor, sur
le fleuve Euphrate, dans le pays des Ammavi-
tes. Le roi de Moab envoie ce message : « Il y a
ici un peuple venu d'Égypte, qui remplit tout
le pays. Il s'est installé près de chez moi.
6 Viens donc ici, s'il te plaît. Jette sur lui une
malédiction, parce qu'il est plus puissant
que mon peuple. Si tu acceptes, j'arriverai
peut-être à le battre et à le chasser du pays.
En effet, je le sais, celui que tu *bénis est vraiment béni, celui que tu maudis est vraiment
maudit. » 7 Les messagers, des *anciens de
Moab et de Madian, s'en vont donc en emportant des cadeaux pour payer le voyant. Quand
ils arrivent chez Balaam, ils lui donnent le
message de Balac. 8 Balaam leur dit : « Passez
la nuit ici. Demain, je vous donnerai la réponse selon ce que le SEIGNEUR me dira. »
Les chefs de Moab restent donc chez Balaam. 9 Alors Dieu vient demander à Balaam :

e **21.29** *Kemoch était le dieu des Moabites.*
f **21.32** *Un espion est une personne chargée de recueillir des renseignements secrets dans un pays étranger.*

« Qui sont ces gens que tu reçois chez toi ? » 10 Balaam répond : « Balac, fils de Sippor et roi de Moab, a envoyé ces hommes me dire : 11 "Le peuple qui a quitté l'Égypte remplit tout le pays. Viens donc ici, s'il te plaît, et jette sur lui une malédiction. Si tu acceptes, j'arriverai peut-être à le battre et à le chasser." » 12 Dieu dit à Balaam : « Non, tu n'iras pas avec eux ! Tu ne maudiras pas le peuple d'Israël, parce que je l'ai béni. »

13 Le matin suivant, dès que Balaam est debout, il dit aux notables envoyés par Balac : « Retournez dans votre pays. Le SEIGNEUR m'interdit de partir avec vous. »

14 Les notables de Moab reviennent dire à Balac : « Balaam n'a pas voulu venir avec nous. » 15 Mais Balac envoie encore d'autres chefs, plus nombreux et plus importants que les premiers. 16 Ils vont rapporter à Balaam cette demande de Balac : « Moi, Balac, fils de Sippor, je t'en prie, ne refuse pas de venir chez moi. 17 Je te couvrirai d'honneur et je ferai tout ce que tu me diras. Viens donc et jette une malédiction sur ce peuple. » 18 Mais Balaam répond aux envoyés de Balac : « Même si Balac me donne tout l'argent et tout l'or qui remplissent sa maison, je ne peux pas faire une chose, petite ou grande, contre l'ordre du SEIGNEUR mon Dieu. 19 Pourtant, restez ici cette nuit, vous aussi ! Alors je connaîtrai ce que le SEIGNEUR veut encore me faire savoir. »

20 Pendant la nuit, Dieu vient dire à Balaam : « Si ces hommes sont venus t'appeler, pars avec eux. Mais tu feras seulement ce que je te montrerai. » 21 Le matin suivant, Balaam se lève, il prépare son ânesse et il part avec les chefs de Moab.

L'ânesse de Balaam refuse d'avancer

22 Quand Dieu voit Balaam partir, il se met en *colère. Balaam avance sur la route, monté sur son ânesse. Deux serviteurs sont avec lui. Alors un *ange du SEIGNEUR se place sur la route pour l'empêcher de passer. 23 L'ânesse voit l'ange debout au milieu de la route. Il tient une *épée à la main. L'ânesse quitte la route et elle passe à travers les champs. Balaam se met à la frapper pour la ramener sur la route. 24 L'ange va se placer plus loin dans un chemin étroit qui traverse des *vignes entre deux murs. 25 L'ânesse voit l'ange du SEIGNEUR, elle se serre contre le mur et ainsi, elle blesse le pied de Balaam. Celui-ci la frappe de nouveau. 26 L'ange du SEIGNEUR les dépasse encore une fois. Il va se placer dans un passage très étroit. Là, on ne peut passer ni à sa droite ni à sa gauche. 27 Quand l'ânesse voit l'ange, elle se couche sous Balaam. Celui-ci se met en colère et les coups de bâton pleuvent.

28 Alors le SEIGNEUR fait parler l'ânesse, et elle dit à son maître : « Qu'est-ce que je t'ai fait, pour que tu me frappes trois fois ? » 29 Balaam lui répond : « Tu te moques de moi ! Si j'avais une *épée à la main, je te tuerais tout de suite ! » 30 L'ânesse lui dit : « Est-ce que je ne suis pas ton ânesse ? C'est moi que tu montes depuis toujours ! Est-ce que j'ai l'habitude d'agir ainsi avec toi ? » Balaam répond : « Non ! »

31 Alors le SEIGNEUR ouvre les yeux de Balaam. Balaam voit l'ange du SEIGNEUR debout sur le chemin, une épée à la main. Il se met à genoux, le front contre le sol. 32 L'ange du SEIGNEUR lui dit : « Tu as frappé ton ânesse trois fois. Pourquoi donc ? Je suis venu t'empêcher de passer. En effet, ce voyage me paraît dangereux. 33 Ton ânesse m'a vu, et trois fois, elle s'est écartée de moi. Si elle n'avait pas fait cela, je t'aurais tué, mais elle, je l'aurais laissée en vie. » 34 Balaam dit à l'ange : « J'ai commis une faute ! En effet, je n'ai pas vu que tu étais devant moi sur la route. Mais maintenant, si ce voyage te déplaît, je suis prêt à faire demi-tour. » 35 L'ange du SEIGNEUR répond : « Non ! Va avec ces hommes. Mais tu prononceras seulement les paroles que je te dirai. » Alors Balaam continue la route avec les chefs de Balac.

Balaam rencontre Balac, le roi de Moab

36 Quand Balac, le roi de Moab, apprend l'arrivée de Balaam, il va à sa rencontre jusqu'à Ir-en-Moab. Cette ville se trouve près de la frontière du pays, sur le torrent de l'Arnon. 37 Balac lui demande : « Quand j'ai envoyé des gens t'appeler la première fois, tu n'es pas venu. Pourquoi donc ? Est-ce que tu pensais que je ne pouvais pas te couvrir d'hon-

neur ? » 38 Balaam répond au roi : « Eh bien, je
suis là. Mais qu'est-ce que je peux faire ? Je dirai seulement les paroles que Dieu mettra
dans ma bouche. » 39 Balaam part avec Balac,
et ils vont à la ville de Quiriath-Houssoth.
40 Le roi Balac offre des bœufs et des moutons
en *sacrifice. Il en donne des parts à Balaam et
aux chefs qui sont avec lui.

Balaam bénit le peuple d'Israël

41 Le matin suivant, le roi Balac monte avec
Balaam à la ville de Bamoth-Baal. De là, Balaam voit une partie du peuple d'Israël.

23 1 Il dit alors à Balac : « Bâtis ici sept
*autels et prépare-moi sept taureaux
et sept béliers. » 2 Balac obéit à Balaam. Puis
tous les deux offrent un taureau et un bélier
sur chaque autel. 3 Balaam dit à Balac : « Reste
ici, près des *sacrifices que tu as offerts. Je
vais aller un peu plus loin. Le SEIGNEUR va
peut-être venir à ma rencontre. Je te dirai
les paroles qu'il me fera connaître. » Ensuite
Balaam va sur une colline sans arbres. 4 Là,
Dieu vient le trouver. Balaam lui dit : « J'ai
fait dresser sept autels et j'ai offert un taureau
et un bélier sur chacun. » 5 Le SEIGNEUR met
alors dans la bouche de Balaam les paroles
qu'il doit dire. Puis il lui demande de retourner près de Balac. 6 Balaam rejoint le roi Balac.
Il le trouve debout près de ses sacrifices avec
les chefs de Moab. 7 Alors il prononce ce
poème :

« Balac, le roi de Moab, m'a fait venir
des montagnes de l'est de la Syrie.
Il m'a dit :
"Viens ! Menace les Israélites !
Oui, viens !
Lance des malédictions contre les enfants
de *Jacob !"
8 Mais comment maudire
celui que Dieu n'a pas maudit ?
Comment menacer un peuple
que le SEIGNEUR ne menace pas ?
9 Je regarde ce peuple du haut des rochers,
je l'observe du sommet des collines.
C'est un peuple qui habite à part,
il sait qu'il est différent des autres peuples.
10 Qui peut calculer le total des Israélites ?
Les gens de la famille de Jacob
sont plus nombreux que les grains de poussière.
Je souhaite mourir comme ceux qui obéissent à Dieu
et finir comme le peuple d'Israël. »

11 Le roi Balac dit à Balaam : « Qu'est-ce que
tu m'as fait là ? Je t'amène ici pour maudire
mes ennemis, et toi, tu les couvres de *bénédictions ! » 12 Balaam répond : « Quand je
parle, est-ce que je ne dois pas dire seulement
les paroles que le SEIGNEUR met dans ma bouche ? »

Balaam bénit le peuple d'Israël pour la deuxième fois

13 Le roi Balac continue : « Viens donc avec
moi à un autre endroit. Là, tu verras tous les
Israélites. D'ici, tu en voyais seulement une
partie. De là-bas, tu les maudiras pour moi. »
14 Balac emmène Balaam jusqu'à un poste de
surveillance, près du sommet du mont Pisga.
Là, il construit encore sept *autels et il offre
un taureau et un bélier sur chacun. 15 Balaam
dit au roi Balac : « Reste ici près des *sacrifices
que tu as offerts. Je vais aller un peu plus loin
pour attendre... »

16 Ensuite le SEIGNEUR vient trouver Balaam.
Il lui met dans la bouche les paroles qu'il doit
dire. Puis il lui demande de retourner près de
Balac. 17 Balaam rejoint le roi Balac. Il le trouve
debout près de ses sacrifices avec les chefs de
Moab. Le roi Balac demande à Balaam :
« Qu'est-ce que le SEIGNEUR a dit ? »

18 Alors Balaam prononce ce poème :
« Lève-toi, Balac, fils de Sippor,
écoute, écoute-moi attentivement !
19 Dieu n'est pas un homme,
il ne ment pas.
Il n'est pas un être humain,
il ne change pas d'avis.
Quand il dit quelque chose, il le réalise,
quand il fait une promesse, il la tient.
20 Moi, j'ai accepté de *bénir ce peuple,
parce que le SEIGNEUR l'a béni.
Je ne changerai pas.
21 Le SEIGNEUR n'aperçoit aucune injustice
dans le peuple d'Israël,
non, il ne voit aucun mal
dans la famille de *Jacob.

Il est leur Dieu, il habite avec eux,
il reçoit leurs cris de joie comme un roi.
22 C'est lui qui les a fait sortir d'Égypte
avec une force terrible,
pareille à la force du buffle.
23 Il n'y a pas de magie chez les Israélites,
pas de devins dans la famille de Jacob.
Ils apprennent au bon moment
tout ce que Dieu fait.
24 Ce peuple se lève comme un animal sauvage,
il se met debout comme un lion.
Avant de se coucher,
il mange la bête qu'il a prise,
et il boit son sang. »
25 Le roi Balac dit à Balaam : « Si tu ne lances
pas de malédiction sur ce peuple, du moins
évite de le bénir ! » 26 Balaam lui répond :
« Je t'ai prévenu : je dois dire tout ce que le SEIGNEUR dira ! »

Balaam bénit le peuple d'Israël pour la troisième fois

27 Le roi Balac continue : « Viens encore
avec moi à un autre endroit. Là, Dieu acceptera peut-être que tu maudisses ce peuple
pour moi. » 28 Il emmène Balaam au sommet
du mont Péor. De là, on voit tout le désert.
29 Balaam dit à Balac : « Bâtis ici sept *autels
et prépare-moi sept taureaux et sept béliers. »
30 Balac obéit à Balaam, puis il offre un taureau
et un bélier sur chaque autel.

24 1 Balaam comprend que le SEIGNEUR
veut absolument *bénir Israël. Il ne
va donc pas comme les autres fois chercher
son inspiration dans les pratiques magiques,
mais il se tourne vers le désert. 2 Il lève les
yeux et il voit les tribus d'Israël installées
dans leur camp. Alors l'esprit de Dieu vient
sur lui 3 et il prononce ce poème :

« Voici ce que je déclare,
moi, Balaam, fils de Béor,
moi, l'homme qui voit clair.
4 Voici ce que je dis,
moi qui entends les paroles de Dieu,
moi qui vois ce que le *Tout-Puissant me fait voir.
Oui, Dieu se montre à moi
quand je l'adore.
5 Peuple d'Israël,
vous qui êtes nés de *Jacob,
elles sont vraiment belles,
les tentes que vous habitez !
6 Elles s'étendent comme des torrents,
comme des jardins le long d'un fleuve.
Elles ressemblent à de beaux arbres
que le SEIGNEUR a plantés au bord de l'eau.
7 Elles sont comme l'eau
qui déborde d'un puits
et arrose abondamment les champs.
Le roi des Israélites sera vainqueur d'Agag,
et leur royaume s'étendra.
8 Dieu les a fait sortir d'Égypte
avec une force terrible,
pareille à la force du buffle.
Ils avalent les autres peuples qui les attaquent.
Ils brisent les os de leurs ennemis,
ils les percent de flèches.
9 Ils se baissent comme des lions,
ils se couchent comme des bêtes sauvages.
Qui peut les obliger à se lever ?

Peuple d'Israël,
qu'il soit béni, celui qui te bénira !
Qu'il soit maudit, celui qui te maudira ! »

10 Alors Balac se met dans une violente colère contre Balaam. Il fait un geste de menaces
en disant : « Je t'ai appelé ici pour maudire
mes ennemis et, pour la troisième fois, tu les
couvres de bénédictions ! 11 Maintenant, va-
t'en d'ici, rentre chez toi ! Je t'avais promis
de te couvrir d'honneur, mais le SEIGNEUR te
refuse cet honneur ! »

Balaam annonce l'avenir glorieux du peuple d'Israël

12 Balaam répond au roi Balac : « J'ai dit clairement aux messagers que tu m'as envoyés :
13 "Même si Balac me donne tout l'argent et
tout l'or qui remplissent sa maison, je ne
peux absolument pas désobéir à l'ordre du SEIGNEUR. Je répète seulement ce que le SEIGNEUR
me dit." 14 Eh bien, maintenant, je retourne
vers mon peuple. Mais avant, viens. Je veux

t'annoncer ce que les Israélites feront à ton
peuple plus tard. » 15 Et Balaam prononce ce
poème :
« Voici ce que j'annonce,
moi, Balaam, fils de Béor,
moi, l'homme qui voit clair.
16 Voici ce que je dis,
moi qui entends les paroles de Dieu,
qui pénètre les secrets du Très-Haut,
qui vois ce que le *Tout-Puissant me fait
voir.
Oui, mes yeux s'ouvrent
quand je l'adore.

17 « Je vois ce qui arrivera,
mais ce n'est pas pour maintenant.
Je l'aperçois,
mais ce n'est pas pour tout de suite.
Une étoile se lève
parmi ceux qui sont nés de *Jacob.
Un chef se lève
au milieu du peuple d'Israël.
Avec son bâton de roi,
il frappe les Moabites à la tête,
et il détruit tous les nomades du pays.
18 Il prend aussi Séir,
le pays des Édomites, ses ennemis.
Les Israélites remportent la victoire.
19 Un chef sort de la famille de Jacob,
il détruit ce qui reste de leur ville. »

Balaam annonce la destruction des ennemis d'Israël

20 Ensuite Balaam voit les Amalécites et il
prononce cette parole :
« Voici Amalec, le pays le plus puissant.
Mais plus tard,
il sera complètement détruit. »

21 Balaam voit aussi les Quénites et il dit :
« Vous, les Quénites,
vous êtes en sécurité dans votre pays,
comme dans un nid posé sur un rocher.
22 Pourtant vos maisons seront brûlées,
et les Assyriens vous feront prisonniers. »
23 Balaam dit encore :
« Hélas ! Qui peut vivre encore
après que Dieu a agi ?
24 Des bateaux arriveront de Chypre.
Ces gens-là écraseront les Assyriens
et même les gens de la famille d'Éber[g].
Eux aussi seront détruits. »

25 Après ces paroles, Balaam se met en route
pour retourner dans son pays. Le roi Balac part
aussi de son côté.

À Péor, Israël trahit le Seigneur

25 1 Les Israélites s'installent à Chittim.
Là, ils vivent n'importe comment
avec des femmes moabites, 2 et elles les entraînent à offrir des *sacrifices à leurs dieux. Les
Israélites partagent leurs repas sacrés et ils
adorent leurs dieux. 3 Ils s'attachent au dieu
*Baal de Péor, alors le SEIGNEUR se met en
*colère contre eux. 4 Le SEIGNEUR dit à Moïse :
« Prends tous les chefs du peuple et fais-les
pendre devant moi, face au soleil. Ensuite le
feu de ma colère contre vous se calmera. »
5 Moïse dit aux responsables d'Israël : « Chacun de vous doit tuer les hommes de sa tribu
qui se sont attachés au dieu Baal de Péor ! »
6 À ce moment-là, un Israélite arrive au milieu de ses frères, avec une Madianite. Moïse
et toute la communauté d'Israël sont en train
de pleurer à l'entrée de la *tente de la rencontre. Ils voient l'homme et la femme. 7 Alors, le
prêtre Pinhas, fils d'Élazar et petit-fils d'Aaron, se lève au milieu de la communauté. Il
prend une lance. 8 Il suit l'homme dans la
tente où celui-ci entre avec la Madianite. Pinhas les tue tous les deux en les frappant au bas
du ventre. Aussitôt le grand malheur qui
frappe les Israélites s'arrête. 9 Mais ce malheur a déjà fait 24 000 morts.

10 Le SEIGNEUR dit à Moïse : 11 « Le prêtre Pinhas, fils d'Élazar et petit-fils d'Aaron, a détourné ma colère des Israélites. En effet, il a
été envers eux aussi sévère que moi. Oui,

g **24.24** *Éber était un ancêtre d'Abraham. Il représente sans doute ici les Israélites et les petits peuples qui les entouraient.*

j'exige d'être leur seul Dieu. Pourtant, à cause
de Pinhas, je ne les ai pas détruits. 12 C'est
pourquoi tu lui diras que je fais avec lui une
*alliance qui apporte la paix. 13 Elle sera pour
lui, pour ses fils et les fils de leurs fils. Elle
fait d'eux des prêtres pour toujours. En effet,
il a montré qu'il était uniquement attaché à
moi, son Dieu. Ainsi, il a obtenu le pardon
des péchés pour les Israélites. »

14 L'Israélite qui a été tué avec la Madianite s'appelait Zimri, fils de Salou. C'était
un des responsables de la tribu de Siméon.
15 La Madianite s'appelait Kozbi, fille de
Sour. Son père était chef de plusieurs clans
d'une tribu madianite. 16 Le SEIGNEUR dit à
Moïse : 17 « Attaquez les Madianites et tuez-
les ! 18 En effet, dans l'affaire de Péor et
dans celle de Kozbi, ils vous ont attaqués
par la ruse. Kozbi était leur sœur, la fille
d'un chef de Madian. On l'a tuée le jour du
grand malheur de Péor. »

Moïse fait compter les Israélites pour la deuxième fois

19 Après ce grand malheur,
26 1 le SEIGNEUR dit à Moïse et au prêtre
Élazar, fils d'Aaron : 2 « Comptez par
familles tous ceux qui font partie de la
communauté d'Israël[h]. Comptez tous les hommes, de 20 ans et plus, qui sont capables de
servir dans l'armée. » 3 Alors Moïse et Élazar
parlent aux Israélites dans la plaine de
Moab, près du Jourdain, en face de la ville
de Jéricho. Ils leur disent : 4 « On va compter
les hommes de 20 ans et plus, comme le
SEIGNEUR l'a commandé à Moïse. »

Voici les tribus qui ont quitté l'Égypte : 5 Il y
a d'abord la tribu de Ruben, fils aîné de *Jacob. Elle est formée des clans sortis de ses fils :
– les Hanokites, nés de Hanok
– les Pallouites, nés de Pallou
6 – les Hesronites, nés de Hesron
– les Karmites, nés de Karmi.
7 Voilà les clans rubénites. Ils comptent
43 730 hommes.

8 Un fils de Pallou, Éliab, 9 était le père de
Nemouel, Datan et Abiram. Datan et Abiram
étaient les notables de la communauté qui se
sont opposés à Moïse et Aaron. Ils étaient avec
les gens de Coré quand ceux-ci se sont révoltés contre le SEIGNEUR. 10 La terre s'est ouverte
et elle les avalés avec Coré. C'était le jour où
toute sa bande est morte et où le feu a brûlé
vivants 250 hommes. Cela a servi d'exemple
aux autres. 11 Mais les fils de Coré ne sont
pas morts ce jour-là.
12 Voici les clans de la tribu de Siméon :
– les Nemouélites, nés de Nemouel
– les Yaminites, nés de Yamin
– les Yakinites, nés de Yakin
13 – les Zéraïtes, nés de Zéra
– les Chaoulites, nés de Chaoul.
14 Voilà les clans siméonites. Ils comptent
22 200 hommes.
15 Voici les clans de la tribu de Gad :
– les Sefonites, nés de Sefon
– les Haguites, nés de Hagui
– les Chounites, nés de Chouni
16 – les Oznites, nés d'Ozni
– les Érites, nés d'Éri
17 – les Arodites, nés d'Arod
– les Arélites, nés d'Aréli.
18 Voilà les clans gadites. Ils comptent 40 500
hommes.
19-21 Voici les clans de la tribu de Juda :
– les Chélanites, nés de Chéla
– les Péressites, nés de Pérès
– les Zéraïtes, nés de Zéra.
Le clan des Péressites comprend les Hesronites, nés de Hesron, et les Hamoulites, nés de
Hamoul. Deux des fils de Juda, Er et Onan,
sont morts en *Canaan. 22 Voilà les clans judéens. Ils comptent 76 500 hommes.
23 Voici les clans de la tribu d'Issakar :
– les Tolaïtes, nés de Tola
– les Pouvites, nés de Pouva
24 – les Yachoubites, nés de Yachoub
– les Chimronites, nés de Chimron.

h **26.2** *Moïse fait compter les Israélites une deuxième fois parce que tous ceux qui ont été comptés la première fois sont morts. Voir Nombres 1.1-46 et 11.64-65.*

25 Voilà les clans issakarites. Ils comptent
64 300 hommes.

26 Voici les clans de la tribu de Zabulon :
– les Sérédites, nés de Séred
– les Élonites, nés d'Élon
– les Yalélites, nés de Yaléel.

27 Voilà les clans zabulonites. Ils comptent
60 500 hommes.

28 Les tribus de Manassé et d'Éfraïm
comprennent tous ceux qui sont nés de Joseph. 29 Voici les clans de la tribu de Manassé :
– les Makirites, nés de Makir
– les Galaadites, nés de Galaad, fils de Makir.

30 Le clan des Galaadites comprend :
– les Yézérites, nés de Yézer
– les Héléquites, nés de Hélec
31 – les Asriélites, nés d'Asriel
– les Chékémites, nés de Chékem
32 – les Chemidaïtes, nés de Chemida
– les Héférites, nés de Héfer.

33 Selofad, fils de Héfer, n'a pas eu de fils. Il a
eu seulement des filles qui s'appelaient : Mala,
Noa, Hogla, Milka et Tirsa. 34 Voilà les clans
manassites. Ils comptent 52 700 hommes.

35 Voici les clans de la tribu d'Éfraïm :
– les Choutélaïtes, nés de Choutéla
– les Békérites, nés de Béker
– les Tahanites, nés de Tahan
– 36 les Éranites, nés d'Éran, fils de Choutéla.

37 Voilà les clans éfraïmites. Ils comptent
32 500 hommes. Les clans de ces deux tribus
comprennent tous les gens nés de Joseph.

38 Voici les clans de la tribu de Benjamin :
– les Bélaïtes, nés de Béla
– les Achebélites, nés d'Achebel
– les Ahiramites, nés d'Ahiram
39 – les Choufamites, nés de Choufam
– les Houfamites, nés de Houfam.

40 Le clan des Bélaïtes comprend :
– les Ardites, nés d'Arde
– les Naamanites, nés de Naaman.

41 Voilà les clans benjaminites. Ils comptent
45 600 hommes.

42 La tribu de Dan comprend un seul clan,
celui des Chouhamites, nés de Chouham.
43 Ce clan compte 64 400 hommes.

44 Voici les clans de la tribu d'Asser :
– les Imnaïtes, nés d'Imna
– les Ichevites, nés d'Ichevi
– les Beriaïtes, nés de Beria.

45 Le clan des Beriaïtes comprend :
– les Hébérites, nés de Héber
– les Malkiélites, nés de Malkiel.

46 Asser a eu une fille qui s'appelait Séra.
47 Voilà les clans assérites. Ils comptent
53 400 hommes.

48 Voici les clans de la tribu de Neftali :
– les Yassiélites, nés de Yassiel
– les Gounites, nés de Gouni
49 – les Yessérites, nés de Yesser
– les Chillémites, nés de Chillem.

50 Voilà les clans neftalites. Ils comptent
45 400 hommes.

51 Le total des Israélites comptés est de
601 730 hommes.

L'annonce du partage du pays de Canaan

52 Le SEIGNEUR dit à Moïse : 53 « Il faudra partager le pays entre les tribus, en tenant
compte du nombre de personnes. 54 Chaque
tribu recevra une part selon son importance :
pour une tribu plus importante, tu feras une
part plus grande, et pour une tribu moins
nombreuse, tu feras une part plus petite.
55 Pour ce partage du pays, on tiendra donc
compte du nombre de personnes de chaque
tribu et on *tirera au sort. 56 C'est le sort qui
décidera des régions des différentes tribus,
selon qu'elles sont plus importantes ou plus
petites. »

Moïse compte les gens de la tribu de Lévi pour la deuxième fois

57 Voici les clans comptés dans la tribu de
Lévi :
– les Guerchonites, nés de Guerchon
– les Quéhatites, nés de Quéhath
– les Merarites, nés de Merari.

58 Ces clans comprennent d'autres clans plus
petits : les Libnites, les Hébronites, les Malites, les Mouchites et les Coréites. Quéhath
était le père d'Amram. 59 Celui-ci a pris pour
femme Yokébed, la fille de Lévi née en Égypte.
Yokébed a donné trois enfants à Amram : Aa-

ron, Moïse et leur sœur Miriam. 60 Aaron a eu quatre fils : Nadab, Abihou, Élazar et Itamar. 61 Mais Nadab et Abihou sont morts quand ils ont présenté au SEIGNEUR une offrande de parfum brûlé sur un feu ordinaire. 62 Le total des hommes et des garçons âgés d'un mois et plus est de 23 000. On ne les compte pas avec les autres Israélites. En effet, ils ne doivent pas recevoir de part de terre comme les autres tribus.

63 Voilà les résultats des comptes faits par Moïse et le prêtre Élazar dans la plaine de Moab, près du Jourdain, en face de la ville de Jéricho. 64 Parmi les Israélites comptés, on ne trouve plus un seul des hommes que Moïse et le prêtre Aaron ont comptés dans le désert du Sinaï. 65 En effet, le SEIGNEUR leur avait annoncé qu'ils devaient mourir dans le désert. Il n'en reste donc plus un seul, sauf Caleb, fils de Yefounné, et Josué, fils de Noun.

Les filles de Selofad héritent de leur père

27 1 Mala, Noa, Hogla, Milka et Tirsa sont les filles de Selofad, d'un clan de Manassé. Selofad est né de Joseph par Manassé, Makir, Galaad et Héfer. 2 Ces femmes se présentent devant Moïse, le prêtre Élazar, les notables et toute la communauté, à l'entrée de la *tente de la rencontre. Elles disent : 3 « Notre père est mort dans le désert. Pourtant, il ne faisait pas partie de la bande qui s'est réunie avec Coré contre le SEIGNEUR. Il est mort à cause de ses fautes à lui. Or, il n'avait pas de fils. 4 Est-ce que son nom va disparaître de son clan, simplement parce qu'il n'a pas eu de fils ? Donnez-nous donc à nous une terre en héritage, comme aux frères de notre père ! »

5 Moïse présente leur demande au SEIGNEUR. 6 Le SEIGNEUR lui répond : 7 « Les filles de Selofad ont raison ! Donne-leur une terre en héritage comme aux frères de leur père. Donne-leur l'héritage de leur père. 8 Ensuite, voici ce que tu diras aux Israélites : "Si un homme meurt sans avoir de fils, vous donnerez son héritage à sa fille. 9 S'il n'a pas de fille, vous donnerez son héritage à ses frères. 10 S'il n'a pas de frères, vous donnerez son héritage aux frères de son père. 11 Si son père n'a pas de frères, vous donnerez son héritage à son parent le plus proche dans son clan. C'est lui qui le recevra." Ce sera pour les Israélites une règle de droit, suivant l'ordre que je te donne. »

Moïse remet sa charge à Josué

12 Le SEIGNEUR dit à Moïse : « Monte sur le sommet des montagnes d'Abarim. De là, tu regarderas le pays que je vais donner aux Israélites. 13 Tu le verras, puis tu mourras, comme ton frère Aaron. 14 En effet, dans le désert de Tsin, quand la communauté m'a cherché querelle, vous ne m'avez pas obéi. Vous n'avez pas montré aux Israélites que j'étais le vrai Dieu, quand ils ont demandé de l'eau. » Le SEIGNEUR parle ainsi de la source de Meriba, l'eau de la Querelle, à Cadès, dans le désert de Tsin[i].

15 Moïse dit au SEIGNEUR : 16 « SEIGNEUR Dieu, toi qui donnes la vie à tous ceux que tu crées, donne un autre chef à la communauté. 17 Que ce soit un homme capable de la diriger partout et toujours. Alors ta communauté ne sera pas comme un troupeau sans berger. » 18 Le SEIGNEUR répond à Moïse : « Prends Josué, fils de Noun. Mon esprit est en lui. Tu poseras ta main sur lui. 19 Tu le présenteras au prêtre Élazar et à toute la communauté. Tu lui remettras ta charge, sous leurs yeux. 20 Tu lui donneras une partie de ton autorité pour que tous les Israélites lui obéissent. 21 Mais lui dépendra du prêtre Élazar. C'est le prêtre qui me consultera pour lui avec les objets sacrés[j]. Josué et toute la communauté d'Israël obéiront à ses ordres, toujours et partout. » 22 Moïse fait ce que le SEIGNEUR a commandé. Il prend Josué et il le présente au prêtre Élazar et à la communauté. 23 Il pose ses mains sur lui, et il lui remet sa charge, selon l'ordre que le SEIGNEUR lui a donné.

---

i **27.14** *Voir Nombres 20.1-13.*

j **27.21** *Ces objets servaient à connaître la volonté ou le jugement de Dieu.*

Règles au sujet des sacrifices

a. Pour chaque jour

28 1 Le SEIGNEUR dit à Moïse : 2 « Voici ce que tu commanderas aux Israélites de ma part : Vous ferez bien attention de m'apporter, aux moments fixés, les offrandes que vous me devez, c'est-à-dire les aliments brûlés. Leur fumée de bonne odeur me plaira.

3 « Chaque jour, vous m'apporterez deux agneaux d'un an, sans défaut. On les brûlera entièrement. C'est un *sacrifice complet qu'il faudra toujours m'offrir. 4 On offrira le premier agneau le matin. On offrira le deuxième le soir, 5 avec trois kilos de farine, mélangée à un litre et demi d'huile de bonne qualité. 6 Ce sacrifice complet de chaque jour sera le même que celui qu'on me présentait sur le mont Sinaï. Sa fumée de bonne odeur me plaira. 7 On offrira l'agneau du matin avec une offrande d'un litre et demi de vin. On me la présentera dans le *lieu saint. 8 Le soir, on m'offrira le deuxième agneau, avec les mêmes offrandes que le matin. Sa fumée de bonne odeur me plaira. »

b. Pour le jour du sabbat

9 « Le jour du *sabbat, vous offrirez deux agneaux d'un an, sans défaut. Vous offrirez aussi six kilos de farine mélangée avec de l'huile, et du vin. 10 Chaque sabbat, vous ajouterez ce *sacrifice complet au sacrifice de chaque jour et au vin qu'on offre avec lui. »

c. Pour le jour de la nouvelle lune

11 « Chaque mois, le premier jour du mois, voici ce que vous m'offrirez en *sacrifice complet, à moi, le SEIGNEUR : deux taureaux, un bélier, sept agneaux d'un an, tous sans défaut. 12 Avec chaque animal, vous offrirez de la farine mélangée avec de l'huile : neuf kilos pour chaque taureau, six kilos pour le bélier, 13 trois kilos pour chaque agneau. Ce sont des sacrifices complets, et leur fumée de bonne odeur me plaira. 14 Vous offrirez aussi du vin : trois litres pour chaque taureau, deux litres pour le bélier, un litre et demi pour chaque agneau. Voilà les sacrifices que vous devez offrir chaque jour de *nouvelle lune tout au long de l'année. 15 Vous offrirez aussi un bouc en sacrifice pour recevoir le pardon de vos péchés. On ajoutera ce sacrifice au sacrifice complet de chaque jour et au vin qu'on offre avec lui. »

d. Pour la fête de la Pâque

16 « Le premier mois de l'année, le 14 du mois, c'est la fête de la Pâque[k] en mon honneur. 17 Le 15 de ce mois, c'est le début de la fête. Pendant sept jours, vous mangerez des pains sans *levain. 18 Le premier jour de la fête, vous vous réunirez pour m'adorer, moi, le SEIGNEUR. Vous ne ferez pas votre travail ordinaire. 19 Vous m'offrirez en *sacrifice complet : deux taureaux, un bélier et sept agneaux d'un an, tous sans défaut. 20 Avec chaque animal, vous offrirez de la farine mélangée avec de l'huile : neuf kilos pour chaque taureau, six kilos pour le bélier, 21 trois kilos pour chaque agneau. 22 Vous offrirez aussi un bouc en sacrifice de réparation. Ensuite, on fera sur vous le geste de pardon pour vos péchés. 23 On ajoutera tous ces sacrifices au sacrifice complet qu'on offrira tous les matins. 24 Pendant ces sept jours de fête, vous m'offrirez de la nourriture. La fumée de bonne odeur de ces offrandes me plaira. Vous les ajouterez au sacrifice de chaque jour et au vin qu'on offre avec lui. 25 Le septième jour, vous vous réunirez encore, pour m'adorer, moi, le SEIGNEUR, et vous ne ferez pas votre travail ordinaire. »

e. Pour la fête des Moissons

26 « Le jour où vous récoltez les premiers produits du sol, vous m'apporterez une offrande de *céréales de la nouvelle récolte[l]. Ce jour-là, vous vous réunirez pour m'adorer,

---

k **28.16** *Voir Exode 12.1-14.*

l **28.26** *Cette offrande avait lieu à la fête des Moissons, après les premières récoltes.*

moi, le Seigneur. Vous ne ferez pas votre travail ordinaire. 27 Vous m'offrirez en *sacrifice
complet : deux taureaux, un bélier et sept
agneaux d'un an. Sa fumée de bonne odeur
me plaira. 28 Avec chaque animal, vous offrirez de la farine mélangée avec de l'huile :
neuf kilos pour chaque taureau, six kilos
pour le bélier, 29 trois kilos pour chaque
agneau. 30 Vous offrirez aussi un bouc pour
qu'on fasse sur vous le geste de pardon pour
vos péchés. 31 On ajoutera tous ces sacrifices
au sacrifice complet de chaque jour et à l'offrande faite avec lui. Vous présenterez des animaux sans défaut, avec l'offrande de vin faite
avec eux. »

f. Pour le jour des cris de joie

29 1 « Le septième *mois, le premier jour
du mois, vous vous réunirez pour
m'adorer, moi, le Seigneur. Vous ne ferez
pas votre travail ordinaire, parce que c'est
le jour des cris de joie. 2 Vous m'offrirez en
*sacrifice complet : un taureau, un bélier et
sept agneaux d'un an, tous sans défaut. Sa
fumée de bonne odeur me plaira. 3 Avec
chaque animal, vous offrirez de la farine mélangée avec de l'huile : neuf kilos pour le taureau, six kilos pour le bélier, 4 trois kilos
pour chaque agneau. 5 Vous m'offrirez aussi
un bouc en sacrifice pour recevoir le pardon
de vos péchés. Ensuite, on fera sur vous le
geste de pardon pour vos péchés. 6 On ajoutera tous ces sacrifices au sacrifice complet
de chaque jour. On les ajoutera aussi aux sacrifices complets du jour de la *nouvelle lune
et aux offrandes de farine et de vin faites
avec eux. Leur fumée de bonne odeur me
plaira. »

g. Pour le grand jour du Pardon

7 « Le septième *mois, le 10 du mois, vous
vous réunirez pour m'adorer, moi, le Seigneur. Vous *jeûnerez et vous ne ferez pas votre travail ordinaire. 8 Vous m'offrirez en
*sacrifice complet : un taureau, un bélier et
sept agneaux d'un an, tous sans défaut. Sa fumée de bonne odeur me plaira. 9 Avec chaque
animal, vous offrirez de la farine mélangée
avec de l'huile : neuf kilos pour le taureau,
six kilos pour le bélier, 10 trois kilos pour
chaque agneau. 11 Vous offrirez aussi un bouc
en sacrifice pour recevoir le pardon de vos péchés. On ajoutera tous ces sacrifices au sacrifice spécial offert ce jour-là pour recevoir le
pardon. C'est le grand jour du Pardon des péchés. On les ajoutera aussi au sacrifice
complet de chaque jour et aux offrandes de farine et de vin faites avec lui. »

h. Pour la fête des Huttes

12 « Le septième *mois, le 15 du mois,
vous vous réunirez pour m'adorer, moi, le
Seigneur. Vous ne ferez pas votre travail ordinaire. Pendant sept jours, vous devrez
faire une *fête en mon honneur[m]. 13 Le premier jour, vous m'offrirez en *sacrifice
complet : 13 taureaux, 2 béliers, 14 agneaux
d'un an, tous sans défaut. Sa fumée de
bonne odeur me plaira. 14 Avec chaque animal, vous offrirez de la farine mélangée
avec de l'huile : neuf kilos pour chaque taureau, six kilos pour chaque bélier, 15 trois kilos pour chaque agneau. 16 Vous offrirez
aussi un bouc en sacrifice pour recevoir le
pardon de vos péchés. On ajoutera tous ces
sacrifices au sacrifice complet de chaque
jour et aux offrandes de farine et de vin faites avec lui.

17-34 « Du deuxième au septième jour de la
fête, en plus du sacrifice complet de chaque
jour, vous offrirez en sacrifice des animaux
sans défaut, avec leurs offrandes de farine et
de vin. Voici les animaux que vous devez offrir :

deuxième jour : 12 taureaux, 2 béliers,
14 agneaux d'un an et 1 bouc
troisième jour : 11 taureaux, 2 béliers,
14 agneaux d'un an et 1 bouc
quatrième jour : 10 taureaux, 2 béliers,
14 agneaux d'un an et 1 bouc
cinquième jour : 9 taureaux, 2 béliers,
14 agneaux d'un an et 1 bouc

m **29.12** *Il s'agit de la fête des Huttes, voir Lévitique 23.33-43.*

sixième jour : 8 taureaux, 2 béliers,
14 agneaux d'un an et 1 bouc
septième jour : 7 taureaux, 2 béliers,
14 agneaux d'un an et 1 bouc.

35 « Le huitième jour de la fête, jour du rassemblement final, vous ne ferez pas votre travail ordinaire. 36 Vous m'offrirez en sacrifice complet : un taureau, un bélier et sept agneaux d'un an, tous sans défaut. Sa fumée de bonne odeur me plaira. 37 Avec chaque animal, vous offrirez de la farine et du vin, comme d'habitude. 38 Vous offrirez aussi un bouc en sacrifice pour recevoir le pardon des péchés. On ajoutera tous ces sacrifices au sacrifice complet de chaque jour et aux offrandes de farine et de vin faites avec lui.

39 « Voilà les sacrifices que vous devrez m'offrir les jours de fête. On les ajoutera aux sacrifices complets, aux offrandes de farine et de vin, aux sacrifices de communion que vous pourrez me présenter de façon spontanée ou pour accomplir un *vœu. »

30 1 Moïse fait connaître aux Israélites tout ce que le SEIGNEUR lui a commandé.

Loi sur les vœux

2 Ensuite, Moïse parle aux chefs des tribus israélites : « Voici d'autres ordres que le SEIGNEUR a donnés : 3 Quand une personne fait le *vœu d'offrir quelque chose au SEIGNEUR, ou bien quand elle jure de se priver de quelque chose, elle ne doit pas manquer à sa parole. Elle doit faire exactement ce qu'elle a promis.

4 « Mais voici ce qui peut arriver : Une jeune fille qui vit encore chez son père, fait un vœu ou un serment au SEIGNEUR. 5 Son père l'apprend et il ne lui dit rien. La jeune fille doit alors faire ce qu'elle a promis. 6 Mais le jour où son père l'apprend, il lui dit peut-être qu'il n'est pas d'accord avec cela. Dans ce cas, elle n'est pas obligée de tenir ses promesses. Le SEIGNEUR lui pardonnera puisque son père n'est pas d'accord.

7 « Voici un autre cas : Une jeune fille fait un vœu ou un serment sans réfléchir. Ensuite elle se marie. 8 Le jour où son mari l'apprend, il ne lui dit rien. Alors elle doit faire ce qu'elle a promis. 9 Mais le jour où son mari l'apprend, il lui dit peut-être qu'il n'est pas d'accord avec cela. Dans ce cas, il rend nulle la promesse faite. Le SEIGNEUR pardonnera à cette femme de ne pas la tenir.

10 « Quand une veuve ou une femme divorcée fait un vœu, elle doit faire ce qu'elle a promis.

11 « Mais supposons qu'une femme mariée fait un vœu ou jure de faire quelque chose. 12 Son mari l'apprend et il ne lui dit rien. Elle doit alors faire ce qu'elle a promis. 13 Au contraire, le jour où son mari l'apprend, il rend peut-être nulles les promesses faites. Dans ce cas, elle n'est pas obligée de les tenir. Le SEIGNEUR pardonnera à cette femme puisque son mari les a rendues nulles. 14 Si une femme fait un vœu, ou si elle jure de renoncer à quelque chose, son mari peut donner son accord ou rendre nul ce qu'elle a promis. 15 Voici un exemple : Un homme apprend ce que sa femme a promis et il ne lui dit rien jusqu'au jour suivant. Dans ce cas, il montre par son silence qu'il est d'accord avec les promesses faites. 16 S'il décide de les rendre nulles plus tard, il sera lui-même coupable du fait que sa femme ne tient pas sa promesse. »

17 Voilà les lois que le SEIGNEUR a données à Moïse et qui traitent des relations entre un mari et sa femme, ou entre un père et sa fille mineure.

Les Israélites attaquent les Madianites

31 1 Le SEIGNEUR dit à Moïse : 2 « Va punir les Madianites à cause du mal qu'ils ont fait aux Israélites. Après cela, tu quitteras cette terre. » 3 Alors Moïse dit au peuple : « Certains parmi vous doivent prendre leurs armes. Ils iront attaquer les Madianites pour les punir de la part du SEIGNEUR. 4 Choisissez 1 000 hommes dans chaque tribu d'Israël. »

5 On choisit alors dans les troupes d'Israël 1 000 hommes par tribu. Cela fait 12 000 soldats en tout. 6 Moïse les envoie tous à la guerre, avec le prêtre Pinhas, fils d'Élazar.

Celui-ci emporte les objets sacrés et les trompettes pour donner le signal du combat. 7 Ils attaquent le pays de Madian, comme le SEIGNEUR l'a commandé à Moïse, et ils tuent tous les hommes. 8 Ils tuent aussi les cinq rois de Madian : Évi, Réquem, Sour, Hour et Réba, avec Balaam, fils de Béor. 9 Ils font prisonniers les femmes et les enfants des Madianites et ils prennent tous leurs animaux, tous leurs troupeaux et tout ce qu'ils possèdent. 10 Ils brûlent toutes leurs villes et tous leurs campements. 11 Puis ils emmènent tous les biens, les personnes et les animaux qu'ils ont pris. 12 Ils amènent tout cela dans leur camp situé dans la plaine de Moab, près du fleuve Jourdain, en face de la ville de Jéricho. Ils présentent tout à Moïse, au prêtre Élazar et à toute la communauté d'Israël.

13 Moïse, Élazar et tous les chefs de la communauté sortent pour les recevoir en dehors du camp. 14 Moïse se met en colère contre les commandants des troupes de 1 000 et de 100 soldats qui reviennent de ce combat. 15 Il leur dit : « Quoi ! Vous avez laissé la vie aux femmes ! 16 Pourtant, dans l'affaire de Péor, ce sont justement des femmes madianites qui ont poussé les Israélites à être infidèles au SEIGNEUR. Elles ont fait cela sur les conseils de Balaam, et ensuite, un grand malheur est tombé sur le peuple du SEIGNEUR. 17 Eh bien, maintenant, tuez tous les garçons et toutes les femmes qui ont été mariées. 18 Mais vous pouvez garder pour vous toutes les jeunes filles qui n'ont jamais couché avec un homme. 19 Tous ceux parmi vous qui ont tué quelqu'un ou touché un mort doivent rester sept jours en dehors du camp. Ils doivent se rendre *purs le troisième et le septième jour. Cet ordre est valable aussi pour vos prisonnières. 20 Vous *purifierez aussi les vêtements, et tous les objets en peau, en poil de chèvre ou en bois. »

21 Ensuite, le prêtre Élazar dit aux soldats qui sont allés au combat : « Voici les règles que le SEIGNEUR a données à Moïse : 22 Les objets en or, en argent, en cuivre, en fer, en étain ou en plomb, 23 c'est-à-dire les objets qui supportent le feu, vous les purifierez au feu, puis vous les tremperez dans l'eau qui rend pur. Les objets qui ne supportent pas le feu, vous les tremperez dans l'eau qui rend pur. 24 Vous laverez vos vêtements le septième jour, puis vous serez purs. Après cela, vous rentrerez au camp. »

Le partage des richesses de guerre

25 Le SEIGNEUR dit à Moïse : 26 « Élazar et toi, avec l'aide des chefs de famille de la communauté, vous allez compter tout ce qui a été pris, personnes et animaux. 27 Tu partageras ces biens en deux parts : l'une pour les soldats qui sont allés au combat, l'autre pour le reste de la communauté. 28 Sur la part donnée aux combattants, voici la part que tu retiendras pour moi : un être humain sur 500, et un animal sur 500, pour les bœufs, les ânes, les moutons et les chèvres. 29 Tu remettras au prêtre Élazar cette part retenue pour moi. 30 Sur la part donnée aux Israélites, voici la part que tu retiendras : un être humain sur 50, et un animal sur 50, pour les bœufs, les ânes, les moutons, les chèvres et les autres animaux. Tu remettras cette part aux *lévites, qui font le service de ma *tente. »

31 Moïse et Élazar font ce que le SEIGNEUR a commandé à Moïse.

32 Voici ce qui reste des biens pris aux Madianites : 675 000 moutons et chèvres, 33 72 000 bœufs, 34 61 000 ânes 35 et 32 000 jeunes filles qui n'ont jamais couché avec un homme.

36 Voici la part donnée aux combattants : 337 500 moutons et chèvres, 37 675 sont retenus pour le SEIGNEUR. 38 36 000 bœufs, 72 sont retenus pour le SEIGNEUR. 39 30 500 ânes, 61 sont retenus pour le SEIGNEUR. 40 16 000 êtres humains, 32 sont retenus pour le SEIGNEUR.

41 Moïse remet au prêtre Élazar la part pour le SEIGNEUR, comme le SEIGNEUR l'a commandé.

42-43 La part donnée aux autres Israélites est aussi grande que celle des combattants. Elle comprend : 337 500 moutons et chèvres, 44 36 000 bœufs, 45 30 500 ânes 46 et 16 000 êtres humains.

47 Sur la part donnée aux Israélites, Moïse retient une part : un être humain sur 50, et un

animal sur 50. Selon l'ordre reçu du SEIGNEUR,
Moïse remet cette part aux lévites, qui font le
service de la tente du SEIGNEUR.

Les chefs de l'armée font des dons au Seigneur

48 Les chefs de l'armée, commandant des
troupes de 1 000 et de 100 soldats, se réunissent avec Moïse 49 et ils lui disent : « Nous
avons compté les combattants qui étaient
sous nos ordres. Personne ne manque.
50 C'est pourquoi nous apportons des offrandes au SEIGNEUR parce qu'il a protégé nos
vies. Chacun de nous offre les objets en or
qu'il a trouvés : chaînes, bracelets, bagues,
boucles d'oreille et colliers. »
51 Moïse et le prêtre Élazar acceptent tous
les objets en or travaillés qu'ils apportent.
52 Le poids total de ces objets offerts au SEI-
GNEUR par les chefs de 1 000 et de 100 soldats
est à peu près de 170 kilos. 53 Les soldats gardent chacun pour soi les objets qu'ils ont pris.
54 Moïse et Élazar mettent tous les objets en or
offerts par les chefs militaires dans la *tente de
la rencontre, pour que le SEIGNEUR se souvienne des Israélites.

Trois tribus s'installent à l'est du Jourdain

32 1 Les gens des tribus de Ruben et de
Gad ont des troupeaux nombreux et
importants. Ils voient que la région de Yazer
et le pays de Galaad sont bons pour l'élevage
des animaux. 2 C'est pourquoi ils vont trouver
Moïse, le prêtre Élazar et les chefs de la
communauté. Ils leur disent : 3 « Les villes
d'Ataroth, Dibon, Yazer, Nimra, Hèchebon,
Élalé, Sebam, Nébo et Béon font partie 4 du
pays que les Israélites ont conquis avec l'aide
du SEIGNEUR. La région est bonne pour l'élevage des animaux. Or nous avons des troupeaux. » 5 Et ils ajoutent : « Si tu es d'accord,
Moïse, donne-nous cette région en partage.
Ne nous emmène pas de l'autre côté du fleuve
Jourdain. »
6 Moïse leur répond : « Quoi ? Vos frères
vont partir au combat et vous, vous allez rester ici ? 7 Vous voulez décourager les autres
d'aller dans le pays que le SEIGNEUR leur a
donné ! Pourquoi donc ? 8 Autrefois, vos pères
ont fait la même faute quand je les ai envoyés
se renseigner sur le pays de *Canaan à partir
de Cadès-Barnéa. 9 Ils sont allés dans la vallée
d'Èchekol, ils se sont renseignés sur la région. Puis au retour, ils ont découragé les autres Israélites d'entrer dans le pays que le
SEIGNEUR leur donnait. 10 Ce jour-là, le SEI-
GNEUR s'est mis en *colère et il a fait ce serment : 11 "Aucun des hommes qui sont
sortis d'Égypte et qui ont 20 ans et plus ne
verra le pays que j'ai promis à Abraham, à
Isaac et à *Jacob. En effet, ils ont hésité à
m'obéir. 12 Caleb, fils de Yefounné, du clan
de Quenaz, et Josué, fils de Noun, seront
les seuls à entrer en Canaan parce qu'ils
m'ont obéi sans hésiter." » 13 Moïse dit encore : « Ainsi, le SEIGNEUR s'est mis en colère
contre notre peuple. Il nous a obligés à rester
40 ans dans le désert jusqu'à la disparition
complète de cette génération qui avait fait
ce qui lui déplaît. 14 Et maintenant, bande
de pécheurs, vous voulez suivre l'exemple
de vos pères pour que le SEIGNEUR se mette
de nouveau en colère contre Israël ! 15 En effet, si vous n'obéissez pas au SEIGNEUR, vous,
gens de Ruben et de Gad, il laissera encore
notre peuple dans le désert. De cette façon,
vous aurez causé sa perte. »
16 Ces hommes s'approchent encore de
Moïse et ils lui disent : « Non ! Nous allons
faire ici des enclos à moutons pour nos troupeaux et nous allons bâtir des villes pour nos
familles. 17 Puis nous prendrons rapidement
les armes et nous marcherons devant les autres Israélites pour les faire entrer chez eux.
Nos familles resteront ici dans les villes protégées, à l'abri des habitants de ce pays. 18 Nous
reviendrons chez nous seulement quand
chaque Israélite sera installé sur ses terres.
19 Mais nous ne voulons pas posséder comme
eux des terres de l'autre côté du Jourdain.
En effet, nos terres à nous se trouvent de ce
côté, à l'est du Jourdain. » 20 Moïse leur répond : « Faites ce que vous dites. Prenez les armes pour aller combattre sous les ordres du
SEIGNEUR. 21 Que tous les hommes armés passent de l'autre côté du Jourdain, sous les ordres du SEIGNEUR. Qu'ils restent là-bas

jusqu'à ce que le SEIGNEUR chasse tous ses ennemis. 22 Que le pays soit sous son pouvoir. Ensuite, vous pourrez revenir chez vous. Vous serez sans reproches envers le SEIGNEUR et envers le reste du peuple d'Israël. Alors le pays situé de ce côté du Jourdain sera à vous, avec l'accord du SEIGNEUR. 23 Mais si vous ne faites pas cela, vous pécherez contre le SEIGNEUR, et vous serez punis, vous devez le savoir. 24 Bâtissez des villes pour vos familles et des enclos pour vos moutons et vos chèvres. Mais n'oubliez pas de tenir votre promesse. » 25 Les hommes des tribus de Ruben et de Gad disent : « Nous ferons ce que tu viens de nous commander. 26 Nous laisserons nos femmes et nos enfants, nos troupeaux et tous nos animaux ici, dans les villes de Galaad. 27 Nous, nous prendrons les armes pour la guerre, et nous marcherons au combat sous les ordres du SEIGNEUR, comme tu l'as dit. »

28 Moïse donne des ordres à leur sujet, au prêtre Élazar, à Josué, fils de Noun, et aux chefs de famille des tribus d'Israël. 29 Il dit : « Les hommes de Gad et de Ruben doivent prendre les armes et passer le Jourdain avec vous. Ils doivent marcher au combat sous les ordres du SEIGNEUR et vous aider à soumettre le pays. S'ils font tout cela, vous leur donnerez comme terres le pays de Galaad. 30 S'ils ne font pas cela, ils devront recevoir des terres avec vous, dans le pays de Canaan. » 31 Les hommes de Gad et de Ruben disent encore : « Nous ferons ce que le SEIGNEUR nous a dit. 32 Nous prendrons les armes et nous entrerons dans le pays de Canaan sous les ordres du SEIGNEUR. Alors nous pourrons recevoir notre part de terres de ce côté-ci du Jourdain. »

33 Moïse donne aux tribus de Gad et de Ruben et à la moitié de la tribu de Manassé, fils de Joseph, le royaume de Sihon, roi des *Amorites, et celui d'Og, roi du Bachan, avec les villes et les terres qui les entourent.

34 Les gens de la famille de Gad rebâtissent les villes de Dibon, Ataroth, Aroër, 35 Atroth-Chofan, Yazer, Yogbaha, 36 Beth-Nimra et Beth-Haran. Ils en font des villes protégées. Ils font aussi des enclos pour leurs troupeaux.

37 Les gens de la famille de Ruben rebâtissent Hèchebon, Élalé, Quiriataïm, 38 Nébo, Baal-Méon et Sibma. Ils donnent de nouveaux noms à certaines des villes qu'ils reconstruisent.

39 Les gens de la famille de Makir, fils de Manassé, vont dans la région de Galaad et ils la prennent. Ils chassent les Amorites qui habitent là. 40 Alors Moïse leur donne cette région et ils s'y installent. 41 Les gens de la famille de Yaïr, un autre fils de Manassé, vont prendre les villages des Amorites, et ils les appellent « villages de Yaïr ». 42 Enfin, Noba va prendre Quenath et des villages voisins. Et il donne son nom à cette ville : Noba.

Les étapes de la route depuis la sortie d'Égypte

33 1 Voici les étapes parcourues par les Israélites quand ils sont sortis d'Égypte en bon ordre, sous la conduite de Moïse et d'Aaron. 2 Moïse a noté les endroits où ils se sont arrêtés sur l'ordre du SEIGNEUR et les endroits d'où ils sont repartis. Les voici : 3 Le premier *mois de l'année, le 15, le jour suivant la première *Pâque, les Israélites quittent la ville de Ramsès. Ils partent librement sous les yeux des Égyptiens. 4 Pendant ce temps, les Égyptiens enterrent leurs fils aînés, qui sont tous morts. Le SEIGNEUR les a frappés pour condamner les dieux d'Égypte. 5 De Ramsès, les Israélites vont camper à Soukoth. 6 De Soukoth, ils vont à Étam, au bord du désert. 7 D'Étam, ils reviennent sur Pi-Hahiroth, qui se trouve en face de Baal-Sefon et ils campent en-dessous de Migdol. 8 De Pi-Hahiroth, ils traversent la *mer des Roseaux et ils vont dans le désert. Après trois jours de marche dans le désert d'Étam, ils campent à Mara. 9 De Mara, ils vont à Élim. Là, ils trouvent 12 sources et 70 palmiers. Ils campent à cet endroit. 10 D'Élim, ils vont camper près de la mer des Roseaux. 11 De la mer des Roseaux, ils vont dans le désert de Sin. 12 Du désert de Sin, ils vont à

Dofca. 13 De Dofca, ils vont à Alouch, 14 et
d'Alouch ils vont à Refidim. Là, le peuple
n'a pas d'eau à boire.
15 De Refidim, ils vont dans le désert du Sinaï. 16 Du désert, ils vont à Quibroth-Taava.
17 De Quibroth-Taava, ils vont à Hasséroth,
18 de Hasséroth à Ritma, 19 de Ritma à Rimmon-Pérès, 20 de Rimmon-Pérès à Libna,
21 de Libna à Rissa, 22 de Rissa à Quehélata,
23 et de Quehélata au mont Chéfer. 24 Du
mont Chéfer, ils vont à Harada, 25 de Harada
à Maquéloth, 26 de Maquéloth à Tahath, 27 de
Tahath à Téra, 28 de Téra à Mitca, 29 de Mitca
à Hachemona, 30 de Hachemona à Mosséroth, 31 de Mosséroth à Bené-Yacan, 32 de
Bené-Yacan à Hor-Guidgad, 33 de Hor-Guidgad à Yotbata. 34 De Yotbata, ils vont à
Abrona, 35 d'Abrona à Ession-Guéber, 36 et
d'Ession-Guéber, ils vont camper dans le désert de Tsin à Cadès. 37 De Cadès, ils vont à
la montagne de Hor, près de la frontière
d'Édom.
38-39 Sur l'ordre du SEIGNEUR, le prêtre Aaron
monte sur la montagne de Hor. Il meurt là-
haut, à l'âge de 123 ans, le premier jour du
cinquième *mois, 40 ans après que les Israélites sont sortis d'Égypte. 40 Le roi d'Arad, un
*Cananéen, qui habite la région du Néguev,
apprend l'arrivée des Israélites.
41 De la montagne de Hor, les Israélites vont
à Salmona, 42 de Salmona à Pounon, 43 de Pounon à Oboth, 44 d'Oboth à Yé-Abarim, à la
frontière de Moab. 45 De Yé-Abarim à Dibon-
Gad, 46 de Dibon-Gad à Almon-Diblataïm.
47 D'Almon-Diblataïm, ils vont aux montagnes
d'Abarim, en face du mont Nébo. 48 Des montagnes d'Abarim, ils vont dans la plaine de
Moab, près du Jourdain, en face de la ville
de Jéricho. 49 Ils campent au bord du Jourdain,
dans la plaine de Moab, entre Beth-Yechimoth
et Abel-Chittim.

Le Seigneur commande de partager le pays de Canaan

50 Dans la plaine de Moab, près du Jourdain, en face de la ville de Jéricho, le SEI-
GNEUR dit à Moïse : 51 « Voici ce que tu
commanderas aux Israélites : "Après que
vous aurez traversé le fleuve Jourdain pour
entrer en *Canaan, 52 vous chasserez devant
vous tous les habitants du pays, vous détruirez toutes les statues en pierre ou en métal
qui représentent leurs dieux. Vous supprimerez tous leurs lieux sacrés. 53 Vous prendrez
possession de leur pays et vous y habiterez.
Je vous ai donné ce pays et il est à vous.
54 Vous *tirerez au sort pour le partager entre
vos tribus et vos clans. Pour un clan important, vous ferez une part plus grande. Pour
un clan plus petit, vous ferez une part plus
petite. Chaque clan acceptera la part que le
sort lui a donnée. 55 Si vous ne chassez pas
devant vous tous les habitants du pays, ceux
que vous laisserez vous feront souffrir comme
des plantes piquantes dans vos yeux ou des
épines sur votre dos. Ils vous attaqueront
sur la terre où vous habiterez. 56 Et je ferai
contre vous ce que j'avais voulu faire contre
eux." »

Les frontières du pays promis

34 1 Le SEIGNEUR dit à Moïse : 2 « Voici ce
que tu commanderas aux Israélites :
Vous allez entrer en *Canaan. C'est le pays
que vous allez recevoir en partage à l'intérieur des frontières suivantes : 3 Au sud, votre
pays sera limité par le désert de Tsin et le
pays d'Édom. À l'est, la frontière partira du
sud de la mer Morte. 4 Elle tournera au sud
de la montée des Scorpions, se dirigera vers
Tsin, passera au sud de Cadès-Barnéa, puis
par Hassar-Addar et Asmon. 5 À Asmon, elle
tournera encore pour rejoindre le torrent
d'Égypte[n] et arriver à la mer Méditerranée.
6 « À l'ouest, la mer Méditerranée servira de
frontière.
7 « Au nord, vous marquerez la frontière entre la mer Méditerranée et la montagne de
Hor. 8 De la montagne de Hor, vous la ferez
passer par Lebo-Hamath et Sedad. 9 Elle continuera par Zifron pour arriver à Hassar-Énan.
Voilà votre frontière au nord.

---

n **34.5** *Sans doute le torrent qui se jette dans la mer Méditerranée à 80 kilomètres au sud de Gaza.*

10 « À l'est, vous marquerez la frontière en
partant de Hassar-Énan vers Chefam. 11 De
là, elle ira vers Harbéla, à l'est de Aïn, puis
elle ira toucher les pentes situées à l'est du
lac de Génésareth. 12 Elle rejoindra le fleuve
Jourdain pour arriver à la mer Morte. Voilà
les frontières de votre pays. »

13 Moïse donne ces ordres aux Israélites. Ensuite il leur dit : « Voilà le pays que le SEIGNEUR
a commandé de partager entre les neuf tribus
et demie en *tirant au sort. 14 En effet, les familles de Ruben et de Gad, et la moitié de la
tribu de Manassé, ont déjà reçu leurs terres.
15 La part de ces deux tribus et demie se trouve
à l'est du Jourdain, en face de la ville de Jéricho. »

Élazar et Josué sont responsables du partage

16 Le SEIGNEUR dit à Moïse : 17 « Le prêtre Élazar et Josué, fils de Noun, vont partager le
pays. 18 Pour les aider dans ce travail, vous
prendrez un responsable par tribu. 19 Voici
leurs noms :
– tribu de Juda : Caleb, fils de Yefounné
20 – tribu de Siméon : Chemouel, fils d'Ammihoud
21 – tribu de Benjamin : Élidad, fils de Kislon
22 – tribu de Dan : Bouqui, fils de Yogli
23 – tribu de Manassé, fils de Joseph : Hanniel,
fils d'Éfod
24 – tribu d'Éfraïm, fils de Joseph : Quemouel,
fils de Chiftan
25 – tribu de Zabulon : Élissafan, fils de Parnak
26 – tribu d'Issakar : Paltiel, fils d'Azan
27 – tribu d'Asser : Ahihoud, fils de Chelomi
28 – tribu de Neftali : Pedahel, fils d'Ammihoud. »

29 Voilà les hommes que le SEIGNEUR a chargés de partager le pays de *Canaan entre les
tribus d'Israël.

Les villes des lévites

35 1 Le SEIGNEUR parle à Moïse dans la
plaine de Moab, près du fleuve Jourdain, en face de la ville de Jéricho. Il lui
dit : 2 « Commande aux Israélites de choisir
des villes dans les terres qu'ils possèdent.
Ils les donneront aux gens de la tribu de
Lévi pour que ceux-ci y habitent. Ils doivent
leur donner aussi les pâturages autour de ces
villes. 3 Les *lévites s'installeront dans les villes, et les champs serviront à leurs troupeaux
et aux autres animaux qu'ils possèdent.
4-5 Les champs s'étendront sur 500 mètres
au-delà des murs qui protègent la ville, vers
l'est, le sud, l'ouest et le nord. Vous mesurez
ainsi un carré de 1 000 mètres de côté, avec
la ville au milieu. 6 On donnera aux lévites
les six villes de refuge. Celui qui a tué quelqu'un sans le vouloir peut se réfugier là. On
leur donnera aussi 42 autres villes. 7 Cela fera
en tout 48 villes avec les champs tout autour.
8 Chaque tribu donnera des villes en tenant
compte de son importance. Une grande tribu
en donnera plus, une petite tribu en donnera
moins. »

Les villes de refuge

9 Le SEIGNEUR dit à Moïse : 10 « Voici ce que
tu diras aux Israélites : Après que vous aurez
passé le fleuve Jourdain pour entrer dans le
pays de *Canaan, 11 vous choisirez certaines
villes comme villes de refuge. Celui qui a
tué une personne sans le vouloir pourra se
réfugier là. 12 De cette façon, il échappera à
l'homme chargé de venger la personne tuée.
On ne devra pas le faire mourir avant que la
communauté le juge. 13 Il y aura six villes de
refuge : 14 trois à l'est du Jourdain et trois
dans le pays de Canaan. 15 Toute personne, Israélite, étranger installé dans le pays ou étranger de passage, qui a tué quelqu'un sans le
vouloir, pourra se réfugier dans une de ces
villes.

16 « Si un homme frappe quelqu'un avec un
objet en fer, et s'il cause sa mort, c'est un assassin : il faut le faire mourir. 17 S'il le frappe
en lui lançant une pierre qui peut tuer, et s'il
cause sa mort, c'est un assassin : il faut le
faire mourir. 18 S'il le frappe avec un objet
en bois qui peut tuer, et s'il cause sa mort,
c'est un assassin : il faut le faire mourir.
19 C'est l'homme chargé de venger la personne tuée qui fera mourir l'assassin, dès
qu'il le trouvera. 20 Supposons ceci : Un
homme bouscule une personne avec haine,
ou il lui lance un objet pour lui faire du

mal, et il cause sa mort. 21 Ou encore il la frappe méchamment d'un coup de poing, et il cause sa mort. Cet homme est un assassin : il faut le faire mourir. L'homme chargé de venger la personne tuée fera mourir l'assassin dès qu'il le trouvera.

22 « Mais voici un autre cas : Quelqu'un tue une personne en la bousculant. Il ne l'a pas fait exprès, il n'avait rien contre elle. Ou bien il lui a lancé un objet, mais sans méchanceté. 23 Il peut aussi laisser tomber sur une personne qu'il n'a pas vue une pierre capable de tuer. Pourtant, il n'était pas son ennemi et il ne lui voulait aucun mal. 24 La communauté suivra les règles établies pour juger cette affaire entre celui qui a tué une personne et l'homme qui doit la venger. 25 La communauté protégera contre le vengeur celui qui a tué sans le vouloir, et elle le ramènera dans la ville où il s'était réfugié.

« Celui qui a tué sans le vouloir doit rester dans la ville de refuge. Il y restera jusqu'à la mort du *grand-prêtre *consacré. 26 Mais supposons ceci : Celui qui a tué quelqu'un sort de la ville de refuge, 27 et le vengeur le rencontre. Celui-ci peut alors le tuer et il n'est pas coupable. 28 En effet, l'homme qui a tué quelqu'un sans le vouloir doit rester dans la ville de refuge jusqu'à la mort du grand-prêtre. Mais après la mort du grand-prêtre, cet homme peut retourner sur ses terres.

29 « Vous respecterez toujours ces lois, de génération en génération, partout où vous habiterez.

30 « Dans tous les cas de mort violente, on condamnera l'assassin à mort seulement après avoir entendu plusieurs *témoins. Un seul témoin ne suffit pas. 31 Vous n'accepterez pas d'argent pour qu'on laisse en vie un assassin qui mérite la mort. Il faut le faire mourir. 32 Vous n'accepterez pas d'argent non plus pour le laisser s'enfuir dans une ville de refuge et retourner sur ses terres avant la mort du grand-prêtre.

33 « Vous ne devez pas rendre *impur le pays où vous habiterez. Or quand on tue quelqu'un, cela rend le pays impur. Et on ne peut *purifier le pays du sang versé que par la mort de l'assassin. 34 Vous ne rendrez donc pas impur le pays où vous habiterez et où je serai présent moi-même au milieu de vous. Oui, moi, le SEIGNEUR, j'habite au milieu des Israélites. »

L'héritage des filles doit rester dans la tribu

36 1 Des gens de la famille de Joseph arrivent. Ce sont les chefs de famille du clan de Galaad, fils de Makir et petit-fils de Manassé. Ils viennent trouver Moïse et les chefs de familles israélites. 2 Ils disent : « Moïse, le SEIGNEUR t'a commandé de partager le pays entre les tribus d'Israël, en *tirant au sort. Il t'a commandé aussi de donner la part des terres de notre frère Selofad à ses filles. 3 Il peut arriver que celles-ci se marient avec des hommes d'une autre tribu d'Israël. Dans ce cas, leur part de terres sera coupée des terres de notre tribu. Et elle s'ajoutera aux terres de leur nouvelle tribu. La part que nous avons reçue par le sort sera donc diminuée. 4 De plus, pendant l'Année de Réjouissance, leur part de terres passera pour toujours de notre tribu à leur nouvelle tribu. »

5 Alors Moïse, sur l'ordre du SEIGNEUR, donne aux Israélites les règles suivantes : « Les gens de la famille de Joseph ont raison. 6 C'est pourquoi voici ce que le SEIGNEUR commande au sujet des filles de Selofad : Elles pourront se marier avec qui elles veulent, à une condition : leur mari doit appartenir à un clan de la tribu de leur père. 7 De cette façon, les terres d'Israël ne passeront pas d'une tribu à une autre. Chaque Israélite doit rester attaché aux terres de sa tribu. 8 Si dans une tribu, une femme reçoit des terres en héritage, elle doit se marier avec un homme appartenant à la tribu de son père. Ainsi, chaque tribu israélite gardera les terres reçues de ses ancêtres. 9 De cette façon, les terres ne passeront pas d'une tribu à une autre. Chaque tribu d'Israël doit rester attachée à ses terres. »

10 Les filles de Selofad font comme le SEIGNEUR l'a commandé à Moïse. 11 Mala, Tirsa, Hogla, Milka et Noa se marient avec leurs cou-

sins, dans la famille de leur père. 12 Ces hommes font partie des familles nées de Manassé, fils de Joseph. Ainsi, les terres qu'elles ont reçues en héritage restent dans la tribu de leur père.

13 Voilà les commandements et les règles que le SEIGNEUR a donnés aux Israélites. Il les a donnés par l'intermédiaire de Moïse, dans la plaine de Moab, au bord du fleuve Jourdain, en face de la ville de Jéricho.

Deutéronome

INTRODUCTION

Deutéronome veut dire « deuxième loi ». Les chapitres 12 à 26 du Deutéronome présentent un ensemble important de lois ou règles de vie. Cet ensemble rappelle celui des règles de l'alliance en Exode 21–23, d'où le nom de « deuxième loi » donné au livre.

À la fin du livre des Nombres, les Israélites arrivent avec Moïse dans les plaines de Moab. À la fin du livre du Deutéronome, c'est là, à l'est du Jourdain, en vue du pays promis, que Moïse meurt (chapitre 34). Il n'y a aucun déplacement géographique dans le Deutéronome. Le livre est pratiquement tout entier composé de ***discours*** *que Moïse adresse aux Israélites.*

- *Les deux premiers discours (1.6–4.43 et 4.44–11.32) contiennent des récits où Moïse rappelle des* ***événements passés****. Ce rappel du passé sert à préparer l'avenir. Le peuple se trouve au bout d'une longue marche de quarante ans dans le désert, aux frontières du pays où il va entrer. Dans le passé, Dieu s'est montré fidèle, mais son peuple lui a désobéi. L'avenir dans ce pays dépend du peuple. Il doit reconnaître le Seigneur Dieu comme le seul Dieu (6.4) et faire le choix de lui obéir (11.10-32). En effet, le peuple vivra heureux dans le pays où il va entrer seulement s'il obéit aux commandements de Dieu (11.26-28).*
- *Au centre du livre, les chapitres 12 à 26 donnent les lois et les règles qui permettront de vivre dans ce pays : lois pour la vie religieuse en 12.1–16.17, lois concernant la justice et la vie en société en 16.18–26.19.*

Les lois religieuses insistent sur le fait que ***le Dieu d'Israël est le seul Dieu****. Les Israélites devront l'adorer uniquement dans le lieu que Dieu lui-même choisira. Un lieu de culte unique évitera la tentation d'adorer d'autres dieux. Les autres lois offrent beaucoup de points communs avec les règles de l'alliance en Exode 21–23. Mais elles sont plus développées que dans l'Exode et elles sont plus exigeantes dans le domaine de la justice sociale.*

- *Mettre les lois en pratique est la condition pour pouvoir vivre dans le pays que Dieu donnera à son peuple (27.14–28.68). C'est pourquoi, dès l'entrée dans ce pays, les commandements de Dieu sont écrits sur des pierres qui en témoignent (27.1-13). Dans son dernier discours (28.69–30.20), Moïse rappelle la nécessité de* ***choisir l'obéissance*** *à Dieu pour pouvoir y rester.*
- *Les adieux et la mort de Moïse forment la conclusion du livre (31.1–34.12). Par ailleurs, la mort de Moïse termine le long récit qui a commencé au début du livre de l'Exode avec sa naissance. Les versets 10 à 12 du chapitre 34 rappellent que Moïse a été le porte-parole de Dieu d'une façon tout à fait particulière.*

La loi*, comme enseignement de la volonté de Dieu, est le sujet principal du Deutéronome. La loi est liée à* ***l'amour de Dieu*** *pour son peuple (voir 7.7-8 et 5.15) et pour les êtres humains en général (voir 10.18). En retour, Dieu demande de l'aimer et d'aimer les autres (voir 6.5 et 10.12-19).*

1 1 Ce livre contient les discours que Moïse a
faits à tous les Israélites au moment où ils
étaient encore à l'est du fleuve Jourdain, dans
la plaine désertique située près de la ville de
Souf. Cette plaine se trouve entre la ville de
Paran d'une part et les villes de Tofel, Laban,
Hasséroth et Di-Zahab d'autre part. 2 – Du
mont *Horeb à Cadès-Barnéa, il y a onze jours
de marche en suivant la route qui mène à la
région montagneuse de Séir[a]. 3 Quarante ans
après la sortie d'Égypte, le onzième *mois, le
premier jour du mois, Moïse dit aux Israélites
tout ce que le SEIGNEUR lui a commandé de
leur dire. – 4 Moïse vient de remporter la victoire sur Sihon, roi des *Amorites, qui habitait
à Hèchebon. Il a aussi battu, à Édréi, Og, roi
du Bachan, qui habitait à Achetaroth.
5 À l'est du Jourdain, dans le pays de Moab,
Moïse commence donc à présenter la loi de
Dieu. Voici ses paroles :

PREMIER DISCOURS DE MOÏSE
1.6–4.43

Moïse rappelle la promesse de Dieu

6 Au mont *Horeb, le SEIGNEUR notre Dieu
nous a dit : « Vous êtes restés assez longtemps
au pied de cette montagne. 7 Maintenant, reprenez la route. Allez dans la région montagneuse des *Amorites et chez tous leurs
voisins *cananéens : dans la plaine du Jourdain, dans la région des collines, dans le
*Bas-Pays, dans la région du Néguev et sur la
côte de la mer Méditerranée. Allez jusqu'aux
montagnes du Liban, et jusqu'à l'Euphrate[b], le
grand fleuve. 8 Voyez, je vous donne ce pays.
Allez en prendre possession ! En effet, c'est
le pays que moi, le SEIGNEUR, j'ai promis de
donner à vos ancêtres, Abraham, Isaac et Jacob, à leurs enfants, et aux enfants de leurs
enfants. »

Au désert, Moïse a nommé des chefs

9 Moïse dit[c] : Quand nous étions au mont
Horeb, je vous ai dit : « Je ne peux pas porter
tout seul la charge de vous diriger. 10 Le SEI-
GNEUR votre Dieu vous a rendus nombreux.
Aujourd'hui, vous êtes aussi nombreux que
les étoiles du ciel. 11 Je souhaite que le SEI-
GNEUR, le Dieu de vos ancêtres, vous rende
encore mille fois plus nombreux. Je souhaite
qu'il vous *bénisse comme il l'a promis.
12 Mais je ne peux pas porter tout seul la
charge de régler vos problèmes, vos difficultés
et vos disputes. 13 Choisissez donc parmi
vous, dans chaque tribu, des hommes sages,
intelligents, et qui ont de l'expérience. J'en
ferai vos chefs. » 14 Alors vous m'avez répondu : « Ce que tu nous dis de faire est
bon. » 15 Pour vous diriger, j'ai donc pris des
hommes sages et connus. Ils étaient déjà chefs
de tribus. J'ai nommé certains d'entre eux
comme chefs de 1 000 hommes, chefs de
100, chefs de 50 et chefs de 10. Les autres,
je les ai nommés surveillants dans chaque
tribu. 16 J'ai aussi donné des ordres à ceux
qui devaient rendre la justice : « Vous exami-
nerez les affaires que vos frères vous présentent. Vous jugerez avec justice quand un
Israélite s'oppose à un frère ou à un étranger
installé chez vous. 17 Ne faites pas de différence entre les gens quand vous jugez. Écoutez donc les gens simples et ceux qui sont
importants. N'ayez peur de personne. En effet, vous devez juger au nom de Dieu. Si
une affaire vous semble trop difficile, venez
me la présenter, et je prendrai une décision. »
18 À ce moment-là, je vous ai montré tout ce
que vous deviez faire.

---

a 1.2 *Séir était un autre nom du pays d'Édom, situé au sud-est de la mer Morte.*

b 1.7 *Un des grands fleuves de Mésopotamie, dans l'Irak actuel.*

c 1.9 *« Moïse dit » : cette précision n'est pas dans le texte hébreu. Mais tout le livre du Deutéronome se présente comme un discours de Moïse. La traduction rappelle cela régulièrement.*

Le peuple d'Israël a refusé d'entrer dans le pays promis

19 Moïse dit aux Israélites : Après cela, comme le SEIGNEUR notre Dieu l'a commandé, nous avons quitté le mont *Horeb. Nous avons traversé le désert grand et terrible que vous avez vu. Puis nous sommes allés vers la région montagneuse où les *Amorites habitent, et nous sommes arrivés à Cadès-Barnéa. 20 À ce moment-là, je vous ai dit : « Vous êtes arrivés près de la région montagneuse des Amorites que le SEIGNEUR notre Dieu nous donne[d]. 21 Regardez, le SEIGNEUR votre Dieu étend ce pays devant vous. Allez, prenez-le, comme le SEIGNEUR, le Dieu de vos ancêtres, vous l'a commandé. Soyez courageux, n'ayez pas peur ! »

22 Alors vous êtes tous venus me trouver et vous avez dit : « Envoyons des hommes devant nous, et qu'ils cherchent à connaître le pays. Ils nous renseigneront sur le chemin que nous devrons prendre et sur les villes où nous arriverons. » 23 Votre idée m'a paru bonne. Alors j'ai nommé douze hommes parmi vous, un par tribu. 24 Ils ont pris la direction de la région montagneuse. Ils sont arrivés dans la vallée d'Èchekol et ils ont cherché à connaître cette région. 25 Ils ont pris des fruits du pays et ils nous les ont rapportés. Ils nous ont renseignés en disant : « Le pays que le SEIGNEUR notre Dieu va nous donner est un bon pays ! » 26 Mais vous avez refusé d'y entrer. Ainsi, vous vous êtes révoltés contre les ordres du SEIGNEUR votre Dieu. 27 Vous l'avez critiqué dans vos tentes en disant : « Le SEIGNEUR nous déteste. Voilà pourquoi il nous a fait sortir d'Égypte ! Il veut nous livrer au pouvoir des Amorites pour nous détruire ! 28 Pourquoi aller là-bas ? Nos frères nous ont complètement découragés. En effet, ils ont dit : "Les habitants de ce pays sont plus forts et plus nombreux que nous. Leurs villes sont grandes et protégées par des murs qui montent jusqu'au ciel." Ils ont même vu des géants, les gens de la famille d'Anaq ! »

29 Je vous ai répondu : « Ne tremblez pas, n'ayez pas peur d'eux ! 30 Le SEIGNEUR votre Dieu marche devant vous. Il combattra pour vous, comme il l'a déjà fait sous vos yeux, en Égypte 31 et dans le désert. Là, vous l'avez vu : il vous a portés comme un homme porte son enfant, tout au long de la route qui vous a amenés ici. » 32 Malgré cela, vous n'avez pas fait confiance au SEIGNEUR votre Dieu. 33 Pourtant, c'est lui qui marchait devant vous sur la route pour vous chercher un endroit où installer votre camp. La nuit, il était dans la colonne de feu pour éclairer le chemin à suivre, le jour, il était dans la colonne de fumée.

34 Le SEIGNEUR a entendu ce que vous avez dit. Il s'est mis en *colère et il a dit : 35 « Je le jure, personne de cette génération mauvaise ne verra le bon pays que j'ai promis de donner à vos ancêtres. 36 Caleb, fils de Yefounné, sera seul à le voir. Je lui donnerai, à lui et aux gens de sa famille, le pays qu'il a visité. En effet, il m'a suivi de tout son cœur. »

37 À cause de vous, le SEIGNEUR s'est mis en colère contre moi aussi. Il m'a dit : « Toi non plus, Moïse, tu n'entreras pas dans ce pays ! 38 Mais ton adjoint Josué, fils de Noun, entrera là-bas. Encourage-le, parce que c'est lui qui amènera les Israélites à posséder le pays. » 39 Ensuite, le SEIGNEUR s'est adressé à vous tous de cette manière : « Vous avez dit : "Nos enfants vont être faits prisonniers." Moi, je vous dis : Aujourd'hui, ils sont encore petits et ils ne savent pas faire la différence entre le bien et le mal. Pourtant, ce sont eux qui vont entrer dans ce pays. C'est à eux que je le donnerai et ce sont eux qui vont le posséder. 40 Mais vous, faites demi-tour et repartez par le désert en direction de la *mer des Roseaux. »

41 Ce jour-là, vous m'avez répondu : « Nous avons péché contre le SEIGNEUR. Maintenant, nous voulons aller combattre, comme le SEIGNEUR notre Dieu nous l'a commandé. » Chacun de vous a pris les armes pour le combat. Vous pensiez en effet que vous pouviez facilement prendre cette région montagneuse.

d **1.20** *Il s'agit du pays de Canaan, situé entre le fleuve Jourdain et la mer Méditerranée.*

[42] Alors le SEIGNEUR m'a dit : « Dis-leur de ne
pas partir au combat. Je ne suis pas avec
eux. Il ne faut pas que leurs ennemis les battent. » [43] Je vous ai donc avertis, mais vous
n'avez pas écouté. Vous avez désobéi à l'ordre
du SEIGNEUR et vous avez eu l'audace de partir
dans cette région montagneuse. [44] Alors les
Amorites qui habitaient là sont descendus à
votre rencontre. Ils vous ont battus dans la région de Séir, et comme des abeilles, ils vous
ont poursuivis jusqu'à Horma. [45] En revenant,
vous avez pleuré devant le SEIGNEUR, mais il ne
vous a pas écoutés, il n'a pas fait attention à
vous. [46] Et vous êtes restés longtemps, très
longtemps, à Cadès-Barnéa.

2 [1] Ensuite, nous avons fait demi-tour et
nous sommes repartis par le désert en direction de la *mer des Roseaux, comme le SEI-
GNEUR me l'avait commandé. Nous avons
passé beaucoup de temps dans cette région,
autour des montagnes de Séir.

Le peuple a traversé les pays d'Édom, de Moab et d'Ammon

[2] Moïse continue : Un jour, le SEIGNEUR m'a
dit : [3] Vous êtes dans cette région depuis longtemps. Cela suffit maintenant. Prenez la direction du nord ! [4] Voici l'ordre que tu vas donner
aux Israélites : « Vous allez traverser la région
de Séir. C'est là que vos frères de la famille
d'Ésaü[e] habitent. Ils auront peur de vous.
Mais attention ! [5] Ne les attaquez pas ! Je ne
vous donnerai aucune terre en partage dans
leur pays, même pas un endroit où poser vos
pieds. En effet, c'est aux gens de la famille
d'Ésaü que j'ai donné en partage la région
montagneuse de Séir. [6] Vous leur paierez en
argent la nourriture que vous mangerez et
même l'eau que vous boirez. » [7] Oui, le SEI-
GNEUR votre Dieu vous a *bénis dans tout ce
que vous avez fait. Il a veillé sur vous quand
vous avez traversé ce grand désert. Pendant
40 ans, il a été avec vous, et vous n'avez
manqué de rien.
[8] Nous avons donc évité la région de Séir, là
où habitent nos cousins, de la famille d'Ésaü.
Nous avons évité aussi la route de la vallée,
ainsi qu'Élath et Ession-Guéber. Nous avons
changé de direction pour traverser le désert
de Moab. [9] Puis le SEIGNEUR m'a dit : « N'attaquez pas les Moabites, ne commencez pas à
les combattre. Je ne vous donnerai aucune
terre en partage dans leur pays. En effet, c'est
aux gens de la famille de Loth que j'ai donné le
pays d'Ar en partage. » [10] – Autrefois c'étaient
les Émites qui habitaient là. C'étaient des gens
puissants, nombreux et aussi grands que ceux
de la famille d'Anaq. [11] Certains croyaient
qu'ils étaient des Refaïtes[f], comme les Anaquites, mais les Moabites les appelaient Émites.
[12] La région de Séir, c'étaient les Horites qui
l'habitaient autrefois. Mais les gens de la famille d'Ésaü les ont chassés, ils les ont tués
pour s'installer à leur place. Plus tard, les Israélites ont fait la même chose dans le pays
que le SEIGNEUR leur a donné et qu'ils possèdent. –
[13] Le SEIGNEUR nous a donné cet ordre :
« Maintenant, partez et traversez le torrent
de Zéred. » C'est ce que nous avons fait.
[14] Notre marche depuis Cadès-Barnéa jusqu'à
la traversée du Zéred a duré 38 ans. À cette
époque, toute la génération de ceux qui pouvaient faire la guerre au moment du départ
avait disparu. Le SEIGNEUR leur avait juré cela[g]
[15] et il avait lui-même agi pour qu'ils disparaissent tous du camp.
[16] Après la mort de tous ces combattants du
peuple, [17] le SEIGNEUR m'a dit : [18] « Maintenant, vous allez passer la frontière de Moab
et traverser le pays d'Ar. [19] Vous allez arriver
en face du pays des Ammonites. Ne les attaquez pas, ne commencez pas à les combattre.
Je ne vous donnerai aucune terre en partage

---

e **2.4** *La région de Séir : voir Deutéronome 1.2 et la note.*
Vos frères de la famille d'Ésaü : Ésaü, l'ancêtre des Édomites, était le frère de Jacob, l'ancêtre des Israélites. Voir Genèse 25.23-26.

f **2.11** *Les Refaïtes étaient une ancienne population de Canaan (voir Deutéronome 1.20 et la note). Les autres gens avaient peur d'eux parce qu'ils étaient très grands.*

g **2.14** *Voir Nombres 14.28-35.*

dans leur pays. En effet, c'est aux gens de la famille de Loth que j'ai donné cette région en partage. » 20 – On pensait que cette région était aux Refaïtes. En effet, autrefois, des Refaïtes[h] habitaient là. Les Ammonites les appelaient Zamzoumites. 21 C'étaient des gens puissants, nombreux et aussi grands que ceux de la famille d'Anaq. Mais le SEIGNEUR les a fait disparaître à l'arrivée des Ammonites. Ceux-ci les ont chassés et ils se sont installés à leur place. 22 Le SEIGNEUR a fait la même chose pour les Édomites, de la famille d'Ésaü, qui habitent la région de Séir. Il a tué les Horites à l'arrivée des Édomites. Ceux-ci les ont chassés et ils se sont installés à leur place. Ils y sont encore aujourd'hui. 23 Les Avites habitaient autrefois dans les villages de la région de Gaza. Mais des gens venus de Kaftor[i] les ont tués et ils se sont installés à leur place. –

24 Ensuite le SEIGNEUR m'a dit : « Partez et traversez le torrent de l'Arnon. Je vais livrer en votre pouvoir le roi *amorite Sihon, de Hèchebon, et son pays. Commencez à en prendre possession, attaquez-le ! 25 Dès aujourd'hui, je ferai en sorte que vous répandiez la terreur, et les peuples du monde entier auront peur de vous. Quand ils entendront parler de vous, ils trembleront et seront effrayés. »

Les Israélites ont conquis le royaume de Sihon

26 Moïse dit : À partir du désert de Quedémoth, j'ai envoyé des messagers à Sihon, roi de Hèchebon, avec des paroles de paix. Je lui ai dit : 27 « Laisse-nous traverser ton pays. Nous marcherons seulement sur la route, sans aller ni à droite ni à gauche. 28 Nous te paierons en argent la nourriture que nous mangerons et l'eau que nous boirons. Laisse-nous seulement traverser ton pays. 29 Les gens de la famille d'Ésaü, qui habitent la région de Séir[j], nous ont permis de traverser leur pays, de même les Moabites qui habitent le pays d'Ar. Ensuite, nous passerons le Jourdain pour aller dans le pays que le SEIGNEUR notre Dieu nous donne. » 30 Mais Sihon, le roi de Hèchebon, n'a pas voulu nous laisser passer chez lui. En effet, le SEIGNEUR votre Dieu a rendu son esprit et son cœur durs comme une pierre pour le livrer en votre pouvoir ce jour-là. 31 Le SEIGNEUR m'a dit : « Écoute, dès maintenant, je livre Sihon et son pays en ton pouvoir. Commence donc à prendre possession de son pays. » 32 Sihon et toute son armée sont venus à notre rencontre pour nous attaquer à Yahas. 33 Le SEIGNEUR notre Dieu nous a donné la victoire : nous l'avons battu, lui, ses fils et toute son armée. 34 Tout de suite après, nous avons pris toutes ses villes. À cause du SEIGNEUR, nous les avons complètement détruites, et nous avons tué les hommes, les femmes et les enfants. Nous n'avons laissé personne en vie[k]. 35 Nous avons seulement gardé comme richesses de guerre les animaux et les biens trouvés dans les villes que nous avons prises. 36 Aucune ville n'a pu nous résister, depuis la ville d'Aroër sur le torrent de l'Arnon, depuis l'autre ville dans la même vallée, jusqu'au pays de Galaad. Le SEIGNEUR notre Dieu nous a livré toutes ces villes. 37 Mais nous avons laissé le pays des Ammonites, c'est-à-dire toute la région située au bord du torrent du Yabboq, et aussi les villes dans la région montagneuse, avec tous les lieux que le SEIGNEUR nous avait interdit d'attaquer.

---

h **2.20** *Refaïtes : voir Deutéronome 2.11 et la note.*

i **2.23** *Kaftor : sans doute l'île de Crète.*

j **2.29** *Voir Deutéronome 1.2 et la note.*

k **2.34** *Dans les guerres de l'ancien Orient, les vainqueurs prenaient pour eux tout ce qui appartenait aux ennemis : personnes et biens. Pourtant, dans certains cas, ils devaient réserver la totalité ou une partie de ces biens à leur dieu, en particulier en détruisant complètement les villes et en tuant les personnes. Cette coutume, qui n'a jamais été totalement suivie, s'applique aussi aux guerres de l'Israël ancien. Le livre du Deutéronome lui donne un motif religieux, voir Deutéronome 7.1-6 et 20.16-18.*

Les Israélites ont conquis le royaume d'Og

3 1 Moïse dit : Ensuite, nous nous sommes
dirigés vers le haut plateau du *Bachan.
Og, le roi du Bachan, et toute son armée
sont venus à notre rencontre pour nous attaquer à Édréi. 2 Alors le SEIGNEUR m'a dit :
« N'aie pas peur de lui ! Je vais le livrer en
ton pouvoir, avec toute son armée et son
pays. Tu lui feras ce que tu as fait à Sihon, le
roi des *Amorites qui habitait à Hèchebon. »
3 Le SEIGNEUR notre Dieu nous a aussi donné
la victoire sur Og et sur son armée. Nous les
avons battus et nous n'avons laissé personne
en vie. 4 Tout de suite après, nous avons pris
toutes ses villes. Aucune n'a pu nous résister.
C'étaient les 60 villes de la région d'Argob,
dans le Bachan, où Og était roi. 5 Ces villes
étaient protégées, elles avaient des murs de
défense élevés et elles étaient fermées par
des portes à verrous. Il y avait en plus beaucoup de villages non protégés. 6 À cause du SEI-
GNEUR, nous avons complètement détruit tous
ces endroits et nous avons tué les hommes, les
femmes et les enfants, comme nous l'avons
fait dans le pays de Sihon, roi de Hèchebon[l].
7 Mais nous avons gardé comme richesses de
guerre les animaux et les biens trouvés dans
ces villes.

Moïse a partagé le pays de Galaad

8 Moïse dit : À cette époque-là, nous avons
donc pris le pays des deux rois *amorites installés à l'est du Jourdain, entre le torrent de
l'Arnon et la montagne de l'Hermon. 9 – Les
Sidoniens appellent cette montagne Sirion,
et les Amorites l'appellent Senir. – 10 Nous
avons pris toutes les villes du plateau. Nous
avons pris aussi tout le pays de Galaad et du
Bachan jusqu'à Salka et Édréi, deux villes du
royaume d'Og, dans le Bachan. 11 – Le roi
Og, du Bachan, était le dernier des Refaïtes.
À Rabba, la capitale des Ammonites, on peut
encore voir son lit[m]. Il est taillé dans de la
pierre dure comme du fer, et il mesure plus
de quatre mètres de long et environ deux mètres de large. –
12 À cette époque-là, nous avons donc pris
tout le pays qui est au nord de la ville d'Aroër,
sur le torrent de l'Arnon. J'ai donné aux gens
de Ruben et de Gad la moitié de la région
montagneuse de Galaad, avec les villes qui
étaient là. 13 Le reste de Galaad et tout le Bachan, c'est-à-dire l'ancien royaume d'Og, je
l'ai donné à la demi-tribu de Manassé, à l'est.
– Toute la région d'Argob et du Bachan, on
l'appelle aussi le pays des Refaïtes. 14 Les
gens de Yaïr, fils de Manassé, ont pris toute
la région d'Argob, dans le Bachan, jusqu'à la
frontière des Guéchourites et des Maakatites.
Ils ont appelé ces lieux du Bachan « villages de
Yaïr », et ils portent ce nom encore aujour-
d'hui. – 15 C'est aux gens de Makir, un autre
fils de Manassé, que j'ai donné la région de
Galaad. 16 Aux gens de Ruben et de Gad, j'ai
donné la région située entre Galaad et l'Arnon. Le torrent de l'Arnon sert de frontière
au sud, et le torrent du Yabboq sert de frontière avec le pays des Ammonites. 17 À l'ouest,
la frontière suit la vallée du Jourdain, entre le
lac de Génésareth et la mer Morte, jusqu'au
pied du mont Pisga, à l'est.
18 Alors j'ai commandé ceci aux tribus déjà
installées : « Le SEIGNEUR votre Dieu vous a
donné en partage ce pays situé à l'est du fleuve
Jourdain. Maintenant, tous les combattants
parmi vous doivent prendre leurs armes et traverser le Jourdain à la tête de vos autres frères
israélites. 19 Seuls vos femmes et vos enfants,
avec vos troupeaux, resteront ici, dans les villes que je vous ai données. Vous avez beaucoup de troupeaux, je le sais. 20 Vous aiderez
vos frères jusqu'à ce que le SEIGNEUR leur permette de s'installer, comme vous ici. Ils doivent d'abord posséder, eux aussi, le pays
que le SEIGNEUR votre Dieu va leur donner, à
l'ouest du Jourdain. Ensuite, chacun d'entre

l 3.6 *Voir Deutéronome 2.34 et la note.*

m 3.11 *Les Refaïtes : voir Deutéronome 2.11 et la note.*
Lit : le mot hébreu traduit par « lit » peut aussi désigner un cercueil.

vous pourra revenir sur ses terres, dans le
pays que je vous ai donné. »
21 À cette occasion, j'ai aussi donné mes ordres à Josué. Je lui ai dit : « Tu as vu toi-même
tout ce que le SEIGNEUR votre Dieu a fait aux
deux rois amorites. Il fera la même chose
aux rois des régions que vous traverserez de
l'autre côté du Jourdain. 22 N'ayez pas peur
d'eux. En effet, le SEIGNEUR votre Dieu
combattra lui-même pour vous. »

Moïse rappelle qu'il n'entrera pas dans le pays promis

23 Moïse dit : Alors j'ai prié le SEIGNEUR avec
force en disant : 24 « Seigneur DIEU, tu as
commencé à me montrer ta grandeur et ta
puissance. Aucun dieu au *ciel ou sur la terre
n'est capable d'accomplir des actions ou des
exploits comme ceux que tu fais ! 25 Je t'en
prie, laisse-moi traverser le fleuve Jourdain.
Alors je pourrai voir le beau pays[n] qui est de
l'autre côté, cette belle région montagneuse
et les montagnes du Liban ! » 26 Mais le SEI-
GNEUR s'est mis en *colère contre moi à cause
de vous. Il ne m'a pas écouté et il m'a dit :
« Cela suffit. Arrête de me parler de cette
affaire ! 27 Monte en haut du mont Pisga.
Tourne tes yeux vers le nord, vers le sud,
vers l'ouest et vers l'est. Regarde bien, car
tu ne traverseras pas ce Jourdain que tu
vois ! 28 Donne tes ordres à Josué. Rends-le
fort et courageux. Oui, c'est lui qui traversera
le Jourdain à la tête du peuple. Et il donnera
en partage aux Israélites le pays que tu vas
voir. »
29 Depuis ce moment-là, nous sommes restés ici, dans cette vallée, en face de Beth-Péor.

Moïse demande au peuple d'obéir à la loi de Dieu

4 1 Moïse dit : Et maintenant, Israélites,
écoutez les lois et les règles que je vous
enseigne pour que vous leur obéissiez. Ainsi,
vous vivrez et vous pourrez posséder le pays
que le SEIGNEUR, le Dieu de vos ancêtres,
vous donne. 2 N'ajoutez rien aux commandements que je vous communique de la part
du SEIGNEUR votre Dieu. N'enlevez rien non
plus, mais respectez tous ces commandements. 3 Vous avez vu vous-mêmes ce que le
SEIGNEUR votre Dieu a fait dans l'affaire du
dieu *Baal de Péor[o]. Il a tué tous ceux du peuple qui avaient suivi ce faux dieu. 4 Mais vous,
vous êtes restés attachés au SEIGNEUR votre
Dieu, et vous êtes tous vivants aujourd'hui.
5 Voyez, je vous enseigne des lois et des règles, comme le SEIGNEUR mon Dieu me l'a ordonné. Quand vous serez entrés dans le pays
que vous allez posséder, obéissez à ces lois et
à ces règles. 6 Si vous les gardez et si vous leur
obéissez, les autres peuples vous trouveront
sages et intelligents. En effet, quand ils
connaîtront toutes ces lois ils diront : « Quelle
sagesse, quelle intelligence il y a dans ce grand
peuple ! » 7 Chaque fois que nous appelons à
l'aide le SEIGNEUR notre Dieu, il est vraiment
proche de nous. Est-ce qu'il y a un autre peuple, même parmi les plus grands, qui a des
dieux aussi proches ? 8 L'enseignement que
je vous présente aujourd'hui contient des
lois et des règles très justes. Est-ce qu'il y a
un autre peuple, même parmi les plus grands,
qui a des lois et des règles aussi justes ?

Dieu s'est fait connaître au mont Horeb

9 Moïse dit : Mais faites très attention ! Surtout n'oubliez jamais ce que vous avez vu de
vos yeux. Ne laissez pas cela sortir de votre
mémoire un seul jour de votre vie. Mais
racontez-le à vos enfants et aux enfants de
leurs enfants.
10 Souvenez-vous du jour où vous vous êtes
tenus devant le SEIGNEUR votre Dieu, au mont
*Horeb. Le SEIGNEUR m'avait dit : « Rassemble
le peuple auprès de moi. Je vais leur communiquer mes commandements. Alors ils apprendront à me respecter pendant tout le
temps qu'ils seront sur la terre. Et ils devront
apprendre à leurs enfants à agir de la même

---

n **3.25** *Il s'agit du pays de Canaan. Voir Deutéronome 1.20 et la note.*
o **4.3** *Voir Nombres 25.*

façon. » 11 Ce jour-là, vous vous êtes approchés pour vous tenir debout, au pied de la montagne. Elle était en feu : des flammes montaient jusqu'au ciel, au milieu d'une fumée sombre et d'un nuage épais. 12 Le SEIGNEUR vous a parlé du milieu du feu. Vous avez entendu ses paroles, mais vous ne l'avez pas vu. Vous avez seulement entendu sa voix[p]. 13 Il vous a fait connaître son *alliance avec vous. Il vous a donné l'ordre de la respecter en obéissant aux dix commandements qu'il a écrits sur deux tablettes de pierre. 14 À la même époque, le SEIGNEUR m'a commandé de vous apprendre des lois et des règles. Vous devrez leur obéir dans le pays que vous allez posséder.

Le danger des faux dieux

15 Moïse dit : Faites bien attention à vous-mêmes ! Le jour où le SEIGNEUR vous a parlé au mont *Horeb, du milieu du feu, vous n'avez rien vu qui le représentait. 16 Ne commettez donc pas de péché en vous fabriquant des statues, des objets qui représentent des faux dieux, sous forme d'hommes ou de femmes, 17 d'animaux ou d'oiseaux, 18 de bêtes qui rampent sur le sol ou de poissons. 19 Quand vous regardez le soleil, la lune et les étoiles, tous les *astres qui sont dans le ciel, ne vous laissez pas entraîner à les adorer et à les servir. Le SEIGNEUR votre Dieu a laissé cela aux autres peuples de la terre. 20 Mais vous, le SEIGNEUR vous a pris et il vous a fait sortir de l'Égypte, ce lieu de souffrances terribles. Ainsi, il a fait de vous le peuple qui lui appartient, comme vous l'êtes aujourd'hui.

21 Pourtant, à cause de vous, le SEIGNEUR votre Dieu s'est mis en *colère contre moi. Il a juré que je ne traverserai pas le fleuve Jourdain et que je n'entrerai pas dans le bon pays qu'il va vous donner en partage. 22 En effet, je vais mourir ici, dans ce pays. Je ne passerai pas le Jourdain. Mais vous, vous allez traverser ce fleuve pour posséder le bon pays qui est de l'autre côté. 23 Attention ! N'oubliez pas *l'alliance que le SEIGNEUR votre Dieu a faite avec vous. Ne vous fabriquez pas des statues, des images de tout ce qu'il vous a interdit de représenter. 24 Oui, le SEIGNEUR votre Dieu est comme un feu qui détruit, il est un Dieu exigeant.

25 Quand vous serez installés depuis longtemps en *Canaan, et que vous aurez des enfants et des petits-enfants, ne commettez pas de péché en vous fabriquant des statues, des objets sacrés représentant n'importe quoi. Ne faites pas ce qui est mal aux yeux du SEIGNEUR votre Dieu et qui le met en *colère. 26 Sinon, je vous avertis, et le ciel et la terre savent que je dis la vérité : vous disparaîtrez très vite de ce pays que vous allez posséder au-delà du Jourdain. Vous n'y resterez pas longtemps, parce que vous serez tous tués. 27 Le SEIGNEUR vous chassera un peu partout parmi les autres peuples. Il ne restera de vous qu'un petit nombre dans les pays où le SEIGNEUR vous emmènera. 28 Là-bas, vous adorerez des statues de dieux fabriquées par des mains humaines, avec du bois ou de la pierre. Ces dieux sont incapables de voir, d'entendre, de manger et de sentir. 29 Alors, dans ces pays, vous chercherez le SEIGNEUR votre Dieu. Si vous le cherchez de tout votre cœur et de tout votre être, vous le trouverez. 30 Et plus tard, quand tout ce que je vous annonce arrivera, quand vous serez très malheureux, vous reviendrez vers le SEIGNEUR votre Dieu et vous l'écouterez. 31 En effet, le SEIGNEUR votre Dieu est un Dieu plein d'amour. Il ne vous abandonnera pas, il ne vous détruira pas, il n'oubliera jamais *l'alliance qu'il a faite avec vos ancêtres.

Dieu a choisi le peuple d'Israël

32 Moïse dit : Réfléchissez aux événements d'autrefois, à ce qui s'est passé longtemps avant vous, depuis que Dieu a créé les êtres humains sur la terre. Demandez-vous ce qui est arrivé d'un bout du monde à l'autre. Est-ce que quelque chose d'aussi extraordinaire a déjà existé ? Est-ce qu'on a déjà entendu ra-

p **4.12** *Voir Exode 19.20-25.*

conter une chose pareille? 33 Est-ce qu'un
peuple a déjà entendu la voix d'un dieu lui
parler du milieu du feu, tout en restant en
vie, comme cela vous est arrivé? 34 Est-ce
qu'un dieu est venu se choisir un peuple au
milieu d'un autre peuple? Non, mais le SEI-
GNEUR votre Dieu, lui, l'a fait pour vous, sous
vos yeux. C'est pourquoi il a envoyé de grandes souffrances aux Égyptiens, il a réalisé pour
vous des actions extraordinaires et étonnantes, des exploits puissants et terribles.
35 Vous, vous avez pu voir clairement tous
ces événements pour que vous reconnaissiez
ceci: c'est le SEIGNEUR qui est Dieu, et il n'y
a pas d'autres dieux que lui. 36 Du *ciel, il
vous a fait entendre sa voix pour vous éduquer. Sur terre, il vous a montré son grand
feu, et vous l'avez entendu parler du milieu
du feu. 37 Le SEIGNEUR aimait vos ancêtres.
C'est pourquoi il vous a choisis, vous qui
êtes les enfants de leurs enfants. Et il vous a
fait sortir d'Égypte lui-même, avec grande
puissance. 38 Maintenant, il va chasser devant
vous des peuples plus nombreux et plus forts
que vous. Il va vous faire entrer dans leur pays
pour vous le donner en partage. 39 Reconnaissez donc aujourd'hui et gardez dans votre
cœur cette vérité: c'est le SEIGNEUR qui est
Dieu, là-haut dans le ciel et en bas sur la terre.
Il n'y a pas d'autres dieux que lui. 40 Respectez
ses lois et ses commandements que je vous
donne aujourd'hui. Alors vous et vos enfants,
vous serez heureux. Et vous vivrez longtemps
dans le pays que le SEIGNEUR votre Dieu vous
donnera pour toujours.

Moïse choisit trois villes de refuge

41 À cette époque-là, Moïse choisit trois villes à l'est du fleuve Jourdain 42 comme villes
de refuge. Quand quelqu'un a tué sans le vouloir une personne qu'il ne détestait pas auparavant, il pourra se réfugier dans une de ces
villes. Ainsi il sauvera sa vie. 43 Ces villes
sont Besser, dans le plateau du désert, pour
les gens de Ruben, Ramoth, en Galaad, pour
les gens de Gad, et Golan, dans le Bachan,
pour les gens de Manassé.

DEUXIÈME DISCOURS DE MOÏSE
4.44–11.32

Circonstances du discours

44 Voici la loi de Dieu que Moïse donne aux
Israélites. 45 Après leur sortie d'Égypte, il leur
explique les exigences, les lois et les règles à
respecter. 46 À ce moment-là, ils sont à l'est
du fleuve Jourdain, dans la vallée en face de
Beth-Péor, au pays de Sihon, roi des *Amorites. Sihon habitait à Hèchebon, mais Moïse
et les Israélites l'ont battu quand ils sont sortis
d'Égypte. 47 Ils ont pris son pays pour le posséder avec le pays d'Og, roi du Bachan. – Ces
deux Amorites étaient rois à l'est du Jourdain. – 48 Les Israélites occupent donc la région qui va de la ville d'Aroër sur le torrent
de l'Arnon jusqu'à la montagne de l'Hermon,
appelé aussi Cion[q]. 49 Cette région comprend
la vallée à l'est du Jourdain, jusqu'à la mer
Morte, au pied du mont Pisga.

Les dix commandements donnés par Dieu

5 1 Moïse appelle tout le peuple d'Israël et
il leur dit: «Israélites, écoutez les lois et
les règles que je vous donne aujourd'hui.
Apprenez-les et faites tout pour leur obéir.
2 Le SEIGNEUR notre Dieu a fait *alliance avec
nous au mont *Horeb. 3 Ce n'est pas seulement avec nos pères que le SEIGNEUR a fait
cette alliance. Mais c'est avec nous tous,
nous qui sommes là aujourd'hui, encore vivants. 4 Sur la montagne, le SEIGNEUR a parlé
avec vous face à face, du milieu du feu.
5 Moi, à ce moment-là, je me tenais entre le

q **4.48** *Cion: cette montagne était aussi appelée Sirion ou Senir. Voir Deutéronome 3.9.*

SEIGNEUR et vous. Et je vous ai fait connaître ce
qu'il disait. En effet, devant le feu, vous avez
eu peur et vous n'avez pas voulu monter sur
la montagne. Le SEIGNEUR a dit[r]:
6 « Je suis le SEIGNEUR ton Dieu. C'est moi qui
t'ai fait sortir d'Égypte, où tu étais esclave.
7 « Tu ne dois pas avoir d'autres dieux que
moi.
8 « Ne fabrique pas de statues de dieux. Ne représente pas ce qu'il y a là-haut dans le *ciel,
en bas sur la terre, ou dans l'eau sous la terre.
9 Ne te mets pas à genoux devant ces dieux, ne
les adore pas. En effet, le SEIGNEUR ton Dieu,
c'est moi, et je suis un Dieu exigeant. Je punis
la faute de ceux qui me détestent. Je punis
aussi leurs enfants, jusqu'à la troisième ou la
quatrième génération. 10 Mais je montre ma
bonté pendant des milliers de générations à
ceux qui m'aiment et qui obéissent à mes
commandements.
11 « Ne te sers pas de mon nom m'importe
comment. Moi, le SEIGNEUR ton Dieu, je déclare coupable celui qui se sert de mon nom
n'importe comment.
12 « Prends soin de me réserver le jour du
*sabbat, comme je te l'ai commandé, moi, le
SEIGNEUR ton Dieu. 13 Pendant six jours, travaille pour faire tout ce que tu as à faire.
14 Mais le septième jour, c'est le sabbat qui
m'est réservé, à moi, le SEIGNEUR ton Dieu.
Personne ne doit travailler ce jour-là, ni toi,
ni ton fils, ni ta fille, ni ton serviteur, ni ta servante, ni ton bœuf, ni ton âne, ni tes autres
animaux, ni l'étranger installé dans ton pays.
Ainsi, ton serviteur et ta servante pourront
se reposer comme toi. 15 Souviens toi : tu as
été esclave en Égypte, et je t'ai fait sortir de
ce pays avec grande puissance. C'est pourquoi, moi, le SEIGNEUR ton Dieu, je t'ai
commandé de respecter le jour du sabbat.
16 « Respecte ton père et ta mère, comme je te
l'ai commandé. Ainsi, tu vivras longtemps et
tu seras heureux dans le pays que moi, le SEI-
GNEUR ton Dieu, je te donnerai.
17 « Ne tue personne.
18 « Ne commets pas *d'adultère.
19 « Ne vole pas[s].
20 « Ne *témoigne pas faussement contre ton
*prochain.
21 « Ne désire pas pour toi la femme de ton
*prochain. N'aie pas envie de sa maison, ni
de son esclave, ni de sa servante, ni de son
bœuf, ni de son âne. Ne désire rien de ce
qui est à lui. »
22 Voilà les commandements que le SEI-
GNEUR vous a donnés d'une voix puissante,
du milieu du feu, de la fumée et du nuage
épais. Il vous a parlé, à vous tous qui étiez rassemblés au pied de la montagne, et il n'a rien
ajouté. Ensuite, il a écrit ces commandements
sur deux tablettes de pierre qu'il m'a données.

Moïse est le porte-parole de Dieu

23 Moïse continue : Quand vous avez entendu cette voix qui est sortie de l'obscurité,
sur la montagne en feu, vos chefs de tribus
et vos *anciens se sont approchés de moi.
24 Ils m'ont dit : « Le SEIGNEUR notre Dieu a
montré devant nous sa *gloire et sa grandeur.
Nous avons entendu sa voix qui sortait du milieu du feu. Aujourd'hui, nous le voyons bien :
Dieu parle aux êtres humains et pourtant,
ceux-ci restent en vie. 25 Mais maintenant,
nous risquons de mourir brûlés par ce grand
feu. À quoi cela servira-t-il ? Si nous écoutons
encore la voix du SEIGNEUR notre Dieu, nous
allons sûrement mourir ! 26 En effet, un être
humain qui a entendu, comme nous, le Dieu
vivant lui parler du milieu du feu, n'est jamais
resté en vie. 27 C'est donc toi, Moïse, qui dois
t'approcher du SEIGNEUR notre Dieu pour
écouter toutes ses paroles. Tu nous les répéteras, nous les écouterons et nous leur obéirons. » 28 Le SEIGNEUR a entendu ce que vous
me disiez et il m'a déclaré : « J'ai entendu ce
que le peuple t'a dit. Ils ont eu raison de parler

---

r **5.5** *Ces paroles de Dieu, appelées aussi les dix commandements, se trouvent également en Exode 20.1-17, avec de légères différences.*

s **5.19** *Voir Exode 20.15 et la note.*

ainsi. [29] Je souhaite que leur cœur soit toujours prêt à me respecter et à obéir à tous mes commandements. Alors, eux et leurs enfants seront toujours heureux. [30] Va leur dire maintenant de retourner dans leurs tentes. [31] Mais toi, reste ici auprès de moi. Je vais te donner tous les commandements, les lois et les règles que tu devras leur enseigner. Ils devront les suivre dans le pays que je leur donne en partage. »

[32] Moïse continue à dire aux Israélites : Efforcez-vous donc de faire ce que le SEIGNEUR votre Dieu vous a commandé, sans vous en écarter, ni à droite, ni à gauche. [33] Marchez toujours sur le chemin que le SEIGNEUR votre Dieu vous a montré. Alors vous resterez en vie, vous serez heureux et vous vivrez longtemps dans le pays que vous allez posséder.

Le Seigneur, Dieu d'Israël, est le seul Seigneur

6 [1] Moïse dit : Voici les commandements, les lois et les règles que le SEIGNEUR votre Dieu m'a ordonné de vous enseigner. Il veut que vous leur obéissiez dans le pays que vous allez bientôt posséder. [2] Ainsi, tous les jours de votre vie, vous respecterez le SEIGNEUR votre Dieu, vous, vos enfants et les enfants de leurs enfants. Et, en obéissant à ces lois et à ces commandements que je vous donne, vous vivrez longtemps. [3] Israélites, vous écouterez ces commandements et vous ferez tout pour leur obéir. Alors vous serez heureux et vous deviendrez un peuple nombreux dans ce pays qui *déborde de lait et de miel. Voilà ce que le SEIGNEUR, le Dieu de vos ancêtres, vous a promis.

[4] « Écoute, peuple d'Israël, le SEIGNEUR notre Dieu est le seul SEIGNEUR. [5] Tu dois aimer le SEIGNEUR ton Dieu de tout ton cœur, de tout ton être et de toute ta force. [6] Les commandements que je te donne aujourd'hui resteront dans ton cœur. [7] Tu les enseigneras à tes enfants. Tu en parleras quand tu seras assis chez toi, quand tu marcheras sur la route, quand tu te coucheras et quand tu te lèveras. [8] Pour ne pas les oublier, tu les attacheras sur ton bras et sur ton front. [9] Tu les écriras sur les montants de la porte de ta maison et sur les *portes de tes villes. »

Le peuple d'Israël ne doit pas oublier son Dieu

[10] Moïse dit : Le SEIGNEUR votre Dieu a promis à vos ancêtres Abraham, Isaac et Jacob, de vous conduire dans le pays qu'il vous donne. Quand il vous aura fait entrer dans ce pays, vous trouverez là des villes grandes et belles que vous n'avez pas bâties, [11] des maisons remplies de toutes sortes de bonnes choses que vous n'y avez pas mises. Vous trouverez là des puits que vous n'avez pas creusés, des *vignes et des *oliviers que vous n'avez pas plantés. Quand vous aurez mangé à votre faim, [12] alors faites attention ! N'oubliez pas le SEIGNEUR qui vous a fait sortir d'Égypte, où vous étiez esclaves. [13] Vous respecterez le SEIGNEUR votre Dieu, vous le servirez et vous ferez des serments seulement en son nom. [14] Vous ne suivrez pas d'autres dieux, les dieux des peuples qui vivront autour de vous. [15] En effet, le SEIGNEUR votre Dieu, qui est au milieu de vous, est un Dieu exigeant. Attention ! Ne le mettez pas en *colère. Il pourrait vous supprimer de la surface de la terre. [16] Ne provoquez pas le SEIGNEUR votre Dieu, comme vous l'avez fait à Massa[t]. [17] Respectez fidèlement les commandements, les enseignements et les lois que le SEIGNEUR votre Dieu vous a donnés. [18] Faites ce qui est droit, ce qui plaît au SEIGNEUR. Alors vous serez heureux et vous pourrez posséder le beau pays que le SEIGNEUR a promis à vos ancêtres. [19] Vous repousserez loin de vous tous vos ennemis, comme le SEIGNEUR l'a promis.

[20] Plus tard, vos enfants vous demanderont : « Pourquoi est-ce que le SEIGNEUR notre Dieu vous a donné ces enseignements, ces lois et ces règles ? » [21] Vous leur répondrez : « Nous étions esclaves du roi d'Égypte, mais le SEIGNEUR nous a fait sortir de son pays, par sa

---

t **6.16** *Massa : voir Exode 17.1-7.*

grande puissance. 22 Le SEIGNEUR a fait devant nous de grandes actions, des actions vraiment frappantes. Ainsi, il a fait venir le malheur sur le roi d'Égypte, sur sa famille et sur tout son peuple. 23 Et nous, il nous a fait sortir de là-bas pour nous conduire dans le pays qu'il veut nous donner, comme il l'a promis à nos ancêtres. 24 Le SEIGNEUR nous a commandé d'obéir à toutes ces lois et de le respecter. Alors, nous serons toujours heureux, et il nous gardera en vie, comme nous le sommes aujourd'hui. 25 Si nous obéissons avec soin à tous ces commandements devant le SEIGNEUR notre Dieu, nous ferons vraiment ce qui lui plaît. »

Le peuple d'Israël appartient au Seigneur Dieu

7 1 Moïse dit : Le SEIGNEUR votre Dieu va vous faire entrer dans le pays que vous allez posséder. Il va chasser devant vous beaucoup de peuples, sept peuples plus nombreux et plus puissants que vous : les Hittites, les Guirgachites, les *Amorites, les Cananéens, les Perizites, les Hivites et les Jébusites. 2 Le SEIGNEUR votre Dieu les livrera en votre pouvoir, et vous les battrez. À cause de lui, vous les détruirez alors complètement[u]. Ne passez pas d'accord avec eux et n'ayez pas pitié d'eux. 3 Ne vous liez pas à eux par des mariages. Ne donnez pas vos filles à leurs fils, ne prenez pas parmi eux des femmes pour vos fils. 4 Sinon, ces étrangers pourront entraîner vos enfants à se détourner du SEIGNEUR pour adorer d'autres dieux. Le SEIGNEUR se mettra en *colère contre vous et vous fera disparaître aussitôt. 5 Au contraire, voici ce que vous devez faire à ces peuples : vous détruirez leurs *autels, vous casserez leurs pierres dressées, vous couperez leurs *poteaux sacrés, vous brûlerez les statues de leurs dieux. 6 Vous êtes un peuple *consacré au SEIGNEUR votre Dieu. C'est vous que le SEIGNEUR a choisis parmi tous les peuples de la terre pour être son trésor.

Le Seigneur est fidèle à l'alliance avec son peuple

7 Moïse dit : Le SEIGNEUR s'est attaché à vous et il vous a choisis, mais ce n'est pas parce que vous êtes plus nombreux que les autres. Au contraire, vous êtes le plus petit de tous les peuples. 8 Mais le SEIGNEUR vous aime et il a fait ce qu'il avait juré à vos ancêtres. C'est pourquoi par sa grande puissance, il vous a fait sortir d'Égypte, où vous étiez esclaves. Il vous a libérés du pouvoir du Pharaon, roi d'Égypte.

9 Reconnaissez que le SEIGNEUR votre Dieu est le seul vrai Dieu. Il garde fidèlement son *alliance pour mille générations avec ceux qui ont de l'amour pour lui et qui obéissent à ses commandements. 10 Mais à ceux qui le détestent, il leur donne très vite ce qu'ils méritent et il les fait mourir. 11 Faites donc attention aux commandements, aux lois et aux règles auxquels je vous ordonne aujourd'hui d'obéir.

12 Si vous faites attention à ces règles, si vous les respectez et si vous leur obéissez, le SEIGNEUR votre Dieu gardera fidèlement pour vous l'alliance qu'il a faite avec vos ancêtres. 13 Il vous aimera, il vous *bénira, il vous rendra nombreux. Il vous accordera beaucoup d'enfants, de belles récoltes de *blé, de vin et d'huile. Il augmentera vos troupeaux de bœufs, de moutons et de chèvres, dans le pays qu'il vous donnera, comme il l'a promis à vos ancêtres. 14 Il vous bénira plus que les autres peuples. Aucun homme, aucune femme, aucun animal ne sera stérile. 15 Le SEIGNEUR éloignera de vous toutes les maladies et tous les terribles malheurs qui ont frappé l'Égypte et que vous connaissez bien. Il ne vous les enverra pas, mais il les gardera pour ceux qui vous détestent.

16 Vous devrez supprimer sans pitié tous les peuples que le SEIGNEUR votre Dieu livrera en votre pouvoir. Vous n'adorerez pas leurs dieux. En effet, pour vous, ce serait un piège.

---

u **7.2** *Voir Deutéronome 2.34 et la note.*

Le Seigneur protège son peuple

17 Moïse dit : Vous pensez peut-être : « Ces
peuples sont plus puissants que nous.
Comment les chasser ? » 18 N'ayez pas peur
d'eux ! Souvenez-vous de ce que le SEIGNEUR
votre Dieu a fait au roi d'Égypte et à tout
son pays. 19 Vous avez vu les grandes souffrances qu'il leur a envoyées, les actions étonnantes et extraordinaires qu'il a faites. Souvenez-
vous de la force toute-puissante qu'il a montrée quand il vous a fait sortir d'Égypte. Eh
bien, le SEIGNEUR votre Dieu agira de la
même façon avec tous les peuples qui vous
font peur. 20 Il enverra même de grosses mouches piquantes contre eux, jusqu'à la disparition de ceux qui restent et qui se cachent de
vous. 21 Ne tremblez pas devant ces peuples :
le SEIGNEUR votre Dieu est avec vous, et c'est
un Dieu grand et terrible. 22 Il chassera peu
à peu ces peuples devant vous. Vous ne pourrez pas les supprimer tous en même temps,
sinon les bêtes sauvages seront trop nombreuses et elles vous attaqueront. 23 Pourtant, le
SEIGNEUR votre Dieu vous livrera ces peuples.
Une peur terrible tombera sur eux jusqu'à ce
qu'ils disparaissent. 24 Il livrera leurs rois en
votre pouvoir. Vous ferez disparaître leur souvenir de la terre. Aucun d'eux ne restera en
vie devant vous. Vous finirez par les tuer
tous. 25 Vous brûlerez les statues de leurs
dieux. Ne vous laissez pas prendre au piège
par l'or ou l'argent qui les recouvre. N'ayez
pas envie de garder cette richesse pour vous,
car c'est une chose horrible pour le SEIGNEUR
votre Dieu. 26 Aucune statue de ce genre ne
doit entrer dans vos maisons. Sinon vous serez
détruits avec elle. En effet, il faut détruire
complètement ces objets-là. Vous devez les
rejeter et les détester.

Dans le désert, Dieu a éduqué son peuple

8 1 Moïse dit : Obéissez avec soin à tous les
commandements que je vous donne aujourd'hui. Alors vous vivrez et vous deviendrez nombreux. Vous pourrez posséder le
pays que le SEIGNEUR a promis à vos ancêtres.
2 Souvenez-vous de tout le chemin que le SEI-
GNEUR votre Dieu vous a fait parcourir pendant
40 ans dans le désert. Il vous a fait connaître
des difficultés pour voir ce que vous valiez.
Il voulait savoir ainsi ce que vous aviez dans
le cœur et si vous vouliez respecter ses
commandements, oui ou non. 3 Il vous a
donc fait connaître des difficultés et il vous a
fait souffrir la faim. Ensuite il vous a donné
la manne à manger[v]. Vous et vos ancêtres,
vous ne connaissiez pas cette nourriture. De
cette façon, le SEIGNEUR vous a montré une
chose : le pain ne suffit pas à faire vivre
l'homme. Celui-ci a besoin aussi de toutes
les paroles qui sortent de la bouche de Dieu.
4 Vos vêtements ne se sont pas usés, vos pieds
n'ont pas enflé pendant ces 40 ans. 5 Comprenez donc bien ceci : le SEIGNEUR votre Dieu
veut vous éduquer comme un père éduque
son fils. 6 Gardez les commandements du
SEIGNEUR votre Dieu, vivez comme il veut et
respectez-le.

Ce qui arrivera si le peuple oublie son Dieu

7 Moïse dit : Maintenant le SEIGNEUR votre
Dieu va vous faire entrer dans un bon pays.
C'est un pays où il y a beaucoup de torrents
et de sources. L'eau qui sort des profondeurs
de la terre coule dans la plaine et la montagne.
8 C'est un pays où poussent le *blé et *l'orge,
les *vignes, les *figuiers et les grenadiers[w].
C'est un pays où il y a beaucoup d'huile
*d'olive et de miel. 9 Là-bas, vous ne manque-
rez pas de pain, vous ne serez privés de rien.
Dans ce pays, les pierres contiennent du fer,
et vous pourrez tirer du cuivre de ses montagnes. 10 Vous mangerez autant que vous voudrez et vous remercierez le SEIGNEUR pour le
bon pays qu'il vous aura donné.
11 Mais attention ! N'oubliez pas le SEIGNEUR
votre Dieu en ne respectant pas ses commandements, ses lois et ses règles que je vous

---

v **8.3** *Voir Exode 16 et la note sur 16.31.*

w **8.8** *Les grenadiers sont des arbres fruitiers qui donnent des fruits appelés des grenades.*

donne aujourd'hui. 12 Vous mangerez à votre
faim, vous bâtirez de belles maisons et vous
les habiterez. 13 Vos bœufs, vos moutons et
vos chèvres seront nombreux. Vous aurez
beaucoup d'argent, beaucoup d'or et des
biens de toutes sortes. 14 Alors, ne devenez
pas orgueilleux. N'oubliez pas le SEIGNEUR
votre Dieu. C'est lui qui vous a fait sortir
d'Égypte, où vous étiez esclaves. 15 C'est lui
qui vous a fait traverser le désert grand et terrible, plein de serpents venimeux et de scorpions. Dans cette terre complètement sèche
où on meurt de soif, le SEIGNEUR a fait sortir
pour vous de l'eau du rocher le plus dur
16 Dans ce désert, il vous a donné la manne[x],
une nourriture que vos ancêtres ignoraient.
Il vous a fait connaître des difficultés pour
voir ce que vous valiez, et finalement pour
vous faire du bien. 17 Attention ! Ne dites
jamais dans votre cœur : « Nous sommes devenus riches par nous-mêmes, grâce à nos
seules forces. » 18 Rappelez-vous : c'est le
SEIGNEUR votre Dieu qui vous donne la force
d'obtenir ces richesses. Et ainsi aujourd'hui
encore, il respecte *l'alliance qu'il a faite
avec vos ancêtres.

19 Si vous oubliez le SEIGNEUR votre Dieu, si
vous suivez d'autres dieux, si vous les servez,
si vous vous mettez à genoux devant eux, je
vous avertis aujourd'hui : vous disparaîtrez
complètement. 20 Oui, si vous n'écoutez pas
le SEIGNEUR votre Dieu, vous disparaîtrez
comme les peuples que le SEIGNEUR va détruire
à votre arrivée.

Le peuple d'Israël n'est pas meilleur que les autres

9 1 Moïse dit : Israélites, écoutez ! Vous allez
bientôt traverser le fleuve Jourdain. Vous
allez chasser des peuples plus nombreux et
plus puissants que vous. Vous allez prendre
leurs grandes villes protégées par des murs
qui montent jusqu'au ciel. 2 Vous allez vaincre
les Anaquites, ces hommes puissants et très
grands. Vous le savez, on dit d'eux : « Qui
peut tenir debout devant les gens de la famille
d'Anaq ? » 3 Bientôt, vous allez reconnaître
ceci : c'est le SEIGNEUR votre Dieu qui marche
lui-même devant vous, comme un feu qui détruit tout. Il fera disparaître ces gens-là, il les
abattra devant vous. Vous les chasserez,
vous les ferez disparaître très vite, comme le
SEIGNEUR vous l'a promis.

4 Quand le SEIGNEUR notre Dieu les aura
chassés devant vous, ne pensez pas : « Si le SEI-
GNEUR nous permet d'aller posséder ce pays,
c'est parce que nous le méritons. » Non, c'est
parce qu'ils ont fait le mal que le SEIGNEUR
chasse ces peuples devant vous. 5 Si vous arrivez à posséder leur pays, ce n'est pas parce
que vous le méritez ou parce que vous avez
le cœur droit. En réalité, le SEIGNEUR votre
Dieu chassera ces peuples devant vous, parce
qu'ils ont fait le mal. C'est aussi pour tenir la
promesse qu'il a faite à vos ancêtres Abraham,
Isaac et Jacob. 6 Vous devez donc le reconnaître : si le SEIGNEUR votre Dieu vous donne ce
bon pays en partage, ce n'est pas parce que
vous le méritez. En effet, vous êtes un peuple
à la tête dure.

Le veau d'or : Moïse rappelle la faute du peuple

7 Moïse dit : Souvenez-vous : dans le désert,
vous avez mis en *colère le SEIGNEUR votre
Dieu[y]. N'oubliez jamais cela. Depuis le jour
où vous êtes sortis d'Égypte jusqu'à votre arrivée ici, vous vous êtes révoltés contre le SEI-
GNEUR. 8 Au mont *Horeb, vous avez mis le
SEIGNEUR en colère. Sa colère était si grande
qu'il voulait vous détruire. 9 J'étais monté
sur la montagne pour recevoir les *tablettes
de pierre avec les paroles de *l'alliance que
le SEIGNEUR avait faite avec vous. Je suis resté
40 jours et 40 nuits sur la montagne. Là, je
n'ai rien mangé et je n'ai rien bu. 10 Le SEI-
GNEUR Dieu m'a donné les deux tablettes de
pierre où il avait écrit de sa main tous ses

x **8.16** *La manne : voir Deutéronome 8.3 et la note.*
y **9.7** *Voir Exode 32.*

commandements. Il vous les avait communiqués du milieu du feu, sur la montagne, le
jour où vous étiez tous rassemblés.
11 Après ces 40 jours et ces 40 nuits, le SEI-
GNEUR m'a donné ces deux tablettes de pierre
avec les paroles de l'alliance. 12 Ensuite il m'a
dit : « Vite, descends tout de suite d'ici. En effet, ton peuple, que tu as fait sortir d'Égypte,
est tombé dans un grand péché. Ils ont quitté
rapidement le chemin que je leur avais montré. Ils se sont fabriqué un veau en métal
fondu ! » 13 Puis le SEIGNEUR a ajouté : « Je le
vois, ce peuple est un peuple à la tête dure.
14 Laisse-moi faire : je vais les détruire et je ferai disparaître leur souvenir de la terre. Ensuite, je ferai naître de toi un peuple plus
puissant et plus nombreux qu'eux. » 15 Je
suis descendu de la montagne qui était en
feu. Je tenais des deux mains les deux tablettes de pierre avec les paroles de l'alliance.
16 J'ai bien vu, en effet, que vous aviez péché
contre le SEIGNEUR votre Dieu. Vous aviez fabriqué un veau en métal fondu. Vous aviez
vite quitté le chemin que le SEIGNEUR vous
avait montré. 17 Alors j'ai jeté les deux tablettes de pierre que je tenais et je les ai cassées
sous vos yeux.

Le veau d'or : Moïse a prié pour le peuple

18 Moïse dit : Puis je suis tombé à genoux devant le SEIGNEUR. Et je suis resté là de nouveau
40 jours et 40 nuits. Je n'ai rien mangé et je
n'ai rien bu à cause de tous vos péchés.
Vous aviez fait ce qui est mal aux yeux du SEI-
GNEUR et vous l'aviez mis dans une grande
*colère. 19 C'était une colère si violente que
le SEIGNEUR voulait vous détruire. Oui, j'avais
peur de cette colère. Mais cette fois encore, le
SEIGNEUR a entendu ma prière. 20 Le SEIGNEUR
était aussi dans une violente colère contre Aaron. Il voulait le faire mourir, mais j'ai prié
également pour Aaron. 21 J'ai pris le veau
que vous aviez fabriqué, le produit de votre
péché, et je l'ai mis dans le feu. Puis je l'ai
cassé en morceaux, je l'ai écrasé en poussière
fine et j'ai jeté cette poussière dans le torrent
qui descend de la montagne[z].
22 De la même façon, à Tabéra, à Massa, à
Quibroth-Taava, vous avez aussi mis le SEI-
GNEUR en colère. 23 À Cadès-Barnéa, le SEI-
GNEUR voulait vous envoyer en *Canaan. Il
vous a dit : « Allez prendre le pays que je
vous donne en partage. » Mais vous n'avez
pas obéi aux ordres du SEIGNEUR votre Dieu.
Vous n'avez pas eu confiance en lui et vous
ne l'avez pas écouté. 24 Depuis que le SEIGNEUR
vous connaît, vous vous révoltez contre lui.
25 Quand le SEIGNEUR a parlé de vous faire
mourir, je me suis mis à genoux devant lui
pendant 40 jours et 40 nuits. 26 Je lui ai fait
cette prière : « Seigneur DIEU, ne détruis pas
ton peuple. Il t'appartient. Tu l'as libéré grâce
à ta grande force, tu l'as fait sortir d'Égypte
grâce à ta puissance. 27 Souviens-toi de tes serviteurs Abraham, Isaac et Jacob. Ne fais pas attention au caractère têtu de ce peuple, à sa
méchanceté, à ses péchés. 28 Tu nous as fait
sortir d'Égypte. Il ne faut pas que là-bas, les
gens disent : "Le SEIGNEUR n'était pas capable
de faire entrer les Israélites dans le pays qu'il
leur avait promis. Il les détestait. Il les a fait
sortir pour les faire mourir dans le désert."
29 Pourtant, SEIGNEUR, ils sont ton peuple, ils
t'appartiennent. Tu les as libérés grâce à ta
grande force et à toute ta puissance. »

Le veau d'or : Dieu a pardonné au peuple

10 1 Moïse dit : Alors le SEIGNEUR m'a
donné cet ordre : « Taille deux *tablettes de pierre comme les premières. Fabrique
aussi un coffre en bois. Ensuite monte vers
moi sur la montagne. 2 J'écrirai sur ces tablettes les commandements qui étaient sur les
premières que tu as cassées. Puis tu mettras
ces tablettes dans le coffre. » 3 J'ai donc fabriqué un coffre en bois d'acacia, j'ai taillé
deux tablettes de pierre comme les premières
et je les ai emportées sur la montagne. 4 Le SEI-
GNEUR a écrit sur les nouvelles tablettes,
comme sur les premières, les dix commande-

z 9.21 *Voir Exode 32.20.*

ments qu'il vous avait communiqués du milieu du feu. C'était le jour où vous étiez rassemblés au pied de la montagne. Puis il m'a donné ces tablettes. 5 Je suis redescendu de la montagne et je les ai placées dans le coffre que j'avais fabriqué. Elles sont restées là, comme le SEIGNEUR me l'avait commandé.

6 – Les Israélites ont quitté les puits de Bené-Yacan pour Mosséra. C'est là qu'Aaron est mort et a été enterré. Son fils Élazar est devenu prêtre à sa place. 7 De là, ils sont allés à Goudgoda, et de Goudgoda, ils sont allés à Yotbata, où on trouve plusieurs torrents. 8 À ce moment-là, le SEIGNEUR a mis à part les gens de la tribu de Lévi pour faire les travaux suivants : porter le *coffre de l'alliance, se tenir devant le SEIGNEUR pour être à son service, dire les *bénédictions en son nom. Les *lévites font ces travaux encore aujourd'hui. 9 C'est pourquoi ils n'ont pas reçu une partie du pays en partage, ni des biens, comme leurs frères. C'est le SEIGNEUR qui est leur part, selon ce que le SEIGNEUR votre Dieu leur avait dit. –

10 Je suis resté sur la montagne 40 jours et 40 nuits, comme la première fois. Cette fois encore, le SEIGNEUR a entendu ma prière et il a renoncé à vous détruire. 11 Puis il m'a dit : « En route ! Va te mettre à la tête du peuple. Ils doivent aller posséder le pays que j'ai juré à leurs ancêtres de leur donner ! »

Ce que le Seigneur attend de son peuple

12 Moïse dit : Et maintenant, Israélites, qu'est-ce que le SEIGNEUR votre Dieu attend de vous ? Il attend seulement que vous le respectiez en faisant sa volonté, en l'aimant et en le servant de tout votre cœur et de tout votre être. 13 Il vous demande d'obéir à ses commandements et à ses lois. Je vous les donne aujourd'hui pour que vous soyez heureux. 14 Oui, le SEIGNEUR votre Dieu est le maître du ciel immense, de la terre et de tout ce qu'elle contient. 15 Autrefois, c'est seulement à vos ancêtres que le SEIGNEUR s'est attaché pour les aimer. Et maintenant, c'est vous, les enfants de leurs enfants, qu'il a choisis parmi tous les peuples. Vous le voyez bien aujourd'hui. 16 Soyez donc totalement *consacrés au SEIGNEUR et ne vous révoltez plus contre lui. 17 Oui, le SEIGNEUR votre Dieu est le plus grand des dieux et le plus grand des seigneurs. Il est le Dieu grand, puissant et terrible. Il ne fait pas de différence entre les gens et il ne se laisse pas acheter par des cadeaux. 18 Il prend la défense des orphelins et des veuves. Il montre son amour pour les étrangers installés chez vous en leur donnant de la nourriture et des vêtements. 19 Vous aussi, aimez donc les étrangers, car vous avez été des étrangers en Égypte.

20 Respectez le SEIGNEUR votre Dieu, servez-le. Restez attachés à lui seul et faites des serments seulement en son nom. 21 Vous devez chanter sa louange. Il est votre Dieu. C'est lui qui a fait pour vous les choses grandes et terribles que vous avez vues de vos yeux. 22 Vos ancêtres étaient seulement 70 quand ils sont arrivés en Égypte. Et maintenant, le SEIGNEUR votre Dieu vous a rendus aussi nombreux que les étoiles du ciel.

Ce que Dieu a fait pour le peuple

11 1 Moïse dit : Aimez le SEIGNEUR votre Dieu, obéissez chaque jour à ce qu'il vous dit, à ses lois, à ses règles et à ses commandements. 2 Aujourd'hui, je ne parle pas à vos enfants. Eux, ils n'ont pas vu ni connu ce que le SEIGNEUR votre Dieu a fait. Mais je vous parle à vous qui avez été *témoins de sa grandeur, de toute sa force et de toute sa puissance. 3 Vous avez vu ses actions étonnantes en Égypte, ce qu'il a fait contre le Pharaon, roi d'Égypte, et contre tous les Égyptiens. 4 Il a agi aussi contre son armée, ses chevaux et ses chars. En effet, il a ramené sur eux l'eau de la *mer des Roseaux, quand les Égyptiens vous poursuivaient. Il les a fait disparaître pour toujours. 5 Il a agi pour vous dans le désert jusqu'à votre arrivée ici. 6 Il a agi contre Datan et Abiram, les fils d'Éliab, de la tribu de Ruben. Devant tous les Israélites, la terre s'est ouverte et elle les a avalés avec leurs familles, leurs tentes et tous ceux qui étaient d'accord avec eux. 7 Oui, vous avez vu de vos yeux les grandes actions du SEIGNEUR. 8 Vous obéirez donc à tous les commandements que je vous donne aujourd'hui. Alors vous aurez les forces nécessaires pour entrer dans le pays que vous allez posséder, 9 et vous pourrez y vivre longtemps. Le SEIGNEUR a juré de donner ce pays à vos ancêtres, à leurs enfants et aux enfants de leurs enfants. C'est un pays qui *déborde de lait et de miel.

L'avenir du peuple dépend de son obéissance à Dieu

10 Moïse dit : Le pays que vous allez posséder n'est pas comme l'Égypte que vous avez quittée. Là-bas, vous semiez et vous deviez arroser les champs vous-mêmes comme on arrose un jardin. 11 Mais le pays que vous allez posséder est un pays de montagnes et de vallées arrosé par les pluies. 12 Le SEIGNEUR votre Dieu en prend soin et il garde les yeux fixés sur lui du début à la fin de l'année.

13 Si vous obéissez fidèlement aux commandements que je vous donne aujourd'hui de la part de Dieu, si vous aimez et servez le SEIGNEUR votre Dieu de tout votre cœur et de tout votre être, 14 le SEIGNEUR fera tomber la pluie sur vos terres au bon moment, en automne et au printemps[a]. Alors vous aurez de bonnes récoltes, du *blé, du vin et de l'huile. 15 Il fera aussi pousser l'herbe dans vos champs pour vos animaux, et vous, vous mangerez autant que vous voudrez.

16 Mais attention ! Ne vous laissez pas entraîner, ne vous détournez pas du bon chemin, pour servir d'autres dieux et pour vous mettre à genoux devant eux. 17 Si vous faites cela, le SEIGNEUR se mettra en *colère contre vous, il fermera le ciel et il n'y aura plus de pluie. La terre ne produira plus de récoltes, et vous disparaîtrez rapidement du bon pays que le SEIGNEUR vous donne. 18 Les commandements que je vous communique, mettez-les en vous, dans votre cœur. Pour ne pas les oublier, attachez-les sur votre bras et sur votre front. 19 Vous les enseignerez à vos enfants. Vous leur parlerez quand vous serez chez vous, quand vous marcherez sur la route, quand vous vous coucherez et quand vous vous lèverez. 20 Vous les écrirez sur les montants de la porte de vos maisons et sur les *portes de vos villes. 21 Alors vous et vos enfants, vous vivrez dans ce pays que le SEIGNEUR a juré de donner à vos ancêtres. Vous y vivrez aussi longtemps que le ciel sera au-dessus de la terre.

22 Oui, obéissez avec soin à tous les commandements que je vous communique. Aimez le SEIGNEUR votre Dieu, faites ce qu'il veut et restez fidèlement attachés à lui. 23 Si vous faites cela, il chassera devant vous les autres peuples, plus nombreux et plus puissants que vous, et vous prendrez leurs terres. 24 Tous les endroits où vous marcherez seront à vous. Votre territoire ira du désert, au sud, jusqu'aux montagnes du Liban, au nord. Il s'étendra du fleuve Euphrate[b], à l'est, jusqu'à la mer Méditerranée, à l'ouest. 25 Personne ne pourra tenir debout devant vous. Partout où vous irez dans le pays, le SEIGNEUR votre Dieu répandra la peur et la terreur de vous, comme il vous l'a promis.

26 Écoutez : aujourd'hui, je vous donne le choix entre la *bénédiction et la malédiction. 27 Aujourd'hui, je vous donne les commandements du SEIGNEUR votre Dieu. Si vous obéissez à ces commandements, la bénédiction sera sur vous. 28 Mais supposons ceci : vous n'obéissez pas à ces commandements. Vous abandonnez le chemin que je vous montre aujourd'hui. Et vous suivez d'autres dieux, que vous ne connaissez pas. Dans ce cas, la malédiction sera sur vous.

29 Quand le SEIGNEUR votre Dieu vous aura fait entrer dans le pays que allez posséder, vous direz une bénédiction du sommet du mont Garizim et une malédiction du sommet du mont Ébal[c]. 30 Ces montagnes sont au-delà

---

a **11.14** *Dans certaines régions du monde, il n'y a que deux saisons. Mais dans d'autres régions, il y en a quatre : le printemps, l'été, l'automne et l'hiver.*

b **11.24** *Voir Deutéronome 1.7 et la note.*

c **11.29** *Voir Deutéronome 27.4-7. Le mont Garizim et le mont Ébal dominaient la ville de Sichem au sud et au nord.*

du Jourdain, de l'autre côté de la route de
l'ouest, dans le pays des *Cananéens qui habitent la vallée du Jourdain. Elles sont près des
grands arbres sacrés de Moré, en face du Guilgal. 31 Vous traverserez bientôt le Jourdain
pour aller posséder le pays que le SEIGNEUR
Dieu vous donne. Vous le posséderez et vous
y habiterez. 32 Efforcez-vous donc d'obéir à
toutes les lois et aux règles que je vous donne
aujourd'hui.

RÈGLES POUR VIVRE DANS LE PAYS DONNÉ PAR DIEU
12.1–26.19

Moïse communique au peuple les lois du Seigneur Dieu

12 1 Moïse dit : Le SEIGNEUR, le Dieu de vos
ancêtres, vous donnera le pays que
vous allez posséder. Voici les lois et les règles
auxquelles vous obéirez avec soin dans ce
pays, tous les jours de votre vie.

Adorer le Seigneur dans un lieu unique

2 Vous détruirez complètement tous les
lieux sacrés sur les hautes montagnes, sur
les collines et sous tous les arbres verts. C'est
là que les peuples que vous allez chasser adorent leurs dieux. 3 Vous détruirez leurs *autels, vous casserez leurs pierres dressées,
vous brûlerez leurs *poteaux sacrés, vous ren-
verserez les statues de leurs dieux. Vous ferez
disparaître de cet endroit le nom de ces statues. 4 Dans le culte rendu au SEIGNEUR votre
Dieu, vous n'agirez pas comme ces peuples.
5 Vous irez l'adorer seulement à l'endroit
qu'il choisira, parmi toutes vos tribus, pour
y habiter et montrer sa présence. 6 Là, vous
apporterez vos *sacrifices complets et vos sacrifices de communion. Vous apporterez le
dixième de vos récoltes, vos dons volontaires,
et les offrandes que vous donnez de façon
spontanée ou pour accomplir un *vœu.
Vous apporterez enfin les premiers-nés de
vos troupeaux de bœufs, de moutons et de
chèvres. 7 C'est là, dans le *lieu saint du SEI-
GNEUR votre Dieu, que vous et vos familles,
vous mangerez ensemble les repas sacrés.
Vous serez pleins de joie, car le SEIGNEUR votre Dieu vous aura *bénis dans tout ce que
vous aurez entrepris.

8 Vous n'adorerez plus le SEIGNEUR comme
nous le faisons ici aujourd'hui, où chacun
fait ce qui lui semble bon. 9 En effet, vous
n'êtes pas encore arrivés dans le pays que le
SEIGNEUR votre Dieu vous donnera en partage
et où vous vous reposerez. 10 Mais vous allez
traverser le fleuve Jourdain, et vous vous installerez dans le pays qu'il vous donne en partage. Il vous protégera contre tous les ennemis
qui vous entourent, et vous habiterez en sécurité. 11 Alors vous apporterez au SEIGNEUR votre Dieu, dans le lieu qu'il choisira pour y
montrer sa présence, tout ce que je vous
commande : vos sacrifices complets, vos sacrifices de communion, le dixième de vos récoltes et vos dons volontaires. Vous apporterez
aussi tout ce que vous avez décidé d'offrir au
SEIGNEUR pour accomplir vos vœux. 12 Là, dans
le lieu saint du SEIGNEUR votre Dieu, vous serez dans la joie, vous, vos fils, vos filles, vos
serviteurs et vos servantes, ainsi que les *lévites qui habitent dans vos villes. En effet,
ceux-ci ne possèdent pas de part de terres au
milieu de vous.

13 Attention ! N'offrez pas vos sacrifices
dans n'importe quel lieu sacré que vous
voyez. 14 Offrez-les seulement à l'endroit que
le SEIGNEUR choisira, sur les terres de l'une
de vos tribus. C'est là seulement que vous ferez tout ce que je vous commande. 15 Pourtant, selon les biens que le SEIGNEUR votre
Dieu vous donnera là où vous habiterez,
vous pourrez tuer un animal toutes les fois
que vous le voudrez, pour en manger la
viande. Tous ceux qui sont *impurs et ceux
qui sont purs pourront en manger, comme si
c'était de la gazelle ou de la biche. 16 Mais
vous ne mangerez pas le sang de l'animal.
Vous le verserez sur le sol, comme de l'eau.

17 Vous ne pourrez pas manger chez vous la
part de *blé, de vin et d'huile que vous devez
offrir à Dieu. Vous ne mangerez pas non plus
chez vous les premiers-nés de vos troupeaux

de bœufs, de moutons et de chèvres, ni les
dons volontaires et les offrandes faites de façon spontanée ou pour accomplir un vœu.
18 Vous pourrez en manger seulement dans
le lieu saint, à l'endroit que le SEIGNEUR votre
Dieu choisira. Vous en mangerez avec vos fils,
vos filles, vos serviteurs et vos servantes, et
avec les lévites qui habitent dans vos villes.
Là, dans le lieu saint du SEIGNEUR votre Dieu,
vous serez dans la joie à cause de tout ce que
vous avez entrepris. 19 Mais attention ! Ne négligez pas les lévites aussi longtemps que vous
vivrez dans votre pays.

20 Quand le SEIGNEUR votre Dieu agrandira
votre pays, comme il vous l'a promis, si
vous avez envie de viande, vous pourrez en
manger autant que vous voudrez. 21 Mais supposons ceci : Vous habitez trop loin de l'endroit choisi par le SEIGNEUR votre Dieu pour
y montrer sa présence. Alors vous pouvez
tuer un animal pris dans vos troupeaux de
bœufs, de moutons ou de chèvres que le SEI-
GNEUR vous donnera. Vous mangerez chez
vous autant de viande que vous voudrez, en
suivant les ordres que je vous ai donnés.
22 Oui, ceux qui sont impurs et ceux qui
sont purs pourront tous en manger, comme
si vous mangiez de la gazelle ou de la biche.
23 Mais évitez à tout prix de manger le sang
de l'animal, parce que le sang, c'est la vie.
Vous ne mangerez donc pas la vie avec
la viande. 24 Ne mangez pas le sang, mais
versez-le sur le sol, comme de l'eau. 25 Ne le
mangez jamais et, de cette façon, vous serez
heureux, vous et vos enfants. En effet, vous
aurez fait tout ce qui est droit aux yeux du SEI-
GNEUR. 26 Mais vous amènerez au lieu choisi
par le SEIGNEUR uniquement des animaux
*consacrés ou offerts pour accomplir un
vœu. 27 Pour les sacrifices complets, vous
offrirez la viande et le sang sur *l'autel du
SEIGNEUR votre Dieu. Pour les sacrifices de
communion, vous verserez le sang sur l'autel
du SEIGNEUR et vous mangerez la viande.

28 Écoutez toutes ces choses que je vous
commande et obéissez-leur. Alors vous serez
heureux pour toujours, vous et vos enfants.
En effet, vous aurez fait ce qui est droit, ce
qui plaît au SEIGNEUR votre Dieu.

Ne pas imiter les religions étrangères

29 Moïse dit : Devant vous, le SEIGNEUR votre
Dieu fera disparaître les autres peuples du
pays où vous entrerez pour les chasser. Alors
vous vous installerez à leur place. 30 Quand ils
auront été supprimés devant vous, faites très
attention ! Ne vous laissez pas prendre au
piège en les imitant. Ne vous intéressez pas
à leurs dieux. Ne dites pas : « Comment ces
gens-là adoraient-ils ? Nous voulons faire
comme eux, nous aussi. » 31 Quand vous adorez le SEIGNEUR votre Dieu, n'agissez pas
comme eux. En effet, tout ce qui est horrible
aux yeux du SEIGNEUR, ils le font pour leurs
dieux. Ils vont jusqu'à brûler leurs fils et leurs
filles en *sacrifice !

13 1 Au contraire, efforcez-vous d'obéir à
tous les commandements que je vous
donne. N'ajoutez rien et n'enlevez rien.

Ne pas suivre ceux qui adorent de faux dieux

2 Moïse dit : Supposons ceci : Un jour, un
*prophète ou un homme qui voit des choses
en rêve se lève au milieu de vous. Il propose
de faire quelque chose d'étonnant ou d'extraordinaire. 3 S'il réussit, il vous dira peut-
être : « Suivons et servons d'autres dieux »,
des dieux que vous ne connaissez pas.
4 N'écoutez pas ce qu'il vous dit. En effet,
par là, le SEIGNEUR veut savoir ce que vous valez, si vous l'aimez de tout votre cœur, et de
tout votre être. 5 C'est uniquement le SEI-
GNEUR votre Dieu que vous devez suivre, c'est
lui que vous devez respecter. C'est à ses
commandements que vous obéirez, c'est lui
que vous écouterez. C'est lui que vous servirez, c'est à lui que vous vous attacherez. 6 Il
faut faire mourir ce prophète ou cet homme
qui voit des choses en rêve. Il vous a poussés
par ses paroles à vous détourner du SEIGNEUR,
le Dieu qui vous a fait sortir d'Égypte et qui
vous a libérés de l'esclavage. Cet homme a
voulu vous éloigner du chemin que le SEI-
GNEUR votre Dieu vous a commandé de suivre.
Ainsi, vous enlèverez le mal du milieu de
vous.

7 Voici un autre cas : Un jour, l'un de vous
voit son frère, fils de sa mère, ou son fils, ou
sa fille, ou sa femme, ou son meilleur ami venir en cachette pour dire : « Allons servir d'autres dieux ! » Or, ni vous ni vos ancêtres
n'avez connu ces dieux-là. 8 Ce sont les dieux
des autres peuples qui vous entourent, les uns
proches de vous, les autres éloignés, d'un bout
de la terre à l'autre. 9 Vous n'accepterez pas
cela, vous n'écouterez pas cet homme, vous
n'aurez pas pitié de lui, vous ne le défendrez
pas. 10 Au contraire, vous le ferez mourir. Celui que cet homme a voulu entraîner sera le
premier à lui jeter des pierres pour le tuer. Ensuite, le reste du peuple continuera. 11 On
tuera le coupable à coups de pierres. En effet,
il a essayé de détourner quelqu'un du SEI-
GNEUR, le Dieu qui vous a fait sortir d'Égypte,
où vous étiez esclaves. 12 Tous les Israélites apprendront cela, ils auront peur et ils ne recommenceront pas à faire le mal de cette façon au
milieu de vous.

13 Voici ce qui peut encore arriver : Vous apprenez ceci : dans une des villes que le SEI-
GNEUR votre Dieu vous donne pour y habiter,
14 des gens parmi vous qui ne valent rien entraînent les autres habitants à servir d'autres
dieux. Et ces dieux-là, vous ne les connaissez
pas. 15 Alors vous vous renseignerez, vous ferez des recherches, vous interrogerez les
gens de façon sérieuse. Si vous avez la preuve
que cette chose horrible a vraiment été
commise, 16 vous ferez mourir tous les habitants de cette ville[d]. Vous tuerez également
tous les animaux. Ensuite, vous détruirez
complètement la ville avec tout ce qu'elle
contient. 17 Vous rassemblerez toutes ses richesses au milieu de la place publique, vous
les brûlerez et vous brûlerez la ville. Vous ferez cela pour le SEIGNEUR votre Dieu. Cette
ville restera un tas de pierres pour toujours.
On ne la reconstruira plus jamais. 18 Vous ne
prendrez rien de ce qui doit être détruit. Alors
la violente *colère du SEIGNEUR votre Dieu se
calmera. Il vous montrera sa bonté, il aura pitié de vous, il vous rendra nombreux, comme
il l'a promis à vos ancêtres. 19 Mais à une
condition : vous devez l'écouter, vous devez
obéir à tous les commandements que je vous
donne aujourd'hui, vous devez faire ce qui
est droit à ses yeux.

Les coutumes de deuil interdites

14 1 Moïse dit : Vous êtes les enfants du SEI-
GNEUR votre Dieu. Donc, si vous êtes en
deuil, vous ne devez pas vous faire des incisions sur le corps. Vous ne devez pas non
plus raser vos cheveux sur le devant de la
tête. 2 En effet, vous êtes un peuple qui appartient personnellement au SEIGNEUR votre
Dieu. C'est vous que le SEIGNEUR a choisis
parmi tous les peuples de la terre, pour être
son trésor.

Les viandes autorisées et les viandes interdites

3 Vous ne devez manger aucune nourriture
que le SEIGNEUR considère comme *impure.
4 Voici les animaux que vous pouvez manger[e] : le bœuf, le mouton, la chèvre, 5 la biche,
la gazelle, le daim, le bouquetin, le mouflon,
l'antilope, la chèvre sauvage, 6 et tous les autres animaux qui ont des sabots fendus et
qui ruminent[f]. 7 Parmi les animaux qui ruminent, ou parmi ceux qui ont des sabots fendus,
voici ceux que vous ne devez pas manger : le
chameau, le lièvre et le daman[g]. Pour vous, ils
sont *impurs. En effet, ils ruminent, mais ils
n'ont pas de sabots. 8 Vous ne devez pas manger de cochon sauvage. Pour vous il est impur.
En effet, il a des sabots, mais il ne rumine pas.
Ne mangez pas la viande de ces animaux. Ne
les touchez pas quand ils sont morts.

9 Parmi les animaux qui vivent dans l'eau,
vous pouvez manger ceux qui ont à la fois
des nageoires et des écailles. 10 Mais ne man-

d 13.16 *Voir Deutéronome 2.34 et la note.*

e 14.4 *Pour les viandes autorisées ou interdites, voir Lévitique 11.*

f 14.6 *Ruminer, c'est faire revenir les aliments dans la bouche pour les mâcher de nouveau.*

g 14.7 *Le daman ressemble à un lapin.*

gez pas ceux qui n'ont pas de nageoires ou pas
d'écailles : pour vous, ils sont impurs.
11 Vous pouvez manger les oiseaux *purs.
12 Mais voici les oiseaux que vous ne devez
pas manger : les aigles, les gypaètes, les aigles
de la mer, 13 les milans, les vautours, les
faucons de différentes espèces, 14 toutes les
espèces de corbeaux, 15 les autruches, les
chouettes, les mouettes, les oiseaux chasseurs
de différentes espèces, 16 les hiboux, les cormorans, les hulottes, les chouettes claires,
17 les chouettes chevêches, les charognards,
18 les cigognes, les hérons de différentes espèces, les coqs des champs et les chauves-souris.
19 Tous les insectes qui ont des ailes sont
impurs pour vous, n'en mangez pas. 20 Mais
vous pouvez mangez les insectes qui sont
purs.
21 Ne mangez pas la viande d'un animal
mort naturellement. Donnez-la à manger aux
étrangers installés chez vous, ou bien vendez-
la à des inconnus. En effet, vous êtes un peuple qui appartient personnellement au SEI-
GNEUR votre Dieu. Vous ne ferez pas cuire
un cabri dans le lait de sa mère.

L'offrande de la dixième partie des récoltes

22 Moïse dit : Chaque année, vous mettrez
de côté la dîme, c'est-à-dire un dixième de
toutes vos récoltes. 23 Ensuite, vous irez au
*lieu saint du SEIGNEUR votre Dieu, où il a
choisi de montrer sa présence. Là, vous mangerez le dixième de votre *blé, de votre vin
nouveau et de votre huile. Vous mangerez
aussi les premiers-nés de vos troupeaux de
bœufs, de moutons et de chèvres. De cette façon, vous apprendrez à respecter sans cesse le
SEIGNEUR votre Dieu. 24 Mais le lieu où le SEI-
GNEUR votre Dieu a choisi de montrer sa présence sera peut-être loin de chez vous. Et le
SEIGNEUR votre Dieu vous aura peut-être
donné beaucoup de récoltes. Alors vous ne
pourrez pas apporter ce que vous avez mis
de côté. 25 Dans ce cas, vous vendrez ces réserves et vous apporterez l'argent au lieu
que le SEIGNEUR votre Dieu a choisi. 26 Là,
avec cet argent, vous achèterez tout ce que
vous voudrez : bœufs, moutons ou chèvres,
vin ou autre boisson alcoolisée, tout ce que
vous désirerez. Et vous mangerez tout cela à
cet endroit dans la joie, avec vos familles.
27 À cette occasion, ne négligez pas les *lévites qui habitent dans votre ville. Eux, ils ne
possèdent pas de part de terre au milieu de
vous.
28 Tous les trois ans, vous mettrez de côté
un dixième de votre récolte de l'année en
cours. Vous le mettrez en réserve dans vos villes. 29 Ainsi, les lévites, qui ne possèdent pas
de territoire comme vous, pourront venir se
servir là. Les étrangers installés chez vous,
les orphelins et les veuves qui vivent parmi
vous pourront venir le faire aussi. De cette
façon, ils mangeront à leur faim. Alors le
SEIGNEUR votre Dieu vous *bénira dans tout
ce que vous ferez.

La suppression des dettes tous les sept ans

15 1 Moïse dit : Tous les sept ans, vous supprimerez les dettes de ceux qui vous
doivent quelque chose. 2 Voici comment
vous ferez : Quand l'année de la suppression
des dettes en l'honneur du SEIGNEUR est annoncée, tous ceux qui ont prêté de l'argent à
un autre Israélite doivent renoncer à se faire
rembourser. Ils ne doivent pas obliger un autre Israélite, un frère, à payer sa dette. 3 Vous
pouvez forcer un étranger non résident à vous
rembourser, mais vous devez supprimer les
dettes de vos frères. 4 En fait, on ne devrait
pas trouver de pauvre parmi vous. En effet,
le SEIGNEUR vous *bénira dans le pays qu'il
vous donnera en partage. 5 Mais à une condition : vous devez écouter attentivement le SEI-
GNEUR votre Dieu en obéissant avec soin à tous
les commandements que je vous donne aujourd'hui. 6 Oui, le SEIGNEUR votre Dieu vous
bénira, comme il l'a promis. Vous prêterez
de l'argent à beaucoup d'autres peuples.
Mais vous, vous n'aurez pas besoin de demander des prêts. Vous serez les maîtres de beaucoup de peuples, mais aucun ne sera votre
maître.
7 Pourtant, il peut y avoir un pauvre parmi
vos frères, dans une ville du pays que le SEI-
GNEUR votre Dieu va vous donner. Alors vous

ne fermerez pas votre cœur ni votre main pour votre frère pauvre. 8 Au contraire, vous ouvrirez vos mains toutes grandes, et vous lui prêterez généreusement ce qui lui manque. 9 Mais attention ! N'ayez pas dans votre cœur une mauvaise pensée en vous disant : « C'est bientôt la septième année, l'année où nous supprimons les dettes. » Ne regardez pas durement votre frère pauvre à cause de cela en ne lui donnant rien. Sinon, il pourra vous accuser devant le SEIGNEUR, et vous serez coupables. 10 Donnez généreusement et de bon cœur. Pour cela, le SEIGNEUR votre Dieu vous bénira dans tout ce que vous ferez et entreprendrez. 11 Il y aura toujours des pauvres dans votre pays. C'est pourquoi je vous donne ce commandement : ouvrez vos mains toutes grandes aux malheureux et aux pauvres qui vivent dans votre pays.

La libération des esclaves hébreux

12 Moïse dit : Supposons ceci : Parmi vos sœurs et vos frères hébreux, un homme ou une femme s'est vendu à vous et vous a servis comme esclave pendant six ans. La septième année, vous devez lui rendre sa liberté. 13 Mais vous ne le laisserez pas partir les mains vides. 14 Vous le couvrirez de cadeaux avec ce que le SEIGNEUR votre Dieu vous a donné généreusement : moutons et chèvres, *blé et vin. 15 Souvenez-vous : vous avez été esclaves en Égypte, et le SEIGNEUR vous a libérés. C'est pourquoi je vous donne ce commandement aujourd'hui.

16 Mais un esclave peut vous dire : « Je ne veux pas vous quitter. » En effet, il vous aime, vous et votre famille, et il est heureux chez vous. 17 Dans ce cas, prenez une pointe. Percez-lui l'oreille contre la porte de la maison. Ainsi, il sera votre esclave pour toujours. Si c'est une femme, vous agirez de la même façon.

18 Ne regrettez pas de rendre la liberté à un esclave. En effet, en vous servant pendant six ans, il vous a fait gagner deux fois plus qu'un ouvrier salarié. Rendez-lui donc la liberté, et le SEIGNEUR votre Dieu vous *bénira dans tout ce que vous ferez.

Les premiers-nés des animaux

19 Moïse dit : Vous *consacrerez au SEIGNEUR votre Dieu tout premier-né parmi vos bœufs, vos moutons et vos chèvres. Vous ne ferez donc pas travailler un taureau premier-né, et vous ne couperez pas la laine d'un mouton premier-né. 20 Chaque année, vous les mangerez avec votre famille, dans le *lieu saint que le SEIGNEUR votre Dieu aura choisi. 21 Si l'un de ces animaux a un défaut, s'il est boiteux ou aveugle, ou s'il a n'importe quel autre défaut grave, ne l'offrez pas en *sacrifice au SEIGNEUR votre Dieu. 22 Mangez-le chez vous. Tous ceux qui sont *impurs et ceux qui sont purs pourront en manger, comme si c'était de la gazelle ou de la biche. 23 Mais vous ne mangerez pas le sang de cet animal. Vous le verserez sur le sol, comme de l'eau.

La fête de la Pâque

16 1 Moïse dit : Pendant le *mois des Épis, vous ferez la fête de la *Pâque en l'honneur du SEIGNEUR votre Dieu. En effet, c'est ce mois-là que le SEIGNEUR votre Dieu vous a fait sortir d'Égypte, pendant la nuit. 2 Vous prendrez des animaux dans vos troupeaux de moutons, de chèvres ou de bœufs. Et vous les offrirez en sacrifice de la Pâque au SEIGNEUR votre Dieu dans le lieu qu'il choisira pour y montrer sa présence. 3 Au repas de la fête, vous mangerez seulement du pain sans *levain. Vous mangerez de ce pain pendant sept jours, et il vous rappellera que vous avez quitté l'Égypte très vite. En mangeant ce pain de misère, vous vous souviendrez pendant toute votre vie du jour où vous êtes sortis d'Égypte. 4 Pendant ces sept jours, on ne doit pas trouver de levain chez vous, dans tout votre pays. Et la viande de l'animal que vous avez tué le soir du premier jour, vous ne la garderez pas jusqu'au matin suivant. 5 Vous ne pourrez pas faire le *sacrifice de la Pâque dans n'importe quelle ville donnée par le SEIGNEUR votre Dieu. 6 Vous le ferez seulement dans le lieu qu'il choisira pour y montrer sa présence. Le sacrifice aura lieu le soir, au coucher du soleil, c'est-à-dire au moment où vous êtes sortis d'Égypte. 7 Vous ferez cuire l'ani-

mal et vous le mangerez dans le lieu choisi par
le Seigneur. Le matin du jour suivant, vous
rentrerez chez vous. 8 Pendant six jours,
vous mangerez du pain sans levain. Le septième jour, il y aura une grande assemblée
pour le Seigneur votre Dieu, et vous ne ferez
aucun travail.

La fête des Moissons

9 Moïse dit : À partir du jour où vous
commencerez à récolter le *blé, vous compterez sept semaines. 10 Ensuite, vous célébrerez
la *fête des Moissons en l'honneur du Seigneur votre Dieu. Vous ferez librement des offrandes en tenant compte des bienfaits que le
Seigneur vous aura donnés. 11 Vous irez au lieu
que le Seigneur choisira pour y montrer sa
présence. Là, dans le *lieu saint du Seigneur
votre Dieu, vous vous réjouirez avec vos fils
et vos filles, avec vos serviteurs et vos servantes, avec les *lévites qui sont dans vos villes,
avec les étrangers installés chez vous, les orphelins et les veuves qui vivent parmi vous.
12 Souvenez-vous que vous avez été esclaves
en Égypte, et obéissez à ces lois avec soin.

La fête des Huttes

13 Moïse dit : Quand vous aurez fini de battre les grains et d'écraser le *raisin, vous ferez
la *fête des Huttes pendant sept jours. 14 Vous
la célébrerez dans la joie avec vos fils et vos filles, avec vos serviteurs et vos servantes, avec
les *lévites, les étrangers installés chez vous,
les orphelins et les veuves qui vivent parmi
vous. 15 Cette fête pour le Seigneur votre
Dieu durera sept jours, dans le lieu qu'il choisira. Vous vous réjouirez de tout votre cœur,
parce que le Seigneur vous donnera des récoltes abondantes et il *bénira tout ce que vous
entreprendrez.

16 Trois fois par an, tous les hommes de votre peuple iront se présenter devant le Seigneur votre Dieu, dans le lieu qu'il choisira :
pour la *fête des Pains sans levain, pour la
fête des Moissons et pour celle des Huttes.
Ils n'iront pas dans le *lieu saint les mains vides. 17 Mais chacun apportera une offrande en
tenant compte des bienfaits que le Seigneur
votre Dieu lui aura donnés.

Comment juger avec justice

18 Moïse dit : Dans toutes les villes que le
Seigneur votre Dieu vous donnera, vous nom-
merez des juges et des surveillants pour toutes
vos tribus, et ils jugeront le peuple avec justice. 19 Ne rendez pas des jugements faux, ne
faites pas de différence entre les gens. N'acceptez pas de cadeaux. En effet, les cadeaux
rendent aveugles même ceux qui voient clair,
et ils faussent les décisions des hommes justes. 20 Efforcez-vous d'être totalement justes.
Alors vous pourrez vivre et posséder le pays
que le Seigneur votre Dieu vous donne.

Ce qui est interdit dans le culte

21 Moïse dit : Vous ne planterez ni *poteau
sacré ni arbre sacré à côté de *l'autel que
vous construirez pour le Seigneur votre
Dieu. 22 Vous ne dresserez pas non plus de
pierre sacrée, que le Seigneur votre Dieu déteste.

17 1 Vous n'offrirez pas en *sacrifice au Seigneur votre Dieu un bœuf ou un mou-
ton qui a un défaut grave ou qui est mal formé.
C'est en effet une façon d'agir horrible pour le
Seigneur votre Dieu.

2 Voici ce qui peut arriver : Dans l'une des
villes que le Seigneur vous donne, un homme
ou une femme fait ce qui est mal aux yeux du
Seigneur votre Dieu. Cette personne ne respecte pas *l'alliance entre le Seigneur et
vous. 3 Elle va servir d'autres dieux, elle se
met à genoux devant eux, elle adore même
le soleil, la lune et toutes les étoiles qui sont
là-haut. Le Seigneur ne vous a jamais
commandé cela ! 4 Si vous entendez parler
d'une chose pareille, vous interrogerez les
gens de façon sérieuse. Si vous avez la preuve
que cette action horrible a vraiment été
commise en Israël, 5 vous conduirez la personne coupable, homme ou femme, à la
*porte de la ville. Puis vous la ferez mourir
en lui jetant des pierres.

6 Cette personne ne pourra être condamnée
à mort que si deux ou trois *témoins l'ont
accusée. Un seul témoin ne suffit pas. 7 Les
témoins seront les premiers à lui jeter des
pierres pour la faire mourir. Puis le reste du

peuple continuera. Ainsi, vous enlèverez le mal du milieu de vous.

Les jugements dans le lieu saint

8 Moïse dit : Quelqu'un a peut-être été tué ou bien frappé ou blessé, ou bien encore un autre cas se présente. Or, le tribunal de l'endroit n'arrive pas à juger cette affaire. Alors vous irez au lieu que le SEIGNEUR choisira. 9 Vous irez consulter les *prêtres-lévites et le juge qui sera de service à ce moment-là. Ils vous montreront comment juger cette affaire. 10 Vous tiendrez compte du jugement qu'ils vous feront connaître dans le lieu que le SEIGNEUR choisira. Vous obéirez avec soin à tous leurs ordres. 11 Vous tiendrez compte des ordres donnés et du jugement prononcé. Ne vous écartez jamais de ce qu'ils vous ont dit.

12 Quelqu'un agira peut-être avec orgueil. Il n'écoutera pas le prêtre qui se tient là au service du SEIGNEUR son Dieu, ni le juge. Eh bien, cette personne-là doit mourir. Ainsi, vous enlèverez le mal du milieu d'Israël. 13 Tous les Israélites apprendront cela, ils auront peur, et personne n'osera plus agir avec autant d'orgueil.

Au sujet du roi

14 Moïse dit : Voici ce qui peut arriver : Vous serez entrés dans le pays que le SEIGNEUR votre Dieu vous donnera. Vous en aurez pris possession et vous y habiterez. À ce moment-là, vous direz peut-être : « Nous voulons un roi pour nous diriger, comme tous les pays qui nous entourent. » 15 Alors vous prendrez comme roi l'homme que le SEIGNEUR votre Dieu choisira lui-même. Ce sera un Israélite. Vous ne pourrez pas mettre à votre tête un étranger non résident qui n'est pas de votre peuple. 16 Votre roi ne devra pas posséder beaucoup de chevaux. Il ne devra pas envoyer des gens en Égypte pour en acheter. En effet, le SEIGNEUR vous a dit : « Non, vous ne retournerez pas dans ce pays ! » 17 Il ne devra pas non plus avoir beaucoup de femmes, elles détourneraient son cœur de Dieu. Il ne devra pas posséder trop d'argent ni trop d'or.

18 Quand cet homme sera roi, il fera copier pour lui dans un livre cette loi[h], que les *prêtres-lévites auront gardée. 19 Elle restera auprès de lui, et il la lira tous les jours de sa vie. Ainsi, il apprendra à respecter le SEIGNEUR son Dieu. Il obéira toujours avec soin à toutes les paroles de cette loi et aux règles qu'elle contient. 20 De cette façon, il ne se croira pas au-dessus des gens de son peuple, il ne désobéira pas au plus petit commandement. Alors lui et ses fils garderont leur pouvoir pendant longtemps à la tête du peuple d'Israël.

Les droits des gens de Lévi

18 1 Moïse dit : Les *prêtres-lévites et les autres gens de la tribu de Lévi ne recevront pas de terres en partage comme les autres Israélites. Pour se nourrir, ils auront les *sacrifices offerts au SEIGNEUR et les autres biens qui sont pour lui. 2 Les lévites n'auront pas de territoire parmi les autres Israélites. Leur bien, c'est le SEIGNEUR, selon la parole qu'il leur a dite[i].

3 Les prêtres ont droit à une partie des animaux, bœufs ou moutons, que les Israélites offrent en *sacrifice de communion. Vous devez leur donner l'épaule, les joues et l'estomac. 4 Vous leur donnerez aussi les premiers produits du sol : le *blé, le vin nouveau et l'huile, avec la première laine des moutons que vous tondrez. 5 En effet, parmi toutes les tribus, le SEIGNEUR votre Dieu a choisi Lévi et ses fils, pour qu'ils assurent tous les jours le service du SEIGNEUR.

6 Voici ce qui peut arriver : Un lévite veut quitter la ville d'Israël où il habite. Il veut venir dans le lieu que le SEIGNEUR choisira. 7 Alors il peut faire son travail au service du SEIGNEUR son Dieu à cet endroit, comme les

---

h **17.18** *Cette loi : il s'agit des règles données pour le roi dans les versets 14 à 17, mais aussi de toutes les règles pour vivre dans le pays promis (voir Deutéronome 12–26).*

i **18.2** *Voir Nombres 18.20.*

autres lévites qui sont dans le *lieu saint.
8 Pour se nourrir, il a droit à la même part
que les autres. Cela s'ajoute à l'argent qu'il reçoit s'il vend les biens de sa famille.

Au sujet des prophètes

9 Moïse dit : Quand vous serez arrivés dans
le pays que le SEIGNEUR votre Dieu vous
donne, vous n'apprendrez pas à imiter la
conduite horrible de ces peuples-là. 10 On ne
devra trouver parmi vous aucune des personnes suivantes : quelqu'un qui brûle son fils ou
sa fille en *sacrifice, qui pratique la magie, qui
interroge les charlatans, qui lit dans le ciel,
qui devine l'avenir, qui pratique la sorcellerie,
11 qui envoûte les gens, qui jette des sorts ou
qui, d'une manière ou d'une autre, consulte
les morts. 12 Ceux qui font cela, le SEIGNEUR votre Dieu les a en horreur. C'est pourquoi à votre arrivée, il chassera les habitants de ce
pays. 13 Mais vous, attachez-vous de tout votre
cœur au SEIGNEUR votre Dieu.

14 Les peuples que vous allez chasser écoutent les charlatans et ceux qui lisent dans le
ciel. Le SEIGNEUR votre Dieu ne veut pas de
cela pour vous. 15 Il vous enverra un *prophète comme moi. Celui-ci fera partie de votre peuple, et c'est lui que vous écouterez.
16 C'est bien ce que vous avez demandé au SEI-
GNEUR votre Dieu, le jour où vous étiez rassemblés au mont *Horeb. Vous avez dit :
« Nous ne voulons plus entendre directement
la voix du SEIGNEUR notre Dieu. Nous ne voulons plus voir ce grand feu. Nous ne voulons
pas mourir[j] ! » 17 Et le SEIGNEUR m'a dit : « Ils
ont raison de parler ainsi. 18 Je leur enverrai
un prophète comme toi. Ce sera quelqu'un
de leur peuple. Je mettrai mes paroles dans
sa bouche, et il leur dira tout ce que je lui
commanderai. 19 Si quelqu'un n'écoute pas
les paroles que ce prophète dira en mon
nom, je le punirai moi-même. 20 Mais si ce
prophète ose dire en mon nom un message
que je ne lui ai pas donné, ou s'il parle au
nom d'autres dieux, il devra mourir. »

21 Vous vous demanderez peut-être :
« Comment reconnaître que ces paroles ne
viennent pas du SEIGNEUR ? » 22 Eh bien, si le
prophète a annoncé quelque chose au nom
du SEIGNEUR et que cela n'arrive pas, alors
ses paroles ne viennent pas du SEIGNEUR. Le
prophète a osé parler en son nom à lui. N'ayez
pas peur de lui !

Les villes de refuge

19 1 Moïse dit : Le SEIGNEUR votre Dieu
supprimera certains peuples pour
vous donner leur pays. Alors vous pourrez
prendre leurs biens et habiter dans leurs villes et dans leurs maisons. 2-3 Tout d'abord,
vous diviserez en trois régions le pays que
le SEIGNEUR votre Dieu vous donnera en partage. Dans chaque région, vous mettrez une
ville à part. Vous ferez tout pour qu'on
puisse facilement se rendre dans ces villes.
Alors celui qui a tué quelqu'un pourra se
réfugier là.

4 Pour pouvoir se réfugier dans l'une de ces
villes et rester en vie, il y a deux conditions :
celui qui a tué quelqu'un l'a fait sans le vouloir. De plus, il n'a jamais détesté la personne
qu'il a tuée. 5 Par exemple, un homme va dans
la forêt avec quelqu'un pour abattre des arbres. Il élève sa hache pour frapper un arbre,
mais le fer se détache du manche et il frappe
l'autre personne, qui en meurt. Cet homme-là
peut se réfugier dans l'une de ces villes et rester en vie. 6 Celui qui est chargé de venger le
mort[k] ne doit pas, dans sa colère, poursuivre
l'homme qui a tué par accident. Il ne faut
pas qu'il puisse le rattraper et le tuer, si la
route est longue. En effet, celui qui a tué par
accident ne mérite pas la mort : il ne détestait
pas la personne qu'il a tuée. 7 Voilà pourquoi
je vous commande de mettre à part trois villes
comme villes de refuge.

---

j **18.16** *Voir Deutéronome 5.23-31, et en particulier le verset 25.*

k **19.6** *Venger le mort : quand un homme avait tué quelqu'un volontairement, le plus proche parent du mort devait tuer l'assassin. Voir le verset 12.*

8-9 Obéissez avec soin à tous les commandements que je vous donne aujourd'hui. Aimez
le Seigneur votre Dieu, obéissez sans cesse à
sa volonté. Si vous faites cela, il agrandira votre pays et il vous donnera tout le pays qu'il a
promis à vos ancêtres. Alors vous ajouterez
trois villes de refuge aux trois premières.
10 De cette façon, on ne fera pas mourir un innocent dans le pays que le Seigneur votre Dieu
vous donnera en partage. Sinon, vous seriez
responsables de sa mort.

11 Mais supposons ceci : Un homme déteste
son *prochain. Il le guette, se jette sur lui, et il
le frappe à mort. Si cet homme-là se réfugie
dans une de ces villes, 12 les *anciens de sa
ville enverront quelqu'un pour l'arrêter. Ils
le livreront entre les mains de celui qui est
chargé de venger le mort, et celui-ci le tuera.
13 Vous n'aurez aucune pitié pour lui. De cette
façon, vous ferez disparaître du peuple d'Israël l'assassin d'un innocent, et ce sera une
bonne chose pour vous.

Les limites des terres

14 Moïse dit : Dans le pays que le Seigneur
votre Dieu vous donne en partage, vous recevrez des terres. Quand vous serez installés sur
ces terres, ne déplacez pas les bornes posées
par les premiers arrivés, pour marquer les limites des terres de votre voisin.

Les témoins dans un procès

15 Moïse dit : Quand quelqu'un a commis un
crime, un péché ou n'importe quelle autre
faute, le *témoignage d'une seule personne
ne suffit pas pour le condamner. Il faut deux
ou trois témoins pour établir les faits.

16 Si un faux témoin accuse quelqu'un d'une
faute, 17 les deux adversaires doivent aller au
*lieu saint du Seigneur. Ils présenteront leur
affaire devant les prêtres et les juges qui seront de service à ce moment-là. 18 Les juges
chercheront la vérité avec beaucoup d'attention. Mais ils découvrent que le témoin a
menti, qu'il a accusé l'autre personne faussement. 19 Alors vous lui donnerez la punition
qu'il voulait donner à son *prochain. De cette
façon, vous enlèverez le mal du milieu de
vous. 20 Les autres apprendront cela, ils auront
peur, et ils ne recommenceront pas à faire le
mal de cette façon au milieu de vous. 21 Vous
n'aurez aucune pitié pour le coupable. S'il a
pris une vie, sa vie sera prise, s'il a crevé un
œil, son œil sera crevé, s'il a cassé une dent,
il aura une dent cassée, s'il a blessé quelqu'un
à la main ou au pied, il recevra une blessure à
la main ou au pied.

La guerre et les combattants

20 1 Moïse dit : Quand vous partirez en
guerre contre vos ennemis, si vous
voyez des chevaux ou des chars et une armée
plus nombreuse que vous, n'ayez pas peur. Le
Seigneur votre Dieu, qui vous a fait sortir
d'Égypte, est avec vous. 2 Au moment où
vous vous préparerez à combattre, le prêtre
s'avancera devant l'armée et il dira aux
combattants : 3 « Soldats d'Israël, écoutez ! Aujourd'hui, vous allez combattre vos ennemis.
Ne perdez pas courage, n'ayez pas peur, ne
vous troublez pas, ne tremblez pas devant
eux. 4 Le Seigneur votre Dieu marche avec
vous, il combat pour vous contre vos ennemis,
afin de vous donner la victoire. »

5 Ensuite, les officiers chargés de recruter
les soldats leur diront : « Est-ce qu'il y a parmi
vous quelqu'un qui vient de construire une
maison et qui ne l'a pas encore habitée ? Qu'il
rentre chez lui. Sinon, il risque de mourir à la
guerre, et un autre habitera sa maison. 6 Est-ce
qu'il y a quelqu'un qui vient de planter une
*vigne, et qui n'a pas encore cueilli les pre-
miers raisins ? Qu'il rentre chez lui. Sinon, il
risque de mourir à la guerre, et un autre cueillera ses fruits. 7 Est-ce qu'il y a quelqu'un qui
vient de se fiancer, et qui n'est pas encore marié ? Qu'il rentre chez lui. Sinon, il risque de
mourir à la guerre, et un autre se mariera
avec sa fiancée. » 8 Les officiers ajouteront
ceci : « Est-ce qu'il y a quelqu'un parmi vous
qui a peur et qui est découragé ? Qu'il rentre
chez lui pour ne pas décourager les autres. »
9 Quand ces officiers auront fini de parler,
ils nommeront des chefs militaires pour
commander l'armée.

10 Quand vous irez attaquer une ville, vous
inviterez d'abord les habitants à faire la paix.
11 S'ils acceptent et s'ils ouvrent les portes de

la ville, tous ses habitants devront travailler à
votre service. 12 Mais s'ils n'acceptent pas et
préfèrent se battre, vous entourerez la ville
pour la prendre. 13 Le SEIGNEUR votre Dieu la
livrera en votre pouvoir. Alors vous tuerez
tous les hommes. 14 Vous garderez seulement
comme richesses de guerre les femmes, les
enfants, les animaux et tout ce qu'il y a
dans la ville. Vous utiliserez librement les
biens de vos ennemis, puisque le SEIGNEUR votre Dieu vous les a donnés. 15 Vous agirez de
cette façon pour toutes les villes très éloignées
qui ne font pas partie du pays où vous allez habiter. 16 Mais dans les villes du pays que le SEI-
GNEUR votre Dieu vous donnera en partage,
vous ne laisserez personne en vie. 17 Vous
détruirez complètement les Hittites, les
*Amorites, les *Cananéens, les Perizites, les
Hivites et les Jébusites, comme le SEIGNEUR
votre Dieu vous l'a commandé[l]. 18 Alors ils
ne vous apprendront pas à imiter les actions
horribles qu'ils font pour plaire à leurs dieux.
Cela vous ferait pécher contre le SEIGNEUR
votre Dieu.

19 Quand vous attaquerez une ville, si vous
l'entourez pendant longtemps avant de la
prendre, ne coupez pas ses arbres fruitiers.
Vous pourrez manger leurs fruits, mais
n'abattez pas les arbres. Un arbre des
champs n'est pas un homme contre lequel
on va se battre. 20 Mais vous pouvez couper
les arbres qui ne portent pas de fruits bons
à manger. Vous pourrez les utiliser contre
la ville qui vous fait la guerre, jusqu'à ce
qu'elle tombe.

Cas d'un assassin inconnu

21 1 Moïse dit : Supposons ceci : Vous êtes
dans le pays que le SEIGNEUR votre Dieu
vous donnera en partage. Quelqu'un trouve
dans la campagne le corps d'un homme assassiné, et personne ne sait qui l'a tué. 2 Alors vos
*anciens et vos juges iront mesurer la distance
entre l'endroit où l'homme se trouve et les villes voisines. 3 Ils verront quelle est la ville la
plus proche. Les anciens de cette ville prendront alors une jeune vache qui n'a jamais
travaillé en portant le *joug. 4 Ils l'amèneront près d'un torrent où il y a toujours de
l'eau, à un endroit où on n'a jamais cultivé ni
semé. Là, près du torrent, ils briseront le cou
de la vache.

5 À ce moment-là, les prêtres, de la tribu de
Lévi, s'avanceront. Le SEIGNEUR votre Dieu les
a choisis pour le servir et pour dire la *bénédiction en son nom. Ce sont eux qui doivent
régler toutes les disputes et les affaires de
coups et blessures.

6 Tous les anciens de la ville qui se sont approchés du mort se laveront les mains dans
le torrent au-dessus de la vache à qui on
a brisé le cou. 7 Ils diront : « Ce n'est pas
nous qui avons tué cet homme, et nous
savons pas vu ce qui s'est passé. 8 SEIGNEUR,
pardonne au peuple que tu as libéré, ne tiens
pas Israël pour responsable de la mort d'un
innocent. » Alors le SEIGNEUR leur pardonnera
ce crime.

9 Ainsi, vous ferez ce qui est droit aux
yeux du SEIGNEUR, vous ne serez donc pas
tenus pour responsables de la mort d'un innocent.

Cas d'un mariage avec une prisonnière de guerre

10 Moïse dit : Supposons ceci : Vous partez
pour combattre vos ennemis. Le SEIGNEUR votre Dieu les livre en votre pouvoir, et vous faites des prisonniers. 11 L'un de vous voit parmi
eux une jolie femme. Il s'attache à elle et il
veut se marier avec elle. 12 Il peut donc l'emmener dans sa maison. La femme se rasera
la tête et se coupera les ongles. 13 Elle ne portera plus son vêtement de prisonnière et elle
habitera chez cet homme[m]. Elle portera le
deuil de son père et de sa mère pendant un
mois. Ensuite, l'homme pourra s'unir à elle,
il se mariera avec elle, et elle sera sa femme.

---

l **20.17** *Voir Deutéronome 2.34 et la note.*

m **21.13** *Par ces actes, la prisonnière de guerre montre qu'elle change de situation et entre dans un nouveau peuple.*

14 Si plus tard, elle ne lui plaît plus, il lui rendra
sa liberté. Il n'aura pas le droit de la vendre
pour de l'argent, ni de la traiter comme une
esclave, puisqu'il l'a obligée à devenir sa
femme.

Règles pour vivre : les droits du fils aîné

15 Moïse dit : Supposons ceci : Un homme a
deux femmes. Il aime l'une mais il n'aime pas
l'autre. Chaque femme lui donne un fils, mais
l'aîné est le fils de la femme qu'il n'aime pas.
16 Le jour où il va donner ses biens en partage à
ses fils, il n'a pas le droit de donner la part de
l'aîné au fils de sa femme préférée. Il ferait du
tort à l'aîné, qui a pour mère la femme qu'il
n'aime pas. 17 Au contraire, il doit reconnaître
une chose : le fils de la femme qu'il n'aime pas
est l'aîné. Il doit lui donner une double part de
tous ses biens. En effet, c'est lui qui est son
premier enfant, et il possède les droits du
fils aîné.

Cas d'un fils qui se révolte contre ses parents

18 Moïse dit : Supposons ceci : Un homme a
un fils qui n'obéit pas et qui se révolte contre
ses parents. Il n'écoute ni son père ni sa
mère, même quand ils le punissent. 19 Le
père et la mère doivent alors le prendre et
l'amener au tribunal, devant les *anciens de
sa ville. 20 Ils leur diront : « Voici notre fils.
Il n'obéit pas et il se révolte contre nous. Il
ne nous écoute pas, il passe son temps à manger et à boire. » 21 Alors tous les hommes de la
ville le tueront en lui jetant des pierres. De
cette façon, vous enlèverez le mal du milieu
de vous. Tous les Israélites apprendront cela
et ils auront peur.

Le corps des pendus

22 Moïse dit : Supposons ceci : Un homme a
été condamné à mort pour une faute très
grave. Vous le faites mourir et ensuite vous
pendez son corps à un arbre. 23 Dans ce cas,
son corps ne devra pas rester sur l'arbre pendant la nuit. Vous devez l'enterrer le jour
même. En effet, un homme pendu à un arbre
attire la malédiction de Dieu. Ainsi, vous ne
rendrez pas *impur le pays que le SEIGNEUR votre Dieu vous donne en partage.

Le respect des biens d'autrui

22 1 Moïse dit : Voici un autre cas : Vous
voyez le bœuf, ou le mouton ou la
chèvre d'un Israélite aller n'importe où. Ne
laissez pas l'animal partir, mais essayez de
le ramener à son propriétaire. 2 Si celui-ci habite trop loin, ou si vous ne le connaissez pas,
vous garderez l'animal chez vous. Il y restera
jusqu'à ce que le propriétaire vienne le chercher. Puis vous le rendrez à cet homme.
3 Vous ferez la même chose pour un âne,
pour un vêtement, ou pour toute autre chose
qu'un Israélite perdra et que vous trouverez.
Vous ne pouvez pas refuser de vous en
occuper.
4 Ou encore, vous voyez l'âne ou le bœuf
d'un Israélite tomber sur la route. Vous ne
pouvez pas laisser son propriétaire le relever
tout seul, vous devez l'aider.

Autres règles pour vivre

5 Moïse dit : Une femme ne doit pas porter
des vêtements d'homme, un homme ne doit
pas s'habiller avec un vêtement de femme.
Ceux qui font cela, le SEIGNEUR votre Dieu
les a en horreur.
6 Si vous trouvez en chemin, sur un arbre
ou par terre, un nid d'oiseaux avec la mère
en train de couver ses œufs ou de protéger
ses petits, vous ne devez pas prendre la
mère avec les petits. 7 Laissez partir la mère
et prenez seulement les petits. Alors vous vivrez longtemps et vous serez heureux.
8 Quand vous construirez une nouvelle
maison, faites un petit mur pour border le
toit en terrasse. Ainsi, vous ne serez pas responsables si quelqu'un se tue en tombant du
toit.
9 Dans vos *vignes, vous ne sèmerez pas
d'autres sortes de plantes. Sinon, toute la
récolte devrait être réservée à Dieu, ces
plantes-là et aussi le *raisin. 10 Quand vous
labourerez, n'attachez pas un bœuf et un
âne à la même charrue. 11 Vous ne porterez
pas de vêtements tissés avec de la laine et
du *lin ensemble.

12 Vous mettrez des franges[n] aux quatre
coins du vêtement avec lequel vous vous couvrez.

Le mariage et les unions interdites

13 Moïse dit : Supposons ceci : Un homme se
marie avec une femme. Il s'unit à elle et ensuite il ne l'aime plus. 14 Il lui reproche sa
conduite et il raconte alors des choses fausses
sur elle en disant : « Je me suis marié avec
cette femme, et j'ai vu qu'elle avait déjà couché avec un homme. » 15 Dans ce cas, le père
et la mère de la jeune femme apporteront devant les *anciens de la ville, au tribunal, la
preuve que leur fille n'a jamais couché avec
un autre homme. 16 Le père leur dira : « C'est
ma fille, je l'ai donnée à cet homme pour
qu'elle soit sa femme. Mais il ne l'aime plus.
17 C'est pourquoi il lui reproche sa conduite
en me disant qu'elle avait déjà couché avec
un homme. Eh bien, voici la preuve qu'elle
ne l'a jamais fait. » Et les parents étendront
devant les anciens le drap, taché de sang, de
la première nuit après le mariage. 18 Alors les
anciens de la ville arrêteront l'homme pour
le punir. 19 Il devra payer une amende de
100 pièces d'argent[o] au père de la jeune
femme, parce qu'il a raconté des choses fausses sur une jeune fille israélite. Il devra la garder pour femme et il ne pourra pas la renvoyer
pendant toute sa vie.

20 Mais le mari a peut-être dit la vérité, et on
n'a pas pu prouver que la jeune femme était
vierge. 21 On amènera alors la femme à la
porte de la maison de son père, et les hommes
de la ville la tueront en lui jetant des pierres.
En effet, elle a fait quelque chose d'horrible en
Israël : elle a couché avec un homme et pourtant, elle vivait encore dans la maison de son
père. De cette façon, vous enlèverez le mal du
milieu de vous.

22 Si on surprend un homme en train de
coucher avec une femme mariée, on les fera
mourir tous les deux, l'homme et la femme.
De cette façon, vous enlèverez le mal du milieu d'Israël.

23 Voici un autre cas : Dans une ville, un
homme rencontre une jeune fille fiancée à
quelqu'un d'autre, et il couche avec elle.
24 Vous les conduirez tous les deux à la *porte
de la ville et vous les tuerez en leur jetant
des pierres. La jeune fille, on la tuera parce
qu'elle n'a pas appelé au secours. Pourtant,
l'affaire s'est passée à l'intérieur d'une ville.
L'homme, on le tuera parce qu'il a fait violence à la femme de quelqu'un d'autre. De
cette façon, vous enlèverez le mal du milieu
de vous. 25 Mais si un homme rencontre une
jeune fille fiancée dans la campagne, s'il la
prend de force et couche avec elle, lui seul
doit mourir. 26 Vous ne ferez rien à la jeune
fille : elle n'a pas commis de faute qui mérite
la mort. – C'est la même chose quand un
homme attaque son frère et le tue. – 27 Dans
cet exemple, l'homme a rencontré la jeune
fiancée dans les champs. Même si elle a crié,
personne ne pouvait donc venir à son secours.

28 Voici encore un cas : Un homme rencontre une jeune fille qui n'est pas encore fiancée. Il l'oblige à coucher avec lui et on les
surprend. 29 L'homme donnera 50 pièces d'argent au père de la jeune fille et il devra se marier avec elle, puisqu'il l'a prise de force. Il n'a
pas le droit de la renvoyer pendant toute sa
vie.

23 1 Un homme n'a pas le droit de s'unir à
l'une des femmes de son père. En effet, elles sont réservées à son père.

Les personnes non acceptées dans l'assemblée du Seigneur

2 Moïse dit : Un homme qui a les testicules
écrasés ou le sexe coupé ne doit pas être accepté dans l'assemblée du SEIGNEUR. 3 Un
homme né d'une union interdite[p] ne doit
pas être accepté dans l'assemblée du SEI-

---

n **22.12** *Voir Nombres 15.37-41.*

o **22.19** *Une amende de 100 pièces d'argent : cette somme importante représentait sans doute deux fois la dot ordinaire.*

p **23.3** *Union interdite : voir Lévitique 18.6-20 ; 20.10-21.*

GNEUR. Même ceux qui sont nés de lui jusqu'à
la dixième génération ne pourront pas être acceptés. 4 Les Ammonites et les Moabites ne seront jamais acceptés dans l'assemblée du
SEIGNEUR. Même ceux qui sont nés d'eux jusqu'à la dixième génération ne pourront pas
être acceptés. 5 En effet, ces peuples ne sont
pas venus vous accueillir avec du pain et de
l'eau quand vous étiez en route, après la sortie
d'Égypte. Au contraire, ils ont fait venir de Petor, en Haute-*Mésopotamie, le devin Balaam,
fils de Béor. Et ils l'ont payé pour qu'il vous
maudisse. 6 Mais le SEIGNEUR votre Dieu n'a
pas voulu écouter Balaam. Il a changé pour
vous la malédiction en *bénédiction parce
qu'il vous aime.[q] 7 Tant que vous vivrez, ne
cherchez pas à rendre ces deux peuples riches
et heureux.

8 N'ayez pas les Édomites en horreur, parce
qu'ils sont vos frères[r]. N'ayez pas non plus les
Égyptiens en horreur, parce que vous étiez
installés dans leur pays comme étrangers.
9 Les enfants des Édomites et des Égyptiens
qui naîtront dans votre pays seront acceptés
dans l'assemblée du SEIGNEUR à partir de la
troisième génération.

La pureté du camp

10 Moïse dit : Quand vous partirez combattre vos ennemis, et que vous dresserez votre
camp, vous éviterez tout ce qui peut vous rendre *impurs. 11 Par exemple, si l'un de vos soldats devient impur pendant la nuit parce qu'il
perd son sperme, il devra sortir du camp et il
ne rentrera pas tout de suite. 12 L'après-midi, il
se lavera, et au coucher du soleil, il reviendra
dans le camp.

13 Vous réserverez à l'extérieur du camp un
endroit retiré pour satisfaire vos besoins.
14 Chaque soldat aura un piquet avec ses affaires. Quand il se retirera à l'écart, il s'en servira pour faire un trou dans le sol, puis pour
couvrir ses excréments. 15 Le SEIGNEUR votre
Dieu se promène dans votre camp, pour
vous protéger et vous donner la victoire sur
vos ennemis. C'est pourquoi votre camp doit
être un lieu *consacré. Si le SEIGNEUR voit
quelque chose qui lui fait honte, il ne restera
pas auprès de vous.

La protection de l'esclave en fuite

16 Si un esclave s'enfuit de chez son maître
et vient se réfugier dans votre pays, vous ne le
ramènerez pas à son maître. 17 Il habitera au
milieu de vous, là où il veut, dans la ville qu'il
a choisie. Ne le maltraitez pas.

Interdiction de la prostitution sacrée

18 Moïse dit : Aucun Israélite, homme ou
femme, ne doit se *prostituer pour servir des
dieux étrangers[s]. 19 Pour accomplir un *vœu,
n'apportez jamais dans le temple du SEIGNEUR
votre Dieu le salaire d'une femme ou d'un
homme qui se *prostituent ainsi. En effet,
ces personnes-là, le SEIGNEUR les a en horreur.

Le prêt à intérêt

20 Moïse dit : Si vous prêtez quelque chose à
un autre israélite, argent, nourriture ou autre
chose, ne lui demandez aucun intérêt. 21 Vous
pouvez demander des intérêts à un étranger
non résident, mais non à un Israélite. Alors,
dans le pays que vous allez posséder, le SEI-
GNEUR votre Dieu vous *bénira dans tout ce
que vous entreprendrez.

Les vœux

22 Moïse dit : Si vous faites le *vœu de donner quelque chose au SEIGNEUR votre Dieu, apportez votre offrande sans retard. Sinon, le
SEIGNEUR devra vous la réclamer, et vous aurez
commis un péché. 23 Si vous ne faites pas de
vœu, il n'y a pas de péché. 24 Mais si vous pro-
noncez un vœu en toute liberté envers le SEI-

---

q **23.6** *Pour les versets 5 et 6, voir Nombres 22–24.*

r **23.8** *Voir Deutéronome 2.4 et la note.*

s **23.18** *Dans certaines religions de l'ancien Orient, des gens se prostituaient dans les lieux sacrés. Les visiteurs s'unissaient à ces prostitués sacrés pour obtenir de leurs dieux de bonnes récoltes, de beaux troupeaux ou des enfants.*

GNEUR votre Dieu, efforcez-vous de réaliser ce que votre bouche a promis.

Le droit de cueillette dans les champs

25 Moïse dit : Si vous traversez une *vigne qui n'est pas à vous, vous pouvez manger autant de *raisin que vous voulez. Mais vous ne devez pas en emporter dans votre panier. 26 Si vous traversez des champs de *blé qui ne sont pas à vous, vous pouvez arracher des épis à la main, mais vous ne devez pas les couper avec une faucille.

Les femmes renvoyées par leurs maris

24 1 Moïse dit : Supposons ceci : Un homme se marie, mais un jour, sa femme ne lui plaît plus, parce qu'il a quelque chose à lui reprocher. Alors il écrit une lettre de divorce, il donne ce papier à sa femme et il la renvoie de chez lui. 2 Après que cette femme l'a quitté, elle se marie avec un autre homme.

3 Mais voici ce qui peut arriver : Son deuxième mari ne l'aime plus. Il écrit une lettre de divorce, il donne ce papier à cette femme et il la renvoie de chez lui. Ou bien encore, il meurt. 4 Dans ces deux cas, son premier mari ne peut pas reprendre pour femme celle qu'il avait renvoyée. En effet, elle est devenue *impure pour lui. Ce serait une chose horrible pour le SEIGNEUR. Vous ne devez pas, en faisant cela, charger d'un péché le pays que le SEIGNEUR votre Dieu vous donne en partage.

La protection des personnes

5 Moïse dit : Un homme qui vient de se marier ne partira pas à l'armée. On ne lui demandera rien d'autre. Il pourra rester chez lui en toute liberté pendant un an, et il rendra heureuse la femme qu'il a prise.

Les objets qui prouvent une dette

6 Moïse dit : Pour prouver la dette d'une personne, vous ne devez pas lui prendre les deux pierres qui écrasent le *blé, ni même la pierre de dessus. Ce serait lui prendre ce qui lui permet de vivre.

L'enlèvement d'un Israélite

7 Moïse dit : Si l'un de vous enlève un autre Israélite, s'il le prend pour son esclave ou s'il le vend pour de l'argent, il faut faire mourir cet Israélite. De cette façon, vous ferez disparaître le mal du milieu de vous.

Les maladies de peau

8 Moïse dit : Faites attention aux maladies de peau. Respectez parfaitement et appliquez tout ce que les *prêtres-lévites vous enseigneront. Obéissez aux commandements que je leur ai donnés. 9 Rappelez-vous ce que le SEIGNEUR votre Dieu a fait à Miriam[t] quand vous étiez en route, après la sortie d'Égypte.

La protection des faibles

10 Moïse dit : Si vous prêtez quelque chose à votre *prochain, n'entrez pas dans sa maison pour prendre un objet qui prouve sa dette. 11 Restez dehors, et l'homme à qui vous prêtez quelque chose vous apportera cet objet dehors. 12-13 Si c'est un pauvre qui vous donne son vêtement pour prouver sa dette, vous ne garderez pas ce vêtement pendant la nuit. Vous le rendrez à cet homme au coucher du soleil. Il s'en couvrira pour dormir et vous dira merci. Ce sera une action qui plaît au SEIGNEUR votre Dieu.

Être juste avec les ouvriers

14 Moïse dit : Ne profitez pas d'un ouvrier malheureux et pauvre, que ce soit un autre Israélite ou un étranger installé chez vous. 15 Vous lui donnerez son salaire chaque jour. Payez-le avant le coucher du soleil. En effet, il est pauvre et il en a vraiment besoin. S'il vous accuse devant le SEIGNEUR, vous serez coupables d'un péché.

Chacun est responsable de ses actes

16 Moïse dit : On ne doit pas faire mourir les parents pour les péchés de leurs enfants. On

---

t **24.9** *Voir Nombres 12.10.*

ne doit pas faire mourir les enfants pour les
péchés de leurs parents. Un être humain ne
peut être mis à mort que pour ses propres péchés.

Être bon pour les pauvres

17 Moïse dit : Vous respecterez les droits
d'un étranger installé chez vous ou ceux
d'un orphelin. Vous ne prendrez pas le vêtement d'une veuve pour prouver sa dette.
18 Souvenez-vous : vous avez été esclaves en
Égypte, et le SEIGNEUR votre Dieu vous a libérés. C'est pourquoi je vous ordonne d'obéir à
ces commandements.

19 Quand vous ferez la récolte, si vous oubliez un tas d'épis dans votre champ, ne retournez pas le chercher. Laissez-le pour les
étrangers installés chez vous, les orphelins et
les veuves. Alors le SEIGNEUR votre Dieu vous
*bénira dans tout ce que vous entreprendrez.
20 De même, quand vous secouerez vos *oliviers pour récolter, ne retournez pas chercher
les *olives oubliées. Laissez-les pour les étrangers installés chez vous, les orphelins et les
veuves. 21 Si vous récoltez votre *raisin, ne retournez pas chercher les grappes oubliées.
Laissez-les pour les étrangers installés chez
vous, les orphelins et les veuves. 22 Souvenez-
vous : vous avez été esclaves en Égypte. C'est
pourquoi je vous ordonne d'obéir à ce commandement.

La façon de rendre la justice

25 1 Moïse dit : Supposons que deux Israélites se disputent. Ils vont au tribunal pour être jugés. L'un est reconnu
coupable et l'autre est reconnu innocent.
2 Si le coupable doit recevoir des coups, le
juge le fait étendre par terre devant lui. Et
il reçoit un certain nombre de coups, selon
l'importance de sa faute. 3 Mais on ne dépassera pas 40 coups. Si on le frappe davantage, le coupable perdra son honneur devant
vous.

Bien traiter son bœuf

4 Moïse dit : Le bœuf qui travaille pendant
la récolte du *blé, ne l'empêchez pas de manger les grains.

Donner un fils à un frère mort

5 Moïse dit : Supposons ceci : Deux frères
habitent ensemble, et l'un d'eux meurt sans
avoir de fils. Sa veuve ne doit pas se remarier
avec quelqu'un d'extérieur à la famille. Son
beau-frère doit accomplir son devoir de
beau-frère : il la prendra pour femme et il
s'unira à elle. 6 Alors on considérera le premier garçon qu'elle mettra au monde comme
le fils de l'homme qui est mort. Ainsi, son
nom continuera d'être porté en Israël. 7 Si
un homme ne veut pas prendre sa belle-
sœur pour femme, cette femme se rendra au
tribunal, devant les *anciens. Elle dira :
« Mon beau-frère ne veut pas accomplir envers moi son devoir de beau-frère. Il refuse
de donner à son frère un fils qui continue de
porter son nom en Israël. » 8 Les anciens de
la ville feront venir cet homme et ils parleront
avec lui. S'il continue à refuser de prendre
pour femme la veuve de son frère, 9 celle-ci
s'avancera vers lui devant les anciens. Elle
lui enlèvera la sandale de son pied, elle lui crachera au visage et dira : « Voilà ce qu'on fait à
un homme qui refuse de donner un fils à son
frère ! » 10 Ensuite, en Israël, on appellera la
famille de cet homme « la famille de l'homme
au pied nu ».

Geste interdit pendant une dispute

11 Moïse dit : Voici un cas : Deux hommes
sont en train de se battre. La femme de l'un
d'eux s'approche pour délivrer son mari des
mains de son ennemi. Si elle avance la main
pour saisir l'homme par ses organes sexuels,
12 vous n'aurez pas pitié d'elle : vous lui couperez la main.

Les commerçants doivent être honnêtes

13 Moïse dit : Vous n'aurez pas dans votre
sac des poids différents, certains plus lourds
et d'autres plus légers, pour la même mesure.
14 Vous n'aurez pas dans votre maison deux
mesures différentes, certaines plus grandes,
d'autres plus petites, pour la même mesure.
15 Vous devez avoir uniquement des poids
exacts et des mesures justes. Alors vous vivrez
longtemps dans le pays que le SEIGNEUR votre

Dieu vous donnera. 16 En effet, ceux qui sont injustes en agissant ainsi, le SEIGNEUR votre Dieu les a en horreur.

Au sujet des Amalécites

17 Moïse dit : Souvenez-vous de ce que les Amalécites[u] vous ont fait quand vous étiez en route, après la sortie d'Égypte. 18 Ils n'ont pas du tout respecté Dieu et ils sont venus vous attendre sur la route. Mais vous, vous étiez très fatigués et sans force. Alors ils ont attaqué tous ceux qui traînaient à l'arrière. 19 Maintenant, le SEIGNEUR votre Dieu va vous mettre à l'abri de tous les ennemis qui vous entourent, dans le pays qu'il vous donnera en partage. Vous tuerez alors les Amalécites. De cette façon, personne ne se souviendra d'eux sur la terre. N'oubliez pas cela !

L'offrande qui rappelle les dons de Dieu à Israël

26 1 Moïse dit : Vous allez entrer dans le pays que le SEIGNEUR votre Dieu vous donne en partage. Quand vous le posséderez et que vous serez installés là, 2 chacun de vous prendra alors une partie des premiers produits du sol qu'il aura cultivés dans le pays donné par le SEIGNEUR. Il les mettra dans un panier et il les apportera à l'endroit que le SEIGNEUR votre Dieu choisira pour y montrer sa présence. 3 Chacun ira trouver le prêtre qui sera de service ce jour-là et lui dira : « Je déclare aujourd'hui devant le SEIGNEUR ton Dieu que je suis arrivé dans le pays que le SEIGNEUR avait promis à nos ancêtres de nous donner. » 4 Le prêtre prendra le panier de ses mains et il le placera devant *l'autel du SEIGNEUR votre Dieu. 5 Alors, devant le SEIGNEUR votre Dieu, celui qui présente les produits prononcera cette déclaration : « Mon ancêtre était un Araméen[v] qui allait d'un endroit à un autre. Il est parti en Égypte. Il a vécu dans ce pays avec le petit groupe de gens qui étaient avec lui. Ensuite, ils sont devenus un grand peuple, puissant et nombreux. 6 Mais les Égyptiens nous ont fait du mal et nous ont écrasés. Ils nous ont obligés à travailler comme des esclaves. 7 Alors nous avons appelé à l'aide le SEIGNEUR, le Dieu de nos ancêtres. Il a entendu nos cris. Il a vu le mal que les Égyptiens nous faisaient et combien nous étions malheureux, écrasés. 8 Le SEIGNEUR nous a fait sortir d'Égypte par des exploits puissants et terribles, des actions étonnantes et extraordinaires. 9 Il nous a conduits jusqu'ici et il nous a donné ce pays qui *déborde de lait et de miel. 10 C'est pourquoi maintenant, j'apporte au SEIGNEUR les premiers produits du pays qu'il m'a donné. »

L'homme qui présente les produits les placera devant le *lieu saint et il se mettra à genoux pour adorer le SEIGNEUR votre Dieu. 11 Ensuite, vous vous réjouirez de tous les biens que le SEIGNEUR votre Dieu vous a donnés, à vous et à vos familles. Vous vous réjouirez avec les *lévites et avec les étrangers installés chez vous.

La dîme de la troisième année

12 Moïse dit : Tous les trois ans, ce sera « l'année de la dîme »[w]. Vous prendrez un dixième de vos récoltes et vous le donnerez aux *lévites, aux étrangers installés chez vous, aux orphelins et aux veuves. Ceux-ci pourront ainsi manger autant qu'ils veulent dans vos villes. 13 Alors vous direz devant le SEIGNEUR votre Dieu : « SEIGNEUR, je n'ai rien gardé chez moi de la part qui t'est réservée. Je l'ai bien donnée aux lévites, aux étrangers installés chez nous, aux orphelins et aux veuves. J'ai suivi le commandement que tu m'as donné sans désobéir, et je n'ai rien oublié. 14 Quand j'étais en deuil, je n'ai rien mangé de cette part. Quand j'étais *impur, je n'en ai rien enlevé et je n'ai rien donné en of-

---

u **25.17** *Voir Exode 17.8-14.*

v **26.5** *Il s'agit de Jacob, l'ancêtre des 12 tribus d'Israël. Son fils Joseph est parti en Égypte, et Jacob l'a rejoint avec toute sa famille. Voir Genèse 46.1.*

w **26.12** *Voir aussi Deutéronome 14.28-29.*

frande pour un mort. Je t'ai écouté, SEIGNEUR
mon Dieu, et j'ai obéi à tes commandements.
15 Regarde donc du haut du *ciel, là où tu
habites, et répands tes bienfaits sur Israël,
ton peuple. Répands-les sur le pays que tu
nous as donné, comme tu l'as promis à nos
ancêtres, ce pays qui *déborde de lait et de
miel. »

Israël est le peuple du Seigneur

16 Moïse dit : Aujourd'hui, le SEIGNEUR votre
Dieu vous commande d'obéir à ces lois et à
ces règles. Vous les respecterez et vous leur
obéirez de tout votre cœur et de tout votre
être. 17 Aujourd'hui, vous avez reçu une promesse du SEIGNEUR : il sera votre Dieu si
vous faites ce qu'il veut, si vous obéissez à
ses lois, à ses commandements et à ses règles,
si vous écoutez ce qu'il dit. 18 De son côté, il a
reçu cette promesse de vous : vous serez son
peuple, son trésor, comme il vous l'a dit,
vous obéirez à tous ses commandements.
19 Oui, le SEIGNEUR votre Dieu veut que vous
deveniez le premier peuple de tous ceux qu'il
a faits : le plus glorieux, le plus célèbre, le plus
honoré. Il veut que vous soyez le peuple qui
lui appartient personnellement, comme il
vous l'a promis.

APPLICATION DES PAROLES DE LA LOI
27.1–28.68

Cérémonie de l'alliance à l'entrée du pays

27 1 Moïse, avec les *anciens du peuple,
donne cet ordre aux Israélites :
« Vous obéirez à tous les commandements
que je vous donne aujourd'hui. 2 Le jour où
vous traverserez le fleuve Jourdain pour entrer dans le pays que le SEIGNEUR votre Dieu
vous donne, vous prendrez de grandes pierres, vous les mettrez debout et vous les couvrirez de chaux. 3 En arrivant, vous écrirez sur
ces pierres toutes les paroles de la loi que je
vous donne. Ainsi, vous pourrez entrer dans
le pays qui *déborde de lait et de miel. C'est
le pays que le SEIGNEUR, le Dieu de vos ancêtres, vous donne, comme il vous l'a promis.
4 Quand vous aurez traversé le Jourdain,
vous mettrez ces pierres debout sur le mont
Garizim[x], suivant l'ordre que je vous donne
aujourd'hui, et vous les couvrirez de chaux.
5 Là, vous construirez un *autel pour le SEI-
GNEUR votre Dieu, avec des pierres qu'aucun
outil en fer n'a jamais touchées. 6 Vous prendrez seulement des pierres non taillées pour
le construire. Sur cet autel, vous offrirez au
SEIGNEUR votre Dieu des *sacrifices complets.
7 Vous offrirez aussi des *sacrifices de communion. Vous les mangerez à cet endroit dans la
joie, en présence du SEIGNEUR votre Dieu.
8 Vous écrirez sur les pierres dressées tous
les commandements de la loi de Dieu, de façon bien lisible. »
9 Ensuite, Moïse, avec les *prêtres-lévites,
parle encore au peuple en disant : « Israélites,
faites silence et écoutez ! Aujourd'hui, vous
êtes devenus le peuple du SEIGNEUR votre
Dieu. 10 Vous l'écouterez, vous obéirez à ses
commandements et à ses lois que je vous
communique aujourd'hui. »
11 Le même jour, Moïse donne aussi au peuple l'ordre suivant : 12 « Quand vous aurez traversé le Jourdain, les tribus de Siméon, Lévi,
Juda, Issakar, Joseph et Benjamin se tiendront
sur le mont Garizim, pour prononcer les *bénédictions sur le peuple. 13 Les tribus de Ruben, Gad, Asser, Zabulon, Dan et Neftali se
tiendront sur le mont Ébal pour prononcer
les malédictions. »

Menaces de malheur pour ceux qui désobéiront

14 « Les *lévites diront à tous les Israélites
d'une voix forte : 15 "Qu'il soit maudit, celui
qui fabrique une statue d'un faux dieu en
bois ou en métal fondu, pour l'adorer en cachette ! Pour le SEIGNEUR, ce genre d'objet fa-

x 27.4 *Voir Deutéronome 11.29 et la note.*

briqué par des mains humaines est une chose horrible.” Et tout le peuple répondra : “Nous sommes d'accord !” 16 “Qu'il soit maudit, celui qui méprise son père et sa mère !” Et tout le peuple répondra : “Nous sommes d'accord !” 17 “Qu'il soit maudit, celui qui déplace les bornes qui limitent les terres de son voisin !” Et tout le peuple répondra : “Nous sommes d'accord !” 18 “Qu'il soit maudit, celui qui montre un mauvais chemin à un aveugle !” Et tout le peuple répondra : “Nous sommes d'accord !” 19 “Qu'il soit maudit, celui qui ne respecte pas les droits d'un étranger installé chez vous, les droits d'un orphelin ou d'une veuve !” Et tout le peuple répondra : “Nous sommes d'accord !” 20 “Qu'il soit maudit, celui qui couche avec l'une des femmes de son père ! Il n'en a pas le droit. En effet, elles sont réservées à son père.” Et tout le peuple répondra : “Nous sommes d'accord !” 21 “Qu'il soit maudit, celui qui s'unit à un animal !” Et tout le peuple répondra : “Nous sommes d'accord !” 22 “Qu'il soit maudit, celui qui couche avec sa demi-sœur, fille de son père ou de sa mère !” Et tout le peuple répondra : “Nous sommes d'accord !” 23 “Qu'il soit maudit, celui qui couche avec la mère de sa femme !” Et tout le peuple répondra : “Nous sommes d'accord !” 24 “Qu'il soit maudit, celui qui tue quelqu'un en cachette !” Et tout le peuple répondra : “Nous sommes d'accord !” 25 “Qu'il soit maudit, celui qui accepte de l'argent pour tuer un innocent !” Et tout le peuple répondra : “Nous sommes d'accord !” 26 “Qu'il soit maudit, celui qui ne tient pas compte des commandements de la loi de Dieu et qui ne leur obéit pas !” Et tout le peuple répondra : “Nous sommes d'accord !” »

Promesses de bonheur pour ceux qui obéiront

28 1 Moïse dit : Si vous écoutez vraiment le SEIGNEUR votre Dieu, si vous obéissez avec soin à tous les commandements que je vous donne aujourd'hui, le SEIGNEUR votre Dieu fera de vous le peuple le plus important de la terre. 2 Voici toutes les *bénédictions qui viendront sur vous et qui vous atteindront parce que vous aurez écouté le SEIGNEUR votre Dieu : 3 Il bénira ceux qui habitent les villes et ceux qui habitent la campagne. 4 Il vous donnera beaucoup d'enfants. Vous aurez de belles récoltes. Vos troupeaux de bœufs, de moutons et de chèvres seront nombreux. 5 Il remplira de nourriture vos paniers et vos coffres à pain. 6 Ainsi, il vous bénira dans toutes les circonstances de votre vie.

7 Quand vos ennemis vous attaqueront, le SEIGNEUR vous donnera la victoire sur eux. S'ils arrivent par un seul chemin, ils fuiront devant vous par sept chemins différents. 8 Le SEIGNEUR votre Dieu protégera vos greniers et il fera réussir tout ce que vous entreprendrez. Il vous bénira dans le pays qu'il vous donnera.

9 Si vous obéissez aux commandements du SEIGNEUR votre Dieu, et si vous vivez comme il le demande, il fera de vous un peuple qui lui appartient personnellement, comme il vous l'a promis. 10 Alors tous les autres peuples de la terre verront que vous êtes *consacrés au service du SEIGNEUR, et ils auront peur de vous. 11 Le SEIGNEUR vous couvrira de biens dans le pays qu'il a promis à vos ancêtres de vous donner : vous aurez beaucoup d'enfants, vos troupeaux seront nombreux, vous aurez de belles récoltes. 12 Pour vous, le SEIGNEUR ouvrira le ciel, où il garde l'eau comme un trésor. Au bon moment, il fera tomber la pluie sur votre pays. Ainsi, il bénira tout ce que vous faites. Vous n'aurez pas besoin de demander des prêts d'argent. Au contraire, c'est vous qui en prêterez à beaucoup d'étrangers. 13 Le SEIGNEUR fera de vous le premier peuple de la terre et non pas le dernier. Vous serez toujours au-dessus des autres, et jamais en dessous. Mais pour cela, vous devez écouter les commandements du SEIGNEUR votre Dieu. Aujourd'hui, je vous commande de les garder et de leur obéir. 14 Vous ne devez pas vous écarter du chemin que je vous montre, et vous ne devez pas suivre d'autres dieux pour les servir.

Autres menaces de malheur

15 Moïse dit : Mais supposons ceci : Vous n'écoutez pas le SEIGNEUR votre Dieu, vous

n'obéissez pas avec soin à tous les commandements et aux lois que je vous donne aujour-
d'hui. Alors voici les malheurs qui viendront
sur vous et qui vous frapperont: 16 Le SEI-
GNEUR maudira ceux qui habitent les villes
et ceux qui habitent la campagne. 17 Il ne remplira pas de nourriture vos paniers ni vos
coffres à pain. 18 Il ne vous donnera pas beaucoup d'enfants, vous n'aurez pas de belles récoltes, vos troupeaux de bœufs, de moutons
et de chèvres seront peu nombreux. 19 Il
vous maudira dans toutes les circonstances
de votre vie.

20 Le SEIGNEUR fera peser sur vous la malédiction, la peur, les difficultés dans tout ce
que vous entreprendrez. Vous serez rapidement détruits et vous mourrez très vite à
cause du mal que vous aurez fait en abandonnant le SEIGNEUR. 21 Il vous enverra une épidémie de peste, et elle finira par vous faire
disparaître du pays que vous allez posséder.
22 Le SEIGNEUR vous enverra des maladies, de
la fièvre, des brûlures. Il répandra la sécheresse. Les *céréales sècheront dans les
champs, ou bien elles pourriront. Vous serez
frappés de tous ces malheurs jusqu'à ce que
vous disparaissiez. 23 Au-dessus de vos têtes,
le ciel sera dur comme du bronze et sous
vos pieds, la terre sera dure comme du fer.
24 Au lieu d'envoyer de la pluie sur vos
champs, le SEIGNEUR enverra de la poussière
et du sable jusqu'à ce que vous soyez détruits.
25 Le SEIGNEUR donnera à vos ennemis la victoire sur vous. Si vous les attaquez par un
seul chemin, vous fuirez devant eux par sept
chemins différents. Tous les royaumes de la
terre seront effrayés en voyant ce qui vous arrive. 26 Vos corps serviront de nourriture aux
charognards et aux chacals, et personne ne
viendra les chasser.

27 Le SEIGNEUR vous enverra des furoncles,
comme aux Égyptiens. Vous aurez sur la
peau des abcès, de la gale, des boutons, et
vous ne pourrez pas guérir. 28 Le SEIGNEUR
vous rendra fous, aveugles et il vous fera perdre la tête. 29 En plein midi, vous marcherez
comme des aveugles dans la nuit. Vous ne
réussirez rien de tout ce que vous entreprendrez. Les gens profiteront toujours de vous et
ils vous voleront. Mais personne ne viendra
vous aider.

30 Quand l'un de vous se fiancera, quelqu'un d'autre couchera avec sa fiancée. Si
quelqu'un construit une maison, il ne
pourra pas l'habiter. Si quelqu'un plante
une *vigne, il ne cueillera même pas les premières grappes de raisin. 31 On tuera vos
bœufs sous vos yeux, et vous n'en mangerez
pas. On volera vos ânes, et vous ne les retrouverez pas. Vos ennemis prendront vos
moutons, et personne ne viendra vous aider.
32 On livrera vos fils et vos filles comme esclaves à des étrangers sous vos yeux. Vous vous
fatiguerez à attendre leur retour toute la journée, mais vous ne pourrez rien faire. 33 Un
peuple que vous ne connaissez pas mangera
vos récoltes et tout le produit de votre travail.
Les gens profiteront toujours de vous et ils
vous maltraiteront. 34 En regardant ce que
vous aurez sous les yeux, vous deviendrez
fous.

35 Le SEIGNEUR couvrira vos genoux et vos
cuisses de furoncles très douloureux qui ne
guériront pas. Puis vous en aurez partout, de
la tête aux pieds.

36 Le SEIGNEUR vous enverra, vous et le roi
que vous aurez choisi, dans un pays inconnu,
que vos ancêtres n'ont pas connu non plus.
Là, vous adorerez d'autres dieux: des statues
en bois ou en pierre. 37 Tous les peuples chez
qui le SEIGNEUR vous conduira seront très étonnés de ce qui vous arrive. Ils se moqueront de
vous et vous insulteront.

38 Vous sèmerez beaucoup de graines dans
vos champs, mais vous ne récolterez pas
grand-chose, car les sauterelles détruiront
tout. 39 Vous planterez des *vignes et vous
les soignerez. Mais vous ne boirez pas leur
vin, vous ne pourrez même pas récolter le raisin, car les chenilles le mangeront. 40 Vous aurez des *oliviers dans tout le pays, mais vous
ne frotterez pas votre corps avec de l'huile,
car les *olives tomberont avant d'être mûres.
41 Vous mettrez au monde des fils et des filles,
mais vous ne les garderez pas avec vous, car ils
seront emmenés en exil. 42 Les criquets dévoreront tous vos arbres et tous les produits de
vos champs.

43 Les étrangers installés chez vous seront
de plus en plus puissants, mais vous, vous serez de plus en plus faibles. 44 Ce sont eux qui
vous prêteront de l'argent, et vous, vous n'aurez rien à leur prêter. Ils seront vos maîtres et
vous, vous leur obéirez.

45 Tous ces malheurs tomberont sur vous, et
ils ne s'arrêteront pas tant que vous ne serez
pas morts. Cela arrivera parce que vous n'aurez pas écouté le Seigneur votre Dieu, vous
n'aurez pas obéi aux commandements et
aux lois qu'il vous a donnés. 46 Cela restera
toujours comme un avertissement frappant,
pour vous, pour vos enfants et les enfants de
leurs enfants.

47 Voici donc ce qui arrivera si vous ne servez pas le Seigneur votre Dieu avec joie et de
tout votre cœur quand vous avez tout en
abondance : 48 vous deviendrez les esclaves
des ennemis que le Seigneur vous enverra.
Vous aurez faim, vous aurez soif, vous n'aurez
pas de vêtements et vous manquerez de tout.
Le Seigneur fera peser sur vous un pouvoir
écrasant jusqu'à votre mort. 49 Le Seigneur
lancera contre vous un peuple venu de loin,
du bout du monde, et vous ne connaîtrez
pas la langue de ce peuple. Il tombera sur
vous comme un aigle tombe sur un mouton.
50 Ce seront des hommes au visage dur. Ils
ne respecteront pas les vieux, ils seront sans
pitié pour les enfants. 51 Ils prendront vos animaux et vos récoltes et vous, vous mourrez de
faim. Ils ne vous laisseront ni *blé, ni vin, ni
huile, ni veaux, ni agneaux, ni cabris, et
vous finirez par disparaître. 52 Ils vous entoureront pour vous combattre dans toutes les villes du pays que le Seigneur vous aura donné.
Ils lutteront contre vous jusqu'à la destruction
des grands murs de défense derrière lesquels
vous vous croirez à l'abri. 53 Pendant que vos
ennemis vous combattront ainsi, vous serez
dans une si grande misère que vous finirez
par manger vos enfants. Vous vous nourrirez
de la chair des fils et des filles que le Seigneur
Dieu vous aura donnés. 54 L'homme le plus fin
et le plus sensible parmi vous jettera un regard
mauvais sur son frère, sur sa femme et sur les
enfants qui lui resteront. 55 En effet, il aura
peur d'avoir à partager avec l'un d'eux la chair
de ses enfants qu'il est en train de manger.
Pendant que vos ennemis vous combattront
ainsi, vous serez dans une grande misère
dans toutes vos villes, et cet homme n'aura
rien d'autre à manger. 56 La femme la plus
fine et la plus sensible parmi vous fera la
même chose. Avant, elle était si délicate
qu'elle n'osait même pas poser les pieds par
terre. Pourtant, elle jettera un regard mauvais
sur son mari, sur son fils et sur sa fille, 57 et
même sur son bébé qui vient de naître et
sur tout ce qui est sorti de son ventre. Pendant
que vos ennemis vous combattront ainsi, vous
serez dans une grande misère dans toutes vos
villes. C'est pourquoi cette femme a l'intention de manger ses enfants en cachette, parce
qu'elle manque de tout.

58 Obéissez avec soin à tous les commandements de la loi de Dieu qui sont écrits dans ce
livre. Respectez celui qui porte le nom glorieux et terrible de « Seigneur votre Dieu ».
59 Sinon, le Seigneur lui-même vous enverra,
à vous, à vos enfants et aux enfants de leurs
enfants, toutes sortes de blessures avec des
maladies très graves et qui durent longtemps.
60 Il vous enverra tous les malheurs qui vous
ont fait peur en Égypte, et ces malheurs tomberont sur vous. 61 Il vous enverra même toutes les maladies et toutes les blessures qui ne
sont pas nommées dans ce livre de la loi jusqu'à ce que vous disparaissiez. 62 Vous qui
avez été aussi nombreux que les étoiles du
ciel, vous ne serez plus qu'un petit nombre.
En effet, vous n'aurez pas écouté le Seigneur
votre Dieu. 63 Autrefois, le Seigneur aimait
s'occuper de vous pour vous rendre heureux
et nombreux. Mais alors, il aimera s'occuper
de vous pour vous faire disparaître et vous
faire mourir. Il vous arrachera du pays que
vous allez posséder. 64 Le Seigneur vous chassera un peu partout parmi tous les autres peuples, d'un bout du monde à l'autre. Là, vous
adorerez d'autres dieux inconnus, que vos ancêtres n'ont pas connus non plus : des statues
en bois ou en pierre. 65 Parmi ces peuples,
vous ne serez pas du tout tranquilles et vous
ne trouverez aucun endroit où poser vos
pieds. Là, le Seigneur remplira votre cœur
d'inquiétude, vos yeux ne brilleront plus, et

vous serez complètement découragés. 66 Votre
vie sera très fragile, vous tremblerez de peur
nuit et jour, vous n'aurez plus confiance
dans l'avenir. 67 Quand vous verrez ce qui se
passera, vos cœurs trembleront de peur. Le
matin, vous direz : « Si seulement c'était le
soir ! » Et le soir, vous direz : « Si seulement
c'était le matin ! » 68 Le SEIGNEUR vous ramènera en Égypte par bateaux. Pourtant, je
vous avais promis que vous ne deviez jamais
revoir ce pays. Là-bas, hommes et femmes,
vous essaierez de vous vendre à vos ennemis
comme esclaves. Mais ils ne voudront pas
vous acheter.

DERNIER DISCOURS DE MOÏSE
28.69–30.20

69 Voici les paroles de *l'alliance que Moïse
a faite, au nom du SEIGNEUR, avec les Israélites
dans le pays de Moab. C'est le SEIGNEUR qui lui
a commandé cela. – Cette alliance s'ajoute à
celle qu'il avait faite avec eux au mont *Horeb. –

Moïse rappelle ce que Dieu a fait pour le peuple

29 1 Moïse réunit tous les Israélites et
il leur dit : Quand vous étiez en
Égypte, vous avez vu de vos yeux tout ce
que le SEIGNEUR a fait au roi, à ses ministres
et à tout son pays. 2 Vous avez vu les grandes
souffrances qu'il leur a envoyées, les actions
étonnantes et extraordinaires qu'il a accomplies. 3 Pourtant, jusqu'à aujourd'hui, le
SEIGNEUR ne vous a pas donné un cœur capable de reconnaître ce qui s'est passé. Il ne
vous a pas donné des yeux capables de voir,
ni des oreilles capables d'entendre. 4 Pendant
40 ans, il vous a fait marcher dans le désert.
Vos vêtements et vos sandales ne se sont pas
usés. 5 Ce n'est pas du pain que vous avez
mangé, ce n'est pas du vin ni des boissons
alcoolisées que vous avez bus. Tout cela est
arrivé pour que vous reconnaissiez que le
SEIGNEUR votre Dieu, c'est lui. 6 Ensuite,
nous sommes arrivés ici. Sihon, roi de Hèchebon, et Og, roi du Bachan, sont venus nous attaquer, et nous les avons battus. 7 Nous avons
pris leur pays et nous l'avons donné en partage aux tribus de Ruben, de Gad et à la moitié
de la tribu de Manassé. 8 C'est pourquoi vous
devez garder les paroles de *l'alliance que
Dieu a faite avec vous et leur obéir. De cette
façon, vous réussirez dans tout ce que vous
ferez.

Prendre au sérieux l'alliance de Dieu avec le peuple

9 Moïse dit : Israélites, vous vous tenez debout aujourd'hui devant le SEIGNEUR votre
Dieu. Vous êtes tous là : vos responsables et
vos chefs de tribus, vos *anciens et vos surveillants, tous les Israélites, 10 vos enfants et vos
femmes. Il y a même les étrangers installés
chez vous dans le camp et qui sont chargés
de couper du bois ou de puiser de l'eau pour
vous. 11 Maintenant, le SEIGNEUR votre Dieu
fait *alliance avec vous, et il vous invite à l'approuver par un serment solennel. 12 Alors aujourd'hui, il vous établira comme son peuple
et il sera votre Dieu. Il vous a fait cette promesse et il a juré cela à vos ancêtres Abraham,
Isaac et Jacob. 13 Cette alliance que je vous présente et que vous devez approuver par un
serment solennel, elle n'est pas valable
seulement pour vous. 14 Elle est aussi pour
toute personne qui se tient là en ce moment
même, devant le SEIGNEUR notre Dieu, mais
aussi pour tous ceux qui ne sont pas avec
nous aujourd'hui.

15 Vous vous souvenez de notre séjour en
Égypte, et comment nous avons traversé les
pays où vous êtes passés. 16 Vous avez vu les
horribles faux dieux qu'ils adorent : des statues en bois, en pierre, en argent ou en or.
17 Donc, parmi vous, personne ne doit se détourner du SEIGNEUR notre Dieu pour servir
les dieux de ces peuples-là : personne, c'est-
à-dire aucun homme, aucune femme, aucun
clan ni aucune tribu. Personne parmi vous
ne doit devenir comme une plante qui produit
un poison amer. 18 Voici ce qui peut arriver :
l'un de vous entend ces paroles solennelles.

Ensuite, il est content de lui-même et se dit:
« Tout se passera bien pour moi, même si je
suis mes propres intentions. En effet, une
terre arrosée n'a plus soif[y]. » 19 Eh bien, le SEI-
GNEUR ne voudra pas lui pardonner. Il n'acceptera jamais que cette personne adore d'autres
dieux. Il laissera brûler sa *colère contre elle.
Il lui lancera toutes les malédictions qui sont
dans ce livre. Il effacera son nom sur la terre.
20 Le SEIGNEUR l'écartera du peuple d'Israël
pour son malheur, suivant les malédictions
de l'alliance écrite dans ce livre de la loi.

Le Seigneur fera ce qu'il a dit

21 Moïse dit: Ceux qui sont nés après vous,
c'est-à-dire vos enfants, ainsi que les étrangers
non résidents venus de loin, verront les malheurs de votre pays. Ils verront les maladies
que le SEIGNEUR vous aura envoyées. Alors ils
diront: 22 « Tout ce pays est brûlé par une
poussière de feu et par le sel. On ne peut
rien semer, rien planter. Aucune herbe ne
pousse. C'est comme à Sodome et à Gomorrhe, à Adma et à Seboïm, les villes que le SEI-
GNEUR a détruites dans sa violente *colère[z]. »
23 Alors tous les autres peuples demanderont:
« Pourquoi le SEIGNEUR a-t-il fait du mal à ce
pays? Pourquoi une colère aussi violente? »
24 Et on répondra: « Quand le SEIGNEUR, le
Dieu de leurs ancêtres, a fait sortir d'Égypte
les Israélites, il a établi une alliance avec
eux. Eh bien, ils ont abandonné cette alliance.
25 Ils se sont mis à servir des dieux étrangers,
ils les ont adorés. Pourtant, ils ne les connaissaient pas, et ces dieux n'étaient pas pour eux.
26 C'est pourquoi le SEIGNEUR s'est mis en colère contre ce pays, et il leur a envoyé tous
les malheurs écrits dans ce livre. 27 Il a arraché
ses habitants de leurs terres dans sa terrible et
violente colère. Et il les a chassés dans un pays
étranger où ils se trouvent encore aujour-
d'hui. »

28 Les choses cachées appartiennent au SEI-
GNEUR notre Dieu. Mais les choses qu'il nous
a fait connaître nous appartiennent, à nous
et à nos enfants pour toujours. Ainsi, nous
pourrons obéir à tous les commandements
de la loi de Dieu.

Le peuple d'Israël reviendra au Seigneur

30 1 Moïse dit: Tout ce que je vous ai annoncé, les *bénédictions et les malédictions, se réalisera. Et quand le SEIGNEUR
votre Dieu vous aura chassés un peu partout
chez des peuples étrangers, vous réfléchirez
sur ces événements. 2 Vous reviendrez à lui,
vous et vos enfants, vous l'écouterez de tout
votre cœur, de tout votre être, et vous suivrez
tous les commandements que je vous donne
aujourd'hui. 3 Alors le SEIGNEUR votre Dieu
changera votre situation. Il vous montrera sa
tendresse et il vous rassemblera de nouveau
du milieu de tous les peuples où il vous a chassés. 4 Même si on vous emmène au bout du
monde, le SEIGNEUR votre Dieu ira vous chercher là-bas. 5 Il vous ramènera dans le pays
que vos ancêtres ont possédé, et vous le posséderez de nouveau. Le SEIGNEUR votre Dieu
vous rendra plus heureux et plus nombreux
que vos ancêtres. 6 Le SEIGNEUR votre Dieu
*purifiera votre cœur et le cœur de ceux qui
naîtront après vous. Alors vous l'aimerez de
tout votre cœur et de tout votre être. Ainsi,
vous pourrez vivre. 7 Tous les malheurs que
je vous ai annoncés, il les enverra contre vos
ennemis, contre ceux qui vous détestent et
qui vous ont fait souffrir. 8 Mais vous, vous
écouterez de nouveau le SEIGNEUR, vous obéirez à tous ses commandements que je vous
donne aujourd'hui. 9 Le SEIGNEUR votre Dieu
fera réussir tout ce que vous entreprendrez.
Vous aurez beaucoup d'enfants. Vos troupeaux seront nombreux et vous aurez de belles récoltes. En effet, le SEIGNEUR aimera de
nouveau vous faire du bien, comme il en a
fait à vos ancêtres. 10 Pour cela, vous devez
donc écouter le SEIGNEUR votre Dieu en obéissant à ses commandements et à ses lois écrits

---

y **29.18** *Ceci est sans doute un proverbe pour dire que quelqu'un est totalement satisfait.*

z **29.22** *Adma et Séboïm: deux villes proches de Sodome et Gomorrhe. Voir Genèse 14.8. Les villes détruites: voir Genèse 19.24-25.*

dans ce livre. Et vous devez donc revenir au
SEIGNEUR votre Dieu de tout votre cœur et
de tout votre être.

La parole du Seigneur est tout près des humains

11 Moïse dit : Oui, les commandements que
je vous donne aujourd'hui ne sont pas trop difficiles pour vous, et vous pouvez les atteindre.
12 Ils ne sont pas au ciel, sinon on dirait : « Qui
va monter au ciel pour aller nous les chercher ? Qui va nous les faire connaître pour
que nous puissions leur obéir ? » 13 Ils ne
sont pas non plus au-delà des mers, sinon on
dirait : « Qui traversera les mers pour aller
nous les chercher ? Qui va nous les faire
connaître pour que nous puissions leur
obéir ? » 14 Oui, la parole du Seigneur est
tout près de vous. Elle est dans votre bouche
et dans votre cœur. Ainsi, vous pourrez lui
obéir.

Écouter le Seigneur, c'est choisir la vie

15 Moïse dit : Israélites, voyez, aujourd'hui,
je mets devant vous d'un côté la vie et le bonheur, et de l'autre la mort et le malheur.
16 Voici ce que je vous commande aujour-
d'hui : aimez le SEIGNEUR votre Dieu, faites
sa volonté, obéissez à ses commandements,
à ses lois et à ses règles. Alors vous vivrez,
vous deviendrez nombreux. Et le SEIGNEUR votre Dieu vous *bénira dans le pays que vous allez posséder. 17 Mais si votre cœur se détourne
de lui, si vous n'obéissez pas, si vous vous laissez entraîner à adorer d'autres dieux et à les
servir, 18 je vous préviens aujourd'hui : vous
disparaîtrez complètement. Vous ne resterez
pas longtemps dans le pays que vous allez posséder de l'autre côté du Jourdain.

19 Oui, je vous préviens aujourd'hui, en prenant le ciel et la terre comme *témoins : je
mets devant vous la vie et la bénédiction, la
mort et la malédiction. Choisissez donc la
vie pour que vous viviez, vous et vos enfants.
20 Aimez le SEIGNEUR votre Dieu en écoutant
ce qu'il dit, en vous attachant à lui. Ainsi,
vous pourrez vivre et passer de nombreuses
années dans le pays que le SEIGNEUR a promis
de donner à vos ancêtres Abraham, Isaac et
Jacob.

ADIEUX ET MORT DE MOÏSE
31–34

Moïse désigne Josué pour le remplacer

31 1 Moïse dit encore à tous les Israélites :
2 « Maintenant, j'ai 120 ans, je ne peux
plus être votre chef. Le SEIGNEUR m'a dit que je
ne passerai pas le fleuve Jourdain. 3 C'est le
SEIGNEUR votre Dieu lui-même qui marchera
devant vous. Il détruira les peuples que vous
rencontrerez, et vous pourrez prendre leur
pays. Et c'est Josué qui sera votre chef, comme
le SEIGNEUR l'a dit. 4 Le SEIGNEUR détruira ces
peuples, comme il a détruit Sihon et Og, les
rois des *Amorites et leur pays. 5 Le SEIGNEUR
les livrera en votre pouvoir, et vous ferez
avec ces peuples tout ce que je vous ai
commandé. 6 Soyez forts et courageux, n'ayez
pas peur, ne tremblez pas devant eux. En effet, le SEIGNEUR votre Dieu marchera avec
vous. Il ne vous lâchera pas, il ne vous abandonnera pas. »

7 Puis Moïse appelle Josué et il lui dit devant
tous les Israélites : « Sois fort et courageux ! Le
SEIGNEUR a promis à vos ancêtres de vous donner un pays. C'est toi qui conduiras les Israélites là-bas, c'est toi qui leur donneras ce pays
en partage. 8 Le SEIGNEUR marchera devant toi,
il sera avec toi. Il ne te lâchera pas, il ne
t'abandonnera pas. N'aie donc pas peur, ne
te laisse pas décourager. »

La lecture de la loi tous les sept ans

9 Moïse met cette loi de Dieu[a] par écrit et il
la donne à tous les *anciens d'Israël, et aux

a **31.9** *Cette loi de Dieu : toutes les règles données par Dieu pour vivre dans le pays promis qui se trouvent dans le livre du Deutéronome.*

prêtres de la tribu de Lévi, qui portent le
*coffre de l'alliance. 10-11 Il leur dit : « Tous
les sept ans, l'année où vous supprimerez les
dettes, vous lirez cette loi pendant la *fête des
Huttes. Vous la lirez à haute voix à tous les Israélites qui viendront devant le SEIGNEUR votre
Dieu, dans le lieu qu'il aura choisi. Et tous
l'écouteront. 12 Vous réunirez le peuple, les
hommes, les femmes, les enfants et les étrangers installés chez vous. Ainsi, ils entendront
cette lecture, ils apprendront à respecter le
SEIGNEUR votre Dieu et à obéir à toutes les paroles de cette loi. 13 Les enfants qui ne la
connaissent pas encore l'entendront aussi.
Ainsi, ils apprendront à respecter le SEIGNEUR
votre Dieu pendant tout le temps où vous
vivrez dans ce pays que vous allez posséder,
de l'autre côté du Jourdain. »

Le Seigneur annonce l'infidélité du peuple

14 Le SEIGNEUR dit à Moïse : « Le moment de
ta mort approche. Appelle Josué, et venez vous
présenter tous les deux devant la *tente de la
rencontre. Là, je lui donnerai mes ordres. »

Moïse et Josué viennent donc à la tente de
la rencontre. 15 Le SEIGNEUR se montre à eux
dans une colonne de fumée qui se dresse à
l'entrée de la tente. 16 Il dit à Moïse : « Tu
vas bientôt rejoindre tes ancêtres. Ensuite, le
peuple d'Israël va me trahir. Il servira les
dieux étrangers qu'on adore dans le pays où
il va entrer. Il va m'abandonner, il brisera
ainsi *l'alliance que j'ai établie avec lui.
17 C'est pourquoi je vais me mettre en *colère
contre lui, je l'abandonnerai, je lui cacherai
mon visage. Alors les autres peuples le dévoreront, toutes sortes de malheurs le frapperont.
À ce moment-là, les Israélites se diront : "Si
ces malheurs nous touchent, c'est parce que
notre Dieu n'est plus au milieu de nous."
18 Mais moi, je continuerai à leur cacher
mon visage, à cause de tout le mal qu'ils auront fait en se tournant vers d'autres dieux.
19 Et maintenant, Moïse et Josué, écrivez ce
chant. Toi, Moïse, enseigne-le aux Israélites.
Qu'ils l'apprennent par cœur pour qu'il me
serve de *témoin contre eux. 20 En effet, je
vais faire entrer ce peuple dans la terre qui
*déborde de lait et de miel. Je l'ai promise
par serment à leurs ancêtres. Ils mangeront
autant qu'ils voudront, ils vivront bien. Ensuite, ils se tourneront vers d'autres dieux et
ils les serviront. Ils me mépriseront, ils briseront mon alliance avec eux. 21 Toutes sortes de
malheurs les frapperont, et ce chant servira de
témoin pour les accuser, car même leurs enfants et les enfants de leurs enfants n'oublieront jamais de le chanter. En effet, dès
aujourd'hui, je sais ce qu'ils ont l'intention
de faire, avant même de les conduire dans le
pays promis. »

22 Ce jour-là, Moïse écrit ce chant et il l'apprend aux Israélites.

23 Ensuite, le SEIGNEUR donne ses ordres à
Josué, fils de Noun, et il lui dit : « Sois fort et
courageux ! C'est toi qui vas faire entrer les Israélites dans le pays que je leur ai promis par
serment. Et moi, je serai avec toi. »

24 Moïse finit d'écrire dans un livre toutes
les paroles de la loi de Dieu. 25 Ensuite, il
parle aux *lévites qui portent le *coffre de l'alliance du SEIGNEUR. Il leur donne cet ordre :
26 « Prenez ce livre, qui contient la loi de
Dieu. Mettez-le à côté du coffre de l'alliance
du SEIGNEUR votre Dieu. Il sera là comme témoin contre les Israélites. 27 En effet, je les
connais bien : ils sont toujours prêts à se révolter, ils ont la tête dure. Aujourd'hui, je
suis encore vivant parmi eux. Pourtant, ils
se révoltent contre le SEIGNEUR. Alors, après
ma mort, ce sera bien pire. 28 Maintenant, rassemblez auprès de moi tous les *anciens et les
chefs de vos tribus. Devant le ciel et la terre,
qui serviront de témoins contre eux, je vais
leur dire à haute voix les paroles de ce chant.
29 Oui, je le sais, après ma mort, les Israélites
vont pécher et ils s'éloigneront du chemin
que je leur ai montré. Dans les jours qui suivront, le malheur les frappera, voici pourquoi : ils feront ce qui est mal aux yeux du
SEIGNEUR et ainsi, ils le mettront en *colère
par leurs actions. »

Moïse chante le Seigneur

30 Ensuite, Moïse récite pour toute l'assemblée d'Israël les paroles de ce chant du début
jusqu'à la fin.

32 1 Ciel, fais bien attention :
je vais parler,
terre, écoute ce que je vais dire.
2 Que mes enseignements coulent
comme la bonne pluie sur les plantes,
que mes paroles se répandent
comme la rosée sur l'herbe.
3 Je vais chanter le nom du SEIGNEUR.
Israélites,
reconnaissez que notre Dieu est grand !

4 Le SEIGNEUR est un solide rocher.
Toutes ses actions sont parfaites,
toutes ses décisions sont justes.
Notre Dieu est fidèle,
il ne fait jamais le mal,
il est toujours juste et droit.
5 Mais vous, peuple mauvais et corrompu,
vous avez mal agi envers lui.
À cause de votre méchanceté,
vous n'êtes plus ses enfants.
6 Peuple stupide et sans sagesse,
est-ce que vous pouvez vous conduire ainsi
envers le SEIGNEUR ?
Est-ce que le SEIGNEUR n'est pas votre père,
celui qui vous a créés,
celui qui a fait de vous son peuple ?

7 Pensez aux jours d'autrefois,
rappelez-vous les années passées,
de génération en génération.
Posez des questions
à vos parents et aux vieillards,
ils vous raconteront ce qui est arrivé.
8 Quand le Dieu très-haut a distribué
les pays aux habitants de la terre,
il a fixé les frontières des peuples.
Il a confié chaque peuple
à un être du *ciel.
9 Mais il a choisi pour lui
le peuple d'Israël.
Il a pris sous sa protection
la famille de *Jacob.
10 Le SEIGNEUR trouve son peuple
dans le désert,
au milieu des cris de chacals.
Il prend soin de lui, il l'instruit,
il veille sur lui
comme sur son trésor le plus précieux.
11 Comme l'aigle
qui encourage ses petits à voler,
il plane au-dessus de son nid.
Il s'étend largement pour les recueillir
et les porter sur ses ailes.
12 Oui, le SEIGNEUR seul conduit son peuple,
aucun autre dieu n'est avec lui.

13 Il les installe sur les collines,
il les nourrit des produits des champs.
Pour eux, il fait couler le miel
dans les trous des rochers,
il fait pousser les *oliviers
sur une terre couverte de pierres.
14 Les vaches et les brebis
leur donnent du lait,
les agneaux, les gros béliers et les boucs
leur fournissent de la viande.
Ils mangent un *blé excellent
et ils boivent le vin de leurs *vignes.

15 Alors Israël grossit,
mais il se révolte.
Oui, Yechouroun[b] devient gras,
épais, rempli,
et il abandonne Dieu, son créateur.
Il méprise son solide rocher, son sauveur.
16 Les Israélites mettent le SEIGNEUR en *colère
en faisant des choses horribles,
ils le rendent jaloux[c]
en adorant des dieux étrangers.
17 Ils offrent des *sacrifices
à des esprits qui ne sont même pas des dieux
et qu'ils ne connaissent pas.
Ce sont des êtres nouveaux,
et même leurs ancêtres les ignoraient.

---

b **32.15** *Yechouroun : nom donné ici à Israël.*

c **32.16** *Quand le Seigneur est jaloux, cela veut dire qu'il n'accepte pas que les êtres humains adorent d'autres dieux que lui. En effet, il est le seul Dieu. Cela veut dire aussi qu'il n'accepte pas les désobéissances et les infidélités. En effet, il est un Dieu exigeant. Voir Deutéronome 5.9 ; 6.15.*

18 « Oui, Israël, tu négliges ton protecteur,
celui qui t'a mis au monde,
tu oublies le Dieu qui t'a donné la vie ! »
19 Le SEIGNEUR a vu
comment ses fils et ses filles
se moquent de lui.
Alors il les a méprisés
20 en disant :
« On ne peut pas avoir confiance en eux,
ce sont des gens vraiment mauvais.
Je ne vais plus m'occuper d'eux,
je verrai bien ce qui leur arrivera.
21 Ils m'ont rendu jaloux
avec leurs dieux qui ne sont pas des dieux.
Ils m'ont mis en *colère avec leurs statues.
Eh bien, moi, je vais les rendre jaloux
en m'occupant d'un peuple
qui n'est pas un vrai peuple.
Je les mettrai en colère
avec une nation stupide.
22 Oui, ma colère a pris feu,
elle descend jusque dans le monde des morts.
Elle détruit tout ce que la terre produit,
elle brûle la base des montagnes.
23 Je vais leur envoyer malheur sur malheur,
je lancerai contre eux toutes mes flèches.
24 Quand la faim les aura épuisés,
quand la fièvre ou les maladies les auront détruits,
j'enverrai contre eux des bêtes sauvages
et des serpents venimeux.
25 Dans les rues,
la guerre supprimera leurs enfants,
dans les maisons, tous mourront de peur :
jeunes gens et jeunes filles,
enfants et vieillards.

26 « J'avais l'intention de les détruire complètement.
Je voulais effacer tout souvenir d'eux sur la terre.
27 Mais j'ai eu peur que leurs ennemis se moquent de moi.
J'ai eu peur qu'ils se trompent en disant :
"Ce n'est pas le SEIGNEUR qui les a détruits,
c'est nous qui avons tout fait !"
28 Ces gens-là jugent mal,
ils manquent d'intelligence.
29 S'ils étaient des sages, ils comprendraient,
ils verraient où cela les conduit.
30 Est-ce qu'un ennemi tout seul
peut mettre en fuite 1 000 Israélites ?
Est-ce que deux ennemis
peuvent mettre en fuite 10 000 Israélites ?
Oui, c'est possible,
si moi, le SEIGNEUR, leur solide rocher,
je les livre au pouvoir de leurs ennemis.

31 « Mais leurs ennemis savent eux-mêmes
que leur dieu protecteur
ne vaut pas le Dieu d'Israël.
32 Et eux, ils ne valent pas mieux
que les gens de Sodome et Gomorrhe[d].
Ils ressemblent à une *vigne
qui produirait du raisin amer et empoisonné.
33 Leur vin est comme du venin de serpent,
un cruel venin de vipères.

34 « Voici ce que moi, le SEIGNEUR,
je prépare en secret,
ce que je garde en réserve contre eux.
35 Je vais me venger,
je vais leur donner ce qu'ils méritent
quand ils vont être détruits.
Ce jour de malheur va bientôt arriver. »

36 Oui, le SEIGNEUR jugera son peuple
avec *justice.
Il aura pitié de ses serviteurs
quand il les verra sans force,
sans aucun appui,
sans aucun secours.
37 Il leur demandera :
« Où sont les dieux
auprès de qui vous vous cachiez ?
38 Ils mangeaient les animaux
que vous leur offriez en *sacrifice,
ils buvaient le vin de vos offrandes.
Eh bien, qu'ils se lèvent pour vous aider !
Qu'ils viennent vous protéger !

d **32.32** *Voir Genèse 19.*

39 « Maintenant, voyez :
c'est moi seul qui suis Dieu,
il n'existe pas d'autre dieu que moi.
C'est moi qui fais mourir et qui fais vivre,
qui blesse et qui guéris.
Personne ne peut arracher quelqu'un de ma main.
40 Oui, je lève la main vers le ciel
et je fais ce serment :
"C'est la vérité, je suis vivant pour toujours.
41 Eh bien, j'aiguise mon *épée
et je la fais briller.
Je vais bientôt juger mes ennemis,
je vais faire tomber ma vengeance sur eux.
Je vais donner ce qu'ils méritent
à ceux qui me détestent.
42 Mes flèches tremperont dans leur sang,
mon épée dévorera tous mes adversaires.
Aucun combattant ne sera sauvé.
Blessés ou prisonniers,
tous seront punis." »

43 *Ciel, réjouis-toi avec le SEIGNEUR !
Que tous les habitants du ciel l'adorent !
Le SEIGNEUR vengera
la mort de ses enfants.
Il fera tomber sa vengeance
sur ses ennemis.
Il donnera ce qu'ils méritent
à ceux qui le détestent,
mais il *purifiera la terre de son peuple.

44 Moïse et Josué, fils de Noun, viennent
donc réciter toutes les paroles de ce chant devant le peuple pour qu'il l'entende.
45 Quand Moïse a fini de faire connaître les
enseignements du SEIGNEUR aux Israélites, 46 il
leur dit : « Prenez au sérieux les paroles que je
vous donne aujourd'hui. Elles serviront de
*témoins contre vous. Enseignez-les à vos en-
fants. Commandez-leur d'obéir à toutes les paroles de cette loi. 47 En effet, ce ne sont pas des
paroles creuses. Elles vous feront vivre et
grâce à elles, vous resterez longtemps dans
le pays que vous allez posséder de l'autre
côté du Jourdain. »

Le Seigneur annonce la mort de Moïse

48 Ce jour-là, le SEIGNEUR dit à Moïse :
49 « Va sur les montagnes des Abarim, dans
le pays de Moab, en face de la ville de Jéricho.
Monte au sommet du mont Nébo et regarde le
pays de *Canaan, que je vais donner en partage aux Israélites. 50 Ensuite, sur cette montagne où tu seras monté, tu mourras pour
rejoindre tes ancêtres. De la même façon,
ton frère Aaron est mort sur la montagne de
Hor et il a rejoint ses ancêtres. 51 Aaron et
toi, vous avez commis une faute grave contre
moi, devant les Israélites. C'était dans l'affaire
de l'eau de Meriba, à Cadès, dans le désert de
Tsin. Ce jour-là, vous n'avez pas montré aux
Israélites que je suis le vrai Dieu. 52 C'est
pourquoi tu pourras voir le pays que je donne
aux Israélites seulement de loin, mais tu n'y
entreras pas. »

Moïse bénit les douze tribus d'Israël

33 1 Avant de mourir, Moïse, l'homme de
Dieu, *bénit les Israélites. Voici ce
qu'il dit :
2 « Le SEIGNEUR est venu du mont Sinaï.
Comme le soleil,
il s'est levé pour son peuple
du pays de Séir[e].
Depuis la montagne de Paran,
il a donné sa lumière.
Il est venu vers ceux qui sont à lui,
avec des milliers *d'anges.
Il tenait dans sa main la *loi
brillante comme le feu.

3 « Le SEIGNEUR aime les tribus d'Israël.
Il protège tous ceux qui sont à lui.
Eux, ils se tiennent à ses pieds
pour recevoir son enseignement.

4 « Moïse nous a donné une loi.
C'est le trésor précieux
de la communauté de *Jacob.

e **33.2** *Séir : voir Deutéronome 1.2 et la note.*

5 Quand les chefs du peuple
se sont réunis avec les tribus d'Israël,
Israël[f] a eu un roi. »

6 Moïse dit encore :
« Que la tribu de Ruben vive !
Qu'elle ne disparaisse jamais,
même si elle est peu nombreuse ! »

7 Pour les gens de Juda, Moïse dit :
« SEIGNEUR,
écoute l'appel de la tribu de Juda.
Ramène les gens de Juda
vers leurs frères.
Ils se défendent courageusement
eux-mêmes.
Aide-les contre leurs ennemis. »

8 Pour les gens de Lévi, Moïse dit :
« SEIGNEUR,
tu as confié les objets sacrés,
l'Ourim et le Toummim,
aux gens de la famille de Lévi,
qui te servent fidèlement.
Tu les as provoqués à Massa,
tu leur as cherché querelle à Meriba[g].
9 Ils ont montré plus d'amour pour toi
que pour leurs parents,
leurs frères et leurs enfants.
Ils ont gardé ta parole,
ils ont pris soin
de respecter ton *alliance avec eux.
10 Ils enseignent tes règles
aux gens de la famille de Jacob,
et ta loi au peuple d'Israël.
Ils présentent les offrandes de parfum
et les sacrifices complets sur ton *autel.
11 SEIGNEUR, bénis leur courage
et accepte tous leurs travaux.
Brise les reins de leurs ennemis !
Que ceux qui les détestent
ne se relèvent jamais ! »

12 Pour les gens de Benjamin, Moïse dit :
« Le SEIGNEUR aime la tribu de Benjamin.
Elle est en sécurité auprès de lui.
Son Dieu la protège sans cesse
et habite au milieu de ses collines. »

13 Pour les gens de Joseph, Moïse dit :
« Le SEIGNEUR bénit leurs terres.
Elles reçoivent l'eau du ciel
et celle qui monte de la terre profonde.
14 Le soleil fait grandir les plantes,
de nouvelles récoltes mûrissent chaque
mois.
15 Cette région de montagnes et de collines
donne depuis toujours des produits excellents.
16 Que les richesses de ce pays si généreux
et la bonté du Dieu présent dans le buisson
se répandent sur la tribu de Joseph,
lui qui a été le chef de ses frères !
17 Honneur à Joseph !
Il est comme le taureau premier-né
dans un troupeau.
Ses deux cornes sont puissantes
comme celles du buffle.
Avec elles,
il repoussera tous les peuples de la terre
jusqu'au bout du monde.
L'une des cornes
est la tribu très nombreuse d'Éfraïm.
L'autre, ce sont les milliers de gens
de la tribu de Manassé. »

18 Pour les gens de Zabulon et d'Issakar,
Moïse dit :
« Zabulon,
réjouis-toi de tes activités sur la mer,
et toi, Issakar, de ton repos sous tes tentes !
19 Vous réunissez vos voisins
sur une montagne sacrée.
Là, vous offrez des *sacrifices

---

f **33.5** *Ici, le texte hébreu appelle Israël « Yechouroun », comme en Deutéronome 32.15.*

g **33.8** *Objets sacrés : ces objets servaient à connaître la volonté ou le jugement de Dieu. Massa et Meriba : voir Exode 17.1-7 ; Nombres 20.1-13.*

selon les règles,
parce que votre richesse vient de la mer
et de trésors cachés dans le sable[h]. »

20 Pour les gens de Gad, Moïse dit :
« Je remercie le SEIGNEUR,
qui donne à Gad une région étendue !
Comme un lion, Gad s'est couché.
Il déchire l'épaule et même la tête
de la bête qu'il a prise.
21 Gad a pris la meilleure part du pays.
Il a gardé pour lui la part du chef.
Puis il a rejoint les dirigeants du peuple,
il a réalisé les projets du SEIGNEUR,
et il a obéi à ses ordres
pour le peuple d'Israël. »

22 Pour les gens de Dan, Moïse dit :
« Dan est comme un jeune lion
qui bondit du *Bachan. »

23 Pour les gens de Neftali, Moïse dit :
« Neftali réussit en tout.
Le SEIGNEUR le bénit abondamment.
Qu'il possède le pays
vers l'ouest et vers le sud ! »

24 Pour les gens d'Asser, Moïse dit :
« Que le SEIGNEUR bénisse la tribu d'Asser
parmi les fils de Jacob !
Que ses frères lui montrent leur affection !
Que ses *oliviers produisent de l'huile en abondance !
25 Qu'il soit à l'abri de ses ennemis
derrière ses portes aux verrous de fer ou de bronze !
Que sa force dure aussi longtemps que sa vie ! »

26 Moïse dit encore : « Israël[i],
aucun dieu ne ressemble à ton Dieu !
Avec puissance, il vient à ton aide
en traversant le ciel,
à cheval sur les nuages.
27 Depuis toujours, il est ton abri.
Depuis toujours,
il montre sa puissance sur la terre.
C'est lui qui a chassé tes ennemis devant toi,
et qui t'a commandé de les détruire.

28 « Les Israélites habitent en sécurité.
Les fils de Jacob sont à l'abri dans un pays
où poussent le *blé et la *vigne,
grâce à la rosée qui tombe du ciel.

29 « Vous êtes heureux, vous les Israélites !
Est-ce que le SEIGNEUR a sauvé
un autre peuple comme vous ?
Il vous a protégés comme un *bouclier,
il a été pour vous une arme victorieuse.
Vos ennemis disparaîtront devant vous,
et vous, vous serez leurs maîtres. »

La mort de Moïse

34 1 Moïse monte des plaines de Moab sur
le mont Nébo, sur le sommet de la
Pisga, qui est en face de Jéricho. Le SEIGNEUR
lui montre tout le pays : la région de Galaad
jusqu'à Dan, 2 la région de Neftali, d'Éfraïm,
de Manassé, la région de Juda jusqu'à la mer
Méditerranée. 3 Il lui montre encore la région
du Néguev et, dans la plaine du Jourdain, la
vallée de Jéricho, la ville des palmiers, jusqu'à
Soar. 4 Le SEIGNEUR lui dit : « Voici le pays que
j'ai promis à Abraham, à Isaac et à Jacob en
leur disant : "Je donnerai ce pays aux enfants
de vos enfants." Je te le montre, mais tu n'y
entreras pas. »
5 Moïse, le serviteur du SEIGNEUR, meurt à
cet endroit, dans le pays de Moab, comme le
SEIGNEUR l'a dit. 6 Le SEIGNEUR l'enterre dans

h **33.19** *Les tribus de Zabulon et d'Issakar faisaient du commerce avec les Phéniciens, qui habitaient sur la côte de la mer Méditerranée.*
Les trésors cachés dans le sable : ou bien il s'agit des petits animaux, avec lesquels on faisait une teinture rouge très précieuse, la pourpre ; ou bien il est question du sable avec lequel on fabriquait du verre.

i **33.26** *Israël : voir Deutéronome 33.5 et la note.*

une vallée de Moab, en face de Beth-Péor. Mais aujourd'hui encore, personne ne sait où se trouve sa tombe.

7 Quand Moïse meurt, il a 120 ans. Pourtant, il voit encore très clair et il est plein de force. 8 Les Israélites pleurent Moïse dans les plaines de Moab pendant trente jours, jusqu'à la fin du deuil.

9 Josué, fils de Noun, est rempli de sagesse parce que Moïse a posé les mains sur sa tête[j]. Les Israélites l'écoutent, ils font ce que le SEIGNEUR a commandé à Moïse.

10 En Israël, personne n'a plus jamais rencontré un *prophète comme Moïse : le SEIGNEUR parlait avec lui face à face. 11 Il l'a envoyé faire des actions extraordinaires en Égypte, devant le roi, devant tous ses ministres et devant tout son peuple. 12 Moïse avait un grand pouvoir et il a agi avec une puissance terrible sous les yeux de tous les Israélites.

j **34.9** *Poser les mains sur sa tête : par ce geste, Moïse désigne Josué pour qu'il prenne sa place. Voir Nombres 27.18,19.*

Les livres historiques

Ces livres concernent plusieurs périodes de l'histoire du peuple d'Israël.

- *Les livres de Josué, des Juges et de Ruth racontent des événements qui se passent avant que des rois dirigent le peuple.*
- *Les livres de 1 et 2 Samuel, de 1 et 2 Rois et de 1 et 2 Chroniques parlent de la période où des rois dirigent le peuple.*
- *Les livres d'Esdras, de Néhémie et d'Esther concernent la période où les rois de Perse dominent le Proche-Orient.*
- *Les livres de Tobit, de Judith et de 1 et 2 Maccabées renseignent sur la période où les rois grecs dominent le Proche-Orient.*

Avant les rois

Dieu a donné un pays à son peuple, il l'a aidé à s'y installer et l'a délivré de ses ennemis. C'est ce que racontent les livres de Josué et des Juges. En même temps, ces livres font le récit de guerres et de désordres. Les Israélites rencontrent des difficultés avec les populations qui entourent le pays. Il y a aussi des problèmes entre les tribus. Josué et des chefs envoyés par Dieu, les juges, conduisent ou délivrent les Israélites. Ils accomplissent une mission à la manière des prophètes.

Le livre de Ruth raconte une histoire qui se passe au temps où les juges dirigeaient les tribus d'Israël. Une femme étrangère y joue un rôle de premier plan. Le livre montre la place que des étrangers peuvent avoir dans le peuple de Dieu. Il invite ainsi à les y accueillir.

La période des rois

Les livres de Samuel et des Rois racontent d'abord comment les Israélites ont eu des rois et un temple à Jérusalem, où Dieu était présent. Mais le Nord et le Sud se sont séparés, puis le royaume du Nord (Israël) a été détruit. Plus tard, Jérusalem et le temple ont été détruits également. Une partie de la population du Sud (Juda) a été emmenée loin de son pays, en exil.

Des prophètes jouent un grand rôle dans ces livres, surtout à partir du moment où des rois ont le pouvoir. Les prophètes interviennent pour les conseiller, mais aussi pour les critiquer et leur annoncer que Dieu juge leurs actions. Les plus importants d'entre eux sont : Samuel, Natan et Gad (livres de Samuel), Élie, Élisée et Ésaïe (livres des Rois).

Ces livres ne présentent pas l'histoire du peuple de Dieu d'un point de vue humain. En effet, ils ne s'intéressent pas aux événements politiques ou économiques pour eux-mêmes, mais ils montrent comment Dieu juge ces événements. Quand ils racontent comment le pays, le pouvoir royal et le temple ont été perdus, ils font réfléchir les lecteurs à ceci : comment recevoir ce que Dieu donne, de manière à ne pas le perdre ?

Les livres des Chroniques reprennent des événements déjà racontés dans le deuxième livre de Samuel et dans les livres des Rois. Mais ils ont un point de vue différent sur l'histoire. Ils retiennent avant tout les aspects positifs du passé. En effet, ces livres ont été écrits après le retour des exilés de Juda dans leur pays. Ils veulent leur donner des éléments solides permettant de commencer une nouvelle période de leur histoire.

La période perse

Quand Cyrus, le roi de Perse, a pris le pouvoir dans le Proche-Orient, il a permis aux populations en exil de rentrer dans leurs pays. Les livres d'Esdras et de Néhémie racontent comment des groupes de Juifs reviennent d'exil. Ils s'installent dans la province de Juda, qui est alors sous l'autorité des Perses. Ils reconstruisent le temple de Jérusalem et, en même temps, ils placent la loi de Dieu au centre de la vie de leur communauté. Cependant, beaucoup de Juifs sont restés dans les pays où ils se trouvaient. Le livre d'Esther raconte les difficultés des Juifs vivant en Perse. Il montre comment la violence produit de la violence en retour. Mais certains passages parlent aussi de l'action de Dieu.

La période des rois grecs

Le roi grec Alexandre a conquis tout le Proche-Orient à la fin du 4e siècle avant J.-C. À sa mort, son immense royaume a été divisé entre des rois grecs. Certains dominaient sur l'Égypte, d'autres sur la Syrie. Le pays des Juifs a d'abord été sous le pouvoir des rois grecs d'Égypte. Puis ce sont les rois de Syrie, les Séleucides, qui ont dominé sur lui. Leur royaume groupait beaucoup de peuples différents. Pour donner une unité à ce royaume, le roi Antiochus Épiphane (175-164 avant J.-C.) a imposé partout la langue, la culture et la religion grecques. L'influence de la culture et de la religion grecques risque alors de détruire la foi au Dieu unique. Par ailleurs, le roi Antiochus Épiphane considère qu'il est, sur la terre, une présence des dieux supérieurs. En 167 avant J.-C., il met dans le temple de Jérusalem une statue qui le représente, et représente en même temps le dieu grec Zeus et le dieu syrien Baal. Alors ceux des Juifs qui sont restés fidèles au Seigneur, le Dieu qui a fait alliance avec eux, prennent les armes. C'est la révolte des Maccabées, qui luttent à la fois contre les tyrans grecs et contre les Juifs ayant pris parti pour les coutumes grecques.

Les livres de Tobit, de Judith et les deux livres des Maccabées montrent la résistance juive aux dangers des influences grecques.

Les livres de Tobit et de Judith sont des sortes de romans. Ils parlent de la situation des Juifs aux 3e et 2e siècles avant J.-C.

Les livres des Maccabées racontent la résistance des Juifs contre les rois grecs. Au cours du 2e siècle avant J.-C., ces rois ont fait souffrir les Juifs à cause de leur foi. La révolte des Juifs a eu un contenu religieux. Elle montre que les croyants peuvent et doivent rester fidèles à Dieu, même si cela met leur vie en danger.

Josué

INTRODUCTION

Le livre de Josué raconte comment les Israélites sont entrés et se sont installés dans le pays de Canaan. De l'ouest à l'est, ce pays s'étend entre la mer Méditerranée et le fleuve Jourdain, avec quelques territoires au-delà du fleuve. Du nord au sud, il s'étend des montagnes du Liban jusqu'à la région désertique appelée le Néguev.

Quand les Israélites ont quitté l'Égypte, Dieu a promis de leur donner ce pays.

Josué est le personnage principal du livre qui porte son nom. Ce nom veut dire « le Seigneur sauve ».

Josué a été l'assistant de Moïse et il remplace Moïse quand celui-ci meurt. À partir de ce moment, il est à la tête des Israélites et il les conduit.

- *Les chapitres 1 à 12 racontent comment les Israélites entrent dans le pays de Canaan et en prennent possession.*
- *Les chapitres 13 à 22 racontent comment Josué partage le pays selon les ordres de Dieu, en donnant un territoire à chaque tribu.*
- *Les chapitres 23 à 24 racontent la fin de la vie de Josué.*

Il y a beaucoup de ***ressemblances entre Josué et Moïse****.*

Quand les Israélites sont sortis d'Égypte sous la conduite de Moïse, l'eau de la mer des Roseaux s'est écartée pour les laisser passer (Exode 14). De même, quand les Israélites entrent en Canaan sous la conduite de Josué, l'eau du fleuve Jourdain s'arrête de couler (Josué 3 et 4).

Le livre du Deutéronome se termine par les dernières paroles de Moïse et par sa mort (chapitres 31–34). De même, le livre de Josué se termine par les dernières recommandations de Josué et la mort de celui-ci (chapitres 23–24). Avant de mourir, Josué demande aux Israélites de choisir le Seigneur comme leur seul Dieu. Il établit une ***alliance*** *entre le peuple et Dieu, comme Moïse l'a fait.*

La guerre a une grande place dans le livre de Josué, ce qui peut choquer les lecteurs d'aujourd'hui. Certains textes racontent comment les Israélites détruisent complètement les habitants et les richesses de Canaan, parce que Dieu l'a ordonné. Ces récits veulent montrer ceci : les Israélites ne doivent pas penser qu'ils sont les maîtres du pays et qu'ils peuvent prendre ses richesses pour eux. C'est Dieu qui donne un pays à son peuple, ce n'est pas le peuple qui le gagne par ses victoires. En fait, les Israélites vont vivre longtemps avec des Cananéens restés dans le pays. Ces populations présentent un danger si les Israélites veulent leur ressembler et se mettent à adorer les dieux étrangers. Aux Israélites de se décider à servir le Seigneur, Dieu d'Israël, et lui seul! S'ils le font, tout le monde peut avoir un territoire, et chacun peut vivre dans le pays. Ce qui est important, ce n'est pas de ***faire la guerre****, mais d'****obéir à la loi*** *donnée par Dieu. En effet, au début du livre, Dieu dit à Josué: «Ne t'éloigne jamais de cette loi» (1.7). À la fin du livre, Josué dit aux Israélites: «Efforcez-vous d'agir selon ce qui est écrit dans le livre de la loi de Moïse. Ne vous en éloignez jamais» (23.6).*

Josué remplace Moïse

1 1 Moïse était le serviteur du SEIGNEUR, et
Josué, fils de Noun, était son adjoint.
Après la mort de Moïse, le SEIGNEUR a dit à
Josué: 2 «Moïse, mon serviteur, est mort.
Maintenant, c'est à toi de traverser le fleuve
Jourdain avec tout le peuple d'Israël pour
entrer dans le pays que je vous donne.
3 Comme je l'ai promis à Moïse, je vous
donne tout endroit où vous poserez les
pieds. 4 Votre territoire ira depuis le désert,
au sud, jusqu'aux montagnes du Liban, au
nord. Il s'étendra de l'Euphrate, le grand
fleuve, à l'est, jusqu'à la mer Méditerranée,
à l'ouest, à travers le pays des Hittites[a].
5 Pendant toute ta vie, personne ne pourra
te résister. Je serai avec toi comme j'ai été
avec Moïse. Je ne te laisserai pas, je ne
t'abandonnerai pas. 6 Sois fort et courageux.
Oui, c'est toi qui donneras en partage à ce
peuple le pays que j'ai promis à ses ancêtres.
7 Sois fort et très courageux. Efforce-toi
d'obéir à toute la loi que mon serviteur
Moïse t'a donnée. Ne t'éloigne jamais de
cette loi. Alors tu réussiras dans tout ce
que tu feras. 8 Répète sans cesse les enseignements du livre de la loi, redis-les dans
ton cœur jour et nuit. Ainsi tu t'efforceras
d'obéir à tout ce qui est écrit. De cette façon,
tu mèneras tes projets avec succès et ils réussiront. 9 Je t'ai commandé d'être fort et courageux. Ne tremble pas, n'aie pas peur, car
moi, le SEIGNEUR ton Dieu, je serai avec toi
partout où tu iras.»

Josué prépare la traversée du Jourdain

10 Josué commande aux responsables du
peuple 11 d'aller dans tout le camp pour donner cet ordre aux Israélites: «Préparez de la
nourriture. En effet, dans trois jours, vous allez traverser le fleuve Jourdain. Vous irez
prendre possession du pays que le SEIGNEUR
votre Dieu vous donne.» 12 Ensuite, Josué
parle aux hommes des tribus de Ruben, de
Gad, et de la demi-tribu de Manassé. Il leur
dit: 13 «Souvenez-vous de l'ordre que Moïse,
le serviteur du SEIGNEUR, vous a adressé. Il a
dit: "Le SEIGNEUR votre Dieu vous accorde
de vous installer en paix dans la région qu'il
vous donne à l'est du Jourdain." 14 Vos femmes, vos enfants et vos troupeaux resteront
là où Moïse vous a conduits. Mais vous, tous
les combattants courageux, vous traverserez
le fleuve avec vos armes devant vos frères israélites. Vous les aiderez 15 à prendre possession du pays que le SEIGNEUR leur donne. Le
SEIGNEUR votre Dieu leur accordera à eux aussi
de s'installer en paix. Puis vous pourrez revenir occuper la région que Moïse, le serviteur
du SEIGNEUR, vous a donnée à l'est du Jourdain.»

16 Les responsables du peuple répondent à
Josué: «Nous ferons tout ce que tu nous
commandes, nous irons partout où tu nous enverras. 17 Nous t'obéirons fidèlement comme
nous avons obéi à Moïse. Le SEIGNEUR ton
Dieu sera sûrement avec toi comme il a été
avec Moïse. 18 Celui qui se révoltera contre
tes ordres et n'obéira pas à tes paroles, il

---

a **1.4** *Ici, le pays des Hittites désigne la grande région appelée souvent Syrie-Palestine.*

faut le faire mourir. Oui, sois fort et courageux ! »

Josué envoie en secret deux hommes à Jéricho

2 1 Du camp de Chittim, Josué, fils de Noun,
envoie en secret deux hommes, pour
chercher à connaître le pays et la ville de Jéricho. Les deux espions[b] arrivent à Jéricho et ils
vont passer la nuit dans la maison d'une
*prostituée appelée Rahab. 2 Quelqu'un dit
au roi de Jéricho : « Des Israélites sont arrivés
cette nuit dans la ville pour chercher à connaître le pays. » 3 Alors le roi envoie des gens dire
à Rahab : « Les hommes qui sont entrés chez
toi sont venus pour chercher à connaître
tout le pays. Fais-les sortir ! » 4 Rahab emmène
les deux hommes et elle les cache. Puis elle répond : « Oui, des hommes sont venus chez
moi, mais je ne savais pas d'où ils étaient.
5 Ils sont repartis à la tombée de la nuit, au moment où on allait fermer la *porte de la ville. Je
ne sais pas où ils sont allés. Mais si vous vous
dépêchez, vous pourrez les rattraper. »

6 En réalité, elle les a fait monter sur la terrasse de sa maison. Elle les a cachés sous des
branches de *lin rangées à cet endroit. 7 Alors
les envoyés du roi les poursuivent. Ils prennent la route vers les endroits où ils pourront
traverser le fleuve Jourdain à pied. Dès qu'ils
ont quitté Jéricho, on ferme la porte de la ville.
8 Pendant ce temps, Rahab monte sur la terrasse de sa maison. Les deux hommes ne dorment pas encore. 9 Elle leur dit : « Je sais que
le SEIGNEUR vous a donné ce pays. Nous avons
tellement peur que tous les habitants sont découragés à cause de vous. 10 En effet, nous
avons appris ceci : le SEIGNEUR a séché la
*mer des Roseaux devant vous quand vous
êtes sortis d'Égypte. Ensuite, vous avez tué
Sihon et Og[c], les deux rois *amorites qui
vivaient à l'est du Jourdain, et vous avez détruit tout ce qu'ils possédaient. 11 En entendant ces nouvelles, nous avons été complètement découragés. Personne ne se sent capable de vous résister, car le SEIGNEUR votre
Dieu est Dieu là-haut dans le *ciel et ici-bas
sur la terre. 12 J'ai agi avec bonté envers
vous. Alors jurez-moi par le SEIGNEUR que
vous aussi, vous agirez avec bonté envers ma
famille. Donnez-moi une preuve que cela est
sûr en promettant ceci : 13 vous laisserez vivre
mon père, ma mère, mes frères et mes sœurs,
et tous ceux de leur famille. Vous ne permet-
trez pas que nous soyons tués. » 14 Les deux Israélites lui répondent : « Nous le jurons sur
notre vie. Mais tu ne dois rien raconter de notre visite. Quand le SEIGNEUR nous donnera ce
pays, nous serons bons pour toi et nous tien-
drons notre promesse. »

15 La maison de Rahab est située contre le
mur de défense qui protège la ville. Elle fait
donc descendre les deux hommes avec une
corde par la fenêtre. 16 Elle leur dit : « Allez
vous cacher dans les collines pour fuir ceux
qui vous cherchent. Restez là-bas pendant
trois jours jusqu'à ce qu'ils reviennent ici. Ensuite, vous pourrez continuer votre chemin. »
17 Les Israélites lui disent : « Nous respecterons le serment que tu nous as fait jurer.
18 Voici ce que tu feras : quand nous entrerons
dans le pays, tu attacheras cette petite corde
rouge à la fenêtre, là où nous allons descendre. Puis tu rassembleras dans ta maison ton
père, ta mère, tes frères et toute ta famille.
19 Si quelqu'un sort de chez toi, il sera seul responsable de sa mort, et nous, nous ne serons
pas coupables. Au contraire, si quelqu'un qui
est avec toi dans ta maison est attaqué, c'est
nous qui serons responsables de sa mort.
20 Mais si tu racontes notre visite, nous ne serons plus liés par le serment que tu nous as fait
jurer. » 21 Rahab répond : « Je suis d'accord. »
Puis elle fait partir les deux hommes. Après
leur départ, elle attache la corde rouge à sa fenêtre. 22 Les deux espions vont dans les colli-

---

b **2.1** *Un espion est une personne chargée de recueillir des renseignements secrets dans un pays étranger.*

c **2.10** *Le Seigneur a séché la mer des Roseaux: voir Exode 14.21. Sihon et Og: voir Deutéronome 2.24–3.17; Nombres 21.21-35.*

nes. Ils se cachent là trois jours. Pendant ce temps, les envoyés du roi les poursuivent. Ils les cherchent partout sans les trouver. Ces hommes reviennent donc à Jéricho. 23 Alors les espions quittent leur cachette et ils descendent des collines. Ils traversent le Jourdain et ils reviennent auprès de Josué, fils de Noun. Ils lui racontent tout ce qui leur est arrivé. 24 Ils disent : « C'est sûr, le SEIGNEUR nous a livré tout le pays. Les habitants n'ont même plus le courage de nous résister. »

Les Israélites traversent le Jourdain sur un chemin sec

3 1 Josué se lève tôt le matin. Lui et tous les Israélites quittent Chittim et descendent au bord du Jourdain. Ils s'installent à cet endroit en attendant le moment de traverser le fleuve. 2 Au bout de trois jours, les responsables du peuple vont dans tout le camp 3 et ils donnent cet ordre aux Israélites : « Quand vous verrez les *prêtres-lévites emporter le *coffre de l'alliance du SEIGNEUR votre Dieu, quittez cet endroit et suivez-les. 4 Ainsi, vous saurez quel chemin prendre. En effet, vous n'êtes encore jamais passés par là. Mais ne vous approchez pas du coffre. Laissez une distance d'un kilomètre à peu près entre lui et vous. »

5 Ensuite Josué dit au peuple : « Rendez-vous *purs, parce que demain, le SEIGNEUR fera des choses extraordinaires au milieu de vous. » 6 Le jour suivant, Josué dit aux prêtres : « Portez le coffre de l'alliance et marchez en tête du peuple. » C'est ce qu'ils font.

7 Le SEIGNEUR dit à Josué : « À partir d'aujourd'hui, je vais rendre ton pouvoir plus grand aux yeux de tous les Israélites. Ainsi, ils sauront que je suis avec toi, comme j'ai été avec Moïse. 8 Toi, tu vas donner cet ordre aux prêtres qui portent le coffre de l'alliance : "Dès que vous serez entrés dans le Jourdain, vous vous arrêterez au milieu du fleuve." » 9 Alors Josué parle aux Israélites : « Approchez-vous et écoutez ce que le SEIGNEUR votre Dieu vous dit. 10-11 Le coffre de l'alliance du Seigneur de toute la terre traversera le Jourdain devant vous. Alors vous saurez que le Dieu vivant est au milieu de vous. Vous saurez qu'il chassera devant vous les *Cananéens, les Hittites, les Hivites, les Perizites, les Guirgachites, les *Amorites et les Jébusites. 12 Choisissez parmi vous douze hommes, un par tribu. 13 Dès que les prêtres qui portent le coffre sacré mettront les pieds dans le Jourdain, l'eau qui vient du haut du fleuve ne coulera plus. Elle s'arrêtera comme s'il y avait un barrage. »

14 Le peuple quitte le camp pour traverser le Jourdain. Les prêtres qui portent le coffre de l'alliance du SEIGNEUR marchent devant. 15 C'est l'époque de la récolte de *l'orge. À ce moment de l'année, le Jourdain déborde. Mais dès que les porteurs du coffre arrivent au Jourdain et mettent les pieds dans l'eau, 16 l'eau qui vient du haut du fleuve s'arrête comme s'il y avait un barrage. Elle est arrêtée sur une grande distance, à partir de la ville d'Adam, qui est proche de Sartan. L'eau qui va vers la mer Morte s'arrête de couler, et le peuple traverse le Jourdain en face de Jéricho. 17 Les prêtres qui portent le coffre de l'alliance du SEIGNEUR s'arrêtent sur la terre sèche au milieu du fleuve. Pendant ce temps, tous les Israélites passent sur un chemin sec, et les prêtres restent là jusqu'à ce que tout le peuple finisse de traverser le Jourdain.

Douze pierres sont dressées en souvenir de la traversée

4 1 Quand tout le peuple a fini de traverser le fleuve Jourdain, le SEIGNEUR dit à Josué : 2 « Choisissez parmi vous douze hommes, un par tribu. 3 Commandez-leur d'aller chercher douze pierres dans le Jourdain, à l'endroit précis où les prêtres ont posé leurs pieds. Ces hommes devront emporter ces pierres et les placer là où vous passerez la nuit. » 4 Alors Josué appelle les douze hommes qu'il a choisis 5 et il leur dit : « Passez devant le *coffre du SEIGNEUR votre Dieu, et allez au milieu du Jourdain. À cet endroit, chacun de vous doit prendre une pierre sur son épaule. Il en faut une pour chaque tribu d'Israël. 6 Ces pierres vous rappelleront ce qui s'est passé ici. Quand, plus tard, vos enfants vous demanderont : "Qu'est-ce que ces pierres veulent dire pour vous ?", 7 vous leur répondrez :

“L’eau du Jourdain s’est arrêtée de couler quand le coffre de l’alliance du SEIGNEUR est passé. Oui, quand le coffre a traversé le Jourdain, l’eau du fleuve s’est arrêtée de couler. Ces pierres rappelleront toujours aux Israélites le souvenir de ce qui s’est passé ici.” »

8 Les hommes choisis obéissent aux ordres de Josué. Ils prennent douze pierres au milieu du Jourdain, une pour chaque tribu d’Israël, comme le SEIGNEUR l’a commandé à Josué. Ils les emportent et ils les placent là où ils passent la nuit. 9 Puis Josué fait dresser douze pierres au milieu du Jourdain. C’est là où les prêtres qui portaient le coffre de l’alliance ont posé leurs pieds. Elles y sont encore aujourd’hui.

10 Les prêtres qui portent le coffre restent debout dans le Jourdain un certain temps. Ils doivent attendre que le peuple termine tout ce que le SEIGNEUR lui a commandé par la bouche de Josué. De cette façon, Josué agit comme Moïse l’a commandé. Ensuite, le peuple traverse le fleuve rapidement. 11 Quand tous les Israélites sont de l’autre côté, les prêtres vont se remettre en tête avec le coffre du SEIGNEUR. 12 Les hommes armés des tribus de Ruben, de Gad et de la demi-tribu de Manassé, traversent et se placent en tête des Israélites, comme Moïse l’a commandé. 13 En présence du SEIGNEUR, environ 40 000 soldats, prêts à combattre, traversent le Jourdain en direction de la plaine de Jéricho. 14 Ce jour-là, le SEIGNEUR rend le pouvoir de Josué plus grand aux yeux de tous les Israélites. Et pendant toute sa vie, ils le respectent comme ils ont respecté Moïse.

15 Ensuite, le SEIGNEUR dit à Josué : 16 « Commande aux prêtres qui portent le coffre contenant les *tablettes de l’alliance de sortir du Jourdain. » 17 Josué leur donne cet ordre. 18 Les prêtres obéissent. Dès qu’ils posent les pieds sur la terre sèche, l’eau revient à sa place, et le fleuve se remet à couler et à inonder ses bords comme avant. 19 Les Israélites traversent le Jourdain le 10 du premier mois de l’année[d]. Ils dressent leurs tentes au Guilgal, à l’est de Jéricho.

20 Josué fait dresser au Guilgal les douze pierres prises dans le Jourdain. 21 Puis il dit aux Israélites : « Plus tard, quand vos enfants vous demanderont : “Qu’est-ce que ces pierres veulent dire ?”, 22 vous leur répondrez : “Elles rappellent que le peuple d’Israël a traversé le Jourdain sur une terre sèche.” 23 En effet, le SEIGNEUR votre Dieu a séché le Jourdain pour vous laisser passer. Il avait déjà séché la *mer des Roseaux de la même façon pour que nous passions[e]. 24 Il a agi ainsi pour que tous les peuples de la terre apprennent combien sa puissance est grande. Et vous, vous devez toujours respecter le SEIGNEUR votre Dieu. »

5 1 Tous les rois des *Amorites qui habitent à l’ouest du Jourdain, et les rois des *Cananéens établis sur la côte de la mer Méditerranée, apprennent cette nouvelle : le SEIGNEUR a séché le Jourdain pour permettre aux Israélites de passer. Alors les rois sont complètement découragés et ils ne se sentent pas capables de résister aux Israélites.

Les Israélites sont circoncis au Guilgal

2 À cette époque-là, le SEIGNEUR dit à Josué : « Fais-toi des couteaux en pierre et *circoncis les Israélites de cette nouvelle génération. » 3 Josué se fait donc des couteaux en pierre et il circoncit les Israélites. Cela se passe à l’endroit qu’on a appelé la colline de la Circoncision. 4-5 Quand le peuple est sorti d’Égypte, tous les hommes en âge de faire la guerre ont été circoncis. Or cette génération est morte dans le désert. Mais les garçons nés pendant la traversée du désert n’ont pas été circoncis. C’est pourquoi Josué doit le faire. 6 Les Israélites ont marché 40 ans dans le désert. À la fin de ces années, les hommes sortis d’Égypte qui avaient l’âge de faire la guerre sont tous morts. En effet, ils ont désobéi au SEIGNEUR. Et le SEIGNEUR a fait ce serment : « Je ne les laisserai pas voir le pays que j’ai juré de donner à leurs

---

d **4.19** *Il s’agit du mois des Épis, qui correspond à mars-avril.*

e **4.23** *Voir Exode 14.21.*

ancêtres, ce pays *débordant de lait et de miel. » 7 À leur place, le SEIGNEUR a fait entrer leurs fils. Et ce sont eux que Josué circoncit, parce qu'ils ne le sont pas encore. 8 Quand ils sont tous circoncis, ils restent au camp jusqu'à leur guérison. 9 Puis le SEIGNEUR dit à Josué : « Aujourd'hui, j'ai enlevé de vous la honte que vous avez rapportée d'Égypte. »

C'est pourquoi on a appelé cet endroit le Guilgal[f]. Aujourd'hui encore, il porte ce nom.

Les Israélites fêtent la Pâque en Canaan pour la première fois

10 Les Israélites campent au Guilgal et ils fêtent la *Pâque le quatorzième jour du mois, le soir, dans la plaine qui est près de Jéricho. 11 Le jour suivant, ils mangent des produits du pays, des pains sans *levain et des épis grillés. 12 À partir de ce moment-là, il n'y a plus de manne[g] pour les Israélites. Cette année-là, ils mangent ce qui pousse dans le pays de *Canaan.

Josué rencontre le chef de l'armée du Seigneur

13 Un jour, Josué se trouve près de Jéricho. Tout à coup, il voit un homme debout en face de lui. Celui-ci tient à la main une *épée sortie de son étui. Josué s'approche de lui et lui demande : « Est-ce que tu es pour nous ou pour nos ennemis ? » 14 L'homme répond : « Ni pour les uns ni pour les autres. Je suis le chef de l'armée du SEIGNEUR et je viens d'arriver. » Alors Josué se met à genoux, le front contre le sol, et il lui dit : « Je suis ton serviteur. Qu'est-ce que tu veux de moi ? » 15 Le chef de l'armée du SEIGNEUR lui répond : « Enlève tes sandales. En effet, tu te trouves dans un endroit *saint. » Et Josué obéit.

Les murs de Jéricho tombent

6 1 À Jéricho, les *portes de la ville sont fermées avec soin à cause des Israélites. Personne ne peut sortir et personne ne peut entrer. 2 Le SEIGNEUR dit à Josué : « Regarde, je te livre Jéricho avec son roi et ses courageux combattants. 3 Toi et tous tes soldats, vous marcherez autour de la ville. Vous en ferez le tour une fois par jour, pendant six jours. 4 Sept prêtres marcheront devant le *coffre sacré en portant chacun une corne de bélier. Le septième jour, vous ferez sept fois le tour de la ville, et les prêtres souffleront dans leur corne. 5 Quand ils feront entendre un son très long avec leur corne, le peuple poussera un grand cri de guerre, et les murs de la ville tomberont. Alors les Israélites monteront, chacun droit devant soi. » 6 Josué, fils de Noun, appelle les prêtres et il leur dit : « Prenez avec vous le coffre de l'alliance du SEIGNEUR. Sept d'entre vous marcheront devant le coffre avec des cornes de bélier. » 7 Puis il donne cet ordre au peuple : « Allez ! Faites le tour de la ville. Les soldats en armes, marchez devant le coffre du SEIGNEUR ! »

8 Tout se passe comme Josué l'a commandé. Les sept prêtres qui portent les cornes de bélier avancent devant le coffre du SEIGNEUR en soufflant dans leur corne. 9 Des soldats en armes marchent devant les prêtres au son des cornes, et derrière, d'autres soldats suivent le coffre. Pendant que les soldats marchent, les prêtres soufflent sans arrêt dans les cornes de bélier. 10 Mais Josué a donné cet ordre au peuple : « Ne faites pas de bruit ! Ne dites pas un mot ! Restez silencieux jusqu'au moment où je vous dirai de pousser le cri de guerre. » 11 Alors les prêtres tournent une fois autour de la ville avec le coffre sacré. Ensuite, ils reviennent au camp pour y passer la nuit.

12 Le jour suivant, Josué se lève tôt le matin, et les prêtres prennent le coffre sacré sur leurs épaules. 13 Les sept prêtres qui portent les sept cornes de bélier marchent de nouveau devant le coffre en soufflant dans leur corne. Des soldats en armes marchent devant les prêtres, et derrière, d'autres soldats suivent le coffre. Pendant que les soldats marchent, les prêtres souf-

f **5.9** *Le Guilgal : en hébreu, ce nom est formé sur le verbe traduit dans ce verset par « j'ai enlevé ».*

g **5.12** *La manne : voir Exode 16.*

flent sans arrêt dans les cornes de bélier.
14 Le deuxième jour, ils font une fois le
tour de la ville, puis ils reviennent au
camp. Ils agissent ainsi pendant six jours.
15 Le septième jour, ils se lèvent avant le
soleil et ils font sept fois le tour de la ville
de la même façon. C'est le seul jour où ils
font sept fois le tour de la ville. 16 La septième fois, quand les prêtres ont soufflé
dans leur corne, Josué dit au peuple :
« Poussez le cri de guerre ! Le SEIGNEUR
vous a livré la ville ! 17 La ville et tout ce
qu'elle contient est réservée au SEIGNEUR,
elle doit donc être détruite. Nous laisserons
en vie uniquement Rahab, la *prostituée,
et tous ceux qui sont dans sa maison,
parce qu'elle a caché nos espions[h].
18 Vous, faites attention ! Ne prenez rien
de ce qui est interdit et doit être détruit.
Sinon, vous ferez tomber le malheur sur
le camp d'Israël, et il sera détruit. 19 Tout
l'argent, l'or et les objets en bronze et en
fer, vous les *consacrerez au SEIGNEUR et
vous les mettrez dans son trésor. »
20 Alors les prêtres soufflent dans leur
corne. Le peuple pousse un grand cri de
guerre, et les murs de la ville tombent. Les Israélites montent tout de suite vers la ville,
chacun droit devant soi, et ils la prennent.
21 Ils font mourir tous ceux qui sont dans la
ville, hommes et femmes, jeunes et vieux.
Ils tuent aussi les bœufs, les moutons et les
ânes.

Josué laisse la vie à Rahab et à sa famille

22 Josué dit aux deux hommes qui ont
cherché à connaître la région de Jéricho :
« Allez dans la maison de Rahab, la *prostituée. Faites-la sortir avec toute sa famille, selon le serment que vous lui avez fait. » 23 Les
deux espions[i] vont chez elle : ils emmènent
Rahab, ses parents, ses frères et sœurs, et
toutes les autres personnes de sa famille. Ils
les mettent à l'abri à l'extérieur du camp des
Israélites. 24 Ensuite, les Israélites brûlent la
ville et tout ce qu'elle contient. Ils gardent
seulement l'argent, l'or, et les objets en
bronze et en fer. Ils les placent dans le trésor
de la maison du SEIGNEUR. 25 Josué laisse en
vie Rahab, la prostituée, et toutes les personnes de sa famille. En effet, elle a caché les
espions que Josué avait envoyés pour se
renseigner sur la ville de Jéricho. À partir
de ce moment, Rahab habite avec les Israélites. Aujourd'hui encore, les gens de sa famille vivent parmi eux.
26 À cette époque, Josué prononce ce serment sur Jéricho :

« Si quelqu'un essaie de reconstruire cette
ville,
que la malédiction du SEIGNEUR soit sur lui !
Il perdra son fils aîné
en creusant ses fondations.
Il perdra son fils plus jeune
en posant ses portes[j]. »

27 Pendant tout ce temps, le SEIGNEUR est
avec Josué, et Josué devient célèbre dans
tout le pays.

Akan commet une faute

7 1 Les Israélites commettent une faute
grave au sujet des biens que le SEIGNEUR
a interdit de prendre[k]. Un Israélite de la tribu
de Juda, Akan, fils de Karmi, lui-même fils de
Zabdi et petit-fils de Zéra, prend certains de

---

h 6.17 *Dans les guerres de l'ancien Orient, les vainqueurs prenaient pour eux tout ce qui appartenait aux ennemis : personnes et biens. Pourtant, dans certains cas, ils devaient réserver la totalité ou une partie de ces biens à leur dieu. Cette coutume s'applique aussi aux guerres de l'Israël ancien. Elle n'a jamais été totalement suivie.*
Espions : voir Josué 2.1-4,12-14.

i 6.23 *Voir Josué 2.1 et la note.*

j 6.26 *Dans l'ancien Orient, quand des gens décidaient de construire une ville, ils offraient parfois des enfants en sacrifice pour obtenir la faveur des dieux. Le verset 26 renvoie peut-être à cette coutume.*

k 7.1 *Voir Josué 6.17 et la note.*

ces biens. Alors le SEIGNEUR se met dans une violente *colère contre les Israélites.

2 De Jéricho, Josué envoie des hommes à Aï, une ville située à l'est de Béthel, près de Beth-Aven. Il leur commande de chercher à connaître le pays. Ils y vont donc 3 et reviennent dire à Josué : « C'est inutile d'envoyer toute l'armée pour attaquer Aï : 2 000 ou 3 000 hommes suffisent. Ce n'est pas la peine de fatiguer toute notre armée, car les habitants de la ville sont peu nombreux. » 4 À peu près 3 000 hommes partent attaquer Aï, mais ils fuient devant ses habitants. 5 Ceux-ci tuent environ 36 Israélites, ils poursuivent les autres depuis la porte de la ville jusqu'à Chébarim, et ils les tuent dans la descente. Alors le peuple, complètement découragé, perd toute force.

6 Josué et les *anciens d'Israël déchirent leurs vêtements. Ils se couvrent la tête de poussière en signe de tristesse, ils se mettent à genoux, le front contre le sol, devant le *coffre du SEIGNEUR. Ils restent ainsi jusqu'au soir. 7 Puis Josué dit : « Ah ! Seigneur DIEU ! Tu nous as fait traverser le fleuve Jourdain, mais pourquoi ? Est-ce pour nous livrer aux *Amorites et nous faire mourir ? Si seulement nous étions restés de l'autre côté du Jourdain ! 8 Je t'en prie, Seigneur, qu'est-ce que je peux dire, maintenant que les Israélites ont fui devant leurs ennemis ? 9 Les *Cananéens et les autres habitants du pays vont apprendre cette nouvelle. Ils vont se réunir contre nous et nous faire disparaître. Alors comment feras-tu reconnaître ta grandeur ? »

10 Le SEIGNEUR répond à Josué : « Relève-toi ! Tu t'es mis à genoux, le front contre le sol. Pourquoi donc ? 11 Les Israélites ont péché. En effet, ils n'ont pas respecté les règles de *l'alliance que je leur ai commandé de suivre. Ils ont pris des objets interdits. Ils les ont même volés, cachés, mis dans leurs affaires. 12 C'est pourquoi les Israélites ne pourront plus résister à leurs ennemis. Ils fuiront devant eux. En effet, ils sont devenus comme un objet interdit qui doit être détruit. Si vous ne détruisez pas les objets que je vous ai interdit de prendre et celui qui les a pris, je ne serai plus avec vous. 13 Maintenant, va prévenir le peuple pour qu'il se rende *pur. Tu diras : "Rendez-vous purs pour demain. En effet, voici ce que moi, le SEIGNEUR, Dieu d'Israël, je dis aux Israélites : Vous possédez des objets que je vous ai interdit de prendre. Si vous ne les détruisez pas, ainsi que celui qui les a pris, vous ne pourrez pas résister à vos ennemis. 14 Demain matin, vous vous approcherez de moi, tribu par tribu. La tribu que je désignerai s'approchera clan après clan. Le clan que je désignerai s'approchera famille après famille. Les hommes de la famille que je désignerai s'approcheront un à un. 15 Alors je désignerai celui qui possède des objets interdits. Vous le jetterez dans le feu avec tout ce qui est à lui. En effet, il n'a pas respecté les règles de mon alliance et il a commis une chose horrible en Israël." »

16 Le jour suivant, Josué se lève tôt le matin. Il fait approcher les Israélites tribu par tribu. La tribu de Juda est désignée. 17 Josué fait approcher cette tribu clan après clan, et le clan de Zéra est désigné. Il fait approcher ce clan famille après famille, et la famille de Zabdi est désignée. 18 Il fait avancer l'un après l'autre les hommes de cette famille. Akan est désigné. C'est le fils de Karmi, petit-fils de Zabdi, arrière-petit-fils de Zéra, de la tribu de Juda. 19 Josué dit à Akan : « Mon ami, reconnais la grandeur du SEIGNEUR, Dieu d'Israël, et dis la vérité. Dis-moi ce que tu as fait, ne me cache rien. » 20 Akan répond à Josué : « Oui, c'est moi qui ai péché contre le SEIGNEUR, Dieu d'Israël. Voici ce que j'ai fait : 21 j'ai vu parmi les richesses de l'ennemi un très beau vêtement de *Mésopotamie, deux cents pièces d'argent et un demi-kilo d'or. J'en ai eu envie et je les ai pris. Vous les trouverez cachés dans la terre, au milieu de ma tente, et l'argent est dessous. »

22 Alors Josué envoie des hommes à la tente d'Akan. Ils y vont tout de suite et ils trouvent les objets cachés dans la tente, avec l'argent dessous. 23 Ils les sortent de là, puis les apportent à Josué et aux Israélites. Ils placent ces objets devant le SEIGNEUR. 24 Josué et tous les Israélites prennent Akan, fils de Zéra, avec l'argent, le vêtement et le demi-kilo d'or. Ils prennent aussi ses fils et ses filles, ses bœufs,

ses ânes, ses moutons et ses chèvres, sa tente et tout ce qu'il possède. Ils les emmènent dans la vallée d'Akor. 25 Josué dit à Akan : « Tu nous as porté malheur[l], pourquoi ? Eh bien, que le SEIGNEUR te porte malheur aujourd'hui ! » Alors les Israélites le tuent en lui jetant des pierres. Ils détruisent de la même façon sa famille et ce qui lui appartient, puis ils brûlent tout. 26 Ensuite, on élève sur lui un grand tas de pierres qui existe encore aujourd'hui. C'est pourquoi aujourd'hui encore, cet endroit porte le nom de « Vallée d'Akor ».

Après cela, la *colère du SEIGNEUR se calme.

Josué détruit la ville d'Aï

8 1 Le SEIGNEUR dit à Josué : « N'aie pas peur, ne te laisse pas décourager. Prends toute ton armée et va attaquer la ville d'Aï. Regarde, je te livre le roi d'Aï avec son peuple, sa ville et son pays. 2 Tu agiras avec cette ville et son roi comme tu as agi avec Jéricho et son roi. Mais vous pourrez prendre pour vous comme richesses de guerre leurs biens et leurs animaux. Prépare une attaque par surprise, à l'arrière de la ville. »

3 Avec toute son armée, Josué se prépare donc à attaquer la ville d'Aï. Il choisit 30 000 hommes, des combattants courageux, et il les fait partir de nuit. 4 Il leur donne ces ordres : « Allez vous cacher à l'arrière de la ville, pas trop loin, et tenez-vous prêts à l'attaque. 5 Moi, je m'approcherai de la ville avec mes hommes. Quand les habitants sortiront à notre rencontre, nous fuirons devant eux, comme la première fois[m]. 6 Ils sortiront derrière nous, et nous les entraînerons loin de la ville. En effet, ils se diront : "Ils fuient devant nous comme la première fois." 7 Alors vous, vous sortirez de l'endroit où vous êtes cachés et vous prendrez la ville. En effet, le SEIGNEUR votre Dieu la livre en votre pouvoir. 8 Quand vous aurez pris la ville, vous y mettrez le feu, comme le SEIGNEUR l'a commandé. Voilà les ordres que je vous donne. »

9 Josué envoie les soldats à l'endroit choisi pour l'attaque par surprise. Ils s'installent à l'ouest d'Aï, entre Béthel et Aï. Josué passe cette nuit-là avec le reste de l'armée.

10 Le jour suivant, Josué se lève tôt le matin, et il examine ses troupes. Ensuite, avec les *anciens d'Israël, il part à leur tête pour attaquer la ville d'Aï. 11 Tous les soldats s'avancent avec lui et ils arrivent en face d'Aï. Ils installent leur camp au nord. Ils sont séparés de la ville par une vallée. 12 Josué choisit environ 5 000 hommes et il leur commande de se cacher à l'ouest de la ville, entre Béthel et Aï. 13 L'armée installe son camp principal au nord de la ville. Une autre partie des troupes prend place à l'ouest. Josué passe cette nuit-là dans la vallée. 14 Le matin, quand le roi d'Aï voit les Israélites, il sort très vite de la ville avec tous ses soldats. Ils partent combattre les Israélites au même endroit qu'avant, en direction de la vallée du Jourdain. Mais il ne sait pas qu'il va y avoir contre lui une attaque par surprise à l'arrière de la ville. 15 Josué et tous les Israélites se laissent battre par eux et ils fuient en direction du désert. 16 Tous les hommes d'Aï reçoivent l'ordre de les poursuivre. De cette façon, ils sont entraînés loin de la ville. 17 Aucun homme ne reste dans Aï. Ils poursuivent les Israélites et ils laissent la ville sans défense. 18 Alors le SEIGNEUR dit à Josué : « Tends ton arme en direction d'Aï, je vais te livrer la ville. » Josué tend son arme. 19 Dès qu'il tend le bras, les Israélites qui sont cachés sortent très vite de l'endroit où ils sont. Ils courent jusqu'à la ville, ils entrent dedans et la prennent, puis ils y mettent le feu aussitôt.

20 Les hommes d'Aï regardent derrière eux et ils voient la fumée qui monte de leur ville. Personne ne trouve le moyen de fuir d'un côté ou d'un autre. En effet, les Israélites qui sont en train de fuir vers le désert se retournent contre ceux qui les poursuivent. 21 Josué et ses hommes voient que les soldats

---

l **7.25** *En hébreu, le nom Akan ressemble à l'expression traduite ici par « porté malheur ». Il en va de même pour Akor, la vallée désignée aux versets 24 et 26.*

m **8.5** *Voir Josué 7.2-5.*

placés à l'arrière de la ville ont pris celle-ci et qu'elle brûle. Alors ils font demi-tour et ils attaquent les gens d'Aï. 22 Les autres Israélites quittent la ville pour les attaquer aussi. Les gens d'Aï se trouvent donc au milieu des troupes d'Israël et ils sont tous tués. Personne ne peut fuir, personne ne reste en vie, 23 sauf le roi d'Aï. On le fait prisonnier et on l'amène à Josué. 24 Les Israélites tuent leurs ennemis dans la campagne, là où les gens d'Aï les ont poursuivis. Quand tous les ennemis sont tués, les Israélites reviennent vers la ville et ils font mourir le reste des habitants. 25 Ils tuent, ce jour-là, 12 000 personnes, hommes et femmes, tous les gens d'Aï. 26 Josué garde son arme tendue en direction d'Aï jusqu'à ce que toute la population soit détruite. 27 Mais, comme le SEIGNEUR l'a commandé à Josué, les Israélites prennent les animaux et les biens de cette ville comme richesses de guerre. 28 Josué brûle la ville d'Aï. Il en fait pour toujours un tas de pierres[n], un lieu désert, ce qu'elle est encore aujourd'hui. 29 Il fait pendre le roi d'Aï à un arbre, et son corps reste là jusqu'au soir. Au coucher du soleil, Josué commande de descendre le corps. On le jette près de la *porte de la ville et on élève sur lui un grand tas de pierres qui existe encore aujourd'hui.

Josué lit la loi sur le mont Ébal

30 Sur le mont Ébal, Josué bâtit un *autel pour le SEIGNEUR, Dieu d'Israël. 31 Il le construit comme Moïse, le serviteur du SEIGNEUR, l'a commandé aux Israélites. Cela est écrit dans le livre de la *loi de Moïse : « un autel de pierres non taillées qu'aucun outil en fer n'a jamais touchées[o]. » Ensuite, sur cet autel, les Israélites offrent des *sacrifices complets et des sacrifices de communion. 32 À cet endroit, Josué écrit sur des pierres une copie de la loi que Moïse a écrite pour les Israélites. 33 Tous les Israélites se tiennent de chaque côté du *coffre de l'alliance, en face des *prêtres-lévites qui le portent. Il y a donc leurs *anciens, leurs chefs et leurs juges, avec les étrangers installés chez eux. La moitié des Israélites est placée du côté du mont Garizim. L'autre moitié est du côté du mont Ébal. Moïse, le serviteur du SEIGNEUR, a commandé de faire ainsi pour *bénir le peuple d'Israël. 34 Ensuite, Josué lit toutes les paroles écrites dans le livre de la loi, les bénédictions et les malédictions. 35 Josué lit tous les commandements de Moïse, il n'en oublie aucun. Il les lit devant tout le peuple d'Israël, hommes, femmes et enfants, et devant les étrangers installés chez eux.

Josué passe un accord avec les gens de Gabaon

9 1 Tous les rois de toutes les régions situées à l'ouest du fleuve Jourdain apprennent que les Israélites ont détruit la ville d'Aï. Ce sont les régions situées dans la montagne, dans le *Bas-Pays et dans la plaine qui s'étend le long de la mer Méditerranée jusqu'aux montagnes du Liban. Alors les Hittites, les *Amorites, les Cananéens, les Perizites, les Hivites et les Jébusites 2 se réunissent pour combattre tous ensemble Josué et les Israélites.

3 Les habitants de Gabaon[p] apprennent ce que Josué a fait aux villes de Jéricho et d'Aï. 4 Alors ils décident d'utiliser la ruse avec les Israélites. Ils préparent de la nourriture, ils chargent leurs ânes de vieux sacs et de vieilles *outres à vin, déchirées et recousues. 5 Ils mettent des sandales usées et recousues, des vêtements déchirés. Ils prennent avec eux du pain sec et en miettes. 6 Ils vont au camp du Guilgal et ils disent à Josué et aux Israélites : « Nous venons de très loin pour vous demander de passer un accord avec nous. » 7 Les Israélites répondent à ces Hivites : « Vous habitez peut-être tout près de nous. Dans ce cas,

---

n 8.28 *En hébreu, le nom Aï signifie « tas de pierres ».*

o 8.31 *Voir Exode 20.24-26 ; Deutéronome 27.5-6.*

p 9.3 *Gabaon : ville située à dix kilomètres au nord-ouest de Jérusalem. Les Gabaonites étaient des Hivites, voir versets 7 et 8.*

nous ne pouvons pas passer un accord avec vous[q]. » 8 Les Hivites disent à Josué : « Nous sommes à ton service. » Josué leur demande : « Qui êtes-vous ? D'où venez-vous ? » 9 Ils répondent : « Nous, tes serviteurs, nous venons de très loin. En effet, nous avons entendu parler du SEIGNEUR ton Dieu. Nous savons tout ce qu'il a accompli en Égypte. 10 Nous savons aussi tout ce qu'il a fait aux deux rois amorites qui vivaient de l'autre côté du Jourdain : Sihon, roi de Hèchebon, et Og[r], roi du Bachan, qui habitait à Achetaroth. 11 Nos *anciens et tous les habitants de notre pays nous ont dit : "Prenez avec vous de la nourriture pour la route. Allez trouver les Israélites. Dites-leur que vous devenez leurs serviteurs et passez un accord avec eux." 12 Regardez le pain que nous avons pris dans nos maisons. Le jour où nous sommes partis pour venir ici, il était encore chaud. Maintenant, il est tout sec et en miettes ! 13 Et ces outres ! Quand nous les avons remplies de vin, elles étaient neuves. Maintenant, elles sont toutes déchirées ! De même, nos vêtements et nos sandales sont complètement usés, à cause du long chemin que nous avons fait. »

14 Alors les Israélites mangent une part de la nourriture des gens de Gabaon. Mais ils n'interrogent pas le SEIGNEUR pour connaître sa volonté. 15 Josué passe avec eux un accord de paix qui les laisse en vie. Les responsables de la communauté leur jurent de respecter cet accord.

16 Trois jours après avoir passé cet accord, les Israélites apprennent que les Gabaonites habitent en réalité tout près d'eux. 17 Ils se mettent en route et le troisième jour, les Israélites arrivent dans les villes où ces gens vivent : Gabaon, Kefira, Beéroth et Quiriath-Yéarim. 18 Les Israélites ne les tuent pas, car les responsables de la communauté leur ont fait un serment au nom du SEIGNEUR, Dieu d'Israël. Alors tous les Israélites se mettent à critiquer leurs responsables. 19 Mais ceux-ci leur répondent : « Nous ne pouvons pas leur faire de mal. En effet, nous avons fait un serment au nom du SEIGNEUR, Dieu d'Israël. 20 Nous devons les laisser en vie à cause de notre serment. Sinon, nous allons attirer la *colère du SEIGNEUR sur nous. Voici ce que nous allons faire : 21 nous les laisserons en vie, mais ils seront chargés de couper du bois et de puiser de l'eau pour toute la communauté. » C'est ce que les responsables décident. 22 Alors Josué réunit les Gabaonites et il leur dit : « Vous nous avez trompés, mais pourquoi ? Vous avez dit que vous habitiez très loin. Or, vous habitez tout près de nous ! 23 À partir de maintenant, vous êtes maudits. Vous serez toujours des esclaves, vous couperez du bois et vous puiserez de l'eau pour la maison de mon Dieu. » 24 Les Gabaonites répondent : « Nous avons agi ainsi parce que nous avons appris cette nouvelle : le SEIGNEUR ton Dieu a commandé à son serviteur Moïse de vous donner tout ce pays et de tuer tous ses habitants à votre arrivée. Nous avons eu très peur pour nos vies. 25 Maintenant nous sommes en ton pouvoir. Fais de nous ce qui te semblera bon et juste. »

26 Voici ce que Josué décide de faire : il empêche les Israélites de les tuer. 27 Puis il impose aux Gabaonites la charge de couper du bois et de puiser de l'eau. Ils le feront pour le peuple d'Israël et pour *l'autel du SEIGNEUR, à l'endroit que le SEIGNEUR choisira. Aujourd'hui encore, les enfants de leurs enfants ont cette charge.

Le Seigneur livre les rois amorites à l'armée d'Israël

10 1 Adoni-Sédec, roi de Jérusalem, apprend tout ce qui s'est passé : Josué a pris la ville d'Aï, il l'a complètement détruite. Il l'a traitée comme il a traité Jéricho et son roi. De plus, les Gabaonites ont fait la paix avec les Israélites et ils vivent au milieu d'eux. 2 Ces nouvelles font très peur aux gens de Jérusalem. En effet, Gabaon est une grande ville, plus grande que la ville d'Aï. Elle est

q 9.7 *Voir Deutéronome 20.16-18.*
r 9.10 *Voir Josué 2.10 et la note.*

aussi importante que les villes gouvernées par un roi, et tous ses soldats sont courageux. 3 Alors Adoni-Sédec, roi de Jérusalem, envoie des messagers à Hoham, roi d'Hébron, à Piram, roi de Yarmouth, à Yafia, roi de Lakich, et à Debir, roi d'Églon. Il leur demande ceci : 4 « Venez m'aider à attaquer la ville de Gabaon, car ses habitants ont fait la paix avec Josué et les Israélites. »

5 Les cinq rois *amorites, ceux de Jérusalem, Hébron, Yarmouth, Lakich et Églon, se mettent ensemble. Avec toutes leurs troupes, ils installent leur camp devant la ville de Gabaon et ils l'attaquent. 6 Les Gabaonites envoient des messagers à Josué, au camp du Guilgal, pour lui dire : « Ne refuse pas de nous aider, nous tes serviteurs. Viens vite à notre secours et délivre-nous ! Tous les rois amorites qui habitent la région des montagnes se sont unis contre nous. » 7 Alors Josué quitte le Guilgal avec ses courageux combattants et toute l'armée. 8 Le SEIGNEUR lui dit : « N'aie pas peur ! Je vais livrer ces gens en ton pouvoir. Aucun d'eux ne pourra te résister. » 9 Josué et ses troupes marchent toute la nuit depuis le Guilgal. Ils attaquent les Amorites par surprise. 10 Le SEIGNEUR met en fuite les Amorites devant les Israélites. Ceux-ci les battent complètement près de Gabaon. Ils les poursuivent sur la montée de Beth-Horon et ils continuent jusqu'à Azéca et Maquéda. 11 Les Amorites fuient devant les Israélites et ils se trouvent de l'autre côté de Beth-Horon. À ce moment-là, le SEIGNEUR fait tomber sur eux une violente *grêle. Cela dure jusqu'à Azéca, et la grêle tue plus de soldats que les *épées des Israélites.

12 Le jour où le SEIGNEUR livre les Amorites à l'armée d'Israël, Josué fait une demande au SEIGNEUR, en présence de tous les Israélites :

« Soleil,
arrête-toi au-dessus de Gabaon !
Lune,
reste immobile sur la vallée d'Ayalon ! »

13 Le soleil s'arrête, et la lune reste immobile jusqu'à la victoire du peuple d'Israël sur ses ennemis. Voici ce qui est raconté dans le « Livre du Juste »[s] : le soleil est resté immobile au milieu du ciel, il a retardé son coucher pendant presque un jour entier. 14 Ni avant, ni après, il n'y a eu un jour comme celui-là. Ce jour-là, le SEIGNEUR a obéi à un homme, car le SEIGNEUR lui-même combattait pour Israël.

15 Ensuite, Josué et tous les Israélites retournent au camp du Guilgal.

Josué fait mourir les cinq rois amorites

16 Les cinq rois *amorites ont fui et ils se sont cachés dans la grotte de Maquéda. 17 Josué apprend qu'ils ont été retrouvés dans cette grotte. 18 Alors Josué donne cet ordre à ses soldats : « Roulez de grosses pierres à l'entrée de la grotte et placez des gardiens près d'elle. 19 Mais vous, ne restez pas là, poursuivez vos ennemis. Coupez leur route. Ne leur permettez pas de rentrer dans leurs villes. En effet, le SEIGNEUR votre Dieu les a livrés en votre pouvoir. » 20 Josué et les Israélites finissent de battre complètement les Amorites et ils les tuent presque tous. Quelques hommes seulement peuvent fuir et éviter la mort. Ils retournent dans leurs villes protégées par des murs de défense. 21 Ensuite, tous les Israélites reviennent en paix, auprès de Josué, dans le camp près de Maquéda. Alors personne n'ose plus parler contre les Israélites.

22 Après cela, Josué commande à ses hommes d'enlever les pierres devant la grotte et de faire sortir les cinq rois amorites. 23 Ils obéissent et ils amènent les rois à Josué : les rois de Jérusalem, d'Hébron, de Yarmouth, de Lakich et d'Églon. 24 Dès que ces rois sont devant Josué, celui-ci réunit les Israélites. Il dit aux chefs des soldats qui ont combattu avec lui : « Venez poser le pied sur le cou de ces rois. » Les chefs obéissent. 25 Josué leur dit : « N'ayez pas peur, ne vous laissez pas décourager ! Soyez forts et courageux ! Le SEIGNEUR traitera de la même manière les ennemis que vous devez combattre. » 26 Ensuite, Josué tue les rois et il les fait pendre à cinq ar-

s **10.13** *Le Livre du Juste : il s'agit d'un ancien livre de poèmes qui n'a pas été conservé.*

bres. Ils restent là jusqu'au soir. 27 Au coucher du soleil, Josué commande de descendre les corps des arbres. On les jette dans la grotte où les rois s'étaient cachés. Puis on ferme l'entrée avec de grosses pierres, et elles y sont encore aujourd'hui.

Josué prend possession des villes du sud

28 Le même jour, Josué prend la ville de Maquéda. Il tue son roi et tous ses habitants. À cause du SEIGNEUR, il détruit[t] tous ceux qui sont dans la ville, et personne ne reste en vie. Il traite le roi de Maquéda comme il a traité le roi de Jéricho.

29 De Maquéda, Josué et les Israélites vont à Libna et ils attaquent cette ville. 30 Le SEIGNEUR leur livre aussi Libna et son roi. Ils tuent les habitants, et personne ne reste en vie. Ils traitent son roi comme ils ont traité le roi de Jéricho.

31 De Libna, Josué et les Israélites vont à Lakich. Ils installent leur camp près de la ville et ils l'attaquent. 32 Le SEIGNEUR livre Lakich aux Israélites le deuxième jour du combat. Ils tuent les habitants comme ils l'ont fait à Libna, et personne ne reste en vie. 33 Horam, roi de Guézer, va au secours de la ville de Lakich. Mais Josué le bat, lui et son armée, et il ne laisse personne en vie.

34 De Lakich, Josué et les Israélites vont à Églon. Ils installent leur camp près de la ville et ils l'attaquent. 35 Ils la prennent le même jour et ils tuent tous les habitants. À cause du SEIGNEUR, ils détruisent tous ceux qui sont dans la ville, comme à Lakich.

36 D'Églon, Josué et les Israélites vont à Hébron et ils attaquent la ville. 37 Ils la prennent et ils tuent son roi et ses habitants. Ils prennent aussi les villes autour d'Hébron et ils tuent leurs habitants. Comme à Églon, Josué détruit complètement la ville à cause du SEIGNEUR et il tue la population. Personne ne reste en vie.

38 Après cela, Josué et les Israélites font demi-tour pour aller à Debir et ils attaquent cette ville. 39 Ils la prennent, ils prennent son roi et les villes autour de Debir. Ils tuent les habitants. À cause du SEIGNEUR, ils détruisent tous ceux qui sont dans la ville, et personne ne reste en vie. Josué traite Debir et son roi comme il a traité Hébron, puis Libna et son roi.

40 Josué prend tout le pays : il bat tous les rois de la région montagneuse, de la région du sud, du *Bas-Pays et de la région des Pentes. Il ne laisse personne en vie, il détruit tous les êtres vivants, comme le SEIGNEUR, Dieu d'Israël, l'a commandé. 41 Josué prend le pays depuis Cadès-Barnéa et Gaza, au sud, jusqu'à la région de Gochen et jusqu'à Gabaon, au nord. 42 Il prend ces pays et leurs rois en une seule bataille, parce que le SEIGNEUR, Dieu d'Israël, combat pour son peuple. 43 Ensuite, Josué et tous les Israélites retournent au camp du Guilgal.

À Mérom, Josué est vainqueur des rois cananéens

11 1 Yabin, roi de Hassor, apprend les victoires de Josué. Alors il envoie des messagers à Yobab, roi de Madon, au roi de Chimron et au roi d'Akechaf. 2 Il en envoie aussi aux rois qui sont dans la région montagneuse, au nord, dans la vallée du Jourdain, au sud du lac de Génésareth, dans le *Bas-Pays, et sur la côte, près de Dor, à l'ouest. 3 Les *Cananéens se trouvent à l'est et à l'ouest du Jourdain, les *Amorites, les Hittites, les Perizites, les Jébusites habitent dans la région montagneuse. Les Hivites vivent au pied de la montagne de l'Hermon, dans la région de Mispa. 4 Tous les rois se mettent en route avec beaucoup de soldats. Ils sont aussi nombreux que les grains de sable au bord de la mer. Ils partent avec beaucoup de chevaux et beaucoup de chars. 5 Tous ces rois se réunissent et ils viennent installer leur camp ensemble près des sources de Mérom pour attaquer les Israélites.

6 Le SEIGNEUR dit à Josué : « N'aie pas peur d'eux. Demain, à cette heure-ci, je les livrerai tous, blessés à mort, au peuple d'Israël. Tu couperas les jarrets[u] de leurs chevaux et tu

t **10.28** *Voir Josué 6.17 et la note. Voir aussi les versets 35,37,39,40 de ce chapitre.*

u **11.6** *Le jarret d'un cheval est l'endroit où la patte arrière se plie.*

brûleras leurs chars. » 7 Josué et ses soldats vont attaquer leurs ennemis par surprise aux sources de Mérom. 8 Le SEIGNEUR les livre aux Israélites, qui les battent. Ils les poursuivent au nord jusqu'à Sidon, la grande ville, jusqu'à Misrefoth-Maïm et jusqu'à la vallée de Mispé, à l'est. Ils sont complètement battus, et personne ne reste en vie. 9 Josué les traite comme le SEIGNEUR l'a commandé : il coupe les jarrets de leurs chevaux et il brûle leurs chars.

Josué prend la ville de Hassor

10 Josué revient et, à cette époque-là, il prend Hassor. Autrefois, c'était la capitale de tous les royaumes du nord. Il tue son roi 11 et tous ses habitants. À cause du SEIGNEUR, il détruit[v] tous ceux qui sont dans la ville. Il ne reste aucun être vivant, et Josué met le feu à Hassor. 12 Il prend tous les rois et toutes leurs villes. Il fait mourir les rois et les habitants des villes. À cause du SEIGNEUR, il les détruit comme Moïse, le serviteur du SEIGNEUR, l'a commandé[w]. 13 Pourtant, les Israélites ne mettent pas le feu aux villes situées sur les collines, sauf à Hassor, que Josué fait brûler. 14 Les Israélites prennent comme richesses de guerre les biens et les animaux qu'ils trouvent dans ces villes. Mais ils tuent tous les habitants, ils ne laissent aucun être vivant. 15 Le SEIGNEUR avait donné des ordres à ce sujet à Moïse, son serviteur. Moïse les a donnés à Josué, et Josué les suit. Il fait tout ce que le SEIGNEUR a commandé à Moïse.

Josué finit de prendre possession du pays de Canaan

16 Josué prend tout le pays : la région montagneuse, toute la région du sud, toute la région de Gochen, le *Bas-Pays, la vallée du Jourdain et la région des montagnes et des plaines du nord. 17 Il bat tous les rois des régions situées entre le mont Pelé, proche de Séir au sud, et Baal-Gad dans la vallée du Liban, au pied de la montagne de l'Hermon au nord. Il prend ces rois et il les tue. 18 Josué fait la guerre à tous ces rois pendant longtemps. 19 Aucune ville ne fait la paix avec les Israélites, sauf les Hivites qui habitent à Gabaon. Toutes les autres villes sont prises par les armes. 20 En effet, le SEIGNEUR a décidé d'encourager les habitants du pays à combattre sans arrêt les Israélites. Il faut que ceux-ci les tuent sans pitié et les détruisent complètement, comme le SEIGNEUR l'a commandé à Moïse.

21 À cette époque, Josué va combattre les Anaquites. Ils habitent dans les montagnes, à Hébron, Debir, Anab, et dans toutes les régions montagneuses de Juda et d'Israël. Il les tue et, à cause du SEIGNEUR, il détruit complètement leurs villes. 22 Il ne reste plus d'Anaquites dans le pays d'Israël. Il en reste seulement à Gaza, Gath et Asdod. 23 De cette façon, Josué prend tout le pays, comme le SEIGNEUR l'a commandé à Moïse. Ensuite, Josué le donne en partage aux Israélites, il le distribue selon les tribus. Et le pays se repose de la guerre.

Les rois vaincus par les Israélites

12 1 Les Israélites ont battu deux rois à l'est du fleuve Jourdain et ils ont pris leurs territoires. Ceux-ci s'étendaient depuis le torrent de l'Arnon jusqu'à la montagne de l'Hermon. Ils comprenaient aussi la partie qui est à l'est de la vallée du Jourdain. 2 Sihon, roi *amorite, habitait à Hèchebon. Il gouvernait la moitié de la vallée de l'Arnon, à partir d'Aroër. Il gouvernait aussi la moitié de la région de Galaad jusqu'au torrent du Yabboq, qui sert de frontière avec le pays des Ammonites. 3 Sihon possédait encore la partie située à l'est de la vallée du Jourdain, la région du lac de Génésareth, au nord, jusqu'à la mer Morte, près de Beth-Yechimoth, et au sud, la région située au pied du mont Pisga. 4 L'autre roi était Og, un des derniers Refaïtes[x]. Il gouvernait le Bachan et habitait à Achetaroth ou à

---

v **11.11** *Voir Josué 6.17 et la note.*

w **11.12** *Voir Deutéronome 20.16-18.*

x **12.4** *Refaïtes : voir Deutéronome 2.11 et la note.*

Édréi. 5 Son royaume comprenait la montagne
de l'Hermon, Salka, tout le Bachan jusqu'à la
frontière des Guéchourites et des Maakatites.
Il comprenait aussi la moitié de la région de
Galaad jusqu'au royaume de Sihon, roi de Hèchebon. 6 Moïse et les Israélites avaient battu
ces deux rois. Moïse, le serviteur du SEIGNEUR,
avait donné leur pays en possession aux tribus
de Ruben et de Gad et à la demi-tribu de Manassé.

7 Ensuite, Josué et les Israélites ont battu les
rois qui vivaient à l'ouest du Jourdain. Leurs
pays s'étendaient depuis Baal-Gad dans la vallée du Liban, au nord, jusqu'au mont Pelé proche de Séir, au sud. Josué donne ces régions
aux Israélites, et il les distribue selon les tribus. 8 C'est la région montagneuse, le *Bas-
Pays, la vallée du Jourdain, la région des Pentes, le désert et la région du sud. Les habitants
sont les Hittites, les *Amorites, les Cananéens, les Perizites, les Hivites et les Jébusites. 9 Les rois que Josué a battus sont ceux
des villes suivantes : Jéricho, Aï près de
Béthel, 10 Jérusalem, Hébron, 11 Yarmouth,
Lakich, 12 Églon, Guézer, 13 Debir, Guéder,
14 Horma, Arad, 15 Libna, Adoullam, 16 Maquéda, Béthel, 17 Tappoua, Héfer, 18 Afec,
Saron, 19 Madon, Hassor, 20 Chimron-Meron,
Akechaf, 21 Taanak, Méguiddo, 22 Quédech,
Yocnéam du Carmel, 23 Dor sur la côte,
Goïm en Galilée, 24 et Tirsa. Cela fait en tout
31 rois.

Régions cananéennes qui restent à conquérir

13 1 Josué est devenu très vieux. Le SEI-
GNEUR lui dit : « Tu es devenu très
vieux. Pourtant, tu as encore à prendre possession d'une grande partie du pays. 2 Voici
ce qui reste : les territoires des *Philistins et
des Guéchourites. 3 On considère que cette
région est cananéenne. Elle s'étend depuis le
torrent du Chihor, à la frontière d'Égypte, jusqu'à la région d'Écron, au nord. Les cinq chefs
philistins se trouvent dans ces régions. Ils gouvernent Gaza, Asdod, Ascalon, Gath et Écron,
et la région des Avites, 4 au sud. Il faut aussi
prendre possession du pays des *Cananéens,
depuis Ara qui appartient aux Sidoniens jusqu'à Afec, à la frontière *amorite. 5 Il reste
encore la région de Guébal et à l'est, les montagnes du Liban depuis Baal-Gad, au pied de la
montagne de l'Hermon, jusqu'à Lebo-Hamath.
6 Il reste enfin la région des montagnes située
entre le Liban et Misrefoth-Maïm. Ses habitants sont tous sidoniens. Je chasserai les habitants de ces régions quand vous arriverez. Tu
donneras aux Israélites les différentes parties
du pays, en *tirant au sort, comme je te l'ai
commandé. 7 Maintenant, partage ce pays
pour qu'il soit la propriété des neuf tribus et
de la demi-tribu de Manassé. »

Le partage du pays à l'est du Jourdain

8 Les tribus de Ruben, de Gad et la première
moitié de la tribu de Manassé ont déjà reçu
des territoires en partage, à l'est du fleuve
Jourdain. C'est Moïse, le serviteur du SEI-
GNEUR, qui les avait distribués. 9 Leurs territoires sont limités au sud par la ville d'Aroër au
bord du torrent de l'Arnon, et par la ville qui
est dans la vallée de l'Arnon. Ils s'étendent
aussi sur tout le plateau, depuis Mèdeba jusqu'à Dibon. 10 Ils comprennent les villes de Sihon, roi des *Amorites. Celui-ci a gouverné à
Hèchebon sur la région qui s'étend jusqu'à la
frontière des Ammonites. 11 Leurs territoires
comprennent aussi le pays de Galaad, la région de Guéchour et de Maaka, la montagne
de l'Hermon et tout le Bachan jusqu'à Salka.
12 Ils comprennent encore le royaume d'Og,
un des derniers Refaïtes. Il a gouverné à Achetaroth et Édréi, dans le pays du Bachan. Moïse
avait battu ces peuples et il avait pris ce qu'ils
possédaient. 13 Pourtant, les Israélites n'ont
pas chassé les Guéchourites ni les Maakatites.
Et aujourd'hui encore, ils habitent en Israël.

14 La tribu de Lévi est la seule qui ne reçoit
pas de terres en partage. En effet, les offrandes
faites au SEIGNEUR, Dieu d'Israël, voilà la part
qui revient à la tribu de Lévi, comme le SEI-
GNEUR l'a promis. 15 Moïse avait donné une
part à la tribu de Ruben selon ses clans.
16 Cette part est limitée au sud par la ville
d'Aroër au bord du torrent de l'Arnon, et
par la ville qui est dans la vallée de l'Arnon.
Elle comprend le plateau autour de Mèdeba,

17 Hèchebon et toutes les villes de plateau : Dibon, Bamoth-Baal, Beth-Baal-Méon, 18 Yahas,
Quedémoth, Méfaath, 19 Quiriataïm, Sibma,
Séreth-Chahar sur la colline qui domine la vallée, 20 Beth-Péor, les pentes du mont Pisga et
Beth-Yechimoth. 21 Les Rubénites reçoivent
non seulement les villes du plateau mais aussi
tout le royaume de Sihon, le roi des Amorites
qui a gouverné à Hèchebon. Moïse avait battu
Sihon et les chefs de Madian : Évi, Réquem,
Sour, Hour et Réba. Ces chefs étaient sous le
pouvoir de Sihon et habitaient dans le pays.
22 Parmi ceux que les Israélites ont tués à ce
moment-là, il y avait le devin Balaam, fils de
Béor. 23 À l'ouest, le pays des Rubénites a le
Jourdain comme frontière. Les villes, avec
les villages des environs, forment la part donnée aux clans de la tribu de Ruben.

24 Moïse avait donné une part aux clans de
la tribu de Gad. 25 Leur territoire comprend
Yazer, toutes les villes de Galaad, la moitié
du pays des Ammonites jusqu'à Aroër, près
de Rabba. 26 Il s'étend de Hèchebon à
Ramath-Mispé et Betonim, et de Mahanaïm
à la région de Lo-Dabar. 27 Dans la vallée du
Jourdain, il comprend les villes de Beth-
Haram, Beth-Nimra, Soukoth et Safon. C'est
ce qui restait du royaume de Sihon, roi de Hèchebon. Ce territoire se trouve à l'est du Jourdain. Le Jourdain forme la frontière du pays
jusqu'au lac de Génésareth au nord. 28 Les villes, avec les villages des environs, forment la
part donnée aux clans de la tribu de Gad.

29 Moïse avait donné une part aux clans de
la demi-tribu de Manassé. 30 Leur territoire est
limité au sud par Mahanaïm. Il comprend tout
le Bachan, tout le territoire d'Og, roi du Bachan, et les 60 villages de Yaïr, situés dans
cette région. 31 Il comprend aussi la moitié
du pays de Galaad, les villes d'Achetaroth et
d'Édréi, qui appartenaient au royaume d'Og,
dans le Bachan. Cette région a été donnée à
la moitié des clans nés de Makir, le fils de Manassé.

32 Moïse avait donné ces parts dans la région située à l'est de Jéricho, de l'autre côté
du Jourdain, quand il était dans la plaine de
Moab. 33 Il n'avait rien donné en partage aux
gens de la tribu de Lévi. En effet, leur part,
c'est de servir le SEIGNEUR, Dieu d'Israël,
comme celui-ci l'a promis.

Le partage du pays de Canaan

14 1 Voici les territoires que les Israélites
reçoivent en partage dans le pays de
*Canaan. Le prêtre Élazar, Josué, fils de
Noun, et les chefs de famille des différentes
tribus les répartissent. 2 Ils font le partage,
comme le SEIGNEUR l'a commandé : ils *tirent
au sort les territoires pour les neuf tribus et
demie qui n'en ont pas encore. 3 Moïse avait
déjà donné les territoires situés à l'est du
fleuve Jourdain à deux tribus et demie, mais
il n'avait rien donné aux *lévites. 4 En effet,
les gens de la famille de Joseph formaient
deux tribus, celles de Manassé et d'Éfraïm.
Les lévites, eux, ne reçoivent aucun territoire,
mais seulement des villes pour y habiter. Ils
reçoivent aussi les terres des environs pour
leurs troupeaux et pour leurs autres biens.
5 De cette façon, les Israélites partagent le
pays, comme le SEIGNEUR l'a commandé à
Moïse.

6 Un jour, des gens de la tribu de Juda vien-
nent trouver Josué au Guilgal. Caleb, fils de
Yefounné, du clan de Quenaz, lui dit : « À
Cadès-Barnéa, tu t'en souviens, le SEIGNEUR a
parlé de toi et de moi à Moïse, l'homme de
Dieu. 7 J'avais 40 ans quand Moïse, le serviteur du SEIGNEUR, m'a envoyé de Cadès-
Barnéa pour chercher à connaître le pays de
Canaan. En revenant, je lui ai raconté fidèlement ce que j'avais vu. 8 Mes frères qui étaient
venus avec moi décourageaient le peuple.
Moi, au contraire, je suivais le SEIGNEUR mon
Dieu de tout mon cœur. 9 Ce jour-là, Moïse
a fait ce serment : "Je jure que toi et tes enfants, vous recevrez en partage pour toujours
la région où tu es allé. En effet, tu as suivi le
SEIGNEUR ton Dieu de tout ton cœur."
10 Maintenant, il y a 45 ans que le SEIGNEUR a
donné cet ordre à Moïse. C'était le moment
où les Israélites traversaient le désert. Depuis
ce temps-là, le SEIGNEUR m'a gardé en vie, selon sa promesse. J'ai maintenant 85 ans.
11 Pourtant, j'ai toujours autant de forces qu'au
moment où Moïse m'a envoyé en Canaan. Je
suis aussi fort qu'avant, pour faire la guerre

ou pour toute autre activité. 12 Maintenant
donc, donne-moi en partage la région montagneuse que le SEIGNEUR m'a promise à ce moment-là. Tu as appris alors que les Anaquites
vivent dans de grandes villes protégées par
des murs de défense. Si le SEIGNEUR est avec
moi, je les prendrai, comme le SEIGNEUR l'a annoncé. »
13 Josué *bénit Caleb, fils de Yefounné, et
il lui donne la ville d'Hébron en partage.
14 Cette ville appartient encore aujourd'hui
aux gens de la famille de Caleb, fils de
Yefounné, du clan de Quenaz, parce qu'il
a suivi de tout son cœur le SEIGNEUR,
Dieu d'Israël. 15 Autrefois, Hébron s'appelait
Quiriath-Arba, c'est-à-dire ville d'Arba. Arba
était l'homme le plus célèbre parmi les Anaquites. Après tout cela, le pays se repose de
la guerre.

Le territoire de la tribu de Juda

15 1 Voici le territoire que les clans de la
tribu de Juda reçoivent par *tirage au
sort : il s'étend au sud-est jusqu'à la frontière
d'Édom. Le désert de Tsin forme la partie
qui se trouve le plus au sud. 2 Au sud, la frontière part de la bande de terre située en face
de la région du Néguev, au sud de la mer
Morte. 3 Ensuite, elle passe au sud de la montée des Scorpions et du désert de Tsin. Au sud
de Cadès-Barnéa, elle remonte par Hesron jusqu'à Addar, puis elle tourne vers Carca. 4 Elle
continue par Asmon, elle rejoint le torrent
d'Égypte pour arriver à la mer Méditerranée.
Voilà où passe la frontière sud du territoire
de Juda.
5 À l'est, la frontière est formée par la mer
Morte jusqu'à l'endroit où le fleuve Jourdain
se jette dans cette mer. Au nord, la frontière
part du même endroit. 6 Elle monte ensuite à
Beth-Hogla, elle passe au nord de Beth-Araba,
puis elle continue jusqu'à la Pierre de Bohan,
un des fils de Ruben. 7 Elle monte encore vers
Debir en passant par la vallée d'Akor. Plus au
nord, elle tourne vers le Guilgal, en face de la
montée d'Adoumim, située au sud d'un torrent. Ensuite, elle passe près des sources
d'En-Chémech et elle rejoint En-Roguel.
8 Elle remonte la vallée de Hinnom, sur la
pente sud de la colline des Jébusites. Jérusalem se trouve à cet endroit. Puis la frontière
monte vers le sommet de la montagne, située
à l'ouest de la vallée de Hinnom et au nord de
la vallée des Refaïtes. 9 De là, elle tourne vers
les sources de Neftoa. Elle rejoint les villes situées près du mont Éfron. Puis elle se dirige
vers Baala, qu'on appelle aussi Quiriath-
Yéarim. 10 De là, la frontière tourne à l'ouest
vers la montagne de Séir, elle passe sur la
pente nord de la montagne des Forêts ou
mont Kessalon. Puis elle redescend à Beth-
Chémech et elle passe à Timna. 11 Elle continue vers la pente nord de la ville d'Écron,
elle tourne vers Chikaron, se dirige vers
Yabné en passant par le mont Baala. Puis
elle arrive à la mer Méditerranée. 12 Cette
mer forme la frontière à l'ouest.
Voilà les limites du territoire donné aux
clans de la tribu de Juda.
13 Caleb, fils de Yefounné, reçoit une partie
du territoire de Juda, comme le SEIGNEUR l'a
commandé à Josué. On lui donne Quiriath-
Arba, ou ville d'Arba, qui est aujourd'hui Hébron. Arba est l'ancêtre des Anaquites. 14 Caleb chasse les trois clans anaquites : le clan
de Chéchaï, le clan d'Ahiman et celui de Talmaï. 15 Depuis Hébron, il va attaquer les habitants de Debir. Avant, cette ville s'appelait
Quiriath-Séfer. 16 Caleb dit : « Je donnerai ma
fille Axa pour femme à celui qui attaquera
Quiriath-Séfer et qui prendra cette ville. »
17 Otniel, fils de Quenaz, le frère de Caleb,
prend la ville, et Caleb lui donne sa fille en mariage. 18 Quand Axa arrive près d'Otniel, elle
lui dit : « Demande donc un champ à mon
père ! » Ensuite, elle descend de son âne. Caleb lui demande : « Qu'est-ce que tu veux ? »
19 Elle répond : « Sois bon pour moi. Donne-
moi des points d'eau. En effet, la région que
tu m'as donnée, au sud, est très sèche. » Alors
Caleb lui donne les sources d'en haut et les
sources d'en bas. 20 Voilà le territoire que les
clans de la tribu de Juda reçoivent en partage.
21 Les villes situées dans le sud du territoire
de Juda, près de la frontière d'Édom, sont :
Cabséel, Éder, Yagour, 22 Quina, Dimona,
Adéada, 23 Quédech, Hassor, Itnan, 24 Zif,
Télem, Béaloth, 25 Hassor-Hadatta, Querioth-

Hesron, qu'on appelle aussi Hassor, 26 Amam,
Chema, Molada, 27 Hassar-Gadda, Hèchemon,
Beth-Péleth, 28 Hassar-Choual, Berchéba et
les environs, 29 Baala, Iyim, Essem, 30 Eltolad,
Kessil, Horma, 31 Siclag, Madmanna, Sane-
sanna, 32 Lebaoth, Chilim et En-Rimmon.
Cela fait 29 villes avec leurs villages.

33 Les villes situées dans le *Bas-Pays sont:
Èchetaol, Sora, Achena, 34 Zanoa, En-Gannim,
Tappoua, Énam, 35 Yarmouth, Adoullam,
Soko, Azéca, 36 Chaaraïm, Aditaïm, Guedéra
et Guedérotaïm. Cela fait 14 villes avec leurs
villages. 37 Il y a aussi Senan, Hadacha, Mig-
dal-Gad, 38 Dilan, Mispé, Yoctéel, 39 Lakich,
Boscath, Églon, 40 Kabbon, Lahémas, Kitlich,
41 Guedéroth, Beth-Dagon, Naama et Maquéda. Cela fait 16 villes avec leurs villages.
42 Il y a encore Libna, Éter, Achan, 43 Ifta,
Achena, Nessib, 44 Quéila, Akzib et Marécha.
Cela fait 9 villes avec leurs villages. 45 On
trouve aussi Écron avec les lieux qui en dépendent et ses villages, 46 toutes les villes et
les villages situés dans les environs d'Asdod,
entre Écron et la mer Méditerranée. 47 On
trouve encore Asdod et Gaza avec les lieux
qui en dépendent et leurs villages, ainsi que
les villes le long de la côte de la Méditerranée,
jusqu'au torrent d'Égypte.

48 Les villes situées dans la région de la
Montagne sont: Chamir, Yattir, Soko,
49 Danna, Quiriath-Sanna appelée aussi Debir,
50 Anab, Echtemoa, Anim, 51 Gochen, Holon
et Guilo. Cela fait 11 villes avec leurs villages.
52 Il y a aussi Arab, Rouma, Échan, 53 Yanoum,
Beth-Tappoua, Aféca, 54 Houmeta, Quiriath-
Arba, appelée aussi Hébron, et Sior. Cela fait
9 villes avec leurs villages. 55 Il y a encore
Maon, Karmel, Zif, Youtta, 56 Izréel, Yocdéam,
Zanoa, 57 Caïn, Guibéa et Timna. Cela fait
10 villes avec leurs villages. 58 On trouve encore Haloul, Beth-Sour, Guedor, 59 Maarath,
Beth-Anoth et Eltecône. Cela fait 6 villes avec
leurs villages. 60 On trouve enfin Quiriath-
Baal, qu'on appelle Quiriath-Yéarim, et Rabba.
Cela fait 2 villes avec leurs villages.

61 Les villes situées dans le désert sont Beth-
Araba, Middin, Sekaka, 62 Nibechan, la ville
du sel, et En-Guédi. Cela fait 6 villes avec
leurs villages.

63 Les gens de Juda n'arrivent pas à chasser
les Jébusites, qui habitent Jérusalem. Ceux-ci
vivent donc encore aujourd'hui dans cette
ville avec les Israélites.

Les territoires des tribus d'Éfraïm et de Manassé

16 1 Voici le territoire que les gens de la famille de Joseph reçoivent par *tirage au
sort: la frontière part du fleuve Jourdain, près
de Jéricho, à l'est de la source qui donne l'eau
à la ville. Depuis Jéricho, elle traverse le désert, puis elle monte dans la région montagneuse de Béthel. 2 De là, la frontière va vers
Louz, passe par Ataroth, la ville des Arkites.
3 Ensuite, elle descend à l'ouest, dans la région
des Yaflétites. Elle traverse Beth-Horon-le-Bas
et Guézer, puis elle arrive à la mer Méditerranée. 4 Les gens de la famille de Joseph, c'est-à-
dire les tribus de Manassé et d'Éfraïm, partagent ce territoire entre eux.

5 Voici le territoire que les clans de la
tribu d'Éfraïm reçoivent: à l'est, la frontière
va d'Atroth-Adar jusqu'à Beth-Horon-le-Haut.
6 Puis elle arrive à la mer Méditerranée. Au
nord, elle passe près de Mikmétath. À l'est
de Mikmétath, elle va vers Tanaath-Silo.
Elle traverse cette ville pour aller à Yanoa.
7 De là, elle descend à Ataroth et Naara, rejoint Jéricho et arrive au fleuve Jourdain. 8 À
l'ouest de Mikmétath, la frontière va de Tappoua jusqu'au torrent de Cana. Puis elle
arrive à la mer Méditerranée. Voilà le territoire donné aux clans de la tribu d'Éfraïm.
9 On leur donne aussi des villes avec leurs
villages situés dans la région de la tribu de
Manassé. 10 Les gens de la tribu d'Éfraïm
ne chassent pas les *Cananéens qui habitent
Guézer. Ceux-ci vivent donc encore aujour-
d'hui avec les Éfraïmites, qui les obligent à
faire un travail d'esclaves.

17 1 Les gens de la famille de Manassé, le
fils aîné de Joseph, reçoivent aussi
leur part de territoire. On a déjà donné un territoire aux gens de la famille de Makir, un
combattant courageux, fils aîné de Manassé
et le père de Galaad. Ils ont reçu la région
de Galaad et du Bachan, à l'est du Jourdain.
2 Les autres clans de Manassé reçoivent aussi

un territoire. Ces clans sont les clans d'Abiézer, d'Hélec, d'Asriel, de Chékem, d'Héfer
et de Chemida, tous nés dans la famille de Manassé, fils de Joseph.
3 Selofad était fils de Héfer et petit-fils de
Galaad. Galaad était fils de Makir et petit-fils
de Manassé. Or, Selofad n'a pas eu de fils,
mais seulement des filles, qui s'appellent
Mala, Noa, Hogla, Milka et Tirsa. 4 Elles viennent trouver le prêtre Élazar, Josué, fils de
Noun, et les responsables du peuple. Elles
leur disent : « Le SEIGNEUR a commandé à
Moïse de nous donner des terres en partage,
comme aux hommes de notre tribu. » Les
filles de Selofad reçoivent donc des terres
comme les frères de leur père, selon le
commandement du SEIGNEUR. 5 La tribu de
Manassé reçoit dix parts en plus de la région
de Galaad et du Bachan, qui se trouvent de
l'autre côté du fleuve Jourdain. 6 En effet, on
donne des terres non seulement aux hommes
de la famille de Manassé, mais aussi à des femmes de la même tribu. La région de Galaad
appartient aux autres gens de la famille de
Manassé.
7 Le territoire de Manassé s'étend d'Asser à
Mikmétath, à l'est de Sichem. La frontière
descend de Mikmétath vers le sud jusque
chez les habitants d'En-Tappoua. 8 La région
appartient à Manassé, mais on donne la ville
de Tappoua, située à la frontière, aux gens
d'Éfraïm. 9 Ensuite, la frontière descend au
sud du torrent de Cana. On donne aux gens
d'Éfraïm les villes situées à cet endroit. Pourtant, elles se trouvent sur le territoire de Manassé. Puis la frontière va de là au nord du
torrent avant d'arriver à la mer Méditerranée.
10 La tribu d'Éfraïm s'étend donc vers le sud, et
celle de Manassé vers le nord. La mer Méditerranée forme leur frontière à l'ouest. La
tribu d'Asser se trouve au nord-ouest de Manassé, et celle d'Issakar au nord-est. 11 Dans
le territoire d'Issakar et d'Asser, la tribu de
Manassé reçoit Beth-Chéan et Ibléam avec
les lieux qui en dépendent. Elle reçoit aussi
Dor, En-Dor, Taanak, Méguiddo, avec leurs
habitants, et les lieux voisins, c'est-à-dire les
environs de Dor. 12 Pourtant, les gens de Manassé n'arrivent pas à prendre possession de
ces villes, et les *Cananéens continuent à habiter là. 13 Quand les Israélites sont devenus
assez puissants, ils obligent les Cananéens à
faire un travail d'esclaves, mais ils ne les chassent pas.
14 Les gens de la famille de Joseph viennent dire à Josué : « Tu nous as donné une
seule part du pays. Pourquoi ? Pourtant, le
SEIGNEUR nous a *bénis et nous a rendus
très nombreux. » 15 Josué répond : « Si vous
êtes nombreux et si la région montagneuse
d'Éfraïm est trop petite pour vous, allez dé-
fricher des terres dans les forêts des Perizites et des Refaïtes. » 16 Les gens de Joseph
disent : « C'est vrai, la région de la montagne
ne nous suffit pas. Mais les Cananéens qui
habitent dans les plaines ont des chars de
fer, aussi bien ceux de Beth-Chéan et des
lieux voisins que ceux de la vallée d'Izréel. »
17 Alors Josué dit aux gens de la famille de Joseph, c'est-à-dire aux gens d'Éfraïm et de
Manassé : « Oui, vous êtes nombreux et
très forts. Alors vous ne recevrez pas seulement une part dans le pays. 18 Vous aurez
aussi toute la région montagneuse couverte
de forêts. Vous la défricherez et vous l'occuperez entièrement. Les Cananéens ont des
chars de fer et ils sont puissants, mais vous
réussirez à les chasser. »

Les sept tribus qui n'ont pas encore de territoire

18 1 Le pays est sous le pouvoir des Israélites. Alors toute la communauté se
réunit à Silo, et là, ils installent la *tente de
la rencontre. 2 Mais, parmi les Israélites, il
reste encore sept tribus qui n'ont pas reçu
de territoire en partage. 3 Alors Josué leur
dit : « Vous allez attendre jusqu'à quand pour
prendre possession du pays que le SEIGNEUR, le
Dieu de vos ancêtres, vous a donné ? 4 Choisissez trois hommes par tribu. Je les enverrai
à travers le pays. Ils iront voir les parts de
leur tribu et ils reviendront me décrire
comment elles sont. 5 Ils partageront le pays
en sept parts. Les gens de la famille de Juda
resteront sur leurs terres au sud, les gens de
la famille de Joseph resteront sur leurs terres
au nord. 6 Préparez donc une description de

ces sept parts et venez me la présenter ici.
Alors, devant le SEIGNEUR notre Dieu, je *tirerai au sort la part de chaque tribu. 7 Mais les
gens de la famille de Lévi ne recevront pas
de terres en partage. En effet, leur part, c'est
d'être prêtres au service du SEIGNEUR. Les tribus de Gad et de Ruben, et la demi-tribu de
Manassé ont déjà reçu des terres en partage,
à l'est du fleuve Jourdain. C'est Moïse, le serviteur du SEIGNEUR, qui les a distribuées. »

8 Les hommes choisis pour décrire le pays
se préparent à partir. Avant le départ, Josué
leur donne cet ordre : « Allez à travers le
pays. Regardez-le attentivement, et revenez
me décrire ce que vous avez vu. Ici, à Silo,
je tirerai au sort devant le SEIGNEUR la part
de chaque tribu. » 9 Les hommes vont à travers
le pays. Ils mettent par écrit tout ce qui
concerne les sept parts de territoire avec leurs
villes. Ensuite, ils reviennent auprès de Josué,
au camp de Silo. 10 Josué tire ces parts au sort
devant le SEIGNEUR et il les distribue aux Israélites. Il donne à chaque tribu la part de territoire qui est pour elle.

Le territoire de la tribu de Benjamin

11 La première part *tirée au sort est celle
des clans de la tribu de Benjamin. Leur territoire est situé entre celui de la famille de
Juda et celui de la famille de Joseph. 12 Au
nord, la frontière part du fleuve Jourdain,
elle monte du côté nord de Jéricho, elle continue vers l'ouest à travers la région montagneuse jusqu'au désert de Beth-Aven. 13 De
là, elle va vers Louz, elle passe du côté sud
de Louz, qu'on appelle aussi Béthel. Puis elle
descend à Atroth-Addar à travers la montagne
située au sud de Beth-Horon-le-Bas. 14 À
l'ouest de cette montagne, la frontière change
de direction. Elle tourne vers le sud pour arriver à Quiriath-Baal, appelée aussi Quiriath-
Yéarim, qui appartient à la tribu de Juda. Voilà
la frontière de l'ouest.

15 Au sud, la frontière part de Quiriath-
Yéarim, elle va vers Gasin et elle arrive
aux sources de Neftoa. 16 De là, elle descend
au pied de la montagne qui donne sur la vallée de Hinnom, au nord de la vallée des Refaïtes. Elle suit la vallée de Hinnom, sur le
côté sud de la colline jébusite, et elle continue à descendre jusqu'à En-Roguel. 17 Elle
tourne alors vers le nord en direction d'En-
Chémech, puis de Gueliloth, en face de la
montée d'Adoumim. De là, elle descend
vers la pierre de Bohan, un des fils de Ruben. 18 Puis elle passe au nord de la hauteur
qui donne sur la vallée du Jourdain, et elle
descend dans cette vallée. 19 Elle continue
ensuite sur le côté nord de Beth-Hogla et
elle arrive au nord de la mer Morte, à l'endroit où le Jourdain se jette dans cette mer.
Voilà la frontière du sud. 20 Le Jourdain
forme la frontière à l'est.

Voilà les limites du territoire donné aux
clans de la tribu de Benjamin.

21 Les villes appartenant aux clans de Benjamin sont : Jéricho, Beth-Hogla, Émec-Quessis,
22 Beth-Araba, Semaraïm, Béthel, 23 Avim,
Para, Ofra, 24 Kefar-Ammona, Ofni et Guéba.
Cela fait 12 villes avec leurs villages. 25 Il
y a aussi Gabaon, Rama, Beéroth, 26 Mispé,
Kefira, Mossa, 27 Réquem, Irpéel, Tarala,
28 Séla, Élef, la ville jébusite, c'est-à-dire Jérusalem, Guibéa et Quiriath. Cela fait 14 villes
avec leurs villages.

Tout cela forme la part des clans de Benjamin.

Le territoire de la tribu de Siméon

19 1 La deuxième part *tirée au sort est
celle des clans de la tribu de Siméon.
Leur territoire est entouré par des terres de
la tribu de Juda. 2 Il comprend les villes de
Berchéba, Chéba, Molada, 3 Hassar-Choual,
Baala, Essem, 4 Eltolad, Betoul, Horma, 5 Siclag, Beth-Markaboth, Hassar-Soussa, 6 Beth-
Lebaoth et Charouen. Cela fait 13 villes avec
leurs villages. 7 Il comprend aussi Aïn, Rimmon, Éter et Achan. Cela fait 4 villes avec
leurs villages. 8 Il y a encore tous les villages
autour de ces villes jusqu'à Baalath-Ber et
Ramath-Néguev. Tout cela forme la part des
clans de Siméon. 9 Le territoire de la tribu de
Siméon a été pris sur celui de Juda. En effet,
les gens de la famille de Juda ont reçu une région trop grande pour eux. C'est pourquoi la
tribu de Siméon est entourée par des terres
de la tribu de Juda.

Le territoire de la tribu de Zabulon

10 La troisième part *tirée au sort est celle
des clans de la tribu de Zabulon. Leur territoire s'étend jusqu'à Sarid. 11 De là, la frontière
monte vers l'ouest jusqu'à Marala, puis jusqu'à Dabbécheth et au torrent qui coule à l'est
de Yocnéam. 12 De l'autre côté de Sarid, la
frontière va vers l'est, elle touche la région
de Kisloth-Tabor, elle passe par Dabrath et
monte jusqu'à Yafia. 13 Ensuite, elle continue
encore à l'est jusqu'à Gath-Héfer et Eth-
Cassin, elle rejoint Rimmon et tourne vers
Néa. 14 Au nord, la frontière passe autour
d'Hannaton et elle arrive dans la vallée de
Ifta-El. 15 Ce territoire comprend les villes de
Cattath, Nahalal, Chimron, Idala et Bethléem.
Cela fait 12 villes avec leur villages. 16 Tous ces
lieux se trouvent dans la part donnée aux
clans de la tribu de Zabulon.

Le territoire de la tribu d'Issakar

17 La quatrième part *tirée au sort est celle
des clans de la tribu d'Issakar. 18 Leur territoire comprend Izréel, Kessouloth, Chounem,
19 Hafaraïm, Cion, Anaharath, 20 Rabbith, Quichion, Ébès, 21 Rémeth, En-Gannim, En-
Hadda et Beth-Passès. 22 La frontière touche
à Tabor, Chassaïm, Beth-Chémech et elle arrive au fleuve Jourdain. Cela fait 16 villes
avec leurs villages. 23 Tous ces lieux se trouvent dans la part donnée aux clans de la tribu
d'Issakar.

Le territoire de la tribu d'Asser

24 La cinquième part *tirée au sort est celle
des clans de la tribu d'Asser. 25 Leur territoire
comprend Helcath, Hali, Béten, Akechaf,
26 Alamélek, Amad et Michal. À l'ouest, la
frontière touche au mont Carmel suivant le
torrent du Chihor-Libnath. 27 À l'est, la frontière monte vers Beth-Dagon, elle touche le
territoire de Zabulon et la vallée de Ifta-El.
Puis elle va vers le nord pour arriver à Beth-
Émec et Néiel. Elle continue ensuite dans la
même direction, passe à Caboul, 28 Abdon,
Rehob, Hammon et Cana, pour arriver près
de Sidon, la grande ville. 29-30 Elle tourne alors
vers Rama et vers les murs de défense qui
protègent la ville de Tyr. Puis elle va vers
Hossa. Elle passe par Mahalab, Akzib,
Ouma, Afec et Rehob, et elle arrive à la mer
Méditerranée. Cela fait en tout 22 villes
avec leurs villages. 31 Tous ces lieux se trouvent dans la part donnée aux clans de la tribu
d'Asser.

Le territoire de la tribu de Neftali

32 La sixième part *tirée au sort est celle des
clans de la tribu de Neftali. 33 Au sud, la frontière part de Hélef et du grand arbre sacré de
Saananim. Elle passe par Adami-Nékeb et Yab-
néel jusqu'à Laccoum, et elle arrive au fleuve
Jourdain. 34 À l'ouest, la frontière tourne vers
Aznoth-Tabor, elle va à Houcoc, puis le long
des terres de Zabulon au sud, et le long des
terres d'Asser à l'ouest. À l'est, c'est le Jourdain qui formé la frontière. 35 Les villes protégées par des murs de défense sont : Siddim,
Ser, Hammath, Raccath, Kinnéreth, 36 Adama,
Rama, Hassor, 37 Quédech, Édréi, En-Hassor,
38 Iron, Migdal-El, Horem, Beth-Anath et
Beth-Chémech. Cela fait en tout 19 villes
avec leurs villages. 39 Tous ces lieux se trouvent dans la part donnée aux clans de la tribu
de Neftali.

Le territoire de la tribu de Dan

40 La septième part *tirée au sort est celle
des clans de la tribu de Dan. 41 Leur territoire
comprend : Sora, Èchetaol, Ir-Chémech,
42 Chaalabin, Ayalon, Itla, 43 Élon, Timna,
Écron, 44 Eltequé, Guibeton, Baalath, 45 Ye-
houd, Bené-Barac, Gath-Rimmon, 46 le fleuve
Yarcon, la ville de Raccon, et les terres autour
de Jaffa. 47 Quand les gens de la tribu de Dan
perdent leur territoire, ils vont attaquer Léchem. Ils prennent la ville et tuent les habitants. Ils l'occupent complètement et
s'installent là. Alors ils donnent à Léchem le
nom de Dan, leur ancêtre. 48 Tous ces lieux
se trouvent dans la part donnée aux clans de
la tribu de Dan.

49 Quand les Israélites ont fini de partager le
pays entre eux, ils donnent une part de territoire à Josué, fils de Noun. 50 Comme le SEI-
GNEUR l'a commandé, ils lui donnent la ville
qu'il a demandée. Cette ville, c'est Timnath-

Séra, dans la région montagneuse d'Éfraïm. Josué reconstruit la ville et il habite là.

51 Le prêtre Élazar, Josué, fils de Noun, et les chefs de famille des tribus israélites ont donc réparti ces territoires en tirant au sort. Ils ont fait cela à Silo, devant le SEIGNEUR, à l'entrée de la *tente de la rencontre. C'est ainsi qu'ils ont fini de partager le pays de *Canaan.

Les villes de refuge

20 1 Le SEIGNEUR demande à Josué 2 de dire aux Israélites : « Vous allez choisir des villes de refuge. Moi, le SEIGNEUR, je vous en ai déjà parlé par l'intermédiaire de Moïse[y]. 3 Celui qui tue une personne sans le vouloir pourra se réfugier là. De cette façon, il échappera à l'homme chargé de venger le mort. 4 Quand celui qui a tué sans le vouloir arrivera à la ville de refuge, il s'arrêtera à l'entrée, là où les affaires du peuple sont jugées. Il expliquera aux *anciens de la ville ce qui s'est passé. Les anciens le laisseront entrer dans la ville et ils lui montreront un endroit où il pourra habiter. 5 Supposons ceci : L'homme chargé de venger le mort poursuit celui qui a tué jusque dans cette ville. Les habitants ne doivent pas le livrer. En effet, il n'a jamais détesté la personne qui est morte : il l'a tuée sans le vouloir. 6 Il restera donc dans cette ville jusqu'à ce que la communauté le juge. Il y restera jusqu'à la mort du *grand-prêtre qui est en service à ce moment-là. Ensuite, il pourra rentrer chez lui, dans la ville d'où il a fui. »

7 Voici les villes que les Israélites mettent à part : Quédech en Galilée, dans la région montagneuse de Neftali, Sichem, dans la région montagneuse d'Éfraïm, Quiriath-Arba, appelée aussi Hébron, dans la région montagneuse de Juda. 8 De l'autre côté du fleuve Jourdain, à l'est de Jéricho, ils choisissent d'abord Besser. C'est une ville située dans le désert, sur le plateau qui appartient à la tribu de Ruben. Ils choisissent aussi Ramoth, en Galaad, qui appartient à la tribu de Gad, et dans le Bachan, Golan, qui appartient à la tribu de Manassé. 9 Les Israélites choisissent ces villes pour servir de refuge à tous les membres du peuple et aux étrangers installés chez eux. De cette façon, si quelqu'un tue une personne sans le vouloir, il peut échapper à l'homme chargé de venger le mort. Ainsi, lui-même ne risque pas d'être tué avant que la communauté le juge.

Les villes des lévites

21 1 Les chefs de famille de la tribu de Lévi viennent trouver le prêtre Élazar, Josué, fils de Noun, et les chefs de famille des autres tribus israélites, 2 à Silo, dans le pays de *Canaan. Ils leur disent : « Vous devez nous donner des villes où nous pourrons habiter, avec des pâturages proches pour nos animaux. Le SEIGNEUR a commandé cela par l'intermédiaire de Moïse. » 3 Les Israélites choisissent donc dans leurs territoires un certain nombre de villes avec des pâturages. Ils les donnent aux *lévites, comme le SEIGNEUR l'a commandé.

4 Les clans de la famille de Quéhath sont choisis par *tirage au sort. Parmi les lévites, les gens de la famille du prêtre Aaron reçoivent par le sort 13 villes situées sur les territoires de Juda, Siméon et Benjamin. 5 Les autres lévites de la famille de Quéhath reçoivent par le sort 10 villes situées sur le territoire d'Éfraïm, de Dan et de la demi-tribu de Manassé qui vit à l'ouest du fleuve Jourdain. 6 Les clans de la famille de Guerchon reçoivent par le sort 13 villes. Elles sont situées sur les territoires d'Issakar, d'Asser, de Neftali et de la demi-tribu de Manassé qui vit dans le Bachan. 7 Les clans de la famille de Merari reçoivent par le sort 12 villes. Elles sont situées sur les territoires de Ruben, Gad et Zabulon. 8 Les Israélites donnent aux lévites ces villes-là avec leurs pâturages en les tirant au sort. Voilà ce que le SEIGNEUR a commandé par l'intermédiaire de Moïse.

9 Voici les noms des villes de Juda et de Siméon données 10 aux gens de la famille

y **20.2** *Voir Nombres 35.9-15.*

*d'Aaron, du clan de Quéhath, fils de Lévi. En effet, ils ont été choisis les premiers par le sort. 11 Ils reçoivent Quiriath-Arba, ou ville d'Arba, l'ancêtre des Anaquites. Maintenant, cette ville s'appelle Hébron. Elle est située dans la région montagneuse de Juda. Ils reçoivent cette ville avec les pâturages qui l'entourent. 12 Mais les champs et les villages qui dépendent de la ville ont déjà été donnés à Caleb, fils de Yefounné. 13 Les gens de la famille du prêtre Aaron reçoivent donc Hébron, qui est une ville de refuge. Ils reçoivent aussi Libna, 14 Yattir, Echtemoa, 15 Holon, Debir, 16 Achan, Youtta, Beth-Chémech. Cela fait 9 villes avec leurs pâturages, situées dans les territoires de Juda et de Siméon. 17 Dans le territoire de Benjamin, ils reçoivent Gabaon, Guéba, 18 Anatoth, Alémeth. Cela fait 4 villes avec leurs pâturages. 19 Les prêtres de la famille d'Aaron reçoivent en tout 13 villes avec leurs pâturages.

20 Les autres clans de gens de la famille de Quéhath reçoivent par le sort des villes de la tribu d'Éfraïm : 21 Sichem, une des villes de refuge, dans la région montagneuse d'Éfraïm, Guézer, 22 Quibsaïm et Beth-Horon. Cela fait 4 villes avec leurs pâturages. 23 Dans le territoire de Dan, ils reçoivent aussi 4 villes avec leurs pâturages : Eltequé, Guibeton, 24 Ayalon et Gath-Rimmon. 25 Dans le territoire de la demi-tribu de Manassé à l'ouest du Jourdain, ils reçoivent les 2 villes de Taanak et Ibléam, avec leurs pâturages. 26 Ils reçoivent donc en tout 10 villes avec leurs pâturages. 27 D'autres clans de lévites, ceux de la famille de Guerchon, reçoivent 2 villes avec leurs pâturages dans le territoire de la demi-tribu de Manassé à l'est du Jourdain : Golan, dans le Bachan, une des villes de refuge, et Bèchetera. 28 Dans le territoire d'Issakar, ils reçoivent 4 villes avec leurs pâturages : Quichion, Dabrath, 29 Yarmouth et En-Gannim. 30 Dans le territoire d'Asser, ils reçoivent aussi 4 villes avec leurs pâturages : Michal, Abdon, 31 Helcath et Rehob. 32 Dans le territoire de Neftali, ils reçoivent 3 villes avec leurs pâturages : Quédech, en Galilée, une ville de refuge, Hammoth-Dor et Cartan. 33 Les clans de Guerchon reçoivent en tout 13 villes avec leurs pâturages.

34 Les autres clans de lévites, ceux de la famille de Merari, reçoivent 4 villes avec leurs pâturages, dans le territoire de Zabulon : Yocnéam, Carta, 35 Dimna et Nahalal. 36 Dans le territoire de Ruben, à l'est du Jourdain, en face de Jéricho, ils reçoivent aussi 4 villes avec leurs pâturages : Besser, une ville de refuge située dans le désert, Yahas, 37 Quedémoth et Méfaath. 38 Dans le territoire de Gad, ils reçoivent 4 villes avec leurs pâturages : Ramoth, une ville de refuge située en Galaad, Mahanaïm, 39 Hèchebon et Yazer. 40 Les clans de lévites de la famille de Merari reçoivent en tout 12 villes par tirage au sort.

41 Les gens de Lévi reçoivent en tout 48 villes prises sur les territoires des autres Israélites. 42 On leur donne toutes ces villes avec les pâturages qui les entourent.

43 Le SEIGNEUR donne aux Israélites tout le pays qu'il a promis à leurs ancêtres. Ils en prennent possession et s'installent là. 44 Le SEIGNEUR leur donne la paix sur toutes les frontières, comme il l'a promis à leurs ancêtres. Le SEIGNEUR leur donne la victoire sur tous leurs ennemis. Aucun d'eux ne peut leur résister. 45 De cette façon, toutes les promesses que le SEIGNEUR a faites au peuple d'Israël se réalisent. Aucune ne reste sans résultat.

Les tribus à l'est du Jourdain

22 1 Alors Josué réunit les hommes des tribus de Ruben, de Gad et de la demi-tribu de Manassé installée à l'est du fleuve Jourdain. 2 Il leur dit : « Vous avez obéi à tous les ordres de Moïse, le serviteur du SEIGNEUR, et vous avez fait tout ce que je vous ai commandé. 3 Pendant longtemps et jusqu'à aujourd'hui, vous n'avez pas abandonné vos frères israélites. Ainsi, vous avez obéi aux ordres du SEIGNEUR votre Dieu. 4 Maintenant, le SEIGNEUR votre Dieu a accordé à vos frères de s'installer en paix dans leur pays, comme il l'avait promis. Vous pouvez donc rentrer chez vous, à l'est du Jourdain. C'est la région que Moïse, le serviteur du SEIGNEUR, vous a donnée en partage. 5 Mais obéissez avec soin à toute la loi que Moïse, le serviteur du SEIGNEUR, vous a donnée. Aimez le SEIGNEUR votre Dieu, faites

tout ce qu'il demande. Obéissez à ses commandements, attachez-vous à lui, servez-le
de tout votre cœur et de toutes vos forces. »
6 Ensuite, Josué les *bénit et il leur demande de rentrer chez eux. 7 Moïse a donné
un territoire dans le Bachan, à l'est du Jourdain, à une moitié de la tribu de Manassé. À
l'autre moitié de cette tribu, Josué a donné
un territoire situé, comme ceux des autres tribus, à l'ouest du Jourdain. Josué demande à la
première moitié de la tribu de Manassé de
rentrer chez elle, à l'est du Jourdain. Il les bénit 8 et leur dit : « Retournez chez vous avec de
grandes richesses et beaucoup de troupeaux,
avec de l'argent, de l'or, du cuivre, du fer et
beaucoup de vêtements. Partagez avec vos frères israélites ces richesses prises à vos ennemis. »

Les tribus de l'est construisent un autel

9 Les hommes des tribus de Ruben et de
Gad, et de la demi-tribu de Manassé, rentrent
chez eux. Ils quittent les autres Israélites à
Silo, dans le pays de *Canaan. Ils vont dans
le pays de Galaad, la région qu'ils ont reçue
en partage. Le SEIGNEUR avait commandé par
l'intermédiaire de Moïse qu'on leur donne
ce pays. 10 Ils arrivent au bord du fleuve Jourdain, du côté qui est encore en Canaan. Là, ils
construisent un *autel immense, près du
fleuve. 11 On vient alors raconter aux autres Israélites : « Les tribus de Ruben, de Gad et la
demi-tribu de Manassé qui vit à l'est du Jourdain ont construit un autel au bord du fleuve,
de notre côté, en Canaan. »
12 Quand les autres Israélites apprennent
cette nouvelle, ils se réunissent tout de suite
à Silo. Ils veulent partir attaquer les tribus à
l'est du Jourdain. 13 Ils envoient Pinhas, fils
du prêtre Élazar, dans le pays de Galaad.
Celui-ci doit parler aux tribus de Ruben, de
Gad et à la demi-tribu de Manassé. 14 Dix responsables du peuple vont avec lui, un par
tribu. Ce sont tous des chefs de famille, dans
les clans d'Israël. 15 Ils se rendent dans le
pays de Galaad, auprès des tribus de l'est. Ils
leur disent 16 de la part de toute la communauté : « Vous avez commis une faute très
grave envers le Dieu d'Israël. Vous vous éloignez du SEIGNEUR. En construisant un autel
pour vous, vous vous révoltez contre lui.
Qu'est-ce que tout cela veut dire ? 17 À Péor,
nous avons déjà commis une faute[z]. Alors,
un grand malheur est tombé sur tout le
peuple, la communauté du SEIGNEUR. Et aujourd'hui encore, nous en supportons les
conséquences. Est-ce que cela ne suffit pas ?
18 Or vous, aujourd'hui, vous vous éloignez
du SEIGNEUR. Si vous vous révoltez aujourd'hui
contre lui, demain, c'est contre toute la
communauté d'Israël qu'il se mettra en *colère. 19 Vous trouvez peut-être que votre territoire est *impur. Dans ce cas, revenez dans le
pays qui appartient au SEIGNEUR, là où se
trouve sa *tente. Venez occuper des territoires
au milieu des nôtres. Mais ne vous révoltez
pas contre le SEIGNEUR et contre nous, en bâtis-
sant un autel autre que celui du SEIGNEUR notre Dieu. 20 Akan, arrière-petit-fils de Zéra, a
commis une faute grave avec les biens qu'il
était interdit de prendre, vous le savez. Après
cela, c'est sur toute la communauté du peuple
d'Israël que la colère du SEIGNEUR est tombée.
Et Akan n'a pas été seul à mourir à cause de sa
faute[a]. »
21 Les gens de la famille de Ruben, de Gad et
de la demi-tribu de Manassé, répondent aux
chefs de clans des autres tribus : 22 « Le SEI-
GNEUR est Dieu au-dessus de tous les dieux.
Oui, il est Dieu au-dessus de tous les dieux,
et il sait pourquoi nous avons agi ainsi. Tous
les Israélites le sauront aussi. Est-ce que c'est
une révolte, une faute grave envers le SEI-
GNEUR ? Dans ce cas, que le SEIGNEUR ne nous
laisse pas en vie plus longtemps ! 23 Est-ce que
nous avons bâti un autel pour nous détourner
du SEIGNEUR ? Est-ce pour offrir sur cet autel
des *sacrifices complets, des offrandes de produits du sol, ou des sacrifices de communion ?
Si c'est cela, que le SEIGNEUR lui-même nous

z **22.17** *Voir Nombres 25.3-9 ; Deutéronome 4.3.*
a **22.20** *Voir Josué 7.*

punisse ! 24 Mais ce n'est pas le cas. Voici pourquoi nous avons agi ainsi : nous avions peur que plus tard, vos fils disent à nos fils : "Qu'est-ce qu'il y a de commun entre vous et le SEIGNEUR, Dieu d'Israël ? 25 Le SEIGNEUR lui-même a placé le Jourdain comme frontière entre nous et vous, gens de Ruben et de Gad. Non, vous n'avez pas le droit de servir le SEIGNEUR." Ainsi, vos fils pourraient pousser nos fils à ne plus respecter le SEIGNEUR. 26 C'est pour cela que nous avons décidé de construire cet autel, et non pas pour offrir dessus des sacrifices complets ou d'autres sacrifices. 27 Nous voulons une seule chose : cet autel doit prouver que nous avons le droit de servir le SEIGNEUR par nos sacrifices complets, nos sacrifices de communion et nos autres sacrifices. Cet autel servira de *témoin pour nous et pour vous, et aussi pour ceux qui naîtront de nous. Alors plus tard, vos fils ne diront pas à nos fils : "Vous n'avez pas le droit de servir le SEIGNEUR." 28 Voici ce que nous avons pensé : si plus tard, des gens nous disent cela, à nous ou à nos enfants, nous pourrons répondre : "Regardez, nos ancêtres ont donné à cet autel la même forme que celle de l'autel du SEIGNEUR. Pourtant, ils ne l'ont pas construit pour offrir dessus des sacrifices complets ou d'autres sacrifices. Ils l'ont construit pour qu'il soit un *témoin entre nous et vous." 29 Donc, nous n'avons pas du tout l'intention de nous révolter contre le SEIGNEUR et de nous détourner de lui. Nous n'avons pas bâti un autel pour offrir dessus des sacrifices complets, des offrandes de produits du sol et d'autres sacrifices. Nous ne voulons rien offrir ailleurs que sur l'autel du SEIGNEUR notre Dieu situé devant sa *tente. »

30 Le prêtre Pinhas, les responsables du peuple et les chefs des clans israélites acceptent les explications des gens de Ruben, de Gad et de Manassé. 31 Pinhas, fils du prêtre Élazar, leur dit : « Maintenant, nous le savons, le SEIGNEUR est avec nous. Vous n'avez pas commis de faute grave contre lui. Ainsi, vous évitez aux Israélites d'être punis par le SEIGNEUR. »

32 Ensuite, Pinhas, fils du prêtre Élazar, et les responsables du peuple laissent les gens de Ruben et de Gad. Ils quittent le pays de Galaad pour revenir en Canaan et ils rendent compte aux autres Israélites de ce qui s'est passé. 33 Les Israélites sont satisfaits et ils remercient Dieu. Ils renoncent à attaquer les tribus de Ruben et de Gad et à détruire leur pays. 34 Alors les gens de Ruben et de Gad disent : « Cet autel *témoigne pour nous tous que le SEIGNEUR est Dieu. »

Et ils donnent à cet autel le nom de « Témoin ».

Dernières recommandations de Josué

23 1 Le SEIGNEUR donne la paix pendant longtemps au peuple d'Israël, en le délivrant de tous les ennemis qui l'entourent. Josué est devenu très vieux. 2 Il réunit tous les Israélites, leurs *anciens, leurs chefs, leurs juges et leurs officiers. Il leur dit : « Je suis très vieux. 3 Vous avez pu voir tout ce que le SEIGNEUR votre Dieu a fait contre les peuples de ces régions à cause de vous. Il a combattu lui-même pour vous. 4 Vous voyez, maintenant j'ai partagé entre vos tribus, en *tirant au sort, les territoires des peuples que j'ai déjà vaincus. Je vous ai donné aussi les régions des peuples qui restent encore à conquérir depuis le fleuve Jourdain, à l'est, jusqu'à la mer Méditerranée, à l'ouest. 5 Le SEIGNEUR votre Dieu les repoussera lui-même loin de vous, il les chassera devant vous. Alors vous pourrez prendre possession de leur pays, comme il l'a promis. 6 Soyez donc très forts et efforcez-vous d'agir selon ce qui est écrit dans le livre de la *loi de Moïse. Ne vous en éloignez jamais. 7 Ne vous mélangez pas aux populations qui restent encore au milieu de vous. Ne priez pas leurs dieux. Quand vous faites des serments, n'utilisez pas les noms de leurs dieux. Ne vous mettez pas à genoux devant eux pour les adorer. 8 Attachez-vous seulement au SEIGNEUR votre Dieu, comme vous l'avez fait jusqu'à maintenant. 9 Le SEIGNEUR a chassé devant vous des peuples importants et puissants, et jusqu'à maintenant, personne n'a pu vous résister. 10 Un seul parmi vous peut faire fuir 1 000 ennemis. En effet, le SEIGNEUR combat pour vous, comme il vous l'a promis. 11 Faites donc attention à vous-mêmes : aimez

le SEIGNEUR votre Dieu. 12 En effet, voici ce qui peut arriver : Vous vous détournez du SEIGNEUR, vous vous unissez aux peuples qui restent encore parmi vous. Vous vous mariez avec leurs filles, vous allez chez eux et ils viennent chez vous. 13 Dans ce cas, vous devez le savoir : le SEIGNEUR votre Dieu ne continuera pas à chasser ces peuples devant vous. Ils deviendront pour vous des pièges, ils seront comme des trous où vous tomberez. Ils seront comme des fouets qui vous frappent le dos, ils seront comme des épines dans vos yeux. À la fin, vous disparaîtrez de ce bon pays que le SEIGNEUR votre Dieu vous a donné. 14 Pour ma part, je vais bientôt quitter cette terre. Mais vous devez être entièrement d'accord avec ceci : le SEIGNEUR vous a fait beaucoup de promesses, et il les a toutes réalisées. Aucune des paroles qu'il vous a dites n'est restée sans résultat. 15 Eh bien, de même que le SEIGNEUR votre Dieu a tenu ses promesses, de même il réalisera ses menaces contre vous. S'il le faut, il vous fera disparaître du bon pays qu'il vous a lui-même donné. 16 Supposons ceci : Vous n'obéissez pas à *l'alliance que le SEIGNEUR votre Dieu vous a commandé de respecter, vous vous tournez vers d'autres dieux et vous vous mettez à genoux pour les adorer. Alors le SEIGNEUR se mettra en *colère contre vous, et vous disparaîtrez très vite du bon pays qu'il vous a donné. »

À Sichem, toutes les tribus d'Israël décident de servir le Seigneur

24 1 À Sichem[b], Josué réunit toutes les tribus d'Israël. Il appelle les *anciens, les chefs, les juges et les officiers d'Israël. Ils viennent se présenter devant Dieu. 2 Alors Josué dit à tout le peuple de la part du SEIGNEUR, Dieu d'Israël : « Autrefois, vos ancêtres habitaient de l'autre côté de l'Euphrate, le grand fleuve, et ils adoraient d'autres dieux. C'était la famille de Téra, le père d'Abraham et de Nahor. 3 Moi, le SEIGNEUR, j'ai fait sortir votre ancêtre Abraham du pays situé de l'autre côté de l'Euphrate et je l'ai conduit à travers tout le pays de *Canaan. J'ai agrandi sa famille. Je lui ai donné Isaac 4 et à Isaac, j'ai donné Jacob et Ésaü. J'ai donné à Ésaü la région de la montagne de Séir pour qu'il habite là. Jacob et ses fils sont allés en Égypte. 5 Plus tard, j'ai envoyé Moïse et *Aaron et j'ai frappé l'Égypte de plusieurs malheurs. Ensuite, j'ai fait sortir vos ancêtres de ce pays. 6 Ils ont quitté l'Égypte, puis ils sont arrivés à la *mer des Roseaux. Mais les Égyptiens les ont poursuivis jusqu'à cet endroit, avec des chars et des cavaliers. 7 Alors vos ancêtres m'ont appelé à l'aide, et j'ai placé un nuage sombre entre votre peuple et les Égyptiens. J'ai fait revenir l'eau de la mer sur les Égyptiens, et la mer les a recouverts. Vous savez bien ce que j'ai fait aux Égyptiens. Après cela, votre peuple est resté longtemps dans le désert. 8 Ensuite, je vous ai conduits à l'est du fleuve Jourdain, dans le pays des *Amorites. Ils vous ont attaqués, et je les ai livrés en votre pouvoir. Vous avez conquis leur pays parce que je les ai détruits devant vous. 9 Puis le roi de Moab, Balac, le fils de Sippor, a combattu également contre vous. Pour vous jeter des malédictions, il a même appelé Balaam, le fils de Béor. 10 Mais je n'ai pas voulu écouter Balaam. Il a dû vous *bénir et ainsi, je vous ai délivrés du pouvoir de Balac. 11 Ensuite, vous avez traversé le Jourdain et vous êtes arrivés à Jéricho. Les habitants de Jéricho ont combattu contre vous, ainsi que les Amorites, les Perizites, les Cananéens, les Hittites, les Guirgachites, les Hivites et les Jébusites. Je les ai tous livrés en votre pouvoir. 12 J'ai envoyé devant vous de grosses guêpes, qui ont fait fuir les deux rois amorites. Vos lances et vos arcs n'y étaient pour rien. 13 Ainsi, je vous ai donné un pays que vous n'avez pas cultivé. Je vous ai donné des villes que vous n'avez pas bâties, mais vous y habitez. Je vous ai donné des *vignes et des *oliviers que vous n'avez pas plantés, mais vous mangez leurs fruits. »

---

b **24.1** *Sichem : ville de la région montagneuse d'Éfraïm, à 50 kilomètres environ au nord de Jérusalem. C'est un lieu important dans l'histoire du peuple d'Israël.*

14 Josué dit encore : « Respectez le SEI-
GNEUR et servez-le fidèlement de tout votre
cœur. Quand vos ancêtres étaient de l'autre
côté de l'Euphrate ou en Égypte, ils adoraient d'autres dieux. Abandonnez ces dieux
et servez le SEIGNEUR. 15 Si le service du SEI-
GNEUR ne vous plaît pas, alors choisissez aujourd'hui les dieux que vous voulez adorer.
Choisissez ceux que vos ancêtres adoraient
de l'autre côté de l'Euphrate, ou bien les
dieux des Amorites, car vous habitez dans
leur pays. Mais ma famille et moi, nous servirons le SEIGNEUR. »

16 Le peuple répond : « Pas du tout ! Nous
n'avons pas l'intention d'abandonner le SEI-
GNEUR pour servir d'autres dieux ! 17 En effet,
le SEIGNEUR notre Dieu nous a arrachés, nous
et nos ancêtres, à l'Égypte, où nous étions esclaves. Il a fait alors des actions étonnantes,
nous le savons bien. Il nous a protégés tout
au long du chemin où nous avons marché, et
au milieu de tous les peuples où nous sommes
passés. 18 Le SEIGNEUR a chassé devant nous
tous les peuples, en particulier les Amorites
qui habitaient ce pays. C'est pourquoi nous
aussi, nous servirons le SEIGNEUR, parce qu'il
est notre Dieu. »

19 Alors Josué dit au peuple : « Vous ne serez
pas capables de servir le SEIGNEUR. C'est un
Dieu *saint, et il veut être votre seul Dieu. Il
n'acceptera ni vos révoltes ni vos péchés.
20 Si vous abandonnez le SEIGNEUR pour servir
des dieux étrangers, il se tournera contre
vous. Il vous fera du mal et il vous détruira
après vous avoir fait du bien. » 21 Le peuple répond : « Mais non ! C'est le SEIGNEUR que nous
servirons ! » 22 Josué dit au peuple : « Vous
êtes *témoins à l'égard de vous-mêmes : c'est
vous qui choisissez de servir le SEIGNEUR. » Ils
répondent : « Oui, nous en sommes témoins. »
23 Josué dit : « Alors, maintenant, abandonnez
les dieux étrangers qui sont chez vous ! Et
attachez-vous de tout votre cœur au SEIGNEUR,
Dieu d'Israël ! » 24 Le peuple répond : « Nous
servirons le SEIGNEUR notre Dieu et nous lui
obéirons ! »

25 Ce jour-là, à Sichem, Josué établit une
*alliance au nom du peuple. Il lui donne des
lois et des commandements. 26 Josué écrit
ces paroles dans le livre de la loi de Dieu.
Puis il prend une grande pierre. Il la dresse
sous un grand arbre, dans le *lieu saint du SEI-
GNEUR. 27 Ensuite, il dit à tout le peuple : « Regardez cette pierre, elle servira de témoin à
notre égard. En effet, elle a entendu toutes
les paroles que le SEIGNEUR nous a dites. Elle
servira donc de témoin à votre égard pour
vous empêcher de dire non à Dieu. » 28 Alors
Josué renvoie le peuple, et chacun retourne
sur la part de terre qui est à lui.

Après la mort de Josué

29 Après cela, Josué, fils de Noun et serviteur du SEIGNEUR, meurt. Il a 110 ans. 30 On
l'enterre dans la propriété qu'il a reçue à
Timnath-Séra, dans la région montagneuse
d'Éfraïm, au nord du mont Gaach. 31 Les Israélites ont servi le SEIGNEUR pendant toute la vie
de Josué. Ils continuent aussi après sa mort,
pendant toute la vie des *anciens, qui ont vu
les actions du SEIGNEUR en faveur du peuple
d'Israël.

32 Les Israélites enterrent à Sichem les os de
Joseph, qu'ils ont apportés d'Égypte. Jacob
avait acheté une partie d'un champ pour
cent pièces d'argent[c], aux enfants de Hamor,
le fondateur de Sichem. Ce champ appartient
maintenant aux gens de la famille de Joseph.
C'est dans ce champ qu'ils enterrent les os
de Joseph.

33 Élazar, fils *d'Aaron, meurt aussi. On
l'enterre sur la colline qu'on a donnée à son
fils Pinhas, dans la région montagneuse
d'Éfraïm.

c **24.32** *Une pièce d'argent correspondait au prix d'un mouton.*

Juges

INTRODUCTION

Le livre des Juges raconte ce qui arrive aux tribus israélites après la mort de Josué. Celles-ci n'ont plus de chef. C'est une ***période troublée*** *et, aux moments les plus difficiles, les Israélites sont dirigés par des hommes et des femmes appelés juges.*

Ces juges sont des personnes que Dieu envoie pour délivrer une ou plusieurs tribus en difficulté.

La même histoire recommence sans cesse : Les Israélites abandonnent le Seigneur, alors celui-ci les livre aux populations qui les entourent. Les Israélites crient vers le Seigneur, qui leur envoie un juge. Les ***juges*** *sont chargés de* ***rétablir la relation entre les Israélites et leur Dieu.*** *Ils prient pour que Dieu intervienne, et ils peuvent alors libérer le peuple de ses ennemis. Quelquefois ils rendent aussi la justice. Pour accomplir leur mission, ils reçoivent l'esprit de Dieu, c'est-à-dire une force qui vient de Dieu lui-même.*

• Le livre des Juges commence par une longue introduction (1.1–3.6). Elle rappelle en particulier que les Israélites sont installés au milieu d'autres populations.

• La partie la plus importante du livre raconte les ***exploits des différents juges*** *(3.7–16.31). Le récit donne parfois beaucoup de détails, en particulier pour Éhoud, Débora, une femme qui est en même temps prophète et juge, Gédéon, Jefté et Samson.*

Un fils de Gédéon, Abimélek, essaie de devenir roi (chapitre 9). Cet essai donne lieu à une discussion sur le pouvoir royal.

• Les cinq derniers chapitres présentent deux exemples du désordre qui existe alors dans le pays. L'un concerne la tribu de Dan (chapitres 17–18) et l'autre la tribu de Benjamin (chapitres 19–21). Les chapitres 19 à 21 racontent une histoire pleine de violences qui choquent les lecteurs d'aujourd'hui. Le récit veut montrer ceci : il faut combattre le mal et punir les coupables, mais il est nécessaire ensuite de leur redonner une place dans la communauté humaine. C'est pourquoi les Israélites, qui ont fait une guerre totale à la tribu de Benjamin, cherchent ensuite des moyens pour que cette tribu continue d'exister.

À l'époque des juges, il n'y a pas de roi en Israël, et personne ne prend de décisions pour tout le peuple de façon régulière. Par ailleurs, les tribus israélites sont incapables de s'entendre. Le livre des Juges pose la question : comment peut-on vivre ensemble ? Est-ce que c'est possible si « chacun fait ce qui lui plaît » (17.6 et 21.25) ?

Les Israélites s'installent dans le pays de Canaan

1 1 Après la mort de Josué, les Israélites
consultent le SEIGNEUR et ils lui demandent : « Quelle est la tribu qui doit aller la
première attaquer les *Cananéens ? » 2 Le
SEIGNEUR répond : « C'est la tribu de Juda. Je livre le pays en son pouvoir. » 3 Alors les hommes de Juda disent à ceux de la tribu de
Siméon, le frère de Juda : « Venez avec nous
prendre le territoire qui nous revient. Attaquons ensemble les Cananéens ! Ensuite,
nous irons avec vous prendre votre territoire. » Les gens de la tribu de Siméon vont
avec ceux de la tribu de Juda 4 et ils partent
au combat. Le SEIGNEUR leur livre les Cananéens et les Perizites, et ils tuent 10 000 hommes à Bézec. 5 En effet, dans cette ville, ils
trouvent le roi Adoni-Bézec. Ils l'attaquent et
battent les Cananéens et les Perizites. 6 Adoni-
Bézec fuit. Les Israélites le poursuivent, ils le
prennent et lui coupent les pouces des mains
et des pieds. 7 Alors le roi dit : « Il y avait
70 rois qui ramassaient les miettes sous ma
table. On leur avait coupé les pouces des
mains et des pieds. Dieu m'a rendu ce que
j'ai fait ! » Les Israélites emmènent Adoni-
Bézec à Jérusalem, et il meurt là.

8 Les hommes de Juda attaquent la ville de
Jérusalem et ils la prennent. Ils tuent ses habitants et mettent le feu à la ville. 9 Après cela,
ils vont combattre les Cananéens qui habitent
la région montagneuse, la région du sud et le
*Bas-Pays. 10 Ils attaquent les habitants de la
ville d'Hébron, qui s'appelait avant Quiriath-
Arba. Ils battent les clans de Chéchaï, d'Ahiman et de Talmaï. 11 De là, les hommes de
Juda partent attaquer les habitants de la ville
de Debir, qui s'appelait avant Quiriath-Séfer.
12 Caleb dit : « Je donnerai ma fille Axa pour
femme à celui qui attaquera Quiriath-Séfer
et qui prendra cette ville. » 13 Otniel, fils de
Quenaz, le petit frère de Caleb, prend la ville,
et Caleb lui donne sa fille en mariage.
14 Quand Axa arrive auprès d'Otniel, elle lui
dit : « Demande donc un champ à mon
père ! » Ensuite elle descend de son âne. Caleb
lui demande : « Qu'est-ce que tu veux ? »
15 Elle répond : « Sois bon pour moi. Donne-
moi des points d'eau. En effet, la région que
tu m'as donnée au sud est très sèche. » Alors
Caleb lui donne les sources d'en haut et les
sources d'en bas.

16 Le beau-père de Moïse était quénite.
Ceux qui sont de sa famille partent de la ville
des Palmiers, avec les hommes de Juda. Ils
vont s'installer dans le désert de Juda, au
sud d'Arad. Ils vont habiter parmi les Amalécites.

17 Les hommes de Juda vont au combat avec
ceux de la tribu de Siméon, le frère de Juda. Ils
battent les Cananéens qui habitent Sefath. À
cause du SEIGNEUR, ils détruisent complètement cette ville. Maintenant, on appelle ce
lieu Horma[a]. 18 Ensuite, les hommes de Juda
prennent Gaza, Ascalon et Écron avec les territoires voisins. 19 Le SEIGNEUR lui-même est
avec eux et ils prennent la région montagneuse. Pourtant, ils n'arrivent pas à chasser
les habitants de la plaine, parce que ceux-ci
ont des chars de fer. 20 La ville d'Hébron est
donnée à Caleb, comme Moïse l'a commandé.
Caleb prend la ville aux trois clans anaquites

a 1.17 *À cause du Seigneur, ils détruisent complètement : Dans les guerres de l'ancien Orient, les vainqueurs prenaient pour eux tout ce qui appartenait aux ennemis : personnes et biens. Pourtant, dans certains cas, ils devaient réserver la totalité ou une partie de ces biens à leur dieu. Cette coutume s'applique aussi aux guerres de l'Israël ancien. Elle n'a jamais été totalement suivie. Horma : en hébreu, ce nom veut dire « la ruine ».*

qui l'habitent. 21 Les gens de la tribu de Benjamin ne chassent pas les Jébusites qui habitent Jérusalem. Aujourd'hui encore, ceux-ci habitent dans cette ville avec les Benjaminites.

22 Les gens de la famille de Joseph vont attaquer Béthel, et le SEIGNEUR est avec eux. 23 Ils envoient des hommes explorer la ville, qui s'appelait autrefois Louz. 24 Les envoyés voient un homme sortir de la ville. Ils lui disent : « Montre-nous comment nous pouvons entrer dans la ville, et nous serons bons pour toi. » 25 L'homme leur montre comment entrer dans la ville. Alors les gens de Joseph font mourir tous les habitants. Mais ils laissent partir cet homme avec tout son clan. 26 Il part au pays des Hittites. Là, il construit une ville qu'il appelle Louz. Elle a encore ce nom-là aujourd'hui.

27 Les gens de Manassé, de la famille de Joseph, ne chassent pas les habitants de Beth-Chéan, de Taanak, de Dor, d'Ibléam et de Méguiddo, ni ceux des lieux voisins. Les Cananéens continuent à vivre dans cette région. 28 Même quand les Israélites deviennent puissants, ils ne les chassent pas, mais ils les obligent à faire un travail d'esclaves.

29 Les gens d'Éfraïm, de la famille de Joseph, ne chassent pas les Cananéens qui habitent Guézer. Alors ceux-ci vivent avec les gens d'Éfraïm.

30 Les gens de Zabulon ne chassent pas les Cananéens qui habitent Quitron et Nahalal. Alors ceux-ci vivent avec la tribu de Zabulon, qui les oblige à faire un travail d'esclaves.

31 Les gens d'Asser ne chassent pas les habitants d'Akko et de Sidon, d'Alab, d'Akzib, de Helba, d'Afic et de Rehob. 32 Alors ils vivent avec les Cananéens du pays, car ils ne les chassent pas.

33 Les gens de Neftali ne chassent pas les habitants de Beth-Chémech et de Beth-Anath. Ils vivent avec eux, mais ils les obligent à faire un travail d'esclaves.

34 Les *Amorites repoussent les gens de la tribu de Dan dans la montagne. Ils ne les laissent pas descendre dans la plaine. 35 Les Amorites continuent à habiter Har-Hérès, Ayalon et Chaalbim. Plus tard, les gens de la famille de Joseph les dominent et ils les obligent à faire un travail d'esclaves. 36 La frontière des Amorites au sud part à l'est de la montée des Scorpions, puis elle suit le territoire des Édomites.

Le Seigneur fait des reproches à son peuple

2 1 *L'ange du SEIGNEUR va du Guilgal à Bokim. Il dit aux Israélites de la part du SEIGNEUR : « Je vous ai fait sortir d'Égypte. Je vous ai fait entrer dans le pays que j'avais promis par serment à vos ancêtres. J'avais dit : "Je ne briserai jamais mon *alliance avec vous. 2 Vous, vous ne passerez pas d'accord avec les habitants de ce pays. Vous détruirez leurs *autels." Mais vous ne m'avez pas obéi. Qu'est-ce que vous avez fait là ! 3 Alors j'ai dit : "Je ne chasserai pas devant vous les habitants du pays. Ils vous attireront dans un piège : vous tomberez dedans en adorant leurs dieux." » 4 Après que l'ange du SEIGNEUR a dit ces paroles aux Israélites, ils se mettent tous à crier et à pleurer. 5 Ils appellent ce lieu Bokim[b], et là, ils offrent des *sacrifices au SEIGNEUR.

Après la mort de Josué

6 Après que Josué a renvoyé le peuple, chacun retourne sur la part de terre qui est à lui. Ils prennent ainsi possession du pays. 7 Les Israélites ont servi le SEIGNEUR pendant toute la vie de Josué. Ils continuent aussi après sa mort, pendant toute la vie des *anciens qui ont vu les grandes actions du SEIGNEUR en faveur du peuple d'Israël. 8 Josué, fils de Noun et serviteur du SEIGNEUR, meurt. Il a 110 ans. 9 On l'enterre dans la propriété qu'il a reçue, à Timnath-Hérès, dans la région montagneuse d'Éfraïm, au nord du mont Gaach. 10 Ensuite, les gens de sa génération vont rejoindre leurs ancêtres. La nouvelle génération qui vient après eux ne connaît pas le SEIGNEUR, ni ses actions en faveur du peuple d'Israël.

---

b **2.5** *Bokim : en hébreu, ce nom veut dire « ceux qui pleurent ».*

Le peuple abandonne le Seigneur

11 Les Israélites font ce qui est mal aux yeux
du SEIGNEUR. Ils adorent les *Baals. 12 Ils abandonnent le SEIGNEUR, le Dieu de leurs ancêtres,
qui les a fait sortir d'Égypte. Ils servent d'autres dieux, ceux des peuples qui les entourent.
Ils se mettent à genoux devant eux et ainsi, ils
provoquent la *colère du SEIGNEUR. 13 Ils abandonnent le SEIGNEUR et ils adorent les Baals et
les *Astartés. 14 Alors le SEIGNEUR se met en colère contre les Israélites. Il les laisse sans défense devant des bandits qui les volent. Il les
livre aux ennemis qui les entourent, et les Israélites ne sont plus capables de leur résister.
15 Chaque fois qu'ils partent à la guerre, le SEI-
GNEUR leur fait perdre le combat, comme il a
juré de le faire. Ils sont donc désespérés.
16 Alors le SEIGNEUR envoie aux Israélites des
juges[c] pour les diriger, et les juges les délivrent
des bandits. 17 Pourtant, les Israélites n'obéissent pas à leurs juges. Ils servent des dieux
étrangers et ils se mettent à genoux devant
eux. Ainsi, ils quittent très vite le chemin de
leurs ancêtres. Leurs ancêtres ont obéi aux
commandements du SEIGNEUR, mais ils n'agissent pas comme eux. 18 Chaque fois que le SEI-
GNEUR leur envoie un juge, le SEIGNEUR se tient
lui-même auprès de celui-ci. Et pendant toute
la vie de ce juge, il délivre les Israélites du pouvoir de leurs ennemis. En effet, ils crient sous
les coups de ceux qui les maltraitent et les font
souffrir. Et le SEIGNEUR a pitié d'eux. 19 Mais
quand le juge meurt, ils recommencent à faire
le mal, encore plus que leurs ancêtres. Ils suivent d'autres dieux, ils les servent et ils se
mettent à genoux devant eux. Ils n'abandonnent pas du tout leurs actions mauvaises et
ils continuent à désobéir à Dieu.

Le Seigneur met les Israélites à l'épreuve

20 Le SEIGNEUR se met en *colère contre les
Israélites. Il dit : « Les gens de ce peuple n'ont
pas respecté les commandements que j'avais
donnés à leurs ancêtres. Ils ne m'ont pas
obéi. 21 Eh bien, moi, je ne chasserai plus personne devant eux. Josué est mort, mais il
n'avait pas encore chassé toutes les populations de *Canaan. 22 Je me servirai de ces populations : ainsi, je saurai si, oui ou non, les
Israélites se conduisent comme je le demande.
Je saurai s'ils m'écoutent comme leurs ancêtres l'ont fait. » 23 Alors le SEIGNEUR laisse habiter dans le pays les populations qu'il n'a pas
livrées à Josué. Il ne les chasse pas tout de
suite.

3 1 Le SEIGNEUR les laisse habiter dans le
pays. Ainsi, il veut mettre à l'épreuve les
Israélites qui n'ont pas connu toutes les guerres pour la conquête de *Canaan. 2 Il veut que
les nouvelles générations, qui ne s'étaient pas
encore battues, apprennent à faire la guerre.
3 Voici ceux que le SEIGNEUR laisse dans le
pays : les cinq chefs qui dominent sur les
*Philistins, tous les *Cananéens et les Sido-
niens. Il laisse aussi les Hivites qui habitent
dans les montagnes du Liban, depuis le mont
Baal-Hermon jusqu'à Lebo-Hamath. 4 Le
SEIGNEUR veut se servir d'eux pour savoir si
les Israélites vont lui obéir. En effet, il a donné
ses commandements à leurs ancêtres par l'intermédiaire de Moïse. 5 Les Israélites habitent
parmi les Cananéens, les Hittites, les *Amorites, les Perizites, les Hivites et les Jébusites.
6 Ils prennent leurs filles pour femmes et ils
donnent leurs propres filles en mariage à leurs
fils. Ils adorent aussi leurs dieux.

---

c **2.16** *À une époque de leur histoire, les Israélites ont été dirigés par des juges. C'étaient des personnes envoyées par Dieu. Dieu les chargeait plus particulièrement de délivrer une ou plusieurs tribus en guerre et de diriger le peuple. Ils rendaient aussi la justice.*

LES JUGES
3.7–16.31

Otniel

7 Les Israélites font ce qui est mal aux
yeux du SEIGNEUR leur Dieu. Ils l'oublient
pour adorer les *Baals et les *Achéras. 8 Le
SEIGNEUR se met en *colère contre eux et il
les livre au pouvoir de Kouchan-Richataïm,
roi de *Mésopotamie, pendant huit ans.
9 Les Israélites crient vers le SEIGNEUR, et le
SEIGNEUR leur envoie quelqu'un pour les sauver. C'est Otniel, fils de Quenaz, le petit
frère de Caleb. 10 L'esprit du SEIGNEUR le saisit et il devient juge[d] du peuple d'Israël. Otniel part en guerre, et le SEIGNEUR lui donne
la victoire sur le roi Kouchan-Richataïm.
11 Le pays connaît la paix pendant 40 ans.
Puis Otniel, fils de Quenaz, meurt.

Éhoud

12 Les Israélites recommencent à faire ce qui
est mal aux yeux du SEIGNEUR. À cause de cela,
le SEIGNEUR encourage Églon, roi de Moab, à
agir contre Israël. 13 Églon met de son côté
les Ammonites et les Amalécites, puis il part
attaquer Israël. Ils prennent Jéricho, la ville
des Palmiers. 14 Pendant 18 ans, les Israélites
sont sous le pouvoir d'Églon, roi de Moab.
15 Ils crient vers le SEIGNEUR, et le SEIGNEUR
leur envoie quelqu'un pour les sauver. C'est
Éhoud, fils de Guéra, de la tribu de Benjamin,
un homme habile de sa main gauche.

Les Israélites envoient Éhoud porter un cadeau à Églon, roi de Moab. 16 Éhoud se fabrique une *épée d'environ 50 centimètres
et qui coupe des deux côtés. Il l'attache sous
son vêtement, contre sa cuisse droite. 17 Puis
il va présenter son cadeau à Églon, qui est
un homme très gros. 18 Quand il a donné le cadeau, Éhoud part avec les hommes qui l'ont
apporté. 19 Quand il arrive près des statues
des dieux qui sont près du Guilgal, il revient
sur ses pas et il dit : « Mon roi, j'ai un message
secret pour toi. » Le roi commande à ses serviteurs de le laisser, et tous s'en vont. 20 Églon
est assis dans la chambre fraîche qui lui est réservée sur la terrasse. Éhoud lui dit : « J'ai un
message de Dieu pour toi. » Alors le roi se
lève de son siège. 21 Avec sa main gauche,
Éhoud prend l'épée qui est sur sa cuisse
droite et il l'enfonce dans le ventre du roi.
22 Elle entre tout entière avec la poignée, et
la graisse se referme sur la lame, parce
qu'Éhoud ne retire pas l'épée. 23 Ensuite,
Éhoud ferme à clé les portes de la chambre,
et il sort par-derrière.

24 Quand il est sorti, les serviteurs arrivent
et ils voient les portes fermées. Ils pensent
que le roi se soulage à l'intérieur. 25 Ils attendent longtemps, mais le roi n'ouvre pas la
porte de la chambre. Alors ils prennent la
clé et ils ouvrent. Ils trouvent leur maître
étendu à terre, mort ! 26 Pendant tout ce
temps, Éhoud a fui. Il dépasse les statues des
dieux et il se sauve vers la région de Séira.
27 Quand il arrive là, il sonne de la trompette
dans la région montagneuse d'Éfraïm, pour
rassembler les Israélites. Puis il se met à leur
tête et ils descendent des collines. 28 Il leur
dit : « Suivez-moi ! Le SEIGNEUR a livré vos ennemis moabites en votre pouvoir. »

Les Israélites descendent derrière Éhoud,
ils prennent aux Moabites les passages du
fleuve Jourdain et ils ne laissent personne le
traverser. 29 Ce jour-là, ils battent les Moabites, environ 10 000 hommes, des soldats forts
et courageux. Personne ne reste en vie. 30 À
partir de ce moment, les Moabites sont sous
le pouvoir des Israélites, et le pays connaît la
paix pendant 80 ans.

Chamgar

31 Après Éhoud vient Chamgar, fils d'Anath.
Il tue 600 *Philistins avec un aiguillon[e]. Lui
aussi délivre le peuple d'Israël.

---

d **3.10** *Voir Juges 2.16 et la note.*

e **3.31** *Un aiguillon est un bâton terminé par une pointe en fer, utilisé d'habitude pour faire avancer les bœufs.*

Débora est juge. Le combat de Barac contre les Cananéens

4 1 Après la mort d'Éhoud, les Israélites recommencent à faire ce qui est mal aux yeux du SEIGNEUR. 2 Alors le SEIGNEUR les livre au pouvoir de Yabin, roi de *Canaan, qui habite dans la ville de Hassor. Le chef de son armée est Sisra. Il habite à Harocheth-Goïm. 3 Yabin possède 900 chars de fer et il maltraite les Israélites pendant 20 ans. Alors ceux-ci crient vers le SEIGNEUR.

4 À ce moment-là, c'est Débora, une *prophétesse, femme de Lapidoth, qui dirige Israël. 5 Elle se tient pour juger sous un palmier, entre Rama et Béthel, dans la région montagneuse d'Éfraïm. Plus tard, on a appelé cet arbre Palmier de Débora. C'est là que les Israélites viennent la voir pour régler leurs affaires. 6 Un jour, Débora fait appeler Barac, fils d'Abinoam, de Quédech, dans le territoire de Neftali. Elle lui dit de la part du SEIGNEUR, Dieu d'Israël : « Va chercher 10 000 hommes dans les tribus de Neftali et de Zabulon et conduis-les sur le mont Tabor. 7 J'attirerai vers toi, au torrent de Quichon, Sisra, chef de l'armée de Yabin. Il viendra avec ses chars et ses troupes : alors je le livrerai en ton pouvoir. » 8 Barac répond à Débora : « Si tu viens avec moi, j'irai, mais si tu ne viens pas, je n'irai pas. » 9 Elle lui dit : « J'irai donc avec toi. Mais tu ne recevras aucun honneur dans cette bataille. En effet, c'est à une femme que le SEIGNEUR livrera Sisra. »

Débora va à Quédech avec Barac. 10 Celui-ci réunit les tribus de Neftali et de Zabulon : 10 000 hommes partent avec lui, et Débora aussi. 11 Héber, le Quénite, se trouve près de Quédech. Il s'est séparé des autres Quénites de la famille de Hobab, le beau-frère[f] de Moïse. Il a dressé sa tente à côté du grand arbre sacré de Saananim.

12 Sisra apprend ceci : Barac, fils d'Abinoam, est monté sur le mont Tabor. 13 Il rassemble ses 900 chars de fer et tous ses hommes à Harocheth-Goïm. Puis ils partent au torrent du Quichon. 14 Alors Débora dit à Barac : « Partons ! C'est aujourd'hui que le SEIGNEUR va livrer Sisra en ton pouvoir. Oui, le SEIGNEUR lui-même marche devant toi. » Barac descend du mont Tabor à la tête de ses 10 000 hommes. 15 Il attaque, et le SEIGNEUR met en fuite devant lui Sisra, tous ses chars et toutes ses troupes. Sisra descend de son char et il fuit à pied. 16 Barac poursuit les chars et l'armée de Sisra jusqu'à Harocheth-Goïm. Les troupes de Sisra sont écrasées, et personne ne reste en vie.

17 Sisra fuit en courant jusqu'à la tente de Yaël, femme de Héber le Quénite. En effet, il y a la paix entre Yabin, roi de Hassor et la famille de Héber. 18 Yaël sort à la rencontre de Sisra. Elle lui dit : « Entre ici, chef, entre, n'aie pas peur ! » Sisra entre dans la tente, et Yaël le cache sous une couverture. 19 Il lui dit : « S'il te plaît, donne-moi un peu d'eau, j'ai soif. » Yaël ouvre *l'outre pleine de lait et elle lui donne à boire. Puis elle remet la couverture sur lui. 20 Il lui dit encore : « Reste à l'entrée de la tente, et si on vient te demander : "Est-ce qu'il y a quelqu'un ici ?", tu diras : "Non !" »

21 Sisra est écrasé de fatigue. Il se met à dormir profondément. Yaël, femme de Héber, prend donc un piquet de la tente, elle prend aussi un marteau et s'approche doucement de Sisra. Elle lui enfonce le piquet dans le crâne, et le piquet s'enfonce dans la terre. Alors Sisra meurt. 22 Barac, qui poursuivait Sisra, arrive à son tour. Yaël sort à sa rencontre et lui dit : « Viens, je vais te faire voir l'homme que tu cherches. » Barac entre dans la tente et trouve Sisra étendu, mort sur le sol, le piquet de la tente dans le crâne.

23 Ce jour-là, Dieu met Yabin, roi de Canaan, sous le pouvoir des Israélites. 24 Pendant longtemps, ils combattent durement contre lui et finalement, ils arrivent à le tuer.

---

f **4.11** *Voir Nombres 10.29. L'hébreu dit ici « beau-père ». D'après Exode 2.18-21, c'est Réouel qui est le beau-père de Moïse.*

Débora chante la victoire

5 [1] Ce jour-là, Débora et Barac, fils d'Abinoam, chantent[g] en disant :

[2] En Israël,
les soldats sont prêts pour la guerre,
le peuple s'offre volontairement
pour combattre :
remerciez le SEIGNEUR !
[3] Vous, les rois, écoutez !
Chefs des peuples, soyez attentifs !
Je vais chanter, oui, moi, je vais chanter
pour le SEIGNEUR, Dieu d'Israël.
[4] SEIGNEUR,
quand tu es venu du pays d'Édom,
quand tu es descendu des montagnes de Séir,
la terre a tremblé.
Les nuages ont versé leur eau,
une pluie abondante est tombée du ciel.
[5] Les montagnes ont tremblé devant toi,
le SEIGNEUR du Sinaï, Dieu d'Israël.

[6] À l'époque de Chamgar, fils d'Anath,
à l'époque de Yaël[h],
les routes étaient abandonnées,
les voyageurs prenaient d'autres chemins.
[7] Il n'y avait plus de chefs,
plus de chefs en Israël,
avant que moi, Débora, j'arrive,
avant que j'arrive pour être la mère d'Israël.
[8] Les gens choisissaient des dieux nouveaux,
et aussitôt, c'était la guerre.
Mais en Israël, pour 40 000 soldats
il n'y avait pas un *bouclier, pas une lance.
[9] Mon cœur est avec les commandants d'Israël,
avec ceux du peuple
qui s'offrent volontairement
pour combattre.
Remerciez le SEIGNEUR !
[10] Vous qui vous déplacez sur des ânesses blanches[i],
vous qui êtes assis sur des tapis,
vous qui marchez sur les routes,
parlez !
[11] Près des points d'eau, les bergers
racontent les bienfaits du SEIGNEUR,
ses bienfaits envers les chefs d'Israël.
Alors le peuple du SEIGNEUR
est descendu aux *portes de la ville.

[12] Réveille-toi, Débora ! Réveille-toi !
Réveille-toi ! Réveille-toi !
Lance un chant de guerre !
Debout, Barac, fils d'Abinoam,
ramène tes prisonniers !
[13] Ceux qui sont restés en vie
ont rejoint les chefs.
Le SEIGNEUR m'a permis, à moi Débora,
de vaincre des combattants courageux.
[14] Les vainqueurs des Amalécites
sont venus d'Éfraïm.
La tribu de Benjamin les a suivis
et a fait partie de leurs troupes.
Le clan de Makir[j] a donné des chefs,
et la tribu de Zabulon a donné des officiers.
[15] Les chefs d'Issakar ont rejoint Débora.
Les gens d'Issakar, fidèles à Barac,
l'ont rejoint rapidement dans la plaine.
Mais dans les clans de Ruben,
on a discuté pendant longtemps.
[16] Vous êtes restés assis entre deux parcs
à écouter les bergers
jouant de la flûte près des troupeaux.
Pourquoi donc ?
Oui, dans les clans de Ruben,
on a discuté pendant longtemps.
[17] En Galaad, à l'est du Jourdain,
les tribus n'ont pas bougé.
La tribu de Dan est restée
près de ses bateaux,

---

g **5.1** *Ce chant est très ancien. Il contient des mots et des expressions difficiles à traduire.*

h **5.6** *Chamgar : un juge qui a délivré Israël des Philistins. Voir Juges 3.31.*
Yaël : la femme qui a tué Sisra, le chef de l'armée des Cananéens. Voir Juges 4.4-21.

i **5.10** *À cette époque, les chefs et les personnages importants se déplaçaient sur des ânes ou sur des ânesses.*

j **5.14** *Makir était un clan de la tribu de Manassé.*

celle d'Asser est restée aussi
au bord de la mer, près de ses ports.

18 Les gens de Zabulon, eux,
comme ceux de Neftali,
ont risqué leur vie
jusqu'à mourir sur le champ de bataille.
19 Les rois ennemis,
les rois de *Canaan sont arrivés.
Ils ont combattu à Taanak,
près des sources de Méguiddo.
Mais ils n'ont rien emporté :
ni biens, ni argent.
20 Du haut du ciel,
les étoiles ont participé au combat,
en suivant leur chemin,
elles ont combattu contre Sisra.
21 Le torrent du Quichon
a balayé les ennemis,
ce torrent qui coule depuis toujours,
le torrent du Quichon.
Courage ! En avant pour le combat !
22 Alors les sabots des chevaux
ont frappé le sol.
Ils galopent, ils galopent
comme des chevaux de course.

23 *L'ange du SEIGNEUR dit :
« Maudissez la ville de Méroz,
maudissez-la, maudissez ses habitants !
Ils ne sont pas venus aider le SEIGNEUR,
ils ne sont pas venus l'aider
avec leurs combattants courageux. »
24 Que le SEIGNEUR te *bénisse
plus que toutes les femmes,
Yaël, femme de Héber le Quénite !
Oui, que le SEIGNEUR te bénisse
plus que toutes les femmes
qui habitent sous la tente !
25 Sisra a demandé de l'eau.
Yaël lui a donné du lait,
elle lui a offert de la crème de lait
dans une très belle *coupe.
26 Puis elle a pris un piquet dans une main,
le marteau des ouvriers dans l'autre.
Elle a frappé Sisra, elle lui a écrasé la tête.
Elle l'a frappé et lui a percé le crâne.
27 Il a glissé entre ses pieds,
il est tombé, il s'est couché.
Il a glissé, il est tombé.
Là où il a glissé, il est tombé, mort !

28 La mère de Sisra regarde à la fenêtre.
Elle crie à travers le grillage :
« Le char de mon fils ne revient pas.
Pourquoi donc ? Pourquoi ce retard ? »
29 Les plus sages de ses amies lui répondent,
et la mère de Sisra répète leurs paroles :
30 « Les soldats partagent sans doute
les biens qu'ils ont trouvés :
une jeune fille,
deux jeunes filles par combattant.
Du tissu de couleur pour Sisra,
du tissu brodé,
du tissu richement brodé pour son cou ! »

31 SEIGNEUR, que tous tes ennemis meurent
comme Sisra !
Mais que tes amis soient comme le soleil,
quand il se lève dans toute sa clarté !

Et le pays connaît la paix pendant 40 ans.

Les Madianites font peser leur pouvoir sur les Israélites

6 1 Les Israélites font ce qui est mal aux yeux
du SEIGNEUR. Alors le SEIGNEUR les livre
aux Madianites pendant sept ans. 2 Ceux-ci
font peser durement leur pouvoir sur Israël.
À cause d'eux, les Israélites s'installent dans
les couloirs des montagnes, dans les grottes
et dans des endroits difficiles à atteindre.
3 Chaque fois que les Israélites sèment dans
leurs champs, les Madianites viennent les attaquer avec les Amalécites et des nomades
de l'est[k]. 4 Ils campent sur leurs terres et ils
détruisent les produits des champs jusque
près de Gaza. Ils ne laissent rien à manger
aux Israélites, ils ne leur laissent ni moutons,
ni bœufs, ni ânes. 5 En effet, ils viennent avec
leurs troupeaux et leurs tentes. Ils arrivent en
masse comme des sauterelles. Ils sont si nom-

k **6.3** *Ces peuples nomades se déplaçaient dans les régions du sud et du sud-est du pays de Canaan, à l'est du fleuve Jourdain, et peut-être aussi dans le désert de Syrie.*

breux, eux et leurs chameaux, qu'on ne peut
pas les compter. Ils rentrent dans le pays pour
le détruire. 6 Les Madianites mettent les Israélites dans une grande misère, et ceux-ci crient
vers le SEIGNEUR.

7 Quand les Israélites appellent le SEIGNEUR
pour les libérer des Madianites, 8 le SEIGNEUR
leur envoie un *prophète. Cet homme leur
dit de sa part : « Moi, le SEIGNEUR, Dieu d'Israël, je vous ai fait sortir d'Égypte, le pays où
vous étiez esclaves. 9 Je vous ai libérés des
Égyptiens et de tous ceux qui vous maltrai-
taient. J'ai chassé vos ennemis devant vous
et je vous ai donné leur pays. 10 Je vous ai
dit : "Je suis le SEIGNEUR votre Dieu. Vous
qui habitez le pays des *Amorites, ne servez
pas leurs dieux." Mais vous ne m'avez pas
écouté. »

Le Seigneur appelle Gédéon pour délivrer les Israélites

11 *L'ange du SEIGNEUR vient au village
d'Ofra. Il s'assoit sous l'arbre sacré qui appartient à Yoach, du clan d'Abiézer. Gédéon,
le fils de Yoach, est en train de battre le *blé
là où d'habitude on écrase le *raisin. Ainsi
les Madianites ne peuvent pas le voir.
12 L'ange du SEIGNEUR se montre à Gédéon
et lui dit : « Le SEIGNEUR est avec toi, combattant courageux ! » 13 Gédéon répond : « Pardon, mon seigneur ! Si le SEIGNEUR est avec
nous, pourquoi est-ce que nous sommes si
malheureux ? Nos ancêtres nous ont raconté
les actions extraordinaires que le SEIGNEUR a
faites au moment de la sortie d'Égypte. Où
sont donc ces actions ? Maintenant, le SEI-
GNEUR nous a abandonnés, il nous a livrés
aux Madianites. » 14 Le SEIGNEUR se tourne
vers Gédéon et lui dit : « Avec la force que
tu as, va délivrer Israël des Madianites !
Oui, c'est moi qui t'envoie. » 15 Gédéon répond : « Seigneur, pardon ! Comment est-ce
que je peux délivrer Israël ? Mon clan est
le plus faible de la tribu de Manassé. Et
moi, je suis le plus jeune de ma famille. »
16 Le SEIGNEUR lui répond : « Je serai avec
toi, et tu battras les Madianites comme un
seul homme. » 17 Gédéon dit au SEIGNEUR :
« Si tu es bon pour moi, donne-moi un signe
que c'est bien toi qui me parles. 18 Ne t'en
va pas avant mon retour. J'ai une offrande
pour toi et je veux te l'apporter. » Le SEI-
GNEUR répond : « Je vais rester jusqu'à ton retour. »

19 Alors Gédéon va préparer un cabri. Il
prend 30 kilos de farine et il fait cuire des
pains sans *levain. Il met la viande dans un panier et le jus dans un récipient. Puis il apporte
tout cela sous l'arbre sacré et il le présente à
l'ange de Dieu. 20 L'ange lui dit : « Prends la
viande et les pains. Mets-les sur ce rocher et
verse le jus dessus. » Gédéon obéit. 21 Alors
l'ange du SEIGNEUR touche la viande et les
pains avec le bâton qu'il tient à la main. Un
feu sort du rocher, il brûle la viande et
les pains. Puis l'ange disparaît. 22 Gédéon
comprend que c'était l'ange du SEIGNEUR. Il
dit : « Malheur à moi, Seigneur DIEU ! J'ai
vraiment vu ton ange face à face ! » 23 Mais
le SEIGNEUR lui dit : « Que la paix soit avec
toi ! N'aie pas peur, tu ne mourras pas. »

24 À cet endroit, Gédéon bâtit un *autel
pour le SEIGNEUR. Il l'appelle « Le SEIGNEUR
donne la paix ». Cet autel se trouve encore
aujourd'hui à Ofra, le village du clan d'Abiézer.

Gédéon détruit l'autel du dieu Baal

25 Cette nuit-là, le SEIGNEUR dit à Gédéon :
« Prends le taureau de ton père, celui qui est
né le deuxième et qui a sept ans. Après cela,
tu détruiras *l'autel où ton père adore le
dieu *Baal, et tu couperas le *poteau sacré
planté à côté. 26 Ensuite, en haut de la colline,
construis un autel bien équipé pour le SEI-
GNEUR ton Dieu. Emmène le taureau et offre-
le en *sacrifice complet. Pour le feu, prends
le bois du poteau sacré que tu couperas. »
27 Gédéon choisit dix de ses serviteurs pour
faire ce que le SEIGNEUR lui a commandé.
Mais il a peur d'agir en plein jour à cause de
sa famille et des habitants du village. Alors il
le fait pendant la nuit. 28 Tôt le matin, quand
les gens du village se réveillent, ils voient l'autel de Baal détruit. Le poteau sacré qui était à
côté de lui a été coupé. Le taureau né le
deuxième a été offert en sacrifice complet
sur l'autel construit pendant la nuit. 29 Ils se

demandent entre eux : « Qui a fait cela ? » Ils se renseignent, font des recherches et ils apprennent que c'est Gédéon, fils de Yoach. 30 Les villageois disent à Yoach : « Amène-nous ton fils, nous allons le faire mourir. En effet, il a détruit l'autel de Baal et il a coupé le poteau sacré planté à côté de lui. » 31 Yoach dit à tous ceux qui étaient près de lui : « Est-ce que c'est vous qui devez défendre Baal? Est-ce que c'est vous qui devez l'aider ? Celui qui prend la défense de Baal, il faut le faire mourir avant demain matin ! Si Baal est Dieu, il n'a qu'à se défendre lui-même, car c'est son autel qui a été détruit ! » 32 À partir de ce jour-là, on appelle Gédéon Yeroubaal. Cela veut dire « Que Baal se défende ! ». On l'appelle de ce nom parce que Yoach a dit : « Baal n'a qu'à se défendre lui-même. En effet c'est son autel que Gédéon a détruit. »

Gédéon demande un signe à Dieu

33 Les Madianites, les Amalécites et les nomades de l'est[l] se rassemblent. Ils traversent le fleuve Jourdain et ils campent dans la plaine d'Izréel. 34 L'esprit du SEIGNEUR saisit Gédéon, qui sonne de la trompette. Alors les hommes du clan d'Abiézer se mettent à le suivre. 35 Gédéon envoie des messagers dans tout le territoire de Manassé. Les gens de cette tribu le suivent aussi. Il envoie encore des messagers dans les tribus d'Asser, de Zabulon et de Neftali, et leurs hommes viennent avec eux.

36 Gédéon dit à Dieu : « Tu as dit que tu voulais délivrer Israël en te servant de moi. 37 Eh bien, je vais mettre une peau de mouton avec sa laine à l'endroit où on bat le *blé. L'eau de la nuit va se déposer sur la laine. Mais si le sol tout autour reste sec, ce sera un signe que tu veux délivrer Israël en te servant de moi, comme tu l'as dit. » 38 Ce que Gédéon a demandé arrive. Le matin suivant, Gédéon tord la peau de mouton. Il fait sortir assez d'eau pour remplir un bol. 39 Alors Gédéon dit à Dieu : « Ne te mets pas en *colère contre moi. Je vais te demander encore une chose. Je voudrais un autre signe. Cette fois-ci, il faut que la peau de mouton seule reste sèche, et que l'eau de la nuit couvre le sol tout autour ! » 40 Cette nuit-là, Dieu réalise la demande de Gédéon. Seule la peau de mouton reste sèche, et l'eau de la nuit couvre le sol tout autour.

Gédéon est vainqueur des Madianites

7 1 Gédéon, appelé aussi Yeroubaal[m], se lève tôt le matin avec son armée. Ils vont installer leur camp près de la source de Harod. Le camp des Madianites se trouve plus au nord, dans la plaine, du côté de la colline de Moré.

2 Le SEIGNEUR dit à Gédéon : « Tes hommes sont trop nombreux. Je ne veux pas leur livrer les Madianites. Sinon les Israélites se vanteront en disant : "C'est notre propre force qui nous a sauvés." 3 Tu vas donc annoncer ceci à tes hommes : "Tous ceux qui tremblent de peur n'ont qu'à rentrer chez eux, en passant par la montagne de Galaad !" » Parmi les combattants, il y a 22 000 hommes qui s'en vont, il en reste 10 000. 4 Le SEIGNEUR dit à Gédéon : « Tes hommes sont encore trop nombreux. Fais-les descendre au bord de l'eau, et là, je vais choisir pour toi ceux qui iront avec toi. Quand je te dirai : "Cet homme ira avec toi", il ira. Quand je te dirai : "Cet homme n'ira pas avec toi", il n'ira pas. » 5 Alors Gédéon fait descendre ses combattants au bord de l'eau. Le SEIGNEUR dit à Gédéon : « Ceux qui boiront l'eau avec la langue comme les chiens, tu les mettras d'un côté. Ceux qui se mettront à genoux pour boire, tu les mettras de l'autre côté. » 6 Il y a 300 hommes qui prennent de l'eau dans leur main, pour la boire avec la langue comme les chiens. Tous les autres se mettent à genoux pour boire. 7 Le SEIGNEUR dit à Gédéon : « Avec les 300 hommes qui ont bu l'eau comme les chiens, je vous sauverai en vous livrant les Madianites. Que les autres retournent chez

l 6.33 *Voir Juges 6.3 et la note.*
m 7.1 *Yeroubaal : voir Juges 6.32.*

eux ! » 8 Gédéon prend avec lui les 300 hommes et il renvoie les autres Israélites chez eux. Mais on garde les provisions et les trompettes de ceux qui s'en vont.

Le camp des Madianites se trouve plus bas dans la plaine.

Gédéon apprend qu'il aura la victoire

9 Cette nuit-là, le SEIGNEUR dit à Gédéon : « Lève-toi ! Descends attaquer le camp des Madianites. Je vais le livrer en ton pouvoir. 10 Mais si tu as peur, descends d'abord avec Poura, ton serviteur. 11 Tu entendras ce qu'ils disent. Ensuite, tu auras le courage d'aller les attaquer. »

Gédéon descend avec son serviteur tout près du camp, là où les premiers soldats se trouvent. 12 Les Madianites, les Amalécites et les nomades de l'est sont dans la plaine, aussi nombreux que des sauterelles. On ne peut pas compter leurs chameaux. Ils sont aussi nombreux que les grains de sable au bord de la mer. 13 Au moment où Gédéon arrive, un homme est en train de raconter un rêve à un camarade : « Tiens, je viens de faire un rêve. J'ai vu un pain *d'orge qui roulait dans notre camp. Il est venu cogner une tente[n]. Il l'a renversée, et elle est tombée. » 14 Son camarade répond : « C'est *l'épée de Gédéon, l'Israélite, le fils de Yoach. Ça ne peut pas être autre chose ! Dieu a décidé de livrer tout notre camp en son pouvoir. »

15 Quand Gédéon entend le récit de ce rêve et son interprétation, il se met à genoux pour remercier Dieu. Puis il revient au camp des Israélites. Il crie : « Levez-vous ! Le SEIGNEUR vous a livré le camp des Madianites ! »

Gédéon et ses hommes battent les Madianites

16 Gédéon divise les 300 hommes qui sont avec lui en trois groupes. Il donne à chacun une trompette, un pot vide et une torche à mettre dans le pot. 17 Puis il leur dit : « Vous regarderez de mon côté et vous ferez comme moi ! Quand je serai arrivé près du camp, ce que je ferai, vous le ferez aussi. 18 Quand je sonnerai de la trompette, moi et tous ceux qui sont avec moi, vous sonnerez de la trompette, vous aussi, tout autour du camp. Et vous crierez : "Pour le SEIGNEUR et pour Gédéon !" »

19 Un peu avant minuit, Gédéon et un groupe de 100 hommes arrivent près du camp. On vient de remplacer les gardiens du camp. Gédéon et ses hommes sonnent de la trompette et ils cassent les pots qu'ils ont dans leur main. 20 Alors les deux autres groupes sonnent de la trompette et ils cassent leurs pots. Tous tiennent les torches dans leur main gauche et ils tiennent les trompettes dans leur main droite pour en sonner. Puis ils se mettent à crier : « Attaquons ! Pour le SEIGNEUR et pour Gédéon ! » 21 Ils se tiennent debout autour du camp, chacun à sa place. Dans le camp, tout le monde se met à courir en poussant des cris et en s'enfuyant. 22 Les 300 hommes sonnent de la trompette. Pendant ce temps, le SEIGNEUR fait en sorte que les Madianites se tuent entre eux dans le camp. Ceux qui restent fuient jusqu'à Beth-Chitta, dans la direction de Seréda, et jusqu'à la ville d'Abel-Mehola, près de Tabbath.

23 On réunit les Israélites des tribus de Neftali, d'Asser et de tout Manassé, et ils vont poursuivre les Madianites. 24 Gédéon envoie des messagers dans toute la région montagneuse d'Éfraïm : « Descendez tous à la rencontre des Madianites et occupez les points d'eau le long du fleuve Jourdain jusqu'à Beth-Bara ! » On réunit donc les hommes d'Éfraïm. Ils descendent occuper les points d'eau le long du Jourdain jusqu'à Beth-Bara. 25 Ils prennent les deux chefs Oreb et Zeb. Ils tuent Oreb au rocher d'Oreb et Zeb au pressoir de Zeb. Ensuite, ils continuent à poursuivre les Madianites. Puis ils reviennent de l'autre côté du Jourdain et rapportent à Gédéon les têtes d'Oreb et de Zeb.

---

n 7.13 *Le pain d'orge représente les Israélites, qui sont des cultivateurs. La tente représente les Madianites, qui sont des nomades.*

Les gens d'Éfraïm sont en colère contre Gédéon

8 1 Les gens d'Éfraïm disent à Gédéon :
« Quand tu es parti combattre les Madianites, tu ne nous as pas appelés. Pourquoi
as-tu agi de cette façon envers nous ? » Et ils
se disputent violemment avec lui. 2 Mais Gédéon leur répond : « Qu'est-ce que j'ai fait
d'extraordinaire quand je me compare à
vous ? Le peu que vous avez réussi à faire,
est-ce que cela ne vaut pas mieux que les exploits d'Abiézer, mon clan ? 3 C'est à vous que
Dieu a livré les chefs madianites, Oreb et Zeb.
Moi, je n'ai rien fait de pareil. » Quand les
gens d'Éfraïm entendent cela, leur colère
contre Gédéon se calme.

Gédéon tue les deux rois madianites

4 Gédéon et ses 300 hommes arrivent au
fleuve Jourdain et ils le traversent. Ils sont
épuisés, mais ils continuent à poursuivre leurs
ennemis. 5 Quand ils arrivent à la ville de Soukoth, Gédéon dit aux habitants : « S'il vous
plaît, donnez des galettes de pain aux hommes
qui sont avec moi, car ils sont épuisés. Je poursuis les rois madianites Zéba et Salmounna. »
6 Mais les chefs de Soukoth répondent :
« Pourquoi devons-nous donner à manger à
ton armée ? Est-ce que tu tiens déjà Zéba et
Salmounna en ton pouvoir ? » 7 Gédéon leur
répond : « Eh bien, quand le SEIGNEUR m'aura
livré Zéba et Salmounna, je vous fouetterai
avec des branches d'épines et des chardons
du désert. » 8 De là, Gédéon va à Penouel et
il demande la même chose aux habitants.
Les gens de Penouel lui répondent comme
ceux de Soukoth. 9 Gédéon leur dit : « Quand
je reviendrai après ma victoire, je détruirai
la tour de votre ville. »

10 Zéba et Salmounna sont à Carcor avec
leur armée. Maintenant, elle compte seulement 15 000 hommes. C'est tout ce qui reste
de toute l'armée des nomades de l'est[o]. En effet, 120 000 soldats ont été tués. 11 Gédéon
suit la piste des nomades, à l'est de Noba et
de Yogboha, et il bat l'armée qui se croyait
en lieu sûr. 12 Zéba et Salmounna fuient,
mais Gédéon les poursuit. Il attrape les deux
rois de Madian, Zéba et Salmounna, et il répand la peur dans toute leur armée.

13 Quand Gédéon revient du combat, par la
montée de Hérès, 14 il prend un jeune homme
de Soukoth. Il l'interroge, et celui-ci lui donne
par écrit les noms des chefs et des *anciens de
la ville, en tout 77 hommes. 15 Ensuite, Gédéon va trouver les gens de Soukoth et il
leur dit : « L'autre jour, vous m'avez insulté
en disant : "Pourquoi devons-nous donner à
manger à tes soldats épuisés ? Est-ce que tu
tiens déjà Zéba et Salmounna en ton pouvoir ?" Eh bien, voici Zéba et Salmounna. »
16 Gédéon prend des branches d'épines et
des chardons du désert et il frappe les habitants de Soukoth. 17 Il détruit aussi la tour de
Penouel et il tue les habitants de la ville.

18 Puis Gédéon demande à Zéba et Salmounna : « Comment étaient les hommes
que vous avez tués au mont Tabor ? » Ils répondent : « Ils étaient comme toi, chacun avait
l'air d'un fils de roi. » 19 Gédéon leur dit :
« C'étaient mes frères, les fils de ma mère !
Par le SEIGNEUR vivant, si vous les aviez laissés
en vie, je ne vous tuerais pas. » 20 Ensuite, il
dit à Yéter, son fils aîné : « Vas-y, tue-les ! »
Mais le garçon ne tire pas son *épée. Il est encore jeune et il a peur. 21 Zéba et Salmounna
disent à Gédéon : « Vas-y ! Frappe-nous toi-
même ! C'est à un homme de le faire ! » Alors
Gédéon tue les deux rois et il prend les ornements qui pendaient au cou de leurs chameaux.

La fin de la vie de Gédéon

22 Après cela, les Israélites disent à Gédéon :
« Sois notre chef, toi, puis ton fils et le fils de
ton fils, parce que tu nous as délivrés du pouvoir des Madianites. » 23 Gédéon leur dit : « Ce
n'est pas moi qui serai votre chef, ni mon fils.
C'est le SEIGNEUR qui sera votre chef. » 24 Ensuite, Gédéon leur dit : « Je veux vous demander quelque chose : donnez-moi chacun un

o **8.10** *Voir Juges 6.3 et la note.*

anneau pris sur vos richesses de guerre. » En
effet, les Madianites portent des anneaux en
or, car ce sont des hommes du désert. 25 Ils répondent : « D'accord, nous allons te donner
cela ! » Ils étendent un vêtement par terre, et
chacun jette dessus un anneau pris sur ses richesses de guerre. 26 Les anneaux d'or que
Gédéon a demandés pèsent près de 20 kilos.
Il reçoit aussi les ornements, les boucles
d'oreilles, les magnifiques vêtements rouges
que les rois de Madian portaient. Il reçoit
aussi les colliers qui ornaient le cou de leurs
chameaux. 27 Avec cet or, Gédéon fait la statue d'un dieu qu'il place dans son village, à
Ofra. Les Israélites viennent à cet endroit
pour adorer ce dieu, et la statue devient un
piège pour Gédéon et pour sa famille.

28 Ainsi, les Madianites sont sous le pouvoir
des Israélites et ils ne relèvent plus jamais la
tête. Le pays connaît la paix pendant 40 ans,
aussi longtemps que Gédéon vit.

29 Yeroubaal, c'est-à-dire Gédéon, fils de
Yoach, retourne habiter dans sa maison. 30 Il
a 70 fils, parce qu'il a beaucoup de femmes.
31 Il a une femme de deuxième rang à Sichem,
elle lui donne un fils. Il l'appelle Abimélek.
32 Gédéon, fils de Yoach, meurt après une heureuse vieillesse. On l'enterre dans la tombe de
Yoach, son père, à Ofra, le village du clan
d'Abiézer.

33 Après la mort de Gédéon, les Israélites
adorent de nouveau les *Baals, et ils prennent
Baal-Berith[p] pour dieu. 34 Ils oublient le SEI-
GNEUR leur Dieu, qui les a délivrés de tous
les ennemis voisins. 35 Ils ne sont pas reconnaissants envers la famille de Gédéon, appelé
aussi Yeroubaal, pour tout le bien qu'il a fait à
Israël.

Abimélek devient roi à Sichem

9 1 Abimélek, fils de Yeroubaal[q], va à Sichem trouver les frères de sa mère. Il
leur dit : 2 « Allez demander ceci aux habitants
de la ville : "Qu'est-ce qui vaut mieux pour
vous ? Avoir pour chefs les 70 fils de Yeroubaal, ou avoir un seul chef ? Souvenez-vous
que je suis de votre famille." » 3 Les oncles
d'Abimélek vont répéter toutes ses paroles
aux habitants de Sichem. Ils décident de choisir Abimélek. En effet, ils se disent : « C'est
notre frère. » 4 Ils lui donnent 70 pièces d'argent, venant du temple de Baal-Berith[r]. Avec
cet argent, Abimélek achète des gens qui ne
valent rien et des bandits pour qu'ils le suivent.

5 Ensuite, il entre dans la maison de son
père, à Ofra, et il tue ses frères, les 70 fils
de Yeroubaal, sur le même rocher. Il reste seulement Yotam, le plus jeune fils, parce qu'il
s'est caché.

Les Israélites veulent un roi

6 Les habitants de Sichem et toute la population de Beth-Millo se réunissent. Ils vont près
du grand arbre sacré de Sichem, à côté de la
Pierre dressée. Là, ils proclament Abimélek
roi.

Yotam raconte une histoire

7 Yotam apprend la nouvelle. Alors il monte
en haut du mont Garizim et il crie, aussi fort
qu'il peut : « Écoutez-moi, habitants de Sichem, et Dieu vous écoutera !

8 « Un jour, les arbres décident de choisir
un roi. Ils disent à *l'olivier : "Sois notre
roi !" 9 L'olivier répond : "Les dieux et les
êtres humains aiment mon huile. Est-ce que
je vais laisser mon huile pour aller m'agiter
au-dessus des autres arbres ?" 10 Alors les arbres disent au *figuier : "Viens donc, toi !
Sois notre roi !" 11 Le figuier répond : "Est-ce
que je vais laisser mes bons fruits sucrés
pour aller m'agiter au-dessus des autres arbres ?" 12 Ensuite, les arbres disent à la *vigne : "Toi, sois notre reine." 13 La vigne
répond : "Mon vin donne de la joie aux dieux

---

p **8.33** *Baal-Berith : sans doute un dieu cananéen adoré à Sichem - voir Juges 9.4.*

q **9.1** *Yeroubaal est un autre nom de Gédéon - voir Juges 6.32 et 8.29. Dans le chapitre 9, Gédéon est appelé Yeroubaal.*

r **9.4** *Voir Juges 8.33 et la note.*

et aux humains. Est-ce que je vais laisser mon vin pour aller m'agiter au-dessus des autres arbres ?" 14 Alors tous les arbres disent au buisson d'épines : "Viens donc, toi ! Sois notre roi !" 15 Le buisson d'épines dit aux arbres : "Si vraiment vous voulez me choisir comme roi, venez vous mettre sous mon ombre. Si vous ne le faites pas, un feu sortira de mes épines et il brûlera même les *cèdres du Liban !" »

16 Yotam continue : « Vous, habitants de Sichem, est-ce que vous avez agi honnêtement et sincèrement quand vous avez proclamé Abimélek roi ? Est-ce que vous vous êtes bien conduits envers Yeroubaal et sa famille ? Est-ce que vous avez été reconnaissants pour les services qu'il vous a rendus ? 17 Mon père a combattu pour vous, il a risqué sa vie pour vous délivrer des Madianites. 18 Mais vous, aujourd'hui, vous vous êtes levés contre la famille de mon père, vous avez tué ses fils, 70 hommes, sur le même rocher. Puis vous avez proclamé, comme roi de Sichem, Abimélek, le fils que mon père a eu de sa servante. Vous avez fait cela parce qu'il est votre frère. 19 Si vous avez agi honnêtement et sincèrement envers Yeroubaal et sa famille, qu'Abimélek vous rende heureux, et vous-mêmes, rendez-le heureux ! 20 Dans le cas contraire, qu'un feu sorte d'Abimélek pour brûler les habitants de Sichem et de Beth-Millo ! Et qu'un feu sorte aussi des habitants de Sichem et de Beth-Millo pour brûler Abimélek ! »

21 Ensuite, Yotam fuit et va à Beéra. Il reste là parce qu'il a peur d'Abimélek, son frère.

Les gens de Sichem se révoltent contre Abimélek

22 Abimélek gouverne Israël pendant trois ans. 23 Après cela, Dieu envoie un esprit qui met la division entre le roi et les notables de Sichem. Ceux-ci se révoltent contre Abimélek. 24 De cette façon, ils vont tous payer le crime commis contre les 70 fils de Yeroubaal : Abimélek, parce qu'il a tué ses frères, et les notables de Sichem, parce qu'ils ont aidé Abimélek à les tuer. 25 Pour faire du tort à Abimélek, les notables de Sichem placent des hommes sur les hauteurs proches de la ville. Et ils volent tous ceux qui passent près d'eux sur la route. Abimélek apprend cela.

26 Un jour, Gaal, fils d'Ébed, arrive à Sichem avec ses frères. Les habitants de Sichem mettent leur confiance en lui. 27 Ils vont dans leurs *vignes pour récolter le raisin. Ils l'écrasent puis ils font la fête. Ils viennent au temple de leur dieu, ils mangent, ils boivent puis ils lancent des malédictions contre Abimélek. 28 Gaal, fils d'Ébed, leur demande : « Qui sommes-nous à Sichem pour devoir servir Abimélek ? Et qui est-il, lui ? C'est un fils de Yeroubaal et il se fait aider par Zéboul pour gouverner la ville. Eh bien, gens de Sichem, servez plutôt les gens de Hamor, le fondateur de la ville[s]. Pourquoi devons-nous être les serviteurs d'Abimélek ? 29 Moi, je voudrais bien diriger les gens de Sichem. Alors je chasserais Abimélek ! » Puis Gaal dit : « Abimélek, augmente ton armée et viens faire la guerre ! »

30 Zéboul, le gouverneur de Sichem, apprend ce que Gaal, fils d'Ébed, a dit, et il se met en colère. 31 Il envoie en secret des messagers à Abimélek pour lui dire : « Gaal, fils d'Ébed, et ses frères viennent d'arriver à Sichem, et ils sont en train de soulever la ville contre toi. 32 Cette nuit, toi et tes hommes, vous devez aller vous cacher dans la campagne. 33 Demain matin, au lever du soleil, tu viendras attaquer la ville. Et quand Gaal et ses hommes sortiront à ta rencontre, tu feras ce qu'il faut faire. »

34 La nuit suivante, Abimélek et tous ses hommes se divisent en quatre groupes et ils vont se cacher près de Sichem. 35 Quand Gaal sort de la ville et se tient près de la porte, Abimélek et son groupe sortent de leur cachette. 36 Gaal les voit et il dit à Zéboul : « Regarde ! Des hommes descendent des collines ! » Zéboul répond : « Mais non, c'est l'ombre des collines que tu prends pour des hommes ! » 37 Gaal insiste : « Regarde ! Ce sont bien des hommes qui descendent de la

s **9.28** *Voir Genèse 33.19.*

colline située au milieu. Un autre groupe arrive par le chemin du grand arbre des Devins. » 38 Zéboul lui répond : « Où sont donc tes beaux discours ? Tu nous as dit : "Qui est Abimélek pour que nous devions le servir ?" Maintenant, ces gens que tu méprisais arrivent. Eh bien, va te battre contre lui ! » 39 Gaal sort de la ville à la tête des gens de Sichem et il combat Abimélek. 40 Abimélek poursuit Gaal qui s'enfuit. Un grand nombre de blessés tombent à la porte de Sichem. 41 Abimélek va s'installer à Arouma. Zéboul chasse Gaal et ses frères et il leur interdit de rester à Sichem.

42 Le jour suivant, les habitants de Sichem se préparent à sortir dans les champs. Abimélek apprend cela. 43 Il prend ses hommes, les divise en trois groupes et se cache dans la campagne. Quand il voit les gens de Sichem sortir de la ville, il court les attaquer. 44 Abimélek et son groupe vont rapidement se placer à la *porte de la ville. Pendant ce temps, les deux autres groupes attaquent les Sichémites dans la campagne et ils les battent. 45 Toute la journée, Abimélek combat contre la ville. Il la prend et il tue ses habitants. Il détruit complètement Sichem et répand du sel[t] partout.

46 Quand les notables de la ville de Migdal-Sichem apprennent cela, ils vont tous dans la salle qui se trouve sous le temple de Baal-Berith[u]. 47 Abimélek apprend qu'ils sont tous réunis à cet endroit. 48 Alors Abimélek part sur la montagne de Salmon avec ses hommes. Il prend une hache, coupe une branche d'arbre, et il la met sur son épaule. Ensuite, il dit aux hommes qui sont avec lui : « Vous avez vu ce que j'ai fait. Dépêchez-vous de faire la même chose ! » 49 Chacun coupe une branche, puis ils suivent Abimélek. Ils entassent les branches contre la salle qui se trouve sous le temple et ils la brûlent avec tous ceux qui sont là. Voilà comment meurent tous les habitants de Migdal-Sichem. Ils étaient à peu près 1 000 personnes, hommes et femmes.

La mort d'Abimélek

50 De là, Abimélek va à Tébès. Il attaque la ville et la prend. 51 Il y a au milieu de la ville une tour de défense. Les hommes, les femmes, tous les habitants vont se réfugier là. Ils ferment les *portes et ils montent au sommet de la tour. 52 Abimélek vient l'attaquer. Il s'approche de la porte d'entrée pour y mettre le feu. 53 Mais une femme lui jette une grosse pierre sur la tête et elle lui brise le crâne. 54 Aussitôt Abimélek appelle le jeune homme qui porte ses armes et lui dit : « Tire ton *épée et tue-moi. Ainsi on ne racontera pas que c'est une femme qui m'a tué. » Le jeune homme lui passe l'épée à travers le corps et il meurt. 55 Quand les Israélites voient qu'Abimélek est mort, ils s'en vont chacun chez soi.

56 De cette façon, Dieu fait payer à Abimélek le mal qu'il a fait à la famille de son père, en tuant ses 70 frères. 57 Dieu punit aussi les gens de Sichem pour tout le mal qu'ils ont fait. Ainsi les malédictions que Yotam, fils de Yeroubaal[v], a lancées contre eux se réalisent.

Autres juges : Tola et Yaïr

10 1 Après la mort d'Abimélek, Tola, fils de Pouva et petit-fils de Dodo, de la tribu d'Issakar, vient délivrer le peuple d'Israël. Il habite à Chamir, dans la région montagneuse d'Éfraïm. 2 Il est juge[w] du peuple d'Israël pendant 23 ans, puis il meurt et on l'enterre à Chamir.

3 Après lui vient Yaïr, de Galaad. Il est juge du peuple d'Israël pendant 22 ans. 4 Il a 30 fils qui se déplacent sur 30 ânes[x] et qui possèdent

t **9.45** *Le sel répandu transforme un lieu en désert. Ce geste indique ici que la ville ne sera jamais reconstruite.*

u **9.46** *Voir Juges 8.33 et la note.*

v **9.57** *Yeroubaal : voir Juges 9.1 et la note.*

w **10.2** *Voir Juges 2.16 et la note.*

x **10.4** *Voir Juges 5.10 et la note.*

30 villages. Ceux-ci sont situés dans la région de Galaad, et encore aujourd'hui, on les appelle les villages de Yaïr. 5 Quand Yaïr meurt, on l'enterre à Camon.

Les Ammonites attaquent les Israélites

6 Les Israélites font de nouveau ce qui est mal aux yeux du SEIGNEUR. Ils adorent les dieux *Baal et les déesses *Astartés. Ils adorent aussi les dieux des Syriens, des Sidoniens, des Moabites, des Ammonites et des *Philistins. Ils abandonnent le SEIGNEUR et ne le servent plus. 7 Alors le SEIGNEUR se met en *colère contre les Israélites et il les livre aux Philistins et aux Ammonites. 8 À partir de ce moment-là et pendant 18 ans, ils maltraitent et écrasent sous leur pouvoir tous les Israélites qui vivent en Galaad, la région *amorite située à l'est du fleuve Jourdain. 9 Les Ammonites traversent même le Jourdain pour combattre les tribus de Juda, de Benjamin et d'Éfraïm. Les Israélites sont donc désespérés. 10 Alors ils appellent le SEIGNEUR au secours et lui disent : « Nous avons péché contre toi. Oui, nous t'avons abandonné, toi, notre Dieu, pour adorer les Baals. » 11 Le SEIGNEUR leur répond : « Quand les Égyptiens, les Amorites, les Ammonites, les Philistins, 12 les Sidoniens, les Amalécites et les Maonites vous ont écrasés, vous m'avez appelé au secours. Est-ce que je ne vous ai pas délivrés de leurs mains ? 13 Mais vous, vous m'avez abandonné pour adorer d'autres dieux. C'est pourquoi je ne vous délivrerai plus. 14 Appelez donc au secours les dieux que vous avez choisis. C'est à eux de vous sauver quand vous êtes dans le malheur ! » 15 Les Israélites disent au SEIGNEUR : « Nous avons péché. Fais-nous ce qui te semble bon. Mais au moins, délivre-nous encore aujourd'hui ! » 16 Ensuite, ils se débarrassent des dieux étrangers et ils servent de nouveau le SEIGNEUR. Et le SEIGNEUR ne peut pas supporter plus longtemps la souffrance des Israélites.

17 Les Ammonites se rassemblent et ils dressent leurs tentes dans la région de Galaad. Les Israélites se rassemblent et ils dressent leurs tentes à Mispa. 18 Alors le peuple et les chefs des tribus de la région de Galaad se disent entre eux : « Quel est celui qui va attaquer les Ammonites le premier ? Celui-là sera à la tête de tous les habitants de Galaad. »

Jefté devient juge

11 1 Jefté de Galaad est un combattant courageux. C'est le fils d'une *prostituée et d'un homme appelé Galaad. 2 La femme de Galaad lui a aussi donné des fils. Quand ils deviennent grands, les fils de cette femme chassent Jefté en lui disant : « Tu es le fils d'une autre femme. Donc, tu n'auras aucune part de l'héritage qui vient de notre père. » 3 Alors Jefté fuit loin de ses frères et il s'installe dans la région de Tob. Des bandits se groupent autour de lui et partent attaquer des gens avec lui.

4 Peu de temps après, les Ammonites font la guerre aux Israélites. 5 Quand ils commencent à les attaquer, les *anciens de Galaad vont chercher Jefté dans la région de Tob. 6 Ils lui disent : « Viens ! Tu seras notre commandant, et nous combattrons les Ammonites. » 7 Mais Jefté leur répond : « Vous me détestez et vous m'avez chassé de la maison de mon père. Pourquoi venez-vous me chercher maintenant que vous êtes dans le malheur ? » 8 Les anciens lui répondent : « Eh bien, nous revenons vers toi maintenant pour que tu viennes combattre les Ammonites avec nous. Nous voulons que tu sois notre chef et celui de tous les gens de Galaad. » 9 Jefté leur répond : « Si vous me ramenez avec vous pour combattre les Ammonites, et si le SEIGNEUR me donne la victoire, je serai votre chef. » 10 Les anciens de Galaad disent à Jefté : « Le SEIGNEUR est notre *témoin : nous promettons de faire ce que tu dis. »

11 Jefté part donc avec les anciens de Galaad. Le peuple le prend pour chef et commandant. À Mispa, devant le SEIGNEUR, Jefté répète toutes les paroles de l'accord qu'il a passé avec les anciens.

Jefté discute avec les Ammonites

12 Jefté envoie des messagers dire au roi des Ammonites : « Pourquoi viens-tu attaquer mon pays ? Qu'est-ce que tu nous veux ? » 13 Le roi des Ammonites leur répond : « Quand

les Israélites sont sortis d'Égypte, ils ont pris mon pays, depuis la vallée de l'Arnon jusqu'au torrent du Yabboq et jusqu'au fleuve Jourdain. Rends-nous maintenant ces régions et faisons la paix. »

14 Jefté envoie encore une fois des messagers au roi des Ammonites 15 pour lui dire de sa part : « Non, les Israélites n'ont pas pris le pays des Moabites ni le pays des Ammonites. 16 En effet, quand ils ont quitté l'Égypte, ils ont marché dans le désert jusqu'à la *mer des Roseaux. Puis ils sont arrivés à Cadès. 17 De là, ils ont envoyé des messagers au roi d'Édom. Ils lui ont demandé l'autorisation de traverser son pays. Mais le roi d'Édom a refusé. Les Israélites ont fait la même demande au roi de Moab, qui a refusé également. Ils sont donc restés à Cadès. 18 Ensuite, ils ont continué à marcher dans le désert. Ils sont passés autour des pays d'Édom et de Moab et ils sont arrivés à l'est de Moab. Ils ont installé leurs tentes au-delà du torrent de l'Arnon, sans entrer dans le pays de Moab. En effet, l'Arnon sert de frontière à ce pays. 19 De là, les Israélites ont envoyé des messagers à Sihon, le roi des *Amorites qui gouvernait à Hèchebon. Ils lui ont dit : "Laisse-nous traverser ton territoire pour aller dans le pays qui sera le nôtre." 20 Mais Sihon ne leur a pas donné cette autorisation. Il a rassemblé toute son armée, il a installé son camp à Yahas et les a attaqués. 21 Le SEIGNEUR, Dieu d'Israël, a livré Sihon et toute son armée aux Israélites, et ceux-ci on remporté la victoire sur eux. Ensuite, les Israélites ont conquis tout le pays des Amorites, 22 depuis la vallée de l'Arnon jusqu'au torrent du Yabboq, et depuis le désert jusqu'au Jourdain. 23 C'est le SEIGNEUR, Dieu d'Israël, qui a chassé les Amorites devant nous, son peuple. Et maintenant, toi, tu veux nous chasser ? 24 Tu possèdes le pays que ton dieu Kemoch t'a donné. Pourquoi est-ce que nous, nous ne pouvons pas posséder ce que le SEIGNEUR notre Dieu nous a donné ? 25 Est-ce que tu te crois plus fort que Balac, fils de Sippor, roi de Moab ? Pourtant, lui n'a pas cherché querelle au peuple d'Israël, et il ne l'a pas attaqué. 26 Depuis 300 ans, les Israélites habitent à Hèchebon, à Aroër et dans les environs. Ils sont aussi dans toutes les villes situées le long du torrent de l'Arnon. Vous n'avez pas repris ce pays pendant ce temps-là. Pourquoi donc ? 27 Pour moi, je ne t'ai fait aucun mal, et c'est toi qui agis mal avec moi en me faisant la guerre. Que le SEIGNEUR, le juge des êtres humains, rende aujourd'hui son jugement entre les Israélites et les Ammonites ! »

28 Mais le roi des Ammonites n'écoute pas les paroles que Jefté lui adresse.

La fille de Jefté offerte en sacrifice

29 L'esprit du SEIGNEUR saisit Jefté. Celui-ci traverse la région de Galaad, puis celle de Manassé. Ensuite, il va à Mispé[y] en Galaad et de là, il se rend dans la région des Ammonites. 30 Voici la promesse qu'il fait au SEIGNEUR : « Si vraiment tu me livres les Ammonites, 31 la première personne qui sortira de ma maison à ma rencontre sera à toi. Quand je reviendrai de chez les Ammonites, après la victoire, je t'offrirai cette personne en *sacrifice complet. » 32 Jefté passe la frontière des Ammonites pour leur faire la guerre, et le SEIGNEUR livre les Ammonites en son pouvoir. 33 Jefté prend 20 villes situées entre Aroër et les environs de Minnith et il bat les Ammonites jusqu'à Abel-Keramim. C'est une très grande défaite pour eux. Ensuite, ils sont sous le pouvoir des Israélites.

34 Quand Jefté revient chez lui à Mispa, c'est sa fille qui vient à sa rencontre. Elle danse au son du *tambourin. Elle est sa seule fille et il n'a pas d'autre enfant. 35 Dès que Jefté la voit, il déchire ses vêtements, car il est désespéré. Il dit : « Ah ! ma fille, à cause de toi, je suis désespéré ! C'est toi qui fais mon malheur ! J'ai fait une promesse folle au SEIGNEUR et je ne peux pas revenir en arrière. » 36 Sa fille lui répond : « Même si tu as fait une promesse folle au SEIGNEUR, agis envers moi comme tu l'as promis. En effet, le SEI-

---

y **11.29** *Il s'agit du lieu appelé Mispa en Juges 10.17.*

SEIGNEUR a permis que tu te venges de tes ennemis, les Ammonites. » 37 Puis elle dit à son père : « Donne-moi une seule autorisation. Laisse-moi libre pendant deux mois. J'irai sur les collines avec mes amies. Là, je pleurerai parce que je vais mourir avant d'être mariée. » 38 Jefté lui donne l'autorisation de partir pendant deux mois. Elle va sur les collines avec ses amies. Là, elle pleure, parce qu'elle va mourir avant d'être mariée. 39 À la fin des deux mois, elle revient chez son père. Et celui-ci agit envers elle comme il l'a promis. Or, elle n'avait pas vécu avec un homme. Depuis ce temps-là, il y a une coutume en Israël : 40 chaque année, les femmes d'Israël vont pleurer pendant quatre jours sur la fille de Jefté, de la région de Galaad.

Guerre entre Jefté et les gens d'Éfraïm

12 1 Les hommes d'Éfraïm se rassemblent. Ils traversent le fleuve Jourdain et vont à Safon. Ils disent à Jefté : « Tu es allé combattre les Ammonites sans nous appeler. Pourquoi donc ? Nous allons brûler ta maison et toi avec elle. » 2 Jefté leur répond : « Mon peuple et moi, nous avons eu de graves difficultés avec les Ammonites. Je vous ai appelés, mais vous n'êtes pas venus à mon secours. 3 Quand j'ai vu que vous ne veniez pas me délivrer, j'ai risqué ma vie. Je suis allé attaquer les Ammonites, et le SEIGNEUR les a livrés en mon pouvoir. Et maintenant, vous venez me faire la guerre. Pourquoi donc ? » 4 Jefté rassemble tous les hommes de Galaad. Il attaque les Éfraïmites et il est victorieux. En effet, les gens de la tribu d'Éfraïm ont dit : « Vous, les gens de Galaad, vous êtes seulement des fuyards d'Éfraïm. Vous avez abandonné notre tribu pour passer dans celle de Manassé. » 5 Ensuite, les hommes de Galaad occupent les points de passage sur le Jourdain, pour couper la route aux gens d'Éfraïm. Chaque fois qu'un homme en fuite dit : « Je veux passer », les gens de Galaad lui demandent : « Est-ce que tu es de la tribu d'Éfraïm ? » S'il répond : « Non », 6 ils lui disent : « Eh bien, dis "Chiboleth"[z]. » L'homme dit : « Siboleth », parce qu'il n'arrive pas à bien prononcer ce mot. Alors les hommes de Galaad le prennent, et ils le font mourir près des points de passage du Jourdain. À ce moment-là, 42 000 hommes d'Éfraïm sont tués.

7 Jefté, homme de Galaad, a été juge[a] du peuple d'Israël pendant six ans. Puis il meurt, et on l'enterre dans une des villes de Galaad.

Autres juges : Ibsan, Élon et Abdon

8 Après Jefté, Ibsan de Bethléem devient juge[b] du peuple d'Israël. 9 Il a 30 fils et 30 filles. Il donne ses filles en mariage en dehors de sa tribu. Pour ses fils, il fait venir des femmes d'autres tribus. Il est juge du peuple d'Israël pendant sept ans. 10 Puis il meurt, et on l'enterre à Bethléem.

11 Après Ibsan, Élon, de la tribu de Zabulon, est juge du peuple d'Israël pendant dix ans. 12 Puis Élon meurt et on l'enterre à Ayalon, dans le pays de Zabulon.

13 Après Élon, Abdon, fils de Hillel de la ville de Piraton, devient juge du peuple d'Israël. 14 Il a 40 fils et 30 petits-fils qui se déplacent sur 70 ânes[c]. Abdon est juge du peuple d'Israël pendant huit ans. 15 Ensuite, il meurt et on l'enterre à Piraton, dans le pays d'Éfraïm, sur la montagne des Amalécites.

La naissance de Samson

13 1 Les Israélites recommencent à faire ce qui est mal aux yeux du SEIGNEUR. Et le SEIGNEUR les livre aux *Philistins pendant 40 ans.

2 À Sora, il y a un homme d'un clan de la tribu de Dan. Il s'appelle Manoa. Sa femme n'a pas d'enfant, et elle ne peut pas en avoir. 3 *L'ange du SEIGNEUR se montre à la femme de Manoa et lui dit : « Je sais que tu n'as pas d'en-

z **12.6** *Ce mot veut dire « épi ». Chaque tribu le prononçait à sa façon.*

a **12.7** *Voir Juges 2.16 et la note.*

b **12.8** *Voir Juges 2.16 et la note.*

c **12.14** *Voir Juges 5.10 et la note. Voir aussi Juges 10.4.*

fant, parce que tu ne peux pas en avoir. Pourtant, tu vas être enceinte et tu mettras au
monde un fils. 4 À partir de maintenant, ne
bois plus de vin ni d'autre alcool. Ne mange
aucune nourriture *impure, 5 parce que tu
vas être enceinte. Tu vas mettre au monde
un fils. On ne lui coupera pas les cheveux.
En effet, il sera *consacré à Dieu dès avant
sa naissance[d]. C'est lui qui commencera à délivrer les Israélites du pouvoir des *Philistins. » 6 La femme rentre chez elle et dit à
son mari : « Un homme de Dieu s'est présenté
à moi. Il ressemblait à un ange de Dieu. En effet, il était impressionnant à voir. Je ne lui ai
pas demandé d'où il venait, et il ne m'a pas
dit son nom. 7 Il m'a dit : "Tu vas être enceinte. Tu mettras au monde un fils. À partir
de maintenant, ne bois plus de vin ni d'autre
alcool. Ne mange aucune nourriture impure.
En effet, le garçon sera consacré à Dieu dès
avant sa naissance et jusqu'à sa mort." »
8 Manoa fait cette prière au SEIGNEUR : « Je
t'en prie, Seigneur, fais revenir l'homme de
Dieu que tu nous as envoyé ! Qu'il nous apprenne ce que nous devons faire pour le garçon qui va naître ! » 9 Dieu entend la prière
de Manoa : l'ange de Dieu se présente une
deuxième fois à la femme, quand elle est
aux champs. Son mari n'est pas avec elle.
10 Alors elle court vite l'annoncer à son
mari. Elle lui dit : « Écoute ! L'homme qui
est venu me trouver l'autre jour s'est de
nouveau montré à moi. » 11 Manoa part, il
suit sa femme, il arrive près de l'homme et
lui demande : « Est-ce que c'est toi qui as
parlé à ma femme ? » Il répond : « Oui, c'est
moi. » 12 Manoa continue : « Eh bien, quand
tes paroles se réaliseront, qu'est-ce qu'il faudra faire pour le garçon ? Quelles règles
devrons-nous suivre ? » 13 L'ange du SEIGNEUR
répond à Manoa : « Ta femme devra faire
tout ce que je lui ai dit. 14 Elle ne mangera
aucun produit de la *vigne, elle ne boira
pas de vin ni d'autre alcool. Elle ne mangera
aucune nourriture impure. Elle fera tout ce
que je lui ai commandé. » 15 Manoa dit à
l'ange : « Permets-nous de te retenir. Nous
allons te préparer un cabri. » 16 L'ange répond : « Même si je reste, je ne mangerai
pas ta nourriture. Mais si tu veux offrir un
*sacrifice complet au SEIGNEUR, fais-le ! » Ma-
noa ne savait pas que c'était l'ange du SEI-
GNEUR. 17 Il lui demande : « Quel est ton
nom ? Dis-le-moi, et nous pourrons t'honorer
quand tes paroles se réaliseront. » 18 L'ange
lui répond : « Pourquoi veux-tu connaître
mon nom ? Il est mystérieux. » 19 Manoa prépare un cabri et une offrande et il les offre
sur un rocher au SEIGNEUR, qui agit de façon
mystérieuse. Pendant que Manoa et sa
femme regardent, 20 les flammes du sacrifice
montent de *l'autel vers le ciel. Et l'ange du
SEIGNEUR monte au milieu des flammes.
Alors ils se mettent à genoux, le front contre
le sol. 21 À ce moment-là, Manoa comprend
que c'est l'ange du SEIGNEUR. Et l'ange ne
se montre plus jamais à eux. 22 Manoa dit à
sa femme : « Nous allons sûrement mourir,
parce que nous avons vu Dieu. » 23 Sa femme
lui répond : « Sûrement pas ! Le SEIGNEUR a
accepté notre sacrifice complet et notre offrande. Il nous a montré ce que nous venons
de voir. Il nous a dit ce que nous venons
d'entendre. Il ne veut donc pas nous faire
mourir. »
24 La femme de Manoa met au monde un
fils. Elle lui donne le nom de Samson. Le garçon grandit, et le SEIGNEUR le *bénit. 25 Un
jour, Samson se trouve au camp de Dan, entre
Sora et Èchetaol. C'est là que l'esprit du SEI-
GNEUR le pousse à agir pour la première fois.

Les premiers exploits de Samson

14 1 Un jour, Samson va à Timna, et là, il
remarque une jeune fille *philistine.
2 En revenant, il en parle à son père et à sa
mère. Il leur dit : « À Timna, j'ai remarqué
une jeune fille philistine. Demandez-la en mariage pour moi. » 3 Ses parents lui disent :
« Est-ce qu'il n'y a pas de jeune fille dans ton

---

d **13.4-5** *Voir Nombres 6.1-8. Ici, la mère elle-même ne doit plus boire de vin (verset 4). Elle montre ainsi que l'enfant est mis à part pour Dieu dès avant sa naissance (verset 5).*

clan ou dans notre peuple ? Pourquoi veux-tu
prendre une femme chez les *Philistins, qui
ne sont pas *circoncis ? » Mais Samson dit à
son père : « C'est cette jeune fille qui me plaît.
Demande-la en mariage pour moi. » 4 Les parents de Samson ne le savent pas, mais c'est
le SEIGNEUR qui inspire ce désir à leur fils. Le
SEIGNEUR cherche une occasion pour que la
guerre éclate avec les Philistins. En effet, à
cette époque-là, les Philistins dominent les
Israélites.
5 Samson et ses parents vont à Timna.
Quand ils arrivent près des *vignes de cet endroit, un jeune lion saute en rugissant sur
Samson. 6 Alors l'esprit du SEIGNEUR saisit
Samson et, avec ses seules mains, Samson déchire le lion comme on déchire un cabri. Mais
il ne raconte pas à ses parents ce qu'il vient de
faire. 7 Il continue son chemin et va parler
avec la jeune fille philistine. Elle lui plaît
beaucoup. 8 Quelques jours plus tard, il revient à Timna afin de la prendre pour femme.
Il fait un détour pour voir le lion mort. Dans le
corps de l'animal, il trouve un essaim d'abeilles et du miel. 9 Il prend le miel dans ses
mains et le mange en continuant son chemin.
Ensuite, quand il retrouve ses parents, il leur
donne du miel à manger. Mais il ne leur dit
pas qu'il l'a pris dans le corps d'un lion mort.

Samson présente une devinette aux Philistins

10 Le père de Samson va chez la femme
*philistine. Là, Samson offre un grand repas
de mariage, comme les jeunes gens ont l'habitude de le faire. 11 Quand les Philistins le
voient, ils choisissent 30 jeunes gens pour rester avec lui. 12 Samson leur dit : « Je vais vous
présenter une devinette. Je vous donnerai
30 vêtements de fête et 30 autres vêtements.
Mais pour les avoir, il faut comprendre la devinette et me l'expliquer avant le septième
jour du repas de mariage. 13 Si vous ne pouvez
pas me donner la réponse, c'est vous qui me
donnerez 30 vêtements de fête et 30 autres
vêtements. » Les Philistins disent à Samson :
« Présente ta devinette, nous écoutons. » 14 Il
leur dit :

« Ce qui se mange
est sorti de celui qui mange.
Ce qui est doux
est sorti de celui qui est fort.
Qu'est-ce que c'est ? »

Au bout de trois jours, les Philistins n'ont pas
encore trouvé la réponse. 15 Le septième jour,
ils disent à la femme de Samson : « Parle gentiment à ton mari pour qu'il nous explique la
devinette, sinon, nous te brûlerons avec
toute ta famille. Est-ce que c'est pour prendre
toutes nos affaires que vous nous avez invités ? » 16 La femme de Samson se met à pleurer tout contre lui en disant : « Tu ne
m'aimes pas, tu me détestes. Tu présentes
une devinette à mes frères et tu ne me l'as
même pas expliquée. » Samson répond : « Je
ne l'ai expliquée à personne : ni à mon
père, ni à ma mère. Est-ce que je vais te l'expliquer à toi ? » 17 La femme de Samson
pleure tout contre lui pendant les sept jours
du repas de mariage. Le septième jour, Samson lui explique la devinette, parce qu'elle le
fatigue de ses larmes. Ensuite, elle donne la
réponse à ses frères philistins. 18 Le septième
jour, avant le coucher du soleil, les hommes
de la ville viennent dire à Samson :

« Qu'est-ce qui est plus doux que le miel ?
Qu'est-ce qui est plus fort qu'un lion ? »

Il leur répond : « Si vous n'aviez pas labouré
avec ma vache[e], vous n'auriez pas trouvé la réponse. »
19 Alors l'esprit du SEIGNEUR saisit Samson,
qui va à Ascalon. Il tue 30 hommes, prend
leurs vêtements et il les donne comme habits
de fête à ceux qui ont trouvé la réponse de la
devinette. Fou de colère, il retourne chez son
père. 20 On donne sa femme à celui des jeunes
gens que Samson avait pour garçon d'honneur[f].

---

e **14.18** *Les paysans utilisent leur vache pour labourer leurs champs. Les Philistins ont utilisé la femme de Samson pour trouver la réponse à la devinette.*

f **14.20** *Le garçon d'honneur restait auprès du marié pendant les sept jours de la cérémonie du mariage.*

Samson se venge des Philistins

15 [1] Peu de temps après, au moment de la récolte du *blé, Samson va rendre visite à sa femme avec un cabri. Il dit: « Je vais entrer dans la chambre de ma femme. » Mais son beau-père refuse et il dit: [2] « Je croyais que tu ne l'aimais plus. Alors je l'ai donnée à ton garçon d'honneur. Sa petite sœur est plus jolie qu'elle. Prends-la donc à sa place. » [3] Samson répond: « Cette fois-ci, si je fais du mal aux *Philistins, je ne serai pas coupable. »

[4] Puis il part. Il prend 300 renards. Il les attache deux par deux par leur queue, et il place une torche entre deux queues. [5] Puis il allume les torches et il lâche les renards dans les champs de blé des Philistins. Ainsi, il met le feu aux *gerbes, aux épis non coupés et même aux *vignes et aux *oliviers. [6] Les Philistins demandent: « Qui a fait cela ? » On leur répond: « C'est Samson ! Il a fait cela parce que son beau-père, un habitant de Timna, lui a repris sa femme et qu'il l'a donnée au garçon d'honneur de Samson. » Alors les Philistins vont brûler la femme et son père. [7] Samson leur dit: « Puisque vous agissez de cette façon, je m'arrêterai seulement quand je me serai vengé de vous. » [8] Il les attaque durement, et c'est pour les Philistins une défaite totale. Ensuite, il part habiter dans un trou du rocher d'Étam.

Samson se sert d'une mâchoire d'âne pour tuer 1000 hommes

[9] Alors les *Philistins viennent installer leur camp dans le territoire de Juda et ils placent leurs soldats jusqu'à un endroit appelé Léhi[g]. [10] Les hommes de Juda demandent: « Pourquoi venez-vous nous attaquer ? » Ils répondent: « C'est pour attraper Samson et lui faire ce qu'il nous a fait. » [11] Alors 3 000 hommes de Juda descendent dans le trou du rocher d'Étam. Ils disent à Samson: « Tu sais bien que les Philistins dominent sur nous. Tu ne vois donc pas le tort que tu nous fais ? » Samson répond: « Je les traite comme ils m'ont traité. » [12] Ils continuent: « Nous sommes venus ici pour t'attraper et te livrer aux Philistins. » Samson leur dit: « Jurez-moi que vous ne me tuerez pas. » [13] Ils lui répondent: « Non, nous voulons seulement t'attacher et te livrer à eux, mais nous ne te ferons pas mourir. » Ils attachent Samson avec deux cordes neuves et ils le remontent du rocher. [14] Quand il arrive à Léhi, les Philistins viennent à sa rencontre en poussant des cris de joie. Alors l'esprit du SEIGNEUR saisit Samson. Les cordes qui attachent ses bras et ses mains deviennent comme du *lin brûlé par le feu et elles tombent. [15] Ensuite, Samson trouve la mâchoire d'un âne qu'on vient de tuer. Il la ramasse et s'en sert pour tuer 1 000 hommes. [16] Puis il dit:

« Avec une mâchoire d'âne,
je les ai bien frappés,
avec une mâchoire d'âne,
mille hommes j'ai tués. »

[17] Après cela, il jette la mâchoire loin de lui. Et on appelle cet endroit Ramath-Léhi[h]. [18] Samson a une soif terrible. Alors il appelle le SEIGNEUR au secours et dit: « C'est toi qui m'as donné cette grande victoire. Est-ce que maintenant, je vais mourir de soif et tomber entre les mains de ceux qui ne sont pas *circoncis ? » [19] Dieu fend le rocher creux qui se trouve à Léhi, et il en sort de l'eau. Samson boit, ses forces reviennent, et il reprend vie. C'est pourquoi on appelle cette source « source de Coré »[i]. Elle existe encore aujourd'hui.

[20] Samson a été juge[j] du peuple d'Israël pendant 20 ans, à l'époque des Philistins.

---

g 15.9 *En hébreu, Léhi veut dire « mâchoire ».*

h 15.17 *Ramath-Léhi signifie « colline de la mâchoire ».*

i 15.19 *Coré : En hébreu, le nom Coré ressemble à l'expression traduite par « il appelle... au secours » au verset 18.*

j 15.20 *Voir Juges 2.16 et la note.*

Samson arrache les portes de Gaza

16 1 Samson part pour Gaza. Il rencontre une *prostituée et entre chez elle. 2 Les habitants de Gaza apprennent que Samson est là. Ils surveillent l'endroit et ils le guettent toute la nuit à la *porte de la ville. Mais ils ne font rien contre lui pendant la nuit. Ils se disent : « Nous le tuerons quand il fera jour. » 3 Mais Samson reste couché jusqu'à minuit seulement. Vers minuit, il se lève. Il prend les deux battants de la porte de la ville. Il les arrache avec les deux montants et la serrure en bois. Il les met sur ses épaules et il les transporte au sommet de la colline qui se trouve en face de la ville d'Hébron.

Dalila trahit Samson

4 Après cela, Samson tombe amoureux d'une femme appelée Dalila. Elle habite la vallée de Sorec. 5 Les chefs *philistins viennent dire à Dalila : « Parle gentiment à Samson, cherche à savoir pourquoi il est si fort, et comment le dominer. Alors nous pourrons l'attacher et nous rendre maîtres de lui. Chacun de nous te donnera 1 100 pièces d'argent. » 6 Dalila demande à Samson : « S'il te plaît, dis-moi pourquoi tu es si fort. Avec quoi est-ce qu'il faut t'attacher pour se rendre maître de toi ? » 7 Samson répond : « Si on m'attache avec sept cordes d'arc neuves qui ne sont pas encore sèches, je deviendrai aussi faible que n'importe qui. » 8 Les chefs philistins apportent à Dalila sept cordes d'arc neuves qui ne sont pas encore sèches. Elle les prend pour attacher Samson. 9 Elle a caché des *Philistins dans la maison. Tout à coup, elle se met à crier : « Samson, les Philistins viennent t'attaquer ! » Samson casse les cordes, comme si c'était de la ficelle rongée par le feu. Ainsi, personne ne découvre pourquoi il est fort.

10 Dalila dit à Samson : « Tu t'es moqué de moi, tu m'as raconté des mensonges. Maintenant, s'il te plaît, dis-moi avec quoi il faut t'attacher. » 11 Il lui répond : « Si on m'attache avec des cordes neuves, qui n'ont pas encore servi, je deviendrai aussi faible que n'importe qui. » 12 Alors Dalila prend des cordes neuves et elle les utilise pour attacher Samson. Des Philistins sont de nouveau cachés dans la maison. Elle se met à crier : « Samson, les Philistins viennent t'attaquer ! » Mais Samson casse les cordes qui lui attachent les bras, comme si c'était du fil.

13 Dalila dit à Samson : « Jusqu'à maintenant, tu t'es moqué de moi et tu m'as raconté des mensonges. Dis-moi avec quoi il faut t'attacher. » Samson répond : « Si tu tisses les sept tresses de ma tête sur la chaîne d'un métier à tisser, si tu les serres avec un peigne de tisserand, je deviendrai aussi faible que n'importe qui. » 14 Dalila endort Samson. Elle tisse les sept tresses de sa tête sur un métier à tisser et elle les attache avec un peigne de tisserand. Ensuite, Dalila lui dit : « Samson, les Philistins viennent t'attaquer ! » Samson se réveille et il arrache le peigne, le métier à tisser et le tissu.

15 Dalila lui dit : « Tu me dis : "Je t'aime", et tu n'as pas confiance en moi. Comment est-ce possible ? Voilà trois fois que tu te moques de moi et tu ne m'as pas encore fait connaître pourquoi tu es si fort ! » 16 Dalila fatigue beaucoup Samson en répétant tous les jours les mêmes reproches. Elle l'ennuie tellement qu'il est épuisé. 17 Il lui fait connaître son secret en disant : « Mes cheveux n'ont jamais été coupés. En effet, j'ai été *consacré à Dieu dès avant ma naissance[k]. Si on me coupe les cheveux, je perdrai ma force et je deviendrai aussi faible que n'importe qui. » 18 Dalila comprend que Samson lui a vraiment fait connaître son secret. Alors elle fait dire aux chefs philistins : « Cette fois-ci, vous pouvez venir, Samson m'a vraiment fait connaître son secret. » Les chefs philistins vont chez Dalila avec l'argent promis. 19 Dalila endort Samson sur ses genoux. Elle appelle un homme qui coupe ses sept tresses. À partir de ce moment, elle le tient en son pouvoir, car sa force s'est retirée de lui. 20 Alors elle dit : « Samson, les

k **16.17** *Voir Juges 13.5 et la note.*

Philistins viennent t'attaquer ! » Il se réveille
et se dit : « Je vais m'en sortir comme les autres
fois et je me libérerai. » Il ne sait pas que le SEI-
GNEUR s'est retiré de lui. 21 Les Philistins le
prennent et ils lui crèvent les yeux. Ils l'emmènent à Gaza. Ils l'attachent avec des chaînes de
bronze. Ils l'obligent à tourner une grosse
pierre ronde dans la prison pour écraser le
*blé. 22 Pendant ce temps, ses cheveux qui
ont été coupés commencent à repousser.

Samson se venge et meurt

23 Un jour, les chefs *philistins se réunissent
pour offrir un grand *sacrifice à leur dieu Dagon et pour fêter leur victoire. Ils chantent :

« Notre dieu a livré entre nos mains
Samson, notre ennemi. »

24 Quand le peuple voit Samson, il chante la
louange de son dieu Dagon en disant :

« Notre dieu a livré entre nos mains
Samson, notre ennemi,
le destructeur de notre pays
qui répandait la mort parmi nous. »

25 Dans leur joie, les gens disent : « Faites venir Samson pour nous amuser ! » On le fait sortir de prison, et il amuse la foule. Ensuite, ils le
placent entre les colonnes du temple de Dagon. 26 Samson demande au garçon qui le
conduit par la main : « Guide-moi pour que
je touche les colonnes qui soutiennent le temple. Je veux m'appuyer contre elles. »

27 Le temple est rempli d'hommes et de femmes. Tous les chefs philistins sont là. Il y a sur
la terrasse environ 3 000 personnes, hommes
et femmes, qui s'amusent à regarder Samson.
28 Alors Samson prie le SEIGNEUR en disant :
« Seigneur DIEU, je t'en prie, souviens-toi de
moi ! Donne-moi de la force, uniquement cette
fois-ci, ô Dieu ! Permets-moi de me venger des
Philistins d'un seul coup pour la perte de mes
deux yeux ! » 29 Samson touche les deux colonnes du milieu qui soutiennent le temple. Il
pousse celle de droite avec sa main droite et
celle de gauche avec sa main gauche. 30 Il
dit : « Je veux bien mourir, mais pas sans les
Philistins ! » Il pousse de toutes ses forces, et
le temple tombe sur les chefs et sur tous les
gens qui sont là. Ceux qu'il entraîne dans la
mort en mourant sont plus nombreux que
ceux qu'il a fait mourir pendant sa vie.

31 Ses frères et toute sa famille viennent
chercher son corps. Ils l'emportent et le placent dans la tombe de son père Manoa, entre
Sora et Èchetaol.

Samson a été juge[l] du peuple d'Israël pendant 20 ans.

DÉSORDRES DANS LES TRIBUS DE DAN ET DE BENJAMIN
17–21

Mika prend un prêtre pour son lieu saint

17 1 Dans la région montagneuse d'Éfraïm,
il y a un homme qui s'appelle Mika. 2 Un
jour, il dit à sa mère : « Quand quelqu'un t'a
pris 1 100 pièces d'argent, tu as maudit le voleur, tu t'en souviens. Et j'ai même entendu
ta malédiction. Eh bien, cet argent, c'est moi
qui l'ai pris. » Sa mère répond : « Que le SEI-
GNEUR te *bénisse, mon fils ! » 3 Mika rend les
1 100 pièces d'argent à sa mère. Celle-ci lui
dit : « J'ai décidé d'offrir cet argent au SEI-
GNEUR, pour toi, mon fils. Il servira à faire la statue d'un dieu recouverte de métal fondu. Je te
redonne donc l'argent maintenant. » 4 Après
que Mika a rendu l'argent à sa mère, celle-ci
prend 200 pièces d'argent et elle les donne
au fondeur. L'ouvrier fabrique la statue d'un
dieu recouverte de métal fondu, et on la place
dans la maison de Mika.

5 Cet homme, Mika, a chez lui un lieu pour
adorer les dieux. Il fait fabriquer une autre statue de dieu et des petites statues sacrées. Puis
il établit un de ses fils comme prêtre à son
service. 6 À cette époque, il n'y a pas de roi
en Israël. Chacun fait ce qui lui plaît.

7 Un jeune *lévite habite à Bethléem, ville
de la tribu de Juda, où il s'est installé. 8 Il

l **16.31** *Voir Juges 2.16 et la note.*

quitte Bethléem pour trouver un autre lieu où s'installer. En chemin, il arrive à la maison de Mika, dans la région montagneuse d'Éfraïm. 9 Mika lui dit : « D'où viens-tu ? » L'homme répond : « Je suis un lévite de Bethléem, en Juda. Je cherche un endroit où m'installer. » 10 Mika lui dit : « Reste chez moi et deviens le prêtre de ma famille. Je te donnerai dix pièces d'argent par an, des vêtements et ta nourriture. » Le lévite entre 11 et il accepte de rester chez Mika. Celui-ci traite le jeune homme comme son fils. 12 Mika l'établit comme prêtre à son service et il le loge chez lui. 13 Mika se dit : « Maintenant, le SEIGNEUR me fera du bien, j'en suis sûr, puisque j'ai un lévite comme prêtre. »

Les Danites emmènent le prêtre et les objets sacrés de Mika

18 1 À cette époque, il n'y a pas de roi en Israël. La tribu de Dan cherche alors une région où habiter. En effet, contrairement aux autres tribus israélites, elle n'en possède pas encore. 2 Les Danites choisissent donc cinq hommes de leur clan, des combattants de chez eux. Ils les envoient depuis Sora et Èchetaol, pour qu'ils cherchent à connaître le pays, et ils leur donnent cet ordre : « Allez vous renseigner sur le pays ! » Les cinq hommes arrivent près de la maison de Mika, dans la région montagneuse d'Éfraïm, et ils y passent la nuit. 3 Pendant qu'ils sont là, ils entendent le jeune *lévite parler et ils reconnaissent son accent. Alors ils vont lui dire : « Qui t'a demandé de venir à cet endroit ? Qu'est-ce que tu fais là ? Qu'est-ce qui te retient ici ? » 4 Il répond : « Mika m'a pris à son service, il me paie pour que je sois son prêtre. » 5 Ils lui disent : « Eh bien, consulte Dieu. Nous voulons savoir ceci : est-ce que le voyage que nous faisons va réussir ? » 6 Le prêtre leur répond : « Soyez tranquilles ! Le voyage que vous faites est sous le regard du SEIGNEUR ! »

7 Les cinq hommes s'en vont et ils arrivent à Laïch. Ils trouvent là des gens confiants qui vivent de la même façon que les gens de Sidon, dans la tranquillité et la sécurité. Personne n'a rien à reprocher à celui qui gouverne cette région. Les habitants de Laïch sont loin des Sidoniens et ils ne dépendent de personne. 8 Les cinq hommes reviennent auprès des Danites, à Sora et Èchetaol. Leurs frères leur demandent ce qu'ils ont découvert. 9 Ils répondent : « Venez ! Allons attaquer les habitants de Laïch. Nous avons vu leur région, elle est excellente. Ne restez pas là sans rien faire ! Dépêchez-vous de partir pour prendre possession de cette région ! 10 Quand vous arriverez, vous trouverez un peuple qui se sent en sécurité. La région est très étendue. Dieu vous la livrera, et là, aucun des biens de la terre ne manque. »

11 Alors 600 hommes de la tribu de Dan, armés pour le combat, quittent Sora et Èchetaol. 12 Ils vont établir leur camp à l'ouest de Quiriath-Yéarim, dans le territoire de Juda. C'est pourquoi encore aujourd'hui, on appelle cet endroit Mahané-Dan[m]. 13 De là, ils vont dans la région montagneuse d'Éfraïm et ils arrivent près de la maison de Mika.

14 Les cinq hommes qui ont cherché à connaître la région de Laïch disent à leurs camarades : « Est-ce que vous savez que dans une de ces maisons, il y a la statue d'un dieu et d'autres petites statues sacrées, avec un dieu recouvert de métal fondu ? Maintenant, prenez une décision ! » 15 Ensuite, les cinq hommes vont vers la maison de Mika. Ils entrent là où le jeune lévite habite. Ils lui demandent comment il va. 16 Pendant ce temps, les 600 Danites, armés pour le combat, se tiennent à l'entrée de la maison. 17 Les cinq hommes qui ont cherché à connaître le pays montent à l'étage. Ils prennent les statues de dieux, les autres petites statues sacrées et le dieu recouvert de métal fondu. Le prêtre se tient à l'entrée avec les 600 hommes armés. 18 Il voit les autres hommes entrer dans la maison et prendre les statues de dieux et les objets sacrés. Il leur demande : « Qu'est-ce que vous faites là ? » 19 Les hommes lui répondent : « Tais-toi ! Ne dis pas un mot et viens avec

m **18.12** *Mahané-Dan : en hébreu, ce nom veut dire « camp de Dan ».*

nous. Deviens le prêtre de notre tribu. Qu'est-ce que tu préfères : être prêtre pour la famille d'un seul homme ou pour toute une tribu d'Israël ? » 20 Le prêtre est content. Il s'en va avec les soldats en emportant les dieux et les petites statues.

21 Alors les Danites reprennent la route. Les enfants, les animaux et les bagages sont devant eux. 22 Ils s'éloignent de la maison de Mika. Aussitôt, Mika et ses voisins se rassemblent et se mettent à poursuivre les Danites. 23 Comme ils poussent des cris contre eux, les Danites se retournent et demandent à Mika : « Qu'est-ce que tu veux ? Pourquoi est-ce que vous criez de cette façon ? » 24 Mika répond : « Vous avez pris les dieux que j'ai fabriqués pour moi, et vous avez emmené mon prêtre. Qu'est-ce qui me reste ? Et vous me demandez ce que j'ai ? » 25 Les Danites lui répondent : « Arrête de te plaindre ! Sinon, certains parmi nous vont en avoir assez et ils peuvent vous attaquer. Tu perdras alors ta vie et celle de ta famille. » 26 Ensuite, les Danites continuent leur route. Mika voit qu'ils sont les plus forts, alors il fait demi-tour et rentre chez lui.

Les Danites s'installent à Laïch

27 Les Danites emportent les objets que Mika a fabriqués. Et ils emmènent le prêtre qui est à son service. Ils vont attaquer Laïch, où les habitants vivent dans la tranquillité et dans la sécurité. Les Danites les tuent et brûlent la ville. 28 Laïch était située dans la vallée de Beth-Rehob, loin de Sidon, et ses habitants ne dépendaient de personne. C'est pourquoi personne n'est venu à leur secours. Les Danites reconstruisent la ville et s'installent à cet endroit. 29 Ils changent le nom de la ville. Elle s'appelait Laïch, et ils l'appellent Dan. C'est le nom de leur ancêtre, un des fils de Jacob. 30 Ils installent la statue du dieu de Mika pour l'adorer. Yonatan, fils de Guerchom et petit-fils de Moïse, devient prêtre de la tribu de Dan. Ses enfants et les enfants de leurs enfants sont prêtres de cette tribu, jusqu'au moment où les gens ont été déportés[n]. 31 Ils gardent la statue du dieu de Mika pendant tout le temps que la maison de Dieu reste à Silo.

Des gens de Benjamin commettent un acte horrible

19 1 C'est l'époque où il n'y a pas de roi en Israël. Un jour, un *lévite installé dans un endroit reculé de la région montagneuse d'Éfraïm prend pour femme de deuxième rang une femme de Bethléem, dans le territoire de Juda. 2 Cette femme se fâche avec lui. Elle le quitte et retourne chez son père, à Bethléem, et là elle reste quatre mois. 3 Son mari part la retrouver. Il veut lui parler pour la persuader de revenir. Il emmène avec lui son serviteur et deux ânes. La jeune femme fait entrer son mari dans la maison de son père. Quand son père le voit, il le reçoit avec joie. 4 Il retient le mari de sa fille, et celui-ci reste chez lui pendant trois jours. Le lévite et son serviteur mangent, boivent et dorment là. 5 Le quatrième jour, ils se lèvent tôt le matin, et le lévite se prépare à partir. Mais le père de la jeune femme lui dit : « Mange donc quelque chose pour prendre des forces, vous partirez après. » 6 Alors les deux hommes s'assoient, ils mangent et boivent ensemble. Le beau-père dit au lévite : « Accepte de rester ici cette nuit et passe un bon moment ! » 7 Le lévite veut partir, mais son beau-père insiste tellement qu'il change d'avis. Et il reste encore à cet endroit pour la nuit. 8 Le cinquième jour, il se lève tôt le matin pour partir, mais le père de la jeune femme lui dit : « Prends des forces, je t'en prie, et restez tous jusqu'à cet après-midi. » Et ils mangent tous les deux. 9 Le lévite veut partir avec sa femme et son serviteur. Mais son beau-père lui dit : « Écoute, il est tard. C'est le soir, dormez ici, et passe un bon moment ! Demain matin, tu reprendras la route pour rentrer chez toi. »

---

n **18.30** *Il s'agit sans doute de la déportation qui a eu lieu sous le roi d'Assyrie Téglath-Phalasar, en 734 avant J.-C. Voir 2 Rois 15.29.*

10 Mais le lévite refuse de rester pour la nuit. Il se met en route avec sa femme et ses deux ânes avec leurs selles. Ils aperçoivent la ville de Jébus, c'est-à-dire Jérusalem[o]. 11 Quand ils arrivent près de la ville, le jour a beaucoup baissé. Le serviteur dit à son maître : « Entrons dans cette ville des Jébusites. Allons y passer la nuit. » 12 Son maître lui répond : « Non, nous ne nous arrêterons pas dans cette ville d'étrangers où il n'y a pas d'Israélites. Continuons jusqu'à Guibéa. 13 Essayons d'atteindre Guibéa ou Rama, et nous passerons la nuit dans un de ces endroits. » 14 Ils continuent leur route. Le soleil se couche quand ils arrivent près de Guibéa, dans le territoire de Benjamin. 15 Ils vont donc dans cette direction pour passer la nuit à Guibéa. Ils entrent dans la ville et ils s'assoient sur la place publique. Mais personne ne les invite à loger dans sa maison.

16 Ce soir-là, voici qu'un vieil homme rentre de son travail dans les champs. C'est un homme de la région montagneuse d'Éfraïm, mais il est installé à Guibéa. Les gens de cette ville sont benjaminites. 17 Le vieil homme voit le voyageur sur la place de la ville et il lui demande : « D'où viens-tu ? Où vas-tu ? » 18 Le lévite répond : « Nous venons de Bethléem, en Juda, où je suis allé en voyage. Nous allons vers un endroit écarté de la région montagneuse d'Éfraïm. Je suis de là-bas. Personne ne m'a invité dans sa maison. 19 Pourtant, nous avons de la paille et de l'herbe pour nos ânes. J'ai aussi de la nourriture et du vin pour moi, ma femme et mon serviteur. Nous ne manquons de rien. » 20 Alors le vieil homme lui dit : « Que la paix soit avec toi ! Je vais m'occuper de ce qui peut te manquer. Mais ne passe pas la nuit sur la place ! » 21 Il les fait entrer dans sa maison et il donne de l'herbe aux ânes. Les voyageurs se lavent les pieds, ils mangent et ils boivent.

22 Pendant qu'ils reprennent des forces, des hommes de l'endroit, une bande de gens qui ne valent rien, entourent la maison. Ils frappent violemment contre la porte et ils disent au vieil homme, le maître de la maison : « Fais sortir l'homme qui est chez toi. Nous voulons coucher avec lui. » 23 Le vieil homme sort et leur dit : « Non, mes frères, je vous en prie, ne faites pas le mal. Cet homme est mon hôte, ne faites pas cette chose horrible. 24 Mais j'ai une fille encore vierge, et cet homme a une femme de deuxième rang avec lui. Je vais donc les faire sortir. Prenez-les et faites d'elles ce que vous voulez. Mais ne commettez aucune action horrible contre cet homme. » 25 Mais les hommes ne veulent pas l'écouter. Alors le lévite fait sortir sa femme. Ils couchent avec elle et ils lui font violence toute la nuit. Ils ne la laissent qu'au lever du jour.

26 Vers le matin, la femme vient tomber à l'entrée de la maison du vieil homme chez qui son mari se trouve. Elle reste là jusqu'au lever du jour. 27 Son mari se lève tôt le matin, il ouvre la porte de la maison et il sort pour reprendre la route. Il trouve sa femme étendue à l'entrée de la maison, les mains sur le seuil. 28 Il lui dit : « Lève-toi, nous partons. » Mais il n'y a pas de réponse. Alors le lévite charge le corps de sa femme sur son âne et il retourne chez lui. 29 Arrivé chez lui, il prend un couteau et découpe le corps de sa femme en douze morceaux. Il envoie un morceau à chaque tribu d'Israël. 30 Tous ceux qui voient cela disent : « Personne n'a jamais vu une chose pareille, personne n'a jamais commis une action semblable depuis que les Israélites sont sortis d'Égypte. Il faut réfléchir à cette affaire, nous rencontrer pour en discuter et prendre une décision. »

Les autres tribus font la guerre à la tribu de Benjamin

20 1 Alors tous les Israélites sont d'accord pour se rassembler à Mispa[p], devant le SEIGNEUR. Ils viennent de partout, depuis Dan,

o **19.10** *À cette époque, Jérusalem s'appelait Jébus. Ses habitants, les Jébusites, étaient cananéens.*

p **20.1** *Mispa était à 13 kilomètres au nord de Jérusalem. Il existait un autre endroit du même nom dans la région de Galaad. Voir Juges 11.29 et la note.*

au nord, jusqu'à Berchéba, au sud, et depuis le
pays de Galaad, à l'est. 2 Les chefs de tout le
peuple, les hommes de toutes les tribus d'Israël sont présents à ce rassemblement du peuple de Dieu : il y a 400 000 soldats à pied, qui
savent se servir d'une *épée. 3 Les hommes de
la tribu de Benjamin apprennent que les autres Israélites sont allés à Mispa.

Les Israélites demandent : « Racontez-nous
comment ce crime a été commis. » 4 Alors le
*lévite, le mari de la femme qui a été tuée,
répond : « Je suis arrivé avec ma femme de
deuxième rang à Guibéa, dans le pays de Benjamin, pour y passer la nuit. 5 Les habitants de
Guibéa sont venus me faire du mal. Pendant la
nuit, ils ont entouré la maison où j'étais. Ils
voulaient me tuer, mais c'est à ma femme
qu'ils ont fait violence, et elle en est morte.
6 Alors j'ai pris son corps, je l'ai découpé en
morceaux et j'ai envoyé ces morceaux dans
toutes les tribus d'Israël. En effet, les gens
de Guibéa ont commis un acte honteux et horrible en Israël. 7 Maintenant que vous êtes
tous réunis, Israélites, consultez-vous et prenez une décision ! » 8 Tout le peuple est d'accord pour dire : « Aucun de nous ne doit
rentrer chez lui, personne ne doit retourner
dans sa maison. 9 Voici ce que nous allons
faire contre Guibéa : dans chaque tribu d'Israël, nous *tirerons au sort 10 et nous prendrons un homme sur dix. Ils iront chercher
de la nourriture pour les soldats qui attaqueront Guibéa. Quand ils reviendront, nous pu-
nirons cette ville pour l'acte horrible que ses
habitants ont commis en Israël. »

11 Les Israélites sont d'accord pour aller attaquer Guibéa tous ensemble. 12 Les tribus d'Israël envoient des messagers dans tout le pays
de Benjamin pour dire : « Quel est ce crime
qui a été commis parmi vous ? 13 Livrez-nous
maintenant ces bandits de Guibéa. Nous les
ferons mourir et de cette façon, nous arrache-
rons le mal du peuple d'Israël. »

Mais les Benjaminites ne veulent pas écouter leurs frères israélites. 14 Ils arrivent de plusieurs villes et se rassemblent à Guibéa pour
combattre les autres Israélites. 15 Ce jour-là,
on compte 26 000 hommes venus de toutes
les villes de Benjamin. Il y a en plus les habitants de Guibéa, où l'on compte 700 soldats
excellents. 16 Dans cette armée, il y a également 700 soldats excellents qui sont habiles
de leur main gauche. Chacun est capable de
lancer une pierre avec une fronde sur un cheveu sans le manquer. 17 On compte aussi les Israélites qui ne sont pas de Benjamin. Ils sont
400 000 soldats entraînés à la guerre.

18 Ceux-ci vont à Béthel et ils consultent
Dieu en demandant : « Quelle tribu va attaquer les Benjaminites en premier ? » Le SEI-
GNEUR répond : « C'est la tribu de Juda qui
commencera. » 19 Le matin suivant, les Israélites se mettent en route et vont installer leur
camp près de Guibéa. 20 Puis ils s'avancent
pour combattre les Benjaminites et ils se rangent en position de combat en face de Guibéa.
21 Les Benjaminites sortent de la ville et ce
jour-là, ils tuent 22 000 Israélites. 22-23 Les Israélites vont pleurer devant le SEIGNEUR jusqu'au soir. Ils le consultent en demandant :
« Est-ce que nous devons continuer à combattre nos frères de la tribu de Benjamin ? » Le
SEIGNEUR leur répond : « Combattez-les ! »
Alors les Israélites reprennent courage. Ils se
rangent de nouveau en position de combat,
au même endroit que le premier jour. 24 Ils
attaquent encore les Benjaminites. 25 Ce
deuxième jour, les Benjaminites sortent de
Guibéa, ils tuent 18 000 soldats israélites.
26 Alors toute la population d'Israël va à Béthel. Les gens restent là devant le SEIGNEUR :
ils pleurent et *jeûnent jusqu'au soir. Ils offrent au SEIGNEUR des *sacrifices complets et
des sacrifices de communion. 27-28 À cette
époque, le *coffre de l'alliance de Dieu était
à Béthel. Pinhas, fils d'Élazar et petit-fils
*d'Aaron, en était chargé. Les Israélites con-
sultent donc le SEIGNEUR en demandant :
« Est-ce que nous devons encore aller combattre nos frères de la tribu de Benjamin ? Ou bien
est-ce que nous devons abandonner le combat ? » Le SEIGNEUR leur répond : « Allez-y. Demain, je les livrerai en votre pouvoir. »

29 Alors les Israélites cachent des soldats autour de Guibéa. 30 Puis le troisième jour, ils se
rangent en position de combat, comme les autres fois, et ils vont attaquer les Benjaminites.
31 Les Benjaminites sortent pour les combattre

et ils se laissent entraîner loin de la ville. Ils se mettent à tuer des soldats israélites comme les autres fois. Ils tuent environ 30 hommes en pleine campagne, sur le chemin de Béthel et sur celui de Guibéa. [32] Ils se disent: « Nous les avons battus comme les autres fois. » Mais les Israélites, eux, ont décidé de fuir et d'attirer les Benjaminites loin de Guibéa, sur les chemins de campagne. [33] Les troupes israélites quittent donc leur position et elles se regroupent à Baal-Tamar. Pendant ce temps, les soldats cachés près de la ville sortent tout à coup, du côté de la plaine de Guibéa. [34] Ainsi 10 000 soldats excellents, de tout Israël, arrivent en face de Guibéa. Le combat est très dur, mais les Benjaminites ne savent pas encore que le malheur va les frapper. [35] Le SEIGNEUR provoque la défaite des Benjaminites devant Israël. Ce jour-là, les Israélites tuent 25 100 soldats de la tribu de Benjamin.

[36] Alors les Benjaminites comprennent qu'ils sont battus. Les Israélites laissent le terrain libre aux Benjaminites. En effet, ils comptent sur l'attaque des soldats cachés autour de Guibéa. [37] Ceux-ci avancent très vite vers la ville, ils la prennent et tuent les habitants. [38] Ils ont décidé d'un signal avec les autres soldats d'Israël. Ils doivent faire monter un nuage de fumée au-dessus de la ville. [39] Quand les troupes israélites reculent pendant le combat, les Benjaminites tuent 30 soldats environ. Ils se disent: « C'est sûr, ils sont complètement battus, comme dans le premier combat ! » [40] Mais à ce moment-là, une épaisse colonne de fumée commence à monter au-dessus de Guibéa. Les Benjaminites regardent derrière eux et ils voient la fumée qui monte de leur ville complètement en flammes. [41] Alors les Israélites se retournent contre les Benjaminites. Ceux-ci sont effrayés en voyant le malheur qui les frappe. [42] Ils se mettent à fuir devant les Israélites et ils vont vers le désert. Mais ils ne peuvent pas échapper au combat, et les soldats qui viennent de Guibéa les tuent. [43] Les Israélites attaquent les Benjaminites de tous les côtés. Ils les poursuivent jusqu'à un endroit situé à l'est de Guibéa, ils les tuent dès qu'ils veulent s'arrêter. [44] C'est ainsi que 18 000 Benjaminites meurent: c'étaient tous des hommes courageux. [45] Les autres Benjaminites fuient en direction du désert, vers le rocher de Rimmon. Les Israélites tuent 5 000 hommes le long des chemins. Ils les poursuivent jusqu'à Guidom et ils en tuent encore 2 000. [46] Ce jour-là, ils tuent en tout 25 000 soldats de la tribu de Benjamin: ils étaient tous des hommes courageux. [47] Pourtant, 600 de ceux qui ont fui en direction du désert réussissent à arriver au rocher de Rimmon. Ils restent là quatre mois. [48] Les Israélites reviennent combattre les autres Benjaminites. Ils passent d'une ville à l'autre, ils tuent leurs habitants ainsi que les animaux et tout ce qu'ils trouvent. De plus, ils mettent le feu à toutes les villes qui sont sur leur chemin.

La tribu de Benjamin peut de nouveau exister

21 [1] Les hommes d'Israël réunis à Mispa[q] ont fait un serment en disant: « Aucun de nous ne donnera sa fille en mariage à un homme de la tribu de Benjamin. » [2] Cette fois-ci, le peuple va à Béthel, et les gens restent devant Dieu jusqu'au soir. Ils crient et pleurent beaucoup. [3] Ils disent: « SEIGNEUR, Dieu d'Israël, pourquoi ce malheur ? Aujourd'hui, une tribu du peuple d'Israël disparaît. Pourquoi donc ? » [4] Le jour suivant, tôt le matin, le peuple bâtit un *autel à cet endroit. Il offre des *sacrifices complets et des sacrifices de communion. [5] Puis les Israélites disent: « Parmi toutes les tribus d'Israël, est-ce qu'il y en a une qui n'est pas venue à l'assemblée devant le SEIGNEUR, à Mispa ? » En effet, ils ont juré solennellement de faire mourir tous ceux qui ne viendraient pas à Mispa. [6] Les Israélites ont pitié de leurs frères de la tribu de Benjamin. Ils disent: « Aujourd'hui, une tribu est en train de disparaître du peuple d'Israël. [7] Nous avons promis de façon solennelle devant le SEIGNEUR de ne pas donner nos filles en mariage aux Benjaminites. Qu'est-ce que

q 21.1 *Mispa : voir Juges 20.1 et la note.*

nous allons faire pour donner des femmes à
ceux qui sont restés en vie ? »
8 Ils demandent : « Parmi les tribus israélites, est-ce qu'il y a un groupe qui n'est pas
venu à Mispa devant le SEIGNEUR ? » Ils découvrent qu'aucun habitant de Yabech, en Galaad, n'est venu au camp où l'assemblée se
tenait. 9 En effet, quand ils ont compté les
gens présents, il n'y avait personne de Yabech. 10 Alors la communauté envoie 12 000
hommes courageux en leur donnant cet ordre : « Allez tuer les habitants de Yabech en
Galaad, avec les femmes et les enfants.
11 Voici ce que vous ferez : vous tuerez tous
les hommes et toutes les femmes mariées. »
12 Dans la population de Yabech, ils trouvent
400 jeunes filles qui n'ont pas encore couché
avec un homme. Ils les amènent au camp de
Silo, dans le pays de *Canaan.
13 Ensuite, toute la communauté envoie des
messagers parler aux Benjaminites qui se trouvent au rocher de Rimmon, et ils leur proposent la paix. 14 Les Benjaminites reviennent
aussitôt chez eux. On leur donne les femmes
de Yabech qui n'ont pas été tuées, mais il n'y
en a pas assez pour tous.
15 Les Israélites ont pitié des gens de la tribu
de Benjamin. En effet, le SEIGNEUR a fait un
trou dans les tribus d'Israël. 16 Les responsables de la communauté disent : « Il n'y a plus
de femmes dans la tribu de Benjamin.
Qu'est-ce que nous allons faire pour en donner à ceux qui sont restés en vie ? 17 Il faut
des enfants aux Benjaminites pour éviter
qu'une tribu d'Israël disparaisse. 18 Mais
nous avons fait un serment en disant : "Celui
qui donnera sa fille en mariage à un Benjaminite, qu'il soit maudit !" Nous ne pouvons
donc pas leur donner nos filles pour femmes. »
19 Ils se rappellent alors ceci : chaque année,
il y a une fête du SEIGNEUR à Silo. Cette ville est
située au nord de Béthel, au sud de Lebona et
à l'est de la route qui monte de Béthel à Sichem. 20 Ils donnent alors ce conseil aux hommes de la tribu de Benjamin : « Allez vous
cacher dans les *vignes. 21 Quand les filles de
Silo sortiront pour former leurs danses, sortez
des vignes. Chacun de vous enlèvera une des
jeunes filles. Puis il l'emmènera avec lui dans
le territoire de Benjamin pour en faire sa
femme. 22 Si leurs pères ou leurs frères viennent se plaindre à nous, voici ce que nous
leur dirons : "Soyez bons avec eux. En effet,
nous n'avons pas pu prendre de femme pour
chacun d'eux pendant la bataille de Yabech[r].
Ce n'est pas vous qui leur avez donné vos filles. Personne ne peut donc vous accuser
d'avoir manqué à votre serment." »
23 Les Benjaminites suivent ce conseil. Ils
enlèvent une femme pour chacun d'eux,
parmi les filles qui dansent à Silo. Ensuite,
ils repartent dans leur territoire, ils reconstruisent leurs villes et ils y habitent. 24 Les autres Israélites quittent l'assemblée. Chacun va
dans sa tribu et dans son clan et retrouve la
part de territoire qu'il a reçue.
25 À cette époque, il n'y a pas de roi en
Israël. Chacun fait ce qui lui plaît.

r **21.22** *Yabech : voir les versets 10 à 14.*

Ruth

INTRODUCTION

Ruth est le personnage principal du livre qui porte son nom.

Le livre de Ruth raconte l'histoire d'une famille israélite qui est presque totalement détruite, puis recommence à vivre. Cette histoire se passe au temps où les chefs du peuple d'Israël s'appelaient « les juges », mais elle a été écrite plus tard.

L'histoire de la famille d'Élimélek, de Bethléem en Juda, commence par des événements malheureux, la famine, l'exil et la mort du père puis des fils. Elle se termine par une naissance qui permet à cette famille de connaître un nouveau départ. Deux femmes jouent un rôle central dans le récit : Noémi, la femme d'Élimélek, et Ruth, sa belle-fille.

Ruth, une Moabite, choisit de ne pas abandonner sa belle-mère Noémi et d'adopter son peuple. Veuve d'un Israélite exilé au pays de Moab, elle devient la femme d'un autre Israélite, Booz. Le fils de Booz et de Ruth est le grand-père du roi David. Ruth devient donc une des mères importantes du peuple d'Israël, car elle est l'ancêtre de David.

Les Moabites ont souvent eu de mauvaises relations avec les Israélites. C'étaient des étrangers, et ils ne devaient pas être acceptés dans l'assemblée du Seigneur (voir Deutéronome 23.4-5). Un des buts du livre de Ruth est de montrer comment ***une femme étrangère, entrée dans le peuple de Dieu,*** *a joué un rôle de premier plan dans l'histoire de ce peuple.*

Les textes de la Bible n'ont pas tous le même point de vue sur les mariages avec des femmes étrangères. Les livres d'Esdras et de Néhémie, par exemple, les interdisent. Certains textes insistent sur les dangers de l'influence que les étrangers peuvent avoir sur les Israélites. D'autres insistent sur l'amour de Dieu pour tous les peuples et sur la valeur des non-Israélites. Leur relation avec le peuple d'Israël ou leur présence dans ce peuple peut être une source de joie.

Les malheurs de la famille d'Élimélek

1 [1] Cette histoire se passe au temps où les
juges gouvernent le peuple d'Israël. À ce
moment-là, il y a une famine dans le pays.
Alors Élimélek, un homme du village de
Bethléem, dans la région de Juda, part avec
sa femme et ses deux fils. Ils vont dans la région de Moab[a]. [2] Sa femme s'appelle Noémi,
et ses fils s'appellent Malon et Kilion. Ils sont
du clan d'Éfrata. Ils arrivent donc dans le
pays de Moab et s'installent là. [3] Ensuite, Élimélek, le mari de Noémi, meurt, et Noémi
reste seule avec ses deux fils. [4] Plus tard,
les garçons se marient avec des filles de
Moab : l'une s'appelle Orpa, l'autre s'appelle
Ruth. Ils habitent là pendant dix ans à peu
près. [5] Puis Malon et Kilion meurent aussi,
tous les deux. Noémi reste seule, sans
enfants et sans mari.

---

a 1.1 *Les juges : À une époque de leur histoire, les Israélites ont été dirigés par des juges. C'étaient des personnes envoyées par Dieu. Dieu les chargeait plus particulièrement de délivrer une ou plusieurs tribus en guerre et de diriger le peuple. Ils rendaient aussi la justice.*
Moab : pays fertile situé à l'est de la mer Morte.

Ruth part avec Noémi à Bethléem

6-7 Un jour, toujours dans le pays de Moab,
Noémi apprend cette nouvelle : le SEIGNEUR a
montré sa bonté pour son peuple en lui donnant de bonnes récoltes. Alors elle se prépare
à quitter le pays de Moab avec les deux femmes de ses fils. Elle quitte le lieu où elle vit
avec ses deux belles-filles. Les femmes prennent la route ensemble pour aller au pays de
Juda. 8 Mais Noémi dit à Orpa et à Ruth :
« Maintenant, mes filles, rentrez chacune
chez votre mère. Vous avez agi avec bonté envers mes fils qui sont morts et envers moi. De
la même façon, que le SEIGNEUR montre sa
bonté envers vous ! 9 Qu'il vous permette à
toutes les deux de retrouver un mari et d'être
heureuses avec lui ! » Puis elle les embrasse.
Alors les deux jeunes femmes se mettent
à pleurer beaucoup. 10 Puis elles disent à
Noémi : « Non ! Nous allons avec toi dans
ton pays. » 11 Mais Noémi leur dit : « Rentrez
dans votre famille, mes filles. Pourquoi est-
ce que vous voulez venir avec moi ? Est-ce
que je peux encore avoir des fils qui pourraient se marier avec vous[b] ? Non ! Je suis
trop vieille pour cela. 12 Rentrez chez vous,
mes filles. Oui, partez. Je suis trop vieille
pour me remarier. Bien sûr, je pourrais
dire : "Il y a encore de l'espoir pour moi.
Oui, cette nuit même, je vais avoir un mari
qui va me donner des fils." 13 Mais, même
dans ce cas, est-ce que vous pouvez attendre
qu'ils soient grands ? Est-ce que vous allez refuser de vous remarier pour cela ? Non, mes
filles, ma vie est plus dure que la vôtre. En
effet, la main du SEIGNEUR m'a frappée. »

14 Alors les deux jeunes femmes recommencent à pleurer beaucoup. Puis Orpa dit au revoir à sa belle-mère en l'embrassant. Mais
Ruth décide de rester avec elle. 15 Noémi dit
à Ruth : « Regarde, ta belle-sœur est retournée
vers son peuple et vers le dieu de son peuple.
Fais comme elle, rentre chez toi ! » 16 Mais
Ruth répond : « Ne me force pas à te quitter
pour rentrer chez moi. Là où tu iras, j'irai.
Là où tu habiteras, j'habiterai. Ton peuple
sera mon peuple, et ton Dieu sera mon
Dieu. 17 Là où tu mourras, je mourrai, et là
on m'enterrera. Que le SEIGNEUR me punisse
très sévèrement si ce n'est pas la mort qui
me sépare de toi ! »

Noémi retourne à Bethléem, et Ruth va avec elle

18 Quand Noémi voit que Ruth veut à tout
prix venir avec elle, elle n'insiste plus. 19 Les
deux femmes marchent ensemble jusqu'à
Bethléem.

Quand elles arrivent là, tous les habitants
sont surpris de les voir. Les femmes du village
disent : « Est-ce que c'est Noémi ? » 20 Mais
Noémi leur répond : « Ne m'appelez pas
Noémi, la femme heureuse. Appelez-moi
Mara, la femme amère, car le *Tout-Puissant
a rendu ma vie très amère. 21 En partant d'ici,
j'avais les mains pleines. Le SEIGNEUR me fait
revenir les mains vides. Il s'est tourné contre
moi, le Tout-Puissant m'a fait du mal. Ne
m'appelez donc plus Noémi, la femme heureuse ! »

22 C'est de cette façon que Noémi revient
du pays de Moab, avec Ruth, sa belle-fille moabite. Elles arrivent à Bethléem au moment où
la récolte de *l'orge commence.

Ruth ramasse des épis dans le champ de Booz

2 1 Noémi a un parent dans la famille d'Élimélek, son mari. C'est un riche notable.
Il s'appelle Booz. 2 Un jour, Ruth la Moabite
dit à Noémi : « Laisse-moi aller dans les
champs. Je ramasserai les épis derrière quelqu'un[c] qui sera bon envers moi en me permettant de le faire. » Noémi répond : « Vas-y, ma
fille. » 3 Ruth part et elle va dans un champ,

---

b 1.11 *Quand un homme mourait sans enfant, son frère ou son parent le plus proche devait se marier avec la veuve pour donner des enfants au mort. C'est la coutume du « lévirat ». Voir Deutéronome 25.5-10 ; Ruth 4.5,10.*

c 2.2 *Les gens pauvres avaient le droit de ramasser les épis laissés par ceux qui faisaient la récolte. Voir Lévitique 19.9-10 et Deutéronome 24.19-21.*

pour ramasser les épis derrière ceux qui récoltent. Par chance, le champ où elle va est celui
de Booz, de la famille d'Élimélek.
4 Un peu plus tard, Booz arrive de Bethléem. Il salue les ouvriers : « Que le SEIGNEUR
soit avec vous ! » Les ouvriers répondent :
« Que le SEIGNEUR te *bénisse ! » 5 Booz demande au chef des ouvriers : « Qui est cette
jeune femme ? » 6 Le chef répond : « C'est
une jeune Moabite. Elle est revenue du pays
de Moab avec Noémi. 7 Elle m'a dit : "Permets-moi de ramasser les épis que les ouvriers
laissent tomber des *gerbes." Elle est venue
ce matin et jusqu'à maintenant, elle ne s'est
presque pas reposée. » 8 Alors Booz dit à
Ruth : « Écoute, ma fille, ne va pas ramasser
les épis dans un autre champ. Reste ici et travaille avec mes servantes. 9 Regarde bien les
endroits où les hommes récoltent et suis les
femmes qui ramassent les épis. J'ai commandé
à mes serviteurs de te laisser tranquille. Si tu
as soif, va boire de l'eau dans les récipients
que mes serviteurs ont remplis. » 10 Ruth s'incline jusqu'à terre devant Booz. Puis elle lui
dit : « Tu me regardes avec bonté et tu t'inté-
resses à moi qui suis une étrangère. Comment
est-ce possible ? » 11 Booz répond : « J'ai appris
tout ce que tu as fait pour ta belle-mère depuis
la mort de ton mari. Tu as laissé ton père, ta
mère, ton pays. Et tu es venue vivre au milieu
d'un peuple que tu ne connaissais pas avant.
12 Que le SEIGNEUR te récompense pour tout
cela ! Tu es venue te mettre sous la protection
du SEIGNEUR, Dieu d'Israël. Qu'il te récompense largement ! » 13 Ruth répond à Booz :
« Maître, tu es vraiment bon pour moi. Tu
m'encourages en me parlant avec bonté. Et
pourtant, je ne suis même pas comme l'une
de tes servantes. »
14 Au moment du repas, Booz dit à Ruth :
« Viens manger avec nous. Prends un morceau de pain et trempe-le dans la sauce. »
Ruth s'assoit à côté des ouvriers. Booz lui
tend des épis grillés. Elle en mange autant
qu'elle veut et il lui en reste. 15 Puis Ruth se
lève pour aller de nouveau ramasser des
épis. Ensuite, Booz donne cet ordre à ses serviteurs : « Laissez-la ramasser les épis, même
entre les gerbes. Ne lui faites pas de reproches. 16 Enlevez même quelques épis des gerbes et laissez-les par terre pour qu'elle les
ramasse. Ne lui faites aucun reproche. »
17 Ruth ramasse les épis dans le champ de
Booz jusqu'au soir. Puis elle bat les épis
qu'elle a ramassés. Elle remplit un grand sac
de grains *d'orge.
18 Elle rapporte le sac au village. Noémi, sa
belle-mère, voit ce qu'elle a ramassé. Ruth
sort aussi ce qui reste de son repas et elle le
donne à Noémi. 19 Noémi lui demande : « Où
as-tu ramassé ces épis aujourd'hui ? Dans
quel champ est-ce que tu as travaillé ? Que
Dieu bénisse celui qui a été bon pour toi ! »
Ruth raconte : « J'ai travaillé dans le champ
d'un homme qui s'appelle Booz. » 20 Alors
Noémi dit à Ruth : « Je le vois, le SEIGNEUR
continue à nous montrer sa bonté. Il est bon
pour nous les vivants, comme il est bon pour
les morts. Qu'il bénisse cet homme ! » Puis
Noémi ajoute : « Booz est un homme de notre
famille proche. Il est l'un de ceux qui ont la
responsabilité de prendre soin de nous[d]. »
21 Ruth la Moabite dit encore : « Booz m'a dit
aussi : "Continue à ramasser les épis derrière
mes serviteurs jusqu'à la fin de la récolte." »
22 Noémi dit à Ruth : « C'est bien, ma fille.
Continue de travailler avec les servantes de
Booz. Si tu vas dans le champ de quelqu'un
d'autre, tu risques d'être mal reçue. »
23 Ruth va donc ramasser les épis d'orge et
de *blé avec les servantes de Booz, jusqu'à la
fin de la récolte. Elle continue à habiter avec
sa belle-mère.

Ruth passe la nuit aux pieds de Booz

3 1 Un jour, Noémi dit à Ruth : « Ma fille, je
dois trouver une solution pour que tu sois
heureuse. 2 Tu le sais, ce Booz qui t'a laissée

---

d **2.20** *Quand un homme mourait sans enfant, son parent le plus proche devait se marier avec la veuve pour donner des enfants au mort. Il devait aussi racheter ses terres pour qu'elles restent dans la famille.*

travailler avec ses servantes, il est de notre famille. Ce soir, il va battre *l'orge sur la place où on bat les grains. 3 Lave-toi, parfume-toi, mets ta belle robe et va là-bas. Mais ne te montre pas avant la fin de son repas. 4 Quand Booz se couchera, regarde l'endroit où il est. Ensuite, approche-toi, écarte un peu sa couverture et couche-toi à ses pieds[e]. Après cela, il te dira lui-même ce que tu dois faire. » 5 Ruth répond : « Je ferai tout ce que tu m'as dit. »

6 Ruth va à l'endroit où Booz bat les grains. Elle fait exactement ce que Noémi lui a dit. 7 Booz mange et boit et il est de très bonne humeur. Il vient se coucher au bord du tas de grains. Alors Ruth s'approche doucement, elle écarte la couverture et se couche à ses pieds.

8 Au milieu de la nuit, Booz se réveille brusquement. Il se retourne et voit une femme couchée à ses pieds. 9 Il dit : « Qui est-ce ? » Elle répond : « C'est moi, Ruth. Protège-moi. En effet, tu es un proche parent et tu as la responsabilité de prendre soin de moi[f]. » 10 Booz répond : « Que le SEIGNEUR te *bénisse ! Tu n'as pas cherché l'amour des jeunes gens, riches ou pauvres. Ce que tu viens de faire prouve ta fidélité à la famille de ta belle-mère. Tu as agi encore mieux qu'avant. 11 Maintenant, Ruth, n'aie pas peur. Je ferai pour toi tout ce que tu voudras. En effet, tu es une femme de valeur, tout le monde le sait. 12 Oui, c'est vrai, je dois prendre soin de toi. Mais il y a quelqu'un d'autre qui est encore plus proche de ta famille que moi. 13 Reste ici cette nuit. Demain matin, nous verrons s'il veut remplir son devoir envers toi. Si oui, il doit le faire. S'il ne veut pas, je te promets ceci devant le SEIGNEUR : je ferai pour toi ce que je dois faire. Dors jusqu'à demain matin ! »

14 Ruth reste couchée aux pieds de Booz jusqu'au matin. Puis elle se lève très tôt, avant la lumière du jour, pour qu'on ne la reconnaisse pas. En effet, Booz pensait : on ne doit pas savoir que cette femme est venue ici. 15 Il dit à Ruth : « Enlève ton pagne de dessus et tiens-le bien. » Elle le tient bien. Alors Booz mesure à peu près 15 kilos d'orge et il les met dans le pagne de Ruth. Ensuite, il revient au village. 16 Ruth va chez sa belle-mère. Noémi lui demande : « Cela s'est bien passé, ma fille ? »

Ruth lui raconte tout ce que Booz a fait pour elle. 17 Elle ajoute : « Il m'a donné ces 15 kilos d'orge en me disant : "Tu ne dois pas rentrer chez ta belle-mère les mains vides." » 18 Noémi dit : « Attends ici, ma fille. Tu vas voir comment les choses vont finir. En effet, cet homme-là ne sera pas satisfait s'il ne règle pas cette affaire aujourd'hui. »

Booz achète le champ d'Élimélek et prend Ruth pour femme

4 1 Booz va à l'entrée du village, là où on discute des affaires. Il s'assoit. Booz a parlé à Ruth d'un parent très proche d'Élimélek. Cet homme passe justement par là. Booz lui dit : « Arrête-toi ! Viens t'asseoir ici. » L'homme s'arrête et il s'assoit. 2 Alors Booz demande à dix *anciens du village de s'asseoir avec eux. Ils s'assoient. 3 Ensuite, Booz dit à cet autre parent d'Élimélek : « Noémi est revenue du pays de Moab, tu le sais. Eh bien, elle va vendre le champ qui était à notre frère Élimélek. 4 Moi, j'ai décidé de t'en parler devant les anciens et devant tous ceux qui sont là. Si tu veux racheter ce champ, rachète-le. Si tu ne veux pas, dis-le-moi. En effet, c'est toi le premier qui as le droit de racheter, et moi le deuxième. » L'homme dit : « Je veux bien racheter le champ. » 5 Booz dit : « Si tu achètes le champ à Noémi, tu dois aussi prendre pour femme Ruth la Moabite. Ainsi, la propriété du champ restera dans la famille de son mari mort[g]. » 6 L'homme répond : « Dans ce cas, je ne peux pas. En effet, je risque de diminuer ma propriété. Donc, prends pour toi le droit de racheter. Moi, je ne peux pas. »

---

e **3.4** *Ce geste est une demande de protection de la part de Ruth.*

f **3.9** *Voir Ruth 2.20 et la note.*

g **4.5** *Voir Ruth 2.20 et la note.*

7 Autrefois, en Israël, quand des hommes achetaient ou échangeaient quelque chose, l'un des deux enlevait sa sandale et il la donnait à l'autre. Ce geste montrait que l'affaire était réglée. 8 Donc, celui qui a le droit de racheter le champ d'Élimélek dit à Booz : « Achète le champ. » Puis il enlève sa sandale. 9 Booz dit aux anciens et à tous ceux qui sont là : « Aujourd'hui, vous êtes *témoins : j'achète à Noémi tout ce qui était à Élimélek et à ses fils Kilion et Malon. 10 Je prends aussi pour femme Ruth la Moabite, qui était la femme de Malon. Ainsi la propriété du champ restera dans la famille du mort. De plus, il aura des enfants. Ainsi, son nom gardera sa place parmi ses frères, et sa famille sera présente quand les affaires de son village seront discutées. Aujourd'hui, vous êtes témoins de cela. » 11 Les anciens et tous ceux qui sont là répondent : « Oui, nous en sommes témoins ! Que le SEIGNEUR *bénisse la femme qui entre dans ta maison ! Qu'elle ressemble à Rachel et à Léa, les deux femmes de Jacob qui ont donné naissance au peuple d'Israël ! Que tu sois riche dans le clan d'Éfrata, et que ton nom soit célèbre à Bethléem ! 12 Que le SEIGNEUR te donne beaucoup d'enfants avec cette jeune femme ! Et que ta famille soit comme celle de Pérès, le fils de Juda et de Tamar ! »

La naissance d'Obed, ancêtre de David

13 Alors Booz se marie avec Ruth, et Ruth devient sa femme. Il s'unit à elle. Le SEIGNEUR la *bénit, elle devient enceinte et elle met au monde un garçon. 14 C'est pourquoi les femmes disent à Noémi : « Remercions le SEIGNEUR ! Aujourd'hui, il te donne quelqu'un qui pourra prendre soin de toi. Ton petit-fils deviendra célèbre en Israël. 15 Il va te faire revivre et te soutenir dans ta vieillesse. Ta belle-fille vaut mieux pour toi que sept fils, car elle t'aime et t'a donné ce petit-fils. » 16 Alors Noémi prend l'enfant et elle le serre sur son cœur. Puis c'est elle qui s'occupe de lui. 17 Les voisines disent : « Noémi a un fils ! » Elles lui donnent le nom d'Obed. Obed est le père de Jessé, qui est le père de David.

18 Voici la liste des ancêtres de David, à partir de Pérès : Pérès est le père de Hesron. 19 Hesron est le père de Ram. Ram est le père d'Amminadab. 20 Amminadab est le père de Nachon. Nachon est le père de Salman. 21 Salman est le père de Booz. Booz est le père d'Obed. 22 Obed est le père de Jessé, et Jessé est le père de David.

Les livres de Samuel

Les deux livres de Samuel étaient d'abord un seul livre. Mais, comme il était très long, ceux qui copiaient le texte l'ont divisé en deux.

Les livres de Samuel présentent l'échec du roi Saül (à partir de 1 Samuel 15), puis la réussite du roi David (2 Samuel 1–8). Dieu rejette Saül, qui a commis plusieurs fautes à son égard. Samuel lui annonce de la part de Dieu qu'il ne peut plus être roi. À partir de ce moment, des prophètes vont sans cesse se trouver en face des rois pour critiquer, si c'est nécessaire, leurs manières d'agir.

Premier livre de Samuel

INTRODUCTION

Samuel est le personnage principal du premier livre qui porte son nom.

Samuel est appelé par Dieu pour être le prophète de toutes les tribus israélites : Dieu lui parle, et Samuel parle au peuple de la part de Dieu (chapitre 3).

Samuel est en même temps le dernier des grands juges. Comme ceux du livre des Juges, il délivre le peuple de ses ennemis, il rétablit la relation entre Dieu et son peuple, et il rend la justice.

Samuel remplit aussi parfois des fonctions de prêtre, en présentant des offrandes à Dieu. À la fois ***juge, prêtre et prophète, Samuel est accepté par toutes les tribus qui composent Israël****. Ce n'était pas le cas des juges avant lui, et la question se pose de savoir qui pourra, après lui, porter cette charge.*

Quand Samuel est près de mourir, les Israélites demandent un ***roi*** *comme les autres peuples. De la part de Dieu, Samuel établit d'abord* ***Saül****, puis* ***David****, comme rois sur Israël. Le premier livre de Samuel raconte la vie et l'œuvre de Samuel, puis il décrit les relations difficiles entre Samuel et Saül d'une part, entre Saül et David d'autre part.*

Il est question de

- *Samuel en 1 Samuel 1 à 7.*
- *Samuel et Saül en 1 Samuel 8 à 15.*
- *Samuel, Saül et David de 1 Samuel 16 à 2 Samuel 1.*

Le premier livre de Samuel présente deux points de vue différents sur le pouvoir royal.

Le roi devrait être au service de Dieu et du peuple. En effet, il est choisi par Dieu lui-même. Il reçoit une marque de ce choix par l'huile qui est versée sur sa tête. Il doit établir la paix et la justice au nom de Dieu (voir chapitres 9 ; 10.1-16 et 11).

Mais 1 Samuel montre aussi ce qui peut être mauvais dans le pouvoir royal. Ainsi, quand les Israélites demandent un roi, ils rejettent le Seigneur, le Dieu d'Israël, qui est leur véritable roi

(8.6-8). De plus, les rois utilisent souvent le pouvoir pour en tirer des avantages personnels et non pour le bien du peuple (voir chapitres 8 ; 10.17-25 et 12).

Anne prie le Seigneur au lieu saint de Silo

1 1 À Rama-de-Souf, dans la région montagneuse d'Éfraïm, il y a un homme qui s'appelle Elcana. C'est un Éfraïmite. Il est fils de Yeroam et petit-fils d'Élihou, lui-même fils de Tohou et petit-fils de Souf. 2 Elcana a deux femmes : Anne et Peninna. Peninna a des enfants, mais Anne n'en a pas.

3 Chaque année, Elcana quitte Rama pour aller à Silo[a]. Là, il adore le SEIGNEUR de l'univers et lui offre des *sacrifices. Hofni et Pinhas, les deux fils d'Héli, sont prêtres du SEIGNEUR à Silo. 4 Le jour où Elcana offre le sacrifice, il donne des morceaux de l'animal offert à sa femme Peninna. Il en donne aussi à tous ses fils et à toutes ses filles. 5 Mais Elcana donne un morceau bien meilleur à Anne, parce qu'il l'aime beaucoup. Pourtant le SEIGNEUR ne lui a pas donné d'enfant. 6 Peninna, l'autre femme, n'arrête pas de blesser Anne par ses paroles. Elle se moque d'elle, parce que le SEIGNEUR ne lui a pas donné d'enfant. 7 Chaque année, c'est la même chose. Quand Anne va à la maison du SEIGNEUR, Peninna lui dit des paroles blessantes.

Un jour, Anne se met à pleurer et elle refuse de manger. 8 Elcana, son mari, lui dit : « Anne, tu pleures, pourquoi donc ? Pourquoi est-ce que tu ne veux rien manger ? Est-ce que je ne vaux pas mieux pour toi que dix fils ? »

9 Après le repas à Silo, Anne se lève. Le prêtre Héli est assis sur son siège, à l'entrée du *lieu saint. 10 Anne est très triste. Elle prie le SEIGNEUR en pleurant beaucoup. Voici la promesse qu'elle fait : 11 « SEIGNEUR de l'univers, je t'en prie, vois mon malheur ! Souviens-toi de moi, ne m'oublie pas ! Donne-moi un garçon. Je promets de le mettre à ton service pour toujours, et on ne lui coupera jamais les cheveux[b]. » 12 Anne prie le SEIGNEUR longtemps. Héli la regarde. 13 Anne parle dans son cœur. Ses lèvres remuent, mais on n'entend pas sa voix. Héli croit qu'elle a trop bu. 14 Il lui dit : « Est-ce que tu vas rester longtemps ainsi ? Tu as trop bu, sors d'ici ! » 15 Anne répond : « Non, je ne suis pas ivre. Je suis une femme malheureuse, mais je n'ai pas bu. Je suis ici pour dire au SEIGNEUR ce qui me fait mal. 16 Ne me prends pas pour une femme qui ne vaut rien. Je suis trop malheureuse et trop triste. Voilà pourquoi j'ai prié si longtemps. » 17 Alors Héli répond : « Va en paix. Et que le Dieu d'Israël te donne ce que tu lui as demandé ! » 18 Anne lui dit : « Reste toujours bon avec moi ! » Anne s'en va et elle accepte de manger. Son visage n'est plus triste.

19 Le jour suivant, tôt le matin, Elcana et sa famille vont adorer le SEIGNEUR. Puis ils retournent chez eux à Rama.

La naissance et l'enfance de Samuel

Elcana s'unit à sa femme Anne, et le SEIGNEUR écoute la prière de celle-ci. 20 Anne devient enceinte, puis elle accouche d'un garçon. Alors elle dit : « Je l'ai demandé au SEIGNEUR. C'est pourquoi je lui donne le nom de Samuel[c]. »

21 Plus tard, Elcana se rend de nouveau à Silo avec toute sa famille. Il va offrir au SEIGNEUR le *sacrifice de l'année et un autre sacrifice qu'il a promis. 22 Mais Anne ne part pas avec son mari. Elle lui a dit : « J'attends que l'enfant soit sevré. Ensuite, je l'amènerai à

a 1.3 *Silo était une petite ville située à 30 kilomètres environ au nord de Jérusalem où la tente de la rencontre avait été installée. Voir Josué 18.1.*

b 1.11 *Le fait de ne pas couper les cheveux à quelqu'un indiquait qu'il était totalement au service de Dieu. Voir Nombres 6.5.*

c 1.20 *En hébreu, le nom Samuel rappelle le verbe « écouter ». En effet, le Seigneur a écouté la demande d'Anne.*

Silo. Je le présenterai devant le SEIGNEUR, et il
restera là-bas pour toujours. » 23 Elcana lui a
répondu : « Fais ce qui te semble bon. Reste
ici jusqu'au sevrage de l'enfant. Que le SEI-
GNEUR réalise ce qu'il a promis ! » Anne reste
donc à Rama pour allaiter son fils.

24 Quand Samuel a l'âge d'être sevré, Anne
le conduit à la maison du SEIGNEUR, à Silo.
L'enfant est encore tout jeune. Elle prend
avec elle un taureau de trois ans, un sac de
farine et une *outre de vin. 25 Elcana et Anne
offrent le taureau en *sacrifice. Puis ils
conduisent l'enfant près du prêtre Héli.
26 Anne dit à Héli : « Écoute-moi, je t'en
prie ! Aussi vrai que tu es vivant, c'est moi,
la femme qui se tenait ici, près de toi pour
prier le SEIGNEUR. 27 Eh bien, regarde cet enfant ! C'est pour l'avoir que je priais. Et le SEI-
GNEUR m'a donné ce que je lui ai demandé.
28 À mon tour, je le donne au SEIGNEUR.
Pendant toute sa vie, il appartiendra au
SEIGNEUR. »

Puis Elcana et sa famille se mettent à genoux devant le SEIGNEUR.

Anne remercie le Seigneur

2 1 Anne prie en disant :
« Grâce au SEIGNEUR,
mon cœur est plein de joie.
Grâce au SEIGNEUR, je relève la tête,
je peux rire de mes ennemis.
Le SEIGNEUR m'a sauvée !
Je suis dans la joie.
2 Le SEIGNEUR seul est *saint.
Personne ne nous protège comme notre
Dieu, notre solide rocher.
À part toi, SEIGNEUR, il n'y a pas de Dieu.
3 Vous qui parlez avec orgueil, arrêtez !
Ne lancez plus de paroles méprisantes !
Car le SEIGNEUR est un Dieu qui sait tout,
qui juge les actions humaines.
4 L'arc des courageux combattants se brise,
mais les gens faibles retrouvent des forces.
5 Ceux qui ne manquaient de rien
cherchent du travail pour manger.
Mais ceux qui avaient faim
n'ont plus besoin de travailler.
La femme sans enfant
met au monde sept fois.
Mais la mère d'enfants nombreux
ne peut plus en avoir.
6 Le SEIGNEUR fait mourir et fait vivre.
Il fait descendre dans le monde des morts et
en fait remonter.
7 Le SEIGNEUR donne pauvreté et richesse.
Il met au dernier rang, mais aussi au premier.
8 Il redresse le faible qui traînait dans la poussière,
il relève le pauvre de son tas d'ordures.
Il les fait asseoir parmi les notables
et leur accorde une place d'honneur.
Car le SEIGNEUR est le maître de toute la
terre,
c'est lui qui l'a fixée solidement.
9 Il protège ses amis fidèles,
mais les gens mauvais meurent dans la nuit.
Car ce n'est pas par sa force
qu'un homme est victorieux.
10 Du haut du *ciel,
le SEIGNEUR fait éclater le tonnerre
pour écraser ses ennemis.
Le SEIGNEUR juge le monde entier.
Il donne la puissance au roi de son peuple,
il augmente le pouvoir du roi qu'il a
choisi. »

11 Ensuite, Elcana retourne chez lui à Rama.
Mais le petit Samuel reste à Silo pour servir
le SEIGNEUR, sous la conduite du prêtre Héli.

Les fils du prêtre Héli ne reconnaissent pas l'autorité du Seigneur

12 Les fils d'Héli ne valent rien et ils ne reconnaissent pas l'autorité du SEIGNEUR. 13 Ils
sont prêtres, et pourtant, voici comment ils
agissent : quand quelqu'un offre un *sacrifice, le serviteur du prêtre arrive au moment
où on fait cuire la viande. Il tient dans sa
main la fourchette à trois dents. 14 Il pique la
viande dans le récipient : marmite, bassine
ou plat en terre. Il prend pour le prêtre tout
ce que la fourchette ramène. Les fils d'Héli
agissent ainsi avec tous les Israélites qui viennent au *lieu saint de Silo.

15 De plus, avant qu'on brûle la graisse de
l'animal, le serviteur du prêtre vient quelquefois trouver l'homme qui offre le sacrifice. Il

lui dit : « Donne-moi de la viande à rôtir pour le prêtre. Il n'acceptera pas de toi de la viande cuite, mais seulement de la viande crue. » 16 Si l'homme lui répond : « Il faut d'abord brûler la graisse, ensuite, tu prendras ce que tu veux », le serviteur du prêtre lui dit : « Non, donne-moi cette viande maintenant, sinon je vais la prendre de force. » 17 Ainsi, le péché des fils d'Héli envers le SEIGNEUR est très grave. En effet, ils traitent sans respect ce qu'on offre au SEIGNEUR[d].

18 Le petit Samuel est vêtu d'un pagne de *lin. Il accomplit son service devant le SEIGNEUR.

L'enfance de Samuel

19 Chaque année, la mère de Samuel lui coud un petit vêtement. Elle l'apporte à son fils, quand elle va à Silo avec son mari, pour offrir le *sacrifice de l'année. 20 Héli *bénit Elcana et sa femme. Il dit à Elcana : « Que le SEIGNEUR te donne d'autres enfants de cette femme ! Ils remplaceront celui qu'elle a donné au SEIGNEUR. » Ensuite, Elcana et Anne retournent chez eux. 21 Le SEIGNEUR montre sa bonté pour Anne. Elle est enceinte plusieurs fois et met au monde trois fils et deux filles.

Le petit Samuel grandit devant le SEIGNEUR.

Héli fait des reproches à ses fils

22 Héli est devenu très vieux. Il entend raconter comment ses fils agissent envers les Israélites. On lui dit aussi qu'ils couchent avec les femmes qui sont de service à l'entrée de la *tente de la rencontre. 23 Alors il leur dit : « Quoi ? Tout le monde parle de votre mauvaise conduite. Pourquoi est-ce que vous faites des choses pareilles ? 24 Arrêtez, mes fils ! Ils ne sont pas beaux, les bruits que j'entends sur vous dans le peuple du SEIGNEUR. 25 Si quelqu'un commet un péché contre un homme, Dieu peut servir d'arbitre. Mais si un homme fait une faute contre le SEIGNEUR, qui servira d'arbitre ? » Les fils d'Héli n'écoutent pas leur père. En effet, le SEIGNEUR a décidé de les faire mourir.

26 Le petit Samuel grandit. Il se rend agréable au SEIGNEUR et aux hommes.

Un prophète annonce à Héli la fin de sa famille

27 Un homme de Dieu vient trouver Héli et lui dit : « Voici ce que dit le SEIGNEUR : Quand tes ancêtres étaient en Égypte, esclaves du roi d'Égypte, je me suis fait connaître à eux, 28 j'ai choisi ton ancêtre Aaron parmi toutes les tribus d'Israël pour qu'il devienne mon prêtre. Il devait présenter les *sacrifices sur mon *autel, offrir *l'encens et me consulter. Je lui ai même donné, à lui et à ceux qui allaient naître de lui, une part des sacrifices offerts par les Israélites. 29 Or, vous traitez sans respect les sacrifices et les offrandes que j'ai commandé de me présenter en tout temps. Pourquoi donc ? Vous remplissez vos ventres des meilleurs morceaux pris sur toutes les offrandes d'Israël, mon peuple. Pourquoi ? Pourquoi est-ce que tu honores tes fils plus que moi ? 30 Voici donc ce que je déclare, moi le SEIGNEUR, Dieu d'Israël : J'avais dit que ta famille et la famille de ton père seraient mes prêtres pour toujours. Mais maintenant, j'affirme avec force que c'est fini. En effet, j'honore ceux qui m'honorent, mais ceux qui me méprisent seront couverts de honte à leur tour. 31 Bientôt, je vais enlever de ta famille et de la famille de ton père tous ceux qui sont en pleine force. Et il n'y aura plus de gens âgés chez toi. 32 En tout temps, tu vivras dans la peur. Tout se passera bien pour le peuple d'Israël, mais dans ta famille, les gens ne vivront pas longtemps. 33 Pourtant, je garderai quelqu'un de ta famille près de mon autel. Mais ce sera pour brûler tes yeux de larmes et pour te remplir de désespoir. Et tous les autres hommes de ta famille mourront.

34 « Ce qui va arriver à tes fils, Hofni et Pinhas, te prouvera ce que je dis : ils mourront

---

d **2.17** *Le livre du Lévitique indique que toutes les parties grasses de la viande du sacrifice étaient pour le Seigneur, voir Lévitique 3.14-16.*

tous les deux le même jour. 35 Ensuite, je me choisirai un prêtre sûr. Il agira comme je le veux et comme je le désire. Je lui donnerai des successeurs sûrs. Ils seront prêtres à côté du roi que je choisirai. 36 Celui qui restera en vie dans ta famille ira se mettre à genoux devant le prêtre. Il lui demandera une pièce d'argent ou de la nourriture en disant : "Je t'en prie, donne-moi n'importe quel travail à faire auprès des prêtres, pour que j'aie quelque chose à manger." »

Le Seigneur se fait connaître à Samuel

3 1 Le petit Samuel est au service du SEIGNEUR sous la garde du prêtre Héli.

À cette époque-là, le SEIGNEUR parle rarement à quelqu'un et il envoie rarement des *visions.

2 Une nuit, Héli dort à sa place habituelle. Il est presque aveugle. 3 Samuel aussi dort dans la maison du SEIGNEUR, près du *coffre sacré. La lampe[e] de Dieu brûle encore. 4 Le SEIGNEUR appelle : « Samuel ! » Samuel répond : « Je suis là. » 5 Puis il court auprès d'Héli et lui dit : « Tu m'as appelé. Je suis là. » Mais Héli répond : « Je ne t'ai pas appelé. Retourne te coucher. » Samuel va se recoucher.

6 Le SEIGNEUR appelle Samuel une deuxième fois : « Samuel ! » Samuel va près d'Héli et lui dit : « Tu m'as appelé. Je suis là. » Héli répond : « Je ne t'ai pas appelé, mon fils. Retourne te coucher. » 7 Samuel ne connaît pas encore le SEIGNEUR, car celui-ci ne lui a jamais parlé.

8 Le SEIGNEUR appelle Samuel une troisième fois. Samuel se lève. Il va près d'Héli et lui dit : « Tu m'as appelé. Je suis là. » Alors Héli comprend que c'est le SEIGNEUR qui appelle l'enfant. 9 Il dit à Samuel : « Retourne te coucher. Et si on t'appelle, tu diras : "Parle, SEIGNEUR, ton serviteur écoute !" » Samuel va se coucher à sa place habituelle.

10 Le SEIGNEUR vient et se tient là. Comme les autres fois, il appelle : « Samuel ! Samuel ! » Et Samuel répond : « Parle, ton serviteur écoute. » 11 Le SEIGNEUR dit à Samuel : « Je vais frapper Israël d'un grand malheur. Tous ceux qui apprendront la nouvelle seront effrayés. 12 Je vais envoyer à Héli et à sa famille tous les malheurs que j'ai annoncés, vraiment tous. 13 Héli est prévenu, je condamne sa famille pour toujours à cause de sa faute. Il sait que ses fils m'insultent. Pourtant, il les laisse faire. 14 C'est pourquoi je fais ce serment à la famille d'Héli : rien n'effacera jamais sa faute, aucun *sacrifice, aucune offrande ! »

15 Samuel reste couché jusqu'au matin. Puis il va ouvrir les portes de la maison du SEIGNEUR. Samuel a peur de raconter à Héli ce qu'il a vu. 16 Mais Héli l'appelle et lui dit : « Samuel, mon fils ! » Samuel répond : « Je suis là ! » 17 Héli demande : « Qu'est-ce que le SEIGNEUR t'a dit ? Ne me cache rien ! Si tu me caches un seul mot, que Dieu te punisse très sévèrement ! » 18 Alors Samuel raconte tout à Héli, il ne lui cache rien. Héli dit : « Il est le SEIGNEUR, il peut faire ce qui lui semble bon ! »

19 Samuel devient grand. Le SEIGNEUR est avec lui. Et tout ce que Samuel dit de la part du SEIGNEUR, le SEIGNEUR le fait. 20 Alors dans tout le pays d'Israël, depuis Dan, au nord, jusqu'à Berchéba, au sud, les gens apprennent que Samuel est vraiment un *prophète du SEIGNEUR. 21 Le SEIGNEUR continue à se montrer à Silo. En effet, c'est à Silo que le SEIGNEUR se fait connaître à Samuel et qu'il lui communique sa parole. **4** 1 Et Samuel communique cette parole à tout le peuple d'Israël.

Les Philistins prennent le coffre de l'alliance

Un jour, les Israélites partent en guerre contre les *Philistins. Ils installent leur camp à l'endroit appelé la Pierre-du-Secours. Les Philistins s'installent à Afec. 2 Ils se placent en face des Israélites pour les attaquer. La bataille devient sérieuse. Les Philistins battent les Israélites et tuent à peu près 4 000 hommes sur le champ de bataille. 3 Quand les soldats rentrent au camp, les *anciens d'Israël disent : « Le SEIGNEUR a permis que les Philistins nous battent. Pourquoi donc ? Allons à

e **3.3** *Voir Exode 27.20-21.*

Silo[f] chercher le *coffre de l'alliance. Quand le SEIGNEUR sera au milieu de nous, il nous sauvera de nos ennemis. » 4 Alors les soldats envoient des gens à Silo. Ils rapportent le coffre de l'alliance du SEIGNEUR de l'univers, qui est assis sur les *chérubins. Les deux fils du prêtre Héli, Hofni et Pinhas, accompagnent le coffre sacré. 5 Dès que celui-ci arrive au camp, tous les Israélites poussent de grands cris, et la terre tremble.

6 Les Philistins entendent les cris et disent : « Que veulent dire ces grands cris dans le camp des *Hébreux ? » Ils comprennent que le coffre du SEIGNEUR est arrivé au camp d'Israël. 7 Alors ils ont peur. En effet, ils pensent : « Dieu est arrivé dans leur camp. Avant, il n'était pas là, mais maintenant, malheur à nous ! 8 Oui, malheur à nous ! Ce Dieu a frappé les Égyptiens de toutes sortes de malheurs dans le désert. Qui nous sauvera du pouvoir de ce Dieu si puissant ? 9 Courage, Philistins ! Soyons des hommes ! Sinon, à notre tour, nous serons les esclaves des Hébreux, comme ils ont été nos esclaves. Soyons des hommes et luttons contre eux ! » 10 Les Philistins commencent le combat. Les Israélites sont battus et s'enfuient dans leur camp. La défaite est très dure. Les Philistins ont tué 30 000 soldats israélites. 11 Ils prennent le coffre sacré. Les deux fils d'Héli, Hofni et Pinhas, sont tués.

Mort du prêtre Héli et de sa belle-fille

12 Le même jour, un homme de la tribu de Benjamin quitte le champ de bataille et court jusqu'à Silo. Il a déchiré ses vêtements et s'est couvert la tête de poussière en signe de deuil. 13 Quand il arrive, Héli est assis sur son siège, au bord de la route. Il attend avec impatience, car il tremble de peur à cause du *coffre sacré. L'homme vient donc annoncer la nouvelle dans la ville, et tous les habitants poussent des cris. 14 Héli entend les cris et demande : « Qu'est-ce que cela veut dire ? » L'homme se dépêche de lui apporter la nouvelle. 15 Héli a 98 ans et il ne voit plus rien du tout. 16 L'homme lui dit : « Je viens d'arriver du champ de bataille. J'ai fui aujourd'hui même. » Héli lui demande : « Qu'est-ce qui est arrivé, mon fils ? » 17 Le messager répond : « Les Israélites ont fui devant les *Philistins. C'est une grande défaite pour nous. De plus, tes deux fils, Hofni et Pinhas, sont morts, et les Philistins ont pris le coffre sacré. »

18 Dès que le messager parle du coffre sacré, Héli tombe de son siège sur le dos, près de la porte du *lieu saint. Il se casse le cou et il meurt, parce qu'il est âgé et lourd. Il a été juge[g] du peuple d'Israël pendant 40 ans.

19 La belle-fille d'Héli, femme de Pinhas, est enceinte et elle va bientôt accoucher. Elle apprend que les Philistins ont pris le coffre sacré. Elle apprend aussi que son beau-père et son mari sont morts. Elle s'accroupit pour accoucher, car les douleurs l'ont saisie, et elle met l'enfant au monde. 20 Puis, comme elle est près de la mort, les femmes qui sont avec elle lui disent : « N'aie pas peur, c'est un fils ! » Mais elle ne répond pas, elle ne fait même pas attention. 21 Ensuite elle dit : « La *gloire de Dieu a quitté Israël. » C'est pourquoi elle donne à l'enfant le nom d'Ikabod, c'est-à-dire « il n'y a plus de gloire ». Ce nom rappelle la prise du coffre de Dieu, la mort de son beau-père et celle de son mari. 22 De cette façon, elle affirme que la gloire de Dieu a quitté Israël. En effet, les ennemis ont pris le coffre de Dieu.

Les Philistins ne veulent pas garder le coffre de l'alliance

5 1 Les *Philistins ont donc pris le *coffre sacré. Ils l'emmènent de l'endroit appelé la Pierre-du-Secours jusqu'à la ville d'Asdod[h].

---

f **4.3** *Voir 1 Samuel 1.3 et la note.*

g **4.18** *À une époque de leur histoire, les Israélites ont été dirigés par des juges. C'étaient des personnes envoyées par Dieu. Dieu les chargeait plus particulièrement de délivrer une ou plusieurs tribus en guerre et de diriger le peuple. Ils rendaient aussi la justice.*

h **5.1** *Asdod : une des cinq principales villes philistines, situées à l'ouest de Jérusalem au bord ou près de la mer Méditerranée, voir 1 Samuel 6.17.*

2 Ils le mettent dans le temple de Dagon, leur dieu, et le placent à côté de la statue de Dagon. 3 Le lendemain, quand les habitants de la ville se lèvent, ils trouvent la statue de Dagon par terre. Elle est étendue devant le coffre du SEIGNEUR. Ils la prennent et la remettent en place. 4 Le matin suivant, ils trouvent de nouveau la statue de Dagon par terre, devant le coffre du SEIGNEUR. La tête et les deux mains sont cassées. Elles sont par terre, à l'entrée de sa maison. Seul le corps de Dagon reste. 5 C'est pourquoi, aujourd'hui encore, les prêtres de Dagon et tous ceux qui vont dans son temple, à Asdod, évitent de marcher à l'endroit où Dagon est tombé, à l'entrée du temple.

6 Le SEIGNEUR fait peser encore plus durement sa puissance sur les habitants d'Asdod. Il sème la peur au milieu d'eux. Il les rend malades en leur envoyant des tumeurs, à eux et aux gens de la région. 7 Quand les habitants d'Asdod voient ce qui arrive, ils disent : « Le coffre du Dieu d'Israël ne doit pas rester chez nous. Le Dieu d'Israël fait peser trop durement sa puissance sur nous et sur Dagon, notre dieu. »

8 Ils invitent tous les chefs des Philistins à se réunir chez eux et ils disent : « Qu'est-ce que nous devons faire avec le coffre du Dieu d'Israël ? » Les chefs répondent : « Portez-le dans la ville de Gath[i]. » On porte donc le coffre dans la ville de Gath. 9 Mais quand le coffre arrive dans la ville, le SEIGNEUR fait peser très durement sa puissance sur les habitants. Cela provoque une très grande peur. Le SEIGNEUR les rend tous malades, petits et grands, en leur envoyant des tumeurs. 10 Alors ils font porter le coffre sacré dans la ville d'Écron[j]. Mais quand le coffre arrive à Écron, les habitants crient : « Ils ont apporté chez nous le coffre du Dieu d'Israël ! Ils veulent nous faire tous mourir, nous et nos familles ! »

11 Les habitants invitent tous les chefs des Philistins à une réunion. Ils disent : « Renvoyez le coffre du Dieu d'Israël ! Il doit retourner là où il doit être, sinon nous allons tous mourir, nous et nos familles. » En effet, tous les habitants d'Écron sont effrayés, parce que Dieu a fait peser très durement sa puissance sur eux. 12 Les gens qui ne meurent pas ont tous des tumeurs, et leurs cris de douleur montent jusqu'au ciel.

Les Philistins renvoient le coffre de l'alliance aux Israélites

6 1 Le *coffre du SEIGNEUR reste sept mois dans le pays des *Philistins. 2 Ceux-ci font appel aux prêtres et aux devins. Ils leur demandent : « Qu'est-ce que nous devons faire avec le coffre du SEIGNEUR ? Dites-nous comment nous devons le renvoyer là où il doit être. » 3 Les prêtres et les devins répondent : « Si vous renvoyez le coffre du Dieu d'Israël, ne le renvoyez pas sans rien. Au contraire, offrez quelque chose au Dieu d'Israël pour réparer votre tort. Alors vous guérirez et vous saurez pourquoi ce Dieu continuait à faire peser sa puissance sur vous. » 4 Les Philistins demandent : « Qu'est-ce que nous devons offrir pour réparer notre tort ? » Les prêtres et les devins répondent : « Cinq objets en or en forme de tumeurs, et cinq rats en or, car il y a cinq chefs philistins. En effet, c'est un même malheur qui vous a atteints, vous et vos chefs. 5 Faites donc des objets qui représentent vos tumeurs et les rats qui détruisent votre pays. Et reconnaissez la *gloire du Dieu d'Israël. Ainsi, il ne fera peut-être plus peser sa puissance sur vous, sur vos dieux et sur votre pays. 6 Ne fermez pas votre cœur comme le roi d'Égypte et les Égyptiens. Rappelez-vous ce que Dieu leur a fait. Ensuite, est-ce qu'ils n'ont pas laissé partir les Israélites ? 7 Fabriquez une charrette neuve. Prenez deux vaches qui allaitent leurs veaux et qui n'ont jamais porté le *joug. Attelez les vaches à la charrette et ramenez leurs veaux à l'étable. 8 Vous prendrez le coffre du SEIGNEUR et vous le placerez dans la charrette. Les objets en or que vous offrez pour réparer

---

i **5.8** *Gath : une autre des cinq principales villes philistines.*

j **5.10** *Écron : encore une autre des cinq principales villes philistines.*

votre tort, mettez-les dans une petite caisse, à côté du coffre. Puis vous laisserez partir la charrette. 9 Et vous verrez ce qui se passera. Ou bien les vaches prendront la route d'Israël, en allant vers Beth-Chémech. Cela voudra dire que c'est le Dieu d'Israël qui nous a fait tout ce mal. Ou bien les vaches prendront un autre chemin. Alors nous le saurons : ce n'est pas lui qui nous a envoyé ces malheurs, mais ils sont arrivés par hasard. » 10 Les Philistins font ce que les prêtres leur ont dit. Ils prennent deux vaches qui allaitent encore leurs veaux. Ils les attellent à la charrette et gardent les veaux à l'étable. 11 Ils mettent le coffre du SEIGNEUR dans la charrette. Ils mettent aussi une petite caisse qui contient les rats en or et les objets en forme de tumeurs.

12 Les vaches partent tout droit sur la route de Beth-Chémech. Elles suivent cette route, sans tourner ni à droite ni à gauche. Elles mugissent sans arrêt. Les chefs des Philistins marchent derrière la charrette, jusqu'à l'entrée de Beth-Chémech. 13 Les habitants de cette ville sont en train de récolter le *blé dans la plaine. Ils lèvent les yeux et voient le coffre sacré. Ils sont remplis de joie en le voyant. 14 Quand la charrette arrive au champ de Yochoua, de Beth-Chémech, elle s'arrête là, près d'une grosse pierre. Alors les gens cassent le bois de la charrette et ils offrent les vaches en *sacrifice complet au SEIGNEUR.

15 Avant cela, les *lévites ont descendu le coffre du SEIGNEUR et la petite caisse qui contient les cadeaux en or. Ils ont tout mis sur la grosse pierre. Puis le même jour, les gens de Beth-Chémech offrent au SEIGNEUR des sacrifices complets et des sacrifices de communion. 16 Les cinq chefs philistins voient ce qui arrive, puis ils retournent à Écron ce jour-là.

17 Voici le nombre de tumeurs en or que les Philistins ont offertes au SEIGNEUR pour réparer leur tort : une pour la ville d'Asdod, une pour Gaza, une pour Ascalon, une pour Gath et une pour Écron[k]. 18 Pour les rats en or, il y en a autant que de lieux dépendant des cinq chefs philistins, depuis les villes bien protégées jusqu'aux villages. Le territoire philistin s'étend jusqu'à la grosse pierre du champ de Yochoua, de Beth-Chémech. Aujourd'hui encore, cette pierre se trouve là. C'est sur elle qu'on a placé le coffre du SEIGNEUR.

19 Les habitants de Beth-Chémech ont regardé le coffre du SEIGNEUR. Alors le SEIGNEUR les a rendus malades. Il fait mourir parmi eux 70 hommes sur 50 000. Les gens de Beth-Chémech sont en deuil, parce que le SEIGNEUR les a frappés durement. 20 Ils disent : « Qui peut tenir devant le SEIGNEUR, ce Dieu *saint ? Où pouvons-nous faire transporter son coffre loin de chez nous ? » 21 Ils envoient des messagers aux habitants de Quiriath-Yéarim pour leur dire : « Les Philistins ont renvoyé le coffre du SEIGNEUR. Venez le chercher et emportez-le chez vous ! »

7 1 Les gens de Quiriath-Yéarim viennent le chercher. Ils le transportent sur une colline, dans la maison d'Abinadab. Puis ils *consacrent Élazar, fils d'Abinadab, pour qu'il garde le coffre du SEIGNEUR.

Samuel devient juge du peuple d'Israël. Les Philistins sont vaincus

2 Beaucoup de temps passe, environ 20 ans, depuis le jour où le *coffre sacré a été installé à Quiriath-Yéarim. Les Israélites désirent se rapprocher du SEIGNEUR. 3 Alors Samuel leur dit : « Si vous revenez vers le SEIGNEUR de tout votre cœur, n'adorez plus les *Astartés ni les autres dieux étrangers ! Attachez-vous au SEIGNEUR et servez-le, lui seul. Alors il vous délivrera du pouvoir des *Philistins. » 4 Les Israélites rejettent donc les *Baals et les Astartés, et ils servent le SEIGNEUR seul. 5 Ensuite Samuel donne cet ordre aux Israélites : « Réunissez-vous tous à Mispa. Là, je prierai le SEIGNEUR pour vous. » 6 Les Israélites se réunissent à Mispa. Ils puisent de l'eau et ils la répandent sur le sol devant le SEIGNEUR, comme une offrande. Ce jour-là, ils *jeûnent et ils

k **6.17** *Asdod, Gaza, Ascalon, Gath, Écron : les cinq principales villes philistines.*

disent : « Nous avons péché contre le SEIGNEUR. » C'est là, à Mispa, que Samuel devient juge[l] du peuple d'Israël.

7 Les Philistins apprennent que les Israélites sont réunis à Mispa. Alors leurs chefs vont les attaquer. Quand les Israélites entendent cette nouvelle, ils ont très peur des Philistins. 8 Ils disent à Samuel : « Ne garde pas le silence ! Ne nous abandonne pas ! Crie vers le SEIGNEUR notre Dieu, pour qu'il nous sauve du pouvoir des Philistins. » 9 Samuel prend un agneau très jeune. Il le brûle tout entier en *sacrifice pour le SEIGNEUR. Puis il crie vers lui en faveur des Israélites, et le SEIGNEUR répond à sa prière. 10 Pendant que Samuel offre le sacrifice, les Philistins avancent pour combattre les Israélites. Mais ce jour-là, le SEIGNEUR fait éclater le tonnerre contre les Philistins. Alors ils tremblent de peur et ils sont battus par les Israélites. 11 Les soldats d'Israël sortent de Mispa. Ils poursuivent les Philistins jusqu'au-dessous de Beth-Kar et ils les battent complètement. 12 Samuel dit : « Le SEIGNEUR nous a secourus jusqu'ici. » Alors Samuel prend une grosse pierre. Il la dresse entre Mispa et La Dent, et il l'appelle la « Pierre-du-Secours ».

13 Maintenant, les Philistins sont abaissés et ils ne reviennent plus dans le pays d'Israël. Le SEIGNEUR fait peser sa puissance sur eux pendant toute la vie de Samuel. 14 Les Philistins ont pris des villes au peuple d'Israël, depuis Écron jusqu'à Gath. Ils les rendent, et les Israélites libèrent leur pays du pouvoir des Philistins. La paix revient aussi entre les Israélites et les *Amorites.

15 Samuel est juge du peuple d'Israël pendant toute sa vie. 16 Chaque année, il part et il va à Béthel, au Guilgal et à Mispa. Il rend la justice à ces trois endroits. 17 Ensuite, il revient à Rama, où il habite. Là aussi, il rend la justice. C'est à Rama qu'il construit un *autel au SEIGNEUR.

Les Israélites veulent un roi

8 1 Quand Samuel devient vieux, il nomme ses fils comme juges[m] du peuple d'Israël. 2 Son fils aîné s'appelle Joël, et le deuxième s'appelle Abia. Ils rendent la justice à Berchéba. 3 Mais ils ne suivent pas l'exemple de leur père. Ils sont corrompus par l'argent, ils acceptent des cadeaux et ils rendent des jugements injustes. 4 C'est pourquoi les *anciens d'Israël se réunissent et ils viennent trouver Samuel à Rama. 5 Ils lui disent : « Maintenant, tu es vieux, et tes fils ne suivent pas ton exemple. Alors donne-nous un roi pour nous gouverner. Cela se fait chez tous les autres peuples. » 6 Samuel n'est pas content du tout que les Israélites demandent un roi. Il se met à prier le SEIGNEUR. 7 Le SEIGNEUR lui dit : « Écoute-les ! Accepte ce qu'ils demandent. Ce n'est pas toi qu'ils rejettent, c'est moi. Ils ne veulent plus que je sois leur roi. 8 Depuis le moment où je les ai fait sortir d'Égypte jusqu'à maintenant, ils m'ont toujours abandonné. Ils ont adoré d'autres dieux. Ils font la même chose avec toi. 9 C'est pourquoi tu dois accepter ce qu'ils demandent. Mais préviens-les bien. Dis-leur ce que le roi qui les gouvernera aura le droit de faire. »

Ce que le roi aura le droit de faire

10 Samuel répète toutes les paroles du SEIGNEUR aux Israélites, qui lui ont demandé un roi. 11 Il leur dit : « Le roi qui vous gouvernera, voici ce qu'il aura le droit de faire. Il prendra parmi vos fils des soldats pour conduire ses chars de guerre. Ils monteront ses chevaux, ou bien ils courront devant son char. 12 Certains devront commander 1 000 hommes ou 50 hommes. D'autres laboureront ses champs et feront ses récoltes. D'autres encore fabriqueront ses armes et feront du matériel pour ses chars. 13 Il prendra aussi vos filles comme parfumeuses, cuisinières et boulangères. 14 Il prendra vos meilleurs champs, vos plus belles

l **7.6** *Voir 1 Samuel 4.18 et la note.*

m **8.1** *Voir 1 Samuel 4.18 et la note. Comme les versets suivants l'indiquent, les fils de Samuel n'ont pas pu garder cette fonction.*

*vignes et vos plus beaux *oliviers. Il les donnera à ses officiers. 15 Il prendra le dixième de vos récoltes dans vos champs et dans vos vignes. Il le donnera à ses fonctionnaires et à ses officiers. 16 Il prendra vos serviteurs et vos servantes. Il choisira les plus forts de vos jeunes gens, et même vos ânes, pour les mettre à son service. 17 Dans vos troupeaux, il prendra un mouton sur dix et une chèvre sur dix. Enfin, vous-mêmes, vous serez ses esclaves. 18 À ce moment-là, vous crierez vers le SEIGNEUR, à cause du roi que vous aurez choisi. Mais le SEIGNEUR ne vous répondra pas. »

19 Les Israélites refusent d'écouter les paroles de Samuel. Ils lui disent : « Cela ne fait rien ! Nous voulons quand même un roi ! 20 Alors nous aussi, nous serons comme les autres peuples. Notre roi rendra la justice parmi nous. Il sera le chef de notre armée et il combattra avec nous. » 21 Samuel écoute tout ce que les Israélites disent et il le répète au SEIGNEUR. 22 Le SEIGNEUR lui dit : « Écoute-les, donne-leur un roi. » Ensuite, Samuel dit aux Israélites : « Rentrez chez vous, chacun dans sa ville ! »

Saül va chercher les ânesses de son père

9 1 À cette époque-là, dans le pays de Benjamin, il y a un homme riche, qui s'appelle Quich. Il est fils d'Abiel et petit-fils de Seror. Seror est fils de Bekorath et petit-fils d'Afia. 2 Quich a un fils appelé Saül. Saül est très grand et il est beau. En Israël, personne n'est plus beau que lui, et il dépasse tout le monde de la tête.

3 Un jour, les ânesses de Quich se perdent. Quich dit à son fils Saül : « Prends avec toi un serviteur et va chercher les ânesses. » 4 Saül et le serviteur traversent d'abord la région montagneuse d'Éfraïm. Puis ils passent par le pays de Chalicha, mais ils ne trouvent rien. Ils traversent le pays de Chaalim, les ânesses n'y sont pas. Ils passent par le pays de Benjamin, mais ils ne trouvent toujours rien. 5 À la fin, ils arrivent dans la région de Souf, et Saül dit à son serviteur : « Rentrons à la maison. Sinon, mon père va oublier l'histoire des ânesses, et il va être inquiet à cause de nous. » 6 Le serviteur répond : « Attends ! Dans cette ville, il y a un homme de Dieu qui est très connu. Tout ce qu'il dit arrive sûrement. Allons le trouver ! Il nous dira peut-être de quel côté nous devons chercher. » 7 Saül lui dit : « Si nous y allons, qu'est-ce que nous lui apporterons ? Nous n'avons plus de nourriture dans nos sacs, nous n'avons aucun cadeau, rien à lui donner. » 8 Le serviteur répond : « J'ai une pièce de monnaie avec moi, je le donnerai à l'homme de Dieu. Alors il nous dira le chemin qu'il faut prendre. » 9-11 Saül dit au serviteur : « Bonne idée ! Allons-y ! »

Et ils vont à la ville où l'homme de Dieu se trouve. Ils rencontrent quelques jeunes filles qui descendent chercher de l'eau. Ils leur demandent : « Est-ce que le voyant est dans la ville ? » Autrefois, quand les Israélites allaient consulter Dieu, ils disaient : « Allons chez le voyant. » L'homme qu'ils appelaient « voyant », aujourd'hui, on l'appelle « *prophète ».

12 Les jeunes filles répondent : « Le voyant vient d'arriver juste avant vous. Il est venu en ville aujourd'hui. Car c'est le jour où il y a un *sacrifice pour le peuple au lieu sacré. Dépêchez-vous ! 13 Vous le trouverez tout de suite en arrivant en ville. Ensuite, il montera au lieu sacré pour le repas. Le peuple ne doit pas manger avant son arrivée. C'est lui qui *bénit le sacrifice. Les invités mangeront après. Allez-y maintenant ! Vous le trouverez tout de suite. »

Saül rencontre Samuel

14 Saül et son serviteur continuent leur chemin. Puis ils entrent dans la ville. Au même moment, Samuel sort pour monter au lieu sacré. Il arrive près d'eux.

15 La veille, le SEIGNEUR a dit à Samuel : 16 « Demain, à la même heure, je t'enverrai un homme de la tribu de Benjamin. Tu le *consacreras comme chef de mon peuple Israël. Il le délivrera du pouvoir des *Philistins. J'ai vu la situation de mon peuple, et son cri est arrivé jusqu'à moi. » 17 Quand Samuel voit Saül, le SEIGNEUR lui dit : « Tu vois cet homme, je t'ai parlé de lui hier. Je t'ai dit : "C'est lui qui gouvernera mon peuple." »

18 Saül s'approche de Samuel à la *porte de la ville et lui dit : « S'il te plaît, montre-moi où le voyant habite. » 19 Samuel répond à Saül : « Le voyant, c'est moi. Monte devant moi au lieu sacré. Tous les deux, vous mangerez avec moi aujourd'hui. Demain matin, je répondrai à toutes tes questions et je te laisserai partir. 20 Les ânesses qui étaient perdues depuis trois jours, ne te fais pas de souci pour elles. Elles sont retrouvées. D'ailleurs, tout ce qu'il y a de précieux en Israël, à qui est-ce réservé ? À toi et à toute la famille de ton père, n'est-ce pas ? » 21 Saül répond : « Je suis de la tribu de Benjamin. C'est une des plus petites tribus d'Israël. Mon clan est le plus petit de la tribu de Benjamin. Pourquoi donc est-ce que tu me dis cela ? »

22 Samuel emmène Saül et son serviteur et il les conduit dans la salle du repas. Il les fait asseoir à la place d'honneur, au milieu des invités. Ils sont à peu près trente. 23 Samuel dit au cuisinier : « Tout à l'heure, je t'ai dit de mettre un morceau de viande de côté. Sers-le maintenant. » 24 Le cuisinier apporte le gigot et la queue de l'animal. Il les met devant Saül. Samuel dit à Saül : « Voici le morceau que j'ai fait mettre à part pour toi. Tu es servi. Mange ! Je l'ai gardé pour cette occasion. Mange avec ceux que j'ai invités. » Ce jour-là, Saül mange avec Samuel. 25 Puis ils redescendent en ville. Samuel parle avec Saül sur la terrasse de la maison.

Samuel consacre Saül comme roi

26 Le jour suivant, tôt le matin, Saül est sur la terrasse. Samuel l'appelle et lui dit : « En route, je vais te reconduire ! » Saül se lève et il part avec Samuel. 27 Ils arrivent à la sortie de la ville. Samuel dit à Saül : « Dis au serviteur de passer devant nous. » Le serviteur passe devant eux. Samuel dit : « Toi, reste ici ! Je vais te faire connaître ce que Dieu dit. »

10 1 Samuel prend une petite bouteille d'huile. Il la verse sur la tête de Saül et il l'embrasse. Puis il dit : « Le SEIGNEUR lui-même t'a *consacré pour que tu sois le chef du peuple qui lui appartient. 2 Maintenant, tu vas me quitter. Ensuite, tu vas rencontrer deux hommes près de la tombe de Rachel, à Selsa, dans le pays de Benjamin. Ils te diront : "Les ânesses que tu cherches sont retrouvées. Maintenant, ton père a oublié l'histoire des ânesses, mais il est inquiet à cause de vous. Il se demande ce qu'il doit faire pour retrouver son fils." 3 Tu continueras ton chemin et tu arriveras près du grand arbre sacré de Tabor. Là, tu rencontreras trois hommes. Ils vont à la maison de Dieu, à Béthel. L'un porte trois cabris, le deuxième porte trois galettes de farine, le troisième porte du vin dans une *outre en cuir. 4 Ils te salueront et ils te donneront deux pains qu'ils devaient offrir à Dieu. Tu les accepteras. 5 Puis tu arriveras à Guibéa-Élohim[n]. Les chefs *philistins sont à cet endroit. Quand tu seras près de la ville, tu vas rencontrer un groupe de *prophètes. Ils descendront du lieu sacré. Des joueurs de *harpe, de tambourin, de flûte et de cithare marcheront devant eux. Ils seront en transe. 6 Alors l'esprit du SEIGNEUR va tomber sur toi. Tu entreras en transe avec eux et tu deviendras un autre homme. 7 Quand cela arrivera, tu sauras que Dieu est vraiment avec toi. Tu feras alors ce qu'il y aura à faire. 8 Tu descendras au Guilgal avant moi. Et moi, j'irai te rejoindre pour offrir des *sacrifices complets et des sacrifices de communion. Attends-moi là pendant sept jours. Quand je serai arrivé, je te dirai ce que tu dois faire. »

9 Après cela, Saül quitte Samuel, et Dieu change le cœur de Saül. Tout ce que Samuel a annoncé arrive ce jour-là. 10 Ainsi, quand Saül et le serviteur arrivent à Guibéa, un groupe de prophètes vient à leur rencontre. L'esprit de Dieu descend sur Saül, et Saül entre en transe avec eux. 11 Tous ceux qui le connaissaient avant voient que Saül fait le prophète avec les prophètes ! Les gens se demandent : « Qu'est-ce qui arrive au fils de Quich ? Est-ce que Saül est devenu prophète, lui aussi ? » 12 Quelqu'un ajoute : « Et les autres, qui sont-ils ? » De là vient ce proverbe :

---

n **10.5** *Guibéa-Élohim : ville parfois appelée Guibéa.*

« Est-ce que Saül est devenu prophète, lui aussi ? »

13 Quand Saül n'est plus en transe, il va dans le lieu sacré. 14 Son oncle leur demande, à lui et à son serviteur : « Où êtes-vous allés ? » Saül répond : « Chercher les ânesses. Mais nous ne les avons pas vues. Alors nous sommes allés voir Samuel. » 15 L'oncle de Saül dit : « Raconte-moi ce que Samuel vous a dit. » 16 Saül répond à son oncle : « Il nous a affirmé que les ânesses étaient retrouvées. » Mais il ne lui raconte pas ce que Samuel a dit au sujet du pouvoir royal.

Saül est désigné comme roi

17 Samuel réunit les Israélites au *lieu saint de Mispa. 18 Il leur dit : « Voici ce que dit le SEIGNEUR, Dieu d'Israël : "C'est moi qui vous ai fait sortir d'Égypte. Je vous ai délivrés du pouvoir des Égyptiens et de tous les royaumes qui vous ont écrasés." » 19 Samuel continue : « Et vous, maintenant, vous rejetez votre Dieu[o], lui qui vous a délivrés de tous vos malheurs et de toutes vos peurs. En effet, vous m'avez dit : "Donne-nous un roi." Eh bien, venez vous présenter devant le SEIGNEUR, par tribus et par clans. »

20 Samuel fait avancer toutes les tribus d'Israël et il *tire au sort. La tribu de Benjamin est désignée. 21 Samuel fait avancer la tribu de Benjamin par clans. Le clan de Matri est désigné. Puis dans ce clan, Saül, fils de Quich, est désigné. Des gens le cherchent, mais personne ne le trouve. 22 Ils demandent encore au SEIGNEUR : « Est-ce que cet homme est venu ici ? » Le SEIGNEUR répond : « Il se trouve au milieu des bagages, il est caché là-bas. » 23 On court le chercher, et il se présente au milieu du peuple. Il dépasse tout le monde de la tête.

24 Samuel dit au peuple : « Est-ce que vous avez vu celui que le SEIGNEUR a choisi ? Personne n'est comme lui dans tout le peuple. » Alors tous les Israélites applaudissent en criant : « Vive le roi ! » 25 Ensuite, Samuel présente à tous le droit du roi. Puis il l'écrit dans un livre qu'il place dans le lieu saint. Après cela, Samuel renvoie tout le peuple, chacun chez soi. 26 De son côté, Saül rentre chez lui, à Guibéa. Il part avec des combattants courageux que Dieu lui a donnés. 27 Mais certains qui ne valent rien disent : « Comment cet homme-là peut-il nous sauver ? » Ils méprisent Saül et ils ne lui offrent pas de cadeaux. Mais Saül n'y fait pas attention.

Saül est vainqueur des Ammonites

11 1 Nahach, le roi des Ammonites, vient attaquer la ville de Yabech, en Galaad. Les habitants de Yabech lui disent : « Passe un accord avec nous, et nous serons à ton service. » 2 Le roi Nahach leur répond : « Je passerai un accord avec vous, mais à une condition : je vous crèverai à chacun l'œil droit pour couvrir de honte tout le peuple d'Israël. » 3 Les *anciens de la ville lui disent : « Laisse-nous sept jours. Nous allons envoyer des messagers dans tout le territoire d'Israël. Si personne ne vient nous sauver, nous nous livrerons à toi. »

4 Les messagers vont à Guibéa, la ville de Saül, et ils racontent aux habitants ce que le roi des Ammonites leur a dit. Tous les habitants se mettent à crier et à pleurer. 5 À ce moment-là, Saül revient des champs derrière ses bœufs. Il demande : « Tout le monde pleure, pourquoi donc ? » On lui raconte ce que les gens de Yabech ont dit. 6 Quand Saül entend ces paroles, l'esprit de Dieu tombe sur lui, et il se met dans une violente colère. 7 Il prend deux bœufs, ils les coupe en morceaux. Ensuite, il envoie des hommes les porter dans tout le territoire d'Israël avec ce message : « Celui qui ne viendra pas à la guerre derrière Saül et Samuel, voici ce qu'on fera à ses bœufs ! »

Les Israélites ont très peur et ils partent comme un seul homme. 8 Saül les inspecte à Bézec. Ils sont 300 000 des tribus du nord et 30 000 de la tribu de Juda. 9 Puis on charge les messagers venus de Yabech de dire à leurs frères : « Demain, à l'heure la plus chaude de la journée, vous serez sauvés. » Les messagers

o **10.19** *Voir 1 Samuel 8.7.*

apportent la nouvelle aux habitants de Yabech. Ceux-ci sont remplis de joie. 10 Ils disent
aux Ammonites : « Demain, nous nous livrerons à vous, et vous ferez de nous ce que
vous voudrez. »
11 Le jour suivant, Saül divise son armée en
trois groupes. Ils vont dans le camp ennemi
avant la fin de la nuit. Ils tuent des Ammonites
jusqu'à l'heure la plus chaude de la journée.
Ceux qui sont encore en vie vont de tous côtés, et il n'en reste pas deux ensemble. 12 Alors
les Israélites disent à Samuel : « Où sont ceux
qui ne voulaient pas que Saül soit notre roi[p] ?
Livrez-nous ces gens-là, nous allons les faire
mourir ! » 13 Mais Saül dit : « Vous ne ferez
mourir personne aujourd'hui. En effet, aujour-
d'hui, le SEIGNEUR a donné la victoire à Israël. » 14 Ensuite, Samuel dit aux Israélites :
« Venez, allons au Guilgal. Alors nous affirme-
rons de nouveau que Saül est roi. » 15 Ils vont
tous au Guilgal. Là, devant le SEIGNEUR, ils proclament Saül roi. Puis ils offrent des *sacrifices de communion au SEIGNEUR. Saül et tous
les Israélites font une grande fête.

Dernières recommandations de Samuel

12 1 Samuel dit aux Israélites : « Eh bien,
j'ai fait tout ce que vous m'avez demandé. Je vous ai donné un roi pour qu'il
vous gouverne. 2 Maintenant, c'est lui qui
vous dirigera. Moi, je suis vieux et j'ai des cheveux blancs. Mes fils sont des adultes comme
vous. Je vous ai dirigés depuis ma jeunesse jusqu'à aujourd'hui. 3 C'est pourquoi je suis là
devant vous. Devant le SEIGNEUR et devant le
roi qu'il a choisi, dites si vous m'accusez de
quelque chose. Est-ce que j'ai pris le bœuf
de quelqu'un ? ou l'âne de quelqu'un ? Est-ce
que j'ai fait du tort à quelqu'un ? Est-ce que j'ai
fait du mal à quelqu'un ? Est-ce que j'ai demandé un cadeau à quelqu'un pour fermer
les yeux sur sa conduite ? Si c'est le cas, je
vous rendrai ce que j'ai pris. » 4 Les Israélites
répondent : « Tu ne nous as jamais fait de
tort, tu ne nous as jamais fait de mal, tu n'as
jamais demandé de cadeau. » 5 Samuel dit
encore : « Le SEIGNEUR et le roi sont *témoins
aujourd'hui que vous n'avez rien à me
reprocher. » Ils répondent : « Oui, c'est
exact. »
6 Samuel ajoute : « Le SEIGNEUR est témoin
de cela, lui qui s'est servi de Moïse et *d'Aaron pour faire sortir d'Égypte vos ancêtres.
7 Maintenant, présentez-vous devant le tribunal du SEIGNEUR. Je vais rappeler tous les bienfaits qu'il vous a accordés, à vous et à vos
ancêtres. 8 Quand *Jacob est arrivé en Égypte,
vos ancêtres ont appelé le SEIGNEUR au secours. Et le SEIGNEUR a envoyé Moïse et Aaron
pour les faire sortir d'Égypte, et ils les ont installés ici. 9 Mais vos ancêtres ont oublié le SEI-
GNEUR, leur Dieu. Alors il les a livrés à Sisra,
qui commandait les soldats de la ville de Hassor, aux *Philistins et au roi de Moab. Et ceux-
ci leur ont fait la guerre. 10 Vos ancêtres ont appelé le SEIGNEUR au secours. Ils ont dit : "SEI-
GNEUR, nous avons péché. En effet, nous
t'avons abandonné pour adorer les *Baals et
les *Astartés. Mais maintenant, délivre-nous
de nos ennemis, et nous te servirons."
11 Alors le SEIGNEUR a envoyé Gédéon, Bédan,
Jefté et moi, Samuel. Il vous a délivrés des ennemis qui vous entouraient. Alors vous avez
pu habiter en sécurité dans le pays. 12 Mais
quand vous avez vu que Nahach, le roi des
Ammonites, venait vous attaquer, vous
m'avez dit : "Nous voulons un roi !" Pourtant,
le SEIGNEUR votre Dieu est votre roi. 13 Maintenant, vous avez le roi que vous avez choisi.
Vous l'avez demandé, et le SEIGNEUR vous l'a
donné. 14 Voici dans quel cas tout ira bien :
vous respectez le SEIGNEUR, vous le servez,
vous l'écoutez et vous ne vous révoltez pas
contre ses commandements. Alors vous-
mêmes et le roi qui vous gouverne, vous
continuerez à suivre le SEIGNEUR votre Dieu.
15 Mais voici ce qui peut arriver : vous n'écoutez pas le SEIGNEUR, vous vous révoltez contre
ses commandements. Dans ce cas, le SEIGNEUR
fera peser sa puissance sur vous, comme autrefois sur vos ancêtres. 16 Maintenant,

p **11.12** *Voir 1 Samuel 10.27.*

tenez-vous prêts. Le SEIGNEUR va faire une
chose extraordinaire sous vos yeux. Regardez
bien. 17 C'est la saison où il ne pleut pas,
n'est-ce pas ? Eh bien, je vais prier le SEI-
GNEUR, il va faire gronder le tonnerre et tomber la pluie. Vous avez commis une grande
faute envers le SEIGNEUR en demandant un
roi. Vous allez le comprendre maintenant. »
18 Alors Samuel prie le SEIGNEUR. Le SEI-
GNEUR fait gronder le tonnerre et tomber la
pluie. Ce jour-là, tout le peuple a très peur
du SEIGNEUR et de Samuel. 19 Les Israélites disent à Samuel : « Prie pour nous le SEIGNEUR
ton Dieu pour que nous ne mourions pas.
C'est vrai, en plus de tous nos péchés, nous
avons eu le tort de demander un roi. » 20 Samuel leur répond : « N'ayez pas peur. Oui,
vous avez commis cette faute grave. Mais
maintenant, ne vous éloignez pas du SEIGNEUR,
servez-le de tout votre cœur. 21 Si vous vous
éloignez de lui, ce sera pour suivre des faux
dieux. Or, ils ne servent à rien et ils ne peuvent sauver personne, puisque ce sont des
faux dieux. 22 Le SEIGNEUR lui-même a voulu
faire de vous son peuple. Il ne vous abandonnera pas, car il veut montrer la grandeur de
son nom. 23 Moi, je ne veux pas commettre
un péché contre le SEIGNEUR en m'arrêtant
de prier pour vous. Je continuerai à vous montrer le bon chemin, le chemin droit. 24 Et vous,
respectez le SEIGNEUR, servez-le fidèlement de
tout votre cœur. Voyez les choses extraordinaires qu'il a accomplies pour vous. 25 Mais
si vous faites le mal, vous mourrez, vous et
votre roi. »

Saül se révolte contre les Philistins et commet une faute

13 [1] [q] 2 Saül choisit 3 000 soldats parmi
les Israélites. Et 2 000 restent avec
lui à Mikmas, dans la région montagneuse
de Béthel. Les 1 000 autres soldats restent
avec son fils Jonatan à Guibéa, dans le territoire de Benjamin. Saül renvoie les autres Israélites chez eux.
3 Un jour, Jonatan tue le gouverneur *philistin qui est à Guibéa. Les Philistins l'apprennent. Saül fait sonner de la trompette dans
tout le pays. En effet, il se dit : « Il faut que
les *Hébreux apprennent cela. » 4 Les Israélites apprennent donc cette nouvelle : Saül a
tué un gouverneur philistin, et les Philistins
ne peuvent plus supporter les Israélites. Alors
l'armée se rassemble derrière Saül au Guilgal.
5 Les Philistins, eux aussi, se réunissent pour
combattre Israël. Ils ont 30 000 chars,
6 000 cavaliers, et des soldats aussi nombreux
que les grains de sable au bord de la mer. Ils
viennent installer leur camp à Mikmas, à l'est
de Beth-Aven. 6 Le peuple se voit menacé de
très près. Alors les gens vont se cacher dans
les grottes, dans les trous, dans les rochers,
sous la terre et dans les citernes. 7 Certains
*Hébreux traversent même le fleuve Jourdain
et ils vont se réfugier dans la région de Gad et
de Galaad.
Pendant ce temps, Saül est encore au Guilgal, et toute son armée tremble de peur.
8 Pendant sept jours, Saül attend Samuel. En
effet, Samuel lui a donné rendez-vous[r], mais
lui-même ne vient pas au Guilgal au moment
fixé. Les soldats abandonnent Saül et ils s'en
vont de tous côtés. 9 Alors Saül commande
de préparer les animaux pour le *sacrifice
complet et pour les sacrifices de communion.
Puis il offre lui-même le sacrifice complet.
10 Au moment où il termine cette cérémonie,
Samuel arrive. Saül s'avance à sa rencontre
pour le saluer. 11 Samuel lui dit : « Qu'est-ce
que tu as fait là ? » Saül répond : « J'ai vu que
les soldats m'abandonnaient et qu'ils partaient de tous côtés. Toi-même, tu n'es pas
venu au rendez-vous au moment fixé, et les
*Philistins se sont rassemblés à Mikmas. 12 Je
me suis dit : Maintenant, les Philistins vont
venir nous attaquer au Guilgal. Et je n'ai
rien fait pour obtenir la faveur du SEIGNEUR.

---

q **13.1** *Le verset 1 de ce chapitre n'est pas complet en hébreu. Il manque dans plusieurs traductions anciennes. Il n'a pas été traduit ici.*

r **13.8** *Voir 1 Samuel 10.8.*

C'est pourquoi j'ai décidé d'offrir moi-même le sacrifice complet. » 13 Samuel dit à Saül : « Tu as agi comme un fou ! Tu n'as pas obéi au commandement que le SEIGNEUR ton Dieu t'a donné. Si tu l'avais fait, le SEIGNEUR aurait permis que pour toujours, quelqu'un de ta famille soit roi en Israël. 14 Mais maintenant, tu ne pourras pas rester roi. Tu n'as pas obéi à l'ordre du SEIGNEUR. Alors le SEIGNEUR a cherché un homme qui lui plaît pour l'établir comme chef de son peuple. »

15 Samuel quitte le Guilgal. Le reste de l'armée part avec Saül, et ils vont du Guilgal à Guibéa, dans le territoire de Benjamin. Saül inspecte les soldats qui sont restés avec lui : ils sont à peu près 600.

Les Philistins se préparent au combat

16 Saül s'installe à Guéba, dans le pays de Benjamin, avec son fils Jonatan et l'armée qui lui reste. Les *Philistins ont leur camp à Mikmas. 17 Un jour, une troupe spécialement entraînée pour détruire sort du camp des Philistins. Elle se divise en trois équipes. La première équipe va vers Ofra, dans la région de Choual. 18 La deuxième va vers Beth-Horon, la troisième va vers la frontière, qui passe au-dessus de la vallée des Hyènes, du côté du désert.

19 À cette époque, il n'y a plus de forgeron dans tout le pays d'Israël. En effet, les Philistins ne veulent pas que les *Hébreux se fabriquent des *épées ou des lances. 20 Chaque Israélite doit donc aller chez un forgeron philistin pour faire aiguiser son soc de charrue, sa houe, sa hache ou sa bêche. 21 Pour aiguiser tous ces outils, ou pour faire redresser un aiguillon[s], il faut payer cher, presque une pièce d'argent. 22 Le jour du combat, la troupe de Saül et de Jonatan n'a donc pas d'épées ni de lances. Saül et son fils sont les seuls à en avoir.

23 Un groupe de soldats philistins va se placer au passage de Mikmas.

Jonatan attaque un groupe de Philistins

14 1 Un jour, Jonatan, fils de Saül, dit au serviteur qui porte ses armes : « Viens, allons jusqu'au poste des *Philistins qui est là-bas, de l'autre côté. » Mais Jonatan ne dit rien à son père. 2 Saül se trouve alors à la limite de Guibéa, installé sous l'arbre fruitier de Migron. Il a avec lui environ 600 soldats. 3 Un prêtre se tient là, avec les objets sacrés qui servent à consulter Dieu. C'est Ahia, fils d'Ahitoub et neveu d'Ikabod. Ikabod est fils de Pinhas et petit-fils d'Héli, qui était prêtre du SEIGNEUR à Silo. Parmi les soldats, personne ne sait que Jonatan est parti.

4 Pour attaquer le poste des Philistins, Jonatan passe entre deux rochers pointus appelés Bossès et Senné. 5 Le premier rocher se dresse au nord, en face de Mikmas, l'autre au sud, en face de Guibéa. 6 Jonatan dit à son porteur d'armes : « Viens, allons jusqu'au poste de ces Philistins non *circoncis. Le SEIGNEUR va peut-être agir pour nous. En effet, rien ne l'empêche de nous donner la victoire, que nous soyons nombreux ou non. » 7 Le porteur d'armes répond : « Fais comme tu veux. Va où tu veux, je te suis. » 8 Jonatan dit : « Eh bien, allons dans la direction des Philistins. Ils vont nous voir. 9 S'ils nous disent : "Arrêtez-vous ! Nous allons vers vous", nous n'avancerons pas vers eux. 10 Mais s'ils disent : "Montez vers nous !", nous avancerons. Ce sera le signe que le SEIGNEUR les livre en notre pouvoir. »

11 Ils vont donc tous les deux se montrer aux Philistins. Ceux-ci se disent : « Voici des *Hébreux ! Ils sortent des trous où ils se sont cachés. » 12 Les soldats appellent Jonatan et son porteur d'armes. Ils leur disent : « Montez vers nous ! Nous avons quelque chose à vous dire. » Jonatan dit à son serviteur : « Monte derrière moi ! Le SEIGNEUR a livré les Philistins à Israël. » 13 Jonatan monte en s'aidant des mains et des pieds. Son serviteur

s 13.21 *Un aiguillon est un bâton terminé par une pointe en fer, utilisé d'habitude pour faire avancer les bœufs.*

le suit. Les Philistins tombent sous les coups de Jonatan, et son porteur d'armes les tue derrière lui. 14 Cette première défaite, causée par Jonatan et son porteur d'armes, entraîne la mort d'à peu près 20 Philistins, sur un tout petit espace. 15 Les soldats philistins restés dans le camp et tous les habitants des environs tremblent de peur. Même les postes de garde et les Philistins spécialement entraînés pour détruire sont effrayés. De plus, il y a un tremblement de terre, et cela provoque une peur immense.

16 À Guibéa-de-Benjamin, les sentinelles de Saül regardent. Ils voient la foule des Philistins qui fuient dans tous les sens. 17 Saül commande aux soldats qui sont avec lui : « Faites l'appel et voyez qui est parti de chez nous. » On fait l'appel. Il manque Jonatan et son porteur d'armes. 18 Saül dit au prêtre Ahia : « Fais approcher le *coffre sacré. » En effet, ce jour-là, le coffre sacré se trouve dans le camp des Israélites. 19 Pendant que Saül parle au prêtre, le bruit augmente dans le camp des Philistins. Saül dit alors à Ahia : « Inutile de consulter Dieu ! »

20 Saül rassemble ses soldats et ils partent sur le champ de bataille. Ils trouvent les Philistins qui se tuent entre eux, dans un désordre immense. 21 Avant le combat, des *Hébreux s'étaient mis au service des Philistins et ils combattaient de leur côté. Maintenant, ils se mettent du côté d'Israël, avec Saül et Jonatan. 22 Tous les autres Israélites, qui s'étaient cachés dans la région montagneuse d'Éfraïm, apprennent que les Philistins ont fui. Alors ils se mettent à les poursuivre et à les combattre. 23 Ce jour-là, le SEIGNEUR donne la victoire à Israël.

Les soldats israélites sauvent Jonatan

La bataille s'étend au-delà de Beth-Aven. 24 Ce jour-là, les Israélites sont épuisés, parce que Saül a lancé sur eux cette malédiction : « Si quelqu'un mange avant le soir, avant que je me venge de mes ennemis, qu'il soit maudit ! » Tout le monde *jeûne donc. 25 Tous arrivent dans une forêt, et il y a du miel qui coule jusqu'à terre. 26 En entrant dans la forêt, ils voient le miel qui coule. Pourtant, personne n'en mange, parce qu'ils ont peur de la malédiction. 27 Mais Jonatan n'a pas entendu son père quand celui-ci a obligé les soldats à faire un serment. Il tend le bâton qu'il tient et il trempe le bout dans le miel, puis il le ramène à la bouche. Alors il reprend des forces. 28 Un soldat lui dit : « Ton père nous a obligés à faire un serment avec cette menace : "Si quelqu'un mange aujourd'hui, qu'il soit maudit !" C'est pour cela que tout le monde est épuisé. » 29 Jonatan dit : « Mon père a porté malheur au pays ! Voyez comme j'ai repris des forces en mangeant un peu de miel. 30 Si aujourd'hui, tous les soldats avaient pu manger grâce aux richesses prises à leurs ennemis, la défaite des *Philistins aurait été encore plus grande. »

31 Ce jour-là, les Israélites battent les Philistins depuis Mikmas jusqu'à Ayalon. Ils sont complètement épuisés. 32 Alors ils se jettent sur les richesses des ennemis. Ils prennent des moutons, des bœufs et des veaux. Ils les tuent sur place et ils mangent à l'endroit où le sang des bêtes a coulé. 33 On raconte cela à Saül en disant : « Le peuple est en train de commettre un péché contre le SEIGNEUR : il mange les bêtes à l'endroit où leur sang a coulé[t]. » Saül dit : « Vous avez désobéi à la *loi ! Roulez tout de suite une grosse pierre jusqu'ici ! 34 Ensuite, allez trouver les gens et dites à chacun de m'amener son bœuf ou son mouton. Ils les tueront et les mangeront ici. Ainsi, ils ne commettront pas de péché contre le SEIGNEUR en les mangeant à l'endroit où le sang a coulé. » Ce soir-là, chacun amène son animal, et il le tue à cet endroit. 35 C'est ainsi que Saül construit un *autel pour le SEIGNEUR, le premier autel qu'il construit.

36 Ensuite, Saül donne cet ordre : « Descendons pendant la nuit et poursuivons les Philistins. Nous les pillerons jusqu'au lever du soleil, et nous ne laisserons personne en

t **14.33** *Voir Lévitique 19.26.*

vie. » Les soldats répondent : « Fais tout ce qui te plaît. » Mais le prêtre dit : « Il faut d'abord consulter Dieu. » 37 Saül demande à Dieu : « Est-ce que je dois descendre et poursuivre les Philistins ? Est-ce que tu vas les livrer en notre pouvoir ? »

Mais ce jour-là, Dieu ne répond pas. 38 Saül réunit donc tous les chefs du peuple auprès de lui et il leur dit : « Cherchez qui a péché aujourd'hui. 39 Par le SEIGNEUR vivant qui a sauvé Israël, je le jure, le coupable mourra, même si c'est mon fils Jonatan. » Parmi les soldats, aucun ne répond. 40 Alors Saül dit à tous les Israélites : « Mettez-vous d'un côté. Moi et mon fils Jonatan, nous allons nous mettre de l'autre côté. » Les soldats répondent : « Fais comme tu veux. » 41 Saül dit au SEIGNEUR : « Dieu d'Israël, aujourd'hui tu ne m'as pas répondu. Pourquoi ? SEIGNEUR, réponds-moi par les deux objets sacrés[u], l'Ourim et le Toummim. Si c'est moi qui suis coupable, ou mon fils Jonatan, réponds par l'Ourim. Si c'est l'armée, réponds par le Toummim. » Saül et Jonatan sont désignés, et non pas l'armée.

42 Saül donne cet ordre : « *Tirez au sort entre Jonatan et moi ! » Jonatan est désigné. 43 Alors Saül lui dit : « Raconte-moi ce que tu as fait. » Jonatan raconte : « Oui, j'ai goûté un peu de miel au bout du bâton que j'avais à la main. Je suis prêt à mourir. » 44 Saül dit : « Que Dieu me punisse très sévèrement si tu ne meurs pas, Jonatan ! » 45 Mais les soldats disent à Saül : « Jonatan a remporté une grande victoire en Israël. Il ne doit pas mourir, ce serait une chose horrible ! Par le SEIGNEUR vivant, il ne tombera pas à terre un seul cheveu de sa tête ! En effet, c'est avec l'aide de Dieu qu'il a agi aujourd'hui ! »

De cette façon, l'armée sauve Jonatan de la mort. 46 Saül arrête de poursuivre les Philistins, et les Philistins rentrent chez eux.

Les victoires de Saül

47 Dès que Saül devient roi en Israël, il fait la guerre à tous les ennemis qui l'entourent : les Moabites, les Ammonites, les Édomites, les rois de Soba et les *Philistins. Chaque fois, il est victorieux. 48 Un jour, il montre son courage en battant les Amalécites. Ainsi, il délivre Israël de ceux qui pillent le pays.

49 Saül a des fils : Jonatan, Ichevi et Malkichoua. Il a aussi des filles : Mérab, l'aînée, et Mikal, la plus jeune. 50 Sa femme s'appelle Ahinoam. C'est la fille d'Ahimaas. Le chef de son armée s'appelle Abner et il est fils de Ner, l'oncle de Saül. 51 En effet, Quich, le père de Saül, et Ner, le père d'Abner, sont tous deux fils d'Abiel.

52 Pendant toute sa vie, Saül combat durement les *Philistins. C'est pourquoi, dès qu'il voit un homme courageux et fort, il le prend comme soldat.

Saül commet encore une faute, et Dieu le rejette

15 1 Un jour, Samuel dit à Saül : « C'est moi que le SEIGNEUR a envoyé pour te *consacrer comme roi d'Israël, son peuple. Maintenant, écoute donc, 2 voici ce que le SEIGNEUR de l'univers te dit : "Quand le peuple d'Israël est sorti d'Égypte, les Amalécites lui ont coupé la route[v], et je ne l'ai pas oublié. 3 Eh bien, maintenant, va les attaquer. À cause de moi, détruis[w] complètement tout ce qui leur appartient. Sois sans pitié pour eux ! Fais mourir tout le monde : les hommes et les femmes, les enfants et les bébés, les bœufs et les moutons, les chameaux et les ânes !" »

4 Saül réunit toute son armée et il l'inspecte à Télem : 200 000 soldats à pied et, en plus, 10 000 hommes de Juda. 5 Ensuite, Saül les

u **14.41** *Ces objets sacrés servaient à connaître la volonté ou le jugement de Dieu.*

v **15.2** *Voir Exode 17.8-16.*

w **15.3** *Dans les guerres de l'ancien Orient, les vainqueurs prenaient pour eux tout ce qui appartenait aux ennemis : personnes et biens. Pourtant, dans certains cas, ils devaient réserver la totalité ou une partie de ces biens à leur dieu. Cette règle s'applique aussi aux guerres de l'Israël ancien. Elle n'a jamais été totalement suivie.*

conduit près de la ville des Amalécites et il se
cache dans un ravin pour les attaquer. 6 Saül
fait dire aux Quénites : « Ne restez pas parmi
les Amalécites. Partez loin d'eux. Je ne veux
pas vous traiter comme eux. En effet, vous
avez été bons pour les Israélites quand ils
sont sortis d'Égypte. » Alors les Quénites se
séparent des Amalécites. 7 Saül bat les Amalécites depuis Havila jusqu'à Chour, à l'est de
l'Égypte. 8 Il les tue tous, sauf Agag, leur roi.
Il le prend vivant. 9 Saül et ses soldats ne tuent
pas Agag, le roi des Amalécites. Ils ne tuent
pas non plus les plus beaux animaux : les moutons, les bœufs, les gros animaux et les
agneaux. Ils gardent tout ce qui est bon. Ils
tuent seulement ce qui ne vaut rien, ce qui
ne peut pas servir. 10 Alors le SEIGNEUR adresse
sa parole à Samuel. Il lui dit : 11 « Je regrette
d'avoir choisi Saül comme roi. En effet, son
cœur s'est éloigné de moi, et il n'a pas fait
ce que je lui ai commandé. » Samuel est bouleversé et il crie vers le SEIGNEUR toute la nuit.

12 Le jour suivant, tôt le matin, il part à la
rencontre de Saül. Des gens disent à Samuel :
« Saül est allé à Karmel. Là, il a fait construire
un monument pour lui-même. Puis il est parti
plus loin et il est descendu au Guilgal. » 13 Samuel va trouver Saül, et Saül lui dit : « Que le
SEIGNEUR te *bénisse ! J'ai fait ce que le SEI-
GNEUR m'a commandé. » 14 Mais Samuel demande : « J'entends des moutons bêler et des
bœufs mugir. Qu'est-ce que c'est ? » 15 Saül répond : « Les soldats ont ramené ces animaux
de chez les Amalécites. Le peuple a gardé les
plus beaux moutons et les bœufs les plus gros
pour les offrir en *sacrifice au SEIGNEUR ton
Dieu. Tout le reste, nous l'avons détruit. »
16 Samuel dit à Saül : « Arrête ! Je vais t'annoncer ce que le SEIGNEUR m'a dit cette nuit. »
Saül dit : « Parle. »

17 Samuel dit : « Avant, tu ne croyais pas que
tu étais quelqu'un d'important. Pourtant, tu
es devenu le chef des tribus d'Israël. C'est le
SEIGNEUR qui t'a consacré comme roi d'Israël.
18 Le SEIGNEUR t'a montré le chemin à suivre. Il
t'a dit : "Va ! Tu feras mourir ces Amalécites
pécheurs. Tu les tueras tous !" 19 Tu n'as pas
obéi à l'ordre du SEIGNEUR. Pourquoi donc ?
Tu as pris leurs richesses et tu as fait ce qui
est mal aux yeux du SEIGNEUR. Pourquoi ? »
20 Saül répond à Samuel : « Mais j'ai obéi à l'ordre du SEIGNEUR. Je suis allé là où il m'a envoyé. J'ai fait mourir tous les Amalécites,
sauf Agag, leur roi. Je l'ai ramené ici. 21 Mes
soldats ont choisi les plus beaux moutons et
les bœufs les plus gros parmi ce qui devait
être détruit. Mais c'était pour les offrir en
sacrifice au SEIGNEUR ton Dieu, au Guilgal. »
22 Alors Samuel dit : « Qu'est-ce que le SEI-
GNEUR aime mieux ? L'obéissance à sa parole
ou bien les sacrifices d'animaux ? L'obéissance vaut mieux que les sacrifices des animaux les plus gros. 23 Oui, refuser d'obéir,
c'est aussi grave que de consulter les devins.
Résister au SEIGNEUR, c'est aussi grave que
d'adorer les faux dieux. Tu as rejeté les ordres
du SEIGNEUR. Alors le SEIGNEUR te rejette aussi :
tu n'es plus roi ! » 24 Saül répond : « Oui, j'ai
péché. Je n'ai pas obéi à l'ordre du SEIGNEUR
ni à tes conseils. J'ai eu peur de mes soldats
et j'ai fait ce qu'ils voulaient. 25 Maintenant,
je t'en prie, pardonne-moi ce péché et reviens
avec moi ! Alors je pourrai aller adorer le SEI-
GNEUR. » 26 Samuel dit à Saül : « Non, je n'irai
pas avec toi. Tu as rejeté les ordres du SEI-
GNEUR. Le SEIGNEUR te rejette aussi : tu n'es
plus roi d'Israël ! »

27 Samuel se tourne pour partir. Saül l'attrape par son vêtement et il en arrache un
morceau. 28 Samuel dit : « De la même façon
aujourd'hui, le SEIGNEUR t'arrache le pouvoir
royal sur Israël. Il le donne à un autre qui
est meilleur que toi. 29 Le SEIGNEUR, qui est
la *gloire d'Israël, ne ment pas et il ne change
pas d'avis comme un homme. » 30 Saül répond : « J'ai péché. Mais je t'en prie, traite-
moi avec respect devant les *anciens de
mon peuple et devant Israël. Reviens avec
moi. J'irai adorer le SEIGNEUR ton Dieu. »
31 Samuel l'accompagne, et Saül va adorer le
SEIGNEUR.

32 Samuel dit : « Faites venir Agag, le roi des
Amalécites ! » Agag arrive, il est sûr de lui. Il
se dit : « Je ne vais sûrement pas mourir ! »
33 Mais Samuel lui dit :

« Avec ton *épée,
tu as enlevé des enfants à leurs mères.

Eh bien, toi aussi,
on va t'enlever à ta mère ! »

Et Samuel fait mourir Agag devant le SEIGNEUR, au Guilgal.

34 Samuel part à Rama, et Saül rentre chez lui, à Guibéa. 35 Samuel ne revoit plus Saül jusqu'au jour de sa mort. Samuel est triste à cause de lui. Et le SEIGNEUR lui-même regrette d'avoir choisi Saül comme roi d'Israël.

Le Seigneur choisit David comme nouveau roi

16 1 Le SEIGNEUR dit à Samuel : « Est-ce que tu vas pleurer Saül encore longtemps ? C'est moi qui l'ai rejeté, et il ne sera plus roi d'Israël. Prends de l'huile et va à Bethléem. Je t'envoie là-bas, chez Jessé. En effet, j'ai choisi parmi ses fils le roi qui me plaît. » 2 Samuel demande : « Comment est-ce que je peux faire cela ? Si je vais à Bethléem, Saül va l'apprendre et il va me tuer ! » Le SEIGNEUR lui répond : « Prends avec toi un veau. Tu diras : "Je viens offrir un *sacrifice au SEIGNEUR." 3 Invite Jessé à la cérémonie. Je te dirai ce que tu dois faire. Je te montrerai celui que j'ai choisi, et tu verseras de l'huile sur lui pour le faire roi. »

4 Samuel fait ce que le SEIGNEUR a dit. Quand il arrive à Bethléem, les *anciens de la ville sont inquiets. Ils viennent à sa rencontre et lui demandent : « Est-ce que tu viens nous annoncer une bonne nouvelle ? » 5 Samuel répond : « Oui. Je viens offrir un sacrifice au SEIGNEUR. Rendez-vous *purs pour la cérémonie et venez ensuite avec moi. »

Samuel dit aussi à Jessé et à ses fils : « Rendez-vous purs, je vous invite au sacrifice. » 6 Quand Jessé et ses fils arrivent, Samuel voit Éliab et pense : « C'est sûrement lui que le SEIGNEUR a choisi. » 7 Mais le SEIGNEUR lui dit : « Cet homme est beau et il est grand. Mais ne fais pas attention à cela ! Ce n'est pas lui que j'ai choisi. Je ne juge pas comme les êtres humains. Les gens font attention à ce qui se voit, mais moi, je regarde le fond du cœur. »

8 Ensuite Jessé appelle Abinadab. Il le fait passer devant Samuel, mais Samuel dit : « Ce n'est pas non plus cet homme-là que le SEIGNEUR a choisi. » 9 Jessé fait passer encore Chamma, mais Samuel dit : « Ce n'est pas lui non plus. » 10 Jessé fait passer ainsi sept de ses fils devant Samuel. Samuel lui dit : « Le SEIGNEUR n'a choisi aucun d'eux. » 11 Puis il ajoute : « Est-ce que tes fils sont tous là ? » Jessé répond : « Non, il y a encore David, le plus jeune. Il garde les moutons. » Samuel lui dit : « Envoie quelqu'un le chercher ! Nous ne commencerons pas le repas du sacrifice avant son arrivée. »

12 Aussitôt Jessé fait venir David. David a le teint clair, avec de beaux yeux et un beau visage. Alors le SEIGNEUR dit à Samuel : « C'est lui ! Verse de l'huile sur sa tête pour le faire roi ! » 13 Samuel prend l'huile et il la verse sur la tête de David devant ses frères. L'esprit du SEIGNEUR descend sur David et, à partir de ce jour-là, il ne le quitte plus. Ensuite Samuel part et il retourne à la ville de Rama.

14 L'esprit du SEIGNEUR a quitté Saül, et un esprit mauvais, envoyé par le SEIGNEUR, le fait souffrir. 15 Les serviteurs de Saül lui disent : « Nous le savons, Dieu t'a envoyé un esprit mauvais qui te fait souffrir. 16 Donne un ordre, nous t'obéirons. Nous te trouverons un homme qui sait jouer de la *cithare. Ainsi, quand l'esprit mauvais viendra en toi, le musicien jouera, et cela te calmera. » 17 Saül répond : « Trouvez-moi un bon musicien et amenez-le. » 18 Un des serviteurs dit : « Je connais justement un fils de Jessé, de Bethléem. C'est un bon musicien, un homme de valeur et un bon combattant. Il parle avec intelligence, il est beau, et le SEIGNEUR est avec lui. »

19 Saül envoie des messagers à Jessé pour lui dire : « Envoie-moi ton fils David, celui qui garde les moutons. » 20 Alors Jessé prend un âne. Il charge dessus du pain, une *outre de vin et un cabri. Et il envoie son fils David porter ces cadeaux à Saül. 21 David arrive chez Saül et il se met à son service. Saül l'aime beaucoup et il en fait son porteur d'armes. 22 Puis Saül envoie dire à Jessé : « Je veux que David reste à mon service, parce qu'il me plaît. »

23 À partir de ce moment, quand l'esprit mauvais entre dans Saül, David prend sa ci-

thare et il en joue. Saül se calme, il se sent mieux, et l'esprit mauvais le quitte.

David combat contre Goliath

17 1 Les *Philistins réunissent leurs armées pour aller faire la guerre. Ils se rassemblent dans la ville de Soko en Juda et ils installent leur camp à Éfès-Dammim, entre Soko et Azéca. 2 Saül et l'armée d'Israël se rassemblent et s'installent dans la vallée du Térébinthe. Puis ils se mettent en ordre de combat contre les Philistins. 3 Les Philistins sont sur une colline, et les Israélites sur une autre. Une vallée les sépare.

4 Un soldat philistin quitte le rang et il s'avance entre les deux armées. Il cherche quelqu'un qui peut se battre contre lui. Ce soldat est de la ville de Gath. Il s'appelle Goliath. Il mesure à peu près trois mètres. 5-6 Sur sa tête, il a mis un casque de bronze. Il a des plaques de bronze autour des jambes. Il porte une *cuirasse faite en écailles de bronze. Cette cuirasse pèse 60 kilos. Sur sa poitrine, en travers, il porte une arme de bronze. 7 Le bois de sa lance est gros comme la barre d'un métier à tisser. La pointe de fer au bout de la lance pèse plus de sept kilos. Celui qui porte son *bouclier marche devant lui. 8 Goliath s'arrête et il crie aux soldats d'Israël : « Vous vous mettez en ordre de combat. Pourquoi donc ? Je suis un Philistin, et vous, vous êtes les esclaves de Saül. Choisissez parmi vous un homme pour lutter contre moi. 9 S'il arrive à me battre et s'il me tue, les Philistins deviendront vos esclaves. Mais si c'est moi qui arrive à le battre et si je le tue, c'est vous qui deviendrez nos esclaves. » 10 Et il ajoute encore : « Aujourd'hui, je provoque l'armée d'Israël. Envoyez-moi un homme, et nous allons lutter l'un contre l'autre. » 11 Quand Saül et toute l'armée d'Israël entendent ce que Goliath dit, ils sont paralysés par la peur.

12 David est fils de Jessé, du clan d'Éfrata. Il habite à Bethléem, dans le pays de Juda. Jessé a huit fils et, au temps de Saül, il est très âgé. 13-14 Ses trois fils aînés, Éliab, Abinadab et Chamma, sont partis faire la guerre avec Saül. David est le plus jeune. 15 Il a l'habitude d'aller servir Saül quelque temps, puis de revenir garder les moutons de son père, à Bethléem.

16 Pendant 40 jours, Goliath le Philistin se présente matin et soir devant l'armée d'Israël. 17 Un jour, Jessé dit à David : « Prends ce sac de grains grillés et ces dix pains, va vite au camp militaire. Tu les donneras à tes frères. 18 Prends aussi ces dix fromages et donne-les à leur commandant. Va voir si tes frères sont en bonne santé et rapporte-moi quelque chose qui me montrera que tout va bien là-bas. 19 Tu vas les trouver avec Saül et toute l'armée d'Israël. Ils sont dans la vallée du Térébinthe, en train de faire la guerre aux Philistins. »

20 Le jour suivant, David se lève tôt le matin. Il laisse ses moutons à un gardien. Il prend les cadeaux et il se met en route, comme son père Jessé l'a dit. Il arrive au camp d'Israël. À ce moment-là, l'armée d'Israël se prépare pour le combat, et les soldats poussent le cri de guerre. 21 Les Israélites et les Philistins se mettent en ordre de combat. 22 David laisse ses cadeaux près du gardien des bagages et il court vers les soldats. Quand il trouve ses frères, il leur demande s'ils sont en bonne santé. 23 Au moment où il parle avec eux, le Philistin de Gath qui s'appelle Goliath s'avance devant son armée. Et comme d'habitude, il se met à provoquer les Israélites. David entend tout ce qu'il dit. 24 Quand les Israélites voient Goliath, ils ont tous très peur et ils reculent. 25 Chacun dit : « Vous voyez cet homme-là ! Il vient nous provoquer. C'est pourquoi il s'avance vers nous. Si quelqu'un réussit à le tuer, le roi lui donnera beaucoup de richesses. Il lui donnera sa fille en mariage, et la famille de son père ne paiera plus d'impôts en Israël. »

26 David demande aux soldats qui sont près de lui : « Qui est ce Philistin non *circoncis qui se permet d'insulter l'armée du Dieu vivant ? Qu'est-ce qu'on va donner à celui qui tuera ce Philistin pour effacer l'insulte lancée contre Israël ? » 27 Les soldats redisent à David tout ce que le roi donnera à cet homme-là.

28 Mais Éliab, son frère aîné, entend ce que David demande aux soldats. Alors, il se fâche et il dit à David : « Pourquoi est-ce que tu es venu ici ? À qui est-ce que tu as laissé ton petit troupeau dans le désert ? Je te connais bien, petit orgueilleux, ton cœur est mauvais ! C'est pour voir le combat que tu es venu ! » 29 David lui répond : « Qu'est-ce que j'ai fait de mal ? J'ai simplement posé une question. » 30 David tourne le dos à son frère et pose la même question à un autre soldat. Il répète cette question à d'autres soldats. Chacun lui donne la même réponse.

31 Tout le monde entend parler des questions posées par David. Le roi Saül lui-même apprend cela. Il fait tout de suite venir David. 32 Celui-ci dit au roi : « Personne ne doit se décourager à cause de ce Philistin. Moi, j'irai me battre contre lui. » 33 Saül lui répond : « Non, tu ne peux pas aller te battre contre lui. Toi, tu n'es qu'un jeune garçon, et lui, c'est un soldat depuis sa jeunesse. » 34 Alors David dit : « Quand je garde les moutons de mon père, si un lion ou un autre animal sauvage vient et prend un mouton du troupeau 35 je cours derrière lui. Je le frappe et j'arrache le mouton de sa gueule. Et s'il vient contre moi, je le saisis à la gorge et je le tue. 36 Voilà comment je fais pour tuer les lions et les autres animaux sauvages. Je vais faire la même chose à ce Philistin non circoncis qui a insulté l'armée du Dieu vivant. 37 Le SEIGNEUR me protège des griffes du lion et des autres animaux sauvages. Il va aussi me protéger des attaques de ce Philistin. » Alors Saül dit à David : « Pars donc, et que le SEIGNEUR soit avec toi ! »

38 Saül donne à David son équipement de guerre. Il lui met son casque de bronze sur la tête et il l'habille de sa cuirasse. 39 David met encore *l'épée de Saül par-dessus la cuirasse. Il essaie d'avancer, mais il n'y arrive pas. En effet, il n'est pas habitué à cet équipement. Alors il dit à Saül : « Avec tout cela, je ne peux pas marcher, je n'ai pas l'habitude. » Et il enlève l'équipement de Saül. 40 David prend son bâton et il va choisir cinq pierres bien lisses au bord du torrent. Il les met dans son sac de berger. Il prend sa fronde[x] dans sa main et s'avance vers Goliath. 41 Goliath s'approche petit à petit de David. L'homme qui porte son *bouclier marche devant lui. 42 Goliath regarde David. Quand il le voit, il le juge comme un petit rien-du-tout. En effet, David est encore jeune. Il a le teint clair et un beau visage. 43 Alors Goliath crie à David : « Tu viens contre moi avec un bâton ! Tu me prends donc pour un chien ! » Et il lance à David des malédictions de la part des dieux philistins. 44 Il crie encore : « Viens ici ! Je vais donner ton corps à manger aux oiseaux et aux animaux sauvages ! » 45 David lui dit : « Toi, tu viens contre moi avec une épée, une lance et une autre arme. Et moi, je viens contre toi au nom du SEIGNEUR de l'univers, le Dieu de l'armée d'Israël que tu as insulté ! 46 Aujourd'hui même, le SEIGNEUR va te livrer à moi. Je vais te tuer et te couper la tête ! Aujourd'hui même, je vais donner les corps des soldats philistins aux oiseaux et aux animaux sauvages, qui les mangeront. Alors tout le monde apprendra que les Israélites ont un Dieu. 47 Et tous les Israélites rassemblés ici le sauront : le SEIGNEUR n'a pas besoin d'épée ni de lance pour donner la victoire. Il est le maître de cette guerre et il va vous livrer en notre pouvoir ! » 48 Goliath se remet à marcher vers David. Alors David court très vite vers Goliath sur le terrain du combat. 49 Il prend une pierre dans son sac. Il la lance avec sa fronde, et la pierre va frapper le front de Goliath. Elle s'enfonce dans son front, et Goliath tombe, le visage contre le sol.

50 Ainsi, avec une fronde et une pierre, David a été plus fort que Goliath le Philistin. Il l'a fait tomber et il l'a tué, sans épée. 51 David court et s'arrête près de Goliath. Il tire l'épée de Goliath de son étui et il lui coupe la tête. Alors, quand les Philistins voient que leur champion est mort, ils se mettent à fuir. 52 Les soldats d'Israël et de Juda poussent leur cri de guerre et ils poursuivent les Philistins jusqu'à l'entrée de Gath et d'Écron[y]. Les

x **17.40** *Une fronde est une arme formée de bandes de cuir. Elle sert à lancer des pierres.*

y **17.52** *Gath et Écron : villes philistines, voir 1 Samuel 5.8 et 10.*

corps des Philistins couvrent la route de Chaaraïm jusqu'à Gath et Écron.

53 Puis les Israélites arrêtent de poursuivre les Philistins et ils reviennent piller leur camp. 54 David prend la tête de Goliath et il l'apporte à Jérusalem. Il met les armes du Philistin dans sa tente.

Jonatan fait un pacte d'amitié avec David

55 Saül a vu David partir pour combattre Goliath. À ce moment-là, il a dit à Abner, le chef de son armée : « Abner, ce garçon est le fils de qui ? » Abner a répondu : « Je n'en sais rien du tout, mon roi. » 56 Saül a dit : « Renseigne-toi pour le savoir. » 57 C'est pourquoi, quand David revient au camp après avoir tué Goliath, Abner va le chercher et le présente à Saül. Il a encore la tête du Philistin dans ses mains. 58 Saül lui demande : « Tu es le fils de qui, jeune homme ? » David répond : « Je suis le fils de ton serviteur Jessé, de Bethléem. »

18 1 Quand David a fini de parler à Saül, Jonatan, le fils de Saül, s'attache à David de tout son cœur et il se met à l'aimer comme lui-même. 2 Ce jour-là, Saül garde David auprès de lui, il ne le laisse pas retourner chez son père. 3 Alors Jonatan fait un pacte d'amitié avec David, parce qu'il l'aime comme lui-même. 4 Jonatan enlève le vêtement qu'il porte et il le donne à David avec son équipement de guerre. Il lui donne même son *épée, son arc et sa ceinture.

5 Chaque fois que Saül envoie David à la guerre, David est victorieux. C'est pourquoi Saül le met à la tête de son armée. Il plaît à tous les soldats et aussi aux officiers du roi.

6 Quand l'armée revient, après que David a tué le *Philistin Goliath, les femmes sortent de toutes les villes d'Israël. Elles viennent à la rencontre du roi Saül, en chantant et en dansant, au son des tambourins, des *instruments de musique, et elles crient de joie. 7 Toutes joyeuses, elles chantent en se répondant :

« Saül a battu 1 000 ennemis,
David en a battu 10 000 ! »

8 Saül est très en colère, ce chant ne lui plaît pas. Il se dit : « Quoi ? 10 000 ennemis pour David, et moi, je n'en ai que 1 000 ! Il ne lui manque plus que le pouvoir royal ! » 9 Et Saül regarde David d'un œil mauvais à partir de ce jour-là.

10 Le jour suivant, un esprit mauvais envoyé par Dieu tombe sur Saül, et le roi entre en transe dans sa maison. David joue de la *cithare, comme tous les autres jours, et Saül tient sa lance à la main. 11 Tout à coup, il jette sa lance en disant : « Je vais clouer David au mur. » Mais David évite le coup deux fois de suite. 12 Saül a peur de David. En effet, il comprend que le SEIGNEUR l'a quitté pour être avec David. 13 C'est pourquoi il l'éloigne de lui en le nommant chef de 1 000 soldats. À partir de ce moment, David part au combat à la tête de l'armée. 14 Il est toujours victorieux, parce que le SEIGNEUR est avec lui. 15 En voyant les grands succès de David, Saül a de plus en plus peur de lui. 16 Mais les gens d'Israël et de Juda aiment David, parce que c'est lui qui marche à leur tête dans les combats.

David prend pour femme Mikal, fille de Saül

17 Saül se dit : « Je ne vais pas tuer David moi-même. Les *Philistins le feront. » Alors il dit à David : « Voici ma fille aînée, Mérab. Je vais te la donner pour femme, mais à une condition : sois courageux à mon service et participe aux guerres du SEIGNEUR. » 18 David répond : « Qui suis-je ? La famille et le clan de mon père sont peu importants en Israël ! Tu es le roi, je ne peux pas devenir ton gendre ! » 19 Mais au moment où Saül devait donner Mérab pour femme à David, il la donne à Adriel, d'Abel-Mehola.

20 Mikal, l'autre fille de Saül, se met à aimer David. Saül l'apprend, et cela lui plaît. 21 En effet, il se dit : « Je vais lui donner Mikal pour femme, et elle sera un piège pour le faire tomber entre les mains des Philistins. » Ainsi, Saül propose une deuxième fois à David de devenir son gendre. 22 Saül donne l'ordre à ses ministres d'aller parler discrètement à David et de lui dire : « Le roi te veut du bien et nous, ses ministres, nous t'aimons. Accepte donc maintenant de devenir le gendre du roi. » 23 Les ministres de Saül vont répéter ces paroles à

David. Celui-ci leur dit : « À votre avis, est-ce que c'est une petite affaire de devenir le gendre du roi ? Je ne suis qu'un homme pauvre et sans importance. »

24 Les ministres vont raconter au roi ce que David a répondu. 25 Saül dit : « Eh bien, voici ce que vous lui direz : "Le roi ne demande pas la dot ordinaire pour sa fille. Il veut seulement 100 prépuces[z] de Philistins pour se venger de ses ennemis." » De cette façon, Saül compte bien faire tomber David entre les mains des Philistins. 26 Les ministres redisent ces paroles à David. Cette condition pour devenir le gendre du roi lui paraît bonne. Avant la fin du délai fixé par le roi, 27 David et ses hommes partent au combat et ils tuent 200 Philistins. David rapporte leurs prépuces. Et pour devenir le gendre du roi, il lui fait remettre tous les prépuces. Ensuite, Saül lui donne sa fille pour femme.

28 Saül constate et comprend ceci : le SEIGNEUR est avec David, et Mikal, sa fille, l'aime. 29 Alors le roi a encore plus peur de David et il se met à le détester pour toujours.

30 À cette époque, les chefs philistins partent à la guerre contre les Israélites. Dans chaque combat, David remporte plus de succès que tous les autres officiers de Saül. C'est pourquoi il devient très célèbre.

Jonatan défend David contre Saül

19 1 Saül a l'intention de faire mourir David. Il parle de son projet à son fils Jonatan et à tous ses ministres. Or, Jonatan, le fils de Saül, aime beaucoup David. 2 Il le prévient en disant : « Saül, mon père, veut te faire mourir. Fais très attention demain matin ! Cache-toi et reste où tu es ! 3 Moi, je sortirai avec mon père et je l'accompagnerai dans le champ où tu seras caché. Je parlerai de toi à mon père. Je verrai comment il réagit et je te le dirai. »

4 Jonatan dit du bien de David à Saül, son père. Puis il ajoute : « Toi, qui es roi, ne commets pas de péché contre ton serviteur David. Il n'a pas commis de péché contre toi. Au contraire, il a toujours agi pour ton bien. 5 Il a risqué sa vie pour tuer le *Philistin Goliath. Et ce jour-là, le SEIGNEUR a donné une grande victoire à Israël. Tu as vu cela et tu étais très heureux. En versant le sang d'un innocent, en faisant mourir David sans raison, tu commettrais un péché. Pourquoi donc ? » 6 Saül écoute Jonatan et il dit : « Par le SEIGNEUR vivant, personne ne fera mourir David, je le jure ! » 7 Alors Jonatan appelle David. Il lui raconte tout ce qu'ils ont dit. Jonatan conduit David auprès de Saül, et David revient au service du roi comme avant.

Grâce à Mikal, David échappe à la mort

8 La guerre reprend. David part combattre les *Philistins. Leur défaite est si grande qu'ils fuient devant David.

9 Un jour, un esprit mauvais envoyé par le SEIGNEUR entre dans Saül. Il est assis dans sa maison et tient sa lance à la main. David est en train de jouer de la *cithare. 10 Saül cherche à clouer David au mur avec sa lance. Mais David évite le coup, et la lance se plante dans le mur. David fuit et il échappe à la mort cette nuit-là. 11 Saül envoie des gens à la maison de David pour le surveiller et pour le tuer le matin. Mais Mikal, la femme de David, le prévient : « Si tu ne t'échappes pas cette nuit, demain tu seras mort. » 12 Alors elle le fait descendre par la fenêtre, et David s'enfuit pour sauver sa vie. 13 Mikal prend une statue en bois et elle la met dans le lit de David. Elle prend une moustiquaire faite de poils de chèvre. Elle la met à la tête du lit et elle couvre la statue avec une couverture. 14 Quand les gens de Saül viennent pour arrêter David, Mikal leur dit : « Il est malade. » 15 Saül envoie ses gens une deuxième fois. Il leur dit : « Retournez voir David. Ramenez-le chez moi dans son lit, pour que je le tue. »

---

z **18.25** *Le prépuce est la peau qui entoure l'extrémité du sexe de l'homme. La circoncision consiste à enlever cette peau. Pour les Israélites, la circoncision est le signe de l'alliance avec Dieu. Les Philistins n'étaient pas circoncis.*

16 Les gens du roi reviennent chez David. Ils trouvent la statue dans son lit, et la moustiquaire étendue à la tête du lit. 17 Saül demande à Mikal : « Tu m'as trompé. Pourquoi ? Tu as laissé mon ennemi s'échapper. Pourquoi donc ? » Mikal répond : « C'est lui qui m'a dit : "Laisse-moi partir, sinon je devrai te tuer." »

Saül poursuit David à Nayoth

18 David a réussi à s'échapper. Il arrive chez Samuel à Rama et il lui raconte tout ce que Saül lui a fait. Alors ils vont ensemble habiter à Nayoth. 19 Saül apprend que David se trouve à Nayoth, près de Rama. 20 Il envoie des gens pour l'arrêter. Mais ceux-ci voient un groupe de *prophètes en transe, et Samuel est debout à leur tête. Alors l'esprit de Dieu saisit les envoyés de Saül et ils entrent en transe, eux aussi. 21 Quand Saül apprend cela, il envoie d'autres gens, mais ils entrent en transe, eux aussi. Saül envoie un troisième groupe, et la même chose se passe. 22 Alors Saül part lui-même pour Rama et il arrive à la grande citerne qui se trouve à Sékou. Il demande : « Où sont Samuel et David ? » On leur répond : « À Nayoth, près de Rama. » 23 Il va là-bas. L'esprit de Dieu saisit aussi Saül, et il continue à marcher en étant en transe jusqu'à son arrivée à Nayoth, près de Rama. 24 Lui aussi, il enlève ses vêtements et il entre en transe devant Samuel. Puis il tombe, nu. Il reste ainsi toute la journée et toute la nuit. C'est pourquoi on dit : « Est-ce que Saül, lui aussi, est devenu prophète ? »

Jonatan protège David

20 1 David s'enfuit de Nayoth, qui est près de la ville de Rama. Il vient trouver Jonatan, le fils de Saül. Il lui demande : « Qu'est-ce que j'ai fait ? Quel est mon crime ? Qu'est-ce que j'ai fait de mal contre ton père ? Il veut me tuer. » 2 Jonatan lui répond : « Sûrement pas ! Tu ne vas pas mourir. Chaque fois que mon père veut faire quelque chose, il me prévient d'abord. Et cette fois-ci, il ne m'a rien dit. Ce n'est donc pas possible ! » 3 David lui dit encore : « Pourtant, c'est la vérité, je le jure ! Seulement, ton père sait très bien que je suis ton ami. Il s'est peut-être dit : "Si Jonatan apprend cela, il va être trop triste." Mais je le jure par le SEIGNEUR vivant et par ta vie, je suis à deux pas de la mort. » 4 Alors Jonatan demande à David : « Qu'est-ce que je peux faire pour toi ? Qu'est-ce que tu veux ? » 5 David répond : « C'est demain la fête de la *nouvelle lune. Au repas, je dois normalement m'asseoir près du roi. Mais si tu me donnes l'autorisation de partir, je vais me cacher dans les champs pendant deux jours, jusqu'au soir du deuxième jour. 6 Si ton père remarque mon absence, tu lui diras : "David m'a demandé la permission d'aller rapidement chez lui à Bethléem. Il voulait participer au *sacrifice annuel avec toute sa famille." 7 S'il dit : "C'est bien", je ne risque rien. Mais s'il se met en colère, tu auras la preuve qu'il a vraiment décidé de me tuer. 8 Montre ta bonté envers moi, puisque tu as fait un pacte d'amitié avec moi devant le SEIGNEUR. Au contraire, si je suis coupable de quelque chose, tue-moi toi-même. Pourquoi m'amener devant ton père ? » 9 Jonatan dit : « Sûrement pas ! Si j'apprends que mon père a décidé de te faire du mal, je te le dirai, je le jure ! » 10 David lui demande : « Et si ton père te donne une réponse inquiétante, qui va me prévenir ? » 11 Jonatan dit à David : « Viens, allons dehors. » Et ils vont tous les deux dans les champs.

12 Jonatan dit encore à David : « Par le SEIGNEUR, Dieu d'Israël, je te promets que demain ou après-demain, je poserai des questions à mon père sur ses intentions. Si tout va bien pour toi, je n'enverrai personne pour te le dire. 13 Mais si mon père veut vraiment te tuer, que le SEIGNEUR me punisse très sévèrement si je n'envoie personne pour te prévenir ! Je te laisserai partir et tu pourras t'en aller sans souci. Je prie le SEIGNEUR d'être avec toi, comme il a été avec mon père. 14 Plus tard, si je suis encore vivant, occupe-toi de moi avec la bonté du SEIGNEUR. Alors je ne mourrai pas. 15 Et si je meurs, continue à montrer de la bonté à ma famille, même quand le SEIGNEUR détruira tous tes ennemis un à un, sur cette terre ! » 16 Alors Jonatan fait un accord d'amitié avec David et avec sa famille. Il dit : « Que le SEIGNEUR se venge des ennemis

de David ! » 17 Jonatan demande aussi à David de faire un serment au nom de son amour pour lui. En effet, Jonatan aime David de tout son cœur.

18 Jonatan lui dit encore : « Demain, à la fête de la nouvelle lune, les gens verront que tu n'es pas là, car ta place sera vide. 19 Après-demain, tu iras jusqu'à l'endroit où tu t'es caché la dernière fois. Tu te cacheras derrière le tas de pierres qui se trouve là-bas. 20 Et moi, je vais lancer trois flèches dans cette direction, comme si je visais quelque chose. 21 Ensuite, je vais envoyer mon jeune serviteur pour les prendre. Si je lui dis : "Regarde, les flèches ne sont pas très loin de toi, prends-les vite !", cela veut dire que tout va bien pour toi, et que tu peux revenir. Il n'y aura pas de danger, je le jure par le SEIGNEUR vivant. 22 Mais si je lui dis : "Les flèches sont encore plus loin !", alors va-t'en. En effet, le SEIGNEUR veut que tu partes. 23 Le SEIGNEUR nous aidera à rester toujours fidèles au pacte d'amitié que nous avons fait, toi et moi. » 24 Alors David va se cacher dans les champs.

Le soir de la nouvelle lune, le roi Saül prend place à table pour le repas. 25 Comme d'habitude, il s'assoit sur le siège qui lui est réservé, contre le mur. Le général Abner s'assoit à côté de lui, et Jonatan en face de lui. Mais la place de David reste vide. 26 Ce jour-là, Saül ne dit rien. Il pense : « David n'est pas là. C'est un hasard. Peut-être qu'il n'est pas *pur. » 27 Mais le jour suivant, deuxième jour de la fête, la place de David est encore vide. Et Saül demande à son fils Jonatan : « Hier et aujourd'hui, David n'est pas venu au repas. Pourquoi donc ? » 28 Jonatan répond : « David m'a demandé la permission d'aller à Bethléem. 29 Il m'a dit : "Laisse-moi partir, nous avons un *sacrifice de famille là-bas, et mon frère me demande de venir prendre part à ce sacrifice. Si je suis ton ami, permets-moi d'aller voir ma famille." Voilà pourquoi David n'est pas venu au repas de fête chez toi. »

30 Saül se met en colère contre Jonatan et il lui dit : « Fils de chienne ! Je le sais, tu as pris pour ami ce fils de Jessé. C'est ta honte et celle de ta mère ! 31 Mais écoute bien ceci : tant que David est vivant, tu ne seras pas en sécurité. Tu ne pourras pas être roi. C'est pourquoi fais-le arrêter, et qu'il vienne ici, car il mérite la mort ! » 32 Jonatan lui demande : « Pourquoi est-ce qu'il doit mourir ? Qu'est-ce qu'il a fait de mal ? » 33 Saül lève sa lance contre Jonatan pour le frapper. Alors, Jonatan comprend que son père est vraiment décidé à tuer David. 34 Le deuxième jour de la fête, Jonatan refuse de manger et il quitte la table, très en colère. En effet, il est triste, parce que son père a gravement insulté David.

35 Le matin du jour suivant, Jonatan sort dans les champs et il se rend à l'endroit fixé avec David. Un jeune serviteur l'accompagne. 36 Jonatan lui dit : « Cours en avant ! Tu ramasseras les flèches que je vais tirer. » Le serviteur court en avant, et Jonatan tire une flèche de façon à le dépasser. 37 Quand le serviteur arrive là où la flèche est plantée, Jonatan lui crie : « Est-ce que la flèche n'est pas encore plus loin ? 38 Allons, dépêche-toi, ne t'arrête pas ! » Le serviteur ramasse la flèche et il revient vers Jonatan. 39 Le serviteur ne sait pas ce qui se passe. Seuls Jonatan et David comprennent. 40 Jonatan remet son arc et ses flèches à son serviteur et il lui dit de les rapporter en ville. 41 Alors, le serviteur part, et David sort de sa cachette derrière le tas de pierres. Il s'incline trois fois jusqu'à terre devant Jonatan. David et Jonatan s'embrassent et ils pleurent beaucoup tous les deux. 42 Ensuite, Jonatan dit à David : « Va en paix ! Et souviens-toi du pacte d'amitié que nous avons fait au nom du SEIGNEUR. Nous avons dit : "Que le SEIGNEUR nous permette de rester toujours fidèles à ce pacte, toi et moi, et nos enfants après nous !" »

21 1 Alors David s'en va, et Jonatan aussi rentre en ville.

Ahimélek, le prêtre de Nob, accueille David

2 David va à Nob, chez le prêtre Ahimélek. Celui-ci vient en tremblant à la rencontre de David. Il lui demande : « Tu es seul, personne n'est avec toi. Pourquoi ? » 3 David lui répond : « Le roi m'a donné un ordre, puis il m'a dit : "Personne ne doit savoir la mission que je t'ai confiée." C'est pourquoi j'ai donné

rendez-vous à mes hommes un peu plus loin. 4 Mais qu'est-ce que tu as comme nourriture ? Donne-moi cinq pains, ou ce que tu trouveras. » 5 Le prêtre répond à David : « Je n'ai pas de pain ordinaire, j'ai seulement du pain offert à Dieu. Je peux t'en donner à une condition : que tes hommes n'aient pas couché avec des femmes voici peu de temps. » 6 David lui dit : « C'est le cas. Comme d'habitude, quand je pars à la guerre, nous n'avons pas eu le droit de coucher avec des femmes. De plus, les armes de mes hommes sont *consacrées. Donc, même si cette bataille n'est pas faite au nom de Dieu, elle devient sacrée, comme les armes. » 7 Alors le prêtre donne à David des pains offerts au SEIGNEUR, parce qu'il n'en a pas d'autres. Ces pains ont été enlevés de la table du SEIGNEUR pour être remplacés par des pains frais.

8 Ce jour-là, un serviteur de Saül se trouve chez le prêtre pour rencontrer le SEIGNEUR. Il s'appelle Doëg l'Édomite et il est le chef des bergers de Saül.

9 David demande encore à Ahimélek : « Est-ce que tu as ici une lance ou une *épée ? Je n'ai pas emporté d'épée ni d'armes, parce que le roi m'a fait partir très vite. » 10 Le prêtre répond : « Il y a l'épée de Goliath[a], le *Philistin, que tu as tué dans la vallée du Térébinthe. Elle se trouve derrière les habits des prêtres, enveloppée dans un vêtement. Prends-la pour toi, si tu veux. Il n'y en a pas d'autre ici. » David répond : « Donne-la-moi, c'est la meilleure ! »

David s'enfuit chez les Philistins de Gath

11 Ce jour-là, David continue de fuir Saül. Il arrive chez Akich, le roi de Gath. 12 Les ministres d'Akich disent au roi : « Est-ce que cet homme n'est pas le roi du pays ? C'est bien à son sujet que les femmes chantaient :

"Saül a battu 1 000 ennemis,
David en a battu 10 000 !" »

13 David prend ces paroles très au sérieux et il a très peur du roi Akich. 14 Alors il fait semblant d'être fou devant eux. Il dit n'importe quoi, il trace des signes sur les battants des portes et il bave dans sa barbe. 15 Akich dit à ses ministres : « Vous voyez bien que c'est un fou. Pourquoi est-ce que vous me l'amenez ? 16 Est-ce que je manque de fous ici ? À quoi bon m'amener cet homme, pour qu'il fasse le fou devant moi ? Non, il n'entrera pas dans ma maison ! »

David devient chef de bande

22 1 David part de là et il se réfugie dans la grotte d'Adoullam. Ses frères et toute sa famille l'apprennent et ils viennent le rejoindre. 2 De plus, les gens en difficulté, ceux qui ont des dettes, tous les mécontents, environ 400 personnes, viennent avec lui. David devient leur chef.

3 Puis David part d'Adoullam pour aller à Mispé en Moab. Il dit au roi de Moab : « Permets à mon père et à ma mère de venir habiter chez toi, en attendant de savoir ce que Dieu veut faire de moi. » 4 David les conduit donc chez le roi de Moab, et ils restent là pendant tout le temps que David est dans son refuge. 5 Un jour, le *prophète Gad dit à David : « Ne reste pas dans ce refuge, rentre au pays de Juda. » David part donc et il va dans la forêt de Héreth.

Saül fait tuer tous les prêtres de Nob

6 Un jour, Saül se trouve à Guibéa, sur la colline. Il est installé sous un arbre et tient sa lance à la main. Tous ses serviteurs sont debout près de lui. Il apprend qu'on a découvert David et ses hommes. 7 Il dit alors à ses serviteurs : « Écoutez bien, Benjaminites ! Est-ce que le fils de Jessé[b] vous donnera à tous des champs et des *vignes ? Est-ce qu'il vous nommera tous chefs de 1 000 soldats ou chefs de 100 soldats ? Sûrement pas ! 8 Pourquoi donc est-ce que vous complotez tous contre moi ? Personne ne me prévient quand mon fils fait un pacte d'amitié avec David. Personne n'est inquiet pour moi. Personne ne me prévient

---

a **21.10** *Voir 1 Samuel 17.51-54.*

b **22.7** *Le fils de Jessé, c'est-à-dire David, voir 1 Samuel 16.1-13.*

quand mon fils encourage cet homme à me tendre des pièges, comme c'est le cas aujourd'hui ! »

9 Doëg l'Édomite, qui se trouve parmi les serviteurs de Saül, lui dit : « Un jour, j'ai vu le fils de Jessé. Il est arrivé à Nob, chez Ahimélek, fils d'Ahitoub. 10 Ahimélek a consulté le SEIGNEUR pour lui, il lui a donné à manger et il lui a remis *l'épée de Goliath, le *Philistin. »

11 Le roi fait appeler Ahimélek, fils d'Ahitoub, et tous les membres de sa famille qui étaient prêtres à Nob. Ils viennent tous se présenter devant le roi. 12 Saül dit à Ahimélek : « Écoute bien, fils d'Ahitoub. » Le prêtre répond : « Oui, mon maître. » 13 Le roi demande : « Pourquoi est-ce que vous complotez contre moi, toi et le fils de Jessé ? Tu lui as donné de la nourriture et une épée. Tu as consulté Dieu pour lui, afin qu'il se soulève contre moi et qu'il me tende des pièges. C'est le cas aujourd'hui. » 14 Ahimélek lui dit : « Mais, parmi tous tes serviteurs, mon roi, est-ce qu'il y a quelqu'un d'aussi fidèle que David ? Il est ton gendre et le chef de ta garde. Il est très honoré dans ta maison. 15 Est-ce que c'est la première fois que j'ai consulté Dieu pour lui ? Je n'ai jamais eu l'idée de me soulever contre toi ! Ne me tiens pas pour responsable, ni personne de ma famille. En effet, j'ignorais absolument tout de cette affaire. » 16 Le roi dit : « Ahimélek, tu mourras, toi et toute ta famille ! »

17 Puis le roi dit à ses gardes du corps qui se trouvent près de lui : « Allez ! Mettez à mort les prêtres du SEIGNEUR ! Eux aussi, ils ont aidé David. Ils savaient que David fuyait et ils ne m'ont pas prévenu. » Mais les serviteurs du roi refusent de faire du mal aux prêtres du SEIGNEUR. 18 Alors le roi dit à Doëg l'Édomite : « Vas-y, toi, et frappe les prêtres ! » Doëg s'avance et il frappe lui-même les prêtres. Ce jour-là, il tue 85 hommes qui portent les habits sacrés. 19 À Nob, la ville des prêtres, Saül fait tuer les hommes, les femmes, les enfants et les bébés. Il fait tuer aussi les bœufs, les ânes, les moutons et les chèvres. 20 Un seul fils d'Ahimélek, petit-fils d'Ahitoub, réussit à s'échapper. Il s'appelle Abiatar. Il fuit et rejoint David. 21 Abiatar prévient David que Saül a tué les prêtres du SEIGNEUR. 22 David lui dit : « L'autre jour, j'ai bien vu que Doëg l'Édomite était à Nob. Je savais qu'il allait tout raconter à Saül. Je suis donc responsable de la mort de toute ta famille. 23 Reste avec moi, n'aie pas peur. Toi et moi, nous avons le même ennemi. Près de moi, tu es en sécurité. »

Saül veut faire mourir David

23 1 Un jour, David apprend ceci : les *Philistins font la guerre à Quéila et ils pillent les réserves de grains. 2 David demande au SEIGNEUR : « Est-ce que je dois aller attaquer les Philistins ? » Le SEIGNEUR répond : « Va les attaquer et libère Quéila. » 3 Alors les hommes qui sont avec David lui disent : « Ici, en Juda, nous avons peur. Ce sera bien pire si nous allons à Quéila, pour combattre les troupes des Philistins. » 4 David consulte encore une fois le SEIGNEUR. Le SEIGNEUR lui répond : « Pars ! Va à Quéila. Je vais livrer les Philistins en ton pouvoir. » 5 David part avec ses hommes, et ils attaquent les Philistins. Ils prennent leurs troupeaux et ils battent les Philistins très durement. De cette façon, David sauve les habitants de Quéila.

6 Au moment où Abiatar, fils d'Ahimélek, a fui pour venir auprès de David, à Quéila, il a emporté les objets sacrés qui servent à consulter le SEIGNEUR.

7 Saül apprend que David est entré à Quéila. Il dit alors : « Dieu l'a livré en mon pouvoir. En effet, il s'est enfermé lui-même en entrant dans une ville qui a des portes et des verrous. » 8 Saül rassemble toute l'armée pour aller attaquer David et ses hommes à Quéila. 9 David apprend que Saül prépare un mauvais coup contre lui. Il demande au prêtre Abiatar : « Apporte les objets sacrés pour consulter Dieu. » 10 Ensuite il dit : « SEIGNEUR, Dieu d'Israël, j'ai appris que Saül se prépare à venir à Quéila. Il veut détruire la ville à cause de moi. 11 Est-ce que les habitants de Quéila me livreront à lui ? Est-ce que Saül va vraiment venir comme je l'ai entendu dire ? SEIGNEUR, Dieu d'Israël, je t'en prie, réponds-moi ! » Le SEIGNEUR répond : « Oui, Saül va venir. » 12 David demande : « Est-ce que les habitants de Quéila nous livre-

ront à Saül, moi et mes hommes ? » Le SEIGNEUR répond : « Oui, ils vous livreront. » 13 Alors David et ses hommes – ils sont à peu près 600 – partent de Quéila et ils vont ailleurs. Saül apprend que David s'est échappé de la ville. Il renonce donc à combattre.

14 David va dans le désert de Zif et il se cache dans les endroits élevés de cette région. Pendant tout ce temps, Saül le cherche, mais Dieu ne livre pas David en son pouvoir. 15 David se rend compte que Saül se met en route pour le faire mourir. Il reste donc à Horcha, dans le désert de Zif.

16 Un jour, Jonatan, fils de Saül, va trouver David à Horcha. Il rend courage à David au nom de Dieu. 17 Il lui dit : « N'aie pas peur ! Saül, mon père, ne pourra pas t'attraper. C'est toi qui seras roi d'Israël. Moi, je deviendrai ton bras droit, mon père le sait bien. » 18 Tous les deux font un pacte d'amitié au nom du SEIGNEUR. Ensuite, Jonatan retourne chez lui, et David reste à Horcha.

Saül poursuit David

19 Des habitants de Zif vont trouver Saül à Guibéa. Ils lui disent : « David se cache dans notre région, dans les hauteurs près de Horcha, sur la colline de Hakila, au sud de la plaine désertique. Tu ne sais donc pas cela ? 20 Dès que tu voudras venir, notre roi, viens, et nous le livrerons en ton pouvoir. » 21 Saül leur dit : « Vous avez eu pitié de moi. Que le SEIGNEUR vous *bénisse ! 22 Retournez pour voir si vos renseignements sont exacts. Cherchez où David se trouve, et qui l'a vu là-bas. En effet, j'appris qu'il est très rusé. 23 Cherchez tous les abris où il peut se cacher. Revenez me voir quand vous aurez tous ces renseignements, et je partirai avec vous. S'il est dans le pays, je fouillerai chaque endroit du pays de Juda pour le trouver. »

24 Les gens de Zif quittent Saül et rentrent chez eux. David et ses hommes se trouvent dans le désert de Maon, dans la partie basse, au sud de la plaine non cultivée. 25 Saül et ses soldats partent à sa recherche. Quelqu'un le dit à David. Il va alors dans un endroit élevé du désert de Maon. Quand Saül apprend cela, il poursuit David dans cette région. 26 Saül et ses soldats avancent sur le côté d'une colline, David et ses hommes marchent sur l'autre côté. Ils se dépêchent pour échapper à Saül. En effet, Saül et ses soldats sont sur le point de les atteindre et de les entourer pour les faire prisonniers. 27 Mais au même moment, un messager arrive et dit à Saül : « Viens vite ! Les Philistins attaquent le pays. » 28 Alors Saül arrête de poursuivre David et il marche contre les Philistins. C'est pourquoi on a appelé cet endroit « le Rocher de la Séparation ».

David refuse de tuer Saül

24 1 David quitte la région du Rocher de la Séparation. Il va s'installer près d'En-Guédi, dans un endroit élevé. 2 Quand Saül revient de la bataille contre les *Philistins, on lui dit : « Maintenant, David est dans le désert d'En-Guédi. » 3 Alors Saül prend 3 000 hommes, les meilleurs soldats de l'armée d'Israël. Il va à la recherche de David et de ses hommes. Ils sont en face des Rochers-aux-boucs-sauvages. 4 Saül passe près des parcs à moutons, au bord de la route. Il voit une grotte et il entre là pour se soulager. David est caché au fond de la grotte avec ses hommes. 5 Ceux-ci lui disent : « Voici le moment annoncé par le SEIGNEUR. Il t'a dit : "Un jour, je vais mettre ton ennemi en ton pouvoir. Et toi, tu feras de lui ce que tu veux." » Alors David s'avance et, doucement, il coupe un morceau du vêtement de Saül. 6 Après cela, le cœur de David se met à battre très fort, parce qu'il a coupé un morceau du vêtement de Saül[c]. 7 Il dit à ses hommes : « Vous me conseillez de tuer mon maître. Que le SEIGNEUR m'empêche de le faire ! En effet, c'est le SEIGNEUR lui-même qui a *consacré Saül comme roi. » 8 Par ces paroles, David arrête ses hommes. Il ne leur permet pas d'attaquer Saül.

Alors Saül quitte la grotte et il reprend la route. 9 David sort de la grotte après lui. Puis

c **24.6** *Comparer avec 1 Samuel 15.27-28.*

il se met à crier à Saül : « Mon maître le roi ! »
Saül regarde derrière lui. David s'incline profondément jusqu'à terre devant lui. 10 Ensuite
il dit au roi : « Certains disent que je cherche
à te faire du mal. Pourquoi est-ce que tu écoutes ces gens-là ? 11 Tu le vois maintenant de tes
yeux : aujourd'hui, dans la grotte, le SEIGNEUR
t'a livré à moi. Mes hommes m'ont conseillé
de te tuer. Mais j'ai eu pitié de toi et j'ai dit :
"Je ne te ferai pas mourir, toi mon maître.
En effet, c'est le SEIGNEUR qui t'a consacré
comme roi." 12 Regarde, mon père, regarde
ce que j'ai dans la main : un morceau de ton vêtement ! J'ai seulement coupé un morceau de
ton vêtement, mais je ne t'ai pas tué ! Donc,
tu le vois, je n'ai pas l'intention de te faire du
mal, ni de me soulever contre toi. Tu le vois, je
n'ai commis aucun péché contre toi. C'est toi
qui me cherches partout pour m'enlever la vie.
13 Le SEIGNEUR jugera entre toi et moi et il me
vengera pour le mal que tu m'as fait. Mais
moi, je ne te ferai rien. 14 Tu connais le vieux
proverbe : "La méchanceté vient des méchants." Donc, je ne te ferai aucun mal.
15 Toi, le roi d'Israël, tu essaies de combattre
contre qui ? Tu poursuis qui ? Moi, je ne suis
qu'un chien mort, une simple puce ! 16 Eh
bien, le SEIGNEUR jugera entre toi et moi. Il va
examiner l'affaire et me défendre. Il me donnera raison et il me délivrera de tes attaques. »

17 Quand David a fini de parler, Saül lui demande : « Mon fils David, c'est bien toi qui me
parles ? » Puis Saül commence à pleurer très
fort. 18 Saül continue : « C'est toi qui as raison,
et moi, j'ai tort. Tu m'as fait du bien, et moi, je
t'ai fait du mal. 19 Aujourd'hui, tu as montré ta
bonté envers moi. Oui, le SEIGNEUR m'a livré à
toi, mais tu ne m'as pas tué. 20 D'habitude,
quand quelqu'un rencontre son ennemi, est-
ce qu'il le laisse continuer tranquillement sa
route ? Jamais ! Que le SEIGNEUR te récompense pour le bien que tu m'as fait aujour-
d'hui ! 21 Maintenant, je le sais : un jour, tu
seras roi, et le pouvoir royal en Israël restera
entre tes mains. 22 Jure-moi donc ceci, au
nom du SEIGNEUR : après ma mort, tu ne tueras
pas les membres de ma famille. Ainsi, on se
souviendra de moi et de ma famille. » 23 David
fait ce serment à Saül. Ensuite, Saül retourne
chez lui. David et ses hommes repartent dans
la montagne où ils étaient cachés.

Nabal ne veut pas aider David

25 1 À cette époque, Samuel meurt. Tous
les Israélites se rassemblent et font
pour lui les cérémonies de deuil. Ils l'enterrent chez lui, à Rama. Ensuite David va au désert de Paran.

2 À Maon, il y a un homme très riche. Il possède 3 000 moutons et 1 000 chèvres. Sa propriété est à Karmel, et il se trouve là pour
couper la laine de ses moutons. 3 Cet homme
s'appelle Nabal et sa femme s'appelle Abigaïl.
Abigaïl est intelligente et belle, mais son mari
est dur et méchant. Il appartient au clan de
Caleb.

4 Dans le désert, David apprend que Nabal
coupe la laine de ses moutons. 5 Il lui envoie
dix de ses hommes en leur disant : « Allez à
Karmel, chez Nabal. Vous le saluerez de ma
part. 6 Vous lui direz : "Que l'année soit
bonne pour toi ! Que la paix soit sur toi, sur
ta famille et sur tout ce qui t'appartient !
7 David a appris qu'on coupe la laine de tes
moutons. Or, pendant tout le temps où tes
bergers étaient à Karmel, nous ne leur avons
pas fait de mal, et ils n'ont rien perdu. 8 Interroge-les, ils te le diront. Aussi David te demande de bien nous recevoir aujourd'hui,
qui est un jour de fête. Donne-nous, s'il te
plaît, ce que tu peux nous donner, à nous et
à David ton serviteur." »

9 Les hommes de David vont porter ce message à Nabal de la part de David et ils attendent. 10 Mais Nabal leur répond : « Qui est
David ? Qui est ce fils de Jessé ? Aujourd'hui,
il y a beaucoup d'esclaves qui fuient leur maître. 11 Est-ce que je vais prendre de ma nourriture, de mon eau, de la viande que j'ai
préparée pour mes ouvriers et vous les donner ? Je ne sais même pas d'où vous venez ! »
12 Les hommes de David repartent et ils vont
lui apporter la réponse de Nabal. 13 David
leur donne cet ordre : « Prenez tous votre
*épée ! » Chacun met son épée à son côté, et
David aussi. Environ 400 hommes partent
avec lui, et 200 autres restent près des bagages.

Abigaïl, la femme de Nabal, aide David

14 Un des serviteurs de Nabal vient dire à Abigaïl, la femme de son maître : « Depuis le désert, David a envoyé des messagers saluer notre maître, mais notre maître les a très mal reçus. 15 Pourtant, ces hommes ont été très bons pour nous. Ils ne nous ont pas fait de mal. Et nous n'avons rien perdu pendant tout le temps où nous avons circulé avec eux dans la campagne. 16 Ils nous ont bien protégés nuit et jour, pendant tout le temps que nous avons gardé les moutons là où ils étaient. 17 Maintenant, le malheur va tomber sur notre maître et sur sa famille. Cherche donc ce que tu dois faire. Lui, c'est un homme difficile, on ne peut pas lui parler. »

18 Abigaïl se dépêche de prendre 200 pains, 2 *outres de vin, 5 moutons tout préparés, 5 mesures de grains grillés, 100 grappes de raisins secs et 200 gâteaux de *figues. Elle fait placer tout cela sur des ânes, 19 puis elle dit à ses serviteurs : « Passez devant moi, je vous suis. »

Abigaïl ne dit rien à Nabal, son mari. 20 Montée sur son âne, elle descend, cachée par la colline. Pendant ce temps, David et ses hommes descendent dans sa direction. Tout à coup, elle se trouve devant eux. 21 David est justement en train de se dire : « Dans le désert, j'ai protégé tous les biens de cet homme-là, et il n'a rien perdu. Mais cela a été inutile, il m'a rendu le mal pour le bien. 22 Que Dieu me punisse très sévèrement si d'ici demain matin, je laisse un homme en vie dans la famille de Nabal ! »

23 Dès qu'Abigaïl voit David, elle descend vite de son âne. Elle s'incline jusqu'à terre devant lui. 24 Puis à ses pieds, elle lui dit : « Mon maître, c'est moi qui suis coupable, moi seule. Permets-moi pourtant de te parler, écoute ce que j'ai à te dire ! 25 Ne fais pas attention à Nabal. Cet homme ne vaut rien. Il mérite bien son nom : Nabal le fou. Oui, il est vraiment fou. Mais moi, je n'ai pas vu les hommes que tu as envoyés. 26 Maintenant, je l'affirme, par le Seigneur vivant et par ta vie, le Seigneur lui-même va t'empêcher de verser le sang et de te faire justice toi-même. Que tes ennemis, ô mon maître, et que ceux qui veulent te faire du mal connaissent la même fin que Nabal ! 27 Accepte les cadeaux que je t'apporte. Ils sont pour les jeunes gens qui t'accompagnent. 28 Je t'en prie, pardonne aussi ma faute. En effet, le Seigneur donnera sûrement le pouvoir pour toujours à ta famille, parce que tu combats pour lui. Et pendant toute ta vie, on ne trouvera aucun mal en toi. 29 Un homme a décidé de te poursuivre, mon maître, et il veut te faire mourir. Mais le Seigneur ton Dieu protégera toujours ta vie en la gardant auprès de lui. Et il jettera au loin la vie de tes ennemis, comme la pierre d'une fronde[d]. 30 Quand le Seigneur réalisera pour toi tout ce qu'il a promis de bon, il fera de toi le chef d'Israël. 31 Ne tue pas quelqu'un sans réfléchir en te faisant justice toi-même. Ainsi, tu n'auras pas la *conscience troublée par le remords. Mon maître, quand le Seigneur t'aura fait du bien, souviens-toi de moi ! » 32 David répond à Abigaïl : « Je remercie le Seigneur, Dieu d'Israël, qui t'a envoyée aujourd'hui à ma rencontre. 33 Je te remercie aussi, parce que ton bon sens m'a empêché de tuer quelqu'un et de me faire justice moi-même. 34 Le Dieu d'Israël m'a empêché de te faire du mal. Mais vraiment, je le jure, par le Seigneur vivant, si tu n'étais pas venue aussi vite à ma rencontre, demain matin, au lever du soleil, aucun homme ne serait resté en vie dans la famille de Nabal. »

35 David accepte les cadeaux qu'Abigaïl a apportés. Puis il lui dit : « Rentre en paix chez toi. Tu vois, j'ai écouté ta demande et je la reçois avec bonté. »

Abigaïl devient la femme de David

36 Quand Abigaïl revient chez Nabal, il est en train de faire un bon repas : c'est un vrai repas de roi. Nabal est très joyeux et complètement ivre. Abigaïl ne lui dit rien avant le lever du soleil. 37 Le matin suivant, quand Nabal

---

d **25.29** *Voir 1 Samuel 17.40 et la note.*

n'est plus ivre, sa femme lui raconte ce qui s'est passé. Il est tellement choqué qu'il reste paralysé. 38 Environ dix jours plus tard, le SEIGNEUR le frappe de nouveau, et il meurt. 39 David apprend la mort de Nabal. Il dit : « Je remercie le SEIGNEUR ! Quand Nabal m'a insulté, le SEIGNEUR a pris ma défense, il m'a empêché de faire le mal. Et la méchanceté de Nabal, il l'a fait retomber sur sa tête. »

Ensuite, David envoie des messagers demander à Abigaïl de devenir sa femme. 40 Les messagers arrivent chez elle, à Karmel, et ils lui disent : « David nous envoie ici, parce qu'il veut te prendre pour femme. » 41 Abigaïl s'incline jusqu'à terre devant eux. Puis elle répond : « J'accepte d'être son esclave. Je suis prête à laver les pieds de ses serviteurs. » 42 Elle se relève rapidement, elle monte sur son âne. Cinq servantes partent avec elle et elle suit les messagers de David. Puis elle devient sa femme.

43 David avait déjà pour femme Ahinoam, d'Izréel. Abigaïl et Ahinoam sont donc toutes les deux ses femmes. 44 Mikal, la fille de Saül, avait été la première femme de David. Mais son père l'avait donnée pour femme à Palti, fils de Laïch, qui était de Gallim.

David refuse à nouveau de tuer Saül

26 1 Les gens de Zif viennent trouver Saül à Guibéa et lui disent : « David se cache sur la colline de Hakila, en face de la plaine désertique. Tu ne sais donc pas cela ? » 2 Alors Saül se met en route. Il descend dans le désert de Zif pour chercher David. Les meilleurs soldats d'Israël l'accompagnent. Ils sont 3 000. 3 Saül installe son camp sur la colline de Hakila, au bord de la route. David est dans le désert. Il apprend que Saül le poursuit au désert. 4 Alors il envoie des gens pour se renseigner. Ainsi, il est sûr que Saül est arrivé. 5 David se met en route. Il arrive là où Saül a installé son camp. Il aperçoit l'endroit où Saül dort avec Abner, fils de Ner, le chef de l'armée. Saül dort au milieu du camp, et les soldats campent autour de lui.

6 David appelle Ahimélek le Hittite et Abichaï, fils de Serouia et frère de Joab. Il leur demande : « Qui veut descendre avec moi jusqu'au camp de Saül ? » Abichaï répond : « Moi, je descends avec toi. »

7 Pendant la nuit, David et Abichaï se rendent près des soldats. Saül est couché et il dort au milieu du camp. Sa lance est plantée dans la terre, près de sa tête. Abner et les soldats dorment autour de lui. 8 Abichaï dit à David : « Cette nuit, Dieu met ton ennemi en ton pouvoir. Laisse-moi le frapper d'un seul coup de lance. Je n'aurai pas besoin de le frapper deux fois. » 9 David répond : « Non, ne le tue pas ! Si quelqu'un fait mourir le roi que le SEIGNEUR a *consacré, il sera puni. 10 Par le SEIGNEUR vivant, je te le dis, c'est le SEIGNEUR lui-même qui le fera mourir : ou bien il mourra de mort naturelle, ou bien il sera tué à la guerre. 11 Mais que le SEIGNEUR m'empêche de tuer le roi qu'il a consacré ! Maintenant donc, prenons la lance qui est près de la tête du roi avec sa gourde d'eau et partons ! »

12 David prend la lance et la gourde qui sont près de la tête de Saül, et ils s'en vont. Personne ne s'est réveillé, personne n'a rien vu, personne n'a rien su. Ils dormaient tous. En effet, le SEIGNEUR a fait tomber sur eux un sommeil profond. 13 David passe de l'autre côté de la vallée. Il se tient sur la colline, assez loin du camp de Saül. 14 David crie en direction de l'armée pour appeler Abner, fils de Ner : « Abner ! Réponds ! » Abner demande : « Qui se permet de déranger le roi en criant ainsi ? » 15 David continue : « Tu es un homme, n'est-ce pas ? Il n'y a pas de meilleur soldat que toi en Israël ! Alors pourquoi est-ce que tu n'as pas mieux protégé le roi, ton maître ? Quelqu'un est venu pour le tuer. 16 Ce n'est pas bien, ce que tu as fait là ! Vous n'avez pas protégé correctement votre maître, le roi consacré par le SEIGNEUR. Par le SEIGNEUR vivant, vous méritez la mort ! Regarde à la tête du roi : où sont sa lance et sa gourde d'eau ? »

17 Saül reconnaît la voix de David et il demande : « David, mon fils, est-ce que c'est toi qui parles ? » David répond : « Oui, c'est moi, mon roi. » 18 Et il ajoute : « Tu me poursuis, mon roi. Pourquoi donc ? Qu'est-ce que je t'ai fait ? Quel mal est-ce que j'ai commis ? 19 Mon roi, je t'en prie, écoute ce que j'ai à

te dire. Si c'est le SEIGNEUR qui t'a lancé contre
moi, qu'il accepte une offrande ! Mais si ce
sont des hommes, que le SEIGNEUR les maudisse ! En effet, aujourd'hui, on me chasse,
on m'empêche d'habiter le pays que le SEI-
GNEUR a donné à son peuple. C'est comme si
on me disait : "Va servir d'autres dieux !"
20 Mais moi, je ne veux pas mourir loin de la
présence du SEIGNEUR. Toi, le roi d'Israël, tu
es parti à la guerre contre moi, pour me rechercher, moi, une puce. Pourquoi donc ?
Tu me poursuis comme quelqu'un qui chasse
une perdrix dans les montagnes. Oui, pourquoi ? »

21 Saül répond : « J'ai eu tort. Reviens, mon
fils David ! Je ne te ferai plus de mal puisque,
cette nuit, tu as respecté ma vie. Oui, j'ai agi
comme un fou, je me suis complètement
trompé. » 22 David dit : « Mon roi, ta lance
est ici. Envoie un de tes serviteurs la chercher. 23 Le SEIGNEUR rendra à chacun ce qu'il
a fait de juste et de sincère. Aujourd'hui, le
SEIGNEUR t'a livré en mon pouvoir. Mais je
n'ai pas voulu te faire du mal, parce que tu
es le roi consacré par le SEIGNEUR. 24 Aujour-
d'hui, ta vie a été précieuse pour moi. De
même, je souhaite que ma vie soit précieuse
pour le SEIGNEUR et qu'il me délivre de tout
malheur. » 25 Alors Saül dit à David : « Que le
SEIGNEUR te *bénisse, mon fils David ! Oui, tu
feras de grandes choses et tu réussiras sûrement. » David continue son chemin, et Saül
rentre chez lui.

David retourne se réfugier chez les Philistins

27 1 David se dit en lui-même : « Un jour
ou l'autre, Saül va finir par me tuer.
Je n'ai rien de mieux à faire que de fuir au
pays des *Philistins. Saül arrêtera de me chercher dans tout le territoire d'Israël, et ainsi, je
lui échapperai. » 2 David part donc avec ses
600 hommes et il va chez Akich, fils de
Maok et roi de Gath. 3 Ils s'installent tous à
Gath, près d'Akich, chacun avec sa famille.
David a ses deux femmes avec lui : Ahinoam,
d'Izréel, et Abigaïl, veuve de Nabal, de Karmel. 4 Saül apprend que David a fui à Gath.
Alors il arrête de le poursuivre.

5 Un jour, David dit à Akich : « Si tu veux
bien montrer ta bonté envers moi, permets-
moi d'habiter dans une des petites villes de
la campagne. Pourquoi est-ce que je devrais
habiter avec toi dans la ville royale ? » 6 Le
jour même, Akich lui donne la ville de Siclag.
C'est pourquoi cette ville appartient aux rois
de Juda encore aujourd'hui.

7 David est resté dans le pays des Philistins
pendant un an et quatre mois. 8 De Siclag, David et ses hommes lancent des attaques contre
les Guéchourites, les Guirzites et les Amalécites, en direction de Chour et jusqu'à la frontière de l'Égypte. Ces peuples habitent cette
région depuis toujours. 9 David tue les habitants, il ne laisse en vie ni homme, ni femme.
Il prend les bœufs, les moutons et les chèvres,
les ânes, les chameaux et les vêtements. En revenant, il a l'habitude d'aller voir Akich.
10 Alors celui-ci lui demande : « Aujourd'hui,
vous avez lancé une attaque contre qui ? » David répond : « Contre le sud du pays de Juda »,
ou bien « Contre le sud de la région des Yeramélites », ou encore « Contre le sud de la
région des Quénites[e] ». 11 David ne permet
jamais qu'on ramène quelqu'un à Gath, ni
homme ni femme. Il a peur que ces gens-là
parlent et disent : « Voilà ce que David a
fait. » David agit de cette façon pendant tout
le temps qu'il habite dans le pays des Philistins. 12 Akich a une totale confiance en David.
Il se dit : « Il s'est vraiment trop mal conduit.
Ses frères israélites ne pourront plus le supporter, il restera donc toujours à mon service. »

28 1 À cette époque, les *Philistins rassemblent leurs troupes pour aller
combattre Israël. Akich dit à David : « Tu
dois le savoir, toi et tes hommes, vous viendrez à la guerre avec moi. » 2 David répond :
« D'accord, tu es mon maître. Tu verras ainsi
ce que je ferai. » Akich lui dit : « Eh bien, je te
prends comme garde du corps pour toujours. »

---

e **27.10** *David fait croire à Akich qu'il attaque les alliés d'Israël.*

Saül consulte la sorcière d'En-Dor

3 Quand Samuel est mort, tous les Israélites ont fait pour lui les cérémonies de deuil. Ils l'ont enterré dans sa ville, à Rama. Saül a interdit dans le pays la coutume d'interroger les morts et de prédire l'avenir.

4 Un jour, les *Philistins rassemblent leurs troupes et installent leur camp près de Chounem. Saül aussi rassemble l'armée d'Israël, et les Israélites s'installent au mont Guilboa. 5 Quand Saül voit le camp des Philistins, il a très peur et il commence à trembler. 6 Il consulte le SEIGNEUR, mais le SEIGNEUR ne lui répond pas : ni en rêve, ni par les objets sacrés du prêtre, ni par un *prophète. 7 Alors Saül donne cet ordre à ses serviteurs : « Cherchez-moi une femme capable d'interroger les morts. Je vais aller la consulter. » Ils lui répondent : « À En-Dor, il y a une femme qui interroge les morts. » 8 Saül se déguise en changeant de vêtements et il part pour En-Dor avec deux hommes. Ils arrivent chez la femme pendant la nuit. Saül dit à la femme : « Interroge un mort pour moi. Appelle celui que je vais t'indiquer. » 9 Mais la femme répond à Saül : « Tu sais bien ce que Saül a fait. Il a interdit dans le pays la coutume d'interroger les morts et de prédire l'avenir. Est-ce que tu cherches à me tendre un piège pour me faire mourir ? » 10 Saül lui dit : « Je le jure par le SEIGNEUR vivant, dans cette affaire, la faute ne retombera pas sur toi. » 11 La femme demande encore à Saül : « Alors, qui dois-je appeler pour toi ? » Saül répond : « Appelle Samuel. »

12 Quand la femme voit Samuel, elle pousse un grand cri et elle dit à Saül : « Mais tu me trompes ! Pourquoi donc ? Tu es le roi Saül ! » 13 Saül lui dit : « N'aie pas peur. Qu'est-ce que tu vois ? » La femme lui répond : « Je vois un esprit qui monte de la terre. » 14 Saül reprend : « Comment est-il ? » La femme répond : « C'est un vieillard. Il porte un long vêtement. »

Saül comprend que c'est Samuel. Alors il s'incline jusqu'à terre, en signe de respect. 15 Samuel dit à Saül : « Tu déranges mon repos. Pourquoi est-ce que tu me fais appeler ? » Saül répond à Samuel : « Je suis très inquiet. Les Philistins me font la guerre, et Dieu m'a abandonné. Il ne me répond plus, ni par un prophète, ni en rêve. C'est pour cela que je te fais appeler. Dis-moi ce que je dois faire. » 16 Samuel lui répond : « Pourquoi est-ce que tu m'interroges ? Tu le vois bien, le SEIGNEUR t'a abandonné et il est devenu ton ennemi. 17 Le SEIGNEUR te traite comme je te l'avais dit de sa part. Il t'a enlevé le pouvoir royal et il l'a donné à un autre, à David. 18 Aujourd'hui, le SEIGNEUR te traite ainsi, car tu as refusé d'obéir à ses ordres, et tu n'as pas tué tous les Amalécites. 19 Le SEIGNEUR va vous livrer, toi et le peuple d'Israël, au pouvoir des Philistins. Demain, toi et tes fils, vous serez avec moi, dans le monde des morts, et ton armée sera au pouvoir des Philistins. »

20 Dès que Saül entend ces paroles de Samuel, il a très peur. Il tombe et il reste couché par terre. De plus, il est sans force, parce qu'il n'a rien mangé pendant toute la journée et toute la nuit. 21 La femme vient près de Saül et elle voit qu'il a très peur. Alors elle lui dit : « Je t'ai écouté. J'ai fait ce que tu m'as demandé et ainsi j'ai risqué ma vie. 22 Maintenant, écoute-moi à ton tour : je vais t'apporter un peu de nourriture. Tu vas manger pour avoir des forces avant de retourner chez toi. » 23 Saül lui dit : « Non, je ne mangerai pas. » Ses serviteurs et la femme insistent, et finalement, Saül accepte de manger. Alors il se lève et s'assoit sur le lit. 24 La femme a chez elle un gros veau. Elle se dépêche de le tuer. Ensuite, elle prend de la farine, elle fait de la pâte et cuit des pains sans *levain. 25 Elle sert ce repas à Saül et à ses serviteurs. Ils mangent. Ensuite, ils se mettent en route et retournent chez eux cette nuit-là.

Les Philistins renvoient David

29 1 Les *Philistins rassemblent toutes leurs troupes à Afec. Pendant ce temps, les Israélites installent leur camp près de la source d'Izréel. 2 Les chefs des Philistins défilent en tête des groupes de 100 soldats et des groupes de 1 000. David et ses hommes défilent les derniers, avec le roi Akich. 3 Les officiers philistins demandent : « Qui sont ces *Hébreux ? » Akich leur répond : « Mais c'est David, le serviteur de Saül, le roi d'Is-

raël ! Cela fait un an ou deux qu'il est avec
moi. Depuis le jour où il a quitté son maître,
je n'ai rien à lui reprocher. »
4 Les officiers philistins sont en colère
contre Akich. Ils lui disent : « Renvoie cet
homme. Qu'il retourne dans la ville où tu lui
as permis d'habiter ! Il ne doit pas venir
combattre avec nous, il pourrait se retourner
contre nous pendant la bataille. En effet,
pour plaire de nouveau à son maître, il n'a
qu'une chose à faire : lui livrer nos soldats.
5 C'est bien pour ce David que les femmes disaient en chantant et en dansant :
"Saül a battu 1 000 ennemis,
David en a battu 10 000[f] !" »
6 Alors Akich appelle David. Il lui dit : « Par le
SEIGNEUR vivant, tu es un homme honnête.
Que tu participes aux activités de mon armée,
cela me plaît. Je n'ai rien trouvé à te reprocher, depuis le jour où tu es arrivé chez moi
jusqu'à aujourd'hui. Mais tu ne plais pas aux
autres chefs philistins. 7 Retourne donc chez
toi en paix. Ainsi tu ne déplairas plus aux
chefs. » 8 David dit à Akich : « Qu'est-ce que
j'ai donc fait, mon roi ? Qu'est-ce que tu as à
me reprocher, depuis le jour où je suis devenu
ton serviteur jusqu'à aujourd'hui ? Pourquoi
est-ce que je ne peux pas aller combattre tes
ennemis ? » 9 Akich lui répond : « Tu n'as
rien fait, je le sais. Et tu me plais autant qu'un
*ange de Dieu. Mais les officiers ont refusé
que tu viennes combattre avec nous. 10 Par
conséquent, demain matin, tu te lèveras très
tôt, avec les hommes qui sont venus avec
toi. Vous retournerez à l'endroit où je vous
ai permis d'habiter. Ne pense pas de mal de
moi, car tu me plais. Vous vous lèverez tôt
le matin et vous partirez. »
11 Le matin suivant, David et ses hommes se
lèvent tôt et ils retournent au pays des Philistins. Et les Philistins vont à Izréel.

Les Amalécites ont détruit la ville de Siclag

30 1 Le troisième jour, David et ses hommes arrivent à Siclag. Or, les Amalécites ont lancé une attaque au sud de Juda et
contre Siclag. Ils ont détruit la ville et l'ont
brûlée. 2 Ils ont fait prisonniers les femmes
et les autres habitants, petits et grands, mais
ils n'ont tué personne. Ils les ont pris et ils
sont partis avec eux. 3 Quand David et ses
hommes arrivent à Siclag, ils trouvent la ville
brûlée. Leurs femmes, leurs fils et leurs filles
ont été emmenés. 4 David et ses hommes se
mettent à pleurer à haute voix. Ils continuent
à pleurer tant qu'ils en ont la force. 5 Même
les deux femmes de David, Ahinoam, d'Izréel,
et Abigaïl, veuve de Nabal, de Karmel, sont
prisonnières. 6 David se trouve dans une situation très difficile. En effet, ses hommes parlent
de le tuer à coups de pierres : chacun est triste
et lui en veut en pensant à ses fils et à ses filles. Pourtant, David reprend courage, grâce au
SEIGNEUR son Dieu.
7 Il dit au prêtre Abiatar, fils d'Ahimélek :
« S'il te plaît, apporte-moi les objets sacrés
pour consulter le SEIGNEUR. » Abiatar les apporte. 8 David demande au SEIGNEUR : « Si je
poursuis cette bande de pillards, est-ce que
je pourrai les rattraper ? » Le SEIGNEUR répond : « Poursuis-les, tu les rattraperas et tu
délivreras les prisonniers. »
9 David et ses 600 hommes partent. Ils arrivent au torrent du Bessor. 10 À cet endroit,
200 hommes, trop fatigués pour traverser le
torrent, s'arrêtent. David continue la route
avec 400 hommes. 11 Dans la campagne, les
soldats rencontrent un jeune Égyptien et ils
l'amènent à David. Ils lui donnent du pain à
manger et de l'eau à boire. 12 Ils lui donnent
encore un gâteau de *figues et deux grappes
de *raisin sec. Après qu'il a mangé, il retrouve des forces. En effet, il n'avait rien
mangé ni bu depuis trois jours et trois nuits.
13 David lui demande : « Tu appartiens à qui ?
D'où viens-tu ? » Il répond : « Je suis un Égyptien, esclave d'un Amalécite. Mon maître m'a
abandonné il y a trois jours parce que j'étais
malade. 14 C'est nous qui avons lancé des attaques contre le sud du pays des Crétois, des
gens de Juda et des Calébites. Et nous avons
brûlé la ville de Siclag. » 15 David lui de-

---

f **29.5** *Voir 1 Samuel 18.7 et 21.12.*

mande : « Est-ce que tu veux bien me conduire auprès de cette bande de pillards ? » Le jeune Égyptien répond : « Oui, mais à une condition : jure-moi devant Dieu que tu ne me tueras pas, ou que tu ne me livreras pas à mon maître. Alors je te conduirai auprès d'eux. »

David bat les Amalécites

16 L'Égyptien conduit David auprès des Amalécites. Ils sont partout dans la région. Ils sont en train de manger, de boire, de faire la fête avec les immenses richesses qu'ils ont prises au pays des *Philistins et au pays de Juda. 17 David les combat depuis le lever du soleil jusqu'au soir du jour suivant. Personne ne s'échappe, sauf 400 jeunes gens qui réussissent à fuir sur leurs chameaux. 18 David sauve tout ce que les Amalécites ont pris. Il libère en particulier ses deux femmes. 19 Personne ne manque : leurs fils et leurs filles, petits et grands, sont tous là, ainsi que les richesses. David retrouve tout ce que les Amalécites ont emporté. 20 Il prend aussi leurs moutons, leurs chèvres et leurs bœufs. Ceux qui conduisent ces troupeaux disent : « Voilà ce que David a pris ! »

21 David retourne auprès des 200 hommes qui étaient trop fatigués pour le suivre. Il les a laissés près du torrent du Bessor. Ils viennent à la rencontre de David et de ses hommes. David s'avance avec sa troupe et les salue. 22 À ce moment-là, tous les gens mauvais, et ceux qui ne valent rien parmi les hommes de David se mettent à dire : « Ils ne sont pas venus avec nous. Donc, ils ne recevront rien des richesses que nous avons reprises. Nous leur rendrons seulement leurs femmes et leurs enfants. Ils n'ont qu'à les prendre et à partir ! » 23 Mais David leur dit : « Mes frères, ne faites pas cela avec ce que le SEIGNEUR nous a donné. Il nous a protégés, il nous a même livré la bande de pillards qui ont attaqué Siclag. 24 Personne ne peut être d'accord avec vous dans cette affaire. En effet,

"chacun doit recevoir sa part
des richesses prises à l'ennemi :
celui qui va au combat
comme celui qui garde les bagages.
Ensemble, ils partageront[g]". »

25 Ce jour-là, David en fait une règle qui doit être appliquée en Israël. Elle est encore valable aujourd'hui.

26 Quand David revient à Siclag, il envoie une partie des richesses prises aux Amalécites aux *anciens de Juda qui sont ses amis. Il leur fait dire : « Voici un cadeau pour vous. C'est une partie des richesses prises aux ennemis du SEIGNEUR. » 27 Il en envoie aussi aux anciens de Béthel, de Ramoth dans le Néguev, de Yattir, 28 aux anciens d'Aroër, de Sifmoth, d'Echtemoa, 29 aux anciens de Rakal, des villes des Yeramélites et des Quénites, 30 aux anciens de Horma, de Bor-Achan, d'Atak, 31 aux anciens d'Hébron et de tous les endroits où David est passé avec ses soldats.

Saül meurt à la bataille de Guilboa

31 1 Les *Philistins attaquent les Israélites sur le mont Guilboa. Ceux-ci fuient devant les Philistins, et beaucoup sont tués. 2 Les Philistins serrent de près Saül et ses fils. Ils tuent Jonatan, Abinadab et Malkichoua, les fils du roi. 3 À partir de ce moment, le combat devient très dur et se dirige contre Saül. Les tireurs à l'arc le découvrent, et Saül tremble de peur. 4 Il dit à celui qui porte ses armes : « Prends ton *épée et tue-moi. Je ne veux pas que ces Philistins non *circoncis me tuent et se moquent de moi. » Mais son porteur d'armes a très peur et il refuse. Alors Saül prend son épée et il se jette sur elle. 5 Quand le porteur d'armes voit que son maître est mort, il se jette aussi sur son épée et il meurt. 6 Ainsi, ce jour-là, Saül meurt, avec ses trois fils, son porteur d'armes et ses soldats.

7 Les Israélites qui habitent de l'autre côté de la vallée[h] et ceux qui sont de l'autre côté du Jourdain apprennent la nouvelle : l'armée

---

g **30.24** *Pour cette règle sur le partage des richesses prises à l'ennemi, voir Nombres 31.27.*

h **31.7** *La vallée : il s'agit de la vallée d'Izréel, où les Philistins ont installé leur camp.*

d'Israël est en fuite, Saül et ses fils sont morts.
Alors ils abandonnent leurs villes pour fuir, et
les Philistins viennent s'installer là.
8 Le jour suivant, les Philistins viennent
pour voler les biens des morts. Ils trouvent
les corps de Saül et de ses trois fils sur le
mont Guilboa. 9 Ils coupent la tête de Saül et
ils lui volent ses armes, puis ils les font circuler dans leur pays. Ainsi, ils annoncent cette
bonne nouvelle dans les temples de leurs
dieux et au peuple. 10 Ensuite, ils placent les
armes de Saül dans le temple *d'Astarté. Ils attachent son corps sur le mur qui protège la
ville de Beth-Chéan.
11 Les habitants de Yabech, en Galaad, apprennent ce que les Philistins ont fait à Saül.
12 Les hommes les plus courageux de la ville
partent. Ils marchent toute la nuit jusqu'à
Beth-Chéan. Ils détachent du mur de défense
les corps de Saül et de ses fils, puis ils rentrent
à Yabech. Là, ils les brûlent. 13 Ils rassemblent
leurs os et ils les enterrent sous un arbre, le
tamaris de Yabech, et ils *jeûnent pendant
sept jours.

Deuxième livre de Samuel

INTRODUCTION

(Voir l'introduction aux livres de Samuel, p. 306.)

Le roi David est le personnage principal du deuxième livre de Samuel :

- *2 Samuel 1–5 termine le récit qui raconte comment David devient roi. Ce récit commence en 1 Samuel 16.*
- *2 Samuel 6–8 présente David comme celui par qui Dieu établit vraiment le pouvoir royal sur le peuple d'Israël.*
- *2 Samuel 9–20 raconte comment certains fils de David et certains de ses chefs d'armée se font la guerre pour prendre le pouvoir.*
- *Les chapitres 21–24 ajoutent des éléments concernant David. L'histoire de celui-ci continue jusqu'au chapitre 2 du premier livre des Rois.*

***David** est présenté comme le roi que Dieu aime et qui réussit. D'abord roi des tribus du Sud (chapitre 2), il devient aussi roi de celles du Nord (5.1-5). Il fait ainsi **l'unité du pays**.*

*Il donne à ce pays une capitale, **Jérusalem**, qui sera appelée « la ville de David ». Il y installe le coffre sacré, où se trouvent les tablettes de la loi donnée par Dieu. Ainsi, Dieu est présent à Jérusalem (voir 5.6 à 6.23). Enfin, David est le premier d'une série de rois qui seront au pouvoir de père en fils (chapitre 7).*

*Par ailleurs, David est un roi qui commet des fautes graves. Il prend la femme d'un de ses soldats, puis le fait tuer (chapitre 11). David écoute ce que le prophète Natan lui dit de la part de Dieu à ce sujet, et Dieu lui pardonne (chapitre 12). David, le roi pardonné, apprend lui aussi à pratiquer le pardon envers son fils Absalom (chapitre 14). Mais la faute a des conséquences (12.10-14). Le meurtre est maintenant dans la famille de David, comme l'histoire qui suit le montre (2 Samuel 9 à 1 Rois 2). Les **conflits** entre les fils de David et les conflits entre ses généraux, Joab et Abner, sont racontés longuement. Le récit fait voir combien les gens d'une même famille ou d'un même pays ont des difficultés à vivre ensemble.*

*Les **prophètes** Natan et Gad interviennent pour conseiller le roi. Mais ils agissent aussi pour lui communiquer des promesses ou lui faire des reproches de la part de Dieu.*

*Quand David est bien établi comme roi sur tout Israël, la question suivante se pose: comment le Seigneur Dieu habite-t-il au milieu de son peuple? David veut lui construire une maison solide. Le prophète Natan annonce au roi que c'est Dieu qui construira une «**maison**» à David, c'est-à-dire une famille dans laquelle le pouvoir royal restera pour toujours. Le chapitre 7 traite cette question. Il se trouve au milieu de l'histoire de David, qui va de 1 Samuel 16 à 1 Rois 2. Cela montre combien la question est importante. C'est Dieu qui construit la vie et l'avenir des êtres humains, même quand il s'agit du roi.*

David apprend la mort de Saül et de Jonatan

1 1 Un jour, après la mort de Saül, David retourne à Siclag[a]. Il vient de battre les Amalécites. Il reste deux jours dans cette ville. 2 Le troisième jour, un messager arrive du camp de Saül. Il a déchiré ses vêtements et s'est couvert la tête de poussière en signe de deuil. En arrivant auprès de David, il s'incline jusqu'à terre devant lui.

3 David lui demande: «D'où viens-tu?» Il répond: «J'ai fui du camp d'Israël.» 4 David lui demande: «Qu'est-ce qui s'est passé? Raconte-moi!» Le messager répond: «L'armée d'Israël a fui pendant le combat. Beaucoup de soldats ont été tués. Saül et son fils Jonatan sont morts.» 5 David demande encore au jeune homme: «Comment sais-tu que Saül et son fils Jonatan sont morts?» 6 Le jeune homme répond: «J'étais par hasard sur le mont Guilboa[b]. J'ai vu Saül qui était appuyé sur sa lance. Les chars et les cavaliers ennemis le serraient de près. 7 Il s'est retourné, il m'a vu et m'a appelé. J'ai répondu: "Oui, je t'écoute." 8 Il m'a demandé: "Qui es-tu?" Je lui ai répondu: "Je suis un Amalécite[c]." 9 Alors il m'a dit: "Viens me donner la mort. Je suis encore vivant, mais je me sens mal." 10 Je me suis donc approché de lui et je l'ai tué. En effet, je savais qu'il ne pourrait plus vivre après sa défaite. Puis j'ai pris la couronne qui était sur sa tête et le bracelet qu'il portait au poignet. Je les ai apportés ici pour toi.»

11 Alors David déchire ses vêtements. Tous les hommes qui sont avec lui font la même chose. 12 Ils font les cérémonies de deuil: ils pleurent et *jeûnent jusqu'au soir. Tout cela à cause de ceux qui sont morts pendant la bataille: Saül, son fils Jonatan et les Israélites, tous membres du peuple du SEIGNEUR. 13 Ensuite, David dit au jeune homme: «D'où viens-tu?» Le messager répond: «Je suis le fils d'un Amalécite installé chez vous.» 14 David lui dit: «Et tu n'as pas eu peur de tuer le roi que le SEIGNEUR a *consacré!» 15 Alors David appelle un de ses jeunes soldats et lui donne cet ordre: «Viens, tue-le!» Le soldat frappe l'Amalécite et le tue. 16 David dit à l'Amalécite: «Tu es responsable de ta mort. Tu t'es condamné toi-même en disant: "J'ai tué le roi que le SEIGNEUR avait consacré."»

David chante un chant de deuil pour Saül et Jonatan

17 Ensuite, David chante un chant de deuil pour Saül et pour son fils Jonatan. 18 Et il donne l'ordre de l'enseigner aux habitants de Juda. C'est le «chant de deuil de l'Arc», qui se trouve dans le «Livre du Juste»[d].

19 Israël, tes meilleurs soldats
sont morts sur tes collines!
Pourquoi sont-ils morts,
tes courageux combattants?

---

a **1.1** *Voir 1 Samuel 27.6.*

b **1.6** *Voir 1 Samuel 31.*

c **1.8** *Les Amalécites vivaient dans les régions situées au sud du territoire de Juda.*

d **1.18** *Le Livre du Juste: il s'agit d'un ancien livre de poèmes qui n'a pas été conservé.*

20 N'annoncez pas cette nouvelle
dans la ville de Gath,
ne la faites pas connaître
dans les rues d'Ascalon[e].
Sinon, les femmes des *Philistins
se réjouiront,
les filles de ces non-*circoncis
danseront de joie.

21 Montagnes de Guilboa,
que les gouttes de rosée et la pluie
ne descendent plus sur vous !
Qu'on ne trouve plus de champs fertiles
sur vos pentes !
Oui, là, les *boucliers des combattants
ont été couverts de honte.
Il a été couvert de honte,
le bouclier de Saül,
qu'on ne frottera plus jamais d'huile[f].

22 Pour faire couler le sang,
pour combattre des ennemis puissants,
l'arc de Jonatan ne reculait pas,
et *l'épée de Saül était toujours efficace.

23 Saül et Jonatan
s'aimaient beaucoup pendant leur vie,
et la mort ne les a pas séparés.
Ils étaient plus rapides que des aigles,
plus courageux que des lions !

24 Femmes d'Israël, pleurez sur Saül !
Il vous mettait des habits magnifiques,
il couvrait vos vêtements de bijoux d'or.

25 Pourquoi sont-ils morts en pleine bataille,
ces courageux combattants ?
Jonatan est mort sur les collines.
Pourquoi ?

26 Je suis rempli d'une tristesse profonde
à cause de toi, mon frère Jonatan,
toi, mon meilleur ami.
Ton amitié était plus merveilleuse
que l'amour des femmes.

27 Pourquoi sont-ils morts,
ces courageux combattants ?
Pourquoi sont-ils tombés,
ces grands soldats ?

À Hébron, les gens de Juda consacrent David comme roi

2 1 Après ces événements, David demande
au SEIGNEUR : « Est-ce que je dois aller
dans une des villes de Juda ? » Le SEIGNEUR
répond : « Oui. » David demande encore :
« Dans laquelle ? » Le SEIGNEUR lui dit : « À Hébron. » 2 David va là-bas avec ses deux femmes : Ahinoam, d'Izréel, et Abigaïl, veuve de
Nabal, de Karmel. 3 Il emmène aussi ses hommes et leurs familles qui s'installent dans les
villes proches d'Hébron. 4 Alors les gens de
Juda viennent à Hébron, et là, ils versent de
l'huile sur David pour le *consacrer comme
roi de Juda.

David apprend que les habitants de Yabech,
en Galaad, ont enterré Saül. 5 Il envoie des
messagers leur dire : « Vous avez enterré
Saül votre maître et vous lui avez été fidèles.
Que le SEIGNEUR vous *bénisse pour cela !
6 Que le SEIGNEUR vous montre sa bonté et sa
fidélité à vous aussi ! Et moi, je serai bon
pour vous, parce que vous avez agi ainsi.
7 Maintenant, reprenez courage, soyez des
hommes forts. Votre maître Saül est mort, et
les gens de Juda m'ont consacré pour être
leur roi. »

Ichebaal, fils de Saül, est roi d'Israël, et David roi de Juda

8 Avant cela, Abner, fils de Ner, chef de l'armée de Saül, a pris Ichebaal[g], fils de Saül, et l'a
emmené à Mahanaïm. 9 Là, il l'a fait roi pour

---

e **1.20** *Gath et Ascalon : deux villes philistines.*

f **1.21** *Les boucliers étaient recouverts de cuir. On les frottait avec de l'huile pour les conserver.*

g **2.8** *Le texte hébreu dit Ichebocheth, c'est-à-dire fils de la honte. L'ancienne traduction grecque porte Ichebaal, c'est-à-dire fils de Baal. Il était choquant qu'un roi israélite porte un nom formé sur celui du dieu cananéen Baal. C'est pourquoi le texte hébreu a remplacé ici « baal » par « bocheth ».*

gouverner les régions de Galaad, d'Asser, d'Izréel, d'Éfraïm et de Benjamin, en un mot, tout le territoire d'Israël[h]. 10 Ichebaal avait 40 ans quand il est devenu roi d'Israël. Il gouverne pendant deux ans. Seule la tribu de Juda reconnaît David. 11 Celui-ci est roi de Juda, à Hébron, pendant sept ans et demi.

Bataille entre les tribus d'Israël et la tribu de Juda

12 Abner, fils de Ner, et les gardes d'Ichebaal, fils de Saül, quittent Mahanaïm et vont vers Gabaon. 13 Joab, fils de Serouia, et les gardes de David se mettent en route aussi. Les deux troupes se rencontrent près du réservoir de Gabaon. Chaque troupe se tient d'un côté du réservoir. 14 Abner dit à Joab : « Je propose que nos jeunes soldats se lèvent et combattent devant nous. » Joab répond : « D'accord ! » 15 Des soldats s'avancent. Ils sont douze de la tribu de Benjamin, de la garde d'Ichebaal, fils de Saül, et douze de la garde de David. 16 Chaque soldat prend son adversaire par la tête, il lui enfonce son *épée dans le côté, et ils tombent tous ensemble. On appelle cet endroit le « Champ des Rochers ». Il se trouve à Gabaon.

17 Le même jour, il y a une bataille très dure. Abner et les hommes d'Israël sont battus par les gardes de David. 18 Les trois fils de Serouia, Joab, Abichaï et Assaël[i], sont là. Assaël court aussi vite qu'une gazelle sauvage. 19 Il se met à poursuivre Abner, sans se détourner ni à droite ni à gauche. 20 Abner se retourne et demande : « Est-ce toi, Assaël ? » Assaël répond : « C'est bien moi. » 21 Abner lui dit : « Poursuis quelqu'un d'autre, à ta droite ou à ta gauche. Attrape un de ces jeunes soldats et prends ses armes. » Mais Assaël veut continuer à poursuivre Abner. 22 Abner lui dit encore : « Assaël, arrête de courir derrière moi. Tu vas m'obliger à te tuer. Pourquoi ? Ensuite, je ne pourrais plus regarder ton frère Joab en face. » 23 Mais Assaël refuse de changer de direction. Alors Abner le frappe au ventre avec le bout de sa lance, et la lance ressort dans son dos. Assaël tombe et meurt sur place. Tous ceux qui arrivent là où Assaël est tombé s'arrêtent.

24 Mais Joab et Abichaï poursuivent Abner. Ils arrivent à Guibéa-Amma au coucher du soleil. Cet endroit se trouve à l'est de Guia, sur le chemin du désert de Gabaon. 25 Les soldats de la tribu de Benjamin se groupent en rangs serrés derrière Abner et ils s'arrêtent au sommet d'une colline. 26 Abner appelle Joab et dit : « Est-ce que nous allons toujours nous faire la guerre ? Cette affaire va mal finir, tu ne sais donc pas cela ? Qu'est-ce que tu attends pour commander à tes soldats de ne plus poursuivre leurs frères ? » 27 Joab répond : « Par le Dieu vivant, si tu n'avais rien demandé, mes soldats auraient continué à vous poursuivre jusqu'à demain matin, je t'assure. »

28 Joab fait sonner de la trompette. Ses soldats arrêtent de poursuivre les soldats d'Israël et ils terminent le combat. 29 Abner et ses hommes marchent toute la nuit dans la vallée du Jourdain. Ensuite, ils passent le fleuve, ils traversent tout le Bitron, puis ils arrivent à Mahanaïm. 30 Comme Joab ne poursuit plus Abner, il rassemble ses soldats. Il manque Assaël et 19 soldats parmi les gardes de David. 31 Mais les gardes de David ont tué 360 soldats, des Benjaminites et d'autres soldats d'Abner. 32 On emporte le corps d'Assaël et on le met dans la tombe de son père, à Bethléem. Ensuite, Joab et ses hommes marchent toute la nuit et ils arrivent à Hébron au lever du jour.

3 1 La guerre entre les gens de Saül et ceux de David dure longtemps. David devient de plus en plus fort. Au contraire, les gens de Saül perdent peu à peu leur pouvoir.

Les fils de David nés à Hébron

2 Voici les fils de David qui sont nés à Hébron : Amnon, l'aîné. Sa mère, c'est Ahinoam, d'Izréel. 3 Le deuxième s'appelle Kilab. Sa

---

h 2.9 *Il s'agit du territoire où les tribus du Nord étaient installées.*

i 2.18 *Joab, Abichaï et Assaël : trois soldats qui étaient du côté de David.*

mère, c'est Abigaïl, de Karmel, la veuve de
Nabal. Le troisième s'appelle Absalom. Sa
mère, c'est Maaka, fille de Talmaï, roi de Guéchour. 4 Le quatrième s'appelle Adonia. Sa
mère, c'est Haguite. Le cinquième s'appelle
Chefatia. Sa mère, c'est Abital. 5 Le sixième
s'appelle Itréam. Sa mère, c'est Égla, femme
de David. Voilà les fils de David qui sont nés
à Hébron.

Abner, chef de l'armée de Saül, se dispute avec Ichebaal

6 Pendant la guerre entre les gens de Saül et
les gens de David, Abner devient de plus en
plus puissant parmi les gens de Saül. 7 Saül
avait eu des femmes de deuxième rang. L'une
d'entre elles s'appelait Rispa, sa mère était
Aya. Un jour, Ichebaal demande à Abner :
« Pourquoi est-ce que tu as couché avec une
femme de mon père[j] ? » 8 En entendant ces paroles, Abner se met dans une violente colère
et il répond : « Est-ce que je suis un chien
qui appartient aux gens de Juda[k] ? Jusqu'à
maintenant, j'ai été fidèle à la famille de ton
père Saül, à ses frères et à ses amis. Je ne
t'ai pas livré entre les mains de David. Et
toi, aujourd'hui, tu me reproches une faute
avec cette femme ! 9 Que Dieu me punisse
très sévèrement si je ne réalise pas pour David
ce que le SEIGNEUR lui a promis ! 10 En effet, il a
juré d'enlever le pouvoir royal à la famille de
Saül. Il étendra l'autorité du roi David sur le
territoire d'Israël et sur celui de Juda, depuis
Dan, au nord, jusqu'à Berchéba, au sud. »
11 Ichebaal ne peut répondre un seul mot à
Abner, parce qu'il a peur de lui.

Abner passe dans le camp de David

12 Ensuite, Abner envoie des messagers à
David. Ils vont lui dire de sa part : « À qui
appartiendra le pays ? Passe un accord avec
moi, et je t'aiderai à rassembler tous les Israélites autour de toi. » 13 David lui fait donner cette réponse : « C'est bien ! Je passerai
un accord avec toi. Mais quand tu viendras
te présenter devant moi, envoie-moi d'abord
ma femme Mikal[l], la fille de Saül. Alors seulement, tu pourras te présenter devant
moi. » 14 Ensuite, David envoie des messagers à Ichebaal, fils de Saül, pour lui dire :
« Rends-moi ma femme Mikal. Je l'ai obte-
nue en échange de 100 prépuces de *Philistins[m]. » 15 Ichebaal fait donc venir Mikal, qui
vivait avec son mari Paltiel, fils de Laïch.
16 Paltiel l'accompagne. Il marche derrière
elle jusqu'à Bahourim en pleurant. Alors Abner lui commande de rentrer chez lui, et
Paltiel s'en va.

17 Abner rencontre les *anciens d'Israël
pour discuter avec eux. Il leur dit : « Depuis
longtemps, vous voulez avoir David comme
roi. 18 Eh bien, c'est le moment de faire
quelque chose ! En effet, le SEIGNEUR a dit à
son sujet : "Je sauverai Israël, mon peuple,
du pouvoir des Philistins et de tous ses autres
ennemis. Et je le ferai par l'intermédiaire de
mon serviteur David." »

19 Abner parle aussi avec les Benjaminites[n].
Ensuite, il part pour Hébron. Il va présenter à
David lui-même le projet approuvé par les
Benjaminites et les autres Israélites. 20 Abner
arrive auprès de David, à Hébron, avec
20 hommes. David leur offre un grand repas.
21 Abner dit à David : « Mon roi, je veux aller
rassembler tous les Israélites autour de toi.
Ils passeront un accord avec toi, et tu pourras
être roi sur tout le pays, comme tu le désires. »
David laisse partir Abner, et celui-ci part en
paix.

j 3.7 *Ichebaal : voir 2 Samuel 2.8 et la note.*
Coucher avec une femme du roi, c'était montrer qu'on voulait devenir roi.

k 3.8 *« Être un chien » était une insulte.*
Appartenir aux gens de Juda : cela veut dire être du côté de David.

l 3.13 *Voir 1 Samuel 18.20-29.*

m 3.14 *Voir 1 Samuel 18.25 et la note.*

n 3.19 *Saül et Ichebaal étaient de la tribu de Benjamin. L'avis des Benjaminites était donc important.*

Joab, chef de l'armée de David, tue Abner

22 Peu de temps après, Joab arrive avec les
gardes de David. Ils reviennent d'un combat
et rapportent beaucoup de richesses de
guerre. Abner n'est plus avec David à Hébron,
parce que le roi l'a laissé repartir en paix.
23 Dès que Joab arrive avec tous ses soldats,
il apprend ce qui s'est passé : Abner, fils de
Ner, est venu trouver le roi. Celui-ci l'a laissé
partir en paix. 24 Joab va chez le roi et lui dit :
« Qu'est-ce que tu as fait là ? Abner vient chez
toi et tu le laisses partir librement ? 25 Pourtant
tu connais Abner, fils de Ner ! S'il est venu,
c'est pour te tromper, pour savoir ce que tu
fais et où tu vas. »

26 Joab quitte le roi et il envoie des messagers derrière Abner. Il le font revenir de la citerne de Sira, et David ne le sait pas. 27 Après
qu'Abner est revenu à Hébron, Joab l'entraîne
à l'écart, à l'intérieur de la *porte de la ville,
comme pour lui parler en secret. Et là, il le
frappe au ventre. Joab le tue pour venger la
mort de son frère Assaël.

28 Quand David apprend la nouvelle, il dit :
« Le SEIGNEUR le sait, moi et mon royaume,
nous ne serons jamais coupables de la mort
d'Abner, fils de Ner ! 29 Que Joab et toute sa famille en supportent les conséquences ! Que
dans cette famille, il y ait toujours des gens
atteints d'écoulements *impurs ou des *lépreux ! Que les hommes fassent un travail de
femmes, qu'ils meurent de façon violente ou
qu'ils souffrent de la faim ! » 30 Ainsi Joab et
son frère Abichaï ont tué Abner, parce que
celui-ci avait tué leur frère Assaël pendant le
combat de Gabaon.

31 David dit à Joab et à tous ceux qui sont
avec lui : « *Déchirez vos vêtements, mettez
des habits de deuil, faites les cérémonies
pour la mort d'Abner ! » Et le roi David lui-
même marche derrière le corps du mort.
32 On enterre Abner à Hébron. Sur sa tombe,
le roi pleure à grands cris, et toute la foule
pleure avec lui. 33 Ensuite, le roi chante ce
chant de deuil :

« Est-ce qu'Abner devait mourir
comme meurt un homme stupide ?
34 Toi, Abner,
tu n'avais pas les mains attachées
ni les pieds liés par des chaînes.
Pourtant tu es tombé,
comme on tombe
sous les coups des assassins. »

Tous ceux qui sont là continuent à pleurer sur
Abner. 35 Puis ils s'approchent de David. Ils
lui offrent à manger pendant qu'il fait encore
jour. Mais David fait ce serment : « Que Dieu
me punisse très sévèrement si je mange un
morceau de pain ou autre chose avant le coucher du soleil ! »

36 Tout le peuple apprend cela et il approuve le roi. D'ailleurs le peuple approuve
toujours ce qu'il fait. 37 Ainsi tous les habitants
de Juda et tous ceux d'Israël comprennent
ceci : ce n'est pas le roi qui a commandé de
tuer Abner, fils de Ner. 38 David dit encore à
ses ministres : « Aujourd'hui, un chef, un
grand chef d'Israël est mort. Est-ce que vous
le savez ? 39 Moi, j'ai été *consacré comme
roi. Pourtant, j'ai encore peu de force, et ces
hommes-là, les fils de Serouia, sont plus violents que moi. Que le SEIGNEUR rende lui-
même aux gens mauvais le mal qu'ils ont
commis ! »

Deux chefs de bande, Baana et Rékab, tuent Ichebaal, fils de Saül

4 1 Ichebaal[o], fils de Saül, apprend qu'Abner
est mort à Hébron. Il est découragé, et
tous les gens d'Israël tremblent de peur.

2 Ichebaal a deux chefs de bandes sous ses
ordres. Ils s'appellent Baana et Rékab. Ce
sont les fils de Rimmon, un homme de la ville
de Beéroth, dans la tribu de Benjamin. – Beéroth est considérée comme faisant partie du
territoire de Benjamin. 3 Ses habitants ont fui
à Guittaïm, où les enfants de leurs enfants
sont installés encore aujourd'hui. – 4 Jonatan,

o **4.1** *Voir 2 Samuel 2.8 et la note.*

fils de Saül, a laissé un fils qui ne peut pas marcher. Il s'appelle Mefibaal[p]. Mefibaal avait
cinq ans au moment où la nouvelle de la
mort de Saül et de Jonatan est arrivée d'Izréel.
La femme qui s'occupait de lui l'a pris pour
fuir. Mais elle est allée tellement vite qu'elle
a laissé tomber l'enfant, et celui-ci est resté
handicapé des deux jambes.

5 Rékab et Baana, fils de Rimmon, de la ville
de Beéroth, vont chez Ichebaal. Ils arrivent au
moment le plus chaud de la journée. Ichebaal
est en train de faire la sieste. 6-7 Ils rentrent
dans la maison, comme s'ils apportaient du
*blé. Ils trouvent Ichebaal couché sur son lit,
dans la chambre à coucher. Alors ils le frappent au ventre. Après qu'ils l'ont tué, ils lui
coupent la tête et ils s'échappent en emportant la tête avec eux. Ensuite, les deux frères
marchent toute la nuit sur le chemin de la vallée du Jourdain. 8 Ils apportent la tête d'Ichebaal au roi David à Hébron. Ils lui disent:
« Voici la tête d'Ichebaal, le fils de ton ennemi
Saül, qui voulait te tuer. Aujourd'hui, mon roi,
le SEIGNEUR t'a vengé de Saül et de sa famille. »
9 David répond à Rékab et à son frère Baana,
fils de Rimmon, de la ville de Beéroth: « Le
SEIGNEUR est vivant, lui qui m'a délivré de
tout malheur! 10 Celui qui m'a annoncé la
mort de Saül croyait m'apporter une bonne
nouvelle. Mais je l'ai fait arrêter et mourir à Siclag[q]. Voilà comment je l'ai récompensé pour
sa bonne nouvelle. 11 Aujourd'hui, comment
récompenser des assassins qui ont tué un innocent couché dans sa maison? Je vais vous
punir pour cette mort et vous supprimer de
la terre! »

12 David commande à ses jeunes soldats de
tuer Rékab et Baana. Ils le font, puis ils leur
coupent les mains et les pieds, et ils les pendent près du réservoir d'Hébron. Ensuite, ils
prennent la tête d'Ichebaal et ils la mettent
dans la tombe d'Abner, à Hébron.

Les tribus d'Israël consacrent David comme roi

5 1 Des gens de toutes les tribus d'Israël
viennent trouver David à Hébron. Ils lui
disent: « Nous sommes de la même famille
que toi. 2 Dans le passé, quand Saül était
notre roi, tu dirigeais les mouvements de
l'armée d'Israël. À ce moment déjà, le
SEIGNEUR t'avait dit: "C'est toi qui seras le
berger d'Israël, mon peuple, tu seras son
chef." » 3 Tous les *anciens d'Israël viennent
trouver le roi à Hébron. Là, David passe un
accord avec eux, devant le SEIGNEUR. Et ils
*consacrent David comme roi d'Israël. 4 Da-
vid a 30 ans quand il devient roi et il sera
roi pendant 40 ans. 5 À Hébron, il est roi
de la tribu de Juda pendant 7 ans et demi.
À Jérusalem, il sera roi de tout Israël et de
Juda pendant 33 ans.

David prend la ville de Jérusalem

6 Le roi David et ses soldats marchent sur Jérusalem. Ils vont attaquer les Jébusites qui habitent cette région. Les Jébusites[r] disent à
David: « Tu n'entreras pas ici, même les aveugles et les boiteux t'écarteront. » Par ces paroles, ils veulent dire que David ne pourra
pas prendre la ville. 7 Pourtant, le roi prend
*Sion, la partie de la ville qui est protégée
par de grands murs. Depuis on l'appelle la
« *Ville de David ».

8 Ce jour-là, David a dit: « Si quelqu'un veut
battre les Jébusites, il n'a qu'à monter par le
canal qui est sous la terre! Il les atteindra.
Les boiteux et les aveugles, je les déteste! »
C'est pourquoi on dit: « Les aveugles et les
boiteux ne doivent pas entrer dans le temple
du SEIGNEUR. »

9 David s'installe dans la partie protégée de
la ville. Il l'appelle « Ville de David ». Ensuite,
il fait construire d'autres murs de défense, en-

p 4.4 *Mefibaal: ce nom contient le nom du dieu cananéen Baal. Le texte hébreu dit Mefibocheth. Voir 2 Samuel 2.8 et la note.*

q 4.10 *Voir 2 Samuel 1.15.*

r 5.6 *Voir Josué 15.63, et Juges 19.10 et la note.*

tre la terrasse appelée Millo et sa maison.
10 Ainsi David devient de plus en plus puissant. En effet, le SEIGNEUR, Dieu de l'univers,
est avec lui.

11 Hiram, roi de Tyr, envoie des messagers à
David. Il lui fait livrer du bois de *cèdre. Il lui
envoie aussi des charpentiers et des tailleurs
de pierres, pour lui construire un palais.
12 David reconnaît ceci : c'est le SEIGNEUR lui-
même qui l'a établi comme roi sur Israël.
C'est lui qui a développé son pouvoir royal,
à cause d'Israël, son peuple.

Les fils de David nés à Jérusalem

13 Après que David a quitté Hébron pour Jérusalem, il se marie encore avec d'autres femmes : des femmes de premier rang et des
femmes de deuxième rang. Elles lui donnent,
elles aussi, des fils et des filles. 14 Voici les
noms de ses fils qui naissent à Jérusalem :
Chammoua, Chobab, Natan, Salomon,
15 Ibar, Élichoua, Néfeg, Yafia, 16 Élichama,
Éliada et Éliféleth.

David est plusieurs fois vainqueur des Philistins

17 Les *Philistins apprennent que David a
été *consacré comme roi d'Israël. Alors ils partent tous à sa recherche. Quand David l'apprend, il va dans un endroit bien protégé.
18 Les Philistins arrivent et occupent toute la
vallée des Refaïtes. 19 David consulte le SEI-
GNEUR. Il lui demande : « Est-ce que je dois aller attaquer les Philistins ? Est-ce que tu vas les
livrer en mon pouvoir ? » Le SEIGNEUR répond :
« Oui, attaque-les, je vais te livrer les Philistins. »

20 Alors David va à Baal-Perassim, et là, il
bat les Philistins. Il dit : « Le SEIGNEUR a fait devant moi une ouverture dans les rangs de mes
ennemis, comme un torrent dans un barrage. » Le nom donné à cet endroit vient de
là. En effet, Baal-Perassim veut dire « le Maître
des Ouvertures ». 21 À cet endroit, les Philistins abandonnent les statues de leurs dieux.
David et ses soldats les emportent.

22 Les Philistins viennent une deuxième fois
occuper la vallée des Refaïtes. 23 David
consulte de nouveau le SEIGNEUR, qui lui
répond : « Ne les attaque pas directement !
Mais passe derrière eux et approche-toi d'eux
en face des arbres. 24 Quand tu entendras un
bruit de pas en haut des arbres, dépêche-toi.
En effet, c'est à ce moment-là que je marcherai devant toi pour battre l'armée des Philistins. »

25 David fait ce que le SEIGNEUR lui a
commandé et il bat les Philistins. Il les poursuit depuis Guéba jusqu'à l'entrée de Guézer.

David décide d'amener le coffre sacré à Jérusalem

6 1 David rassemble de nouveau tous
les meilleurs soldats d'Israël. Ils sont
30 000. 2 Il part avec eux pour Baala, en
Juda. Il veut ramener de là le *coffre sacré.
Ce coffre porte le nom du SEIGNEUR de l'univers, qui est assis au-dessus des *chérubins.
3 Il se trouve dans la maison d'Abinadab, sur
la colline. On le place sur un char neuf et
on l'emmène. Ouza et Ahio, fils d'Abinadab,
conduisent le char 4 où se trouve le coffre.
Ahio marche devant. 5 David et tous les Israélites montrent leur joie devant le SEIGNEUR en
jouant de toutes sortes *d'instruments en bois
de cyprès : des cithares, des harpes, des tambourins, des sistres et des cymbales. 6 Quand
ils arrivent près de chez Nakon, là où on bat
les *céréales, les bœufs glissent. Ouza étend
la main pour retenir le coffre sacré. 7 Alors
le SEIGNEUR se met en *colère contre lui. Il
le frappe à cet endroit, à cause de ce geste[s].
Ouza meurt là, à côté du coffre.

8 David est bouleversé, parce que le SEI-
GNEUR a brisé la vie de Ouza. Il appelle l'endroit Pérès-Ouza[t], et ce nom existe encore

---

s 6.7 *Seuls certains prêtres, les lévites, pouvaient toucher le coffre sacré.*

t 6.8 *Pérès-Ouza : en hébreu, il y a un jeu de mots entre le verbe traduit par « briser la vie » et le nom Pérès.*

aujourd'hui. 9 Ce jour-là, David a peur du SEIGNEUR et il dit : « Je ne peux pas recevoir le coffre du SEIGNEUR chez moi ! » 10 Il ne veut pas prendre le coffre du SEIGNEUR chez lui, dans la « *Ville de David ». Il le fait conduire dans la maison d'Obed-Édom, un homme de la ville de Gath. 11 Le coffre reste trois mois chez lui, et le SEIGNEUR *bénit Obed-Édom et sa famille.

Le coffre sacré arrive à Jérusalem

12 On vient dire au roi David : « Le SEIGNEUR a *béni la famille d'Obed-Édom et tout ce qui est à lui, à cause du *coffre sacré. » Alors David va chez Obed-Édom. Il fait amener le coffre à la « *Ville de David », au milieu des cris de joie. 13 Après que les porteurs du coffre ont avancé de six pas, David offre en *sacrifice un taureau et un gros veau. 14 Puis il danse de toutes ses forces pour le SEIGNEUR. Il porte seulement le pagne de *lin des prêtres. 15 David et tous les Israélites conduisent le coffre du SEIGNEUR à Jérusalem, au milieu des cris de joie et au son des trompettes.

16 Au moment où le coffre arrive dans la « Ville de David », Mikal, la fille de Saül, regarde par la fenêtre. Elle voit le roi David qui saute et danse devant le coffre du SEIGNEUR. Alors elle le méprise dans son cœur. 17 David a fait monter une tente pour le coffre. On met donc le coffre à sa place, à l'intérieur de la tente. Puis David offre au SEIGNEUR des sacrifices complets et des sacrifices de communion. 18 Quand il a fini de les offrir, il bénit le peuple au nom du SEIGNEUR de l'univers. 19 Ensuite, il fait distribuer de la nourriture à toute la foule des Israélites. Chaque homme et chaque femme reçoit du pain, un gâteau de dattes et un gâteau de *raisins secs. Puis chacun rentre chez soi.

20 David rentre chez lui pour saluer sa famille. Mais Mikal va à sa rencontre et lui dit : « Tu étais vraiment couvert d'honneur, aujourd'hui, toi, le roi d'Israël ! Tu t'es montré à moitié nu devant les servantes de tes serviteurs, comme un homme sans valeur pourrait le faire ! »

21 David répond à Mikal : « J'ai fait cela pour le SEIGNEUR. Il m'a préféré à ton père et à toute ta famille. Il m'a choisi pour me mettre à la tête d'Israël, son peuple. Et je montrerai encore ma joie pour lui. 22 Je m'abaisserai, je me ferai encore plus petit à mes yeux. Tu as parlé de mes servantes. Eh bien, en agissant ainsi, je serai honoré par elles ! » 23 Et Mikal, fille de Saül, est morte sans avoir d'enfant.

Le Seigneur promet le pouvoir royal à David et à ses fils

7 1 Le roi David s'installe dans son palais. Le SEIGNEUR le délivre de tous les ennemis qui entourent le pays, et il vit en paix. 2 Un jour, le roi dit au *prophète Natan : « Tu vois, moi, j'habite une maison en bois de *cèdre. Mais le *coffre sacré a seulement une tente de toile comme maison. » 3 Natan dit au roi : « Tu as sûrement une idée à ce sujet. Fais ce que tu penses, le SEIGNEUR est avec toi. »

4 Mais la nuit suivante, le SEIGNEUR adresse ces paroles à Natan : 5 « Tu iras trouver mon serviteur David et tu lui diras de ma part : "Je l'affirme, moi le SEIGNEUR, ce n'est pas toi qui vas me construire une maison pour que je l'habite. 6 En effet, depuis le jour où j'ai fait sortir d'Égypte le peuple d'Israël, et jusqu'à aujourd'hui, je n'ai jamais habité dans une maison. Mais j'étais comme un voyageur, j'allais d'un lieu à un autre et j'habitais dans une tente[u]. 7 De plus, pendant toutes ces années où j'ai accompagné les Israélites, j'ai nommé plusieurs chefs. Ce sont eux qui ont gouverné Israël mon peuple. Je n'ai jamais dit à personne : Pourquoi est-ce que vous ne m'avez pas construit une maison en bois de cèdre ?" 8 C'est pourquoi tu diras encore de ma part à mon serviteur David : "Moi, le SEIGNEUR de l'univers, je t'ai pris au pâturage, derrière tes moutons. J'ai voulu que tu devien-

---

u 7.6 *Il s'agit de la tente sacrée, qui accompagnait les Israélites tout au long de leur marche dans le désert.*

nes le chef d'Israël, mon peuple. 9 J'ai été avec
toi partout où tu es allé. J'ai fait mourir devant
toi tous tes ennemis. Je te rendrai aussi célèbre que les plus grands rois de la terre. 10 Je
vais donner un lieu à Israël, mon peuple. Je
l'installerai là, il y restera sans avoir peur.
Des gens mauvais ne viendront plus l'écraser
comme autrefois, 11 quand j'ai nommé des juges pour gouverner Israël, mon peuple. Je te
délivrerai de tous tes ennemis, et tu vivras
dans la paix. Enfin, je t'annonce ceci : c'est
moi, le SEIGNEUR, qui te construirai une maison[v]. 12 En effet, quand ta vie sera finie et
que tu auras rejoint tes ancêtres, je désignerai
un de tes fils. Il sera roi après toi, et j'établirai
solidement son pouvoir. 13 C'est lui qui me
construira une maison, et grâce à moi, son
pouvoir royal sera établi pour toujours. 14 Je
serai un père pour lui, et il sera un fils pour
moi. S'il fait le mal, je le corrigerai à la manière des hommes, comme un père frappe
son fils. 15 Mais je ne lui retirerai jamais ma faveur comme je l'ai fait avec Saül[w]. Lui, je l'ai
rejeté pour te mettre à sa place. 16 Quelqu'un
de ta famille sera toujours roi après toi. En effet, le pouvoir royal de ta famille sera établi
pour toujours. » 17 Natan raconte à David
tout ce que le SEIGNEUR lui a montré dans
une *vision.

David prie le Seigneur

18 Alors le roi David va se présenter devant
le SEIGNEUR. Il dit : « Seigneur mon DIEU, je le
sais, moi et ma famille, nous ne méritons pas
tout ce que tu nous as déjà donné. 19 Mais
pour toi, Seigneur mon DIEU, ce n'est pas encore assez. Tu fais aussi des promesses pour
l'avenir de ma famille. Est-ce normal d'agir
ainsi avec un être humain ? 20 Seigneur mon
DIEU, tu me connais, moi, ton serviteur. Alors
qu'est-ce que je peux dire de plus ? 21 À cause
de ta promesse et de ta bonté, tu as réalisé toutes ces choses extraordinaires et tu me les as
fait connaître. 22 Tu es vraiment grand, Seigneur mon DIEU ! Personne ne te ressemble !
Et aucun Dieu n'existe en dehors de toi,
nous l'avons toujours entendu dire. 23 Est-ce
qu'il y a un seul peuple sur la terre qui ressemble à Israël ? Tu es allé le libérer du pouvoir des Égyptiens et de leurs dieux pour en
faire ton peuple. Tu l'as rendu célèbre en réalisant pour lui des choses extraordinaires ou
terribles dans ton pays. 24 SEIGNEUR, tu as fait
d'Israël ton peuple pour toujours et tu es
devenu son Dieu. 25 Maintenant, SEIGNEUR
Dieu, fais ce que tu as dit pour moi et pour
ma famille. Tiens pour toujours ta promesse.
26 Alors ton nom sera célèbre pour toujours,
et les gens diront : "Le SEIGNEUR de l'univers,
c'est le Dieu d'Israël." Établis pour toujours le
pouvoir royal de ma famille. 27 Oui, SEIGNEUR
de l'univers, Dieu d'Israël, tu m'as fait connaître tes intentions en me disant : "Je te construirai une maison[x]." C'est pourquoi j'ose te
faire cette prière. 28 Seigneur mon DIEU, c'est
toi qui es Dieu. Ce que tu dis, tu le fais. Et tu
me promets maintenant ce bonheur ! 29 Je t'en
prie, *bénis ma famille pour que les enfants de
mes enfants soient toujours rois en ta présence. Oui, c'est toi, Seigneur mon DIEU, qui
as fait cette promesse. Et par ta bénédiction,
ma famille sera bénie pour toujours ! »

David est vainqueur des pays voisins d'Israël

8 1 Plus tard, David bat les *Philistins. Il détruit leur puissance et il leur enlève le
pouvoir sur la région. 2 Il bat aussi les gens
de Moab. Il les fait s'étendre sur le sol pour
les diviser en groupes avec une corde à mesurer. Il tue deux groupes d'hommes sur trois et
il laisse en vie l'autre groupe. Ensuite, les
Moabites sont sous le pouvoir de David et ils
doivent lui payer un impôt. 3 David bat encore

---

v 7.11 *Juges : voir Juges 2.16 et la note.*
Une maison : le mot traduit ici par « maison » veut dire à la fois maison et famille. Dans la suite du texte, ce mot est traduit par « famille » quand il a le sens de famille royale.

w 7.15 *Voir 1 Samuel 15.28.*

x 7.27 *Voir 2 Samuel 7.11 et la note.*

Hadadézer, fils de Rehob et roi de Soba. Cela
se passe au moment où ce roi essaie de reprendre la région de l'Euphrate[y]. 4 David fait prisonniers 1 700 cavaliers et 20 000 soldats de
l'armée de Soba. Il garde pour lui environ
100 chevaux pour tirer les chars et il fait couper les jarrets[z] à tous les autres chevaux. 5 Les
Syriens de Damas viennent au secours de Hadadézer, roi de Soba. David les bat aussi et il
tue 22 000 soldats syriens. 6 Il place des gouverneurs dans leur pays. Les Syriens sont
sous le pouvoir de David et ils doivent lui
payer un impôt. Le SEIGNEUR donne la victoire
à David partout où il va. 7 David prend les
*boucliers d'or des gardes de Hadadézer et il
les emporte à Jérusalem. 8 Il prend aussi du
bronze en très grande quantité à Bétah et à Bé-
rotaï, deux villes du royaume de Hadadézer.

9 Toou, roi de Hamath[a], apprend que David
a battu toute l'armée de Hadadézer. 10 Il envoie son fils Yoram auprès du roi David. Yoram salue le roi et il le félicite parce qu'il a
attaqué Hadadézer et qu'il l'a battu. En effet,
Toou était en guerre avec Hadadézer. Yoram
apporte à David des objets d'or, d'argent et
de bronze. 11 Le roi David les *consacre au SEI-
GNEUR. Il a déjà consacré de la même façon
l'argent et l'or venant des peuples vaincus :
12 Édomites, Moabites, Ammonites, Philistins
et Amalécites. Il a consacré aussi les richesses
de guerre prises à Hadadézer. 13 David devient
célèbre après sa victoire sur les Syriens.

À la même époque, il bat les Édomites dans
la vallée du Sel[b]. Il en tue 18 000. 14 Il place
des gouverneurs dans leur pays, et les Édomites sont sous le pouvoir de David. Le SEIGNEUR
donne la victoire à David partout où il va.

Les fonctionnaires de David

15 David est roi de tout le pays d'Israël. Il
gouverne tout son peuple avec justice et en
respectant les lois. 16 Joab, fils de Serouia,
commande l'armée. Yochafath, fils d'Ahiloud,
est le porte-parole du roi. 17 Sadoc, fils d'Ahitoub, et Ahimélek, fils d'Abiatar, sont prêtres.
Seraya est secrétaire. 18 Benaya, fils de Yoyada,
commande les Crétois et les Pélétiens qui sont
les gardes du roi. Les fils de David sont
prêtres.

David accueille chez lui Mefibaal, un fils de Jonatan

9 1 Un jour, David demande : « Est-ce que
quelqu'un de la famille de Saül est encore
en vie ? Je voudrais agir envers lui avec bonté,
à cause de Jonatan. » 2 Or, la famille de Saül a
eu un serviteur appelé Siba. On le fait venir
devant le roi. David lui demande : « C'est
toi, Siba ? » Il répond : « Oui, c'est moi. » 3 Le
roi dit : « Est-ce qu'il existe encore quelqu'un
de la famille de Saül ? Je voudrais agir envers
lui comme Dieu lui-même, avec bonté. »
Siba répond au roi : « Il y a encore un fils de
Jonatan. Il est handicapé des deux jambes. »
4 Le roi demande : « Où est-il ? » Siba répond :
« Il est chez Makir, le fils d'Ammiel, à Lo-
Dabar. »

5 Le roi David l'envoie chercher à Lo-Dabar.
6 Quand Mefibaal[c], fils de Jonatan et petit-fils
de Saül, arrive chez David, il s'incline jusqu'à
terre devant lui. David lui dit : « C'est toi, Mefibaal ? » Il répond : « Oui, c'est moi. » 7 David
lui dit : « N'aie pas peur ! Je veux agir envers
toi avec bonté, à cause de ton père Jonatan.
Je te rendrai tous les champs de ton grand-
père Saül, et toi, tu mangeras tous les jours à
ma table. » 8 Mefibaal s'incline et dit : « Je suis
comme un chien mort. Pourquoi veux-tu
prendre soin de moi ? »

9 Mais le roi fait venir Siba, serviteur de
Saül, et il lui dit : « Je donne à Mefibaal, le
petit-fils de ton maître, tout ce qui appartenait

y **8.3** *Soba était un royaume syrien situé au nord de Damas. L'Euphrate : un des deux grands fleuves de Mésopotamie.*
z **8.4** *Le jarret d'un cheval est l'endroit où la patte arrière se plie.*
a **8.9** *Hamath était un royaume syrien situé au nord-est du royaume de David.*
b **8.13** *La vallée du Sel : actuellement la Araba. Cette vallée relie la mer Morte au golfe d'Aqaba.*
c **9.6** *Mefibaal : voir 2 Samuel 4.4 et la note.*

à Saül et à toute sa famille. 10 Toi, tes fils et tes
serviteurs, vous cultiverez la terre pour lui.
Ce que vous récolterez servira à nourrir sa famille, et Mefibaal mangera tous les jours à ma
table. » Or, Siba avait 15 fils et 20 serviteurs.
11 Il dit au roi : « Je ferai tout ce que tu me
commandes. Mais Mefibaal a l'habitude de
manger à ma table, parce qu'il est un petit-
fils de Saül. »

12 Mefibaal a un jeune fils, Mika. Tous ceux
qui habitent dans la maison de Siba sont au service de Mefibaal. 13 Comme il boite des deux
pieds, il s'installe à Jérusalem. Ainsi, il peut aller manger tous les jours à la table du roi.

Les Ammonites couvrent de honte les ministres de David

10 1 Quelque temps après, Nahach, le roi
des Ammonites, meurt, et son fils Hanoun devient roi à sa place. 2 David se dit :
« Je vais être bon avec Hanoun, fils de Nahach,
comme son père l'a été avec moi. » David envoie alors quelques ministres pour montrer sa
sympathie à Hanoun, à l'occasion de la mort
de son père. Les ministres de David arrivent
dans le pays des Ammonites. 3 Mais les chefs
ammonites disent à Hanoun, leur maître :
« Si David t'envoie des ministres, à ton avis,
est-ce que c'est vraiment pour honorer ton
père et te montrer sa sympathie ? Est-ce qu'ils
ne cherchent pas plutôt à se renseigner sur
notre ville ? Cela leur permettra ensuite de
la prendre. »
4 Alors Hanoun fait arrêter les ministres de
David : il leur fait raser la moitié de la barbe,
couper la moitié de leurs vêtements jusqu'aux
fesses, puis on les renvoie. 5 David apprend
cela. Il envoie des messagers à la rencontre
de ses ministres qui sont couverts de honte.
Le roi leur fait dire : « Restez à Jéricho jusqu'à
ce que votre barbe ait repoussé, puis revenez
ici. »

David combat les Ammonites et les Syriens

6 Les Ammonites comprennent que David
ne peut plus les supporter, à cause de ce qu'ils
ont fait. Alors ils paient 20 000 soldats des
États syriens de Beth-Rehob et de Soba,
1 000 soldats de l'armée du roi de Maaka et
12 000 hommes du pays de Tob. 7 Quand David apprend cela, il envoie contre eux le général Joab et toute une armée de combattants
courageux. 8 Les Ammonites vont se ranger à
l'entrée de leur capitale pour combattre. Les
Syriens de Soba et de Beth-Rehob, ainsi que
les soldats de Tob et de Maaka, se trouvent ailleurs dans la campagne. 9 Joab voit que ses soldats et lui doivent attaquer à deux endroits,
devant et derrière. Il choisit donc les meilleurs soldats d'Israël et il les place en face
des Syriens. 10 Il met son frère Abichaï à la
tête du reste de l'armée, et il le place en
face des Ammonites. 11 Joab dit à son frère :
« Si les Syriens sont plus forts que moi, tu
viendras à mon secours. Si les Ammonites
sont plus forts que toi, c'est moi qui viendrai
t'aider. 12 Sois courageux, combattons courageusement pour notre peuple et pour les villes
de notre Dieu. Et que le SEIGNEUR agisse
comme il le jugera bon ! » 13 Joab avance
avec les soldats qui sont avec lui. Il attaque
les Syriens qui fuient devant eux. 14 Les Ammonites voient que les Syriens ont fui. Ils
fuient à leur tour devant Abichaï et ils rentrent dans leur ville. Alors Joab arrête de poursuivre les Ammonites et il revient à Jérusalem.

15 Quand les Syriens voient que les Israélites
les ont battus, ils rassemblent tous leurs soldats. 16 Hadadézer envoie des messagers chercher les soldats syriens qui habitent de l'autre
côté de l'Euphrate. Ils arrivent à Hélam. Chobak, chef de l'armée de Hadadézer, les
commande. 17 David l'apprend. Il rassemble
tous les soldats d'Israël, il traverse le fleuve
Jourdain et va à Hélam. Les Syriens se rangent
pour le combat, en face de David. Ils attaquent, 18 mais les Israélites les font fuir. David
et ses soldats tuent 700 chevaux qui tirent les
chars et 40 000 cavaliers. Ils blessent le général Chobak, qui meurt à cet endroit. 19 Tous les
rois sous le pouvoir de Hadadézer voient que
les Israélites les ont battus. Alors ils font la
paix avec les Israélites et se mettent sous
leur pouvoir. Et les Syriens ont peur de revenir aider les Ammonites.

David prend Batchéba, la femme d'Urie

11 1 L'année suivante, à la saison où les rois ont l'habitude de partir pour la guerre, le roi David envoie contre les Ammonites le général Joab, ses officiers et toute l'armée d'Israël. Ils tuent les habitants du pays et ils organisent l'attaque de Rabba, la capitale. David est resté à Jérusalem.

2 À la fin d'un après-midi, après la sieste, David se promène sur le toit en terrasse de son palais. Il aperçoit une femme qui se baigne. Elle est très belle. 3 Il envoie quelqu'un demander qui est cette femme. On lui répond : « C'est Batchéba, la fille d'Éliam et la femme d'Urie, le Hittite. » 4 David envoie des messagers la chercher. Batchéba arrive chez le roi. Elle vient juste de se *purifier après ses règles. David passe la nuit avec elle, puis elle rentre chez elle.

5 Batchéba devient enceinte. Elle envoie quelqu'un dire à David : « J'attends un enfant. » 6 Alors David adresse cet ordre à Joab : « Envoie-moi Urie le Hittite », et Joab l'envoie à David. 7 Quand Urie arrive devant le roi, David lui demande : « Comment va Joab ? Et l'armée ? Comment se passe la guerre ? » 8 Puis le roi dit à Urie : « Va chez toi et repose-toi ! » Urie quitte le palais, et le roi lui fait porter un cadeau. 9 Mais Urie ne va pas dans sa maison. Il va dormir avec les gardes du roi, à l'entrée du palais. 10 David l'apprend. Alors il demande à Urie : « Voyons, tu viens de faire un long voyage et tu n'es pas rentré chez toi. Pourquoi donc ? » 11 Urie répond à David : « Le *coffre sacré est sous une tente. L'armée d'Israël et de Juda habitent sous des tentes. Le général Joab et tes officiers campent dans des champs. Moi, pendant ce temps, est-ce que je peux aller dans ma maison pour manger, boire et coucher avec ma femme ? Par ta vie, je le jure, je ne ferai jamais une chose pareille ! » 12 David dit à Urie : « Reste ici encore aujourd'hui, et demain, je te laisserai partir. » Urie reste donc à Jérusalem ce jour-là et le jour suivant. 13 David l'invite à manger et à boire à sa table. David le rend ivre. Pourtant, le soir, Urie ne rentre pas chez lui. Il va dormir avec les gardes du roi.

14 Le matin suivant, David écrit une lettre à Joab et il la fait porter par Urie. 15 Dans cette lettre, il dit : « Place Urie juste devant les ennemis, là où le combat est le plus violent. Ensuite, retirez-vous et laissez-le seul. De cette façon, l'ennemi le frappera, et il mourra. »

David fait tuer Urie, le mari de Batchéba

16 Joab surveille la ville de Rabba. Il fait exprès de placer Urie à un endroit où il sait que les ennemis sont les plus forts. 17 Les hommes sortent de la ville pour attaquer les Israélites. Ils tuent des soldats et des officiers de David. Urie le Hittite meurt aussi. 18 Joab envoie un messager raconter à David tout ce qui s'est passé pendant le combat. 19 Il lui donne cet ordre : « Quand tu auras fini de raconter le combat au roi, 20 il va peut-être se mettre en colère et te dire : "Vous êtes venus trop près de la ville pour combattre. Pourquoi ? Est-ce que vous ne savez pas que quelqu'un peut tirer du haut des murs ? 21 Qui a tué Abimélek, le fils de Yeroubaal[d], à Tébès ? C'est une femme ! Elle a lancé sur lui une grosse pierre du haut du mur, et il est mort ! Pourquoi est-ce que vous êtes venus si près des murs de la ville ?" Si le roi te dit cela, tu ajouteras : "L'officier Urie, le Hittite, est mort aussi." »

22 Le messager part. À son arrivée, il raconte à David ce que Joab l'a chargé de dire. 23 Il dit : « Ceux qui défendaient la ville étaient plus forts que nous. Ils sont sortis contre nous dans la campagne. Nous les avons repoussés jusqu'à l'entrée de la ville. 24 Mais les tireurs à l'arc nous ont lancé des flèches du haut des murs. Parmi les officiers, quelques-uns sont morts, en particulier Urie le Hittite. » 25 Le roi répond au messager : « Va dire à Joab : "Ne t'en fais pas pour cette affaire. À la guerre, il y a toujours des morts, celui-ci ou celui-là. Attaque violemment la ville et détruis-la !" »

d **11.21** *Voir Juges 9.1 et la note.*

26 Batchéba, la femme d'Urie, apprend la mort de son mari. Elle fait les cérémonies de deuil. 27 Quand le temps du deuil est fini, David la fait venir chez lui. Elle devient sa femme et elle lui donne un fils. Mais ce que David a fait déplaît au SEIGNEUR.

Le prophète Natan fait des reproches à David

12 1 Alors le SEIGNEUR envoie le *prophète Natan à David. Natan entre chez le roi et lui dit : « Dans une ville, il y avait deux hommes. L'un était riche, l'autre était pauvre. 2 Le riche avait beaucoup de moutons et beaucoup de bœufs. 3 Le pauvre n'avait rien du tout, sauf une petite brebis qu'il avait achetée. Il lui donnait à manger, et la brebis grandissait avec ses enfants. Elle mangeait la même nourriture que lui et elle buvait le même lait. La brebis dormait à côté de lui. Elle était comme sa fille. 4 Un jour, un visiteur arrive chez l'homme riche. Celui-ci ne veut pas prendre un mouton ni un bœuf de son troupeau pour préparer le repas. Alors il prend la petite brebis du pauvre et la fait cuire pour son visiteur. »

5 David se met dans une violente colère contre ce riche et il dit à Natan : « Aussi vrai que le SEIGNEUR est vivant, l'homme qui a fait cela mérite la mort ! 6 Il a agi sans aucune pitié ! Il doit remplacer la brebis volée par quatre autres brebis ! » 7 Natan dit à David : « L'homme qui a fait cela, c'est toi ! Et voici ce que le SEIGNEUR, Dieu d'Israël, te dit : "Je t'ai *consacré comme roi d'Israël. Je t'ai délivré de la main de Saül. 8 Je t'ai donné autorité sur la famille de ton maître Saül. J'ai mis dans tes bras les femmes de ton maître. Je t'ai donné les peuples d'Israël et de Juda. Si ce n'est pas assez, je peux encore te donner deux fois plus. 9 Pourtant, tu n'as pas respecté mes commandements. Pourquoi donc ? Tu as fait ce qui est mal à mes yeux. Pourquoi ? Tu as assassiné Urie le Hittite. Oui, tu l'as fait tuer par les Ammonites et tu as pris sa femme pour en faire ta femme ! 10 Eh bien, à partir de maintenant, il y aura toujours des morts violentes dans ta famille. En effet, tu t'es moqué de moi en prenant pour femme la femme d'Urie le Hittite. 11 Écoute bien ce que je t'annonce : je vais faire venir le malheur sur toi, et ce malheur viendra de ta propre famille. Je vais prendre tes femmes sous tes yeux, pour les donner à l'un de tes parents. Et celui-ci couchera avec tes femmes en plein jour. 12 Oui, ce que tu as fait dans le secret, moi, je le ferai arriver en plein jour, devant tout ton peuple." »

13 Alors David répond à Natan : « Je reconnais mon péché devant le SEIGNEUR. » Natan dit à David : « Dans ce cas, le SEIGNEUR te pardonne. Tu ne vas pas mourir. 14 Mais dans cette affaire, tu as gravement méprisé le SEIGNEUR. C'est pourquoi ton enfant, qui vient de naître, doit mourir. » 15 Ensuite Natan rentre chez lui.

L'enfant de David et de Batchéba meurt

Le SEIGNEUR envoie une maladie à l'enfant que la femme d'Urie a donné à David. 16 David supplie Dieu pour l'enfant. Il se met à *jeûner, et quand il rentre chez lui pour la nuit, il couche par terre. 17 Ses serviteurs les plus respectés viennent auprès de lui et ils l'invitent à se relever. Mais le roi refuse et ne veut rien manger avec eux. 18 Au bout d'une semaine, l'enfant meurt. Les serviteurs ont peur de le dire à David. Ils pensent : « Quand l'enfant vivait encore, nous avons parlé au roi. Il ne voulait pas nous écouter. Comment lui annoncer maintenant que l'enfant est mort ? Il risque de réagir très mal. » 19 David les voit parler tout bas entre eux. Il comprend que l'enfant est mort. Il demande à ses serviteurs : « Est-ce que mon fils est mort ? » Ils répondent : « Oui, il est mort. » 20 Alors David se relève de terre. Il se lave, se parfume et change de vêtements. Puis il va dans la maison du SEIGNEUR pour l'adorer.

Ensuite il rentre chez lui, il demande qu'on lui serve un repas et se met à manger. 21 Ses serviteurs lui demandent : « Qu'est-ce que tu fais là ? Quand ton fils vivait encore, tu jeûnais et tu pleurais. Maintenant qu'il est mort, tu te relèves de terre et tu manges ! » 22 Le roi répond : « Oui, quand l'enfant vivait encore, je jeûnais et je pleurais. Je me disais : "Qui sait ? Le SEIGNEUR aura peut-être pitié de moi, et l'enfant vivra." 23 Maintenant qu'il est mort, à quoi sert de jeûner ? Je ne pourrai pas le faire revenir à la vie ! Moi, j'irai vers lui, mais lui ne reviendra pas vers moi. »

David et Batchéba ont un autre fils, Salomon

24 David va consoler sa femme Batchéba et il passe la nuit avec elle. Elle met au monde un fils, et David l'appelle Salomon. Le SEIGNEUR l'aime. 25 Il le dit à David par l'intermédiaire du prophète Natan. À cause de cet amour, David donne à son fils le nom de Yedidia, ce qui veut dire « aimé du SEIGNEUR ».

David prend la ville de Rabba

26 Pendant ce temps, le général Joab attaque Rabba, la capitale des Ammonites. Il prend le quartier où le roi habite. 27 Il envoie des messagers à David pour lui dire : « J'ai attaqué Rabba et j'ai pris le quartier où l'eau se trouve en réserve. 28 Maintenant, rassemble le reste de l'armée, viens attaquer la ville pour la prendre toi-même. Moi, je ne peux pas la prendre, sinon, l'honneur serait pour moi. » 29 David rassemble le reste de l'armée, il vient attaquer la ville de Rabba et la prend. 30 Il enlève la couronne qui est sur la tête de la statue de Molek, le dieu des Ammonites. Cette couronne pèse plus de 30 kilos et porte une pierre précieuse. On met cette pierre sur la couronne de David. De plus, David emporte de nombreuses richesses de guerre prises dans la ville. 31 David déporte les habitants et il leur fait faire certains travaux : scier et tailler les pierres, abattre des arbres, fabriquer des briques. David traite de la même façon toutes les autres villes des Ammonites. Ensuite, il rentre à Jérusalem avec toute son armée.

Amnon, fils de David, fait violence à sa demi-sœur Tamar

13 1 Après cela, voici ce qui arrive. Absalom, fils de David, a une sœur très belle qui s'appelle Tamar. Amnon, un autre fils de David, en devient amoureux. 2 Il se rend malade de chagrin à cause de Tamar, sa demi-sœur. En effet, il lui semble impossible de s'approcher d'elle, car elle n'a jamais couché avec un homme. 3 Amnon a un ami très rusé. C'est Yonadab, fils de Chamma, et neveu de David. 4 Yonadab demande à Amnon : « Tous les matins, tu es découragé, prince. Tu ne veux pas me dire pourquoi ? » Amnon répond : « Je suis amoureux de Tamar, la sœur de mon demi-frère Absalom. » 5 Yonadab lui dit : « Eh bien, couche-toi sur ton lit et fais semblant d'être malade. Quand ton père viendra te voir, tu lui diras : "Permets à ma sœur Tamar de venir me donner à manger. Elle préparera la nourriture sous mes yeux pour que je la voie faire. Elle me servira et je mangerai." »

6 Alors Amnon se couche et fait semblant d'être malade. Le roi va le voir, et Amnon lui dit : « Permets à ma sœur Tamar de venir préparer deux petits gâteaux sous mes yeux. Elle me les servira elle-même, et je les mangerai. » 7 David envoie quelqu'un chez Tamar pour lui dire : « Va chez ton frère Amnon et prépare-lui à manger. » 8 Tamar va chez Amnon et elle le trouve au lit. Elle prépare de la pâte, elle la travaille, fait des gâteaux sous ses yeux et les fait cuire. 9 Ensuite, elle prend la poêle et présente les gâteaux pour qu'il les mange, mais il refuse. Il demande de faire sortir tout le monde, et tous sortent. 10 Alors il dit à Tamar : « Apporte ces gâteaux dans ma chambre. Tu me les serviras, et je les mangerai. »

Tamar prend les gâteaux et elle les porte à Amnon dans sa chambre. 11 Elle lui présente les gâteaux à manger. À ce moment-là, Amnon saisit Tamar et lui dit : « Viens au lit avec moi, ma sœur ! » 12 Elle lui répond : « Non, mon frère, ne me fais pas violence ! On n'agit pas de cette façon en Israël. Ne commets pas cet acte horrible, 13 sinon, je vais perdre mon honneur ! Où pourrai-je aller ensuite ? Et toi, tu seras comme un homme qui ne vaut rien en Israël. Je t'en prie, va parler au roi. Il ne refusera pas de me donner à toi. » 14 Mais Amnon ne veut pas l'écouter. Il la saisit, lui fait violence et couche avec elle.

15 Ensuite, Amnon se met à haïr Tamar. Sa haine est plus violente que l'amour qu'il a eu pour elle. Il lui dit : « Va-t'en ! » 16 Tamar crie : « Non ! Si tu me chasses, ce sera un mal plus grand que celui que tu m'as déjà fait. » Mais Amnon ne veut pas l'écouter. 17 Il appelle son serviteur et lui dit : « Chasse cette

fille de chez moi ! Ferme la porte à clé derrière elle ! » 18 Le serviteur chasse Tamar et ferme la porte à clé.

Tamar portait une très belle robe, comme les princesses en portaient d'habitude avant d'être mariées. 19 Elle *déchire sa belle robe et se couvre la tête de cendre. Elle met la main sur sa tête en signe de honte et s'en va en poussant des cris. 20 Son frère Absalom lui demande : « Est-ce qu'Amnon t'a fait violence, petite sœur ? Maintenant, tais-toi, c'est ton frère. Ne t'en fais pas trop pour cela ! » Tamar reste dans la maison de son frère Absalom, comme une femme abandonnée. 21 Le roi David apprend ce qui s'est passé et il est très en colère. Pourtant il ne fait pas de reproches à Amnon. C'est son fils aîné, et il l'aime beaucoup. 22 Absalom ne parle plus à Amnon. Il le déteste parce qu'il a fait violence à sa sœur Tamar.

Absalom fait tuer Amnon et s'enfuit

23 Deux ans passent. Un jour, ceux qui coupent la laine des moutons sont chez Absalom, à Baal-Hassor, près d'Éfraïm. Absalom invite donc tous les fils du roi. 24 Il va trouver David et lui dit : « Mon roi, les tondeurs de moutons sont chez moi. Accepte de venir à cette fête avec tes ministres. » 25 Le roi répond : « Non, mon fils, nous n'irons pas tous chez toi, cela coûterait trop cher. » Absalom insiste, mais le roi refuse d'y aller. Il lui donne seulement sa *bénédiction. 26 Absalom dit encore : « Si tu ne viens pas, permets au moins à mon frère Amnon de venir avec nous. » Le roi demande : « Pourquoi donc ? » 27 Absalom insiste de nouveau. À la fin, le roi laisse Amnon et ses autres fils partir avec Absalom.

Alors Absalom prépare un repas, un vrai repas de roi. 28 Il donne cet ordre à ses serviteurs : « Surveillez Amnon ! Quand il sera gai à cause du vin, et que je vous dirai : "Frappez Amnon !", tuez-le ! N'ayez pas peur, c'est moi qui vous donne cet ordre. N'hésitez pas et montrez votre courage ! » 29 Les serviteurs obéissent à Absalom et tuent Amnon. Aussitôt les autres fils du roi se lèvent, ils montent chacun sur son mulet et ils fuient.

30 Ils sont encore en route quand David apprend cette nouvelle : « Absalom a tué tous tes fils. Il n'en reste pas un seul en vie. » 31 Alors le roi *déchire ses vêtements et il se couche par terre. Tous ses ministres sont là, les habits déchirés. 32 Mais Yonadab, fils de Chamma et neveu de David, prend la parole et dit : « Mon roi, ne crois pas que tous tes fils sont morts. Amnon seul est mort. Absalom a décidé cela le jour où Amnon a fait violence à sa sœur Tamar. 33 Ne pense donc pas que tous tes fils sont morts. Amnon seul est mort, 34 et Absalom est en fuite. »

Le jeune homme qui surveille la route aperçoit tout à coup une troupe nombreuse. Elle descend par la route de Horonaïm, sur le côté de la colline. Il vient prévenir le roi : « J'ai vu des gens arriver par la route de Horonaïm, sur le côté de la colline. » 35 Alors Yonadab dit au roi : « Ce sont tes fils qui arrivent. Tout s'est passé comme je l'ai dit. » 36 Yonadab finit à peine de parler quand les fils du roi arrivent. Ils se mettent à pleurer à grands cris. Le roi et tous ses ministres pleurent beaucoup, eux aussi.

37 Absalom a fui et il est allé chez Talmaï, fils d'Ammihoud et roi de Guéchour[e]. David, lui, porte tous les jours le deuil de son fils Amnon. 38 Absalom, qui a fui à Guéchour, reste là-bas trois ans. 39 Le roi David finit par se consoler de la mort d'Amnon, et sa colère contre Absalom se calme.

Une femme enseigne le pardon à David

14 1 Joab, fils de Serouia, voit que le roi David est mieux disposé envers Absalom. 2 Alors il fait venir de Técoa une femme remplie de sagesse. Il lui dit : « Fais semblant

---

e 13.37 *Guéchour : en Syrie, à l'est du lac de Génésareth. D'après 2 Samuel 3.3, Talmaï était le grand-père d'Absalom, le père de sa mère.*

d'être en deuil. Porte des habits de deuil, ne mets pas de parfum. Fais comme si tu pleurais un mort depuis longtemps. 3 Va voir le roi. Je vais t'indiquer ce que tu lui diras. » Et Joab explique à la femme ce qu'elle doit dire au roi. 4 La femme de Técoa va trouver le roi. Elle s'incline jusqu'à terre devant lui et dit : « Viens à mon secours, mon roi ! » 5 Le roi lui demande : « Qu'est-ce que tu as ? » Elle répond : « Hélas ! Je suis veuve, mon mari est mort ! 6 J'avais deux fils. Ils se sont battus dans la campagne. Il n'y avait personne pour les séparer, et l'un de mes fils a tué l'autre. 7 Alors tous ceux de notre clan se sont mis contre moi. Ils m'ont dit : "Livre-nous l'assassin ! Nous allons le tuer pour venger la mort de son frère. De cette façon, nous supprimerons aussi l'héritier !" Ainsi, ils veulent m'enlever le seul espoir qui me reste. Ils refusent de laisser à mon mari un enfant qui porte son nom sur la terre. »

8 Le roi dit à la femme : « Rentre chez toi. Je vais donner des ordres à ton sujet. » 9 La femme de Técoa dit au roi : « Mon roi, ma famille et moi, nous acceptons d'être responsables de ce qui arrivera. Que cela ne retombe pas sur toi ni sur la famille royale ! » 10 Le roi dit : « Si quelqu'un parle contre toi, amène-le ici. Il ne recommencera plus à te faire du mal. »

11 La femme continue : « Mon roi, rappelle-toi qui est le SEIGNEUR ton Dieu ! Alors l'homme chargé de venger la mort[f] de mon premier fils n'augmentera pas mon malheur en tuant le deuxième ! » Le roi répond : « Par le SEIGNEUR vivant, je le jure, aucun cheveu de ton fils ne tombera à terre. »

12 La femme dit encore : « Mon roi, permets-moi d'ajouter encore quelque chose. » Le roi lui dit : « Oui, je t'écoute. » 13 La femme dit au roi : « Pourquoi est-ce que tu as agi contre le peuple de Dieu ? En effet, tu ne permets pas à Absalom de revenir du pays où tu l'as chassé. Or, en parlant comme tu viens de le faire, tu reconnais d'une certaine façon que tu as tort. 14 Nous devons tous mourir un jour. Nous ressemblons à l'eau qu'on verse par terre et qu'on ne peut plus reprendre[g]. Mais pour Absalom, Dieu a d'autres pensées que toi : celui qui a été chassé au loin ne doit pas rester loin de lui. 15 Maintenant, je suis venue te dire tout cela, parce que les gens m'ont effrayée. J'ai pensé : "Je parlerai au roi. Il fera peut-être ce que je lui dirai. 16 Il acceptera de me délivrer de celui qui veut nous supprimer, mon fils et moi, du peuple de Dieu." 17 En effet, je me suis dit : "Ce que le roi dira aidera sûrement à faire la paix. Oui, le roi est comme un *ange de Dieu, il sait distinguer le bien du mal." Que le SEIGNEUR ton Dieu soit avec toi ! »

18 Le roi dit à la femme : « J'ai une question à te poser, réponds-moi franchement. » La femme répond : « Je t'écoute, mon roi. » 19 Le roi demande : « Est-ce que ce n'est pas Joab qui est derrière tout cela ? » La femme lui répond : « Aussi vrai que tu es vivant, c'est bien lui ! Oui, ton serviteur Joab m'a donné des ordres. C'est lui qui m'a indiqué ce que je devais dire. 20 Il a fait cela pour changer la situation. Et toi, mon roi, tu es aussi sage qu'un ange de Dieu, tu comprends tout ce qui se passe sur la terre. »

21 Ensuite, le roi parle à Joab. Il lui dit : « J'ai décidé de faire ce que tu proposes. Va chercher Absalom et fais-le revenir ici. » 22 Joab s'incline jusqu'à terre devant le roi. Il le remercie en disant : « Mon roi, je sais maintenant que tu me montres toujours ta bonté. En effet, tu acceptes de faire ce que j'ai proposé. »

David fait la paix avec son fils Absalom

23 Joab se relève et part pour Guéchour. Il ramène Absalom à Jérusalem. 24 Mais le roi

f **14.11** *Venger la mort : quand un homme avait tué quelqu'un volontairement, le plus proche parent du mort devait tuer l'assassin.*

g **14.14** *Par ces paroles, la femme veut dire à David de se consoler de la mort d'Amnon, tué par son frère Absalom.*

dit : « Absalom doit aller chez lui ! Qu'il ne vienne pas se présenter devant moi ! » Alors Absalom rentre chez lui et il ne voit pas le roi.

25 Dans tout le pays d'Israël, aucun homme n'est aussi beau qu'Absalom. Il reçoit beaucoup de compliments. Des pieds à la tête, il n'y a pas de défaut en lui. 26 À la fin de chaque année, il se coupe les cheveux parce qu'ils sont trop lourds : ils pèsent plus de deux kilos. 27 Absalom a trois fils et une fille. La fille s'appelle Tamar, elle est très belle.

28 Absalom reste deux ans à Jérusalem, mais le roi ne le reçoit pas. 29 Un jour, il fait appeler Joab pour l'envoyer auprès du roi, mais Joab refuse de venir. Il le fait appeler une deuxième fois, Joab refuse encore. 30 Alors Absalom dit à ses serviteurs : « Vous voyez le champ *d'orge qui est à côté du mien. C'est celui de Joab. Allez y mettre le feu ! » Les serviteurs obéissent. 31 Aussitôt Joab va chez Absalom. Il lui demande : « Pourquoi tes serviteurs ont-ils mis le feu à mon champ ? » 32 Absalom répond : « Parce que je t'ai demandé de venir me trouver et que tu as refusé. Je voulais t'envoyer chez le roi pour que tu lui demandes pourquoi je suis revenu de Guéchour. Il vaudrait mieux que j'y sois encore ! Maintenant, je veux que le roi me reçoive. Et si je suis coupable, qu'il me fasse mourir ! » 33 Joab porte au roi le message d'Absalom. Alors le roi fait appeler Absalom. Celui-ci vient le trouver et s'incline jusqu'à terre devant lui. Et le roi l'embrasse.

Absalom essaie de prendre le pouvoir

15 1 Ensuite, Absalom réussit à avoir un char et des chevaux, avec 50 hommes qui courent devant son char. 2 Tôt le matin, il se tient au bord de la route, à l'entrée de la ville. Chaque fois qu'une personne va chez le roi pour demander justice dans un procès, Absalom l'appelle. Il lui demande : « Tu es de quelle ville ? » L'autre répond qu'il vient de telle ou telle tribu d'Israël. 3 Absalom lui dit : « Ton affaire est bonne et juste, mais personne ne t'écoutera de la part du roi. » 4 Et il ajoute : « Ah ! si j'étais juge dans ce pays ! Tous ceux qui sont en procès ou qui ont une cause à défendre viendraient me trouver, et je leur rendrais justice. » 5 Quand un homme s'approche pour se mettre à genoux devant lui, Absalom lui tend la main, il le retient et l'embrasse.

6 Absalom agit ainsi envers tous ceux qui viennent demander justice au roi. Ainsi, il gagne le cœur des Israélites de façon malhonnête.

7 Quatre ans plus tard, Absalom dit au roi : « Laisse-moi aller à Hébron. Je veux tenir la promesse que j'ai faite au SEIGNEUR. 8 En effet, quand j'habitais à Guéchour, en Syrie, j'ai dit : "Si le SEIGNEUR me ramène à Jérusalem, je lui offrirai des *sacrifices à Hébron." » 9 Le roi lui répond : « Va en paix. » Absalom part donc pour Hébron. 10 De là, il envoie des gens dans toutes les tribus d'Israël[h] en leur disant : « Quand vous entendrez sonner de la trompette, vous annoncerez : Absalom est devenu roi à Hébron. » 11 Deux cents hommes, invités par Absalom, sont partis avec lui de Jérusalem sans mauvaise intention. Ils ne savaient rien de cette affaire.

12 Absalom offre les sacrifices. Pendant ce temps, il envoie chercher Ahitofel, conseiller de David, dans la ville de Guilo, où il habite. Ainsi, les gens qui sont pour Absalom sont de plus en plus nombreux, et le complot devient puissant.

David s'enfuit de Jérusalem

13 Quelqu'un vient dire à David : « Les Israélites ont pris le parti d'Absalom. » 14 Aussitôt David dit à tous les ministres qui sont avec lui à Jérusalem : « Fuyons ! Sinon Absalom ne nous laissera pas en vie. Dépêchons-nous ! Autrement, il va nous rattraper rapidement. Et il fera tomber le malheur sur la ville en tuant tous les habitants. » 15 Les ministres répondent à David : « Notre roi, tu peux décider ce que tu veux, nous sommes avec toi ! »

h **15.10** *Il s'agit des tribus du Nord.*

16 Alors le roi part à pied, avec toute sa famille. Il laisse seulement dix femmes de deuxième rang pour s'occuper du palais.

17 Au moment où le roi sort de Jérusalem avec tous ceux qui le suivent, ils s'arrêtent près de la dernière maison. 18 Tous les serviteurs du roi se mettent à défiler : les Crétois et les Pélétiens, puis les 600 soldats de la ville de Gath[i] qui ont suivi David. Tous défilent devant le roi. 19 Celui-ci dit à Ittaï, chef des soldats de Gath : « Pourquoi est-ce que tu viens avec nous ? Retourne en ville et reste avec le nouveau roi. Tu es un étranger, tu as même été chassé de ton pays. 20 Tu viens d'arriver, et aujourd'hui, je t'entraînerais avec nous ? Je ne sais même pas où aller. Non, retourne à Jérusalem et ramène tes frères avec toi. Et que le SEIGNEUR te montre sa bonté et sa fidélité ! » 21 Mais Ittaï répond : « Par le SEIGNEUR vivant et par ta vie, mon roi, je le jure : là où tu seras, je serai, pour vivre ou mourir avec toi. » 22 David lui dit : « Bon, passe devant ! »

Ittaï passe donc devant, avec ses soldats, leurs femmes et leurs enfants. 23 Tout le monde pleure à grands cris, pendant que les soldats défilent. Le roi traverse le torrent du Cédron[j] avec ceux qui l'accompagnent. Il prend la route qui conduit au désert. 24 Le prêtre Sadoc est là aussi avec les *lévites qui portent le *coffre sacré de l'alliance. Les lévites posent le coffre, et le prêtre Abiatar offre des *sacrifices jusqu'à ce que tous ceux qui sortent de la ville finissent de passer. 25 Le roi dit alors à Sadoc : « Ramène le coffre sacré en ville. Si le SEIGNEUR montre sa bonté envers moi, il me fera revenir. Il me permettra de revoir le coffre et la *tente sacrée. 26 Si au contraire, le SEIGNEUR dit qu'il ne veut plus de moi, j'accepte. Qu'il me traite comme il lui semble bon ! » 27 Puis le roi dit encore au prêtre Sadoc : « Tu vois la situation. Retourne en paix à Jérusalem avec ton fils Ahimaas, avec Abiatar et son fils Yonatan. 28 Moi, je vais rester dans les plaines du désert près des lieux de passage du Jourdain. J'attends de recevoir des nouvelles de vous. » 29 Sadoc et Abiatar ramènent alors le coffre sacré à Jérusalem et ils restent dans la ville.

David fait surveiller Absalom en secret

30 David monte le mont des Oliviers en pleurant. Il s'est couvert le visage d'un voile et il marche pieds nus. Tous ceux qui sont avec lui ont aussi le visage couvert d'un voile et ils pleurent. 31 Quelqu'un vient dire à David : « Ahitofel fait partie des comploteurs avec Absalom. » David dit : « SEIGNEUR, fais que les conseils d'Ahitofel soient stupides ! » 32 Au moment où David arrive en haut du mont des Oliviers, là où on adore Dieu, Houchaï, l'Arkite, son conseiller, vient à sa rencontre. Son vêtement est *déchiré et sa tête est couverte de poussière. 33 David lui dit : « Ne viens pas avec moi, tu seras une charge pour moi. 34 Mais retourne en ville et va dire à Absalom : "Mon roi, je veux être à ton service. Autrefois, j'ai été au service de ton père, mais maintenant, je veux te servir." De cette façon, tu pourras t'opposer aux conseils d'Ahitofel et tu m'aideras. 35 Les prêtres Sadoc et Abiatar te soutiendront. Tu leur répéteras tout ce que tu apprendras dans le palais du roi. 36 Ahimaas, fils de Sadoc, et Yonatan, fils d'Abiatar, sont avec leurs pères. Donc, vous les enverrez me dire tout ce que vous apprendrez. » 37 Houchaï, conseiller de David, rentre à Jérusalem au moment même où Absalom arrive.

David rencontre Siba, le serviteur de Mefibaal

16 1 David vient de dépasser le sommet de la colline. À ce moment-là, Siba, le serviteur de Mefibaal[k], arrive à sa rencontre. Il conduit deux ânes qui portent

---

i **15.18** *Voir 1 Samuel 5.8 et la note.*

j **15.23** *Le torrent du Cédron sépare Jérusalem du mont des Oliviers.*

k **16.1** *Mefibaal : voir 2 Samuel 9.6, et 2 Samuel 4.4 et la note.*

200 pains, 100 grappes de *raisins secs, 100 *figues et une *outre de vin. 2 Le roi lui demande : « Qu'est-ce que tu veux faire de tout cela ? » Siba répond : « Mon roi, les ânes serviront pour transporter ta famille. Les pains et les figues sont pour nourrir tes soldats. Le vin servira de boisson pour ceux qui seront fatigués dans le désert. » 3 Le roi demande encore : « Où est Mefibaal, le petit-fils de ton maître Saül ? » Siba répond : « Il est resté à Jérusalem. En effet, il a dit : "Maintenant, les Israélites vont me rendre le pouvoir royal de mon grand-père." » 4 David dit à Siba : « Eh bien, tout ce qui était à Mefibaal, c'est à toi. » Alors Siba s'incline et dit : « Je te remercie pour ta bonté, mon roi. »

Chiméi, du clan de Saül, maudit David

5 Le roi David arrive près de Bahourim. Au même moment, un certain Chiméi, fils de Guéra, sort de ce village. Il est du même clan que Saül. Chiméi se met à lancer des malédictions contre le roi. 6 Il jette des pierres à David et à tous ses ministres. Pourtant le peuple et les soldats marchent à droite et à gauche du roi. 7 Voici ce que Chiméi dit dans ses malédictions : « Va-t'en, va-t'en, assassin, tu ne vaux rien ! 8 Le SEIGNEUR te fait payer pour tous ceux que tu as tués dans la famille de Saül ! Tu as volé le pouvoir royal à Saül. C'est pourquoi le SEIGNEUR le donne à ton fils Absalom. Et toi, maintenant, tu es dans le malheur, parce que tu es un assassin ! » 9 Alors Abichaï, fils de Serouia, dit au roi : « Pourquoi est-ce que ce chien mort maudit le roi ? Laisse-moi passer, je vais lui couper la tête. » 10 Mais le roi répond : « Qu'est-ce que vous me voulez, toi et ton frère Joab ? Si cet homme me maudit, c'est peut-être que le SEIGNEUR lui a dit de me maudire. Alors, qui peut lui faire des reproches ? » 11 David ajoute pour Abichaï et pour tous ses ministres : « Mon fils, celui qui est né de moi, veut me tuer. Alors, pourquoi être surpris par les paroles de ce Benjaminite ? Laissez-le lancer ses malédictions, si le SEIGNEUR lui a dit de le faire. 12 Le SEIGNEUR verra peut-être ma misère. Alors il changera sa malédiction d'aujourd'hui en bonheur. »

13 David et ses soldats avancent sur le chemin. Chiméi marche en même temps qu'eux, sur le côté de la montagne, pas très loin de David. Il continue à lancer des malédictions, à leur jeter des pierres et de la terre. 14 Enfin, le roi et tous ceux qui le suivent arrivent au bord du fleuve Jourdain. Ils sont épuisés et se reposent à cet endroit.

Houchaï se met du côté d'Absalom

15 Absalom est entré dans Jérusalem avec une foule d'Israélites. Ahitofel est avec lui. 16 Houchaï, l'Arkite, conseiller de David, arrive près d'Absalom et il crie : « Vive le roi ! Vive le roi ! » 17 Absalom lui dit : « C'est ainsi que tu es fidèle à ton ami David ? Pourquoi est-ce que tu n'es pas parti avec lui ? » 18 Houchaï répond : « Impossible ! Le SEIGNEUR et tout le peuple d'Israël ont choisi un roi. C'est à ce roi que j'appartiens, je resterai donc avec mon roi. 19 Deuxièmement, je vais servir qui ? Tu es le fils de mon ami, n'est-ce pas ? J'ai été au service de ton père jusqu'à aujourd'hui. Maintenant, c'est toi que je servirai. »

Absalom et les femmes de David

20 Absalom dit à Ahitofel : « Cherchez entre vous ce que nous devons faire. » 21 Ahitofel dit à Absalom : « Va coucher avec les femmes que ton père a laissées pour s'occuper du palais[l]. Ainsi ton père ne pourra plus te supporter. Tous les Israélites le sauront, et ceux qui sont avec toi seront encouragés. » 22 Alors on dresse une tente pour Absalom sur la terrasse du palais. Absalom va coucher avec les femmes de son père[m], et tout le monde le sait en Israël.

23 À ce moment-là, les gens écoutent Ahitofel comme si c'était Dieu qui parlait. David ainsi qu'Absalom suivent toujours tous ses conseils.

---

l **16.21** *Voir 2 Samuel 15.16.*

m **16.22** *Voir 2 Samuel 3.7 et la note.*

Houchaï conseille Absalom pour son malheur

17 1 Ahitofel dit à Absalom : « Laisse-moi choisir 12 000 hommes. Je vais partir poursuivre David cette nuit même. 2 J'arriverai près de lui par surprise quand il sera sans force et découragé. Je le ferai trembler de peur, et tous ceux qui sont avec lui fuiront. Alors je tuerai le roi quand il sera seul. 3 En effet, quand celui que tu cherches sera mort, tout le monde reviendra à toi et vivra en paix. »

4 Ce conseil semble bon à Absalom et à tous les *anciens d'Israël. 5 Pourtant Absalom dit : « Appelez aussi Houchaï, l'Arkite. Il nous donnera son avis. » 6 Houchaï arrive, et Absalom lui dit : « Voici ce qu'Ahitofel a conseillé. Est-ce que nous devons réaliser son projet ou non ? Qu'est-ce que tu en penses ? » 7 Houchaï répond à Absalom : « Cette fois-ci, le conseil d'Ahitofel n'est pas bon. 8 Tu connais ton père et ses hommes ! Ce sont des combattants courageux. Ils sont en colère comme une ourse qui a perdu son petit dans la campagne. Ton père est un homme de guerre. Il ne passera pas la nuit avec le peuple. 9 Maintenant il se cache sûrement dans une grotte ou ailleurs. Dès qu'il y aura des morts parmi nous, les gens l'apprendront et diront : "Les troupes d'Absalom ont perdu la bataille." 10 Alors même les meilleurs soldats, ceux qui sont courageux comme un lion, seront découragés. Oui, tous les Israélites le savent : ton père est un combattant courageux, et il a des soldats excellents avec lui. 11 Voici le conseil que je donne : rassemble près de toi tous les soldats d'Israël, depuis Dan, au nord, jusqu'à Berchéba, au sud. Ils doivent être aussi nombreux que les grains de sable au bord de la mer. Puis tu iras toi-même combattre au milieu d'eux. 12 Nous le trouverons, là où il sera, et nous tomberons sur lui comme la rosée sur le sol. Nous ne laisserons personne en vie, ni lui ni aucun des soldats qui sont avec lui. 13 S'ils se réfugient dans une ville, tous nos soldats apporteront des cordes, et nous traînerons cette ville dans un torrent voisin. Alors on ne trouvera plus un seul caillou à cet endroit. »

14 Absalom et les Israélites disent : « Le conseil de Houchaï vaut mieux que celui d'Ahitofel ! » En effet, le SEIGNEUR a décidé de faire échouer le conseil d'Ahitofel, qui était pourtant valable. Ainsi, il fera tomber le malheur sur Absalom.

David traverse le Jourdain pour échapper à Absalom

15 Houchaï raconte aux prêtres Sadoc et Abiatar ce qu'Ahitofel a conseillé à Absalom et aux *anciens d'Israël. Il leur dit aussi ce que lui-même a conseillé. 16 Il ajoute : « Maintenant, prévenez David très vite. Faites-lui dire de ne pas passer la nuit dans la plaine du Jourdain. Il doit traverser le fleuve, sinon il risque d'être tué, lui et ceux qui sont avec lui. »

17 Yonatan, fils d'Abiatar, et Ahimaas, fils de Sadoc, attendent près de la source des Blanchisseurs. Une servante est chargée de leur apporter les messages qu'ils auront à communiquer au roi David. En effet, ils ne doivent pas entrer dans la ville, pour ne pas être vus. 18 Pourtant un jeune homme les voit et le dit à Absalom. Tous les deux s'en vont très vite et ils arrivent à Bahourim, chez quelqu'un qui a un puits dans sa cour. Ils descendent dans le puits. 19 La femme de cet homme prend une bâche, elle l'étend sur le puits et elle met des grains dessus pour qu'on ne remarque rien. 20 Des envoyés d'Absalom arrivent chez cette femme et lui demandent. « Où sont Ahimaas et Yonatan ? » La femme répond : « Ils ont passé le ruisseau. »

Les envoyés d'Absalom les cherchent. Comme ils ne les trouvent pas, ils retournent à Jérusalem. 21 Après leur départ, Ahimaas et Yonatan sortent du puits et vont prévenir le roi David. Ils lui disent : « Voilà ce qu'Ahitofel a conseillé contre vous. Dépêchez-vous de traverser le Jourdain. » 22 Aussitôt David et ceux qui sont avec lui se mettent à traverser le fleuve. Au lever du jour, tous ont traversé, il n'en reste plus un seul.

23 Quand Ahitofel voit qu'Absalom n'a pas suivi son conseil, il selle son âne et il retourne

chez lui dans sa ville. Il donne des ordres à sa famille, et il se pend. On met son corps dans la tombe de son père.

David arrive à Mahanaïm

[24] David arrive à Mahanaïm[n]. À ce moment-là, Absalom traverse le fleuve Jourdain, lui et toute l'armée d'Israël. [25] Il a nommé Amassa comme chef de l'armée à la place de Joab. Amassa est le fils d'un Israélite appelé Yéter. Il a pris pour femme Abigal, fille de Nahach et sœur de Serouia, mère de Joab. [26] Absalom et les Israélites installent leur camp dans le pays de Galaad.

[27] Quand David arrive à Mahanaïm, Chobi, fils de Nahach, de la ville de Rabba des Ammonites, le rejoint. Il y a avec lui Makir, fils d'Ammiel, de la ville de Lo-Dabar, et Barzillaï, de la ville de Roguelim, en Galaad. [28] Ils apportent des lits, des cuvettes, des pots en terre, du *blé, de *l'orge, de la farine, des grains grillés, des haricots, des lentilles, [29] du miel, de la crème, des fromages de vache et de brebis. Ils apportent tout cela à David et à ceux qui sont avec lui pour les nourrir. En effet, ils ont pensé : « Ces gens-là doivent être morts de fatigue, ils ont souffert de la faim et de la soif dans le désert. »

Les troupes d'Absalom perdent la bataille

18 [1] David passe en revue les troupes qui sont avec lui. Il nomme des chefs pour 1 000 soldats et des chefs pour 100 soldats. [2] Il divise l'armée en trois groupes : il met Joab, fils de Serouia, à la tête d'un groupe. Il met Abichaï, frère de Joab, à la tête du deuxième groupe. Il met Ittaï, de la ville de Gath[o], à la tête du troisième groupe. Puis le roi dit aux soldats : « Je pars avec vous. » [3] Mais les soldats lui disent : « Non ! Tu ne dois pas venir avec nous. En effet, si nous fuyons, les ennemis ne feront pas attention à nous. Et si la moitié d'entre nous meurt, ils n'y feront pas attention. Mais toi, tu vaux 10 000 soldats comme nous. Donc, reste dans la ville, c'est mieux. De là, tu pourras venir à notre secours. » [4] Le roi répond : « D'accord ! Je ferai ce qui vous semble bon. »

Alors l'armée sort par groupes de 100 soldats et par groupes de 1 000. Pendant ce temps, le roi se tient près de la *porte de la ville. [5] Il dit à Joab, à Abichaï et à Ittaï : « Je vous en prie, protégez le jeune Absalom ! » Tous les soldats entendent le roi donner cet ordre aux chefs.

[6] L'armée de David se met en route pour attaquer les troupes d'Absalom. La bataille a lieu dans la forêt d'Éfraïm[p]. [7] Les troupes de David battent les troupes d'Absalom. C'est une grande défaite ce jour-là, et 20 000 hommes sont tués. [8] La bataille s'étend à toute la région. Et ceux qui meurent dans la forêt sont plus nombreux que ceux qui meurent dans la bataille.

Joab tue Absalom

[9] À un moment, Absalom se trouve face à des soldats de David. Il se déplace sur un mulet. L'animal passe sous les branches emmêlées d'un grand arbre. La tête d'Absalom est prise dans les branches. Le mulet continue à avancer, et Absalom reste suspendu entre ciel et terre. [10] Un soldat de David le voit et il va dire à Joab : « J'ai vu Absalom ! Il est pris dans les branches d'un arbre ! » [11] Joab lui dit : « Quoi ? Tu l'as vu ! Pourquoi est-ce que tu ne l'as pas tué là, sur place ? Je t'aurais donné 10 pièces d'argent et une ceinture ! » [12] Mais le soldat répond à Joab : « Même si tu me donnais 1 000 pièces d'argent, je ne ferais pas de mal au fils du roi. Le roi vous a dit, à toi, à Abichaï et à Ittaï : "Je vous en prie, protégez le jeune Absalom !" Nous l'avons tous entendu. [13] D'ailleurs, supposons ceci : je dis que je n'ai rien entendu, et je le tue. Eh bien, le roi sait tout : il saurait que j'ai menti.

---

n **17.24** *Mahanaïm : à l'est du Jourdain, près du torrent du Yabboq.*

o **18.2** *Gath : voir 1 Samuel 5.8 et la note.*

p **18.6** *La forêt d'Éfraïm : sans doute à l'est du fleuve Jourdain.*

Et toi, tu ne me défendrais pas ! » 14 Joab répond : « Inutile de perdre mon temps avec toi ! »

Joab prend trois bâtons pointus et il part les enfoncer dans le cœur d'Absalom. Celui-ci est pris dans les branches de l'arbre, mais il vit encore. 15 Les dix jeunes soldats qui portent les armes de Joab entourent Absalom et ils le tuent.

16 Alors Joab fait sonner de la trompette pour arrêter le combat. Les soldats de David arrêtent de poursuivre les troupes d'Absalom. 17 Ils prennent le corps d'Absalom et le jettent dans un grand trou au milieu de la forêt. Ils mettent sur lui un gros tas de pierres. Les soldats d'Absalom fuient, et chacun rentre chez soi.

18 Quand Absalom vivait encore, il avait fait dresser une pierre qui se trouve dans la vallée du Roi. Il s'était dit : « Je n'ai pas de fils pour qu'on se souvienne de mon nom. » Il avait donc donné son nom à cette pierre. Aujourd'hui encore, on l'appelle « monument d'Absalom ».

David apprend la mort de son fils Absalom

19 Ahimaas, fils de Sadoc, dit à Joab : « Le SEIGNEUR a rendu justice au roi en le délivrant de ses ennemis. Laisse-moi lui porter cette nouvelle. » 20 Joab répond : « Non, parce qu'aujourd'hui, tu ne serais pas un messager de bonne nouvelle. Tu iras porter des nouvelles un autre jour. Mais aujourd'hui, n'y va pas, parce que le fils du roi est mort. » 21 Et Joab dit à un esclave *éthiopien : « Toi, va raconter au roi ce que tu as vu. » L'esclave s'incline devant Joab et il part en courant. 22 Pourtant Ahimaas dit encore à Joab : « Ce qui va arriver m'est égal ! Je vais courir, moi aussi, derrière cet *Éthiopien. » Joab lui demande : « Pourquoi est-ce que tu veux courir, mon ami ? Une telle nouvelle ne t'apportera pas de récompense. » 23 Ahimaas répond : « Cela m'est égal, je veux y aller. » Joab lui dit : « Eh bien, pars ! » Ahimaas part en courant par la route de la plaine du Jourdain et il dépasse l'Éthiopien.

24 David se trouve entre la porte extérieure et la porte intérieure de la ville. Un guetteur se trouve sur la terrasse du mur qui protège la ville, en haut de la porte. Il surveille les environs. Tout à coup, le guetteur aperçoit un homme seul en train de courir. 25 Il crie pour prévenir le roi. Le roi répond : « S'il est seul, il apporte une bonne nouvelle. »

Quand le messager est tout près, 26 le guetteur voit un autre homme qui court. Le guetteur crie au portier : « Voici encore un homme seul qui arrive en courant. » Le roi dit : « Celui-ci aussi apporte une bonne nouvelle. » 27 Le guetteur dit : « À mon avis, le premier, c'est Ahimaas, fils de Sadoc. Je le reconnais à sa façon de courir. » Le roi dit : « C'est un garçon de valeur. Il apporte sûrement une bonne nouvelle. »

28 En arrivant, Ahimaas dit au roi : « Tout va bien ! » Puis il s'incline et dit : « Je remercie le SEIGNEUR ton Dieu, il a livré en ton pouvoir ceux qui se sont opposés à toi. » 29 Le roi demande : « Et le jeune Absalom, est-ce qu'il va bien ? » Ahimaas répond : « Au moment où Joab nous a envoyés, ton autre serviteur et moi, j'ai vu qu'on s'agitait beaucoup. Mais je ne sais pas ce que c'était. » 30 Le roi lui dit : « Retire-toi, mais ne va pas trop loin. »

Ahimaas se retire et attend. 31 Le messager éthiopien arrive. Il dit au roi : « Voici une bonne nouvelle pour toi. Aujourd'hui, le SEIGNEUR t'a fait justice, il t'a délivré de tous tes ennemis. » 32 Le roi demande : « Et le jeune Absalom, est-ce qu'il va bien ? » Le messager répond : « Notre roi, que tes ennemis finissent comme ce jeune homme ! Que tous tes adversaires qui veulent ton malheur finissent comme lui ! »

La douleur du roi David

19 1 Alors le roi est très bouleversé. Il monte dans la chambre qui est au-dessus de la *porte de la ville, et il se met à pleurer. Tout en marchant, il crie : « Mon fils Absalom, mon fils, mon fils Absalom ! Pourquoi est-ce que je ne suis pas mort à ta place ? Absalom, mon fils, mon fils ! »

2 Quelqu'un va prévenir Joab en disant : « Le roi pleure et gémit à cause d'Absalom. » 3 Ce jour-là, la victoire se change en deuil pour tous les soldats. En effet, ils apprennent,

eux aussi, que le roi est très triste à cause de la mort de son fils. 4 Ce même jour, ils rentrent en ville en se cachant. Ils ressemblent à des soldats couverts de honte parce qu'ils ont fui au combat. 5 Le roi a un voile sur le visage et il continue à crier : « Mon fils Absalom ! Absalom, mon fils, mon fils ! »

6 Alors Joab va trouver le roi dans sa chambre et lui dit : « Tes soldats t'ont sauvé la vie et la vie de tes fils, de tes filles et de toutes tes femmes. Et aujourd'hui, tu les couvres de honte ! 7 En effet, tu aimes ceux qui te détestent et tu détestes ceux qui t'aiment. En agissant ainsi, tu montres que les chefs de ton armée et tous tes serviteurs fidèles ne comptent pas pour toi. Oui, je le vois : si aujourd'hui, Absalom était vivant et si nous étions tous morts, tu trouverais cela normal. 8 Maintenant, lève-toi et va dire quelques mots à tes soldats pour les encourager. Si tu n'y vas pas, je le jure au nom du SEIGNEUR, aucun ne restera un jour de plus à ton service. Ce serait pour toi un malheur plus grand que tous ceux qui te sont arrivés depuis ta jeunesse. » 9 Alors le roi va s'asseoir à la porte de la ville. Les soldats l'apprennent, et ils se réunissent tous auprès de lui.

David prépare son retour à Jérusalem

Les soldats d'Absalom ont fui, et chacun est rentré chez lui. 10 Dans toutes les tribus d'Israël, tout le monde discute. Les gens disent : « Le roi David nous a délivrés de nos ennemis, en particulier des *Philistins. Et maintenant, il a dû fuir à cause d'Absalom. 11 Mais cet Absalom, que nous avons choisi comme roi, est mort au combat. Qu'est-ce que nous attendons pour faire revenir le roi David ? »

12 De son côté, le roi David envoie dire aux prêtres Sadoc et Abiatar : « Parlez aux *anciens de Juda et dites-leur : "Le roi connaît les intentions des gens d'Israël[q]. Ne soyez pas les derniers à faire revenir le roi chez lui. 13 Vous êtes les frères du roi, ses parents les plus proches. Ne soyez pas les derniers à faire revenir le roi." 14 Ensuite vous irez dire de ma part à Amassa[r] : "Tu es de ma famille. Que Dieu me punisse très sévèrement si je ne te nomme pas pour toujours chef de mon armée à la place de Joab !" »

15 David gagne ainsi le cœur de tous les gens de Juda. Ils sont tous d'accord pour faire dire au roi : « Reviens ici, avec tes serviteurs ! » 16 Alors le roi prend le chemin du retour et il arrive au bord du fleuve Jourdain.

David laisse la vie à Chiméi

Les gens de Juda viennent au Guilgal à la rencontre du roi, pour l'aider à traverser le Jourdain. 17 Chiméi[s], fils de Guéra, le Benjaminite de Bahourim, se dépêche de descendre avec eux pour rencontrer le roi David. 18 Il a avec lui 1000 Benjaminites. Siba, le serviteur de la famille de Saül, est là aussi avec ses 15 fils et ses 20 serviteurs. Ils se dépêchent d'arriver au Jourdain à la rencontre du roi. Ils doivent être là 19 au moment où le bac qui transporte la famille du roi traversera le fleuve. Et ils doivent faire ce que le roi leur commandera.

Après que le roi a traversé le Jourdain, Chiméi se jette à terre devant lui. 20 Il lui dit : « Mon roi, ne tiens pas compte de ma faute ! Oublie la faute que j'ai commise le jour où tu as quitté Jérusalem. Ne m'en veux pas ! 21 Je le reconnais : j'ai commis une faute, mon roi. Mais aujourd'hui, tu le vois, je suis descendu le premier à ta rencontre avant tous les Israélites du Nord. »

22 Alors Abichaï, fils de Serouia, prend la parole et dit : « Est-ce une raison suffisante pour ne pas faire mourir Chiméi ? Il a maudit le roi que le SEIGNEUR a *consacré ! » 23 Mais David dit à Abichaï et à son frère Joab : « Qu'est-ce que vous me voulez, fils de Serouia ! Pourquoi est-ce que vous vous opposez à moi maintenant ? Aujourd'hui, je ne

q **19.12** *Les gens d'Israël : il s'agit des membres des tribus du Nord, voir le verset 44.*

r **19.14** *Amassa : le neveu de David.*

s **19.17** *Chiméi : voir 2 Samuel 16.5-14.*

veux faire mourir personne en Israël. Oui,
aujourd'hui, je suis sûr que le roi d'Israël,
c'est moi. » 24 Et le roi dit à Chiméi : « Tu
ne mourras pas, je le jure. »

David fait la paix avec Mefibaal, petit-fils de Saül

25 Mefibaal[t], le petit-fils de Saül, est aussi
venu à la rencontre du roi. Depuis le jour où
le roi est parti jusqu'au jour où il revient en
paix, Mefibaal ne s'est pas lavé les pieds, il
n'a pas coupé sa barbe, il n'a pas nettoyé ses
habits. 26 Quand il arrive devant le roi, celui-
ci lui demande : « Mefibaal, tu n'es pas venu
avec moi. Pourquoi ? » 27 Il répond : « Mon
roi, mon serviteur m'a trompé. Pourtant
j'avais pensé : "Comme je marche avec peine,
je vais atteler mon âne, je vais le monter pour
aller avec le roi." 28 Et mon serviteur est allé
te raconter des mensonges sur moi[u]. Pourtant,
mon roi, tu es comme un *ange de Dieu. Fais
ce qui te semble bon. 29 Pour toi, dans toute la
famille de mon grand-père Saül, il n'y avait
que des gens qui méritaient la mort. Pourtant
tu m'as reçu parmi ceux qui mangent à ta
table. Est-ce que j'ai encore droit à quelque
chose ? Je ne peux plus rien te demander. »
30 Le roi lui dit : « Pourquoi parler encore de
cela ? Je l'ai décidé : toi et Siba, vous vous partagerez les terres de Saül. » 31 Mefibaal répond : « Siba peut tout prendre ! L'important,
mon roi, c'est que tu rentres en paix chez
toi. »

David récompense Barzillaï

32 Barzillaï[v], de la ville de Roguelim, en Galaad, est descendu, lui aussi, au Jourdain. Il a
traversé le fleuve avec le roi, avant de le quitter de l'autre côté. 33 Il est très vieux, il a
80 ans. C'est un homme très riche et il a pu
nourrir le roi quand il était à Mahanaïm.
34 Le roi lui dit : « Barzillaï, viens avec moi à Jérusalem, je m'occuperai de toi. » 35 Il répond :
« Mon roi, je vais vivre combien de temps encore ? Il me reste trop peu de temps pour monter avec toi à Jérusalem. 36 Maintenant, j'ai
80 ans. Je ne peux plus faire la différence entre ce qui est bon et ce qui est mauvais. Je ne
peux plus trouver du goût à ce que je mange et
à ce que je bois, je n'entends plus les voix des
chanteurs et des chanteuses. Pourquoi est-ce
que je serais une charge pour toi ? 37 Je peux
seulement traverser le fleuve Jourdain avec
toi. D'ailleurs je ne mérite pas cette récompense. 38 Laisse-moi retourner dans ma ville.
Je mourrai là, près de la tombe de mon père
et de ma mère. Mais voici mon fils Kimham :
lui ira avec toi. Fais pour lui ce qui te semble
bon. » 39 Le roi dit : « D'accord ! Kimham viendra avec moi, et je ferai pour lui ce que tu
veux. Tout ce que tu me demanderas, je te
le donnerai. »
40 Toute la foule passe le Jourdain après que
le roi l'a traversé. David embrasse Barzillaï et
le *bénit. Ensuite Barzillaï rentre chez lui.
41 Le roi va au Guilgal, et Kimham va avec lui.

Les gens de Juda et d'Israël se disputent

Tous les gens de Juda et la moitié des Israélites du Nord partent avec le roi David. 42 Les
gens du Nord s'approchent de lui et lui demandent : « Nos frères de Juda t'ont pris
pour te faire passer le fleuve Jourdain, avec
ta famille. Pourquoi ? Pourtant tous tes soldats
étaient avec toi. » 43 Les gens de Juda répondent : « C'est parce que nous sommes plus
proches du roi que vous. Pourquoi vous
mettre en colère ? Est-ce que le roi nous a
nourris ? Est-ce qu'il nous a donné des cadeaux ? » 44 Les Israélites du Nord disent :
« Mais le roi nous appartient dix fois plus
qu'à vous[w] ! Oui, David nous appartient plus
qu'à vous ! Pourquoi est-ce que vous nous méprisez ? C'est nous qui avons parlé les premiers de faire revenir notre roi ! » Mais les

t **19.25** *Mefibaal : voir 2 Samuel 4.4 et la note.*
u **19.28** *Voir 2 Samuel 16.1-4.*
v **19.32** *Barzillaï : voir 2 Samuel 17.27-29.*
w **19.44** *Les tribus du Nord étaient dix en tout.*

hommes de Juda parlent avec plus de violence
que ceux d'Israël.

Chéba, un chef de bande, se révolte contre David

20 1 Il y a, au Guilgal, un Benjaminite appelé Chéba, fils de Bikri. Il ne vaut
rien. Il sonne de la trompette et dit :

« Nous n'avons rien à voir avec David !
Nous n'avons rien de commun avec ce fils
de Jessé !
Israélites, rentrez chacun chez vous ! »

2 Alors les hommes d'Israël s'éloignent de
David pour suivre Chéba, fils de Bikri. Mais
les hommes de Juda restent avec leur roi. Ils
vont avec lui depuis le fleuve Jourdain jusqu'à
Jérusalem.

3 Le roi David arrive au palais. Il appelle les
dix femmes de deuxième rang qu'il a laissées
là pour s'occuper du palais. Il les installe dans
une maison bien gardée. Il se charge de leur
entretien, mais il ne s'unit plus à elles[x]. Elles
restent enfermées jusqu'au jour de leur mort.
Elles sont comme des veuves, et pourtant, leur
mari est toujours vivant.

Joab assassine Amassa, le nouveau chef de l'armée

4 Ensuite le roi dit à Amassa : « Réunis les
soldats de Juda ! Présente-toi ici avec eux
dans trois jours ! » 5 Amassa part pour réunir
les gens de Juda, mais il dépasse le temps
fixé par le roi. 6 Alors David dit à Abichaï :
« Maintenant, Chéba va nous faire plus
de mal qu'Absalom. Prends toi-même le
commandement de mes gardes. Poursuis-
le avant qu'il se réfugie dans des villes
bien protégées et nous échappe. »

7 Les soldats commandés par Joab, les Crétois, les Pélétiens des gardes du roi, c'est-à-
dire tous les soldats de l'armée, vont au
combat avec Abichaï. Ils quittent Jérusalem
et poursuivent Chéba. 8 Quand ils se trouvent
près de la grande pierre de Gabaon, Amassa
arrive. Joab porte ses habits militaires. Il a
une ceinture à laquelle il a fixé une *épée
dans un étui. Au moment où Joab avance,
l'épée tombe. 9 Joab dit à Amassa : « Comment
vas-tu, mon frère ? » Et de la main droite, il
prend la barbe d'Amassa pour l'embrasser.
10 Amassa ne fait pas attention à l'épée que
Joab a dans sa main gauche. Celui-ci le frappe
au ventre. Les intestins d'Amassa se répandent par terre, et il meurt. Joab n'a pas besoin
de le frapper une deuxième fois.

Joab fait tuer Chéba

Joab et son frère Abichaï continuent à poursuivre Chéba. 11 Un soldat de Joab est resté
près du corps d'Amassa. Il dit : « Qui est
pour Joab et pour David ? Qu'il suive Joab ! »
12 Amassa a roulé dans son sang au milieu du
chemin. Le soldat voit que tout le monde s'arrête. Alors il tire le corps dans un champ et il
jette un vêtement sur lui. 13 Après qu'il a enlevé le corps du chemin, les soldats passent
sans s'arrêter et ils continuent à poursuivre
Chéba, derrière Joab.

14 Joab traverse les régions de toutes les tribus d'Israël et il va jusqu'à la ville d'Abel-Beth-
Maaka. Tous les Bérites[y] se regroupent pour
aller avec lui. 15 Joab et ses soldats vont attaquer Chéba, qui se trouve à Abel-Beth-Maaka.
Ils construisent contre cette ville une sorte de
barrage en terre jusqu'au premier mur qui la
protège. Puis ils attaquent ce mur pour le faire
tomber.

16 Alors une femme de bon conseil crie :
« Écoutez ! Écoutez ! Appelez Joab. Dites-lui
que je veux lui parler. » 17 Joab s'approche.
La femme lui demande : « C'est toi, Joab ? »
Il répond : « Oui, c'est moi. » La femme lui
dit : « Écoute-moi, je te prie. » Joab répond :
« Je t'écoute. »

18 La femme continue : « Autrefois, on avait
l'habitude de dire : "Demandons l'avis des habitants d'Abel-Beth-Maaka, et les problèmes
seront réglés." 19 Nous sommes parmi les
gens les plus paisibles et les plus fidèles d'Israël. Et tu veux détruire cette ville, qui est

---

x **20.3** *Voir 2 Samuel 16.20-22.*

y **20.14** *Les Bérites : il s'agit d'un peuple inconnu aujourd'hui.*

l'une des plus importantes en Israël ! Tu veux supprimer ce qui appartient au SEIGNEUR. Pourquoi donc ? » 20 Joab répond : « Pas du tout ! Loin de moi l'intention de détruire ou de supprimer quoi que ce soit ! 21 Il ne s'agit pas de cela. Mais un homme de la montagne d'Éfraïm, un certain Chéba, fils de Bikri, s'est révolté contre le roi David. Livrez-le, lui seul, et je m'éloignerai de votre ville. » La femme dit à Joab : « Eh bien, nous allons te lancer sa tête par-dessus le mur de la ville ! »

22 La femme va retrouver les habitants et avec sagesse, elle leur conseille d'agir ainsi. Ils coupent donc la tête de Chéba, et ils la lancent à Joab. Celui-ci fait sonner de la trompette. Alors ses soldats quittent aussitôt la ville et ils rentrent chez eux. Joab lui-même retourne près du roi à Jérusalem.

Les fonctionnaires de David

23 Joab commande toute l'armée d'Israël. Benaya, fils de Yoyada, commande les Crétois et les Pélétiens, les gardes du roi. 24 Adoram est responsable des travaux obligatoires. Yochafath, fils d'Ahiloud, est le porte-parole du roi. 25 Cheva est secrétaire. Sadoc et Abiatar sont prêtres. 26 Ira, de la famille de Yaïr, est aussi prêtre au service de David.

Les Gabaonites et les hommes de la famille de Saül

21 1 Au temps de David, il y a une famine qui dure trois ans. David consulte le SEIGNEUR. Le SEIGNEUR lui répond : « C'est à cause de Saül et de sa famille. Ils ont commis un crime en tuant les gens de Gabaon. »

2 Le roi réunit les Gabaonites pour leur parler. Ces gens-là ne sont pas des Israélites, mais ils font partie des derniers *Amorites. Les Israélites leur ont juré de les laisser en vie[z]. Pourtant Saül, à cause de son trop grand intérêt pour les gens d'Israël et de Juda, a voulu les supprimer. 3 David leur demande : « Qu'est-ce que je dois faire pour vous ? Comment est-ce que je peux réparer le mal que Saül vous a fait pour que vous *bénissiez le peuple du SEIGNEUR ? » 4 Les Gabaonites répondent : « Nos difficultés avec Saül et sa famille ne peuvent pas se régler avec de l'argent ou de l'or, ni par la mort d'un Israélite. » David continue : « Dites-moi ce que vous voulez, je le ferai pour vous. » 5 Les Gabaonites lui disent : « Saül voulait nous détruire. Il avait formé le projet de nous faire disparaître de tout le pays d'Israël. 6 Livrez-nous sept hommes de sa famille. Et nous les pendrons devant le SEIGNEUR, à Guibéa. C'est la ville où habitait Saül, le roi choisi par le SEIGNEUR. » David leur dit : « Je vous les livrerai. »

7 Le roi laisse en vie Mefibaal[a], fils de Jonatan et petit-fils de Saül. En effet, David a fait un serment d'amitié avec Jonatan, au nom du SEIGNEUR. 8 Mais il prend Armoni et Mefibaal, les deux fils que Rispa, fille d'Aya, a donnés à Saül. Il prend aussi les cinq fils que Mikal, fille de Saül, a donnés à Adriel, fils de Barzillaï, d'Abel-Mehola. 9 Il les livre aux Gabaonites, et ceux-ci les pendent sur une colline, devant le SEIGNEUR. Ils les font mourir dans les premiers jours de la récolte de *l'orge[b]. Tous les sept meurent ensemble.

10 Rispa, veuve de Saül, prend l'étoffe de deuil qu'elle porte. Elle l'étend sous elle sur le rocher et elle reste là depuis le début de la récolte jusqu'au moment où il se met à pleuvoir sur les corps. Pendant la journée, elle empêche les oiseaux de se poser sur eux. Pendant la nuit, elle chasse les bêtes sauvages. 11 David apprend ce que Rispa a fait. 12 Alors il va reprendre les os de Saül et de son fils Jonatan, chez les habitants de Yabech, en Galaad. En effet, après que les *Philistins ont vaincu Saül à Guilboa, ils ont pendu les corps de Saül et de Jonatan sur la place de Beth-Chéan. Et les gens de Yabech sont venus les enlever[c]. 13 David emporte donc de Yabech les os de

z 21.2 *Voir Josué 9.3-27.*
a 21.7 *Mefibaal : voir 2 Samuel 4.4 et la note.*
b 21.9 *La récolte de l'orge avait lieu d'habitude en avril.*
c 21.12 *Voir 1 Samuel 31.*

Saül et de Jonatan. Il fait aussi rassembler les
os des sept hommes qui ont été pendus.
14 Puis il les met avec les os de Saül et de Jonatan dans la tombe de Quich, père de Saül, à
Séla, dans le pays de Benjamin.
Tout se passe comme le roi l'a commandé.
Après cela, Dieu montre sa bonté envers le
pays.

Les Israélites combattent de nouveau les Philistins

15 Les *Philistins font de nouveau la guerre
aux Israélites. David et ses soldats vont attaquer les Philistins. Tout à coup, David ressent une grande fatigue. 16 Alors Ichebi-
Benob, un homme de la famille de Harafa,
décide de tuer le roi. Ichebi-Benob porte
une *épée neuve à la ceinture, et la pointe
de bronze de sa lance pèse plus de trois kilos.
17 Mais Abichaï, fils de Serouia, vient au secours de David et il tue le Philistin. Alors
les soldats font promettre au roi de ne plus
venir à la guerre avec eux. Ainsi la lampe
d'Israël ne s'éteindra pas[d].
18 Plus tard, il y a encore un combat contre
les Philistins, à Gob. Là, Sibkaï, de Houcha,
tue Saf, un homme de la famille de Harafa.
19 À Gob, il y a un deuxième combat contre
les Philistins. Cette fois, Élanan, fils de Yari,
de Bethléem, tue Goliath, de Gath. Le bois
de la lance de ce Philistin est aussi gros que
la barre d'un métier à tisser. 20 Un autre
combat a lieu à Gath contre un ennemi géant.
Il a 6 doigts à chaque main et à chaque pied,
24 en tout. Lui aussi est de la famille de Harafa. 21 Il insulte les Israélites. Alors Yonatan,
fils de Chamma, et neveu de David, le tue.
22 Ces quatre soldats philistins, de la famille
de Harafa, de Gath, tombent sous les coups de
David et de ses soldats.

David remercie Dieu après une victoire

22 1 David chante ce chant pour le SEI-
GNEUR après que celui-ci l'a délivré
de tous ses ennemis et de Saül[e] :

2 Le SEIGNEUR est mon solide rocher,
il me protège avec puissance
et me rend libre.
3 Mon Dieu est le rocher où je m'abrite.
Il est mon *bouclier,
mon puissant défenseur et mon sauveur.
Je me réfugie auprès de lui
pour être délivré des gens violents.
4 Louange au SEIGNEUR !
Je fais appel à lui,
et il me sauve de mes ennemis.
5 La mort m'avait déjà recouvert
de ses vagues,
elle me faisait peur
comme un fleuve en colère.
6 La mort m'avait entouré de ses chaînes,
ses pièges étaient tendus sous mes pieds.
7 Dans mon malheur,
j'ai fait appel au SEIGNEUR,
j'ai crié vers mon Dieu.
De son temple, il a entendu ma voix,
mon cri est arrivé à ses oreilles.
8 Alors la terre s'est mise à bouger,
les bases du ciel ont été secouées,
elles ont tremblé devant la *colère de Dieu.
9 Une fumée s'est élevée de ses narines,
un feu terrible est sorti de sa bouche
avec des charbons brûlants.
10 Le SEIGNEUR a déroulé le ciel
comme un tapis
et il est descendu,
un nuage sombre sous ses pieds.
11 Le SEIGNEUR s'est envolé,
porté par un *chérubin,
il planait sur les ailes du vent.
12 Il s'est caché au cœur de la nuit,
entouré de nuages énormes,
sombres comme l'eau profonde.
13 Une lumière éclatante le précédait,
des éclairs de feu en jaillissaient.
14 Au ciel,
le SEIGNEUR a fait éclater son tonnerre,
le Dieu très-haut a fait entendre sa voix.
15 Le SEIGNEUR lançait ses flèches :
ses ennemis partaient de tous côtés.

---

d **21.17** *La lampe d'Israël représente ici la vie du roi David, nécessaire au peuple d'Israël.*

e **22.1** *Ce chant se trouve aussi dans le livre des Psaumes. Voir Psaume 18.*

Il jetait ses éclairs, et tous s'enfuyaient.
16 SEIGNEUR, devant tes menaces,
devant la tempête de ta colère,
le fond de la mer est apparu.
Alors les fondations du monde
sont devenues visibles.

17 D'en haut, le SEIGNEUR m'a tendu la main
pour me saisir,
il m'a retiré de l'eau menaçante.
18 Il m'a délivré de mon puissant ennemi,
de ces adversaires trop forts pour moi.
19 Ils avaient profité de mon malheur
pour m'attaquer,
mais le SEIGNEUR est venu à mon aide.
20 Il m'a sorti du danger pour me libérer,
il m'a sauvé parce qu'il m'aime.

21 J'ai obéi au SEIGNEUR, il m'a récompensé,
j'ai fait le bien, il a été généreux envers
moi.
22 J'ai suivi le chemin du SEIGNEUR,
je n'ai pas fait le mal loin de mon Dieu.
23 Ses décisions étaient toutes devant moi,
je n'ai pas rejeté ce qu'il voulait.
24 J'ai été sans reproche devant lui,
j'ai évité de faire le mal.
25 J'ai obéi au SEIGNEUR,
il a vu le bien que j'avais fait,
il m'a récompensé.

26 Avec celui qui est fidèle,
tu te montres fidèle,
avec celui qui est sans reproche,
tu te montres sans reproche.
27 Avec celui qui est sincère,
tu te montres sincère,
mais tu te montres habile
avec celui qui est faux.
28 Tu sauves le peuple méprisé,
mais tu fais baisser les yeux aux orgueilleux.
29 SEIGNEUR, c'est toi qui es ma lampe,
SEIGNEUR, tu es la lumière dans ma nuit.
30 Avec toi, je peux attaquer mes ennemis,
avec mon Dieu, je peux franchir le mur de
la ville.

31 Dieu est un guide parfait,
et sa parole est sûre.
Le SEIGNEUR protège comme un *bouclier
ceux qui s'abritent en lui.
32 Qui donc est Dieu ? C'est le SEIGNEUR.
Qui est notre solide rocher ? C'est notre
Dieu.
33 Ce Dieu me protège avec force,
il me montre le bon chemin.
34 Il me fait courir aussi vite que les gazelles,
il me fait tenir debout sur les collines.
35 Il m'entraîne pour le combat,
il m'aide à tendre l'arc de bronze[f].

36 Avec ton bouclier,
tu me donnes la victoire,
ta main puissante me soutient,
ta bonté me grandit.
37 Avec ton aide, je cours plus vite,
et mes chevilles restent solides.
38 Je cours derrière mes ennemis,
je les détruis,
je ne reviens pas avant de les avoir tués.
39 Je les supprime, je les écrase :
ils ne peuvent plus se relever.
Ils tombent par terre :
les voilà sous mes pieds.
40 Tu me remplis de force pour le combat.
Ceux qui m'attaquent,
tu les fais mettre à genoux devant moi.
41 Avec ton aide,
je pose le pied sur mes ennemis[g],
et mes adversaires, je les détruis.
42 Ils crient,
mais personne pour les sauver,
ils appellent le SEIGNEUR,
mais il ne répond pas.
43 Je les écrase,
ils sont comme la poussière
emportée par le vent.

---

f **22.35** *Le bronze est un métal très solide, fait de cuivre et d'étain.*

g **22.41** *Autrefois, on mettait le pied sur le cou des ennemis vaincus. Ce geste signifiait une victoire totale.*

Je marche dessus,
je les balaie comme les ordures des rues.

44 Le peuple se lève contre moi,
mais tu me mets à l'abri,
tu me places à la tête des autres peuples.
Des gens que je ne connais pas
deviennent mes serviteurs.
45 Dès que je parle, ils m'obéissent,
des étrangers me font des compliments.
46 Ils sont découragés,
ils sortent de leurs abris en tremblant.

47 Le SEIGNEUR est vivant !
*Gloire à mon solide rocher !
Gloire à Dieu qui m'a sauvé !
48 C'est Dieu qui me venge de mes ennemis,
qui met les peuples sous mon pouvoir.
49 Tu me libères de mes ennemis.
Tu me donnes la victoire sur ceux qui m'attaquent,
tu me délivres des gens violents.
50 C'est pourquoi, SEIGNEUR,
je te dis merci parmi les peuples,
et je chante ton nom.
51 Le SEIGNEUR donne de grandes victoires à son roi.
Il montre son amour à celui qu'il a choisi,
à David et aux enfants de ses enfants,
pour toujours.

Les dernières paroles de David

23 1 Voici les dernières paroles de David.

Ce sont les paroles de David, fils de Jessé,
les paroles de l'homme placé très haut.
Le Dieu de Jacob l'a *consacré comme roi,
et le peuple d'Israël aime le chanter.
2 L'esprit du SEIGNEUR parle par moi,
il met ses paroles dans ma bouche.
3 Le Dieu d'Israël a parlé,
le protecteur d'Israël m'a dit :
« Le roi qui gouverne les gens avec justice
et les dirige en respectant Dieu,
4 celui-là est pareil à la lumière du matin,
au soleil brillant dans un ciel sans nuages.
Grâce à sa chaleur,
les plantes sortent de terre après la pluie. »

5 Voici comment Dieu a agi avec ma famille :
il a fait avec moi une *alliance
pour toujours,
il l'a fixée par des règles qui la protègent.
Partout et toujours,
il m'a donné la victoire,
il a réalisé tous mes désirs.
6 Mais tous ceux qui ne valent rien
sont comme des branches d'épines.
On les jette,
personne ne les prend avec la main.
7 Celui qui veut les toucher
doit utiliser un outil en fer
ou le bois d'une lance,
et il brûle tout sur place.

Les combattants de David

8 Voici les noms de ceux qui ont été les
combattants les plus courageux de David :
Ichebaal[h], le Hakmonite, faisait partie des
meilleurs hommes de sa garde. On l'appelait
aussi Adino l'Esnite. C'est lui qui a tué
800 hommes en un seul combat.
9 Après lui, il y avait Élazar, fils de Dodo, et
petit-fils d'un homme d'Ahoa. C'était l'un des
trois combattants qui accompagnaient David
dans une bataille contre les *Philistins.
Ceux-ci étaient rassemblés pour le combat.
Les soldats d'Israël reculaient. 10 Mais Élazar
a résisté et il a tué des Philistins jusqu'à ce
que sa main reste paralysée de fatigue sur la
poignée de son *épée. Ce jour-là, le SEIGNEUR
a donné une grande victoire à Israël. Quand
les soldats sont revenus auprès d'Élazar,
c'était seulement pour prendre les biens des
morts.
11 Il y avait encore Chamma, fils d'Agué, de
Harar. Un jour, les Philistins se sont rassemblés à Léhi. Là, il y avait un champ de lentilles, et les soldats d'Israël ont fui devant eux.
12 Mais Chamma est resté au milieu du
champ, il l'a repris et il a battu les Philistins.

h **23.8** *Ichebaal : voir 2 Samuel 2.8 et la note.*

Ainsi le SEIGNEUR a donné une grande victoire à Israël.

13 Une autre fois, au moment de la récolte du *blé, une troupe de Philistins avait installé son camp dans la vallée des Refaïtes. Alors trois soldats parmi les meilleurs de la garde sont venus trouver David dans la grotte d'Adoullam[i]. 14 David était dans un endroit bien protégé, et, à ce moment-là, il y avait un groupe de Philistins à Bethléem. 15 David a eu tout à coup un désir. Il a demandé : « Qui m'apportera à boire de l'eau de la citerne située à la porte de Bethléem ? » 16 Alors les trois combattants sont entrés de force dans le camp des Philistins. Ils ont pris de l'eau dans la citerne qui est à la porte de Bethléem. Ils l'ont emportée et l'ont présentée à David. Mais le roi a refusé de la boire. Il l'a offerte au SEIGNEUR en la versant sur le sol. 17 Il a dit : « Malheur à moi, SEIGNEUR, si je bois de cette eau ! Elle est comme le sang des hommes qui sont allés la chercher en risquant leur vie ! » Et il n'a pas voulu la boire. Voilà ce que ces trois combattants courageux ont fait.

18 Abichaï, frère de Joab et fils de Serouia, faisait partie des meilleurs soldats de la garde de David. C'est lui qui, un jour, a utilisé sa lance contre 300 ennemis et qui les a tués. Ainsi il est devenu aussi célèbre que le « groupe des Trois ». 19 Il était l'un des plus connus dans le « groupe des Trente ». Il est même devenu leur chef, mais il n'a jamais fait partie du « groupe des Trois ».

20 Benaya, de Cabséel, fils de Yoyada et petit-fils d'un combattant courageux, a accompli beaucoup d'actions extraordinaires. C'est lui qui a tué les deux combattants courageux de Moab. C'est lui aussi qui est descendu dans une citerne un jour où il *neigeait. Et là, il a tué un lion. 21 C'est encore lui qui a tué un Égyptien immense armé d'une lance. Il l'a attaqué avec un bâton, il lui a arraché sa lance et s'en est servi pour le tuer. 22 Voilà ce que Benaya a fait. Ainsi il est devenu aussi célèbre que le « groupe des Trois ». 23 Il était l'un des plus connus dans le « groupe des Trente », mais il n'a jamais fait partie du « groupe des Trois ». David l'a nommé chef de ses gardes.

24 Dans le « groupe des Trente », il y avait aussi : Assaël, frère de Joab, Élanan, fils de Dodo, de Bethléem, 25 Chamma et Élica, de Harod, 26 Hélès, de Péleth, Ira, fils d'Iquèch, de Técoa, 27 Abiézer, d'Anatoth, Mebounnaï, de Houcha, 28 Salmon, d'Ahoa, Maraï, de Netofa, 29 Héleb, fils de Baana, de Netofa, Ittaï, fils de Ribaï, de Guibéa, dans le territoire de Benjamin, 30 Benaya, de Piraton, Hiddaï, des torrents de Gaach, 31 Abialbon, de Beth-Araba, Azmaveth, de Bahourim, 32 Éliaba, de Chaalbon, un des fils de Yachen, Yonatan, 33 Chamma, de Harar, Ahiam, fils de Charar, de Harar, 34 Éliféleth, fils d'Ahasbaï et petit-fils d'un homme de Maaka, Éliam, fils d'Ahitofel, de Guilo, 35 Hesraï, de Karmel, Paaraï, d'Arab, 36 Igal, fils de Natan, de Soba, Bani, de la tribu de Gad, 37 Sélec, l'Ammonite, Naraï, de Beéroth, qui portait les armes de Joab, fils de Serouia, 38 Ira et Gareb, de la famille de Yéter, 39 et Urie, le Hittite. Ils étaient 37 en tout.

David fait compter le peuple d'Israël

24 1 Un jour, le SEIGNEUR se met de nouveau en *colère contre les Israélites. Il pousse David à agir contre leur intérêt en disant : « Va, compte les gens d'Israël et les gens de Juda.[j] » 2 Le roi dit à Joab, le chef de l'armée, qui est avec lui : « Va dans tout le pays d'Israël, depuis Dan, au nord, jusqu'à Berchéba, au sud. Fais compter tous les habitants, car je veux savoir combien ils sont. » 3 Joab répond au roi : « Je souhaite que le SEIGNEUR ton Dieu rende le peuple cent fois plus nombreux.

i **23.13** *Voir 1 Samuel 22.1.*

j **24.1** *Le fait de compter les habitants d'un pays permettait de connaître sa puissance militaire. Or, pour Israël, cela pouvait montrer un manque de confiance en Dieu.*

Je voudrais que tu voies cela de tes yeux. Mais
pourquoi est-ce que tu désires le compter ? »
4 Pourtant, l'ordre du roi est plus fort que
l'avis de Joab et des commandants de l'armée.
Et ceux-ci se mettent en route pour aller
compter le peuple d'Israëi. 5 Ils traversent le
fleuve Jourdain et ils commencent à compter
les habitants de la ville d'Aroër et de celle
qui est au fond de la vallée. Ils traversent la région de Gad en direction de Yazer. 6 Ils entrent dans le pays de Galaad, ils vont dans le
pays des Hittites, à Cadès. Ils arrivent à Dan-
Yaan et vont dans les environs. Puis ils
comptent les habitants de Sidon. 7 Ils continuent par la ville bien protégée de Tyr et par
toutes les villes qui ont appartenu aux Hivites
et aux *Cananéens. Enfin, ils comptent les habitants de Berchéba, dans le sud du pays de
Juda. 8 Ils traversent ainsi tout le pays, et au
bout de 9 mois et 20 jours, ils reviennent à Jérusalem. 9 Alors Joab annonce au roi le nombre des habitants du pays. Israël possède
800 000 soldats capables de se battre, et
Juda en a 500 000.

Le Seigneur envoie la peste en Israël

10 Mais après que David a fait compter
le peuple, le cœur de David se met à battre très fort, et le roi dit au SEIGNEUR :
« J'ai commis un péché grave. Maintenant,
SEIGNEUR, accorde-moi ton pardon. Oui, j'ai
vraiment agi comme un fou. » 11-12 Alors le
SEIGNEUR adresse ces paroles au *prophète
Gad, le conseiller de David : « Va trouver David et dis-lui de ma part : "Moi, le SEIGNEUR, je
te demande de choisir entre trois malheurs.
Je t'enverrai celui que tu choisiras." »
Le matin suivant, quand David se lève,
13 Gad va chez le roi pour lui faire connaître
les paroles du SEIGNEUR. Il lui dit : « Qu'est-ce
que tu aimes mieux ? Que ton pays connaisse
sept années de famine ? Que tu fuies pendant
trois mois devant des ennemis qui te poursuivront ? Ou encore qu'une épidémie de peste
attaque ton pays pendant trois jours ? Réfléchis et dis-moi ce que je dois répondre à celui
qui m'envoie. » 14 David dit à Gad : « J'ai une
peur terrible. Mais je préfère tomber entre
les mains du SEIGNEUR plutôt que de tomber
entre les mains des hommes. En effet, le SEI-
GNEUR, lui, est capable de pitié. »
15 Alors le SEIGNEUR envoie la peste en Israël
depuis ce matin-là jusqu'au jour fixé. De Dan,
au nord, jusqu'à Berchéba, au sud, 70 000
personnes meurent dans le pays. 16 *L'ange
du SEIGNEUR étend la main vers Jérusalem
pour la détruire. Mais le SEIGNEUR est bouleversé par ce malheur. Il dit à l'ange destructeur : « C'est trop ! Arrête ! »
À ce moment-là, l'ange du SEIGNEUR se
trouve près de l'endroit où Aravna, le Jébusite[k], bat son *blé. 17 Quand David voit l'ange
qui détruit le peuple, il dit au SEIGNEUR :
« C'est moi le coupable, c'est moi qui ai péché ! Mais les gens de mon peuple, qu'est-ce
qu'ils ont fait ? C'est moi qu'il faut frapper,
moi et ma famille ! »

David construit un autel pour le Seigneur

18 Le même jour, Gad va voir David et lui
dit : « Monte à l'endroit où Aravna bat son
*blé. Là, tu construiras un *autel pour le SEI-
GNEUR. » 19 David monte là-haut, comme le
SEIGNEUR l'a commandé par l'intermédiaire
de Gad. 20 De là, Aravna voit le roi et ses
serviteurs qui viennent vers lui. Alors il
s'avance et s'incline jusqu'à terre devant le
roi. 21 Il lui demande : « Pourquoi viens-tu
chez moi, toi le roi ? » David répond : « Je
voudrais t'acheter cet endroit pour y bâtir
un autel pour le SEIGNEUR. Ainsi, le grand
malheur qui est tombé sur le peuple s'arrêtera. » 22 Aravna dit au roi : « Prends cet endroit, je t'en prie, et offre au SEIGNEUR ce
qui te semble bon. Voici mes bœufs pour le
*sacrifice complet. Les chariots et les attela-
ges serviront pour faire le feu. 23 Je te donne
tout, mon roi. J'espère que le SEIGNEUR ton
Dieu acceptera ton offrande. » 24 Mais le roi
lui dit : « Non ! Je vais te payer tout cela à

k **24.16** ***Jébusite : ancien habitant de Jébus, le nom que Jérusalem portait avant que David prenne la ville.***

son juste prix. Je ne veux pas offrir au SEIGNEUR mon Dieu des sacrifices qui ne me coûtent rien ! »

David achète l'endroit et les bœufs pour
50 pièces d'argent. 25 Là, il construit un autel.
Il offre au SEIGNEUR des sacrifices complets et des sacrifices de communion. Alors le SEIGNEUR montre sa bonté envers le pays, et le grand malheur qui était tombé sur le pays d'Israël s'arrête.

Les livres des Rois

Les livres des Rois racontent ce qui s'est passé sous les rois qui ont succédé à David. Leur récit se termine au moment où le pouvoir royal cesse d'exister en Israël.

Ces livres décrivent avant tout les relations entre les rois, le peuple et Dieu. Ils portent un jugement sur les actions des rois du point de vue de Dieu, et non du point de vue de l'histoire humaine.

Comme les livres de Samuel, les deux livres des Rois étaient d'abord un seul livre, qui a été divisé en deux plus tard.

Voici comment ces deux livres sont composés :

- *1 Rois 1–11 raconte comment le roi Salomon, fils de David, dirige le peuple d'Israël.*
- *1 Rois 12 raconte comment le nord du royaume se sépare du sud.*
- *1 Rois 12 à 2 Rois 17 raconte ce qui se passe dans chacun des deux royaumes jusqu'à la fin du royaume du Nord (Israël).*
- *2 Rois 18–25 raconte ce qui se passe entre la fin du royaume du Nord (Israël) et la fin du royaume du Sud (Juda).*

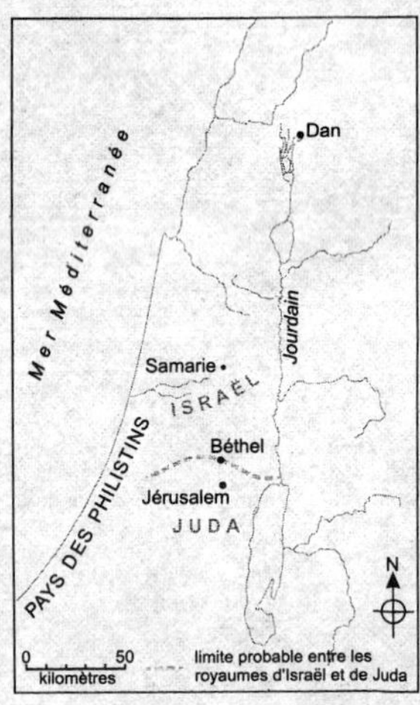

Premier livre des Rois

INTRODUCTION

(Voir l'introduction aux livres des Rois, page précédente.)

Le premier livre des Rois s'intéresse d'abord à ***Salomon****, fils de David, qui succède à son père (chapitres 1–11). Salomon demande à Dieu la* ***sagesse*** *pour pouvoir diriger le peuple, et Dieu la lui accorde. Il construit le* ***temple*** *de Dieu à Jérusalem, comme Dieu l'a promis à David (2 Samuel 7).*

Sous la conduite de Josué, les Israélites se sont installés dans un pays. Le roi David a fait l'unité de ce pays. À partir de Salomon, le temple de Jérusalem y assure la présence de Dieu. Le peuple d'Israël possède maintenant un pays, un roi et un temple pour son Dieu. Salomon construit aussi un ***palais*** *pour lui-même. Il organise son royaume, et son pouvoir pèse lourdement sur les gens. Par ailleurs, il aime beaucoup de femmes étrangères. Celles-ci l'entraînent à adorer d'autres dieux que le Seigneur, Dieu d'Israël.*

À la mort de Salomon, son fils Roboam n'accepte pas de rendre le pouvoir royal moins lourd pour le peuple. Les tribus israélites du nord se séparent alors des tribus du sud (chapitre 12). Jéroboam, qui n'est pas de la famille de David, devient roi dans le royaume du Nord ou royaume d'Israël. Dans le royaume du Sud ou royaume de Juda, le pouvoir royal lié à la famille de David continue à passer de père en fils. Les ***deux royaumes*** *existent l'un à côté de l'autre pendant à peu près deux siècles. Ils sont tantôt alliés, tantôt ennemis.*

Plusieurs ***prophètes*** *interviennent dans le premier livre des Rois. Le plus important d'entre eux est Élie (chapitres 17 à 19, et 21). Élie s'oppose au roi Akab, parce que celui-ci abuse de son pouvoir. Les prophètes rappellent aux rois que le pouvoir royal vient de Dieu. Si les rois agissent n'importe comment, ils provoquent la colère de Dieu.*

Adonia, fils de David, veut devenir roi

1 [1] Le roi David est devenu très vieux. Il
n'arrive pas à se réchauffer, même quand
on le couvre de vêtements. [2] Alors ses serviteurs lui disent : « Notre roi, permets-nous
de chercher pour toi une jeune fille vierge.
Elle sera à ton service, elle prendra soin de
toi et couchera auprès de toi. Ainsi, notre
roi, tu pourras te réchauffer. » [3] Ils cherchent
donc une belle jeune fille dans tout le pays
d'Israël. Ils en trouvent une dans le village
de Chounem. Elle s'appelle Abichag. [4] Cette
jeune fille est vraiment très belle. Elle entre
au service du roi et prend soin de lui. Mais
le roi ne s'unit pas à elle.

[5] À la même époque, Adonia[a], le fils de David et de Haguite, se vante devant tout le
monde en disant : « C'est moi qui serai roi ! »
Il a obtenu des chars et des chevaux, avec une
troupe de 50 hommes qui courent devant son
char. [6] Adonia est très beau. Il est né juste
après Absalom. Son père ne lui a jamais fait
aucun reproche pendant sa vie. Il ne lui a jamais demandé pourquoi il agissait de telle

a **1.5** *Voir 2 Samuel 3.2-4.*

ou telle façon. 7 Adonia discute avec Joab[b], fils de Serouia, et avec le prêtre Abiatar. Ceux-ci lui donnent leur appui. 8 Au contraire, le prêtre Sadoc, Benaya, fils de Yoyada, le *prophète Natan, Chiméi, Réi et les soldats de la garde de David ne prennent pas le parti d'Adonia.

Natan et Batchéba prennent le parti de Salomon

9 Un jour, Adonia fait une fête à la « Pierre-qui-Glisse », près de la source des Blanchisseurs. Là, il offre en *sacrifice des moutons, des taureaux et de gros veaux. Il invite les autres fils du roi David, ses frères, et tous les hommes de Juda qui sont au service du roi. 10 Mais il n'invite pas le *prophète Natan, ni Benaya, ni les soldats de la garde de David, ni son frère Salomon.

11 Alors Natan va trouver Batchéba, la mère de Salomon. Il lui dit : « Tu as sûrement appris qu'Adonia, le fils de Haguite, est devenu roi. Mais notre maître David ne le sait pas. 12 Je vais donc te donner un conseil. Si tu le suis, tu sauveras ta vie et la vie de ton fils Salomon. 13 Va trouver le roi David et dis-lui : "Mon roi, tu m'as promis que mon fils Salomon sera roi après toi. C'est lui qui sera assis sur ton siège royal, tu as affirmé cela. Alors pourquoi est-ce Adonia qui est devenu roi ?" » 14 Natan ajoute : « Quand tu seras encore en train de parler avec le roi, j'entrerai chez lui à mon tour et je dirai la même chose que toi. »

15 Batchéba va donc chez le roi. Il est dans sa chambre parce qu'il est très vieux. Abichag de Chounem est là pour le servir. 16 Batchéba s'incline et se met à genoux devant le roi. Celui-ci lui demande : 17 « Qu'est-ce que tu veux ? » Elle répond : « Mon roi, tu m'as promis devant le SEIGNEUR ton Dieu que mon fils Salomon sera roi après toi. C'est lui qui sera assis sur ton siège royal, tu as affirmé cela. 18 Or, je viens d'apprendre qu'Adonia est devenu roi, et toi, tu n'en sais rien ! 19 En effet, Adonia a fait une fête pendant laquelle il a offert en sacrifice beaucoup de taureaux, beaucoup de gros veaux et de moutons. Là, il a invité le prêtre Abiatar, Joab, le chef de l'armée, et tous tes fils, sauf ton fils Salomon. Lui, il ne l'a pas invité ! 20 Maintenant, mon roi, tout le peuple d'Israël attend avec impatience ta décision pour savoir qui sera assis sur le siège royal après toi. 21 Sinon, quand tu auras rejoint tes ancêtres, mon fils Salomon et moi, nous serons traités comme des coupables. »

22 Batchéba est encore en train de parler avec le roi, quand le prophète Natan arrive. 23 Quelqu'un annonce son arrivée au roi. Natan entre et il s'incline jusqu'à terre devant le roi. 24 Ensuite Natan demande : « Mon roi, est-ce toi qui as dit qu'Adonia sera roi après toi et qu'il allait s'asseoir sur ton siège royal ? 25 En effet, Adonia est descendu aujourd'hui à la "Pierre-qui-Glisse". Il a fait une fête pendant laquelle il a offert en sacrifice beaucoup de taureaux, beaucoup de gros veaux et de moutons. Là, il a invité tes fils ainsi que les chefs de l'armée et le prêtre Abiatar. Ils sont tous en train de manger et de boire avec Adonia et ils crient : "Vive le roi Adonia !" 26 Mais Adonia n'a pas invité le prêtre Sadoc, ni Benaya, fils de Yoyada, ni ton fils Salomon, ni moi-même. » 27 Natan ajoute : « Mon roi, est-ce vraiment toi qui as décidé cette affaire-là ? Tu ne nous as pas dit qui allait occuper ton siège royal. Pourtant, nous sommes tes fidèles serviteurs ! »

David désigne Salomon pour lui succéder comme roi

28 Alors le roi David donne l'ordre d'appeler Batchéba. 29-30 Quand Batchéba se trouve de nouveau devant lui, David lui fait ce serment : « Oui, je t'ai fait une promesse devant le SEIGNEUR, Dieu d'Israël. J'ai affirmé que ton fils Salomon deviendra roi après moi et qu'il allait s'asseoir sur mon siège royal. Eh bien, par le SEIGNEUR vivant qui m'a toujours délivré de tout malheur, je le jure : aujourd'hui même, je vais faire ce que j'ai dit. » 31 Alors Batchéba s'incline profondément jusqu'à terre devant le

b 1.7 *Joab était le chef de l'armée de David. Voir 2 Samuel 8.16.*

roi. Puis elle dit : « Vive mon maître, le roi David, pour toujours ! »

32 Ensuite David fait appeler le prêtre Sadoc, le *prophète Natan et Benaya, fils de Yoyada. Quand ils sont devant lui, 33 il leur dit : « Rassemblez les soldats qui me sont fidèles. Faites monter mon fils Salomon sur ma mule et conduisez-le à la source de Guihon[c]. 34 Là, le prêtre Sadoc et le prophète Natan verseront de l'huile sur la tête de Salomon pour le *consacrer comme roi d'Israël. Alors vous sonnerez de la trompette et vous crierez : "Vive le roi Salomon !" 35 Ensuite, vous reviendrez vers la ville en marchant derrière lui. Et Salomon ira s'asseoir sur mon siège royal. C'est lui qui sera roi après moi. Je l'ai désigné comme chef d'Israël et de Juda. » 36 Benaya répond au roi : « Mon roi, tu as bien parlé ! C'est le SEIGNEUR ton Dieu lui-même qui a parlé par ta bouche. 37 Qu'il soit avec Salomon comme il a été avec toi ! Et qu'il rende son pouvoir royal encore plus glorieux que le tien ! »

Le prêtre Sadoc consacre Salomon comme roi

38 Le prêtre Sadoc, le *prophète Natan et Benaya, fils de Yoyada, ainsi que les Crétois et les Pélétiens de la garde du roi, vont donc auprès de Salomon. Ils le font monter sur la mule du roi David et ils le conduisent à la source de Guihon[d]. 39 Le prêtre Sadoc a pris la corne remplie d'huile dans la *tente du Seigneur. Il en verse sur la tête de Salomon pour le *consacrer comme roi. Alors on sonne de la trompette, et tout le monde se met à crier : « Vive le roi Salomon ! » 40 Puis tous reviennent vers la ville en marchant derrière lui. Ils jouent de la flûte. Ils montrent une joie si grande que leurs cris font trembler la terre.

Salomon pardonne à son frère Adonia

41 Adonia et tous ses invités, qui ont fini de manger, entendent ce bruit. Joab reconnaît même le son de la trompette. Il demande : « Ce bruit dans la ville, qu'est-ce que c'est ? »

42 Il parle encore quand Yonatan, le fils du prêtre Abiatar, arrive. Adonia lui dit : « Entre ! Tu es un homme de valeur, tu apportes sûrement une bonne nouvelle ! » 43 Yonatan répond : « Pas du tout, hélas ! Notre maître, le roi David, a établi Salomon comme roi. 44 Il a commandé au prêtre Sadoc, au *prophète Natan et à Benaya, fils de Yoyada, ainsi qu'aux Crétois et aux Pélétiens de sa garde, d'aller avec Salomon. Alors ils l'ont fait monter sur la mule du roi. 45 Ensuite, le prêtre Sadoc l'a *consacré comme roi près de la source de Guihon[e]. Puis tout le monde est revenu de la source en montrant sa joie, et les habitants de Jérusalem sont tout excités. Le bruit que vous avez entendu vient de là. » 46 Yonatan continue : « De plus, Salomon s'est installé sur le siège royal, 47 et les ministres sont venus féliciter le roi David en disant : "Que ton Dieu rende le nom de Salomon plus célèbre que ton nom ! Qu'il rende son pouvoir royal encore plus glorieux que le tien !" Et le roi, sur son lit, s'est incliné profondément. 48 Puis il a dit : "Je remercie le SEIGNEUR, Dieu d'Israël. Aujourd'hui, il a placé quelqu'un sur mon siège royal, je l'ai vu de mes propres yeux !" »

49 Tous les invités d'Adonia se mettent à trembler de peur en entendant ces paroles. Ils se lèvent, et chacun part de son côté. 50 Adonia lui-même a tellement peur de Salomon qu'il va se réfugier près de *l'autel des sacrifices[f]. 51 Quelqu'un vient dire à Salomon : « Adonia a tellement peur de toi qu'il est allé se réfugier près de l'autel en disant : "Je quitterai ce lieu seulement si le roi Salomon promet de ne pas me tuer." » 52 Salomon répond : « S'il se conduit bien, je ne toucherai pas à un seul de ses cheveux. Mais s'il agit mal, il mourra ! »

53 Le roi Salomon envoie quelqu'un chercher Adonia. On le fait descendre de l'autel.

---

c d e **1.33,38,45** *La source de Guihon : dans la vallée du Cédron, sur le côté est de la colline de Jérusalem.*

f **1.50** *Celui qui allait se réfugier près de l'autel demandait ainsi la protection de Dieu.*

Adonia vient s'incliner devant le roi. Alors Salomon lui dit : « Tu peux rentrer chez toi. »

Dernières recommandations de David à Salomon

2 1 David sent qu'il va bientôt mourir. Alors il fait des recommandations à son fils Salomon : 2 « Je vais bientôt quitter cette terre. Sois courageux et conduis-toi comme un homme. 3 Obéis fidèlement au SEIGNEUR ton Dieu : fais ce qu'il demande, respecte ses commandements, ses décisions, ses ordres et ses enseignements, tout ce qui est écrit dans la *loi de Moïse. Alors tu réussiras dans toutes tes actions et dans tous tes projets. 4 Et le SEIGNEUR réalisera ce qu'il m'a promis en disant : "Si tes fils font attention à leur conduite, s'ils se conduisent fidèlement envers moi, de tout leur cœur et de tout leur être, il y aura toujours quelqu'un parmi eux qui sera roi du peuple d'Israël." » 5 David dit encore à Salomon : « Tu sais tout le mal que Joab, fils de Serouia, m'a fait. C'est lui qui a assassiné Abner, fils de Ner, et Amassa, fils de Yeter[g]. En agissant ainsi, il a commis un acte de guerre en période de paix. Ses vêtements sont couverts de sang : il est entièrement responsable de ces deux crimes. 6 C'est pourquoi tu agiras avec sagesse : tu ne le laisseras pas mourir paisiblement dans sa vieillesse. 7 Tu te souviens aussi des fils de Barzillaï, de Galaad. Ils sont venus à mon secours le jour où je fuyais devant ton frère Absalom[h]. C'est pourquoi tu les traiteras avec bonté, et ils mangeront tous les jours à ta table. 8 Enfin, n'oublie pas Chiméi, fils de Guéra, du village de Bahourim, dans le pays de Benjamin. Il m'a lancé des malédictions terribles le jour où je fuyais à Mahanaïm. Mais quand je suis revenu, il est descendu à ma rencontre au bord du Jourdain. Je lui ai promis devant le SEIGNEUR de ne pas le faire mourir[i]. 9 Mais maintenant, ne le regarde pas comme s'il était innocent. Tu es un homme sage, tu sauras comment le traiter. Il est très âgé, pourtant tu le feras mourir de mort violente. »

Quand David meurt, Salomon devient roi à sa place

10 Quand David rejoint ses ancêtres, on l'enterre dans la « *Ville de David » à Jérusalem. 11 David a été roi du peuple d'Israël pendant 40 ans : 7 ans à Hébron et 33 ans à Jérusalem. 12 Salomon s'installe sur le siège royal de David, son père. À partir de ce moment-là, son pouvoir royal est solidement établi.

Salomon fait tuer son frère Adonia

13 Un jour, Adonia, le fils de David et de Haguite, va trouver Batchéba, la mère de Salomon. Celle-ci lui demande : « Est-ce que tu viens me voir avec de bonnes intentions ? » Adonia répond : « Oui. » 14 Il ajoute : « Je voudrais te parler. » Batchéba lui dit : « Parle ! » 15 Adonia dit : « Tu le sais, je devais être roi. D'ailleurs tout le peuple d'Israël s'attendait à ce que je devienne roi. Mais le pouvoir s'est éloigné de moi, et c'est mon frère qui l'a eu. En effet, le SEIGNEUR l'a voulu ainsi. 16 Maintenant, je t'adresse une seule demande : ne me repousse pas ! » Batchéba lui dit : « Parle ! » 17 Adonia dit : « Je t'en prie, demande au roi Salomon de me donner pour femme Abichag de Chounem[j]. Il ne te refusera sûrement pas cela. » 18 Batchéba répond : « Bon, je parlerai au roi pour toi. »

19 Elle va donc se présenter devant Salomon pour lui parler d'Adonia. Le roi va à sa rencontre. Il s'incline profondément devant elle, puis il s'assoit sur le siège royal. Il fait placer un siège de reine à sa droite, et sa mère s'assoit là. 20 Elle dit à Salomon : « J'ai une petite demande à te faire, ne me la refuse pas. » Le roi répond : « Mère, demande-moi ce que tu

---

g **2.5** *Voir 2 Samuel 3.26-27 ; 20.9-10.*

h **2.7** *Voir 2 Samuel 17.27-29 ; 19.32-33.*

i **2.8** *Voir 2 Samuel 16.5-13 ; 19.17-24.*

j **2.17** *Abichag : voir 1 Rois 1.3.*
Prendre une des femmes de l'ancien roi, c'était montrer qu'on voulait devenir roi.

veux, je ne te refuserai rien. » 21 Elle dit : « Est-ce qu'on ne peut pas donner pour femme Abichag de Chounem à ton frère Adonia ? » 22 Salomon répond à sa mère : « Comment ? Tu oses demander Abichag de Chounem pour Adonia ? Mais demande donc qu'il devienne roi, puisqu'il est mon frère aîné ! Demande ce pouvoir pour lui et pour ceux qui ont pris son parti, le prêtre Abiatar et Joab, le chef de l'armée ! »

23 Ensuite Salomon fait ce serment devant le SEIGNEUR : « Que Dieu me punisse sévèrement si je ne fais pas mourir Adonia à cause de cette demande ! 24 Maintenant, le SEIGNEUR m'a installé solidement sur le siège royal de mon père David. Il a promis que je serai roi, ainsi que mes enfants et les enfants de leurs enfants. Eh bien, je le jure, par le SEIGNEUR vivant, aujourd'hui même Adonia mourra. »

25 Alors Salomon envoie pour cela Benaya, fils de Yoyada. Celui-ci se jette sur Adonia et il le tue.

Salomon chasse le prêtre Abiatar de Jérusalem

26 Ensuite, le roi dit au prêtre Abiatar : « Retire-toi à Anatoth, dans ta propriété ! Tu mérites la mort, mais je ne te ferai pas mourir aujourd'hui. En effet, du temps de mon père David, tu as porté le *coffre de l'alliance du Seigneur DIEU et tu as souffert avec mon père tout ce qu'il a souffert. » 27 Salomon interdit donc à Abiatar de continuer à servir le SEIGNEUR comme prêtre. De cette façon, la parole que le SEIGNEUR a dite contre la famille du *grand-prêtre Héli, au temple de Silo, se réalise[k].

Salomon fait tuer Joab

28 Joab apprend ce qui est arrivé à Adonia et à Abiatar. Alors il fuit dans la *tente du SEIGNEUR et il se réfugie près de *l'autel des sacrifices[l]. En effet, Joab ne s'était pas mis du côté d'Absalom, mais ensuite, il a pris le parti d'Adonia. 29 Quelqu'un vient dire à Salomon : « Joab s'est réfugié dans la tente du SEIGNEUR, il est à côté de l'autel. » Salomon envoie quelqu'un demander à Joab : « Pourquoi est-ce que tu t'es réfugié près de l'autel ? » Joab répond : « J'ai eu peur de toi et je me suis réfugié auprès du SEIGNEUR. » Alors Salomon envoie là-bas Benaya, fils de Yoyada, avec l'ordre de le tuer. 30 Benaya arrive à la tente du SEIGNEUR. Il dit à Joab : « Sors d'ici ! C'est un ordre du roi ! » Mais Joab répond : « Non ! Je veux mourir ici ! »

Benaya revient chez le roi et lui répète les paroles de Joab. 31 Le roi lui dit : « Tue-le sur place, comme il l'a demandé. Puis enterre-le. Ainsi, la famille de mon père et moi-même, nous ne serons pas considérés comme responsables de la mort des deux hommes que Joab a assassinés sans raison. 32 En effet, Abner, fils de Ner, chef de l'armée d'Israël, et Amassa, fils de Yeter, chef de l'armée de Juda, étaient des hommes plus justes et meilleurs que Joab. Pourtant il les a tués, et mon père ne le savait pas. Eh bien, le SEIGNEUR lui-même tient Joab pour responsable de leur mort. 33 Oui, c'est Joab et ses fils qui en seront responsables pour toujours. Au contraire, David et ses fils, sa famille et les rois qui gouverneront après lui, connaîtront un bonheur sans fin grâce au SEIGNEUR. » 34 Benaya retourne donc auprès de Joab et il le tue. Puis on l'enterre dans sa propriété, située en pleine campagne. 35 Le roi met Benaya à la tête de l'armée pour remplacer Joab. Il met le prêtre Sadoc à la place d'Abiatar.

Salomon fait tuer Chiméi

36 Salomon fait venir Chiméi. Il lui dit : « Construis pour toi une maison à Jérusalem. Je veux que tu habites là et je te défends de sortir de la ville. 37 Je te préviens : le jour où tu sortiras de la ville et où tu traverseras la vallée du Cédron, tu mourras. Tu seras seul responsable de ta mort. » 38 Chiméi répond au roi : « C'est bon ! Mon roi, je ferai ce que tu as dit. »

---

k **2.27** *Voir 1 Samuel 2.30-36.*

l **2.28** *Voir 1 Rois 1.50 et la note.*

Chiméi reste longtemps à Jérusalem. 39 Mais au bout de trois ans, deux de ses esclaves fuient chez Akich, fils de Maaka et roi de la ville de Gath[m]. Chiméi apprend que ses esclaves sont à Gath. 40 Alors il prépare son âne et il part pour Gath, chez Akich, chercher ses esclaves. Ensuite il les ramène à Jérusalem. 41 Salomon apprend que Chiméi est allé à Gath et qu'il est revenu. 42 Alors le roi envoie quelqu'un appeler Chiméi et il lui dit : « Je t'ai fait promettre devant le SEIGNEUR de ne pas sortir de la ville. Je t'ai prévenu en disant : "Si tu en sors pour aller ici ou là, tu mourras !" Tu m'as répondu : "C'est bon, j'ai compris." 43 Tu n'as pas tenu ce que tu avais promis devant le SEIGNEUR. Pourquoi ? Tu as désobéi à l'ordre que je t'ai donné. Pourquoi donc ? » 44 Le roi ajoute : « Tu sais parfaitement tout le mal que tu as commis envers mon père David. Eh bien, le SEIGNEUR te fera subir les conséquences de ta méchanceté. 45 Mais le SEIGNEUR me *bénira et il établira solidement pour toujours le pouvoir royal dans la famille de David. »

46 Le roi donne un ordre à Benaya, fils de Yoyada. Il sort du palais avec Chiméi, se jette sur lui et le tue.

De cette façon, le pouvoir du roi Salomon est solidement établi.

Salomon se marie avec une fille du roi d'Égypte

3 1 Salomon devient le gendre du Pharaon, roi d'Égypte, en se mariant avec l'une de ses filles. Il l'installe dans le quartier de Jérusalem appelé « *Ville de David ». Elle reste là pendant tout le temps où Salomon construit son palais, le temple du SEIGNEUR et les murs qui entourent Jérusalem.

2 À cette époque, les gens continuent à offrir des *sacrifices dans les lieux sacrés du pays. En effet, on n'a pas encore bâti de temple *consacré au SEIGNEUR. 3 Salomon montre son amour pour le SEIGNEUR en réalisant ce que son père David lui a commandé. Pourtant, lui aussi offre des sacrifices d'animaux et il brûle du parfum dans les lieux sacrés.

Salomon demande à Dieu de lui donner la sagesse pour gouverner

4 Un jour, Salomon va à Gabaon[n] pour offrir des *sacrifices, car c'est le lieu sacré le plus important du pays. Salomon a déjà offert 1 000 animaux en sacrifices complets sur *l'autel de Gabaon. 5 À cet endroit, le SEIGNEUR se montre à Salomon pendant la nuit, dans un rêve. Il lui dit : « Demande-moi ce que tu veux, je te le donnerai. » 6 Salomon répond : « Tu as été très bon pour ton serviteur David, mon père. En effet, il s'est conduit envers toi comme un homme digne de confiance, juste et honnête. Tu lui as toujours montré ta grande bonté : tu lui as donné un fils qui est installé aujourd'hui sur son siège royal. 7 Oui, SEIGNEUR mon Dieu, c'est toi qui m'as fait roi à la place de David mon père. Mais moi, je suis très jeune, je ne sais pas encore comment me conduire. 8 Et je suis à la tête du peuple que tu as choisi. C'est un peuple nombreux, si nombreux qu'on ne peut pas le compter exactement. 9 Je suis ton serviteur, donne-moi donc un cœur intelligent pour gouverner ton peuple et distinguer le bien du mal. Sans cela, qui est capable de gouverner un peuple si important ? » 10 Cette demande de Salomon plaît au Seigneur.

11 Dieu répond au roi : « Tu n'as pas demandé pour toi une longue vie. Tu n'as pas demandé la richesse, ni la mort de tes ennemis. Mais tu as seulement demandé de savoir bien juger, pour gouverner avec justice. Puisque tu as demandé cela, 12 je vais te donner ce que tu as demandé : un cœur sage et intelligent. Avant toi, personne n'a été aussi sage et intelligent. Et après toi, personne ne le sera autant que toi. 13 Je vais même te donner ce que tu n'as pas demandé : la richesse et l'honneur. Pendant toute ta vie, aucun roi ne sera aussi grand que toi. 14 Et si tu fais ce que je demande, si tu obéis à mes ordres et à mes

---

m **2.39** *Gath : une ville des Philistins, située à 45 kilomètres au sud-ouest de Jérusalem.*

n **3.4** *Gabaon : ville située à 10 kilomètres au nord-ouest de Jérusalem.*

commandements, comme David, ton père, je te donnerai une longue vie. »

15 Salomon se réveille et il s'aperçoit que c'était un rêve. Il rentre à Jérusalem. Il se présente devant le *coffre de l'alliance du Seigneur. Il offre des sacrifices complets et des sacrifices de communion. Puis il organise un grand repas pour tous ses serviteurs.

Salomon rend un jugement plein de sagesse

16 Un jour, deux *prostituées viennent se présenter devant le roi Salomon. 17 La première dit : « Mon roi, écoute-moi, je t'en prie. Moi et cette femme, nous habitons la même maison. J'ai eu un enfant à un moment où elle était là. 18 Trois jours après, elle aussi a eu un enfant. Nous vivons seules dans la maison : il n'y a personne d'autre que nous deux. 19 Cette nuit, le fils de cette femme est mort, parce qu'elle s'est couchée sur lui. 20 Alors elle s'est levée au milieu de la nuit. Pendant que je dormais, elle a pris mon fils, qui était à côté de moi, et elle l'a couché dans son lit. Puis elle a mis son fils mort à côté de moi. 21 Ce matin, je me suis levée pour allaiter mon enfant, et je l'ai trouvé mort. Quand il a fait jour, je l'ai bien regardé, mais ce n'était pas mon fils, celui que j'ai mis au monde. »

22 À ce moment-là, l'autre femme se met à crier : « Ce n'est pas vrai ! Mon fils, c'est celui qui est vivant ! Ton fils, c'est celui qui est mort ! » Mais la première femme répond : « Non ! Ton fils, c'est celui qui est mort ! Mon fils, c'est celui qui est vivant ! » C'est ainsi que les deux femmes se disputent devant le roi. 23 Le roi Salomon dit alors : « L'une de vous affirme : "Mon fils, c'est celui qui est vivant. Ton fils, c'est celui qui est mort !" Et l'autre affirme : "Ton fils, c'est celui qui est mort. Mon fils, c'est celui qui est vivant !" » 24 Puis le roi ajoute : « Apportez-moi une *épée ! » On apporte l'épée. 25 Le roi donne cet ordre : « Coupez l'enfant en deux et donnez-en la moitié à chaque femme. »

26 La mère de l'enfant vivant est bouleversée, parce qu'elle aime beaucoup son fils. Elle dit : « Mon roi, pardon ! Donne plutôt l'enfant vivant à cette femme. Ne le tue pas ! » Mais l'autre femme dit : « Oui, coupez l'enfant en deux ! Ainsi il ne sera ni à toi ni à moi ! » 27 Alors le roi prend la parole et dit : « Donnez l'enfant à la première des deux femmes. Oui, c'est elle qui est la mère de l'enfant vivant. »

28 Tous les Israélites apprennent le jugement que Salomon a rendu. Ils sont remplis d'un grand respect envers le roi. En effet, ils constatent que Dieu l'a rempli de sagesse pour rendre la justice.

Salomon organise son royaume

4 1 Salomon est roi sur tout le pays d'Israël. 2 Voici les fonctionnaires qui sont à son service : Azaria, fils de Sadoc, est prêtre. 3 Élihoref et Ahia, les fils de Chicha, sont secrétaires. Yochafath, fils d'Ahiloud, est le porte-parole du roi. 4 Benaya, fils de Yoyada, est chef de l'armée, Sadoc et Abiatar sont prêtres. 5 Azaria, fils de Natan, est chef des gouverneurs. Zaboud, fils de Natan, est prêtre et conseiller du roi. 6 Ahichar est chef du palais du roi. Adoniram, fils d'Abda, est chef des travaux obligatoires.

7 Salomon a aussi 12 gouverneurs dans tout le pays d'Israël. Ils sont chargés de nourrir le roi et les personnes du palais. Chacun doit fournir cette nourriture un mois par an. 8 Voici leurs noms :

le fils de Hour, pour la région montagneuse d'Éfraïm,

9 le fils de Déquer, pour la région de Macas, de Chaalbim, du Beth-Chémech et d'Élon-Beth-Hanan,

10 le fils de Hessed, à Arouboth, pour la région de Soko et tout le pays de Héfer,

11 le fils d'Abinadab, pour toute la région des collines de Dor. Cet homme a pris pour femme Tafath, une fille de Salomon.

12 Baana, fils d'Ahiloud, est gouverneur pour la région de Taanak et Méguiddo, et toute la région de Beth-Chéan. La région de Beth-Chéan touche à Sartan, au-dessus d'Izréel, elle va de Beth-Chéan à Abel-Mehola et jusqu'au-delà de Yocnéam.

13 Le fils de Guéber est gouverneur à Ramoth, en Galaad. Il gouverne aussi, en Galaad, la ré-

gion des villages de Yaïr, fils de Manassé, et le
pays d'Argob, sur le plateau du Bachan. Toute
cette région compte 60 villes bien protégées.
Des murs les entourent, et leurs *portes ont
des verrous de bronze.
14 Voici les noms des autres gouverneurs:
Ahinadab, fils d'Iddo, pour la région de
Mahanaïm,
15 Ahimaas, pour la région de Neftali. Lui aussi
a pris pour femme une fille de Salomon, appelée Basmath.
16 Baana, fils de Houchaï, pour la région
d'Asser et de Béaloth,
17 Yochafath, fils de Paroua, pour la région
d'Issakar,
18 Chiméi, fils d'Éla, pour la région de Benjamin,
19 Guéber, fils d'Ouri, pour le pays de Galaad,
les pays de Sihon, roi des *Amorites, et d'Og,
roi du Bachan.
En plus de ces 12 gouverneurs, il y a encore un
gouverneur dans le pays de Juda.
20 Les habitants du royaume de Juda et d'Israël sont aussi nombreux que les grains de
sable au bord de la mer. Ils ont à manger et
à boire, et ils sont heureux.

5 1 Or, Salomon gouverne encore tous les
petits royaumes qui s'étendent depuis
l'Euphrate, le grand fleuve, jusqu'au pays
des *Philistins et jusqu'à la frontière de
l'Égypte. Tous les rois de ces royaumes sont
sous le pouvoir de Salomon et ils lui apportent
leurs impôts pendant toute sa vie.
2 Pour nourrir Salomon et ceux qui le servent, il faut chaque jour: 9 tonnes de se-
moule, 18 tonnes de farine fine, 3 10 bœufs
qu'on a fait grossir tout spécialement, 20
bœufs pris au pâturage et 100 moutons. Il y
a aussi les cerfs, les gazelles, les biches et les
oies grasses.
4 Le pouvoir de Salomon s'étend donc sur
toute la région située à l'ouest de l'Euphrate,
depuis Tifsa jusqu'à Gaza[o]. Et il vit en paix
avec tous les pays qui l'entourent. 5 Les habitants de Juda et d'Israël vivent en sécurité depuis Dan, au nord, jusqu'à Berchéba, au sud.
Pendant la vie de Salomon, chacun peut cultiver tranquillement ses *vignes et ses *figuiers.
6 Salomon possède aussi 12 000 chevaux et
des bâtiments qui peuvent recevoir 40 000
chevaux pour ses chars.
7 Les 12 gouverneurs désignés par le roi Salomon fournissent la nourriture nécessaire
pour lui et pour ceux qui mangent à sa table.
Chacun le fait un mois par an. Ils ne les laissent manquer de rien. 8 Les gouverneurs font
aussi apporter *l'orge et l'herbe sèche pour les
chevaux des cavaliers et pour ceux des chars,
là où le roi se trouve. Chacun d'eux obéit aux
ordres qu'il reçoit.

La sagesse de Salomon

9 Dieu a donné à Salomon une profonde sagesse et une vive intelligence. Les choses
auxquelles il s'intéresse sont aussi nombreuses que les grains de sable au bord de la mer.
10 La sagesse de Salomon dépasse celle de
tous les sages d'Arabie et d'Égypte. 11 C'est
le plus sage de tous les hommes, il dépasse
en sagesse Étan l'Ezrahite[p], ainsi qu'Héman,
Kalkol et Darda, les trois fils de Mahol. Sa sagesse est si grande que son nom est connu
dans tous les pays voisins. 12 Il compose
3 000 proverbes et plus de 1 000 chants de
sagesse. 13 Il est capable de parler des arbres,
depuis le *cèdre du Liban jusqu'à la petite hysope[q] qui pousse sur les murs. Il peut parler
aussi des animaux, des oiseaux, des serpents
et des poissons. 14 Des gens viennent de tous
les pays pour entendre les paroles de sagesse
de Salomon. Ils viennent de la part de tous
les rois de la terre qui ont entendu parler
de sa sagesse.

---

o **5.4** *Tifsa: au bord du fleuve Euphrate, en Mésopotamie.*
Gaza: une ville des Philistins, située au bord de la mer Méditerranée, au sud du royaume de Salomon.

p **5.11** *Étan l'Ezrahite: l'un des responsables du chant et de la musique dans le temple de Jérusalem.*

q **5.13** *L'hysope est une petite plante de bonne odeur. Elle était utilisée dans les cérémonies de purification.*

Salomon prépare la construction du temple du Seigneur

15 Hiram, le roi de la ville de Tyr, a toujours
été un ami de David. Il apprend que Salomon
a été *consacré comme roi à la place de son
père David. Alors il envoie des délégués pour
le saluer. 16 À son tour, Salomon envoie ce
message à Hiram : 17 « Tu le sais, les ennemis
de David, mon père, l'ont attaqué sans arrêt.
C'est pourquoi il n'a pas pu construire une
maison pour le SEIGNEUR son Dieu. Mais le
SEIGNEUR lui a finalement donné la victoire
sur eux. 18 Et maintenant, le SEIGNEUR mon
Dieu m'a donné la paix sur toutes les frontières. Il n'y a plus d'ennemis ni de malheur qui
me menacent. 19 Alors j'ai l'intention de construire une Maison pour le SEIGNEUR mon
Dieu. En effet, le SEIGNEUR a dit à David,
mon père : "Je mettrai ton fils à ta place
sur le siège royal. C'est lui qui construira
une maison pour moi[r]." 20 Eh bien, maintenant, donne l'ordre de couper des *cèdres
du Liban. Mes serviteurs travailleront avec
tes serviteurs, et je leur paierai le salaire
que tu me demanderas. Car tu le sais, chez
nous, personne ne sait couper les arbres,
comme les gens de Sidon. »

21 Quand le roi Hiram entend le message de
Salomon, il est très content et il dit : « Aujour-
d'hui, je remercie le SEIGNEUR. Oui, il a donné
à David un fils rempli de sagesse pour gouverner ce grand peuple d'Israël. » 22 Ensuite Hiram envoie cette réponse à Salomon : « J'ai
bien reçu ton message. Je fournirai le bois
de cèdre et le bois de cyprès que tu demandes.
23 Mes serviteurs transporteront les troncs
d'arbres, depuis les montagnes du Liban jusqu'à la mer. Ils les attacheront ensemble.
Puis ils les feront flotter sur la mer jusqu'à
l'endroit que tu m'indiqueras. Là, ils les déta-
cheront, et tes serviteurs viendront les chercher. Comme salaire, tu me donneras la
nourriture que je désire pour les serviteurs
de mon palais. »

24 Alors Hiram envoie à Salomon le bois de
cèdre et le bois de cyprès qu'il demande. 25 De
son côté, Salomon lui fournit chaque année à
peu près 6 000 tonnes de *blé, plus de 8 000 litres d'huile *d'olive de très bonne qualité
pour nourrir les gens de sa maison.

26 Le SEIGNEUR donne de la sagesse à Salomon, selon sa promesse. Ainsi, Salomon et Hiram peuvent vivre en paix et ils passent un
accord.

Salomon établit des travaux obligatoires

27 Salomon établit des travaux obligatoires
pour 30 000 Israélites. 28 Chaque mois, il envoie à tour de rôle 10 000 hommes dans les
montagnes du Liban. Ils restent un mois au Liban, puis deux mois chez eux. Adoniram est
le chef de ces travaux obligatoires. 29 Salomon
a aussi 70 000 porteurs et 80 000 tailleurs de
pierre qui travaillent pour lui dans la montagne. 30 Il a encore à son service les chefs désignés par les préfets pour diriger les travaux.
Ils sont 3 300 qui commandent les ouvriers.
31 Sur l'ordre du roi, ils retirent de grands
blocs de la montagne dans lesquels ils taillent
de belles pierres. Elles doivent servir aux fondations du temple. 32 Les ouvriers de Salomon
et de Hiram finissent de les tailler, avec l'aide
des gens de la ville de Byblos. Ils préparent le
bois et les pierres pour construire le temple.

Salomon construit le temple du Seigneur

6 1 Le roi Salomon commence à construire
le temple du SEIGNEUR 480 ans après que
les Israélites sont sortis d'Égypte. C'est la quatrième année que Salomon est roi d'Israël : les
travaux commencent pendant le mois de Ziv,
c'est-à-dire le deuxième mois de l'année[s]

2 Le temple que Salomon fait construire
pour le SEIGNEUR a 30 mètres de long, 10 mètres de large et 15 mètres de haut. 3 Devant la
grande salle du temple, il y a une salle d'entrée. Elle a 10 mètres de large, comme le temple, et 5 mètres de profondeur. 4 Dans les
murs du temple, il y a des fenêtres à cadre,

r **5.19** *Voir 2 Samuel 7.*

s **6.1** *En avril-mai. Salomon est devenu roi vers 972 avant J.-C.*

protégées par des grillages. 5 On construit un
bâtiment annexe de trois étages. Il s'appuie
contre les murs extérieurs de la grande salle
et de la salle du fond. 6 La salle d'en bas de
ce bâtiment a 2 mètres et demi de large.
L'étage du milieu a 3 mètres, et l'étage au-
dessus a 3 mètres et demi. En effet, le mur extérieur du temple n'a pas la même épaisseur
sur toute sa hauteur. Il est moins épais à
chaque niveau. Ainsi les poutres qui soutiennent le bâtiment annexe n'entrent pas dans
les murs du temple. 7 Pour construire, les ouvriers se servent de pierres préparées à l'endroit où ils les prennent. C'est pourquoi,
pendant la construction, on n'entend aucun
coup de marteau, aucun ciseau ni aucun outil
en fer. 8 Une porte sur le côté sud du temple
permet d'entrer dans la salle du bas de l'annexe. De là, des escaliers tournants mènent
à l'étage du milieu, puis à l'étage au-dessus.
9 Pour finir la construction du temple, on fabrique un plafond avec des poutres et des
planches de *cèdre. 10 Chaque étage du bâtiment annexe construit tout autour du temple
a 2 mètres et demi de haut. Ses poutres de
cèdre s'appuient sur le mur du temple.

11 Le SEIGNEUR adresse sa parole à Salomon.
12 Il lui dit : « Tu es en train de construire ce
temple pour moi. Eh bien, si tu vis selon
mes lois, si tu agis selon mes règles, si tu gardes mes commandements en leur obéissant, je
tiendrai la promesse que j'ai faite à ton sujet à
ton père David. 13 Je viendrai habiter dans ce
temple au milieu des Israélites. Je n'abandonnerai jamais Israël, mon peuple. »

L'intérieur du temple

14 Après que le temple est construit selon les
ordres de Salomon, 15 les artisans recouvrent
les murs intérieurs de bois de *cèdre, de bas
en haut, et ils recouvrent le sol de bois de cyprès. 16 Ils recouvrent aussi de bois de cèdre
les murs de la salle du fond sur 10 mètres,
de bas en haut. Ensuite, ils arrangent cette
salle pour en faire le cœur du temple, le
*lieu très saint. 17 Le reste du temple qui est
devant le lieu très saint a 20 mètres de long
et forme le lieu saint. 18 Le bois de cèdre à l'intérieur du temple est décoré de fruits et de
fleurs ouvertes en bois sculpté. Les murs
sont tous couverts de bois de cèdre, et aucune
pierre n'est visible. 19 Salomon fait arranger le
lieu très saint, qui est la salle importante du
temple, pour y placer le *coffre de l'alliance
du SEIGNEUR. 20-21 Cette salle est carrée, elle a
10 mètres de côté et 10 mètres de haut. Elle
est recouverte d'or fin comme le cœur du temple. Devant l'entrée du lieu très saint, on tend
une chaîne en or et on place un *autel en bois
de cèdre recouvert d'or. 22 Salomon fait recouvrir d'or pur tout l'intérieur du temple ainsi
que l'autel placé près de l'entrée du lieu très
saint[t].

23 Pour le lieu très saint, Salomon fait fabriquer deux *chérubins en bois *d'olivier
sauvage. Chacun a 5 mètres de haut. 24 Le
premier a des ailes de 2 mètres et demi de
long. Il y a donc 5 mètres d'un bout à l'autre
de ses ailes. 25 Le deuxième mesure aussi
5 mètres. Il est aussi grand que le premier et
il a la même forme. 26 Chaque chérubin mesure 5 mètres de haut. 27 Les chérubins sont
placés au milieu du lieu très saint. Ils ont les
ailes étendues. Donc une aile du premier chérubin touche un mur de la salle et une aile du
deuxième touche l'autre mur. Les deux autres
ailes se touchent au milieu de la salle. 28 Les
deux chérubins sont recouverts d'or[u].

29 Sur tous les murs du temple, dans les
deux salles, les artisans sculptent des chérubins, des branches de palmier et des fleurs ouvertes. 30 Ils recouvrent d'or le sol du temple,
dans les deux salles.

31 Pour fermer le lieu très saint, ils fabriquent une porte à deux battants, en bois d'olivier sauvage. Le pilier et les cadres ont cinq
sculptures. 32 Sur les deux battants, les artisans sculptent des chérubins, des branches
de palmier et des fleurs ouvertes. Puis ils les
recouvrent d'or. Ils appliquent aussi de l'or

t **6.22** *Il s'agit de l'autel du parfum. Voir Exode 30.1-6.*
u **6.28** *Voir Exode 25.18-20.*

sur les chérubins et sur les branches de palmier. 33 On fabrique encore une porte pour fermer la grande salle. Ses montants en bois ont quatre sculptures. 34 Ses deux battants sont en bois de pin, et chaque battant est décoré de deux anneaux sculptés. 35 Sur ces battants, les artisans sculptent des chérubins, des branches de palmier et des fleurs ouvertes. On recouvre d'or les parties sculptées.

36 Ensuite, on entoure la cour intérieure d'un mur. Ce mur est formé de trois rangées de pierres placées les unes au-dessus des autres, et d'une rangée de poutres de cèdre.

37 C'est la quatrième année que Salomon est roi. Il fait poser les fondations du temple au mois de Ziv[v]. 38 La onzième année, au mois de Boul, c'est-à-dire le huitième *mois[w], les travaux de construction sont terminés dans tous les détails et selon les plans d'ensemble. Il a donc fallu sept ans pour construire le temple.

Salomon se fait construire un palais

7 1 Salomon fait aussi construire son palais. Il met treize ans pour le finir complètement. 2 Il fait d'abord construire le bâtiment appelé « La Forêt du Liban ». Il a 50 mètres de long, 25 mètres de large et 15 mètres de haut. Son nom vient des quatre rangées de colonnes en bois de *cèdre qui portent les poutres en cèdre du plafond[x]. 3 Il y a 3 rangées de 15 poutres chacune, c'est-à-dire 45 poutres en tout. Elles sont placées en travers du bâtiment et reposent sur les colonnes. Le plafond, qui est aussi en bois de cèdre, est fixé sur ces poutres. 4 Sur chaque côté du bâtiment, il y a trois rangées de fenêtres à cadre. Sur ces trois rangées, chaque fenêtre est en face d'une autre fenêtre. 5 Toutes les portes avec leurs cadres ont la forme d'un rectangle. Elles sont l'une en face de l'autre, en trois endroits.

6 Salomon fait construire aussi la « Salle des Colonnes ». Elle a 25 mètres de long et 15 mètres de large et sert de salle d'entrée. Elle comprend des colonnes et un toit par-devant. Cette salle est placée en avant de « La Forêt du Liban ».

7 Il fait construire encore la « Salle du siège royal » appelée aussi « Salle du Jugement » parce que Salomon rend la justice à cet endroit. Elle est recouverte de bois de cèdre depuis le sol jusqu'au plafond.

8 La maison où le roi habite est construite de la même façon, dans une autre cour, en arrière de « La Forêt du Liban ».

Salomon a pris pour femme la fille du roi d'Égypte. Il lui fait bâtir une maison semblable à la salle d'entrée de « La Forêt du Liban ».

9 Pour tous ces bâtiments, les ouvriers utilisent de très belles pierres, aussi grandes que les pierres taillées. Ils découpent à la scie les deux côtés des pierres qui sont visibles dans le mur. Les pierres montent depuis les fondations jusqu'au bord du toit. À l'extérieur, elles forment aussi les murs de la grande cour. 10 Pour les fondations, les ouvriers prennent de belles pierres très grandes, de 4 et 5 mètres de long. 11 Sur ces pierres, ils placent les pierres taillées et les poutres de cèdre. 12 Autour de la grande cour, le mur est formé de trois rangées de pierres taillées, les unes au-dessus des autres, et d'une rangée de poutres de cèdre. C'est la même construction que pour la cour intérieure du temple du SEIGNEUR et pour la salle d'entrée du temple.

Salomon confie les travaux à un artisan de Tyr

13-14 Il y a à Tyr un artisan qui travaille le bronze. Il s'appelle Houram. Son père est de Tyr, mais sa mère, qui est veuve, est de la tribu de Neftali. Le roi Salomon envoie quelqu'un chercher Houram. Celui-ci est très adroit et très intelligent. Il sait fabriquer tou-

v **6.37** *En avril-mai, vers 968 avant J.-C.*

w **6.38** *En octobre-novembre.*

x **7.2** *Les nombreuses colonnes de ce bâtiment faisaient penser à une forêt. Le bois de cèdre venait du Liban.*

tes sortes d'objets en bronze. C'est pourquoi il vient auprès du roi Salomon et réalise tous les travaux que le roi lui demande.

Les colonnes de bronze du temple

15 Houram fabrique deux colonnes de bronze. Elles ont 9 mètres de haut et 6 mètres de tour. 16 Il fabrique aussi deux sortes de couronnes pour les mettre en haut des colonnes. Elles sont en bronze, et chacune a 2 mètres et demi de haut. 17 Pour les couronnes, il sculpte encore d'autres décorations de bronze qui ressemblent à des filets et à des petites chaînes. Il y en a sept sur chaque couronne. 18 Il fabrique également des fruits en bronze appelés grenades, sur deux rangs, sur les filets qui couvrent les couronnes. 19 Sur chaque colonne, il y a une deuxième couronne de 2 mètres de haut. Elle a la forme d'une fleur de lys. 20 Juste au-dessus des couronnes, il y a une partie plus grosse. Elle dépasse le filet et les 200 fruits rangés autour de chaque couronne. 21 Houram fait dresser les deux colonnes avec leurs couronnes devant la salle d'entrée du temple. Il place la première à droite, et il appelle cette colonne Yakin. Il place l'autre à gauche et il appelle cette colonne Boaz[y].

22 Voilà comment Houram finit le travail des colonnes.[z]

La grande cuve de bronze du temple

23 Houram fabrique une grande cuve ronde en bronze. Elle mesure 5 mètres d'un bord à l'autre, 2 mètres et demi de haut et 15 mètres de tour. 24 Au-dessous du bord de la cuve, tout autour, il y a des fruits en bronze. Il y en a 20 par mètre, sur deux rangées. Ces décorations ont été fondues en même temps que la cuve. 25 La cuve est posée sur douze bœufs en bronze : trois sont tournés vers le nord, trois vers l'ouest, trois vers le sud et trois vers l'est. L'arrière de leur corps est tourné vers l'intérieur, sous la cuve. 26 La cuve est épaisse de 8 centimètres. Son bord est travaillé comme le bord d'une *coupe qui a la forme d'une fleur de lys. Elle contient à peu près 80 000 litres d'eau.

Les chariots de bronze du temple

27 Ensuite Houram fabrique dix chariots en bronze. Chacun a 2 mètres de côté et 1 mètre et demi de haut. 28 Voici comment ils sont construits : des plaques de bronze étroites forment le cadre. D'autres plaques semblables sont fixées entre les montants. 29 Des lions, des bœufs et des *chérubins décorent ces plaques et le haut des montants. Des sortes de guirlandes pendent sous les lions et les bœufs. 30 Chaque chariot a quatre roues en bronze, tenues par des tiges en bronze. Les tiges sont fixées dans des sortes de pieds, aux quatre angles. Ces pièces en forme de pieds ont été fondues en même temps que le cadre, mais elles ne dépassent pas les guirlandes. 31 En haut du chariot, 50 centimètres au-dessus du bord, il y a une ouverture ronde. Elle sert à porter les petites cuves. Cette ouverture mesure 75 centimètres d'un bord à l'autre. La partie qui dépasse du cadre est carrée et non pas ronde. Elle est décorée de sculptures creusées dans des plaques de bronze. 32 Les quatre roues sont fixées sous le bord du cadre, et les tiges des roues traversent le chariot. Les roues ont 75 centimètres de diamètre. 33 Elles sont fabriquées comme des roues de char. Toutes les parties qui les composent sont en bronze fondu. 34 Les quatre pièces en forme de pied, aux quatre angles d'un chariot, forment un tout avec le cadre du chariot. 35 À la partie supérieure de chaque chariot, il y a un cercle large de 25 centimètres, autour de l'ouverture. Cette partie a aussi des poignées et des plaques en bronze. Elles forment une seule pièce avec le reste du chariot. 36 Houram fait encore sculpter des *chérubins, des lions et des branches de palmier sur les parties plates qui n'ont pas encore de poignées ni de pla-

---

y **7.21** *Yakin signifie « il rend solide », et Boaz « en lui la force ». Les pronoms « il » et « lui » pourraient désigner Dieu.*

z **7.22** *La première partie du verset n'a pas été traduite. En effet, elle recopie une partie du verset 19.*

ques. Tout autour, il sculpte d'autres guirlandes. 37 Il fabrique les dix chariots de la même
façon. Ils forment tous une seule pièce et ils
ont la même grandeur et la même forme.

38 Houram fabrique enfin dix petites cuves
en bronze pour les mettre sur les dix chariots.
Chaque cuve a 2 mètres de haut et contient à
peu près 1 600 litres d'eau. 39 Il place cinq chariots avec les cuves à droite du temple et cinq
chariots à gauche. Il place la grande cuve
ronde sur le côté droit du temple, vers le
sud-est.

Liste des objets en métal du temple

40 Quand Houram a fabriqué les petites
cuves, les pelles et les *coupes pour le sang,
il a fini tout le travail commandé par le roi
Salomon pour le temple du SEIGNEUR :
41 – deux colonnes
– deux sortes de couronnes à placer en haut
des colonnes,
– deux sortes de filets, pour recouvrir les
couronnes en haut des colonnes,
42 – 400 fruits appelés grenades, attachés aux
deux filets qui couvrent les couronnes, c'est-à-
dire deux rangées de grenades attachées à
chaque filet,
43 – dix chariots,
– dix petites cuves placées sur les chariots,
44 – une grande cuve ronde,
– douze bœufs qui portent cette cuve,
45 – des récipients pour les cendres,
– des pelles et des coupes pour le sang.
Tous ces objets que Houram a fabriqués pour
le temple du SEIGNEUR, sur l'ordre du roi Salomon, sont en bronze poli. 46 Houram les a fait
fondre dans la terre, dans la vallée du Jourdain, entre les villages de Soukoth et de Sartan. 47 Ensuite, Salomon fait placer ces objets
dans le temple du SEIGNEUR. Il y en a tellement
que personne ne cherche à savoir combien
pèse ce bronze.

48 Salomon fait fabriquer aussi tous les
objets en or nécessaires pour le temple du
SEIGNEUR : *l'autel du parfum, en or, la table
des pains offerts à Dieu, en or, 49 les dix porte-
lampes en or, placés devant le *lieu très saint,
cinq à droite et cinq à gauche, les fleurs, les
lampes et les pincettes pour les porte-lampes,
en or, 50 les cuvettes, les éteignoirs pour les
lampes, les coupes pour le sang, les récipients,
les brûle-parfums, en or fin, les gonds en or
des portes de la salle appelée lieu très saint,
et ceux des portes de la grande salle.

51 Voilà comment Salomon a fini tous les travaux de construction pour le temple du
SEIGNEUR. Après cela, il fait apporter les dons
que son père David a *consacrés au SEIGNEUR :
l'argent, l'or et divers objets. Il les met dans la
salle du trésor du temple.

Le coffre de l'alliance est placé dans le temple

8 1 Ensuite, le roi Salomon réunit auprès de
lui à Jérusalem les *anciens du peuple
d'Israël, tous les chefs des tribus, les chefs
de famille des Israélites. Il leur demande de
transporter le *coffre de l'alliance du SEIGNEUR
depuis la « *Ville de David », appelée aussi
*Sion, jusqu'au temple. 2 Tous les Israélites
se réunissent donc auprès du roi Salomon, le
septième mois, ou mois d'Étanim, pendant la
*fête des Huttes. 3 Quand tous les anciens
d'Israël arrivent, les prêtres portent le coffre
sacré. 4 Ils transportent le coffre du SEIGNEUR
ainsi que la *tente de la rencontre avec les objets sacrés qui sont dans la tente. Ce sont les
prêtres et les *lévites qui les transportent.
5 Le roi Salomon et toute la communauté
d'Israël réunie auprès de lui se mettent ensemble devant le coffre. Ils offrent en sacrifice
des moutons et des bœufs. Il y en a tellement
que personne ne peut les compter exactement.

6 Ensuite, les prêtres transportent le coffre
de l'alliance du SEIGNEUR à la place prévue
pour lui, dans la salle appelée le *lieu très
saint, sous les ailes des *chérubins. 7 En effet,
les chérubins étendent leurs ailes au-dessus
de l'endroit prévu pour le coffre. Ainsi, ils protègent le coffre et les barres qui servent à le
porter. 8 Ces barres sont longues. On peut
donc voir leurs bouts depuis la salle située devant le *lieu très saint, mais on ne les voit pas
du dehors. Elles sont là encore aujourd'hui.
9 Dans le coffre, il y a seulement les deux ta-

blettes de la *loi. Après que les Israélites sont
sortis d'Égypte, le SEIGNEUR a fait *alliance
avec eux sur le mont *Horeb. C'est à ce
moment-là que Moïse a placé les tablettes de
la loi dans le coffre sacré[a].
10 Quand les prêtres sortent du *lieu saint,
un nuage remplit le temple du SEIGNEUR. 11 À
cause de ce nuage, les prêtres ne peuvent
pas continuer leur service. En effet, le SEI-
GNEUR remplit le temple de sa *gloire. 12 Alors
Salomon dit :

« SEIGNEUR, tu avais décidé
d'habiter dans un nuage sombre.
13 Mais moi,
je t'ai construit une maison magnifique,
un lieu où tu habiteras toujours. »

Discours de Salomon pour la consécration du temple

14 Toute l'assemblée d'Israël est debout. Salomon se tourne vers elle et la salue. 15 Puis il
dit : « Je remercie le SEIGNEUR, Dieu d'Israël.
Oui, il a réalisé lui-même ce qu'il avait promis
à mon père David. Il lui avait dit : 16 "C'est
moi qui ai fait sortir d'Égypte Israël, mon peuple. Depuis ce jour-là, je n'ai choisi aucune
ville, parmi toutes les villes d'Israël, pour y
construire un temple où je serai présent.
Mais je t'ai choisi, toi, David, pour que tu
sois à la tête d'Israël, mon peuple." 17 Or,
mon père David avait l'intention de construire
un temple *consacré au SEIGNEUR, Dieu d'Israël. 18 Mais le SEIGNEUR lui a dit : "Tu veux
construire un temple pour moi[b]. C'est une
très bonne intention. 19 Pourtant, ce n'est
pas toi qui le bâtiras, mais ton fils. Oui, c'est
ton fils qui fera construire un temple pour
moi[c]." » 20 Salomon continue : « Le SEIGNEUR
a tenu sa promesse. J'ai pris la place de mon
père David en m'installant sur le siège royal
d'Israël, comme le SEIGNEUR l'avait annoncé.
Et j'ai construit ce temple consacré au SEI-
GNEUR, Dieu d'Israël. 21 Là, j'ai réservé une
place pour le *coffre qui contient les paroles
de *l'alliance du SEIGNEUR. Cette alliance, il
l'a établie avec nos ancêtres, quand il les a
fait sortir d'Égypte. »

Salomon prie le Seigneur, Dieu d'Israël

22 Salomon se place devant *l'autel du SEI-
GNEUR, en face de toute l'assemblée d'Israël.
Il lève les mains vers le *ciel 23 et il prie ainsi :
« SEIGNEUR, Dieu d'Israël, il n'y a pas de Dieu
comme toi, ni en haut dans le ciel, ni en bas
sur la terre. Tu gardes fidèlement ton *alliance avec tes serviteurs quand ils t'obéissent
de tout leur cœur. 24 Ainsi tu as réalisé pour
ton serviteur David, mon père, ce que tu lui
avais promis. Oui, ce que tu lui avais promis
toi-même, tu le réalises toi-même aujourd'hui.
25 Maintenant, SEIGNEUR, Dieu d'Israël, tiens
également ta promesse faite à ton serviteur
David, mon père, quand tu lui as dit : "Il y
aura toujours quelqu'un de ta famille pour
être roi du peuple d'Israël après toi, mais à
une condition : tes fils et les fils de leurs fils
doivent faire attention à leur conduite et vivre
devant moi, comme tu as vécu toi-même."
26 Et maintenant, Dieu d'Israël, je t'en prie,
réalise ce que tu as promis à ton serviteur
David, mon père ! 27 Est-ce que Dieu peut
vraiment habiter sur la terre ? Le ciel est immense, mais il ne peut pas te contenir, toi,
mon Dieu. Et ce temple que j'ai construit est
beaucoup trop petit pour toi. 28 Pourtant, SEI-
GNEUR mon Dieu, sois attentif : moi, ton serviteur, je te prie et te supplie. Oui, écoute la
prière fervente que je t'adresse aujourd'hui.
29 Ouvre tes yeux ! Pose ton regard nuit et
jour sur ce temple. Tu as parlé de ce lieu en
disant : "C'est ici que je serai présent."
Écoute la prière que je t'adresse en ce lieu
même. 30 Écoute mon appel et l'appel de ton
peuple Israël quand nous prions dans ce
lieu. Écoute-nous, SEIGNEUR, du haut du ciel
où tu habites, écoute-nous et accorde-nous
ton pardon.

---

a 8.9 *Voir Deutéronome 10.1-5.*

b 8.18 *Voir 2 Samuel 7.1-13.*

c 8.19 *Voir 2 Samuel 7.12-13.*

31 « Quand quelqu'un est accusé d'avoir fait
du mal à son *prochain, on peut exiger de lui
un serment accompagné d'une malédiction.
S'il vient faire ce serment dans ton temple, devant ton *autel, 32 toi, SEIGNEUR, du haut du
ciel, écoute et agis. Juge tes serviteurs. Déclare coupable celui qui a mal agi, et qu'il
paie pour sa conduite. Déclare innocent celui
qui n'a rien fait de mal, et que tout le monde
le traite comme une personne innocente.

33 « Il peut arriver que les Israélites te désobéissent et perdent la bataille contre leurs ennemis. Mais ensuite ils reviendront peut-être
vers toi, ils chanteront ta louange, ils te prieront et te supplieront dans ce temple. 34 Alors
toi, SEIGNEUR, du haut du ciel, écoute, pardonne les péchés d'Israël ton peuple. Fais
revenir les Israélites dans le pays que tu
as donné à leurs ancêtres !

35 « Il peut arriver encore qu'ils te désobéissent. Alors le ciel sera fermé et ne donnera
plus de pluie. Mais ensuite ils se tourneront
peut-être vers ce lieu pour te prier. Ils chanteront ta louange et regretteront leurs péchés
parce que tu les auras mis dans le malheur.
36 Alors toi, SEIGNEUR, du haut du ciel, écoute
et pardonne les péchés des Israélites, car ils
sont tes serviteurs et ton peuple. Apprends-
leur à se conduire correctement. Puis fais tomber la pluie sur ce pays qui est à toi et que tu
leur as donné en partage.

37 « D'autres malheurs pourront arriver.
Par exemple, il y aura la famine ou la peste
dans le pays. Les grains sècheront ou pourriront dans les champs. Ou encore il y aura
des nuages de sauterelles et de criquets. Il
pourra arriver que des ennemis attaquent
ton peuple jusque dans les villes bien protégées. Quand toutes sortes de malheurs et de
maladies arriveront, 38 les Israélites, ton peuple, reconnaîtront peut-être que leurs souffrances viennent de leur propre cœur. Ils te
prieront et te supplieront. Ils se tourneront
vers ce temple et lèveront les mains pour te
prier. 39 Alors toi, SEIGNEUR, du haut du ciel
où tu habites, écoute, pardonne-leur et agis.
Traite chacun selon ses actes, puisque tu
connais le cœur de chacun. Oui, toi seul, tu
connais le cœur de tous les humains. 40 Ainsi,
les Israélites te respecteront toujours, tout le
temps qu'ils vivront dans ce pays que tu as
donné à nos ancêtres.

41-42 « Les autres peuples entendront parler
de ton grand nom, de ta force et de ta puissance. Ainsi, un étranger, qui n'appartient
pas à ton peuple Israël, pourra venir d'un
pays éloigné pour te prier dans cette maison.
43 Alors, toi, SEIGNEUR, du haut du ciel où tu
habites, écoute la prière de cet étranger et
donne-lui ce qu'il demande. De cette façon,
tous les peuples de la terre te connaîtront.
Ils apprendront à te respecter comme Israël,
ton peuple, te respecte. Ils sauront que ce
temple que j'ai construit, c'est à toi qu'il est
*consacré.

44 « Les Israélites partiront à la guerre
contre leurs ennemis, là où tu les auras envoyés. Ils te prieront peut-être en direction
de la ville que tu as choisie et vers ce temple
que j'ai bâti pour toi. 45 Alors toi, SEIGNEUR, du
haut du ciel, écoute-les quand ils te prient et
te supplient. Fais triompher leur cause !

46 « Il leur arrivera de te désobéir, car tous
les humains désobéissent. Et toi, tu seras en
*colère contre eux, et tu les livreras à leurs
ennemis. Ceux-ci les feront prisonniers et
les déporteront dans leurs pays, proches ou
éloignés. 47 Mais ensuite, dans le pays où ils
seront prisonniers, ils réfléchiront peut-être.
Ils te supplieront en disant : "Nous avons péché, nous avons mal agi, nous sommes coupables !" 48 Ils reviendront peut-être vers toi de
tout leur cœur et de tout leur être, dans le
pays de ceux qui les ont fait prisonniers. Ils
te prieront en direction du pays que tu as
donné à leurs ancêtres, vers cette ville que
tu as choisie et vers ce temple que j'ai bâti
pour toi. 49 Alors, toi, du haut du ciel où tu habites, écoute-les quand ils te prient et te supplient, fais triompher leur cause ! 50 Pardonne-
leur les péchés qu'ils ont commis contre toi,
pardonne-leur de t'avoir désobéi. Permets
que ceux qui les retiennent prisonniers aient
pitié d'eux. 51 En effet, ils sont ton peuple, ils
t'appartiennent, eux que tu as fait sortir
d'Égypte, ce lieu de souffrances terribles.

52 « Ouvre les yeux, Seigneur DIEU ! Écoute
mes prières et celles de ton peuple d'Israël

chaque fois que nous crions vers toi ! 53 Oui,
c'est toi qui nous as mis à part de tous les autres peuples de la terre pour que nous soyons à
toi. Tu as déclaré cela par l'intermédiaire de
ton serviteur Moïse, quand tu as fait sortir
d'Égypte nos ancêtres, toi, le Seigneur DIEU. »

Salomon demande à Dieu d'être avec son peuple

54 Pendant que Salomon prie et supplie
longuement le SEIGNEUR, il est à genoux devant *l'autel, les mains levées vers le *ciel.
55 Après que Salomon a fini de prier le SEI-
GNEUR, il se lève, et, à haute voix, il *bénit
toute l'assemblée d'Israël en disant : 56 « Je remercie le SEIGNEUR ! Il a donné la paix à Israël,
son peuple, comme il l'avait promis. En effet,
il a réalisé toutes les promesses qu'il avait
faites par l'intermédiaire de son serviteur
Moïse. 57 Maintenant, je demande au SEI-
GNEUR notre Dieu d'être avec nous, comme
il a été avec nos ancêtres. Qu'il ne nous laisse
pas, qu'il ne nous abandonne pas ! 58 Qu'il
tourne nos cœurs vers lui ! Alors nous vivrons
comme il le désire, nous obéirons aux
commandements, aux lois et aux règles qu'il
a donnés à nos ancêtres. 59 Que le SEIGNEUR
notre Dieu se souvienne jour et nuit que je
l'ai prié et supplié. Alors il viendra me rendre
justice, jour après jour, à moi qui suis son serviteur et à son peuple Israël. 60 Ainsi tous les
peuples de la terre le sauront : le SEIGNEUR
seul est Dieu, et il n'y en a pas d'autre.
61 Alors votre cœur sera tout entier au SEI-
GNEUR notre Dieu, pour agir comme il le demande et obéir à ses commandements
comme vous le faites aujourd'hui. »

Salomon et les Israélites offrent des sacrifices au Seigneur

62 Le roi Salomon et tous les Israélites avec
lui offrent des *sacrifices en l'honneur du SEI-
GNEUR. 63 Salomon offre 22 000 bœufs et
120 000 moutons et chèvres en sacrifices de
communion. C'est ainsi qu'ils *consacrent le
temple du SEIGNEUR. 64 Ce jour-là, le roi consacre aussi le milieu de la cour, devant le temple
du SEIGNEUR. En effet, *l'autel de bronze, près
de l'entrée du temple, est trop petit pour
qu'on brûle sur lui tous les sacrifices. Salomon
doit donc offrir dans la cour les sacrifices
complets, les produits de la terre et les morceaux gras des sacrifices de communion.
65 À la même époque, Salomon célèbre la
*fête des Huttes avec les Israélites. Ils sont
venus très nombreux de tout le pays, depuis Lebo-Hamath au nord, jusqu'au torrent
d'Égypte au sud. La fête devant le SEIGNEUR
Dieu dure quatorze jours, d'abord sept jours,
puis encore sept jours. 66 Le huitième jour de
la deuxième semaine, le roi renvoie les Israélites chez eux. Ils viennent saluer le roi, puis
ils rentrent chez eux, le cœur plein de joie.
Ils sont heureux à cause du bien que le
SEIGNEUR a fait à son serviteur David et à
Israël, son peuple.

Le Seigneur se montre de nouveau à Salomon

9 1 Le roi Salomon finit de construire le temple du SEIGNEUR, son propre palais et tout
ce qu'il a eu envie de construire. 2 Après cela,
le SEIGNEUR se montre à lui une deuxième fois,
comme il s'est montré à lui à Gabaon[d]. 3 Le
SEIGNEUR dit à Salomon : « Je t'ai écouté quand
tu m'as prié et supplié : ce temple que tu as
fait construire, je l'ai *consacré pour être toujours présent parmi vous en ce lieu. Je veillerai toujours sur lui attentivement. 4 Et toi,
Salomon, conduis-toi envers moi comme ton
père David, avec un cœur droit et sincère.
Fais tout ce que je te commande, obéis aux
lois et aux règles que je t'ai données. 5 Si tu
agis ainsi, j'établirai pour toujours le pouvoir
royal de ta famille en Israël. Je l'ai promis à
ton père David en disant : "Il y aura toujours
un de tes fils qui sera roi du peuple d'Israël
après toi." 6 Mais toi, ton peuple, tes fils et
les fils de leurs fils, vous vous éloignerez
peut-être de moi. Vous désobéirez aux commandements et aux lois que je vous ai donnés.
Vous adorerez d'autres dieux et vous vous

d **9.2** *Voir 1 Rois 3.4-15.*

mettrez à genoux devant eux. 7 Alors je vous arracherai, vous, les Israélites, du pays que je vous ai donné. Je rejetterai loin de moi le temple que j'ai consacré en mon honneur. Et tous les peuples se moqueront d'Israël et l'insulteront. 8 Quand les gens passeront près de ce temple transformé en tas de pierres, ils seront bouleversés et pousseront des cris d'horreur. Ils demanderont : "Pourquoi est-ce que le SEIGNEUR a traité ce pays et ce temple de cette façon ?" 9 On leur répondra : "C'est parce que les Israélites ont abandonné le SEIGNEUR, leur Dieu, qui a fait sortir leurs ancêtres d'Égypte. Ils se sont attachés à d'autres dieux, ils se sont mis à genoux devant eux pour les adorer. Voilà pourquoi le SEIGNEUR a fait venir tous ces malheurs sur eux." »

Autres activités de Salomon

10 Au bout de 20 ans, Salomon a fini de construire le temple du SEIGNEUR et son propre palais. 11 C'est Hiram, roi de Tyr, qui lui a envoyé du bois de *cèdre, du bois de cyprès et tout l'or qu'il désirait pour ses constructions. C'est pourquoi le roi Salomon lui donne 20 villes situées en Galilée. 12 Alors Hiram vient de Tyr pour voir ces villes données par Salomon. Mais elles ne lui plaisent pas. 13 Hiram lui dit : « Mon frère, ces villes que tu m'as données ne valent rien ! À cause de cela, aujourd'hui encore, on appelle cette région "Pays de Kaboul"[e]. 14 Pourtant, Hiram a fait livrer à Salomon 3 tonnes et demie d'or. »

15 Le roi Salomon organise des travaux obligatoires pour construire le temple du SEIGNEUR, le palais du roi, la terrasse appelée « Millo »[f], les murs de Jérusalem, ainsi que les villes de Hassor, Méguiddo et Guézer. 16 Le roi d'Égypte a donné la ville de Guézer comme dot à sa fille, quand elle est devenue la femme de Salomon. Il avait attaqué cette ville, il l'avait prise et avait tué les *Cananéens qui l'habitaient. Puis il avait brûlé Guézer. 17 C'est pourquoi Salomon doit reconstruire la ville. Il reconstruit aussi les villes de Beth-Horon-le-Bas, 18 Baalath et Tamar dans la région du désert. 19 Il construit toutes les villes où il garde ses provisions en réserve, où il gare ses chars de guerre, et celles où il loge ses chevaux. Il construit tout ce qu'il désire dans la ville de Jérusalem, dans la région montagneuse du Liban et dans tout le pays soumis à son pouvoir.

20-21 Pour les travaux obligatoires, Salomon prend les fils des Cananéens parce qu'ils ne sont pas israélites. En effet, quand les Israélites sont entrés dans leur pays, il restait des habitants qu'ils n'ont pas tués. Il y avait des *Amorites, des Hittites, des Perizites, des Hivites et des Jébusites. Leurs fils et les fils de leurs fils sont esclaves aujourd'hui encore. 22 Salomon ne prend pas d'Israélites pour faire les travaux obligatoires. Mais il les engage dans l'armée comme soldats, officiers, capitaines, adjudants, conducteurs de chars ou cavaliers. 23 Les gouverneurs choisissent 550 hommes pour commander la foule des ouvriers sur les chantiers de Salomon.

24 La fille du roi d'Égypte quitte la « *Ville de David » et va habiter le palais construit pour elle. Ensuite, Salomon fait construire la terrasse appelée « Millo ».

25 Trois fois par an, Salomon offre des *sacrifices complets et des sacrifices de communion sur *l'autel qu'il a construit pour le SEIGNEUR. Il les fait brûler sur l'autel qui est devant le *lieu très saint. De cette façon, le temple remplit son rôle.

26 Le roi Salomon fait construire des bateaux à Ession-Guéber, près d'Élath. C'est un port sur la *mer des Roseaux, dans le pays d'Édom. 27 Le roi Hiram envoie à Salomon des marins phéniciens qui connaissent bien la mer. Ils partent avec les marins de Salomon 28 pour le pays d'Ofir[g]. Ils rapportent plus de 12 tonnes d'or pour le roi Salomon.

---

e **9.13** *Le nom de Kaboul fait penser à un mot hébreu qui veut dire « comme rien ».*

f **9.15** *Millo : une sorte de vallée qui séparait la « Ville de David », du temple. Salomon l'a fait remplir de terre.*

g **9.28** *Ofir : peut-être situé au sud de l'Arabie, ou plus loin sur la côte d'Afrique ou encore en Inde.*

La reine de Saba rend visite à Salomon

10 1 La reine de Saba[h] a entendu parler de Salomon. Elle vient donc lui poser des questions difficiles, pour voir s'il est vraiment un sage. 2 Elle arrive à Jérusalem accompagnée de beaucoup de monde. Ses chameaux portent des parfums, beaucoup d'or et des pierres précieuses. Elle se présente devant Salomon et lui pose toutes les questions qu'elle a préparées. 3 Salomon trouve une réponse à toutes ses questions. Aucune n'est obscure pour lui, il est capable de répondre à tout. 4 La reine de Saba remarque la sagesse de Salomon. Elle voit le palais qu'il a construit pour lui, 5 la nourriture qui est sur ses tables, les maisons de ses officiers. Elle voit aussi la qualité du service, les costumes des serviteurs et de ceux qui versent les boissons. Elle voit les *sacrifices que le roi offre dans le temple du SEIGNEUR. Devant tout cela, la reine est remplie d'une grande admiration. 6 Alors elle dit au roi : « Dans mon pays, j'ai entendu parler de toi et de ta sagesse. Tout cela est donc vrai ! 7 Je ne voulais pas croire ce qu'on disait, avant de venir et de le voir de mes yeux. Mais vraiment, on ne m'avait pas dit la moitié de ce qui existe ! Ta sagesse et ta richesse dépassent tout ce que j'ai entendu dire. 8 Tes femmes et tous les gens de ta maison ont beaucoup de chance ! Ils sont toujours auprès toi et ils peuvent entendre tes paroles pleines de sagesse. 9 Remercions le SEIGNEUR, ton Dieu ! Il t'a montré sa faveur en te choisissant comme roi d'Israël. Le SEIGNEUR aime le peuple d'Israël pour toujours. C'est pourquoi il t'a fait roi, pour que tu gouvernes avec justice en faisant respecter les lois. »

10 Ensuite, la reine donne au roi Salomon à peu près 3 tonnes et demie d'or, une grande quantité de parfums et des pierres précieuses. Depuis ce jour-là, personne n'a plus jamais vu arriver en Israël autant de parfums que ceux offerts par la reine de Saba au roi Salomon.

11 Les bateaux du roi Hiram qui sont allés à Ofir rapportent de l'or avec du bois de santal[i] en grande quantité et des pierres précieuses. 12 Avec le bois de santal, Salomon fait un balcon dans le temple du SEIGNEUR et dans le palais royal. Il fabrique aussi des *instruments de musique, des cithares et des harpes pour les chanteurs. Depuis ce jour-là jusqu'à aujourd'hui, personne n'a plus jamais vu arriver en Israël autant de bois de santal.

13 De son côté, le roi Salomon donne à la reine de Saba tout ce qu'elle désire et demande. De plus, il lui fait des cadeaux royaux. Ensuite la reine et ses serviteurs rentrent dans leur pays.

La puissance et la richesse de Salomon

14 En une seule année, Salomon reçoit à Jérusalem 20 tonnes d'or. 15 Il faut ajouter à cela les taxes prises sur les produits étrangers et le commerce, les impôts payés par les rois des autres peuples ou rassemblés par les gouverneurs du pays.

16 Le roi Salomon fait fabriquer 200 grands *boucliers en or battu en utilisant six kilos d'or par bouclier. 17 Il fait fabriquer aussi 300 petits boucliers en or battu en utilisant un kilo et demi d'or et il donne l'ordre de les mettre dans le bâtiment appelé « La Forêt du Liban ».

18 Le roi fait encore fabriquer pour lui-même un grand siège décoré d'ivoire et recouvert d'or pur. 19 Ce siège royal comprend six marches. Il a un dossier arrondi et des bras de chaque côté. Deux lions sculptés sont debout, à droite et à gauche du siège, 20 et douze autres à côté des marches. Personne n'a rien fait de pareil dans aucun royaume.

---

h **10.1** *Saba : pays situé au sud de l'Arabie, dans la région du Yémen actuel.*

i **10.11** *Ofir : voir 1 Rois 9.28 et la note.*
Le bois de santal est un bois précieux.

21 Toutes les *coupes du roi Salomon sont en or, et toute la vaisselle de « La Forêt du Liban » est en or fin. On ne fabrique rien en argent, car à l'époque de Salomon, ce métal n'a pas beaucoup de valeur. 22 Le roi possède des bateaux qu'il envoie au loin avec ceux du roi Hiram. Tous les trois ans, ces bateaux reviennent chargés d'or, d'argent, d'ivoire, de singes et d'oiseaux magnifiques.

23 Le roi Salomon dépasse tous les rois de la terre par ses richesses et sa sagesse. 24 En effet, Dieu a mis dans son cœur une grande sagesse. C'est pourquoi les gens viennent de partout pour l'écouter. 25 Chaque année, ils lui apportent des cadeaux, des objets en argent ou en or, des vêtements, des armes, des parfums, des chevaux et des mulets.

26 Salomon rassemble des chars de guerre et des chevaux. Il a 1 400 chars et 12 000 chevaux. Il en garde certains auprès de lui à Jérusalem. Les autres sont envoyés dans des villes préparées pour les recevoir. 27 Grâce au roi, il y a autant d'argent à Jérusalem que de pierres. Et les *cèdres sont aussi nombreux que les sycomores qui poussent dans le *Bas-Pays. 28 Les chevaux de Salomon viennent d'Égypte et de Cilicie. Des marchands vont les acheter là-bas pour le roi. 29 Un char venant d'Égypte coûte 600 pièces d'argent, et un cheval 150 pièces. Ces marchands en rapportent aussi pour tous les rois des Hittites et pour les rois de Syrie.

Salomon ne reste pas fidèle au Seigneur

11 1 Le roi Salomon aime encore beaucoup de femmes étrangères : d'abord la fille du roi d'Égypte, puis des femmes moabites, ammonites, édomites, sidoniennes, hittites. 2 Pourtant, le SEIGNEUR a dit aux Israélites : « Ne vous mélangez pas avec les gens de ces peuples-là et ne les laissez pas se mélanger avec vous. Sinon ils vont vous entraîner à adorer leurs dieux. » Mais Salomon s'attache à ces peuples parce qu'il aime des femmes de leurs pays. 3 Il a 700 femmes de haut rang et 300 femmes de deuxième rang. Elles ont beaucoup d'influence sur lui. 4 Quand Salomon devient vieux, ses femmes l'entraînent à adorer d'autres dieux. Alors son cœur n'est plus tout entier au SEIGNEUR son Dieu, contrairement à son père David. 5 Salomon adore *Astarté, la déesse des habitants de Sidon. Il adore aussi Molek, l'horrible dieu des Ammonites. 6 Il fait ce qui est mal aux yeux du SEIGNEUR et il ne lui obéit pas pleinement, contrairement à son père David. 7 À cette époque, Salomon construit un lieu sacré sur la colline, en face de Jérusalem. Ce lieu sacré est destiné à Kemoch, l'horrible dieu des Moabites, et à Molek, l'horrible dieu des Ammonites. 8 Il agit de la même façon pour les dieux de toutes ses femmes étrangères. Ainsi, elles peuvent brûler de *l'encens et offrir des sacrifices d'animaux à leurs dieux.

9-10 Le SEIGNEUR, Dieu d'Israël, s'est montré deux fois à Salomon. Il lui a commandé de ne pas adorer d'autres dieux que lui. Mais Salomon n'obéit pas au SEIGNEUR, et son cœur se détourne de lui. C'est pourquoi le SEIGNEUR se met en *colère contre Salomon 11 et il dit : « Tu agis mal. Tu ne respectes pas mon *alliance, ni les ordres que je t'ai donnés. Alors je vais t'arracher le royaume et je vais le donner à l'un de tes serviteurs. 12 Pourtant, à cause de ton père David, je ne réaliserai pas cela pendant ta vie. Mais c'est à ton fils que j'arracherai le royaume. 13 D'ailleurs, je ne lui arracherai pas tout le royaume, je lui laisserai une tribu, à cause de ton père David et à cause de Jérusalem, la ville que j'ai choisie. »

Le Seigneur envoie des ennemis à Salomon

14 Le SEIGNEUR envoie un ennemi à Salomon. C'est un Édomite du nom de Hadad qui appartient à la famille royale.

15 À une époque, David a combattu le royaume d'Édom. Et Joab, le chef de son armée, est allé dans ce pays pour enterrer les soldats d'Israël, morts au combat. Ensuite, il a tué tous les garçons et tous les hommes d'Édom. 16 Joab et toute sa troupe sont restés six mois dans ce pays pour tuer les garçons et les hommes. 17 Hadad était encore très jeune. Pourtant, il a réussi à fuir en Égypte avec quelques Édomites qui ont été serviteurs de son père. 18 Ils sont partis de la région de

Madian et ils sont arrivés dans le désert de Paran. Ils ont entraîné avec eux quelques hommes et ils sont allés en Égypte auprès du Pharaon, le roi de ce pays. Celui-ci a donné à Hadad une maison et des terres et il s'est chargé de le nourrir. 19 Le roi a été si bon pour Hadad qu'il lui a donné en mariage la sœur de la reine Tapenès, sa femme. 20 La sœur de Tapenès a donné à Hadad un fils appelé Guenoubath. Tapenès l'a fait élever dans le palais du roi d'Égypte et il a vécu là, avec les enfants du roi.

21 Hadad est toujours en Égypte, quand il apprend que David et le général Joab sont morts. Alors il dit au roi d'Égypte : « Permets-moi de rentrer dans mon pays. » 22 Le roi lui demande : « Est-ce qu'il te manque quelque chose auprès de moi ? Pourquoi désires-tu rentrer chez toi ? » Hadad répond : « Il ne me manque rien, mais permets-moi pourtant de partir. »

23 Dieu envoie un autre ennemi à Salomon. C'est Rezon, fils d'Éliada. Il a fui de chez son maître Hadadézer, roi de Soba. 24 À une époque, David a détruit l'armée de Hadadézer[j]. Alors Rezon a rassemblé des gens autour de lui et il est devenu chef de bande. Il est allé à Damas, il s'est installé là et il est devenu roi. 25 Rezon a été un ennemi du peuple d'Israël pendant toute la vie de Salomon, tout comme Hadad. Rezon a détesté Israël pendant tout le temps où il a été roi de Syrie.

Le prophète Ahia annonce à Jéroboam la division du royaume

26 Jéroboam, fils de Nebath, est au service du roi Salomon. C'est un Éfraïmite, originaire de Seréda. Sa mère est veuve et s'appelle Seroua. 27 Voici à quelle occasion Jéroboam se révolte contre le roi : C'est l'époque où Salomon fait construire la terrasse appelée « Millo » et réparer un trou dans le mur de la « *Ville de David ». 28 Jéroboam est un jeune homme fort et courageux. Salomon voit comment il travaille, il le choisit pour surveiller les ouvriers des tribus d'Éfraïm et de Manassé. 29 Un jour, Jéroboam sort de Jérusalem. Le *prophète Ahia, de Silo, le rencontre sur la route. Ils sont tous les deux seuls dans la campagne. Ahia porte un vêtement tout neuf, 30 il le prend et le déchire en douze morceaux. 31 Ensuite il dit à Jéroboam : « Prends pour toi dix morceaux. En effet, voici le message du SEIGNEUR, Dieu d'Israël : Je vais arracher le royaume à Salomon et je te donnerai dix tribus. 32 Je lui laisserai une tribu, à cause de mon serviteur David et à cause de Jérusalem, la ville que j'ai choisie dans tout le pays d'Israël. 33 Je ferai cela parce que les Israélites m'ont abandonné. En effet, ils se sont mis à genoux devant *Astarté, la déesse des gens de Sidon, devant Kemoch, le dieu des Moabites, et devant Molek, le dieu des Ammonites. Ils n'ont pas suivi le chemin que je leur ai montré, et ils n'ont pas fait ce qui est bien à mes yeux. En effet, ils n'ont pas obéi aux lois et aux règles que je leur ai données, contrairement à David, le père de Salomon. 34 Mon serviteur David que j'ai choisi a obéi à mes commandements et à mes lois. À cause de lui, je n'arracherai pas le royaume des mains de Salomon, mais je lui laisserai le pouvoir jusqu'à la fin de sa vie. 35 C'est au fils de Salomon que j'enlèverai le royaume, et à toi, Jéroboam, je donnerai dix tribus. 36 Je laisserai une tribu au fils de Salomon. Ainsi, il y aura toujours quelqu'un de la famille de David mon serviteur pour être roi devant moi à Jérusalem. En effet, c'est la ville que j'ai choisie pour y montrer ma présence parmi vous.

37 « Toi, Jéroboam, je te choisis, et tu pourras être roi sur Israël[k], comme tu le désires. 38 Écoute tout ce que je te commanderai, suis le chemin que je te montrerai. Fais ce qui est bien à mes yeux. Obéis aux lois et aux commandements que je te donne, comme mon serviteur David l'a fait. Si tu agis ainsi, je serai avec toi. J'établirai solide-

---

j **11.24** *Voir 2 Samuel 8.3-8.*

k **11.37** *Il s'agit ici des dix tribus du Nord.*

ment le pouvoir royal dans ta famille, comme je l'ai fait pour David. Je te donnerai les dix tribus d'Israël. 39 Par là, j'abaisserai la famille royale de David, mais non pas pour toujours. »

40 Après cela, Salomon cherche à tuer Jéroboam. Mais Jéroboam fuit en Égypte et il va auprès de Chichac, le roi de ce pays. Il reste là-bas jusqu'à la mort de Salomon.

Quand Salomon meurt, son fils Roboam devient roi

41 Les autres actes de Salomon, tout ce qu'il a fait, la sagesse qu'il avait, tout cela est écrit dans « L'Histoire de Salomon ». 42 Salomon a été roi de tout le peuple d'Israël pendant 40 ans à Jérusalem. 43 Quand il rejoint ses ancêtres, on l'enterre dans la « *Ville de David », son père. Son fils Roboam devient roi à sa place.

Discussions entre les tribus du Nord et le roi Roboam

12 1 Roboam va à Sichem[l]. C'est là que les tribus israélites du Nord sont venues pour le faire roi. 2 Jéroboam, fils de Nebath, a fui en Égypte pour échapper au roi Salomon. Quand il entend parler de l'assemblée de Sichem, il reste en Égypte. 3 Mais on envoie des gens le chercher, et il arrive. Alors Jéroboam et toute l'assemblée des Israélites du Nord parlent à Roboam en disant : 4 « Ton père nous a traités comme des esclaves. Il a mis une lourde charge sur nos épaules. Si toi, maintenant, tu la rends plus légère, nous te servirons. » 5 Roboam leur répond : « Je vais réfléchir. Revenez me voir dans trois jours. » Les gens s'en vont. 6 Le roi Roboam demande conseil aux *anciens qui ont servi son père Salomon pendant sa vie. Il leur pose cette question : « Qu'est-ce que vous me conseillez de répondre à ces gens ? » 7 Les anciens lui disent : « Si aujourd'hui, tu te mets au service de ce peuple, si tu leur réponds avec bonté, ils te serviront toujours. »

8 Mais Roboam ne tient pas compte du conseil donné par les anciens. Il va consulter les jeunes gens qui ont grandi avec lui et qui sont à son service. 9 Il leur dit : « Les gens m'ont demandé de rendre plus légère la charge que mon père a fait peser sur eux. Qu'est-ce que vous me conseillez de leur répondre ? » 10 Ceux qui ont grandi avec lui disent : « Ces gens se plaignent, parce que ton père les a traités comme des esclaves. Ils te demandent de rendre plus légère la charge qui pèse sur eux. Eh bien, tu n'as qu'à leur répondre ceci : "Mon petit doigt est plus gros que le bras de mon père : 11 il a fait peser une lourde charge sur vous, moi je la rendrai encore plus écrasante. Mon père vous a corrigés avec des fouets en cuir, moi je vous corrigerai avec des fouets en fer[m]." »

12 Le troisième jour, Jéroboam et tout le peuple vont trouver Roboam, comme il l'a demandé. 13 Le roi ne tient pas compte du conseil donné par les anciens. Il répond durement au peuple 14 en suivant le conseil des jeunes gens de son âge. Il dit : « Mon père a fait peser lourdement son pouvoir sur vous. Eh bien, moi, je le rendrai encore plus écrasant. Mon père vous a corrigés avec des fouets en cuir, moi, je vous corrigerai avec des fouets en fer. »

15 Ainsi le roi n'écoute pas le peuple. En fait, c'est le SEIGNEUR qui dirige tout cela. Il veut réaliser la promesse qu'il a faite à Jéroboam, fils de Nebath, par l'intermédiaire du prophète Ahia, de Silo[n].

Les Israélites du Nord se révoltent contre la famille royale de David

16 Quand les Israélites du Nord voient que le roi ne les écoute pas, ils lui répondent :

« Nous n'avons rien à faire
avec la famille de David !

---

l **12.1** *Sichem : ville située à 50 kilomètres environ au nord de Jérusalem. C'était un lieu important pour tout le peuple d'Israël, voir Josué 24.*

m **12.11** *Il s'agit de fouets terminés par de petits crochets en fer.*

n **12.15** *Voir 1 Rois 11.29-39.*

Nous n'avons rien de commun
avec ce fils de Jessé !
Gens d'Israël, rentrons chez nous.
Et toi, successeur de David,
occupe-toi maintenant de ton royaume ! »
Puis ils rentrent chez eux. 17 Seuls les Israélites qui habitent le territoire de Juda reconnaissent Roboam comme roi. 18 Pourtant,
celui-ci envoie Adoram, le chef des travaux
obligatoires, auprès des Israélites du Nord.
Mais ceux-ci le tuent à coups de pierres. Roboam arrive tout juste à monter sur son char
pour fuir à Jérusalem. 19 Voilà comment les tribus israélites du Nord se sont révoltées contre
la famille de David. Et cette situation dure
encore aujourd'hui.

20 Quand tous les Israélites du Nord apprennent que Jéroboam est rentré, ils réunissent
leur assemblée. Ils le font venir et ils le désignent comme roi d'Israël. La tribu de Juda
est la seule qui reste fidèle à la famille de
David.

21 Dès que Roboam arrive à Jérusalem, il
rassemble 180 000 soldats parmi les meilleurs des tribus de Juda et de Benjamin. Ils
doivent aller attaquer le royaume d'Israël
pour rendre le pouvoir à Roboam, fils de Salomon. 22 Mais Dieu adresse la parole au *prophète Chemaya en disant : 23 « Va parler à
Roboam, fils de Salomon et roi de Juda, à
tous les gens de Juda et de Benjamin, et au
reste du peuple. Tu leur diras de ma part :
24 "Moi, le SEIGNEUR, je vous demande de ne
pas aller attaquer les gens d'Israël. Ils sont
vos frères. Chacun doit rentrer chez soi,
parce que c'est moi qui ai voulu ce qui s'est
passé." » Alors ils obéissent à la parole du SEI-
GNEUR et ils rentrent chez eux, comme il l'a
commandé.

25 Jéroboam fait construire des murs pour
protéger Sichem dans la région montagneuse
d'Éfraïm, et il habite dans cette ville. Plus
tard, il la quitte et fait construire des murs
pour protéger la ville de Penouel.

Le péché de Jéroboam, roi des dix tribus d'Israël

Jéroboam devient roi des dix tribus d'Israël.
26 Ensuite il se dit : « Maintenant, mon
royaume risque de revenir à la famille de David. 27 En effet, ses habitants ont l'habitude
d'aller à Jérusalem pour offrir des *sacrifices
dans la maison du SEIGNEUR. S'ils continuent,
leur cœur va s'attacher à leur ancien maître,
Roboam, le roi de Juda. Alors ils me tueront
et ils obéiront à Roboam. » 28 Jéroboam demande conseil, puis il fait fabriquer deux
veaux en or. Il dit au peuple : « Vous êtes allés
longtemps à Jérusalem, cela suffit ! Voyez, Israélites, ils sont ici, les dieux qui vous ont
fait sortir d'Égypte ! » 29 Jéroboam fait installer
un des veaux à Béthel, l'autre à Dan. 30 Il entraîne ainsi le peuple à pécher. En effet, les
gens marchent en procession jusqu'à Dan,
pour accompagner le deuxième veau.

31 Là, Jéroboam fait construire des maisons
pour le culte sur les lieux sacrés. Et il prend
comme prêtres des gens dans le peuple, qui
ne sont pas de la tribu de Lévi. 32 Jéroboam
fixe une fête au huitième *mois, le 15 du
mois. Cette fête ressemble à celle qui a lieu
en Juda. Et le roi présente lui-même des sacrifices sur *l'autel. C'est à Béthel qu'il offre des
sacrifices aux veaux qu'il a fabriqués. Là, il
installe les prêtres qu'il a choisis pour les lieux
sacrés.

Un homme de Dieu crie contre l'autel de Béthel

33 Le huitième mois, le 15 du mois, Jéroboam célèbre une fête à Béthel pour le peuple
d'Israël. C'est lui qui a choisi ce jour-là. Pendant cette fête, il offre lui-même des sacrifices
sur *l'autel qu'il a fait construire.

13 1 Or, un homme de Dieu arrive de Juda
à Béthel sur l'ordre du SEIGNEUR. Jéroboam est en train de faire brûler de *l'encens
sur *l'autel. 2 Alors le prophète se met à crier
cette parole du SEIGNEUR contre l'autel : « Autel ! Autel ! Écoute ce que dit le SEIGNEUR !
Un garçon va naître dans la famille de David.
Il s'appellera Josias. Sur toi, il offrira en *sacrifice les prêtres des lieux sacrés, là ou ils faisaient brûler de l'encens. Sur toi aussi, on
brûlera des os humains ! » 3 Ce jour-là,
l'homme de Dieu prévient Jéroboam de ce
qui va arriver en disant : « L'autel va se casser,

et les cendres grasses qui sont dessus vont tomber par terre. Ce sera la preuve que c'est bien une parole du SEIGNEUR. »

4 Jéroboam entend la parole que l'homme de Dieu a criée contre l'autel de Béthel. Alors il lève le bras au-dessus de l'autel et il crie : « Arrêtez cet homme ! » Mais le bras qu'il avait levé contre lui reste en l'air, paralysé, et il ne peut plus le ramener à lui. 5 L'autel se casse, et les cendres qui sont dessus tombent par terre, comme le prophète l'a annoncé, sur l'ordre du SEIGNEUR. 6 Alors le roi dit à l'homme de Dieu : « Je t'en prie, demande au SEIGNEUR ton Dieu de calmer sa *colère. Prie pour moi, pour que mon bras guérisse. » Le prophète prie le SEIGNEUR, et le roi peut ramener à lui son bras qui redevient comme avant.

7 Le roi dit à l'homme de Dieu : « Entre avec moi dans la maison pour reprendre des forces. Je vais t'offrir un cadeau. » 8 Mais l'homme de Dieu répond au roi : « Même si tu me donnais la moitié de tes biens, je n'entrerais pas chez toi. Je ne mangerai pas de pain, je ne boirai pas d'eau ici. 9 En effet, le SEIGNEUR m'a donné cet ordre : "Tu ne mangeras pas de pain, tu ne boiras pas d'eau. Et pour rentrer chez toi, tu ne prendras pas le même chemin qu'en venant." » 10 L'homme de Dieu s'en va donc par un autre chemin : il ne prend pas celui qui l'a amené à Béthel.

L'homme de Dieu désobéit

11 À Béthel, il y a un vieux *prophète. Ses fils viennent lui raconter tout ce que l'homme de Dieu a fait à Béthel ce jour-là, et ce qu'il a dit au roi. 12 Alors le père leur demande : « Il est parti par quel chemin ? » Ses fils vont voir quel chemin il a pris pour rentrer en Juda. 13 Ensuite le père leur dit : « Préparez mon âne ! » Les fils le préparent, et leur père monte dessus. 14 Il suit l'homme de Dieu et il le rattrape, assis sous un grand arbre. Le vieux prophète lui demande : « Est-ce que tu es l'homme de Dieu venu de Juda ? » L'homme de Dieu répond : « Oui, c'est moi. » 15 Alors le vieux prophète lui dit : « Viens manger chez moi. » 16 Mais l'homme de Dieu répond : « Je ne peux pas revenir avec toi, ni entrer chez toi. Je ne dois rien manger ni rien boire à Béthel. 17 En effet, le SEIGNEUR m'a dit : "Tu ne mangeras pas de pain, tu ne boiras pas d'eau. Et pour rentrer chez toi, tu ne prendras pas le même chemin qu'en venant." » 18 Alors le vieil homme lui dit : « Moi aussi, je suis prophète comme toi. Or, un *ange m'a parlé de la part du SEIGNEUR. Il m'a commandé de te ramener chez moi pour manger et boire. »

Mais il ment. 19 Pourtant, l'homme de Dieu revient à Béthel avec le vieux prophète. Il mange et il boit dans sa maison.

L'homme de Dieu est tué par un lion

20 Pendant qu'ils sont en train de manger, le SEIGNEUR adresse la parole au vieux *prophète de Béthel qui a ramené l'homme de Dieu chez lui. 21 Alors le vieux prophète parle de la part du SEIGNEUR à l'homme de Dieu venu de Juda. Il lui dit : « Tu as désobéi au SEIGNEUR. Tu n'as pas respecté l'ordre que le SEIGNEUR ton Dieu t'avait donné. 22 Tu es revenu à Béthel pour manger et pour boire. Pourtant le SEIGNEUR te l'avait interdit. Eh bien, à cause de cela, tu vas mourir, et on ne mettra pas ton corps dans le tombeau de tes ancêtres. »

23 Après qu'ils ont mangé et bu, le vieux prophète prépare l'âne pour l'homme de Dieu qu'il a ramené à Béthel. 24 Et celui-ci s'en va. Sur la route, il rencontre un lion qui le tue. Son corps reste étendu sur le chemin. L'âne reste à côté de lui et le lion aussi. 25 Des passants voient ce corps sur la route et le lion à côté. Ils vont raconter cela à Béthel, la ville où le vieux prophète habite. 26 C'est lui qui a ramené à Béthel l'homme de Dieu venu de Juda. Quand il apprend la nouvelle, il dit : « C'est l'homme de Dieu qui a désobéi au commandement du SEIGNEUR. Alors le SEIGNEUR l'a livré au lion. L'animal lui a cassé les os et il l'a tué, selon la parole que le SEIGNEUR lui avait dite. » 27 Puis il donne l'ordre à ses fils de lui préparer son âne.

Les fils préparent l'animal. 28 Puis le vieux prophète part. Il trouve le corps sur la route. L'âne et le lion sont à côté de lui. Le lion n'a pas mangé l'homme mort et il n'a pas dévoré l'âne. 29 Le vieux prophète soulève le corps de l'homme de Dieu. Il le met sur son âne et le ramène. Il rentre à Béthel pour faire les cérémonies de deuil et l'enterrer. 30 Il le place dans sa propre tombe, et on chante sur lui ce chant de deuil : « Hélas ! mon frère est mort ! »

31 Après l'enterrement, le vieux prophète dit à ses fils : « Quand je serai mort, enterrez-moi dans la tombe où se trouve l'homme de Dieu. Vous mettrez mon corps à côté du sien. 32 Oui, c'est vraiment de la part du SEIGNEUR qu'il a parlé contre *l'autel de Béthel et contre toutes les maisons de culte qui se trouvent sur les lieux sacrés dans les villes de la Samarie[o]. Et ce qu'il a dit arrivera sûrement. »

33 Jéroboam ne change pas sa mauvaise conduite. Il continue de prendre dans le peuple des prêtres pour les lieux sacrés. Si quelqu'un a envie d'être prêtre, on verse de l'huile sur sa tête, et il devient prêtre des lieux sacrés. 34 Cette façon de faire entraîne toute la famille de Jéroboam dans le péché. C'est pourquoi cette famille a été détruite, et elle a disparu complètement de la terre.

Le prophète Ahia annonce la mort du fils de Jéroboam

14 1 Un jour, Abia, fils de Jéroboam, tombe malade. 2 Alors Jéroboam dit à sa femme : « Change de vêtements. Personne ne doit savoir que tu es la femme du roi. Puis va à Silo, où se trouve le *prophète Ahia. C'est lui qui m'a dit que je deviendrais roi d'Israël. 3 Prends avec toi dix pains, des gâteaux et un pot de miel. Va le trouver. Il t'annoncera sûrement ce qui arrivera à notre enfant. » 4 La femme de Jéroboam obéit. Elle part pour Silo et entre dans la maison d'Ahia. Le prophète est tellement vieux que son regard est fixe, il ne voit plus clair. 5 Mais le SEIGNEUR lui a dit : « La femme de Jéroboam va venir te consulter parce que son fils est malade. Quand elle arrivera, elle te fera croire qu'elle est quelqu'un d'autre. » Le SEIGNEUR lui indique alors comment répondre.

6 Dès qu'Ahia entend le bruit de ses pas, au moment où elle passe la porte, il dit : « Entre, femme de Jéroboam. Tu fais croire que tu es quelqu'un d'autre, pourquoi donc ? J'ai pour toi une mauvaise nouvelle. 7 Va dire à Jéroboam les paroles du SEIGNEUR, Dieu d'Israël : "Tu étais un homme ordinaire. Je t'ai choisi parmi tous les autres pour faire de toi le chef d'Israël mon peuple. 8 J'ai arraché le pouvoir royal à la famille de David et je te l'ai donné. Mais tu n'as pas agi comme mon serviteur David. Lui, il a obéi à mes commandements et il m'a servi de tout son cœur en faisant uniquement ce qui est bien à mes yeux. 9 Tu as agi plus mal encore que tous ceux qui étaient avant toi : tu as provoqué ma *colère en te fabriquant des statues d'autres dieux en métal fondu, et moi, tu m'as rejeté. 10 C'est pourquoi je vais faire venir le malheur sur ta famille. Je supprimerai tous les hommes de chez toi, esclaves ou hommes libres en Israël. Je ferai disparaître complètement ta famille comme on fait disparaître les ordures avec un balai. 11 Toute personne de ta famille qui mourra dans la ville, les chiens la mangeront. Toute personne qui mourra dans la campagne, les charognards la dévoreront." Voilà ce que dit le SEIGNEUR. »

12 Le prophète continue : « Et toi, rentre chez toi. Dès que tu entreras dans la ville, ton fils mourra. 13 Alors tout le peuple d'Israël fera pour lui les cérémonies de deuil. On l'enterrera, et il sera le seul de la famille de Jéroboam qui aura une tombe. En effet, il est le seul de cette famille en qui le SEIGNEUR, Dieu d'Israël, a trouvé quelque chose de bon. 14 Plus tard, le SEIGNEUR désignera un nouveau roi pour Israël, et celui-ci supprimera la famille de Jéroboam. D'ailleurs, c'est ce qui arrive aujourd'hui, en ce moment même. 15 Puis le SEIGNEUR frappera les gens d'Israël. Ils ressembleront à des roseaux qui tombent dans l'eau. Le SEIGNEUR les arrachera de ce bon pays qu'il a donné à leurs ancêtres. Il les enverra de l'autre côté du fleuve Euphrate[p]. Voilà ce qui leur arrivera, parce

---

o **13.32** *La Samarie désigne ici le royaume du Nord ou royaume d'Israël.*

p **14.15** *L'Euphrate : un des deux grands fleuves de Mésopotamie.*

qu'ils ont provoqué la colère du SEIGNEUR en fabriquant des *poteaux sacrés. 16 Le SEIGNEUR les abandonnera. En effet, Jéroboam a péché et il a entraîné le peuple d'Israël à faire la même chose. » 17 La femme de Jéroboam s'en va et retourne à Tirsa. Au moment où elle passe la porte de sa maison, son fils meurt. 18 On l'enterre, et tout le peuple d'Israël fait les cérémonies de deuil, comme le prophète Ahia l'a annoncé de la part du SEIGNEUR.

19 Les autres actes de Jéroboam sont écrits dans « L'Histoire des rois d'Israël ». Ce livre raconte comment il a fait la guerre et comment il a gouverné. 20 Jéroboam a été roi pendant 22 ans. Quand il rejoint ses ancêtres, son fils Nadab devient roi à sa place.

Roboam, roi de Juda

21 Roboam, fils de Salomon et de Naama l'Ammonite, devient roi de Juda à l'âge de 41 ans. Il est roi à Jérusalem pendant 17 ans. C'est la ville que le SEIGNEUR a choisie dans tout le territoire d'Israël pour y montrer sa présence au milieu de son peuple. 22 Les gens de la tribu de Juda font ce qui est mal aux yeux du SEIGNEUR. Ils provoquent sa *colère à cause de leurs péchés encore plus que leurs ancêtres. 23 Eux aussi construisent des lieux sacrés. Ils dressent des pierres et des *poteaux sacrés sur toutes les collines où il y a des arbres verts. 24 Il y a même des gens qui se *prostituent pour servir des dieux étrangers[q]. Ils imitent les actions horribles des peuples que le SEIGNEUR a chassés pour laisser la place aux Israélites.

25 La cinquième année où Roboam est roi, le roi d'Égypte Chichac vient attaquer Jérusalem. 26 Il vole les trésors du temple du SEIGNEUR et ceux du palais du roi. Il vole tous les *boucliers en or que Salomon a fait fabriquer. 27 Alors, pour les remplacer, le roi Roboam fait fabriquer des boucliers en bronze. Il les confie aux chefs des soldats qui gardent l'entrée de son palais. 28 Toutes les fois que le roi va au temple du SEIGNEUR, les soldats portent les boucliers, puis ils les rapportent dans la salle des gardes.

29 Les autres actes de Roboam sont écrits dans « L'Histoire des rois de Juda ». 30 Roboam a sans cesse été en guerre contre Jéroboam. 31 Quand il meurt, on l'enterre avec ses ancêtres dans la « *Ville de David ». Sa mère était Ammonite et s'appelait Naama. Son fils Abiam devient roi à sa place.

Abiam, roi de Juda

15 1 La dix-huitième année où Jéroboam, fils de Nebath, est roi d'Israël, Abiam devient roi de Juda. 2 Il est roi à Jérusalem pendant trois ans. Sa mère s'appelle Maaka, c'est une fille d'Abichalom. 3 Abiam commet tous les péchés que son père a commis avant lui. Son cœur n'est pas tout entier au SEIGNEUR son Dieu, contrairement à son ancêtre David. 4 Pourtant, à cause de David, le SEIGNEUR son Dieu lui donne un fils pour être roi après lui. Ainsi, la famille royale ne s'éteint pas, et Jérusalem reste la ville du roi. 5 En effet, David a fait ce qui est bien aux yeux du SEIGNEUR. Pendant toute sa vie, il n'a jamais désobéi à aucun de ses commandements, sauf dans l'affaire d'Urie le Hittite[r].

6 Roboam a sans cesse été en guerre contre Jéroboam.

7 Les autres actes d'Abiam sont écrits dans « L'Histoire des rois de Juda ». Lui aussi a été en guerre contre Jéroboam. 8 Quand il rejoint ses ancêtres, on l'enterre dans la « *Ville de David ». Son fils Asa devient roi à sa place.

Asa, roi de Juda

9 La vingtième année où Jéroboam est roi d'Israël, Asa devient roi de Juda. 10 Il est roi

---

q **14.24** *En Canaan, ces gens étaient au service des lieux sacrés. Les visiteurs s'unissaient à eux ou à elles pour obtenir de leurs dieux de bonnes récoltes, de beaux troupeaux ou des enfants. Cette pratique était interdite en Israël. Voir Deutéronome 23.18.*

r **15.5** *Voir 2 Samuel 11.*

à Jérusalem pendant 41 ans. Sa grand-mère s'appelle Maaka, c'est une fille d'Abichalom. 11 Asa fait ce qui est bien aux yeux du SEIGNEUR, comme son ancêtre David. 12 Il chasse du pays les gens qui se *prostituent pour adorer des dieux étrangers[s]. Et il supprime toutes les statues de faux dieux que ses ancêtres ont fabriquées. 13 Il enlève même à sa grand-mère Maaka son titre de « Première Dame », parce qu'elle a fait fabriquer une horrible statue de la déesse *Achéra. Asa prend cette statue et il la brûle dans la vallée du Cédron. 14 Pendant toute sa vie, son cœur est tout entier au SEIGNEUR. Pourtant les lieux sacrés ne disparaissent pas. 15 Asa fait apporter dans le temple du SEIGNEUR les offrandes que son père et lui-même ont *consacrées : de l'argent, de l'or et divers objets.

16 Asa est sans cesse en guerre contre Bacha, roi d'Israël. 17 Un jour, celui-ci vient attaquer le royaume de Juda. Il fait construire un mur pour protéger la ville de Rama. Il veut empêcher Asa et les gens de Juda de passer par là. 18 Alors Asa remet à ses ministres tout l'argent et tout l'or qui restent encore dans le trésor du temple et dans celui du roi. Il leur demande de porter tout cela à Damas, au roi de Syrie Ben-Hadad, fils de Tabrimmon et petit-fils de Hézion. Il les charge de ce message : 19 « Gardons l'accord que mon père et ton père ont passé. Voici de l'argent et de l'or en cadeau. Renonce donc à ton accord avec Bacha, roi d'Israël, pour qu'il retire ses soldats de chez moi. » 20 Ben-Hadad fait ce qu'Asa lui demande. Il envoie les officiers de son armée attaquer les villes d'Israël. Ils prennent alors Yon, Dan, Abel-Beth-Maaka, la région de Kinnéreth, et tout le reste du territoire de Neftali. 21 Quand Bacha apprend cela, il arrête de construire le mur autour de Rama et il retourne vivre à Tirsa. 22 Alors le roi Asa réunit tous les gens de Juda sans exception. Ceux-ci emportent les pierres et les bois de construction que Bacha a rassemblés pour protéger Rama. Ils s'en servent pour construire les murs de protection autour de Guéba-de-Benjamin et de Mispa.

23 Les autres actes d'Asa sont écrits dans « L'Histoire des rois de Juda ». Ce livre raconte ce qu'il a fait, ses exploits et les villes qu'il a protégées. À la fin de sa vie, il a les pieds malades. 24 Quand il meurt, on l'enterre avec ses ancêtres dans la « *Ville de David ». Son fils Josaphat devient roi à sa place.

Nadab, roi d'Israël

25 La deuxième année où Asa est roi de Juda, Nadab, fils de Jéroboam, devient roi d'Israël et il est roi pendant deux ans. 26 Il fait ce qui est mal aux yeux du SEIGNEUR, il suit le mauvais exemple de son père. Jéroboam a entraîné les Israélites à pécher, et Nadab commet les mêmes péchés que lui. 27 Alors Bacha, fils d'Ahia, de la tribu d'Issakar, forme un complot contre lui. Nadab et l'armée d'Israël sont en train d'attaquer la ville de Guibeton, qui est au pouvoir des *Philistins. C'est à ce moment-là que Bacha tue le roi Nadab. 28 Cela se passe la troisième année après qu'Asa est devenu roi de Juda. Bacha devient roi d'Israël à sa place. 29 Dès que Bacha a le pouvoir, il fait tuer toute la famille de Jéroboam, il supprime tout le monde. C'est ce que le *prophète Ahia de Silo a annoncé de la part du SEIGNEUR en disant : « Dans la famille de Jéroboam, personne ne restera en vie[t]. » 30 Tout cela arrive parce que Jéroboam a péché. Il a entraîné les Israélites à faire la même chose, ce qui a provoqué la *colère du SEIGNEUR, Dieu d'Israël.

31 Les autres actes de Nadab sont écrits dans « L'Histoire des rois d'Israël ».

32 Asa a sans cesse été en guerre contre Bacha, roi d'Israël.

Bacha, roi d'Israël

33 La troisième année où Asa est roi de Juda, Bacha, fils d'Ahia, devient roi de tout Israël. Il

s **15.12** *Voir 1 Rois 14.24 et la note.*

t **15.29** *Voir 1 Rois 14.10-11.*

est roi à Tirsa pendant 24 ans. 34 Il fait ce qui
est mal aux yeux du SEIGNEUR. Il suit le mauvais exemple de Jéroboam. Celui-ci a entraîné
les Israélites à pécher, et Bacha commet les
mêmes péchés que lui.

16 1 Le SEIGNEUR adresse sa parole au *prophète Yéhou, fils de Hanani. Il lui demande de dire à Bacha de sa part: 2 « Tu
étais un inconnu pour tout le monde. Et
moi, j'ai fait de toi le chef d'Israël, mon peuple. Or, tu t'es conduit aussi mal que Jéroboam. Tu as entraîné les Israélites à pécher,
et leurs péchés ont provoqué ma *colère.
3 C'est pourquoi je vous supprimerai, toi et
ta famille. Je vous traiterai comme la famille
de Jéroboam, fils de Nebath. 4 Toute personne
de ta famille qui mourra dans la ville, les
chiens la mangeront, toute personne qui
mourra dans la campagne, les charognards la
dévoreront. »

5 Les autres actes de Bacha sont écrits dans
« L'Histoire des rois d'Israël ». Ce livre
raconte ses exploits et ce qu'il a réalisé.
6 Quand il rejoint ses ancêtres, on l'enterre à
Tirsa. Son fils Éla devient roi à sa place.

7 De plus, le SEIGNEUR a adressé sa parole à
Bacha et à sa famille, par la bouche du prophète Yéhou, fils de Hanani, pour deux raisons: La première, c'est que Bacha et les
gens de sa famille ont fait ce qui est mal aux
yeux du SEIGNEUR, et ils ont provoqué sa colère. Ils ont agi aussi mal que Jéroboam et
sa famille. La deuxième, c'est que Bacha a
supprimé toute la famille de Jéroboam.

Éla, roi d'Israël

8 La vingt-sixième année où Asa est roi de
Juda, Éla, fils de Bacha, devient roi d'Israël.
Il est roi à Tirsa pendant deux ans. 9 Un de
ses officiers, Zimri, qui commande la moitié
des chars, forme un complot contre lui. Le
roi est à Tirsa, chez Arsa, le chef de son palais. Il boit tellement qu'il est ivre. 10 Zimri
entre et le tue. Cela se passe la vingt-
septième année après qu'Asa est devenu roi
de Juda. Zimri devient roi à la place d'Éla.
11 Dès qu'il s'installe sur le siège royal, il
fait tuer toute la famille de Bacha. Il supprime tous les hommes de chez lui et tous
les parents et amis. 12 C'est ce que le *prophète Yéhou a annoncé de la part du SEI-
GNEUR en disant: « Dans la famille de
Bacha, personne ne restera en vie. » 13 Tout
cela arrive parce que Bacha et son fils Éla
ont péché en adorant les faux dieux. Ils ont
entraîné les Israélites à faire la même chose,
c'est ce qui a provoqué la *colère du SEI-
GNEUR, Dieu d'Israël.

14 Les autres actes d'Éla sont écrits dans
« L'Histoire des rois d'Israël ».

Zimri, roi d'Israël

15 La vingt-septième année où Asa est roi de
Juda, Zimri devient roi à Tirsa pour sept jours.
À ce moment-là, l'armée d'Israël a installé son
camp devant la ville de Guibeton, qui est au
pouvoir des *Philistins. 16 Les soldats apprennent que Zimri a formé un complot contre le
roi Éla[u] et qu'il l'a tué. Alors, ce jour-là, dans
le camp, ils sont tous d'accord pour désigner
le général Omri comme roi d'Israël. 17 Omri
quitte Guibeton avec toute son armée, et ils
partent attaquer Tirsa. 18 Quand Zimri voit
que la ville est prise, il se retire dans une salle
de son palais. Il y met le feu et meurt dans les
flammes. 19 Tout cela arrive parce que Zimri a
péché. Il a fait ce qui est mal aux yeux du
SEIGNEUR. Il a suivi le mauvais exemple de
Jéroboam, qui avait entraîné les Israélites
à pécher.

20 Les autres actes de Zimri sont écrits dans
« L'Histoire des rois d'Israël ». Ce livre ra-
conte aussi le complot qu'il a formé contre
Éla.

21 Après la mort de Zimri, le peuple d'Israël
se divise: une moitié veut choisir comme roi
Tibni, fils de Guinath, l'autre moitié veut
choisir Omri. 22 Finalement, ceux qui sont
pour Omri sont plus forts que ceux qui sont
pour Tibni, fils de Guinath. Ils tuent Tibni,
et Omri devient roi d'Israël.

---

u **16.16** *Voir 1 Rois 16.9-10.*

Omri, roi d'Israël

23 La trente et unième année où Asa est roi
de Juda, Omri devient roi d'Israël pour douze
ans. Il est roi à Tirsa d'abord pendant six ans.
24 Ensuite, il va trouver Sémer et il lui achète
la colline de Samarie pour 6 000 pièces d'argent. Là, il construit une ville et il l'appelle Samarie. Ce nom vient de Sémer, le nom de
l'ancien propriétaire de la colline. 25 Mais
Omri fait ce qui est mal aux yeux du SEIGNEUR.
Il agit encore plus mal que tous les rois qui
étaient avant lui. 26 Il suit le mauvais exemple
de Jéroboam, fils de Nebath. Celui-ci a entraîné les Israélites à pécher, et ils ont provoqué la *colère du SEIGNEUR, Dieu d'Israël
en adorant les faux dieux.

27 Les autres actes d'Omri sont écrits dans
« L'Histoire des rois d'Israël ». Ce livre raconte ses exploits et ce qu'il a réalisé.
28 Quand il rejoint ses ancêtres, on l'enterre
à Samarie. Son fils Akab devient roi à sa place.

Akab, roi d'Israël

29 La trente-huitième année où Asa est roi
de Juda, Akab, fils d'Omri, devient roi d'Israël. Il est roi à Samarie pendant 22 ans.
30 Mais Akab fait ce qui est mal aux yeux du
SEIGNEUR, encore plus que tous les autres
rois avant lui. 31 Il n'imite pas seulement les
péchés de Jéroboam, fils de Nebath, il se marie aussi avec Jézabel, fille d'Etbaal, roi des Sidoniens. Il adore alors le dieu *Baal, et se met
à genoux devant lui. 32 À Samarie, il construit
un temple pour Baal. Là, il fait dresser un
*autel pour les *sacrifices 33 et place un *po-
teau sacré. En faisant cela, il provoque la *colère du SEIGNEUR, Dieu d'Israël, encore plus
que tous les autres rois d'Israël avant lui.

34 À cette époque-là, un homme de Béthel,
appelé Hiel, reconstruit la ville de Jéricho.
Mais quand il creuse ses fondations, cela lui
fait perdre son fils aîné, Abiram. Quand il
pose les *portes de la ville, cela lui fait perdre
son fils plus jeune, Segoub. C'est ce que Josué,
fils de Noun, a annoncé de la part du SEI-
GNEUR[v].

Le prophète Élie annonce une grande sécheresse

17 1 Élie est un homme du village de Tichebé, en Galaad. Il dit au roi Akab :
« Par le SEIGNEUR vivant, par le Dieu d'Israël
que je sers, je l'affirme : pendant plusieurs années, il n'y aura pas de rosée et pas de pluie,
sauf si je le commande. »

Dieu nourrit Élie près du torrent de Kerith

2 Le SEIGNEUR adresse sa parole à Élie :
3 « Pars d'ici, va vers l'est et cache-toi près
du torrent de Kerith, qui est à l'est du Jourdain. 4 Tu boiras au torrent. Et j'ai donné l'ordre aux corbeaux de t'apporter à manger. »
5 Élie fait ce que le SEIGNEUR lui dit. Il va s'installer près du torrent de Kerith, à l'est du Jourdain. 6 Les corbeaux lui apportent du pain et
de la viande matin et soir, et Élie boit l'eau
du torrent.

Dieu nourrit Élie et la veuve de Sarepta

7 Au bout d'un certain temps, le torrent de
Kerith est sec, car la pluie s'est arrêtée de tomber dans le pays. 8 Alors le SEIGNEUR adresse sa
parole à Élie. Il lui dit : 9 « Pars, va dans la ville
de Sarepta, près de Sidon. Tu habiteras là-bas.
J'ai commandé à une veuve de cette ville de
te donner à manger. »

10 Élie part donc pour Sarepta. Quand il arrive à l'entrée de la ville, il voit une veuve qui
ramasse du bois. Il l'appelle et lui dit : « S'il te
plaît, va me chercher un peu d'eau à boire. »
11 La femme part en chercher, mais Élie la
rappelle et dit : « S'il te plaît, apporte-moi
aussi un morceau de pain. » 12 La femme lui
dit : « Par ton Dieu, le SEIGNEUR vivant, je le
jure, je n'ai plus de pain. J'ai seulement une
poignée de farine dans un bol et un peu
d'huile dans un pot. Je suis venue ramasser

---

v **16.34** *Voir Josué 6.26. Les deux fils d'Hiel ont peut-être été offerts en sacrifice, comme c'était parfois la coutume dans l'ancien Orient au moment de la construction d'une ville.*

deux morceaux de bois. Puis je vais rentrer à
la maison et préparer ce qui reste pour mon
fils et pour moi. Nous mangerons, ensuite
nous mourrons. » 13 Élie répond à la femme :
« N'aie pas peur ! Rentre chez toi et fais ce
que tu as dit. Seulement, avec ce qui te reste,
prépare-moi d'abord une petite galette, et tu
me l'apporteras. Ensuite, tu en prépareras
une autre pour ton fils et pour toi. 14 En effet,
voici ce que dit le SEIGNEUR, Dieu d'Israël :
"Dans le bol, la farine ne manquera pas,
dans le pot, l'huile ne diminuera pas jusqu'au
jour où moi, le SEIGNEUR, je ferai tomber la
pluie sur la terre." »
15 La femme va faire ce qu'Élie lui a demandé. Et ils ont à manger pendant longtemps, elle, son fils et Élie. 16 Dans le bol, la
farine ne manque pas, dans le pot, l'huile ne
diminue pas, comme le SEIGNEUR l'a dit par
la bouche d'Élie.

Élie rend la vie au fils de la veuve de Sarepta

17 Quelque temps après, le fils de la veuve
qui loge Élie tombe malade. La maladie est
si grave que l'enfant meurt. 18 Sa mère dit à
Élie : « Homme de Dieu, qu'est-ce que tu me
veux ? Est-ce que tu es venu chez moi pour
rappeler mes fautes à Dieu et faire mourir
mon fils ? » 19 Élie répond : « Donne-moi ton
fils ! »
La mère tient l'enfant dans ses bras. Élie le
prend, il le porte dans la chambre en haut de
la maison, là où il loge. Il le couche sur son lit.
20 Puis il prie le SEIGNEUR en disant : « SEIGNEUR
mon Dieu, cette veuve chez qui je loge, est-ce
que tu veux vraiment lui faire du mal en
faisant mourir son fils ? »
21 Ensuite, Élie se couche trois fois sur l'enfant. Il prie en disant : « SEIGNEUR mon Dieu, je
t'en supplie, rends la vie à cet enfant ! » 22 Le
SEIGNEUR entend la prière d'Élie. Le souffle
de l'enfant revient en lui : il est vivant !
23 Élie prend l'enfant, il le descend en bas de
la maison. Il le remet à sa mère et lui dit : « Regarde, ton fils est vivant ! » 24 La femme lui
dit : « Maintenant, je sais que tu es un homme
de Dieu. La parole du SEIGNEUR est vraiment
dans ta bouche. »

Élie doit annoncer la fin de la sécheresse

18 1 Cela fait trois ans qu'il n'a pas plu. Le
SEIGNEUR adresse sa parole à Élie. Il lui
dit : « Va te présenter au roi Akab, car je vais
bientôt faire tomber la pluie sur la terre. »
2 Élie va donc se présenter à Akab.
À cette époque, il n'y a presque plus rien à
manger à Samarie. 3-4 Alors Akab appelle Obadia, le chef de son palais. Obadia respecte
beaucoup le SEIGNEUR. Aussi, quand Jézabel a
fait tuer les *prophètes du SEIGNEUR, Obadia
a caché 100 de ces prophètes par groupes de
50 dans les creux des rochers. Là, il leur a
donné à manger et à boire. 5 Akab dit à Obadia : « Viens, allons dans tout le pays chercher
de l'herbe autour des sources et des torrents.
Nous trouverons peut-être quelque chose à
manger pour nos chevaux et nos mulets. Sinon, nous devrons les tuer. » 6 Ils se partagent
les régions à traverser. Akab va d'un côté et
Obadia va de l'autre.
7 Obadia est sur la route quand tout à coup,
il rencontre Élie. Il le reconnaît, il s'incline
jusqu'à terre devant lui et lui demande :
« Est-ce que tu es bien Élie, mon maître ? »
8 Élie répond : « Oui, c'est bien moi ! Va dire
à ton maître Akab que j'arrive. » 9 Obadia lui
dit : « Le roi va me tuer si je lui dis cela.
Qu'est-ce que j'ai fait de mal ? 10 Je le jure,
par ton Dieu, le SEIGNEUR vivant, le roi te fait
rechercher partout. Il a envoyé des gens dans
tous les pays et dans tous les royaumes. Les habitants ont dit que tu n'étais pas chez eux.
Alors il leur a fait jurer qu'on ne t'avait pas
trouvé. 11 Et maintenant, tu m'envoies dire à
mon maître que tu arrives ! 12 Quand je vais
te quitter, l'esprit du SEIGNEUR va t'emporter
je ne sais où. Moi, je vais aller prévenir
Akab, qui ne te trouvera pas. Alors il me
tuera ! Pourtant, je respecte le SEIGNEUR depuis
ma jeunesse. 13 Est-ce qu'on ne t'a pas raconté
ce que j'ai fait quand Jézabel a commandé de
tuer les prophètes du SEIGNEUR ? J'ai caché 100
prophètes, par groupes de 50, dans le creux
d'un rocher, et je leur ai donné à manger et
à boire. 14 Et maintenant, tu m'envoies dire à
mon maître que tu arrives ! Il va me tuer ! »

15 Mais Élie répond à Obadia : « Par le SEIGNEUR
vivant, le SEIGNEUR de l'univers que je sers, je
le jure : aujourd'hui même, je me présenterai
à Akab ! »

Le prophète Élie rencontre le roi Akab

16 Alors Obadia va rejoindre Akab et il lui raconte ce qui s'est passé. Akab va à la rencontre d'Élie. 17 Dès qu'il l'aperçoit, il lui dit :
« Voilà celui qui porte malheur au peuple d'Israël ! » 18 Élie répond : « Ce n'est pas moi qui
porte malheur à Israël. C'est toi et la famille
de ton père ! Vous désobéissez aux commandements du SEIGNEUR en adorant les *Baals !
19 Maintenant, fais rassembler tout le peuple
d'Israël autour de moi sur le mont Carmel.
Que les Israélites viennent avec les 450 *prophètes du dieu Baal ! Qu'ils viennent avec les
400 prophètes de la déesse *Achéra que la
reine Jézabel protège ! »

Élie et les prophètes de Baal sur le mont Carmel

20 Le roi Akab réunit tous les Israélites et il
rassemble les *prophètes sur le mont Carmel.
21 Élie s'avance devant tout le peuple et dit :
« Jusqu'à quand est-ce que vous allez danser
tantôt pour l'un, tantôt pour l'autre ? Si c'est
le SEIGNEUR qui est Dieu, adorez le SEIGNEUR !
Si c'est *Baal qui est Dieu, adorez Baal ! »
Mais dans le peuple, personne ne lui répond.
22 Élie continue : « Moi, je suis le seul prophète du SEIGNEUR qui reste. Les prophètes
de Baal, eux, sont 450 ! 23 Amenez-nous
deux taureaux pour le *sacrifice : les prophètes de Baal vont en choisir un. Ils le découpe-
ront et ils le placeront sur du bois, mais sans
allumer le feu. Moi, je ferai la même chose
avec l'autre taureau. Je le placerai sur le
bois, mais je n'allumerai pas le feu. 24 Ensuite,
ils prieront leur dieu, et moi, je prierai le SEI-
GNEUR. Celui qui répondra aux prières en allu-
mant le feu, c'est lui qui est Dieu. » Tout le
peuple répond : « Nous sommes d'accord. »
25 Alors Élie dit aux prophètes de Baal : « Choisissez un taureau et préparez-le. Vous êtes les
plus nombreux, c'est à vous de commencer.
Ensuite, priez votre dieu, mais n'allumez pas
le feu. »
26 Les prophètes de Baal prennent le taureau qu'Élie leur donne, et ils le préparent
pour le sacrifice. Puis ils prient Baal depuis
le matin jusqu'à midi. Ils disent : « Baal,
réponds-nous ! » Et ils dansent autour de
*l'autel qu'ils ont fabriqué. Mais ils ne reçoi-
vent aucune réponse. 27 Alors vers midi, Élie
se moque d'eux en disant : « Criez plus fort !
C'est un dieu. Il est occupé ! Il règle peut-
être une affaire importante, ou bien il est en
voyage, ou alors il dort, et il faut le réveiller ! »
28 Les prophètes de Baal crient plus fort. Selon
leur coutume, ils se font des marques sur le
corps avec des *épées et des lances, jusqu'à
ce que le sang coule. 29 Dans l'après-midi, ils
entrent en transe, jusqu'au moment du sacrifice. Mais ils ne reçoivent aucune réponse :
pas un mot, pas un signe.
30 Alors Élie dit au peuple : « Approchez-
vous de moi ! » Et tout le peuple s'approche
de lui. Élie répare l'autel du SEIGNEUR qui a
été détruit. 31 Il prend douze pierres, parce
que les fils de *Jacob ont donné naissance à
douze tribus. C'est à Jacob que le SEIGNEUR a
dit : « Maintenant, tu t'appelleras Israël[w]. »
32 Avec ces pierres, Élie reconstruit un autel
au SEIGNEUR. Puis, il creuse tout autour un
fossé qui peut contenir à peu près 30 litres
d'eau. 33 Élie met du bois sur l'autel. Il découpe le taureau et place les morceaux sur
le bois. 34 Ensuite, il donne cet ordre à ceux
qui sont là : « Remplissez quatre seaux d'eau
et versez-les sur la viande et sur le bois ! »
Ils obéissent. Élie leur dit : « Faites-le une
deuxième fois ! » Ils recommencent. Élie dit
encore : « Faites-le une troisième fois ! » Ils
le font. 35 L'eau coule autour de l'autel et
elle remplit même le fossé.
36 À l'heure habituelle du sacrifice, le prophète Élie s'approche de l'autel. Il dit : « SEI-
GNEUR, Dieu d'Abraham, d'Isaac et d'Israël,
montre aujourd'hui que tu es le Dieu d'Israël.
Montre que je suis ton serviteur et que j'agis

---

w **18.31** *Voir Genèse 32.29 ; 35.10.*

sur ton ordre. 37 Réponds-moi, SEIGNEUR, réponds-moi ! Alors les gens sauront que c'est toi, le SEIGNEUR, qui es Dieu. Et ainsi, tu ramèneras leur cœur vers toi. »

38 Le SEIGNEUR fait donc descendre du feu qui brûle le sacrifice, le bois, les pierres et la poussière. Le feu avale aussi l'eau du fossé. 39 Quand les Israélites voient cela, tous se mettent à genoux, le front contre le sol, et ils disent : « C'est le SEIGNEUR qui est Dieu ! C'est le SEIGNEUR qui est Dieu ! » 40 Élie leur dit : « Saisissez les prophètes de Baal ! Aucun ne doit fuir ! » Les gens les saisissent tous. Élie les fait descendre au bord du torrent de Quichon, et là, il les fait tous tuer.

La pluie revient

Après ces événements, 41 Élie dit au roi Akab : « J'entends le bruit de la pluie. Maintenant, tu peux manger et boire. » 42 Le roi Akab va manger et boire. Élie monte sur le mont Carmel. Là, il s'incline jusqu'à terre, le visage entre les genoux. 43 Puis il dit à son serviteur : « Monte, et regarde vers la mer. » Le serviteur monte, il regarde et dit : « Il n'y a rien. » Sept fois de suite, Élie lui dit : « Retourne ! » 44 La septième fois, le serviteur dit : « Il y a un petit nuage qui monte de la mer. Il est gros comme un poing. » Élie répond : « Monte et dis au roi Akab : "Attelle tes chevaux et descends avant que la pluie t'arrête !" »

45 Le ciel devient de plus en plus sombre, à cause des nuages poussés par le vent. Une pluie violente se met à tomber. Akab monte sur son char et il part pour Izréel. 46 Le SEIGNEUR remplit Élie de force. Alors il attache ses vêtements pour partir. Il court devant le char d'Akab jusqu'à l'entrée d'Izréel.

Élie est découragé

19 1 Le roi Akab raconte à Jézabel, sa femme, tout ce qu'Élie a fait, et comment il a fait tuer tous les *prophètes de *Baal. 2 Alors Jézabel envoie un messager dire à Élie : « Demain, à cette heure-ci, j'espère que je t'aurai traité comme tu as traité tous ces prophètes. Sinon, que les dieux me punissent très sévèrement ! » 3 Élie a peur et il s'enfuit avec son serviteur pour sauver sa vie. Il arrive à Berchéba, dans le royaume de Juda. Il laisse son serviteur à cet endroit, 4 puis il marche pendant une journée dans le désert. Il s'assoit sous un petit arbre. Il a envie de mourir et il dit : « Maintenant, SEIGNEUR, c'est trop ! Prends ma vie ! Je ne suis pas meilleur que mes ancêtres. » 5 Ensuite, il se couche sous le petit arbre et il s'endort. Mais un *ange vient le toucher et lui dit : « Lève-toi et mange ! » 6 Élie regarde : près de sa tête, il y a une galette cuite sur des pierres chauffées et un pot d'eau. Il mange, il boit et se couche de nouveau. 7 Une deuxième fois, l'ange du SEIGNEUR vient le toucher. Il lui dit : « Lève-toi et mange, car tu dois faire un très long voyage. » 8 Élie se lève, il mange et boit. Cette nourriture lui donne des forces. Alors il marche 40 jours et 40 nuits jusqu'à *l'Horeb, la montagne de Dieu.

Dieu passe dans un souffle léger et rend courage à Élie

9 Arrivé au mont *Horeb, Élie entre dans une grotte et il passe la nuit à cet endroit. Le SEIGNEUR lui adresse sa parole : « Pourquoi es-tu ici, Élie ? » 10 Il répond : « SEIGNEUR, Dieu de l'univers, j'ai pour toi un amour brûlant. Mais les Israélites ont abandonné ton *alliance, ils ont détruit tes *autels, ils ont tué tes *prophètes. Moi seul, je suis resté, et ils veulent prendre ma vie. » 11 Le SEIGNEUR lui dit : « Sors d'ici ! Va dans la montagne attendre ma présence. Moi, le SEIGNEUR, je vais passer. » Tout d'abord, avant l'arrivée du SEIGNEUR, un vent violent se met à souffler. Il fend la montagne et casse les rochers. Mais le SEIGNEUR n'est pas dans le vent. Après le vent, il y a un tremblement de terre. Mais le SEIGNEUR n'est pas dans le tremblement de terre. 12 Après le tremblement de terre, il y a un feu. Mais le SEIGNEUR n'est pas dans le feu. Après le feu, il y a le bruit d'un souffle léger. 13 Quand Élie l'entend, il se cache le visage avec son vêtement. Il sort et il se tient à l'entrée de la grotte. Alors il entend une voix. Elle dit : « Qu'est-ce que tu fais ici, Élie ? » 14 Élie répond : « SEIGNEUR, Dieu de l'univers, j'ai pour toi un amour brûlant. Mais les Israélites ont abandonné ton alliance, ils ont détruit tes autels, ils ont tué tes

prophètes. Moi seul, je suis resté, et ils veulent prendre ma vie. »
15 Le SEIGNEUR lui dit : « Reprends la route
par le chemin du désert. Va à Damas. Là-
bas, tu *consacreras Hazaël comme roi de Syrie. 16 Puis tu consacreras Jéhu, fils de Nimchi,
comme roi d'Israël. Et tu consacreras Élisée,
fils de Chafath, d'Abel-Mehola, comme prophète pour te succéder. 17 Tous ceux qui
échapperont à Hazaël, Jéhu les tuera et tous
ceux qui échapperont à Jéhu, Élisée les tuera.
18 Mais je laisserai vivre 7 000 Israélites, tous
ceux qui ne se sont pas mis à genoux devant
le dieu *Baal et qui n'ont pas embrassé ses
statues. »

Élie choisit Élisée pour lui succéder

19 Élie s'en va. Il trouve Élisée, fils de Chafath, en train de labourer un champ. Il doit
labourer douze parcelles, il en est à la douzième. Élie passe près d'Élisée et il jette son
vêtement sur lui[x]. 20 Alors Élisée laisse les
bœufs, il court derrière Élie et lui dit : « Permets-moi d'aller embrasser mon père et ma
mère, ensuite, je te suivrai. » Élie répond :
« Tu peux retourner à ton travail. Est-ce que
je t'ai demandé quelque chose ? » 21 Élisée repart dans son champ. Là, il prend ses deux
bœufs et il les offre en *sacrifice. Avec le
bois de l'attelage, il fait cuire leur viande et
il la donne à manger aux gens. Ensuite il se
lève, il suit Élie et devient son serviteur.

Le roi de Syrie attaque la ville de Samarie

20 1 Ben-Hadad, le roi de Syrie, rassemble toute son armée. Avec l'aide
de 32 rois, avec des chevaux et des chars, il
part installer son camp devant Samarie et il
l'attaque. 2 Il envoie des messagers dans la
ville pour dire à Akab, roi d'Israël : 3 « Ben-
Hadad te demande de lui donner ton argent
et ton or, tes femmes et tes fils les plus
beaux. » 4 Le roi d'Israël lui fait cette réponse : « À tes ordres, mon roi. Ma personne
et tout ce que je possède sont à toi. » 5 Alors
les messagers de Ben-Hadad reviennent vers
Akab et lui disent de sa part : « Je t'ai envoyé
l'ordre de me donner ton argent, ton or, tes
femmes et tes fils. 6 Donc demain, à cette
heure-ci, j'enverrai mes serviteurs chez toi.
Ils fouilleront ton palais et les maisons de
tes ministres. Ils prendront tous les objets
qui ont de la valeur à tes yeux et ils les
emporteront. »
7 Alors le roi d'Israël réunit tous les *anciens du pays et il leur dit : « Ben-Hadad
nous veut du mal, vous le voyez clairement.
En effet, il a envoyé ses messagers pour me
demander mes femmes et mes fils, avec mon
argent et mon or. Je n'ai rien refusé. »
8 Tous les anciens et tout le peuple lui disent : « Ne l'écoute pas, n'accepte pas ! »
9 Akab donne cette réponse aux messagers
de Ben-Hadad : « Allez dire à votre roi :
"Tout ce que tu m'as demandé la première
fois, je suis prêt à le faire. Mais ce que tu demandes maintenant, je ne peux pas l'accepter." »
Les messagers vont porter cette réponse à
Ben-Hadad. 10 Alors celui-ci les envoie encore
dire à Akab : « Je vais détruire complètement
Samarie. Il ne restera même pas assez de poussière dans la ville pour remplir les mains de
tous mes soldats ! Si je ne le fais pas, que les
dieux me punissent très sévèrement ! » 11 Le
roi d'Israël répond : « Rappelez à Ben-Hadad
ce proverbe : "Il ne faut pas se vanter de remporter la victoire avant de commencer le
combat." » 12 Pendant ce temps, Ben-Hadad
est en train de boire avec les autres rois
dans leurs tentes. Mais quand il reçoit cette
réponse, il donne aussitôt aux officiers l'ordre
d'attaquer Samarie. Alors les officiers se préparent au combat.

Le roi Akab remporte la victoire sur le roi de Syrie

13 Au même moment, un *prophète s'approche d'Akab, roi d'Israël. Voici ce qu'il
lui dit de la part du SEIGNEUR : « Tu vois l'im-

x 19.19 *Ce geste indique qu'Élie appelle Élisée à le suivre.*

mense armée de Ben-Hadad. Eh bien, je vais te la livrer aujourd'hui même. Alors tu sauras que le SEIGNEUR, c'est moi. » 14 Akab demande : « Avec l'aide de qui ? » Le prophète répond de la part du SEIGNEUR : « Avec l'aide des jeunes gens que les gouverneurs de provinces ont recrutés. » Akab pose encore cette question : « Qui va attaquer ? » Il répond : « Toi ! »

15 Akab inspecte les 232 jeunes gens que les gouverneurs ont recrutés. Il inspecte aussi les 7 000 soldats de l'armée d'Israël. 16-17 À midi, le roi Akab et son armée lancent une attaque en dehors de Samarie, les jeunes gens en tête. Pendant ce temps, Ben-Hadad et les 32 autres rois continuent à boire sous les tentes comme des ivrognes. Ben-Hadad envoie quelques hommes voir ce qui se passe. Ils reviennent lui dire : « Des soldats sont sortis de Samarie. » 18 Alors Ben-Hadad donne cet ordre : « S'ils viennent demander la paix, prenez-les vivants ! S'ils viennent attaquer, prenez-les vivants aussi ! »

19 Les jeunes gens recrutés par les gouverneurs de provinces sortent de la ville avec l'armée d'Israël qui les suit. 20 Chacun tue un ennemi. Alors les Syriens fuient, et les Israélites les poursuivent. Ben-Hadad arrive à se sauver à cheval avec quelques cavaliers. 21 Puis le roi d'Israël passe à l'attaque. Il tue les chevaux, détruit les chars. C'est ainsi qu'il écrase l'armée des Syriens.

22 Alors le prophète vient trouver le roi d'Israël. Il lui dit : « Ben-Hadad reviendra t'attaquer l'an prochain à la même époque. Courage ! Réfléchis bien à ce que tu dois faire. »

Nouvelle victoire du roi Akab

23 Les ministres du roi de Syrie viennent lui dire : « Le Dieu d'Israël est un Dieu des montagnes. C'est pourquoi les Israélites ont été plus forts que nous. Combattons-les plutôt dans la plaine. Là, nous serons sûrement plus forts qu'eux. 24 Maintenant, voici ce que tu vas faire : Renvoie tous les rois et mets des gouverneurs à leur place. 25 Et toi, mets sur pied une armée aussi puissante que celle que tu as perdue, avec le même nombre de chevaux et de chars. Ensuite, nous combattrons l'armée d'Israël dans la plaine. Alors nous serons sûrement plus forts qu'eux. » Ben-Hadad les écoute et suit leur conseil.

26 L'année suivante à la même époque, il inspecte l'armée syrienne. Puis il la conduit jusqu'à la ville d'Afec pour attaquer Israël. 27 Akab inspecte aussi les soldats d'Israël. On leur donne à manger, et ils marchent à la rencontre des Syriens. Les deux armées installent leurs camps l'un en face de l'autre. Les Israélites sont divisés en deux groupes qui ressemblent à deux petits troupeaux de chèvres. Par contre, les Syriens couvrent toute la région. 28 Le *prophète vient de nouveau trouver Akab, le roi d'Israël, et il lui dit de la part du SEIGNEUR : « Les Syriens disent que moi, le SEIGNEUR, je suis un Dieu des montagnes et non pas des plaines. À cause de cela, je vais te livrer leur puissante armée. Ainsi vous saurez que le SEIGNEUR, c'est moi. » 29 Pendant sept jours, les deux armées laissent leurs camps l'un en face de l'autre. Le septième jour, elles passent à l'attaque. Les Israélites battent les Syriens et ils tuent 100 000 soldats à pied en un seul jour. 30 Les 27 000 soldats qui restent fuient à Afec, mais les murs de la ville tombent sur eux.

Akab laisse la vie au roi de Syrie

Ben-Hadad a réussi à fuir, lui aussi. Il se cache en ville, dans la pièce la plus retirée d'une maison. 31 Ses serviteurs lui disent : « Écoute, nous avons appris que les rois d'Israël sont des rois pleins de bonté. Nous allons donc mettre des habits de deuil et passer des cordes autour de nos têtes. Nous irons trouver le roi d'Israël, et il te laissera peut-être en vie. » 32 Ils mettent donc des habits de deuil et passent des cordes autour de leurs têtes. Ils vont trouver le roi d'Israël et lui disent : « Ton esclave Ben-Hadad te supplie de le laisser en vie. » Akab demande : « Est-ce qu'il est toujours vivant ? Eh bien, c'est mon frère ! »

33 Les envoyés de Ben-Hadad trouvent cette réponse encourageante. Alors ils disent aussitôt à Akab : « Oui, Ben-Hadad et toi, vous êtes frères ! » Akab leur dit : « Allez le chercher. » Ben-Hadad sort de sa cachette.

Il vient trouver Akab, qui le fait monter sur son char. 34 Ben-Hadad dit à Akab : « Je vais te rendre les villes que mon père a prises à ton père. Tu pourras aussi faire du commerce à Damas, comme mon père en faisait à Samarie. » Akab lui répond : « Je vais passer un accord avec toi et te laisser partir. » Ils signent alors un accord de paix, et Akab laisse partir Ben-Hadad.

Le Seigneur n'est pas d'accord avec Akab

35 À ce moment-là, sur l'ordre du SEIGNEUR, un homme qui appartient à un groupe de *prophètes dit à un autre prophète : « Frappe-moi ! » Mais l'autre refuse. 36 Le premier lui dit : « Tu n'as pas obéi à l'ordre du SEIGNEUR. C'est pourquoi, quand tu m'auras quitté, un lion va te tuer. » L'autre prophète le quitte. Un lion l'attrape et le tue.

37 Le prophète va trouver un autre homme. Il lui dit : « Frappe-moi ! » Cet homme le frappe et le blesse. 38 Alors le prophète se met une bande de tissu sur les yeux pour qu'on ne le reconnaisse pas. Puis il va se placer sur la route où le roi Akab doit passer. 39 Quand le roi arrive, il crie : « Mon roi, j'étais au cœur de la bataille. Un soldat est sorti des rangs et il m'a amené un prisonnier en disant : "Surveille-le ! S'il fuit, cela te coûtera la vie, ou bien tu me donneras 3 000 pièces d'argent." 40 Or, pendant que je faisais autre chose, le prisonnier s'est sauvé ! » Le roi d'Israël lui dit : « Tu as prononcé toi-même ton jugement. »

41 Aussitôt l'homme enlève la bande de tissu de ses yeux, et le roi voit qu'il appartient à un groupe de prophètes. 42 Alors le prophète dit à Akab de la part du SEIGNEUR : « Je t'avais dit de tuer Ben-Hadad, mais tu l'as laissé partir. Eh bien, c'est toi qui mourras à sa place, et ton peuple mourra à la place de son peuple. » 43 Le roi d'Israël retourne chez lui, à Samarie, inquiet et en colère.

Le roi Akab laisse tuer Naboth pour prendre sa vigne

21 1 Après ces événements, voici ce qui arrive à Naboth, d'Izréel. Cet homme possède une *vigne à côté du palais d'Akab, le roi de Samarie[y]. 2 Un jour, Akab dit à Naboth : « Ta vigne est juste à côté de ma maison. Donne-moi cette vigne pour y cultiver des légumes. En échange, je t'en donnerai une autre bien meilleure, ou si tu préfères, je te paierai ce qu'elle vaut. » 3 Naboth répond à Akab : « Devant le SEIGNEUR, je n'ai pas le droit de te donner la vigne que j'ai reçue de mes ancêtres[z]. »

4 Akab rentre chez lui. Il est de mauvaise humeur et triste, parce que Naboth lui a dit : « Je ne te donnerai pas la vigne que j'ai reçue de mes ancêtres. » Il se couche sur son lit, il tourne la tête contre le mur et ne veut rien manger. 5 Sa femme Jézabel vient le trouver. Elle lui demande : « Tu es de mauvaise humeur et tu ne veux rien manger. Pourquoi donc ? » 6 Akab répond : « J'ai parlé à Naboth d'Izréel. Je lui ai dit : "Donne-moi ta vigne pour de l'argent, ou si tu préfères, je te donnerai une autre vigne en échange." Mais il m'a répondu : "Je ne te donnerai pas ma vigne." » 7 Alors Jézabel lui dit : « Es-tu le roi d'Israël, oui ou non ? Lève-toi, mange et retrouve ta bonne humeur ! Moi, je vais te donner la vigne de Naboth d'Izréel. » 8 Jézabel écrit des lettres au nom d'Akab et elle les marque avec le *sceau royal. Elle les envoie aux *anciens et aux notables de la ville où Naboth habite. 9 Dans ces lettres, elle écrit ceci : « Réunissez les gens de la ville pour une cérémonie de *jeûne. Faites asseoir Naboth au premier rang. 10 En face de lui, placez deux hommes qui ne valent rien. Ils l'accuseront en disant : "Tu as maudit Dieu et le roi !" Ensuite, vous conduirez Naboth en dehors de la ville et vous le tuerez à coups de pierres[a] ! »

---

y **21.1** *Le roi de Samarie, c'est-à-dire du royaume d'Israël. Voir 1 Rois 16.24.*

z **21.3** *La terre familiale devait toujours rester dans la famille. Elle ne pouvait pas être donnée ni vendue. Voir Lévitique 25.13,23.*

a **21.10** *C'était la punition prévue pour celui qui maudissait Dieu ou le roi. Voir Lévitique 24.10-16.*

11 Les anciens et les notables de la ville agissent comme Jézabel l'a demandé dans ses lettres. 12 Ils décident une cérémonie de jeûne et ils placent Naboth au premier rang. 13 Les deux hommes qui ne valent rien viennent se placer en face de Naboth. Ils l'accusent devant tout le monde en disant : « Naboth a maudit Dieu et le roi. »

Alors les gens conduisent Naboth en dehors de la ville et ils le tuent à coups de pierres. 14 Puis les notables de la ville envoient dire à Jézabel : « Naboth a été tué à coups de pierres. » 15 Quand Jézabel apprend la nouvelle, elle dit à Akab : « Naboth n'existe plus, il est mort. Tu peux donc aller prendre pour toi la vigne qu'il a refusé de te vendre. »

16 Quand Akab apprend que Naboth est mort, il va dans la vigne de celui-ci et il la prend pour lui.

Dieu condamne Akab et sa femme Jézabel

17 Alors le SEIGNEUR adresse sa parole à Élie, de Tichebé : 18 « Lève-toi, va trouver Akab, roi d'Israël, qui habite Samarie. Il se trouve dans la vigne de Naboth, il est allé là-bas afin de la prendre pour lui. 19 Tu lui transmettras ce que je lui dis, moi, le SEIGNEUR : "Tu as assassiné quelqu'un, et maintenant, tu viens prendre ce qui est à lui !" Ensuite, tu ajouteras de ma part : "Les chiens ont léché le sang de Naboth. Eh bien, ils lécheront ton sang exactement au même endroit !" »

20 Élie y va et Akab lui dit : « Tu m'as donc trouvé, toi, mon ennemi ! » Élie répond au roi : « Oui, je t'ai retrouvé ! En effet, tu as cédé à tes désirs en faisant ce qui est mal aux yeux du SEIGNEUR. 21 C'est pourquoi le SEIGNEUR te dit : "Je vais faire venir le malheur sur toi. Je vais balayer ta famille, je supprimerai tous les hommes de chez toi, esclaves ou hommes libres en Israël. 22 J'agirai envers ta famille comme j'ai agi envers la famille de Jéroboam, fils de Nebath, et celle de Bacha, fils d'Ahia. En effet, tu as provoqué ma *colère et tu as entraîné le peuple d'Israël à pécher." 23 Voici ce que le SEIGNEUR a dit aussi contre Jézabel : "Les chiens mangeront Jézabel sous les murs de la ville d'Izréel." 24 De plus, roi Akab, toute personne de ta famille qui mourra dans la ville, les chiens la mangeront. Toute personne de ta famille qui mourra dans la campagne, les charognards la dévoreront. »

25 Personne n'a jamais cédé à ses désirs comme Akab, en faisant ce qui est mal aux yeux du SEIGNEUR. En effet, sa femme Jézabel l'a entraîné à faire le mal. 26 En adorant les faux dieux, il a imité les actions horribles des *Amorites que le SEIGNEUR avait chassés pour laisser la place aux Israélites.

Akab reconnaît sa faute

27 Quand Akab entend les paroles d'Élie, il *déchire ses vêtements, il met un habit de deuil et il *jeûne. Il garde cet habit pour dormir et il marche très lentement. 28 Le SEIGNEUR adresse sa parole à Élie, de Tichebé. Il lui dit : 29 « Tu vois comme Akab s'est abaissé devant moi ? Parce qu'il s'est abaissé devant moi, je n'enverrai pas le malheur sur sa famille pendant sa vie. Je l'enverrai quand son fils sera roi. »

Akab veut reprendre la ville de Ramoth

22 1 Pendant deux ans, il y a la paix entre la Syrie et Israël. 2 Mais la troisième année, Josaphat, roi de Juda, vient trouver Akab, roi d'Israël. 3 Or, Akab a dit à ses ministres : « Vous le savez, la ville de Ramoth, en Galaad, était à nous. Pourtant, nous hésitons à la reprendre au roi de Syrie ! Pourquoi donc ? » 4 Puis il demande au roi Josaphat : « Est-ce que tu acceptes de combattre avec moi pour reprendre Ramoth de Galaad ? » Josaphat lui répond : « Nous ne faisons qu'un, toi et moi. Mes soldats sont tes soldats, mes chevaux sont tes chevaux. » 5 Mais Josaphat ajoute : « Consulte d'abord le SEIGNEUR. »

Les prophètes officiels d'Akab annoncent la victoire

6 Akab, le roi d'Israël, réunit ses *prophètes. Ils sont à peu près 400. Le roi leur demande : « Est-ce que je dois aller attaquer Ramoth de Galaad, oui ou non ? » Les prophètes répondent : « Oui, vas-y, le Seigneur te livrera la ville. » 7 Pourtant, Josaphat demande : « Est-ce qu'il n'y a pas un autre prophète qui peut

consulter le SEIGNEUR pour nous ? » 8 Le roi
d'Israël répond : « Nous pourrions demander
à Michée, fils d'Imla, mais je le déteste. En effet, il ne m'annonce jamais rien de bon, mais
toujours du mal. » Josaphat dit à Akab : « Ne
dis pas cela ! » 9 Alors le roi d'Israël envoie
un fonctionnaire du palais chercher Michée,
fils d'Imla, le plus vite possible.
10 Le roi d'Israël et le roi de Juda se trouvent
sur la place qui est près de la porte de Samarie.
Chacun est assis sur son siège royal. Ils portent leurs vêtements de roi. Ils écoutent les
prophètes leur parler au nom du SEIGNEUR.
11 Parmi eux, il y a un prophète appelé Sidequia, fils de Kenaana. Il s'est fabriqué des cornes de fer et il crie à Akab : « Le SEIGNEUR te le
dit, tu attaqueras les Syriens comme un taureau aux cornes de fer et tu les écraseras. »
12 Tous les autres prophètes confirment ce
message en disant : « Va attaquer Ramoth de
Galaad. Tu réussiras, le SEIGNEUR te livrera la
ville. »

Le prophète Michée annonce la défaite

13 Pendant ce temps, le messager va chercher Michée. Il lui dit : « Écoute, tous les
*prophètes annoncent un bon résultat pour
le roi. Fais la même chose : annonce le succès. » 14 Mais Michée lui répond : « Par le SEI-
GNEUR vivant, j'annoncerai seulement ce que
le SEIGNEUR me dira. »
15 Puis Michée arrive près du roi Akab. Le
roi lui demande : « Michée, est-ce que nous
devons aller attaquer Ramoth de Galaad, oui
ou non ? » Michée répond à Akab : « Vas-y.
Tu réussiras, le SEIGNEUR te livrera la ville. »
16 Mais le roi lui dit : « Je t'ai déjà demandé
de nombreuses fois de me dire seulement
la vérité de la part du SEIGNEUR. » 17 Alors
Michée déclare :

« Dans une *vision,
j'ai vu tous les soldats
répandus sur les montagnes
comme un troupeau sans berger.
Le SEIGNEUR a dit :
"Cette armée n'a plus de chef.
Chacun doit rentrer en paix chez lui." »

18 Le roi d'Israël dit alors au roi Josaphat :
« Je te l'avais bien dit : cet homme-là ne m'annonce jamais rien de bon, mais toujours du
mal ! » 19 Michée continue : « Écoute donc ce
que le SEIGNEUR dit. En effet, j'ai vu le SEIGNEUR
assis sur son siège royal, avec tous ses serviteurs debout à sa droite et à sa gauche dans
le *ciel. 20 Il a demandé : "Qui veut persuader
Akab d'attaquer Ramoth de Galaad pour qu'il
soit tué là-bas ?" L'un a dit une chose, l'autre
une autre. 21 Pour finir, l'esprit qui inspire les
prophètes s'est présenté devant le SEIGNEUR en
disant : "Moi, j'irai le persuader." Le SEIGNEUR
a demandé : "Comment ?" 22 L'esprit des prophètes a répondu : "Je soufflerai des mensonges dans la bouche de tous les prophètes du
roi." Le SEIGNEUR lui a dit : "C'est un bon
moyen pour le persuader. Maintenant, va
faire ce que tu as proposé !" » 23 Michée
ajoute : « Aujourd'hui, c'est ce qui se passe,
Akab. Le SEIGNEUR a permis qu'un esprit mette
des mensonges dans la bouche de tous tes prophètes. En réalité, le SEIGNEUR a décidé de
t'envoyer un malheur. »
24 Alors Sidequia, fils de Kenaana, s'approche de Michée et lui donne une gifle en disant : « Comment l'esprit du SEIGNEUR est-il
sorti de moi pour te parler ? »
25 Michée répond : « Tu le verras bien le
jour où tu devras te cacher dans la pièce la
plus retirée de ta maison. »
26 Alors le roi d'Israël crie à un serviteur :
« Arrête Michée ! Conduis-le chez Amon, le
gouverneur de Samarie et chez le prince
Joas. 27 Dis-leur de ma part : "Mettez cet
homme-là en prison. Donnez-lui seulement
du pain et de l'eau jusqu'à ce que je revienne
en bonne santé." » 28 Michée lui répond : « Si
tu reviens en bonne santé, c'est que le SEI-
GNEUR n'a pas parlé par ma bouche ! »

Le roi Akab meurt à Ramoth

29 Akab, le roi d'Israël, et Josaphat, le roi de
Juda, vont attaquer Ramoth de Galaad. 30 Akab
dit à Josaphat : « Je vais changer de vêtements
pour aller au combat. Mais toi, mets tes habits
de roi. » Ainsi, le roi d'Israël met d'autres vêtements pour qu'on ne le reconnaisse pas et il
part au combat. 31 Or, le roi de Syrie a donné
cet ordre aux 32 hommes qui commandent
ses chars de guerre : « N'attaquez pas les sol-

dats ni les officiers, attaquez seulement le roi d'Israël. » 32 Quand les chefs de chars voient Josaphat, ils disent : « C'est sûrement le roi d'Israël. » Et ils vont vers lui pour l'attaquer. Mais il pousse son cri de guerre. 33 Alors les chefs de chars voient que ce n'est pas le roi d'Israël. Ils le laissent tranquille.

34 Or, un soldat syrien tire une flèche au hasard, et la flèche touche le roi d'Israël entre les deux parties de la *cuirasse qui le protège. Le roi dit à celui qui conduit son char : « Je suis blessé, fais demi-tour et sors-moi de là ! »

35 Ce jour-là, le combat est très violent, et le roi doit être tenu debout dans son char face aux Syriens. Sa blessure saigne tellement que son char est couvert de sang. Le soir, il meurt. 36 Au coucher du soleil, les soldats crient dans le camp : « Rentrez tous chez vous, 37 le roi est mort ! »

Les soldats ramènent son corps à Samarie et ils l'enterrent dans cette ville. 38 Des serviteurs nettoient le char du roi dans l'étang de Samarie. Pendant ce temps, les chiens viennent lécher le sang d'Akab, et les *prostituées se lavent à cet endroit. C'est ce que le SEIGNEUR a annoncé.

39 Les autres actes d'Akab sont écrits dans « L'Histoire des rois d'Israël ». Ce livre raconte tout ce qu'il a fait, comment il a construit son palais décoré d'ivoire et combien de villes il s'est fait bâtir. 40 Quand il rejoint ses ancêtres, son fils Akazias devient roi à sa place.

Josaphat, roi de Juda

41 La quatrième année où Akab est roi d'Israël, Josaphat, fils d'Asa devient roi de Juda. 42 Il a 35 ans et il est roi à Jérusalem pendant 25 ans. Sa mère s'appelle Azouba, et c'est une fille de Chili. 43 Josaphat suit le chemin de son père Asa. Il ne s'en éloigne jamais, il fait ce qui est bien aux yeux du SEIGNEUR. 44 Pourtant, les lieux sacrés ne disparaissent pas. Les gens continuent d'y aller pour offrir des *sacrifices d'animaux et brûler du parfum. 45 Josaphat vit en paix avec le roi d'Israël.

46 Les autres actes de Josaphat sont écrits dans « L'Histoire des rois de Juda ». Ce livre raconte les exploits qu'il a réalisés, les guerres qu'il a faites. 47 Il raconte aussi comment il a supprimé les hommes et les femmes qui se *prostituaient pour servir des dieux étrangers[b]. Il y en avait encore au temps de son père Asa. 48 À cette époque, il n'y a pas de roi en Édom, mais seulement un gouverneur nommé par le roi de Juda. 49 Josaphat fait construire de grands bateaux à Ession-Guéber pour aller chercher de l'or dans le pays d'Ofir[c]. Mais c'est un échec, parce que les bateaux coulent à Ession-Guéber. 50 Akazias, fils d'Akab, propose à Josaphat que ses marins partent en bateau avec les siens. Mais Josaphat refuse.

51 Quand Josaphat meurt, on l'enterre avec ses ancêtres dans la « *Ville de David » son père. Son fils Joram devient roi à sa place.

Akazias, roi d'Israël

52 La dix-septième année où Josaphat est roi de Juda, Akazias, fils d'Akab, devient roi d'Israël à Samarie, et il est roi du peuple d'Israël pendant deux ans. 53 Il fait ce qui est mal aux yeux du SEIGNEUR. Il suit le mauvais exemple de son père, de sa mère et du roi Jéroboam, fils de Nebath, qui a entraîné le peuple à pécher. 54 Il se met à genoux devant *Baal pour l'adorer. Ainsi, il provoque la *colère du SEIGNEUR, Dieu d'Israël, comme son père l'a fait.

---

b **22.47** *Voir 1 Rois 14.24 et la note.*

c **22.49** *Voir 1 Rois 9.28 et la note.*

Deuxième livre des Rois

INTRODUCTION

(Voir l'introduction aux livres des Rois, p. 374.)

Le deuxième livre des Rois continue le récit commencé en 1 Rois 12.

- *Jusqu'à 2 Rois 16, les lecteurs apprennent ce qui se passe dans le royaume d'Israël, au nord, et dans celui de Juda, au sud.*
- *Le chapitre 17 raconte la prise de Samarie, la capitale du Nord, par les Assyriens. C'est la* ***fin du Royaume d'Israël***
- *Les chapitres 18 à 25 concernent la période où le royaume de Juda existe encore jusqu'à ce que Nabucodonosor, le roi de Babylone, prenne la ville de Jérusalem. C'est alors la* ***fin du royaume de Juda***

Plusieurs ***prophètes*** *interviennent dans le deuxième livre des Rois : Élisée (chapitres 2–13), Ésaïe (chapitres 19–20), et une femme prophète, Houlda (chapitre 22).*

Entre le milieu du 8e siècle et le début du 6e siècle avant J.-C., les petits peuples du Proche-Orient sont sous la domination des Assyriens puis des Babyloniens.

Vers 722 avant J.-C., l'armée assyrienne détruit la ville de Samarie et transforme le royaume d'Israël en province assyrienne. Une partie de la population est déportée (chapitre 17). Mais, un siècle plus tard, les Babyloniens sont vainqueurs des Assyriens. Nabucodonosor, le roi de Babylone, attaque une première fois Jérusalem en 597 avant J.-C. Il emmène le roi et les

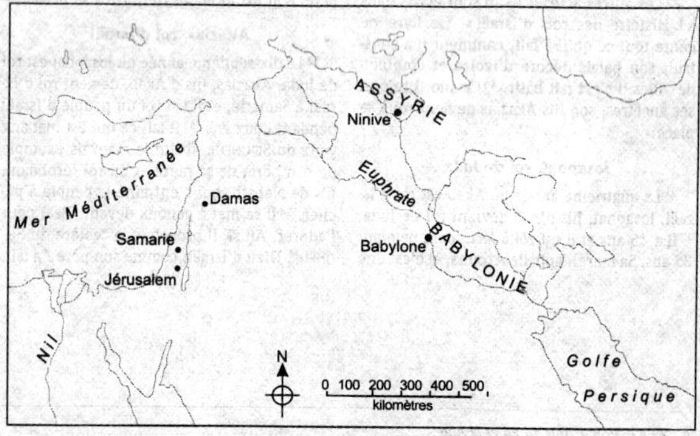

ISRAËL	**722** Déportation dans les régions dominées par l'Assyrie
JUDA	Première déportation **597** — **587** Jérusalem est détruite — Deuxième déportation en Babylonie

gens importants en exil à Babylone. En 587, les Babyloniens reviennent à l'attaque. Ils brûlent Jérusalem et détruisent le temple. Une partie de la population qui reste est emmenée en exil. Le royaume de Juda cesse à son tour d'exister (chapitres 24–25).

***Le peuple de Dieu a tout perdu**: il ne peut plus avoir de vie politique, car il n'a plus de pays ni de roi. Il ne peut plus avoir de vie religieuse, car il n'a plus de temple pour rencontrer son Dieu.*

*Pour les livres des Rois, cette catastrophe arrive parce que les rois et le peuple ont sans arrêt **désobéi** à la volonté de Dieu. Jéroboam, le premier roi d'Israël, a entraîné le peuple à adorer d'autres dieux que le Seigneur Dieu (1 Rois 12 et 13). Les rois d'Israël sont accusés pour la plupart d'avoir entraîné le peuple dans le même péché. Parmi les rois de Juda, quelques-uns restent fidèles à Dieu comme leur ancêtre David. Quand le peuple abandonne Dieu, certains d'entre eux réalisent des réformes religieuses. C'est le cas d'Ézékias et de Josias. Cependant d'autres rois, comme Akaz et Manassé, se tournent vers les faux dieux et conduisent le peuple à sa perte.*

Les livres des Rois racontent comment les rois et le peuple ont perdu ce que Dieu leur avait donné. Ils veulent dire ceci à leurs lecteurs : pour que la situation change, il faut que le peuple de Dieu vive autrement.

*Les livres des Rois se terminent cependant sur un fait qui peut redonner de l'**espoir**: le roi de Babylone fait sortir de prison Yoakin, l'ancien roi de Juda, et le traite avec bonté (2 Rois 25.27-30).*

Le Seigneur fait des reproches au roi Akazias

1 1 Après la mort du roi Akab, les Moabites se soulèvent contre le pouvoir du royaume d'Israël.

2 Un jour, le roi Akazias se trouve dans une
chambre en haut de son palais, à Samarie. Il
tombe par la fenêtre et se blesse gravement.
Alors il envoie des messagers consulter Baal
Zeboub[a], le dieu de la ville d'Écron. Il leur
dit : « Demandez à ce dieu si je guérirai de
cette blessure. » 3 Mais un *ange du SEIGNEUR
vient dire à Élie, de Tichebé : « Pars ! Va à la
rencontre des messagers du roi de Samarie[b]
et dis-leur : "Est-ce qu'il n'y a pas de Dieu
en Israël ? Pourquoi est-ce que vous allez
consulter Baal Zeboub, le dieu d'Écron ?"
4 Tu adresseras ces paroles du SEIGNEUR au
roi d'Israël : "À cause de ce que tu as fait, tu
ne quitteras plus le lit où tu es couché, et tu
vas mourir, c'est sûr !" »

Puis Élie s'en va. 5 Les messagers reviennent aussitôt auprès du roi. Celui-ci leur
demande : « Pourquoi est-ce que vous reve-

---

a 1.2 *Baal Zeboub : ce nom veut dire « le Maître des mouches ». Il a été donné au dieu de la ville philistine d'Écron pour se moquer de lui.*

b 1.3 *Samarie était la capitale du royaume d'Israël ou royaume du Nord.*

nez ? » Ils répondent : 6 « Un homme est venu à notre rencontre. Il nous a dit de revenir auprès de toi pour te dire de la part du SEIGNEUR : “Est-ce qu'il n'y a pas de Dieu en Israël ? Pourquoi est-ce que tu envoies des messagers consulter Baal Zeboub, le dieu d'Écron ? À cause de cela, tu ne quitteras plus le lit où tu es couché, et tu vas mourir, c'est sûr !” » 7 Akazias leur demande : « Comment était l'homme qui est allé à votre rencontre et qui vous a dit ces paroles ? » 8 Les messagers répondent : « Il portait un vêtement en peau de bête, avec une ceinture de cuir autour de la taille. » Alors le roi dit : « C'est Élie, de Tichebé ! »

Akazias veut faire arrêter Élie

9 Le roi envoie un officier et 50 soldats pour arrêter Élie. Ils montent en haut de la montagne où Élie est assis. L'officier lui dit : « Homme de Dieu, descends ! C'est l'ordre du roi ! » 10 Élie répond : « Je suis un homme de Dieu ! Eh bien, qu'un feu descende du *ciel et vous brûle tous, toi et tes 50 soldats ! » Et un feu descend du ciel. Il brûle l'officier et ses 50 soldats.

11 Alors le roi envoie un autre officier avec 50 soldats près d'Élie. L'officier dit à Élie : « Homme de Dieu, dépêche-toi de descendre ! C'est un ordre du roi ! » 12 Élie répond : « Je suis un homme de Dieu ! Eh bien, qu'un feu descende du ciel et vous brûle tous, toi et tes 50 soldats ! » Et un feu envoyé par Dieu descend du ciel. Il brûle l'officier et ses 50 soldats.

13 Une troisième fois, Akazias envoie un officier avec 50 soldats. Ils montent sur la montagne. En arrivant, l'officier se met à genoux devant Élie et il le supplie en disant : « Homme de Dieu, je t'en prie, laisse-nous en vie, moi et mes 50 soldats. 14 Je le sais, un feu est descendu du ciel et a brûlé les deux premiers officiers et leurs soldats. Mais je t'en supplie, laisse-moi en vie ! »

15 Alors *l'ange du SEIGNEUR dit à Élie : « Descends avec lui, n'aie pas peur. » Élie descend avec l'officier et va trouver le roi. 16 Il dit à Akazias de la part du SEIGNEUR : « Tu as envoyé des messagers consulter Baal Zeboub, le dieu d'Écron. Est-ce qu'il n'y a pas de Dieu en Israël qu'on peut consulter ? Eh bien, à cause de cela, tu ne quitteras plus le lit où tu es couché, et tu vas mourir, c'est sûr ! » 17 Akazias meurt donc selon la parole que le SEIGNEUR a dite par l'intermédiaire d'Élie. Il n'a pas de fils. Son frère Yoram devient roi à sa place, la deuxième année après que Joram, fils de Josaphat, est devenu roi de Juda.

18 Les autres actes d'Akazias sont écrits dans « L'Histoire des rois d'Israël ».

Dieu enlève Élie au ciel. Élisée lui succède comme prophète

2 1 Voici comment le SEIGNEUR a enlevé Élie au *ciel, dans une tornade. Un jour, Élie et Élisée quittent tous les deux le Guilgal. 2 À un certain endroit, Élie dit à Élisée : « Reste ici, s'il te plaît ! Moi, le SEIGNEUR m'envoie à Béthel. » Élisée répond : « Par le SEIGNEUR vivant, et par ta vie, je ne te quitterai pas, je le jure ! » Et ils vont ensemble à Béthel. 3 Les membres du groupe de *prophètes qui habitent à Béthel viennent à la rencontre d'Élisée. Ils disent à Élisée : « Aujourd'hui, le SEIGNEUR va enlever ton maître au ciel. Est-ce que tu le sais ? » Élisée répond : « Oui, je le sais, moi aussi. Mais ne parlez pas de cela ! »

4 Élie dit à Élisée : « Élisée, reste ici s'il te plaît ! Moi, le SEIGNEUR m'envoie à Jéricho. » Élisée répond : « Par le SEIGNEUR vivant, et par ta vie, je ne te quitterai pas, je le jure ! » Et ils vont ensemble à Jéricho.

5 Les membres du groupe de prophètes qui habitent à Jéricho viennent à la rencontre d'Élisée. Ils lui disent : « Aujourd'hui, le SEIGNEUR va enlever ton maître au ciel. Est-ce que tu le sais ? » Élisée répond : « Oui, je le sais, moi aussi. Mais ne parlez pas de cela ! »

6 Élie dit encore à Élisée : « Reste ici, s'il te plaît ! Moi, le SEIGNEUR m'envoie au bord du Jourdain. » Élisée lui répond : « Par le SEIGNEUR vivant, et par ta vie, je ne te quitterai pas, je le jure ! » Et ils continuent la route ensemble. 7 Élie et Élisée s'arrêtent au bord du Jourdain. Cinquante prophètes les ont suivis et ils s'arrêtent un peu plus loin. 8 Élie enlève son vêtement, il le roule et il frappe l'eau du fleuve avec son vêtement. L'eau se divise : une partie

va à droite et l'autre partie va à gauche. Alors
Élie et Élisée traversent le Jourdain sur la terre
sèche.
9 Quand ils sont de l'autre côté, Élie dit à
Élisée : « Qu'est-ce que je peux faire pour
toi, avant que le SEIGNEUR m'enlève loin de
toi ? » Élisée répond : « J'aimerais bien recevoir une double part de ton esprit de prophète. » 10 Élie lui répond : « Tu demandes
une chose difficile. Le SEIGNEUR va m'enlever
loin de toi. Si tu me vois à ce moment-là, cette
demande va se réaliser. Si tu ne me vois pas,
cette demande ne se réalisera pas. »
11 Ils continuent à marcher en parlant. Un
char de feu arrive, tiré par des chevaux de
feu et il se place entre Élie et Élisée. Élie
monte au ciel dans la tornade. 12 Élisée le
voit. Il se met à crier : « Mon père, mon
père ! Tu vaux tous les chars et tous les cavaliers d'Israël ! » Ensuite Élisée ne voit plus
Élie. Alors il *déchire ses vêtements en
deux. 13 Puis il ramasse l'habit qui était tombé
des épaules d'Élie. Il revient vers le Jourdain
et s'arrête au bord du fleuve. 14 Il frappe l'eau
du fleuve avec l'habit d'Élie, en disant : « Où
est le SEIGNEUR, le Dieu d'Élie ? » Il frappe encore l'eau du fleuve. Alors l'eau se divise : une
partie va à droite, l'autre partie va à gauche, et
Élisée peut traverser le Jourdain.
15 Les prophètes du groupe de Jéricho
voient de loin ce qu'Élisée a fait. Ils disent :
« L'esprit de prophète qui était sur Élie repose
maintenant sur Élisée. » Ils vont à sa rencontre et s'inclinent jusqu'à terre devant lui.
16 Ils lui disent : « Tu vois, il y a avec nous 50
hommes courageux. Ils peuvent aller chercher ton maître. En effet, l'esprit du SEIGNEUR
qui l'a emporté l'a peut-être jeté sur une montagne ou dans une vallée. » Mais Élisée leur dit
de ne pas les envoyer. 17 Pourtant ils insistent,
et Élisée finit par accepter. Ils envoient donc
les 50 hommes qui cherchent Élie pendant
trois jours, mais ils ne le trouvent pas. 18 Ils reviennent vers Élisée, qui est resté à Jéricho. Le
prophète leur dit : « Je vous avais bien dit de
ne pas y aller. »

Élisée rend pure la source de Jéricho

19 Les habitants de Jéricho disent à Élisée :
« Élisée, tu peux voir que notre ville est bien
située. Mais l'eau est si mauvaise qu'elle empêche même les plantes de pousser. » 20 Élisée
dit : « Apportez-moi du sel dans un plat neuf. »
Ils obéissent. 21 Élisée va à la source et il jette
le sel dans l'eau en disant de la part du SEI-
GNEUR : « J'ai rendu cette eau pure. Elle ne
fera plus mourir les êtres vivants, et les plantes pourront de nouveau pousser. » 22 En effet,
l'eau devient pure, et elle l'est encore aujour-
d'hui, comme Élisée l'a annoncé.

Élisée maudit des enfants moqueurs

23 Élisée part de Jéricho pour aller à Béthel.
Quand il est sur la route, des enfants venus de
la ville se moquent de lui en criant : « Vas-y,
tête rasée ! Vas-y, tête rasée ! » 24 Élisée se retourne. Il les regarde et leur lance une malédiction au nom du SEIGNEUR. Alors deux
animaux sauvages sortent de la forêt et déchirent le corps de 42 de ces enfants. 25 Ensuite
Élisée va sur la montagne du Carmel, puis
de là, il revient à Samarie.

Yoram, roi d'Israël

3 1 La dix-huitième année où Josaphat est roi
de Juda, Yoram, fils d'Akab, devient roi
d'Israël. Il est roi à Samarie pendant 12 ans.
2-3 Il fait ce qui est mal aux yeux du SEIGNEUR.
Jéroboam, fils de Nebath, a entraîné le peuple
d'Israël à pécher. Yoram continue à commettre les mêmes péchés que lui. Il le suit jusqu'au bout. Pourtant il n'agit pas aussi mal
que son père et sa mère. Il supprime la pierre
sacrée que son père a fait dresser en l'honneur
du dieu *Baal[c].

Yoram attaque le pays de Moab

4 Mécha, le roi de Moab, possède des troupeaux de moutons. Il doit livrer 100 000
agneaux et 100 000 moutons avec leur laine
comme impôt au roi d'Israël. 5 Mais quand le
roi Akab meurt, Mécha se révolte contre le

c 3.2-3 *Voir 1 Rois 16.32-33.*

nouveau roi d'Israël. 6 Yoram quitte tout de suite Samarie pour aller inspecter toute l'armée d'Israël. 7 Ensuite, il envoie des messagers à Josaphat, roi de Juda : « Le roi de Moab s'est révolté contre moi. Est-ce que tu veux venir attaquer son pays avec moi ? » Le roi de Juda répond : « Nous ne faisons qu'un, toi et moi. Mes soldats sont tes soldats, mes chevaux sont tes chevaux. 8 Mais par où allons-nous passer ? » Yoram répond : « Par le désert d'Édom. »

9 Les rois d'Israël, de Juda et d'Édom se mettent en route. Ils marchent pendant sept jours. Puis l'eau vient à manquer aussi bien pour les soldats que pour les bêtes qui les suivent. 10 Alors le roi d'Israël dit : « Quel malheur ! Le SEIGNEUR nous a sûrement attirés ici, pour nous livrer tous les trois au pouvoir des Moabites ! » 11 Mais Josaphat demande : « Est-ce qu'il n'y a pas un *prophète ici ? Si c'est le cas, nous pouvons consulter le SEIGNEUR. » Un officier du roi d'Israël répond : « Il y a ici Élisée, fils de Chafath. C'était l'un des *disciples les plus proches du prophète Élie. » 12 Josaphat dit : « Cet homme-là saura nous parler de la part du SEIGNEUR. »

Alors les rois d'Israël, de Juda et d'Édom vont trouver Élisée. 13 Élisée dit au roi d'Israël : « Qu'est-ce que tu me veux ? Va plutôt consulter les prophètes de ton père ou de ta mère ! » Le roi Yoram répond : « C'est inutile. C'est le SEIGNEUR qui nous attirés ici pour nous livrer tous les trois au pouvoir des Moabites. » 14 Élisée continue : « Je le jure par le SEIGNEUR vivant, le SEIGNEUR de l'univers que je sers : je vous réponds seulement parce que je respecte Josaphat, roi de Juda. Sinon, je ne ferais pas attention à toi, je ne te regarderais même pas. 15 Maintenant, faites venir un musicien. »

Pendant que le musicien joue, la puissance du SEIGNEUR saisit Élisée. 16 Le prophète dit alors de la part du SEIGNEUR : « Creusez des trous en grande quantité dans le lit de ce torrent tout sec. 17 Moi, le SEIGNEUR, je vous le dis : vous n'entendrez pas de vent, vous ne verrez pas de pluie, et pourtant cette vallée se remplira d'eau. Alors vous pourrez boire, vous, vos troupeaux et vos autres animaux. » 18 Élisée continue : « Mais c'est peu de chose pour le SEIGNEUR. Il va même livrer le pays de Moab en votre pouvoir. 19 Vous détruirez toutes les villes bien protégées et toutes les villes importantes. Vous abattrez tous les arbres fruitiers, vous boucherez toutes les sources, vous jetterez des pierres dans tous les champs cultivés pour les détruire. » 20 Le jour suivant, à l'heure du *sacrifice du matin, de l'eau descend du pays d'Édom, et le sol en est recouvert.

21 Tous les Moabites ont appris que ces trois rois sont venus attaquer leur pays. Ils réunissent tous les hommes qui ont l'âge de porter les armes, et ils les placent sur la frontière. 22 Quand ils se lèvent tôt le matin, le soleil brille sur l'eau. Les Moabites voient alors devant eux l'eau qui, de loin, semble rouge comme du sang. 23 Ils crient : « C'est du sang ! Les rois et leurs armées ont dû se quereller et se tuer entre eux. Debout, Moabites, courons prendre leurs biens ! »

24 Ils arrivent au camp d'Israël. Mais les Israélites sortent et les attaquent. Alors les Moabites s'enfuient. Les Israélites les poursuivent, ils entrent dans leur pays et les battent complètement. 25 Ils détruisent les villes, ils recouvrent de pierres les champs cultivés en lançant chacun sa pierre. Ils bouchent toutes les sources et abattent tous les arbres fruitiers.

Finalement, seule la ville de Quir-Hérès est encore debout. Mais les soldats armés de lance-pierres viennent l'entourer et l'attaquer elle aussi. 26 Le roi de Moab voit que le combat dépasse ses forces. Il prend avec lui 700 soldats qui portent *l'épée pour ouvrir un passage en direction du roi de Syrie. Mais il ne réussit pas. 27 Alors il fait venir son fils aîné qui doit être roi à sa place. Et il l'offre en sacrifice sur les murs de la ville. Les Israélites ont tellement peur qu'ils lèvent le camp et rentrent chez eux.

Élisée aide une pauvre veuve

4 1 Un jour, une veuve vient trouver Élisée. Son mari faisait partie d'un groupe de *prophètes. Elle supplie Élisée en disant :

« Mon mari est mort. Tu le sais, il respectait le SEIGNEUR. Or, l'homme à qui nous avons emprunté de l'argent est venu me demander mes deux enfants. Il veut en faire ses esclaves. » 2 Élisée lui dit : « Qu'est-ce que je peux faire pour toi ? Dis-moi ce que tu as chez toi. » La femme répond : « Je n'ai rien du tout. Il me reste seulement un peu d'huile pour me parfumer. » 3 Élisée lui dit : « Va donc demander des récipients vides chez tes voisines. Tu en demanderas beaucoup. 4 Quand tu seras rentrée chez toi avec tes enfants, ferme bien la porte. Ensuite, tu verseras de l'huile dans tous ces récipients et tu mettras de côté ceux qui seront pleins. »

5 La femme quitte Élisée. Quand elle est chez elle avec ses enfants, elle ferme la porte. Ses fils lui présentent les récipients, et elle les remplit. 6 Quand les récipients sont pleins, elle dit à l'un de ses enfants : « Donne-moi encore un récipient. » Mais il répond : « Il n'y en a plus. » Alors l'huile s'arrête de couler. 7 La femme va raconter à Élisée ce qui vient d'arriver. Le prophète lui dit : « Va vendre cette huile et rembourse ta dette. L'argent qui te restera vous permettra de vivre, toi et tes fils. »

Élisée chez une femme du village de Chounem

8 Un jour, Élisée passe à Chounem. Une femme riche habite à cet endroit. Elle demande avec insistance à Élisée de venir manger chez elle. C'est pourquoi, depuis ce jour-là, chaque fois qu'Élisée passe par Chounem, il va manger chez elle.

9 Cette femme dit à son mari : « Écoute, je le sais, l'homme de Dieu qui vient toujours chez nous est vraiment un homme de Dieu. 10 Il faut lui construire une petite chambre sur la terrasse. Nous allons mettre pour lui un lit, une table, un siège et une lampe. Il pourra loger là quand il viendra chez nous. »

11 Un jour, Élisée vient chez eux. Il monte en haut dans la chambre pour se coucher. 12 Ensuite il dit à son serviteur Guéhazi : « Appelle cette femme qui nous accueille. » Guéhazi va la chercher, et elle arrive devant la chambre. 13 Élisée demande à Guéhazi de lui dire ceci : « Tu t'es donné beaucoup de mal pour nous. Qu'est-ce que nous pouvons faire pour toi ? Est-ce qu'il faut parler pour toi au roi ou au chef de l'armée ? » La femme répond : « Non, merci. Je vis au milieu de mon peuple et je ne manque de rien. » 14 Puis il dit à son serviteur Guéhazi : « Qu'est-ce que nous pouvons faire pour cette femme ? » Le serviteur répond : « Malheureusement, elle n'a pas de fils, et son mari est vieux. » 15 Élisée lui dit : « Appelle-la ! » Guéhazi l'appelle, et elle vient devant la porte. 16 Élisée lui dit : « L'an prochain, à la même époque, tu porteras un fils dans tes bras. » Mais elle dit : « Ce n'est pas possible ! Toi qui es un homme de Dieu, ne me mens pas. » 17 Pourtant cette femme devient enceinte. Et à la même époque, l'année suivante, elle met au monde un fils, comme Élisée l'a annoncé.

Élisée rend la vie au fils de la femme de Chounem

18 L'enfant grandit. Un jour, il va rejoindre son père au champ et travaille avec ceux qui font la récolte. 19 L'enfant se met à crier : « Oh ! ma tête ! ma tête ! » Le père dit à un serviteur : « Porte-le vite à sa mère ! » 20 Le serviteur porte l'enfant à sa mère. Jusqu'à midi, il reste sur les genoux de sa mère. À midi, il meurt.

21 Alors elle monte dans la chambre d'Élisée. Elle couche l'enfant sur son lit et ferme la porte. Puis elle va au champ. 22 Elle appelle son mari et lui dit : « Envoie-moi, s'il te plaît, un serviteur avec une ânesse. Je cours chez l'homme de Dieu et je reviens. » 23 Son mari lui demande : « Pourquoi vas-tu chez lui aujourd'hui ? Ce n'est pas la fête de la *nouvelle lune. Ce n'est même pas un jour de *sabbat. » Elle répond : « Ne t'inquiète pas. » 24 Elle prépare l'âne et dit au serviteur : « Partons ! Conduis l'ânesse. Ne t'arrête pas en route, sauf si je te le demande. »

25 Elle part vers le mont Carmel pour aller chercher Élisée. Quand l'homme de Dieu la voit de loin, il dit à son serviteur Guéhazi : « Regarde, c'est la femme de Chounem ! 26 Maintenant, cours donc à sa rencontre.

Demande-lui : "Comment vas-tu ? Et ton mari ? Et ton fils, est-ce qu'ils vont bien ?" » La femme répond : « Tout va bien. » 27 Mais quand elle arrive auprès d'Élisée sur la montagne, elle saisit ses pieds. Guéhazi veut la repousser, mais Élisée lui dit : « Laisse-la. Tu ne vois pas comme elle est bouleversée. Mais le SEIGNEUR ne m'a pas dit pourquoi, il ne m'a rien annoncé. »

28 Alors la femme dit : « Est-ce moi qui t'ai demandé un fils ? Non ! Je t'ai même dit : "Ne me donne pas un faux espoir." » 29 Élisée dit à Guéhazi : « Prépare-toi à partir. Prends mon bâton de *prophète et va à Chounem. Si tu rencontres quelqu'un, ne t'arrête pas pour le saluer. Si quelqu'un te salue, ne réponds pas. Tu mettras mon bâton sur le visage du garçon. » 30 Mais la mère de l'enfant dit à Élisée : « Par le SEIGNEUR vivant et par ta vie, je ne partirai pas sans toi ! » Alors Élisée part avec elle.

31 Guéhazi est arrivé avant eux. Il pose le bâton d'Élisée sur le visage du petit garçon, mais rien ne se passe : l'enfant ne dit rien et ne bouge pas. Guéhazi revient donc vers Élisée et lui dit : « L'enfant ne s'est pas réveillé. »

32 Quand Élisée arrive à la maison, il trouve l'enfant mort, couché sur son lit. 33 Élisée entre dans la chambre, il ferme la porte derrière lui et prie le SEIGNEUR. 34 Puis il se couche sur l'enfant. Il met sa bouche sur sa bouche, ses yeux sur ses yeux, ses mains sur ses mains. Il reste étendu sur lui, et le corps du garçon se réchauffe. 35 Ensuite, Élisée descend du lit et il marche de long en large dans la chambre. Puis il s'étend de nouveau sur l'enfant. Tout à coup, le garçon éternue sept fois et il ouvre les yeux. 36 Élisée appelle son serviteur et lui dit : « Va chercher sa mère. » Guéhazi descend la chercher. Quand elle arrive, Élisée lui dit : « Prends ton fils ! » 37 La femme s'avance. Elle se jette aux pieds d'Élisée et s'incline jusqu'à terre devant lui. Puis elle prend son fils et descend.

Élisée rend une soupe amère bonne à manger

38 Élisée est revenu au Guilgal. À cette époque, il y a une famine dans le pays. Les membres du groupe des *prophètes sont réunis autour de lui. Il dit à son serviteur : « Mets la grande marmite sur le feu et prépare-nous une soupe. »

39 Alors un des prophètes va dans les champs ramasser des plantes. Il trouve une plante sauvage qui produit des fruits. Il les met dans son vêtement. En rentrant, il les coupe en morceaux et les jette dans la marmite. Personne ne sait ce que c'est. 40 Quand on sert cette soupe aux hommes, ils goûtent et se mettent à crier : « Homme de Dieu, la soupe est empoisonnée ! » Personne ne peut en manger. 41 Élisée dit : « Apportez de la farine. » Il en jette dans la marmite et dit à son serviteur : « Maintenant, sers cette soupe, et qu'ils mangent ! » Or, la soupe est devenue bonne à manger.

Élisée nourrit cent personnes

42 Un jour, un homme arrive de Baal-Chalicha. Il apporte à l'homme de Dieu vingt pains *d'orge et un sac de grains qu'il vient de récolter. Élisée dit à son serviteur : « Donne les pains à manger à tous ces gens. » 43 Mais le serviteur répond : « Comment est-ce que je peux nourrir 100 personnes avec cela ? » Élisée répond : « Donne les pains à manger à tous ces gens. En effet, voici ce que le SEIGNEUR dit : "Chacun aura assez à manger, et il restera encore de la nourriture." » 44 Alors le serviteur distribue les pains à tous. Chacun mange et il y a des restes, comme le SEIGNEUR l'a annoncé.

Élisée guérit Naaman le lépreux

5 1 Le chef de l'armée du roi de Syrie s'appelle Naaman. C'est quelqu'un d'important pour son maître le roi, qui est très bon pour lui. En effet, c'est par lui que le SEIGNEUR a donné la victoire aux Syriens. Mais ce combattant courageux est *lépreux. 2 Or, des bandes de Syriens qui sont entrés en Israël ont fait prisonnière une petite fille. Celle-ci est devenue la servante de la femme de Naaman. 3 Un jour, la petite fille dit à sa maîtresse : « Ah ! si mon maître pouvait aller voir le *prophète qui est à Samarie ! Il le guérirait de sa lèpre. »

4 Naaman va trouver le roi. Il lui raconte ce que la jeune Israélite a dit. 5 Le roi lui répond : « Va là-bas ! Je vais te donner une lettre pour le roi d'Israël. » Alors Naaman part. Il emporte à peu près 300 kilos d'argent, 60 kilos d'or et 10 habits de fête. 6 Il remet la lettre de son roi au roi d'Israël. Voici ce que le roi de Syrie a écrit : « Avec cette lettre, je t'envoie le chef de mon armée, Naaman, pour que tu le guérisses de sa lèpre. » 7 Quand le roi a fini de lire la lettre, il *déchire ses vêtements et dit : « Est-ce que je suis Dieu, moi ? Est-ce que je peux faire vivre les gens et les faire mourir ? Le roi de Syrie m'envoie un homme pour que je le guérisse de sa lèpre ! Vous le voyez : il me cherche querelle ! »

8 Élisée, l'homme de Dieu, apprend que le roi d'Israël a déchiré ses vêtements. Il lui fait dire : « Tu as déchiré tes vêtements. Pourquoi donc ? Naaman n'a qu'à venir me voir. Il saura qu'il y a un prophète en Israël. »

9 Naaman arrive avec son char et ses chevaux et il s'arrête à l'entrée de la maison d'Élisée. 10 Élisée envoie un messager pour lui dire : « Va te laver sept fois dans le fleuve Jourdain. Alors tu seras guéri et tu deviendras *pur. » 11 Naaman se met en colère. Il part en disant : « Je pensais : le prophète va sûrement sortir de chez lui. Il se présentera devant moi. Il priera le SEIGNEUR son Dieu. Il passera sa main sur l'endroit malade et il me guérira de ma lèpre. 12 Est-ce que les fleuves de Damas, l'Abana et le Parpar, ne valent pas mieux que toute l'eau d'Israël ? Je pouvais bien me laver en Syrie pour devenir pur. »

Naaman repart donc. Il est très en colère. 13 Mais ses serviteurs s'approchent de lui et lui disent : « Maître, si le prophète te commandait une chose difficile, est-ce que tu refuserais ? Eh bien, quand il te dit de te laver pour devenir pur, écoute-le ! » 14 Alors Naaman descend dans le Jourdain. Il plonge sept fois dans l'eau, comme Élisée l'a commandé. Sa peau est de nouveau comme celle d'un petit enfant, et il devient pur. 15 Naaman retourne chez l'homme de Dieu avec tous ceux qui sont avec lui. Il se tient devant lui et dit : « Maintenant, je le sais, sur toute la terre, il n'y a aucun Dieu, sinon celui d'Israël. Je t'en prie, accepte le cadeau que je t'offre. » 16 Élisée répond : « Par le SEIGNEUR vivant que je sers, je n'accepterai rien. » Naaman insiste encore, mais Élisée refuse.

17 Alors Naaman dit : « Puisque tu refuses tout cadeau, permets-moi au moins d'emporter de la terre de ce pays. J'en ferai charger deux mulets. En effet, j'offrirai des *sacrifices complets et des sacrifices de communion seulement au SEIGNEUR, et non plus à d'autres dieux. 18 Mais je demande pardon au SEIGNEUR pour ceci : quand mon maître, le roi de Syrie, entre dans le temple de son dieu Rimmon, pour prier, il s'appuie sur mon bras. Alors moi aussi, je dois me mettre à genoux. Que le SEIGNEUR accepte de me pardonner ce geste ! » 19 Élisée lui répond : « Tu peux partir en paix. » Et Naaman s'en va.

La faute de Guéhazi, serviteur d'Élisée

20 Naaman n'est pas encore très loin. Guéhazi, le serviteur d'Élisée l'homme de Dieu, se dit : « Mon maître a refusé les cadeaux que Naaman le Syrien lui a offerts. Aussi vrai que le SEIGNEUR est vivant, je vais courir derrière lui pour recevoir quelque chose ! » 21 Guéhazi se met donc à poursuivre Naaman. Naaman le voit courir derrière lui. Il descend vite de son char pour aller à sa rencontre. Il demande à Guéhazi : « Qu'est-ce qu'il y a ? » 22 Guéhazi répond : « Tout va bien. Mon maître m'envoie seulement te dire que deux jeunes gens de la région montagneuse d'Éfraïm viennent d'arriver chez lui. Ils appartiennent à un groupe de *prophètes. Il te prie de donner pour eux 30 kilos d'argent et deux habits de fête. » 23 Naaman lui dit : « Accepte de prendre 60 kilos d'argent. » Il insiste et il met l'argent dans deux sacs, qu'il ferme. Il prépare aussi deux habits. Il les donne à deux de ses serviteurs qui les portent devant Guéhazi. 24 Quand ils arrivent à l'endroit appelé l'Ofel, Guéhazi prend les sacs et les habits. Il les met chez lui, puis il renvoie les serviteurs de Naaman.

25 Guéhazi retourne auprès de son maître. Élisée lui demande : « D'où viens-tu, Guéhazi ? » Guéhazi répond : « Je ne suis allé nulle

part. » 26 Élisée lui dit : « Est-ce que je n'ai pas vu en esprit un homme sauter de son char pour aller à ta rencontre ? Mais ce n'est pas le moment d'accepter de l'argent pour acheter des *oliviers et des *vignes, des moutons et des bœufs, des serviteurs et des servantes. 27 En effet, la *lèpre de Naaman va s'attacher à toi et aux enfants de tes enfants pour toujours ! »

Quand Guéhazi quitte Élisée, il est lépreux, et sa peau est devenue blanche comme du lait.

Élisée retrouve une hache perdue

6 1 Un jour, les membres du groupe des *prophètes disent à Élisée : « Regarde, l'endroit où nous nous réunissons avec toi est trop petit pour nous. 2 Laisse-nous descendre au bord du Jourdain. Chacun de nous coupera un tronc d'arbre, et nous construirons un abri pour nous réunir. » Élisée dit : « Allez-y ! » 3 Mais l'un des prophètes demande : « Maître, accepte de venir avec nous. » Élisée répond : « D'accord, je viens. » 4 Ils arrivent au bord du Jourdain et coupent des arbres.

5 Pendant que l'un d'eux abat un tronc, le fer de sa hache tombe dans l'eau. Il crie : « Quel malheur, maître ! C'est un outil que j'ai emprunté ! » 6 Élisée lui demande : « Où est-il tombé ? » L'homme lui montre l'endroit. Élisée coupe alors un morceau de bois, le jette au même endroit, et le fer revient à la surface de l'eau. 7 Élisée lui dit : « Reprends-le. » L'homme n'a plus qu'à étendre la main pour le prendre.

Élisée fait prisonniers des soldats syriens

8 C'est l'époque où le roi de Syrie est en guerre contre Israël. Il consulte ses officiers, puis il décide d'installer son armée à un certain endroit. 9 Mais Élisée fait dire au roi d'Israël : « Attention ! Évite de passer à tel endroit. C'est là que les Syriens ont installé leur camp. » 10 Le roi d'Israël envoie donc des soldats surveiller l'endroit que l'homme de Dieu a indiqué.

Cela se passe plusieurs fois. Élisée prévient le roi d'Israël, qui fait très attention. 11 Le roi de Syrie est inquiet à cause de ce qui arrive. Il réunit ses officiers et leur dit : « Il y a parmi vous un traître, qui est pour le roi d'Israël. Est-ce que vous ne voulez pas me dire son nom ? » 12 L'un des officiers répond : « Notre roi, il n'y a pas de traître parmi nous ! Mais Élisée, le *prophète qui est en Israël, est capable de rapporter à son roi les paroles que tu dis dans ta chambre à coucher. » 13 Alors le roi de Syrie donne cet ordre : « Allez voir où il est, et je le ferai arrêter. »

Quand le roi de Syrie apprend qu'Élisée se trouve à Dotan, 14 il envoie une troupe nombreuse de soldats, avec des chars et des chevaux. Ils arrivent de nuit et entourent la ville. 15 Le jour suivant, le serviteur d'Élisée se lève tôt le matin et il sort de la ville. Il voit les soldats, les chevaux et les chars qui entourent la ville. Il crie : « Quel malheur, maître ! Qu'est-ce que nous allons faire ? » 16 Élisée répond : « N'aie pas peur ! Ceux qui sont avec nous sont plus nombreux que ceux qui sont avec eux. » 17 Ensuite Élisée prie en disant : « SEIGNEUR, ouvre les yeux de mon serviteur pour qu'il voie clair. » Le SEIGNEUR ouvre ses yeux, et le serviteur peut voir que tout autour d'Élisée, la montagne est couverte de chevaux et de chars brillants comme du feu.

18 Les Syriens descendent vers Élisée. Le prophète prie de nouveau : « SEIGNEUR, ferme les yeux de tous ces soldats. » Et le SEIGNEUR leur ferme les yeux, comme Élisée l'a demandé. 19 Alors Élisée dit aux soldats : « Vous n'avez pas pris le bon chemin, et ce n'est pas la bonne ville. Suivez-moi, et je vous conduirai auprès de l'homme que vous cherchez. » En fait, Élisée les conduit à Samarie. 20 Quand ils entrent dans la ville, Élisée prie encore : « SEIGNEUR, ouvre leurs yeux pour qu'ils voient clair. » Le SEIGNEUR leur ouvre les yeux, et ils voient qu'ils sont en pleine ville de Samarie.

21 Dès que le roi d'Israël voit tous ces soldats, il demande à Élisée : « Mon maître, est-ce qu'il faut les tuer ? » 22 Élisée répond : « Non, ne les tue pas ! D'habitude, tu ne mets pas à mort ceux que tu fais prisonniers au combat. Alors, donne plutôt à manger et

à boire à ces soldats, puis laisse-les retourner
chez leur roi. »
23 Le roi d'Israël leur fait donc servir un
grand repas. Après qu'ils ont mangé et bu,
ils les laisse retourner chez leur roi. À partir
de ce moment-là, les bandes de voleurs syriens ne viennent plus dans le pays d'Israël.

La famine dans la ville de Samarie

24 Quelque temps après, Ben-Hadad, roi de
Syrie, rassemble toute son armée. Puis il va attaquer Samarie. 25 L'attaque dure si longtemps
qu'il n'y a plus rien à manger dans la ville. Une
tête d'âne coûte 80 pièces d'argent, un demi-
kilo de pois chiches[d] coûte 5 pièces d'argent.
26 Un jour, le roi d'Israël passe sur le mur de
la ville. Une femme lui crie : « Au secours,
mon seigneur le roi ! » 27 Mais le roi lui répond : « Si le SEIGNEUR ne t'aide pas, moi non
plus, je ne peux pas t'aider. Il n'y a plus de
*blé ni de vin en réserve. » 28 Le roi lui dit en-
core : « Qu'est-ce que tu veux ? » Elle répond :
« Tu vois cette femme ! L'autre jour, elle m'a
dit : "Donne ton fils !" Nous le mangerons aujourd'hui, et demain nous mangerons le mien.
29 Nous avons fait cuire mon fils et nous
l'avons mangé. Le jour suivant, je lui ai dit :
"Donne ton fils pour que nous le mangions."
Mais elle l'a caché. »
30 Quand le roi entend les paroles de cette
femme, il *déchire ses vêtements. Comme il
est sur le mur de la ville, les habitants peuvent
voir que par-dessous, il porte un habit grossier
directement sur le corps[e]. 31 Le roi dit alors :
« Que Dieu me punisse très sévèrement si ce
soir, Élisée, fils de Chafath, a encore la tête sur
les épaules ! »

Élisée annonce la fin de la famine

32 Pendant ce temps, Élisée et les *anciens
de la ville sont réunis chez lui. Le roi lui envoie un messager. Mais avant que celui-ci arrive, Élisée dit aux anciens : « Vous voyez, cet
assassin envoie quelqu'un pour me couper la
tête. Faites attention ! Dès que cet homme arrivera, fermez la porte et empêchez-le d'entrer ! D'ailleurs, nous entendons déjà son
maître qui arrive derrière lui. » 33 Élisée est
encore en train de parler quand le roi arrive.
Il dit : « C'est le SEIGNEUR qui nous envoie
tous ces malheurs ! Qu'est-ce que je peux en-
7 core espérer de lui ? » 1 Élisée répond :
« Écoutez tous cette parole du SEIGNEUR :
"Demain à la même heure, une pièce d'argent
suffira pour payer 12 kilos de farine ou 24 kilos *d'orge au marché de Samarie." »
2 Un officier du roi d'Israël, celui qui est
toujours avec lui, demande à Élisée : « Même
si le SEIGNEUR ouvre des fenêtres[f] dans le toit
du ciel, est-ce que tes paroles peuvent se réaliser ? » Élisée répond : « Tu le verras toi-
même, mais tu ne mangeras pas de cette nourriture. »

Des lépreux trouvent le camp des Syriens abandonné

3 Quatre *lépreux sont installés près de la
*porte de la ville. Ils se disent l'un à l'autre :
« Pourquoi rester ici à attendre la mort ? 4 Si
nous décidons d'entrer dans la ville, nous ne
trouverons rien à manger et nous mourrons.
Si nous restons ici, nous mourrons aussi. Allons plutôt au camp des Syriens et livrons-
nous à eux. S'ils nous laissent en vie, tant
mieux, nous vivrons. S'ils nous tuent, tant
pis, nous mourrons ! » 5 Vers le soir, ils se lèvent pour aller au camp des Syriens. Ils arrivent
près du camp, mais ils ne trouvent personne.

6 En effet, dans le camp des Syriens, le Seigneur a fait entendre le bruit d'une grande armée avec des chars et des chevaux. Les

d **6.25** *Le mot traduit par « pois chiches » désigne une nourriture très ordinaire.*

e **6.30** *Autrefois, quand les Israélites voulaient montrer leur tristesse, ils portaient une sorte de sac ou un habit grossier.*

f **7.2** *Les fenêtres du ciel sont des ouvertures par où la pluie tombe. Dans l'ancien Orient on se représentait le monde ainsi : la terre est comme une sorte de galette plate et ronde, entourée d'eau de tous côtés. Le ciel est comme un toit solide au-dessus de la terre. Il la protège des eaux d'en haut. Sous la terre se trouve une mer formée par les eaux d'en bas. Voir Genèse 1.6-10.*

Syriens se sont dit entre eux : « Le roi d'Israël
a payé les rois des Hittites et des Égyptiens
pour venir nous attaquer ! » 7 À la tombée de
la nuit, ils ont donc fui pour sauver leur vie.
Ils ont abandonné leurs tentes, leurs chevaux
et leurs ânes en laissant le camp comme il
était.

8 Les lépreux traversent tout le camp et entrent sous une tente. Là, ils mangent et ils boivent. Ils emportent de l'argent, de l'or et des
vêtements qu'ils vont cacher. Ensuite, ils entrent dans une autre tente, et ils emportent
des objets qu'ils vont cacher aussi.

La famine cesse, et les Syriens fuient

9 Les lépreux se disent entre eux : « Nous
n'agissons pas bien ! Aujourd'hui, nous avons
appris une bonne nouvelle. Si nous ne la faisons pas connaître avant demain matin, nous
serons dans notre tort. Nous devons annoncer
cette nouvelle au palais du roi. » 10 Ils retournent à la *porte de la ville de Samarie et appellent les gardiens. Ils leur disent : « Nous
sommes entrés dans le camp des Syriens. Il
n'y a plus personne. Nous n'avons entendu
aucune voix humaine. Il ne reste que les chevaux et les ânes, qui sont attachés. Les tentes
sont abandonnées. » 11 Les gardiens appellent
quelqu'un pour aller porter ce message à
l'intérieur du palais du roi.

12 Le roi se lève en pleine nuit, puis il dit à
ceux qui l'entourent : « Je vais vous expliquer
ce que les Syriens nous préparent. Ils savent
que nous n'avons plus rien à manger. Ils ont
donc quitté le camp pour se cacher dans la
campagne. Ils se disent : "Quand les Israélites sortiront de Samarie, nous les prendrons
vivants et nous entrerons dans la ville." »
13 Un des serviteurs propose au roi : « Prenons cinq des chevaux encore vivants. De
toute façon, ils risquent de mourir comme
tous les habitants de la ville. Envoyons quelques hommes avec eux, et nous verrons
bien ! » 14 Le roi fait préparer deux chars
avec leurs chevaux et il envoie des soldats
à la recherche de l'armée syrienne pour savoir ce qui se passe. 15 Les soldats poursuivent les Syriens jusqu'au fleuve Jourdain.
Or, tout le long du chemin, il y a des vêtements et des objets en grande quantité. Les
Syriens les ont abandonnés pour fuir plus
vite. Alors les envoyés reviennent annoncer
cette nouvelle au roi.

16 Aussitôt les habitants de Samarie sortent
de la ville et pillent le camp des Syriens. Et,
comme le SEIGNEUR l'a annoncé, une pièce
d'argent suffit pour payer 12 kilos de farine
ou 24 kilos *d'orge. 17 Le roi donne l'ordre à
son officier, celui qui est toujours avec lui,
d'aller surveiller ce qui se passe à la *porte
de la ville. Mais la foule l'écrase contre la
porte, et il meurt comme le *prophète Élisée
l'a annoncé.
18 En effet, la veille, Élisée a annoncé au roi :
« Demain, à la même heure, une pièce d'argent suffira pour payer 12 kilos de farine ou
24 kilos d'orge au marché de Samarie. » 19 Et
l'officier du roi a demandé : « Même si le SEI-
GNEUR ouvre des fenêtres[g] dans le toit du ciel,
est-ce que tes paroles peuvent se réaliser ? »
Élisée a répondu : « Tu le verras toi-même,
mais tu ne mangeras pas de cette nourriture. »
20 C'est bien ce qui arrive. Le peuple écrase
l'officier du roi contre la porte, et il meurt.

Le roi d'Israël rend justice à la femme de Chounem

8 1 Un jour, Élisée parle à la mère du garçon
à qui il a rendu la vie[h]. Il lui dit : « Partez
d'ici, toi et ta famille, et allez habiter là où
vous pourrez. En effet, le SEIGNEUR va faire venir la famine dans le pays d'Israël pour sept
ans. » 2 La femme obéit à l'homme de Dieu.
Elle part aussitôt avec sa famille et elle habite
pendant sept ans dans le pays des *Philistins.
3 Au bout de ces sept ans, elle revient avec sa

---

g **7.19** *Voir 2 Rois 7.2 et la note.*

h **8.1** *Voir 2 Rois 4.8-37.*

famille du pays des Philistins et elle va chez le roi pour réclamer sa maison et son champ.

[4] Le roi est en train de parler avec Guéhazi, le serviteur d'Élisée. Il lui demande de raconter toutes les actions extraordinaires qu'Élisée a faites. [5] Guéhazi est en train de raconter l'histoire de l'enfant mort à qui Élisée a rendu la vie. Au même moment, la mère de l'enfant arrive chez le roi pour réclamer sa maison et son champ. Alors Guéhazi dit : « Mon roi, voici justement cette femme et son fils, à qui Élisée a rendu la vie. » [6] Le roi pose des questions à la femme, et elle lui raconte toute l'histoire. Aussitôt le roi donne l'ordre à l'un de ses officiers de s'occuper de son affaire. Il lui dit : « Je veux qu'on rende à cette femme tout ce qui lui appartient. Il faut lui donner aussi l'argent des récoltes que son champ a produites, depuis le jour où elle a quitté le pays jusqu'à aujourd'hui. »

Hazaël rencontre le prophète Élisée

[7] Un jour, Élisée va à Damas. Or le roi de Syrie, Ben-Hadad, est malade. Quand le roi apprend que l'homme de Dieu est arrivé, [8] il dit à Hazaël[i] : « Va porter un cadeau au *prophète Élisée. Tu lui demanderas ensuite de consulter le SEIGNEUR pour savoir si je guérirai. »

[9] Hazaël va à la rencontre d'Élisée. Il charge sur 40 chameaux les meilleurs produits de Damas pour les offrir en cadeau à Élisée. Il se présente devant l'homme de Dieu et lui dit : « Ton serviteur Ben-Hadad, roi de Syrie, m'envoie te demander s'il guérira. »

[10] Élisée répond : « Va lui dire : "Oui, tu guériras !" Mais en fait, le SEIGNEUR m'a fait voir qu'il allait mourir. »

[11] Tout à coup, le regard de l'homme de Dieu devient fixe et son visage ne bouge plus. Puis il se met à pleurer. [12] Hazaël demande : « Pourquoi pleures-tu, mon maître ? » Élisée répond : « Je pleure parce que je sais le mal que tu feras aux Israélites. Tu mettras le feu à leurs villes bien protégées. Tu tueras leurs jeunes gens à la guerre. Tu écraseras leurs bébés et tu ouvriras le ventre des femmes enceintes. » [13] Hazaël dit : « Mais comment est-ce possible ? Je n'ai aucun pouvoir ! » Élisée reprend : « Le SEIGNEUR m'a fait savoir que tu deviendras roi de Syrie. »

[14] Hazaël quitte Élisée et il retourne chez son maître. Le roi de Syrie lui demande : « Qu'est-ce qu'Élisée t'a dit ? » Hazaël répond : « Il m'a dit que tu allais guérir ! » [15] Mais le jour suivant, Hazaël prend une couverture. Il la trempe dans l'eau et il l'étend sur le visage du roi pour l'étouffer. Ben-Hadad meurt, et Hazaël devient roi à sa place.

Joram, roi de Juda

[16] La cinquième année où Yoram, fils d'Akab, est roi d'Israël, Joram, fils de Josaphat, devient roi de Juda, [17] à l'âge de 32 ans. Il est roi à Jérusalem pendant huit ans. [18] Joram se marie avec une fille d'Akab. Il suit le mauvais exemple de la famille d'Akab et des rois d'Israël. Il fait ce qui est mal aux yeux du SEIGNEUR. [19] Pourtant le SEIGNEUR ne veut pas détruire le royaume de Juda. En effet, voici ce qu'il a promis à son serviteur David : il y aura toujours quelqu'un de ta famille pour te succéder, à toi et à tes fils.

[20] Pendant que Joram est roi de Juda, les Édomites se révoltent contre son pouvoir et ils se donnent un roi. [21] Alors Joram va à Saïr avec tous ses chars de guerre. En pleine nuit, le roi et les commandants des chars battent les Édomites qui les entourent. Mais les soldats de Juda s'enfuient chez eux. [22] Ainsi, le peuple d'Édom est devenu indépendant du royaume de Juda et il l'est encore aujourd'hui.

À la même époque, la ville de Libna se soulève aussi contre Juda.

[23] Les autres actes de Joram sont écrits dans « L'Histoire des rois de Juda ». [24] Quand il meurt, on l'enterre avec ses ancêtres dans la « *Ville de David ». Son fils Akazia devient roi à sa place.

---

i **8.8** *Hazaël avait sans doute une fonction au palais royal de Syrie.*

Akazia, roi de Juda

25 La douzième année où Yoram, fils d'Akab, est roi d'Israël, Akazia, fils de Joram, devient roi de Juda. 26 Il a 22 ans et il est roi à Jérusalem pendant une année. Sa mère s'appelle Athalie, et elle est de la famille d'Omri, roi d'Israël. 27 Akazia suit le mauvais exemple de la famille d'Akab, car il est allié à elle par son mariage. Comme cette famille, il fait ce qui est mal aux yeux du SEIGNEUR.

28 Avec Yoram, fils d'Akab, Akazia va faire la guerre à Hazaël, roi de Syrie, à Ramoth de Galaad. Pendant le combat, les Syriens blessent le roi Yoram. 29 Celui-ci retourne à Izréel pour soigner ses blessures. Alors Akazia va dans cette ville pour rendre visite à Yoram, car celui-ci va mal.

Élisée consacre Jéhu comme roi d'Israël

9 1 Un jour, le *prophète Élisée appelle un jeune homme du groupe des prophètes. Il lui dit : « Prends cette petite bouteille d'huile de *consécration, et prépare-toi à partir pour Ramoth de Galaad. 2 Là-bas, tu iras trouver Jéhu, fils de Yochafath et petit-fils de Nimchi. Tu l'appelleras et tu le feras venir loin de ses camarades, dans une pièce retirée. 3 Puis tu prendras cette huile et tu la verseras sur sa tête en disant de la part du SEIGNEUR : "Je te *consacre comme roi d'Israël !" Ensuite, ouvre la porte et fuis très vite. » 4 Le jeune prophète part pour Ramoth de Galaad. 5 Quand il arrive, les chefs de l'armée d'Israël sont réunis. Le jeune prophète dit : « Chef, j'ai un message pour toi ! » Jéhu demande : « Pour lequel d'entre nous ? » Le prophète répond : « Pour toi, chef ! »

6 Jéhu se lève et le conduit dans la maison. Le prophète verse l'huile sur sa tête en lui disant : « Voici ce que dit le SEIGNEUR, Dieu d'Israël : "Je te consacre pour être roi de mon peuple Israël. 7 Tu feras mourir les gens de la famille d'Akab, ton ancien maître. Ainsi, je vengerai tous les prophètes et tous mes autres serviteurs que sa femme Jézabel a fait tuer. 8 Toute la famille d'Akab mourra. Je supprimerai tous les hommes de chez lui, esclaves ou hommes libres en Israël. 9 Je traiterai sa famille comme j'ai traité celle de Jéroboam, fils de Nebath, et celle de Bacha, fils d'Ahia. 10 Il n'y aura personne pour enterrer Jézabel, parce que les chiens la mangeront dans le champ d'Izréel." » Puis le prophète ouvre la porte et fuit.

11 Jéhu sort et revient auprès des autres officiers du roi. Ceux-ci lui demandent : « Tout va bien ? Qu'est-ce que ce fou te voulait ? » Jéhu répond : « Rien ! Vous connaissez ces gens-là et vous savez ce qu'ils racontent. » 12 Les autres lui disent : « Tu mens ! Raconte-nous ce qui s'est passé. » Jéhu répond : « Eh bien, il avait un message de la part du SEIGNEUR. Il m'a dit : "Le SEIGNEUR te consacre comme roi d'Israël !" »

13 Aussitôt tous les officiers enlèvent leurs vêtements de dessus. Ils les mettent sous ses pieds[j], en haut des marches. Les musiciens jouent de la trompette, et tout le monde se met à crier : « Vive le roi Jéhu ! »

Jéhu complote contre Yoram, roi d'Israël

14-15 À cette même époque, le roi Yoram et toute l'armée d'Israël essaient de défendre la ville de Ramoth de Galaad, contre Hazaël, roi de Syrie. Mais en combattant contre ce roi, Yoram est blessé par les Syriens. Il rentre donc à Izréel pour se faire soigner.

Jéhu, fils de Yochafath et petit-fils de Nimchi, prépare un complot contre Yoram. Il dit aux autres officiers : « Si vous êtes d'accord, personne ne doit sortir de la ville pour aller à Izréel annoncer ce qui vient de se passer ici. »

16 Ensuite Jéhu monte sur son char et il part pour Izréel. Yoram est couché dans son lit, et Akazia, roi de Juda, est venu lui rendre visite. 17 Le garde qui est sur la tour d'Izréel voit arriver la troupe avec Jéhu. Il fait dire au roi Yo-

j **9.13** *Mettre ses vêtements sous les pieds de quelqu'un était une façon de montrer son respect envers lui et de l'honorer.*

ram : « Je vois une troupe qui arrive. » Yoram
lui dit : « Envoie un cavalier à leur rencontre
pour demander si leur visite apporte la
paix. » 18 Le cavalier part à la rencontre de
Jéhu. Il lui demande : « Est-ce que vous apportez la paix ? » Jéhu répond : « Qu'est-ce que la
paix peut te faire ? Passe derrière nous ! » Alors
le garde de la tour annonce : « Le messager est
arrivé auprès d'eux, mais il ne revient pas. »

19 Yoram envoie un deuxième cavalier vers
eux. Le messager leur demande : « Est-ce que
vous apportez la paix ? » Jéhu répond :
« Qu'est-ce que la paix peut te faire ? Passe
derrière nous ! » 20 Le garde de la tour annonce : « Le deuxième messager est arrivé auprès d'eux, mais il ne revient pas non plus.
Pourtant, je reconnais Jéhu, petit-fils de Nimchi, à sa façon de conduire : il conduit comme
un fou. »

21 Alors le roi Yoram commande de préparer
son char, puis il monte dessus. Akazia, roi de
Juda, monte aussi sur le sien. Ils vont à la rencontre de Jéhu et ils le trouvent près du champ
de Naboth d'Izréel.

Jéhu tue Yoram, roi d'Israël

22 Dès que Yoram voit Jéhu, il lui dit : « Est-
ce que tu apportes la paix, Jéhu ? » Jéhu répond : « Quoi ? La paix ! Impossible tant que
ta mère Jézabel continue d'adorer les faux
dieux et de pratiquer la sorcellerie ! » 23 Yoram fait demi-tour et s'enfuit en criant à Akazia : « Attention, Akazia ! Trahison ! »

24 Jéhu prend son arc et tire. La flèche frappe
Yoram entre les épaules et elle sort après avoir
traversé le cœur. Yoram tombe mort au fond
de son char. 25 Alors Jéhu dit à son officier Bid-
car : « Prends son corps et jette-le dans le
champ de Naboth d'Izréel ! Souviens-toi,
quand toi et moi, nous étions à cheval derrière
son père Akab. Le SEIGNEUR a prononcé cette
menace contre Akab : 26 "Moi, le SEIGNEUR, je
l'ai vu il n'y a pas longtemps, tu as fait mourir
Naboth et ses fils. Eh bien, je le déclare, je
te ferai payer cet acte dans ce champ[k]
même !" » Jéhu ajoute : « C'est pourquoi
prends le corps de Yoram et jette-le dans ce
champ, comme le SEIGNEUR l'a annoncé. »

Jéhu tue Akazia, roi de Juda

27 Quand Akazia, roi de Juda, voit ce qui arrive, il fuit vers Beth-Gan. Jéhu le poursuit et il
commande à ceux qui sont avec lui de le tuer,
lui aussi. Ils blessent Akazia pendant qu'il
conduit son char sur la route qui monte à
Gour, près d'Ibléam. Mais il arrive à fuir jusqu'à Méguiddo et il meurt dans cette ville.
28 Ses serviteurs le transportent sur son char
à Jérusalem. Ils l'enterrent dans la tombe de
ses ancêtres, dans la « *Ville de David ».
29 Akazia est devenu roi de Juda la onzième
année où Yoram, fils d'Akab, était roi d'Israël.

La mort de Jézabel

30 Jézabel apprend tout ce qui s'est passé.
Alors elle se met du noir aux yeux et elle se
fait toute belle. Et quand Jéhu arrive à Izréel,
elle se place à la fenêtre. 31 Au moment où il
passe par la *porte de la ville, elle lui crie :
« Est-ce que tu apportes la paix, nouveau Zimri[l], assassin de son roi ? » 32 Jéhu lève la tête
vers la fenêtre et dit : « Qui est avec moi ?
Qui ? » Deux ou trois hommes de confiance
du palais royal se penchent par la fenêtre.
33 Il leur commande de la jeter en bas. Alors
ils jettent Jézabel par la fenêtre. Son sang jaillit
sur le mur et sur les chevaux. Jéhu l'écrase
avec son char.

34 Puis il entre dans le palais, il mange et il
boit. Ensuite il dit à ceux qui sont là : « Cette
femme maudite était fille de roi. Occupez-
vous d'elle et enterrez-la. » 35 Ils vont l'enterrer, mais ils trouvent seulement son crâne,
ses pieds et ses mains. 36 Ils reviennent le
dire à Jéhu. Celui-ci répond : « C'est ce que
le SEIGNEUR a annoncé par la bouche du *prophète Élie, de Tichebé, quand il a dit : "Les
chiens mangeront Jézabel dans le champ d'Izréel. 37 On répandra les restes de son corps
dans ce champ, comme du fumier étendu

---

k **9.26** *Voir 1 Rois 21.19.*

l **9.31** *Jézabel compare Jéhu à Zimri, qui a tué Éla, le roi d'Israël. Voir 1 Rois 16.8-20.*

sur le sol. Ainsi, on ne pourra plus dire : C'est
Jézabel." »

Jéhu fait tuer les membres de la famille royale d'Akab

10 1 Le roi Akab a 70 fils et petits-fils qui
habitent à Samarie. Jéhu envoie des
lettres dans cette ville. Il les adresse aux
chefs d'Izréel, aux *anciens et aux gens chargés d'éduquer les enfants de la famille royale.
Voici ce qu'il leur écrit : 2 « Vous êtes responsables des enfants de la famille royale. Vous
avez avec vous des chars, des chevaux, des
armes. Vous habitez une ville bien protégée.
Donc, dès que vous recevrez cette lettre,
3 voyez lequel, parmi les fils et les petits-fils
du roi, est le plus capable et le plus digne
d'être roi. Placez-le sur le siège royal, puis
combattez pour la famille du roi. »

4 Tous ont très peur. Il se disent entre eux :
« Deux rois[m] n'ont pas pu résister à Jéhu,
comment pouvons-nous le faire ? » 5 Alors le
chef du palais royal, le commandant militaire
de la ville, les anciens et les gens responsables
des fils d'Akab font porter cette réponse à
Jéhu : « Nous sommes tes serviteurs et nous ferons tout ce que tu nous diras. Mais nous ne
désignerons personne comme roi. Agis donc
comme il te semble bon. »

6 Jéhu leur écrit une deuxième lettre. Il leur
dit : « Si vous êtes pour moi, si vous voulez
m'obéir, coupez la tête à tous les fils et
petits-fils du roi, et venez me rejoindre à
Izréel, demain à la même heure. »

7 Quand les responsables reçoivent cette
lettre, ils prennent les 70 fils et petit-fils du
roi et ils les tuent. Ils mettent leurs têtes
dans des paniers et ils les envoient à Jéhu, à
Izréel. 8 Un messager vient lui annoncer qu'on
a apporté les têtes des fils et petits-fils du roi
Akab. Jéhu donne cet ordre : « Faites-en
deux tas et mettez-les à la *porte de la ville jusqu'à demain matin ! » 9 Le matin suivant, Jéhu
sort de la ville et, debout, il s'adresse à tout
le peuple : « Vous, vous êtes innocents ! Moi,
je me suis révolté contre le roi Yoram et je
l'ai tué. Mais tous ceux-ci, qui les a tués ?
10 Reconnaissons-le : aucune des paroles que
le SEIGNEUR a dites contre la famille d'Akab
n'est restée sans résultat. Le SEIGNEUR a réalisé ce qu'il avait annoncé par l'intermédiaire
du *prophète Élie. »

11 Ensuite Jéhu tue tous ceux qui restent de
la famille d'Akab à Izréel. Il tue tous les chefs,
ainsi que les amis et les prêtres d'Akab. Il ne
laisse personne en vie.

Jéhu fait tuer les princes de Juda

12 Ensuite Jéhu part pour Samarie. Sur la
route, à Beth-Équed-des-Bergers, 13 il rencontre des parents d'Akazia, roi de Juda. Il leur
demande : « Qui êtes vous ? » Ils répondent :
« Nous sommes des parents d'Akazia. Nous
allons saluer les fils du roi et ceux de la reine mère. » 14 Alors Jéhu donne cet ordre :
« Prenez-les vivants ! » Ceux qui sont avec
lui les prennent vivants. Ils les tuent et jettent
leurs corps dans le puits de Beth-Équed. Il y a
en tout 42 hommes, et Jéhu ne laisse personne en vie.

Jéhu rencontre Yonadab

15 Jéhu part de là et rencontre Yonadab, fils
de Rékab, qui vient vers lui. Jéhu le salue et lui
demande : « Est-ce que tu es sincère envers
moi comme je le suis envers toi ? » Yonadab
répond : « Oui. » Jéhu lui dit : « Dans ce cas,
serrons-nous la main. » Ils se serrent la
main, puis Jéhu le fait monter sur son char.
16 Il dit à Yonadab : « Viens avec moi, et tu verras mon amour brûlant pour le SEIGNEUR. » Et
il l'emmène sur son char. 17 Quand Jéhu arrive
à Samarie, il tue les membres de la famille
d'Akab qui sont restés en vie. Il les détruit
complètement, comme le SEIGNEUR l'a annoncé au *prophète Élie.

Jéhu fait disparaître tous les adorateurs du dieu Baal

18 Ensuite Jéhu rassemble tous les habitants
de Samarie. Il leur dit : « Le roi Akab a adoré le

---

m **10.4** *Ces deux rois étaient Yoram, roi d'Israël, et Akazia, roi de Juda. Voir 2 Rois 9.22-28.*

dieu *Baal. Pourtant, ce n'était rien. Moi,
Jéhu, je l'adorerai beaucoup plus que lui.
19 Maintenant, réunissez auprès de moi tous
les *prophètes de Baal, tous ceux qui l'adorent, ainsi que ses prêtres. Personne ne doit
manquer. Oui, je veux offrir un grand *sacrifice à Baal, et tous les absents devront mourir. »

Jéhu agit ainsi par ruse, pour faire disparaître ceux qui adorent Baal. 20 C'est pourquoi il
donne l'ordre d'inviter les gens à une grande
fête en l'honneur de Baal. Il les invite 21 en envoyant des messagers dans tout le pays d'Israël. Tous les adorateurs de Baal viennent:
personne ne manque. Ils entrent dans le temple de Baal, qui est complètement plein.
22 Alors Jéhu commande à celui qui est chargé
des vêtements sacrés d'en donner à tous les
adorateurs de Baal. L'homme obéit. 23 Puis
Jéhu et Yonadab, fils de Rékab, entrent dans
le temple et ils disent à ceux qui sont là:
« Soyez bien sûrs qu'il n'y a parmi vous aucun
adorateur du SEIGNEUR, mais seulement des
adorateurs de Baal. »

24 Jéhu a fait placer à l'extérieur du temple
80 soldats. Il leur a dit: « Je vais livrer tous ces
gens entre vos mains. Si l'un de vous en laisse
échapper un seul, il mourra à sa place. » Jéhu
et Yonadab s'avancent pour offrir des *sacrifices de communion et des sacrifices complets.
25 Quand Jéhu a fini, il donne cet ordre aux
soldats et à leurs chefs: « Entrez et tuez-les
tous! Aucun ne doit sortir vivant d'ici! »
Alors ils les tuent, ils jettent leurs corps hors
de la ville. Puis ils entrent dans le lieu saint du
temple de Baal. 26 Ils sortent les piliers sacrés
du temple et ils les brûlent. 27 Ensuite ils cassent la pierre dressée *consacrée à Baal. Enfin
ils détruisent le temple lui-même et le transforment en toilettes publiques. Elles existent
encore aujourd'hui.

Conclusion sur Jéhu, roi d'Israël

28 Voilà comment Jéhu supprime le dieu
*Baal du royaume d'Israël. 29 Pourtant, Jéhu
continue à commettre les mêmes péchés que
Jéroboam, fils de Nebath. En effet, Jéroboam a
entraîné le peuple d'Israël à pécher, en adorant les veaux d'or à Béthel et à Dan.

30 Le SEIGNEUR dit à Jéhu: « Tu as agi correctement, tu as fait ce qui est bien à mes yeux.
Tu as réalisé ce que j'avais décidé contre la famille d'Akab. C'est pourquoi tes fils et les fils
de tes fils seront rois d'Israël après toi jusqu'à
la quatrième génération. » 31 Malgré cela, Jéhu
n'obéit pas de tout son cœur à la *loi du SEI-
GNEUR, Dieu d'Israël. Jéroboam a entraîné le
peuple d'Israël à pécher, et Jéhu continue à
commettre les mêmes péchés que lui.

32 À cette époque-là, le SEIGNEUR commence
à diminuer le territoire du royaume d'Israël. Il
permet à Hazaël, roi de Syrie, de battre les Israélites sur toutes les frontières de leur pays.
33 Ainsi ils perdent toute la région située à l'est
du fleuve Jourdain et au nord de la ville
d'Aroër, sur le torrent de l'Arnon. Ils perdent
donc les régions de Galaad et du Bachan, occupées par les tribus de Ruben, Gad et Manassé.

34 Les autres actes de Jéhu sont écrits dans
« L'Histoire des rois d'Israël ». Ce livre raconte tout ce qu'il a fait et le courage qu'il a
montré. 35 Quand il rejoint ses ancêtres, on
l'enterre dans la ville de Samarie. Son fils
Yoakaz devient roi à sa place. 36 Jéhu a été
roi d'Israël à Samarie pendant 28 ans.

Athalie prend le pouvoir sur le royaume de Juda

11 1 Athalie, la mère du roi Akazia, apprend
la mort de son fils. Alors elle décide de
tuer tous les garçons de la famille royale.
2 Mais pendant qu'on les tue, Yochéba, fille
du roi Joram de Juda et sœur d'Akazia, enlève
en secret Joas, un des fils de son frère. Elle le
cache, avec la femme qui le nourrit, dans une
chambre à coucher du temple. Il n'est pas tué,
et Athalie ne le sait pas. 3 Il reste caché six ans
avec cette femme dans le temple du SEIGNEUR.
Pendant ce temps, Athalie est reine de Juda.

Joas est consacré comme roi de Juda

4 Au bout de sept ans, le *grand-prêtre
Yoyada fait venir les chefs des soldats étrangers et des autres gardes du palais et du temple. Il les conduit dans le temple du SEIGNEUR.
Il passe un accord avec eux et leur demande

de faire un serment. Puis il leur montre le fils du roi. 5 Ensuite, il leur donne les ordres suivants : « Parmi ceux qui commencent leur service le jour du *sabbat, une équipe est chargée de garder le palais royal. 6 La deuxième équipe garde la porte de Sour. La troisième équipe garde la porte qui se trouve derrière la salle des gardes. Ces trois équipes doivent garder le palais à tour de rôle. Voici ce que vous allez faire : 7 Les deux groupes de gardes qui ne sont pas de service le jour du sabbat viendront garder le temple, où le jeune roi se trouve. 8 Tous les gardes entoureront le roi, l'arme à la main. Ils iront avec lui partout où il ira. Si quelqu'un s'approche de vous, vous le mettrez à mort. »

9 Les chefs des gardes font tout ce que le prêtre Yoyada a commandé. Ils réunissent leurs soldats, ceux qui prennent leur service de garde le jour du sabbat, et ceux qui le terminent ce jour-là. 10 Puis ils vont trouver le grand-prêtre. Yoyada leur donne les lances et les *boucliers du roi David qui se trouvent dans le temple du SEIGNEUR. 11 Les soldats se placent en demi-cercle, devant le bâtiment et *l'autel, depuis le côté droit jusqu'au côté gauche du temple. Chacun a son arme à la main et ils sont prêts à entourer le roi. 12 Alors Yoyada fait sortir Joas. Il lui met une couronne sur la tête et il lui donne le document du *témoignage[n]. Puis on le *consacre comme roi, en versant de l'huile sur sa tête. Aussitôt, tout le monde se met à applaudir et à crier : « Vive le roi ! »

13 Quand Athalie entend le cri des gardes et du peuple, elle vient rejoindre la foule au temple du SEIGNEUR. 14 Voici ce qu'elle voit : le roi se tient debout près de la colonne du temple, selon la coutume. Les chefs des soldats et les joueurs de trompettes sont près du roi. Toute la population du pays est dans la joie, et les musiciens jouent de la trompette. Alors Athalie *déchire ses vêtements en criant : « Trahison ! Trahison ! »

15 Yoyada ne veut pas qu'Athalie soit tuée dans le temple du SEIGNEUR. C'est pourquoi il donne cet ordre aux chefs qui commandent cent soldats de la garde : « Faites-la sortir des rangs ! Si quelqu'un veut la suivre, tuez-le ! » 16 Les soldats l'entraînent vers le palais royal. Et quand elle arrive à la porte des Chevaux, ils la tuent.

17 Yoyada établit une *alliance entre le SEIGNEUR d'une part, le roi et le peuple d'autre part. Par cette alliance, le peuple devient le peuple du SEIGNEUR. Yoyada établit aussi une alliance entre le roi et le peuple. 18 Alors toute la foule entre dans le temple de *Baal, et les gens le démolissent. Ils cassent les autels et les statues des faux dieux. Devant les autels, ils tuent Mattan, le prêtre de Baal. Ensuite, Yoyada place des gardes chargés de surveiller le temple du SEIGNEUR.

19 Puis le roi rassemble les chefs militaires, les chefs de soldats étrangers, les gardes et tout le peuple. En passant par la porte des gardes, ils conduisent Joas du temple au palais. Là, Joas s'installe sur le siège royal. 20 Tout le monde est dans la joie.

Après la mort d'Athalie dans le palais royal, la ville retrouve son calme.

Joas, roi de Juda

12 1 Joas devient roi de Juda à l'âge de sept ans, 2 la septième année où Jéhu est roi d'Israël. Il est roi à Jérusalem pendant 40 ans. Sa mère, qui est de Berchéba, s'appelle Sibia. 3 Joas fait ce qui est bien aux yeux du SEIGNEUR pendant toute sa vie, car le prêtre Yoyada l'a bien formé. 4 Pourtant, les lieux sacrés ne disparaissent pas. Les gens continuent d'y aller pour offrir des *sacrifices d'animaux et brûler du parfum.

Joas fait réparer le temple

5-6 Un jour, Joas dit aux prêtres : « Vous devez prendre tout l'argent apporté au temple pour le service du SEIGNEUR : l'argent des taxes

n **11.12** *Le terme hébreu traduit par « document du témoignage » ne permet pas de savoir quel est le contenu de ce document.*

personnelles ou l'argent offert volontairement. Faites-le ramasser par vos trésoriers.
Puis vous l'utiliserez pour réparer le temple,
partout où il est abîmé. »
7 Mais la vingt-troisième année après que
Joas est devenu roi, les prêtres n'ont encore
rien réparé dans le temple. 8 Le roi réunit
alors Yoyada et les autres prêtres. Il leur demande : « Vous n'avez pas encore réparé le
temple. Pourquoi donc ? À partir de maintenant, vous ne ferez plus ramasser l'argent
par vos trésoriers. Vous le laisserez pour les
réparations du temple. » 9 Alors les prêtres acceptent de ne plus recevoir l'argent des gens
et de ne plus s'occuper des réparations du
temple.
10 Le prêtre Yoyada prend une caisse et
perce un trou dans le couvercle. Puis il la
met à côté de *l'autel, à droite de l'entrée du
temple. Les prêtres qui gardent l'entrée y mettent tout l'argent apporté au temple du SEI-
GNEUR. 11 Quand ils voient qu'il y a beaucoup
d'argent dans la caisse, ils appellent le secrétaire du roi et le chef des prêtres. Ces hommes
prennent l'argent et le comptent. 12 Ensuite,
ils remettent l'argent compté à ceux qui sont
responsables des travaux du temple. Avec cet
argent, ceux-ci paient les ouvriers qui réparent le temple : charpentiers, constructeurs,
13 maçons, tailleurs de pierre. Ils peuvent aussi
acheter du bois, des pierres taillées, et payer
tout ce qui est nécessaire pour réparer le temple.
14 Pourtant, ces dons apportés au temple ne
servent pas à fabriquer des bols en argent, des
éteignoirs pour les lampes, des *coupes pour
le sang, des trompettes ou tout autre ustensile
en or ou en argent. 15 Tout l'argent est donné à
ceux qui réalisent les travaux, et ils s'en servent pour réparer le temple du SEIGNEUR.
16 Personne ne demande de comptes à ceux
qui sont chargés de payer les ouvriers, parce
qu'ils agissent honnêtement.
17 L'argent des *sacrifices de réparation et
des sacrifices pour recevoir le pardon des péchés n'est pas versé dans la caisse[o]. Il appartient aux prêtres.

La fin du roi Joas

18 Un jour, le roi de Syrie, Hazaël, vient
attaquer la ville de Gath et il la prend. Puis il
décide d'attaquer Jérusalem. 19 Aussitôt Joas
prend tous les objets précieux que lui-même
et ses ancêtres Josaphat, Joram et Akazia,
rois de Juda, ont offerts au SEIGNEUR. Il prend
tout l'or qui se trouve dans la salle du trésor
du temple et dans la salle du palais royal. Il
envoie tout cela à Hazaël, et le roi de Syrie
s'éloigne de Jérusalem.
20 Les autres actes de Joas sont écrits dans
« L'Histoire des rois de Juda ». 21-22 Ses officiers se révoltent et forment un complot
contre lui. Deux d'entre eux, Yozabad, fils
de Chiméath, et Yehozabad, fils de Chomer,
le tuent à Beth-Millo. Quand il meurt, on l'enterre avec ses ancêtres dans la « *Ville de David ». Son fils Amassia devient roi à sa place.

Yoakaz, roi d'Israël

13 1 La vingt-troisième année où Joas, fils
d'Akazia, est roi de Juda, Yoakaz, fils
de Jéhu, devient roi d'Israël à Samarie. Il est
roi pendant 17 ans. 2 Il fait ce qui est mal
aux yeux du SEIGNEUR. Jéroboam, fils de Nebath, a entraîné le peuple d'Israël à pécher,
et Yoakaz continue à commettre les mêmes
péchés que lui. 3 Alors le SEIGNEUR se met en
*colère contre les Israélites. Il les livre au pou-
voir d'Hazaël, roi de Syrie, et de Ben-Hadad,
son fils, pendant tout le temps où ceux-ci
sont rois.
4 Alors Yoakaz demande au SEIGNEUR de calmer sa colère, et le SEIGNEUR l'écoute. En effet,
il a vu comment le roi de Syrie écrase les Israélites. 5 Le SEIGNEUR envoie donc un libérateur
qui les délivre du pouvoir des Syriens. Alors
les Israélites peuvent vivre en paix comme
avant. 6 Pourtant, ils continuent à commettre
les mêmes péchés que la famille de Jéroboam,
qui a entraîné le peuple d'Israël à pécher.

---

o **12.17** *Cet argent qui accompagnait les sacrifices, appartenait aux prêtres comme la viande des sacrifices. Voir Lévitique 7.7.*

Même le poteau sacré *d'Achéra reste dressé
à Samarie.

7 À la fin, les troupes de Yoakaz ont seulement 50 cavaliers, 10 chars et 10 000 soldats
à pied. En effet, le roi de Syrie a fait mourir
les autres. Il les a traités comme de la poussière sur laquelle on marche.

8 Les autres actes de Yoakaz sont écrits dans
« L'Histoire des rois d'Israël ». Ce livre raconte tout ce qu'il a fait et le courage qu'il a
montré. 9 Quand il rejoint ses ancêtres, on
l'enterre dans la ville de Samarie. Son fils
Yoas devient roi à sa place.

Yoas, roi d'Israël

10 La trente-septième année où Joas est roi
de Juda, Yoas, fils de Yoakaz, devient roi d'Israël à Samarie. Il est roi pendant 16 ans. 11 Il
fait ce qui est mal aux yeux du SEIGNEUR. Jéroboam, fils de Nebath, a entraîné le peuple d'Israël à pécher. Yoas continue à commettre les
mêmes péchés que lui, il suit son exemple.
12 Les autres actes de Yoas sont écrits dans
« L'Histoire des rois d'Israël ». Ce livre raconte tout ce qu'il a fait, et le courage qu'il a
montré en luttant contre Amassia, roi de Juda[p]. 13 Quand il rejoint ses ancêtres, on l'enterre à Samarie, dans la tombe des rois
d'Israël. Jéroboam devient roi à sa place[q].

Élisée annonce la victoire sur les Syriens

14 Quand Élisée tombe malade de la maladie
qui le fera mourir, Yoas, roi d'Israël, va le voir.
Il se penche sur lui en pleurant et lui dit :
« Mon père, mon père ! Tu vaux tous les chars
et tous les cavaliers d'Israël ! » 15 Élisée lui dit :
« Prends un arc et des flèches. » Le roi obéit.
16-17 Élisée lui dit : « Ouvre la fenêtre vers
l'est. » Le roi l'ouvre. Élisée lui dit encore :
« Prends ton arc et tends-le. »
Le roi prend l'arc. Élisée pose ses mains sur
les mains du roi et lui commande de tirer.
Après que Yoas a tiré, Élisée dit : « Cette flèche annonce une victoire donnée par le SEI-
GNEUR, une victoire contre les Syriens. Tu les
battras complètement à Afec. » 18 Ensuite Élisée dit encore au roi d'Israël : « Prends les
autres flèches. » Yoas les prend. Élisée ajoute :
« Frappe le sol ! » Le roi frappe trois fois et s'arrête. 19 L'homme de Dieu est en colère contre
le roi. Il dit : « Tu devais frapper cinq ou six
fois. Alors tu aurais pu battre complètement
les Syriens. Maintenant, tu les battras seulement trois fois. »

20 Élisée meurt, et on l'enterre. Au début de
chaque année, des bandes de voleurs moabites entrent en Israël. 21 Un jour, des gens qui
vont enterrer un mort voient tout à coup
une de ces bandes. Ils jettent le corps dans
la tombe d'Élisée et s'enfuient. Dès que le
mort a touché les os d'Élisée, il redevient
vivant et se met debout.

Les Israélites battent les Syriens

22 Hazaël, roi de Syrie, écrase de son pouvoir les Israélites pendant tout le temps où
Yoakaz est roi. 23 Mais le SEIGNEUR a pitié
d'eux. Il leur pardonne à cause de *l'alliance
qu'il a établie avec Abraham, Isaac et Jacob.
Il ne veut pas les détruire, et ce n'est pas encore le moment où il les chasse loin de lui.

24 Hazaël, roi de Syrie, meurt, et son fils
Ben-Hadad devient roi à sa place. 25 Alors
Yoas reprend à Ben-Hadad les villes d'Israël
qu'Hazaël a arrachées aux mains de son père
Yoakaz. Par trois fois, Yoas bat Ben-Hadad, et
il reprend les villes d'Israël.

Amassia, roi de Juda

14 1 La deuxième année où Yoas, fils de
Yoakaz, est roi d'Israël, Amassia devient roi de Juda à la place de son père Joas.
2 Il a 25 ans et il est roi à Jérusalem pendant
29 ans. Sa mère est de Jérusalem et s'appelle
Yoaddan. 3 Amassia fait ce qui est bien aux
yeux du SEIGNEUR, mais non pas comme son

---

p **13.12** *Voir 2 Rois 14.8-14.*
q **13.13** *Il s'agit de Jéroboam II.*

ancêtre David. Il agit exactement comme son père Joas. 4 Pourtant les lieux sacrés ne disparaissent pas. Les gens continuent d'y aller pour offrir des *sacrifices d'animaux et brûler du parfum.

5 Quand Amassia a solidement établi son pouvoir de roi, il fait mourir les officiers qui ont tué son père, le roi Joas[r]. 6 Mais il ne fait pas mourir leurs fils. Il respecte ce qui est écrit dans le livre de la *loi de Moïse. En effet, dans ce livre, le SEIGNEUR donne ce commandement : « On ne doit pas faire mourir les parents pour les péchés de leurs enfants. On ne doit pas faire mourir les enfants pour les péchés de leurs parents. Un être humain ne peut être mis à mort que pour ses propres péchés. »[s] 7 Le roi Amassia bat aussi 10 000 soldats édomites dans la vallée du Sel. Pendant ce combat, il prend la ville de Séla[t]. Il lui donne le nom de Yoctéel, et aujourd'hui encore, elle s'appelle ainsi.

8 Alors Amassia envoie des messagers au roi d'Israël, Yoas, fils de Yoakaz et petit-fils de Jéhu. Il lui fait dire : « Viens ! Combattons face à face ! » 9 Yoas, roi d'Israël, envoie cette réponse à Amassia, roi de Juda : « Il y avait une fois, sur les montagnes du Liban, un buisson d'épines. Il a demandé à un *cèdre de lui donner sa fille comme femme pour son fils. Mais une bête sauvage du Liban est passée sur le buisson et l'a écrasé. » 10 Yoas ajoute : « Tu as battu les Édomites et tu es fier de cela. Eh bien, garde cet honneur pour toi et reste chez toi ! Pourquoi commencer une guerre qui va mal finir ? Tu vas être battu avec toute l'armée de Juda. »

11 Mais Amassia ne veut rien entendre. Alors Yoas, roi d'Israël, part au combat. Son armée et celle d'Amassia se battent à Beth-Chémech, dans le pays de Juda. 12 L'armée d'Israël bat celle de Juda, et tous les soldats judéens s'enfuient chez eux. 13 À Beth-Chémech, Yoas, roi d'Israël, fait prisonnier le roi de Juda Amassia, fils de Joas et petit-fils d'Akazia. De là, il l'emmène à Jérusalem. Il détruit le mur de la ville, sur 200 mètres environ, entre la *porte d'Éfraïm et la porte de l'Angle. 14 Il prend l'or, l'argent et tous les objets précieux qui sont dans le temple et dans le trésor du palais royal. Il prend aussi des otages et retourne à Samarie.

15 Les autres actes de Yoas sont écrits dans « L'Histoire des rois d'Israël ». Ce livre raconte tout ce qu'il a fait, le courage qu'il a montré en luttant contre Amassia, roi de Juda. 16 Quand il rejoint ses ancêtres, on l'enterre avec les rois d'Israël. Son fils Jéroboam devient roi à sa place.

17 Après la mort de Yoas, roi d'Israël, Amassia, roi de Juda, vit encore 15 ans. 18 Les autres actes d'Amassia sont écrits dans « L'Histoire des rois de Juda ».

19 À Jérusalem, certains forment un complot contre Amassia. Celui-ci fuit à Lakich, mais des gens le poursuivent et le tuent dans cette ville. 20 Ensuite, ils ramènent son corps à Jérusalem, sur un char tiré par plusieurs chevaux. On l'enterre avec ses ancêtres à Jérusalem, dans la « *Ville de David ». 21 Quand Azaria, fils d'Amassia, a 16 ans, le peuple de Juda l'établit comme roi à la place de son père. 22 Après qu'Amassia a rejoint ses ancêtres, Azaria reprend la ville d'Élath et il la reconstruit.

Jéroboam II, roi d'Israël

23 La quinzième année où Amassia, fils de Joas, est roi de Juda, Jéroboam devient roi d'Israël à Samarie. Il est roi pendant 41 ans. 24 Il fait ce qui est mal aux yeux du SEIGNEUR. Jéroboam, fils de Nebath, a entraîné le peuple à pécher, et ce roi continue à commettre les mêmes péchés que lui. 25 Il reprend toutes les

---

r **14.5** *Voir 2 Rois 12.21-22.*

s **14.6** *Voir Deutéronome 24.16.*

t **14.7** *La vallée du Sel s'appelle aujourd'hui la « Araba ». Elle relie la mer Morte au golfe d'Aqaba. Séla est au sud de la mer Morte.*

régions qui ont appartenu à Israël, depuis Lebo-Hamath au nord, jusqu'à la mer Morte au sud. C'est ce que le *prophète Jonas, fils d'Amittaï, de Gath-Héfer a annoncé de la part du SEIGNEUR, Dieu d'Israël. 26 En effet, le SEIGNEUR voit la misère très dure qui existe dans ce royaume. Il n'y a vraiment plus personne, esclave ou homme libre, pour secourir Israël. 27 Mais le SEIGNEUR n'a pas décidé de détruire ce peuple. C'est pourquoi il le sauve par la main de Jéroboam, fils de Yoas.

28 Les autres actes de Jéroboam sont écrits dans « L'Histoire des rois d'Israël ». Ce livre raconte tout ce qu'il a fait, et le courage qu'il a montré à la guerre : comment il a rendu à Israël les villes de Damas et de Hamath. 29 Quand il rejoint ses ancêtres, on l'enterre avec les rois d'Israël. Son fils Zakarie devient roi à sa place.

Azaria, roi de Juda

15 1 La vingt-septième année où Jéroboam est roi d'Israël, Azaria, fils d'Amassia, devient roi de Juda. 2 Il a 16 ans et il est roi à Jérusalem pendant 52 ans. Sa mère est de Jérusalem et s'appelle Yekolia. 3 Azaria fait ce qui est bien aux yeux du SEIGNEUR, exactement comme son père Amassia. 4 Pourtant les lieux sacrés ne disparaissent pas. Les gens continuent d'y aller pour offrir des *sacrifices d'animaux et brûler du parfum.

5 Le SEIGNEUR envoie une grave maladie au roi : il devient *lépreux et il le reste jusqu'à sa mort. Il doit habiter dans une maison à l'écart. Son fils Yotam est le chef du palais royal. C'est lui qui gouverne le peuple du pays.

6 Les autres actes d'Azaria sont écrits dans « L'Histoire des rois de Juda ». 7 Quand il meurt, on l'enterre avec ses ancêtres dans la « *Ville de David ». Son fils Yotam devient roi à sa place.

Zakarie, roi d'Israël

8 La trente-huitième année où Azaria est roi de Juda, Zakarie, fils de Jéroboam II, devient roi d'Israël à Samarie. Il est roi pendant six mois. 9 Il fait ce qui est mal aux yeux du SEIGNEUR, comme ses ancêtres. Jéroboam, fils de Nebath, a entraîné le peuple d'Israël à pécher, et Zakarie continue à commettre les mêmes péchés que lui. 10 Challoum, fils de Yabech, forme un complot contre Zakarie. Il le tue en public et devient roi à sa place.

11 Les autres actes de Zakarie sont écrits dans « L'Histoire des rois d'Israël ».

12 Tout se passe comme le SEIGNEUR l'a annoncé à Jéhu en disant : « Tes fils et les fils de tes fils seront rois d'Israël après toi jusqu'à la quatrième génération. »

Challoum, roi d'Israël

13 La trente-neuvième année où Azaria est roi de Juda, Challoum, fils de Yabech, devient roi d'Israël. Il est roi à Samarie pendant un seul mois. 14 Menahem, fils de Gadi, arrive de Tirsa et il entre dans Samarie. Là, il tue Challoum et devient roi à sa place.

15 Les autres actes de Challoum sont écrits dans « L'Histoire des rois d'Israël ». Ce livre raconte aussi comment il a formé un complot contre Zakarie.

16 À ce moment-là, Menahem attaque la ville de Tifsa. Il tue tous les habitants et il dévaste la région qui va de Tirsa à Tifsa. Il attaque Tifsa, parce qu'on ne lui a pas ouvert les *portes de cette ville. Et là, il ouvre le ventre de toutes les femmes enceintes.

Menahem, roi d'Israël

17 La trente-neuvième année où Azaria est roi de Juda, Menahem, fils de Gadi, devient roi d'Israël. Il est roi à Samarie pendant 10 ans. 18 Il fait ce qui est mal aux yeux du SEIGNEUR. Jéroboam, fils de Nebath, a entraîné le peuple d'Israël à pécher, et pendant toute sa vie, Menahem commet les mêmes péchés que lui.

19 Poul, roi d'Assyrie, entre dans le pays d'Israël. Alors Menahem lui donne 30 tonnes d'argent pour qu'il l'aide à établir solidement son pouvoir royal. 20 Pour obtenir cet argent, Menahem lève un impôt sur tous les riches. Chacun doit verser 50 pièces d'argent. Après que le roi d'Assyrie a reçu toute la somme, il quitte le pays d'Israël et s'en retourne chez lui.

21 Les autres actes de Menahem sont écrits
dans « L'Histoire des rois d'Israël ». 22 Quand
il rejoint ses ancêtres, son fils Pecahia devient
roi à sa place.

Pecahia, roi d'Israël

23 La cinquantième année où Azaria est roi
de Juda, Pecahia, fils de Menahem, devient
roi d'Israël à Samarie. Il est roi pendant
deux ans. 24 Il fait ce qui est mal aux yeux
du SEIGNEUR. Jéroboam, fils de Nebath, a entraîné le peuple d'Israël à pécher, et Pecahia
continue à commettre les mêmes péchés que
lui. 25 Péca, fils de Remalia, qui est son officier, forme un complot contre lui. Avec
50 hommes de Galaad, il l'attaque dans une
des salles du palais royal. Il le tue et devient
roi à sa place.
26 Les autres actes de Pecahia sont écrits
dans « L'Histoire des rois d'Israël ».

Péca, roi d'Israël

27 La cinquante-deuxième année où Azaria
est roi de Juda, Péca, fils de Remalia, devient
roi d'Israël à Samarie. Il est roi pendant
20 ans. 28 Il fait ce qui est mal aux yeux du
SEIGNEUR. Jéroboam, fils de Nebath, a entraîné le peuple d'Israël à pécher, et Péca continue à commettre les mêmes péchés que lui.
29 À l'époque où Péca est roi d'Israël,
Téglath-Phalasar, roi d'Assyrie, prend les villes d'Yon, Abel-Beth-Maaka, Yanoa, Quédech
et Hassor. Il occupe les régions de Galaad,
de Galilée et tout le territoire de Neftali. Il déporte leurs habitants en Assyrie. 30 Osée, fils
d'Éla, forme un complot contre le roi Péca,
fils de Remalia. Il le tue et devient roi à sa
place. Ceci se passe la vingtième année où
Yotam, fils d'Azaria, est roi de Juda.
31 Les autres actes de Péca sont écrits dans
« L'Histoire des rois d'Israël ».

Yotam, roi de Juda

32 La deuxième année où Péca, fils de Remalia, est roi d'Israël, Yotam, fils d'Azaria, devient roi de Juda. 33 Il a 25 ans, et il est roi à
Jérusalem pendant 16 ans. Sa mère s'appelle
Yeroucha, et c'est une fille de Sadoc. 34 Yotam
fait ce qui est bien aux yeux du SEIGNEUR,
exactement comme son père Azaria. 35 Pourtant les lieux sacrés ne disparaissent pas. Les
gens continuent d'y aller pour offrir des
*sacrifices d'animaux et brûler du parfum.
C'est Yotam qui a bâti la porte supérieure
du temple du SEIGNEUR.
36 Les autres actes de Yotam sont écrits
dans « L'Histoire des rois de Juda ». 37 À
l'époque où Yotam est roi, le SEIGNEUR
commence à envoyer Ressin, roi de Syrie, et
Péca, roi d'Israël, contre le pays de Juda.
38 Quand Yotam meurt, on l'enterre avec ses
ancêtres dans la « *Ville de David ». Son fils
Akaz devient roi à sa place.

Akaz, roi de Juda

16 1 La dix-septième année où Péca, fils de
Remalia, est roi d'Israël, Akaz, fils de
Yotam, devient roi de Juda. 2 Il a 20 ans, et il
est roi à Jérusalem pendant 16 ans. Il ne fait
pas ce qui est bien aux yeux du SEIGNEUR son
Dieu, contrairement à son ancêtre David.
3 Mais il suit le mauvais exemple des rois d'Israël. Il va même jusqu'à brûler son fils en *sacrifice. Il imite en cela les actions horribles
des peuples que le SEIGNEUR a chassés du
pays pour laisser la place aux Israélites. 4 Il offre des sacrifices d'animaux et il brûle de
*l'encens dans les lieux sacrés, sur les collines
où il y a des arbres verts.
5 Ressin, roi de Syrie, et Péca, fils de Remalia et roi d'Israël, viennent faire la guerre à
Akaz. Ils l'attaquent à Jérusalem, mais ils n'arrivent pas à remporter la victoire. 6 À la même
époque, Ressin, roi de Syrie, chasse d'Élath les
gens de Juda et il rend cette ville aux Édomites. Ceux-ci reviennent y habiter et ils y sont
encore aujourd'hui.
7 Akaz envoie ce message à Téglath-
Phalasar, roi d'Assyrie : « Je suis ton serviteur,
ton fils. Viens me délivrer du roi de Syrie et du
roi d'Israël, qui se dressent contre moi. »
8 Puis il prend l'argent et l'or qui se trouvent
dans le temple du SEIGNEUR et dans le trésor
du palais royal. Et il les envoie comme cadeau
au roi d'Assyrie. 9 Téglath-Phalasar fait ce
qu'Akaz lui demande. Il part attaquer Damas,
il prend la ville, il déporte les habitants à Quir
et fait mourir le roi Ressin.

10 Le roi Akaz va à Damas pour rencontrer
Téglath-Phalasar, roi d'Assyrie. Quand il voit
*l'autel qui est à Damas, il envoie le dessin
et le modèle de tous ses éléments au prêtre
Ouria, à Jérusalem. 11 Ouria construit un nouvel autel en suivant exactement les indications qu'Akaz a envoyées. Il le termine avant
que le roi revienne de Damas. 12 Quand Akaz
est de retour, il voit l'autel, il s'en approche
13 et là, il présente lui-même un *sacrifice
complet avec une offrande de farine et de
vin. Il répand aussi sur l'autel le sang des sacrifices de communion. 14 Ensuite, il fait déplacer
l'autel en bronze *consacré au SEIGNEUR. Cet
autel se trouve près de l'entrée du temple, entre le nouvel autel et le temple. Il le fait mettre
derrière le nouvel autel, au nord. 15 Puis le roi
donne cet ordre au prêtre Ouria : « À partir de
maintenant, tu te serviras du grand autel. Là,
tu présenteras le sacrifice complet de chaque
matin, l'offrande de farine de chaque après-
midi. Tu présenteras aussi les sacrifices
complets du roi avec les offrandes de farine,
et les sacrifices du peuple avec les offrandes
de farine et de vin. Enfin, tu verseras sur lui
le sang des animaux offerts en sacrifice. Je
prendrai moi-même une décision au sujet de
l'autel en bronze. »

16 Le prêtre Ouria fait tout ce que le roi lui a
commandé. 17 Le roi Akaz fait encore décou-
per les plaques de bronze des chariots du temple et il fait enlever les bassins qui sont sur les
chariots. Il enlève la grande cuve[u] ronde placée sur les douze taureaux de bronze et il la
fait poser directement sur le sol pavé. 18 Enfin,
à cause du roi d'Assyrie, il déplace la « Salle du
*Sabbat », construite à l'intérieur du temple,
et « l'Entrée du Roi », située à l'extérieur.

19 Les autres actes d'Akaz sont écrits dans
« L'Histoire des rois de Juda ». 20 Quand il
meurt, on l'enterre avec ses ancêtres dans la
« *Ville de David ». Son fils Ézékias devient
roi à sa place.

Osée, dernier roi d'Israël. Le roi d'Assyrie prend la ville de Samarie

17 1 La douzième année où Akaz est roi de
Juda, Osée, fils d'Éla, devient roi d'Israël à Samarie. Il est roi pendant neuf ans.
2 Il fait ce qui est mal aux yeux du SEIGNEUR,
mais moins que ceux qui ont été rois d'Israël
avant lui. 3 Salmanasar, roi d'Assyrie, vient
l'attaquer. Osée tombe sous son pouvoir et il
lui paie une somme d'argent chaque année.
4 Mais plus tard, Osée forme un complot
contre lui. Il envoie des messagers auprès du
roi d'Égypte, à Saïs, et il cesse de payer la
somme d'argent qu'il doit à Salmanasar.
Quand Salmanasar apprend cela, il fait arrêter
Osée et le fait mettre en prison. 5 Ensuite, il attaque tout le pays d'Israël et pendant trois ans,
il cherche à prendre Samarie. 6 La neuvième
année après qu'Osée est devenu roi, le roi
d'Assyrie[v] prend Samarie. Il déporte les Israélites dans son pays. Il les fait habiter dans la région de Hala, dans la région de Gozan, où
coule le fleuve Habor, et dans les villes de
Médie.

Les causes de la fin du royaume d'Israël

7 Ces événements arrivent parce que les Israélites ont péché contre le SEIGNEUR, leur
Dieu. Pourtant, c'est lui qui les avait délivrés
du pouvoir du Pharaon, le roi d'Égypte, et qui
les avait fait sortir de ce pays. Mais ils ont
adoré d'autres dieux. 8 Ils ont suivi les coutumes des nations que le SEIGNEUR avait chassées
devant eux et les coutumes établies par les
rois d'Israël. 9 Ils ont commis en secret des actions qui ne sont pas permises : ils ont construit des lieux sacrés dans toutes leurs villes,
aussi bien dans les simples postes de garde
que dans les villes bien protégées. 10 Ils ont
dressé des pierres et des *poteaux sacrés sur
toutes les collines où il y a des arbres verts.
11 Ils ont brûlé de *l'encens dans tous les lieux

u **16.17** *Les chariots : voir 1 Rois 7.27-39.*
La grande cuve : voir 1 Rois 7.23-26.

v **17.6** *Sargon, le successeur de Salmanasar, a pris Samarie en 722 ou 721 avant J.-C.*

sacrés, ils ont imité les peuples que le Seigneur avait chassés pour leur laisser la place. Ils ont commis des actions si mauvaises qu'ils ont provoqué la *colère du Seigneur. 12 Ils ont adoré les faux dieux, ce que le Seigneur leur avait interdit de faire.

13 Pourtant le Seigneur avait averti les gens d'Israël et de Juda. Il leur avait parlé par la bouche de tous les *prophètes et de tous les voyants. Il leur avait dit : « Abandonnez votre conduite mauvaise. Obéissez à mes commandements et à mes ordres. Ils sont indiqués dans la *loi que j'ai donnée à vos ancêtres et que je vous ai fait connaître par mes serviteurs les prophètes. » 14 Mais les Israélites n'ont pas écouté. Ils ont eu la tête dure comme leurs ancêtres, qui n'avaient pas eu confiance dans le Seigneur leur Dieu. 15 Dieu leur avait donné des lois. Il avait fait *alliance avec leurs ancêtres, il leur avait donné des conseils. Mais les Israélites ont rejeté tout cela. Ils ont suivi des faux dieux qui ne valent rien et ils sont devenus eux-mêmes des gens qui ne valent rien. Ils ont imité les nations qui les entourent. Pourtant le Seigneur leur avait dit de ne pas le faire. 16 Ils ont abandonné tous les commandements du Seigneur leur Dieu, ils ont fabriqué deux veaux en métal fondu[w] et un poteau sacré. Ils ont adoré les *astres du ciel, ils ont servi le dieu *Baal. 17 Ils ont brûlé leurs fils et leurs filles en *sacrifice, ils ont pratiqué la magie et essayé de deviner l'avenir. Ils ont cédé à leurs désirs en faisant ce qui est mal aux yeux du Seigneur. Ainsi ils ont provoqué sa *colère. 18 Alors le Seigneur s'est mis dans une grande colère contre eux. Il les a fait partir loin de lui. Seule la tribu de Juda est restée.

19 Mais les gens de Juda non plus n'ont pas respecté les commandements du Seigneur leur Dieu. Ils ont suivi les coutumes des gens du royaume d'Israël. 20 C'est pourquoi le Seigneur a rejeté l'ensemble des Israélites. Il les a abaissés et les a livrés au pouvoir de peuples qui détruisent tout. Et il a fini par les chasser loin de lui.

21 Quand le Seigneur a détaché le territoire d'Israël du royaume établi par le roi David, les gens d'Israël ont désigné comme roi Jéroboam, fils de Nebath. Jéroboam les a détournés du Seigneur et il les a entraînés dans des péchés graves. 22 Depuis cette époque, les gens d'Israël ont continué à commettre tous les péchés que Jéroboam avait commis. 23 Finalement le Seigneur les a éloignés de lui et il les a fait déporter loin de leur pays, en Assyrie, où ils sont encore aujourd'hui. Voilà comment le Seigneur a réalisé ce qu'il avait annoncé par ses serviteurs les *prophètes.

Des populations étrangères sont installées en Samarie

24 Le roi d'Assyrie fait venir des gens de Babylone, de Kouta, d'Ava, de Hamath et de Sefarvaïm. Il les installe dans les villes de la Samarie à la place des Israélites qui ont été déportés. Ces gens prennent possession de la région et ils habitent dans les villes. 25 Quand ils arrivent en Samarie, au début, ils n'adorent pas le Seigneur. Et le Seigneur envoie contre eux des lions qui tuent plusieurs personnes. 26 Quelqu'un dit au roi d'Assyrie : « Les populations que tu as déplacées, et qui habitent les villes de Samarie, ne savent pas comment servir le dieu du pays. C'est pourquoi ce dieu a envoyé contre elles des lions pour les faire mourir. » 27 Alors le roi d'Assyrie donne cet ordre : « Ramenez en Samarie un des prêtres que j'ai fait déporter. Il viendra habiter dans cette région et il apprendra aux gens à servir le dieu du pays. » 28 Un des prêtres qui avait été déporté revient vivre à Béthel. Il enseigne aux gens comment adorer le Seigneur.

29 Mais ces populations étrangères fabriquent des statues de leurs dieux. Ils les mettent dans les maisons de culte que les anciens habitants de la Samarie ont construites sur les lieux sacrés. Chaque population fait

w **17.16** *Voir 1 Rois 12.28.*

cela dans les villes où elle habite. 30 Les gens venus de Babylone fabriquent une statue de Soukoth-Benoth, ceux de Kouta une statue de Nergal, ceux de Hamath une statue d'Achima. 31 Ceux d'Ava fabriquent des statues de Nibaz et de Tartac. Les gens de Sefarvaïm brûlent même leurs fils en *sacrifice à leurs dieux Adrammélek et Anammélek. 32 Ces gens adorent le SEIGNEUR. Mais ils désignent aussi parmi eux des prêtres pour accomplir des cérémonies en leur nom dans les maisons de culte des lieux sacrés. 33 Ils adorent donc le SEIGNEUR, et en même temps, ils continuent à servir leurs dieux, en suivant les coutumes du pays qu'ils ont quitté.

34 Aujourd'hui encore, les habitants de Samarie suivent ces anciennes coutumes. Ils n'adorent pas le SEIGNEUR. Ils ne respectent pas leurs propres règles ni leurs propres coutumes. Ils ne respectent pas non plus la loi ni les commandements que le SEIGNEUR a donnés aux fils de Jacob, qu'il a appelé Israël[x]. 35 Pourtant, le SEIGNEUR a établi une *alliance avec eux et il leur a donné cet ordre : « N'adorez pas d'autres dieux, ne vous mettez pas à genoux devant eux. Ne les servez pas et ne leur offrez pas de sacrifices. 36 Vous m'adorerez moi seul, le SEIGNEUR. Je vous ai fait sortir d'Égypte grâce à ma puissance. C'est devant moi que vous vous mettrez à genoux, et c'est à moi que vous offrirez des sacrifices. 37 Vous respecterez les commandements, les règles et toute la loi que je vous ai donnés par écrit et vous leur obéirez toujours. Et vous n'adorerez pas d'autres dieux. 38 N'oubliez pas l'alliance que j'ai établie avec vous, et n'adorez pas d'autres dieux. 39 C'est moi, le SEIGNEUR votre Dieu, que vous devez adorer. C'est moi qui vous délivrerai du pouvoir de tous vos ennemis. »

40 Mais tous ces gens n'ont pas écouté. Au contraire, ils ont continué de suivre leurs anciennes coutumes. 41 Ainsi, ces populations adoraient le SEIGNEUR tout en continuant à servir leurs faux dieux. Après eux, leurs enfants et les enfants de leurs enfants ont continué à imiter leurs ancêtres, et ils le font encore aujourd'hui.

Ézékias, roi de Juda

18 1 La troisième année où Osée, le fils d'Éla, est roi d'Israël, Ézékias, le fils d'Akaz, devient roi de Juda. 2 Il a 25 ans et il est roi à Jérusalem pendant 29 ans. Sa mère s'appelle Abi, et c'est une fille de Zakarie. 3 Ézékias fait ce qui est bien aux yeux du SEIGNEUR, exactement comme son ancêtre David. 4 Il supprime les lieux sacrés. Il fait casser les pierres dressées et couper les *poteaux sacrés. Il fait casser le serpent de bronze que Moïse a fabriqué[y]. En effet, à ce moment-là encore, les Israélites brûlent de *l'encens devant ce serpent appelé Nehouchtan. 5 Ézékias a confiance dans le SEIGNEUR, Dieu d'Israël, plus que tous ceux qui ont été rois de Juda avant lui ou qui le seront après lui. 6 Il reste attaché au SEIGNEUR et il ne se détourne pas de lui. Il obéit aux commandements que le SEIGNEUR a donnés à Moïse. 7 Le SEIGNEUR est avec lui, et Ézékias réussit dans tout ce qu'il fait. Il se révolte contre le roi d'Assyrie et se libère de son pouvoir. 8 De plus, il bat les *Philistins et les poursuit jusque dans la région de Gaza. Il prend aussi bien les simples postes de garde que les villes bien protégées.

Rappel de la prise de Samarie

9 Pendant la quatrième année où Ézékias est roi de Juda, et la septième année où Osée, fils d'Éla, est roi d'Israël, le roi d'Assyrie, Salmanasar, vient attaquer Samarie. 10 Il la prend au bout de trois ans. C'est donc la sixième année où Ézékias est roi de Juda, et la neuvième année où Osée est roi d'Israël, que Samarie est prise. 11 Le roi d'Assyrie déporte les habitants du royaume d'Israël dans son pays. Il les ins-

---

x **17.34** *Habitants de Samarie : il s'agit ici des Israélites restés en Samarie. Ils suivaient les coutumes décrites aux versets 7 à 23.*
Israël : Voir Genèse 32.29 ; 35.10.

y **18.4** *Voir Nombres 21.8-9.*

talle dans la région de Hala, dans la vallée de
Gozan où coule le Habor, et dans les villes de
Médie. 12 Tout cela arrive parce que les Israélites n'ont pas écouté le SEIGNEUR leur Dieu. Ils
n'ont pas été fidèles à son *alliance. Les
commandements donnés par Moïse, le serviteur du SEIGNEUR, ils ne les ont pas écoutés,
ils ne leur ont pas obéi.

Sennakérib, le roi d'Assyrie, attaque le royaume de Juda

13 La quatorzième année où Ézékias est roi
de Juda, Sennakérib vient attaquer toutes les
villes bien protégées du royaume de Juda et
il les prend. 14 Alors Ézékias, le roi de Juda,
fait porter ce message au roi d'Assyrie, qui
est à Lakich : « J'ai commis une faute[z] ! Cesse
de m'attaquer. Je suis prêt à payer la somme
que tu me demanderas. » Le roi d'Assyrie
exige d'Ézékias une taxe de 9 tonnes d'argent
et 900 kilos d'or. 15 Ézékias donne tout l'argent qui se trouve dans le temple du SEIGNEUR
et dans le trésor du palais royal. 16 Il doit
même enlever les plaques d'or qu'il a fait mettre sur les portes du temple et sur leurs montants. Il les donne au roi d'Assyrie.

Discours de l'officier supérieur de Sennakérib

17 Le roi d'Assyrie se trouve à Lakich. De là,
il envoie au roi Ézékias, à Jérusalem, son général en chef, son chef des armées et son officier
supérieur, accompagnés d'une armée importante. Dès qu'ils arrivent à Jérusalem, ils se
placent près du canal du réservoir supérieur,
sur la route qui conduit au champ des Blanchisseurs. 18 Ils demandent à parler au roi.
Mais c'est Éliaquim, fils de Hilquia et chef
du palais royal, qui sort de la ville à leur rencontre. Le secrétaire Chebna et Yoa, fils d'Assaf et porte-parole du roi, sont avec lui.
19 L'officier supérieur assyrien leur dit : « Allez
porter à Ézékias ce message du Grand Roi, le
roi d'Assyrie : Tu mets ta confiance en quoi ?
20 Tu crois que de simples paroles remplacent
un plan de bataille et le courage pour faire la
guerre ? En qui est-ce que tu mets ta confiance
pour oser te révolter contre moi ? 21 Tu mets ta
confiance dans l'Égypte, ce roseau cassé qui
perce la main de celui qui s'appuie sur lui !
Oui, le Pharaon, roi d'Égypte, est comme ce
roseau cassé pour tous ceux qui mettent leur
confiance en lui. 22 Tu vas peut-être me répondre : "C'est dans le SEIGNEUR notre Dieu que
nous mettons notre confiance." Pourtant,
c'est toi, Ézékias, qui as supprimé ses lieux
sacrés et ses *autels. Et tu as commandé
aux gens de Juda et de Jérusalem d'adorer
le SEIGNEUR uniquement devant l'autel de
Jérusalem.

23 « Eh bien, fais donc un pari avec mon
maître, le roi d'Assyrie. Je suis prêt à te donner 2 000 chevaux si tu trouves des cavaliers
pour les monter. 24 Tu n'es même pas capable
de faire reculer un seul des plus petits serviteurs de mon maître ! Et tu mets ta confiance
dans l'Égypte pour avoir des chars et des chevaux ! 25 De plus, est-ce que mon maître est
venu dans ton pays pour le détruire sans l'accord du SEIGNEUR ? Non ! C'est le SEIGNEUR lui-
même qui lui a donné cet ordre ! »

26 Alors Éliaquim, Chebna et Yoa demandent à l'officier supérieur assyrien : « S'il te
plaît, parle-nous en araméen. En effet, nous
le comprenons. Évite de nous parler en *hébreu, parce que tous les gens qui sont sur les
murs de la ville nous écoutent. »

27 Mais l'officier supérieur leur répond :
« Est-ce que le message de mon maître est seulement pour ton roi et pour toi ? Non, il est
aussi pour tous les gens qui sont sur les
murs de la ville. D'ailleurs, ils seront bientôt
obligés de manger leurs excréments et de
boire leur urine avec vous. »

28 Ensuite, l'officier supérieur assyrien se
met debout et, en hébreu, il crie d'une voix
forte : « Écoutez le message du Grand Roi, le
roi d'Assyrie : 29 "Ne vous laissez pas tromper
par Ézékias. Il ne pourra pas vous délivrer.
30 Il vous dit de mettre votre confiance dans le
SEIGNEUR, qui va sûrement vous délivrer. Il
affirme que cette ville ne tombera pas au

z **18.14** *Ézékias s'est allié à l'Égypte pour combattre l'Assyrie.*

pouvoir du roi d'Assyrie. 31 N'écoutez pas Ézékias, mais écoutez plutôt ce que vous dit le roi
d'Assyrie : Faites la paix avec moi, livrez-vous
à moi. Alors chacun de vous pourra manger
les fruits de sa *vigne et de son *figuier, chacun boira l'eau de sa citerne. 32 Ensuite, je reviendrai pour vous conduire dans un pays
comme le vôtre, dans un pays de *blé, de vignes et *d'oliviers, qui donne du pain, du
vin, de l'huile et du miel. Ne vous laissez
pas tromper par Ézékias quand il vous dit
que le SEIGNEUR va vous délivrer. 33 Est-ce
que les dieux des autres peuples m'ont empêché de prendre leur pays ? 34 Qu'est-ce que les
dieux de Hamath et d'Arpad ont fait ? Et ceux
de Sefarvaïm, de Héna et d'Ava ? Est-ce qu'ils
m'ont empêché de prendre la ville de Samarie ? 35 Parmi tous les dieux de ces pays, lequel
a délivré son pays de mon pouvoir ? Alors,
est-ce que le SEIGNEUR peut m'empêcher de
prendre Jérusalem ?" »

36 Tous ceux qui sont là gardent le silence,
personne ne dit un mot. En effet, le roi Ézékias leur a commandé de se taire. 37 Après
cela, Éliaquim, fils de Hilquia et chef du palais
royal, le secrétaire Chebna et Yoa, fils d'Assaf
et porte-parole du roi, *déchirent leurs vêtements. Ils reviennent auprès d'Ézékias et lui
racontent ce que l'officier supérieur assyrien
a dit.

Le roi Ézékias demande l'avis du prophète Ésaïe

19 1 Quand le roi Ézékias entend ces paroles, il *déchire ses vêtements, il met
un habit de deuil et il va au temple du SEI-
GNEUR. 2 Il envoie Éliaquim, le chef du palais,
le secrétaire Chebna et les prêtres les plus
âgés chez le *prophète Ésaïe, fils d'Amots.
Ces hommes portent aussi un habit de deuil.
3 Ils doivent communiquer au prophète ces paroles d'Ézékias : « Aujourd'hui, c'est pour
nous un jour de grande inquiétude, de punition et de honte. On le dit, l'enfant est prêt
à naître, mais sa mère manque de force pour
accoucher. 4 Le roi d'Assyrie a envoyé son officier supérieur pour insulter le Dieu vivant.
Si seulement le SEIGNEUR ton Dieu pouvait entendre ces insultes et le punir pour ce qu'il a
dit ! Toi, Ésaïe, prie le SEIGNEUR pour ceux de
ton peuple qui sont restés en vie. »

5 Les envoyés du roi Ézékias vont voir Ésaïe.
6 Celui-ci leur dit : « Vous porterez à votre maître ce message du SEIGNEUR : "Tu as entendu
les insultes que les officiers du roi d'Assyrie
ont lancées contre moi. N'aie pas peur de ce
qu'ils ont dit. 7 Leur roi va apprendre une nouvelle. Je vais alors lui donner l'idée de retourner dans son pays, et là-bas je le ferai mourir
par *l'épée." »

Le roi d'Assyrie menace encore Jérusalem

8 L'officier supérieur assyrien apprend que
le roi a quitté Lakich. Il est en train de combattre contre la ville de Libna. L'officier va donc
le trouver là-bas. 9 Mais le roi d'Assyrie entend
dire que *l'Éthiopien Tiraca, roi d'Égypte,
vient l'attaquer. En recevant cette nouvelle,
Sennakérib envoie de nouveau des messagers
à Ézékias, 10 le roi de Juda. Ils lui disent : « Tu
mets ta confiance en Dieu et tu penses qu'il va
m'empêcher de prendre Jérusalem. Ne te
laisse pas tromper par lui. 11 Tu sais bien ce
que les rois d'Assyrie ont fait à tous les pays
qu'ils ont détruits entièrement. Et toi, tu crois
que tu seras délivré ! 12 Quand les autres rois
avant moi ont détruit les villes de Gozan, Haran, Ressef et Telassar, la capitale des Édénites, les dieux de ces peuples ne les ont pas
délivrés. 13 Où sont les rois de Hamath, Arpad,
Laïr, Sefarvaïm, Héna et Ava ? »

Prière du roi Ézékias

14 Ézékias prend la lettre que les messagers
assyriens ont apportée et il la lit. Puis il va au
temple du SEIGNEUR et il l'ouvre devant le SEI-
GNEUR. 15 Ensuite il fait cette prière : « SEI-
GNEUR, Dieu d'Israël, toi qui es assis au-
dessus des *chérubins, c'est toi qui es le seul
Dieu de tous les royaumes du monde. C'est toi
qui as fait le ciel et la terre. 16 SEIGNEUR, écoute
avec attention, regarde bien. Entends les insultes que les messagers de Sennakérib ont
lancées contre toi, le Dieu vivant ! 17 SEI-
GNEUR, c'est la vérité, les rois d'Assyrie ont détruit les autres peuples et leurs pays. 18 Ils ont
jeté leurs dieux dans le feu. En effet, ce

n'étaient pas des dieux, mais des statues en bois ou en pierre fabriquées par des mains humaines. 19 Mais toi, SEIGNEUR notre Dieu, sauve-nous du pouvoir de Sennakérib ! Alors tous les royaumes de la terre sauront, SEIGNEUR, que toi seul, tu es Dieu. »

Ésaïe communique la réponse du Seigneur

20 Alors Ésaïe, fils d'Amots, envoie ce message à Ézékias : « Voici ce que le SEIGNEUR, Dieu d'Israël, répond à la prière que tu lui as faite au sujet de Sennakérib, roi d'Assyrie.
21 Voici les paroles que le SEIGNEUR prononce contre lui :

La belle Jérusalem te méprise,
elle se moque de toi.
Oui, la belle ville de *Sion
secoue la tête en riant derrière ton dos.
22 Qui est celui que tu as insulté ?
À qui as-tu lancé des injures ?
Contre qui est-ce que tu as osé parler ?
Qui est celui que tu as regardé avec mépris ?
C'est moi, le Dieu *saint d'Israël.
23 Tu m'as insulté, moi le Seigneur,
par la bouche de tes messagers.
Tu as dit : "Moi, Sennakérib,
avec mes nombreux chars,
je suis monté sur le haut des montagnes,
jusqu'au sommet du Liban.
J'ai coupé ses plus beaux *cèdres
et ses plus beaux cyprès.
J'ai atteint sa montagne la plus haute,
et sa plus belle forêt.
24 Moi, j'ai creusé des puits
et j'ai bu l'eau des pays étrangers.
Je rendrai secs tous les canaux de l'Égypte,
en posant les pieds dans ce pays !"

25 « Eh bien, Sennakérib,
tu ne sais donc pas ceci ?
Depuis longtemps,
c'est moi qui ai préparé ces événements.
J'ai formé ce projet autrefois
et maintenant je le réalise.
J'ai décidé que tu transformerais les villes bien protégées en tas de pierres.
26 Leurs habitants ne peuvent rien faire,
ils ont peur, ils sont couverts de honte.
Ils ressemblent à l'herbe des champs,
à la jeune herbe verte,
à la mousse des toits
séchée par le vent d'est.
27 « Je connais tout de toi :
quand tu te lèves
ou quand tu t'assois,
quand tu sors de chez toi
ou quand tu rentres,
quand tu te mets en colère contre moi.
28 Oui, tu t'es mis en colère contre moi,
j'ai entendu tes paroles méprisantes.
C'est pourquoi je passerai un crochet dans ton nez
et une tige de fer entre tes mâchoires.
Je te ramènerai chez toi
par la route que tu as prise pour venir ici.

29 « Et toi, Ézékias, je te donne un signe :
cette année, vous mangerez le *blé qui a
poussé tout seul. L'année prochaine, ce sera
la même chose. Mais l'année suivante, vous
pourrez semer et récolter votre blé, planter
des *vignes et manger leurs fruits. 30 Ceux
du royaume de Juda qui sont restés en vie seront comme un jeune arbre. Ils enfonceront
leurs nouvelles racines dans la terre, ils porteront des fruits sur leurs branches. 31 Oui, ceux
qui restent sortiront de Jérusalem, ceux qui
sont encore en vie se mettront debout sur la
montagne de *Sion. Voilà ce que le SEIGNEUR
fera à cause de son brûlant amour. » 32 Ésaïe
ajoute : « Et maintenant, voici ce qu'il dit au
sujet du roi d'Assyrie : "Il n'entrera pas dans
cette ville, il n'y lancera pas une seule flèche.
Il ne luttera pas contre elle. Il ne se protégera
pas derrière ses *boucliers pour l'attaquer.
33 Il repartira par la route qu'il a prise pour venir ici. Il n'entrera pas à Jérusalem. C'est moi,
le SEIGNEUR, qui le déclare. 34 Je protégerai
cette ville et je la sauverai. Je ferai cela parce
que je suis Dieu, et que je suis fidèle à David,
mon serviteur." »

Les Assyriens s'en vont, Sennakérib est tué

35 Cette nuit-là, *l'ange du SEIGNEUR arrive
dans le camp assyrien et il fait mourir

185 000 hommes. Le matin suivant, les soldats découvrent tous ces morts. 36 Alors Sennakérib, roi d'Assyrie, fait démonter les tentes, il retourne à Ninive et reste dans cette ville. 37 Un jour, il est en train de prier dans le temple de Nisrok, son dieu. Deux de ses fils, Adrammélek et Saresser, le tuent et fuient au pays d'Ararat. Un autre de ses fils, Assarhadon, devient roi à sa place.

Le roi Ézékias tombe malade et guérit

20 1 À cette époque, Ézékias est atteint d'une maladie qui entraîne la mort. Le *prophète Ésaïe, fils d'Amots, vient le voir et lui dit de la part du SEIGNEUR : « Mets de l'ordre dans tes affaires. En effet, tu vas mourir, la vie est finie pour toi. » 2 Alors Ézékias se tourne vers le mur et il fait cette prière au SEIGNEUR : 3 « Ah ! SEIGNEUR, je t'en prie, souviens-toi : j'ai vécu fidèlement devant toi avec un cœur non partagé. J'ai fait ce qui est bien à tes yeux. » Et Ézékias pleure beaucoup.

4 Ésaïe n'est pas encore arrivé dans la cour intérieure du palais. Le SEIGNEUR lui donne l'ordre 5 de retourner auprès d'Ézékias, le chef de son peuple, et de lui dire de sa part : « Moi, le SEIGNEUR, le Dieu de David, ton ancêtre, j'ai entendu ta prière, j'ai vu tes larmes. Je vais te guérir. Dans trois jours, tu pourras de nouveau aller au temple du SEIGNEUR. 6 Je vais même ajouter quinze années à ta vie. Je vous délivrerai de la main du roi d'Assyrie, toi et Jérusalem. Et je protégerai cette ville parce que je suis Dieu et que je suis fidèle à David, mon serviteur. »

7 Ensuite, Ésaïe donne cet ordre : « Apportez une pâte de *figues écrasées. Appliquez-la sur la plaie du roi pour le guérir. » 8 Ézékias demande à Ésaïe : « Quel signe me permettra de savoir que le SEIGNEUR me guérira et que, dans trois jours, je pourrai de nouveau aller au temple du SEIGNEUR ? » 9 Ésaïe répond : « Le SEIGNEUR te montrera qu'il tiendra sa promesse. Voici le signe qu'il te donnera : le SEIGNEUR déplacera l'ombre de dix marches sur l'escalier d'Akaz. Est-ce que tu veux qu'elle monte ou qu'elle descende ? » 10 Ézékias répond : « Il est plus facile que l'ombre monte de dix marches. Je veux donc qu'elle descende. » 11 Alors le prophète Ésaïe prie le SEIGNEUR, et le SEIGNEUR fait revenir le soleil sur les dix marches que l'ombre a couvertes.

Le roi Ézékias reçoit les messagers de Babylone

12 À cette époque, le roi de Babylone, Mérodak-Baladan, fils de Baladan, apprend qu'Ézékias a été malade. Alors il lui envoie des messagers pour lui porter une lettre et un cadeau. 13 Ézékias se réjouit de leur arrivée. Il leur fait visiter toute la maison où il garde les objets précieux, argent, or, parfums et huile parfumée. Il leur montre aussi son magasin d'armes et tout ce qui se trouve dans ses réserves. Il ne leur cache rien dans sa maison et dans tout son royaume.

14 Ensuite, le *prophète Ésaïe vient trouver le roi Ézékias et il lui demande : « Qu'est-ce que ces gens t'ont dit ? D'où venaient-ils ? » Ézékias répond : « Ils sont venus de très loin, de Babylone. » 15 Ésaïe continue : « Qu'est-ce qu'ils ont vu dans ton palais ? » Ézékias dit : « Ils ont tout vu. Je leur ai montré tous mes trésors, je ne leur ai rien caché. » 16 Alors Ésaïe dit à Ézékias : « Écoute la parole du SEIGNEUR : 17 "Un jour, tout ce qui est dans ton palais, tout ce que les rois précédents y ont mis, tout cela sera emporté à Babylone. Oui, le SEIGNEUR le dit, il ne restera rien ici. 18 On emmènera là-bas plusieurs de ceux qui seront nés de toi. Ils seront des *eunuques dans le palais du roi de Babylone." » 19 Ézékias répond à Ésaïe : « Cette parole du SEIGNEUR que tu m'annonces est une bonne chose. » Il pense en effet : pendant ma vie, nous vivrons en paix et en sécurité.

20 Les autres actes d'Ézékias sont écrits dans « L'Histoire des rois de Juda ». Ce livre raconte le courage qu'il a montré. Il raconte aussi comment il a fait construire un réservoir et creuser un canal pour amener l'eau à Jérusalem. 21 Quand Ézékias rejoint ses ancêtres, son fils Manassé devient roi à sa place.

Manassé, roi de Juda

21 1 Manassé devient roi à l'âge de 12 ans
et il est roi à Jérusalem pendant 55 ans.
Sa mère s'appelle Hefsi-Ba. 2 Manassé fait ce
qui est mal aux yeux du SEIGNEUR. Il imite
les actions horribles des peuples que le SEI-
GNEUR a chassés du pays pour laisser la place
aux Israélites. 3 Il reconstruit les lieux sacrés
que son père Ézékias a détruits. Il élève des
*autels en l'honneur du dieu *Baal. Il fabrique
un *poteau sacré comme Akab, roi d'Israël, l'a
fait autrefois. Il adore les *astres du ciel et il
les sert. 4 Il construit des autels dans le temple
de Jérusalem. Au sujet du temple, le SEIGNEUR
a dit : « C'est là que je montrerai ma présence. » 5 Eh bien, Manassé construit aussi
des autels en l'honneur des astres du ciel
dans les deux cours du temple. 6 Il brûle son
fils en *sacrifice, il lit dans le ciel et essaie
de deviner l'avenir. Il consulte ceux qui interrogent les morts. Il fait de plus en plus ce qui
est mal aux yeux du SEIGNEUR et il provoque sa
*colère. 7 Il fabrique aussi une statue de la
déesse *Achéra et il la place dans le temple.
Pourtant, le SEIGNEUR a dit à David et à son
fils Salomon : « C'est dans ce temple et c'est
à Jérusalem que je montrerai pour toujours
ma présence parmi les humains. J'ai choisi
cette ville parmi toutes les villes des douze tribus d'Israël. 8 Je ne ferai plus partir le peuple
d'Israël de tous côtés, loin du pays que j'ai
donné à ses ancêtres. Je ne le ferai plus,
mais à une condition : le peuple doit respecter
tous mes commandements et toute la *loi que
mon serviteur Moïse lui a donnée et leur
obéir. » 9 Mais les gens de Juda n'écoutent
pas le SEIGNEUR. Manassé les entraîne à agir
encore plus mal que les peuples détruits par
le SEIGNEUR pour leur laisser la place.

10 C'est pourquoi le SEIGNEUR charge ses serviteurs les *prophètes de dire : 11 « Le roi Manassé a commis toutes ces actions horribles.
Il a agi encore plus mal que les *Amorites autrefois. À cause de ses faux dieux, il a même
entraîné les gens de Juda à pécher. 12 Eh
bien, voici ce que dit le SEIGNEUR, Dieu d'Israël : "Je vais faire venir sur Jérusalem et sur
Juda un malheur si grand que ceux qui l'apprendront seront effrayés. 13 Je vais détruire
Jérusalem comme j'ai détruit Samarie et la famille d'Akab. Je vais nettoyer Jérusalem de ses
habitants, comme un plat qu'on nettoie et
qu'on retourne ensuite. 14 J'abandonnerai
ceux de mon peuple qui seront restés en
vie. Je les livrerai au pouvoir de leurs ennemis. Ceux-ci leur prendront tout en pillant
leur pays. 15 J'agirai ainsi parce que mon peuple a toujours fait ce qui est mal à mes yeux. Il
a sans cesse provoqué ma *colère, depuis le
jour où ses ancêtres sont sortis d'Égypte jusqu'à aujourd'hui." »

16 Le roi Manassé a fait mourir tellement
d'innocents que la ville de Jérusalem a été
inondée de sang. Ces actions s'ajoutent aux
péchés dans lesquels il a entraîné le peuple
de Juda. En effet, il l'a poussé à faire ce qui
est mal aux yeux du SEIGNEUR.

17 Les autres actes de Manassé sont écrits
dans « L'Histoire des rois de Juda ». Ce livre
raconte tout ce qu'il a fait et les péchés qu'il
a commis. 18 Quand Manassé rejoint ces ancêtres, on l'enterre dans le jardin de son palais,
appelé aussi « Jardin d'Ouza ». Son fils Amon
devient roi à sa place.

Amon, roi de Juda

19 Amon devient roi à l'âge de 22 ans et il est
roi à Jérusalem pendant deux ans. Sa mère
s'appelle Mechoullémeth. C'est une fille de
Harous, de la ville de Yotba. 20 Amon fait ce
qui est mal aux yeux du SEIGNEUR, comme
son père Manassé. 21 Il se conduit exactement
comme son père. Il sert les faux dieux que son
père a servis et il les adore. 22 Il abandonne le
SEIGNEUR, le Dieu de ses ancêtres, et il n'agit
pas comme le SEIGNEUR le demande.

23 Les officiers d'Amon forment un complot
contre lui et le tuent dans son palais. 24 Mais
les gens de Juda font mourir tous ceux qui
ont formé ce complot contre le roi Amon. Ils
désignent son fils Josias pour qu'il devienne
roi à sa place.

25 Les autres actes d'Amon sont écrits dans
« L'Histoire des rois de Juda ». 26 On enterre
Amon dans sa tombe, dans le « Jardin

d'Ouza ». Son fils Josias devient roi à sa place.

Josias, roi de Juda

22 1 Josias devient roi à l'âge de 8 ans et il est roi à Jérusalem pendant 31 ans. Sa mère s'appelle Yedida. C'est une fille d'Adaya, de la ville de Boscath. 2 Josias fait ce qui est bien aux yeux du SEIGNEUR. Il suit le chemin de son ancêtre David, il ne s'en éloigne jamais.

Le grand-prêtre découvre le livre de la loi

3 La dix-huitième année où Josias est roi, il envoie un jour le secrétaire Chafan, fils d'Assalia et petit-fils de Mechoullam, au temple du SEIGNEUR. 4 Il lui dit : « Va voir le *grand-prêtre Hilquia. Demande-lui de compter l'argent que les gens ont donné pour le temple et celui que les gardiens de l'entrée ont recueilli du peuple. 5-6 Puis on remettra cet argent aux chefs des travaux chargés de réparer le temple. Ils pourront alors payer les charpentiers, les maçons et les autres ouvriers. Ils achèteront aussi le bois et les pierres taillées nécessaires aux réparations. 7 Mais personne ne leur demandera de comptes au sujet de cet argent, parce qu'ils agissent honnêtement. »

8 Alors le grand-prêtre Hilquia dit au secrétaire Chafan : « J'ai trouvé le livre de la loi[a] dans le temple du SEIGNEUR. » Et il le donne à Chafan, qui le lit. 9 Ensuite, Chafan va faire son rapport au roi. Il lui dit : « Nous avons vidé la caisse du temple et nous avons remis l'argent aux chefs des travaux chargés des réparations. » 10 Puis il ajoute : « Le grand-prêtre Hilquia m'a donné ce livre. » Et il le lit en présence du roi.

Josias fait consulter la prophétesse Houlda

11 Quand le roi entend les paroles du livre de la *loi, il déchire ses vêtements car il est bouleversé. 12 Ensuite, il fait venir le grand-prêtre Hilquia, Ahicam, fils de Chafan, Akbor, fils de Mikaya, le secrétaire Chafan et Assaya, l'un de ses ministres. Il leur donne cet ordre : 13 « Allez consulter le SEIGNEUR pour moi et pour tout le peuple de Juda. Interrogez-le sur les paroles du livre qu'on vient de trouver. En effet, nos ancêtres n'ont pas obéi à ces paroles. Ils n'ont pas fait ce qui est écrit dans ce livre. C'est pourquoi le SEIGNEUR doit être très en *colère contre nous. »

14 Le grand-prêtre Hilquia, Ahicam, Akbor, Chafan et Assaya vont donc trouver la *prophétesse Houlda, qui habite le Quartier Neuf de Jérusalem. C'est la femme de Challoum, fils de Ticva et petit-fils de Haras, qui est gardien des vêtements sacrés du temple. Le grand-prêtre et les autres informent la prophétesse. 15 Alors Houlda leur demande d'aller dire au roi qui les a envoyés : 16 « Voici ce que déclare le SEIGNEUR, Dieu d'Israël : "Je vais faire venir un malheur sur Jérusalem et sur ses habitants, comme cela est écrit dans le livre que le roi de Juda a lu. 17 Les gens de Jérusalem m'ont abandonné, ils ont offert de *l'encens à d'autres dieux. Les faux dieux qu'ils ont fabriqués ont provoqué ma *colère. C'est pourquoi cette violente colère se répandra sur Jérusalem et elle ne se calmera pas. 18 Au roi de Juda qui vous a envoyés me consulter, vous communiquerez ce que je déclare, moi, le SEIGNEUR, Dieu d'Israël : Tu as entendu les paroles de ce livre. 19 Ton cœur a été touché, tu t'es abaissé devant moi en entendant ce que j'ai dit contre Jérusalem et ses habitants. En effet, j'ai dit que cette ville deviendra un désert et un endroit maudit. Tu as déchiré tes vêtements et tu as pleuré devant moi. Eh bien, moi aussi je t'ai entendu, je le déclare, moi, le SEIGNEUR. 20 C'est pourquoi je te laisserai rejoindre tes ancêtres et aller en paix dans la tombe. Ainsi, tu ne verras pas tous les malheurs que je ferai venir sur Jérusalem." »

Le grand-prêtre Hilquia et ceux qui sont avec lui rapportent cette réponse au roi Josias.

Josias fait de nouveau alliance avec le Seigneur

23 1 Aussitôt le roi réunit auprès de lui tous les *anciens de Jérusalem et de Juda. 2 Ils se rendent ensemble au temple du

---

a **22.8** *Ce livre de la loi était sans doute une partie du livre du Deutéronome.*

SEIGNEUR. Tous les habitants de Jérusalem, les
prêtres et les *prophètes, tout le peuple, du
plus petit au plus grand, vont avec eux. Ensuite, le roi lit devant eux toutes les paroles
du livre de *l'alliance découvert dans le temple du SEIGNEUR.
3 Le roi est debout, devant
la colonne du temple et il fait de nouveau alliance avec le SEIGNEUR. Chacun doit promettre de suivre le SEIGNEUR, d'obéir à ses commandements, à ses enseignements et à ses ordres, de tout son cœur et de tout son être. Il le fera en obéissant aux paroles de l'alliance écrites dans le livre. Tout le peuple accepte cette alliance.

Josias réalise une réforme religieuse en Juda

4 Le roi donne cet ordre au *grand-prêtre
Hilquia, aux prêtres qui l'aident et à ceux qui gardent l'entrée du temple : « Faites sortir du temple tous les objets fabriqués pour adorer *Baal, *Achéra et les *astres du ciel. » Le roi les fait brûler en dehors de Jérusalem, dans la vallée du Cédron, et la cendre est
transportée à Béthel.
5 Josias renvoie les prê-
tres des faux dieux que les rois de Juda ont désignés pour brûler de *l'encens sur les lieux sacrés, dans les villes de Juda et dans les environs de Jérusalem. Il renvoie aussi ceux qui brûlent de l'encens pour Baal, le soleil, la lune, les étoiles et tout ce qui brille
dans le ciel.
6 Il fait sortir du temple du SEIGNEUR le poteau sacré d'Achéra et le fait porter en dehors de Jérusalem. On le brûle dans la vallée du Cédron, on l'écrase entièrement, et la cendre est répandue sur les tombes des
gens du peuple.
7 Josias fait aussi détruire les
bâtiments proches du temple où des gens se *prostituent pour servir des dieux étrangers[b]. Là, des femmes tissent des vêtements pour les adorateurs d'Achéra.

8 Ensuite, Josias fait venir à Jérusalem tous
les prêtres des villes de Juda. Depuis Guéba jusqu'à Berchéba, il rend inutilisables les lieux sacrés où les prêtres ont brûlé de l'encens. À Jérusalem, Josias fait détruire les *autels placés près des *portes de la ville, en particulier celui qui est situé à la porte de Yochoua, gouverneur de la ville. Cet autel se trouve à gauche, quand on entre dans la ville.
9 Les prêtres des lieux sacrés ne doivent pas
offrir de sacrifices sur l'autel du SEIGNEUR à Jérusalem. Mais ils peuvent manger des pains sans *levain, comme les autres prêtres.
10 Le roi Josias rend inutilisable le Tofeth,
dans la vallée de Hinnom, pour que les gens ne brûlent plus leur fils ou leur fille en sacrifice au dieu Molek[c] à cet endroit.
11 Il sup-
prime les chevaux que les rois de Juda ont réservés pour le culte du Soleil. Ceux-ci se trouvent à côté de l'entrée du temple du SEIGNEUR, dans les bâtiments annexes, près de la chambre du fonctionnaire Netan-Mélek. Josias fait brûler les chars du Soleil.
12 Il fait dé-
truire les autels que les rois de Juda ont dressés sur la terrasse des appartements d'Akaz. Il fait détruire aussi les autres autels que Manassé a élevés dans les deux cours du temple. Il les fait briser sur place et il donne l'ordre de jeter les morceaux dans la vallée
du Cédron.
13 Il rend inutilisables les lieux sa-
crés que le roi Salomon a construits au sud du mont des Oliviers, la colline en face de Jérusalem. Ces lieux sacrés ont été construits en l'honneur *d'Astarté, la détestable déesse des Sidoniens, en l'honneur de Kemoch, le détestable dieu des Moabites, et en l'honneur de
Molek, l'horrible dieu des Ammonites.
14 Le
roi Josias fait casser les pierres dressées, et couper les *poteaux sacrés. Il fait aussi couvrir avec des os humains la place qu'ils occupaient[d].

---

b **23.7** *En Canaan, ces gens étaient au service des lieux sacrés. Les visiteurs s'unissaient à eux pour obtenir de leurs dieux de bonnes récoltes, de beaux troupeaux ou des enfants. Cette pratique était interdite en Israël. Voir Deutéronome 23.18.*

c **23.10** *Le Tofeth était un lieu sacré où on offrait des enfants en sacrifice. Voir Jérémie 19.1-15. La vallée de Hinnom était au sud de Jérusalem. Le dieu Molek : voir Lévitique 18.21 et la note.*

d **23.14** *Les os humains rendaient ces lieux impurs.*

Josias réalise une réforme religieuse dans le Nord

15 Josias fait aussi détruire l'autel et le lieu
sacré de Béthel[e]. C'est Jéroboam, fils de Nebath, qui les a construits, lui qui a entraîné Israël à pécher. Josias brûle le lieu sacré, il jette
le poteau sacré au feu et réduit le tout en
cendres.
16 Alors Josias regarde autour de lui. Il voit le
cimetière qui se trouve sur la colline. Il envoie
des gens prendre les os dans les tombes. Il les
brûle sur l'autel pour rendre le cimetière inutilisable, comme le *prophète du SEIGNEUR l'a
annoncé. 17 Josias demande : « Cette pierre
que je vois là-bas, qu'est-ce que c'est ? » Des
gens de Béthel lui répondent : « C'est la tombe
du prophète venu de Juda. Il a annoncé les
choses que tu viens de faire contre l'autel de
Béthel. » 18 Alors le roi dit : « Laissez cette
tombe. Personne ne doit toucher aux os de
ce prophète ! » Voilà comment ses os ont été
sauvés du feu, comme ceux du prophète
venu de Samarie[f].

19 Les rois d'Israël ont construit des maisons
de culte sur les lieux sacrés dans les villes de
Samarie. Ils ont ainsi provoqué la *colère du
SEIGNEUR. Josias détruit tous ces bâtiments,
exactement comme il a fait à Béthel. 20 Il
égorge sur les autels des lieux sacrés tous les
prêtres qui se trouvent là, et il brûle des os
humains.

Ensuite le roi Josias revient à Jérusalem.

Le peuple de Juda célèbre la fête de la Pâque

21 Le roi Josias donne cet ordre à tout le peuple : « Célébrez la fête de la *Pâque pour honorer le SEIGNEUR votre Dieu, comme c'est écrit
dans le livre de l'alliance[g]. » 22 Le peuple n'a
jamais célébré la Pâque de cette façon depuis
l'époque où les juges[h] ont gouverné Israël, et
pendant tout le temps où les rois ont dirigé Israël et Juda. 23 Cette fête est célébrée à Jérusalem en l'honneur du SEIGNEUR la dix-huitième
année où Josias est roi.

Conclusion sur Josias

24 Josias obéit aux ordres du livre de la *loi
que le *grand-prêtre a trouvé dans le temple
de Jérusalem. Il supprime les gens qui interrogent les esprits des morts. Il fait détruire les
statues sacrées, les faux dieux et toutes les
choses horribles qu'on voit à Jérusalem et
dans le pays de Juda.
25 Avant Josias, il n'y a pas eu de roi comme
lui. Il s'est attaché au SEIGNEUR de tout son
cœur, de tout son être et de toutes ses forces,
comme la loi de Moïse le commande[i]. Et après
Josias, il n'y aura pas non plus de roi comme
lui.
26 Pourtant, la grande *colère du SEIGNEUR
continue à brûler contre le royaume de Juda.
Cette colère, c'est le roi Manassé qui l'a pro-
voquée en agissant contre le SEIGNEUR.
27 C'est pourquoi le SEIGNEUR dit : « Autrefois,
j'ai fait partir Israël loin de moi, je vais faire
partir aussi Juda. Je rejetterai Jérusalem, cette
ville que j'ai choisie. Je rejetterai également le
temple où j'ai promis d'être présent. »

28 Les autres actes de Josias sont écrits
dans « L'Histoire des rois de Juda ». 29 Pendant que Josias est roi, le Pharaon Néco,
roi d'Égypte, part vers le fleuve Euphrate
pour secourir le roi d'Assyrie. Le roi Josias
[illegible] s'opposer à lui. Mais dès que le roi
d'Égypte le voit, il le tue à Méguiddo. 30 Les
officiers [illegible]nsportent son corps sur un char à

---

e **23.15** *Sur ce lieu sacré, voir 1 Rois 12.26–13.10.*

f **23.18** *Ces deux prophètes ont été enterrés ensemble. Voir 1 Rois 13.29-31.*

g **23.21** *Voir Deutéronome 16.1-8.*

h **23.22** *Les juges : à une époque de leur histoire, les Israélites ont été dirigés par des juges. C'étaient des personnes envoyées par Dieu. Dieu les chargeait plus particulièrement de délivrer une ou plusieurs tribus en guerre et de diriger le peuple. Ils rendaient aussi la justice.*

i **23.25** *Voir Deutéronome 6.5.*

Jérusalem, et on l'enterre dans sa tombe. Ensuite, les gens de Juda désignent Joakaz, fils
de Josias, et ils le *consacrent comme roi à
la place de son père.

Joakaz, roi de Juda

31 Joakaz devient roi à l'âge de 23 ans. Il est
roi à Jérusalem pendant trois mois. Sa mère
s'appelle Hamoutal. C'est une fille d'Irméya,
de la ville de Libna. 32 Joakaz fait ce qui est
mal aux yeux du SEIGNEUR, exactement
comme ses ancêtres. 33 Le roi d'Égypte Néco
l'emmène prisonnier à Ribla, dans la région
de Hamath, et ainsi, il ne peut plus être roi
à Jérusalem. De plus, Néco exige du pays de
Juda un impôt de 3 tonnes d'argent et 30 kilos
d'or.

34 Ensuite, Néco désigne Éliaquim, fils de
Josias, comme roi à la place de son père, et
il change son nom en Yoaquim. Il emmène
Joakaz en Égypte, où il meurt. 35 Yoaquim
doit imposer des taxes aux gens de Juda,
pour donner l'argent et l'or exigés par le roi
d'Égypte. Quand chacun a payé sa part, Yoaquim remet la somme au roi Néco.

Yoaquim, roi de Juda

36 Yoaquim devient roi à l'âge de 25 ans et il
est roi à Jérusalem pendant 11 ans. Sa mère
s'appelle Zéboudda. C'est une fille de Pedaya,
de la ville de Rouma. 37 Yoaquim fait ce qui est
mal aux yeux du SEIGNEUR, exactement
comme ses ancêtres.

24 1 Pendant qu'il est roi, Nabucodonosor, roi de Babylone, entre dans le
pays de Juda. Yoaquim est sous son pouvoir
pendant trois ans. Mais ensuite, il change
d'attitude et se révolte contre lui. 2 Alors le
SEIGNEUR envoie des bandes de voleurs babyloniens, syriens, moabites et ammonites.
Ils détruisent le royaume de Juda, comme
les *prophètes l'ont annoncé de la part du SEI-
GNEUR. 3 Le SEIGNEUR fait venir ces malheurs
sur les gens de Juda pour les faire partir
loin de lui. En effet, le roi Manassé a beaucoup péché. 4 Il a fait mourir tellement d'innocents que la ville de Jérusalem a été
inondée de sang. Et le SEIGNEUR n'a pas voulu
pardonner.

5 Les autres actes de Yoaquim sont écrits
dans « L'Histoire des rois de Juda ». 6 Quand
il rejoint ses ancêtres, son fils Yoakin devient
roi à sa place.

7 Le roi d'Égypte, lui, ne sort plus de son
pays avec son armée. En effet, le roi de
Babylone a pris toutes les régions qui étaient
autrefois sous son pouvoir, depuis le nord de
l'Égypte jusqu'à l'Euphrate, le fleuve de
Babylone.

Yoakin, roi de Juda. Le roi de Babylone déporte des habitants de Jérusalem

8 Yoakin devient roi à l'âge de 18 ans. Il est
roi à Jérusalem seulement pendant trois mois.
Sa mère s'appelle Nehoucheta. C'est une fille
d'Elnatan, de Jérusalem. 9 Il fait ce qui est mal
aux yeux du SEIGNEUR, exactement comme
son père.

10 À ce moment-là, l'armée babylonienne,
commandée par les officiers du roi, monte
contre Jérusalem et elle l'entoure avec ses
soldats. 11 Le roi de Babylone vient lui-
même attaquer la ville, pendant que ses soldats l'entourent. 12 Alors Yoakin, roi de
Juda, se rend au roi de Babylone avec sa
mère, ses officiers, ses notables et ses fonctionnaires importants. Nabucodonosor les
fait prisonniers la huitième année où il est
roi de Babylone.

13 Il casse tous les objets en or que le roi
Salomon a fait fabriquer pour le service du
SEIGNEUR. Puis il emporte tous les trésors
du temple et du palais royal, comme le SEI-
GNEUR l'a annoncé. 14 Nabucodonosor emmène en exil les habitants de Jérusalem :
tous les chefs et tous les officiers de l'armée,
c'est-à-dire 10 000 personnes. Il emmène
aussi tous les artisans et tous les forgerons.
Il ne laisse sur place que les gens les plus pauvres. 15 Il emmène à Babylone le roi Yoakin,
sa mère, ses femmes, ses officiers 16 et les
gens importants de Juda. Tous partent en
exil. Nabucodonosor emmène à Babylone :
7 000 militaires, 1 000 artisans et forgerons,
ainsi que tous ceux qui peuvent combattre
à la guerre.

17 Ensuite, il désigne comme roi de Juda
l'oncle de Yoakin, Mattania. Il change son
nom et il l'appelle Sédécias.

Sédécias, roi de Juda

18 Sédécias devient roi à l'âge de 21 ans. Il
est roi à Jérusalem pendant 11 ans. Sa mère
s'appelle Hamoutal. C'est une fille d'Irméya,
de la ville de Libna. 19 Sédécias fait ce qui est
mal aux yeux du SEIGNEUR, exactement
comme Yoaquim.

20 C'est le SEIGNEUR qui, dans sa *colère, fait
venir ces malheurs sur Jérusalem et sur Juda,
et qui les rejette loin de lui.

Et Sédécias se révolte contre le roi de
Babylone.

Nabucodonosor, roi de Babylone, attaque Jérusalem

25 1 La neuvième année où Sédécias est
roi, le dixième mois, le 10 du mois[j],
Nabucodonosor, roi de Babylone, arrive à Jérusalem avec toute son armée. Il installe son
camp devant la ville, et les Babyloniens creusent des fossés autour d'elle. 2 L'attaque va
durer jusqu'à la onzième année où Sédécias
est roi.

3 Il y a une famine terrible dans la ville, et
les gens n'ont plus rien à manger. Le quatrième mois, le 9 du mois[k], 4 les Babyloniens
font un trou dans le mur qui protège la ville.
Pendant la nuit, les soldats de Juda s'enfuient.
Il passent par la *porte située entre les deux
murs de défense, près du jardin du roi, malgré les Babyloniens qui entourent Jérusalem.
Le roi Sédécias prend le chemin qui conduit
à la vallée du Jourdain. 5 Les soldats babyloniens le poursuivent et ils le rattrapent dans
la plaine de Jéricho. Toute son armée l'a abandonné. 6 Les Babyloniens prennent le roi Sédécias. Ils le conduisent au roi de Babylone,
qui est à Ribla. Là, les Babyloniens jugent Sédécias. 7 Ils mettent à mort ses fils sous ses
yeux. Ensuite, ils crèvent les yeux de Sédécias, l'attachent avec une double chaîne de
bronze et l'envoient à Babylone.

Les Babyloniens détruisent Jérusalem et déportent la population

8 La dix-neuvième année où Nabucodonosor est roi, le cinquième mois, le 7 du mois[l],
Nebouzaradan entre à Jérusalem. C'est le
chef des gardes du roi de Babylone, il fait partie des hommes à son service. 9 Il met le feu au
temple, au palais royal de Juda et à toutes les
maisons de la ville, en particulier à celles des
notables. 10 Les troupes babyloniennes qui
sont avec le chef des gardes détruisent tous
les murs qui entourent Jérusalem.

11 Ensuite, Nebouzaradan déporte les gens
qui sont encore dans la ville : ceux qui se
sont rendus au roi de Babylone, ainsi que le
reste de la population. 12 Mais il laisse quelques familles parmi les gens les plus pauvres
du pays pour cultiver les *vignes et les
champs.

13 Les Babyloniens cassent les colonnes de
bronze qui sont à l'entrée du temple, ainsi
que les chariots et la grande cuve de bronze
placés dans la cour. Ils emportent tout ce
bronze à Babylone. 14 Ils prennent aussi les objets en bronze utilisés pour le service du temple : récipients pour les cendres, pelles,
éteignoirs pour les lampes et *coupes. 15 Le
chef des gardes prend aussi tous les objets
en or et en argent : brûle-parfums et coupes
pour le sang.

16 Le roi Salomon avait fait fabriquer de
nombreux objets en bronze pour le temple
du SEIGNEUR : deux colonnes, une grande
cuve avec douze taureaux pour la porter et
les chariots. On ne peut pas peser tout ce métal. 17 Par exemple, les colonnes ont chacune
9 mètres de haut. Au-dessus de chaque colonne, il y a une couronne de bronze, haute
d'un mètre et demi. Elle est décorée tout au-

j **25.1** *C'est-à-dire fin décembre de l'année 589 avant J.-C.*
k **25.3** *C'est-à-dire vers fin juin 588 avant J.-C.*
l **25.8** *C'est-à-dire en août 587 avant J.-C.*

tour d'une natte en bronze et de fruits en bronze, appelés grenades. Les deux colonnes et leurs décorations sont les mêmes.

18 Le chef des gardes fait arrêter le *grand-prêtre Seraya, son adjoint Sefania et les trois prêtres qui gardent l'entrée du temple. 19 Il fait arrêter aussi un fonctionnaire responsable des militaires, puis cinq personnes proches du roi restées dans la ville. Il fait arrêter encore le secrétaire du chef de l'armée, chargé de recruter les combattants, et 60 hommes de Juda. Tous ces gens se trouvent alors à Jérusalem. 20 Nebouzaradan les conduit auprès du roi de Babylone, à Ribla. 21 Celui-ci les fait mourir à cet endroit, au pays de Hamath.

Ainsi, le peuple de Juda est déporté loin de sa terre.

Guedalia, gouverneur du pays de Juda

22 Nabucodonosor, roi de Babylone, laisse une partie de la population dans le pays de Juda. Pour les gouverner, il désigne Guedalia, fils d'Ahicam et petit-fils de Chafan. 23 Les officiers et les soldats judéens apprennent cela. Alors ils vont trouver Guedalia à Mispa. Ces officiers sont : Ismaël, fils de Netania, Yohanan, fils de Caréa, Seraya, fils de Tanehoumeth, les fils de Netofa, et Yazania, fils de Maaka. 24 Guedalia dit aux officiers et à leurs hommes : « Vous ne devez pas avoir peur des Babyloniens. Restez dans le pays et mettez-vous au service du roi de Babylone. Alors tout se passera bien pour vous, je vous le jure. »

25 Mais cette année-là, le septième *mois, Ismaël, fils de Netania et petit-fils d'Élichama, de la famille du roi de Juda, vient à Mispa avec dix hommes. Il fait mourir Guedalia, ainsi que les Judéens et les Babyloniens qui sont avec lui à Mispa. 26 Alors tout le monde, du plus petit au plus grand, part en Égypte avec les officiers, parce que les gens ont peur des Babyloniens.

Le roi de Babylone fait sortir de prison l'ancien roi de Juda

27 Évil-Mérodak devient roi de Babylone 37 ans après la déportation du roi Yoakin de Juda. L'année où il devient roi, le douzième mois, le 27 du mois[m], Évil-Mérodak rend sa liberté à Yoakin, roi de Juda, et le fait sortir de prison. 28 Il lui parle avec bonté et lui donne une place au-dessus des rois qui sont avec lui à Babylone. 29 Yoakin enlève ses habits de prisonnier et il prend ses repas avec le roi de Babylone, tous les jours sans exception. 30 Ainsi, chaque jour jusqu'à sa mort, Yoakin reçoit du roi de Babylone ce qui est nécessaire pour vivre.

m **25.27** *C'est-à-dire en 562 ou 561 avant J.-C.*

Les livres des Chroniques

Les Chroniques étaient d'abord un seul livre, qui a été séparé en deux plus tard. Les rois de l'ancien Orient faisaient écrire l'histoire de leurs royaumes dans des livres. Ces livres sont des chroniques. Le mot « chronique » désigne, en effet, le récit des faits importants d'une période de l'histoire.

Voilà comment ces deux livres sont composés :

- *1 Chroniques 1–9 : Israël dans la terre de ses ancêtres.*
- *1 Chroniques 10–29 : Israël uni sous le roi David.*
- *2 Chroniques 1–9 : Israël uni sous le roi Salomon.*
- *2 Chroniques 10.1–36.21 : les rois de Juda jusqu'à l'exil.*
- *En conclusion : le roi perse Cyrus met fin à l'exil (2 Chroniques 36.22-23).*

Les livres des Chroniques reprennent des événements déjà racontés dans le deuxième livre de Samuel et dans les livres des Rois. Les Chroniques couvrent la période entre la prise de Jérusalem par le roi David (10e siècle avant J.-C.) et la destruction de cette ville par les Babyloniens (début du 6e siècle avant J.-C.). Cette histoire est introduite par des listes d'ancêtres du peuple de Dieu.

Les livres des Chroniques n'ont pas le même point de vue que les livres de Samuel et des Rois. Ceux-ci voulaient expliquer pourquoi le peuple de Dieu a été vaincu par les Babyloniens, et pourquoi il a dû partir en exil dans leur pays. Les livres des Chroniques ont été écrits après le retour des exilés. Ils veulent donner des éléments solides sur lesquels le peuple pourra s'appuyer pour une nouvelle période de son histoire. Après la séparation du Nord d'avec le Sud, les livres des Rois s'intéressent à l'histoire de chacun des deux royaumes, Israël et Juda. Les Chroniques s'intéressent aux rois ***David*** *et* ***Salomon****, puis à l'histoire du royaume du Sud ou* ***royaume de Juda****. La période idéale est celle où le Nord et le Sud étaient unis (1 Chroniques 10 à 2 Chroniques 9).*

Pendant cette période, David et Salomon fondent le culte, c'est-à-dire la manière de servir Dieu et de le célébrer. Les Chroniques reprennent seulement les aspects positifs de leur vie.

L'histoire des rois de Juda insiste sur les ***réformes religieuses*** *des différents rois.*

Pour les Chroniques, l'histoire des rois est surtout racontée comme une histoire du culte établi pour célébrer Dieu. Même les guerres, comme celle que Josaphat mène contre les Moabites et les Ammonites, se transforment en un cortège religieux (2 Chroniques 20).

Premier livre des Chroniques

INTRODUCTION

(Voir l'introduction aux livres des Chroniques, page précédente.)

• *1 Chroniques 1–9*

Le premier livre commence par des listes d'ancêtres. La première remonte à Adam (chapitres 1–2), la seconde à David (chapitre 3), les suivantes à chacun des douze grands ancêtres, les fils de Jacob, appelé ici Israël (chapitres 4–8). Une liste des exilés revenus à Jérusalem vient ensuite (chapitre 9). Ces listes veulent montrer ceci : Jérusalem et le pouvoir royal appartiennent de droit à la tribu de Juda et aux gens de la famille de David. Le droit d'être prêtre appartient aux gens de la tribu de Lévi et de la famille d'Aaron.

• *1 Chroniques 10–29*

L'histoire de David est centrée sur Jérusalem comme capitale royale, et sur le temple comme lieu de culte unique. Tout d'abord, David amène le coffre sacré à Jérusalem, puis il prépare la construction du temple que son fils Salomon réalisera. L'auteur des Chroniques insiste là-dessus parce que, après l'exil, il est important de rétablir le culte adressé à Dieu avec toutes ses règles.

LES ANCÊTRES DES ISRAÉLITES

1–9

Depuis Adam jusqu'aux fils d'Ésaü

1 1 Adam était le père de Seth, Seth le père d'Énos, 2 Énos le père de Quénan, Quénan le père de Malaléel, et Malaléel le père de Yéred. 3 Yéred était le père de Hénok, Hénok le père de Matusalem, Matusalem le père de Lémek, 4 et Lémek le père de Noé. Noé était le père de Sem, Cham et Japhet.

5 Fils de Japhet : Gomer, Magog, Madaï, Yavan, Toubal, Méchek et Tiras. 6 Fils de Gomer : Achekénaz, Rifath et Togarma, 7 Fils de Yavan : Élicha, Tarsis, Kittim et Rodanim.

8 Fils de Cham : Kouch, Misraïm, Pouth et Canaan. 9 Fils de Kouch : Séba, Havila, Sabta, Ragma et Sabteka. Fils de Ragma : Saba et Dédan. 10 Kouch était aussi le père de Nemrod, le premier héros sur la terre. 11 Misraïm est l'ancêtre des gens de Loud, Anem, Lehab, Naftou, 12 Patros, Kaslou et Kaftor. Les habitants de Kaslou sont les ancêtres des *Philistins. 13 Canaan était le père de Sidon, son fils aîné, et de Heth. 14 Il est l'ancêtre des Jébusites, *Amorites, Guirgachites, 15 Hivites, Arquites, Sinites, 16 Arvadites, Semarites et Hamatites.

17 Fils de Sem : Élam, Assour, Arpaxad, Loud, Aram, Ous, Houl, Guéter et Méchek. 18 Arpaxad était le père de Chéla, et Chéla le père d'Éber. 19 Éber a eu deux fils : le premier s'appelait Péleg, ce qui signifie « Division ». En effet, au moment où il a vécu, les habitants de la terre se sont divisés. Son frère s'appelait Yoctan. 20 Yoctan était le père d'Almodad, Chélef, Hassarmaveth, Yéra, 21 Hadoram, Ouzal, Dicla, 22 Ébal, Abimaël, Saba, 23 Ofir, Havila et Yobab. Tous ceux-là étaient fils de Yoctan.

24 Sem était le père d'Arpaxad, Arpaxad le père de Chéla, 25 Chéla le père d'Éber, Éber

le père de Péleg, Péleg le père de Réou.
26 Réou était le père de Seroug, Seroug le
père de Nahor, Nahor le père de Téra, 27 et
Téra le père d'Abram, appelé aussi Abraham[a].

28 Fils d'Abraham : Isaac et Ismaël. 29 Voici
la liste de ceux qui sont nés d'eux : Ismaël
était le père de Nebayoth, l'aîné, Quédar, Adbéel, Mibsam, 30 Michema, Douma, Massa,
Hadad, Téma, 31 Yetour, Nafich et Quedma.
Tous ceux-là étaient les fils d'Ismaël.

32 Quetoura, femme de deuxième rang
d'Abraham, a mis au monde Zimran, Yoxan,
Medan, Madian, Ichebac et Choua. Fils de
Yoxan : Saba et Dédan. 33 Fils de Madian :
Éfa, Éfer, Hanok, Abida et Elda. Tous ceux-là
étaient les fils et les petits-fils de Quetoura.

34 Abraham était le père d'Isaac. Fils
d'Isaac : Ésaü et Israël[b]. 35 Fils d'Ésaü : Élifaz,
Réouel, Yéouch, Yalam et Cora. 36 Fils d'Élifaz : Téman, Omar, Sefi, Gatam, Quenaz,
Timna et Amalec. 37 Fils de Réouel : Nahath,
Zéra, Chamma et Miza. 38 Fils de Séir : Lotan,
Chobal, Sibéon. Sibéon était le père d'Ana et
le grand-père de Dichon, Esser et Dichan.
39 Fils de Lotan : Hori et Homam. Lotan a eu
une sœur, Timna. 40 Fils de Chobal : Alian,
Manahath, Ébal, Chefi et Onam. Fils de Sibéon : Aya et Ana. 41 Fils d'Ana : Dichon. Fils
de Dichon : Hamran, Écheban, Itran et Keran.
42 Fils d'Esser : Bilehan, Zavan et Yakan. Fils
de Dichan : Ous et Aran.

Les rois et les chefs de clans d'Édom

43-50 Voici la liste de ceux qui ont été rois
dans le pays d'Édom[c] avant qu'il y ait des
rois en Israël : Béla, fils de Béor, de la ville
de Dinaba. Quand Béla est mort, Yobab, fils
de Zéra, de la ville de Bosra, est devenu roi
à sa place. Quand Yobab est mort, Houcham,
de la région de Téman, est devenu roi à sa
place. Quand Houcham est mort, Hadad, fils
de Bédad, de la ville d'Avith, est devenu roi
à sa place. C'est lui qui a battu les Madianites
dans le pays de Moab. Quand Hadad est mort,
Samla, de la ville de Masréca, est devenu roi à
sa place. Quand Samla est mort, Chaoul, de
Rehoboth-sur-la-Rivière, est devenu roi à sa
place. Quand Chaoul est mort, Baal-Hanan,
fils d'Akbor, est devenu roi à sa place. Quand
Baal-Hanan est mort, Hadad, de la ville de Paï,
est devenu roi à sa place. Sa femme s'appelait
Métabéel, elle était fille de Matred et petite-
fille de Mé-Zahab.

51 Quand Hadad est mort, des chefs de clan
ont gouverné le pays d'Édom. Voici leurs
noms : Timna, Alva, Yéteth, 52 Oholibama,
Éla, Pinon, 53 Quenaz, Téman, Mibsar,
54 Magdiel et Iram. Tous ceux-là ont été les
chefs de clans d'Édom.

La famille de Juda, fils d'Israël

2 1 Voici la liste des fils d'Israël[d] : Ruben, Siméon, Lévi, Juda, Issakar, Zabulon, 2 Dan,
Joseph, Benjamin, Neftali, Gad et Asser.

3 Juda a eu trois fils de sa femme cananéenne, la fille de Choua. Ce sont : Er,
Onan et Chéla. Er, l'aîné, a fait ce qui est
mal aux yeux du SEIGNEUR, et le SEIGNEUR
l'a fait mourir. 4 Plus tard, Juda a eu de sa
belle-fille Tamar deux autres fils, Pérès et
Zéra. Il a donc eu cinq fils en tout. 5 Fils de
Pérès : Hesron et Hamoul. 6 Fils de Zéra :
Zimri, Étan, Héman, Kalkol et Darda, cinq
en tout. 7 Fils de Karmi : Akar[e]. C'est lui qui
a fait venir le malheur sur Israël. En effet, il a
gardé pour lui une partie des richesses de
guerre réservées à Dieu. 8 Fils d'Étan : Azaria.
9 Fils de Hesron : Yeraméel, Ram et Caleb appelé aussi Keloubaï.

---

a **1.27** *Voir Genèse 17.5.*

b **1.34** *Israël : il s'agit de Jacob. Son nom a été changé en Israël (voir Genèse 32.29 ; 35.10). Les livres des Chroniques utilisent presque toujours ce nom pour désigner Jacob.*

c **1.43-50** *Voir Genèse 36.31-43.*

d **2.1** *Voir 1 Chroniques 1.34 et la note.*

e **2.7** *Voir Josué 7 (où Akar est appelé Akan).*

10 Ram était le père d'Amminadab, Amminadab était le père de Nachon, chef de la tribu
de Juda. 11 Nachon était le père de Salma,
Salma était le père de Booz, 12 Booz était le
père d'Obed, et Obed était le père de Jessé.
13 Jessé a eu sept fils. C'étaient, dans l'ordre
de leur naissance : Éliab, Abinadab, Chamma,
14 Netanéel, Raddaï, 15 Ossem et David.
16 Leurs sœurs étaient : Serouia et Abigal. Fils
de Serouia : Abichaï, Joab et Assaël, trois en
tout. 17 Abigal a mis au monde Amassa, qui
était le fils de Yéter l'Ismaélite.

18 Caleb, fils de Hesron, a eu trois fils de ses
femmes Azouba et Yerioth : Yécher, Chobab
et Ardon. 19 Après la mort d'Azouba, Caleb
s'est marié avec Éfrata, qui lui a donné un
fils, Hour. 20 Hour était le père d'Ouri, et
Ouri était le père de Bessalel.

21 À l'âge de 60 ans, Hesron s'est marié avec
la fille de Makir, père de Galaad. Elle lui a
donné un fils, Segoub. 22 Segoub était le père
de Yaïr, qui possédait 23 villes dans le territoire de Galaad. 23 Mais les rois de Guéchour
et d'Aram ont pris les campements de Yaïr
ainsi que la ville de Quenath et les villages voisins, 60 villes en tout. Tous ceux qui habitaient là étaient de la famille de Makir, père
de Galaad. 24 Après la mort de Hesron, qui
avait Abia pour femme, Caleb s'est de nouveau uni à Éfrata. Elle lui a donné un fils,
Achehour, qui a fondé la ville de Técoa.

25 Le fils aîné de Hesron, Yeraméel, a eu plusieurs fils : Ram, le fils aîné, puis Bouna, Oren,
Ossem et Ahia. 26 Yeraméel a eu une autre
femme, Atara, qui était la mère d'Onam.
27 Fils de Ram, l'aîné de Yeraméel : Maas, Yamin et Équer. 28 Fils d'Onam : Chammaï et
Yada. Fils de Chammaï : Nadab et Abichour.
29 La femme d'Abichour s'appelait Abihaïl.
Elle lui a donné Aban et Molid. 30 Fils de Nadab : Séled et Appaïm. Séled est mort sans enfant. 31 Fils d'Appaïm : Ichéi. Fils d'Ichéi :
Chéchan. Fils de Chéchan : Alaï. 32 Fils de
Yada, le frère de Chammaï : Yéter et Yonatan.
Yéter est mort sans enfant. 33 Fils de Yonatan :
Péleth et Zaza. Tous ceux-là étaient membres
de la famille de Yeraméel.

34 Chéchan n'a pas eu de fils, mais seulement des filles. Il avait un serviteur égyptien,
Yara, 35 à qui il a donné une de ses filles en mariage. Celle-ci a mis au monde un fils, Attaï.
36 Attaï était le père de Natan, Natan était le
père de Zabad, 37 Zabad était le père d'Éflal,
Éflal était le père d'Obed, 38 Obed était le
père de Yéhou, Yéhou était le père d'Azaria,
39 Azaria était le père de Hélès, Hélès était le
père d'Élassa, 40 Élassa était le père de Sismaï,
Sismaï était le père de Challoum, 41 Challoum
était le père de Yecamia, et Yecamia était le
père d'Élichama.

42 Fils de Caleb, le frère de Yeraméel : Mécha, l'aîné, qui était le père de Zif, et Marécha, l'ancêtre des habitants d'Hébron.
43 Fils d'Hébron : Cora, Tappoua, Réquem et
Chéma. 44 Chéma était le père de Raham, et
Raham était le père de Yorcoam. Réquem
était le père de Chammaï, 45 Chammaï était
le père de Maon, et Maon était le père de
Beth-Sour. 46 Caleb a eu une femme de deuxième rang, Éfa. Elle lui a donné Haran,
Mossa et Gazez. Haran a eu un fils appelé
lui aussi Gazez. 47 Fils de Yadaï : Réguem, Yotam, Guéchan, Péleth, Éfa et Chaaf. 48 Caleb
a eu une autre femme de deuxième rang,
Maaka. Elle lui a donné Chéber et Tirana.
49 Plus tard elle a mis au monde Chaaf, le
père de Madmanna, et Cheva, le père de
Makbéna et de Guibéa. De plus, Caleb a eu
une fille appelée Axa.

50 Voici encore d'autres membres de la famille de Caleb : Hour, le fils aîné de sa femme
Éfrata, a eu trois fils : Chobal, qui a fondé la
ville de Quiriath-Yéarim, 51 Salma, qui a fondé
Bethléem, et Haref, qui a fondé Beth-Guéder.
52 Chobal, le fondateur de Quiriath-Yéarim, a
eu comme enfants et petits-enfants : les habitants de Haroé, la moitié des habitants de Me-
nouhoth 53 et les clans de Quiriath-Yéarim,
c'est-à-dire les Itrites, les Poutites, les Chou-
matites et les Micheraïtes, qui ont habité
Sora et Èchetaol.

54 Famille de Salma : les habitants de Bethléem, de Netofa, d'Atroth-Beth-Yoab, la moitié
des habitants de Manahath, ceux de Sora, 55 et
les clans des lettrés habitant Yabès, c'est-à-
dire les Tiratites, les Chimatites et les Soukati-
tes. Ce sont des Quénites, de la famille de
Hammath, l'ancêtre des Rékabites.

La famille de David

3 1 Voici les fils de David nés à Hébron : Amnon, l'aîné, fils d'Ahinoam, de la ville d'Izréel. Daniel, le deuxième, fils d'Abigaïl, de
Karmel. 2 Absalom, le troisième, fils de
Maaka, qui était la fille de Talmaï, roi de Guéchour. Adonia, le quatrième, fils de Haguite.
3 Chefatia, le cinquième, fils d'Abital, Itréam,
le sixième, fils d'Égla, qui était, elle aussi,
femme du roi. 4 Ces six fils sont nés pendant
les sept ans et demi où David a été roi à Hébron. Ensuite David a été roi à Jérusalem pendant 33 ans. 5 Là, il a eu encore des enfants.
Batchéba, fille d'Ammiel, lui a donné quatre
fils : Chima, Chobab, Natan et Salomon. 6-8 Il
a eu neuf autres fils : Ibar, Élichoua, Elpéleth,
Noga, Néfeg, Yafia, Élichama, Éliada et Éliféleth. 9 De plus, ses femmes de deuxième
rang lui ont donné aussi des fils. Il a eu également une fille, Tamar.

10 Hommes de la famille de Salomon : Roboam, fils de Salomon, Abia, fils de Roboam,
Asa, fils d'Abia, Josaphat, fils d'Asa, 11 Joram,
fils de Josaphat, Akazia, fils de Joram, Joas,
fils d'Akazia, 12 Amassia, fils de Joas, Azaria,
fils d'Amassia, Yotam, fils d'Azaria, 13 Akaz,
fils de Yotam, Ézékias, fils d'Akaz, Manassé,
fils d'Ézékias, 14 Amon, fils de Manassé, et Josias, fils d'Amon. 15 Fils de Josias : Yohanan,
l'aîné, Yoaquim, le deuxième, Sédécias, le
troisième, et Challoum, le quatrième. 16 Fils
de Yoaquim : Yekonia et Sédécias.

17 Yekonia a été emmené prisonnier à Babylone. Ses fils étaient : Chéaltiel, 18 Malkiram,
Pedaya, Chénassar, Yecamia, Hochama et Ne-
dabia. 19 Fils de Pedaya : Zorobabel et Chiméi.
Zorobabel a eu deux fils, Mechoullam et Hanania, et une fille, Chelomith. 20 Puis il a eu
encore cinq fils : Hachouba, Ohel, Bérékia,
Hassadia et Youchab-Hessed.

21 Famille de Hanania : Pelatia et Yechaya,
ainsi que les fils de Yefaya, d'Arnan, d'Obadia
et de Chekania. 22 Chekania a eu six fils : Chemaya, Hattouch, Igal, Baria, Néaria et Chafath. 23 Néaria a eu trois fils : Éliohénaï,
Hizquia et Azricam. 24 Éliohénaï a eu sept
fils : Hodavia, Éliachib, Pelaya, Accoub, Yohanan, Delaya et Anani.

Autre liste des membres de la famille de Juda

4 1 Famille de Juda : Pérès, Hesron, Karmi,
Hour et Chobal. 2 Réaya, fils de Chobal,
était le père de Yahath, et Yahath était le
père d'Ahoumaï et de Lahad. Ces derniers
sont les ancêtres des clans de Sora.

3 Izréel, Ichema et Idbach ont fondé Étam.
Leur sœur était Haslelponi. 4 Hour, le fils
aîné d'Éfrata, a fondé Bethléem. Il a eu des
fils : Penouel, qui a fondé Guedor et Ézer,
qui a fondé Houcha.

5 Achehour a fondé Técoa. Il a eu deux femmes : Héla et Naara. 6 Naara lui a donné quatre
fils : Ahouzam, Héfer, Temni et Ahachetari.
7 Héla lui a donné trois fils : Séreth, Sohar et
Etnan.

8 Cos était le père d'Anoub et de Sobéba, et
l'ancêtre des clans d'Aharéhel, fils de Ha-
roum.

9 Yabès a été un homme plus honoré que ses
frères. Sa mère lui a donné le nom de Yabès,
parce qu'elle avait beaucoup souffert en le
mettant au monde[f]. 10 Yabès a prononcé cette
prière : « Dieu d'Israël, donne-moi ta *bénédiction, augmente mes terres, étends sur
moi ta main protectrice, éloigne de moi le
malheur et la souffrance ! » Dieu a donné à Yabès ce que celui-ci lui a demandé.

11 Keloub, frère de Chouha, était le père de
Méhir, Méhir était le père d'Écheton, 12 Écheton était le père de Beth-Rafa, Passéa et Tehinna. Tehinna a fondé la ville de Nahach.
Tous ces gens-là ont habité Réka.

13 Fils de Quenaz : Otniel et Seraya. Fils
d'Otniel : Hatath et Méonotaï. 14 Méonotaï
était le père d'Ofra. Seraya était le père de
Yoab, l'ancêtre des artisans qui ont habité la
vallée des Artisans.

15 Caleb, fils de Yefounné, a eu trois fils :
Irou, Éla et Naam. Éla était le père de Quenaz.

f **4.9** *En hébreu, le nom de Yabès ressemble à l'expression traduite ici par « avait beaucoup souffert ».*

16 Fils de Yahallélel : Zif, Zifa, Tiria et Assarel.

17-18 Fils d'Ezra : Yéter, Méred, Éfer et Yalon. Méred s'est marié avec une fille du roi d'Égypte, Bitia. Elle lui a donné Miriam, Chammaï et Icheba, qui a fondé Echtemoa. Méred a eu aussi une femme judéenne. Elle lui a donné Yéred, qui a fondé Guedor, Héber, qui a fondé Soko, et Yecoutiel, qui a fondé Zanoa.

19 Hodia avait pour femme une sœur de Naham. Les membres de sa famille sont les Garmites, qui ont habité Quéila, et les Maakatites, qui ont habité Echtemoa.

20 Fils de Chimon : Amnon, Rinna, Ben-Hanan et Tilon. Fils et petits-fils d'Ichéi : Zoheth et son fils.

21 Hommes de la famille de Chéla, fils de Juda : Er, qui a fondé Léka, Lada, qui a fondé Marécha, ainsi que les clans qui travaillaient les étoffes de *lin fin à Beth-Achebéa. 22 Chéla est aussi l'ancêtre de Yoquim, des habitants de Kozéba, de Yoach et Saraf. Ceux-ci se sont mariés avec des femmes moabites avant de revenir s'installer à Léhem. – Tout cela s'est passé voici longtemps. – 23 Leurs fils étaient potiers. Ils ont habité Netaïm et Guedéra, où ils travaillaient au service du roi.

La famille de Siméon

24 Les fils de Siméon étaient : Nemouel, Yamin, Yarib, Zéra et Chaoul. 25 Hommes de la famille de Chaoul : Challoum, fils de Chaoul, Mibsam, fils de Challoum, et Michema, fils de Mibsam. 26 Hommes de la famille de Michema : Hammouel, fils de Michema, Zakour, fils de Hammouel, et Chiméi, fils de Zakour. 27 Chiméi a eu seize fils et six filles, mais les autres chefs de familles ont eu peu d'enfants. C'est pourquoi les clans de la tribu de Siméon n'ont jamais été aussi nombreux que ceux de Juda.

28-32 Jusqu'à l'époque du roi David, les membres de la famille de Siméon ont habité les villes qui suivent et les villages proches : Berchéba, Molada, Hassar-Choual, Bila, Esem, Tolad, Betouel, Horma, Siclag, Beth-Markaboth, Hassar-Soussim, Beth-Biri et Chaaraïm. Ils ont habité aussi cinq autres villes : Étam, Aïn, Rimmon, Token, Achan, 33 et les villages proches, jusqu'à Baalath. Ce sont là les lieux où ils ont habité. Leurs noms sont inscrits, dans l'ordre des générations, sur les listes de leurs familles.

34-38 Voici les noms des chefs de clans de Siméon : Mechobab, Yamlek, Yocha, fils d'Amassia, Joël, Yéhou, fils de Yochibia, qui est fils de Seraya et petit-fils d'Assiel. Il y a encore Éliohénaï, Yakoba, Yechohaya, Assaya, Adiel, Yessimiel, Benaya. Il y a encore Ziza, fils de Chiféi et petit-fils d'Allon, de la famille de Yedaya, Chimri et Chemaya. Leurs familles sont devenues très nombreuses. 39 Alors ils sont partis un peu partout jusqu'aux abords de Guedor, à l'est de la vallée, pour chercher des pâturages à moutons. 40 Là, ils ont trouvé de bons et riches pâturages, dans une région vaste et très paisible. Autrefois, les membres de la famille de Cham avaient habité là. 41 Mais à l'époque d'Ézékias, roi de Juda, les chefs qui viennent d'être nommés sont arrivés dans cette région. Ils ont détruit les tentes et les abris où les membres de la famille de Cham habitaient. Ils ont tué la population, et aujourd'hui elle a disparu. Alors ils se sont installés à leur place, parce qu'il y avait des pâturages pour leurs moutons à cet endroit.

42 Certains membres de la tribu de Siméon sont allés dans la région montagneuse d'Édom. Ils étaient 500. Quatre fils d'Ichéi les conduisaient : Pelatia, Néaria, Refaya et Ouziel. 43 Ils ont tué les Amalécites qui s'étaient enfuis là-bas et qui étaient restés en vie. Ils se sont installés à cet endroit, et leurs familles y sont encore aujourd'hui.

La famille de Ruben

5 1-3 Ruben était l'aîné des fils d'Israël[g]. Mais il a couché avec une des femmes de son père. Après cela, ses droits de fils aîné sont passés à Joseph, qui, lui aussi, était fils d'Israël. Ruben n'a donc plus été considéré

---

g 5.1-3 *Israël : voir 1 Chroniques 1.34 et la note.*

comme aîné. Juda a été le plus puissant parmi
ses frères, et quelqu'un de sa famille est devenu roi d'Israël. Mais c'est quand même Joseph qui a reçu les droits de fils aîné.
Ruben, l'aîné des fils d'Israël, a eu pour fils :
Hanok, Pallou, Hesron et Karmi.
4 Hommes de la famille de Joël : Chemaya,
fils de Joël, Gog, fils de Chemaya, Chiméi,
fils de Gog, 5 Mika, fils de Chiméi, Réaya, fils
de Mika, Baal, fils de Réaya, 6 et Beéra, fils de
Baal. Beéra était un chef rubénite, que le roi
d'Assyrie Téglath-Phalasar a emmené en déportation.
7 Les cousins de Beéra, chefs de clans ou de
familles, sont inscrits sur des listes. Le premier est Yéiel, ensuite Zakarie 8 et enfin
Béla, fils d'Azaz. Béla est petit-fils de Chéma
et arrière-petit-fils de Joël.
Les Rubénites vivaient dans la région située
entre Aroër au sud, et le mont Nébo et la ville
de Baal-Méon au nord. 9 À l'est, ils se sont
installés jusqu'au bord du désert qui sépare
leur territoire de l'Euphrate, le fleuve de Babylone. En effet, ils possédaient beaucoup de
troupeaux dans cette région appelée Galaad.
10 À l'époque de Saül, ils ont fait la guerre
aux Hagrites et ils les ont vaincus. Ensuite,
ils se sont installés dans toutes les régions à
l'est de Galaad.

La famille de Gad

11 Les membres de la famille de Gad vivaient
au nord du territoire des Rubénites, sur le plateau du Bachan, et jusqu'à Salka, à l'est. 12 Il y
avait là le clan de Joël, qui était le plus important, le clan de Chafan, qui était le deuxième,
puis les clans de Yanaï et de Chafath. 13 De
plus, il y avait sept autres clans : ceux de Mikaël, Mechoullam, Chéba, Yoraï, Yakan, Zia
et Éber. 14 Ce sont les fils d'Abihaïl qui ont
fondé ces clans. Ancêtres d'Abihaïl, fils de
Houri : Houri, fils de Yaroa, Yaroa, fils de Galaad, Galaad, fils de Mikaël, Mikaël, fils de Yechichaï, Yechichaï, fils de Yado, et Yado, fils
de Bouz. 15 Ahi, fils d'Abdiel et petit-fils de
Gouni, était le chef de toute cette famille.
16 Les membres de la famille de Gad ont
donc habité les régions de Galaad et du Bachan. Ils ont habité aussi dans les endroits
qui en dépendent et dans les pâturages de Saron, jusqu'à leur extrême limite.
17 Les noms des membres de cette tribu ont
été inscrits sur des listes à l'époque des rois
Yotam, de Juda, et Jéroboam, d'Israël.
18 Les tribus de Ruben et de Gad et la demi-
tribu de Manassé pouvaient fournir 44 760
combattants courageux, bien entraînés. Ils
étaient prêts à faire la guerre et capables d'utiliser le *bouclier, *l'épée ou l'arc. 19 Ils ont fait
la guerre aux Hagrites, et à la famille de Yetour, Nafich et Nodab. 20 Pendant cette
guerre, ils ont demandé l'aide de Dieu et ils
ont eu confiance en lui. Alors Dieu a écouté
leur prière. Ainsi, ils ont pu vaincre les Hagrites et leurs alliés. 21 Ils ont pris leurs troupeaux : 50 000 chameaux, 250 000 moutons
et chèvres et 2 000 ânes. De plus, ils ont fait
100 000 prisonniers 22 et tué beaucoup d'ennemis. En effet, c'est Dieu qui conduisait
cette guerre. Ils se sont installés alors dans
le pays des Hagrites et sont restés là jusqu'à
l'exil[h].

La famille de Manassé en Transjordanie

23 Une moitié de la tribu de Manassé est venue s'installer dans le territoire qui s'étend
entre le Bachan au sud, et Baal-Hermon, Senir
et la montagne de l'Hermon au nord. Sa population était importante. 24 Voici les noms des
chefs de familles : Éfer, Ichéi, Éliel, Azriel, Irméya, Hodavia et Yadiel. C'étaient tous des
gens célèbres et de valeur.
25-26 Les tribus de Ruben et de Gad et la
demi-tribu de Manassé n'ont pas été fidèles
au Dieu de leurs ancêtres. Ils l'ont abandonné
pour adorer les faux dieux des peuples que
Dieu avait détruits à leur arrivée. Alors le
Dieu d'Israël a excité contre eux le roi d'Assyrie Poul, c'est-à-dire Téglath-Phalasar. Téglath-
Phalasar a déporté ces tribus dans les régions
de Hala, Habor et Hara, et près du fleuve Gozan, où elles habitent encore aujourd'hui.

h **5.22** *Jusqu'à l'exil : il s'agit de l'exil à Babylone, à la fin du 6e siècle avant J.-C. Voir 1 Chroniques 5.41.*

La famille de Lévi : les grands-prêtres

[27] Fils de Lévi : Guerchon, Quéhath et Merari. [28] Fils de Quéhath : Amram, Issar, Hébron et Ouziel. [29] Amram a eu deux fils, Aaron et Moïse, et une fille, Miriam. Fils d'Aaron : Nadab, Abihou, Élazar et Itamar. [30] Élazar était le père de Pinhas, Pinhas était le père d'Abichoua, [31] Abichoua était le père de Bouqui, et Bouqui était le père d'Ouzi, [32] Ouzi était le père de Zéraya, Zéraya était le père de Merayoth, [33] Merayoth était le père d'Amaria, Amaria était le père d'Ahitoub, [34] Ahitoub était le père de Sadoc, Sadoc était le père d'Ahimaas, [35] Ahimaas était le père d'Azaria, Azaria était le père de Yohanan, [36] et Yohanan était le père d'Azaria. Cet Azaria a été prêtre dans le temple que Salomon a fait construire à Jérusalem. [37] Azaria était le père d'Amaria, Amaria était le père d'Ahitoub, [38] Ahitoub était le père de Sadoc, Sadoc était le père de Challoum, [39] Challoum était le père de Hilquia, Hilquia était le père d'Azaria, [40] Azaria était le père de Seraya, et Seraya était le père de Yossadac. [41] Yossadac a été déporté par Nabucodonosor, quand le SEIGNEUR a envoyé en exil les habitants de Jérusalem et les autres Judéens.

Autres membres de la famille de Lévi

6 [1] Fils de Lévi : Guerchon, Quéhath et Merari. [2] Fils de Guerchon : Libni et Chiméi. [3] Fils de Quéhath : Amram, Issar, Hébron et Ouziel. [4] Fils de Merari : Mali et Mouchi. Voilà les ancêtres qui ont donné leur nom aux clans de la tribu de Lévi.

[5] Hommes de la famille de Guerchon : Libni, fils de Guerchon, Yahath, fils de Libni, Zimma, fils de Yahath, [6] Yoa, fils de Zimma, Iddo, fils de Yoa, Zéra, fils d'Iddo et Yéatraï, fils de Zéra.

[7] Hommes de la famille de Quéhath : Amminadab, fils de Quéhath, Coré, fils d'Amminadab, Assir, fils de Coré, [8] Elcana, fils d'Assir, Abiassaf, fils d'Elcana, Assir, fils d'Abiassaf, [9] Tahath, fils d'Assir, Ouriel, fils de Tahath, Ozias, fils d'Ouriel, et Chaoul, fils d'Ozias.

[10] Fils d'Elcana : Amassaï, Ahimoth [11] et Elcana. Hommes de la famille d'Elcana : Sofaï, fils d'Elcana, Nahath, fils de Sofaï, [12] Éliab, fils de Nahath, Yeroam, fils d'Éliab, et Elcana, fils de Yeroam. [13] Fils de Samuel : Joël, l'aîné, et Abia, le deuxième.

[14] Hommes de la famille de Merari : Mali, fils de Merari, Libni, fils de Mali, Chiméi, fils de Libni, Ouza, fils de Chiméi, [15] Chima, fils d'Ouza, Haguia, fils de Chima, et Assaya, fils de Haguia.

[16] David a confié à des hommes de la famille de Lévi le service du chant dans la maison du SEIGNEUR, dès que le *coffre sacré a été placé à cet endroit. [17] Avant que Salomon construise le temple de Jérusalem, ces hommes accomplissaient leur service devant la *tente de la rencontre, selon les règles fixées.

[18] Voici ceux qui accomplissaient ce service avec les autres chanteurs : Du clan de Quéhath, Héman le chantre. Ses ancêtres sont : Joël, fils de Samuel, Samuel, fils d'Elcana, [19] Elcana, fils de Yeroam, Yeroam, fils d'Éliel, Éliel, fils de Toa, Toa, fils de Souf, [20] Souf, fils d'Elcana, Elcana, fils de Mahath, Mahath, fils d'Amassaï, Amassaï, fils d'Elcana, [21] Elcana, fils de Joël, Joël, fils d'Azaria, Azaria, fils de Sefania, Sefania, fils de Tahath, [22] Tahath, fils d'Assir, Assir, fils d'Abiassaf, Abiassaf, fils de Coré, Coré, fils d'Issar, [23] Issar, fils de Quéhath, Quéhath, fils de Lévi, Lévi, fils d'Israël[i].

[24] À droite de Héman, il y avait son collègue Assaf. Ses ancêtres sont : Bérékia, fils de Chima, Chima, fils de Mikaël, [25] Mikaël, fils de Baasséya, Baasséya, fils de Malkia, Malkia, fils d'Etni, [26] Etni, fils de Zéra, Zéra, fils d'Adaya, Adaya, fils d'Étan, [27] Étan, fils de Zimma, Zimma, fils de Chiméi, Chiméi, fils de Yahath, [28] Yahath, fils de Guerchon, et Guerchon, fils de Lévi.

[29] Les chanteurs du clan de Merari se tenaient à leur gauche. Ils étaient dirigés par Étan. Ses ancêtres sont : Quichi, fils d'Abdi,

i **6.23** *Israël : voir 1 Chroniques 1.34 et la note.*

Abdi, fils de Mallouk, Mallouk, fils de Hachabia, 30 Hachabia, fils d'Amassia, Amassia, fils de Hilquia, Hilquia, fils d'Amsi, 31 Amsi, fils de Bani, Bani, fils de Chémer, Chémer, fils de Mali, 32 Mali, fils de Mouchi, Mouchi, fils de Merari, et Merari, fils de Lévi.

33 Les autres membres de la tribu de Lévi accomplissaient toutes les autres tâches de la tente sacrée, la maison de Dieu.

34 Aaron et les hommes de sa famille étaient chargés de présenter les *sacrifices d'animaux et les offrandes de parfum sur les *autels. Ils s'occupaient ainsi de tout ce qui était réservé à Dieu. Ils faisaient aussi les cérémonies de pardon pour le peuple d'Israël, suivant tous les ordres donnés par Moïse, le serviteur de Dieu. 35 Voici la liste des hommes de la famille d'Aaron : Élazar, fils d'Aaron, Pinhas, fils d'Élazar, Abichoua, fils de Pinhas, 36 Bouqui, fils d'Abichoua, Ouzi, fils de Bouqui, Zéraya, fils d'Ouzi, 37 Merayoth, fils de Zéraya, Amaria, fils de Merayoth, Ahitoub, fils d'Amaria, 38 Sadoc, fils d'Ahitoub, et Ahimaas, fils de Sadoc.

Les villes données aux membres de la famille de Lévi

39 Voici la liste des endroits du pays où les membres de la famille *d'Aaron, du clan de Quéhath, ont habité. En effet, ils ont été les premiers à recevoir leurs territoires par *tirage au sort. 40 Ils ont reçu la ville d'Hébron, en Juda, avec ses pâturages. 41 Mais les champs et les villages qui dépendaient de la ville avaient déjà été donnés à Caleb, fils de Yefounné. 42-45 Les membres de la famille d'Aaron ont reçu les endroits suivants comme villes de refuge : Hébron, Libna, Yattir, Echtemoa, Hilen, Debir, Achan, Beth-Chémech et, dans le territoire de Benjamin, Guéba, Alémeth et Anatoth. Cela fait 13 villes en tout, avec leurs pâturages.

46 Les membres des autres familles de Quéhath ont reçu par tirage au sort 10 villes situées dans les territoires d'Éfraïm, de Dan, et de la demi-tribu de Manassé, celle de l'ouest. 47 Les familles des fils de Guerchon ont reçu 13 villes situées dans les territoires d'Issakar, d'Asser, de Neftali, et de la demi-tribu de Manassé installée dans le Bachan. 48 Les familles des fils de Merari ont reçu par tirage au sort 12 villes situées dans les territoires de Ruben, de Gad et de Zabulon. 49 Les Israélites ont donné ces villes avec leurs pâturages aux gens de la famille de Lévi. 50 Ils ont donné également par tirage au sort les villes situées dans les territoires de Juda, de Siméon et de Benjamin nommées plus haut.

51-55 Les familles du clan de Quéhath ont reçu pour y habiter les villes de refuge suivantes :

– du territoire d'Éfraïm, Sichem, dans la région montagneuse, Guézer, Yocnéam, Beth-Horon, Ayalon et Gath-Rimmon,

– du territoire de la demi-tribu de Manassé à l'ouest, Aner et Biléam. Chacune de ces villes a été donnée avec ses pâturages.

56-61 Les familles du clan de Guerchon ont reçu les villes suivantes :

– du territoire de la demi-tribu de Manassé à l'est, Golan dans le Bachan et Achetaroth,

– du territoire d'Issakar, Quédech, Dabrath, Ramoth et Anem,

– du territoire d'Asser, Machal, Abdon, Houcoc et Rehob,

– du territoire de Neftali, Quédech, en Galilée, Hammon et Quiriataïm. Chacune de ces villes a été donnée avec ses pâturages.

62-66 Les autres membres de la famille de Lévi, c'est-à-dire ceux de la famille de Merari, ont reçu les villes suivantes :

– du territoire de Zabulon, Rimmono et Tabor,

– du territoire de Ruben, situé à l'est du Jourdain, en face de Jéricho, Besser, dans la région du désert, Yahas, Quedémoth et Méfaath,

– du territoire de Gad, Ramoth, en Galaad, Mahanaïm, Hèchebon et Yazer. Chacune de ces villes a été donnée avec ses pâturages.

La famille d'Issakar

7 1 Issakar a eu quatre fils : Tola, Pouva, Yachoub et Chimron. 2 Hommes de la famille de Tola : Ouzi, Refaya, Yeriel, Yamaï, Ibsam et Chemouel. Ceux-là sont les chefs des familles nées de Tola. C'étaient des

combattants courageux. À l'époque de David, leurs familles comptaient 22 600 hommes. 3 Ouzi a eu pour fils Izrahia. Izrahia a eu pour fils : Mikaël, Obadia, Joël et Issia. Tous les cinq ont été des chefs de familles. 4 Leurs familles comptaient un si grand nombre de femmes et de fils qu'elles devaient fournir 36 000 hommes capables de faire la guerre.

5 Tous les autres hommes des clans d'Issakar ont été des combattants courageux inscrits sur des listes. En tout, ils étaient 87 000.

Les familles de Benjamin et de Neftali

6 Benjamin a eu trois fils : Béla, Béker et Yediaël. 7 Hommes de la famille de Béla : Esbon, Ouzi, Ouziel, Yerimoth et Iri, cinq en tout. Ces combattants courageux ont été chefs de leurs familles. Celles-ci comptaient 22 034 hommes en tout inscrits sur des listes. 8 Famille de Béker : Zémira, Yoach, Éliézer, Éliohénaï, Omri, Yerémoth, Abia, Anatoth et Alémeth. Tous ces hommes de la famille de Béker, 9 des combattants courageux, ont été chefs de leurs familles. Celles-ci comptaient 20 200 hommes en tout inscrits sur des listes. 10 Famille de Yediaël : Bilehan, qui a eu pour fils Yéouch, Benjamin, Éhoud, Kenaana, Zétan, Tarsis et Ahichahar. 11 Tous ces hommes de la famille de Yediaël, des combattants courageux, ont été chefs de leurs familles. Celles-ci comptaient 17 200 hommes capables de faire la guerre.

12 Chouppim et Houppim étaient des fils d'Iri. Houchim était fils d'Aher.

13 Fils de Neftali : Yassiel, Gouni, Yesser et Challoum. La mère de Neftali était Bila[j].

La famille de Manassé en Cisjordanie

14 Fils de Manassé : Asriel et Makir. C'est une femme de deuxième rang, une Syrienne, qui les a donnés à Manassé. Makir était le père de Galaad. 15 Makir a trouvé une femme pour Houppim et une pour Chouppim. Makir avait une sœur appelée Maaka. Il a eu un deuxième fils, Selofad, mais celui-ci n'a eu que des filles. 16 Maaka, la femme de Makir, a mis au monde un fils qu'elle a appelé Pérech. Puis elle a eu un autre fils, qu'elle a appelé Chérech. Chérech était le père d'Oulam et de Réquem, 17 et Oulam était celui de Bédan.

Ce sont là les membres de la famille de Galaad, fils de Makir et petit-fils de Manassé.

18 La sœur de Galaad, Hammoléketh, a mis au monde Ichod, Abiézer et Mala. 19 Les fils de Chemida étaient : Ahian, Chékem, Liqui et Aniam.

La famille d'Éfraïm

20 Hommes de la famille d'Éfraïm : Choutéla, fils d'Éfraïm, Béred, fils de Choutéla, Tahath, fils de Béred, Élada, fils de Tahath, Tahath, fils d'Élada, 21 Zabad, fils de Tahath, et Choutéla, fils de Zabad. Ézer et Élad, deux autres fils d'Éfraïm, ont essayé de prendre des troupeaux appartenant aux habitants de la région de Gath. Mais ceux-ci les ont tués. 22 Éfraïm a porté le deuil pendant longtemps. Ses proches parents sont venus le consoler. 23 Alors Éfraïm s'est encore uni à sa femme, et elle lui a donné un fils. Il l'a appelé Beria, parce que sa maison était dans le malheur[k]. 24 Éfraïm a eu aussi une fille, Chéra, qui a construit Beth-Horon-le-Bas, Beth-Horon-le-Haut et Ouzen-Chéra. 25 Hommes de la famille de Beria : Réfa, fils de Beria, Réchef, fils de Réfa, Téla, fils de Réchef, Tahan, fils de Téla, 26 Ladan, fils de Tahan, Ammihoud, fils de Ladan, Élichama, fils d'Ammihoud, 27 Noun, fils d'Élichama, et Josué, fils de Noun.

28 Le territoire que les Éfraïmites ont reçu pour y habiter comprenait Béthel et les villages voisins, Naaran à l'est, Guézer et les villages voisins à l'ouest, ainsi que la région située entre Sichem et Aya, avec les villages voisins.

29 Les membres de la famille de Manassé possédaient les villes de Beth-Chéan, Taanak, Méguiddo et Dor, chacune avec les villages voisins.

---

j **7.13** *Bila était la servante de Rachel. Voir Genèse 30.7-8.*

k **7.23** *En hébreu, le nom de Beria ressemble à l'expression traduite ici par « était dans le malheur ».*

Ce sont là les villes où habitaient les membres de la famille de Joseph, fils d'Israël[l].

La famille d'Asser

30 Fils d'Asser : Imna, Icheva, Ichevi et Beria. Séra était leur sœur. 31 Fils de Beria : Héber et Malkiel. Malkiel est le fondateur de Birzaïth. 32 Héber était le père de Yafleth, Chémer et Hotam, ainsi que de Choua, leur sœur. 33 Fils de Yafleth : Passak, Bimal et Assevath. 34 Fils de Chémer : Ahi, Roga, Houbba et Aram. 35 Fils de Hotam, son frère : Sofa, Imna, Chélech et Amal. 36 Fils de Sofa : Soua, Harnéfer, Choual, Béri, Imra, 37 Besser, Hod, Chamma, Chilecha, Itran et Beéra. 38 Fils d'Itran : Yefounné, Pichepa et Éra.

39 Fils d'Oulla : Ara, Hanniel et Rissia.

40 Tous ces membres de la famille d'Asser ont été d'excellents chefs de familles, des combattants courageux et des dirigeants remarquables. Ils étaient en tout 26 000 hommes, inscrits sur des listes de l'armée de combat.

Autre liste des membres de la famille de Benjamin

8 1 Benjamin était le père de cinq fils. Ce sont dans l'ordre : Béla, Achebel, Ara, 2 Noha et Rafa. 3 Fils de Béla : Addar, Guéra, Abihoud, 4 Abichoua, Naaman, Ahoa, 5 Guéra, Chefoufan et Houram.

6 Les fils d'Éhoud, chefs de familles des habitants de Guéba, les ont fait partir à Manahath. Voici leurs noms : 7 Naaman, Ahia et Guéra. C'est Guéra, père d'Ouza et d'Ahihoud, qui a dirigé le départ.

8 Charaïm a renvoyé ses deux femmes, Houchim et Baara. Plus tard, dans le pays de Moab, 9 il a pris une autre femme, Hodech. Et il est devenu père de Yobab, Sibia, Mécha, Malkam, 10 Yéous, Sakia et Mirma. Ses fils ont été des chefs de familles. 11 Avant, Charaïm avait eu deux fils de sa femme Houchim : Abitoub et Elpaal. 12 Fils d'Elpaal : Éber, Micham et Chémed. Chémed a construit la ville d'Ono et la ville de Lod ainsi que les villages voisins.

13 Beria et Chéma, chefs de familles des habitants d'Ayalon, ont fait fuir les habitants de Gath. 14-16 Fils de Beria : Ahio, Chachac, Yerémoth, Zébadia, Arad, Éder, Mikaël, Ichepa et Yoha.

17-18 Fils d'Elpaal : Zébadia, Mechoullam, Hizqui, Héber, Ichemeraï, Izlia et Yobab.

19-21 Fils de Chiméi : Yaquim, Zikri, Zabdi, Éliénaï, Silletaï, Éliel, Adaya, Beraya et Chimrath.

22-25 Fils de Chachac : Ichepan, Éber, Éliel, Abdon, Zikri, Hanan, Hanania, Élam, Anetotia, Ifdéya et Penouel.

26-27 Fils de Yeroam : Chamecheraï, Cheharia, Atalia, Yaréchia, Élia et Zikri.

28 Tous ceux-là ont été chefs de familles selon l'ordre de leurs générations. Ils habitaient Jérusalem.

29 Le fondateur de Gabaon a habité cette ville, avec sa femme Maaka, 30 son fils aîné Abdon et ses autres fils : Sour, Quich, Baal, Nadab, 31 Guedor, Ahio, Zéker 32 et Micloth, le père de Chima. Ces derniers, contrairement à leur famille, ont habité Jérusalem avec d'autres membres de leur clan.

La famille de Saül

33 Ner était le père de Quich, Quich était le père de Saül, et Saül était le père de Jonatan, Malkichoua, Abinadab et Ichebaal. 34 Fils de Jonatan : Meribaal. Meribaal était le père de Mika. 35 Fils de Mika : Piton, Mélek, Taréa et Ahaz. 36 Ahaz était le père de Yoadda, Yoadda était celui d'Alémeth, Azmaveth et Zimri. Zimri était le père de Mossa, 37 Mossa était le père de Binéa, Binéa était le père de Rafa, Rafa était le père d'Élassa, Élassa était le père d'Assel. 38 Assel a eu six fils. Voici leurs noms : Azricam, Bokrou, Ismaël, Chéaria, Obadia et Hanan. 39 Échec, le frère d'Assel, était le père d'Oulam, son fils aîné, de Yéouch, le deuxième, et d'Éliféleth, le troisième. 40 Les fils d'Oulam étaient des combattants courageux et des tireurs à l'arc. Ils ont eu beaucoup de fils et de petits-fils, 150 en tout.

---

l **7.29** *Israël : voir 1 Chroniques 1.34 et la note.*

Tous ceux qui viennent d'être cités font
9 partie de la tribu de Benjamin. 1 Tous les
Israélites ont été comptés et inscrits sur
les listes de leurs familles, dans le livre des
rois d'Israël.

Les habitants de Jérusalem

Les habitants de Juda ont été déportés à Babylone, parce qu'ils n'ont pas été fidèles à
Dieu. 2 Les premiers qui sont revenus dans
leur ville pour reprendre leurs biens, c'étaient
de simples Israélites, puis les prêtres, les *lévites et les serviteurs du temple.
3 Ceux qui sont venus habiter à Jérusalem ;
c'étaient des gens des tribus de Juda, de Benjamin, d'Éfraïm et de Manassé.
4 De la tribu de Juda : Outaï, fils d'Ammihoud, lui-même fils d'Omri, petit-fils d'Imri
et arrière-petit-fils de Bani, membre du clan
de Pérès. 5 Du clan de Chéla : Assaya, l'aîné
de sa famille, avec ses fils. 6 Du clan de
Zéra : Yéouel. Les Judéens installés à Jérusalem étaient 690.
7 De la tribu de Benjamin : Sallou, fils de
Mechoullam, petit-fils de Hodavia et arrière-
petit-fils de Hassenoua. 8 Ibnéya, fils de Yeroam, Éla, fils d'Ouzi et petit-fils de Mikri,
Mechoullam, fils de Chefatia, petit-fils de
Réouel et arrière-petit-fils d'Ibnia. 9 Tous ces
hommes étaient chefs de leurs familles. Les
Benjaminites installés à Jérusalem étaient
956.
10 Du groupe des prêtres : Yedaya, Yoyarib,
Yakin, 11 et Azaria. Ses ancêtres étaient Hilquia, fils de Mechoullam, Mechoullam, fils
de Sadoc, Sadoc, fils de Merayoth, Merayoth,
fils d'Ahitoub, et Ahitoub, le responsable du
temple. 12 Il y avait aussi Adaya, qui avait
pour ancêtres Yeroam, Pachehour et Malkia.
Il y avait encore Massaï, qui avait pour ancêtres Adiel, Yazéra, Mechoullam, Mechillémith
et Immer. 13 Avec les autres prêtres, ces chefs
de familles étaient 1 760, tous des hommes de
valeur, chargés du service du temple.
14 Du groupe des lévites : Chemaya. Ses ancêtres étaient Hachoub, fils d'Azricam, Azricam fils de Hachabia, et Hachabia, du clan
de Merari. 15 Il y avait aussi Bacbaccar, Hé-
rech, Galal et Mattania, qui avait pour ancêtres Mika, Zikri et Assaf. 16 Il y avait encore
Obadia, qui avait pour ancêtres Chemaya, Galal et Yedoutoun, ainsi que Bérékia, fils d'Assa
et petit-fils d'Elcana. Elcana habitait dans la région dépendant de la ville de Netofa.
17 Parmi les gardiens des entrées : Challoum, le responsable, et ses frères Accoub,
Talmon et Ahiman. 18 Des hommes de leurs familles sont encore aujourd'hui en service à
l'est du temple, à la porte du roi. Leurs ancêtres ont été gardiens de l'entrée du camp des
lévites. 19 Challoum était fils de Coré, petit-fils
d'Abiassaf et arrière-petit-fils de Coré. Avec
les autres membres de la famille de Coré, ils
étaient chargés de surveiller l'entrée de la
*tente de la rencontre. Leurs ancêtres en
avaient été aussi chargés dans le camp du peuple du SEIGNEUR. 20 Pinhas, fils d'Élazar, avait
été leur chef autrefois, parce que le SEIGNEUR
était avec lui. 21 Zakarie, fils de Mechélémia,
était aussi un des gardiens de la tente de la
rencontre.
22 Ceux qui ont été choisis comme gardiens
étaient 212 en tout. Ils étaient inscrits sur les
listes de leurs villages d'origine. C'est David et
le *prophète Samuel qui avaient donné à leurs
ancêtres ces postes de confiance. 23 Ils ont
gardé de génération en génération les fonctions de surveillants de la maison du SEIGNEUR
et de gardiens des entrées.
24 Des gardiens se trouvaient à chacune des
quatre portes, à l'est, à l'ouest, au nord et au
sud. 25 D'autres gardiens vivant dans leurs villages venaient régulièrement accomplir avec
eux le service de garde pendant une semaine.
26 Les quatre chefs des gardiens restaient toujours là. C'étaient des lévites, responsables
des locaux et des trésors du temple. 27 Ils passaient la nuit autour du temple, parce qu'ils
devaient le surveiller et ouvrir les portes
chaque matin.
28 Certains gardiens s'occupaient des objets
du culte : ils les comptaient chaque fois qu'ils
les sortaient ou les rentraient. 29 D'autres s'occupaient du reste des ustensiles, des objets sacrés, de la farine, du vin, de l'huile, de
*l'encens et des parfums. 30 Mais c'étaient
les prêtres qui préparaient les mélanges de
parfums.

31 Un lévite, Mattitia, fils aîné de Challoum, du clan de Coré, était chargé de fabriquer les galettes d'offrande. 32 Quelques autres lévites, du clan de Quéhath, étaient chargés de préparer les pains offerts à Dieu chaque *sabbat.

33 Les chefs de familles lévitiques responsables du chant habitaient dans leurs propres appartements. Ils n'avaient pas d'autre travail, parce qu'ils étaient de service jour et nuit.

34 Voilà les chefs de familles lévitiques, selon l'ordre de leurs générations. Ils habitaient Jérusalem.

La famille de Saül

35 Le fondateur de Gabaon, Yéiel, a habité cette ville, avec sa femme Maaka, 36 son fils aîné Abdon et ses autres fils : Sour, Quich, Baal, Ner, Nadab, 37 Guedor, Ahio, Zakarie et Micloth, 38 père de Chimam. Contrairement à leur famille, ils ont habité Jérusalem, avec d'autres membres de leur clan.

39 Ner était le père de Quich, Quich était celui de Saül, et Saül était le père de Jonatan, Malkichoua, Abinadab et Ichebaal. 40 Fils de Jonatan : Meribaal. Meribaal était le père de Mika. 41 Fils de Mika : Piton, Mélek et Taréa. 42 Ahaz était le père de Yara, Yara était le père d'Alémeth, Azmaveth et Zimri. Zimri était le père de Mossa, 43 Mossa était le père de Binéa, Binéa était le père de Refaya, Refaya était le père d'Élassa, Élassa était le père d'Assel. 44 Assel a eu six fils. Voici leurs noms : Azricam, Bokrou, Ismaël, Chéaria, Obadia et Hanan.

DAVID, ROI D'ISRAËL
10–29

La mort du roi Saül

10 1 Les *Philistins attaquent les Israélites sur le mont Guilboa. Ceux-ci fuient devant les Philistins, et beaucoup sont tués. 2 Les Philistins serrent de près Saül et ses fils. Ils tuent Jonatan, Abinadab et Malkichoua, les fils du roi. 3 À partir de ce moment, le combat devient très dur et se dirige contre Saül. Les tireurs à l'arc le découvrent. Alors Saül tremble de peur. 4 Il dit à celui qui porte ses armes : « Prends ton *épée et tue-moi. Je ne veux pas que ces Philistins non *circoncis me tuent et se moquent de moi. » Mais son porteur d'armes a très peur et il refuse. Alors Saül prend son épée et il se jette sur elle. 5 Quand le porteur d'armes voit que son maître est mort, il se jette aussi sur son épée et il meurt avec lui.

6 Ce jour-là, Saül et ses trois fils meurent. Ainsi toute la famille royale disparaît.

7 Les Israélites qui habitent la vallée apprennent la nouvelle : l'armée d'Israël est en fuite, Saül et ses fils sont morts. Alors ils abandonnent leurs villes pour fuir, et les Philistins viennent s'installer là.

8 Le jour suivant, les Philistins viennent pour voler les biens des morts. Ils trouvent les corps de Saül et de ses fils sur le mont Guilboa. 9 Ils volent les affaires de Saül. Ils emportent sa tête et ses armes, puis ils les font circuler dans leur pays. Ainsi, ils annoncent cette bonne nouvelle dans les temples de leurs dieux et au peuple. 10 Ensuite, ils placent les armes de Saül dans le temple d'un de leurs dieux. Ils accrochent son crâne dans le temple de Dagon.

11 Les habitants de Yabech, en Galaad, apprennent tout ce que les Philistins ont fait à Saül. 12 Les hommes les plus courageux de la ville partent, et ils vont reprendre les corps de Saül et de ses fils. Puis ils les ramènent à Yabech. Ils enterrent leurs os sous un arbre, le térébinthe de Yabech, et ils *jeûnent pendant sept jours. 13 Saül est mort parce qu'il n'a pas été fidèle au SEIGNEUR. Il n'a pas obéi à ses commandements. Il est même allé consulter une personne qui interroge les morts[m], 14 au lieu de consulter le SEIGNEUR.

m **10.13** *Voir 1 Samuel 13.8-14 ; 15.1-24,28.*

C'est pourquoi le SEIGNEUR l'a fait mourir et il a donné le pouvoir royal à David, fils de Jessé.

David devient roi d'Israël

11 1 Tout le peuple d'Israël se rassemble auprès de David à Hébron. Les gens lui disent : « Nous sommes de la même famille que toi. 2 Dans le passé, quand Saül était notre roi, tu dirigeais les mouvements de l'armée d'Israël. À ce moment déjà, le SEIGNEUR t'a dit : "C'est toi qui seras le berger d'Israël, mon peuple, tu seras son chef." » 3 Tous les *anciens d'Israël viennent trouver le roi à Hébron. Là, David passe un accord avec eux, devant le SEIGNEUR. Et ils *consacrent David roi d'Israël, comme Samuel l'a annoncé de la part du SEIGNEUR.

David prend la ville de Jérusalem

4 Le roi David et tous les Israélites marchent sur Jérusalem. La ville s'appelle aussi Jébus, car les Jébusites, les habitants de cette région, sont installés là. 5 Les Jébusites disent à David : « Vous n'entrerez pas dans notre ville ! » Pourtant, David prend *Sion, la partie de la ville qui est protégée par de grands murs. Depuis, on l'appelle la « *Ville de David ». 6 Ce jour-là, David a dit : « Le premier qui battra les Jébusites deviendra commandant en chef de l'armée. » Joab, fils de Serouia, attaque le premier et il devient donc chef de l'armée.

7 David s'installe dans la partie protégée de la ville. C'est pourquoi on l'appelle « Ville de David ». 8 Ensuite, il fait construire de nouveaux quartiers autour de la terrasse appelée Millo, et Joab rebâtit le reste de la ville.

9 Ainsi David devient de plus en plus puissant. En effet, le SEIGNEUR de l'univers est avec lui.

Les combattants de David

10 Voici les principaux combattants de David, qui soutiennent son pouvoir royal. Avec tout le peuple d'Israël, ce sont eux qui l'ont fait roi, comme le SEIGNEUR l'avait promis au sujet de son peuple.

11 Voici la liste de ces combattants : Ichebaal, fils d'un Hakmonite, est chef des gardes. C'est lui qui, un jour, a utilisé sa lance contre 300 ennemis, et il les a tous tués en un seul combat. 12 Après lui, il y a Élazar, fils de Dodo, d'Ahoa. Il fait partie du « groupe des Trois ». 13 C'est lui qui était avec David à Pas-Dammim, au moment d'une bataille contre les *Philistins. Ceux-ci étaient rassemblés pour le combat. Les soldats d'Israël fuyaient devant eux. Il y avait là un champ d'orge. 14 Élazar et ses hommes se sont placés au milieu du champ. Ils l'ont repris et ils ont battu les Philistins. Le SEIGNEUR a donné ainsi une grande victoire au peuple d'Israël.

15 Un jour, une troupe de Philistins avait installé son camp dans la vallée des Refaïtes. Alors trois soldats parmi les meilleurs de la garde sont venus trouver David dans la grotte d'Adoullam[n]. 16 David était dans un endroit bien protégé, et, à ce moment-là, il y avait un gouverneur philistin à Bethléem. 17 David a eu tout à coup un désir. Il a demandé : « Qui m'apportera à boire de l'eau de la citerne située à la porte de Bethléem ? »

18 Alors les trois combattants sont entrés de force dans le camp des Philistins. Ils ont pris de l'eau dans la citerne qui est à la porte de Bethléem. Ils l'ont emportée et l'ont présentée à David. Mais le roi a refusé de la boire. Il l'a offerte au SEIGNEUR en la versant sur le sol. 19 Il a dit : « Que mon Dieu m'empêche de boire cette eau ! Elle est comme le sang des hommes qui sont allés la chercher en risquant leur vie ! » Et il n'a pas voulu la boire. Voilà ce que ces trois combattants courageux ont fait.

20 Abichaï, frère de Joab, est le chef du « groupe des Trois ». C'est lui qui, un jour, a utilisé sa lance contre 300 ennemis et qui les a tués. 21 Ainsi il est deux fois plus célèbre que les deux autres. Il devient même leur chef, personne n'est égal à lui dans le « groupe des Trois ».

22 Benaya, de Cabséel, fils de Yoyada et petit-fils d'un combattant courageux, a accompli beaucoup d'actions extraordinaires.

n **11.15** *Voir 1 Samuel 22.1.*

C'est lui qui a tué les deux combattants courageux de Moab. C'est lui aussi qui est descendu dans une citerne un jour où il *neigeait. Et là, il a tué un lion. 23 C'est encore lui qui a tué un Égyptien mesurant presque deux mètres et demi. Celui-ci était armé d'une lance grosse comme la barre d'un métier à tisser. Il a attaqué l'Égyptien avec un bâton, il lui a arraché sa lance et s'en est servi pour le tuer. 24 Voilà ce que Benaya a fait. Ainsi il devient aussi célèbre que ceux du « groupe des Trois ». 25 Il est le plus connu dans le « groupe des Trente », mais il ne fait pas partie du « groupe des Trois ». David le nomme chef de ses gardes.

26 Parmi les autres combattants, il y a aussi : Assaël, frère de Joab, Élanan, fils de Dodo, de Bethléem, 27 Chammoth, de Haror, Hélès, de Palon, 28 Ira, fils d'Iquèch, de Técoa, Abiézer, d'Anatoth, 29 Sibkaï, de Houcha, Ilaï, d'Ahoa, 30 Maraï, de Netofa, Héled, fils de Baana, de Netofa, 31 Ittaï, fils de Ribaï, de Guibéa, dans le territoire de Benjamin, Benaya, de Piraton, 32 Houraï, des torrents de Gaach, Abiel, de Beth-Araba, 33 Azmaveth, de Bahourim, Éliaba, de Chaalbon, 34 les fils de Hachem, de Guizon, Yonatan, fils de Chagué, de Harar, 35 Ahiam, fils de Sakar, de Harar, Élifal, fils d'Our, 36 Héfer, de Mekéra, Ahia, de Palon, 37 Hesro, de Karmel, Naaraï, fils d'Ezbaï, 38 Joël, frère de Natan, Mibar, fils d'un Hagrite, 39 Sélec, l'Ammonite, Naraï, de Beéroth, qui porte les armes de Joab, fils de Serouia, 40 Ira, de la famille de Yéter, Gareb, de la même famille, 41 Urie, le Hittite, Zabad, fils d'Alaï, 42 Adina, fils de Chiza, un des chefs de la tribu de Ruben, accompagné de 30 soldats. 43 Hanan, fils de Maaka, Yochafath, de Méten, 44 Ouzia, d'Achetaroth, Chama et Yéiel, fils de Hotam, d'Aroër, 45 Yediaël, fils de Chimri, et Yoha, son frère, de Tis, 46 Éliel, de Mahava, Yeribaï et Yochavia, fils d'Elnam, Itma, du pays de Moab, 47 ainsi qu'Éliel, Obed et Yassiel, de Soba.

Les combattants de David venus le rejoindre à Siclag

12 1 À l'époque où David se cache à Siclag pour échapper à Saül, fils de Quich, des hommes viennent le rejoindre. Ce sont des combattants courageux, prêts à faire la guerre. 2 Armés d'arcs et de frondes, ils sont capables de tirer des flèches ou de lancer des pierres aussi bien de la main gauche que de la main droite.

Parmi eux, voici les hommes de la tribu de Benjamin, qui est la tribu de Saül lui-même : 3 Ahiézer, le chef, et son frère Yoach, fils de Chema, de Guibéa, Yeziel et Péleth, fils d'Azmaveth, Beraka et Yéhou, d'Anatoth, 4 Ichemaya, de Gabaon, l'un des chefs du groupe des Trente combattants. 5 Irméya, Yaziel, Yohanan et Yozabad, de Guedéra, 6 Élouzaï, Yerimoth, Béalia, Chemaria et Chefatia, de Harouf, 7 Elcana, Issia, Azarel, Yoézer et Yachobam, de la famille de Cora, 8 Yoéla et Zébadia, fils de Yeroam, de Guedor.

9 D'autres hommes quittent la tribu de Gad pour rejoindre David dans le désert où il se cache. Ce sont des combattants courageux, des hommes de guerre entraînés au combat, armés de *boucliers et de lances. Ils sont terribles comme des lions et rapides comme des gazelles sur les montagnes. 10-14 Ils sont onze. Voici leurs noms, par ordre d'importance : Ézer, Obadia, Éliab, Michemanna, Irméya, Attaï, Éliel, Yohanan, Elzabad, Irméya et Makbannaï. 15 Ces gens de Gad sont des chefs militaires. Le plus faible vaut 100 soldats et le plus fort en vaut 1000. 16 Ce sont eux qui, un jour du premier *mois de l'année, traversent le Jourdain au moment où ce fleuve déborde partout. Ils font fuir tous les habitants des vallées, à l'est et à l'ouest.

17 Certains hommes de la tribu de Benjamin et de Juda viennent voir David dans son refuge. 18 David va à leur rencontre et leur dit : « Si vous venez me voir dans un esprit de paix pour m'aider, vous êtes les bienvenus. Mais si c'est pour me tromper et aider mes ennemis, alors que je ne fais rien de mal, que le Dieu de nos ancêtres voie cela et juge l'affaire ! »

19 Alors l'esprit de Dieu saisit Amassaï, le chef des gardes, et il dit :

« Nous sommes à toi,
nous sommes avec toi, David, fils de Jessé !
Que la paix, oui, la paix,
soit avec toi et avec ceux qui t'aident !

En effet, ton Dieu t'a aidé. »
Alors David les accueille et leur donne des postes de chefs dans sa troupe.

20 Enfin, des hommes de la tribu de Manassé passent dans le camp de David. C'est au moment où celui-ci va combattre Saül avec les *Philistins. En réalité, David et ses hommes ne combattent pas avec les Philistins, car leurs chefs les renvoient. Ceux-ci se disent : « David va passer dans le camp de son ancien maître Saül et il va nous livrer à lui. » 21 Quand David retourne à Siclag, les hommes de la tribu de Manassé passent dans son camp. Ce sont Adna, Yozabad, Yediaël, Mikaël, Yozabad, Élihou et Silletaï. Ils commandent les troupes de Manassé. 22 Ce sont tous des combattants courageux et ils aident la troupe de David. Ils deviennent des chefs de son armée. 23 Tous les jours, des hommes viennent rejoindre David pour l'aider. Ainsi son armée devient très nombreuse.

Les combattants de David venus le rejoindre à Hébron

24 Des hommes armés pour combattre viennent rejoindre David à Hébron. Ils doivent lui remettre, selon l'ordre du SEIGNEUR, le pouvoir royal que Saül avait auparavant. Voici leur nombre : 25 De la tribu de Juda, 6 800 soldats armés de *boucliers et de lances. 26 De la tribu de Siméon, 7 100 combattants courageux. 27 De la tribu de Lévi, 4 600 hommes, 28 ainsi que Yoyada, chef du clan d'Aaron, accompagné de 3 700 hommes. 29 Il y a aussi le jeune Sadoc, un soldat courageux, avec 22 chefs de sa famille. 30 De la tribu de Benjamin, la tribu de Saül, 3 000 hommes. Presque tous ont été au service de la famille de Saül jusque-là. 31 De la tribu d'Éfraïm, 20 800 soldats courageux, tous hommes célèbres dans leur famille. 32 De la demi-tribu de Manassé, celle de l'ouest, 18 000 hommes, spécialement choisis pour établir David comme roi. 33 De la tribu d'Issakar, 200 officiers avec ceux qui sont sous leurs ordres. Tous savent juger quand et comment les Israélites doivent agir. 34 De la tribu de Zabulon, 50 000 soldats. Ils sont bien entraînés, prêts à faire la guerre avec toutes leurs armes et à combattre en restant unis. 35 De la tribu de Neftali, 1 000 officiers avec 37 000 soldats armés de boucliers et de lances. 36 De la tribu de Dan, 28 600 soldats, prêts à faire la guerre. 37 De la tribu d'Asser, 40 000 soldats, bien entraînés et prêts à faire la guerre. 38 Des tribus habitant à l'est du fleuve Jourdain, Ruben, Gad et l'autre demi-tribu de Manassé, 120 000 hommes avec toutes les armes de combat.

39 Tous ces soldats, prêts à se ranger en bon ordre pour combattre, viennent à Hébron. Sans aucune hésitation, ils établissent David comme roi sur l'ensemble d'Israël. Les autres Israélites sont tous d'accord pour le faire roi. 40 Ils restent là trois jours avec David, ils mangent et boivent ce que leurs frères d'Hébron ont préparé pour eux. 41 De plus, des gens des régions voisines, et même d'Issakar, de Zabulon et de Neftali, apportent de la nourriture sur des ânes, des chameaux, des mulets et des bœufs : de la farine, des gâteaux, des grappes de *raisins secs, du vin, de l'huile. Ils amènent même des bœufs et des moutons. En effet, c'est la fête dans tout le pays d'Israël.

David décide d'amener le coffre sacré à Jérusalem

13 1 David tient conseil avec les chefs de 1 000 soldats et de 100 soldats, et avec tous les notables. 2 Ensuite, il dit à tous les Israélites rassemblés : « Si cela vous semble bon et si c'est la volonté du SEIGNEUR notre Dieu, envoyons un message à nos frères restés dans tout le territoire d'Israël. Allons trouver en particulier les prêtres et les *lévites dans les villes et les endroits où ils habitent. Demandons-leur de venir avec nous. 3 Alors nous ramènerons chez nous le *coffre de notre Dieu. En effet, nous ne nous sommes pas occupés de lui au temps de Saül. »

4 Toute l'assemblée est d'accord pour réaliser ce projet, car tout le monde trouve que c'est une bonne idée. 5 David rassemble alors tous les Israélites, depuis la frontière d'Égypte au sud, jusqu'à Lebo-Hamath au

nord. Ils veulent aller chercher le coffre de
Dieu à Quiriath-Yéarim. 6 David part avec
eux à Baala, c'est-à-dire Quiriath-Yéarim, en
Juda, pour reprendre le coffre de Dieu. Ce
coffre porte le nom du SEIGNEUR qui est assis
au-dessus des *chérubins. 7 Il se trouve dans
la maison d'Abinadab. On le place sur un
char neuf. Ouza et Ahio conduisent le char.
8 David et tous les Israélites dansent devant
Dieu de toute leur force. Ils chantent, accompagnés *d'instruments de musique : cithares, harpes, tambourins, cymbales et
trompettes. 9 Quand ils arrivent près de
chez Kidon, là où on bat les *céréales, les
bœufs glissent. Ouza étend la main pour retenir le coffre sacré. 10 Alors le SEIGNEUR se met
en *colère contre lui. Il le frappe à mort,
parce qu'il a touché le coffre[o]. Ouza meurt
là, à côté du coffre.

11 David est bouleversé, parce que le SEI-
GNEUR a brisé la vie de Ouza. Il appelle l'endroit Pérès-Ouza[p], et ce nom existe encore
aujourd'hui. 12 Ce jour-là, David a peur de
Dieu et il dit : « Je ne peux pas recevoir chez
moi le coffre de Dieu ! » 13 Il ne veut pas prendre le coffre chez lui, dans la « *Ville de David ». Il le fait conduire dans la maison
d'Obed-Édom, un homme de la ville de
Gath. 14 Le coffre reste trois mois chez lui, et
le SEIGNEUR *bénit la famille d'Obed-Édom et
tous ses biens.

David a de plus en plus de pouvoir et de nombreux fils

14 1 Hiram, roi de Tyr, envoie des messagers à David. Il lui fait livrer du bois
de *cèdre. Il lui envoie aussi des tailleurs de
pierres et des charpentiers, pour lui construire un palais. 2 David reconnaît ceci : c'est
le SEIGNEUR lui-même qui l'a établi comme
roi sur Israël. C'est lui qui a beaucoup développé son pouvoir royal, à cause d'Israël, son
peuple.

3 À Jérusalem, David se marie encore avec
d'autres femmes. Elles lui donnent d'autres
fils et d'autres filles. 4 Voici les noms de ses
fils qui naissent à Jérusalem : Chammoua,
Chobab, Natan, Salomon, 5 Ibar, Élichoua, Elpéleth, 6 Noga, Néfeg, Yafia, 7 Élichama, Beé-
liada et Éliféleth.

David est plusieurs fois vainqueur des Philistins

8 Les *Philistins apprennent que David a été
*consacré comme roi de tout Israël. Alors ils
partent tous à sa recherche. Quand David l'apprend, il va à leur rencontre. 9 Les Philistins
arrivent et font de gros dégâts dans la vallée
des Refaïtes[q]. 10 David consulte Dieu. Il lui demande : « Est-ce que je dois aller attaquer les
Philistins ? Est-ce que tu vas les livrer en
mon pouvoir ? » Le SEIGNEUR répond : « Oui,
vas-y, je vais te les livrer. »

11 Les Philistins vont à Baal-Perassim, et là,
David les bat. Il dit : « Le Dieu a fait devant
moi une ouverture dans les rangs de mes ennemis, comme un torrent dans un barrage. »
Le nom donné à cet endroit vient de là. En effet, Baal-Perassim veut dire « le Maître des
Ouvertures ». 12 À cet endroit, les Philistins
abandonnent les statues de leurs dieux, et David commande de les brûler.

13 Les Philistins reviennent une deuxième
fois pour faire de gros dégâts dans la vallée
des Refaïtes. 14 David consulte Dieu de nouveau, et Dieu lui répond : « Ne les attaque
pas par-derrière. Mais fais un détour loin
d'eux et approche-toi d'eux en face des arbres. 15 Quand tu entendras un bruit de pas
en haut des arbres, sors pour les attaquer.
En effet, c'est à ce moment-là que je marcherai devant toi pour battre l'armée des Philistins. »

16 David fait ce que Dieu lui a commandé et
il bat les Philistins. Il les poursuit depuis Gabaon jusqu'à Guézer[r]. 17 À partir de ce mo-

o **13.10** *Seuls certains prêtres, les lévites, pouvaient toucher le coffre sacré.*

p **13.11** *Pérès-Ouza : le nom Pérès ressemble au verbe traduit ici par « a brisé la vie ».*

q **14.9** *La vallée des Refaïtes est au sud-ouest de Jérusalem.*

r **14.16** *Guézer est à 30 kilomètres au nord-ouest de Jérusalem, près de la frontière du pays des Philistins.*

ment, David devient célèbre dans tous les pays. Et le SEIGNEUR fait que tous les peuples ont peur de lui.

David prépare le transport du coffre de Dieu à Jérusalem

15 1 David se fait construire des maisons dans la « *Ville de David ». Il prépare une place pour le *coffre de Dieu et il dresse une tente pour l'abriter. 2 Alors il dit : « Le coffre de Dieu doit être porté seulement par les *lévites. Ce sont eux, en effet, que le SEIGNEUR a choisis pour porter son coffre et s'en occuper. Et cela pour toujours. »

3 Le roi David invite tous les Israélites à Jérusalem, afin d'amener le coffre du SEIGNEUR à la place préparée pour lui. 4 David réunit les prêtres, de la famille d'Aaron, et les lévites. 5 Du clan de Quéhath : le chef Ouriel et 120 lévites. 6 Du clan de Merari : le chef Assaya et 220 lévites. 7 Du clan de Guerchon : le chef Joël et 130 lévites. 8 Du clan d'Élissafan : le chef Chemaya et 200 lévites. 9 Du clan d'Hébron : le chef Éliel et 80 lévites. 10 Du clan d'Ouziel : le chef Amminadab et 112 lévites. 11 David appelle les prêtres Sadoc et Abiatar, ainsi que les lévites Ouriel, Assaya, Joël, Chemaya, Éliel et Amminadab. 12 Il leur dit : « Vous êtes les chefs de familles de la tribu de Lévi. Rendez-vous *purs, vous et les membres de vos familles. Ensuite, vous irez chercher le coffre du SEIGNEUR, Dieu d'Israël. Vous l'amènerez à l'endroit que j'ai préparé pour lui. 13 La première fois, vous n'étiez pas là[s], c'est pourquoi le SEIGNEUR notre Dieu nous a frappés. En effet, nous n'avions pas pris soin du coffre comme il fallait. »

14 Les prêtres et les lévites se rendent purs pour transporter le coffre du SEIGNEUR, Dieu d'Israël. 15 Alors les lévites transportent le coffre de Dieu, avec des barres placées sur leurs épaules. C'est ce que Moïse a commandé de faire de la part du SEIGNEUR. 16 David dit aux chefs des lévites de mettre en place ceux qui parmi eux doivent chanter. Ils sont accompagnés de *harpes, de cithares et de cymbales pour montrer leur joie de façon éclatante. 17 Les chefs mettent donc en place les lévites Héman, fils de Joël, Assaf, fils de Bérékia, Étan, fils de Couchaya, du clan de Merari. 18 Auprès d'eux et sous leur commandement, il y a d'autres lévites : les gardiens des portes du temple, Zakarie, Ben, Yaziel, Chemiramoth, Yéhiel, Ounni, Éliab, Benaya, Maasséya, Mattitia, Élifléhou, Micnéya, Obed-Édom et Yéiel. 19 Les chanteurs Héman, Assaf et Étan font retentir des cymbales de bronze. 20 Zakarie, Aziel, Chemiramoth, Yéhiel, Ounni, Éliab, Maasséya et Benaya jouent les notes aiguës sur des harpes. 21 Mattitia, Élifléhou, Micnéya, Obed-Édom, Yéiel et Azazia jouent les notes graves sur des cithares, pour conduire les chants. 22 Kenania est le chef des lévites chargés de porter le coffre. Il surveille ce transport, parce qu'il sait comment faire. 23 Bérékia et Elcana sont les gardiens du coffre, 24 ainsi qu'Obed-Édom et Yéhia. Les prêtres Chebania, Yochafath, Netanéel, Amassaï, Zakarie, Benaya et Éliézer doivent sonner de la trompette devant le coffre de Dieu.

Le coffre du Seigneur arrive à Jérusalem

25 David, les *anciens d'Israël et les commandants militaires partent pour aller chercher le *coffre de l'alliance du SEIGNEUR chez Obed-Édom. Tous sont pleins de joie. 26 Dieu protège les *lévites qui portent le coffre. Alors on lui offre sept taureaux et sept béliers. 27 David est habillé d'un vêtement de *lin fin. Tous les lévites qui portent le coffre, les musiciens et Kenania, le responsable du transport, ont le même vêtement que le roi. David a aussi sur lui le pagne de lin des prêtres. 28 Tous les Israélites accompagnent le coffre de l'alliance du SEIGNEUR à Jérusalem, au milieu des cris de joie, au son de la corne de bélier, des trompettes, des *cymbales, des harpes et des cithares.

29 Au moment où le coffre arrive dans la « *Ville de David », Mikal, la fille de Saül, re-

---

s **15.13** *Voir 1 Chroniques 13.1-11, en particulier le verset 10 et la note.*

garde par la fenêtre. Elle voit le roi David qui
danse et tourne sur lui-même. Alors elle le
16 méprise dans son cœur. 1 David a fait
dresser une tente pour le *coffre de
Dieu. On met donc le coffre au milieu de la
tente. Puis David offre à Dieu des *sacrifices
complets et des sacrifices de communion.
2 Quand il a fini de les offrir, il *bénit le peuple
au nom du SEIGNEUR. 3 Ensuite, il fait distribuer de la nourriture à toute la foule des Israélites. Chaque homme et chaque femme reçoit
un pain rond, un gâteau de dattes et un gâteau
de *raisins secs.

Les lévites chantent la louange du Seigneur

4 David place devant le coffre du SEIGNEUR
quelques *lévites de service pour célébrer le
SEIGNEUR, Dieu d'Israël, pour chanter sa
louange et pour lui rendre *gloire. 5 Assaf les
dirige et Zakarie l'aide. Yéiel, Chemiramoth,
Yéhiel, Mattitia, Éliab, Benaya, Obed-Édom
et Yéiel jouent de la *harpe et de la cithare. Assaf joue des cymbales. 6 Les prêtres Benaya et
Yaziel jouent sans cesse des trompettes devant
le coffre de *l'alliance de Dieu. 7 Ce jour-là,
c'est la première fois que David charge Assaf
et les autres lévites de chanter la louange du
SEIGNEUR.
8 Voici leur chant :
Remerciez le SEIGNEUR,
chantez son nom,
racontez ses exploits aux autres peuples[t].
9 Chantez pour lui,
jouez pour lui de vos instruments,
redites toutes ses actions étonnantes !
10 Soyez fiers de lui, le Dieu *saint,
soyez dans la joie,
vous qui cherchez le SEIGNEUR !
11 Cherchez le SEIGNEUR et son aide puissante,
cherchez sans cesse sa présence.
12-13 Vous, la famille d'Israël[u], son serviteur,
vous qui êtes nés de Jacob
et que le SEIGNEUR a choisis,
souvenez-vous des actions étonnantes qu'il a faites.
Rappelez-vous ses exploits
et les décisions qu'il a annoncées.

14 Notre Dieu, c'est lui, le SEIGNEUR,
qui gouverne toute la terre.
15 Il s'est toujours souvenu de son *alliance,
de la parole donnée pour mille générations.
16 C'est l'alliance établie avec Abraham,
confirmée à Isaac par un serment.
17 De cette alliance,
il a fait une *loi pour Jacob,
une alliance sans fin pour Israël,
18 quand il a dit :
« Je te donnerai le pays de *Canaan,
ce sera votre part. »

19 Nos ancêtres étaient peu nombreux,
on pouvait les compter,
c'étaient quelques étrangers
installés dans le pays.
20 Ils allaient de pays en pays
et de royaume en royaume.
21 Pourtant le SEIGNEUR n'a laissé personne les écraser.
À cause d'eux, il a puni des rois.
22 Il a dit :
« Ne touchez pas à ceux que j'ai choisis,
ne faites pas de mal à mes porte-parole ! »

23 Chantez pour le SEIGNEUR[v],
tous les habitants du monde !
Jour après jour, annoncez :
Dieu nous sauve !
24 Racontez sa *gloire à tous les peuples,
ses actions étonnantes dans le monde entier.
25 Oui, le SEIGNEUR est grand,
il mérite des louanges,
il est plus terrible que tous les dieux.
26 Les dieux des autres peuples ne valent rien,
mais le SEIGNEUR a fait le ciel.

---

t **16.8-22** *Voir Psaume 105.1-15.*

u **16.12-13** *Voir 1 Chroniques 1.34 et la note.*

v **16.23-33** *Voir Psaume 96.1-13.*

27 Son visage brille de lumière et de grandeur,
sa puissance et sa joie remplissent le lieu où il se tient.
28 Peuples de la terre,
reconnaissez la gloire et la puissance du SEIGNEUR !
29 Reconnaissez combien son nom est glorieux !
Apportez vos offrandes,
venez en sa présence.
Le SEIGNEUR est *saint !
Quand il se montre,
mettez-vous à genoux devant lui.
30 Tremblez devant lui, tous les habitants du monde !
Oui, le monde tient solidement,
il ne risque pas de tomber.
31 Que le ciel se réjouisse,
que la terre danse de joie !
Que l'on dise à tous les peuples :
« Le SEIGNEUR est roi ! »
32 Que la mer rugisse
avec toutes ses richesses !
Que les champs soient en fête
avec tout ce qui s'y trouve !
33 Que les arbres de la forêt crient de joie
devant le SEIGNEUR,
car il vient pour juger la terre.

34 Dites merci au SEIGNEUR, car il est bon,
et son amour est pour toujours !
35 Dites : Dieu notre Sauveur, sauve-nous,
rassemble-nous
et délivre-nous des autres peuples !
Ton nom est saint.
Ainsi, nous pourrons te dire merci
et nous serons fiers de chanter ta louange.

36 Merci au SEIGNEUR, Dieu d'Israël,
depuis toujours et pour toujours !

Et tout le peuple dit : « Oui, qu'il en soit ainsi !
Chantez la louange du SEIGNEUR[w] ! »

37 Ensuite, David commande à Assaf et aux
autres lévites de rester près du coffre de l'alliance. Là, ils doivent accomplir sans cesse
leur service, selon l'ordre prévu pour chaque
jour. 38 Et David nomme comme gardiens du
coffre Obed-Édom et 68 membres de sa famille, ainsi qu'Obed-Édom, fils de Yedoutoun,
et Hossa.
39 David confie au prêtre Sadoc et aux prêtres de sa famille le service de la *tente du
SEIGNEUR qui se trouve dans le lieu sacré de
Gabaon. 40 Là, ils doivent présenter sur
*l'autel des *sacrifices complets matin et
soir. Ils doivent faire tout ce qui est écrit
dans la loi que le SEIGNEUR a donnée à Israël.
41 Avec eux, il y a Héman, Yedoutoun et les
autres hommes choisis et appelés par leurs
noms pour chanter la louange du SEIGNEUR.
En effet, son amour est pour toujours. 42 Héman et Yedoutoun sont chargés des trompettes et des cymbales, ainsi que des autres
instruments de musique pour accompagner
les chants sacrés. Les fils de Yedoutoun gardent l'entrée.
43 Ensuite chacun rentre chez soi, et David
retourne aussi chez lui pour saluer sa famille.

Le Seigneur promet le pouvoir royal à David et à ses fils

17 1 Le roi David s'installe dans son palais. Un jour, le roi dit au *prophète
Natan : « Tu vois, moi, j'habite une maison
en bois de *cèdre. Mais le *coffre de l'alliance est sous une tente de toile. » 2 Natan
dit au roi : « Tu as sûrement une idée à ce sujet. Fais ce que tu penses, Dieu est avec toi. »
3 Mais la nuit suivante, le Dieu adresse ces
paroles à Natan : 4 « Tu iras trouver mon serviteur David et tu lui diras de ma part : "Je
l'affirme, moi, le SEIGNEUR, ce n'est pas toi
qui vas me construire une maison pour que
je l'habite. 5 En effet, depuis le jour où j'ai
fait sortir d'Égypte le peuple d'Israël, et jusqu'à aujourd'hui, je n'ai jamais habité dans

w **16.35-36** *Voir Psaume 106.47-48.*

une maison. Mais j'allais d'un lieu à un autre et j'habitais sous une tente[x]. 6 De plus, pendant toutes ces années où j'ai accompagné les Israélites, j'ai désigné plusieurs chefs. Ce sont eux qui ont gouverné Israël, mon peuple. Je n'ai jamais dit à personne : Pourquoi est-ce que vous ne m'avez pas construit une maison en bois de cèdre ?"

7 « Ainsi, tu diras encore à mon serviteur David : Moi, le SEIGNEUR de l'univers, je t'ai pris au pâturage, derrière tes moutons. J'ai voulu que tu deviennes le chef d'Israël, mon peuple. 8 J'ai été avec toi partout où tu es allé. J'ai fait mourir devant toi tous tes ennemis. Je te rendrai aussi célèbre que les plus grands rois de la terre. 9 Je vais donner un lieu à Israël, mon peuple. Je l'installerai là, il y restera sans avoir peur. Des gens mauvais ne viendront plus le maltraiter comme autrefois, 10 quand j'ai désigné des juges pour gouverner Israël, mon peuple. J'écraserai tous tes ennemis et je t'annonce ceci : c'est moi, le SEIGNEUR, qui te construirai une maison[y]. 11 En effet, quand ta vie sera finie et que tu iras rejoindre tes ancêtres, je désignerai un de tes enfants, ce sera un de tes fils. Il sera roi après toi et j'établirai solidement son pouvoir. 12 C'est lui qui me construira une maison, et grâce à moi, son pouvoir royal sera solidement établi pour toujours. 13 Je serai un père pour lui, et il sera un fils pour moi. Je ne lui retirerai jamais ma faveur, comme je l'ai fait avec celui qui était roi avant toi[z]. 14 Je le garderai à la tête de mon peuple et de mon royaume pour toujours. Le pouvoir royal de sa famille sera établi pour toujours. »

15 Natan raconte à David tout ce que le SEIGNEUR lui a montré pendant qu'il dormait.

David prie le Seigneur

16 Alors le roi David va se présenter devant le SEIGNEUR. Il dit : « SEIGNEUR mon Dieu, je le sais, moi et ma famille, nous ne méritons pas tout ce que tu nous as déjà donné. 17 Mais pour toi, mon Dieu, ce n'est pas encore assez. Et tu fais des promesses pour l'avenir de ma famille. Tu me considères comme un homme important. SEIGNEUR mon Dieu, 18 qu'est-ce que je peux dire de plus au sujet de l'honneur que tu m'accordes ? Tu me connais, moi, ton serviteur. 19 SEIGNEUR, dans ta bonté, tu as réalisé toutes ces choses extraordinaires pour faire connaître combien tu es grand. 20 SEIGNEUR, personne ne te ressemble ! Et aucun Dieu n'existe en dehors de toi, nous l'avons toujours entendu dire. 21 Est-ce qu'il y a un seul peuple sur la terre qui ressemble à Israël ? Tu es allé le libérer du pouvoir des Égyptiens pour en faire ton peuple. Tu t'es rendu célèbre en réalisant pour lui des choses extraordinaires ou terribles. Tu as chassé des peuples devant ton peuple que tu as libéré d'Égypte. 22 SEIGNEUR, tu as fait d'Israël ton peuple pour toujours et tu es devenu son Dieu. 23 Maintenant, SEIGNEUR, réalise ce que tu as dit pour moi et ma famille. Tiens pour toujours ta promesse. 24 Oui, qu'elle se réalise ! Alors ton nom sera célèbre pour toujours, et les gens diront : "Le SEIGNEUR de l'univers, c'est le Dieu d'Israël, le Dieu qui est pour Israël." Établis pour toujours le pouvoir royal de ma famille. 25 Oui, mon Dieu, tu m'as fait connaître ton intention de me construire une maison[a]. C'est pourquoi j'ose te faire cette prière. 26 SEIGNEUR, c'est toi qui es Dieu, et tu me promets maintenant ce bonheur. 27 Tu as décidé de *bénir ma famille pour que les enfants de mes enfants soient toujours rois en ta présence. Puisque c'est toi, SEI-

---

x **17.5** *Il s'agit de la tente de la rencontre. Elle accompagnait les Israélites tout au long de leur marche dans le désert.*

y **17.10** *Des juges : voir Juges 2.16 et la note.*
Une maison : le mot traduit ici par « maison » veut dire à la fois maison et famille. Dans la suite du texte, ce mot est traduit par « famille » quand il a le sens de famille royale.

z **17.13** *Il s'agit du roi Saül. Voir 1 Samuel 15.28.*

a **17.25** *Voir le verset 10 et la note.*

SEIGNEUR, qui donnes cette bénédiction, ma famille sera bénie pour toujours ! »

David est vainqueur des pays voisins d'Israël

18 1 Plus tard, David bat les *Philistins. Il
détruit leur puissance et il leur prend
la ville de Gath et les villages voisins. 2 Il bat
aussi les gens de Moab. Ensuite, les Moabites
sont sous le pouvoir de David et ils doivent lui
payer un impôt. 3 David bat encore Hadadézer. C'est le roi de Soba, en Syrie, et son
royaume s'étend vers Hamath. Cela se passe
au moment où Hadadézer essaie d'étendre
son pouvoir sur la région du fleuve Euphrate.
4 David lui prend 1 000 chars, il fait prisonniers 7 000 cavaliers et 20 000 soldats de l'armée de Hadadézer. Il garde pour lui environ
100 chevaux pour tirer les chars et il fait couper les jarrets[b] à tous les autres chevaux. 5 Les
Syriens de Damas viennent au secours de Hadadézer, roi de Soba. David les bat aussi et il
tue 22 000 soldats syriens. 6 Il place des gouverneurs dans leur pays. Les Syriens sont
sous le pouvoir de David et ils doivent lui
payer un impôt. Le SEIGNEUR donne la victoire
à David partout où il va. 7 David prend les
*boucliers d'or des gardes de Hadadézer et il
les emporte à Jérusalem. 8 Il prend aussi du
bronze en très grande quantité à Tibath et à
Koun, deux villes du royaume de Hadadézer.
Plus tard, Salomon utilise ce bronze pour fabriquer la grande cuve ronde, les colonnes
et les objets en bronze du temple.

9 Toou, roi de Hamath[c], apprend que David
a battu toute l'armée de Hadadézer. 10 Il envoie son fils Hadoram auprès du roi David. Hadoram salue le roi et le félicite, parce qu'il a
attaqué Hadadézer et qu'il l'a battu. En effet,
Toou était en guerre avec Hadadézer. Hadoram apporte à David des objets d'or, d'argent
et de bronze. 11 Le roi David les *consacre au
SEIGNEUR. Il a déjà consacré de la même façon
l'argent et l'or venant des peuples vaincus :
Édomites, Moabites, Ammonites, Philistins
et Amalécites. 12 Abichaï, fils de Serouia, bat
les Édomites dans la vallée du Sel[d]. Il en tue
18 000. 13 David place des gouverneurs dans
leur pays, et les Édomites sont sous son pouvoir. Le SEIGNEUR donne la victoire à David
partout où il va.

Les fonctionnaires de David

14 David est roi de tout le pays d'Israël. Il
gouverne tout son peuple avec justice et en
respectant les lois. 15 Joab, fils de Serouia,
commande l'armée. Yochafath, fils d'Ahiloud,
est le porte-parole du roi. 16 Sadoc, fils d'Ahitoub, et Abimélek, fils d'Abiatar, sont prêtres.
Chavecha est secrétaire. 17 Benaya, fils de
Yoyada, commande les Crétois et les Pélétiens
qui sont les gardes du roi. Les fils de David
sont ses principaux adjoints.

Les Ammonites couvrent de honte les ministres de David

19 1 Quelque temps après, Nahach, le roi
des Ammonites, meurt, et son fils Hanoun devient roi à sa place. 2 David se dit :
« Je vais être bon avec Hanoun, fils de Nahach,
comme son père l'a été avec moi. » David envoie alors quelques messagers pour montrer
sa sympathie à Hanoun, à l'occasion de la
mort de son père. Les ministres de David arrivent dans le pays des Ammonites. 3 Mais les
chefs ammonites disent à Hanoun, leur maître : « Si David t'envoie des ministres, à ton
avis, est-ce que c'est vraiment pour honorer
ton père et te montrer sa sympathie ? Est-ce
qu'ils ne cherchent pas plutôt à se renseigner
sur notre pays ? Cela leur permettra ensuite de
le prendre. »

4 Alors Hanoun fait arrêter les ministres de
David : on leur rase la barbe, on coupe la moitié de leurs vêtements jusqu'à la ceinture, puis
on les renvoie. 5 Ils partent. David apprend ce
qui leur est arrivé. Il envoie des messagers à la
rencontre de ses ministres qui sont couverts

b **18.4** *Le jarret d'un cheval est l'endroit où la patte arrière se plie.*

c **18.9** *Hamath : royaume syrien situé au nord-est du royaume de David.*

d **18.12** *La vallée du Sel relie la mer Morte au golfe d'Aqaba. Actuellement, elle s'appelle la Araba.*

de honte. Le roi leur fait dire : « Restez à Jéricho jusqu'à ce que votre barbe ait repoussé,
puis revenez ici. »

David combat les Ammonites et les Syriens

6 Hanoun et les Ammonites comprennent
que David ne peut plus les supporter, à cause
de ce qu'ils ont fait. Alors ils paient 30 tonnes
d'argent pour avoir à leur service des Syriens
de Haute-*Mésopotamie, de Maaka et de
Soba, avec des chars et des cavaliers. 7 Ils obtiennent 32 000 chars de guerre et ils paient
les services du roi de Maaka et de son armée.
Ceux-ci vont installer leur camp près de Mèdeba. Les Ammonites, eux, sortent de leurs
villes et se rassemblent pour le combat.
8 Quand David apprend cela, il envoie
contre eux le général Joab et les combattants
les plus courageux de son armée. 9 Les Ammonites vont se ranger à l'entrée de Rabba, leur
capitale, pour combattre. Mais les rois venus
les aider se trouvent ailleurs dans la campagne. 10 Joab voit que ses soldats et lui doivent
attaquer à deux endroits, devant et derrière.
Il choisit donc les meilleurs soldats d'Israël
et il les place en face des Syriens. 11 Il met
son frère Abichaï à la tête du reste de l'armée,
et il le place en face des Ammonites. 12 Joab dit
à son frère : « Si les Syriens sont plus forts que
moi, tu viendras à mon secours. Si les Ammonites sont plus forts que toi, c'est moi qui viendrai t'aider. 13 Sois courageux, combattons
courageusement pour notre peuple et pour
les villes de notre Dieu. Et que le SEIGNEUR
agisse comme il le jugera bon ! » 14 Joab avance
avec les soldats qui sont avec lui. Il attaque les
Syriens qui fuient devant eux. 15 Les Ammonites voient que les Syriens ont fui. Ils fuient à
leur tour devant Abichaï, le frère de Joab, et
ils rentrent dans leur ville. Alors Joab revient
à Jérusalem.

16 Quand les Syriens voient que les Israélites
les ont battus, ils envoient des messagers chercher les soldats syriens qui habitent de l'autre
côté du fleuve Euphrate. Chobak, chef de l'armée de Hadadézer, les commande. 17 David
l'apprend. Il rassemble tous les soldats d'Israël
et il traverse le Jourdain. Il marche rapidement à la rencontre des Syriens et il range
son armée pour le combat. David se prépare
au combat face aux Syriens qui attaquent,
18 mais les Israélites les font fuir. David et
ses soldats tuent 7 000 chevaux qui tirent
les chars et 40 000 soldats à pied. Ils tuent
aussi le général Chobak.
19 Tous les rois sous le pouvoir de Hadadézer voient qu'ils ont été battus par les Israélites. Alors ils font la paix avec David et se
mettent sous son pouvoir. Et les Syriens ne
veulent plus venir aider les Ammonites.

David prend la ville de Rabba

20 1 L'année suivante, à la saison où les
rois ont l'habitude de partir pour la
guerre, le général Joab part à la tête de l'armée
pour détruire le pays des Ammonites. Il se
prépare à attaquer la ville de Rabba, la capitale, mais David est resté à Jérusalem.
Joab prend Rabba et la détruit. 2 Ensuite,
David enlève la couronne qui est sur la tête
de la statue de Molek, le dieu des Ammonites.
Cette couronne d'or pèse plus de 30 kilos. Elle
porte une pierre précieuse qu'on met sur la
couronne de David. De plus, David emporte
de nombreuses richesses de guerre prises
dans la ville. 3 David déporte les habitants et
leur fait réaliser certains travaux : scier et tailler des pierres, abattre des arbres. David traite
de la même façon toutes les autres villes des
Ammonites. Ensuite, il rentre à Jérusalem
avec toute son armée.

Les Israélites combattent les Philistins

4 Après cela, il y a un combat contre les
*Philistins, à Guézer. Là, Sibkaï, de Houcha,
tue Sippaï, un homme de la famille des Refaïtes, et les Philistins sont abaissés. 5 Il y a un autre combat contre les Philistins. Là, Élanan,
fils de Yaïr, tue Lami, le frère de Goliath, de
Gath. Le bois de la lance de ce Philistin est
aussi gros que la barre d'un métier à tisser.
6 Un nouveau combat a lieu à Gath. Il y a là
un soldat ennemi, un géant qui a 6 doigts à
chaque main et à chaque pied, 24 doigts en
tout. Il est, comme les autres, de la famille

de Harafa. 7 Il insulte les Israélites. Alors Yonatan, fils de Chamma et neveu de David, le tue.

8 Ces soldats philistins, de la famille de Harafa, de Gath, tombent sous les coups de David et de ses soldats.

David fait compter le peuple d'Israël

21 1 Un jour, *Satan cherche à faire du mal au peuple d'Israël. Alors il pousse David à compter les Israélites. 2 David dit à Joab et aux autres chefs de l'armée : « Allez compter les Israélites, depuis Dan, au nord, jusqu'à Berchéba, au sud. Puis venez me donner les résultats, car je veux savoir combien il y a d'habitants. » 3 Joab répond au roi : « Je souhaite que le SEIGNEUR rende son peuple cent fois plus nombreux. Aujourd'hui, ils sont déjà tous à ton service. Mais pourquoi est-ce que tu désires les compter et par là rendre Israël coupable[e] ? »

4 Pourtant, l'ordre du roi est plus fort que l'avis de Joab, et celui-ci doit obéir. Joab se met en route, il va dans tout le pays d'Israël, puis il revient à Jérusalem. 5 Il donne le résultat du recensement à David. Israël possède 1 100 000 soldats capables de se battre, et Juda en a 470 000[f].

6 Joab n'a pas fait compter les tribus de Lévi et de Benjamin avec les autres. En effet, il n'est pas du tout d'accord avec cet ordre du roi.

Le Seigneur envoie la peste en Israël

7 Cette action déplaît à Dieu et il punit Israël. 8 David dit à Dieu : « J'ai commis un péché grave. Oui, j'ai vraiment agi comme un fou. Pardonne-moi cette faute. »

9 Alors le SEIGNEUR parle au *prophète Gad, le conseiller de David. Il lui dit : 10 « Va trouver David et dis-lui de ma part : "Moi, le SEIGNEUR, je te propose de choisir entre trois malheurs. Je t'enverrai celui que tu choisiras." » 11 Gad va donc chez David pour lui communiquer les paroles du SEIGNEUR. Il lui dit : « Qu'est-ce que tu aimes mieux ? 12 Trois années de famine ? Ou trois mois de défaite pendant lesquels tes ennemis te feront la guerre et te battront ? Ou encore trois jours pendant lesquels le SEIGNEUR frappera le pays comme avec une *épée et le détruira ? Il enverra son *ange destructeur répandre une épidémie de peste dans tout le territoire d'Israël. Réfléchis et dis-moi ce que je dois répondre à celui qui m'envoie. » 13 David dit à Gad : « J'ai une peur terrible. Mais je préfère tomber entre les mains du SEIGNEUR plutôt que de tomber entre les mains des hommes. En effet, le SEIGNEUR, lui, est capable de pitié. »

14 Alors le SEIGNEUR envoie la peste en Israël, et 70 000 personnes meurent dans tout le pays. 15 Le SEIGNEUR envoie l'ange à Jérusalem pour la détruire. Mais quand il voit l'ange détruire les habitants, il est bouleversé par ce malheur. Il dit à l'ange destructeur : « C'est trop ! Arrête ! »

À ce moment-là, l'ange du SEIGNEUR est près de l'endroit où Ornan, le Jébusite[g], bat son *blé. 16 David lève les yeux et il voit l'ange qui se tient entre ciel et terre. Celui-ci tient son épée à la main et la tourne contre Jérusalem. Alors David et les *anciens, portant des habits de deuil, se mettent à genoux, le front contre le sol. 17 David dit à Dieu : « Est-ce que ce n'est pas moi qui ai commandé de compter le peuple ? C'est moi qui ai péché et qui ai fait le mal ! Mais ces pauvres gens, qu'est-ce qu'ils ont fait ? SEIGNEUR mon Dieu, c'est moi qu'il faut frapper, moi et ma famille. N'envoie pas ce malheur sur ton peuple ! »

David construit un autel pour le Seigneur

18 *L'ange du SEIGNEUR dit à Gad : « Commande à David de monter à l'endroit

---

e **21.3** *Le fait de compter les habitants d'un pays permettait de connaître sa puissance militaire. Or, pour Israël, cela peut montrer un manque de confiance en Dieu.*

f **21.5** *Ici, Israël représente l'ensemble des dix tribus du nord du pays, et Juda représente les deux tribus du sud.*

g **21.15** *Ornan est appelé Aravna en 2 Samuel 24.16-23, qui raconte la même histoire. Jébusite : ancien habitant de Jébus, le nom que Jérusalem portait avant que David prenne la ville.*

où Ornan bat son *blé. Là, il construira un
*autel pour le SEIGNEUR. » 19 David monte là-
haut, comme le SEIGNEUR l'a commandé par
l'intermédiaire de Gad. 20 Ornan est en train
de battre son blé. Il se retourne et il voit
l'ange. Ses quatre fils, qui sont avec lui,
vont se cacher. 21 David arrive auprès d'Ornan. Dès que celui-ci voit le roi, il quitte l'endroit où il bat le blé et il s'incline devant lui
jusqu'à terre. 22 David dit à Ornan : « Donne-
moi cet endroit. Je voudrais bâtir ici un autel
pour le SEIGNEUR. Ainsi, le grand malheur qui
est tombé sur le peuple s'arrêtera. Donne-le-
moi, et je te le paierai à son juste prix. »
23 Ornan dit au roi : « Prends-le, je t'en prie,
et offre au SEIGNEUR ce qui te semble bon.
Voici mes bœufs pour le *sacrifice complet.
Les chariots serviront à faire le feu. Voici le
blé pour l'offrande des produits de la terre.
Je te donne tout. » 24 Mais le roi lui dit:
« Non ! Je vais te payer tout cela au juste
prix. Je ne veux pas apporter au SEIGNEUR
ce qui est à toi et offrir des sacrifices qui
ne me coûtent rien ! »

25 David achète l'endroit pour 600 pièces
d'or. 26 Là, il construit un autel et il offre au
SEIGNEUR des sacrifices complets et des sacrifices de communion. Ensuite, il prie le SEI-
GNEUR. Celui-ci répond à David en envoyant
du *ciel le feu pour brûler les sacrifices sur
l'autel. 27 Alors le SEIGNEUR commande à l'ange
destructeur de remettre son *épée dans son
étui.

28 David constate que le SEIGNEUR a répondu
à sa prière, là où Ornan, le Jébusite, battait son
blé. À partir de ce moment, il offre régulièrement des sacrifices à cet endroit. 29 À cette
époque, la *tente du SEIGNEUR que Moïse a fabriquée dans le désert et l'autel des sacrifices
se trouvent sur le lieu sacré de Gabaon.
30 Mais David ne peut pas y aller pour consulter Dieu, car il a eu très peur à cause de l'épée
22 de l'ange du SEIGNEUR. 1 C'est pourquoi
il dit : « La maison du SEIGNEUR Dieu
doit être ici, et les Israélites doivent offrir
leurs sacrifices à cet endroit. »

David prépare la construction du temple

2 David commande de réunir les étrangers
installés dans le pays d'Israël. Il charge des ouvriers de tailler des pierres pour construire le
temple de Dieu. 3 David prépare aussi une
grande quantité de fer afin de fabriquer des
clous pour les battants des portes, ainsi que
des crochets. Il rassemble tellement de bronze
qu'on ne peut pas le peser. 4 Il rassemble aussi
du bois de *cèdre, que les gens de Sidon et de
Tyr lui apportent en très grande quantité.
5 David se dit : « Mon fils Salomon est jeune
et sans expérience. Or, le temple qu'on va
construire pour le SEIGNEUR doit être célèbre
dans tous les pays pour sa grandeur et sa
beauté. Je veux donc préparer ce qu'il faut
pour l'aider. » Ainsi David fait beaucoup de
préparatifs avant de mourir.

David commande à Salomon de construire le temple

6 David appelle son fils Salomon et il lui
commande de construire une maison pour le
SEIGNEUR, Dieu d'Israël. 7 Il lui dit : « Mon
fils, j'avais l'intention de construire moi-
même un temple pour le SEIGNEUR mon
Dieu. 8 Mais le SEIGNEUR m'a dit : "Tu as répandu beaucoup de sang en faisant de grandes
guerres. À cause de tout ce sang répandu à
terre devant moi, ce n'est pas toi qui construiras un temple en mon honneur. 9 Mais tu vas
avoir un fils. Ce sera un homme de paix. Je lui
donnerai la paix en le délivrant des ennemis
qui l'entourent. Il s'appellera Salomon[h]. Pendant qu'il sera roi, je donnerai la paix et la sécurité au pays d'Israël. 10 C'est lui qui me
construira un temple. Il sera pour moi un
fils, et je serai pour lui un père. Et grâce à
moi, son pouvoir royal sera solidement établi." » 11 David continue : « Maintenant, mon
fils, que le SEIGNEUR ton Dieu soit avec toi
pour que tu réussisses à lui construire un temple, comme il l'a promis à ton sujet. 12 Qu'il
t'accorde un bon jugement et de l'intelligence, quand il te donnera le pouvoir sur Is-

h 22.9 *Salomon : en hébreu, le nom de Salomon est formé sur le mot « paix ».*

raël. Ainsi tu pourras obéir à la loi du SEIGNEUR
ton Dieu. 13 Si tu respectes les commandements et les règles qu'il a donnés à Moïse
pour Israël, tu réussiras en tout. Sois fort et
courageux, n'aie pas peur et ne te décourage
pas ! 14 Pour le temple du SEIGNEUR, je me
suis donné beaucoup de mal et j'ai rassemblé
plus de 3 000 tonnes d'or, et plus de 30 000
tonnes d'argent. J'ai accumulé tellement de
bronze et de fer qu'on ne peut pas les peser.
J'ai préparé également du bois et des pierres.
Tu pourras encore en ajouter. 15 Tu auras
beaucoup d'ouvriers pour t'aider, des artisans
qui travaillent la pierre ou le bois et des artisans capables d'autres travaux encore. 16 Tu
posséderas de l'or, de l'argent, du bronze et
du fer en très grande quantité. Mets-toi au travail, et que le SEIGNEUR soit avec toi ! »
17 Ensuite, David commande à tous les chefs
d'Israël d'aider son fils Salomon. 18 Il leur dit :
« Le SEIGNEUR votre Dieu est avec vous, n'est-
ce pas ? Il vous a donné la paix sur toutes les
frontières. Il a livré entre mes mains les anciens habitants du pays. Aujourd'hui, ils sont
sous le pouvoir du SEIGNEUR et de son peuple.
19 Donc maintenant, de tout votre cœur et de
tout votre être, cherchez à connaître le SEI-
GNEUR votre Dieu. Mettez-vous au travail et
construisez le *lieu saint du SEIGNEUR Dieu.
Vous pourrez alors placer le *coffre de l'alliance du SEIGNEUR et les objets *consacrés à
Dieu dans le temple qui sera construit en
son honneur. »

David organise les groupes de lévites

23 1 Le roi David est devenu très vieux. Il
établit son fils Salomon comme roi
d'Israël. 2 Ensuite, il rassemble tous les chefs
du pays, ainsi que les prêtres et les *lévites.
3 Il fait compter un par un les lévites adultes, âgés de 30 ans et plus. Ils sont 38 000.
4 David en désigne 24 000 pour surveiller les
travaux du temple du SEIGNEUR, 6 000 comme
administrateurs et juges, 5 4 000 comme gardiens des portes. Il en désigne 4 000 pour
chanter la louange du SEIGNEUR avec les instruments de musique qu'il a fait fabriquer pour
cela. 6 Il divise les lévites en plusieurs groupes, selon qu'ils appartiennent aux clans de
Guerchon, Quéhath ou Merari.

7 Le groupe de Guerchon est formé selon les
familles de ses fils Ladan et Chiméi. 8 Ladan a
eu trois fils : Yéhiel, le premier, puis Zétam et
Joël. 9 Chiméi a eu trois fils : Chelomith,
Haziel et Haran, chefs des familles nées de
Ladan. 10 Chiméi a eu quatre autres fils :
Yahath, Ziza, Yéouch et Beria. 11 Yahath est
le premier, Ziza est le deuxième. Yéouch et
Beria n'ont pas eu beaucoup de fils. Ceux
qui sont nés d'eux forment donc une famille
chargée d'une seule fonction.

12 Quéhath a eu quatre fils : Amram, Issar,
Hébron et Ouziel. 13 Fils d'Amram : Aaron et
Moïse. Aaron a été mis à part avec ceux de
sa famille, afin de se *consacrer pour toujours
au service du *lieu très saint. Ils doivent présenter au SEIGNEUR les offrandes de parfum, accomplir le service de Dieu et donner pour
toujours les *bénédictions au nom du SEI-
GNEUR. 14 Moïse, lui, a été l'homme de Dieu.
Ses fils sont comptés dans la tribu de Lévi.
15 Fils de Moïse : Guerchom et Éliézer. 16 Fils
de Guerchom : Chebouel, le premier. 17 Éliézer a eu un fils : Rehabia. Il n'a pas eu d'autre
fils, mais Rehabia en a eu beaucoup. 18 Fils
d'Issar : Chelomith, le premier. 19 Fils d'Hébron : Yeria, le premier, Amaria, le deuxième,
Yaziel, le troisième, Yecamam, le quatrième.
20 Fils d'Ouziel : Mika, le premier, Issia, le
deuxième.

21 Fils de Merari : Mali et Mouchi. Mali a eu
deux fils : Élazar et Quich. 22 Élazar est mort
sans avoir de fils. Mais il a eu des filles qui
sont devenues les femmes de leurs cousins,
les fils de Quich. 23 Mouchi a eu trois fils :
Mali, Éder et Yerémoth.

24 Tous ces hommes-là sont de la tribu de
Lévi. Chacun est chef de sa famille. On les
compte un par un, et leurs noms sont inscrits
sur des listes. Dès l'âge de 20 ans, ils travaillent au service du temple du SEIGNEUR. 25 En
effet, David a dit : « Le SEIGNEUR, Dieu d'Israël,
a donné la paix à son peuple. Lui-même habite

à Jérusalem pour toujours. 26 Ainsi, les lévites
n'ont plus à transporter la *tente sacrée et
tous les objets pour son service. » 27 C'est
pourquoi, selon les dernières décisions de David, les lévites sont inscrits sur des listes dès
l'âge de 20 ans. 28 Ils doivent obéir aux ordres
des gens de la famille d'Aaron pour le service
du temple du SEIGNEUR. Ils sont chargés des
cours et des salles, ils *purifient les objets sacrés et ils travaillent au service du temple de
Dieu. 29 Ils doivent s'occuper des pains offerts
à Dieu, préparer la farine pour les offrandes
des produits de la terre, les galettes sans *levain, les gâteaux cuits sur une plaque, et les
autres gâteaux. Ils doivent aussi contrôler les
instruments qui servent à peser et à mesurer.
30 Ils doivent être présents matin et soir pour
chanter la louange du SEIGNEUR et lui rendre
*gloire. 31 Ils doivent être là aussi quand les
gens viennent offrir des *sacrifices complets,
le jour du *sabbat, le premier jour du mois
ou les autres jours de fêtes. Ils doivent accomplir ce service pour toujours, devant le
SEIGNEUR, aussi nombreux que la règle le
demande. 32 Ainsi, ils seront responsables de
la *tente de la rencontre et du *lieu saint. Et
ils aideront les gens de la famille d'Aaron,
leurs frères, pour le service du temple du
SEIGNEUR.

Les groupes de prêtres

24 1 Les hommes de la famille *d'Aaron
sont divisés en groupes. Voici les fils
d'Aaron : Nadab, Abihou, Élazar et Itamar.
2 Nadab et Abihou sont morts avant leur
père sans avoir de fils. Seuls Élazar et Itamar
ont été prêtres. 3 David, aidé par Sadoc, de la
famille d'Élazar, et par Ahimélek, de la famille
d'Itamar, divise en groupes les hommes de la
famille d'Aaron, en tenant compte des tâches
de leur service. 4 Or, il y a plus d'hommes
dans la famille d'Élazar que dans la famille
d'Itamar. C'est pourquoi on divise les hommes d'Élazar en 16 groupes et ceux d'Itamar
en 8 groupes, avec un chef de famille pour
chaque groupe. 5 Les groupes sont formés
par *tirage au sort. En effet, il y a des « serviteurs du *lieu saint » et des « serviteurs de
Dieu »[i] dans la famille d'Élazar et dans celle
d'Itamar.

6 Le secrétaire Chemaya, fils de Netanéel,
de la tribu de Lévi, inscrit leurs noms en présence du roi et de ses ministres, du prêtre Sadoc, d'Ahimélek, fils d'Abiatar, et en présence
des chefs des familles de prêtres et de *lévites.
Pour le clan d'Élazar, on tire au sort deux fois
de suite, pour le clan d'Itamar, une seule fois[j].
7-18 Voici la liste des chefs des groupes désignés par le tirage au sort :

1. Yoyarib	13. Houppa
2. Yedaya	14. Yéchébab
3. Harim	15. Bilga
4. Séorim	16. Immer
5. Malkia	17. Hézir
6. Miamin	18. Happissès
7. Haccos	19. Petahia
8. Abia	20. Ézékiel
9. Yéchoua	21. Yakin
10. Chekania	22. Gamoul
11. Éliachib	23. Delaya
12. Yaquim	24. Maazia.

19 Les groupes suivent cet ordre pour leur
service dans le temple du SEIGNEUR. Là, ils
font leur travail selon les règles données par
leur ancêtre Aaron. Celui-ci les a reçues du
SEIGNEUR, Dieu d'Israël.

Autre liste de lévites

20 Voici les autres chefs de la tribu de Lévi :
Parmi les fils d'Amram : Choubaël, et parmi
ceux de Choubaël : Yédia. 21 Parmi les fils de
Rehabia : Issia, qui a la première place dans
sa famille. 22 Parmi les fils d'Issar : Chelomoth,
et parmi ceux de Chelomoth : Yahath. 23 Fils
d'Hébron : Yeria a la première place dans sa
famille, Amaria, la deuxième, Yaziel, la
troisième, et Yecamam, la quatrième. 24 Fils
d'Ouziel : Mika. Parmi les fils de Mika : Chamir. 25 Parmi les fils d'Issia, frère de Mika : Za-

i **24.5** *Le sens exact de ces titres n'est pas connu.*

j **24.6** *Sans doute parce que le clan d'Élazar était deux fois plus nombreux que celui d'Itamar.*

karie. 26 Fils de Merari : Mali, Mouchi et Yazia. 27 Petit-fils de Merari, par son fils Yazia : Choham, Zakour et Ibri. 28 Fils de Mali : Élazar, qui n'a pas eu de fils, 29 et Quich, qui a eu un fils : Yeraméel. 30 Fils de Mouchi : Mali, Éder et Yerimoth.

Tous ces hommes-là sont de la tribu de Lévi. Chacun est chef de sa famille. 31 Eux aussi, tout comme leurs frères, les hommes de la famille d'Aaron, *tirent au sort l'ordre de leur service. Ils font cela en présence du roi David, de Sadoc et d'Ahimélek, et en présence des chefs des familles de prêtres et de *lévites. Ainsi la famille du fils qui a la première place est traitée comme celle d'un frère plus jeune.

Les groupes de chanteurs

25 1 David, aidé par les chefs des équipes responsables du service du temple, met à part les hommes de la famille d'Assaf, de Héman et de Yedoutoun. Ils chantent ce que Dieu leur inspire, en s'accompagnant de *cithares, de harpes et de cymbales. Voici la liste des hommes qui accomplissent ce service : 2 Les fils d'Assaf : Zakour, Joseph, Netania et Assaréla. Ils sont dirigés par leur père, qui chante ce que Dieu leur inspire, comme le roi l'a ordonné.

3 Les fils de Yedoutoun : Guedalia, Seri, Yechaya, Chiméi, Hachabia et Mattitia. Tous les six sont dirigés par leur père, qui chante la louange du SEIGNEUR et lui rend *gloire, en s'accompagnant de la cithare.

4 Les fils de Héman : Bouquia, Mattania, Ouziel, Chebouel, Yerimoth, Hanania, Hanani, Éliata, Guidalti, Romameti-Ézer, Yochebécacha, Malloti, Hotir et Mahazioth. 5 Ce sont tous les fils de Héman, le voyant du roi. Il annonce à David ce que Dieu dit pour faire grandir sa puissance[k]. Dieu a donné à Héman 14 fils et trois filles.

6 Tous ces hommes chantent dans le temple du SEIGNEUR sous la direction de leur père. Ils s'accompagnent de cymbales, de harpes et de cithares. Ils font ce travail au service du roi, sous la direction d'Assaf, de Yedoutoun et d'Héman. 7 Ces musiciens et les membres de leur groupe entraînés à chanter pour le SEIGNEUR sont 288 en tout. Ils sont tous très bien formés dans leur art.

8 L'ordre des services est *tiré au sort. Il n'y a pas de différence entre les jeunes et les vieux, ni entre les chanteurs bien entraînés et les débutants. 9-31 Voici la liste des chefs des groupes désignés par le tirage au sort :

1. Joseph, fils d'Assaf	13. Chebouel
2. Guedalia	14. Mattitia
3. Zakour	15. Yerimoth
4. Seri	16. Hanania
5. Netania	17. Yochebécacha
6. Bouquia	18. Hanani
7. Assaréla	19. Malloti
8. Yechaya	20. Éliata
9. Mattania	21. Hotir
10. Chiméi	22. Guidalti
11. Ouziel	23. Mahazioth
12. Hachabia	24. Romameti-Ézer.

Chaque chef forme, avec d'autres membres de sa famille, un groupe de douze.

Les groupes de portiers

26 1 Les portiers forment aussi des groupes. Mechélémia, fils de Coré et petit-fils d'Abiassaf, du clan de Coré, 2 a sept fils. Voici leurs noms, dans l'ordre de leur naissance : Zakarie, Yediaël, Zébadia, Yatniel, 3 Élam, Yohanan et Éliohénaï.

4 Obed-Édom a huit fils : ce sont, dans l'ordre, Chemaya, Yozabad, Yoa, Sakar, Netanéel, 5 Ammiel, Issakar et Péoultaï. En effet, Dieu a *béni Obed-Édom. 6 Son fils aîné Chemaya a des fils qui ont des positions importantes dans leur famille. En effet, ce sont des hommes de valeur. 7 Les fils de Chemaya sont Otni, Refaël, Obed et Elzabad, ainsi que leurs frères Élihou et Semakia, tous deux hommes de valeur. 8 Ces hommes de la famille d'Obed-Édom, ainsi que leurs fils et d'autres parents, sont tous des hommes de valeur,

k **25.5** *Le texte hébreu ne permet pas de savoir s'il s'agit de la puissance de Dieu, de celle de David ou de celle de Héman.*

pleins de courage dans leur service. Ils sont 62 en tout.

9 Le groupe de Mechélémia, formé de ses fils et de ses frères, compte 18 hommes de valeur. 10 Hossa, du clan de Merari, a quatre fils. Chimri a la première place dans la famille. Il n'est pas l'aîné, mais son père lui donne cette place, 11 Hilquia a la deuxième place, Tebalia, la troisième, et Zakarie, la quatrième. Le groupe de Hossa, formé de tous ses fils et de ses frères, compte 13 hommes.

12 Les chefs et les membres de ces groupes qui gardent les portes servent dans le temple du SEIGNEUR. 13 Les jeunes et les vieux se distribuent les portes à garder en *tirant au sort d'après leurs familles.

14 Le sort tombe sur Chélémia pour la porte de l'est. Pour la porte du nord, le sort tombe sur son fils Zakarie, qui est un sage conseiller. 15 Obed-Édom doit garder la porte du sud, et ses fils surveillent les magasins. 16 Chouppim et Hossa gardent la porte de l'ouest et la porte de Challéketh, celle qui s'ouvre sur un chemin qui monte.

Les équipes de gardiens sont placées de la façon suivante : 17 à la porte de l'est, six *lévites par jour, à la porte du nord, quatre lévites par jour, à la porte du sud, quatre lévites par jour, aux magasins, deux équipes de deux, 18 pour le bâtiment annexe situé à l'ouest, quatre hommes sur la route et deux dans le bâtiment.

19 Ce sont là les groupes des portiers. Ils appartiennent aux clans de Coré et de Merari.

Les tâches confiées à certains lévites

20 D'autres *lévites sont responsables des trésors du temple et des objets sacrés offerts à Dieu. 21 Les hommes de la famille de Ladan, du clan de Guerchon, chefs de leurs familles, sont Yéhiéli, 22 ainsi que les fils de Yéhiéli, Zétam et son frère Joël. Ils sont responsables des trésors du temple du SEIGNEUR. 23 Pour les clans d'Amram, d'Issar, d'Hébron et d'Ouziel, 24 Chebouel, de la famille de Guerchom, fils de Moïse, est le surveillant général des trésors. 25 Dans sa famille, il y a les hommes d'Éliézer, frère de Guerchom : Rehabia, fils d'Éliézer, puis Yechaya, Yoram, Zikri et Chelomith. 26 Chelomith, avec ses frères, est responsable des objets qui ont été *consacrés à Dieu par le roi David, par les chefs de familles, par les commandants de 1 000 soldats et de 100 soldats, et par les autres chefs militaires. 27 Ces hommes ont consacré à Dieu une part des richesses prises pendant les guerres, pour entretenir le temple du SEIGNEUR. 28 Chelomith et ses frères sont aussi responsables de tout ce que le *prophète Samuel, Saül, fils de Quich, Abner, fils de Ner, et Joab, fils de Serouia, ont consacré à Dieu.

29 Kenania et ses fils, du clan d'Issar, s'occupent des affaires non religieuses d'Israël, comme administrateurs et juges. 30 Hachabia et 1 700 autres hommes de valeur du clan d'Hébron veillent sur le territoire d'Israël situé à l'ouest du fleuve Jourdain. Ils sont chargés de toutes les affaires religieuses et non religieuses. 31 Yeria est le chef du clan d'Hébron. La quarantième année où David est roi, on fait des recherches sur les familles de ce clan. On trouve à Yazer, en Galaad, des hommes de valeur qui en font partie. 32 Le roi David désigne, à côté de Yeria, 2 700 membres de ce clan, tous chefs de familles. Ils doivent s'occuper de l'ensemble des affaires religieuses et non religieuses, dans la région habitée par les tribus de Ruben et de Gad, et la demi-tribu de Manassé, celle de l'est.

L'organisation militaire du royaume

27 1 Voici une liste d'Israélites au service du roi : chefs de familles, commandants de 1 000 soldats, ou de 100 soldats, et administrateurs. Ils sont chargés des divisions militaires, qui, tout au long de l'année, sont de service à tour de rôle pour un mois. Chaque division compte 24 000 hommes. 2-15 Elles sont placées sous les ordres des chefs suivants :

Premier mois : Yachobam, fils de Zabdiel, du clan de Pérès. Il commande lui-même tous les chefs d'armée pour le premier mois.

Deuxième mois : Dodaï, d'Ahoa, aidé par le commandant Micloth.

Troisième mois : Benaya, fils du *grand-prêtre Yoyada. Benaya est un membre du « groupe

des Trente ». Quand il est devenu le chef des
Trente, c'est son fils Ammizabad qui a repris
le commandement de sa division.
Quatrième mois : Assaël, frère de Joab, et ensuite son fils Zebadia.
Cinquième mois : Chamouth, du clan d'Izra.
Sixième mois : Ira, fils d'Iquèch, de Técoa.
Septième mois : Hélès, de Palon, de la tribu d'Éfraïm.
Huitième mois : Sibkaï, de Houcha, du clan de Zéra.
Neuvième mois : Abiézer, d'Anatoth, de la tribu de Benjamin.
Dixième mois : Maraï, de Netofa, du clan de Zéra.
Onzième mois : Benaya, de Piraton, de la tribu d'Éfraïm.
Douzième mois : Heldaï, de Netofa, du clan d'Otniel.

Les chefs de tribus

16 À la tête des tribus d'Israël, il y a les chefs
suivants :
– tribu de Ruben : Éliézer, fils de Zikri
– tribu de Siméon : Chefatia, fils de Maaka
17 – tribu de Lévi : Hachabia, fils de Quemouel.
De la famille d'Aaron : Sadoc
18 – tribu de Juda : Élihou, un des frères de David
– tribu d'Issakar : Omri, fils de Mikaël
19 – tribu de Zabulon : Ichemaya, fils d'Obadia
– tribu de Neftali : Yerimoth, fils d'Azriel
20 – tribu d'Éfraïm : Osée, fils d'Azazia
– demi-tribu de Manassé, celle de l'ouest : Joël, fils de Pedaya
21 – demi-tribu de Manassé installée en Galaad : Iddo, fils de Zakarie
– tribu de Benjamin : Yassiel, fils d'Abner
22 – tribu de Dan : Azarel, fils de Yeroam.
Ce sont là les chefs des tribus d'Israël.

23 David ne fait pas compter les jeunes de
20 ans et au-dessous. En effet, le SEIGNEUR a
annoncé qu'il rendrait les Israélites aussi nombreux que les étoiles du ciel. 24 Joab, fils de Serouia, commence à compter les gens, mais il
ne termine pas. Dieu se met en *colère contre
Israël à cause de cela. C'est pourquoi le chiffre
total de la population n'est pas inscrit dans le
livre des Actes du roi David.

Les administrateurs des biens du roi

25 Azmaveth, fils d'Adiel, est responsable du
trésor du roi.
Yonatan, fils d'Ozias, est responsable des
réserves du pays, conservées dans les villes,
dans les villages et dans les postes de garde.
26 Ezri, fils de Keloub, est responsable des ouvriers agricoles qui travaillent dans le pays.
27 Chiméi, de Rama, est responsable des plantations de *vignes.
Zabdi, de Chefam, est responsable des réserves de vin qui viennent de ces plantations.
28 Baal-Hanan, de Beth-Guéder, est responsable des plantations *d'oliviers et de sycomores dans le *Bas-Pays.
Yoach est responsable des réserves d'huile.
29 Chitraï, de Saron, est responsable des troupeaux de bœufs qui se nourrissent dans les pâturages de Saron.
Chafath, fils d'Adlaï, est responsable de
ceux qui se nourrissent dans les plaines.
30 Obil, l'Ismaélite, est responsable des chameaux.
Yédia, de Méronoth, est responsable des
ânesses.
31 Yaziz, le Hagrite, est responsable des moutons et des chèvres.
C'est la liste des gens qui administrent les
biens du roi David.

L'entourage privé de David

32 Yonatan, oncle de David, est un homme
intelligent et instruit. Il est conseiller du roi.
Yéhiel, fils d'un Hakmonite, est chargé de
l'éducation des enfants du roi. 33 Ahitofel est
aussi conseiller royal. Houchaï, l'Arkite, est
le conseiller personnel du roi. 34 Yoyada, fils
de Benaya, et Abiatar succèdent à Ahitofel.
Joab est le chef de l'armée royale.

Salomon doit succéder à David et construire le temple

28 1 Le roi David rassemble à Jérusalem
tous les chefs d'Israël : les chefs des tribus, les chefs de divisions militaires au service
du roi, les chefs de 1000 soldats, et les chefs

de 100 soldats. Il rassemble aussi les administrateurs des biens et des troupeaux du roi et de ses fils, les hommes de confiance du palais, les combattants courageux et tous les hommes de valeur. 2 Le roi se lève et leur dit : « Gens de mon peuple, mes frères, écoutez-moi. J'avais l'intention de construire un temple pour y placer le *coffre de l'alliance du SEIGNEUR, là où notre Dieu pose ses pieds. J'ai donc préparé cette construction. 3 Mais Dieu m'a dit : "Ce n'est pas toi qui construiras un temple en mon honneur. En effet, tu es un homme de guerre et tu as répandu beaucoup de sang." 4 Pourtant, c'est moi que le SEIGNEUR, Dieu d'Israël, a choisi dans toute la famille de mon père. Il a voulu que moi, mes fils et les fils de mes fils, nous soyons rois d'Israël pour toujours. Autrefois, il a choisi Juda comme chef[l]. Ensuite, dans la tribu de Juda, il a choisi la famille de mon père. Puis, parmi les fils de mon père, c'est moi qu'il a voulu choisir comme roi sur l'ensemble d'Israël. 5 Parmi les nombreux fils que le SEIGNEUR m'a donnés, il a choisi Salomon pour le faire asseoir sur le siège royal et être roi sur Israël de sa part. 6 Le SEIGNEUR m'a dit : "C'est ton fils Salomon qui me construira un temple avec ses cours. Oui, c'est lui que j'ai choisi. Il sera un fils pour moi, et je serai un père pour lui. 7 S'il continue à obéir fidèlement à mes commandements et à mes lois, comme aujourd'hui, grâce à moi, son pouvoir royal sera établi pour toujours." 8 Maintenant, mes frères, en présence de tout Israël, le peuple du SEIGNEUR, et en présence de notre Dieu qui nous entend, choisissez d'étudier tous les commandements du SEIGNEUR notre Dieu et de leur obéir. Ainsi, vous continuerez à posséder ce bon pays que vous habitez, et vous le laisserez en héritage à vos familles pour toujours. 9 Et toi, mon fils Salomon, apprends à connaître le Dieu de ton père, adore-le avec un cœur non partagé et un esprit bien disposé. Oui, le SEIGNEUR examine le fond des cœurs et il connaît toutes les intentions des êtres humains. Si tu le recherches, il se laissera trouver par toi. Mais si tu l'abandonnes, il te rejettera pour toujours. 10 Maintenant, tu le vois, c'est toi que le SEIGNEUR a choisi pour construire le temple qui sera son *lieu saint. Courage, mets-toi au travail ! »

David donne à son fils Salomon les plans du temple

11 David donne à son fils Salomon le plan du *lieu saint, avec les bâtiments annexes, les magasins, les salles du haut ou salles intérieures, et la salle du *coffre sacré. 12 Il lui donne aussi les plans qu'il a préparés pour construire les cours du temple, les salles autour des cours, les salles où l'on garde les trésors du temple et les objets sacrés offerts à Dieu. 13 Il lui remet la liste des groupes de prêtres et de *lévites, avec tous les services à assurer dans le temple du SEIGNEUR. Il lui donne aussi la liste des objets pour le service du temple. 14 David indique à Salomon le poids d'or nécessaire pour chaque objet en or, et le poids d'argent nécessaire pour chaque objet en argent, selon leur usage. 15 Il lui donne aussi le poids des porte-lampes et des lampes en or, le poids des porte-lampes et des lampes en argent selon l'usage de chaque porte-lampes. 16 Il lui indique encore le poids de chaque table en or pour les pains offerts à Dieu, le poids des tables en argent, 17 et celui des fourchettes à viande. Il lui indique enfin le poids des *coupes pour le sang et des récipients d'or pur, celui des cuvettes en or et en argent, 18 et celui de *l'autel du parfum, en or pur. Puis David donne à Salomon le modèle du char sacré, des *chérubins en or qui protègent le coffre de l'alliance du SEIGNEUR en étendant leurs ailes.

19 Alors David dit : « Tout cela se trouve dans le texte que j'ai reçu de la part du SEIGNEUR. Cet écrit m'a fait connaître en détail la manière de réaliser ces plans. » 20 Ensuite il ajoute : « Mon fils, sois fort et courageux. Mets-toi au travail sans peur et ne te décourage pas ! Oui, le SEIGNEUR mon Dieu sera avec toi. Il ne te laissera pas, il ne t'abandon-

l **28.4** *Voir 1 Chroniques 5.1-3.*

nera pas jusqu'à la fin des travaux entrepris pour le service de son temple. 21 Les groupes de prêtres et de lévites au service du temple de Dieu sont aussi avec toi. De plus, pour le travail à réaliser, il y a des hommes de bonne volonté, habiles pour toutes sortes d'activités, parmi les chefs et l'ensemble du peuple. Ils feront tout ce que tu leur diras. »

Offrandes pour la construction du temple

29 1 Le roi David dit à toute l'assemblée : « Mon fils Salomon, que Dieu a choisi, est jeune et sans expérience. Or, le travail à réaliser est immense. En effet, il ne s'agit pas de construire un palais bien défendu pour un homme, mais de bâtir le temple du SEIGNEUR Dieu. 2 J'ai fait tout ce que j'ai pu pour préparer la construction du temple de mon Dieu : j'ai rassemblé de l'or, de l'argent, du bronze, du fer, du bois pour fabriquer tous les objets nécessaires. J'ai préparé en grande quantité des pierres de cornaline, et d'autres pierres pour décorer le temple, des pierres noires et de différentes couleurs, toutes sortes de pierres précieuses et beaucoup de marbre blanc. 3 De plus, parce que j'aime le temple de mon Dieu, je donne aussi de l'or et de l'argent qui sont à moi. Je les ajoute à tout ce que j'ai préparé pour le *lieu saint. 4 Je donne 100 tonnes d'or pur et 240 tonnes d'argent pur, pour recouvrir les murs du temple. 5 Et maintenant, qui parmi vous est encore prêt à donner volontairement de l'or et de l'argent pour le SEIGNEUR ? Ainsi, les artisans pourront fabriquer tous les objets d'or et d'argent nécessaires. »

6 Alors les chefs de familles, les chefs des tribus d'Israël, les commandants de 1 000 soldats, les commandants de 100 soldats et les chefs des équipes travaillant pour le roi offrent volontairement leurs dons. 7 Ils donnent pour le service du temple de Dieu : 170 tonnes d'or, 10 000 pièces d'or, plus de 300 tonnes d'argent, environ 600 tonnes de bronze, et plus de 3 000 tonnes de fer. 8 Ceux qui ont des pierres précieuses les donnent à Yéhiel, du clan de Guerchon, pour le trésor du temple du SEIGNEUR. 9 Tous ces gens offrent de bon cœur leurs biens pour le SEIGNEUR, et ils sont dans la joie. Le roi David aussi est rempli d'une grande joie.

David chante pour remercier le Seigneur

10 David remercie le SEIGNEUR en présence de toute l'assemblée en disant : « Louange à toi, depuis toujours et pour toujours, SEIGNEUR, Dieu de notre ancêtre Israël[m] ! 11 À toi, SEIGNEUR, la force et la puissance, l'honneur, la beauté et la grandeur ! Tout est à toi, dans le ciel et sur la terre. Tu es le roi, toi qui es au-dessus de tous les êtres. 12 La richesse et l'honneur viennent de toi. C'est toi le maître de tout. Tu possèdes la force et la puissance. Grâce à toi, tout grandit et devient fort. 13 Et maintenant, notre Dieu, nous te disons merci et nous chantons la louange de ton nom magnifique. 14 Je ne suis rien, et mon peuple n'est rien. Nous ne sommes pas capables de t'offrir ces dons. Oui, tout vient de toi, et nous t'offrons seulement ce que tu nous as donné. 15 Nous sommes devant toi des étrangers et des gens de passage, comme tous nos ancêtres. Notre vie sur terre est comme l'ombre, qui disparaît tout à coup. 16 SEIGNEUR notre Dieu, nous avons préparé beaucoup de richesses pour construire un temple en ton honneur, toi qui es Dieu. Or, tout cela vient de toi et t'appartient. 17 Mon Dieu, je le sais, tu examines le fond du cœur et tu aimes ce qui est droit. Et moi, c'est avec un cœur sincère que j'ai offert volontairement mes richesses. Et je vois maintenant avec joie ton peuple rassemblé ici agir de la même façon. 18 SEIGNEUR, Dieu d'Abraham, d'Isaac et d'Israël, nos ancêtres, garde pour toujours dans le cœur de ton peuple ces mêmes intentions droites, et tourne son cœur vers toi de façon sûre. 19 Donne à mon fils Salomon un cœur entièrement prêt à respecter tous tes commandements, tes enseignements et tes lois, et à leur obéir. Qu'il construise le temple pour lequel j'ai tout préparé ! »

---

m **29.10** *Voir 1 Chroniques 1.34 et la note.*

20 Ensuite, David dit à toute l'assemblée :
« Remerciez le SEIGNEUR votre Dieu. » Alors
tous remercient le SEIGNEUR, Dieu de leurs ancêtres. Ils se mettent à genoux et s'inclinent
devant le SEIGNEUR et devant le roi.

Salomon est consacré roi

21 Le jour suivant, les Israélites présentent
au SEIGNEUR des *sacrifices de communion et
des sacrifices complets. Ils lui offrent 1000
taureaux, 1000 béliers et 1000 agneaux
avec les offrandes de vin nécessaires. Il y a assez de sacrifices de communion pour nourrir
tous les Israélites qui sont là. 22 Ce jour-là,
les gens mangent et boivent devant le SEI-
GNEUR avec une grande joie. Pour la deuxième
fois, ils désignent Salomon, fils de David,
comme roi. Ils le *consacrent pour être leur
chef au service du SEIGNEUR. Ils consacrent
aussi Sadoc comme *grand-prêtre. 23 Salomon
s'installe sur le siège royal donné par le SEI-
GNEUR, et il succède à son père David. Il a
beaucoup de succès, et tout le peuple d'Israël
lui obéit. 24 Toutes les autorités, les militaires,
et même tous les autres fils de David reconnaissent l'autorité du roi Salomon. 25 Le SEI-
GNEUR fait de Salomon un grand roi aux yeux
de tout Israël. Il en fait un roi très honoré, et
son honneur dépasse celui de tous les rois
d'Israël avant lui.

La mort de David

26 David, fils de Jessé, a été roi sur l'ensemble d'Israël. 27 Il a été roi du peuple d'Israël pendant 40 ans, 7 ans à Hébron et
33 ans à Jérusalem. 28 Il meurt très âgé à la
fin d'une vieillesse heureuse, couvert de richesse et d'honneur. Son fils Salomon devient
roi à sa place.

29 Tous les actes de David, des premiers jusqu'aux derniers, sont écrits dans les « Actes
de Samuel, le voyant », dans les « Actes du
*prophète Natan » et dans les « Actes du pro-
phète Gad ». 30 Ces livres racontent ce qui
s'est passé pendant que David était roi, ses actions courageuses, les difficultés qu'il a rencontrées, ce qui est arrivé à Israël et dans les
royaumes des autres pays.

Deuxième livre des Chroniques

INTRODUCTION

(Voir l'introduction aux livres des Chroniques, p. 448.)

• *2 Chroniques 1–9*

À la fin du premier livre des Chroniques, David désigne Salomon comme son successeur.

Le deuxième livre commence avec l'histoire du roi Salomon. Contrairement au deuxième livre de Samuel, l'auteur ne raconte pas comment certains fils de David et certains de ses chefs d'armée se font la guerre pour prendre le pouvoir. Mais il reprend au premier livre des Rois tout ce qui concerne la ***construction*** *et la* ***consécration du temple*** *de Dieu. Le récit se trouve au milieu de passages qui montrent la sagesse, la puissance et la richesse de Salomon (1.1-17 et 9.13-28). Ses faiblesses et ses fautes, venant de ses liens avec des femmes étrangères, ne sont pas indiquées. Salomon est surtout celui qui continue l'œuvre de David.*

• *2 Chroniques 10–36*

L'histoire des rois de Juda connaît deux périodes : celle pendant laquelle le pays est divisé en deux royaumes (chapitres 10–28), et celle où il n'y a plus que le royaume de Juda (chapitres 29–36). L'auteur insiste sur les réformes religieuses des rois de Juda, tout spécialement dans cette deuxième période. Ézékias (chapitres 29–32) et Josias (chapitres 34 et 35) sont des ***modèles de rois fidèles à Dieu.*** *L'auteur présente Ézékias comme un roi qui ressemble à David et à Salomon.*

Les fils de Josias font ce qui est mal aux yeux du Seigneur, et les Babyloniens attaquent et détruisent Jérusalem. Des populations sont déportées à Babylone. Cette histoire est racontée de façon courte. L'ensemble des livres des Chroniques se termine par la note positive du retour des Juifs exilés (36.22-23).

SALOMON, ROI D'ISRAËL
1–9

1 [1] Salomon, fils de David, rend son pouvoir royal de plus en plus fort. Le SEIGNEUR son Dieu est avec lui et il en fait un grand roi.

Salomon demande à Dieu de lui donner la sagesse pour gouverner

[2] Salomon réunit tout le peuple d'Israël, en particulier les commandants de 1000 soldats et les commandants de 100 soldats, les juges et tous les chefs d'Israël, c'est-à-dire les chefs de famille. [3] Avec tous ceux qui sont rassemblés auprès de lui, Salomon va au lieu sacré de Gabaon[a]. En effet, la *tente de la rencontre avec Dieu se trouve là. C'est la tente que Moïse, le serviteur du SEIGNEUR, a fabriquée dans le désert. [4] En ce qui concerne le *coffre de Dieu, David l'a ramené de Quiriath-Yéarim à Jérusalem[b]. Il l'a placé à l'endroit préparé

---

a **1.3** *Gabaon : à dix kilomètres au nord-ouest de Jérusalem.*

b **1.4** *Voir 1 Chroniques 13 ; 15.1-3.*

pour lui, sous une tente. 5 Mais *l'autel de bronze fabriqué par Bessalel, fils d'Ouri et petit-fils de Hour[c], David l'a placé à Gabaon, devant la tente du SEIGNEUR.

C'est là que Salomon et tous ceux qui sont avec lui viennent consulter le SEIGNEUR. 6 Salomon monte à l'autel de bronze, devant le SEIGNEUR, près de la tente de la rencontre, et il offre 1 000 animaux en *sacrifices complets. 7 La nuit suivante, Dieu se montre à Salomon et lui dit : « Demande-moi ce que tu veux, je te le donnerai. » 8 Salomon répond : « Tu as été très bon pour David, mon père, et tu m'as fait roi à sa suite. 9 Maintenant, SEIGNEUR Dieu, réalise ce que tu as promis à mon père. Oui, c'est toi qui me donnes d'être le roi d'un peuple aussi nombreux que les grains de poussière de la terre. 10 Je t'en prie, donne-moi la sagesse et la connaissance nécessaires pour être capable de conduire ce peuple. Sinon, qui pourrait gouverner ton peuple, ce peuple si grand ? »

11 Dieu répond à Salomon : « Tu n'as pas demandé de grandes richesses, ni beaucoup d'honneur. Tu n'as pas demandé la mort de tes ennemis ni une longue vie. Mais tu as demandé la sagesse et la connaissance nécessaires pour gouverner mon peuple sur lequel je t'ai établi comme roi. Puisque c'est cela que tu désires, 12 tu recevras cette sagesse et cette connaissance. En plus, je te donnerai de grandes richesses et beaucoup d'honneur. Tu en posséderas plus que tous les autres rois : ceux qui étaient avant toi et ceux qui viendront après toi. »

13 Alors Salomon quitte le lieu sacré de Gabaon, où se trouve la tente de la rencontre. Il revient à Jérusalem pour être roi d'Israël.

La puissance et la richesse de Salomon

14 Salomon rassemble des chars de guerre et des chevaux. Il a 1 400 chars et 12 000 chevaux. Il en garde certains auprès de lui à Jérusalem. Les autres sont envoyés dans des villes préparées pour les recevoir. 15 Grâce au roi, il y a autant d'argent et d'or à Jérusalem que de pierres. Et les *cèdres sont aussi nombreux que les sycomores qui poussent dans le *Bas-Pays. 16 Les chevaux de Salomon viennent d'Égypte et de Cilicie. Des marchands vont les acheter là-bas pour le roi. 17 Ils font venir d'Égypte un char pour 600 pièces d'argent et un cheval pour 150 pièces. Ces marchands en rapportent aussi pour tous les rois des Hittites et pour les rois de Syrie.

Salomon prépare la construction du temple du Seigneur

18 Salomon commande de construire un temple en l'honneur du SEIGNEUR et un palais

2 royal pour lui-même. 1 Il engage 70 000 hommes pour porter les charges, 80 000 pour tailler les pierres dans la montagne, et 3 600 pour surveiller ces ouvriers.

2 Voici le message que Salomon envoie à Hiram, le roi de Tyr : « Tu as fourni du bois de *cèdre à mon père David pour qu'il construise son palais. Agis de même pour moi. 3 En effet, j'ai l'intention de construire un temple en l'honneur du SEIGNEUR mon Dieu. Les Israélites lui *consacreront cette maison. Ils brûleront pour lui des offrandes de parfum, ils lui présenteront sans cesse les pains sacrés. Là, ils offriront les *sacrifices complets, chaque jour, matin et soir, les jours de *sabbat, les jour de *nouvelle lune et les autres jours de fête en l'honneur du SEIGNEUR notre Dieu. Ce sont des règles que les Israélites devront appliquer pour toujours. 4 Le temple que je vais construire doit être grand, car notre Dieu est plus grand que tous les dieux. 5 En réalité, personne n'a le pouvoir de lui construire une maison. En effet, le ciel dans toute sa grandeur ne peut pas le contenir. Et moi, qui suis-je pour lui construire une maison ? Je veux seulement bâtir un lieu où on lui offrira des sacrifices. 6 Maintenant, envoie-moi un homme habile pour travailler l'or, l'argent, le bronze et le fer. Il doit aussi savoir préparer les tissus rouge clair, rouge foncé et violets. Il doit enfin être capable de sculpter. Il travaillera avec mes arti-

c 1.5 *Bessalel : voir Exode 35.30–36.1.*

sans, ceux que mon père David a désignés et
qui habitent à Jérusalem ou ailleurs dans le
pays de Juda. 7 Envoie-moi du bois de cèdre,
de cyprès et de santal depuis les montagnes
du Liban. Tes serviteurs savent couper les
arbres du Liban, j'en suis sûr. Mes serviteurs
travailleront avec eux. 8 Ils me prépareront
du bois en grande quantité. Oui, le temple
que je vais construire sera grand et magnifique. 9 De mon côté, je fournirai pour les serviteurs qui couperont et abattront les arbres :
6 000 tonnes de *blé, 6 000 tonnes *d'orge,
800 000 litres de vin et 800 000 litres
d'huile. »

10 Hiram, roi de Tyr, répond à Salomon dans
une lettre : « Le SEIGNEUR aime son peuple.
C'est pourquoi il t'a établi comme roi sur lui.
11 Je remercie le SEIGNEUR, Dieu d'Israël, qui a
créé le ciel et la terre. Oui, il a donné à David
un fils rempli de sagesse, de bon jugement et
d'intelligence. Il est capable de construire un
temple pour le SEIGNEUR et un palais royal
pour lui-même. 12 Maintenant, je t'envoie un
homme habile, très intelligent, Houram-Abi.
13 Son père est de Tyr, mais sa mère est de la
tribu de Dan. Il sait travailler l'or, l'argent, le
bronze, le fer, la pierre, le bois. Il sait aussi préparer les tissus rouge clair, rouge foncé, violets
et le *lin fin. Il sait sculpter et fabriquer tous les
objets d'art qu'on lui demandera. Il travaillera
avec tes artisans et avec ceux que ton père, le
roi David, a désignés. 14 De ton côté, je t'en
prie, envoie-nous le blé, l'orge, l'huile et le
vin que tu as promis. 15 Nous, nous couperons
sur les montagnes du Liban tous les arbres qu'il
te faut. Nous les attacherons ensemble. Puis
nous te les enverrons jusqu'à Jaffa, en les faisant flotter sur la mer. De là, tu les feras transporter à Jérusalem. »

16 Salomon engage tous les étrangers installés dans le pays d'Israël qui ont été comptés
par son père David. Ils sont 153 600. 17 Salomon prend 70 000 hommes parmi eux pour
porter les charges, 80 000 pour tailler les pierres dans la montagne, et 3 600 pour surveiller
le travail de tous ces ouvriers.

Salomon construit le temple du Seigneur

3 1 Le roi Salomon commence à construire
le temple du SEIGNEUR à Jérusalem, sur la
montagne de Moria. C'est là que le SEIGNEUR
s'est montré à son père David. À cet endroit,
David a préparé une place, là où Ornan, le Jébusite, battait son *blé[d]. 2 La quatrième année
où Salomon est roi, le deuxième *mois, les travaux commencent.

3 Salomon fixe les dimensions pour construire le temple de Dieu en utilisant d'anciennes mesures. Cela fait 30 mètres de long et
10 mètres de large. 4 La salle d'entrée, sur le
devant, a 10 mètres de large, comme le temple, et 60 mètres de haut. Salomon fait recouvrir tout l'intérieur d'or pur. 5 Sur les murs de
la grande salle, il fait poser des planches de cyprès recouvertes d'or pur. Sur ces planches,
les artisans sculptent des branches de palmier
et des petites chaînes. 6 Ils décorent aussi
cette salle avec des pierres précieuses. L'or
utilisé vient de Parvaïm. 7 Ils recouvrent d'or
les poutres, les entrées, les murs et les portes
de la salle, et ils sculptent des *chérubins sur
les murs.

8 Des ouvriers construisent la salle appelée
le *lieu très saint. Elle a 10 mètres de large,
comme le temple, et 10 mètres de profondeur.
Ils utilisent 20 tonnes d'or pur pour recouvrir
l'intérieur. 9 Les clous d'or pèsent 500 grammes. Même les salles du haut sont recouvertes
d'or.

10 Ensuite, des artisans fabriquent deux
chérubins en métal fondu. Ils les recouvrent
d'or et les mettent dans le lieu très saint.
11-13 Ces chérubins sont debout, l'un à côté
de l'autre, le visage tourné vers l'entrée.
Chacun a deux ailes étendues, de 2 mètres
et demi. Une aile touche un mur de la salle,
la deuxième aile touche l'aile de l'autre chérubin. Leurs quatre ailes ainsi étendues ont
10 mètres de long. 14 Des artisans tissent un
rideau de *lin fin, teint en violet, rouge clair
et rouge foncé, et dessus, ils brodent des chérubins.

---

d **3.1** *Voir 1 Chroniques 21.15–22.1.*

Les colonnes de bronze et l'autel du temple

15 Des ouvriers fabriquent deux colonnes de
bronze hautes de 17 mètres, pour les placer
devant le temple. En haut de chaque colonne,
il y a une sorte de couronne de 2 mètres et
demi de haut. 16 Les artisans sculptent des petites chaînes et les mettent en haut des colonnes. Puis ils fabriquent une centaine de fruits
et ils les pendent aux petites chaînes. 17 Les
ouvriers dressent les colonnes devant le temple. Ils placent la première à droite, et on appelle cette colonne Yakin. Ils placent l'autre à
gauche, et on appelle cette colonne Boaz[e].

4 1 Des ouvriers fabriquent un *autel en
bronze. Il a 10 mètres de côté et 5 mètres
de haut.

La grande cuve et les bassins de bronze du temple

2 Houram fabrique une grande cuve ronde
en bronze. Elle mesure 5 mètres d'un bord à
l'autre, 2 mètres et demi de haut et 15 mètres
de tour. 3 Au-dessous du bord de la cuve, tout
autour, une décoration représente des bœufs.
Il y en a 20 par mètre, sur deux rangées. Cette
décoration a été fondue en même temps que
la cuve. 4 La cuve est posée sur douze bœufs
en bronze : trois sont tournés vers le nord,
trois vers l'ouest, trois vers le sud et trois
vers l'est. L'arrière de leur corps est tourné
vers l'intérieur, sous la cuve. 5 La cuve est
épaisse de 8 centimètres. Son bord est travaillé comme le bord d'une *coupe qui a la
forme d'une fleur de lys. Elle contient à peu
près 120 000 litres d'eau.

6 Houram fabrique dix petites cuves en
bronze. Il en met cinq à droite du temple et
cinq à gauche, pour les *purifications. C'est
dans ces cuves qu'on doit nettoyer les animaux offerts en *sacrifice complet. Les prêtres
se rendent *purs avec l'eau de la grande cuve.

Liste des objets en métal du temple

7 Houram fabrique dix porte-lampes en or,
selon le modèle fixé. Il les met dans la
grande salle du temple, cinq à droite et
cinq à gauche.

8 Il fabrique dix tables. Il les place aussi dans
la grande salle, cinq à droite et cinq à gauche.

Il fabrique 100 *coupes en or pur pour le
sang.

9 Il construit une cour pour les prêtres et
une autre cour, plus grande, avec des portes
recouvertes de bronze.

10 La grande cuve ronde a été placée sur le
côté droit du temple, près de l'angle du mur,
au sud-est.

11 Après que Houram a fabriqué les récipients pour les cendres, les pelles et les coupes pour le sang, il a fini de fabriquer tout
ce que le roi Salomon lui a commandé pour
le temple de Dieu :

12 – deux colonnes,
– deux sortes de couronnes à placer en haut des colonnes,
– deux sortes de filets pour recouvrir les couronnes en haut des colonnes,
13 – 400 fruits, appelés grenades, attachés aux deux filets, c'est-à-dire deux rangées de grenades attachées à chaque filet,
14 – des chariots et des petites cuves placées sur les chariots,
15 – une grande cuve ronde,
– douze bœufs qui portent cette cuve,
16 – des récipients pour les cendres,
– des pelles et des fourchettes à viande.

Tous ces objets, que Houram-Abi a fabriqués
pour le temple du SEIGNEUR sur l'ordre du roi
Salomon, sont en bronze poli. 17 Houram les a
fait couler dans des couches d'argile, dans la
vallée du Jourdain, entre les villages de Soukoth et de Serédata. 18 Salomon fait fabriquer

e 3.17 *Yakin signifie « il rend solide », et Boaz signifie « en lui la force ». « Il » et « lui » désignent sûrement Dieu.*

tellement d'objets que personne ne cherche à
savoir combien pèse ce bronze.

19 Salomon fait fabriquer aussi tous les objets en or pour le temple de Dieu :
*l'autel du parfum, en or,
les tables des pains offerts à Dieu, en or,
20 les porte-lampes avec leurs lampes, en or fin
(on doit les allumer, selon la règle établie, devant le *lieu très saint),
21 les fleurs, les lampes et les pincettes pour les
porte-lampes, en or fin,
22 les éteignoirs pour les lampes, les *coupes
pour le sang, les petits récipients, les brûle-
parfums, en or pur,
les portes du temple, en or : les portes intérieures qui donnent sur le *lieu très saint et
les portes de la grande salle.

5 1 Voilà comment Salomon a fini tous les
travaux pour construire le temple du SEI-
GNEUR. Après cela, il fait apporter les dons
que son père David a *consacrés au SEIGNEUR :
l'argent, l'or et tous les autres objets. Il les met
dans la salle du trésor du temple.

Le coffre de l'alliance est placé dans le temple

2 Ensuite, le roi Salomon réunit auprès de
lui à Jérusalem les *anciens du peuple d'Israël, tous les chefs des tribus et les chefs de
famille des Israélites. Il leur demande d'accompagner le *coffre de l'alliance du SEI-
GNEUR depuis la « *Ville de David » appelée
*Sion jusqu'au temple. 3 Alors tous les Israéli-
tes se réunissent auprès du roi Salomon pour
la *fête du septième mois[f]. 4 Quand tous les
anciens d'Israël sont arrivés, les *lévites portent le coffre sacré. 5 Les *prêtres-lévites
transportent ce coffre et la *tente de la rencontre avec les objets sacrés qui sont dans
la tente. 6 Le roi Salomon et toute la communauté d'Israël réunie auprès de lui se mettent
ensemble devant le coffre. Ils offrent en sacrifice des moutons et des bœufs. Il y en a tellement que personne ne peut les compter
exactement.
7 Ensuite, les prêtres transportent le coffre
de l'alliance du SEIGNEUR à la place prévue
pour lui, dans la salle appelée le *lieu très
saint, sous les ailes des *chérubins. 8 En effet,
les chérubins étendent leurs ailes au-dessus
de l'endroit prévu pour le coffre sacré. Ainsi,
ils protègent le coffre et les barres qui servent
à le porter. 9 Ces barres sont longues. Quelqu'un qui se trouve entre le coffre sacré et
l'entrée de la salle peut donc voir leurs bouts,
mais on ne les voit pas du dehors. Elles sont là
encore aujourd'hui. 10 Dans ce coffre, il y a
seulement les deux tablettes de la *loi. Après
que les Israélites sont sortis d'Égypte, le
SEIGNEUR a fait une *alliance avec eux sur le
mont *Horeb. C'est à ce moment-là que Moïse
a placé les tablettes de la loi dans le coffre
sacré[g].
11 Les prêtres sortent du *lieu saint. Tous les
prêtres qui sont là se sont rendus *purs sans
respecter l'ordre des groupes[h]. 12 Les lévites
musiciens, Assaf, Héman, Yedoutoun, leurs
fils et les autres membres de leurs clans,
sont habillés de *lin. Ils se tiennent à l'est de
*l'autel avec des *cymbales, des harpes et des
cithares. Près d'eux, il y a 120 prêtres qui savent jouer de la trompette. 13 Les joueurs de
trompette et les chanteurs s'unissent en un
même accord pour chanter la louange du SEI-
GNEUR et lui rendre *gloire : « Dites merci au
SEIGNEUR, car il est bon, et son amour est
pour toujours. » Ils sont accompagnés des
cymbales et des autres instruments pour le
chant. À ce moment-là, un nuage remplit le
temple, la maison du SEIGNEUR. 14 À cause de
ce nuage, les prêtres ne peuvent pas continuer
leur service. En effet, le SEIGNEUR remplit le
temple de sa gloire.

6 1 Alors Salomon dit :
« SEIGNEUR, tu avais décidé
d'habiter dans un nuage sombre.
2 Mais moi,

---

f **5.3** *Il s'agit sans doute de la fête des Huttes. Voir 1 Rois 8.2.*

g **5.10** *Voir Deutéronome 10.4-5.*

h **5.11** *Groupes des prêtres : voir 1 Chroniques 24.1-19.*

je t'ai construit une maison magnifique,
un lieu où tu habiteras toujours. »

Discours de Salomon pour la consécration du temple

3 Toute l'assemblée d'Israël est debout. Salomon se tourne vers elle et la salue. 4 Puis il
dit: « Je remercie le SEIGNEUR, Dieu d'Israël.
Oui, il a réalisé lui-même ce qu'il avait promis à mon père David. Il lui avait dit:
5 "C'est moi qui ai fait sortir d'Égypte mon
peuple. Depuis ce jour-là, je n'ai choisi aucune ville, parmi toutes les villes d'Israël,
pour y construire un temple où je serai présent. Et je n'ai pas choisi quelqu'un d'autre
pour être chef d'Israël, mon peuple. 6 Mais
j'ai choisi Jérusalem pour y montrer ma présence. Et je t'ai choisi, toi, David, pour que
tu sois à la tête d'Israël, mon peuple." » 7 Salomon continue: « Or, mon père David avait
l'intention de construire un temple *consacré
au SEIGNEUR, Dieu d'Israël. 8 Mais le SEIGNEUR
lui a dit: "Tu veux construire un temple
pour moi, c'est une très bonne intention.
9 Pourtant, ce n'est pas toi qui le bâtiras,
mais ton fils. Oui, c'est ton fils qui fera construire ce temple pour moi[i]." » 10 Salomon
continue: « Le SEIGNEUR a tenu sa promesse.
J'ai pris la place de mon père David en m'as-
seyant sur le siège royal d'Israël, comme le
SEIGNEUR l'avait annoncé. Et j'ai construit ce
temple consacré au SEIGNEUR, Dieu d'Israël.
11 Là, j'ai placé le coffre qui contient les *tablettes de l'alliance[j] que le SEIGNEUR a établie
avec les Israélites. »

Salomon prie le Seigneur, Dieu d'Israël

12 Salomon se place devant *l'autel du SEI-
GNEUR, en face de toute l'assemblée d'Israël.
Il lève les mains pour prier. 13 Le roi a fait dresser une estrade en bronze qu'on a placée au
milieu de la cour. Cette estrade est carrée,
elle a deux mètres et demi de côté et un mètre
et demi de haut. Salomon monte dessus et se
met à genoux en face de toute l'assemblée
d'Israël. Il lève les mains vers le *ciel 14 et il
prie ainsi: « SEIGNEUR, Dieu d'Israël, il n'y a
pas de Dieu comme toi, ni en haut dans le
ciel, ni en bas sur la terre. Tu gardes fidèlement ton *alliance avec tes serviteurs quand
ils t'obéissent de tout leur cœur. 15 Ainsi, tu
as réalisé pour ton serviteur David, mon
père, ce que tu lui avais promis. Oui, ce que
tu lui avais promis en paroles, tu le réalises
toi-même aujourd'hui. 16 Maintenant, SEI-
GNEUR, Dieu d'Israël, tiens également ta promesse faite à ton serviteur David, mon père,
quand tu lui as dit: "Il y aura quelqu'un de
ta famille pour être roi du peuple d'Israël
après toi, mais à une condition: tes fils doivent faire attention à leur conduite et vivre selon ma *loi, comme tu l'as fait toi-même."
17 Et maintenant, SEIGNEUR, Dieu d'Israël, je
t'en prie, réalise ce que tu as promis à ton serviteur David!

18 « Est-ce que Dieu peut vraiment habiter
avec les êtres humains sur la terre? Le ciel
est immense, mais il ne peut pas te contenir,
toi, mon Dieu. Et ce temple que j'ai construit
est beaucoup trop petit pour toi. 19 Pourtant,
SEIGNEUR mon Dieu, sois attentif: moi, ton serviteur, je te prie et te supplie. Oui, écoute la
prière fervente que je t'adresse aujourd'hui.
20 Ouvre tes yeux! Pose ton regard nuit et
jour sur ce temple. Tu as parlé de ce lieu en
disant: "C'est ici que je me montrerai."
Écoute la prière que je t'adresse en ce lieu
même. 21 Écoute mon appel et l'appel de ton
peuple Israël quand nous prions dans ce
lieu. Écoute-nous, SEIGNEUR, du haut du ciel
où tu habites, écoute-nous et accorde-nous
ton pardon.

22 « Quand quelqu'un est accusé d'avoir fait
du mal à son *prochain, on peut exiger de lui
un serment accompagné d'une malédiction.
S'il vient faire ce serment dans ton temple, devant ton *autel, 23 toi, SEIGNEUR, du haut du
ciel, écoute et agis. Juge tes serviteurs. Dé-

---

i **6.9** *Pour les versets 4 à 9, voir 2 Samuel 7.1-13.*

j **6.11** *Voir Exode 24.12 et 31.18.*

clare coupable celui qui a mal agi, et qu'on lui fasse payer sa conduite. Déclare innocent celui qui n'a rien fait de mal, et qu'on le traite comme une personne innocente.

24 « Il peut arriver que les Israélites te désobéissent et perdent la bataille contre leurs ennemis. Mais ensuite, ils reviendront peut-être vers toi, ils chanteront ta louange, ils te prieront et te supplieront dans ce temple. 25 Alors toi, SEIGNEUR, du haut du ciel, écoute, pardonne les péchés d'Israël ton peuple. Fais revenir les Israélites dans le pays que tu leur as donné, à eux et à leurs ancêtres ! 26 Il peut arriver encore qu'ils te désobéissent. Alors le ciel sera fermé et ne donnera plus de pluie. Mais ensuite, ils se tourneront peut-être vers ce lieu pour te prier, ils chanteront ta louange et regretteront leurs péchés, parce que tu les auras mis dans le malheur. 27 Alors toi, SEIGNEUR, du haut du ciel, écoute et pardonne les péchés de tes serviteurs et de ton peuple Israël. Apprends-leur à se conduire correctement. Puis fais tomber la pluie sur ce pays qui est à toi et que tu leur as donné en partage.

28 « D'autres malheurs pourront arriver : Par exemple, il y aura la famine ou la peste dans le pays. Les grains sècheront ou pourriront dans les champs. Il y aura des nuages de sauterelles et de criquets. Il pourra arriver que des ennemis attaquent ton peuple jusque dans les villes bien protégées. Quand toutes sortes de malheurs et de maladies arriveront, 29 les Israélites, ton peuple, reconnaîtront peut-être combien leurs souffrances sont grandes. Ils te prieront et te supplieront. Ils se tourneront vers ce temple et lèveront les mains pour te prier. 30 Alors toi, SEIGNEUR, du haut du ciel où tu habites, écoute, pardonne-leur et agis. Traite chacun selon ses actes, puisque tu connais le cœur de chacun. Oui, toi seul, tu connais le cœur de tous les humains. 31 Ainsi, les Israélites te respecteront toujours : en faisant ce que tu veux, tout le temps qu'ils vivront dans ce pays que tu as donné à nos ancêtres.

32 « Les autres peuples entendront parler de ton grand nom, de ta force et de ta puissance. Ainsi, un étranger, qui n'appartient pas à ton peuple Israël, pourra venir d'un pays éloigné pour te prier dans ce temple. 33 Alors, toi, SEIGNEUR, du haut du ciel où tu habites, écoute la prière de cet étranger et donne-lui ce qu'il demande. De cette façon, tous les peuples de la terre te connaîtront. Ils apprendront à te respecter comme Israël, ton peuple, te respecte. Ils sauront que ce temple que j'ai construit, c'est à toi qu'il est *consacré.

34 « Les Israélites partiront à la guerre contre leurs ennemis, là où tu les auras envoyés. Ils te prieront peut-être en direction de la ville que tu as choisie et vers ce temple que j'ai bâti pour toi. 35 Alors toi, SEIGNEUR, du haut du ciel, écoute-les quand ils te prient et te supplient. Fais triompher leur cause ! 36 Il leur arrivera de te désobéir, car tous les humains désobéissent. Et toi, tu seras en *colère contre eux et tu les livreras à leurs ennemis. Ceux-ci les feront prisonniers et les déporteront dans leurs pays, proches ou éloignés. 37 Mais ensuite, dans le pays où ils seront prisonniers, ils réfléchiront peut-être. Ils te supplieront en disant : "Nous avons désobéi, nous avons péché, nous sommes coupables !" 38 Ils reviendront peut-être vers toi de tout leur cœur et de tout leur être, dans le pays de ceux qui les ont fait prisonniers. Ils te prieront en direction du pays que tu as donné à leurs ancêtres, vers cette ville que tu as choisie et vers ce temple que j'ai bâti pour toi. 39 Alors, toi, du haut du ciel où tu habites, écoute-les quand ils te prient et te supplient. Fais triompher leur cause ! Pardonne-leur les péchés qu'ils ont commis contre toi.

40 « Mon Dieu, ouvre tes yeux ! Sois attentif à la prière que je t'adresse ici.

41 Et maintenant, SEIGNEUR Dieu,
viens vers le lieu de ton repos,
toi et le *coffre sacré qui montre ta puissance.
Que ton *salut enveloppe tes prêtres
comme un vêtement !
Que tes amis fidèles crient de joie dans leur
bonheur !
42 SEIGNEUR Dieu,
ne repousse pas le roi que tu as consacré.
Souviens-toi de tous les dons
que tu as accordés à ton serviteur David. »

Salomon et les Israélites offrent des sacrifices au Seigneur

7 1 Après que Salomon a fini de prier, un feu descend du *ciel et brûle les *sacrifices complets et les sacrifices de communion. Le SEIGNEUR remplit le temple de sa *gloire. 2 Les prêtres ne peuvent pas entrer dans le temple, parce le SEIGNEUR le remplit de sa gloire. 3 Tous les Israélites qui sont là voient le feu descendre du ciel et la gloire du SEIGNEUR briller dans le temple. Ils s'inclinent profondément, le front contre le sol, et ils chantent la louange du SEIGNEUR en disant : « Oui, il est bon, et son amour est pour toujours. »

4 Le roi Salomon et tout le peuple offrent des *sacrifices en l'honneur du SEIGNEUR. 5 Ils offrent 22 000 bœufs et 120 000 moutons et chèvres. Voilà comment ils *consacrent le temple de Dieu. 6 Les prêtres sont à leurs postes. Les *lévites jouent sur les instruments de musique sacrée que le roi David a fait fabriquer. Ils chantent la louange du SEIGNEUR en disant ces paroles que David leur a données : « Oui, son amour est pour toujours. » En face d'eux, les prêtres sonnent de la trompette, et tout le peuple se tient debout. 7 Alors Salomon consacre le milieu de la cour, devant le temple du SEIGNEUR. En effet, *l'autel de bronze que le roi a fabriqué est trop petit pour qu'on brûle sur lui tous les sacrifices. Salomon doit donc offrir dans la cour les sacrifices complets, les produits de la terre et les morceaux gras des sacrifices de communion.

8 À la même époque, pendant sept jours, Salomon célèbre la *fête des Huttes avec tous les Israélites. Ils sont venus très nombreux de tout le pays, depuis Lebo-Hamath au nord, jusqu'au torrent d'Égypte au sud. 9 Le huitième jour, il y a une grande cérémonie. Les Israélites fêtent la *consécration de l'autel pendant sept jours, puis la fête des Huttes dure encore sept jours. 10 Ensuite, le septième *mois, le 23 du mois, le roi les renvoie chez eux. Ils rentrent le cœur plein de joie. Ils sont heureux à cause du bien que le SEIGNEUR a fait à David, à Salomon et à Israël, son peuple.

Le Seigneur se montre de nouveau à Salomon

11 Le roi Salomon finit de construire le temple du SEIGNEUR, son propre palais et tout ce qu'il a eu envie de construire dans ces deux bâtiments. 12 Après cela, le SEIGNEUR se montre à lui pendant la nuit et lui dit : « J'ai entendu ta prière et je choisis cet endroit pour qu'on m'offre des *sacrifices ici. 13 Il peut arriver qu'un jour, je ferme le ciel et qu'il n'y ait plus de pluie. Il peut arriver que je commande aux sauterelles de manger les récoltes du pays, ou encore que j'envoie une épidémie de peste contre mon peuple. 14 Et mon peuple à qui j'ai donné mon nom s'abaissera peut-être devant moi, il priera, il me cherchera en abandonnant sa conduite mauvaise. Alors, moi, du haut du ciel, je l'écouterai, je pardonnerai ses péchés et je réparerai les ruines de son pays. 15 À partir de maintenant, j'ouvre mes yeux. J'écouterai attentivement toutes les prières faites dans ce temple. 16 Je l'ai choisi, je l'ai *consacré en acceptant d'être pour toujours présent parmi vous en ce lieu. Je veillerai toujours sur lui avec bonté. 17 Et toi, Salomon, conduis-toi envers moi comme ton père David. Fais tout ce que je te commande, obéis aux lois et aux règles que je t'ai données. 18 Si tu agis ainsi, j'établirai ton pouvoir royal pour toujours. J'ai fait *alliance avec ton père David en lui disant : "Il y aura toujours un de tes fils qui sera roi du peuple d'Israël après toi." 19 Mais toi et ton peuple, vous vous éloignerez peut-être de moi. Vous désobéirez aux commandements et aux lois que je vous ai donnés. Vous adorerez d'autres dieux et vous vous mettrez à genoux devant eux. 20 Alors je vous arracherai, vous, les Israélites, du pays que je vous ai donné. Je rejetterai loin de moi le temple que j'ai consacré en mon honneur. Et tous les peuples se moqueront d'Israël et l'insulteront. 21 Quand les gens passeront près de ce temple autrefois si glorieux, ils seront très étonnés et ils demanderont : "Pourquoi est-ce que le SEIGNEUR a traité ce pays et ce temple de cette façon ?" 22 On leur répondra : "C'est parce que les Israélites ont abandonné le SEIGNEUR, le Dieu

de leurs ancêtres, qui les a fait sortir d'Égypte.
Ils se sont attachés à d'autres dieux, ils se sont
mis à genoux devant eux pour les adorer.
Voilà pourquoi le SEIGNEUR a fait venir tous
ces malheurs sur eux." »

Autres activités de Salomon

8 1 Au bout de 20 ans, Salomon a fini de
construire le temple du SEIGNEUR et son
propre palais. 2 Il reconstruit les villes que Hiram, roi de Tyr, lui a données. Il fait habiter
des Israélites dans ces villes.

3 Ensuite, il va attaquer la ville de Hamath-
Soba et il la prend. 4 Dans la région de Hamath, il a bâti des villes pour garder ses provisions en réserve. Salomon reconstruit ces
villes et la ville de Tadmor dans la région du
désert. 5 Il reconstruit aussi Beth-Horon-le-
Haut et Beth-Horon-le-Bas. Ce sont des villes
bien protégées, entourées de murs et fermées
par des *portes à verrous. 6 Il reconstruit encore Baalath et toutes les villes où il garde
ses provisions en réserve, où il gare ses chars
de guerre, et où il loge ses chevaux. Il construit tout ce qu'il désire dans la ville de Jérusalem, dans la région montagneuse du Liban et
dans tout le pays soumis à son pouvoir.

7-8 Pour les travaux obligatoires, Salomon
prend des gens qui ne sont pas israélites. En
effet, quand les Israélites sont entrés dans
leur pays, il restait des habitants qu'ils n'ont
pas tués. Il y avait des Hittites, des *Amorites, des Perizites, des Hivites et des Jébusites.
Leurs fils sont des esclaves encore aujour-
d'hui. 9 Salomon ne prend pas d'Israélites
pour faire les travaux obligatoires. Mais il les
engage dans l'armée comme soldats, officiers,
conducteurs de chars ou cavaliers. 10 Les gouverneurs choisissent 250 hommes pour
commander la foule des ouvriers sur les chantiers du roi Salomon.

11 Salomon donne l'ordre à sa femme, la fille
du roi d'Égypte, de quitter la « *Ville de David ». Elle va habiter le palais qu'il a construit
pour elle. Et il dit : « Ma femme ne doit pas habiter dans le palais de David, roi d'Israël. En
effet, les bâtiments où on a placé le *coffre
du SEIGNEUR sont sacrés. »

12 Alors Salomon offre des *sacrifices
complets au SEIGNEUR sur *l'autel qu'il a construit pour lui devant la salle d'entrée du temple. 13 Selon les règles que Moïse a fixées pour
chaque jour, il offre des sacrifices le jour du
*sabbat, le premier jour de la *nouvelle lune
et à l'occasion des trois grandes *fêtes de l'année : la fête des Pains sans levain, celle des
Moissons et celle des Huttes. 14 Comme son
père David l'a décidé, Salomon place à leur
poste les groupes de prêtres et les *lévites.
Ceux-ci sont chargés de chanter la louange
du SEIGNEUR jour après jour, ou d'aider les prêtres dans leur service. Il installe aussi les équipes des gardiens qui surveillent les différentes
portes du temple. Ce sont les ordres que David, homme de Dieu, a donnés. 15 On les applique en tout point au sujet des prêtres et
des lévites, et même au sujet des trésors.

16 De cette façon, tous les projets de Salomon sont réalisés : depuis le début de la construction du temple jusqu'à la fin des travaux.
Le temple du SEIGNEUR est parfait.

17 Salomon va à Ession-Guéber et à Élath. Ce
sont des ports sur la *mer des Roseaux, dans le
pays d'Édom. 18 Le roi Hiram envoie à Salomon des bateaux conduits par des marins phéniciens qui connaissent bien la mer. Ils
partent avec les marins de Salomon pour le
pays d'Ofir[k]. Ils rapportent plus de 13 tonnes
d'or pour le roi Salomon.

La reine de Saba rend visite à Salomon

9 1 La reine de Saba[l] a entendu parler de Salomon. Elle vient donc à Jérusalem lui poser des questions difficiles, pour voir s'il est
vraiment un sage. Elle arrive accompagnée
de beaucoup de monde. Ses chameaux portent des parfums, beaucoup d'or et des pierres
précieuses. Elle se présente devant Salomon
et lui pose toutes les questions qu'elle a prépa-

---

k **8.18** *Ofir : situé peut-être au sud de l'Arabie, ou plus loin sur la côte d'Afrique ou encore en Inde.*

l **9.1** *Saba : situé au sud de l'Arabie, dans la région du Yémen actuel.*

rées. [2] Salomon trouve une réponse à toutes
ses questions. Aucune n'est obscure pour
lui, il est capable de répondre à tout. [3] La reine
de Saba entend les paroles de sagesse de Salomon. Elle voit le palais qu'il a construit pour
lui, [4] la nourriture qui est sur ses tables, les
maisons de ses officiers. Elle voit aussi la qualité du service, les costumes des serviteurs et
de ceux qui versent les boissons. Elle voit le
roi monter en procession dans le temple du
SEIGNEUR. Devant tout cela, la reine est remplie d'une grande admiration. [5] Alors elle dit
au roi : « Dans mon pays, j'ai entendu parler
de toi et de ta sagesse. Tout cela est donc
vrai ! [6] Je ne voulais pas croire ce qu'on disait
avant de venir et de le voir de mes yeux. Mais
vraiment, on ne m'avait pas dit la moitié de ce
qui existe ! Ta sagesse dépasse tout ce que j'ai
entendu dire. [7] Tes serviteurs, tous les gens de
ta maison ont beaucoup de chance ! Ils sont
toujours auprès toi et ils peuvent entendre
tes paroles pleines de sagesse. [8] Remercions
le SEIGNEUR ton Dieu ! Il t'a montré sa faveur
en te choisissant pour être roi d'Israël en
son nom. Ton Dieu aime le peuple d'Israël
et il veut qu'il existe pour toujours. C'est
pourquoi il t'a fait roi, pour que tu gouvernes
avec justice en faisant respecter les lois. »

[9] Ensuite, la reine donne au roi Salomon à
peu près trois tonnes et demie d'or, une
grande quantité de parfums et des pierres précieuses. Depuis ce jour-là, personne n'a plus
jamais vu autant de parfums que ceux offerts
par la reine de Saba au roi Salomon.

[10] Les serviteurs du roi Hiram et ceux de Salomon qui sont allés à Ofir rapportent de l'or,
du bois de santal[m] et des pierres précieuses.
[11] Avec le bois de santal, Salomon fait des plan-
chers dans le temple du SEIGNEUR et dans le palais royal. Il fabrique aussi des *instruments
de musique, des cithares et des harpes pour
les chanteurs. Personne n'avait jamais rien
vu de pareil dans le pays de Juda.

[12] De son côté, le roi Salomon donne à la reine de Saba tout ce qu'elle désire et demande.
Cela fait beaucoup plus que les cadeaux apportés par elle-même. Ensuite, la reine et ses
serviteurs rentrent dans leur pays.

La puissance et la richesse de Salomon

[13] En une seule année, Salomon reçoit à Jérusalem 20 tonnes d'or. [14] Il faut ajouter à cela
les taxes prises sur les produits étrangers et le
commerce, ainsi que l'or et l'argent apportés à
Salomon par les gouverneurs du pays et par les
rois d'Arabie.

[15] Le roi Salomon fait fabriquer 200 grands
*boucliers en or battu en utilisant six kilos
d'or par bouclier. [16] Il fait fabriquer aussi
300 petits boucliers en or battu en utilisant
trois kilos d'or par bouclier. Il donne l'ordre
de les mettre dans le bâtiment appelé « La
Forêt du Liban »[n].

[17] Le roi fait encore fabriquer pour lui un
grand siège décoré d'ivoire et recouvert d'or
pur. [18] Ce siège royal comprend six marches
et une autre marche en or fixée au siège. Il a
aussi des bras de chaque côté. Deux lions
sculptés sont debout, à droite et à gauche du
siège. [19] Douze autres lions se tiennent sur
les six marches, six à gauche et six à droite.
Personne n'a rien fait de pareil dans aucun
royaume.

[20] Toutes les *coupes du roi Salomon sont
en or, et toute la vaisselle de « La Forêt du Liban » est en or fin. On ne fabrique rien en argent. À l'époque de Salomon, ce métal n'a pas
beaucoup de valeur. [21] Le roi possède des bateaux qu'il envoie au loin. Ils sont conduits
par des marins du roi Hiram. Tous les trois
ans, ces bateaux reviennent chargés d'or,
d'argent, d'ivoire, de singes et d'oiseaux magnifiques.

[22] Le roi Salomon dépasse tous les rois de la
terre par ses richesses et sa sagesse. [23] En effet, Dieu a mis dans son cœur une grande sa-

---

m 9.10 *Ofir : voir 2 Chroniques 8.18 et la note. Le bois de santal est un bois précieux.*

n 9.16 *Les nombreuses colonnes de ce bâtiment faisaient penser à une forêt. Le bois de cèdre venait du Liban.*

gesse. Aussi les rois viennent de partout pour
l'écouter. 24 Chaque année, ils lui apportent
des cadeaux, des objets en argent ou en or,
des vêtements, des armes, des parfums, des
chevaux et des mulets.
25 Salomon a des bâtiments qui peuvent
abriter 4 000 chevaux et 4 000 chars. Il possède 12 000 chevaux. Il en garde certains auprès de lui à Jérusalem. Les autres sont
envoyés dans des villes préparées pour les recevoir. 26 Salomon gouverne tous les petits
royaumes qui s'étendent depuis le fleuve Euphrate jusqu'au pays des *Philistins et jusqu'à
la frontière de l'Égypte. 27 Grâce au roi, il y a
autant d'argent à Jérusalem que de pierres.
Et les *cèdres sont aussi nombreux que les sycomores qui poussent dans le *Bas-Pays. 28 Les
chevaux de Salomon viennent d'Égypte et de
beaucoup d'autres pays.

La mort de Salomon

29 Les autres actes de Salomon, des premiers aux derniers, se trouvent dans les « Actes du *prophète Natan », dans les « Paroles
du prophète Ahia, de Silo » et dans la « Vision
du prophète Yédo ». Ce dernier livre parle
aussi de Jéroboam, fils de Nebath. 30 Salomon
a été roi de tout le peuple d'Israël pendant
40 ans à Jérusalem. 31 Quand il rejoint ses ancêtres, on l'enterre dans la « *Ville de David »,
son père. Son fils Roboam devient roi à sa
place.

LES ROIS DE JUDA
10–36

Discussions entre les tribus du Nord et le roi Roboam

10 1 Roboam va à Sichem. C'est là que les
tribus israélites du Nord sont venues
pour le faire roi. 2 Jéroboam, fils de Nebath,
a fui en Égypte pour échapper au roi Salomon.
Quand il entend parler de l'assemblée de Sichem, il revient d'Égypte. 3 On envoie des
gens le chercher, et il arrive. Alors Jéroboam
et tous les Israélites du Nord parlent à Roboam
en disant : 4 « Ton père nous a traités comme
des esclaves. Il a mis une lourde charge sur
nos épaules. Si toi, maintenant, tu la rends
plus légère, nous te servirons. » 5 Roboam
leur répond : « Revenez me voir dans trois
jours. »
Les gens s'en vont. 6 Le roi Roboam demande conseil aux *anciens qui ont servi
son père Salomon pendant sa vie. Il leur
pose cette question : « Qu'est-ce que vous
me conseillez de répondre à ces gens ? »
7 Les anciens lui disent : « Si tu te montres
bon pour le peuple, si tu fais ce qu'ils demandent, si tu leur réponds avec bonté, ils te serviront toujours. »
8 Mais Roboam ne tient pas compte du
conseil donné par les anciens. Il va consulter
les jeunes gens qui ont grandi avec lui et qui
sont à son service. 9 Il leur dit : « Les gens
m'ont demandé de rendre plus légère la
charge que mon père a fait peser sur eux.
Qu'est-ce que vous me conseillez de leur répondre ? » 10 Ceux qui ont grandi avec lui disent : « Ces gens se plaignent, parce que ton
père les a traités comme des esclaves. Ils te
demandent de rendre plus légère la charge
qui pèse sur eux. Eh bien, tu n'as qu'à
leur répondre ceci : "Mon petit doigt est
plus gros que le bras de mon père. 11 Mon
père a mis une lourde charge sur vous, et
moi je la rendrai encore plus écrasante.
Mon père vous a corrigés avec des fouets
en cuir, moi je vous corrigerai avec des
fouets en fer[o]." »
12 Le troisième jour, Jéroboam et tout le peuple vont trouver Roboam, comme il l'a demandé. 13 Le roi ne tient pas compte du
conseil donné par les anciens. Il répond durement au peuple 14 en suivant le conseil des jeunes gens de son âge. Il dit : « Mon père a mis
une lourde charge sur vous. Eh bien, moi, je la

o **10.11** *Il s'agit de fouets terminés par de petits crochets en fer.*

rendrai encore plus écrasante. Mon père vous a corrigés avec des fouets en cuir, moi, je vous corrigerai avec des fouets en fer. »

15 Ainsi le roi n'écoute pas le peuple. En fait, c'est le SEIGNEUR Dieu qui dirige tout cela. Il veut réaliser la promesse qu'il a faite à Jéroboam, fils de Nebath, par l'intermédiaire du *prophète Ahia, de Silo[p].

Les Israélites du Nord se révoltent contre la famille royale de David

16 Quand les Israélites du Nord voient que le roi ne les écoute pas, ils lui répondent :

« Nous n'avons rien à faire avec David !
Nous n'avons rien de commun avec ce fils de Jessé !
Gens d'Israël, rentrons chez nous.
Et toi, fils de David,
occupe-toi maintenant de ton royaume ! »

Puis ils rentrent chez eux. 17 Seuls les Israélites qui habitent le territoire de Juda reconnaissent Roboam comme roi. 18 Pourtant, celui-ci envoie Hadoram, le chef des travaux obligatoires, auprès des Israélites du Nord. Mais ceux-ci le tuent à coups de pierres. Roboam arrive tout juste à monter sur son char pour fuir à Jérusalem. 19 Voilà comment les Israélites du Nord ont rejeté la famille de David, et cette situation dure encore aujourd'hui.

11 1 Dès que Roboam arrive à Jérusalem, il rassemble 180 000 soldats parmi les meilleurs des tribus de Juda et de Benjamin. Ils veulent aller attaquer les Israélites du Nord pour rendre à Roboam le pouvoir royal sur eux. 2 Mais le SEIGNEUR adresse la parole au *prophète Chemaya en disant : 3 « Va parler à Roboam, fils de Salomon et roi de Juda, à tous les gens de Juda et de Benjamin, et au reste du peuple. Tu leur diras de ma part : 4 "Moi, le SEIGNEUR, je vous demande de ne pas aller attaquer vos frères. Chacun doit rentrer chez soi, car, ce qui s'est passé, c'est moi qui l'ai voulu." »

Alors ils obéissent à la parole du SEIGNEUR et rentrent chez eux, sans attaquer Jéroboam.

Roboam fait construire des murs autour de plusieurs villes de Juda

5 Roboam revient s'installer à Jérusalem. Il fait construire des murs autour de plusieurs villes du royaume de Juda : 6 Bethléem, Étam, Técoa, 7 Beth-Sour, Soko, Adoullam, 8 Gath, Marécha, Zif, 9 Adoraïm, Lakich, Azéca, 10 Sora, Ayalon et Hébron. Ces villes bien protégées se trouvent dans les territoires de Juda et de Benjamin. 11 Roboam les entoure de murs solides. Là, il nomme des gouverneurs et il place des réserves de nourriture, d'huile et de vin. 12 Dans chacune de ces villes, il y a de grands *boucliers et des lances. Grâce à ces villes bien protégées, Roboam garde son pouvoir sur les territoires de Juda et de Benjamin.

Les prêtres et les lévites prennent le parti de Roboam

13 Les prêtres et les *lévites viennent de tout le territoire d'Israël pour se mettre du côté de Roboam. 14 Les lévites abandonnent leurs terres situées autour des villes du Nord et ils viennent en Juda et à Jérusalem. En effet, Jéroboam et ses fils les empêchent de servir comme prêtres du SEIGNEUR. 15 Jéroboam a désigné ses propres prêtres pour les lieux sacrés. Ils sont prêtres des faux dieux qu'il a fabriqués sous forme de boucs ou de veaux. 16 Des gens de toutes les tribus du Nord qui cherchent de tout leur cœur le SEIGNEUR, Dieu d'Israël, suivent les lévites à Jérusalem. Ils veulent offrir des *sacrifices au SEIGNEUR, le Dieu de leurs ancêtres. 17 Ainsi, ils rendent le royaume de Juda plus fort et ils soutiennent Roboam, fils de Salomon. Cela dure trois ans, car pendant trois ans, les Israélites se conduisent comme au temps de David et Salomon.

La famille de Roboam

18 Roboam se marie avec Mahalath. Son père, Yerimoth, est fils de David. Sa mère, Abihaïl, est fille d'Éliab et petite-fille de Jessé. 19 Mahalath lui donne trois fils : Yéouch, Che-

---

p **10.15** *Voir 1 Rois 11.29-39.*

maria et Zaham. 20 Ensuite, Roboam se marie avec Maaka, fille d'Abichalom. Elle lui donne quatre fils : Abia, Attaï, Ziza et Chelomith. 21 Roboam aime Maaka, fille d'Abichalom, plus que toutes ses autres femmes. En effet, il a 18 femmes principales et 60 femmes de deuxième rang. Il est le père de 28 fils et de 60 filles. 22 Roboam donne à Abia, fils de Maaka, la première place dans la famille. Il en fait le chef de ses frères, parce qu'il veut le choisir comme roi. 23 Roboam est assez intelligent pour envoyer tous ses autres fils un peu partout dans les villes bien protégées de Juda et de Benjamin. Il leur donne beaucoup de moyens pour vivre et leur fournit des femmes en grande quantité.

Chichac, roi d'Égypte, attaque le royaume de Juda

12 1 Quand Roboam a solidement établi son pouvoir et qu'il est devenu plus puissant, il n'obéit plus à la *loi du SEIGNEUR. Et tout le peuple d'Israël suit son exemple. 2 La cinquième année où Roboam est roi, le roi d'Égypte Chichac vient attaquer Jérusalem. Cela arrive parce que les Israélites n'ont pas été fidèles au SEIGNEUR. 3 Chichac commande une armée composée de 1 200 chars de guerre, de 60 000 cavaliers et de soldats très nombreux, venus d'Égypte avec lui : des Libyens, des Soukites et des *Éthiopiens. 4 Chichac prend les villes bien protégées du royaume de Juda et il arrive jusqu'à Jérusalem. 5 Alors le *prophète Chemaya vient voir Roboam et les chefs de Juda. Ceux-ci se sont rassemblés à Jérusalem parce que Chichac approche. Chemaya leur communique cette parole du SEIGNEUR : « Vous m'avez abandonné, moi, le SEIGNEUR ! Eh bien, moi aussi, je vous abandonne entre les mains de Chichac. »

6 Le roi et les chefs du peuple reconnaissent qu'ils ont tort et disent : « Le SEIGNEUR a raison ! » 7 Quand le SEIGNEUR voit cela, il adresse cette parole à Chemaya : « Ils se sont abaissés devant moi, je ne vais donc pas les détruire. Je leur accorderai bientôt d'être délivrés. Ma *colère ne se répandra pas sur Jérusalem par l'intermédiaire de Chichac. 8 Pourtant, ils seront sous son pouvoir. Et ils verront la différence qu'il y a entre me servir et servir des rois humains. »

9 Chichac, le roi d'Égypte, attaque Jérusalem. Il vole les trésors du temple du SEIGNEUR et ceux du palais royal. Il vole tout, en particulier les *boucliers en or que Salomon a fait fabriquer. 10 Alors, pour les remplacer, le roi Roboam fait fabriquer des boucliers en bronze. Il les confie aux chefs des soldats qui gardent l'entrée de son palais. 11 Toutes les fois que le roi va au temple du SEIGNEUR, les soldats portent les boucliers, puis ils les rapportent dans la salle des gardes.

12 Roboam s'est abaissé devant le SEIGNEUR. C'est pourquoi le SEIGNEUR détourne de lui sa colère et ne le détruit pas complètement. D'ailleurs, tout n'est pas mauvais dans le royaume de Juda.

La fin du roi Roboam

13 Roboam est devenu roi à Jérusalem à l'âge de 41 ans. Il s'est rendu très puissant. Sa mère était Naama, l'Ammonite. Il a été roi pendant 17 ans à Jérusalem. C'est la ville que le SEIGNEUR a choisie pour y montrer sa présence au milieu de son peuple. 14 Roboam a fait le mal. En effet, il ne s'est pas appliqué de tout son cœur à chercher le SEIGNEUR.

15 Les actes de Roboam, des premiers aux derniers, sont écrits dans les « Actes du *prophète Chemaya et du voyant Iddo ». Dans ce livre, on trouve aussi les listes des familles de Juda. Roboam a sans cesse été en guerre contre Jéroboam. 16 Quand il rejoint ses ancêtres, on l'enterre dans la « *Ville de David ». Son fils Abia devient roi à sa place.

Abia, roi de Juda

13 1 La dix-huitième année où Jéroboam est roi d'Israël, Abia devient roi de Juda. 2 Il est roi à Jérusalem pendant trois ans. Sa mère s'appelle Mikaya. C'est une fille d'Ouriel, de Guibéa.

Abia et Jéroboam se font la guerre. 3 Abia commence le combat avec 400 000 excellents soldats, des combattants courageux. Jéroboam range contre lui 800 000 excellents soldats, des combattants courageux. 4 Abia monte sur

la hauteur de Semaraïm[q], dans la région montagneuse d'Éfraïm. Et de là-haut, il crie à Jéroboam et à tous les Israélites : « Écoutez-moi !
5 Le SEIGNEUR, Dieu d'Israël, a donné pour toujours à David et à sa famille le pouvoir royal
sur Israël. Il a établi avec lui une *alliance
que rien ne peut briser. Vous ne savez donc
pas cela ? 6 Or Jéroboam, fils de Nebath, était
au service de Salomon, fils de David, et il s'est
révolté contre son maître. 7 Les gens qui l'entouraient ne valaient rien. C'étaient des gens
mauvais. Ils ont été plus forts que Roboam, fils
de Salomon, un jeune homme sans expérience. Ainsi, il n'a pas pu leur résister. 8 Et
maintenant, vous dites : "Nous allons nous opposer au royaume que le SEIGNEUR a confié aux
gens de la famille de David." Vous formez une
armée nombreuse. Vous avez avec vous les
veaux d'or que Jéroboam a fait fabriquer
pour qu'ils soient vos dieux. 9 Vous avez
chassé les prêtres du SEIGNEUR, les gens de la
famille d'Aaron et les *lévites. Vous choisissez
vos prêtres comme les peuples des autres
pays. Quelqu'un vient avec un taureau et
sept béliers, et cela suffit pour devenir prêtre
au service de dieux qui n'en sont pas.

10 « Nous, au contraire, nous avons le SEI-
GNEUR pour Dieu, et nous ne l'avons pas abandonné. Les prêtres qui servent le SEIGNEUR
sont des membres de la famille d'Aaron, et
les lévites accomplissent leur propre travail.
11 Matin et soir, ils font brûler pour le SEIGNEUR
des *sacrifices complets et de *l'encens de
bonne odeur. Ils mettent les pains offerts à
Dieu sur la table *pure, et chaque soir, ils allument les lampes du porte-lampes en or. Oui,
nous, nous respectons les règles du SEIGNEUR
notre Dieu. Mais vous, vous l'avez abandonné. 12 Maintenant, Dieu lui-même est notre chef. Ses prêtres sont là, prêts à sonner
de la trompette pour donner le signal de
guerre contre vous. Israélites, ne combattez
pas contre le SEIGNEUR, le Dieu de vos ancêtres ! Vous n'aurez pas la victoire. »

13 Pendant ce temps, Jéroboam a envoyé un
groupe de soldats se placer derrière les soldats
de Juda pour les surprendre. Alors ceux-ci
sont pris entre l'armée d'Israël qui est en
face d'eux et le groupe de soldats cachés derrière eux. 14 Les soldats de Juda se retournent
et ils voient qu'ils doivent combattre par devant et par-derrière. Ils appellent le SEIGNEUR
au secours. Quand les prêtres sonnent des
trompettes, 15 les soldats de Juda poussent le
cri de guerre. À ce moment-là, Dieu fait reculer Jéroboam et toute l'armée d'Israël devant
Abia et les soldats de Juda. 16 Les soldats d'Israël fuient devant ceux de Juda, et Dieu livre
les Israélites au pouvoir des Judéens. 17 Abia et
son armée frappent lourdement les Israélites :
ils tuent 500 000 de leurs meilleurs soldats.
18 Ce jour-là, les gens d'Israël sont écrasés.
Les gens de Juda sont vainqueurs parce qu'ils
se sont appuyés sur le SEIGNEUR, le Dieu de
leurs ancêtres. 19 Abia poursuit Jéroboam. Il
prend les villes de Béthel, Yechana et Éfron,
avec les villages proches.

20 Pendant qu'Abia est roi, Jéroboam ne retrouve pas son ancienne puissance. Finalement, le SEIGNEUR le frappe, et il meurt.
21 Au contraire, Abia devient plus puissant. Il
se marie avec 14 femmes, qui lui donnent
22 fils et 16 filles.

22 Les autres actes d'Abia, tout ce qu'il a réalisé, tout ce qu'il a dit, tout cela est écrit dans
les « Souvenirs du *prophète Iddo ». 23 Quand
il rejoint ses ancêtres, on l'enterre dans la
« *Ville de David ». Son fils Asa devient roi à
sa place.

Asa, roi de Juda

14 Au temps où Asa est roi, le pays reste calme
pendant dix ans. 1 Asa agit bien, il fait
ce qui est juste aux yeux du SEIGNEUR
son Dieu. 2 Il supprime les *autels des dieux
étrangers et les lieux sacrés. Il casse les pierres dressées et il coupe les *poteaux sacrés.
3 Il commande aux gens de Juda de chercher
le SEIGNEUR, le Dieu de leurs ancêtres, et
d'obéir à sa *loi et à ses commandements.
4 Asa supprime les lieux sacrés et les autels à
parfums dans toutes les villes de Juda. Alors,

q 13.4 *Semaraïm : à 30 kilomètres environ au nord de Jérusalem.*

pendant qu'il est roi, le royaume est calme.
5 Pendant ces années-là, il n'y a pas de guerre,
parce que le SEIGNEUR lui-même lui donne la
paix. Puisque le pays est tranquille, Asa construit des villes bien protégées. 6 Il dit aux gens
de Juda : « Nous avons cherché le SEIGNEUR notre Dieu. Nous l'avons cherché, et il nous a
donné la tranquillité de tous côtés. Pendant
que le pays est encore à nous, construisons
ces villes, mettons des murs tout autour avec
des tours et des *portes à verrous. » Et les gens
réussissent à construire des villes bien protégées.

7 Asa a une armée de 300 000 hommes de
la tribu de Juda, qui portent le grand *bouclier et la lance. Il a aussi 280 000 soldats
de la tribu de Benjamin. Ils portent le petit
bouclier et ils savent tirer des flèches. Ce
sont tous des combattants courageux. 8 Zéra,
*l'Éthiopien, vient les attaquer avec une ar-
mée d'un million d'hommes et 300 chars
de guerre. Il arrive jusqu'à Marécha. 9 Asa
marche à sa rencontre. Lui et ses soldats
se rangent pour le combat dans la vallée
de Sefata, près de Marécha. 10 Asa appelle
le SEIGNEUR son Dieu au secours. Il dit :
« SEIGNEUR, toi seul tu peux aider le faible
comme le puissant. Viens alors à notre
aide, SEIGNEUR Dieu ! Oui, c'est sur toi que
nous nous appuyons. C'est en ton nom que
nous marchons contre cette immense armée.
SEIGNEUR, tu es notre Dieu. Ne permets pas
qu'un homme remporte la victoire sur toi. »
11 Grâce au SEIGNEUR, Asa et l'armée de Juda
font reculer les Éthiopiens, qui se mettent à
fuir. 12 Asa et son armée les poursuivent jusqu'à Guérar. Les Éthiopiens tombent en si
grand nombre qu'aucun soldat ne reste en
vie. En effet, ils sont écrasés par le SEIGNEUR
et par son armée. Les gens de Juda emportent
beaucoup de richesses de guerre. 13 Ils prennent ensuite toutes les villes proches de Guérar. En effet, leurs habitants ont très peur du
SEIGNEUR. Les Judéens pillent ces villes, parce
qu'ils trouvent là de très grandes richesses à
prendre. 14 Ils attaquent aussi les tentes des
gardiens de troupeaux et ils emmènent un
grand nombre de moutons et de chameaux.
Ensuite, ils retournent à Jérusalem.

Le roi Asa lutte contre les dieux étrangers

15 1 L'esprit de Dieu saisit Azaria, fils
d'Oded. 2 Azaria va trouver le roi Asa
et lui dit : « Asa et vous tous, gens de Juda
et de Benjamin, écoutez-moi ! Le SEIGNEUR
est avec vous aussi longtemps que vous êtes
avec lui. Si vous le cherchez, il se laissera
trouver par vous. Mais si vous l'abandonnez,
il vous abandonnera. 3 Pendant longtemps,
nos ancêtres israélites ont vécu sans le vrai
Dieu, sans prêtre pour les enseigner et sans
*loi[r]. 4 Mais dans leur malheur, ils sont reve-
nus vers le SEIGNEUR, Dieu d'Israël. Ils l'ont
cherché et il s'est laissé trouver par eux.
5 À cette époque-là, les gens ne pouvaient
pas se déplacer en sécurité. En effet, c'était
une période pleine de troubles pour les habitants de tous les pays. 6 Un pays écrasait un
autre pays, une ville écrasait une autre ville.
Oui, Dieu les secouait par des malheurs de
toutes sortes. 7 Mais vous, maintenant, soyez
forts, ne vous découragez pas. Vos efforts seront récompensés. »
8 Quand le roi Asa entend ces paroles du
*prophète Azaria, fils d'Oded, il reprend cou-
rage. Il supprime dans tout le pays de Juda et
de Benjamin les faux dieux qui s'y trouvent.
Il agit de la même façon dans les villes qu'il a
prises dans la région montagneuse d'Éfraïm.
Ensuite, il répare *l'autel du SEIGNEUR devant
la salle d'entrée du temple. 9 Beaucoup d'Israélites des tribus d'Éfraïm, de Manassé et
de Siméon ont rejoint le roi Asa[s]. Ils vivent
dans son royaume, en voyant que le SEIGNEUR
son Dieu est avec lui. Alors Asa les convoque
avec les gens de Juda et de Benjamin. 10 La
quinzième année où Asa est roi, tous se rassemblent à Jérusalem, pendant le troisième
mois. 11 Ce jour-là, ils offrent en *sacrifice

---

r **15.3** *Azaria parle sans doute de l'époque des juges. Voir Juges 2.10-23.*

s **15.9** *Éfraïm, Manassé et Siméon étaient des tribus du royaume du Nord.*

au SEIGNEUR des animaux qu'ils ont pris aux ennemis : 700 bœufs et 7 000 moutons. 12 Pendant une cérémonie *d'alliance, ils promettent de chercher le SEIGNEUR, le Dieu de leurs ancêtres, de tout leur cœur et de tout leur être. 13 Si quelqu'un, jeune ou adulte, homme ou femme, ne cherche pas le SEIGNEUR, Dieu d'Israël, il faut le faire mourir. 14 Ils prononcent leur serment à haute voix, au milieu des cris de joie et au son des trompettes et des cornes de bélier. 15 Tous les habitants de Juda se réjouissent de cet engagement, car ils le prennent de tout leur cœur. Tout le monde cherche le SEIGNEUR de tout son cœur, et il se laisse trouver par eux. Il leur donne la paix sur toutes leurs frontières.

16 Le roi Asa enlève à sa grand-mère Maaka son titre de « Première Dame », parce qu'elle a fait fabriquer une horrible statue de la déesse *Achéra. Asa commande de détruire cette statue, de l'écraser et de la brûler dans la vallée du Cédron. 17 Pendant toute sa vie, son cœur est tout entier à Dieu. Pourtant les lieux sacrés ne disparaissent pas. 18 Asa fait apporter dans le temple de Dieu les offrandes que son père et lui-même ont *consacrées : de l'argent, de l'or et divers autres objets.

19 Pendant les 35 premières années où Asa est roi il n'y a pas de guerre.

Le roi de Syrie aide Asa contre Bacha, roi d'Israël

16 1 La trente-sixième année où Asa est roi, Bacha, roi d'Israël, vient attaquer le pays de Juda. Il fait construire un mur pour protéger la ville de Rama. Il veut empêcher Asa et les gens de Juda de passer par là. 2 Alors Asa prend une certaine quantité d'argent et d'or dans le trésor du temple et dans celui du palais royal. Il l'envoie à Damas, au roi de Syrie, Ben-Hadad, avec ce message : 3 « Passons un accord ensemble, comme mon père et ton père l'ont fait. Voici de l'argent et de l'or en cadeau. Renonce donc à ton accord avec Bacha, roi d'Israël, pour qu'il retire ses soldats de chez moi. » 4 Ben-Hadad fait ce qu'Asa lui demande. Il envoie les officiers de son armée attaquer les villes d'Israël. Ils prennent alors Yon, Dan et Abel-Maïm. Ils prennent aussi toutes les villes de Neftali, où on garde des réserves de toutes sortes. 5 Quand Bacha apprend cela, il arrête les travaux destinés à protéger la ville de Rama. 6 Le roi Asa prend avec lui tous les gens de Juda. Ils emportent les pierres et les bois de construction que Bacha a rassemblés pour protéger Rama. Ils s'en servent pour construire des murs de protection autour de Guéba et de Mispa.

Asa met en prison le prophète Hanani

7 À cette époque, le *prophète Hanani vient trouver Asa, le roi de Juda, et lui dit : « Au lieu de t'appuyer sur le SEIGNEUR ton Dieu, tu t'es appuyé sur le roi de Syrie. C'est pourquoi l'armée du roi de Syrie a échappé à ton pouvoir. 8 Les *Éthiopiens et les Libyens formaient une armée puissante avec des chars de guerre et des cavaliers très nombreux. Pourtant, le SEIGNEUR les a livrés en ton pouvoir, parce que tu t'es appuyé sur lui. 9 Oui, le SEIGNEUR regarde partout sur la terre pour soutenir ceux qui sont attachés à lui de tout leur cœur. Mais cette fois-ci, tu as agi de façon stupide, et à partir de maintenant, tes ennemis te feront la guerre. » 10 Asa se fâche contre le prophète et il le fait mettre en prison. En effet, il est très en colère à cause des paroles de Hanani. À ce moment-là, Asa commence à traiter durement certaines personnes de son peuple.

La fin du roi Asa

11 Les autres actes d'Asa, des premiers aux derniers, sont écrits dans le livre des rois de Juda et d'Israël. 12 La trente-neuvième année où Asa est roi, il a une maladie des pieds très grave. Pourtant pendant sa maladie, il ne cherche pas l'aide du SEIGNEUR, il consulte des guérisseurs. 13 La quarante et unième année où il est roi, Asa rejoint ses ancêtres. 14 On l'enterre dans une tombe qu'il a fait creuser dans la « *Ville de David ». Son corps est placé sur un lit rempli de parfums et de plusieurs produits de bonne odeur, préparés spécialement par des parfumeurs. On en brûle une très grande quantité pour lui.

Josaphat, roi de Juda, est fidèle à Dieu

17 1 Josaphat, fils d'Asa, devient roi à la place de son père. Il se rend très puissant contre Israël. 2 Il place des militaires dans toutes les villes bien protégées de Juda. Il installe des gouverneurs dans le pays et dans les villes d'Éfraïm que son père Asa a prises. 3 Le SEIGNEUR est avec Josaphat. En effet, celui-ci se conduit comme son ancêtre David s'était conduit tout d'abord. Il ne consulte pas les *Baals. 4 Au contraire, il cherche le Dieu de son ancêtre et il obéit à ses commandements. Il ne suit pas l'exemple des habitants du royaume du Nord. 5 Le SEIGNEUR établit solidement son pouvoir royal. Tous les gens de Juda font des cadeaux à Josaphat. Il devient très riche et il est couvert d'honneurs. 6 Il sert le SEIGNEUR de tout son cœur et il supprime même de Juda les lieux et les *poteaux sacrés.

7 La troisième année où Josaphat est roi, il envoie des notables donner un enseignement aux habitants des villes de Juda. Ces notables sont Ben-Haïl, Obadia, Zakarie, Netanéel et Mikaya. 8 Il y a avec eux neuf *lévites : Chemaya, Netania, Zébadia, Assaël, Chemiramoth, Yonatan, Adonia, Tobia et Tob-Adonia. Il y a aussi deux prêtres : Élichama et Yoram. 9 Ils emportent avec eux le livre de la *loi du SEIGNEUR. Ils font le tour de toutes les villes de Juda pour donner un enseignement au peuple.

Josaphat devient très puissant

10 Tous les royaumes qui entourent Juda ont très peur du SEIGNEUR et ils n'osent pas faire la guerre à Josaphat. 11 Même des *Philistins lui apportent des cadeaux, et des taxes en argent. Les Arabes, eux, lui amènent 7 700 béliers et 7 700 boucs.

12 Josaphat devient de plus en plus puissant. Il construit dans le pays de Juda des villes bien protégées et des villes pour y placer des réserves. 13 Il a des réserves importantes dans les villes de Juda et des combattants très courageux à Jérusalem. 14 Ces soldats sont groupés par familles. Dans la tribu de Juda, il y a des commandants de 1 000 soldats. Le chef Adna commande 300 000 combattants courageux. 15 Auprès de lui, il y a le chef Yohanan, qui commande 280 000 soldats. 16 Il y a aussi Amassia, fils de Zikri, qui s'est engagé volontairement au service du SEIGNEUR. Il commande 200 000 combattants courageux. 17 Dans la tribu de Benjamin, Éliada, un combattant courageux, commande 200 000 hommes armés d'arcs et de *boucliers. 18 Auprès de lui, il y a Yozabad, qui commande 180 000 hommes prêts à combattre. 19 Voilà les soldats qui sont au service du roi à Jérusalem. Il y a aussi ceux que Josaphat a placés dans toutes les villes bien protégées de son royaume.

Josaphat s'unit à la famille d'Akab, roi d'Israël

18 1 Le roi Josaphat est très riche et couvert d'honneurs. Il unit sa famille par mariage à la famille d'Akab, roi d'Israël. 2 Au bout de quelques années, Josaphat va trouver Akab à Samarie. Pour lui et pour ceux qui sont avec lui, Akab fait préparer une grande quantité de moutons et de bœufs. Puis il essaie de persuader Josaphat d'aller attaquer avec lui la ville de Ramoth de Galaad. 3 Akab, roi d'Israël, demande à Josaphat, roi de Juda : « Est-ce que tu acceptes de venir avec moi attaquer Ramoth de Galaad ? » Josaphat lui répond : « Nous ne faisons qu'un, toi et moi. Mes soldats sont tes soldats. Je pars au combat avec toi. » 4 Mais Josaphat ajoute : « Consulte d'abord le SEIGNEUR. »

Les prophètes officiels du roi d'Israël annoncent la victoire

5 Alors le roi d'Israël réunit ses *prophètes. Ils sont 400. Akab leur demande : « Est-ce que nous devons aller combattre pour reprendre Ramoth de Galaad, oui ou non ? » Les prophètes répondent : « Oui, tu peux y aller, Dieu te livrera la ville. » 6 Pourtant, Josaphat demande : « Est-ce qu'il n'y a pas un autre prophète qui peut consulter le SEIGNEUR pour nous ? » 7 Le roi d'Israël répond : « Nous pourrions demander à Michée, fils d'Imla, mais je le déteste. En effet, il ne m'annonce jamais rien de bon, mais toujours du mal. » Josaphat

dit à Akab : « Ne dis pas cela ! » 8 Alors le roi d'Israël envoie un fonctionnaire du palais chercher Michée, fils d'Imla, le plus vite possible.

9 Le roi d'Israël et le roi de Juda se trouvent sur la place qui est près de la porte de Samarie. Chacun est assis sur son siège royal. Ils portent leurs vêtements de roi. Ils écoutent les prophètes leur parler au nom du SEIGNEUR. 10 Parmi eux, il y a un prophète appelé Sidequia, fils de Kenaana. Il s'est fabriqué des cornes de fer et il crie à Akab : « Le SEIGNEUR te le dit, tu attaqueras les Syriens comme un taureau aux cornes de fer, et tu les écraseras. »

11 Tous les autres prophètes confirment ce message en disant : « Tu peux aller attaquer Ramoth de Galaad. Tu réussiras, le SEIGNEUR te livrera la ville. »

Le prophète Michée annonce la défaite

12 Pendant ce temps, le messager va chercher Michée. Il lui dit : « Écoute, tous les *prophètes annoncent un bon résultat pour le roi. Fais la même chose : annonce le succès. » 13 Mais Michée lui répond : « Par le SEIGNEUR vivant, j'annoncerai seulement ce que mon Dieu me dira. » 14 Puis Michée arrive près du roi Akab. Le roi lui demande : « Michée, est-ce que nous devons aller attaquer Ramoth de Galaad pour reprendre cette ville, oui ou non ? » Michée répond à Akab : « Vous pouvez y aller. Vous réussirez, le SEIGNEUR vous livrera la ville. » 15 Mais Akab lui dit : « Je t'ai toujours demandé de me dire seulement la vérité de la part du SEIGNEUR. » 16 Alors Michée déclare :

« Dans une vision,
j'ai vu tous les soldats
répandus sur les montagnes,
comme un troupeau sans berger.
Le SEIGNEUR a dit :
"Cette armée n'a plus de chef.
Chacun doit rentrer en paix chez lui." »

17 Le roi d'Israël dit alors au roi Josaphat : « Je te l'avais bien dit : cet homme-là ne m'annonce jamais rien de bon, mais toujours du mal ! » 18 Michée continue : « Écoutez donc ce que le SEIGNEUR dit. En effet, j'ai vu le SEIGNEUR assis sur son siège royal, avec tous ses serviteurs, debout à sa droite et à sa gauche dans le *ciel. 19 Il a demandé : "Qui veut persuader Akab d'attaquer Ramoth de Galaad pour qu'il soit tué là-bas ?" L'un a dit une chose, l'autre une autre. 20 Pour finir, l'esprit qui inspire les prophètes s'est présenté devant le SEIGNEUR en disant : "Moi, j'irai le persuader." Le SEIGNEUR a demandé : "Comment ?" 21 L'esprit des prophètes a répondu : "Je soufflerai des mensonges dans la bouche de tous les prophètes du roi." Le SEIGNEUR lui a dit : "C'est un bon moyen pour le persuader. Maintenant, va faire ce que tu as proposé !" » 22 Michée ajoute : « Aujourd'hui, c'est ce qui se passe, Akab. Le SEIGNEUR a permis qu'un esprit mette des mensonges dans la bouche de tous tes prophètes. En réalité, le SEIGNEUR a décidé de t'envoyer un malheur. »

23 Alors Sidequia, fils de Kenaana, s'approche de Michée et lui donne une gifle en disant : « Comment l'esprit du SEIGNEUR est-il sorti de moi pour te parler ? » 24 Michée répond : « Tu le verras bien le jour où tu devras te cacher dans la pièce la plus retirée de ta maison. » 25 Alors le roi d'Israël crie à des serviteurs : « Arrêtez Michée ! Conduisez-le chez Amon, le gouverneur de Samarie et chez le prince Joas. 26 Dites-leur de ma part : "Mettez cet homme-là en prison. Donnez-lui seulement du pain et de l'eau jusqu'à ce que je revienne en bonne santé." »

27 Michée lui répond : « Si tu reviens en bonne santé, c'est que le SEIGNEUR n'a pas parlé par ma bouche ! »

Akab, roi d'Israël, meurt à Ramoth

28 Akab, le roi d'Israël, et Josaphat, le roi de Juda, vont attaquer Ramoth de Galaad. 29 Akab dit à Josaphat : « Je vais changer de vêtements pour aller au combat. Mais toi, mets tes habits de roi. » Ainsi, le roi d'Israël met d'autres vêtements pour qu'on ne le reconnaisse pas, et les deux rois partent au combat. 30 Or, le roi de Syrie a donné cet ordre aux chefs qui commandent ses chars de guerre : « N'attaquez pas les soldats ni les officiers, attaquez seulement le roi d'Israël. » 31 Quand les chefs de chars voient Josaphat, ils disent : « C'est sû-

rement le roi d'Israël. » Et ils vont vers lui pour l'attaquer. Mais le roi pousse un cri. Le Seigneur Dieu vient à son aide et les détourne de lui. 32 Alors les chefs de chars voient que ce n'est pas le roi d'Israël. Ils le laissent tranquille.

33 Or, un soldat syrien tire une flèche au hasard, et la flèche touche le roi d'Israël entre les deux parties de la *cuirasse qui le protège. Le roi dit à celui qui conduit son char : « Je suis blessé, fais demi-tour et sors-moi de là ! » 34 Ce jour-là, le combat est très violent, et le roi doit être tenu debout dans son char jusqu'au soir, face aux Syriens. Puis il meurt au coucher du soleil.

Le roi Josaphat établit des juges en Juda

19 1 Josaphat, roi de Juda, retourne chez lui à Jérusalem en bonne santé. 2 Le *prophète Yéhou, fils de Hanani, vient à sa rencontre. Il lui dit : « Tu es allé aider un homme mauvais. Pourquoi donc ? Est-ce que tu aimes ceux qui détestent le Seigneur ? À cause de cela, le Seigneur est en *colère contre toi. 3 Pourtant, tu as fait de bonnes choses. Tu as brûlé dans ton pays les *poteaux sacrés de la déesse Achéra et tu as cherché Dieu de tout ton cœur. »

4 Josaphat s'installe à Jérusalem. Puis il recommence à voyager dans son pays, depuis Berchéba, au sud, jusqu'à la région montagneuse d'Éfraïm, au nord. Il invite son peuple à revenir vers le Seigneur, le Dieu de ses ancêtres. 5 Il établit des juges dans chaque ville bien protégée du royaume de Juda. 6 Il leur dit : « Attention à ce que vous allez faire ! En effet, ce n'est pas au nom des hommes que vous jugerez, mais au nom du Seigneur. Il sera près de vous quand vous prononcerez un jugement. 7 Ayez donc un très grand respect pour le Seigneur et agissez consciencieusement. En effet, le Seigneur notre Dieu n'accepte pas l'injustice. Il ne veut pas que vous fassiez des différences entre les gens, il refuse que vous vous laissiez corrompre par des cadeaux. »

8 À Jérusalem aussi, Josaphat établit des *lévites, des prêtres et des chefs de famille israélites pour rendre la justice au nom du Seigneur et régler les querelles entre les habitants. 9 Voici les ordres qu'il leur donne : « Vous agirez en respectant le Seigneur, fidèlement et avec un cœur non partagé. 10 Supposons que des Israélites viennent des villes où ils habitent et vous présentent une affaire. Cette affaire pourra porter sur un assassinat, sur l'application de la loi, sur un commandement, sur des règles et des coutumes. Eh bien, chaque fois, vous devez les guider. Ainsi, ils ne se rendront pas coupables envers le Seigneur, et le Seigneur ne se mettra pas en colère contre vous ni contre vos frères. Si vous agissez ainsi, vous ne serez pas coupables. 11 Le *grand-prêtre Amaria sera au-dessus de vous pour toutes les affaires concernant le Seigneur. Le premier ministre du royaume de Juda, Zébadia, fils d'Ismaël, sera votre maître pour toutes les affaires concernant le roi. Les lévites seront près de vous pour vous aider dans l'administration. Courage donc, et au travail ! Et que le Seigneur soit avec ceux qui font le bien ! »

Josaphat prie le Seigneur au moment d'une attaque des Ammonites

20 1 Après cela, les Moabites et les Ammonites, aidés par les Méounites[t], viennent faire la guerre au roi Josaphat. 2 Des messagers l'annoncent au roi en disant : « Une armée nombreuse arrive contre toi. Elle vient de l'autre côté de la mer Morte, du pays d'Édom. Elle est maintenant à Hassasson-Tamar, c'est-à-dire En-Guédi. »

3 Josaphat a peur, il décide de consulter le Seigneur. Il demande à tous les habitants du royaume de Juda de *jeûner. 4 Les Judéens viennent de toutes les villes du pays et ils se rassemblent pour demander l'aide du Seigneur. 5 Josaphat se tient debout au milieu des habitants de Jérusalem et des autres Ju-

t **20.1** *Les Méounites étaient un peuple installé sans doute au sud du royaume d'Édom.*

déens, face à la nouvelle cour du temple. [6] Il
dit : « SEIGNEUR, Dieu de nos ancêtres, c'est
toi qui es dans le *ciel, c'est toi qui gouvernes
tous les royaumes de la terre. Tu possèdes la
force et la puissance, et personne ne peut te
résister. [7] C'est bien toi, notre Dieu, qui as
chassé les habitants de ce pays, quand Israël,
ton peuple, y arrivait. Et tu as donné ce territoire pour toujours aux membres de la famille
d'Abraham, ton ami. [8] Ils se sont installés là et
ils ont construit un temple pour toi en disant :
[9] "Un malheur nous atteindra peut-être un
jour, la punition de la guerre, la peste ou la famine. Alors nous viendrons devant ce temple,
c'est-à-dire devant toi, puisque tu es présent
en ce lieu. Nous t'appellerons au secours du
fond de notre malheur. Tu nous écouteras et
tu nous sauveras." [10] Eh bien, maintenant, regarde : voici les Ammonites, les Moabites et
les Édomites qui viennent nous attaquer.
Quand nos ancêtres ont quitté l'Égypte, tu
ne leur as pas permis de traverser les pays
de ces peuples. Nos ancêtres ont alors pris
un autre chemin et ils ne les ont pas détruits.
[11] Mais aujourd'hui, ils nous récompensent en
venant nous chasser de la terre que tu nous as
donnée ! [12] Toi, notre Dieu, est-ce que tu ne
vas pas nous rendre justice contre eux ?
Nous sommes faibles devant cette armée immense qui vient nous attaquer, et nous ne savons pas quoi faire. C'est pourquoi nos yeux
se tournent vers toi. » [13] Tous les habitants
de Juda, avec leurs familles, femmes et enfants, se tiennent debout en présence du
SEIGNEUR.

Le Seigneur donne la victoire aux gens de Juda

[14] Alors, au milieu de l'assemblée, l'esprit
du SEIGNEUR saisit Yaziel, un *lévite, fils de Zakarie et petit-fils de Benaya. Benaya était lui-
même fils de Yéiel et petit-fils de Mattania.
Ils sont de la famille d'Assaf[u]. [15] Yaziel dit :
« Vous, habitants de Jérusalem et tous les autres Judéens, et surtout toi, roi Josaphat, écoutez bien ! Voici ce que le SEIGNEUR vous dit :
"N'ayez pas peur, ne soyez pas effrayés devant cette immense armée. Le résultat du
combat ne dépend pas de vous, mais de moi,
votre Dieu. [16] Demain, vous descendrez
contre vos ennemis qui sont en train de monter par la côte des Fleurs. Vous les trouverez
au bout du ravin, en face du désert de Yerouel.
[17] Vous n'aurez pas besoin de combattre
contre eux. Habitants de Jérusalem et de
Juda, tenez-vous là, arrêtez-vous, et regardez
comment moi, le SEIGNEUR, je vous délivrerai.
N'ayez pas peur, ne soyez pas effrayés ! Demain, allez à leur rencontre, et moi, le SEI-
GNEUR, je serai avec vous." »

[18] Josaphat se met à genoux, le front contre
le sol. Tous les habitants de Jérusalem et les
autres Judéens se mettent aussi à genoux
pour adorer le SEIGNEUR. [19] Ensuite, les *lévites des clans de Quéhath et de Coré se relèvent. Et ils chantent à pleine voix la louange
du SEIGNEUR, Dieu d'Israël.

[20] Le jour suivant, tôt le matin, tout le
monde se met en route pour le désert de Técoa. Au moment de partir, Josaphat se place
devant eux et leur dit : « Écoutez-moi, habitants de Jérusalem et de Juda ! Mettez toute
votre confiance dans le SEIGNEUR votre Dieu,
et vous serez forts. Mettez toute votre
confiance dans ses *prophètes, et vous rem-
porterez la victoire ! »

[21] Puis Josaphat, en accord avec le peuple,
place en tête de l'armée des chanteurs en vêtements sacrés. Ils sont chargés de rendre
*gloire au SEIGNEUR en disant : « Chantez la
louange du SEIGNEUR, car son amour est pour
toujours. » [22] Au moment où les chanteurs
commencent à lancer leurs cris de joie et de
louange, le SEIGNEUR sème le désordre parmi
les Ammonites, les Moabites et les Édomites
venus attaquer les Judéens. Et ils se battent
entre eux. [23] Les Ammonites et les Moabites
commencent par attaquer les Édomites et ils
les tuent jusqu'au dernier. Ensuite ils se tuent

---

u **20.14** *Assaf était l'un des responsables du chant et de la musique dans le temple de Jérusalem, au temps du roi David.*

les uns les autres. 24 Quand les Judéens arrivent à l'endroit où on aperçoit le désert, ils regardent vers l'armée ennemie. Mais ils ne
voient que des morts couchés par terre. Aucun homme n'est resté en vie ! 25 Alors Josaphat et son peuple viennent piller ce que les
ennemis ont laissé. Ils trouvent des animaux,
des biens, des vêtements et des objets précieux. Il y en a tellement qu'ils mettent trois
jours à ramasser ces richesses. Mais ils ne peuvent même pas tout emporter.

26 Le quatrième jour, ils se rassemblent
dans la vallée de la Beraka, pour remercier
le SEIGNEUR. C'est pourquoi encore aujour-
d'hui, cette vallée porte le nom de Beraka –
ce qui veut dire « merci ».

27 Ensuite, tous les habitants de Jérusalem
et les autres Judéens, avec Josaphat à leur
tête, se mettent en route pour rentrer à Jérusalem, dans la joie. En effet, le SEIGNEUR leur a
donné une grande joie en les délivrant de
leurs ennemis. 28 Ils entrent dans la ville au
son des *harpes, des cithares et des trompettes et ils se dirigent vers le temple du SEI-
GNEUR.

29 Quand les peuples des autres royaumes
apprennent que le SEIGNEUR Dieu a combattu
contre les ennemis d'Israël, ils ont très peur
de lui. 30 Ainsi, le royaume de Josaphat vit
dans le calme, son Dieu lui donne la paix
sur toutes ses frontières.

Autres renseignements sur Josaphat, roi de Juda

31 Josaphat devient roi de Juda à l'âge de
35 ans. Il est roi à Jérusalem pendant 25 ans.
Sa mère s'appelle Azouba, et c'est une fille de
Chili. 32 Josaphat suit le chemin de son père
Asa. Il ne s'en éloigne jamais, il fait ce qui
est bien aux yeux du SEIGNEUR. 33 Pourtant,
les lieux sacrés ne disparaissent pas, et le peuple ne s'attache pas de tout son cœur au Dieu
de ses ancêtres. 34 Les autres actes de Josaphat, des premiers aux derniers, sont racontés
dans les « Actes de Yéhou, fils de Hanani ».
Ces écrits se trouvent dans le livre des rois
d'Israël.

35 De plus, Josaphat, le roi de Juda, s'associe
avec Akazias, roi d'Israël. La conduite de ce
roi est mauvaise. 36 Ensemble, ils se mettent
d'accord pour construire des bateaux qui doivent aller très loin. Ils les construisent dans le
port d'Ession-Guéber. 37 Mais le *prophète
Éliézer, fils de Dodava, de Marécha, dit à Josaphat : « Tu t'es associé avec Akazias. À cause
de cela, le SEIGNEUR va détruire ce que tu as
fait. » En effet, les bateaux coulent dans la
mer et ne peuvent partir au loin.

21 1 Quand Josaphat meurt, on l'enterre
avec ses ancêtres dans la « *Ville de David ». Son fils Joram devient roi à sa place.

Joram, roi de Juda

2 Joram a plusieurs frères, tous fils de Josaphat. Ce sont : Azaria, Yéhiel, Zakarie, Azaria-
hou, Mikaël et Chefatia. 3 Josaphat, leur père,
leur a fait des cadeaux très importants en argent, en or et en objets précieux. Il leur a
donné aussi des villes bien protégées à
commander dans le pays de Juda. Mais il a
laissé le royaume à Joram, parce qu'il est
l'aîné.

4 Joram devient donc roi à la place de son
père et se rend très puissant. Il fait tuer tous
ses frères, ainsi que certains chefs du
royaume. 5 Joram devient roi à l'âge de 32
ans et il est roi à Jérusalem pendant 8 ans.
6 Il suit le mauvais exemple des rois d'Israël
et de la famille d'Akab, car il s'est marié
avec une fille d'Akab. Il fait ce qui est mal
aux yeux du SEIGNEUR. 7 Pourtant, le SEIGNEUR
ne veut pas détruire la famille de David, à
cause de *l'alliance qu'il a établie avec lui.
En effet, voici ce qu'il a promis à David : Il y
aura toujours quelqu'un de ta famille pour te
succéder, à toi et à tes fils.

8 Pendant que Joram est roi de Juda, les Édomites se révoltent contre son pouvoir et ils se
donnent un roi. 9 Alors Joram part avec ses officiers et avec tous ses chars de guerre. En
pleine nuit, le roi et les commandants des
chars battent les Édomites qui les entourent.
10 Pourtant, le peuple d'Édom est devenu indépendant du royaume de Juda et il l'est encore
aujourd'hui.

À la même époque, la ville de Libna se soulève également contre le pouvoir de Joram,
parce que celui-ci a abandonné le SEIGNEUR,

le Dieu de ses ancêtres. 11 Joram a même installé des lieux sacrés sur les montagnes de Juda. Il entraîne ainsi les habitants de Jérusalem et les autres Judéens à se tourner vers les faux dieux.

12 Un jour, Joram reçoit une lettre du *prophète Élie, qui écrit ceci : « Voici les paroles du SEIGNEUR, le Dieu de David ton ancêtre : Tu ne suis pas l'exemple de ton père Josaphat ni celui de ton grand-père Asa, roi de Juda. 13 Mais tu te conduis aussi mal que les rois d'Israël. Tu entraînes les habitants de Jérusalem et de Juda à se tourner vers les faux dieux, comme la famille d'Akab l'a fait. Tu as même tué tes frères, les fils de ton père. Pourtant ils étaient meilleurs que toi. 14 C'est pourquoi le SEIGNEUR va frapper d'un grand malheur ton peuple, tes fils, tes femmes et tout ce que tu possèdes. 15 Et toi, tu souffriras de plusieurs maladies. Tu auras en particulier une maladie d'intestins chaque jour plus grave. Ils finiront par sortir de ton corps. »

16 Le SEIGNEUR pousse les *Philistins et les Arabes voisins des *Éthiopiens à faire la guerre à Joram. 17 Ils viennent attaquer le royaume de Juda et ils entrent dans le pays. Ils prennent tous les biens qui sont dans le palais royal. Ils emmènent les enfants et les femmes de Joram. Il lui reste un seul fils, Akazia, le plus jeune.

18 Après tout cela, le SEIGNEUR frappe Joram d'une maladie d'intestins qui ne peut pas guérir. 19 Les jours passent, et à la fin de la deuxième année, à cause de la maladie, ses intestins sortent de son corps. Joram meurt dans de terribles souffrances. Son peuple ne brûle pas de parfums pour lui, comme il l'a fait pour ses ancêtres.

20 Joram avait 32 ans quand il est devenu roi et il a été roi à Jérusalem pendant 8 ans. Quand il meurt, personne ne le regrette. On l'enterre dans la « Ville de David », mais pas dans les tombes royales.

Akazia, roi de Juda

22 1 Les habitants de Jérusalem désignent Akazia, le plus jeune fils de Joram, pour être roi à sa place. En effet, tous ses frères plus âgés ont été tués par une bande d'Arabes qui sont entrés dans le camp des soldats de Juda[v]. C'est ainsi qu'Akazia, fils de Joram, devient roi de Juda. 2 Il a 20 ans et il est roi à Jérusalem pendant une année. Sa mère s'appelle Athalie, et elle est de la famille d'Omri[w]. 3 Akazia suit l'exemple de la famille d'Akab, parce que sa mère lui donne de mauvais conseils. 4 Il fait ce qui est mal aux yeux du SEIGNEUR, comme cette famille. Après la mort de son père, ce sont des gens de la famille d'Akab qui deviennent ses conseillers, pour son malheur. 5 Sur leur conseil, en effet, il part avec Yoram, fils d'Akab et roi d'Israël, pour faire la guerre à Hazaël, roi de Syrie, à Ramoth de Galaad. Pendant le combat, les Syriens blessent le roi Yoram. 6 Celui-ci retourne à Izréel pour soigner ses blessures. Alors Akazia va dans cette ville pour rendre visite à Yoram, car celui-ci va mal.

7 Dieu se sert de cette visite pour le malheur d'Akazia. En effet, dès son arrivée, Akazia part avec Yoram à la rencontre de Jéhu, fils de Nimchi. Or, le SEIGNEUR a *consacré Jéhu comme roi pour qu'il supprime la famille d'Akab. 8 Jéhu réalise le jugement de Dieu sur la famille d'Akab. Il rencontre des chefs du royaume de Juda et les neveux d'Akazia, qui sont tous au service de ce roi, et il les tue. 9 Ensuite, il fait rechercher le roi Akazia. Des gens le saisissent à Samarie où il se cache. Ils l'amènent à Jéhu, qui le fait mourir. Ils le mettent dans une tombe, parce qu'ils disent : « Akazia est de la famille de Josaphat, qui a cherché le SEIGNEUR de tout son cœur. »

Dans la famille d'Akazia, personne n'est capable d'être roi.

---

v **22.1** *Voir 2 Chroniques 21.16-17.*

w **22.2** *Omri : un ancien roi d'Israël, père d'Akab. Voir 1 Rois 16.23-28.*

Athalie prend le pouvoir

10 Athalie, la mère du roi Akazia, apprend la
mort de son fils. Alors elle décide de tuer tous
les garçons de la famille royale de Juda. 11 Mais
pendant qu'on les tue, Yochéba, fille du roi Joram, enlève en secret Joas, fils d'Akazia. Elle
le cache dans une chambre à coucher du temple avec la femme qui le nourrit. Ainsi Yochéba, femme du prêtre Yoyada, fille du roi
Joram de Juda et sœur d'Akazia, empêche
Athalie de faire mourir Joas. 12 Joas reste caché
six ans dans le temple de Dieu avec ceux qui
le protègent. Pendant ce temps, Athalie est
reine de Juda.

Joas est consacré comme roi de Juda

23 1 Au bout de sept ans, le prêtre Yoyada
décide d'agir. Il passe un accord avec
les chefs qui commandent 100 soldats : Azaria, fils de Yeroam, Ismaël, fils de Yohanan,
Azaria, fils d'Obed, Maasséya, fils d'Adaya,
et Élichafath, fils de Zikri. 2 Ces officiers
vont dans tout le territoire de Juda. Ils réunissent les *lévites et les chefs de famille israélites dans toutes les villes. Puis ils reviennent
avec eux à Jérusalem. 3 Tous ces hommes, rassemblés dans le temple de Dieu, passent un
accord au sujet du roi. Yoyada leur dit : « Voici
Joas, le fils du roi ! C'est lui qui doit être roi
selon la promesse faite par le SEIGNEUR au sujet
des fils de la famille de David. 4 Voici ce que
vous allez faire : quand les prêtres et les lévites
commenceront leur service le jour du *sabbat,
une équipe gardera les entrées du temple.
5 Une deuxième équipe gardera le palais royal.
La troisième équipe gardera la porte de la Fondation. Tout le peuple se tiendra dans la cour
du temple. 6 Personne ne doit entrer dans le
temple du SEIGNEUR, sauf les prêtres et les lévites de service. Eux peuvent y entrer, parce
qu'ils sont *consacrés. Tout le peuple respectera cet ordre du SEIGNEUR. 7 Les autres lévites
entoureront le roi, l'arme à la main. Ils iront
avec lui partout où il ira. Si quelqu'un veut entrer dans le temple, il sera mis à mort. »
8 Les lévites et tous les gens de Juda font
tout ce que le prêtre Yoyada a commandé.
Chaque chef réunit ses hommes, ceux qui
prennent leur service le jour du sabbat, et
ceux qui le terminent ce jour-là. En effet,
Yoyada n'a accordé de congé à aucune équipe.
9 Yoyada donne aux chefs de 100 soldats les
lances et les grands et petits *boucliers du
roi David qui se trouvent dans le temple de
Dieu. 10 Il place tous les hommes en demi-
cercle devant le bâtiment et *l'autel, depuis
le côté droit jusqu'au côté gauche du temple.
Chacun a son arme à la main et ils sont prêts
à entourer le roi. 11 Alors Yoyada et ses fils
font sortir Joas. Ils lui mettent une couronne
sur la tête et lui donnent le document du
*témoignage[x]. Puis ils le *consacrent comme
roi, en versant de l'huile sur sa tête. Aussitôt,
tout le monde se met à crier : « Vive le roi ! »

12 Quand Athalie entend le bruit du peuple
qui court et qui crie de joie pour le roi, elle
vient rejoindre la foule au temple du SEIGNEUR.
13 Voici ce qu'elle voit : le roi se tient debout
près de la colonne du temple, à côté de l'entrée. Les chefs des soldats et les joueurs de
trompettes sont près du roi. Toute la population du pays est dans la joie, et les musiciens
jouent de la trompette. Les chanteurs, avec
leurs instruments de musique dirigent les
louanges. Alors Athalie *déchire ses vêtements en criant : « Trahison ! Trahison ! »
14 Yoyada ne veut pas qu'Athalie soit tuée
dans le temple. C'est pourquoi il donne cet
ordre aux chefs qui commandent les 100 soldats de la garde : « Faites-la sortir des rangs !
Si quelqu'un veut la suivre, tuez-le. » 15 Les
soldats l'entraînent vers le palais royal. Et
quand elle arrive à la porte des Chevaux,
ils la tuent.

16 Yoyada établit un accord entre le peuple,
le roi et lui-même. Par cet accord, le peuple

---

x **23.11** *Le terme hébreu traduit par « document du témoignage » ne permet pas de savoir quel est le contenu de ce document.*

devient le peuple du SEIGNEUR. 17 Alors toute la foule entre dans le temple de *Baal, et les gens le démolissent. Ils cassent les autels et les statues des faux dieux. Devant les autels, ils tuent Mattan, le prêtre de Baal. 18 Ensuite, Yoyada place des *prêtres-lévites chargés de surveiller le temple du SEIGNEUR. David les a divisés en équipes pour qu'ils offrent les *sacrifices complets dans le temple, comme cela est écrit dans la loi de Moïse. Il leur a commandé d'accomplir ce service avec des chants de joie. 19 Yoyada place aussi des gardiens aux portes du temple du SEIGNEUR. Ainsi personne *d'impur ne peut y entrer.

20 Yoyada rassemble encore les commandants de 100 soldats, les notables, les dirigeants du peuple et tous les habitants du pays. Et il conduit le roi du temple du SEIGNEUR au palais royal, en passant par la porte du haut. Puis ils le font asseoir sur le siège royal. 21 Tout le monde est dans la joie.

Après la mort d'Athalie, la ville retrouve son calme.

Joas fait réparer le temple

24 1 Joas devient roi à l'âge de 7 ans, et il est roi à Jérusalem pendant 40 ans. Sa mère, qui est de Berchéba, s'appelle Sibia. 2 Joas fait ce qui est bien aux yeux du SEIGNEUR pendant toute la vie du prêtre Yoyada. 3 Celui-ci lui donne deux femmes en mariage, et avec elles, il a des fils et des filles. 4 Après cela, Joas décide de faire réparer le temple du SEIGNEUR. 5 Il réunit les prêtres et les *lévites et leur dit : « Allez dans les villes de Juda et rassemblez de l'argent auprès de tous les Israélites. Ainsi vous pourrez réparer le temple de votre Dieu chaque année. Faites cela rapidement ! »

Mais les lévites font traîner les choses. 6 Alors le roi appelle le *grand-prêtre Yoyada et lui dit : « Moïse, le serviteur du SEIGNEUR, et l'assemblée d'Israël ont fixé un impôt pour la tente qui abrite les *tablettes de l'alliance. Les lévites doivent faire payer cet impôt aux habitants de Jérusalem et aux autres Judéens. Or, tu n'as pas exigé qu'ils le fassent. Pourquoi donc ? 7 Athalie, cette femme mauvaise, ainsi que ses partisans ont laissé s'abîmer le temple de Dieu. De plus, ils ont utilisé tous les objets sacrés du temple pour les *Baals. »

8 Le roi commande donc de fabriquer une caisse et de la placer à la porte du temple du SEIGNEUR, à l'extérieur. 9 Ensuite, il fait annoncer ceci à Jérusalem et dans tout le royaume de Juda : « Dans le désert, Moïse, le serviteur de Dieu, a fixé un impôt pour les Israélites. Chacun doit apporter cet impôt au SEIGNEUR. » 10 Tous les chefs et tout le peuple viennent apporter avec joie ce qu'ils doivent dans la caisse jusqu'à ce qu'elle soit pleine. 11 Quand on l'apporte aux lévites pour qu'ils contrôlent l'argent au nom du roi, ils voient qu'il y en a beaucoup. Alors ils appellent le secrétaire du roi et l'administrateur du grand-prêtre. Ces hommes prennent la caisse, la vident et la remettent à sa place. Ils agissent ainsi chaque jour et ils rassemblent des sommes importantes. 12 Ensuite, le roi et Yoyada donnent l'argent à ceux qui sont chargés des travaux du temple du SEIGNEUR. Avec cet argent, ceux-ci paient des tailleurs de pierre et des ouvriers pour réparer le temple. Ils paient aussi des artisans qui savent travailler le fer et le bronze pour rendre le temple plus solide. 13 Les ouvriers se mettent au travail et grâce à leur habileté, les réparations avancent. Ils réparent le temple de Dieu, lui rendent ses anciennes dimensions et sa solidité.

14 Quand les travaux sont finis, les responsables apportent le reste de l'argent au roi et à Yoyada. Les artisans s'en servent pour fabriquer les ustensiles du temple : objets pour le service du SEIGNEUR et pour les *sacrifices complets, *coupes et récipients en or et en argent. Pendant toute la vie de Yoyada, les Israélites offrent régulièrement des sacrifices complets dans le temple du SEIGNEUR.

Joas devient infidèle à Dieu

15 Yoyada devient très vieux et il meurt à l'âge de 130 ans. 16 On l'enterre dans les tombes royales de la « *Ville de David ». En effet, il a toujours bien agi pour le peuple d'Israël, en l'honneur de Dieu et de son temple.

17 Après la mort du prêtre Yoyada, les chefs de Juda viennent trouver Joas et s'inclinent

devant lui. Le roi écoute leurs conseils. 18 Les Israélites abandonnent alors le temple du SEIGNEUR, le Dieu de leurs ancêtres, ils adorent les *poteaux sacrés et les faux dieux. Cette faute provoque la *colère de Dieu contre Jérusalem et tout le royaume de Juda. 19 Ensuite, le SEIGNEUR leur envoie des *prophètes pour les convaincre de revenir vers lui, mais personne ne les écoute. 20 Alors l'esprit de Dieu saisit le prêtre Zakarie, fils de Yoyada. Zakarie se tient debout devant le peuple et il lui dit : « Écoutez ce que Dieu dit : "Pourquoi désobéissez-vous à mes commandements ? Vous n'y gagnerez rien ! Puisque vous m'avez abandonné, eh bien, moi aussi, je vous abandonnerai." »

21 Après cela, le peuple forme un complot contre Zakarie et, sur l'ordre du roi, ils le tuent à coups de pierres dans la cour du temple du SEIGNEUR. 22 Le roi Joas oublie la bonté que Yoyada, le père de Zakarie, lui a montrée. Il fait donc mourir Zakarie. Avant de mourir, celui-ci lui dit : « Que le SEIGNEUR voie ce que tu fais et qu'il te demande des comptes ! »

Mort de Joas

23 Au début de l'année suivante, l'armée des Syriens vient attaquer Joas. Ils arrivent dans le royaume de Juda et à Jérusalem. Ils tuent les chefs du peuple et ils envoient toutes les richesses de guerre à leur roi à Damas. 24 Les Syriens ne sont pas très nombreux, mais le SEIGNEUR livre en leur pouvoir l'armée immense des Judéens, parce que ceux-ci l'ont abandonné, lui, le Dieu de leurs ancêtres. Ils réalisent ainsi le jugement contre Joas. 25 Puis les Syriens s'en vont et ils le laissent gravement malade. Alors les officiers de Joas forment un complot contre lui pour venger la mort du fils du prêtre Yoyada. Ils le tuent dans son lit. On l'enterre dans la « *Ville de David », mais pas dans les tombes royales. 26 Ceux qui ont comploté contre lui sont : Zabad, fils d'une Ammonite appelée Chiméath, et Yozabad, fils d'une Moabite appelée Chimrith.

27 La liste des fils de Joas, le texte des nombreuses paroles dites contre lui, le récit de la réparation du temple de Dieu, tout cela est écrit dans les « Explications du livre des Rois ». C'est son fils Amassia qui devient roi à sa place.

Amassia, roi de Juda

25 1 Amassia devient roi à l'âge de 25 ans et il est roi à Jérusalem pendant 29 ans. Sa mère est de Jérusalem et s'appelle Yoaddan. 2 Amassia fait ce qui est bien aux yeux du SEIGNEUR, mais son cœur n'est pas tout entier à lui.

3 Quand Amassia a solidement établi son pouvoir de roi, il fait mourir les officiers qui ont tué son père, le roi Joas[y]. 4 Mais il ne fait pas mourir leurs enfants. Il respecte ce qui est écrit dans le livre de la *loi, le livre de Moïse. En effet, dans ce livre, le SEIGNEUR donne ce commandement : « Il ne faut pas faire mourir les parents pour les péchés commis par les enfants. Il ne faut pas faire mourir les enfants pour les péchés commis par les parents. Un être humain ne peut être mis à mort que pour ses propres péchés[z]. »

5 Amassia rassemble les hommes de son royaume, des tribus de Juda et de Benjamin. Et il désigne, selon les clans, des commandants de 1 000 soldats et de 100 soldats. Il fait compter les hommes de 20 ans et plus. On en trouve 300 000 capables d'aller à la guerre, et de se servir de la lance et du *bouclier. 6 Pour le prix de 3 tonnes d'argent environ, Amassia prend encore à son service 100 000 combattants courageux du royaume d'Israël. 7 Mais un homme de Dieu vient dire au roi : « Les soldats d'Israël ne doivent pas partir avec toi. En effet, le SEIGNEUR n'est pas avec les membres du royaume du Nord, tous ces gens de la famille d'Éfraïm. 8 S'ils vont avec toi, même si tu es fort au combat, Dieu te fera tomber devant tes ennemis, car lui seul peut donner la victoire ou la défaite. » 9 Amassia demande à l'homme de Dieu : « À

y **25.3** *Voir 2 Chroniques 24.23-26.*
z **25.4** *Voir Deutéronome 24.16.*

quoi servira alors tout l'argent que j'ai donné
aux soldats d'Israël ? » Celui-ci répond : « Le
SEIGNEUR peut t'en donner bien plus ! »
10 Alors Amassia renvoie chez eux les soldats
venus du royaume du Nord. Ils repartent
donc, mais il sont vraiment très en colère
contre le royaume de Juda.

11 Quand Amassia a repris des forces, il part
à la tête de son armée pour la vallée du Sel[a].
Là, il tue 10 000 soldats d'Édom. 12 Les soldats
de Juda font prisonniers 10 000 autres Édomites. Ils les emmènent en haut d'un rocher et
ils les poussent dans le vide. Alors tous sont
écrasés sur le sol.

13 Les soldats d'Israël qu'Amassia a renvoyés
pour qu'ils ne participent pas au combat, se répandent dans les villes de Juda, entre Samarie
et Beth-Horon. Ils tuent 3 000 personnes et
emportent une grande quantité de richesses.

Yoas, roi d'Israël, bat Amassia

14 Quand Amassia revient après sa victoire
sur les Édomites, il rapporte les statues des
dieux d'Édom. Il les prend comme dieux, il
les adore et fait brûler du parfum pour eux.
15 Alors le SEIGNEUR se met en *colère contre
Amassia. Il lui envoie un *prophète qui lui
dit : « Tu t'es tourné vers les dieux d'Édom,
qui n'ont même pas pu délivrer leur peuple
de tes mains ! Pourquoi donc ? » 16 Mais Amassia lui coupe la parole. Il lui demande : « Est-ce
que je t'ai nommé conseiller du roi ? N'insiste
pas si tu ne veux pas recevoir des coups ! » Le
prophète n'insiste pas, pourtant il dit : « Je le
sais, Dieu a décidé de te détruire, parce que
tu as agi ainsi et que tu n'écoutes pas mon
conseil. »

17 Amassia, roi de Juda, demande l'avis d'autres personnes. Puis il envoie des messagers
au roi d'Israël, Yoas, fils de Yoakaz et petit-
fils de Jéhu. Il lui fait dire : « Viens ! Combattons face à face ! » 18 Yoas, le roi d'Israël, envoie cette réponse à Amassia, le roi de Juda :
« Il y avait une fois, sur les montagnes du Liban, un buisson d'épines. Il a demandé à un
*cèdre de lui donner sa fille comme femme
pour son fils. Mais une bête sauvage du Liban
est passée sur le buisson et l'a écrasé. » 19 Yoas
ajoute : « Tu dis que tu as battu les Édomites.
Tu es fier de cela et tu t'en vantes. Eh bien,
reste chez toi ! Pourquoi commencer une
guerre qui va mal finir ? Tu vas être battu
avec toute l'armée de Juda. »

20 Mais Amassia ne l'écoute pas. En effet,
Dieu veut qu'Amassia et ses soldats soient livrés au pouvoir de leurs ennemis, parce qu'ils
se sont tournés vers les dieux d'Édom. 21 Alors
Yoas, roi d'Israël, part au combat. Son armée
et celle d'Amassia se battent à Beth-Chémech,
dans le pays de Juda. 22 L'armée d'Israël bat
l'armée de Juda, et tous les soldats judéens
s'enfuient chez eux. 23 À Beth-Chémech,
Yoas, roi d'Israël, fait prisonnier le roi de
Juda, Amassia, fils de Joas et petit-fils d'Akazia. De là, il l'emmène à Jérusalem. Il détruit
le mur de la ville, sur 200 mètres environ, entre la *porte d'Éfraïm et la porte de l'Angle.
24 Il prend l'or, l'argent et tous les objets précieux qui sont dans le temple, sous la garde
d'Obed-Édom, et dans le trésor du palais
royal. Il prend aussi des otages et retourne à
Samarie.

La fin du roi Amassia

25 Après la mort de Yoas, fils de Yoakaz, roi
d'Israël, Amassia, roi de Juda, vit encore
15 ans. 26 Les autres actes d'Amassia, des premiers aux derniers, sont écrits dans le livre
des rois de Juda et d'Israël. 27 À partir du moment où Amassia se détourne du SEIGNEUR,
certains forment un complot contre lui à Jérusalem. Il fuit à Lakich, mais des gens le poursuivent et le tuent dans cette ville. 28 Ensuite,
ils ramènent son corps à Jérusalem, en Juda,
sur un char tiré par plusieurs chevaux. Là on
l'enterre avec ses ancêtres.

Ozias, roi de Juda

26 1 Quand Ozias[b] a 16 ans, le peuple de
Juda l'établit comme roi à la place de
son père Amassia. 2 Après la mort de son

a **25.11** *Voir 2 Rois 14.7 et la note.*

b **26.1** *Ozias : voir 2 Rois 14.21, où Ozias porte le nom d'Azaria.*

père, c'est lui qui reprend la ville d'Élath et qui la reconstruit.

[3] Ozias, devenu roi à l'âge de 16 ans, est roi à Jérusalem pendant 52 ans. Sa mère est de Jérusalem et s'appelle Yekolia. [4] Ozias fait ce qui est bien aux yeux du SEIGNEUR, exactement comme son père Amassia.

Ozias, tout d'abord fidèle, devient infidèle à Dieu

[5] Zakarie[c] enseigne à Ozias le respect de Dieu. Pendant la vie de cet homme, Ozias s'efforce de chercher à connaître le SEIGNEUR Dieu. Et pendant tout le temps où il le cherche, Dieu le fait réussir.

[6] Ozias part en guerre contre les *Philistins. Il détruit les murs des villes de Gath, Yabné et Asdod. Il construit d'autres villes dans la région d'Asdod et dans le reste du pays des Philistins. [7] Dieu vient à son secours, quand il combat contre les Philistins, contre les Arabes habitant à Gour-Baal et contre les Méounites[d]. [8] Même les Méounites lui paient une taxe de guerre.

Ozias devient si puissant que son nom est connu jusqu'aux frontières d'Égypte. [9] Il construit des tours bien protégées à Jérusalem, au-dessus de la porte de l'Angle, au-dessus de la porte de la Vallée, et là où le mur forme un angle. [10] Il construit aussi des tours de surveillance dans les régions du désert, et il creuse beaucoup de citernes. En effet, il a de nombreux troupeaux dans le *Bas-Pays et dans la plaine. Il a aussi des laboureurs et des *vignerons à son service dans les collines et les plantations de vigne, parce qu'il aime le travail de la terre.

[11] Ozias possède une armée capable de faire la guerre. Elle est divisée en troupes, selon le nombre de soldats. Le secrétaire Yéiel et l'administrateur Maasséya les ont comptés sous les ordres de Hanania, l'un des officiers du roi. [12] Des chefs de famille commandent ces combattants courageux. Ils sont 2 600 [13] et ils ont sous leurs ordres une armée de 307 500 soldats. Ceux-ci sont capables de faire la guerre avec force et courage pour défendre le roi contre ses ennemis. [14] Chaque fois qu'ils partent au combat, le roi leur prépare des *boucliers, des lances, des casques, des *cuirasses, des arcs et des pierres de frondes. [15] À Jérusalem, Ozias fait fabriquer des machines inventées spécialement pour être placées sur les tours et les angles des murs. Elles permettent de lancer des flèches et de grosses pierres. Beaucoup de gens aident Ozias de façon extraordinaire. C'est pourquoi il devient très puissant, et son nom est connu au loin.

[16] Mais à cause de sa puissance, il devient orgueilleux, et ceci entraîne sa perte. Il devient infidèle au SEIGNEUR son Dieu : un jour, il entre dans le temple pour brûler de *l'encens sur *l'autel du parfum. [17] Le *grand-prêtre Azaria entre derrière lui avec 80 prêtres du SEIGNEUR, tous très courageux. [18] Ils se placent en face du roi Ozias et lui disent : « Notre roi, tu n'as pas le droit d'offrir toi-même de l'encens pour le SEIGNEUR. Seuls les prêtres, les hommes de la famille d'Aaron, qui ont été *consacrés pour cela, peuvent le faire. Sors du *lieu saint ! Oui, tu es en train de commettre un péché. Aux yeux du SEIGNEUR Dieu, cette offrande ne sera pas un acte glorieux. »

[19] Ozias, qui tient le brûle-parfum à la main, se met en colère contre les prêtres. Au même moment, la *lèpre apparaît sur son front, en présence des prêtres, dans le temple près de l'autel du parfum. [20] Le grand-prêtre Azaria et tous les autres prêtres, qui le regardent, voient la lèpre apparaître sur son front. Ils le chassent tout de suite. Et lui-même se dépêche de sortir du lieu saint, parce que le SEIGNEUR l'a frappé.

La fin du roi Ozias

[21] Le roi Ozias reste *lépreux jusqu'à sa mort. À cause de cette lèpre, il doit habiter

---

c **26.5** *Zakarie : il s'agit sans doute d'un prophète.*

d **26.7** *Les Méounites : voir 2 Chroniques 20.1 et la note.*

dans une maison à l'écart et il n'a pas le droit de retourner au temple du SEIGNEUR. Son fils Yotam est chef du palais royal. C'est lui qui gouverne le peuple du pays. 22 Les autres actes d'Ozias, des premiers aux derniers, c'est le *prophète Ésaïe, fils d'Amots, qui les a écrits[e]. 23 Quand Ozias meurt, on l'enterre avec ses ancêtres dans le cimetière royal. Mais, parce qu'il est lépreux, on ne l'enterre pas dans la tombe de sa famille. Son fils Yotam devient roi à sa place.

Yotam, roi de Juda

27 1 Yotam devient roi à l'âge de 25 ans, et il est roi à Jérusalem pendant 16 ans. Sa mère s'appelle Yeroucha, et c'est une fille de Sadoc. 2 Yotam fait ce qui est bien aux yeux du SEIGNEUR, exactement comme son père Ozias. Mais lui n'entre pas dans le temple du SEIGNEUR. Pourtant le peuple reste corrompu. 3 Yotam bâtit la porte supérieure du temple du SEIGNEUR. Il fait beaucoup de constructions sur le mur de l'Ofel[f]. 4 Il construit aussi des villes dans la région montagneuse de Juda, ainsi que des murs de protection et des tours dans les régions de forêt.

5 Yotam fait la guerre au roi des Ammonites et il les bat. Cette année-là, les Ammonites lui paient une taxe de 3 tonnes d'argent, 3 000 tonnes de *blé et 3 000 tonnes *d'orge. Ils paient la même taxe la deuxième et la troisième année. 6 Yotam devient très puissant, parce qu'il marche avec assurance en présence du SEIGNEUR son Dieu.

7 Les autres actes de Yotam sont écrits dans le livre des rois d'Israël et de Juda. Ce livre raconte ses guerres et tout ce qu'il a fait. 8 Yotam est devenu roi à l'âge de 25 ans, et il a été roi à Jérusalem pendant 16 ans. 9 Quand il rejoint ses ancêtres, on l'enterre dans la « *Ville de David ». Son fils Akaz devient roi à sa place.

Akaz, roi de Juda

28 1 Akaz devient roi à l'âge de 20 ans, et il est roi à Jérusalem pendant 16 ans. Il ne fait pas ce qui est bien aux yeux du SEIGNEUR, contrairement à son ancêtre David. 2 Mais il se conduit aussi mal que les rois d'Israël. Il va même jusqu'à fabriquer des statues en métal fondu pour adorer les *Baals. 3 Il offre de *l'encens dans la vallée de Hinnom[g] et fait brûler ses fils en *sacrifice. Il imite en cela les actions horribles des peuples que le SEIGNEUR a chassés du pays pour laisser la place aux Israélites. 4 Il offre aussi des sacrifices d'animaux et il brûle de l'encens dans les lieux sacrés, sur les collines où il y a des arbres verts.

5 Alors le SEIGNEUR son Dieu le livre au pouvoir du roi de Syrie. Les Syriens le battent et font de nombreux prisonniers qu'ils emmènent à Damas. Akaz tombe aussi sous le pouvoir de Péca, fils de Remalia et roi d'Israël. Celui-ci lui fait subir une grande défaite. 6 En un seul jour, Péca fait mourir 120 000 soldats de Juda, tous des combattants courageux. Et cela arrive parce que les Judéens ont abandonné le SEIGNEUR, le Dieu de leurs ancêtres. 7 Zikri, un combattant de la tribu d'Éfraïm[h], tue Maasséya, un des fils du roi de Juda. Il tue aussi Azricam, chef du palais, et Elcana, l'homme le plus proche du roi. 8 Enfin, les soldats du royaume d'Israël font 200 000 prisonniers parmi leurs frères et sœurs de Juda : des femmes, des enfants, garçons et filles. Ils leur prennent aussi des richesses en très grand nombre, et ils les emportent à Samarie.

9 Dans cette ville, il y a un *prophète du SEIGNEUR qui s'appelle Oded. Il va à la rencontre de l'armée d'Israël qui revient à Samarie. Il dit aux soldats : « Le SEIGNEUR, le Dieu de vos ancêtres, était en *colère contre les gens de Juda. Alors il les a livrés en votre pouvoir. Mais vous

---

e **26.22** *Il ne s'agit pas du livre du prophète Ésaïe, mais d'un autre texte, qui n'existe plus.*

f **27.3** *L'Ofel était un quartier de Jérusalem, situé au sud du temple et du palais royal.*

g **28.3** *Hinnom : tout près de Jérusalem, au sud de la ville. Là les gens offraient des sacrifices aux faux dieux.*

h **28.7** *Éfraïm était une tribu importante du royaume du Nord.*

les avez tués avec une telle violence qu'elle a atteint même le *ciel. [10] De plus, ces hommes et ces femmes venant de Jérusalem et de tout le royaume de Juda, vous parlez d'en faire vos esclaves ! De cette façon, vous vous rendez vous-mêmes coupables envers le SEIGNEUR votre Dieu. [11] Écoutez-moi donc et renvoyez chez eux ces prisonniers que vous avez faits parmi vos frères et sœurs de Juda. Oui, le SEIGNEUR est dans une violente colère contre vous. »

[12] Alors certains chefs d'Éfraïm prennent parti contre ceux qui reviennent de la guerre. Ce sont Azaria, fils de Yohanan, Bérékia, fils de Mechillémoth, Yehizquia, fils de Challoum, et Amassa, fils de Hadlaï. [13] Ils leur disent : « N'amenez pas ces prisonniers ici ! Vous nous rendriez coupables d'une faute grave envers le SEIGNEUR. Est-ce que vous voulez augmenter nos péchés et nos fautes ? Pourtant nous sommes déjà bien coupables, et le SEIGNEUR est très en colère contre nous, les gens du Nord. » [14] Devant les chefs et devant toute la foule, les soldats libèrent donc les prisonniers et ils laissent aussi toutes les richesses de guerre. [15] On nomme des hommes pour prendre soin des prisonniers. Dans les biens rapportés du combat, ils prennent des vêtements et des sandales pour les donner à ceux qui n'en ont pas. Ils leur donnent à manger et à boire, ils soignent les blessés. Ils placent sur des ânes tous ceux qui ne peuvent pas marcher et ils les conduisent à Jéricho, la ville des Palmiers, auprès des gens de Juda. Puis ils reviennent à Samarie.

Akaz demande l'aide des Assyriens

[16] À cette époque-là, le roi Akaz envoie demander de l'aide au roi d'Assyrie. [17] En effet, les Édomites sont encore venus attaquer le royaume de Juda et ils ont fait des prisonniers. [18] De plus, les *Philistins sont entrés dans les villes du *Bas-Pays et au sud du royaume. Ils ont pris les villes de Beth-Chémech, Ayalon et Guedéroth, Soko, Timna, Guimzo et les villages voisins. Puis ils se sont installés là. [19] Oui, le SEIGNEUR a abaissé le royaume de Juda à cause du roi Akaz. Celui-ci a poussé son peuple à faire le mal et il a vraiment été infidèle au SEIGNEUR.

[20] Téglath-Phalasar, roi d'Assyrie, arrive, mais il attaque Akaz au lieu de l'aider. [21] Akaz prend une partie des biens qui se trouvent dans le temple du SEIGNEUR, dans le palais royal et chez les chefs. Il les donne au roi d'Assyrie, mais cela ne lui sert à rien. [22] Même pendant ce temps de malheur, Akaz continue à être infidèle au SEIGNEUR. [23] Il offre des *sacrifices aux dieux syriens de Damas, qui pourtant l'ont vaincu. Il pense en effet : « Les dieux des rois de Syrie viennent à leur secours. Je vais donc leur offrir des sacrifices, et ils m'aideront ! » Mais ces dieux causent sa perte et celle de tout son peuple. [24] Akaz rassemble alors tous les objets sacrés du temple de Dieu et il les détruit, puis il ferme à clé les portes du temple. Après cela, il fait dresser des *autels pour lui-même à tous les carrefours de Jérusalem. [25] Il construit des lieux sacrés dans chaque ville du royaume de Juda. Là, il offre de *l'encens à des dieux étrangers. Ainsi il provoque la *colère du SEIGNEUR, le Dieu de ses ancêtres.

[26] Tous les autres actes d'Akaz, des premiers aux derniers, sont écrits dans le livre des rois de Juda et d'Israël. Ce livre raconte tout ce qu'il a fait. [27] Quand il rejoint ses ancêtres, on l'enterre dans la ville de Jérusalem, mais pas dans les tombes des rois d'Israël. Son fils Ézékias devient roi à sa place.

Ézékias, roi de Juda, purifie le temple du Seigneur

29 [1] Ézékias devient roi à l'âge de 25 ans et il est roi à Jérusalem pendant 29 ans. Sa mère s'appelle Abi, et c'est une fille de Zakarie. [2] Ézékias fait ce qui est bien aux yeux du SEIGNEUR, exactement comme son ancêtre David.

[3] La première année où il est roi, le premier mois, il ouvre de nouveau les portes du temple du SEIGNEUR et il les répare. [4] Il fait venir les prêtres et les *lévites, il les réunit sur la place de l'Est [5] et leur dit : « Hommes de la tribu de Lévi, écoutez-moi ! Rendez-vous *purs maintenant et rendez pur le temple du SEIGNEUR, le Dieu de vos ancêtres. Enlevez du *lieu saint

tous les objets impurs qui se trouvent là ! 6 Nos
ancêtres n'ont pas été fidèles au SEIGNEUR notre Dieu. Ils ont fait ce qui est mal à ses yeux,
ils l'ont abandonné. Ils ont détourné leur visage du lieu où le SEIGNEUR habite, ils lui ont
tourné le dos. 7 Ils ont même fermé les portes
d'entrée, ils ont éteint les lampes, ils ont arrêté d'offrir de *l'encens et des *sacrifices
d'animaux dans le *lieu saint du Dieu d'Israël.
8 Alors le SEIGNEUR s'est mis en *colère contre
la ville de Jérusalem et tout le pays de Juda. Il a
fait d'eux un exemple effrayant qui provoque
la peur et le mépris. Vous pouvez le voir de
vos yeux. 9 C'est pourquoi nos pères sont
morts à la guerre, nos fils, nos filles et nos femmes ont été faits prisonniers. 10 Maintenant
donc, je veux établir une *alliance avec le SEI-
GNEUR, Dieu d'Israël, pour que sa violente colère se détourne de nous. 11 Et vous, mes amis,
ne soyez plus négligents. Oui, le SEIGNEUR
vous a choisis pour vous tenir devant lui, prêts
à le servir et à brûler de *l'encens en son honneur. »

12 Alors les lévites s'avancent. Ce sont : Mahath, fils d'Amassaï, et Joël, fils d'Azaria, du
clan de Quéhath, Quich, fils d'Abdi, et Azaria,
fils de Yehallélel, du clan de Merari, Yoa, fils
de Zimma, et Éden, fils de Yoa, du clan de
Guerchon, 13 Chimri et Yéiel, du clan d'Élissafan, Zakarie et Mattania, du clan d'Assaf,
14 Yéhiel et Chiméi, du clan de Héman, Chemaya et Ouziel, du clan de Yedoutoun. 15 Ils
réunissent les gens de leurs clans et ils se rendent tous purs. Puis, sur l'ordre du roi et selon
la volonté du SEIGNEUR, ils vont au temple pour
le rendre pur. 16 Les prêtres entrent dans le bâtiment pour rendre l'intérieur pur : ils sortent
dans la cour du temple tous les objets *impurs
qu'ils trouvent dans le lieu saint. Les lévites
les prennent et les emportent hors de la ville,
dans la vallée du Cédron. 17 Ils commencent à
rendre le temple pur le premier jour du mois.
Le 8 du mois, ils arrivent dans la salle d'entrée. Ils mettent encore huit jours pour purifier le bâtiment. Le 16 du mois, ils ont fini.

18 Les lévites se rendent chez le roi Ézékias
et lui disent : « Nous avons purifié tout le temple du SEIGNEUR, *l'autel des sacrifices et la
table des pains offerts à Dieu, avec tous leurs
ustensiles. 19 Pendant qu'Akaz était roi, son infidélité lui a fait utiliser n'importe comment
de nombreux objets sacrés. Eh bien, nous les
avons réparés et purifiés. Les voici devant
l'autel du SEIGNEUR. »

Ézékias rétablit le culte du Seigneur

20 Le jour suivant, tôt le matin, le roi Ézékias
réunit les chefs de la ville et il va au temple du
SEIGNEUR avec eux. 21 Ils font amener sept taureaux, sept béliers, sept agneaux et sept boucs
à offrir en *sacrifice pour recevoir le pardon
de Dieu. Ces sacrifices doivent être présentés
pour la famille royale, pour le *lieu saint et
pour le peuple de Juda. Le roi commande
aux prêtres de la famille d'Aaron de les offrir
sur *l'autel du SEIGNEUR. 22 Ils *égorgent donc
les taureaux. Les prêtres prennent le sang et
le répandent sur l'autel. Ensuite, ils égorgent
les béliers et les agneaux et ils répandent
chaque fois le sang sur l'autel. 23 Ils amènent
les boucs du sacrifice pour le pardon devant
le roi et les membres de l'assemblée. Ceux-
ci posent leurs mains sur les animaux. 24 Les
prêtres les égorgent et versent leur sang sur
l'autel afin de recevoir le pardon pour tous
les péchés d'Israël. En effet, le roi a donné
l'ordre d'offrir les deux sortes de sacrifices
pour tout le peuple.

25 Puis le roi fait placer les lévites dans la
cour du temple, avec leurs *instruments :
cymbales, harpes et cithares. Il suit ainsi la règle établie par David et les *prophètes du roi,
Gad et Natan. C'est en effet un ordre que le
SEIGNEUR a donné par l'intermédiaire de ses
prophètes. 26 Les lévites prennent place avec
les instruments que David a fait fabriquer.
Les prêtres s'installent avec les trompettes.
27 Ézékias commande d'offrir les sacrifices
complets sur l'autel. Au moment où la cérémonie commence, les chanteurs se mettent
à chanter en l'honneur du SEIGNEUR. Ils sont
accompagnés par les trompettes et les instruments de David, roi d'Israël. 28 Toute l'assemblée est à genoux jusqu'à la fin du sacrifice,
pendant que les musiciens chantent ou jouent
de la trompette. 29 Quand tout est terminé, le
roi et tous ceux qui sont avec lui s'inclinent et
se mettent à genoux. 30 Puis le roi et les chefs

disent aux lévites de chanter encore la louange du SEIGNEUR avec les chants composés par David et le prophète Assaf. Les lévites chantent donc avec joie, et ils s'inclinent et se mettent à genoux.

31 Le roi Ézékias reprend la parole et dit au peuple : « Maintenant, vous qui avez les mains chargées d'offrandes pour le SEIGNEUR, apportez au temple vos sacrifices de communion et de louange ! » Les gens amènent des animaux pour ces sacrifices. Ceux qui sont très généreux offrent aussi des sacrifices complets. 32 En tout, ils offrent au SEIGNEUR : 70 taureaux, 100 béliers, 200 agneaux en sacrifices complets, 33 plus 600 bœufs et 3 000 moutons et chèvres pour les autres sacrifices. 34 Les prêtres qui sont là sont trop peu nombreux, et ils n'arrivent pas à enlever la peau de tous les animaux des sacrifices complets. Alors leurs frères lévites les aident à finir le travail, en attendant que d'autres prêtres se rendent *purs. En effet, les lévites se sont purifiés plus volontiers que les prêtres. 35 De plus, à côté des nombreux sacrifices complets, accompagnés des offrandes de vin, il faut aussi présenter sur l'autel les morceaux gras des sacrifices de communion.

Voilà comment le culte est rétabli dans le temple du SEIGNEUR. 36 Ézékias et tous les Israélites sont très heureux de ce que Dieu réalise pour son peuple, car tout cela se fait rapidement.

Ézékias convoque les Israélites du Nord et du Sud pour la Pâque

30 1-5 Cette année-là, la *fête de la Pâque n'a pas pu être célébrée à la date normale. En effet les prêtres n'ont pas été assez nombreux à se rendre *purs, et le peuple ne s'est pas rassemblé à Jérusalem. Alors le roi Ézékias, ses ministres et toute l'assemblée de Jérusalem se réunissent pour proposer de célébrer la Pâque le deuxième *mois. Cette solution paraît bonne au roi et à l'assemblée. Ils décident donc d'inviter tous les habitants d'Israël, de Berchéba, au sud, jusqu'à Dan, au nord, à venir célébrer à Jérusalem la Pâque du SEIGNEUR, Dieu d'Israël. En effet, peu de gens la célébraient encore selon les règles écrites. Le roi envoie donc des messagers dans tous les territoires d'Israël et de Juda. Ils invitent le peuple à venir célébrer cette fête au temple, en l'honneur du SEIGNEUR, Dieu d'Israël. Ézékias écrit également des lettres aux tribus d'Éfraïm et de Manassé[i]. 6 Les messagers vont dans les territoires d'Israël et de Juda, avec les lettres signées par le roi et ses ministres. Sur l'ordre du roi, ils disent : « Israélites, vous qui avez échappé au pouvoir des rois d'Assyrie, revenez vers le SEIGNEUR, le Dieu d'Abraham, d'Isaac et d'Israël[j], et il reviendra vers vous. 7 N'imitez pas vos pères et vos frères ! Ils n'ont pas été fidèles au SEIGNEUR, le Dieu de leurs ancêtres. Et le SEIGNEUR les a livrés à la destruction, comme vous pouvez le voir. 8 Maintenant, ne soyez pas aussi têtus que vos pères. Engagez-vous envers le SEIGNEUR, revenez à son *lieu saint, qu'il a *consacré pour toujours. Servez le SEIGNEUR votre Dieu pour qu'il détourne de vous sa violente *colère. 9 Si vous revenez vers le SEIGNEUR, ceux qui ont déporté vos frères et vos fils auront pitié d'eux et ils les laisseront revenir dans ce pays. Oui, le SEIGNEUR votre Dieu est plein de pitié et de tendresse. Il ne détournera pas de vous son visage si vous revenez vers lui. »

10 Les messagers vont dans la région d'Éfraïm et de Manassé, ils passent de ville

---

i **30.1-5** *La date normale de la Pâque : c'est-à-dire pendant le premier mois de l'année. Pour la fête de la Pâque, voir Exode 12.1-11 et Nombres 9.1-13.*
Éfraïm et Manassé étaient les tribus les plus importantes du royaume du Nord ou royaume d'Israël.

j **30.6** *Israélites : il s'agit d'habitants de l'ancien royaume du Nord. Les Assyriens, qui ont détruit la capitale Samarie, ont déporté une grande partie de la population (voir verset 9). Mais certains sont restés dans le pays.*
Israël : il s'agit de Jacob. Voir 1 Chroniques 1.34 et la note.

en ville, puis ils vont dans la région de Zabulon. Mais les gens se moquent d'eux et les insultent. 11 Pourtant, certaines personnes des
tribus d'Asser, de Manassé et de Zabulon reconnaissent leurs torts et viennent à Jérusalem. 12 Dans le royaume de Juda également,
Dieu agit sur les habitants. Ainsi, ils sont d'accord pour obéir à l'ordre que le roi et les ministres leur donnent de la part du SEIGNEUR.

Ézékias célèbre la fête de la Pâque

13 Le deuxième mois de l'année, beaucoup
de gens se réunissent à Jérusalem pour célébrer la fête des *Pains sans levain. C'est une
assemblée très nombreuse. 14 Ils commencent
par enlever les *autels qui sont dans la ville. Ils
enlèvent aussi tous les autels à *encens et ils
les jettent dans la vallée du Cédron. 15 Le 14
de ce même mois, ils *égorgent les moutons
de la Pâque. Les prêtres et les *lévites, couverts de honte, se sont rendus *purs afin de
pouvoir offrir les *sacrifices complets dans le
temple du SEIGNEUR. 16 Ils occupent leur place
habituelle, selon la loi de Moïse, l'homme de
Dieu. Les lévites présentent aux prêtres le
sang des animaux offerts en sacrifice, et les
prêtres le répandent sur l'autel. 17 Dans l'assemblée, beaucoup de gens ne se sont pas
purifiés. Ils ne peuvent donc pas offrir des
sacrifices au SEIGNEUR. Alors les lévites se
chargent d'égorger les agneaux à la place de
ceux qui ne sont pas purs. 18-19 Beaucoup de
gens, surtout ceux des tribus d'Éfraïm et de
Manassé, d'Issakar et de Zabulon, ne se sont
pas purifiés. Pourtant ils mangent le repas de
la Pâque, contrairement à ce qui est écrit dans
la loi. C'est pourquoi Ézékias prie pour eux en
disant : « SEIGNEUR, Dieu de nos ancêtres, pardonne à tous ceux qui s'efforcent de tout leur
cœur de te chercher, même s'ils ne sont pas
purs, comme les règles du *lieu saint l'exi-
gent. » 20 Le SEIGNEUR écoute Ézékias et il protège le peuple.

21 Ainsi, pendant sept jours, les Israélites
qui se trouvent à Jérusalem célèbrent très
joyeusement la fête des Pains sans levain.
Chaque jour, les lévites et les prêtres chantent
la louange du SEIGNEUR avec de puissants instruments de musique. 22 Ézékias encourage
tous les lévites qui comprennent très bien ce
qui concerne le SEIGNEUR. Pendant sept jours,
les gens participent aux repas de la Pâque. Ils
offrent des sacrifices de communion et chantent la louange du SEIGNEUR, le Dieu de leurs
ancêtres. 23 Toute l'assemblée décide de continuer la fête pendant sept autres jours, et ils la
continuent dans la joie. 24 En effet, le roi Ézékias donne à l'assemblée 1 000 taureaux et
7 000 moutons. Les chefs lui donnent 1 000
taureaux et 10 000 moutons. De plus, les prêtres ont été très nombreux à se rendre purs.
25 Tout le monde est dans la joie : les gens de
Juda, les prêtres et les lévites, ainsi que les habitants du royaume du Nord venus pour la fête
ou installés dans le territoire de Juda. 26 Les
habitants de Jérusalem sont très joyeux. En effet, depuis le temps de Salomon, fils de David
et roi d'Israël, les Israélites n'ont plus célébré
une fête pareille dans cette ville. 27 À la fin, les
*prêtres-lévites se lèvent et *bénissent le peu-
ple. Leur prière monte jusqu'au ciel, là où
habite le Dieu saint, et il l'entend.

Ézékias organise le service du temple

31 1 Quand la fête est finie, tous les Israélites présents partent dans les villes de
Juda. Là, ils cassent les pierres dressées, ils
coupent les *poteaux sacrés, ils détruisent
les lieux sacrés avec leurs *autels. Ils agissent
de cette façon dans les territoires de Juda et de
Benjamin, ainsi que dans ceux d'Éfraïm et de
Manassé[k]. Ensuite, quand ils ont tout détruit,
ils retournent dans leurs villes, chacun chez
soi.

2 Ézékias rétablit les groupes de prêtres et
de *lévites. Il fixe à chacun son travail à l'intérieur de son groupe. Dans le lieu où le SEI-
GNEUR se tient, les prêtres et les lévites sont
chargés des *sacrifices complets et des sacrifi-

k 31.1 *Juda, Benjamin : ces deux tribus formaient le royaume du Sud ou royaume de Juda ; Éfraïm, Manassé : les deux tribus les plus importantes du royaume du Nord ou royaume d'Israël.*

ces de communion. Ils sont chargés aussi de servir le SEIGNEUR en le remerciant et en chantant sa louange. 3 Le roi donne une partie de ses biens pour payer les sacrifices complets du matin et du soir, ceux qui sont offerts le jour du *sabbat, le jour de la *nouvelle lune et pendant les autres fêtes, comme la *loi du SEIGNEUR le demande[l].

4 Le roi commande à tous les habitants de Jérusalem de donner aux prêtres et aux lévites la part qui leur est due. De cette façon, ils obéiront fidèlement à la loi du SEIGNEUR. 5 Dès que cet ordre est connu, les Israélites apportent en grande quantité les premiers produits de leurs cultures : *blé, vin, huile, miel et d'autres produits de leurs champs. Ils apportent aussi le dixième de toutes leurs récoltes. 6 Les Israélites du Nord et les Judéens qui habitent dans les villes de Juda donnent eux aussi le dixième de leurs troupeaux, bœufs et moutons. Ils apportent également les offrandes *consacrées au SEIGNEUR leur Dieu. Avec tous ces dons, ils forment de nombreux tas, les uns à côté des autres. 7 Les gens commencent à former les tas le troisième mois de l'année et ils les terminent le septième mois. 8 Quand Ézékias et ses ministres viennent voir ces dons, ils remercient le SEIGNEUR et Israël, son peuple.

9 Le roi interroge les prêtres et les lévites au sujet de ces tas. 10 Le *grand-prêtre Azaria, de la famille de Sadoc, lui répond : « Depuis que les gens ont commencé à apporter au temple du SEIGNEUR ce qu'ils prennent sur leurs récoltes, nous avons pu manger abondamment. Il y a même de la nourriture en trop, parce que le SEIGNEUR *bénit son peuple. Les tas qui sont ici, c'est la nourriture qui reste. »

11 Ézékias commande de préparer des salles à côté du temple pour y mettre les réserves. Quand les salles sont prêtes, 12 les gens peuvent y apporter régulièrement les produits pris sur les récoltes et les offrandes réservées à Dieu. Le lévite Konania est responsable de ces dons, et son frère Chiméi est son adjoint. 13 Sur l'ordre du roi Ézékias et du grand-prêtre Azaria, responsable du temple, Konania et Chiméi dirigent les surveillants suivants : Yéhiel, Azazia, Nahath, Assaël, Yerimoth, Yozabad, Éliel, Ismakia, Mahath et Benaya. 14 Le lévite Coré, fils d'Imna, est gardien de la porte de l'Est. Il est chargé de recevoir les dons volontaires faits à Dieu. Il distribue aussi ce qui est mis de côté pour le SEIGNEUR et les offrandes qui lui sont uniquement réservées[m]. 15 Dans les villes des prêtres[n], il a sous ses ordres Éden, Miniamin, Yéchoua, Chemaya, Amaria et Chekania. Ces hommes doivent distribuer fidèlement la nourriture aux autres prêtres, jeunes et vieux, selon leurs groupes. 16 Ils donnent des parts à tous ceux qui ont été comptés, même aux garçons dès l'âge de trois ans. Ils en donnent aussi à tous ceux qui entrent chaque jour dans le temple, pour accomplir le service du SEIGNEUR à leur tour et selon leur groupe. 17 Les prêtres sont inscrits d'après leur famille. Les lévites sont inscrits depuis l'âge de 20 ans et au-dessus, selon leur travail et leur groupe. 18 Ils sont sur des listes avec tous ceux de leurs familles, femmes, fils et filles, et avec tous leurs proches, autorisés à manger en tout temps des offrandes réservées au SEIGNEUR. 19 Certains prêtres de la famille d'Aaron habitent à la campagne, près des villes des prêtres. Dans chaque ville, il y a des gens désignés pour leur distribuer leur part de nourriture. Ils la distribuent également aux lévites inscrits sur les listes.

20 Voilà ce qu'Ézékias a accompli dans tout le royaume de Juda. Il a été fidèle, il a fait ce qui est bien et juste aux yeux du SEIGNEUR son Dieu. 21 Il a beaucoup travaillé pour le service du temple de Dieu et pour faire respecter sa loi et ses commandements. En agissant ainsi, il a cherché Dieu de tout son cœur et il a réussi en tout.

l **31.3** *Voir Nombres 28–29 ; Ézékiel 45.22-24.*

m **31.14** *Offrandes réservées au Seigneur : voir Lévitique 21.22.*

n **31.15** *Villes des prêtres : appelées aussi « villes des lévites ». Voir Nombres 35.1-8 ; Josué 21.1-42.*

Sennakérib, roi d'Assyrie, attaque le royaume de Juda

32 1 Après qu'Ézékias a montré sa fidélité envers le SEIGNEUR, le roi d'Assyrie, Sennakérib, entre dans le royaume de Juda. Il attaque les villes bien protégées, car il veut les prendre. 2 Ézékias voit que Sennakérib arrive avec l'intention d'attaquer Jérusalem. 3 Il consulte alors ses chefs et ses gardes pour boucher les sources situées en dehors de la ville. Ceux-ci viennent l'aider. 4 Ils se rassemblent très nombreux et ils bouchent toutes les sources, en particulier celle qui coule dans un canal situé sous la terre. En effet, ils se disent : « Il ne faut pas que les Assyriens trouvent beaucoup d'eau en arrivant. »

5 Ézékias se met courageusement à reconstruire le mur de la ville, là où il est détruit. Il élève des tours et fait construire un autre mur à l'extérieur. Dans la « *Ville de David », il rend le Millo[o] plus solide et il fait fabriquer beaucoup d'armes et des *boucliers. 6 Il désigne des chefs militaires pour commander les habitants de Jérusalem.

Il les rassemble sur la place située près de la *porte de la ville et il les encourage ainsi : 7 « Soyez forts et courageux ! N'ayez pas peur, ne soyez pas effrayés devant le roi d'Assyrie et les troupes nombreuses qui sont avec lui ! En effet, il y a une puissance plus grande avec nous qu'avec lui. 8 Avec lui, il n'y a que des forces humaines, mais avec nous, il y a le SEIGNEUR notre Dieu. Il nous aidera et combattra avec nous. » Ces paroles d'Ézékias, roi de Juda, encouragent les habitants de Jérusalem.

Sennakérib envoie un message aux gens de Jérusalem

9 Après cela, le roi d'Assyrie, Sennakérib, avec toute son armée, attaque la ville de Lakich. De là, il envoie quelques officiers au roi Ézékias et à tous les Judéens qui sont à Jérusalem. Les officiers leur disent : 10 « Voici les paroles de Sennakérib, le roi d'Assyrie : "En qui mettez-vous votre confiance pour rester à Jérusalem pendant l'attaque ? 11 Ézékias vous dit que le SEIGNEUR votre Dieu vous délivrera de mon pouvoir. Mais il vous trompe et il vous fera tous mourir de faim et de soif. 12 En effet, c'est bien ce roi qui a supprimé les lieux sacrés et les *autels du SEIGNEUR. C'est lui qui a donné cet ordre aux gens de Jérusalem et de Juda : Vous adorerez le SEIGNEUR devant un seul autel et vous offrirez des *sacrifices uniquement sur cet autel-là[p]. 13 Vous ne savez donc pas ce que mes ancêtres et moi avons fait à tous les autres peuples de la terre ? Est-ce que leurs dieux m'ont empêché de prendre leurs pays ? 14 Parmi tous les dieux de ces pays que mes ancêtres ont détruits, aucun n'a pu délivrer son peuple de mon pouvoir. Alors est-ce que votre Dieu peut le faire ? 15 Eh bien, maintenant, ne laissez pas Ézékias vous tromper et vous mentir de cette façon ! N'ayez pas confiance en lui ! Non, aucun dieu d'aucun pays ni d'aucun royaume n'a pu délivrer son peuple du pouvoir de mes ancêtres et du mien. Donc vos dieux ne vous délivreront pas non plus." » 16 Les envoyés du roi d'Assyrie continuent à parler contre le SEIGNEUR Dieu et contre Ézékias, son serviteur.

Sennakérib insulte le Seigneur

17 Le roi d'Assyrie a aussi écrit une lettre où il insulte le SEIGNEUR, Dieu d'Israël. Voici ce qu'il dit : « Les dieux des autres pays de la terre n'ont pas pu délivrer leur peuple de mon pouvoir. Le Dieu d'Ézékias ne pourra pas non plus délivrer son peuple. »

18 Les envoyés de Sennakérib crient ces paroles en *hébreu aux gens qui sont sur le mur de Jérusalem. Ils cherchent à leur faire peur et à les décourager pour prendre la ville. 19 Ils parlent du Dieu de Jérusalem comme ils parlent des dieux des autres peuples. Or, ces dieux-là ne sont que des statues fabriquées par des mains humaines.

---

o **32.5** *Millo : voir 1 Rois 9.15 et la note.*

p **32.12** *Il s'agit de l'autel des sacrifices dans le temple de Jérusalem.*

Le roi d'Assyrie retourne dans son pays, où il est tué

20 Le roi Ézékias et le *prophète Ésaïe, fils
d'Amots, se mettent à prier et à crier vers le
*ciel. 21 Alors le SEIGNEUR envoie un *ange
dans le camp assyrien. Il fait mourir tous les
soldats courageux et tous les chefs de l'armée.
Et le roi d'Assyrie, couvert de honte, retourne
dans son pays. Un jour, il entre dans le temple
de son dieu, et là, ses fils le tuent.
22 Voilà comment le SEIGNEUR a sauvé Ézékias et les habitants de Jérusalem du pouvoir
de Sennakérib, roi d'Assyrie, et de leurs
autres ennemis. Et il leur accorde la paix sur
toutes les frontières. 23 Beaucoup de gens
apportent à Jérusalem des offrandes pour le
SEIGNEUR et des cadeaux pour Ézékias, roi de
Juda. À partir de ce moment, tous les peuples
le respectent.

La fin du roi Ézékias

24 À cette époque-là, Ézékias est atteint
d'une maladie qui entraîne la mort. Il prie le
SEIGNEUR, et le SEIGNEUR lui répond par un signe qui annonce sa guérison[q]. 25 Mais Ézékias
n'est pas reconnaissant pour le bienfait qu'il a
reçu. Au contraire, il devient orgueilleux, et le
SEIGNEUR se met en *colère contre lui, contre
Jérusalem et contre tout le royaume de Juda.
26 Mais malgré son orgueil, Ézékias ainsi que
les habitants de Jérusalem s'abaissent devant
le SEIGNEUR. Alors le SEIGNEUR ne laisse pas
sa colère agir contre eux pendant la vie d'Ézékias.
27 Ézékias possède beaucoup de richesses et
il est couvert d'honneur. Il se fait construire
des bâtiments pour y placer de l'argent, de
l'or, des pierres précieuses, des huiles parfumées, des *boucliers et tous ses autres objets
de valeur. 28 Il fait construire aussi des magasins pour garder le *blé, le vin, l'huile, des éta-
bles pour les bœufs et les moutons, ainsi que
des enclos pour ses troupeaux. 29 Il fait même
construire des villes et il possède en grande
quantité des troupeaux de moutons, de chèvres et de bœufs. En effet, Dieu lui donne
d'immenses richesses.
30 C'est aussi Ézékias qui détourne la source
de Guihon pour diriger l'eau plus bas, vers
l'ouest, dans la « *Ville de David ».
Ézékias réussit dans tout ce qu'il entreprend. 31 Pourtant, dans l'affaire des ambassadeurs babyloniens, Dieu le laisse agir seul. Les
chefs de Babylone lui ont en effet envoyé des
messagers pour se renseigner sur l'événement
extraordinaire qui s'est passé dans son pays[r].
Pendant cette visite, Dieu ne l'aide pas. Il le
met à l'épreuve pour savoir tout ce qu'il a
dans le cœur.
32 Les autres actes d'Ézékias se trouvent
dans les « Visions du prophète Ésaïe, fils
d'Amots », et dans le livre des rois de Juda et
d'Israël. Ces livres racontent sa fidélité envers
Dieu. 33 Quand Ézékias rejoint ses ancêtres,
on l'enterre dans la partie supérieure de la
tombe des fils de David. Les habitants de Jérusalem et tous les autres Judéens lui rendent les
honneurs à cette occasion. Son fils Manassé
devient roi à sa place.

Manassé, roi de Juda

33 1 Manassé devient roi à l'âge de 12 ans
et il est roi à Jérusalem pendant 55 ans.
2 Il fait ce qui est mal aux yeux du SEIGNEUR. Il
imite les actions horribles des peuples que le
SEIGNEUR a chassés du pays pour laisser la
place aux Israélites. 3 Il reconstruit les lieux
sacrés que son père Ézékias a démolis. Il élève
des *autels en l'honneur des *Baals. Il fabrique
des *poteaux sacrés, il adore les *astres du ciel
et il les sert. 4 Il dresse d'autres autels dans le
temple de Jérusalem. Au sujet du temple, le
SEIGNEUR a dit : « C'est là que je montrerai
ma présence. » 5 Il construit aussi des autels
en l'honneur des astres du ciel dans les deux
cours du temple. 6 Il brûle ses fils en *sacrifice
dans la vallée de Hinnom, il lit dans le ciel et
essaie de deviner l'avenir. Il consulte ceux qui
interrogent les morts. Il fait de plus en plus ce

q **32.24** *Voir 2 Rois 20.8-11.*
r **32.31** *Il s'agit sans doute de l'événement raconté au verset 24.*

qui est mal aux yeux du SEIGNEUR et provoque sa *colère. 7 Il fait aussi sculpter la statue d'un faux dieu et il la place dans le temple. Pourtant, Dieu a dit à David et à son fils Salomon : « C'est dans ce temple et c'est à Jérusalem que je montrerai pour toujours ma présence parmi les humains. J'ai choisi cette ville parmi toutes les villes des douze tribus d'Israël. 8 Je ne ferai plus partir le peuple d'Israël de tous côtés, loin du pays que j'ai donné à ses ancêtres. Je ne le ferai plus, mais à une condition : il doit respecter tout ce que je lui ai commandé, toute la *loi, ainsi que les règles et les coutumes données par l'intermédiaire de Moïse et leur obéir. » 9 Mais Manassé entraîne les habitants de Jérusalem et de tout le royaume de Juda à agir mal. Et ils agissent encore plus mal que les peuples détruits par le SEIGNEUR pour leur laisser la place.

10 Le SEIGNEUR parle à Manassé et à son peuple, mais ils n'y font pas attention. 11 Alors le SEIGNEUR envoie contre eux les chefs de l'armée du roi d'Assyrie. Ils prennent Manassé, ils lui passent des crochets dans les mâchoires, ils l'attachent avec des chaînes de bronze et l'emmènent à Babylone[s]. 12 Du fond de son malheur, Manassé prie le SEIGNEUR son Dieu. Il s'abaisse devant le Dieu de ses ancêtres 13 et il le supplie. Dieu se laisse toucher et il écoute sa prière. Il le fait revenir à Jérusalem et rétablit son pouvoir royal. Alors Manassé reconnaît que c'est le SEIGNEUR qui est Dieu.

14 Après ces événements, Manassé construit un mur très haut à l'extérieur de la « *Ville de David ». Ce mur passe à l'ouest de la source de Guihon, il entoure le quartier de l'Ofel, et continue le long de la vallée du Cédron jusqu'à la *porte des Poissons. Manassé place aussi des chefs militaires dans toutes les villes bien protégées de Juda. 15 Il fait enlever du temple du SEIGNEUR les dieux étrangers et la statue sculptée du faux dieu qu'il a mis là. Il fait détruire tous les autels qu'il a dressés sur la montagne du temple et dans Jérusalem. Il jette les débris en dehors de la ville. 16 Il reconstruit l'autel du SEIGNEUR. Là, il offre des *sacrifices de communion et de louange et il donne l'ordre aux Judéens de servir le SEIGNEUR, Dieu d'Israël. 17 En fait, les gens offrent encore des sacrifices dans les autres lieux sacrés du pays, mais seulement au SEIGNEUR leur Dieu.

18 Les autres actes de Manassé sont écrits dans les « Actes des rois d'Israël ». Ce livre contient en particulier la prière qu'il a adressée à son Dieu[t]. Il contient aussi les messages que les *prophètes lui ont communiqués de la part du SEIGNEUR, Dieu d'Israël. 19 Le livre des « Actes de Hozaï » contient sa prière et raconte comment Dieu l'a écouté. Il parle aussi de ses péchés et de ses infidélités envers Dieu. Enfin, ce livre donne les noms des endroits où Manassé a construit des lieux sacrés, où il a dressé des poteaux sacrés et des statues de faux dieux avant de s'abaisser devant Dieu. 20 Quand Manassé rejoint ses ancêtres, on l'enterre dans sa propriété. Son fils Amon devient roi à sa place.

Amon, roi de Juda

21 Amon devient roi à l'âge de 22 ans et il est roi à Jérusalem pendant 2 ans. 22 Il fait ce qui est mal aux yeux du SEIGNEUR, comme son père Manassé. Il offre des *sacrifices aux statues de faux dieux que son père a fait sculpter et il les adore. 23 Mais il ne s'abaisse pas devant le SEIGNEUR, comme son père l'a fait. Au contraire, Amon commet encore plus de fautes que Manassé.

24 Ses officiers forment un complot contre lui et le tuent dans son palais. 25 Mais les gens de Juda font mourir ceux qui ont comploté contre le roi Amon. Ils désignent alors son fils Josias pour devenir roi à sa place.

Josias, roi de Juda

34 1 Josias devient roi à l'âge de 8 ans et il est roi à Jérusalem pendant 31 ans. 2 Il fait ce qui est bien aux yeux du SEIGNEUR. Il se

s **33.11** *À cette époque-là, Babylone était sous le pouvoir des Assyriens.*

t **33.18** *Une prière ancienne appelée Prière de Manassé a été conservée en grec. Mais elle ne se trouve pas dans l'Ancien Testament écrit en hébreu.*

conduit exactement comme son ancêtre David, en suivant toujours son exemple.

3 La huitième année où Josias est roi – il n'est qu'un jeune homme –, il cherche à connaître la volonté du Dieu de son ancêtre David. Quatre ans plus tard, il se met à *purifier Jérusalem et le royaume de Juda : il supprime les lieux sacrés, les *poteaux sacrés et toutes les statues de faux dieux. 4 Josias fait démolir en sa présence les *autels des *Baals et abattre en même temps les brûle-parfums qui sont dessus. Il fait couper les poteaux sacrés et casser toutes les statues. Tout cela est réduit en cendres. Celles-ci sont répandues sur les tombes de ceux qui ont offert des *sacrifices aux faux dieux. 5 Enfin, on brûle les os des prêtres sur les autels qu'ils ont utilisés. Voilà comment Josias a rendu purs Jérusalem et le royaume de Juda.

6 Il va ensuite dans les villes de Manassé, d'Éfraïm, de Siméon et même de Neftali, ainsi que dans les régions voisines. 7 Là, il renverse les autels, il casse les poteaux sacrés et les statues des faux dieux et il les écrase. Il abat les brûle-parfums dans toutes les tribus du Nord, puis il rentre à Jérusalem.

Le grand-prêtre découvre le livre de la loi

8 La dix-huitième année où Josias est roi, il continue de rendre *purs le pays et le temple. Un jour, il donne l'ordre à Chafan, fils d'Assalia, à Maasséya, gouverneur de Jérusalem, ainsi qu'à Yoa, fils de Yoakaz et porte-parole du roi, d'aller réparer le temple du SEIGNEUR son Dieu. 9 Ces hommes vont trouver le *grand-prêtre Hilquia. Ils lui donnent l'argent apporté au temple. Les *lévites, gardiens de l'entrée, l'ont reçu comme dons des gens de Manassé et d'Éfraïm, des autres tribus du Nord et des habitants de Juda, de Benjamin et de Jérusalem. 10-11 L'argent est remis aux chefs des travaux chargés de rendre le temple plus solide et de le réparer. Ainsi, ils peuvent payer les charpentiers, les maçons et les autres ouvriers. Ils achètent aussi des pierres taillées et des poutres de bois pour réparer et soutenir les bâtiments. En effet, les rois de Juda les ont laissés s'abîmer.

12 Les ouvriers travaillent consciencieusement. Les lévites Yahath et Obadia, du clan de Merari, ainsi que Zakarie et Mechoullam, du clan de Quéhath, les dirigent. D'autres lévites, qui savent tous jouer d'un instrument de musique, 13 dirigent les porteurs et tous les ouvriers, chacun selon son métier. D'autres lévites encore sont secrétaires, administrateurs et gardiens des portes.

14 Au moment où ils vont chercher l'argent apporté au temple, le prêtre Hilquia trouve le livre de la loi que le SEIGNEUR a donnée par l'intermédiaire de Moïse[u]. 15 Alors Hilquia dit au secrétaire Chafan : « J'ai trouvé le livre de la loi dans le temple du SEIGNEUR. » Et Hilquia lui remet le livre. 16 Chafan remet le livre au roi et lui fait son rapport en disant : « Tes serviteurs sont en train de réaliser tous les travaux que tu leur as confiés. 17 Les prêtres ont vidé la caisse du temple et ils ont remis l'argent aux chefs des travaux et aux ouvriers. » 18 Puis il ajoute : « Le grand-prêtre Hilquia m'a donné ce livre. » Et Chafan lit le livre en présence du roi.

Josias fait consulter la prophétesse Houlda

19 Quand le roi entend les paroles du livre de la *loi, il déchire ses vêtements car il est bouleversé. 20 Ensuite, il fait venir Hilquia, Ahicam, fils de Chafan, Abdon, fils de Mika, le secrétaire Chafan et Assaya, l'un de ses ministres. Il leur donne cet ordre : 21 « Allez consulter le SEIGNEUR pour moi et pour la population qui reste en Israël et en Juda. Interrogez-le sur les paroles du livre qu'on vient de trouver. En effet, nos ancêtres n'ont pas obéi à ces paroles. Ils n'ont pas fait ce qui est écrit dans ce livre. C'est pourquoi le SEIGNEUR doit être très en *colère contre nous. »

22 Hilquia et les autres hommes choisis par le roi vont donc trouver la *prophétesse Houlda, qui habite le Quartier Neuf de Jérusa-

---

u **34.14** *Pour l'auteur des Chroniques, le livre de la loi était sans doute formé des cinq premiers livres de l'Ancien Testament (Genèse à Deutéronome).*

lem. C'est la femme du gardien des vêtements sacrés du temple, Challoum, fils de Toquehath et petit-fils de Hasra. Les envoyés du roi informent la prophétesse. 23 Alors Houlda leur demande d'aller dire au roi : 24 « Voici ce que déclare le SEIGNEUR, Dieu d'Israël : "Je vais faire venir un malheur sur Jérusalem et sur ses habitants. Je vais réaliser toutes les malédictions écrites dans le livre qui a été lu en présence du roi de Juda. 25 Les gens de Jérusalem m'ont abandonné, ils ont offert de *l'encens à d'autres dieux. Tout ce qu'ils ont fait a provoqué ma *colère. C'est pourquoi cette violente colère se répandra sur Jérusalem, et elle ne se calmera pas. 26 Au roi de Juda, qui vous a envoyés me consulter, vous communiquerez ce que je déclare, moi, le SEIGNEUR, Dieu d'Israël : Tu as entendu les paroles de ce livre. 27 Ton cœur a été touché, tu t'es abaissé devant moi en entendant ce que j'ai dit contre Jérusalem et ses habitants. Tu as déchiré tes vêtements et tu as pleuré devant moi. Eh bien, moi aussi je t'ai entendu, je le déclare, moi, le SEIGNEUR. 28 C'est pourquoi je te laisserai rejoindre tes ancêtres et aller en paix dans la tombe. Ainsi, tu ne verras pas tous les malheurs que je ferai venir sur Jérusalem et sur ses habitants." »

Le grand-prêtre Hilquia et ceux qui sont avec lui rapportent cette réponse au roi Josias.

Josias fait de nouveau alliance avec le Seigneur

29 Aussitôt le roi réunit auprès de lui tous les *anciens de Jérusalem et de Juda. 30 Ils se rendent ensemble au temple du SEIGNEUR. Tous les habitants de Jérusalem, les prêtres et les *lévites, tout le peuple, du plus petit au plus grand, vont avec eux. Ensuite, le roi lit devant eux toutes les paroles du livre de l'alliance[v] découvert dans le temple du SEIGNEUR. 31 Le roi est debout, à sa place, et il fait de nouveau alliance avec le SEIGNEUR. Chacun doit promettre de suivre le SEIGNEUR, d'obéir à ses commandements, à ses enseignements et à ses ordres, de tout son cœur et de tout son être. Il le fera en obéissant aux paroles de l'alliance écrites dans ce livre. 32 Le roi demande à tous ceux qui se trouvent à Jérusalem et aux gens de Benjamin de faire cette promesse. Alors les habitants de Jérusalem agissent en respectant l'alliance avec le Dieu de leurs ancêtres. 33 Josias met fin aux actions horribles commises dans tous les territoires israélites. Il oblige tous leurs habitants à servir le SEIGNEUR leur Dieu. Ainsi, pendant toute sa vie, les Israélites ne se détournent pas du SEIGNEUR, le Dieu de leurs ancêtres.

Josias célèbre la fête de la Pâque

35 1 Josias célèbre la fête de la *Pâque à Jérusalem, en l'honneur du SEIGNEUR. On *égorge les animaux de la fête le 14 du premier *mois de l'année. 2 Josias place de nouveau les prêtres à leur poste et il les encourage à accomplir leur service dans le temple du SEIGNEUR. 3 Ensuite, il parle aux *lévites *consacrés au SEIGNEUR, qui sont chargés d'enseigner le peuple. Il leur dit : « Mettez le *coffre sacré dans le temple construit par Salomon, fils de David et roi d'Israël. Vous n'avez plus à le transporter sur vos épaules. Donc maintenant, servez le SEIGNEUR votre Dieu et Israël, son peuple. 4 Organisez-vous par clans familiaux et par équipes de service, selon les règles écrites de David, roi d'Israël, et de son fils Salomon. 5 Que chaque groupe familial de lévites se tienne dans le *lieu saint, pour être au service des autres Israélites, en tenant compte des sous-groupes de leurs clans. 6 Vous devez offrir le *sacrifice de la Pâque. Rendez-vous *purs. Préparez le sacrifice pour vos frères israélites en obéissant aux commandements que le SEIGNEUR a donnés par l'intermédiaire de Moïse. »

7 Pour les membres du peuple, Josias prend sur ses troupeaux 30 000 agneaux et cabris nécessaires pour le sacrifice de la Pâque, ainsi que 3 000 bœufs. 8 Ses ministres, eux aussi, donnent volontairement des animaux pour le peuple, pour les prêtres et pour les lévites.

---

v 34.30 *Livre de l'alliance : voir 2 Chroniques 34.14 et la note.*

Hilquia, Zakarie et Yéhiel, responsables du temple, donnent aux prêtres 2 600 agneaux et cabris pour le sacrifice de la Pâque, ainsi que 300 bœufs. 9 Les chefs des lévites, Konania, avec ses frères Chemaya et Netanéel, ainsi que Habachia, Yéiel et Yozabad, donnent aux lévites 5 000 agneaux et cabris et 500 bœufs. 10 Voici comment la cérémonie est organisée : les prêtres se tiennent à leur poste et les lévites dans leurs groupes, selon l'ordre du roi. 11 Les gens se mettent à *égorger les agneaux et les cabris. Ils donnent le sang aux prêtres, et les prêtres le répandent sur *l'autel. Les lévites enlèvent la peau des animaux. 12 Ils mettent à part ceux qui seront offerts au SEIGNEUR en sacrifice complet, en particulier les taureaux. Ils agissent ainsi en tenant compte des sous-groupes des clans israélites, comme cela est écrit dans le livre de Moïse. 13 Selon la règle, ils font rôtir l'agneau de la Pâque sur le feu. Pendant ce temps, ils font cuire les autres offrandes dans des marmites, des pots ou d'autres récipients. Puis ils en portent rapidement à tous les Israélites. 14 Ensuite, les lévites préparent ce qui est pour les prêtres et pour eux-mêmes. En effet, les prêtres, de la famille d'Aaron, sont occupés jusqu'au soir à offrir les sacrifices complets et les morceaux gras des autres sacrifices. C'est pourquoi ce sont les lévites qui préparent le repas. 15 Les chanteurs de la famille d'Assaf restent à leur poste, comme l'ont demandé David et ses conseillers, Assaf, Héman et Yedoutoun. Les gardiens des portes restent également à leur poste. Ils ne quittent pas leur service, puisque d'autres lévites préparent le repas pour eux. 16 Ce jour-là, toute la cérémonie en l'honneur du SEIGNEUR est organisée pour célébrer la Pâque et lui offrir des sacrifices sur son autel selon les ordres du roi Josias.

17 Après la fête de la Pâque, les Israélites qui sont là célèbrent pendant sept jours la fête des *Pains sans levain. 18 En Israël, on n'a jamais célébré la Pâque de cette façon, depuis l'époque du *prophète Samuel. Aucun roi d'Israël n'a organisé une fête de Pâque comme celle-là : Josias la célèbre avec les prêtres, les lévites, les habitants de Jérusalem, les gens du royaume de Juda et ceux du royaume d'Israël qui sont là. 19 Ils célèbrent cette Pâque la dix-huitième année où Josias est roi.

La fin de la vie de Josias

20 Un jour, après que Josias a réparé le temple, Néco, le roi d'Égypte, part pour attaquer la ville de Karkémich, sur le fleuve Euphrate. Josias se met en route contre lui. 21 Néco lui envoie des hommes avec ce message : « Roi de Juda, qu'est-ce que tu me veux ? Ce n'est pas toi que je viens combattre, c'est un autre ennemi. Et Dieu m'a dit d'aller vite. Dieu est avec moi. Cesse de t'opposer à lui, sinon il va te faire mourir. » 22 Pourtant Josias ne change pas d'avis. En effet, il n'écoute pas les paroles de Néco, qui pourtant viennent de Dieu lui-même. Il enlève ses vêtements de roi pour qu'on ne le reconnaisse pas, et il part dans la plaine de Méguiddo pour combattre. 23 Pendant le combat, les soldats lancent des flèches sur le roi Josias. Celui-ci dit à ses serviteurs : « Emmenez-moi, je suis gravement blessé. »

24 Ses serviteurs le descendent de son char de guerre, ils le mettent dans son deuxième char et le ramènent à Jérusalem. Il meurt dans cette ville. On l'enterre dans la tombe de ses ancêtres. Tous les habitants de Jérusalem et les autres Judéens font les cérémonies de deuil pour Josias.

25 Le *prophète Jérémie écrit un chant de deuil sur Josias. Depuis ce temps et jusqu'à aujourd'hui, tous les chanteurs et les chanteuses parlent de ce roi dans leurs chants de deuil. C'est devenu une coutume en Israël. Leurs paroles se trouvent dans le livre des chants de deuil.

26-27 Les autres actes de Josias, des premiers aux derniers, sont écrits dans le livre des rois d'Israël et de Juda. Ce livre raconte comment Josias a été fidèle à ce qui est écrit dans la *loi du SEIGNEUR.

Joakaz, Yoaquim et Yoakin, rois de Juda

36 1 À Jérusalem, les habitants de Juda choisissent Joakaz, fils de Josias, pour le faire roi à la place de son père. 2 Joakaz devient roi à l'âge de 23 ans. Il est roi à

Jérusalem pendant trois mois. 3 Néco, le roi
d'Égypte, lui enlève son pouvoir royal à Jérusalem. Il exige du pays de Juda un impôt de
3 tonnes d'argent et de 30 kilos d'or. 4 Ensuite, il désigne Éliaquim, frère de Joakaz,
comme roi de Jérusalem et de tout le
royaume de Juda. Il change son nom en Yoaquim. Et Joakaz, son frère, il l'emmène en
Égypte.

5 Yoaquim devient roi à l'âge de 25 ans et il
est roi à Jérusalem pendant 11 ans. Il fait ce
qui est mal aux yeux du SEIGNEUR son Dieu.
6 Nabucodonosor, roi de Babylone, vient l'attaquer. Il l'attache avec deux chaînes de
bronze et l'emmène à Babylone. 7 Il emporte
aussi dans cette ville des objets du temple du
SEIGNEUR et il les met dans son palais.

8 Les autres actes de Yoaquim sont écrits
dans le livre des rois d'Israël et de Juda. Ce
livre raconte les actions horribles qu'il a
commises et tout ce qui lui est arrivé. Son
fils Yoakin devient roi à sa place.

9 Yoakin devient roi à l'âge de 8 ans. Il est
roi à Jérusalem pendant trois mois et dix jours.
Il fait ce qui est mal aux yeux du SEIGNEUR.
10 Après cela, vers le début de l'année, Nabucodonosor envoie chercher Yoakin pour
l'amener à Babylone, avec les objets précieux
du temple du SEIGNEUR. Il choisit Sédécias, le
frère de Yoakin, comme roi de Jérusalem et
de Juda.

Sédécias est roi de Juda. Les Babyloniens prennent Jérusalem

11 Sédécias devient roi à l'âge de 21 ans. Il
est roi à Jérusalem pendant 11 ans. 12 Il fait
ce qui est mal aux yeux du SEIGNEUR son
Dieu. Il refuse de s'abaisser devant le *prophète Jérémie, qui parle au nom du SEIGNEUR.
13 Le roi Nabucodonosor lui fait prêter serment au nom de Dieu. Pourtant Sédécias se
révolte contre le roi. Il ne veut rien entendre
et il ferme son cœur au lieu de revenir vers le
SEIGNEUR, Dieu d'Israël. 14 De plus, tous les
chefs des prêtres et du peuple deviennent de
plus en plus infidèles envers Dieu. Ils imitent
les actions horribles des autres peuples. Ils
rendent *impur le temple que le SEIGNEUR a
*consacré à Jérusalem. 15 Le SEIGNEUR, le
Dieu de leurs ancêtres, leur envoie donc très
souvent des avertissements par l'intermédiaire de ses messagers. En effet, il a pitié du
temple où il habite et de son peuple. 16 Mais
les Israélites se moquent de ses messagers,
ils comptent pour rien les paroles de Dieu et
ils rient de ses *prophètes. Alors le SEIGNEUR
finit par laisser éclater sa *colère contre son
peuple, et ils ne peuvent rien contre elle.
17 Le SEIGNEUR fait attaquer le pays par le roi
de Babylone et il livre tout en son pouvoir.
Ce roi tue les soldats jusque dans le temple.
Il n'a pitié de personne : ni des jeunes gens,
ni des jeunes filles, ni des adultes, ni des vieillards. 18 Il emporte à Babylone tous les ustensiles, grands et petits, du temple de Dieu, les
trésors du temple, ceux du roi et de ses ministres. 19 Puis les Babyloniens brûlent le temple
de Dieu et démolissent le mur de Jérusalem.
Ils mettent le feu aux palais et détruisent
tous les objets précieux de la ville. 20 Leur
roi déporte à Babylone ceux qui ont échappé
à la mort. Ils deviennent ses esclaves et les esclaves de ses fils, jusqu'à ce que les rois de
Perse prennent le pouvoir. 21 Voilà comment
se réalise la parole que le SEIGNEUR a dite par
l'intermédiaire de Jérémie : « Le pays sera
abandonné pendant 70 ans jusqu'à ce que
son temps de repos arrive à sa fin. Cela remplacera les périodes de repos qui n'ont pas
été respectées[w]. »

Cyrus donne l'autorisation de reconstruire le temple de Jérusalem

22 La première année où Cyrus[x], roi de
Perse, est roi de Babylone, le SEIGNEUR décide
de réaliser la parole qu'il a dite par l'intermé-

w **36.21** *En Israël, les terres devaient se reposer pendant une année tous les sept ans, sans être cultivées. Voir Lévitique 25.1-7.*

x **36.22** *Cyrus, roi de Perse, a pris Babylone en 539 avant J.-C. et il est devenu aussi roi de ce pays. La première année correspond donc à 539-538 avant J.-C.*

diaire du *prophète Jérémie. Il donne à Cyrus
l'idée de faire connaître dans tout son
royaume, oralement et par écrit, le texte suivant : 23 « Voici ce que déclare Cyrus, le roi
de Perse : Le SEIGNEUR, le Dieu qui est au
*ciel, a mis sous mon pouvoir tous les royaumes de la terre. Il m'a chargé de lui reconstruire un temple, à Jérusalem, dans le territoire de Juda. Tous ceux parmi vous qui appartiennent à son peuple, qu'ils retournent à Jérusalem ! Que le SEIGNEUR leur Dieu soit avec eux ! »

Les livres d'Esdras et de Néhémie

Les livres d'Esdras et de Néhémie étaient d'abord un seul livre, qui a été séparé en deux plus tard. Ces livres parlent de la période où les rois de Perse ont dominé les peuples du Proche-Orient.

Les Babyloniens avaient détruit Jérusalem en 587 avant J.-C. et mis fin au royaume de Juda. Ils avaient alors déporté une partie de la population. Des Judéens ont donc vécu pendant de longues années en exil dans le pays des Babyloniens. Le roi perse Cyrus a pris Babylone en 539 avant J.-C. Dès 538 avant J.-C., Cyrus permet aux populations en exil de retourner dans leur pays. Environ cent ans plus tard, Esdras puis Néhémie partent, avec le soutien officiel des autorités perses, dans la province de Juda.

Les livres d'Esdras et de Néhémie racontent la ***reconstruction du temple*** *de Jérusalem et des murs qui entourent la ville. Ils racontent en même temps la* ***reconstruction de la communauté juive****. C'est la loi donnée par le Dieu d'Israël qui reconstruit le peuple dans sa relation avec Dieu et avec les autres.*

Voici comment les deux livres sont composés :

- *Introduction : texte de Cyrus favorisant le retour des Juifs et la reconstruction du temple de Jérusalem (Esdras 1.1-4).*
- *Application de ce texte (Esdras 1.5–Néhémie 7.72) :*
  - *Liste de ceux qui reviennent d'exil (Esdras 1.5–2.70).*
  - *Les anciens exilés reconstruisent l'autel et le temple (Esdras 3.1–6.22).*
  - *La loi de Dieu permet de reconstruire la communauté (Esdras 7.1–10.44).*
  - *Les anciens exilés reconstruisent les murs de Jérusalem (Néhémie 1.1–7.3).*
  - *Liste de ceux qui sont revenus d'exil (Néhémie 7.4-72).*
- *Conclusion : lecture de la loi de Dieu, fête pour marquer la fin de la reconstruction des murs de Jérusalem et organisation de la vie religieuse (Néhémie 8.1–13.31).*

Esdras

INTRODUCTION

(Voir l'introduction aux livres d'Esdras et de Néhémie, ci-contre.)

Esdras est le personnage principal du livre qui porte son nom. Ce livre raconte d'abord comment un premier groupe de Juifs revient à Jérusalem et entreprend la reconstruction du temple. Ce retour crée des difficultés avec les populations locales. En effet, des Judéens étaient restés dans le pays après les déportations, et d'autres populations y étaient également installées (voir 3.3 et 4.4). Plus tard, le roi de Perse envoie Esdras, un prêtre spécialiste de la loi juive, dans la province de Juda. Esdras doit y faire appliquer les lois du Dieu d'Israël. En effet, le pouvoir perse reconnaît à chaque peuple la liberté de sa vie religieuse et la favorise. Un nouveau groupe de Juifs revient d'exil avec Esdras.

Les anciens exilés se considèrent comme le vrai peuple de Dieu. Ils établissent ce qu'ils sont vraiment en reconstituant le passé de leurs familles (voir 1.5–2.70) et en se séparant des personnes étrangères (voir 6.21 et le chapitre 10). Cette attitude s'explique par le besoin d'affirmer très fortement ce qui les distingue des autres peuples.

Pour l'auteur du livre d'Esdras, le ***retour d'exil*** *réalise ce que les prophètes ont annoncé de la part de Dieu. C'est une nouvelle libération semblable à la sortie d'Égypte. La* ***loi de Dieu****, replacée au centre de la vie du peuple, permet à celui-ci de renaître.*

Cyrus permet aux exilés de rentrer chez eux

1 1 Pendant la première année où Cyrus, roi
de Perse[a], est roi de Babylone, le SEIGNEUR décide de réaliser la parole qu'il a
dite par l'intermédiaire du *prophète Jérémie. Il donne à Cyrus l'idée de faire connaître dans tout son royaume, oralement et par
écrit, le texte suivant : 2 « Voici ce que déclare Cyrus, le roi de Perse : Le SEIGNEUR, le
Dieu qui est au *ciel, a mis sous mon pouvoir tous les royaumes de la terre. Il m'a chargé de lui reconstruire un temple, à Jérusalem,
dans la province de Juda. 3 Tous ceux parmi
vous qui appartiennent à son peuple, je les invite à retourner à Jérusalem, en Juda. Là, qu'ils reconstruisent le temple du SEIGNEUR, le Dieu d'Israël qui est à Jérusalem ! Que
leur Dieu soit avec eux ! 4 Partout où les Israélites se trouvent, les gens de l'endroit doivent les aider en leur apportant de l'argent, de l'or et d'autres biens. Ils doivent leur donner aussi des animaux et des offrandes volontaires pour le temple du Dieu, qui est à Jérusalem. »
5 Alors les chefs de famille de Juda et de Benjamin, les prêtres et les *lévites se mettent en route pour aller reconstruire le temple du SEIGNEUR, qui est à Jérusalem. Et tous ceux à qui Dieu a inspiré le même désir y vont avec
eux. 6 Leurs voisins les aident en leur apportant des ustensiles en argent et en or et d'autres biens. Ils leur donnent aussi des animaux, beaucoup d'objets de valeur, en plus de toutes les offrandes volontaires pour le temple.

a 1.1 *Cyrus, roi de Perse, a pris Babylone en 539 avant J.-C. et il est devenu aussi roi de ce pays. La première année correspond donc à 539-538 avant J.-C.*

[7] Nabucodonosor avait pris des ustensiles
dans le temple du SEIGNEUR à Jérusalem, et il
les avait mis dans le temple de ses dieux[b]. Le
roi Cyrus fait rassembler ces objets. [8] Il donne
l'ordre à Mitrédath, le responsable des trésors,
de les donner à Chèchebassar, prince de Juda.
[9] En voici la liste : 30 plats en or, 1 000 plats en
argent, 29 couteaux, [10] ainsi que 30 cuvettes
en or, 410 cuvettes en argent et 1 000 autres ustensiles. [11] En tout, il y a 5 400 ustensiles en or
et en argent. Chèchebassar les emporte tous,
quand les exilés quittent la Babylonie pour retourner à Jérusalem.

Liste des Judéens qui reviennent d'exil

2 [1] Nabucodonosor, le roi de Babylone, a déporté les gens de Juda en Babylonie. Beaucoup rentrent à Jérusalem et en Juda. Chacun
retourne dans sa ville. [2] Ils reviennent d'exil
avec Zorobabel, Yéchoua, Nehémia, Seraya,
Rélaya, Mordokaï, Bilechan, Mispar, Bigvaï,
Rehoum et Baana. Voici leur liste avec le nombre d'hommes pour chaque groupe[c] :

[3] 2 172 hommes du clan de Paroch,
[4] 372 hommes du clan de Chefatia,
[5] 775 hommes du clan d'Ara,
[6] 2 812 hommes du clan de Pahath-Moab, de la famille de Yéchoua et de Yoab,
[7] 1 254 hommes du clan d'Élam,
[8] 945 hommes du clan de Zattou,
[9] 760 hommes du clan de Zakaï,
[10] 642 hommes du clan de Bani,
[11] 623 hommes du clan de Bébaï,
[12] 1 222 hommes du clan d'Azgad,
[13] 666 hommes du clan d'Adonicam,
[14] 2 056 hommes du clan de Bigvaï,
[15] 454 hommes du clan d'Adin,
[16] 98 hommes du clan d'Ater, de la famille de Yehizquia,
[17] 323 hommes du clan de Bessaï,
[18] 112 hommes du clan de Yora,
[19] 223 hommes du clan de Hachoum,
[20] 95 hommes du clan de Guibbar,
[21] 123 hommes du village de Bethléem,
[22] 56 hommes du village de Netofa,
[23] 128 hommes du village d'Anatoth,
[24] 42 hommes du village d'Azmaveth,
[25] 743 hommes des villages de Quiriath-Yéarim, Kefira et Beéroth,
[26] 621 hommes des villes de Rama et Guéba,
[27] 122 hommes du village de Mikmas,
[28] 223 hommes des villages de Béthel et Aï,
[29] 52 hommes du village de Nébo,
[30] 156 hommes du village de Magbich,
[31] 1 254 hommes du clan d'un autre Élam,
[32] 320 hommes du clan de Harim,
[33] 725 hommes des villages de Lod, Hadid et Ono,
[34] 345 hommes de la ville de Jéricho,
[35] 3 630 hommes du village de Senaa.

[36] Dans les groupes des prêtres, il y a : 973
hommes du clan de Yedaya, de la famille de
Yéchoua, [37] 1 052 hommes du clan d'Immer,
[38] 1 247 hommes du clan de Pachehour,
[39] 1 017 hommes du clan de Harim.

[40] Dans le groupe des *lévites, il y a : 74 hommes des clans de Yéchoua, Cadmiel, Binnoui
et Hodavia. [41] Dans le groupe des chanteurs
du temple il y a : 128 hommes du clan d'Assaf.

[42] Dans le groupe des portiers, il y a :
139 hommes des clans de Challoum, Ater,
Talmon, Accoub, Hatita et Chobaï.

[43] Dans le groupe des serviteurs du temple,
il y a : les gens des familles de Siha, Hassoufa,
Tabbaoth, [44] Quéros, Siaha, Padon, [45] Lebana,
Hagaba, Accoub, [46] Hagab, Chamlaï, Hanan,
[47] Guiddel, Gahar, Réaya, [48] Ressin, Necoda,
Gazam, [49] Ouza, Passéa, Bésaï, [50] Asna, Meounim, Nefoussim, [51] Bacbouc, Hacoufa, Harour,
[52] Baslouth, Méhida, Harcha, [53] Barcos, Sisra,
Téma, [54] Nessia et Hatifa.

[55] Dans le groupe de la famille des serviteurs de Salomon, il y a : les gens des familles

---

b **1.7** *Voir 2 Rois 25.13-15. La destruction du premier temple, construit par Salomon, a eu lieu en 587 avant J.-C.*

c **2.2** *Cette liste se trouve aussi en Néhémie 7.7-72, avec quelques différences.*

de Sotaï, Soféreth, Perouda, 56 Yala, Darcon,
Guiddel, 57 Chefatia, Hattil, Pokéreth-Hassebaïm et Ami.

58 Dans le groupe des serviteurs du temple
et dans celui de la famille des serviteurs de Salomon, il y a en tout 392 hommes.

59 Les gens qui reviennent de Tel-Méla, Tel-
Harcha, Keroub, Addan et Immer ne peuvent
pas dire exactement si les familles de leurs ancêtres appartiennent bien au peuple d'Israël.
60 En tout, ils sont 652 et ils font partie des familles de Delaya, Tobia et Necoda.

61 Certains prêtres sont dans la même situation : ce sont les hommes des familles de Hobaya, Haccos, et Barzillaï. Cet homme est
appelé ainsi parce qu'il s'est marié avec une
des filles de Barzillaï, de Galaad. 62 Ils ont
cherché les listes où les noms de leurs ancêtres sont inscrits, mais ils ne les ont pas
trouvées. Alors ils sont considérés comme
*impurs, et on leur interdit de servir comme
prêtres. 63 Le gouverneur lui-même leur défend de manger des offrandes uniquement réservées à Dieu. Ils doivent attendre qu'un
prêtre prenne une décision au moyen de l'Ourim et du Toummim[d].

64 Ceux qui sont revenus d'exil sont en tout
42 360. 65 Ils ont avec eux 7 337 serviteurs
et servantes, 200 chanteurs et chanteuses.
66 Ils ont aussi 736 chevaux, 245 mulets,
67 435 chameaux et 6 720 ânes.

68 En arrivant à Jérusalem, la ville du temple
du SEIGNEUR, certains chefs de famille font des
dons volontaires. Ces offrandes doivent servir
à reconstruire le temple de Dieu là où il était
avant. 69 Ils donnent autant qu'ils peuvent :
61 000 pièces d'or et 2 500 kilos d'argent. Ils
offrent aussi 100 vêtements de prêtres.

70 Les prêtres, les *lévites et certains Israélites, chanteurs, portiers et serviteurs du temple, s'installent dans les villes qu'ils reçoivent.
Les autres Israélites vont dans les villes de
leurs ancêtres.

Yéchoua et Zorobabel rétablissent le culte du Seigneur

3 1 Quand le septième mois de l'année[e] arrive, les Israélites sont installés dans leurs
villes. Le peuple se rassemble à Jérusalem
avec l'accord de tous. 2 Le prêtre Yéchoua,
fils de Yossadac, avec ses frères les autres prêtres, et Zorobabel, fils de Chéaltiel, avec les
gens de sa famille, se mettent à reconstruire
*l'autel du Dieu d'Israël. Ils veulent offrir
des *sacrifices complets, comme cela est écrit
dans la *loi de Moïse, l'homme de Dieu. 3 Ils
ont peur des gens installés dans le pays[f]. Pourtant, ils reconstruisent cet autel sur les anciennes fondations. Puis ils offrent au SEIGNEUR les
sacrifices complets du matin et du soir. 4 Ensuite, ils célèbrent la *fête des Huttes, selon
ce qui est écrit. Chaque jour, ils offrent tous
les sacrifices complets exigés par la loi.
5 Après cela, ils offrent régulièrement les sacrifices de chaque jour, les sacrifices fixés pour le
premier jour de chaque mois, pour les temps
de fête réservés au SEIGNEUR, et les sacrifices
de ceux qui font des offrandes volontaires au
SEIGNEUR. 6 Ainsi, dès le premier jour du septième mois, les Israélites recommencent à
offrir des sacrifices complets au SEIGNEUR.
Pourtant, les fondations de son nouveau temple ne sont pas encore posées.

7 Ensuite, ils donnent de l'argent aux tailleurs de pierre et aux charpentiers. Ils don-

---

d **2.63** *L'Ourim et le Toummim étaient des objets sacrés qui permettaient de connaître la volonté ou le jugement de Dieu.*

e **3.1** *Le septième mois : c'est-à-dire en septembre-octobre. Ce mois était une période de fêtes religieuses. Voir Lévitique 23.23-43.*
L'année : il s'agit de l'année du retour à Jérusalem.

f **3.3** *Ces gens installés dans le pays sont des étrangers que les rois d'Assyrie et de Babylonie ont fait prisonniers. Ces rois les ont alors obligés à s'installer sur les territoires des anciens royaumes d'Israël et de Juda.*

nent de la nourriture, des boissons et de l'huile aux Sidoniens et aux Tyriens pour qu'ils fassent venir par mer jusqu'à la ville de Jaffa du bois de *cèdre du Liban. Ils agissent de cette façon avec l'autorisation de Cyrus, roi de Perse.
8 La deuxième année après leur retour à Jérusalem, la ville du temple de Dieu, Zorobabel, fils de Chéaltiel, Yéchoua, fils de Yossadac, leurs frères les autres prêtres, les *lévites et tous ceux qui sont revenus d'exil se mettent au travail pendant le deuxième mois. Ils nomment les lévites de 20 ans et plus pour diriger les travaux du temple du SEIGNEUR.
9 Les lévites Yéchoua, avec ses fils et ses frères, Cadmiel, avec ses fils, du clan de Hodavia, dirigent ensemble les ouvriers qui travaillent au temple de Dieu. Les lévites du clan de Hénadad les aident.

10 Quand les constructeurs posent les fondations du temple du SEIGNEUR, les prêtres en vêtements de fête avancent avec des trompettes. Les lévites de la famille d'Assaf avancent avec des *cymbales. Tous chantent la louange du SEIGNEUR, comme David, le roi d'Israël, l'a commandé.
11 Ils rendent *gloire au SEIGNEUR et ils chantent sa louange en disant à tour de rôle : « Oui, le SEIGNEUR est bon, et son amour envers Israël est pour toujours ! » Le peuple aussi chante la louange du SEIGNEUR en criant de joie, parce que les constructeurs posent les fondations de son temple.

12 Beaucoup de prêtres, de lévites et des chefs de famille très âgés qui ont vu le premier temple, pleurent à haute voix pendant que les constructeurs posent sous leurs yeux les fondations du nouveau temple. Mais beaucoup crient de joie.
13 Tout le monde pousse de grands cris. On les entend de très loin. Ainsi, les gens ne peuvent pas faire la différence entre les cris de joie des uns et les cris de tristesse des autres.

Difficultés avec les gens du pays

4 1 Les ennemis[g] des *Juifs de Juda et de Benjamin apprennent ceci : ceux qui sont revenus d'exil construisent un temple pour le SEIGNEUR, Dieu d'Israël.
2 Alors, ils viennent trouver Zorobabel et les chefs de famille. Ils leur disent : « Nous voulons vous aider à construire ce temple ! En effet, nous adorons le même Dieu que vous et nous lui offrons des *sacrifices, depuis que le roi d'Assyrie, Assaradon, nous a envoyés ici[h]. »

3 Mais Zorobabel, Yéchoua et les autres chefs de famille d'Israël leur répondent : « Ce n'est pas vous qui devez nous aider à construire un temple pour notre Dieu. C'est nous seuls qui devons le construire. En effet, ce sera le temple du SEIGNEUR, Dieu d'Israël. C'est un ordre de Cyrus, le roi de Perse. »

4 Alors les gens du pays font tout pour décourager les Juifs de Juda. Ils cherchent à leur faire peur pour les empêcher de reconstruire le temple.
5 Pendant tout le temps que Cyrus est roi de Perse, et jusqu'au moment où Darius[i] devient roi, ils donnent de l'argent à des conseillers royaux. Ils veulent en effet que ceux-ci arrêtent les projets des Juifs.

Les gens du pays dénoncent les Juifs au roi Artaxerxès

6 Au moment où Xerxès commence à être roi, les gens du pays[j] lui écrivent une lettre pour accuser les habitants de Jérusalem et de Juda.

7 Pendant qu'Artaxerxès[k] est roi de Perse, Bichelam, Mitrédath, Tabéel et leurs collègues lui écrivent aussi. La lettre est écrite en caractères araméens et en langue araméenne.

---

g **4.1** *Ces ennemis sont les gens installés de force dans le pays. Voir Esdras 3.3 et la note.*
h **4.2** *Assaradon a été roi de 681 à 669 avant J.-C.*
i **4.5** *Darius : Il s'agit sans doute de Darius Ier, qui a été roi de Perse de 522 à 486 avant J.-C.*
j **4.6** *Xerxès a été roi de 486 à 464 avant J.-C.*
Les gens du pays : voir Esdras 3.3 et la note, et 4.1-4.
k **4.7** *Artaxerxès a été roi de Perse de 464 à 424 avant J.-C.*

8 Rehoum, gouverneur de la région, et Chimechaï, son secrétaire, écrivent à leur tour
au sujet de Jérusalem une lettre au roi
Artaxerxès. Elle commence ainsi : 9 « Lettre
de Rehoum, gouverneur de la région, de
Chimechaï, secrétaire, et de leurs collègues
des régions de Din, Afarsatak, Tarpel, Afaras,
Érek, Babylone, Suse, Déha et Élam. 10 Au
nom des autres peuples déportés par le grand
et célèbre Asnappar[l], installés dans les villes
de la Samarie ou dans le reste de la région située à l'ouest de l'Euphrate... »

11 Voici le texte de cette lettre : « Au roi Artaxerxès, de la part de ses serviteurs, les gens
de la région située à l'ouest de l'Euphrate...

12 « Notre roi, nous te faisons savoir ceci :
les Juifs partis de chez toi et arrivés parmi
nous à Jérusalem, reconstruisent cette ville révoltée et mauvaise. Ils réparent les fondations
et reconstruisent les murs. 13 Notre roi, nous
te faisons savoir ceci : si la ville est reconstruite, si ses murs sont réparés, ces gens-là
ne paieront plus les taxes, les impôts et les
droits de passage. Finalement, cela ira contre
l'intérêt du pouvoir royal. 14 Nous, nous avons
l'honneur d'être à ton service, et nous ne pouvons pas accepter qu'on te méprise. C'est
pourquoi nous te faisons connaître ces choses.
15 Ainsi, tu pourras faire des recherches dans
le livre qui rapporte les événements passés
du royaume. Tu verras que Jérusalem s'est
toujours révoltée. Elle a sans cesse fait du
tort aux rois et aux gouverneurs de provinces.
Depuis toujours, cette ville n'a jamais arrêté
de se soulever. C'est d'ailleurs pour cela
qu'elle a été détruite. 16 Notre roi, nous voulons te prévenir : si Jérusalem est reconstruite,
et si ses murs sont réparés, tu ne seras plus jamais le maître à l'ouest de l'Euphrate. »

Le roi Artaxerxès répond

17 Le roi Artaxerxès envoie cette réponse :
« Au gouverneur Rehoum, à son secrétaire
Chimechaï et à leurs collègues habitant en
Samarie et dans le reste de la région à l'ouest
de l'Euphrate. Je vous salue...

18 « La lettre que vous m'avez envoyée a été
traduite et elle m'a été lue. 19 J'ai donné l'ordre de faire des recherches. Ces recherches
ont montré que depuis toujours, la ville de Jérusalem se soulève contre les rois, et que ses
habitants provoquent des troubles et des révoltes. 20 Autrefois dans cette ville, il y a eu
des rois puissants. Ils étaient les maîtres de
toute la région située à l'ouest de l'Euphrate.
Les gens leur payaient des taxes, des impôts
et des droits de passage. 21 Commandez donc
à ces Juifs d'arrêter leurs travaux. Jérusalem
ne doit pas être reconstruite avant que j'en
donne l'autorisation. 22 Évitez d'être négligents dans cette affaire. Il ne faut pas que le
mal devienne plus grave et cause du tort au
pouvoir royal. »

23 Dès qu'on lit la lettre du roi Artaxerxès à
Rehoum, à son secrétaire Chimechaï et à leurs
collègues, ils partent très vite à Jérusalem. Ils
utilisent la force pour obliger les Juifs à arrêter
leurs travaux.

Les travaux pour reconstruire le temple reprennent

24 À Jérusalem, les travaux pour reconstruire le temple ont été arrêtés. Cela dure jusqu'à la deuxième année où Darius est roi de
Perse[m].

5 1 Mais un jour, le *prophète Aggée et le
prophète Zakarie[n], fils d'Iddo, parlent
aux *Juifs de Jérusalem et de tout le pays de
Juda de la part du Dieu d'Israël, leur Dieu.
2 Alors Zorobabel, fils de Chéaltiel, et Yéchoua, fils de Yossadac, se mettent à reconstruire le temple de Dieu à Jérusalem. Les
prophètes de Dieu les soutiennent.

3 À ce moment-là, Tattenaï, le gouverneur
de la région située à l'ouest de l'Euphrate,
Chetar-Boznaï et leurs collègues viennent les
trouver. Ils leur disent : « Qui vous a donné
l'ordre de reconstruire ce temple et de réparer

l 4.10 *Asnappar est sans doute un autre nom d'Assourbanipal, roi d'Assyrie de 668 à 630 avant J.-C.*
m 4.24 *Darius : voir Esdras 4.5 et la note.*
n 5.1 *Voir Aggée 1.1 et Zakarie 1.1.*

ses murs ? 4 Nous voulons les noms de ceux qui participent à ce travail ! »

5 Ils envoient donc un rapport à Darius et ils attendent sa réponse. Mais Dieu veille sur les *anciens des Juifs. Alors personne ne les oblige à arrêter les travaux pendant ce temps-là.

Les préfets de la région envoient un rapport au roi Darius

6 Voici le texte de la lettre envoyée au roi Darius par le gouverneur Tattenaï, par Chetar-Boznaï et ses collègues, les préfets de la région située à l'ouest de l'Euphrate. 7 Ils lui envoient le rapport suivant : « Au roi Darius, tous nos vœux de bonheur !

8 « Notre roi, nous te faisons savoir que nous sommes allés dans la province de Juda, pour voir le temple du grand Dieu. Les *Juifs sont en train de le reconstruire en pierres taillées, avec des poutres de bois placées dans les murs. Le travail est fait avec soin et il avance vite. 9 Nous avons interrogé les responsables. Nous leur avons demandé : "Qui vous a donné l'ordre de reconstruire ce temple et de réparer ses murs ?" 10 Nous leur avons aussi demandé leurs noms. Ainsi nous pouvons te donner la liste écrite de ceux qui dirigent les travaux. 11 Ils nous ont répondu : "Nous sommes les serviteurs du Dieu qui a fait le ciel et la terre. Nous reconstruisons le temple qu'un grand roi d'Israël avait bâti et terminé voici longtemps. 12 Mais nos ancêtres ont provoqué la *colère du Dieu qui est au *ciel. Alors il les a livrés au pouvoir de Nabucodonosor, roi de Babylone. Celui-ci a détruit le temple et il a déporté le peuple dans son pays. 13 Pourtant, la première année où Cyrus était roi de Babylone, il a donné l'ordre de reconstruire le temple de Dieu[o]. 14 Le roi Nabucodonosor avait emporté les ustensiles d'or et d'argent qui étaient dans le temple de Dieu à Jérusalem et il les avait mis dans le temple de Babylone. Le roi Cyrus les a fait enlever de ce temple et il les a remis à un homme du nom de Chèchebassar qu'il a établi gouverneur de Juda. 15 Il lui a donné cet ordre : Emporte ces objets, va les remettre dans le temple de Jérusalem quand il sera reconstruit là où il était avant. 16 Chèchebassar est donc venu ici, à Jérusalem, et il a posé les nouvelles fondations du temple de Dieu. Depuis, les travaux ont continué, mais ils ne sont pas finis." 17 Maintenant, notre roi, si tu le juges bon, tu peux faire des recherches dans les écrits anciens des rois de Babylone. Ainsi, tu sauras si le roi Cyrus a vraiment commandé de reconstruire le temple de Dieu à Jérusalem. Ensuite, nous te prions de nous envoyer ta décision au sujet de cette affaire. »

Le roi Darius répond

6 1 Le roi Darius commande de faire des recherches à Babylone dans les salles où les écrits anciens et les objets précieux sont conservés. 2 Mais c'est à Ecbatane, ville bien protégée de la province de Médie, qu'on trouve un rouleau en cuir. Voici le compte rendu écrit sur ce rouleau : 3 « Pendant la première année où Cyrus était roi, il a donné cet ordre : Le temple de Dieu, à Jérusalem, doit être reconstruit. Il servira de lieu pour offrir les *sacrifices. Il faudra utiliser ses anciennes fondations. Le temple aura 30 mètres de haut et 30 mètres de large. 4 On placera l'une après l'autre trois rangées de pierres taillées, puis une rangée de poutres de bois. Le trésor royal paiera les travaux. 5 Les ustensiles d'or et d'argent venant du temple de Dieu à Jérusalem, et emmenés à Babylone par Nabucodonosor, seront rendus. Ils seront rapportés dans le temple à Jérusalem, et chaque ustensile sera remis à sa place. »

6 Alors Darius fait dire à Tattenaï, gouverneur de la région à l'ouest de l'Euphrate, à Chetar-Boznaï et à leurs collègues, les préfets de la province : 7 « Ne vous occupez pas de cette affaire ! N'empêchez pas la construction du temple de Dieu. Le gouverneur de Juda et les responsables des *Juifs doivent le reconstruire là où il était avant. 8 Je vous donne cet ordre : aidez les responsables à reconstruire le temple de Dieu. Vous paierez leurs dépen-

---

o **5.13** *Voir Esdras 1.1-4 et la note sur le verset 1.*

ses avec l'argent du roi, c'est-à-dire avec les
impôts de la province. Vous rembourserez
ces gens totalement et sans les faire attendre.
9 Vous donnerez tous les jours aux prêtres de
Jérusalem ce qui leur est nécessaire en tenant
compte de ce qu'ils demandent. Vous leur
amènerez de jeunes taureaux, des béliers et
des agneaux, pour les *sacrifices complets offerts au Dieu qui est au *ciel. Vous leur fourni-
rez aussi du *blé, du sel, du vin et de l'huile.
10 Ainsi, ils pourront présenter au Dieu qui est
au ciel des offrandes à la fumée de bonne
odeur, et ils prieront pour la vie du roi et de
ses fils. 11 Si quelqu'un ne respecte pas ces décisions, voici l'ordre que je donne : on arrachera un bois pointu de sa maison, on le
posera debout sur le sol et on fera asseoir le
coupable sur ce bois[p]. Ensuite sa maison
sera transformée en tas de pierres. 12 Que le
Dieu qui montre sa présence à Jérusalem renverse tout roi et punisse tout peuple qui me
désobéira en essayant de détruire son temple.
C'est moi, Darius, qui donne cet ordre. Je
veux que tout le monde le respecte fidèlement. »

13 Alors Tattenaï, gouverneur de la région à
l'ouest de l'Euphrate, Chetar-Boznaï et leurs
collègues agissent exactement comme le roi
Darius l'a commandé.

La fête qui marque la fin de la reconstruction du temple

14 Les responsables des *Juifs continuent à
construire avec succès, encouragés par les paroles du *prophète Aggée et du prophète Zakarie[q], fils d'Iddo. Ils achèvent la construction,
comme le Dieu d'Israël l'a commandé, et selon les ordres des rois de Perse, Cyrus, Darius
et Artaxerxès. 15 La sixième année où Darius
est roi, au mois de Adar[r], le 23 du mois, le temple est terminé. 16 Les Israélites, les prêtres, les
*lévites et d'autres gens revenus d'exil fêtent
la fin des travaux en consacrant le temple à
Dieu dans la joie. 17 Pour cette fête, ils offrent
en *sacrifice 100 taureaux, 200 béliers et 400
agneaux. Pour que Dieu pardonne les péchés
de tout le peuple d'Israël, ils offrent 12 boucs,
un par tribu. 18 Puis ils divisent les prêtres et
les lévites en groupes. Ainsi, ils peuvent accomplir le service de Dieu à Jérusalem, en suivant ce qui est écrit dans le livre de Moïse.

Les Juifs célèbrent la fête de la Pâque

19 Tous ceux qui sont revenus d'exil célèbrent la *Pâque l'année suivante, le premier
mois, le 14 du mois[s]. 20 Tous les prêtres et
tous les *lévites se sont rendus *purs ensemble, mais les autres membres du peuple
ne l'ont pas fait. Les lévites sont donc tous
purs et ils peuvent *égorger les agneaux de
la Pâque pour le peuple, pour leurs frères les
prêtres, et pour eux-mêmes. 21 Tous les Israélites mangent le repas de la Pâque, ceux qui
sont revenus d'exil et ceux qui ont abandonné
les coutumes des gens *impurs du pays. Ceux-
là ont rejoint les autres Israélites pour servir le
SEIGNEUR, Dieu d'Israël. 22 Ensuite, pendant
sept jours, ils célèbrent avec joie la fête des
*Pains sans levain. Le SEIGNEUR les a remplis
de joie parce qu'il a changé le cœur du roi
d'Assyrie[t] en leur faveur. Cela les a encouragés à continuer leur travail pour reconstruire
le temple du Dieu d'Israël.

Le prêtre Esdras arrive à Jérusalem

7 1-6 Après ces événements, au moment où
Artaxerxès est roi de Perse[u], un certain
Esdras, fils de Seraya, arrive de Babylone.
C'est un descendant du *grand-prêtre Aaron

---

p 6.11 *Le coupable était ainsi transpercé.*
q 6.14 *Voir Aggée 1.1 ; Zakarie 1.1.*
r 6.15 *En 515 avant J.-C., vers février-mars.*
s 6.19 *En 514 avant J.-C., vers mars-avril.*
t 6.22 *Le roi d'Assyrie : il s'agit toujours de Darius, roi de Perse, qui est aussi roi d'Assyrie.*
u 7.1-6 *Artaxerxès : il peut s'agir d'Artaxerxès Ier (464-424 avant J.-C.), ou d'Artaxerxès II (404-359 avant J.-C.).*

par Élazar, Pinhas, Abichoua, Bouqui, Ouzi, Zéraya, Merayoth, Azaria, Amaria, Ahitoub, Sadoc, Challoum, Hilquia et Azaria. Esdras est un homme savant. Il connaît parfaitement la *loi que le SEIGNEUR, Dieu d'Israël, a donnée à Moïse. Le SEIGNEUR son Dieu le protège. C'est pourquoi le roi lui donne tout ce qu'il demande. 7 La septième année où Artaxerxès est roi, les Israélites, prêtres, *lévites, chanteurs, portiers et serviteurs, reviennent à Jérusalem. 8 Esdras arrive avec eux pendant le cinquième *mois. 9 Il a fixé le départ de Babylone au premier mois, le premier jour du mois. Et le cinquième mois, le premier jour du mois, il arrive à Jérusalem, parce que la bonté de Dieu le protège. 10 En effet, Esdras cherche de tout son cœur à étudier la loi du SEIGNEUR et à lui obéir. Il cherche aussi à enseigner aux Israélites les commandements et les règles de cette loi.

Le roi Artaxerxès confie plusieurs tâches à Esdras

11 Le prêtre Esdras est un spécialiste des lois et des commandements que le SEIGNEUR a donnés au peuple d'Israël. Voici le texte de la lettre que le roi Artaxerxès lui remet : 12 « Moi, Artaxerxès, le plus grand de tous les rois, j'écris au prêtre Esdras, spécialiste de la loi du Dieu qui est au *ciel...

13 « Voici mes ordres : tous les Israélites de mon royaume, prêtres, *lévites ou gens du peuple, qui veulent retourner à Jérusalem avec toi peuvent partir. 14 Moi-même et mes sept conseillers, nous t'envoyons à Jérusalem et dans la province de Juda. Tu auras avec toi le texte de la *loi de ton Dieu et tu examineras comment cette loi est respectée. 15 En même temps, tu emporteras l'argent et l'or que moi et mes conseillers, nous voulons offrir au Dieu d'Israël, qui a son *lieu saint à Jérusalem. 16 Tu emporteras aussi tout l'argent et tout l'or que tu trouveras dans toute la province de Babylone. Ce sont les dons que les gens de ton peuple et les prêtres ont offerts librement pour le temple de leur Dieu à Jérusalem. 17 Là-bas, tu veilleras à acheter avec cet argent des taureaux, des béliers, des agneaux, et ce qu'il faut pour les offrandes tirées de la terre et les offrandes de vin. Tu offriras tout cela sur *l'autel du temple de votre Dieu à Jérusalem. 18 Ensuite, toi et ceux qui t'accompagnent, vous utiliserez le reste de l'argent et de l'or pour faire ce qui vous paraîtra bon selon la volonté de votre Dieu. 19 Tu mettras dans le temple de ton Dieu à Jérusalem les ustensiles que tu as reçus pour son service. 20 Si tu dois faire d'autres dépenses pour le temple de ton Dieu, tu les feras payer par les services financiers royaux.

21 « Moi, le roi Artaxerxès, voici ce que je commande à tous les fonctionnaires des finances de la région située à l'ouest de l'Euphrate : ils feront exactement tout ce que leur demandera le prêtre Esdras, spécialiste de la loi du Dieu qui est au ciel. 22 Ils lui donneront jusqu'à 3 tonnes d'argent, 30 tonnes de *blé, 4 000 litres de vin, 4 000 litres d'huile, et du sel autant qu'ils veulent. 23 Tout ce que le Dieu qui est au ciel commandera au sujet de son temple, il faudra l'appliquer avec soin. Ainsi, ce Dieu ne se mettra pas en *colère contre mon royaume, contre moi et contre mes fils. 24 De plus, voici ce que nous faisons savoir aux fonctionnaires des finances : il est interdit de faire payer des taxes, des impôts et des droits de passage aux prêtres, aux lévites, aux chanteurs, aux portiers, aux employés ou à tout homme qui travaille dans le temple de Dieu.

25 « Et toi, Esdras, avec la sagesse que tu as reçue de Dieu, désigne des juges et des chefs. Ils rendront la justice pour tous ceux qui connaissent les lois de ton Dieu, parmi les gens qui habitent à l'ouest de l'Euphrate. Enseignez-les à ceux qui ne les connaissent pas. 26 Si quelqu'un n'obéit pas fidèlement à la loi de ton Dieu ou à la loi royale, il sera condamné comme il le mérite : ou on le fera mourir, ou il sera chassé du pays, ou on le privera de ses biens, ou il sera mis en prison. »

Esdras remercie Dieu

27 Alors Esdras dit : « Merci au SEIGNEUR, le Dieu de nos ancêtres ! C'est lui qui a donné au roi l'idée de rendre honneur au temple de Jérusalem. 28 Le SEIGNEUR m'a montré sa bonté en présence du roi, de ses conseillers et de tous les hommes importants qui l'entourent. Le SEIGNEUR mon Dieu m'a protégé, et

j'ai pu rassembler certains chefs israélites
pour revenir avec moi. »

Liste des Juifs qui reviennent de Babylonie avec Esdras

8 1 Des chefs de famille reviennent de Babylonie à Jérusalem avec moi, Esdras, au moment où Artaxerxès est roi[v]. Voici leurs noms
d'après les listes de leurs ancêtres :
2 Guerchon, du clan de Pinhas,
Daniel, du clan d'Itamar,
Hattouch, du clan de David,
3 un des fils de Chekania,
Zakarie, du clan de Paroch, et avec lui 150
hommes de sa famille,
4 Éliohénaï, fils de Zéraya, du clan de Pahath-
Moab, et avec lui 200 hommes,
5 Chekania, fils de Yaziel, du clan de Zattou, et
avec lui 300 hommes,
6 Ébed, fils de Yonatan, du clan d'Adin, et avec
lui 50 hommes,
7 Yechaya, fils d'Atalia, du clan d'Élam, et avec
lui 70 hommes,
8 Zébadia, fils de Mikaël, du clan de Chefatia,
et avec lui 80 hommes,
9 Obadia, fils de Yéhiel, du clan de Yoab, et
avec lui 218 hommes,
10 Chemolith, fils de Yossifia, du clan de Bani,
et avec lui 160 hommes,
11 Zakarie, fils de Bébaï, du clan de Bébaï, et
avec lui 28 hommes,
12 Yohanan, fils de Haccatan, du clan d'Azgad,
et avec lui 110 hommes,
13 Éliféleth, Yéiel et Chemaya, les trois plus
jeunes membres du clan d'Adonicam, et
avec eux 60 hommes,
14 Outaï et Zakour, du clan de Bigvaï, et avec
eux 70 hommes.

Esdras prépare le retour à Jérusalem

15 Je rassemble tous ces hommes près du canal qui passe par Ahava, et nous campons là
pendant trois jours. Je constate qu'il y a parmi
eux des membres du peuple et des prêtres,
mais aucun *lévite. 16 Alors je fais appeler les
chefs Éliézer, Ariel, Chemaya, Elnatan, Yarib,
Elnatan, Natan, Zakarie, Mechoullam, et les
deux enseignants de la *loi, Yoyarib et Elnatan. 17 Je leur commande d'aller chez Iddo, le
chef qui habite Kassifia. Je leur précise ce qu'il
faut dire à Iddo et à ses frères, les serviteurs du
*lieu saint, qui sont à Kassifia. Ainsi, ils pour-
ront nous ramener des hommes pour le service du temple de notre Dieu. 18 La bonté de
Dieu nous protège, alors ils nous ramènent
Chérébia, un homme intelligent du clan de
Mali et de la famille de Lévi, fils de Jacob. Il
vient avec ses fils et ses frères, 18 hommes
en tout. 19 Ils ramènent aussi Hachabia, et
avec lui Yechaya, du clan de Merari, avec
ses frères et leurs fils, 20 hommes en tout.
20 Ils ramènent enfin 220 hommes, spécialement désignés parmi les serviteurs du lieu
saint. Autrefois, David et ses chefs ont donné
des employés semblables aux *lévites pour
qu'ils soient à leur service.

21 Là, au bord du canal d'Ahava, je décide que
nous devons *jeûner pour nous abaisser devant
notre Dieu. De cette façon, nous lui deman-
derons de voyager en sécurité, nous et nos familles, avec nos biens. 22 J'aurais honte de
demander au roi un groupe de soldats et de cavaliers pour nous protéger contre nos ennemis
pendant le voyage. En effet, nous avons dit au
roi : « Notre Dieu protège tous ceux qui le cherchent. Mais sa colère est violente contre ceux
qui l'abandonnent. » 23 C'est pourquoi nous
jeûnons, et nous demandons à notre Dieu de
nous protéger, et il écoute notre prière.

24 Ensuite, je mets à part douze des principaux prêtres, ainsi que Chérébia, Hachabia
et dix autres lévites. 25 Devant eux, je pèse
l'argent, l'or, et les objets de valeur que le
roi, ses conseillers, ses ministres et les Israélites du pays ont offerts pour le temple de notre
Dieu. 26 Je leur donne ainsi 20 tonnes d'argent, 3 tonnes d'objets précieux en argent,
3 tonnes d'or, 27 20 cuvettes en or valant
1 000 pièces d'or, et 2 magnifiques vases de
bronze brillant, aussi précieux que des vases
en or. 28 Je leur dis : « Vous êtes *consacrés
au service du SEIGNEUR. Ces objets aussi sont

v **8.1** *Voir Esdras 7.1 et la note.*

consacrés. Cet argent et cet or sont des offrandes volontaires au SEIGNEUR, le Dieu de vos ancêtres. 29 Gardez-les avec soin jusqu'à l'arrivée à Jérusalem. Là, vous les pèserez devant les principaux prêtres et lévites, et devant les chefs de famille, dans les salles dépendant du temple du SEIGNEUR. »

30 Alors les prêtres et les lévites reçoivent tout ce qui est pesé, l'argent, l'or et les objets de valeur. Ils doivent les apporter à Jérusalem, au temple de notre Dieu.

Le voyage et l'arrivée à Jérusalem

31 Le premier *mois, le 12 du mois, nous quittons le canal d'Ahava pour aller à Jérusalem. Pendant tout le voyage, notre Dieu nous protège, et il nous défend contre les attaques des ennemis et des bandits. 32 Quand nous arrivons à Jérusalem, nous nous reposons pendant trois jours. 33 Le quatrième jour, nous pesons l'argent, l'or et les objets de valeur dans le temple de notre Dieu. Puis nous les remettons au prêtre Merémoth, fils d'Ouria. Il y a avec lui Élazar, fils de Pinhas, et des *lévites, Yozabad, fils de Yéchoua, et Noadia, fils de Binnoui. 34 Tout est compté et pesé, puis on met par écrit le poids total.

35 Ceux qui sont revenus d'exil offrent des *sacrifices au Dieu d'Israël. Au nom de tout le peuple d'Israël, ils offrent 12 taureaux, 96 béliers et 77 agneaux en sacrifice complet. Ils offrent 12 boucs en sacrifice pour recevoir le pardon des péchés. Tous ces animaux sont complètement brûlés pour le SEIGNEUR. 36 Ensuite, ils font connaître les décisions du roi aux fonctionnaires et aux gouverneurs perses de la région située à l'ouest de l'Euphrate. Ceux-ci donnent leur appui aux Israélites pour tout ce qui concerne le temple de Dieu.

Le peuple de Dieu s'est mélangé aux gens du pays

9 1 Après ces événements, les chefs du peuple viennent me dire : « Parmi les membres du peuple, parmi les prêtres et les *lévites, personne ne s'est séparé des gens du pays[w]. Ils ont suivi les coutumes horribles des Cananéens, des Hittites, des Perizites, des Jébusites, des Ammonites, des Moabites, des Égyptiens et des *Amorites. 2 Ils ont pris pour eux et pour leurs fils des femmes dans ces peuples. Alors le peuple qui appartient à Dieu s'est mélangé aux gens du pays. Les chefs et les notables ont été les premiers à être infidèles de cette façon. »

3 Quand j'entends cela, je *déchire mes vêtements, je m'arrache les cheveux et la barbe et je m'assois complètement bouleversé. 4 Je reste ainsi jusqu'à l'heure du *sacrifice du soir. Beaucoup ont peur du jugement que le Dieu d'Israël va rendre au sujet de l'infidélité des *Juifs revenus d'exil. Ils se rassemblent autour de moi.

Esdras prie pour les coupables

5 Moi, Esdras, à l'heure du sacrifice du soir, je sors de ma grande tristesse. Je porte encore mes vêtements déchirés. Je tombe à genoux et, les mains levées vers le SEIGNEUR mon Dieu, 6 je lui adresse cette prière : « Mon Dieu, j'ai honte, j'ai trop honte pour oser lever mon visage vers toi. Nos fautes sont si nombreuses qu'elles dépassent nos têtes, et notre infidélité monte jusqu'au *ciel. 7 Depuis le temps où nos ancêtres vivaient jusqu'à aujourd'hui, nous avons commis des péchés graves. À cause de nos fautes, nous, nos rois et nos prêtres, nous avons été livrés au pouvoir des rois étrangers. Ils nous ont tués, déportés. Ils nous ont pillés, ils nous ont couverts de honte, comme c'est le cas encore aujourd'hui. 8 Mais maintenant, depuis peu de temps, SEIGNEUR notre Dieu, tu nous as montré ta bonté. Tu as permis à quelques-uns parmi nous de rester en vie et d'habiter dans le pays qui t'appartient. Ainsi, toi, notre Dieu, tu as rendu la lumière à nos yeux, tu nous as redonné un peu de vie, au milieu de notre esclavage. 9 Oui, notre Dieu, nous étions des esclaves, mais toi, tu ne nous as pas abandonnés. Tu as permis que les rois de Perse soient bons envers nous pour nous rendre la vie. Alors nous pouvons re-

w **9.1** *Gens du pays : voir Esdras 3.3 et la note.*

construire ton temple, réparer ses murs démolis et trouver un abri sûr à Jérusalem et en
Juda.
10 « Et maintenant, ô notre Dieu, que pouvons-nous dire après ce qui est arrivé ? Oui,
nous avons abandonné les commandements
11 que tu nous as donnés par tes serviteurs
les *prophètes. Tu nous avais prévenus en disant : "Le pays que vous allez posséder est
*impur. En effet, les gens qui l'habitent sont
impurs, et ils l'ont rempli partout d'actions
horribles. 12 Ne donnez donc pas vos filles en
mariage aux fils de ces étrangers. Ne choisissez pas parmi eux des femmes pour vos fils.
Ne cherchez pas à rendre ces gens-là riches
et heureux. Alors vous deviendrez forts,
vous mangerez les bonnes choses du pays. Et
vos enfants pourront hériter de tout cela pour
toujours." 13 Ô notre Dieu, tous nos malheurs
sont arrivés parce que nous avons fait le mal.
Oui, nous sommes vraiment coupables. Pourtant, tu n'as pas considéré nos fautes comme
elles le méritaient. Tu nous as permis de rester en vie, à nous qui sommes ici. 14 Alors, est-
ce que nous pouvons recommencer à désobéir
à tes commandements ? Est-ce que nous pouvons encore nous allier par des mariages à
ces gens détestables ? Est-ce que tu ne vas
pas te mettre en *colère contre nous et nous
détruire tous, sans exception ? 15 SEIGNEUR,
Dieu d'Israël, tu es *juste. Aujourd'hui, tu as
permis à quelques-uns d'entre nous d'être encore vivants. Nous sommes en effet devant toi
avec nos fautes. Et pourtant, personne ne peut
se tenir en ta présence dans une situation
semblable. »

Les Juifs renvoient leurs femmes étrangères

10 1 Esdras est à genoux devant le temple.
Il pleure, il prie et demande pardon à
Dieu. Pendant ce temps, une assemblée très
nombreuse d'Israélites, hommes, femmes et
enfants, se rassemblent auprès de lui. Tout
le monde pleure beaucoup. 2 Alors Chekania,
fils de Yéhiel, de la famille d'Élam, dit à Esdras : « Nous avons mal agi envers notre
Dieu en prenant des femmes étrangères parmi
les gens de ce pays[x]. Mais maintenant, il y a
encore un espoir pour le peuple d'Israël.
3 Nous pouvons nous engager envers notre
Dieu à renvoyer toutes ces femmes étrangères
et leurs enfants. Ainsi, nous suivrons le
conseil que toi et ceux qui respectent les
commandements de notre Dieu nous ont donnés. Agissons selon la *loi. 4 Relève-toi, parce
que l'affaire te concerne. Nous t'aiderons.
Courage, agis ! »
5 Alors Esdras se relève. Il fait jurer aux
chefs des *prêtres-lévites et de tous les Israélites d'agir comme Chekania l'a dit. Ils le jurent. 6 Alors Esdras quitte la cour du temple
de Dieu. Il va chez Yohanan, fils d'Éliachib,
et reste là. Mais il ne mange rien et ne boit
rien. En effet, il est triste à cause de l'infidélité
de ceux qui sont revenus d'exil.
7 Ensuite, les habitants de Jérusalem et de
Juda reçoivent cet ordre : tous les anciens exilés doivent se réunir à Jérusalem. 8 Si quelqu'un ne se présente pas d'ici trois jours,
selon la décision des chefs et des notables,
on lui prendra tous ses biens, et il sera chassé
de l'assemblée des exilés.
9 Alors tous les hommes de Juda et de Benjamin se rassemblent à Jérusalem trois jours
plus tard. C'est le neuvième mois, le 20 du
mois[y]. Sur la place de la maison de Dieu,
tout le monde tremble à cause de cette affaire
et parce qu'il pleut. 10 Le prêtre Esdras se lève
et leur dit : « Israélites, vous avez été infidèles
en vous mariant avec des femmes étrangères.
C'est un péché que vous ajoutez aux autres
péchés de notre peuple. 11 Maintenant, vous
devez reconnaître vos fautes devant le SEI-
GNEUR, le Dieu de vos ancêtres, et accomplir
ce qu'il veut. Vivez à l'écart des gens du
pays et séparez-vous de vos femmes étrangères. »
12 Toute l'assemblée répond d'une voix
forte : « C'est vrai, nous devons faire ce que

---

x **10.2** *Voir Esdras 3.3 et la note.*

y **10.9** *En novembre-décembre, pendant la saison des pluies.*

tu dis. 13 Mais nous sommes nombreux, et c'est la saison des pluies. Nous ne pouvons pas rester dehors. De plus, cela ne va pas prendre seulement un jour ou deux. En effet, il y en a beaucoup qui ont péché dans cette affaire. 14 Nos chefs n'ont qu'à se mettre au service de toute l'assemblée. Tous ceux qui, dans nos villes, se sont mariés avec des étrangères viendront se présenter devant eux à la date qu'on leur dira. Ils viendront avec les *anciens et les juges de leurs villes. Nous traiterons cette affaire jusqu'à ce que la violente *colère de notre Dieu se détourne de nous. »

15 Yonatan, fils d'Assaël, et Yazia, fils de Ticva, ne sont pas d'accord avec cette idée, et Mechoullam ainsi que le *lévite Chabbetaï les soutiennent. 16 Mais les autres Israélites revenus d'exil approuvent ce que l'assemblée a dit. Le prêtre Esdras choisit dans chaque clan des chefs de familles et il désigne chacun par son nom. Ces hommes commencent à juger l'affaire le dixième mois, le premier jour du mois. 17 L'année suivante, le premier jour du premier mois[z], ils finissent d'examiner les cas de tous les hommes qui se sont mariés avec des étrangères.

Liste des hommes mariés avec des étrangères

18 Parmi les prêtres qui se sont mariés avec des étrangères, il y a : des hommes de la famille de Yéchoua et de ses frères, fils de Yossadac : ce sont Maasséya, Éliézer, Yarib et Guedalia. 19 Ils s'engagent par serment à renvoyer leurs femmes et à offrir un bélier en *sacrifice, pour obtenir le pardon de Dieu,
20 des hommes de la famille d'Immer : Hanani et Zébadia,
21 des hommes de la famille de Harim : ce sont Maasséya, Élia, Chemaya, Yéhiel et Ouzia,
22 des hommes de la famille de Pachehour : ce sont Éliohénaï, Maasséya, Ismaël, Netanéel, Yozabad et Élassa.

23 Parmi les *lévites, il y a : Yozabad, Chiméi, Quélaya, appelé aussi Quelita, Petahia, Yehouda et Éliézer.

24 Parmi les chanteurs, il y a Éliachib.

Parmi les portiers, il y a Challoum, Télem et Ouri.

25 Parmi les autres Israélites, il y a :
des hommes de la famille de Paroch : ce sont Ramia, Izia, Malkia, Miamin, Élazar, Malkia et Benaya,
26 des hommes de la famille d'Élam : ce sont Mattania, Zakarie, Yéhiel, Abdi, Yerémoth et Élia,
27 des hommes de la famille de Zattou : ce sont Éliohénaï, Éliachib, Mattania, Yerémoth, Zabad et Aziza,
28 des hommes de la famille de Bébaï : ce sont Yohanan, Hanania, Zabbaï et Atlaï,
29 des hommes de la famille de Bani : ce sont Mechoullam, Mallouk, Adaya, Yachoub, Chéal et Yerémoth,
30 des hommes de la famille de Pahath-Moab : ce sont Adna, Kelal, Benaya, Maasséya, Mattania, Bessalel, Binnoui et Manassé,
31 des hommes de la famille de Harim : ce sont Éliézer, Issia, Malkia, Chemaya, Chimon,
32 Benjamin, Mallouk et Chemaria,
33 des hommes de la famille de Hachoum : ce sont Mattenaï, Mattatta, Zabad, Éliféleth, Yerémaï, Manassé et Chiméi,
34 des hommes de la famille de Bani : ce sont Maadaï, Amram, Ouel, 35 Benaya, Bédia, Kelouhou, 36 Vania, Merémoth, Éliachib, 37 Mattania, Mattenaï, Yassaï, 38 Bani, Binnoui, Chiméi, 39 Chélémia, Natan, Adaya, 40 Maknadebaï, Chachaï, Charaï, 41 Azarel, Chélémia, Chemaria, 42 Challoum, Amaria et Joseph,
43 des hommes de la famille de Nébo : ce sont Yéiel, Mattitia, Zabad, Zébina, Yaddaï, Joël et Benaya.

44 Tous ces hommes-là se sont mariés avec des étrangères, et certaines de ces femmes ont mis au monde des enfants[a].

---

z **10.17** *Vers le 15 mars.*

a **10.44** *Certaines de ces femmes ont mis au monde des enfants : cette traduction donne un sens possible du texte hébreu, qui n'est pas clair. Une ancienne traduction grecque dit ici : « Ils renvoient leurs femmes et leurs enfants. »*

Néhémie

INTRODUCTION

(Voir l'introduction aux livres d'Esdras et de Néhémie, p. 522.)

Rappel du contenu du livre :

- *Les anciens exilés reconstruisent les murs de Jérusalem (1.1–7.3).*
- *Liste de ceux qui sont revenus d'exil (7.4-72).*
- *Conclusion des livres d'Esdras et de Néhémie : lecture de la loi de Dieu, fête pour marquer la fin des travaux sur les murs de Jérusalem, et organisation de la vie religieuse (8.1–13.31).*

Néhémie est le personnage principal du livre qui porte son nom. Ce livre raconte le retour à Jérusalem de Néhémie, notable juif, haut fonctionnaire du roi de Perse. En effet, Néhémie a obtenu l'autorisation de rebâtir les murs de Jérusalem. Contrairement à Esdras, Néhémie n'est pas prêtre. Son œuvre concerne d'abord la vie politique, économique et sociale de la communauté juive. Reconstruire les murs de Jérusalem n'a pas seulement pour but de protéger la ville contre les ennemis, qui la menacent de l'extérieur. Cela permet aussi d'affirmer que les Judéens sont différents des populations venant de la Samarie ou ayant une origine étrangère.

À ce moment particulier de son histoire, ce qui reste du peuple juif se trouve perdu dans un très grand empire : l'empire perse. Cet empire n'a pas de frontières, ses rois permettent à chaque peuple d'avoir sa religion propre. Dans ces conditions, le petit groupe des Juifs se sépare des autres pour affirmer qui il est vraiment.

*Pour montrer cette **identité**, il faut obéir aux règles concernant la vie religieuse et la justice sociale, écrites dans la loi de Moïse (voir le chapitre 5). La loi est lue, traduite et expliquée : cela fonde la communauté (chapitre 8).*

*Les livres d'Esdras et de Néhémie marquent la naissance d'une **nouvelle forme de la foi juive**: le judaïsme. La loi donnée par Dieu, la prière individuelle et la vie religieuse y ont un rôle central.*

---

1 [1] Récit de Néhémie, fils de Hakalia.

Néhémie reçoit des nouvelles de Jérusalem

La vingtième année où Artaxerxès est roi de
Perse, pendant le mois de Kisleu, moi, Néhémie, j'habite dans la *citadelle de Suse.[a] [2] Un
de mes frères juifs, Hanani, arrive de la province de Juda avec quelques hommes. Je leur
pose des questions sur les *Juifs restés en vie
après la déportation et sur la ville de Jérusalem. [3] Ils me répondent : « Les anciens exilés
habitent dans la province de Juda, mais ils vivent dans une grande misère et dans la honte.

---

a **1.1** *Artaxerxès : il s'agit sans doute d'Artaxerxès Ier, qui a été roi de 464 à 424 avant J.-C.*
La vingtième année : probablement en 445 avant J.-C.
Kisleu : en novembre-décembre.

Il y a des trous dans le mur qui entoure Jérusalem, et les *portes de la ville ont été brûlées. »

Néhémie prie pour les Juifs

4 En entendant ces paroles, je m'assois et je
pleure. Pendant plusieurs jours, je reste dans
une profonde tristesse et je *jeûne. Je me
mets à prier le Dieu qui est au *ciel 5 et je
lui dis : « Ah ! SEIGNEUR Dieu qui es au ciel,
Dieu grand et terrible ! Tu gardes ton *alliance avec ceux qui obéissent à tes commandements, tu restes fidèle à ceux qui t'aiment.
6 Écoute-moi attentivement et tourne tes yeux
vers moi. Écoute maintenant la prière que je
t'adresse, moi, ton serviteur. Jour et nuit, je
suis en prière devant toi, pour nous, les Israélites, tes serviteurs. Je reconnais les péchés
que nous avons commis envers toi. Oui, moi
et mes ancêtres, nous avons péché. 7 Nous
avons vraiment mal agi envers toi. Nous
n'avons pas obéi aux commandements, aux
lois et aux règles que tu nous as donnés par
ton serviteur Moïse. 8 Souviens-toi pourtant
de ces paroles que Moïse nous a dites de ta
part : "Si vous n'êtes pas fidèles envers moi,
je vous chasserai un peu partout parmi les autres peuples. 9 Mais si plus tard, vous revenez
à moi, si vous obéissez à mes commandements, si vous les respectez, je vous rassemblerai. Même si vous êtes en exil au bout du
monde, je vous ramènerai à l'endroit que j'ai
choisi pour montrer ma présence[b]." 10 Seigneur, nous sommes tes serviteurs, nous sommes ton peuple ! C'est nous que tu as libérés
par ta grande force et par ta puissance. 11 Je
t'en prie, Seigneur, écoute attentivement ma
prière. Écoute la prière de tes serviteurs, qui
mettent leur joie à te respecter. Fais réussir
mes projets, permets que le roi montre sa
bonté envers moi. »

En effet, je suis responsable de la maison du
roi[c].

Le roi de Perse autorise Néhémie à retourner à Jérusalem

2 1 C'est la vingtième année où Artaxerxès
est roi. Un jour du mois de Nisan[d], le roi
est à table. Je prends du vin et j'en verse au
roi. Je suis triste, ce qui ne m'est jamais arrivé
devant lui. 2 Alors le roi me demande : « Tu as
l'air triste. Pourquoi donc ? Tu n'es pourtant
pas malade. Qu'est-ce que tu as ? » J'ai très
peur. 3 Pourtant je réponds : « Mon roi, longue
vie à toi pour toujours ! Je ne peux pas m'empêcher d'être triste. En effet, la ville où mes
ancêtres sont enterrés est détruite, et ses
*portes ont été brûlées. » 4 Le roi me de-
mande : « Qu'est-ce que tu attends de moi ? »

J'adresse une prière au Dieu qui est au
*ciel. 5 Puis je réponds : « Mon roi, si tu le
veux bien, et si tu es content de moi, laisse-
moi aller dans la province de Juda, dans la ville
où mes ancêtres sont enterrés. Je voudrais la
reconstruire. »

6 Devant la reine assise à côté de lui, le roi
me demande encore : « Combien de temps va
durer ton voyage ? Quand reviendras-tu ? »

Le roi accepte donc que je parte, et je lui indique une date pour mon retour. 7 Je dis encore : « Mon roi, je te prie de me donner des
lettres pour les gouverneurs de la région située à l'ouest de l'Euphrate. Ainsi, ils me laisseront passer jusqu'à la province de Juda. 8 Je
souhaite aussi emporter une lettre pour Assaf,
le responsable des forêts royales. Alors il me
fournira le bois nécessaire pour les portes du
bâtiment de défense proche du temple. J'en
aurai besoin aussi pour le mur de la ville et
pour la maison que j'habiterai. »

Le roi me donne ces lettres, parce que la
bonté de Dieu me protège. 9 Je pars donc rencontrer les gouverneurs de la région située à
l'ouest de l'Euphrate pour leur donner les lettres du roi. Le roi envoie des officiers et des

---

b **1.9** *Il s'agit de la ville et du temple de Jérusalem, et plus largement du pays d'Israël.*

c **1.11** *Le responsable de la maison du roi servait les boissons dans le palais royal. C'était un fonctionnaire important.*

d **2.1** *La vingtième année : voir Néhémie 1.1 et la note.*
Nisan : vers mars-avril.

cavaliers pour m'accompagner. 10 Saneballath le Horonite et Tobia, son adjoint ammonite, apprennent cela[e]. Ils ne sont pas contents du tout que quelqu'un vienne s'occuper du bonheur des Israélites.

Néhémie examine les murs de Jérusalem

11 J'arrive à Jérusalem et je reste là pendant trois jours. 12 Je ne parle à personne de ce que mon Dieu m'a inspiré de faire pour la ville. Ensuite, je me lève la nuit avec quelques hommes. L'âne qui me transporte est le seul animal qui est avec moi. 13 Je sors donc de la ville pendant la nuit par la *porte de la Vallée et je vais vers la source du Dragon et vers la porte du Fumier. J'examine attentivement les murs qui entourent Jérusalem. Je vois qu'il y a beaucoup de trous et que le feu a détruit les portes. 14 Je continue vers la porte de la Source et vers l'étang du roi. Mais l'âne qui me porte n'a bientôt plus la place de passer. 15 Alors je monte par le ravin du Cédron, toujours pendant la nuit. Je continue à examiner attentivement les murs, puis je fais demi-tour et je rentre par la porte de la Vallée.

16 Les chefs de la ville ne savent pas où je suis allé ni ce que j'ai fait. Jusque-là, je n'ai rien raconté aux *Juifs, pas même aux prêtres, aux notables, aux chefs ni à d'autres personnes qui s'occupent des travaux. 17 Maintenant je leur dis : « Vous voyez la misère où nous sommes : Jérusalem est détruite, ses portes sont brûlées. Allons, reconstruisons les murs de Jérusalem, et nous ne vivrons plus dans la honte. »

18 Je leur raconte comment la bonté de Dieu m'a protégé et ce que le roi m'a dit. Alors ils disent : « Au travail ! Nous allons reconstruire la ville ! » Et ils sont pleins de courage pour réaliser ce beau projet. 19 Saneballath le Horonite, Tobia, son adjoint ammonite, et Guéchem l'Arabe[f] apprennent cela. Ils se moquent de nous et nous disent avec mépris : « Qu'est-ce que vous faites là ? Vous vous révoltez contre le roi ? » 20 Je leur réponds : « Le Dieu qui est au ciel nous fera réussir. Nous, ses serviteurs, nous allons nous mettre au travail et nous reconstruirons la ville. Mais vous, vous n'avez pas le droit de posséder quelque chose à Jérusalem. Et vous n'avez aucun pouvoir dans cette ville, où personne ne se souviendra de vous ! »

Les Juifs reconstruisent les murs de Jérusalem

3 1 Le *grand-prêtre Éliachib se met au travail avec les autres prêtres. Ils reconstruisent ensemble la porte des Moutons. Ils fixent les battants et ils la *consacrent. Ils réparent les murs jusqu'à la tour des Cent. Ils la consacrent et continuent jusqu'à la tour de Hananéel. 2 Les habitants de la ville de Jéricho travaillent à côté d'eux, avec Zakour, fils d'Imri. 3 Les habitants de Senaa reconstruisent la porte des Poissons. Ils posent ses cadres et fixent ses battants, avec ses barres et ses verrous. 4 Voici les ouvriers qui travaillent à côté d'eux : Merémoth, fils d'Ouria et petit-fils de Haccos, Mechoullam, fils de Bérékia et petit-fils de Mechézabel, puis Sadoc, fils de Baana. 5 Ensuite, il y a les habitants de Técoa. Pourtant, leurs notables refusent de travailler sous les ordres des chefs de chantier.

6 Yoyada, fils de Passéa, et Mechoullam, fils de Bessodia, reconstruisent la porte de Yechana. Ils posent ses cadres et fixent ses battants, avec ses barres et ses verrous. 7 Voici les ouvriers qui travaillent à côté d'eux : Melatia, de Gabaon, Yadon, de Méronoth, d'autres hommes de Gabaon et de Mispa, au service du gouverneur de la région située à l'ouest de l'Euphrate. 8 À côté d'eux, il y a Ouziel, fils de Haraya, spécialiste des métaux précieux, et Hanania, un parfumeur. Ils finissent leur travail à Jérusalem, quand ils arrivent à l'endroit où le mur devient plus large. 9 À côté d'eux, il y a Refaya, fils de Hour et chef de la

e **2.10** *Saneballath et Tobia ont sans doute une double origine, juive et étrangère, comme l'indiquent les précisions « Horonite » et « ammonite ». Les rois d'Assyrie et de Babylonie ont obligé des populations étrangères à s'installer sur les territoires des anciens royaumes d'Israël et de Juda.*

f **2.19** *Voir Néhémie 2.10 et la note.*

moitié du district de Jérusalem. 10 Un peu plus
loin, Yedaya, fils de Haroumaf, travaille dans
un secteur en face de sa maison. À côté de
lui, il y a Hattouch, fils de Hachabnéya. 11 Malkia, fils de Harim et Hachoub, fils de Pahath-
Moab, réparent un autre secteur qui comprend la tour des Fours. 12 À côté d'eux, il y a
Challoum, fils de Hallohech et chef de l'autre
moitié du district de Jérusalem. Il travaille
avec ses filles. 13 Hanoun et les habitants de
la ville de Zanoa travaillent à la porte de la Vallée. Ils la reconstruisent et fixent ses battants,
avec ses barres et ses verrous. Ils reconstruisent aussi 500 mètres de mur, jusqu'à la
*porte du Fumier. 14 Malkia, fils de Rékab et
chef du district de Beth-Kérem, répare la porte
du Fumier. Il la reconstruit et fixe ses battants,
avec ses barres et ses verrous.

15 Challoun, fils de Kol-Hozé et chef du district de Mispa, travaille à la porte de la Source.
Il la reconstruit, il la couvre d'un toit, et fixe ses
battants, avec ses barres et ses verrous. Il reconstruit aussi le mur près de l'étang de Siloé,
entre le jardin du roi et l'escalier qui descend
de la « *Ville de David ». 16 Plus loin, Néhémie,
fils d'Azbouc et chef de la moitié du district de
Beth-Sour, travaille jusqu'au cimetière de David, jusqu'à l'étang creusé par les hommes, jusqu'à la maison des gardes du roi. 17 Plus loin, les
*lévites qui travaillent sont : Rehoum, fils de
Bani, Hachabia, chef de la moitié du district
de Quéila, qui travaille pour son district,
18 Binnoui, fils de Hénadad et chef de l'autre
moitié du district de Quéila, 19 Ézer, fils de Yéchoua et chef de Mispa. Ézer répare un secteur
situé en face de la montée vers le bâtiment des
armes, là où le mur forme un angle. 20 À côté de
lui, il y a Barouk, fils de Zabbaï. Il répare avec
ardeur le secteur suivant, entre la partie où le
mur forme un angle et l'entrée de la maison
du grand-prêtre Éliachib. 21 Plus loin, Merémoth, fils d'Ouria et petit-fils de Haccos, répare
un autre secteur situé entre l'entrée de la maison d'Éliachib et son extrémité.

22 Plus loin travaillent les prêtres venus des
environs de Jérusalem. 23 Benjamin et Hachoub réparent un secteur situé en face de
leurs maisons. Azaria, fils de Maasséya et
petit-fils d'Anania, travaille à côté de sa maison. 24 Binnoui, fils de Hénadad, répare le secteur suivant, entre la maison d'Azaria et
l'endroit où le mur forme un angle. 25 Palal,
fils d'Ouzaï, travaille en face de cet angle et
de la tour supérieure située en avant du palais
du roi, près de la cour de garde. Pedaya, fils de
Paroch, 26 et les serviteurs du temple qui habitent le quartier de l'Ofel, travaillent jusqu'à la
tour d'angle, à l'est de la porte de l'Eau. 27 Les
habitants de Técoa réparent le secteur suivant, entre l'endroit situé en face de la grande
tour d'angle et le mur de l'Ofel.

28 À partir de la porte des Chevaux, les prêtres travaillent chacun dans le secteur situé
devant sa maison. 29 Plus loin, Sadoc, fils d'Immer, travaille aussi en face de sa maison. Plus
loin, ceux qui travaillent sont : Chemaya, fils
de Chekania, et gardien de la porte de l'Est,
30 Hanania, fils de Chélémia, Hanoun, le
sixième fils de Salaf, qui répare le secteur
suivant. À côté de lui, Mechoullam, fils de Bérékia, travaille en face de l'endroit où il habite. 31 Plus loin, il y a Malkia, spécialiste des
métaux précieux. Il travaille jusqu'à la maison
des serviteurs du temple et des commerçants,
située en face de la porte de Mifcad, et jusqu'au poste de garde situé à l'angle du mur.
32 Les autres artisans, spécialistes des métaux
précieux, ainsi que les commerçants travaillent dans le dernier secteur, situé entre le
poste de garde et la porte des Moutons.

Les ennemis des Juifs veulent arrêter les travaux

33 Quand Saneballath[g] apprend que nous,
les *Juifs, nous sommes en train de rebâtir le
mur qui entoure Jérusalem, il entre dans
une violente colère. Il se moque de nous
34 devant ses frères et devant les soldats de Samarie. Il dit : « Qu'est-ce que ces Juifs bons à
rien essaient de faire ? Est-ce que nous allons
les laisser continuer ? Est-ce qu'ils vont offrir
des *sacrifices ? Est-ce qu'ils vont finir aujour-

g **3.33** *Saneballath : voir Néhémie 2.10 et la note.*

d'hui ? Est-ce qu'ils vont faire revivre des pierres prises sur des tas de débris et brûlées par
le feu ? » 35 Tobia, l'Ammonite, est auprès de
Saneballath. Il dit : « Ils peuvent toujours re-
faire leur mur de pierres ! Quand un renard
montera dessus, il le renversera ! »

36 Alors je prie : « Toi notre Dieu, écoute.
Nos ennemis nous méprisent. Fais retomber
leurs insultes sur leur tête ! Qu'on les emmène
prisonniers dans un pays étranger où on les pillera ! 37 Ne pardonne pas leur faute, n'efface
pas leur péché. Ils nous ont insultés parce
que nous reconstruisons le mur de la ville. »

38 Nous construisons donc le mur, nous le
réparons jusqu'à mi-hauteur, tout autour de
la ville. En effet, chacun travaille de tout son
cœur.

4 1 Saneballath, Tobia, les Arabes, les Ammonites et les gens venus d'Asdod[h] apprennent ceci : la reconstruction du mur de
Jérusalem avance, les trous commencent à
être réparés. Alors tous ces gens entrent
dans une violente colère. 2 Ils s'entendent
pour venir attaquer Jérusalem et mettre du désordre dans la ville. 3 Nous prions donc notre
Dieu et nous plaçons des gardiens jour et nuit
pour nous protéger de nos ennemis. 4 Pourtant les gens de Juda disent :

« Nos ouvriers n'ont plus de force,
les tas de pierres sont trop nombreux.
Nous n'arriverons jamais
à reconstruire ce mur ! »

5 Nos ennemis disent : « Les *Juifs ne savent
pas que nous allons les attaquer. Ils ne verront
rien avant notre arrivée. Alors nous les tuerons et nous arrêterons les travaux. »

Les mesures de sécurité pour protéger les travaux

6 Des Juifs habitent près de nos ennemis[i]. Ils
viennent au moins dix fois nous prévenir du
danger. Ils disent : « Revenez avec nous ! »
7 Je trouve alors des endroits abrités, plus
bas, derrière le mur. Là, je place des soldats,
groupés par clans. Ils ont des *épées, des lances et des arcs. 8 Je regarde leur position, puis
je dis aux notables, aux chefs et à tous ceux
qui sont présents : « N'ayez pas peur des ennemis ! Souvenez-vous : le Seigneur est grand et
terrible. Combattez pour vos frères, vos fils,
vos filles, vos femmes et vos maisons ! »

9 Nos ennemis apprennent que nous sommes prévenus, et que Dieu a détruit leur projet. Alors nous retournons tous au mur,
chacun à son travail. 10 Mais à partir de ce
jour-là, la moitié seulement de mes aides participe aux travaux. Les autres portent des lances, des *boucliers, des arcs et des vêtements
de guerre. Les chefs veillent sur tous les gens
de Juda. 11 Ceux qui construisent le mur de la
ville et ceux qui portent les pierres travaillent
d'une main. De l'autre, ils tiennent une arme.
12 Ceux qui construisent ont chacun une
*épée attachée à leur ceinture. Un homme
m'accompagne, prêt à sonner de la trompette.
13 Je dis aux notables, aux chefs et à tous ceux
qui sont présents : « Il y a encore beaucoup à
faire le long du mur. Et nous travaillons un
peu partout, assez loin les uns des autres.
14 Si vous entendez une sonnerie de trompette, venez de l'endroit où vous êtes et
rassemblez-vous auprès de moi. Notre Dieu
combattra pour nous. »

15 Nous travaillons de cette façon, depuis le
lever du soleil jusqu'à l'apparition des étoiles.
La moitié d'entre nous tient une lance à la
main. 16 À ce moment-là, je dis aux gens :
« Chaque chef d'équipe passera la nuit avec
ses hommes dans Jérusalem. Ainsi, ils nous
protégeront pendant la nuit et ils travailleront
pendant la journée. » 17 Moi-même, mes frères, mes serviteurs et les gardiens qui m'accompagnent, nous n'enlevons jamais nos
vêtements, sauf pour nous laver.

Néhémie met fin aux injustices sociales

5 1 Un jour, des hommes et des femmes du
peuple se plaignent de certains de leurs
frères juifs. 2 Les uns disent : « Nous avons

h **4.1** *Voir Néhémie 2.10 et la note.*

i **4.6** *Ces ennemis sont les gens installés de force dans le pays. Voir Néhémie 2.10 et la note.*

beaucoup d'enfants, des garçons et des filles.
Nous voudrions obtenir du *blé pour manger
et pour vivre. » 3 D'autres disent : « Quand
nous voulons du blé pendant la famine, nous
sommes obligés de donner nos champs, nos
*vignes et même nos maisons comme garan-
tie. » 4 D'autres encore disent : « Pour payer
les taxes du roi, nous devons emprunter de
l'argent en donnant nos champs et nos vignes
comme garantie. 5 Pourtant, nous sommes
tous un même peuple, et nos enfants sont
tous pareils. Mais nous devons livrer nos fils
et nos filles à l'esclavage, et certaines de nos
filles sont déjà des esclaves. Nous ne pouvons
pas faire autrement. En effet, nous avons déjà
vendu nos champs et nos vignes. »

6 Quand j'entends ces paroles et ces plaintes, j'entre dans une violente colère. 7 Je décide de faire des reproches aux notables et
aux chefs. Je leur dis : « Vous faites peser sur
les gens de votre peuple des charges trop lourdes. » Ensuite, je les invite à une grande réunion. 8 Je leur dis : « Avec les moyens que
nous avions, nous avons racheté les gens de
notre peuple vendus comme esclaves à des
étrangers. Mais vous, vous vendez vos frères
et vos sœurs, et c'est à d'autres *Juifs que
vous les vendez ! » Ils ne trouvent rien à dire
et se taisent. 9 Je continue : « Ce que vous faites est mal. Vous devez vivre en respectant
Dieu pour éviter les insultes des autres peuples, nos ennemis. 10 Moi aussi, j'ai prêté de
l'argent et du blé, comme mes frères et mes
serviteurs. Nous allons donc renoncer à ce
que les gens nous doivent. 11 Aujourd'hui
même, rendez aux gens de votre peuple leurs
champs, leurs vignes, leurs *oliviers et leurs
maisons. Ne leur demandez pas les intérêts
sur l'argent, le blé, le vin nouveau et l'huile
que vous leur avez prêtés. » 12 Ils répondent :
« Nous allons faire ce que tu dis. Nous rendrons ce que nous avons pris et nous ne de-
manderons plus rien. »

Alors j'appelle les prêtres comme *témoins
et je demande aux notables et aux chefs :
« Promettez par serment de faire ce que
vous avez décidé. » 13 Puis je secoue mon vêtement en disant : « Que Dieu secoue de la
même façon tous ceux qui ne tiendront pas
leur parole ! Qu'il leur enlève leur famille et
leurs biens pour qu'ils restent sans rien ! » Ensuite, l'assemblée répond : « Oui, qu'il en soit
ainsi ! »

Tous chantent la louange du SEIGNEUR. Plus
tard, les notables et les chefs font ce qu'ils ont
décidé.

Néhémie rappelle comment il a toujours agi

14 J'ai été désigné comme gouverneur de la
province de Juda pendant qu'Artaxerxès[j] était
roi. Je le suis resté de la vingtième à la trente-
deuxième année où il a eu le pouvoir. Pendant
ces douze ans, ni moi ni ma famille n'avons
utilisé les impôts du gouverneur pour vivre.
15 Avant moi, les premiers gouverneurs écrasaient le peuple. En plus de la nourriture et
du vin, ils exigeaient de lui 40 pièces d'argent.
Leurs adjoints aussi profitaient du peuple.
Mais moi, je respecte Dieu et je n'ai jamais
agi de cette façon. 16 Au contraire, j'ai travaillé
moi-même pour réparer le mur de la ville. Je
n'ai acheté aucun champ, et mes adjoints,
qui réparaient aussi le mur, n'en ont pas
acheté non plus. 17 Les membres du peuple
juif et les chefs qui mangeaient avec moi
étaient 150, en plus de ceux qui venaient
des pays voisins. 18 Chaque jour, des gens préparaient un bœuf, six beaux moutons et des
poulets. Tous les dix jours, je recevais du vin
en grande quantité. Et c'est moi qui payais
tout. Malgré cela, je n'ai pas réclamé les impôts dus au gouverneur. En effet, les travaux
coûtaient déjà très cher au peuple.

19 « Ô mon Dieu, souviens-toi de tout ce que
j'ai fait pour ce peuple et sois bon pour moi ! »

Les ennemis de Néhémie veulent lui faire du mal

6 1 Saneballath, Tobia, Guéchem l'Arabe et
nos autres ennemis[k] apprennent que j'ai
reconstruit le mur de la ville et qu'il n'y a

j **5.14** *Artaxerxès : voir Néhémie 1.1 et la note.*
k **6.1** *Voir Néhémie 2.10 et la note.*

plus de trous. À ce moment-là, je n'ai pas encore fait poser les battants des *portes. 2 Saneballath et Guéchem m'envoient quelqu'un
pour m'inviter à une réunion avec eux à Kefi-
rim, dans la vallée d'Ono[l]. Ils ont l'intention
de me faire du mal. 3 Je leur envoie des messagers avec cette réponse : « J'ai encore beaucoup de travail et je ne peux pas aller vous
rencontrer. Si je partais d'ici pour aller vous
voir, le travail s'arrêterait. »
4 Ils m'envoient quatre fois la même demande, et chaque fois, je leur fais la même
réponse. 5 La cinquième fois, Saneballath
m'envoie un de ses adjoints avec une lettre
publique qui dit : 6 « Voici ce que les non-Juifs
racontent, et Guéchem l'affirme aussi : "Toi et
tes frères juifs, vous avez l'intention de vous
révolter. C'est pourquoi tu reconstruis le
mur de la ville, et tu veux devenir leur roi.
7 Tu as désigné des *prophètes pour faire savoir à Jérusalem que tu es devenu roi de
Juda." Tout cela, le roi de Perse va bientôt
l'apprendre. Alors viens, et parlons ensemble. » 8 Je lui envoie cette réponse : « Ce
que tu racontes est faux. C'est toi qui inventes
tout ! » 9 En effet, tous ces gens veulent nous
faire peur. Ils se disent que nous allons nous
décourager et que le travail ne se fera pas.
« Ô Seigneur, rends-moi fort pour ce travail ! »

10 Un jour, je vais chez Chemaya, fils de Delaya et petit-fils de Métabéel, car il n'a pas pu
venir me voir. Il me dit : « Allons ensemble au
temple de Dieu, dans le *lieu saint. Fermons
les portes, parce que tes ennemis vont venir
te tuer pendant la nuit. » 11 Je lui réponds :
« Est-ce qu'un homme comme moi a l'idée
de fuir ? Et je n'ai pas le droit d'entrer dans
le *lieu saint. Si je le fais, je perdrai la vie[m].
Non, je n'irai pas au temple ! »
12 Je comprends bien que ce n'est pas Dieu
qui parle par Chemaya. Mais il dit cela parce
que Tobia et Saneballath l'ont payé pour le
dire. 13 Pourquoi donc ? C'est pour me faire
peur, pour que je suive son conseil et que je
commette un péché. C'est l'occasion pour
eux de salir ma réputation et de me couvrir
de honte.

14 « Ô mon Dieu, souviens-toi des actes de
Tobia, de Saneballath et aussi de la *prophétesse Noadia et des autres prophètes qui ont
cherché à me faire peur. »

15 Le mur de la ville est terminé le 25 du
mois d'Éloul[n], après 52 jours de travail.
16 Quand nos ennemis apprennent cette nouvelle, tous les non-Juifs des pays qui nous entourent ont peur et se sentent tout honteux.
Ils reconnaissent que ce travail a été réalisé
avec l'aide de notre Dieu.
17 Pendant tout ce temps, des notables de
Juda écrivent souvent à Tobia, et Tobia leur
répond. 18 En effet, beaucoup de *Juifs sont
liés à lui par un serment, car il est le gendre
d'un Juif, Chekania, fils d'Ara. Et son fils Yohanan s'est marié avec la fille de Mechoullam,
fils de Bérékia. 19 Ils disent même du bien de
lui devant moi et ils lui répètent ce que je
dis. Tobia lui aussi écrit des lettres pour me
faire peur.

Néhémie donne des ordres pour protéger Jérusalem

7 1 Quand le mur de la ville est reconstruit,
je fais poser les battants des *portes. Ensuite, je fais installer à leurs postes les gardiens des portes, les chanteurs et les
*lévites. 2 Je désigne, pour administrer Jéru-
salem, mon frère Hanani, ainsi que Hanania,
le commandant du lieu qui défend la ville.
Hanania est un homme sûr, qui respecte
Dieu plus que beaucoup d'autres. 3 Je leur
dis : « Les portes de la ville seront ouvertes
seulement quand le soleil fera sentir sa cha-

l **6.2** *Ono était situé près de la Méditerranée, entre Lod et Jaffa.*

m **6.11** *Néhémie n'avait pas le droit d'entrer dans le temple, parce qu'il n'était pas prêtre. Voir Nombres 18.7.*

n **6.15** *Éloul : en août-septembre.*

leur. Le soir, elles seront fermées avec les
verrous avant que les gardiens quittent les
portes. Les habitants de Jérusalem seront
de garde chacun à son tour, les uns à un
poste donné, les autres autour de leur maison. »

Liste des Juifs revenus d'exil

4 La ville de Jérusalem est très étendue,
mais il y a peu d'habitants. Certaines maisons
ne sont pas encore reconstruites. 5 Mon Dieu
me donne l'idée de réunir les notables, les
chefs et les gens du peuple pour les compter.
Je regarde le livre contenant la liste des exilés
revenus les premiers. Je trouve les renseignements suivants : 6 Nabucodonosor, le roi de
Babylone, a déporté les Judéens en Babylonie.
Beaucoup reviennent à Jérusalem et en Juda.
Chacun retourne dans sa ville. 7 Ils reviennent
d'exil avec Zorobabel, Yéchoua, Nehémia,
Azaria, Raamia, Nahamani, Mordokaï, Bilechan, Mispéreth, Bigvaï, Nehoum et Baana.
Voici leur liste avec le nombre d'hommes
pour chaque groupe°:

8 2 172 hommes du clan de Paroch,
9 372 hommes du clan de Chefatia,
10 652 hommes du clan d'Ara,
11 2 818 hommes du clan de Pahath-Moab, de la famille de Yéchoua et de Yoab,
12 1 254 hommes du clan d'Élam,
13 845 hommes du clan de Zattou,
14 760 hommes du clan de Zakaï,
15 648 hommes du clan de Binnoui,
16 628 hommes du clan de Bébaï,
17 2 322 hommes du clan d'Azgad,
18 667 hommes du clan d'Adonicam,
19 2 067 hommes du clan de Bigvaï,
20 655 hommes du clan d'Adin,
21 98 hommes du clan d'Ater, de la famille de Hizquia,
22 328 hommes du clan de Hachoum,
23 324 hommes du clan de Bessaï,
24 112 hommes du clan de Harif,
25 95 hommes du village de Gabaon,
26 188 hommes des villages de Bethléem et Netofa,
27 128 hommes du village d'Anatoth,
28 42 hommes du village de Beth-Azmaveth,
29 743 hommes des villages de Quiriath-Yéarim, Kefira et Beéroth,
30 621 hommes des villes de Rama et Guéba,
31 122 hommes du village de Mikmas,
32 123 hommes des villages de Béthel et Aï,
33 52 hommes de l'autre village de Nébo,
34 1 254 hommes du clan d'un autre Élam,
35 320 hommes du clan de Harim,
36 345 hommes de la ville de Jéricho,
37 721 hommes des villages de Lod, Hadid et Ono,
38 3 930 hommes du village de Senaa.

39 Dans les groupes des prêtres, il y a :
973 hommes du clan de Yedaya, de la famille
de Yéchoua, 40 1 052 hommes du clan d'Immer, 41 1 247 hommes du clan de Pachehour,
42 1 017 hommes du clan de Harim.

43 Dans le groupe des *lévites, il y a :
74 hommes des clans de Yéchoua et Cadmiel,
Binnoui et Hodeva.

44 Dans le groupe des chanteurs du temple,
il y a : 148 hommes du clan d'Assaf.

45 Dans le groupe des portiers, il y a :
138 hommes des clans de Challoum, Ater,
Talmon, Accoub, Hatita et Chobaï.

46 Dans le groupe des serviteurs du temple,
il y a : les gens des familles de Siha, Hassoufa,
Tabbaoth, 47 Quéros, Sia, Padon, 48 Lebana,
Hagaba, Chalmaï, 49 Hanan, Guiddel, Gahar,
50 Réaya, Ressin, Necoda, 51 Gazam, Ouza,
Passéa, 52 Bésaï, Meounim, Nefouchessim,
53 Bacbouc, Hacoufa, Harour, 54 Baslith, Méhida, Harcha, 55 Barcos, Sisra, Téma, 56 Nessia
et Hatifa.

57 Dans le groupe de la famille des serviteurs de Salomon, il y a : les gens des familles
de Sotaï, Soféreth, Perida, 58 Yala, Darcon,

---

o **7.7** *Cette liste se trouve aussi en Esdras 2.2-70, avec quelques différences.*

Guiddel, 59 Chefatia, Hattil, Pokéreth-Hassebaïm et Amon.

60 Dans le groupe des serviteurs du temple et dans celui de la famille des serviteurs de Salomon, il y a en tout 392 hommes.

61 Les exilés qui reviennent de Tel-Méla, Tel-Harcha, Keroub-Addon et Immer, ne peuvent pas dire exactement si les familles de leurs ancêtres appartiennent bien au peuple d'Israël. 62 En tout, ils sont 642 et ils font partie des familles de Delaya, Tobia et Necoda.

63 Certains prêtres sont dans la même situation. Ce sont les hommes des familles de Hobaya, Haccos, et Barzillaï. Cet homme est appelé ainsi parce qu'il s'est marié avec une des filles de Barzillaï, de Galaad. 64 Ils ont cherché les listes où les noms de leurs ancêtres sont inscrits, mais ils ne les ont pas trouvées. Alors on considère qu'ils sont *impurs et on leur interdit de servir comme prêtres. 65 Le gouverneur lui-même leur défend de manger des offrandes uniquement réservées à Dieu. Ils doivent attendre qu'un prêtre prenne une décision au moyen de l'Ourim et du Toummim[p].

66 Ceux qui sont revenus d'exil sont en tout 42 360. 67 Ils ont avec eux 7 337 serviteurs et servantes, 245 chanteurs et chanteuses. 68 Ils ont aussi 435 chameaux et 6 720 ânes. 69 Plusieurs chefs de famille font des dons pour reconstruire le temple. Le gouverneur donne 1 000 pièces d'or, 50 *coupes, 530 vêtements de prêtres. 70 Les chefs de famille donnent 20 000 pièces d'or et 1 100 kilos d'argent. 71 Les autres Israélites donnent 20 000 pièces d'or, 1 000 kilos d'argent et 67 vêtements de prêtres.

72 Les prêtres, les *lévites, les gardiens des portes, les chanteurs, certains Israélites, comme les serviteurs du temple, et tout le reste du peuple s'installent dans leurs villes. Quand le septième *mois de l'année arrive, tous les Israélites sont installés dans leurs villes.

Esdras lit la loi devant tout le peuple

8 1 Avec l'accord de tous, le peuple se réunit à Jérusalem sur la place située devant la porte de l'Eau. Les Israélites demandent au prêtre Esdras, spécialiste de la *loi, d'apporter le livre de la loi[q]. Le SEIGNEUR a donné celle-ci au peuple d'Israël, par l'intermédiaire de Moïse. 2 Alors Esdras apporte ce livre devant l'assemblée. Il y a là les hommes, les femmes et tous les enfants capables de comprendre. C'est le septième *mois, le premier jour du mois. 3 Esdras se tient sur la place qui est en face de la porte de l'Eau. Depuis le lever du soleil jusqu'à midi, il lit dans le livre de la loi devant les hommes, les femmes et tous les enfants capables de comprendre. Tout le peuple écoute attentivement cette lecture.

4 Esdras se tient debout, sur une estrade en bois construite pour cela. À sa droite, il y a Mattitia, Chéma, Anaya, Ouria, Hilquia et Maasséya. À sa gauche, il y a Pedaya, Michaël, Malkia, Hachoum, Hachebadana, Zakarie et Mechoullam. 5 Esdras est donc placé plus haut que l'assemblée, et tout le monde peut le voir. Quand il ouvre le livre, tout le peuple se met debout. 6 Esdras remercie le SEIGNEUR, le grand Dieu, et tout le peuple répond en levant les mains : « Oui, oui, qu'il en soit ainsi ! » Puis les Israélites se mettent à genoux et s'inclinent jusqu'à terre devant le SEIGNEUR. 7 Ensuite ils se relèvent, et les *lévites Yéchoua, Bani, Chérébia, Yamin, Accoub, Chabbetaï, Hodia, Maasséya, Quelita, Azaria, Yozabad, Hanan et Pelaya commencent à leur enseigner la loi. 8 Ils lisent dans le livre de la loi de Dieu de façon claire. Ils donnent le sens du passage, et chacun peut comprendre ce qui est lu.

---

p **7.65** *L'Ourim et le Toummim étaient des objets sacrés utilisés pour connaître la volonté ou le jugement de Dieu.*

q **8.1** *Livre de la loi : ici, il peut s'agir du livre du Deutéronome ou d'un ensemble de textes plus large.*

9 En entendant les paroles de la loi, toute
l'assemblée se met à pleurer. C'est pourquoi
le gouverneur Néhémie, le prêtre Esdras, spécialiste de la loi, et les lévites qui expliquent le
texte disent à tous : « Ce jour appartient au SEI-
GNEUR, votre Dieu. Ce n'est pas le moment
d'être triste et de pleurer ! » 10 Esdras leur dit
encore : « Rentrez chez vous. Faites un bon repas, buvez du vin sucré. Envoyez des plats à
ceux qui n'ont rien préparé. Oui, ce jour appartient à notre Seigneur. Ne soyez pas tristes !
La joie qui vient du SEIGNEUR, voilà votre
force ! » 11 Les lévites eux aussi calment le peuple en disant : « Arrêtez de pleurer ! Ce jour
appartient à Dieu. Ne soyez pas tristes ! »
12 Alors, tous rentrent chez eux pour manger et pour boire. Ils envoient des plats à
ceux qui n'ont rien préparé et font une grande
fête. En effet, ils ont compris les paroles que
les lévites ont lues.

La fête des Huttes

13 Le jour suivant, tous les chefs de famille
israélites, les prêtres, les *lévites se rassemblent auprès d'Esdras, spécialiste de la *loi.
Ils veulent comprendre les enseignements de
la loi. 14 Dans cette loi que le SEIGNEUR leur a
donnée par l'intermédiaire de Moïse, ils trouvent cet ordre : les Israélites doivent habiter
sous des huttes pendant la *fête des Huttes,
le septième mois. 15 Ils doivent faire savoir ce
qui suit et l'annoncer à tout le monde dans
toutes leurs villes et à Jérusalem : « Sortez
dans la montagne. Rapportez des branches
*d'olivier sauvage ou cultivé, des branches
de myrtes, des palmes, des branches d'arbres
aux feuilles nombreuses et faites des huttes,
comme la loi le demande[r]. »
16 Alors les Israélites vont chercher des
branches. Ils font des huttes sur la terrasse
de leur maison ou dans leur cour, ou dans
les cours du temple, sur la place de la porte
de l'Eau et sur la place de la porte d'Éfraïm.
17 Tous ceux qui sont rassemblés là, tous
ceux qui sont revenus d'exil, font des huttes
et ils habitent à l'intérieur. C'est une fête
très joyeuse. En effet, les Israélites ne l'ont
plus célébrée depuis le temps de Josué, fils
de Noun. 18 Chaque jour de la fête, depuis le
premier jusqu'au dernier, quelqu'un lit à
haute voix un passage dans le livre de la loi
de Dieu[s]. La fête dure sept jours. Elle finit le
huitième jour par une grande cérémonie, selon la règle.

Les Israélites reconnaissent leurs péchés

9 1 Le septième *mois, le 24 du mois, les Israélites se réunissent pour *jeûner. Ils portent des habits de deuil et ils ont la tête
couverte de poussière. 2 Ils se séparent de
tous les non-Juifs et ils reconnaissent qu'ils
ont péché, eux et leurs ancêtres. 3 Ensuite,
ils se tiennent debout et, pendant trois heures, ils écoutent la lecture du livre de la loi[t]
du SEIGNEUR leur Dieu. Pendant trois autres
heures, ils sont à genoux devant le SEIGNEUR
leur Dieu pour lui demander pardon.
4 Sur l'estrade des *lévites, Yéchoua, Bani,
Cadmiel, Chebania, Bounni, Chérébia, Bani
et Kenani se relèvent et demandent à grands
cris le secours du SEIGNEUR leur Dieu. 5 Puis
les lévites Yéchoua, Cadmiel, Bani, Hachabnéya, Chérébia, Hodia, Chebania et Petahia
disent au peuple : « Levez-vous ! Remerciez
le SEIGNEUR votre Dieu sans cesse et pour toujours. »

Néhémie prie devant tous

« SEIGNEUR, que chacun te remercie,
car tu es plein de *gloire !
Tu es bien plus grand que tout remerciement et toute louange !
6 C'est toi qui es le SEIGNEUR, toi seul !
Tu as fait le ciel et ce qu'il contient,
ainsi que toutes les étoiles.
Tu as fait la terre et tout ce qu'elle porte.
Tu as fait les mers et tout ce qu'elles
contiennent.

---

r **8.15** *Voir Lévitique 23.33-43 ; Deutéronome 16.13-15.*
s **8.18** *Livre de la loi : voir Néhémie 8.1 et la note.*
t **9.3** *Livre de la loi : voir Néhémie 8.1 et la note.*

Tu donnes la vie à tous,
et les étoiles du ciel s'inclinent devant toi.
7 C'est toi, SEIGNEUR Dieu,
qui as choisi Abram.
Tu l'as fait partir d'Our, en Babylonie,
et tu lui as donné le nom d'Abraham.
8 Tu l'as trouvé fidèle envers toi.
Alors tu as établi une *alliance avec lui :
tu as promis de lui donner le pays des *Cananéens,
des Hittites, des Amorites, des Perizites,
des Jébusites et des Guirgachites,
à lui et aux enfants de ses enfants.
Et tu as tenu ta promesse
parce que tu es fidèle.

9 Tu as vu la souffrance de nos ancêtres en Égypte.
Tu les as entendus appeler au secours
près de la *mer des Roseaux.
10 Tu as réalisé des actions extraordinaires et étonnantes
contre le roi d'Égypte,
contre ceux qui l'entouraient
et contre toute la population de son pays.
En effet, tu savais avec quel orgueil
ils avaient agi contre nos ancêtres.
Tu as rendu ton nom célèbre,
et il l'est encore aujourd'hui.
11 Tu as ouvert la mer devant nos ancêtres.
Ils ont pu la traverser sur un chemin sec.
Ceux qui les poursuivaient,
tu les as jetés au fond de la mer.
Ils ont coulé comme une pierre dans l'eau profonde.
12 Pendant la journée,
tu les as conduits avec une colonne de fumée.
Pendant la nuit,
tu les as suivis avec une colonne de feu
qui éclairait leur chemin.
13 Tu es descendu du *ciel
et tu leur as parlé au mont Sinaï.
Tu leur as donné des ordres justes,
des enseignements vrais,
des lois et des commandements excellents.
14 Par l'intermédiaire de Moïse, ton serviteur,
tu leur as fait connaître le *sabbat,
le jour qui t'appartient.
Tu leur as donné des commandements,
des ordres et la *loi.
15 Pour calmer leur faim,
tu as leur donné le pain venu du ciel.
Pour calmer leur soif,
tu as fait couler l'eau d'un rocher.
Tu as promis de leur donner un pays
et tu leur as dit d'aller en prendre possession.

16 « Mais nos ancêtres ont été orgueilleux.
Ils ont fermé leur cœur
et ils n'ont pas écouté tes commandements.
17 Ils ont refusé d'obéir.
Ils ont oublié les choses étonnantes
que tu avais faites pour eux.
Ils ont fermé leur cœur
et ils ont décidé de retourner en Égypte,
où ils étaient esclaves.
Mais toi, tu ne les as pas abandonnés.
En effet, tu es un Dieu qui pardonne,
tu as pitié et tu es bon,
tu es patient et plein d'amour.
18 Ils se sont fabriqué un veau en métal fondu
et ils ont dit :
"Voici notre dieu
qui nous a fait sortir d'Égypte !"
En agissant ainsi,
ils t'ont gravement insulté.
19 Pourtant, toi, dans ta grande tendresse,
tu ne les as pas abandonnés dans le désert.
Le nuage de fumée
qui leur montrait le chemin pendant le jour
ne s'est pas éloigné d'eux.
Le grand feu
a continué d'éclairer leur route
pendant la nuit.
20 Dans ta bonté,
tu leur as donné ton esprit
pour les enseigner.
Tu leur as donné de la manne[u]
pour les nourrir

u 9.20 *La manne : voir Exode 16.13-15,31.*

et de l'eau pour calmer leur soif.
21 Pendant 40 ans, tu t'es occupé d'eux,
et ils n'ont manqué de rien dans le désert.
Leurs vêtements ne se sont pas usés
et leurs pieds n'ont pas enflé.

22 Tu leur as livré des royaumes et des peuples.
Ils ont occupé des pays voisins,
le pays de Sihon, roi de Hèchebon,
et le pays d'Og, roi du Bachan.
23 Tu as rendu les enfants de leurs enfants
aussi nombreux que les étoiles du ciel.
Tu les as fait entrer dans le pays
où tu avais commandé à leurs ancêtres
d'aller pour en prendre possession.
24 Ils y sont entrés
et ils en ont pris possession.
Tu as mis sous leur pouvoir
les habitants du pays, les Cananéens.
Tu les as livrés entre leurs mains,
ainsi que leurs rois et leurs peuples.
Nos ancêtres les ont traités comme ils ont voulu.
25 Ils ont pris des villes bien protégées,
des terres fertiles,
des maisons remplies de toutes sortes de bonnes choses.
Ils ont pris aussi des puits déjà creusés,
des *vignes, des *oliviers
et beaucoup d'arbres fruitiers.
Grâce à ta grande bonté,
ils ont mangé autant qu'ils ont voulu,
ils se sont bien nourris, ils ont grossi,
ils ont vécu dans l'abondance.

26 Pourtant nos ancêtres t'ont désobéi
et ils se sont révoltés contre toi.
Ils ont tourné le dos à ta loi,
ils ont tué tes *prophètes,
qui les suppliaient de revenir à toi.
Ils t'ont gravement insulté.
27 Alors tu les as livrés au pouvoir
d'ennemis qui les ont écrasés.
Au temps de leur malheur,
ils ont crié vers toi,
et toi, tu les as entendus du haut du *ciel.
Dans ta grande tendresse,
tu leur as envoyé des libérateurs
qui les ont sauvés
du pouvoir de leurs ennemis.
28 Mais dès qu'ils vivaient en paix,
ils ont recommencé à mal agir envers toi.
Alors tu les as abandonnés de nouveau
au pouvoir de leurs ennemis qui les écrasaient.
Ils ont recommencé à crier vers toi.
Et toi, tu les as entendus du haut du ciel.
Dans ta grande tendresse,
de nombreuses fois, tu les as sauvés.
29 Tu les as suppliés
d'obéir de nouveau à ta loi.
Mais dans leur orgueil,
ils n'ont pas écouté tes commandements.
Ils ont désobéi à tes règles,
et pourtant, elles donnent la vie
à ceux qui les respectent.
Ils n'ont rien voulu comprendre,
ils ont fermé leur cœur,
ils ont refusé de t'écouter.

30 Avec eux, tu t'es montré patient
pendant de longues années.
Tu donnais ton esprit à tes prophètes,
qui les suppliaient de ta part,
mais ils n'ont pas écouté.
Alors tu les as livrés
au pouvoir des peuples étrangers.
31 Pourtant, dans ta grande tendresse,
tu ne les as pas détruits,
tu ne les as pas abandonnés.
En effet, tu es un Dieu plein de tendresse
et qui pardonne.

32 Ô notre Dieu,
Dieu grand, puissant et terrible,
tu gardes fidèlement *l'alliance établie avec nous.
Maintenant, tiens compte du malheur
qui nous a atteints
depuis le temps des rois d'Assyrie
jusqu'à aujourd'hui.
Tout le monde a souffert,
nous, nos rois et nos chefs,
nos prêtres et nos prophètes,
nos ancêtres et tout ton peuple.
33 Dans tout ce qui nous est arrivé,
tu as agi avec justice et fidélité,

mais nous, nous avons fait le mal.
34 Nos rois et nos chefs,
nos prêtres et nos ancêtres,
n'ont pas obéi à ta loi.
Ils n'ont pas fait attention à tes commandements
ni aux avertissements que tu leur donnais.
35 Pendant qu'ils étaient dans leur royaume,
avec toutes les bonnes choses
que tu leur avais données,
dans le pays grand et fertile
où tu les avais fait entrer,
ils ne t'ont pas servi.
Ils ne se sont pas détournés
de leurs actes mauvais.
36 Et aujourd'hui, nous sommes esclaves !
Nous le sommes dans le pays
que tu as donné à nos ancêtres
pour qu'ils profitent de ses bonnes récoltes.
37 Ses produits abondants sont pour les rois
à qui tu nous as livrés
à cause de nos péchés.
Ils nous utilisent, nous et nos troupeaux,
comme ils le veulent.
Et nous, nous sommes très malheureux ! »

Le peuple promet d'obéir à la loi

10 1 À cause de tout ce qui nous est arrivé,
à nous les Israélites, nous prenons un
engagement sérieux, que nous mettons par
écrit. Nos chefs, nos *lévites et nos prêtres
mettent leur signature sur le texte cacheté[v].
2 Voici la liste de ceux qui ont signé :
– Le gouverneur Néhémie, fils de Hakalia.
– Sidequia, 3 Seraya, Azaria, Irméya, 4 Pachehour, Amaria, Malkia, 5 Hattouch, Chebania, Mallouk, 6 Harim, Merémoth, Obadia,
7 Daniel, Guineton, Barouk, 8 Mechoullam,
Abia, Miamin, 9 Maazia, Bilgaï et Chemaya.
Ce sont tous des prêtres.
10-14 – Yéchoua, fils d'Azania, Binnoui, du clan
de Hénadad, Cadmiel, et leurs frères : Chebania, Hodia, Quelita, Pelaya, Hanan, Mika, Rehob, Hachabia, Zakour, Chérébia, Chebania,
Hodia, Bani et Beninou. Ce sont tous des lévites.
15-28 – Paroch, Pahath-Moab, Élam, Zattou, Bani,
Bounni, Azgad, Bébaï, Adonia, Bigvaï, Adin,
Ater, Hizquia, Azour, Hodia, Hachoum, Bes-
saï, Harif, Anatoth, Nébaï, Magpiach,
Mechoullam, Hézir, Mechézabel, Sadoc,
Yaddoua, Pelatia, Hanan, Anania, Osée,
Hanania, Hachoub, Hallohech, Pila, Chobec,
Rehoum, Hachabna, Maasséya, Ahia, Hanan,
Anan, Mallouk, Harim et Baana. Ce sont
tous des chefs du peuple.

29-30 Ces hommes, qui sont des personnages
importants, reçoivent le soutien des autres Israélites : les prêtres, les lévites, les gardiens
des *portes de la ville, les chanteurs, les serviteurs du temple. Ils reçoivent aussi le soutien
de tous ceux qui se sont séparés des gens installés dans le pays pendant l'exil pour suivre la
*loi de Dieu. Nos femmes, nos fils et nos filles
capables de comprendre les soutiennent également. Avec eux, nous promettons par un
serment d'obéir à la loi que Dieu nous a
donnée par l'intermédiaire de son serviteur Moïse. Nous jurons d'obéir à tous les
commandements, règles et ordres du SEIGNEUR
notre Dieu.

31 Nous promettons de ne pas donner nos
filles en mariage à ceux qui se sont installés
dans le pays pendant l'exil. Nous ne prendrons pas non plus leurs filles comme femmes
pour nos fils. 32 Le jour du *sabbat et les jours
de fête, si ces gens apportent du *blé ou d'autres marchandises à vendre, nous ne leur
achèterons rien. Tous les sept ans, nous laisserons nos champs se reposer et nous effacerons
les dettes. 33 Nous nous fixons pour règle de
donner chaque année une pièce d'argent de
quatre grammes pour le service du temple
de notre Dieu. 34 Ce don servira à payer les
pains offerts à Dieu, les *sacrifices complets
et les offrandes tirées de la terre présentées
chaque jour. Il servira aussi à payer les sacrifices offerts le jour du sabbat, le jour de la

v 10.1 *Texte cacheté : autrefois, les documents importants étaient fermés avec une goutte de cire. Et on appliquait dessus un tampon personnel ou cachet.*

*nouvelle lune ou les autres jours de fête. Il servira encore à payer les autres offrandes *consacrées à Dieu et les sacrifices offerts par les Israélites pour recevoir le pardon des péchés. Enfin, ce don servira aux travaux d'entretien du temple de notre Dieu. 35 Nous, les prêtres, les lévites et le reste du peuple, nous avons *tiré au sort pour savoir à quels moments chaque famille devra apporter le bois pour le temple de notre Dieu. En effet, chaque année, à des moments fixés, nous apporterons le bois nécessaire pour brûler des sacrifices sur *l'autel du SEIGNEUR notre Dieu, comme la loi le demande. 36 Chaque année aussi, nous apporterons au temple les premiers produits du sol et les premiers fruits de nos arbres. 37 Nous présenterons au temple nos premiers-nés et les premiers-nés de nos troupeaux, comme la loi le demande. Nous amènerons les premiers-nés de nos bœufs, de nos moutons et de nos chèvres au temple de notre Dieu. Et nous les remettrons aux prêtres qui font le service du temple. 38 Nous leur apporterons aussi une part de notre meilleure farine, nos offrandes de fruits, de vin nouveau et d'huile. Nous apporterons toutes ces offrandes dans les salles annexes du temple. Nous donnerons aux lévites le dixième de nos récoltes, c'est-à-dire la dîme. Les lévites iront eux-mêmes la prendre dans les endroits où nous travaillons. 39 Un prêtre de la famille d'Aaron accompagnera les lévites au moment où ils iront chercher la dîme. Les lévites apporteront le dixième de cette dîme au temple, dans les salles annexes du trésor. 40 Les Israélites et les lévites apporteront leurs offrandes de blé, de vin nouveau et d'huile dans ces salles annexes. C'est là qu'il y a les ustensiles du *lieu saint, c'est là aussi que se tiennent les prêtres de service, les gardiens des portes et les chanteurs.

De cette façon, nous n'abandonnerons pas le temple de notre Dieu.

Liste des Juifs venus habiter à Jérusalem

11 1 Les chefs du peuple viennent habiter à Jérusalem. Dans le reste du peuple, on *tire au sort une personne sur dix pour venir habiter à Jérusalem, la ville sainte. Neuf personnes sur dix peuvent rester dans les autres villes du pays. 2 Les gens remercient tous ceux qui sont volontaires pour s'installer à Jérusalem.

3 Les chefs de la province de Juda habitent à Jérusalem. Les autres Israélites, prêtres, *lévites, serviteurs du temple, la famille des serviteurs de Salomon, restent dans leurs villes, chacun dans sa propriété. 4 Pourtant, un certain nombre de gens de Juda et de Benjamin viennent habiter à Jérusalem.

Parmi les gens de Juda, il y a : Ataya, du clan de Pérès, descendant de Malaléel par Chefatia, Amaria, Zakarie et Ouzia, 5 ainsi que Maasséya, descendant de Chiloni par Zakarie, Yoyarib, Adaya, Hazaya, Kol-Hozé et Barouk. 6 On compte parmi les habitants de Jérusalem 468 hommes courageux du clan de Pérès.

7 Parmi les gens de Benjamin, il y a : Sallou, descendant de Yechaya par Itiel, Maasséya, Colaya, Pedaya, Yoëd et Mechoullam, 8 avec Gabbaï et Sallaï. Ils sont en tout 928 Benjaminites. 9 Joël, fils de Zikri, est le responsable de ce groupe, et Yehouda, fils de Hassenoua, est l'adjoint du chef de la ville.

10 Parmi les prêtres, il y a : Yedaya, fils de Yoyarib, Yakin, 11 Seraya, descendant du *grand-prêtre Ahitoub par Merayoth, Sadoc, Mechoullam et Hilquia, 12 ainsi que 822 membres de leur clan, chargés des travaux dans le temple de Dieu. Il y a aussi : Adaya, descendant de Malkia par Pachehour, Zakarie, Amsi, Pelalia et Yeroam, 13 ainsi que 242 chefs de famille, membres de son clan. Il y a encore : Amachesaï, descendant d'Immer par Mechillémoth, Azaï et Azarel, 14 ainsi que 128 combattants courageux, membres de son clan. Le chef de ce groupe est Zabdiel, fils de Haguedolim.

15 Parmi les lévites, il y a : Chemaya, descendant de Bounni par Hachabia, Azricam et Hachoub, 16 ainsi que Chabbetaï et Yozabad, deux chefs de lévites, chargés des travaux extérieurs du temple de Dieu. 17 Il y a aussi Mattania, descendant d'Assaf par Zabdi et Mika, chargé d'entonner les chants de louanges à l'heure de la prière, Bacbouquia, un des frères de Mattania, chargé de l'aider, Abda, descen-

dant de Yedoutoun par Galal et Chammoua. 18 Ils sont en tout 284 lévites dans la ville *sainte.

19 Les gardiens de portes Accoub et Talmon sont chargés de surveiller les portes avec les hommes de leur clan. Ils sont en tout 172 hommes.

20 Les autres Israélites, les prêtres et les lévites habitent dans les autres villes de Juda, chacun dans sa propriété. 21 Les serviteurs du temple habitent dans le quartier de Jérusalem appelé l'Ofel. Ils sont placés sous l'autorité de Siha et Guichepa.

22 Le responsable des lévites de Jérusalem est Ouzi, descendant de Mika par Mattania, Hachabia et Bani. Il est membre du clan d'Assaf, le clan chargé de la musique dans le temple. 23 Les musiciens doivent obéir à un règlement royal et à des règles qui indiquent ce qu'ils ont à faire chaque jour.

24 Petahia, fils de Mechézabel, du clan de Zéra, fils de Juda, représente le peuple d'Israël à la cour du roi de Perse.

La population juive en dehors de Jérusalem

25 Certaines familles de Juda habitent un peu partout dans la campagne, à Quiriath-Arba et dans les villages voisins, à Dibon et dans les villages voisins, à Yecabséel et dans les endroits proches, 26 à Yéchoua, Molada, Beth-Péleth, 27 Hassar-Choual, Berchéba et dans les villages voisins, 28 à Siclag, Mekona et dans les villages voisins, 29 à En-Rimmon, Sora, Yarmouth, 30 Zanoa, Adoullam et dans les endroits proches, à Lakich et dans les environs, à Azéca et dans les villages voisins. Ils s'installent donc entre Berchéba au sud et la vallée de Hinnom au nord.

31 Les familles de la tribu de Benjamin habitent à Guéba, Mikmas, Aya, Béthel et dans les villages voisins, 32 à Anatoth, Nob, Anania, 33 Hassor, Rama, Guittaïm, 34 Hadid, Seboïm, Neballath, 35 Lod, Ono et dans la vallée des Artisans.

36 Certains groupes de lévites partent de Juda pour aller dans le territoire de Benjamin.

Liste des prêtres et des lévites revenus d'exil

12 1 Voici la liste des prêtres et des *lévites qui reviennent d'exil avec Zorobabel, fils de Chéaltiel, et avec Yéchoua. Ce sont Seraya, Irméya, Ezra, 2 Amaria, Mallouk, Hattouch, 3 Chekania, Rehoum, Merémoth, 4 Iddo, Guinetoï, Abia, 5 Miamin, Maadia, Bilga, 6 Chemaya, Yoyarib, Yedaya, 7 Sallou, Amoc, Hilquia et Yedaya. Voilà les chefs des prêtres et de leurs frères au temps de Yéchoua. 8 Parmi les lévites, il y a Yéchoua, Binnoui, Cadmiel, Chérébia, Yehouda et Mattania. Mattania et les hommes de sa famille chantent les chants de louanges. 9 Les lévites Bacbouquia et Ounni, placés en face d'eux pour le service, leur répondent.

10 Yéchoua est le père de Yoyaquim, Yoyaquim le père d'Éliachib, Éliachib le père de Yoyada, 11 Yoyada le père de Yonatan, et Yonatan le père de Yaddoua.

12 À l'époque où Yoyaquim est *grand-prêtre, les chefs des familles de prêtres sont : Meraya pour la famille de Seraya, Hanania pour celle d'Irméya, 13 Mechoullam pour celle d'Ezra, Yohanan pour celle d'Amaria, 14 Yonatan pour celle de Melikou, Joseph pour celle de Chebania, 15 Adna pour celle de Harim, Helcaï pour celle de Merayoth, 16 Zakarie pour celle d'Iddo, Mechoullam pour celle de Guineton, 17 Zikri pour celle d'Abia, ...[w] pour celle de Miniamin, Piltaï pour celle de Moadia, 18 Chammoua pour celle de Bilga, Yonatan pour celle de Chemaya, 19 Mattenaï pour celle de Yoyarib, Ouzi pour celle de Yedaya, 20 Callaï pour celle de Sallaï, Éber pour celle d'Amoc, 21 Hachabia pour celle de Hilquia, et Netanéel pour celle de Yedaya.

22 À l'époque où Éliachib, puis Yoyada, Yohanan et enfin Yaddoua sont grands-prêtres, il y a des listes où sont inscrits les noms des lévites qui sont chefs de famille. La même

w **12.17** *Le nom du chef de famille de Miniamin manque dans le texte hébreu.*

chose existe pour les prêtres jusqu'au moment où Darius devient roi de Perse.

23 Les noms des chefs de famille des lévites sont inscrits dans un livre rapportant les événements importants. Cela dure jusqu'au temps de Yohanan, petit-fils d'Éliachib. 24 Les chefs des lévites sont Hachabia, Chérébia et Yéchoua, fils de Cadmiel. Quand c'est leur tour de servir au temple, ils chantent la louange de Dieu et lui rendent *gloire. Ils se tiennent en face des autres lévites. De cette façon, ils suivent les ordres donnés par David, l'homme de Dieu.

25 Les gardiens des portes, Mattania, Bacbouquia, Obadia, Mechoullam, Talmon et Accoub surveillent les magasins situés près des portes du temple. 26 Ils vivent au temps de Yoyaquim, fils de Yéchoua et petit-fils de Yossadac, au temps du gouverneur Néhémie et du prêtre Esdras, spécialiste de la loi.

La fête qui marque la fin de la réparation des murs de Jérusalem

27 Quand le mur de Jérusalem est réparé, on fait venir les *lévites de tous les endroits où ils habitent. Puis une fête très joyeuse est organisée pour marquer la fin des travaux, avec des chants de louange accompagnés *d'instruments de musique : cymbales, harpes et cithares. 28-29 Les chanteurs se rassemblent. Ils viennent des villages qu'ils se sont construits dans les environs de Jérusalem, ou près de Netofa. Ils viennent aussi de Beth-Guilgal, de la région de Guéba et d'Azmaveth. 30 Les prêtres et les lévites se rendent *purs et ils demandent à tout le peuple d'en faire autant. Puis ils purifient les *portes et le mur de la ville.

31 Je fais monter les chefs de Juda sur le mur de la ville. Je forme deux grandes chorales. La première part à droite et avance sur le mur vers la porte du Fumier. 32 Derrière ces chanteurs, il y a Hochaya et la moitié des chefs de Juda, 33 puis Azaria, Ezra, Mechoullam, 34 Yehouda, Benjamin, Chemaya et Irméya. 35 Ensuite, il y a des prêtres qui portent les trompettes, Zakarie, descendant d'Assaf par Zakour, Mikaya, Mattania, Chemaya et Yonatan. 36 Derrière eux, il y a aussi ceux qui sont avec Zakarie : Chemaya, Azarel, Milalaï, Guilalaï, Maaï, Netanéel, Yehouda et Hanani. Ils portent les instruments de musique que David, l'homme de Dieu, a fait fabriquer. Esdras, spécialiste de la *loi, est à la tête de ce groupe. 37 Quand ils arrivent à la porte de la Source, ils se trouvent devant la montée de la « *Ville de David ». Ils montent les marches sur le mur même et ils se trouvent au-dessus du palais de David. Puis ils vont jusqu'à la porte de l'Eau, à l'est de Jérusalem.

38 La deuxième chorale part à gauche. Je la suis avec l'autre moitié de la foule, sur le mur de la ville. Nous passons près de la tour des Fours, puis à l'endroit où le mur est plus large. 39 Nous avançons au-dessus de la porte d'Éfraïm, de la porte de Yechana et de la porte des Poissons. Après la tour de Hananéel et la tour des Cent, nous dépassons la porte des Moutons. Nous nous arrêtons à la porte de la Garde. 40 Ensuite, les deux chorales s'arrêtent dans le temple de Dieu. Je m'arrête aussi avec les chefs qui m'accompagnent. 41 Les prêtres Éliaquim, Maasséya, Miniamin, Mikaya, Éliohénaï, Zakarie et Hanania jouent de la trompette. 42 Il y a aussi Maasséya, Chemaya, Élazar, Ouzi, Yohanan, Malkia, Élam et Ézer. Les chanteurs se font entendre sous la direction d'Izrahia.

43 Ce jour-là, les gens offrent beaucoup de *sacrifices et se réjouissent. En effet, Dieu leur a donné une grande joie. À Jérusalem, les femmes et les enfants sont aussi dans la joie, et le bruit de la fête s'entend au loin.

Les parts des récoltes réservées aux prêtres et aux lévites

44 À ce moment-là, des hommes sont chargés de surveiller les salles où on conserve les offrandes des premiers fruits, des premières récoltes, avec le dixième des produits de la terre. Ces hommes doivent garder à cet endroit les parts de récoltes que la *loi donne aux prêtres et aux *lévites. Ces récoltes viennent des champs qui entourent les villes. Tous les gens de Juda sont contents du travail des prêtres et des lévites. 45 Ils assurent le service de leur Dieu et les cérémonies de *purification. Les chanteurs et les gardiens des portes font, eux aussi, ce que David et son fils Sa-

lomon ont commandé. 46 En effet, depuis le
temps éloigné de David et d'Assaf, le maître
de chant, les chefs de chorale ont dirigé les
chants de louange et de remerciement envers
Dieu. 47 Au temps de Zorobabel, comme au
temps de Néhémie, les Israélites donnent
chaque jour leurs parts aux chanteurs et aux
gardiens des portes. Ils donnent aussi les offrandes *consacrées aux lévites. Et les lévites
donnent aux prêtres de la famille d'Aaron
les parts qui leur sont réservées.

Les réformes de Néhémie

13 1 Un jour, à cette époque-là, en lisant
devant tout le monde le livre de Moïse,
le lecteur arrive à ce passage : « Les Ammonites et les Moabites n'entreront jamais dans
l'assemblée de ceux qui adorent Dieu[x]. »
2 En effet, autrefois, ils n'ont pas reçu les Israélites en leur offrant du pain et de l'eau. Les
Moabites ont même payé Balaam pour qu'il
maudisse le peuple d'Israël. Mais notre Dieu
a changé la malédiction en bénédiction[y].
3 Après que les Israélites ont entendu ce passage de la *loi, ils décident de chasser tous
les étrangers de leur communauté.

4 Peu de temps avant, le prêtre Éliachib a
été chargé de s'occuper des salles annexes
du temple de notre Dieu. Comme il est parent
de Tobia, 5 il prépare pour celui-ci une grande
salle. À cet endroit, on mettait jusque-là les
produits de la terre à offrir au Seigneur, *l'encens et les ustensiles du temple, les parts des
prêtres, le dixième du *blé, du vin nouveau et
de l'huile, réservé aux *lévites, aux chanteurs
et aux gardiens des portes.

6 Quand cela arrive, je ne suis pas à Jérusalem. En effet, la trente-deuxième année où Artaxerxès est roi de Babylone[z], je me trouve
auprès de lui. À la fin de l'année, le roi me
donne l'autorisation 7 de revenir à Jérusalem.
Je me rends compte du mal qu'Éliachib a
commis en prêtant à Tobia une salle donnant
sur la cour du temple. 8 Je suis très en colère et
je fais jeter hors de la salle tout ce qui appartient à Tobia. 9 Je commande de purifier cette
salle et je fais rapporter là les ustensiles du
temple, les offrandes et l'encens.

10 J'apprends aussi que les lévites n'ont pas
reçu leurs parts des *sacrifices. C'est pourquoi
les lévites et les chanteurs qui doivent servir
le Seigneur sont repartis, chacun sur ses terres. 11 Je fais des reproches aux chefs et je
leur demande : « Pourquoi est-ce que le temple de Dieu est abandonné ? » Ensuite, je réunis les lévites et les chanteurs, et je les remets
à leur poste. 12 Alors les *Juifs recommencent
à apporter le dixième du blé, du vin nouveau
et de l'huile dans les salles prévues pour cela.
13 Pour surveiller ces salles, je nomme le prêtre Chélémia, le secrétaire Sadoc et le lévite
Pedaya. Pour les aider, je désigne Hanan, fils
de Zakour et petit-fils de Mattania. Ils ont la
réputation d'être des hommes honnêtes. Ils
sont chargés de partager les offrandes entre
leurs frères.

14 « Ô mon Dieu, souviens-toi de moi à
cause de cela ! N'oublie pas l'amour avec
lequel j'ai travaillé pour ton temple et à ton
service ! »

15 À cette époque-là, je vois en Juda des
hommes qui écrasent le *raisin le jour du
*sabbat. D'autres transportent du *blé, du
vin, du raisin, des *figues et toutes sortes de
choses. Ils les chargent sur des ânes pour les
amener à Jérusalem. Je leur fais des reproches
le jour où ils vendent leurs marchandises. 16 Il
y a aussi des gens venus de Tyr qui habitent
Jérusalem. Ils font venir du poisson et toutes
sortes de marchandises pour les vendre le
jour du sabbat aux habitants de Jérusalem et
de Juda. 17 Je fais des reproches aux notables

x **13.1** *Voir Deutéronome 23.3-5.*
y **13.2** *Voir Nombres 22.1-6 ; Deutéronome 23.4-6.*
z **13.6** *En 432 avant J.-C.*
Artaxerxès : voir Néhémie 1.1 et la note.

de Juda : « Vous traitez avec mépris le jour du sabbat. Comment pouvez-vous agir aussi mal ? 18 Vos ancêtres ont agi de la même façon. Et c'est bien pour cela que notre Dieu a fait tomber sur nous et sur notre ville de si grands malheurs. Et vous, en méprisant le sabbat, vous augmentez la *colère de Dieu contre le peuple d'Israël ! »

19 Alors, je commande de fermer les *portes de Jérusalem avant le début du sabbat[a], dès qu'il fait sombre, et de ne pas les rouvrir avant la fin du sabbat. Je place quelques-uns de mes serviteurs près des portes de la ville. Ils doivent empêcher l'entrée des marchandises dans Jérusalem pendant le sabbat. 20 Une fois ou deux, des commerçants et des gens qui vendent toutes sortes de marchandises passent le sabbat à l'extérieur de la ville. 21 Je les avertis en disant : « Pourquoi est-ce que vous passez le sabbat devant le mur de la ville ? Si vous recommencez, je vous ferai arrêter. » À partir de ce jour-là, ils ne reviennent plus pendant le sabbat. 22 Je demande aux lévites de se rendre *purs et d'aller surveiller les portes de la ville, pour qu'on respecte le jour du sabbat.

« Ô mon Dieu, souviens-toi de moi à cause de cela aussi. Dans ton grand amour, aie pitié de moi ! »

23 À cette époque-là encore, je vois que des Juifs sont mariés avec des femmes d'Asdod, d'Ammon ou de Moab[b]. 24 La moitié de leurs enfants parlent la langue d'Asdod. D'autres parlent une autre langue étrangère, mais personne ne connaît la langue des Juifs. 25 Je leur fais des reproches et je leur lance des malédictions. J'en frappe quelques-uns et je leur arrache les cheveux. Ensuite, je leur fais jurer au nom de Dieu de ne plus donner leurs filles en mariage à des étrangers. Ils doivent jurer aussi de ne plus prendre des étrangères comme femmes pour leurs fils ou pour eux-mêmes.

26 Je leur dis : « C'est ce qui a conduit Salomon, roi d'Israël, à pécher, n'est-ce pas ? Parmi tous les autres peuples, aucun roi n'a été comme lui. Son Dieu l'aimait et il l'a choisi comme roi sur tout Israël. Pourtant, des femmes étrangères l'ont entraîné à pécher. 27 Si vous vous mariez avec des étrangères, vous commettez un péché très grave envers Dieu et vous n'êtes pas fidèles. Nous ne voulons plus entendre dire que vous agissez ainsi. »

28 Un des fils de Yoyada, petit-fils du *grand-prêtre Éliachib, est le gendre de Saneballath le Horonite[c]. C'est pourquoi je le chasse de Jérusalem.

29 « Ô mon Dieu, n'oublie jamais qu'ils ont couvert de honte le service des prêtres et *l'alliance établie par toi avec les prêtres et les lévites ! »

30 Je purifie le peuple de toute présence étrangère. Je rends de nouveau obligatoires les règles que les prêtres et les lévites doivent appliquer. 31 Je fais la même chose pour les offrandes de bois à donner à des moments fixés, et pour les offrandes des premières récoltes.

« Ô mon Dieu, souviens-toi de moi et sois bon pour moi ! »

---

a **13.19** *Le sabbat commence au coucher du soleil, le vendredi soir vers 18 heures. Il finit le samedi soir à la même heure.*

b **13.23** *Voir Néhémie 4.1 et la note. Les gens de Moab habitaient à l'est de la mer Morte.*

c **13.28** *Saneballath : voir Néhémie 2.10 et la note.*

Tobit

INTRODUCTION

• *Contenu du livre*

Le livre de Tobit raconte l'histoire de deux familles juives qui ont été déportées loin de leur pays. Les trois premiers chapitres présentent les principaux personnages : Tobit, Sara et l'ange Raphaël.

Tobit est exilé à Ninive, en Assyrie. Il est très pauvre et il est aveugle. Pourtant, même dans cette situation, il reste fidèle à la loi de Dieu. La nièce de Tobit, Sara, se trouve loin de lui dans la ville d'Ecbatane, à l'est de l'Assyrie. Elle a été mariée sept fois, mais chaque fois son mari est mort. Elle est désespérée et demande à Dieu de pouvoir mourir. Pendant ce temps, Dieu envoie l'ange Raphaël pour récompenser Tobit et Sara, qui lui ont été fidèles. Tobit envoie son fils Tobias chercher une somme d'argent que Tobit avait laissée à Ecbatane longtemps auparavant. Raphaël accompagne Tobias dans son voyage, mais Tobias ne sait pas qui il est. Le voyage réussit dans tous les domaines. Sara est libérée de l'esprit mauvais qui tue ses maris. Elle est donnée en mariage à son cousin Tobias, qui a bien retrouvé l'argent de son père. Enfin, Raphaël guérit Tobit, qui voit clair de nouveau.

• *Le but de l'auteur*

Tobit est un Juif de la tribu de Neftali, dans le nord du pays d'Israël. Il a été déporté en Assyrie avec d'autres Juifs. Le livre de Tobit parle de la situation d'un Juif qui vit en dehors de son pays au 2ᵉ siècle avant J.-C. Mais il présente son histoire comme si elle se passait très longtemps avant, entre 745 et 612 avant J.-C. Tobit est un ***modèle de Juif vivant à l'extérieur d'Israël.*** *Même loin du pays donné par Dieu, au milieu d'étrangers qui suivent des coutumes non juives, il est possible de mener une vie fidèle à l'alliance établie par Dieu.*

C'est pourquoi l'auteur insiste sur l' ***importance de la famille*** *et sur la valeur du mariage. Si une famille est unie et garde la foi de ses ancêtres, elle reste ce qu'elle est vraiment, malgré l'influence des coutumes non juives. Les enfants doivent se marier à l'intérieur de leur tribu, et surtout ils doivent donner à leurs vieux parents une tombe digne d'eux. Tobias risque sa vie pour cela. L'auteur du livre insiste sur les devoirs envers les morts.*

Une vie juste s'exprime par les dons offerts aux pauvres. Ce sont des offrandes qui plaisent à Dieu. Mais pour le livre de Tobit, les offrandes sont uniquement destinées à ceux qui appartiennent au peuple juif. Il faut donner aussi la dixième partie de ses biens à Dieu.

Dieu n'abandonne jamais celui qui lui obéit, mais il se montre plein d'amour envers lui. Il récompense celui qui sort victorieux d'une épreuve en restant fidèle à la loi, bien au-delà de ce qu'il avait perdu.

• *Le style du livre et sa valeur religieuse*

Le livre de Tobit est agréable à lire, car il contient des textes de genres divers : récits, prières, chants, bénédictions, louanges, paroles de sagesse. Tout le livre a un ton paisible et optimiste, qui prend sa source dans une foi solide. Il enseigne la joie d'agir selon la volonté de Dieu, sous son regard.

Le livre de Tobit met en valeur la **bonté de Dieu.** *En effet, Dieu guérit au bon moment des malheurs, qu'il a permis pour produire un bien plus grand. Après avoir traversé leur dure épreuve, Tobit et Sara trouveront plus de bonheur qu'ils n'en avaient perdu. Ils sont tous deux des justes, et la justice produit le bonheur.*

La **pratique de la justice** *comprend la prière, les actions de bonté, le respect des morts, la pureté dans le mariage et le respect de Dieu, qui se manifeste dans l'amour des autres.*

Tout le livre de Tobit montre une foi pleine d'ardeur dans le Dieu unique, qui a fait alliance avec son peuple. Tobit est fier d'appartenir à un peuple composé de « fils des prophètes » (4.12). Même en terre étrangère, il témoigne de la force et de la grandeur de son Dieu. Rempli d'espérance, il prévoit que Dieu rassemblera son peuple. A ce moment-là, toutes les nations de la terre croiront en Dieu.

Le livre de Tobit raconte une très belle histoire. Il a été très populaire, et les Juifs le lisaient souvent. Mais ils ne l'ont pas conservé dans la liste officielle de leurs Livres Saints, vers la fin du Ier siècle après J.-C., sans doute parce que le texte hébreu ou araméen était perdu.

Présentation de Tobit

1 1 Voici l'histoire de Tobit, fils de Tobiel. Il était petit-fils d'Ananiel. Ananiel était fils d'Adouël et petit-fils de Gabaël. Tous étaient du clan d'Asiel, de la tribu de Neftali[a]. 2 Tobit habitait le pays de Neftali, en Haute-Galilée, dans la ville de Tisbé, entre Cadès au nord, Hassor à l'ouest et Fogor au sud. C'est de là qu'il a été déporté en Assyrie quand Salmanasar était roi de ce pays[b].

Tobit se souvient du passé

3 Moi, Tobit, toute ma vie, j'ai vécu dans la vérité et j'ai fait ce qui est bien. J'ai souvent donné de l'argent à mes frères juifs qui étaient déportés avec moi à Ninive, en Assyrie. 4 Quand j'étais jeune et que j'habitais encore en Israël, mon pays, toute la tribu de Neftali, mon ancêtre, s'est séparée de la famille royale de David et de Jérusalem. Pourtant, cette ville était la seule choisie par Dieu[c] en Israël pour que toutes les tribus viennent y offrir des sacrifices. C'est à Jérusalem que le temple de Dieu avait été construit et *consacré pour toutes les générations à venir. 5 Sur toutes les montagnes de Galilée, ma famille et les gens de la tribu de Neftali, mon ancêtre, offraient leurs sacrifices au veau d'or que Jéroboam, roi d'Israël, avait fait placer dans le lieu sacré de Dan. 6 Donc, moi, j'allais souvent seul à Jérusalem au moment des fêtes, comme la *loi de Moïse l'a commandé pour toujours à tout le peuple d'Israël[d]. J'apportais au temple les premières récoltes de mes champs, les premiers-nés de mes troupeaux, la dixième partie de mes animaux et la première laine de mes moutons. 7 Je donnais tout cela aux prêtres, fils d'Aaron, pour les sacrifices. Aux *lévites en service à Jérusalem, je donnais aussi la dixième partie du *blé, du vin, des *olives, des grenades, des figues et des autres fruits.

---

a 1.1 *Neftali : voir Josué 19.32.*

b 1.2 *Salmanasar V a été roi d'Assyrie de 726 à 722 avant J.-C. En réalité, c'est Téglath-Phalasar III qui a déporté les habitants de Neftali en Assyrie. Il a été roi avant Salmanasar, de 745 à 727 avant J.-C. Voir 2 Rois 15.29.*

c 1.4 *S'est séparée : voir 1 Rois 12, en particulier les versets 26-33.*
Ville... choisie par Dieu : voir Deutéronome 12.5-11 ; 1 Rois 11.13,32-36.

d 1.6 *Voir Deutéronome 16.16.*

Je vendais encore un autre dixième de mes biens, celui que nous devons donner six ans sur sept. Et je dépensais chaque année à Jérusalem une partie de cet argent. 8 Enfin, je donnais un troisième dixième de mes biens aux orphelins, aux veuves et aux étrangers installés parmi les Israélites. Je faisais ces dons tous les trois ans pour que nous prenions un repas ensemble, comme la loi de Moïse le commande[e] et comme Débora, la mère de mon père, me l'avait appris. En effet, j'étais orphelin, car Ananiel, mon père, était mort. 9 Quand je suis devenu adulte, je me suis marié avec une femme de ma tribu. Elle m'a donné un fils, que j'ai appelé Tobias.

10 Plus tard, j'ai été déporté en Assyrie, et je suis venu habiter à Ninive. Dans cette ville, j'ai vu toute ma famille et les gens de ma tribu manger la même nourriture que les non-Juifs. 11 Mais moi, j'ai refusé de manger comme eux. 12 Je suis resté fidèle à mon Dieu de tout mon cœur. 13 C'est pourquoi le Très-Haut m'a accordé son aide : je suis devenu l'ami du roi Salmanasar et son homme d'affaires. 14 Il m'envoyait en Médie[f], où j'achetais pour lui ce qui lui était nécessaire. C'est ainsi que, dans ce pays, à Raguès, j'ai déposé chez Gabaël, le frère de Gabri, 300 kilos de pièces d'argent dans des sacs. 15 Quand le roi Salmanasar est mort, c'est son fils Sennakérib[g] qui est devenu roi après lui. Les routes de Médie étaient devenues dangereuses, et je ne suis plus retourné dans ce pays.

16 Déjà au temps du roi Salmanasar, je donnais souvent de l'argent à mes frères juifs. 17 Je partageais ma nourriture avec ceux qui avaient faim, je donnais des vêtements à ceux qui étaient nus. Quand je voyais le corps d'un de mes frères juifs, jeté derrière les murs de Ninive, je l'enterrais. 18 J'ai enterré aussi ceux que Sennakérib a tués. En Judée, celui-ci avait insulté Dieu, le roi qui est au *ciel. Pour le punir, Dieu l'a obligé à fuir ce pays[h]. Quand Sennakérib est revenu à Ninive, il était en colère et il a fait tuer beaucoup d'Israélites. Mais moi, j'emportais leurs corps en cachette et je les enterrais. Sennakérib les faisait chercher, mais il ne les trouvait plus. 19 Un homme de Ninive a dit au roi : « C'est Tobit qui enterre les morts. » Alors je me suis caché. Le roi était au courant de ce que je faisais et il m'a fait rechercher pour me tuer. J'ai eu peur et j'ai fui. 20 On a pris tous mes biens pour le trésor du roi. Il ne me restait plus rien, sauf ma femme Anna et mon fils Tobias. 21 À peine 40 jours après cela, le roi a été tué par deux de ses fils. Ceux-ci ont fui dans les montagnes d'Ararat[i]. Un autre de ses fils, Assaradon, est devenu roi à sa place. Ahikar, fils de mon frère Anaël, a été nommé par Assaradon responsable des finances et chef de toute l'administration du roi. 22 Ahikar a parlé de moi au roi Assaradon, et j'ai pu revenir à Ninive. Quand Sennakérib était roi, Ahikar était le responsable de la maison du roi[j], chargé de la justice et des finances et chef du gouvernement en Assyrie. Assaradon lui a redonné les mêmes responsabilités. De plus, Ahikar était de ma famille, c'était mon neveu.

Tobit devient aveugle

2 1 Quand Assaradon est devenu roi, je suis rentré chez moi, à Ninive. On m'a rendu ma femme Anna, et mon fils Tobias. Pour la fête de la Pentecôte[k], que nous fêtons sept semaines après la *Pâque, on m'a préparé un

e **1.8** *Voir Deutéronome 14.22-29.*

f **1.14** *La Médie était située à l'est de l'Assyrie et au sud de la mer Caspienne.*

g **1.15** *Sennakérib : en réalité, c'est Sargon II (722 - 705 avant J.-C.) qui a été roi après Salmanasar V. Sennakérib a été roi après lui, de 704 - 681 avant J.-C.*

h **1.18** *Voir 2 Rois 19.35-37.*

i **1.21** *Les montagnes d'Ararat : dans l'Arménie actuelle.*

j **1.22** *Le responsable de la maison du roi servait les boissons dans le palais royal. C'était un fonctionnaire important.*

k **2.1** *La Pentecôte est le nom grec de la fête des Moissons. C'était d'abord une fête agricole. Ensuite, cette fête rappelle aux Juifs la loi que Dieu leur a donnée et l'alliance qu'il a faite avec eux.*

bon repas. Je me suis installé pour manger,
2 et on m'a apporté sur la table beaucoup de
bons plats. Alors j'ai dit à mon fils Tobias:
« Mon fils, va chercher parmi nos frères déportés à Ninive un pauvre resté fidèle au Seigneur de tout son cœur. Invite-le à partager
mon repas. J'attendrai ton retour pour manger. » 3 Tobias est parti chercher un pauvre
parmi nos frères. Mais il est revenu en disant:
« Père ! » Je lui ai demandé : « Qu'est-ce qu'il y
a, mon fils ? » Il m'a répondu : « Père, je viens
de voir un Israélite qui a été tué. Quelqu'un
l'a étranglé et l'a jeté sur la place du marché.
Il y est encore. » 4 J'ai alors laissé mon repas
sans le toucher et j'ai couru sur la place enlever le corps. Je l'ai placé sous un abri en attendant le coucher du soleil pour l'enterrer[l].
5 Rentré chez moi, je me suis lavé pour me
rendre *pur[m]. Puis je me suis mis à manger,
très triste. 6 Je me suis souvenu des paroles
du *prophète Amos contre les gens de Béthel:
« Vos fêtes se changeront en deuil, tous vos
chants deviendront des chants de deuil[n]. » Et
je me suis mis à pleurer. 7 Ensuite, après le
coucher du soleil, je suis allé creuser une fosse
et j'ai enterré le mort. 8 Mes voisins se mo-
quaient de moi en disant: « Tobit n'a toujours
pas peur ! On l'a déjà cherché pour le tuer
parce qu'il faisait cela, et il a fui. Maintenant,
il recommence à enterrer les morts ! »

9 Cette nuit-là, je me suis lavé pour me rendre pur. Puis, je suis allé me coucher dans la
cour, le long du mur. J'avais le visage découvert à cause de la chaleur. 10 Je ne savais pas
qu'il y avait des oiseaux dans le mur, au-
dessus de moi. Leurs excréments tout chauds
sont tombés dans mes yeux. Ensuite j'ai eu les
yeux couverts de taches blanches. Je suis allé
voir des médecins pour qu'ils me soignent.
Mais plus ils appliquaient de remèdes, plus
les taches blanches m'empêchaient de voir.
Et j'ai fini par devenir complètement aveugle.
Je suis resté aveugle pendant quatre ans. Les
gens de ma famille avaient pitié de moi. Ahikar s'est occupé de moi pendant deux ans,
puis il est parti pour Élymaïs[o].

11 À ce moment-là, ma femme Anna a pris
un travail de tissage. 12 Elle livrait à ses patrons
les travaux qu'ils commandaient, et eux la
payaient. Un jour, le 7 du mois de Dystros[p],
elle a fini une pièce de tissage. Elle est allée
la livrer à ses patrons. Ils l'ont payée et de
plus, ils lui ont donné un cabri. 13 En entrant
dans la maison, le cabri s'est mis à bêler. J'ai
appelé ma femme et lui ai demandé : « D'où
vient ce cabri ? Quelqu'un l'a peut-être volé.
Rends-le à ses propriétaires. Nous n'avons
pas le droit de manger une chose volée. »
14 Ma femme m'a répondu : « Mais c'est un cadeau en plus de mon salaire ! » Je ne l'ai pas
crue et je lui ai demandé d'aller rendre le cabri à ses propriétaires. À cause de cela, je me
suis mis en colère contre elle. Elle m'a répondu : « À quoi t'ont servi tes dons aux pauvres ? Et tes bonnes actions ? On voit bien le
résultat ! »

Tobit prie le Seigneur

3 1 Rempli d'une profonde tristesse, je me
suis mis à gémir et à pleurer. Puis, en gémissant, j'ai commencé à prier :
2 « Oui, tu es *juste, Seigneur,
et tout ce que tu fais est juste.
Tu agis toujours avec amour et fidélité.
C'est toi qui juges le monde.
3 Alors, Seigneur, souviens-toi de moi.
Regarde-moi.
Ne me punis pas pour mes péchés,
ni pour les erreurs que nous avons commises,

l **2.4** *Pour les Juifs, le coucher du soleil était le début d'une nouvelle journée. Tobit n'a pas voulu enterrer l'homme pendant la fête.*

m **2.5** *Voir Nombres 19.11-13.*

n **2.6** *Voir Amos 8.10.*

o **2.10** *Ahikar : voir Tobit 1.21.*
Élymaïs : voir 1 Maccabées 6.1.

p **2.12** *Mois de Dystros : mars-avril, mois de la fête de la Pâque.*

moi et mes ancêtres.
4 Nous n'avons pas obéi à tes commandements.
C'est pourquoi tu as permis
que nos ennemis nous pillent,
nous emmènent en déportation
et nous tuent.
Chez les autres peuples où tu nous as envoyés,
les gens se moquent de nous
et nous insultent.
5 Oui, tu es juste dans tous tes jugements,
quand tu me punis pour mes péchés
et pour ceux de mes ancêtres.
En effet, nous n'avons pas obéi à tes commandements,
nous n'avons pas vécu dans la vérité,
en ta présence.
6 Et maintenant,
fais de moi ce que tu veux.
Reprends ma vie !
Je veux disparaître de la surface de la terre,
et que mon corps redevienne poussière !
Pour moi, la mort est meilleure que la vie,
car j'ai entendu des insultes
que je ne mérite pas.
Je suis rempli d'une profonde tristesse.
Seigneur, délivre-moi de ce malheur !
Laisse-moi entrer dans le repos qui dure toujours.
Ne détourne pas de moi ton visage,
Seigneur !
Oui, j'aime mieux mourir
que de continuer à vivre dans un si grand malheur,
en entendant ces insultes-là ! »

Une servante insulte Sara

7 Le même jour, dans la ville d'Ecbatane, en
Médie[q], Sara, la fille de Ragouël, est insultée
par une servante de son père. 8 En effet, Sara
a été mariée sept fois. Mais chaque fois, l'esprit mauvais Asmodée[r], a tué son mari avant
qu'il s'unisse à sa femme comme cela doit se
faire entre gens mariés. Cette servante dit
donc à Sara : « C'est toi qui tues tes maris !
Tu en as déjà eu sept et tu ne portes le nom
d'aucun. 9 Si tes maris sont morts, ce n'est
pas une raison pour nous traiter durement !
Va donc avec eux ! Nous ne voulons voir aucun enfant de toi, ni garçon ni fille ! »
10 Ce jour-là, Sara est remplie d'une profonde tristesse. Elle se met à pleurer et monte
dans une chambre, en haut de la maison de
son père, avec l'intention de se pendre. Mais
elle réfléchit et se dit : « Les gens vont peut-
être insulter mon père par ces paroles : "Tu
n'avais qu'une fille très aimée, et elle s'est
pendue à cause de ses malheurs !" Le chagrin
que je causerais ainsi à mon vieux père risque
de le faire mourir dans la tristesse. Au lieu de
me pendre, je ferais mieux de supplier le Seigneur de me laisser mourir. Alors je n'enten-
drais plus les gens m'insulter pendant ma
vie. »

Sara prie le Seigneur

11 Alors Sara se tourne vers la fenêtre. Elle
lève les mains pour prier et dit :
« Louange à toi,
Dieu plein de bonté.
Louange à toi pour toujours !
Que tout ce que tu as créé
chante sans cesse ta louange !
12 Maintenant,
je tourne mon visage vers toi,
vers toi je lève les yeux.
13 Fais que je sois délivrée de cette terre
et que je n'entende plus les gens m'insulter.
14 Seigneur, tu le sais, je suis *pure.
Aucun homme ne m'a touchée.
15 Je n'ai pas sali mon nom
ni le nom de mon père,
dans ce pays où je suis déportée.
Je suis la seule fille de mon père.
Il n'a pas d'autre enfant

---

q 3.7 *Le même jour : le jour où Tobit prie (voir le verset 1). À partir de maintenant, c'est une autre personne qui raconte l'histoire de Tobit.*
Médie : voir Tobit 1.14 et la note.

r 3.8 *Asmodée : ce nom ressemble à un mot hébreu qui signifie « celui qui fait mourir ».*

pour hériter de lui.
Il n'a pas de frère ni de parent proche
qui peut me prendre pour femme.
J'ai déjà perdu sept maris.
Pourquoi vivre encore ?
Mais Seigneur, si tu ne veux pas
me laisser mourir,
alors écoute les insultes qu'on me lance ! »
16 Au même moment, le Dieu glorieux entend
la prière de Tobit et celle de Sara. 17 Raphaël
est envoyé pour les guérir tous les deux. Il
doit enlever les taches blanches des yeux de
Tobit pour qu'il voie de nouveau la lumière
de Dieu. Il doit aussi délivrer Sara, la fille de
Ragouël, de l'esprit mauvais, Asmodée[s], et la
donner pour femme à Tobias, fils de Tobit.
En effet, c'est Tobias qui doit se marier avec
elle, selon la loi, avant tous les autres qui veulent la prendre pour femme. À ce moment-là,
Tobit, qui était dans la cour, rentre dans sa
maison, et Sara descend de la chambre située
en haut de la maison de son père.

Tobit donne des conseils à son fils

4 1 Le même jour, Tobit se souvient de l'argent qu'il a laissé chez Gabaël, dans la
ville de Ragues, en Médie[t]. 2 Alors il se dit
en lui-même : « J'ai demandé à Dieu de me
laisser mourir. Je ferais bien d'appeler mon
fils Tobias pour lui parler de cet argent avant
ma mort. » 3 Il appelle donc Tobias. Dès que
son fils est là, il lui dit : « Quand je mourrai,
enterre-moi comme il faut. Honore ta mère,
ne l'abandonne jamais tout le temps qu'elle vivra. Tâche de la contenter en tout et ne lui fais
pas de peine. 4 Mon enfant, n'oublie pas tous
les dangers qu'elle a connus à cause de toi,
quand tu étais dans son ventre. À sa mort,
enterre-la auprès de moi, dans la même tombe.
5 « Mon enfant, reste fidèle au Seigneur
pendant toute ta vie. Évite de pécher et de désobéir à ses commandements. Pendant toute
ta vie, fais ce qui est juste et ne marche pas
sur le chemin du mal. 6 Oui, ceux qui vivent
dans la vérité réussiront dans tout ce qu'ils en-
treprennent.
7 « Prends une part de tes biens pour la donner à ceux qui font ce qui est juste, et ne le regrette pas. Ne détourne jamais ton visage d'un
pauvre, et Dieu ne se détournera pas de toi.
8 Aide les autres selon ce que tu as, que tu
sois riche ou non. Même si tu as peu de choses, n'hésite pas à donner le peu que tu as.
9 Ainsi, tu mets un beau trésor en réserve
pour les jours de malheur. 10 Oui, celui qui
donne aux pauvres est protégé de la mort.
Ses dons l'empêchent d'aller dans la nuit de
la tombe. 11 Tous ceux qui donnent aux pauvres font une offrande de valeur au Très-Haut.
12 « Mon enfant, évite de faire un mariage
contraire à la *loi de Dieu. Choisis une femme
de ton peuple. Ne te marie pas avec une étrangère, avec une femme qui n'est pas de la tribu
de ton père. En effet, nous sommes d'une famille de prophètes. Mon enfant, souviens-toi
de Noé, d'Abraham, d'Isaac et de Jacob, nos
premiers ancêtres. Ils se sont tous mariés
avec une femme de leur tribu, et Dieu les a
*bénis en leur donnant des enfants. Il a promis
à leurs enfants et aux enfants de leurs enfants
qu'ils posséderaient le pays[u]. 13 Toi aussi, mon
enfant, aime tes frères israélites. Ne méprise
pas les fils ni les filles de ton peuple, et prends
ta femme parmi eux. Oui, l'orgueil perd les
gens et les détruit. De même, la paresse
amène la pauvreté et une grande misère.
Elle est la mère de la famine.
14 « N'attends pas le jour suivant pour payer
le salaire de ton ouvrier, paie-le tout de suite.
Si tu sers Dieu de cette manière, il te récompensera. Fais attention à toutes tes actions,
mon enfant. Montre-toi bien élevé dans toute

s 3.17 *Raphaël est un ange, c'est-à-dire un messager de Dieu. Son nom signifie « Dieu guérit ».*
Asmodée : voir Tobit 3.8 et la note.

t 4.1 *Médie : voir Tobit 1.14 et la note.*

u 4.12 *Mariage contraire à la loi de Dieu : voir Lévitique 18.6-18.*
Prophètes : ici, ce mot désigne les personnes qui ont été en relation avec Dieu de façon particulière, comme Abraham.
Le pays : voir Genèse 17.8.

ta conduite. 15 Ne fais à personne ce que tu
n'aimerais pas supporter. Ne bois pas trop
de vin, ne deviens jamais ivre. Ne prends
pas cette mauvaise habitude.

16 « Partage ta nourriture avec ceux qui ont
faim, et tes vêtements avec ceux qui sont nus.
Ce que tu as en trop, donne-le aux pauvres.
Quand tu donnes, ne le regrette pas. 17 Donne
de la nourriture au moment de la mort d'une
personne fidèle à Dieu, mais ne le fais pas
pour un pécheur.

18 « Demande conseil à toute personne sage,
et ne méprise pas un bon conseil. 19 Remercie
le Seigneur en toute circonstance. Demande-
lui de te conduire sur un chemin droit, de
faire réussir tous tes projets et tout ce que tu
entreprends. En effet, aucun peuple ne possède la sagesse. C'est le Seigneur seul qui
donne les biens. Et il abaisse qui il veut jusqu'au fond du monde des morts.

« Eh bien, mon enfant, souviens-toi de ces
enseignements, ne les laisse pas disparaître
de ton cœur !

20 « Maintenant, je dois te dire ceci : j'ai
laissé 300 kilos de pièces d'argent chez Gabaël, fils de Gabri, à Raguès, en Médie[v].
21 C'est vrai, nous sommes devenus pauvres,
mon enfant, mais ne te fais pas de souci. Tu
possèdes une grande richesse à une condition : tu dois respecter Dieu, éviter tout péché
et faire ce qui plaît au Seigneur ton Dieu. »

5 1 Tobias répond à son père Tobit : « Père,
je vais faire tout ce que tu m'as commandé. 2 Mais comment reprendre cet argent ? Gabaël ne me connaît pas, et moi non
plus, je ne le connais pas. Par quel moyen
me faire reconnaître de lui pour qu'il me croie
et me rende l'argent ? D'ailleurs, je ne connais
pas la route pour aller en Médie. »

3 Tobit répond à son fils : « Gabaël et moi,
nous avons signé un document. Je l'ai partagé
en deux, et chacun de nous en a gardé une
moitié. J'ai mis sa moitié avec l'argent. Cet argent est chez lui depuis 20 ans. Maintenant,
mon enfant, cherche un homme sûr pour aller
avec toi en Médie. Nous lui paierons un salaire jusqu'à ton retour. Va donc reprendre
cet argent chez Gabaël. »

4 Tobias sort de chez son père. Il cherche
un guide qui connaît bien la route pour aller
en Médie. Dehors, il rencontre *l'ange Raphaël[w], debout devant lui, mais il ne sait
pas que c'est un ange de Dieu. 5 Tobias lui
dit : « D'où viens-tu, mon ami ? » L'ange répond : « Je suis l'un de tes frères israélites.
Je suis venu ici pour chercher du travail. »
Tobias lui dit : « Est-ce que tu connais la
route pour aller en Médie ? » 6 Raphaël lui répond : « Oui, je connais tous les chemins par
cœur, car je vais souvent là-bas. Quand je
vais en Médie, je loge chez notre frère Gabaël, qui habite à Raguès. Il y a deux jours
de marche normale pour aller d'Ecbatane à
Raguès. Les deux villes sont situées dans la
montagne. »

7 Tobias lui dit alors : « Attends-moi, mon
ami, je vais aller prévenir mon père. J'ai besoin que tu viennes avec moi et je te paierai
ton salaire. » 8 L'ange lui dit : « Bon. Je t'attends, mais fais vite. »

9 Tobias rentre à la maison avertir son père.
Il lui dit : « J'ai trouvé quelqu'un. C'est l'un de
nos frères, un Israélite. » Tobit lui dit : « Fais-
le venir. Je veux savoir quelle est sa famille
et sa tribu, et si on peut compter sur lui
pour partir avec toi, mon enfant. »

10 Tobias sort pour appeler Raphaël : « Mon
ami, mon père veut te voir. » L'ange entre
dans la maison, et Tobit le salue le premier.
L'ange répond : « Je te souhaite beaucoup de
bonheur. » Mais Tobit lui dit : « Est-ce que je
peux encore avoir du bonheur ? Je suis aveugle, je ne vois plus la lumière du soleil, mais
je vis dans le noir. Je suis comme les morts,
qui ne reverront pas la lumière du jour. Je
suis encore vivant, mais j'habite parmi les
morts. J'entends la voix des gens, mais je ne
les vois pas. » L'ange lui dit : « Courage !
Dieu va bientôt te guérir. » Tobit lui dit :
« Mon fils Tobias doit aller en Médie. Est-ce

---

v **4.20** *Médie : voir Tobit 1.14 et la note.*

w **5.4** *Raphaël : voir Tobit 3.17 et la note.*

que tu peux l'accompagner et lui servir de guide ? Je te paierai ton salaire, mon frère. » L'ange lui dit : « Je peux aller avec lui. Je connais tous les chemins, car je suis déjà allé plusieurs fois en Médie. J'ai traversé toutes les plaines et les montagnes de ce pays, et je connais toutes ses pistes. »

11 Tobit lui demande : « Mon frère, de quelle famille es-tu ? Et quelle est ta tribu ? Dis-le-moi, s'il te plaît. » 12 L'ange lui répond : « Ma tribu n'a pas d'importance. » Tobit lui dit : « Je veux connaître la vérité. Tu es le fils de qui ? Quel est ton nom ? » 13 L'ange Raphaël lui répond : « Je m'appelle Azaria, fils d'Ananias le Grand, un Israélite comme toi. » 14 Tobit lui dit : « Sois le bienvenu, mon frère. Ne te fâche pas contre moi, j'ai voulu seulement savoir la vérité sur ta famille. Tu es un frère et tu as des ancêtres dignes de respect. Je connais bien Ananias et Natan, les deux fils de Sémélias le Grand. Autrefois, nous allions ensemble à Jérusalem et là, nous adorions Dieu ensemble. Ils n'ont pas quitté le chemin droit. Ton père et ton oncle sont des hommes de bien, tu es d'une bonne famille. Sois donc le bienvenu ! »

15 Puis Tobit ajoute : « Je te paierai le salaire normal, une pièce d'argent par jour. Et pour tes autres frais, je te donnerai la même chose qu'à mon fils. 16 À votre retour, j'ajouterai quelque chose en plus. »

17 L'ange lui dit : « Oui, je ferai le voyage avec ton fils. N'aie pas peur, tout se passera très bien pour nous au départ comme au retour, car la route n'est pas dangereuse. » Tobit lui dit : « Que Dieu te *bénisse, mon frère ! » Ensuite, il s'adresse à son fils et lui dit : « Mon enfant, prépare ce qu'il faut pour le voyage, et pars avec Azaria, ton frère. Que le Dieu qui est au ciel vous protège là-bas, qu'il vous ramène auprès de moi en bonne santé ! Que son ange voyage avec vous et vous protège, mon enfant ! »

Tobias prépare ses affaires, puis il embrasse son père et sa mère. Son père lui souhaite encore bon voyage. 18 La mère de Tobias se met à pleurer et elle dit à Tobit : « Pourquoi est-ce que tu fais partir mon enfant ? C'est lui qui nous soutient pendant qu'il est là auprès de nous. 19 Pourquoi vouloir tant d'argent ? L'argent ne vaut rien à côté de la vie de notre enfant. 20 Ce que Dieu nous a donné pour vivre est bien suffisant ! »

21 Tobit dit à sa femme : « Ne te fais pas de souci, tout va bien se passer. Notre enfant reviendra en bonne santé comme il est parti. Tu verras cela de tes propres yeux quand il reviendra auprès de toi. 22 Ne te fais donc pas de souci, n'aie pas peur pour eux, ma sœur. Un bon ange l'accompagnera, son voyage réussira et il reviendra en bonne santé. »

23 Alors la femme de Tobit s'arrête de pleurer.

Tobias part en Médie

6 1 Le jeune homme part avec *l'ange. Le chien de la maison part aussi avec eux. La première nuit, ils campent au bord du fleuve appelé le Tigre. 2 Tobias descend se laver les pieds dans le fleuve. Mais un gros poisson saute hors de l'eau et il veut lui dévorer un pied. Tobias se met à crier. 3 Alors l'ange lui dit : « Attrape-le et ne le lâche pas ! » Tobias arrive à attraper le poisson et le tire sur le bord. 4 L'ange lui dit : « Ouvre-le, enlève-lui la bile, le cœur et le foie. Mets-les de côté et jette les intestins. En effet, la bile, le cœur et le foie sont utiles comme remèdes. »

5 Le jeune homme ouvre le poisson, il enlève la bile, le cœur et le foie. Il fait griller un morceau de poisson, il le mange et met le reste dans du sel pour le conserver.

6 Ensuite, Tobias et l'ange continuent la route ensemble jusqu'à la frontière de la Médie[x]. 7 Alors le garçon interroge l'ange : « Azaria, mon frère, comment est-ce que le cœur, le foie et la bile d'un poisson peuvent guérir des maladies ? »

8 L'ange lui dit : « Quand un esprit mauvais attaque un homme ou une femme, on brûle devant cette personne le cœur et le foie du poisson. La fumée qui monte chasse aussitôt

x **6.6** *Médie : voir Tobit 1.14 et la note.*

l'esprit mauvais, et l'homme ou la femme sont guéris pour toujours. 9 Quand une personne a des taches blanches sur les yeux, on lui frotte les yeux avec la bile, et ils guérissent »

Raphaël conseille à Tobias de se marier avec Sara

10 Raphaël et Tobias arrivent en Médie[y]. Quand ils approchent d'Ecbatane, 11 Raphaël dit à Tobias : « Tobias, mon frère ! » Tobias lui répond : « Qu'est-ce qu'il y a ? » *L'ange continue : « Cette nuit, nous devons loger chez ton parent Ragouël. Il a une fille : Sara. 12 À part elle, il n'a pas de fils et pas d'autre fille. Tu es le plus proche parent de Sara. Tu as le droit de la prendre pour femme et d'hériter des biens de son père. C'est une jeune fille intelligente, courageuse et belle, et son père est un homme respectable. 13 Tu as le droit de te marier avec elle. Écoute-moi, frère : je parlerai de la jeune fille à son père, dès ce soir, afin qu'il la réserve pour toi. Et quand nous reviendrons de Raguès, nous ferons le mariage. Ragouël ne peut pas te la refuser ni la fiancer à quelqu'un d'autre, j'en suis sûr. S'il fait cela, il doit être condamné à mort selon la *loi de Moïse. En effet, il sait que, selon cette loi, tu as le droit de prendre sa fille avant tout autre homme. Alors, écoute-moi, frère : dès ce soir, Ragouël et moi, nous parlerons de la jeune fille, et je la demanderai en mariage à son père pour toi. À notre retour de Raguès, nous la prendrons avec nous et nous la conduirons chez toi. »

14 Tobias répond à Raphaël : « Azaria, mon frère, voici ce qu'on m'a raconté : Sara a eu sept maris, et tous ses maris sont morts dans la chambre de mariage. Pendant la nuit, quand ils voulaient s'approcher d'elle, ils mouraient. On m'a même dit que c'était un esprit mauvais qui les tuait. 15 C'est pourquoi j'ai peur. L'esprit mauvais ne fait pas de mal à la jeune fille, mais quand un homme veut s'approcher d'elle, l'esprit le tue. Je suis fils unique, et si je meurs, mon père et ma mère descendront dans la tombe remplis de tristesse à cause de moi. Et ils n'ont pas d'autre fils pour les enterrer. » 16 Raphaël lui dit : « Est-ce que tu as oublié ce que ton père t'a dit ? Il t'a donné l'ordre de prendre une femme dans sa propre famille. Écoute-moi, mon frère, ne te fais pas de souci pour cet esprit mauvais et marie-toi avec Sara. J'en suis sûr, ce soir même, on te la donnera pour femme. 17 Quand tu seras entré dans la chambre de mariage, prends le cœur et un morceau de foie du poisson. Mets-les sur les charbons du brûle-parfum, et l'odeur va se répandre. L'esprit mauvais la respirera et il s'enfuira. Il ne se montrera plus jamais autour d'elle. 18 Avant de vous unir, levez-vous tous les deux et priez le Seigneur qui est au ciel. Demandez-lui d'avoir pitié de vous et de vous protéger. N'aie pas peur, Sara est choisie pour toi depuis toujours, c'est toi qui vas la sauver. Elle ira avec toi, tu auras d'elle des enfants, j'en suis sûr. Ils seront pour toi comme des frères. Donc, ne te fais pas de souci. »

19 Tobias apprend ainsi de Raphaël que Sara est de sa famille et de la tribu de son père. Il commence à l'aimer de tout son cœur, et il ne peut plus se détacher d'elle.

Ragouël donne sa fille à Tobias

7 1 Quand ils arrivent à Ecbatane, Tobias dit : « Azaria, mon frère, conduis-moi tout droit chez notre frère Ragouël. » L'ange le conduit alors chez Ragouël. Celui-ci est assis devant la porte de sa cour. Tobias et l'ange le saluent les premiers. Ragouël leur répond : « Je vous salue, mes frères, j'espère que vous allez bien ! » Et il les fait entrer chez lui. 2 Il dit à sa femme Edna : « Ce jeune homme ressemble vraiment beaucoup à mon parent Tobit. » 3 Edna leur demande : « D'où venez-vous, frères ? » Ils répondent : « De Ninive. Nous sommes des déportés israélites, de la tribu de Neftali. » 4 Elle leur demande :

---

y **6.10** *Raphaël : voir Tobit 3.17 et la note.*
Médie : voir Tobit 1.14 et la note.

« Est-ce que vous connaissez Tobit, qui est de
notre famille ? » Ils lui répondent : « Oui,
nous le connaissons. » 5 Elle leur dit :
« Comment va-t-il ? » Ils lui disent : « Il est
toujours en vie et il va bien. » Et Tobias
ajoute : « C'est mon père ! » 6 Alors Ragouël
se lève aussitôt, et il l'embrasse en pleurant.
Puis il lui dit : « Que Dieu te *bénisse, mon
enfant ! Tu as un bon père, c'est un homme
juste qui partage ses biens avec les pauvres.
Quel malheur qu'un homme aussi juste et généreux soit devenu aveugle ! » Ragouël embrasse de nouveau Tobias et il se met à
pleurer. 7 Sa femme Edna et leur fille Sara
pleurent aussi en pensant à Tobit. 8 Ensuite,
Ragouël fait tuer un mouton de son troupeau
et il reçoit ses visiteurs avec beaucoup d'amitié.

9 Ils se lavent et se rendent *purs, puis ils se
mettent à table. Tobias dit alors à Raphaël[z] :
« Azaria, mon frère, demande à Ragouël de
me donner ma sœur Sara en mariage. » 10 Ragouël entend cela et dit au jeune homme :
« Pour le moment, mange, bois et passe une
bonne soirée. À part toi, mon frère, personne
n'a le droit de se marier avec ma fille Sara, et
moi, je ne suis pas libre de la donner à quelqu'un d'autre. Elle est pour toi, car tu es
mon plus proche parent. Mais je vais te dire
toute la vérité : 11 je l'ai déjà donnée en mariage sept fois. Ces jeunes gens étaient des Israélites. Or, ils sont tous morts la nuit où ils
ont voulu s'unir à elle. En tout cas, mon enfant, mange et bois : le Seigneur montrera sa
bonté envers vous. »

12 Mais Tobias répond : « Non, je ne mangerai pas et je ne boirai pas avant que tu prennes
une décision au sujet de Sara. » Ragouël lui
dit : « Eh bien, je vais le faire. Sara est à
toi, comme la *loi de Moïse le demande.
Accepte-la pour femme. Donc, c'est Dieu qui
te la donne. À partir de maintenant, tu es son
mari, et elle est ta femme. Elle est à toi dès aujourd'hui et pour toujours. La nuit sera bonne
pour vous, car le Seigneur qui est au *ciel vous
protège. Qu'il vous montre sa bonté et vous
garde dans la paix ! »

13 Ragouël appelle ensuite sa fille Sara.
Quand elle arrive, il lui prend la main et
la pose dans celle de Tobias en disant :
« Accepte-la pour femme, comme la loi de
Moïse le demande. Prends-la avec toi, et
conduis-la dans la maison de ton père. Que
le Dieu qui est au ciel vous guide et vous
rende heureux ! »

14 Puis Ragouël appelle la mère de Sara et lui
dit : « Apporte quelque chose pour écrire. » Il
écrit le contrat de mariage. Le voici : « Ragouël
donne en mariage sa fille Sara à Tobias,
comme la loi de Moïse le demande. » Après
cela, ils se mettent à manger et à boire.

La nuit du mariage

15 Ragouël appelle sa femme Edna. Il lui dit :
« Ma sœur, prépare l'autre chambre pour Sara
et conduis-la à cet endroit. » 16 Edna va préparer le lit dans la chambre, comme son mari l'a
demandé. Elle amène sa fille dans cette chambre et elle pleure en pensant à Sara. Puis elle
essuie ses larmes et lui dit : 17 « Courage, ma
fille ! Que le Seigneur qui est au *ciel change
ton chagrin en joie ! Courage, ma fille ! » Et
elle sort.

8 1 Quand ils ont fini de manger et de boire,
ils veulent se coucher. On conduit le
jeune homme dans la chambre. 2 Alors Tobias
se souvient des paroles de Raphaël[a]. Il tire de
son sac le foie et le cœur du poisson et les met
sur les charbons du brûle-parfum. 3 L'odeur
du poisson repousse l'esprit mauvais, qui
fuit dans l'air jusqu'en Égypte. Raphaël le
poursuit, il le domine et l'attache aussitôt
avec des chaînes. 4 Puis les parents quittent
la chambre et ferment la porte. Alors Tobias
sort du lit et dit à Sara : « Lève-toi, ma sœur.
Prions avec force notre Seigneur pour qu'il
nous montre sa bonté et nous protège. »
5 Sara se lève, et ils se mettent à prier et à supplier le Seigneur de les protéger. Voici la
prière de Tobias :

---

z **7.9** *Raphaël : voir Tobit 3.17 et la note.*
a **8.2** *Raphaël : voir Tobit 3.17 et la note.*

« Louange à toi,
Dieu de nos ancêtres !
Louange à ton nom pour toujours !
Que le ciel et tout ce que tu as créé
chantent ta louange pour toujours !
6 C'est toi qui as créé Adam
et c'est toi qui as créé Ève, sa femme,
pour l'aider et le soutenir.
Et ce couple a donné naissance à la famille humaine.
Tu as dit :
"Pour l'homme,
ce n'est pas bon d'être seul.
Je vais lui faire une aide
qui lui convienne parfaitement."
7 Maintenant,
ce n'est pas un désir contraire à la *loi
qui me fait prendre Sara pour femme,
mais la fidélité envers toi.
Je t'en prie, aie pitié d'elle et de moi
et accorde-nous à tous deux
de vivre très vieux ensemble. »
8 Puis ils disent : « Oui, qu'il en soit ainsi ! »
9 Et ils se couchent pour la nuit.
10 Ragouël se lève et il appelle ses serviteurs
pour aller creuser une tombe. En effet, il
pense : Le jeune homme va peut-être mourir.
Alors les gens vont se moquer de nous et nous
insulter. 11 Quand ils ont fini de creuser la
tombe, Ragouël revient à la maison et il appelle sa femme. 12 Il lui dit : « Envoie une servante dans la chambre pour voir si Tobias vit
encore. S'il est mort, nous pourrons l'enterrer, et personne ne le saura. » 13 Ils font venir
la servante. Ils allument la lampe et ouvrent la
porte de la chambre. La servante entre et elle
les trouve tous les deux en train de dormir
profondément. 14 Elle sort et elle leur annonce : « Il est vivant ! Tout va bien ! » 15 Alors
ils remercient le Dieu qui est au ciel, et
Ragouël dit :
« Mon Dieu, qu'ils chantent ta louange,
tous ceux qui ont le cœur pur !
Louange à toi pour toujours !
16 Louange à toi,
parce que tu me remplis de joie !
Ce que j'imaginais n'est pas arrivé.
Tu as agi envers nous selon ta grande bonté.
17 Merci d'avoir eu pitié de deux enfants uniques !
Maître, montre-leur ta tendresse
et protège-les !
Fais que leur vie se passe dans la joie ! »
18 Ensuite, Ragouël donne l'ordre à ses serviteurs de boucher la tombe avant le lever du
jour.

Le repas de mariage

19 Ragouël demande à sa femme de faire
cuire beaucoup de pain. Il choisit deux bœufs
et quatre moutons dans son troupeau, et il demande aux cuisiniers de les faire cuire. On
commence alors à préparer la fête. 20 Ragouël
appelle Tobias et lui dit : « Tu ne partiras pas
de chez moi avant 14 jours, mais tu resteras
ici pour manger et boire. Tu rendras ma fille
heureuse et tu lui feras oublier tous ses malheurs, elle qui a tant souffert. 21 Je te donnerai
la moitié de mes biens, et tu retourneras sans
difficulté auprès de ton père. Vous aurez l'autre moitié de nos biens quand nous serons
morts, ma femme et moi. Aie confiance,
mon enfant ! Je suis ton père, et Edna est ta
mère. Nous sommes tes parents, comme
nous sommes ceux de ta femme, dès maintenant et pour toujours. Aie donc confiance,
mon enfant ! »

Raphaël part pour Raguès

9 1 Alors Tobias appelle Raphaël[b] et lui dit :
2 « Azaria, mon frère, emmène avec toi
quatre serviteurs et deux chameaux. Va à Raguès chez Gabaël. Donne-lui le document signé[c] et prends l'argent laissé chez lui. Puis
reviens avec Gabaël pour la fête du mariage.
3-4 Mon père est sûrement en train de compter
les jours jusqu'à mon retour. Si je suis en retard d'un jour, cela lui fera beaucoup de
peine. De plus, tu le sais, Ragouël a juré de

b **9.1** *Raphaël : voir Tobit 3.17 et la note.*
c **9.2** *Document signé : voir Tobit 5.3.*

ne pas me laisser partir, et je ne peux pas aller contre son serment. »

5 Raphaël part donc pour Raguès de Médie[d], avec les quatre serviteurs et les deux chameaux. Ils passent la nuit chez Gabaël. Raphaël lui remet le document signé au sujet de l'argent. Ensuite, il lui apprend le mariage de Tobias, fils de Tobit, et il l'invite à la fête du mariage. Gabaël compte aussitôt les sacs d'argent qui sont encore fermés par un *sceau. Puis ils les chargent sur les chameaux. 6 Ils partent ensemble le matin suivant, très tôt, et ils vont au mariage. Quand ils arrivent chez Ragouël, ils trouvent Tobias à table. Celui-ci se lève aussitôt et salue Gabaël. Gabaël se met à pleurer et il *bénit Tobias en disant : « Fils excellent d'un père excellent, juste et généreux ! Que le Seigneur, du haut du *ciel, te bénisse ! Qu'il bénisse ta femme, le père et la mère de ta femme ! Je remercie le Seigneur, car, en te voyant, je crois voir mon cousin Tobit lui-même. »

Tobit et Anna sont inquiets

10 1 Jour après jour, Tobit calcule le temps qu'il faut pour aller à Raguès et en revenir. Quand ce temps est passé, son fils n'est pas encore de retour. 2 Il se dit : « Il a peut-être été retenu là-bas. Ou bien Gabaël est mort, et il n'y a personne pour lui remettre l'argent. » 3 Et Tobit commence à se faire du souci. 4 Puis Anna, sa femme, dit : « Mon enfant est mort ! Il n'est plus parmi les vivants ! » Elle se met à pleurer et à gémir en pensant à lui. Elle dit : 5 « Quel malheur pour moi, mon fils ! Je t'ai laissé partir, toi, la lumière de mes yeux ! » 6 Mais Tobit lui dit : « Tais-toi, ne te fais pas de souci, ma sœur, il va bien. Ils ont sans doute été retenus là-bas. Son compagnon de voyage est un homme sûr, c'est l'un de nos frères. Ne te fais pas de souci pour ton enfant, ma sœur, il va bientôt revenir. » 7 Mais Anna lui répond : « Ne me dis plus rien ! Arrête de me tromper ! Mon enfant est mort ! »

Anna n'a plus confiance en personne. Chaque jour, elle sort tôt, elle surveille elle-même la route par laquelle son fils est parti. Le soir, elle rentre à la maison. Là, elle gémit et pleure toute la nuit, elle n'arrive pas à dormir.

Tobias veut retourner chez son père

8 Ragouël avait décidé d'organiser 14 jours de fête pour le mariage de sa fille. Quand ce temps est passé, Tobias lui dit : « Laisse-moi partir. Mon père et ma mère ont sûrement perdu l'espoir de me revoir. Je t'en prie, laisse-moi partir et retourner chez mon père. Je t'ai déjà expliqué dans quel état je l'ai laissé. » 9 Mais Ragouël répond à Tobias : « Mon enfant, reste chez moi. Je vais envoyer des messagers à ton père Tobit. Ils lui donneront de tes nouvelles. » Mais Tobias lui dit : « Non, je t'en prie, laisse-moi retourner chez mon père. »

10 Alors Ragouël lui donne Sara, sa femme, et la moitié de tous ses biens : des serviteurs et des servantes, des bœufs et des moutons, des ânes et des chameaux, des vêtements, de l'argent et des objets divers. 11 Ragouël les laisse partir, très heureux. Il dit au revoir à Tobias : « Porte-toi bien, mon enfant et bon voyage ! Que le Seigneur vous guide, toi et ta femme Sara ! J'espère voir vos enfants avant de mourir. »

12 Ensuite, il dit à sa fille Sara : « Va chez ton beau-père. Maintenant, les parents de ton mari seront pour toi comme nous qui t'avons donné la vie. Va en paix, ma fille ! J'espère entendre dire du bien de toi tant que je vivrai. » Puis il les salue et les laisse partir. 13 À son tour, Edna dit à Tobias : « Mon enfant, mon frère très aimé, que le Seigneur soit avec toi sur la route du retour ! Qu'il me donne de vivre longtemps ! Ainsi je pourrai voir avant de mourir les enfants que vous aurez, Sara et toi ! Devant Dieu, je te confie ma fille. Prends soin d'elle. Ne lui fais jamais de peine pendant toute ta vie. Mon enfant, va en paix ! À partir de maintenant, je suis ta mère, et Sara est ta sœur. Je souhaite que nous soyons tous heureux de la même manière, tous les jours de notre vie. »

---

d **9.5** *Médie : voir Tobit 1.14 et la note.*

Puis Edna les embrasse tous les deux et elle les laisse partir, très heureux. 14 Alors Tobias quitte Ragouël, heureux et joyeux. Il remercie le Seigneur du ciel et de la terre, le roi de l'univers, car il a fait réussir son voyage. Ragouël dit encore à Tobias : « Que le Seigneur te donne le bonheur d'honorer tes parents tous les jours de ta vie ! »

Tobit est guéri

11 1 Ils approchent de la ville de Casérine, qui est en face de Ninive. Raphaël[e] dit à Tobias : 2 « Tu sais dans quel état nous avons laissé ton père. 3 Partons en avant pour arriver avant ta femme. Ainsi, nous préparerons la maison pendant qu'elle viendra avec les autres. »

4 Ils partent donc en avant, tous les deux ensemble. Raphaël dit à Tobias : « Prends la bile du poisson avec toi. » Le chien de Tobias les suit. 5 Pendant ce temps, Anna, la mère de Tobias est assise devant la maison. Elle guette la route par laquelle son fils doit revenir. 6 Tout à coup, elle le voit arriver et dit à son mari : « Voilà ton fils avec l'homme qui l'a accompagné ! » 7 Avant que Tobias soit près de son père, Raphaël lui dit : « Les yeux de ton père vont s'ouvrir, j'en suis sûr. 8 Applique la bile du poisson sur ses yeux. Le remède va faire disparaître petit à petit les taches blanches de ses yeux. Ensuite, ton père ne sera plus aveugle, il verra la lumière. »

9 À ce moment-là, Anna court se jeter au cou de son fils. Elle lui dit : « Je te revois mon fils, maintenant je peux mourir. » Elle se met à pleurer. 10 Tobit se lève. En marchant difficilement, il sort par la porte de la cour. 11 Son fils Tobias va à sa rencontre. Il tient la bile du poisson dans la main. Il souffle sur les yeux de son père et lui dit, en le tenant fort : « Courage, mon père ! » Il lui applique le remède sur les yeux et le laisse agir. 12 Puis, avec ses mains, il fait tomber des écailles blanches au coin de chaque œil. 13 Alors le père se jette au cou de Tobias et il lui dit en pleurant : « Je te revois, mon fils, toi, la lumière de mes yeux. »

14 Ensuite il ajoute :

« Louange à Dieu !
Louange à son nom glorieux !
Louange à tous ses *anges *saints !
Que le Dieu au nom glorieux nous protège toujours !
Louange à tous ses anges pour toujours !
Le Seigneur m'a envoyé cette souffrance,
mais maintenant, je vois de nouveau mon fils Tobias ! »

15 Tobias entre dans la maison. Il est heureux et chante la louange du Seigneur à haute voix. Il raconte tout à son père : « Mon voyage a bien réussi, j'ai rapporté l'argent placé chez Gabaël. J'ai pris pour femme Sara, la fille de Ragouël. Elle arrive, elle est maintenant près de la porte de Ninive. »

16 Tobit est heureux. Il chante la louange du Seigneur et va à la rencontre de sa belle-fille, vers la porte de Ninive. Les gens de Ninive sont étonnés. Ils le voient marcher facilement, et personne ne le guide. Tobit annonce à tout le monde : « Dieu a eu pitié de moi, il m'a ouvert les yeux. » 17 Quand il arrive près de Sara, la femme de son fils Tobias, il la *bénit en disant : « Sois la bienvenue, ma fille ! Louange à ton Dieu qui t'a fait venir chez nous ! Que ton père soit béni ! Que mon fils Tobias soit béni ! Sois bénie, toi aussi, ma fille ! Entre dans ta maison, tu es la bienvenue ! Pour toi, bénédiction et joie ! Entre ma fille ! »

18 Ce jour-là, tous les Juifs de Ninive sont pleins de joie. 19 Ahikar et Nadab, les neveux de Tobit, viennent se réjouir avec lui.

Raphaël fait savoir qui il est

12 1 Quand la fête du mariage est finie, Tobit appelle son fils Tobias et lui dit : « Mon enfant, tu dois payer le salaire de ton compagnon de voyage en ajoutant une récompense. » 2 Tobias répond à son père : « Père, quelle somme lui verser ? Même si je lui donnais la moitié des biens qu'il m'a aidé à rapporter, je ne perdrais

e 11.1 *Raphaël : voir Tobit 3.17 et la note.*

rien. 3 En effet, il m'a ramené en bonne santé, il a guéri ma femme, il m'a aidé à rapporter l'argent et il t'a guéri. Quelle somme lui donner pour tout cela ? » 4 Tobit lui dit : « Mon enfant, il mérite bien de recevoir la moitié de tout ce qu'il a rapporté. » 5 Tobias appelle donc Raphaël[f] et lui dit : « Prends comme salaire la moitié de tout ce que tu as rapporté. Et maintenant, tu peux rentrer chez toi dans la paix. »

6 Alors Raphaël prend à part Tobit et son fils Tobias. Il leur dit : « Remerciez Dieu et racontez devant tous les êtres vivants ce qu'il a fait pour vous. Alors ils le remercieront et chanteront en son honneur. Faites connaître à tous les êtres humains les actions de Dieu comme elles le méritent. N'attendez pas pour le remercier. 7 Il est bon de tenir caché le secret du roi. Mais les actions de Dieu, il faut les chanter et les faire connaître. Chantez-les comme elles le méritent.

« Faites le bien, et le malheur ne vous atteindra pas. 8 Il faut prier avec vérité et donner aux pauvres pour être juste. Cela vaut mieux que d'être riche en étant malhonnête. Il vaut mieux donner aux pauvres que d'amasser de l'or. 9 Ces dons délivrent de la mort et rendent pur de tout péché. Ceux qui donnent aux pauvres vivront très longtemps. 10 Ceux qui commettent des péchés et qui sont malhonnêtes se font du mal à eux-mêmes.

11 « Maintenant, je vais vous dire la vérité et je ne vous cacherai rien. Je viens de vous faire connaître ceci : il est bon de cacher le secret du roi et de faire connaître les actions de Dieu comme elles le méritent. 12 Eh bien, quand tu priais, Tobit, et quand Sara priait, c'est moi qui présentais votre prière au Seigneur glorieux. Je le faisais aussi quand tu enterrais les morts. 13 Tu n'as pas hésité à te lever de table et à laisser ton repas pour aller enterrer un mort. Dieu m'a envoyé vers toi à ce moment-là pour voir ce que tu valais. 14 Mais il m'a envoyé aussi pour te guérir ainsi que Sara, ta belle-fille. 15 Je suis Raphaël, l'un des sept *anges qui se tiennent devant le Seigneur glorieux et s'approchent de lui pour le servir. »

16 Tobit et son fils sont très émus. Ils se mettent à genoux, le front contre le sol, car ils ont peur. 17 Mais l'ange leur dit : « N'ayez pas peur ! Soyez dans la paix ! Remerciez Dieu en tout temps ! 18 Quand j'étais avec vous, ce n'est pas parce que j'étais bon, mais parce que Dieu le voulait. C'est lui que vous devez remercier. Vous devez chanter sa louange tous les jours de votre vie. 19 Quand vous me voyiez manger, en fait, je ne mangeais pas vraiment, mais vous aviez une *vision. 20 Chantez donc la louange du Seigneur sur cette terre et annoncez la grandeur de Dieu. Et moi, je retourne auprès de celui qui m'a envoyé. Vous, mettez par écrit tout ce qui vous est arrivé. »

Ensuite, Raphaël monte vers le *ciel. 21 Tobit et son fils se relèvent, mais ils ne le voient plus. 22 Ils chantent la louange de Dieu, ils le remercient pour toutes les grandes choses qu'il a accomplies : un *ange de Dieu s'est montré à eux !

Chant de Tobit

13 1 Et Tobit dit :
2 « Louange au Dieu vivant
qui est roi pour toujours !
C'est lui qui punit et qui pardonne.
Il fait descendre dans le monde des morts,
dans la profondeur de la terre,
puis il délivre de la mort terrible.
Rien n'échappe à son pouvoir.
3 Israélites, chantez-le
devant les autres peuples
parmi lesquels il vous a envoyés.
4 Chez eux aussi,
il vous a fait voir sa puissance.
Annoncez sa grandeur
devant tous les êtres vivants.
Oui, il est notre Seigneur,
notre Dieu et notre Père !
Il est Dieu pour toujours.
5 Il vous punit parce que vous agissez mal,
mais il aura pitié de vous tous.

---

f **12.5** *Raphaël : voir Tobit 3.17 et la note.*

Il vous fera revenir de tous les pays
où vous avez été envoyés.
6 Revenez vers lui de tout votre cœur
et de tout votre être,
pour vivre dans la vérité devant lui.
Alors il reviendra vers vous
et ne vous cachera plus son visage.
7 Et maintenant,
réfléchissez à ce qu'il a fait pour vous
et chantez-le à pleine voix.
Chantez la louange du Seigneur qui est juste,
annoncez la grandeur du Roi de toujours.
8 Moi, je le chante dans le pays
où j'ai été déporté.
Je montre sa force et sa grandeur
à un peuple qui agit mal[g].
Revenez vers lui,
vous qui agissez mal,
faites ce qui est juste devant lui.
Qui sait?
Il vous montrera peut-être sa bonté
et vous traitera avec générosité.
9 Je chante la grandeur de mon Dieu
et je suis plein de joie
à cause du Roi qui est au *ciel.
10 Que tous annoncent: Dieu est grand!
Qu'ils le chantent à Jérusalem!
Jérusalem, ville *sainte,
Dieu te punira à cause des actions
de tes habitants.
Mais de nouveau, il montrera sa bonté
à ceux qui lui obéissent.
11 Chante donc le Seigneur avec éclat,
oui, chante la louange du Roi de toujours.
Alors chez toi,
on reconstruira son temple dans la joie.
12 Que le Seigneur rende la joie
à tous les déportés!
Qu'il montre son amour
jusqu'à la fin du monde
à tous les malheureux qui vivent chez toi!
13 Chez toi, une vive lumière éclairera
tous les pays de la terre.
Des peuples nombreux venant de loin
arriveront chez toi.
Les habitants des pays du bout du monde
viendront vers toi, Jérusalem!
Ils porteront dans leurs mains
des offrandes pour le Roi qui est au ciel.
Les générations à venir te rempliront de joie
les unes après les autres.
Dans tous les temps,
on t'appellera "Ville choisie".
14 Qu'ils soient maudits,
ceux qui t'insulteront!
Qu'ils soient maudits,
tous ceux qui te détruiront
et qui renverseront tes murs,
tous ceux qui feront tomber tes tours
et brûleront tes maisons!
Mais qu'ils soient *bénis pour toujours,
tous ceux qui te respecteront!
15 Alors, Jérusalem, réjouis-toi
à cause de ceux qui sont restés fidèles à Dieu.
Ils seront rassemblés
et ils chanteront la louange
du Seigneur de toujours.
Ils sont heureux,
ceux qui t'aiment!
Ils sont heureux,
ceux qui se réjouissent de ta paix!
16 Ils sont heureux,
tous ceux qui pleurent
sur tous tes malheurs!
Ils se réjouiront à cause de toi
et ils partageront ta joie pour toujours.
Je veux chanter la louange du Seigneur,
le grand Roi.
17 On reconstruira Jérusalem,
et la maison du Seigneur se dressera
dans cette ville pour toujours.
Jérusalem, je serai vraiment heureux
quand le reste de mon peuple
verra ta puissance glorieuse
et chantera le Roi qui est au ciel.
Tes *portes seront faites
de saphirs et d'émeraudes.
Tous tes murs seront construits
avec d'autres pierres précieuses.

g **13.8** *Peuple qui agit mal: il s'agit du peuple d'Israël.*

Jérusalem, tes tours seront en or,
et leurs murs de protection en or pur.
Tes rues seront couvertes de rubis
et de pierres d'Ofir[h].

18 Sur tes places,
on entendra des chants de joie,
et dans toutes tes maisons,
les gens diront :
"Chantez la louange du Seigneur !
Remerciez le Dieu d'Israël !"
Et tous ceux que le Seigneur aura bénis
chanteront en l'honneur de son saint nom
pour toujours »

14 1 Voilà comment Tobit termine son
chant de louange.

Dernières recommandations de Tobit

2 Tobit meurt dans la paix à l'âge de 112 ans,
et on l'enterre avec honneur à Ninive. Il avait
62 ans quand il est devenu aveugle. Après sa
guérison, il a vécu avec de grandes richesses
et il en a donné généreusement aux pauvres.
Il a continué à chanter la louange de Dieu et à
annoncer sa grandeur.
3 Peu de temps avant de mourir, il appelle
son fils Tobias et lui donne les conseils
suivants : « Mon fils, pars avec tes enfants.
4 Dépêche-toi d'aller en Médie[i]. En effet, je
crois à la parole de Dieu que le *prophète
Nahoum a dite contre la ville de Ninive.
Tout va se réaliser, et le malheur va tomber
sur les villes d'Assour et de Ninive. Tout ce
que les prophètes d'Israël envoyés par Dieu
ont annoncé, tout cela arrivera. Aucune de
leurs paroles ne restera sans résultat, chacune
s'accomplira au moment fixé. En Médie, tu
seras plus en sécurité qu'en Assyrie ou à
Babylone. En effet, je le sais et j'en suis sûr :
tout ce que Dieu a dit s'accomplira. Aucune
des paroles que les prophètes ont annoncées
ne sera sans résultat. Nos frères qui habitent
encore sur la terre d'Israël seront envoyés
un peu partout, on les déportera loin de cet
heureux pays. Toute la terre deviendra un désert, Samarie et Jérusalem resteront sans habitants. On brûlera le temple de Dieu, et il sera
détruit pendant un certain temps. 5 Mais Dieu
aura de nouveau pitié d'eux et les fera revenir
sur la terre d'Israël. Ils rebâtiront son temple,
mais celui-ci sera moins beau que le premier,
du moins jusqu'à ce que le temps décidé par
Dieu arrive. Après cela, tous les Israélites reviendront d'exil, et ils reconstruiront Jérusalem de façon magnifique. Là, le temple de
Dieu sera reconstruit, comme les prophètes
d'Israël l'ont annoncé. 6 Les peuples de toute
la terre se tourneront vers Dieu et ils le respecteront vraiment. Tous abandonneront
leurs dieux trompeurs qui les conduisent
dans l'erreur. Et ils chanteront la louange du
Dieu de toujours en faisant ce qui est juste.
7 Tous les Israélites que Dieu délivrera à ce
moment-là se souviendront de lui fidèlement.
Ils se rassembleront et reviendront à Jérusalem. Ils habiteront pour toujours en sécurité
sur la terre d'Abraham. Ceux qui aiment vraiment Dieu seront dans la joie. Au contraire,
ceux qui commettent des péchés et qui sont
malhonnêtes disparaîtront de la terre.
8-9 « Et maintenant, mes enfants, voici ce
que je vous demande : servez Dieu dans la vérité et faites ce qui lui plaît. Apprenez à vos
enfants à être justes et à se montrer généreux
avec les pauvres. Qu'ils se souviennent de
Dieu et qu'ils chantent sa louange en toute
occasion, dans la vérité et de toute leur force.
« Et toi, mon fils Tobias, tu dois quitter Ninive, ne reste pas ici. Quand tu auras enterré
ta mère auprès de moi, ne passe pas une nuit
de plus dans cette région. En effet, je le vois, le
mal y est très répandu, les gens n'arrêtent pas
de tromper les autres, et cela ne leur fait
même pas honte. 10 Mon enfant, souviens-toi
de tout ce que Nadab a fait contre Ahikar,
son père adoptif. Il l'a fait jeter vivant sous
la terre. Mais Dieu lui a fait payer son acte horrible sous les yeux de son père. Ahikar est revenu à la lumière. Mais Nadab a été pour
toujours plongé dans la nuit, parce qu'il avait

h **13.17** *Le saphir, l'émeraude et le rubis sont des pierres précieuses de différentes couleurs.*
i **14.4** *Médie : voir Tobit 1.14 et la note.*

cherché à le tuer. Ahikar est sorti du piège de
mort que Nadab lui avait tendu, parce qu'il
s'était montré généreux avec les pauvres.
Mais Nadab, lui, est tombé dans ce piège qui
a causé sa mort[j]. 11 Donc, mes enfants, voyez
ce qui arrive à quelqu'un qui est généreux
avec les pauvres. Mais voyez aussi ce qui arrive à quelqu'un qui est malhonnête : cela le
conduit à la mort.

« Maintenant, je sens que la vie m'abandonne. »

Ses enfants étendent Tobit sur son lit, et il
meurt. Ils l'enterrent avec honneur.

La mort de Tobias

12 Quand Anna, la mère de Tobias, meurt,
celui-ci l'enterre à côté de son père. Puis il
part pour la Médie[k] avec sa femme et il va
s'installer à Ecbatane, auprès de Ragouël,
son beau-père. 13 Tobias prend bien soin de
Ragouël et de sa femme quand ils sont vieux.
À leur mort, il les enterre à Ecbatane. Tobias
hérite des biens de Ragouël, comme il avait
hérité de ceux de son père Tobit.

14 Il meurt lui-même à 117 ans, respecté par
tous. 15 Avant de mourir, il apprend la destruction de Ninive. Il voit arriver en Médie les Ninivites prisonniers, déportés par Cyaxare[l], roi
des Mèdes. Il chante la louange de Dieu à
cause de tout ce qu'il a fait contre les habitants
de Ninive et d'Assyrie. Il se réjouit de la destruction de Ninive. Jusqu'à sa mort, il chante
le Seigneur Dieu, digne de louange pour toujours.

j **14.10** *Tobit rappelle ici une histoire qui était connue dans l'ancien Orient. Nadab a fait mettre en prison Ahikar, son père adoptif. Celui-ci est finalement reconnu innocent. En Tobit 1.21-22, Ahikar est présenté comme ministre de Sennakérib et Assaradon, rois d'Assyrie.*

k **14.12** *Médie : voir Tobit 1.14 et la note.*

l **14.15** *Cyaxare : le Mède Cyaxare et le Babylonien Nabopolassar ont détruit Ninive en 612 avant J.-C.*

Judith

INTRODUCTION

Le livre de Judith raconte comment une femme délivre la communauté juive pendant une guerre qui devait la détruire entièrement. Bétulie, petite ville située au bord de la Judée, est menacée par le général Holopherne et son armée. Or, cette ville se trouve sur le chemin qui mène en Judée et à Jérusalem. Judith utilise la ruse pour tuer le général Holopherne. Tous les ennemis s'enfuient. C'est ainsi que ***Dieu sauve son peuple grâce à une femme.***

• *Le livre de Judith et la situation historique*

Le livre de Judith parle de la situation historique des Juifs pendant la première moitié du 3ᵉ siècle avant J.-C. Cependant, l'auteur présente son histoire comme si elle se passait quelques siècles plus tôt. Cette manière de faire est courante dans les écrits de l'époque (voir par exemple le livre de Tobit). Le passé aide à comprendre ce qui arrive dans le présent. Ici, il permet de rappeler que le Dieu d'Israël protège toujours son peuple, comme il l'a promis.

Au moment où le livre de Judith est écrit, les rois grecs qui dominent la Syrie – les Séleucides – sont les maîtres du pays des Juifs. L'influence de la culture et de la religion grecques sont un grand danger pour la foi au Dieu de l'alliance. Le livre de Judith, comme les livres des Maccabées, d'Esther et de Daniel, témoigne de la ***résistance du peuple*** *juif à cette situation. Le nom de Judith veut d'ailleurs dire « La Juive ».*

• *Contenu du livre*

Le livre de Judith raconte un drame en trois parties :
– Les circonstances qui préparent le drame (chapitres 1 à 7).
– Le drame lui-même (chapitres 8 à 13).
– Ce qui arrive après le drame (chapitres 13 à 16).

Comme au théâtre, les personnages du récit jouent un rôle qui montre des aspects étonnants de la réalité ou le ridicule de certaines situations.

Nabucodonosor est présenté comme le roi d'Assyrie (1.1). Or, les lecteurs juifs savent tous que cet homme détesté a, en fait, été roi à Babylone.

Judith est une veuve très belle que beaucoup d'hommes désirent prendre pour femme. Mais, après la mort de son mari, elle ne se remarie pas. Elle n'a pas d'enfants, mais elle permet que le peuple juif renaisse au plan politique et au plan de la foi. Elle est riche, mais elle passe beaucoup de temps à prier et à jeûner. C'est une femme sensible et fidèle à la loi, mais elle tue de ses propres mains le général Holopherne. Elle utilise par ailleurs sa beauté pour le tromper. Et Judith adresse une prière à Dieu avant de couper la tête d'Holopherne (12.4-5). Or, c'est cette femme-là qui sauve le peuple de Dieu.

Holopherne, lui aussi, présente des aspects qui étonnent le lecteur : c'est un grand général qui a remporté beaucoup de victoires, mais il est incapable de prendre Bétulie, une toute petite ville. Il se fait tuer par Judith avec l'arme même qui lui a servi à massacrer des ennemis très nombreux.

Akior est un non-Juif, du peuple ammonite qui a toujours été ennemi des Juifs. Pourtant, il a plus de foi dans le Dieu d'Israël que les chefs juifs de Bétulie.

- *Valeur religieuse du livre*

Le livre décrit le **combat entre les forces du mal et celles du bien** *qui traverse l'histoire humaine. D'un côté, il y a Nabucodonosor, à la tête d'une immense armée. Il se croit tout-puissant et dit: «Est-ce qu'il y a un autre dieu que Nabucodonosor?» (6.2). De l'autre côté, il y a une toute petite ville, des gens qui ont peur et une jeune femme veuve qui coupe la tête du plus puissant des rois de l'époque! C'est la faiblesse qui est victorieuse de la force, parce que Dieu protège son peuple.*

Mais Dieu n'intervient pas directement. Tout se passe entre des êtres humains, avec l'orgueil et les désirs divers du côté assyrien, la foi, l'intelligence et le courage du côté de Judith. Dieu utilise ces qualités pour que le bien soit vainqueur du mal, même si Judith emploie aussi sa beauté et sa ruse.

Le livre de Judith vient d'un milieu très juif, mais il met en valeur un étranger. Akior est ammonite, un peuple ennemi des Juifs depuis toujours. Mais il explique aux Assyriens l'histoire et la foi d'Israël (5.5-21). Finalement, les Juifs l'acceptent comme membre de leur peuple.

Le livre de Judith montre ainsi qu'il est possible d' ***accueillir des non-Juifs dans le peuple de Dieu.*** *En même temps, il encourage les croyants à tenir bon et à rester fidèles à Dieu, même dans le malheur.*

La guerre entre Nabucodonosor et Arpaxad

1 [1] C'est la douzième année où Nabucodonosor est roi d'Assyrie. La capitale de
son pays est Ninive. À la même époque, Arpaxad est roi des Mèdes dans la ville d'Ecbatane[a]. [2] Autour de cette ville, Arpaxad a fait
construire des murs avec des pierres taillées.
Chaque pierre a 1 mètre et demi de large et
3 mètres de long. Les murs ont 35 mètres de
haut et 25 mètres de large. [3] Aux *portes de
la ville, il a fait bâtir des tours de 50 mètres
de haut. Leurs fondations ont 30 mètres de
large. [4] Les portes elles-mêmes ont 35 mètres
de haut et 20 mètres de long. Ainsi, elles permettent le passage des troupes armées et le
défilé de ses soldats à pied. [5] La douzième année où Nabucodonosor est roi, il vient attaquer le roi Arpaxad. La bataille a lieu dans
la grande plaine de Ragau. [6] Tous les habitants des montagnes, des vallées de l'Euphrate, du Tigre et de l'Hydaspe viennent
se mettre du côté de Nabucodonosor, avec
les habitants de la plaine soumis à Ariok,
roi d'Élymaïs. Ainsi, les habitants de beaucoup de pays viennent combattre avec les
Babyloniens[b].

[7] Nabucodonosor, roi d'Assyrie, envoie des
messagers dans toutes les directions: à l'est,
vers les habitants de la Perse, à l'ouest, vers
les habitants de la Cilicie, à Damas, au Li-

---

a 1.1 *Nabucodonosor... roi d'Assyrie: en fait, Nabucodonosor a été roi de Babylone. Voir 2 Rois 24.1; Daniel 1.1. Il a construit son empire sur les restes de l'empire assyrien. Ninive avait été détruite en 612 avant J.-C., huit ans avant qu'il soit roi (604).*
Ecbatane: l'ancienne capitale des Mèdes, située dans l'Iran actuel.

b 1.6 *Babyloniens: c'est-à-dire l'armée de Nabucodonosor.*

ban, dans l'Anti-Liban et jusqu'à la côte de la Méditerranée. 8 Il envoie aussi des messagers aux habitants du mont Carmel, du pays de Galaad, de la Haute-Galilée, et de la grande plaine d'Izréel. 9 Les messagers du roi Nabucodonosor vont trouver les habitants des villes de Samarie et de la région située au-delà du fleuve Jourdain jusqu'à Jérusalem, Batanée, Kélous, Cadès. Puis ils vont jusqu'au torrent qui marque la frontière de l'Égypte et, plus loin dans les villes de Tapanès et de Ramsès, et dans toute la région de Gochen. 10 Ils vont encore plus loin, au-delà des villes de Soan et de Memphis, et dans tout le reste de l'Égypte jusqu'à la frontière de *l'Éthiopie. 11 Mais les habitants de toutes ces régions ne tiennent pas compte du message de Nabucodonosor, roi d'Assyrie. Ils refusent de se mettre de son côté pour faire la guerre. Ils n'ont pas peur du roi qui est seulement pour eux un homme ordinaire. Ils renvoient ses messagers les mains vides, couverts de honte. 12 Alors Nabucodonosor se met dans une violente colère contre tous ces peuples. Il jure d'utiliser son pouvoir et les ressources de son royaume pour se venger d'eux. Il a l'intention de tuer les habitants de la Cilicie, de Damas et de la Syrie, ceux de Moab, d'Ammon, de la Judée, de l'Égypte, depuis les bords de la Méditerranée jusqu'à ceux de la *mer Rouge.

13 La dix-septième année où Nabucodonosor est roi, avec son armée il attaque le roi Arpaxad et remporte la victoire. Tous les soldats d'Arpaxad, ses cavaliers et tous ses chars font demi-tour. 14 Nabucodonosor prend les villes du roi des Mèdes et il arrive à Ecbatane. Là, il prend les tours, il pille les places publiques et couvre de honte cette ville magnifique. 15 Il saisit Arpaxad dans les montagnes de Ragau, et le tue à coups de lance. Ainsi, il détruit sa puissance pour toujours. 16 Il revient à Ninive avec son armée formée de combattants très nombreux. Tous ensemble, ils se reposent et font la fête dans la ville pendant 120 jours.

Holopherne doit aller punir les peuples qui n'ont pas obéi

2 1 C'est la dix-huitième année où Nabucodonosor est roi d'Assyrie. Le premier mois, le 22 du mois, dans son palais, les gens parlent de la décision du roi de se venger de toute la terre. 2 Nabucodonosor réunit tous ses ministres et les notables de son royaume. Il prend la parole et leur découvre son projet secret de détruire toute la région. 3 Les conseillers de Nabucodonosor sont d'accord avec lui : il faut supprimer les peuples qui ont rejeté son ordre.

4 Après la consultation, Nabucodonosor fait venir Holopherne, le général de son armée. Holopherne est le deuxième personnage après le roi. Nabucodonosor lui dit : 5 « Moi, le Grand Roi, le Maître de toute la terre, je te donne cet ordre : Pars et rassemble des hommes sûrs de leur force. Prends environ 120 000 soldats à pied et 12 000 cavaliers. 6 Va attaquer tous les pays de l'Ouest[c], parce qu'ils n'ont pas obéi à mes ordres. 7 Demande-leur de m'offrir de la terre et de l'eau pour montrer qu'ils m'obéissent. Comme je suis en colère, je vais marcher contre eux. Je couvrirai tous leurs territoires avec mon armée, et je les livrerai à mes soldats pour qu'ils pillent tous leurs biens. 8 Les blessés rempliront les ravins, les morts feront déborder les torrents et les fleuves. 9 Je déporterai les prisonniers jusqu'au bout du monde. 10 Toi, Holopherne, va occuper leurs pays en mon nom. Ils devront se rendre à toi, mais tu me les garderas pour le jour où ils seront punis. 11 Ceux qui ne veulent pas obéir, tue-les sans pitié, et fais piller leurs biens sur toute la terre. 12 Aussi vrai que je suis vivant et par mon pouvoir royal, je le jure : ce que j'ai dit, j'ai le pouvoir de le faire. 13 Et toi, Holopherne, ne néglige aucun de mes ordres. Mais agis exactement comme je te l'ai commandé, et fais vite, car je suis ton roi. »

14 Holopherne sort du palais royal. Il appelle tous les princes, les généraux et les

c **2.6** *Tous les pays de l'Ouest : c'est-à-dire situés à l'ouest du fleuve Euphrate ; voir Judith 1.7-10.*

officiers de l'armée assyrienne. 15 Comme le roi l'a commandé, il rassemble des hommes bien préparés pour la guerre : 120 000 soldats à pied et 12 000 cavaliers portant leurs arcs. 16 Il dispose les soldats en groupes de combat, comme on le fait pour une grande armée. 17 Il prend un grand nombre de chameaux, d'ânes et de mulets pour porter les bagages. Il prend aussi des moutons, des bœufs et des chèvres pour nourrir son armée. Ils sont si nombreux qu'on ne peut pas les compter. 18 Pour chaque soldat, on prépare des provisions en grande quantité. Le trésor du roi fournit beaucoup d'or et d'argent pour les payer. 19 Holopherne se met en route avec toute cette armée. Il part en avant pour préparer la venue de Nabucodonosor et pour couvrir tous les pays de l'Ouest avec leurs chars, leurs cavaliers et leurs meilleurs soldats à pied. 20 Beaucoup de gens partent avec eux. Ils sont aussi nombreux que des sauterelles, ou que les grains de sable dans le désert, et on ne peut pas les compter.

21 Ils s'éloignent de Ninive, et marchent pendant trois jours vers la plaine de Bektileth. Puis ils partent de Bektileth, et dressent leur camp au pied des montagnes qui sont au nord de la Haute-Cilicie. 22 Holopherne occupe la région des montagnes avec toute son armée : les soldats qui marchent à pied, ainsi que les chars et les cavaliers. 23 Il bat les gens de Poud et de Loud. Il pille tous les clans de Rassis et d'Ismaël qui habitent le long du désert, au sud de Kéléon. 24 Il passe le fleuve Euphrate et traverse la *Mésopotamie. Il détruit toutes les villes entourées de murs le long du torrent Habor et il arrive jusqu'à la mer. 25 Il occupe la Cilicie et tue ceux qui résistent. Puis il va jusqu'au pays de Japhet vers le sud, en face de l'Arabie. 26 Il entoure avec son armée les gens de Madian, il brûle leurs campements et emmène leurs troupeaux. 27 Il descend dans la plaine de Damas au moment de la récolte. Il brûle tous les champs de *blé et tue les troupeaux de moutons et de bœufs. Il pille les villes, détruit les villages, et met à mort tous les jeunes gens du pays par *l'épée. 28 Tous les habitants de la côte de la Méditerranée tremblent de peur : ce sont les gens des villes de Sidon, Tyr, Sour, Okina et Jamnia. Les habitants d'Asdod et d'Ascalon sont eux aussi très effrayés.

Holopherne arrive près de la Judée

3 1 Ceux qui vivent sur la côte envoient à Holopherne des messagers avec ces paroles de paix : 2 « Nous sommes les serviteurs de Nabucodonosor, le grand roi. Nous sommes entre tes mains, fais de nous ce que tu veux. 3 Nous te donnons nos villages, nous te laissons nos terres et nos champs de *blé, nos troupeaux de moutons et de bœufs, et tous nos campements. Fais d'eux ce que tu veux. 4 Nos villes sont à toi, et leurs habitants sont tes esclaves. Viens et traite-les comme tu veux. »

5 Les messagers arrivent près d'Holopherne et lui transmettent ce message. 6 Holopherne descend sur la côte avec son armée. Il met une garde dans les villes bien protégées. Il prend dans ces villes les hommes les plus solides pour aider ses soldats. 7 Dans tout le pays, les gens l'accueillent : ils portent des couronnes de fleurs et dansent devant lui au son du tambour. 8 Mais Holopherne dévaste tout leur territoire. Il coupe leurs arbres sacrés et, selon l'ordre reçu, il fait abattre les statues des dieux. En effet, les peuples de toute langue, toutes les tribus, doivent adorer le seul Nabucodonosor, et le prier comme un dieu.

9 Ensuite, Holopherne arrive en face d'Izréel, près de Dotan, devant les hautes montagnes de Judée. 10 Il passe la nuit entre les villes de Géba et Scythopolis[d]. Il reste en cet endroit pendant un mois, le temps de rassembler toutes les provisions pour son armée.

Les Juifs se préparent à résister

4 1 Les Israélites de Judée apprennent tout ceci : le général Holopherne, chef de l'armée de Nabucodonosor, le roi d'Assyrie, a attaqué les autres peuples, il a pillé et détruit

d **3.10** *Scythopolis : nom grec de Beth-Chéan.*

tous leurs temples. 2 Les Israélites ont très
peur d'Holopherne, ils sont inquiets pour Jérusalem et le temple du Seigneur leur Dieu.
3 En effet, ils sont revenus des pays où ils
étaient prisonniers depuis peu de temps, et
ils viennent de se regrouper en Judée. Le
temple, son *autel et ses ustensiles ont été
rendus *impurs, et ils viennent d'être consacrés de nouveau. 4 Les Israélites envoient
alors des messagers dans toute la Samarie, à
Kona, Beth-Horon, Abel-Maïm et Jéricho,
puis à Choba, Hassor et dans la vallée de Salem.

5 Ils occupent les sommets des hautes montagnes et entourent de murs tous les villages
de la région. Ils mettent en réserve de la nourriture pour la guerre, car ils viennent de faire
les récoltes dans leurs champs. 6 À cette
époque, Yoakim est le grand-prêtre de Jérusalem. Il écrit aux habitants de Bétulie et de Bétomestaïm. Ce sont deux villes situées en face
d'Izréel, devant la plaine de Dotan. 7 Yoakim
leur commande d'occuper les chemins de
montagne qui conduisent en Judée. Ils sont
étroits, il est donc facile d'arrêter les hommes
qui y passent deux par deux. 8 Les Israélites
suivent l'ordre du grand-prêtre et du conseil
des *anciens de tout le peuple réuni à Jérusalem.

9 Tous les Israélites prient le Seigneur avec
force et ils *jeûnent avec ardeur. 10 Les hommes, les femmes, les enfants, les troupeaux
et les étrangers, ouvriers ou esclaves, tous
mettent des habits de deuil. 11 Les hommes,
les femmes et les enfants de Jérusalem se mettent à genoux devant le temple, le front contre
le sol. Ils se couvrent la tête de cendre et ils
montrent leurs vêtements de deuil pour attirer la pitié du Seigneur. 12 Ils entourent aussi
l'autel d'un voile de deuil. Ensemble et avec
force, ils crient vers le Dieu d'Israël. Ils lui demandent de ne pas laisser les ennemis saisir
leurs petits enfants, emmener leurs femmes
et détruire les villes qu'il a données à son peuple. Ils le supplient aussi de ne pas laisser les
non-Juifs rendre le temple *impur et s'en moquer. 13 Le Seigneur écoute la prière des Israélites et il voit leur malheur. Le peuple jeûne
pendant plusieurs jours, en Judée et à Jérusalem devant le temple du Seigneur tout-
puissant. 14 Le grand-prêtre Yoakim, tous les
prêtres et ceux qui servent le Seigneur portent
les habits de deuil. Ils présentent à Dieu le sacrifice complet qu'on doit offrir tous les
jours[e], ainsi que les offrandes et les dons volontaires du peuple. 15 Ils couvrent de cendre
leurs turbans et crient vers le Seigneur de toutes leurs forces. Ils lui demandent d'agir en faveur du peuple d'Israël pour lui faire du bien.

Holopherne réunit son conseil de guerre

5 1 Holopherne, le chef de l'armée d'Assyrie, apprend ceci : les Israélites se préparent à la guerre, ils ont fermé les chemins
des montagnes, ils ont construit des *forteresses au sommet des montagnes, ils ont placé
des pièges dans la plaine. 2 Alors Holopherne
se met dans une violente colère. Il réunit
tous les chefs moabites, les généraux ammonites et les gouverneurs de la côte de la Méditerranée. 3 Il leur dit : « Cananéens[f], renseignez-
moi : Quel peuple vit dans cette région montagneuse ? Quelles sont les villes que ces gens
habitent ? Est-ce que leur armée est importante ? Est-ce que leurs soldats sont forts et
courageux ? Quel est le roi qui commande
leur armée ? 4 Ils n'ont pas agi comme les autres peuple de l'Ouest[g], ils ont refusé de venir
à ma rencontre. Pourquoi donc ? »

Discours d'Akior

5 Akior, le chef de tous les Ammonites, lui
répond : « Mon général, écoute-moi, je t'en
prie, moi qui suis ton serviteur. Je vais te
dire la vérité sur ce peuple qui vit dans cette
région montagneuse, près de ton camp. Je ne

---

e **4.14** *Sacrifice complet offert tous les jours : voir Exode 29.38 ; Nombres 28.3.*

f **5.3** *Cananéens : anciens habitants du pays de Canaan. Ici, Holopherne s'adresse aux chefs des pays voisins d'Israël.*

g **5.4** *Peuples de l'Ouest : voir Judith 2.6 et la note.*

mentirai pas. 6 Ce peuple descend des Chaldéens[h]. 7-8 Ils habitaient d'abord en *Mésopotamie. Puis ils ont refusé d'obéir aux
dieux de leurs ancêtres qui vivaient en Chaldée. Ils ont abandonné la religion de leurs pères pour adorer le Dieu qui est au *ciel, qu'ils
ont appris à connaître. On les a chassés de
leur pays, la terre de leurs anciens dieux, et
ils sont allés d'abord en Haute-Mésopotamie.
Là, ils sont restés longtemps. 9 Ensuite, leur
Dieu leur a commandé de quitter cette région et d'aller au pays de *Canaan. Ils se
sont installés alors à cet endroit, et là, ils
ont gagné beaucoup d'or, d'argent et de troupeaux. 10 Puis il y a eu la famine dans tout le
pays de Canaan, et ils sont partis en Égypte.
Dans ce pays, ils ont trouvé à manger. Ils
sont devenus un peuple si nombreux qu'on
ne pouvait pas les compter. 11 Mais le roi
d'Égypte s'est tourné contre eux. Il a cherché
habilement à les écraser en les obligeant à fabriquer des briques. Il les a abaissés, et ils
sont devenus des esclaves. 12 Ils ont crié
vers leur Dieu. Alors celui-ci a frappé
l'Égypte de maladies qu'on ne peut pas guérir. Ainsi, les Égyptiens les ont chassés de
leur pays. 13 Dieu a mis à sec la *mer Rouge
devant eux 14 et il les a conduits vers le
mont Sinaï et vers Cadès-Barnéa. Ils ont
chassé tous les habitants du désert, 15 puis
ils se sont installés dans le pays des Amorites.
Ils ont tué les habitants de Hèchebon. Ils ont
traversé le fleuve Jourdain et ils ont pris possession de la région montagneuse. 16 Ils ont
chassé devant eux les *Cananéens, les Perizites, les Jébusites, les habitants de Sichem et
tous les Guirgachites. Ils sont restés longtemps dans le pays. 17 Tant qu'ils n'ont pas
fait ce qui est mal aux yeux de leur Dieu,
ils ont vécu heureux. En effet, le Dieu qui
les protège déteste le mal. 18 Mais quand ils
n'ont plus obéi aux commandements qu'il
leur avait donnés, ils ont été totalement vaincus dans de nombreuses guerres, et déportés
dans un pays étranger. Le temple de leur
Dieu a été détruit, et leurs ennemis ont
pris leurs villes. 19 Maintenant, ils sont de
nouveau revenus vers leur Dieu, et ils ont
quitté les pays où ils avaient été chassés,
pour rentrer chez eux[i]. Ils se sont établis
de nouveau à Jérusalem où leur temple se
trouve, et ils ont occupé la région montagneuse qui était restée sans habitants.
20 Maintenant, mon général, supposons
ceci : ces gens commettent une faute contre
leur Dieu, et nous constatons qu'ils ont vraiment péché. Dans ce cas, nous pouvons aller
les attaquer, nous les vaincrons. 21 Mais s'ils
n'ont commis aucun mal envers leur Dieu,
il vaut mieux les laisser tranquilles, mon général. Sinon, le Seigneur, leur Dieu, va venir
les défendre, et nous serons couverts de
honte devant le monde entier. »

Akior est condamné et livré aux Israélites

22 Quand Akior a terminé son discours, la
foule qui entoure la tente du général n'est
pas contente du tout. Les officiers supérieurs
d'Holopherne et les habitants de la côte de
la Méditerranée et de Moab veulent tuer
Akior. 23 Ils disent : « Nous n'avons pas peur
des Israélites. C'est un peuple sans force et
sans puissance. Il ne peut pas soutenir une bataille difficile ! 24 Général Holopherne, nous
irons les combattre. Ton armée aura vite fait
de les battre. »

6 1 Les gens cessent de faire du bruit autour
de la tente du conseil, et Holopherne, le
chef des armées, s'adresse à Akior devant
tous les étrangers et tous les Moabites. Il
lui dit : 2 « Qui es-tu, toi, Akior ? Et vous,
qui vous êtes vendus à Israël, qui êtes-vous
pour nous parler comme des *prophètes ?
Vous nous dites de ne pas combattre les Israélites, parce que leur Dieu va les protéger ?
Est-ce qu'il y a un autre dieu que Nabucodonosor ? C'est lui qui enverra sa puissante ar-

---

h **5.6** *Chaldéens : Abraham venait de Chaldée, voir Genèse 11.27-28. Les versets 6-19 résument l'histoire d'Israël, à partir d'Abraham jusqu'au retour d'exil.*

i **5.19** *Voir Judith 4.3.*

mée contre ces gens-là. Il les supprimera de la surface de la terre, et leur Dieu ne pourra les délivrer. 3 Nous, ses serviteurs, nous les frapperons d'un seul coup. Ils ne résisteront pas à la force de nos cavaliers. 4 Nous les brûlerons tous ensemble. Leurs montagnes boiront leur sang, et leurs plaines seront couvertes de leurs morts. Il ne pourront absolument pas tenir devant nous. Ils seront totalement détruits, voilà l'ordre du roi Nabucodonosor, le maître de toute la terre. Il a parlé, et ses paroles ne seront pas sans résultat. 5 Et toi, Akior, Ammonite vendu à l'ennemi, aujourd'hui tu as parlé comme un traître. Eh bien, tu ne verras plus mon visage avant que je punisse ce peuple évadé d'Égypte. 6 À mon retour, mes troupes et mes officiers te transperceront les côtes à coup *d'épées et de lances, et tu tomberas parmi les blessés. 7 Mes serviteurs t'emmèneront dans la région montagneuse. Ils te laisseront dans une des villes situées sur les pentes. 8 C'est là que tu attendras d'être tué avec les Israélites. 9 Puisque tu espères qu'ils ne seront pas faits prisonniers, ne prends pas cet air triste. J'ai parlé, et ce que j'ai dit se réalisera. »

10 Holopherne commande aux serviteurs qui se trouvent dans sa tente de saisir Akior, de l'emmener à Bétulie et de le livrer aux Israélites. 11 Les serviteurs le saisissent donc, ils le conduisent hors du camp vers la plaine. De là, ils vont dans la direction des montagnes. Puis ils arrivent aux sources au-dessous de Bétulie, 12 qui est située sur les hauteurs. Quand ceux qui défendent la ville les voient venir, ils prennent leurs armes et sortent à leur rencontre. Avec leurs frondes, les hommes empêchent les Assyriens de monter en leur lançant des pierres. 13 Les Assyriens reculent au bas de la montagne. Ils attachent Akior et le laissent par terre à cet endroit. Ensuite, ils retournent auprès d'Holopherne. 14 Les Israélites descendent de leur ville et trouvent Akior. Ils le détachent et l'emmènent à Bétulie. Ils le présentent aux chefs de leur ville. 15 Ce sont : Ozias, fils de Mika, de la tribu de Siméon, Chabris, fils d'Otniel, et Karmi, fils de Melkiel. 16 Ils réunissent tous les anciens de la ville. Les jeunes gens et les femmes viennent à l'assemblée en courant. On place Akior au milieu de la foule, et Ozias lui demande ce qui est arrivé. 17 Akior répond en racontant ce que les gens ont dit dans le conseil d'Holopherne. Il leur fait connaître aussi tout ce qu'il a dit lui-même aux chefs assyriens et les paroles orgueilleuses d'Holopherne contre le peuple d'Israël. 18 Alors le peuple se met à genoux devant Dieu, le front contre le sol, et il le prie à haute voix en disant : 19 « Seigneur, Dieu qui es au ciel, regarde l'orgueil de nos ennemis. Aie pitié de ton peuple qu'ils couvrent de mépris. Regarde aujourd'hui ceux qui t'appartiennent. »

20 Puis les Israélites rendent courage à Akior et le félicitent vivement. 21 Ozias l'emmène dans sa maison et il prépare un repas pour les *anciens. Pendant toute la nuit, ils appellent au secours le Dieu d'Israël.

L'armée d'Holopherne attaque la ville de Bétulie

7 1 Le jour suivant, Holopherne donne ces ordres à toute son armée et à toutes les troupes qui sont venues l'aider : « Marchez sur Bétulie, occupez les chemins qui conduisent aux montagnes, et attaquez les Israélites ! » 2 Tous les hommes capables de combattre se mettent en route. L'armée comprend 170 000 soldats à pied, 12 000 cavaliers, sans compter les bagages et les hommes à pied qui en sont chargés. Il y a là une foule très nombreuse. 3 Ils s'installent dans la plaine proche de Bétulie, près de la source. Ils occupent toute la région depuis Dotan jusqu'à Belbaïm dans un sens, et de Bétulie à Kyamon en face d'Izréel dans l'autre sens. 4 Quand les Israélites voient cette foule, ils tremblent de peur et se disent entre eux : « Ces gens-là vont détruire tout le pays. Les hautes montagnes, les ravins, les collines vont être écrasées sous leur nombre ! »

5 Chacun prend ses armes pour combattre. Ils allument des feux sur les tours et montent la garde toute la nuit. 6 Le jour suivant, Holopherne fait sortir tous ses cavaliers face aux Israélites de Bétulie. 7 Il examine les chemins qui montent à la ville, il fait le tour des points

d'eau et les occupe. Là, il place des postes de garde, puis il retourne auprès de son armée. 8 Alors, tous les chefs édomites, les commandants moabites, les généraux de la côte de la mer Méditerranée s'approchent d'Holopherne et lui disent : 9 « Maître, si tu veux bien nous écouter, il n'y aura pas de morts dans ton armée. 10 Les Israélites ne comptent pas sur leurs armes, mais sur les hauteurs des montagnes où ils habitent. Car il n'est pas facile d'atteindre ces sommets. 11 Eh bien, maître, ne leur fais pas la guerre en face, ainsi, aucun de tes soldats ne mourra. 12 Reste dans ton camp, et là, garde les hommes de ton armée à l'abri. Tes serviteurs vont prendre seulement la source qui coule au pied de la montagne. 13 En effet, c'est là que les habitants de Bétulie prennent leur eau. Sans eau, ils mourront de soif, et ils seront obligés de livrer leur ville. Nous, nous monterons sur les sommets voisins avec nos troupes. Nous y placerons des postes de garde, et personne ne pourra sortir de la ville. 14 Les habitants mourront de faim, eux, leurs femmes et leurs enfants. Avant que nous les attaquions, on trouvera leurs corps étendus dans les rues de la ville. 15 Ils se sont révoltés et ne sont pas venus te demander la paix. Donc faisleur payer cette révolte très cher. »

16 Holopherne et ses officiers acceptent leurs paroles, et il commande de faire ce qu'ils ont conseillé. 17 Les troupes ammonites et 5 000 Assyriens viennent s'installer dans la vallée. Ils occupent les points d'eau et les sources des Israélites. 18 Les Édomites et les Ammonites montent et installent leur camp dans la région montagneuse en face de Dotan. Puis ils envoient certains d'entre eux vers le sud et l'est en face d'Égrebel, près de Chous, au bord du torrent de Mochmour. Le reste des troupes assyriennes installe son camp dans la plaine et il la recouvre entièrement. Leurs tentes et leurs bagages forment un camp très étendu, et ils sont une foule extraordinaire. 19 Les Israélites crient vers le Seigneur leur Dieu, car ils sont découragés. Leurs ennemis les entourent, et il n'est pas possible de leur échapper. 20 Toute l'armée assyrienne, les soldats à pied, les chars et les cavaliers entourent les Israélites pendant 34 jours.

Ozias veut rendre courage aux habitants de Bétulie

Les habitants de Bétulie voient leurs réserves d'eau se vider. 21 Les citernes n'ont plus d'eau. Personne ne peut boire à sa soif une seule journée, car l'eau est mesurée. 22 Les enfants sont très faibles, les femmes et les jeunes gens sont épuisés par la soif. Ils tombent dans les rues et près des *portes de la ville. Ils n'ont plus aucune force. 23 Tout le peuple, jeunes gens, femmes et enfants se rassemblent auprès d'Ozias et des chefs de la ville. Ils crient très fort et disent devant tous les *anciens : 24 « Que Dieu soit juge entre vous et nous ! Aujourd'hui, vous nous avez mis dans une situation difficile en ne faisant pas la paix avec les Assyriens. 25 Maintenant, personne ne peut venir à notre secours. Dieu nous a livrés à leur pouvoir. Nous allons tous mourir de soif et dans une grande misère sous leurs yeux. 26 Il faut donc appeler les gens d'Holopherne et toute son armée. Qu'ils pillent la ville ! 27 Oui, il vaut mieux tomber entre leurs mains. Nous serons leurs esclaves, mais nous resterons en vie et nous ne verrons pas mourir nos bébés, nos femmes et nos enfants ! 28 Nous vous en supplions, au nom du *ciel et de la terre, au nom de notre Dieu, le Seigneur de nos ancêtres, lui qui nous punit à cause de nos fautes et des péchés de nos ancêtres : agissez pour qu'il nous évite ces malheurs aujourd'hui ! »

29 Dans la foule, tout le monde gémit en même temps. Tous crient vers le Seigneur d'une voix forte. 30 Alors Ozias leur dit : « Courage, frères et sœurs ! Résistons encore cinq jours. Le Seigneur notre Dieu aura pitié de nous à ce moment-là. Il ne peut pas nous abandonner complètement. 31 Si ces cinq jours passent et qu'aucune aide n'arrive, je ferai ce que vous demandez. »

32 Ensuite, Ozias renvoie tout le monde. Les hommes reprennent les postes sur les murs et les tours de la ville. Les femmes et les enfants rentrent à la maison. Tous les habitants sont désespérés.

Présentation de Judith

8 1 Judith apprend ce qui arrive. Elle est la fille de Mérari, le fils d'Ox. Ox est le fils de Joseph. Joseph est le fils d'Ouziel. Ouziel est le fils de Hilquia. Hilquia est le fils d'Ananias. Ananias est le fils de Gédéon. Gédéon est le fils de Rafaïn. Rafaïn est le fils d'Akitob. Akitob est le fils d'Élie. Élie est le fils de Hilquia. Hilquia est le fils d'Éliab. Éliab est le fils de Nathanaël. Nathanaël est le fils de Salamiel. Salamiel est le fils de Sarasadaï. Sarasadaï est le fils de Jacob. 2 Judith avait été la femme de Manassé. Celui-ci était de la même tribu et du même clan qu'elle. Il était mort au moment de la récolte de *l'orge. 3 Il surveillait ceux qui attachaient les *gerbes dans les champs. La chaleur brûlante du soleil lui a frappé la tête. Il s'est couché et il est mort à Bétulie, sa ville. On l'a enterré avec ses ancêtres dans le champ situé entre Dotan et Balamon.

4 Judith est veuve depuis trois ans et quatre mois. Elle reste chez elle. 5 Elle a fait dresser une hutte sur la terrasse de sa maison. Elle porte une étoffe grossière sous ses vêtements de veuve. 6 Depuis la mort de son mari, elle *jeûne tous les jours, sauf la veille et le jour du *sabbat et de la *nouvelle lune. Elle ne jeûne pas non plus les jours de fête, ni les jours de joie du peuple d'Israël. 7 Judith est belle et elle a beaucoup de charme. Manassé, son mari, lui a laissé de l'or, de l'argent, des serviteurs, des servantes, des troupeaux et des champs. Elle veille sur toutes ses richesses. 8 Personne ne peut rien dire de mal contre elle, parce qu'elle respecte beaucoup Dieu.

9 Judith apprend qu'il n'y a plus d'eau. Les gens sont découragés et ils critiquent le chef de la ville. Judith apprend aussi tout ce qu'Ozias leur a dit et qu'il a juré de livrer la ville de Bétulie aux Assyriens dans cinq jours. 10 Alors Judith envoie la servante qui s'occupe de tous ses biens chez Ozias, Chabris et Charmi, pour les inviter à venir chez elle.

Judith et les chefs de Bétulie

11 Quand les chefs arrivent chez Judith, elle leur dit : « Écoutez-moi, chefs des habitants de Bétulie. Ce que vous avez dit au peuple n'est pas juste. Vous avez fait un serment où vous engagez Dieu et vous-mêmes. Vous avez promis de livrer la ville à nos ennemis, si le Seigneur n'envoie pas de secours d'ici cinq jours. 12 Qui êtes-vous, pour provoquer Dieu en ce jour, pour vouloir prendre sa place dans les affaires humaines ? 13 Vous voulez voir ce que le Seigneur tout-puissant peut faire, pourtant vous ne connaîtrez jamais ses intentions. 14 Vous ne pouvez pas connaître les profondeurs du cœur humain ni comprendre ce que les gens pensent. Alors, comment pouvez-vous comprendre le Dieu qui a fait tout ce nous voyons ? Est-ce que vous pouvez connaître ce qu'il pense ou découvrir ses projets ? Mes frères, ne provoquez pas la *colère du Seigneur notre Dieu. 15 S'il ne vient pas à notre secours dans cinq jours, il a le pouvoir de nous aider quand il veut, ou au contraire de nous laisser mourir sous les yeux de nos ennemis. 16 Ne demandez pas de garantie au sujet des décisions du Seigneur notre Dieu. Dieu n'est pas comme un être humain, on ne peut pas l'obliger à agir ni le forcer à passer des accords. 17 Attendons avec patience qu'il nous délivre, et continuons à lui demander de venir à notre aide. Il nous écoutera s'il le juge bon. 18 Dans les générations qui étaient avant nous et jusqu'à aujourd'hui, aucune tribu, aucune famille, aucun clan, aucune population de nos villes ou de nos villages n'a adoré de dieux fabriqués par des mains humaines, comme cela était arrivé autrefois. 19 C'est pourquoi nos ancêtres ont souffert de la guerre, leurs ennemis les ont pillés et ils les ont complètement écrasés. 20 Mais nous, nous ne connaissons pas d'autre Dieu que le Seigneur. C'est pourquoi nous espérons qu'il ne nous abandonnera pas, ni nous ni les gens de notre peuple. 21 Si notre ville est prise, toute la Judée le sera aussi. Notre temple sera pillé, il deviendra *impur, et Dieu nous le fera payer de notre vie. 22 Si les gens de notre peuple sont tués, s'ils sont déportés et deviennent esclaves, si notre pays est détruit, Dieu nous en rendra responsables. Nous serons esclaves de peuples étrangers. Nos nouveaux maîtres nous regarderont avec mépris et nous insulteront. 23 No-

tre esclavage ne provoquera la pitié de personne, au contraire, le Seigneur en fera pour nous une cause de honte. 24 Alors, montrons aux gens de notre peuple que leur vie dépend de nous. Le sort du *lieu saint, du temple et de *l'autel est entre nos mains. 25 Pour tout cela, remercions le Seigneur notre Dieu qui veut voir ce que nous valons, comme il l'a fait avec nos ancêtres. 26 Rappelez-vous comment il a agi avec Abraham, et comment il a mis Isaac à l'épreuve. Souvenez-vous aussi de tout ce qui est arrivé à Jacob en Haute-*Mésopotamie, quand il gardait les moutons de Laban, le frère de sa mère. 27 Il les a fait souffrir pour voir le fond de leur cœur. Mais il n'a pas agi ainsi avec nous, il ne nous a pas punis. C'est pour les avertir que le Seigneur frappe ceux qui sont proches de lui. »

28 Ozias répond à Judith : « Tout ce que tu viens de dire est juste, et personne ne peut dire le contraire. 29 Tu as toujours été une personne sage. Dès ta jeunesse, tout le peuple a reconnu ton intelligence et la valeur de ton cœur. 30 Mais les gens mouraient de soif et ils nous ont poussés à faire ce que nous leur avions promis et à nous lier par un serment. Maintenant, nous sommes obligés de le respecter. 31 Tu es une femme fidèle à Dieu. Donc, prie pour nous le Seigneur afin qu'il nous envoie la pluie. Nos citernes se rempliront, et nous ne serons plus épuisés par la soif. »

32 Judith leur dit alors : « Écoutez-moi, je vais faire quelque chose. Ceux qui viendront après nous en entendront parler de génération en génération. 33 Cette nuit, vous resterez à la porte de la ville, et moi, je sortirai avec ma servante. Avant le moment que vous avez décidé pour livrer la ville à nos ennemis, le Seigneur viendra au secours d'Israël en se servant de moi. 34 Mais ne cherchez pas à savoir ce que je vais faire. Je ne vous dirai rien avant d'avoir réalisé mon projet. » 35 Ozias et les autres chefs lui disent : « Va en paix ! Que le Seigneur Dieu t'accompagne pour nous venger de nos ennemis ! »

36 Ils quittent la hutte de Judith et ils retournent à leurs postes.

Prière de Judith

9 1 Judith se met à genoux, le front contre le sol. Elle se couvre la tête de cendre et elle laisse paraître l'étoffe grossière qu'elle porte sous ses vêtements. C'est le soir, au moment où, à Jérusalem, les Israélites offrent les parfums au temple. Elle prie le Seigneur à haute voix : 2 « Seigneur, tu es le Dieu de Siméon, mon ancêtre. Tu lui as donné une *épée pour tuer des étrangers qui avaient fait violence à sa jeune sœur[j]. Ces gens-là lui avaient fait perdre son honneur en lui arrachant ses vêtements et en abusant d'elle. Tu avais dit alors : "C'est interdit", pourtant ils l'ont fait. 3 C'est pourquoi tu as livré leurs chefs à la mort. Ils ont été trompés à leur tour : le lit sur lequel ils avaient enlevé l'honneur de la jeune fille a été couvert de leur sang. Tu as frappé les esclaves avec leurs maîtres et les rois sur leurs sièges. 4 Tu as laissé emmener leurs femmes, leurs filles sont devenues des esclaves. Tous leurs biens ont été partagés entre tes fils très aimés, les Israélites. Ils étaient ardents pour t'obéir. Ils ont eu horreur de la honte qui couvrait leur famille, et ils ont demandé ton aide.

« Dieu, mon Dieu, écoute-moi, moi qui suis veuve. 5 Tout ce qui est arrivé dans le passé, ce qui arrive aujourd'hui, ce qui arrivera demain, c'est toi qui le fais. Le présent et l'avenir, c'est toi qui le décides, et les projets que tu as formés se réalisent. 6 Les événements décidés par toi se présentent et te disent : "Nous voici !" En effet, toutes tes actions sont préparées, et tu sais à l'avance les jugements que tu vas prononcer. 7 Tu le vois, Seigneur, les Assyriens sont venus, nombreux et forts. Ils sont fiers de leurs chevaux et de leurs cavaliers. Ils sont pleins d'orgueil à cause de la force de leurs soldats à pied. Ils comptent sur leurs *boucliers, leurs lances, leurs arcs et leurs frondes. Ils ignorent que tu es le Seigneur qui peut arrêter les guerres. 8 Ton nom est le

j **9.2** *Il s'agit de Dina, fille de Jacob. Voir Genèse 34.*

Seigneur. Brise leur violence par ta puissance
et abats leur force dans ta *colère. Oui, ils ont
fait le projet de rendre *impurs ton *saint temple, la tente où tu es présent dans ta *gloire, et
de renverser ton *autel avec leurs armes. 9 Regarde leur orgueil, fais peser sur eux ta colère.
Donne à ma main de veuve la force de réaliser
le projet que j'ai formé. 10 Avec mes paroles
trompeuses, fais tomber le maître et l'esclave,
le chef et les soldats. Détruis leurs projets orgueilleux par la main d'une femme ! 11 Car ta
force ne s'appuie pas sur le grand nombre ni
ton pouvoir sur les puissants. Mais tu es le
Dieu des gens simples, le secours des petits,
le défenseur des faibles, le protecteur des
abandonnés, le sauveur des désespérés. 12 Je
te supplie, Dieu de mon père, Dieu du pays
d'Israël, maître du ciel et de la terre, créateur
des mers, roi de tout ce que tu as créé, écoute
ma prière. 13 Permets que mes paroles trompeuses blessent et détruisent ceux qui ont
fait des projets terribles contre ton *alliance,
contre ton *saint temple, contre la montagne
de *Sion et le pays habité par ton peuple.
14 Fais connaître ceci à tout ton peuple et à toutes ses tribus : tu es le Dieu tout-puissant et
fort, et en dehors de toi, personne ne veille
sur le peuple d'Israël. »

Judith va dans le camp ennemi

10 1 Quand Judith a fini de prier et de dire
toutes ces paroles au Dieu d'Israël,
2 elle se relève et appelle sa servante. Puis
elle descend dans la maison, là où elle passe
les jours de sabbat et de fête. 3 Elle enlève
l'étoffe grossière qu'elle porte et quitte ses vêtements de veuve. Elle se lave et se parfume
d'huile précieuse. Elle se peigne et attache
ses cheveux avec un bandeau. Elle prend les
habits de fête qu'elle portait quand Manassé,
son mari, vivait encore. 4 Elle met des sandales et se couvre de tous ses bijoux : colliers,
bracelets, bagues, boucles d'oreilles. Elle se
fait très belle pour plaire aux hommes qui la
verront. 5 Elle donne à sa servante une *outre
de vin et un récipient plein d'huile. Elle place
dans un panier de la farine *d'orge, un gâteau
de fruits secs, des pains purs. Elle enveloppe
avec soin toutes ces provisions et en charge
sa servante. 6 Ensuite, toutes deux sortent
vers la *porte de Bétulie. Elles rencontrent
Ozias et deux *anciens de la ville, Chabris et
Charmi, qui sont au poste de garde. 7 Quand
ils voient Judith, le visage transformé et ses
habits changés, ils admirent sa beauté et lui disent : 8 « Que le Dieu de nos ancêtres te montre sa bonté ! Qu'il te donne de réaliser tes
projets pour l'honneur du peuple d'Israël et
la grandeur de Jérusalem ! » 9 Judith adore
Dieu, puis elle dit aux trois hommes : « Donnez l'ordre d'ouvrir la porte de la ville. Je
vais sortir et réaliser ce que nous avons dit ensemble. »

Alors ils commandent aux jeunes gardes de
lui ouvrir comme elle l'a demandé. 10 Les gardes obéissent. Judith sort de la ville avec sa
servante. Les habitants de la ville la suivent
des yeux pendant qu'elle descend la montagne et traverse la vallée. Puis ils ne la voient
plus.

11 Judith et sa servante marchent tout droit
dans la vallée. Elles rencontrent les soldats
d'un avant-poste assyrien. 12 Ils arrêtent Judith
et lui demandent : « De quel peuple es tu ?
D'où viens-tu ? Où vas-tu ? » Elle répond :
« Je suis une femme du peuple hébreu. Je
m'enfuis de chez eux, parce qu'ils vont bientôt tomber en votre pouvoir. 13 Je viens voir
Holopherne, votre général en chef, pour lui
donner des renseignements sûrs. Je lui montrerai le chemin à suivre pour prendre toute
la région montagneuse sans perdre un seul
de ses soldats. » 14 Les soldats l'écoutent en ob-
servant son visage. Ils la trouvent vraiment
très belle. Ils lui disent : 15 « Tu as sauvé ta
vie en descendant aussi vite pour te présenter
à notre général. Maintenant, va jusqu'à sa
tente. Certains d'entre nous t'accompagne-
ront pour te conduire jusqu'à lui. 16 Quand
tu seras devant lui, n'aie pas peur. Mais
répète-lui tes paroles, et il te traitera bien. »

17 Ils choisissent parmi eux 100 hommes
pour accompagner Judith et sa servante. Ils
la conduisent jusqu'à la tente d'Holopherne.
18 Les soldats se rassemblent à travers tout le
camp, car on a annoncé son arrivée. Ils forment un cercle autour d'elle. Judith se tient
à l'extérieur de la tente d'Holopherne en at-

tendant qu'il apprenne sa venue. 19 Ils admirent sa beauté et sont surpris qu'elle fasse partie du peuple d'Israël. Ils se disent entre eux :
« Qui peut mépriser ce peuple qui a des femmes comme celle-là ? Il ne faut pas laisser en
vie un seul Israélite ! Ceux qui resteront en
vie pourront tromper toute la terre ! »

20 Les gardes d'Holopherne et ses officiers
sortent et il font entrer Judith sous sa tente.
21 Holopherne se repose sur son lit, sous une
moustiquaire faite d'un très beau tissu rouge.
Elle est ornée d'or, de pierres précieuses vertes et d'autres pierres précieuses. 22 On annonce à Holopherne que Judith est là. Alors
il va à l'entrée de sa tente. Des serviteurs
qui portent des torches d'argent marchent devant lui. 23 Judith arrive devant Holopherne et
ses officiers. Tous admirent la beauté de son
visage. Elle se met à genoux devant Holopherne, le front contre le sol, mais les serviteurs de celui-ci la relèvent.

Judith devant Holopherne

11 1 Holopherne lui dit : « Confiance, n'aie
pas peur ! Je n'ai jamais fait de mal à une
personne qui a décidé de servir Nabucodonosor, le roi de toute la terre. 2 Si ton peuple, qui
habite dans cette région montagneuse ne
m'avait pas méprisé, je ne leur aurais pas
fait la guerre. Ce sont eux qui l'ont voulu.
3 Dis-moi, tu t'es enfuie de chez eux et tu
es venue chez nous. Pourquoi donc ? Tu es
venue pour sauver ta vie, n'est-ce pas ?
Confiance ! Tu resteras en vie cette nuit et à
l'avenir. 4 Personne ne te fera de mal. Au
contraire, tu seras aussi bien traitée que les
serviteurs de mon maître, le roi Nabucodonosor. »

5 Judith dit à Holopherne : « Accepte les paroles de ton esclave. Écoute-moi, mon maître,
cette nuit, je ne te dirai aucun mensonge. 6 Si
tu suis mon conseil, Dieu fera réussir ton projet. Tu n'échoueras pas dans ce que tu fais.
7 Aussi vrai que Nabucodonosor, le roi de
toute la terre, est vivant, et que sa puissance
est grande, je le jure : il t'a envoyé pour remettre tout être vivant sur le bon chemin. Grâce à
toi, les humains obéiront au roi. De plus,
grâce à ton pouvoir, les bêtes sauvages, les
troupeaux et les oiseaux, vivront pour Nabucodonosor et sa famille. 8 Nous avons appris
que tu es sage et habile. Tout le monde le
sait, tu es le plus courageux de tout le
royaume, riche en expérience et remarquable
dans les affaires militaires.

9 « Nous connaissons les paroles dites par
Akior à ton conseil : des hommes de Bétulie
ont recueilli Akior, et il leur a raconté tout
ce qu'il a dit devant toi. 10 Mon seigneur
et maître, prends ses paroles au sérieux.
Médite-les, car Akior a dit la vérité : les gens
de notre peuple ne peuvent pas être punis,
*l'épée ne peut rien contre eux, sauf s'ils pè-
chent contre leur Dieu. 11 Et c'est ce qui arrive maintenant. C'est pourquoi tu ne seras
pas repoussé, tu n'échoueras pas. La mort
va frapper les Israélites. En effet, le péché
les a saisis, et ils vont provoquer la *colère
de Dieu, comme chaque fois qu'ils font le
mal. 12 Ils n'ont plus de nourriture, l'eau est
devenue rare. Ils ont décidé de manger leurs
animaux, et tout ce que la *loi de Dieu interdit de manger. 13 Ils vont manger aussi le premier *blé récolté avec la dixième partie du
vin et de l'huile. Or, ils ont mis tout cela
de côté pour les prêtres qui servent notre
Dieu à Jérusalem, et personne d'autre dans
le peuple n'a le droit de les toucher. 14 Mais
les habitants de Jérusalem ont déjà désobéi
à ce commandement. Et les habitants de Bétulie ont demandé la même autorisation au
conseil des *anciens. 15 Le jour même où ils
recevront cette autorisation, ils mangeront
ces aliments. Alors Dieu les livrera en ton
pouvoir, et ils seront perdus. 16 Quand j'ai appris cela, j'ai fui de chez eux. Dieu m'a envoyée pour faire avec toi quelque chose de
grand. Tous les gens qui en entendront parler
seront étonnés. 17 Moi, ta servante, je suis
une femme fidèle au Dieu qui est au ciel, je
le prie jour et nuit. Et maintenant, je vais rester auprès de toi. Mais je sortirai du camp
toutes les nuits pour aller prier Dieu dans
le ravin. C'est lui qui me fera savoir à quel
moment ils commettront ces fautes. 18 Je viendrai te le dire. Alors tu iras les attaquer avec
toute ton armée, et personne ne te résistera.
19 Ensuite, je te conduirai à travers la Judée,

jusqu'à Jérusalem. Je mettrai ton siège de chef au milieu de la ville. Tu conduiras ses habitants comme des moutons sans berger, et aucun chien n'aboiera contre toi. Cela m'a été dit et annoncé par avance, et je suis envoyée pour te prévenir. »

20 Les paroles de Judith plaisent à Holopherne et à ses officiers. Ils admirent sa sagesse et disent : 21 « D'un bout du monde à l'autre, aucune femme n'est aussi belle, aucune ne parle avec autant d'intelligence ! » 22 Holopherne dit à Judith : « Dieu a bien fait de t'envoyer ici, en avant de ton peuple, pour me donner la victoire et pour détruire ceux qui ont méprisé Nabucodonosor, mon maître. 23 Et toi, tu es belle et tu parles bien. Si tu fais comme tu l'as dit, ton Dieu sera mon Dieu. Tu habiteras dans le palais du roi Nabucodonosor et tu seras célèbre dans le monde entier. »

Judith reste dans le camp ennemi

12 1 Holopherne fait conduire Judith à sa table couverte de plats d'argent. Il commande de lui servir ce qu'il mange et boit lui-même. 2 Mais Judith lui dit : « Je ne peux pas manger ta nourriture, sinon je vais commettre une faute contre la loi de mon Dieu. Ce que j'ai apporté sera assez pour moi. » 3 Holopherne lui répond : « Mais quand tu n'auras plus de cette nourriture-là, où la prendre pour te la donner ? Il n'y a aucun Israélite dans notre camp. » 4 Mais Judith lui dit : « Aussi vrai que tu es vivant, mon maître, je n'aurai pas fini de manger ce que j'ai apporté avant que le Seigneur réalise par moi ce qu'il veut. »

5 Alors les officiers d'Holopherne la conduisent dans sa tente. Là, elle dort jusqu'au milieu de la nuit. Avant le lever du soleil, elle est debout. 6 Elle fait demander à Holopherne : « Je vais sortir pour prier. Donne des ordres pour qu'on me laisse passer. » 7 Holopherne commande à ses gardes de ne pas l'empêcher de sortir.

Judith reste trois jours à l'intérieur du camp. Chaque nuit, elle va au ravin de Bétulie se baigner à la source. 8 Quand elle remonte de l'eau, elle prie le Seigneur, Dieu d'Israël. Elle lui demande de la diriger pour sauver son peuple. 9 Quand Judith est *purifiée, elle retourne dans sa tente. Elle reste là jusqu'au moment où on lui apporte sa nourriture, vers le soir.

Le grand repas d'Holopherne

10 Le quatrième jour, Holopherne fait un grand repas pour ses serviteurs les plus proches. Il n'invite pas les chefs de son armée. 11 Il dit à Bagoas, *l'eunuque chargé de ses affaires : « Va trouver cette femme israélite qui est chez toi. Persuade-la de venir manger et boire avec nous. 12 Car ce serait une honte pour nous de laisser partir une femme comme elle sans nous unir à elle. Si nous ne la faisons pas venir, elle se moquera de nous. »

13 Bagoas sort de la tente d'Holopherne et il va chez Judith. Il lui dit : « Belle servante, n'hésite pas à venir chez mon maître pour être honorée en sa présence. Dans la joie, tu boiras du vin avec nous et tu seras aujourd'hui comme les jeunes Assyriennes qui vivent dans le palais du roi Nabucodonosor. » 14 Judith lui répond : « Qui suis-je pour m'opposer à mon maître ? Je ferai sans hésiter tout ce qui lui plaira, et ce sera une joie pour moi. Je m'en souviendrai jusqu'au jour de ma mort. »

15 Puis Judith va mettre ses plus beaux vêtements et tous ses bijoux de femme. Sa servante va dans la tente d'Holopherne et elle étend par terre des peaux de moutons devant le général. Bagoas les avait données à Judith pour s'étendre pendant son repas de chaque jour. 16 Judith entre dans la tente et s'étend sur les peaux. Holopherne est bouleversé et son esprit se trouble. Il ressent un violent désir de s'unir à elle. Depuis le jour où il l'a vue, il attendait le bon moment pour la posséder. 17 Holopherne lui dit : « Bois et réjouis-toi avec nous ! » 18 Judith lui répond : « Oui, maître, je vais boire car, depuis ma naissance, je n'ai jamais reçu autant d'honneur. »

19 Elle mange et boit en face de lui ce que sa servante lui a préparé. 20 Holopherne est sous le charme de sa beauté. C'est pourquoi il boit beaucoup de vin. Il n'en a jamais bu autant en un seul jour depuis sa naissance.

Judith coupe la tête d'Holopherne

13 1 Il est tard, les serviteurs d'Holopherne se dépêchent de partir. Bagoas fait sortir les gens qui sont encore là et il ferme la tente d'Holopherne de l'extérieur. Ils vont tous se coucher. En effet, ils sont fatigués parce qu'ils ont trop bu. 2 Judith est seule dans la tente avec Holopherne. Celui-ci est étendu sur son lit, complètement ivre. 3 Judith dit à sa servante : « Reste à l'extérieur de la tente. Attends que je sorte du camp comme chaque jour, car je veux aller prier. Elle dit la même chose à Bagoas. »

4 Alors tous les serviteurs se retirent, personne, du plus petit au plus grand, ne reste dans la chambre à coucher. Judith est debout près du lit d'Holopherne, elle fait cette prière en elle-même : « Seigneur, Dieu tout-puissant, regarde avec bonté ce que je vais accomplir pour l'honneur de Jérusalem. 5 Le moment est venu de sauver ton peuple. Fais donc réussir le projet que j'ai fait pour abattre les ennemis dressés contre nous. » 6 Alors Judith s'avance vers la barre du lit proche de la tête d'Holopherne et elle prend *l'épée de celui-ci. 7 Elle s'approche plus près du lit, saisit les cheveux d'Holopherne. Elle prie ainsi : « Maintenant, Seigneur, Dieu d'Israël, rends-moi forte. » 8 Avec l'arme, elle frappe deux fois et avec toutes ses forces le cou d'Holopherne, et elle lui coupe la tête. 9 Elle descend le corps, le roule en bas du lit et arrache la moustiquaire. Puis elle sort et donne la tête d'Holopherne à sa servante. 10 Celle-ci la cache dans le panier où elle mettait sa nourriture. Puis elles sortent toutes les deux pour aller prier comme d'habitude. Elles traversent le camp et font le tour du ravin. Elles montent la montagne de Bétulie et arrivent aux portes de la ville.

Judith revient à Bétulie

11 De loin, Judith crie vers les gardes : « Ouvrez ! Ouvrez vite la porte ! Notre Dieu est avec nous ! Il vient de montrer son pouvoir à Israël et sa puissance contre nos ennemis. » 12 Dès que les hommes de Bétulie entendent la voix de Judith, ils vont vite à la *porte de la ville et réunissent les *anciens. 13 Tout le monde, du plus petit au plus grand, se présente à la porte. En effet, ils n'arrivent pas à croire que Judith est revenue. Les gens ouvrent la porte et ils reçoivent les deux femmes. Ils allument un feu pour mieux voir et ils les entourent. 14 Judith leur dit d'une voix forte : « Chantez la louange de Dieu ! Chantez-le ! Il n'a pas retiré sa bonté du peuple d'Israël, mais cette nuit, il s'est servi de moi pour abattre nos ennemis. » 15 Puis elle sort la tête du panier, elle la montre aux gens et dit : « Voici la tête d'Holopherne, le général en chef des armées assyriennes. Et voici la moustiquaire sous laquelle il était couché, complètement ivre. Le Seigneur l'a frappé par la main d'une femme ! 16 Vive le Seigneur ! Il m'a protégée dans toute cette affaire. Mon visage a attiré cet homme : c'était pour le perdre. Il ne m'a pas touchée. Ainsi, j'ai évité la honte, et je n'ai pas perdu mon honneur. »

17 Tout le peuple est complètement bouleversé. Les gens s'inclinent pour adorer Dieu et ils disent tous ensemble : « Ô notre Dieu, nous te louons, toi qui as détruit aujourd'hui les ennemis de ton peuple ! »

18 Ozias dit à Judith : « Ma fille, plus que toutes les femmes de la terre, le Dieu très-haut te *bénit. Louange au Seigneur Dieu, Créateur du ciel et de la terre ! Il t'a conduite pour couper la tête du chef de nos ennemis. 19 Les gens n'oublieront jamais comment tu as gardé l'espoir. Ils se souviendront toujours de cette puissante action de Dieu. 20 Que Dieu lui-même te rende célèbre pour toujours et te couvre de ses bienfaits ! Oui, tu as risqué ta vie pour ton peuple abattu. En prenant un chemin droit devant notre Dieu, tu as empêché que nous soyons détruits ! » Tout le peuple répond : « Oui, qu'il en soit ainsi ! »

Akior devient membre du peuple d'Israël

14 1 Ensuite Judith leur dit : « Écoutez-moi, frères, prenez cette tête et placez-la en haut des murs de votre ville. 2 Demain, très tôt le matin, au lever du soleil, chacun de vous prendra ses armes de guerre. Tous les hommes forts sortiront de la ville. Choisissez un chef, et faites comme si vous vouliez descendre dans la plaine, vers les postes avancés des Assyriens. Mais ne descendez pas. 3 Les soldats assyriens vont prendre leurs armes. Ils iront vite dans leur camp pour réveiller les chefs de leur armée. Ceux-ci courront vers la tente d'Holopherne. Mais ils ne le trouveront pas vivant. Ils seront effrayés et fuiront devant vous. 4 Vous et tous les habitants d'Israël, vous les poursuivrez et vous les abattrez dans leur fuite. 5 Mais avant cela, appelez Akior l'Ammonite. Il doit voir et reconnaître l'homme qui a parlé d'Israël avec mépris, et qui l'a envoyé vers nous pour qu'il meure. »

6 Ils font venir Akior qui est dans la maison d'Ozias. Quand il arrive, il voit la tête d'Holopherne dans la main d'un membre de l'assemblée du peuple. Alors Akior tombe par terre, évanoui. 7 On le relève, et il court se jeter aux pieds de Judith. Il s'incline devant elle et dit : « Que Dieu te *bénisse dans toutes les maisons de Judée ! Tous les peuples qui entendront ton nom trembleront de peur. 8 Et maintenant, raconte-moi ce que tu as fait ces jours-ci. »

Devant tout le peuple, Judith lui raconte tout ce qu'elle a fait depuis le jour où elle est sortie de la ville jusqu'au moment présent. 9 Quand elle a fini de parler, le peuple pousse des cris de victoire et fait entendre bruyamment sa joie dans la ville. 10 Akior voit tout ce que le Seigneur a fait pour Israël. Alors il croit vraiment en Dieu et se fait *circoncire. Il fait ainsi partie du peuple d'Israël pour toujours[k].

11 Le jour suivant, quand le soleil se lève, on suspend la tête d'Holopherne au mur de la ville. Alors chaque homme prend ses armes, et tous sortent par groupes vers les pentes de la montagne. 12 Quand les Assyriens les voient, ils envoient des soldats prévenir leurs officiers. Ceux-ci vont trouver leurs généraux, leurs chefs et tous les commandants. 13 Ils vont à la tente d'Holopherne et disent à Bagoas, responsable des affaires du général en chef : « Réveille notre général ! Ces esclaves osent descendre pour combattre contre nous. Ils vont se faire tuer jusqu'au dernier ! »

14 Bagoas entre et frappe à l'entrée de la tente. Il pense qu'Holopherne dort avec Judith. 15 Mais comme personne ne répond, il ouvre l'entrée et pénètre dans la chambre à coucher. Il découvre Holopherne mort, jeté sur un tabouret, sans tête. 16 Bagoas pousse alors un grand cri. Il pleure, il gémit, il hurle et *déchire ses vêtements. 17 Puis il entre dans la tente de Judith, mais elle n'y est pas. Alors il se précipite vers la foule des officiers en criant : 18 « Ces esclaves se sont révoltés, une seule femme parmi les Hébreux a couvert de honte le roi Nabucodonosor et toute sa maison ! Holopherne est là par terre, la tête coupée. »

19 Quand les chefs de l'armée assyrienne entendent les paroles de Bagoas, ils sont bouleversés et déchirent leurs vêtements. Ils poussent des cris et des hurlements, et on les entend dans tout le camp.

Les ennemis d'Israël s'enfuient

15 1 Quand les soldats assyriens qui sont dans les tentes apprennent la nouvelle, ils sont sans voix devant ce qui est arrivé. 2 Effrayés et tremblants de peur, ils abandonnent le camp tous en même temps. Ils fuient chacun de leur côté par les chemins de la plaine et de la montagne. 3 Ceux qui campaient dans les montagnes autour de Bétulie s'enfuient aussi. Alors tous les Israélites capables de combattre se mettent à poursuivre les Assyriens.

4 Ozias envoie des messagers à Bétomestaïm, à Bébaï, à Choba, à Kola et dans tout le pays d'Israël pour annoncer ce qui est arrivé. Ils invitent tout le monde à poursuivre les ennemis pour les tuer. 5 Dès que les Israélites entendent cela, ils se jettent tous ensemble sur les ennemis, ils les battent jusqu'à Choba. Les habitants de Jérusalem et de toute la région montagneuse arrivent aussi. En effet, des gens leur ont raconté ce qui s'est passé

---

k **14.10** *C'est un fait exceptionnel pour les Israélites d'accepter un étranger ammonite comme membre de leur peuple. Voir Deutéronome 23.4-5.*

dans le camp assyrien. Les gens de Galaad et
de Galilée attaquent les ennemis sur le côté.
Ils les frappent durement jusqu'à Damas et
toute la région.
6 Les habitants de Bétulie qui restent descendent dans le camp des Assyriens. Ils le pillent et emportent des richesses de guerre en
grande quantité. 7 Quand les Israélites reviennent après avoir tué les Assyriens, ils prennent les biens qui restent. Les habitants des
villages et des femmes de la région montagneuse et de la plaine emportent beaucoup
de richesses de guerre, eux aussi, car il y en
a une grande quantité.

Tous félicitent Judith

8 Le *grand-prêtre Yoakim et le conseil des
*anciens d'Israël, qui vivent à Jérusalem, vien-
nent à Bétulie. Ils veulent voir le bien que le
Seigneur a fait aux Israélites. Ils viennent
aussi voir Judith et la saluer. 9 Ils entrent
chez elle et la félicitent tous ensemble en disant : « Tu es la grandeur de Jérusalem, le
grand honneur d'Israël, l'immense fierté de
notre peuple. 10 C'est toi-même qui as réalisé
tout cela ! Tu as fait du bien à Israël, et Dieu
lui-même s'est réjoui de ton action. Que le
Seigneur tout-puissant te *bénisse pour toujours ! » Et tout le peuple répond : « Oui, qu'il
en soit ainsi ! » 11 Les Israélites pillent le camp
des Assyriens pendant 30 jours. Ils donnent à
Judith la tente d'Holopherne, ses plats en argent, ses lits, ses *coupes et tous ses meubles.
Elle emporte tout cela, elle en charge une partie sur sa mule, et met le reste sur ses chariots
tirés par des chevaux. 12 Toutes les femmes
d'Israël viennent la voir et la féliciter. Certaines d'entre elles forment un chœur en son
honneur. Judith prend des bouquets de feuil-
lage et elle en donne aux femmes qui l'accompagnent. 13 Judith et ces femmes se font des
couronnes avec des branches *d'olivier. Judith
est en tête de tout le peuple, et conduit la
danse de toutes les femmes. Les hommes suivent avec leurs armes. Ils portent aussi des
couronnes de feuilles et chantent de bon
cœur. 14 Judith lance un chant pour remercier
Dieu devant tout Israël, et toute la foule se
met à chanter avec elle.

Chant de Judith

16 1 Voici le chant de Judith :
Lancez un chant pour mon Dieu
au son des *tambourins,
chantez pour le Seigneur
avec des cymbales !
Composez pour lui un psaume de louange,
rendez-lui *gloire
et appelez-le au secours !
2 Oui, le Seigneur est un Dieu qui arrête les guerres.
Il m'a arrachée au pouvoir de mes ennemis,
il m'a ramenée dans son camp,
au milieu de son peuple.
3 L'armée assyrienne
est venue des montagnes du Nord.
C'était une armée immense
qu'on ne pouvait compter.
Cette foule de soldats arrêtait les torrents,
chevaux et cavaliers recouvraient les collines.
4 Les ennemis parlaient
de brûler mon pays,
de détruire nos jeunes gens par *l'épée,
de jeter à terre nos bébés,
d'emmener nos enfants comme esclaves
et d'enlever nos jeunes filles.
5 Le Seigneur tout-puissant
les a repoussés
en se servant d'une femme.
6 Leur chef n'a pas été vaincu par des jeunes gens.
Ce ne sont pas des hommes puissants qui l'ont frappé,
ni des géants immenses qui l'ont attaqué.
Mais c'est Judith, fille de Mérari,
qui l'a paralysé par la beauté de son visage.
7 En effet, pour rendre courage
aux Israélites découragés,
elle a enlevé ses habits de veuve,
elle a parfumé son visage,
8 elle a attaché ses cheveux avec un bandeau.
Pour attirer l'ennemi,
elle a mis une belle robe de *lin.
9 Ses sandales ont attiré les yeux du général,
sa beauté a pris son cœur,
et l'arme lui a coupé la tête !

10 Les Perses ont tremblé devant son audace,
et les Mèdes ont été renversés par son courage.
11 Alors notre peuple méprisé
a poussé le cri de guerre,
et les Assyriens ont été effrayés.
Notre faible peuple a crié,
et la peur les a saisis.
Il a hurlé, et ils ont reculé.
12 Les Assyriens ont été transpercés
par ceux qui étaient pour eux des gens inférieurs.
On les a blessés à mort,
et ils ont fui comme des lâches.
Ils sont morts,
parce que le Seigneur combattait contre eux.

13 Je vais chanter pour mon Dieu
un chant nouveau.
Seigneur, tu es grand
et plein de *gloire.
Ta force est admirable,
et personne ne peut te vaincre.
14 Que tout ce que tu as créé
soit à ton service !
Oui, tu as dit une parole,
et cela a existé,
tu as envoyé ton souffle,
et tout a été formé.
Personne ne peut résister à ta voix.
15 Quand tu agis,
les montagnes sont déracinées
et tombent dans les mers.
Les rochers fondent comme la cire devant toi.
Mais tu montres ta bonté à ceux qui te respectent.
16 Tous les *sacrifices ne suffisent pas
pour te plaire.
Même les viandes grasses complètement brûlées
ne sont pas grand-chose à tes yeux.
Mais celui qui respecte le Seigneur
est toujours grand.
17 Quel malheur pour les pays
qui combattent notre peuple !
Le Seigneur tout-puissant
les punira le jour du jugement.
Il les fera dévorer par le feu et les vers,
et ils crieront de douleur pour toujours.

18 Quand les Israélites arrivent à Jérusalem,
tout le monde va au temple pour adorer Dieu.
Ils se rendent *purs, puis ils présentent des sacrifices complets, des offrandes volontaires et
d'autres dons. 19 Judith donne au temple tous
les objets d'Holopherne que le peuple lui a remis. Elle offre au Seigneur la moustiquaire
qu'elle a prise dans la chambre du général.
C'est la part des richesses de guerre qui est
réservée au Seigneur. 20 Pendant trois mois,
le peuple se réjouit devant le temple, et Judith
reste avec eux.

Fin de la vie de Judith

21 Ensuite, chacun rentre chez soi. Judith repart à Bétulie vivre dans sa propriété. Elle
reste célèbre dans tout le pays pendant sa
vie. 22 Beaucoup d'hommes veulent la prendre
pour femme. Mais depuis que Manassé, son
mari, est mort et a été enterré, elle n'a jamais
voulu se remarier. 23-24 Judith a vécu très âgée.
Elle est restée dans la maison de son mari jusqu'à l'âge de 105 ans. Avant de mourir, elle a
rendu la liberté à sa servante. Elle a partagé
ses biens entre la famille de Manassé, son
mari, et sa propre famille. Elle est morte à
Bétulie, et les gens l'ont enterrée dans la
tombe de son mari. Le peuple a fait les cérémonies de deuil pendant sept jours.
25 Pendant que Judith vivait, et longtemps
après sa mort, personne n'a plus osé effrayer
les Israélites.

Esther

INTRODUCTION

Esther est le personnage principal du livre qui porte son nom. Le livre d'Esther raconte comment une ***communauté juive*** *vivant en Perse est* ***menacée*** *de disparaître, et comment Esther la sauve de ce danger.*

L'histoire se passe au début du 5e siècle avant J.-C. À ce moment-là, les Perses dominaient le Proche-Orient, depuis l'Inde jusqu'en Éthiopie, au sud de l'Égypte. Beaucoup de Juifs vivaient dans leur immense empire. En effet, au début du 6e siècle avant J.-C., les Babyloniens avaient mis fin au royaume de Juda et déporté une partie de la population. En 538 avant J.-C., le roi perse Cyrus avait permis aux populations en exil de retourner dans leurs pays. Mais beaucoup de Juifs sont restés dans les lieux où ils se trouvaient alors. Là, ils ont souvent rencontré des difficultés. Ils avaient, en effet, des lois et des coutumes particulières, différentes de celles des autres peuples.

Au moment où le livre d'Esther a été écrit, les Juifs avaient perdu leur indépendance nationale. Le but principal du livre est sans doute de rappeler que leur peuple ne peut pas être détruit.

Le livre d'Esther a d'abord été rédigé en hébreu. Les traducteurs grecs ont ajouté plusieurs passages à ce texte hébreu, mais la suite des événements est la même dans les deux formes du livre. Celui-ci raconte le conflit entre Haman, le premier ministre du roi Xerxès, et Mardochée, un Juif, fonctionnaire du roi. Mardochée a adopté Esther et il l'encourage à devenir la femme du roi et la reine de Perse. Haman veut détruire les Juifs, mais Esther écarte le danger qui menace son peuple. Le jour où les Juifs devaient mourir devient le jour de leur victoire. Ce sont les Juifs qui mettent leurs ennemis à mort. Cette victoire est célébrée par la fête juive des Pourim. Un des buts du livre d'Esther est de raconter l'origine de cette fête.

Le nom de Dieu n'apparaît jamais dans la forme hébraïque du livre d'Esther. Dans l'histoire qu'il raconte, les Juifs, qui sont d'abord des victimes, montrent ensuite un désir exagéré de se venger. Ce fait peut choquer les lecteurs. Mais les textes bibliques parlent de la réalité telle qu'elle est. Les gens rejetés réagissent souvent ainsi. ***La violence produit la violence.*** *Ni l'attitude d'Haman ni celle de Mardochée ne rendent possible une vie ensemble dans la paix, pour des communautés différentes qui vivent sur le même sol.*

Pour les Juifs de langue grecque, le livre d'Esther en hébreu a paru trop violent. De plus, toute l'histoire de ce livre semble se passer au seul niveau humain, sans la présence et l'intervention du Dieu d'Israël. Les traducteurs ont donc voulu compléter ce qui manquait à leurs yeux. Ces additions représentent plus de la moitié du texte hébreu, et sont désignées par les lettres A, B, C, D, E, et F.

*Ces additions et certaines corrections du texte hébreu mettent en évidence l'**autorité de Dieu**, qui, fidèle au peuple avec qui il a fait alliance, conduit son histoire. Les prières très simples d'Esther et de Mardochée montrent clairement que le salut ne vient pas des humains, mais de l'action de Dieu. Dans les moments désespérés, les croyants savent que leur Seigneur est présent et les protège.*

(Dans cette édition de la Bible, c'est la forme grecque du livre d'Esther qui a été traduite.)

Le rêve de Mardochée[a]

A 1 La deuxième année où Artaxerxès[b], le
grand roi, est à la tête du royaume de
Perse, le premier jour du *mois de Nisan,
Mardochée fait un rêve. Mardochée est un
Juif de la tribu de Benjamin. Il est fils de
Yaïr, petit-fils de Chiméi et arrière petit-
fils de Quich. 2 Il habite dans la ville de Suse[c]. C'est un homme important car il est au
service du roi. 3 Il fait partie de ceux que
Nabucodonosor, roi de Babylone, a déportés
de Jérusalem en même temps que Yekonia,
roi de Juda. 4 Voici le rêve de Mardochée :
Des cris et un grand bruit se font entendre.
Le tonnerre gronde, la terre tremble, les
gens ont très peur. 5 Deux dragons[d] apparaissent. Ils sont prêts à lutter l'un contre
l'autre, et ils poussent un cri terrible. 6 En
entendant ce cri, tous les peuples se préparent à attaquer le peuple de ceux qui obéissent à Dieu. 7 C'est un jour très sombre, un
jour de malheur et d'angoisse, un jour de
souffrance, où tout le monde sur la terre
tremble de peur. 8 Tous les membres du
peuple qui obéit à Dieu tremblent, effrayés
devant les malheurs qui les attendent. Ils
se préparent à mourir 9 et ils crient vers
Dieu. En réponse à ce cri, un large fleuve
rempli d'eau semble sortir d'une petite
source. 10 Puis le soleil se lève et il fait
jour. Alors les pauvres sont relevés et ils
détruisent les gens orgueilleux.
11 Mardochée voit en rêve ce que Dieu a décidé de faire. Une fois réveillé, il réfléchit à
cela, et jusqu'au soir, il cherche à le comprendre par tous les moyens.

Mardochée dénonce un complot au roi

12 Gabata et Tharra sont deux fonctionnaires du roi. Un jour, Mardochée va se reposer
dans la cour du palais pendant qu'ils sont de
garde. 13 Mardochée entend les deux fonctionnaires parler entre eux. Il écoute attentivement pour savoir de quoi ils parlent. Il
découvre qu'ils veulent tuer le roi Artaxerxès
et il va aussitôt en informer le roi. 14 Le roi
interroge les deux fonctionnaires. Ceux-ci
avouent la vérité et ils sont mis à mort.
15 Le roi fait écrire ces événements pour
qu'on s'en souvienne. Mardochée, lui aussi,
les met par écrit. 16 Le roi commande à Mardochée de rester à son service. Puis il lui fait
des cadeaux pour le récompenser. 17 Mais Haman, le Bougaïos[e], fils de Hammedata, est,
lui aussi, un ami du roi. Il décide de faire
du mal à Mardochée et à son peuple, à cause
de ce qui est arrivé aux deux fonctionnaires
du roi.

---

a A.1 *Les passages qui ne se trouvent pas dans le livre hébreu d'Esther sont désignés par des lettres, A-B-C-D-E-F.*

b A.1 *Artaxerxès est sans doute Artaxerxès Ier, qui a été roi de Perse de 464 à 424 avant J.-C.*

c A.2 *Suse est située à l'est de la Babylonie. C'est l'une des trois capitales du royaume perse.*

d A.5 *Un dragon est un animal étrange qui n'existe que dans les contes. Les deux dragons représentent ici le bien et le mal.*

e A.17 *Le Bougaïos : on ne sait pas exactement ce que ce nom veut dire : il peut rappeler le lieu où cet homme est né, ou encore il peut signifier « celui qui se vante ».*

Le grand repas du roi Artaxerxès

1 1 L'histoire qui va être racontée se passe à
l'époque où Artaxerxès est roi sur 127 provinces qui s'étendent jusqu'à l'Inde. 2-3 La troisième année où Artaxerxès est roi, il organise
un grand repas pour ses amis, les notables de
Perse et de Médie, les gouverneurs des provinces et les ambassadeurs des autres pays.
Il est installé alors dans le palais royal situé
dans la *citadelle de Suse. 4 Pendant six
mois, il leur montre les richesses de son
royaume et il leur fait goûter aux plaisirs
qu'elles apportent. 5 À la fin de cette période
de fêtes, le roi organise un grand repas pour
les personnes de tous les pays qui habitent
dans la ville de Suse. Ce repas a lieu dans la
cour du palais royal et dure six jours. 6 La
cour est décorée de tentures de *lin. Elles
sont attachés par des petites cordes de lin
rouge, à des anneaux d'or et d'argent qui
sont fixés sur des colonnes en marbre de différentes sortes. Des lits en or et en argent se
trouvent sur le sol couvert de dalles vertes,
ou de dalles en nacre ou en marbre[f]. Il y a
aussi des couvertures brodées de toutes les
couleurs, et des roses un peu partout. 7 Les
coupes à boire sont en or et en argent. L'une
d'elles, garnie de pierres précieuses, vaut plus
de 800 tonnes d'argent. Il y a beaucoup de
bon vin qui vient de la réserve du roi. 8 Le
roi a commandé aux serviteurs du palais de répondre à ses désirs et aux désirs de ses invités.
Chacun peut donc boire autant qu'il veut.
9 De son côté, la reine Astine a organisé un
grand repas pour les femmes dans le palais
du roi Artaxerxès.

La reine Astine déplaît au roi

10 Le septième jour de la fête, le roi Artaxerxès a le cœur gai. Il appelle les sept *eunuques
qui sont à son service : Haman, Bazan, Tharra,
Borazé, Zatolta, Abataza et Taraba. 11 Il leur
commande de faire venir la reine. Il désire
l'installer sur le siège royal et qu'elle porte
sa couronne de reine. Le roi veut ainsi montrer sa beauté à ses fonctionnaires importants
et à ses invités de tous les pays. La reine est en
effet très belle. 12 Mais Astine refuse de suivre
les eunuques. Le roi n'est pas content du tout
et il se met en colère.

13 Il dit à ses amis : « Vous savez comment
Astine a répondu. Eh bien, discutez de son
attitude et jugez-la selon la loi. »

14 Alors Arkessaï, Sarsataï et Malesséar viennent auprès du roi. Ce sont des fonctionnaires
importants de Perse et de Médie[g]. Ils occupent les postes les plus élevés au service du
roi. 15 Ils lui disent : « La reine Astine n'a pas
obéi aux ordres du roi communiqués par les
eunuques. Nous allons te dire ce qu'il faut
lui faire selon les lois. » 16 Ensuite, Moukaï
dit au roi et à ses fonctionnaires : « La reine
Astine a fort mal agi non seulement envers
le roi, mais aussi envers tous les fonctionnaires importants et les gouverneurs qui sont à
son service. 17-18 En effet, ceux-ci savent déjà
comment la reine a répondu au roi. Aujour-
d'hui même, toutes les femmes des fonctionnaires importants perses et mèdes vont
apprendre la réponse que la reine a donnée
au roi Artaxerxès. Elles se permettront alors
de couvrir leurs maris de honte de la même
manière. 19 Si tu le juges bon, mon roi, prends
une décision qui devra être écrite dans les lois
des Perses et des Mèdes. Interdis à la reine Astine de se présenter devant toi, et donne sa
place à une femme qui vaut mieux qu'elle. Il
n'y a pas d'autre décision à prendre. 20 Cette
loi que tu publieras devra être connue de
tous et appliquée dans tout ton royaume.
Ainsi, les femmes respecteront leurs maris,
du plus pauvre jusqu'au plus riche. »

21 Ce conseil plaît au roi ainsi qu'à ses fonctionnaires importants, et le roi agit comme
Moukaï l'a dit. 22 Il envoie une lettre dans tou-

---

f **1.6** *À cette époque, les gens mangeaient allongés sur des lits.*
La nacre ressemble à l'intérieur de certains coquillages.

g **1.14** *La Perse et la Médie désignent l'ensemble des différentes provinces qui composaient le royaume perse.*

tes les provinces du royaume. Chaque lettre est écrite dans la langue des habitants de la région. Ainsi, le respect de l'autorité est établi dans chaque famille.

Esther devient reine

2 1 Après ces événements, la colère du roi se calme. Il ne fait plus appeler Astine, car il n'a pas oublié ce qu'elle a dit. Il se rappelle aussi la décision qu'il a prise à son sujet. 2 Les fonctionnaires qui sont au service du roi lui disent : « On devrait chercher pour toi des jeunes filles très belles qui n'ont pas encore été avec un homme. 3 Désigne donc des fonctionnaires dans toutes les provinces du royaume. Ils choisiront des jeunes filles très belles pour les amener dans la ville de Suse, dans la maison des femmes. On les confiera à *l'eunuque chargé de cette maison et on leur donnera des parfums et des produits de beauté. 4 La jeune fille qui plaira le plus au roi deviendra reine à la place d'Astine. » Cette idée plaît au roi, et c'est ce qu'il fait.

5 Dans la ville de Suse, il y a un Juif appelé Mardochée. Il est fils de Yaïr, de la famille de Chiméi et de Quich, et il appartient à la tribu de Benjamin. 6 C'est un déporté. Il fait partie des gens de Jérusalem que Nabucodonosor, roi de Babylone, a emmenés en exil. 7 Mardochée a adopté la fille de son oncle Aminadab. La jeune fille s'appelle Esther. Elle a perdu ses parents, et Mardochée l'a élevée pour qu'elle devienne sa femme. Elle est très belle.

8 On fait connaître partout l'ordre du roi. Puis on rassemble beaucoup de jeunes filles dans la ville de Suse, sous l'autorité de Gaï, le responsable des femmes. Esther se trouve parmi les jeunes filles. 9 Elle plaît beaucoup à Gaï et gagne sa faveur. Il lui donne aussitôt tout ce qui est nécessaire à sa beauté et à sa nourriture. Il lui donne aussi sept servantes choisies parmi les femmes qui travaillent au palais royal. Dans la maison des femmes, il la traite bien, ainsi que ses servantes. 10 Esther ne dit pas qu'elle est juive et elle ne parle pas de son pays d'origine. En effet, Mardochée lui a défendu de le faire. 11 Chaque jour, celui-ci se promène devant la cour de la maison des femmes. Il essaie de savoir ce qui va arriver à Esther.

12 Après un an dans la maison des femmes, les jeunes filles se rendent auprès du roi. Voici comment se passe ce temps de préparation : pendant six mois, les jeunes filles utilisent de l'huile parfumée, et pendant les six autres mois, elles emploient des parfums et des produits de beauté pour les femmes. 13 Ensuite, chaque jeune fille se rend auprès du roi. Celui-ci charge un homme de la conduire de la maison des femmes jusqu'aux appartements royaux. 14 Elle y va le soir. Le matin suivant, elle va dans la deuxième maison des femmes, qui a aussi pour responsable Gaï, l'eunuque du roi. Elle ne retourne plus chez le roi, sauf si celui-ci la fait appeler par son nom.

15 Un jour, Esther, fille d'Aminadab et cousine de Mardochée, a fini le temps de préparation nécessaire pour se rendre auprès du roi. Elle n'a refusé aucun conseil de l'eunuque responsable des femmes. En fait, Esther gagne la faveur de tous ceux qui la voient. 16 La septième année où Artaxerxès est roi, le douzième mois ou mois de Adar, Esther se rend auprès du roi. 17 Le roi devient amoureux d'Esther, et parmi toutes les jeunes filles, c'est elle qui gagne sa faveur. Il pose alors la couronne de reine sur sa tête. 18 Ensuite, il organise un grand repas qui dure une semaine. Là, il invite tous ses amis et tous les fonctionnaires importants, et il célèbre son mariage avec Esther. À cette occasion, il supprime les impôts pour tous les habitants de son royaume.

19 Mardochée est alors au service du roi. 20 De son côté, Esther ne dit pas qu'elle est d'origine juive. En effet, Mardochée lui a demandé de ne pas le faire. Mais il lui a dit de respecter Dieu et d'obéir à ses commandements comme avant, quand elle vivait chez lui. Esther ne change donc pas de conduite.

Mardochée découvre un complot

21 Entre temps, Mardochée a été placé à un poste plus élevé, et les deux fonctionnaires qui commandent les gardes du roi sont jaloux. Ils cherchent donc à tuer le roi Artaxerxès. 22 Mardochée l'apprend. Il communique la nouvelle à la reine Esther, et celle-ci apprend

au roi les détails du complot. 23 Le roi interroge les deux fonctionnaires, puis il les fait pendre à un poteau. Ensuite, il commande de mettre ces faits par écrit dans le livre de l'Histoire du royaume. Ainsi il met Mardochée à l'honneur, pour que les gens se souviennent de ses bons services.

Haman et Mardochée deviennent ennemis

3 1 Après ces événements, le roi Artaxerxès honore Haman, le Bougaïos[h], fils de Hammedata. Il lui donne un poste plus élevé que celui de tous ses amis. 2 Tous les fonctionnaires du palais s'inclinent profondément devant Haman, comme le roi l'a commandé. Mais Mardochée ne le fait pas. 3 Les autres fonctionnaires lui demandent : « Tu n'obéis pas à l'ordre du roi, pourquoi donc ? » 4 Ils lui font cette remarque tous les jours, mais lui, il n'en tient pas compte. Il leur apprend qu'il est juif. Alors les fonctionnaires disent à Haman que Mardochée refuse d'obéir au commandement du roi. 5 Haman le voit bien : Mardochée refuse de s'incliner profondément devant lui. Haman se met dans une violente colère 6 et décide de tuer tous les Juifs du royaume d'Artaxerxès. 7 La douzième année où Artaxerxès est roi, Haman fait jeter les dés[i]. Il veut connaître le jour et le mois où il pourra supprimer le peuple de Mardochée en une seule journée. Le sort tombe sur le quatorzième jour du mois de Adar.

Haman prépare la mort des Juifs

8 Haman dit au roi Artaxerxès : « Il y a un peuple qui habite un peu partout dans ton royaume. Ses coutumes sont différentes de celles des autres peuples, et ces gens-là n'obéissent pas aux lois royales. Ce n'est pas dans ton intérêt de les laisser tranquilles ! 9 Si tu le juges bon, donne l'ordre de les tuer. Alors je mettrai 300 tonnes d'argent dans le trésor royal. » 10 Le roi enlève la bague qu'il porte au doigt et la donne à Haman. Celui-ci pourra appliquer ainsi la marque de la bague[j] sur les lettres écrites contre les Juifs. 11 Le roi dit à Haman : « Garde ton argent, et ces gens-là, traite-les comme tu veux ! »

12 Le premier mois, le 13 du mois, on réunit les secrétaires du roi. Selon les ordres de Haman, ils écrivent aux généraux et aux gouverneurs de chaque province du royaume, ainsi qu'aux chefs des différents peuples qui habitent là. Ils envoient ces lettres de la part du roi Artaxerxès dans chacune des 127 provinces du royaume, qui s'étend de l'Inde jusqu'à *l'Éthiopie. Les secrétaires écrivent ces lettres dans les langues des habitants de chaque région. 13 Ils envoient des messagers les porter dans tout le royaume. Elles donnent l'ordre de tuer tous les Juifs et de piller leurs biens. Cette destruction doit se faire en une seule journée, le douzième mois, ou mois de Adar.

Lettre commandant de tuer les Juifs[k]

B 1 Voici le texte de la lettre du roi : « Artaxerxès, le grand roi, écrit aux gouverneurs des 127 provinces du royaume, qui s'étend de l'Inde jusqu'à *l'Éthiopie, ainsi qu'aux fonctionnaires qui sont sous leurs ordres.

2 « Je suis à la tête de beaucoup de peuples, et ma puissance s'étend sur toute la terre. Pourtant, je ne veux pas laisser l'orgueil du pouvoir me diriger. Au contraire, je veux toujours exercer le pouvoir avec mesure et bonté. Ainsi, je permettrai sans cesse à ceux qui m'obéissent de profiter d'une vie sans troubles. Dans mon royaume, j'offrirai à tous les

---

h **3.1** *Le Bougaïos : voir Esther A.17 et la note.*

i **3.7** *Les dés sont de petits objets qui peuvent servir à désigner quelqu'un ou à connaître quelque chose.*

j **3.10** *Cette bague représente le pouvoir du roi. Elle porte sa marque personnelle. Celui qui la possède peut agir au nom du roi.*

k **B.1** *Voir Esther A.1 et la note.*

bienfaits de la civilisation, j'assurerai la libre circulation des personnes d'une frontière à l'autre, je maintiendrai la paix que tous les êtres humains désirent.

3 « J'ai demandé à mes conseillers comment je pourrais réaliser cela. L'un d'eux, Haman, occupe après moi le poste le plus élevé du royaume. Il s'est toujours fait remarquer par sa sagesse. Il a toujours donné des preuves de son honnêteté, et j'ai toujours pu compter sur sa fidélité. 4 Eh bien, voici ce que cet homme m'a fait savoir : il existe un peuple aux intentions mauvaises qui vit un peu partout mélangé aux autres peuples du monde. Ces gens ont des lois qui s'opposent à celles des autres peuples, et ils refusent sans cesse d'obéir aux décisions royales. Ils veulent ainsi faire obstacle à ma façon de gouverner honnêtement et dans l'intérêt de tout le monde.

5 « J'ai donc appris que ce peuple est le seul à s'opposer sans cesse aux autres êtres humains. Il se rend différent d'eux en obéissant à des lois inconnues des autres peuples. Il s'oppose à ma façon d'exercer le pouvoir, il commet des actions très mauvaises et, ainsi, il va jusqu'à menacer la solidité de mon royaume. 6 C'est pourquoi je donne l'ordre de tuer sans exception tous ceux que Haman vous indique par écrit. Haman dirige les affaires du royaume et il est après moi le père du peuple[l]. Or ces gens-là sont nos ennemis. Il faut donc les tuer tous, y compris les femmes et les enfants, sans pitié ni aucun respect. Vous ferez cela cette année même, le douzième mois ou mois de Adar, le 14 du mois. 7 Alors, ces gens qui, aujourd'hui comme hier, ont toujours été ennemis des autres, seront jetés avec violence dans le monde des morts en une seule journée. Ainsi, à l'avenir, nous pourrons exercer le pouvoir pour toujours dans la tranquillité et dans la paix. »

3 14 Dans chaque province, on fait connaître cette lettre dès qu'elle arrive, et on commande à tous les peuples d'être prêts à agir le jour fixé.[m] 15 L'affaire va très vite, même dans la ville de Suse. Le roi et Haman s'assoient pour boire alors que les habitants de la ville sont bouleversés.

Mardochée demande à Esther d'agir auprès du roi

4 1 Quand Mardochée apprend ce qui s'est passé, il *déchire ses vêtements, il met un habit de deuil et se couvre la tête de cendre. Il court vers la rue principale de la ville et il crie très fort : « On veut détruire un peuple innocent ! » 2 Puis il arrive devant l'entrée du palais royal et s'arrête. En effet, il n'a pas le droit d'entrer dans la cour avec un habit de deuil et la tête couverte de cendre. 3 Dans chaque province du royaume, partout où les lettres du roi ont été publiées, les Juifs font entendre des chants de deuil en se frappant la poitrine. Ils mettent un habit de deuil et se couchent sur de la cendre[n].

4 Les servantes et les *eunuques de la reine Esther viennent lui raconter ce qui se passe, et la reine est bouleversée par cette nouvelle. Elle envoie des vêtements à Mardochée pour qu'il enlève son habit de deuil, mais il ne les accepte pas. 5 Alors Esther fait appeler Acrataï, l'eunuque qui est à son service. Elle l'envoie demander à Mardochée ce qui se passe réellement.[o] 7 Mardochée lui raconte tout ce qui est arrivé. Il dit : « Haman a promis au roi de verser 300 tonnes d'argent dans son trésor pour obtenir que les Juifs soient tués. » 8 Mardochée donne aussi à Acrataï le texte de l'ordre écrit publié à Suse pour supprimer les Juifs afin qu'il le montre à Esther. Il ajoute : « Commande-lui de ma part d'aller trouver le roi pour demander sa pitié. Qu'elle le supplie

---

l **B.6** *Le père du peuple : ce titre d'honneur était donné à ceux qui avaient le pouvoir ou qui participaient à ce pouvoir.*

m **3.14** *Après le complément du chapitre B, le texte grec reprend la suite du récit tel qu'il se trouve dans le texte hébreu en 3.14-15 et 4.*

n **4.3** *Se coucher sur de la cendre est un signe de deuil et de grande tristesse.*

o **4.5** *Le verset 6 manque dans la forme grecque du livre d'Esther.*

pour le peuple auquel elle appartient. Tu lui diras : “Rappelle-toi le temps où tu vivais simplement et où c’est moi qui t’élevais. Oui, Haman, qui occupe après le roi le poste le plus élevé du royaume, a parlé au roi contre nous pour nous faire mourir. Fais appel au Seigneur ! Parle au roi pour notre peuple ! Arrache-nous à la mort !” » 9 Acrataï va rapporter à Esther toutes ces paroles. 10 Alors Esther le charge de répondre ceci à Mardochée : 11 « Toutes les populations du royaume le savent : toute personne, homme ou femme, qui entre dans la cour intérieure du palais, sans être appelée par le roi, doit mourir. Elle peut vivre seulement si le roi lui tend son bâton d’or[p]. Mais cela fait un mois que je n’ai pas été appelée à me rendre auprès du roi. » 12 Acrataï rapporte à Mardochée cette réponse d’Esther. 13 Alors celui-ci fait dire à la reine : « Ne t’imagine pas que toi seule, dans tout le royaume, tu pourras échapper au danger qui menace les Juifs. 14 En effet, si tu refuses d’intervenir en cette occasion, les Juifs recevront aide et protection d’ailleurs. Mais toi, tu seras tuée, et ta famille n’existera plus. Et, qui sait ? C’est peut-être pour une situation comme celle-ci que tu es devenue reine. » 15 Alors Esther renvoie le messager dire à Mardochée : 16 « Va réunir tous les Juifs qui se trouvent à Suse et jeûnez pour moi. Pendant trois jours et trois nuits, ne mangez pas et ne buvez pas. Mes servantes et moi, nous agirons de la même façon. Puis je me rendrai auprès du roi, ce qui est contraire à la loi, même si je dois mourir. » 17 Alors Mardochée s’en va et il fait ce qu’Esther lui a commandé.

Prière de Mardochée[q]

C 1 Mardochée se souvient de toutes les actions du Seigneur et il lui adresse cette prière : 2 « Seigneur, Seigneur, roi tout-puissant, tu es le maître du monde entier. Personne ne peut aller contre ta volonté de sauver le peuple d’Israël. 3 C’est toi qui as fait le ciel et la terre et toutes les choses magnifiques qui sont sur la terre. 4 Tu es le maître de tout, et personne ne peut te résister, Seigneur. 5 Seigneur, tu connais tout. Tu le sais donc : j’ai refusé de m’incliner devant Haman, cet homme plein d’orgueil. Mais je n’ai pas agi ainsi parce que je me crois plus important que lui, ni parce que je le méprise, ni parce que je veux passer devant lui. 6 Au contraire, je suis prêt à embrasser ses pieds, si cela peut sauver le peuple d’Israël. 7 Mais j’ai agi ainsi pour ne pas mettre l’honneur dû à un homme au-dessus de l’honneur dû à Dieu. Je ne m’inclinerai devant personne, sauf devant toi, mon Seigneur. Et ce n’est pas par orgueil.

8 « Maintenant, Seigneur, toi qui es Dieu et roi, toi, le Dieu d’Abraham, protège ton peuple. Oui, nos ennemis nous guettent pour nous détruire. Ils ont l’intention de faire disparaître ceux qui t’appartiennent depuis toujours. 9 N’abandonne pas ce peuple : il est à toi. En effet, tu l’as obtenu pour toi en le délivrant de la main des Égyptiens. 10 Écoute ma prière. Agis pour le bien de ceux qui sont à toi. Change notre tristesse en joie. Alors nous pourrons continuer à vivre et nous chanterons pour toi, Seigneur. Ne laisse pas disparaître ceux qui chantent ta louange. »

11 Les Israélites crient de toutes leurs forces vers le Seigneur, car il voient la mort qui les menace.

Prière d’Esther

12 La reine Esther, dans le danger de mort où elle se trouve, cherche de l’aide auprès du Seigneur. 13 Elle enlève ses vêtements magnifiques, elle met un habit de deuil et de tristesse. Au lieu de mettre des parfums précieux, elle se couvre la tête de cendre et de poussière. Elle traite son corps avec mépris : au lieu de le couvrir de bijoux, elle le recouvre de ses longs cheveux en désordre. 14 Puis elle adresse cette prière au Seigneur, Dieu d’Israël : « Mon Seigneur, roi de mon peuple, tu es le seul Dieu. Viens à mon secours ! Je suis seule. Personne ne peut m’aider, sauf toi.

p **4.11** *Ce bâton est le signe du pouvoir royal.*

q **C.1** *Voir Esther A.1 et la note.*

15 En effet, je vais risquer ma vie. 16 Depuis ma
naissance, dans la tribu de mes ancêtres, j'ai
entendu dire ceci : Toi, Seigneur, tu as choisi
le peuple d'Israël parmi toutes les nations. Et
tu as choisi nos ancêtres parmi tous les autres.
Tu as fait d'eux un peuple qui t'appartient
pour toujours. Tu as réalisé pour eux tout ce
que tu avais promis. 17 Et maintenant, nous
avons péché contre toi. Alors tu nous as livrés
entre les mains de nos ennemis 18 parce que
nous avons honoré leurs dieux. Seigneur, tu
es juste ! 19 Or maintenant, nos ennemis ne
se contentent pas de nous écraser sous leur
pouvoir. Il ont juré à leurs faux dieux 20 de
supprimer les commandements sortis de ta
bouche. Ils veulent faire disparaître le peuple
qui t'appartient et fermer la bouche de ceux
qui chantent ta louange. Ils veulent aussi détruire ton temple et ton *autel admirables.
21 Ainsi, ils veulent donner aux autres peuples
l'occasion de vanter les faux dieux et d'admirer dans tous les temps un roi qui n'est qu'un
homme.

22 « Seigneur, n'abandonne pas ton pouvoir
royal à des dieux qui n'existent pas. Ne les
laisse pas se moquer de nous si nous sommes
détruits. Mais retourne contre eux ce projet
qu'ils ont fait. Punis celui qui l'a formé :
frappe-le d'un malheur qui servira d'exemple.

23 « Seigneur, ne nous oublie pas ! Montre-
toi à nous au moment de notre malheur.
Donne-moi du courage, toi, le roi des dieux,
maître de tous les pouvoirs. 24 Mets dans ma
bouche des paroles agréables quand je serai
devant le roi, ce lion terrible. Change son
cœur pour qu'il se mette à détester Haman,
notre ennemi. Qu'il le supprime ainsi que
tous ceux qui le soutiennent. 25 Délivre-nous
par ta puissance. Viens à mon secours parce
que je suis seule et que personne d'autre ne
peut m'aider, Seigneur. Tu connais tout,
26 tu sais donc que je déteste les honneurs de
ceux qui n'obéissent pas à ta loi. Et coucher
avec un homme qui n'est pas *circoncis, qui
n'appartient pas à ton peuple, cela me dégoûte. 27 Mais je suis obligée de le faire, tu le
sais. Je déteste la couronne de reine que je
porte quand je parais devant tout le monde.
Elle me dégoûte autant qu'un linge taché de
sang, et je ne la porte jamais aux autres moments. 28 Moi, ta servante, je n'ai pas mangé
à la table de Haman, je n'ai pas participé aux
repas offerts par le roi, je n'ai pas bu du vin
qu'il offre aux faux dieux. 29 Depuis le jour
où j'ai changé de situation jusqu'à aujour-
d'hui, je n'ai jamais connu le bonheur, sinon
auprès de toi, Seigneur, Dieu d'Abraham.
30 O Dieu, toi qui es plus puissant que tous,
écoute l'appel de ceux qui sont sans espoir.
Arrache-nous à la main des gens mauvais et
délivre-moi de la peur ! »

Esther se rend auprès du roi[r]

D 1 Le troisième jour, Esther arrête de
prier. Elle enlève l'habit qu'elle a porté
pour demander l'aide de Dieu, et elle met
des vêtements magnifiques. 2 Dans cette tenue splendide, elle fait de nouveau appel à
Dieu, qui voit tout et qui sauve les êtres humains. Puis elle prend avec elle deux de ses
servantes. 3 Elle s'appuie doucement sur l'une
d'elles, 4 et l'autre la suit en tenant sa longue
robe. 5 Elle est très émue et particulièrement
belle. Elle montre un visage souriant comme
transformé par l'amour, mais la peur serre
son cœur.

6 Esther passe toutes les portes du palais et
se présente devant le roi. Celui-ci est assis sur
son siège, vêtu de tous les ornements qu'il
porte quand il paraît en public. Il est couvert
d'or et de pierres précieuses, et il fait vraiment peur. 7 Il lève alors son visage éclatant
comme le feu, et jette un regard plein de colère. La reine devient très faible, et son visage
change de couleur. Elle s'évanouit et elle
tombe sur l'épaule de la servante qui marche
devant elle. 8 Alors Dieu change le cœur du
roi et le remplit de douceur. Inquiet, il se
lève rapidement de son siège et il prend la reine dans ses bras jusqu'à ce qu'elle se sente

---

r **D.1** *Voir Esther A.1 et la note. Le chapitre D développe longuement les versets 1-2 du chapitre 5 dans le texte hébreu.*

mieux. Il la rassure par des paroles apaisantes.
9 Il lui demande : « Qu'est-ce qu'il y a, Esther ?
Je suis ton protecteur, n'aie pas peur. 10 Tu ne
mourras pas. En effet, l'interdiction de m'approcher est seulement pour les gens ordinaires. 11 Viens près de moi ! »
12 Alors il lève son bâton d'or[s] et le pose sur
l'épaule d'Esther, puis il l'embrasse en disant :
« Parle-moi. » 13 Esther répond : « Mon roi, je
t'ai vu comme si tu étais un *ange de Dieu.
Mon cœur a été bouleversé, et j'ai eu peur
de ta beauté éclatante. 14 Oui, tu es admirable,
et ton visage est beau. » 15 Pendant que la reine parle, elle s'évanouit. 16 Le roi est bouleversé, et tous ses serviteurs cherchent à
ranimer la reine.

5 3 Le roi lui demande : « Qu'est-ce que tu
veux, Esther ? Qu'est-ce que tu viens me
demander ? Je suis prêt à te donner jusqu'à
la moitié de mon royaume[t]. » 4 Esther répond :
« Ce jour est un grand jour pour moi. Mon roi,
si tu le veux bien, viens aujourd'hui avec Haman au grand repas que j'ai préparé. » 5 Alors
le roi envoie tout de suite quelqu'un chercher
Haman pour répondre à l'invitation d'Esther.
Puis le roi et Haman vont tous les deux au
grand repas auquel la reine les a invités. 6 À
la fin du repas, le roi dit à Esther : « Qu'est-
ce que tu veux, reine Esther ? Tout ce que tu
me demanderas, tu l'auras. » 7 Esther répond :
« Ce que je demande ? 8 Mon roi, si tu veux
bien me montrer ta bonté, je te prie de venir
encore demain avec Haman au grand repas
que je préparerai pour vous et que j'organise-
rai comme aujourd'hui. »

Haman prépare un poteau pour faire pendre Mardochée

9 Haman sort de chez le roi tout joyeux et le
cœur en fête. Mais dans la cour du palais, il
voit Mardochée, le Juif, et il se met dans une
violente colère contre lui. 10 Haman rentre
chez lui et il fait venir ses amis et sa femme
Zosara. 11 Il leur parle de ses richesses et de
tout ce que le roi a fait pour l'honorer. En effet, il lui a donné le poste le plus important et
lui a confié la direction du royaume. 12 Puis
Haman ajoute : « De plus, la reine Esther m'a
invité, moi seul, à venir avec le roi au repas
qu'elle a préparé aujourd'hui. Et je suis de
nouveau invité demain avec le roi. 13 Mais
cela ne me donne aucun plaisir, aussi longtemps que je vois Mardochée, le Juif, en service au palais. »
14 Alors Zosara, la femme de Haman, et ses
amis lui disent : « Fais donc préparer un poteau de 25 mètres. Demain matin, demande
au roi d'y faire pendre Mardochée. Alors tu
pourras aller tout joyeux au grand repas en
compagnie du roi. »

Cette idée plaît à Haman, et il fait dresser le poteau.

Haman est obligé d'honorer Mardochée

6 1 Cette nuit-là, le Seigneur empêche le roi
Artaxerxès de trouver le sommeil. Celui-
ci demande à son secrétaire de lui apporter
le livre des Souvenirs du royaume pour qu'on
le lise devant lui. 2 Le secrétaire lit le passage
qui raconte comment Mardochée a dénoncé
deux fonctionnaires du roi. Ces hommes ont
cherché à tuer Artaxerxès pendant leur
service de garde[u]. 3 Alors le roi demande :
« Quelle récompense est-ce que Mardochée
a reçue pour cela ? Quels honneurs ? » Ses serviteurs répondent : « Tu ne lui as rien donné. »
4 Pendant que le roi se renseigne sur les services rendus par Mardochée, Haman entre
dans la cour du palais. Le roi demande :
« Qui est dans la cour ? » Or, Haman vient demander au roi de faire pendre Mardochée au
poteau préparé pour lui. 5 Les serviteurs répondent : « C'est Haman qui est dans la
cour. » Le roi dit : « Qu'il entre ! » 6 Puis le
roi demande à Haman : « Qu'est-ce que je

---

s **D.12** *Bâton d'or : voir Esther 4.11 et la note.*

t **5.3** *Après le long développement du chapitre D (voir la note sur D.1) le texte reprend la suite du récit, tel qu'il se trouve dans le texte hébreu à partir de 5.3.*

u **6.2** *Voir Esther 2.23.*

dois faire pour un homme que je veux honorer ? » Haman pense : « Le roi désire honorer quelqu'un ? Cela ne peut être que moi ! » 7 Il répond donc : « Si tu désires honorer quelqu'un, 8 demande à tes serviteurs d'apporter un vêtement en *lin qui t'appartient, et d'amener ton cheval. 9 On les donnera à un de tes amis de rang élevé. Celui-ci habillera l'homme que tu préfères avec un de tes vêtements. Il le fera monter sur ton cheval et il le conduira sur la place de la ville en criant devant lui : "Voilà comment le roi traitera tout homme qu'il veut honorer !" »

10 Le roi dit à Haman : « Ton idée est très bonne. Traite ainsi Mardochée, le Juif qui est à mon service. Agis exactement comme tu l'as dit ! » 11 Alors Haman va chercher le vêtement et le cheval. Il met le vêtement à Mardochée et le fait monter sur le cheval. Puis il le conduit sur la place de la ville en criant devant lui : « Voilà comment le roi traitera tout homme qu'il veut honorer ! » 12 Ensuite, Mardochée retourne à son service au palais, et Haman rentre chez lui, découragé. Il se couvre le visage pour cacher sa honte. 13 Il raconte à Zosara, sa femme, et à ses amis ce qui lui est arrivé. Ses amis et sa femme lui disent : « Ce Mardochée est un Juif, et tu as commencé à être abaissé devant lui. Alors tu vas sûrement continuer à tomber toujours plus bas devant cet homme. Tu ne pourras jamais te défendre contre lui, car le Dieu vivant est avec lui. »

14 Ils parlent encore quand les serviteurs du roi arrivent. Il conduisent aussitôt Haman au grand repas qu'Esther a préparé.

Haman perd son poste et il meurt

7 1 Le roi et Haman vont chez la reine pour participer à un grand repas 2 une deuxième fois. À la fin du repas, le roi dit de nouveau à Esther : « Qu'est-ce que tu veux, reine Esther ? Qu'est-ce que tu demandes ? Je suis prêt à te donner jusqu'à la moitié de mon royaume. » 3 La reine répond : « Mon roi, si tu veux bien me montrer ta bonté, laisse-moi en vie et laisse aussi vivre mon peuple. Voilà ma demande. 4 En effet, mon peuple et moi, nous avons été vendus pour être tués et privés de nos biens ou pour devenir des esclaves, nous et nos enfants. Jusqu'ici, j'ai gardé le silence, et pourtant, un homme qui ment de cette façon ne mérite pas d'occuper un poste au service du roi. » 5 Le roi demande alors : « Qui a osé faire une chose pareille ? » 6 Esther répond : « Notre ennemi, c'est Haman, cet homme mauvais ! »

Alors Haman se met à trembler de peur devant le roi et la reine. 7 Le roi quitte le repas pour aller dans le jardin. Haman comprend qu'il se trouve dans une mauvaise situation. Il se met donc à supplier la reine Esther, 8 en se laissant tomber sur le lit[v] où elle se trouve. À ce moment, le roi revient du jardin. Il s'écrie : « Tu veux donc en plus faire violence à ma femme dans mon palais ? » Haman entend cela et, plein de honte, il détourne la tête.

9 Bougatan, un serviteur, dit au roi : « Haman a justement préparé un poteau pour pendre Mardochée, l'homme qui t'a informé du complot contre toi. Ce poteau est dressé devant la maison de Haman, il a 25 mètres de haut. » Le roi commande : « Eh bien, pendez Haman à ce poteau ! » 10 On pend donc Haman au poteau qu'il a préparé pour Mardochée. Ensuite la colère du roi se calme.

8 1 Le jour même, le roi Artaxerxès donne à Esther tous les biens de Haman, le menteur. Puis Esther apprend au roi que Mardochée est de sa famille. Alors le roi le fait appeler. 2 Il prend la bague[w] qu'il a retirée à Haman et la donne à Mardochée. De plus, Esther charge Mardochée d'administrer les biens de Haman.

Un ordre du roi en faveur des Juifs

3 Esther parle de nouveau au roi. Elle se jette à ses pieds et elle le supplie de s'opposer aux projets de mort que Haman a prépa-

---

v 7.8 *Voir Esther 1.6 et la note.*

w 8.2 *Voir Esther 3.10 et la note.*

rés contre les Juifs. 4 Le roi tend son bâton
d'or[x] à Esther. Alors elle se relève et reste
debout près du roi. 5 Elle lui dit : « Mon
roi, Haman a écrit des lettres pour faire
tuer les Juifs qui vivent dans ton royaume.
Mon roi, si tu le juges bon, et si tu veux
bien me montrer ta bonté, je t'en prie, écris
un autre texte pour supprimer l'effet de ces
lettres. 6 Car je ne pourrai pas supporter de
voir un si grand malheur tomber sur mon
peuple. Je ne pourrai pas accepter de vivre
si les gens de mon peuple sont détruits. »
7 Le roi répond à Esther : « J'ai écouté ta demande, j'ai fait pendre Haman, parce qu'il
menaçait la vie des Juifs, je t'ai donné tous
ses biens. Qu'est-ce que tu désires encore ?
8 Je ne peux absolument pas supprimer un
ordre écrit en mon nom et qui porte la
marque de ma bague[y]. Mais vous pouvez,
Mardochée et toi, écrire à votre tour des lettres en faveur des Juifs, comme vous le jugerez bon. Vous les signerez de mon nom et
vous appliquerez sur elles la marque de ma
bague. »
9 Cette année-là, le premier mois ou mois
de Nisan, le 23 du mois, on réunit les secrétaires. Ils écrivent aux Juifs les ordres donnés
aux administrateurs et aux représentants du
roi en poste dans les 127 provinces du
royaume, qui s'étend de l'Inde jusqu'à
*l'Éthiopie. Pour chaque province, ils écrivent
une lettre dans la langue parlée par ses habitants. 10 On signe les lettres au nom du roi et
on applique sur elles la marque de sa bague.
Ensuite, des messagers sont chargés de les
porter. 11 Ces lettres permettent aux Juifs de
toutes les villes du royaume de suivre leurs
lois, de s'aider les uns les autres, et de traiter
tous leurs ennemis comme ils veulent. 12 Cette
autorisation est valable partout dans le
royaume d'Artaxerxès pour un jour fixé, le
douzième mois ou mois de Adar, le 13 du
mois[z].

Lettre en faveur des Juifs[a]

E 1 Voici le texte de la lettre : « Artaxerxès,
le grand roi, salue ses représentants en
poste dans les 127 provinces du royaume, de
l'Inde jusqu'à *l'Éthiopie, ainsi que ceux qui
acceptent notre pouvoir.
2 « Beaucoup de gens reçoivent trop souvent des honneurs de bienfaiteurs très généreux et ils deviennent très orgueilleux.
3 Alors ils ne peuvent pas se contenter des
honneurs reçus. Non seulement ils cherchent
à faire du mal à ceux qui sont sous notre pouvoir, mais encore ils se mettent à comploter
contre ceux qui leur font du bien. 4 Ils ne reconnaissent pas ce qu'ils doivent aux autres,
ils se laissent influencer par des gens qui ignorent le bien et qui se vantent. Et ainsi ils
croient qu'ils pourront échapper au Dieu
juste, qui voit tout et déteste le mal.
5 « Voici ce qui arrive souvent aussi : ceux
qui ont le pouvoir chargent des amis en qui
ils ont confiance, de diriger leurs affaires.
Puis ils se laissent influencer par eux. Ils peuvent alors se rendre coupables de la mort de
gens innocents et être entraînés dans des malheurs très graves. 6 En effet, ces amis peuvent
tromper les gouvernants honnêtes par des
idées fausses et des mensonges qui font beaucoup de mal. 7 Oui, ces gens corrompus qui
utilisent leur pouvoir de façon malhonnête
commettent des fautes très graves. Vous pouvez vous en rendre compte par les histoires
anciennes de notre tradition, mais aussi en regardant ce qui se passe sous vos yeux. 8 C'est
pourquoi, dans l'avenir, je veillerai à ce que
tous les habitants de mon royaume vivent
tranquilles et en paix. 9 Pour cela, je ferai les
changements nécessaires et je jugerai toujours
avec la plus grande justice les affaires que je
devrai examiner.
10 « Prenons l'exemple de Haman, fils de
Hammedata, un Macédonien, étranger au

x **8.4** *Bâton d'or : voir Esther 4.11 et la note.*
y **8.8** *Voir Esther 3.10 et la note.*
z **8.12** *C'est un jour avant la date fixée pour tuer les Juifs. Voir Esther 3.7.*
a **E.1** *Voir Esther A.1 et la note.*

peuple perse. Cet homme a manqué totalement de la générosité qui est la nôtre. Pourtant, je l'ai accueilli auprès de moi. 11 Je lui ai donné l'amitié que je suis prêt à donner aux gens de n'importe quel peuple. Il portait en effet le nom de "Père du royaume"[b]. C'était le personnage le plus important après moi, et tout le monde s'inclinait devant lui. 12 Mais il n'a pas été maître de son orgueil et il a tout fait pour m'enlever le pouvoir et la vie. 13 En effet, en racontant toutes sortes de mensonges, il a voulu que je fasse mourir Mardochée, cet homme qui m'a sauvé la vie et m'a toujours fait du bien. Il a cherché également à faire mourir Esther, elle qui m'aide et me soutient parfaitement dans ma vie de roi. Il voulait aussi détruire leur peuple tout entier. 14 Par ce moyen, il pensait m'enlever mes alliés et, ainsi, faire passer le royaume des Perses aux Macédoniens. 15 Cet homme trois fois assassin voulait faire disparaître les Juifs. Or, à mon avis, ils ne font pas de mal, au contraire, leur vie est réglée par des lois très justes. 16 De plus, ils sont les enfants du Dieu vivant. Ce Dieu très haut, très grand, a toujours donné le bonheur à mon royaume depuis le temps de mes ancêtres jusqu'à aujourd'hui.

17 « Vous ferez donc bien de ne pas appliquer les lettres que Haman, fils de Hammedata, vous a envoyées. 18 En effet, cet homme qui les a écrites, a été pendu avec toute sa famille à l'entrée de la ville de Suse. Dieu, qui est le maître de toutes choses, lui a donné très vite la punition qu'il méritait. 19 Placez dans tous les lieux publics le texte de la lettre que je vous envoie maintenant. Laissez les Juifs suivre leurs coutumes librement. 20 Venez à leur secours pour repousser ceux qui les attaqueront le douzième mois, ou mois de Adar, le 13 du mois. C'est à cette date qu'ils devaient être supprimés. 21 Oui, le peuple que Dieu a choisi devait disparaître ce jour-là. Eh bien, Dieu, qui est le maître de tout, a changé ce jour en jour de joie. 22 Vous aussi, célébrez ce grand jour comme l'une de vos fêtes officielles, en vous réjouissant de différentes manières. 23 À partir de maintenant, et à l'avenir, ce jour rappellera que moi et les Perses de bonne volonté, nous avons échappé à un grand danger. Il rappellera aussi à ceux qui complotent contre moi qu'ils seront détruits. 24 Je répandrai ma colère contre toute ville ou toute province qui n'obéira pas à ces ordres : on tuera leurs habitants et on brûlera leurs bâtiments. Aucun être humain ne pourra plus habiter là. Même les oiseaux et les bêtes sauvages détesteront ces endroits et ils les abandonneront pour toujours.

8 13 « Placez le texte de cette lettre dans tous les lieux publics. Ainsi tous les Juifs seront prêts à attaquer leurs ennemis à la date fixée[c]. »

14 Des messagers partent à toute vitesse à cheval pour obéir aux ordres du roi. On fait connaître cet ordre également dans la ville de Suse.

15 Alors Mardochée sort du palais. Il porte le vêtement royal, une couronne en or et un turban rouge en *lin. Quand les habitants de Suse le voient, ils sont dans la joie. 16 Pour les Juifs, c'est une joie débordante. 17 Dans chaque province, dans chaque ville, partout où l'ordre du roi est communiqué et affiché, les Juifs dansent de joie et ils organisent des repas de fête. Beaucoup de gens des autres peuples se font *circoncire pour devenir juifs, car ils ont peur des Juifs.

Les Juifs font mourir leurs ennemis

9 1 Le douzième mois, ou mois de Adar, le 13 du mois, les ordres donnés par le roi doivent être appliqués. 2 Ce jour-là, on tue les ennemis des Juifs. Tous les peuples ont très peur d'eux, et personne ne leur résiste. 3 Les représentants du roi dans les provinces, les dirigeants et les administrateurs du roi traitent les Juifs avec respect, parce qu'ils ont

---

b **E.11** *Père du royaume : voir Esther B.6 et la note.*

c **8.13** *Il s'agit de la date fixée pour tuer les Juifs. Voir Esther 3.7 et B.6.*

peur de Mardochée. 4 En effet, la lettre du roi a fait connaître son nom dans tout le royaume[d].

6 Dans la ville de Suse, les Juifs tuent 500 hommes. 7-10 Ils font mourir aussi les dix fils de Haman, le Bougaïos[e], fils de Hammedata, l'ennemi des Juifs. Ce sont Farsanestaïn, Delfon, Fasga, Fardata, Baréa, Sarbaque, Marmassim, Aroufaï, Arsaï et Zaboutaï. Ensuite, ils pillent leurs biens. 11 Le jour même, on communique au roi le nombre de gens qui ont été tués dans la ville de Suse. 12 Alors le roi dit à Esther : « À Suse, les Juifs ont tué 500 hommes. À ton avis, qu'est-ce qu'ils ont fait ailleurs ? Mais si tu veux encore me demander quelque chose, je te le donnerai. » 13 Esther répond au roi : « Je t'en prie, permets aux Juifs de Suse d'agir encore demain comme aujourd'hui, et de pendre à un poteau les corps des dix fils de Haman. » 14 Le roi le permet et donne un ordre écrit qui autorise les Juifs de Suse à pendre les corps des dix fils de Haman. 15 Les Juifs de cette ville se rassemblent donc au mois de Adar, le 14 du mois. Ils tuent 300 hommes, mais ils ne pillent pas leurs biens.

16 Les Juifs qui vivent dans les autres provinces du royaume se rassemblent pour se défendre. Au mois de Adar, le 13 du mois, ils se débarrassent de tous ceux qui les attaquent. Ils tuent 15 000 personnes, mais ils ne pillent pas leurs biens. 17 Le 14 du même mois, ils se reposent et ils font de ce jour de repos un jour de très grande joie. 18 Les Juifs de la ville de Suse se sont rassemblés pour se défendre le 14 du mois, sans se reposer. Ils font alors du 15 un jour de très grande joie. 19 C'est pourquoi les Juifs qui vivent un peu partout dans les autres provinces du royaume, observent un jour de repos, le 14 du mois de Adar. Ils le fêtent dans la joie et ils s'envoient des cadeaux les uns aux autres. Mais ceux qui habitent dans les villes principales célèbrent un jour de repos le 15 du mois de Adar. Ils le fêtent aussi en s'envoyant des cadeaux les uns aux autres.

La fête des Pourim

20 Mardochée met tous ces événements par écrit dans un livre. Il l'envoie à tous les Juifs du royaume d'Artaxerxès, à ceux qui sont près comme à ceux qui sont loin. 21 Il leur demande de célébrer des jours de fête le 14 et le 15 du mois de Adar. 22 En effet, ces jours-là, les Juifs se sont débarrassés de leurs ennemis. Les Juifs doivent se souvenir aussi de leur libération tout au long du mois de Adar. Pendant ce mois-là, leur malheur s'est transformé en joie, et le jour où ils devaient être en deuil est devenu un jour de fête. Les Juifs doivent donc transformer ce mois en jours de fête et de joie et envoyer des cadeaux à leurs amis et aux pauvres.

23 Les Juifs reçoivent avec intérêt tout ce que Mardochée leur a écrit. 24 Il raconte en effet comment Haman, le Macédonien, fils de Hammedata, leur a fait la guerre. Haman avait préparé un ordre écrit pour les tuer, et il avait jeté les dés[f] pour fixer le jour de leur mort. 25 Il était allé chez le roi pour lui demander de faire pendre Mardochée. Mais tous les malheurs que Haman avait prévus contre les Juifs sont retombés sur lui, et il a été pendu avec ses fils.

26 C'est pourquoi on appelle ces jours de fête les « Pourim », à cause des dés qui ont été jetés. Dans la langue parlée par les Juifs, « pourim » veut dire « dés ». Pendant ces jours, on rappelle tout ce qui est raconté dans la lettre de Mardochée, tout ce que les Juifs ont souffert et tout ce qui leur est arrivé. 27 Mardochée établit ces jours de fête, et les Juifs acceptent que cette coutume devienne obligatoire pour eux-mêmes, pour leurs enfants, les enfants de leurs enfants et pour tous ceux qui deviendront juifs. Ils promettent de célébrer fidèlement ces jours. De génération en génération, dans chaque fa-

---

d **9.4** *Le verset 5 manque dans la forme grecque du livre d'Esther.*

e **9.7-10** *Voir Esther A.17 et la note.*

f **9.24** *Dés : voir Esther 3.7 et la note.*

mille juive de chaque province et de chaque ville du royaume, ces jours doivent rappeler ce qui s'est passé. 28 Les Juifs doivent célébrer les jours de « Pourim » dans tous les temps. En effet, le souvenir de ce qui est arrivé doit être gardé par toutes les générations.

29 La reine Esther, fille d'Aminadab, et le Juif Mardochée, mettent par écrit tout ce qu'ils ont fait. Ils confirment ainsi la lettre au sujet des « Pourim ».[g] 31 Esther et Mardochée ont établi cette fête aussi pour eux-mêmes, et leur décision doit servir à leur propre bien. 32 Les ordres d'Esther ont fait de cette fête une coutume valable pour toujours. Puis on les a mis par écrit pour s'en souvenir.

10 1 Le roi Artaxerxès a fixé un impôt pour toutes les régions de son royaume, même les plus éloignées. 2 Toutes ses actions extraordinaires et courageuses, la puissance et la grandeur de son royaume, sont écrits dans le livre qui raconte l'histoire des rois de Perse et de Médie[h]. Ainsi les gens peuvent s'en souvenir. 3 Mardochée a agi au nom du roi Artaxerxès. C'était un homme important dans le royaume, et il était très honoré par ses frères juifs. Tous l'aimaient, et il leur racontait ce qui était arrivé.

Le sens du rêve de Mardochée[i]

F 1 Mardochée disait : « Tous ces événements ont été voulus par Dieu. 2 En effet, je me souviens du rêve que j'ai fait à ce sujet[j]. Et tout s'est réalisé. 3 J'ai vu une petite source qui est devenue un fleuve. Puis il y a eu de la lumière, du soleil et beaucoup d'eau. Le fleuve, c'est Esther que le roi a prise pour femme et qu'il a faite reine. 4 Les deux dragons, c'est Haman et moi. 5 Les peuples sont les gens qui se sont mis d'accord pour tuer les Juifs. 6 Ceux qui ont crié vers Dieu et qui ont été sauvés, c'est Israël, mon peuple. Le Seigneur Dieu nous a arrachés à tous les malheurs qui pesaient sur nous. Il nous a sauvés, nous qui sommes son peuple. Il a fait pour nous des actions étonnantes et extraordinaires qui n'ont jamais eu lieu chez les autres peuples. 7 Il a préparé deux sortes de destins, un pour son peuple et un pour tous les autres peuples. 8 Or, ces deux destins se sont réalisés au jour, à l'heure et au moment que Dieu avait décidés pour juger tous les peuples. 9 Dieu s'est souvenu de son peuple et il a rendu justice à ceux qui lui appartiennent. 10 C'est pourquoi ceux-ci devront célébrer deux jours de fête pendant le mois de Adar, le 14 et le 15. Ils se réuniront pour célébrer une fête très joyeuse. Dans le peuple de Dieu, chaque génération la célébrera, et cela dans tous les temps. »

Dernière remarque

11 La quatrième année où Ptolémée était roi et Cléopâtre[k] reine, Dosite, qui se disait *prêtre-lévite, et Ptolémée son fils, ont fait connaître ce récit qui concerne la fête des « Pourim ». Ils ont déclaré que c'était le vrai texte, traduit par Lysimaque, fils de Ptolémée, un habitant de Jérusalem.

---

g **9.29** *Le verset 30 manque dans la forme grecque du livre d'Esther.*

h **10.2** *Voir Esther 2.23.*

i **F.1** *Voir Esther A.1 et la note.*

j **F.2** *Voir Esther A.1-11.*

k **F.11** *Ptolémée et Cléopâtre : il s'agit ou de Ptolémée VIII (en 114-115 avant J.-C.) ou de Ptolémée XII (en 48-47 avant J.-C.). Ces deux rois macédoniens ont gouverné l'Égypte avec une femme appelée Cléopâtre.*

Premier livre des Maccabées

INTRODUCTION

Quand les rois grecs de Syrie dominaient le pays des Juifs, ceux-ci se sont révoltés contre eux. Cette révolte a été conduite par cinq frères. Judas, qui est le plus célèbre, a reçu le nom de Maccabée, qui veut dire « marteau » (2.4). Ce nom a été donné ensuite à tous les membres de la famille, ainsi qu'aux livres qui racontent leurs exploits. Quand Simon, le plus jeune frère, a été tué, son fils lui a succédé. Ensuite, les Maccabées ont dirigé les Juifs de père en fils entre 142 et 63 avant J.-C.

- *Contenu du livre*

L'auteur raconte la longue guerre conduite par la famille des Maccabées de 166 à 135 avant J.-C., pour libérer les Juifs du pouvoir d'Antiochus IV Épiphane et de ses successeurs.

Le début du livre résume l'histoire du Proche-Orient, depuis Alexandre le Grand jusqu'à ***Antiochus Épiphane****. Celui-ci veut* ***répandre*** *parmi tous les peuples qu'il domine* ***la langue, la culture*** *et surtout* ***la religion grecques****. Il fait beaucoup souffrir les Juifs qui restent fidèles à la loi de Dieu. Il encourage un grand nombre d'entre eux à abandonner leur foi. Et finalement, il rend le temple de Jérusalem impur en y plaçant une statue qui le représente.*

Un prêtre, Mattatias, commence à organiser ***la révolte*** *contre le dictateur. A sa mort, ses cinq fils continuent. Ils mourront tous pour défendre les droits du peuple de Dieu.*

L'auteur du livre parle surtout des trois fils les plus célèbres de cette famille. Le premier, Judas, est l'exemple parfait du héros (3.1–9.22). Il est passionné par la foi et les coutumes de ses ancêtres. Il communique son ardeur au petit groupe de combattants qui le suivent par des discours pleins de force et par son grand courage. Il remporte des victoires remarquables sur les généraux ennemis, il rend le temple pur et rétablit l'autel des sacrifices. Mail il tombe devant l'armée puissante des Grecs, parce que ses propres troupes sont trop faibles.

Son frère, Jonatan (9.23–12.53), lui succède. Il profite habilement des divisions qui existent dans le royaume des Grecs et obtient des avantages de tous côtés. Mais, finalement, il connaît le sort malheureux de toute sa famille. Il est trompé par de belles promesses qui sont fausses, et il tombe dans le piège préparé par ses adversaires.

Simon seul reste en vie. Il complète ce que ses frères ont réalisé (13.1–16.24). Il prend l'ensemble de bâtiments militaires grecs de Jérusalem appelé la Citadelle, qui est un danger depuis toujours pour la ville et le temple. Il obtient l'aide des Grecs de Sparte et des Romains. Il est à la fois le chef politique et le grand-prêtre des Juifs. Mais lui aussi tombe dans un piège. Son fils Jean lui succède.

- *L'auteur du livre*

C'est un Juif qui connaît très bien son pays. Il écrit en hébreu vers l'an 100 avant J.-C. À ce moment-là, le peuple juif parle l'araméen, mais les gens cultivés remettent l'hébreu en valeur. Nous ne possédons plus l'original hébreu du livre, mais seulement des traductions, surtout en grec.

L'auteur admire beaucoup toute la famille des Maccabées. Il partage la foi et les coutumes de ses héros. Il les couvre tous d'éloges, en particulier Judas. Par contre, il est sans pitié pour les mauvais Juifs, les traîtres et les lâches, qui ont adopté les coutumes des Grecs.

- *But religieux du livre*

Ce livre veut montrer la ***fidélité de Dieu envers son peuple*** *pendant l'époque grecque. L'auteur veut sans doute raconter comment Dieu le protège, comme les livres d'Esdras et de Néhémie l'ont fait pour la période perse. Les fréquents rappels des interventions de Dieu dans le passé pour sauver son peuple sont des encouragements pour le présent. Ils montrent que, pendant la période des Maccabées, Dieu continue à diriger l'histoire dans le but de délivrer son peuple. La victoire sur des ennemis sans pitié dépend de la foi et de la fidélité envers Dieu, plus que de la puissance des armées.*

Mais Dieu ne vient pas directement au secours d'Israël par des actions merveilleuses. Ce sont les Maccabées qui agissent en son nom et mènent une guerre que l'auteur considère comme juste. En effet, elle a pour but de sauver l'alliance de Dieu avec son peuple (1.15,63). C'est pourquoi les combattants doivent prier avant la bataille et être prêts à mourir pour leur foi.

Celui qui commence la révolte, Mattatias, plein d'ardeur pour la loi, ressemble à Pinhas, un personnage du temps de Moïse (Nombres 25.6-15). Juste avant sa mort, Mattatias livre son testament, comme Jacob (Genèse 48–49). Il annonce ce qui va arriver dans l'histoire : Judas sera « le héros qui sauve Israël » (9.21), comme les juges et les rois d'autrefois.

Ce livre ne dit pas que Dieu offre son salut à tous les peuples, *comme l'annoncent les prophètes. Au contraire, le peuple de Dieu ne s'intéresse qu'à son propre salut. Pour éviter que des étrangers le rendent impur, il n'accepte en lui-même que de vrais Juifs. C'est pourquoi il impose la circoncision à tous ceux qui habitent le pays. Il désire aussi y ramener ceux qui vivent à l'étranger et qui risquent de souffrir pour leur foi ou de l'abandonner.*

On pourrait reprocher aux Maccabées d'avoir ajouté une conquête militaire à une autre sans raison. Mais l'auteur juge que ces conquêtes violentes réalisent certaines paroles des prophètes et rétablissent le royaume de David et de Salomon.

Le roi Alexandre le Grand

1 [1] Alexandre le Grand, fils du roi Philippe, a quitté son pays, la Macédoine, pour faire la guerre. Il a vaincu alors Darius, le roi des Perses et des Mèdes, et il est devenu roi à sa place, tout d'abord dans le royaume grec[a].
[2] Alexandre a beaucoup combattu, il a pris les villes bien protégées et a fait tuer les rois de ces régions. [3] Il est allé jusqu'au bout du monde et a pillé de nombreux pays. Il a établi la paix partout, mais il est devenu orgueilleux et méprisant. [4] Il a rassemblé une armée très puissante et il a mis sous son pouvoir des provinces, des peuples et leurs chefs. Puis il les a obligés à lui verser des impôts.

[5] Après cela, il est tombé malade et a senti qu'il allait mourir. [6] Il a fait venir ses généraux, des nobles qui avaient été élevés avec lui depuis son enfance. Il a partagé son royaume entre eux pendant qu'il vivait encore.

---

a 1.1 *Darius : il s'agit de Darius III. Alexandre l'a vaincu à Issos en 334 avant J.-C. Royaume grec : il comprenait la Grèce et les côtes d'Asie Mineure (la Turquie actuelle) habitées par les Grecs.*

7 Alexandre a été roi pendant douze ans,
puis il est mort. 8 Ses généraux ont pris le pouvoir, chacun dans la région qui était la sienne.
9 Tous ont porté la couronne de roi après sa
mort. Leurs fils ont agi de la même façon pendant de nombreuses générations. Cela a fait le
malheur de toute la terre.

Des Juifs suivent les coutumes grecques

10 Parmi ceux qui ont gouverné après
Alexandre le Grand, une plante au poison
amer s'est mise à pousser : c'est Antiochus
Épiphane, fils du roi Antiochus le Grand. Il a
d'abord été otage à Rome. Ensuite, il est devenu roi du royaume des Grecs en l'année
137[b]. 11 À ce moment-là, des hommes infidèles
à la *loi de Dieu paraissent en Israël. Ils attirent
beaucoup de monde, car ils disent : « Allons,
passons un accord avec les peuples étrangers
qui nous entourent. Car beaucoup de malheurs nous sont arrivés depuis que nous avons
refusé de vivre comme eux. » 12 Ces paroles-là
plaisent aux gens. 13 Quelques-uns parmi les
Juifs se dépêchent d'aller trouver le roi.
Celui-ci leur permet de suivre les coutumes
des autres peuples. 14 Alors ils construisent
un stade à Jérusalem, selon les habitudes de
ces peuples. 15 Ils cachent leur *circoncision
par une opération. Ils abandonnent ainsi *l'alliance de Dieu pour suivre les non-Juifs. Ils se
vendent à eux pour faire le mal.

Le roi Antiochus Épiphane attaque l'Égypte

16 Quand Antiochus voit que son royaume
est assez solide, il fait le projet de devenir aussi
roi d'Égypte pour gouverner les deux royaumes. 17 Il entre en Égypte avec une armée puissante, des chars, des éléphants de combat, des
cavaliers et de nombreux bateaux. 18 Il attaque
le roi d'Égypte, Ptolémée, qui recule devant lui
et s'enfuit. Beaucoup de soldats tombent, blessés à mort. 19 Antiochus prend les villes égyptiennes bien défendues et il pille le pays.
20 Quand il a vaincu l'Égypte en 143[c], il revient. Il se dirige vers Israël et marche sur Jérusalem avec sa puissante armée.

Le roi Antiochus Épiphane pille le temple

21 Antiochus entre dans le temple sans aucun respect. Il fait enlever *l'autel en or, le
porte-lampes avec tout son équipement 22 la
table des pains offerts à Dieu, les *coupes
pour les offrandes de vin, les bols, les brûle-
parfums en or, le rideau, les couronnes. Il
fait arracher toutes les décorations en or sur
le devant du temple. 23 Il prend l'argent, l'or
et les objets précieux. Il trouve les trésors cachés et les emporte aussi. 24 Après qu'Antiochus a tout pris, il rentre dans son pays. Il a
tué beaucoup de monde et a fait des discours
remplis d'orgueil.

25 Dans tout le pays, les gens sont dans le
deuil au sujet d'Israël. 26 Les chefs et les *anciens gémissent, les jeunes filles et les jeunes
gens n'ont plus de force, les femmes perdent
leur beauté. 27 Tous les jeunes mariés enton-
nent des chants de deuil. Leurs jeunes femmes assises dans leur chambre sont dans la
tristesse. 28 Devant les malheurs des habitants
d'Israël, la terre tremble. Tout le peuple est
couvert de honte.

Une citadelle est construite à Jérusalem

29 Deux ans plus tard, le roi Antiochus envoie un officier chargé des impôts dans les villes de Juda. Celui-ci arrive à Jérusalem avec
une puissante armée. 30 Il adresse aux habitants de fausses paroles de paix, et les gens
le croient. Tout à coup, il lance ses soldats
contre la ville. Il lui porte un coup terrible et
tue beaucoup d'Israélites. 31 Il pille Jérusalem,
il y met le feu, il détruit ses maisons et les
murs qui entourent la ville. 32 Ses soldats
font prisonniers les femmes et les enfants, et
ils prennent leurs animaux.

33 Ensuite, ils entourent la « *Ville de David » d'un grand mur solide, avec des tours

---

b **1.10** *Année 137 : sans doute en 175 avant J.-C. Dans le royaume des Grecs, on comptait les années en partant du moment où Séleucus Ier est devenu roi, c'est-à-dire à partir d'octobre 312 avant J.-C.*

c **1.20** *En 143 : en 169 avant J.-C. Voir la note à 1 Maccabées 1.10.*

puissantes, et elle devient leur *Citadelle. 34 Là, ils installent une bande de gens mauvais, des hommes violents, et ils restent à l'abri. 35 À cet endroit, ils entassent des armes et de la nourriture. Ils rassemblent les biens qu'ils ont volés dans Jérusalem, et c'est un très grand danger pour Israël. 36 Cette Citadelle est un piège pour le temple et elle a toujours fait beaucoup de mal à Israël. 37 Ses soldats versent le sang innocent autour du *lieu saint qu'ils rendent *impur. 38 Ils obligent les gens de Jérusalem à fuir. La ville devient une colonie d'étrangers. Elle devient étrangère pour ses propres habitants, qui sont obligés de l'abandonner. 39 Son temple est aussi vide qu'un désert, ses fêtes se changent en journées de deuil. Les gens se moquent de ses *sabbats et méprisent ce qui faisait son honneur. 40 Sa honte est immense comme sa fierté passée, et le deuil a pris la place de sa grandeur.

Le roi Antiochus Épiphane interdit la religion juive

41 Voici l'ordre que le roi Antiochus donne par écrit : « Tous les habitants de mon royaume doivent former un seul peuple 42 et abandonner leurs coutumes particulières. » Tous les peuples non juifs obéissent à l'ordre du roi, 43 et beaucoup d'Israélites acceptent volontiers la religion d'Antiochus. Ils offrent des *sacrifices aux faux dieux et ne respectent plus le *sabbat. 44 Le roi envoie aussi à Jérusalem et aux villes de Juda des lettres portées par des messagers. Il leur donne l'ordre de suivre des coutumes étrangères au pays. 45 Il interdit aux Juifs d'offrir dans le temple les *sacrifices complets, les sacrifices ordinaires et de présenter des offrandes de farine ou de vin. Il leur commande de traiter avec mépris le sabbat et les jours de fête, 46 de rendre *impurs le temple et les objets sacrés. 47 De plus, les Juifs doivent construire des *autels, des lieux sacrés et des temples pour les faux dieux. Ils doivent offrir en sacrifice des porcs et d'autres animaux *impurs. 48 Ils n'ont plus le droit de *circoncire leurs fils, et ils doivent se rendre impurs en commettant beaucoup de choses horribles. 49 Antiochus veut que les Juifs oublient ainsi la loi de Moïse et qu'ils changent tout ce que cette loi commande. 50 Celui qui n'obéira pas aux ordres du roi mourra. 51 Le roi envoie ces ordres par écrit dans tout son royaume. Il nomme des inspecteurs pour surveiller tout le peuple juif. Il commande aussi à chaque ville de Juda d'offrir des *sacrifices contraires à la loi de Moïse. 52 Beaucoup de Juifs, tous ceux qui abandonnent la *loi de Moïse, travaillent avec les inspecteurs du roi et font du mal dans le pays. 53 Ils obligent les Israélites fidèles à se cacher partout où ils peuvent se réfugier.

54 Le 15 du mois de Kisleu, en 145, le roi fait construire « l'horreur destructrice »[d] sur l'autel des sacrifices complets. Il fait élever aussi des autels dans les autres villes de Juda. 55 Les gens brûlent de *l'encens devant les portes des maisons et sur les places. 56 Chaque fois que les alliés du roi trouvent des livres de la loi de Moïse, ils les déchirent et les jettent au feu. 57 S'ils découvrent un livre de l'alliance[e] chez quelqu'un, ou si une personne obéit à la loi de Moïse, ils les tuent sur l'ordre du roi. 58 Dans les villes, ils punissent sévèrement les Israélites fidèles, mois après mois. 59 Le 25 de chaque mois, ils offrent des sacrifices sur l'autel du dieu grec construit sur l'autel des sacrifices complets. 60 Sur l'ordre du roi, ils tuent les femmes qui ont fait circoncire leurs enfants, 61 avec leur bébé pendu à leur cou. Ils tuent aussi leur famille avec ceux qui ont circoncis l'enfant. 62 Pourtant, plusieurs Israélites résistent et sont assez forts pour ne pas manger de nourriture *impure. 63 Ils acceptent de mourir plutôt que de manger des aliments impurs et de tra-

---

d 1.54 *Le 15 du mois de Kisleu, en 145 : en décembre 167 avant J.-C.*
« L'horreur destructrice » : il s'agit d'un autel ou d'une statue de Zeus olympien, dieu grec.

e 1.57 *Livre de l'alliance : il s'agit d'un des cinq premiers livres de la Bible, qui contiennent la loi de Moïse.*

hir *l'alliance *sainte. Et ils meurent. 64 À cette période-là, la *colère de Dieu pèse lourdement sur Israël.

Le prêtre Mattatias et ses fils

2 1 À cette époque, un prêtre de la famille de Yoyarib, Mattatias, fils de Jean et petit-fils de Siméon, quitte Jérusalem pour aller s'installer à Modine. 2 Il a cinq fils : Jean appelé aussi Gaddi, 3 Simon appelé aussi Thassi, 4 Judas appelé aussi Maccabée, 5 Élazar appelé aussi Avaran et Jonatan appelé aussi Aphous. 6 En voyant les actions horribles commises dans les villes de Juda et à Jérusalem, 7 Mattatias dit : « Quel malheur pour moi ! Est-ce que je suis né pour voir la destruction de mon peuple et de la ville *sainte, pour rester assis pendant qu'elle est livrée au pouvoir de ses ennemis ? Le temple est aux mains des étrangers. 8 Il est devenu comme un homme qu'on n'honore plus. 9 Les objets qui faisaient sa fierté ont été emportés comme richesses de guerre. Nos petits enfants ont été tués sur les places, nos jeunes gens sont tombés sous *l'épée de l'ennemi. 10 Les autres peuples, chacun à son tour, ont hérité des biens de la ville, ils ont emporté ses richesses. 11 Ils ont pris tout ce qui faisait sa beauté. Autrefois, Jérusalem était libre, maintenant, elle est esclave. 12 La beauté de notre *lieu saint faisait notre fierté, ce n'est plus qu'un lieu désert. Les non-Juifs l'ont rendu *impur. 13 Pourquoi vivre encore ? » 14 Dans leur tristesse, Mattatias et ses fils déchirent leurs vêtements. Ils mettent des habits de deuil et pleurent beaucoup.

Le prêtre Mattatias se révolte

15 Les officiers du roi Antiochus, qui obligent les gens à rejeter la *loi de Moïse, arrivent dans la ville de Modine. Ils veulent forcer les Israélites à offrir des *sacrifices aux dieux grecs. 16 Beaucoup d'Israélites viennent les trouver, mais Mattatias et ses fils restent ensemble, à part.

17 Alors les envoyés du roi disent à Mattatias : « Dans cette ville, tu es un chef important et puissant. Tu es soutenu par tes fils et par les gens de ta famille. 18 Avance donc le premier, et fais ce que le roi a commandé. Les gens des autres peuples, les hommes du pays de Juda et ceux qui sont restés à Jérusalem ont obéi. Alors, toi et tes fils, vous ferez partie des "amis du Roi"[f]. Vous recevrez beaucoup d'argent, beaucoup d'or et de nombreux cadeaux. »

19 Mais Mattatias répond d'une voix forte : « Les autres peuples de l'empire peuvent bien obéir au roi en rejetant chacun la religion de ses ancêtres. Ils peuvent faire ce que le roi commande. 20 Mais moi, mes fils et les gens de ma famille, nous respecterons *l'alliance que Dieu a établie avec nos ancêtres. 21 Que Dieu, dans sa bonté, nous donne de ne pas abandonner la *loi de Moïse et ses commandements ! 22 Nous n'obéirons pas aux ordres du roi, nous ne nous éloignerons pas de notre religion, ni d'une façon ni d'une autre. »

23 Dès que Mattatias a fini de parler, un Juif s'avance devant tout le monde. Il veut offrir un sacrifice sur cet *autel de Modine, comme le roi l'a commandé. 24 Quand Mattatias le voit, son cœur se met à brûler d'ardeur, et son corps est tout tremblant. Une juste colère monte en lui, il court et *égorge l'homme sur l'autel. 25 Au même moment, Mattatias tue l'envoyé du roi qui oblige les gens à offrir des sacrifices, et il renverse l'autel. 26 Il montre la même ardeur pour la loi de Moïse que Pinhas, quand il a tué Zimri, le fils de Salou[g].

Les Juifs fidèles partent dans le désert

27 Ensuite, Mattatias traverse la ville en criant : « Ceux qui brûlent d'ardeur pour la *loi de Moïse et qui soutiennent *l'alliance, qu'ils me suivent ! » 28 Lui-même et ses fils s'enfuient dans les montagnes, en abandonnant tout ce qu'ils possèdent dans la ville.

---

f **2.18** *Ami du Roi : c'était un titre d'honneur venant des Perses. Il était donné à des notables proches du roi qui partageaient le pouvoir avec lui.*

g **2.26** *Voir Nombres 25.6-14.*

29 Alors beaucoup de gens qui veulent obéir
à Dieu et suivre la loi de Moïse vont vivre au
désert. 30 Ils partent avec leurs enfants, leurs
femmes et leurs bêtes, à cause du malheur
qui est tombé sur eux.

31 Les officiers du roi et les soldats qui habitent à Jérusalem, dans la « *Ville de David »,
apprennent la nouvelle : des gens ont rejeté
les ordres du roi et sont partis se cacher
dans le désert. 32 De nombreux soldats se mettent donc à les poursuivre et ils les rattrapent.
Ils dressent leur camp en face d'eux et se préparent à les attaquer le jour du *sabbat. 33 Les
soldats disent aux Juifs : « Cela suffit maintenant ! Sortez, obéissez à l'ordre du roi, et
vous sauverez vos vies ! » 34 Les Juifs répondent : « Nous ne sortirons pas et nous n'obéirons pas à l'ordre du roi. Nous ne voulons pas
mépriser le jour du sabbat. » 35 Les soldats lancent aussitôt l'attaque contre eux. 36 Mais les
Juifs refusent de se défendre. Ils ne lancent aucune pierre contre leurs ennemis et ils ne ferment pas l'entrée de leurs cachettes. 37 Ils
disent : « Mourons tous avec une *conscience
pure. Le ciel et la terre sont *témoins que vous
nous faites mourir de façon injuste. » 38 Les
soldats les attaquent donc le jour du sabbat.
Ils meurent avec leurs femmes, leurs enfants
et leurs animaux. En tout, il y a environ
1 000 personnes.

39 Quand Mattatias et ses amis apprennent
cette nouvelle, ils pleurent amèrement.
40 Puis ils se disent les uns aux autres : « Si
nous agissons tous comme nos frères, si
nous ne luttons pas contre les autres peuples
pour protéger notre vie et nos coutumes, ils
nous feront vite disparaître de la terre. »
41 Ce jour-là, Mattatias et ses amis prennent
cette décision : « Nous lutterons contre tout
homme qui viendra nous attaquer le jour du
sabbat. Ainsi, nous ne mourrons pas comme
tous nos frères qui sont morts dans leurs cachettes. »

42 Alors un groupe d'Hassidéens se joignent
à eux. Ce sont des hommes connus pour leur
courage en Israël et prêts à défendre la loi de
Moïse. 43 De plus, tous ceux qui veulent
échapper à ces malheurs viennent augmenter
leur nombre et leur force. 44 Ensemble, ils forment une armée. Dans leur violente colère, ils
frappent les Juifs infidèles à la loi. Ceux qui
leur échappent fuient chez les autres peuples
pour sauver leur vie. 45 Mattatias et ses amis
vont un peu partout pour détruire les *autels
des dieux étrangers. 46 Quand ils trouvent
dans le pays d'Israël des garçons qui ne sont
pas *circoncis, ils les circoncisent de force.
47 Ils se mettent à chasser les gens orgueilleux
et ils y arrivent facilement. 48 Ils arrachent la
loi de Moïse au pouvoir des autres peuples
et de leurs rois. Ils empêchent le pécheur[h]
d'agir.

Les dernières volontés de Mattatias et sa mort

49 Le moment de mourir approche pour
Mattatias. Il dit à ses fils : « En ce moment,
l'orgueil et les insultes nous dominent. C'est
une période de destruction et de violence.
50 Maintenant, c'est à vous, mes fils, de défendre la *loi de Moïse avec ardeur. Donnez votre
vie pour *l'alliance que Dieu a établie avec
nos ancêtres. 51 Souvenez-vous de tout ce
qu'ils ont fait autrefois. Vous recevrez alors
beaucoup d'honneur, vous serez célèbres
pour toujours. 52 Est-ce qu'Abraham n'a pas
été fidèle à Dieu au moment de l'épreuve ?
C'est pourquoi Dieu l'a reconnu comme
*juste.

53 « De même Joseph, au moment de son
malheur, a suivi la loi de Dieu et il est devenu
le maître de l'Égypte. 54 Pinhas, notre ancêtre,
a montré beaucoup d'ardeur. Il a reçu ainsi la
promesse que les gens de sa famille seraient
toujours prêtres de Dieu. 55 Josué a été désigné
comme juge[i] pour diriger les Israélites, car il

---

h **2.48** *Le pécheur : sans doute le roi Antiochus Épiphane. Voir 1 Maccabées 1.10.*

i **2.55** *À une époque de leur histoire, les Israélites ont été dirigés par des juges. C'étaient des personnes envoyées par Dieu. Dieu les chargeait plus particulièrement de délivrer une ou plusieurs tribus en guerre et de diriger le peuple. Ils rendaient aussi la justice.*

avait rempli sa mission. 56 Caleb a reçu une terre en partage, parce qu'il avait été un *témoin courageux devant l'assemblée d'Israël. 57 David a été fidèle à Dieu. C'est pourquoi il a reçu pour toujours le siège royal, pour lui et pour les enfants de ses enfants. 58 Élie a brûlé d'ardeur pour la loi de Dieu et il a été enlevé jusqu'au *ciel. 59 Hanania, Azaria, Michaël ont eu confiance en Dieu. Ils ont été sauvés du grand feu. 60 Daniel était un homme droit. Il a été sauvé de la gueule des lions.

61 « Donc comprenez bien ceci : à chaque génération, tous ceux qui comptent sur Dieu ont la force de résister. 62 N'ayez pas peur de cet homme pécheur[j]. En effet, sa *gloire deviendra du fumier, et les vers le dévoreront. 63 Aujourd'hui, il est honoré, mais demain, il disparaîtra. Il redeviendra poussière, ses projets seront détruits. 64 Mes fils, soyez forts et attachez-vous solidement à la loi de Moïse, car c'est cette loi qui vous couvrira d'honneur. 65 Et maintenant, je le sais, votre frère Simon est un homme de bon conseil. Écoutez-le toujours, et il sera pour vous un père. 66 Judas Maccabée est connu pour son courage depuis son enfance. C'est lui qui sera le chef de votre armée et il conduira la guerre contre les peuples ennemis. 67 Groupez autour de vous tous ceux qui appliquent la *loi et vengez votre peuple. 68 Rendez aux autres peuples le mal qu'ils vous ont fait et obéissez toujours aux commandements de la loi. »

69 Ensuite, Mattatias *bénit ses fils et il rejoint ses ancêtres. 70 Il meurt en 146[k], et ses fils le mettent dans la tombe de ses ancêtres à Modine. Tout le peuple d'Israël fait pour lui de grandes cérémonies de deuil.

Judas Maccabée, chef des résistants juifs

3 1 Judas, appelé Maccabée, devient chef à la place de son père Mattatias. 2 Tous ses frères et tous ceux qui ont rejoint son père lui donnent leur appui. Ils sont heureux de combattre pour Israël. 3 Judas rend son peuple encore plus célèbre. Vêtu de son habit de guerre, il ressemble à un géant. Il prend les armes et se met à combattre. De son *épée, il protège ses soldats. 4 Dans ses exploits, il ressemble à un lion. Comme un jeune lion, il rugit contre la bête qu'il attaque. 5 Il recherche les gens infidèles à la *loi et les poursuit. Il livre au feu ceux qui troublent son peuple. 6 Ceux qui ne sont pas fidèles à la loi perdent leur assurance, parce qu'ils ont peur de lui. Tous ceux qui sont opposés à la loi sont effrayés. Judas réussit à libérer son peuple. 7 Il fait souffrir durement beaucoup de rois, mais il réjouit le peuple d'Israël par ses actions. Les gens se souviendront de lui et chanteront pour toujours sa louange. 8 Il se rend dans les villes de Juda et fait mourir les gens infidèles à Dieu. Il détourne d'Israël la *colère de Dieu. 9 Il devient célèbre jusqu'au bout du monde et rassemble ceux qui risquent d'être tués[l].

Les deux premières victoires de Judas

10 Apollonius[m] rassemble des soldats non juifs et de nombreuses troupes de Samarie pour faire la guerre à Israël. 11 Judas apprend cela et va à sa rencontre. Il lutte contre Apollonius et le tue. Beaucoup d'ennemis tombent, blessés à mort, et les autres s'enfuient. 12 Les Juifs prennent leurs armes. Judas prend *l'épée d'Apollonius et s'en sert pour combattre jusqu'à sa mort. 13 Séron, le commandant de l'armée syrienne, apprend que Judas a groupé autour de lui une assemblée de croyants et de combattants. 14 Il se dit : « Je vais me rendre célèbre et je serai couvert d'honneur dans le royaume. Je vais combattre Judas et ses hommes qui méprisent l'ordre du roi. » 15 Alors il part à son tour avec de nombreux soldats. Ce sont des ennemis de Dieu qui veulent l'aider à se venger des Israélites.

---

j **2.62** *Voir 1 Maccabées 2.48 et la note.*

k **2.70** *En 146 : en 166 avant J.-C. Voir la note à 1 Maccabées 1.10.*

l **3.9** *Rassemble... tués : peut-être les Juifs de Galilée et du pays de Galaad, que Judas a fait revenir en Judée.*

m **3.10** *Apollonius : gouverneur militaire de Samarie.*

16 Quand Séron s'approche de la montée de Beth-Horon, Judas va à sa rencontre avec un petit nombre d'hommes. 17 Quand ceux-ci voient l'armée qui s'avance contre eux, ils disent à Judas : « Nous sommes trop peu nombreux. Comment pourrons-nous combattre contre une armée aussi puissante ? De plus, nous sommes sans force, car nous n'avons rien mangé aujourd'hui. » 18 Judas répond : « Un petit nombre peut vaincre facilement un groupe plus important. Aux yeux de Dieu, ce n'est pas le nombre d'hommes qui compte pour sauver les gens. Ils peuvent être nombreux ou non. 19 À la guerre, la victoire ne dépend pas du nombre de soldats, mais c'est de Dieu que vient la force. 20 Nos ennemis avancent contre nous, pleins d'orgueil et de méchanceté. Ils veulent nous tuer, nous, nos femmes et nos enfants, et prendre nos biens. 21 Mais nous, nous luttons pour nos vies et pour garder les lois que Dieu nous a données. 22 Dieu écrasera nos ennemis devant nous. N'ayez pas peur d'eux. »

23 Dès que Judas a fini de parler, il lance une attaque contre Séron et son armée, qui sont écrasés. 24 Judas et ses hommes les poursuivent dans la descente de Beth-Horon et jusque dans la plaine. Ils en tuent environ 800, et le reste fuit dans le pays des *Philistins. 25 Les gens commencent à avoir peur de Judas et de ses frères. Les pays voisins sont effrayés. 26 La réputation de Judas arrive jusqu'au roi Antiochus, et tous les autres peuples parlent de ses victoires.

Le roi Antiochus Épiphane charge Lysias de détruire Israël

27 Quand le roi Antiochus entend ce qu'on raconte, il entre dans une violente colère. Il commande de rassembler tous les soldats de son royaume, qui forment une armée très puissante. 28 Il distribue à ses soldats le salaire d'une année en prenant dans son trésor. Il leur donne l'ordre d'être prêts pour tout ce qui peut arriver. 29 Mais il s'aperçoit qu'il n'a plus d'argent dans ses coffres. Les impôts dans cette province sont peu importants. En effet, le roi a amené des troubles et le malheur dans le pays en supprimant les coutumes qui existaient depuis toujours. 30 Antiochus a l'habitude de dépenser beaucoup et de donner généreusement, plus que les autres rois avant lui. Il a donc peur de ne plus pouvoir le faire. 31 Il est inquiet à cause de cela et il décide d'aller en Perse pour rassembler les impôts de ces régions et pour ramasser beaucoup d'argent.

32 Lysias est un notable appartenant au groupe des « parents du Roi »[n]. Antiochus le charge des affaires du royaume dans la région située entre le fleuve Euphrate et les frontières de l'Égypte. 33 Il le charge aussi de l'éducation de son fils Antiochus jusqu'à son retour. 34 Il lui laisse la moitié de son armée avec les éléphants de combat. Il lui dit tout ce qu'il doit faire pour appliquer toutes ses décisions, en particulier au sujet des habitants de la Judée et de Jérusalem. 35 Lysias doit envoyer une armée contre eux. Ainsi, il détruira la puissance d'Israël, il fera disparaître ce qui reste de Jérusalem et il effacera le souvenir de ses habitants dans ces lieux. 36 Il installera des étrangers dans tout leur territoire et distribuera leurs terres. 37 Le roi Antiochus prend avec lui l'autre moitié de l'armée. Il part d'Antioche, la capitale de son royaume, en 147. Il traverse l'Euphrate et passe par le Haut-Pays[o].

L'armée de Lysias occupe la Judée

38 Lysias choisit d'abord parmi les « amis du Roi »[p] trois hommes importants : Ptolémée, fils de Dorymène, Nicanor et Gorgias. 39 Il envoie avec eux 40 000 soldats à pied et 7 000 cavaliers. Il les envoie dans le pays de Juda pour le détruire, comme le roi l'a commandé. 40 Les trois chefs partent avec toute leur armée. Quand ils arrivent près d'Emmaüs, ils

---

n **3.32** *Parent du Roi : le titre d'honneur le plus élevé à la cour des rois séleucides.*

o **3.37** *En 147 : en 165 avant J.-C. Voir la note à 1 Maccabées 1.10.*
Haut-Pays : les hauts plateaux de l'Iran actuel.

p **3.38** *Amis du Roi : voir 1 Maccabées 2.18 et la note.*

campent dans la plaine. 41 Les commerçants de la région apprennent la nouvelle. Ils emportent de l'or et de l'argent en grande quantité, ainsi que des chaînes. Puis ils vont au camp pour acheter des Israélites comme esclaves. Des soldats de l'Idumée[q] et du pays des Philistins rejoignent l'armée ennemie. 42 Judas et ses hommes voient que la situation est de plus en plus grave. En effet, les armées ennemies campent dans le pays d'Israël. Ils apprennent aussi que le roi Antiochus a commandé de supprimer totalement leur peuple. 43 Ils se disent les uns aux autres : « Empêchons la destruction totale de notre peuple. Luttons pour lui et pour notre temple *saint ! » 44 Alors, l'assemblée du peuple se réunit pour se préparer à la guerre, pour prier et pour demander à Dieu de montrer sa pitié et sa bonté.

45 Jérusalem est aussi vide qu'un désert. Aucun habitant n'entre dans la ville, aucun n'en sort. Les gens marchent dans le temple sans respect. Des étrangers habitent dans la *Citadelle et ils en ont fait un logement pour les non-Juifs. La joie a disparu du peuple d'Israël, la flûte et la *cithare se sont tues.

Les Juifs se préparent au combat

46 Les Juifs se rassemblent et vont à Mispa[r], en face de Jérusalem. Autrefois, il y avait un lieu de prière à cet endroit. 47 Ce jour-là, ils *jeûnent et ils se couvrent la tête de cendre. Ils *déchirent leurs vêtements et mettent des habits de deuil. 48 Ils déroulent le livre de la *loi pour le consulter. Ils ne font pas comme les non-Juifs qui interrogent les statues de leurs dieux. 49 Ils apportent les vêtements des prêtres, les premiers produits des champs, et la dixième partie des récoltes. Ils réunissent les nazirs qui ont fini le temps de leur vœu[s]. 50 Ils prient le Seigneur à haute voix en disant : « Qu'est-ce que nous allons faire de ces hommes ? Où allons-nous les emmener ? 51 Ton temple saint est devenu *impur, car des gens l'ont traité avec mépris. Tes prêtres sont dans le deuil et dans la honte. 52 Les non-Juifs se sont réunis contre nous pour nous supprimer. Toi, tu sais ce qu'ils ont l'intention de nous faire. 53 Comment pourrons-nous leur résister si tu ne viens pas à notre secours ? » 54 Ensuite, ils sonnent de la trompette et poussent de grands cris.

55 Après cela, Judas nomme des chefs du peuple : chefs de 1 000 hommes, chefs de 100, chefs de 50 et chefs de 10. 56 Pour suivre la loi[t], il renvoie chez eux ceux qui bâtissent leur maison, ceux qui viennent de se fiancer ou de planter une *vigne, et ceux qui ont peur. 57 Alors l'armée des Israélites se met en route et ils vont camper au sud d'Emmaüs. 58 Judas leur dit : « Préparez vos armes et soyez courageux. Tenez-vous prêts à combattre ces gens-là. Ils se sont rassemblés contre nous pour nous supprimer et pour détruire notre temple. 59 Il vaut mieux que nous mourions à la guerre plutôt que de voir les malheurs de notre peuple et de notre temple. 60 Ce que le Seigneur veut, il le fera. »

Judas remporte la victoire à Emmaüs

4 1 Gorgias[u] prend avec lui 5 000 hommes à pied et 1 000 cavaliers excellents. Ces soldats partent pendant la nuit 2 pour se jeter sur le camp des Juifs et les attaquer par surprise. Des gens de la *Citadelle de Jérusalem leur servent de guides. 3 Judas apprend cela. Il se met donc en route avec ses combattants. Il veut vaincre l'armée du roi qui est à Emmaüs 4 pendant que Gorgias et ses soldats sont encore loin du camp. 5 De leur côté, Gorgias et sa troupe arrivent au camp de Judas pendant la nuit et ils ne trouvent personne. Ils se

q **3.41** *Idumée : une partie de l'ancien royaume d'Édom au sud de la Judée.*

r **3.46** *Mispa : lieu où le peuple d'Israël avait l'habitude de se rassembler.*

s **3.49** *Vœu... nazir : la personne qui faisait un vœu de nazir se mettait au service de Dieu pendant un certain temps. Elle ne buvait pas d'alcool et ne se coupait pas les cheveux. Voir Nombres 6.2-7.*

t **3.56** *Voir Deutéronome 20.5-9.*

u **4.1** *Gorgias : un « ami du Roi ». Voir aussi 1 Maccabées 2.18 et la note.*

disent : « Les Juifs fuient devant nous. » Ils se mettent alors à les chercher dans les montagnes.

6 Quand le jour se lève, Judas apparaît dans la plaine avec 3 000 hommes. Mais ils n'ont pas les équipements militaires ni les *épées qu'ils voudraient. 7 Les Israélites aperçoivent la puissante armée des non-Juifs. Ceux-ci portent des *cuirasses. Ils sont protégés par des soldats à cheval qui ont l'habitude de faire la guerre. 8 Judas dit à ses hommes : « N'ayez pas peur de cette armée nombreuse, ne soyez pas effrayés quand ils vous attaqueront. 9 Quand le roi d'Égypte poursuivait nos ancêtres avec son armée, ils ont été sauvés à la *mer Rouge, rappelez-vous cela. 10 Maintenant, crions vers Dieu. S'il nous montre sa bonté, il se souviendra de *l'alliance qu'il a établie avec nos ancêtres. Et il écrasera aujourd'hui cette armée qui se trouve devant nous. 11 Alors tous les peuples le reconnaîtront : il y a quelqu'un qui délivre et sauve Israël. »

12 Les étrangers voient les Juifs qui marchent contre eux. 13 Aussitôt ils sortent de leur camp pour les combattre. Les soldats de Judas sonnent de la trompette 14 et ils attaquent. Les ennemis sont vaincus et fuient vers la plaine. 15 Ceux qui sont à l'arrière sont tous tués. Les Juifs poursuivent les ennemis jusqu'à Guézer, jusqu'aux plaines de l'Idumée, d'Asdod et de Jamnia. Trois mille hommes environ meurent à cet endroit.

16 Quand Judas revient de la poursuite avec son armée, 17 il dit à ses hommes : « Ne pensez pas encore aux richesses de guerre. En effet, un autre combat se prépare. 18 Gorgias et sa troupe sont dans la montagne tout près de nous. Résistez à nos ennemis et luttez contre eux. Ensuite seulement, vous pourrez prendre les richesses de guerre en toute sécurité. »

19 Judas termine à peine sa phrase qu'ils aperçoivent un groupe de soldats ennemis venant de la montagne. Ceux-ci cherchent à savoir ce qui se passe. 20 Ils voient que leur armée a dû fuir et que leur camp est en train de brûler. La fumée qui s'élève le montre clairement. 21 En voyant cela, ils sont effrayés. Et quand ils voient dans la plaine l'armée de Judas qui se prépare au combat, 22 ils s'enfuient tous au pays des *Philistins. 23 Alors Judas retourne au camp ennemi pour le piller. Les Juifs prennent beaucoup d'or et d'argent, de très beaux tissus rouges et bleu marine, ainsi que beaucoup d'autres richesses. 24 Ils reviennent en chantant la louange du Seigneur. Ils le remercient en disant : « Le Seigneur est bon, et son amour est pour toujours. » 25 C'est un jour de grande libération pour Israël.

26 Les soldats étrangers qui ont fui viennent annoncer à Lysias[v] tout ce qui est arrivé. 27 Quand il apprend cette nouvelle, il est bouleversé et découragé. En effet, le combat contre Israël ne s'est pas passé comme il voulait. Et le résultat est le contraire de ce que le roi lui a commandé.

Judas remporte la victoire à Beth-Sour

28 L'année suivante, Lysias[w] rassemble 60 000 combattants excellents et 5 000 cavaliers pour faire la guerre aux Juifs. 29 Ils vont en Idumée et installent leur camp à Beth-Sour. Judas part à leur rencontre avec 10 000 hommes. 30 Quand il voit la puissante armée ennemie, il fait cette prière : « À toi, la louange, Sauveur d'Israël ! C'est toi qui as brisé l'attaque du géant Goliath par la main de ton serviteur David. C'est toi qui as livré l'armée des *Philistins à Jonatan[x], le fils de Saül, et au jeune serviteur qui portait ses armes. 31 De la même façon, fais tomber cette armée ennemie au pouvoir d'Israël, ton peuple. Que leurs soldats et leurs cavaliers les couvrent de honte ! 32 Qu'ils aient peur de combattre ! Brise la confiance qu'ils mettent dans leur force. Que leur défaite les fasse

---

v **4.26** *Lysias : voir 1 Maccabées 3.32 et la note.*
w **4.28** *L'année suivante : au début de 164 avant J.-C. Voir la note à 1 Maccabées 1.10.*
x **4.30** *Le géant Goliath : voir 1 Samuel 17.4-54.*
Jonatan : voir 1 Samuel 14.1-23.

trembler ! 33 Renverse-les par *l'épée de ceux qui t'aiment. Ainsi, tous ceux qui connaissent ton nom pourront chanter ta *gloire par des chants de louange ! »

34 Les deux armées passent à l'attaque, et l'armée de Lysias perd 5 000 soldats dans le combat. 35 Lysias voit la défaite de son armée, et l'audace des soldats de Judas, qui sont prêts à vivre et à mourir avec courage. Alors il retourne à Antioche[y]. Là, il recrute des soldats étrangers pour revenir en Judée avec plus de soldats qu'avant.

Le temple est purifié

36 Alors Judas et ses frères disent : « Maintenant, nos ennemis sont vaincus. Allons *purifier le temple et *consacrons-le de nouveau à Dieu. » 37 Toute l'armée se rassemble, et les soldats montent sur le mont *Sion. 38 Là, ils voient le temple semblable à un désert. *L'autel a été rendu *impur, et les portes ont été brûlées. De jeunes arbres poussent dans les cours comme dans une forêt ou sur une montagne. Les salles sont détruites. 39 Ils *déchirent leurs vêtements, ils pleurent beaucoup et se couvrent la tête de cendre. 40 Ils se mettent à genoux, le front contre le sol. Au signal donné par les trompettes, ils poussent des cris vers Dieu.

41 Ensuite, Judas commande à certains de ses soldats d'attaquer ceux qui se trouvent dans la *Citadelle pendant qu'il fait purifier le temple. 42 Il choisit des prêtres attachés à la *loi de Moïse et à qui on ne peut rien reprocher. 43 Les prêtres purifient le temple et emportent les pierres impures[z] dans un endroit impur. 44 Ils se demandent ce qu'il faut faire de l'autel des sacrifices qui est devenu impur. 45 Les prêtres ont la bonne idée de le détruire pour qu'il ne les couvre pas de honte. Ils démolissent donc cet autel puisque les non-Juifs l'ont rendu impur. 46 Ils mettent ses pierres dans un lieu convenable sur la colline du temple. Elles doivent rester là en attendant la venue d'un *prophète qui dira ce qu'il faut en faire. 47 Les Israélites prennent des pierres non taillées, comme la loi le demande[a], et ils construisent un autel nouveau, pareil à l'ancien. 48 Ils réparent le temple et son intérieur, et ils purifient ses cours. 49 Ils fabriquent de nouveaux ustensiles sacrés[b] et ils placent dans le temple le porte-lampes, l'autel du parfum et la table pour les pains offerts à Dieu. 50 Ils font brûler de *l'encens sur l'autel du parfum, ils allument les lampes du porte-lampes qui éclairent l'intérieur du temple. 51 Ils mettent des pains sur la table, ils tendent les rideaux et ils finissent tous les travaux qu'ils ont commencés.

52-54 En l'année 148, le neuvième mois, ou mois de Kisleu, le 25 du mois[c], c'est l'anniversaire du jour où les non-Juifs ont rendu l'autel impur. Ce matin-là, les Juifs se lèvent tôt et, suivant la *loi de Moïse, ils offrent un sacrifice sur le nouvel autel qu'ils ont construit. Il est *consacré au son des chants, des *cithares, des harpes et des cymbales. 55 Tout le peuple se met à genoux, le front contre le sol, pour adorer. Puis il adresse des louanges à Dieu, qui lui a donné la victoire. 56 Pendant huit jours, les Juifs fêtent la *consécration de l'autel. Avec une grande joie, ils offrent des *sacrifices complets avec des sacrifices de communion et de louange. 57 Ils ornent le devant du temple avec des couronnes en or et d'autres décorations. Ils refont les entrées et les salles, ils remettent les portes à leur place. 58 Le peuple est rempli d'une très grande joie, parce que la honte causée par les non-Juifs est effacée. 59 Judas, ses frères et toute l'assemblée d'Israël prennent cette décision : chaque année, à la même époque, au mois de Kisleu, à

---

y **4.35** *Antioche : capitale du royaume d'Antiochus.*

z **4.43** *Les pierres impures : sans doute les pierres de l'autel de Zeus olympien, construit sur l'autel des sacrifices par le roi Antiochus Épiphane. Voir 1 Maccabées 1.54.*

a **4.47** *Pierres non taillées : voir Exode 20.25.*

b **4.49** *Antiochus avait volé les anciens ustensiles. Voir 1 Maccabées 1.21-24.*

c **4.52-54** *Le 14 décembre 164 avant J.-C. Voir la note à 1 Maccabées 1.10.*

partir du 25, on fêtera dans la joie la consécration de l'autel, et ceci pendant huit jours.

60 Ils construisent à cette époque autour de la montagne de *Sion des murs élevés et des tours solides. Ils veulent empêcher les non-Juifs de venir sur ces lieux une deuxième fois. 61 Judas place une troupe de soldats pour garder le temple. Il protège davantage la ville de Beth-Sour. Ainsi le peuple d'Israël possède une *forteresse face à l'Idumée[d].

Judas combat les Iduméens et les Ammonites

5 1 Les peuples voisins apprennent cette nouvelle : les Juifs ont rebâti *l'autel des sacrifices et ils ont reconstruit le temple comme il était avant. Ces peuples se mettent alors dans une violente colère. 2 Ils décident de supprimer les Israélites qui vivent parmi eux. Ils se mettent donc à tuer les gens de notre peuple.

3 Les Iduméens[e] entourent Israël pour l'attaquer. Judas va les combattre en Akrabattène et les frappe d'un grand coup. Il les repousse et pille ce qu'ils possèdent. 4 Ensuite, Judas décide de punir les gens de la tribu de Baïa[f] à cause du mal qu'ils font : ils guettent les Israélites sur les routes pour les prendre au piège et les attaquer. 5 Judas repousse ces gens-là dans leurs *forteresses. Il les attaque et fait le serment de les tuer tous. Il brûle ces forteresses avec ceux qui sont dedans. 6 Puis il se rend dans le pays des Ammonites. Là, il rencontre une armée puissante et nombreuse commandée par Timothée[g]. 7 Judas les attaque plusieurs fois. Finalement il remporte la victoire et les écrase. 8 Il prend la ville de Yazer avec les villages voisins et il revient en Judée.

Des Israélites appellent Judas au secours

9 Les peuples non juifs de Galaad s'unissent contre les Israélites qui vivent dans leur pays. Ils veulent les supprimer. Alors ceux-ci se réfugient dans la *forteresse de Datéma[h]. 10 De là, ils envoient une lettre à Judas et à ses frères : « Les peuples non juifs qui nous entourent se sont unis contre nous pour nous supprimer. 11 Leur armée, commandée par Timothée, se prépare à venir prendre la forteresse où nous nous sommes réfugiés. 12 Venez nous délivrer. En effet, beaucoup parmi nous ont déjà été tués. 13 Tous nos frères juifs qui habitaient le pays de Tobie[i] ont été mis à mort. Leurs femmes et leurs enfants ont été faits prisonniers, et on a pris leurs biens. Environ 1 000 hommes ont trouvé la mort dans cette région. »

14 Au moment où Judas et ses frères sont en train de lire cette lettre, d'autres messagers arrivent de Galilée. Ils ont *déchiré leurs vêtements et ils apportent les mêmes nouvelles. 15 Ils disent : « Les habitants de Ptolémaïs, de Tyr, de Sidon et de toute la Galilée des étrangers[j] se sont unis pour nous supprimer. » 16 Quand Judas et le peuple apprennent ces nouvelles, ils réunissent une grande assemblée. Ils discutent sur ce qu'ils doivent faire pour les Israélites dans le malheur et attaqués par les non-Juifs. 17 Judas dit alors à son frère Simon : « Choisis les hommes qu'il te faut et va délivrer les gens de notre peuple qui sont en Galilée. Mon frère Jonatan et moi, nous

---

d **4.61** *Idumée : voir 1 Maccabées 3.41 et la note.*

e **5.3** *Iduméens : voir 1 Maccabées 3.41 et la note.*

f **5.4** *La tribu de Baïa : sans doute une tribu arabe.*

g **5.6** *Timothée : un fonctionnaire important, responsable de la région située à l'est du Jourdain.*

h **5.9** *Galaad : à cette époque, ce pays s'étendait vers le nord jusqu'au plateau syrien ; dans cette région, il y avait beaucoup de colonies juives.*
Datéma : forteresse juive située près de la ville de Bosora.

i **5.13** *Tobie : de la famille de Tobia, qui gouvernait la région comprise entre la ville d'Amman et le fleuve Jourdain.*

j **5.15** *Galilée des étrangers : expression méprisante pour désigner une région où il y avait beaucoup de non-Juifs.*

irons dans le pays de Galaad. » 18 Judas laisse
en Judée Joseph, fils de Zakarie, et Azaria,
chef du peuple. Ils doivent défendre le pays
avec le reste de l'armée. 19 Il leur donne cet ordre : « Gouvernez le peuple mais ne combattez pas les non-Juifs avant notre retour. 20 On
donne 3 000 hommes à Simon pour aller en
Galilée, et 8 000 à Judas pour aller dans le
pays de Galaad. »

Simon et Judas sont plusieurs fois vainqueurs

21 En Galilée, Simon attaque les non-Juifs
plusieurs fois. Il les bat et les fait fuir. 22 Il
les poursuit jusqu'aux *portes de la ville de
Ptolémaïs. Parmi ces gens-là, environ 3 000
hommes sont tués, et les Israélites prennent
leurs armes. 23 Ensuite, Simon rassemble les
Juifs de Galilée et d'Arbatta[k] avec leurs femmes, leurs enfants et tout ce qu'ils possèdent.
Il les emmène en Judée au milieu d'une
grande joie.

24 Pendant ce temps, Judas Maccabée et Jonatan, son frère, traversent le fleuve Jourdain
et ils marchent trois jours dans le désert. 25 Ils
rencontrent ensuite des Nabatéens[l] qui les accueillent dans la paix. Ils leur racontent tout
ce qui est arrivé aux Israélites dans le pays
de Galaad. 26 Ils leur disent : « Beaucoup d'Israélites ont été faits prisonniers à Bosora, Bosor, Aléma, Kasfo, Maked et Carnaïm, des
villes importantes bien défendues. 27 Certains
Israélites sont prisonniers dans d'autres villes
du pays de Galaad. Leurs ennemis ont décidé
d'attaquer ces *forteresses demain. Ils veulent
les prendre et tuer le même jour tous ceux qui
s'y trouvent. » 28 Aussitôt, Judas et son armée
reviennent en arrière et vont à Bosora en traversant le désert. Ils prennent la ville. Ils la pillent, ils tuent tous les hommes, jeunes et
adultes, et ils mettent le feu à la ville.

29 Ils partent de Bosora pendant la nuit et
vont jusqu'à la forteresse juive de Datéma.
30 Au lever du jour, ils aperçoivent une foule
nombreuse de soldats. Ceux-ci dressent des
échelles et avancent des machines de guerre
pour prendre la forteresse. Ils sont déjà passés
à l'attaque. 31 Judas voit que le combat a
commencé. Il entend un grand bruit, le son
des trompettes et les cris de guerre qui montent de la ville jusqu'au ciel. 32 Alors il dit
aux hommes de son armée : « Combattez aujourd'hui pour sauver nos frères ! »

33 Il les divise en trois colonnes pour attaquer l'armée ennemie par-derrière. Ses hommes sonnent de la trompette et prient en
poussant des cris. 34 Les soldats de Timothée[m] se rendent compte que l'attaque est me-
née par Judas Maccabée. Ils fuient alors
devant lui. Judas les frappe d'un grand coup.
Ce jour-là, 8 000 ennemis environ tombent
au combat.

35 Ensuite, Judas dirige son armée vers
Aléma. Ils attaquent cette ville et la prennent.
Puis ils tuent tous les hommes, jeunes et adultes, ils pillent la ville et ils y mettent le feu.
36 De là, ils vont prendre Kasfo, Maked, Bosor
et les autres villes du pays de Galaad.

Autres victoires de Judas dans le pays de Galaad

37 Après ces événements, Timothée rassemble une autre armée et il vient installer
son camp devant Rafon[n], de l'autre côté du
torrent. 38 Judas envoie des hommes se renseigner sur le camp ennemi. Voici ce qu'ils lui disent : « Tous les non-Juifs qui nous entourent
forment une armée très nombreuse. C'est Timothée qui les commande. 39 Ils ont engagé
des soldats arabes pour les aider. Ils ont installé leur camp de l'autre côté du torrent et
ils sont prêts à venir te combattre. » Alors Judas et son armée viennent aussitôt à leur rencontre 40 et s'approchent du torrent. Mais
Timothée dit aux officiers de son armée : « Si
Judas traverse le premier, il aura un grand

k **5.23** *Arbatta : cette région était sans doute située entre la Galilée et la Samarie.*
l **5.25** *Les Nabatéens : des Arabes qui faisaient du commerce dans les régions à l'est du Jourdain.*
m **5.34** *Timothée : voir 1 Maccabées 5.6 et la note.*
n **5.37** *Rafon : à 60 kilomètres environ au sud de Damas, dans la Syrie actuelle.*

avantage sur nous, et nous ne pourrons pas lui résister. 41 S'il a peur et reste de l'autre côté du torrent, nous traverserons pour l'attaquer et nous serons vainqueurs. »

42 Quand Judas arrive près de l'eau, il place des responsables le long du torrent et leur donne cet ordre : « Ne laissez personne dresser sa tente. Tous doivent aller combattre ! » 43 Judas traverse le premier. Toute l'armée le suit, et il attaque les ennemis. Tous les non-Juifs sont obligés de reculer. Ils jettent leurs armes et courent se réfugier dans le temple de la ville de Carnaïm[o]. 44 Judas et ses hommes prennent cette ville. Puis ils brûlent le temple avec tous ceux qui sont à l'intérieur. Carnaïm n'existe plus et, à partir de ce moment, les non-Juifs ne peuvent plus résister à Judas.

45 Ensuite, Judas rassemble tous les Israélites qui se trouvent dans le pays de Galaad, du plus petit jusqu'au plus grand. Il les emmène en Judée avec leurs femmes, leurs enfants et leurs biens. Ils forment une foule très nombreuse. 46 Ils arrivent à Éfron, située sur leur chemin. C'est une ville importante et puissante. Ils sont obligés de la traverser, car ils ne peuvent passer ni à droite, ni à gauche. 47 Mais les habitants d'Éfron les empêchent d'entrer et ils bloquent les *portes de la ville avec des pierres. 48 Alors Judas leur envoie ce message de paix : « Nous devons traverser votre territoire pour aller dans notre pays. Personne ne vous fera de mal. Nous passerons seulement en suivant la route. » Mais les habitants refusent d'ouvrir les portes de la ville. 49 Judas donne l'ordre que chacun reste à sa place et il communique cet ordre dans les rangs. 50 Ensuite, les soldats se préparent à attaquer la ville. Ils combattent toute la journée et toute la nuit, et la ville tombe en leur pouvoir. 51 Ils font mourir tous les hommes, jeunes et adultes, ils pillent la ville, puis ils la détruisent complètement. Alors les Israélites traversent Éfron en marchant sur les morts. 52 Ils passent le fleuve Jourdain et arrivent dans la Grande Plaine en face de Beth-Chéan. 53 Judas regroupe ceux qui traînent à l'arrière. Il rend courage aux gens tout le long du chemin, jusqu'à ce qu'ils arrivent en Judée. 54 Ils montent sur la montagne de *Sion dans une grande joie. Ils offrent à Dieu des *sacrifices complets. En effet, parmi eux, personne n'a été tué, et ils sont revenus en paix.

Joseph et Azaria sont vaincus à Jamnia

55 Judas et Jonatan sont encore dans le pays de Galaad, et leur frère Simon se trouve en Galilée, devant la ville de Ptolémaïs. 56 Pendant ce temps, Joseph, fils de Zakarie, et Azaria, les chefs de l'armée en Judée, entendent parler de leurs exploits et des combats qu'ils ont menés. 57 Ils se disent : « Devenons célèbres, nous aussi. Allons combattre les peuples étrangers qui nous entourent. » 58 Ils donnent des ordres aux troupes qu'ils commandent et partent attaquer Jamnia. 59 Gorgias[p] et ses soldats sortent de cette ville pour les combattre. 60 Les troupes de Joseph et d'Azaria sont vaincues, et les ennemis les poursuivent jusqu'aux frontières de la Judée. Ce jour-là, environ 2 000 Israélites sont tués. 61 C'est une grande défaite pour le peuple. Joseph et Azaria n'ont pas écouté Judas ni ses frères. Ils ont pensé qu'ils accompliraient eux aussi des exploits. 62 Mais ils ne font pas partie de cette sorte d'hommes qui ont reçu le don de sauver Israël.

Victoires de Judas en Idumée et chez les Philistins

63 Judas, l'homme courageux, et ses frères sont considérés comme des hommes extraordinaires en Israël et dans tous les pays où l'on entend parler d'eux. 64 Les gens se rassemblent autour d'eux pour les féliciter. 65 Judas et ses frères repartent en guerre, au sud, contre les

o **5.43** *Carnaïm : ce nom signifie « les deux cornes ». Il s'agit du temple de la déesse Astarté, qu'on représentait avec deux petites cornes.*

p **5.59** *Gorgias était gouverneur militaire de la région située au bord de la mer Méditerranée et de l'Idumée, une partie de l'ancien royaume d'Édom au sud de la Judée.*

Édomites. Ils prennent la ville d'Hébron[q] et les villages voisins. Ils détruisent les murs de défense de la ville et brûlent les tours qui l'entourent. 66 Ensuite, ils partent vers le pays des *Philistins et traversent la ville de Marécha. 67 Ce jour-là, des prêtres veulent montrer leur courage et ils partent au combat sans prudence. Or, ils sont tués. 68 Judas va ensuite à Asdod, au pays des Philistins. Il détruit leurs *autels, brûle les statues de leurs dieux et pille leurs villes. Ensuite il retourne en Judée.

Maladie et mort du roi Antiochus Épiphane

6 1 Le roi Antiochus traverse le Haut-Pays[r]. Pendant ce temps, il apprend qu'il y a en Perse une ville appelée Élymaïs, célèbre pour ses richesses, son argent et son or. 2 Son temple est très riche. Il contient des équipements militaires en or, des *cuirasses et des armes. Tout cela a été laissé par Alexandre, fils de Philippe, le roi de Macédoine qui a été le premier roi des Grecs. 3 Antiochus va à Élymaïs et il cherche à prendre la ville pour la piller. Mais il n'y réussit pas, car ses habitants apprennent son projet. 4 Ils s'opposent à lui les armes à la main et l'obligent à fuir. Il part de là couvert d'une grande honte pour rentrer à Babylone.

5 Antiochus est encore en Perse, quand un messager vient lui annoncer que les troupes envoyées en Judée ont été vaincues. 6 Lysias était allé là-bas avec une armée puissante. Or, elle a dû fuir devant les Juifs. En effet, ceux-ci ont battu les troupes du roi et ils leur ont pris des armes, du matériel de guerre et beaucoup de richesses. Tout cela a augmenté leur puissance militaire. 7 Ils ont même détruit la chose horrible que le roi avait fait construire sur *l'autel du *lieu saint à Jérusalem. Ils ont entouré le temple de hauts murs comme avant, ainsi que Beth-Sour, la ville qui appartient au roi.

8 Quand Antiochus apprend ces nouvelles, il est étonné et bouleversé. Il tombe malade et doit se coucher. Il est désespéré, parce que les choses ne se sont pas passées comme il le désirait. 9 Il reste là plusieurs jours, et retombe sans cesse dans une profonde tristesse. Il voit qu'il va bientôt mourir. 10 Alors il réunit tous ceux qu'il a nommés « amis du Roi »[s] et il leur dit : « Je ne peux plus dormir et l'inquiétude m'abat. 11 Je me demande pourquoi je suis plongé dans un désespoir aussi profond. En effet, quand j'étais puissant, j'ai fait du bien, et les gens m'aimaient. 12 Mais maintenant, je me souviens de tout le mal que j'ai commis à Jérusalem. J'ai pris tous les objets en or et en argent qui se trouvaient dans le temple et j'ai donné l'ordre de tuer sans raison les habitants de Judée. 13 Je le reconnais donc : c'est à cause de cela que ces malheurs me frappent et je vais mourir de désespoir dans un pays étranger. »

14 Il fait appeler Philippe, un des « amis du Roi » et le charge de gouverner tout son royaume. 15 Il lui donne sa couronne, le vêtement royal et la bague qui porte son *sceau. Il lui demande de prendre soin de son fils Antiochus[t] et de le préparer à devenir roi. 16 C'est là, en Perse, que le roi Antiochus Épiphane meurt, en l'année 149[u]. 17 Quand Lysias apprend sa mort, il établit comme roi son fils Antiochus qu'il a élevé depuis l'enfance. Il lui donne le nom d'Eupator[v].

Judas attaque la Citadelle de Jérusalem

18 À cette époque, des ennemis sont encore dans la *Citadelle de Jérusalem. Ils empêchent les Israélites de circuler autour du temple. Ils

---

q 5.65 *Hébron : après l'exil à Babylone, les Israélites n'étaient pas revenus dans cette région, qui faisait partie de l'Idumée.*

r 6.1 *Le Haut-Pays : voir 1 Maccabées 3.37 et la note.*

s 6.10 *Amis du Roi : voir 1 Maccabées 2.18 et la note.*

t 6.15 *Antiochus : il s'agit de celui qui deviendra le roi Antiochus V, appelé aussi Eupator.*

u 6.16 *En 149 : en septembre-octobre 164 avant J.-C. Voir la note à 1 Maccabées 1.10.*

v 6.17 *Eupator signifie « fils d'un noble père ».*

cherchent à leur faire du mal en toute occasion et à soutenir les non-Juifs. [19] Judas Maccabée décide donc de les supprimer et il réunit tout le peuple pour les attaquer. [20] Les Israélites se rassemblent et ils entourent la Citadelle en l'an 150[w]. Ils construisent des machines de guerre pour attaquer leurs ennemis et pour détruire les murs. [21] Mais certains qui sont dans la Citadelle réussissent à se sauver. Avec quelques Israélites infidèles, [22] ils vont chez le roi Antiochus Eupator. Ils lui disent : « Tu vas attendre jusqu'à quand pour punir nos ennemis et pour venger notre peuple ? [23] Nous, nous avons accepté de servir ton père, d'obéir à ses ordres et d'appliquer ses lois. [24] C'est pourquoi les gens de notre peuple sont devenus nos ennemis. De plus, ils ont tué tous ceux parmi nous qu'il ont trouvés et ils ont pillé nos biens. [25] Et ce n'est pas seulement nous qu'ils ont attaqués, mais aussi tous les pays voisins. [26] En ce moment, ils entourent la Citadelle de Jérusalem pour la prendre, et ils ont protégé davantage le temple ainsi que la ville de Beth-Sour. [27] Si tu n'agis pas tout de suite contre eux, ils feront encore plus de mal, et tu ne pourras plus les arrêter. »

Le roi Antiochus Eupator entre en guerre contre les Juifs

[28] Quand le roi entend cela, il se met en colère. Il réunit tous les « amis du Roi »[x], les chefs de son armée et les commandants des cavaliers. [29] De plus, il fait appel à des troupes de soldats étrangers qui viennent d'autres royaumes et des îles de la mer Méditerranée. [30] Son armée comprend 100 000 soldats à pied, 20 000 cavaliers et 32 éléphants dressés pour le combat. [31] Le roi et son armée arrivent par l'Idumée[y] et ils attaquent Beth-Sour. Ils combattent pendant plusieurs jours avec des machines de guerre. Mais des Juifs sortent de là, ils brûlent les machines et luttent avec courage. [32] Alors, Judas quitte la Citadelle de Jérusalem et il installe son camp à Beth-Zakaria, en face du camp royal. [33] Le jour suivant, tôt le matin, le roi lance son armée très vite sur la route de Beth-Zakaria. [34] On donne aux éléphants du jus de *raisin et de mûres pour les pousser au combat. [35] On les place entre les groupes de soldats à pied[z]. Près de chaque éléphant, on range 1 000 soldats protégés par leurs *cuirasses et coiffés d'un casque de bronze. De plus, 500 cavaliers excellents accompagnent chaque animal. [36] Ils suivent tous les mouvements de l'éléphant, partout où il va, et ils ne s'en éloignent jamais. [37] Sur le dos de chaque animal, un solide abri en bois en forme de tour est attaché avec des cordes. Il protège les quatre soldats qui combattent sur les bêtes, ainsi que l'Indien qui conduit l'éléphant. [38] Le roi place le reste des cavaliers sur les deux côtés de l'armée : ils doivent attaquer les troupes de Judas et protéger les groupes de soldats à pied.

[39] Quand le soleil se lève sur les boucliers d'or et de cuivre, les montagnes sont couvertes de lumière et brillent comme des torches allumées. [40] L'armée du roi est rangée pour le combat. Une partie se tient sur les hauteurs, l'autre partie est dans la plaine. Tous avancent avec assurance et en bon ordre. [41] Tous tremblent de peur en entendant le bruit de cette foule de soldats en marche et le bruit de leurs armes qui se heurtent. C'est une armée immense et puissante.

[42] Judas et ses troupes s'avancent pour passer à l'attaque. Ils tuent 600 soldats de l'armée du roi. [43] Élazar[a], appelé aussi Avaran, remarque alors un des éléphants. Il est plus grand que tous les autres, et il est protégé par un équipement royal. Élazar pense que le roi est sur cet animal. [44] Il décide donc de

w **6.20** *En 150 : en 163-162 avant J.-C. Voir la note à 1 Maccabées 1.10.*

x **6.28** *Amis du Roi : voir 1 Maccabées 2.18 et la note.*

y **6.31** *Idumée : voir 1 Maccabées 3.41 et la note.*

z **6.35** *Ces groupes de soldats étaient armés d'une longue lance et protégés par leur bouclier. Ils formaient des groupes solides qui protégeaient les éléphants sur leurs côtés.*

a **6.43** *Élazar : le jeune frère de Judas Maccabée.*

donner sa vie pour sauver son peuple et devenir célèbre pour toujours. 45 Élazar court avec audace au milieu des soldats à pied. Il tue des hommes à droite et à gauche, et les ennemis s'écartent des deux côtés. 46 Il se glisse sous l'éléphant, il le frappe par-dessous et le tue. L'animal tombe sur Élazar, qui meurt sur place. 47 Quand les Juifs voient la puissance de l'armée du roi et l'ardeur de ses troupes, ils se retirent.

Antiochus Eupator attaque le mont Sion

48 Les soldats du roi partent à Jérusalem pour combattre les Juifs. Le roi se prépare à attaquer toute la Judée et le mont *Sion. 49 Il fait d'abord la paix avec les Juifs de Beth-Sour. Ceux-ci sortent de la ville, car ils n'ont pas assez de nourriture pour soutenir le combat plus longtemps. En effet, cette année-là est une année de repos pour la terre[b]. 50 Le roi prend la ville de Beth-Sour et il laisse une troupe de soldats pour la garder. 51 Il entoure le temple pendant longtemps. Il installe des machines de guerre pour attaquer les Juifs et pour détruire les murs. Il utilise des lance-flammes, des lance-pierres, des arcs d'acier pour tirer des flèches, ainsi que des frondes. 52 Les Juifs construisent eux aussi des machines pour détruire celles des ennemis et ils combattent longtemps. 53 Mais il n'y a plus de nourriture dans les réserves du temple, car c'est la septième année, où la terre ne doit pas être cultivée. De plus, les Juifs venus des pays étrangers pour se réfugier en Judée ont mangé la nourriture qui restait. 54 À cause de la famine, quelques hommes seulement restent dans le temple. Les autres s'en vont, chacun de son côté.

Antiochus Eupator permet aux Juifs d'adorer le vrai Dieu

55-56 Pendant ce temps, Lysias apprend que Philippe est revenu de Perse et de Médie avec les troupes qui ont suivi le roi Antiochus. Il apprend aussi qu'il cherche à diriger les affaires du royaume. Or, Antiochus Épiphane avait chargé ce même Philippe d'élever son fils, le jeune Antiochus, pour le préparer à devenir roi. 57 Lysias se prépare donc à partir rapidement. Il dit au jeune roi, aux généraux de l'armée et aux soldats : « Nous perdons nos forces chaque jour davantage, nous avons peu de nourriture en réserve. Le lieu que nous attaquons est bien défendu. De plus, les affaires du royaume nous attendent. 58 Arrêtons le combat contre ces gens-là. Faisons la paix avec eux et avec leur peuple tout entier. 59 Permettons-leur de vivre selon leurs coutumes comme avant. En effet, ils se sont révoltés et ont fait tout cela, parce que nous avons supprimé leurs coutumes. »

60 Le roi et les chefs sont d'accord avec cette idée. Lysias envoie des délégués auprès des Juifs pour faire la paix avec eux, et ceux-ci acceptent leurs propositions. 61 Le roi et les chefs jurent de respecter cet accord, et les Juifs sortent de leur *forteresse. 62 Mais quand le roi arrive sur le mont Sion, il voit que cette place est bien protégée. Alors il ne respecte pas le serment qu'il a fait et commande de détruire les murs qui entourent le temple. 63 Ensuite, il part très vite et retourne à Antioche. Là, il trouve que Philippe est déjà maître de la ville. Il l'attaque et prend Antioche par la force.

Démétrius devient roi

7 1 En 151, Démétrius, fils de Séleucus, s'échappe de Rome. Il se dirige, avec quelques hommes, vers une ville située au bord de la mer Méditerranée[c]. Là, il se proclame roi. 2 Pendant qu'il se rend au palais royal de ses ancêtres à Antioche, l'armée fait prisonniers Antiochus Eupator et Lysias pour les amener auprès de lui. 3 Quand Démétrius apprend la

---

b **6.49** *Année de repos : tous les sept ans, les Juifs devaient laisser la terre au repos sans la cultiver. Voir Lévitique 25.1-7.*

c **7.1** *En 151 : en 161 avant J.-C. Voir la note à 1 Maccabées 1.10.*
Ville... au bord de la mer : Tripoli, en Syrie. Voir 2 Maccabées 14.1.

nouvelle, il dit qu'il ne veut pas les voir. 4 Alors l'armée les tue, et Démétrius s'installe sur le siège royal.

5 Tous les mauvais Israélites infidèles à la *loi viennent le trouver. Ils ont à leur tête Alkime, qui veut devenir *grand-prêtre[d]. 6 Ils accusent les autres Juifs devant le roi en disant : « Judas et ses frères ont fait mourir tous tes amis et ils nous ont chassés de notre pays. 7 Envoie donc maintenant un homme en qui tu as confiance. Il ira voir tout ce que Judas a détruit chez nous et sur les terres royales. Il punira Judas, ses frères et tous ceux qui les aident. »

Bakidès et Alkime en Judée

8 Le roi Démétrius choisit Bakidès, l'un des « amis du Roi » et gouverneur de la Grande-Syrie[e]. C'est un homme important dans le royaume et il est fidèle au roi. 9 Démétrius l'envoie avec Alkime, cet homme mauvais. Le roi établit Alkime comme *grand-prêtre et il lui commande de rendre aux Israélites le mal qu'ils ont fait. 10 Bakidès et Alkime partent en Judée avec une armée nombreuse. À leur arrivée, ils envoient des messagers à Judas et à ses frères avec de fausses paroles de paix. 11 Mais les Juifs voient qu'ils sont venus avec une puissante armée. Ils ne croient donc pas ce qu'ils disent.

12 Pourtant, un groupe de *maîtres de la loi va chez Alkime et Bakidès pour chercher une solution juste. 13 Parmi les Juifs, les Hassidéens[f] sont les premiers à leur demander la paix. 14 En effet, ils se disent : « Alkime, cet homme qui est venu avec l'armée du roi, est un prêtre de la famille d'Aaron. Il ne peut pas nous faire de mal. »

15 Alkime leur dit des paroles de paix et leur affirme avec serment : « Nous ne chercherons pas à vous faire du mal, ni à vous ni à vos amis. »

16 Les Hassidéens le croient, et pourtant, Alkime fait arrêter 60 hommes parmi eux et les fait tuer le même jour. Les Livres Saints le disent : 17 « Ils ont répandu un peu partout les corps de ses amis fidèles. Autour de Jérusalem, ils ont fait couler leur sang comme de l'eau. Personne n'était là pour enterrer les morts. »[g] 18 Alors tout le peuple tremble de peur. Les gens disent : « Ces hommes sont des menteurs et ils sont injustes. En effet, ils n'ont pas respecté notre accord ni le serment qu'ils ont fait. »

19 Bakidès part de Jérusalem et il installe le camp de son armée à Beth-Zaïth. Il fait arrêter beaucoup de gens qui se sont alliés à lui, ainsi que quelques autres Juifs. Il les fait tuer et jeter dans un grand puits. 20 Il confie à Alkime le gouvernement de la province, avec des soldats pour l'aider. Puis il retourne auprès du roi.

21 Alkime fait tout ce qu'il peut pour se faire reconnaître comme grand-prêtre. 22 Tous ceux qui troublent le pays se groupent autour de lui. Ils se rendent maîtres de la Judée et portent un grand coup au pays. 23 Judas voit qu'Alkime et ses amis font plus de mal aux Israélites que les non-Juifs. 24 Il fait alors le tour de toutes les régions de Judée. Il punit les traîtres qui se sont alliés à Alkime et les empêche de circuler à travers le pays. 25 Alkime voit que Judas et ses hommes deviennent plus forts, et qu'il ne peut pas leur résister. Alors il retourne auprès du roi et les accuse de grands crimes.

Le roi envoie Nicanor contre Judas

26 Nicanor est un des généraux du roi. Il fait partie des notables du royaume. Il déteste profondément Israël. Le roi l'envoie en lui

d **7.5** *Grand-prêtre : à cette époque, c'était le roi qui nommait les grands-prêtres. Mais ils devaient être choisis dans les familles de prêtres.*

e **7.8** *Amis du Roi : voir 1 Maccabées 2.18 et la note.*
Grande-Syrie : cette région comprenait toute la région située entre la mer Méditerranée et le fleuve Jourdain, le Liban et le sud de la Syrie actuelle.

f **7.13** *Les Hassidéens ont été les alliés de Judas depuis le début de sa lutte. Quand la liberté religieuse leur a semblé suffisante, ils l'ont abandonné.*

g **7.17** *Voir Psaume 79.2-3.*

commandant de supprimer ce peuple. 27 Nicanor arrive à Jérusalem avec une armée nombreuse. Il adresse à Judas et à ses frères de fausses paroles de paix. Il leur dit : 28 « Nous ne devons pas nous combattre, vous et moi. Je viendrai avec quelques soldats pour vous rencontrer dans la paix. » 29 Quand Nicanor arrive chez Judas, ils se saluent avec des paroles de bienvenue. Mais les ennemis sont prêts à enlever Judas. 30 Celui-ci s'aperçoit que Nicanor est venu le voir avec de mauvaises intentions. Il a peur et refuse de faire durer la rencontre. 31 Quand Nicanor voit que son projet est découvert, il quitte Jérusalem pour attaquer Judas près de Chafarsalama. 32 Du côté de Nicanor, 500 hommes environ sont tués, et les autres fuient dans la « *Ville de David ».

33 Après ces événements, Nicanor monte au mont *Sion. Des prêtres et des *anciens du peuple sortent du *lieu saint pour lui présenter des salutations de paix. Et ils lui montrent le *sacrifice complet qu'ils offrent pour le roi. 34 Mais Nicanor se moque d'eux, il les insulte et, en crachant sur eux, il les rend *impurs. Il leur parle avec orgueil 35 et, dans sa colère, il fait ce serment : « Cette fois-ci, vous devez me livrer Judas et son armée. Sinon, je reviendrai pour mettre le feu à ce temple quand la guerre sera finie, je vous le jure. » Il part, rempli de colère. 36 Les prêtres rentrent dans la cour. Debout, devant *l'autel et le lieu saint, ils disent en pleurant : 37 « Seigneur tu as choisi cette maison pour qu'elle t'appartienne. Tu as voulu qu'elle soit la maison où ton peuple te prie et te supplie. 38 Punis ce Nicanor et son armée. Fais-les mourir au combat. Souviens-toi de leurs insultes et ne les laisse pas en vie. »

Nicanor est vaincu et meurt

39 Nicanor part de Jérusalem et il fait installer le camp de son armée à Beth-Horon. Une armée de Syrie vient le rejoindre. 40 De son côté, Judas installe son camp à Hadacha avec 3 000 hommes. Là, il fait cette prière : 41 « Seigneur, un jour, les messagers d'un roi[h] t'ont insulté. Alors ton *ange est venu et il a tué 185 000 de ses soldats. 42 De la même façon, écrase cette armée devant nous aujourd'hui. Ainsi, tous ceux qui resteront en vie sauront que Nicanor a insulté ton temple *saint. Juge-le selon le mal qu'il a fait. »

43 Les armées passent à l'attaque au mois de Adar, le 13 du mois[i]. Celle de Nicanor est écrasée, et lui-même est tué le premier dans le combat. 44 Quand ses soldats voient qu'il est mort, ils jettent leurs armes et s'enfuient. 45 Les Juifs les poursuivent pendant une journée depuis Hadacha jusqu'à Guézer et ils font sonner derrière eux des trompettes comme signal. 46 Des gens sortent de tous les villages judéens des environs. Ils attaquent les ennemis par devant et par-derrière, et ceux-ci se retournent, les uns sur les autres. Tous les soldats de Nicanor tombent au combat, aucun ne reste en vie. 47 Les Juifs prennent les armes et les biens que les ennemis ont laissés. Ils coupent la tête de Nicanor et sa main droite qu'il avait tendue avec orgueil. Ils les emportent pour les exposer devant les habitants de Jérusalem. 48 Le peuple est très heureux et il fête ce jour-là comme une journée de grande joie. 49 Les Juifs décident de célébrer cette fête chaque année au mois de Adar, le 13 du mois. 50 La Judée reste en paix pendant quelque temps.

Louange des Romains

8 1 Judas entend parler des Romains. Les gens disent : ils sont puissants, ils se montrent bons envers tous ceux qui deviennent leurs alliés. Ils proposent leur amitié à tous ceux qui s'adressent à eux et ils sont vraiment puissants. 2 On raconte à Judas les guerres qu'ils ont faites et les actions extraordinaires qu'ils ont accomplies chez les Gaulois[j]. Les

---

h **7.41** *Roi : il s'agit de Sennakérib, roi d'Assyrie. Voir 2 Rois 19.35-36.*

i **7.43** *Aux environs du 28 mars 160 avant J.-C. Voir la note à 1 Maccabées 1.10.*

j **8.2** *Les Gaulois : il s'agit sans doute des Gaulois qui vivaient au nord de l'Italie, au début du 2e siècle avant J.-C.*

Romains les ont vaincus et les ont obligés à payer un impôt très lourd. 3 Ils ont aussi combattu en Espagne pour prendre les mines d'or et d'argent qui se trouvent dans ce pays. 4 Ils se sont rendus maîtres de tout le pays parce qu'ils ont su s'organiser et être patients. Pourtant l'endroit est très éloigné de chez eux. Ils ont vaincu des rois qui sont venus du bout du monde pour les attaquer. Ils les ont écrasés et les ont battus complètement. Ceux qui sont restés en vie leur paient un impôt chaque année. 5 Les Romains ont aussi remporté la victoire sur Philippe et Persée[k], rois de Macédoine, et sur tous ceux qui se sont révoltés contre eux. Ils les ont mis sous leur pouvoir. 6 Ils ont même écrasé Antiochus le Grand, roi de l'Asie[l]. Celui-ci les avait attaqués avec 120 éléphants de combat, des cavaliers, des chars et une armée puissante. 7 Ils l'ont pris vivant. Il l'ont obligé, lui et ceux qui ont été rois après lui, à payer un impôt très lourd et à leur livrer des otages. 8 Ils ont enlevé à Antiochus l'Inde, la Médie, la Lydie et quelques-unes des plus belles provinces de son royaume pour les donner au roi Eumène[m]. 9 Les Grecs avaient décidé d'aller supprimer les Romains. 10 Mais ceux-ci l'ont appris et ils ont envoyé un seul général pour combattre contre eux. Beaucoup de Grecs ont été blessés à mort au combat. Les Romains ont fait prisonniers leurs femmes et leurs enfants. Ils ont pillé leurs biens, ils ont occupé le pays, ils ont détruit leurs *forteresses et ils les ont traités comme des esclaves jusqu'à aujourd'hui[n]. 11 Les autres royaumes et les îles qui ont résisté aux Romains à certains moments ont été détruits par eux, et les habitants sont devenus leurs esclaves. 12 Mais les Romains restent des amis fidèles pour leurs alliés et pour ceux qui leur font confiance. Ils ont mis sous leur pouvoir les rois des pays proches et des pays éloignés. Tous ceux qui entendent parler des Romains ont peur d'eux. 13 Les Romains donnent le pouvoir à ceux qu'ils veulent aider et établir comme rois. Au contraire, ils enlèvent le pouvoir aux rois qui ne leur plaisent pas. Ils ont atteint le sommet de la puissance. 14 Malgré tout cela, aucun Romain ne porte ni couronne ni vêtement de roi pour son honneur personnel. 15 Les Romains ont créé un Sénat de 320 membres. Chaque jour, ces hommes se réunissent et discutent des affaires du peuple pour le bien de tous. 16 Chaque année, les Romains donnent à un seul homme la charge de les gouverner et de commander sur tout leur empire. Tous obéissent à ce seul homme. Personne n'est jaloux et personne n'a envie de prendre son pouvoir.

Les Juifs concluent un pacte d'amitié avec les Romains

17 Judas choisit Eupolème, fils de Jean et petit-fils d'Haccos, ainsi que Jason, fils d'Élazar. Il les envoie à Rome pour conclure un pacte d'amitié avec les Romains et pour s'allier à eux. 18 Judas espère ainsi libérer les Juifs du pouvoir du royaume grec de Syrie. En effet, il le voit bien : dans ce royaume, les Israélites sont en train de devenir des esclaves. 19 Eupolème et Jason partent pour Rome. Après un voyage très long, ils se présentent devant le Sénat[o]. Ils s'adressent à l'assemblée en disant : 20 « Judas Maccabée, ses frères et le peuple juif nous ont envoyés ici pour devenir vos alliés et pour conclure un accord de paix avec vous.

---

k 8.5 *Philippe et Persée : les Romains ont battu Philippe V en 197, et Persée en 168 avant J.-C.*

l 8.6 *Antiochus le Grand : il s'agit du père d'Antiochus Épiphane. Il a été vaincu à Magnésie du Sipyle, en 189 avant J.-C.*
Roi de l'Asie : l'empire d'Antiochus le Grand s'étendait de l'Asie Mineure (la Turquie actuelle) à l'Inde.

m 8.8 *Inde, Médie : le texte n'est pas sûr. Il s'agit peut-être de l'Ionie et de la Mysie.*
Eumène : ce roi gouvernait un petit royaume sur la côte d'Asie Mineure, la Turquie actuelle.

n 8.10 *La Grèce est devenue une province romaine en 146 avant J.-C. L'auteur de 1 Maccabées dépasse ici la période de Judas Maccabée, qui est mort en 160 avant J.-C.*

o 8.19 *Sénat : voir 1 Maccabées 8.15.*

Nous voulons faire partie de vos alliés et de vos amis de façon officielle. »

21 Cette demande plaît aux sénateurs. 22 Ils gravent une lettre sur des tablettes de bronze et ils l'envoient à Jérusalem. Elle rappellera aux Juifs qu'ils ont conclu cet accord de paix avec les Romains et qu'ils sont devenus leurs alliés. Voici la copie de cette lettre : 23 « Nous souhaitons que les Romains et le peuple juif soient heureux pour toujours sur terre comme sur mer. Qu'ils soient protégés de la guerre et des ennemis ! 24 Mais si une guerre menace Rome elle-même ou un peuple allié n'importe où dans l'empire, 25 le peuple juif combattra loyalement avec Rome, comme les circonstances l'exigeront. 26 Rome demande aux Juifs de ne donner ou fournir à ses ennemis ni *blé, ni armes, ni argent, ni bateaux. Les Juifs devront tenir leurs promesses sans rien recevoir en retour. 27 De la même façon, si une guerre éclate contre le peuple juif, les Romains combattront loyalement avec lui, comme les circonstances l'exigeront. 28 Rome promet aux Juifs de ne donner à leurs ennemis ni blé, ni armes, ni argent, ni bateaux. Les Romains devront tenir leurs promesses, et cela sans mensonge.

29 « C'est par ces mots que les Romains ont conclu un accord avec le peuple juif. 30 Si, plus tard, les deux alliés décident d'ajouter ou de supprimer quelque chose à cet accord, ils pourront le faire. Ils devront respecter ce qu'ils ont ajouté ou enlevé. 31 De plus, nous avons écrit au roi Démétrius au sujet des torts qu'il fait aux Juifs. Voici ce message : "Pourquoi est-ce que tu écrases sous ton pouvoir nos amis et alliés juifs ? 32 S'ils se plaignent encore de toi, nous défendrons leurs droits et nous te combattrons sur mer et sur terre." »

La mort de Judas Maccabée

9 1 Démétrius apprend que Nicanor est mort et que son armée a été battue. Il décide alors d'envoyer une deuxième fois en Judée Bakidès et Alkime à la tête de ses meilleurs soldats[p]. 2 Ils prennent la route de Galilée et installent leur camp devant Mésaloth, près d'Arbèle. Ils prennent cette ville et tuent beaucoup d'habitants. 3 En 152, le premier mois de l'année[q], ils installent leur camp devant Jérusalem. 4 Puis ils partent de cette ville pour aller à Béreth avec 20 000 soldats et 2 000 cavaliers. 5 Judas a installé son camp à Élasa, avec 3 000 combattants excellents. 6 Quand les soldats juifs voient que les troupes ennemies sont très nombreuses, ils ont très peur, et beaucoup parmi eux s'enfuient du camp. Il ne reste plus que 800 soldats. 7 Judas voit que son armée est en train de disparaître au moment où le combat commence. Il a le cœur brisé, parce qu'il n'a pas le temps de regrouper ses hommes. 8 Il est découragé. Pourtant, il dit à ceux qui sont restés : « Debout ! Marchons contre nos ennemis et attaquons-les si possible ! » 9 Les soldats ne sont pas d'accord. Ils disent : « Maintenant, nous ne pouvons rien faire, nous pouvons seulement sauver nos vies. Nous reviendrons plus tard avec nos frères pour reprendre le combat. Nous sommes trop peu nombreux. » 10 Judas leur répond : « Fuir devant nos ennemis ? Je ne ferai jamais une chose pareille ! Si c'est pour nous le moment de mourir, mourons avec courage pour nos frères. Gardons notre honneur sans tache. »

11 L'armée ennemie sort de son camp et s'arrête devant les Juifs. Les cavaliers sont divisés en deux groupes. Les soldats qui portent des frondes et des arcs avancent en avant de l'armée. Les premiers rangs sont formés des meilleurs combattants. 12 Bakidès commande les soldats qui avancent sur la droite. Les soldats à pied marchent des deux côtés au son des trompettes. Les soldats de Judas sonnent eux aussi des trompettes. 13 Le sol tremble à cause du bruit des deux armées. Le combat commence le matin et dure jusqu'au soir. 14 Judas voit que Bakidès et les meilleurs combattants ennemis se trouvent à droite. Alors

---

p 9.1 *Ce récit est la suite de 1 Maccabées 7.50.*
Bakidès et Alkime : voir 1 Maccabées 7.5,8-9.

q 9.3 *En avril-mai 160 avant J.-C. Voir la note à 1 Maccabées 1.10.*

les Juifs les plus courageux vont avec Judas. 15 Ils enfoncent la droite de l'armée syrienne et la poursuivent jusqu'aux monts Azara. 16 Quand les soldats qui avancent sur la gauche voient que ceux de droite sont battus, ils attaquent aussitôt Judas et ses hommes, par-derrière. 17 Le combat devient très dur, et il y a beaucoup de pertes dans les deux camps.

18 Judas est tué, lui aussi, et les autres s'enfuient. 19 Jonatan et Simon emportent le corps de leur frère Judas et ils le placent dans la tombe de leurs ancêtres à Modine. 20 Tous les Israélites pleurent sur lui, ils font pour lui de grandes cérémonies de deuil. Pendant plusieurs jours, ils répètent tristement ce chant : 21 « Il est mort, le héros qui sauvait Israël. Comment est-ce possible ? »

22 Les autres actions de Judas, ses combats, ses exploits et ce qui faisait sa grandeur n'ont pas été mis par écrit. Il y en avait trop.

Jonatan prend la place de son frère Judas

23 Après la mort de Judas, ceux qui méprisent la *loi de Dieu reparaissent partout en Israël, et les gens mauvais retrouvent leur assurance. 24 À cette époque-là, il y a une grande famine. Alors tout le peuple passe de leur côté. 25 Bakidès choisit alors des hommes qui méprisent Dieu pour diriger le pays. 26 Ces chefs recherchent les amis de Judas et les interrogent. Ensuite, ils les amènent à Bakidès, qui les punit et se moque d'eux. 27 Les Israélites n'ont pas connu de malheurs aussi grands depuis la fin de l'époque des *prophètes.

28 Alors tous les amis de Judas se réunissent et disent à Jonatan : 29 « Depuis la mort de ton frère Judas, il n'y a plus d'homme comme lui pour aller combattre nos ennemis, Bakidès et tous ceux qui détestent notre peuple. 30 C'est pourquoi nous te choisissons maintenant pour le remplacer. Tu seras notre chef et notre guide pour mener notre lutte. »

31 Jonatan accepte donc de commander les Israélites et il prend la place de son frère Judas.

Jonatan au désert de Técoa

32 Bakidès apprend cette nouvelle et il cherche à faire mourir Jonatan. 33 Mais celui-ci, ainsi que ses hommes et son frère Simon apprennent cela et ils s'enfuient au désert de Técoa. Ils installent leur camp près de la citerne Asfar. 34 Un jour de *sabbat, Bakidès apprend où ils se trouvent et il traverse le fleuve Jourdain avec toute son armée. 35 Jonatan envoie son frère Jean, qui commande le peuple, auprès de ses amis Nabatéens[r]. Il doit leur demander l'autorisation de déposer chez eux leurs nombreux bagages. 36 Mais sur le chemin, les Jambrites de Mèdeba[s] attaquent Jean. Ils le font prisonnier et ils repartent avec tous les bagages. 37 Après ces événements, Jonatan et son frère Simon apprennent que les Jambrites vont célébrer un grand mariage. La fiancée, fille d'un chef important de *Canaan, partira de Nabata, accompagnée d'un grand cortège. 38 Ils n'ont pas oublié que les Jambrites ont assassiné leur frère Jean. Ils montent donc se cacher dans un abri de la montagne. 39 Pendant qu'ils sont là, ils aperçoivent une foule bruyante et de nombreux bagages. Le fiancé, ses amis et ses frères s'avancent à la rencontre de l'autre cortège, avec des *tambourins et des musiciens. Ils sont très bien armés. 40 Jonatan et ses hommes sortent de leur cachette. Ils se jettent sur eux et se mettent à les tuer. Beaucoup sont blessés à mort, et les autres s'enfuient dans la montagne. Les Juifs prennent tous leurs bagages. 41 Alors « le mariage se change en deuil, et les chants des musiciens en chants de deuil »[t]. 42 Après que Jonatan et Simon ont vengé la mort de leur frère, ils se cachent dans les marécages, le long du Jourdain.

---

r **9.35** *Nabatéens : voir 1 Maccabées 5.25 et la note.*

s **9.36** *Jambrites de Mèdeba : sans doute des Arabes habitant à l'est de la mer Morte.*

t **9.41** *Citation d'Amos 8.10.*

Combat au bord du Jourdain

43 Bakidès apprend où sont les Juifs. Un jour de *sabbat, il vient jusqu'au bord du Jourdain avec des troupes nombreuses. 44 Alors Jonatan dit à ses hommes : « Debout ! Combattons pour sauver nos vies. Aujourd'hui, la situation est beaucoup plus grave que les autres fois. 45 L'ennemi est devant nous, et derrière nous il y a l'eau du Jourdain. Tout autour, ce sont des marécages et des buissons d'épines. Nous ne pouvons fuir nulle part. 46 Criez donc vers Dieu pour échapper au pouvoir de nos ennemis. »

47 Le combat commence, et Jonatan lève le bras pour tuer Bakidès. Mais celui-ci s'enfuit vers l'arrière de son armée. 48 Alors Jonatan et ses hommes sautent dans le Jourdain et nagent jusqu'à l'autre bord. Mais les ennemis ne traversent pas le fleuve pour les poursuivre. 49 Ce jour-là, Bakidès perd environ 1 000 soldats.

Bakidès en Judée. Mort d'Alkime

50 Bakidès retourne à Jérusalem. Il se met à protéger les villes de Judée : il les entoure de murs élevés et il place des *portes avec des verrous. Ces *forteresses se trouvent à Jéricho, Emmaüs, Beth-Horon, Béthel, Timna, Faraton et Téfon. 51 Il laisse dans chacune de ces forteresses une troupe de soldats qui doivent attaquer sans cesse les Juifs. 52 Il protège davantage les villes de Beth-Sour et Guézer et il rend plus solides murs de la *Citadelle de Jérusalem. Là, il place des troupes et des réserves de nourriture. 53 Il prend comme otages les fils des chefs du pays et les met en prison dans la Citadelle.

54 En 153, le deuxième mois, Alkime commande de faire tomber le mur qui entoure la cour intérieure du temple. Il détruit ainsi le travail des *prophètes[u]. Des gens commencent à démolir ce mur. 55 Mais Alkime est frappé par la maladie, et ils doivent arrêter les travaux. Il est paralysé et ne peut plus ouvrir la bouche. Il est incapable de parler et de faire connaître ses dernières volontés. 56 Il meurt à ce moment-là dans de grandes souffrances. 57 Quand Bakidès apprend la mort d'Alkime, il retourne auprès du roi Démétrius. La Judée est en paix pendant deux ans.

Bakidès est vaincu devant Beth-Basi et quitte la Judée

58 Alors tous les Juifs qui méprisent la *loi de Dieu se réunissent et se disent : « Jonatan et ses hommes vivent maintenant en paix et en toute sécurité. Faisons donc revenir Bakidès, il pourra tous les arrêter en une seule nuit. » 59 Ils vont le trouver et discutent de cela avec lui. 60 Bakidès se met en route avec une puissante armée. Il écrit en secret à tous ses alliés de Judée pour leur demander de se saisir de Jonatan et de ses hommes. Mais leur projet est découvert, et ils n'y arrivent pas. 61 Avec ses amis, Jonatan arrête environ 50 hommes du pays qui ont préparé ce complot, et ils les font mourir. 62 Ensuite, Jonatan, Simon et leurs hommes se retirent dans une région sans habitants, à Beth-Basi. Ils rebâtissent cette place détruite et la protègent davantage. 63 Quand Bakidès apprend cela, il rassemble tous ses soldats et demande à ses alliés de Judée de venir avec lui. 64 Il va à Beth-Basi pour l'attaquer et combat longtemps avec des machines de guerre. 65 Jonatan laisse son frère Simon dans la ville et avec quelques hommes, il sort dans la campagne. 66 Il bat Odomera et son clan avec la tribu de Fasiron dans son campement[v]. Ceux-ci acceptent de combattre aux côtés de Jonatan. Avec lui et ses troupes, ils vont attaquer Bakidès. 67 Simon et ses hommes sortent alors de Beth-Basi et mettent le feu aux machines de guerre. 68 Ils attaquent Bakidès et le battent complète-

---

u **9.54** *En 153, le deuxième mois : en avril-mai 159 avant J.-C. Voir la note à 1 Maccabées 1.10.* *Le travail des prophètes : les prophètes Aggée et Zakarie ont joué un rôle important dans la reconstruction du temple après l'exil à Babylone.*

v **9.66** *Odomera, Fasiron : sans doute des tribus arabes alliées à Bakidès.*

ment. Celui-ci est vraiment découragé, parce que son plan d'attaque n'a pas réussi. 69 Il est rempli d'une violente colère contre les Juifs infidèles à la loi, qui lui ont conseillé de venir en Judée, et il en tue beaucoup. Puis il décide de rentrer dans son pays.

70 Quand Jonatan apprend cela, il envoie des messagers à Bakidès pour faire la paix avec lui et pour qu'il rende les prisonniers. 71 Bakidès accepte ce que Jonatan lui propose. Il jure à Jonatan de le laisser en paix tout le temps qu'il vivra. 72 Il remet à Jonatan les prisonniers qu'il a faits auparavant en Judée et il retourne dans son pays. Bakidès ne revient plus jamais sur le territoire des Juifs. 73 La guerre se termine en Israël. Jonatan s'installe à Mikmas. Il devient chef de son peuple et fait disparaître d'Israël les gens qui méprisent Dieu.

Alexandre Épiphane établit Jonatan grand-prêtre

10 1 En 160, Alexandre Épiphane, fils d'Antiochus Épiphane[w], arrive près de Ptolémaïs et prend la ville. Les habitants le reçoivent bien, et il devient roi. 2 Quand le roi Démétrius apprend cela, il rassemble une armée très nombreuse et part combattre Alexandre. 3 De plus, Démétrius écrit à Jonatan un message de paix et il promet de lui donner un poste important. 4 En effet, il se dit : « Dépêchons-nous de faire la paix avec Jonatan avant qu'il la fasse avec Alexandre contre nous. 5 Car il se rappellera tout le mal que nous leur avons causé, à lui, à ses frères et à son peuple. » 6 Démétrius donne à Jonatan l'autorisation de rassembler une armée et de fabriquer des armes. Il lui propose de devenir son allié. Il commande aussi de lui rendre les Israélites qui sont enfermés[x] dans la *Citadelle de Jérusalem. 7 Alors Jonatan part pour Jérusalem et il lit la lettre du roi devant tout le peuple et devant ceux qui sont dans la Citadelle. 8 Ils ont très peur en entendant que le roi autorise Jonatan à rassembler une armée. 9 Les soldats de la Citadelle rendent les prisonniers à Jonatan, et celui-ci les rend à leurs familles.

10 Jonatan s'installe à Jérusalem. Il se met à reconstruire la ville et à la réparer. 11 Il commande aux ouvriers de reconstruire les murs de la ville et d'entourer le mont *Sion avec des pierres taillées pour le protéger. C'est ce qu'ils font. 12 Les soldats étrangers qui occupent les *forteresses construites par Bakidès s'enfuient. 13 Tous abandonnent leur poste et retournent dans leur pays. 14 Mais à Beth-Sour, les Israélites qui ont abandonné la loi et ses commandements restent sur place. Cette ville était leur lieu de refuge.

15 Le roi Alexandre apprend tout ce que Démétrius a promis à Jonatan dans sa lettre. Des gens lui racontent aussi les combats et les exploits de Jonatan et de ses frères, ainsi que les souffrances qu'ils ont supportées. 16 Le roi dit alors : « Nous ne trouverons jamais un homme comme lui ! Nous devons faire de lui notre ami et notre allié. » 17 Il écrit à Jonatan une lettre qui dit ceci : 18 « Le roi Alexandre salue son frère Jonatan. 19 J'ai entendu dire que tu es un homme très courageux et que tu mérites d'être notre ami. 20 C'est pourquoi je t'établis aujourd'hui *grand-prêtre de ton peuple et je te donne le titre d'"ami du Roi". Maintenant, tu devras prendre notre parti et rester notre ami. »

Avec cette lettre, le roi Alexandre lui envoie un vêtement rouge de cérémonie et une couronne d'or[y]. 21 Jonatan met les habits de grand-prêtre, au cours de la *fête des Huttes, en 160, le septième mois de l'année[z]. Il

w **10.1** *En 160 : en septembre-octobre 152 avant J.-C. Voir la note à 1 Maccabées 1.10. Alexandre Épiphane : son vrai nom était Alexandre Balas. Il se disait fils d'Antiochus Épiphane parce qu'il lui ressemblait.*

x **10.6** *Israélites enfermés : voir 1 Maccabées 9.53.*

y **10.20** *Grand-prêtre : voir 1 Maccabées 7.5 et la note. Ami du Roi : voir 1 Maccabées 2.18 et la note. Couronne d'or : les prêtres des cultes grecs portaient une telle couronne.*

z **10.21** *En octobre 152 avant J.-C. Voir la note à 1 Maccabées 1.10.*

rassemble des soldats et fabrique beaucoup d'armes.

Démétrius Ier offre des avantages aux Juifs

22 Quand Démétrius apprend cela, il n'est pas content et dit : 23 « Qu'est-ce que nous avons fait ? Alexandre a réussi avant nous à gagner l'amitié des Juifs, et il a ainsi rendu sa position plus solide. 24 Moi aussi, je vais leur écrire pour les persuader de m'aider. Je leur offrirai des postes importants et des cadeaux. » 25 Voici ce qu'il écrit : « Le roi Démétrius salue la nation des Juifs. 26 Nous avons appris avec joie que vous respectez les accords passés avec nous. Vous êtes toujours nos amis et vous n'êtes pas allés du côté de nos ennemis. 27 Continuez à nous rester fidèles, et nous vous récompenserons pour l'aide que vous nous apporterez : 28 nous diminuerons vos impôts et nous vous ferons des cadeaux. 29 Dès maintenant, je vous libère des impôts réguliers, de la taxe sur le sel et des impôts pour le roi. Tous les Juifs sont déchargés de ces taxes. 30 À partir de ce jour, je vous libère de l'obligation de me donner le tiers des récoltes et la moitié des fruits cueillis. J'accorde ces avantages dès aujourd'hui et pour toujours à la Judée, aux trois districts de Samarie qui lui sont ajoutés et à la Galilée. 31 Jérusalem sera considérée comme une ville *sainte. Elle sera déchargée de l'impôt, de même que son territoire. Personne ne prendra la dixième partie des revenus ni les taxes qui lui reviennent. 32 Je renonce aussi à mes droits sur la *Citadelle de Jérusalem. Je la donne au grand-prêtre. Celui-ci la fera garder par des hommes qu'il choisira lui-même. 33 Tous les Juifs qui ont été faits prisonniers en Judée et qui ont été emmenés quelque part dans mon royaume, je les libère sans rançon. Ils ne paieront pas d'impôts, même pas les impôts sur les animaux. 34 Aucun Juif qui habite dans mon royaume ne paiera de taxes ou de dettes pendant les grandes fêtes, les *sabbats, les fêtes de la *nouvelle lune, et les autres jours de fête. Ils ne les paieront pas non plus pendant les trois jours qui précèdent une grande fête et pendant les trois jours qui la suivent. 35 Personne n'aura le droit de les obliger à payer, ni de les inquiéter pour n'importe quelle affaire.

36 « On pourra recruter jusqu'à 3 000 Juifs dans l'armée du roi, et ils recevront le même salaire que les autres troupes du royaume. 37 Parmi eux, on en placera certains dans les principales forteresses royales, à des postes de confiance du royaume. Leurs officiers et leurs chefs seront choisis parmi ces hommes-là et ils vivront en suivant leurs lois, comme le roi l'a décidé pour les habitants de Judée. 38 Les trois districts de Samarie qui ont été ajoutés à la Judée formeront avec elle un seul territoire. Et ils seront placés uniquement sous le pouvoir du *grand-prêtre. 39 Je donne la ville de Ptolémaïs et son territoire au temple de Jérusalem. Ainsi les ressources permettront de payer les dépenses du *lieu saint. 40 De plus, je donnerai chaque année 15 000 pièces d'argent prises sur les ressources qui sont à ma disposition pour cela dans mon royaume. 41 Dans les années précédentes, les fonctionnaires versaient au lieu saint l'argent qui était en trop. Ensuite, ils ne l'ont plus fait. Maintenant, ils donneront tout pour les travaux du temple. 42 De plus, chaque année, on prenait 5 000 pièces d'argent sur les ressources du temple. Cela ne se fera plus, car cet argent appartient aux prêtres qui assurent le service du temple.

43 « Certains se réfugient dans le temple de Jérusalem ou sur son territoire, parce qu'ils n'ont pas payé les impôts du roi ou d'autres dettes. On ne les arrêtera pas et on ne prendra pas les biens qu'ils possèdent dans mon royaume. 44 La caisse du roi paiera les travaux qui serviront à reconstruire le temple et à le réparer. 45 Cette caisse paiera les dépenses pour rebâtir les murs de Jérusalem et pour rendre plus solides les constructions qui les entourent. Elle paiera aussi les travaux pour construire d'autres murs de défense en Judée. »

Mort du roi Démétrius Ier

46 Quand Jonatan et le peuple entendent parler des promesses de Démétrius, ils n'y croient pas et les refusent. Ils se souviennent que Démétrius a fait beaucoup de mal en Israël et qu'il a toujours écrasé les gens sous

son pouvoir. 47 Ils préfèrent prendre parti
pour Alexandre, car il a été le premier à leur
parler de paix. Ils restent ses alliés jusqu'à sa
mort.
48 Alors le roi Alexandre rassemble une
grande armée et il installe son camp en face
de Démétrius. 49 Les deux rois commencent
à se battre, mais les soldats d'Alexandre s'enfuient. Démétrius les poursuit et il remporte
la victoire sur eux. 50 Il se bat énergiquement
jusqu'au coucher du soleil, mais il est tué ce
jour-là.

Alexandre Balas se marie avec la fille de Ptolémée VI

51 Alors Alexandre envoie à Ptolémée VI, roi
d'Égypte, des messagers pour lui dire ceci :
52 « Je suis revenu dans mon royaume et je
me suis installé sur le siège royal de mes ancêtres. J'ai pris le pouvoir, j'ai vaincu Démétrius
et j'ai repris notre pays. 53 En effet, j'ai attaqué
Démétrius. Mes soldats et moi, nous l'avons
battu, ainsi que son armée, et nous avons
pris son siège royal. 54 Maintenant, devenons
donc amis et donne-moi ta fille en mariage.
Je serai ton gendre et je te donnerai, à toi
comme à elle, des cadeaux dignes de toi. »
55 Le roi Ptolémée lui répond en disant :
« Quand tu es revenu au pays de tes ancêtres,
quand tu t'es installé sur leur siège royal, cela
a été un grand jour. 56 J'accepte aujourd'hui ce
que tu as écrit dans ta lettre. Mais viens à ma
rencontre à Ptolémaïs, et là, nous nous verrons. Je te donnerai ma fille pour femme,
comme tu l'as demandé. »
57 Ptolémée part donc d'Égypte avec sa fille
Cléopâtre. Il arrive à Ptolémaïs en 162[a]. 58 Le
roi Alexandre vient à sa rencontre Ptolémée
lui donne pour femme sa fille Cléopâtre. Ils célèbrent le mariage à Ptolémaïs, et c'est une
grande et belle fête, selon la coutume des rois.

Le roi Alexandre rencontre Jonatan

59 Ensuite, le roi Alexandre écrit à Jonatan
de venir le rencontrer. 60 Jonatan se rend à
Ptolémaïs en s'entourant de grands honneurs
et il rencontre les deux rois. Il leur offre, à eux
et à leurs amis, de l'argent, de l'or et de nombreux cadeaux, et ceux-ci le regardent avec
bonté. 61 Alors des Israélites infidèles à la loi,
et qui ne valent rien, s'unissent pour agir
contre Jonatan. Ils veulent l'accuser auprès
du roi, mais le roi Alexandre ne tient pas
compte d'eux. 62 Au contraire, il commande
d'enlever les vêtements de Jonatan et de lui
donner l'habit rouge de cérémonie, ce qui
est fait. 63 Le roi le fait asseoir auprès de lui
et il dit à ses officiers : « Allez avec Jonatan jusqu'au centre de la ville. Annoncez que personne ne doit l'accuser sous aucun prétexte,
ni lui causer du tort pour n'importe quelle affaire. »
64 Ceux qui accusaient Jonatan voient les
honneurs qu'on lui rend à cause de cette annonce. Ils le voient aussi vêtu de l'habit rouge
de cérémonie. Alors ils s'enfuient. 65 Le roi
l'honore aussi en le comptant parmi les premiers « amis du Roi »[b]. De plus, il le nomme
général et gouverneur de sa région. 66 Jonatan
revient alors à Jérusalem dans la paix et dans
la joie.

Jonatan remporte la victoire sur Apollonius

67 En 165, Démétrius[c], fils de Démétrius Ier,
revient de Crète au pays de ses ancêtres.
68 Quand le roi Alexandre entend cela, il est
très inquiet et revient à Antioche. 69 Démétrius nomme Apollonius comme gouverneur
de la Grande-Syrie[d]. Celui-ci rassemble une
grande armée et il installe son camp près de
Jamnia. Puis il envoie au *grand-prêtre Jona-

---

a 10.57 *En 162 : en 150 avant J.-C. Voir la note à 1 Maccabées 1.10.*

b 10.65 *Amis du Roi : voir 1 Maccabées 2.18 et la note.*

c 10.67 *En 165 : en 147 avant J.-C. Voir la note à 1 Maccabées 1.10.*
Démétrius : il s'agit de Démétrius II, appelé aussi Nikator. Son père a été tué en combattant Alexandre. Voir 1 Maccabées 10.50.

d 10.69 *Grande-Syrie : voir 1 Maccabées 7.8 et la note.*

tan le message que voici : 70 « Tu es vraiment le seul à nous combattre. Les gens se moquent de moi et m'insultent à cause de toi. Pourquoi est-ce que tu montres ton pouvoir contre nous dans les montagnes ? 71 Si tu as confiance dans ton armée, descends maintenant vers nous dans la plaine. Alors nous pourrons voir qui est le plus fort, toi ou moi. En effet, j'ai avec moi les troupes qui viennent des villes. 72 Renseigne-toi, apprends à me connaître et à connaître ceux qui me soutiennent. Les gens te diront que vous ne pourrez pas nous résister, car vos ancêtres ont déjà été battus deux fois dans leur propre pays[e]. 73 Non, maintenant, tu ne pourras pas repousser l'attaque des cavaliers et d'une armée comme la mienne. En effet, dans cette plaine, il n'y a aucun endroit où se cacher, ni rochers, ni pierres. »

74 Quand Jonatan reçoit ce message, il est très troublé. Il prend avec lui 10 000 hommes et il quitte Jérusalem. Son frère Simon le rejoint avec des soldats pour l'aider. 75 Ils installent leur camp devant Joppé. Les habitants ont dû fermer les *portes de la ville. En effet, Apollonius a placé des troupes dans Joppé. Les Israélites commencent donc à attaquer la ville. 76 Les habitants ont peur, ils ouvrent les portes, et Jonatan prend Joppé. 77 Apollonius apprend la nouvelle. Il se met alors en marche avec 3 000 cavaliers et beaucoup de soldats à pied. Il se dirige vers Asdod, comme s'il voulait traverser le pays. Mais il avance en même temps vers la plaine, car ses cavaliers sont nombreux, et il a confiance en eux. 78 Jonatan le poursuit du côté d'Asdod, et les deux armées commencent à se battre. 79 Or, Apollonius a laissé 1 000 cavaliers cachés derrière les Israélites. 80 Tout à coup, Jonatan voit que les ennemis l'attaquent par-derrière. Les cavaliers entourent son armée. Ils lancent des flèches sur les Israélites du matin jusqu'au soir. 81 Les soldats de Jonatan résistent, comme celui-ci l'a commandé, et les chevaux des ennemis se fatiguent. 82 Simon conduit ses troupes au combat et il attaque les soldats à pied au moment où les cavaliers n'ont plus de forces. Simon écrase les ennemis, et ceux-ci s'enfuient. 83 Les cavaliers partent un peu partout dans la plaine. Ils fuient vers Asdod et se réfugient dans le temple de Dagon, leur dieu. 84 Jonatan prend les richesses des ennemis. Il met le feu à Asdod et aux villes voisines. Il brûle le temple de Dagon avec les gens qui se sont réfugiés là. 85 Environ 8 000 hommes meurent au combat ou sont brûlés.

86 Jonatan part de cet endroit pour installer son camp devant Ascalon. Les habitants sortent de la ville pour le recevoir avec beaucoup d'honneurs. 87 Puis il retourne avec ses soldats à Jérusalem en emportant de nombreuses richesses de guerre.

88 Quand le roi Alexandre apprend ces nouvelles, il veut honorer Jonatan encore davantage. 89 Il lui envoie une épingle d'or. C'est un cadeau qu'on offre d'habitude à ceux qu'on appelle « parents du Roi »[f]. Il lui donne aussi en partage la ville d'Écron et tout son territoire.

Le roi d'Égypte Ptolémée VI remporte la victoire sur Alexandre Balas

11 1 Ptolémée, roi d'Égypte, rassemble beaucoup de bateaux et des soldats aussi nombreux que les grains de sable au bord de la mer. Il cherche à prendre par ruse le royaume d'Alexandre pour l'ajouter à son royaume. 2 Il va en Syrie avec des paroles de paix. Les habitants lui ouvrent les *portes de leurs villes et viennent à sa rencontre. En effet, le roi Alexandre a donné l'ordre de le recevoir, parce que Ptolémée est son beau-père. 3 Mais celui-ci, dès qu'il entre dans une ville, place là des troupes de garde. 4 Quand il arrive près d'Asdod, des gens lui montrent le temple de Dagon brûlé, la ville et les environs détruits, les morts jetés un peu partout et les restes de ceux qui ont été brûlés pendant le combat : en effet, on les

---

e **10.72** *Battus deux fois : voir 1 Maccabées 5.55-62 ; 9.1-22.*

f **10.89** *Parents du Roi : voir 1 Maccabées 3.32 et la note.*

a entassés là où le roi devait passer. 5 Ils racontent à Ptolémée ce que Jonatan a fait pour qu'il lui fasse des reproches, mais le roi ne dit rien. 6 Jonatan va à la rencontre du roi à Joppé avec de grands honneurs. Ils échangent des souhaits de bienvenue et ils passent la nuit dans cette ville. 7 Jonatan va avec le roi jusqu'au fleuve Éleuthère[g], puis il retourne à Jérusalem. 8 De son côté, Ptolémée se rend maître des villes de la côte jusqu'à Séleucie-sur-mer[h]. Il continue à former de mauvais projets contre Alexandre.

9 Il envoie des messagers au roi Démétrius avec le message que voici : « Viens ici. Nous conclurons ensemble un accord. Je te donnerai ma fille Cléopâtre, qui est devenue la femme d'Alexandre, et tu dirigeras le royaume de ton père. 10 Je regrette d'avoir donné ma fille en mariage à cet homme, car il a cherché à me tuer. » 11 Ptolémée accuse ainsi Alexandre, parce qu'il désire prendre son royaume. 12 Il lui reprend donc sa fille pour la donner à Démétrius. Il ne veut plus avoir de relations avec Alexandre, et ils deviennent officiellement ennemis. 13 Ptolémée entre à Antioche et il se déclare roi de la Grande-Syrie[i]. Il porte alors deux couronnes, celles des royaumes d'Égypte et de Grande-Syrie.

Mort d'Alexandre et de Ptolémée

14 À cette époque, le roi Alexandre se trouve en Cilicie parce que les habitants de cette région se sont révoltés. 15 Il apprend ce que Ptolémée a fait. Alors il vient à sa rencontre pour le combattre. Mais Ptolémée de son côté marche contre lui avec une puissante armée et il le bat. 16 Alexandre fuit en Arabie pour se réfugier là-bas, et le roi Ptolémée remporte la victoire. 17 Un Arabe, appelé Zabdiel, coupe la tête d'Alexandre et l'envoie à Ptolémée. 18 Mais celui-ci meurt deux jours plus tard. Alors les habitants des villes bien protégées tuent les soldats égyptiens que Ptolémée a placés dans cette ville. 19 Voilà comment Démétrius devient roi en 167[j].

Démétrius II passe un accord avec les Juifs

20 À cette époque, Jonatan rassemble les hommes de Judée pour prendre la *Citadelle de Jérusalem. Il fait fabriquer beaucoup de machines de guerre pour l'attaquer. 21 Certains Juifs infidèles à la loi, qui détestent leur peuple, vont trouver le roi Démétrius. Ils lui disent que Jonatan entoure la Citadelle pour l'attaquer. 22 En apprenant cela, Démétrius se met en colère. Aussitôt, il décide d'aller à Ptolémaïs. Il écrit à Jonatan d'arrêter l'attaque et de venir discuter avec lui le plus vite possible à Ptolémaïs. 23 Dès que Jonatan reçoit cette lettre, il commande de continuer l'attaque. Il choisit pour compagnons quelques chefs d'Israël et quelques prêtres et il prend le risque de partir. 24 Il emporte de l'argent, de l'or, des vêtements et beaucoup d'autres cadeaux. Il va trouver le roi à Ptolémaïs, et celui-ci se montre bon pour lui. 25 Des Israélites infidèles à la loi l'accusent. 26 Mais le roi agit avec lui comme les rois qui étaient avant lui l'ont fait. Et il le couvre d'honneurs devant tous les « amis du Roi »[k]. 27 Il le maintient dans sa charge de *grand-prêtre et lui conserve tous les privilèges[l] qu'il a reçus auparavant. Il le compte aussi parmi les premiers « amis du Roi ». 28 Jonatan demande au roi que la Judée et les trois districts de la Samarie ne paient plus d'impôts réguliers. En échange, il lui promet 8 100 kilos d'argent. 29 Le roi donne son accord et il écrit à Jonatan une lettre sur tout ceci. Voici ce qu'il dit : 30 « Le roi Démétrius salue son frère Jonatan et la nation des Juifs. 31 Nous vous envoyons la copie de la

---

g **11.7** *Éleuthère : ce fleuve marquait la frontière entre le nord du Liban et la Syrie.*

h **11.8** *Séleucie-sur-mer : ville qui servait de port à Antioche de Syrie.*

i **11.13** *Grande-Syrie : voir 1 Maccabées 7.8 et la note.*

j **11.19** *En août-septembre 145 avant J.-C. Voir la note à 1 Maccabées 1.10.*

k **11.26** *Amis du Roi : voir 1 Maccabées 2.18 et la note.*

l **11.27** *Privilèges : voir 1 Maccabées 10.20.*

lettre que nous avons écrite à votre sujet à Lastène, un des "parents du Roi"[m]. Ainsi, vous
pourrez la lire.
32 « Le roi Démétrius salue Lastène, son père[n]. 33 J'ai décidé de faire du bien à la nation
des Juifs à cause de leur fidélité envers moi.
Les Juifs sont nos amis et ils remplissent leurs
devoirs envers moi. 34 Je maintiens donc
leurs droits sur la Judée et les trois districts
d'Aphéréma, de Lydda et de Ramataïm. Ces
districts et tout ce qui en dépend ont été enlevés à la Samarie. Ils ont été ajoutés à la Judée, en faveur de tous ceux qui vont offrir
des *sacrifices à Jérusalem. À partir de maintenant, les Juifs ne devront plus payer les taxes sur les produits de la terre et sur les
fruits que je recevais d'eux chaque année.
35 Je les libère aussi totalement des autres impôts qui me sont dus : les dixièmes des biens,
les taxes ordinaires, la taxe sur le sel et les
impôts royaux qui me reviennent. 36 À partir
de maintenant, aucune de ces décisions ne
pourra être supprimée, et elles resteront valables pour toujours.

37 « Prenez donc soin de copier cette lettre
et donnez-la à Jonatan. Il doit la mettre sur
la colline du temple, à un endroit bien visible. »

Jonatan va aider Démétrius II à Antioche

38 Le roi Démétrius voit que le pays est en
paix sous sa direction et que personne ne lui
résiste. Il renvoie tous ses soldats, et chacun
rentre chez lui. Mais il garde les soldats étrangers qu'il a engagés dans les îles de la mer Méditerranée. C'est pourquoi toutes les troupes
qui ont servi sous les autres rois avant lui se
mettent à le détester.

39 Or Tryphon[o], qui était autrefois du côté
d'Alexandre, voit que toutes les troupes critiquent Démétrius. Il va alors trouver Iamlikos
l'Arabe qui élève Antiochus, le jeune fils
d'Alexandre. 40 Il lui demande de lui remettre
cet enfant pour qu'il devienne roi à la place
son père.

Tryphon lui communique la décision prise
par Démétrius. Il lui dit aussi que ses troupes
détestent le roi. Il reste assez longtemps chez
Iamlikos.

41 De son côté, Jonatan envoie un message
au roi Démétrius. Il lui demande de faire sortir ses soldats de la *Citadelle de Jérusalem et
des *forteresses de Judée, qui sont toujours
en guerre contre le peuple d'Israël. 42 Voici
la réponse de Démétrius à Jonatan : « Non
seulement je ferai ce que tu demandes pour
toi et ta nation, mais je vous couvrirai d'honneurs dès que je le pourrai. 43 Pour le moment, tu ferais bien de m'envoyer des
soldats pour combattre à mes côtés. En effet,
toutes mes troupes se sont révoltées contre
moi. »

44 Jonatan envoie au roi 3 000 de ses meilleurs combattants à Antioche. Quand ils arrivent, Démétrius est très content. 45 En effet,
120 000 habitants se sont rassemblés au centre de la ville. Ils ont l'intention de tuer le
roi. 46 Démétrius se réfugie dans le palais, pendant que la foule occupe les rues et commence
l'attaque. 47 Le roi appelle les Juifs à son aide
et ils arrivent tous très vite. Puis ils se répandent dans la ville et tuent au moins 100 000
personnes ce jour-là. 48 Ils mettent le feu à la
ville, ils emportent de nombreuses richesses
de guerre et ils sauvent le roi.

49 Quand les habitants d'Antioche voient
que les Juifs ont pris la ville comme ils voulaient, ils sont découragés. Ils vont supplier
le roi à grands cris en disant : 50 « Fais la
paix avec nous. Commande aux Juifs d'arrêter leurs attaques contre nous et contre la
ville. »

51 Ils abandonnent leurs armes et font la
paix avec le roi. Les Juifs deviennent célèbres
aux yeux du roi Démétrius et leur réputation
est grande auprès de tous dans son royaume.
Ils reviennent à Jérusalem avec de nombreu-

m **11.31** *Parents du Roi : voir 1 Maccabées 3.32 et la note.*

n **11.32** *Son père : ce titre lui est donné parce qu'il fait partie des « parents du Roi ».*

o **11.39** *Tryphon : un ancien général de Démétrius Ier.*

ses richesses de guerre. 52 Le pouvoir du roi est maintenant plus solide, et le pays est en paix sous sa direction. 53 Mais Démétrius ne tient aucune des promesses qu'il a faites et il devient l'ennemi de Jonatan. Il ne reconnaît pas les services que celui-ci lui a rendus et il le traite très durement.

Jonatan combat Démétrius et s'allie à Antiochus VI

54 Après ces événements, Tryphon revient avec Antiochus[p]. Celui-ci est un jeune enfant. Pourtant, il devient roi et porte la couronne royale. 55 Toutes les troupes que Démétrius a renvoyées se groupent autour d'Antiochus. Elles font la guerre à Démétrius, qui est battu et s'enfuit. 56 Tryphon prend les éléphants de combat et occupe la ville d'Antioche.

57 Le jeune Antiochus écrit cette lettre à Jonatan : « Je te maintiens dans ta charge de *grand-prêtre. Je te place à la tête des quatre districts et je te compte parmi les "amis du Roi"[q]. » 58 Il lui envoie des récipients en or avec de la vaisselle et il lui donne le droit de boire dans des *coupes en or, de porter l'habit rouge de cérémonie et l'épingle d'or[r]. 59 Il établit Simon, frère de Jonatan, gouverneur militaire du territoire compris entre la montagne appelée l'Échelle de Tyr[s] et les frontières de l'Égypte.

60 Jonatan se met en route et il traverse la Grande-Syrie en passant de ville en ville. Toutes les troupes de Syrie se groupent autour de lui pour combattre avec lui. Quand il arrive à Ascalon, les habitants de la ville viennent l'accueillir avec de grands honneurs. 61 De là, il va à Gaza, mais les habitants lui ferment les *portes de la ville. Alors il l'attaque, la pille et brûle ses environs. 62 Les gens de Gaza supplient alors Jonatan, et celui-ci fait la paix avec eux. Il prend les fils de leurs chefs comme otages et les envoie à Jérusalem. Ensuite, il traverse le pays jusqu'à Damas.

63 Jonatan apprend que les généraux de Démétrius sont arrivés à Cadès en Galilée avec une armée nombreuse, pour lui enlever sa charge. 64 Il va à leur rencontre, mais il laisse son frère Simon en Judée. 65 Simon installe son camp devant Beth-Sour Il l'entoure et l'attaque pendant longtemps. 66 Les habitants lui demandent de faire la paix avec eux, et il accepte. Mais il les chasse de la ville. Il occupe la ville et il y place des troupes de garde.

67 De leur côté, Jonatan et son armée installent leur camp près du lac de Génésareth. Le jour suivant, tôt le matin, ils vont vers la plaine de Hassor[t]. 68 L'armée ennemie s'avance à leur rencontre dans cette plaine. Mais elle a laissé des soldats dans les montagnes pour qu'ils attaquent Jonatan par surprise. Cette armée s'avance en face de lui. 69 Pendant ce temps, les soldats qui étaient cachés sortent de là et passent à l'attaque. 70 Tous les soldats de Jonatan s'enfuient. Il n'en reste pas un seul, sauf deux officiers de son armée : Mattatias, fils d'Absalom, et Judas, fils de Chalfi. 71 Alors Jonatan *déchire ses vêtements, il se couvre la tête de poussière et se met à prier. 72 Puis il retourne au combat. Il bat les ennemis, et ceux-ci s'enfuient. 73 Quand les soldats qui ont fui voient cela, ils reviennent auprès de lui et ils poursuivent ensemble les ennemis jusqu'à leur camp à Cadès. Eux-mêmes s'installent à cet endroit. 74 Les ennemis perdent environ 3 000 hommes ce jour-là. Ensuite Jonatan retourne à Jérusalem.

---

p **11.54** *Antiochus : Antiochus VI Dionysos, fils d'Alexandre Balas, est devenu roi en 144 avant J.-C. Tryphon l'a tué en 142 avant J.-C.*

q **11.57** *Quatre districts : voir 1 Maccabées 11.34.*
Amis du Roi : voir 1 Maccabées 2.18 et la note.

r **11.58** *Épingle d'or : voir 1 Maccabées 10.89.*

s **11.59** *L'Échelle de Tyr : la montagne portait ce nom parce qu'elle était coupée par une route en escalier. Elle était située à 10 kilomètres environ au sud de la ville de Tyr.*

t **11.67** *Hassor : forteresse à 10 kilomètres environ au nord du lac de Génésareth.*

Jonatan renouvelle le pacte d'amitié avec les Romains et avec les Spartiates

12 1 Jonatan voit que la situation se présente bien pour lui. Il choisit alors des
messagers et les envoie à Rome. Ils doivent
confirmer et renouveler le pacte d'amitié
conclu avec les Romains[u].
2 Il envoie des lettres à Sparte et ailleurs
dans le même but.
3 Les messagers partent donc pour Rome et
ils entrent au Sénat. Ils disent : « Le *grand-
prêtre Jonatan et la nation des Juifs nous ont
envoyés pour renouveler le pacte d'amitié
que vous avez déjà conclu avec eux et pour
s'allier à vous. »
4 Les membres du Sénat leur donnent des
lettres pour les autorités des pays qu'ils vont
traverser. Ils leur demandent de les protéger
jusqu'à leur retour en Juda.
5 Voici la copie de la lettre que Jonatan écrit
aux gens de Sparte : 6 « Le grand-prêtre Jonatan, le conseil des *anciens de la nation, les
prêtres et le reste du peuple juif saluent leurs
frères, les Spartiates. 7 Voici déjà longtemps,
notre grand-prêtre Onias a reçu une lettre
d'Areios, votre roi. Celui-ci disait que vous
êtes nos frères. La copie de sa lettre le prouve[v]. 8 Onias a reçu votre envoyé avec beaucoup d'honneurs. Il a accepté la lettre qui
parlait clairement d'amitié et d'accord avec
vous. 9 Les Livres Saints que nous possédons
nous aident à vivre, et nous ne sommes pas
vraiment obligés de passer de tels accords.
10 Pourtant, nous désirons par ce message resserrer les liens de fraternité et d'amitié que
nous avons avec vous, et nous ne voulons
pas devenir des étrangers pour vous. En effet,
beaucoup d'années ont passé depuis que vous
nous avez envoyé votre messager. 11 Nous
nous souvenons toujours de vous pendant les
grandes fêtes et à d'autres occasions, quand
nous offrons des *sacrifices et quand nous
prions Dieu. Oui, il est juste et normal de se
souvenir de ses frères. 12 Nous nous réjouis-
sons aussi de votre réputation. 13 De notre
côté, nous avons connu beaucoup de malheurs et de guerres, car les rois qui nous entourent nous ont attaqués. 14 Nous n'avons
pas voulu peser sur vous ni sur nos autres alliés et amis, à l'occasion de ces guerres. 15 En
effet, nous comptons sur Dieu pour nous
secourir. C'est lui qui nous a délivrés de nos
ennemis et les a couverts de honte.
16 « C'est pourquoi nous avons choisi Numénius, fils d'Antiochus, et Antipater, fils de
Jason. Nous les avons envoyés chez les
Romains pour renouveler le pacte d'amitié
que nous avions déjà conclu avec eux, et
pour nous allier à eux. 17 Nous avons aussi
commandé à nos messagers d'aller chez
vous. Ils doivent vous saluer et vous remettre
notre lettre qui propose de resserrer nos liens
de fraternité. 18 Alors, nous vous prions de
nous répondre à ce sujet. » 19 Voici la copie
de la lettre qu'Areios avait autrefois envoyée
à Onias : 20 « Areios, le roi des Spartiates, salue
le *grand-prêtre Onias. 21 Nous avons trouvé
un écrit au sujet des Spartiates et des Juifs. Il
montre qu'ils sont frères et qu'ils appartiennent tous les deux à la famille d'Abraham.
22 Maintenant que nous avons appris cela,
nous vous prions de nous écrire pour nous
dire si votre situation est bonne. 23 De notre
côté, nous pouvons déjà vous écrire ceci :
"Considérez nos troupeaux et nos biens
comme s'ils étaient à vous, et nous traiterons
les vôtres comme s'ils étaient à nous." C'est
pourquoi nous commandons à nos messagers
de vous faire savoir nos intentions. »

L'armée de Démétrius II fuit devant Jonatan

24 Jonatan apprend cette nouvelle : les généraux de Démétrius reviennent pour lui

---

u **12.1** *Voir 1 Maccabées 8.17-32.*

v **12.7** *Une lettre d'Areios : Areios Ier était roi de Sparte de 309 à 265 avant J.-C. Il aurait envoyé cette lettre à Onias Ier, ancêtre d'une famille de prêtres. Celui-ci vivait au temps d'Alexandre le Grand.*
La copie : voir versets 20 et suivants.

faire la guerre avec une armée plus nombreuse que la première fois. 25 Alors Jonatan quitte aussitôt Jérusalem pour aller à leur rencontre dans la région de Hamath[w]. En effet, il ne veut pas leur donner l'occasion d'entrer dans son pays.

26 Il envoie des espions[x] dans leur camp. Ils reviennent lui annoncer que les ennemis se préparent à se jeter sur eux par surprise pendant la nuit. 27 Au coucher du soleil, Jonatan commande à ses hommes de rester éveillés. Ils doivent être prêts à se battre toute la nuit. Il place aussi des gardes autour du camp. 28 Quand les ennemis apprennent que Jonatan et ses troupes sont prêts à combattre, ils sont effrayés. Tremblants de peur, ils allument des feux dans leur camp et s'enfuient. 29 Jonatan et ses hommes ne s'aperçoivent de leur départ que le matin. En effet, ils voient toujours les feux allumés dans le camp. 30 Jonatan se met à les poursuivre, mais il ne peut pas les rattraper car ils ont traversé le fleuve Éleuthère[y].

31 Alors Jonatan se tourne contre une tribu d'Arabes appelés Zabadéens. Il les bat et prend leurs biens. 32 Puis il lève le camp et va à Damas, en traversant toute la région. 33 De son côté, Simon est parti et il a marché jusqu'à Ascalon et jusqu'aux *forteresses voisines. De là, il prend la direction de Joppé et occupe la ville. 34 Il a appris, en effet, que les habitants voulaient livrer cette forteresse aux soldats de Démétrius. Il y laisse des soldats pour la garder.

Jonatan veut protéger Jérusalem

35 Quand Jonatan revient à Jérusalem, il réunit l'assemblée des *anciens du peuple. Il décide avec eux de construire des *forteresses en Judée. 36 Il décide aussi d'augmenter la hauteur des murs de Jérusalem, et d'élever un grand mur entre la *Citadelle et la ville pour les séparer. Il veut isoler totalement les soldats de Démétrius dans la Citadelle et les empêcher d'acheter ou de vendre quelque chose. 37 Les habitants se réunissent pour reconstruire Jérusalem. En effet, une partie du mur à l'est de la ville, du côté de la vallée, est tombée. Ils réparent aussi le quartier appelé Chafenata[z]. 38 De son côté, Simon reconstruit la ville d'Adida, dans le *Bas-Pays. Il élève des murs et place des *portes avec des verrous.

Jonatan tombe au pouvoir de ses ennemis

39 Tryphon cherche à diriger la Grande-Syrie et à devenir roi en arrêtant Antiochus VI[a]. 40 Mais il a peur que Jonatan l'empêche de faire cela et qu'il vienne l'attaquer. Tryphon cherche donc un moyen de le saisir pour le faire mourir. Il se met ainsi en route pour Beth-Chéan. 41 Jonatan part à sa rencontre avec 40 000 combattants excellents. Il arrive lui aussi à Beth-Chéan. 42 Quand Tryphon voit que Jonatan est venu avec une immense armée, il évite de le saisir par la force. 43 Au contraire, il le reçoit avec honneur et lui offre des cadeaux. Il le présente à tous ses amis et leur commande, ainsi qu'à ses troupes, de lui obéir comme à lui-même. 44 Ensuite, il dit à Jonatan : « Pourquoi est-ce que tu as fatigué toute cette armée ? Aucune guerre ne nous menace. 45 Renvoie donc tes soldats chez eux. Choisis quelques hommes pour rester avec toi et viens avec moi à Ptolémaïs. Je te livrerai cette ville et les autres *forteresses, ainsi que les troupes et les fonctionnaires qui y sont encore. C'est pour cela que je suis

---

w 12.25 *Hamath : cette région se trouve au nord-est de la Grande-Syrie. Voir la note sur 1 Maccabées 7.8.*

x 12.26 *Les espions sont des hommes chargés de recueillir des renseignements secrets sur le camp ennemi.*

y 12.30 *Éleuthère : voir 1 Maccabées 11.7 et la note.*

z 12.37 *Chafenata : sans doute le nouveau quartier, ou ville neuve, au nord-ouest du temple.*

a 12.39 *Tryphon : voir 1 Maccabées 11.39 et la note.*
Grande-Syrie : voir 1 Maccabées 7.8 et la note.
Antiochus VI : le fils d'Alexandre Balas.

venu à Beth-Chéan. Ensuite, je rentrerai chez moi. »

46 Jonatan fait confiance à Tryphon et il agit comme celui-ci a dit : il renvoie ses troupes, qui rentrent en Judée. 47 Il garde avec lui 3 000 soldats. Il en laisse 2 000 en Galilée et les 1 000 autres vont avec lui. 48 Mais dès que Jonatan est entré dans Ptolémaïs, les habitants ferment les *portes de la ville. Ils le saisissent et ils tuent par *l'épée tous ceux qui sont entrés avec lui. 49 Alors Tryphon envoie des soldats à pied et des cavaliers en Galilée et dans la Grande Plaine[b], pour tuer tous les soldats de Jonatan. 50 Ceux-ci comprennent que le grand-prêtre a été pris et tué avec ceux qui étaient avec lui. Pourtant, ils se donnent du courage les uns aux autres, ils avancent en rangs serrés, prêts à combattre. 51 Ceux qui les poursuivent voient qu'ils sont prêts à se battre pour sauver leur vie. Alors ils partent. 52 Tous les soldats juifs reviennent ainsi en sécurité en Judée. Ils pleurent Jonatan et ses hommes et ils ont très peur. Tout le peuple d'Israël mène un grand deuil. 53 Toutes les populations des environs cherchent à supprimer le peuple juif. Ces gens disent : « Les Juifs n'ont plus de chef ni personne pour les aider. Allons les attaquer et tuons-les. Ainsi, personne ne se souviendra d'eux sur la terre. »

Simon prend la place de Jonatan

13 1 Simon apprend que Tryphon a rassemblé beaucoup de troupes pour aller détruire la Judée. 2 Il voit que le peuple tremble de peur. Alors il monte à Jérusalem et réunit les Juifs. 3 Il cherche à les rassurer en leur disant : « Vous savez bien tout ce que mes frères et moi, ainsi que toute notre famille, nous avons fait pour défendre nos lois et le temple. Vous êtes au courant des guerres et des souffrances que nous avons supportées. 4 C'est bien pour défendre Israël que tous mes frères sont morts et que moi, je reste seul. 5 Maintenant, il n'est pas question de sauver ma vie au moment du malheur. En effet, je ne vaux pas mieux que mes frères. 6 Mais je vais venger mon peuple, le temple, vos femmes et vos enfants. Oui, tous les autres peuples se sont mis ensemble pour nous détruire, parce qu'ils nous détestent. »

7 Les Juifs écoutent ces paroles de Simon et reprennent courage. 8 Ils lui répondent avec force : « Maintenant, c'est toi notre chef, à la place de Judas et Jonatan, tes frères. 9 Dirige notre lutte, et nous ferons tout ce que tu diras. » 10 Alors Simon rassemble tous les hommes capables de combattre. Il se dépêche de finir les murs de Jérusalem et il protège la ville tout autour. 11 Il envoie à Joppé Jonatan, fils d'Absalom, avec une troupe importante. Jonatan chasse les habitants de cette ville et s'installe là.

Tryphon trompe Simon et tue Jonatan, son frère

12 Tryphon quitte Ptolémaïs avec une armée nombreuse pour entrer en Judée. Il emmène avec lui Jonatan, le frère de Simon, qu'il a fait prisonnier. 13 Simon installe son camp à Adida, en face de la plaine. 14 Tryphon apprend que Simon a remplacé son frère Jonatan et qu'il se prépare à combattre contre lui. Il envoie des messagers à Simon pour lui dire ceci : 15 « À cause de sa fonction, ton frère Jonatan devait envoyer de l'argent au trésor du roi. Il ne l'a pas fait, c'est pourquoi je le garde prisonnier. 16 Je lui rendrai sa liberté si tu envoies 2 700 kilos d'argent et deux de ses fils comme otages. Ainsi, il ne se révoltera pas contre nous après sa libération. »

17 Simon sait bien que les messagers ne disent pas la vérité. Pourtant, il envoie chercher l'argent et les enfants. En effet, il a peur que le peuple se révolte contre lui 18 et dise : « Jonatan a été tué, parce que Simon n'a pas envoyé à Tryphon l'argent et les enfants. » 19 Il livre donc les enfants et les 2 700 kilos d'argent. Mais Tryphon a menti et il ne libère pas Jonatan.

20 Après cela, Tryphon se met en route pour occuper la Judée et la détruire. Avec ses soldats, il fait un détour par la route qui conduit

b **12.49** *Grande Plaine : située entre Beth-Chéan et le fleuve Jourdain.*

à la ville d'Adôra. Mais Simon et son armée lui barrent le chemin, partout où il essaie de passer. 21 Pendant ce temps, les hommes qui occupent la *Citadelle de Jérusalem envoient des messagers à Tryphon. Ils lui demandent avec force de venir rapidement les rejoindre par le désert et de leur envoyer de la nourriture. 22 Tryphon prépare alors tous ses cavaliers pour y aller, mais cette nuit-là, il tombe beaucoup de *neige, et il ne peut pas partir. Il se dirige donc vers le pays de Galaad. 23 Quand il arrive près de Baskama, il fait tuer Jonatan, et on l'enterre à cet endroit. 24 Ensuite, Tryphon rentre dans son pays.

25 Simon envoie des gens prendre le corps de Jonatan, son frère, et il l'enterre à Modine, la ville de ses ancêtres. 26 Tous les Israélites font pour lui de grandes cérémonies de deuil et ils le pleurent pendant longtemps. 27 Simon dresse sur la tombe de son père et de ses frères un grand monument que les gens voient de loin. L'avant et l'arrière de ce monument sont en pierre polie. 28 Simon fait aussi construire sept pyramides en deux rangs, pour son père, sa mère et ses quatre frères[c]. 29 Il fait dresser de grandes colonnes tout autour des pyramides. Il les décore avec toutes les armes des soldats pour que les gens se souviennent toujours des Maccabées. À côté des armes, on sculpte des bateaux qui peuvent être vus par tous ceux qui voyagent sur la mer. 30 Ce monument, que Simon a fait construire à Modine, existe encore aujourd'hui.

Démétrius II maintient l'accord avec les Juifs

31 Pendant ce temps, Tryphon agit comme un traître avec le jeune roi Antiochus et il le tue. 32 Il prend le pouvoir à sa place, il devient roi de la Grande-Syrie[d]. Il porte un coup terrible au pays.

33 De son côté, Simon protège davantage les *forteresses de Judée. Il les entoure de tours très hautes et de grands murs. Leurs portes sont fermées avec des verrous solides. Il met de la nourriture en réserve dans les forteresses. 34 Ensuite, Simon choisit des hommes qu'il envoie auprès du roi Démétrius II. Comme Tryphon n'a fait que piller le pays, les envoyés lui demandent l'autorisation pour les Judéens de ne pas payer d'impôts. 35 Le roi Démétrius répond à cette demande de Simon et il lui écrit la lettre suivante: 36 « Le roi Démétrius salue Simon, *grand-prêtre et ami des rois, ainsi que les *anciens du peuple et la nation des Juifs. 37 Nous avons reçu la couronne d'or et la palme que vous nous avez envoyées en cadeau. Nous sommes prêts à conclure avec vous un accord de paix totale et à écrire aux fonctionnaires de vous autoriser à ne pas payer d'impôts. 38 Tout ce que nous avons déjà décidé avec vous, nous le maintenons. Les forteresses que vous avez construites sont à vous. 39 Nous vous pardonnons les erreurs et les fautes que vous avez commises jusqu'à aujourd'hui. Vous ne devez plus payer l'impôt dû au roi. Si une autre taxe était exigée à Jérusalem, maintenant vous n'aurez plus à la payer. 40 Si certains parmi vous sont capables de devenir gardes du roi, nous les acceptons. Faisons la paix entre nous ! »

41 À partir de 170e, Israël n'est plus dominé par les non-Juifs. 42 Les gens commencent à écrire sur les papiers officiels et sur les contrats : « En la première année du gouvernement de Simon, *grand-prêtre, général et chef des Juifs. »

Simon prend la ville de Guézer et la Citadelle de Jérusalem

43 À cette époque, Simon attaque la ville de Guézer. Il l'entoure avec ses troupes, il fait construire une tour sur des roues et il l'amène contre les murs de la ville. Il attaque une des tours de la ville et l'occupe. 44 Les soldats qui sont dans la tour mobile sautent dans la ville, et tout le monde tremble de peur. 45 Les hom-

c **13.28** *La septième pyramide était sans doute pour Simon lui-même.*

d **13.32** *Grande-Syrie : voir 1 Maccabées 7.8 et la note.*

e **13.41** *À partir de 170 : à partir de 142 avant J.-C. Voir la note à 1 Maccabées 1.10.*

mes montent sur les murs avec leurs femmes et
leurs enfants. Ils *déchirent leurs vêtements,
ils poussent de grands cris et demandent à Simon de faire la paix avec eux. 46 Ils disent :
« Ne nous punis pas pour le mal que nous
avons commis, mais aie pitié de nous ! » 47 Simon s'entend avec eux et il arrête le combat.
Mais il les chasse de la ville et *purifie les maisons où se trouvent des faux dieux. Ensuite, il
entre dans Guézer avec ses soldats, en chantant des hymnes et des louanges à Dieu. 48 Il
supprime de la ville tout ce qui la rend *impure et il y installe des personnes fidèles à la
*loi de Dieu. Il protège davantage Guézer et
se construit une maison à cet endroit.

49 À Jérusalem, ceux qui habitent la *Citadelle ne peuvent toujours pas sortir pour acheter ou pour vendre quelque chose dans la
région. Ils ont tellement faim que beaucoup
parmi eux meurent. 50 Ils supplient Simon de
faire la paix avec eux, et Simon accepte. Mais
il les fait sortir de la Citadelle et il la purifie de
ce qui la rendait impure. 51 Les Juifs entrent
dans la Citadelle en 171, le deuxième mois
de l'année, le 23 du mois[f]. Avec des chants
de louange, ils portent des branches de palmiers. Ils chantent des hymnes et d'autres
chants au son des *harpes, des cymbales et
des cithares. En effet, un grand ennemi a été
vaincu et chassé d'Israël. 52 Simon décide de
célébrer cette journée dans la joie, chaque année. Il protège davantage la colline du temple,
du côté de la Citadelle, et il habite là avec ses
soldats. 53 Simon voit que son fils Jean est
maintenant adulte. Il le nomme donc à la
tête de son armée. Jean habite à Guézer.

Le roi de Médie fait prisonnier Démétrius II

14 1 En 172[g], le roi Démétrius II rassemble
son armée et part pour la Médie. Il va
chercher de l'aide pour lutter contre Tryphon.
2 Arsace[h], roi de Perse et de Médie, apprend
que Démétrius est entré sur son territoire.
Alors il envoie un de ses généraux pour qu'il
le saisisse vivant. 3 Le général part et bat l'armée de Démétrius. Il saisit le roi et le conduit
à Arsace, qui le met en prison.

Poème de louange sur Simon Maccabée

4 La Judée est restée en paix pendant toute
la vie de Simon. Il a cherché le bonheur de sa
nation, et pendant toute sa vie, son autorité et
l'honneur qui l'entourait plaisaient aux Juifs.
5 Il est devenu encore plus célèbre quand il a
pris le port de Joppé. Il a ainsi permis aux Juifs
de se rendre dans les îles de la mer Méditerranée. 6 Il a agrandi le territoire de sa nation et il
a maintenu son pouvoir sur le pays. 7 Il a ramené de nombreux prisonniers de guerre. Il
a pris Guézer, Beth-Sour et la *Citadelle de Jérusalem. Il a supprimé de cette Citadelle tout
ce qui la rendait *impure. Personne n'a pu lui
résister. 8 Les gens cultivaient leurs champs
en paix : la terre produisait ses récoltes et les
arbres de la plaine donnaient leurs fruits. 9 Les
gens âgés, assis sur les places, parlaient tous
d'événements heureux. Les jeunes gens portaient fièrement leur costume militaire et
leurs armes magnifiques. 10 Simon fournissait
aux villes la nourriture nécessaire et les a entourées de murs de défense. Alors il est devenu célèbre jusqu'au bout du monde. 11 Il a
ramené la paix dans le pays, et le peuple d'Israël en a été très heureux. 12 Chacun vivait en
sécurité à l'ombre de sa *vigne ou de son *figuier. Personne ne venait les effrayer. 13 Les
ennemis qui les attaquaient avaient disparu
de Judée, les rois étrangers avaient été battus.
14 Simon a aidé tous les gens simples de son
peuple. Il a fait appliquer la *loi de Dieu, il a
chassé tous les mauvais Juifs infidèles à la
loi. 15 Il a rendu au temple sa grandeur et il a
ajouté de nombreux objets sacrés.

Les Spartiates envoient une lettre à Simon

16 À Rome et à Sparte, les gens apprennent
la mort de Jonatan et ils en sont très tristes.

f **13.51** *Le 4 juin 141 avant J.-C. Voir la note à 1 Maccabées 1.10.*
g **14.1** *En 172 : entre octobre 141 et septembre 140 avant J.-C. Voir la note à 1 Maccabées 1.10.*
h **14.2** *Arsace : Arsace VI est plus souvent appelé Mithridate Ier. Il a fondé l'empire parthe.*

17 Mais les Spartiates apprennent aussi que son frère Simon l'a remplacé comme *grand-prêtre et qu'il est maître de la campagne et des villes de Judée. 18 Alors ils lui envoient un message gravé sur des tablettes de bronze. Ils renouvellent avec lui le pacte d'amitié qu'ils ont déjà conclu avec ses frères Judas et Jonatan[i] et ils s'allient à lui. 19 On lit ce message devant l'assemblée de Jérusalem. 20 Voici le texte du message envoyé par les Spartiates : « Les chefs et les habitants de Sparte saluent Simon le grand-prêtre, ainsi que les *anciens, les prêtres et tout le peuple des Juifs, leurs frères. 21 Les délégués que vous avez envoyés à notre peuple nous ont fait savoir que vous étiez connus de tous et très respectés. Nous nous sommes réjouis de leur visite. 22 Nous avons écrit leurs déclarations dans le registre officiel de notre peuple, de la manière suivante : Numénius, fils d'Antiochus, et Antipater, fils de Jason, sont venus chez nous comme délégués des Juifs, pour renouveler l'amitié établie avec nous. 23 L'assemblée du peuple a jugé bon de recevoir ces hommes avec honneur et de placer une copie de leurs déclarations parmi les documents officiels que nous conservons. Ainsi les Spartiates en garderont le souvenir. De plus, nous avons adressé une copie de notre texte au grand-prêtre Simon. »

24 Plus tard[j], Simon envoie Numénius à Rome pour renouveler l'accord qui les unit aux Romains. Dans ce but, il apporte avec lui un grand *bouclier en or qui vaut 500 kilos d'argent.

Simon, grand-prêtre et chef de la nation juive

25 Quand les Juifs apprennent cela, ils se demandent : « Comment pouvons-nous montrer notre reconnaissance à Simon et à ses fils ? 26 En effet, lui, ses frères et toute la famille de son père ont toujours résisté. Ils ont repoussé les ennemis d'Israël en les combattant et ils ont donné à notre peuple la liberté. »

Alors ils gravent un texte sur des tablettes de bronze et ils les placent sur des colonnes au mont *Sion. 27 Voici la copie de ce texte : « En 172, au mois d'Éloul, le 18 du mois[k], la troisième année du commandement de Simon, le *grand-prêtre, 28 s'est tenue une grande assemblée des prêtres, du peuple, des chefs de la nation et des *anciens du pays. Là, on a rappelé pour nous les faits suivants : 29 Notre pays a connu de nombreuses guerres. À chaque fois, Simon et ses frères, fils de Mattatias, un prêtre de la famille de Yoyarib, ont risqué leur vie devant le danger. Ils se sont dressés contre les ennemis de notre nation pour défendre notre temple et notre loi. Ainsi, ils ont vraiment honoré notre peuple. 30 Jonatan a fait de la nation une nation unie et il est devenu son grand-prêtre. Ensuite, il est allé rejoindre ses ancêtres. 31 Les ennemis d'Israël ont voulu entrer en Judée pour détruire le pays et pour supprimer le temple. 32 Alors Simon s'est dressé contre eux et a combattu pour sa nation. Il a dépensé une grande partie de ses biens pour fournir des armes aux soldats de son pays et pour les payer. 33 Il a construit des murs de défense autour des villes de Judée et autour de Beth-Sour, à la frontière du pays. Là, il y avait auparavant une réserve d'armes appartenant aux ennemis. Simon a laissé dans cette ville une troupe de soldats juifs. 34 Il a construit des murs de défense autour de Joppé, au bord de la mer, et autour de Guézer, près de la ville d'Asdod. Avant, les ennemis occupaient cette région. Mais dans ces deux villes, Simon a placé des colons juifs et a laissé tout ce qui était nécessaire à l'entretien de leurs habitants. 35 Le peuple a vu la fidélité de Simon. Il a compris qu'il voulait honorer sa nation. Alors les Juifs l'ont choisi comme chef et comme grand-prêtre pour le remercier de

---

i **14.18** *Ce pacte date de 142 avant J.-C.*

j **14.24** *En fait, Numénius est sans doute allé à Rome avant l'arrivée de la lettre des Spartiates. Voir le verset 18 et la note.*

k **14.27** *Le 13 septembre 140 avant J.-C. Voir la note à 1 Maccabées 1.10.*

tout ce qu'il avait fait. Simon a été juste et fidèle envers sa nation et il a cherché par tous les moyens à faire des Juifs un grand peuple. 36 Pendant sa vie, il a réussi à chasser les non-Juifs de Judée ainsi que ceux qui étaient dans la "*Ville de David", à Jérusalem. Là, ces gens avaient construit une *Citadelle et ils en sortaient pour rendre *impurs les endroits proches du temple. Ainsi, ils traitaient ce lieu sacré avec grand mépris. 37 Simon a placé des soldats juifs dans cette Citadelle. Il a fait des travaux pour la protéger davantage et assurer ainsi la sécurité du pays et de Jérusalem. Il a également augmenté la hauteur des murs de la ville.

38 « À cause de tout cela, le roi Démétrius II a maintenu Simon dans sa charge de grand-prêtre. 39 Il lui a donné le titre "d'ami du Roi"[l] et l'a couvert d'honneurs. 40 En effet, le roi avait appris ceci : les Romains appelaient les Juifs amis, alliés et frères, et ils avaient reçu avec de grands honneurs les délégués envoyés par Simon. 41 C'est pourquoi les Juifs et leurs prêtres ont accepté tout ce qui suit : Simon, ses fils et les fils de leurs fils seront chefs et grands-prêtres, en attendant que Dieu envoie un vrai *prophète. 42 Simon est donc notre général. Il doit aussi s'occuper du temple, nommer les responsables des travaux, des fonctionnaires pour administrer le pays, les responsables des armes et les commandants des *forteresses. 43 Simon s'occupe du temple. Tous doivent lui obéir. Tous les papiers officiels du pays doivent être écrits en son nom et il a le droit de porter le vêtement rouge de cérémonie et les insignes d'or. 44 Personne parmi le peuple et les prêtres n'a le droit de rejeter aucune de ces décisions. Personne ne peut s'opposer aux ordres de Simon, ni réunir dans le pays une assemblée sans son autorisation, ni porter le vêtement rouge de cérémonie, ni une épingle d'or[m]. 45 Celui qui ne respecte pas ces décisions ou qui en rejette une seule, sera puni. »

46 Tout le peuple a été d'accord pour donner à Simon le droit d'agir selon ces règles. 47 Simon a donné son accord et il a accepté d'être grand-prêtre, chef de l'armée, chef de la nation juive et des prêtres, et de se trouver ainsi à la tête du peuple tout entier.

48 Les Juifs ont décidé de graver ce texte sur des tablettes de bronze et de les placer à un endroit bien visible dans la cour du temple. 49 Des copies de ce texte doivent aussi être placées dans le temple, dans la salle du trésor. Ainsi ils seront à la disposition de Simon et de ses fils.

Le roi Antiochus VII écrit à Simon

15 1 Depuis les îles de la mer Méditerranée, Antiochus VII, fils du roi Démétrius Ier, écrit à Simon, *grand-prêtre et chef des Juifs, ainsi qu'à tout le peuple juif. 2 Voici le contenu de cette lettre : « Le roi Antiochus salue Simon, grand-prêtre et chef des Juifs, ainsi que le peuple juif. 3 Des traîtres ont pris le royaume de mes ancêtres. C'est pourquoi je veux chercher à le reprendre pour qu'il soit de nouveau ce qu'il était avant. J'ai réuni de nombreuses troupes de soldats et j'ai armé des bateaux de guerre. 4 J'ai décidé de revenir dans le pays pour combattre ceux qui l'ont détruit et qui ont écrasé de nombreuses villes de mon royaume. 5 Je maintiens maintenant toutes les autorisations que les rois qui étaient avant moi t'ont données au sujet des impôts[n]. Je maintiens aussi les autres privilèges qu'ils t'ont accordés. 6 Je te permets de fabriquer ta propre monnaie, qui sera valable dans ton pays. 7 Jérusalem et le temple doivent être libres. Toutes les armes que tu as fabriquées et les *forteresses que tu as construites et que tu occupes encore sont à toi. 8 Tout ce que tu dois au trésor du roi et ce que tu lui devras dans l'avenir, tu en es libéré à partir de maintenant et pour toujours. 9 Quand j'aurai repris mon royaume, je t'accorderai de

l **14.39** *Ami du Roi : voir 1 Maccabées 2.18 et la note.*

m **14.44** *Épingle d'or : voir 1 Maccabées 10.89.*

n **15.5** *Autorisations au sujet des impôts : voir 1 Maccabées 10.28 et 13.37.*

grands honneurs, à toi, à ta nation et au temple de Jérusalem. Alors le monde entier verra votre grandeur. »

Antiochus VII attaque Tryphon à Dor

10 En 174[o], Antiochus arrive dans le pays de ses ancêtres. Toutes les troupes se mettent de son côté, et il reste peu de soldats avec Tryphon. 11 Antiochus poursuit Tryphon, et celui-ci s'enfuit à Dor, au bord de la mer. 12 Il voit bien que de nombreux malheurs tombent sur lui et que ses troupes l'ont abandonné. 13 Antiochus installe alors son camp devant Dor. Il a avec lui 120 000 soldats à pied et 8 000 cavaliers. 14 Il entoure la ville pendant que les bateaux l'attaquent du côté de la mer. Il bloque la ville sur terre et sur mer et il ne laisse personne entrer ni sortir.

Simon renouvelle le pacte d'amitié avec Rome

15 Quand Numénius[p] et ceux qui l'accompagnent reviennent de Rome, ils apportent une lettre pour les rois de plusieurs pays. Voici cette lettre : 16 « Lucius, consul des Romains, salue le roi Ptolémée[q]. 17 Les délégués des Juifs, envoyés par le *grand-prêtre Simon et le peuple juif, sont venus chez nous en amis et en alliés. Ils ont voulu renouveler le pacte d'amitié que nous avions déjà conclu avec eux et s'allier à nous. 18 Ils ont apporté avec eux un *bouclier en or qui valait 500 kilos d'argent. 19 C'est pourquoi nous avons jugé bon d'envoyer une lettre aux rois de plusieurs pays. Nous leur demandons de ne pas chercher à faire de mal aux Juifs, de ne pas les attaquer, ni leurs villes, ni leur pays, et de ne pas s'allier à ceux qui les combattent. 20 Nous avons décidé aussi d'accepter le bouclier qu'ils nous ont offert. 21 Donc, si des traîtres s'enfuient de leur pays pour se réfugier chez vous, livrez-les au grand-prêtre Simon pour qu'il les punisse selon leur loi. »

22 Le consul Lucius écrit la même lettre aux rois Démétrius, Attale, Ariarathe, Arsace[r], 23 ainsi qu'à tous les endroits suivants : à Samsamé, à Sparte, à Délos, à Myndos, à Sicyone, à la Carie, à Samos, à la Pamphylie, à la Lycie, à Halicarnasse, à Rhodes, à Fasélie, à Cos, à Sidé, à Arvad, à Gortyne, à Cnide, à Chypre et à Cyrène[s]. 24 Une copie de cette lettre est envoyée au *grand-prêtre Simon.

Antiochus VII supprime l'accord signé avec Simon

25 Le roi Antiochus continue à attaquer la ville de Dor. Il envoie sans cesse des soldats pour lutter contre elle et il fait fabriquer des machines de guerre. Il bloque Tryphon sur terre et sur mer, et personne ne peut entrer dans la ville ni en sortir. 26 Simon envoie 2 000 de ses meilleurs soldats pour combattre avec le roi. Il lui envoie aussi de l'argent, de l'or et un matériel important. 27 Mais Antiochus refuse cette aide. De plus, il supprime tous les accords qu'il a passés avec Simon, et il change de comportement envers lui. 28 Il lui envoie Athénobius, un « ami du Roi »[t], pour lui dire ceci : « Actuellement, vous occupez Joppé, Guézer et la *Citadelle de Jérusalem. Ce sont des villes de mon royaume. 29 Vous avez changé leur territoire en désert. Vous avez porté un coup terrible au pays et vous vous êtes rendus maîtres de plusieurs régions de mon royaume. 30 Maintenant, vous devez me rendre les villes que vous avez prises. Vous devez aussi me payer les impôts des régions que vous occupez à l'extérieur de la Judée. 31 Sinon, payez 13 000 kilos d'ar-

---

o **15.10** *En 174 : en 139 avant J.-C. Voir la note à 1 Maccabées 1.10.*

p **15.15** *Numénius : ici reprend le récit arrêté en 1 Maccabées 14.24.*

q **15.16** *Ptolémée : Ptolémée VII, roi d'Égypte.*

r **15.22** *Démétrius II était prisonnier des Parthes, mais le consul ne le savait pas. Arsace VI : voir 1 Maccabées 14.2 et la note.*

s **15.23** *Plusieurs de ces villes ou régions abritaient de nombreuses communautés juives.*

t **15.28** *Ami du Roi : voir 1 Maccabées 2.18 et la note.*

gent à la place de ces villes. Versez aussi une somme égale pour les destructions que vous avez commises et pour les taxes dues par ces villes. Si vous ne payez pas, nous viendrons vous attaquer. »

32 Athénobius, « ami du Roi », arrive donc à Jérusalem. Il voit les richesses de Simon, les plats en or et en argent sur les tables et les meubles magnifiques. Il est très étonné. Puis il communique à Simon le message du roi Antiochus. 33 Simon lui fait cette réponse : « Non n'avons conquis aucun territoire étranger et nous n'avons pas pris le bien des autres. Nous avons repris les terres que nous avions héritées de nos ancêtres. Nos ennemis les ont occupées injustement à certains moments. 34 Nous avons saisi une occasion favorable pour reprendre l'héritage de nos ancêtres. 35 Tu réclames les villes de Joppé et de Guézer. Mais leurs habitants ont porté un coup terrible à notre peuple et à notre pays. À la place de ces villes, nous te donnerons quand même 2 700 kilos d'argent. »

Athénobius ne dit pas un mot. 36 Il repart très en colère auprès du roi. Il lui communique la réponse de Simon et lui parle de toutes les richesses qu'il a vues chez lui. Antiochus se met dans une violente colère.

Le général Kendébée attaque la Judée

37 Tryphon prend un bateau et fuit à Ortosia. 38 Le roi Antiochus nomme Kendébée général en chef de la région située au bord de la mer. Il lui confie des troupes de soldats à pied et des cavaliers. 39 Il lui commande d'installer son camp à la frontière de la Judée. Il doit aussi reconstruire la ville de Kédron, et rendre ses *portes plus solides, pour attaquer le peuple juif à partir de là. De son côté, le roi part poursuivre Tryphon.

40 Kendébée va donc à Jamnia et il commence à provoquer les Juifs. Il entre en Judée, il fait des prisonniers et les tue. 41 Il reconstruit Kédron et il place dans cette ville des cavaliers et des soldats à pied. Ceux-ci doivent faire des sorties et lancer des attaques sur les routes de Judée, comme le roi l'a commandé.

Les fils de Simon chassent Kendébée

16 1 Jean part de Guézer et il va dire à son père Simon ce que Kendébée est en train de faire. 2 Alors, Simon réunit ses deux fils aînés, Judas et Jean. Il leur dit : « Mes frères et moi, avec la famille de mon père, nous avons combattu les ennemis d'Israël depuis notre jeunesse jusqu'à aujourd'hui. Très souvent, nous avons réussi à sauver Israël. 3 Maintenant, je suis vieux, mais vous, grâce à Dieu, vous êtes en pleine force. Prenez donc ma place et celle de mon frère. Allez combattre pour notre nation, et que Dieu soit avec vous ! »

4 Jean choisit dans le pays 20 000 soldats à pied et des cavaliers. Ils marchent contre Kendébée et ils passent la nuit à Modine. 5 Le jour suivant, tôt le matin, ils avancent dans la plaine. Une armée nombreuse de soldats à pied et de cavaliers vient à leur rencontre. Un torrent sépare les deux armées. 6 Jean et ses hommes s'installent en face des ennemis. Jean se rend compte que ses soldats ont peur de traverser le torrent, alors il passe le premier. Quand ils voient cela, ils traversent le torrent derrière lui. 7 Jean divise son armée. Il place les cavaliers au milieu des soldats à pied, car les cavaliers ennemis sont très nombreux. 8 Il fait sonner les trompettes pour attaquer, et Kendébée est battu avec son armée. Beaucoup d'ennemis sont blessés à mort au combat, et ceux qui restent en vie fuient dans la *forteresse de Kédron. 9 Judas a été blessé pendant le combat, mais son frère Jean poursuit ceux qui fuient jusqu'à Kédron, la ville que Kendébée a reconstruite. 10 Certains se réfugient dans les tours proches d'Asdod, en pleine campagne. Jean brûle cette ville, et l'ennemi perd 2 000 hommes. Ensuite, Jean retourne en sécurité en Judée

Simon est tué. Son fils Jean prend sa place

11 Ptolémée, fils d'Aboubos, est devenu gouverneur de la plaine de Jéricho. Il possède beaucoup d'or et d'argent, 12 car il est le gendre du *grand-prêtre Simon. 13 Il devient orgueilleux et veut devenir le maître du pays.

Il a l'intention de supprimer par la ruse Simon
et ses fils. 14 À ce moment-là, Simon visite les
villes du pays, car il cherche à connaître leurs
besoins. Il descend à Jéricho, avec ses fils Mattatias et Judas, en 177, le onzième mois ou
mois de Chebath[u]. 15 Le fils d'Aboubos les reçoit dans une petite forteresse, appelée Dôk,
qu'il a fait construire. Il leur prépare un grand
repas, tout en cachant ce qu'il veut faire. Et il
a placé des soldats dans la place en secret.
16 Quand Simon et ses fils ont beaucoup bu,
Ptolémée et ses hommes se lèvent et prennent
leurs armes. Ils se jettent sur Simon dans la
salle du repas et ils le tuent, ainsi que ses
deux fils et quelques-uns de ses serviteurs.
17 Ptolémée commet ainsi une grande trahison
et rend le mal pour le bien.

18 Après cela, Ptolémée envoie au roi Antiochus un rapport écrit sur ce qu'il a fait. Il lui
demande aussi de faire venir des troupes de
secours pour qu'il puisse lui livrer les villes
et le pays. 19 Il envoie d'autres hommes à Guézer pour tuer Jean. Il écrit des lettres aux officiers de l'armée et les invite à venir près de lui
pour recevoir de l'argent, de l'or et des cadeaux. 20 Ptolémée envoie encore d'autres soldats à Jérusalem pour qu'ils prennent la ville
et la colline du temple. 21 Mais quelqu'un
court à Guézer pour annoncer à Jean que
son père et ses frères ont été tués. Il ajoute :
« Ptolémée a envoyé des hommes pour te
tuer, toi aussi. »

22 Cette nouvelle le bouleverse. En apprenant qu'on veut le faire mourir, il fait arrêter
les hommes venus pour le tuer et il les met à
mort.

23 Les autres actions de Jean, ses combats,
ses exploits, la construction des murs de défense et le reste de son histoire, 24 tout cela
est raconté dans un livre. Là, on a écrit tout
ce qu'il a fait comme *grand-prêtre, à partir
du moment où il a remplacé son père.

u **16.14** *En février 134 avant J.-C. Voir la note à 1 Maccabées 1.10.*

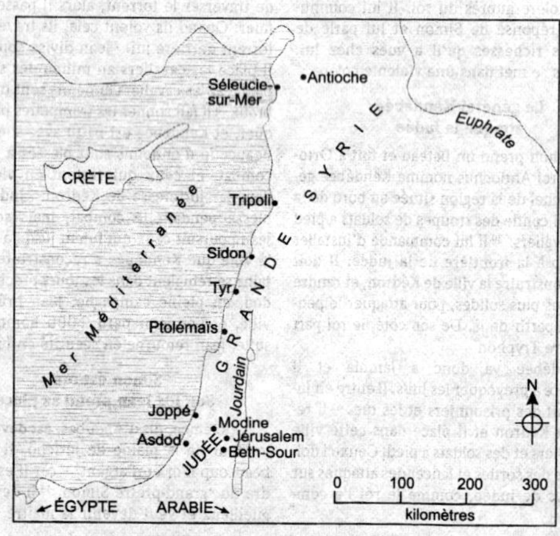

Deuxième livre des Maccabées

INTRODUCTION

Le deuxième livre des Maccabées n'est pas la suite du premier. S'il raconte parfois les mêmes événements, il le fait de manière différente, et surtout il insiste davantage sur certaines valeurs religieuses.

Un peu après 160 avant J.-C., un Juif de langue grecque, Jason de Cyrène, a écrit cinq livres sur les ***exploits des Maccabées****. Cet écrivain était un Juif savant, très attaché à la foi de ses ancêtres. Plus tard, vers 124 avant J.-C., un autre Juif de langue grecque a fait un résumé de ces livres en y ajoutant quelques courts récits et des corrections. Le deuxième livre des Maccabées est le résultat de son travail.*

- *Contenu*

Le récit commence avant que le dictateur grec Antiochus Épiphane, devienne roi, vers 175 avant J.-C. Il se termine juste avant la mort de Judas Maccabée, en 160 avant J.-C. Deux lettres des Juifs de Judée à leurs frères d'Égypte servent d'introduction au récit (1.1-9 et 1.10–2.18). Elles invitent les Juifs vivant à l'étranger à célébrer la nouvelle consécration du temple de Jérusalem. En effet, Antiochus Épiphane l'avait rendu impur en y établissant un culte en l'honneur des dieux grecs.

Le deuxième livre des Maccabées n'a pas d'abord pour but de raconter les exploits des Maccabées. Il interprète les événements pour montrer ***l'importance des traditions religieuses d'Israël****: la foi au Dieu unique, Créateur tout-puissant, la loi, le temple, la prière pour les autres et la résurrection des justes.*

- *Le message*

L'auteur du deuxième livre des Maccabées s'intéresse avant tout au temple de Jérusalem. L'affirmation que ***le temple est saint*** *donne au livre son unité. Ce temple est le plus saint, le plus célèbre et le plus vaste de toute la terre, parce que Dieu habite en lui, au milieu de son peuple. Pour l'auteur, la vraie foi ainsi que le temple sont plus importants que la grandeur des Maccabées.*

Judas Maccabée est le libérateur du peuple et du temple. Son action principale est de rendre pur l'autel des sacrifices, mais il prend soin aussi des Livres Saints. En agissant ainsi, il apparaît comme un nouveau Néhémie.

Quand l'auteur parle de Dieu, il lui donne des noms qui insistent sur sa puissance : par exemple, « le Tout-Puissant », « le Maître de tout », « celui qui voit tout ». L'affirmation que Dieu a tout créé à partir de rien apparaît pour la première fois dans les Livres Saints.

La parfaite justice de Dieu apparaît partout dans ce livre. D'une part, Dieu punit son peuple à cause de ses infidélités. D'autre part, les prières et l'obéissance de Judas et de son groupe à la loi de Moïse leur permettent de remporter la victoire sur leurs ennemis.

Les combattants sont à la fois des hommes et les anges de Dieu. L'apparition d'un ange rend courage aux soldats juifs et les rend vainqueurs. Les martyrs d'Israël participent eux aussi à la lutte. Ainsi, dans la vision de Judas, le prêtre Onias et le prophète Jérémie prient Dieu pour le peuple en danger. Le vieillard Élazar, la mère des sept fils et Razis sont les martyrs les plus courageux. Les premiers chrétiens ont souvent trouvé dans ces récits la force de ***résister aux souffrances*** *que les Romains leur faisaient subir.*

Enfin, dans le deuxième livre des Maccabées, les vivants prient pour les morts, et les justes qui sont morts prient aussi pour les vivants : le ***peuple de Dieu*** *est donc formé de* ***tous les justes, vivants et morts.***

Première lettre aux Juifs d'Égypte

1 [1] « Les Juifs de Jérusalem et de toute la Judée saluent leurs frères juifs d'Égypte et
leur souhaitent une paix heureuse.
[2] « Que Dieu se souvienne de *l'alliance
qu'il a faite avec Abraham, Isaac et Jacob, ses
fidèles serviteurs, et qu'il vous couvre de bienfaits ! [3] Qu'il vous donne à tous le désir de
l'adorer, d'accomplir sa volonté de tout votre
cœur et avec un esprit bien disposé ! [4] Qu'il
ouvre vos cœurs à sa loi et à ses commandements, et qu'il vous accorde la paix ! [5] Qu'il
écoute vos prières, qu'il pardonne vos fautes
et ne vous abandonne pas au moment du malheur ! [6] Voilà la prière que nous faisons à Dieu
pour vous ici, en ce moment.
[7] « Quand Démétrius était roi, en 169,
nous, Juifs, vous avons écrit ceci : "Depuis
que Jason[a] et ses partisans ont trahi la cause
de la Terre *Sainte et de Dieu, notre Roi,
nous connaissons de grands malheurs. [8] Ces
gens-là ont brûlé la grande porte du temple
et tué des innocents. Mais nous avons prié
le Seigneur, et il nous a entendus. Nous avons
offert les *sacrifices et fait des dons de farine.
Nous avons allumé les lampes du temple et
présenté les pains offerts à Dieu."
[9] « Et maintenant, nous vous écrivons pour
que vous célébriez la *fête des Huttes[b], au
mois de Kisleu.
[10] « Écrit en 188[c]. »

Deuxième lettre

Les Juifs remercient le Seigneur après la mort d'Antiochus Épiphane

« Les habitants de Jérusalem et de Judée,
ainsi que le Conseil et Judas, saluent Aristobule, qui est de la famille des prêtres *consacrés au Seigneur et le conseiller du roi
Ptolémée[d]. Nous saluons aussi les Juifs
d'Égypte et leur souhaitons une bonne santé.
[11] « Dieu nous a sauvés de grands dangers.
C'est pourquoi nous le remercions du fond
du cœur de nous avoir aidés à combattre le
roi. [12] Oui, Dieu lui-même a chassé ceux qui
sont venus attaquer la ville *sainte. [13] En effet,
quand le roi Antiochus est allé en Perse, il
semblait que personne ne pourrait vaincre
son armée. Or, ils ont tous été tués dans le
temple de la déesse Nanéa[e], grâce à une
ruse inventée par ses prêtres. [14] Antiochus

---

a **1.7** *En 169 : sans doute en 143-142 avant J.-C. Dans le royaume des Grecs, on comptait les années en partant du moment où Séleucus Ier est devenu roi, c'est-à-dire à partir d'octobre 312 avant J.-C. Démétrius II a gouverné de 145 à 138, puis de 129 à 125 avant J.-C.*
Jason était un grand-prêtre, favorable aux coutumes grecques. Voir 2 Maccabées 4.7-20.

b **1.9** *La fête des Huttes était célébrée en septembre-octobre. L'indication du mois de Kisleu montre qu'il s'agit ici en réalité de la fête de la Dédicace, qui avait lieu en novembre-décembre.*

c **1.10** *En 188 : en 124 avant J.-C. Voir la note au verset 7.*

d **1.10** *Judas : il s'agit de Judas Maccabée, fils du prêtre Mattatias, chef des révoltés juifs.*
Aristobule : un Juif d'Alexandrie.
Ptolémée : il s'agit de Ptolémée VI Philométor, roi d'Égypte.

e **1.13** *Nanéa : une déesse de Babylone que les Grecs prenaient pour Artémis, la déesse d'Éphèse.*

était allé dans le lieu saint, avec ses amis[f],
pour célébrer son mariage avec la déesse. En
réalité, il voulait recevoir comme dot les grandes richesses du temple. 15 Les prêtres de Nanéa les ont exposées, puis Antiochus et ses
amis sont entrés dans le lieu saint. Mais dès
que le roi y était entré, les prêtres ont fermé
la porte du temple. 16 Ils ont agi à travers une
ouverture cachée dans le plafond, et de là, ils
ont écrasé Antiochus et ses amis en leur jetant
des pierres. Ils leur ont coupé les membres et
la tête, puis ils ont jeté les têtes à ceux qui
étaient dehors[g]. 17 Louange pour tout à notre
Dieu, qui a livré à la mort ceux qui le méprisaient ! »

Le feu de l'autel est conservé

18 « Le 25 du mois de Kisleu, nous allons
célébrer la fête de la *purification du temple.
Nous jugeons bon de vous prévenir pour que
vous la célébriez de la même façon que la fête
des Huttes[h]. Vous vous rappellerez alors le
feu apparu quand Néhémie a offert des *sacrifices après la reconstruction du temple et
de *l'autel. 19 Quand nos ancêtres ont été emmenés en Perse[i], les prêtres fidèles de ce
temps-là ont pris du feu de l'autel et ils l'ont
caché en secret au fond d'un puits sans eau.
Ils l'ont si bien caché que personne ne l'a découvert. 20 Après de nombreuses années,
quand Dieu l'a jugé bon, le roi de Perse a envoyé Néhémie à Jérusalem. Néhémie a demandé aux fils des prêtres qui avaient
caché le feu d'aller le rechercher. 21 Ceux-ci
ont dit qu'ils n'avaient pas trouvé de feu,
mais seulement de l'eau épaisse. Alors Néhémie leur a commandé de prendre de cette
eau et de la rapporter. Quand tout était prêt
pour le sacrifice, Néhémie a donné l'ordre
aux prêtres de verser cette eau sur le bois
et sur ce qui était dessus. 22 Ils ont fait cela,
et au bout de quelque temps, le soleil, caché
par les nuages, s'est mis à briller. À ce moment-là, un grand feu s'est allumé sur l'autel,
et tout le monde était étonné. 23 Pendant que
le sacrifice brûlait, les prêtres et tous ceux
qui étaient là faisaient une prière. Jonatan
la commençait, et les autres répondaient
avec Néhémie. 24 Voici cette prière : "Seigneur, Seigneur Dieu, c'est toi qui as tout
créé. Tu es terrible, puissant, juste et plein
d'amour. Toi seul es roi, toi seul es bon,
25 généreux, juste et tout-puissant. Toi seul,
tu vis pour toujours. Tu as choisi nos ancêtres, tu les as mis à part pour te servir, et
tu sauves Israël de tout mal. 26 Accepte maintenant ce sacrifice pour tout ton peuple, Israël. Protège-le car il t'appartient, et rends-
le digne de te servir. 27 Libère ceux de notre
peuple qui sont esclaves un peu partout
parmi les autres peuples. Rassemble-les de
tous les pays. Tourne ton regard vers ceux
que les gens méprisent et détestent. Alors
les autres peuples reconnaîtront que tu es notre Dieu. 28 Frappe ceux qui nous écrasent
sous leur pouvoir et qui nous insultent avec
orgueil. 29 Installe de nouveau ton peuple
dans le pays qui t'appartient, comme Moïse
l'a annoncé[j]."

30 « Ensuite, les prêtres ont commencé à
chanter des chants de louange. 31 Quand le sacrifice a été brûlé, Néhémie a commandé de
verser l'eau qui restait sur de grosses pierres.
32 Après cela, une flamme s'est allumée, mais
le feu qui brûlait sur l'autel était plus brillant,
et elle s'est éteinte.

33 « La nouvelle de cet événement s'est répandue, et on a raconté ceci au roi de Perse :
à l'endroit où les prêtres avaient caché le feu
sacré avant d'être déportés, on a trouvé de

---

f **1.14** *Le titre d'honneur « ami du Roi » était donné à des notables proches du roi qui partageaient le pouvoir avec lui. Ce titre venait des Perses.*

g **1.16** *En réalité, Antiochus Épiphane est mort en revenant de ce voyage. Voir 1 Maccabées 6.1-16 et 2 Maccabées 9.*

h **1.18** *Fête des Huttes : voir 2 Maccabées 1.9 et la note.*

i **1.19** *Il s'agit de l'exil à Babylone.*

j **1.29** *Voir Exode 15.17.*

l'eau. C'est avec cette eau que Néhémie et les gens qui l'entouraient ont brûlé les offrandes du sacrifice. 34 Le roi a fait une enquête, puis il a fait mettre une clôture autour de cet endroit et il l'a déclaré sacré. 35 Cela lui a rapporté beaucoup d'argent et il a fait beaucoup de dons à ses amis préférés.

36 « Néhémie et ceux qui étaient avec lui ont appelé cette eau "nephtar", ce qui veut dire purification. Mais presque tout le monde l'appelle "naphte"[k]. »

Jérémie cache les ustensiles pour le service de Dieu

2 1 « Voici ce qu'on trouve dans les textes anciens : le *prophète Jérémie a donné l'ordre à ceux qui partaient en exil de prendre du feu de *l'autel, comme on vient de le dire. 2 De plus, le prophète leur a remis le livre de la *loi en disant : "N'oubliez pas les commandements du Seigneur. Ne vous laissez pas tromper quand vous verrez les statues de dieux en or ou en argent et les bijoux qui les recouvrent." 3 Jérémie leur a donné d'autres conseils semblables. En particulier, il les a encouragés à rester attachés à la loi de tout leur cœur.

4 « Dans un de ces écrits, voici ce qu'on raconte encore : le prophète, inspiré par un ordre de Dieu, a fait prendre dans le temple la *tente de la rencontre et le *coffre de l'alliance pour les emporter avec lui. Ensuite, il est allé sur la montagne d'où Moïse avait regardé le pays donné par Dieu à son peuple[l]. 5 Quand Jérémie est arrivé à cet endroit, il a trouvé une grande grotte. Il a mis la tente, le coffre sacré et *l'autel du parfum dans cette grotte, puis il a fermé l'entrée. 6 Quelques compagnons de Jérémie ont voulu ensuite revenir en ce lieu pour marquer le chemin, mais ils n'ont pas pu le retrouver. 7 Quand Jérémie a appris cela, il leur a fait des reproches en disant : Ce lieu restera inconnu jusqu'à ce que Dieu ait pitié de son peuple et le rassemble de nouveau. 8 Alors le Seigneur montrera de nouveau ces objets. Sa *gloire apparaîtra avec le nuage, comme elle s'était déjà montrée à l'époque de Moïse et, plus tard, quand Salomon a prié pour que le temple soit *consacré avec honneur[m].

9 « On raconte aussi comment le roi Salomon, rempli de sagesse, a offert le *sacrifice qui marquait la fin de la construction du temple et sa *consécration. 10 Moïse avait prié le Seigneur, et du feu était alors descendu du *ciel pour brûler le sacrifice. De même, Salomon a prié, et le feu est venu d'en haut brûler entièrement les sacrifices. 11 Moïse avait dit : "L'animal offert pour le péché a été brûlé, parce que nous ne l'avons pas mangé[n]." 12 Salomon a célébré les huit jours de fête, comme on le fait à d'autres occasions. »

Judas Maccabée rassemble les anciens livres

13 « Ces mêmes faits sont racontés dans ces écrits et dans les "Mémoires de Néhémie". Dans ces livres, on lit aussi comment Néhémie a créé une bibliothèque. Là, il a rassemblé les livres qui parlaient des rois et des *prophètes, les écrits de David et les lettres des rois au sujet des offrandes[o]. 14 Judas a rassemblé de la même façon tous les livres qui se trouvaient un peu partout à cause de la guerre qu'on nous a faite. 15 Ces livres sont entre nos mains. Si vous en avez besoin, envoyez-nous des gens qui vous les rapporteront. »

---

k 1.36 *Il s'agit de pétrole naturel.*

l 2.4 *Il s'agit du mont Nébo. Voir Deutéronome 34.1-4.*

m 2.8 *Le nuage : voir Exode 24.16.*
Plus tard... : voir 1 Rois 8.10-11.

n 2.11 *Voir Lévitique 10.16-17.*

o 2.13 *Mémoires de Néhémie : ce livre n'a pas été conservé.*
Lettres des rois : il s'agit sans doute de lettres qui accompagnaient les offrandes faites par des rois étrangers au temple de Jérusalem.

Invitation à célébrer la purification du temple

16 « Nous allons bientôt célébrer la fête de la *purification du temple. Nous vous écrivons donc pour vous inviter à le faire aussi. 17 Dieu a sauvé tout son peuple. Il a rendu à tous leur territoire, le pouvoir royal, le service des prêtres et les activités du temple, 18 comme il l'avait promis dans sa *loi. C'est pourquoi nous espérons que Dieu aura bientôt pitié de nous. Il rassemblera dans son temple *saint notre peuple qui se trouve un peu partout sous le ciel. En effet, il nous a déjà délivrés de grands malheurs et il a purifié le temple. »

L'auteur présente son livre

19 Des événements importants ont eu lieu à l'époque de Judas Maccabée et de ses frères. Ceux-ci ont *purifié le grand temple et ils ont *consacré de nouveau *l'autel. 20 Ils ont fait la guerre à Antiochus Épiphane et à son fils Eupator. 21 Des puissances du *ciel ont agi en faveur de ceux qui ont défendu la foi juive généreusement et avec courage. C'est pourquoi ils ont pu conquérir tout le pays et en chasser les armées ennemies. Pourtant ils étaient peu nombreux. 22 Ils ont repris le temple célèbre dans le monde entier. Ils ont libéré Jérusalem et imposé les lois qui allaient être supprimées. Tout cela, ils l'ont fait grâce à la faveur et à la grande bonté du Seigneur.

23 L'écrivain Jason de Cyrène a présenté ces événements en cinq livres. Je vais essayer de les résumer en un seul volume. 24 Cette histoire comprend beaucoup de chiffres, et les faits sont très nombreux. C'est pourquoi ceux qui veulent étudier tous les récits de cette histoire trouveront cela difficile. 25 J'ai donc cherché à écrire quelque chose d'agréable pour ceux qui se contentent d'une simple lecture. J'ai voulu que ces récits soient faciles à retenir pour ceux qui veulent s'en souvenir. J'ai souhaité ainsi rendre service à tous ceux qui liront ces pages.

26 Je me suis chargé de faire ce résumé, qui m'a demandé du travail. Pour moi, cela n'a pas été facile : j'ai beaucoup transpiré et j'y ai passé une partie de mes nuits. 27 La personne qui prépare un grand repas cherche à satisfaire ses invités, et ce n'est pas simple. Ma tâche a été aussi difficile que la sienne. Pourtant, j'étais prêt à supporter de bon cœur ce travail pénible pour rendre service à beaucoup de gens. 28 Je laisse à l'écrivain le soin de donner les détails de chaque événement. Moi, je chercherai seulement à présenter les grandes lignes d'un résumé. 29 Quand on bâtit une maison neuve, l'architecte doit s'occuper de l'ensemble de la construction. Au contraire, celui qui est chargé de la décorer et de faire les peintures, doit chercher seulement ce qui est nécessaire à la décoration. C'est la même chose pour moi, à mon avis. 30 Celui qui rapporte des événements historiques doit étudier le sujet en profondeur. Il doit examiner toutes les questions et s'intéresser à chaque détail. 31 Mais celui qui veut résumer ces faits, qui écrit pour être lu par beaucoup de gens, doit renoncer à tout dire.

32 Je vais commencer cette histoire, sans rien ajouter à ce qui vient d'être dit. En effet, écrire une longue introduction et ensuite résumer l'histoire elle-même, ce serait stupide.

La trahison de Simon

3 1 À l'époque du *grand-prêtre Onias[p], les habitants de Jérusalem, la ville *sainte, connaissent une paix totale. Ils obéissent parfaitement aux lois. En effet, Onias aime Dieu et déteste le mal. 2 Les rois eux-mêmes respectent le temple et lui font des dons magnifiques. 3 Ainsi, Séleucus, roi de l'Asie[q], paie avec ses biens personnels toutes les dépenses pour les *sacrifices présentés.

---

p **3.1** *Onias III, fils de Simon II : il était de la famille de Sadoc. Voir Ézékiel 40.46.*

q **3.3** *Séleucus IV était roi de 187 à 175 avant J.-C. Son empire comprenait la Syrie, la Mésopotamie et l'Iran.*

4 Un certain Simon, prêtre du groupe de Bilga, est alors chargé d'administrer le temple. Il n'est pas d'accord avec le grand-prêtre Onias au sujet de la surveillance des marchés de la ville. 5 Il n'arrive pas à avoir raison contre Onias. Alors il va trouver Apollonius, fils de Thraséas. À cette époque, celui-ci gouverne la Grande-Syrie[r] et la Phénicie. 6 Voici ce qu'il lui raconte : le trésor du temple de Jérusalem est rempli de richesses extraordinaires. On ne peut même pas compter la quantité d'argent qu'il contient. Elle dépasse de loin les sommes nécessaires pour les sacrifices. Il est possible de la prendre au profit du roi.

Héliodore est envoyé à Jérusalem

7 Apollonius rencontre alors le roi. Il lui apprend l'existence des richesses que Simon lui a fait connaître. Alors le roi envoie son premier ministre, Héliodore, à Jérusalem. Il lui commande de prendre ces richesses-là. 8 Héliodore part aussitôt. Il doit soi-disant inspecter les villes de la Grande-Syrie[s] et de la Phénicie. En fait, il va réaliser le projet du roi.

9 Quand il arrive à Jérusalem, le *grand-prêtre et les habitants de la ville le reçoivent bien. Héliodore leur explique pourquoi il est là. Il leur raconte ce qui a été dit au sujet des richesses du temple et il leur demande : « Est-ce que ces informations sont exactes ? » 10-11 Le grand-prêtre lui prouve que les paroles de Simon, cet homme très mauvais, sont des mensonges. Il y a bien de l'argent dans le trésor du temple. Mais c'est en partie de l'argent réservé aux veuves et aux orphelins. Il y a également une somme appartenant à Hyrcan, fils de Tobie, un homme qui occupe une situation très importante[t]. En tout, il y a onze tonnes d'argent et cinq tonnes et demie d'or. 12 De plus, il est tout à fait impossible de faire du tort à ceux qui ont fait confiance à ce lieu *saint, à ce grand temple respecté dans le monde entier. On ne peut donc absolument pas y toucher.

Les habitants de Jérusalem sont bouleversés

13 Mais le roi a donné des ordres à Héliodore. Alors celui-ci continue à dire que ces richesses doivent être prises au profit du trésor du roi. 14 Il décide donc d'un jour et il va dans le temple pour faire la liste des biens qui s'y trouvent. Dans toute la ville, les gens sont très inquiets. 15 Les prêtres portent leurs vêtements sacrés. Ils se mettent à genoux devant *l'autel et ils prient. Ils demandent à Dieu, qui a fait la loi sur les biens déposés au temple[u], de conserver ces biens à ceux qui les ont déposés. 16 Ceux qui voient le *grand-prêtre sont blessés jusqu'au fond de leur cœur. En effet, son visage est très pâle, et on peut voir qu'il est très inquiet. 17 Il a très peur, et tout son corps tremble. Ceux qui le regardent voient qu'il souffre beaucoup. 18 Les gens sortent très vite de leurs maisons, par groupes, pour prier tous ensemble. Ils veulent empêcher que le temple soit traité avec mépris. 19 Les femmes en grand nombre remplissent les rues. Elles portent des vêtements de deuil et ont les seins nus. Les jeunes filles, qu'on retient à la maison, courent à la porte ou sur les terrasses, d'autres se penchent aux fenêtres. 20 Les mains levées vers le *ciel, toutes supplient Dieu. 21 Cela fait pitié de voir les gens par terre, tous mélangés, pour prier, et le grand-prêtre qui attend, extrêmement inquiet.

Le Seigneur protège son temple

22 Les gens sont donc en train de demander au Seigneur tout-puissant de protéger les

---

r 3.5 *La Grande-Syrie comprenait toute la région située entre la mer Méditerranée et le fleuve Jourdain, le Liban et le sud de la Syrie actuelle.*

s 3.8 *Grande-Syrie : voir 2 Maccabées 3.5 et la note.*

t 3.10-11 *Hyrcan : appartenait à la famille des Tobiades. Ceux-ci gouvernaient la région à l'est du Jourdain. Voir 1 Maccabées 5.13 et la note.*

u 3.15 *Voir Exode 22.6-12.*

biens déposés au temple et de les conserver à
ceux qui les ont apportés. 23 Pendant ce
temps, Héliodore fait ce qui a été décidé.
24 Il est déjà près du trésor du temple avec
ses gardes. Au même moment, le Maître
des esprits du *ciel et de toute puissance
fait apparaître quelque chose d'extraordinaire. Alors, tous ceux qui ont osé entrer à
cet endroit sont effrayés par la force de
Dieu. Ils restent sans force et sans courage.
25 En effet, ils voient un cheval portant un
équipement magnifique et monté par un cavalier à l'air terrible. Cet homme paraît porter un habit en or qui le protège. Le cheval
bondit avec force et dresse contre Héliodore
ses sabots de devant. 26 Deux jeunes gens
apparaissent en même temps. Ils sont extrêmement forts et très beaux, habillés de
vêtements splendides. Ils se mettent l'un à
droite et l'autre à gauche d'Héliodore et ils
le frappent sans arrêt. Les coups pleuvent.
27 Héliodore tombe aussitôt par terre, plongé
dans une nuit profonde. Des gens le prennent et le mettent sur un brancard. 28 Cet
homme venait d'entrer dans la salle du trésor
avec beaucoup d'autres qui l'accompagnaient
et tous ses gardes du corps. Il est maintenant
incapable de s'aider lui-même. Ses gens l'emportent, et ils reconnaissent clairement l'autorité de Dieu.

29 Héliodore, frappé par la puissance de
Dieu, est donc couché, sans voix, sans aucun
espoir de guérir. 30 Pendant ce temps, les habitants de la ville remercient le Seigneur qui a
protégé de façon extraordinaire son lieu saint.
Peu de temps avant, le temple était plein de
gens effrayés et bouleversés. Maintenant, il
est rempli de gens débordants de joie et de
bonheur, parce que le Seigneur a montré sa
grande puissance.

Onias prie le Seigneur pour Héliodore

31 Aussitôt, des compagnons d'Héliodore
demandent à Onias de prier le Dieu très-
haut, de rendre la vie à cet homme qui est
étendu là, proche de la mort. 32 Le *grand-
prêtre a peur d'une chose : le roi peut imaginer que les Juifs ont voulu tuer son envoyé.
C'est pourquoi il offre un *sacrifice au
Seigneur pour qu'Héliodore guérisse.

33 Le grand-prêtre offre donc le sacrifice
pour obtenir le pardon du Seigneur. À ce moment-là, les mêmes jeunes gens se montrent à
Héliodore. Ils sont debout, portant les mêmes
vêtements. Ils lui disent : « Remercie beaucoup le grand-prêtre Onias. C'est grâce à lui
que le Seigneur te rend la vie. 34 Le *ciel t'a
frappé. Maintenant, annonce à tous la grande
puissance de Dieu. » Après ces paroles ils disparaissent.

Héliodore annonce la puissance de Dieu

35 Héliodore offre alors un *sacrifice au Seigneur. Il adresse de longues prières à celui qui
l'a gardé en vie. Puis il dit au revoir à Onias et
retourne avec ses soldats auprès du roi. 36 Devant tous, il annonce ce que le Dieu très grand
a fait et qu'il a vu de ses yeux.

37 Le roi lui demande : « Quel homme faut-
il envoyer à Jérusalem une autre fois ? » Héliodore lui répond : 38 « Si tu as un ennemi
ou quelqu'un qui est opposé à ton gouvernement, envoie-le là-bas. S'il reste en vie, tu le
verras revenir après avoir été durement
frappé. En effet, Dieu montre vraiment sa
puissance dans ce lieu, c'est clair. 39 Celui
qui habite au *ciel veille sur ce temple et le
protège. Il frappe et fait mourir ceux qui veulent y entrer avec de mauvaises intentions. »
40 Voilà ce qui est arrivé à Héliodore et
comment le trésor du temple a été conservé.

Simon accuse Onias faussement

4 1 J'ai montré plus haut comment Simon a
trahi son peuple. C'est lui aussi qui a parlé
à Apollonius du trésor du temple. Ce même
homme se met à accuser Onias faussement.
Il dit : « C'est le *grand-prêtre qui a attaqué
Héliodore et qui a causé ses malheurs ! » 2 Simon ose même accuser Onias d'être l'ennemi
du gouvernement. Or, Onias est le bienfaiteur
de la ville, il protège les gens de son peuple, et
s'applique à respecter les lois. 3 La haine de Simon est si grande qu'un de ses hommes a assassiné des gens avec son accord. 4 Onias
comprend que cette opposition est dangereuse. En effet, il voit qu'Apollonius, fils de

Ménestée, gouverneur de la Grande-Syrie et de Phénicie[v], encourage les mauvais projets de Simon. 5 Onias va alors chez le roi, non pas pour accuser ses frères israélites, mais pour défendre les intérêts du peuple tout entier et de chacun en particulier. 6 Il le voit bien, en effet : si le roi ne fait rien, il est impossible maintenant de retrouver la paix dans les affaires de l'État, car Simon n'arrêtera pas ses folies.

Le grand-prêtre Jason impose les coutumes grecques

7 Ensuite, le roi Séleucus meurt et Antiochus, nommé Épiphane, devient roi à sa place. À ce moment-là, Jason[w], le frère d'Onias, obtient par des moyens malhonnêtes le poste de *grand-prêtre. 8 Il rencontre le roi et lui promet 10 tonnes d'argent venant des impôts, et 2 200 kilos venant d'ailleurs. 9 De plus, il promet de lui payer encore 4 tonnes d'argent, à une condition : le roi doit lui donner l'autorisation de créer un gymnase et une école pour jeunes gens. Il doit aussi lui permettre de donner aux habitants de Jérusalem le titre de citoyens de la ville d'Antioche[x]. 10 Le roi donne son accord.

Alors Jason prend le pouvoir aussitôt après et il oblige les autres Israélites à vivre à la manière des Grecs. 11 Il supprime les avantages que les rois ont accordés par bonté aux Juifs grâce à l'action de Jean, le père d'Eupolème. Plus tard, on enverra Eupolème comme ambassadeur à Rome pour y signer un pacte d'amitié et un accord avec les Romains[y]. Jason supprime aussi les institutions dépendant de la *loi de Dieu et il établit des coutumes contraires à cette loi. 12 Il est très content, en effet, de construire un gymnase juste au bas de la colline du temple. Et il persuade les meilleurs des jeunes gens de porter le chapeau des Grecs[z]. 13 Ainsi, les coutumes grecques deviennent à la mode. Les gens suivent de plus en plus les façons de faire étrangères, et tout cela à cause de Jason. Cet homme est vraiment très mauvais, ennemi de Dieu, et il n'est pas digne d'être grand-prêtre. 14 Le résultat, c'est que les prêtres eux-mêmes deviennent négligents pour le service de *l'autel. Ils ne respectent plus le temple, ils abandonnent les *sacrifices. Dès qu'ils entendent le signal, ils vont rapidement participer à des sports pourtant interdits par la loi de Dieu. 15 Ils méprisent les coutumes de leurs ancêtres, mais ils apprécient beaucoup celles que les Grecs honorent. 16 C'est pourquoi ils se trouvent ensuite dans une situation difficile. En effet, ils admirent le genre de vie des Grecs et ils veulent leur ressembler en tout. Mais les Grecs deviendront leurs ennemis et ils les feront beaucoup souffrir. 17 On ne désobéit pas aux lois de Dieu sans être puni ! La suite de l'histoire va le prouver. 18 Tous les quatre ans, on organise dans la ville de Tyr des concours sportifs en présence du roi. 19 Jason, cet homme *impur, envoie, comme délégués de Jérusalem, des hommes qui ont le titre de citoyens d'Antioche[a]. Ils apportent avec eux 300 pièces d'argent pour le *sacrifice qu'ils offrent au dieu Héraklès. Mais ces gens se disent qu'il n'est pas bon de se servir de cette somme pour un sacrifice. Il vaut mieux la garder pour une autre dépense. 20 Jason voulait que cet argent soit destiné à un sacrifice en l'honneur d'Héraklès. Mais ceux qui l'apportent le font servir à la construction de bateaux de guerre.

---

v **4.4** *Grande-Syrie : voir 2 Maccabées 3.5 et la note.*

w **4.7** *Antiochus Épiphane est devenu roi en 175 avant J.-C. Il était le frère du roi Séleucus.*
Jason : nom grec correspondant au nom juif Josué ou Jésus.

x **4.9** *Gymnase : lieu où les jeunes gens recevaient une formation intellectuelle et physique. Voir 1 Maccabées 1.14.*
Citoyens d'Antioche : il s'agissait sans doute de faire de Jérusalem une ville grecque portant un nom qui rappelait celui du roi Antiochus.

y **4.11** *Voir 1 Maccabées 8.17-30.*

z **4.12** *Ce chapeau était porté aux événements sportifs pour honorer Hermès, le dieu grec des sports.*

a **4.19** *Citoyens d'Antioche : voir 2 Maccabées 4.9 et la note.*

Antiochus Épiphane à Jérusalem

21 Antiochus a envoyé en Égypte Apollonius, fils de Ménestée. Il doit assister à la cérémonie de couronnement du roi Philométor[b]. Antiochus apprend alors que celui-ci n'est pas d'accord avec sa façon de gouverner. Il s'efforce donc de défendre son royaume. Il va à Joppé, puis de là à Jérusalem. 22 Jason et les habitants de la ville le reçoivent avec de grands honneurs. Ils le font entrer dans Jérusalem à la lumière des torches et avec des cris de joie. Ensuite, Antiochus retourne en Phénicie avec son armée.

Ménélas devient grand-prêtre

23 Au bout de trois ans, Jason envoie Ménélas auprès du roi Antiochus. Ménélas est un frère de Simon[c], de qui j'ai déjà parlé. Jason l'envoie apporter de l'argent au roi et le charge de discuter avec lui d'affaires importantes. 24 Ménélas est présenté au roi et il se fait remarquer de lui par ses compliments et ses manières de grand personnage. Il réussit à obtenir pour lui-même le poste de *grand-prêtre. Pour cela, il offre huit tonnes d'argent de plus que Jason. 25 Le roi lui donne une lettre qui le nomme à ce poste. Puis il revient à Jérusalem. Or, il ne possède aucune qualité digne d'un grand-prêtre. Au contraire, c'est un dictateur violent et cruel, qui se met en colère comme une bête sauvage. 26 Jason a chassé son propre frère par la ruse. À son tour, il est chassé par quelqu'un d'autre et il est obligé de fuir dans le pays des Ammonites.

27 Ainsi Ménélas possède le pouvoir, mais il ne donne pas au roi les sommes d'argent qu'il lui a promises. 28 Pourtant Sostrate, le préfet militaire de Jérusalem, lui réclame cet argent. En effet, c'est lui qui est chargé du règlement des impôts. C'est pourquoi le roi les fait venir tous les deux. 29 En partant, Ménélas nomme son frère Lysimaque pour le remplacer comme *grand-prêtre, et Sostrate nomme Cratès, le chef des soldats chypriotes, comme préfet militaire.

Ménélas fait tuer le grand-prêtre Onias

30 À cette époque, les habitants de Tarse et de Mallos[d] se révoltent. En effet, le roi a donné leurs villes comme cadeau à Antiokis, sa femme de deuxième rang. 31 Le roi part donc très vite pour rétablir la situation et il laisse Andronicus, un fonctionnaire important, pour le remplacer à Antioche. 32 Ménélas pense que c'est une bonne occasion pour lui. Il vole dans le temple quelques objets en or et il les offre à Andronicus. Il réussit à en vendre d'autres à Tyr et aux villes voisines. 33 Quand Onias apprend la nouvelle de façon sûre, il se réfugie dans un temple[e], à Dafné près d'Antioche. De là, il adresse des reproches à Ménélas. 34 Alors celui-ci rencontre Andronicus en secret et il le persuade de tuer Onias. Andronicus vient donc trouver Onias et, en mentant, il parvient à le rassurer. Il lui tend sa main droite et lui fait des promesses. Il arrive ainsi à le convaincre de sortir du temple. Pourtant Onias n'a pas entièrement confiance. Andronicus le tue immédiatement en méprisant totalement la justice. 35 C'est pourquoi les Juifs, mais aussi beaucoup de non-Juifs, sont bouleversés et révoltés par ce meurtre horrible.

Andronicus subit les conséquences de son crime

36 Quand le roi revient de Cilicie, les Juifs d'Antioche viennent le trouver au sujet de la mort injuste d'Onias. Les Grecs aussi détestent ce crime. 37 Le roi Antiochus est profondément triste et plein de pitié. Il se met à pleurer en pensant à la sagesse et à la belle conduite du mort. 38 Ensuite, dans une violente colère, il commande d'enlever aussitôt le vêtement rouge de cérémonie à Andronicus

b **4.21** *Philométor ou Ptolémée VI, roi d'Égypte, était le neveu d'Antiochus Épiphane.*

c **4.23** *Voir 2 Maccabées 3.4-6.*

d **4.30** *Tarse et Mallos sont deux villes grecques de Cilicie.*

e **4.33** *Les personnes en danger pouvaient se mettre à l'abri dans ce temple grec.*

et de lui arracher ses habits. Puis on lui fait traverser toute la ville jusqu'à l'endroit où il a assassiné Onias à la façon d'un traître. Le roi fait tuer l'assassin à cet endroit-là. Voilà comment le Seigneur frappe Andronicus d'une juste punition.

Mort de Lysimaque, frère de Ménélas

39 Pendant ce temps, Lysimaque commet de nombreux vols dans le temple de Jérusalem avec l'accord de son frère Ménélas. Ainsi, beaucoup d'objets en or ont déjà été emportés. On apprend cette nouvelle dans la ville, et les habitants se réunissent en foule contre Lysimaque. 40 Les gens sont très excités et dans une violente colère. Alors Lysimaque arme à peu près 3 000 hommes et il se met à écraser le mouvement avec violence. Les soldats sont commandés par un certain Auranos, un homme aussi vieux que stupide. 41 Quand les gens voient que Lysimaque les attaque, les uns prennent des pierres, d'autres de gros bâtons. Certains prennent de la cendre des *sacrifices. Et ils lancent tout cela en désordre sur Lysimaque et ses hommes. 42 De cette façon, ils blessent beaucoup de soldats, ils en tuent quelques-uns et ils obligent tous les autres à fuir. Ils tuent Lysimaque, le voleur d'objets sacrés, près de la salle du trésor.

Ménélas est libéré injustement

43 À cause de ces événements, on fait un procès à Ménélas. 44 Quand le roi vient à Tyr, le conseil des *anciens de Jérusalem envoie trois délégués pour lui présenter l'accusation. 45 Ménélas voit qu'il va perdre sa cause. Alors il promet beaucoup d'argent à Ptolémée[f], fils de Dorymène, pour qu'il persuade le roi de juger en sa faveur. 46 Comme pour prendre l'air, Ptolémée entraîne le roi à l'écart, dans un endroit où il y a des colonnes, et il le fait changer d'avis. 47 Ainsi, le roi rejette les accusations qu'on porte contre cet homme qui a pourtant causé tout ce mal. Par contre, il condamne à mort les malheureux délégués. Or, même si ces hommes s'étaient défendus devant les Scythes[g], ceux-ci les auraient déclarés innocents. 48 Ainsi, les trois hommes qui ont pris la défense de Jérusalem, du peuple juif et des objets sacrés, subissent aussitôt cette punition injuste. 49 Même des habitants de Tyr, choqués par cette méchanceté, font pour eux de grandes cérémonies de deuil. 50 Mais Ménélas garde son poste, parce que ceux qui ont le pouvoir aiment l'argent. Il devient de plus en plus méchant et il se montre le grand ennemi de son peuple.

Seconde attaque contre l'Égypte

5 1 Vers cette époque-là, Antiochus se prépare à attaquer l'Égypte pour la deuxième fois. 2 Pendant presque 40 jours, les gens voient apparaître des cavaliers habillés de vêtements brodés d'or dans toute la ville de Jérusalem. Ils courent dans l'air avec des troupes armées de lances et *d'épées. 3 Ils sont par groupes de 250, rangés pour le combat. De tous côtés, des hommes attaquent et se défendent. C'est une mer de *boucliers en mouvement, une forêt de lances. Les flèches volent de tous côtés, les vêtements d'or brillent sur toutes sortes de *cuirasses. 4 Tous les habitants de Jérusalem prient pour que ces apparitions annoncent un événement heureux.

Jason attaque Jérusalem

5 Certaines personnes font croire qu'Antiochus est mort. Alors Jason rassemble au moins 1 000 hommes et lance tout à coup une attaque contre Jérusalem. Ceux qui défendent les murs sont repoussés, et finalement, la ville est prise. Ménélas se réfugie dans la *Citadelle qui domine le temple. 6 Jason tue sans pitié les autres Israélites. Il ne comprend pas qu'une victoire remportée sur ceux qui sont de sa famille est le plus grand des échecs. Il croit vaincre des ennemis, or ce sont des gens de son peuple. 7 Pourtant, il ne réussit pas à prendre

f **4.45** *Ptolémée était gouverneur de Grande-Syrie et de Phénicie.*

g **4.47** *Les Scythes étaient considérés comme des gens cruels.*

le pouvoir. De plus, cette trahison le couvre
de honte et il doit partir se réfugier de nouveau dans le pays des Ammonites[h]. 8 Sa vie criminelle se termine misérablement. Il est tout
d'abord accusé devant Arétas, le chef des Arabes. Puis il fuit d'une ville dans l'autre. Tous le
poursuivent. Les gens le détestent et le méprisent. En effet, il a trahi les lois de son peuple
et, dans son pays, il a fait cruellement souffrir
son propre peuple. Finalement, il est repoussé
jusqu'en Égypte. 9 De là, il part en Grèce, car il
espère trouver refuge auprès des Spartiates,
qui étaient parents des Juifs[i]. Et cet homme,
qui a obligé beaucoup de gens à fuir leur
pays, meurt lui-même à l'étranger. 10 Jason a
laissé de nombreux morts sur le sol, sans les
enterrer. De la même façon, personne ne
pleure sur lui. Personne ne fait pour lui les
cérémonies de deuil, et il n'a aucune place
dans la tombe de ses ancêtres.

Antiochus Épiphane pille le temple de Jérusalem

11 Quand le roi Antiochus apprend ce qui
s'est passé à Jérusalem, il croit que toute la Judée s'est révoltée. Alors il quitte l'Égypte, rempli de colère comme une bête sauvage, et avec
son armée, il prend la ville. 12 Il commande à
ses soldats de tuer sans pitié tous ceux qu'ils
rencontrent et *d'égorger ceux qui se réfugient dans leurs maisons. 13 Ils tuent alors jeunes et vieux, ils suppriment femmes et
enfants, ils égorgent jeunes filles et bébés.
14 En trois jours, Jérusalem perd 80 000 habitants : 40 000 tombent sous les coups et
40 000 sont vendus comme esclaves.

15 Antiochus ne se contente pas de cela. Il
ose entrer dans le temple le plus sacré de
toute la terre. Il est conduit par Ménélas, qui
a trahi les lois et son pays. 16 Avec ses mains
*impures, le roi saisit les objets sacrés. Il
vole les offrandes que d'autres rois ont placées
dans ce lieu pour l'honorer et pour le rendre
encore plus beau.

17 Dans son orgueil, Antiochus ne comprend
pas une chose : c'est à cause des péchés des
habitants de Jérusalem que le Maître de tout
est en *colère, pour peu de temps seulement.
Et c'est pourquoi il a détourné son regard du
temple. 18 Si les habitants de la ville n'avaient
pas commis tant de fautes, ce roi aurait été
frappé dès son arrivée. Il aurait été détourné
de son projet fou comme Héliodore, qui avait
été envoyé par le roi Séleucus pour inspecter
le trésor du temple[j]. 19 Mais le Seigneur n'a
pas choisi son peuple à cause du temple, il a
plutôt voulu le temple à cause de son peuple.
20 C'est pourquoi le temple lui-même a
d'abord subi les malheurs du peuple. Plus
tard, au contraire, il a profité des bienfaits
accordés au peuple. Dans sa colère, le Tout-
Puissant a abandonné le temple. Mais quand
le Maître de tout s'est réconcilié avec son peuple, le temple a retrouvé toute sa beauté.

Antiochus Épiphane fait de nouveau tuer des Juifs à Jérusalem

21 Donc, Antiochus emporte du temple
48 tonnes d'argent, puis il rentre très vite à
Antioche. Plein d'orgueil et sûr de lui, il croit
que tout lui est possible, même de faire avancer les bateaux sur la terre ou de faire marcher
des soldats sur la mer. 22 Il laisse derrière lui
des préfets pour faire du mal au peuple juif.
À Jérusalem, c'est Philippe, de race phrygien-
ne[k], et de caractère encore plus cruel qu'Antiochus lui-même. 23 Au mont Garizim, c'est
Andronicus. En plus de ces deux hommes, il
y a Ménélas. Il domine son peuple plus méchamment encore que les deux autres.

Antiochus déteste beaucoup les Juifs.
24 Alors il envoie à Jérusalem Apollonius, le
chef des soldats de Mysie[l], avec une armée
de 22 000 hommes. Il leur commande de

h 5.7 *Voir 2 Maccabées 4.26.*

i 5.9 *Parents des Juifs : voir 1 Maccabées 12.6-7,21.*

j 5.18 *Voir 2 Maccabées 3.1-40.*

k 5.22 *La Phrygie était une région d'Asie Mineure, la Turquie actuelle.*

l 5.24 *Mysie : une région d'Asie Mineure, la Turquie actuelle.*

tuer tous les hommes adultes de la ville et de vendre les femmes et les enfants comme esclaves. 25 Quand Apollonius arrive à Jérusalem, il fait semblant d'être un homme de paix. Il attend jusqu'au *sabbat, jour sacré pour les Juifs. Il profite du repos des Juifs pour organiser un défilé militaire. 26 Il donne l'ordre de tuer tous ceux qui sont venus voir ce spectacle. Puis il court dans la ville avec ses soldats pour tuer un grand nombre de gens.

27 Or, Judas, appelé aussi Maccabée, se retire avec neuf autres hommes, dans une région montagneuse. Lui et ses compagnons vivent là comme des bêtes sauvages. Pour ne pas devenir *impurs, ils se nourrissent seulement de plantes.

Les cultes grecs sont installés dans le temple

6 1 Peu de temps après, le roi envoie l'Athénien Géronte à Jérusalem. Il doit forcer les Juifs à abandonner les lois de leurs ancêtres et à ne plus vivre selon les lois de Dieu. 2 De plus, il doit rendre *impur le temple de Jérusalem et le consacrer à Zeus, le dieu du mont Olympe. Pour ce qui est du temple du mont Garizim[m], il doit le consacrer à Zeus, le dieu de l'hospitalité, comme les habitants de cette région le demandent.

3 Ces malheurs, qui deviennent plus graves, sont pénibles pour tous et très difficiles à supporter. 4 En effet, les non-Juifs se conduisent n'importe comment dans le temple et le remplissent de leurs désordres. Ils s'amusent avec des *prostituées et couchent avec elles dans les cours sacrées. De plus, ils apportent à cet endroit des choses interdites. 5 Ainsi, *l'autel est couvert d'animaux impurs, interdits par la *loi de Dieu. 6 Les Juifs n'ont pas le droit de célébrer le *sabbat, ni les fêtes de leurs ancêtres, ni même simplement de dire qu'ils sont juifs. 7 Chaque mois, le jour de la naissance du roi, ils sont obligés de participer à un repas sacré, et cela leur est très pénible. Quand c'est la fête de Dionysos[n], ils sont forcés de porter des couronnes faites de lianes couvertes de feuilles et de suivre le cortège en l'honneur de ce dieu.

8 Les habitants de la ville de Ptolémaïs[o] demandent qu'on prenne une décision écrite : dans les villes grecques des régions proches de la Judée, il faut exiger les mêmes choses des Juifs qui s'y trouvent, et ils doivent participer aux repas sacrés. 9 Il faut *égorger ceux qui refuseront de suivre les coutumes grecques. Les malheurs à venir sont donc faciles à prévoir.

10 Ainsi deux femmes doivent aller devant le tribunal parce qu'elles ont fait *circoncire leurs enfants. On les promène devant tout le monde à travers la ville, avec leurs bébés pendus à leurs seins. Puis on les jette du haut des murs de la ville. 11 D'autres Juifs sont allés ensemble dans des grottes proches de Jérusalem pour célébrer le *sabbat en cachette. Des gens les dénoncent à Philippe, et ils sont brûlés ensemble. En effet, par respect pour ce jour sacré, ils renoncent à se défendre eux-mêmes.

Le sens de ces souffrances

12 Je demande à ceux qui liront ce livre de ne pas se laisser décourager par ces malheurs. Ils doivent croire que ces souffrances avaient pour but d'éduquer notre peuple, et non pas de le supprimer. 13 En effet, il arrive que des gens se révoltent contre Dieu. S'il les punit rapidement au lieu de les laisser agir trop longtemps, c'est un signe de sa grande bonté. 14 Pour punir les autres peuples, le Maître de tout attend avec patience qu'ils commettent tous les péchés possibles. Mais ce n'est pas de cette façon qu'il a jugé bon d'agir avec nous. 15 Ainsi, il ne nous laisse pas commettre tous les péchés possibles pour nous punir seu-

---

m **6.2** *Zeus, dieu du mont Olympe : dans la religion grecque, Zeus était le chef des dieux. Les Grecs pensaient qu'il habitait sur le mont Olympe.*
Le temple du mont Garizim avait été construit par les habitants de Samarie.

n **6.7** *Dionysos : le dieu grec de la vigne et du vin.*

o **6.8** *Ptolémaïs : ville grecque située sur la côte de la mer Méditerranée. Ses habitants n'aimaient pas les Juifs.*

lement au dernier moment. 16 C'est pourquoi il ne nous retire jamais sa bonté. Quand Dieu éduque son peuple par la souffrance, il ne l'abandonne pas. 17 Je voulais seulement rappeler cette vérité. Après ces quelques mots, il faut revenir à notre histoire.

La mort d'Élazar, un maître de la loi

18 Parmi les principaux *maîtres de la loi, il y a Élazar. Il est très âgé et il a un beau visage. On veut l'obliger à manger du porc en lui ouvrant la bouche de force[p]. 19-20 Mais Élazar préfère mourir avec honneur plutôt que de vivre dans la honte. Il recrache donc la viande et il marche librement vers le lieu où il doit être mis à mort. Ainsi, il montre comment chacun doit agir dans une situation semblable : on doit avoir le courage de rejeter les aliments interdits, même quand on tient à sa vie.

21 Ceux qui sont responsables de ce repas contraire à la *loi de Moïse connaissent Élazar depuis longtemps. Ils le prennent à part et lui donnent ce conseil : « Apporte un plat de viande que tu peux manger et que tu as préparé toi-même. Tu n'auras qu'à faire semblant de manger de la viande du sacrifice commandé par le roi. 22 En agissant ainsi, tu échapperas à la mort et tu seras traité avec bonté, car nous sommes de vieux amis, toi et nous. »

23 Mais Élazar veut agir avec honneur. C'est un homme âgé, respecté à cause de sa vieillesse et de ses cheveux d'une blancheur éclatante. Depuis son enfance, il a mené une vie sans reproches. Il prend donc une décision qui est digne de tout cela, mais surtout en accord avec la loi *sainte que Dieu lui-même a établie. C'est pourquoi il demande qu'on l'envoie rapidement dans le monde des morts. 24 Il ajoute : « Un homme de mon âge ne doit pas agir faussement. Sinon, beaucoup de jeunes gens vont croire qu'à 90 ans, j'ai décidé de suivre les coutumes des étrangers. 25 À cause de cette attitude fausse, par ma faute, ils se laisseront tromper, eux aussi. Moi, je ne vivrai que quelques jours de plus, mais ce sera la honte de ma vieillesse, et je perdrai l'honneur. 26 Et même si j'évite, pour le moment, la punition des hommes, je n'échapperai pas, vivant ou mort, au jugement du Tout-Puissant. 27 C'est pourquoi en quittant aujourd'hui la vie avec courage, je me montre digne de mon grand âge. 28 En choisissant généreusement et en toute liberté de mourir pour nos lois établies par Dieu et dignes de respect, je vais laisser aux jeunes le noble exemple d'une belle mort. »

Après ces paroles, il marche tout droit vers le lieu où il doit être mis à mort. 29 Pour ceux qui le conduisent, ces paroles sont de la folie. Alors ils changent d'attitude : ces hommes qui ont été bons pour lui peu de temps avant deviennent méchants. 30 Élazar va bientôt mourir sous leurs coups. Il gémit et dit : « Le Seigneur sait tout parfaitement. Il sait que je pouvais échapper à la mort. Et pourtant, maintenant, mon corps souffre cruellement sous les coups de fouet. Mais, dans mon cœur, je souffre avec joie parce que je respecte Dieu. » 31 Voilà comment cet homme a quitté la vie. Par cette mort, il laisse un exemple de courage remarquable, non seulement aux jeunes, mais aussi à l'ensemble de son peuple.

La mort de sept frères et de leur mère

7 1 On arrête sept frères. À coups de fouet et de nerfs de bœuf, le roi Antiochus veut les obliger à manger du porc, viande interdite par la *loi de Moïse. 2 Un des fils parle au nom des autres. Il dit : « Qu'est-ce que tu veux nous demander et savoir de nous ? Nous sommes prêts à mourir plutôt que de désobéir aux lois de nos ancêtres. »

3 Le roi est très en colère. Il fait mettre sur le feu des grils et des bassines. 4 Dès qu'ils sont brûlants, il commande de couper la langue à celui qui a parlé au nom des autres. Il donne l'ordre également de lui arracher la peau de la tête et de lui couper les pieds et les mains, sous les yeux de ses frères et de

p **6.18** *Pour les Juifs, le porc est un animal impur. La loi de Moïse interdit d'en manger. Voir Lévitique 11.7-8.*

sa mère. 5 Quand il ne peut plus bouger, le roi commande de l'approcher du feu et de le jeter encore vivant sur un gril. L'odeur de la chair brûlée se répand autour du gril. Pendant ce temps, les autres frères et leur mère se donnent de la force pour mourir avec courage. Ils disent : 6 « Le Seigneur notre Dieu nous voit, et il a sûrement pitié de nous. C'est comme Moïse l'a annoncé dans le chant où il accuse son peuple : "Le Seigneur aura pitié de ses serviteurs[q]." »

7 Après que le premier des frères est mort de cette façon, on amène le deuxième pour le torturer. On lui arrache la peau de la tête avec les cheveux. Ensuite on lui demande : « Est-ce que tu vas manger cette viande de porc plutôt que de subir la torture dans tous les membres de ton corps ? » 8 Dans sa langue maternelle[r], il répond : « Non. » C'est pourquoi on le torture lui aussi, comme le premier. 9 Au moment de mourir, le deuxième frère dit au roi : « Tu es un criminel ! Tu nous enlèves la vie aujourd'hui. Mais le Roi du monde nous relèvera de la mort, nous qui mourons pour obéir à ses lois. Il nous fera vivre avec lui pour toujours. »

10 Après celui-là, on torture le troisième. On lui commande de présenter sa langue. Il le fait tout de suite et il tend les mains sans avoir peur. 11 Il dit avec courage : « Le Dieu qui est au ciel m'a donné ces membres. Mais à cause de ses lois, je les méprise et j'ai l'espoir qu'il me les rendra. »

12 Le roi lui-même et ceux qui l'entourent sont frappés par le courage de ce jeune homme qui compte les souffrances pour rien. 13 Après sa mort, on torture le quatrième aussi cruellement. 14 Au moment de mourir, il dit au roi : « Quand on meurt par la main des hommes, il est bon d'espérer que Dieu nous relèvera de la mort. Mais toi, tu ne te relèveras pas pour vivre. »

15 Tout de suite après, on amène le cinquième et on le torture. 16 Mais il regarde le roi en disant : « Tu peux faire ce que tu veux parmi les humains, même si tu n'es qu'un homme comme eux. Pourtant, ne pense pas que Dieu a abandonné son peuple. 17 Attends un peu : tu verras sa grande puissance, comment il vous fera souffrir, toi, tes enfants et les enfants de leurs enfants. »

18 Après celui-ci, ils amènent le sixième. Avant de mourir, il dit au roi : « Ne te trompe pas ! C'est par notre faute que nous souffrons tout cela, car nous avons péché contre notre Dieu. C'est pourquoi ces malheurs terribles nous arrivent. 19 Mais toi qui oses lutter contre Dieu, ne t'imagine pas que tu resteras sans punition ! »

20 Leur mère est particulièrement digne d'admiration et elle mérite qu'on se souvienne d'elle. Elle voit mourir ses sept fils en une journée. Pourtant, elle supporte cela avec courage, car elle met sa confiance dans le Seigneur. 21 Elle encourage chacun d'eux dans leur langue maternelle. Rempli de nobles sentiments, son cœur de femme leur parle avec le courage d'un homme. Elle leur dit : 22 « Je ne sais pas comment vous avez été formés dans mon ventre. Ce n'est pas moi qui vous ai donné le souffle de la vie. Ce n'est pas moi qui ai mis en place toutes les parties de votre corps. 23 C'est le Créateur du monde qui est au commencement de tout. C'est lui qui forme l'enfant dès le début. Et c'est lui qui dans sa tendresse vous rendra le souffle de la vie, parce que vous vous sacrifiez maintenant par amour pour ses lois. »

24 Le roi Antiochus croit qu'elle se moque de lui. Il pense que ses paroles sont des insultes. Alors il cherche à convaincre le plus jeune fils qui vit encore. De plus, il lui fait des promesses. Il jure de le rendre riche et très heureux s'il abandonne les coutumes de ses ancêtres. Il jure de faire de lui un « ami du Roi »[s] et de lui donner un poste important. 25 Mais le jeune homme ne fait pas du tout attention à ces paroles. Alors le roi

q 7.6 *Voir Deutéronome 32.36.*

r 7.8 *Langue maternelle : l'hébreu ou l'araméen.*

s 7.24 *Ami du Roi : c'était un titre d'honneur venant des Perses. Il était donné à des notables proches du roi qui partageaient le pouvoir avec lui.*

appelle sa mère. Il veut la persuader de donner des conseils à son fils pour lui sauver la vie. 26 Cela dure longtemps. La mère finit par accepter d'essayer de persuader son fils. 27 Elle se penche vers lui. Et elle trompe le dictateur cruel en parlant à son fils dans leur langue maternelle. Elle lui dit : « Mon fils, aie pitié de moi. Je t'ai porté neuf mois dans mon ventre, je t'ai donné mon lait pendant trois ans, je t'ai nourri et élevé jusqu'à aujourd'hui. 28 S'il te plaît, mon enfant, regarde le ciel et la terre, vois tout ce qui est en eux. Reconnais-le : Dieu les a créés à partir de rien et il a créé les êtres humains de la même façon. 29 N'aie pas peur de cet homme cruel, mais montre-toi digne de tes frères et accepte la mort. Alors je pourrai te retrouver avec tes frères quand Dieu nous montrera sa tendresse. »

30 Elle parle encore quand le jeune homme dit : « Qu'est-ce que vous attendez ? Je n'obéis pas aux ordres du roi, mais j'obéis aux ordres de la loi que Moïse a donnée à nos ancêtres. 31 Et toi, roi Antiochus, c'est toi qui as inventé tous les malheurs qui tombent sur le peuple juif. Mais tu n'échapperas pas à la main de Dieu ! 32 Nous autres, nous souffrons à cause de nos péchés. 33 Notre Seigneur, le Dieu vivant, est en *colère contre nous pour peu de temps seulement. Mais c'est pour nous corriger et nous éduquer. Ensuite, il fera de nouveau la paix avec nous, ses serviteurs. 34 Mais toi, ennemi du Seigneur, le plus dégoûtant de tous les humains, inutile de te gonfler d'orgueil. Toi qui lèves la main contre les serviteurs du Seigneur, ne garde pas de faux espoirs ! 35 Oui, le Tout-Puissant voit tout, et tu n'as pas encore échappé à son jugement. 36 Mes frères ont souffert peu de temps pour être fidèles à *l'alliance de Dieu. Et ils recevront la vie avec lui pour toujours. Mais toi, Dieu te jugera, et tu seras justement puni à cause de ton orgueil. 37 Moi, comme mes frères, j'offre mon corps et ma vie pour obéir aux lois de mes ancêtres. Je demande à Dieu d'avoir bientôt pitié de notre peuple. Je te prie de te faire reconnaître, par des souffrances et des malheurs, que lui est Dieu. 38 C'est avec justice que le Tout-Puissant a répandu sa colère sur tout notre peuple. Mais je souhaite qu'à cause de mes frères et moi, sa colère se calme. »

39 Le roi voit que le dernier frère le méprise. Dans une violente colère, il le fait souffrir encore plus cruellement que les autres. 40 Pourtant, celui-ci reste fidèle jusqu'à la mort en mettant toute sa confiance dans le Seigneur. 41 Enfin, la mère meurt la dernière, après tous ses fils.

42 Mais j'ai assez parlé des repas sacrés et de ces tortures terribles.

Judas Maccabée se révolte

8 1 Judas Maccabée[t] et ses hommes vont en secret d'un village à l'autre. Ils appellent leurs frères juifs pour qu'ils les suivent. Ils attirent à eux environ 6 000 hommes qui sont restés fidèles à la foi juive. 2 Voici comment ils supplient le Seigneur : « Viens au secours de ton peuple que tout le monde fait souffrir. Aie pitié du temple, que ceux qui méprisent Dieu ont rendu *impur. 3 Montre ta bonté envers la ville détruite, qui va bientôt être rasée. Entends la voix du sang de ceux qui crient vers toi pour demander vengeance. 4 Souviens-toi des crimes de ceux qui ont massacré des enfants innocents. N'oublie pas les insultes qu'ils ont lancées contre toi. Tu montreras ainsi que tu détestes le mal. »

5 Dès que Judas est à la tête d'une troupe organisée, les non-Juifs ne peuvent plus rien contre lui. En effet, le Seigneur abandonne sa *colère pour montrer sa bonté envers son peuple. 6 Judas attaque sans prévenir les villes et les villages, et il les brûle. Il occupe les lieux importants et il fait fuir beaucoup d'ennemis. 7 Pour lancer ses attaques, il choisit surtout la nuit. Partout, les gens parlent de son courage.

Judas remporte la victoire sur Nicanor

8 Philippe voit ceci : Judas avance rapidement et il remporte des victoires de plus en

t **8.1** *Judas Maccabée : voir 2 Maccabées 5.27.*

plus souvent. Alors il écrit à Ptolémée, gouverneur de la Grande-Syrie[u] et de la Phénicie, et il lui demande de venir au secours des affaires du roi. [9] Ptolémée choisit donc aussitôt Nicanor, fils de Patrocle, l'un des « amis du Roi »[v] les plus importants. Il l'envoie à la tête d'une armée d'au moins 20 000 soldats de tous les pays, pour détruire tout le peuple juif. Il commande au général Gorgias d'aller avec lui. Celui-ci possède une grande expérience de la guerre.

[10] Le roi Antiochus doit aux Romains une somme équivalente à 54 tonnes d'argent. Nicanor décide de rembourser cette dette en vendant les prisonniers juifs comme esclaves. [11] Il envoie très vite aux villes situées près de la mer Méditerranée une invitation pour venir acheter des esclaves juifs. Il promet de leur livrer 90 personnes pour 27 kilos d'argent. Il ne s'attend pas à la punition que le Tout-Puissant va lui envoyer.

[12] Judas apprend que Nicanor s'est mis en route. Il prévient ses hommes que l'armée ennemie approche. [13] Alors ceux qui ont peur et qui ne croient pas à la justice de Dieu s'enfuient et vont ailleurs. [14] Les autres vendent tout ce qu'ils possèdent, et ils prient le Seigneur de délivrer ceux que Nicanor, cet homme horrible, a vendus avant le début du combat. Ils disent au Seigneur : [15] « Si tu ne veux pas nous délivrer à cause de nous-mêmes, souviens-toi au moins des *alliances établies avec nos ancêtres. Rappelle-toi que ton grand nom plein de *gloire a été prononcé sur nous. »

[16] Judas Maccabée rassemble ses hommes. Ils sont 6 000. Il leur dit : « Ne vous laissez pas effrayer par les ennemis. N'ayez pas peur de cette foule de non-Juifs qui nous attaquent injustement. Combattez avec courage ! [17] Souvenez-vous toujours des actes criminels que ces gens-là ont commis contre le temple. Ils ont couvert Jérusalem de honte, et en plus, ils ont supprimé les coutumes de nos ancêtres. » [18] Judas ajoute : « Nos ennemis comptent sur leurs armes et sur leurs actions pleines d'audace. Mais nous, nous mettons notre confiance dans le Dieu tout-puissant. Il est capable, d'un seul signe de tête, de renverser ceux qui viennent nous attaquer, et le monde entier avec eux ! [19] Souvenez-vous de toutes les fois où Dieu a protégé nos ancêtres : par exemple, à l'époque de Sennakérib, quand il a fait mourir 185 000 hommes[w]. [20] Souvenez-vous aussi de la bataille contre les Galates, en Babylonie. Ce jour-là, 8 000 Juifs, aidés de 4 000 Macédoniens, ont combattu 120 000 hommes. Les Macédoniens étaient en difficulté. Mais avec l'aide de Dieu, les 8 000 Juifs ont complètement détruit leurs ennemis et ils leur ont pris de nombreuses richesses. »

[21] Par ces paroles, Judas encourage ses soldats et les prépare à mourir pour la loi de Dieu et pour leur patrie. Il divise son armée en quatre groupes. [22] Chaque groupe comprend environ 1 500 soldats. Il met chacun de ses frères Simon, Joseph et Jonatan à la tête d'un groupe. Lui-même commande aussi un groupe. [23] Il demande à Élazar de lire un passage du livre saint. Puis il donne pour mot d'ordre « Avec l'aide de Dieu ! ». Ensuite, à la tête du premier groupe, il attaque Nicanor.

[24] Le Tout-Puissant est du côté des Juifs. Ils peuvent alors détruire plus de 9 000 ennemis. Ils blessent la plupart des autres soldats de Nicanor et ils les obligent tous à fuir. [25] Ils prennent l'argent de ceux qui sont venus les acheter comme esclaves. Ils poursuivent assez longtemps ceux qui fuient. Mais ensuite, comme il est tard, ils reviennent sur leurs pas. [26] En effet, c'est la veille du *sabbat, et ils ne continuent donc pas la poursuite. [27] Ils ramassent les armes des ennemis et prennent leurs biens. Ensuite ils célèbrent le sabbat. Ils

---

u **8.8** *Philippe représentait le roi Antiochus Épiphane à Jérusalem. Voir 2 Maccabées 5.22. Grande-Syrie : voir 2 Maccabées 3.5 et la note.*

v **8.9** *Amis du Roi : voir 2 Maccabées 7.24 et la note.*

w **8.19** *Voir 2 Rois 19.35.*

chantent la louange du Seigneur et le remercient par de nombreuses prières. Oui, ce jour-là, il les a sauvés. Il a recommencé à leur montrer sa bonté. 28 Après le sabbat, ils distribuent une part des richesses de guerre à ceux qui ont été maltraités, aux veuves et aux orphelins. Puis ils partagent ce qui reste entre eux et leurs enfants. 29 Quand ils ont fini, ils organisent une prière commune. Ils demandent au Seigneur très bon de faire la paix pour toujours avec ses serviteurs.

Judas remporte la victoire sur Timothée

30 Ensuite, Judas et ses hommes combattent les troupes de Timothée et de Bakidès[x]. Ils tuent alors plus de 20 000 soldats ennemis et prennent de très hautes *forteresses. Ils divisent les nombreuses richesses de guerre en deux parts égales : l'une pour eux-mêmes, l'autre pour ceux qui ont été maltraités, les orphelins et les veuves, sans oublier les vieillards. 31 Ils rassemblent avec soin les armes des ennemis et les placent dans des endroits qui conviennent. Puis ils apportent le reste des richesses de guerre à Jérusalem. 32 Ils tuent le commandant des troupes alliées à Timothée, un homme très mauvais qui a fait beaucoup de mal aux Juifs. 33 Pendant les fêtes de la victoire qu'ils célèbrent à Jérusalem, ils brûlent ceux qui ont mis le feu aux portes du temple. Ils brûlent aussi Kallistène, qui s'était réfugié dans une petite maison. Il reçoit de cette façon la juste punition de ses actions contre Dieu.

Nicanor s'enfuit à Antioche

34 Nicanor a fait venir 1 000 commerçants pour acheter les Juifs. Mais cet homme profondément criminel 35 est abaissé avec l'aide du Seigneur, par ceux qu'il juge dignes de mépris. Il quitte donc son magnifique uniforme et il part seul à travers les champs, comme un esclave en fuite. Avec une chance extraordinaire, il arrive à Antioche, alors que son armée est détruite. 36 Il a promis aux Romains de rembourser la dette du roi en vendant les habitants de Jérusalem. Or, maintenant, il reconnaît que les Juifs ne peuvent pas être vaincus. En effet, ils ont quelqu'un pour les défendre, car ils obéissent aux lois que ce défenseur leur a données.

Antiochus Épiphane tombe malade

9 1 Vers cette époque, le roi Antiochus rentre de Perse de façon peu glorieuse. 2 En effet, il est entré dans la ville de Persépolis[y], il a essayé de piller le temple et de soumettre la ville. Mais le peuple s'est révolté et a pris les armes. Alors les habitants ont obligé Antiochus à fuir, et celui-ci est obligé de revenir couvert de honte. 3 Au moment où il arrive près d'Ecbatane[z], il apprend ce qui est arrivé à Nicanor et aux soldats de Timothée. 4 Il se met alors dans une violente colère. Il décide de faire payer aux Juifs le mal que les Perses lui ont fait en l'obligeant à fuir. C'est pourquoi il commande au conducteur de son char d'avancer sans s'arrêter jusqu'à la fin du voyage. Dans son orgueil, il dit : « Quand j'arriverai à Jérusalem, je ferai de cette ville le cimetière des Juifs. »

Mais il ne sait pas que Dieu est sur le point de le juger. 5 Au moment même où il finit sa phrase, le Seigneur qui voit tout, le Dieu d'Israël, le frappe d'une maladie invisible qui ne peut pas guérir. Le roi a de violents maux de ventre qui lui torturent sans cesse les intestins. 6 Il mérite bien ces souffrances, car il a souvent torturé les intestins des autres par des gestes cruels inconnus jusqu'ici. 7 Pourtant, cela ne diminue en rien son orgueil. Toujours sûr de lui, rempli de colère contre les Juifs, il commande d'aller plus vite. Mais

x **8.30** *Timothée : un fonctionnaire important, responsable du pays situé à l'est du Jourdain. Bakidès gouvernait la Grande-Syrie, c'est-à-dire toute la région située entre la mer Méditerranée et le fleuve Jourdain, le Liban et le sud de la Syrie actuelle.*

y **9.2** *Persépolis : l'ancienne capitale de la Perse, à 400 kilomètres au sud de la ville actuelle de Téhéran.*

z **9.3** *Ecbatane : la ville actuelle de Hamadan, à 700 kilomètres de Persépolis.*

tout à coup, il tombe du char qui roule très rapidement. Sa chute est si violente qu'il se casse tous les membres.

8 Quelques minutes avant, très sûr de lui, il se prenait pour un être supérieur. Il se croyait capable de commander aux vagues de la mer et de peser les hautes montagnes sur une balance ! Et maintenant, il est couché par terre, et on doit le transporter sur un brancard. Cela montre aux yeux de tous la puissance de Dieu. 9 Cet homme mauvais est encore vivant, mais il souffre beaucoup. Des morceaux de chair se détachent de son corps qui est plein de vers. Une odeur de pourriture se dégage de lui et elle soulève le cœur de tous les soldats. 10 Peu de temps avant, le roi pensait qu'il pouvait atteindre les étoiles du ciel. Maintenant, personne ne peut le transporter, parce que les gens n'arrivent pas à supporter cette odeur horrible.

11 Antiochus est complètement abattu. Dieu l'a frappé, il souffre beaucoup et à tout moment. Alors, il commence à perdre son orgueil immense et à prendre conscience de sa situation. 12 Lui-même ne peut plus supporter son odeur. Il dit alors : « Il est juste d'obéir à Dieu. Quand on est un être humain, il ne faut pas penser qu'on est égal à lui. » 13 Cet homme criminel fait une promesse au Seigneur, mais celui-ci ne peut plus avoir pitié de lui. 14 Voici les promesses qu'Antiochus lui fait : « Je me dépêchais d'aller à Jérusalem pour détruire complètement cette ville *sainte et en faire un cimetière. Maintenant, je la déclare libre. 15 J'avais décidé de jeter les corps des Juifs et de leurs enfants aux bêtes sauvages et aux charognards. En effet, je ne les jugeais pas dignes d'être mis dans une tombe. Maintenant, je veux que tous les Juifs aient les mêmes droits que les Athéniens. 16 Autrefois, j'ai pillé le temple de Dieu. Maintenant, je vais le décorer des plus belles offrandes. Tous les ustensiles sacrés qui ont été emportés, je vais en donner beaucoup plus pour les remplacer. Je paierai avec mes propres biens les frais des *sacrifices. 17 De plus, je vais devenir juif et aller dans toutes les régions habitées pour annoncer la puissance de Dieu. »

Antiochus Épiphane écrit une lettre aux Juifs

18 Les souffrances d'Antiochus ne se calment pas, car Dieu fait peser sur lui son jugement comme il le mérite. Le roi voit que son état est sans espoir. Alors il écrit aux Juifs une lettre qui ressemble à une supplication. Voici le texte : 19 « Antiochus, roi et commandant en chef de l'armée, salue ses nobles sujets juifs. Il leur souhaite santé et bonheur en tout !

20 « Si vous vous portez bien, vous et vos enfants, si vos affaires vont comme vous le souhaitez, j'en remercie vivement Dieu. En lui, je mets mon espoir. 21 Moi, je suis couché et sans force. Mais je me souviens de vous avec affection, en pensant au respect et à la bonté que vous m'avez montrés.

« En revenant de Perse, je suis tombé gravement malade. Aussi je pense que je dois m'occuper de la sécurité de tous mes sujets. 22 Je ne suis pas découragé, au contraire j'espère bien guérir de cette maladie. 23 Pourtant, je me souviens que mon père a désigné son successeur quand il est parti en guerre contre le Haut-Pays. 24 Il voulait ainsi que ses sujets ne soient pas inquiets si un événement soudain ou une mauvaise nouvelle arrivait. En effet, chacun savait à qui le roi avait laissé la responsabilité des affaires. 25 De plus, je me rends compte de ceci : les rois des pays voisins de mon royaume guettent le bon moment pour agir et attendent de voir ce qui va m'arriver. C'est pourquoi je désigne comme roi mon fils Antiochus. Je l'ai souvent confié et recommandé à beaucoup d'entre vous, quand je partais pour les provinces du Haut-Pays. Je lui ai écrit la lettre que je vous joins.

26 « Voici ce que je vous demande avec force : souvenez-vous des bienfaits que j'ai accordés à votre peuple et à chacun de vous en particulier. Continuez tous à nous montrer de la sympathie, à moi et à mon fils. 27 D'ailleurs, il restera fidèle à mes projets, j'en suis sûr. Il vous traitera avec douceur et bonté, et s'entendra bien avec vous. »

28 Donc, cet assassin, qui a insulté Dieu, finit sa vie dans des souffrances aussi terribles que celles qu'il a fait supporter aux autres. Il

meurt d'une façon vraiment misérable, loin de son pays, en pleine montagne. 29 Philippe, son ami d'enfance, ramène son corps à Antioche. Mais il n'a pas confiance dans le fils d'Antiochus, il part donc en Égypte, auprès du roi Ptolémée Philométor[a].

Le temple est purifié

10 1 Judas Maccabée et ses hommes reprennent le temple et la ville de Jérusalem avec le Seigneur pour guide. 2 Ils détruisent les *autels que les étrangers ont construits sur la place publique, ainsi que les autres lieux de culte non juifs. 3 Ils *purifient le temple, puis ils construisent un nouvel autel. Ils frottent des pierres à feu pour en faire jaillir des étincelles et allumer le feu sur l'autel. Ensuite, ils offrent un *sacrifice pour la première fois depuis deux ans. Ils brûlent de *l'encens, allument les lampes et placent les pains[b] offerts à Dieu. 4 Après cela, ils se mettent à genoux, le front contre le sol. Ils prient le Seigneur en disant : « Ne nous envoie plus de si grands malheurs. Si nous commettons encore des fautes envers toi, corrige-nous avec mesure, mais ne nous livre plus aux peuples barbares qui insultent ton nom. »

5 Judas et ses hommes purifient le temple le jour même où les étrangers l'ont rendu *impur, c'est-à-dire le 25 du mois de Kisleu[c]. 6 La fête qu'ils célèbrent dans la joie dure huit jours, comme la *fête des Huttes. Ils se rappellent que peu de temps avant, ils ont passé la fête des Huttes dans les montagnes et dans des grottes, comme les bêtes sauvages. 7 C'est pourquoi, maintenant, ils portent des bouquets de lianes couvertes de feuilles, des branches vertes et des palmes. Et ils font monter des chants de louange vers celui qui leur a permis de purifier son temple. 8 Ils donnent à tout le peuple juif l'ordre, confirmé par un vote, de célébrer cette fête chaque année.

Antiochus Eupator remplace son père Antiochus Épiphane

9 Voilà donc comment Antiochus, appelé Épiphane, est mort. 10 Je vais maintenant parler d'Antiochus Eupator, le fils de cet ennemi de Dieu. Je ferai seulement un résumé des malheurs que ses guerres ont apportés.

11 Dès qu'il devient roi, Eupator nomme un certain Lysias comme gouverneur général de la Grande-Syrie[d] et de la Phénicie. 12 Lysias remplace Ptolémée, appelé « Longue-Tête ». Ptolémée a été le premier gouverneur à se montrer juste envers les Juifs, après toutes les injustices qu'ils avaient subies. Et il a essayé de les gouverner dans la paix. 13 À cause de cela, les « amis du Roi »[e] l'ont accusé auprès d'Antiochus Eupator. Les gens l'ont souvent traité de traître. Le roi Philométor d'Égypte lui avait confié Chypre. Mais Ptolémée avait abandonné cette île et il était passé du côté d'Antiochus Épiphane. Comme il ne pouvait plus gouverner avec honneur, il s'est donné la mort avec du poison.

Judas attaque les forteresses de l'Idumée

14 Quand Gorgias devient gouverneur de l'Idumée[f], il embauche des soldats étrangers. Il saisit toutes les occasions pour faire la guerre aux Juifs. 15 De plus, les Iduméens, qui occupent des *forteresses bien situées, attaquent sans cesse les Juifs. Ils accueillent les gens qui ont été chassés de Jérusalem et ils font tout pour que la guerre continue.

---

a **9.29** *Voir 2 Maccabées 4.21 et la note.*

b **10.3** *Pierres à feu : par ce moyen, les Juifs évitent de se servir d'un feu ordinaire.*
Encens : voir Exode 30.7-8.
Lampes : voir Lévitique 24.2-4.
Pains : voir Lévitique 24.5-9.

c **10.5** *Mois de Kisleu : en novembre-décembre.*

d **10.11** *Grande-Syrie : voir 2 Maccabées 3.5 et la note.*

e **10.13** *Amis du Roi : voir 2 Maccabées 7.24 et la note.*

f **10.14** *Idumée : une partie de l'ancien pays d'Édom, au sud de la Judée.*

16 Judas et ses soldats font des prières publiques pour demander à Dieu de combattre avec eux. Ensuite, ils marchent contre les forteresses des Iduméens. 17 Ils lancent contre elles de violentes attaques, ils repoussent tous ceux qui combattent sur les murs et ils occupent ces positions. Ils tuent tous ceux qui tombent entre leurs mains et font mourir environ 20 000 hommes.

18 Pourtant, 9 000 soldats au moins arrivent à se réfugier dans deux forteresses particulièrement bien protégées. Ils ont avec eux tout ce qu'il faut pour résister à une longue attaque. 19 Judas Maccabée laisse devant ces forteresses Simon et Joseph, avec Zachée et des soldats assez nombreux pour continuer la lutte. Puis il part lui-même là où sa présence est nécessaire. 20 Mais les gens de Simon aiment l'argent et ils se laissent acheter par certains hommes qui gardent les forteresses. Ils acceptent 70 000 pièces d'argent et ils laissent s'échapper un certain nombre de soldats. 21 Quand Judas apprend la nouvelle, il réunit les chefs des troupes et il accuse les coupables d'avoir vendu leurs frères. En effet, ils ont laissé leurs ennemis s'échapper pour de l'argent. 22 Judas fait donc mourir ces traîtres et tout de suite après, il prend les deux forteresses. 23 Il est victorieux dans ses combats et là, il tue plus de 20 000 hommes.

Judas remporte la victoire sur Timothée à Guézer

24 Les Juifs ont déjà vaincu Timothée une fois[g]. Celui-ci recrute alors beaucoup de soldats étrangers et fait venir d'Asie de nombreux chevaux. Puis il arrive avec son armée en Judée pour la conquérir par les armes. 25 Pendant qu'il approche, Judas Maccabée et ses hommes supplient Dieu. Ils ont couvert leur tête de poussière et portent un habit de deuil autour de la taille. 26 Ils se mettent à genoux, le front contre le sol, devant *l'autel, et ils prient ainsi : « Ô Dieu, montre ta bonté envers nous. Sois l'ennemi de nos ennemis et l'adversaire de nos adversaires, comme tu l'as promis dans la loi[h]. »

27 Après la fin de cette prière, ils prennent leurs armes, sortent de Jérusalem et vont assez loin. Quand ils sont près des ennemis, ils s'arrêtent. 28 Le jour suivant, au moment où le soleil se lève, les deux armées passent à l'attaque. Pour remporter la victoire, les Juifs comptent sur leur courage, mais surtout sur l'aide du Seigneur. Les autres se laissent guider dans le combat par leur colère. 29 En pleine bataille, les ennemis voient apparaître du ciel cinq cavaliers magnifiques, montés sur des chevaux aux freins d'or. Ils se mettent à la tête des Juifs. 30 Ils placent Judas au milieu d'eux et le protègent avec leurs armes pour qu'il ne soit pas blessé. Ces cavaliers lancent aussi des flèches et des éclairs. Alors les ennemis, éblouis par la lumière, partent de tous côtés dans le plus grand désordre. 31 Parmi eux, 20 500 soldats à pied sont tués, ainsi que 600 cavaliers.

32 Timothée lui-même fuit dans un endroit très bien défendu, la forteresse de Guézer. Le commandant est Kéréas. 33 Judas et ses hommes attaquent cette place avec ardeur pendant quatre jours. 34 Ceux qui se trouvent à l'intérieur sont tout à fait sûrs d'être en sécurité dans ce lieu. C'est pourquoi ils se moquent du Dieu des Juifs et insultent ceux qui les attaquent. 35 Le cinquième jour, au lever du soleil, 20 jeunes soldats de la troupe de Judas, brûlants de colère à cause de ces moqueries, s'élancent contre les murs avec un très grand courage. Remplis d'une colère sauvage, ils tuent tous ceux qui tombent entre leurs mains. 36 D'autres les suivent. Ils font le tour de la forteresse pour attaquer les ennemis du côté opposé. Ils mettent le feu aux tours et ils allument des tas de bois pour brûler vivants ceux qui se sont moqués de Dieu. D'autres cassent les *portes et ils ouvrent un passage au reste de l'armée. La ville est rapidement prise. 37 Timothée s'est caché dans une ci-

g **10.24** *Voir 2 Maccabées 8.30.*

h **10.26** *Voir Exode 23.22.*

terne. On le tue avec son frère Kéréas et Apol-
lophane.

38 Après ces exploits, les Juifs chantent la
louange du Seigneur. Ils le remercient car il
a accordé de grands bienfaits à Israël et il
leur a donné la victoire.

Judas remporte la victoire sur Lysias

11 1 Lysias, le premier ministre, est un « parent du Roi »[i], il a participé à son éducation. Il n'est pas content du tout de ce qui
vient d'arriver. Très peu de temps après, 2 il
rassemble environ 80 000 hommes, tous les
chevaux et tous les cavaliers. Ensuite il part
combattre les Juifs. Il a l'intention de transformer Jérusalem en une ville grecque. 3 Il veut
faire payer un impôt pour le temple, comme
cela se passe pour les lieux sacrés des autres
peuples. Il veut aussi vendre chaque année
la charge de *grand-prêtre. 4 Lysias ne s'occupe absolument pas de la puissance de
Dieu. Il met plutôt sa confiance dans ses dizaines de milliers de soldats à pied, ses milliers
de cavaliers et ses 80 éléphants de combat.
5 Il entre en Judée et arrive à Beth-Sour, une
*forteresse située à environ 28 kilomètres au
sud de Jérusalem. Il passe à l'attaque.

6 Quand Judas et ses hommes apprennent
que Lysias attaque les forteresses du pays, ils
réunissent le peuple. Ils demandent au Seigneur en gémissant et en pleurant d'envoyer
un bon *ange à Israël pour le sauver. 7 Judas
prend les armes le premier, et il encourage
les autres à faire face au danger avec lui,
pour aider les gens de leur peuple. Ils se mettent en route tous ensemble avec ardeur.

8 Ils ne sont pas encore très loin de Jérusalem. Ils voient alors apparaître un cavalier en
vêtements blancs, qui agite des armes en or.
9 Alors tous ensemble remercient Dieu pour
sa bonté. Il leur donne un si grand courage
qu'ils sont prêts à transpercer non seulement
des hommes, mais encore les animaux les
plus sauvages et même de hauts murs en
fer. 10 Le Seigneur a pitié d'eux. Ils avancent
donc en ordre de combat, avec l'aide de ce
cavalier venu du *ciel. 11 Ensuite, comme
des lions, ils s'élancent contre les ennemis.
Ils renversent 11 000 soldats à pied et 1 600
cavaliers, et ils obligent tous les autres à
fuir. 12 Presque tous ceux qui s'enfuient
sont blessés et sans armes. Lysias lui-même
ne sauve sa vie qu'en fuyant de façon honteuse.

Lysias fait la paix avec les Juifs

13 Pourtant, Lysias ne manque pas d'intelligence. Il réfléchit à la défaite qu'il vient de subir. Il comprend ceci : on ne peut pas vaincre
le peuple juif, parce que le Dieu puissant
combat avec eux. Il leur envoie donc des messagers 14 pour leur proposer de faire la paix
dans des conditions justes. Il leur promet aussi
d'obliger le roi à devenir leur ami. 15 Judas, qui
a le souci du bien de tous, accepte tout ce que
Lysias lui propose. De son côté, le roi accepte
toutes les demandes des Juifs que Judas a
communiquées par écrit à Lysias.

Lysias écrit une lettre aux Juifs

16 Voici la lettre que Lysias écrit aux Juifs :
« Lysias salue le peuple juif. 17 Vos délégués,
Jean et Absalom, m'ont remis le texte ci-
joint[j]. Ils m'ont demandé une réponse au sujet
des propositions que vous avez faites. 18 J'ai
présenté au roi tout ce qu'il fallait lui montrer,
et il a accordé ce qui était possible. 19 Si donc
vous êtes toujours aussi bien disposés envers
le gouvernement, j'essaierai à l'avenir de travailler au bonheur de votre peuple. 20 Pour les
problèmes de détail, j'ai chargé vos délégués
et les miens d'en discuter avec vous.

21 « Recevez mes salutations les meilleures.

« Écrit en 148[k], le 24 du mois de Zeus-
Corinthien. »

---

i **11.1** *Parent du Roi : c'était le titre d'honneur le plus élevé à la cour des rois séleucides.*

j **11.17** *Il s'agit sans doute d'une copie de la lettre des Juifs adressée à Lysias.*

k **11.21** *En 164 avant J.-C. Voir la note à 2 Maccabées 1.7.*

Le roi Antiochus Eupator écrit à Lysias et aux Juifs

22 Voici la lettre que le roi écrit à Lysias: « Le roi Antiochus salue son frère Lysias.

23 « Depuis que mon père est allé retrouver les dieux, je désire que les gens de mon royaume s'occupent de leurs affaires et vivent en paix. 24 Or j'ai appris ceci : les Juifs refusent de suivre les coutumes grecques comme mon père le voulait. Ils préfèrent leur façon de vivre particulière et ils demandent l'autorisation d'obéir à leurs lois. 25 Je désire que ce peuple aussi reste tranquille. Je commande donc qu'on leur rende leur temple et qu'on les laisse vivre selon les coutumes de leurs ancêtres. 26 Alors tu feras bien de leur envoyer un messager qui les informera de mon désir de paix. Quand ils connaîtront ma décision, ils seront rassurés et s'occuperont de leurs affaires dans la paix. »

27 Voici la lettre que le roi a adressée au peuple juif: « Le roi Antiochus salue le Conseil des *anciens et tous les autres Juifs.

28 « J'espère que vous allez bien. Moi-même, je suis en bonne santé. 29 Ménélas m'a fait savoir que vous désirez rentrer chez vous et reprendre vos occupations. 30 Donc, aucun de ceux qui rentreront chez eux avant le 30 du mois de Xantique[l] ne sera puni. 31 Vous pourrez suivre vos règles concernant la nourriture et vos autres lois comme avant. De plus, si l'un de vous commet une faute sans le vouloir, il ne devra pas être puni. 32 Je vous envoie aussi Ménélas pour vous rassurer.

33 « Recevez mes salutations les meilleures.

« Écrit en 148[m], le 15 du mois de Xantique. »

Les Romains écrivent une lettre aux Juifs

34 Voici la lettre que, de leur côté, les Romains envoient aux Juifs: « Quintus Memmius et Titus Manius, délégués des Romains, saluent le peuple juif.

35 « Nous approuvons ce que Lysias, "parent du Roi"[n], vous a accordé. 36 Au sujet des propositions qu'il a décidé de présenter au roi, nous vous demandons de les étudier avec soin. Puis envoyez-nous quelqu'un rapidement. Nous parlerons alors de cela avec le roi d'une façon qui sera avantageuse pour vous, car nous allons à Antioche. 37 Aussi, envoyez-nous rapidement des délégués pour que nous connaissions, nous aussi, votre point de vue.

38 « Recevez nos salutations les meilleures.

« Écrit en 148, le 15 du mois de Xantique[o]. »

Judas venge les Juifs de Joppé et de Jamnia

12 1 Quand l'accord est conclu entre les Juifs et Lysias, Lysias revient auprès du roi, et les Juifs se remettent à cultiver leurs champs. 2 Mais parmi les gouverneurs de la région, Timothée et Apollonius, fils de Guennéus, Hiéronyme et Démofon, ainsi que Nicanor, commandant des soldats de Chypre, ne laissent pas les Juifs vivre dans le calme et la tranquillité.

3 Les habitants de Joppé commettent un acte terrible. Ils font semblant d'être amis des Juifs qui habitent dans leur ville. Ils les invitent avec leurs femmes et leurs enfants, à faire une promenade en mer, dans des barques qu'ils ont préparées eux-mêmes. 4 Comme l'ensemble des habitants de la ville a pris cette décision, les Juifs acceptent. Ils veulent montrer qu'ils souhaitent vivre en paix et qu'ils ne se méfient de rien. Mais quand ils sont en pleine mer, les gens de Joppé les noient tous. Ils sont au moins 200.

5 Dès que Judas apprend la nouvelle de ce crime barbare contre les gens de son peuple, il réunit ses hommes. 6 Il prie Dieu, le juste

l **11.30** *Xantique: mois du calendrier grec, en février-mars.*
m **11.33** *En 148: en 164 avant J.-C. Voir la note à 2 Maccabées 1.7.*
n **11.35** *Parent du Roi: voir 2 Maccabées 11.1 et la note.*
o **11.38** *En 148: en 164 avant J.-C. Voir la note à 2 Maccabées 1.7. Xantique: voir le verset 30 et la note.*

juge, et il part attaquer les assassins de ses frères. Pendant la nuit, il met le feu au port, brûle les bateaux et fait tuer ceux qui se sont réfugiés à cet endroit. 7 Les *portes de la ville sont fermées. Alors Judas part avec l'intention de revenir bientôt pour tuer tous les habitants de la ville de Joppé.

8 Il apprend ceci : les gens de Jamnia veulent tuer les Juifs qui habitent chez eux de la même façon qu'à Joppé. 9 Il va donc attaquer Jamnia pendant la nuit. Il met le feu au port, il brûle les bateaux. On aperçoit la lumière des flammes jusqu'à Jérusalem, à environ 45 kilomètres de là.

Judas prend la ville de Kasfo

10 Ensuite, Judas et ses hommes partent de Jamnia pour aller combattre Timothée. Ils sont à peine à deux kilomètres de Jamnia. À ce moment-là, 5 000 Arabes au moins les attaquent, aidés de 500 cavaliers. 11 Un violent combat s'engage, mais les soldats de Judas remportent la victoire avec l'aide de Dieu. Après leur défaite, les nomades arabes demandent à Judas de faire la paix. Ils promettent de donner des troupeaux aux Juifs et de leur rendre toutes sortes de services. 12 Judas pense qu'ils peuvent lui être vraiment utiles. C'est pourquoi il accepte de faire la paix avec eux. Quand l'accord est conclu, les Arabes rentrent sous leurs tentes.

13 Judas attaque aussi une ville bien protégée, entourée de grands murs. Elle s'appelle Kasfo. Ses habitants sont des étrangers venant de plusieurs pays. 14 Ils comptent sur la solidité de leurs murs et sur leurs réserves de nourriture pour résister. Ils se montrent grossiers envers Judas et ses hommes. De plus, ils les insultent et se moquent de Dieu en disant des choses qu'on ne peut même pas répéter. 15 Mais Judas et ses soldats appellent à l'aide le grand Maître du monde qui, au temps de Josué, avait renversé les grands murs de Jéricho sans aucune machine de guerre. Ensuite, ils s'élancent contre les murs de la ville avec une ardeur sauvage. 16 Parce que Dieu le veut, ils prennent la ville. Ils tuent tellement de monde que le lac voisin, large de 400 mètres environ, semble rempli du sang répandu.

Judas remporte la victoire à Carnaïm

17 Judas et ses hommes quittent Kasfo. Ils font environ 140 kilomètres à pied et ils arrivent au lieu bien protégé du Charax, chez les Juifs appelés Toubiens[p]. 18 Ils ne trouvent plus Timothée dans la région. Celui-ci est parti parce qu'il n'a rien pu faire, mais il a laissé des soldats bien armés à un endroit. 19 Dosithée et Sosipater, deux commandants des troupes de Judas Maccabée, partent les attaquer. Ils tuent les soldats, plus de 10 000 hommes, laissés par Timothée dans ce lieu bien protégé. 20 De son côté, Judas divise ses troupes en plusieurs groupes. Il nomme les officiers qui doivent les commander. Puis il s'élance contre Timothée, qui a autour de lui 120 000 soldats à pied et 2 500 cavaliers.

21 Quand Timothée apprend que Judas approche, il envoie les femmes et les enfants se réfugier dans la ville de Carnaïm avec tous les bagages. C'est un endroit presque impossible à attaquer. On ne peut pas l'atteindre facilement, car tous les chemins sont étroits. 22 Au moment où le premier groupe des soldats de Judas apparaît, les ennemis sont effrayés. Ils sont morts de peur. En effet, le Dieu qui voit tout se montre à eux. Ils fuient dans tous les sens. Souvent, ils sont blessés ou transpercés par les *épées des autres soldats de leur propre armée. 23 Judas poursuit avec énergie ces criminels pour les mettre à mort, et il tue près de 30 000 hommes. 24 Les soldats de Dosithée et de Sosipater prennent Timothée lui-même. Il les supplie très habilement de le laisser partir sans lui faire de mal. Il leur dit qu'il a en son pouvoir des parents ou des frères de beaucoup d'entre eux. Ceux-ci peuvent être tués s'il lui arrive quelque chose. 25 Après de longues discussions, Timothée promet de leur rendre leurs

---

p **12.17** *Charax : lieu situé à l'est du fleuve Jourdain, où le gouverneur de cette région habitait. Toubiens : habitants du pays de Tobie, situé à l'est du Jourdain.*

parents sans leur faire de mal. Alors les Juifs le laissent partir pour sauver leurs frères.

26 Ensuite, Judas va occuper Carnaïm et son lieu sacré consacré à la déesse Atargatis[q]. Là, il tue 25 000 hommes.

Judas rentre victorieux à Jérusalem

27 Après cette défaite des ennemis et leur destruction, Judas part attaquer Éfron. C'est une ville bien protégée où habitent Lysias et des étrangers de plusieurs pays. Des jeunes gens solides sont placés devant les murs de la ville et ils combattent avec courage. Dans la place, il y a beaucoup de machines de guerre et de grandes réserves d'armes. 28 Mais les Juifs prient le Maître qui a le pouvoir de détruire par sa puissance les forces des ennemis. Ils peuvent ainsi prendre la ville et ils tuent environ 25 000 hommes parmi ceux qui la défendent.

29 Ensuite, ils quittent cet endroit et ils partent attaquer la ville de Scythopolis, située à 110 kilomètres de Jérusalem. 30 Mais les Juifs qui vivent là affirment ceci : les habitants de Scythopolis ont été bons pour eux et ils les ont bien reçus quand ils étaient dans le malheur. 31 Alors Judas et ses hommes remercient les gens de cette ville. Ils leur demandent de montrer à l'avenir la même bonté envers le peuple juif. Puis ils retournent à Jérusalem, peu de temps avant la fête de la Pentecôte.

Judas remporte la victoire sur les troupes de Gorgias

32 Après la fête de la Pentecôte, Judas et ses hommes partent attaquer Gorgias, gouverneur de l'Idumée[r]. 33 Celui-ci vient à leur rencontre avec 3 000 soldats à pied et 400 cavaliers. 34 Ils commencent à combattre, et plusieurs Juifs sont tués. 35 Dosithée, un cavalier courageux du groupe de Bakénor, saisit Gorgias. Il le tient par son vêtement et l'entraîne de force. Il veut prendre ce bandit vivant. Mais un cavalier thrace[s] se jette sur Dosithée et lui coupe le bras. Gorgias s'échappe et s'enfuit dans la ville de Marécha.

36 Azaria et ses hommes, qui se battent depuis longtemps, sont morts de fatigue. Alors Judas supplie le Seigneur : « Montre que tu combats avec nous et sois notre chef pendant la bataille ! » 37 Ensuite, il lance le cri de guerre dans sa langue maternelle[t], avec des chants. Puis il se jette sur les soldats de Gorgias par surprise et il les fait fuir.

Le sacrifice pour les morts

38 Après le combat, Judas regroupe son armée et il part pour la ville d'Adoullam. Le jour du *sabbat va commencer. Ils se *purifient selon la coutume et ils célèbrent ce sabbat à cet endroit.

39 Le jour suivant, les hommes de Judas vont prendre les corps des Juifs morts dans le combat. Cela devient urgent. Ils veulent les enterrer avec leurs parents dans les tombes de leurs familles. 40 Or, ils trouvent sous les vêtements de chaque mort des objets sacrés venant des faux dieux adorés à Jamnia. Pourtant, la *loi interdit aux Juifs de porter ce genre d'objets. Alors tous voient clairement pourquoi ces hommes sont morts. 41 Tous se mettent donc à chanter la louange du Seigneur, le juste juge, qui rend visibles les choses cachées. 42 Ils le prient en lui demandant de pardonner entièrement la faute commise. Ensuite, Judas, ce combattant très courageux, parle à ses troupes. Chacun a vu ce qui est arrivé à cause de la faute de ceux qui sont tombés. Il encourage donc ses soldats à éviter ce genre de péché. 43 Judas rassemble de l'argent parmi ses soldats et obtient à peu près 2 000 pièces d'argent. Il envoie cet argent à Jérusa-

---

q **12.26** *Atargatis : la déesse Astarté. Voir 1 Maccabées 5.43 et la note.*

r **12.32** *Pentecôte : la fête de la Pentecôte rappelle aux Juifs la loi que Dieu leur a donnée et l'alliance qu'il a faite avec eux.*
Idumée : voir 2 Maccabées 10.14 et la note.

s **12.35** *La Thrace était une région située entre la Macédoine et la mer Noire.*

t **12.37** *Voir 2 Maccabées 7.8 et la note.*

lem afin d'offrir un *sacrifice pour le pardon
de ce péché. Judas accomplit ce geste noble
et très beau, parce qu'il croit que les gens se
relèveront de la mort. 44 En effet, s'il n'espérait pas qu'un jour les soldats tombés se relèveront de la mort, la prière pour les morts ne
servirait à rien et elle n'aurait pas de sens.
45 Mais Judas est sûr d'une chose : ceux qui
meurent en restant fidèles à Dieu recevront
une très belle récompense. C'est une convic-
tion digne d'un ami de Dieu. C'est pourquoi
il fait offrir ce sacrifice pour les morts afin
qu'ils reçoivent le pardon de leurs péchés.

Antiochus Eupator fait tuer Ménélas

13 1 En 149[u], Judas et ses hommes apprennent qu'Antiochus Eupator part attaquer la Judée avec des troupes nombreuses.
2 Le roi est accompagné de Lysias, le premier
ministre qui a participé à son éducation. Chacun commande une armée grecque de
110 000 soldats à pied, 5 300 cavaliers, 22 éléphants de combat et 300 chars de guerre équi-
pés de lames tranchantes.

3 Ménélas part avec eux, et avec une grande
habileté, il encourage le roi à avancer pour le
tromper. Il ne fait pas cela pour sauver son
pays, mais parce qu'il pense retrouver son
poste de *grand-prêtre[v]. 4 Mais le Seigneur,
le Roi des rois, excite la colère d'Antiochus
contre Ménélas. Lysias prouve au roi que ce
criminel est la cause de tous les malheurs actuels. Alors le roi donne l'ordre de conduire
Ménélas à Bérée[w] et de le tuer selon la coutume de cet endroit.

5 Dans cette ville, il y a une tour haute de
25 mètres, pleine de cendres. En haut de la
tour, il y a une machine tournante qui fait glisser les gens de tous les côtés dans la cendre.
6 On fait monter à cet endroit les gens qui
ont pillé un temple ou qui ont commis des crimes très graves. Puis on les pousse dans la
cendre pour les faire mourir. 7 C'est ainsi
que Ménélas, cet homme mauvais, est mort.
Il n'a même pas été mis dans une tombe, 8 et
il l'a bien mérité. En effet, il a commis beaucoup de fautes contre *l'autel du Seigneur au
feu et à la cendre sacrés. Eh bien, c'est aussi
dans la cendre que Ménélas a trouvé la mort.

Judas remporte la victoire sur Antiochus Eupator à Modine

9 Le roi Antiochus avance donc, l'esprit
plein d'intentions cruelles. Il veut faire supporter aux Juifs des souffrances pires que celles inventées par son père. 10 Quand Judas
apprend cette nouvelle, il demande au peuple
de prier le Seigneur jour et nuit en disant :
« Seigneur, viens nous aider, encore une
fois, nous qui allons être privés de la loi, de notre pays, du temple sacré ! 11 Nous, ton peuple,
nous commencions seulement à respirer plus
librement. Seigneur, ne nous laisse pas tomber au pouvoir de ces horribles autres peuples ! » 12 Les Juifs obéissent à cet ordre tous
ensemble. Pendant trois jours, ils restent à genoux, le front contre le sol. Ils prient le Dieu
très bon en pleurant et en *jeûnant. Puis Judas
les encourage et leur commande de se tenir
prêts.

13 Il parle seul avec les *anciens. Ensuite, il
décide de se mettre en route et de régler l'affaire avec l'aide du Seigneur. Il ne va pas attendre que l'armée du roi occupe la Judée et
prenne Jérusalem. 14 Judas confie donc le résultat du combat au Créateur du monde.
Puis il encourage ses hommes à combattre
comme des héros jusqu'à la mort, pour leurs
lois et leurs institutions, pour Jérusalem,
pour le temple et pour le pays entier.

Judas fait camper son armée près de la ville
de Modine. 15 Il donne comme mot d'ordre à
ses soldats : « Dieu vaincra ! » Il choisit des
jeunes gens parmi les plus courageux. Pendant la nuit, il attaque avec eux la partie du
camp où la tente du roi est plantée. Là, il tue

---

u **13.1** *En 163 avant J.-C. Voir la note à 2 Maccabées 1.7.*

v **13.3** *Voir 2 Maccabées 4.24-25.*

w **13.4** *Bérée était une ville de Macédoine. Le roi Séleucus Ier Nicator avait donné le nom de cette ville à la ville d'Alep, en Syrie.*

environ 2 000 hommes. De plus, ses soldats tuent le plus grand des éléphants, ainsi que son conducteur. 16 Finalement, ils sèment la peur et le désordre dans tout le camp. Après leur victoire, Judas et ses hommes partent 17 quand le jour se lève. Ils ont réalisé cet exploit grâce au Seigneur qui les a aidés et protégés.

Antiochus Eupator fait la paix avec les Juifs

18 Le roi Antiochus se rend compte que les Juifs sont audacieux. Il cherche alors à attaquer leurs places par la ruse. 19 Il marche contre Beth-Sour, une *forteresse juive bien protégée, mais les Juifs le repoussent. Il revient au combat et il est vaincu. 20 Judas fait passer aux gens de Beth-Sour ce qui leur est nécessaire. 21 Mais Rhodocus, un soldat juif, communique des secrets militaires aux ennemis. On le cherche, on l'arrête et il est mis à mort. 22 Une deuxième fois, le roi rencontre les gens de Beth-Sour. Il veut faire la paix avec eux. Ceux-ci sont d'accord, et Antiochus retire ses troupes. 23 Ensuite, il attaque Judas et ses soldats, mais il est vaincu.

Le roi a laissé Philippe à Antioche. Il l'a chargé de diriger les affaires du royaume. Or, Philippe s'est soulevé contre lui. Antiochus est bouleversé. Il rencontre alors les Juifs pour discuter avec eux et leur accorde ce qu'ils demandent. Il jure de respecter leurs droits et fait la paix avec eux. Puis il offre un *sacrifice, il honore le temple en lui faisant un don généreux 24 et reçoit bien Judas Maccabée.

Ensuite, le roi nomme Hégémonide gouverneur de la région qui s'étend de Ptolémaïs jusqu'à Guerra. 25 Il va à Ptolémaïs, mais les habitants de cette ville ne sont pas contents de l'accord passé avec les Juifs. Ils sont en colère et veulent que cet accord soit rejeté. 26 Alors Lysias prend la parole devant tout le monde. Il défend l'accord de toutes ses forces. Il réussit à convaincre les gens et à les calmer. Il les ramène ainsi à de meilleurs sentiments. Puis il part pour Antioche.

Voilà ce qui s'est passé pendant l'attaque du roi Antiochus et comment il s'est retiré.

Le grand-prêtre Alkime accuse faussement Judas

14 1 Trois ans plus tard, Judas et ses hommes apprennent ceci : Démétrius, fils de Séleucus, est arrivé par mer au port de Tripoli avec ses bateaux et une armée puissante[x]. 2 Il a pris le pays et a tué Antiochus. Il a tué aussi Lysias, qui s'était chargé de l'éducation du roi.

3 À cette époque, il y a un certain Alkime, qui a été *grand-prêtre. Mais au moment de la révolte juive, il est devenu *impur en suivant volontairement les coutumes grecques. Maintenant, il comprend que sa situation est sans espoir : les Juifs ne le laisseront plus jamais s'approcher de *l'autel sacré. 4 Alors il va trouver le roi Démétrius en 151[y]. Il lui apporte une couronne d'or avec une branche de palmier, ainsi que des branches *d'olivier, comme on les utilise dans le temple. Et, ce jour-là, il ne fait rien de plus. 5 Mais il trouve une bonne occasion pour réaliser son projet complètement fou. C'est le jour où Démétrius le fait venir devant ses conseillers pour lui poser des questions sur les sentiments et les intentions des Juifs. Voici la réponse d'Alkime : 6 « Parmi les Juifs, il y a un groupe de gens qu'on appelle les Hassidéens[z]. Ils ont pour chef Judas Maccabée. Ils sont sans cesse en train de préparer la guerre et des révoltes, et ils empêchent le royaume de vivre en paix. 7 Ce sont eux qui m'ont enlevé la fonction importante reçue de mes ancêtres, c'est-à-dire la fonction de grand-prêtre. C'est pourquoi je suis venu ici. 8 Par-dessus tout, je suis poussé par le souci sincère des intérêts du roi. Mais je regarde aussi le bien des gens de mon peuple. En effet, la folie

---

x **14.1** *Tripoli : port de Phénicie, à 100 kilomètres environ au nord de Beyrouth.*

y **14.4** *En 160 avant J.-C. Voir la note à 2 Maccabées 1.7.*

z **14.6** *Les Hassidéens étaient des Juifs très attachés à la loi de Moïse et aux traditions. Voir 1 Maccabées 2.42.*

de ceux que je viens de nommer fait beaucoup de mal à l'ensemble de notre peuple. 9 Toi donc, mon roi, je te prie de t'informer avec soin sur toutes ces choses. Tu es bon pour tous, montre alors ta bonté envers notre pays et notre peuple menacé de tous les côtés. 10 Oui, tant que Judas sera vivant, l'État ne pourra jamais connaître la paix. »

11 Quand Alkime a fini de parler, les « amis du Roi »[a] qui détestent aussi Judas, font tout pour exciter la colère de Démétrius. 12 Celui-ci choisit aussitôt Nicanor, le chef de ceux qui combattent sur des éléphants. Il le nomme gouverneur de Judée et l'envoie là-bas. 13 Il lui donne l'ordre de tuer Judas et de chasser de tous côtés ceux qui sont avec lui. Il lui commande également de rendre à Alkime sa fonction de grand-prêtre dans le plus grand temple du monde. 14 Alors les non-Juifs de Judée qui ont fui devant Judas rejoignent en foule l'armée de Nicanor. Ils pensent que les défaites et les malheurs des Juifs serviront leurs propres intérêts.

Nicanor admire Judas et fait la paix avec lui

15 Les Juifs apprennent cette nouvelle : Nicanor arrive, et les non-Juifs du pays viennent les attaquer avec lui. Alors ils répandent de la poussière sur leurs têtes en signe de deuil et ils supplient Dieu. C'est lui qui a rassemblé son peuple pour toujours, et il aide sans cesse ceux qui lui appartiennent, par des actions visibles. 16 Ensuite, Judas, leur chef, leur commande de partir. Ils se mettent en route tout de suite et ils attaquent les ennemis près du village de Hadacha. 17 Simon, frère de Judas, a déjà attaqué Nicanor. Mais les ennemis sont arrivés très vite, et il a commencé à reculer. 18 Nicanor entend parler du courage de Judas et de ses hommes, de l'ardeur avec laquelle ils combattent pour leur patrie. Il n'est pas sûr de pouvoir gagner le combat par la violence. 19 Alors il envoie Posidonius, Théodote et Mattatias pour faire la paix avec Judas.

20 Judas étudie avec soin les propositions que ces hommes lui présentent, puis il les communique à ses troupes. Tous les soldats sont du même avis et ils acceptent de passer un accord. 21 On choisit un jour où les chefs doivent se rencontrer en particulier. Un char s'avance, venant de chaque camp, et on installe des sièges d'honneur. 22 Judas a soin de mettre des soldats bien armés aux bons endroits. Ils devront agir si les ennemis font soudain un mauvais coup. Mais la rencontre des deux chefs se passe normalement.

23 Ensuite, Nicanor reste quelque temps à Jérusalem. Là, il ne fait rien de mal. Il renvoie même les nombreuses bandes d'étrangers qui se sont rassemblées autour de lui. 24 Il garde tout le temps Judas auprès de lui, car il aime beaucoup cet homme. 25 Il lui conseille de se marier et d'avoir des enfants. Judas se marie et il commence à profiter de la vie en toute tranquillité.

Nicanor change de comportement envers Judas

26 Mais Alkime voit que Nicanor et Judas s'entendent bien. Alors il cherche une copie de l'accord qu'ils ont passé et il va trouver le roi Démétrius. Il lui dit : « Nicanor a des projets contraires aux intérêts de l'État. En effet, il a choisi Judas, l'ennemi du royaume, pour devenir chef après lui. » 27 Les mensonges de cet homme mauvais excitent le roi contre Judas. Avec colère, il écrit à Nicanor : « Je m'oppose à l'accord passé avec Judas Maccabée. Tu dois arrêter cet homme et l'envoyer aussitôt à Antioche. C'est un ordre ! »

28 Quand Nicanor reçoit cette lettre, il est bouleversé. Il trouve injuste de ne pas respecter l'accord passé avec un homme qui n'a rien fait de mal. 29 Et pourtant, il ne peut pas s'opposer au roi. C'est pourquoi il cherche une bonne occasion pour lui obéir en trompant les Juifs. 30 De son côté, Judas s'aperçoit que Nicanor se montre plus froid avec lui. Il le reçoit moins aimablement que d'habitude. Il comprend que cette dureté n'annonce rien

---

a **14.11** *Amis du Roi : voir 2 Maccabées 7.24 et la note.*

de bon. Il rassemble donc un grand nombre de ses amis et il part se cacher pour échapper à Nicanor.

31 Nicanor se rend compte que Judas l'a bien trompé. Alors il va dans le temple le plus grand et le plus sacré du monde, au moment où les prêtres offrent les *sacrifices habituels. Il donne l'ordre qu'on lui livre Judas. 32 Mais les prêtres affirment avec serment : « Nous ne savons pas où est l'homme que tu cherches. » 33 Alors Nicanor lève le bras contre le temple et il fait ce serment : « Si vous ne me livrez pas Judas prisonnier, je raserai ce temple de Dieu, je détruirai *l'autel et, à cet endroit, je construirai un très beau temple consacré à Dionysos[b]. »

34 Après ces paroles, il part. Aussitôt, les prêtres lèvent les mains vers le *ciel et ils supplient Dieu, qui a toujours défendu notre peuple. Ils lui disent : 35 « Seigneur, tu n'as besoin de rien. Pourtant, tu as bien voulu avoir parmi nous un temple où tu habites. 36 Seigneur très *saint, nous venons de *purifier ta maison. Nous t'en prions, fais qu'elle ne soit plus jamais rendue *impure. »

La mort de Razis

37 Parmi les *anciens de Jérusalem, il y a un homme appelé Razis. Il a le souci du bien des gens de son peuple, et tous l'apprécient beaucoup. On l'appelle « Père des Juifs » à cause de son affection pour eux. Or, quelqu'un le dénonce à Nicanor. 38 Au début de la révolte, des gens l'ont déjà accusé de continuer à suivre les coutumes juives. Avec beaucoup de force, il a risqué sa santé et sa vie pour les défendre. 39 Nicanor veut montrer aux Juifs qu'il les déteste. Il envoie donc plus de 500 soldats pour arrêter Razis. 40 En effet, il est sûr de frapper durement les Juifs en supprimant cet homme.

41 Les soldats sont sur le point de prendre la tour où il se trouve. Ils sont en train de forcer l'entrée de la cour, et ils ont reçu l'ordre de mettre le feu et de brûler les portes. Quand Razis voit qu'il est entouré de tous côtés, il dirige son *épée contre lui-même. 42 Il aime mieux mourir avec honneur que de tomber entre les mains de ces criminels et d'être traité avec mépris. Cela n'est pas digne d'un membre d'une famille noble.

43 Mais à cause de la rapidité du combat, son coup *d'épée manque son but. Les soldats arrivent en courant à l'intérieur du bâtiment. Alors Razis court sans peur en haut des grands murs et il se jette en bas avec courage. La foule qui s'y trouve 44 recule aussitôt, et Razis tombe au milieu d'un espace vide. 45 Mais il vit encore. Plein d'ardeur, il se met debout, couvert de sang. Ses blessures le font beaucoup souffrir. Pourtant, il traverse la troupe de soldats en courant et il monte sur un rocher élevé. 46 Il a perdu presque tout son sang. Il arrache les intestins de son ventre, il les saisit des deux mains et les lance sur les soldats. Puis il prie le Seigneur, qui est le Maître de la vie et du souffle, de lui rendre cette vie un jour. Voilà comment Razis est mort.

Nicanor refuse de respecter le sabbat

15 1 Nicanor apprend que Judas et ses hommes se trouvent dans la région de Samarie. Il décide de les attaquer le jour du *sabbat, car il ne risque rien ce jour-là. 2 Les Juifs qui sont obligés de combattre dans l'armée de Nicanor disent à celui-ci : « Ne va pas les tuer d'une façon aussi cruelle et barbare ! Respecte plutôt le jour que Dieu a honoré particulièrement. Il en a fait le jour le plus sacré de tous. Dieu voit tout, ne l'oublie pas ! » 3 Mais cet homme trois fois criminel demande : « Au *ciel, est-ce qu'il y a un Maître qui a commandé de célébrer le sabbat ? » 4 Les Juifs répondent : « Oui, le Seigneur vivant lui-même, le Maître qui est au ciel, a commandé de respecter le septième jour de la semaine. » 5 Nicanor répond : « Eh bien, moi, je suis maître sur la terre. Prenez vos armes pour servir le roi ! » Pourtant il n'arrive pas à réaliser son projet cruel.

---

b **14.33** *Dionysos : voir 2 Maccabées 6.7 et la note.*

Judas rend courage à ses hommes

6 Nicanor est rempli d'orgueil. Il se vante déjà de dresser un monument de victoire avec les armes prises à Judas et à ses hommes. 7 Mais Judas Maccabée garde une confiance très solide. Il est sûr que le Seigneur va venir les secourir. 8 C'est pourquoi il encourage ceux qui sont avec lui. Il leur dit : « N'ayez pas peur des non-Juifs qui vont vous attaquer. Rappelez-vous toutes les fois où Dieu nous a secourus dans le passé. Maintenant encore, soyez-en sûrs, le Tout-Puissant nous donnera la victoire. » 9 Judas les encourage en leur citant des passages de la *loi de Moïse et des *prophètes. Il leur rappelle aussi les victoires qu'ils ont déjà remportées. Voilà comment il augmente leur courage. 10 Après avoir excité leur ardeur, il finit de les convaincre en leur montrant la malhonnêteté de ces non-Juifs qui n'ont pas tenu leurs promesses. 11 C'est de cette façon que Judas arme chacun de ses hommes. Il ne leur parle pas de la sécurité que donnent les *boucliers et les lances, mais il les persuade par des paroles fortes.

Finalement, il leur raconte un rêve qu'il a fait. Ce rêve est digne de confiance et les réjouit tous. 12 Voici ce que Judas a vu dans son rêve : D'abord il a remarqué l'ancien *grand-prêtre Onias. C'était un homme bon, simple et agréable. Il parlait bien et, dès son jeune âge, il avait appris à se conduire parfaitement. Donc, Onias avait les mains levées et il priait pour tout le peuple juif. 13 Ensuite, Judas a vu apparaître de la même manière un homme aux cheveux blancs, très digne, qui semblait avoir une autorité remarquable. 14 Onias disait : « Voici Jérémie, le *prophète de Dieu. Il nous aime, nous, ses frères, et il prie beaucoup pour notre peuple et pour la *sainte ville de Jérusalem. » 15 Puis, de sa main droite, Jérémie a tendu à Judas une *épée en or. En lui donnant cette épée, il lui a dit : 16 « Prends cette épée sacrée, c'est Dieu qui te la donne. Avec elle, tu briseras tes ennemis. »

Nicanor est vaincu et il meurt

17 Le rêve de Judas est excellent pour donner confiance aux soldats. Il excite leur courage et il donne aux plus jeunes la force de se battre comme des hommes. Jérusalem, la religion et le temple sont en danger. Les Juifs décident donc de ne pas combattre à l'abri d'un camp, mais de passer courageusement à l'attaque et de gagner la bataille en luttant corps à corps de toutes leurs forces. 18 Dans ce combat, ils se font du souci d'abord et surtout pour le temple sacré, plus encore que pour leurs femmes et leurs enfants, pour leurs frères et leurs parents. 19 Ceux qui sont restés à Jérusalem sont aussi très inquiets et ils ont peur en pensant à la bataille qui va avoir lieu en pleine campagne.

20 Les ennemis se sont rassemblés et sont rangés pour le combat. Les éléphants sont amenés aux endroits les meilleurs, les chevaux sont sur les côtés. Tous attendent le résultat du combat qui est proche. 21 Judas Maccabée observe ces troupes nombreuses, avec leurs armes très différentes et leurs éléphants de combat à l'air sauvage. Alors, il lève les mains vers le *ciel et il prie le Seigneur, qui peut faire des actions extraordinaires. Il le sait, la victoire ne vient pas de la force des armes. C'est le Seigneur qui décide, et il donne la victoire à ceux qui la méritent. 22 Voici les paroles de sa prière : « Maître, quand Ézékias était roi de Juda, tu as envoyé ton *ange, et il a tué 185 000 hommes de l'armée de Sennakérib[c]. 23 Je t'en prie, toi le Maître qui es au ciel, envoie encore aujourd'hui un bon ange devant nous pour qu'il répande une peur terrible parmi nos ennemis. 24 Agis avec puissance et frappe ceux qui sont venus en t'insultant attaquer le peuple qui t'appartient. » Voilà comment Judas finit sa prière.

25 Les troupes de Nicanor avancent au son des trompettes et des chants de guerre. 26 De leur côté, Judas et ses hommes se jettent sur leurs ennemis en appelant le Seigneur et en le priant. 27 En combattant avec leurs mains

c **15.22** *Voir 2 Rois 19.35.*

et en priant Dieu dans leur cœur, ils tuent au
moins 35 000 hommes. Cette preuve de la
puissance de Dieu les remplit d'une grande
joie.

28 Quand le combat est fini, les Juifs reviennent tout joyeux. Or, ils découvrent le corps
de Nicanor couvert de toutes ses armes. 29 Ils
poussent alors de grands cris au milieu d'un
certain désordre. Et ils se mettent à remercier
le Maître de tout dans leur langue maternelle[d].

30 Judas a toujours été le premier à combattre de toutes ses forces pour les gens de son
peuple. Depuis sa jeunesse, il a toujours
aimé son peuple. C'est lui qui commande de
couper la tête de Nicanor, ainsi que son bras
droit, et de les porter à Jérusalem. 31 Il y va
lui-même, il réunit les habitants et fait placer
les prêtres devant *l'autel. Puis il envoie chercher les gens de la *Citadelle. 32 Il leur montre
la tête de l'horrible Nicanor. Il leur présente
aussi le bras que cet homme criminel a levé
avec tant d'orgueil contre le temple sacré du
Tout-Puissant. 33 Ensuite, il coupe la langue
de cet homme horrible en petits morceaux
et la jette aux oiseaux. Il fait suspendre le
bras de Nicanor en face du temple, pour montrer ce que sa folie lui a rapporté. 34 Alors tous
font monter vers le ciel des louanges adressées
au Seigneur glorieux. Ils disent : « Louange à
celui qui a empêché que son temple devienne
*impur ! » 35 Judas fait attacher la tête de Nica-
nor au mur de la Citadelle. C'est le signe clair
et visible pour tous que le Seigneur est venu
au secours de son peuple.

36 Toute l'assemblée décide par un vote que
ce jour ne doit jamais être oublié. Il faut le célébrer chaque année, la veille du jour de Mardochée[e]. C'est le douzième mois, appelé Adar
en araméen, le 13 du mois.

Réflexions de l'auteur de ce livre

37 Voilà ce qui est arrivé à Nicanor. Depuis
ce temps, la ville de Jérusalem est restée au
pouvoir du peuple juif. C'est pourquoi j'arrête
mon livre ici. 38 S'il est bien composé et inté-
ressant, j'ai atteint mon but. S'il a des défauts
et manque de valeur, j'ai fait ce que j'ai pu.
39 Il n'est pas bon de boire du vin pur ou seulement de l'eau. Mais le vin mélangé d'eau est
une boisson délicieuse, d'un goût agréable.
De même, c'est l'art avec lequel on écrit une
histoire qui plaît à ceux qui lisent le livre.
C'est donc ici que je m'arrête.

---

d **15.29** *Voir 2 Maccabées 7.8 et la note.*

e **15.36** *Jour de Mardochée : voir Esther 9.17-23,31.*

Les livres poétiques et de sagesse

Les livres poétiques et de sagesse comprennent le livre de Job, les Psaumes, les Proverbes, l'Ecclésiaste, le Cantique des Cantiques, la Sagesse et le Siracide.

Le livre de Job, les Psaumes, les Proverbes et le Cantique des Cantiques sont des livres écrits sous forme poétique. L'Ecclésiaste contient des passages poétiques importants. La poésie est employée également dans d'autres textes de l'Ancien Testament, en particulier dans les livres des prophètes.

L'hébreu a des règles qui lui sont propres en ce qui concerne la poésie. Celle-ci utilise beaucoup de comparaisons et de mots employés dans un sens figuré. Elle utilise aussi les moyens de la répétition ou de l'opposition. Une même idée est souvent répétée sous une forme un peu différente (par exemple Psaume 19.8-11). Il arrive aussi que deux idées opposées se suivent (par exemple Psaume 20.8-9). Cette poésie est avant tout une manière de donner de la force à ce qui est dit. De plus, elle est utile pour apprendre par cœur les textes ou retenir leur contenu.

Le livre des Psaumes groupe des prières qui ont été dites, récitées ou chantées tout au long de l'histoire du peuple d'Israël.

Le Cantique des Cantiques est un chant d'amour.

Dans tout l'ancien Orient, il était très important d'avoir de la sagesse. Cette sagesse s'appuie d'abord sur l'expérience. Elle permet de savoir faire correctement son travail et de vivre en accord avec la nature et avec les autres. De plus, les sages peuvent développer leurs connaissances et réfléchir aux questions difficiles. Le livre de Job, les Proverbes, l'Ecclésiaste, la Sagesse et le Siracide appartiennent à la littérature de sagesse.

Job interroge Dieu : des personnes qui lui sont fidèles connaissent la souffrance, pourquoi donc ?

Les Proverbes proposent des enseignements pour mener une vie heureuse sous le regard de Dieu.

L'auteur de l'Ecclésiaste constate que l'être humain ne peut pas trouver par lui-même un sens à la vie. Il propose alors de se contenter des joies de l'existence et de les recevoir comme un don de Dieu.

La Sagesse et le Siracide ont été écrits à une époque où des rois grecs dominaient le Proche-Orient. Le livre de la Sagesse emploie des mots et exprime des idées que les Juifs de culture grecque peuvent comprendre. Le livre du Siracide lutte surtout contre certaines influences mauvaises de la culture et de la religion grecques. Les deux livres enseignent la sagesse qui vient de Dieu.

Job

INTRODUCTION

Le livre de Job raconte l'histoire de Job, un homme juste et droit. Pourtant, Dieu permet que cet homme connaisse de terribles malheurs.

Trois de ses amis viennent le voir et font silence pendant sept jours devant sa grande souffrance. Ce récit des chapitres 1 et 2 introduit le livre de Job.

- *Après ces sept jours, Job prend la parole. Il se plaint de ce qui lui arrive et il regrette d'être né (chapitre 3).*

- *La partie centrale du livre de Job (3–31) présente, sous forme de poèmes, le dialogue entre Job et ses amis, Élifaz, Bildad et Sofar.*

Élifaz parle et Job répond ; Bildad parle et Job répond ; Sofar parle et Job répond. Ces discours se répètent trois fois dans le même ordre. Les trois amis de Job essaient de le persuader que personne ne souffre sans raison. D'après eux, Job souffre parce qu'il est coupable. Mais Job se révolte et affirme qu'il est innocent. Il sait bien qu'il n'a rien fait de mal. Ses amis essaient d'expliquer ce que personne ne peut expliquer : le mal, la souffrance des innocents, le bonheur des gens mauvais. Par-dessus tout, Job se plaint du silence de Dieu. Pourquoi Dieu le laisse-t-il souffrir de cette manière ? Job fait appel à Dieu lui-même. Mais plus Job parle ainsi, plus les discours de ses amis se répètent. La discussion n'aboutit à rien.

- *Alors, un nouveau personnage, Élihou, prend longuement la parole (32.1–37.24). Il critique l'attitude de Job, mais aussi les réponses de ses amis. Il représente une nouvelle génération de sages. Comme les anciens, Élihou pense que Dieu traite chacun d'après sa conduite : le mal est puni et le bien récompensé. Mais il affirme ceci : il arrive que les justes souffrent. Par la souffrance, en effet, Dieu met les êtres humains à l'épreuve et les éduque. Job a tort de se plaindre et d'insulter Dieu.*

- *Enfin, Dieu répond à Job (38.1–42.6). Il détourne son attention de son problème personnel et l'invite à regarder le monde créé. Dieu est le maître de la création. Il est même le maître des animaux qui représentent les forces du mal, comme le gros animal de l'eau et le dragon Léviatan. L'être humain ne peut pas comprendre le mystère de la création de Dieu. Or, comme la création, la souffrance est un mystère. Le lecteur peut penser que cette réponse de Dieu n'en est pas une. Mais Job reçoit ce qu'il a cherché : un face à face avec Dieu.*

Le livre de Job se termine comme il a commencé, à savoir par un récit (42.7-17). Dieu donne raison à Job contre ses amis. Job a bien fait de protester violemment auprès de Dieu, qui lui redonne ce qu'il avait perdu : la santé, une famille et des biens.

Job ne fait pas partie du peuple d'Israël (voir 1.1). Élifaz, Bildad, Sofar et Élihou sont également des étrangers. Le livre de Job fait état d'une discussion qui a eu lieu à une certaine époque dans l'ancien Orient. Le peuple d'Israël a participé à sa manière à cette discussion. La sagesse traditionnelle affirmait ceci : le sage et le juste sont récompensés sur la terre. Mais il arrive que les réalités de la vie montrent le contraire. Alors les sages, en Israël comme ailleurs, se posent la question : ***Comment se fait-il que le juste doive souffrir ?*** *Les êtres humains n'ont pas de* *réponse au problème du mal et de la souffrance. C'est pourquoi le chapitre 28 de Job affirme que les humains ne peuvent pas trouver la véritable sagesse.*

*Le livre de Job appartient à la fois à la littérature de la sagesse et à la littérature de la plainte. Comme certains Psaumes, Job pose à Dieu les questions suivantes : Pourquoi ? Et jusqu'à quand ? Il refuse que le malheur soit forcément une punition de Dieu, et le bonheur une récompense. Ainsi, le livre de Job propose d'**aimer Dieu de façon gratuite**, et non pas pour être récompensé et recevoir le bonheur.*

Présentation de Job

1 1 Il y avait une fois, au pays d'Ous[a], un
homme appelé Job. C'était un homme
droit, on n'avait rien à lui reprocher. Il respectait Dieu et il évitait le mal.
2 Il était père de sept fils et de trois filles. 3 Il
possédait 7 000 moutons, 3 000 chameaux,
1 000 bœufs pour labourer, 500 ânesses,
beaucoup de serviteurs et de servantes.
C'était l'homme le plus important de tous
les habitants de l'Orient.
4 Les fils de Job avaient l'habitude de faire
un grand repas tantôt chez l'un, tantôt chez
l'autre, et ils invitaient leurs trois sœurs à
manger et à boire avec eux. 5 Quand les fêtes
étaient finies, Job faisait venir ses enfants pour
les rendre *purs. Le jour suivant, il se levait
tôt le matin, et il offrait pour chacun un *sacrifice complet. En effet, il se disait : « Mes enfants ont peut-être commis une faute, ils ont
peut-être insulté Dieu dans leur cœur. » Voilà
ce que Job avait l'habitude de faire.
6 Un jour, les habitants du *ciel sont venus
en présence du SEIGNEUR. *Satan, l'Accusateur, est venu avec eux, lui aussi. 7 Le SEI-
GNEUR lui a demandé : « D'où viens-tu ? »
L'Accusateur a répondu : « Je viens de me promener partout sur la terre. » 8 Le SEIGNEUR lui
a dit : « Tu as sûrement remarqué mon serviteur Job. Personne ne lui ressemble sur la
terre. C'est un homme droit, on n'a rien à
lui reprocher. Il me respecte et il évite le
mal. »
9 L'Accusateur a répondu : « Si Job te respecte, à ton avis, est-ce que c'est sans raison ?
10 Tu le protèges de tous côtés comme avec
une clôture, lui, sa famille et tout ce qu'il possède. Tu as *béni tout ce qu'il a fait, et ses
troupeaux couvrent tout le pays. 11 Mais touche un peu à tout ce qu'il possède. Et il te
maudira en face, j'en suis sûr ! » 12 Le SEIGNEUR
dit à l'Accusateur : « D'accord ! Tout ce qu'il
possède est en ton pouvoir, mais ne touche
pas à sa personne. »
Alors l'Accusateur s'est éloigné de la présence du SEIGNEUR.

Les premiers malheurs de Job

13 Un jour, les fils et les filles de Job étaient
en train de manger et de boire du vin chez
leur grand frère. 14 Un messager est arrivé
chez Job et lui a dit : « Les bœufs étaient en
train de labourer, les ânesses se trouvaient
dans un champ, tout près. 15 Une bande de nomades d'Arabie les ont attaqués, puis ils les
ont volés. Et ils ont tué tes serviteurs. Moi
seul, j'ai pu me sauver pour te prévenir. »
16 L'homme parlait encore, un autre messager est arrivé. Il a dit : « La foudre est tombée
du ciel sur les moutons et sur tes serviteurs.
Elle les a tous brûlés. Moi seul, j'ai pu me sauver pour te prévenir. »
17 L'homme parlait encore, un autre messager est arrivé. Il a dit : « Trois bandes de Chaldéens[b] ont attaqué les chameaux, puis ils les
ont volés. Et ils ont tué tes serviteurs. Moi
seul, j'ai pu me sauver pour te prévenir. »

---

a 1.1 *Le pays d'Ous ne se trouvait pas en Israël. C'était sans doute une région du pays d'Édom, au sud-est de la mer Morte.*

b 1.17 *Les Chaldéens étaient des nomades du désert. Ils vivaient sans doute au nord-est de l'Arabie.*

18 L'homme parlait encore, un autre messager est arrivé. Il a dit : « Tes fils et tes filles
étaient en train de manger et de boire du
vin chez leur grand frère. 19 Un vent violent
venu du désert a renversé toute la maison.
Elle est tombée sur eux tous, et ils ont été
tués. Moi seul, j'ai pu me sauver pour te prévenir. »

20 Alors Job s'est levé. En signe de deuil, il a
déchiré son vêtement et s'est rasé la tête. Puis
il s'est mis à genoux, le front contre le sol. 21 Il
a dit :

« Je suis sorti tout nu du ventre de ma mère.
Je retournerai tout nu dans le ventre de la
terre.
Le SEIGNEUR a donné,
le SEIGNEUR a repris.
Il faut remercier le SEIGNEUR ! »

22 Dans tous ces malheurs, Job n'a commis aucune faute. Il n'a fait aucun reproche à Dieu.

Les nouveaux malheurs de Job

2 1 Un autre jour, les habitants du *ciel sont
venus en présence du SEIGNEUR. L'Accusateur[c] est venu avec eux, lui aussi. 2 Le SEI-
GNEUR lui a demandé : « D'où viens-tu ? »
L'Accusateur a répondu : « Je viens de me promener partout sur la terre. » 3 Le SEIGNEUR lui
a dit : « Tu as sûrement remarqué mon serviteur Job. Personne ne lui ressemble sur la
terre. C'est un homme droit, on n'a rien à
lui reprocher. Il me respecte et il évite le
mal. Il continue à se conduire parfaitement,
et c'est sans raison que tu m'as poussé à le détruire. »
4 Mais l'Accusateur a répondu au SEIGNEUR :
« C'est normal : chacun donne pour recevoir.
Tout ce qu'un homme possède, il le donne
pour sauver sa vie. 5 Mais touche un peu à
sa personne, et il te maudira en face, j'en
suis sûr ! » 6 Le SEIGNEUR a dit à l'Accusateur :
« D'accord ! Il est en ton pouvoir, mais ne le
fais pas mourir. »
7 Alors l'Accusateur s'est éloigné de la présence du SEIGNEUR. Il a frappé Job d'une grave
maladie de peau, depuis les pieds jusqu'à la
tête. 8 Job s'est installé au milieu des ordures
et il a pris un morceau de poterie cassée
pour se gratter.
9 Sa femme lui a dit : « Tu continues à te
conduire parfaitement ? Tu ferais mieux de
maudire Dieu et de mourir ensuite ! » 10 Mais
Job lui a répondu : « Tu parles comme une
folle ! Nous acceptons le bonheur comme un
don de Dieu. Alors pourquoi refuser le malheur ? »
Dans ce nouveau malheur, Job n'a dit aucune parole qui offense Dieu.

Trois amis de Job arrivent

11 Trois amis de Job ont appris tous les malheurs qui sont tombés sur lui. Ce sont Élifaz
de Téman, Bildad de Chouha et Sofar de
Naama. Chacun est arrivé de son pays. Ils
se sont mis d'accord pour partager sa peine
et le consoler. 12 Ils l'ont vu de loin, mais
ils ne l'ont pas reconnu. Alors ils se sont
mis à pleurer à grands cris. En signe de tristesse, chacun a déchiré son vêtement et ils
ont jeté en l'air de la poussière qui est
retombée sur leur tête. 13 Puis ils se sont assis par terre avec lui pendant sept jours et
sept nuits. Aucun ne lui a parlé. En effet,
ils voyaient que sa souffrance était très
grande.

c **2.1** *Voir Job 1.6.*

LE DIALOGUE DE JOB ET DE SES TROIS AMIS

3–31

Job se plaint d'être né

3 [1] Après tout cela, Job s'est mis à parler. Il a maudit le jour de sa naissance. [2] Voici ce qu'il a dit :

[3] « Ah ! Je voudrais qu'il disparaisse, le jour où je suis né !
Et qu'elle disparaisse, la nuit qui a dit : "Un garçon vient d'être formé !"
[4] Ce jour-là, qu'il soit pour nous comme un jour sombre !
Que Dieu, là-haut, ne s'occupe pas de lui !
Que la lumière ne l'éclaire pas !
[5] Que l'ombre profonde le recouvre,
qu'un nuage repose sur lui,
qu'il fasse nuit en plein jour !

[6] « Cette nuit-là, qu'elle soit totalement noire,
qu'elle ne compte pas parmi les jours de l'année,
qu'elle n'entre pas dans le calcul des mois !
[7] Oui, que pendant cette nuit-là, personne ne donne la vie,
et que toute joie s'enfuie !
[8] Ceux qui annoncent les jours de malheur
et qui sont capables de réveiller le dragon Léviatan[d],
qu'ils appellent le malheur sur cette nuit !
[9] Que les étoiles du matin s'éteignent !
Que cette nuit de ma naissance attende sans cesse la lumière du jour.
Qu'elle ne voie jamais le réveil du soleil !
[10] En effet, elle m'a laissé venir au monde,
elle m'a laissé aujourd'hui connaître le malheur.

*

[11] « Pourquoi est-ce que je ne suis pas mort dans le ventre de ma mère ?
Pourquoi est-ce que je n'ai pas rendu le souffle en voyant le jour !
[12] Pourquoi deux genoux m'ont-ils accueilli ?
Pourquoi ma mère m'a-t-elle nourri de son lait ?
[13] Dans le cas contraire, aujourd'hui, je serais au calme dans ma tombe.
Je dormirais et me reposerais
[14] avec les rois et les dirigeants de la terre,
ceux qui reconstruisaient les monuments en ruine.
[15] Ou bien je serais avec les grands qui possédaient de l'or
et remplissaient leurs maisons d'objets en argent.
[16] Ou encore je n'existerais pas,
comme les enfants mort-nés qui n'ont pas vu la lumière.

---

d 3.8 *Le dragon Léviatan : animal qui existe dans des récits de l'ancien Orient. Il représentait les forces du mal, et on lui donnait le pouvoir de dévorer le soleil. On l'imaginait comme un animal étrange avec sept têtes, ou comme un serpent, ou encore comme un crocodile. Voir Job 40.25–41.26.*

17 « Dans la tombe, les gens mauvais ne bougent plus.
Ceux qui n'ont plus de force se reposent.
18 Là, les prisonniers aussi sont tranquilles,
ils n'entendent plus les cris du surveillant.
19 Entre petits et grands, aucune différence :
ici, l'esclave est délivré de son maître.

*

20 « Pourquoi donner la lumière du jour au malheureux ?
Pourquoi donner la vie à ceux qui sont découragés et déçus ?
21 Ils attendent la mort, mais elle ne vient pas.
Ils la cherchent plus qu'un trésor.
22 Ils seraient fous de joie,
et ils danseraient s'ils trouvaient leurs tombes !
23 Je suis un homme qui ne sait où il va,
et Dieu m'a enfermé comme derrière une clôture.
24 Comme nourriture, je n'ai que mes soupirs,
mes cris de douleur jaillissent sans cesse.
25 Si j'ai peur d'une chose, elle m'arrive.
Ce qui m'effraie tombe sur moi.
26 Je ne suis plus ni calme, ni tranquille.
Je ne peux me reposer : je suis rempli d'inquiétude. »

Élifaz parle à Job : Dieu envoie le malheur pour corriger les humains

4 1 Alors Élifaz de Téman a pris la parole. Il a dit à Job :

2 « Je n'ose pas te parler, tellement tu es découragé.
Pourtant, je ne peux pas me taire.
3 Toi, tu as conseillé beaucoup de monde.
Tu savais rendre courage aux gens fatigués,
4 tes paroles remettaient debout ceux qui glissaient,
tu relevais ceux qui étaient courbés.
5 Et maintenant que c'est ton tour, te voici découragé.
Quand le malheur te frappe, tu es effrayé.

6 « Toi, l'ami de Dieu, est-ce que tu ne dois pas avoir confiance ?
Est-ce que ta conduite parfaite ne te donne pas bon espoir ?
7 Réfléchis : est-ce que tu as vu des innocents
ou des gens honnêtes tués par le malheur ?
8 Pour moi, j'ai remarqué ceci :
ceux qui cultivent le mal et qui sèment la misère
récoltent le mal et la misère.
9 Quand Dieu souffle sur eux, ils meurent,
quand il brûle de *colère, ils disparaissent.
10 Dieu fait taire leurs rugissements de lions et leurs cris de léopards.
Il casse les dents de ces jeunes lions.
11 Alors, le lion meurt parce qu'il n'a rien à manger,
les petits de la lionne partent de tous côtés.

12 « J'ai entendu une voix secrète,
mon oreille en a perçu un léger murmure.
13 Ceci s'est passé la nuit, en rêve,
quand les gens dorment profondément.
14 J'étais effrayé, j'avais froid,
tout mon corps tremblait.
15 Une sorte de souffle est passé sur mon visage,
j'étais glacé de peur.
16 Quelqu'un se tenait là debout, je ne le reconnaissais pas.
Une forme était devant mes yeux.
Un silence, puis j'ai entendu sa voix. Elle disait :
17 "Est-ce qu'un être humain peut être *juste devant Dieu ?
Est-ce qu'il peut être *pur devant celui qui l'a créé ?
18 Regarde : Dieu ne fait pas confiance à ses *anges,
il critique les fautes de ses serviteurs.
19 Alors comment peut-il faire confiance aux humains ?
En effet, ils ont été créés à partir de l'argile, et leur corps n'est que poussière.
On peut les écraser comme une mouche.
20 On peut les détruire en moins d'une journée.
Ils disparaissent pour toujours, personne n'y fait attention.
21 Le fil qui les retenait à la vie est cassé.
Ils meurent sans avoir obtenu la sagesse."

*

5

1 « Lance un appel ! Mais qui va te répondre ?
Parmi les *anges, vers lequel peux-tu te tourner ?

2 « Oui, la mauvaise humeur tue l'homme stupide,
et la colère fait mourir l'ignorant.
3 C'est vrai, j'ai déjà vu quelqu'un de stupide avec une bonne situation.
Mais j'ai aussitôt appelé le malheur sur sa maison. J'ai dit :
4 "Que ses enfants ne reçoivent aucune aide !
Au tribunal, que personne ne les défende et que le juge les condamne !
5 Ses récoltes, que ceux qui ont faim les mangent !
Qu'ils les emportent malgré les buissons d'épines !
Ses richesses, que ceux qui n'ont rien les prennent !"

6 « En effet, le malheur ne sort pas de la terre,
la misère ne pousse pas sur le sol.
7 Mais l'être humain cause sa propre misère,
aussi sûrement que les étincelles jaillissent en l'air.

*

8 « À ta place, je me tournerais vers Dieu,
c'est à lui que je présenterais ma situation.
9 Lui, il fait des choses extraordinaires, personne ne peut les comprendre.
Ses actions magnifiques, personne ne peut les compter.
10 Il fait tomber la pluie sur la terre entière,
il envoie l'eau du ciel pour arroser les champs.
11 Ceux qui sont tout en bas, il les relève,
ceux qui sont dans le deuil retrouvent la joie.

12 Dieu détruit les projets des gens faux,
ils ne réussissent pas à faire ce qu'ils veulent.
13 Dieu attrape les sages au piège de leurs mensonges,
et leurs conseils tordus ne servent plus à rien.
14 Ces gens-là sont aveugles en plein jour,
à midi, ils vont à tâtons comme dans la nuit.
15 Mais Dieu sauve de leurs mains l'homme découragé,
il arrache le pauvre à leurs griffes puissantes.
16 Ainsi, il y a de nouveau de l'espoir pour les malheureux,
et ceux qui font le mal ferment leur bouche.

17 « Oui, il est heureux, l'homme que Dieu corrige !
Ne repousse donc pas les leçons du *Tout-Puissant !

*

18 « En effet, Dieu blesse et il guérit,
il frappe et il soigne la blessure.
19 Tu peux connaître de nombreux malheurs,
il te protégera toujours, et le mal ne te touchera jamais.
20 Pendant la famine, il te sauvera de la mort.
Au cours du combat, tu ne seras pas blessé.
21 Tu seras à l'abri des mensonges.
Si un malheur destructeur arrive, n'aie peur de rien !
22 Tu te moqueras du malheur destructeur et de la faim.
N'aie pas peur des bêtes sauvages !
23 Il n'y aura pas de pierres dans tes champs,
même les bêtes sauvages ne te feront pas de mal.
24 Tu connaîtras le bonheur dans ta maison.
Quand tu visiteras tes troupeaux, rien ne manquera.
25 Tu verras grandir le nombre de tes enfants,
et les enfants de leurs enfants pousseront comme l'herbe des champs.
26 Tu seras plein de force jusqu'à ta mort,
comme une *gerbe de blé au temps de la récolte.

27 « Voilà ce que nous avons trouvé en réfléchissant longtemps : c'est la vérité.
Accepte cela et prends-le pour toi. »

Réponse de Job : Mes amis, regardez-moi en face !

6 1 Alors Job a répondu :

2 « Ah ! Je voudrais qu'on pèse ma tristesse,
qu'on place mon malheur sur une balance !
3 Oui, il est plus lourd que le sable des mers,
c'est pourquoi je dis n'importe quoi.
4 Le *Tout-Puissant m'a percé de ses flèches,
et leur poison s'est répandu dans mon corps.
Les forces terribles de Dieu sont en position de combat contre moi.

5 « Est-ce que l'âne sauvage se met à braire près de l'herbe fraîche ?
Est-ce que le bœuf mugit devant son repas de foin ?
6 Un plat qui n'a pas de goût, peut-on le manger sans sel ?
Est-ce qu'on peut trouver du goût dans le blanc d'un œuf cru ?
7 Je ne veux pas manger de ces aliments-là.
Ma souffrance est un plat qui me dégoûte.

*

8 « Je voudrais que quelqu'un réponde à ma demande,
que Dieu me donne ce que j'attends.
9 Qu'il accepte enfin de m'écraser,
qu'il lève sa main menaçante et me détruise !
10 Je danserais de joie au milieu de terribles souffrances,
car j'aurais au moins une consolation :
je n'aurais pas oublié les paroles du Dieu *saint.

11 « Mais je n'ai plus la force d'attendre : à quoi me sert de vivre ?
Je n'ai plus d'avenir.
12 Est-ce que je suis une pierre pour tout supporter ?
Est-ce que mon corps est en bronze ?
13 En moi, je n'ai plus rien pour m'aider,
je manque du plus petit secours.

*

14 « Celui qui est découragé a droit à l'amitié de son *prochain,
même s'il ne respecte plus le Tout-Puissant.
15 Mes amis m'ont déçu comme un torrent sec,
comme des rivières sans eau.
16 À la fin de la saison froide, quand la glace et la *neige se mettent à fondre,
les torrents débordent.
17 Mais dès la saison sèche, ils sont vides.
Quand il fait chaud, ils n'ont plus d'eau.
18 Les caravanes[e] ne passent plus près d'eux,
elles s'enfoncent dans le désert et meurent.
19 Les caravanes de Téma, les voyageurs de Saba[f] recherchent ces torrents,
ils mettent leur espoir en eux.
20 Ils ont cru qu'il y avait de l'eau, mais ensuite, ils le regrettent :
quand ils arrivent, ils sont déçus.

21 « Voilà ce que vous êtes pour votre ami.
En voyant mon malheur, vous avez eu peur.
22 Est-ce que je vous ai demandé quelque chose ?
Est-ce que je vous ai dit :
"Prenez une partie de vos richesses et donnez-la-moi
23 pour me délivrer d'un ennemi ?
Arrachez-moi au pouvoir d'un dictateur ?"

e **6.18** *Une caravane est un groupe de voyageurs qui traversent le désert.*

f **6.19** *Téma : oasis de l'Arabie du Nord.*
Saba : au sud de l'Arabie.

24 Éclairez-moi et je me tairai,
expliquez-moi mes erreurs.
25 Des paroles vraies ne blessent personne.
Mais vos reproches à vous me reprochent quoi ?
26 Vous voulez me reprocher mes paroles ?
Mais ce sont les paroles en l'air d'un homme désespéré.
27 Vous oseriez tirer au sort un orphelin[g] !
Vous iriez jusqu'à vendre votre ami !

28 « Eh bien, regardez-moi en face : est-ce que je mens ?
29-30 Est-ce que mes paroles sont celles d'un homme faux ?
Est-ce que je ne sais pas reconnaître ce qui est mal ?
Regardez-moi : pas de mensonge entre nous !
Encore une fois, regardez-moi, et vous verrez clairement que je suis innocent. »

Suite de la réponse de Job : Pourquoi Dieu me surveille-t-il ainsi ?

7 1 Job a dit encore :

« Vraiment, la vie des gens sur la terre est très dure.
Leur situation est celle des manœuvres.
2 Ils sont comme l'esclave au soleil, qui cherche un peu d'ombre,
ou comme un ouvrier qui attend son salaire.
3 Pour moi, c'est la même chose ! Depuis des mois, ma vie est inutile.
Je connais seulement des nuits de souffrance.
4 Dès que je suis couché, je me dis : "Si seulement c'était le jour !"
La nuit est longue, et je me retourne sans cesse dans mon lit jusqu'au matin.
5 J'ai le corps couvert de vers et de croûtes pareilles à la terre.
Ma peau se fend, et mes plaies coulent.
6 Ma vie a passé plus vite que la navette du tisserand.
Elle va bientôt s'arrêter quand le fil de l'espoir sera fini.

*

7 « Souviens-toi, ô Dieu : ma vie n'est qu'un souffle.
Mes yeux ne verront plus jamais le bonheur.
8 Toi qui me regardais, tu ne m'apercevras plus.
Quand tes yeux me chercheront, je ne serai plus là.
9 Celui qui descend dans le monde des morts
ressemble au nuage qui disparaît et s'en va.
10 Il ne remonte pas. Il ne revient plus dans sa maison,
et ceux qui le connaissaient l'oublient.

11 « C'est pourquoi je ne peux pas me taire,
j'ai la gorge serrée, alors je dois parler.
Je suis découragé et déçu, alors je vais me plaindre.
12 Pourquoi est-ce que tu me surveilles ainsi ?

---

g **6.27** *Tirer au sort, c'est désigner quelqu'un ou quelque chose à l'aide de petits objets. Il s'agit sans doute ici de prendre des orphelins pour en faire des esclaves.*

Est-ce que je suis la Mer ou le méchant Animal de l'eau[h] ?
13 Quand je me couche, je me dis : "Le sommeil va me soulager,
la nuit va calmer ma douleur."
14 Mais tu me fais peur avec de mauvais rêves,
tu m'effraies par les choses que tu me fais voir.
15 Je préfère que tu m'étrangles !
Plutôt mourir que de continuer à souffrir !
16 J'en ai assez ! Je ne vivrai pas toujours.
Ma vie n'est qu'un souffle. Alors laisse-moi tranquille !

*

17 « Est-ce que l'être humain est si important pour que tu penses à lui ?
Pourquoi fais-tu tellement attention à lui ?
18 Tu lui demandes des comptes tous les matins,
tu vérifies à chaque instant sa valeur.
19 Quand vas-tu arrêter de me regarder ?
Laisse-moi au moins avaler ma salive !
20 Est-ce que j'ai péché ?
Et qu'est-ce que cela peut te faire,
à toi qui surveilles si sévèrement les humains ?
C'est moi que tu vises quand tu frappes. Pourquoi donc ?
Est-ce que je suis un poids pour toi ?
21 Est-ce que tu ne peux pas supporter mes péchés, pardonner mes fautes ?
Je serai bientôt mort, couché dans la poussière.
Quand tu me chercheras, je n'existerai plus. »

Bildad parle à Job : Dieu punit les coupables

8 1 Alors Bildad de Chouha a pris la parole. Il a dit à Job :

2 « Tu vas répéter ces choses combien de temps encore ?
Tes paroles sont violentes comme un vent de tempête. Mais jusqu'à quand ?
3 Est-ce que Dieu change les lois ?
Est-ce que le *Tout-Puissant rend faux ce qui est *juste ?
4 Si tes fils ont commis des fautes contre lui,
il leur a fait payer les conséquences de leurs actions mauvaises.

5 « Mais toi, si tu cherches Dieu,
si tu pries avec force le Tout-Puissant,
6 si tu es honnête et droit,
il veillera sur toi et te rendra la place que tu mérites.
7 Ta situation passée te paraîtra peu de chose,
car ton avenir la dépassera de beaucoup.

*

h **7.12** *Ici, Job rappelle sans doute des récits de l'ancien Orient sur la création du monde. Ils racontaient ceci : le Dieu créateur avait vaincu la Mer et le méchant Animal de l'eau, puis il les avait mis en prison. Pour les gens de l'ancien Orient, en effet, la mer était le lieu des forces mauvaises.*

8 « Interroge ceux qui ont vécu avant nous,
et sois attentif à l'expérience de leurs ancêtres.
9 Nous, nous sommes nés voici peu de temps, et nous ne savons rien.
Notre vie sur terre passe aussi vite que l'ombre.
10 Mais ceux qui ont vécu avant nous, ils te parleront,
et de leur expérience, ils tireront ces paroles de sagesse :
11 "Le papyrus ne pousse pas en dehors des marais,
le roseau ne grandit pas en dehors de l'eau.
12 Sans eau, il sèche avant les autres herbes,
quand il est encore en fleurs et qu'on ne l'a pas coupé !"

*

13 « Voilà ce qui arrive à ceux qui oublient Dieu.
L'espoir des gens mauvais disparaît de cette façon.
14 Leur assurance est détruite,
leur sécurité n'est qu'une toile d'araignée.
15 Quand ils s'appuient sur leur maison, elle ne tient pas debout,
ils s'y accrochent, elle ne résiste pas.

16 « Ils sont comme un arbre plein de sève qui grandit au soleil.
Il étend ses jeunes branches au-dessus du jardin.
17 Ses racines emmêlées poussent dans les pierres,
il s'enfonce au creux du rocher.
18 Mais si quelqu'un l'arrache de l'endroit où il est,
la terre affirme qu'elle ne l'a jamais vu.
19 Voilà comment finit le bonheur de ceux qui oublient Dieu !
Et à leur place, une autre plante germera.

20 « Non, Dieu ne méprise pas l'homme droit.
Il ne soutient pas ceux qui font le mal.
21 Il remplira de nouveau ta bouche de rires,
il te fera pousser des cris de joie.
22 Tes ennemis seront couverts de honte,
et les gens mauvais disparaîtront. »

Réponse de Job : Dieu m'écrase de sa force

9 1 Job a répondu :

2 « Oui, ce que tu dis est vrai, je le sais.
Est-ce qu'un être humain peut avoir raison contre Dieu ?
3 Si on veut discuter avec lui,
Dieu ne répondra pas une fois sur mille !
4 Sa sagesse est profonde et sa force est grande.
Qui peut lui résister sans en subir les conséquences ?

5 « Il déplace les montagnes tout à coup
et les renverse dans sa *colère.
6 Il fait trembler la terre,
il secoue les piliers qui la portent.

7 Il peut interdire au soleil de se lever,
il peut empêcher les étoiles de briller.

8 « Lui seul étend les cieux,
et il marche sur les vagues de la mer.
9 Il crée les groupes d'étoiles :
la Grande Ourse, Orion, les Pléiades et les étoiles du Sud.
10 Il fait des choses extraordinaires, personne ne peut les comprendre.
Ses actions magnifiques, personne ne peut les compter.
11 Il passe près de moi, je ne le vois pas.
Il s'en va, je ne l'aperçois pas.
12 Qui lui fera rendre ce qu'il a pris de force ?
Qui osera lui dire : "Qu'est-ce que tu fais ?"
13 Dieu n'arrête pas sa *colère.
Les méchants animaux de la mer, Rahab[i] et ses alliés,
restent couchés à ses pieds.

★

14 « C'est pourquoi je ne peux pas répondre à Dieu,
je n'ai rien à dire contre lui.
15 Même si j'ai raison, à quoi bon me défendre ?
Je peux seulement demander à mon juge d'avoir pitié.
16 Même s'il répond à mon appel,
je ne suis pas sûr qu'il écoute ma prière.
17 Il m'écrase pour rien du tout,
il n'arrête pas de me blesser sans raison.
18 Il ne me laisse même pas reprendre mon souffle,
mais il remplit mon cœur d'une souffrance amère.

19 « Est-ce qu'il faut que je lutte avec Dieu ?
Il est bien plus fort que moi !
Est-ce qu'il faut aller au tribunal ?
Mais qui va m'appeler pour que je défende ma cause ?
20 Même si j'ai raison, mes paroles me donneront tort.
Si je suis innocent, il va dire que je suis coupable.
21 Mais est-ce que je suis innocent ?
Je l'ignore. J'en ai assez de la vie !
22 Pour moi, innocent ou coupable, c'est la même chose.
C'est pourquoi j'ose dire : Dieu fait mourir l'innocent comme le coupable.
23 Quand un grand malheur tombe tout à coup et tue des gens,
Dieu se moque du désespoir des innocents.
24 Quand un pays est livré au pouvoir d'un assassin, Dieu ferme les yeux des juges !
En effet, si ce n'est pas lui qui le fait, qui est-ce donc ?

★

25 « Mes jours passent plus vite qu'un coureur,
ils fuient sans voir le bonheur.

---

i **9.13** *Rahab est un animal imaginaire qui apparaît dans les récits de l'ancien Orient. Voir Job 7.12 et la note.*

26 Ils glissent comme des barques de jonc,
aussi vite qu'un aigle tombe sur un mouton.

27 « Je me dis : "Oublie tes soucis,
sois gai et souris."
28 Mais toutes mes souffrances me font peur.
En effet, toi, Dieu, tu ne crois pas que je suis innocent, je le sais.
29 Pour toi, il faut que je sois coupable !
Alors pourquoi me fatiguer inutilement ?
30 Même si je me lave avec du savon,
si je nettoie mes mains avec de la potasse,
31 tu me plongeras dans les ordures,
même mes vêtements ne voudront pas de moi.

32 « En effet, Dieu n'est pas un homme comme moi.
Je ne peux pas lui répondre,
et nous ne pouvons pas aller ensemble au tribunal.
33 Entre nous, il n'y a pas d'arbitre
pour poser la main sur nous deux[j].
34 Un arbitre empêcherait Dieu de me frapper,
et je ne serais plus mort de peur.
35 Je pourrais lui parler sans être effrayé.
Mais ce n'est pas le cas, je suis seul avec moi-même. »

Suite de la réponse de Job : Est-ce que Dieu m'a fait naître pour me détruire ?

10 1 « La vie me dégoûte.
Alors je vais me plaindre sans me retenir,
je vais sortir tout ce que j'ai d'amer dans le cœur.
2 Je dirai à Dieu : ne me condamne pas.
Qu'est-ce que tu as à me reprocher ? Dis-le-moi.
3 Est-ce que cela te plaît de m'écraser,
de mépriser ce que tes mains ont fait,
de faire réussir les projets des gens mauvais ?
4 Est-ce que tu as des yeux comme les humains ?
Est-ce que ta façon de voir ressemble à celle des hommes ?
5 Est-ce que ta vie est aussi courte que la nôtre ?
Est-ce que tes années passent aussi vite que nos années ?
6 Tu cherches à connaître ma faute,
tu fais une enquête sur mes péchés. Pourquoi donc ?
7 Je ne suis pas coupable, tu le sais,
et personne ne peut m'arracher à ton pouvoir.

8 « Ce sont tes mains qui m'ont créé et formé.
Et maintenant, elles se resserrent sur moi, et tu veux me détruire !

j **9.33** *En posant la main sur deux personnes qui se querellent, l'arbitre a le pouvoir de les mettre d'accord. Ici, il s'agit de Dieu et de Job.*

9 Souviens-toi : tu m'as modelé comme un objet d'argile,
et tu veux me changer en poussière !
10 Comme on garde du lait au fond d'un pot pour le rendre épais,
un jour, tu m'as formé dans le ventre de ma mère.
11 Tu m'as couvert de muscles et de peau,
tu m'as tissé d'os et de nerfs.
12 Puis tu m'as donné la vie gratuitement,
et tu as veillé sur moi avec soin.

*

13 « Mais tu caches un secret dans ton cœur,
je connais tes intentions :
14 tu veux me surprendre en train de faire le mal,
et tu ne me pardonneras rien.
15 Si je suis coupable, quel malheur pour moi !
Si je suis innocent, je n'ose pas lever la tête.
Je suis comme un homme ivre
à cause de ma honte et de ma grande tristesse.
16 Si je relève la tête, tu me poursuis comme un lion,
et sans cesse, tu fais peser sur moi ta puissance.
17 Tu lances contre moi de nouvelles attaques,
ta *colère augmente,
et tes soldats arrivent par vagues pour me combattre.

18 « Pourquoi m'as-tu fait sortir du ventre de ma mère ?
Si j'étais mort avant, personne ne m'aurait vu.
19 Je serais allé directement dans la tombe,
comme si je n'avais jamais existé.
20 Maintenant, il me reste peu de temps à vivre.
Laisse-moi respirer pour me donner un peu de joie.
21 Je vais bientôt partir, pour ne plus revenir,
dans le pays de l'ombre et de la nuit profonde.
22 Là, l'obscurité et le désordre dominent,
et la lumière elle-même ressemble à la nuit noire. »

Sofar parle : Dirige ton cœur vers Dieu !

11 1 Alors Sofar de Naama a pris la parole. Il a dit à Job :

2 « Est-ce que toutes ces paroles vont rester sans réponse ?
Savoir bien parler, est-ce que cela suffit pour avoir raison ?
3 Est-ce que tes beaux discours vont faire taire les gens ?
Quand tu te moques d'eux, est-ce qu'ils vont t'approuver ?
4 Tu as même dit : "Mon enseignement est vrai,
Dieu ne peut rien me reprocher."

5 « J'aimerais que Dieu ouvre la bouche,
qu'il parle pour te répondre.
6 Il te ferait connaître les secrets de la sagesse.

– Oui, ils surprennent l'intelligence. –
Tu comprendrais alors que Dieu oublie une partie de tes fautes.

*

7 « Est-ce que tu peux découvrir la profondeur de Dieu ?
Est-ce que tu peux connaître la grandeur du *Tout-Puissant ?
8 Sa sagesse est plus haute que le ciel. Qu'est-ce que tu peux faire ?
Elle est plus profonde que le monde des morts.
Qu'est-ce que tu peux savoir ?
9 Elle est plus longue que la terre,
plus large que la mer.

10 « Si Dieu agit pour mettre un coupable en prison,
s'il l'appelle au tribunal, qui va s'opposer à lui ?
11 En effet, il connaît bien ceux qui ne valent rien.
Il n'a pas besoin d'être très attentif, il voit où le mal se trouve.
12 Mais une personne stupide ne deviendra jamais sage,
sauf le jour où un âne sauvage deviendra un âne bien éduqué.

*

13 « Toi, tu dois diriger ton cœur vers Dieu,
et prier en levant les mains vers lui.
14 Si tu as fait du mal, ne recommence plus,
ne laisse pas l'injustice habiter chez toi.
15 Alors tu seras sans tache, tu pourras redresser la tête,
tu tiendras bien debout et tu n'auras peur de rien.
16 Tu ne penseras plus à ton malheur,
tu l'oublieras comme de l'eau qui s'écoule.
17 Ta vie sera plus claire que le jour à midi,
la nuit brillera comme la lumière du matin.
18 Tu seras plein de confiance, car il y a de l'espoir.
En voyant que tout va bien, tu dormiras en paix.
19 Quand tu te reposeras, personne ne te dérangera.
Au contraire, beaucoup te féliciteront.
20 Mais les gens mauvais se fatiguent à chercher de l'aide.
Ils ne trouvent aucun abri.
Leur espoir, c'est la mort. »

Réponse de Job : Dieu est un dictateur sans pitié

12 1 Alors Job a répondu :

2 « Vraiment, vous savez tout !
Et la sagesse mourra en même temps que vous !
3 Mais moi, j'ai une intelligence comme vous,
je ne suis pas plus bête que vous !
Ce que vous avez dit, tout le monde le sait.

4 « Je crie vers Dieu pour recevoir une réponse, et qu'est-ce qui se passe ?
Je deviens pour mes amis un sujet de moquerie.

Celui qui obéit à Dieu, qui se conduit parfaitement, on se moque de lui !
5 Les gens heureux pensent : "Méprisons le malheureux !"
Ils appliquent cette phrase à ceux qui perdent l'équilibre.
6 Et les bandits sont tranquilles dans leurs maisons.
Ceux qui provoquent Dieu sont en sécurité.
Ils ne connaissent pas d'autre dieu que leur force.

*

7 « Mais interroge les bêtes de tes troupeaux, elles t'enseigneront,
pose des questions aux oiseaux du ciel, ils t'informeront.
8 Parle à la terre, elle te donnera des leçons,
les poissons de la mer te raconteront beaucoup de choses.
9 C'est le SEIGNEUR qui a fait tout cela.
Parmi tous ces animaux, qui l'ignore ?
10 C'est lui qui tient en son pouvoir la vie de tous les êtres vivants,
le souffle de tous les humains.

11 « On dit bien : "L'oreille aime les paroles,
comme la bouche apprécie la nourriture.
12 La sagesse est l'affaire des gens âgés,
l'intelligence appartient aux vieillards."
13 En fait, la sagesse et la puissance appartiennent à Dieu.
Lui seul possède l'expérience et l'intelligence.

*

14 « Quand Dieu détruit, personne ne reconstruit,
quand il met quelqu'un en prison, personne ne le libère.
15 Quand il retient l'eau, tout est sec.
Quand il la laisse couler, elle détruit la terre.
16 Dieu est fort et habile.
Tout lui appartient :
celui qui se trompe comme celui qui trompe les autres.
17 Il fait marcher pieds nus les chefs d'État,
et il rend fous les dirigeants.
18 Il enlève aux rois leur pouvoir
et il les couvre d'un habit de prisonnier.
19 Il fait marcher pieds nus les prêtres
et il renverse ceux qui ont le pouvoir.
20 Il enlève la parole aux gens qui parlent bien,
il prive les vieillards de leur bon sens.
21 Il répand le mépris sur les grands de ce monde,
il laisse les dictateurs sans protection.
22 Il fait sortir les choses cachées des profondeurs de la nuit,
il met en pleine lumière ce qui était dans l'ombre.
23 Il fait grandir les peuples, puis il les détruit.
Il les fait grandir, puis il les déporte.
24 Il prive de raison les chefs d'un pays,
il les laisse aller d'un endroit à un autre dans un désert sans pistes.
25 Ils marchent à tâtons dans la nuit, sans lumière,
et ils perdent l'équilibre comme s'ils avaient bu. »

Suite de la réponse de Job : Je veux défendre ma conduite devant Dieu

13

1 « Tout cela, je l'ai vu de mes yeux,
mes oreilles l'ont entendu, et j'ai compris.
2 Tout ce que vous savez, je le sais aussi,
je ne suis pas plus bête que vous.
3 Mais moi, je veux parler au Dieu tout-puissant,
je veux me défendre contre lui.
4 Vous, vous n'êtes que des charlatans,
vous êtes de faux guérisseurs.
5 Si seulement vous pouviez vous taire !
Ce serait une preuve de sagesse !

6 « Écoutez donc mes reproches,
faites attention à ce que je dis pour me défendre !
7 Est-ce que vous pouvez prendre la défense de Dieu
en disant des choses fausses ?
Est-ce que vous le servez vraiment par vos mensonges ?
8 Est-ce que vous prenez vraiment son parti ?
Est-ce que vous êtes les avocats de Dieu ?
9 Et s'il regardait votre *conscience, est-ce que ce serait bon pour vous ?
On ne trompe pas Dieu comme on trompe un homme !
10 Si vous êtes injustes, même en secret,
il vous le reprochera sévèrement.
11 Est-ce que sa grandeur ne vous effraie pas ?
Est-ce que la peur qu'il inspire ne va pas tomber sur vous ?
12 Les leçons que vous répétez ont aussi peu de valeur que la cendre,
et vos raisonnements sont aussi fragiles que l'argile.

13 « Taisez-vous ! Laissez-moi ! C'est à mon tour de parler.
Nous verrons bien ce qui arrivera.
14 Je suis prêt à tout,
même à risquer ma vie.
15 Dieu peut me tuer, je n'ai plus rien à perdre.
Mais je veux défendre ma conduite devant lui.
16 D'ailleurs, cette façon de faire peut me sauver.
En effet, Dieu n'accepte aucun homme faux devant lui.
17 Écoutez bien ce que je vais dire,
ouvrez vos oreilles à mes explications.
18 Vous voyez, j'ai préparé ma défense,
je sais que je suis innocent.
19 Qui donc veut m'accuser ?
Si j'ai tort, j'accepte de me taire et de mourir.

*

20 « Mon Dieu, donne-moi seulement deux choses,
et je ne me cacherai pas loin de toi :

21 D'abord, retire ta main qui pèse sur moi,
arrête de me faire peur !
22 Ensuite, prends la parole et je répondrai,
ou bien je parlerai et tu répondras.
23 Combien de fautes, combien de péchés est-ce que j'ai commis ?
Fais-moi connaître mes révoltes et mes péchés.
24 Tu me caches ton visage
et tu me prends pour ton ennemi. Pourquoi donc ?
25 Tu cours derrière qui ? Derrière une feuille chassée par le vent !
Qui poursuis-tu ? Un brin de paille tout sec !
26 Tu écris contre moi un jugement sévère,
tu me rends responsable des fautes de ma jeunesse.
27 Tu attaches mes pieds avec des chaînes,
tu surveilles tous mes gestes, tu examines la trace de mes pas !
28 Et pourtant, l'être humain s'use comme une plante pourrie,
ou comme un vêtement mangé par les vers. »

Job se plaint à Dieu :
Laisse donc les humains tranquilles !

14
1 « L'être humain, né d'une femme,
vit peu de temps et connaît beaucoup de soucis.
2 Comme la fleur, il grandit puis se fane.
Il fuit comme l'ombre et ne dure pas.
3 Et c'est lui, mon Dieu, que tu surveilles !
C'est moi que tu traînes devant ton tribunal !

4 « Qui peut faire sortir quelque chose de *pur
de ce qui est *impur ? Personne !
5 Tu as fixé une limite à l'être humain,
tu as compté le nombre de ses mois, et il ne peut les dépasser.
6 Alors regarde ailleurs ! Laisse-le tranquille,
pour qu'il finisse sa vie en paix, comme un ouvrier finit sa journée.

*

7 « Il y a toujours de l'espoir pour un arbre :
quand on le coupe, il peut encore repousser et donner des bourgeons.
8 Même s'il a de vieilles racines dans la terre,
et si sa souche semble morte dans le sol,
9 il peut renaître avec un peu d'eau.
Il produit alors des branches comme un arbre tout jeune.

10 « Mais quand un être humain meurt, il reste sans vie.
Qu'est-ce qu'il devient quand il a rendu son souffle ?
11 L'eau des mers pourra disparaître,
les fleuves pourront être secs et sans eau :
12 ceux qui sont couchés dans la tombe ne se relèveront pas.
Ils ne se réveilleront pas de leur sommeil tant que le ciel existera.

*

13 « Je voudrais que tu me caches dans le monde des morts,
que tu me mettes à l'abri jusqu'à la fin de ta *colère.
Tu me dirais alors à quel moment tu voudras bien te souvenir de moi !
14 Mais l'homme qui est mort, est-ce qu'il peut revivre ?
Si c'était le cas, je garderais l'espoir pendant le temps de mon dur service,
jusqu'à ce que d'autres me remplacent.
15 Tu m'appellerais et je répondrais,
tu demanderais à me voir, moi que tu as créé !

16 « Tu ne ferais plus attention à mes fautes.
Or, actuellement, tu comptes tous mes pas.
17 Tu cacherais ma révolte dans un sac bien fermé,
et tu pardonnerais mes péchés.

*

18 « Pourtant, une montagne finit par tomber,
un rocher finit par changer de place.
19 L'eau arrive à user les pierres, la pluie emporte la terre.
De la même façon, tu détruis l'espoir de l'être humain.
20 Tu le jettes par terre et il s'en va.
Tu abîmes son visage et tu le renvoies.
21 Si ses fils sont couverts d'honneur, il n'en sait rien.
S'ils sont abaissés, il l'ignore.
22 L'être humain peut seulement souffrir pour lui seul,
il peut seulement se plaindre de son malheur. »

Élifaz parle de nouveau à Job : Les gens mauvais n'échappent pas au malheur

15 1 Alors Élifaz de Téman a pris la parole. Il a dit à Job :

2 « Un sage comme toi ne donne pas de réponse qui n'a pas de sens,
il ne fait pas de discours aussi vides !
3 Tu te défends avec des mots qui ne servent à rien,
tu parles pour ne rien dire.
4 De plus, tu détruis le respect envers Dieu,
tu supprimes la prière.

5 « Tu parles ainsi parce que tu es coupable,
et tes paroles sont des mensonges.
6 C'est ta bouche qui te condamne, ce n'est pas moi.
Tout ce que tu dis t'accuse.

*

7 « Est-ce que tu es le premier homme né sur la terre ?
Est-ce que tu es venu au monde avant les collines ?
8 Est-ce que tu connais les secrets de Dieu ?
Est-ce que tu es le seul à posséder la sagesse ?

9 « Tout ce que tu sais, nous le savons,
ce que tu as compris, nous le comprenons.

10 Il y a même parmi nous un ancien,
un homme plus âgé que ton père !
11 Tu crois donc que tu n'as pas besoin des consolations de Dieu,
de nos paroles pleines de douceur ?

*

12 « Pourquoi cette colère ?
Pourquoi ces étincelles dans tes yeux ?
13 Pourquoi cette mauvaise humeur contre Dieu ?
Pourquoi laisser de telles paroles sortir de ta bouche ?
14 L'être humain, qu'est-ce qu'il est pour se croire *pur ?
L'enfant d'une femme, qu'est-ce qu'il est pour se dire sans défaut ?
15 Dieu ne fait même pas confiance à ses *anges,
et pour lui, le ciel même est *impur.
16 Alors, que dire de l'homme, cet être détestable et corrompu ?
Il fait le mal aussi facilement qu'il boit de l'eau !

*

17 « Écoute-moi, je veux t'apprendre quelque chose,
je veux te dire ce que j'ai vu.
18 Je veux partager avec toi l'enseignement des sages.
Ils racontent sans rien cacher ce qu'ils ont reçu de leurs ancêtres.
19 Dieu avait donné le pays uniquement à ceux-ci,
et aucun étranger n'était passé chez eux. Voici cet enseignement :

20 « Les gens mauvais souffrent toute leur vie,
et les années des dictateurs sont limitées.
21 Des voix terribles crient dans leurs oreilles.
Les bandits tombent sur eux en pleine paix.
22 Ils ne croient plus qu'ils pourront sortir de la nuit.
Les dictateurs le savent bien : ils vont mourir d'une mort violente,
23 et les charognards les dévoreront.
Les dictateurs sont sûrs d'une chose :
24 des jours sombres se préparent pour eux.
Le malheur et l'angoisse les font trembler de peur
et tombent sur eux comme les soldats du roi passent à l'attaque. »

25 « Voilà ce qui arrive à celui qui lève le poing contre Dieu,
qui se dresse contre le Tout-Puissant.

*

26 « Cet homme-là court, tête baissée, pour attaquer Dieu,
protégé par son gros *bouclier.
27 Son visage est bien rond,
son corps est gros et gras.
28 Il avait occupé des villes détruites,
des maisons vides, prêtes à tomber en ruines.

29 « Mais il ne pourra jamais devenir riche,
ou bien sa fortune ne durera pas,
il n'aura pas d'influence dans le pays.
30 Il ne pourra pas sortir de la nuit.

Il sera comme un arbre aux branches séchées par le feu,
et le souffle de Dieu l'emportera au loin.

*

31 « Il ne doit pas compter sur la malhonnêteté.
En effet, c'est un mauvais chemin,
et il serait payé selon sa conduite.
32 Cela se passera avant sa mort,
et il ne portera plus de branches nouvelles.
33 Comme une *vigne, il laissera tomber son raisin encore vert,
comme *l'olivier, il perdra ses fleurs.

34 « Oui, la bande des gens mauvais est privée d'enfants et de petits-enfants.
Le feu dévorera leurs maisons remplies de cadeaux qui corrompent.
35 Celui qui porte le mal en lui accouche du malheur.
Ce qu'il prépare dans son cœur le trompera lui-même. »

Réponse de Job : Dieu m'a brisé, mais j'ai un témoin dans le ciel

16 1 Alors Job a répondu :

2 « J'ai entendu beaucoup de choses du même genre.
Comme consolateurs, vous ne valez rien,
3 vous qui me dites : "Tes paroles ne veulent rien dire,
est-ce qu'elles vont bientôt s'arrêter ?"
Ou encore : "Qu'est-ce qui te fait souffrir
pour que tu répondes de cette façon ?"

4 « Si vous étiez à ma place, moi aussi, je pourrais parler comme vous.
Je ferais contre vous de beaux discours,
je secouerais la tête en me moquant de vous.
5 Je vous encouragerais par mes paroles
et je parlerais sans arrêt pour calmer votre douleur.

*

6 « Mais quand je parle, ma souffrance ne s'arrête pas,
si je me tais, elle ne disparaît pas.
7 Et maintenant, Dieu m'a épuisé,
il a détruit tous ceux qui m'entouraient.
8 Il m'a couvert de rides et m'a rendu très maigre.
Cela m'accuse et me rend responsable de ce qui arrive.
9 Dans sa *colère, Dieu me déchire,
il me poursuit en montrant ses dents menaçantes.
Il est mon ennemi, ses yeux me percent comme des flèches.

10 « Les gens ouvrent la bouche pour me blesser,
ils me frappent au visage pour m'insulter,
ils se mettent ensemble contre moi.
11 Oui, Dieu m'a livré à des jeunes qui ne valent rien,
il m'a jeté dans les mains des gens mauvais.

*

12 « Je menais une vie tranquille, mais Dieu m'a brisé.
Il m'a pris par le cou pour me détruire.
Il a lancé ses flèches contre moi,
13 elles volent de tous côtés.
Il perce mes reins sans pitié,
il fait couler par terre le contenu de mon foie.
14 Il tombe sur moi comme un combattant,
il me frappe et me couvre de blessures.

15 « Je porte sans cesse un habit de deuil,
j'enfonce mon front dans la poussière.
16 À force de pleurer, j'ai les yeux rouges,
et mon regard s'éteint.
17 Pourtant, je n'ai jamais été violent,
j'ai toujours prié avec un cœur *pur.

*

18 « Terre, mon sang est répandu,
ne le recouvre pas, et qu'on entende toujours mon cri !
19 Dès maintenant, j'ai un *témoin dans le *ciel,
oui, là-haut, j'ai quelqu'un qui témoigne pour moi[k].

20 « Mes amis se moquent de moi,
mais mon regard plein de larmes monte vers Dieu.
21 Que mon témoin soit un arbitre entre Dieu et moi,
comme un homme prend la défense d'un autre homme[l] !
22 Oui, il me reste peu de temps à vivre,
et je pars sur un chemin d'où je ne reviendrai plus. »

Suite de la réponse de Job : Où donc est mon espoir ?

17 1 « J'ai du mal à respirer, et ma vie va s'éteindre.
La tombe m'attend.
2 Je suis entouré de moqueurs,
leurs attaques m'empêchent de dormir.

3 « Ô Dieu, engage-toi ! Paie le prix pour me libérer.
En effet, qui d'autre acceptera de s'engager pour moi ?
4 Vraiment, tu as fermé l'intelligence de mes amis,
c'est pourquoi tu ne les laisseras pas avoir raison.
5 Ils ressemblent à celui qui invite ses amis à partager son repas
pendant que ses enfants attendent en vain leur part.

*

6 « Les gens se moquent de moi,
ils me crachent au visage.

---

k 16.19 *Le texte ne dit pas qui est ce témoin. C'est sans doute un être céleste ou Dieu lui-même. En effet, Dieu peut être à la fois juge et témoin. Voir le verset 21. Comparer Job 19.25.*

l 16.21 *Voir Job 9.33.*

7 La tristesse me rend presque aveugle,
et mon corps n'est qu'une ombre.

8 « En me voyant, les gens honnêtes sont très surpris.
Ceux qui sont innocents sont en colère contre les gens mauvais.
9 Ils disent : "Ceux qui obéissent à Dieu, qu'ils continuent !
Ceux qui ont les mains propres, qu'ils augmentent leurs efforts !"
10 Vous, mes amis, venez, revenez tous !
Mais parmi vous, je ne trouve aucun sage !

*

11 « Ma vie est finie,
mes projets et mes espoirs sont brisés.
12 Mes amis font croire que la nuit, c'est le jour,
et que la lumière du matin est proche. Pourtant, il fait encore sombre.

13 « Qu'est-ce que je peux attendre ?
Une place dans le monde des morts,
une natte pour m'étendre dans son obscurité.
14 Je crie à la tombe : "Tu es mon père !"
À la pourriture, je dis : "Tu es ma mère et ma sœur !"
15 Où donc est mon espoir ?
Et mon bonheur, qui l'aperçoit ?
16 Il descend avec moi dans le monde des morts,
nous tombons tous les deux dans la poussière. »

Bildad parle : L'homme mauvais finit mal

18 1 Bildad de Chouha a pris la parole en disant[m] :

2 « Quand arrêterez-vous ces discours ?
Soyez raisonnables, et nous pourrons parler.
3 Pourquoi est-ce que vous nous prenez pour des bêtes ?
Nous avons l'air de gens stupides, pourquoi donc ?

4 « Et toi, Job, tu te déchires toi-même dans ta colère.
À ton avis, est-ce qu'un pays peut être abandonné à cause de toi,
est-ce qu'un rocher peut changer de place ?

*

5 « Oui, la lumière de l'homme mauvais va disparaître,
la flamme de son feu ne brillera plus.
6 La lumière baisse dans sa maison,
la lampe au-dessus de lui va s'éteindre.

7 « Autrefois, il marchait avec assurance, maintenant, il avance à petits pas.
Et les projets qu'il fait lui font perdre l'équilibre.

---

m **18.1** *Le texte ne dit pas à qui Bildad parle. Cela peut être aux amis de Job seulement, ou à Job et à ses amis, ou encore à Job et à ceux qui pensent comme lui.*

8 Il tombe dans un filet,
il emmêle ses pieds dans ses mailles.
9 Un piège le saisit au talon
et se referme sur lui.

10 « Le nœud pour le prendre est caché dans la terre,
le piège pour l'attraper l'attend sur le chemin.
11 De tous côtés, la peur tombe sur lui,
et elle le suit pas à pas.

*

12 « Il était en pleine force, maintenant il connaît la faim,
le malheur se tient près de lui.
13 Une maladie dévore sa peau,
la mort va bientôt attraper ses membres.

14 « On l'arrache de chez lui où il vit en sécurité,
et on l'emmène vers le roi du monde des morts.
15 Quelqu'un peut habiter dans sa maison, elle n'est plus à lui,
on répand du soufre[n] sur ce qu'il possède.
16 Alors, comme un arbre qui meurt,
en bas, ses racines sèchent, en haut, ses branches se fanent.

*

17 « Dans le pays, les gens ne se souviennent plus de lui,
ils ne disent plus son nom nulle part.
18 Ils le poussent de la lumière vers la nuit,
ils le chassent de la terre.

19 « Dans son peuple, il n'a pas d'enfant pour prendre sa place,
personne ne restera en vie après lui, dans toute sa famille.
20 Tout le monde s'étonne de ce qui lui arrive.
D'est en ouest, tous tremblent de peur.
21 Ils disent : "Voilà tout ce qui reste de cet homme mauvais et de sa famille.
Ici, c'était un endroit où on ne connaissait pas Dieu." »

Réponse de Job : Tout le monde m'a abandonné, mais, à la fin, mon défenseur agira

19 1 Alors Job a répondu à ses amis :

2 « Vous allez me faire souffrir jusqu'à quand ?
Jusqu'à quand allez-vous me détruire par vos paroles ?
3 Vous m'avez insulté trop souvent.
Vous n'avez pas honte de me torturer ?

4 « Vous dites que je me suis trompé.
Eh bien, même si c'est vrai, cette erreur est mon affaire.

n **18.15** *Le soufre est un produit, souvent sous forme de poudre, qui détruit la végétation.*

5 En fait, vous me reprochez ce malheur qui m'arrive,
et ainsi, vous voulez avoir raison contre moi.
6 Pourtant, vous devez le savoir, c'est Dieu qui a été injuste avec moi
et qui m'a fait tomber dans son piège.

*

7 « Je peux crier contre cette violence, personne ne répond.
J'appelle au secours, personne ne me fait justice.
8 Dieu me barre la route pour m'empêcher de passer,
il me laisse dans la nuit.
9 Il m'a enlevé mon honneur,
il m'a retiré ce qui me rendait fier.

10 « Il me démolit complètement, j'ai déjà un pied dans la tombe.
Il a arraché tout mon espoir comme on arrache les racines d'un arbre.
11 Il brûle de *colère contre moi,
il me considère comme son ennemi.
12 Ses bandes de tueurs viennent toutes ensemble,
elles arrivent jusqu'à moi et s'installent autour de ma tente pour m'attaquer.

*

13 « Mes parents, Dieu les a éloignés de moi.
Ceux qui me connaissent font tout pour m'éviter.
14 Ceux qui sont proches de moi ont disparu,
et mes amis m'ont oublié.
15 Mes invités et mes servantes me traitent comme un étranger.
Pour eux, je suis quelqu'un de gênant.
16 J'appelle mon serviteur, il ne répond pas,
même quand je le supplie.

17 « Ma femme ne supporte plus mon odeur,
et je dégoûte mes propres frères.
18 Même les petits enfants me méprisent.
Quand je me mets à parler, ils se moquent de moi.
19 Tous mes meilleurs amis me détestent,
tous ceux que j'aimais se tournent contre moi.
20 Je n'ai plus que la peau et les os
et je suis presque mort.

*

21 « Ayez pitié de moi, ayez pitié de moi, vous, mes amis.
Oui, la main de Dieu m'a frappé !
22 Vous me faites souffrir comme Dieu. Pourquoi donc ?
Est-ce que vous n'êtes pas fatigués de me démolir ?

23 « Je voudrais qu'on mette mes paroles par écrit,
qu'on les inscrive dans un livre.
24 Si seulement on pouvait les graver dans la pierre pour toujours,
avec un ciseau en fer et une pointe de plomb[o] !

*

o **19.24** *Le plomb est un métal. La pointe de plomb peut servir à noircir les lettres gravées dans la pierre.*

25 « Moi, je le sais : mon défenseur est vivant,
et à la fin, il se dressera sur la terre.
26 Après que ma peau sera détruite,
moi-même en personne, je verrai Dieu.
27 Oui, je le verrai moi-même de mes yeux,
c'est moi qui le verrai et non un autre.
Que ce moment arrive vite ! Je brûle d'impatience.

28 « Vous vous demandez peut-être : "Comment poursuivre Job ?
Qu'est-ce que nous allons bien trouver pour lui faire un procès ?"
29 Eh bien, tremblez de peur, vous mourrez par *l'épée.
En effet, vous méritez la mort en me poursuivant de cette manière.
Vous devez le savoir : c'est Dieu qui vous jugera. »

Sofar parle à Job : Le bonheur des gens mauvais ne dure pas

20 1 Sofar de Naama a pris la parole. Il a dit à Job :

2 « Plus je réfléchis, plus j'ai envie de répondre.
Et je perds patience
3 en entendant des reproches qui sont des insultes.
Mais mon intelligence me souffle une réponse.

4 « Depuis toujours,
depuis que l'être humain a été mis sur la terre,
5 la victoire de ceux qui font du mal dure peu de temps,
la joie des gens mauvais est courte. Job, tu ne sais donc pas cela ?

*

6 « Même si l'homme mauvais est aussi haut que le ciel,
si sa tête touche les nuages,
7 il disparaîtra pour toujours, comme ce qui sort de son ventre.
Ceux qui le voyaient diront : "Où est-il ?"

8 « Il s'envole comme un rêve, et on ne le trouve plus,
il disparaît comme une image de la nuit.
9 On avait l'habitude de voir cet homme, on ne le verra plus.
Même là où il habitait, on ne l'apercevra plus.

10 « Il doit rendre ses richesses,
et ses enfants sont obligés de rembourser les pauvres.
11 Il était fort comme un jeune homme,
mais sa force se couche avec lui dans la tombe.

*

12 « Dans la bouche de l'homme mauvais,
le mal est comme une chose sucrée : il la cache sous sa langue,
13 il la suce longtemps,
il la retient dans sa bouche.
14 Mais cette nourriture pourrit dans son ventre
et elle devient du venin de serpent.

15 Il doit vomir les richesses qu'il a prises aux gens.
Dieu les fait sortir de son ventre.
16 Il suçait du venin de serpent.
Il mourra comme un homme mordu par une vipère.

*

17 « L'homme mauvais ne goûtera plus les ruisseaux de miel,
les fleuves, les torrents de crème de lait.
18 Il rendra tout ce qu'il a gagné avant de l'utiliser.
Il ne pourra pas profiter des bénéfices obtenus grâce à son commerce.

19 « Pourquoi ? Parce qu'il a écrasé les pauvres par l'injustice,
il les a abandonnés, il a pris leur maison au lieu de s'en bâtir une.
20 Il en voulait toujours plus,
c'est pourquoi il ne pourra sauver aucun de ses trésors.
21 Son appétit était immense : personne n'y échappait.
c'est pourquoi son bonheur ne durera pas.

*

22 « Quand l'homme mauvais déborde de richesses,
il devient inquiet, et le malheur tombe sur lui.
23 Quand il est en train de se remplir le ventre,
Dieu va lâcher contre lui sa violente *colère.
Elle va pleuvoir sur lui, ce sera sa nourriture.

24 « S'il fuit *l'épée de l'ennemi,
une pointe de bronze le transperce.
25 Il arrache cette flèche qui sort de son dos,
il retire de son foie l'arme pointue qui brille.
La peur de mourir le saisit aussitôt.

*

26 « Ce qui attend l'homme mauvais, c'est la nuit.
Un feu que personne n'a allumé le dévore,
il brûle ce qui reste dans sa tente.
27 Le ciel découvre tout le mal que cet homme a fait,
la terre se dresse contre lui.
28 Une inondation emporte ses biens
le jour où Dieu laisse éclater sa *colère.

29 « Voilà le sort que Dieu réserve aux gens mauvais,
la part qu'il prépare pour eux. »

Réponse de Job : Les gens mauvais échappent au malheur

21 1 Alors Job a répondu à ses amis :

2 « Écoutez bien ce que j'ai à dire,
c'est de cette façon que vous me consolerez.
3 Acceptez que je parle à mon tour.
Quand j'aurai fini, tu pourras te moquer de moi, Sofar.

4 « Moi, est-ce que je me plains d'un être humain ?
Est-ce que je perds patience sans raison ?
5 Regardez-moi bien : vous serez très surpris,
et la main sur la bouche, vous vous tairez.
6 Moi-même, quand je réfléchis à ce qui m'arrive,
je suis effrayé et je tremble de peur.

*

7 « Pourquoi est-ce que les gens mauvais restent en vie ?
Pourquoi ont-ils toujours plus de pouvoir en vieillissant ?
8 Auprès d'eux et en même temps qu'eux,
leurs enfants prennent de l'assurance,
leurs petits-enfants grandissent sous leurs yeux.
9 Chez eux, tout va bien, personne n'a peur,
et le bâton de Dieu ne les frappe jamais.

10 « Leurs taureaux ne sont jamais stériles,
leurs vaches font leurs petits et n'en perdent aucun.
11 Ils laissent courir leurs jeunes garçons comme des moutons,
et leurs petits-enfants dansent librement.
12 Ils chantent avec le *tambourin et la cithare,
ils se réjouissent au son de la flûte.
13 Ils finissent leur vie dans le bonheur,
ils descendent en paix dans le monde des morts.

*

14 « Pourtant, ils disaient à Dieu : "Laisse-nous tranquilles,
nous n'avons pas envie de savoir ce que tu veux !
15 Toi, qu'on appelle le *Tout-Puissant,
qui es-tu, pour que nous soyons tes esclaves ?
Qu'est-ce que nous gagnons à te prier ?"
16 C'est vrai, ces gens-là ne sont pas maîtres de leur bonheur.
Que je n'imite jamais leur façon de vivre !
17 Mais est-ce que nous voyons souvent
la lampe de leur vie s'éteindre tout à coup ?
Nous voyons rarement le malheur tomber sur eux,
et la *colère de Dieu détruire leurs biens.
18 Sont-ils souvent comme la paille emportée par le vent,
comme l'herbe sèche balayée par la tornade ?

*

19 « Or vous, vous dites :
"Ces gens-là, Dieu les punit en punissant leurs enfants."
Il devrait plutôt les punir eux-mêmes, ainsi ils comprendraient !
20 Il faut que les gens mauvais voient eux-mêmes leur malheur,
qu'ils ressentent la colère du Tout-Puissant !
21 En effet, quand ils sont morts, quand leurs années sont finies,
la vie de leurs enfants ne les intéresse plus.

22 « Mais est-ce que quelqu'un va apprendre à Dieu ce qu'il faut faire ?
Est-ce que Dieu ne juge pas les *anges eux-mêmes ?

*

23 « Certains meurent en pleine force.
Jusque-là ils sont heureux et sans souci.
24 Ils sont gros et gras,
encore pleins de vie.
25 D'autres meurent avec un cœur amer,
sans avoir goûté au bonheur.
26 Les uns et les autres sont couchés dans la terre,
couverts de vers.

27 « Oh ! je sais bien ce que vous pensez
et les idées que vous vous faites sur moi.
28 Vous dites : "Où est la maison du dictateur ?
Et celle des gens mauvais ? – Elle n'existe plus !"

*

29 « Mais est-ce que vous n'avez pas interrogé les voyageurs ?
Est-ce que vous refusez de croire ce qu'ils affirment ?
30 Quand le malheur arrive, l'homme mauvais y échappe,
la *colère de Dieu ne le touche pas.
31 Qui peut alors lui faire des reproches en face ?
Qui peut lui rendre ce qu'il a fait ?

32 « Quand cet homme-là meurt, on le conduit au cimetière.
On veille sur sa tombe,
33 et la terre de la vallée lui est légère.
Tout le monde défile derrière lui, devant lui, il y a une grande foule.

*

34 « Que valent vos consolations ? Rien du tout !
Vos réponses ne sont que des mensonges ! »

Élifaz parle à Job : Tu as sûrement fait le mal

22 1 Alors Élifaz de Téman a pris la parole. Il a dit à Job :

2 « Est-ce qu'un être humain peut être utile à Dieu ?
Il est plutôt utile à lui-même, s'il se conduit avec sagesse.
3 Mais que gagne le *Tout-Puissant si tu lui obéis ?
Quel profit pour lui si tu mènes une vie sans reproche ?

4 « À ton avis, s'il te corrige, s'il te fait un procès,
est-ce parce que tu lui es fidèle ?
5 C'est plutôt parce que tu as fait beaucoup de mal
et qu'on ne peut pas compter tes fautes.

*

6 « Par exemple, tu as demandé sans raison des biens à tes frères
comme garantie pour leurs dettes,
tu leur as pris le seul vêtement qu'ils avaient.
7 Tu n'as pas donné d'eau à celui qui avait soif,
tu n'as pas nourri celui qui avait faim.

8 Mais tu as laissé les gens puissants prendre les terres des autres,
et les orgueilleux se sont installés là.
9 Tu as renvoyé les veuves les mains vides
et tu as écrasé les orphelins.

10 « C'est pourquoi des pièges t'entourent,
et tu as peur tout à coup.
11 C'est la nuit, tu ne vois plus rien,
tu es noyé dans le malheur.

*

12 « Dieu est là-haut dans le ciel.
Regarde les étoiles les plus hautes. Elles sont vraiment loin !
13 Alors tu as dit : "Qu'est-ce que Dieu peut savoir ?
Est-ce qu'il peut nous juger à travers les nuages ?
14 Ils sont pour lui un voile épais.
Dieu ne voit rien quand il se promène autour du ciel."

15 « Est-ce que tu veux continuer à marcher sur les chemins d'autrefois,
ceux que les gens mauvais ont toujours suivis ?
16 Ils ont disparu plus tôt que prévu,
comme un mur emporté par un fleuve.

*

17 « Ces gens-là disaient de Dieu : "Qu'il nous laisse tranquilles !
Il est le *Tout-Puissant, mais il ne peut rien contre nous !"
18 Pourtant, c'est lui qui avait rempli leurs maisons de richesses.
Mais je n'imite pas la façon de vivre de ces gens-là.

19 « En voyant ce qui arrive aux gens mauvais,
ceux qui obéissent à Dieu se réjouissent,
et les innocents se moquent d'eux.
20 Ils disent : "Voilà nos ennemis détruits,
le feu a dévoré leurs biens !"

*

21 « Fais donc la paix avec Dieu, et tout ira bien.
Tu connaîtras de nouveau le bonheur.
22 Accepte l'enseignement que Dieu te donne,
et mets ses paroles dans ton cœur.

23 « Si tu reviens vers le Tout-Puissant, il te rendra le bonheur.
Éloigne-toi de tout ce qui est mauvais.
24 Jette ton or par terre
ou abandonne ton or pur parmi les pierres du torrent.
25 Le Tout-Puissant sera pour toi
une montagne d'or et d'argent.

*

26 « Alors tu trouveras ta joie dans le Dieu tout-puissant
et tu le regarderas avec confiance.
27 Quand tu le prieras, il t'écoutera,
et tu pourras faire pour lui ce que tu as promis.

28 Tout ce que tu décideras de faire réussira,
et ta route sera bien éclairée.

29 « Oui, Dieu détruit les projets des orgueilleux,
mais il fait réussir ceux qui sont petits à leurs propres yeux.
30 Il libère du mal ceux qui sont innocents.
Alors conduis-toi bien, et tu seras libre. »

Réponse de Job : Je voudrais bien savoir où Dieu se trouve !

23 1 Alors Job a répondu :

2 « Je suis toujours révolté contre Dieu et je continue à me plaindre.
Pourtant le malheur que Dieu m'envoie est plus grand que ma plainte.
3 Je voudrais bien savoir où Dieu se trouve !
J'irais jusqu'à sa maison !
4 Je lui présenterais ma défense,
j'aurais beaucoup de reproches à lui faire.
5 Je connaîtrais ses réponses,
je comprendrais ce qu'il me dirait.

6 « Est-ce qu'il m'attaquerait brutalement ?
Non, il m'écouterait avec attention.
7 Dieu reconnaîtrait une chose : celui qui discute avec lui est un homme droit.
Et lui, qui est mon juge, me rendrait justice une fois pour toutes.

*

8 « Mais si je vais à l'est, Dieu n'y est pas.
Si je vais à l'ouest, je ne le trouve pas.
9 Est-ce qu'il est occupé au nord ? Je ne le vois pas.
Quand je reviens au sud, je ne l'aperçois pas.

10 « Pourtant, il connaît bien le chemin que je prends.
S'il me fait passer par le feu de la souffrance, j'en sortirai pur comme l'or.
11 J'ai suivi fidèlement ses traces,
j'ai gardé sa route sans m'éloigner.
12 Je ne me suis pas écarté de ses commandements,
j'ai gardé dans mon cœur tout ce qu'il m'ordonnait.

*

13 « Mais c'est lui qui décide. Qui peut le faire changer d'avis ?
Ce qui lui plaît, il le fait.
14 Il réalisera donc jusqu'au bout ce qu'il a décidé contre moi,
et il a beaucoup d'autres idées comme celles-là.
15 C'est pourquoi je suis effrayé devant lui.
Plus je réfléchis, plus j'ai peur de lui.
16 Dieu me décourage,
le Tout-Puissant me fait trembler de peur.
17 Pourtant, malgré la nuit, malgré l'obscurité qui me couvre,
je n'ai pas gardé le silence.

Suite de la réponse de Job : Dieu laisse agir les gens mauvais

24
[1] « Pourquoi est-ce que le *Tout-Puissant n'a pas prévu
des jours pour juger les gens ?
Alors ceux qui sont fidèles à Dieu le verraient agir.
[2] Mais non ! Les gens mauvais déplacent les bornes des champs,
ils volent les troupeaux, puis ils en deviennent les bergers.
[3] Ils emmènent l'âne des orphelins,
ils prennent le bœuf de la veuve comme garantie pour sa dette.

[4] « Ils chassent du chemin les malheureux.
Tous les pauvres du pays n'ont plus qu'à se cacher.
[5] Comme les ânes sauvages dans le désert,
les pauvres partent travailler tôt le matin.
Ils cherchent dans la campagne quelque chose pour nourrir leurs enfants.

*

[6] « Ils doivent couper de l'herbe dans les champs,
et récolter le *raisin dans la vigne de l'homme mauvais.
[7] La nuit, ils sont nus, sans vêtements,
ils n'ont pas de couverture quand il fait froid.
[8] Ils sont trempés par la pluie des montagnes.
Ils sont sans abri et se collent aux rochers.

[9] « Des gens mauvais arrachent l'orphelin au sein de sa mère.
Ils prennent les biens des pauvres comme garantie de leurs dettes.
[10] Ils les obligent à marcher nus, sans vêtements.
Ils leur font porter des *gerbes de blé, et pourtant les pauvres ont faim.
[11] Ceux-ci écrasent des *olives entre deux pierres.
Ils préparent le vin, mais ils ne peuvent pas en boire.

*

[12] « Dans la ville, les gens se plaignent,
les blessés gémissent et appellent à l'aide.
Et Dieu n'entend pas ces choses horribles !

[13] « Les bandits détestent la lumière,
ils n'en connaissent pas le chemin, ils ne le fréquentent pas.
[14] Il fait encore sombre quand l'assassin se lève.
Il tue le pauvre, le malheureux, et pendant la nuit, il vole les gens.

[15] « Le mari qui trompe sa femme attend le soir, lui aussi.
Il se dit : "Personne ne me verra."
Et il met un tissu sur son visage pour se cacher.
[16] Pendant la nuit, le voleur entre dans les maisons.
Pendant le jour, il reste enfermé chez lui et ne connaît pas la lumière.

[17] « Tous ces gens-là ont l'habitude des choses horribles de la nuit.
Alors pour eux, le matin est un moment sombre.

*

18 « Mais vous, vous dites :
Les gens mauvais sont vite emportés à la surface de l'eau.
Les habitants du pays jettent des malédictions sur leurs biens,
et ils ne vont plus travailler dans les champs.
19 Comme la *neige fond au soleil,
de même tous ceux qui ont fait le mal disparaissent dans le monde des morts.
20 Les femmes qui les ont mis au monde les oublient,
et les vers les dévorent avec plaisir.
Personne ne parle plus jamais de ces gens-là,
mais leur méchanceté est brisée comme un arbre tombé.

21 « Ils ont fait souffrir les femmes qui ne pouvaient pas avoir d'enfants,
ou bien ils ont été durs avec les veuves.
22 Mais Dieu est assez fort pour chasser les dictateurs.
Quand Dieu se lève, ces gens-là ne sont plus sûrs de rester en vie.
23 Pourtant, il leur permet de se croire en sécurité,
mais il surveille leur conduite.
24 Les gens mauvais se redressent un petit moment, puis ils disparaissent.
Ils tombent comme une plante coupée, ils sèchent comme des épis récoltés.

25 « Est-ce que c'est faux ? Qui me traitera de menteur ?
Qui peut effacer ce que j'ai dit ? »

Bildad parle : L'être humain n'est rien devant Dieu

25 1 Bildad de Chouha a pris la parole. Il a dit à Job :

2 « Dieu possède un pouvoir immense et terrible.
Il fait la paix jusqu'au sommet du ciel.
3 Est-ce qu'on peut compter ses armées ?
Est-ce que son soleil ne brille pas sur tous ?

4 « Comment un être humain peut-il se croire sans défaut devant lui ?
Comment l'enfant d'une femme peut-il se croire *pur ?
5 Pour Dieu, la lumière de la lune est faible,
et celle des étoiles n'est pas claire.
6 Alors que dire des humains ?
À ses yeux, ils ne sont que des vers de terre, de pauvres insectes ! »

Réponse de Job à Bildad : Tu parles pour ne rien dire !

26 1 Alors Job a répondu à Bildad :

2 « Tu sais vraiment bien aider le faible,
celui qui n'a plus de force !
3 Tu sais vraiment bien conseiller ceux qui manquent de sagesse,
et répandre ta science un peu partout !
4 Mais ces discours sont pour qui ?
Qui te les souffle ? »

Suite de la réponse de Job : Dieu est le maître de tout

5 « Sous la mer et tous ses habitants,
les morts tremblent de peur.
6 En effet, le monde des morts n'a pas de secret pour Dieu,
et aucun voile ne le cache à ses yeux.

7 « C'est Dieu qui étend le nord du ciel sur le vide,
qui suspend la terre sur rien du tout.
8 Il enferme la pluie dans les nuages,
et les nuages ne se déchirent pas sous son poids.
9 Il cache le visage de la pleine lune
en le couvrant de brume.

*

10 « Il a tracé un cercle sur les mers,
là où la lumière laisse place à la nuit.
11 Quand Dieu menace, les piliers du ciel sont secoués,
et le ciel tremble de peur.

12 « Grâce à sa force, Dieu a vaincu la mer,
grâce à son intelligence, il a écrasé Rahab, le méchant Animal de l'eau[p].
13 Son souffle a balayé le ciel,
sa main a percé Léviatan, le serpent fuyard[q].
14 Tout cela, ce n'est que l'extérieur de ses actions,
et d'elles, nous n'entendons qu'un bruit léger.
Mais le tonnerre de ses exploits, qui peut le comprendre ? »

Suite de la réponse de Job : Je suis innocent

27 1 Job a continué son discours en disant :

2 « Par le Dieu vivant qui ne veut pas me faire justice,
par le *Tout-Puissant qui a rendu mon cœur amer, je le jure :
3 tant que je pourrai respirer,
tant que le souffle de Dieu sera dans mes narines,
4 je ne dirai rien de faux,
ma bouche n'exprimera aucun mensonge.

5 « Je n'accepterai jamais de vous donner raison !
Jusqu'à ma mort, je dirai toujours que je suis innocent.
6 J'affirme avec force que ma conduite est *juste,
et je ne dirai jamais le contraire.
Ma vie ne me fait pas honte, ma *conscience ne me reproche rien.

*

---

p **26.12** *Voir Job 7.12 et la note.*

q **26.13** *Le serpent fuyard : voir Job 3.8 et la note.*

7 « C'est mon ennemi qui doit être traité comme l'homme mauvais !
C'est mon adversaire qui doit finir comme celui qui fait le mal !
8 En effet, quel espoir reste à l'homme mauvais
quand Dieu coupe ou arrache le fil de sa vie ?
9 Est-ce que Dieu entend ses cris
quand le malheur tombe sur lui ?
10 Est-ce qu'il trouvait sa joie dans le Tout-Puissant ?
Est-ce qu'il passait son temps à faire appel à lui ? Sûrement pas !

11 « Moi, je vous apprends comment Dieu agit,
je ne vous cache pas ce qu'il pense au fond de lui-même.
12 Vous avez tous vu cela vous-mêmes.
Alors pourquoi ces discours qui ne veulent rien dire ? »

Le sort que Dieu réserve aux gens mauvais

13 « Voici le sort que Dieu réserve aux gens mauvais,
la part que les dictateurs recevront du *Tout-Puissant[r].
14 S'ils ont beaucoup de fils, ils mourront à la guerre,
et leurs enfants n'auront rien à manger.
15 Ceux qui resteront en vie, une épidémie de peste les emportera,
et leurs veuves ne pourront pas les pleurer.

16 « S'ils entassent de l'argent comme de la poussière,
et des vêtements comme de la boue,
17 qu'ils continuent !
C'est un homme fidèle à Dieu qui mettra leurs vêtements,
c'est une personne honnête qui héritera de leur argent.

*

18 « La maison que les gens mauvais ont bâtie n'est pas solide,
elle est fragile comme l'abri d'un gardien.
19 Quand ils se couchent,
ils sont encore riches, mais c'est la dernière fois.
Quand ils se réveillent,
il n'y a plus rien.
20 La peur les surprend comme l'eau qui déborde.
Pendant la nuit, la tornade les emporte.
21 Un vent violent les soulève et les entraîne au loin,
il les arrache de leur maison.

22 « Dieu tire ses flèches sur les gens mauvais sans aucune pitié.
Ils doivent fuir devant ses mains menaçantes.
23 On applaudit en voyant que ces gens-là sont détruits.
Partout où ils étaient, on siffle de plaisir. »

---

r **27.13** *Le texte ne dit pas qui parle dans les versets 13 à 23, qui développent les mêmes idées que les amis de Job. Certains pensent qu'il s'agit du troisième discours de Sofar.*

D'où vient la Sagesse ?

28

[1] C'est vrai, il y a des mines pour l'argent
et des endroits où l'or est *purifié.
[2] On tire le fer du sol
et, pour avoir du cuivre, on fait fondre des pierres.

[3] Sous terre, les mineurs apportent la lumière.
Ils vont chercher le minerai[s] sombre et noir le plus loin possible.
[4] Ils percent des passages loin des lieux habités.
Loin des humains, là où personne ne se promène,
les mineurs se balancent, pendus à des cordes.

[5] La nourriture sort du sol,
mais le ventre de la terre est bouleversé comme par un feu.
[6] Ses pierres contiennent le saphir[t],
dans sa poussière, on découvre l'or.
[7] L'aigle ne connaît pas ces chemins sous la terre,
les grands oiseaux ne les ont jamais vus.
[8] Les bêtes sauvages n'y sont jamais venues,
le lion ne s'y est jamais promené.

[9] Mais les humains attaquent la pierre dure,
et ils creusent les montagnes jusqu'à la racine.
[10] Dans les rochers, ils percent plusieurs couloirs,
et ils voient de leurs yeux tout ce qui est précieux.
[11] Ils sèchent les sources d'eau
et ils amènent à la lumière les richesses cachées.

*

[12] Mais la Sagesse[u], où peut-on la trouver ?
Et l'intelligence, où est sa source ?
[13] Les humains n'en connaissent pas le prix,
et on ne la trouve pas au pays des vivants.
[14] L'océan dit : « Elle n'habite pas ici »,
et la mer affirme : « Elle n'est pas chez moi. »

[15] On ne peut pas l'échanger contre un morceau d'or pur,
on ne peut pas l'acheter avec beaucoup d'argent.
[16] L'or le plus pur,
la cornaline[v] précieuse ou le saphir n'ont pas sa valeur.

---

s **28.3** *Le minerai est la terre ou la pierre qui contient les métaux.*

t **28.6** *Le saphir est une pierre précieuse, transparente et bleue.*

u **28.12** *La Sagesse permet de savoir comment il faut conduire sa vie. Elle permet aussi de comprendre comment le monde fonctionne. Comme le livre des Proverbes, Job 28 présente la sagesse comme une personne. Voir Proverbes 1.20 et 8.1.*

v **28.16** *La cornaline est une pierre précieuse rouge portant des raies en forme de cercles.*

17 Ni l'or ni le verre ne peuvent être comparés à la Sagesse.
On ne peut l'obtenir contre une *coupe d'or pur.
18 Ne parlons même pas du corail et du cristal[w].
La valeur de la Sagesse dépasse celle des perles.
19 La topaze[x] *éthiopienne ne peut lui être comparée,
même l'or pur n'a pas sa valeur.

*

20 Mais d'où vient la Sagesse ?
Et l'intelligence, où est sa source ?
21 Elle se cache aux yeux de tous les vivants,
les oiseaux du ciel ne la voient pas.
22 La mort et le monde des morts disent :
« Oui, nous avons entendu parler d'elle. »
23 Mais c'est Dieu qui en connaît le chemin,
il sait où elle habite.
24 C'est lui qui regarde jusqu'au bout du monde
et il voit tout ce qui est sous le ciel.
25 En effet, c'est lui qui a donné sa force au vent,
il a mesuré la quantité de l'eau,
26 il a fixé une limite à la pluie,
et un chemin au tonnerre qui gronde.
27 À ce moment-là, Dieu a vu la Sagesse et il l'a appréciée.
Il l'a remarquée et il a voulu voir ce qu'elle valait.
28 Ensuite, il a dit aux êtres humains :
« Respecter le Seigneur, voilà la Sagesse !
Fuir le mal, voilà l'intelligence ! »

Job parle encore : Qui me fera revivre le bonheur passé ?

29 1 Job a continué son discours en disant :

2 « Qui me fera revivre les mois passés,
ces jours où Dieu veillait sur moi ?
3 Sa lampe brillait alors au-dessus de ma tête,
et sa lumière me guidait dans la nuit.

4 « Qui me rendra les jours de mon âge mûr,
quand Dieu veillait en ami sur ma maison ?
5 À cette époque, le *Tout-Puissant était encore avec moi,
et mes fils m'entouraient.
6 Mes richesses débordaient comme un fleuve,
des ruisseaux d'huile coulaient de mon pressoir[y].

*

w **28.18** *Le corail est une sorte de pierre rouge ou blanche. Le cristal est du verre très fin.*

x **28.19** *La topaze est une pierre précieuse transparente et jaune.*

y **29.6** *Un pressoir est une grande cuve dans laquelle on écrase des olives pour en tirer de l'huile.*

7 « Quand j'allais vers la *porte de la ville,
pour m'asseoir sur la place publique,
8 les jeunes gens, en me voyant, se retiraient.
Les vieillards se levaient et restaient debout.
9 Les gens importants arrêtaient de parler
et posaient la main sur leur bouche.
10 Les chefs parlaient plus bas
et devenaient silencieux.

*

11 « Ceux qui m'entendaient me félicitaient,
et ceux qui me voyaient disaient du bien de moi :
12 je sauvais les pauvres qui appelaient au secours,
et les orphelins que personne n'aidait.
13 Ceux qui mouraient me donnaient leur *bénédiction,
et je rendais la joie au cœur des veuves.
14 Pour moi, le sens de la *justice était comme un vêtement,
le respect des lois me servait de turban.
15 J'étais devenu les yeux de l'aveugle,
les pieds du paralysé.
16 J'étais un père pour les malheureux,
j'étudiais à fond l'affaire d'un étranger.
17 Mais je cassais la mâchoire aux gens mauvais,
j'arrachais de leurs dents ce qu'ils avaient pris.

*

18 « Je me disais : "Je mourrai dans mon nid.
Comme l'oiseau Phénix[z], je revivrai longtemps.
19 Je suis comme un arbre qui plonge ses racines dans l'eau.
Et les gouttes d'eau de la nuit se posent sur mes branches.
20 Je resterai sans cesse couvert d'honneur,
ma force restera toujours neuve comme un arc bien tendu."

*

21 « À cette époque-là, les gens m'écoutaient, ils attendaient,
ils se taisaient pour entendre mon avis.
22 Quand j'avais fini de parler, ils ne discutaient pas,
mes paroles tombaient sur eux, l'une après l'autre.

23 « Ils m'attendaient comme on attend la pluie.
Ils ouvraient la bouche, comme pour recevoir les premières gouttes d'eau.
24 Ils cherchaient à lire sur mon visage un signe de bonté.
Quand je leur souriais, ils n'osaient pas y croire.
25 J'étais leur chef, je leur montrais le chemin à suivre.
Je vivais au milieu d'eux, comme un roi parmi ses soldats,
comme celui qui console les malheureux. »

z **29.18** *Cet oiseau existe seulement dans des récits anciens. Ceux-ci racontent qu'il a vécu plusieurs centaines d'années. Il est mort, brûlé dans son nid, et ensuite il est redevenu vivant.*

Job parle encore :
Maintenant j'ai une vie de souffrance

30

1 « Mais maintenant, des jeunes qui n'ont pas mon âge se moquent de moi.
Pourtant, autrefois, je trouvais que leurs pères n'étaient pas dignes
d'aller avec les chiens de mon troupeau.
2 D'ailleurs ils manquaient de force,
ils ne m'auraient servi à rien.

3 « La faim et la misère les avaient rendus faibles
et ils cherchaient quelque chose à manger dans une vaste région triste et vide.
4 Ils cueillaient de l'herbe salée près des buissons,
ils mangeaient les racines des plantes.

5 « Tout le monde les chassait,
les gens criaient sur eux comme sur des voleurs.
6 Alors ils habitaient sur les pentes de chaque côté des torrents,
dans les fossés et les abris des rochers.
7 Ils étaient entassés sous les buissons,
on les entendait crier comme des ânes au milieu des épines.
8 C'étaient des espèces de fous, qui ne valaient rien.
On les chassait du pays à coups de bâton.

*

9 « Et maintenant, ils font des chansons sur moi,
ils racontent une foule de choses à mon sujet.
10 Je les dégoûte, et ils s'éloignent de moi.
Ou bien ils me crachent au visage sans se gêner.
11 Puisque Dieu m'a enlevé mes forces et m'a jeté à terre,
ils se conduisent très mal envers moi.

12 « Pour m'accuser, une bande de gens qui ne valent rien se lèvent.
Ils cherchent à me faire tomber,
ils lancent leur attaque contre moi pour me perdre.
13 Ils ont fermé toutes les portes,
ils veulent me détruire,
aucun d'eux n'a besoin d'aide.
14 Ils ont fait un large trou dans le mur qui me protégeait,
et ils arrivent jusqu'à moi à travers les tas de pierres.

*

15 « La peur tombe sur moi, elle chasse mon honneur comme un coup de vent.
Mon bonheur disparaît comme un nuage.
16 Et maintenant, ma vie s'en va,
je passe mes jours dans le malheur.

17 « La nuit, la souffrance m'atteint jusqu'aux os,
elle m'empêche de dormir.
18 Dieu m'a saisi brutalement par mon vêtement,
il me serre le cou comme un col trop étroit.

19 Il m'a jeté dans la boue,
je suis comme la poussière et la cendre.

*

20 « Mon Dieu, je crie vers toi, et tu ne réponds pas.
Je me tiens devant toi, mais tu ne fais pas attention à moi.
21 Tu es devenu cruel avec moi,
tu m'attaques de toutes tes forces.

22 « Tu m'emportes, tu me fais galoper avec le vent,
et l'orage me secoue violemment.
23 Oui, je le sais, tu m'emmènes vers la mort,
au rendez-vous de tous les vivants.
24 Mais si quelqu'un est brisé, est-ce qu'il ne tend pas la main ?
Dans le malheur, est-ce qu'on n'appelle pas au secours ?

*

25 « Est-ce que je n'ai pas pleuré sur ceux qui ont une vie difficile ?
Mon cœur s'est toujours serré en voyant les malheureux.
26 Je comptais sur le bonheur, c'est le malheur qui est arrivé.
J'attendais la lumière, c'est la nuit qui est venue.

*

27 « Je suis sans cesse bouleversé
par cette vie de souffrance qui est la mienne.
28 Je marche, l'air sombre : pas de lumière pour moi !
Même devant les autres, je crie au secours.
29 Par mes cris, je suis devenu le frère des chacals
et le compagnon des autruches.

30 « Ma peau est complètement sèche et se détache,
la fièvre me brûle jusqu'aux os.
31 Ma *harpe joue seulement des airs de deuil,
ma flûte accompagne le chant des pleureuses. »

Job redit qu'il n'a rien fait de mal

31 1 « J'avais interdit à mes yeux
de regarder une jeune fille en la désirant.
2 Heureusement !
Sinon, de là-haut, qu'est-ce que Dieu m'aurait fait ?
Comment le *Tout-Puissant m'aurait-il traité depuis le *ciel ?
3 En effet, le malheur tombe sur l'homme mauvais,
et ceux qui agissent mal ont beaucoup d'ennuis.
4 Or, Dieu voit bien ma conduite
et il compte tous mes pas.

*

5 « Est-ce que j'ai l'habitude de mentir ?
Est-ce que je trompe facilement les autres ?
6 Que Dieu me juge avec justice !
Alors il verra que je suis innocent.
7 Est-ce que mes pas ont jamais quitté le bon chemin ?

Est-ce que mon cœur a suivi le désir de mes yeux ?
Est-ce que mes mains sont salies par une action mauvaise ?
8 Si c'est le cas, alors qu'un autre mange ce que j'ai semé,
qu'on arrache mes jeunes plantes du sol !

*

9 « Est-ce que mon cœur s'est laissé entraîner par une femme ?
Est-ce que je l'ai attendue en cachette à la porte de mon voisin ?
10 Si c'est le cas, alors que ma femme écrase le grain pour quelqu'un d'autre,
et que des étrangers s'unissent à elle !

11 « En effet, mon infidélité serait une chose horrible,
un crime qu'un juge devrait punir.
12 Ma faute serait alors comme un feu qui me brûlerait jusqu'à me détruire
et ferait disparaître tous mes biens.

*

13 « Quand mon serviteur ou ma servante ont eu des difficultés avec moi,
j'ai toujours respecté leurs droits.
14 Sinon, qu'est-ce que je ferai quand Dieu me jugera ?
Qu'est-ce que je répondrai quand il fera son enquête ?
15 En effet, c'est le même Dieu
qui nous a tous formés dans le ventre de notre mère, eux et moi.

*

16 « Est-ce que j'ai refusé de donner aux pauvres ?
Est-ce que j'ai laissé la veuve dans la misère ?
17 Est-ce que j'ai mangé tout seul ma nourriture,
sans partager avec l'orphelin ?
18 Au contraire, depuis ma jeunesse, j'ai élevé l'orphelin comme mon fils.
Depuis toujours, j'ai conseillé la veuve.

19 « Est-ce que j'ai laissé un malheureux sans vêtements,
un pauvre sans habits ?
20 Au contraire, je leur donnais un vêtement chaud
fait avec la laine de mes moutons, et ils me disaient merci.

21 « Est-ce que j'ai menacé un orphelin au tribunal,
en sachant que tous les juges me donneraient raison ?
22 Si j'ai fait cela, que mon épaule s'arrache de mon dos
et que mon bras se casse au coude !
23 Oui, j'avais trop peur que Dieu m'envoie un malheur,
et de ne jamais pouvoir paraître devant lui.

*

24 « Est-ce que j'ai mis ma confiance dans l'or ?
Est-ce que j'ai pensé : "Voilà ma sécurité." Jamais !
25 Est-ce que je me suis réjoui de ma grande fortune,
de toutes les richesses que j'avais gagnées ? Jamais !

26 « Quand j'ai vu le soleil éclatant de lumière,
et la lune avançant dans toute sa beauté,
27 mon cœur ne s'est pas laissé entraîner en secret.

Je ne les ai jamais pris pour des dieux, je ne les ai jamais adorés.
28 Ce serait encore un crime qu'un juge devrait punir.
En effet, j'aurais été infidèle au Dieu très-haut.

*

29 « Est-ce que je me suis réjoui quand mon ennemi avait des difficultés ?
Est-ce que j'ai dansé de joie quand le malheur l'a frappé ?
30 Je n'ai même pas osé pécher
en souhaitant sa mort par une malédiction.
31 Ceux que je recevais chez moi disaient :
"Chez Job, tous mangent de la viande autant qu'ils veulent."
32 L'étranger ne passait jamais la nuit dehors,
ma maison était toujours ouverte au voyageur.

*

33 « Beaucoup de gens cachent leurs fautes
et les gardent dans le secret de leur *conscience.
Est-ce que j'ai fait comme eux ?
34 Je n'ai jamais eu peur du jugement des autres.
Ils pouvaient se moquer de moi, cela ne m'a jamais effrayé,
cela ne m'a jamais fermé la bouche, ni empêché de sortir.

*

35 « Ah ! si quelqu'un pouvait m'écouter ! Voilà mon dernier mot !
Maintenant, c'est au Tout-Puissant de répondre !
Et l'acte d'accusation que mon adversaire a écrit,
36 je le porte fièrement sur mon épaule,
je le mets sur ma tête comme une couronne.
37 Je rendrai compte à Dieu de tous mes pas,
je m'avancerai vers lui comme un chef.

*

38 « Est-ce que les champs se plaignent de moi ?
Est-ce que leurs propriétaires ont quelque chose à me reprocher ?
39 Est-ce que j'ai mangé leurs récoltes sans payer ?
Est-ce que j'ai été injuste avec eux ?
40 Si c'est le cas,
alors que la terre produise des buissons d'épines à la place du *blé,
qu'elle fasse pousser des chardons à la place de *l'orge ! »

*

C'est ici que Job s'est arrêté de parler.

LE DISCOURS D'ÉLIHOU
32–37

32 1 Élifaz, Bildad et Sofar ont cessé de
répondre à Job, car celui-ci pensait
qu'il était innocent. 2 Cela a mis en colère
un homme appelé Élihou, fils de Barakel, de
la tribu de Bouz, du clan de Ram. Il était en
colère contre Job parce que celui-ci se trouvait
plus *juste que Dieu. 3 Il était aussi en colère
contre ses trois amis. En effet, ceux-ci
n'avaient pas su répondre à Job, et ainsi, ils
avaient donné tort à Dieu. 4 Élihou a attendu
avant de parler, parce que les autres étaient
plus âgés que lui. 5 Mais quand il a vu que
ces trois hommes n'avaient plus de réponse
à donner, sa colère a éclaté.

Élihou explique pourquoi il doit parler

6 Élihou, fils de Barakel, de la tribu de Bouz, a pris la parole. Il a dit :
« Je suis encore jeune, et vous, vous êtes des gens âgés.
C'est pourquoi j'avais peur de vous présenter ce que je sais.
7 Je me disais : "C'est aux anciens de parler,
c'est aux gens âgés d'enseigner la sagesse."

8 « En fait, ce qui rend un homme intelligent,
c'est l'esprit, le souffle du *Tout-Puissant.
9 Le nombre d'années ne donne pas la sagesse,
la vieillesse ne fait pas reconnaître ce qui est juste.
10 C'est pourquoi je vous demande de m'écouter :
je vais vous présenter ce que je sais, moi aussi.

*

11 « Jusqu'ici, j'ai attendu la fin de vos discours,
j'ouvrais l'oreille à vos idées, pendant que vous cherchiez vos mots.
12 Je vous ai écoutés très attentivement.
Et aucun de vous n'a vraiment répondu à Job,
aucun n'a su critiquer ce qu'il disait.

13 « Ne dites donc pas : "Voilà la solution :
c'est Dieu qui peut avoir raison contre lui, ce n'est pas nous."
14 Ce n'est pas à moi que Job a parlé,
et je ne veux pas lui répondre comme vous l'avez fait.

*

15 « Vous êtes abattus,
vous n'avez plus rien à dire, les mots vous manquent.
16 J'ai attendu.
Mais puisque vous ne parlez plus, puisque vous avez arrêté de répondre,
17 je vais prendre la parole à mon tour.
Je vais présenter ce que je sais, moi aussi.
18 J'ai beaucoup à dire,
quelque chose au-dedans de moi m'inspire de parler.
19 Cela bouillonne en moi comme du vin nouveau qui cherche à sortir
et fait éclater les *outres neuves.
20 Laissez-moi parler, je respirerai mieux.
J'ouvrirai la bouche et je répondrai.
21 Je ne prendrai le parti de personne
et je ne ferai de compliments à aucun de vous.
22 D'ailleurs, je ne sais pas flatter les gens,
et si je le faisais, mon Créateur me ferait rapidement disparaître. »

Élihou affirme que Dieu parle aux humains

33

1 « Toi, Job, écoute ce que j'ai à te dire,
ouvre l'oreille à toutes mes paroles.
2 Vois, j'ouvre la bouche,

et les mots sont prêts à sortir.
3 Je vais te parler avec sincérité
et je te dirai clairement ce que je sais.
4 C'est l'esprit de Dieu qui m'a fait,
c'est le souffle du *Tout-Puissant qui me donne la vie.

5 « Si tu peux, réponds-moi, résiste-moi,
combats mes idées !
6 Je suis un homme comme toi devant Dieu,
j'ai été fait avec de l'argile, moi aussi.
7 Tu n'as donc aucune raison de trembler devant moi.
Ne pense pas non plus que je désire t'écraser de mon pouvoir.

*

8 « J'ai encore à l'oreille le son de ta voix
quand tu disais et répétais :
9 "Moi, je suis *pur et sans péché.
Je suis vraiment innocent.
10 Mais Dieu invente contre moi des reproches,
il me considère comme un ennemi.
11 Il me met des chaînes aux pieds
et il surveille tous mes pas."

12 « Je dois te dire ceci, Job : là, tu n'as pas raison.
En effet, Dieu est plus grand que les humains.
13 Alors pourquoi lui faire des reproches
parce qu'il ne répond pas aux questions que tu lui poses ?

*

14 « Pourtant Dieu parle de différentes manières,
mais personne n'y fait attention.
15 Il parle la nuit par des rêves, par des visions,
quand un profond sommeil saisit les humains
et qu'ils dorment sur leur lit.

16 « Il ouvre leurs oreilles,
il les avertit une bonne fois pour toutes :
17 il veut détourner les humains de leurs manières d'agir
et les empêcher d'être orgueilleux.
18 Ainsi, il préserve leur vie de la tombe,
il les empêche de suivre le couloir qui conduit au monde des morts.

*

19 « Mais Dieu corrige aussi l'être humain
par la maladie qui le garde couché :
alors il tremble de fièvre sans arrêt,
20 il est dégoûté de la nourriture,
il n'a plus d'appétit pour les bons plats.
21 Il est très maigre.
On ne voit plus que ses os.
22 Il a déjà un pied dans la tombe,
sa vie est au pouvoir de ceux qui font mourir.

23 « Mais un *ange se trouve peut-être près de ce malade,
un intermédiaire de Dieu pris entre mille, qui lui rappelle son devoir.
24 L'ange a pitié de lui et dit à Dieu :
"Évite-lui de descendre dans la tombe :
j'ai trouvé le moyen de le délivrer."

*

25 « Alors le malade retrouve des forces neuves,
il revient à la période de sa jeunesse.
26 Il prie Dieu qui l'écoute avec bonté.
Il se présente devant lui avec joie, parce que Dieu l'a sauvé.

27 « Il se met à chanter devant tout le monde en disant :
"J'étais coupable, je n'avais pas respecté les lois.
Mais Dieu ne m'a pas puni comme je le méritais.
28 Il m'a évité de descendre dans la tombe,
je suis bien vivant et je vois la lumière."

*

29 « Dieu accomplit tout cela pour les humains,
et il le fait souvent.
30 Il veut ainsi arracher leur vie à la tombe
et faire briller sur eux la lumière des vivants.

31 « Sois attentif, Job, écoute-moi bien.
Tais-toi, j'ai encore à te parler.
32 Si tu as quelque chose à dire, réponds-moi.
Parle, car je voudrais te donner raison.
33 Si tu n'as rien à dire, écoute-moi.
Garde le silence, et je t'apprendrai la sagesse. »

Élihou accuse Job

34 1 Élihou a continué à parler. Il a dit :

2 « Vous qui êtes des sages, écoutez ce que je dis.
Vous qui avez de l'expérience, ouvrez vos oreilles.
3 Oui, l'oreille goûte les paroles
comme la bouche goûte la nourriture.
4 Cherchons ensemble ce qui est juste,
examinons ensemble ce qui est bien.

*

5 « Job a dit : "Je suis innocent,
mais Dieu ne me fait pas justice.
6 Quand il me juge, il ment.
Je n'ai pas péché, et pourtant, il m'a blessé à mort."

7 « Ce Job, c'est qui ?
Il insulte Dieu aussi facilement qu'il boit de l'eau.
8 Il va avec ceux qui font du mal,
il se met du côté des gens mauvais.

9 En effet, il a dit :
"Les gens n'ont aucun avantage à essayer de plaire à Dieu."

*

10 « Vous qui avez du bon sens, écoutez-moi !
Dieu est absolument incapable de faire le mal,
le *Tout-Puissant ne peut pas être injuste !
11 Mais il donne aux humains ce qu'ils méritent,
il traite chacun d'après sa conduite.

12 « Oui, c'est vrai, Dieu n'agit jamais mal,
le Tout-Puissant ne fausse pas la justice.
13 Si c'était le cas, qui lui aurait confié la terre ?
Or, il est le seul à être responsable du monde entier.
14 Si Dieu ne pensait qu'à lui-même,
s'il reprenait pour lui le souffle de la vie,
15 les êtres vivants mourraient tous en même temps,
et les humains redeviendraient de la poussière.

*

16 « Si tu es intelligent, Job, écoute ceci,
fais très attention à mes paroles.
17 Est-ce que Dieu peut vraiment diriger le monde s'il déteste ce qui est juste ?
Est-ce que tu oses condamner la seule personne vraiment juste et puissante ?
18 Il est le seul qui peut traiter un roi de "bon à rien",
le seul qui peut dire aux grands de ce monde : "Vous êtes des bandits."
19 Lui ne prend pas le parti des chefs,
il ne traite pas mieux un riche qu'un pauvre.
En effet, il les a créés tous les deux.
20 Les grands meurent tout à coup au milieu de la nuit :
le peuple se révolte, et les dirigeants sont tués.
Les dictateurs sont supprimés sans effort.
21 Oui, Dieu surveille la conduite des humains,
il voit tout ce qu'ils font.
22 Il n'y a pas de nuit ou d'ombre assez obscure
pour cacher ceux qui font le mal.

*

23 « Dieu n'a pas besoin d'appeler quelqu'un
pour l'amener devant son tribunal.
24 Il brise les puissants sans faire d'enquête
et il en met d'autres à leur place,
25 car il sait ce qu'ils font.
Il les renverse pendant la nuit, et les voilà par terre.
26 Il les gifle devant tout le monde,
comme des criminels.

27 « Ces gens-là n'ont pas voulu suivre Dieu,
ils n'ont pas compris ses enseignements.
28 Ainsi, ils ont poussé les pauvres à crier vers lui.
Et Dieu entend les cris des malheureux !

*

29 « Au contraire, si Dieu reste silencieux, qui le condamnera ?
S'il cache son visage, qui le verra malgré tout ?
Pourtant, il prend soin des pays et de leurs habitants.
30 Il n'accepte pas comme dirigeant un homme mauvais,
quelqu'un qui trompe le peuple.

31 « Supposons ceci : Quelqu'un dit à Dieu :
"Je suis coupable, je ne ferai plus de mal.
32 Fais-moi connaître les fautes que je n'ai pas découvertes.
Si j'ai mal agi, je ne recommencerai plus."
33 À ton avis, est-ce que Dieu doit le punir ? Tu t'en moques, je le sais.
Puisque c'est toi qui décides et non pas moi, dis donc ce que tu sais.

*

34 « Les gens intelligents
et les sages qui m'ont écouté me diront :
35 "Job parle sans rien connaître.
Ses paroles ne sont pas raisonnables.
36 Il parle comme un homme mauvais,
donc il faut examiner son cas encore plus attentivement.
37 En effet, non seulement il a péché, mais de plus, c'est un révolté.
En multipliant ses attaques contre Dieu, il répand le doute parmi nous." »

Élihou affirme que Job parle dans le vide

35 1 Élihou a continué à parler. Il a dit :

2-3 « À ton avis, Job, est-ce que tu as raison quand tu dis à Dieu :
"Si je suis innocent, tu t'en moques !
En tout cas, moi, je n'en retire aucun avantage !"
Est-ce que tu penses vraiment que tu dis la vérité devant Dieu ?
4 Moi, je vais te répondre en quelques mots,
et je vais répondre en même temps à tes amis.

5 « Examine le ciel, regarde les nuages :
ils sont bien au-dessus de toi !
6 Quand tu agis mal, est-ce que tu blesses Dieu ?
Quand tu continues à te révolter, qu'est-ce que cela lui fait ? Rien du tout !
7 Et si tu lui obéis, qu'est-ce qu'il gagne,
qu'est-ce qu'il reçoit de toi ?
8 Le mal que tu commets ne blesse qu'un homme comme toi,
le bien que tu fais ne profite qu'à des humains.

*

9 « Quand les gens sont écrasés par l'injustice, ils se plaignent,
ils crient au secours contre la dictature des puissants.
10 Mais aucun ne demande : "Où est Dieu, qui m'a fait ?
Où est-il, lui qui inspire des chants dans la nuit,
11 qui nous enseigne par les bêtes sauvages,
qui nous apprend la sagesse par les oiseaux ?"

12 « Partout les gens crient au secours
contre les gens mauvais pleins d'orgueil,
mais Dieu ne répond pas.
13 Non, le Dieu tout-puissant n'écoute pas leurs paroles
qui ne veulent rien dire,
il n'y fait pas attention.

14 « Il t'écoute encore moins, Job, quand tu dis :
"Je ne vois pas Dieu, il connaît mon cas,
et j'attends toujours."
15 En effet, Dieu ne montre pas sa *colère,
il semble ignorer la révolte humaine.
16 Voici pourquoi : Job ouvre la bouche pour parler dans le vide,
il parle sans arrêt car il est ignorant. »

Élihou explique comment Dieu éduque les humains

36 1 Élihou a continué à parler et il a dit :

2 « Attends encore un peu, Job, et je vais t'apprendre d'autres choses :
je n'ai pas tout dit en faveur de Dieu.
3 Je veux faire connaître ce que je sais aux gens du bout du monde,
pour donner raison à Dieu, mon créateur.
4 C'est la vérité, je ne sais pas mentir,
et c'est quelqu'un de vraiment sage qui est près de toi.

5 « Dieu est puissant, et il ne méprise personne.
Dieu est puissant, et ses décisions sont solides.
6 Il ne laisse pas vivre les gens mauvais,
mais il fait justice aux pauvres.
7 Il ne détourne pas les yeux
de ceux qui lui obéissent.

*

« Dieu a aussi donné le pouvoir aux rois pour qu'ils le gardent.
Mais ils deviennent orgueilleux.
8 Et les voici prisonniers, attachés avec des chaînes,
ils deviennent esclaves du malheur.
9 Dieu leur montre par là le mal qu'ils ont fait,
les fautes qu'ils ont commises à cause de leur orgueil.
10 Il ouvre leurs oreilles pour qu'ils comprennent ce qu'il leur reproche,
il leur demande de se détourner du mal.

11 « S'ils écoutent et obéissent à Dieu,
ils finiront leur vie dans le bonheur, et leurs années dans la joie.
12 S'ils n'écoutent pas,
ils devront passer par le couloir qui conduit au monde des morts,
et ils mourront parce qu'ils n'ont rien compris.
13 Oui, les gens mauvais restent enfermés dans leur colère.
Quand Dieu les attache avec des chaînes, ils ne crient pas au secours.

[14] Ils meurent en pleine jeunesse,
ils finissent comme les jeunes prostitués[a].

*

[15] « Mais Dieu sauve le pauvre par la pauvreté,
il lui ouvre l'oreille par la souffrance.
[16] Autrefois, il t'avait arraché au malheur.
Tu avais tout en abondance, et des plats délicieux couvraient ta table.
[17] Pourtant, tu as été condamné comme les gens mauvais,
et le jugement qui te frappe ne pourra pas être changé.
[18] Que la colère ne te pousse pas à faire de mauvais coups !
Attention ! Ne va pas penser que tu peux acheter Dieu
par des cadeaux magnifiques.
Tu ferais une erreur.
[19] Tes richesses et ton or ne sont pas suffisants,
et toute ta force ne peut t'aider non plus.
[20] Ne compte pas sur la nuit
qui verra les peuples chassés de leur pays.
[21] Évite plutôt de te tourner vers le mal.
En effet, c'est pour cela que tu es dans le malheur. »

Dieu domine tout

[22] « Oui, Dieu est grand par sa puissance.
Qui est capable d'enseigner comme lui ?
[23] Est-ce que quelqu'un lui a déjà montré le chemin à prendre ?
Est-ce que quelqu'un a osé lui dire : "Tu as mal agi" ?
[24] Pense plutôt à reconnaître la grandeur de ses actions.
À cause d'elles, les humains l'honorent par leurs chants.
[25] Tous peuvent voir ce que Dieu a fait
et l'admirer de loin.

*

[26] « Oui, Dieu est grand, et nous ne comprenons pas cela.
Nous ne pouvons pas compter le nombre de ses années.
[27] Il attire à lui les gouttes d'eau,
il les change en brouillard qui retombe en pluie.
[28] Alors les nuages la répandent
et la font tomber sur les habitants de la terre.

[29] « Qui peut comprendre l'action des nuages ?
Comment le tonnerre éclate-t-il dans le ciel ?
[30] Dieu envoie ses éclairs à travers le ciel,
mais les profondeurs des mers restent dans la nuit.
[31] Par les nuages, il juge les peuples[b],

a **36.14** *Jeunes prostitués : il s'agit sans doute de prostitués sacrés. Dans les religions de l'ancien Orient, les visiteurs des lieux sacrés pouvaient s'unir à de jeunes hommes ou à de jeunes femmes. Ils pensaient pouvoir participer ainsi à la vie du dieu de l'endroit et obtenir certains bienfaits.*

b **36.31** *Voici ce qu'Élihou affirme ici : Dieu juge les peuples en commandant aux nuages de retenir ou de faire tomber la pluie.*

il donne la nourriture en abondance.
32 Dans ses mains, il cache les éclairs
et il leur commande de frapper au but.
33 Son tonnerre annonce sa venue,
même les troupeaux savent qu'il arrive.

*

37

1 « C'est pourquoi j'ai le cœur battant,
il saute dans ma poitrine.
2 Écoutez, écoutez donc la voix de Dieu qui tonne,
le roulement qui sort de sa bouche.
3 Il lance ses éclairs à travers le ciel,
d'un bout de la terre à l'autre.

4 « Après cela, la voix de Dieu rugit,
dans sa grandeur, il tonne à pleine voix.
Aussitôt il lance tous ses éclairs.
5 Dieu fait entendre la voix de son tonnerre, quelle merveille !
Oui, Dieu nous fait voir des choses extraordinaires,
il accomplit de grandes choses qui nous dépassent.

*

6 « Il dit à la *neige : "Tombe sur la terre !"
Il envoie des torrents de pluie.
7 À ce moment-là, les humains ne peuvent plus rien faire.
Ils peuvent seulement reconnaître ce que Dieu fait.
8 Les animaux rentrent chez eux
et se couchent dans leurs abris.

9 « La tempête arrive du sud,
et les vents du nord apportent le froid.
10 Par son souffle, Dieu forme la glace,
et l'eau devient dure comme pierre.

*

11 « Il charge les nuages d'humidité,
il les remplit d'éclairs et les envoie de tous côtés.
12 Il les fait tourner en tous sens selon ses projets.
Ainsi, ils accomplissent tous ses ordres dans le monde entier.
13 Dieu envoie les nuages pour punir les peuples de la terre,
ou encore pour leur montrer sa bonté.

*

14 « Job, fais attention à tout cela,
et réfléchis aux actions étonnantes de Dieu !
15 Est-ce que tu sais comment Dieu les conduit,
comment ses nuages font briller les éclairs ?
16 Est-ce que tu comprends comment ils se balancent entre ciel et terre ?
Pour réaliser cette chose étonnante, il faut vraiment s'y connaître !

17 « Quand le vent du sud écrase la terre de chaleur,
tu étouffes dans tes vêtements.

18 Eh bien, est-ce que tu pouvais aider Dieu à étendre le ciel,
à le rendre aussi dur qu'un miroir en métal[c]?

★

19 « Apprends-moi ce que nous devons dire à Dieu.
Nous manquons d'idées, nous sommes dans le noir.
20 Quand je parle, est-ce qu'il faut le prévenir ?
Est-ce qu'on va lui dire que quelqu'un a parlé ?

21 « Tout à coup, nous ne voyons plus très clair.
Les nuages cachent le soleil, puis le vent se lève et il les balaie.
22 Une lumière dorée arrive du nord,
Dieu est entouré d'une clarté impressionnante.
23 Il est le *Tout-Puissant, nous ne pouvons l'atteindre.
Il est grand par sa puissance et grand par sa *justice.
Il n'écrase pas celui qui est parfaitement juste.
24 C'est pourquoi les humains le respectent,
mais lui, il ne regarde pas ceux qui se croient sages. »

LE SEIGNEUR INTERROGE JOB
38.1–42.6

38 1 Alors du milieu de la tempête, le SEIGNEUR a répondu à Job[d]. Il lui a dit :

2 « Toi qui rends mes projets obscurs en parlant comme un ignorant,
qui es tu ?
3 Prépare-toi ! Sois un homme !
Je vais te poser des questions, et tu me donneras des explications. »

Est-ce que Dieu n'est pas le maître du monde ?

4 « Où étais-tu quand je plaçais la terre sur ses fondations ?
Si tu sais la vérité, renseigne-moi.
5 Qui a décidé ses dimensions, est-ce que tu le sais ?
Qui a tendu la corde pour la mesurer ?
6 Les piliers qui portent la terre s'enfoncent sur quoi ?
Qui a posé sa dernière pierre
7 quand les étoiles du matin chantaient toutes ensemble,
quand les habitants du *ciel lançaient leurs cris de joie ?

8 « Quand la mer est sortie en jaillissant du ventre de la terre,
qui a fermé les portes pour la retenir ?
9 C'est moi ! Et je l'ai couverte de nuages,
je l'ai enveloppée dans un pagne de brume.
10 J'ai arrêté sa course, j'ai mis une limite,

---

c **37.18** *Autrefois, certains peuples avaient des miroirs en métal brillant.*
d **38.1** *Voir Job 31.35.*

en fermant les portes avec des verrous.
11 J'ai dit à la mer : "Tu viendras jusqu'ici ! Tu n'iras pas plus loin !
Oui, tes vagues orgueilleuses s'arrêteront là !"

*

12 « Une seule fois dans ta vie,
est-ce que tu as donné au jour l'ordre de se lever ?
Est-ce que tu as dit à l'aurore :
13 "Prends la terre par ses bords et secoue-la comme un tapis,
pour faire tomber les gens mauvais."
14 À l'aurore, la terre devient rose comme une poterie d'argile,
brodée comme un vêtement de fête.
15 Les gens mauvais sont privés d'obscurité,
ils ne peuvent plus lever le bras pour frapper.

*

16 « Est-ce que tu es déjà allé jusqu'aux sources de la mer ?
Est-ce que tu t'es promené au fond de l'océan ?
17 Est-ce que tu as vu l'entrée du monde des morts ?
As-tu aperçu ses portes ?
18 Est-ce que tu as une idée de la grandeur du monde ?
Si tu sais tout cela, renseigne-moi.

19 « Où habite la lumière ?
Et la nuit, où loge-t-elle ?
20 Est-ce que tu peux les reconduire chez elles
et reconnaître le chemin de leur maison ?
21 Tu le sais parfaitement,
toi qui es né depuis si longtemps !

*

22 « Est-ce que tu es allé jusqu'aux réserves de *neige ?
Est-ce que tu as vu les greniers de *grêle ?
23 Je les ai gardés pour les temps de malheur,
pour les jours de combat, pour les temps de guerre.
24 D'où vient la lumière ?
Par où passe le vent d'est pour souffler sur la terre ?
Est-ce que tu le sais ?

25 « Qui a ouvert un passage à la pluie ?
Qui a tracé la route de l'éclair et du tonnerre ?
26 Qui fait tomber l'eau sur une terre sans habitants,
sur un pays désert où il n'y a personne ?
27 Qui fait pleuvoir pour inonder un sol très sec,
pour faire germer l'herbe et la faire pousser ?
28 Est-ce que la pluie a un père ?
Qui a mis au monde les gouttes de rosée ?
29 Est-ce que la glace a une mère ?
Qui a mis au monde la fine couche de glace ?
30 À ce moment-là, l'eau devient dure comme pierre,
et sa surface ne forme qu'un seul bloc.

*

31 « Regarde les groupes d'étoiles[e] :
Est-ce que tu peux attacher ensemble les Pléiades,
desserrer les cordes d'Orion ?
32 Est-ce que tu peux faire apparaître les étoiles au bon moment,
conduire la grande Ourse et la petite Ourse ?
33 Est-ce que tu connais les lois qui gouvernent le ciel ?
Est-ce toi qui diriges leur action sur la terre ?

34 « Est-ce que tu cries tes ordres aux nuages
pour être trempé de pluie ?
35 Quand les éclairs jaillissent, est-ce toi qui les envoies ?
Est-ce qu'ils t'obéissent ?
36 Qui a mis la sagesse dans l'oiseau sacré du Nil ?
Qui a donné au coq[f] l'intelligence ?
37 Qui est capable de compter les nuages
et de vider les réserves d'eau du ciel ?
38 À ce moment-là, la poussière devient un fleuve de boue,
et des mottes de terre se forment dans les champs. »

Est-ce que Dieu n'est pas le maître des animaux ?

39 « Est-ce toi qui attrapes un animal pour la lionne ?
Est-ce toi, qui rassasies les jeunes lions
40 assis au fond de leurs abris,
prêts à attaquer dans les buissons ?
41 Est-ce toi qui prépares la nourriture pour le corbeau,
quand ses petits crient vers Dieu,
et vont dans tous les sens, mourant de faim ? »

*

39

1 « Est-ce que tu connais la saison où naissent les petits des antilopes ?
Est-ce que tu as vu comment les biches mettent au monde ?
2 Elles portent leurs petits pendant combien de mois ?
À quel moment a lieu la naissance ?
3 Les mères s'installent pour mettre bas
et elles sont délivrées de leurs douleurs.
4 Les jeunes biches prennent des forces, elles grandissent en liberté.
Un jour, elles partent et ne reviennent plus.

*

5 « Qui a mis l'âne sauvage en liberté ? Qui a détaché sa corde ?
6 Je l'ai fait habiter dans les régions sèches.
Les plaines salées : voilà son domaine.
7 Cet animal se moque du bruit des villes
et il n'entend jamais les cris d'un maître.

---

e **38.31-32** *Ces groupes d'étoiles apparaissent dans le ciel à certains moments de l'année. Ils annoncent les saisons.*

f **38.36** *L'oiseau sacré... le coq : les Égyptiens pensaient que cet oiseau, ainsi que le coq, annonçaient l'arrivée de la pluie.*

[8] Il se promène sur les montagnes qui lui servent de pâturage,
il cherche à manger tout ce qui est vert.

*

[9] « Est-ce que le buffle voudra se mettre à ton service ?
Est-ce qu'il passera la nuit dans ton abri ?
[10] Est-ce que tu pourras l'attacher pour labourer ?
Est-ce qu'il traînera la herse[g] derrière toi au fond des vallées ?
[11] Est-ce que tu auras confiance en lui à cause de sa force énorme,
pour le laisser faire ton travail ?
[12] Est-ce que tu peux compter sur lui pour ramasser ton *blé
et mettre en tas ce que tu as récolté ?

*

[13] « Les ailes de l'autruche battent joyeusement,
mais cet oiseau ne peut voler comme la cigogne.
[14] Elle abandonne ses œufs par terre,
et elle les laisse couver sur le sable.
[15] Elle oublie qu'on peut marcher dessus,
qu'une bête sauvage peut les écraser.

[16] « C'est une mère très dure pour ses petits, comme s'ils n'étaient pas à elle.
Elle s'est donné du mal pour rien, et elle s'en moque.
[17] Pourquoi ? Parce que je l'ai privée de sagesse,
je ne lui ai pas donné l'intelligence en partage.
[18] Mais quand elle se dresse et s'élance,
elle se moque du cheval et de son cavalier.

*

[19] « Est-ce toi qui donnes au cheval sa force,
est-ce toi qui as habillé son cou d'une crinière ?
[20] Est-ce toi qui le fais bondir comme une sauterelle ?
Le souffle fier de ses narines est effrayant.
[21] Il frappe de ses sabots le sol de la vallée.
Plein d'une force joyeuse, il s'élance au-devant de l'armée ennemie.
[22] Il se moque de la peur, il ne s'effraie de rien,
il ne recule pas devant *l'épée.
[23] Sur lui, les armes résonnent :
le sac de flèches, la lance brillante et le sabre.
[24] Brûlant d'impatience, il galope à toute vitesse.
Dès que la trompette sonne, il ne se retient plus.
[25] À chaque coup de trompette, il répond en soufflant dans ses narines.
Il entend le combat de loin, la voix puissante des chefs et les cris des soldats.

*

[26] « L'épervier[h] étend ses ailes vers le sud
au moment où poussent ses nouvelles plumes.

---

g **39.10** *Une herse est un outil muni de pointes et de lames de fer qui sert à écraser les mottes de terre après le labour.*

h **39.26** *L'épervier est un oiseau de la famille des aigles. Il présente ses ailes au vent du sud pour que la chaleur fasse pousser ses nouvelles plumes.*

Est-ce qu'il fait cela grâce à ton intelligence ?
27 Est-ce toi qui commandes à l'aigle
de s'élever et de bâtir son nid sur les montagnes ?
28 Il habite dans les rochers,
il passe la nuit sur un pic de pierre qui le protège avec puissance.
29 De là-haut, il attend l'animal qu'il va saisir,
et ses yeux le voient de loin.
30 Ses petits boivent le sang.
Là où il y a des morts, l'épervier se trouve aussi. »

À Job de répondre !

40 1 Le SEIGNEUR s'est adressé à Job. Il lui a demandé :

2 « Toi qui t'opposes au *Tout-Puissant,
est-ce que tu oses le critiquer ?
Toi qui discutes avec Dieu,
est-ce que tu peux répondre ? »

3 Alors Job a répondu au SEIGNEUR :

4 « Je ne suis rien du tout. Qu'est-ce que je peux te répondre ?
Je mets la main sur ma bouche.
5 J'ai assez parlé, je vais m'arrêter.
J'en ai déjà trop dit, maintenant je me tais. »

Le Seigneur interroge Job : Est-ce que tu peux te comparer à moi ?

6 Du milieu de la tempête, le SEIGNEUR a interrogé Job. Il a dit :

7 « Prépare-toi ! Sois un homme !
Je vais te poser des questions,
et tu me donneras des explications.
8 Est-ce que je suis injuste ? C'est cela que tu veux dire ?
Est-ce que tu veux me donner tort pour avoir raison ?
9 Est-ce que tu es aussi fort que moi ?
Et ta voix, est-ce qu'elle résonne comme mon tonnerre ?

10 « Si c'est le cas, habille-toi de fierté et de grandeur,
orne-toi de beauté et d'honneur !
11 Laisse déborder ta colère.
D'un seul regard, abaisse tous les orgueilleux.
12 Oui, regarde-les, et qu'ils s'inclinent !
Écrase sur place les gens mauvais !
13 Fais-les entrer tous ensemble sous la terre,
enferme-les dans la prison de la mort.
14 Alors, je te féliciterai :
oui, ta seule force te donnera la victoire. »

Le gros Animal de l'eau

15 « Regarde bien le gros Animal de l'eau[i].
C'est moi qui l'ai créé comme je t'ai créé.
Il mange de l'herbe comme le bœuf.
16 Mais regarde la force de ses reins,
admire les muscles de son ventre !

17 « Sa queue est solide comme un *cèdre,
ses cuisses sont tressées de nerfs puissants.
18 Ses os sont comme des tubes de bronze,
ses côtes ressemblent aux grilles de fer.
19 Il est la plus importante de toutes mes créatures.
Moi, son créateur, je suis le seul à pouvoir le vaincre.
20 Les montagnes lui fournissent de l'herbe,
là où jouent les bêtes sauvages.
21 Mais il se couche à l'abri des arbres,
il se cache dans les marécages au milieu des roseaux.
22 Les arbres le couvrent de leur ombre, tout autour de la rivière.

23 « Si le fleuve déborde, il ne se fait pas de souci.
Même si l'eau monte jusqu'à sa gueule, il reste calme.
24 Quand il a les yeux ouverts, qui peut l'attraper ?
Qui lui percera le nez avec un bout de bois ? »

Le dragon Léviatan

25 « Est-ce que tu vas pêcher le dragon Léviatan comme une carpe ?
Est-ce que tu vas accrocher sa langue avec un hameçon[j] ?
26 Est-ce que tu peux passer un bout de bois à travers ses narines,
lui percer la mâchoire avec un crochet ?

27 « À ton avis, est-ce qu'il va te supplier longtemps de le libérer ?
Pour cela, est-ce qu'il te parlera gentiment ?
28 Est-ce qu'il signera un contrat avec toi
pour rester à ton service jusqu'à sa mort ?
29 Est-ce que tu joueras avec lui comme avec un oiseau ?
Ou bien est-ce que tu l'attacheras comme un petit chien pour amuser tes filles ?

*

30 « Est-ce que les pêcheurs se mettront ensemble pour vendre le Dragon ?
Est-ce qu'on le partagera entre plusieurs acheteurs ?

---

i **40.15** *Le gros Animal de l'eau traduit le nom hébreu « Behémoth ». Cet animal existe seulement dans des récits de l'ancien Orient. On l'imaginait comme un hippopotame.*

j **40.25** *Pour le dragon Léviatan, voir Job 3.8 et la note. Ici, il est décrit comme un crocodile. Un hameçon est un crochet en fer pour attraper les petits poissons.*

31 Est-ce que tu peux planter des flèches dans sa peau
et percer sa tête avec un harpon[k] ?
32 Provoque-le, et tu verras !
Tu te souviendras de sa réaction, tu ne vas plus jamais recommencer !

41

1 Attention ! Si quelqu'un espère vaincre le dragon Léviatan, il se trompe.
En effet, dès qu'il apparaît, tout le monde tombe par terre.
2 Personne n'est assez fou pour l'agacer.
Alors, qui donc oserait me résister en face ?
3 Qui m'a prêté de l'argent que je dois rembourser ?
Tout ce qui est sous le ciel est à moi !

*

4 « Je parlerai aussi des membres du Dragon,
de sa force extraordinaire, de son allure magnifique.
5 Qui peut déchirer le devant de son vêtement ?
Qui peut traverser l'épaisseur de sa *cuirasse ?
6 Qui l'a obligé à ouvrir ses mâchoires ?
Devant l'armée de ses dents, tout le monde tremble de peur.

7 « Plusieurs rangées d'écailles couvrent son dos.
On dirait un toit de *boucliers serrés les uns contre les autres.
8 Ils sont tellement rapprochés
qu'un souffle d'air ne peut y pénétrer.
9 Chaque écaille colle à l'écaille voisine,
toutes se tiennent, et on ne peut les séparer.

*

10 « Quand le Dragon éternue, la lumière jaillit,
ses yeux brillent comme l'aurore qui s'éveille.
11 Sa gueule crache des éclairs,
elle étincelle de tous côtés.

12 « La fumée sort de ses narines comme d'une marmite bouillante,
comme d'un buisson d'épines en feu.
13 Son souffle peut rallumer des braises,
et des flammes s'échappent de sa gueule.
14 Sa force est dans son cou.
Devant lui, tout le monde fuit.

*

15 « Les plis de sa peau sont cousus ensemble.
Les parties les plus souples de son corps sont comme du fer.
16 Son cœur est solide comme le roc,
il est dur comme la pierre qui écrase les grains.

17 « Quand le Dragon se lève,
même les plus courageux tremblent de peur et ils fuient.

---

k 40.31 *Un harpon est un instrument en forme de flèche. Il sert à prendre de gros poissons ou de gros animaux de la mer.*

18 *L'épée le frappe, mais elle ne s'enfonce pas.
C'est la même chose pour la lance, le sabre ou les flèches.
19 Pour lui, le fer, c'est de l'herbe sèche,
le bronze, c'est du bois pourri.
20 Les flèches ne le font pas fuir,
et pour lui, les pierres de la fronde sont de la paille.
21 Un gros bâton n'est pour lui qu'un brin de paille,
il se moque du bruit des lances.

*

22 « Des pierres pointues couvrent le ventre du Dragon.
On dirait une herse[l] qu'il traîne sur la boue.
23 Dès qu'il entre dans l'eau, il la fait bouillonner comme l'eau sur le feu,
il couvre la mer d'écume.
24 Il laisse derrière lui un chemin de lumière.
L'eau profonde semble coiffée d'une chevelure blanche.

25 « Sur la terre, personne ne ressemble au Dragon.
Je l'ai formé pour qu'il n'ait jamais peur.
26 Il regarde en face ses plus grands ennemis,
il est le roi de toutes les bêtes sauvages. »

Job reconnaît son ignorance

42 1 Alors Job a répondu au SEIGNEUR :

2 « Tout est possible pour toi, je le sais,
tu peux faire tout ce que tu veux.
3 Tu l'as dit : j'ai rendu tes projets obscurs en parlant comme un ignorant.
Oui, je le reconnais : j'ai parlé de choses merveilleuses qui me dépassent,
et je ne le savais pas.
4 Tu m'as dit : "Écoute, et laisse-moi parler.
Je vais t'interroger et tu me donneras des explications."
5 Jusqu'ici, je te connaissais seulement
à travers ce que mes oreilles entendaient.
Mais maintenant, je t'ai vu de mes yeux.
6 C'est pourquoi je regrette ce que j'ai dit.
Sur la poussière et sur la cendre je reconnais mon tort[m]. »

---

l **41.22** *Voir Job 39.10 et la note.*

m **42.6** *Sur la poussière et sur la cendre : c'est une attitude exprimant le regret, le deuil, ou encore la souffrance.*

LE SEIGNEUR DONNE RAISON À JOB ET LUI REND LE BONHEUR

7 Le SEIGNEUR a adressé toutes ces paroles à
Job. Ensuite, il a dit à Élifaz de Téman : « Je
brûle de *colère contre toi et contre tes deux
amis. En effet, vous n'avez pas dit la vérité sur
moi, comme mon serviteur Job l'a fait. 8 Et
maintenant, prenez sept taureaux et sept béliers, et allez trouver mon serviteur Job.
Vous offrirez ces animaux en *sacrifice
complet pour vous-mêmes. Pendant ce temps,
Job priera pour vous, et j'accepterai sa prière.
Ainsi, je ne vous couvrirai pas de honte. Pourtant, vous n'avez pas dit la vérité sur moi,
comme mon serviteur Job l'a fait. »

9 Élifaz de Téman, Bildad de Chouha et
Sofar de Naama sont donc partis faire ce que
le SEIGNEUR leur avait dit. Et le SEIGNEUR a
accepté la prière de Job.

10 Pendant que Job priait pour ses amis, le
SEIGNEUR lui a rendu sa richesse. Il lui a
même donné deux fois plus de biens qu'avant.
11 Alors, tous les frères de Job, toutes ses
sœurs, tous ceux qui l'ont connu autrefois
sont venus lui rendre visite. Ils ont mangé
avec lui, ils lui ont montré leur affection, ils
l'ont consolé de tous les malheurs que le SEI-
GNEUR lui avait envoyés. Chacun lui a donné
en cadeau une pièce d'argent[n] et un anneau
d'or.

12 Le SEIGNEUR a couvert Job de ses *bénédictions pendant les dernières années de sa
vie, plus encore que pendant les premières.
En effet, Job a possédé alors 14 000 moutons,
6 000 chameaux, 2 000 bœufs pour labourer
et 1 000 ânesses. 13 Il a eu de nouveau sept
fils et trois filles. 14 Il a appelé la première
« Colombe », la deuxième « Fleur de Cannelle », la troisième « Ombre des yeux »[o].
15 Dans tout le pays, il n'y avait pas de femmes
aussi belles que les filles de Job. Leur père leur
a donné une part d'héritage comme à leurs
frères.

16 Après cela, Job a vécu encore 140 ans. Il a
pu voir ses enfants et les enfants de leurs enfants jusqu'à la quatrième génération. 17 Puis il
est mort très vieux, satisfait d'une si longue
vie.

---

n **42.11** *Une pièce d'argent correspondait au prix d'un mouton.*

o **42.14** *La colombe est un oiseau de la famille des pigeons. Dans certaines cultures, elle représente la douceur, le charme, la pureté.*
La cannelle est un produit parfumé qui vient de l'écorce d'un petit arbre.
L'ombre des yeux est une crème sombre. Les femmes la mettent sur les paupières, les cils et les sourcils.

Les Psaumes

INTRODUCTION

Tout au long de son histoire, le peuple d'Israël s'est adressé à Dieu pour lui dire sa foi et sa reconnaissance, mais aussi ses doutes et ses révoltes.

Ce dialogue avec Dieu apparaît plus particulièrement dans des prières et des chants. Le mot « psaume » désigne à l'origine un air joué sur un instrument de musique. Les psaumes sont des prières que, souvent, les Israélites chantaient en les accompagnant avec des instruments. Le livre des Psaumes groupe 150 de ces prières.

Les 150 psaumes ont été répartis en cinq livres (1 à 41 ; 42 à 72 ; 73 à 89 ; 90 à 106 ; 107 à 150). Comme il y a cinq livres de la loi, les cinq premiers livres de l'Ancien Testament, il y a cinq livres de prières.

Les psaumes ont la forme de poèmes. Ils présentent des contenus très variés.

*Des **prières de louange** chantent la grandeur et la bonté du Seigneur, le Dieu d'Israël, et la foi de son peuple. D'autres chantent le Seigneur comme roi d'Israël et du monde. Des **prières de plainte** expriment la peur et les doutes de ceux qui vivent dans le malheur.*

*Certains psaumes sont des **prières pour le roi** ou des prières du roi. D'autres étaient chantés par les Israélites quand ils entraient dans le temple ou quand ils venaient en **pèlerinage** à Jérusalem.*

*Enfin, certains psaumes **enseignent** les croyants. Ils rappellent les grands moments de l'histoire d'Israël, ils encouragent à obéir à Dieu, ou encore ils expliquent la loi de Dieu.*

*Les **prières individuelles** sont très nombreuses. Elles disent combien il est difficile d'espérer pour celui qui se trouve dans une situation difficile : maladie, fausse accusation, injustice... Certaines **prières collectives** expriment également le trouble causé par une situation de crise. Dans tous ces cas, ceux qui prient appellent Dieu au secours.*

La plainte des humains et leurs appels au secours occupent au moins un tiers du livre des Psaumes. Ceux qui prient posent à Dieu les grandes questions concernant la présence de la souffrance et du mal dans le monde : Pourquoi ? Jusqu'à quand ? Pourquoi le malheur m'atteint-il, moi, ou nous atteint-il, nous ? Pourquoi les méchants réussissent-ils ? Jusqu'à quand cela va-t-il durer ?

Quand les forces du mal et du malheur semblent victorieuses, Dieu paraît absent. Alors, ceux qui le prient crient vers lui et lui disent : Que fais-tu ? Réveille-toi ! Agis ! Détruis mes ennemis, nos ennemis ! Les ennemis dans les Psaumes représentent tous les aspects du mal qui empêchent les êtres humains d'être vraiment humains.

La prière sous forme de plainte est la seule façon de ne pas abandonner Dieu dans les circonstances dures de la vie. Souvent, dans les Psaumes, c'est la plainte qui conduit à la louange. Ceux qui prient expriment leur confiance en Dieu, même dans le désespoir, et ils le remercient quand leur prière a été entendue.

Le livre des Psaumes montre ceci : la prière est un combat, la louange et la plainte sont aussi indispensables l'une que l'autre dans la relation avec Dieu.

Les psaumes parlent à Dieu à partir de toutes les situations humaines. Ils correspondent aux besoins des croyants de tous les temps.

(Chaque psaume porte un numéro, il est écrit en gras dans la marge. Certaines traductions anciennes de la Bible ont réuni deux psaumes du texte hébreu en un seul. Ailleurs, elles ont divisé un psaume en deux. C'est pourquoi les psaumes 10 à 147 ont quelquefois un numéro différent. Ce deuxième numéro est ajouté entre parenthèses dans cette édition de la Bible.)

PREMIER LIVRE
PSAUMES 1–41

Celui qui obéit au Seigneur est vraiment heureux

1 [1] Voici l'homme heureux !
Il n'écoute pas les conseils des gens mauvais,
il ne suit pas l'exemple de ceux qui font le mal,
il ne s'assoit pas avec les moqueurs.
[2] Au contraire, il aime l'enseignement du SEIGNEUR
et le redit jour et nuit dans son cœur !
[3] Comme un arbre planté au bord de l'eau,
il donne ses fruits au bon moment,
et ses feuilles restent toujours vertes.
Cet homme réussit tout ce qu'il fait.
[4] Pour les gens mauvais, c'est différent,
ils sont comme la paille emportée par le vent.
[5] C'est pourquoi, au moment du jugement,
ces gens-là ne sont pas acceptés.
Quand ceux qui obéissent à Dieu se rassemblent,
il n'y a pas de place pour les gens mauvais.
[6] Oui, le SEIGNEUR veille sur la vie de ceux qui lui obéissent,
mais le chemin des gens mauvais les conduit à leur perte.

Les rois de la terre ne peuvent rien contre le roi choisi par Dieu

2 [1] Les peuples s'agitent, pourquoi ?
Ils font des projets, mais pour rien.
[2] Les rois de la terre se préparent au combat.
Ceux qui ont le pouvoir se réunissent contre le SEIGNEUR
et contre le roi choisi par lui[a].
[3] Ils disent : « Cassons leurs cordes,
rejetons leurs chaînes ! »

a **2.2** *Il s'agit du roi d'Israël, sans doute de David. Mais par la suite, les croyants juifs et chrétiens ont considéré que ce Psaume parle du Messie. Voir Jérémie 33.15.*

4 Mais il rit, celui qui est assis dans le *ciel.
Sur son siège royal, le Seigneur se moque d'eux.
5 Il leur parle avec *colère,
et sa colère les fait trembler.
6 Le Seigneur leur dit : « Moi, j'ai établi mon roi à *Sion,
sur ma montagne *sainte. »

7 « Laissez-moi annoncer ce que veut le SEIGNEUR[b].
Le SEIGNEUR m'a dit : "Tu es mon fils,
aujourd'hui, je suis devenu ton père.
8 Demande-moi les autres peuples, et je te les donnerai en partage.
Ils seront à toi, tu posséderas toute la terre.
9 Tu dirigeras ces peuples très durement,
comme des plats en terre, tu les briseras." »

10 Maintenant, vous les rois, soyez des sages !
Laissez-vous corriger, vous, les dirigeants du monde !
11-12 Servez le SEIGNEUR avec respect.
Avec joie et en tremblant, mettez-vous à genoux devant lui.
Sinon il va se mettre en colère, et vous serez perdus.
Oui, sa colère peut brûler tout à coup comme un feu.

Ils sont heureux, tous ceux qui se réfugient dans le SEIGNEUR !

Seigneur, j'ai beaucoup d'ennemis

3 1 *Psaume de David. Quand il fuyait devant son fils Absalom.*

2 SEIGNEUR, j'ai beaucoup d'ennemis,
beaucoup se lèvent contre moi.
3 Beaucoup disent de moi :
« Dieu ne le sauvera pas ! »
4 Mais toi, SEIGNEUR, tu me protèges comme un *bouclier,
tu sauves mon honneur, tu relèves ma tête.

5 À pleine voix, je crie vers le SEIGNEUR,
il me répond de sa montagne *sainte.
6 Et moi, je me couche et je dors.
À mon réveil, le SEIGNEUR vient m'aider.
7 Je n'ai pas peur de cette foule de gens
qui m'entourent de tous côtés.

8 SEIGNEUR, lève-toi,
mon Dieu, sauve-moi !
Oui, tu as frappé tous mes ennemis à la mâchoire,
tu as cassé les dents des gens mauvais.

b **2.7** *Ici, c'est sans doute le roi choisi par Dieu qui parle.*

[9] SEIGNEUR, c'est toi qui sauves !
Envoie ta *bénédiction sur ton peuple !

Toi seul, Seigneur, tu me fais vivre en sécurité

4 [1] *Psaume de David, pris dans le livre du chef de chorale. Avec *instruments à cordes.*

[2] Réponds-moi quand je t'appelle,
ô Dieu, toi qui me fais justice.
Quand j'étais écrasé, tu m'as remis debout.
Je t'en prie, écoute ma prière.

[3] Vous, les hommes, vous attaquez mon honneur,
vous aimez ce qui ne vaut rien, vous courez derrière les mensonges.
Pour combien de temps encore ?
[4] Apprenez ceci : le SEIGNEUR honore son ami fidèle,
le SEIGNEUR m'écoute quand je l'appelle.
[5] Si vous êtes en colère, ne commettez pas de péché.
Réfléchissez pendant la nuit et gardez le silence.
[6] Offrez les *sacrifices demandés
et faites confiance au SEIGNEUR.

[7] Beaucoup se plaignent en disant : « Qui nous fera voir le bonheur ?
SEIGNEUR, fais briller sur nous la lumière de ton visage ! »
[8] Au moment des récoltes, les gens sont heureux :
leurs greniers débordent, le vin nouveau coule en abondance.
Mais toi, tu mets en mon cœur plus de joie encore.
[9] En paix, je me couche et aussitôt je dors,
car toi seul, SEIGNEUR, tu me fais vivre en sécurité.

Seigneur, tu es juste, guide-moi !

5 [1] *Psaume de David, pris dans le livre du chef de chorale.*
Avec des flûtes.

[2] SEIGNEUR, écoute ce que je dis,
comprends ma plainte.
[3] Mon Dieu et mon Roi, sois attentif quand je fais appel à toi.
SEIGNEUR, c'est toi que je prie.
[4] Le matin, tu entends ma voix,
le matin, je me prépare pour toi et j'attends.

[5] Toi, tu n'es pas un dieu qui aime le mal,
l'homme méchant n'est pas reçu chez toi.
[6] Non, les orgueilleux ne peuvent pas se présenter devant toi.
Tu as horreur de tous ceux qui font du mal,
[7] tu fais mourir les menteurs.
SEIGNEUR, tu détestes l'assassin et le voleur.

8 Mais moi, grâce à ton amour,
je peux entrer dans ta maison.
Avec grand respect,
je me mets à genoux en direction de ton temple *saint.
9 SEIGNEUR, tu es *juste,
guide-moi, à cause de ceux qui me surveillent en cachette.
Enlève les obstacles sur le chemin que tu m'indiques.
10 Non, on ne peut pas faire confiance à ces gens-là :
leur cœur est plein de crimes,
leurs paroles détruisent les gens, avec leur langue, ils trompent les autres.
11 Ô Dieu, montre qu'ils sont coupables !
Que leurs projets les fassent tomber !
Ils ont fait beaucoup de mal, chasse-les,
car ils se sont révoltés contre toi.

12 Mais tous ceux qui se réfugient en toi seront dans la joie.
Leur joie ne finira pas, car tu les protégeras.
Ils danseront de joie, ceux qui aiment ton nom.
13 Oui, toi, SEIGNEUR, tu *bénis ceux qui t'obéissent,
ta bonté les entoure comme un *bouclier.

Pitié, Seigneur, je n'ai plus de force !

6 1 *Psaume de David, pris dans le livre du chef de chorale. Avec *instruments à huit cordes.*

2 SEIGNEUR, tu es en *colère contre moi, mais ne me condamne pas !
Tu en as assez de moi, mais ne me punis pas !
3 Pitié, SEIGNEUR, je n'ai plus de force !
Tout mon corps tremble : SEIGNEUR, guéris-moi !
4 Je suis tout tremblant.
SEIGNEUR, ne me fais pas attendre !
5 Reviens, SEIGNEUR, délivre-moi,
sauve-moi à cause de ton amour !
6 Les morts ne peuvent plus penser à toi.
Chez eux, qui peut te dire merci ?

7 Je suis épuisé à force de gémir.
De mes larmes, j'arrose mon lit,
chaque nuit, j'inonde le lieu de mon repos.
8 Mes yeux sont brûlés par le chagrin,
je ne vois plus clair tellement j'ai d'ennemis.

9 Partez, je ne veux plus vous voir, vous qui faites du mal !
Car j'ai pleuré, et le SEIGNEUR m'a entendu.
10 Le SEIGNEUR a entendu mon cri,
le SEIGNEUR a reçu ma prière.
11 Que tous mes ennemis soient couverts de honte,
qu'ils tremblent de peur, qu'ils reculent, tout à coup pleins de honte !

Seigneur,
délivre-moi de mes ennemis !

7 [1] *Chant de tristesse de David.*
David l'a chanté au SEIGNEUR au sujet de Kouch, de la tribu de Benjamin.

2 SEIGNEUR mon Dieu, tu es mon abri,
sauve-moi, délivre-moi de tous ceux qui me poursuivent !
3 Sinon, ils vont me déchirer comme des lions.
Ils m'emporteront, et personne ne viendra me délivrer.

4 SEIGNEUR mon Dieu, est-ce que j'ai fait quelque chose de mal ?
Est-ce que j'ai été injuste envers les autres ?
5 Est-ce que j'ai rendu le mal à celui qui m'a fait du bien ?
Est-ce que j'ai volé celui qui m'en voulait sans raison ?
6 Si j'ai fait cela, alors qu'un ennemi me poursuive et m'attrape !
Qu'il m'écrase tout vivant et traîne mon honneur dans la poussière !

7 Lève-toi, SEIGNEUR, montre ta *colère !
Mes ennemis sont furieux, arrête-les !
Réveille-toi pour me défendre,
toi qui commandes la justice.
8 Que les peuples se rassemblent autour de toi !
Et toi, de là-haut, montre ton pouvoir sur eux !
9 SEIGNEUR, toi qui juges les peuples, fais-moi justice.
Je t'ai obéi et je suis innocent.
10 Arrête le mal que font les gens mauvais !
Toi qui examines les pensées et les désirs de tous,
toi, le Dieu *juste, rends plus forts ceux qui t'obéissent.

11 Le *bouclier qui me protège, c'est Dieu,
il sauve ceux qui ont le cœur *pur.
12 Dieu juge avec justice,
mais chaque jour, il peut se mettre en colère.

13 Si l'ennemi ne change pas sa vie,
il aiguise sa lance, il tend son arc et il vise.
14 Il prépare des armes qui tuent,
il allume des flèches pour mettre le feu.
15 Voici qu'il médite un mauvais coup.
Il porte en lui le malheur et il accouche du mensonge.
16 Il creuse un trou profond,
mais il tombe lui-même dans le piège qu'il a tendu.
17 Le malheur qu'il a préparé lui revient sur la tête,
sa violence lui retombe sur le crâne.

18 Je veux dire merci au SEIGNEUR, parce qu'il est juste,
je veux chanter le nom du SEIGNEUR, le Très-Haut.

Seigneur, ton nom est magnifique sur toute la terre !

8 [1] *Psaume de David, pris dans le livre du chef de chorale. Avec la *harpe de Gath.*

[2] SEIGNEUR notre Maître,
ton nom est magnifique sur toute la terre !

Ta beauté dépasse la beauté du ciel.
[3] Par la bouche des enfants, des tout-petits,
tu affirmes ta puissance devant tes ennemis.
Ainsi, tu fais taire tes adversaires qui sans cesse luttent contre toi.

[4] Je regarde le ciel que tes mains ont fait,
la lune et les étoiles que tu as fixées.
[5] Et je me demande :
Qu'est-ce que l'homme pour que tu penses à lui ?
Qu'est-ce qu'un être humain pour que tu prennes soin de lui ?
[6] Pourtant, tu l'as fait presque l'égal des *anges,
tu l'as couronné de *gloire et d'honneur.
[7] Tu lui donnes pouvoir sur tout ce que tu as fait,
tu as tout mis à ses pieds :
[8] moutons, chèvres et bœufs, tous ensemble,
même les bêtes sauvages,
[9] les oiseaux du ciel et les poissons de la mer,
et tout ce qui passe sur les routes des mers.

[10] SEIGNEUR notre Maître,
ton nom est magnifique sur toute la terre !

Seigneur, tu n'oublies pas le cri des malheureux

9 [1] *Psaume de David, pris dans le livre du chef de chorale. Avec *instruments de musique.*

[2] SEIGNEUR, je veux te dire merci de tout mon cœur,
je veux raconter toutes tes actions magnifiques.
[3] Je veux danser de joie à cause de toi
et chanter ton nom, Dieu très-haut !

[4] Mes ennemis font demi-tour,
ils perdent l'équilibre et ils meurent devant toi.
[5] En effet, assis sur ton siège, tu as jugé avec justice,
tu m'as donné raison, tu m'as bien défendu.

[6] Tu as écrasé les peuples étrangers,
tu as fait mourir les gens mauvais,
tu as effacé leur nom pour toujours.
[7] Les ennemis n'existent plus, ils ont complètement disparu !
Tu as détruit leurs villes, on ne sait même plus leurs noms.

8 Mais le SEIGNEUR est roi pour toujours,
il a installé solidement son siège pour juger.
9 C'est lui qui gouverne le monde avec justice,
il ne fait pas de différence entre les peuples.

10 Le SEIGNEUR protège avec puissance ceux que l'injustice écrase,
il les protège au moment du malheur.
11 Ceux qui te connaissent, qu'ils aient confiance en toi !
Non, tu n'abandonnes pas ceux qui te cherchent, SEIGNEUR !

12 Chantez le SEIGNEUR, qui a son siège royal à Jérusalem !
Parmi les peuples, racontez ses exploits !
13 Il recherche les assassins,
il se souvient de ceux qu'ils ont tués,
il n'oublie pas le cri des gens sans défense.

14 Pitié pour moi, SEIGNEUR !
Regarde ma misère : elle vient de ceux qui me détestent.
Arrache-moi aux griffes de la mort !
15 Alors, dans la communauté de Jérusalem,
je dirai toutes mes raisons de chanter ta louange.
Je danserai de joie parce que tu m'as sauvé.

16 Les peuples étrangers sont tombés dans le trou qu'ils ont creusé,
leurs pieds ont été pris dans le piège qu'ils ont caché.
17 Le SEIGNEUR s'est fait connaître, il a rendu la justice :
il a pris les gens mauvais dans les pièges qu'ils ont tendus.

18 Qu'ils retournent chez les morts, les gens mauvais,
tous ces peuples qui oublient Dieu !
19 Non, Dieu n'oubliera jamais les pauvres,
les malheureux ne seront jamais sans espoir.

20 Lève-toi, SEIGNEUR,
que les hommes ne soient pas les plus forts !
Que les peuples soient jugés devant toi !
21 Qu'ils aient peur de toi, SEIGNEUR !
Alors ils comprendront : ils ne sont que des hommes.

Seigneur, détruis le pouvoir de l'homme mauvais !

10 (9)

1 SEIGNEUR, tu es vraiment loin,
tu te caches au moment du malheur. Pourquoi ?

2 L'homme mauvais ne se gêne pas pour faire souffrir durement les malheureux.
Il les prend dans les pièges qu'il prépare.
3 Cet homme-là est rempli de désirs mauvais, et il en est fier.
Parce qu'il réussit, il maudit le SEIGNEUR et se moque de lui.
4 Dans son orgueil, l'homme mauvais ne se pose pas de questions.

« Dieu n'a aucun pouvoir », voilà tout ce qu'il pense.
5 Cet homme-là réussit toujours ce qu'il fait.
Les jugements de Dieu ne le touchent pas.
D'un souffle, il balaie tous ses ennemis.
6 Il se dit en lui-même : « Je ne peux pas tomber,
je suis pour toujours à l'abri du malheur ! »

7 Sa bouche est pleine de malédictions, de mensonge et de violence,
sa langue est mauvaise et méchante.
8 Il attend près des villages,
il se cache pour tuer l'innocent.
Ses yeux cherchent celui qui est sans appui.
9 Il se cache et il attend comme un lion dans son buisson.
Il attend pour attraper le pauvre.
Il l'attrape et il l'entraîne dans son piège.
10 Celui qui est sans appui est renversé, écrasé
et il tombe au pouvoir de l'homme mauvais.
11 Celui-là se dit : « Dieu oublie, il ne veut rien savoir.
Il ne voit jamais rien. »

12 Lève-toi, SEIGNEUR !
Ô Dieu, fais quelque chose, n'oublie pas les gens sans défense !
13 L'homme mauvais se moque de toi. Pourquoi ?
Il se dit : « Dieu ne va pas me demander des comptes. »

14 Mais toi, ô Dieu, tu vois tout :
tu regardes ceux qui souffrent et qui sont malheureux.
Ils sont dans tes mains.
Celui qui est sans appui met sa confiance en toi,
et c'est toi qui viens au secours de l'orphelin.
15 Détruis le pouvoir de l'homme mauvais, du méchant !
Alors tu pourras chercher le mal qu'il a fait,
tu ne trouveras plus rien.
16 Le SEIGNEUR est roi pour toujours,
les autres peuples ont disparu de son pays.

17 SEIGNEUR, tu entends le désir des gens simples,
tu les encourages, tu les écoutes.
18 Tu fais justice aux orphelins, à ceux qu'on écrase sous la violence.
Ainsi, personne, sur la terre, ne pourra plus faire trembler les autres.

Le Seigneur est mon abri

11 (10)
1 *Psaume de David, pris dans le livre du chef de chorale.*

Le SEIGNEUR est mon abri.
Comment pouvez-vous me dire :
« Fuis dans les montagnes comme un oiseau ? »
2 Regarde ! Les gens mauvais tendent leurs arcs,

ils placent leur flèche sur la corde,
pour viser dans l'ombre ceux qui ont le cœur *pur.
3 Quand les lois qui soutiennent la société sont détruites,
que peut faire celui qui t'obéit ?

4 Le SEIGNEUR est dans son temple *saint,
le SEIGNEUR a son siège de roi dans le *ciel.
De là, il regarde les habitants de la terre,
il les observe avec attention.
5 Il apprécie ceux qui lui obéissent,
mais il déteste les gens mauvais, ceux qui aiment la violence.
6 Sur eux, le SEIGNEUR va faire tomber une pluie de feu et de poussière brûlante.
Un vent de tempête soufflera sur les gens mauvais.
Voilà tout ce qu'ils vont recevoir !

7 Oui, le SEIGNEUR est *juste, il aime tout ce qui est juste,
et ceux qui ont le cœur pur pourront voir son visage.

Seigneur, détruis ces beaux parleurs !

12 (11) 1 *Psaume de David, pris dans le livre du chef de chorale. Avec *instruments à huit cordes.*

2 SEIGNEUR, au secours !
Il n'y a plus d'amis fidèles,
ceux qui disent la vérité ont disparu sur la terre.
3 Les gens se mentent les uns aux autres,
leur bouche fait des compliments, mais ils ne sont pas sincères.
4 SEIGNEUR, détruis toutes ces bouches flatteuses.
Détruis ces beaux parleurs,
5 ceux qui disent : « Grâce à nos bouches, nous sommes les plus forts,
nous savons parler, nous n'avons peur de personne. »

6 Mais le SEIGNEUR dit : « Maintenant,
à cause des malheureux écrasés par l'injustice et des pauvres qui pleurent,
je vais agir, je vais aider celui qu'on méprise. »

7 Les paroles du SEIGNEUR sont *pures
comme l'argent passé au feu et purifié sept fois.
8 Toi, SEIGNEUR, tu garderas les malheureux,
et nous, tu nous protégeras toujours contre les gens mauvais.
9 Ces gens-là sont partout,
et la corruption gagne beaucoup de monde.

Seigneur, jusqu'à quand m'oublieras-tu ?

13 (12) 1 *Psaume de David, pris dans le livre du chef de chorale.*

2 SEIGNEUR, tu continues à m'oublier, mais jusqu'à quand ?
Tu me caches ton visage, mais jusqu'à quand ?

3 Tous les jours, je me fais du souci,
et mon cœur est rempli de tristesse, mais jusqu'à quand ?
Mon ennemi est plus fort que moi, mais jusqu'à quand ?

4 SEIGNEUR mon Dieu, regarde, réponds-moi !
Éclaire mes yeux de ta lumière,
sinon je vais m'endormir dans la mort,
5 sinon mon ennemi va crier : « Je l'ai vaincu. »
Et si je tombe, mes adversaires seront fous de joie.

6 Moi, je suis sûr de ton amour,
mon cœur est joyeux parce que tu me sauves !
Je veux chanter le SEIGNEUR pour le bien qu'il m'a fait !

Est-ce qu'il y a quelqu'un qui cherche Dieu ?

14 (13) 1 *Psaume de David, pris dans le livre du chef de chorale.*

Les gens stupides disent dans leur cœur : « Dieu n'a aucun pouvoir ! »
Ces gens-là sont corrompus, ils font des choses horribles,
personne ne fait le bien.
2 Du haut du *ciel, le SEIGNEUR se penche vers les habitants de la terre.
Il les regarde : est-ce qu'il y a quelqu'un d'intelligent qui cherche Dieu ?
3 Tous ont quitté le bon chemin, ils sont tous corrompus.
Personne ne fait le bien, même pas un seul !

4 Le SEIGNEUR dit :
« Est-ce qu'ils ne comprennent pas, tous ces gens qui font du mal ?
Ils dévorent mon peuple comme ils mangent leur nourriture,
et ils ne font pas appel à moi. »

5 Alors ils vont trembler de peur,
car Dieu est avec ceux qui lui obéissent.
6 Vous vous moquez des projets des malheureux,
mais le SEIGNEUR prend soin d'eux.

7 Qui viendra de Jérusalem pour sauver Israël ?
Quand le SEIGNEUR changera la situation de son peuple,
les fils de *Jacob danseront, Israël sera dans la joie.

Seigneur, qui peut être reçu dans ton temple ?

15 (14) 1 *Psaume de David.*

SEIGNEUR, qui peut être reçu dans ton temple ?
Qui peut habiter sur ta montagne *sainte ?

2 – C'est celui qui se conduit parfaitement.
Il fait ce qui est juste, ses paroles sont sincères et vraies.

[3] Il ne dit pas de mal des autres,
il ne fait de tort à personne,
il n'insulte pas son voisin.
[4] Il méprise celui qui agit mal,
mais il honore ceux qui respectent le SEIGNEUR.
Même s'il fait une promesse difficile à tenir, il la tient.
[5] Il prête son argent sans intérêt,
il n'accepte pas de cadeau pour accuser un innocent.

Celui qui se conduit ainsi ne risque pas de tomber.

Ô Dieu, quand tu es là, la joie déborde !

16 (15) [1] *Poème de David.*

Ô Dieu, tu es mon abri, protège-moi !
[2] Je dis au SEIGNEUR : « Tu es mon plus grand bonheur. »

[3] Dans ce pays, ceux qui appartiennent à Dieu
sont des gens de valeur, ils me plaisent beaucoup.
[4] Ceux qui choisissent un autre dieu souffriront de plus en plus.
Faire des offrandes de sang aux faux dieux ? Jamais !
Et ma bouche ne dira même plus leur nom.

[5] SEIGNEUR, c'est toi que je reçois en partage, tu es la part qui me revient,
ma vie est dans ta main.
[6] La part que tu me donnes, je l'apprécie.
Pour moi, c'est un cadeau magnifique.

[7] Je remercie le SEIGNEUR qui me conseille.
Même la nuit, ma *conscience me parle.
[8] Sans cesse, je me souviens du SEIGNEUR.
Puisqu'il est près de moi, je ne tombe pas.
[9] Alors mon cœur se réjouit, je danse de joie,
mon corps est totalement en sécurité.
[10] Non, tu ne m'abandonnes pas dans le monde des morts,
tu ne laisses pas ton ami fidèle pourrir dans la tombe.
[11] Tu me fais connaître le chemin qui conduit à la vie.
Quand tu es là, la joie déborde,
auprès de toi, le bonheur ne finit pas !

C'est toi qui me feras justice, Seigneur

17 (16) [1] *Prière de David.*

SEIGNEUR, écoute ma juste demande, sois attentif à mon cri !
Tends l'oreille à ma prière : ma bouche ne ment pas.
[2] C'est toi qui me feras justice,
regarde bien ce qui est vrai.

3 Tu as vu le fond de mon cœur.
Pendant la nuit, tu es venu me surveiller, tu m'as bien examiné,
tu n'as rien trouvé de mal en moi.
4 Je n'ai pas dit ce que je pense des autres.
J'ai fait ce que tu as demandé,
j'ai suivi le chemin que tu m'as montré.
5 J'ai marché sur tes pas,
je n'ai pas glissé.

6 Maintenant, je fais appel à toi, ô Dieu, car tu me répondras.
Tends l'oreille vers moi, écoute ce que je dis !
7 Montre-moi ton amour.
Oui, tu sauves de leurs ennemis ceux qui te prennent comme abri.
8 Protège-moi comme ton trésor le plus précieux.
Cache-moi à l'ombre de tes ailes,
9 loin des gens mauvais qui m'attaquent,
loin des ennemis terribles qui m'entourent !

10 Leur cœur est sans pitié,
leur bouche est pleine d'orgueil.
11 Ils me suivent de très près, maintenant, ils m'entourent,
ils attendent le moment de me jeter à terre.
12 Ils sont comme un lion caché dans le buisson,
comme un jeune lion impatient de déchirer.

13 SEIGNEUR, lève-toi,
mets-toi devant eux, renverse-les !
Avec ton *épée, sauve-moi des gens mauvais !
14 SEIGNEUR, par ta main, chasse-les de la terre, loin des habitants du monde !
Voilà tout ce qu'ils méritent dans cette vie !
Remplis leur ventre des choses amères que tu gardes pour eux !
Que leurs enfants en soient rassasiés,
et qu'il en reste encore pour leurs petits-enfants !
15 Mais moi, parce que je suis juste, je verrai ton visage.
À mon réveil, je serai rassasié de ta présence.

Louange au Seigneur qui me libère de mes ennemis !

18 (17)
1 *Chant pris dans le livre du chef de chorale.*
David, le serviteur du SEIGNEUR, l'a chanté quand le SEIGNEUR l'a délivré de tous ses ennemis et de Saül[c].

2 Je t'aime, SEIGNEUR, tu es ma force !

3 Le SEIGNEUR est mon solide rocher,
il me protège avec puissance et me rend libre.

c **18.1** *Voir 2 Samuel 22.1-51.*

Mon Dieu est le rocher où je m'abrite.
Il est mon *bouclier, mon puissant défenseur et mon sauveur.
4 Louange au SEIGNEUR!
Je fais appel à lui, et il me sauve de mes ennemis.
5 La mort m'avait déjà attaché,
elle me faisait peur comme un fleuve en colère.
6 La mort m'avait entouré de ses chaînes,
ses pièges étaient tendus sous mes pieds.
7 Dans mon malheur, j'ai fait appel au SEIGNEUR,
j'ai crié vers mon Dieu.
De son temple, il a entendu ma voix,
mon cri est arrivé à ses oreilles.

8 Alors la terre s'est mise à bouger,
les bases des montagnes ont été secouées,
elles ont tremblé devant la *colère de Dieu.
9 Une fumée s'est élevée de ses narines,
un feu terrible est sorti de sa bouche avec des charbons brûlants.

10 Le SEIGNEUR a déroulé le ciel comme un tapis
et il est descendu, un nuage sombre sous ses pieds.
11 Le SEIGNEUR s'est envolé, porté par un *chérubin,
il planait sur les ailes du vent.
12 Il s'est caché au cœur de la nuit,
entouré de nuages énormes, sombres comme l'eau profonde.
13 Une lumière éclatante le précédait,
éclairs de feu et *grêle jaillissaient de ses épais nuages.
14 Au ciel, le SEIGNEUR a fait éclater son tonnerre,
le Dieu très-haut a fait entendre sa voix.
Éclairs de feu et grêle jaillissaient.
15 Le SEIGNEUR lançait ses flèches, ses ennemis partaient de tous côtés.
Il jetait ses éclairs, et tous s'enfuyaient.
16 SEIGNEUR, devant tes menaces, devant la tempête de ta colère,
le fond de la mer est apparu.
Alors les fondations du monde sont devenues visibles.

17 D'en haut, le SEIGNEUR a tendu la main pour me saisir,
il m'a retiré de l'eau menaçante.
18 Il m'a délivré de mon puissant ennemi,
de ces adversaires trop forts pour moi.
19 Ils avaient profité de mon malheur pour m'attaquer,
mais le SEIGNEUR est venu à mon aide.
20 Il m'a sorti du danger pour me libérer,
il m'a sauvé parce qu'il m'aime.

21 J'ai obéi au SEIGNEUR, il m'a récompensé,
j'ai fait le bien, il a été généreux envers moi.
22 J'ai suivi le chemin du SEIGNEUR,
je n'ai pas fait le mal loin de mon Dieu.

23 Ses décisions étaient toutes devant moi,
je n'ai pas refusé ce qu'il voulait.
24 J'ai été sans reproche devant lui,
j'ai évité de faire le mal.
25 J'ai obéi au SEIGNEUR,
il a vu le bien que j'avais fait, il m'a récompensé.

26 Avec celui qui est fidèle, tu te montres fidèle,
avec celui qui est sans reproche, tu te montres sans reproche.
27 Avec celui qui est sincère, tu te montres sincère,
mais tu te montres habile avec celui qui est faux.
28 C'est toi qui sauves le peuple méprisé,
mais tu fais baisser les yeux aux orgueilleux.
29 SEIGNEUR, c'est toi qui éclaires ma vie,
mon Dieu, tu es la lumière dans ma nuit.
30 Avec toi, je peux attaquer mes ennemis,
avec mon Dieu, je peux franchir le mur de la ville.

31 Dieu est un guide parfait, et sa parole est sûre.
Le SEIGNEUR protège comme un bouclier ceux qui s'abritent en lui.
32 Qui donc est Dieu ? C'est le SEIGNEUR.
Qui est notre solide rocher ? C'est notre Dieu.
33 Ce Dieu me remplit de force,
il me montre le bon chemin.
34 Il me fait courir aussi vite que les gazelles,
il me fait tenir debout sur les collines.
35 Il m'entraîne pour le combat,
il m'aide à tendre l'arc de bronze[d].

36 Avec ton bouclier, tu me donnes la victoire,
ta main puissante me soutient, ta bonté me grandit.
37 Avec ton aide, je cours plus vite,
et mes chevilles restent solides.
38 Je poursuis mes ennemis, je les rattrape,
je ne reviens pas avant de les avoir tués.
39 Je les détruis : ils ne peuvent plus se relever.
Ils tombent par terre : les voilà sous mes pieds.
40 Tu me remplis de force pour le combat.
Ceux qui m'attaquent, tu les fais mettre à genoux devant moi.
41 Avec ton aide, je pose le pied sur mes ennemis[e],
et mes adversaires, je les détruis.
42 Ils crient, mais il n'y a personne pour les sauver,
ils appellent le SEIGNEUR, mais il ne répond pas.

---

d **18.35** *Le bronze est un métal très solide, fait de cuivre et d'étain.*

e **18.41** *Mettre le pied sur le cou des ennemis vaincus montrait que la victoire sur eux était totale.*

43 Je les écrase, ils sont comme la poussière emportée par le vent.
Je les balaie comme les ordures des rues.

44 Le peuple se lève contre moi, mais tu me mets à l'abri,
tu me places à la tête des autres peuples.
Des gens que je ne connais pas deviennent mes serviteurs.
45 Dès que je parle, ils m'obéissent,
des étrangers me font des compliments.
46 Ils sont découragés,
ils sortent de leurs abris en tremblant.

47 Le SEIGNEUR est vivant !
*Gloire à mon solide rocher ! Gloire à Dieu qui m'a sauvé !
48 C'est Dieu qui punit mes ennemis,
qui met les peuples sous mon pouvoir.
49 Tu me libères de mes ennemis.
Tu me donnes la victoire sur ceux qui m'attaquent,
tu me délivres des gens violents.
50 C'est pourquoi, SEIGNEUR,
je te dis merci parmi les peuples et je chante ton nom.
51 Le SEIGNEUR donne de grandes victoires à son roi.
Il montre son amour à celui qu'il a choisi,
à David et aux enfants de ses enfants, pour toujours.

La création et la loi
disent la grandeur de Dieu !

19 (18) 1 *Psaume de David, pris dans le livre du chef de chorale.*

2 Le ciel raconte la *gloire de Dieu,
toutes les étoiles annoncent ce qu'il a fait.
3 Chaque jour raconte cela au jour suivant,
chaque nuit le fait connaître à la nuit qui la suit.
4 Ce n'est pas un discours, il n'y a pas de paroles,
aucun son ne se fait entendre.
5 Mais leur message parcourt toute la terre,
et il se répand jusqu'au bout du monde.

Là-haut, Dieu a planté une tente pour le soleil.
6 Le matin, celui-ci est comme un jeune marié qui sort de sa maison.
Il s'élance comme un champion heureux de courir sur la route.
7 Il se lève à un bout du ciel,
il termine sa course à l'autre bout,
et rien n'échappe à sa chaleur.

8 La *loi du SEIGNEUR est parfaite,
elle redonne la vie.
Les ordres du SEIGNEUR sont clairs,
ils donnent la sagesse aux ignorants.

9 Les exigences du SEIGNEUR sont *justes,
elles rendent le cœur joyeux.
Les commandements du SEIGNEUR donnent la lumière,
ils permettent de voir clair.
10 Le respect du SEIGNEUR est une chose très belle,
elle reste sans cesse valable.
Les décisions du SEIGNEUR sont vraies,
elles sont toujours justes.
11 Elles sont plus précieuses que l'or, que beaucoup d'or pur,
elles sont plus délicieuses que le miel, que le miel le plus doux.

12 Aussi tes décisions m'avertissent, moi, ton serviteur.
Si je les garde, j'aurai une belle récompense.
13 Qui peut connaître ses erreurs ?
Pardonne-moi les fautes que je ne vois pas !
14 Éloigne-moi des orgueilleux,
qu'ils n'aient aucune influence sur moi !
Ainsi je serai sans défaut,
on ne pourra pas m'accuser de faute grave.

15 Qu'elles te fassent plaisir, les paroles de ma bouche
et les pensées de mon cœur,
SEIGNEUR, mon solide rocher, mon défenseur !

Seigneur, sauve le roi !

20 (19)

1 *Psaume de David, pris dans le livre du chef de chorale.*

2 Que le SEIGNEUR te réponde quand tu es malheureux,
que le nom du Dieu de *Jacob te protège !
3 Qu'il t'envoie de l'aide depuis son temple,
qu'il te soutienne depuis Jérusalem !
4 Qu'il se rappelle toutes tes offrandes,
qu'il apprécie le *sacrifice que tu lui apportes !
5 Qu'il te donne ce que ton cœur désire,
qu'il réalise tous tes projets !
6 Alors nous crierons de joie pour ta victoire,
nous lèverons le drapeau en l'honneur de notre Dieu.
Que le SEIGNEUR réalise toutes tes demandes !

7 Maintenant, je le sais :
le SEIGNEUR sauve le roi qu'il a choisi.
Il lui répond depuis son temple du *ciel.
Sa main puissante fait des exploits pour le sauver.
8 Certains comptent sur les chars de guerre,
d'autres comptent sur leurs chevaux.
Notre force à nous, c'est de faire appel au SEIGNEUR notre Dieu.
9 Eux, ils deviennent faibles, puis ils tombent,
nous, debout, nous résistons.

[10] SEIGNEUR, sauve le roi !
Qu'il nous réponde quand nous l'appelons !

Le roi met sa confiance dans le Seigneur

21
(20)
[1] *Psaume de David, pris dans le livre du chef de chorale.*

[2] SEIGNEUR, le roi se réjouit de ta puissance.
Quand tu le sauves, il danse de joie.
[3] Tu lui donnes ce que son cœur désire,
tu ne refuses pas ce que sa bouche demande.
[4] Oui, tu lui apportes bonheur et *bénédictions,
tu poses sur sa tête une couronne d'or.
[5] Il t'a demandé de vivre, tu lui as donné la vie,
une longue vie, toujours et pour toujours.
[6] La *gloire du roi est immense parce que tu le sauves.
Tu le couvres de grandeur et d'honneur.
[7] Pour toujours, tu fais de lui une bénédiction,
ta présence le remplit de joie.
[8] Oui, le roi fait confiance au SEIGNEUR,
l'amour du Dieu très-haut l'empêche de tomber.

[9] Toi, le roi, tu domineras tous tes ennemis,
ta main puissante saisira ceux qui te détestent.
[10] Quand tu seras devant eux, tu les brûleras dans un grand feu.
Dans sa *colère, le SEIGNEUR les détruira, et un feu les dévorera.
[11] De la terre, tu feras disparaître leurs enfants,
et les enfants de leurs enfants parmi les hommes.
[12] S'ils cherchent à te faire du mal,
s'ils préparent de mauvais coups contre toi, ils ne réussiront pas.
[13] Oui, tu tendras ton arc contre eux,
tu les viseras et tu les mettras en fuite.

[14] SEIGNEUR, montre ta grande puissance !
Alors à cause de tes exploits, nous chanterons et nous jouerons pour toi.

Mon Dieu, pourquoi m'as-tu abandonné ?

22
(21)
[1] *Psaume de David, pris dans le livre du chef de chorale.*
À chanter sur l'air de : « La biche au lever du jour ».

[2] Mon Dieu, mon Dieu, pourquoi m'as-tu abandonné ?
Je crie, mais ton secours ne vient pas.
[3] Mon Dieu, pendant le jour, je fais appel à toi, mais tu ne réponds pas.
Pendant la nuit, je t'appelle encore et je ne trouve pas le repos.

[4] Pourtant, toi, le Dieu *saint, tu es assis sur ton siège royal,
et tu reçois sans cesse les louanges d'Israël !

5 Nos ancêtres ont mis leur confiance en toi,
en toi, ils ont mis leur confiance, et tu les as délivrés.
6 Vers toi, ils ont crié, et tu les as libérés.
En toi, ils ont mis leur confiance, et ils ne l'ont pas regretté.

7 Mais moi, je suis comme un ver de terre, je ne suis plus un homme.
Les gens m'insultent et me méprisent.
8 Tous ceux qui me voient se moquent de moi.
Ils font des grimaces, ils secouent la tête en disant :
9 « Il a fait confiance au SEIGNEUR.
Eh bien, si le SEIGNEUR l'aime, il n'a qu'à le délivrer et le sauver ! »
10 Oui, tu m'as fait sortir du ventre de ma mère,
tu m'as mis en sécurité sur sa poitrine.
11 On m'a confié à toi dès ma naissance,
depuis le ventre de ma mère, tu es mon Dieu.
12 Ne reste pas loin de moi,
le malheur est proche, je n'ai personne pour m'aider.

13 Beaucoup d'ennemis m'entourent,
ils sont autour de moi comme des taureaux,
comme les puissants taureaux du *Bachan.
14 Ils sont comme des lions,
ils ouvrent leur gueule contre moi pour rugir et déchirer.
15 Ma force s'en va comme l'eau qui coule,
tous mes os se détachent.
Mon cœur est comme la cire, il fond dans ma poitrine.
16 Ma gorge est sèche comme un morceau de terre cuite,
et ma langue reste collée dans ma bouche.
Tu me mets déjà au bord de la tombe.

17 Un groupe de bandits m'entourent,
ils sont autour de moi comme des chiens.
Ils m'ont percé les mains et les pieds.
18 Je suis très maigre : on peut compter tous mes os.
Mes ennemis me fixent attentivement.
19 Entre eux, ils partagent mes habits.
Ils *tirent au sort pour savoir qui aura mes vêtements.

20 Mais toi, SEIGNEUR, ne reste pas loin de moi !
Toi qui es ma force, vite, au secours !
21 Protège-moi d'une mort violente,
arrache-moi aux griffes des chiens !
22 Sauve-moi de la gueule des lions
et de la corne des buffles !

Tu m'as répondu !
23 J'annoncerai ton nom à mes frères et à mes sœurs.
Au milieu de l'assemblée, je chanterai ta louange.
24 – Vous qui respectez le SEIGNEUR, chantez sa louange !

Tous les fils de *Jacob, rendez-lui *gloire,
tous les fils d'Israël, tremblez devant lui !

25 Le SEIGNEUR n'a pas méprisé le malheureux dans son malheur,
il ne l'a pas rejeté, il n'a pas détourné son visage de lui.
Le malheureux a crié vers le SEIGNEUR,
et le SEIGNEUR l'a écouté.

26 Grâce à toi, SEIGNEUR,
je peux chanter ta louange dans la grande assemblée.
Devant ceux qui te respectent, je ferai ce que j'ai promis.
27 Les pauvres mangeront, ils n'auront plus faim.
Ceux qui cherchent le SEIGNEUR chanteront sa louange.
Qu'ils vivent pour toujours !

28 Toute la terre se souviendra du SEIGNEUR et reviendra vers lui,
toutes les familles des peuples l'adoreront.
29 Oui, le SEIGNEUR est roi,
il gouverne les peuples.
30 Ceux qui sont pleins de vie mangent et l'adorent.
Tous ceux qui vont mourir,
ceux qui ne peuvent rester en vie,
se mettront à genoux devant lui.
31 Leurs enfants le serviront.
On parlera du Seigneur à la génération d'aujourd'hui.
32 À ceux qui vont naître,
on racontera ce qu'il a fait pour sauver son peuple.

Le Seigneur est mon berger

23 (22) 1 *Psaume de David.*

Le SEIGNEUR est mon berger,
je ne manque de rien.
2 Il me fait reposer dans des champs d'herbe verte,
il me conduit au calme près de l'eau,
3 il me rend des forces,
il me guide sur le bon chemin, pour montrer sa *gloire.
4 Même si je traverse la sombre vallée de la mort,
je n'ai peur de rien, SEIGNEUR, car tu es avec moi.
Ton bâton de berger est près de moi, il me rassure.

5 Tu m'offres un bon repas sous les yeux de mes ennemis.
Tu verses sur ma tête de l'huile parfumée,
tu me donnes à boire en abondance.
6 Oui, tous les jours de ma vie,
ton amour m'accompagne,
et je suis heureux.
Je reviendrai pour toujours dans la maison du SEIGNEUR.

Le Seigneur de l'univers entre dans son temple

24 [1] *Psaume de David.*
(23)
Le SEIGNEUR possède le monde et ses richesses,
la terre et tous ses habitants.
2 C'est lui qui l'a plantée sur les mers,
il l'a fixée solidement au-dessus de l'eau.

3 – Qui peut monter sur la montagne du SEIGNEUR ?
Qui va se tenir dans son temple *saint ?
4 – Ceux qui n'ont rien fait de mal et qui ont le cœur *pur,
ceux qui ne se tournent pas vers le mensonge et qui ne jurent pas pour tromper.
5 Ils recevront la *bénédiction du SEIGNEUR,
et Dieu, leur sauveur, les reconnaîtra comme *justes.
6 Voilà ceux qui cherchent vraiment le SEIGNEUR,
ceux qui cherchent le visage de Dieu, voilà le vrai peuple de *Jacob.

7 Portes, ouvrez-vous largement ! Ouvrez-vous, portes anciennes !
Laissez entrer le roi glorieux !
8 – Qui est ce roi glorieux ?
– C'est le SEIGNEUR : il est fort et courageux,
le SEIGNEUR est le héros des combats.
9 Portes, ouvrez-vous largement !
Ouvrez-vous, portes anciennes !
Laissez entrer le roi glorieux !
10 – Qui est ce roi glorieux ?
– C'est le SEIGNEUR de l'univers, c'est lui, le roi glorieux.

Guide-moi et pardonne mes fautes, Seigneur !

25 [1] *De David.*
(24)
SEIGNEUR mon Dieu,
je me tourne vers toi.
2 J'ai confiance en toi : ne me laisse pas couvert de honte !
Que mes ennemis ne se moquent pas de moi !
3 Pour ceux qui comptent sur toi, pas de honte,
mais la honte est pour ceux qui te trahissent.
Qu'ils restent les mains vides !

4 SEIGNEUR, fais-moi connaître le chemin à suivre,
apprends-moi à vivre comme tu veux.
5 Conduis-moi sur le chemin de ta vérité.
Enseigne-moi, car tu es le Dieu qui me sauve,
et je compte sur toi tous les jours.
6 SEIGNEUR, souviens-toi de ta tendresse et de ton amour,
car ils existent depuis toujours.

7 SEIGNEUR, oublie les fautes de ma jeunesse et mes péchés,
mais à cause de ton amour, SEIGNEUR, souviens-toi de moi, toi qui es bon.

8 Oui, le SEIGNEUR est bon et *juste,
il montre aux pécheurs la route à suivre.
9 Il guide les gens simples sur le chemin juste,
il leur apprend à faire ce qu'il veut.
10 Chaque enseignement du SEIGNEUR montre son amour fidèle
à ceux qui suivent les règles de son *alliance.

11 SEIGNEUR, pour montrer ta *gloire,
pardonne ma faute qui est si grande.
12 Si quelqu'un respecte le SEIGNEUR,
le SEIGNEUR lui montre quel chemin choisir.
13 Il vivra dans le bonheur,
et ses enfants posséderont le pays.
14 Le SEIGNEUR confie ses secrets à ceux qui le respectent,
il leur fait connaître son alliance.
15 Mes yeux regardent toujours le SEIGNEUR.
Oui, il me sortira du piège où je suis.

16 Tourne-toi vers moi, SEIGNEUR,
aie pitié de moi, je suis seul et malheureux.
17 Mon cœur étouffe de plus en plus,
délivre-moi de ma peur !
18 Vois mon malheur et ma peine,
enlève tous mes péchés.
19 Regarde mes ennemis :
ils sont très nombreux, et leur haine est violente.
20 Protège-moi, délivre-moi !
Tu es mon abri, ne me laisse pas couvert de honte !
21 Je compte sur toi,
garde-moi sans faute et toujours fidèle.

22 Ô Dieu, libère Israël de tout ce qui l'écrase !

Seigneur,
ne me traite pas comme les coupables !

26 1 *De David.*
(25)

SEIGNEUR, fais-moi justice !
Moi, je me conduis parfaitement.
Je fais confiance au SEIGNEUR, je ne risque pas de tomber.
2 Regarde-moi bien, SEIGNEUR,
mets-moi à l'épreuve, examine le fond de mon cœur.

3 Ton amour est devant mes yeux,
et je vis de ta fidélité.

4 Je ne m'assois pas avec les gens faux
et je ne vais pas avec les menteurs.
5 Je déteste la bande de ceux qui font le mal,
je ne m'assois pas avec les méchants.

6 Je lave mes mains pour montrer mon innocence.
Je fais le tour de ton *autel, SEIGNEUR,
7 pour te dire merci à pleine voix
et raconter toutes tes actions magnifiques.
8 SEIGNEUR, j'aime la maison où tu habites,
le lieu où ta *gloire est présente.

9 Ne me traite pas comme les coupables,
ne me fais pas mourir comme les assassins.
10 Ils font des choses horribles,
ils se laissent sans cesse corrompre par des cadeaux.
11 Moi, je me conduis parfaitement.
SEIGNEUR, délivre-moi, aie pitié de moi !
12 Je marche sur un chemin sûr,
et dans les assemblées, je dirai merci au SEIGNEUR.

Près du Seigneur, je n'ai pas peur

27 (26) 1 *Psaume de David.*

Le SEIGNEUR est ma lumière et il me sauve,
je n'ai peur de personne.
Le SEIGNEUR protège ma vie avec puissance,
je ne tremble devant personne.
2 Quand des gens mauvais s'avancent pour me détruire,
ce sont eux, mes ennemis féroces, qui perdent l'équilibre et qui tombent.
3 Si une armée se prépare à m'attaquer,
je n'ai pas peur.
Même si on me fait la guerre,
je garde confiance.
4 Je demande une chose au SEIGNEUR, je cherche une seule chose :
habiter la maison du SEIGNEUR tous les jours de ma vie.
Là, je veux admirer sa beauté et le contempler dans son temple.
5 Oui, quand tout va mal,
le SEIGNEUR m'abrite sous son toit.
Il me cache au fond de sa maison,
il me place en sécurité au sommet d'un rocher.
6 Maintenant je regarde fièrement les ennemis qui m'entourent.
Dans la maison du SEIGNEUR,
je peux offrir des *sacrifices au milieu des cris de joie.
Je veux chanter, je veux jouer pour le SEIGNEUR.

7 Écoute-moi, SEIGNEUR, je t'appelle !
Aie pitié de moi, réponds-moi !

8 Je pense à ce que tu as dit : « Cherchez mon visage ! »
SEIGNEUR, c'est ton visage que je cherche.
9 Ne me cache pas ton visage, ne me repousse pas avec *colère !
C'est toi, mon secours,
ne me quitte pas, ne m'abandonne pas, Dieu, mon sauveur !
10 Même si mon père et ma mère m'abandonnent,
le SEIGNEUR me recevra.
11 SEIGNEUR, montre-moi ton chemin,
conduis-moi sur une route sans obstacle
à cause de ceux qui me surveillent en cachette.
12 Ne me livre pas aux griffes de mes adversaires.
Oui, de faux *témoins se lèvent contre moi, en crachant la violence.
13 Mais, j'en suis sûr,
je verrai la bonté du SEIGNEUR sur cette terre où nous vivons.

14 – Compte sur le SEIGNEUR,
sois fort, reprends courage,
compte sur le SEIGNEUR !

Au secours, Seigneur !

28 (27)

1 *De David.*

SEIGNEUR, mon solide rocher, je fais appel à toi,
ne reste pas sourd à mes cris !
Si tu ne me réponds pas,
je vais ressembler à ceux qui descendent dans la tombe.
2 Je t'en supplie, écoute-moi quand je crie vers toi,
quand je lève les mains vers le *lieu très saint de ton temple.

3 Ne me traite pas comme les gens mauvais,
ni comme ceux qui font du mal.
Avec leurs amis, ils parlent gentiment, mais leur cœur est méchant.
4 Fais-leur payer leurs actes et leurs crimes !
Agis avec eux comme ils ont agi, rends-leur ce qu'ils méritent !
5 Ils ne font pas attention aux actions du SEIGNEUR,
ni au travail de ses mains.
Alors, que le SEIGNEUR les détruise, qu'il ne les relève pas !

6 Merci au SEIGNEUR !
Il m'a écouté quand j'ai crié vers lui.
7 Le SEIGNEUR me protège avec puissance, il est mon *bouclier.
Je lui ai fait confiance, il est venu à mon aide.
Mon cœur danse de joie, je remercie le SEIGNEUR en chantant.

8 Le SEIGNEUR est la force de son peuple,
il protège avec puissance le roi qu'il a choisi, il le sauve.
9 Sauve ton peuple, *bénis ceux qui t'appartiennent,
sois leur berger, prends soin d'eux pour toujours !

La voix du Seigneur dans l'orage

29 [1] *Psaume de David.*
(28)

Puissances du *ciel[f], reconnaissez le SEIGNEUR,
reconnaissez sa *gloire et son pouvoir,
2 reconnaissez combien son nom est glorieux!
Voici le SEIGNEUR: il est *saint.
Adorez-le avec respect.

3 La voix du SEIGNEUR gronde sur les eaux,
le Dieu plein de *gloire fait éclater le tonnerre,
le SEIGNEUR domine les eaux immenses.
4 La voix du SEIGNEUR est puissante,
la voix du SEIGNEUR est éclatante.

5 La voix du SEIGNEUR casse les *cèdres,
le SEIGNEUR brise avec violence les cèdres du Liban.
6 Il fait bondir les montagnes du Liban comme un jeune taureau,
et la montagne de l'Hermon comme un jeune buffle.

7 La voix du SEIGNEUR fait jaillir les éclairs.
8 La voix du SEIGNEUR fait trembler le désert,
le SEIGNEUR fait trembler le désert de Cadès.
9 La voix du SEIGNEUR fait trembler les grands arbres,
elle arrache les arbres des forêts.

Et dans son temple, tous disent: « Gloire à Dieu! »
10 Le SEIGNEUR est assis sur son siège royal au-dessus des mers,
oui, le SEIGNEUR est roi pour toujours.

11 Le SEIGNEUR donne la puissance à son peuple,
le SEIGNEUR *bénit son peuple en lui donnant la paix.

Seigneur, tu m'as remis debout!

30 [1] *Psaume de David, pour la consécration du temple.*
(29)

2 SEIGNEUR, vraiment tu es grand et je te chante.
Oui, tu m'as remis debout,
tu n'as pas laissé mes ennemis se moquer de moi.

3 SEIGNEUR mon Dieu, j'ai crié vers toi, et tu m'as guéri.
4 SEIGNEUR, tu m'as fait remonter du monde des morts.
Je descendais dans la tombe, mais tu m'as rendu la vie.

---

f **29.1** *Les puissances du ciel: les anges qui servent Dieu.*

5 Chantez pour le SEIGNEUR, vous, ses amis fidèles !
Son nom est *saint, dites-lui merci.
6 Oui, sa *colère dure peu de temps,
mais sa bonté dure toute la vie.
Le soir, il y a encore des pleurs,
mais le matin, c'est un cri de joie.

7 Quand j'étais tranquille, je disais :
« Je ne tomberai jamais ! »
8 SEIGNEUR, tu étais bon, grâce à toi, je me sentais en sécurité.
Mais tu as caché ton visage et j'ai eu très peur.
9 SEIGNEUR, je fais appel à toi,
je crie vers toi qui es mon Maître.
10 Quel intérêt pour toi si je meurs, si je descends dans la tombe ?
Est-ce que les morts peuvent te dire merci ?
Est-ce qu'ils peuvent raconter ta fidélité ?
11 Écoute-moi, SEIGNEUR, aie pitié de moi !
SEIGNEUR, viens à mon aide !

12 Tu as changé mon chant de tristesse en une danse joyeuse,
tu as remplacé mon vêtement de deuil par un habit de fête.
13 Alors je chanterai pour toi et je ne me tairai pas,
SEIGNEUR mon Dieu, je te dirai toujours merci.

Seigneur, je remets ma vie dans tes mains

31 1 *Psaume de David, pris dans le livre du chef de chorale.*
(30)

2 Le SEIGNEUR est mon abri, que je ne sois jamais couvert de honte !
Tu es fidèle, délivre-moi !
3 Tends l'oreille vers moi, viens vite à mon secours !
Sois pour moi le solide rocher qui m'abrite, l'endroit sûr qui peut me sauver.
4 Oui, mon rocher, c'est toi, et tu me protèges avec puissance.
Guide-moi et conduis-moi pour montrer ta *gloire.
5 Fais-moi sortir du piège qu'ils m'ont tendu,
car toi, tu me protèges avec puissance !
6 Je remets ma vie dans tes mains.
Tu m'as libéré, SEIGNEUR, toi le Dieu fidèle.
7 Je déteste ceux qui adorent les faux dieux,
moi, j'ai confiance dans le SEIGNEUR.

8 Je danse de joie à cause de ton amour,
car tu as vu mon malheur, tu as compris ma grande souffrance.
9 Tu ne m'as pas livré aux mains de l'ennemi,
tu m'as remis debout, tu m'as rendu la liberté.

10 SEIGNEUR, pitié pour moi ! J'étouffe !
Mes yeux sont brûlés par le chagrin, je suis complètement épuisé.
11 Je passe ma vie à souffrir et mes années à gémir.

Mes péchés m'enlèvent toute énergie, et mes forces m'abandonnent.
12 Tous mes ennemis, et surtout mes voisins, me lancent des insultes.
Ceux qui me connaissent ont peur de moi.
S'ils me voient dans la rue, ils s'enfuient.
13 Je suis comme un mort qu'on oublie,
je ressemble à un plat cassé.
14 J'entends les mensonges que beaucoup disent sur moi.
La peur est partout.
Tous ensemble, ils se mettent d'accord contre moi,
ils ont l'intention de me faire mourir.

15 Mais moi, j'ai confiance en toi, SEIGNEUR.
Je dis : « Mon Dieu, c'est toi. »
16 Mes jours sont dans tes mains,
délivre-moi de mes ennemis, de ceux qui me poursuivent !
17 Je suis ton serviteur, fais briller sur moi ton visage,
sauve-moi par ton amour !
18 SEIGNEUR, quand je fais appel à toi,
ne me laisse pas couvert de honte,
mais remplis de honte les gens mauvais !
Qu'ils se taisent pour toujours dans le monde des morts !
19 Ferme la bouche de ces menteurs !
Oui, ils parlent sans respect, avec orgueil et mépris, contre celui qui t'obéit.
20 SEIGNEUR, ils sont grands,
les bienfaits que tu réserves à ceux qui te respectent !
Devant tout le monde, tu les offres à ceux qui se réfugient en toi.
21 Eux, tu les caches à l'abri de ton visage, loin des attaques des gens,
tu les protèges contre les paroles méchantes.

22 Merci au SEIGNEUR !
J'étais comme une ville attaquée,
mais son amour a fait pour moi des actions étonnantes.
23 J'étais désespéré et je pensais : « Tu m'as chassé loin de tes yeux. »
Mais tu m'as entendu quand je t'ai supplié,
quand j'ai crié vers toi.

24 Aimez le SEIGNEUR, vous tous, ses amis fidèles.
Le SEIGNEUR protège ceux qui croient en lui,
mais il punit durement les orgueilleux.
25 Soyez forts, reprenez courage,
vous tous qui comptez sur le SEIGNEUR !

Le pardon de Dieu rend heureux

32 (31) 1 *Enseignement de David.*

Voici l'homme heureux : Dieu enlève sa faute, il pardonne son péché.
2 Voici l'homme heureux : Il ne trompe personne,
et le SEIGNEUR ne tient pas compte de sa faute.

3 Avant, je ne reconnaissais pas mes torts,
je me plaignais toute la journée, et mes forces s'en allaient.
4 Nuit et jour, ta main pesait sur moi
et j'étais faible comme une plante brûlée par le soleil.
5 Mais je t'ai fait connaître mon péché, je n'ai pas caché ma faute.
J'ai dit : « J'avouerai mes fautes au SEIGNEUR. »
Et toi, tu as enlevé le poids de mon péché.

6 C'est pourquoi tes amis fidèles doivent tous te prier
quand ils découvrent leur faute.
Alors, si un grand danger les menace,
ils ne seront pas atteints par lui.
7 Tu es mon abri, tu me protèges du malheur,
tu m'entoures de cris de victoire.

8 Le SEIGNEUR m'a dit :
« Je vais t'enseigner et te montrer la route à suivre.
Je vais te donner un conseil en gardant les yeux fixés sur toi :
9 Le cheval et le mulet sont stupides,
il faut les freiner et les guider pour les faire obéir.
Ne leur ressemble pas ! Alors rien de mal ne t'arrivera. »

10 L'homme mauvais va beaucoup souffrir,
mais le SEIGNEUR enveloppe de son amour celui qui a confiance en lui.
11 Réjouissez-vous à cause du SEIGNEUR,
dansez de joie, vous qui lui obéissez !
Criez de joie, vous tous qui avez le cœur *pur !

Louange au créateur et au sauveur du monde

33 (32)

1 Criez de joie pour le SEIGNEUR, vous qui lui obéissez.
Pour ceux qui ont le cœur *pur, il est bon de chanter sa louange.
2 Remerciez le SEIGNEUR avec la *cithare,
jouez pour lui sur la harpe à dix cordes.
3 Chantez pour lui un chant nouveau,
rythmez bien vos cris de joie avec tous vos instruments.

4 Oui, les paroles du SEIGNEUR sont vraies,
on peut avoir confiance en tout ce qu'il fait.
5 Le SEIGNEUR aime ce qui est *juste et en accord avec la *loi.
L'amour du SEIGNEUR remplit la terre.
6 Par sa parole, le SEIGNEUR a fait le ciel.
Par le souffle de sa bouche, il a fait toute l'armée des étoiles.
7 Derrière un grand mur, il rassemble l'eau des mers,
les océans, il les garde en réserve.
8 Que toute la terre respecte le SEIGNEUR,
que tous les habitants du monde tremblent devant lui !
9 Car il a parlé, et le monde a commencé,
il a commandé, et cela est arrivé.

[10] Le SEIGNEUR défait les plans des peuples,
il détruit tous leurs projets.
[11] Le plan du SEIGNEUR existe pour toujours,
les projets de son cœur sont valables de génération en génération.
[12] Il est heureux, le pays qui a le SEIGNEUR comme Dieu !
Il est heureux, le peuple que le SEIGNEUR a choisi comme son trésor !

[13] Du haut du *ciel, le SEIGNEUR regarde,
il aperçoit tous les humains.
[14] Du siège où il est assis,
il observe tous les habitants de la terre.
[15] C'est lui qui a formé le cœur de chacun,
il connaît toutes leurs actions.

[16] À la guerre, le roi n'est pas sauvé par sa puissante armée,
le héros n'est pas délivré par sa grande énergie.
[17] Le cheval ne sert à rien pour la victoire,
sa grande force ne sauve pas le cavalier.
[18] Mais le SEIGNEUR veille sur ceux qui le respectent,
sur ceux qui espèrent en son amour.
[19] Il les délivrera de la mort
et les gardera en vie pendant la famine.
[20] Et nous, nous attendons le SEIGNEUR,
il est notre secours et notre *bouclier.
[21] La joie de notre cœur vient de lui,
nous avons confiance dans le Dieu *saint.
[22] SEIGNEUR, que ton amour repose sur nous,
comme nous l'espérons de toi !

Grâce au Seigneur, je n'ai plus peur de rien

34 (33) [1] *De David. Devant le roi Abimélek, David fait semblant d'être fou et Abimélek le chasse. Quand David s'en va, il dit[g] :*

[2] Je veux remercier le SEIGNEUR à chaque instant,
ma bouche chantera toujours sa louange.
[3] Je suis très fier du SEIGNEUR.
Vous, les gens simples, écoutez-moi et soyez dans la joie !
[4] Dites avec moi : « Le SEIGNEUR est grand ! »,
chantons tous ensemble son nom.

[5] J'ai cherché le SEIGNEUR et il m'a répondu,
je n'ai plus peur de rien.

[6] Ceux qui regardent vers lui brillent de joie,
et leur visage n'est pas couvert de honte.

g **34.1** *Voir 1 Samuel 21.11-16.*

[7] Quand un malheureux crie, le SEIGNEUR entend,
il le sauve de tout ce qui lui fait peur.
[8] *L'ange du SEIGNEUR monte la garde autour de ceux qui respectent Dieu,
il les délivre.
[9] Goûtez et voyez comme le SEIGNEUR est bon.
Il est heureux, celui qui s'abrite en lui !
[10] Vous qui appartenez au SEIGNEUR, respectez-le !
Rien ne manque à ceux qui le respectent.
[11] Les riches peuvent connaître le besoin et la faim,
mais ceux qui cherchent le SEIGNEUR ne manquent d'aucun bien.

[12] Venez, mes amis, écoutez-moi !
Je vais vous apprendre le respect du SEIGNEUR.
[13] Est-ce que tu aimes la vie ?
Est-ce que tu veux connaître des jours heureux ?
[14] Alors ne dis pas de mal des autres,
évite les mensonges.
[15] Fuis le mal et fais le bien,
recherche la paix et poursuis-la.
[16] Les yeux du SEIGNEUR se tournent vers ceux qui lui obéissent,
ses oreilles entendent leurs cris.
[17] Mais il s'oppose à ceux qui font du mal,
il veut rayer leur nom de la terre.
[18] Ceux qui lui obéissent, le SEIGNEUR les entend quand ils crient vers lui,
et il les délivre de tout ce qui leur fait peur.
[19] Le SEIGNEUR est proche de ceux qui ont le cœur brisé,
il sauve les gens découragés.
[20] Celui qui obéit à Dieu souffre beaucoup,
mais le SEIGNEUR le délivre de toutes ses souffrances.
[21] Il le protège : aucun de ses os ne sera brisé.
[22] L'homme mauvais mourra à cause de sa méchanceté,
les ennemis de ceux qui obéissent à Dieu seront punis.
[23] Le SEIGNEUR sauve la vie de ses serviteurs.
Parmi ceux qui s'abritent en lui, aucun ne sera puni.

Seigneur, accuse ceux qui m'accusent !

35 [1] *De David.*
(34)
SEIGNEUR, accuse ceux qui m'accusent,
attaque ceux qui m'attaquent.
[2] Prends tes *boucliers, le petit et le grand,
lève-toi et viens à mon aide !
[3] Avec la lance et la hache de guerre,
frappe ceux qui me poursuivent.
Dis à mon cœur : « C'est moi qui te sauve ! »

[4] Ceux qui veulent me tuer,
qu'ils soient couverts de honte, qu'ils perdent leur honneur !

Ceux qui ont l'intention de me faire du mal,
qu'ils reculent pleins de honte !
5 Que *l'ange du SEIGNEUR les chasse,
et qu'ils soient comme la paille emportée par le vent !
6 Que l'ange du SEIGNEUR les poursuive,
et qu'ils glissent sur leur chemin sombre !
7 Sans raison, ils m'ont tendu un piège au-dessus d'un trou,
sans raison, ils l'ont creusé pour moi.
8 Qu'un immense malheur tombe sur eux tout à coup !
Que le piège caché qu'ils ont tendu les attrape,
qu'ils soient détruits par ce malheur immense !

9 Alors je danserai de joie grâce au SEIGNEUR,
je me réjouirai parce qu'il m'a sauvé.
10 De tout mon cœur, je dirai : « SEIGNEUR, qui est comme toi ?
Tu délivres le malheureux de ceux qui sont plus forts que lui.
Le malheureux et le pauvre, tu les délivres de ceux qui les pillent. »

11 De faux *témoins se présentent :
ils m'interrogent sur des choses que j'ignore.
12 Ils me rendent le mal pour le bien,
tout le monde m'abandonne.
13 Quand ils étaient malades, moi, je mettais un habit de deuil.
Je m'abaissais en *jeûnant et je priais sans cesse.
14 J'agissais comme pour un ami, pour un frère,
j'étais sombre et en deuil, comme si j'avais perdu ma mère.

15 Mais eux se mettent à rire quand je perds l'équilibre,
et ils se rassemblent contre moi.
Des étrangers, des gens que je ne connais pas,
crient sans cesse contre moi.
16 Sans cesse, ces menteurs se moquent de moi
et me montrent leurs dents menaçantes.

17 Seigneur, tu vas regarder cela pendant combien de temps ?
Délivre-moi de ces gens mauvais, arrache-moi aux griffes de ces lions !
18 Je te dirai merci dans la grande assemblée,
au milieu d'une grande foule, je chanterai ta louange.
19 Ceux qui m'en veulent injustement, qu'ils ne se moquent pas de moi !
Ceux qui me détestent sans raison, qu'ils arrêtent de se faire des clins d'œil !
20 Non, ils ne parlent pas de paix,
mais ils inventent des mensonges contre les gens tranquilles du pays.
21 Contre moi, ils se mettent à crier avec force :
« Ha ! ha ! Nous l'avons vu de nos yeux ! »

22 SEIGNEUR, toi, tu as vu,
ne garde pas le silence, ne reste pas loin de moi !
23 Mon Dieu, mon Seigneur, réveille-toi !
Lève-toi pour me faire justice, pour prendre ma défense !

24 SEIGNEUR, mon Dieu, toi qui es *juste, fais-moi justice !
Que ces gens-là ne soient pas fous de joie à cause de moi !
25 Il ne faut pas qu'ils disent :
« Enfin, voilà ce que nous voulions ! Nous l'avons avalé ! »
26 Ceux qui se réjouissent de mon malheur,
qu'ils soient tous pleins de honte et perdent leur honneur !
Ceux qui se croyaient plus forts que moi,
qu'ils soient couverts de honte et d'insultes !

27 Mais ceux qui voulaient pour moi la justice,
qu'ils poussent des cris de joie !
Qu'ils disent toujours :
« Le SEIGNEUR est grand,
il veut le bonheur de son serviteur. »

28 Et moi, je redirai que tu es fidèle.
Tous les jours, je chanterai ta louange.

Seigneur, la source de la vie est en toi

36 1 *Psaume de David, le serviteur du SEIGNEUR. Chant pris dans le livre du chef de chorale.*
(35)

2 Au fond de mon cœur, je me rappelle une phrase de l'homme mauvais.
Dans sa révolte, il dit : « Je ne vois pas pourquoi Dieu me ferait peur. »
3 Cet homme-là est trop content de lui,
il ne peut donc pas reconnaître sa faute ni la détester.
4 Tout ce qui sort de sa bouche est mauvais, et il ment.
Faire le bien, cela n'a plus de sens pour lui.
5 Quand il est couché, il prépare ses mauvais coups.
Il suit une route qui n'est pas bonne, il ne rejette pas le mal.

6 SEIGNEUR, ton amour va jusqu'au ciel,
ta fidélité monte jusqu'aux nuages.
7 Ta *justice dépasse les plus hautes montagnes,
tes décisions sont profondes comme la mer.
SEIGNEUR, tu sauves les hommes et les bêtes.
8 Ton amour, mon Dieu, est vraiment précieux,
les humains s'abritent à l'ombre de tes ailes.
9 Dans ta maison, tu leur donnes une nourriture abondante,
tu les fais boire au fleuve de ta bonté.

10 La source de la vie est en toi,
à ta lumière, nous voyons la lumière.
11 Garde ton amour à ceux qui te connaissent,
et ta fidélité à ceux qui ont le cœur *pur.
12 Que l'orgueilleux n'entre pas chez moi,
que les gens mauvais ne me jettent pas dehors !
13 Voilà qu'ils tombent, ceux qui font du mal,
ils sont renversés, ils ne peuvent plus se mettre debout.

Conseils
pour se conduire avec sagesse et aimer Dieu

37 (36) [1] *De David.*

Ne te mets pas en colère contre les gens mauvais,
ne sois pas jaloux des gens malhonnêtes.
[2] Oui, ils sécheront aussi vite que l'herbe,
comme les feuilles vertes, ils se faneront.

[3] Mets ta confiance dans le SEIGNEUR,
fais ce qui est bien.
Alors tu resteras dans le pays en toute sécurité.
[4] Trouve ta joie dans le SEIGNEUR,
il te donnera ce que ton cœur désire.

[5] Confie ta vie au SEIGNEUR,
aie confiance en lui et il agira.
[6] Il fera paraître ton innocence comme la lumière du matin,
et ta juste cause comme le soleil de midi.

[7] Reste en silence devant le SEIGNEUR, attends-le.
Ne te mets pas en colère contre celui qui réussit,
contre l'homme qui fait de mauvais coups.

[8] Laisse la colère, ne sois pas furieux.
Calme-toi, sinon cela va mal finir.
[9] Oui, ceux qui font du mal seront supprimés.
Mais ceux qui comptent sur le SEIGNEUR posséderont le pays.
[10] Encore un peu de temps : il n'y aura plus d'homme mauvais.
Tu regardes l'endroit où il était : il n'y a plus personne.
[11] Mais les gens simples posséderont le pays,
ils goûteront une grande paix.

[12] L'homme mauvais prépare de mauvais coups contre celui qui obéit à Dieu.
Contre lui, il montre ses dents menaçantes.
[13] Mais le Seigneur se moque de l'homme mauvais,
car il voit venir le jour où il sera jugé.

[14] Les gens mauvais prennent leur lance.
Ils préparent leur arc pour faire tomber le malheureux et le pauvre,
pour tuer l'homme qui suit le bon chemin.
[15] Mais cette lance entrera dans le cœur des gens mauvais,
et leurs arcs se briseront.

[16] La pauvreté de celui qui obéit à Dieu
vaut mieux que la richesse de tous les gens mauvais.
[17] Oui, le pouvoir des méchants sera détruit,
mais le SEIGNEUR soutient ceux qui lui obéissent.

18 Le SEIGNEUR connaît la vie de ceux qui se conduisent parfaitement.
Le pays qu'ils ont reçu en partage leur appartiendra pour toujours.
19 Quand le malheur viendra, ils ne seront pas couverts de honte.
Quand la famine sera là, ils mangeront bien.

20 Oui, les gens mauvais vont mourir,
les ennemis du SEIGNEUR disparaîtront comme l'herbe des champs.
Ils partiront en fumée,
en fumée, ils partiront.

21 L'homme mauvais emprunte, il ne rend pas,
mais celui qui obéit à Dieu a pitié, il partage.
22 Ceux que le SEIGNEUR *bénit posséderont le pays.
Ceux qu'il maudit seront supprimés.
23 Quand la vie de quelqu'un plaît au SEIGNEUR,
le SEIGNEUR l'aide à marcher avec assurance.
24 S'il perd l'équilibre, il ne tombe pas,
car le SEIGNEUR le tient par la main.

25 J'ai été jeune et maintenant je suis vieux.
Mais je n'ai jamais vu quelqu'un qui obéit à Dieu rester sans secours,
je n'ai jamais vu ses enfants mendier leur nourriture.
26 Tous les jours, celui qui obéit à Dieu a pitié et il prête,
ses enfants sont pour lui une bénédiction.

27 Évite le mal, fais ce qui est bien,
et tu habiteras ce pays pour toujours.
28 Oui, le SEIGNEUR aime ce qui est *juste,
il n'abandonne pas ses amis fidèles.

Il les garde pour toujours,
mais les enfants des gens mauvais seront supprimés.
29 Ceux qui obéissent à Dieu posséderont le pays,
ils y resteront pour toujours.

30 L'homme qui obéit à Dieu dit ce qui est sage,
sa bouche exprime ce qui est juste.
31 La *loi de son Dieu est dans son cœur,
il ne risque pas de tomber.

32 Les gens mauvais attendent celui qui obéit à Dieu,
ils cherchent à le faire mourir.
33 Mais le SEIGNEUR ne l'abandonne pas entre leurs mains.
S'il doit être jugé, il ne le laisse pas condamner.

34 Mets ton espoir dans le SEIGNEUR,
suis son chemin.
Il te rendra grand pour que tu possèdes le pays,
et tu verras les méchants supprimés.

35 J'ai vu l'homme mauvais devenir très puissant,
il se développait comme les *cèdres du Liban.
36 Mais il est parti, il n'existe plus.
Je l'ai cherché : il a disparu.

37 Regarde l'homme honnête, vois l'homme au cœur *pur.
Celui qui aime la paix vivra longtemps.
38 Au contraire, les pécheurs seront détruits tous ensemble,
et les enfants des gens mauvais seront supprimés.

39 Le SEIGNEUR sauve ceux qui lui obéissent.
Quand un malheur arrive, il les protège avec puissance.
40 Le SEIGNEUR les aide et les délivre.
Il les délivre des gens mauvais et il les sauve,
parce qu'ils s'abritent en lui.

Mes fautes dépassent ma tête

38 (37) 1 *Psaume de David, pour que Dieu se souvienne.*

2 SEIGNEUR, tu es en *colère contre moi, mais ne me condamne pas !
Tu en as assez de moi, mais ne me punis pas !
3 Oui, tes flèches m'ont touché
et ta main m'a frappé.

4 À cause de ta colère, tout mon corps est malade.
À cause de mon péché, rien n'est bon dans mes os.
5 Oui, mes fautes dépassent ma tête,
elles pèsent sur moi comme une charge trop lourde.

6 Mes plaies remplies de pus sentent mauvais,
tout cela à cause de ma bêtise.
7 Je suis abattu et complètement découragé,
je passe mes journées dans la tristesse.

8 Mes reins sont brûlants de fièvre,
tout mon corps est malade.
9 Je suis sans force, complètement brisé,
mon cœur souffre, et je me plains.

10 Seigneur, tous mes désirs sont devant toi,
ma plainte n'est pas cachée pour toi.
11 Mon cœur bat violemment,
mes forces s'en vont, même la lumière de mes yeux a disparu.

12 Mes amis et mes voisins reculent devant mes plaies,
mes parents restent loin de moi.
13 Ceux qui veulent ma mort me tendent des pièges,
ceux qui cherchent mon malheur parlent pour me détruire.

Toute la journée,
ils disent des mensonges contre moi.

14 Moi, comme un sourd, je n'entends pas,
comme un muet, je n'ouvre pas la bouche.
15 Je suis comme un homme qui n'entend pas
et qui ne répond rien.

16 SEIGNEUR, je compte sur toi,
c'est toi qui répondras, Seigneur mon Dieu !
17 En effet, j'ai dit : « Quand mon pied glisse,
que ces gens-là ne se réjouissent pas, qu'ils ne me méprisent pas ! »

18 Oui, je suis sur le point de tomber
et je n'arrête pas de souffrir.
19 En effet, je reconnais ma faute,
je suis très inquiet à cause de mon péché.

20 Mes ennemis sont pleins de vie, ils sont puissants,
beaucoup me détestent sans raison.
21 Ils me rendent le mal pour le bien,
ils me reprochent de chercher à faire le bien.

22 SEIGNEUR, ne m'abandonne pas !
Mon Dieu, ne reste pas loin de moi !
23 Au secours, viens vite,
Seigneur, mon sauveur !

Seigneur, la vie est bien courte

39 (38) 1 *Psaume de David, pris dans le livre du chef de chorale. De Yedoutoun*[h].

2 J'avais dit : « Je vais faire attention pour ne pas pécher en paroles.
Je vais garder la bouche fermée
tant qu'un homme mauvais sera devant moi. »
3 Je suis donc resté muet, silencieux.
Je me suis tu, mais je n'ai rien gagné : ma souffrance a augmenté.
4 Mon cœur était en feu, chaque plainte était comme une brûlure.
Alors je me suis mis à parler :

5 – SEIGNEUR, apprends-moi le moment où ma vie va finir,
oui, fais-moi connaître le temps qui me reste.
Ainsi, je saurai combien je suis peu de chose.
6 La largeur d'une main, voilà le temps de ma vie.
Devant toi, elle ne dure presque pas.

---

h **39.1** *Yedoutoun était l'un des responsables du chant et de la musique au temple de Jérusalem, au temps du roi David. Voir 1 Chroniques 25.1,3,6.*

Même si l'homme est bien vivant, il n'est qu'un souffle.
7 Il va et il vient, mais il n'est qu'une ombre.
Il se fatigue beaucoup, mais tout part en fumée.
Il amasse des richesses, mais qui en profitera ? Il n'en sait rien.

8 Maintenant, Seigneur, qu'est-ce que je peux attendre ?
Je compte sur toi :
9 délivre-moi de toutes mes fautes,
ne laisse pas les gens stupides m'insulter.
10 Maintenant, je reste muet, je n'ouvre pas la bouche,
puisque c'est toi qui agis.
11 Arrête de me frapper,
tes coups m'enlèvent toutes mes forces.
12 Pour corriger l'homme, tu punis sa faute.
Comme un insecte, tu ronges ce qu'il a de précieux.
Oui, tous les humains ne sont qu'un souffle.

13 Écoute ma prière, SEIGNEUR,
ouvre l'oreille à mes cris, entends mes larmes.
Chez toi, je suis un étranger,
un passant, comme tous mes ancêtres.

14 Ne me regarde plus,
alors je pourrai sourire avant de m'en aller et de disparaître.

Personne n'est comme toi, mon Dieu !

40 (39) 1 *Psaume de David, pris dans le livre du chef de chorale.*

2 J'ai mis tout mon espoir dans le SEIGNEUR :
il s'est penché vers moi, il a écouté mon cri.
3 Il m'a fait remonter du puits sans fond, de la boue des profondeurs.
Il a dressé mes pieds sur le rocher, il a rendu mes pas plus sûrs.
4 Dans ma bouche, il a mis un chant nouveau,
une louange pour lui, notre Dieu.
Beaucoup verront cela,
ils respecteront le SEIGNEUR et ils auront confiance en lui.
5 Il est heureux, l'homme qui met sa confiance dans le SEIGNEUR.
Il ne se tourne pas vers les orgueilleux et les amis du mensonge.

6 – SEIGNEUR mon Dieu,
pour nous, tu as fait tant de choses étonnantes, de si beaux projets !
Personne n'est égal à toi !
Je voudrais l'annoncer et le redire encore,
mais il y en a trop pour tout raconter.
7 Tu ne veux ni *sacrifices ni offrandes,
cela, tu me l'as fait comprendre.
Tu ne demandes ni animaux complètement brûlés,
ni sacrifices pour le pardon des péchés.

8 Alors j'ai dit : « Me voici, je viens à toi.
Dans le rouleau d'un livre[i], je trouve écrit ce que je dois faire. »
9 Mon Dieu, je veux faire ce qui te plaît,
et ta *loi est au fond de mon cœur.

10 Dans la grande assemblée,
j'annonce cette bonne nouvelle : le SEIGNEUR rend libre.
Je ne peux pas me taire, SEIGNEUR, tu le sais.
11 Tu m'as libéré, je ne veux pas garder cela au fond de mon cœur.
Alors je dis : « Le SEIGNEUR est fidèle et il nous sauve. »
Dans la grande assemblée, je ne cache pas ton amour ni ta fidélité.
12 Toi, SEIGNEUR, tu ne me refuseras pas ta tendresse,
ton amour et ta fidélité me protégeront toujours.

13 Oui, des malheurs pleuvent de tous côtés, je ne peux pas les compter.
Mes fautes retombent sur moi, elles m'empêchent de voir clair.
Elles sont plus nombreuses que les cheveux de ma tête,
et je suis complètement découragé.
14 Je t'en prie, SEIGNEUR, délivre-moi,
SEIGNEUR, au secours, viens vite !
15 Ceux qui veulent ma mort, couvre-les tous de honte !
Ceux qui cherchent mon malheur, chasse-les, qu'ils perdent leur honneur !
16 Ceux qui se moquent de moi en disant : « Ha ! Ha ! »,
que la honte leur ferme la bouche !

17 Mais tous ceux qui te cherchent,
qu'ils dansent de joie à cause de toi !
Ceux qui t'aiment, toi le sauveur,
qu'ils disent sans cesse : « Le SEIGNEUR est grand ! »
18 Moi, je suis malheureux et pauvre, mais le Seigneur pense à moi.
Tu es mon secours et mon libérateur, mon Dieu, viens vite !

Même mon meilleur ami est devenu mon ennemi

41 (40)

1 *Psaume de David, pris dans le livre du chef de chorale.*

2 Il est heureux, celui qui fait attention aux faibles.
Le jour où cela va mal pour lui, le SEIGNEUR vient à son secours.
3 Le SEIGNEUR le garde en vie, il le rend heureux sur la terre,
il ne le livre pas au pouvoir de ses ennemis.
4 Le SEIGNEUR le soutient sur son lit de souffrances,
il prend soin de lui pendant sa maladie.

5 Je dis : « SEIGNEUR, aie pitié de moi,
guéris-moi, car j'ai péché contre toi. »

---

i. **40.8** *Il s'agit sans doute du livre de la loi, formé des cinq premiers livres de l'Ancien Testament. Voir Josué 1.8.*

[6] Mes ennemis parlent mal de moi :
« Sa mort, c'est pour quand ? Nous pourrons enfin l'oublier ! »
[7] Si quelqu'un vient me voir, c'est pour dire des mensonges.
Il remplit son cœur de choses méchantes, et quand il est dehors, il les répète.
[8] Tous ensemble, ceux qui me détestent parlent tout bas contre moi.
Ils imaginent le mal qui va m'arriver :
[9] « C'est une sale maladie qu'il a attrapée là !
Maintenant qu'il est couché, il ne pourra plus se relever ! »
[10] J'avais confiance dans mon meilleur ami, il partageait ma nourriture.
Eh bien, même lui, il est devenu mon ennemi.
[11] Mais toi, SEIGNEUR, aie pitié de moi, relève-moi !
Alors je leur rendrai ce qu'ils méritent, à ces gens-là.

[12] Si mon ennemi ne crie plus victoire contre moi,
alors je reconnaîtrai ton affection pour moi.

[13] Et moi, tu m'as soutenu, tu m'as rendu la santé,
tu me gardes pour toujours devant toi.

[14] Merci au SEIGNEUR, Dieu d'Israël, depuis toujours et pour toujours !
Oui, oui, qu'il en soit ainsi !

DEUXIÈME LIVRE
PSAUMES 42–72

Pourquoi me décourager ? Il vaut mieux compter sur Dieu

42 (41) [1] *Enseignement du groupe de Coré[j], pris dans le livre du chef de chorale.*

[2] Comme une biche désire l'eau du ruisseau,
ainsi je te désire, toi, mon Dieu.

[3] J'ai soif de Dieu, du Dieu vivant.
Quand pourrai-je entrer dans son temple et me présenter devant lui ?
[4] Jour et nuit, je passe mon temps à pleurer,
car on me dit sans arrêt : « Et ton Dieu, que fait-il ? »

[5] J'ai des souvenirs qui me touchent le cœur :
autrefois, je marchais en tête de la procession.
J'avançais vers la maison de mon Dieu dans la foule en fête,
parmi les cris de joie et de louange.

[6] Pourquoi me décourager, pourquoi me plaindre de ma vie ?
Il vaut mieux compter sur Dieu !
Oui, je vais encore le remercier, lui, mon sauveur et mon Dieu.

---

j **42.1** *Le groupe de Coré : c'était un groupe de chanteurs au service de Dieu dans le temple de Jérusalem. Voir 1 Chroniques 6.17-22.*

7 Mon Dieu, je suis découragé.
C'est pourquoi je pense à toi là où je suis,
au pays du fleuve Jourdain,
près du Mont-Petit, dans les montagnes de l'Hermon.
8 Tout autour, tu fais rugir les torrents.
De même toutes tes vagues et toute ton eau tombent sur moi,
je suis complètement noyé !

9 Pendant le jour, que le SEIGNEUR me montre son amour !
Alors la nuit, je chanterai pour lui, je prierai le Dieu qui me fait vivre.
10 Je dis à Dieu, mon solide rocher : « Pourquoi m'as-tu oublié ?
Mes ennemis m'écrasent et je dois vivre dans la tristesse. Oui, pourquoi ? »
11 Mes adversaires m'insultent.
Ils me disent sans arrêt : « Et ton Dieu, que fait-il ? »
C'est comme s'ils me brisaient les os.

12 Pourquoi me décourager, pourquoi me plaindre de ma vie ?
Il vaut mieux compter sur Dieu !
Oui, je vais encore le remercier, lui, mon sauveur et mon Dieu.

43 (42)

1 Ô Dieu, rends-moi justice,
défends ma cause contre les gens qui ne t'aiment pas.
Délivre-moi des menteurs et de ceux qui font du mal !
2 Toi, mon Dieu, tu es mon protecteur. Pourquoi m'as-tu rejeté ?
Mes ennemis m'écrasent, et je dois vivre dans la tristesse. Oui, pourquoi ?
3 Envoie ta lumière et ta vérité.
Qu'elles me guident sur ta montagne *sainte,
qu'elles me conduisent dans ta maison !
4 J'irai vers ton *autel,
vers toi, mon Dieu, qui es ma joie et mon bonheur.
Avec la *cithare, je te dirai merci, ô Dieu, mon Dieu !

5 Pourquoi me décourager, pourquoi me plaindre de ma vie ?
Il vaut mieux compter sur Dieu !
Oui, je vais encore le remercier, lui, mon sauveur et mon Dieu.

Seigneur, ne nous rejette pas pour toujours !

44 (43)

1 *Enseignement du groupe de Coré[k], pris dans le livre du chef de chorale.*

2 Ô Dieu, nous avons entendu de nos oreilles,
et nos ancêtres nous ont raconté les exploits
que tu as faits autrefois, dans l'ancien temps.
3 Tu as chassé des peuples pour établir nos ancêtres dans le pays.
Tu les as frappés pour que ton peuple se développe.

k **44.1** *Voir Psaume 42.1 et la note.*

4 Non, ce n'est pas avec leurs lances qu'ils ont pris le pays.
Ce n'est pas leurs bras qui leur ont donné la victoire.
C'est ta main puissante, c'est ta force,
c'est la lumière de ton visage, car tu les aimais.

5 Mon Dieu, c'est toi qui es mon roi,
c'est toi qui décides des victoires de ton peuple.
6 Avec toi, nous repoussons nos ennemis,
avec toi, nous écrasons nos adversaires.
7 Non, je ne compte pas sur mon arc,
ce n'est pas ma lance qui me donne la victoire.
8 Mais c'est toi qui nous sauves de nos ennemis,
et tu couvres de honte ceux qui nous détestent.
9 Seigneur, tous les jours, nous chantons ta louange,
et sans cesse, nous te disons merci.

10 Pourtant, tu nous as rejetés et tu nous as couverts de honte.
Tu ne combats plus avec nos armées,
11 tu nous fais reculer devant nos ennemis.
Ceux qui nous détestent volent ce qui nous appartient.
12 Tu nous as livrés comme des moutons de boucherie,
tu nous as chassés de tous côtés, parmi les autres peuples.
13 Tu vends ton peuple bon marché
et tu n'y gagnes rien.
14 Tu laisses nos voisins nous insulter,
ceux qui nous entourent peuvent nous mépriser et rire de nous.
15 Tu laisses les autres peuples se moquer de nous,
et en riant, ils secouent la tête.
16-17 Tous les jours, mon malheur est devant moi.
J'entends les moqueries et les cris d'insulte.
Je vois l'ennemi qui se venge,
et mon visage est couvert de honte.

18 Tout cela nous est arrivé, et pourtant, nous ne t'avons pas oublié,
nous n'avons pas trahi ton *alliance.
19 Nous ne sommes pas revenus en arrière,
nous n'avons pas quitté ton chemin.
20 Mais tu nous as écrasés dans le désert
et tu nous as couverts de l'ombre de la mort.
21 Si nous avions oublié ton nom, ô notre Dieu,
si nous avions prié un dieu étranger,
22 tu l'aurais su.
Oui, tu connais le fond des cœurs.
23 À cause de toi, nous risquons sans arrêt la mort,
nous sommes traités comme des moutons de boucherie.

24 Réveille-toi ! Pourquoi dors-tu, Seigneur ?
Réveille-toi, ne nous rejette pas pour toujours !
25 Pourquoi caches-tu ton visage ?

Pourquoi oublies-tu notre malheur et notre tristesse ?
26 Oui, nous nous traînons dans la poussière,
à plat ventre sur le sol.
27 Lève-toi, viens nous aider,
libère-nous à cause de ton amour !

Chant d'amour pour le mariage du roi

45 (44)
1 *Enseignement du groupe de Coré[l], pris dans le livre du chef de chorale. Chant d'amour sur un *instrument à cordes.*

2 De belles paroles agitent mon cœur,
je vais réciter un poème pour le roi.
Que ma bouche soit comme la plume d'un bon écrivain !

3 – Tu es le plus beau des hommes, tes paroles sont admirables.
C'est pourquoi Dieu t'a *béni pour toujours.

4 Combattant courageux, mets ton *épée à ton côté,
elle est ta grandeur et ton honneur.
5 Tends ton arc et bondis !
En route pour défendre la vérité, la douceur, la justice !
Que ta main puissante te montre de beaux exploits !
6 Tes flèches sont pointues, elles percent le cœur de tes ennemis.
Oui, tout le monde tombe sous tes coups !
7 Ton pouvoir royal est comme celui de Dieu.
Il durera toujours et pour toujours.
Tu gouvernes ton peuple avec justice.
8 Tu aimes ce qui est *juste, tu détestes le mal.
C'est pourquoi Dieu, ton Dieu, t'a choisi.
Sur ta tête, il a versé une huile de fête, te préférant aux autres rois.
9 De fines odeurs parfument tous tes vêtements.
Pour toi, une musique joyeuse sort de ton palais décoré d'ivoire.
10 Des filles de roi sont là, elles portent tes bijoux.
Et debout à ta droite, voici la reine couverte d'or pur.

11 – Écoute, ma fille, regarde et tends l'oreille !
Oublie ton peuple et la famille de ton père.
12 Que le roi désire ta beauté !
Maintenant, il est ton maître, mets-toi à genoux devant lui.
13 Alors, les gens de Tyr, les peuples les plus riches,
essaieront de te plaire en t'offrant des cadeaux.

14 Voici la fille du roi,
elle brille de lumière dans sa robe brodée d'or.

---

l **45.1** *Voir Psaume 42.1 et la note.*

15 Elle est conduite vers le roi,
vêtue de broderies aux mille couleurs.
Derrière elle, des jeunes filles l'accompagnent,
elles sont amenées pour toi.
16 On les conduit au milieu des cris de joie,
elles entrent dans le palais du roi.

17 – Que tes fils, un jour, occupent le siège de tes ancêtres !
Tu feras d'eux des princes dans le monde entier.
18 Et moi, je rappellerai ton nom de génération en génération.
Alors tous les peuples te diront merci, toujours et pour toujours.

Le Seigneur de l'univers est à nos côtés

46 (45) 1 *Chant du groupe de Coré[m], pris dans le livre du chef de chorale. Avec *instrument de musique.*

2 Dieu est pour nous un abri solide et sûr,
il est toujours prêt à nous aider dans le malheur.
3 C'est pourquoi nous n'avons pas peur,
même si la terre se met à bouger,
si les montagnes tombent au fond de la mer.
4 Son eau rugit et soulève l'écume,
les vagues de la mer se dressent et font trembler les montagnes.

5 Mais une rivière coule et réjouit la ville de Dieu,
la plus *sainte des habitations du Très-Haut.
6 Dieu est dans cette ville, elle ne tombera pas.
Le jour se lève, et déjà, Dieu est là pour l'aider.
7 Des pays rugissent, des royaumes tremblent,
Dieu élève la voix, et la terre disparaît.

8 Il est à nos côtés, le SEIGNEUR de l'univers,
il nous protège avec puissance, le Dieu de *Jacob.

9 Venez voir les actions du SEIGNEUR,
ce qu'il a détruit sur la terre !
10 Il arrête les combats jusqu'au bout du monde,
il brise les arcs, il détruit les lances,
il met le feu aux *boucliers.

11 Le SEIGNEUR crie : « Arrêtez et reconnaissez que je suis Dieu !
Je remporte la victoire sur tous les peuples,
je remporte la victoire sur toute la terre. »
12 Il est à nos côtés, le SEIGNEUR de l'univers,
il nous protège avec puissance, le Dieu de Jacob.

---

m **46.1** *Voir Psaume 42.1 et la note.*

Chantez pour Dieu, le roi de toute la terre

47 [1] *Psaume du groupe de Coré*[n], *pris dans le livre du chef de chorale.*

(46)

[2] Vous, tous les peuples, battez des mains,
rendez *gloire à Dieu avec des cris de joie !
[3] Oui, le SEIGNEUR, le Très-Haut, est terrible,
il est le grand roi de toute la terre.
[4] Il place les peuples étrangers sous notre pouvoir,
il les met sous nos pieds.
[5] Il a choisi pour nous notre pays,
et nous en sommes fiers, nous, le peuple de *Jacob aimé de Dieu.
[6] Dieu entre dans le temple parmi les cris de joie,
le SEIGNEUR entre au son de la trompette.
[7] Chantez pour Dieu, chantez,
chantez pour notre roi, chantez !
[8] Oui, Dieu est le roi de toute la terre.
Chantez pour lui votre plus beau chant.
[9] Dieu gouverne les autres peuples,
il est assis sur son siège sacré.
[10] Les chefs des peuples se rassemblent avec le peuple du Dieu d'Abraham.
Oui, les chefs de la terre sont à Dieu, qui est au-dessus de tout.

Jérusalem, la ville du grand Roi

48 [1] *Chant. Psaume du groupe de Coré*[o].

(47)

[2] Le SEIGNEUR est grand,
il reçoit toutes les louanges dans la ville de notre Dieu.
Sa montagne *sainte
[3] se dresse dans sa beauté,
elle est la joie de toute la terre.
Vers le nord[p], c'est la montagne de *Sion, la ville du grand Roi.
[4] Dieu se tient sur les murs qui l'entourent,
tout le monde sait qu'il la protège avec puissance.

[5] Des rois se sont réunis,
ils se sont avancés ensemble contre Sion[q].
[6] Dès qu'ils ont vu le SEIGNEUR, ils ont été stupéfaits,
ils ont eu peur et ils ont fui.

---

n **47.1** *Voir Psaume 42.1 et la note.*

o **48.1** *Voir Psaume 42.1 et la note.*

p **48.3** *Cela veut dire que Sion est la seule et vraie montagne de Dieu. En effet, certaines religions de l'ancien Orient affirmaient que les dieux se réunissaient sur une montagne, à l'extrême nord, pour décider chaque année du sort des humains.*

q **48.5** *Voir Psaume 2.1-2 et la note.*

7 Là, un tremblement les a pris,
comme la douleur saisit une femme qui accouche,
8 comme le vent d'est brise les grands bateaux.

9 Ce qu'on nous avait dit,
nous l'avons vu dans la ville du SEIGNEUR de l'univers,
dans la ville de notre Dieu : Dieu la garde debout pour toujours.

10 Ô notre Dieu, nous méditons sur ton amour
à l'intérieur de ton temple.
11 Ô Dieu, tu es célèbre jusqu'au bout du monde,
et jusqu'au bout du monde, on chantera ta louange.
Tu agis toujours avec *justice.
12 La montagne de Sion est dans la joie,
les villes de Juda sont heureuses à cause de tes jugements.

13 Faites le tour de Jérusalem,
comptez ses postes de garde.
14 Admirez ses murs,
regardez bien les constructions qui la protègent.
Alors, voici ce que vous pourrez raconter à la génération qui vient :
15 ce Dieu est notre Dieu, toujours et pour toujours,
il restera sans cesse notre guide.

Pourquoi avoir peur ? Tout le monde doit mourir

49 (48)

1 *Psaume du groupe de Coré*[r], *pris dans le livre du chef de chorale.*

2 Écoutez ceci, tous les peuples !
Tendez l'oreille, vous tous, habitants de l'univers,
3 gens simples et grands de ce monde,
riches et pauvres, tous ensemble !
4 Mon cœur médite des choses intelligentes,
ma bouche va dire des paroles de sagesse.
5 J'écoute attentivement les proverbes des sages,
je les explique en jouant de la *cithare.

6 Pourquoi avoir peur quand tout va mal,
quand des gens malhonnêtes m'entourent pour me faire du mal ?
7 Ils mettent leur confiance dans leur fortune,
ils se vantent de leur grande richesse.

8 Mais personne ne peut racheter à Dieu la vie de quelqu'un d'autre,
ni donner assez d'argent pour ne pas mourir.

---

r **49.1** *Voir Psaume 42.1 et la note.*

9 Même s'ils paient très cher pour leur vie,
ce n'est jamais assez.
10 Est-ce qu'ils vivront encore longtemps,
est-ce qu'ils ne finiront pas dans la tombe, eux aussi ?
11 Pourtant, on le voit bien : les sages meurent,
tout comme les gens stupides et sans intelligence.
Et ils laissent à d'autres leur fortune.
12 Ils pensent posséder leurs champs pour toujours.
Mais leur tombe, voilà leur habitation pour toujours,
leur maison pour tous les temps.
13 Au milieu de leur richesse,
les humains ne comprennent pas
qu'ils mourront un jour comme les animaux.
14 Voici le chemin de ceux qui mettent leur confiance en eux-mêmes,
voici ce qui attend les gens qui aiment s'écouter parler :
15 on les conduit comme des moutons dans le monde des morts,
et la mort est leur berger.
Vers le matin, ceux qui ont le cœur *pur dominent sur eux,
et leur beauté disparaît.
Le monde des morts, voilà le lieu où ils habitent.

16 Mais Dieu rachètera ma vie au pouvoir de la mort,
oui, il me délivrera.

17 Ne t'inquiète pas quand quelqu'un devient riche,
quand la richesse de sa famille augmente.
18 À sa mort, il n'emporte rien,
sa fortune ne descend pas avec lui dans la tombe.
19 Pendant sa vie, il se félicitait en disant :
« Bravo ! Tu as réussi ! »
20 Pourtant, il va retrouver ses ancêtres,
qui ne verront plus jamais la lumière.
21 Au milieu de leur richesse,
les humains ne comprennent pas
qu'ils mourront un jour comme les animaux.

Dieu paraît pour juger les habitants de la terre

50 (49) 1 *Psaume d'Assaf*[s].

Le Dieu très puissant, le SEIGNEUR, a parlé.
Il a appelé tous les habitants de la terre, du soleil levant au soleil couchant.
2 À Jérusalem, ville magnifique,
Dieu paraît, entouré de lumière.

---

s 50.1 *Assaf était l'un des responsables du chant et de la musique dans le temple de Jérusalem, au temps du roi David. Voir 1 Chroniques 6.16-17 ; 2 Chroniques 35.15.*

3 « Qu'il vienne, notre Dieu !
Qu'il ne garde pas le silence ! »

Devant lui, un feu détruit tout,
autour de lui, c'est une violente tempête.
4 Dieu appelle le ciel et la terre
pour juger son peuple.
5 Il dit : « Rassemblez devant moi mes amis fidèles,
ceux qui ont fait une *alliance avec moi en offrant un *sacrifice. »
6 Le ciel annonce que Dieu est *juste.
Le juge, c'est Dieu !

7 – Écoute, mon peuple, j'ai quelque chose à te dire,
Israël, je vais parler contre toi : ton Dieu, c'est moi.
8 Je ne t'accuse pas pour tes sacrifices,
tu m'en offres sans arrêt.
9 Je ne prendrai pas de taureaux chez toi,
ni de boucs dans tes enclos.
10 Car tous les animaux de la forêt sont à moi,
et à moi, les milliers de bêtes des montagnes.
11 Je connais tous les oiseaux du ciel,
et toutes les bêtes des champs sont à moi.
12 Si j'avais faim, je ne te dirais rien.
Oui, la terre est à moi avec tout ce qu'elle contient.
13 Est-ce que je vais manger la viande des taureaux ?
Est-ce que je vais boire le sang des boucs ?
14 Offre-moi plutôt ta reconnaissance, à moi, ton Dieu.
Et tiens les promesses que tu m'as faites, à moi, le Très-Haut.
15 Alors, quand tu seras dans le malheur, fais appel à moi,
je te sauverai, et tu chanteras ma *gloire.

16 Mais à l'homme mauvais, Dieu dit :
– Tu récites mes commandements,
tu dis que tu as fait une alliance avec moi.
17 Mais tu n'acceptes pas mes reproches
et tu rejettes mes paroles.
18 Quand tu vois un voleur, tu te mets avec lui,
tu fréquentes ceux qui commettent *l'adultère.
19 Tu ne retiens pas tes paroles méchantes,
ta bouche fabrique des mensonges.
20 Devant les autres, tu parles contre ton frère,
tu dis du mal du fils de ta mère.
21 Voilà ce que tu fais. Est-ce que je peux me taire ?
Est-ce que vraiment je suis comme toi ?
Pour moi, tu es coupable, et je mets tout devant tes yeux.

22 Vous qui m'oubliez, comprenez bien ces choses !
Sinon, je vous déchirerai, et personne ne vous sauvera.

23 Celui qui m'offre sa reconnaissance, celui-là me rend gloire.
Celui qui se conduit bien, je lui montrerai que je suis son sauveur.

Mon Dieu, pardonne-moi !

51 (50) 1 *Psaume de David, pris dans le livre du chef de chorale.*
2 *Le roi David a pris Batchéba, la femme d'Urie, et le *prophète Natan va le trouver*[t].
David dit alors :

3 Ô Dieu, aie pitié de moi à cause de ton amour !
Ta tendresse est immense : efface mes torts.
4 Lave-moi complètement de mes fautes,
et de mon péché, *purifie-moi.

5 Oui, je reconnais mes torts,
mon péché est toujours devant moi.
6 Contre toi et toi seul, j'ai péché,
ce qui est mal à tes yeux, je l'ai fait.
Ainsi, tu as raison quand tu décides,
tu es sans défaut quand tu juges.

7 Oui, depuis ma naissance, je suis marqué par le péché,
depuis le ventre de ma mère, je suis plongé dans le mal.
8 Mais tu veux la vérité au fond de mon cœur.
À ma *conscience, tu enseignes la sagesse.

9 Enlève mon péché, et je serai *pur,
lave-moi, et je serai parfaitement purifié.
10 Fais-moi entendre les chants et la fête.
Alors je danserai de bonheur, moi que tu as brisé.
11 Détourne ton visage de mes péchés,
efface toutes mes fautes.

12 Ô Dieu, crée en moi un cœur pur,
mets en moi un esprit nouveau, vraiment attaché à toi.
13 Ne me chasse pas loin de toi,
ne m'enlève pas ton esprit *saint.
14 Rends-moi la joie d'être sauvé,
soutiens-moi par un esprit généreux.

15 Ceux qui ne t'obéissent pas, je leur apprendrai à faire ce que tu veux,
et les coupables reviendront vers toi.
16 Dieu, mon libérateur, délivre-moi de la mort !
Alors je crierai de joie parce que tu m'as sauvé.
17 Seigneur, ouvre mes lèvres,
et ma bouche chantera ta louange.

t **51.2** *Voir 2 Samuel 11–12.*

18 Non, tu ne veux pas de *sacrifice.
Même si je t'offre un animal entier, il ne te fera pas plaisir.
19 Mon sacrifice, ô Dieu, c'est moi-même avec mon orgueil brisé.
Ô Dieu, tu ne refuses pas de regarder un cœur complètement brisé.

20 Sois bon pour la ville de *Sion, fais-lui du bien,
reconstruis les murs de Jérusalem.
21 Alors tu accepteras les sacrifices demandés,
des animaux complètement brûlés,
alors nous pourrons offrir des taureaux sur ton *autel.

Dieu détruira celui qui se vante de faire le mal

52 (51)
1 *Enseignement de David, pris dans le livre du chef de chorale.*
2 *Doëg, l'Édomite, va annoncer à Saül: «David est entré dans la maison d'Ahimé-*
lek[u].» David dit alors:

3 Toi, homme fort, pourquoi te vanter de faire le mal?
Dieu ne cesse jamais de nous aimer.
4 Avec ta bouche, tu fais le projet de tuer les autres,
ta langue est aussi coupante qu'un rasoir, homme faux!
5 Tu aimes mieux le mal que le bien.
tu préfères le mensonge à la vérité.
6 Tu aimes les paroles blessantes,
tu as une bouche trompeuse!

7 Aussi Dieu te détruira pour toujours.
Il te saisira, il te fera sortir de force de chez toi,
il t'arrachera de la terre des vivants.
8 Ceux qui obéissent à Dieu verront cela et ils seront pleins de respect.
Ils riront de toi en disant:
9 «Regardez-le, cet homme fort!
Il ne prenait pas Dieu comme protecteur,
mais il mettait sa confiance dans sa fortune.
Parce qu'il était riche, il se sentait fort!»

10 Mais moi, je suis comme un bel arbre vert dans la maison de Dieu.
Je compte sur son amour, toujours et pour toujours.

11 Sans cesse, je veux te dire merci, mon Dieu,
parce que tu as agi.
Devant tes amis fidèles, je mets mon espoir en toi,
car tu es bon.

---

u **52.2** *Voir 1 Samuel 21.8; 22.9-10.*

Est-ce qu'il y a quelqu'un qui cherche Dieu ?

53 [1] *Enseignement de David, pris dans le livre du chef de chorale. Avec la flûte.*
(52)

[2] Les gens stupides disent dans leur cœur : « Dieu n'a aucun pouvoir ! »
Ces gens-là sont corrompus, ils font des choses horribles,
personne ne fait le bien !

[3] Du haut du *ciel,
Dieu se penche vers les habitants de la terre.
Il regarde : est-ce qu'il y a quelqu'un d'intelligent qui cherche Dieu ?
[4] Tous ont quitté le bon chemin, ils sont tous corrompus.
Personne ne fait le bien, même pas un seul !

[5] Dieu dit :
« Est-ce qu'ils ne comprennent pas, tous ces gens qui font du mal ?
Ils dévorent mon peuple comme ils mangent leur nourriture,
et ils ne font pas appel à moi. »

[6] Alors ils vont trembler de peur, eux qui ne connaissent pas la peur.
Oui, Dieu va écraser complètement les ennemis de son peuple.
Ils seront couverts de honte,
car Dieu les a chassés loin de lui.

[7] Qui viendra de Jérusalem pour sauver Israël ?
Quand Dieu changera la situation de son peuple,
les fils de *Jacob danseront,
le peuple d'Israël sera dans la joie.

Ô Dieu, délivre-moi des hommes violents !

54 [1] *Enseignement de David, pris dans le livre du chef de chorale.*
*Avec *instruments à cordes.*
(53) [2] *Les gens de Zif préviennent Saül que David se cache dans leur région*[v]. *David dit alors :*

[3] Ô Dieu, sauve-moi pour montrer ta *gloire.
Tu es puissant : fais-moi justice !
[4] Ô Dieu, entends ma prière,
écoute ce que je dis !

[5] Des orgueilleux m'ont attaqué,
des hommes violents veulent me tuer.
Ces gens-là ne s'occupent pas de Dieu.
[6] Mais Dieu vient à mon secours,
le Seigneur est avec ceux qui me soutiennent.

---

v **54.2** *Voir 1 Samuel 23.19-28 ; 26.1.*

7 Que le malheur retombe sur ceux qui me surveillent en cachette !
Montre-moi ta fidélité en les supprimant !
8 De bon cœur, je vais t'offrir des *sacrifices,
je te dirai merci, SEIGNEUR, parce que tu es bon.
9 Tu m'as délivré de tout malheur,
je vois avec plaisir la défaite de mes ennemis.

Ô Dieu, écoute ma plainte : même mon ami m'a abandonné

55 (54) 1 *Enseignement de David, pris dans le livre du chef de chorale. Avec *instruments à cordes.*

2 Ô Dieu, écoute ma prière,
quand je te supplie, ne te cache pas !
3 Sois attentif et réponds-moi !
Je suis bouleversé et je dis ma plainte,
je ne sais plus ce que je dis.
4 Car mon ennemi crie contre moi, des gens mauvais m'insultent.
Ils font tomber le malheur sur moi et ils m'attaquent avec colère.
5 Mon cœur est serré dans ma poitrine,
et je suis effrayé comme si j'allais mourir.
6 J'ai vraiment très peur et je tremble,
je suis mort de peur.

7 Alors je dis : « Ah, si je pouvais avoir des ailes de *colombe !
Je m'envolerais et j'habiterais ailleurs.
8 Je partirais très loin,
j'irais habiter au désert.
9 Je trouverais vite un abri
contre le vent violent, contre la tempête. »
10 Seigneur, embrouille les paroles de mes ennemis,
divise-les !

Oui, je vois la violence et des disputes dans la ville.
11 Jour et nuit, elles font le tour de ses murs.
Dans la ville, c'est le malheur et la misère.
12 Dans la ville, on tue les gens.
Sur les places publiques, on passe son temps à mentir
et à tromper les autres.

13 Ce n'est pas un ennemi qui m'insulte,
cela, je le supporterais.
Ce n'est pas celui qui me déteste qui se dresse contre moi,
sinon je l'éviterais.
14 Mais c'est toi, un homme de chez moi,
mon ami, toi qui es toujours avec moi.
15 Avec toi, nous échangions des paroles d'amitié
et nous marchions ensemble dans la maison de Dieu.

16 Le cœur de mes ennemis est plein de méchanceté.
Alors, je souhaite que la mort tombe sur eux,
qu'ils descendent tout vivants dans le monde des morts !

17 Et moi, je crie vers Dieu,
et le SEIGNEUR me sauvera.
18 Le matin, à midi et le soir, je me plains, je soupire.
Dieu entend mon appel.
19 Il m'apporte la paix,
il me délivre dans le combat que je mène contre de nombreux ennemis.
20 Que Dieu m'entende, lui qui est roi depuis toujours !
Qu'il détruise leur orgueil !
Ils ne sont pas capables de changer, ils ne respectent pas Dieu.

21 Mon ami d'autrefois a frappé ceux qui vivaient en paix avec lui,
il n'a pas tenu sa promesse.
22 Sa bouche est plus sucrée que le miel,
mais son cœur est en guerre.
Ses paroles sont plus douces que l'huile,
mais elles blessent comme des lances.

23 Dépose sur le SEIGNEUR ce qui pèse sur toi,
il te fera tenir debout.
Il ne laissera jamais glisser l'homme qui lui obéit.

24 Et toi, mon Dieu, tu feras descendre ces gens-là au fond de la tombe.
Ce sont des assassins et des hommes faux,
ils ne vivront pas la moitié de leur vie.
Mais moi, j'ai confiance en toi.

Ô Dieu, aie pitié de moi : mes ennemis me poursuivent

56 1 *Poème de David, pris dans le livre du chef de chorale.*
*Sur l'air de : « La *colombe muette au loin. »*
(55) *Quand les *Philistins ont arrêté David à Gath*[w]*, il a dit :*

2 Ô Dieu, aie pitié de moi !
Des gens me poursuivent,
tous les jours, ils m'attaquent, ils m'écrasent.
3 Tous les jours, mes ennemis me poursuivent,
ils sont très nombreux à m'attaquer, ces orgueilleux.
4 Mais quand j'ai peur, je mets ma confiance en toi.

5 Je chante la louange de Dieu à cause de sa parole,
j'ai confiance en Dieu, je n'ai pas peur.
Qu'est-ce qu'un homme peut faire contre moi ?

---

w **56.1** *Voir 1 Samuel 21.11-16.*

6 Tous les jours, ils me disent des paroles blessantes,
ils pensent seulement à me faire du mal.
7 Ils se réunissent, ils m'observent en cachette,
ils surveillent mes allées et venues.
Oui, ils veulent me tuer.
8 À cause de ce crime, ils ne peuvent pas s'en sortir.
Ô Dieu, dans ta *colère, fais tomber ces gens-là !
9 Toi, tu as compté le nombre de fois où j'ai dû fuir.
Souviens-toi toujours de mes larmes, tu les as sûrement comptées.
10 Alors, quand j'appellerai au secours, mes ennemis reculeront.
Dieu est pour moi, je le sais.

11 Je chante la louange de Dieu à cause de sa parole.
Oui, à cause de cette parole, je chante la louange du SEIGNEUR.
12 J'ai confiance en Dieu, je n'ai pas peur.
Qu'est-ce qu'un homme peut faire contre moi ?

13 Ô Dieu, je vais tenir mes promesses,
je t'offrirai des *sacrifices pour te dire merci.
14 Oui, tu m'as sauvé de la mort, tu m'as empêché de tomber.
Alors je marche devant toi, dans la lumière de la vie.

Aie pitié de moi, ô Dieu, je cherche un abri près de toi

57 (56) 1 *Poème de David, pris dans le livre du chef de chorale. Sur l'air de : « Ne détruis pas... »*
*Quand David a fui dans l'abri d'un rocher pour échapper à Saül*x*, il a dit :*

2 Aie pitié de moi, ô Dieu, aie pitié de moi !
Je cherche un abri près de toi,
je viens me réfugier à l'ombre de tes ailes,
en attendant la fin du malheur.
3 Je crie vers Dieu, le Très-Haut,
vers Dieu qui fera tout pour moi.
4 Que du *ciel, Dieu m'envoie son secours,
car des gens mauvais me poursuivent sans arrêt.
Qu'il me prouve son amour et sa fidélité !

5 Je suis couché parmi des gens féroces.
Ils ressemblent à des lions qui dévorent les êtres humains.
Leurs dents sont comme des lances et des flèches,
leur langue est aussi coupante qu'une *épée.

6 O Dieu, tu es très grand, tu dépasses le ciel,
que ta *gloire brille sur toute la terre !

---

x **57.1** *Voir 1 Samuel 22.1-2 ; 24.1-9.*

[7] Ils ont tendu un filet sur ma route, j'allais bientôt tomber dedans.
Ils ont creusé un trou devant moi, ils y sont tombés.

[8] J'ai confiance, mon Dieu, j'ai vraiment confiance en toi,
je vais chanter, je vais jouer pour toi.
[9] Réveille-toi, mon cœur,
réveillez-vous, *harpe et cithare,
je dois réveiller la lumière du matin.

[10] Seigneur, je veux te dire merci parmi les peuples,
je veux chanter pour toi parmi ceux qui ne te connaissent pas.
[11] Ton amour va jusqu'au ciel,
ta fidélité monte jusqu'aux nuages.

[12] Ô Dieu, montre ta grandeur qui dépasse le ciel,
que ta gloire brille sur toute la terre !

Oui, sur la terre, il y a un Dieu qui juge

58 **(57)**

[1] *Poème de David, pris dans le livre du chef de chorale.*
Sur l'air de : « Ne détruis pas... »

[2] Vraiment, quand vous parlez, la justice est muette.
Est-ce que vous jugez les gens avec justice ?
[3] Mais non, vous faites exprès d'être injustes,
vous répandez vous-mêmes la violence dans le pays.

[4] Les gens mauvais sont méchants dès leur naissance.
Dès le ventre de leur mère, ils se trompent de chemin et ils mentent.
[5] Leur bouche est pleine de venin, comme la bouche de la vipère.
Ils ferment leurs oreilles comme un serpent sourd,
[6] qui n'entend pas la musique des charmeurs,
ni celle du magicien le plus habile.

[7] Ô Dieu, ces gens-là sont comme des lions.
Casse leurs dents, SEIGNEUR, brise leurs mâchoires !
[8] Qu'ils disparaissent comme l'eau qui coule !
Que leur flèche soit sans force !
[9] Qu'ils ressemblent à la limace qui fond en avançant !
Comme l'enfant mort-né, qu'ils ne voient pas le soleil !
[10] Que la tornade emporte les gens mauvais
avant que le contenu de vos marmites ne cuise !

[11] Dieu les punira très sévèrement, il les fera mourir.
Alors celui qui obéit à Dieu se réjouira,
car la justice a été rendue.
[12] Et on dira : « Oui, celui qui obéit à Dieu est récompensé,
oui, sur la terre, il y a un Dieu qui juge. »

Mon Dieu, délivre-moi de mes ennemis !

59 [1] *Poème de David, pris dans le livre du chef de chorale.*
Sur l'air de : « Ne détruis pas... »
(58) *Saül a envoyé des gens surveiller la maison de David pour le tuer[y]. David dit alors :*

2 Mon Dieu, délivre-moi de mes ennemis,
protège-moi contre ceux qui m'attaquent !
3 Délivre-moi de ceux qui font du mal,
sauve-moi de ces assassins !

4 Voici qu'ils m'attendent en cachette,
des gens puissants se réunissent contre moi.
Pourtant, SEIGNEUR, je n'ai pas fait de mal,
je n'ai commis aucune faute.
5 Je ne suis pas coupable,
mais ils arrivent en courant et se préparent à m'attaquer.

Réveille-toi, viens à ma rencontre et regarde !
6 Toi, SEIGNEUR, Dieu de l'univers,
Dieu d'Israël, réveille-toi pour punir tous ces peuples !
Sois sans pitié pour tous ces traîtres !

7 Le soir, ils reviennent, ils aboient comme des chiens,
ils font le tour de la ville.
8 Ils ont la bouche pleine de méchanceté,
leurs paroles blessent comme des lances,
et ils disent : « Qui nous entend ? »

9 Mais toi, SEIGNEUR, tu ris de ces gens-là,
tu te moques de tous ces peuples.
10 Tu es ma force, je regarde vers toi.
Oui, Dieu me protège avec puissance.
11 Mon Dieu plein d'amour vient à ma rencontre.
Il me fait regarder en face ceux qui me surveillent en cachette.

12 Ne les tue pas, sinon mon peuple va oublier.
Secoue-les avec force et fais-les tomber, Seigneur, notre *bouclier !
13 Dès qu'ils ouvrent la bouche, ils font le mal.
Que leur orgueil les fasse tomber,
eux qui passent leur temps à maudire et à mentir !
14 Dans ta *colère, fais-les mourir,
fais-les mourir pour qu'ils n'existent plus !
Alors jusqu'au bout du monde,
tous sauront que Dieu gouverne Israël.

---

y **59.1** *Voir 1 Samuel 19.11-13.*

15 Le soir, ils reviennent,
ils aboient comme des chiens,
ils font le tour de la ville.
16 Ils vont de tous les côtés pour manger.
S'ils ne trouvent rien, ils grognent.

17 Moi, je chanterai ta force,
le matin, je crierai de joie pour ton amour.
Oui, tu es mon puissant protecteur,
un abri sûr au moment du malheur.

18 Toi, ma force, je vais chanter pour toi.
Oui, tu me protèges avec puissance, ô Dieu,
toi, mon Dieu plein d'amour.

Ô Dieu, viens nous aider contre l'ennemi

60 (59)

1 Poème de David pour enseigner, pris dans le livre du chef de chorale.
*Sur un *instrument à cordes. Témoignage.*
*2 David est allé combattre les Syriens de *Mésopotamie et ceux de Soba. Au retour, Joab, son général, a battu l'armée des Édomites, c'est-à-dire 12 000 hommes, dans la vallée du Sel[z]. David dit alors :*

3 Ô Dieu, tu nous as abandonnés, tu nous as divisés.
Malgré ta *colère, relève-nous !
4 Tu as fait trembler la terre, tu l'as fendue.
Répare ses fentes, car elle ne tient plus debout.
5 Tu as fait souffrir durement ton peuple,
tu nous as donné à boire un vin qui rend ivre.
6 À ceux qui te respectent, tu as fait signe
pour qu'ils fuient devant les flèches.
7 Sauve-nous par ta puissance, réponds-nous !
Alors nous tes amis, nous serons délivrés.

8 Dieu a parlé dans son temple *saint : « Le vainqueur, c'est moi !
Je vais partager la ville de Sichem,
je vais mesurer la vallée de Soukoth.
9 Galaad est à moi, Manassé est à moi.
Éfraïm est un casque pour ma tête.
Juda est mon bâton de commandement.
10 Moab est la cuvette où je me lave,
je pose le pied sur Édom pour le prendre.
Contre la Philistie, je pousse un cri de guerre[a]. »

---

z **60.2** *Voir 2 Samuel 8.3-14 ; 1 Chroniques 18.12.*

a **60.10** *Ici, le Seigneur apparaît comme un combattant armé. Avec son peuple, Israël (verset 9), il prend possession des pays voisins (Moab, Édom, la Philistie).*

[11] Qui me mènera dans une ville bien protégée ?
Qui me conduira jusqu'en Édom ?
[12] Toi seul, tu peux le faire, ô Dieu.
Mais tu nous as repoussés, tu ne combats plus avec nos armées.

[13] Viens nous aider contre l'ennemi,
car les hommes ne nous aident pas vraiment.
[14] Avec Dieu, nous remporterons la victoire :
c'est lui qui écrasera nos ennemis[b].

Mon Dieu, je voudrais habiter pour toujours dans ta maison

61 (60) [1] *Chant de David, pris dans le livre du chef de chorale. Avec *instruments à cordes.*

[2] Ô Dieu, écoute mon cri,
sois attentif à ma prière !
[3] Quand je suis découragé, du bout du monde, je crie vers toi.
Conduis-moi sur le rocher que je ne peux atteindre.

[4] Oui, tu es pour moi un abri,
avec puissance, tu me protèges contre l'ennemi.
[5] Je voudrais habiter pour toujours dans ta maison,
me réfugier à l'ombre de tes ailes.
[6] Toi, mon Dieu, tu écoutes mes souhaits.
Tu donnes ce qu'ils désirent à ceux qui t'adorent.
[7] Donne longue vie au roi,
ajoute des années à ses années.
[8] Qu'il gouverne pour toujours devant toi !
Que ton amour et ta fidélité le gardent !

[9] Alors je chanterai sans cesse pour ton nom,
et, jour après jour, je tiendrai mes promesses.

Auprès de Dieu je connais le repos

62 (61) [1] *Psaume de David, pris dans le livre du chef de chorale. D'après Yedoutoun*[c].

[2] Oui, auprès de Dieu seul, je connais le repos,
mon *salut vient de lui.
[3] Lui seul est mon solide rocher, lui seul me sauve.
Il me protège avec puissance, je ne peux pas tomber.

---

b **60.7-14** *Voir Psaume 108.7-14.*

c **62.1** *Voir Psaume 39.1 et la note.*

4 Jusqu'à quand vous jetterez-vous tous ensemble sur un homme ?
Vous voulez donc le renverser comme un mur qui penche,
comme une barrière qui tombe ?
5 Vous pensez seulement à lui faire perdre son honneur,
et vous aimez mentir.
Vous dites des paroles de *bénédiction,
mais votre cœur est rempli de malédictions.

6 Oui, je dois me reposer près de Dieu seul,
c'est lui qui me donne espoir.
7 Lui seul est mon solide rocher, lui seul me sauve.
Il me protège avec puissance, je ne peux pas tomber.
8 Mon salut et mon honneur viennent de lui.
Mon protecteur puissant et mon abri, c'est lui.
9 Vous qui êtes là, ayez confiance en lui,
dites-lui ce que vous avez dans le cœur.
Dieu est pour nous un abri.

10 Oui, les humains ne sont qu'un souffle.
Les habitants de la terre savent seulement mentir.
S'ils montaient tous ensemble sur une balance,
ils ne pèseraient pas lourd.
11 – Ne comptez pas sur les moyens violents,
n'attendez rien des biens volés.
Si votre richesse augmente,
que votre cœur ne s'y attache pas !

12 Voici ce que Dieu a dit, et souvent, je l'ai entendu :
« C'est moi qui possède la puissance. »
13 Seigneur, tu possèdes aussi l'amour,
car tu récompenses chacun selon ses actes.

Mon Dieu, je te cherche

63 (62) 1 *Psaume de David, quand il était dans le désert de Juda*[d].

2 Ô Dieu, c'est toi mon Dieu, je te cherche.
Mon cœur a soif de toi,
mon corps a besoin de toi
comme une terre sèche, assoiffée, sans eau.
3 Oui, longtemps je t'ai regardé dans le *lieu saint,
j'ai vu ta puissance et ta *gloire.
4 Ton amour vaut mieux que la vie.
Ma bouche chantera ta louange.

---

d **63.1** *Voir 1 Samuel 23.14 ; 24.2.*

5 Toute ma vie, je te dirai merci
et je lèverai les mains pour rendre gloire à ton nom.
6 Mon cœur goûtera le bonheur comme une nourriture délicieuse.
Ma bouche pleine de joie chantera ta louange.

7 Quand je suis couché, je me souviens de toi,
pendant des heures, je pense à toi.
8 Oui, tu viens à mon aide,
je crie de joie à l'ombre de tes ailes.
9 Je suis attaché à toi de tout mon cœur,
ta main puissante me soutient.

10 Ceux qui cherchent à m'enlever la vie,
qu'ils descendent jusqu'au fond de la terre !
11 Qu'on les tue avec des lances !
Que les chacals les dévorent !

12 Le roi trouvera sa joie en Dieu.
Celui qui fait un serment au nom de Dieu pourra être fier.
Oui, la bouche des menteurs restera fermée.

Ô Dieu, j'ai peur de mon ennemi

64 (63)

1 *Psaume de David, pris dans le livre du chef de chorale.*

2 Ô Dieu, écoute ma plainte, j'ai peur de mon ennemi,
protège-moi contre lui !
3 Cache-moi loin des gens mauvais !
Ils préparent un complot contre moi,
ils se rassemblent pour faire du mal.

4 Leur langue est aussi coupante qu'une *épée,
Les paroles qu'ils lancent sont blessantes comme des flèches.
5 Ils se cachent pour tirer sur l'innocent,
ils tirent sur lui tout à coup, rien ne leur fait peur !
6 Ils s'encouragent pour faire du mal.
Ils parlent des pièges qu'ils ont cachés en disant : « Qui les verra ? »
7 Ils préparent leurs mauvais coups.
Ils disent : « Nous avons bien calculé notre affaire.
Le cœur humain est profond, qui peut le connaître ? »

8 Mais Dieu leur envoie ses flèches.
Tout à coup ils sont blessés,
9 leurs paroles méchantes les font tomber.
Alors tous ceux qui les voient se moquent d'eux en secouant la tête.
10 Tout le monde a peur.
Les gens racontent ce que Dieu a fait, ils comprennent son action.
11 Celui qui obéit au SEIGNEUR trouvera sa joie et son refuge en lui.
Quelle fierté pour tous ceux qui ont le cœur *pur !

Ô Dieu,
tu mérites nos louanges

65 (64)

1 *Psaume de David, pris dans le livre du chef de chorale. Chant.*

2 Ô Dieu qui habites Jérusalem,
tu mérites nos louanges,
et pour toi,
nous devons tenir nos promesses.
3 Toi, tu écoutes les prières,
tous peuvent s'approcher de toi.

4 Mes fautes sont plus fortes que moi,
mais toi, tu les pardonnes.
5 Il est heureux, celui que tu choisis,
il peut habiter chez toi.
Les richesses de ta maison,
les choses *saintes de ton temple feront notre bonheur.
6 Dieu, notre sauveur, tu es fidèle,
tu nous réponds par des actions magnifiques.
Tous les peuples du bout du monde et des mers lointaines
mettent leur confiance en toi.

7 Par ta force, tu rends les montagnes solides,
tu es armé de puissance.
8 Tu calmes le grondement des mers,
le grondement des vagues
et le rugissement des peuples.
9 Devant tes actions étonnantes,
les gens du bout du monde trembleront de peur.
Tu fais crier de joie les pays d'Orient et d'Occident.

10 Tu prends soin de la terre,
tu fais tomber la pluie,
les récoltes sont abondantes.
Ô Dieu, ta rivière est pleine d'eau,
tu donnes la nourriture aux habitants de la terre.
Voici comment tu prépares les champs :
11 tu donnes de l'eau aux sillons,
tu casses les mottes,
tu rends la terre humide de pluie,
tu donnes aux graines la force de pousser.
12 À la fin de l'année, tu nous couvres encore de bienfaits.
Quand tu passes, les richesses débordent.
13 Les terres sèches sont couvertes de récoltes,
les collines sont entourées de joie.
14 Les pâturages portent les moutons et les chèvres,
les vallées sont couvertes de *blé :
toute la campagne chante et danse de joie.

Venez voir ce que Dieu a fait !

66 [1] *Chant pris dans le livre du chef de chorale. Psaume.*
(65)

Criez de joie pour Dieu,
tous les habitants de la terre !
2 Chantez son nom glorieux,
rendez-lui *gloire par vos louanges.
3 Dites à Dieu : « Tout ce que tu fais est vraiment terrible !
Devant ta force immense, tes ennemis te font des compliments.
4 Tous ceux qui sont sur la terre se mettent à genoux devant toi.
Ils chantent pour toi, ils chantent pour ton nom. »

5 Venez voir ce que Dieu a fait !
Pour les habitants de la terre, son action est vraiment terrible !
6 Il a changé la mer en terre sèche,
le peuple a traversé à pied la rivière.
Réjouissons-nous de cet exploit !
7 Par sa puissance, Dieu est roi pour toujours,
ses yeux surveillent les peuples.
Ceux qui refusent de lui obéir, qu'ils ne se vantent pas !

8 Peuples, dites merci à notre Dieu,
chantez à pleine voix sa louange !
9 Il nous donne la vie
et nous empêche de glisser.

10 Ô Dieu, tu voulais savoir ce que nous valons.
Aussi, comme on *purifie l'argent au feu,
tu nous as purifiés par la souffrance.
11 Tu nous as fait tomber dans un piège,
tu nous as écrasés de malheur.
12 Tu as permis aux cavaliers de passer sur nos têtes.
Nous sommes entrés dans le feu et dans l'eau,
mais tu nous as fait sortir pour reprendre notre souffle.

13 J'entre dans ta maison avec des *sacrifices,
je veux tenir les promesses que je t'ai faites.
14 Ma bouche les a prononcées
quand j'étais dans le malheur.
15 Je t'offre en sacrifice des bêtes grasses et des béliers,
je prépare des taureaux et des boucs.

16 Vous tous qui respectez Dieu, venez,
je vous raconterai ce qu'il a fait pour moi.
17 J'ai crié vers lui
et j'ai chanté sa louange.
18 Si j'avais eu de mauvaises intentions,
le Seigneur ne m'aurait pas écouté.

[19] Mais Dieu a écouté,
il a fait attention à ma prière.
[20] Merci à Dieu ! Il n'a pas repoussé ma prière,
il ne m'a pas privé de son amour !

Dites merci à Dieu, tous les peuples !

67 (66) [1] *Psaume pris dans le livre du chef de chorale. Avec *instruments à cordes. Chant.*

[2] Ô Dieu, aie pitié de nous et *bénis-nous,
fais briller sur nous ton visage !
[3] Alors sur la terre, tous verront comment tu agis,
toutes les nations sauront que tu es le sauveur.
[4] Ô Dieu, que les peuples te disent merci,
que les peuples te remercient tous ensemble !

[5] Que les nations se réjouissent et chantent leur joie,
car tu juges les peuples avec justice,
et sur la terre, tu conduis les nations.
[6] Ô Dieu, que les peuples te disent merci,
que les peuples te remercient tous ensemble !

[7] La terre a donné ses récoltes,
Dieu, notre Dieu, nous bénit.
[8] Oui, que Dieu nous bénisse,
et que tous le respectent, jusqu'au bout du monde !

Chant pour le Dieu vainqueur

68 (67) [1] *Psaume pris dans le livre du chef de chorale. Chant.*

[2] Dieu se lève, ses ennemis partent de tous côtés,
ceux qui le détestent fuient devant lui.
[3] Comme la fumée disparaît, ils disparaissent.
Comme la cire fond devant le feu,
les gens mauvais meurent quand Dieu paraît.
[4] Mais ceux qui obéissent à Dieu se réjouissent,
ils dansent de joie devant lui.

[5] Chantez pour Dieu, jouez pour son nom !
Ouvrez la route à celui qui avance sur son char de nuages.
Son nom est : le SEIGNEUR.
Dansez de joie devant lui !
[6] Dans sa maison très *sainte,
Dieu est un père pour les orphelins, un défenseur pour les veuves.
[7] Dieu donne une famille à ceux qui sont seuls,
il libère les prisonniers dans la joie.
Mais ceux qui refusent de lui obéir restent sur une terre sèche.

8 Ô Dieu, tu es sorti devant ton peuple,
tu as avancé dans le désert.
9 À ce moment-là, la terre a tremblé, le ciel a versé toute son eau,
devant toi, Dieu du Sinaï, devant toi, Dieu d'Israël.
10 Ô Dieu, tu as fait tomber une pluie abondante,
et tu as rendu la vie à ton peuple sans force.
11 C'est dans ton pays que ton peuple s'est installé.
C'est toi, Dieu très bon, qui as préparé ce pays pour les malheureux.

12 Le Seigneur dit une parole,
et une foule de messagères annoncent cette bonne nouvelle :
13 « Ils fuient, ils fuient, les rois des armées ennemies ! »
Les femmes restées à la maison distribuent les richesses qu'ils abandonnent.
14 Est-ce que vous resterez couchés au camp ?
Les ailes de la *colombe se couvrent d'argent
et ses plumes ont un reflet d'or vert.
15 Quand le *Tout-Puissant a chassé les rois de tous côtés,
il a *neigé sur le Mont-Sombre.

16 La montagne du *Bachan est la montagne de Dieu,
la montagne du Bachan a de nombreux sommets.
17 Montagne aux nombreux sommets,
pourquoi es-tu jalouse de la montagne où Dieu a choisi d'habiter ?
Mais oui, c'est là que le SEIGNEUR habitera pour toujours.

18 Dieu possède des milliers de chars, des milliers de milliers.
Le Seigneur est au milieu d'eux, sur le mont Sinaï, dans le *lieu saint.
19 SEIGNEUR Dieu, tu es monté là-haut pour y habiter.
Tu as fait des prisonniers.
Les gens t'ont apporté des cadeaux, même ceux qui refusent de t'obéir.

20 Remercions le Seigneur chaque jour !
Il nous prend en charge, Dieu notre sauveur.
21 Notre Dieu est un Dieu qui sauve.
Grâce à DIEU, le Seigneur, nous pouvons échapper à la mort.
22 Mais Dieu écrase la tête de ses ennemis,
la tête aux cheveux longs de ceux qui mènent une vie d'assassins.

23 Le Seigneur a dit : « Je ramènerai tes ennemis du Bachan,
je les ramènerai du fond de la mer.
24 Alors tu marcheras dans le sang,
et tes chiens dévoreront le corps de tes ennemis. »
25 Ô Dieu, on voit ton cortège,
ton cortège dans le temple *saint, mon Dieu et mon roi !
26 Les chanteurs marchent devant, les musiciens derrière,
les jeunes filles sont au milieu, frappant le *tambourin.
27 Remerciez Dieu dans les assemblées,
remerciez Dieu, le SEIGNEUR, vous qui avez vos racines en Israël.
28 En premier, il y a Benjamin, le plus jeune,

puis les chefs de Juda en habits brodés,
les chefs de Zabulon, les chefs de Neftali.
29 Ô Dieu, commande selon ta puissance,
cette puissance qui a fait pour nous tant de choses !
30 Ton temple domine Jérusalem,
et là, les rois t'apportent des cadeaux.
31 Depuis ce lieu, menace l'animal des roseaux, le troupeau de bœufs.
Menace ces peuples de jeunes veaux[e],
ceux qui se mettent à genoux devant toi en t'offrant beaucoup d'argent.
Chasse de tous côtés les peuples qui veulent la guerre.

32 Des grands de ce monde arrivent d'Égypte,
les *Éthiopiens tendent les mains vers Dieu.
33 Royaumes de la terre, chantez pour Dieu,
jouez pour le Seigneur !
34 Depuis toujours, il parcourt le *ciel sur son char.
Voici qu'il fait entendre sa voix, sa voix puissante.
35 Reconnaissez la force de Dieu, son pouvoir sur Israël,
reconnaissez sa force aussi haute que les nuages.

36 Depuis son temple, Dieu est terrible.
C'est le Dieu d'Israël, qui donne puissance et force à son peuple.
Merci à Dieu !

Ô Dieu, sauve-moi, j'ai de l'eau jusqu'au cou !

69 (68)

1 *Chant de David, pris dans le livre du chef de chorale. Sur un *instrument à cordes.*

2 Ô Dieu, sauve-moi, j'ai de l'eau jusqu'au cou !
3 Je m'enfonce dans un fossé plein de boue et je n'ai rien pour me retenir.
Puis je coule dans l'eau profonde, et le courant m'entraîne.
4 Je suis épuisé à force de crier, ma gorge est brûlante,
mes yeux se fatiguent à attendre mon Dieu.
5 Ceux qui me détestent sans raison
sont plus nombreux que les cheveux de ma tête.
Ils sont puissants, ceux qui me détruisent et qui m'en veulent injustement.
Ce que je n'ai pas volé, est-ce que je peux le rendre ?

6 Ô Dieu, tu connais ma bêtise,
mes fautes ne sont pas cachées pour toi.

7 Seigneur, DIEU de l'univers, ceux qui comptent sur toi,
je ne veux pas qu'ils aient honte à cause de moi.
Dieu d'Israël, ceux qui te cherchent,
que personne ne les insulte à cause de moi !

---

e **68.31** *L'animal des roseaux désigne peut-être l'Égypte. Les bœufs et les veaux représentent sans doute d'autres ennemis du peuple d'Israël.*

[8] Pour toi, je supporte les insultes,
la honte couvre mon visage.
[9] Je suis devenu un étranger pour mes frères,
un inconnu pour les fils de ma mère.
[10] Oui, l'amour ardent que j'ai pour ta maison me brûle comme un feu,
et les insultes de ceux qui t'insultent tombent sur moi.
[11] Quand je pleure et quand je *jeûne,
des gens m'insultent,
[12] quand je mets un habit de deuil,
ils se moquent de moi.
[13] Ceux qui sont assis sur la place publique parlent contre moi,
et les buveurs chantent des chansons sur moi.

[14] Et moi, je te prie, SEIGNEUR, c'est le moment de m'écouter.
Ô Dieu, ton amour est immense, réponds-moi !
Oui, tu es vraiment mon sauveur.
[15] Ne me laisse pas m'enfoncer dans la boue, sors-moi de là !
Arrache-moi à ceux qui me détestent et à l'eau profonde !
[16] Que l'eau ne m'entraîne pas dans son courant,
que le fossé ne m'avale pas,
que la tombe ne se referme pas sur moi !
[17] SEIGNEUR, réponds-moi ! Oui, ton amour me fait du bien.
Dans ta grande tendresse, tourne-toi vers moi !
[18] Ne cache plus ton visage à ton serviteur.
Je suis très malheureux, vite, réponds-moi !
[19] Viens près de moi, sauve ma vie !
À cause de mes ennemis, libère-moi !

[20] Tu le sais, on m'insulte,
on m'enlève mon honneur,
on me couvre de honte.
Tous mes ennemis sont là devant toi.
[21] L'insulte m'a blessé, je ne peux pas guérir.
J'attends un geste d'amitié, mais rien ne vient.
Je cherche quelqu'un qui m'encourage, mais je ne trouve personne.
[22] Mes ennemis ont mis du poison dans ma nourriture,
et quand j'ai soif, ils me font boire du vinaigre.

[23] Que leurs bons repas soient un piège
pour eux et pour leurs invités !
[24] Que leurs yeux ne voient plus clair,
qu'ils deviennent aveugles !
Fais-leur courber le dos sans arrêt !
[25] Répands sur eux ta grande *colère,
qu'elle les brûle comme un feu !
[26] Que leur camp soit détruit,
que personne n'habite plus sous leurs tentes !
[27] Celui que tu as déjà frappé, ils le font souffrir davantage.
Et ils ajoutent des souffrances à ceux que tu as blessés.

28 Charge-les de toutes leurs fautes,
ne leur pardonne plus !
29 Efface leurs noms du livre des vivants,
ne les compte pas parmi ceux qui t'obéissent !

30 Et moi, je suis malheureux et je souffre,
mais ton secours me protégera, ô Dieu.
31 Je chanterai le nom de Dieu,
j'annoncerai sa grandeur en lui disant merci.
32 La louange plaît davantage au SEIGNEUR qu'un bœuf,
qu'un taureau avec cornes et sabots.
33 En voyant cela, les gens simples sont dans la joie.
Longue vie à vous qui cherchez Dieu !
34 Oui, le SEIGNEUR écoute les pauvres,
il ne rejette pas ses amis quand ils sont en prison.
35 *Ciel et terre, et vous, les mers avec tout ce qui remue en vous,
chantez la louange du SEIGNEUR !
36 Oui, Dieu sauvera Jérusalem, il reconstruira les villes de Juda.
Son peuple s'y installera, il en prendra possession.
37 Les enfants des serviteurs de Dieu recevront ces villes en partage,
et ceux qui aiment le SEIGNEUR habiteront à cet endroit.

Seigneur, viens vite à mon aide !

70 (69) 1 *Chant de David, pris dans le livre du chef de chorale pour que Dieu se souvienne.*

2 Ô Dieu, délivre-moi,
SEIGNEUR, viens vite à mon aide !
3 Ceux qui veulent me tuer, qu'ils soient vraiment couverts de honte !
Ceux qui souhaitent mon malheur, qu'ils reculent sans honneur !
4 Ceux qui se moquent de moi en disant « Ha ! Ha ! »,
qu'ils repartent sous le poids de la honte !
5 Mais ceux qui te cherchent, SEIGNEUR,
qu'ils dansent de joie à cause de toi !
Ceux qui t'aiment, toi qui nous sauves,
qu'ils disent sans cesse : « Dieu est grand » !
6 Moi, je suis malheureux et pauvre.
Ô Dieu, viens vite !
Tu es mon secours, mon libérateur.
SEIGNEUR, ne me fais pas attendre !

Seigneur, ne me rejette pas maintenant que je suis vieux !

71 (70) 1 SEIGNEUR, tu es mon abri, ne me laisse jamais couvert de honte.

2 Tu es fidèle, délivre-moi, libère-moi !
Tends l'oreille vers moi et sauve-moi !
3 Sois pour moi le solide rocher qui m'accueille,

l'endroit où je peux venir à tout moment : tu as décidé de me sauver.
Oui, mon rocher, c'est toi, tu me protèges avec puissance.
4 Mon Dieu, délivre-moi des mains de l'homme mauvais !
Ne permets pas que les gens faux et violents m'écrasent !
5 Depuis ma jeunesse, Seigneur DIEU,
je compte sur toi, j'ai confiance en toi.
6 Je m'appuie sur toi depuis ma naissance,
puisque c'est toi qui m'as fait sortir du ventre de ma mère.
J'ai toujours une raison de chanter ta louange.
7 Pour beaucoup, j'étais un être étrange,
mais tu es pour moi un abri sûr.
8 Ma bouche est pleine de tes louanges.
Tous les jours, je chante ta beauté.

9 Ne me rejette pas maintenant que je suis vieux,
ne m'abandonne pas quand mes forces s'en vont.
10 Mes ennemis parlent de moi,
ceux qui me surveillent se mettent d'accord.
11 Ils disent : « Dieu l'a abandonné, courez après lui,
attrapez-le, personne ne le sauvera ! »
12 Ô Dieu, ne t'éloigne pas de moi !
Mon Dieu, viens vite à mon aide !
13 Ceux qui m'accusent, qu'ils tombent et soient couverts de honte !
Ceux qui cherchent mon malheur, que l'insulte et la honte les recouvrent !
14 Moi, je compte toujours sur toi
et je continue à chanter ta louange.
15 Tu es un Dieu fidèle et tu nous sauves.
Je raconte cela tous les jours, tellement tes bienfaits sont nombreux.
16 Je parle de tes exploits, Seigneur DIEU,
je rappelle que toi seul, tu es fidèle.

17 Ô Dieu, tu m'as enseigné depuis ma jeunesse.
Jusqu'à présent, j'annonce tes actions magnifiques.
18 Maintenant que je suis vieux, couvert de cheveux blancs,
ne m'abandonne pas, ô Dieu !
Alors je pourrai annoncer ta puissance éclatante
aux jeunes d'aujourd'hui et aux enfants qui vont naître.
19 Ô Dieu, ta fidélité est aussi haute que les nuages.
Ô Dieu, toi qui as fait des choses si grandes, qui est comme toi ?
20 À cause de toi, j'ai connu beaucoup de souffrances et de malheurs,
mais tu viendras me rendre la vie.
De nouveau, tu me feras remonter du fond de la tombe.
21 Tu me rendras mon honneur
et de nouveau, tu me consoleras.
22 Et moi, je te dirai merci avec la *harpe,
mon Dieu, je chanterai ta fidélité.
Je jouerai pour toi de la cithare, toi, le Dieu *saint d'Israël.
23 Oui, ma bouche criera de joie quand je jouerai pour toi,
car tu m'as sauvé la vie.

24 Jour après jour, je redirai que tu es fidèle.
En effet, ceux qui cherchaient mon malheur,
les voilà couverts de honte et d'insultes.

Ô Dieu, donne au roi d'être aussi juste que toi !

72 (71) 1 *Psaume de Salomon.*

Ô Dieu, donne au roi d'être aussi *juste que toi,
donne à notre roi ton sens de la justice.
2 Qu'il juge ton peuple avec justice,
et les malheureux selon ta *loi !

3 Montagnes, apportez la paix au peuple,
collines, apportez-lui la justice !
4 Que le roi fasse justice aux malheureux du peuple,
qu'il soit le sauveur des pauvres,
qu'il écrase celui qui les écrase par l'injustice !

5 Que le roi vive jusqu'à la fin du monde,
aussi longtemps que le soleil et la lune !
6 Qu'il soit comme la pluie qui tombe sur les champs,
comme l'eau qui arrose la terre !
7 Que la justice s'étende tant qu'il gouvernera,
que la richesse déborde tant que la lune brillera !

8 Qu'il gouverne de la mer Morte à la Méditerranée,
depuis le fleuve Euphrate jusqu'au bout du monde !
9 Les habitants du désert s'inclineront devant lui,
ses ennemis lécheront la poussière.
10 Les rois de Tarsis et des îles lointaines lui apporteront des cadeaux,
les rois de Saba et de Séba lui paieront l'impôt[f].
11 Tous les rois se mettront à genoux devant lui,
tous les peuples le serviront.

12 Oui, le roi délivrera le pauvre qui appelle
et le malheureux sans appui.
13 Il aura pitié du faible et du pauvre,
il leur sauvera la vie.
14 Il les délivrera des gens faux et violents,
car leur vie a du prix à ses yeux.

15 Vive le roi ! Il recevra l'or de Séba,
les gens prieront sans cesse pour lui.

---

f **72.10** *Tarsis : cette ville était très loin du pays d'Israël, on ne sait pas où.*
Saba est sans doute au sud de l'Arabie.
Séba est peut-être au nord du Soudan actuel ou au Yemen.

Que Dieu le *bénisse jour après jour !
16 Que le *blé déborde dans le pays !
Que ses épis se balancent au sommet des montagnes,
comme le mont Liban quand il fleurit !
Que les villes se développent,
comme l'herbe des champs !

17 Que le nom du roi soit célèbre pour toujours,
que l'on garde son souvenir tant que le soleil brillera !
Que tous les peuples reconnaissent que le roi est béni de Dieu !
Et que, par lui, chacun souhaite aux autres cette même bénédiction !

18 Merci au SEIGNEUR, Dieu d'Israël,
lui seul fait des actions magnifiques.
19 Merci pour toujours au Dieu glorieux !
Que toute la terre soit pleine de sa *gloire !
Oui, oui, qu'il en soit ainsi !

20 Les prières de David, fils de Jessé, finissent ici.

TROISIÈME LIVRE
PSAUMES 73–89

Les méchants réussissent, mais mon bonheur est auprès de Dieu

73 (72)

1 *Psaume d'Assaf*[g].

Oui, Dieu est bon pour Israël,
pour ceux qui ont le cœur *pur.
2 Pourtant, j'ai bien failli glisser,
j'étais sur le point de tomber.

3 Car je voyais le bonheur des orgueilleux,
et j'étais jaloux de ces gens mauvais.
4 Jusqu'à la mort, ils ne souffrent pas,
ils sont gros et en bonne santé.
5 Ils n'ont pas les mêmes soucis que tout le monde,
le malheur qui frappe les autres passe loin d'eux.

6 C'est pourquoi ils sont gonflés d'orgueil,
et la violence les enveloppe comme un vêtement.
7 Leurs yeux brillent au milieu de leur graisse.
Tout ce qu'ils imaginent dans leur cœur dépasse la mesure.

---

g **73.1** *Voir Psaume 50.1 et la note.*

8 Ils se moquent des gens,
leurs paroles sont dures et méprisantes.
9 Leur bouche insulte même le *ciel,
et leur langue critique tout sur la terre.
10 C'est pourquoi le peuple se tourne vers eux,
il boit leurs paroles comme de l'eau.
11 Ces gens-là disent : « Dieu ne sait rien.
Celui qui est là-haut, est-ce qu'il connaît quelque chose ? »
12 Voilà les gens mauvais :
ils augmentent leur richesse tout tranquillement.
13 C'est vraiment pour rien
que j'ai gardé mon cœur pur,
que j'ai lavé mes mains pour montrer mon innocence.
14 Tous les jours, on me frappe,
et tous les matins, on me punit.
15 Je pourrais parler comme les gens mauvais !
Mais alors, ô Dieu, je trahirais tes enfants.
16 J'ai donc réfléchi pour comprendre cela
et j'ai vu que c'était difficile.
17 Mais quand je suis entré dans ton temple,
j'ai compris ce qui attend ces gens-là.

18 Oui, tu les mets sur des chemins glissants
pour qu'ils disparaissent plus vite.
19 Tout d'un coup, plus rien,
ils sont finis, détruits par la peur.
20 Seigneur, quand tu te lèves,
ils disparaissent comme un rêve au réveil.

21 Quand mon cœur était blessé,
quand j'étais profondément déchiré,
22 j'étais stupide, je ne comprenais rien,
j'étais comme une bête devant toi.

23 Pourtant, je suis toujours avec toi !
Tu m'as pris par la main,
24 tu me guides comme tu veux,
puis tu me recevras avec honneur.
25 Sur la terre, je ne désire que toi,
et au *ciel, qui d'autre sera à moi ?
26 Mon corps et mon cœur peuvent être usés,
mais Dieu est mon solide rocher
et mon trésor pour toujours.
27 Ceux qui s'éloignent de toi perdent la vie,
tu détruis tous ceux qui t'abandonnent.
28 Mais mon bonheur à moi,
c'est d'être auprès de toi.
Seigneur Dieu, j'ai mis ma confiance en toi
et je raconterai tout ce que tu as fait.

Ô Dieu, dans ton lieu saint, l'ennemi a tout détruit. Pourquoi ?

74 (73) [1] *Enseignement d'Assaf*[h].

Ô Dieu, tu nous as rejetés pour toujours, toi, notre berger.
Pourquoi ?
Tu es dans une grande *colère contre nous, les moutons de ton troupeau.
Pourquoi donc ?
2 Souviens-toi de ton peuple,
tu l'as pris pour toi voici longtemps.
Souviens-toi de ces tribus qui t'appartiennent
et de la montagne de *Sion où tu habites.

3 Viens voir ce qui a été détruit pour toujours.
Dans ton *lieu saint, l'ennemi a tout démoli.
4 Tes ennemis ont crié victoire à l'endroit même où tu nous rencontrais,
et là, ils ont placé leurs drapeaux.
5 Ils ressemblaient à ceux qui abattent des arbres
à coups de hache dans la forêt.
6 À coups de hache et de marteau,
ils ont cassé toutes les décorations de ton temple.
7 Ils ont mis le feu à ton lieu saint,
ils ont renversé ta maison et l'ont rendue *impure.
8 Ils ont dit dans leur cœur : « Écrasons-les complètement ! »
Ils ont brûlé tous les lieux de culte du pays.
9 Nous ne voyons plus les signes de ta présence,
il n'y a plus de *prophètes.
Cela va durer jusqu'à quand ?
Parmi nous, personne ne le sait.
10 Ô Dieu, tes ennemis t'insultent, mais jusqu'à quand ?
Est-ce qu'ils vont continuer longtemps à mépriser ton nom ?
11 Tu ne fais rien, pourquoi ?
Tu restes les bras croisés, oui, pourquoi ?
12 Pourtant, ô Dieu, tu es notre Roi depuis toujours,
c'est toi qui nous as toujours sauvés dans ce pays.
13 C'est toi qui as ouvert la mer avec puissance,
qui, dans l'eau, as écrasé la tête des dragons[i].
14 Tu as détruit les têtes de Léviatan[j],
et tu l'as donné à manger aux requins.

---

h **74.1** *Voir Psaume 50.1 et la note.*

i **74.13** *Les dragons sont des animaux étranges qui existent dans les récits de l'ancien Orient. Ils représentent souvent les forces du mal et font peur. Ici, il s'agit sans doute des Égyptiens noyés dans la mer des Roseaux.*

j **74.14** *Léviatan : animal qui existe seulement dans des récits de l'ancien Orient. Il représentait les forces du mal. On l'imaginait comme un animal étrange avec sept têtes, ou comme un serpent, ou encore comme un crocodile.*

15 C'est toi qui fais couler les sources et les rivières,
et tu rends secs des fleuves toujours pleins d'eau.
16 Le jour est à toi, la nuit est à toi,
toi qui as créé la lune et le soleil.
17 Tu as fixé toutes les limites de la terre,
et c'est toi qui as fait les saisons.

18 Souviens-toi de ceci, SEIGNEUR : tes ennemis t'insultent,
et un peuple stupide méprise ton nom !
19 Ne livre pas aux bêtes sauvages la vie de ton peuple très aimé.
N'oublie pas pour toujours la vie des malheureux de ton peuple !
20 Sois attentif à ton *alliance !
Dans les lieux sombres du pays, des gens se cachent pour agir avec violence.

21 Ceux qu'on écrase, qu'ils ne reviennent pas couverts de honte !
Mais que les malheureux et les pauvres chantent ton nom !
22 Lève-toi, ô Dieu, défends ta cause !
Souviens-toi des insultes que ces gens stupides te lancent toute la journée.
23 N'oublie pas les cris de tes ennemis,
le bruit toujours plus fort de tes adversaires.

C'est Dieu qui juge

75 (74)

1 *Psaume d'Assaf[k], pris dans le livre du chef de chorale.*
Sur l'air de : « Ne détruis pas... » Chant.

2 Nous te disons merci, ô Dieu, nous te disons merci,
car tu es proche de nous.
Nous racontons tes actions magnifiques.

3 Dieu dit : « Je choisirai le bon moment
et je jugerai avec *justice.
4 La terre peut trembler avec tous ses habitants,
mais moi, je l'ai fixée solidement. »

5 J'ai dit à ceux qui se vantent : « Ne vous vantez pas. »
et aux gens mauvais : « Ne vous croyez pas au-dessus des autres !
6 N'élevez pas la tête si haut,
arrêtez vos discours méprisants !
7 Non, la grandeur ne vient ni de l'est, ni de l'ouest,
elle ne vient pas du désert.
8 Mais c'est Dieu qui juge :
il abaisse l'un, il élève l'autre. »

9 Le SEIGNEUR tient une *coupe dans ses mains,
elle est pleine de vin fort et fermenté.

---

k **75.1** *Voir Psaume 50.1 et la note.*

Il en offre à tous les gens mauvais du pays.
Tous doivent en boire et vider la coupe jusqu'à la dernière goutte.

10 Et moi, sans cesse, je chanterai pour le Dieu de *Jacob,
j'annoncerai qu'il a dit ceci :
11 « Je vais détruire l'orgueil des gens mauvais,
mais la fierté de ceux qui m'obéissent grandira. »

À Jérusalem, Dieu a arrêté la guerre

76 (75)
1 *Psaume d'Assaf[l], pris dans le livre du chef de chorale.*
*Avec *instruments à cordes. Chant.*

2 Dieu est bien connu en Juda,
il est célèbre en Israël.
3 À Jérusalem, il a planté sa *tente,
sa maison est à *Sion.
4 C'est là qu'il a brisé les armes de guerre :
les flèches, les *boucliers et les lances.

5 Tu es plus glorieux,
plus magnifique que les montagnes
qui existent depuis toujours et pour toujours.
6 On a arraché à ces soldats courageux tout ce qu'ils avaient,
et ils se sont endormis dans la mort.
Aucun combattant n'a pu se défendre.
7 Par tes menaces, Dieu de *Jacob,
tu as paralysé chevaux et cavaliers.
8 Toi, tu es terrible.
Qui peut rester debout devant toi quand tu es en *colère ?
9 Du haut du *ciel, tu fais entendre ton jugement.
Le monde a peur et garde le silence
10 quand tu te lèves pour juger,
pour sauver tous les malheureux de la terre.
11 Même la colère des hommes te rend *gloire,
et ceux qui restent en colère prendront la tenue de deuil.

12 Faites des promesses au SEIGNEUR votre Dieu
et tenez-les.
Vous tous qui l'entourez,
offrez des cadeaux à ce Dieu terrible.
13 Il abaisse l'orgueil des chefs,
il fait peur aux rois de la terre.

---

l **76.1** *Voir Psaume 50.1 et la note.*

Dans le malheur, je me souviens de tes exploits

77 **(76)** [1] *Psaume d'Assaf, pris dans le livre du chef de chorale. D'après Yedoutoun*[m].

2 C'est Dieu que j'appelle, je crie vers lui,
c'est Dieu que j'appelle, il va m'écouter.
3 Quand je suis dans le malheur, je cherche le Seigneur.
La nuit, je lève les mains vers lui sans me reposer,
je refuse d'être consolé.
4 Quand je me souviens de Dieu, je dis ma plainte,
quand je réfléchis, je suis découragé.
5 Tu gardes mes yeux ouverts,
je suis troublé, je ne sais pas quoi dire.
6 Je pense aux jours d'autrefois,
aux années passées.
7 La nuit, je me souviens du chant que je chantais,
je réfléchis dans mon cœur et je me pose des questions.
8 Est-ce que le Seigneur nous rejette pour toujours ?
Est-ce qu'il ne veut plus jamais nous recevoir ?
9 Est-ce que son amour a complètement disparu ?
Est-ce que maintenant, il n'a plus rien à nous dire ?
10 Est-ce que Dieu a oublié d'avoir pitié de nous ?
Est-ce que, dans sa *colère, il a fermé son cœur ?
11 Je me dis : « Ce qui me blesse,
c'est que le Dieu très-haut n'agit plus comme avant. »

12 Je me souviens de tes exploits, Seigneur,
oui, je me rappelle tes actions étonnantes d'autrefois.
13 Je réfléchis à tout ce que tu as fait,
je pense à tes exploits.
14 Ô Dieu, ton action est vraiment *sainte.
Quel dieu est aussi grand que toi ?
15 Tu es le seul qui fait des choses étonnantes,
tu as montré ton pouvoir à tous les peuples.
16 Par ta puissance, tu as libéré ton peuple,
les fils de *Jacob et de Joseph.
17 Ô Dieu, oui, l'eau t'a vu, oui, elle t'a vu et elle a eu peur,
le fond de la mer aussi a tremblé.
18 Les nuages ont envoyé des torrents d'eau.
Du ciel, le tonnerre a éclaté,
et tes éclairs comme des flèches volaient de tous côtés.
19 Le bruit de ton tonnerre roulait,
tes éclairs ont éclairé le monde,
la terre troublée tremblait.

---

m 77.1 *Assaf : voir Psaume 50.1 et la note.*
Yedoutoun : voir Psaume 39.1 et la note.

20 Tu es passé au milieu de la mer,
tu as fait ton chemin dans l'eau profonde,
personne n'a vu tes traces.
21 Par la main de Moïse et *d'Aaron, tu as conduit ton peuple,
comme un berger conduit son troupeau.

Il ne faut pas oublier les actions magnifiques du Seigneur

78 1 *Enseignement d'Assaf*[n].
(77)
Mon peuple, écoute mon enseignement,
tends l'oreille à mes paroles !
2 Je vais utiliser des comparaisons
et tirer du passé un enseignement caché.
3 Nous avons entendu parler des événements d'autrefois,
nous les connaissons.
Nos parents nous les ont racontés :
4 nous ne les cacherons pas à nos enfants.
Nous raconterons aux générations qui viennent
les actions glorieuses du SEIGNEUR,
sa puissance et les choses magnifiques qu'il a faites.

5 Il a donné des commandements au peuple de *Jacob,
il a établi une *loi en Israël.
Il a ordonné à nos ancêtres de faire connaître ces choses à leurs enfants.
6 Ainsi les générations qui viennent, les enfants qui vont naître,
connaîtront cette histoire et ils la raconteront à leurs enfants.
7 Et les enfants de leurs enfants pourront mettre leur confiance en Dieu.
Ils n'oublieront pas ses exploits, ils obéiront à ses commandements.
8 Alors ils ne seront pas comme la génération de leurs ancêtres
qui ont désobéi à Dieu et se sont révoltés contre lui.
Leur cœur n'était pas sûr, leur esprit n'a pas été fidèle à Dieu.
9 Les gens de la tribu d'Éfraïm, armés de flèches,
ont tourné le dos le jour du combat.
10 Ils n'ont pas gardé *l'alliance de Dieu,
ils ont refusé de suivre sa loi.
11 Ils ont oublié les exploits de Dieu
et les choses magnifiques qu'il leur avait montrées.

12 En Égypte, dans la région de Soan, sous les yeux de leurs ancêtres,
Dieu a fait une chose étonnante.
13 Il a ouvert la mer pour les faire passer,
il a mis l'eau debout comme un grand mur[o].
14 Le jour, il les guidait par un nuage,
et la nuit, par la lumière d'un feu.

n **78.1** *Voir Psaume 50.1 et la note.*
o **78.12-13** *Voir Exode 14–15.*

15 Il a fendu des rochers dans le désert
pour leur donner de l'eau en abondance[p].
16 De la pierre, il a fait sortir des ruisseaux
et couler des torrents d'eau.
17 Mais dans le désert, ils ont continué à pécher contre Dieu,
ils se sont révoltés contre le Très-Haut.
18 Ils ont provoqué Dieu dans leur cœur,
ils lui ont demandé de manger à leur faim.
19 Ils ont parlé contre lui en disant :
« Est-ce que Dieu est capable de nous donner à manger dans le désert ?
20 C'est vrai, il a frappé le rocher, l'eau a coulé en abondance.
Mais est-ce qu'il peut aussi nous donner du pain,
et préparer de la viande pour son peuple ? »
21 Le SEIGNEUR a entendu cela,
il s'est fâché contre le peuple de Jacob,
il s'est mis en *colère contre Israël.
22 En effet, ils n'ont pas eu confiance en Dieu,
ils n'ont pas cru qu'il pouvait les sauver.
23 Ensuite, Dieu a commandé aux nuages,
il a ouvert les portes du ciel[q].
24 Pour les nourrir, il a fait pleuvoir la manne,
il leur a donné le pain du ciel[r].
25 Nos ancêtres ont mangé le pain des *anges,
Dieu leur a envoyé de la nourriture en abondance.
26 Dans le ciel, il a chassé le vent d'est,
par sa puissance, il a amené le vent du sud.
27 Il a fait pleuvoir de la viande sur eux comme un nuage de poussière,
et des oiseaux nombreux comme les grains de sable au bord de la mer.
28 Il les a fait tomber au milieu de leur camp,
tout autour de leurs tentes.
29 Nos ancêtres ont tellement mangé qu'ils n'avaient plus faim,
Dieu leur a servi ce qu'ils ont voulu.
30 Mais quand ils n'avaient pas encore fini de manger,
quand ils avaient encore la bouche pleine[s],
31 la colère de Dieu a éclaté contre eux.
Il a fait mourir les plus forts,
il a fait tomber les jeunes gens d'Israël.

32 Malgré tout cela, ils ont encore commis des fautes,
ils ne croyaient toujours pas aux actions magnifiques de Dieu.

---

p **78.15** *Voir Exode 17.1-7 ; Nombres 20.1-13.*

q **78.23** *Les portes du ciel sont des ouvertures par où la pluie tombe. Dans l'ancien Orient on se représentait le monde ainsi : la terre est comme une sorte de galette plate et ronde, entourée d'eau de tous côtés. Le ciel est comme un toit solide au-dessus de la terre. Il la protège des eaux d'en haut. Sous la terre se trouve une mer formée par les eaux d'en bas. Voir Genèse 1.6-10.*

r **78.24** *Voir Exode 16.13-15,31.*

s **78.18-30** *Voir Exode 16.2-36 ; Nombres 11.31-33.*

33 Alors, d'un seul souffle, il leur a enlevé la vie.
Ils ont fini leurs années dans la peur.
34 Quand Dieu allait les faire mourir, ils se tournaient vers lui,
ils revenaient vers lui, ils cherchaient son aide.
35 Ils se rappelaient que Dieu était leur solide rocher,
que le Dieu très-haut était leur défenseur.
36 Mais leur bouche le trompait,
leur langue lui mentait.
37 Leur cœur n'était pas solidement attaché à lui,
ils n'étaient pas fidèles à son alliance.
38 Et lui, plein de tendresse, il pardonnait leurs fautes,
il ne les faisait pas mourir.
Il retenait souvent sa colère, il la laissait dormir.
39 Dieu se souvenait que nos ancêtres étaient seulement des êtres humains :
un souffle qui s'en va et qui ne revient plus.

40 Dans le désert,
nos ancêtres se sont souvent révoltés contre Dieu,
ils ont commis des fautes contre lui dans ces endroits secs.
41 Ils ont recommencé à provoquer Dieu,
à mettre en colère le Dieu *saint d'Israël.
42 Ils ont oublié ce qu'il avait fait pour eux,
le jour où il les avait délivrés de leurs ennemis.
43 Ils ont oublié ses actions étonnantes en Égypte
et les choses extraordinaires qu'il avait réalisées dans la région de Soan :
44 Dieu a changé l'eau des canaux en sang,
les Égyptiens ne pouvaient plus la boire.
45 Il a envoyé contre ce peuple des mouches piquantes qui mordaient les gens,
et des grenouilles qui les empêchaient de vivre.
46 Il a livré leurs récoltes aux criquets,
et le produit de leur travail, Dieu l'a laissé aux sauterelles.
47 Il a détruit leurs *vignes par la *grêle
et leurs *figuiers sauvages par le froid.
48 Il a abandonné leurs bœufs et leurs moutons à la grêle,
et leurs troupeaux à la foudre.
49 Dieu a lancé, contre les Égyptiens, sa colère brûlante comme le feu,
il ne l'a pas retenue.
Il leur a envoyé une troupe *d'anges de malheur.
50 Il a laissé sa colère agir librement,
il n'a pas protégé les Égyptiens contre la mort,
il les a livrés à une épidémie de peste.
51 Dieu a fait mourir tous leurs fils aînés,
eux qui étaient les premiers fruits de la puissance de leur père
dans la famille de Cham[t].

t **78.43-51** *Voir Exode 7.3–11.10. Cham est un des trois fils de Noé (Genèse 7.13). Il est considéré comme l'ancêtre des populations d'Afrique et du Proche-Orient, en particulier des Égyptiens (Genèse 10.6-20).*

52 Puis il a fait partir son peuple comme un troupeau,
il a guidé les Israélites dans le désert comme des moutons.
53 Il les a conduits avec sûreté,
et eux n'ont pas eu peur quand la mer a noyé leurs ennemis.

54 Dieu a conduit nos ancêtres dans son pays *saint,
près de la montagne qu'il avait conquise par sa puissance.
55 Il a chassé les autres peuples devant eux.
Il a divisé le pays de *Canaan en parts qu'il leur a données.
Il a installé les tribus d'Israël sous leurs tentes.
56 Mais ils ont provoqué le Dieu très-haut,
ils se sont révoltés contre lui,
ils n'ont pas gardé ses commandements.
57 Comme leurs ancêtres, ils ont pris un mauvais chemin,
ils n'ont pas été fidèles à Dieu, ils se sont retournés comme un arc mal fait.
58 Ils l'ont mis en colère avec les lieux sacrés,
ils l'ont rendu furieux avec les statues de leurs dieux.

59 Dieu a vu cela, il s'est mis en colère,
il a abandonné Israël.
60 Il a quitté sa maison à Silo,
la *tente plantée au milieu des humains[u].
61 Le *coffre de l'alliance, signe de sa puissance et de sa *gloire,
il l'a laissé partir chez les ennemis.
62 Dieu était en colère contre ceux qui lui appartenaient,
alors il a abandonné son peuple à la mort.
63 Le feu a brûlé les jeunes gens,
et personne n'a plus chanté pour les jeunes filles.
64 On a tué les prêtres à la guerre,
et les veuves n'ont pas pleuré.

65 Ensuite, comme un dormeur, le Seigneur s'est réveillé,
comme un combattant excité par le vin, il a frappé.
66 Il a frappé ses ennemis par-derrière,
il les a couverts de honte pour toujours.
67 Puis il a repoussé les enfants de Joseph,
il a refusé de choisir la tribu d'Éfraïm[v].
68 Mais il a choisi la tribu de Juda,
et c'est la montagne de *Sion qu'il a aimée.
69 Là, il a construit son *lieu saint, solide comme le ciel,
et comme la terre, il l'a établi pour toujours.

70 Le Seigneur a choisi aussi David son serviteur,
il est allé le chercher dans l'enclos des moutons.

---

u **78.60** *Voir 1 Samuel 4.3.*
v **78.67** *Joseph est l'ancêtre d'Éfraïm, qui représente ici les tribus du Nord.*

[71] Il l'a pris au milieu du troupeau.
Il a fait de lui le berger du peuple de Jacob,
d'Israël, le peuple qui lui appartient[w].
[72] David a conduit ce peuple avec un cœur parfait,
il l'a guidé avec sagesse.

Jérusalem est devenue un tas de pierres

79 [1] *Psaume d'Assaf*[x].
(78)
Ô Dieu, les peuples étrangers ont envahi le pays qui t'appartient,
ils ont rendu *impur ton temple *saint,
ils ont fait de Jérusalem un tas de pierres.
[2] Ils ont donné les corps de tes serviteurs aux charognards
pour qu'ils les dévorent,
ils ont livré tes amis fidèles aux bêtes sauvages.
[3] Autour de Jérusalem,
ils ont fait couler le sang de ceux-ci comme de l'eau,
personne n'était là pour enterrer les morts.
[4] Les peuples voisins nous insultent,
ceux qui nous entourent se moquent de nous et ils rient.

[5] Tu seras en *colère jusqu'à quand, SEIGNEUR ?
Est-ce que ta colère va brûler comme un feu pour toujours ?
[6] Mets-toi plutôt en colère contre les peuples qui ne te connaissent pas,
contre les royaumes qui ne font pas appel à toi !
[7] Oui, ils ont dévoré le peuple de *Jacob,
avec leurs dents ils ont détruit son pays.
[8] Ne nous reproche pas les fautes de nos ancêtres !
Mais aie pitié de nous, viens vite, nous n'en pouvons plus !
[9] Viens à notre secours, Dieu notre sauveur, pour montrer ta *gloire !
Délivre-nous et pardonne nos péchés à cause de ton nom.
[10] Pourquoi laisser les autres peuples dire : « Et leur Dieu, que fait-il ? »
Montre-leur plutôt, sous nos yeux,
comment tu venges la mort de tes serviteurs !
[11] Écoute avec bonté la plainte des prisonniers.
Toi qui es puissant,
garde en vie ceux qui sont en danger de mort.
[12] Les peuples voisins t'ont insulté, Seigneur,
rends-leur sept fois ces insultes en plein cœur !

[13] Et nous, ton peuple, nous te dirons toujours merci,
à toi notre berger.
De génération en génération, nous chanterons ta louange.

---

w **78.70-71** *Voir 1 Samuel 13.14 ; 16.11-13 ; 2 Samuel 7.8-9.*
x **79.1** *Voir Psaume 50.1 et la note.*

Ô Dieu de l'univers,
fais-nous revivre !

80
(79)

[1] *Psaume d'Assaf[y], pris dans le livre du chef de chorale. Avec un *instrument à cordes.*

[2] Berger d'Israël, toi qui conduis Joseph comme un troupeau, écoute !
Toi qui es assis au-dessus des *chérubins, montre-toi, entouré de lumière.
[3] Devant les tribus d'Éfraïm, Benjamin et Manassé,
réveille ta puissance et viens nous sauver !
[4] Ô Dieu, rétablis-nous !
Fais briller sur nous ton visage, et nous serons sauvés !

[5] SEIGNEUR, Dieu de l'univers, jusqu'à quand seras-tu en *colère,
malgré la prière de ton peuple ?
[6] Tu lui donnes des larmes comme nourriture,
un océan de larmes à boire.
[7] Tu fais de nous un sujet de querelle pour nos voisins,
et nos ennemis se moquent de nous comme ils veulent.
[8] Dieu de l'univers, rétablis-nous !
Fais briller sur nous ton visage, et nous serons sauvés !

[9] En Égypte, il y avait une *vigne.
Tu l'as enlevée de ce pays,
tu as chassé d'autres peuples pour la replanter.
[10] Tu as préparé le sol devant elle,
elle a enfoncé ses racines dans la terre
et elle a occupé tout le pays.
[11] Son ombre a couvert les montagnes,
ses branches ont dépassé les plus beaux *cèdres.
[12] Elle a étendu ses tiges jusqu'à la mer Méditerranée
et ses jeunes pousses jusqu'au fleuve Euphrate.

[13] Pourquoi as-tu cassé sa clôture ?
Tous les passants volent ses grappes,
[14] le sanglier de la forêt la détruit
et les bêtes des champs la mangent.
[15] Dieu de l'univers, reviens vers nous !
Regarde du haut du *ciel et vois.
Prends soin de cette vigne.
[16] Protège ce que tu as toi-même planté,
ce peuple que tu as rendu fort.

[17] Cette vigne, ils l'ont brûlée et coupée.
Qu'ils disparaissent devant ton visage menaçant !
[18] Pose ta main sur le roi qui est assis à ta droite,
sur cet homme que tu as rendu fort !

---

y **80.1** *Voir Psaume 50.1 et la note.*

[19] Alors nous n'irons plus loin de toi,
tu nous feras revivre et nous te prierons.

[20] SEIGNEUR, Dieu de l'univers, rétablis-nous !
Fais briller sur nous ton visage, et nous serons sauvés !

Le peuple n'a pas écouté la voix de son Dieu

81 (80)

[1] *Chant d'Assaf[z], pris dans le livre du chef de chorale. Avec la *harpe de Gath.*

[2] Chantez joyeusement pour Dieu notre défenseur,
criez de joie pour le Dieu de *Jacob !
[3] Jouez des *instruments, frappez le tambourin,
jouez de la douce cithare et de la harpe !
[4] Sonnez du cor à la *nouvelle lune,
puis à la pleine lune pour notre fête.

[5] Car c'est une loi pour le peuple d'Israël,
une décision du Dieu de Jacob.
[6] C'est une règle qu'il a imposée à la famille de Joseph,
quand il est parti en guerre contre l'Égypte.

J'entends une voix que je ne connais pas.
Elle me dit :
[7] « J'ai enlevé la charge de ton dos,
je t'ai libéré des durs travaux.
[8] Dans le malheur, tu as crié, je t'ai sauvé.
Je t'ai répondu, caché dans l'orage.
Je t'ai fait passer une épreuve à la source de Mériba.
[9] Écoute, mon peuple, j'ai quelque chose à te dire.
Israël, écoute-moi donc !
[10] Tu n'auras pas chez toi d'autre dieu,
n'adore pas un dieu étranger.
[11] C'est moi, le SEIGNEUR ton Dieu, qui t'ai fait sortir d'Égypte.
Ouvre ta bouche toute grande, et je te nourrirai. »

[12] Mais mon peuple n'a pas écouté ma voix,
Israël n'a pas voulu de moi.
[13] Alors je les ai abandonnés à leurs propres intentions.
Ils peuvent bien faire ce qu'ils ont décidé !
[14] Ah, si mon peuple m'écoutait,
si Israël marchait sur mon chemin,
[15] je renverserais très vite leurs ennemis,
je frapperais ceux qui les écrasent !

---

z **81.1** *Voir Psaume 50.1 et la note.*

[16] Alors ceux qui détestent le SEIGNEUR lui feraient des compliments,
et Israël serait tranquille pour toujours.
[17] Le SEIGNEUR nourrirait son peuple d'un *blé excellent
et lui donnerait à manger du miel sauvage.

Contre les mauvais juges

82 [1] *Psaume d'Assaf*[a].
(81)
Dieu est debout, entouré de ses conseillers.
Au milieu des dieux, il rend la justice :

[2] « Vous jugez de façon injuste, vous êtes trop bons avec les coupables.
Cela va durer jusqu'à quand ?
[3] Défendez les droits des orphelins et de ceux qui manquent de tout,
faites justice aux malheureux et à ceux qu'on écrase par l'injustice.
[4] Libérez les pauvres et ceux qui manquent de tout,
arrachez-les aux mains des gens mauvais.

[5] « Mais vous êtes des ignorants, vous ne comprenez rien,
vous êtes complètement corrompus,
c'est pourquoi le monde ne tient pas debout.
[6] Moi, j'ai dit : Vous êtes des dieux,
des fils du Dieu très-haut, vous tous !
[7] Pourtant, vous mourrez comme les hommes,
vous tomberez comme n'importe quel chef ! »

[8] Lève-toi, ô Dieu, juge la terre !
Oui, tu es le maître de tous les peuples.

Ô Dieu, ne garde pas le silence !

83 [1] *Chant. Psaume d'Assaf*[b].
(82)
[2] Ô Dieu, ne garde pas le silence,
ne reste pas tranquille sans rien faire !
[3] Voilà : tes ennemis s'agitent,
ceux qui te détestent se révoltent.
[4] Ils préparent un complot contre ton peuple,
ils se réunissent en secret contre ceux que tu protèges.
[5] Ils disent : « Allez, détruisons leur pays,
qu'on ne parle plus d'Israël ! »
[6] Ils se réunissent en secret
et ils sont tous d'accord pour être alliés contre toi.

---

a **82.1** *Voir Psaume 50.1 et la note.*

b **83.1** *Voir Psaume 50.1 et la note.*

[7] Ce sont les gens d'Édom et d'Ismaël,
de Moab et d'Agar,
[8] les gens d'Ammon et d'Amalec,
les Philistins et les habitants de Tyr[c].
[9] Même les Assyriens s'unissent à eux
pour aider les enfants de Loth[d]!

[10] Traite-les comme Yabin,
comme Sisra, son chef d'armée, au torrent du Quichon.
Traite-les comme les Madianites.
[11] On les a tués à la fontaine de Dor,
et ils ont servi d'engrais pour le sol!
[12] Traite leurs notables comme Oreb et Zeb,
traite tous leurs chefs comme Zéba et Salmounna[e].
[13] Ces gens-là ont dit:
« Prenons ce qui appartient à Dieu! »
[14] Mon Dieu, fais-les tourner
comme la paille emportée par le vent.
[15] Comme le feu dévore la forêt,
comme les flammes brûlent les montagnes,
[16] poursuis-les de ta tempête,
effraie-les par ta tornade!
[17] Couvre leur visage de honte,
pour qu'ils se tournent vers toi, SEIGNEUR!
[18] Qu'ils perdent leur honneur,
qu'ils soient effrayés pour toujours!
Couvre-les de honte, et qu'ils meurent!
[19] Qu'ils apprennent que toi seul, tu es le SEIGNEUR,
le Dieu très-haut sur toute la terre.

Comme j'aime ta maison, Seigneur de l'univers!

84 (83)

[1] *Psaume du groupe de Coré[f], pris dans le livre du chef de chorale. Avec la *harpe de Gath.*

[2] Comme j'aime ta maison, SEIGNEUR de l'univers!
[3] Je meurs d'impatience en attendant d'entrer dans les cours de ton temple.
Mon cœur et mon corps crient de joie vers le Dieu vivant.

[4] SEIGNEUR de l'univers, mon roi et mon Dieu,
même le petit oiseau trouve un abri près de tes *autels,
et l'hirondelle peut faire un nid où mettre ses petits.

---

c **83.7-8** *Tous ces peuples ennemis sont des voisins d'Israël.*
d **83.9** *Les enfants de Loth étaient les Moabites et les Ammonites, des ennemis d'Israël.*
e **83.10-12** *Voir Juges 4; 7 à 8.*
f **84.1** *Voir Psaume 42.1 et la note.*

[5] Ils sont heureux, ceux qui habitent dans ta maison,
sans cesse, ils peuvent chanter ta louange.
[6] Ils sont heureux, ceux qui trouvent leur force en toi,
ceux qui partent vers toi de bon cœur.
[7] Quand ils passent par une vallée très sèche, Dieu la change en oasis,
et les premières pluies la couvrent de *bénédictions.
[8] En avançant, ils sont de plus en plus forts
et se présentent devant Dieu à Jérusalem.

[9] SEIGNEUR, Dieu de l'univers, entends ma prière,
Dieu de *Jacob, écoute-moi !
[10] Ô Dieu, regarde le roi, il est notre *bouclier.
Accueille celui que tu as choisi.

[11] Un seul jour dans les cours de ton temple
vaut mieux que mille jours passés ailleurs.
Mon Dieu, j'aime mieux rester à la porte de ta maison
que de vivre au milieu des gens mauvais.

[12] Oui, le SEIGNEUR Dieu est un soleil, il est un bouclier.
Le SEIGNEUR donne l'amour et l'honneur.
Il ne refuse pas le bonheur à ceux qui mènent une vie parfaite.
[13] SEIGNEUR de l'univers,
il est heureux, celui qui a confiance en toi !

Seigneur, montre-nous ton amour !

85 (84) [1] *Psaume du groupe de Coré[g], pris dans le livre du chef de chorale.*

[2] SEIGNEUR, tu as montré ton amour pour ton pays,
tu as rendu son ancienne situation au peuple de *Jacob.
[3] Tu as effacé les fautes de ton peuple,
tu as pardonné tous ses péchés.
[4] Tu as mis fin à ta *colère,
tu as abandonné ta violente colère.

[5] Reviens vers nous, Dieu notre sauveur,
ne nous en veux plus !
[6] Est-ce que tu seras toujours furieux contre nous ?
Est-ce que ta colère nous frappera de génération en génération ?
[7] Est-ce que tu ne reviendras pas nous rendre la vie,
pour que ton peuple se réjouisse en toi ?
[8] SEIGNEUR, montre-nous ton amour,
sauve-nous !

g **85.1** *Voir Psaume 42.1 et la note.*

[9]J'écoute ce que Dieu dit.
Le SEIGNEUR promet la paix à son peuple, à ses amis fidèles.
Mais qu'ils ne reviennent pas à leur folie !
[10]Le SEIGNEUR sauvera bientôt ceux qui le respectent,
et sa *gloire habitera notre pays.

[11]Amour et fidélité se rencontrent,
*justice et paix s'embrassent.
[12]La fidélité monte de la terre
et la justice descend du *ciel.
[13]Le SEIGNEUR lui-même donne le bonheur,
et notre pays donne ses récoltes.
[14]La justice marche devant le SEIGNEUR,
elle prépare le chemin devant lui.

Seigneur, réponds-moi car je suis malheureux !

86 (85)

[1]*Prière de David.*

SEIGNEUR, tends l'oreille, réponds-moi,
car je suis pauvre et malheureux.
[2]Mon Dieu, je suis ton ami fidèle, protège-moi !
Je suis ton serviteur, j'ai confiance en toi, sauve-moi !
[3]Aie pitié de moi, Seigneur,
toi que j'appelle chaque jour.
[4]Moi, ton serviteur, je me tourne vers toi, Seigneur,
verse la joie dans mon cœur !
[5]Et toi, Seigneur, tu es bon et tu pardonnes,
ton amour est immense pour tous ceux qui font appel à toi.
[6]SEIGNEUR, écoute ma prière,
sois attentif à ma plainte.
[7]Quand je suis très malheureux,
je fais appel à toi, et tu me réponds.

[8]Seigneur, parmi les dieux, personne n'est comme toi,
aucun dieu ne peut faire ce que tu as fait.
[9]Tous les peuples que tu as créés viendront,
ils se mettront à genoux devant toi, Seigneur,
ils te rendront *gloire.
[10]Oui, tu es grand et tu fais des choses étonnantes,
toi seul, tu es Dieu.

[11]SEIGNEUR, montre-moi ta volonté,
alors je t'obéirai fidèlement.
Que mon cœur cherche seulement à respecter ton nom !
[12]Seigneur mon Dieu, je veux te remercier de tout mon cœur,
je rendrai gloire à ton nom pour toujours.
[13]Oui, ton amour pour moi est grand,
et tu m'as arraché au monde des morts.

14 Ô Dieu, des orgueilleux se sont levés contre moi,
une bande d'hommes violents veulent me tuer.
Ces gens-là ne s'occupent pas de toi !
15 Mais toi, Seigneur, tu es un Dieu de tendresse et de pitié,
patient, plein d'amour et de fidélité.
16 Tourne-toi vers moi, aie pitié de moi !
Je suis ton serviteur, donne-moi ta force, sauve-moi !
17 Donne-moi un signe de ta bonté !
Alors mes ennemis seront couverts de honte.
Ils verront que toi, SEIGNEUR, tu m'aides et me consoles.

Tous les peuples sont nés à Jérusalem

87 (86) 1 *Psaume du groupe de Coré[h]. Chant.*

Le SEIGNEUR a bâti Jérusalem sur des montagnes *saintes.
2 Il la préfère à toutes les villes du pays de *Jacob.

3 Il parle de ta *gloire, ville de Dieu !

Le SEIGNEUR dit en effet :
4 « Parmi ceux qui me connaissent,
voici les habitants d'Égypte et de Babylone,
de Philistie, de Tyr et *d'Éthiopie.
C'est là-bas qu'ils sont nés.
5 Mais de Jérusalem, on doit dire :
Tous les habitants du monde sont nés dans cette ville.
Le Dieu très-haut lui-même l'a bâtie. »

6 Quand le SEIGNEUR compte les peuples,
il écrit sur son livre pour chacun « Né à Jérusalem ».

7 Ô ville de Dieu, les gens dansent en chantant :
« Tu es toute notre joie. »

Seigneur, je crie vers toi, car je vais bientôt mourir

88 (87) 1 *Chant du groupe de Coré, pris dans le livre du chef de chorale.*
À chanter avec tristesse. De Héman, l'Ezrahite[i].

2 SEIGNEUR Dieu, mon sauveur, le jour, je t'appelle,
la nuit, je crie vers toi.

---

h **87.1** *Voir Psaume 42.1 et la note.*

i **88.1** *Coré : voir Psaume 42.1 et la note.*
Héman était l'un des responsables du chant et de la musique dans le temple de Jérusalem, au temps du roi David. Voir 1 Chroniques 6.18-22 ; 25.1,4.

3 Que ma prière arrive jusqu'à toi,
tends l'oreille à mon cri !

4 Ma vie est pleine de malheurs,
et je vais bientôt mourir.
5 On me compte parmi ceux qui ont un pied dans la tombe,
toute ma force est partie.
6 Ma place est au milieu des morts,
je ressemble à ceux qui sont couchés dans la tombe.
Tu ne te souviens plus d'eux
et tu ne t'en occupes plus !

7 Tu m'as mis au fond du trou,
dans la nuit noire de la mort.
8 Ta *colère pèse sur moi,
et tu m'écrases de toutes tes vagues.
9 À cause de toi,
mes amis sont partis, je les dégoûte.
Je suis enfermé et je ne peux pas sortir.
10 Mes yeux sont abîmés par la souffrance.

SEIGNEUR, chaque jour, je t'appelle,
je lève les mains vers toi.
11 Est-ce que tu vas faire des actions étonnantes pour les morts ?
Est-ce qu'ils vont se lever pour te dire merci ?
12 Qui parlera de ton amour dans la tombe ?
Qui racontera ta fidélité dans le monde des morts ?
13 Est-ce qu'on connaît tes actions étonnantes dans la nuit sombre ?
Est-ce qu'on sait que tu es fidèle dans le monde sans mémoire ?

14 Mais moi, je crie vers toi, SEIGNEUR,
le matin, ma prière est déjà devant toi.
15 SEIGNEUR, tu ne veux plus de moi, pourquoi ?
Tu me caches ton visage, oui, pourquoi ?
16 Depuis mon enfance,
je suis malheureux et sans force,
tu fais peser sur moi la peur, je suis paralysé.
17 Le feu de ta colère a passé sur moi,
et je suis mort de peur.
18 Tous les jours,
ta colère m'entoure comme l'eau,
elle m'entoure de tous côtés.
19 Tu as éloigné de moi mes voisins et mes amis,
la nuit seule est mon amie.

Seigneur, où sont tes bienfaits d'autrefois ?

89 [1] *Enseignement d'Étan, l'Ezrahite*[j].
(88)

[2] Je chanterai toujours tes bienfaits, SEIGNEUR,
je ferai connaître ton amour de génération en génération.
[3] Oui, je le dis : ton amour existe pour toujours,
ta fidélité est fixée solidement dans le *ciel.

[4] Tu as dit : « J'ai fait *alliance avec David, mon serviteur,
c'est lui que j'ai choisi.
Je lui ai promis ceci :
[5] Pour toujours, j'établirai comme roi un enfant de ta famille.
Ainsi, je maintiendrai ton pouvoir royal de génération en génération. »

[6] SEIGNEUR, dans l'assemblée du ciel,
les *anges te disent merci pour tes actions magnifiques et ta fidélité.
[7] En effet, là-haut, qui est égal au SEIGNEUR ?
Qui peut se comparer à lui parmi les dieux ?
[8] Dans l'assemblée des anges, tous tremblent de peur devant Dieu.
Il est plus terrible que tous ceux qui l'entourent.

[9] SEIGNEUR, Dieu de l'univers, qui est aussi fort que toi ?
SEIGNEUR, tu es toujours fidèle.
[10] C'est toi, le maître de la mer orgueilleuse.
Quand ses vagues se soulèvent, c'est toi qui les calmes.
[11] Tu as tué Rahab[k] et tu l'as écrasé.
Par ta puissance, tu as chassé tes ennemis de tous côtés.
[12] Le ciel est à toi, la terre est à toi !
Le monde entier et tout ce qu'il contient,
c'est toi qui l'as fait.
[13] C'est toi qui as créé le nord et le sud.
Les montagnes du Tabor et de l'Hermon applaudissent ton nom.
[14] Ton bras est très fort,
ta main est puissante, ta main droite est levée.
[15] Pour gouverner, tu t'appuies sur la justice et le respect des lois.
Amour et fidélité marchent devant toi.
[16] Il sont heureux, ceux qui savent crier de joie pour toi, SEIGNEUR !
Ils avancent à la lumière de ton visage.
[17] En entendant ton nom, ils dansent de joie tous les jours.
À cause de ta fidélité, ils se mettent debout.
[18] Oui, leur force glorieuse, c'est toi.
Grâce à ton amour, nous relevons la tête.

---

j **89.1** *Étan était l'un des responsables du chant et de la musique dans le temple de Jérusalem, au temps du roi David. Voir 1 Chroniques 15.17-19.*

k **89.11** *Rahab est un animal étrange qui représente la mer.*

19 Le roi qui nous protège dépend du SEIGNEUR,
il dépend du Dieu *saint d'Israël.

20 Un jour, tu t'es montré à tes amis fidèles.
Tu leur as dit : « J'ai aidé un homme courageux,
j'ai mis en avant un jeune homme de mon peuple.
21 J'ai trouvé David mon serviteur,
j'ai versé mon huile sainte sur sa tête.
22 Ma main le soutiendra solidement,
et mon bras le rendra fort.

23 « L'ennemi ne pourra pas le tromper,
celui qui se révolte contre lui ne pourra pas l'écraser.
24 Oui, je détruirai ses ennemis sous ses yeux,
je frapperai ceux qui le détestent.
25 Ma fidélité et mon amour seront avec lui,
et grâce à moi, il sera vainqueur.
26 Je lui donnerai autorité
sur la mer et sur les fleuves.

27 « Il me dira : "Tu es mon Père, tu es mon Dieu,
le solide rocher qui me sauve !"

28 « Et moi, je ferai de lui mon fils aîné,
le plus grand des rois de la terre.
29 Je lui garderai pour toujours mon amour,
je respecterai fidèlement mon alliance.
30 Pour toujours, j'établirai comme roi un enfant de sa famille,
et son pouvoir royal durera aussi longtemps que le ciel.

31 « Si ses enfants ne suivent plus ma *loi,
s'ils ne tiennent pas compte de mes décisions,
32 s'ils désobéissent à mes ordres
et ne respectent pas mes commandements,
33 avec un bâton, je punirai les révoltés,
je les frapperai pour leur faute.
34 Pourtant, je ne leur retirerai pas mon amour,
je ne serai pas infidèle à ma promesse.
35 Je ne briserai pas mon alliance,
je tiendrai ce que j'ai promis.
36 Voici le serment que j'ai fait une fois pour toutes :
non, je ne tromperai jamais David !
37 Les enfants de ses enfants seront rois pour toujours,
son pouvoir royal durera aussi longtemps que le soleil.
38 Il durera aussi longtemps que la lune toujours présente,
*témoin fidèle derrière les nuages. »

39 Pourtant, tu as rejeté le roi que tu avais choisi,
tu l'as méprisé, tu t'es mis en *colère contre lui.

40 Tu as brisé l'alliance avec ton serviteur,
tu as sali sa couronne en la jetant par terre.
41 Tu as cassé toutes ses barrières,
tu as démoli ses murs de défense.
42 Tous les passants du chemin l'ont pillé,
et ses voisins l'ont insulté.
43 Tu as donné la victoire à ses ennemis,
tu as réjoui ses adversaires.
44 Tu as même retourné ses armes contre lui,
tu ne l'as pas soutenu pendant le combat.
45 Tu lui as fait perdre son honneur,
et tu as jeté par terre son siège royal.
46 Tu l'as rendu vieux avant l'âge,
tu l'as couvert de honte.

47 SEIGNEUR, est-ce que tu vas toujours te cacher ?
Est-ce que tu seras toujours brûlant de colère ? Jusqu'à quand ?
48 Souviens-toi : ma vie est courte.
Est-ce que tu as créé les humains pour les faire disparaître ?
49 Qui peut vivre sans mourir un jour ?
Qui peut échapper au monde des morts ?
50 Seigneur, où sont tes bienfaits d'autrefois ?
Où sont les promesses que toi, le Dieu fidèle, tu as faites à David ?
51 Seigneur, souviens-toi de tes serviteurs qu'on insulte,
de tout ce peuple qui m'est confié.
52 SEIGNEUR, tes ennemis ont insulté le roi que tu as choisi,
ils ont craché sur ses pas.

53 Merci au SEIGNEUR pour toujours !
Oui, oui, qu'il en soit ainsi !

QUATRIÈME LIVRE
PSAUMES 90–106

Seigneur, à cause de ta colère, notre vie est bien courte !

90 (89)

1 *Prière de Moïse, l'homme de Dieu.*

Seigneur, de génération en génération,
tu as été notre abri.
2 Avant que naissent les montagnes,
avant que tu crées la terre et le monde,
depuis toujours et pour toujours, tu es Dieu !

3 C'est toi qui dis aux humains : « Redevenez de la poussière. »
Alors ils meurent et redeviennent poussière.
4 Pour toi, mille années passent aussi vite que la journée d'hier,
ou quelques heures de la nuit.

5 Tu emportes la vie humaine : elle dure le temps d'un court sommeil.
Elle ressemble à l'herbe qui pousse.
6 Le matin, elle fleurit, elle grandit,
le soir, elle se fane, elle est sèche !

7 Oui, ta *colère nous fait mourir,
nous tremblons de peur à cause de ta grande colère.
8 Tu regardes nos fautes,
et la lumière de ton visage éclaire ce que nous cachons.
9 Oui, à cause de ta colère, notre vie dure peu de temps.
Le temps d'un soupir, voilà nos années finies !
10 La durée de notre vie ?
Soixante-dix ans, quatre-vingts pour les plus forts.
Une longue vie apporte seulement fatigue et souffrance.
Les années passent vite, et nous nous envolons.
11 Qui connaît la force de ta colère ?
Elle est aussi grande que notre respect pour toi.
12 Notre vie est courte, fais-nous comprendre cela.
Alors notre cœur sera rempli de sagesse.

13 Ta colère va durer jusqu'à quand, SEIGNEUR ?
Reviens vers nous, aie pitié de tes serviteurs !
14 Dès le matin, remplis-nous de ton amour,
et nous chanterons, nous crierons de joie toute notre vie.
15 Pendant des années, tu nous as punis,
et nous avons connu des années de malheur.
Maintenant, change-les en années de bonheur !
16 Que nous puissions voir tes belles actions,
que nos enfants découvrent ta beauté !
17 Seigneur notre Dieu, répands sur nous ta douceur !
Rends solide le travail de nos mains,
oui, rends solide le travail de nos mains.

Auprès du Seigneur, aucun mal ne peut te toucher

91
(90)

1 Celui qui se met à l'abri près du Dieu très-haut
se repose à l'ombre du *Tout-Puissant.
2 Il dit au SEIGNEUR : « Tu es mon abri,
tu me protèges avec puissance,
tu es mon Dieu, j'ai confiance en toi. »

3 Oui, c'est Dieu qui te délivre des pièges du chasseur,
il te guérit de la peste qui tue.
4 Il te couvre de ses ailes,
et tu te réfugies près de lui,
comme un poussin sous les ailes de sa mère.
Oui, sa fidélité te protège comme un *bouclier.
5 Alors tu n'auras peur de rien :
ni des dangers de la nuit,

ni des flèches lancées en plein jour,
6 ni de la peste qui avance dans l'obscurité,
ni du malheur qui frappe en pleine lumière.

7 Même si mille personnes tombent près de toi,
et si dix mille meurent à côté de toi,
rien ne t'arrivera !
8 Ouvre seulement les yeux,
et tu verras comment sont punis les gens mauvais.
9 – Oui, SEIGNEUR, tu es pour moi un protecteur.
Si tu as choisi le Dieu très-haut comme abri,
10 aucun mal ne peut te toucher,
aucun malheur ne peut approcher de ta maison.
11 Le SEIGNEUR donnera l'ordre à ses *anges
de te protéger partout où tu iras.
12 Ils te porteront dans leurs bras,
pour que tes pieds ne heurtent pas les pierres.
13 Tu marcheras sans danger sur le lion et la vipère,
tu écraseras le tigre et les serpents.

14 Dieu dit : « Puisqu'il s'attache à moi, je vais le libérer,
je vais le protéger, car il connaît mon nom.
15 S'il fait appel à moi, je lui répondrai,
je serai avec lui dans le malheur.
Je veux le délivrer et je veux l'honorer.
16 Je lui donnerai une vie longue et belle,
et je lui montrerai que je suis son sauveur. »

Quel bonheur de chanter pour le Seigneur !

92 (91)

1 *Psaume pour le jour du *sabbat. Chant.*

2 Quel bonheur de remercier le SEIGNEUR,
de chanter pour toi, Dieu très-haut !
3 Quel bonheur d'annoncer dès le matin ton amour
et ta fidélité pendant la nuit,
4 sur la lyre à dix cordes et la *harpe,
au son de la cithare.

5 Tes actions me réjouissent, SEIGNEUR,
je crie de joie devant le travail de tes mains.
6 SEIGNEUR, tes actions sont vraiment grandes !
Comme elles sont profondes, tes pensées !
7 Celui qui est stupide ne sait pas cela,
l'homme qui manque de sagesse n'y comprend rien.
8 Les gens mauvais poussent comme l'herbe,
ceux qui font du mal se portent bien,
mais ils seront complètement détruits.

9 SEIGNEUR, toi, tu es grand pour toujours !
10 Tes ennemis, SEIGNEUR, oui, tes ennemis mourront,
tous ceux qui font du mal partiront de tous côtés.

11 Tu me donnes la force du buffle,
tu verses sur moi une huile parfumée.
12 Je vois la défaite de mes ennemis,
j'entends les gens mauvais qui m'attaquent.
13 Celui qui obéit à Dieu grandit comme un palmier,
il se développe comme un *cèdre du Liban.
14 Il est planté dans la maison du SEIGNEUR,
et il pousse dans les cours du temple de notre Dieu.
15 Quand il devient vieux, il porte encore des fruits,
Il reste plein de sève et ses feuilles sont toujours vertes.
16 Il montre ainsi que le SEIGNEUR est *juste :
« Il est mon solide rocher. En lui, rien n'est faux. »

Le Seigneur est roi

93 (92)

1 Le SEIGNEUR est roi, il est vêtu de grandeur.
Sa puissance l'enveloppe comme un vêtement magnifique.
Oui, le monde est solide, il ne risque pas de tomber.

2 SEIGNEUR, ton pouvoir royal est établi depuis toujours,
et toi, depuis toujours, tu es.
3 Autrefois les fleuves ont crié, les fleuves ont crié de colère,
et ils crient, ils crient encore.
4 Mais tu es plus puissant que le bruit des eaux immenses,
plus puissant que les vagues de la mer !
SEIGNEUR, là-haut, tu es magnifique !

5 Tes commandements sont vraiment sûrs.
SEIGNEUR, ton temple doit être une maison *sainte jusqu'à la fin du monde.

Seigneur, punis les orgueilleux comme ils le méritent !

94 (93)

1 SEIGNEUR, Dieu qui venges,
ô Dieu qui venges, montre-toi !
2 Toi qui juges le monde, lève-toi,
punis les orgueilleux comme ils le méritent !

3 SEIGNEUR, les gens mauvais sont fous de joie,
mais jusqu'à quand ? Oui, jusqu'à quand ?
4 Ils font des discours, ils parlent avec mépris,
ils se vantent, tous ces gens qui font du mal.
5 SEIGNEUR, ils font souffrir ton peuple,
ils écrasent par l'injustice ceux qui t'appartiennent.
6 Ils tuent la veuve et l'étranger,
ils assassinent les orphelins.

[7] Ensuite, ils disent : « Le SEIGNEUR ne voit rien,
le Dieu de *Jacob n'y fait pas attention. »

[8] Vous qui êtes stupides, réfléchissez !
Vous qui manquez de sagesse, quand comprendrez-vous ?
[9] Le SEIGNEUR qui a planté les oreilles, est-ce qu'il n'entend pas ?
Lui qui a fait les yeux, est-ce qu'il ne voit pas ?
[10] Lui qui a corrigé les peuples étrangers, est-ce qu'il ne punit pas ?
Le SEIGNEUR qui donne aux humains la connaissance
[11] connaît les pensées de tous.
Il sait qu'elles ne valent rien.

[12] SEIGNEUR, il est heureux, celui que tu corriges
et que tu formes par ta *loi.
[13] Il peut rester en paix au moment du malheur
et attendre qu'on creuse une tombe pour les gens mauvais.
[14] Non, le SEIGNEUR ne laisse pas son peuple,
il n'abandonne pas ceux qui lui appartiennent.
[15] On rendra de nouveau des jugements justes,
et tous ceux qui ont le cœur *pur les respecteront.

[16] Qui va se lever pour me défendre contre les gens mauvais ?
Qui va prendre mon parti contre ceux qui font du mal ?
[17] Si le SEIGNEUR ne m'avait pas aidé,
j'étais bientôt dans le monde du silence.
[18] Quand je dis : « Je vais tomber »,
ton amour, SEIGNEUR, me soutient.
[19] Quand j'ai la tête pleine de soucis,
tu m'encourages, et mon cœur est tout joyeux.
[20] Des juges criminels inventent des jugements qui vont contre les lois.
Est-ce que tu serais d'accord avec eux ?
[21] Ils se mettent ensemble contre les gens honnêtes
et ils condamnent les innocents !
[22] Mais le SEIGNEUR me protège avec puissance.
Mon Dieu est le solide rocher où je m'abrite.
[23] Il fera retomber sur eux leur crime,
il se servira de leur méchanceté pour les détruire,
le SEIGNEUR notre Dieu les détruira.

Venez, crions de joie pour le Seigneur !

95 (94)

[1] Venez, crions de joie pour le SEIGNEUR,
saluons joyeusement notre solide Rocher, notre sauveur !
[2] Approchons-nous de lui pour le remercier,
chantons pour lui avec nos *instruments de musique.
[3] Oui, le SEIGNEUR est le grand Dieu,
le grand roi qui dépasse tous les dieux.
[4] Il tient dans sa main ce qui est sous la terre,
et les sommets des montagnes sont à lui.

5 La mer est à lui : c'est lui qui l'a faite,
la terre est à lui : ses mains l'ont formée.

6 Entrez, courbons-nous, inclinons-nous,
mettons-nous à genoux devant le SEIGNEUR qui nous a faits.
7 Oui, il est notre Dieu.
Nous sommes son peuple et le troupeau qu'il conduit,
il est notre berger.

Aujourd'hui, écoutez ce qu'il dit :
8 « Ne fermez pas votre cœur comme vos ancêtres à Mériba,
comme à Massa, dans le désert.
9 À ce moment-là, ils m'ont provoqué.
Ils avaient vu ce que j'avais fait,
et pourtant, ils m'ont demandé des preuves.
10 Pendant quarante ans, cette génération m'a dégoûté,
et j'ai dit : "Ce peuple est devenu fou !
Ces gens-là ne comprennent pas ce que je veux."
11 Alors dans ma *colère, j'ai fait ce serment :
"Ils n'entreront pas dans le pays où je leur ai préparé le repos." »

Chantez pour le Seigneur !
Il est plus grand que tous les dieux

96
(95)

1 Chantez au SEIGNEUR un chant nouveau,
chantez pour le SEIGNEUR, tous les habitants du monde !
2 Chantez pour le SEIGNEUR, remerciez-le d'être votre Dieu !
Jour après jour, annoncez : Dieu nous sauve !
3 Racontez sa *gloire à tous les peuples,
ses actions magnifiques dans le monde entier.

4 Oui, le SEIGNEUR est grand, il mérite des louanges,
il est plus terrible que tous les dieux.
5 Les dieux des autres peuples ne valent rien,
mais le SEIGNEUR a fait le ciel.
6 Son visage brille de lumière et de beauté,
sa puissance et sa beauté remplissent son temple.

7 Peuples de la terre,
reconnaissez la gloire et la puissance du SEIGNEUR,
8 reconnaissez combien son nom est glorieux !
Apportez vos offrandes, entrez dans les cours de son temple.
9 Le SEIGNEUR est *saint !
Quand il se montre, mettez-vous à genoux devant lui.
Tremblez devant lui, tous les habitants du monde !
10 Dites à tous les peuples : « Le SEIGNEUR est roi.
Oui, le monde tient solidement, il ne risque pas de tomber.
Le SEIGNEUR ne fait pas de différence entre les peuples. »
11 Que le ciel se réjouisse,

que la terre danse de joie,
que la mer rugisse avec toutes ses richesses !
12 Que les champs soient en fête avec tout ce qui s'y trouve !
Que tous les arbres de la forêt crient de joie
13 devant le SEIGNEUR, car il vient !
Oui, il vient pour juger la terre.
Il jugera le monde avec *justice,
il jugera les peuples selon la vérité.

Le Seigneur est roi

97
(96)

1 Le SEIGNEUR est roi ! Que la terre danse de joie,
que les pays lointains se réjouissent !

2 Un sombre nuage l'entoure.
Pour gouverner, il s'appuie sur la justice et le respect des lois.
3 Un feu avance devant lui,
il brûle ses ennemis de tous côtés.
4 Ses éclairs illuminent le monde,
la terre les voit et elle tremble.
5 Les montagnes fondent comme la cire devant le SEIGNEUR,
devant le Seigneur de toute la terre.
6 Le *ciel annonce que Dieu est *juste,
et tous les peuples voient sa *gloire.

7 Ceux qui honorent des statues, qui sont fiers de leurs faux dieux,
qu'ils soient couverts de honte !
Que tous les dieux se mettent à genoux devant le SEIGNEUR !
8 Jérusalem apprend cela, elle est heureuse.
Les villes de Juda dansent de joie à cause de tes décisions, SEIGNEUR.
9 Oui, SEIGNEUR, tu es le Très-Haut sur toute la terre,
tu es bien au-dessus de tous les dieux !

10 Détestez le mal, vous qui aimez le SEIGNEUR.
Il protège la vie de ses amis fidèles, il les délivre des gens mauvais.
11 Une lumière se lève pour celui qui obéit à Dieu,
il y a de la joie pour les cœurs *purs.
12 Vous qui obéissez au SEIGNEUR, réjouissez-vous à cause de lui !
Chantez sa louange en rappelant son nom très *saint !

Chantez au Seigneur un chant nouveau !

98
(97)

1 *Psaume.*

Chantez au SEIGNEUR un chant nouveau, car il a fait des choses magnifiques.
Par sa force et sa puissance *sainte, il a remporté la victoire.

2 À tous les peuples, le SEIGNEUR a montré qu'il nous sauvait,
il a fait connaître sa *justice.

[3] Il s'est souvenu de son amour et de sa fidélité pour le peuple d'Israël.
Jusqu'au bout du monde, tous ont pu voir que Dieu nous a sauvés.

[4] Criez de joie pour le SEIGNEUR,
tous les habitants du monde,
poussez des cris de joie et chantez !
[5] Jouez pour le SEIGNEUR sur la harpe,
sur la harpe, au son des *instruments !
[6] Sonnez de la trompette et du cor,
criez de joie devant le SEIGNEUR notre Roi !
[7] Que la mer rugisse avec tout ce qu'elle contient,
que le monde rugisse avec ses habitants !
[8] Que les fleuves battent des mains,
que les montagnes crient de joie
[9] devant le SEIGNEUR, car il vient !
Oui, il vient pour juger la terre.
Il jugera le monde avec justice,
sans faire de différence entre les peuples.

Reconnaissez la grandeur du Seigneur notre Dieu !

99 (98)
[1] Le SEIGNEUR est roi, les peuples tremblent.
Son siège est au-dessus des *chérubins, la terre est secouée.
[2] À Jérusalem, le SEIGNEUR est grand.
– Oui, il se tient au-dessus de tous les peuples.
[3] Qu'ils te remercient, Dieu grand et terrible !
– Oui, tu es *saint !
[4] La force d'un roi, c'est d'aimer ce qui est *juste.
Toi, tu ne fais pas de différence entre les gens.
C'est toi qui établis la justice en Israël,
tu exiges qu'on respecte les lois.

[5] Reconnaissez la grandeur du SEIGNEUR notre Dieu,
mettez-vous à genoux au pied de son siège royal.
– Oui, le SEIGNEUR est saint !

[6] Moïse et *Aaron étaient parmi ses prêtres,
Samuel aussi le priait.
Ils ont fait appel au SEIGNEUR, et il a répondu.
[7] Dieu a parlé dans le nuage de fumée dressé comme une colonne.
Ils ont respecté ses commandements et la *loi qu'il leur a donnée.

[8] SEIGNEUR notre Dieu, toi, tu leur répondais.
Tu as été pour eux un Dieu patient,
mais tu les as punis à cause de leurs fautes.

[9] Reconnaissez la grandeur du SEIGNEUR notre Dieu,
mettez-vous à genoux devant sa sainte montagne !
– Oui, il est saint, le SEIGNEUR notre Dieu !

Servez le Seigneur dans la joie !

100 (99) [1] *Psaume pour un *sacrifice de remerciement.*

Tous les habitants du monde, criez de joie pour le SEIGNEUR !
[2] Servez le SEIGNEUR joyeusement,
approchez-vous de lui dans la joie.

[3] Reconnaissez que le SEIGNEUR est Dieu.
C'est lui qui nous a faits et nous sommes à lui.
Il est notre berger, nous sommes son peuple, son troupeau.

[4] Entrez dans son temple en lui disant merci,
allez dans les cours du temple en chantant sa louange !
Remerciez-le et rendez-lui *gloire.

[5] Oui, le SEIGNEUR est bon.
Son amour est pour toujours,
et de génération en génération il reste fidèle.

Promesses du roi à Dieu

101 (100) [1] *Psaume de David.*

Je veux chanter ton amour et ta *justice,
pour toi, SEIGNEUR, je veux jouer.

[2] Je désire me conduire parfaitement.
Quand viendras-tu vers moi ?
Dans ma maison, je mènerai une vie *pure.

[3] Je ne regarderai pas les actions malhonnêtes.
Je déteste la conduite de ceux qui ne sont pas fidèles,
elle ne m'intéresse pas.
[4] Je ne vais pas avec celui qui est faux.
L'homme mauvais, je ne veux pas le connaître.
[5] Celui qui se cache pour dire du mal des autres,
je le ferai taire.
Celui qui regarde les autres avec mépris, qui a le cœur rempli d'orgueil,
je ne le supporte pas.

[6] Dans le pays, je choisis les gens sûrs, pour qu'ils gouvernent avec moi.
Celui qui se conduit parfaitement, cet homme-là sera mon ministre.

[7] Celui qui trompe les autres facilement n'habitera pas dans ma maison.
Le menteur, je ne veux pas le voir.

[8] Chaque matin, je ferai taire tous les gens mauvais du pays.
Ainsi, je chasserai de la ville du SEIGNEUR tous ceux qui font du mal.

Je pleure tellement
que je n'ai plus que la peau et les os

102 (101)

[1] *Prière d'un malheureux qui n'a plus de force.*
Il présente sa plainte au SEIGNEUR.

2 SEIGNEUR, entends ma prière,
que mon cri arrive jusqu'à toi !
3 Ne me cache pas ton visage quand je suis dans le malheur.
Écoute-moi avec attention !
Le jour où j'appelle, vite, réponds-moi !
4 Oui, ma vie s'en va comme la fumée,
mes os brûlent comme un grand feu.
5 Mon cœur blessé devient comme l'herbe sèche,
j'oublie même de manger ma nourriture.
6 Je pleure tellement
que je n'ai plus que la peau et les os.
7 Je ressemble à l'oiseau du désert,
je suis comme la chouette dans les maisons abandonnées.
8 Je ne dors pas
et je suis comme un oiseau tout seul sur un toit.
9 Tous les jours, mes ennemis m'insultent.
Ils sont en colère contre moi
et ils se servent de mon nom pour lancer des malédictions.
10 Comme nourriture, je mange de la poussière,
et quand je bois, j'avale mes larmes.
11 SEIGNEUR, tu étais furieux contre moi,
alors, dans ta *colère, tu m'as saisi et rejeté.
12 Ma vie passe comme l'ombre du soir,
et je deviens comme l'herbe sèche.

13 Mais toi, SEIGNEUR, tu es roi pour toujours,
et toutes les générations se souviendront de toi.
14 Toi, tu feras quelque chose, car tu aimes Jérusalem.
C'est le moment d'avoir pitié d'elle, oui, c'est vraiment le moment.
15 Ceux qui te servent aiment ses pierres,
ils ont même pitié de sa poussière !

16 Les peuples étrangers respecteront le SEIGNEUR,
et tous les rois de la terre respecteront ta *gloire.
17 Quand le SEIGNEUR reconstruira Jérusalem,
il se montrera dans sa gloire.
18 Il écoutera la prière de ceux qu'on a pillés,
il ne repoussera pas leur demande.
19 Qu'on écrive cela pour les générations qui viennent,
et qu'un peuple nouveau chante la louange du SEIGNEUR !
20 Du haut de son *lieu saint, le SEIGNEUR se penche pour regarder,
du *ciel, il regarde la terre.
21 Il entend la plainte du prisonnier,

il libère ceux qui sont en danger de mort.
22 On chantera le nom du SEIGNEUR dans *Sion,
on chantera sa louange dans Jérusalem.
23 Là, tous les peuples et tous les royaumes
se mettront ensemble pour servir le SEIGNEUR.

24 Au milieu de mon chemin, le SEIGNEUR a enlevé mes forces,
il a diminué ma vie.
25 Alors je dis : « Mon Dieu, toi, tu vis pour toujours,
ne me fais pas mourir si vite ! »
26 Autrefois, tu as fait la terre,
et tes mains ont formé le ciel.
27 Tout cela disparaîtra, mais toi, tu restes toujours là.
La terre et le ciel s'useront comme un habit,
tu les changeras comme un vêtement, et ils laisseront la place.
28 Mais toi, tu restes le même,
et ta vie ne finit pas.
29 Les enfants de tes serviteurs vivront encore,
et les enfants de leurs enfants resteront sous ton regard.

L'amour du Seigneur est immense

103 (102)

1 *De David.*

Je veux remercier le SEIGNEUR,
je veux remercier le Dieu *saint de tout mon cœur !
2 Oui, je veux dire merci au SEIGNEUR,
sans oublier un seul de ses bienfaits.

3 C'est lui qui pardonne toutes mes fautes
et guérit toutes mes maladies.
4 Il arrache ma vie à la tombe,
il me couvre d'amour et de tendresse.
5 Il remplit de bienfaits mes vieux jours.
Il me donne une nouvelle jeunesse,
et j'ai la force de l'aigle qui s'envole.
6 Le SEIGNEUR rend des jugements justes,
il fait justice aux gens sans défense.
7 Il a découvert ses projets à Moïse
et ses grandes actions au peuple d'Israël.
8 Le SEIGNEUR est rempli de tendresse et de pitié,
il est patient et plein d'amour.
9 Il ne fait pas sans arrêt des reproches,
sa *colère ne dure pas toujours.
10 Il ne tient pas compte de nos péchés,
il ne nous punit pas comme nous le méritons.

11 Son amour pour ceux qui le respectent est immense,
immense comme le ciel au-dessus de la terre.

12 Comme le soleil levant est loin du soleil couchant,
il met nos fautes très loin de nous.
13 Comme un père aime ses enfants,
le SEIGNEUR aime avec tendresse ceux qui le respectent.
14 Il sait bien de quoi nous sommes faits,
il se souvient que c'est d'un peu de poussière.

15 La vie humaine est comme l'herbe,
elle ressemble à la fleur des champs.
Elle commence à fleurir,
16 puis, sous le souffle du vent, elle disparaît,
on ne sait même plus où elle était.
17 Mais l'amour du SEIGNEUR dure depuis toujours
et durera toujours pour ceux qui le respectent.
Il reste sans cesse fidèle pour les enfants de leurs enfants,
18 pour ceux qui gardent son *alliance
et pensent à faire ce qu'il commande.

19 Le SEIGNEUR a son siège dans le *ciel,
son pouvoir royal s'étend sur le monde entier.
20 Remerciez le SEIGNEUR, vous, ses *anges puissants !
Vous accomplissez ses ordres,
et vous obéissez dès que vous entendez sa voix.
21 Remerciez le SEIGNEUR,
vous, l'armée de ses serviteurs, qui faites ce qu'il désire.
22 Vous tous qu'il a créés, remerciez le SEIGNEUR,
partout où il est roi !

Et moi, à mon tour,
je dirai merci au SEIGNEUR.

Seigneur, merci de tout ce que tu fais !

104 (103)

1 Je veux remercier le SEIGNEUR !

SEIGNEUR mon Dieu, tu es très grand,
tu es couvert de beauté et d'honneur.
2 La lumière t'enveloppe comme un vêtement,
tu étends le ciel comme une tente.
3 Tu construis ta haute maison bien plus haut que le ciel.
Tu prends pour char les nuages,
tu avances sur les ailes du vent.
4 Tu te sers des vents comme messagers,
et des éclairs comme serviteurs.

5 Tu as fixé la terre solidement,
maintenant, elle ne tremblera plus jamais.
6 Tu l'as couverte de la mer comme d'un vêtement,
l'eau est montée au sommet des montagnes.

7 Tu l'as menacée, elle s'est échappée.
En entendant ton tonnerre, l'eau s'est enfuie.
8 Elle est montée sur les montagnes,
elle est descendue dans les vallées,
à l'endroit que tu lui as fixé.
9 Tu as placé une limite qu'elle ne doit pas dépasser.
L'eau ne reviendra plus couvrir la terre.

10 Tu envoies l'eau des sources dans les ravins,
elle coule entre les montagnes.
11 Toutes les bêtes des champs la boivent,
les ânes sauvages calment leur soif.
12 Les oiseaux ont leurs nids près de l'eau,
et ils chantent dans les arbres.

13 Du haut du ciel, tu arroses les montagnes
et tu remplis la terre de tes bienfaits.
14 Tu fais pousser l'herbe pour les troupeaux,
tu fais grandir les plantes pour les humains.
Ils les cultivent pour tirer de la terre leur nourriture :
15 le vin réjouit leur cœur, il fait briller leur visage plus que l'huile,
et le pain leur rend courage.

16 Les arbres du SEIGNEUR,
les *cèdres du Liban qu'il a plantés,
sont bien nourris.
17 Les oiseaux font leurs nids dans leurs branches,
la cigogne a sa maison dans les cyprès.
18 Les hautes montagnes appartiennent aux chèvres sauvages,
les rochers servent d'abri aux damans[l].

19 Le SEIGNEUR a fait la lune pour marquer le temps,
et le soleil qui connaît l'heure de son coucher.
20 Tu envoies l'obscurité, et voici la nuit,
le moment où se promènent les animaux de la forêt.
21 Les jeunes lions rugissent, cherchant un animal à dévorer,
ils demandent à Dieu leur nourriture.
22 Puis le soleil se lève.
Ils partent et vont se coucher dans leur abri.
23 Les gens sortent de leur maison pour aller au travail
et se fatiguer jusqu'au soir.

24 Tu as fait beaucoup de choses, SEIGNEUR,
tu les as toutes faites avec sagesse.
La terre est remplie de ce que tu as créé.

---

l **104.17-18** *La cigogne est un grand oiseau qui ressemble à l'autruche. Le daman ressemble à un lapin.*

25 Voici la mer : elle est immense et s'étend partout.
Les animaux, petits et grands, remuent en elle.
Qui peut les compter ?
26 Là, des bateaux vont et viennent
avec Léviatan[m] que tu as formé pour jouer avec lui.

27 Tous comptent sur toi
pour avoir à manger au bon moment.
28 Tu leur donnes la nourriture, ils la prennent,
tu ouvres la main, ils mangent à leur faim.
29 Tu caches ton visage, ils ont très peur.
Tu leur enlèves le souffle de la vie,
ils meurent et redeviennent poussière.
30 Tu leur rends ton souffle, ils sont recréés,
et tout devient nouveau sur le sol.

31 Que la *gloire du SEIGNEUR dure toujours,
que le SEIGNEUR se réjouisse de ce qu'il a fait !
32 Il regarde la terre et elle tremble.
Il touche les montagnes, elles sont couvertes de fumée.

33 Toute ma vie, je veux chanter pour le SEIGNEUR,
je veux jouer pour mon Dieu, tant que je vivrai.
34 Que mes paroles plaisent au SEIGNEUR !
Moi, je suis dans la joie à cause de lui.
35 Ceux qui font du mal, qu'ils disparaissent de la terre !
Que les gens mauvais n'existent plus !

Oui, je veux remercier le SEIGNEUR.
Chantez la louange du SEIGNEUR !

Racontez les exploits du Seigneur

105 (104)

1 Remerciez le SEIGNEUR, chantez son nom,
racontez ses exploits aux autres peuples[n].
2 Chantez pour lui, jouez pour lui de vos instruments,
redites toutes ses actions étonnantes !
3 Soyez fiers de lui, le Dieu *saint,
soyez dans la joie, vous qui cherchez le SEIGNEUR !
4 Cherchez le SEIGNEUR et son aide puissante,
cherchez sans cesse sa présence.
5-6 Vous, la famille d'Abraham, son serviteur,
vous qui êtes nés de *Jacob et que le SEIGNEUR a choisis,
souvenez-vous des actions étonnantes qu'il a faites.
Rappelez-vous ses exploits et les décisions qu'il a annoncées.

m **104.26** *Voir Psaume 74.14 et la note.*
n **105.1-15** *Voir 1 Chroniques 16.8-22.*

7 Notre Dieu, c'est lui, le SEIGNEUR,
qui gouverne toute la terre.
8 Il s'est toujours souvenu de son *alliance,
de la parole donnée pour mille générations.
9 C'est l'alliance établie avec Abraham,
confirmée à Isaac par un serment.
10 De cette alliance, il a fait une *loi pour Jacob,
une alliance sans fin pour Israël,
11 quand il a dit : « Je te donnerai le pays de *Canaan,
ce sera votre part. »

12 Nos ancêtres étaient peu nombreux,
on pouvait les compter,
c'étaient quelques étrangers installés dans le pays.
13 Ils allaient de pays en pays,
et de royaume en royaume.
14 Pourtant le SEIGNEUR n'a laissé personne les écraser par l'injustice.
À cause d'eux, il a puni des rois.
15 Il a dit : « Ne touchez pas à ceux que j'ai choisis,
ne faites pas de mal à mes porte-parole ! »

16 Il a fait venir la famine dans le pays,
il n'y avait plus de nourriture.
17 Il a envoyé un homme devant nos ancêtres,
c'était Joseph, qu'on a vendu comme esclave.
18 On lui a attaché les pieds avec des chaînes,
on lui a mis un collier de fer autour du cou.
19 Cela a duré un certain temps.
Un jour, ce que Joseph avait annoncé est arrivé,
et ainsi, le SEIGNEUR a montré qu'il était innocent[o].
20 Le roi d'Égypte a donné l'ordre de lui enlever ses chaînes,
le maître des peuples l'a fait libérer.
21 Il l'a nommé chef de sa maison
et gérant de toutes ses richesses.
22 Joseph a dû enseigner les ministres comme il le voulait,
et apprendre la sagesse aux vieux conseillers[p].

23 Ensuite, Jacob est venu en Égypte,
Israël a été un étranger au pays de Cham[q].

24 Dieu a donné beaucoup d'enfants à son peuple,
il a rendu les Israélites plus forts que leurs ennemis.
25 Il a changé le cœur des Égyptiens,

---

o **105.17-19** *Voir Genèse 37.27-28 ; 39.20 ; 40.12-13 ; 41.13-54.*
p **105.20-22** *Voir Genèse 41.14,39-41.*
q **105.23** *Cham : voir 78.51 et la note.*

ils se sont mis à détester son peuple
et à comploter contre ses serviteurs[r].
26 Dieu a envoyé Moïse son serviteur
et *Aaron qu'il avait choisi[s].
27 Chez les Égyptiens, ils ont fait des actions étonnantes de la part de Dieu,
ils ont fait des choses extraordinaires dans le pays de Cham.
28 Dieu a envoyé l'obscurité, tout était dans la nuit,
et personne ne s'est opposé à sa parole.
29 Il a changé l'eau en sang,
il a fait mourir les poissons.
30 Les grenouilles ont envahi leur pays,
jusque dans les chambres de la maison du roi.
31 Dieu a donné un ordre.
Alors les mouches piquantes et les moustiques
sont arrivés dans toute l'Égypte.
32 À la place de la pluie, il a envoyé la *grêle,
et la foudre a mis le feu dans le pays.
33 Il a détruit leurs *vignes et leurs *figuiers,
il a brisé les arbres d'Égypte.
34 Dieu a donné un ordre :
des nuages de sauterelles et de criquets sont arrivés.
35 Ils ont mangé toutes les plantes,
tout ce qui pousse sur le sol.
36 Ensuite, dans les familles d'Égypte,
Dieu a fait mourir tous les fils aînés,
les premiers fruits de la puissance de leur père[t].
37 Puis il a fait sortir nos ancêtres chargés d'argent et d'or.
Dans leurs tribus, personne n'est resté en arrière.
38 Les Égyptiens étaient contents de leur départ,
parce qu'ils tremblaient de peur.

39 Dieu a étendu un nuage de fumée pour protéger nos ancêtres,
et la nuit, un feu les éclairait.

40 Ils ont demandé à manger.
Alors il a fait venir des oiseaux,
il les a nourris avec le pain du ciel.
41 Il a fendu le rocher et l'eau a coulé,
elle a coulé dans le désert comme un fleuve[u].

42 Oui, Dieu s'est souvenu
de sa promesse sainte à Abraham son serviteur.

---

r **105.23-25** *Voir Genèse 46.6-7 ; 47.11 ; Exode 1.7-14.*
s **105.26** *Voir Exode 3.1–4.17.*
t **105.27-36** *Voir Exode 7.8–11.10.*
u **105.40-41** *Voir Exode 16.1–17.7.*

43 C'est dans la joie qu'il a fait sortir son peuple d'Égypte,
ceux qu'il avait choisis criaient de joie.
44 Dieu leur a donné les terres des autres peuples
et nos ancêtres ont profité de leur travail,
45 pour suivre ses enseignements et obéir à ses lois.
Chantez la louange du SEIGNEUR !

Souviens-toi de nous, Seigneur,
toi qui es bon pour ton peuple

106 (105)

1 Chantez la louange du SEIGNEUR !

Dites merci au SEIGNEUR, car il est bon,
et son amour est pour toujours !
2 Qui peut dire les exploits du SEIGNEUR
et faire entendre partout ses louanges ?

3 Ils sont heureux, ceux qui respectent les lois
et font toujours ce qui est juste.

4 Souviens-toi de nous, SEIGNEUR, toi qui es bon pour ton peuple.
Fais quelque chose pour nous, toi notre sauveur !
5 Ainsi, nous pourrons voir le bonheur de ceux que tu as choisis.
Nous nous réjouirons de la joie de ton peuple,
nous partagerons la fierté de ceux qui t'appartiennent.

6 Nous avons péché comme nos ancêtres,
nous avons fait le mal, nous sommes coupables.

7 En Égypte, nos ancêtres n'ont rien compris à tes actions magnifiques.
Ils ont oublié tes nombreux bienfaits,
ils se sont révoltés près de la *mer des Roseaux[v].
8 Mais le SEIGNEUR les a délivrés pour montrer sa *gloire,
pour faire voir sa puissance.
9 Il a menacé la mer des Roseaux et elle a séché,
il a fait marcher nos ancêtres au fond de la mer, comme à travers le désert.
10 De ceux qui les détestaient, il les a sauvés,
de la main des ennemis, il les a libérés.
11 L'eau a recouvert leurs adversaires,
pas un seul n'est resté.
12 Ainsi, ils ont cru ce que Dieu avait dit
et ils ont chanté sa louange[w].

13 Nos ancêtres ont vite oublié ce que Dieu avait fait,
ils n'ont pas attendu qu'il réalise son projet.

---

v **106.7** *Voir Exode 14.10-12.*
w **106.9-12** *Voir Exode 14.21-31 ; 15.1-21.*

14 Dans le désert, ils avaient envie de ce qui leur manquait,
ils ont provoqué Dieu dans ces endroits secs.
15 Dieu leur a donné ce qu'ils demandaient,
il les a nourris plus qu'ils ne voulaient.
16 Dans le camp, ils ont été jaloux de Moïse
et *d'Aaron, l'homme *saint du SEIGNEUR.
17 Alors la terre s'est ouverte, elle a avalé Datan,
elle a recouvert la bande d'Abiram.
18 Un feu a brûlé cette bande,
une flamme a dévoré ces gens mauvais[x].

19 Sur le mont *Horeb, ils ont fabriqué un veau,
ils ont adoré un morceau de métal.
20 Ils ont remplacé Dieu, lui qui était leur gloire,
par la statue d'un bœuf,
d'un bœuf qui mange de l'herbe !
21 Ils ont oublié Dieu qui les avait sauvés :
il avait fait de grandes choses en Égypte,
22 des actions étonnantes dans le pays de Cham[y],
des actes terribles dans la mer des Roseaux.
23 Et Dieu a décidé de les supprimer.
Mais Moïse, l'homme qu'il avait choisi,
s'est placé devant Dieu
pour empêcher sa *colère de les détruire[z].

24 Ensuite, ils ont méprisé le pays merveilleux,
ils n'ont pas cru à la promesse de Dieu.
25 Ils ont critiqué sous leurs tentes,
ils n'écoutaient plus le SEIGNEUR.
26 Alors, en levant la main,
Dieu a fait le serment de les faire mourir dans le désert.
27 Il a juré aussi de chasser leurs enfants de tous côtés,
de les laisser mourir au milieu de ceux qui ne le connaissaient pas.

28 À Péor, ils se sont attachés au dieu *Baal,
ils ont mangé des animaux offerts aux morts.
29 En faisant cela, ils ont mis le SEIGNEUR en colère,
et un grand malheur est tombé sur eux.
30 Mais Pinhas s'est levé pour régler l'affaire,
et le grand malheur s'est arrêté[a].
31 Le SEIGNEUR l'a reconnu comme juste pour toujours,
de génération en génération.

---

x **106.16-18** *Voir Nombres 16.1-35.*

y **106.22** *Cham : voir Psaume 78.51 et la note.*

z **106.19-23** *Voir Exode 32.1-14.*

a **106.28-30** *Voir Nombres 25.1-13.*

32 Ils ont mis le SEIGNEUR en colère près de l'eau de Mériba,
et ils ont fait le malheur de Moïse.
33 Ils l'ont mis hors de lui,
alors Moïse a parlé sans réfléchir[b].

34 Le SEIGNEUR leur avait commandé de tuer les habitants de *Canaan,
ils ne l'ont pas fait.
35 Ils sont allés avec ceux qui ne connaissaient pas Dieu,
ils ont appris leurs coutumes.
36 Ils ont adoré leurs faux dieux.
Pour eux, ces dieux sont devenus des pièges.
37 Ils leur ont offert en *sacrifice leurs fils et leurs filles.
38 Ils ont fait couler le sang des innocents,
le sang de leurs fils et de leurs filles.
Ils les ont offerts en sacrifice aux dieux de *Canaan,
et leur sang a sali le pays.
39 En faisant cela, ils sont devenus *impurs,
ils ont été infidèles comme des *prostituées.
40 Alors le SEIGNEUR est entré dans une grande colère contre son peuple,
il s'est mis à détester ceux qui lui appartenaient.
41 Il les a livrés aux autres peuples :
leurs adversaires sont devenus leurs maîtres.
42 Leurs ennemis les ont écrasés,
et ils ont été sous leur pouvoir.
43 Très souvent, le SEIGNEUR les a délivrés.
Mais nos ancêtres ont continué à lui résister,
et ils se sont enfoncés dans leurs fautes.
44 Le SEIGNEUR a entendu leurs cris
et il a vu leur malheur.
45 Il s'est souvenu de *l'alliance qu'il avait établie avec eux,
dans son amour, il a changé d'avis.
46 Grâce à lui,
tous ceux qui les retenaient prisonniers ont eu pitié d'eux.

47 SEIGNEUR notre Dieu, sauve-nous,
rassemble-nous du milieu des autres peuples !
Ton nom est saint.
Ainsi, nous pourrons te dire merci
et nous serons fiers de chanter ta louange.

48 Merci au SEIGNEUR, Dieu d'Israël,
depuis toujours et pour toujours !
Et tout le peuple dira : « Oui, qu'il en soit ainsi !
Chantez la louange du SEIGNEUR[c] ! »

---

b **106.32-33** *Voir Exode 17.1-7 ; Nombres 20.1-13.*

c **106.47-48** *Voir 1 Chroniques 16.34-36.*

CINQUIÈME LIVRE
PSAUMES 107–150

Ô Dieu, je vais chanter pour toi !

107
(106)

1 « Dites merci au SEIGNEUR, car il est bon,
et son amour est pour toujours ! »
2 Qu'ils disent cela, les gens que le SEIGNEUR a libérés !
Qu'ils disent cela, ceux que le SEIGNEUR a arrachés à l'ennemi,
3 ceux qu'il a rassemblés de tous les pays,
de l'est et de l'ouest, du nord et du sud !

4 Certains marchaient un peu partout dans le désert,
dans des endroits perdus,
ils ne retrouvaient pas le chemin pour aller dans un lieu habité.
5 Ils avaient faim et soif,
ils étaient découragés.
6 Alors dans leur malheur, ils ont crié vers le SEIGNEUR,
et le SEIGNEUR les a délivrés de leur peur.
7 Il les a conduits tout droit vers un lieu habité.
8 Qu'ils remercient le SEIGNEUR pour son amour,
pour ses actions étonnantes envers les humains !
9 Oui, il a donné à boire à ceux qui mouraient de soif,
il a nourri généreusement ceux qui mouraient de faim.

10 D'autres étaient en prison dans une cellule sombre,
ils étaient très malheureux, attachés avec des chaînes.
11 Ils ont refusé d'obéir aux commandements de Dieu,
ils ont méprisé le projet du Dieu très-haut.
12 Dieu les a brisés par la souffrance,
ils sont tombés, et personne n'est venu les aider.
13 Alors dans leur malheur, ils ont crié vers le SEIGNEUR,
et le SEIGNEUR les a sauvés de leur peur.
14 Il les a fait sortir de leur cellule sombre,
il a cassé leurs chaînes.
15 Qu'ils remercient le SEIGNEUR pour son amour,
pour ses actions étonnantes envers les humains !
16 Oui, il a brisé les portes de bronze[d],
il a fait sauter les verrous de fer.

17 D'autres étaient devenus stupides, tellement ils se conduisaient mal,
ils se rendaient malheureux par leurs fautes.
18 Ils ne pouvaient plus rien avaler,
ils étaient proches de la mort.
19 Alors, dans leur malheur, ils ont crié vers le SEIGNEUR,
et le SEIGNEUR les a sauvés de leur peur.

---

d **107.16** *Voir Psaume 18.35 et la note.*

20 Il a envoyé sa parole pour les guérir,
il les a arrachés à la tombe.
21 Qu'ils remercient le SEIGNEUR pour son amour,
pour ses actions étonnantes envers les humains !
22 Qu'ils offrent des *sacrifices pour le remercier !
Avec des cris de joie, qu'ils racontent ce qu'il a fait !

23 D'autres sont partis en bateau
pour travailler en pleine mer.
24 Ces gens-là ont vu ce que le SEIGNEUR a fait,
ses actions étonnantes sur la mer.
25 D'un seul mot, il a fait venir la tempête,
et le vent a soulevé les vagues.
26 Leur bateau était lancé vers le ciel,
puis descendait au fond de la mer.
Les marins se sentaient vraiment très mal,
27 ils ne pouvaient plus tenir debout,
ils marchaient comme des gens qui ont trop bu,
ils ne savaient plus rien faire.
28 Alors dans leur malheur, ils ont crié vers le SEIGNEUR,
et le SEIGNEUR les a délivrés de leur peur.
29 Il a calmé la tempête,
et les vagues sont restées tranquilles.
30 Les marins étaient remplis de joie en voyant le calme de la mer.
Le SEIGNEUR les a conduits au port qu'ils voulaient atteindre.
31 Qu'ils remercient le SEIGNEUR pour son amour,
pour ses actions étonnantes envers les humains !
32 Qu'ils disent sa grandeur dans l'assemblée du peuple,
qu'ils chantent sa louange au conseil des *anciens !

33 Le SEIGNEUR peut changer les fleuves en désert,
les oasis en terres sèches,
34 le sol riche en sol pauvre,
quand les habitants sont mauvais.
35 Mais il peut aussi changer le désert en un grand lac
et la terre sèche en oasis.
36 Là, le SEIGNEUR installe ceux qui ont faim,
et ils bâtissent des maisons à cet endroit.
37 Ils sèment dans les champs,
ils plantent des *vignes,
ils en récoltent les fruits.
38 Le SEIGNEUR les *bénit et ils deviennent très nombreux,
il ne laisse pas diminuer leurs troupeaux.
39 Mais d'autres deviennent moins nombreux,
ils se courbent sous le poids de la tristesse et du malheur.
40 Le SEIGNEUR couvre de mépris les notables,
il les laisse se perdre dans un désert sans pistes.
41 Mais il tire les pauvres de la misère,
il rend leurs familles aussi nombreuses que leurs troupeaux.

42 En voyant cela, ceux qui ont le cœur *pur sont dans la joie,
tous ceux qui ont l'esprit tordu se taisent.
43 Si quelqu'un veut avoir la sagesse,
il fera attention à ces choses,
il reconnaîtra l'amour du SEIGNEUR !

Je dois réveiller la lumière du matin

108 (107)

1 *Chant de David. Psaume.*

2 Mon cœur a confiance, ô Dieu,
je vais chanter, je vais jouer de tout mon cœur.
3 Réveillez-vous, *harpe et cithare,
je dois réveiller la lumière du matin.

4 SEIGNEUR, je veux te dire merci parmi les peuples,
je veux jouer pour toi parmi ceux qui ne te connaissent pas.
5 Ton amour est plus grand que le ciel,
ta fidélité monte jusqu'aux nuages.
6 Ô Dieu, que ta grandeur se montre au-dessus du ciel,
que ta *gloire brille sur toute la terre !
7 Pour que tes amis soient délivrés,
sauve-les par ta puissance, et réponds-moi !

8 Dieu a parlé dans son temple *saint :
« Le vainqueur, c'est moi.
Je vais partager la ville de Sichem,
je vais mesurer la vallée de Soukoth.
9 Galaad est à moi, Manassé est à moi.
Éfraïm est un casque pour ma tête,
Juda est mon bâton de commandement.
10 Moab est la cuvette où je me lave,
je pose le pied sur Édom pour le prendre.
Contre la Philistie, je pousse un cri de guerre[e]. »

11 Qui me mènera dans une ville bien protégée ?
Qui me conduira jusqu'en Édom ?
12 Toi seul, tu peux le faire, ô Dieu.
Mais tu nous as repoussés, tu ne combats plus avec nos armées.

13 Viens nous aider contre l'ennemi,
car les hommes ne nous aident pas vraiment.
14 Avec Dieu, nous remporterons la victoire :
c'est lui qui écrasera nos ennemis[f].

---

e **108.10** *Voir Psaume 60.10 et la note.*
f **108.7-14** *Voir Psaume 60.7-14.*

Ô Dieu, je suis accusé faussement, ne garde pas le silence !

109
(108)
1 *Psaume de David, pris dans le livre du chef de chorale.*

Ô Dieu, je chante ta louange,
ne garde pas le silence !
2 Oui, des gens mauvais, des menteurs, ouvrent leur bouche contre moi,
ils parlent de moi pour dire des mensonges.
3 Leurs paroles de haine m'entourent de tous côtés,
et ils m'attaquent sans raison.
4 J'ai de l'amitié pour eux.
En échange, ils m'accusent, mais moi, je prie pour eux.
5 Ils me rendent le mal pour le bien
et de la haine pour mon amour.

6 Voici ce qu'ils disent contre moi :
« Choisissons un homme mauvais pour l'attaquer,
qu'un accusateur se tienne à sa droite !
7 Quand il sera jugé, qu'il soit condamné !
Que sa prière soit considérée comme une offense faite à Dieu !
8 Il ne doit pas continuer à vivre.
Qu'un autre le remplace dans son travail !
9 Que ses fils deviennent orphelins,
que sa femme devienne veuve !
10 Que ses fils traînent un peu partout,
qu'ils deviennent des mendiants !
Qu'ils mendient loin de leurs maisons en ruine !
11 L'homme qui lui a prêté de l'argent, qu'il saisisse tout ce qui est à lui !
Que des étrangers prennent ce qu'il a gagné !
12 Personne ne doit être bon pour lui,
personne ne doit avoir pitié des orphelins qu'il laisse !
13 Que les enfants de ses enfants disparaissent !
Qu'on ne se souvienne plus d'eux d'ici quelques années !
14 Qu'on rappelle au SEIGNEUR la faute de son père et du père de son père !
Que rien n'efface les fautes de sa mère !
15 Que le SEIGNEUR garde toujours le souvenir de leurs fautes,
et qu'il enlève de la terre le nom de ces gens-là !
16 Oui, cet homme a oublié d'être bon,
il a fait souffrir jusqu'à la mort un pauvre,
un malheureux qui était découragé.
17 Il aimait beaucoup souhaiter le malheur, la malédiction est tombée sur lui.
Il aimait très peu souhaiter le bonheur, la *bénédiction s'est éloignée de lui !
18 Il a pris sur lui la malédiction comme un vêtement,
elle est entrée en lui comme de l'eau, et dans son corps comme de l'huile.
19 Que la malédiction le couvre comme un habit,
qu'elle soit toujours sur lui comme une ceinture ! »

20 C'est ainsi, au contraire, que le SEIGNEUR paiera mes accusateurs,
ceux qui disent du mal de moi.

21 Et toi, Seigneur mon DIEU,
fais quelque chose pour moi, à cause de ton nom!
Ton amour me fait du bien, sauve-moi!
22 Je suis malheureux et pauvre,
et mon cœur est blessé au fond de moi.
23 Ma vie passe comme l'ombre du soir,
on me chasse comme une sauterelle.
24 J'ai *jeûné longtemps, alors je ne tiens plus debout,
et par manque de nourriture, je n'ai que la peau et les os.
25 Mes accusateurs me méprisent.
Quand ils me voient,
ils secouent la tête en se moquant de moi.

26 Viens à mon aide, SEIGNEUR mon Dieu,
par ton amour, sauve-moi!
27 Ces gens-là doivent le savoir:
c'est toi, SEIGNEUR, qui agis,
c'est toi qui me sauves.
28 Ils jettent des malédictions, mais toi, tu bénis.
S'ils se lèvent contre moi, ils seront couverts de honte,
et ton serviteur sera plein de joie.
29 Que mes accusateurs perdent leur honneur,
que la honte les couvre comme un vêtement!

30 Je veux remercier le SEIGNEUR à haute voix,
je veux chanter sa louange au milieu de la foule.
31 Oui, il se tient à la droite du pauvre
pour le sauver de ses juges.

Ce que le Seigneur déclare au roi

110 (109) 1 *Psaume de David.*

Le SEIGNEUR déclare à mon maître:
« Viens t'asseoir à ma droite,
je vais mettre tes ennemis sous tes pieds. »
2 Le SEIGNEUR étendra ton pouvoir depuis le temple de *Sion!
Et toi, tu commanderas aux ennemis qui t'entourent!
3 Ton peuple arrive plein d'ardeur le jour où tu rassembles ton armée.
Sur les montagnes *saintes,
les jeunes gens viennent vers toi,
comme les gouttes d'eau au lever du soleil.

4 Le SEIGNEUR a fait ce serment, il ne reprendra pas sa parole:
« Tu es prêtre pour toujours à la façon de Melkisédec[g]. »

g **110.4** *Voir Genèse 14.18 et la note.*

5 Le Seigneur est près de toi.
Le jour où il se met en *colère, il écrase les rois.
6 Il juge les peuples, il écrase les chefs sur toute la terre.
Tout est plein de cadavres.

7 En chemin, le roi boit l'eau du torrent,
c'est pourquoi il relève la tête.

Chantons
les actions magnifiques du Seigneur

111
(110)

1 Chantez la louange du SEIGNEUR !

De tout mon cœur, je veux dire merci au SEIGNEUR dans l'assemblée,
parmi ceux qui ont le cœur *pur.
2 Les actions du SEIGNEUR sont extraordinaires,
tous ceux qui les aiment réfléchissent sur elles.
3 Tout ce qu'il fait rayonne de grandeur,
et il est toujours fidèle.
4 Il veut qu'on se souvienne de ses actions étonnantes.
Le SEIGNEUR a pitié, il aime avec tendresse.
5 Il nourrit ceux qui le respectent.
Il se souvient toujours de son *alliance.
6 Le SEIGNEUR a montré sa puissance à son peuple
en lui donnant le pays des peuples étrangers.
7 Il agit toujours avec vérité et *justice,
tous ses commandements sont sûrs.
8 Ils ne changent jamais,
car ils sont justes et vrais.
9 Le SEIGNEUR a fait libérer son peuple,
il l'a attaché à lui pour toujours par une alliance.
Le SEIGNEUR est *saint et terrible.
10 Le respect du SEIGNEUR est le commencement de la sagesse.
Tous ceux qui lui obéissent sont vraiment sages.
La louange du SEIGNEUR est pour toujours.

Il est heureux,
celui qui respecte Dieu

112
(111)

1 Chantez la louange du SEIGNEUR !

Il est heureux, celui qui respecte le SEIGNEUR
et qui aime ses commandements.
2 Ses enfants seront puissants dans le pays,
car Dieu bénit ceux qui ont le cœur *pur.
3 Cet homme est riche, il vit bien,
et Dieu lui donne raison pour toujours.
4 Dans la nuit, une lumière se lève pour l'homme au cœur pur.
Il est *juste et bon, il aime les autres avec tendresse.

[5] Celui qui est bon a pitié et il prête,
il mène ses affaires en respectant les lois.
[6] Celui qui obéit à Dieu ne tombera jamais,
on se souviendra toujours de lui.
[7] Il ne doit pas avoir peur des mauvaises nouvelles.
Son cœur est tranquille, il a confiance dans le SEIGNEUR.
[8] Il est solide, il n'a peur de rien,
il est sûr de voir la défaite de ses ennemis.
[9] Il est généreux, il donne aux pauvres,
et Dieu lui donne raison pour toujours.
Il est puissant et respecté.
[10] Les gens mauvais voient cela et ils sont en colère,
ils grincent des dents de jalousie et ils sont découragés.
Leurs espoirs disparaissent en fumée.

Que tous chantent la louange du Seigneur !

113
(112)

[1] Chantez la louange du SEIGNEUR !

Vous qui servez le SEIGNEUR, chantez sa louange,
chantez pour son nom !
[2] Merci au SEIGNEUR
dès maintenant et pour toujours !
[3] Du soleil levant au soleil couchant,
que tous chantent le nom du SEIGNEUR !
[4] Le SEIGNEUR est au-dessus de tous les peuples,
sa *gloire dépasse le ciel.

[5] Qui est comme le SEIGNEUR notre Dieu ?
Il est assis là-haut sur son siège royal.
[6] il se penche pour regarder le ciel et la terre.
[7] Il met debout le faible qui traînait dans la poussière,
il relève le pauvre assis sur un tas d'ordures.
[8] Il le fait asseoir à la place d'honneur,
avec les chefs de son peuple.
[9] Il installe la femme stérile dans une maison pleine d'enfants.
Quelle mère heureuse !

Chantez la louange du SEIGNEUR !

Chant sur la sortie d'Égypte

114
(113 A)

[1] Quand les Israélites sont sortis d'Égypte,
quand la famille de *Jacob a quitté ce pays étranger,
[2] le pays de Juda est devenu le *lieu saint du Seigneur,
Israël est devenu sa propriété.

[3] En voyant les Israélites, la mer s'est enfuie,
le fleuve Jourdain a reculé.

4 Les montagnes ont sauté comme des béliers,
les collines ont bondi comme des cabris[h].

5 Mer, pourquoi t'enfuir ?
Jourdain, pourquoi reculer ?
6 Montagnes, pourquoi sauter comme des béliers ?
Collines, pourquoi bondir comme des cabris ?

7 Terre, tremble devant le Seigneur,
devant le Dieu de Jacob.
8 Il change le rocher en étang
et les cailloux en source[i].

À Dieu seul la gloire !

115 (113B)

1 SEIGNEUR, ce n'est pas à nous,
ce n'est pas à nous, qu'il faut donner la *gloire,
mais c'est à toi, pour ton amour et ta fidélité.

2 Les autres peuples demandent : « Leur Dieu, que fait-il ? »
Mais pourquoi posent-ils cette question ?
3 Notre Dieu est au *ciel,
tout ce qu'il veut, il le fait.

4 Leurs dieux sont en argent et en or,
ils sont fabriqués par des hommes.
5 Ces statues ont une bouche, mais elles ne parlent pas.
Elles ont des yeux, mais elles ne voient pas.
6 Elles ont des oreilles, mais elles n'entendent pas.
Elles ont un nez, mais elles ne sentent pas.
7 Elles ont des mains, mais elles ne touchent pas.
Elles ont des pieds, mais elles ne marchent pas.
Aucun son ne sort de leur bouche.
8 Les artisans qui les font, ceux qui mettent leur confiance en elles,
qu'ils soient comme ces statues !

9 Tribus d'Israël, ayez confiance dans le SEIGNEUR.
– Leur secours et leur *bouclier, c'est lui !
10 Famille *d'Aaron, ayez confiance dans le SEIGNEUR.
– Leur secours et leur bouclier, c'est lui !
11 Vous qui respectez le SEIGNEUR, ayez confiance dans le SEIGNEUR.
– Leur secours et leur bouclier, c'est lui !

12 Le SEIGNEUR se souvient de nous, il nous *bénira.
Il bénira les tribus d'Israël, il bénira la famille d'Aaron,

---

h **114.1-4** *Voir Exode 12.51 ; 14.21.*

i **114.8** *Voir Exode 17.1-6 ; Nombres 20.2-11.*

13 il bénira ceux qui le respectent,
les petits et les grands.
14 Que le SEIGNEUR vous rende nombreux,
vous et vos enfants !
15 Que le SEIGNEUR vous bénisse,
lui qui a fait le ciel et la terre !

16 Le ciel est le ciel du SEIGNEUR,
mais la terre, il l'a donnée aux hommes.
17 Non, les morts ne chantent pas la louange du SEIGNEUR,
eux qui descendent dans le monde du silence.
18 Mais nous, nous remercions le SEIGNEUR,
dès maintenant et pour toujours.

Chantez la louange du SEIGNEUR !

Comment rendre au Seigneur le bien qu'il m'a fait ?

116 (114-115)

1 J'aime le SEIGNEUR,
car il m'écoute quand je crie vers lui.
2 Il a tendu vers moi son oreille,
et toute ma vie, je ferai appel à lui.

3 La mort me tenait déjà attaché,
le monde des morts m'avait pris dans ses chaînes,
j'avais très peur et j'étais très malheureux.
4 J'ai appelé le SEIGNEUR par son nom :
« Ah ! SEIGNEUR, sauve-moi ! »
5 Le SEIGNEUR a pitié, il est *juste,
notre Dieu aime avec tendresse.
6 Le SEIGNEUR protège les gens simples,
j'étais faible, il m'a sauvé.

7 Allons, je dois retrouver mon calme,
car le SEIGNEUR m'a fait du bien.
8 Tu m'as sauvé de la mort, tu as essuyé mes larmes,
tu m'as empêché de tomber.
9 C'est pourquoi je marcherai sous le regard du SEIGNEUR,
sur la terre des vivants.

10 J'ai gardé confiance,
même quand je disais : « Je suis vraiment très malheureux ! »
11 Je ne savais plus où j'en étais,
je disais : « Tous les humains sont des menteurs ! »
12 Comment rendre au SEIGNEUR
tout le bien qu'il m'a fait ?
13 Je lèverai la *coupe de la victoire
et j'appellerai le SEIGNEUR par son nom.

[14] Je tiendrai mes promesses envers le SEIGNEUR,
devant tout son peuple.

[15] Le SEIGNEUR souffre
en voyant mourir ses amis fidèles.
[16] Ah ! SEIGNEUR, je suis ton serviteur,
oui, ton serviteur, le fils de ta servante.
Tu as détaché mes chaînes.
[17] Je t'offrirai un *sacrifice pour te remercier
et j'appellerai le SEIGNEUR par son nom.

[18] Je tiendrai mes promesses envers le SEIGNEUR,
devant tout son peuple,
[19] dans les cours de la maison du SEIGNEUR,
au milieu de toi, Jérusalem.

Chantez la louange du SEIGNEUR !

Tous les peuples, chantez la grandeur de Dieu !

117 (116)

[1] Pays du monde entier, chantez la louange du SEIGNEUR !
Tous les peuples, chantez la grandeur de Dieu !
[2] Oui, son amour envers nous est le plus fort.
La fidélité du SEIGNEUR est pour toujours.

Chantez la louange du SEIGNEUR !

Remerciez le Seigneur, car il est bon !

118 (117)

[1] Dites merci au SEIGNEUR, car il est bon,
et son amour est pour toujours !

[2] Tribus d'Israël, dites :
– Oui, son amour est pour toujours !
[3] Famille *d'Aaron, dites aussi :
– Oui, son amour est pour toujours !
[4] Vous qui respectez le SEIGNEUR, dites aussi :
– Oui, son amour est pour toujours !

[5] Dans mon malheur, j'ai appelé le SEIGNEUR,
et il m'a répondu, il m'a rendu la liberté.
[6] Le SEIGNEUR est de mon côté, je n'ai pas peur.
Qu'est-ce qu'on peut me faire ?
[7] Le SEIGNEUR est de mon côté, il vient à mon secours,
je vois avec plaisir la défaite de mes ennemis.
[8] Il vaut mieux se réfugier près du SEIGNEUR
que de compter sur les humains !
[9] Il vaut mieux se réfugier près du SEIGNEUR
que de compter sur les grands de ce monde !

10 Tous les peuples étrangers m'entouraient :
au nom du SEIGNEUR, je les ai détruits !
11 Ils m'entouraient de tous côtés :
au nom du SEIGNEUR, je les ai détruits !
12 Ils m'entouraient comme des abeilles,
ils se sont éteints comme un feu d'épines.
Au nom du SEIGNEUR, je les ai détruits !

13 On m'a poussé, bousculé pour me faire tomber,
mais le SEIGNEUR est venu à mon aide.
14 Le SEIGNEUR est ma force,
je chante pour lui, c'est lui qui m'a sauvé !

15 Écoutez les cris de joie et de victoire
dans les tentes de ceux qui obéissent à Dieu :
« Le SEIGNEUR a fait un exploit !
16 Il nous a donné la victoire,
le SEIGNEUR a fait un exploit ! »

17 Non, je ne mourrai pas, je vivrai,
pour raconter les actions du SEIGNEUR.
18 Oui, le SEIGNEUR m'a bien corrigé,
mais il ne m'a pas laissé mourir !
19 Ouvrez-moi les portes,
les portes de ceux qui obéissent à Dieu.
Je vais entrer pour dire merci au SEIGNEUR.
20 – Voici la porte du SEIGNEUR.
Qu'ils entrent, ceux qui obéissent à Dieu !
21 SEIGNEUR, je te dis merci,
car tu m'as répondu et tu m'as sauvé.

22 La pierre que les maçons ont rejetée
est devenue la pierre principale de la maison.
23 C'est le SEIGNEUR qui a fait cela.
Quelle action magnifique à nos yeux !
24 Voici le jour que le SEIGNEUR a fait.
Chantons et dansons de joie !
25 « Oh ! SEIGNEUR, sauve-nous !
Oh ! SEIGNEUR, donne la victoire ! »
26 – Que Dieu *bénisse celui qui vient au nom du SEIGNEUR !
Nous vous donnons la bénédiction du SEIGNEUR depuis son temple.
27 – Le SEIGNEUR est Dieu,
qu'il nous éclaire de sa lumière !
– Avec des branches à la main,
formez le cortège jusqu'aux endroits sacrés de *l'autel[j] !

j **118.27** *Il s'agit des coins relevés de l'autel.*

28 Tu es mon Dieu, je te dis merci.
Mon Dieu, je reconnais ta grandeur!
29 Remerciez le SEIGNEUR, car il est bon,
et son amour est pour toujours!

Seigneur, ta loi fait toute ma joie!

119
(118)

1 Ils sont heureux, ceux qui se conduisent parfaitement,
qui respectent la *loi du SEIGNEUR.
2 Ils sont heureux, ceux qui obéissent à ses ordres,
ils cherchent le SEIGNEUR de tout leur cœur.
3 Ils ne font aucun mal,
ils vivent comme le SEIGNEUR le demande.
4 SEIGNEUR, tu fais connaître tes exigences,
pour qu'on les respecte avec soin.
5 Ah! Si mes pas étaient plus sûrs,
pour faire ce que tu veux!
6 Alors je n'aurais pas honte
en regardant tous tes commandements.
7 Je te dirais merci du fond du cœur
en étudiant tes décisions justes.
8 Je veux faire ce que tu veux,
ne m'abandonne jamais!

9 Quand on est jeune, comment mener une vie *pure?
– En obéissant à ta parole, SEIGNEUR.
10 Je te cherche de tout mon cœur,
ne permets pas que je me perde loin de tes commandements.
11 Je garde tes enseignements dans mon cœur
pour ne pas pécher contre toi.
12 Merci, SEIGNEUR!
Apprends-moi ce que tu veux.
13 J'énumère toutes les décisions
que tu as prononcées.
14 Je suis heureux d'obéir à tes ordres,
comme si je possédais toutes les richesses du monde.
15 Je veux réfléchir à tes exigences
et regarder le chemin que tu m'indiques.
16 J'ai beaucoup de joie à faire ce que tu veux,
je n'oublierai pas ta parole.

17 Je suis ton serviteur, sois bon pour moi:
je vivrai et j'obéirai à ta parole.
18 Ouvre mes yeux: je verrai mieux
combien ta loi est merveilleuse.
19 Je suis un étranger sur la terre,
ne me cache pas tes commandements.
20 À chaque instant, je cherche avec ardeur
à connaître tes décisions.

21 Tu menaces les orgueilleux,
ces gens maudits qui se perdent loin de tes commandements.
22 Débarrasse-moi des insultes et du mépris,
car j'obéis toujours à tes ordres.
23 Même si des chefs sont assis pour parler contre moi,
moi, ton serviteur, je réfléchis à ce que tu veux.
24 Tes ordres font toute ma joie,
ce sont eux qui me conseillent.

25 Je suis par terre dans la poussière,
fais-moi vivre, comme tu l'as promis !
26 Je t'ai dit tout ce que j'ai fait et tu m'as répondu,
apprends-moi ce que tu veux.
27 Fais-moi comprendre le chemin de tes exigences,
et je réfléchirai à tes actions magnifiques.
28 La tristesse fait couler mes larmes,
relève-moi, comme tu l'as promis.
29 Éloigne de moi le chemin du mensonge,
et dans ta bonté, fais-moi connaître ta loi.
30 J'ai choisi le chemin de la vérité,
j'obéis à tes décisions.
31 Je m'attache à tes ordres.
SEIGNEUR, ne me couvre pas de honte !
32 Je me dépêche de suivre le chemin de tes commandements,
car tu as ouvert mon cœur.

33 SEIGNEUR, montre-moi le chemin que tu veux,
je le suivrai jusqu'au bout.
34 Rends-moi intelligent pour obéir à ta loi,
pour la respecter de tout mon cœur.
35 Conduis-moi sur le chemin de tes commandements,
j'y trouve mon plaisir.
36 Fais que mon cœur s'attache à tes ordres
et non pas à l'argent.
37 Détourne mes yeux des choses sans valeur
et fais-moi vivre comme tu le demandes.
38 Accomplis pour moi, ton serviteur,
ce que tu as promis à ceux qui te respectent.
39 Protège-moi des insultes qui me font peur,
ce sont tes décisions qui sont bonnes.
40 Oui, j'aime tes exigences.
Puisque tu es juste, fais-moi vivre.

41 SEIGNEUR, sois bon pour moi,
sauve-moi, comme tu l'as promis !
42 Quand quelqu'un m'insultera, je saurai répondre,
car j'ai confiance en ta parole.
43 Aide-moi à toujours dire la vérité,
car j'attends avec espoir tes décisions.

44 Je veux obéir à ta loi,
toujours et pour toujours.
45 J'avancerai en toute liberté,
car j'étudie tes exigences.
46 Devant les rois, je parlerai de tes ordres,
je n'aurai pas honte.
47 J'aime tes commandements,
ils me donnent beaucoup de joie.
48 Je lève les mains vers tes commandements,
je les aime, je réfléchis à ce que tu veux.

49 Souviens-toi de ce que tu as dit à ton serviteur,
cette parole me donne de l'espoir.
50 Ta promesse me fait vivre,
voilà ce qui me console dans mon malheur.
51 Les orgueilleux se sont bien moqués de moi,
mais je n'ai pas été infidèle à ta loi.
s52 SEIGNEUR, je pense à tes décisions d'autrefois,
et cela me console.
53 Quand je vois des gens mauvais qui abandonnent ta loi,
je brûle de colère.
54 Sur cette terre où je suis un étranger,
je chante tes commandements.
55 SEIGNEUR, pendant la nuit,
je me souviens de toi pour obéir à ta loi.
56 Obéir à tes exigences,
voilà toute ma vie !

57 Je le dis : SEIGNEUR, la part qui me revient,
c'est de garder tes paroles.
58 De tout mon cœur, j'ai cherché à te plaire,
aie pitié de moi, comme tu l'as promis.
59 J'ai réfléchi sur ma vie :
je veux de nouveau obéir à tes ordres.
60 Sans retard,
j'obéis rapidement à tes commandements.
61 Des gens mauvais m'ont entouré de pièges,
mais je n'ai pas oublié ta loi.
62 Au milieu de la nuit, je me lève
pour te remercier de tes justes décisions.
63 Je suis l'ami de ceux qui te respectent
et qui obéissent à tes exigences.
64 SEIGNEUR, ton amour remplit la terre,
apprends-moi ce que tu veux.

65 SEIGNEUR, tu as été bon pour moi, ton serviteur,
comme tu l'avais promis.
66 Apprends-moi à bien juger et à connaître tes commandements,
car j'ai confiance en eux.

67 Avant d'avoir souffert, je me perdais,
mais maintenant, je fais ce que tu demandes.
68 Tu es bon et tu fais du bien,
apprends-moi ce que tu veux.
69 Des orgueilleux me salissent avec leurs mensonges,
mais moi, de tout mon cœur, j'obéis à tes exigences.
70 Ils ne veulent vraiment rien comprendre,
mais moi, j'ai beaucoup de joie à suivre ta loi.
71 Pour moi, la souffrance a été une bonne chose,
elle m'a appris ce que tu voulais.
72 La loi sortie de ta bouche,
je la préfère à des milliers de pièces d'or ou d'argent.

73 Tes mains m'ont formé et me font tenir debout.
Rends-moi intelligent pour apprendre tes commandements.
74 Oui, j'attends avec espoir ce que tu diras.
Quand ceux qui te respectent me voient, ils sont dans la joie.
75 SEIGNEUR, je le sais, tes décisions sont justes,
et tu as bien fait de me laisser souffrir.
76 Je suis ton serviteur.
Que ton amour me console, comme tu me l'as promis !
77 Montre-moi ta tendresse, et je vivrai,
car ta loi fait toute ma joie.
78 Couvre de honte les orgueilleux qui me traînent dans la boue injustement.
Moi, je réfléchis à tes exigences.
79 Ceux qui te respectent,
qu'ils viennent vers moi pour connaître tes ordres !
80 De tout mon cœur, je veux faire ce que tu veux.
Ainsi, je ne serai pas couvert de honte.

81 Je me fatigue à attendre ton aide,
j'attends avec espoir ce que tu diras.
82 Mes yeux se fatiguent à attendre ce que tu as promis.
Je demande : « Quand vas-tu me consoler ? »
83 Je suis comme une *outre séchée au-dessus du feu,
mais je n'oublie pas ce que tu veux.
84 Est-ce que tu me laisseras vivre longtemps encore ?
Quand vas-tu juger ceux qui me font souffrir ?
85 Des orgueilleux m'ont tendu des pièges,
et c'est contraire à ta loi.
86 Tous tes commandements sont vrais.
On me fait souffrir injustement, aide-moi !
87 Un peu plus, et ils me feraient disparaître de la terre !
Mais moi, je n'abandonne pas tes exigences.
88 Fais-moi vivre grâce à ton amour,
alors j'obéirai à tes ordres.

89 SEIGNEUR, dans le *ciel,
ta parole est fixée pour toujours.

90 Tu restes fidèle de génération en génération.
Tu as fondé la terre, et elle est solide.
91 Aujourd'hui, tout existe à cause de tes décisions.
Oui, le monde entier est à ton service.
92 Si ta loi ne faisait pas toute ma joie,
dans mon malheur, je serais déjà mort.
93 Je n'oublierai jamais tes exigences,
par elles, tu me fais vivre.
94 Je suis à toi, sauve-moi,
car j'ai le souci de tes exigences.
95 Des gens mauvais m'attendent pour me faire mourir.
Moi, je suis attentif à tes ordres.
96 Je le vois, même ce qui est parfait a une fin,
mais ton commandement est sans limites.

97 J'aime beaucoup ta loi,
je réfléchis sur elle tous les jours.
98 Ton commandement me rend plus sage que mes ennemis,
je le fais mien pour toujours.
99 Je suis plus savant que tous ceux qui m'enseignent,
car je réfléchis longtemps à tes ordres.
100 Je sais mieux juger que les *anciens,
car j'obéis à tes exigences.
101 J'évite de prendre le chemin du mal,
pour obéir à ce que tu dis.
102 Je respecte fidèlement tes décisions,
car c'est toi qui me les as apprises.
103 Dans ma bouche,
tes paroles sont douces, plus douces que le miel.
104 Tes exigences me permettent de bien juger.
Aussi je déteste tout ce qui est mensonge.

105 Ta parole est une lampe qui éclaire mes pas,
une lumière sur ma route.
106 J'ai promis de respecter tes décisions justes
et je tiendrai ma promesse.
107 On m'a vraiment traîné dans la boue.
SEIGNEUR, fais-moi vivre,
comme tu l'as promis.
108 Accepte les prières que je te fais,
SEIGNEUR, apprends-moi tes décisions.
109 Je suis toujours en danger,
mais je n'oublie pas ta loi.
110 Des gens mauvais m'ont tendu un piège,
mais je ne me suis pas éloigné de tes exigences.
111 Pour moi, tes ordres sont un trésor que je garde sans cesse,
ils sont la joie de mon cœur.
112 Je m'applique à faire ce que tu veux,
voilà ma récompense pour toujours !

113 Je déteste les gens qui ne sont pas entièrement à toi,
mais j'aime ta loi.
114 Mon abri et mon *bouclier, c'est toi.
J'attends avec espoir ce que tu diras.
115 Vous qui faites le mal, éloignez-vous de moi !
Alors j'obéirai aux commandements de Dieu.
116 Soutiens-moi, comme tu l'as promis, et je vivrai.
Ne déçois pas mon attente.
117 Sois mon appui : je serai sauvé
et je chercherai toujours à faire ce que tu veux.
118 Tu repousses tous ceux qui ne t'obéissent pas.
Oui, tout ce qu'ils font ne sert qu'à tromper les autres.
119 Les gens mauvais de la terre,
tu les fais disparaître comme des ordures.
C'est pourquoi j'aime tes ordres.
120 Tout mon corps tremble devant toi,
et tes décisions me font peur.

121 J'ai obéi à tes décisions et j'ai fait ce qui est juste.
Ne me laisse pas entre les mains de ceux qui m'écrasent.
122 Assure le bonheur de ton serviteur.
Que les orgueilleux ne m'écrasent pas sous leur pouvoir !
123 Mes yeux se fatiguent à attendre ton secours
et le *salut que tu as promis.
124 Agis envers moi, ton serviteur, selon ton amour,
apprends-moi ce que tu veux.
125 Je suis ton serviteur,
rends-moi intelligent pour connaître tes ordres.
126 SEIGNEUR, c'est le moment de faire quelque chose !
On désobéit à ta loi !
127 Aussi je préfère tes commandements à l'or,
même à l'or le plus pur.
128 Toutes tes exigences, je les trouve parfaitement justes,
je déteste tout ce qui est faux.

129 Tes ordres sont merveilleux,
aussi je t'écoute toujours.
130 Quand on découvre ta parole, on reçoit la lumière.
Par elle, les gens simples deviennent capables de bien juger.
131 Je bois volontiers tes paroles,
tellement j'aime tes commandements.
132 Tourne-toi vers moi, aie pitié de moi,
comme tu l'as décidé pour ceux qui t'aiment.
133 Que tes paroles rendent mes pas plus sûrs,
ne laisse aucun mal me dominer.
134 Libère-moi des gens qui m'écrasent,
et j'obéirai à tes exigences.
135 Je suis ton serviteur, fais briller sur moi ton visage,
apprends-moi ce que tu veux.

136 Des larmes coulent de mes yeux,
parce qu'on ne respecte pas ta loi.

137 SEIGNEUR, tu es juste,
et tes décisions sont exactes.
138 Les ordres que tu donnes
sont justes et vrais.
139 Mes ennemis oublient tes paroles.
Alors l'amour ardent que j'ai pour toi me brûle comme un feu.
140 Ta parole a fait ses preuves,
je l'aime beaucoup, moi ton serviteur.
141 Je ne suis pas quelqu'un d'important, et on me compte pour rien,
mais je n'oublie pas tes exigences.
142 Ta *justice est une justice qui dure toujours,
et ta loi est vraie.
143 Je suis malheureux et inquiet,
mais tes commandements font toute ma joie.
144 Tes ordres sont toujours justes,
aide-moi à les comprendre, et je vivrai.

145 SEIGNEUR, je t'appelle de tout mon cœur,
réponds-moi, je ferai ce que tu veux.
146 Je t'appelle, sauve-moi,
et j'obéirai à tes ordres.
147 Avant le lever du soleil, je t'appelle au secours,
j'attends avec espoir ce que tu diras.
148 Avant la fin de la nuit, j'ouvre les yeux
pour réfléchir à tes enseignements.
149 Dans ton amour, SEIGNEUR, écoute ma voix,
fais-moi vivre en accord avec tes décisions.
150 Près de moi, les gens courent après le mal,
mais ils s'éloignent de ta loi.
151 SEIGNEUR, toi, tu es près de moi,
et tous tes commandements sont vrais.
152 Tu as donné tes ordres pour toujours,
je sais cela depuis longtemps.

153 Vois mon malheur et délivre-moi,
car je n'ai pas oublié ta loi.
154 Défends-moi et libère-moi,
fais-moi vivre, comme tu l'as promis.
155 Le salut est loin des gens mauvais,
car ils ne cherchent pas à faire ce que tu veux.
156 SEIGNEUR, ta tendresse est grande,
fais-moi vivre en accord avec tes décisions.
157 Mes ennemis et ceux qui me font souffrir sont nombreux,
mais je n'ai pas été infidèle à tes ordres.
158 J'ai vu des gens qui t'ont abandonné,
ils n'obéissent pas à tes enseignements, ils me dégoûtent.

159 SEIGNEUR, regarde, j'aime beaucoup tes exigences.
Fais-moi vivre grâce à ton amour !
160 Avant tout, ta parole est vraie,
toutes tes décisions sont justes, elles sont valables pour toujours.

161 Des chefs me font souffrir sans raison,
mais seules tes paroles me font peur.
162 Tes promesses me donnent de la joie,
comme si j'avais trouvé un grand trésor.
163 Je déteste le mensonge, il me dégoûte,
mais j'aime ta loi.
164 Sept fois par jour, je chante ta louange
à cause de tes justes décisions.
165 Ceux qui aiment ta loi connaissent une grande paix :
pour eux, plus d'obstacle.
166 Mon espoir, c'est que tu me sauveras, SEIGNEUR,
j'obéis donc à tes commandements.
167 Je respecte tes ordres,
je les aime vraiment.
168 Oui, je respecte tes exigences et tes ordres,
tu peux voir comment je me conduis.

169 SEIGNEUR, que mon cri arrive jusqu'à toi !
Apprends-moi à juger comme tu le demandes.
170 Que ma prière arrive jusqu'à toi,
délivre-moi comme tu l'as promis !
171 Que mes lèvres fassent jaillir la louange,
car tu m'apprends ce que tu veux !
172 Que ma bouche chante ta parole,
car tous tes commandements sont justes.
173 J'ai choisi de faire ce que tu veux,
tends-moi la main pour m'aider.
174 SEIGNEUR, je veux que tu me sauves,
et ta loi fait toute ma joie.
175 Que je vive pour chanter ta louange,
que tes décisions me soient une aide !
176 Je vais d'un endroit à un autre comme un mouton perdu.
Viens me chercher, moi qui suis ton serviteur,
car je n'oublie pas tes commandements.

Seigneur, délivre-moi des menteurs !

120 (119) 1 *Chant de pèlerinage.*

Quand j'étais dans le malheur, j'ai crié vers le SEIGNEUR
et il m'a répondu.
2 « SEIGNEUR, délivre-moi des menteurs,
de ceux qui trompent les autres ! »

3 Comment vous punir,
vous qui trompez les gens ?
4 – Avec des flèches de guerre
et des charbons brûlants.

5 Quel malheur pour moi d'habiter comme étranger parmi les barbares,
de vivre au milieu de gens cruels !
6 J'ai vécu trop longtemps
parmi ceux qui détestent la paix.
7 Quand je parle de paix,
eux, ils sont pour la guerre.

Qui pourra me secourir ?

121 1 *Chant de pèlerinage.*
(120)

Je lève les yeux vers les montagnes.
Qui pourra me secourir ?
2 Le secours me vient du SEIGNEUR,
qui a fait le ciel et la terre.
3 Qu'il t'empêche de glisser,
qu'il ne dorme pas, ton gardien !

4 Non, il ne ferme pas les yeux,
il ne dort pas, le gardien d'Israël.
5 Le SEIGNEUR est ton gardien,
le SEIGNEUR te protège, il est auprès de toi.
6 Pendant le jour, le soleil ne te frappera pas,
pendant la nuit, la lune ne te fera aucun mal.
7 Le SEIGNEUR te protégera de tout mal,
il veillera sur ta vie.
8 Le SEIGNEUR veillera sur toi depuis ton départ jusqu'à ton retour,
dès maintenant et pour toujours !

Demandez la paix pour Jérusalem !

122 1 *Chant de pèlerinage. De David.*
(122)

Quelle joie quand on m'a dit :
« Allons à la maison du SEIGNEUR ! »
2 Nous nous arrêtons devant tes portes, Jérusalem.
3 Jérusalem, quelle ville bien construite,
quel ensemble parfait !
4 C'est chez toi que les tribus d'Israël,
les tribus du SEIGNEUR, viennent en pèlerinage.
Elles viennent lui dire merci, selon la règle en Israël.
5 C'est chez toi que se trouve le siège des rois d'Israël,
c'est là qu'ils s'assoient pour rendre la justice.

6 Demandez la paix pour Jérusalem !
« Qu'ils vivent tranquilles, ceux qui t'aiment !
7 Que la paix soit dans tes murs,
et le calme dans tes palais ! »

8 À cause de mes frères et de mes amis,
je te souhaite la paix.
9 À cause de la maison du SEIGNEUR notre Dieu,
je demande pour toi le bonheur.

Seigneur, je lève les yeux vers toi

123 (122)
1 *Chant de pèlerinage.*

SEIGNEUR, je lève les yeux vers toi,
vers toi qui es assis dans le *ciel.

2 Les esclaves ont les yeux fixés sur la main de leur maître,
une servante regarde sans cesse la main de sa maîtresse.
De même, nous levons les yeux vers le SEIGNEUR notre Dieu,
en attendant son secours.

3 Aie pitié de nous, SEIGNEUR, aie pitié de nous,
nous sommes écrasés de mépris.
4 C'est trop, nous sommes écrasés sous les moqueries des gens riches,
sous le mépris des orgueilleux.

Notre secours, c'est le Seigneur lui-même

124 (123)
1-2 *Chant de pèlerinage. De David.*

Des gens nous ont attaqués,
et sans le SEIGNEUR qui nous a défendus...
Oui, Israël, répète-le encore !
Sans le SEIGNEUR qui nous a défendus,
3 nos ennemis brûlants de colère
nous avalaient tout vivants.
4 L'eau nous noyait complètement,
un torrent nous entraînait,
5 et l'eau bouillonnante passait sur nous.

6 Merci au SEIGNEUR !
Il ne nous a pas laissés comme une bête entre leurs dents.
7 Mais comme un oiseau,
nous avons pu nous sauver du filet des chasseurs,
le filet s'est déchiré, nous nous sommes sauvés.

8 Notre secours, c'est le SEIGNEUR lui-même,
qui a fait le ciel et la terre.

Ceux qui ont confiance dans le Seigneur ne tremblent pas

125 [1] *Chant de pèlerinage.*
(124)
Ceux qui ont confiance dans le SEIGNEUR sont comme la montagne de *Sion :
elle ne tremble pas, elle est là pour toujours.
2 Des montagnes entourent Jérusalem.
Ainsi le SEIGNEUR entoure son peuple, aujourd'hui et pour toujours.
3 Un mauvais roi ne pourra pas gouverner le pays de ceux qui obéissent à Dieu.
Autrement, eux aussi auront envie de faire le mal.

4 Sois bon, SEIGNEUR, pour ceux qui sont bons,
pour ceux qui ont le cœur *pur.

5 Mais ceux qui suivent des chemins tordus,
SEIGNEUR, chasse-les avec ceux qui font le mal.

Paix sur Israël !

Chant de reconnaissance

126 [1] *Chant de pèlerinage.*
(125)
Quand le SEIGNEUR a rendu son ancienne situation à Jérusalem,
nous étions comme dans un rêve.
2 Notre bouche était pleine de rires, nous poussions des cris de joie.
Chez les autres peuples, on disait : « Le SEIGNEUR a fait beaucoup pour eux ! »
3 Oui, le SEIGNEUR a fait beaucoup pour nous,
et nous sommes dans la joie.

4 SEIGNEUR, rends-nous notre ancienne situation
comme tu fais revenir l'eau dans le désert du Néguev.

5 Ceux qui sèment dans les larmes
récoltent en chantant.
6 Le paysan s'en va, il s'en va en pleurant, chargé du sac de graines.
Il revient, il revient en chantant, chargé de sa récolte.

C'est le Seigneur qui donne tout

127 [1] *Chant de pèlerinage. De Salomon.*
(126)
Si le SEIGNEUR ne construit pas la maison, les maçons travaillent pour rien !
Si le SEIGNEUR ne garde pas la ville, le gardien la garde pour rien !
2 Pour rien, vous vous levez très tôt,
pour rien, vous vous couchez très tard,
et pour rien, vous vous fatiguez à gagner votre nourriture.
Le SEIGNEUR en donne autant à son ami très cher pendant qu'il dort.

3 Mais oui, les enfants sont un trésor,
la récompense donnée par le SEIGNEUR.
4 Les fils qu'un père reçoit dans sa jeunesse
sont comme des flèches dans la main d'un combattant.
5 Il est heureux, l'homme qui a rempli sa maison de telles armes !
Quand il se défendra contre ses ennemis aux *portes de la ville,
il ne sera pas couvert de honte.

Ils sont heureux, ceux qui respectent le Seigneur !

128 (127)
1 *Chant de pèlerinage.*

Ils sont heureux, ceux qui respectent le SEIGNEUR
et qui vivent comme il le demande.
2 Oui, c'est toi qui profiteras du résultat de ton travail.
Tu seras heureux, tout ira bien pour toi.
3 Dans ta maison, ta femme sera comme une *vigne couverte de raisins.
Tes fils seront comme de jeunes *oliviers autour de ta table.
4 Tout cela est la *bénédiction de celui qui respecte le SEIGNEUR.

5 Que le SEIGNEUR te bénisse depuis le temple de *Sion !
Tu verras le bonheur de Jérusalem tous les jours de ta vie,
6 et tu verras les enfants de tes enfants.

Paix sur Israël !

Le Seigneur est fidèle, il nous a délivrés

129 (128)
1 *Chant de pèlerinage.*

Depuis ma jeunesse, on m'a beaucoup attaqué.
Oui, Israël, répète-le encore !
2 On m'a beaucoup attaqué depuis ma jeunesse,
mais personne n'a rien pu faire contre moi.
3 Sur mon dos, des laboureurs ont labouré,
ils ont tracé dessus de longs sillons.
4 Des gens mauvais nous tenaient prisonniers.
Mais le SEIGNEUR est fidèle, il a cassé leurs chaînes.

5 Les ennemis de Jérusalem, qu'ils soient couverts de honte
et qu'ils s'en aillent !
6 Qu'ils deviennent comme l'herbe des toits !
Elle n'a pas encore fini de pousser, elle a déjà séché !
7 Celui qui la coupe ne remplit même pas une main,
celui qui la ramasse ne peut la tenir dans ses bras !
8 Les passants ne peuvent pas dire :
« Que le SEIGNEUR vous *bénisse ! »

Nous vous bénissons au nom du SEIGNEUR !

Du fond de mon malheur, je t'attends, Seigneur

130 (129) [1] *Chant de pèlerinage.*

Du fond du malheur, je fais appel à toi, SEIGNEUR.
[2] Seigneur, écoute mon appel,
sois attentif quand je crie vers toi !
[3] Seigneur, si tu gardes les fautes dans ta mémoire,
qui pourra tenir debout ?
[4] Mais toi, tu peux pardonner,
et ainsi, on te respectera.

[5] J'attends le SEIGNEUR,
je l'attends de tout mon cœur,
j'ai confiance en sa parole.
[6] Mon cœur attend le Seigneur plus qu'un veilleur n'attend le matin,
oui, plus qu'un veilleur n'attend le matin.

[7] Peuple d'Israël, attends le SEIGNEUR avec espoir,
car il est bon, il peut te délivrer de mille manières.
[8] C'est lui qui délivrera Israël de toutes ses fautes.

Comme un petit enfant devant le Seigneur

131 (130) [1] *Chant de pèlerinage. De David.*

SEIGNEUR, mon cœur n'est pas orgueilleux,
je ne regarde pas les gens de haut.
Je ne cherche pas à faire des choses extraordinaires
ni des actions magnifiques qui me dépassent.
[2] Mais je reste calme et tranquille,
comme un enfant rassasié sur le sein de sa mère.
Comme ce petit enfant, je suis calme et tranquille.

[3] Israël, attends le SEIGNEUR avec espoir,
dès maintenant et pour toujours !

Le Seigneur a choisi Jérusalem pour y habiter

132 (131) [1] *Chant de pèlerinage.*

SEIGNEUR, souviens-toi de David
et de toutes ses souffrances.

[2] David a fait un serment au SEIGNEUR.
Voici la promesse qu'il a faite au Dieu puissant de *Jacob :
[3] « Je n'entrerai plus dans la tente où j'habite,
je ne coucherai plus dans mon lit.

4 Mes yeux ne se fermeront plus pour dormir,
mes paupières ne se reposeront plus.
5 Oui, je veux d'abord trouver une place pour le SEIGNEUR,
une maison pour le Dieu puissant de Jacob[k]. »

6 Voici ce que nous avons appris : le *coffre de l'alliance est à Éfrata.
Nous l'avons trouvé près de Yaar[l].
7 Entrons dans la maison du SEIGNEUR !
Mettons-nous à genoux au pied de son siège royal !
8 SEIGNEUR, viens te reposer ici,
viens avec le coffre de l'alliance qui montre ta puissance.
9 Que la force de ton *salut couvre tes prêtres comme d'un vêtement,
que tes amis fidèles crient de joie !
10 À cause de David ton serviteur,
ne repousse pas le roi que tu as choisi.

11 Le SEIGNEUR a fait un serment à David. Oui, c'est sûr, il le respectera.
Ce serment, le voici : « Je mettrai un de tes enfants sur ton siège de roi.
12 Si tes fils gardent mon *alliance et les ordres que je leur donne,
leurs enfants occuperont à leur tour ton siège royal pour toujours. »

13 Oui, le SEIGNEUR a choisi Jérusalem,
c'est là qu'il a voulu habiter.
14 Il a dit : « Je me reposerai toujours ici.
J'habiterai dans cette ville, c'est elle que j'ai voulue.
15 Je remplirai de nourriture les greniers de Jérusalem,
je donnerai à manger à ses pauvres.
16 J'habillerai ses prêtres avec la force de mon salut,
et ses amis fidèles pousseront des cris de joie.
17 À Jérusalem, je ferai naître un roi puissant dans la famille de David.
Je préparerai une lampe allumée, un successeur au roi que j'ai choisi.
18 Je couvrirai ses ennemis de honte,
mais lui portera sur la tête une couronne brillante. »

Quel bonheur d'être ensemble !

133 (132)

1 *Chant de pèlerinage. De David.*

Quel bonheur, quelle douceur pour des frères d'être ensemble !
2 C'est comme l'huile parfumée sur la tête *d'Aaron,
qui descend jusqu'à sa barbe, jusqu'au bord de ses vêtements.
3 C'est comme les gouttes de rosée de la montagne de l'Hermon,
qui descendent sur la colline, sur la colline de *Sion.
C'est là que le SEIGNEUR donne sa *bénédiction,
la vie pour toujours.

---

k **132.5** *Voir 2 Samuel 7.2-3.*

l **132.6** *Voir 1 Samuel 5.1–7.1 ; 2 Samuel 6.1-19.*

Serviteurs du Seigneur,
rendez gloire au Seigneur !

134 (133)

[1] *Chant de pèlerinage.*

Allons ! Dites merci au SEIGNEUR,
vous tous qui servez le SEIGNEUR,
vous qui vous tenez dans sa maison pendant les heures de la nuit !

2 Levez vos mains vers le *lieu saint
et remerciez le SEIGNEUR !

3 Que le SEIGNEUR vous *bénisse depuis le temple de Jérusalem,
lui qui a fait le ciel et la terre !

Seigneur, nous entendrons toujours parler de toi !

135 (134)

1 Chantez la louange du SEIGNEUR !

Chantez le nom du SEIGNEUR,
chantez sa louange, vous ses serviteurs
2 qui vous tenez dans le temple du SEIGNEUR,
dans les cours de la maison de notre Dieu !
3 Chantez le SEIGNEUR, car il est bon,
jouez pour son nom, car il est aimable.
4 Le SEIGNEUR a choisi pour lui le peuple de *Jacob,
il a pris Israël comme son trésor.

5 Oui, je le sais, le SEIGNEUR est grand,
notre maître est au-dessus de tous les dieux.
6 Le SEIGNEUR fait tout ce qu'il veut,
dans le ciel et sur la terre,
dans les mers et dans les profondeurs.
7 Il soulève les nuages du bout du monde,
il lance les éclairs pour faire tomber la pluie,
il tire le vent qu'il gardait en réserve.

8 C'est le SEIGNEUR qui a frappé les fils aînés des Égyptiens,
les premiers-nés de leurs animaux.
9 Au milieu de toi, Égypte, il a agi de façon extraordinaire et étonnante
contre le roi d'Égypte et tous ses serviteurs[m].
10 Il a frappé des peuples nombreux,
il a tué des rois puissants :
11 Sihon, roi des Amorites, Og, roi du Bachan,
et tous les rois de *Canaan.

---

m **135.9** *Voir Exode 7–11.*

[12] Le SEIGNEUR a donné leurs pays en partage,
en partage à Israël, son peuple.

[13] SEIGNEUR, on entendra toujours parler de toi,
SEIGNEUR, on se souviendra de toi de génération en génération.
[14] Oui, le SEIGNEUR fait justice à son peuple,
il a pitié de ceux qui le servent.

[15] Les dieux des autres peuples sont en argent et en or.
Ils sont fabriqués par des hommes.
[16] Ces statues ont une bouche, mais elles ne parlent pas.
Elles ont des yeux, mais elles ne voient pas.
[17] Elles ont des oreilles, mais elles n'entendent pas.
Aucun son ne sort de leur bouche.
[18] Ceux qui les ont faites,
ceux qui mettent leur confiance en elles,
qu'ils soient comme ces statues !

[19] Tribus d'Israël, remerciez le SEIGNEUR !
Famille *d'Aaron, remerciez le SEIGNEUR !
[20] Famille des *lévites, remerciez le SEIGNEUR !
Vous qui respectez le SEIGNEUR, remerciez le SEIGNEUR !
[21] Depuis Jérusalem, remerciez le SEIGNEUR
qui habite sur la montagne de *Sion !

Chantez la louange du SEIGNEUR !

Oui, l'amour du Seigneur est pour toujours

136 (135)

[1] Dites merci au SEIGNEUR, car il est bon !
– Oui, son amour est pour toujours !
[2] Dites merci à Dieu, le plus grand de tous les dieux !
– Oui, son amour est pour toujours !
[3] Dites merci au Seigneur, le plus puissant de tous les maîtres !
– Oui, son amour est pour toujours !

[4] Lui seul a fait des choses étonnantes !
– Oui, son amour est pour toujours !
[5] Il a fait le ciel avec sagesse.
– Oui, son amour est pour toujours !
[6] Il a étendu la terre au-dessus de l'eau.
– Oui, son amour est pour toujours !
[7] Il a fait les grandes lumières,
– Oui, son amour est pour toujours !
[8] le soleil pour gouverner le jour,
– Oui, son amour est pour toujours !
[9] la lune et les étoiles pour gouverner la nuit.
– Oui, son amour est pour toujours !
[10] Il a fait mourir les fils aînés des Égyptiens.

– Oui, son amour est pour toujours !
11 Il a fait sortir d'Égypte Israël, son peuple.
– Oui, son amour est pour toujours !
12 Il a fait cela par sa grande puissance.
– Oui, son amour est pour toujours !
13 Il a coupé en deux la *mer des Roseaux.
– Oui, son amour est pour toujours !
14 Il a fait passer Israël au milieu d'elle.
– Oui, son amour est pour toujours !
15 Il a renversé le roi d'Égypte et son armée dans la mer des Roseaux[n].
– Oui, son amour est pour toujours !
16 Il a conduit son peuple à travers le désert.
– Oui, son amour est pour toujours !
17 Il a frappé de grands rois.
– Oui, son amour est pour toujours !
18 Il a tué des rois puissants :
– Oui, son amour est pour toujours !
19 Sihon, roi des *Amorites,
– Oui, son amour est pour toujours !
20 et Og, roi du Bachan[o].
– Oui, son amour est pour toujours !
21 Il a donné leur pays en partage à son peuple,
– Oui, son amour est pour toujours !
22 il l'a donné en partage à Israël, son serviteur !
– Oui, son amour est pour toujours !

23 Dans notre malheur, il a pensé à nous.
– Oui, son amour est pour toujours !
24 Il nous a délivrés de nos ennemis.
– Oui, son amour est pour toujours !
25 Il donne à manger à tous les êtres vivants.
– Oui, son amour est pour toujours !
26 Dites merci au Dieu qui est au *ciel !
– Oui, son amour est pour toujours !

Comment chanter pour le Seigneur dans un pays étranger ?

137 (136)

1 Là-bas, au bord des fleuves de Babylone, nous étions assis
et nous pleurions en nous souvenant de Jérusalem.
2 Aux arbres qui étaient là,
nous avions pendu nos *harpes.
3 Alors ceux qui nous avaient déportés nous ont demandé de chanter.
Ceux qui nous torturaient nous ont demandé des chants joyeux.
Ils disaient : « Chantez-nous un des chants de Jérusalem ! »

---

n **136.10-15** *Voir Exode 12.29,51 ; 13.3 ; 14.15-29.*
o **136.19-20** *Voir Nombres 21.21-35.*

4 Comment chanter pour le SEIGNEUR
dans un pays étranger ?

5 Jérusalem, si je t'oublie,
que ma main droite m'oublie !
6 Si je ne pense plus à toi,
si Jérusalem n'est pas tout mon bonheur,
que ma langue reste collée dans ma bouche !

7 SEIGNEUR, rappelle-toi ce que les Édomites ont dit
le jour où Jérusalem a été prise :
« Rasez la ville, rasez-la jusqu'à ses fondations ! »
8 Ville de Babylone, tu vas être détruite !
Ils sont heureux, ceux qui te rendront le mal que tu nous as fait !
9 Ils sont heureux, ceux qui saisiront tes jeunes enfants
pour les écraser contre le rocher !

Seigneur, merci !

138 (137) 1 *De David.*

Seigneur, je te dis merci de tout mon cœur,
je te chante devant les dieux.
2 Je me mets à genoux devant ton temple *saint,
je te dis merci pour ton amour et ta fidélité.
Oui, tu as tenu tes promesses au-delà de ce que nous attendions de toi.
3 Quand je t'ai appelé, tu m'as répondu,
tu m'as rempli de courage et de force.

4 SEIGNEUR, tous les rois de la terre te diront merci,
car ils entendront les paroles de ta bouche.
5 Ils chanteront tes actions en disant :
« La *gloire du SEIGNEUR est grande !
6 Le SEIGNEUR est là-haut, mais il voit les gens simples,
et les orgueilleux, il les reconnaît de loin. »

7 Si je suis très malheureux, tu me rends la vie malgré mes ennemis en colère.
Tu étends ta main et tu me sauves par ta puissance.
8 Le SEIGNEUR finira ce qu'il a commencé pour moi.
SEIGNEUR, ton amour est pour toujours,
n'abandonne pas ceux que tes mains ont formés !

Seigneur, tu me connais parfaitement

139 (138) 1 *Psaume de David, pris dans le livre du chef de chorale.*

SEIGNEUR, tu regardes jusqu'au fond de mon cœur et tu me connais.
2 Tu sais quand je m'assois et quand je me lève,
longtemps à l'avance, tu sais ce que je pense.

3 Tu sais quand je marche et quand je me couche,
et tu connais toutes mes actions.
4 Je n'ai pas encore ouvert la bouche,
tu sais déjà tout ce que je vais dire !
5 Tu es derrière moi, tu es aussi devant moi,
tu poses ta main sur moi.
6 Tu me connais parfaitement.
Pour moi, c'est trop beau,
cela dépasse tout ce que je peux comprendre.

7 Où aller loin de toi ?
Où fuir loin de ton regard ?
8 Si je monte au *ciel, tu es là,
si je me couche au milieu des morts, te voici.
9 Si je m'envole sur les ailes du matin
pour aller au-delà des mers,
10 même là, tu me conduis par la main
et tu me tiens solidement.
11 Je peux dire : « Je veux me cacher complètement dans l'obscurité.
Que le jour devienne nuit autour de moi ! »
12 Mais pour toi, même l'obscurité est lumière,
et la nuit est claire comme le jour.
Obscurité ou lumière, pour toi c'est la même chose.

13 C'est toi qui as créé ma *conscience,
c'est toi qui m'as tissé dans le ventre de ma mère.
14 SEIGNEUR, je te dis merci parce que tu m'as créé.
Oui, mon corps est étonnant et très beau.
Ce que tu fais est magnifique, je le reconnais.
15 Quand tu me formais dans le secret,
quand tu me brodais dans la profondeur de la terre,
tu voyais tout, rien n'était caché pour toi.
16 J'étais à peine formé, tu me voyais déjà !
Déjà, tu avais écrit dans ton livre
le nombre de jours que tu allais me donner,
et pourtant, aucun n'avait encore commencé !

17 Ô Dieu, tes pensées sont vraiment difficiles,
elles sont si nombreuses !
18 Comment les compter ?
Elles sont plus nombreuses que les grains de sable.
Même si je les comptais toutes,
je n'arriverais pas à te comprendre !

19 Ô Dieu, si seulement tu faisais mourir les gens mauvais,
si tu chassais loin de moi les assassins !
20 Ils utilisent ton nom pour tromper les autres,
ils s'en servent pour faire du mal.
21 SEIGNEUR, je déteste ceux qui te détestent.

Ceux qui luttent contre toi me dégoûtent.
22 Je les déteste totalement,
ils sont devenus pour moi des ennemis.

23 Ô Dieu, regarde au fond de mon cœur
et connais-moi,
examine mes pensées
et vois mes soucis.
24 Regarde si je suis sur un chemin dangereux,
et conduis-moi sur ton chemin,
ce chemin qui est sûr pour toujours.

Seigneur, protège-moi contre les hommes violents !

140 (139)

1 *Psaume de David, pris dans le livre du chef de chorale.*

2 SEIGNEUR, délivre-moi des méchants,
protège-moi contre les hommes violents !
3 Dans leur cœur, ils préparent de mauvais coups,
tous les jours, ils provoquent des disputes.
4 Leur langue est aussi pointue que la langue des serpents,
ils ont dans la bouche du venin de vipère.
5 SEIGNEUR, empêche-moi de tomber entre les mains des gens mauvais.
Protège-moi contre les hommes violents qui pensent à me faire tomber.
6 Des orgueilleux ont caché un piège devant moi.
Pour me prendre,
ils ont tendu des cordes et un filet,
ils ont placé des pièges au bord du chemin.

7 J'ai dit au SEIGNEUR : « Tu es mon Dieu.
SEIGNEUR, écoute-moi quand je crie vers toi !
8 SEIGNEUR, mon maître, tu es la force qui me sauve,
tu protèges ma tête pendant le combat.
9 SEIGNEUR, n'écoute pas les demandes des gens mauvais,
ne fais pas réussir leurs projets ! »
10 Ceux qui m'attaquent de tous côtés disent des paroles méchantes.
Eh bien, qu'elles retombent sur leur tête !

11 Que des charbons brûlants pleuvent sur eux !
Qu'on les jette dans le feu, dans des trous profonds,
et qu'ils n'en sortent plus !
12 Ceux qui disent du mal des autres ne doivent pas rester dans le pays.
Que le malheur chasse sans pitié les hommes violents !

13 Je le sais, le SEIGNEUR fera justice aux malheureux,
il donnera raison aux pauvres.
14 Oui, ceux qui t'obéissent, SEIGNEUR, te diront merci,
ceux qui ont le cœur *pur resteront sous ton regard.

Seigneur, surveille ma bouche !

141 (140) [1] *Psaume de David.*

SEIGNEUR, je fais appel à toi, viens vite près de moi !
Écoute-moi : je t'appelle !
[2] Que ma prière soit comme *l'encens qui monte vers toi !
Que mes mains levées soient comme le *sacrifice du soir !

[3] SEIGNEUR, surveille ma bouche,
garde la porte de mes lèvres.
[4] Ne laisse pas mon cœur dire des paroles méchantes,
ni faire du mal avec ceux qui font du mal.
Je ne veux pas participer à leurs plaisirs.
[5] Quelqu'un qui obéit à Dieu peut me frapper
et me corriger par amitié.
Mais les gestes d'amitié des gens mauvais, je les refuse.
Pourtant, je veux continuer à prier malgré le mal qu'ils font.

[6] Quand on jettera leurs chefs contre un rocher,
mes ennemis verront que je disais la vérité.
[7] Comme un sillon ouvre la terre au moment des labours,
le monde des morts s'ouvrira pour avaler leurs os répandus de tous côtés.

[8] Je tourne les yeux vers toi, Seigneur mon DIEU.
Mon abri, c'est toi : garde-moi en vie !
[9] Protège-moi du piège que ces gens-là m'ont tendu,
des obstacles dressés par ceux qui font le mal !

[10] Les gens mauvais tomberont dans leurs pièges,
mais moi, je pourrai passer.

Seigneur, fais-moi sortir de prison

142 (141) [1] *Enseignement de David. Prière quand il était dans l'abri d'un rocher*[p].

[2] À pleine voix, je fais appel au SEIGNEUR,
à pleine voix, je crie vers le SEIGNEUR.
[3] Je lui présente ma plainte,
je lui raconte mon malheur.
[4] Quand je suis découragé, toi, tu sais où je vais.
Sur la route où je marche, on m'a tendu un piège.
[5] Regarde à ma droite et vois :
personne ne me reconnaît.
Je ne sais plus où me réfugier,
personne ne s'occupe de moi.

---

p **142.1** *Voir 1 Samuel 24.*

6 J'ai crié vers toi, SEIGNEUR, j'ai dit : « C'est toi mon abri,
mon trésor sur la terre des vivants ! »
7 Sois attentif à mon cri, je suis très malheureux.
Délivre-moi de ceux qui me poursuivent, ils sont plus forts que moi.
8 Fais-moi sortir de prison, alors je te dirai merci.
Ceux qui obéissent à Dieu se réuniront autour de moi,
car tu m'as fait du bien.

Seigneur, ne me fais pas de procès !

143
(142)
1 *Psaume de David.*

SEIGNEUR, écoute ma prière, sois attentif quand je crie vers toi !
Toi qui es fidèle et *juste, réponds-moi !
2 Je suis ton serviteur, ne me fais pas de procès,
car personne n'est juste devant toi.

3 Mon ennemi m'a poursuivi, il m'a jeté par terre pour m'écraser.
Il m'a fait vivre dans la nuit, comme ceux qui sont morts depuis longtemps.
4 Je suis découragé, j'ai perdu tout espoir.
5 Je me souviens du passé, je me redis tout ce que tu as fait,
je réfléchis à tes actions.
6 Je lève les mains vers toi,
je suis devant toi comme une terre qui manque d'eau.

7 Vite, réponds-moi, SEIGNEUR, je suis complètement découragé !
Ne me cache pas ton visage,
sinon, je vais ressembler à ceux qui descendent dans la tombe.
8 Dès le matin, montre-moi ton amour, car j'ai confiance en toi.
Fais-moi connaître le chemin à suivre, car je me tourne vers toi.
9 Je me suis caché près de toi, SEIGNEUR,
délivre-moi de mes ennemis !
10 C'est toi qui es mon Dieu, apprends-moi à faire ce qui te plaît.
Que ton esprit me guide avec bonté sur une terre sans obstacle !
11 SEIGNEUR, rends-moi la vie pour montrer ta *gloire !
Toi qui es fidèle, tu me tireras du malheur.
12 Grâce à ton amour, tu détruiras mes ennemis.
Tu feras mourir tous ceux qui sont contre moi, car je suis ton serviteur.

Il est heureux, le peuple qui a le Seigneur comme Dieu !

144
(143)
1 *De David.*

Merci au SEIGNEUR, mon solide rocher !
Il m'apprend à lutter, il me prépare au combat.
2 Le SEIGNEUR est mon protecteur et mon défenseur.
Il me protège avec puissance et il me libère,
il est le *bouclier qui m'abrite.
C'est lui qui met les peuples sous mes pieds.

3 SEIGNEUR, qu'est-ce que l'homme pour que tu fasses attention à lui ?
Qu'est-ce qu'un être humain pour que tu penses à lui ?
4 L'homme n'est qu'un souffle,
sa vie ressemble à une ombre qui passe.

5 SEIGNEUR, abaisse ton *ciel et descends,
touche les montagnes, qu'elles soient couvertes de fumée !
6 Lance des éclairs et chasse tes ennemis de tous côtés.
Envoie tes flèches, et qu'ils fuient en tous sens !
7 Tends-moi la main du haut du ciel, sauve-moi
et délivre-moi de l'eau puissante,
de la main des étrangers.
8 Ils mentent, ils jurent de dire la vérité,
mais ils ne tiennent pas leurs promesses.

9 Ô Dieu, je veux te chanter un chant nouveau,
jouer pour toi sur la *harpe à dix cordes.
10 C'est toi qui donnes la victoire aux rois,
c'est toi qui sauves de *l'épée cruelle David, ton serviteur.
11 Sauve-moi, délivre-moi de la main des étrangers !
Ils mentent, ils jurent de dire la vérité,
mais ils ne tiennent pas leurs promesses.

12 Nos fils sont comme des arbres qui ont poussé facilement depuis leur jeunesse.
Nos filles ressemblent aux colonnes sculptées qui décorent les maisons des rois.
13 Nos greniers débordent, remplis de toutes sortes de biens.
Nos moutons se multiplient mille fois,
même dix mille fois dans nos champs.
14 Nos bœufs sont bien gras.
Il n'y a pas de trous dans nos murs de défense, plus de départs en exil,
on n'entend plus de cris de douleur sur nos places.
15 Il est heureux, le peuple qui possède tout cela,
il est heureux, le peuple qui a le SEIGNEUR comme Dieu !

Mon Dieu, ton royaume durera toujours

145 (144)

1 *Chant de louange de David.*

Mon Dieu, mon roi, je veux chanter ta grandeur, je veux te remercier,
toujours et pour toujours.
2 Tous les jours, je veux te dire merci et chanter ta louange,
toujours et pour toujours.
3 Le SEIGNEUR est grand, il mérite des louanges,
personne ne peut mesurer sa grandeur.

4 Chaque génération vantera tes actions à la suivante,
elle racontera tes exploits.
5 Je redirai combien ta *gloire est magnifique,
je répéterai tes actions étonnantes.

6 On parlera de ta puissance terrible,
et moi, je raconterai les choses extraordinaires que tu as faites.
7 On se souviendra de ton immense bonté,
on criera de joie pour ta fidélité.

8 Le SEIGNEUR est rempli de pitié et de tendresse,
il est patient et plein d'amour.
9 Le SEIGNEUR est bon pour tous,
il aime avec tendresse tous ceux qu'il a créés.
10 SEIGNEUR, ceux que tu as créés chanteront ta louange tous ensemble,
et tes amis fidèles te diront merci.
11 Ils parleront de la gloire de ton *royaume,
ils raconteront tes exploits.
12 Ainsi, ils feront connaître aux autres tes exploits
et la gloire magnifique de ton *royaume.

13 Ton royaume est un royaume sans fin
et ton pouvoir royal durera de génération en génération.
Dieu est fidèle dans toutes ses promesses,
il montre son amour dans tout ce qu'il fait.
14 Le SEIGNEUR soutient tous ceux qui tombent,
il remet debout tous ceux qui sont faibles.
15 Tous regardent vers toi avec confiance,
et toi, tu leur donnes la nourriture au bon moment.
16 Tu ouvres ta main
et tu donnes à tous les êtres vivants ce qu'ils désirent.
17 Le SEIGNEUR est fidèle dans toutes ses actions,
il montre son amour dans tout ce qu'il fait.
18 Il est proche de tous ceux qui font appel à lui,
de tous ceux qui le font sincèrement.
19 À ceux qui le respectent, il donne ce qu'ils désirent,
il écoute leurs cris et les sauve.
20 Le SEIGNEUR protège tous ceux qui ont de l'amour pour lui,
mais il détruit tous les gens mauvais.

21 Je chanterai la louange du SEIGNEUR,
et tout ce qui vit remerciera le Dieu *saint, toujours et pour toujours.

Le Seigneur remet debout ceux qui sont faibles

146 (145)

1 Chantez la louange du SEIGNEUR !

Je veux chanter la louange du SEIGNEUR !
2 Toute ma vie, je veux chanter sa louange,
je veux jouer pour mon Dieu, tant que je vivrai.

3 Ne mettez pas votre confiance dans les grands de ce monde.
Ils ne sont que des hommes, ils ne peuvent pas sauver.

4 Quand ils meurent, ils retournent dans la terre,
et ce jour-là, leurs projets meurent avec eux.

5 Il est heureux, celui qui s'appuie sur le Dieu de *Jacob,
qui met sa confiance dans le SEIGNEUR son Dieu !

6 C'est le SEIGNEUR qui a fait le ciel et la terre,
la mer et tout ce qu'ils contiennent.
Il est toujours fidèle à ses promesses.
7 Il fait justice aux gens écrasés par la misère,
il donne à manger à ceux qui ont faim.
Le SEIGNEUR libère les prisonniers,
8 le SEIGNEUR ouvre les yeux des aveugles,
le SEIGNEUR remet debout ceux qui sont faibles,
le SEIGNEUR aime ceux qui lui obéissent.
9 Le SEIGNEUR protège les étrangers.
Il soutient la veuve et l'orphelin,
mais il fait échouer les gens mauvais.

10 Le SEIGNEUR est roi pour toujours.
Jérusalem,
le SEIGNEUR est ton Dieu, de génération en génération.

Chantez la louange du SEIGNEUR !

Notre Seigneur est grand et très puissant

147 (146-147)

1 Chantez la louange du SEIGNEUR !

C'est une bonne chose de chanter notre Dieu,
oui, c'est agréable de chanter sa louange !
2 Le SEIGNEUR reconstruit Jérusalem,
il rassemble les exilés d'Israël.
3 Il guérit ceux qui ont le cœur brisé
et il soigne leurs blessures.
4 Il compte toutes les étoiles,
il appelle chacune par son nom.
5 Notre Seigneur est grand et très puissant,
son intelligence n'a pas de limite.
6 Le SEIGNEUR relève les malheureux,
mais il abaisse jusqu'à terre les gens mauvais.

7 Remerciez le SEIGNEUR en chantant,
jouez pour notre Dieu sur la *cithare !
8 C'est lui qui couvre le ciel de nuages,
il prépare la pluie pour la terre,
il fait pousser l'herbe sur les montagnes.
9 Il donne leur nourriture aux troupeaux
et aux petits du corbeau qui la réclament.

10 Ce n'est pas la force du cheval qui lui plaît,
ni les exploits du coureur.
11 Mais les gens qui le respectent,
qui comptent sur son amour,
voilà ceux qui lui plaisent.

12 Jérusalem, chante la *gloire du SEIGNEUR !
Ville de *Sion, chante la louange de ton Dieu !
13 Il a rendu solides les serrures de tes portes.
À l'intérieur de tes murs, il a fait du bien à tes habitants.
14 Il protège tes frontières, et tu peux vivre dans la paix.
Il te donne les meilleures récoltes.
15 Le SEIGNEUR envoie ses ordres sur la terre,
et sa parole court aussitôt.
16 Alors il fait tomber la *neige, comme le coton au moment de la récolte.
Il répand le givre[q] comme de la cendre.
17 Il fait pleuvoir des cailloux de glace.
Devant ce froid, qui peut résister ?
18 Le SEIGNEUR donne un ordre, et aussitôt ils fondent.
Quand il envoie le vent, les ruisseaux coulent.
19 Il découvre ses paroles à son peuple,
ses ordres et ses décisions à Israël.
20 Cela, il ne l'a jamais fait pour les autres peuples,
ils ne connaissent pas ses décisions.

Chantez la louange du SEIGNEUR !

Chantez la louange du Seigneur
dans le ciel et sur la terre !

148

1 Chantez la louange du SEIGNEUR !

Chantez la louange du SEIGNEUR, du haut du *ciel,
chantez pour lui, dans les hauteurs !
2 Chantez sa louange, tous ses *anges,
chantez sa louange, toute son armée[r] !
3 Chantez sa louange, soleil et lune,
chantez sa louange, toutes les étoiles de lumière !
4 Chantez sa louange, vous les hauteurs du ciel
et toute l'eau qui est au-dessus du ciel !
5 Que tous chantent la louange du SEIGNEUR !
Oui, il a donné un ordre et ils ont été créés.
6 Il leur a fixé une place pour toujours,
il a imposé une loi qui ne passera pas.

---

q **147.16** *Le givre est une fine couche de glace.*

r **148.2** *Son armée, c'est-à-dire les anges.*

[7] Depuis la terre, chantez la louange du SEIGNEUR !
Océans et grands animaux des mers,
[8] feu et *grêle, *neige et brouillard,
vent de tempête qui obéis à sa parole,
chantez la louange du SEIGNEUR !
[9] Montagnes et toutes les collines,
arbres fruitiers et tous les *cèdres,
[10] animaux sauvages et tous les troupeaux, serpents et oiseaux,
chantez la louange du SEIGNEUR !
[11] Rois de la terre et tous les peuples, chefs et tous les dirigeants du monde,
chantez sa louange !
[12] Jeunes gens et jeunes filles, jeunes et vieux,
chantez sa louange !
[13] Chantez la louange du SEIGNEUR !
Lui seul a un grand nom, sa beauté s'étend sur la terre et sur le ciel.
[14] Il a rendu son peuple puissant et fier.
C'est pourquoi ils chantent sa louange, tous ses amis fidèles,
les Israélites, le peuple qui est proche de lui !

Chantez la louange du SEIGNEUR !

Chantez pour le Seigneur un chant nouveau !

149

[1] Chantez la louange du SEIGNEUR !

Chantez pour le SEIGNEUR un chant nouveau,
dans l'assemblée de ses amis fidèles, chantez sa louange !
[2] Israël, réjouis-toi, il est ton créateur.
Habitants de Jérusalem, soyez dans la joie, il est votre roi !
[3] Rendez *gloire au SEIGNEUR en dansant,
jouez pour lui de la *harpe et du tambourin.
[4] Oui, le SEIGNEUR se plaît au milieu de son peuple.
Les gens simples, il les honore en leur sauvant la vie.

[5] Que les fidèles amis de Dieu dansent de joie en lui rendant gloire !
Même quand ils sont couchés, qu'ils crient de joie !
[6] Que leur bouche soit pleine des louanges de Dieu !
Qu'ils tiennent à la main une *épée coupante !
[7] Alors ils rendront aux autres peuples le mal qu'ils ont fait,
ils les puniront.
[8] Ils attacheront leurs rois avec des chaînes,
et leurs chefs avec des liens en fer.
[9] Ils appliqueront, comme il est écrit, le jugement de Dieu[s].
C'est un honneur pour tous ses amis fidèles.

Chantez la louange du SEIGNEUR !

---

s **149.9** *Il s'agit sans doute du jugement contre les peuples contenu dans les livres prophétiques.*

Que tout ce qui vit chante la louange du Seigneur !

150

1 Chantez la louange du Seigneur !

Chantez la louange de Dieu dans son temple *saint,
chantez sa louange dans le *ciel, au royaume de sa puissance !
2 Chantez sa louange pour ses exploits,
chantez sa louange pour toute sa grandeur !

3 Chantez sa louange au son de la trompette,
chantez sa louange avec la *harpe et la cithare !
4 Chantez sa louange en dansant au rythme du *tambourin,
chantez sa louange avec la guitare et la flûte !
5 Chantez sa louange avec les *cymbales bruyantes,
chantez sa louange avec les cymbales de fanfare !

6 Que tout être vivant chante la louange du Seigneur !
Chantez la louange du Seigneur !

Proverbes

INTRODUCTION

Ce livre rassemble plusieurs textes écrits par des auteurs différents, à des époques différentes. Ce sont des enseignements, des conseils et des proverbes. Ils doivent beaucoup aux sages de l'ancien Orient. Ils ont sans doute commencé à être mis par écrit au temps des rois. La tradition place le livre des Proverbes en entier sous le nom du roi Salomon, considéré comme le plus grand sage d'Israël.

Le livre des Proverbes fait partie de la littérature de la sagesse. Celle-ci est formée à la fois de la sagesse populaire et de la sagesse enseignée dans l'entourage des rois.

Dans l'ancien Orient, la ***sagesse*** *est liée à la* ***vie pratique****. Le sage est celui qui est capable de faire son travail de façon correcte et avec habileté. Il est capable aussi de* ***comprendre*** *comment le monde fonctionne et comment les gens peuvent vivre ensemble de façon agréable. C'est l'expérience qui apprend la sagesse. Ce sont donc les anciens, parents ou maîtres, qui l'enseignent à leurs enfants ou à leurs élèves.*

Voici comment le livre des Proverbes est composé :

- *Une longue introduction décrit le rôle et l'importance de la sagesse (chapitres 1–9).*

Trois poèmes (1.20-33 ; 8.1-36 ; 9.1-6) présentent ***la Sagesse*** *comme une personne qui invite les humains à l'écouter. La Bêtise essaie de s'opposer à elle et de persuader les humains de la suivre (9.13-18).*

Les autres discours sont tous composés de la même manière : appel à écouter, conseils ou avertissements, conséquences pratiques.

Cette première partie donne le cadre général du livre avec cette affirmation : « Le respect du Seigneur est le commencement de la sagesse. Ceux qui se moquent des enseignements et des conseils des sages sont des personnes stupides » (1.7).

- *La partie centrale groupe des proverbes de Salomon (10.1–22.16 et 25.1–29.27) ou d'autres sages (22.17–24.34). Ils ont pour sujet* ***la vie morale et sociale****. Ils enseignent comment bien vivre en conduisant sa vie en accord avec le projet et la volonté de Dieu : qui fait le bien sera récompensé, qui agit mal en supportera les conséquences (24.12 ; 28.10).*

Ces proverbes opposent le plus souvent des personnages qui représentent des catégories particulières : ceux qui agissent bien et ceux qui agissent mal, ceux qui sont justes et ceux qui se moquent de tout, les sages et les gens stupides. Le sage obéit aux règles de la nature et de la vie en société, ainsi qu'à la volonté de Dieu. Le paresseux et le buveur sont des exemples d'une conduite stupide. Dieu est celui qui maintient à la fois l'ordre social et l'ordre du monde.

- *La fin du livre (30–31) est composée de passages indépendants les uns des autres.*

Deux d'entre eux transmettent les pensées ou les conseils de ***sages non israélites****. Ce sont les paroles d'Agour (30.1-14) et les conseils de la mère du roi Lemouel à son fils (31.1-9). Le* *portrait de la femme courageuse (31.10-31) termine le livre. Cette femme est une image de la sagesse.*

Le livre des Proverbes est un produit de la sagesse traditionnelle, quand il affirme que les justes connaissent le bonheur et les méchants le malheur. Les livres de Job et de l'Ecclésiaste s'opposent à l'idée que c'est toujours le cas. En effet, le contraire arrive tout autant. Mais le livre des Proverbes présente une sagesse souple qui s'adapte aux situations. Il affirme que la vie de tous les jours peut être une vie honnête et heureuse sous la conduite de Dieu.

---

1 1 Voici les proverbes de Salomon, fils de David et roi d'Israël.

But du livre

2 Ces proverbes ont pour but d'apprendre aux gens à se conduire avec sagesse. Ils permettent de recevoir une bonne éducation, et de comprendre des paroles pleines de sens. 3 Ils enseignent à vivre de façon intelligente, à être juste, à respecter les lois, à être honnête. 4 Ils rendent prudents ceux qui manquent d'expérience, ils donnent aux jeunes des connaissances et les aident à réfléchir. 5 Même les sages pourront les lire et ils apprendront quelque chose, même les gens intelligents y trouveront de bons conseils. 6 Ils pourront comprendre le sens caché de certains proverbes et ce qui est difficile dans l'enseignement des sages.

7 Le respect du SEIGNEUR est le commencement de la sagesse. Ceux qui se moquent des enseignements et des conseils des sages sont des personnes stupides.

Celui qui se laisse entraîner au mal perd la vie

8 Mon enfant, écoute les avertissements de ton père, ne repousse pas les enseignements de ta mère. 9 Ils sont comme une jolie couronne sur ta tête, comme un collier autour de ton cou. 10 Mon enfant, si de mauvais camarades veulent t'entraîner au mal, refuse. 11 Ils pourront te dire : « Viens avec nous. Nous allons nous cacher pour tuer les gens. Nous allons attaquer des innocents en secret pour nous amuser. 12 Nous les prendrons tout vivants pour les faire mourir. Nous les enverrons directement dans la tombe, comme si nous étions la mort même. 13 Nous trouverons toutes sortes d'objets précieux, nous remplirons nos maisons de ces richesses. 14 Viens, tu en auras ta part. Nous aurons une caisse commune. » 15 Mon enfant, ne va pas avec eux, éloigne-toi de leur chemin. 16 En effet, ils courent faire du mal, ils sont pressés de tuer. 17 Quand l'oiseau aperçoit le chasseur, il est inutile que celui-ci pose un piège pour le prendre. 18 Mais ces gens-là, c'est à eux-mêmes qu'ils tendent un piège, c'est leur vie qu'ils menacent. 19 En effet, voilà ce qui arrive à ceux qui prennent le bien des autres : on prend leur vie.

La Sagesse lance un appel aux ignorants et aux sots

20 La Sagesse[a] va dans les rues pour crier, sur les places publiques elle parle à haute voix. 21 Là où il y a beaucoup de monde, elle lance un appel. Elle crie son message aux *portes de la ville : 22 « Vous, les ignorants, vous aimerez votre ignorance jusqu'à quand ? Vous, les moqueurs, vous vous moquerez de moi jusqu'à quand ? Vous, les sots, vous refuserez de comprendre jusqu'à quand[b] ? 23 Écoutez mes reproches. Alors, je vais répandre sur vous mon esprit et vous faire connaître

---

a 1.20 *Le poème des versets 20-33 présente la sagesse comme une personne.*

b 1.22 *Pour l'auteur des Proverbes, les ignorants manquent de connaissance et d'expérience. Ils ne savent pas se conduire dans la vie. Les moqueurs sont des orgueilleux. Ils n'écoutent pas les enseignements du Seigneur ou des maîtres, mais ils se moquent de ceux qui les respectent. Les sots manquent d'intelligence et de bon sens pour vivre correctement.*

mon message. 24 Je vous appelle, et vous dites
non. Je vous tends la main, et personne ne fait
attention. 25 Vous refusez tous mes conseils et
vous n'acceptez pas mes reproches. 26 C'est
pourquoi, quand vous serez dans le malheur,
je rirai, quand vous tremblerez de peur, je me
moquerai de vous. 27 Oui, un jour, la peur
tombera sur vous comme une tempête. Le
malheur vous emportera comme une tornade,
l'angoisse et la tristesse tomberont sur vous.
28 Alors vous ferez appel à moi, mais je ne répondrai pas. Vous me chercherez, mais vous
ne me trouverez pas. 29 Cela arrivera parce
que vous avez refusé d'apprendre à vivre,
et que vous n'avez pas choisi de respecter le SEIGNEUR. 30 Vous avez repoussé mes
conseils et méprisé mes reproches. 31 Eh
bien, vous supporterez les conséquences de
votre conduite, vous serez dégoûtés des projets que vous avez faits. 32 En effet, les ignorants ont la tête dure, et ils en meurent. Les
sots vivent sans souci, et cela les conduit à
leur perte. 33 Mais si quelqu'un m'écoute,
cette personne sera en sécurité, elle vivra
tranquille et n'aura pas peur du malheur. »

La sagesse protège du mal

2 1 Mon enfant, accepte mes paroles,
garde mes commandements.
2 Écoute bien l'enseignement de la sagesse,
cherche à le comprendre.
3 Oui, demande à l'intelligence de t'aider,
appelle la raison à ton secours.
4 Cours après la sagesse
comme après l'argent.
Cherche-la avec soin,
comme on cherche un trésor.
5 Si tu fais tout cela,
tu comprendras ce que le respect du SEIGNEUR veut dire,
et tu arriveras à connaître Dieu.
6 Oui, c'est le SEIGNEUR qui donne la sagesse,
la science et l'intelligence viennent de lui.
7 Il aide les gens droits.
Ceux qui se conduisent honnêtement,
il les protège comme un *bouclier.
8 Il garde les personnes qui respectent les lois,
il veille sur le chemin de ses amis fidèles.
9 Si tu m'écoutes, tu vas savoir ceci :
être juste, respecter les lois et être honnête,
c'est le chemin qui conduit au bonheur.
10 La sagesse entrera dans ton cœur,
et tu goûteras avec joie à la connaissance.
11 La réflexion te protégera,
l'intelligence te gardera.
12 Elles t'empêcheront de te conduire mal.
Elles t'éloigneront
de ceux qui disent des mensonges,
13 de ceux qui abandonnent la route droite
pour aller sur des chemins sombres.
14 Ces gens-là sont heureux de faire le mal,
ils se réjouissent de leurs crimes.
15 Ils sont faux,
et leur conduite est tordue.
16 Ainsi, tu t'arracheras à la femme d'un autre,
aux compliments de cette inconnue.
17 Elle a abandonné l'ami choisi dans sa jeunesse
et ainsi, elle a trahi son Dieu.
18 Sa conduite entraîne sa perte
et ses manières d'agir la font descendre chez les morts.
19 Tous ceux qui vont chez elle ne reviennent plus,
ils ne retrouvent plus le chemin de la vie.
20 Prends donc le chemin de ceux qui sont bons,
imite ceux qui agissent bien.
21 En effet, les gens droits habiteront dans ce pays,
ceux qui sont parfaits y resteront.
22 Mais les gens mauvais devront partir,
ceux qui sont faux seront chassés du pays.

Comment posséder la sagesse ?

3 1 Mon enfant, n'oublie pas mon enseignement, garde mes commandements dans
ton cœur. 2 Si tu les gardes, tu vivras plus
longtemps et tu seras heureux. 3 Sois toujours bon et fidèle. Attache ces qualités à
ton cou, écris-les sur ton cœur. 4 Alors
Dieu et les hommes t'aimeront, et tu réussiras. 5 Ne t'appuie pas sur ton intelligence,
mais de tout ton cœur, mets ta confiance
dans le SEIGNEUR. 6 Reconnais-le dans tout
ce que tu fais, et lui, il guidera tes pas.

7 Ne pense pas que tu es un sage, mais respecte le SEIGNEUR et éloigne-toi du mal. 8 Cela guérira ton corps et te donnera des forces. 9 Honore le SEIGNEUR en lui offrant ce que tu as, donne-lui la première part de tes récoltes. 10 Alors tes greniers seront pleins de grain, et tu manqueras de place pour garder ton vin. 11 Mon enfant, ne repousse pas les avertissements du SEIGNEUR, ne te moque pas de ses reproches. 12 Oui, le SEIGNEUR fait des reproches à la personne qu'il aime, comme un père à son enfant préféré.

La sagesse rend heureux

13 Ils sont heureux, tous ceux qui ont trouvé la sagesse et deviennent intelligents. 14 Il vaut mieux la posséder que posséder de l'argent. Ses avantages sont plus importants que l'or. 15 La sagesse est plus précieuse que les bijoux. On ne peut rien désirer de meilleur. 16 Elle donne une longue vie aux humains, elle leur offre richesse et honneur. 17 Elle les conduit sur des chemins agréables, ils peuvent y marcher tranquillement. 18 La sagesse est comme un arbre qui donne la vie[c] pour ceux qui la saisissent. Elle est la source du bonheur pour ceux qui la possèdent. 19 Le SEIGNEUR a fondé la terre par sa sagesse, et le ciel est établi par son intelligence. 20 Par sa science, l'eau qui est sous la terre a jailli, et les nuages laissent tomber la pluie.

Le Seigneur protège le sage

21 Mon enfant, sois toujours attaché à l'intelligence et à la réflexion. Ne les quitte jamais. 22 Elles te permettront d'avoir une vie belle. 23 Alors tu avanceras avec confiance, et ton pied ne glissera pas. 24 Si tu te couches, tu ne trembleras pas de peur, et sur ton lit, tu dormiras en paix. 25 La peur ne tombera pas sur toi tout à coup, et des gens mauvais ne t'attaqueront pas. 26 Oui, le SEIGNEUR te protégera et il t'empêchera de tomber dans un piège.

Comment bien se conduire les uns avec les autres

27 Quand tu le peux, ne refuse pas de faire du bien à une personne qui en a besoin. 28 Si tu as ce qu'il faut aujourd'hui, ne dis pas à ton *prochain : « Va-t'en ! Je te donnerai quelque chose demain. » 29 Ne projette rien de mal contre ton ami qui vit près de toi avec confiance. 30 Ne te dispute pas avec quelqu'un pour rien, si on ne t'a pas fait de mal. 31 Ne sois pas jaloux d'une personne violente et n'imite pas sa conduite. 32 En effet, le SEIGNEUR déteste une personne fausse, mais il est l'ami des gens droits. 33 Le SEIGNEUR maudit la famille de celui qui agit mal, mais il *bénit la famille de ceux qui agissent bien. 34 Le SEIGNEUR se moque des moqueurs, mais il est bon pour les gens simples. 35 Ce qui attend les sages, c'est l'honneur, mais les sots seront couverts de honte.

Tout faire pour devenir un sage, voilà le commencement de la sagesse

4 1 Écoutez, mes enfants, les conseils d'un père. Faites attention et vous apprendrez à être intelligents. 2 Oui, je vous donne des leçons utiles, n'abandonnez pas mon enseignement. 3 Moi aussi, j'ai été un bon fils pour mon père, et ma mère m'aimait avec tendresse comme un fils unique. 4 Mon père m'enseignait en disant : « Retiens bien mes paroles, fais ce que je te dis et tu vivras. 5 Deviens un sage, deviens intelligent. N'oublie pas mes paroles et ne t'éloigne pas d'elles. 6 N'abandonne pas la sagesse, elle te gardera. Aime-la, elle te protégera. 7 Le commencement de la sagesse, c'est de tout faire pour devenir sage. Utilise tout ce que tu possèdes, pour devenir intelligent. 8 Prends la sagesse dans tes bras, elle te rendra grand, elle te mettra à l'honneur si tu l'embrasses. 9 Elle sera pour toi comme un joli bijou, comme une couronne magnifique. »

---

c **3.18** *L'auteur rappelle ici le récit de Genèse 2 et 3. Pour lui, la Sagesse remplace d'une certaine manière l'arbre de vie du jardin d'Éden. Voir Genèse 2.9 et 3.22.*

Ne pas imiter ceux qui font le mal, voilà la sagesse

10 Écoute-moi, mon enfant, accueille mes
paroles, et tu vivras longtemps. 11 Je t'apprends le chemin de la sagesse, je te montre
comment mener une vie honnête. 12 Ainsi,
tu pourras avancer facilement et, si tu cours,
tu ne perdras pas l'équilibre. 13 Garde l'éducation reçue, ne l'abandonne pas. Garde-la, elle
te fait vivre. 14 N'imite pas la conduite des
gens mauvais, ne suis pas la route de ceux
qui font du mal. 15 Évite-la, n'y passe pas !
Laisse-la et avance ! 16 Ces gens-là ne peuvent
pas dormir s'ils n'ont pas mal agi. Ils perdent
le sommeil s'ils n'ont pas fait tomber quelqu'un. 17 Oui, ils se nourrissent du mal qu'ils
font, ils sont ivres de violence.

18 Au contraire, la vie de ceux qui agissent
bien est comme la lumière du matin, qui brille
de plus en plus jusqu'à midi. 19 Mais la vie de
ceux qui agissent mal est sombre comme la
nuit. Ils ne voient pas ce qui risque de les faire
tomber.

Choisir seulement des chemins sûrs, voilà la sagesse

20 Mon enfant, écoute mes paroles, fais attention à mes conseils. 21 Ne les oublie jamais,
garde-les au fond de ton cœur. 22 Ils donnent
la vie et la santé à tous ceux qui les acceptent.
23 Par-dessus tout, surveille ton cœur, car il est
la source de la vie. 24 Interdis à ta bouche de
mentir, ne dis jamais de mal des autres. 25 Regarde les gens en face, droit devant toi, avec
franchise. 26 Réfléchis avant de commencer
quelque chose, choisis seulement des chemins sûrs. 27 Ne va ni à droite ni à gauche,
éloigne-toi du mal.

Se méfier de la femme infidèle, voilà la sagesse

5 1 Mon enfant, fais attention à la sagesse
que j'enseigne, écoute les conseils que
mon intelligence te donne. 2 Alors tu les garderas et tu sauras ce que tu dis. 3 Oui, les paroles de la femme d'un autre sont aussi
sucrées que le miel, et plus douces que
l'huile. 4 Mais finalement, elles laissent un
goût amer, elles blessent comme une *épée
qui coupe des deux côtés. 5 La conduite de
cette femme mène à la mort, ses pieds descendent vers la tombe. 6 Elle ne prend pas la
route de la vie, elle se trompe de chemin
et elle ne le sait pas. 7 Et maintenant, mon
enfant, écoute-moi, ne repousse pas mes
conseils. 8 Ne va pas avec une femme comme
celle-là, ne t'approche même pas de l'entrée
de sa maison. 9 Sinon, elle t'enlèvera ton honneur, et ta vie sera détruite par un mari sans
pitié. 10 Tes biens profiteront à des étrangers,
ton salaire ira à un inconnu. 11 Finalement, tu
seras complètement épuisé et tu gémiras.
12 Alors tu diras : « J'ai détesté les avertissements, je n'ai pas accepté les reproches,
13 je n'ai pas écouté les conseils de mes maîtres, je n'ai pas fait attention à leurs enseignements. 14 Et maintenant, je suis très
malheureux, presque rejeté de l'assemblée
et de la communauté. »

Être fou d'amour pour sa femme, voilà la sagesse

15 Ta femme est comme l'eau de ta citerne
et celle qui jaillit de ton puits. Bois de cette
eau ! 16 Ne laisse pas ta source couler au dehors et sur la place du marché. 17 Garde-la
pour toi seul, ne la partage pas avec des étrangers ! 18 Trouve ta joie avec la femme choisie
dans ta jeunesse : 19 elle est affectueuse
comme une biche, charmante comme une gazelle. Rends-la heureuse. Que son corps te
remplisse toujours de joie ! Sois toujours fou
d'amour ! 20 Mon enfant, pourquoi aimer la
femme d'un autre et embrasser le sein d'une
inconnue ? 21 Oui, le SEIGNEUR voit la conduite
des humains, il voit chacun de leurs actes.
22 Celui qui agit mal est prisonnier de ses fautes. Elles le retiennent comme un piège. 23 Il
mourra par manque d'éducation. Son immense folie le perdra.

Conseil à propos des dettes des autres

6 1 Mon enfant, supposons ceci : tu t'es déclaré responsable de la dette d'un ami.
2 Te voilà prisonnier des paroles que tu as dites, et pris au piège de tes promesses. 3 Alors,
puisque tu es tombé entre les mains du prê-

teur, voici ce que tu dois faire pour te libérer : va le supplier, insiste auprès de lui. 4 Ne reste pas sans rien faire, ne va pas te coucher avant de réussir. 5 Libère-toi de ce piège comme la gazelle, dégage-toi du filet comme l'oiseau.

Conseil au paresseux

6 Regarde la fourmi, paresseux ! Vois comment elle se conduit, et tu deviendras un sage. 7 La fourmi n'a pas de chef, ni de surveillant, ni de patron. 8 Pendant la bonne saison, elle amasse de la nourriture. Au moment de la récolte, elle fait des réserves. 9 Et toi, paresseux, tu vas rester couché jusqu'à quand ? Quand vas-tu te lever ? 10 Tu dors un peu, tu rêves un peu, tu restes un peu couché en te croisant les bras. 11 Pendant ce temps, la pauvreté arrive comme un voleur, et la misère vient comme un bandit.

Ce qui arrive au menteur

12 Celui qui répand des mensonges ne vaut rien, il fait du mal. 13 Il cligne de l'œil pour tromper les gens, il tape du pied, il claque des doigts. 14 Il a l'esprit tordu, il prépare sans cesse de mauvais coups, il provoque des disputes. 15 C'est pourquoi il tombera d'un seul coup, il sera détruit en un instant, et ce sera sans espoir.

Ce que le Seigneur déteste

16-19 Il y a six choses que le SEIGNEUR déteste et qu'il ne supporte pas du tout :
le regard méprisant,
la bouche menteuse,
les mains qui tuent des innocents,
le cœur qui prépare de mauvais coups,
les pieds qui courent faire du mal,
le *témoin qui dit des mensonges.
Mais il y en a une septième :
Le SEIGNEUR déteste la personne
qui provoque des disputes entre frères et sœurs.

Prendre la femme d'un autre, cela entraîne le malheur

20 Mon enfant, respecte les ordres de ton père, ne repousse pas l'enseignement de ta mère. 21 Garde-les toujours dans ton cœur, mets-les autour de ton cou. 22 Quand tu marcheras, ils te guideront, quand tu seras couché, ils te protégeront. Et quand tu te réveilleras, ils t'aideront. 23 Les ordres sont comme une lampe, l'enseignement est une lumière. Les reproches éduquent et sont un chemin qui conduit à la vie. 24 Ils te protégeront contre la femme qui se conduit mal, contre les paroles trompeuses d'une inconnue. 25 Ne désire pas une telle femme à cause de sa beauté, ne te laisse pas prendre par ses yeux attirants. 26 Oui, une *prostituée se contente d'un peu d'argent, mais une femme mariée prend toute la vie. 27 Si tu mets des charbons brûlants dans ta poche, ton vêtement va prendre feu. 28 Si tu marches sur des braises, tu te brûleras les pieds. 29 Pour celui qui court après la femme d'un autre, c'est pareil ! Celui qui la touche en paiera les conséquences ! 30 Quand un homme vole pour calmer la faim de son estomac, on ne le méprise pas. 31 Mais si on le découvre, il doit rendre sept fois plus, il donnera tout ce qu'il a. 32 L'homme qui couche avec une femme déjà mariée manque de bon sens. En agissant ainsi, il détruit sa vie. 33 On le frappera, il perdra son honneur et il sera couvert de honte. 34 En effet, la jalousie rendra furieux le mari de cette femme, et il sera sans pitié quand il se vengera. 35 Il n'acceptera pas d'argent pour réparer cela. Il ne changera pas d'avis, même si tu le couvres de cadeaux.

Une femme infidèle est un piège pour les jeunes gens

7 1 Mon enfant, souviens-toi de mes paroles, garde avec soin mes ordres. 2 Si tu veux vivre, garde mes commandements et mon enseignement comme ton trésor le plus précieux. 3 Attache-les à tes doigts, écris-les sur ton cœur. 4 Regarde la sagesse comme ta propre sœur et l'intelligence comme ton amie. 5 Elles te protégeront de la femme d'un autre, de cette inconnue aux paroles sucrées.

6 Un jour, j'étais à la fenêtre de ma maison, je regardais à travers les rideaux. 7 J'ai vu des

jeunes gens sans expérience, et parmi eux, j'ai
aperçu un garçon qui manquait de bon sens.
8 Il est passé dans la rue des commerçants,
près de l'endroit où habite une femme infidèle. Et il est allé vers sa maison. 9 C'était le
soir, quand la nuit tombe, et qu'il fait de
plus en plus sombre. 10 La femme vient à
sa rencontre. Elle est habillée comme une
*prostituée, et son cœur n'est pas droit.
11 Cette femme est hardie, sans aucune honte.
Elle n'arrive pas à rester chez elle. 12 Elle va
dans la rue ou sur la place du marché, et
elle attend toujours quelqu'un. 13 Elle attrape
le jeune homme, elle l'embrasse et lui dit
avec assurance : 14 « J'avais promis un *sacrifice à Dieu pour le remercier, je l'ai offert aujourd'hui[d]. 15 C'est pourquoi je suis sortie à ta
rencontre pour te chercher et je t'ai trouvé.
16 J'ai préparé mon lit avec des couvertures
de toutes couleurs, avec des draps en *lin
d'Égypte. 17 Je l'ai parfumé de parfums délicieux. 18 Viens ! Nous allons faire l'amour jusqu'à demain matin, nous prendrons du plaisir
ensemble. 19 Mon mari n'est pas à la maison,
il est parti en voyage très loin. 20 Il a emporté
beaucoup d'argent et il reviendra seulement à
la pleine lune. » 21 Cette femme est très habile. Elle persuade le jeune homme et l'entraîne avec ses paroles sucrées. 22 Alors,
aussitôt il suit la femme, comme un bœuf
va à l'abattoir. Comme un prisonnier, cet
homme stupide va vers sa punition, 23 jusqu'à
ce qu'il soit blessé à mort. Et, comme l'oiseau
qui vole vers le filet, il ne sait pas que sa vie
est en danger.

24 Maintenant, mes enfants, écoutez-moi et
faites attention à ce que je dis ! 25 Que votre
cœur ne se laisse pas tromper par une femme
comme celle-là ! Ne vous perdez pas sur son
chemin ! 26 Elle a blessé beaucoup de gens et
les a fait tomber. Pourtant tous ceux qu'elle
a tués étaient forts. 27 Aller chez elle, c'est aller vers la mort, c'est descendre dans le
monde des morts.

La Sagesse lance de nouveau un appel

8 1 La Sagesse[e] lance un appel,
l'intelligence élève la voix.
Est-ce que vous n'entendez pas ?
2 Sur les collines qui dominent la route,
au carrefour des chemins,
la Sagesse se tient debout.
3 Près des *portes, à l'entrée de la ville,
sur les lieux de passage, elle crie :
4 « Vous, les humains,
c'est vous que j'appelle.
Je m'adresse à vous tous.
5 Vous, les gens sans expérience,
apprenez à avoir du bon sens.
Vous qui manquez de sagesse,
apprenez à être intelligents.
6 Écoutez bien,
car je vais dire des choses importantes
et je vais parler franchement.
7 Oui, je dis la vérité,
car je déteste toutes les paroles fausses.
8 Tout ce que je dis est exact.
Je ne parle jamais pour tromper,
je ne mens pas.
9 Une personne intelligente trouve mes paroles justes,
celle qui est savante les trouve sincères.
10 Choisissez mon enseignement plutôt que l'argent,
préférez la connaissance à l'or pur.
11 En effet, moi, la Sagesse,
j'ai plus de valeur que les bijoux,
et je suis plus précieuse que tout ce que vous désirez. »

La Sagesse se présente

12 « Moi, la Sagesse,
je ne me sépare pas du bon sens,
je sais agir en réfléchissant.
13 Respecter le SEIGNEUR,
c'est détester le mal.
Je déteste l'orgueil, le mépris,
les actions mauvaises et les mensonges.

---

d **7.14** *Une partie de la viande de l'animal offert servait à faire un repas. La femme invite sans doute le jeune homme à y participer.*

e **8.1** *Voir Proverbes 1.20 et la note.*

14 Mon travail est de conseiller les humains
et de leur apprendre à prévoir.
Je suis l'intelligence
et je possède la puissance.
15 Grâce à moi, les rois gouvernent
et les juges établissent des lois justes.
16 Grâce à moi, les chefs commandent,
ainsi que les notables
et tous ceux qui rendent la justice sur la terre.
17 Moi, j'aime ceux qui m'aiment.
Ceux qui me cherchent me trouveront sûrement.
18 Je donne la richesse et l'honneur,
des biens qui durent
et une récompense méritée.
19 Mes bienfaits sont plus précieux
que l'or le plus pur,
et mes dons sont meilleurs
que l'argent de qualité.
20 J'avance sur la route de la justice,
sur le chemin où les lois sont respectées.
21 Là, je donne des biens à ceux qui m'aiment,
je remplis leurs maisons d'objets précieux.
22 Le SEIGNEUR m'a créée la première,
avant toutes les autres choses qu'il a faites.
23 Il m'a formée depuis toujours,
au commencement de tout,
avant que le monde existe.
24 À ma naissance,
les mers n'étaient pas encore là.
Il n'y avait pas de sources remplies d'eau.
25 Je suis née
avant la formation des montagnes,
avant les collines.
26 À ce moment-là,
le SEIGNEUR n'avait pas encore fait la terre,
ni les champs,
ni le premier grain de poussière du sol.
27 J'étais là quand il a posé solidement le ciel,
quand il a tracé l'horizon au-dessus des mers,
28 quand il a fixé les nuages en haut,
quand il a donné leur force aux sources d'en bas,
29 quand il a mis des limites à la mer,
quand il a commandé à l'eau de ne pas les dépasser,
quand il a placé les fondations de la terre.
30 Pendant ce temps,
j'étais là, près du SEIGNEUR,
comme un architecte.
Jour après jour, je lui donnais de la joie,
je jouais sans cesse devant lui.
31 Je jouais sur le sol de la terre qu'il a faite.
Et je trouve ma joie parmi les humains. »

Ils sont heureux, ceux qui écoutent la Sagesse

32 « Et maintenant, mes enfants, écoutez-moi.
Ils sont heureux,
ceux qui font ce que je dis !
33 Écoutez mes avertissements pour être des sages,
ne les méprisez pas.
34 Ils sont heureux, ceux qui m'écoutent,
qui veillent chaque jour à ma porte,
qui surveillent l'entrée de ma maison !
35 Oui, celui qui me trouve a trouvé la vie,
et le SEIGNEUR l'approuve.
36 Mais celui qui ne me trouve pas se blesse lui-même,
tous ceux qui me détestent aiment la mort. »

La Sagesse invite les ignorants

9 1 La Sagesse[f] a taillé sept piliers et elle a
construit sa maison. 2 Elle a tué ses bêtes,
elle a préparé son vin. Le repas est prêt. 3 Elle
a envoyé ses servantes à l'endroit le plus haut
de la ville pour crier cette invitation : 4 « Vous,
les ignorants, venez par ici ! » À ceux qui manquent de bon sens, elle a fait dire : 5 « Venez
manger ma nourriture, venez boire le vin
que j'ai préparé ! 6 Quittez votre bêtise et
vous vivrez ! Prenez donc le chemin de l'intelligence ! »

Le sage et le moqueur

7 Celui qui fait des remarques à un homme
qui se moque de tout récolte seulement du
mépris. Celui qui fait des reproches à un

f 9.1 *Voir Proverbes 1.20 et la note.*

homme mauvais se fait insulter. 8 Ne fais pas
de reproches à quelqu'un qui se moque de
tout, sinon il te détestera. Mais si tu fais
des remarques à un sage, il t'aimera.
9 Conseille un sage, il deviendra plus sage
encore. Enseigne celui qui agit bien, ses
connaissances augmenteront. 10 Le respect
du SEIGNEUR est le commencement de la sagesse[g]. Connaître celui qui est *saint, c'est
être intelligent. 11 Oui, moi, la Sagesse, j'ajouterai des jours à ta vie et j'augmenterai le
nombre de tes années. 12 Si tu es un sage,
c'est toi qui en profiteras. Si tu te moques
de tout, toi seul en supporteras les conséquences.

La Bêtise invite les ignorants

13 La Bêtise[h] est comme une femme bruyante, ignorante et qui ne comprend rien.
14 Elle s'assoit à la porte de sa maison, à l'endroit le plus haut de la ville. 15 Là, elle appelle
les passants qui vont droit devant eux:
16 « Vous, les ignorants, venez ici ! » À ceux
qui manquent de bon sens, elle dit : 17 « Les
boissons volées sont douces, et la nourriture
qu'on mange en secret est délicieuse. » 18 Or,
ces gens-là ne savent pas qu'ils vont avec des
morts, que les invités de la Bêtise sont déjà au
fond du monde des morts.

Proverbes sur la vie morale

10 1 Proverbes de Salomon.
Un enfant qui possède la sagesse fait la
joie de son père. Un enfant qui en manque fait
de la peine à sa mère.

2 Des biens gagnés malhonnêtement ne profitent jamais, mais une conduite honnête délivre de la mort.

3 Celui qui agit bien, le SEIGNEUR le protège de la faim. Mais à ceux qui agissent mal, le SEIGNEUR refuse de donner ce qu'ils désirent avec envie.

4 Mains paresseuses apportent la pauvreté, mains courageuses apportent la richesse.

5 Celui qui travaille à la récolte est un sage, mais celui qui dort à ce moment-là mérite qu'on le méprise.

6 Celui qui agit bien reçoit des *bénédictions. Mais ceux qui agissent mal cachent la violence derrière leurs paroles.

7 Celui qui agit bien laisse un bon souvenir. Mais ceux qui agissent mal, on les oublie complètement.

8 Une personne raisonnable accepte les ordres. Mais celle qui dit n'importe quoi va à sa perte.

9 Une personne honnête vit en sécurité, une personne malhonnête sera punie.

10 Celui qui cache la vérité aux autres les fait souffrir. Mais celui qui les corrige ouvertement leur apporte la paix.

11 Celui qui agit bien est une source de vie. Mais ceux qui agissent mal cachent la violence derrière leurs paroles.

12 Une personne qui déteste les gens provoque des disputes. Mais celle qui aime les autres pardonne toutes les fautes.

13 Une personne intelligente dit des paroles de sagesse. Mais celle qui manque de bon sens reçoit des coups de bâton.

14 Les sages gardent leurs connaissances comme un trésor. Mais ceux qui disent n'importe quoi sont vite ruinés.

15 Les biens protègent un riche avec puissance, mais la misère détruit les pauvres.

16 Avec son salaire, une personne honnête donne la vie. Mais avec ses richesses, une personne malhonnête fait du mal.

17 Quelqu'un qui accepte les avertissements avance vers la vie. Mais celui qui n'écoute pas les reproches perd son chemin.

18 Celui qui cache sa haine est une personne fausse. Celui qui répand des mensonges sur les autres est un sot.

19 Celui qui parle beaucoup fait du tort aux autres. Mais celui qui parle peu est un sage.

20 Les paroles de celui qui agit bien sont aussi précieuses que l'argent le plus pur. Les

---

g **9.10** *Voir Proverbes 1.7.*

h **9.13** *L'auteur présente la Bêtise comme une personne pour l'opposer à la Sagesse. Voir Proverbes 1.20 et la note.*

pensées d'une personne mauvaise ne valent pas grand-chose.

21 Les paroles de celui qui agit bien nourrissent beaucoup de monde. Mais les gens stupides meurent, parce qu'ils manquent de bon sens.

22 C'est la bénédiction du SEIGNEUR qui rend riche, l'inquiétude n'ajoute rien.

23 Faire du mal est un jeu pour le sot. Mais se conduire avec sagesse est un jeu pour une personne raisonnable.

24 Ceux qui agissent mal ont peur de certaines choses, et elles arrivent. Ceux qui agissent bien souhaitent certaines choses, et ils les reçoivent.

25 Quand la tempête est finie, celui qui agit mal n'existe plus. Mais celui qui agit bien résiste toujours.

26 La fumée fait mal aux yeux, le vinaigre agace les dents. De même, le paresseux met en colère son patron.

27 Celui qui respecte le SEIGNEUR vit plus longtemps. Mais celui qui agit mal meurt plus vite.

28 Celui qui agit bien espère de la joie. Mais celui qui agit mal n'a rien à attendre.

29 Le SEIGNEUR protège avec puissance celui qui agit bien. Mais il détruit ceux qui font du mal.

30 Celui qui agit bien ne tombera jamais. Mais ceux qui agissent mal ne resteront pas dans le pays.

31 Quelqu'un qui agit bien dit des paroles sages. Mais on coupera la langue des menteurs.

32 Celui qui agit bien parle avec bonté. Mais celui qui agit mal parle pour tromper.

11 1 Le SEIGNEUR déteste les balances faussées, mais il approuve les poids justes.

2 L'orgueil attire le mépris, mais la modestie produit la sagesse.

3 L'honnêteté éclaire les gens droits, la malhonnêteté détruit les gens faux.

4 Le jour de la mort, la richesse ne sert à rien, mais une conduite honnête délivre de la mort.

5 Une conduite honnête met sur un chemin droit. La méchanceté fait tomber le méchant.

6 Une conduite honnête rend libres les gens droits. Mais les gens faux sont pris au piège de leurs désirs.

7 Quand les gens mauvais disparaissent, leurs espoirs meurent avec eux, et leur confiance dans les richesses n'existe plus.

8 Les personnes qui agissent bien sont délivrées de l'inquiétude. Celles qui agissent mal la connaissent à leur tour.

9 Les personnes qui agissent mal détruisent les autres par leurs paroles. Celles qui agissent bien s'en sortent grâce à leur expérience.

10 Quand de bons dirigeants réussissent, la ville est en fête. Quand de mauvais dirigeants meurent, c'est un cri de joie.

11 Grâce à leurs bienfaits, les gens droits développent leur ville. Mais ceux qui agissent mal la détruisent par leurs paroles.

12 Les gens qui méprisent les autres manquent de bon sens. Ceux qui sont intelligents gardent le silence.

13 Celui qui raconte des mensonges sur les autres livre aussi les secrets. Mais une personne sûre n'en parle pas.

14 Un peuple mal gouverné va à sa perte. Un grand nombre de conseillers donne la victoire.

15 Celui qui accepte de prêter de l'argent à un inconnu aura des ennuis. Celui qui refuse de le faire sera plus tranquille.

16 Une jolie femme reçoit des honneurs, un homme énergique reçoit des richesses.

17 Ceux qui aiment les autres se font du bien à eux-mêmes. Mais celui qui est cruel fait son malheur.

18 Ceux qui agissent mal travaillent pour rien. Mais ceux qui répandent le bien seront sûrement récompensés.

19 Celui qui décide de faire le bien vivra. Celui qui court après le mal, mourra.

20 Le SEIGNEUR déteste ceux qui ont l'esprit tordu, mais il approuve les gens honnêtes.

21 C'est sûr, celui qui agit mal recevra une punition, mais ceux qui agissent bien y échapperont.

22 Un anneau d'or au nez d'un porc : voilà la femme belle mais stupide.

23 Les personnes qui agissent bien désirent seulement ce qui est bien. Celles qui agissent

mal ne peuvent s'attendre qu'à une violente colère.

24 Certains donnent beaucoup et deviennent plus riches. D'autres gardent trop pour eux et deviennent pauvres.

25 Une personne généreuse recevra beaucoup de biens. Celui qui donne à boire recevra à boire, lui aussi.

26 Celui qui garde son *blé en réserve, le peuple le maudit. Mais celui qui le vend, le peuple le *bénit.

27 Celui qui cherche à bien agir, les gens l'approuvent. Celui qui cherche à faire le mal connaît le malheur.

28 Ceux qui comptent sur leur richesse perdent leurs forces. Mais ceux qui agissent bien se développent comme de beaux arbres verts.

29 Ceux qui jettent le trouble dans leur famille récoltent du vent. Ceux qui sont stupides deviendront esclaves du sage.

30 Celui qui agit bien est comme un arbre qui donne la vie[i]. Celui qui possède la sagesse, gagne les cœurs.

31 Ceux qui agissent bien reçoivent leur récompense sur la terre. Alors les gens mauvais et les pécheurs recevront aussi ce qu'ils méritent !

12 1 Les gens qui aiment les avertissements aiment apprendre. Mais ceux qui détestent les reproches sont stupides.

2 Le SEIGNEUR approuve quelqu'un qui agit bien. Mais il condamne ceux qui trompent les autres.

3 Une personne qui agit mal est fragile. Mais celle qui agit bien est comme un arbre aux racines profondes.

4 Une femme de valeur fait honneur à son mari. Mais une femme qui fait honte est comme une maladie qui dévore ses os.

5 Les personnes qui agissent bien ne pensent qu'à respecter les lois. Mais celles qui projettent de faire du mal ne pensent qu'à tromper les autres.

6 Les paroles des gens mauvais sont des pièges qui tuent. Mais celles des gens droits libèrent les autres.

7 Quand les gens mauvais tombent par terre, ils n'existent plus. Mais ceux qui agissent bien ont une famille solide.

8 On chante les louanges d'une personne de bon sens, mais on méprise celle qui a l'esprit tordu.

9 Vivre simplement avec un seul serviteur, cela vaut mieux que faire semblant d'être grand et n'avoir rien à manger.

10 Un bon gardien connaît les besoins de son troupeau. Mais les gens mauvais n'ont aucune pitié.

11 Ceux qui cultivent leur champ ont beaucoup à manger. Mais ceux qui courent après des choses inutiles manquent de bon sens.

12 Les personnes mauvaises regardent avec envie les richesses des gens malhonnêtes. Mais celles qui agissent bien sont fortes et obtiennent de bons résultats.

13 Les gens mauvais sont prisonniers de leurs mensonges. Mais ceux qui agissent bien échappent au malheur.

14 Les paroles peuvent assurer le succès comme le travail donne un salaire.

15 Les gens stupides croient toujours qu'ils agissent bien. Mais les sages écoutent les conseils.

16 Les personnes stupides se mettent tout de suite en colère. Mais les gens prudents cachent ce qui est honteux.

17 Celui qui dit la vérité favorise la justice, le faux *témoin favorise l'erreur.

18 Une personne qui dit n'importe quoi blesse comme une *épée. Mais celle qui parle avec sagesse apporte la guérison.

19 Une parole vraie est toujours valable, un mensonge dure le temps d'un clin d'œil.

20 Les personnes qui cherchent à faire du mal ont le cœur plein de méchanceté. Mais celles qui conseillent le bien sont remplies de joie.

21 Aucun malheur n'arrive aux personnes qui agissent bien. Mais celles qui agissent mal rencontrent beaucoup de difficultés.

---

i **11.30** *Voir Proverbes 3.18 et la note.*

22 Le SEIGNEUR déteste les menteurs, mais il approuve ceux qui disent la vérité.

23 Une personne prudente cache ce qu'elle sait. Mais celle qui est bête étale sa bêtise.

24 L'homme qui travaille dur finira par commander, mais le paresseux deviendra un esclave.

25 Les difficultés découragent, mais une bonne parole remplit de joie.

26 Les gens qui agissent bien sont de bons guides, mais les gens mauvais se trompent de chemin.

27 Un paresseux qui va chasser ne trouve aucune bête à griller. Mais un homme travailleur possède un trésor.

28 La vie se trouve sur la route de la justice. Quelqu'un qui suit ce chemin ne meurt pas.

13 1 Un enfant raisonnable écoute les avertissements de son père. Mais un enfant qui se moque de tout n'accepte aucun reproche.

2 Chacun peut tirer profit de ses propres paroles. Les gens qui font du mal ont soif de violence.

3 Quelqu'un qui surveille ses paroles protège sa vie. Mais celui qui dit n'importe quoi court à sa perte.

4 Le paresseux a des désirs, mais il n'arrive à rien. Au contraire, ceux qui travaillent dur obtiennent tout ce qu'ils veulent.

5 Celui qui agit bien déteste le mensonge. Mais celui qui agit mal couvre les autres d'insultes et de honte.

6 L'honnêteté protège celui qui mène une vie honnête. Mais la méchanceté détruit les méchants.

7 Certaines personnes font semblant d'être riches, et elles n'ont rien. D'autres font semblant d'être pauvres, et elles ont de grands biens.

8 Une personne riche est protégée par sa richesse. Mais celle qui est pauvre n'est pas menacée.

9 Les gens qui agissent bien rayonnent de joie. Mais les gens mauvais sont comme une lampe éteinte.

10 Les orgueilleux provoquent des disputes. Mais ceux qui acceptent les conseils possèdent la sagesse.

11 Une richesse gagnée en peu de temps diminuera. Mais une richesse gagnée petit à petit augmentera.

12 Une personne qui attend trop longtemps quelque chose se décourage. Mais un désir réalisé est comme un arbre qui donne la vie[j].

13 Celui qui ne tient pas compte d'un conseil le paiera cher. Mais celui qui respecte un ordre sera récompensé.

14 L'enseignement du sage est une source de vie. Il permet d'éviter les erreurs qui entraînent la mort.

15 Quelqu'un qui a beaucoup de bon sens plaît aux gens. Mais les gens faux n'obtiennent aucun résultat.

16 Une personne prudente réfléchit avant d'agir, mais celle qui est bête étale sa bêtise.

17 Un mauvais messager apporte le malheur, mais un messager fidèle apporte la guérison.

18 Ceux qui refusent les avertissements seront pauvres et méprisés. Mais ceux qui acceptent les reproches seront honorés.

19 Chacun prend plaisir à satisfaire ses désirs. C'est pourquoi les sots détestent s'éloigner du mal.

20 Si tu vas avec les sages, tu deviendras sage. Si tu fréquentes les sots, tu auras des ennuis.

21 Le malheur poursuit les pécheurs. Mais le bonheur récompense ceux qui agissent bien.

22 Celui qui fait le bien laisse un héritage à ses petits-enfants. Mais la fortune du pécheur est pour ceux qui agissent bien.

23 Le champ bien cultivé du pauvre donne beaucoup à manger. Mais l'homme malhonnête perd ses forces peu à peu.

24 Celui qui ne frappe pas son enfant ne l'aime pas. Celui qui le corrige montre son amour pour lui.

25 Celui qui agit bien aura de la nourriture en abondance. Mais ceux qui agissent mal, leur ventre reste vide.

---

j **13.12** *Voir Proverbes 3.18 et la note.*

14 1 Une femme sage construit sa famille, mais une femme stupide peut la détruire.

2 La personne qui mène une vie droite respecte le SEIGNEUR. Celle qui suit des chemins tordus le méprise.

3 Dans la bouche des gens stupides, l'orgueil fleurit. Mais les paroles des sages les protègent.

4 Celui qui n'a pas de bœufs ne récolte rien. Mais celui qui possède de beaux animaux gagne beaucoup.

5 Un *témoin qui dit la vérité ne trompe pas, mais un faux témoin ne dit que des mensonges.

6 Celui qui se moque de tout peut chercher la sagesse : il ne la trouve pas. Mais un homme intelligent devient vite savant.

7 Ne fréquente pas les sots, leurs paroles ne t'apprendront rien.

8 Une personne prudente fait attention à sa conduite : elle est sage. Celle qui manque de sagesse trompe les autres : elle est stupide.

9 Les gens stupides trouvent inutile de réparer une faute. Mais ceux qui sont droits se mettent d'accord entre eux.

10 Quand quelqu'un est triste, il est seul à connaître la tristesse de son cœur. Quand il est joyeux, personne d'autre ne peut partager sa joie.

11 On détruira la famille des gens mauvais, mais celle des gens droits s'agrandira.

12 Quelqu'un peut penser que sa conduite est bonne, et pourtant, en fait, elle conduit à la mort.

13 Tu peux rire et en même temps souffrir dans ton cœur. À la fin, ta joie se change en tristesse.

14 Celui qui vit n'importe comment recevra ce qu'il mérite. Celui qui se conduit bien aura une meilleure position.

15 Une personne naïve croit tout ce qu'on lui dit. Mais celle qui est prudente commence par réfléchir.

16 Le sage a peur du malheur et il l'évite. Mais le sot se croit en sécurité et se laisse entraîner.

17 Une personne qui se met en colère facilement fait des bêtises. Celle qui trompe les autres, on la déteste.

18 Les gens naïfs finissent par devenir stupides, mais les gens réfléchis deviennent savants.

19 Les mauvais doivent s'abaisser devant les bons. Ceux qui agissent mal doivent frapper à la porte de ceux qui agissent bien.

20 Un pauvre est détesté même par son camarade, un riche a beaucoup d'amis.

21 Une personne qui méprise les autres fait un péché. Mais celle qui a pitié des gens sans importance est heureuse.

22 Les gens qui ont de mauvaises intentions se trompent de chemin. Mais ceux qui ont de bonnes intentions récoltent la bonté et la fidélité.

23 Quelqu'un qui travaille dur en tire des avantages. Mais celui qui se contente de parler sera toujours pauvre.

24 La richesse est la récompense des sages, les sots ne récoltent que de la bêtise.

25 Un témoin qui dit la vérité sauve des vies, mais un menteur trompe les autres.

26 La personne qui respecte le SEIGNEUR est en sécurité, car il protège ses enfants.

27 Le respect du SEIGNEUR est une source de vie, il permet d'éviter les pièges qui tuent.

28 Un peuple nombreux fait la *gloire d'un roi, mais un pays sans habitants entraîne la chute de son chef.

29 La personne qui garde son calme est très intelligente. Mais celle qui se met en colère facilement montre sa bêtise.

30 Un esprit paisible donne la santé, mais la jalousie ronge le corps.

31 Celui qui écrase les pauvres par l'injustice insulte son Créateur. Mais celui qui a pitié des malheureux lui rend *gloire.

32 Celui qui agit mal est écrasé par sa méchanceté. Mais celui qui agit bien garde confiance, même au moment de mourir.

33 Celui qui réfléchit possède la sagesse. Mais est-ce qu'on peut la trouver parmi les sots ?

34 Respecter la justice fait la grandeur d'un pays, mais commettre l'injustice fait la honte des peuples.

35 Le roi approuve un serviteur intelligent. Mais il se met en colère contre celui qui lui fait honte.

15 1 Une réponse pleine de douceur chasse la colère, mais une parole blessante la fait éclater.

2 Quand un sage parle, il donne envie d'apprendre. Quand un sot ouvre la bouche, il ne dit que des bêtises.

3 Le SEIGNEUR voit tout, les méchants et les bons.

4 Une parole encourageante est comme un arbre qui donne la vie[k], mais une parole méchante brise le cœur.

5 Un enfant stupide se moque des avertissements de son père. Mais celui qui accepte ses reproches montre sa sagesse.

6 Quelqu'un qui agit bien a une maison pleine de richesses. Mais l'homme mauvais attire le malheur sur ses biens.

7 La bouche des sages répand la connaissance, mais le cœur des sots est bien différent !

8 Le SEIGNEUR déteste le sacrifice de ceux qui agissent mal. Mais il approuve la prière des gens droits.

9 Le SEIGNEUR déteste la conduite des gens mauvais. Mais il aime celui qui cherche à bien agir.

10 Celui qui abandonne le bon chemin sera sévèrement puni. Celui qui déteste les reproches mourra.

11 Si le SEIGNEUR connaît la profondeur du monde des morts, il connaît encore mieux le cœur humain.

12 Celui qui se moque de tout n'aime pas les reproches, il ne fréquente pas les sages.

13 Un cœur joyeux réjouit le visage, mais la tristesse décourage l'esprit.

14 Celui qui réfléchit cherche à apprendre, mais le sot se nourrit de bêtise.

15 Pour un pauvre, la vie est toujours mauvaise. Mais pour un homme heureux, c'est tous les jours la fête.

16 Il vaut mieux avoir peu et respecter le SEIGNEUR qu'être riche et plein de soucis.

17 Un plat de légumes préparé avec amour vaut mieux que de la viande pimentée de haine.

18 Un homme coléreux provoque les disputes, mais un homme calme les éteint.

19 Le chemin du paresseux est comme un buisson d'épines, mais la route des gens droits est bien large.

20 Un enfant plein de sagesse réjouit son père, mais un sot méprise sa mère.

21 Une personne qui manque de bon sens se réjouit de la bêtise. Mais celle qui réfléchit avance sur un chemin droit.

22 Quand on ne demande jamais conseil, les projets échouent. Mais avec beaucoup de conseillers, ils réussissent.

23 Une bonne réponse donne de la joie, une parole dite au bon moment fait du bien.

24 Une personne sage suit la route qui monte vers la vie. Elle évite la route qui descend vers la mort.

25 Le SEIGNEUR détruit la maison des orgueilleux, mais il protège le champ de la veuve.

26 Le SEIGNEUR déteste les intentions mauvaises, mais il approuve les paroles pleines de bonté.

27 La personne qui court après l'argent fait le malheur de sa famille. Mais celle qui déteste les cadeaux malhonnêtes vivra longtemps.

28 Une personne qui agit bien réfléchit avant de parler. Mais celle qui agit mal crache des paroles méchantes.

29 Le SEIGNEUR est loin des gens mauvais. Mais il écoute la prière de ceux qui agissent bien.

30 Un regard lumineux réjouit le cœur, une bonne nouvelle rend la santé au corps.

31 Une personne qui écoute les leçons de la vie a sa place parmi les sages.

32 Une personne qui refuse les avertissements se méprise elle-même. Mais celle qui accepte les reproches apprend à réfléchir.

k 15.4 *Voir Proverbes 3.18 et la note.*

33 Le respect du SEIGNEUR apprend la sagesse[l]. Pour être honoré, il faut d'abord se faire petit.

Le Seigneur rend sûre la marche des humains

16 1 Les humains font des projets, mais c'est le SEIGNEUR qui prend les décisions.
2 L'être humain croit toujours qu'il agit bien, mais le SEIGNEUR juge le cœur.
3 Confie au SEIGNEUR ce que tu fais, et tes projets se réaliseront.
4 Le SEIGNEUR a tout fait dans un but précis. Il a même créé ceux qui agissent mal pour le jour où ils seront punis.
5 Le SEIGNEUR déteste les orgueilleux, ils seront sûrement punis.
6 Celui qui est bon et fidèle, ses fautes seront pardonnées. Celui qui respecte le SEIGNEUR s'éloignera du mal.
7 Quand le SEIGNEUR approuve la conduite de quelqu'un, il le réconcilie même avec ses ennemis.
8 Mieux vaut peu de biens gagnés honnêtement que beaucoup de richesses obtenues de façon malhonnête.
9 Les humains tracent leur chemin, mais c'est le SEIGNEUR qui assure la marche.

Au sujet des rois

10 Le roi parle comme Dieu lui-même. Quand il rend la justice, il ne ment pas.
11 Les balances justes et leurs plateaux appartiennent au SEIGNEUR, c'est lui qui a fait tous les poids.
12 Les rois détestent faire le mal. En effet, s'ils agissent bien, leur pouvoir est plus solide.
13 Le roi approuve qu'on lui parle sincèrement, il aime ceux qui disent la vérité.
14 Un roi en colère peut envoyer quelqu'un à la mort, mais un homme sage peut le calmer.
15 Quand le roi sourit, c'est la vie ! Sa bonté est comme une pluie qui rafraîchit.

Proverbes sur la vie en société

16 Il vaut mieux posséder la sagesse que de l'or. Il vaut mieux être intelligent que posséder de l'argent.
17 Les gens droits s'éloignent du mal. Celui qui fait attention à sa conduite protège sa vie.
18 L'orgueil produit de grands malheurs, le mépris des autres entraîne la chute.
19 Il vaut mieux vivre simplement avec les pauvres que partager les richesses de guerre avec les orgueilleux.
20 Celui qui réfléchit longtemps à une affaire obtient de bons résultats. Ceux qui ont confiance dans le SEIGNEUR sont heureux.
21 Une personne qui juge avec sagesse est intelligente. Si elle parle gentiment, elle peut convaincre les autres.
22 Le bon sens est une source de vie pour ceux qui en ont. Ceux qui sont stupides sont punis par leur bêtise.
23 Une personne sage réfléchit avant de parler. Ainsi, elle peut convaincre les autres par ses paroles.
24 Des paroles aimables sont comme le miel : elles sont douces pour le cœur, elles font du bien au corps.
25 Quelqu'un peut penser que sa conduite est bonne, et pourtant, en fait, elle conduit à la mort.
26 L'estomac du travailleur le pousse à travailler, car la faim l'oblige à agir.
27 Les gens qui ne valent rien préparent de mauvais coups. Leurs paroles sont comme un feu qui détruit.
28 Une personne fausse provoque des disputes. Celle qui dit du mal des autres divise les amis.
29 L'homme violent trompe son *prochain et le conduit sur un mauvais chemin.
30 Quand quelqu'un ferme les yeux pour préparer un mauvais coup et qu'il se pince les lèvres, il a déjà fait le mal.
31 Une longue vie est une belle récompense. Ceux qui agissent bien la reçoivent.

l **15.33** *Voir Proverbes 1.7.*

32 Quelqu'un qui ne se met pas en colère vaut mieux qu'un héros. Celui qui est maître de lui vaut mieux qu'un chef de guerre.

33 On peut *tirer au sort, mais c'est le SEIGNEUR qui décide de tout.

17 1 Un morceau de pain sec et la tranquillité valent mieux qu'un bon repas dans une maison pleine de disputes.

2 Un serviteur intelligent prendra la place d'un fils qui fait honte. Et dans la famille, il recevra une part d'héritage.

3 On juge la qualité de l'or et de l'argent par le feu, mais c'est le SEIGNEUR qui juge la valeur du cœur humain.

4 Quelqu'un qui fait du mal écoute volontiers les paroles méchantes, et le menteur tend l'oreille aux choses fausses.

5 Celui qui se moque des pauvres insulte leur Créateur. Celui qui se réjouit du malheur des autres sera puni.

6 Les grands-parents sont fiers de leurs petits-enfants et les enfants sont fiers de leurs parents.

7 Un beau langage ne convient pas à un homme grossier, le mensonge convient encore moins à un chef.

8 Un cadeau est un porte-bonheur pour la personne qui veut l'offrir. Elle pense qu'il ouvre toutes les portes.

9 Celui qui pardonne une faute aura des amis. Mais s'il en parle sans arrêt, ses amis partiront.

10 Un seul reproche fait plus d'effet sur un homme intelligent que cent coups de bâtons sur un sot.

11 Ceux qui agissent mal ne cherchent qu'à faire du mal. Ainsi ils attirent sur eux les forces du malheur.

12 Il vaut mieux rencontrer une ourse privée de ses petits qu'un sot rempli de bêtise.

13 Celui qui rend le mal pour le bien abritera toujours le malheur dans sa maison.

14 Commencer une dispute, c'est provoquer une inondation. Arrête-toi avant que la querelle éclate.

15 Celui qui déclare innocent un coupable, et celui qui condamne un innocent, le SEIGNEUR les déteste tous les deux.

16 À quoi sert l'argent dans la main d'un sot ? À obtenir la sagesse ? Sûrement pas ! Il est trop bête pour cela !

17 Un ami montre son affection en toutes circonstances. Un frère est fait pour partager les difficultés.

18 Seule une personne privée de bon sens se déclare responsable de la dette de quelqu'un.

19 Celui qui aime les disputes aime le péché, et l'orgueilleux court à sa perte.

20 Quelqu'un qui a l'esprit tordu ne trouvera pas le bonheur. Celui qui parle mal des autres tombera dans le malheur.

21 Celui qui met au monde un sot n'a que du chagrin, le père d'un enfant stupide ne peut être joyeux.

22 Un cœur joyeux peut guérir une maladie, mais la tristesse fait perdre des forces.

23 Une personne malhonnête accepte des cadeaux en cachette pour qu'on n'applique pas les lois.

24 Une personne intelligente cherche la sagesse qui est proche d'elle. Mais une personne stupide regarde vers des choses qu'on ne peut atteindre.

25 Un enfant sot fait de la peine à son père et il rend triste celle qui l'a mis au monde.

26 Punir un innocent n'est pas bien, frapper des gens respectables est injuste.

27 Quelqu'un qui est maître de ses paroles montre son expérience. Celui qui garde son calme est intelligent.

28 Même les gens stupides peuvent paraître sages s'ils gardent le silence. Quand ils ferment la bouche, on peut croire qu'ils sont intelligents.

18 1 Celui qui se tient à l'écart des autres cherche seulement son intérêt. Quand on veut l'aider, il se met en colère.

2 Ce qui plaît au sot, ce n'est pas de comprendre, c'est de répandre ses idées.

3 La méchanceté entraîne le mépris des autres, et les insultes amènent la honte.

4 Les paroles humaines sont profondes comme la mer. Elles sont comme un torrent qui déborde, une source de sagesse.

5 Prendre parti pour un coupable en refusant de faire justice à l'innocent, c'est une chose mauvaise.

[6] Les paroles d'un sot provoquent des disputes, ce qu'il dit attire les coups.

[7] Les paroles du sot le conduisent à sa perte, sa bouche est un piège pour lui-même.

[8] Les mensonges sur les autres sont comme une nourriture excellente. Ils nous touchent en profondeur.

[9] Celui qui néglige son travail et celui qui le détruit se ressemblent comme des frères.

[10] Le SEIGNEUR protège avec puissance. La personne qui agit bien vient auprès de lui, elle est en sécurité.

[11] Pour le riche, c'est sa richesse qui est une sécurité. Elle le protège comme un mur de défense.

[12] L'orgueil d'un homme le conduit à sa perte. Pour être honoré, il faut d'abord se faire petit.

[13] Celui qui répond avant d'écouter montre sa bêtise et il se couvre de honte.

[14] Quand quelqu'un est malade, son courage le soutient. Mais s'il est découragé, qui va le mettre debout ?

[15] Quelqu'un d'intelligent cherche à apprendre, le sage veut recevoir un enseignement valable.

[16] Si une personne fait des cadeaux, elle entre partout et peut rencontrer des gens importants.

[17] Le premier qui parle dans un procès semble avoir raison. Mais quand son adversaire arrive, il dit le contraire de lui.

[18] Pour arrêter des disputes et prendre des décisions entre des gens puissants, on *tire au sort.

[19] Il est plus difficile de rencontrer un frère qu'on a offensé que de prendre une ville bien protégée. Les disputes ferment le cœur comme les verrous ferment les *portes d'une ville.

[20] Chacun peut manger grâce à ses paroles. Ce qu'il dit l'aide à gagner sa vie.

[21] Les paroles peuvent donner la vie ou la mort. Celui qui aime parler doit en accepter les conséquences.

[22] Celui qui trouve sa femme trouve le bonheur. C'est le SEIGNEUR qui lui fait ce cadeau.

[23] Les pauvres parlent en suppliant, mais les riches répondent avec dureté.

[24] Des camarades nombreux peuvent faire le malheur de quelqu'un. Mais un ami vrai est plus fidèle qu'un frère.

19 [1] Il vaut mieux être un pauvre qui se conduit honnêtement qu'être un menteur et un sot.

[2] Le manque de réflexion n'est pas bon. Quand on va trop vite, on fait des erreurs.

[3] Les humains se trompent de route à cause de leur bêtise. Ensuite, ils se mettent en colère contre le SEIGNEUR.

[4] Un riche a de plus en plus d'amis, mais un pauvre perd le seul ami qu'il a.

[5] Le faux *témoin sera puni un jour, et le menteur recevra ce qu'il mérite.

[6] Beaucoup font des compliments aux gens importants. Tout le monde est l'ami de la personne qui fait des cadeaux.

[7] Si quelqu'un est pauvre, toute sa famille le déteste, et ses amis l'évitent encore davantage. Quand il veut leur parler, ils sont absents.

[8] Une personne qui apprend à réfléchir se fait du bien. Celle qui fait des efforts pour comprendre réussit.

[9] Le faux témoin sera puni un jour, et le menteur va à sa perte.

[10] Un sot n'a pas à vivre dans le luxe, un esclave ne doit pas commander à des chefs.

[11] Les gens intelligents ne se mettent pas en colère facilement, et leur honneur, c'est d'oublier le mal qu'on leur fait.

[12] La colère du roi ressemble au rugissement du lion. Mais sa bonté est pareille aux gouttes d'eau sur l'herbe.

[13] Un enfant privé de bon sens fait le malheur de son père. Les disputes d'une femme sont comme les gouttes d'eau qui n'arrêtent pas de tomber.

[14] Tu peux hériter d'une maison et des biens de tes parents, mais une femme intelligente est un don du SEIGNEUR.

[15] La paresse endort, et celui qui ne fait rien a faim.

[16] Le gens qui respectent les commandements protègent leur vie. Ceux qui ne font pas attention à leur conduite mourront.

[17] La personne qui donne aux pauvres prête au SEIGNEUR, et le SEIGNEUR la récompensera.

18 Corrige tes enfants pendant qu'on peut les aider. Mais dans ta colère, ne les frappe pas à mort.

19 Celui qui se met dans une violente colère doit payer une amende. Si tu ne la demandes pas, tu l'encourages à recommencer.

20 Écoute les conseils, accepte les corrections. À la fin, tu deviendras un sage.

21 Les humains font beaucoup de projets, mais c'est la volonté du SEIGNEUR qui se réalise.

22 Ce qu'on attend de quelqu'un, c'est la bonté, et un pauvre vaut mieux qu'un menteur.

23 Le respect du SEIGNEUR fait vivre. Ceux qui le respectent ne manquent de rien, et le malheur ne les frappe pas.

24 Le paresseux plonge sa main dans le plat, mais il ne la ramène pas à la bouche.

25 Frappe un moqueur, et l'ignorant apprendra quelque chose. Fais une remarque à quelqu'un d'intelligent, il comprendra ce qu'on veut lui apprendre.

26 L'enfant qui a une conduite honteuse vole tous les biens de son père et fait fuir sa mère.

27 Mon enfant, si tu n'écoutes plus les avertissements, tu n'apprendras plus rien.

28 Un témoin qui ne vaut rien se moque des lois. Les gens mauvais aiment faire du mal par leurs paroles.

29 Les moqueurs peuvent s'attendre à être punis, et le dos des sots peut se préparer aux coups.

20 1 Le vin rend l'homme moqueur, l'alcool le rend bruyant. Celui qui en boit trop ne sera jamais un sage.

2 Un roi en colère ressemble à un lion qui rugit. Celui qui augmente cette colère met sa vie en danger.

3 C'est un honneur pour quelqu'un de refuser les disputes. Mais les gens stupides se mettent en colère.

4 Le paresseux ne veut pas labourer au bon moment. Mais à la récolte, il cherche et ne trouve rien.

5 Les pensées humaines sont comme l'eau dans la terre. Une personne intelligente les trouvera.

6 Beaucoup de gens se disent qu'ils sont bons. Mais un homme fidèle, qui peut le trouver ?

7 Ceux qui agissent bien mènent une vie honnête. Les enfants qui viennent après eux sont heureux.

8 Quand un roi est assis au tribunal, il voit tout de suite ce qui est mauvais.

9 Qui peut dire : « J'ai rendu mon cœur *pur, je suis lavé de mon péché ? »

10 Le SEIGNEUR déteste qu'on triche avec les poids et les mesures.

11 Même un enfant montre par ses actes si sa conduite est bonne et droite.

12 Les oreilles pour entendre, les yeux pour voir, c'est le SEIGNEUR qui les a faits.

13 Si tu dors tout le temps, tu deviendras pauvre. Garde les yeux ouverts, tu mangeras à ta faim.

14 L'acheteur dit : « C'est beaucoup trop cher ! » Mais quand il part, il est content de ce qu'il a acheté.

15 On trouve beaucoup d'or et toutes sortes de perles. Mais la chose la plus précieuse, ce sont des paroles qui instruisent.

16 Si une personne s'engage auprès de toi pour que tu prêtes de l'argent à un inconnu, prends son vêtement comme garantie. Garde cette preuve, puisque cette personne s'est engagée pour quelqu'un que tu ne connais pas.

17 Au début, la nourriture volée est délicieuse. Mais quand la bouche est pleine, ce sont des cailloux.

18 Celui qui demande conseil réalise ses projets. Si tu pars à la guerre, calcule bien ton affaire.

19 Celui qui dit partout du mal des autres trahit aussi les secrets. Évite donc les gens qui parlent trop.

20 Si quelqu'un maudit son père et sa mère, sa vie s'éteindra comme une lampe dans la nuit.

21 Une fortune qu'on obtient trop vite au début ne profitera pas plus tard.

22 Ne dis pas : « Je vais rendre le mal pour le mal. » Mets plutôt ta confiance dans le SEIGNEUR, et il te sauvera.

23 Le SEIGNEUR déteste les poids faux. Des balances faussées, ce n'est pas bien.

24 C'est le SEIGNEUR qui dirige la vie d'un homme. Comment celui-ci peut-il comprendre où il va ?

25 Promettre une offrande à Dieu sans réfléchir ou réfléchir seulement après avoir fait un *vœu, cela est dangereux.

26 Un roi sage découvre ceux qui agissent mal et il les écrase.

27 La *conscience est une lampe que le SEIGNEUR donne aux humains pour éclairer le fond de leur cœur.

28 La bonté et la fidélité protègent le roi. La bonté rend son pouvoir plus solide.

29 La fierté des jeunes, c'est la force, la beauté des vieillards, ce sont les cheveux blancs.

30 Les plaies d'une blessure peuvent guérir du mal, les coups peuvent *purifier le fond du cœur.

21 1 Le cœur du roi est comme un fleuve dans la main du SEIGNEUR. Celui-ci le dirige là où il veut.

2 Chacun pense qu'il se conduit toujours bien, mais c'est le SEIGNEUR qui connaît le fond du cœur.

3 Une conduite juste et honnête, cela plaît davantage au SEIGNEUR que les *sacrifices.

4 Un regard méprisant, un cœur orgueilleux, voilà ce qui montre le péché des gens mauvais.

5 Celui qui fait des plans devient riche. Celui qui va trop vite connaît la pauvreté.

6 Ceux qui deviennent riches à force de mentir sont des gens qui courent à la mort. Ils obtiennent des choses sans valeur qui ne durent pas.

7 Les gens mauvais sont perdus à cause de leur violence. En effet, ils refusent de respecter les lois.

8 La conduite d'un bandit est tordue, celle d'un homme honnête est droite.

9 Il vaut mieux habiter dehors que loger avec une femme qui aime les disputes.

10 Quelqu'un de mauvais désire faire le mal, il n'a même pas pitié de son ami.

11 Quand on punit un moqueur, l'ignorant reçoit une leçon de sagesse. Quand on enseigne un sage, celui-ci en profite bien.

12 Celui qui agit bien surveille la maison des gens mauvais et il les pousse dans le malheur.

13 La personne qui ferme ses oreilles au cri d'un malheureux ne recevra pas de réponse quand elle appellera au secours.

14 Celui qui fait un cadeau en secret calme une personne en colère. S'il le glisse dans sa poche, il éteint le feu de sa violence.

15 Le respect des lois est une joie pour ceux qui agissent bien. Mais il effraie ceux qui font le mal.

16 Celui qui ne suit pas le chemin du bon sens ira vite reposer avec les morts.

17 La personne qui aime les plaisirs sera toujours pauvre. Celle qui aime bien boire et bien manger ne deviendra jamais riche.

18 Les gens faux connaîtront le malheur à la place de ceux qui mènent une vie bonne et droite.

19 Il vaut mieux habiter dans un désert qu'avec une femme de mauvais caractère et aimant les disputes.

20 Chez le sage, on trouve un trésor précieux avec la richesse, mais le sot perd tous ses biens.

21 Quelqu'un qui cherche à être juste et bon vivra longtemps. On le traitera avec justice et respect.

22 Un militaire de valeur peut prendre une ville bien protégée. Il peut détruire les murs qui rassuraient ses habitants.

23 Une personne qui surveille toutes ses paroles se protège contre le malheur.

24 Un homme méprisant et orgueilleux se moque de tout. Son orgueil dépasse les bornes dans tout ce qu'il fait.

25 Les paresseux meurent parce qu'ils ne peuvent réaliser leurs désirs. En effet, ils ne veulent rien faire.

26 Ils passent leur temps à envier les autres. Mais celui qui agit bien donne et ne garde rien pour lui.

27 Le *sacrifice des gens mauvais est une chose horrible. Ce qu'ils offrent avec une intention mauvaise est encore pire.

28 Le faux *témoin mourra, mais l'homme qui sait écouter aura toujours le droit de parler.

29 Celui qui agit mal fait semblant d'être sûr de lui. Mais un homme droit a une conduite bien assurée.

30 Aucune sagesse humaine, aucune intelligence, aucune réflexion ne sont valables devant le SEIGNEUR.

31 On prépare les chevaux pour le jour du
combat, mais c'est le SEIGNEUR qui donne la
victoire.

22 1 Une bonne réputation est préférable
à une grande richesse. L'amitié des autres vaut mieux que l'or et l'argent.

2 Riche et pauvre ont un point commun : le
SEIGNEUR les fait vivre tous les deux.

3 Quand le malheur arrive, une personne
prudente se met à l'abri. Mais les gens sans
expérience continuent leur chemin et ils en
paient les conséquences.

4 Celui qui se reconnaît petit respecte le SEI-
GNEUR. Il devient riche, honoré et vit longtemps.

5 La route de l'homme faux est couverte de
buissons d'épines et de pièges. Celui qui veut
protéger sa vie s'en éloignera.

6 Donne à un enfant de bonnes habitudes
dès ses premières années. Il les gardera
même dans sa vieillesse.

7 Les pauvres sont dominés par les riches.
Ceux qui ont des dettes sont prisonniers de
ceux qui leur prêtent de l'argent.

8 Celui qui sème l'injustice récolte le malheur, et sa violence sera brisée.

9 Les personnes généreuses seront bénies,
parce qu'elles nourrissent les pauvres.

10 Chasse ceux qui se moquent de tout, et
les disputes s'arrêteront. Plus de querelles ni
d'insultes !

11 Celui qui aime l'homme au cœur droit et
qui parle avec bonté a le roi pour ami.

12 Le SEIGNEUR protège la vraie connaissance, mais il détruit les paroles des gens faux.

13 Le paresseux dit : « Il y a un lion dehors. Il
va me tuer en pleine rue ! »

14 Les paroles des femmes *adultères sont
un piège dangereux. Ceux que le SEIGNEUR
rejette tomberont dedans.

15 Les enfants aiment ce qui est stupide. Les
coups qui les éduquent les guériront de leur
bêtise.

16 Quelqu'un qui écrase un pauvre par
l'injustice finit par lui donner un avantage[m].
Celui qui donne à un riche devient pauvre.

Conseils variés

17 Écoute bien les paroles des sages, fais attention aux leçons de mon expérience. 18 Ce
sera un plaisir pour toi si tu les gardes au
fond de ton cœur, si tu es toujours prêt à les
citer. 19 Je désire que tu mettes ta confiance
dans le SEIGNEUR. C'est pourquoi aujourd'hui
je vais t'enseigner ces paroles, à toi aussi.
20 J'ai écrit pour toi environ 30 conseils et réflexions, 21 pour t'apprendre à parler avec
exactitude et précision. Pour celui qui t'envoie, tu seras un messager fidèle.

22 Ne vole pas un pauvre parce qu'il est pauvre. Au tribunal, n'écrase pas une personne
sans défense. 23 En effet, le SEIGNEUR défendra
leur cause. Il prendra la vie de ceux qui leur
ont tout pris. 24 Ne deviens pas l'ami d'un
homme coléreux. Ne va pas avec quelqu'un
qui se met en colère facilement. 25 Sinon tu
l'imiteras et tu seras pris au piège.

26 Ne te déclare pas responsable des dettes
des autres. 27 Si tu ne peux pas rembourser à
leur place, on te prendra même ton lit quand
tu seras couché dessus.

28 Ne déplace pas les pierres que tes ancêtres ont posées autrefois pour limiter les
champs.

29 Regarde celui qui travaille bien. Il pourra
se présenter au service du roi, au lieu de rester parmi les ouvriers qu'on ne connaît pas.

23 1 Si tu es à table avec un homme important, fais très attention à celui qui est
devant toi. 2 Si tu as l'habitude de trop manger, limite ton appétit. 3 N'aie pas envie des
bons plats de cet homme, ils peuvent être
un piège pour toi.

m **22.16** *Ce proverbe veut sans doute dire ceci : le pauvre aura l'avantage d'être bien traité par Dieu, qui prend le parti des pauvres.*

4 Ne te fatigue pas pour posséder la richesse, arrête d'y penser. 5 Tu jettes sur elle un coup d'œil, la voilà déjà partie ! Elle sait prendre des ailes comme l'aigle qui s'envole.

6 Ne partage pas la nourriture d'un homme qui est jaloux des autres, n'aie pas envie de ses plats. 7 En effet, il n'est pas ce qu'il paraît. Il te dit : « Mange et bois », mais en fait, il n'est pas sincère. 8 Ensuite, tu vomiras ce que tu viens d'avaler, et tes compliments n'auront servi à rien.

9 Ne dis rien à un sot : il méprisera tes paroles pleines de bon sens.

10 Ne déplace pas les pierres qui limitent les champs pour prendre de la terre aux orphelins. 11 En effet, leur défenseur est puissant : il défendra leur cause contre toi.

12 Ouvre ton cœur aux avertissements que tu reçois, et tes oreilles aux conseils de l'expérience.

13 N'hésite pas à corriger ton enfant. Si tu le frappes, il n'en mourra pas ! 14 Au contraire, en lui donnant des coups de bâton, tu le sauveras de la mort.

Conseils d'un père à son enfant

15 Mon enfant, si ton cœur s'attache à la sagesse, mon cœur sera dans la joie. 16 Je serai très heureux si tu dis la vérité.

17 Ne sois pas jaloux des pécheurs, mais respecte le SEIGNEUR chaque jour. 18 Alors tu auras un avenir, et ton attente ne sera pas déçue.

19 Toi, mon enfant, écoute-moi, et tu deviendras un sage, tu suivras une route droite. 20 Ne va pas avec ceux qui boivent trop de vin, ni avec ceux qui mangent trop de viande. 21 Les ivrognes et ceux qui mangent trop connaîtront la misère. À cause de leur paresse, ils n'auront plus que des chiffons pour s'habiller.

22 Écoute ton père qui t'a donné la vie. Ne méprise pas ta mère quand elle sera vieille. 23 Apprends à être vrai, à réfléchir, aime la bonne éducation et l'intelligence. Et quand tu possèdes ces qualités, ne les gaspille pas. 24 Le père d'un enfant qui se conduit bien danse de joie. Celle qui a mis un sage au monde s'en réjouit. 25 Donne cette joie à ton père et à ta mère. Qu'elle danse de joie, la femme qui t'a mis au monde !

26 Mon enfant, aie confiance en moi et suis mon exemple avec joie. 27 Oui, une *prostituée est aussi dangereuse qu'un trou profond, la femme de quelqu'un d'autre est aussi dangereuse qu'un puits étroit. 28 Comme les bandits, ces femmes tendent des pièges aux gens. Elles ont rendu beaucoup de maris infidèles.

Les effets du vin

29 Qui est malheureux ? Qui vit de regrets ? Qui se dispute et se plaint sans arrêt ? Qui reçoit des coups sans raison ? Qui a les yeux troubles ? 30 C'est l'homme qui passe son temps à boire et qui fait sans arrêt des mélanges d'alcools. 31 Ne regarde pas le vin quand il brille, ou quand il mousse dans ton verre. Il coule facilement dans ta bouche. 32 Mais à la fin, il mord comme un serpent, il pique comme une vipère. 33 Tu verras des choses bizarres et tu diras n'importe quoi. 34 Tu vas te croire en pleine mer, couché à l'arrière du bateau. 35 Tu penseras : « On m'a frappé, mais je n'ai pas mal ! On m'a battu, mais je n'ai rien senti ! Vite ! Je veux me réveiller pour demander encore à boire ! »

Conseils aux sages et aux gens stupides ou mauvais

24 1 Ne sois pas jaloux des gens mauvais, ne désire pas aller avec eux. 2 En effet, ils ne pensent qu'à détruire et ils parlent seulement du mal qu'ils vont faire.

3 Avec l'habileté, on peut construire une maison, avec l'intelligence, on la rend solide. 4 Avec l'expérience, on remplit les chambres de biens précieux et agréables.

5 Un sage est puissant. S'il est savant, il est deux fois plus fort. 6 Aussi calcule bien ton affaire si tu pars à la guerre. Un grand nombre de conseillers donne la victoire.

7 Un homme stupide ne peut pas atteindre la sagesse. C'est pourquoi il ne doit pas ouvrir la bouche quand on discute des affaires de la ville.

8 Celui qui projette de faire du mal, on l'appelle l'artisan des mauvais coups. 9 Les projets d'un homme stupide sont toujours pour le mal, et les gens détestent celui qui se moque de tout.

10 Si tu te décourages le jour où tout va mal, tu as vraiment peu de force !

11 Délivre les condamnés à mort, sauve-les, eux qui ne tiennent pas debout en allant se faire tuer. 12 Tu diras peut-être : « J'ignorais tout. » Mais celui qui connaît les cœurs sait la vérité. Il t'observe, il connaît tout, il rendra à chacun ce qu'il a fait.

13 Mon enfant, mange du miel, parce que c'est bon pour toi, et il sera doux dans ta bouche. 14 Il en va de même avec la sagesse, tu dois le savoir. Si tu la possèdes, tu auras un avenir, et ton attente ne sera pas déçue.

15 Homme mauvais, ne guette pas la maison de celui qui agit bien, pour piller le lieu où il habite. 16 Celui qui agit bien peut tomber sept fois, il se relèvera toujours. Au contraire, ceux qui agissent mal sont renversés par le malheur.

17 Ne te réjouis pas quand ton ennemi tombe, ne danse pas de joie quand il perd l'équilibre. 18 Sinon, en voyant cela, le SEIGNEUR jugera que c'est mal et il évitera de punir ton ennemi.

19 Ne te mets pas en colère contre ceux qui font du mal, ne sois pas jaloux des gens mauvais. 20 Ceux qui font du mal n'ont pas d'avenir, et la vie des gens mauvais est comme une lampe qui s'éteint.

21 Mon enfant, respecte le SEIGNEUR et le roi. Ne fréquente pas ceux qui veulent tout changer. 22 En effet, ces gens-là peuvent être détruits d'un seul coup. Et tu ignores quel malheur le SEIGNEUR et le roi peuvent leur envoyer.

Autres conseils des sages

23 Voici de nouveaux conseils des sages : Quand on juge, ce n'est pas bien de faire des différences entre les gens. 24 Si un juge dit au coupable : « Tu es innocent », la foule maudit ce juge, et le peuple le déteste. 25 Au contraire, ceux qui condamnent les coupables sont satisfaits. Les gens *bénissent ces juges et ils leur souhaitent du bonheur.

26 Une réponse franche est une preuve d'amitié.

27 Termine d'abord ton travail dehors, prépare tes champs pour la récolte. Ensuite, tu pourras fonder une famille.

28 N'accuse pas ton *prochain sans raison. Est-ce que tu veux mentir ? 29 Ne dis pas : « Je le traiterai comme il m'a traité, je lui rendrai ce qu'il m'a fait. »

Les effets de la paresse

30 Un jour, je suis passé près du champ d'un paresseux, près de la *vigne d'un homme sans courage. 31 Les mauvaises herbes poussaient partout, tout était caché par les épines, le mur de pierres était tombé. 32 J'ai réfléchi à ce que j'avais vu et j'en ai tiré cette leçon : 33 Tu dors un peu, tu fermes les yeux un petit moment, tu restes couché sans rien faire. 34 Pendant ce temps, la pauvreté arrive chez toi comme un promeneur, la misère te surprend comme un pillard.

25 1 Voici d'autres proverbes de Salomon. Des écrivains de la cour d'Ézékias, roi de Juda, les ont mis par écrit.

Proverbes variés

2 La *gloire de Dieu, c'est d'agir de façon cachée. La gloire des rois, c'est de découvrir ce que Dieu a caché.

3 Nous ne pouvons pas connaître la hauteur du ciel, ni la profondeur de la terre. De même, nous ne pouvons pas connaître le cœur des rois.

4 Enlève les déchets de l'argent, le bijoutier en fera un objet précieux. 5 Enlève les gens mauvais de la cour du roi, il gouvernera avec justice, et ainsi, son pouvoir deviendra plus solide.

6 Ne te vante pas devant le roi, et ne prends pas la place des grands. 7 Il vaut mieux qu'on te dise : « Monte plus haut », plutôt que d'être abaissé devant un chef.

8 Ne raconte pas trop vite au tribunal ce que tu as vu. Si ton adversaire prouve que tu as tort, qu'est-ce que tu feras ensuite ?

9 Si tu te disputes avec ton voisin, règle ton problème avec lui, mais ne raconte pas ce qu'un autre t'a confié. 10 Sinon, celui qui t'entend peut t'insulter, et tu ne pourras pas rattraper ce que tu as dit de mal.

11 Une parole dite au bon moment est aussi précieuse que des objets en or décorés d'argent.

12 Pour quelqu'un d'attentif, le reproche d'un sage est comme un anneau ou un collier d'or pur.

13 Un messager fidèle rend des forces au maître qui l'envoie. Il est comme la pluie qui rafraîchit en pleine chaleur.

14 Celui qui promet des cadeaux sans les donner ressemble aux nuages et au vent qui n'apportent aucune pluie.

15 Avec beaucoup de patience, on peut persuader un juge. Avec beaucoup de douceur, on peut enlever des obstacles.

16 Si tu as trouvé du miel, mange seulement ce qui t'est nécessaire. Si tu en prends trop, tu le vomiras. 17 Ne va pas trop souvent chez ton ami, sinon tu le fatigueras, et il finira par te détester.

18 Celui qui accuse faussement son *prochain est comme un gros bâton, une *épée ou une flèche pointue.

19 Faire confiance à une personne fausse, au moment du malheur, c'est aussi imprudent que manger avec une dent branlante ou s'appuyer sur une jambe cassée.

20 Chanter des chants de joie à une personne malheureuse, c'est comme quitter ses vêtements un jour de froid, ou mettre du vinaigre sur une plaie.

21 Si ton ennemi a faim, donne-lui à manger, s'il a soif, donne-lui à boire. 22 En faisant cela, tu le gêneras comme s'il avait des charbons brûlants sur sa tête, et le SEIGNEUR te récompensera.

23 Le vent du nord amène la pluie, les mensonges appellent la colère des autres.

24 Il vaut mieux habiter dehors que loger avec une femme qui aime les disputes.

25 Une bonne nouvelle venue de loin, c'est de l'eau fraîche pour quelqu'un qui meurt de soif.

26 Une personne qui agit bien mais qui tremble devant un homme mauvais, ressemble à une source ou à un puits qu'on a sali.

27 Il n'est pas bon de manger trop de miel, ni de rechercher trop d'honneurs.

28 Une personne qui ne domine pas sa colère est comme une ville ouverte, sans murs de défense.

A propos des gens qui manquent de sagesse

26 1 Le froid ne va pas avec la pleine chaleur, la pluie n'est pas souhaitable pendant les récoltes. De même, les honneurs ne conviennent pas aux sots.

2 Comme l'hirondelle passe, comme l'oiseau s'envole, une malédiction injuste ne touche personne.

3 Le fouet est pour le cheval, la bride pour l'âne et le bâton pour le dos des sots.

4 Ne réponds pas à un sot, en tenant compte de sa bêtise. Sinon, tu risquerais de lui ressembler, toi aussi. 5 Réponds à un sot, en tenant compte de sa bêtise[n]. Sinon, il se croira plein de sagesse.

6 Une personne qui fait porter son message par un sot agit aussi bêtement que si elle se coupait les pieds. En effet, elle se prépare de grandes difficultés.

7 Un proverbe dans la bouche d'un sot est aussi faible que les jambes d'un boiteux.

8 Faire des compliments à un sot, c'est comme attacher une pierre à une fronde.

9 Un proverbe dans la bouche d'un sot est comme une flèche dans la main d'un homme ivre.

10 Un patron qui embauche un sot ou un ivrogne qui passe fait du tort à tout le monde.

11 Un sot recommence ses bêtises, comme un chien mange de nouveau ce qu'il a vomi.

12 Si tu rencontres quelqu'un qui se prend pour un sage, tu dois le savoir : il y a plus à attendre d'un sot que de lui.

Portrait du paresseux

13 Le paresseux dit : « Il y a un animal féroce sur la route, un lion dans la rue. »

14 La porte tourne sur ses gonds, le paresseux se retourne sur son lit.

---

n **26.4-5** *Discuter avec un sot, en faisant semblant d'être d'accord avec lui, ne sert à rien. Mais quelquefois, il faut lui tenir tête pour qu'il voie sa bêtise.*

15 Le paresseux plonge sa main dans le plat, mais il trouve fatigant de la ramener à la bouche.

16 Le paresseux se croit plus sage que sept personnes qui répondent intelligemment.

Autres proverbes

17 Le passant qui se mêle d'une dispute qui ne le regarde pas ressemble à quelqu'un qui veut attraper un chien par les oreilles.

18-19 À qui ressemble celui qui trompe les autres et dit ensuite : « Je m'amusais » ? Il ressemble à un fou qui lance autour de lui des morceaux de bois en flammes et des flèches qui tuent.

20 Quand il n'y a plus de bois, le feu s'éteint. Quand il n'y a plus personne pour dire du mal des autres, la dispute s'arrête.

21 Le charbon donne de la braise, les morceaux de bois nourrissent le feu. De même, une personne qui aime les disputes encourage les procès.

22 Les mensonges sur les autres sont comme une nourriture excellente. Ils nous touchent en profondeur.

23 Des paroles d'amitié et un cœur mauvais, c'est de l'argent non *purifié, qui recouvre un plat d'argile.

24 Une personne qui déteste les autres se cache derrière ses paroles. Au fond de son cœur, elle prépare de mauvais coups. 25 Si elle parle gentiment, ne lui fais pas confiance, car son cœur est rempli de pensées horribles. 26 Elle est assez habile pour cacher sa haine, mais tout le monde finira par découvrir sa méchanceté.

27 Quelqu'un qui creuse un trou tombera dedans. Celui qui roule une pierre, la pierre roulera sur lui.

28 Une personne menteuse déteste ceux qu'elle blesse. Une personne qui fait des compliments fait tomber les gens.

27 1 Ne te vante pas de ce que demain sera, car tu ne sais pas encore ce qui va se passer aujourd'hui.

2 Laisse les autres chanter tes louanges. Qu'un étranger le fasse, mais non pas toi !

3 Une grosse pierre est lourde, un sac de sable aussi, mais la colère d'une personne stupide est plus lourde encore.

4 La violence est une chose terrible, la colère est comme un torrent qui déborde, mais qui tiendra devant la jalousie ?

5 Une critique franche vaut mieux qu'une amitié qui ne s'exprime pas.

6 Les reproches d'un ami montrent son affection, mais les signes d'amitié d'un ennemi sont trompeurs.

7 Celui qui n'a pas faim refuse même le miel. Mais celui qui a faim trouve doux ce qui est amer.

8 L'étranger qui erre loin de son pays est comme un oiseau qui erre loin de son nid.

9 Les crèmes et les parfums mettent le cœur en fête. La douceur d'un ami vaut mieux qu'un parfum précieux.

10 Ne quitte pas tes amis ni les amis de ton père. Ne va pas chez ton frère quand tu as une difficulté. Un voisin proche vaut mieux qu'un frère éloigné.

11 Mon enfant, conduis-toi avec sagesse, alors je serai heureux. Et si quelqu'un m'insulte, je pourrai lui répondre.

12 Quand le malheur arrive, une personne prudente se met à l'abri. Mais les gens sans expérience continuent leur chemin et ils en paient les conséquences.

13 Si une personne s'engage auprès de toi, pour que tu prêtes de l'argent à un inconnu, prends son vêtement comme garantie. Garde cette preuve, puisque cette personne s'est engagée pour quelqu'un que tu ne connais pas.

14 Si tu salues ton voisin en criant, tôt le matin, c'est comme si tu l'insultais.

15 Les disputes d'une femme sont comme les gouttes qui, un jour de pluie, n'arrêtent pas de tomber. 16 Si quelqu'un veut les arrêter, c'est comme s'il voulait retenir le vent ou prendre de l'huile dans sa main.

17 Le fer aiguise le fer, les gens deviennent plus humains au contact les uns des autres.

18 Celui qui prend soin de son arbre mangera ses fruits. Le serviteur qui prend soin de son maître sera honoré.

19 Comme notre visage se reflète dans l'eau, les pensées de quelqu'un se reflètent sur son visage.

20 Le trou profond du monde des morts désire sans cesse de nouveaux habitants. De
même, les êtres humains ont sans cesse de
nouveaux désirs.
21 On juge la qualité de l'or et de l'argent par
le feu. Et on juge la valeur d'une personne
d'après l'opinion des autres.
22 Même si tu piles une personne stupide
comme on pile des grains dans un mortier,
sa bêtise lui colle toujours à la peau.
23 Observe bien chacun de tes moutons et
fais attention à ton troupeau. 24 En effet, la richesse ne dure pas toujours et la grandeur ne
passe pas des parents aux enfants. 25 Coupe
l'herbe des champs, et quand l'herbe nouvelle
pousse, ramasse l'herbe sèche sur les montagnes. 26 Élève des moutons pour t'habiller
avec leur laine. Élève des boucs et vends-les
pour acheter un nouveau champ. 27 Élève
beaucoup de chèvres pour avoir beaucoup
de lait. Il te nourrira, il nourrira ta famille et
fera vivre tes servantes.

28 1 Celui qui agit mal fuit, même si personne ne le poursuit. Mais celui qui
agit bien est aussi sûr de lui qu'un jeune lion.
2 Quand un pays se soulève, il y a beaucoup
de chefs. Mais quand son dirigeant est intelligent et a de l'expérience, son pouvoir reste solide.
3 Un dictateur qui écrase les faibles est
comme une pluie qui détruit les récoltes.
4 Ceux qui ne respectent pas la *loi font des
compliments aux gens mauvais. Mais ceux qui
respectent cette loi leur résistent.
5 Les gens mauvais ne comprennent rien au
respect des lois, mais ceux qui cherchent le
SEIGNEUR comprennent tout.
6 Un pauvre qui se conduit honnêtement
vaut mieux qu'un riche qui suit un chemin
tordu.
7 Un enfant qui obéit à la loi est intelligent,
mais celui qui fréquente les gens de mauvaise
vie couvre son père de honte.
8 Si une personne prête de l'argent avec des
intérêts trop élevés et devient riche, sa fortune
ira à quelqu'un qui est bon pour les pauvres.
9 Si quelqu'un ferme ses oreilles pour ne pas
écouter la loi, même sa prière est un acte
horrible.
10 Celui qui entraîne les gens droits sur un
mauvais chemin tombera dans le trou qu'il a
creusé. Mais les gens honnêtes posséderont
le bonheur.
11 Le riche croit qu'il est sage. Pourtant, une
personne pauvre mais intelligente sait ce qu'il
vaut vraiment.
12 Quand ceux qui agissent bien sont victorieux, il y a une grande fête. Mais quand
ceux qui agissent mal prennent le pouvoir,
tout le monde se cache.
13 Celui qui cache ses fautes ne réussira pas.
Mais celui qui les reconnaît et les abandonne
est pardonné.
14 Il est heureux, celui qui a toujours peur
de mal faire. Mais quelqu'un de têtu connaîtra
le malheur.
15 Un mauvais chef qui écrase un peuple de
malheureux est comme un lion qui rugit,
comme un animal sauvage qui bondit.
16 Un chef stupide passe son temps à voler
les gens. Mais celui qui déteste les gains malhonnêtes vivra longtemps.
17 Un assassin fuira jusqu'à sa tombe : il ne
faut pas l'arrêter.
18 Celui qui mène une vie honnête sera
sauvé. Mais celui qui mène une double vie
se perdra dans l'une ou dans l'autre.
19 Quelqu'un qui cultive son champ aura
toujours à manger. Mais celui qui s'occupe
de choses sans valeur sera toujours pauvre.
20 Une personne fidèle sera couverte de
*bénédictions. Mais celle qui se dépêche de
devenir riche sera punie un jour.
21 Ce n'est pas bien de faire des différences
entre les gens. Pourtant, certains peuvent être
injustes pour un petit cadeau.
22 Celui qui est jaloux du bien des autres
court après la richesse. Et il ne sait pas que
la misère tombera sur lui.
23 Finalement nous apprécions davantage
une personne qui nous fait des reproches
que celle qui nous félicite.
24 Celui qui vole son père et sa mère en disant : « Ce n'est pas une faute », ne vaut pas
mieux qu'un bandit.
25 Celui qui est jaloux du bien des autres
provoque des disputes. Mais celui qui met sa
confiance dans le SEIGNEUR deviendra riche.

26 Quelqu'un qui met sa confiance en lui-même est un sot. Mais celui qui se conduit avec sagesse échappe aux dangers.

27 La personne qui donne aux pauvres ne manquera de rien. Mais celle qui refuse de les regarder sera couverte de malédictions.

28 Quand ceux qui agissent mal prennent le pouvoir, tout le monde se cache. Quand ils meurent, ceux qui agissent bien deviennent plus nombreux.

29 1 Une personne qui n'accepte jamais les reproches sera détruite d'un seul coup, et ce sera sans espoir.

2 Quand ceux qui agissent bien ont le pouvoir, le peuple se réjouit. Mais quand c'est un dictateur qui gouverne, le peuple se plaint.

3 Celui qui aime se conduire avec sagesse réjouit son père. Mais celui qui fréquente les *prostituées dépense tout son argent.

4 Un roi qui respecte les lois assure la richesse de son pays. Mais celui qui réclame trop d'impôts le détruit.

5 Celui qui fait des compliments à quelqu'un lui tend un piège.

6 Pour ceux qui agissent mal, leurs fautes sont des pièges. Mais ceux qui agissent bien se réjouissent et dansent de joie.

7 Celui qui agit bien reconnaît les droits des pauvres. Celui qui agit mal n'est pas assez intelligent pour comprendre ces droits.

8 Les comploteurs mettent le désordre dans la ville, mais les sages calment la colère des habitants.

9 Quand un sage est en procès avec un sot, il peut se fâcher ou rire, il ne sera jamais tranquille.

10 Les assassins détestent les personnes honnêtes, mais les gens droits aiment les fréquenter.

11 Le sot montre toute sa colère, mais le sage la retient et la calme.

12 Quand un chef écoute volontiers des mensonges, il n'a que de mauvais serviteurs.

13 Le pauvre et la personne qui profite de lui ont quelque chose en commun : le SEIGNEUR leur donne à tous deux des yeux pour voir.

14 Quand un roi juge les faibles avec justice, son pouvoir reste solide pour toujours.

15 Les coups et les reproches rendent sage, mais un enfant qu'on ne corrige pas fait honte à sa mère.

16 Quand les gens mauvais sont nombreux, il y a beaucoup de crimes. Mais un jour, ceux qui agissent bien verront tomber ces gens-là.

17 Punis ton enfant, tu seras tranquille, et il te remplira de joie.

18 Quand personne ne prévoit l'avenir, le peuple vit dans le désordre. Mais celui qui obéit à la *loi est heureux.

19 On ne corrige pas un serviteur avec des paroles. Même s'il comprend, il n'obéit pas.

20 Si tu vois quelqu'un parler sans réfléchir, tu peux attendre plus de choses d'un sot que de cet homme-là.

21 Celui qui est trop bon avec son esclave dès sa jeunesse, fera de lui un paresseux.

22 Quelqu'un de coléreux provoque des disputes et fait beaucoup de péchés.

23 Quelqu'un d'orgueilleux sera abaissé. Mais celui qui se reconnaît petit sera honoré.

24 Celui qui est l'allié d'un voleur se fait du mal à lui-même. Il connaît la malédiction qui le menace, mais il ne dénonce pas le voleur.

25 Celui qui a peur des autres est pris dans un piège. Mais celui qui met sa confiance dans le SEIGNEUR est en sécurité.

26 Beaucoup de gens recherchent les compliments de leur chef. Mais c'est le SEIGNEUR qui juge chacun.

27 Ceux qui agissent bien détestent les gens malhonnêtes. Et les gens mauvais détestent ceux qui se conduisent bien.

Paroles d'Agour

30 1 Paroles solennelles d'Agour, fils de Yaqué. Voici ce que cet homme a déclaré à Itiel, Itiel et Oukal[o] :

---

o **30.1** *Itiel... : Ces noms propres peuvent être aussi compris comme des verbes et signifier : « Dieu n'est pas ici, il n'est pas là, et je suis épuisé. »*

2 « Oui, je suis trop stupide pour être un homme,
je n'ai pas une intelligence humaine.
3 Je n'ai même pas appris la sagesse
qui me permettrait de connaître celui qui est *saint.
4 Qui est monté au ciel et en est descendu ?
Qui a recueilli le vent dans ses mains ?
Qui a enveloppé l'eau dans son vêtement ?
Qui a fixé toutes les limites de la terre ?
Quel est son nom ?
Quel est le nom de son fils ?
Est-ce que tu le sais ?
5 « Toutes les paroles de Dieu sont dignes de
confiance. C'est un *bouclier pour ceux qui le
prennent comme abri. 6 N'ajoute rien à ses paroles. Sinon, il te fera des reproches et il dira
que tu mens.
7 « Mon Dieu, je te demande seulement
deux choses, donne-les-moi avant ma mort.
8 Éloigne de moi la fausseté et le mensonge.
Ne m'envoie ni pauvreté ni richesse. Donne-
moi seulement ce qu'il me faut pour vivre.
9 En effet, si je suis trop riche, je peux te trahir
en disant : "Qui est le SEIGNEUR ?" Et si je suis
trop pauvre, je peux devenir un voleur. Alors
je ne respecterai plus le nom de Dieu.
10 « Ne dis pas de mal d'un serviteur à son
maître. Sinon celui-ci te maudira, et tu paieras
pour ta faute.
11 « Certains maudissent leur père et ne
*bénissent pas leur mère.
12 « Certains se croient sans défaut, mais ils
n'ont pas nettoyé leur saleté.
13 « Certains sont pleins d'orgueil et regardent les autres avec mépris.
14 « Certains ont des dents comme des
*épées et des mâchoires comme des couteaux.
Ils dévorent les malheureux du pays et ils font
disparaître les pauvres du milieu des humains. »

Proverbes chiffrés

15-16 Le ver qui suce le sang a deux filles.
Elles disent : « Donne, donne ! » Il y a trois
choses qui ne sont jamais satisfaites et qui
veulent toujours davantage :
c'est le monde des morts,
une femme qui ne peut pas avoir d'enfant,
une terre sans eau.
Il y en a une quatrième :
c'est le feu.
Il ne dit jamais : « Cela suffit ! »

17 Si quelqu'un se moque de son père, s'il
refuse d'obéir à sa mère, les corbeaux du torrent lui crèveront les yeux, et les charognards
le dévoreront.

18-19 Voici trois choses qui me dépassent et
que je ne comprends pas :
le vol de l'aigle dans le ciel,
le chemin du serpent sur le rocher,
la route du bateau en pleine mer.
Il y en a une quatrième :
c'est le chemin de l'homme vers la femme.

20 Voilà ce que fait une femme qui trompe
son mari : elle mange, elle s'essuie la bouche
et dit : « Je n'ai rien fait de mal ! »

21-23 Trois choses font trembler le monde, et
on ne peut pas les supporter :
un esclave qui devient roi,
un homme stupide qui mange trop,
une femme insupportable qui réussit à se marier.
Il y en a une quatrième :
une servante qui prend la place de sa maîtresse.

24 Sur la terre, il y a quatre espèces d'animaux qui sont très petits, mais qui ont beaucoup de sagesse :
25 les fourmis. Elles n'ont pas de force, mais elles amassent leur nourriture pendant la récolte.
26 les damans[p]. Ils sont faibles, mais ils font leur maison dans les rochers.

p **30.26** *Le daman ressemble à un lapin.*

27 les sauterelles. Elles n'ont pas de roi, mais elles se déplacent en ordre toutes ensemble.

28 le lézard. Tu peux le prendre avec la main, mais il entre dans le palais des rois.

29-31 Il y a trois êtres vivants qui ont une
belle allure et qui sont beaux à voir :
le lion, le plus courageux des animaux, qui ne recule devant rien,
le coq qui se dresse sur ses pattes,
ou bien le bouc.
Il y en a un quatrième :
le roi qui s'avance à la tête de son armée.

32 Si tu as été assez bête pour te vanter, et si
tu as réfléchi ensuite, évite maintenant de parler. 33 En effet, si on bat la crème du lait, on
obtient du beurre, si on se cogne le nez, il saigne, si on met une personne en colère, cela
provoque des disputes.

Conseils d'une mère à son fils qui est roi

31 1 Voici les conseils que Lemouel, roi
de Massa, a reçus de sa mère :
2 « Écoute, mon fils, toi que j'ai mis au
monde, toi que j'ai tant attendu ! 3 Mon fils,
ne laisse pas les femmes prendre ta force.
Ne te laisse pas guider par celles qui perdent
les rois. 4 Le vin n'est pas bon pour les rois,
et l'alcool n'est pas bon pour les chefs. 5 S'ils
en boivent, ils oublient les lois et ils ne rendent pas justice aux pauvres. 6 Donnez de
l'alcool à celui qui va mourir et du vin à celui qui est triste. 7 Il va boire, il va oublier sa
pauvreté et il ne se souviendra plus de son
malheur. 8 Toi, tu dois parler pour ceux qui
n'ont pas la parole. Tu dois prendre la défense de ceux qu'on abandonne. 9 Parle !
Juge avec justice ! Défends les malheureux
et les pauvres ! »

Portrait de la femme courageuse

10 Une femme courageuse, qui la trouvera ?
Elle a plus de valeur que des bijoux.

11 Son mari a totalement confiance en elle,
elle ne gaspille pas sa richesse.

12 Elle lui fait du bien tous les jours de sa vie
et jamais du mal.

13 Elle cherche avec soin de la laine et du
*lin et elle travaille activement de ses mains.

14 Comme les bateaux de marchandises, elle
fait venir sa nourriture de loin.

15 Elle se lève quand il fait encore nuit. Elle
prépare le repas de sa famille et elle donne
leur travail à ses servantes.

16 Elle réfléchit puis elle achète un champ.
Elle fait une plantation avec l'argent qu'elle
a gagné.

17 Elle se met au travail avec courage, elle ne
reste jamais sans rien faire.

18 Elle voit que ses affaires vont bien, sa
lampe reste allumée tard dans la nuit.

19 Ses mains filent activement la laine, ses
doigts tissent les vêtements.

20 Elle aide les malheureux et elle donne
aux pauvres.

21 Elle n'a pas peur du froid pour sa famille,
car à la maison, tous ont de bons vêtements.

22 Elle a fait des couvertures, et ses habits
sont en lin fin d'un beau rouge.

23 Son mari est un notable qu'on respecte. Il
participe aux réunions des *anciens de la
ville.

24 Elle coud des vêtements pour les vendre,
elle fait des ceintures et les vend au commerçant qui passe.

25 Elle respire la force et la dignité, et elle
regarde l'avenir avec confiance.

26 Elle parle avec sagesse, elle donne ses enseignements avec bonté.

27 Elle s'occupe de tout ce qui se passe
dans sa maison et refuse de rester les bras
croisés.

28 Ses enfants lui font des compliments devant tout le monde, son mari la félicite. 29 Il
dit : « Beaucoup de femmes sont courageuses.
Mais toi, tu les dépasses toutes ! »

30 Le charme est trompeur, la beauté ne
dure pas. La femme qui respecte le SEIGNEUR,
elle seule est digne de louanges.

31 Il faut la récompenser pour ce qu'elle fait.
Toute la ville doit chanter ses louanges pour
son travail.

L'Ecclésiaste

INTRODUCTION

Le mot « ecclésiaste » vient du grec. Il désigne une personne qui a une fonction dans l'assemblée ou le conseil du peuple. Le terme hébreu qui lui correspond se trouve au début et à la fin du livre de l'Ecclésiaste, en 1.1 et 2, et en 12.8 et 9-10. À ces endroits, il est traduit en français par « le Sage ».

Le livre de l'Ecclésiaste contient les paroles d'un sage. Le livre le présente comme un roi d'Israël, fils de David (1.1), et désigne ainsi le roi Salomon, considéré comme le plus grand sage d'Israël.

Voici un plan possible de ce livre bâti autour de l'affirmation du Sage « Tout part en fumée, rien ne sert à rien, rien ne mène à rien » (1.1-2 et 12.8) :

- *L'introduction est un poème (1.3-12) : rien de nouveau n'arrive jamais sur la terre !*
- *De 1.12 à 6.9, le Sage décrit l'enquête qu'il a réalisée. Il dit ce qui se passe sous le soleil, c'est-à-dire sur la terre. Il a vu ceci : la joie, la sagesse et le travail ne mènent à rien, « autant courir après le vent ! » (6.9)*
- *De 6.10 à 11.6, le Sage donne les conclusions de cette enquête. Les humains ne peuvent pas « découvrir comment Dieu agit sur la terre » (8.16-17), et ils ne peuvent pas savoir ce qui arrivera après eux (9.1 ; 11.6, etc.).*
- *De 11.9 à 12.8, le Sage conseille de profiter de la jeunesse et de la vie sous le regard de Dieu. En effet la vieillesse et la mort arrivent pour tous, comme le poème de 12.1-7 le rappelle.*

Le passage 12.9-14 sert de conclusion au livre.

Le Sage constate que les joies et ***les efforts de l'être humain sont inutiles****. Par ailleurs, l'être humain a beau chercher, il ne peut pas trouver par lui-même un sens à sa vie. Le Sage exprime le résultat de son enquête par la répétition de la même expression, traduite selon les cas par : « cela ne sert à rien », « cela ne mène à rien », « cela n'a pas de sens ». Cette expression est développée au début et à la fin du livre (1.2 et 12.8).*

Le Sage propose une autre sagesse que celle du livre des Proverbes. Pour lui, le travail et les efforts de ceux qui agissent bien et avec sagesse ne sont pas récompensés sur la terre. Par ailleurs, le mal et l'injustice ne sont pas punis. Il n'y a pas de réponse à la question que ces désordres posent. Ce que le Sage constate correspond au discours de Dieu à la fin du livre de Job (38.1–42.6). Dieu est le maître de la création, mais cette création est un mystère. Il n'est pas possible de savoir et de comprendre comment Dieu dirige le monde. Dans ces conditions, le Sage propose de ***trouver son bonheur dans les joies de la vie*** *et de les regarder comme un don de Dieu (3.13,22 ; 8.15 ; 9.7-10, etc.).*

D'autres textes de la Bible ont un point de vue différent sur la vie humaine en relation avec les autres et avec Dieu. Mais le livre de l'Ecclésiaste rappelle ceci : la vraie foi en Dieu n'a pas peur de ***regarder en face la condition humaine****. Elle reconnaît que l'intelligence ne peut pas tout comprendre et tout expliquer.*

LES PAROLES DU SAGE

1 [1] Voici les paroles du Sage, fils de David et
roi à Jérusalem[a].

[2] Le Sage dit :
Tout part en fumée,
rien ne sert à rien,
rien ne mène à rien.

Il n'y a rien de nouveau sous le soleil

[3] Les êtres humains
travaillent durement sur terre.
Mais qu'est-ce que cela leur rapporte ?
[4] Une génération passe,
une génération naît,
et le monde est toujours là.
[5] Le soleil se lève,
le soleil se couche,
puis il court vers l'endroit où il se lève.
[6] Le vent souffle vers le sud,
puis il tourne vers le nord.
Il tourne, tourne et s'en retourne,
puis il recommence à tourner.
[7] Tous les fleuves se jettent dans la mer,
pourtant, la mer n'est jamais remplie.
Les fleuves coulent vers un endroit
et, là, ils reviennent aussitôt.
[8] Tout cela est ennuyeux,
on ne pourra jamais le dire assez.
Les yeux voient
et ils veulent voir toujours plus,
les oreilles entendent
et elles veulent entendre toujours plus.
[9] Ce qui a existé existera encore.
Ce qui a été fait se fera encore.
Il n'y a rien de nouveau sous le soleil.
[10] On peut dire de quelque chose :
« Voyez, c'est nouveau ! »
Pourtant, cela existait longtemps,
longtemps avant nous.
[11] Nous, nous oublions
ce qui s'est passé autrefois.
Et ceux qui viendront ensuite
oublieront à leur tour
ce qui va se passer après nous.

Le Sage communique son expérience

[12] Moi, le Sage, j'ai été roi d'Israël à Jérusalem. [13] J'ai pris soin d'étudier attentivement
tout ce qui se passe dans le monde, pour en
comprendre le sens. C'est un travail pénible
que Dieu donne aux humains. [14] J'ai regardé
tout ce qu'on fait sous le soleil. Et voilà : tout
cela ne sert à rien, autant courir après le vent !
[15] Ce qui est courbé, on ne peut le redresser.
Ce qui n'existe pas, on ne peut le compter.
[16] Je me suis dit : « J'ai fait grandir et j'ai développé la sagesse plus que tous ceux qui ont
été rois avant moi à Jérusalem. J'ai une grande
expérience et je connais bien la vie. » [17] J'ai
étudié attentivement ce qui est sage et ce
qui ne l'est pas, ce qui est intelligent et ce
qui est stupide. J'ai compris une chose : cela
aussi, c'est courir après le vent !
[18] Une grande expérience
entraîne une grande tristesse.
Augmenter sa connaissance,
c'est augmenter sa souffrance.

2 [1] Je me suis dit : « Viens, goûte aux plaisirs
de la vie, découvre le bonheur ! » Et voilà,
cela non plus n'a pas de sens. [2] La gaîté est une
chose stupide, et la joie n'apporte rien. [3] J'ai
décidé de me mettre à boire et d'imiter ceux
qui manquent de sagesse, tout en restant maître de moi. Je voulais voir ce que les humains
peuvent faire de bien dans ce monde tout au

---

a 1.1 *Cette introduction place le livre sous l'autorité du roi Salomon, considéré comme le sage par excellence, voir 1 Rois 5.9-14.*

long de leur vie. 4 J'ai réalisé de grandes choses. Pour moi, j'ai bâti des maisons et j'ai planté des *vignes. 5 J'ai fait des jardins et des plantations avec toutes sortes d'arbres fruitiers. 6 J'ai construit des citernes pour arroser les jeunes arbres de mes plantations. 7 Pour moi, j'ai acheté des esclaves, hommes et femmes, j'ai eu beaucoup de serviteurs. J'ai possédé de grands troupeaux de bœufs, et aussi des moutons et des chèvres, plus que tous ceux qui ont vécu avant moi à Jérusalem. 8 J'ai amassé de l'argent et de l'or, les trésors des rois et des provinces sous mon pouvoir. Des chanteurs et des chanteuses venaient me distraire. J'ai eu ce que les hommes désirent le plus : un grand nombre de femmes. 9 Je suis devenu quelqu'un d'important, j'ai dépassé tous ceux qui ont vécu avant moi à Jérusalem. Et pourtant, j'ai gardé ma sagesse. 10 Je me suis donné tout ce que mes yeux désiraient. Je n'ai privé mon cœur d'aucun plaisir. Oui, j'ai profité de tous mes travaux et j'ai été largement récompensé de toutes mes peines. 11 Alors j'ai réfléchi à toutes mes activités et à tout le mal que je me suis donné pour les réaliser. Et voilà : tout cela ne sert à rien, autant courir après le vent ! Les humains ne retirent aucun avantage de ce qu'ils font sous le soleil.

12 J'ai voulu comprendre ce qu'est la sagesse, la folie et la bêtise. Et je me suis demandé : « L'homme qui sera roi après moi, est-ce qu'il fera comme les autres avant lui ? » 13 C'est vrai, j'ai constaté une chose : la lumière vaut mieux que l'obscurité, ainsi la sagesse vaut mieux que la bêtise. 14 En effet, le sage voit où il va, le sot, lui, marche dans la nuit. Mais je sais aussi que tous les deux finiront de la même façon. 15 Alors je me suis dit : Je finirai comme le sot. Donc quel avantage à être plus sage que lui ? Cela ne sert à rien. 16 Tout ce qui arrive au sage et au sot, on l'oublie complètement dès les jours suivants. Le sage meurt comme le sot, et les gens oublient autant le sage que le sot. Pourquoi donc ? 17 Je déteste la vie : tout ce qu'on réalise sur terre me déplaît. En effet, rien ne sert à rien, autant courir après le vent !

18 Je déteste tout le mal que je me suis donné sous le soleil. En effet, je laisserai les résultats à celui qui prendra ma place. 19 Est-ce qu'il sera sage ou stupide, qui le sait ? Pourtant, il possédera tout ce que j'ai obtenu sous le soleil par mon travail et ma sagesse. Cela non plus n'a pas de sens. 20 En voyant tout le mal que je me suis donné sous le soleil, j'étais désespéré. 21 Quelqu'un travaille avec sagesse. Il a de l'expérience et il réussit bien. Or, il doit donner ce qu'il a réalisé à un autre qui n'a rien fait ! Cela non plus n'a pas de sens et c'est très injuste. 22 Oui, qu'est-ce qu'il reste aux humains de toutes leurs activités et de tous leurs efforts sous le soleil ? 23 Tout le jour, ils se donnent du mal et ils souffrent pour réaliser ce qu'ils veulent faire. Même la nuit, ils ne peuvent pas se reposer. Cela non plus n'a pas de sens.

24 Le seul bonheur pour les êtres humains, c'est de manger, de boire et de profiter des résultats de leur travail. J'ai constaté que c'est Dieu qui donne ce bonheur. 25 En effet, qui peut manger et profiter de la vie si Dieu ne le permet pas ? 26 Oui, à l'homme qui est bon à ses yeux, Dieu donne la sagesse, la connaissance et la joie. Mais à l'homme qui agit mal, il donne la charge de rassembler des biens et de les garder pour celui qui est bon à ses yeux. Cela non plus n'a pas de sens, autant courir après le vent !

Il y a un temps pour chaque chose

3 1 Dans ce monde, il y a un temps pour tout et un moment pour chaque chose :

2 Il y a un temps pour naître
et un temps pour mourir,
un temps pour planter
et un temps pour arracher les plantes.
3 Il y a un temps pour tuer
et un temps pour guérir,
un temps pour démolir
et un temps pour construire.
4 Il y a un temps pour pleurer
et un temps pour rire,
un temps pour les chants de deuil
et un temps pour les danses joyeuses.
5 Il y a un temps pour lancer des pierres
et un temps pour les ramasser.
Il y a un temps pour embrasser
et un temps où il n'est pas bon de le faire.

6 Il y a un temps pour chercher
et un temps pour perdre,
un temps pour garder
et un temps pour jeter.
7 Il y a un temps pour déchirer
et un temps pour coudre,
un temps pour se taire
et un temps pour parler.
8 Il y a un temps pour aimer
et un temps pour détester,
un temps pour la guerre
et un temps pour la paix.

9 Quel avantage retire le travailleur du mal
qu'il se donne ? 10 J'ai regardé les occupations
que Dieu impose aux humains. 11 Dieu fait arriver toute chose au bon moment. Il a donné
aussi aux humains le désir de connaître à la
fois le passé et l'avenir. Pourtant, ils ne peuvent pas connaître l'ensemble de ce que
Dieu accomplit. 12 Ainsi, je le sais, le seul bonheur pour eux, c'est de se réjouir et de profiter de la vie. 13 Quand quelqu'un mange, boit
et profite des résultats de son travail, c'est un
don de Dieu. 14 Je le sais, tout ce que Dieu fait,
cela dure toujours. Il n'y a rien à ajouter et
rien à enlever. Et Dieu agit ainsi pour qu'on
le respecte. 15 Ce qui arrive aujourd'hui et ce
qui arrivera plus tard, cela s'est déjà passé autrefois. Dieu reproduit ce qui a disparu dans le
passé.

Tout finit par la mort

16 Voici ce que j'ai encore vu sous le soleil :
là où on doit respecter les lois, on trouve l'injustice, là où on doit rendre la justice, on
trouve encore l'injustice. 17 Je me suis dit
alors : « Dieu jugera celui qui agit bien et celui
qui agit mal. En effet, il y a un temps pour
tout, et il jugera chacune de nos actions. »
18 Au sujet des humains, je me suis dit :
« Dieu veut voir ce qu'ils valent et leur montrer qu'ils sont comme les animaux. » 19 Oui,
ils finissent comme les animaux : ils ont le
même souffle de vie, les uns et les autres doivent mourir. Les humains ne sont pas supérieurs aux animaux, car la vie ne mène à
rien. 20 Toute vie finit de la même manière :
tous les êtres vivants viennent de la terre
qui les a formés, et tous retournent à la terre.
21 Personne ne peut dire : le souffle de vie des
humains monte vers le haut, et celui des animaux disparaît en bas, dans la terre. 22 Je le
vois donc, le seul bonheur des humains, c'est
de profiter de leurs activités. En effet, personne ne les emmènera voir ce qui arrivera
après eux.

Le monde est rempli d'injustices et de situations stupides

4 1 J'ai constaté aussi toutes les injustices
qu'il y a sous le soleil. Partout on voit
des gens maltraités, ils pleurent, et personne
ne leur rend courage. La force est du côté de
ceux qui les écrasent, et personne ne leur
rend courage. 2 À mon avis, ceux qui sont
morts sont plus heureux que les vivants.
3 Mais celui qui n'est pas encore né est beaucoup plus heureux que les morts et les vivants. En effet, il n'a pas vu les injustices
qu'il y a sous le soleil.

4 J'ai vu également ceci : les gens se fatiguent et veulent réussir dans leurs activités
uniquement pour dépasser les autres. Cela
non plus ne sert à rien, autant courir après
le vent ! 5 C'est vrai, le sot qui ne fait rien se
laisse mourir de faim. 6 Mais un peu de repos
au creux d'une main vaut mieux que deux
mains pleines de travail, d'un travail qui est
course après le vent.

7 J'ai vu encore une situation stupide sous le
soleil : 8 Il s'agit d'un homme complètement
seul. Il n'a pas de fils et pas de frère. Il n'arrête
pas de travailler, il a toujours envie d'avoir plus
de richesses. Pourtant il se demande : « Je travaille pour qui ? Je me prive de bonheur pour
qui ? » Cela non plus n'a pas de sens, c'est une
mauvaise façon de passer le temps. 9 Deux hommes associés valent mieux qu'un seul. À deux,
ils obtiennent un meilleur résultat pour leur
travail. 10 Si l'un des deux tombe, l'autre le relève. Au contraire, celui qui est seul, est bien
malheureux. S'il tombe, il n'y a personne
pour le relever. 11 De même, quand on peut
dormir à deux, on a chaud. Mais celui qui est
seul, n'arrive pas à se réchauffer. 12 On peut attaquer facilement celui qui est seul, mais deux
personnes peuvent résister. Une corde tressée
de plusieurs fils ne casse pas facilement.

13 Un jeune homme, pauvre mais intelligent, vaut mieux qu'un vieux roi stupide qui
ne sait pas demander conseil. 14 C'est vrai,
même si le jeune homme est sorti de prison
pour devenir roi, même s'il a commencé par
mendier dans son royaume. 15 J'ai constaté
ceci : sous le soleil, tout le monde se met du
côté du jeune homme qui va prendre le pouvoir à la place de l'ancien roi. 16 Il devient le
chef d'un peuple très nombreux. Pourtant
ceux qui viendront ensuite ne se réjouiront
plus à cause de lui. Cela non plus n'a pas de
sens, autant courir après le vent !

Il vaut mieux ne pas faire trop de promesses à Dieu

17 Attention à ce que tu fais quand tu vas à la
maison de Dieu ! Vas-y pour écouter. Cela
vaut mieux que d'offrir des *sacrifices comme
les sots. En effet, ils ne savent pas qu'ils agissent mal.

5 1 Ne parle pas trop vite et ne te dépêche
pas de faire des promesses à Dieu. Dieu
est au *ciel, et toi, tu es sur la terre. Donc,
parle peu. 2 Quand on a trop de soucis, on
fait des rêves, et quand on parle trop, on dit
des bêtises. 3 Si tu fais une promesse à Dieu,
tiens-la vite, car Dieu n'aime pas les sots.
C'est pourquoi accomplis ce que tu as promis.
4 Il vaut mieux ne rien promettre que de faire
une promesse sans la tenir. 5 Évite les paroles
qui te font commettre une faute. Ne sois pas
obligé de dire au prêtre : « Je me suis
trompé. » Sinon, Dieu va se mettre en *colère
à cause de ce que tu as dit, et il détruira ce que
tu entreprends. 6 On parle beaucoup pour ne
rien dire, quand on rêve trop souvent. Il
vaut mieux respecter Dieu.

Ceux qui ont le pouvoir s'en servent mal

7 Ne sois pas surpris quand tu vois le pauvre
écrasé par l'injustice, quand les gens ne respectent ni les lois ni la justice dans le pays.
En effet, au-dessus d'un fonctionnaire important, il y a un chef plus important que lui,
qui le protège, et tous les deux sont protégés
par des chefs plus importants encore. 8 Pour
le pays, il vaut mieux avoir un roi qui développe le travail des champs.

La richesse ne sert à rien

9 Celui qui aime l'argent n'en a jamais assez, et celui qui aime la richesse n'est jamais
satisfait de ce qu'il a. Cela non plus n'a pas
de sens. 10 Quand un homme possède beaucoup de biens, beaucoup de gens les dévorent.
Qu'est-ce que cela lui rapporte ? Il peut seulement regarder sa richesse. 11 Celui qui vit de
son travail dort bien, quand il a peu à manger
et aussi quand il en a beaucoup. Mais le riche
n'arrive pas à dormir, parce qu'il possède trop
de biens. 12 Sous le soleil, j'ai remarqué une situation pénible : celle d'un homme qui a mis
sa richesse en réserve, et cela cause son malheur. 13 Cette richesse disparaît dans une mauvaise affaire. Et quand il met au monde un fils,
il n'a plus rien dans les mains. 14 Il doit quitter
cette terre comme il est arrivé, quand il est
sorti du ventre de sa mère, c'est-à-dire tout
nu. Il n'a rien retiré de son travail, il ne peut
rien emporter avec lui. 15 C'est un grand malheur pour lui : il doit quitter le monde comme
il est arrivé. Qu'est-ce qu'il a gagné ? Il a travaillé pour rien du tout. 16 De plus, dans sa
vie, il a connu beaucoup de soucis et de tristesse, la colère et le découragement. 17 C'est
pourquoi, voici ce que je pense : le mieux
pour les humains, c'est de manger et de boire,
de profiter des résultats de leur travail pendant la vie que Dieu leur donne. C'est la
part qui leur revient. 18 En effet, Dieu peut
donner à quelqu'un d'être riche, d'avoir des
biens et de s'en servir. Cette personne peut
profiter alors de la part qui lui revient, des résultats de son travail. C'est là un don de Dieu.
19 Alors elle oublie que sa vie est courte, parce
que Dieu remplit son cœur de bonheur.

6 1 J'ai vu encore un malheur sous le soleil,
un grand malheur pour les humains.
2 Voici une personne à qui Dieu donne la richesse, des biens et l'honneur. Elle possède
tout ce qu'elle peut désirer. Mais Dieu ne la
laisse pas profiter de ses biens, c'est quelqu'un d'autre qui en profite. Cette situation
n'a pas de sens, elle est injuste et elle fait souffrir. 3 Un homme peut avoir cent enfants et vivre longtemps. À quoi cela sert-il s'il n'est pas
heureux pendant sa longue vie et s'il n'a pas

de funérailles ? À mon avis, il vaut mieux être
un bébé qui meurt à sa naissance. 4 En effet,
cet enfant a été formé pour rien, il disparaît
dans la nuit, et la nuit effacera son nom. 5 Il
n'a même pas vu le soleil, il ne l'a pas connu.
Il est plus tranquille que l'homme qui vit longtemps. 6 Même si celui-ci vit 2 000 ans, s'il
n'est pas heureux, à quoi cela sert-il ? Finalement, est-ce que tout ne se termine pas par
la mort ?

7 L'être humain travaille seulement pour satisfaire ses désirs, mais il n'est jamais content.
8 Quel avantage le sage a-t-il sur le sot ? À quoi
sert à un pauvre de savoir se conduire dans la
vie ? 9 Il vaut mieux se contenter de ce qu'on a
que de se laisser entraîner par ses désirs. Cela
non plus ne mène à rien, autant courir après le
vent !

Conseils de sagesse

10 Tout ce qui existe est connu depuis longtemps, et nous savons bien ce qu'est un être
humain. Il ne peut pas discuter avec quelqu'un de plus fort que lui. 11 Quand nous
parlons beaucoup, nous disons beaucoup de
choses inutiles. Qu'est-ce que nous gagnons
ainsi ? 12 Les humains traversent la vie aussi
vite que l'ombre. Qui connaît ce qui est bon
pour eux pendant les jours de leur courte
vie ? Personne ne leur dira ce qui arrivera
après eux sous le soleil.

7 1 Une bonne réputation vaut mieux qu'un
parfum de bonne qualité, et le jour de la
mort est préférable à celui de la naissance.

2 Il vaut mieux aller dans une maison en
deuil que là où on fait un bon repas. En effet,
tous les humains finissent par mourir, et il
faut que les vivants s'en souviennent

3 La tristesse vaut mieux que le rire. Elle
rend le visage sombre, mais elle rend le
cœur meilleur.

4 Les sages se trouvent là où les gens souffrent.

Les sots sont là où les gens s'amusent.

5 Il vaut mieux écouter les reproches d'une
personne sage que les compliments des sots.
6 Le rire d'un sot est comme le bruit du bois
sec qui brûle sous la marmite. Il n'a aucun
sens.

7 Un sage qui a le pouvoir de dominer les
autres peut devenir stupide, et les cadeaux
peuvent gâter son cœur.

8 Il vaut mieux terminer une affaire que de
la commencer. Il vaut mieux être patient
qu'orgueilleux.

9 Ne te mets pas en colère trop vite, seuls les
sots se mettent en colère facilement.

10 Ne dis pas : autrefois, c'était mieux qu'aujourd'hui, pourquoi donc ? Celui qui pose
cette question n'est pas un sage. 11 La sagesse
a autant de valeur qu'un héritage et elle profite à tout le monde. 12 En effet, comme l'argent, elle protège du danger. Elle fait vivre
plus longtemps ceux qui la possèdent. C'est
pourquoi on gagne à la connaître.

13 Regardons ce que Dieu a fait. Qui donc
peut redresser ce qu'il a courbé ?

14 Quand tout va bien, sois heureux. Quand
tout va mal, réfléchis. Dieu envoie le bonheur
ou le malheur : ainsi, nous ne savons jamais ce
qui va arriver.

15 Pendant ma courte vie, j'ai tout vu : une
personne qui agit bien meurt à cause de sa
bonne conduite, une personne qui agit mal
continue à vivre, à cause de sa méchanceté.
16 Ne sois pas trop juste ni trop sage. Pourquoi
te détruire toi-même ? 17 Ne sois pas trop méchant, ne deviens pas stupide. Pourquoi mourir avant l'heure ? 18 Il est bon de suivre le
premier conseil et de ne pas oublier le
deuxième. Oui, celui qui respecte Dieu les
suivra tous les deux.

19 La sagesse rend le sage plus fort que dix
gouverneurs d'une ville. 20 Sur la terre, il n'y
a pas une personne juste, capable de faire le
bien sans aucune faute.

21 De plus, ne fais pas attention à tout ce que
les gens racontent. Ainsi, tu n'entendras pas
ton serviteur dire du mal de toi. 22 Tu le sais,
toi aussi, tu as souvent dit du mal des autres.

23 Tout cela, j'en ai fait l'expérience. Je me
suis dit : « Je vais me conduire avec sagesse. »
Mais je n'y suis pas arrivé. 24 Qui peut
comprendre ce qui existe ? Cela s'étend si
loin et va si profond ! 25 Alors j'ai étudié attentivement pour connaître et chercher ce qu'est
la sagesse. J'ai voulu comprendre pourquoi les
choses arrivent. J'ai appris aussi qu'être mé-

chant ou stupide, c'est de la folie. 26 J'ai découvert ceci : une femme qui fait tomber les hommes cause une souffrance plus amère que la
mort. Son amour est un piège, et ses bras
sont comme des chaînes. Celui qui plaît à
Dieu lui échappe, mais le pécheur se laisse
prendre par elle. 27 Le Sage dit : J'ai examiné
les choses l'une après l'autre afin de comprendre pourquoi elles arrivent. 28 J'ai cherché
longtemps sans rien trouver. Voici : j'ai découvert un homme sur 1 000 qui est digne de ce
nom. Mais parmi toutes les femmes, je n'en ai
pas trouvé une seule. 29 J'ai compris seulement que Dieu nous a donné un cœur simple,
à nous les humains. Mais nous, nous compli-
quons tout.

8 1 Personne n'est vraiment sage, personne
ne sait expliquer ce qui arrive. Pourtant
la sagesse d'un homme fait briller son visage,
et il devient moins sévère.

Obéir au roi, c'est se conduire avec sagesse

2 Quand le roi parle, nous devons lui obéir,
comme nous l'avons juré devant Dieu. 3 Ne
nous écartons pas de lui trop vite. Ne continuons pas à faire ce qui lui déplaît, car il agit
comme il veut. 4 La parole du roi a du poids, et
personne ne peut lui demander : « Qu'est-ce
que tu fais ? » 5 Celui qui lui obéit n'aura pas
d'ennuis. Mais le sage le sait, toute chose
sera jugée au moment fixé. 6 Oui, Dieu jugera
toute action un jour, parce que les humains
sont vraiment mauvais. 7 Ils ne savent pas ce
qui va arriver, ni à quel moment cela arrivera.
8 Personne n'est maître de sa vie pour la retenir, et personne ne peut reculer le jour de sa
mort. Quand la guerre est là, personne ne
peut fuir, et la méchanceté ne sauve pas celui
qui fait le mal.

Réflexions sur la vie humaine

9 Tout cela, je l'ai vu : j'ai regardé attentivement ce qui se passe sous le soleil. C'est un
temps où les humains dominent les autres
pour leur faire du mal. 10 J'ai vu des gens mauvais à qui on faisait des funérailles. Ces gens-là
étaient allés souvent au temple. Et à Jérusalem, on avait oublié comment ils avaient agi.
Cela non plus n'a pas de sens. 11 Celui qui
agit mal n'est pas puni tout de suite. C'est
pourquoi le cœur des humains déborde de
mauvaises intentions. 12 Un pécheur peut faire
du mal cent fois et vivre très longtemps. Je le
sais, on dit : « Ceux qui respectent Dieu seront heureux, parce qu'ils reconnaissent son
autorité. 13 Ceux qui agissent mal seront malheureux. Ils passeront aussi vite que l'ombre,
ils mourront jeunes, parce qu'ils n'ont pas reconnu l'autorité de Dieu[b]. » 14 Pourtant voici
encore une situation sur la terre qui n'a pas
de sens : certains agissent bien, et ils sont traités comme ceux qui agissent mal. D'autres
agissent mal, et ils sont traités comme ceux
qui agissent bien. Je le dis encore : cela non
plus n'a pas de sens.

15 Moi, je chante la louange de la joie. En effet, pour les humains, le seul bonheur sous le
soleil, c'est de manger, de boire, de profiter de
la vie. Voilà ce qui doit accompagner leur travail pendant les jours que Dieu leur donne à
vivre sous le soleil. 16-17 J'ai fait des efforts
pour comprendre comment on pouvait être
un sage. J'ai regardé attentivement les occupations des humains sur la terre. J'ai vu ceci :
même en restant éveillés nuit et jour, nous
ne pouvons pas découvrir comment Dieu
agit à travers tout ce qui arrive sous le soleil.
Les humains peuvent se fatiguer pour chercher, ils ne trouvent pas. Et même si le sage
dit : « Je sais », il ne peut pas comprendre.

9 1 Oui, j'ai réfléchi sur tout cela, et voici
ce que j'ai trouvé : ceux qui agissent
bien, les sages, comme leurs activités, sont
dans la main de Dieu. Les humains ne savent
même pas s'ils connaîtront l'amour ou la
haine. Ils ne peuvent rien prévoir. 2 C'est pareil pour tout le monde. Les mêmes choses
arrivent à celui qui agit bien et à celui qui
agit mal, à celui qui est bon et à celui qui

---

b **8.12-13** *Le Sage constate ici que l'observation de la réalité contredit certaines affirmations de la sagesse traditionnelle, comme celles de Proverbes 10.27.*

est mauvais, à celui qui est *pur et à celui qui
ne l'est pas, à celui qui offre des *sacrifices et
à celui qui n'en offre pas. Il n'y a pas de différence entre celui qui est bon et le pécheur,
entre celui qui fait des promesses à Dieu et
celui qui a peur d'en faire. 3 Les mêmes choses arrivent à tous, et c'est mauvais pour tout
ce qui se passe sous le soleil. C'est pourquoi
le cœur des humains déborde de méchanceté, et ils sont stupides pendant toute leur
vie. Ensuite, ils meurent. 4 Or, seul celui
qui est en vie peut encore attendre quelque
chose. Un chien vivant vaut mieux qu'un
lion mort! 5 Oui, les vivants savent qu'ils
mourront, mais les morts ne savent rien du
tout. Eux, ils n'ont plus rien à attendre, puisqu'on les a oubliés. 6 Ce qu'ils ont aimé, ce
qu'ils ont détesté, et même leurs jalousies,
tout cela a disparu avec eux. Ils ne participeront plus jamais à tout ce qui se passe sous le
soleil.

7 Alors, mange ta nourriture avec joie, bois
ton vin de bon cœur, car depuis longtemps,
Dieu approuve ce que tu fais. 8 Porte toujours
des vêtements de fête et n'oublie jamais de
parfumer ton visage. 9 Profite de la vie avec
la femme que tu aimes, tous les jours de la
courte existence que Dieu te donne sous le soleil. Oui, ta vie est courte, et c'est la part que
tu reçois pour le travail que tu fais sous le soleil. 10 Tout ce que tu peux accomplir avec tes
seules forces, fais-le. Car dans le monde des
morts où tu vas aller, on ne peut rien faire,
on ne peut pas réfléchir, il n'y a ni connaissance ni sagesse.

La sagesse ne donne pas toujours de bons résultats

11 J'ai vu encore certaines situations sous le
soleil. Les plus rapides ne gagnent pas toujours à la course. Les plus courageux ne remportent pas toujours la victoire dans un
combat. Les plus sages ne gagnent pas toujours leur vie facilement. Les plus intelligents
ne sont pas toujours riches. Les plus savants
ne sont pas toujours honorés. En effet, tous
connaissent le bonheur et le malheur.
12 Non, les humains ne savent pas ce qui va
leur arriver. Comme les poissons attrapés
dans le filet trompeur, comme les oiseaux
pris au piège, les humains voient le malheur
tomber sur eux par surprise.

13 J'ai encore vu quelque chose qui m'a fait
réfléchir au sujet de la sagesse sous le soleil.
14 Il y avait une petite ville avec peu d'habitants. Un roi puissant est venu l'attaquer. Il
a creusé contre elle des fossés. 15 Il y avait là
un homme pauvre mais sage. Il pouvait sauver
la ville grâce à sa sagesse, mais personne ne
s'est souvenu de cet homme pauvre. 16 Alors
moi, je dis : la sagesse vaut mieux que la force,
mais quand un sage est pauvre, les gens méprisent sa sagesse et n'écoutent pas ce qu'il
dit. 17 Pourtant, on écoute plus facilement un
sage qui parle avec calme qu'un chef qui
crie ses ordres à des sots. 18 La sagesse est
meilleure que les armes, mais un seul mala-
droit détruit tout le bien qu'elle fait.

10 1 Des mouches mortes gâtent et abîment l'huile du parfumeur. De même
un peu de bêtise gâte la sagesse et l'honneur.

2 Le sage raisonne bien, le sot comprend
tout de travers.

3 Même quand l'homme stupide marche sur
la route, il manque de bon sens. Cela fait dire
à tout le monde qu'il est fou.

4 Si ton chef se met en colère contre toi, ne
quitte pas ton poste. Une attitude calme évite
de grandes erreurs.

5 Un roi peut se tromper, et j'ai vu beaucoup
d'injustices sous le soleil. 6 Par exemple, des
gens stupides obtiennent quelquefois des postes élevés, et des gens importants restent à des
places inférieures. 7 J'ai vu des esclaves montés sur des chevaux, et des grands aller à
pied comme des esclaves.

8 Celui qui creuse un trou risque de tomber
dedans, celui qui démolit un mur peut se faire
mordre par un serpent. 9 Celui qui extrait des
pierres du rocher risque de se blesser, celui
qui fend du bois peut se faire mal. 10 Si le fer
d'une hache ne coupe plus, et si on ne l'ai
guise pas, il faut deux fois plus de force pour
frapper. La sagesse a l'avantage de faire réussir les choses.

11 Celui qui sait calmer un serpent, s'il
commence par se faire mordre, quel avantage
pour lui de savoir le calmer ?

Autres conseils de sagesse

12 Quand un sage parle, ses paroles plaisent
aux gens. Mais quand un sot ouvre la bouche,
ses paroles le perdent. 13 Il commence par
dire des bêtises, et il finit par des paroles stupides et méchantes. 14 Une personne stupide
parle sans arrêt. Pourtant les humains ne savent pas ce qui va arriver. Qui leur dira à
l'avance ce qui se passera après eux? 15 Un
sot se fatigue beaucoup pour rien. Il ne sait
même pas trouver le chemin pour aller en
ville.
16 Quel malheur pour un pays d'avoir pour
roi un enfant, et des ministres qui passent
tout leur temps à manger! 17 Il est heureux,
le pays qui a pour roi un fils de notable, et
des ministres qui mangent au bon moment!
Ils le font pour reprendre des forces, et non
pour boire comme des ivrognes.
18 Quand un homme est paresseux, le toit
de sa maison tombe. Quand il ne fait rien, il
pleut chez lui.
19 Pour s'amuser, les riches font de bons repas. Le vin réjouit leur vie, et l'argent permet
tout. 20 Ne maudis pas le roi, même en pensée.
Ne critique pas les gens importants, même
dans ta chambre. Un oiseau peut emporter
tes paroles et raconter ce que tu as dit.

Il faut savoir prendre des risques

11 1 N'hésite pas à prendre des risques, à la
fin, tu pourras obtenir de bons résultats.
2 Mais ne mets pas toutes tes richesses au
même endroit, car tu ne sais pas quel malheur
peut arriver sur la terre.
3 Quand les nuages sont pleins d'eau, il
commence à pleuvoir. Un arbre peut tomber
à droite ou à gauche. En tout cas, il reste là
où il est tombé.
4 Le paysan qui a peur du vent ne sème pas.
Celui qui a peur de la pluie ne récolte pas.
5 Comment un enfant est-il formé dans le
ventre de sa mère et d'où vient le souffle de
vie? Tu n'en sais rien. De même, tu ne peux
pas connaître comment Dieu agit, lui qui fait
toutes choses. 6 C'est pourquoi sème tes graines dès le matin, n'arrête pas de travailler jusqu'au soir. En effet, quelle activité va réussir?
Celle-ci ou celle-là? Tu l'ignores. Elles sont
peut-être bonnes toutes les deux.
7 La lumière est douce, et il est bon pour
les yeux de voir le soleil. 8 Même si l'être humain vit longtemps, il doit se réjouir de toutes ses années. Rappelons-nous ceci: les jours
sombres seront nombreux, et l'avenir est fragile.

Profite de ta jeunesse et souviens-toi de ton Créateur avant de mourir

9 Toi qui es jeune, profite de ta jeunesse sois
heureux pendant ce temps-là. Fais tout ce que
tu désires, tout ce qui te plaît. Mais tu dois le
savoir: Dieu jugera tout ce que tu as fait.
10 Chasse la tristesse de ton cœur, chasse la
maladie de ton corps. Oui, la jeunesse et les
cheveux noirs passent vite.

12 1 Pendant que tu es jeune, souviens-toi
de ton Créateur. Souviens-toi de lui
avant l'arrivée des jours mauvais[c], avant le
moment où tu diras: «Je n'ai plus envie de
vivre.»
2 À ce moment-là,
le soleil et la lumière paraissent sombres,
la lune et les étoiles s'éteignent,
les nuages reviennent après la pluie.
3 Alors les gardiens de la maison
tremblent de peur,
les gens forts se courbent,
les femmes arrêtent de piler,
parce qu'elles sont trop peu nombreuses,
celles qui regardaient par la fenêtre
perdent leur beauté.
4 Alors la porte qui donne sur la rue se ferme,
les pilons restent silencieux.
L'oiseau s'arrête de chanter,
toutes les chansons se taisent.

---

c **12.1** *Les jours mauvais sont ceux de la vieillesse et de la mort qui approche. Les versets 2 à 6 parlent de la fin de la vie: ils emploient des images qui décrivent les faiblesses et les maladies des personnes âgées.*

5 Alors la route qui monte fait peur,
la marche effraie.
Les cheveux deviennent blancs
comme un arbre en fleurs,
le corps est lourd
comme une sauterelle qui retombe à terre,
la vie s'en va
comme le fruit tombe de l'arbre.
Oui, un jour, chacun s'en va vers la tombe,
qui sera sa dernière maison.
Et les pleureuses sont déjà dans la rue.
6 Alors le fil d'argent se détache,
la *coupe d'or se brise,
la jarre pleine d'eau se casse,
la corde du puits se détache.
7 La poussière retourne à la terre
d'où elle vient,
le souffle de vie retourne à Dieu
qui l'a donné.
8 Le Sage dit :
« Tout part en fumée,
rien ne mène à rien. »

Conclusion

9 Il faut encore ajouter ceci : Le Sage n'a pas
seulement été un sage, mais de plus, il a enseigné aux gens ce qu'il savait. Il a réfléchi sur
beaucoup de proverbes, il les a examinés et
corrigés. 10 Le Sage s'est appliqué à trouver
des paroles agréables et il a écrit honnêtement
ce qui est vrai. 11 Les paroles des sages sont
comme des bâtons pointus qui font avancer
les animaux. Ceux qui écrivent des livres
sont comme des piquets bien plantés[d]. Tout
est donné par Dieu qui est le seul berger.
12 Mon fils, évite d'y ajouter quelque chose.
Écrire des livres est un travail sans fin, et
étudier beaucoup est très fatigant.

13 Voici la conclusion de tout ce qui a été
dit : respecte Dieu et obéis à ses commandements. Oui, voilà ce que tous les êtres humains doivent faire. 14 En effet, Dieu jugera
tout ce que nous avons fait, même nos actions
cachées, bonnes ou mauvaises.

d **12.11** *Ces piquets marquent les limites à ne pas dépasser et montrent le bon chemin.*

Cantique des Cantiques

INTRODUCTION

L'expression « le Cantique des Cantiques » signifie « le plus beau de tous les chants ».

Le livre du Cantique des Cantiques rassemble des ***poèmes d'amour****.*

Un homme et une femme chantent les sentiments qu'ils ont l'un pour l'autre. Ils le font avec une grande vérité et beaucoup de délicatesse. Cet homme et cette femme se cherchent, se trouvent, puis se perdent. Ils se mettent alors de nouveau à la recherche l'un de l'autre. Leurs chants sont parfois interrompus par les voix de bergers, les amis de l'homme, la mère ou les frères de la femme, ou encore les amies de celle-ci. Mais personne ne peut les empêcher de s'aimer.

Le nom de Dieu n'apparaît jamais dans les poèmes du Cantique des Cantiques.

À travers les âges, les lecteurs les ont compris et les comprennent encore de différentes façons. Voici les deux principales : Pour certains, ces poèmes chantent l'amour de l'homme et de la femme. Cet amour humain fait partie de la bonne création de Dieu. Pour d'autres, ils chantent, à travers l'amour d'un homme et d'une femme, la relation entre Dieu et son peuple.

---

1 [1] Le plus beau de tous les chants.
Il appartient aux écrits de Salomon.

Les deux amoureux

(La jeune fille)

2 Couvre-moi des baisers de ta bouche.
Ta tendresse est plus délicieuse que le vin,
3 plus agréable que l'odeur de tes parfums.
Tu plais comme un parfum délicat.
C'est pourquoi les jeunes filles
sont amoureuses de toi.
4 Entraîne-moi avec toi,
courons ensemble !
Mon roi,
conduis-moi dans ta chambre.
Alors grâce à toi,
nous serons fous de bonheur.
Nous chanterons ta tendresse
plus délicieuse que le vin.
Oui, les jeunes filles
ont bien raison de t'aimer.

5 Filles de Jérusalem,
ma peau est brune mais je suis jolie
comme les tentes des nomades,
comme les beaux rideaux des palais.
6 Ne faites pas attention à ma peau brune,
c'est le soleil qui m'a dorée.
Mes frères étaient en colère contre moi,
ils m'ont forcée à garder les *vignes.
Mais ma vigne à moi, je ne l'ai pas gardée.

7 Toi que mon cœur aime, dis-moi :
où conduis-tu ton troupeau ?
Dis-moi : où le fais-tu reposer à midi ?
Ainsi je n'aurai pas l'air de courir partout,
près des troupeaux de tes camarades.

(Les bergers)

8 Si tu ne le sais pas,
toi la plus belle des femmes,
suis les traces des moutons,
et conduis tes petites chèvres
près des abris des bergers.

(Le jeune homme)

9 Mon amie,
je te compare au cheval magnifique
qui conduit le char du roi d'Égypte.
10 Entre tes longues boucles d'oreilles,
tes joues sont jolies.
Ton cou est beau
au milieu des colliers.

(Les bergers)

11 Nous te ferons des boucles d'or
avec des points d'argent.

(La jeune fille)

12 Pendant que mon roi prend son repas,
mon nard parfumé répand son odeur.
13 Pour moi, celui que j'aime
est comme un peu de myrrhe[a]
reposant entre mes seins.
14 Pour moi,
il est pareil aux fleurs de henné,
au milieu des *vignes,
à la Source-du-Cabri.

(Le jeune homme)

15 Comme tu es belle, mon amie,
comme tu es belle !
Tes yeux sont charmants
comme des *colombes !

(La jeune fille)

16 Comme tu es beau, toi que j'aime !
Tu es magnifique !
Notre lit à nous, c'est l'herbe verte.
17 Les *cèdres, voilà les poutres de notre maison,
les cyprès, voilà les murs.

2 1 Et moi, je suis une fleur du Saron[b],
une jolie fleur des vallées.

(Le jeune homme)

2 Une jolie fleur dans un buisson d'épines,
voilà mon amie parmi les jeunes filles.

(La jeune fille)

3 Un arbre à fruits
au milieu de la forêt,
voilà celui que j'aime
parmi les jeunes hommes.
J'ai voulu m'asseoir à son ombre,
et ses fruits sont doux à ma bouche.
4 Il me fait entrer dans la salle de fête.
Au-dessus de moi, à l'entrée,
il a écrit : « Amour ».
5 Vite, avec des gâteaux
rendez-moi des forces,
guérissez-moi avec des fruits.
Oui, je suis malade.
6 Sa main gauche soutient ma tête,
et son bras droit me serre contre lui.

(Le jeune homme)

7 Filles de Jérusalem, je vous en supplie,
au nom des gazelles
et des biches[c] des champs,
ne réveillez pas mon amour,
ne la dérangez pas
avant qu'elle donne son accord.

Le jeune homme arrive

(La jeune fille)

8 J'entends celui que j'aime.
Le voici : il vient.
Il bondit sur les montagnes,
il saute sur les collines.
9 Celui que j'aime ressemble à une gazelle
ou au petit de la biche.
Le voici : il s'arrête derrière le mur
de notre maison.
Il regarde par la fenêtre,
il guette à travers le grillage.
10 Il me dit :
« Lève-toi, mon amie, ma belle, et viens !
11 La mauvaise saison est finie,
la pluie ne tombe plus, elle s'en est allée.
12 Sur la terre, les fleurs paraissent,
c'est le temps des chansons.

---

a **1.13** *La myrrhe est un parfum précieux tiré d'une plante.*

b **2.1** *Le Saron : grande plaine au sud des montagnes du Carmel.*

c **2.7** *Dans l'ancien Orient, la gazelle et la biche représentaient souvent l'amour, voir Cantique 2.9.*

Dans les champs,
voici la voix de la tourterelle[d].
13 Les figues vertes mûrissent déjà,
les *vignes en fleur répandent leur parfum.
Lève-toi, mon amie, ma belle,
et viens !
14 Ma *colombe,
cachée dans les fentes du rocher,
dans les trous des hautes pierres.
Montre-moi ton visage,
fais-moi entendre ta voix.
Ta voix est si agréable,
et ton visage est si beau. »

(La mère)

15 Attrapez pour nous les renards,
les petits renards qui abîment les *vignes.
C'est le moment où nos vignes sont en fleur.

(La jeune fille)

16 Celui que j'aime est à moi,
et je suis à lui.
Il conduit son troupeau
parmi les lys en fleurs.
17 Avant que se lève le souffle du soir,
quand l'ombre s'étend sur la terre,
reviens, toi que j'aime.
Cours comme la gazelle
ou le petit de la biche
sur les montagnes séparées.

Elle rêve qu'elle part le chercher

(La jeune fille)

3 1 Sur mon lit, pendant la nuit,
je cherche celui que mon cœur aime.
Je le cherche, mais je ne le trouve pas.
2 Je me lèverai.
Je ferai le tour de la ville,
des rues et des places.
Je chercherai celui que mon cœur aime.
Je le cherche, mais je ne le trouve pas.
3 Je rencontre les gardes,
ceux qui font le tour de la ville :
« Est-ce que vous avez vu
celui que mon cœur aime ? »
4 Je les dépasse.
Aussitôt après,
je trouve celui que mon cœur aime.
Je lui prends la main.
Je ne le lâcherai plus avant de le faire entrer
dans la maison de ma mère,
dans la chambre
où elle est devenue enceinte de moi.

(Le jeune homme)

5 Filles de Jérusalem, je vous en supplie,
au nom des gazelles
et des biches[e] des champs,
ne réveillez pas mon amour,
ne la dérangez pas
avant qu'elle donne son accord !

(La jeune fille)

6 Qui arrive du désert
comme un nuage de fumée,
parfumé de myrrhe, *d'encens
et de tous les parfums
des commerçants étrangers ?

7 C'est le roi Salomon étendu sur sa litière[f].
Soixante combattants courageux l'entourent.
Ce sont les héros d'Israël.
8 Ils sont tous armés d'une *épée
et entraînés à la guerre.
Chacun porte son arme à la ceinture
pour se protéger des dangers de la nuit.
9 Le roi Salomon a commandé
un siège à porteurs en bois du Liban.
10 Il a fait faire des supports en argent,
un dossier en or,
un siège en très beau tissu rouge.
Les filles de Jérusalem
ont arrangé l'intérieur
avec amour.
11 Filles de Jérusalem,
venez voir le roi Salomon.

---

d **2.12** *La tourterelle est un oiseau de la famille des pigeons.*
e **3.5** *Voir Cantique 2.7 et la note.*
f **3.7** *Une litière est une sorte de lit, qui est porté ici par les soldats du roi.*

Il porte la couronne
que sa mère lui a donnée
le jour de son mariage !
Ce jour-là, son cœur était plein de joie.

(Le jeune homme)

4 [1] Comme tu es belle, mon amie,
comme tu es belle !
Derrière ton voile,
tes yeux sont charmants
comme des *colombes.
Tes longs cheveux ressemblent
à un troupeau de chèvres
descendant du mont Galaad.
2 Tes dents sont comme un troupeau
de brebis tondues
qui viennent d'être lavées.
Toutes ont leur sœur jumelle,
et aucune ne manque.
3 Tes lèvres sont un fin ruban rouge,
et ta bouche est jolie.
Derrière ton voile, tes joues
ressemblent à deux tranches de fruit rouge.
4 Ton cou est pareil à la Tour-de-David,
solidement construite.
Là, mille *boucliers sont accrochés.
Tous sont des armes de héros.
5 Tes seins ressemblent à deux cabris,
aux jumeaux d'une gazelle,
qui broutent dans un champ de fleurs.
6 Avant que se lève le souffle du soir,
quand l'ombre s'étend sur la terre,
je vais aller vers la montagne de la myrrhe[g],
vers la colline de *l'encens.
7 Tu es très belle, mon amie,
et sans aucun défaut.

8 Viens avec moi du Liban, ma fiancée,
viens avec moi du Liban.
Descends des montagnes de l'Amana,
du Senir et de l'Hermon.
Quitte ces abris des lions,
ces montagnes à léopards.
9 Tu me fais perdre la tête,
petite sœur, ma fiancée,
tu me fais perdre la tête
par un seul de tes regards,
par une seule perle de tes colliers.
10 Comme elle est merveilleuse, ta tendresse,
petite sœur, ma fiancée !
Elle est plus délicieuse que le vin !
L'odeur de tes parfums est plus agréable
que tous les parfums précieux.
11 Ton baiser a la douceur du miel.
Du miel et du lait
se cachent sous ta langue.
Tes vêtements
ont l'odeur des forêts du Liban.
12 Tu es mon jardin privé,
petite sœur, ma fiancée,
la source qui m'appartient,
ma fontaine réservée.
13 Tu as la fraîcheur
d'une plantation de paradis,
peuplée de grenadiers[h] aux fruits délicieux.
Là poussent des plantes de bonne odeur :
le henné et le nard,
14 le safran, le laurier et la cannelle,
tous les arbres à encens,
la myrrhe et l'aloès
avec les parfums les plus délicats.
15 Oui, tu es une fontaine
au milieu des jardins,
une source d'eau pure
qui coule des montagnes du Liban.

(La jeune fille)

16 Réveille-toi, vent du Nord !
Viens vite, vent du Sud !
Soufflez sur mon jardin,
qu'il répande ses bonnes odeurs !
Toi que j'aime,
entre dans ton jardin
et mange ses fruits délicieux !

(Le jeune homme)

5 [1] J'entre dans mon jardin,
petite sœur, ma fiancée.
Je cueille ma myrrhe
et mes autres plantes parfumées.

---

g **4.6** *Voir Cantique 1.13 et la note.*

h **4.13** *Les grenadiers sont des arbres fruitiers qui donnent des fruits appelés des grenades.*

Je mange mon rayon de miel,
je bois mon vin et mon lait.

(Les amis)

Mangez, mes amis, buvez,
devenez ivres d'amour !

**Elle lui ouvre la porte,
mais trop tard**

(La jeune fille)

2 Je dors, mais mon cœur veille.
J'entends un bruit.
Celui que j'aime frappe à la porte.

(Le jeune homme)

Ouvre-moi, petite sœur, mon amie,
ma *colombe, ma parfaite.
J'ai la tête couverte de rosée,
et les cheveux perlés
des gouttes de la nuit.

(La jeune fille)

3 J'ai enlevé mon vêtement,
je ne vais pas le remettre !
Je me suis lavé les pieds,
je ne vais pas les salir !
4 Celui que j'aime passe la main
par le trou de la porte,
et mon cœur est troublé.
5 Je me lève pour lui ouvrir.
J'ai les mains pleines de myrrhe,
et mes doigts laissent couler
cette huile parfumée
sur la poignée de la serrure.
6 J'ouvre à celui que j'aime,
mais il a tourné le dos,
il est parti...
Je sors pour le chercher.
Je le cherche, mais je ne le trouve pas.
Je l'appelle, mais il ne répond pas.
7 Je rencontre les gardes de la ville.
Ils font le tour des hauts murs
qui la protègent.
Ils me frappent, ils me blessent,
ils arrachent le pagne
qui couvre mes épaules.
8 Je vous en supplie, filles de Jérusalem,
si vous trouvez celui que j'aime,
que lui direz-vous ?
Que je suis malade d'amour.

(Les jeunes filles)

9 Toi, la plus belle des femmes,
pourquoi nous demander cela ?
Dis-nous :
celui que tu aimes,
qu'a-t-il de plus qu'un autre ?
Oui, qu'a-t-il de plus qu'un autre ?

(La jeune fille)

10 Celui que j'aime se reconnaît
parmi dix mille personnes.
Il a le teint brillant et clair.
11 Sa tête est en or pur.
Ses cheveux frisés
ressemblent à des fleurs de dattier,
ils sont noirs comme un corbeau.
12 Ses yeux sont charmants
comme des colombes au bord de l'eau.
Posées au bord d'une *coupe,
elles se baignent dans du lait[i].
13 Ses joues ? Un coin de jardin parfumé,
semé d'herbes de bonne odeur.
Ses lèvres ? Des fleurs de lys
qui laissent couler la myrrhe[j].
14 Ses mains ressemblent aux bracelets d'or,
colorés de pierres vertes.
Son corps est de l'ivoire poli,
recouvert de pierres bleues.
15 Ses jambes sont pareilles
aux colonnes de marbre blanc,
plantées sur des supports d'or pur.
Celui que j'aime est aussi beau
que les montagnes du Liban,
aussi élégant que les *cèdres.
16 Sa bouche est la douceur même,

---

i **5.12** *La colombe est un oiseau de la famille des pigeons. Dans certaines cultures, elle représente la douceur, le charme, la pureté. Dans la comparaison que fait le texte, le lait représente le blanc de l'œil.*

j **5.13** *Voir Cantique 1.13 et la note.*

et toute sa personne, je la désire.
Voilà celui que j'aime,
voilà mon ami,
filles de Jérusalem.

(Les jeunes filles)

6 1 Celui que tu aimes,
toi la plus belle des femmes,
où est-il allé ?
De quel côté est-il parti ?
Nous allons le chercher avec toi.

(La jeune fille)

2 Celui que j'aime est descendu
dans son jardin,
vers les fleurs parfumées.
Là, il trouve sa nourriture
et cueille des lys.
3 Moi, je suis à celui que j'aime,
et celui que j'aime est à moi.
Il conduit son troupeau
parmi les lys en fleurs.

Portait de la jeune fille aimée

(Le jeune homme)

4 Tu es belle, mon amie,
comme la ville de Tirsa.
Tu es charmante comme Jérusalem,
terrible comme une armée au combat.
5 Ne me regarde plus :
tes yeux me troublent.
Tes longs cheveux ressemblent
à un troupeau de chèvres
descendant du mont Galaad.
6 Tes dents
sont comme un troupeau de brebis
qui remontent de la source.
Toutes ont leur sœur jumelle,
et aucune ne manque.
7 Derrière ton voile, tes joues
ressemblent à deux tranches de fruit rouge.

8 Le roi peut bien avoir soixante reines,
quatre-vingts maîtresses
et de nombreuses jeunes filles.
9 Pour moi,
il n'y a qu'une femme au monde.
C'est ma colombe[k], ma parfaite.
Elle est la seule fille de sa mère
et son enfant préférée.
Les jeunes filles la voient
et disent son bonheur.
Les reines et les maîtresses du roi
chantent ainsi ses louanges :
10 « Qui est cette femme qui paraît
comme la lumière du jour.
Elle est aussi belle que la lune,
aussi brillante que le soleil,
terrible comme une armée au combat. »

11 Je descends
à la plantation d'arbres fruitiers.
Je veux regarder
les jeunes arbres de la vallée.
Est-ce que la *vigne a fleuri ?
Est-ce que les grenadiers[l] sont en fleur ?
12 Je ne comprends plus rien !
Tu me rends timide,
fille de noble famille.

(Les femmes et les jeunes filles)

7 1 Reviens, reviens, Sulamite[m] !
Reviens, et nous pourrons te regarder.
Pourquoi regardez-vous la Sulamite,
entraînée dans une danse en deux groupes ?

(Le jeune homme)

2 Comme tes pieds sont beaux
dans tes sandales, fille de roi !
La courbe de tes hanches
ressemble à un collier créé par un artiste.
3 Ton nombril forme une coupe
où le vin parfumé ne manque jamais.
Ton ventre ? Une colline de *blé
entourée de jolies fleurs.
4 Tes seins font songer à deux cabris,
aux jumeaux d'une gazelle.
5 Ton cou est pareil à la Tour-d'ivoire.

---

k **6.9** *Voir Cantique 5.12 et la note.*
l **6.11** *Voir Cantique 4.13 et la note.*
m **7.1** *Sulamite : ce nom est peut-être la forme féminine de « Salomon ».*

Tes yeux sont les étangs de Hèchebon,
à la sortie de cette grande ville.
Ton nez est beau
comme la Tour du Liban,
qui monte la garde en face de Damas.
6 Ta tête se dresse bien droite
comme le mont Carmel.
Tes longs cheveux
ont des reflets de vieil or,
un roi est pris dans ses boucles.
7 Tu es vraiment belle,
tu es vraiment gracieuse,
mon amour, toi, ma joie !
8 Tu as l'allure d'un dattier,
et tes seins en sont les fruits.
9 J'ai dit : « Je monterai au dattier,
je cueillerai ses fruits. »
Que tes seins soient pour moi
comme les grappes de *raisin !
Que le parfum de ton souffle
ressemble à l'odeur des fruits !
10 Que ta bouche soit délicieuse
comme le bon vin !

(La jeune fille)

Oui, un bon vin réservé à celui que j'aime
et qui glisse sur nos lèvres
pendant notre sommeil.
11 Je suis à celui que j'aime,
et c'est moi qu'il désire.

Le bonheur d'être aimé

(La jeune fille)

12 Viens, toi que j'aime, sortons !
Allons passer la nuit au village.
13 Le matin, très tôt,
nous irons dans les *vignes.
Nous verrons si elles sont en fleur,
si les boutons sont ouverts,
si les grenadiers[n] fleurissent.
Là, je t'offrirai mes caresses.
14 Les fruits d'amour donnent leur parfum.
À notre porte,
nous avons toutes sortes de fruits délicieux,
des nouveaux et des vieux.
Je les ai gardés pour toi, mon amour.

8 1 Ah, si seulement tu étais mon frère,
nourri au sein de ma mère !
Dehors, quand je te rencontrerais,
je pourrais t'embrasser,
et les gens ne me mépriseraient pas.
2 Je te conduirais dans la maison de ma mère,
et tu m'apprendrais l'amour.
Je te ferais boire du vin parfumé,
du jus de mes fruits rouges.

3 Sa main gauche soutient ma tête,
et son bras droit me serre contre lui.
4 « Je vous en supplie, filles de Jérusalem,
ne réveillez pas mon amour,
ne le dérangez pas
avant qu'il donne son accord ! »

(Les jeunes filles)

5 Qui est cette femme
qui arrive du désert,
appuyée sur son ami ?

L'amour est fort comme la mort

(La jeune fille)

Je te réveille sous l'arbre de l'amour,
là où ta mère est devenue enceinte de toi,
là où elle t'a mis au monde.
6 Pose-moi sur ton cœur
comme un bijou précieux,
garde-moi près de toi,
comme un bracelet gravé à ton nom.
Oui, l'amour est fort comme la mort,
la passion est aussi cruelle
que le monde des morts.
On ne peut rien contre elle.
Elle brûle comme un feu,
elle tombe comme la foudre.
7 Toute l'eau des mers
ne peut éteindre l'amour,
et l'eau des fleuves
est incapable de le noyer.
Si quelqu'un donne
toutes les richesses de sa maison

---

n **7.13** *Voir Cantique 4.13 et la note.*

pour acheter l'amour,
on le repoussera avec mépris.

(Les frères)

8 Nous avons une petite sœur
qui n'a pas encore de seins.
Qu'allons-nous faire de notre sœur,
le jour où il s'agira de la marier ?
9 Si elle est solide
comme un mur de défense,
nous bâtirons sur elle des tours d'argent
pour la protéger.
Si elle est une porte,
nous la bloquerons
avec un tronc de *cèdres.

(La jeune fille)

10 Moi, je suis un mur de défense
et mes seins sont pareils à des tours.
Alors, pour lui, je suis celle
qui apporte le bonheur.

(Le jeune homme)

11 Salomon possède une *vigne à Baal-Hamon
et il l'a confiée à des gardiens.
Il faudrait lui donner mille pièces d'argent
pour cueillir le *raisin.
12 Salomon, les mille pièces d'argent
sont pour toi.
Et voici deux cents pièces
pour les gardiens de la vigne.
Mais ma vigne à moi,
je la garde moi-même.

13 Toi qui es assise dans le jardin,
des camarades tendent l'oreille
pour t'écouter.
Mais c'est à moi que tu dois dire :
14 « Pars vite, toi que j'aime !
Cours comme la gazelle
ou le petit de la biche,
sur les montagnes parfumées ! »

Sagesse

INTRODUCTION

• *Le but de l'auteur*

L'auteur du livre de la Sagesse est un Juif de culture grecque, vivant sans doute à Alexandrie. A l'époque où il écrit, Alexandrie est la ville la plus importante de l'empire romain, après Rome. Cette importance n'est pas seulement due à sa population et à sa richesse, mais aussi à sa bibliothèque et à ses intellectuels.

Des étrangers de divers peuples habitent là. A Alexandrie, les Juifs dominent deux quartiers sur cinq. Ils sont deux fois plus nombreux qu'à Jérusalem. Ils ont toute liberté pour pratiquer leur culte et obéir à leurs lois. Leur communauté s'est beaucoup développée. Ils ont de nombreux privilèges, et ceux-ci provoquent la haine des non-Juifs. Elle éclatera contre eux dans une révolte sanglante en 38 après J.-C.

L'auteur du livre de la Sagesse se présente comme étant Salomon, considéré comme le plus grand sage en Israël. Cette façon de rattacher un ouvrage à un personnage célèbre du passé était habituelle et ne trompait personne. Derrière la personne de Salomon, l'auteur montre quelques traits qui lui sont propres, mais sans laisser voir qui il est vraiment.

Cet auteur écrit d'abord pour les Juifs, les plus jeunes en particulier. Ceux-ci sont devant deux dangers : la culture grecque les attire, et ils risquent de souffrir à cause de leur foi. Aux Juifs que la civilisation grecque attire, l'auteur montre qu'ils n'ont rien à envier aux non-Juifs. En effet, la Sagesse qui vient de Dieu leur donne beaucoup plus. Pour encourager ceux qui ont peur, il présente le sort glorieux qui attend ceux qui obéissent à Dieu et la punition que Dieu réserve aux gens mauvais. Il rappelle comment, tout au long de l'histoire, Dieu a veillé sur Israël et l'a rendu victorieux de ses ennemis.

Mais l'auteur se soucie aussi des non-Juifs. Il veut leur montrer que les Juifs ne sont pas un peuple en dehors de la civilisation. En effet, leur Dieu est raison et sagesse. Il aime tous les êtres qu'il a créés et il demande à ceux qui lui sont fidèles de se montrer, eux aussi, amis de tous. En renonçant aux faux dieux qui les ont entraînés à des désordres horribles, les non-Juifs reconnaîtront l'unique Créateur de l'univers. Et celui-ci leur accordera la pure et vraie Sagesse.

• *Contenu*

Après une invitation à rechercher la Sagesse (1.1-15), l'auteur décrit celle-ci dans trois grands tableaux. Il montre d'abord **comment la Sagesse conduit les humains** *vers le bonheur, alors que le malheur attend les gens mauvais (1.16–5.23). Il présente alors la Sagesse, son origine, sa nature et son action. Et il indique ensuite les moyens de la posséder (chapitres 6 à 9). Dans la troisième partie, il décrit la Sagesse, qui est comme Dieu lui-même. C'est elle qui a conduit l'histoire du peuple choisi par Dieu depuis Adam jusqu'à Moïse (chapitres 10 à 19).*

• *Le message*

L'auteur offre à ses frères juifs une méditation remplie d'une foi profonde. Il leur lance un appel émouvant pour protéger leur fidélité au vrai Dieu. Ce livre est remarquable par la profondeur de sa pensée et par la qualité de son style.

Voici la bonne nouvelle que la Sagesse annonce : Dieu a créé les humains pour qu'après la mort, l'âme fidèle trouve auprès de Dieu une vie sans fin de bonheur. L'auteur ne prouve pas cette affirmation, c'est pour lui une évidence.

Pour la culture grecque, l'être humain est composé d'une âme et d'un corps. Quand le corps meurt, l'âme peut continuer à vivre. L'auteur de la Sagesse affirme clairement que l'âme ne meurt pas. Il répond ainsi à une question qui inquiète beaucoup certains auteurs de l'Ancien Testament : comment croire à la justice de Dieu quand les justes sont souvent malheureux et les méchants heureux ? Au-delà de la mort, ***Dieu répare les injustices de ce monde****. L'âme, qui ne meurt pas, vit avec Dieu pour toujours, unie à lui dans l'amour.*

Ce qui se passe sur la terre prépare ce qui se passera après la mort. Le bonheur apparent en ce monde n'est pas un signe de la bonté de Dieu. De même, le malheur n'est pas le signe qu'il condamne les humains. Les souffrances du juste ont pour but de l'éduquer en vue d'une récompense meilleure. Ce qui compte, c'est uniquement de faire la volonté de Dieu et de vivre dans son amour. Celui qui est fidèle possède dès maintenant la vie qui ne finit pas. Par contre, celui qui agit mal connaît déjà une mort sans fin.

L'auteur insiste sur la Sagesse infinie de Dieu. Il a « tout organisé avec mesure, en calculant les choses et en les pesant » (11.20). En lui, aucune violence, ni changement d'humeur. Il aime tous les êtres qu'il a créés, sans faire de différence entre eux. Il a pitié de tous et, dans sa tendresse, il « ferme les yeux sur les péchés des humains pour leur donner le temps de changer leur vie » (11.23).

LA SAGESSE ET LE SORT DES HUMAINS

1–5

Aimer ce qui est bien

1 1 Vous qui gouvernez la terre, aimez ce qui
est bien. À propos du Seigneur, ayez des
pensées justes, cherchez-le avec un cœur simple. 2 En effet, il se laisse trouver par ceux qui
ne le provoquent pas. Il se montre à ceux qui
ne refusent pas de croire en lui. 3 Les pensées
tordues éloignent les gens de Dieu, et si des
sots le provoquent, sa puissance les couvre
de honte.

4 Non, la Sagesse n'entre pas dans un cœur
qui médite le mal. Et si quelqu'un est dominé
par le péché, elle n'habite pas chez lui. 5 En
effet, l'esprit *saint qui enseigne les humains
fuit le mensonge. Il s'éloigne des gens qui
ont des idées stupides. Il déteste celui qui
fait le mal.

6 La Sagesse est un esprit qui aime les
êtres humains, mais elle ne laisse pas sans
punition celui qui insulte Dieu par ses paroles. En effet, Dieu voit jusqu'au fond du
cœur de l'homme, il connaît vraiment tout
ce qu'il pense et il entend tout ce qu'il dit.
7 Oui, l'esprit du Seigneur remplit le monde
entier. Il tient ensemble tout ce qui existe,
il connaît chaque parole prononcée. 8 Si quelqu'un dit des paroles méchantes, il sera toujours découvert. Et il n'échappera pas au
juge qui punit avec justice. 9 Dieu commandera une enquête sur les projets des gens
qui le méprisent. Ce qu'ils disent arrivera
jusqu'au Seigneur pour qu'il punisse leurs
crimes. 10 En effet, ses oreilles attentives
écoutent tout, elles entendent même la plus
petite critique. 11 Évitez donc les critiques

inutiles, soyez maîtres de votre langue pour ne pas dire du mal des autres. Une parole dite en secret ne reste pas sans résultat. Une bouche menteuse donne la mort au menteur.

12 Ne cherchez pas la mort en vivant n'importe comment. Ne vous détruisez pas vous-mêmes par vos actions. 13 Non, Dieu n'a pas fait la mort, la disparition des vivants ne lui plaît pas. 14 Il a créé tous les êtres pour qu'ils existent. Tout ce qu'il a mis dans le monde apporte la vie. Dans ce qu'il a fait, il n'y a pas de poison qui donne la mort. La mort ne domine pas la terre, 15 car ce qui est juste ne meurt pas.

Les gens qui méprisent Dieu raisonnent mal

16 Les gens qui méprisent Dieu appellent la mort par leurs actes et leurs paroles. Ils croient qu'elle est leur amie, ils la désirent avec ardeur et font un pacte avec elle. Oui, ils méritent vraiment de lui appartenir.

2 1 Ils raisonnent mal quand ils disent entre eux : « Notre vie est courte et triste. Il n'y a pas de remède contre la mort. Nous ne connaissons personne qui soit revenu du monde des morts. 2 Nous naissons par hasard, et, après notre vie, ce sera comme si nous n'avions jamais existé. Le souffle dans notre nez n'est qu'une fumée légère. La pensée n'est qu'une étincelle allumée par le battement de notre cœur. 3 Quand elle s'éteint, le corps devient de la cendre, et l'esprit disparaît comme l'air qu'on ne peut saisir. 4 Avec le temps, les gens oublieront même notre nom, personne ne se souviendra de ce que nous avons fait. Notre vie passera comme un nuage, sans laisser de traces. Elle disparaîtra comme le brouillard chassé par les rayons du soleil et vaincu par sa chaleur. 5 Oui, notre existence dure aussi peu qu'une ombre. Le moment de sa fin est fixé pour toujours. Personne ne peut revenir en arrière.

6 « Venez donc, goûtons aux bonnes choses qui sont là ! Profitons pleinement de tout ce qui est créé, comme au temps de notre jeunesse. 7 Buvons abondamment des vins de grand prix, respirons les parfums les plus précieux. N'oublions pas de cueillir les premières fleurs. 8 Portons des couronnes de roses avant qu'elles se fanent. 9 Tous doivent participer à nos fêtes folles, laissons partout des traces de notre joie. En effet, nous avons droit à tout cela, c'est la part qui nous est réservée.

10 « Maltraitons ceux qui agissent bien et qui sont pauvres. N'ayons pas pitié des veuves et ne respectons pas les cheveux blancs des personnes âgées. 11 Pour nous, la justice c'est la loi du plus fort, la faiblesse ne sert à rien. 12 Tendons des pièges à celui qui agit bien. Il nous gêne, il s'oppose à ce que nous faisons. Il nous reproche nos fautes contre la *loi. Il nous accuse de ne pas être fidèles à l'éducation que nous avons reçue. 13 Celui qui agit bien se vante de connaître Dieu et il se dit enfant du Seigneur. 14 Il est devenu un reproche vivant pour notre façon de penser. Nous ne pouvons même pas supporter de le voir. 15 En effet, il ne vit pas comme les autres, il se conduit de façon différente. 16 Pour lui, nous sommes comme de fausses pièces de monnaie. Il s'écarte de nous comme d'un tas d'ordures. Il déclare : ceux qui agissent bien meurent heureux. Et il se vante d'avoir Dieu pour père. 17 Mais nous verrons bien s'il dit la vérité. Provoquons-le pour voir comment sa vie finira. 18 En effet, si celui qui agit bien est vraiment fils de Dieu, Dieu l'aidera et le délivrera de ses ennemis. 19 Voyons ce qu'il vaut en l'insultant et en le torturant. Nous saurons alors jusqu'où va sa douceur, nous pourrons vérifier sa patience. 20 Condamnons-le à une mort honteuse, puisque, d'après ses paroles, Dieu agira en sa faveur. »

21 Voilà comment ces gens-là raisonnent. Mais ils se trompent parce que leur méchanceté les rend aveugles. 22 Ils ignorent les intentions cachées de Dieu. Ils n'attendent pas de récompense pour une vie qui plaît à Dieu. Ceux qui se conduisent parfaitement seront honorés, mais ces gens-là ne le croient pas. 23 Or, Dieu a créé les êtres humains pour une vie qui ne connaîtra pas la mort. Il les a faits à l'image de ce qu'il est lui-même. 24 La mort est entrée dans le

monde, parce que l'esprit du mal était jaloux[a]. Et ceux qui appartiennent à cet esprit
doivent mourir.

Le sort des gens qui agissent bien

3 1 Après leur mort, les âmes[b] de ceux qui
agissent bien sont dans la main de Dieu.
2 Ceux qui ne réfléchissent pas pensent que
ces gens sont morts pour toujours. Ils regardent leur départ de ce monde comme une catastrophe, 3 ils considèrent que leur absence
loin de nous est pour toujours. Pourtant, ces
morts sont dans la paix. 4 Ils ont espéré avec
force que Dieu leur donnerait une vie sans
fin. Mais les gens pensent qu'ils ont souffert
à cause de leurs fautes. 5 En réalité, leurs souffrances ont été peu de chose, et ils recevront
un grand bonheur. En effet, Dieu les a mis à
l'épreuve et les a trouvés dignes de lui. 6 Comme on purifie l'or dans le feu, Dieu a voulu
voir ce qu'ils valaient. Il les a accueillis comme
un *sacrifice complet offert sur *l'autel.
7 Quand Dieu viendra, ils brilleront d'une
grande lumière, ils seront comme des étincelles qui brûlent la paille en un instant. 8 Ils jugeront les nations, ils domineront les peuples,
et le Seigneur sera leur roi pour toujours. 9 Les
gens qui mettent leur confiance dans le Seigneur sauront la vérité : ceux qui lui sont fidèles resteront unis à lui dans l'amour. Oui, le
Seigneur montre sa bonté et sa tendresse à
ceux qui lui sont attachés et il veille sur
ceux qu'il a choisis.

Le sort des gens qui méprisent Dieu

10 Les gens qui méprisent Dieu recevront la
punition que leur façon de penser mérite. En
effet, ils ont méprisé ceux qui agissent bien et
ils se sont révoltés contre le Seigneur. 11 Ceux
qui se moquent des enseignements et des
conseils des sages sont des gens malheureux.
Ils n'attendent rien de bon, ils se fatiguent
pour rien, ce qu'ils font ne sert à rien.
12 Leurs femmes sont stupides, et leurs enfants
sont méchants. Une malédiction frappera tous
ceux qui naîtront d'eux.

Être fidèle à Dieu vaut mieux que d'avoir beaucoup d'enfants

13 Elle est heureuse, la femme stérile qui
est restée *pure en n'ayant pas de relations
interdites avec un homme[c]. Le jour du jugement, elle sera récompensée. 14 Il est heureux aussi, *l'eunuque qui n'a pas fait de
mal et qui n'a pas de pensées mauvaises
contre le Seigneur. À cause de sa fidélité, il
recevra une récompense particulière, il occupera une place d'honneur dans le temple du
Seigneur[d]. 15 En effet, le travail au service du
bien donne de beaux fruits. Oui, la sagesse
est comme un arbre aux racines toujours vivantes.
16 Mais les enfants nés de *l'adultère ne
réussiront pas, et ceux qui sont nés d'une
union contraire à la *loi de Dieu disparaîtront.
17 Même s'ils vivent longtemps, ils seront
comptés pour rien, et quand ils seront vieux,
ils seront méprisés jusqu'à leur mort. 18 S'ils
meurent jeunes, ils seront sans espérance.
Le jour du jugement, ils seront sans consolation. 19 Oui, le sort d'une famille mauvaise
est cruel.

4 1 Il vaut mieux ne pas avoir d'enfant et
faire le bien. Ceux qui font le bien laisseront un souvenir qui ne disparaîtra jamais. En
effet, Dieu et les hommes les approuvent.
2 Pendant leur vie, on les imite, quand ils ne
sont plus là, on les regrette. Dans le monde
qui dure toujours, ils reçoivent la récompense
du vainqueur. Ils ont remporté la victoire en

a **2.24** *Voir Genèse 3 ; Romains 5.12.*

b **3.1** *Pour la culture grecque ancienne, l'être humain est composé d'une âme et d'un corps. L'âme anime le corps pendant la vie. Quand le corps meurt, l'âme peut continuer à vivre.*

c **3.13** *La femme sans enfant : dans l'Israël ancien, ne pas avoir d'enfant était considéré comme un malheur. Mais l'auteur du livre de la Sagesse pense autrement. Voir Sagesse 4.1.*
Relations interdites avec un homme : voir le verset 16.

d **3.14** *Voir Ésaïe 56.3-5 et comparer avec Deutéronome 23.2.*

combattant pour obtenir un prix qui n'est
jamais détruit.
3 Au contraire, les enfants des gens qui méprisent Dieu ne serviront à rien, même s'ils
sont nombreux. Ils sont comme des pousses
de plantes sauvages. Ils n'ont pas de racines
profondes et manquent d'une base solide.
4 Même s'ils portent quelques branches pendant un certain temps, ils ne sont pas solides.
Le vent les secoue, et la tornade les arrache de
terre. 5 Leurs jeunes branches seront cassées
avant d'être formées. Leurs fruits sont trop
verts pour être mangés. Ils ne servent à rien.
6 Oui, le jour du jugement, les enfants nés
d'unions contraires à la *loi de Dieu[e] sont
des preuves de la mauvaise conduite de leurs
parents.

La mort des jeunes qui agissent bien

7 Celui qui agit bien, même s'il meurt
jeune, connaîtra le repos. 8 Un vieillard est
digne de respect, mais ce n'est pas à cause
de son grand âge, ni de sa longue vie. 9 En
fait, la sagesse peut remplacer les cheveux
blancs, et une vie sans tache peut remplacer
une longue vieillesse. 10 Par exemple, un jeune
homme a su plaire à Dieu, et Dieu l'a aimé. Il
vivait parmi des gens corrompus, et Dieu l'a
enlevé de ce monde. 11 Il l'a retiré de là pour
que le mal ne fausse pas sa *conscience,
pour que les mensonges n'attirent pas son
cœur. 12 Oui, le mal attire les gens, et ceux-
ci ne voient plus le bien. L'agitation causée
par le désir trouble un cœur innocent. 13 Ce
jeune homme est devenu parfait en peu de
temps, et sa vie a été aussi remplie que s'il
avait vécu longtemps. 14-15 Il a plu au Seigneur.
C'est pourquoi celui-ci l'a retiré rapidement
d'un monde mauvais. Les gens voient cela
sans comprendre. Dieu montre sa bonté et
sa tendresse à ceux qu'il a choisis pour lui,
et il veille sur ceux qui lui appartiennent.
Mais cela ne leur vient pas à l'esprit.
16 Un jeune qui agit bien et qui meurt
condamne les gens encore vivants qui méprisent Dieu. Ce jeune qui a atteint rapidement
une vie parfaite accuse ainsi ceux qui vivent
longtemps tout en restant mauvais. 17 Les
gens voient que le sage meurt. Mais ils ne
comprennent pas ce que le Seigneur a voulu
pour lui, ni pourquoi il a mis cet homme en
sûreté. 18 Ils voient cela et ils s'en moquent,
mais c'est d'eux que le Seigneur rira.
19 Quand ils mourront, les gens ne respecteront pas leur corps. Dans le monde des morts,
ils seront pour toujours couverts de honte. Le
Seigneur les arrachera de leur place, il les jettera par terre, et ils ne pourront pas dire un
mot. Ils seront brisés, complètement détruits,
remplis de douleur, et personne ne se souviendra d'eux.

Les regrets des gens qui agissent mal

20 Dieu demandera compte de leurs péchés
aux gens qui agissent mal. Alors ils s'approcheront tout tremblants, et leurs crimes se
dresseront contre eux pour les accuser.
5 1 À ce moment-là, celui qui a bien agi se
tiendra debout, plein d'assurance, devant
ceux qui l'ont fait souffrir et qui se sont moqués de ses efforts. 2 Quand ces gens-là le verront, ils trembleront de peur. Ils seront très
étonnés de le voir sauvé, contrairement à ce
qu'ils attendaient. 3 Pleins d'angoisse, ils gémiront. Ils regretteront ce qu'ils ont fait et
se diront entre eux : 4 « Autrefois, nous avons
ri de cet homme, nous nous sommes moqués
de lui. Eh bien, n'est-ce pas lui qui est là ?
Nous étions vraiment stupides. Nous pensions
que sa façon de vivre était une folie, et sa mort
nous a semblé honteuse. 5 Or, il fait partie des
enfants de Dieu, de ceux qui lui appartiennent. Comment est-ce possible ? 6 Nous nous
sommes perdus loin du chemin de la vérité.
La lumière de la *justice n'a pas éclairé notre
vie, le soleil ne s'est pas levé pour nous.
7 Nous nous sommes enfoncés dans les chemins du mal qui détruit. Nous avons traversé
des déserts sans pistes, et nous n'avons pas
connu le chemin du Seigneur.
8 « Nous étions fiers de nous, cela nous a
servi à quoi ? Nous nous vantions de notre

e 4.6 *Voir Sagesse 3.13 et la note.*

richesse, qu'est-ce qu'elle nous a rapporté ?
9 Tout cela a disparu comme une ombre,
comme une nouvelle vite oubliée. 10 Nous ressemblons au bateau qui fend l'eau agitée. On ne trouve plus de trace de son passage, sa coque ne laisse aucune marque sur les vagues.
11 Nous ressemblons à l'oiseau qui vole dans le ciel. On ne découvre aucun signe de son trajet. Il frappe l'air de ses ailes, il le fend en un élan puissant et ouvre un chemin. Mais ensuite, on ne voit plus rien de son passage.
12 Nous ressemblons à la flèche lancée vers le but. L'air qu'elle a déchiré se referme aussitôt, et nous ignorons le chemin qu'elle a pris.
13 Pour nous, c'est la même chose : nous venons de naître et, déjà, nous disparaissons. Nous n'avons laissé aucune trace de bien, notre méchanceté nous a détruits. »
14 Oui, l'espoir des gens qui méprisent Dieu est comme la paille emportée par le vent, comme l'écume légère chassée par la tempête. Il disparaît comme la fumée poussée par le vent, il passe comme le souvenir du visiteur d'un jour.

Le Seigneur est vainqueur

15 Ceux qui agissent bien vivent pour toujours. Le Seigneur leur donne leur récompense, le Très-Haut prend soin d'eux.
16 C'est pourquoi ils recevront de sa main une couronne magnifique, signe glorieux du pouvoir royal. En effet, la main puissante du Seigneur les protégera, il les couvrira de son bras comme d'un *bouclier. 17 Le Seigneur
prendra son ardeur comme équipement de guerre, il se servira de ce qu'il a créé comme d'une arme pour repousser ses ennemis.
18 Comme *cuirasse, il mettra la *justice, comme casque, il prendra un jugement juste.
19 Comme *bouclier, il prendra sa *sainteté que rien ne peut vaincre. 20 De sa *colère
sans faiblesse, il fera une *épée coupante. Et le monde entier ira combattre avec lui contre les gens qui manquent de sagesse. 21 Comme
des flèches bien dirigées, lancées par un arc solidement tendu, les éclairs jailliront des nuages pour courir vers le but. 22 La *grêle tombera avec colère, comme des pierres lancées par une fronde. Les eaux de la mer combattront violemment contre les gens mauvais, les fleuves les recouvriront sans pitié. 23 Un
vent terrible se lèvera contre eux et les emportera comme une tornade. Ainsi, toute la terre deviendra un désert par la faute des gens qui agissent mal. Le pouvoir des rois sera renversé à cause de leurs mauvaises actions.

LOUANGE DE LA SAGESSE
6–9

Les rois doivent rechercher la sagesse

6 1 Écoutez donc, vous les rois, et comprenez ! Laissez-vous instruire, vous les dirigeants du monde ! 2 Tendez l'oreille, vous
qui êtes les maîtres des foules, et qui êtes fiers de dominer un grand nombre de peuples. 3 En
effet, c'est le Seigneur qui vous a donné le pouvoir, c'est le Très-Haut qui vous a donné l'autorité. C'est lui qui examinera vos actes, qui regardera attentivement vos intentions.
4 Oui, vous êtes au service de son pouvoir royal. Pourtant, vous n'avez pas jugé avec justice. Vous n'avez pas respecté la loi ni agi selon la volonté de Dieu. 5 Eh bien, le Seigneur va se
dresser devant vous tout à coup d'une façon effrayante, il jugera les gens importants très sévèrement. 6 En effet, par bonté, on pardonne
aux gens simples, mais les gens puissants seront traités sans faiblesse. 7 En effet, le Maître
de tous ne recule devant personne, la grandeur ne l'influence pas. C'est lui qui a créé les petits et les grands, et il s'occupe de tous de la même manière. 8 Mais il mène une enquête sévère sur ceux qui possèdent la force.
9 C'est donc à vous, les rois, que je parle. Apprenez la sagesse et ne commettez pas de péchés. 10 Ceux qui obéissent parfaitement
aux lois sacrées seront reconnus comme appartenant à Dieu. Ceux qui se laissent instruire par elles pourront se défendre quand ils seront jugés. 11 Alors, écoutez bien mon enseignement, désirez-le du fond du cœur, et vous serez vraiment instruits.

La Sagesse vient à la rencontre de ceux qui la cherchent

12 La Sagesse est brillante, elle ne perd pas sa lumière. Elle se laisse admirer par ceux qui l'aiment. Elle se laisse trouver par ceux qui la cherchent. 13 Elle vient à la rencontre de ceux qui la désirent, elle se fait connaître la première. 14 Celui qui se lève tôt pour la chercher ne se fatiguera pas : il la trouvera assise à sa porte. 15 Celui qui ne pense qu'à la Sagesse montre une intelligence parfaite. Celui qui passe des soirées à l'étudier sera vite libéré de tout souci. 16 En effet, elle va chercher partout ceux qui sont dignes d'elle. Elle leur apparaît avec bonté sur leur chemin. Chaque fois qu'ils pensent à elle, elle vient à leur rencontre.

17 Le commencement de la Sagesse, c'est le désir sincère de recevoir son enseignement. 18 Désirer son enseignement, c'est l'aimer. Aimer la Sagesse, c'est obéir à ses lois. Respecter ses lois, c'est être sûr qu'on ne mourra jamais. 19 Et ne pas mourir, c'est être près de Dieu. 20 Ainsi, désirer la Sagesse conduit à devenir roi. 21 Si donc vous, les rois des peuples, vous aimez commander et dominer, honorez la Sagesse, et vous serez rois pour toujours.

Qu'est-ce que la Sagesse ?

22 Mais qu'est-ce que la Sagesse ? D'où vient-elle ? Je vais vous le dire sans vous cacher aucun secret. Je partirai du début de son existence. Je présenterai en pleine lumière tout ce qu'il faut connaître d'elle, sans m'éloigner de la vérité. 23 Je ne me laisserai pas guider par l'envie qui détruit. En effet, l'envie n'a rien de commun avec la Sagesse. 24 Un grand nombre de sages sauve le monde, un roi intelligent assure le bonheur de son peuple. 25 Laissez-vous instruire par mes paroles, cela vous rendra service.

Les rois naissent de la même manière que tous les humains

7 1-2 Je suis, moi aussi, un homme qui doit mourir, comme tous les humains. Je viens du premier être humain, formé à partir de la poussière du sol. Je suis né de la semence d'un homme, dans le plaisir de l'amour. Mon corps s'est formé dans le ventre de ma mère. Pendant neuf mois, son sang m'a rendu solide. 3 À ma naissance, je suis arrivé sur la terre qui nous reçoit tous de la même manière, et j'ai respiré l'air que nous respirons tous. Comme les autres bébés, j'ai poussé mon premier cri en pleurant. 4 On m'a habillé, nourri et entouré de soins. 5 Aucun roi n'a commencé sa vie autrement. 6 Pour tous les humains, il y a une seule façon d'entrer dans la vie et une seule façon d'en sortir.

L'amour pour la Sagesse

7 C'est pourquoi j'ai prié, et Dieu m'a donné l'intelligence. J'ai supplié, et l'esprit de la Sagesse est venu en moi. 8 Je l'ai trouvée plus importante qu'un siège royal ou que le pouvoir d'un roi. Pour moi, la richesse ne vaut rien à côté de la Sagesse. 9 Je ne la compare même pas à la pierre la plus précieuse. En effet, à côté d'elle, tout l'or du monde n'est qu'un peu de sable. En face d'elle, l'argent a aussi peu de valeur que la boue. 10 J'ai aimé la Sagesse plus que la santé et la beauté. Je l'ai préférée à la lumière, parce que sa clarté ne s'éteint pas.

11 Elle m'a apporté tous les biens à la fois. Elle tenait dans ses mains une richesse immense. 12 J'ai goûté à tous les biens de la Sagesse, car c'est elle qui les apporte. Pourtant, j'ignorais encore qu'elle en était la source.

13 Ce que j'ai appris d'elle avec un cœur droit, je le partage volontiers, je ne cache pas sa richesse. 14 En effet, la Sagesse est pour les humains un trésor qui les enrichit sans cesse. Tous ceux qui le possèdent sont aimés de Dieu. Et les bienfaits de l'éducation les rendent agréables à ses yeux.

Dieu est la source de toute connaissance

15 Dieu conduit la Sagesse et il dirige les sages. Qu'il me donne alors de parler en réfléchissant et de penser d'une façon digne des dons reçus. 16 Oui, nous sommes sous son pouvoir, nous et nos paroles, ainsi que toute notre intelligence et toute notre habileté. 17 C'est Dieu qui m'a donné une connaissance exacte

de tout ce qui existe. Il m'a appris comment le monde est composé et comment agissent l'air, l'eau, le feu, la terre. 18 Il m'a appris aussi l'organisation du temps, les déplacements du soleil et les changements de saisons, 19 le retour des années et les positions des *astres, 20 la nature des animaux et les réactions des bêtes sauvages. Il m'a appris encore la puissance des esprits et les raisonnements des humains, les espèces de plantes et le pouvoir guérisseur de leurs racines. 21 Je connais à la fois tout ce qui est caché et tout ce qu'on peut voir. En effet, c'est la Sagesse qui m'a enseigné cela, elle qui a fait toutes choses.

Les qualités de la Sagesse

22 La Sagesse possède un esprit intelligent et *saint. Il est unique et agit pourtant de mille manières. Il est fin et mobile, sans tache et clair, il comprend tout. Le mal ne peut le toucher, il aime le bien et il est vif. 23 Il ne se laisse arrêter par rien, il fait du bien, il aime les humains, il est solide, sûr et tranquille. Il peut tout, surveille tout, pénètre tous les esprits intelligents et purs, même les plus fins. 24 Car la Sagesse est plus rapide que tout ce qui se déplace. Elle traverse tout et pénètre tout parce qu'elle est pure. 25 En effet, elle est un souffle de la puissance de Dieu, elle sort directement de la *gloire du Tout-Puissant. C'est pourquoi rien *d'impur ne peut entrer en elle. 26 Elle est un reflet de la lumière qui dure toujours, un miroir sans tache de l'action de Dieu, une image de sa bonté. 27 Elle est seule et pourtant, elle peut tout. Elle ne change jamais et pourtant, elle renouvelle toutes choses. De génération en génération, elle passe dans les personnes qui appartiennent à Dieu, pour en faire des amis de Dieu et des *prophètes. 28 En effet, Dieu aime seulement ceux qui sont unis à la Sagesse.

29 Oui, la Sagesse est plus belle que le soleil, plus lumineuse que toutes les étoiles. Comparée à la lumière du jour, elle la dépasse, 30 car le jour laisse place à la nuit. Mais la Sagesse ne disparaît jamais devant le mal.

8 1 Elle répand sa puissance d'un bout du monde à l'autre et dirige toutes choses avec bonté.

La Sagesse, la meilleure femme du monde

2 C'est la Sagesse que j'ai aimée et recherchée depuis ma jeunesse. Je suis devenu amoureux de sa beauté et j'ai voulu la prendre pour femme. 3 Elle montre clairement sa glorieuse naissance, car elle partage la vie de Dieu, et elle est aimée du Maître de toutes choses. 4 En effet, Dieu lui a fait connaître sa science cachée, alors elle décide ce qu'il va faire. 5 Dans la vie, la richesse est un bien qu'on désire. Mais est-ce qu'il y a quelque chose de plus riche que la Sagesse, elle qui fait toutes choses ? 6 L'intelligence est active, mais est-ce que la Sagesse n'agit pas davantage, elle qui fabrique tout ce qui existe ? 7 Est-ce que vous aimez ce qui est droit ? Eh bien, c'est la Sagesse qui est la source des habitudes bonnes. En effet, elle apprend la maîtrise de soi et le jugement droit, la justice et le courage. Dans la vie, il n'y a rien de plus utile aux gens. 8 Est-ce que vous désirez profiter d'une longue expérience ? La Sagesse connaît le passé et imagine l'avenir. Elle sait interpréter les paroles compliquées et comprendre les choses difficiles. Elle prévoit les faits étonnants et extraordinaires, ainsi que les différentes époques de l'histoire.

9 J'ai donc décidé de prendre la Sagesse comme compagne de ma vie. En effet, je le sais, elle me conseillera pour faire le bien et elle m'encouragera dans les difficultés ou les moments tristes. 10 Je me suis dit : « Grâce à elle, je deviendrai célèbre parmi les foules, et les gens âgés me respecteront malgré ma jeunesse. 11 Quand je rendrai la justice, on reconnaîtra la profondeur de mon jugement, et devant les gens importants, je serai admiré. 12 Quand je me tairai, ils attendront, quand je parlerai, ils seront attentifs. Si je parle longtemps, ils écouteront avec respect en mettant la main sur leur bouche. 13 Grâce à la Sagesse, je ne connaîtrai pas la mort, ceux qui viendront après moi se souviendront toujours de moi. 14 Je gouvernerai des peuples, des nations seront sous mon pouvoir. 15 En entendant parler de moi, des rois terribles auront peur. Je me montrerai bon avec mon peuple et coura-

geux à la guerre. 16 De retour chez moi, je me
reposerai auprès de la Sagesse, car rien n'est
amer en sa compagnie. Avec elle, personne
n'est triste, mais tout le monde ressent du
plaisir et de la joie. » 17 J'ai réfléchi à tout
cela en moi-même. Dans mon cœur, j'ai
compris ceci : quand on est uni à la Sagesse,
on ne connaît pas la mort. 18 Quand elle donne
son amitié à quelqu'un, il goûte au bonheur
parfait. Quand elle agit, elle produit une richesse qui n'a pas de fin. En la fréquentant
régulièrement, on devient intelligent. En
parlant avec elle, on devient célèbre. C'est
pourquoi je suis parti à sa recherche afin de
la prendre pour moi.

19 J'étais un bel enfant, et j'avais reçu une
âme[f] bonne. 20 Ou plus exactement, parce
que j'étais bon, je suis entré dans un corps
sans tache. 21 Mais j'ai compris que je ne pos-
séderais la Sagesse que si Dieu me la donnait.
Savoir qui la donne, c'est déjà être intelligent.
Aussi je me suis tourné vers le Seigneur pour
le prier de tout mon cœur.

Prière pour avoir la Sagesse

9 1 « Dieu de mes ancêtres, Seigneur plein
de tendresse, tu as fait l'univers par ta parole. 2 Tu as formé les humains par ta Sagesse
pour qu'ils soient maîtres de tout ce que tu as
créé. 3 Tu leur as demandé de gouverner le
monde selon ta volonté et avec justice, de
rendre des jugements avec un cœur droit.
4 Donne-moi la Sagesse assise près de toi sur
ton siège royal. Ne me chasse pas, permets
que je reste toujours ton enfant. 5 En effet, je
suis ton serviteur, le fils de ta servante, un
homme faible, à la vie courte, peu capable
de comprendre la justice et les lois. 6 D'ailleurs, même si un être humain est parfait,
s'il ne possède pas la Sagesse qui vient de
toi, on le comptera pour rien. 7 C'est toi qui
m'as choisi pour être roi de ton peuple, pour
juger tes fils et tes filles. 8 Tu m'as commandé
de construire un temple sur ta montagne sacrée, un *autel dans la ville où tu habites[g]. Je
devais prendre comme modèle la tente sacrée
que tu avais préparée depuis le commencement.

9 « La Sagesse se tient auprès de toi. Elle
connaît ce que tu fais. Elle était là quand tu
as créé le monde. Elle sait ce qui te plaît et
ce qui est en accord avec tes commandements. 10 Fais-la descendre du ciel où tu es,
envoie-la depuis ton siège glorieux. Alors
elle m'aidera dans mes travaux et me fera
connaître ce qui te plaît. 11 Oui, elle sait tout,
elle comprend tout. Elle me guidera intelligemment dans mes actions, elle me protégera
par sa lumière éclatante. 12 Alors mes actions
te plairont, Seigneur. Je jugerai ton peuple
avec justice et je serai digne de m'asseoir sur
le siège de mon père.

13 – Quel être humain peut comprendre la
volonté de Dieu ? Qui peut imaginer les intentions du Seigneur ? 14 Oui, les pensées de
gens qui doivent mourir sont peu sûres, et
nos réflexions ne sont pas solides. 15 En effet,
notre corps qui doit pourrir pèse sur notre
âme[h]. Cette enveloppe faite à partir de la terre
est une charge pour l'esprit et lui donne de
nombreux soucis. 16 Nous avons du mal à
nous représenter ce qui existe sur la terre,
nous trouvons difficilement ce qui est près
de nous. Alors, qui est capable de découvrir
ce qui existe dans le *ciel ? – 17 Seigneur, si
quelqu'un connaît ta volonté, c'est que tu lui
as donné la Sagesse, tu lui as envoyé d'en haut
ton esprit *saint. 18 Ainsi, les habitants de la
terre sont revenus sur un chemin droit, ainsi
les êtres humains ont appris ce qui te plaît, et
la Sagesse les a sauvés. »

---

f **8.19** *Voir Sagesse 3.1 et la note.*

g **9.8** *Voir 1 Rois 6–8, où il s'agit du roi Salomon.*

h **9.15** *Voir Sagesse 3.1 et la note.*

LA SAGESSE ET L'HISTOIRE DU PEUPLE DE DIEU
10–19

D'Adam à Joseph

10 1 La Sagesse a protégé le père du monde
formé le premier, lui qui avait été créé
seul[i]. Ensuite, quand il est tombé dans le péché, c'est la Sagesse qui l'a tiré de là 2 et lui
a donné le pouvoir d'être maître de tout.
3 Mais dans sa colère, un homme mauvais[j]
s'est détourné de la Sagesse. Et il est mort
parce que, dans sa fureur, il a tué son frère.
4 La terre a été inondée à cause de lui, mais
c'est la Sagesse qui l'a sauvée. Dans un simple
bateau en bois, elle a conduit sur l'eau
l'homme qui obéissait à Dieu[k].
5 Quand les peuples ont été d'accord pour
faire le mal, ils ont été punis et ils ne pouvaient plus se comprendre. Alors la Sagesse
a trouvé un homme fidèle à Dieu et elle l'a
gardé sans défaut. Elle lui a donné la force
de obéir à Dieu malgré sa tendresse pour
son fils[l].
6 Au moment où des gens qui méprisaient
Dieu sont morts, c'est encore la Sagesse qui
a délivré un homme obéissant à Dieu[m]. Il a
pu fuir devant le feu qui est tombé sur cinq villes. 7 On peut encore voir aujourd'hui les traces qui restent de leur méchanceté : une terre
sèche qui continue de fumer, des arbres portant des fruits qui ne mûrissent jamais, et
une statue de sel dressée en souvenir d'une
femme qui a refusé de croire[n]. 8 Car ces
gens se sont éloignés du chemin de la Sagesse.
Alors ils ont souffert de ne pas connaître le
bien. De plus, ils ont laissé un souvenir de
leur folie. Ainsi, leurs erreurs ne pourront
pas être oubliées. 9 Mais la Sagesse a délivré
de leurs malheurs ceux qui la servaient.
10 Un homme obéissant à Dieu a dû fuir
pour échapper à son frère qui était en colère
contre lui. La Sagesse l'a conduit sur un chemin droit. Elle lui a montré le *royaume de
Dieu et lui a fait connaître les choses *saintes[o]. Elle a fait réussir son dur travail, elle a
vraiment récompensé ses efforts. 11 Alors des
gens aimant la richesse ont cherché à profiter
de lui. Mais la Sagesse l'a aidé et elle l'a rendu
riche. 12 Elle l'a protégé contre ses ennemis et
l'a sauvé de ceux qui lui tendaient des pièges.
Elle lui a donné la victoire pendant un dur
combat[p]. Ainsi, il a appris que la fidélité à
Dieu est plus puissante que tout.
13 Quand un autre homme qui obéissait à
Dieu a été vendu[q], la Sagesse ne l'a pas abandonné, mais elle l'a arraché au péché. 14 Elle
est descendue avec lui dans le puits, elle ne
l'a pas abandonné quand il a été mis en prison.
Mais elle lui a donné le pouvoir d'un roi, et
grâce à elle, ceux qui l'avaient fait souffrir durement ont été mis sous ses ordres. Ainsi, la
Sagesse a prouvé que ceux qui avaient accusé
faussement cet homme étaient des menteurs,
et elle l'a rendu célèbre pour toujours.

---

i **10.1** *Il s'agit d'Adam, le premier être humain. Voir Genèse 1–3.*

j **10.3** *Il s'agit de Caïn. Voir Genèse 4.1-16.*

k **10.4** *Il s'agit de Noé. Voir Genèse 6–8.*

l **10.5** *Ne pouvaient plus se comprendre : voir Genèse 11.1-9.*
Un homme fidèle à Dieu : il s'agit d'Abraham, voir Genèse 12.1-5.
Malgré sa tendresse pour son fils : voir Genèse 22.1-19.

m **10.6** *Il s'agit de Loth. Voir Genèse 19.1-25.*

n **10.7** *Il s'agit de la femme de Loth. Voir Genèse 19.26.*

o **10.10** *Un homme obéissant à Dieu : il s'agit de Jacob, qui a dû fuir son frère Ésaü. Voir Genèse 27.41-43.*
Les choses saintes : voir Genèse 28.12-15.

p **10.12** *Voir Genèse 32.23-32.*

q **10.13** *Il s'agit de Joseph, voir Genèse 37–49.*

Les événements de la sortie d'Égypte (Première partie)

a. La sortie d'Égypte

15 La Sagesse a délivré de la nation qui le dominait le peuple sans défaut qui appartient à Dieu[r]. 16 La Sagesse est entrée dans le cœur d'un serviteur du Seigneur[s] et elle s'est opposée à des rois terribles par des actions extraordinaires. 17 Elle a donné à ceux qui appartiennent à Dieu la récompense de leurs durs travaux et les a conduits sur un chemin merveilleux. Elle est devenue pour eux un abri pendant le jour et comme la lumière des étoiles pendant la nuit. 18 Elle leur a fait traverser la *mer Rouge et les a conduits à travers l'eau immense. 19 Elle a noyé leurs ennemis, puis, du fond de la mer, elle les a rejetés sur les bords. 20 Alors ceux qui obéissaient à Dieu ont pu prendre les biens des gens qui le méprisaient. Ils ont chanté ton *saint nom, Seigneur, ils ont rendu *gloire tous ensemble à ta puissance qui les avait défendus. 21 Oui, la Sagesse a ouvert la bouche des muets, elle a permis que même les tout-petits parlent clairement.

11 1 Grâce à la Sagesse, ceux qui appartiennent à Dieu ont réussi tout ce qu'ils ont fait avec l'aide d'un *saint prophète[t]. 2 Ils ont traversé un désert sans habitants. Ils ont planté leurs tentes dans des endroits où personne ne pouvait aller. 3 Ils ont résisté à leurs ennemis et repoussé leurs adversaires.

b. L'eau du rocher et l'eau du fleuve

4 Ils avaient soif, ils t'ont appelé à leur secours, Seigneur. Alors grâce à toi, un rocher pointu leur a donné de l'eau, une pierre dure a fourni un remède pour calmer leur soif[u]. 5 Ainsi, l'eau qui avait servi à punir leurs ennemis est devenue pour eux un bienfait dans leur malheur. 6-7 Ces ennemis avaient donné l'ordre de tuer les bébés. Pour les punir, tu as troublé l'eau de leur fleuve qui n'arrête jamais de couler, par du sang mélangé à la boue[v]. Mais à ceux qui t'appartiennent, tu as donné une eau abondante qu'ils n'attendaient plus. 8 Par la soif qu'ils ont connue alors, tu leur as montré comment tu avais puni leurs ennemis. 9 Oui, tu les as mis à l'épreuve, tout en les corrigeant avec bonté. Mais par là, ils ont compris les souffrances des gens que tu juges avec *colère parce qu'ils te méprisent. 10 Eux, tu les as mis à l'épreuve comme un père qui veut avertir ses enfants. Mais à leurs ennemis, tu as demandé des comptes comme un roi qui punit très sévèrement. 11 Près des tiens ou loin d'eux, leur ennemis souffraient de la même façon. 12 Ainsi ils étaient tristes pour deux raisons. D'abord, ils gémissaient en se souvenant des malheurs passés. 13 Ensuite, ils voyaient cela : les malheurs qui les avaient punis étaient devenus un bienfait pour les autres. Alors ils ont compris que tu avais agi toi-même, Seigneur. 14 Celui qu'ils avaient rejeté en le laissant sur l'eau, ils l'ont chassé en se moquant de lui. Mais après ces événements, ils ont souffert de la soif d'une autre façon que ceux qui obéissaient à Dieu[w]. Alors, ils étaient dans l'admiration.

c. Dieu punit les Égyptiens avec mesure

15 Ces gens-là étaient méchants, alors ils avaient des idées stupides et mauvaises qui les perdaient. En effet, elles leur faisaient

r **10.15-21** *Voir Exode 3–11.*

s **10.16** *Il s'agit de Moïse.*

t **11.1** *Un saint prophète : il s'agit de Moïse. Voir Deutéronome 18.15 ; 34.10.*

u **11.4** *Voir Exode 17.1-7.*

v **11.6-7** *Tuer les bébés : voir Exode 1.22.*
Tu as troublé l'eau : voir Exode 7.14-25.

w **11.14** *En le laissant sur l'eau : voir Exode 1.22 ; 2.1-3.*
En se moquant de lui : voir Exode 5.2-5 ; 7.13,22.
Ils ont souffert de la soif : les Égyptiens ne pouvaient plus boire l'eau du Nil et avaient soif. Dans le désert, les Israélites qui avaient soif ont pu boire l'eau du rocher donnée par Dieu.

adorer des serpents sans intelligence, et des bêtes de rien du tout. Pour les punir, Seigneur, tu leur as envoyé de nombreux animaux sans intelligence[x]. 16 Par là, ils devaient apprendre qu'on est puni par où on a péché. 17 C'est ta main toute-puissante qui a créé le monde sans effort à partir d'une matière sans forme. Ainsi, tu pouvais facilement envoyer contre eux une grande quantité d'animaux féroces, ours ou lions. 18 Tu pouvais aussi créer de nouvelles espèces de bêtes, inconnues et remplies de colère, des êtres capables de cracher du feu, ou de répandre de la fumée en rugissant, ou encore de lancer des éclairs terribles avec leurs yeux. 19 Ces bêtes pouvaient non seulement détruire ces gens-là par leur cruauté, mais rien qu'en se montrant, elles pouvaient les faire mourir de peur. 20 D'ailleurs, même sans cela, tu étais capable de les renverser d'un seul souffle, en envoyant ta *justice contre eux et en les chassant par ton souffle puissant. Mais tu as tout organisé avec mesure, en calculant les choses et en les pesant.

Dieu aime tout ce qu'il a créé

21 Seigneur, tu peux montrer ta grande puissance à tout moment, et personne ne peut résister à ton pouvoir. 22 Oui, pour toi, le monde entier est comme un grain de sable sur le plateau d'une balance, ou comme une goutte d'eau qui descend le matin sur la terre. 23 Mais parce que tu peux tout faire, tu as pitié de tous. Tu fermes les yeux sur les péchés des humains pour leur donner le temps de changer leur vie. 24 En effet, tu aimes tout ce qui existe, tu ne détestes rien de ce que tu as fait. Si tu avais de la haine pour quelque chose, tu ne l'aurais pas créé. 25 Et comment une chose pourrait-elle durer si tu ne l'avais pas voulue ? Comment pourrait-elle continuer si tu ne l'avais pas appelée à exister ? 26 Tu laisses en vie tout ce que tu as créé, parce que tout est à toi, Maître qui aimes la vie.

12 1 Oui, ton esprit qui ne peut pas mourir habite en toutes choses.

Dieu punit les Cananéens avec mesure

2 C'est peu à peu que tu corriges ceux qui tombent dans le péché. Tu les avertis en leur rappelant leurs fautes. Alors ils peuvent s'éloigner du mal et croire en toi, Seigneur. 3 Tu as agi de cette façon avec les anciens habitants de ta terre *sainte[y]. 4 Tu les as détestés à cause de leurs actions horribles : sorcellerie, rites effrayants, 5 cruels sacrifices d'enfants, repas de fête où ils mangeaient la chair, le sang et même les entrailles d'êtres humains[z]. Ces initiés faisaient partie de sociétés secrètes. 6 Tu as voulu faire mourir par la main de nos ancêtres, ces gens qui tuaient leurs enfants sans défense. 7 Tu voulais que ce pays, que tu aimes plus que tous les autres, accueille des enfants de Dieu, dignes de l'habiter.

8 Pourtant, tu as eu pitié même de ces gens-là, parce qu'ils étaient des êtres humains. Tu as envoyé de grosses guêpes[a] en avant de ton armée pour les faire disparaître peu à peu. 9 Tu pouvais dans un seul combat livrer ces gens qui te méprisent au pouvoir de ceux qui t'obéissent. Tu pouvais aussi les faire disparaître d'un seul coup en leur envoyant des animaux féroces ou en donnant un ordre sans pitié. 10 Mais tu as rendu ton jugement peu à peu, pour leur permettre de regretter leurs fautes. Pourtant, tu le savais : leur nature était mauvaise, ils étaient méchants depuis leur naissance, ils ne changeraient jamais d'idée. 11 En effet, c'était une race maudite depuis le commencement[b].

Si tu n'as pas puni leurs péchés, ce n'est pas parce que quelqu'un te faisait peur. 12 En effet, qui peut te demander : « Qu'est-ce que tu fais ? » Qui peut aller contre ton jugement ?

---

x 11.15 *Voir Exode 8.1–10.15.*
y 12.3 *Il s'agit des Cananéens. Voir Deutéronome 7.1.*
z 12.5 *Les entrailles sont les organes situés dans le ventre.*
a 12.8 *De grosses guêpes : voir Exode 23.28.*
b 12.11 *Depuis le commencement : voir Genèse 9.25.*

Qui peut porter plainte contre toi parce que tu as détruit des peuples que tu as créés ? Qui osera aller au tribunal pour défendre contre toi des gens mauvais ? 13 Personne, car en dehors de toi, il n'y a aucun dieu qui prenne soin de tous. Tu n'as pas besoin de montrer que tu ne juges pas de façon injuste. 14 Aucun roi et aucun maître ne peut s'opposer à toi pour défendre ceux que tu punis.

Dieu gouverne le monde avec justice

15 Tu es juste, Seigneur, c'est pourquoi tu gouvernes le monde avec justice. Le fait de condamner quelqu'un qui ne doit pas être puni, te semble contraire à ta puissance. 16 En effet, ta force est la source de ta justice. Tu es bon envers tous, parce que tu es le Maître de tout. 17 Tu montres ta force seulement à ceux qui ne croient pas que tu es tout-puissant. Tu fais taire ceux qui te provoquent, même s'ils connaissent ton pouvoir. 18 Toi, tu es maître de ta force, tu juges avec mesure, tu nous gouvernes avec une grande douceur. En effet, tu peux agir quand tu veux.

Dieu donne une leçon à son peuple

19 En agissant de cette façon, Seigneur, tu apprends ceci à ton peuple : celui qui t'obéit doit aimer les êtres humains. Tu as rempli tes enfants d'espérance, puisque tu leur fais regretter leurs fautes. 20 Les ennemis de tes enfants ont mérité la mort. Pourtant, tu les as punis avec beaucoup de patience et d'indulgence. Tu voulais leur donner le temps et l'occasion d'abandonner leur méchanceté. 21 Mais tu as jugé tes enfants avec une attention plus grande encore. C'est toi qui as fait *alliance avec leurs ancêtres en leur promettant par serment toutes sortes de bienfaits. 22 Pour nous donner une leçon, tu frappes nos ennemis de mille manières[c]. Ainsi tu nous apprends à nous rappeler ta bonté quand nous jugeons les autres, et à compter sur ta pitié quand tu nous juges.

Dieu punit ceux qui adorent des animaux

23 Ceux qui, dans leur folie, ont mené une vie mauvaise, tu les as fait souffrir par les bêtes horribles qu'ils adoraient. 24 En effet, ils se sont perdus très loin sur le chemin de l'erreur. Ils ont pris comme dieux les animaux les plus laids et les plus méprisés. Ils se sont laissé tromper comme des bébés sans raison. 25 Alors, comme à des enfants stupides, tu leur as envoyé une punition pour te moquer d'eux. 26 Mais ceux qui n'ont pas compris cette punition légère, allaient supporter un jugement digne de Dieu. 27 À cause de tout cela, le jugement qui les condamnait est tombé sur eux. Ces bêtes les faisaient souffrir, et ils étaient en colère contre elles. Ils étaient punis par les bêtes qui étaient pour eux comme des dieux. Alors ils ont vu clair et ils ont compris ceci : celui qu'ils avaient refusé autrefois de connaître était le vrai Dieu.

Ceux qui adorent la nature

13 1 Tous les humains qui ignoraient Dieu étaient profondément stupides. En regardant les biens qu'ils avaient sous les yeux, ils ont été incapables de connaître celui qui est[d]. En voyant les choses qui existent, ils n'ont pas reconnu l'artisan qui les avait faites. 2 Mais le feu, le vent, l'air rapide, les étoiles, l'eau violente, le soleil et la lune, ils les ont considérés comme des dieux qui gouvernent le monde. 3 Ils ont peut-être été attirés par leur beauté. C'est pourquoi ils les ont pris pour des dieux. Ils doivent alors savoir que le Maître de ces choses est bien au-dessus d'elles. En effet, celui qui est la source de la beauté, voilà leur Créateur. 4 Ces gens-là ont peut-être été influencés par leur puissance et leurs actions. Ils doivent alors se dire ceci : celui qui les a formées est beaucoup plus puissant qu'elles. 5 Car, en voyant la grandeur et la beauté des créatures, nous pouvons, par

---

c **12.22** *Le Seigneur frappe les ennemis, mais il ne les détruit pas. Voir Sagesse 12.2-14.*

d **13.1** *Celui qui est : voir Exode 3.14.*

comparaison, regarder avec admiration leur Créateur.

6 Pourtant, ces gens-là ne méritent que de légers reproches. En effet, quand ils prennent un mauvais chemin, ils cherchent peut-être Dieu et veulent réellement le trouver. 7 Ils mènent leur recherche en vivant au milieu de ce qu'il a fait. Et les réalités visibles sont si belles qu'ils se laissent influencer par ce qu'ils voient. 8 Pourtant, eux non plus n'ont pas d'excuse. 9 Ils sont devenus assez savants pour arriver à étudier les secrets du monde. Et ils n'ont pas encore découvert le Maître de toutes choses ! Comment est-ce possible ?

Le bûcheron qui fabrique des faux dieux

10 Ceux qui mettent leur espoir dans des choses sans vie sont bien malheureux. Ils appellent dieux ce que leurs mains humaines ont fabriqué : objets en or, en argent, travaillés avec goût, statues d'animaux ou encore pierre inutile, taillée voici longtemps.

11 Prenons l'exemple d'un bûcheron[e]: il scie un arbre facile à transporter. Il lui enlève son écorce avec soin. Il le travaille avec habileté et fabrique un ustensile qui sert dans la vie de tous les jours. 12 Avec les déchets du bois, il fait du feu pour préparer sa nourriture et il mange bien. 13 Parmi ces déchets, il y a un morceau de bois qui reste et qui ne sert à rien, il est tordu et plein de nœuds. Le bûcheron le prend et le sculpte pour passer le temps. Il le travaille tranquillement avec habileté. Il lui donne la forme d'un être humain 14 ou bien d'un animal horrible. Il le recouvre de peinture, il le teint entièrement en rouge vif et recouvre toutes ses taches. 15 Il lui fait l'abri qui convient, il le place contre un mur et le fixe avec une pointe de fer.

16 Il fait attention que cette statue ne tombe pas. En effet, il le sait, ce morceau de bois n'est pas capable de se soutenir tout seul. Ce n'est qu'une statue, et elle a besoin d'un appui[f]. 17 Mais quand le sculpteur veut prier pour ses biens, pour son mariage ou ses enfants, il n'a pas honte de parler à cet objet sans vie. Il demande la santé à ce qui est faible, 18 il demande la vie à ce qui est mort. Pour être aidé, il fait appel à ce qui manque d'expérience. Pour ses voyages, il compte sur un objet qui ne peut pas se servir de ses pieds. 19 Enfin, pour gagner sa vie, pour faire toutes sortes de choses, et réussir le travail de ses mains, il demande de la force à des mains sans force.

Exemple d'un voyageur

14 1 Voici un autre exemple : un homme va partir en bateau. Il se prépare à voyager sur les vagues terribles de la mer. Il supplie à grands cris un morceau de bois[g] plus fragile que le bateau qui va l'emmener. 2 Quelqu'un a eu l'idée de faire construire ce bateau pour gagner de l'argent, et un habile artisan l'a fabriqué. 3 Mais c'est ta bonté qui prévoit tout, Père, c'est elle qui le dirige. Oui, tu lui prépares une route sur la mer, un chemin sûr à travers les vagues. 4 Tu montres par là que tu peux sauver de tout danger : même quelqu'un qui manque d'expérience voyage en bateau. 5 Tu veux que les actions de ta sagesse soient utiles. C'est pourquoi, les humains qui confient leur vie à un objet en bois peu important traversent les vagues sur une pirogue tout en restant en vie. 6 Au commencement, cela s'est passé de la même façon. Les géants orgueilleux sont morts, mais ceux qui étaient l'espoir du monde[h] se sont réfugiés sur un bateau. Et, dirigés par ta main, ils ont donné au monde le début d'une génération nouvelle.

7 Oui, il est *béni, le bois qui a permis de faire ta volonté ! 8 Mais la statue et l'ouvrier

---

e **13.11** *Voir aussi Ésaïe 44.13-17 ; Jérémie 10.3-5,9.*

f **13.16** *Voir les versets 25 et 26 de la lettre de Jérémie.*

g **14.1** *Un morceau de bois : la statue d'un dieu placée sans doute à l'avant du bateau.*

h **14.6** *Géants : voir Genèse 6.1-4.*
L'espoir du monde : il s'agit de Noé et des habitants du grand bateau qu'il a construit, voir Genèse 6.5–9.17.

qui l'a fabriquée avec ses mains sont maudits :
l'ouvrier, parce qu'il l'a sculptée, et la statue,
parce qu'on l'a appelée « dieu ». Pourtant, elle
n'est qu'un bout de bois qui peut être détruit.
9 En effet, Dieu déteste de la même façon
l'homme qui le méprise et la statue mépri-
sable. 10 Il punira donc la statue et son sculpteur. 11 Ainsi Dieu agira contre les faux dieux
des peuples. Leurs statues font partie du
monde qu'il a créé, mais pour lui, elles sont
devenues quelque chose d'horrible. Elles
font tomber les humains dans le péché, elles
sont un piège sous les pieds des gens stupides.

Comment est né le culte des faux dieux ?

12 Les gens ont commencé à être infidèles à
Dieu quand ils ont eu l'idée de fabriquer des
statues de leurs dieux. Cette découverte les
a entraînés à abîmer complètement la vie.
13 Au début, ces statues n'existaient pas et
elles n'existeront pas toujours. 14 C'est parce
que les humains croient à des choses sans valeur que ces faux dieux sont entrés dans le
monde. C'est aussi pour cela que ces dieux
vont disparaître rapidement. Voilà ce qui est
prévu pour eux.

15 Voici un exemple : Un père vient de perdre son jeune fils. Il est fou de douleur et fait
reproduire le portrait de son enfant qui a été
emporté trop vite. Celui qui n'était qu'un
être humain sans vie, il se met alors à l'honorer comme un dieu. Il apprend à ceux qui dépendent de lui des coutumes secrètes et des
rites. 16 Puis avec le temps, cette habitude
contraire à la foi devient plus forte, et les
gens la respectent comme une loi.

De la même façon, des rois ont commandé
de rendre un culte à leurs statues. 17 Ceux qui
habitaient loin ne pouvaient pas les honorer
directement. Ils ont donc fait leur portrait,
ils ont reproduit une image visible du roi
qu'ils respectaient. Ainsi, ils pouvaient flatter
avec ardeur le roi absent comme s'il était présent. 18 Et même ceux qui ne le connaissaient
pas pouvaient développer son culte, grâce à la
volonté de l'artiste. 19 Celui-ci voulait sans
doute plaire au roi. C'est pourquoi il s'est
servi de tous ses dons pour faire de lui un portrait plus beau que la réalité. 20 Alors la foule a
été conquise par la beauté de la statue. Elle
s'est mise à adorer celui qu'elle honorait
comme un homme peu de temps avant.
21 Cette façon de faire est devenue un piège
pour la vie des humains. Cela est arrivé quand
des gens, esclaves du malheur ou du pouvoir,
ont donné à des statues en pierre ou en bois le
nom qui appartient à Dieu seul.

L'adoration des faux dieux est le commencement de tout mal

22 Ces gens-là se sont trompés au sujet de la
connaissance de Dieu. Mais de plus, comme
ils sont ignorants, ils sont toujours en train
de se battre. Et ils donnent le nom de paix à
ces querelles. 23 Ils font des sacrifices d'enfants, ils ont des rites secrets, ils organisent
des fêtes où ils se conduisent n'importe
comment. 24 Ils ne savent plus garder leur
vie pure, ils ne sont plus fidèles dans le mariage. Un homme tue un autre homme en le
trahissant, ou bien il l'insulte en prenant sa
femme pour lui. 25 Il n'y a plus de règles : ils
répandent le sang, ils tuent, ils volent et ils
trompent les gens. Ils sont corrompus, ils ne
sont pas francs, ils se querellent, ils prononcent des serments faux. 26 Ils font souffrir les
gens honnêtes, ils oublient les bienfaits reçus.
Ils abîment la vie, les hommes couchent entre
eux et les femmes entre elles. Les mariages se
font en dehors de la loi, les gens sont *adultères et couchent avec n'importe qui.

27 Oui, le culte des faux dieux qui n'existent
pas est le commencement de tout mal. Il est la
cause du mal et il a le mal comme résultat.
28 Ceux qui adorent ces dieux perdent la tête
et tombent en transe. Ils annoncent des
choses fausses, ou bien ils vivent n'importe
comment, ou encore ils trahissent rapidement
leurs serments. 29 Comme ils mettent leur
confiance dans des statues sans vie, ils sont
sûrs qu'ils ne seront pas punis pour leurs serments faux. 30 Mais ils finiront par être punis
pour deux raisons. Tout d'abord, ils se sont
trompés sur Dieu en s'attachant aux faux
dieux. Ensuite, ils ont méprisé ce qui est sacré
en faisant des serments faux pour tromper les
gens. 31 En jurant, ils ont pris comme *témoins
les faux dieux. Mais ces statues sont impuis-

santes, et ce n'est pas elles qui les puniront. Ils seront frappés de la punition réservée aux pécheurs. Oui, ceux qui font le mal seront toujours punis.

Les Israélites n'adorent pas les faux dieux

15 1 Mais toi, notre Dieu, tu es bon et vrai, tu es patient et tu gouvernes toutes choses avec tendresse. 2 Même si nous péchons, nous sommes à toi et nous reconnaissons ton pouvoir. Mais nous ne pécherons pas, car, nous le savons, tu nous reconnais comme étant à toi. 3 En effet, ceux qui te connaissent se conduisent parfaitement, ceux qui reconnaissent ton pouvoir sont sûrs de vivre pour toujours.

4 Les productions humaines d'artistes mauvais et le travail inutile de ceux qui barbouillent des portraits de toutes les couleurs ne nous ont pas trompés. 5 Quand les gens stupides voient ces réalisations, ils sont fous de joie et s'attachent avec passion à un portrait sans vie, à une statue immobile. 6 Ceux qui fabriquent ces objets, ceux qui les désirent et les adorent aiment tous le mal. Et ils méritent de recevoir ce qui les attend !

Le potier qui fabrique des faux dieux

7 Prenons l'exemple d'un potier. Il travaille avec peine de la terre molle et il fabrique toutes sortes d'ustensiles qui nous servent tous les jours. Avec la même terre, il fabrique de la même façon des plats qui serviront à des usages nobles et des plats très ordinaires. Mais c'est lui, le potier, qui décide si tel plat servira à ceci ou à cela. 8 Puis, avec la même terre, il sculpte la statue d'un dieu qui n'existe pas. Il se fatigue pour rien ! Or, ce potier, né de la terre voici peu de temps, retournera bientôt à la terre d'où il a été tiré. Cela arrivera quand Dieu lui demandera de nouveau l'âme[i] qu'il lui a prêtée. 9 Sa vie est courte, et il doit mourir un jour. Pourtant cet homme n'y pense pas. Au lieu de cela, il veut faire aussi bien que ceux qui travaillent l'or et l'argent. Il imite ceux qui fondent le bronze, il est fier de fabriquer des objets faux.

10 Son cœur n'est que de la cendre. Ce qu'il attend vaut moins que la poussière du sol, sa vie a moins de prix que l'argile. 11 En effet, il ignore Dieu qui l'a modelé. Pourtant, par son souffle, celui-ci lui a donné une âme qui agit et un esprit qui fait vivre. 12 Ce potier pense : notre vie est un jeu d'enfant, et l'existence est un grand marché où nous pouvons gagner beaucoup d'argent. Il dit : « Il faut en gagner par tous les moyens, même s'ils sont mauvais. »

13 Oui, cet homme-là sait mieux que personne qu'il agit mal. En effet, il fabrique avec la même terre des plats fragiles et des statues de dieux.

Les Égyptiens qui adorent même les animaux

14 Seigneur, les ennemis de ton peuple, ceux qui l'ont écrasé autrefois sous leur pouvoir, sont complètement stupides. Ils sont moins intelligents qu'un enfant. 15 Oui, ils ont pris pour dieux toutes les statues des peuples. Or elles ont des yeux, mais elles ne voient pas. Elles ont un nez, mais elles ne respirent pas. Elles ont des oreilles, mais elles n'entendent pas. Elles ont des doigts aux mains, mais elles ne touchent pas. Elles ont des pieds, mais elles ne peuvent pas marcher[j]. 16 C'est un être humain qui les faites. Celui qui les a fabriquées a lui-même reçu le souffle de vie qu'on lui a prêté. Or personne n'est capable de fabriquer un dieu semblable à lui. 17 L'être humain doit mourir un jour. Donc, avec ses mains, qu'il met au service du mal, il peut seulement produire un objet sans vie. Bien sûr, cet artisan vaut mieux que les objets qu'il adore : lui, il a reçu la vie, eux, par contre, ne seront jamais vivants.

18 Ces gens-là adorent même les animaux les plus détestables, ceux qui sont les plus bêtes de tous. 19 Contrairement à d'autres animaux, ils ne sont pas beaux et ils n'ont rien

i **15.8** *Voir Sagesse 3.1 et la note.*
j **15.15** *Voir Psaume 115.4-7.*

pour attirer le regard. Dieu ne peut pas les
approuver ni les *bénir.

Les événements de la sortie d'Égypte (Deuxième partie)

d. Les animaux qui nourrissent et les animaux qui dégoûtent

16 1 C'est pourquoi ceux qui adoraient des
animaux ont été punis par d'autres animaux, comme ils le méritaient. Et une foule
d'insectes les ont fait souffrir[k]. 2 Mais ton peuple, Seigneur, tu ne l'as pas puni de cette façon, tu as été bon pour lui. Pour calmer sa
grande faim, tu lui as préparé une nourriture
délicieuse : des cailles[l]! 3 Leurs ennemis, qui
avaient envie de manger, ont perdu tout appétit en voyant les horribles bêtes[m] envoyées
contre eux. Par contre, ton peuple qui a eu
faim pendant peu de temps, a reçu une nourriture délicieuse. 4 Il fallait que ceux qui
l'écrasaient souffrent une famine terrible.
Pour ton peuple, cela lui suffisait de voir
comment ses ennemis souffraient.

e. Les serpents qui tuent et le serpent qui sauve

5 Ton peuple, lui aussi, a été attaqué violemment par des bêtes très méchantes. Beaucoup
sont morts, piqués par les serpents qui avancent en rampant[n]. Mais ta *colère, Seigneur,
n'a pas duré. Tu ne les as pas détruits. 6 C'est
seulement pour les avertir que tu leur as fait
peur pendant peu de temps. Ensuite, tu leur
as donné un signe de salut[o] pour leur rappeler
les commandements de ta *loi. 7 Celui qui se
tournait vers ce signe était sauvé, non par l'objet qu'il regardait, mais par toi, le Sauveur de
tous.
8 De cette façon, tu as montré à nos ennemis
que c'est toi qui délivres de tout mal. 9 Eux
sont morts, piqués par les mouches et mordus
par les sauterelles. Ils n'ont trouvé aucun remède pour leur sauver la vie. C'est qu'ils méritaient d'être punis par ces insectes-là[p]. 10 Par
contre, même les morsures des serpents venimeux n'ont pas pu supprimer totalement les
gens de ton peuple. Car, dans ta bonté, tu es
venu à leur secours et tu les a guéris. 11 Les
morsures qu'ils recevaient servaient à leur rappeler tes paroles. Mais ils ont été vite délivrés.
Ils ne devaient pas tout oublier, mais continuer
à recevoir tes bienfaits. 12 Ce ne sont pas des
plantes ni des pommades qui leur ont rendu
la santé, mais c'est ta parole, Seigneur, elle
qui guérit tout. 13 En effet, c'est toi qui es le
maître de la vie et de la mort. Tu fais descendre les gens dans le monde des morts et tu les
fais remonter. 14 Oui, un être humain peut tuer
par méchanceté. Mais il ne peut pas rendre le
souffle de vie quand celui-ci est parti, et il ne
libère pas l'âme[q] enfermée dans le monde
des morts.

f. La grêle détruit les récoltes et l'aliment du ciel nourrit

15 Personne ne peut échapper à ton pouvoir,
Seigneur. 16 Alors, tu as frappé avec puissance
ceux qui ont refusé de te connaître. Ils ont été
attaqués par des pluies bizarres, par la *grêle[r]
et des orages terribles, et la foudre les a détruits. 17 Et voici ce qui est le plus étonnant :
dans l'eau qui d'habitude éteint tout, le feu reprenait de la force. En effet, la nature combat
pour les gens qui t'obéissent. 18 À certains moments, les flammes se calmaient. Ainsi, elles
ne brûlaient pas complètement les animaux

k **16.1** *Voir Exode 8.1–10.15.*

l **16.2** *Des cailles : voir Exode 16.13. Les cailles sont des oiseaux gros comme des poussins.*

m **16.3** *Horribles bêtes : il s'agit des grenouilles. Voir Exode 7.26–8.10.*

n **16.5** *Les versets 5 à 7 rappellent l'histoire des serpents venimeux dans le désert. Voir Nombres 21.4-9.*

o **16.6** *Signe de salut : il s'agit du serpent de bronze, voir Nombres 21.8-9.*

p **16.9** *Insectes : voir Exode 8.16-28.*

q **16.14** *Voir Sagesse 3.1 et la note.*

r **16.16** *Voir Exode 9.22-26.*

envoyés contre tes ennemis. Et, en voyant cela, ils pouvaient comprendre que ta *justice les poursuivait. [19] À d'autres moments, le feu brûlait même au milieu de l'eau, avec plus de force que d'habitude, pour détruire les récoltes de ce pays mauvais.

[20] Par contre, tu as donné à ton peuple la nourriture des *anges[s], tu lui as envoyé du haut du ciel un aliment tout préparé, et ton peuple n'a fait aucun effort. Cette nourriture était si bonne qu'elle pouvait satisfaire tous les besoins et tous les goûts. [21] Cette nourriture qui venait de toi montrait ta douceur envers tes enfants. Elle s'adaptait au goût de celui qui la mangeait et devenait ce que chacun voulait. [22] Elle ressemblait à de la *neige ou à de la glace. Pourtant, elle résistait au feu et ne fondait pas. De cette manière, ton peuple devait comprendre ceci : le feu qui brûlait au milieu de la grêle et lançait des éclairs sous la pluie devait détruire les récoltes des ennemis. [23] Par contre, le même feu perdait son pouvoir destructeur pour permettre à ceux qui obéissaient à Dieu de se nourrir.

[24] Oui, les choses créées sont prêtes à te servir, toi, leur Créateur. Comme un arc, elles se tendent pour punir les gens mauvais. Et elles se détendent pour faire du bien à ceux qui mettent leur confiance en toi.

[25] C'est pourquoi elles ont été capables de toutes sortes de changements. Elles se sont mises au service de ta générosité qui les nourrissait tous, selon le désir de ceux qui en avaient besoin. [26] Voici ce que tes enfants très aimés devaient apprendre par là, Seigneur : ce ne sont pas les différents produits des champs qui nourrissent les humains, mais c'est ta parole qui maintient en vie ceux qui croient en toi[t]. [27] Cette nourriture que le feu ne détruisait pas, la chaleur d'un petit rayon de soleil suffisait à la faire fondre[u]. [28] Par là, tu voulais nous apprendre que nous devons nous éveiller avant le soleil pour te remercier et te rencontrer dès le lever du jour. [29] Oui, l'espoir de quelqu'un qui ne sait pas remercier fondra comme la neige de la saison froide, il s'écoulera comme de l'eau inutile.

g. La longue nuit des ennemis de Dieu

17 [1] Seigneur, tes décisions sont profondes et difficiles à comprendre. C'est pourquoi des gens qui manquaient de sagesse se sont perdus. [2] Ils ont cru dominer le peuple qui t'appartient. Ils sont devenus alors prisonniers de l'obscurité, sous le pouvoir d'une longue nuit[v]. Ils étaient couchés, enfermés dans leur maisons, privés de ton amour qui dure toujours. [3] Ils pensaient qu'ils pouvaient rester cachés avec leurs péchés secrets sous le voile épais de l'oubli. Par contre, ils ont été chassés de tous côtés, tremblant de peur et bouleversés par les choses effrayantes qu'ils voyaient. [4] Même les cachettes qui les abritaient ne les empêchaient pas d'avoir peur : autour d'eux, on entendait des bruits terribles et des esprits sombres, au visage triste, leur apparaissaient. [5] Aucun feu n'était assez fort pour les éclairer. Et la vive lumière des étoiles n'arrivait pas à trouer cette horrible nuit. [6] Ils voyaient seulement un grand feu qui s'allumait tout seul et qui les effrayait. Quand ce feu disparaissait, ils avaient tellement peur que tout ce qu'ils voyaient, ils le trouvaient encore plus effrayant.

[7] Les actions trompeuses des magiciens restaient sans aucun pouvoir. Ils faisaient croire qu'ils avaient la connaissance, mais ils ne recevaient que la honte. [8] Certains promettaient de chasser d'une personne malade les peurs et les troubles. Mais c'étaient eux qui devenaient malades de peur, et c'était comique. [9] Même quand il n'y avait pas de raison d'avoir peur, ils étaient effrayés en entendant les bêtes passer ou les serpents siffler. [10] Ils mouraient de peur et, dans cette obscurité d'où

---

s **16.20** *Voir Exode 16.13-21.*
t **16.26** *Voir Deutéronome 8.3.*
u **16.27** *Voir Exode 16.21.*
v **17.2** *Voir Exode 10.21-29.*

ils ne pouvaient s'échapper, ils refusaient
même d'ouvrir les yeux.
11 Oui, les gens mauvais montrent clairement qu'ils manquent de courage et ils se
condamnent ainsi eux-mêmes. Leur *conscience les accuse et ils exagèrent toujours
les difficultés. 12 Les gens qui ont peur sont
ceux qui refusent l'aide de la raison.
13 Quand, intérieurement, nous ne faisons
pas confiance à la raison, nous ignorons pourquoi nous souffrons, et cela augmente la souffrance.
14 Cette nuit n'avait vraiment aucun pouvoir. Elle sortait de la profondeur du monde
des morts, qui est lui-même sans pouvoir.
Pourtant, tous ces gens-là dormaient très
mal. 15 Ils étaient ou bien poursuivis par des
esprits effrayants, ou encore paralysés sans
pouvoir réagir. En effet, une peur étrange les
avait saisis tout à coup. 16 Ainsi, ceux qui
étaient là-bas tombaient par terre et ils étaient
enfermés dans une prison sans ouverture.
17 Paysans, bergers, ouvriers en train de travailler durement en pleine campagne, tous
étaient surpris par ce malheur et ils ne pouvaient rien faire contre lui. 18-19 Tous étaient
attachés par la même chaîne, celle de l'obscurité. Tout ce qu'ils entendaient les effrayait et
les paralysait : le vent qui siffle, les beaux
chants d'oiseaux dans les branches couvertes
de feuilles, la chute régulière de l'eau du torrent, le bruit terrible des pierres qui tombent,
la course invisible d'animaux qui bondissent,
le rugissement des bêtes les plus sauvages, ou
encore l'écho renvoyé par le creux des montagnes.
20 Partout ailleurs, le monde était éclairé
par une lumière brillante, et chacun continuait librement ses activités. 21 Mais une
nuit pesante s'étendait uniquement sur ces
gens-là. Elle représentait l'obscurité profonde
qui les entourerait un jour. Leur peur pesait
encore plus lourdement sur eux que l'obscurité.

h. La colonne de feu éclaire le peuple de Dieu

18 1 Pendant ce temps, par contre, une
très grande lumière brillait pour ceux
qui t'appartiennent[w], Seigneur. Leurs ennemis entendaient leur voix, mais ils ne les
voyaient pas. Ils leur disaient : « Vous êtes
heureux, car vous n'avez pas souffert comme
nous. » 2 Ils les remerciaient de ne pas se venger après les souffrances qu'ils avaient supportées. Ils demandaient pardon à ton peuple
parce qu'ils l'avaient combattu.
3 À la place de l'obscurité, tu as donné à
ceux qui t'appartiennent une colonne de feu
pour les guider sur un chemin inconnu[x]. Elle
ressemblait à un doux soleil qui les accompagnait dans leur glorieux voyage. 4 Par contre,
les ennemis méritaient bien d'être privés de
lumière et d'être prisonniers de l'obscurité.
En effet, ils avaient emprisonné tes enfants.
Pourtant, c'est par ceux-ci que la lumière de
ta loi devait être donnée au monde, et cette lumière ne s'éteint jamais.

i. La mort des premiers-nés d'Égypte et la libération d'Israël

5 Les ennemis avaient décidé de tuer les
petits enfants de ceux qui t'appartiennent.
Parmi ceux qui devaient mourir, un seul avait
été sauvé. C'est pourquoi, pour les punir, tu
leur as enlevé un grand nombre de leurs enfants, et tu les as noyés tous ensemble dans
la mer agitée[y]. 6 Cette nuit-là, tu l'avais annoncée d'avance[z] à nos ancêtres pour qu'ils se réjouissent en toute liberté. En effet, ils voyaient
combien les promesses auxquelles ils avaient
cru étaient dignes de confiance. 7 Ton peuple

---

w **18.1** *Voir Exode 10.23.*

x **18.3** *Voir Exode 13.21-22.*

y **18.5** *Un seul... sauvé : il s'agit de Moïse, voir Exode 1.22 ; 2.2-9.*
Enlevé... leurs enfants : voir Exode 12.29.
Noyés... dans la mer : voir Exode 14.27-28.

z **18.6** *Voir Exode 12.21-28.*

attendait cette nuit : elle devait sauver ceux qui t'obéissent et détruire leurs ennemis. 8 Oui, tu as utilisé les mêmes moyens à la fois pour punir nos adversaires et pour nous couvrir d'honneur en nous appelant vers toi.

9 En secret, les fidèles enfants de ceux qui t'obéissent, ont offert des *sacrifices. Ils se sont mis d'accord pour obéir à ta loi, qui commande de partager également les biens reçus et les dangers. Et ils chantaient déjà les chants de louange qui nous viennent de nos ancêtres. 10 Les hurlements de leurs ennemis leur répondaient, et on entendait au loin les plaintes de ceux qui pleuraient leurs enfants. 11 L'esclave et le maître étaient frappés de la même punition, les gens du peuple supportaient la même souffrance que le roi. 12 Tous ensemble, ils avaient tant de morts qu'on ne pouvait pas les compter. Ils perdaient tous la vie de la même façon. Les vivants n'arrivaient pas à les enterrer, parce que leurs enfants très aimés avaient disparu en un instant. 13 En voyant mourir leurs fils aînés, ils ont reconnu que ce peuple était fils de Dieu[a]. Jusque-là, les activités de leurs magiciens les avaient empêchés de croire cela.

14 Un silence paisible enveloppait toutes choses, et la nuit avait déjà parcouru la moitié de son chemin. 15 Tout à coup, du haut du *ciel, ta parole toute-puissante a quitté ton siège royal, Seigneur. Comme un combattant sans pitié, elle a couru au milieu de ce pays maudit. 16 Elle portait, comme une *épée coupante, ta décision définitive. Elle touchait au ciel et, pourtant, elle marchait sur la terre. Elle s'est arrêtée et a répandu la mort partout. 17 Aussitôt, les gens ont fait des rêves terribles qui les effrayaient, et des peurs étranges les ont saisis. 18 Ils sont tombés à moitié morts un peu partout, et ils ont dit pourquoi ils mouraient. 19 Les rêves qui les avaient effrayés les avaient prévenus. En effet, ils ne devaient pas mourir en ignorant la raison de leur malheur.

j. Aaron se place entre la mort et le peuple

20 Ceux qui t'obéissaient ont connu, eux aussi, l'épreuve de la mort. Dans le désert, un grand nombre d'entre eux ont été tués. Mais ta *colère, Seigneur, n'a pas duré longtemps. 21 En effet, un homme sans défaut, a agi très vite pour les protéger. Il a pris ses armes de prêtre, c'est-à-dire la prière et l'offrande *d'encens, pour obtenir le pardon des péchés. Il s'est opposé à ta colère et il a arrêté le malheur, montrant ainsi qu'il était bien ton serviteur[b]. 22 Il n'a pas vaincu ta colère avec la force physique ni avec des armes puissantes. C'est par la parole qu'il a dominé celui qui punissait de ta part. C'est en rappelant les promesses que tu avais faites à nos ancêtres et tes *alliances qui durent toujours.

23 Les morts s'entassaient déjà les uns sur les autres. Alors cet homme s'est placé entre la mort et le peuple, il a arrêté son attaque, il lui a barré la route qui conduisait à ceux qui vivaient encore. 24 Le monde entier était représenté sur son grand vêtement de prêtre. Les noms glorieux des ancêtres d'Israël étaient gravés sur quatre rangées de pierres précieuses. Le signe de la grandeur de Dieu était fixé sur son turban sacré[c]. 25 En voyant cela, le Destructeur[d] a eu peur et il a reculé. En effet, ton peuple avait fait l'expérience de ta *colère, et cela suffisait.

k. Le passage de la mer Rouge

19 1 Par contre, ta *colère sans pitié a agi jusqu'au bout contre ceux qui te méprisaient. En effet, tu savais à l'avance ce qu'ils feraient. 2 Tout d'abord, ils laisseraient

---

a **18.13** *Fils de Dieu : voir Osée 11.1.*

b **18.21** *Un homme sans défaut : il s'agit d'Aaron. Pour tout ce passage, voir Nombres 17.9-15.*

c **18.24** *Voir Exode 28.31-39.*

d **18.25** *Destructeur : voir Exode 12.23.*

partir ton peuple et les renverraient très vite.
Puis ils changeraient d'avis et les poursui-
vraient[e]. 3 C'est bien ce qu'ils ont fait. Ils
étaient encore en deuil et ils pleuraient près
des tombes de leurs morts. Or, au même moment, ils ont pris une nouvelle décision stupide : ils se sont mis à poursuivre ceux
qu'ils avaient chassés, comme si ces gens-là
avaient fui. Pourtant c'étaient eux qui avaient
supplié ton peuple de partir. 4 Le sort qu'ils
avaient mérité les a poussés jusque-là. Et il
leur a fait oublier ce qui s'était passé avant.
Ils ajoutaient à leurs souffrances la punition
qui manquait encore. 5 Ils allaient donc mourir d'une façon étrange, ton peuple, par
contre, devait faire l'expérience d'un merveilleux voyage.

6 La création, obéissant à tes ordres, a été
modelée à nouveau dans toutes ses parties
pour que tes enfants soient protégés de tout
mal. 7 Les gens ont vu le nuage de fumée couvrir leur camp de son ombre. Ils ont vu aussi la
terre sèche sortir du milieu de l'eau. La *mer
Rouge est devenue un chemin sans obstacle,
les vagues en mouvement ont été changées
en une plaine très verte. 8 Ceux que ta main
protégeait sont passés par là, comme un seul
peuple, en admirant des actions extraordinaires. 9 Ils ressemblaient à des chevaux qu'on
conduit dans les champs d'herbe. Ils bondis-
saient comme des agneaux, en chantant ta
louange, Seigneur, toi qui les avais délivrés.
10 Ils se souvenaient encore de ce qu'ils
avaient vu pendant qu'ils étaient en exil : la
terre avait produit des puces au lieu de donner
naissance à des animaux. Le fleuve avait vomi
des grenouilles en grande quantité à la place
des poissons[f]. 11 Plus tard, ils avaient vu une
nouvelle espèce d'oiseaux. C'était au moment
où la faim les avait poussés à réclamer une
nourriture meilleure. 12 Pour les rassasier,
des cailles étaient alors sorties de la mer[g].

l. Les Égyptiens sont plus coupables que les gens de Sodome

13 Par contre, les punitions sont tombées
sur ceux qui avaient péché. Mais avant cela,
de violents coups de tonnerre les avaient annoncées. C'est en toute justice qu'ils souffraient à cause de leur méchanceté. En effet,
ils avaient montré envers les étrangers une
haine[h] très cruelle. 14 C'est vrai, d'autres
gens ont refusé de recevoir des inconnus
qui venaient d'arriver. Mais eux, ils ont
condamné à l'esclavage des hôtes qui leur
avaient fait du bien[i]. 15 Une punition attend
ceux qui ont reçu les étrangers comme des
ennemis, c'est sûr. 16 Ils avaient tout d'abord
fêté dans la joie ceux qui arrivaient. Ils leur
avaient donné les droits qu'ils possédaient
eux-mêmes. Mais ensuite, ils les ont écrasés
de travaux terribles. 17 C'est pourquoi ils
sont devenus aveugles, comme ceux qui se tenaient à l'entrée de la maison de l'homme qui
obéissait à Dieu. Ils ont été entourés d'une
obscurité profonde, et chacun cherchait la
porte de sa maison[j].

m. Dieu transforme les réalités de la création

18 Avec un instrument de musique, quand la
durée des notes change, le rythme change, les
sons restes les mêmes. Ainsi, à cette époque-
là, des réalités de la création ont été accordées
d'une façon différente. On le voit clairement
en examinant ce qui est arrivé : 19 des ani-

e **19.2** *Voir Exode 12.31-33 et 14.5-6.*

f **19.10** *Voir Exode 7.26–8.15.*

g **19.12** *Voir Nombres 11.31. Les cailles sont des oiseaux gros comme des poussins.*

h **19.13** *Haine : les Égyptiens ont montré cette haine envers les Israélites. Voir Exode 1.8-14.*

i **19.14** *D'autres gens : il s'agit des habitants de Sodome. Voir Genèse 19.1-29.*
Avaient fait du bien : il s'agit des services rendus par Joseph aux Égyptiens. Voir Genèse 47.13-26.

j **19.17** *Ils sont devenus aveugles : voir Exode 10.21-23 et Sagesse 17. Le malheur qui a frappé les Égyptiens est comparé à celui qui a frappé les gens de Sodome. Voir Genèse 19.11.*
L'homme qui obéissait à Dieu : il s'agit de Loth. Voir Sagesse 10.6.

maux qui marchaient seulement sur la terre
ont pu aller dans l'eau. Ceux qui nageaient
ont avancé sur le sol[k]. 20 Le feu brûlait dans
l'eau avec plus de force que d'habitude, et
l'eau ne pouvait pas l'éteindre. 21 Mais les
flammes ne brûlaient pas les animaux fragiles
qui circulaient dans la mer. Et elles n'ont pas
fait fondre la nourriture de Dieu[l]. Pourtant,
celle-ci ressemblait à la glace qui fond facilement.

Louange au Seigneur

22 Oui, Seigneur, de mille manières, tu as
rendu ton peuple important et tu l'as couvert
d'honneur. Tu ne l'as jamais laissé de côté,
mais tu restes près de lui toujours et partout.

---

k **19.19** *Animaux qui marchaient... : il s'agit des troupeaux des Israélites qui ont traversé la mer Rouge. Voir Exode 12.38.*
Ceux qui nageaient... : les grenouilles qui sont entrées dans les maisons. Voir Exode 7.26–8.7.

l **19.21** *Animaux fragiles : il s'agit des sauterelles. Voir Exode 9.13-35 et 10.1-20.*
Nourriture de Dieu : voir Exode 16.13-21.

Siracide

INTRODUCTION

• *Le Siracide : un sage qui s'oppose à l'influence grecque*

Le roi grec Alexandre le Grand a conquis tout le Proche-Orient entre 333 et 323 avant J.-C. À partir de ce moment, les Grecs ont dominé cette vaste région sur les plans militaire et politique. De plus, la culture grecque et les religions venant de Grèce se sont répandues partout. Les frontières et ce qui séparait les peuples les uns des autres ont commencé à disparaître. Alors chaque peuple risquait de ne plus savoir qui il était vraiment.

Face à cette situation, Jésus, fils de Sirac, appelé Siracide, a voulu ***défendre la religion et la culture du peuple d'Israël****. En effet, une large partie des notables Juifs adoptaient les coutumes et la culture grecques. Le Siracide a senti les dangers de cette influence qui se répandait très vite. Il a alors fondé une école à Jérusalem pour y enseigner la sagesse traditionnelle de son peuple.*

Jésus, fils de Sirac, a vécu à Jérusalem vers la fin du 3e et au début du 2e siècle avant J.-C. Pendant sa vie, le peuple d'Israël a été dominé d'abord par les rois grecs établis en Égypte, les Lagides, puis par ceux de Syrie, les Séleucides. Il n'a pas subi la violence d'Antiochus Épiphane, qui a fait souffrir les Juifs à cause de leur foi (167-164 avant J.-C.).

Le Siracide, ce ***maître de sagesse****, appartenait à la classe riche de Jérusalem. C'est pourquoi il a pu, tout jeune, passer du temps à étudier la sagesse, tout en menant dans la prière une vie en accord avec la loi de Dieu. L'essentiel de sa formation a été ceci : réfléchir sur l'histoire de son peuple, sur les paroles des prophètes et sur la sagesse des anciens d'Israël. De plus, il a été en contact avec de nombreuses personnes remarquables et il a beaucoup voyagé à l'étranger. Mais les habitudes de vie et de pensée différentes des siennes qu'il a pu connaître n'ont pas changé sa foi.*

Jésus, fils de Sirac, a été un maître plein de respect pour la sagesse des autres peuples. En même temps, il affirmait avec force le contenu de sa propre religion et de sa propre culture. C'était un savant de grande expérience. Il a été fidèle aux valeurs de la tradition d'Israël, le peuple de l'alliance, et fier de celles-ci.

• *Le livre*

Jésus, fils de Sirac, a rassemblé en un livre ce qu'il y avait de meilleur dans son enseignement, vers 190 avant J.-C. Plus tard, vers 132 avant J.-C., son petit-fils est allé en Égypte. Il a alors constaté que les Juifs d'Égypte étaient encore plus influencés par la pensée et les coutumes grecques que ceux de Jérusalem. C'est pourquoi il a entrepris de traduire en grec le livre de son ancêtre. Aujourd'hui, nous ne possédons que cette traduction grecque, car le texte hébreu a disparu très tôt.

Dans les premiers siècles après J.-C., les chrétiens ont appelé ce livre « l'Ecclésiastique », mot formé sur le latin « ecclesia », qui veut dire « Église ». Ils trouvaient une grande valeur à ce livre. C'est pourquoi ils l'ont utilisé plus que d'autres pour l'enseignement des nouveaux chrétiens, pour le culte et pour l'éducation morale.

• *Contenu du livre*

L'auteur du Siracide a rassemblé des textes de genres divers, presque toujours exprimés de façon poétique, comme les anciens maîtres de sagesse le faisaient. Il communique son message sous forme de proverbes, de règles de conduite, d'opinions qui sont souvent sans aucun lien entre eux. Quelquefois, ces textes sont groupés autour d'une idée principale. Il est donc difficile de présenter un plan de ce livre. On peut cependant y reconnaître cinq parties :

1. La sagesse et la prudence (1.1–16.23)
2. Dieu et la création (16.24–23.27)
3. La sagesse et la loi (24.1–33.18)
4. Conseils divers pour diriger sa vie (33.19–42.14)
5. La gloire de Dieu dans la nature et dans l'histoire (42.15–50.29)

Suppléments :
Prière de Jésus, fils de Sirac (51.1-12)
L'auteur a trouvé la sagesse et il invite à la chercher (51.13-30)

• *Comment le Siracide considère la vie*

Jésus, fils de Sirac, exprime son expérience et sa pensée sur les sujets les plus divers. Il envisage presque toutes les situations de la vie. Son enseignement concerne avant tout la sagesse. Celle-ci consiste à **diriger sa vie selon la loi de Dieu,** *pour obtenir le bonheur sur la terre.*

Respecter le Seigneur, observer la loi et rechercher la sagesse donnent la joie de vivre. L'existence humaine est courte, et la fin arrive vite. C'est pourquoi il est normal de profiter de tous les biens qui nous sont donnés et que la loi permet de posséder. Il faut protéger sa santé, garder son cœur dans la joie et chasser tout ce qui pourrait le troubler.

Le message du Siracide est toujours actuel. En effet, notre époque voit les frontières disparaître et la civilisation occidentale influencer tous les peuples de manière exagérée. Le Siracide enseigne comment protéger les traditions et les valeurs propres à chaque peuple, tout en restant ouvert à des idées nouvelles pleines d'intérêt.

PRÉFACE DU TRADUCTEUR GREC

(1) Les livres de la *loi, les livres des *prophètes (2) et les autres écrits qui les suivent nous font connaître beaucoup de choses importantes[a]. (3) Nous devons donc féliciter le peuple d'Israël pour la sagesse qu'on apprend dans ces livres. (4) Mais on ne doit pas seulement les lire pour devenir savant. (5) Ceux qui aiment apprendre doivent aussi être capables de se mettre au service de ceux qui sont à l'extérieur[b], (6) par leurs paroles comme par leurs écrits.

(7) C'est pourquoi mon grand-père Jésus[c] s'est appliqué à lire attentivement (8) la Loi, (9) les Prophètes (10) et les autres écrits de nos ancêtres. (11) Et il est vraiment devenu un maître en ce domaine. (12) Ainsi, il a été amené à écrire à son tour un livre pour enseigner la sagesse. (13) Alors ceux qui aiment apprendre et qui connaissent bien ce sujet (14) pourront plus facilement vivre selon la loi de Dieu.

a (2) *Il s'agit des trois grandes parties de l'Ancien Testament écrit en hébreu.*

b (5) *Ceux qui sont à l'extérieur : il s'agit des Juifs qui vivaient en dehors de la Palestine, ou bien des Juifs qui n'avaient pas étudié les Livres Saints, ou encore des non-Juifs.*

c (7) *Il s'agit de Jésus, fils de Sirac. Voir Siracide 50.27.*

(15) Je vous invite donc (16) à lire ce livre (17) attentivement et avec sympathie. (18) Vous serez aussi indulgents (19) pour les passages de ce texte où je semble (20) avoir échoué, malgré mes efforts, à traduire certaines expressions. (21-22) En effet, les choses dites en hébreu dans ce livre n'ont pas la même force quand elles sont traduites dans une autre langue. (23-24) D'ailleurs, c'est la même chose pour les livres de la loi, les livres des prophètes (25) et les autres écrits. (26) Il y a une grande différence entre leur traduction et le texte hébreu[d].

(27) L'année 38 du roi Évergète[e], (28) je suis arrivé en Égypte pour y habiter. (29) Là, j'ai trouvé une copie de cet important livre d'éducation. (30) Et j'ai pensé alors que je devais absolument tout faire pour traduire ce livre avec soin.

(31-32) Pendant mon séjour, j'ai passé beaucoup de soirées et d'heures d'étude (33) pour terminer ce travail. (34) Ensuite, j'ai voulu le publier pour ceux qui, en dehors d'Israël, désirent et aiment apprendre. (35) Ainsi leur vie sera en accord avec la loi du Seigneur.

PREMIER ENSEMBLE D'ENSEIGNEMENTS
1.1–16.23

D'où vient la Sagesse ?

1 [1] Toute sagesse vient du Seigneur,
elle habite avec lui pour toujours.
2 Qui peut compter les grains de sable
au bord de la mer,
les gouttes de pluie
ou les jours du temps qui ne finit pas ?
3 Qui peut découvrir
la hauteur du ciel,
la largeur de la terre,
la profondeur de l'océan ?
4 La Sagesse[f] a été créée
avant toutes choses,
la pensée intelligente
existe depuis toujours.
6 À qui a-t-on montré
la racine de la sagesse ?
Ses projets secrets, qui les connaît ?
8 Un seul est sage et vraiment terrible :
c'est le Seigneur qui est
assis sur son siège royal.
9 C'est lui qui a créé la Sagesse.
Il l'a vue, il a mesuré sa valeur,
il l'a répandue sur tout ce qu'il a fait.
10 Il l'a donnée généreusement
à tout être humain,
surtout à ceux
qui ont de l'amour pour lui.

Le respect du Seigneur est le commencement de la sagesse

11 Si tu respectes le Seigneur,
tu es honoré et tu peux être fier.
Tu es rempli d'une joie immense.
12 Si tu respectes le Seigneur,
ton cœur est joyeux,
tu connais le bonheur
et tu vis longtemps.
13 Pour ceux qui respectent le Seigneur,
tout ira bien jusqu'à la fin.
Le jour de leur mort,
ils recevront des *bénédictions.

14 Le commencement de la sagesse,
c'est le respect du Seigneur.
Pour les croyants,
la Sagesse a été créée avec eux
dans le ventre de leur mère.
15 Elle a fait son nid pour toujours
parmi les humains,
elle restera fidèlement
avec les enfants de leurs enfants.
16 Être totalement sage,

---

d **(26)** *Le traducteur du Siracide semble parler ici de la traduction de l'Ancien Testament en grec.*

e **(27)** *Évergète veut dire « bienfaiteur ». Ce nom a été donné à Ptolémée VII, roi d'Égypte de 170 à 116 avant J.-C.*

f **1.4** *Ce texte présente parfois la sagesse comme une personne.*

c'est respecter le Seigneur.
La sagesse offre alors aux humains
ses fruits en abondance.
17 Elle remplit toute leur maison
de ce qu'ils désirent,
leurs greniers sont pleins
de ce qu'elle produit.
18 Ceux qui respectent le Seigneur
reçoivent la sagesse comme récompense.
La sagesse fait fleurir
bonheur et bonne santé.
19 Elle permet largement
de connaître les choses avec intelligence,
elle couvre d'honneur
ceux qui la possèdent.
20 La racine de la sagesse,
c'est le respect du Seigneur,
ses branches, c'est une longue vie.

Être patient et maître de soi

22 On ne peut pas
excuser une colère injuste.
En effet, quelqu'un qui est en colère
va finir par se détruire.
23 Ceux qui sont patients
gardent leur calme
aussi longtemps qu'il faut,
et à la fin, ils retrouvent la joie.
24 Ils ne disent pas ce qu'ils pensent
aussi longtemps qu'il faut.
Et tout le monde dit
qu'ils sont intelligents.

Être sage et droit

25 Parmi les trésors de la sagesse,
il y a les proverbes savants.
Mais être fidèle à Dieu,
c'est une chose horrible
pour un pécheur.
26 Est-ce que tu désires la sagesse ?
Alors obéis aux commandements,
et le Seigneur te la donnera.
27 Oui, quand quelqu'un
est éduqué à la sagesse,
il respecte le Seigneur.
Ce qui lui plaît,
c'est la fidélité et la douceur.
28 Ne refuse pas de respecter le Seigneur,
ne viens pas à lui avec un cœur partagé.
29 Quand tu parles aux autres,
ne sois pas faux
mais fais attention à ce que tu dis.
30 Ne te mets pas au-dessus des autres,
sinon tu tomberas
et tu seras couvert de honte.
Oui, le Seigneur découvrira
ce que tu caches.
Il t'abaissera au milieu de l'assemblée,
parce que tu es venu à lui sans respect,
avec un cœur plein de mensonge.

Être patient dans les difficultés

2 1 Mon enfant,
si tu veux servir le Seigneur,
prépare-toi à rencontrer des difficultés.
2 Sois courageux et fort,
ne sois pas troublé
au moment du malheur.
3 Sois uni au Seigneur
et ne t'éloigne pas de lui.
À la fin de ta vie, tu y gagneras.
4 Accepte tout ce qui t'arrive
et montre-toi patient,
quand c'est pour toi
le moment d'être abaissé.
5 En effet, on juge la qualité de l'or
par le feu.
De même on juge la valeur
de ceux qui plaisent au Seigneur
quand ils sont dans le feu de la souffrance.
6 Fais confiance au Seigneur,
il viendra à ton secours.
Suis un chemin droit
et mets ton espoir en lui.

7 Vous qui respectez le Seigneur,
comptez sur sa bonté.
Ne vous éloignez pas de lui,
sinon vous tomberez.
8 Vous qui respectez le Seigneur,
ayez confiance en lui,
vous ne perdrez pas votre récompense.
9 Vous qui respectez le Seigneur,
mettez votre espoir dans ses bienfaits,
dans une joie sans fin et dans sa bonté.
10 Regardez les générations passées
et voyez :

quelqu'un qui a fait confiance au Seigneur,
est-ce qu'il l'a regretté ?
Quelqu'un qui a respecté le Seigneur fidèlement,
est-ce qu'il a été abandonné ?
Ou celui qui l'a supplié,
est-ce que le Seigneur a refusé de l'écouter ?
11 En effet, le Seigneur a pitié
et il est bon.
Il pardonne les fautes
et il sauve au moment du malheur.

12 Quel malheur pour les gens
qui manquent de courage,
qui sont négligents,
qui suivent deux chemins à la fois !
13 Quel malheur pour ceux qui sont mous,
parce qu'ils n'ont pas confiance dans le Seigneur !
Il ne les protégera pas.
14 Quel malheur pour vous
qui n'avez pas résisté jusqu'au bout !
Qu'est-ce que vous ferez
quand le Seigneur
vous demandera des comptes ?

15 Ceux qui respectent le Seigneur
ne désobéissent jamais à ses paroles,
ceux qui ont de l'amour pour lui
suivent ses chemins.
16 Ceux qui respectent le Seigneur
cherchent à lui plaire,
ceux qui ont de l'amour pour lui
se nourrissent de sa loi.
17 Ceux qui respectent le Seigneur
ont le cœur toujours prêt.
Ils savent s'abaisser devant lui.
18 Ils disent :
« Il vaut mieux tomber
entre les mains du Seigneur
qu'entre les mains des hommes.
Car s'il est puissant,
il est aussi plein de bonté. »

Devoirs envers les parents

3 1 Mes enfants,
écoutez les conseils de votre père.
Suivez-les pour vivre en sécurité.
2 En effet, le Seigneur donne autorité
au père sur ses enfants,
il établit les droits de la mère sur ses fils.
3 Ceux qui honorent leur père
voient leurs fautes pardonnées.
4 Ceux qui couvrent leur mère d'honneur
mettent en réserve un trésor.
5 Ceux qui honorent leur père
trouveront leur joie dans leurs enfants.
Le jour où ils prieront,
le Seigneur les écoutera.
6 Ceux qui couvrent leur père d'honneur
vivront longtemps.
Ceux qui obéissent au Seigneur
font plaisir à leur mère.
7 Ils servent leurs parents
comme s'ils étaient leurs maîtres.
8 Honore ton père par tes actions
comme par tes paroles.
Ainsi sa *bénédiction viendra sur toi.
9 La bénédiction donnée par un père
rend solide la maison de ses enfants,
mais la malédiction donnée par une mère
en détruit les fondations.
10 Si ton père a perdu son honneur,
ne t'en vante pas.
S'il perd son honneur,
cela ne peut t'honorer.
11 En effet, si ton père est honoré,
c'est un honneur pour toi aussi.
Si une mère est méprisée,
c'est une honte pour ses enfants.

12 Mon enfant, prends soin de ton père
quand il est âgé.
Ne lui fais pas de peine pendant sa vie.
13 Même s'il perd la tête, sois indulgent.
Ne le méprise pas,
toi qui es en pleine force.
14 Le Seigneur n'oubliera pas
ta générosité envers ton père,
elle réparera
un grand nombre de tes fautes.
15 Quand tu seras dans le malheur,
le Seigneur se souviendra de toi.
Tes fautes disparaîtront
comme *neige au soleil.
16 Mais ceux qui abandonnent leur père

ressemblent à ceux qui insultent le Seigneur.
Ceux qui font de la peine à leur mère,
le Seigneur les maudit pour toujours.

Être simple

17 Mon fils, agis avec douceur
dans tout ce que tu fais.
Alors les gens t'aimeront plus
qu'un homme qui fait des cadeaux.
18 Plus tu es important,
plus tu dois t'abaisser.
Alors le Seigneur t'accueillera avec bonté.
20 Oui, la puissance du Seigneur est grande,
mais ce sont les gens simples
qui lui donnent de la *gloire.
21 Ne recherche pas
ce qui est trop difficile pour toi,
ne t'occupe pas
de ce qui dépasse tes forces.
22 Réfléchis
aux commandements qu'on t'a donnés,
tu n'as pas à t'occuper
des choses mystérieuses.
23 Ne cherche pas à accomplir
des choses trop difficiles.
Ce que tu as déjà vu dépasse
ce que l'esprit humain
peut comprendre.
24 Trop de gens se sont trompés
en voulant tout comprendre,
leurs idées stupides
ont faussé leur jugement.

Être têtu ou intelligent

26 Quelqu'un de têtu finira mal.
Celui qui aime le danger
tombera dedans.
27 Quelqu'un de têtu
sera écrasé de souffrances.
Il agit mal
et ajoute une faute à l'autre.
28 Il n'y a pas de remède
pour le mal de l'orgueilleux.
En effet, la méchanceté
est plantée en lui.
29 Une personne intelligente
médite les proverbes des sages.
Une oreille attentive,
voilà ce que le sage désire.

Aider les autres

30 L'eau éteint le feu qui brûle.
De même, les dons faits aux pauvres
effacent les fautes.
31 Celui qui fait du bien prépare l'avenir.
S'il tombe, il trouvera un appui.

4 1 Mon fils, ne refuse pas aux pauvres
ce qui est nécessaire à leur vie,
ne fais pas attendre les malheureux.
2 Ne laisse pas souffrir ceux qui ont faim,
ne laisse pas se mettre en colère
ceux qui sont dans la misère.
3 N'augmente pas leur peine.
Ils ont besoin de quelque chose,
ne les fais pas attendre.
4 Ne repousse pas
un mendiant dans le malheur,
ne détourne pas ton visage des pauvres.
5 Ne refuse pas
de regarder les malheureux,
ne leur donne pas l'occasion
de te lancer des malédictions.
6 En effet, s'ils te maudissent
parce que leur cœur est amer,
leur Créateur entendra leur prière.
7 Fais-toi aimer de la communauté,
devant quelqu'un d'important,
incline la tête.
8 Écoute ce que le pauvre dit,
réponds-lui avec douceur
par des paroles de paix.
9 Libère le pauvre
des mains de celui qui l'écrase.
Quand tu dois juger une affaire,
n'aie pas peur.
10 Sois comme un père pour les orphelins,
sois comme un mari pour leur mère.
Alors tu seras comme un fils
pour le Très-Haut,
il aura pour toi plus d'amour que ta mère.

La sagesse éduque ceux qui la cherchent

11 La sagesse fait la grandeur de ses enfants,
elle prend soin de ceux qui la cherchent.
12 Aimer la sagesse, c'est aimer la vie.

Ceux qui la cherchent tôt le matin
seront remplis de joie.
13 Si quelqu'un la possède,
il recevra des honneurs.
Partout où il ira,
le Seigneur le *bénira.
14 Si quelqu'un sert la sagesse,
il rend un culte au Dieu *saint.
Le Seigneur aime
ceux qui ont de l'amour pour elle.
15 Ceux qui obéissent à la sagesse
jugeront les autres peuples avec justice,
ceux qui font ce qu'elle veut
vivront en sécurité.
16 S'ils mettent leur confiance en elle,
ils hériteront de ses biens,
leurs enfants les posséderont à leur tour.
17 La sagesse commence par les guider
par un chemin détourné :
elle les fait d'abord trembler de peur,
elle les corrige par sa discipline
jusqu'au jour
où elle peut leur faire confiance.
Elle voit d'abord ce qu'ils valent
en exigeant qu'ils obéissent à ses règles.
18 Ensuite,
elle prend un chemin plus direct,
elle les réjouit
et leur fait connaître ses secrets.
19 Si ces personnes s'éloignent de la sagesse,
elle les abandonne
et elle les laisse se perdre.

Ne pas avoir honte de soi

20 Attends le bon moment pour agir,
évite le mal,
et n'aie pas honte de toi.
21 Il y a une honte qui entraîne au péché
et une honte qui donne honneur et faveur.
22 Ne sois pas trop sévère pour toi-même,
que la honte ne te fasse pas tomber.
23 N'hésite pas à parler
quand c'est nécessaire.
24 On reconnaîtra ta sagesse dans tes paroles
et ta science dans ce que tu dis.
25 Ne parle pas contre la vérité,
mais sois honteux de ton ignorance.
26 On ne peut pas
empêcher un fleuve de couler.
N'aie donc pas honte d'avouer tes fautes.
27 Ne te laisse pas dominer par un sot,
ni influencer par quelqu'un de puissant.
28 Lutte jusqu'à la mort pour la vérité,
et le Seigneur Dieu combattra pour toi.
29 Ne sois pas courageux en paroles,
mais paresseux et négligent dans tes actes.
30 Ne sois pas un lion avec ta famille
et un lâche avec tes serviteurs.
31 N'ouvre pas la main pour prendre
et ne la ferme pas quand il s'agit de rendre.

Les fausses sécurités

5 1 Ne mets pas ta confiance
dans tes richesses
et ne dis pas :
« Le reste ne m'intéresse pas. »
2 Ne permets pas
que tes penchants violents te poussent
à satisfaire tes désirs mauvais.
3 Ne dis pas :
« Qui peut me commander ? »
car le Seigneur te punira sûrement.
4 Ne dis pas :
« J'ai commis une faute,
pourtant rien ne m'est arrivé ! »
Oui, le Seigneur prend son temps.
5 Si tu passes ton temps
à commettre des péchés,
ne sois pas trop sûr d'être pardonné.
6 Ne dis pas :
« La bonté du Seigneur est grande.
Il me pardonnera
mes nombreux péchés. »
En effet, il y a chez lui bonté et *colère.
Sa fureur tombera sur les coupables.
7 Reviens vite vers le Seigneur,
ne recule pas ton retour de jour en jour.
Car la colère du Seigneur
éclatera tout à coup,
le jour de la punition,
tu seras détruit.
8 Ne mets pas ta confiance
dans des richesses gagnées de façon malhonnête.
Le jour du malheur,
elles ne te serviront à rien.

Parler comme un sage

9 Ne sépare pas ton grain de la paille
à n'importe quel vent,
et ne prends pas n'importe quel chemin.
C'est celui qui n'est pas franc
qui agit ainsi.
10 Ne change pas toujours d'idées,
reste fidèle à ce que tu dis.
11 Sois rapide pour écouter,
mais ne te presse pas de répondre.
12 Si tu sais quelque chose,
réponds à ton *prochain.
Sinon, mets la main sur ta bouche.
13 Quelqu'un peut être honoré
ou couvert de honte
selon ce qu'il dit,
et la bouche d'une personne
peut faire son malheur.
14 Il ne faut pas que les gens pensent
que tu dis du mal des autres.
Ne trompe personne avec tes paroles.
En effet, si le voleur connaît la honte,
le menteur sera jugé durement.
15 Évite les petites fautes
comme les grandes

6 1 et ne deviens pas l'ennemi de ton ami,
car une mauvaise réputation
apporte la honte et les reproches.
Voilà ce qui arrive
à l'homme mauvais qui ment.
2 Ne te laisse pas entraîner
par les désirs mauvais,
sinon tes forces
seront détruites brutalement.
3 Tu mangeras tes feuilles,
tu perdras tes fruits,
tu deviendras un arbre tout sec.
4 Une passion mauvaise
détruit celui qui la possède.
À cause d'elle,
ses ennemis se moquent de lui.

Les vrais amis et les faux amis

5 En parlant gentiment,
nous nous faisons beaucoup d'amis.
Avec un langage aimable,
nous recevons beaucoup de réponses agréables.
6 Tu peux connaître beaucoup de monde.
Mais pour te conseiller,
choisis une personne sur mille.
7 Si tu veux avoir un ami,
commence par voir ce qu'il vaut.
Ne te confie pas à lui trop vite.
8 Il y a celui qui est ton ami
quand cela l'arrange,
mais quand tu es dans le malheur,
il ne te connaît plus.
9 Il y a l'ami qui devient un ennemi.
Il te couvre de honte
en racontant vos disputes.
10 Il y a l'ami qui vient manger avec toi.
Mais quand tu es dans le malheur,
il ne te connaît plus.
11 Quand tout va bien pour toi,
il est un autre toi-même,
il commande avec assurance
à tes serviteurs.
12 Mais s'il t'arrive malheur,
il est contre toi, et tu ne le revois plus.
13 Éloigne-toi de tes ennemis,
protège-toi de tes amis.
14 Un ami fidèle est une aide puissante.
Celui qui l'a trouvé a trouvé un trésor.
15 Un ami fidèle n'a pas de prix,
sa valeur dépasse tout ce qu'on peut imaginer.
16 Un ami fidèle
est un remède qui donne la vie.
Ceux qui respectent le Seigneur
le trouveront.
17 Ceux qui respectent le Seigneur
savent bien choisir leurs amis.
En effet, ceux qui se ressemblent
s'assemblent.

Apprendre la sagesse

18 Mon enfant, aime apprendre
quand tu es jeune.
Alors quand tu auras des cheveux blancs,
tu trouveras encore la sagesse.
19 Approche-toi d'elle,
et attends ses fruits excellents,
comme le laboureur et le semeur.
Oui, tu te fatigueras un peu
pour la cultiver,
mais tu profiteras bientôt

des biens qu'elle donne.
20 La sagesse est très dure
pour les gens qui ne la connaissent pas,
ceux qui manquent de bon sens
ne peuvent rester avec elle.
21 Elle est pour eux
comme une pierre à soulever
qui doit prouver leur force,
mais ils l'abandonnent très vite.
22 En effet, la sagesse mérite bien son nom,
elle se montre à peu de gens[g].

23 Mon enfant, écoute et accepte mon avis,
ne rejette pas mon conseil.
24 Attache tes pieds
avec les chaînes de la sagesse,
mets ton cou sous son *joug.
25 Présente ton dos
pour porter sa charge,
ne sois pas impatient
pour supporter ses liens.
26 Approche-toi d'elle de tout ton cœur,
suis son chemin de toutes tes forces.
27 Poursuis-la, cherche-la :
elle se fera connaître de toi.
Quand tu la tiendras, ne la lâche pas.
28 À la fin, tu trouveras le repos auprès d'elle,
ta peine se changera en joie.
29 Alors ses chaînes seront pour toi
une protection puissante,
le joug qui pèse sur ton cou
deviendra un collier précieux.
30 Sa charge sera un vêtement d'or,
ses liens seront de beaux rubans rouges.
31 Tu les mettras comme un habit de fête,
tu les porteras comme une couronne de joie.

32 Mon enfant,
si tu le veux, tu seras instruit,
si tu fais des efforts, tu deviendras habile.
33 Si tu aimes écouter, tu apprendras,
si tu es attentif, tu deviendras un sage.
34 Fréquente les gens âgés,
attache-toi à leur sagesse.
35 Écoute volontiers
toute parole qui vient de Dieu.
Ne laisse échapper
aucun proverbe de sagesse.
36 Si tu vois quelqu'un d'intelligent,
va vers cette personne dès le matin.
Que tes pieds usent l'entrée de sa porte.
37 Médite les ordres du Seigneur,
occupe-toi sans cesse
de ses commandements.
Il te rendra solide
et te donnera la sagesse que tu désires.

Conseils divers

7 1 Ne fais pas le mal,
et le mal ne sera pas ton maître.
2 Éloigne-toi de l'injustice,
elle se tiendra loin de toi.
3 Mon enfant, ne sème pas l'injustice,
sinon tu en récolteras sept fois plus
dans tes sillons.

4 Ne demande pas
au Seigneur la première place,
ni au roi un poste élevé.
5 Devant le Seigneur,
ne fais pas comme si tu agissais bien.
Devant le roi,
n'aie pas l'air d'être un sage.
6 Ne cherche pas à rendre la justice,
si tu ne peux pas supprimer l'injustice.
Sinon, tu te laisseras influencer
par quelqu'un d'important,
tu ne seras plus l'homme droit que tu es.
7 Ne fais pas de mal aux gens de ta ville,
sinon tu perdras ton honneur
devant tous.
8 Ne commets pas deux fois la même faute,
une seule fois suffit
pour que tu sois coupable.

9 Ne dis pas :
« Le Dieu très-haut regardera avec intérêt
les nombreuses offrandes que je lui fais.
Quand je les présenterai, il les acceptera. »

g **6.22** *Le texte hébreu présente un jeu de mots entre « sagesse » et ce qui est traduit ici par « se montre à peu de gens ».*

[10] Ne sois pas hésitant quand tu pries,
et ne néglige pas de donner aux pauvres.

[11] Ne te moque pas
de quelqu'un qui est dans la peine,
car Dieu, qui l'abaisse, peut le relever.
[12] Ne cherche pas à mentir contre ton frère
ni contre ton ami.
[13] Ne mens jamais.
Quand on prend l'habitude de mentir,
cela ne donne rien de bon.

[14] Quand tu es au conseil des *anciens,
ne dis pas n'importe quoi.
Quand tu pries,
ne répète pas toujours la même chose.
[15] Ne déteste pas les tâches pénibles,
ni le travail des champs
créé par le Très-Haut.
[16] Ne fais pas partie
de ceux qui agissent mal.
Souviens-toi
que la *colère du Seigneur n'est pas loin.
[17] Sois vraiment petit à tes yeux,
car celui qui méprise le Seigneur
sera puni par le feu et les vers.

Les amis, la famille

[18] Ne perds pas un ami pour de l'argent,
ni un vrai frère pour de l'or fin.
[19] N'hésite pas à te marier
avec une femme sage et bonne.
Oui, son charme
est plus précieux que l'or.
[20] Ne maltraite pas
un esclave qui sert fidèlement,
ni un ouvrier qui travaille de bon cœur.
[21] Si tu as un esclave intelligent,
aime-le comme toi-même.
Ne refuse pas de le libérer.

[22] Si tu as des troupeaux,
prends soin d'eux.
Si tu en tires profit,
garde-les.
[23] Si tu as des enfants,
fais leur éducation.
Apprends-leur à obéir
quand ils sont tout petits.
[24] Si tu as des filles,
veille sur leur corps
et sois sévère avec elles.
[25] Marie ta fille,
ce sera une grande chose de faite,
mais donne-la à un homme intelligent.
[26] Si tu es marié
avec une femme selon ton cœur,
ne la renvoie pas.
Mais ne fais pas confiance
à une femme que tu n'aimes pas.

[27] Honore ton père de tout ton cœur,
et n'oublie jamais
ce que ta mère a souffert.
[28] Souviens-toi : tu leur dois la vie.
Comment peux-tu leur rendre
ce qu'ils ont fait pour toi ?

Devoirs envers les prêtres

[29] Sers le Seigneur de tout ton être
et respecte ses prêtres.
[30] De toutes tes forces, aime ton Créateur
et ne néglige pas ceux qui le servent.
[31] Respecte le Seigneur
et honore les prêtres.
Donne-leur leur part,
comme il l'a commandé :
les premières récoltes,
le *sacrifice de réparation,
l'épaule des bêtes offertes,
le reste de l'offrande
des produits de la terre
et les meilleurs produits
réservés au Seigneur[h].

Devoirs envers les pauvres

[32] Donne largement aux pauvres
pour que le Seigneur
te *bénisse pleinement.
[33] Sois généreux avec tous les vivants,
et ne refuse pas
de traiter les morts avec respect.

---

h **7.31** *Voir Nombres 18.8-13 ; Deutéronome 18.3 ; Lévitique 2.1-16.*

34 N'évite pas ceux qui pleurent,
mais partage la peine
de ceux qui sont dans le deuil.
35 Ne néglige pas de visiter les malades.
Si tu agis ainsi, les gens t'aimeront.
36 Dans toutes tes actions,
pense à la fin de ta vie,
et tu ne commettras jamais de fautes.

Être prudent

8 1 Ne te dispute pas
avec quelqu'un de puissant,
sinon tu peux tomber sous son pouvoir.
2 N'aie pas de procès avec un riche
sinon tu ne pèseras pas lourd devant lui.
En effet, l'or
a déjà perdu beaucoup de gens,
il a même corrompu
le cœur de certains rois.
3 Ne te dispute pas
avec quelqu'un de bavard,
n'ajoute pas de bois à son feu.
4 Ne plaisante pas
avec une personne mal élevée,
car elle peut insulter tes ancêtres.
5 Ne fais pas de reproches
à celui qui reconnaît ses fautes.
Souviens-toi
que nous sommes tous coupables.
6 Ne méprise pas quelqu'un
parce qu'il est vieux,
car parmi nous aussi,
certains deviennent vieux.
7 Ne te réjouis pas
de la mort de quelqu'un.
Souviens-toi
que nous devons tous mourir.
8 Ne méprise pas
l'enseignement des sages,
mais étudie souvent leurs proverbes.
En effet, nous recevons d'eux l'éducation,
ils nous apprennent
à servir les gens importants.
9 Ne t'éloigne pas
de l'enseignement des gens d'expérience.
Eux-mêmes l'ont reçu de leurs parents.
Près d'eux, tu apprendras
à comprendre les choses
et à répondre au bon moment.
10 N'excite pas une personne mauvaise,
elle pourrait te brûler de son feu.
11 Ne résiste pas à quelqu'un d'insolent,
il pourrait t'amener à dire des bêtises.
12 Ne prête pas d'argent
à quelqu'un de plus puissant que toi.
Mais si tu le fais,
considère que cet argent est perdu.
13 Ne te déclare pas responsable
pour une dette supérieure à tes moyens.
Mais si tu le fais, sois prêt à payer.
14 N'aie pas de procès avec un juge.
En effet, le jugement
sera rendu à son avantage
à cause de sa fonction.
15 Ne pars pas en voyage
avec quelqu'un qui manque de prudence,
il peut te causer beaucoup d'ennuis.
Il agira seulement comme il voudra,
et sa folie te fera mourir avec lui.
16 Ne te dispute pas
avec un homme violent.
Ne va pas avec lui dans un endroit retiré.
Pour lui, tuer quelqu'un, ce n'est rien.
Là où tu ne peux pas appeler au secours,
il se jettera sur toi.
17 Ne fais aucun projet
avec une personne stupide,
elle est incapable de garder votre secret.
18 Ne fais rien de secret
devant un étranger,
car tu ne sais pas comment il va réagir.
19 N'ouvre pas ton cœur à n'importe qui.
Personne ne te remerciera.

Savoir se conduire avec les femmes

9 1 Ne sois pas jaloux de ta femme,
que tu aimes tendrement,
ne lui donne pas l'idée de te faire du mal.
2 Ne te livre à aucune femme,
car elle peut te dominer.
3 Ne va pas au-devant d'une *prostituée,
tu peux tomber dans ses pièges.
4 Ne reste pas longtemps près d'une chanteuse,
tu peux te laisser prendre à ses charmes.
5 N'arrête pas tes yeux sur une jeune fille,
cela peut te coûter très cher.
6 Ne te livre pas aux prostituées,

tu y perdras tous tes biens.
7 Ne regarde pas partout
dans les rues de la ville,
ne traîne pas dans les endroits déserts.
8 Détourne les yeux des jolies femmes,
ne fixe pas ton regard
sur une beauté qui appartient à un autre.
Beaucoup ont été perdus
par la beauté d'une femme.
À cause d'elle, l'amour prend feu.
9 Ne t'assois jamais
près d'une femme mariée,
ne fais pas la fête avec elle
en buvant du vin.
Tu risques de devenir amoureux d'elle,
ton désir brûlant
peut te faire tomber pour te perdre.

Savoir se conduire avec les autres

10 N'abandonne pas un vieil ami,
car un ami nouveau
ne le remplacera pas.
L'ami nouveau
est comme le vin nouveau :
tu le goûteras avec joie
quand il sera vieux.
11 N'envie pas le succès des gens mauvais,
tu ne sais pas comment leur vie finira.
12 N'approuve pas la réussite
de ceux qui méprisent le Seigneur.
Souviens-toi que déjà sur la terre,
il y a une justice.
13 Reste loin de celui
qui a le pouvoir de tuer,
ainsi tu n'auras pas peur de mourir.
Mais si tu t'approches de lui,
ne fais pas d'erreur,
sinon il peut t'enlever la vie.
Tu dois le savoir,
tu es entouré de pièges,
comme si tu marchais
sur les murs de défense de la ville.
14 Dans la mesure du possible,
fréquente tes voisins,
et prends conseil des personnes sages.
15 Pour discuter,
choisis des gens intelligents,
que toutes tes conversations
portent sur la loi du Très-Haut.
16 Invite à ta table ceux qui agissent bien,
et mets ta fierté à respecter le Seigneur.

Les chefs du peuple

17 Chez les artisans, ce qu'on admire,
c'est l'objet qu'ils ont fabriqué de leurs mains.
Mais pour le chef du peuple,
c'est la sagesse de ses paroles.
18 Dans la ville, le beau parleur fait peur,
l'homme bavard est détesté.

10 1 Le chef d'État qui est un sage
éduque son peuple.
S'il est intelligent, il aura de l'autorité.
2 Les ministres
sont comme le chef de l'État,
les habitants d'une ville
sont comme celui qui les gouverne.
3 Un roi sans formation détruit son peuple,
des chefs intelligents développent une ville.
4 Le Seigneur tient dans ses mains
le gouvernement du monde.
Il envoie au bon moment
le chef qui convient.
5 La réussite de quelqu'un
appartient au Seigneur.
Il donne son pouvoir
à celui qui fait les lois.

Orgueil et violence

6 Ne continue pas à en vouloir
à ton *prochain qui t'a fait du mal,
ne fais rien
dans un mouvement de violence.
7 Le Seigneur et les humains
détestent l'orgueil.
Pour lui et pour eux,
l'injustice est une faute.
8 C'est la violence, l'orgueil et l'argent
qui font passer le pouvoir
d'un peuple à un autre.
9 L'être humain est seulement poussière
et cendre.
Pourquoi est-il si orgueilleux ?
Déjà pendant sa vie,
ses intestins sont remplis de pourriture.
10 Une maladie grave
se moque même du médecin.

Celui qui est roi aujourd'hui
mourra demain.
11 Quand quelqu'un est mort,
tout ce qui lui reste,
ce sont les insectes,
les bêtes sauvages et les vers.
12 Le commencement de l'orgueil,
c'est l'abandon du Seigneur,
l'oubli du Créateur.
13 Le commencement de l'orgueil,
c'est le péché.
Celui qui le commet
fait toutes sortes de choses horribles.
C'est pourquoi le Seigneur
a envoyé aux orgueilleux
des punitions terribles
et il les a complètement détruits.
14 Le Seigneur
a renversé les rois de leurs sièges
et à leur place,
il a fait asseoir ceux qui sont doux.
15 Le Seigneur
a déraciné les orgueilleux
et à leur place,
il a planté les gens simples.
16 Le Seigneur
a détruit les pays des autres peuples,
il les a écrasés
jusqu'aux fondations de la terre.
17 Il les a fait disparaître, il les a détruits,
et personne ne garde aucun souvenir d'eux.
18 Le Seigneur n'a pas créé les humains
pour qu'ils soient orgueilleux.
Ils ne sont pas nés pour se livrer
à la violence de la colère.
19 Quelle race mérite d'être honorée ?
C'est la race des humains
quand ils respectent le Seigneur.
Quelle race mérite d'être méprisée ?
C'est la race des humains
quand ils désobéissent
à ses commandements.
20 Un chef est honoré parmi ses gens.
Mais lui,
il honore ceux qui respectent le Seigneur.
22 Les riches, les puissants et les pauvres
sont tous fiers de respecter le Seigneur.
23 Ce n'est pas bien
de mépriser un pauvre qui est sage
et d'honorer quelqu'un qui agit mal.
24 On honore les gens importants,
les juges et les chefs.
Pourtant personne parmi eux
n'est plus grand
que ceux qui respectent le Seigneur.
25 Un sage aura des personnes libres
à son service, même s'il est esclave.
Les gens qui ont du bon sens
ne s'en plaindront pas.

Être simple et vrai

26 Ne fais pas semblant d'être sage
quand tu travailles,
ne te vante pas
quand tu manques de tout.
27 Il vaut mieux travailler
et avoir beaucoup de choses
que de se vanter
et ne rien avoir à manger.
28 Mon enfant,
reconnais simplement ta valeur,
ne te félicite pas plus qu'il ne faut.
29 Qui peut approuver
ceux qui se font du mal à eux-mêmes ?
Qui peut féliciter
ceux qui perdent leur honneur
par leur faute ?
30 Un pauvre peut être honoré
pour ses connaissances,
mais un riche est honoré
pour ses richesses.
31 Si un pauvre est honoré,
il le sera beaucoup plus s'il devient riche.
Mais si un riche est méprisé,
il le sera beaucoup plus s'il devient pauvre.

11 1 Un homme simple peut relever la tête,
si c'est un sage :
il a sa place parmi les gens importants.

Ne pas juger selon ce qu'on voit

2 Ne fais pas de compliments à quelqu'un
à cause de sa beauté.
Ne déteste personne
à cause de son aspect extérieur.
3 Parmi tous les êtres qui volent,

l'abeille est la plus petite,
mais la douceur de son miel
est la plus délicieuse du monde.
4 Ne te vante pas de tes beaux vêtements,
ne sois pas orgueilleux quand on t'honore.
En effet, le Seigneur
fait des choses étonnantes,
mais personne ne peut les prévoir.
5 Beaucoup de rois
se sont retrouvés assis par terre,
et celui qu'on n'attendait pas
a pris le pouvoir.
6 Beaucoup de dirigeants
ont perdu tout leur honneur,
des gens célèbres
sont devenus des esclaves.
7 Ne fais pas de reproches
avant d'être informé.
Commence par réfléchir,
tu critiqueras ensuite.
8 Ne réponds pas avant d'avoir écouté.
Ne coupe pas la parole
à quelqu'un qui parle.
9 Ne discute pas
d'une affaire qui ne te regarde pas,
ne te mêle pas
des querelles des gens mauvais.

Richesse et pauvreté

10 Mon enfant, ne fais pas trop de choses.
Si tu en fais trop, tu ne t'en sortiras pas.
Même si tu cours, tu n'arriveras à rien.
Si tu vas de tous les côtés,
cela ne te donnera aucun résultat.
11 Il y en a qui travaillent,
se fatiguent et se dépêchent.
Or, ils atteignent d'autant moins
ce qu'ils cherchent.

12 Il y en a d'autres qui sont lents
et ont toujours besoin d'aide.
Ils manquent de moyens
et sont très pauvres.
Mais le Seigneur les regarde avec bonté,
il les relève de leur misère.
13 Il leur fait relever la tête,
et beaucoup sont surpris.
14 Bien et mal, vie et mort,
pauvreté et richesse,
tout vient du Seigneur.
17 Les bienfaits du Seigneur
sont pour ceux qui lui obéissent.
Sa bonté les conduira pour toujours
sur un chemin droit.

18 Certaines personnes deviennent riches,
car elles font des économies
et gardent leurs biens en réserve.
Mais voici quelle sera leur récompense :
19 Le jour où elles se disent :
« Je peux me reposer maintenant,
je peux profiter de mes biens »,
elles ne savent pas
combien de temps cela durera.
Elles devront mourir
en laissant leurs biens aux autres.

Le Seigneur peut changer les situations

20 Reste fidèle à ce que tu fais,
mets-y toutes tes forces,
et que ce travail
t'occupe jusqu'à ta vieillesse.
21 N'admire pas
les actions des gens mauvais.
Mets ta confiance dans le Seigneur
et continue ton travail.
En effet, il est facile pour le Seigneur
de donner la richesse à un pauvre
d'un seul coup.
22 La *bénédiction donnée par le Seigneur,
voilà la récompense
de ceux qui lui obéissent.
En peu de temps,
il réalise tous leurs désirs.
23 Ne dis pas :
« Qu'est-ce qui me manque ?
Qu'est-ce que je pourrais encore posséder ? »
24 Ne dis pas non plus :
« J'ai tout ce qu'il faut.
Maintenant, rien de mal
ne peut m'arriver. »
25 Quand tout va bien,
on ne pense plus aux malheurs.
Quand tout va mal,
on oublie les bons moments.
26 Quand les gens meurent,

il est facile pour le Seigneur,
de traiter chacun selon ce qu'il a fait.
27 Un mauvais moment fait oublier
le bonheur de toute une vie.
À la mort de quelqu'un,
on découvre la valeur de ses actes.
28 Ne déclare personne heureux
avant sa mort.
On ne connaît quelqu'un
qu'au moment de sa fin.

Se méfier des gens mauvais

29 Les gens mauvais
ont mille façons de te tromper.
C'est pourquoi ne fais pas entrer
n'importe qui chez toi.
30 Quelqu'un d'orgueilleux
est comme un oiseau
enfermé dans une cage
pour attirer d'autres oiseaux.
Comme un espion,
il guette le moment où tu tomberas.
31 Il tend des pièges
et change le bien en mal.
Il trouve à salir les actions les plus pures.
32 Une étincelle peut allumer un grand feu,
de même, les gens mauvais
tendent des pièges
qui conduisent à la mort.
33 Fais attention aux gens mauvais,
car ils méditent le mal.
Ils peuvent salir ta réputation
pour toujours.
34 Si tu loges un inconnu,
il peut semer le désordre
dans ta maison,
et dresser contre toi
les gens de ta famille.

Ne pas faire du bien à n'importe qui

12 1 Si tu fais le bien,
tu dois savoir à qui tu le fais,
et les gens te remercieront
pour tes bienfaits.
2 Fais du bien
à ceux qui sont fidèles au Seigneur,
ils te le rendront.
S'ils ne le rendent pas eux-mêmes,
le Très-Haut te récompensera.
3 Les bienfaits ne sont pas
pour ceux qui font sans cesse le mal
et qui refusent d'aider les pauvres.
4 Donne
à ceux qui sont fidèles au Seigneur,
n'accepte rien de ceux qui agissent mal.
5 Fais du bien aux gens simples,
ne donne rien
aux gens qui méprisent le Seigneur.
En effet, par là,
ils peuvent devenir plus forts que toi.
Et tu seras payé deux fois plus mal
pour le bien que tu leur auras fait.
6 Le Très-Haut n'aime pas
ceux qui agissent mal,
il punira ceux qui le méprisent.
7 Donne à ceux qui sont bons
et n'accepte rien des gens mauvais.

Attention aux faux amis !

8 Quand tout va bien,
quelqu'un ne peut pas reconnaître son véritable ami.
Mais quand tout va mal,
il voit tout de suite qui est son ennemi.
9 Quand une personne est heureuse,
ses ennemis sont tristes.
Quand elle est malheureuse,
même son ami l'abandonne.
10 Ne fais jamais confiance à ton ennemi.
En effet, comme du cuivre recouvert de vert-de-gris,
sa méchanceté reste cachée.
11 Même s'il fait semblant d'être petit
et s'il avance en s'inclinant,
fais attention et méfie-toi de lui.
Sois envers lui
comme l'artisan qui polit un miroir.
Sois sûr que le vert-de-gris
ne le cachera pas toujours.
12 Ne le mets pas auprès de toi,
il pourra te renverser et prendre ta place.
Ne lui donne pas la place d'honneur
à ta table,
sinon il cherchera à prendre ton poste.
Tu finiras par comprendre
que j'avais raison
et tu te souviendras avec regret
de mes paroles.

13 Qui a pitié
d'un charmeur mordu par son serpent
ou de tous ceux
qui luttent contre les bêtes sauvages ?
14 De même, on ne plaint pas une personne
qui fréquente les gens mauvais
et finit par agir comme eux.
15 Celui qui agit mal
reste avec toi un certain temps.
Mais si tu quittes le chemin,
il disparaît.
16 Ton ennemi te parle gentiment,
mais dans son cœur,
il cherche comment te jeter dans un trou.
Il peut avoir les larmes aux yeux,
mais si l'occasion se présente,
ton sang ne lui suffira pas.
17 Si un malheur tombe sur toi,
tu le trouveras là avant toi.
Il fera semblant de t'aider,
mais il voudra te faire tomber.
18 Alors il montrera son vrai visage,
il secouera la tête en se moquant de toi.
Il applaudira des deux mains
et dira sans cesse du mal de toi.

13 1 Quand tu touches de la colle,
tu te salis les mains.
Quand tu fréquentes un orgueilleux,
tu finis par lui ressembler.
2 Ne porte pas une charge trop lourde,
de même, ne fréquente pas quelqu'un
de plus fort ou de plus riche que toi.
Est-ce qu'un plat en terre
peut aller avec une cuvette en fer ?
Si ces récipients se heurtent,
le plat en terre se casse.
3 Quand un riche
est injuste envers quelqu'un,
c'est lui qui se met en colère.
Quand un pauvre
est écrasé par l'injustice,
c'est lui qui demande pardon.
4 Si tu es utile à un riche,
il profitera de toi.
Quand tu n'auras plus rien,
il t'abandonnera.
5 Si tu possèdes quelques biens,
le riche vivra avec toi,
il te les prendra sans aucun regret.
6 S'il a besoin de toi, il te trompera.
Il te fera des sourires
pour te donner du courage.
Il te parlera gentiment et te demandera :
« Qu'est-ce que je peux faire pour toi ? »
7 Le riche te couvrira de honte
en t'invitant souvent à ses grands repas.
En effet, tu dépenseras tout ton argent
deux ou trois fois
pour lui rendre ses invitations.
À la fin, il se moquera de toi
en secouant la tête.
S'il te voit, il s'éloignera de toi.
8 Attention, ne te laisse pas tromper
ni abaisser bêtement.

9 Si quelqu'un d'important t'invite,
n'accepte pas, alors il insistera.
10 Ne cours pas, sinon il te repoussera.
Ne reste pas trop loin, sinon il t'oubliera.
11 N'essaie pas de parler avec lui
comme s'il était ton égal,
ne crois pas non plus
tout ce qu'il raconte.
En bavardant, il veut savoir
ce que tu vaux,
en souriant, il t'examine.
12 Il racontera sans pitié ce que tu dis.
Sois-en sûr,
il ne t'évitera ni les coups ni la prison.
13 Fais donc bien attention
et sois très prudent :
tu es sur un chemin dangereux
qui conduit à la mort.

Les riches et les pauvres

15 Les animaux
aiment ceux qui leur ressemblent,
et tout être humain
aime son *prochain.
16 Les animaux
s'unissent selon leur espèce,
et l'être humain
s'attache à un autre humain.

17 Qu'est-ce qu'il y a de commun
entre le *loup et l'agneau ?
Entre ceux qui agissent mal
et ceux qui sont fidèles au Seigneur ?

18 Est-ce que l'hyène et le chien
peuvent vivre en paix ?
Est-ce que le riche et le pauvre
peuvent vivre en paix ?
19 Dans la brousse, les ânes sauvages
sont la nourriture des lions.
De même, les pauvres
sont mangés par les riches.
20 L'orgueilleux déteste ce qui est simple,
de même, le riche déteste le pauvre.
21 Quand un riche perd l'équilibre,
ses amis le soutiennent.
Quand un pauvre tombe,
ses amis le repoussent.
22 Quand un riche se trompe,
beaucoup viennent à son secours.
S'il dit des bêtises, les gens le félicitent.
Quand un pauvre se trompe,
les gens lui font des reproches.
S'il dit des choses intelligentes,
les gens n'y font pas attention.
23 Quand un riche parle,
tout le monde se tait
et admire ce qu'il dit.
Quand un pauvre parle,
les gens demandent : « Qui est-ce ? »
S'il fait une erreur,
on le pousse pour le faire tomber.

24 La richesse est une bonne chose
quand elle n'est pas malhonnête.
La pauvreté est méprisée
seulement par les gens méchants.
25 Le cœur change le visage de quelqu'un
en bien ou en mal.
26 Un visage joyeux reflète un cœur bon.
Mais il faut se fatiguer
pour inventer des proverbes.

14 1 Il est heureux,
celui qui n'a pas commis
de fautes en paroles
et n'a pas à souffrir de les regretter.
2 Il est heureux,
celui que sa *conscience n'accuse pas
et qui a obtenu ce qu'il espérait.

L'avare est malheureux

3 Pour une personne avare,
la richesse n'est pas bonne.
À quoi sert l'argent
si on le garde pour soi ?
4 Une personne qui fait des réserves
en se privant
amasse des biens pour les autres.
Avec ses biens,
d'autres vivront dans le plaisir.
5 Celui qui est dur pour lui-même,
il sera bon pour qui ?
Il ne profite même pas de ses biens.
6 Il n'y a pas d'homme plus méchant
que celui qui se fait souffrir lui-même.
Il est ainsi puni de sa méchanceté.

7 Si l'avare fait du bien,
il ne le fait pas exprès.
À la fin, il laisse voir sa méchanceté.
8 Il est mauvais,
l'homme au regard envieux.
Il détourne la tête et méprise les gens.
9 Les yeux de l'homme envieux
ne sont jamais satisfaits
de la part qu'il reçoit.
L'envie rend son cœur sec.
10 L'avare ne partage pas sa nourriture,
et elle manque même dans sa maison.

Profiter de la vie

11 Mon enfant, si tu en as les moyens,
sois bon avec toi-même.
Apporte au Seigneur
des offrandes dignes de lui.
12 La mort sera bientôt là, ne l'oublie pas.
Tu ne connais pas
le jour qu'elle a décidé.
13 Avant de mourir, fais du bien à ton ami,
selon tes moyens,
sois généreux avec lui.
14 Ne te prive pas d'un bonheur qui passe,
ne manque pas l'occasion
de satisfaire un désir permis.
15 Tu le sais, tu devras laisser à d'autres
les résultats de ton travail.
Tes héritiers les partageront entre eux
en les *tirant au sort.
16 Donne ou reçois, et sois heureux ainsi.
En effet, dans le monde des morts,
il n'y a aucun plaisir à chercher.
17 La vie s'use comme un vêtement.

« Tu mourras, c'est sûr »,
c'est la loi de toujours.
18 Sur un arbre couvert de feuilles,
les unes tombent et d'autres poussent.
C'est la même chose pour les générations
humaines :
les uns meurent et d'autres naissent.
19 Tout ce que les humains ont fait
disparaîtra,
et ils partiront avec leurs actions.

Le sage est heureux

20 Il est heureux,
celui qui s'intéresse à la sagesse
et raisonne avec son intelligence.
21 Il médite dans son cœur sur ses chemins
et réfléchit à ses secrets.
22 Il poursuit la sagesse
comme un chasseur,
il la guette sur son passage.
23 Il regarde par sa fenêtre,
il écoute à sa porte.
24 Il s'installe tout près de sa maison
et campe à côté de ses murs.
25 Il plante sa tente auprès de la sagesse
et s'installe dans le lieu du bonheur.
26 Il place ses enfants sous sa protection,
il reste sous ses branches.
27 Sous son ombre,
il est protégé de la chaleur
et il s'installe en sa présence glorieuse.

15 1 Celui qui respecte le Seigneur
agit de cette façon.
Celui qui connaît parfaitement la *loi
atteint la sagesse.
2 Celle-ci vient à sa rencontre
comme une mère,
elle l'accueille comme la jeune fille
qu'il a prise pour femme.
3 Le pain qu'elle lui fait manger,
c'est l'intelligence,
l'eau qu'elle lui fait boire,
c'est la sagesse.
4 Il s'appuiera sur elle
et ne perdra pas l'équilibre.
Il s'attachera à elle et ne sera pas déçu.
5 La sagesse
le rendra plus important que ses voisins.
Quand il parle devant tout le monde,
elle lui inspire ses paroles.
6 Il sera ainsi rempli de bonheur
et d'une joie immense,
et son nom deviendra célèbre
pour toujours.

7 Les sots ne posséderont pas la sagesse,
les gens mauvais ne la verront pas.
8 Elle se tient loin des orgueilleux,
les menteurs l'oublieront.
9 Chanter la louange du Seigneur
ne convient pas aux gens mauvais.
En effet, cela ne vient pas du Seigneur.
10 Oui, c'est la sagesse
qui inspire la louange,
c'est le Seigneur qui la guide.

La liberté humaine

11 Ne dis pas :
« C'est le Seigneur
qui m'a fait sortir du bon chemin. »
En effet, il ne fait pas ce qu'il déteste.
12 Ne dis pas :
« C'est le Seigneur qui m'a trompé »,
car il n'a pas besoin
des gens qui agissent mal.
13 Le Seigneur déteste toute forme de mal,
et ceux qui le respectent
font comme lui.
14 C'est le Seigneur qui,
au commencement,
a créé l'être humain,
il l'a laissé maître de ses décisions.
15 Si tu le veux,
tu appliqueras ses commandements.
Rester fidèle au Seigneur,
cela dépend de ta bonne volonté.
16 Devant toi, il a placé le feu et l'eau.
Choisis où tu vas mettre la main.
17 Aux humains, il présente la vie ou la mort.
Chacun recevra ce qu'il préfère.
18 Oui, la sagesse du Seigneur est grande :
il est très puissant et il voit tout.
19 Son regard est tourné
vers ceux qui le respectent.
Il connaît lui-même
toutes les activités des humains.
20 Il ne commande à personne

d'être méchant,
il ne donne à personne
l'autorisation de faire le mal.

Le Seigneur est bon et sévère

16 1 Ne désire pas
avoir une foule d'enfants
s'ils ne valent rien.
Ne te réjouis pas d'avoir des fils
s'ils méprisent le Seigneur.
2 Ne te réjouis pas d'en avoir beaucoup
s'ils ne respectent pas le Seigneur.
3 N'espère pas une longue vie pour eux
et ne t'appuie pas sur leur nombre.
Il vaut mieux un seul enfant que mille.
Il vaut mieux mourir sans enfants
que d'avoir
des enfants qui méprisent le Seigneur.
4 Un sage dans une ville,
c'est assez pour la remplir d'habitants.
Mais un groupe de bandits
la rend déserte.

5 J'ai vu de mes yeux
beaucoup de choses semblables,
j'ai entendu de mes oreilles
des exemples encore plus frappants.
6 Dans l'assemblée des gens mauvais,
le feu du Seigneur s'allume,
sa *colère prend feu
contre un peuple révolté.
7 Il n'a pas pardonné
aux géants d'autrefois,
qui se sont révoltés
en comptant sur leur force[i].
8 Il n'a pas protégé la ville où Loth vivait,
car il détestait l'orgueil de ses habitants[j].
9 Il n'a pas eu pitié des *Cananéens,
ces gens perdus
qui ont été tués à cause de leurs fautes[k].
10 Il n'a pas eu pitié non plus
des 600 000 Israélites.
Ils sont morts,
parce qu'ils s'opposaient au Seigneur[l].
11 Même s'il n'y a qu'un seul homme révolté,
ce serait étonnant
qu'il reste sans punition.
En effet, la pitié et la colère
appartiennent au Seigneur,
il peut pardonner généreusement,
mais il montre aussi sa colère.
12 Sa sévérité est aussi grande que sa bonté,
il juge les humains selon leurs actions.
13 Le coupable
ne fuira pas avec ce qu'il a pris,
et celui qui est fidèle au Seigneur
ne sera pas déçu s'il est patient.
14 Le Seigneur est toujours prêt
à montrer sa bonté,
mais chacun est traité
selon ce qu'il a fait.

On ne peut pas échapper au Seigneur

17 Ne dis pas :
« Je me cacherai loin du Seigneur.
Là-haut, qui se souviendra de moi ?
Au milieu de la foule,
personne ne me reconnaîtra.
Qui suis-je
dans l'immense monde créé ? »
18 Le ciel et ses plus hauts sommets,
la terre et le fond des mers sont secoués
quand le Seigneur vient les visiter.
19 Les montagnes
et les fondations de la terre
tremblent de peur quand il les regarde.
20 Mais personne ne pense à cela.
Qui s'intéresse à ce que le Seigneur fait ?
21 Le grand vent, personne ne le voit.
De même,
presque toutes les actions du Seigneur
restent cachées.
22 Ces actions justes,
qui les annoncera, qui les attendra ?
La décision du Seigneur nous dépasse.

---

i **16.7** *Voir Genèse 6.1-7.*
j **16.8** *Voir Genèse 19.1-29.*
k **16.9** *Voir Exode 23.33 ; Deutéronome 7.1-6.*
l **16.10** *Voir Exode 12.37 ; Nombres 1.46 ; 11.21.*

23 Voilà ce que pense
une personne sans intelligence.
Quelqu'un qui manque de bon sens
se trompe de chemin
et ne pense que des bêtises.

DEUXIÈME ENSEMBLE D'ENSEIGNEMENTS
16.24–23.27

La sagesse de Dieu dans le monde créé

24 Mon enfant, écoute-moi,
apprends ce que je sais,
applique ton cœur à ce que je dis.
25 Je vais te faire connaître
ce qu'est une solide éducation,
avec soin,
je vais t'enseigner ce que je sais.

26 Au commencement,
dès que le Seigneur a créé ses œuvres,
il leur a donné une place.
27 Il a établi un ordre
parmi les *astres pour toujours,
il leur a fixé des lois
à suivre depuis le début jusqu'à la fin.
Ils ne souffrent jamais de la faim
ni de la fatigue,
aucun n'abandonne jamais son poste.
28 Aucun n'a jamais heurté l'autre,
et ils ne désobéiront jamais
aux commandements du Seigneur.
29 Ensuite, le Seigneur a regardé la terre
et il l'a remplie de ses bienfaits.
30 Il l'a couverte d'animaux de toute espèce
qui, à leur mort, retourneront à la terre.

Les humains dans le monde créé

17 1 Le Seigneur a créé l'être humain
à partir de la terre,
pour le faire retourner ensuite à la terre.
2 Il accorde aux humains
un certain nombre de jours
et un temps fixé pour vivre.
Il leur a donné autorité
sur les choses de la terre.
3 Il les a créés à son image
et les a remplis de force,
comme lui-même.
4 Il a fait que tous les êtres créés
aient peur des humains.
Alors ceux-ci peuvent dominer
les animaux et les oiseaux.
6 Il leur a donné le jugement,
une langue, des yeux, des oreilles,
et un cœur pour réfléchir.
7 Il les a remplis d'intelligence
et de connaissance,
il leur a enseigné le bien et le mal.
8 Il a mis sa lumière dans leur cœur
pour leur montrer la grandeur
de ce qu'il a fait.
9-10 Ils chanteront
la louange de son *saint nom,
en racontant la grandeur
de ce qu'il a fait.

La loi de l'alliance

11 De plus, le Seigneur
a donné aux humains la connaissance,
il leur a accordé la loi qui fait vivre.
12 Il a fait avec eux une *alliance
pour toujours
et il leur a montré ses commandements.
13 Alors leurs yeux ont vu
la grandeur de sa *gloire,
leurs oreilles ont entendu
sa voix magnifique.
14 Il leur a dit : « Faites attention
à tout ce qui s'oppose à la loi. »
Il leur a donné à chacun
des commandements envers le *prochain.

Le Seigneur voit tout

15 Le Seigneur voit sans cesse
ce que font les humains.
Rien n'est caché à ses yeux.
17 Il a donné un chef à chaque peuple,
mais le peuple d'Israël
reste le bien du Seigneur.

19 Toutes les actions des humains
sont devant le Seigneur
aussi claires que le soleil.
Il regarde sans cesse leur conduite.
20 Ce qu'ils font de mal ne lui échappe pas,
toutes leurs fautes sont devant lui.
22 Pour le Seigneur,
un bienfait accordé à quelqu'un
est comme un *sceau
qui garantit un trésor.
Il est aussi précieux
que la pupille de l'œil.
23 Un jour, le Seigneur agira
pour payer leurs actions aux humains.
Il leur donnera ce qu'ils méritent.
24 Mais ceux qui regrettent leurs fautes,
il leur permet de revenir vers lui,
il rend courage
à ceux qui sont découragés.

Invitation à revenir vers le Seigneur

25 Tourne-toi vers le Seigneur
et abandonne tes péchés.
Prie-le et ainsi,
ta faute sera moins grave.
26 Reviens vers le Très-Haut,
détourne-toi du mal,
déteste avec force ce qu'il a en horreur.
27 Dans le monde des morts,
qui chantera la louange du Très-Haut?
C'est aux vivants
de reconnaître sa grandeur.
28 Un vivant en bonne santé
peut chanter la louange du Seigneur.
Quand il est mort et n'existe plus,
il ne peut plus lui dire merci.
29 Elle est vraiment grande,
la bonté du Seigneur,
et son pardon est pour ceux
qui se tournent vers lui!
30 Les humains meurent,
ils ne peuvent donc tout faire.
31 Qu'est-ce qu'il y a de plus lumineux
que le soleil?
Pourtant, il ne brille pas toujours.
De même, l'être humain
qui médite de faire le mal.
32 Le Seigneur surveille l'armée des *astres,
mais les humains sont tous faits de terre
et de poussière!

Le Seigneur est grand

18 1 Le Seigneur qui vit pour toujours
a créé toutes choses, sans exception.
2 Lui seul a le droit d'être appelé juste.
4 Il n'a donné à personne le pouvoir
d'annoncer ce qu'il va faire.
Qui peut en effet découvrir
ses actions extraordinaires?
5 Qui peut mesurer
son immense grandeur?
Qui peut raconter ses bienfaits?
6 On ne peut pas les diminuer,
on ne peut rien leur ajouter.
Il n'est pas possible de découvrir
les merveilleuses actions du Seigneur.
7 Quand une personne a fini,
elle ne fait que commencer.
Quand elle s'arrête,
elle ne sait plus comment continuer.

Qu'est-ce que l'être humain?

8 Qu'est-ce que l'être humain?
À quoi sert-il?
Le bien ou le mal qu'il fait,
qu'est-ce que cela veut dire?
9 S'il vit cent ans, sa vie est longue!
10 Comparées au temps qui ne finit pas,
ces quelques années
sont une goutte d'eau dans la mer,
un petit grain de sable.
11 C'est pourquoi le Seigneur
est patient avec les humains,
il répand sur eux sa bonté.
12 Il voit et il sait
que leur fin est vraiment triste.
C'est pourquoi il leur pardonne
généreusement.
13 Les êtres humains sont bons
pour ceux qui sont proches d'eux,
mais le Seigneur est bon pour tous.
Il les avertit, les corrige, les enseigne.
Il ramène à lui ceux qui se perdent,
comme un berger ramène son troupeau.
14 Il a pitié de ceux qui se laissent éduquer
et qui cherchent avec ardeur
à obéir à ses décisions.

Comment donner

15 Mon enfant,
quand tu fais du bien à quelqu'un,
n'y ajoute pas des reproches.
Si tu offres un cadeau,
ne dis pas en même temps
des paroles blessantes.
16 Est-ce que la rosée
n'apporte pas la fraîcheur ?
De même, une parole
peut faire mieux qu'un cadeau.
17 Oui, une bonne parole
vaut mieux qu'un beau cadeau.
Mais la personne généreuse
donne les deux.
18 Une personne stupide
fait des reproches sans délicatesse,
et le cadeau d'une personne jalouse
fait couler les larmes.

La prudence des personnes sages

19 Avant de parler, renseigne-toi.
Avant de tomber malade,
prends soin de toi.
20 Avant qu'on te juge, examine-toi,
au moment de rendre des comptes,
tu recevras le pardon.
21 N'attends pas d'être malade
pour reconnaître tes torts.
Dès que tu as fait une faute,
montre que tu la regrettes.
22 Si tu as fait un *vœu,
accomplis-le au moment fixé,
n'attends pas jusqu'à la mort
pour tenir ta promesse.
23 Avant de faire un vœu, réfléchis bien.
Ne sois pas comme quelqu'un
qui provoque le Seigneur.
24 Pense à tes derniers moments :
le Seigneur
peut se mettre en *colère contre toi
et te punir en détournant de toi son visage.
25 Quand tu as beaucoup de nourriture,
pense à la famine.
Quand tu es riche,
pense que tu pourras être pauvre
et malheureux.
26 Du matin au soir, tout peut changer,
le Seigneur agit vite.
27 En toute situation, le sage est prudent.
Quand le péché l'attire,
il évite de tomber.
28 Toute personne intelligente
reconnaît la sagesse.
Elle félicite celui qui l'a trouvée.
29 Ceux qui parlent avec intelligence
sont eux-mêmes des sages.
Ils répandent comme une pluie
des proverbes bien exprimés.

Être maître de soi

30 Ne te laisse pas entraîner
par tes désirs mauvais,
mets un frein à tes envies.
31 Si tu satisfais tes désirs mauvais,
tes ennemis se moqueront de toi.
32 Ne mets pas ta joie
dans une vie de plaisirs,
sinon tu risques
d'en supporter les conséquences.
33 Ne deviens pas pauvre
en faisant de grands repas
avec de l'argent emprunté,
quand tes poches sont vides.

19 1 Un travailleur qui boit trop
ne deviendra jamais riche.
Celui qui se moque des petites choses
tombera petit à petit.
2 Le vin et les femmes
perdent les gens intelligents.
Celui qui va avec les *prostituées
est de moins en moins maître de lui.
3 Cette attitude le fera mourir,
et les vers mangeront son corps.

Attention aux paroles !

4 Celui qui croit trop vite ce qu'on lui dit
n'est pas sérieux.
Celui qui fait le mal
se fait du tort à lui-même.
5 Celui qui fait le mal avec plaisir
sera condamné,
6 mais celui qui déteste les bavardages
échappe au mal.
7 Ne répète jamais ce qu'on dit,
tu n'y perdras rien.
8 Ne raconte rien sur personne,

ni sur un ami ni sur un ennemi.
Ne dis rien,
sauf quand c'est une faute de se taire.
9 En effet, l'autre peut apprendre
ce que tu as dit.
Il n'aura plus confiance en toi
et, le moment venu, il te détestera.
10 Est-ce que tu as entendu quelque chose ?
Garde-le pour toi jusqu'à ta mort.
Courage ! Tu ne risques pas d'éclater !
11 On dit une parole,
et la personne stupide souffre
comme une femme au moment d'accoucher.
12 Une parole dans le cœur d'une personne stupide,
c'est comme une flèche plantée dans sa cuisse.

Vérifier ce qu'on entend dire

13 Pose des questions à ton ami :
il n'a peut-être rien fait.
Et s'il a fait quelque chose,
il ne recommencera pas.
14 Pose des questions à ton voisin :
il n'a peut-être rien dit.
Et s'il a dit quelque chose,
il ne le redira pas.
15 Pose des questions à ton ami.
En effet, on dit souvent
des choses fausses sur les autres,
ne crois pas tout ce qu'on te raconte.
16 Souvent les gens se trompent
sans mauvaise intention.
Qui n'a jamais commis
de fautes en paroles ?
17 Pose des questions à ton voisin
avant de lui faire des reproches,
et laisse agir la loi du Très-Haut.

Vraie et fausse sagesse

20 La vraie sagesse
consiste à respecter le Seigneur
et à faire ce qu'il commande.
22 Mais connaître le mal,
ce n'est pas être sage.
Et suivre les conseils des gens mauvais,
ce n'est pas être intelligent.
23 Il y a une habileté
qui est une chose horrible.
Celui qui manque de sagesse
est stupide.
24 Il vaut mieux être une personne
moins intelligente
qui respecte le Seigneur,
qu'une personne très intelligente
qui méprise sa *loi.
25 Il y a une habileté intelligente
qui est malhonnête.
Certains trompent les autres
pour faire reconnaître leurs droits.
26 Par exemple, certains marchent
courbés par la tristesse,
mais en réalité, leur cœur ne cherche
qu'à tromper les gens.
27 Ils baissent la tête,
ils font comme s'ils n'entendaient rien.
Mais si personne ne découvre leur jeu,
ils finissent par te dominer.
28 D'autres n'ont pas la force
de commettre le mal.
Mais quand l'occasion se présente,
ils n'hésitent pas.
29 En voyant quelqu'un,
on le connaît,
en regardant son visage,
on sait qu'il a du bon sens.
30 Sa façon de s'habiller, de rire, de marcher
montre qui il est.

Savoir se taire ou parler au bon moment

20 1 Il y a des reproches
qui ne conviennent pas.
Se taire est quelquefois
une preuve de bon sens.
2 Mais il vaut mieux faire des reproches
que de garder sa colère.
3 Celui qui reconnaît ses torts
a moins d'ennuis.
4 Celui qui veut
rendre la justice par la force
ressemble à un *eunuque
qui veut faire violence à une jeune fille.
5 Certains se taisent
et montrent ainsi leur sagesse,
d'autres se font détester
car ils parlent trop.

6 Certains se taisent,
car ils ne savent pas quoi répondre,
d'autres se taisent
pour parler au bon moment.
7 Une personne sage
attend le bon moment pour parler,
mais celle qui se vante
et manque de bon sens
laisse passer ce moment.
8 Une personne qui parle trop
se fait détester.
Celle qui n'ose pas parler
n'est pas aimée.

Choses surprenantes

9 Quelquefois un malheureux
peut réussir,
quelquefois une bonne affaire
peut mal finir.
10 Certains cadeaux que tu fais
ne te font rien gagner,
d'autres te font gagner deux fois plus.
11 Parfois les honneurs
peuvent abaisser quelqu'un.
Au contraire,
certains retrouvent leur fierté
quand on les abaisse.
12 Certaines personnes
achètent beaucoup de choses
avec peu d'argent,
pourtant elles les paient sept fois trop cher.
13 Le sage sait se faire aimer en parlant peu,
mais le sot répand des paroles aimables
pour rien.
14 Le cadeau d'un homme stupide
ne te fait rien gagner,
car il désire recevoir beaucoup plus
en échange.
15 Il donne peu
et fait beaucoup de reproches,
en criant comme un vendeur au marché.
Aujourd'hui il te prête une chose,
demain il te la redemandera.
Une telle personne est détestable.
16 Le sot déclare : « Je n'ai pas d'amis,
personne ne reconnaît le bien que je fais.
Ceux qui mangent ma nourriture
sont des ingrats. »
17 Mais tout le monde se moque de lui.

Paroles maladroites

18 Il vaut encore mieux
glisser sur le chemin
que de faire une faute en parlant.
C'est ainsi que les gens mauvais
tomberont tout à coup.
19 Un homme mal élevé
est comme une histoire grossière
que des gens stupides répètent sans cesse.
20 Les gens n'acceptent pas
un proverbe dit par un sot.
En effet, il ne le place pas au bon moment.

21 Certains sont protégés du péché
parce qu'ils sont pauvres.
Ils peuvent dormir
sans avoir rien à se reprocher.
22 Mais certains se perdent
à cause d'une personne
qui manque de bon sens.
Ils n'osent pas lui dire non.
23 D'autres font des promesses à un ami,
parce qu'ils n'osent pas refuser.
Celui-ci devient leur ennemi pour rien.

Le mensonge

24 Le mensonge est une tache honteuse.
On le trouve sans cesse
dans la bouche des gens stupides.
25 Il vaut mieux être un voleur
qu'une personne qui n'arrête pas
de mentir,
mais ils se perdront tous les deux.
26 L'habitude de mentir
fait perdre aux gens leur honneur.
Ils sont sans cesse couverts de honte.

Les avantages et les devoirs du sage

27 Un sage a besoin de peu de paroles
pour se faire bien voir,
un homme de bon sens
plaît aux gens importants.
28 Celui qui cultive bien son champ
obtient une bonne récolte.
De même,
celui qui plaît aux gens importants
peut réparer une injustice.

29 Les dons et les cadeaux
empêchent les sages de voir clair.
En leur fermant la bouche,
ils étouffent les reproches.
30 La sagesse cachée
ou un trésor dans la terre,
à quoi servent-ils ?
31 Une personne qui cache sa bêtise
vaut mieux
que celle qui cache sa sagesse.

Fuir le péché

21 1 Mon enfant, si tu as péché,
ne recommence pas
et demande pardon pour tes fautes passées.
2 Fuis le péché comme on fuit un serpent.
Si tu t'en approches,
il te mordra.
Le péché a des dents de lion
qui font mourir les humains.
3 Celui qui désobéit à la *loi du Seigneur,
est comme une *épée
qui coupe des deux côtés.
Il laisse une blessure
qu'on ne peut pas guérir.
4 La violence et l'orgueil
font disparaître une fortune,
la maison de l'orgueilleux
sera détruite de la même façon.
5 Quand un pauvre prie,
le Seigneur l'entend
et il lui rendra justice rapidement.
6 Celui qui refuse les reproches
marche sur les traces des gens mauvais.
Mais celui qui respecte le Seigneur
regrette ses fautes de tout son cœur.
7 Celui qui fait de beaux discours
est connu de tout le monde,
mais la personne qui réfléchit
se rend compte de ses erreurs.
8 Construire sa maison
avec l'argent des autres,
c'est rassembler des pierres
pour bâtir sa tombe.
9 Ceux qui ne respectent pas
la loi du Seigneur
forment tous ensemble
comme un tas d'herbe sèche :
ils finiront dans un grand feu.
10 La route des gens mauvais est plate
et sans pierres,
mais elle conduit au fond du monde des morts.

Le sage et le sot

11 Celui qui suit la *loi du Seigneur
reste maître de sa pensée,
le respect du Seigneur
conduit à la sagesse.
12 Celui qui n'est pas doué
ne peut rien apprendre,
mais il y a des dons
qui rendent le cœur amer.
13 Les connaissances du sage
sont comme un fleuve qui déborde,
ses conseils sont comme une source pure.
14 Le cœur du sot
est comme un plat cassé,
il ne retient rien de ce qu'il apprend.
15 Si un homme instruit
entend une parole sage,
il l'approuve
et lui ajoute quelque chose.
Mais celui qui couche avec n'importe qui
n'apprécie pas du tout cette parole
et il la jette derrière son dos.
16 Le discours du sot est aussi lourd
qu'un bagage à porter sur la route.
Mais les paroles d'une personne intelligente sont bien agréables.
17 Dans l'assemblée, on écoute toujours
celui qui a du bon sens.
Chacun médite ses paroles
dans son cœur.

18 Pour un sot, la sagesse
ne vaut pas plus qu'une maison en ruine.
Les connaissances de l'homme stupide,
ce sont des paroles
qui ne veulent rien dire.
19 Pour la personne stupide,
l'éducation
est comme une chaîne aux pieds,
comme des menottes aux mains.
20 Le sot rit bruyamment,
mais l'homme sage sourit silencieusement.
21 Pour une personne de bon sens,
l'éducation est un bijou en or,

un bracelet à son bras droit.
22 Le sot entre dans une maison brusquement,
mais celui qui a de l'expérience
se présente discrètement.
23 Celui qui manque de bon sens
passe la tête par la porte
pour regarder dans la maison.
Mais l'homme bien élevé reste dehors.
24 Quelqu'un de mal élevé
écoute aux portes,
mais c'est une honte
pour une personne de bon sens.
25 Les personnes bavardes
répètent les paroles des autres,
mais les gens de bon sens
pèsent ce qu'ils disent.
26 Le sot parle sans réfléchir,
le sage réfléchit d'abord et parle ensuite.
27 Quand un homme mauvais maudit *Satan,
c'est lui-même qu'il maudit.
28 Celui qui dit du mal des autres
se fait du mal à lui-même.
Tous ceux qui l'entourent le détestent.

Le paresseux

22 1 Le paresseux ressemble
à une pierre couverte d'excréments.
Il dégoûte tout le monde,
et les gens se moquent de lui.
2 Il ressemble aussi à un tas d'ordures.
Tous ceux qui le touchent
se nettoieront la main.

Les enfants difficiles

3 C'est une honte pour un père
d'avoir un fils mal élevé.
Si c'est une fille, cela lui fait du tort.
4 Une fille intelligente trouvera un mari,
mais celle qui fait honte
rend son père malheureux.
5 Une femme insolente fait honte
à son père et à son mari.
Tous deux la mépriseront.
6 Des reproches faits au mauvais moment
sont comme une musique de fête
en période de deuil.
Mais les coups de bâton
et une éducation sévère,
c'est la sagesse à tout moment.

On ne peut pas corriger un sot

9 Vouloir apprendre quelque chose à un sot,
c'est recoller un pot cassé,
ou réveiller une personne
qui dort profondément.
10 Parler à un sot,
c'est parler à un homme endormi.
À la fin, il dira : « Qu'est-ce qu'il y a ? »
11 Pleure sur un mort,
car il a perdu la lumière.
Pleure aussi sur un sot,
car il a perdu l'intelligence.
Pleure plus doucement sur un mort,
car il a trouvé le repos.
Mais pour un sot,
la vie est plus triste que la mort.
12 Pour un mort, le deuil dure sept jours,
pour le sot
ou pour la personne qui méprise Dieu,
le deuil dure tous les jours de leur vie.
13 Ne parle pas beaucoup
avec celui qui manque de bon sens,
et ne va pas à la rencontre
d'un homme stupide.
Méfie-toi de lui
pour ne pas avoir d'ennuis,
et ne pas te salir quand il se secoue.
Éloigne-toi de lui, si tu veux avoir la paix.
Alors ses bêtises ne te troubleront pas.
14 Qu'est-ce qui est plus lourd que le plomb ?
Réponse : le sot.
15 Il est plus facile
de porter un sac de sable ou de sel
ou une barre de fer
que de supporter une personne stupide.

16 Des poutres de bois bien assemblées
dans une maison
ne s'écarteront pas
pendant un tremblement de terre.
De même un homme
attaché de tout son cœur
à un projet bien réfléchi
ne se laissera pas décourager
au moment du danger.
17 Une décision
prise après une sage réflexion
est aussi solide

qu'une décoration sur un mur bien lisse.
18 Les petites pierres sur un mur
ne résistent pas au vent.
De même, le cœur du sot,
qui a peur de ses idées stupides,
ne peut résister à la peur.

Rester fidèle à ses amis

19 Un coup sur l'œil
fait jaillir les larmes,
un coup au cœur
fait connaître les sentiments.
20 Celui qui jette des pierres aux oiseaux
les fait s'envoler,
celui qui insulte un ami brise l'amitié.
21 Si tu menaces ton ami avec ton arme,
ne désespère pas : il peut revenir.
22 Si tu te disputes avec lui,
n'aie pas peur :
vous pouvez vous réconcilier.
Mais si tu l'insultes, si tu le méprises,
si tu trahis un secret,
si tu l'attaques derrière son dos,
cela fera fuir n'importe quel ami.
23 Si ton voisin est pauvre,
gagne sa confiance.
Ainsi, quand il deviendra riche,
tu en profiteras.
Au temps du malheur, reste-lui fidèle.
Alors s'il reçoit un héritage,
tu en auras ta part.
24 Quand on voit la vapeur et la fumée,
on devine le feu.
De même quand on entend des insultes,
on s'attend au meurtre.

25 Je n'aurai jamais honte de protéger un ami.
S'il a besoin de moi, je serai toujours là.
26 Mais si j'ai des ennuis à cause de lui,
tous ceux qui l'apprendront
se méfieront de lui.

Prière pour être maître de soi

27 Je voudrais
que quelqu'un surveille ma bouche
et ferme à clé la porte de mes lèvres.
Alors je ne risquerai pas
de tomber à cause de mes paroles,
ma bouche ne me perdra pas.

23 1 Seigneur, Père et Maître de ma vie,
ne m'abandonne pas
au pouvoir de mes paroles.
Ne permets pas
qu'elles m'entraînent vers le mal.
2 Corrige mes idées,
éduque mon cœur selon la sagesse.
Alors je ne laisserai pas passer mes erreurs,
je n'excuserai pas
les fautes que j'ai commises sans le vouloir.
3 Ainsi, je ne continuerai pas à me tromper
et à multiplier mes fautes.
Je ne tomberai pas devant mes ennemis,
ils ne se moqueront pas de moi.

4 Seigneur, Père et Dieu de ma vie,
fais que mes regards
ne soient pas méprisants.
5 Détourne de moi l'envie.
6 Que les mauvais désirs du corps
ne soient pas plus forts que moi.
Ne m'abandonne pas
aux passions violentes.

Les serments

7 Mes enfants,
apprenez à être maîtres de vos paroles.
Celui qui respecte mon enseignement
ne sera jamais pris au piège.
8 L'homme mauvais
est pris au piège de ses paroles,
elles font tomber le moqueur
et l'orgueilleux.
9 Ne prends pas l'habitude
de faire des serments,
ni de dire sans cesse
le nom du Dieu *saint.
10 L'esclave qu'on surveille sans cesse
porte toujours des traces de coups.
De même, les fautes
de celui qui passe son temps
à faire des serments
et à dire le nom de Dieu
ne seront jamais effacées.
11 Celui qui fait sans cesse des serments
désobéit souvent à la *loi,
et les gens de sa famille
seront toujours punis.
S'il jure sans le faire exprès,

il est coupable.
S'il jure sans réfléchir,
il pèche deux fois.
S'il fait un faux serment,
il sera condamné,
et sa famille
connaîtra beaucoup de malheurs.

Comment parler aux autres

12 Il y a une façon de parler
qui ressemble à la mort.
Il ne faut pas qu'on l'entende
dans le peuple d'Israël !
Ceux qui sont fidèles à Dieu
doivent rester loin de tout cela,
et ne pas se rouler dans ces fautes.
13 Ne prends pas l'habitude
de dire des paroles grossières,
car c'est l'occasion
de commettre une faute.
14 Au milieu des gens importants,
pense à ton père et à ta mère.
Sinon, tu risques
de ne pas être maître de toi devant eux.
Tu peux par habitude
dire des paroles stupides.
Alors tu voudrais ne jamais être né,
tu maudirais le jour de ta naissance.
15 Une personne
habituée aux paroles grossières
ne pourra jamais se corriger.

L'homme qui couche avec n'importe qui

16 Deux sortes de gens
commettent beaucoup de péchés,
et une troisième
attire la *colère du Seigneur.
D'abord ceux qu'un désir violent
brûle comme un feu.
Leur désir ne s'éteindra pas
avant d'être satisfait.
Ensuite l'homme qui couche
avec n'importe qui.
Il continuera jusqu'à ce que son désir
le détruise comme un feu.
17 Pour lui,
toute femme est bonne à prendre,
il ne se calmera qu'à sa mort.
18 Il y a enfin l'homme
qui n'est pas fidèle à sa femme.
Il se dit : « Qui me voit ?
La nuit m'entoure
et les murs me cachent.
Personne ne me voit.
Pourquoi avoir peur ?
Le Très-Haut ne se souviendra pas
de mes fautes ! »
19 Cet homme a peur
seulement du regard des autres.
Il ne sait pas que les yeux du Seigneur
sont dix mille fois plus brillants
que le soleil.
Le Seigneur
voit tout ce que font les humains,
son regard
atteint les endroits les plus secrets.
20 Il connaissait toutes choses
avant de les créer,
il les connaîtra encore
quand elles n'existeront plus.
21 Cet homme sera pris
au moment où il ne s'y attend pas,
il sera puni sur la place publique.

La femme adultère

22 Ce sera la même chose pour la femme
qui n'est pas fidèle à son mari,
et qui lui donne un héritier
venant d'un autre père.
23 D'abord elle a désobéi à la *loi du Très-Haut,
ensuite elle a fait une faute contre son mari.
Enfin, en commettant *l'adultère,
elle a agi comme une *prostituée
et elle lui a donné des enfants
d'un autre homme.
24 On l'amènera donc devant l'assemblée
et on fera une enquête
au sujet de ses enfants.
25 Ceux-ci mourront jeunes,
ils n'auront pas le temps
d'avoir des enfants.
26 La honte de cette femme
ne sera jamais effacée.
Après sa mort,
les gens la maudiront encore
quand ils penseront à elle.
27 Ceux qui restent le sauront alors :

respecter le Seigneur
est ce qu'il y a de meilleur.
S'attacher à ses commandements
est ce qu'il y a de plus doux.

TROISIÈME ENSEMBLE D'ENSEIGNEMENTS
24.1–32.13

Discours de la Sagesse

24 1 La Sagesse
chante sa propre louange.
Au milieu d'Israël, son peuple,
elle montre sa fierté.
2 Elle prendra la parole
dans l'assemblée du Très-Haut,
devant sa puissance,
elle montrera sa fierté.
3 Elle dit : « Je suis sortie
de la bouche du Très-Haut.
Comme le brouillard,
j'ai recouvert la terre.
4 J'ai dressé ma tente
dans les hauteurs du ciel,
et mon siège royal reposait
sur la colonne de fumée[m].
5 Moi seule,
j'ai parcouru le cercle du ciel,
j'ai marché dans la profondeur des mers.
6 Mon pouvoir s'étendait
sur les vagues de la mer
et sur la terre entière,
sur tous les peuples et sur tous les pays.
7 Chez eux tous, j'ai cherché
un endroit où m'établir,
une propriété où m'installer.
8 Alors le Créateur du monde entier
m'a donné un ordre,
celui qui m'a créée
m'a montré le lieu où je devais habiter.
Il m'a dit : "Installe-toi chez *Jacob,
que ta propriété soit en Israël."
9 Avant que le monde existe,
dès le commencement, il m'a créée,
et jamais je ne disparaîtrai.
10 Dans la *tente sacrée,
j'ai célébré le culte devant le Très-Haut.
Ainsi, je me suis établie
sur la montagne de *Sion.
11 Dans la ville très aimée, à Jérusalem,
le Seigneur m'a fait reposer,
et là, j'étends mon pouvoir.
12 J'ai poussé mes racines
dans un peuple glorieux,
je suis fixée
dans la propriété du Seigneur.
13 Là, j'ai grandi
comme un *cèdre du Liban,
comme un cyprès sur la montagne de l'Hermon.
14 J'ai grandi
comme un palmier dans l'oasis d'En-Guédi,
comme un plant de laurier rose à Jéricho,
comme un bel *olivier dans la plaine,
j'ai poussé comme un bel arbre.
15 J'ai répandu mon parfum
comme la cannelle,
le roseau de bonne odeur ou la myrrhe,
comme le galbanum, l'onyx ou le storax,
comme la fumée *d'encens dans la tente sacrée[n].
16 Comme un arbre immense,
j'ai étendu mes branches,
des branches magnifiques et gracieuses.
17 Je suis comme une *vigne
aux branches élégantes,
mes fleurs donneront des fruits
magnifiques et abondants.

19 « Venez vers moi, vous qui me désirez,
et rassasiez-vous de mes fruits.
20 Oui, penser à moi
est plus doux que le miel,
me posséder
est plus doux qu'un rayon de miel.
21 Ceux qui me mangent

---

m **24.4** *Voir Exode 13.21-22.*

n **24.15** *Les parfums étaient utilisés pour le service du temple. Voir Exode 30.23,34.*

auront encore faim,
ceux qui me boivent
auront encore soif.
22 Celui qui m'obéit
ne sera pas couvert de honte,
et ceux qui travaillent avec moi
ne commettront pas de faute. »

La sagesse et la loi de Dieu

23 Toute cette sagesse se trouve
dans le livre de *l'alliance du Dieu très-haut.
C'est la *loi que Moïse
nous a commandé de suivre.
Il l'a laissée en partage
aux assemblées du peuple d'Israël.
25 La loi déborde de sagesse,
comme le fleuve Pichon ou le Tigre
à la première saison des pluies.
26 Elle déborde d'intelligence
comme le fleuve Euphrate ou le Jourdain
au temps des récoltes.
27 Elle répand abondamment l'instruction
comme le fleuve Nil ou le Guihon
quand on cueille le *raisin.
28 Celui qui commence à étudier la sagesse
n'a jamais fini de la connaître.
Celui qui passe sa vie à la méditer
ne découvre jamais toutes ses richesses.
29 En effet,
ses pensées sont plus étendues que la mer,
ses projets plus profonds que l'océan.

30 Et moi[o],
je suis comme un canal sorti d'un fleuve,
comme une rivière conduisant à un jardin.
31 J'ai dit : « Je vais arroser mon jardin,
je vais donner de l'eau à mes fleurs. »
Et voici que mon canal est devenu un fleuve,
et le fleuve est devenu une mer.
32 Alors je vais faire briller mon enseignement
comme la clarté du matin,
je communiquerai au loin sa lumière.
33 Je répandrai l'instruction
comme les paroles des *prophètes,
je la laisserai
à toutes les générations qui viendront.
34 Vous le voyez :
ce n'est pas pour moi seul que je travaille,
mais pour tous ceux qui cherchent la sagesse.

Trois choses bonnes et trois choses mauvaises

25 1 Il y a trois choses que je désire,
qui plaisent au Seigneur
et aux humains :
l'entente entre frères et sœurs,
l'amitié entre voisins,
l'accord parfait entre un mari et sa femme.
2 Il y a trois sortes de gens que je déteste.
Je ne peux pas supporter leur conduite :
un pauvre rempli d'orgueil,
un riche qui ment,
un vieillard sans intelligence qui commet *l'adultère.

Les vieillards

3 Si tu n'as rien gardé en réserve
quand tu étais jeune,
qu'est-ce que tu posséderas
quand tu seras vieux ?
4 Des gens aux cheveux blancs
capables de bien juger,
des anciens
capables de donner un bon conseil,
voilà une belle chose !
5 La sagesse chez les vieillards,
une pensée réfléchie chez les gens importants,
voilà une belle chose !
6 La riche expérience des vieillards
est comme une couronne sur leur tête,
mais leur plus grand honneur,
c'est de respecter le Seigneur.

Un bonheur plus grand que les autres

7 Je pense à neuf situations
que je trouve heureuses,
et je peux en nommer une dixième.
Il est heureux,

o **24.30** *Il s'agit de l'auteur du Siracide.*

celui qui trouve sa joie dans ses enfants
et qui vit assez longtemps
pour voir ses ennemis tomber !
8 Il est heureux,
celui qui vit avec une femme intelligente,
celui qui n'a jamais commis de faute en paroles
et qui ne sert pas un maître inférieur à lui !
9 Il est heureux,
celui qui possède du bon sens
et qui parle à des gens qui l'écoutent !
10 Celui qui a trouvé la sagesse
est vraiment grand,
mais personne ne dépasse
celui qui respecte le Seigneur.
11 Oui, le respect du Seigneur dépasse tout.
Celui qui le possède
ne peut être comparé à personne.

La femme méchante

13 Il n'y a pas de blessure plus mauvaise
que celle du cœur.
Il n'y a pas de méchanceté plus cruelle
que celle d'une femme.
14 Il n'y a pas de malheur plus grand
que le malheur causé par la haine.
Il n'y a pas de vengeance plus terrible
que celle d'un ennemi.
15 Il n'y a pas de venin plus mauvais
que celui du serpent.
Il n'y a pas de colère plus violente
que celle d'une femme.
16 J'aimerais mieux habiter avec un lion
ou avec un dragon
qu'avec une femme méchante.
17 La méchanceté d'une femme
change son visage.
Il devient sombre,
et elle ressemble à un ours.
18 Son mari va manger chez les voisins,
et sans le vouloir, il se plaint amèrement.
19 N'importe quel mal est peu de chose
comparé au mal qu'une femme peut faire.
Qu'elle finisse comme les gens mauvais !
20 Une pente couverte de sable
sous le pas d'un homme âgé,
voilà ce qu'est une femme bavarde
pour un mari tranquille.
21 Ne te laisse pas entraîner
par la beauté d'une femme,
ne la désire pas pour sa fortune.
22 Quand une femme entretient son mari,
cela fait naître chez lui colère,
reproches et honte.
23 Découragement,
visage triste,
blessure du cœur,
voilà le travail d'une femme méchante.
Mains sans force et genoux paralysés,
voilà le travail d'une femme
qui ne rend pas son mari heureux.
24 C'est par une femme
que le péché a commencé,
c'est à cause d'elle
que nous mourrons tous[p].
25 Ne laisse pas une femme méchante
parler librement.
C'est comme si tu laissais fuir
l'eau de ta citerne.

26 Si elle ne t'obéit pas,
sépare-toi d'elle et renvoie-la.

Il est heureux, celui qui a une femme excellente

26 1 Il est heureux,
le mari qui a une femme excellente.
Il vivra deux fois plus longtemps.
2 Une femme courageuse
fait honneur à son mari.
Il vivra en paix
toutes les années de sa vie.
3 Une femme excellente
est un don précieux
fait à celui qui respecte le Seigneur.
4 Riche ou pauvre,
cet homme a le cœur content
et il montre toujours un visage joyeux.

La femme qui se conduit mal

5 Il y a trois choses qui me font peur,
mais une quatrième

p 25.24 *Voir Genèse 3.3,6.*

m'effraie davantage :
des mensonges qui circulent en ville,
un rassemblement de foule,
une accusation fausse.
Tout cela est pire que la mort.
6 Mais il n'y a pas de pire souffrance
que de voir une femme
jalouse d'une autre femme.
Elle raconte partout
des choses méchantes.
7 Une femme méchante fait autant souffrir
qu'un *joug mal attaché
sur le cou des bœufs.
Vouloir la dominer,
c'est saisir un scorpion.
8 Une femme qui boit trop de vin
se met dans une violente colère.
Elle ne peut plus cacher sa honte.
9 On lit la mauvaise conduite d'une femme
dans ses yeux attirants.
On la reconnaît à ses clins d'œil.
10 Si ta fille est trop têtue,
surveille-la davantage.
Sinon, elle profitera
de la première occasion.
11 Méfie-toi de ses regards audacieux,
si elle te trompe, ne t'étonne pas.
12 Comme un voyageur qui meurt de soif,
elle ouvre la bouche
et boit la première eau qu'elle trouve.
Elle est prête à s'étendre
près de chaque piquet de tente,
elle offre son corps au premier venu.

Louange de la femme parfaite

13 Une femme charmante
fait la joie de son mari,
son habileté le garde en bonne santé.
14 Une femme qui parle peu
est un don du Seigneur,
celle qui est bien élevée
est d'un très grand prix.
15 Une femme qui se respecte
est le plus beau des dons,
celle qui est réservée
est d'une valeur immense.
16 Le charme d'une jolie femme
dans une maison bien tenue
est comme le soleil au plus haut du ciel.
17 La beauté d'un visage
sur un corps bien fait
est comme une lumière
sur le porte-lampe du temple.
18 De belles jambes
sur des chevilles solides
sont comme des colonnes d'or
sur un support d'argent.

Trois situations tristes

28 Il y a deux choses qui me rendent triste,
mais une troisième
me met vraiment en colère :
un ancien combattant frappé par la misère,
des gens intelligents méprisés par les autres,
mais surtout celui qui abandonne le bien
pour faire le mal.
Le Seigneur le fera mourir de mort violente.

Les tentations du commerçant

29 Il est difficile pour un marchand
d'éviter les affaires malhonnêtes,
le commerçant ne reste pas sans faute.

27 1 Pour gagner plus,
beaucoup commettent des fautes.
Celui qui cherche à devenir riche
est sans pitié.
2 Comme un piquet s'enfonce
entre deux pierres jointes,
le péché arrive à se placer
entre le vendeur et l'acheteur.
3 Celui qui ne respecte pas le Seigneur
de toutes ses forces,
sa maison sera bientôt détruite.

Les paroles montrent le caractère

4 Quand on passe quelque chose
dans un tamis,
ce sont les saletés qui restent.
De même,
on voit les défauts d'une personne
quand elle commence à parler.
5 Le feu montre la qualité
d'un plat fait par le potier.
De même, les paroles d'une personne
montrent ce qu'elle vaut.
6 Les fruits d'un arbre

montrent comment on l'a cultivé.
De même, les paroles d'une personne
font connaître ce qu'elle pense
au fond d'elle-même.
7 Ne chante pas la louange d'un homme
avant qu'il ouvre la bouche.
En effet, c'est en l'écoutant
qu'on connaît sa valeur.

Bien se conduire

8 Si tu cherches à faire ce qui est juste,
tu réussiras,
tu pourras te couvrir de ce succès
comme d'un habit de fête.
9 Les oiseaux de même espèce
aiment se retrouver ensemble.
De même, l'honnêteté
va avec les gens honnêtes.
10 Le lion guette l'animal qu'il va dévorer.
De même, le péché guette
ceux qui font le mal.
11 Les paroles d'une personne fidèle au Seigneur
sont toujours remplies de sagesse,
mais une personne qui manque de bon sens
est changeante comme la lune.
12 Ne passe pas beaucoup de temps
chez les gens stupides.
Mais tu peux rester longtemps
chez des gens intelligents.
13 Les paroles des sots mettent en colère,
et quand ils rient,
c'est qu'ils commettent faute sur faute.
14 Le langage de ceux qui font sans cesse des serments
est une chose horrible.
Quand ils se disputent,
les gens se bouchent les oreilles.
15 Les disputes des orgueilleux
font couler le sang,
leurs insultes sont pénibles à entendre.

Garder les secrets

16 Celui qui raconte un secret
détruit la confiance,
il ne trouvera plus de véritable ami.
17 Aime ton ami et aie confiance en lui.
Mais si tu racontes ses secrets,
ne cherche plus son amitié.
18 Oui, son amitié est perdue pour toi,
comme un parent mort
est perdu pour quelqu'un.
19 Quand tu ouvres la main,
l'oiseau s'envole.
De même, si tu perds ton ami,
tu ne le retrouveras pas.
20 N'essaie pas de le rattraper,
il est déjà loin.
Il a fui
comme une gazelle échappée d'un piège.
21 On peut soigner une blessure
ou pardonner une insulte.
Mais celui qui a raconté un secret
n'a plus rien à espérer.

L'homme faux

22 Celui qui fait un clin d'œil
prépare de mauvais coups.
Si tu le rencontres, ne va pas avec lui.
23 Devant toi,
son discours est plein de douceur,
et il admire tes paroles.
Mais derrière ton dos,
il change de langage
et il se sert de tes paroles
pour te faire du mal.
24 Je déteste beaucoup de choses,
mais surtout un homme de ce genre.
Le Seigneur le déteste aussi.

On est toujours puni pour le mal qu'on fait

25 Si quelqu'un jette une pierre en l'air,
il la recevra sur la tête.
Si un homme frappe quelqu'un dans le dos,
on le frappera de la même manière.
26 Celui qui creuse un trou
tombera dedans,
celui qui tend un piège,
le piège l'attrapera.
27 Si quelqu'un fait le mal,
le mal retombera sur lui,
et il ignore d'où cela vient.
28 C'est l'orgueilleux
qui se moque des autres
ou qui les insulte.
Mais la vengeance le guette
comme un lion guette un animal.
29 Ceux qui se réjouissent du malheur

des gens fidèles au Seigneur
seront pris au piège :
la souffrance les dévorera avant leur mort.

Pardonner aux autres et ne pas garder rancune

30 La rancune et la colère,
voilà encore des choses horribles
que l'homme mauvais connaît très bien.

28 1 Ceux qui se vengent
subiront la vengeance du Seigneur.
Il tient un compte exact
de toutes leurs fautes.
2 Pardonne à ton *prochain
ses torts envers toi.
Alors quand tu prieras,
le Seigneur effacera tes fautes.
3 Si tu gardes de la colère contre quelqu'un,
comment peux-tu demander au Seigneur
la guérison ?
4 Tu n'as pas pitié des autres,
qui sont des êtres humains comme toi.
Comment veux-tu prier
pour le pardon de tes propres fautes ?
5 Si tu gardes rancune,
toi qui n'es qu'un homme,
qui donc
obtiendra le pardon de tes fautes ?
6 Pense à la fin de ta vie
et rejette la haine.
Pense à la mort,
à la décomposition du corps,
et reste fidèle
aux commandements du Seigneur.
7 Souviens-toi de ces commandements
et ne garde pas rancune
envers ton *prochain.
Rappelle-toi *l'alliance du Très-Haut
et oublie le mal qu'on te fait.

Les disputes

8 Reste loin des disputes,
et tu commettras moins de fautes.
En effet, les gens violents
excitent les disputes,
9 les gens mauvais
répandent le trouble parmi les amis,
ils divisent ceux qui vivent en paix.
10 Plus on met de bois sur le feu,
plus les flammes sont vives.
Plus la dispute dure,
plus elle s'échauffe.
Plus un homme est puissant,
plus il est violent.
Plus il est riche,
plus sa colère grandit.
11 Une dispute soudaine allume le feu,
une querelle qui arrive tout à coup
fait couler le sang.
12 Souffle sur un morceau de charbon,
tu fais jaillir la flamme.
Crache dessus, il s'éteint.
Ta bouche peut faire les deux.

Les paroles mauvaises peuvent faire beaucoup de mal

13 Le bavard et l'homme faux,
on doit les maudire.
Ils ont perdu beaucoup de gens
qui vivaient en paix.
14 Les mauvaises langues
ont bouleversé beaucoup de gens.
Elles les ont chassés d'un pays à l'autre,
elles ont détruit des villes bien protégées
et renversé les familles des notables.
15 Les mauvaises langues
ont fait renvoyer des femmes courageuses,
elles leur ont arraché
ce qu'elles avaient gagné.
16 La personne qui écoute les mauvaises langues ne peut plus être tranquille,
elle ne peut plus vivre en paix.
17 Un coup de fouet laisse une marque,
mais un coup de langue brise les os.
18 Beaucoup de gens
sont morts à la guerre,
mais les mauvaises langues
en ont tué beaucoup plus.
19 Il est heureux,
celui qui est à l'abri de leurs attaques,
qui a pu échapper à leur colère.
Il est heureux aussi,
celui qui n'a pas porté leur *joug,
qui n'a jamais été prisonnier
de leurs chaînes.
20 Car le joug des mauvaises langues
est en fer,
et leurs chaînes sont en bronze.

21 La mort causée par elles est terrible,
il vaut mieux
vivre dans le monde des morts.
22 Mais les mauvaises langues
ne peuvent rien
contre les gens fidèles au Seigneur,
ils ne sont pas brûlés à leurs flammes.
23 Au contraire,
ceux qui abandonnent le Seigneur
tomberont sous leurs coups.
Chez ces gens-là, les mauvaises langues
allumeront un feu pour toujours.
Elles seront lancées contre eux
comme un lion,
elles les déchireront comme un léopard.
24-25 Si tu entoures ton champ
d'une haie d'épines,
mets aussi un verrou
à la porte de ta bouche.
Si tu gardes bien ton argent et ton or,
mesure aussi tes paroles
et pèse tes mots.
26 Attention !
Que ta langue ne te fasse pas glisser.
Sinon, tu tomberas
au pouvoir de celui qui te guette.

Prêter à son prochain

29 1 La personne qui est généreuse
pour les pauvres
doit aussi prêter à son *prochain.
Celle qui vient à son secours
obéit aux commandements de Dieu.
2 Accepte donc de prêter à ton *prochain
quand il en a besoin.
Toi, rends au moment fixé
ce qu'on t'a prêté.
3 Tiens tes promesses,
alors les gens auront confiance en toi.
Tu trouveras toujours ce qu'il te faut
quand tu en auras besoin.

4 Beaucoup considèrent un prêt
comme un objet trouvé
qu'ils peuvent garder.
Ils causent des difficultés
à ceux qui les ont aidés.
5 Avant de recevoir un prêt,
les gens baisent la main du prêteur,
ils parlent de ses biens avec respect.
Mais au moment de rendre le prêt,
ils reculent la date fixée,
ils se contentent de paroles de regret,
ils accusent les circonstances.
6 Si la personne qui demande un prêt
peut rembourser sa dette,
le prêteur en recevra à peine la moitié.
Il doit penser qu'il a de la chance.
Dans le cas contraire,
on lui a pris son bien,
et il a gagné un ennemi
sans l'avoir mérité.
Il reçoit comme remboursement
des malédictions et des insultes.
Au lieu d'être honoré, il est méprisé.
7 C'est pourquoi beaucoup de gens
refusent de prêter.
Ils ne le font pas par méchanceté,
mais ils ont peur
qu'on leur prenne leurs biens sans raison.

Donner aux pauvres

8 Pourtant,
sois patient avec les gens simples.
Ne les fais pas trop attendre
avant de leur donner quelque chose.
9 Pour obéir au commandement de Dieu,
viens au secours des pauvres.
Ils sont dans le besoin,
ne les renvoie donc pas les mains vides.
10 Pour un frère et un ami,
accepte de perdre de l'argent.
Ne laisse pas ton argent
rouiller sous une pierre,
il sera perdu.
11 Utilise tes biens
comme le Très-Haut l'a commandé.
Cela sera plus utile pour toi que l'or.
12 Tes bienfaits pour les pauvres,
qu'ils soient ton trésor :
ils te protégeront de tout malheur.
13 Face à l'ennemi, ils combattront pour toi
mieux qu'un solide *bouclier,
mieux qu'une lourde lance.

Être responsable de la dette des autres

14 Un homme bon
acceptera d'être responsable

de la dette de son *prochain.
Mais celui qui a perdu toute dignité
l'abandonnera.

15 Si quelqu'un accepte
d'être responsable de ta dette,
n'oublie pas sa bonté.
En effet, il s'est engagé à ta place.
16 L'homme mauvais gaspille les biens
de celui qui est responsable de ses dettes.
17 L'homme vraiment ingrat abandonne
celui qui l'a sauvé.

18 Pourtant, le fait d'être responsable
de la dette des autres
a ruiné beaucoup de gens honnêtes.
Cela les a secoués
comme les vagues de la mer.
Des hommes puissants
ont dû quitter leur pays
et aller d'un endroit à l'autre
parmi les peuples étrangers.
19 Un homme mauvais
qui est pressé de se déclarer
responsable de la dette des autres
pour en tirer profit
sera rapidement condamné
par le tribunal.
20 Aide ton *prochain selon tes moyens,
mais attention à ne pas te laisser
prendre au piège toi-même !

Le sage ne dépend pas des autres

21 La première chose nécessaire
pour vivre,
c'est l'eau, la nourriture, les vêtements
et une maison
pour se protéger du regard des autres.
22 Il vaut mieux vivre pauvrement
dans un abri en planches
que de manger des plats très chers
dans la maison des autres.
23 Si tu as peu de choses
ou si tu en as beaucoup,
sois content de ce que tu as.
Alors on ne te reprochera pas
de ne pas être de la maison.
24 C'est une triste vie
que d'aller de maison en maison.
Tu ne peux pas ouvrir la bouche,
parce que tu n'es pas chez toi.
25 Tu sers à manger et à boire
et personne ne te dit merci.
De plus,
tu entends des paroles pénibles :
26 « Viens ici, étranger !
Prépare la table !
Si tu as quelque chose,
donne-moi à manger !
27 – Va-t'en, étranger !
Je reçois quelqu'un d'important,
mon frère va venir,
j'ai besoin de la maison. »
28 Pour celui qui a du bon sens,
être critiqué par sa famille,
être méprisé pour avoir prêté de l'argent,
cela est difficile à supporter.

L'éducation des enfants

30 1 Celui qui aime son fils
le frappera souvent.
Plus tard, ce fils sera sa joie.
2 Celui qui élève bien son fils
en sera satisfait.
Il sera fier de lui
parmi les gens qu'il connaît.
3 Celui qui instruit son fils
rendra ses ennemis jaloux
et il dansera de joie devant ses amis.
4 Quand le père mourra,
ce sera comme s'il n'était pas
vraiment mort.
En effet, il laissera après lui
un fils qui lui ressemble.
5 Pendant sa vie,
il s'est réjoui de sa présence.
Au moment de mourir,
il ne regrette rien.
6 En effet, il laissera quelqu'un
qui le vengera de ses ennemis
et qui sera reconnaissant
envers ses amis.

7 Celui qui gâte son fils
devra soigner ses blessures.
Chaque fois que celui-ci criera,
son cœur sera bouleversé.
8 Un cheval mal dressé

devient difficile à monter,
un enfant mal éduqué
devient insupportable.
9 Si tu caresses ton enfant,
il te causera de mauvaises surprises.
Si tu joues avec lui,
il te fera pleurer.
10 Si tu ne veux pas souffrir à cause de lui,
ne ris pas avec lui.
Sinon, tu finiras
par le regretter amèrement.
11 Ne lui donne pas de liberté
pendant qu'il est jeune.
12 Quand il est petit, frappe-lui les côtes.
Sinon, il deviendra têtu
et ne t'obéira plus.
13 Donne une bonne éducation à ton fils
et forme-le bien.
Ainsi il ne te fera pas honte
par sa mauvaise conduite.

La santé

14 Il vaut mieux être pauvre,
mais fort et en bonne santé,
qu'être riche et sans cesse malade.
15 La santé et la force
valent mieux que tout l'or du monde.
Un corps bien portant
vaut mieux qu'une immense fortune.
16 Aucune richesse
ne vaut un corps en bonne santé.
Aucun bonheur
ne dépasse la joie du cœur.
17 La mort
vaut mieux qu'une vie malheureuse,
le repos pour toujours
vaut mieux qu'une maladie sans fin.
18 De bons plats
présentés à un malade qui n'a pas faim
sont comme la nourriture
offerte à un faux dieu.
19 À quoi sert-il d'offrir cela
à une statue qui ne mange pas
et ne sent rien ?
C'est la même chose pour le malade
que le Seigneur laisse souffrir :
20 il regarde cette nourriture et soupire
comme soupire un *eunuque
qui tient une jeune fille dans ses bras.

La joie

21 Ne te laisse pas gagner par la tristesse,
ne te fais pas souffrir toi-même
par des soucis.
22 La joie du cœur fait vivre les humains,
la gaîté leur donne de longs jours.
23 Change-toi les idées,
donne-toi du courage,
chasse la tristesse.
Oui, la tristesse
a perdu beaucoup de gens,
elle ne sert à rien.
24 La jalousie et la colère
rendent la vie plus courte,
les soucis font vieillir plus vite.
25 Celui qui est dans la joie a bon appétit.
Il apprécie ce qu'il mange.

Les richesses

31 1 Les soucis dus à la richesse
abîment la santé,
l'inquiétude qu'elle cause
empêche de dormir.
2 Les soucis qui empêchent de dormir
sont comme une maladie grave :
ils chassent le repos
et enlèvent le sommeil.
3 Le riche se fatigue
pour amasser des biens,
et quand il s'arrête,
c'est pour se rassasier de plaisirs.
4 Le pauvre se fatigue
et ne gagne presque rien,
et quand il s'arrête,
il tombe dans la misère.
5 Celui qui aime l'or
ne peut continuer à agir bien,
celui qui court après l'argent
se laisse tromper par lui.
6 Beaucoup ont tout perdu à cause de l'or,
cela devait leur arriver.
7 En effet, l'or est un piège
pour ceux qui ne cherchent que lui.
Tous ceux qui manquent de bon sens
s'y laissent prendre.
8 Il est heureux,
le riche à qui on n'a rien à reprocher
et qui ne court pas après l'or.

9 Qui est-il ? Nous allons le féliciter,
car il a fait quelque chose d'extraordinaire
au milieu de son peuple.
10 Qui est capable de résister à l'or ?
Celui-là peut être fier.
Qui refuse
de désobéir à la *loi du Seigneur
ou de faire le mal
quand l'occasion se présente ?
Peu de gens en sont capables.
11 Ces personnes-là
verront leurs biens solidement établis,
et leur communauté
racontera leurs bienfaits.

Les grands repas

12 Si tu participes à un grand repas
ne te mets pas à le vanter.
Ne dis pas : « Quelle quantité ! »
13 Souviens-toi,
c'est mal d'avoir un regard plein d'envie.
Il n'y a rien de plus mauvais
que les yeux.
C'est pourquoi ils pleurent sans cesse.
14 N'étends pas la main
vers le morceau qu'une personne regarde.
Sinon vos deux mains
vont se heurter dans le plat.
15 Juge par toi-même
ce qui plaît à ton voisin,
et réfléchis au geste que tu fais.
16 Conduis-toi
comme quelqu'un de bien élevé,
ne te fais pas détester en mangeant trop.
17 Montre ta bonne éducation.
Arrête-toi de manger le premier,
ne dévore pas tout
pour ne pas choquer les gens.
18 S'il y a beaucoup de monde
à table avec toi,
ne te sers pas avant les autres.
19 La personne qui est bien élevée
se contente vraiment
de peu de nourriture.
Alors quand elle se couche,
elle respire bien.
20 Celui qui ne mange pas dort bien.
Il se lève tôt et a l'esprit éveillé.
Celui qui mange trop dort mal,
il a mal au cœur et au ventre.
21 Si tu as été forcé de manger trop,
va vomir dehors et tu iras mieux.
22 Écoute-moi, mon enfant,
ne méprise pas ce que je dis :
plus tard, tu comprendras mes paroles.
Dans tout ce que tu fais,
garde la mesure.
Alors tu ne seras jamais malade.
23 Quand une personne reçoit largement,
tout le monde chante ses louanges.
Cela prouve
qu'elle est vraiment généreuse.
24 Mais quand une personne reçoit
en mesurant la nourriture,
toute la ville la critique.
Cela prouve qu'elle est vraiment avare.

Le vin

25 Quand tu bois,
ne joue pas à l'homme fort,
car le vin a perdu beaucoup de gens.
26 Le feu montre ce que vaut
l'objet fabriqué par le forgeron.
De même, le vin montre
ce que valent vraiment
les orgueilleux qui se battent.
27 Pour les humains, le vin fait vivre,
quand on en boit avec mesure.
Quand il n'y a pas de vin,
est-ce qu'on peut vivre ?
Le Seigneur l'a créé
pour réjouir les humains.
28 Quand on le boit au bon moment
et avec mesure,
le vin rend de bonne humeur
et réjouit les cœurs.
29 Mais quand on en boit trop,
il rend de mauvaise humeur,
il excite les gens
et leur fait perdre l'équilibre.
30 Quand celui qui manque de bon sens
est ivre,
cela excite sa colère et lui coûte cher.
Ses forces diminuent
et les coups risquent de tomber.
31 Pendant un grand repas
où les gens boivent du vin,
ne fais pas de reproches à ton voisin.

Ne te moque pas de lui s'il a trop bu,
ne l'agace pas
en lui demandant l'argent qu'il te doit.

Les grands repas

32 1 Si des gens t'ont choisi
pour présider un grand repas,
ne te mets pas au-dessus des autres.
Conduis-toi avec les invités
comme l'un d'eux.
Accueille-les, puis va t'asseoir.
2 Quand tu as fini de t'occuper d'eux,
va à ta place.
Réjouis-toi de les voir satisfaits,
accepte la couronne
qui récompense
une excellente organisation.

3 Si tu es le plus âgé, prends la parole,
car tu dois le faire.
Mais dis exactement ce que tu connais.
N'empêche pas la musique.
4 Ne fais pas de discours
quand les invités écoutent la musique.
Ce n'est pas le moment
de montrer ta sagesse.
5 Un concert au milieu d'un grand repas
est comme une pierre précieuse
sur une bague d'or.
6 Un air de musique
accompagnant un bon vin
est comme un *sceau d'émeraude
sur une monture en or.

7 Si tu es le plus jeune,
parle seulement quand c'est nécessaire.
Fais-le deux fois, si on t'interroge,
mais pas plus.
8 Parle de façon brève :
dis beaucoup de choses en peu de mots.
Montre que tu es au courant,
mais aussi que tu sais te taire.
9 Parmi les gens importants,
ne cherche pas à être leur égal.
Quand un autre parle, toi, parle peu.
10 L'éclair précède le tonnerre.
De même, un jugement favorable
est réservé d'avance
à une personne discrète.
11 Quand c'est l'heure, lève-toi,
ne traîne pas,
rentre chez toi sans tarder.
12 Là, amuse-toi, fais ce qui te plaît,
mais ne commets pas de faute
en parlant comme un orgueilleux.

13 Pour ces plaisirs, remercie ton Créateur,
celui qui te couvre de bienfaits.

QUATRIÈME ENSEMBLE D'ENSEIGNEMENTS
32.14–42.14

Respecter le Seigneur

14 Celui qui respecte le Seigneur
se laissera instruire.
Ceux qui le cherchent dès le matin
le trouveront bien disposé env[illegible]ux.
15 Celui qui étudie sa *loi
en sera très satisf[illegible]ait semblant
Mais pour [illegible]
de l[illegible]viendra un piège.
[illegible]ux qui respectent le Seig[illegible]ur
reconnaissent ce qu'il v[illegible]
leurs bonnes actions
brillent comme l[illegible]mière.
17 L'homme [illegible]is
n'accep[illegible] pas les reproches.
[illegible]e des excuses
Il tr[illegible] faire tout ce qu'il veut.

18 L'homme de bon sens
n'oublie jamais de réfléchir,
mais l'étranger et l'orgueilleux
ne respectent rien.
19 Ne fais rien sans réfléchir,
ainsi, en agissant, tu ne regretteras rien.
20 Ne suis pas un chemin difficile,
sinon tu risques
de glisser sur les pierres.
21 Ne te crois pas en sécurité
sur un chemin plat.
22 Méfie-toi de tes enfants.

[23] Dans tout ce que tu fais,
veille sur toi-même.
Cela aussi, c'est suivre les commandements
du Seigneur.
[24] Celui qui met sa confiance dans la loi
obéit aux commandements.
Celui qui met sa confiance dans le Seigneur,
on ne lui fera aucun mal.

33 [1] Celui qui respecte le Seigneur
ne connaîtra pas le malheur.
Au contraire,
même dans l'épreuve, il sera délivré.
[2] Le sage ne peut pas
détester la loi du Seigneur,
mais celui qui fait semblant de la suivre
est comme un bateau dans la tempête.
[3] L'homme intelligent
a confiance dans la loi du Seigneur.
Pour lui, elle est aussi sûre
que la parole d'un prêtre[q].

Le sot et le moqueur

[4] Si tu veux que les autres t'écoutent,
prépare ce que tu vas dire.
Rappelle-toi tout ce que tu sais
avant de répondre.
[5] Les sentiments du so[illegible]
et sa façon de raisonner
changent tout le temps.
Ils tournent
comme les roues d'une voiture.
[6] Un ami moqueur
ressemble à un cheval qui henn[illegible]
chaque fois qu'un cavalier monte s[illegible]i.

Dieu aime les différences

[7] Tous les jours de l'année
sont éclairés par la lumière du soleil.
Alors pourquoi certains jours
sont-ils plus importants que d'autres ?
[8] C'est que le Seigneur
les a pensés différents
en établissant des moments particuliers
pour les fêtes[r].
[9] Il a donné de l'importance à certains jours
en les *consacrant à lui.
Les autres jours,
il en a fait des jours ordinaires.

[10] De même, tous les humains
viennent de la poussière.
C'est à partir de la terre
qu'Adam a été créé.
[11] Et pourtant, le Seigneur,
dans sa grande sagesse,
les a voulus différents.
Il les a fait marcher
sur des chemins particuliers.
[12] Il a *béni certains
en les plaçant très haut,
il en a *consacré d'autres
pour qu'ils soient près de lui.
D'autres encore, il les maudit,
il les abaisse
et les renverse de leur place.
[13] L'argile est dans les mains du potier,
qui la travaille comme il veut.
De même, les humains
sont dans les mains de leur Créateur :
il décide ce qu'il donne à chacun.

[14] En face du mal, il y a le bien,
en face de la mort, il y a la vie.
De même, en face de ceux qui sont fidèles
au Seigneur,
il y a les gens mauvais.
[15] Regarde donc
tout ce que le Très-Haut a fait :
toutes les choses vont deux par deux,
e[illegible]ne correspond à l'autre.

L'auteu[illegible]chit sur son travail

[16] Moi, j'arrive le der[illegible]
[illegible]omme celui qui ramasse[illegible] travailler,
ou[illegible]ées dans les *vignes après [illegible]
[17] Mais, [illegible]âce au Seigneur qui m'a béni,

q 33.3 *Le prêtre pouvait connaître la volonté ou le jugement de Dieu en [illegible]onsultant à l'aide de petits objets. Voir Exode 28.30 et la note.*

r 33.8 *Voir Genèse 1.14.*

j'ai rattrapé mon retard,
et comme un homme qui récolte le *raisin,
j'ai rempli mes paniers.
18 Vous devez comprendre ceci :
je n'ai pas travaillé seulement pour moi,
mais pour tous ceux
qui recherchent le savoir.

Être libre à l'égard de tous

19 Écoutez-moi attentivement,
vous, les dirigeants du peuple,
et vous, les chefs de l'assemblée.
20 Pendant ta vie,
ne donne aucun pouvoir sur toi
à ton fils, à ta femme,
à ton frère ou à ton ami.
Ne donne pas tes biens à quelqu'un.
Tu pourras le regretter
et tu devras alors les réclamer.
21 Pendant que tu es en vie
et que tu respires encore,
ne permets à personne
de prendre ta place.
22 En effet, avec tes enfants,
il vaut mieux leur donner
que leur demander quelque chose.
23 Dans tout ce que tu fais, reste le maître
pour ne pas salir ton honneur.
24 C'est à la fin de ta vie,
au moment de mourir,
que tu dois partager
ce que tu laisses en héritage.

Comment traiter les esclaves ?

25 L'herbe sèche, les coups de bâton, les charges sont pour l'âne.
La nourriture, les punitions, le travail sont pour l'esclave.
26 Si tu fais travailler ton esclave,
tu seras tranquille.
Si tu le laisses faire ce qu'il veut,
il cherchera à fuir.
27 Avec un *joug et des cordes,
on fait courber le cou d'un bœuf.
Pour un mauvais serviteur,
il y a la souffrance et les coups de bâton.
28 Envoie-le au travail
pour qu'il ne reste pas sans rien faire.
29 Oui, quand quelqu'un ne fait rien,
il apprend beaucoup de choses mauvaises.
30 Fais-le travailler
puisqu'il est fait pour cela.
S'il n'obéit pas,
attache ses pieds avec des chaînes.
Pourtant, ne sois trop dur avec personne
et ne fais rien contre la justice.

31 Si tu ne possèdes qu'un esclave,
traite-le comme toi-même,
car tu l'as payé très cher.
Si tu ne possèdes qu'un esclave,
traite-le comme ton frère.
En effet, tu as besoin de lui
comme de ta vie.
32 Si tu le traites mal, et s'il s'enfuit,
33 comment feras-tu pour le chercher[s] ?

Les rêves

34 1 Les espoirs vides
trompent les gens stupides.
Les rêves excitent
ceux qui manquent de bon sens.
2 Tenir compte de ses rêves,
c'est vouloir saisir l'ombre
ou courir derrière le vent.
3 Dans les rêves,
on voit seulement l'image de la réalité.
De même dans un miroir,
on ne voit que l'image d'un visage.
4 Est-ce qu'on peut tirer
quelque chose de *pur
de ce qui est *impur ?
Est-ce qu'on peut tirer la vérité
du mensonge ?
5 Paroles des devins,
signes annonçant l'avenir, rêves,
tout cela n'a aucune valeur.
L'esprit d'une femme
qui souffre au moment d'accoucher
imagine ces mêmes choses.
6 N'y fais pas attention,
sauf si c'est le Très-Haut qui les envoie.

s 33.33 *Voir Deutéronome 23.16-17.*

7 Oui, les rêves
ont trompé beaucoup de gens,
et ceux qui y croyaient ont été déçus.
8 La *loi du Seigneur
se réalise loin de ces mensonges,
la sagesse s'exprime parfaitement
par la bouche de ceux qui sont fidèles.

Les voyages sont utiles

9 Celui qui voyage beaucoup
apprend beaucoup.
Celui qui a de l'expérience
parle intelligemment.
10 Celui qui n'a pas souffert
n'a pas beaucoup de connaissances.
11 Mais celui qui a voyagé
sait faire beaucoup de choses.
12 Pendant mes voyages,
j'ai vu beaucoup de choses,
et ce que j'ai compris
dépasse ce que je peux dire.
13 J'ai été souvent en danger de mort,
mais j'ai été sauvé
grâce à mon expérience.

Respecter le Seigneur

14 Ceux qui respectent le Seigneur
vivront longtemps,
15 car ils comptent
sur celui qui peut les sauver.
16 Celui qui respecte le Seigneur
n'a peur de rien.
Il ne tremble jamais,
car il met son espoir en lui.
17 Il est heureux,
celui qui respecte le Seigneur !
18 Sur qui s'appuiera-t-il ? Qui l'aidera ?
19 Le Seigneur a les yeux fixés
sur ceux qui ont de l'amour pour lui.
Il les protège avec puissance,
il les soutient solidement.
Le Seigneur est un abri contre le vent brûlant,
il donne de l'ombre contre la chaleur de midi,
il protège ses amis contre les difficultés,
il les empêche de tomber.
20 Il donne du courage,
il rend les yeux brillants de joie,
il donne santé, vie et *bénédiction.

Le service de Dieu

21 Offrir en *sacrifice
un animal obtenu de façon malhonnête,
c'est se moquer du Seigneur.
22 Le Très-Haut n'accepte pas les dons
de ceux qui désobéissent à sa *loi.
23 Les offrandes de ceux qui le méprisent
ne lui plaisent pas.
Il ne pardonne pas les péchés
à cause du nombre d'animaux offerts.
24 Offrir un sacrifice
avec les biens d'un pauvre,
c'est comme si on égorgeait un fils
sous les yeux de son père.

25 Les pauvres trouvent difficilement
quelque chose pour vivre.
Celui qui les prive de nourriture
est un assassin.
26 Prendre à son *prochain
ce qu'il a pour vivre,
c'est le tuer.
Priver un ouvrier de son salaire,
c'est répandre le sang.
27 C'est répandre le sang
que de priver un ouvrier de son salaire.
28 En effet, l'un construit, l'autre détruit.
Qu'est-ce qu'ils en retirent ?
Seulement de la peine.
29 L'un prie, l'autre maudit.
Le Maître écoutera celui qui prie.

30 Celui qui s'est rendu *pur
après avoir touché un mort,
et qui le touche de nouveau,
sa purification ne lui sert à rien ?
31 C'est la même chose pour quelqu'un qui *jeûne
afin de recevoir le pardon de ses péchés.
S'il part et recommence les mêmes fautes,
le Maître n'écoutera pas sa prière.
Reconnaître ses torts,
cela ne lui sert à rien.

La loi et les sacrifices

35 1 Suivre la *loi du Seigneur,
c'est la même chose
que de présenter

de nombreuses offrandes.
2 S'attacher aux commandements,
c'est comme offrir
des *sacrifices de communion.
3 Faire du bien à quelqu'un,
cela vaut autant
qu'une offrande de belle farine.
4 Donner à un pauvre,
c'est comme offrir
un sacrifice de louange.
5 Ce qui plaît au Seigneur,
c'est qu'on se détourne du mal.
Éviter d'agir mal,
c'est la même chose que d'offrir
un sacrifice pour recevoir son pardon.

6 Pourtant, ne te présente pas
devant le Seigneur les mains vides.
7 En effet, il nous commande
tous ces sacrifices.
8 L'offrande de celui qui agit bien
est l'offrande parfaite.
Sa bonne odeur
arrive jusqu'au Très-Haut.
9 Le sacrifice de celui qui agit bien
plaît au Seigneur,
il n'oubliera pas
la part brûlée pour lui sur *l'autel.
10 Sois généreux
quand tu rends *gloire au Seigneur.
En offrant les premiers produits de ton champ,
n'en garde pas une partie pour toi.
11 Chaque fois que tu fais une offrande,
montre un visage souriant.
Prends la dixième partie de tes biens
pour les offrir avec joie.
12 Donne au Très-Haut comme il t'a donné,
donne généreusement selon tes moyens.
13 Oui, le Seigneur donne en échange,
il te rendra sept fois plus.

Le Seigneur est un juste juge

14 N'essaie pas
de corrompre le Seigneur par des cadeaux,
il les refuse.
15 Ne t'appuie pas sur un sacrifice
acquis de façon malhonnête.
En effet, le Seigneur est un juge
qui ne tient pas compte
de l'aspect extérieur d'une personne.
16 Il n'est pas injuste envers un pauvre,
mais il écoute la prière
de celui qu'on écrase par l'injustice.
17 Il ne méprise pas l'orphelin qui supplie
ni la veuve qui présente sa plainte.
18 Il voit les larmes couler
sur les joues de la veuve.
19 Il entend ses accusations
contre celui qui la fait pleurer.
20 Celui qui sert le Seigneur,
le Seigneur l'accueillera bien,
et sa demande montera jusqu'au *ciel.
21 Oui, la prière des gens simples
monte jusqu'au ciel.
Elle ne se repose pas
avant d'atteindre le Seigneur.
Elle ne s'arrête pas
avant que le Très-Haut réponde,
22 avant qu'il rende justice
à ceux qui agissent bien.

Le Seigneur répondra bientôt,
il ne sera pas patient
avec ceux qui les font souffrir.
Il brisera les reins
de ceux qui n'ont pitié de personne.
23 Il se vengera contre les autres peuples.
Il supprimera cette foule d'orgueilleux
et il cassera le pouvoir des gens mauvais.
24 Le Seigneur rendra à chacun
selon ce qu'il a fait,
il tiendra compte
des intentions des humains
pour juger leurs actions.
25 Il rendra justice à son peuple,
il le réjouira par sa bonté.
26 Au temps du malheur,
sa bonté tombe bien,
comme les nuages de pluie
au temps de la sécheresse.

Prière pour le peuple d'Israël

36 1 Aie pitié de nous,
Maître, Dieu de l'univers !
2 Que tous les peuples
te respectent en tremblant !
3 Lève ta main menaçante

contre les peuples étrangers,
qu'ils voient ta puissance !
4 Tu leur as montré que tu es *saint
en agissant contre nous.
De même, montre-nous que tu es grand
en agissant contre eux.
5 Qu'ils te reconnaissent
comme nous-mêmes.
En effet, nous savons
qu'il n'y a pas d'autre Dieu que toi,
Seigneur !
6 Renouvelle tes actions extraordinaires,
accomplis d'autres actes étonnants !
7 Couvre-toi de *gloire !
8 Réveille ta violente *colère,
répands-la,
9 détruis nos ennemis,
écrase nos adversaires.
10 Avance l'heure de la fin,
n'oublie pas, tu en as fixé le moment.
Ainsi on pourra raconter tes exploits.
11 Que le feu de ta colère dévore
ceux qui sont restés en vie.
Que ceux qui font souffrir ton peuple
soient détruits.
12 Écrase la tête des chefs ennemis,
eux qui disent :
« Il n'y a personne comme nous ! »
13 Rassemble toutes les tribus d'Israël,
16 rends-leur le pays
que tu leur as donné
au commencement.
17 Seigneur, aie pitié de ton peuple
qui porte ton nom,
aie pitié d'Israël,
qui est pour toi un fils premier-né.
18 Sois bon pour la ville *sainte,
Jérusalem, le lieu où tu habites.
19 Remplis *Sion de ta louange.
Remplis ton peuple de ta *gloire !
20 Montre qu'Israël est ton peuple,
lui que tu as créé
depuis le commencement.
Réalise les promesses que les *prophètes
ont annoncées de ta part.
21 Donne ce que tu as promis
à ceux qui t'attendent.
Ainsi, on verra que tes prophètes
étaient dignes de confiance.
22 Seigneur,
toi qui es bon pour ton peuple,
entends les prières de tes serviteurs.
Alors, sur terre,
tout le monde reconnaîtra
que tu es le Seigneur,
le Dieu de toujours.

Savoir juger

23 L'estomac reçoit
tout ce qu'on peut manger.
Mais certains aliments
sont meilleurs que d'autres.
24 La bouche reconnaît
la viande des animaux tués à la chasse.
De même, le cœur intelligent voit
si on lui raconte des mensonges.
25 Un esprit tordu rend triste,
mais une personne d'expérience
lui rendra ce qu'il mérite.

Choisir sa femme

26 Une femme acceptera
n'importe quel homme comme mari,
mais certaines jeunes filles
sont préférables à d'autres.
27 La beauté d'une femme
réjouit le regard de son mari.
Elle dépasse tous ses désirs.
28 Si ses paroles sont pleines de douceur
et de bonté,
son mari
est le plus heureux des hommes.
29 Celui qui prend une femme pour lui
connaît le début de la richesse.
Elle est une aide semblable à lui
et un appui solide.
30 Là où il n'y a pas de clôture,
la plantation est pillée.
Là où il n'y a pas de femme,
l'homme est malheureux
et il ne sait pas où aller.
31 On ne peut pas faire confiance
à un voleur malin
qui court d'une ville à l'autre.
De même,
on ne peut pas avoir confiance
en un homme sans abri,
qui dort là où la nuit le surprend.

Vrais et faux amis

37 1 Beaucoup de gens disent:
« Je suis ton ami, moi aussi. »
Mais certains ne sont amis que de nom.
2 Quand un camarade ou un ami
se change en ennemi,
c'est une tristesse
qui nous rapproche de la mort.
3 Pourquoi est-ce que notre penchant au mal
a été créé ?
Pour couvrir la terre de méchanceté ?
4 Celui-ci est ton ami dans le bonheur.
Mais au moment du malheur,
il se tourne contre toi.
5 Un ami souffre avec toi
tout le temps que tu le nourris.
Mais au moment du combat,
il se met à l'abri derrière un *bouclier.
6 N'oublie pas ton ami.
Pense toujours à lui
quand tu rapportes des richesses de guerre.

Les conseillers

7 Tout conseiller vante ses conseils,
mais certains cherchent leur intérêt.
8 Ne fais pas confiance à quelqu'un
qui te donne des conseils.
Demande-toi d'abord de quoi il a besoin.
En effet, c'est dans son intérêt
qu'il décidera.
Attention ! il cherche peut-être
à prendre ce qui est à toi.
9 Il te dit: « Tu es sur le bon chemin. »
Il se place assez loin
pour voir ce qui va t'arriver.
10 Ne demande pas conseil
à quelqu'un qui n'est pas franc.
Cache tes projets
à ceux qui sont jaloux de toi.
11 Ne demande pas conseil à une femme
au sujet de sa rivale,
ni à un peureux
au sujet de la guerre,
ni à un vendeur
au sujet d'un achat à faire,
ni à un acheteur
au sujet d'un objet à vendre.
Ne demande pas à un homme jaloux
s'il faut dire merci,
ni à une personne sans cœur
s'il faut être bon.
Ne consulte pas un paresseux
sur un travail à faire,
ni un ouvrier payé à l'année
sur la fin de son contrat,
ni un serviteur négligent
sur une tâche importante à réaliser.
Ne t'appuie jamais sur ces gens-là
pour recevoir un conseil.
12 Au contraire, va toujours trouver
un homme fidèle au Seigneur.
Tu sais qu'il suit ses commandements
et qu'il pense comme toi.
Si tu ne réussis pas,
il partagera ta tristesse.
13 Fais confiance
aux projets que ton cœur t'inspire,
car il n'y a pas de conseiller plus fidèle.
14 Oui, l'esprit de l'homme
l'avertit souvent mieux
que sept gardiens
placés comme guetteurs à un endroit élevé.
15 Mais surtout, demande au Très-Haut
de conduire tes pas dans la vérité.

Vraie et fausse sagesse

16 Avant de commencer un travail,
discute d'abord.
Réfléchis toujours avant d'agir.
17-18 Le cœur humain
peut se tourner dans quatre directions:
le bien et le mal, la vie et la mort.
Mais c'est toujours la bouche
qui prend les décisions.
19 Certains sont forts
pour enseigner les autres,
mais pour eux-mêmes,
ils ne sont bons à rien.
20 Certains font de beaux discours.
Mais les gens les détestent
et ils manquent de tout.
21 En effet, le Seigneur
ne leur a pas accordé sa faveur.
C'est pourquoi ils manquent totalement
de sagesse.
22 Certains sont des sages
dans leur seul intérêt.

Ce qu'ils tirent de leur intelligence,
d'après ce qu'ils disent,
est digne de confiance.
23 Mais l'homme sage enseigne son peuple.
Et ce qu'il tire de son intelligence
est vraiment digne de confiance.
24 Le sage sera couvert de *bénédictions,
tous ceux qui le voient
disent qu'il est heureux.
25 Les jours de la vie d'un homme
sont comptés
mais ceux du peuple d'Israël
sont sans fin.
26 Celui qui est sage
au milieu de son peuple
aura la confiance des gens.
Son nom vivra pour toujours.

Manger avec mesure

27 Mon enfant, pendant ta vie,
cherche à te connaître.
Vois ce qui est mauvais pour toi
et refuse-le.
28 En effet, tout
n'est pas bon pour tout le monde,
et tous
n'apprécient pas tout.
29 Goûte les choses bonnes avec mesure,
ne te jette pas sur la nourriture.
30 Oui, trop manger peut rendre malade,
l'abus de nourriture donne mal au ventre.
31 Beaucoup sont morts
parce qu'ils avaient trop mangé,
mais celui qui fait attention
vit plus longtemps.

Le médecin et la maladie

38 1 Le médecin rend service,
honore-le,
car c'est le Seigneur qui l'a créé, lui aussi.
2 En effet, son pouvoir de guérir
lui vient du Très-Haut,
et le roi lui fait des cadeaux.
3 Le médecin peut être fier
de ses connaissances,
les gens importants l'admirent.
4 Les plantes qui guérissent
sont tirées de la terre,
c'est donc le Seigneur qui les a créées.
Une personne de bon sens
ne les méprise pas.
5 C'est bien avec un morceau de bois
que Moïse a rendu l'eau potable[t].
Ainsi, les gens ont reconnu le pouvoir du Seigneur.
6 Il a donné la science aux humains
afin qu'ils lui rendent *gloire
pour ses actions puissantes.
7-8 Le pharmacien se sert des plantes pour faire des mélanges.
Et c'est le Seigneur qui soigne
et calme la douleur.
Ainsi, il continue toujours à agir,
et dans le monde entier,
la santé vient de lui.

9 Mon enfant, quand tu es malade,
ne sois pas négligent,
mais prie le Seigneur, et il te guérira.
10 Abandonne tes erreurs, agis bien
et *purifie ton cœur de toutes ses fautes.
11 Si tu en as les moyens,
offre à Dieu une poignée de farine
avec de *l'encens et de l'huile.
12 Puis laisse agir le médecin,
car c'est le Seigneur qui l'a créé, lui aussi.
Le médecin doit rester près de toi,
car tu as besoin de lui.
13 Le moment viendra sûrement
où ta santé dépendra de lui.
14 En effet, à leur tour,
les médecins prieront le Seigneur.
Il leur donnera alors
de calmer la douleur du malade,
de le guérir et de le garder en vie.
15 Si quelqu'un agit mal
envers son Créateur,
qu'il tombe entre les mains du médecin !

Le deuil

16 Mon enfant, pleure celui qui est mort.
Chante un chant de deuil

t 38.5 *Voir Exode 15.23-25.*

pour montrer ta douleur.
Puis accomplis les cérémonies qui lui sont dues,
et ne néglige pas la tombe où on l'enterre.
17 Pleure des larmes amères,
fais les gestes de deuil,
respecte tous les rites,
comme le mort le mérite :
un jour ou deux, pour éviter les critiques.
Puis console-toi de ta peine.
18 En effet, la tristesse
peut conduire à la mort.
Une personne découragée
reste sans forces.
19 Avec le malheur,
la tristesse demeure,
et c'est une malédiction
de vivre comme un pauvre.
20 Ne te laisse pas aller à la tristesse,
chasse-la et pense à l'avenir.
21 N'oublie pas :
on ne revient pas de la mort.
Pour la personne qui est morte,
la tristesse ne sert à rien
et à toi, elle te fait du mal.
22 Souviens-toi :
ce qui lui est arrivé t'arrivera aussi.
C'était son tour hier,
c'est le tien aujourd'hui.
23 Quand une personne
est entrée dans son dernier repos,
arrête de penser à elle.
Quand elle a rendu le dernier souffle,
console-toi à son sujet.

Les métiers manuels

24 Pour devenir savant,
il faut avoir beaucoup de loisirs.
Celui qui est peu occupé
pourra devenir un sage.
25 Le paysan qui tient la charrue,
comment peut-il devenir un sage ?
Toute sa fierté, c'est de piquer les bœufs
pour les faire avancer.
Il travaille sans cesse avec eux
et il parle seulement
de ses jeunes taureaux.
26 Il met tout son cœur à tracer des sillons,
il passe ses soirées
à nourrir ses vaches.
27 Pour les ouvriers et les artisans,
c'est la même chose.
Ils travaillent jour et nuit.
Par exemple, celui qui grave les *sceaux
cherche toujours à changer les dessins.
Il met tout son cœur
à bien reproduire le modèle,
il passe ses soirées à finir son travail.
28 C'est la même chose pour le forgeron
assis près de l'enclume :
Il regarde attentivement le fer à travailler.
La chaleur du feu le couvre de sueur.
Il doit lutter contre le foyer brûlant.
Le bruit du marteau lui casse les oreilles.
Il a les yeux fixés sur son modèle.
Il met tout son cœur
à bien faire son travail,
il passe ses soirées à le rendre parfait.
29 C'est la même chose pour le potier
assis à son travail :
Il fait tourner son tour[u] avec ses pieds.
Il est toujours soucieux
à cause de ce qu'il doit faire
et il s'efforce
de fabriquer beaucoup d'objets.
30 Avec ses mains, il modèle l'argile
que ses pieds ont écrasée.
Il met tout son cœur
à appliquer le vernis,
il passe ses soirées à nettoyer le four.

31 Tous ces gens-là
peuvent compter sur leurs mains,
chacun est habile dans son métier.
32 Sans eux,
aucune ville ne pourrait être construite,
on ne pourrait pas l'habiter
ni se promener dans ses rues.
Mais au conseil de la ville,
personne ne demande leur avis.

---

u **38.29** *Le tour est un outil qui sert à fabriquer des récipients ronds en argile.*

33 Dans l'assemblée,
ils n'occupent pas les places d'honneur.
Ils ne s'assoient pas sur le siège du juge,
il ne comprennent rien à la loi ni au droit.
Ils ne sont pas brillants
dans le domaine de l'éducation ou des lois.
Ils ne font pas partie
de ceux qui inventent des proverbes.
34 Mais ils maintiennent ce qui a été créé
pour toujours,
et leur prières concernent leur métier.

Le spécialiste de la loi

39 1 Tout est différent
pour celui qui médite de tout son cœur
la *loi du Très-Haut.
Il étudie la sagesse
de tous les anciens maîtres,
il occupe ses loisirs
à réfléchir aux paroles des *prophètes.
2 Il conserve les histoires
qu'on raconte sur les hommes célèbres.
Il s'efforce de comprendre
les difficultés des paroles de sagesse.
3 Il cherche le sens caché des proverbes,
il passe son temps à percer
les secrets des paroles de sagesse.
4 Il peut ainsi rendre des services
à des gens importants.
On le remarque à côté des dirigeants.
Il voyage dans les pays étrangers,
car il a l'expérience
de ce qui est bien et mal
chez les humains.
5 Dès le matin, avec ardeur,
il se rend auprès du Seigneur,
son Créateur.
Il prie en présence du Très-Haut.
Il ouvre seulement la bouche
pour le prier
et pour lui avouer ses péchés.
6 Si le Seigneur, le grand Dieu, le veut,
il sera rempli d'intelligence.
Alors il pourra répandre lui aussi
des paroles de sagesse.
Dans sa prière, il remerciera le Seigneur.
7 Il possédera une connaissance
et un jugement droits
et il réfléchira sur les mystères du Seigneur.
8 Il montrera l'éducation qu'il a reçue
et il sera fier de la loi de *l'alliance
entre le Seigneur et son peuple.
9 Beaucoup vanteront son intelligence,
les gens ne l'oublieront jamais.
Son souvenir ne disparaîtra pas,
son nom restera vivant pour toujours.
10 Des peuples parleront de sa sagesse,
l'assemblée chantera sa louange.
11 S'il reste en vie, il laissera derrière lui
un nom plus glorieux que mille autres.
S'il meurt, il mourra satisfait.

Chanter la louange du Seigneur

12 Quand je réfléchis, je suis rempli d'idées,
et je ressemble à la lune
quand elle est pleine.
C'est pourquoi je veux encore parler.
13 Écoutez-moi, jeunes gens fidèles,
grandissez comme le laurier rose
planté au bord de l'eau.
14 Répandez une bonne odeur
comme *l'encens.
Fleurissez comme le lis
et donnez votre parfum.
Chantez ensemble un chant
et remerciez le Seigneur
pour tout ce qu'il a fait.
15 Dites : « Dieu est grand ! »
Remerciez-le en chantant sa louange,
accompagnés de vos *harpes.
Voici ce que vous direz pour le fêter :
16 « Toutes les actions du Seigneur
sont magnifiques !
Chacun de ses ordres
se réalise au bon moment. »
17 Il ne faut pas demander :
« Qu'est-ce que ceci, pourquoi cela ? »
En effet, toute question
trouvera sa réponse au bon moment.
Quand le Seigneur a parlé,
l'eau s'est arrêtée
et a formé une grande masse.
Il a dit un seul mot,
et les réserves d'eau se sont formées.
18 Sur son ordre,
tout s'accomplit comme il veut.
Personne ne peut s'opposer

au *salut qu'il apporte.
19 Il voit toutes les actions humaines,
rien n'échappe à son regard.
20 Il voit le passé et l'avenir,
rien n'est étonnant pour lui.
21 Il ne faut pas demander:
« Qu'est-ce que ceci, pourquoi cela ? »
Car il a tout créé pour un but.

22 La *bénédiction du Seigneur recouvre tout,
comme un fleuve qui déborde.
Elle remplit la terre
comme une grande inondation.
23 De même, les autres peuples
recevront sa *colère en partage,
comme au temps où il a changé
une région bien arrosée
en un désert salé[v].
24 Pour ceux qui sont fidèles au Seigneur,
ses chemins sont droits,
mais pour les gens qui ne respectent pas sa loi,
ils sont pleins de difficultés.
25 Dès le commencement,
le Seigneur a créé les bonnes choses
pour ceux qui sont bons,
et les mauvaises choses
pour les gens mauvais.
26 Pour vivre,
les humains ont besoin avant tout
d'eau, de feu, de fer et de sel,
de farine de *blé, de lait et de miel,
de jus de *raisin, d'huile et de vêtements.
27 Tout cela, ce sont de bonnes choses
pour ceux qui sont fidèles au Seigneur,
mais elles deviennent un mal
pour les gens mauvais.

28 Le Seigneur a créé certains vents
pour punir les humains,
et sa violente *colère
les a changés en grands malheurs.
Au moment du jugement,
ils répandent leur violence
et ils laissent agir jusqu'au bout
la colère de leur Créateur.
29 Le feu et la *grêle,
la famine et la mort,
le Seigneur les a créés
pour punir les humains.
30 Les dents des bêtes sauvages,
les scorpions, les vipères,
*l'épée de la vengeance
qui tue ceux qui méprisent Dieu,
31 tous se réjouissent d'obéir à ses ordres.
Sur la terre, ils sont prêts à agir
en cas de besoin.
Le moment venu,
ils ne désobéiront pas à sa parole.

32 Dès le début, j'étais sûr de cela.
C'est pourquoi j'ai réfléchi
et je l'ai mis par écrit.
33 Toutes les actions du Seigneur sont bonnes.
Il donne ce qu'il faut
quand c'est nécessaire.
34 Il ne faut donc pas dire:
« Ceci est plus mauvais que cela ! »
Oui, le moment viendra
où on reconnaîtra que tout était bon.

35 Et maintenant, de tout votre cœur,
chantez à pleine voix
pour remercier le Seigneur.

Les humains ont beaucoup de soucis

40 1 Le Seigneur a créé de grands soucis
pour tous les humains.
Il fait peser une lourde charge sur eux
depuis qu'ils sont sortis
du ventre de leur mère.
Et cela durera jusqu'à leur retour
dans le ventre de la terre,
la mère de tous les êtres vivants.
2 Ils pensent sans cesse
à ce qu'ils attendent avec angoisse:
au jour de leur mort.
Cela leur fait vraiment peur.
3 C'est la même chose pour tout le monde:
depuis le roi assis
avec honneur sur son siège
jusqu'au malheureux

---

v **39.23** *Il s'agit sans doute de la destruction de Sodome et Gomorrhe. Voir Genèse 13.10; 19.24-25.*

couché par terre sur la cendre,
4 depuis celui qui porte
le beau vêtement rouge
et la couronne du roi
jusqu'à l'homme habillé très simplement.
5 Tous connaissent la violente colère,
la jalousie, le trouble et l'inquiétude,
la peur de la mort,
la rancune et les disputes.
Et quand ils sont couchés
pour se reposer,
ils ont d'autres soucis en dormant.
6 Après un court repos,
ils se mettent à rêver
et ils souffrent
comme pendant la journée.
Ils sont inquiets
à cause de ce qu'ils voient en rêve,
comme des soldats qui ont fui le combat.
7 Au moment d'être libérés,
ils se réveillent,
surpris d'avoir eu peur pour rien.
8 Voici ce qui attend tous les êtres vivants,
de l'animal à l'être humain,
mais ce sera sept fois plus grave
pour les gens mauvais :
9 c'est la mort naturelle ou un assassinat,
des disputes, des guerres,
de grands malheurs,
la famine, la destruction, les épidémies.
10 Tout cela, Dieu l'a créé
contre ceux qui ne respectent pas sa *loi,
et c'est à cause d'eux[w]
qu'il y a eu la grande inondation.
11 Tout ce qui vient de la terre retourne à la terre,
et ce qui vient de l'eau retourne à la mer.

Les injustices disparaîtront un jour

12 Les cadeaux
qu'on fait pour corrompre les autres,
les injustices,
tout cela sera supprimé un jour,
mais l'honnêteté durera toujours.
13 Les richesses des gens mauvais
arrêteront de couler comme un torrent sec.
Elles passeront comme un grand coup de tonnerre
qui éclate pendant l'orage.
14 Une personne généreuse pourra se réjouir.
Mais ceux qui désobéissent à la *loi
disparaîtront complètement.
15 Dans la famille de ceux qui méprisent le Seigneur
il y aura peu d'enfants.
Ces gens *impurs
ne pourront pas prendre racine.
16 Le roseau qui pousse près de l'eau
au bord d'un fleuve
est arraché avant les autres herbes.
17 Mais un bienfait
est comme un jardin magnifique,
et ce qu'on donne aux pauvres
n'est jamais oublié.

Paroles diverses

18 Une personne qui ne dépend pas des autres pour vivre,
un homme qui travaille,
ont une vie agréable.
Mais la personne qui trouve un trésor
est plus heureuse encore.
19 Avoir beaucoup d'enfants
ou fonder une ville,
cela rend un homme célèbre.
Mais une femme parfaite
est plus précieuse encore.
20 Le vin et la musique réjouissent le cœur,
mais l'amour de la sagesse
le réjouit plus encore.
21 La flûte et la *harpe ont un son agréable,
mais une belle voix
est plus agréable encore.
22 La grâce et la beauté
sont un plaisir pour les yeux,
mais un champ de *blé vert
l'est plus encore.
23 Un ami ou un camarade
se rencontrent de temps en temps,
mais une femme et son mari
se rencontrent plus souvent.
24 Des frères ou des bienfaiteurs

---

w **40.10** *Voir Genèse 6.5-7.*

sont utiles dans le malheur,
mais les dons faits aux pauvres
sont plus utiles encore.
25 L'or et l'argent rendent sûr de soi,
mais on apprécie plus encore
un bon conseil.
26 Si quelqu'un est riche et fort,
il a du courage,
mais s'il respecte le Seigneur,
il en a bien davantage.
Si nous respectons le Seigneur,
nous ne manquons de rien,
nous n'avons pas besoin
de chercher du secours.
27 Nous nous trouvons
comme dans un beau jardin,
nous sommes mieux protégés
que par des honneurs.

Ne pas mendier

28 Mon enfant,
ne mène pas une vie de mendiant.
Il vaut mieux mourir que mendier.
29 Si une personne regarde avec envie
le plat de son voisin,
elle ne vit pas vraiment.
Elle se salit elle-même
avec de la nourriture qu'elle n'a pas gagnée.
Au contraire,
quelqu'un qui est instruit et bien élevé
ne fera jamais cela.
30 Pour celui qui n'a pas honte,
la nourriture qu'il a mendiée
est douce à sa bouche,
mais dans son ventre,
elle brûle comme un feu.

La mort

41 1 Ô mort, c'est une chose amère
que de penser à toi,
quand on vit heureux
au milieu de ses richesses,
quand on n'a pas de soucis
et qu'on réussit en tout,
quand on est encore capable
de goûter un bon repas.
2 Ô mort, tu viens au bon moment
pour quelqu'un qui est pauvre
et sans forces,
pour la personne âgée pleine de soucis
ainsi que pour l'homme révolté
qui perd patience.

3 Mon enfant, n'aie pas peur de la mort
quand elle décide d'arriver.
Souviens-toi de ceux qui étaient avant toi
et de ceux qui viendront après toi.
4 La mort est une décision
que le Seigneur a prise
envers tout être vivant.
Pourquoi s'opposer
à ce que le Très-Haut a jugé bon pour tous ?
Tu peux vivre dix ans,
cent ans ou mille ans,
personne ne te reprochera ta vie
dans le monde des morts.

Ce qui arrivera aux gens mauvais

5 Les enfants des gens mauvais
deviennent des enfants pénibles.
Ils passent leur temps
chez les gens qui méprisent le Seigneur.
6 Leur héritage sera perdu,
leurs enfants
seront toujours couverts de honte.
7 Un père qui méprise le Seigneur
recevra les reproches de ses enfants.
En effet, c'est à cause de lui
qu'ils sont couverts de honte.
8 Quel malheur pour vous
qui méprisez le Dieu très-haut
et qui avez abandonné sa loi !
9 À votre naissance comme à votre mort,
vous serez maudits.
10 Tout ce qui vient de la terre
retournera à la terre,
c'est la même chose
pour ceux qui méprisent Dieu :
ils vont de la malédiction à la destruction.

Une bonne réputation

11 À la mort de quelqu'un,
il y a une période de deuil,
mais une mauvaise réputation
n'est jamais effacée.
12 Fais attention à ta réputation,
car elle restera vivante après toi
plus longtemps que mille trésors en or.

13 Une vie de bonheur
dure un certain temps,
mais une bonne réputation
dure toujours.

La vraie honte

14 Mes enfants, gardez tranquillement
l'éducation que je vous ai donnée.
La sagesse cachée
ou un trésor qu'on ne voit pas,
à quoi servent-ils tous les deux ? À rien.
15 Une personne qui cache sa bêtise
vaut mieux qu'une autre
qui cache sa sagesse.
16 Je vais donc vous dire
de quoi vous devez avoir honte.
En effet, ce n'est pas une bonne chose
d'avoir toujours honte.
De plus, tout le monde ne juge pas tout
de la même façon.

17 Devant votre père et votre mère,
ayez honte
de coucher avec n'importe qui.
Devant un chef et un homme puissant,
ayez honte de mentir.
18 Devant des juges,
ayez honte de commettre une faute.
Devant l'assemblée du peuple,
ayez honte de désobéir à la *loi de Dieu.
Devant un camarade ou un ami,
ayez honte de commettre une injustice.
19 Devant vos voisins,
ayez honte de voler.
Ayez honte de ne pas tenir un serment
ou de ne pas être fidèle à un pacte.
Ayez honte de poser le coude sur la table
en mangeant
et de recevoir ou de donner quelque chose
avec mépris.
20 Ayez honte de ne pas répondre
à ceux qui vous saluent,
de regarder une *prostituée.
21 Ayez honte de repousser un frère israélite,
de prendre à quelqu'un sa part
ou un cadeau qu'on lui a fait.
Ayez honte aussi de regarder
la femme d'un autre homme,
22 d'être trop familier avec une servante,
de vous approcher de son lit !
Ayez honte d'insulter vos amis,
ou de leur faire des reproches
quand vous leur avez donné quelque chose.

42 1 Ayez honte
de répéter ce que vous avez entendu
et de découvrir des secrets.
Alors vous saurez ce qu'est la vraie honte,
et tout le monde vous donnera raison.

La fausse honte

Mais n'aie pas honte
des choses que je vais dire.
Ne commets pas le mal
en faisant des différences entre les gens.
2 N'aie pas honte d'obéir à la *loi
et à *l'alliance du Très-Haut,
ni de rendre justice
à quelqu'un qui méprise le Seigneur,
s'il n'est pas coupable.
3 N'aie pas honte
de tenir des comptes avec un ami
ou un compagnon de voyage,
ni de partager ton héritage avec d'autres.
4 N'aie pas honte
d'avoir une balance et des poids justes,
ni d'obtenir un profit, petit ou grand,
5 ni de gagner un bénéfice
en vendant tes marchandises.
N'aie pas honte
de corriger sévèrement tes enfants,
ni de frapper jusqu'au sang
les côtes d'un mauvais serviteur.

6 Si ta femme est curieuse,
ou s'il y a chez toi
beaucoup de gens peu sûrs,
mets les choses
dans un endroit fermé à clé.
7 Si tu confies de l'argent à quelqu'un,
il faut le compter et le peser.
Mets par écrit ce que tu donnes
et ce que tu reçois.

8 N'aie pas honte
de corriger un sot, une personne stupide,
ou un vieillard
qui couche avec n'importe qui.
Ainsi tu montreras

que es vraiment bien éduqué,
et tout le monde te donnera raison.

Les soucis d'un père pour sa fille

9 Une fille
donne beaucoup de soucis à son père,
même s'il n'en parle pas.
À cause d'elle, il est inquiet,
et cela l'empêche de dormir.
Quand elle est jeune,
il a peur
qu'elle dépasse l'âge de se marier.
Quand elle est mariée,
il a peur que son mari la déteste.
10 Quand c'est encore une jeune fille,
son père a peur qu'un homme abuse d'elle
et qu'elle devienne enceinte
dans sa propre maison.
Quand elle est mariée,
elle ne sera peut-être pas fidèle à son mari.
Quand elle vit chez lui,
elle ne pourra peut-être pas avoir d'enfant.

11 Si ta fille est trop têtue,
surveille-la davantage.
Sinon, tes ennemis se moqueront de toi
à cause de sa mauvaise conduite.
Les gens de la ville en parleront,
et le peuple se réunira à son sujet.
Alors elle te couvrira de honte
dans la grande assemblée.
12 Ta fille
ne doit se montrer à aucun homme,
Elle ne doit pas aller
dans les pièces où vivent les femmes.
13 Comme les insectes sortent des vêtements,
la méchanceté sort des femmes.
14 La méchanceté d'un homme
vaut mieux que la bonté d'une femme !
C'est la femme
qui couvre son mari de honte.

CINQUIÈME ENSEMBLE D'ENSEIGNEMENTS
42.15–43.33

La grandeur du Créateur

15 Maintenant je vais rappeler
tout ce que le Seigneur a fait,
je vais raconter ce que j'ai vu.

Le Seigneur a tout fait par ses paroles.
Ce qu'il a créé obéit à sa volonté.
16 Le soleil qui brille regarde toutes choses,
tout ce que le Seigneur a fait
est rempli de sa *gloire.
17 Même les *anges du Seigneur
ne peuvent raconter
toutes ses actions merveilleuses :
celles que le Seigneur tout-puissant
a solidement établies
pour que l'univers existe
en sa présence pleine de *gloire.
18 Le Seigneur examine attentivement
le fond des mers et le fond des cœurs,
et il découvre leurs secrets.
Oui, le Très-Haut peut tout connaître.
Il a observé les signes des temps.
19 Il annonce le passé et l'avenir,
il fait connaître
les secrets les plus profonds.
20 Aucune pensée ne lui échappe,
aucune parole n'est cachée pour lui.

21 Le Seigneur a établi avec ordre
les grandes choses
que sa sagesse avait prévues.
Il est le même
depuis toujours et pour toujours.
Dans toutes ses actions,
il n'y a rien à ajouter
et rien à enlever,
et il n'a eu besoin du conseil de personne.
22 Nous pouvons vraiment aimer
tout ce que le Seigneur a fait,
jusqu'à la plus petite étincelle visible.
23 Tout cela vit et durera toujours,
tout obéit selon les besoins.
24 Toutes les choses vont deux par deux,
l'une correspond à l'autre.
Le Seigneur n'a rien créé d'imparfait,
25 chaque chose montre la valeur de l'autre.
Qui peut être fatigué de voir sa gloire ?

Le ciel et le soleil

43 1 Là-haut, le ciel est magnifique
et rempli de clarté.
Quelle beauté quand nous le voyons
en pleine lumière !
2 Dès que le soleil paraît,
il annonce à son lever :
« Les actions du Très-Haut
sont vraiment admirables ! »
3 À midi, le soleil sèche la terre.
Qui peut résister à sa chaleur ?
4 Le forgeron souffle sur le feu
pour faire son travail.
Mais le soleil qui brûle les montagnes
est trois fois plus fort.
Il envoie sa chaleur brûlante,
en lançant ses rayons, il éblouit les yeux.
5 Il est grand, le Seigneur
qui a créé le soleil
et qui lui commande
de poursuivre sa course !

La lune

6 La lune, elle aussi,
se lève toujours à son heure.
Elle fixe les époques
et indique le temps qui passe.
7 Cet *astre qui diminue puis disparaît,
sert à marquer les fêtes[x].
8 Le mois reçoit son nom de la lune[y].
Quand elle revient
et augmente de nouveau,
quelle chose merveilleuse !
Elle est la lumière de l'armée des étoiles
qui brillent là-haut dans le ciel.

Les étoiles

9 La clarté des étoiles
fait la beauté du ciel.
Leur lumière brillante
décore les hauteurs du Seigneur.
10 Sur l'ordre du Seigneur *saint,
elles se tiennent là où il l'a décidé,
et aucune n'abandonne sa place.

L'arc-en-ciel

11 Regarde l'arc-en-ciel
et remercie celui qui l'a fait.
Il est magnifique dans sa beauté.
12 Il trace dans le ciel un cercle de lumière.
Ce sont les mains du Très-Haut
qui l'ont tendu.

La nature

13 Le Seigneur commande,
et la *neige tombe,
il décide,
et les éclairs jaillissent.
14 C'est pourquoi ses réserves s'ouvrent,
et les nuages s'envolent
comme des oiseaux.
15 La puissance du Seigneur
rend les nuages durs,
ils se brisent en *grêle.
17a Le bruit de son tonnerre
fait trembler la terre.
16 Quand le Seigneur apparaît,
les montagnes sont secouées.
Quand il le décide,
il fait souffler le vent du sud,
17b ou la tempête du nord,
ou encore le cyclone.

Comme des oiseaux qui se posent,
il fait descendre la neige.
Elle tombe comme des sauterelles
qui s'abattent sur le sol.
18 Les yeux admirent sa blancheur éclatante,
et le cœur se réjouit de la voir tomber.

19 Le Seigneur répand encore le givre[z]
comme du sel sur la terre,
le froid le transforme en fines épines.
20 Quand le vent froid du nord
se met à souffler,

x 43.7 *Dans le calendrier israélite, quand le croissant de lune apparaissait de nouveau, c'était le début du mois.*

y 43.8 *En hébreu, le même mot signifie mois et nouvelle lune.*

z 43.19 *Le givre est une fine couche de glace.*

la glace se forme sur l'eau.
Ce vent tombe sur toute étendue d'eau
et la recouvre comme une *cuirasse.

21 Le vent brûlant dévore les montagnes
et sèche le désert.
Il détruit les plantes et les herbes
comme un feu.
22 Mais le nuage humide
apporte rapidement un remède.
Après la forte chaleur,
la rosée ramène la joie.
23 Selon son projet,
le Seigneur a vaincu les mers
et là, il a planté des îles.
24 Ceux qui voyagent sur mer
racontent ses dangers.
Leurs histoires nous étonnent beaucoup.
25 Il y a en ces endroits
des êtres extraordinaires et merveilleux,
des animaux de toutes sortes,
des bêtes étranges de la mer.
26 Grâce à Dieu,
tout ce qu'il envoie atteint son but,
tout se tient par sa parole.

27 Nous pourrions parler encore longtemps,
mais sans arriver à tout dire.
La conclusion de nos paroles,
c'est que le Seigneur est toutes choses.
28 Où trouver la force de lui rendre *gloire ?
Il est le Dieu grand,
qui dépasse tout ce qu'il a fait.
29 Le Seigneur est terrible
et extrêmement grand.
Sa puissance est étonnante.
30 Pour rendre gloire au Seigneur,
chantez sa grandeur
selon votre pouvoir.
Mais il vous dépassera toujours.
Pour chanter sa grandeur,
utilisez toutes vos forces.
Ne vous fatiguez pas,
car vous n'aurez jamais fini.
31 Qui a vu le Seigneur
pour être capable d'en parler ?
Qui peut lui rendre gloire
comme il le mérite ?
32 Nous voyons seulement
quelques-unes de ses œuvres.
Mais beaucoup d'autres choses
que nous ne voyons pas
sont plus grandes encore.
33 Oui, c'est le Seigneur qui a tout créé.
Il a donné la sagesse
à ceux qui lui sont fidèles.

POÈME EN L'HONNEUR DES ANCÊTRES

44.1-50.29

44 1 Chantons la louange
de nos ancêtres,
de ces hommes célèbres,
dans l'ordre où ils sont nés.
2 Le Seigneur a montré sa grandeur
en les couvrant d'honneur
depuis toujours.
3 Il y a eu des rois
qui ont dirigé leurs royaumes,
des hommes
connus pour leur puissance.
Il y a eu des conseillers
célèbres par leur intelligence,
des voyants
célèbres par leurs paroles *prophétiques.
4 Il y a eu des chefs
qui savaient conseiller leur peuple,
des princes
qui avaient une intelligence profonde.
Ils instruisaient le peuple
par des paroles de sagesse.
5 Il y a eu des compositeurs de musique
et des poètes.
6 Il y a eu des gens
que leur richesse rendait puissants
et qui vivaient en paix dans leur maison.
7 Ils ont tous été honorés
par ceux de leur génération,
et on les a félicités pendant leur vie.
8 Le nom de certains est resté célèbre,
on chante encore leur louange.
9 Mais d'autres
n'ont laissé aucun souvenir,
on n'entend plus parler d'eux,

comme s'ils n'avaient pas existé.
C'est comme s'ils n'étaient jamais nés
et c'est la même chose
pour leurs enfants après eux.
10 Voici nos ancêtres,
ces hommes qui ont bien agi.
Leurs bonnes actions
n'ont pas été oubliées.
11 Leurs biens sont allés à leurs enfants,
les enfants de leurs enfants
ont reçu leur héritage.
12 Grâce à eux,
ces enfants ont été fidèles aux *alliances.
13 Leurs enfants
et les enfants de leurs enfants
existeront toujours,
ils resteront toujours célèbres.
14 Leur corps repose
dans la paix de la tombe,
mais leur nom est vivant pour toujours.
15 Des peuples parleront de leur sagesse,
l'assemblée chantera leur louange.

Hénok

16 Hénok a plu au Seigneur,
et le Seigneur l'a fait monter auprès de lui.
Pour les générations à venir,
il a donné l'exemple
d'une vie tournée vers Dieu.

Noé

17 Le Seigneur a trouvé Noé parfaitement juste.
Quand tout a été détruit,
Noé est devenu le nouveau plant
de la famille humaine.
Grâce à lui,
il y a eu encore des humains
après le déluge.
18 Le Seigneur a fait *alliance avec lui
pour toujours.
Ainsi, plus jamais un déluge
ne détruira les êtres vivants.

Abraham

19 Abraham est l'ancêtre célèbre
d'une foule de peuples.
Personne n'a été aussi honoré que lui.
20 Il a obéi à la loi du Très-Haut
qui a fait *alliance avec lui.
Il a marqué son corps
du signe de cette alliance, la *circoncision.
Quand le Seigneur a voulu voir
ce qu'il valait,
il l'a trouvé fidèle.
21 C'est pourquoi il lui a promis par serment
de *bénir tous les peuples
par les gens de sa famille.
Selon cette promesse,
ceux-ci devaient devenir aussi nombreux
que les grains de poussière sur la terre.
Leur réputation
serait aussi élevée que les étoiles.
Ils devaient recevoir un pays
allant de la mer Morte
à la mer Méditerranée,
et de l'Euphrate à l'autre bout du pays.

Isaac et Jacob

22-23a Le Seigneur a fait la même promesse à Isaac
à cause d'Abraham, son père.
Ensuite, il a choisi Jacob
pour qu'il reçoive son *alliance
et sa *bénédiction
en faveur de tous les humains.
Le Seigneur lui a donné l'assurance
qu'il le bénirait.
Il lui a accordé le pays à posséder.
Il en a fait douze parts
et il les a partagées
entre les douze tribus.

Moïse

23b Parmi les gens de la famille de Jacob,
le Seigneur a choisi un homme bon,
qui a plu à tous.
45 1 Il était aimé de Dieu et des hommes.
C'était Moïse.
Quand nous nous souvenons de lui,
nous remercions Dieu.
2 Le Seigneur lui a donné
autant d'honneur qu'aux *anges.
Il l'a rendu puissant
pour faire trembler de peur
les ennemis d'Israël.
3 Quand Moïse annonçait
des actions extraordinaires,
le Seigneur les réalisait aussitôt

et lui donnait de l'autorité devant les rois.
Pour son peuple,
le Seigneur lui a confié ses commandements,
et lui a fait voir
quelque chose de sa *gloire.
4 Moïse était un homme fidèle et doux.
C'est pourquoi le Seigneur l'a *consacré
et l'a choisi parmi tous les humains.

5 Il lui a fait entendre sa voix,
il l'a conduit dans le nuage sombre.
Là, face à face avec lui,
il lui a donné les commandements,
la loi qui fait vivre et rend intelligent.
Le Seigneur a enseigné ainsi
les règles de *l'alliance
aux gens de la famille de Jacob,
et ses décisions au peuple d'Israël.

Aaron

6 Le Seigneur a donné une place importante à Aaron,
un homme *consacré semblable à Moïse,
son frère, de la tribu de Lévi.
7 Il a fait avec lui une *alliance
qui dure toujours.
Il l'a chargé d'être le prêtre du peuple.
Le Seigneur l'a rendu heureux
en lui faisant porter
des vêtements sacrés magnifiques,
il l'a couvert d'un habit très beau.
8 Il l'a habillé d'un vêtement brodé
et il lui a fait porter
les insignes de son pouvoir :
sous-vêtements en *lin,
vêtement long, éfod.
9 Il lui a donné
pour entourer son vêtement
des décorations en forme de fruits appelés grenades,
et de nombreuses petites cloches en or.
Elles sonnaient à chaque pas d'Aaron.
On les entendait ainsi dans le temple
et elles rappelaient au peuple
la présence du Seigneur.
10 Aaron portait le vêtement sacré
tissé par un brodeur
de fil d'or, de fils violets et de fils rouges.
Par-dessus,
il porte la pochette du jugement,
avec l'Ourim et le Toummim[a].
11 Cette pochette était tissée de fils rouges
par un brodeur
et décorée avec des pierres précieuses.
Sur ces pierres,
les noms des douze tribus d'Israël
étaient gravés en forme de *sceau
pour que Dieu se souvienne d'elles.
Chaque pierre
était fixée sur une monture en or
par un artisan.
12 Il y avait un bijou en or
sur le turban d'Aaron.
On avait gravé sur lui
« Consacré au Seigneur ».
C'était une décoration très belle,
un travail magnifique,
une joie pour les yeux,
un ornement parfait.
13 Avant Aaron, on n'avait jamais vu
de vêtements aussi beaux.
Personne d'autre ne les a portés,
sauf ses fils et les fils de leurs fils,
qui les portent pour toujours.

14 Les *sacrifices qu'Aaron offrait
deux fois par jour,
et cela pour toujours,
devaient être complètement brûlés.
15 C'est Moïse
qui l'avait établi au service du Seigneur,
en lui versant l'huile de *consécration sur la tête.
C'était une alliance pour toujours,
pour Aaron et pour les gens de sa famille.
Elle devait durer
aussi longtemps que le ciel.

---

a **45.10** *Pochette du jugement : cette pochette que le grand-prêtre portait sur la poitrine, contenait des objets sacrés, l'Ourim et le Toummim. Ils lui servaient pour connaître la volonté ou le jugement de Dieu.*

Ils devaient servir le Seigneur comme prêtres,
et *bénir le peuple de sa part.
16 Le Seigneur a choisi Aaron
parmi tous les vivants.
Il devait offrir au Seigneur les sacrifices,
*l'encens et les parfums
pour qu'il se souvienne,
et faire sur le peuple
le geste de pardon pour ses péchés.
17 Dieu a donné à Aaron le pouvoir
d'interpréter ses commandements
pour enseigner à Israël sa volonté
et éclairer le peuple par sa loi.

18 Au désert, des gens
qui n'appartenaient pas à sa famille
étaient jaloux de lui.
Ils se sont mis dans une violente colère
et se sont révoltés contre lui.
C'étaient Datan et Abiram
avec leurs gens
ainsi que la bande de Coré.
19 En voyant cela,
le Seigneur était très mécontent.
Il s'est mis dans une telle *colère
qu'il fait contre eux
des actions étonnantes :
les flammes du feu sacré les ont dévorés,
et ils ont été détruits.

20 Le Seigneur a accordé à Aaron
un autre privilège :
il lui a donné en partage
pour lui et ses fils
les premiers produits de la terre
apportés en offrande.
Il lui a donc fourni la nourriture
en abondance.
21 En effet, les prêtres se nourrissaient
avec ce qu'on offrait
en sacrifice au Seigneur.
C'est lui qui a donné cela
à Aaron et aux gens de sa famille.
22 Mais les prêtres
ne possédaient aucune terre
dans le pays d'Israël.
Contrairement au peuple,
il n'y avait pas de part pour eux,
car le Seigneur avait dit à Aaron :
« C'est moi qui suis ta part,
et je suis ton bien. »

Pinhas

23 Pinhas, fils d'Élazar,
était le troisième ancêtre célèbre.
En effet, il était très exigeant
pour défendre l'honneur du Seigneur.
Le cœur plein d'un beau courage,
il s'est dressé contre le peuple révolté
et ainsi, il a obtenu
le pardon du Seigneur pour Israël.
24 C'est pourquoi le Seigneur a fait avec lui
une *alliance de paix :
il allait être le chef du *lieu saint
et le représentant de son peuple.
Le Seigneur a donné ainsi
la charge de *grand-prêtre
à Pinhas et aux gens de sa famille
pour toujours.
25 Il a fait aussi une alliance avec David,
fils de Jessé, de la tribu de Juda.
Il a promis que son pouvoir royal
passerait de père en fils,
mais à un seul fils.
Au contraire, l'héritage *d'Aaron
passerait à tous les hommes de sa famille.

26 Et vous, gens de la famille d'Aaron,
je prie le Seigneur
qu'il remplisse vos cœurs de sagesse.
Alors vous jugerez son peuple
avec justice,
et à l'avenir,
vous ne perdrez jamais vos privilèges
ni l'honneur qui vous appartient.

Josué et Caleb

46 1 Josué, fils de Noun,
a été un combattant courageux.
Il a succédé à Moïse comme *prophète.
Il portait bien son nom[b].

---

b 46.1 *Josué veut dire « le Seigneur sauve ». Voir Exode 33.11.*

En effet, le Seigneur a fait de lui
le grand sauveur
du peuple qu'il avait choisi.
Il a remporté la victoire
sur les ennemis dressés contre lui
et il a mis le peuple d'Israël
en possession de son pays.
2 Il est devenu très célèbre
quand il a levé les mains
et qu'il a sorti son *épée
pour attaquer les villes !
3 Avant lui,
personne n'avait été aussi courageux.
Oui, c'est lui
qui a dirigé les combats du Seigneur.
4 C'est sur son ordre
que le soleil s'est arrêté,
et que le jour a duré
deux fois plus longtemps.
5 Quand les ennemis
l'ont entouré de tous côtés,
il a prié le Très-Haut, le Tout-Puissant,
et le Seigneur, là-haut, lui a répondu.
Il a lancé des cailloux de glace
d'une force extraordinaire.
6 Josué est tombé sur l'armée ennemie,
et il a tué ses adversaires
dans la descente de Beth-Horon.
En effet, il fallait que les autres peuples,
qui avaient combattu le Seigneur,
connaissent toutes ses armes,
car il suivait de près
les ordres du Seigneur puissant.
7 Déjà au temps de Moïse,
Josué avait montré sa fidélité
ainsi que Caleb, fils de Yefounné.
En s'opposant à l'assemblée,
ils avaient empêché le peuple
de se révolter contre le Seigneur,
et ils avaient fait taire les critiques injustes.
8 Tous les deux ont été sauvés,
seuls parmi les 600 000 soldats à pied.
Et ils ont pu faire entrer
le peuple du Seigneur
dans le pays qu'il allait posséder,
ce pays *débordant de lait et de miel.
9 Et le Seigneur a donné à Caleb
une grande force.
Il a pu, même pendant sa vieillesse,
conquérir la région montagneuse,
et les gens de sa famille l'ont gardée
comme leur propriété.
10 Ainsi tous les Israélites ont vu
qu'il était bon de suivre le Seigneur.

Les juges

11 Parlons aussi des juges[c].
Chacun d'eux était célèbre à sa façon.
Leur cœur
ne s'est pas détourné du Seigneur
en adorant les faux dieux.
Souvenons-nous d'eux
en remerciant le Seigneur.
12 Leurs os sont toujours dans leur tombe.
Pourtant,
que le Seigneur fasse lever après eux
des gens qui les imitent !
Qu'ils soient de nouveau célèbres
en la personne de leurs enfants !

Samuel

13 Samuel a été aimé de son Seigneur.
Il a été son *prophète,
et il a établi le pouvoir royal.
Il a *consacré des chefs
pour diriger son peuple.
14 Il appliquait la *loi du Seigneur
quand il jugeait l'assemblée,
et le Seigneur a agi
en faveur de la famille de Jacob.
15 Sa fidélité a prouvé
qu'il était un vrai prophète.
Ses paroles ont montré
qu'il était un voyant digne de confiance.
16 Quand des ennemis
l'ont entouré de tous côtés,
il a fait appel au Seigneur tout-puissant,
en lui offrant un jeune agneau en *sacrifice.

c **46.11** *À une époque de leur histoire, les Israélites ont été dirigés par des juges. C'étaient des personnes envoyées par Dieu. Dieu les chargeait plus particulièrement de délivrer une ou plusieurs tribus en guerre et de diriger le peuple. Ils rendaient aussi la justice.*

17 Alors, du haut du ciel,
le Seigneur a fait éclater son tonnerre,
dans un grand bruit,
il a fait entendre sa voix.
18 Il a détruit les chefs ennemis
et tous les chefs des *Philistins.
19 Avant de s'endormir pour toujours
dans la mort,
il a rendu *témoignage
devant le Seigneur et devant le roi :
« Je n'ai jamais pris à quelqu'un
ce qu'il possédait,
pas même ses sandales... »
D'ailleurs,
personne ne lui a fait de reproches.
20 Après s'être endormi dans la mort,
il a encore parlé comme prophète
en annonçant au roi
comment il allait finir.
Sa voix est venue de la profondeur de la terre.
Il a encore parlé de la part de Dieu
pour effacer les péchés du peuple.

Le prophète Natan et le roi David

47 1 Après Samuel, c'est Natan qui a été *prophète au temps de David.

2 Pendant un *sacrifice de communion,
on choisit le meilleur morceau,
c'est-à-dire la graisse.
De la même façon,
David a été mis à part
parmi les Israélites.
3 Pour lui, prendre un lion
était un jeu aussi facile
que de prendre un cabri,
attraper un ours était aussi facile
que d'attraper un petit agneau.
4 Quand David était encore jeune,
il a tué un géant.
Ainsi, il a vengé l'insulte
faite au peuple d'Israël.
Avec sa fronde, il a lancé une pierre
et il a fait tomber Goliath,
cet homme plein d'orgueil.
5 David avait fait appel au Seigneur,
le Très-Haut.
Et celui-ci a rendu sa main droite assez forte
pour supprimer un homme de guerre plein d'expérience,
et pour relever la puissance de son peuple.
6 C'est pourquoi les gens l'ont honoré
comme s'il avait tué des dizaines de milliers d'hommes.
Ils ont chanté sa louange
en remerciant le Seigneur
et ils lui ont offert une couronne royale.
7 En effet, David a détruit les ennemis
qui l'entouraient de tous côtés.
Il a fait disparaître les *Philistins,
ses adversaires,
et il a brisé leur puissance
jusqu'à aujourd'hui.

8 Dans toutes ses actions,
David a célébré le Dieu *saint,
le Très-Haut,
et il lui a rendu *gloire.
Il a chanté des psaumes
de tout son cœur
et a montré ainsi son amour
pour son Créateur.
9 Il a établi des groupes de chanteurs
pour faire entendre de beaux chants
devant *l'autel.
10 Il a entouré de beauté les fêtes religieuses
et les a organisées parfaitement.
Il a voulu
qu'on célèbre le nom du Seigneur
et que, dès le matin, dans le *lieu saint,
on entende des chants et de la musique.

11 Le Seigneur a effacé les fautes de David,
il a fait grandir sa puissance
pour toujours,
il a établi avec lui une alliance royale,
il a installé solidement
son pouvoir sur Israël.

Salomon

12 Après David,
son fils, un homme savant, a pris sa place.
À cause de David,
le Seigneur l'a fait vivre en sécurité.
13 Le temps du roi Salomon

a été un temps de paix.
Le Seigneur lui a donné la tranquillité
sur toutes ses frontières.
Alors Salomon a pu construire un temple
pour le Seigneur,
il lui a préparé un *lieu saint
pour toujours.

14 Salomon, tu étais vraiment un sage
pendant ta jeunesse,
débordant d'intelligence
comme un fleuve !
15 Tes connaissances couvraient la terre,
tu la remplissais
de paroles mystérieuses.
16 Tu étais célèbre
jusqu'aux îles les plus éloignées,
les gens t'aimaient
à cause de la paix que tu apportais.
17 Le monde entier admirait tes chants,
tes proverbes, tes paroles
et tes réponses.
18 Au nom du Seigneur Dieu,
lui qu'on appelle le Dieu d'Israël,
tu as amassé de l'or aussi facilement
que de l'étain.
Tu as entassé l'argent aussi facilement
que du plomb.
19 Mais tu as donné ton corps aux femmes,
et par ton corps,
tu es devenu leur esclave.
20 De cette façon,
tu as fait une tache à ta réputation,
tu as sali celle des gens de ta famille
en amenant sur eux
la *colère du Seigneur.
Ta folie les a remplis de tristesse.
21 En effet, ton royaume a été divisé en deux,
un royaume révolté s'est levé de la tribu d'Éfraïm.

22 Mais le Seigneur
n'a jamais abandonné sa bonté,
il n'a jamais manqué à ses promesses.
Il n'a pas laissé disparaître
la famille de celui qu'il avait choisi.
Il n'a pas supprimé les enfants
de celui qui lui avait montré son amour.
Il a permis que dans le peuple de *Jacob
des gens restent en vie.
De même, il a donné à David,
pour le remplacer, des hommes nés de lui.

Roboam et Jéroboam

23 Puis Salomon
a rejoint ses ancêtres dans la tombe.
Après lui,
il a laissé un homme de sa famille,
riche en folie et pauvre en intelligence.
En effet, Roboam a pris une décision
qui a poussé le peuple à se révolter.

Et Jéroboam, fils de Nebath,
a entraîné les tribus du Nord à pécher.
Il a montré le chemin du mal
aux habitants du royaume d'Éfraïm[d].
24 Leurs fautes
se sont tellement répandues
qu'ils ont été déportés loin de leur pays.
25 Ils ont commis
tellement d'actions mauvaises
qu'ils ont fini par être punis.

Élie

48 1 Ensuite, le prophète *Élie
s'est levé comme un feu,
et sa parole a brûlé comme une torche.
2 Il a fait venir la famine sur les gens,
et dans son ardeur pour le Seigneur,
il a supprimé beaucoup de monde.
3 Sur l'ordre du Seigneur,
il a empêché la pluie de tomber,
il a également fait descendre le feu
du haut du ciel, trois fois.
4 Élie, tu es devenu vraiment célèbre
par tes actions étonnantes !
Qui peut se vanter de te ressembler ?
5 Sur l'ordre du Très-Haut,
tu as fait lever un homme de la mort
et du monde des morts.
6 Tu as conduit des rois à leur perte,

d. **47.23** *Éfraïm : autre nom du Royaume du Nord.*

tu as jeté des gens importants
d'un lit de malade jusque dans la tombe.
7 Au Sinaï, sur le mont *Horeb,
tu as entendu le Seigneur
te faire des reproches
et annoncer un jugement sévère.
8 Élie, tu as *consacré des rois
pour qu'ils appliquent ces décisions,
tu as consacré des *prophètes
pour qu'ils te remplacent.
9 Tu as été emporté au ciel
dans un vent de flammes,
sur un char tiré par des chevaux de feu.
10 Selon les Livres Saints,
c'est toi qui calmeras
la *colère du Seigneur
avant qu'elle éclate.
Tu dois réconcilier le père avec son fils
et remettre en place les tribus de *Jacob.
11 Ils sont heureux, ceux qui te verront,
et ceux qui s'endormiront dans la mort
en aimant le Seigneur.
Oui, nous aussi, nous vivrons sûrement.

Élisée

12 Après la disparition d'Élie
dans un vent de flammes,
son esprit a rempli Élisée.
Pendant sa vie,
Élisée n'a tremblé devant aucun chef,
et personne n'a pu le dominer.
13 Rien n'était trop difficile pour lui.
Même après sa mort,
son corps a agi comme un *prophète.
14 Pendant sa vie,
il a accompli des choses extraordinaires,
et une fois mort,
ses actions ont été étonnantes.
15 Malgré cela, le peuple d'Israël
n'a pas changé sa vie.
Il n'a pas abandonné ses péchés
avant d'être déporté loin de son pays
et envoyé de tous côtés,
sur la terre entière.
Il est resté seulement
un peuple très peu nombreux
et un roi de la famille de David.
16 Quelques rois de Juda
ont fait ce qui plaît à Dieu,
mais d'autres
ont commis beaucoup de fautes.

Le roi Ézékias et le prophète Ésaïe

17 Ézékias a entouré Jérusalem de murs
et il a amené l'eau à l'intérieur de la ville.
Il a fait creuser le rocher
avec des outils en fer
et il a construit des citernes
pour garder l'eau.
18 De son temps, le roi Sennakérib
est venu attaquer Jérusalem.
Il a envoyé son officier supérieur
qui a levé le poing contre *Sion
et a montré un immense orgueil.
19 Alors à Jérusalem,
les cœurs et les mains tremblaient de peur,
les gens souffraient comme une femme au moment d'accoucher.
20 Ils ont fait appel
au Seigneur plein de bonté,
ils ont tendu les mains vers lui.
Du *ciel,
le Dieu *saint leur a répondu aussitôt
et les a délivrés
par l'intermédiaire d'Ésaïe.
21 Le Seigneur
a attaqué le camp des Assyriens,
et son *ange les a détruits.
22 En effet, Ézékias
a fait ce qui plaît au Seigneur
et il a suivi fidèlement
le chemin de David son ancêtre.
Ésaïe,
le grand *prophète aux visions sûres,
lui avait demandé cela.
23 À ce moment,
Ésaïe a fait reculer le soleil,
et il a obtenu
que le roi vive plus longtemps.
24 Grâce à la puissance de l'esprit,
il a vu par avance la fin des temps
et il a encouragé
ceux qui étaient en deuil à Jérusalem.
25 Il a annoncé ce qui allait arriver
avant la fin des temps,
et les événements encore cachés
avant qu'ils arrivent.

Josias

49 [1] Les gens se souviennent de Josias
comme d'un mélange
de parfums de bonne odeur,
préparé par un parfumeur.
Dans toutes les bouches,
son nom est aussi doux que le miel,
ou que la musique
pendant un grand repas.
2 Il a pris un bon chemin
en tournant le peuple vers le Seigneur.
Il a supprimé les dieux horribles.
3 Il a tourné son cœur vers le Seigneur.
À l'époque où les gens méprisaient sa *loi,
il a donné la première place
au service du Seigneur.

Les derniers rois de Juda, le prophète Jérémie

4 Tous les rois
ont commis une faute après l'autre,
sauf David, Ézékias et Josias.
Ils ont abandonné la *loi du Très-Haut,
et les rois de Juda ont disparu.
5 Ils ont donné leur puissance
à d'autres peuples,
et leur honneur à un pays étranger.
6 Leurs ennemis ont brûlé la ville *sainte
que Dieu a choisie.
Ils ont vidé ses rues des habitants,
comme Jérémie l'avait annoncé.
7 Ces gens-là l'ont fait beaucoup souffrir.
Pourtant le Seigneur
l'avait *consacré comme *prophète
dès avant sa naissance,
pour déraciner, démolir et détruire,
mais aussi pour construire
et pour planter.

Ézékiel

8 Ézékiel est celui
qui a vu la *gloire du Seigneur.
Celui-ci lui a montré cette gloire
au-dessus du char des *chérubins[e].
9 Le Seigneur s'est souvenu des ennemis
sous la pluie violente
pour faire du bien
à ceux qui suivent le chemin droit.

Les douze prophètes

10 Les os des douze *prophètes
sont toujours dans leur tombe.
Mais que le Seigneur fasse lever
des gens qui les remplacent !
En effet, ils ont encouragé
le peuple de *Jacob,
et ils l'ont sauvé
parce qu'ils ont toujours gardé l'espoir.

Zorobabel et Yéchoua

11 Comment dire la grandeur
de Zorobabel ?
Il a été comme un *sceau
dans la main droite du Seigneur.
12 C'est la même chose pour Yéchoua,
fils de Yossadac.
À cette époque-là,
tous deux ont reconstruit le temple.
Ils ont dressé pour le Seigneur
un *lieu saint
qui devait être célèbre pour toujours.

Néhémie

13 Néhémie, lui aussi,
a laissé un grand souvenir.
Il a relevé les murs tombés de notre ville,
il a replacé les *portes avec leurs verrous
et il a rebâti nos maisons.

Hénok, Joseph et les premiers ancêtres

14 Parmi tous ceux que le Seigneur
a créés sur terre,
personne ne ressemble à Hénok.
Lui aussi a été enlevé loin de la terre.
15 Il n'y a pas eu non plus d'homme
comme Joseph.
Il a été chef de ses frères,
il a soutenu son peuple.

e 49.8 *Voir Ézékiel 1.4-28; 10.*

Son corps
a été traité avec grand respect.
16 Sem et Seth
sont célèbres parmi les humains,
mais Adam est au-dessus
de tous les êtres vivants
que le Seigneur a créés.

Le grand-prêtre Simon

50 1 C'est le *grand-prêtre Simon,
fils d'Onias,
qui, pendant sa vie,
a réparé la maison du Seigneur.
De son temps,
il a rendu le temple plus solide.
2 Il a fait poser
les fondations du mur double,
qui était très haut.
Elles soutenaient en hauteur le mur
qui entourait le temple.
3 De son temps, on a creusé un réservoir
pour l'eau, un bassin aussi grand
que la grande cuve du premier temple.
4 Il a pris soin
d'éviter la destruction de son peuple,
il a protégé la ville
pour le cas où elle serait attaquée.

5 Il était vraiment magnifique,
quand il sortait du *lieu saint
et faisait le tour du temple.
6 Il ressemblait à l'étoile du matin
brillant au milieu des nuages,
à la lune quand elle est pleine.
7 Il était pareil au soleil
éclairant le temple du Dieu très-haut,
à l'arc-en-ciel
brillant dans les nuages de lumière.
8 Il était semblable
aux fleurs du laurier rose à la belle saison,
aux lis poussant près d'une source,
aux arbres du Liban pendant la saison chaude.
9 Il ressemblait à *l'encens
qui brûle sur *l'autel,
à une *coupe d'or
ornée de toutes sortes de pierres précieuses.
10 Il était pareil à un *olivier chargé d'olives,
ou à un cyprès
montant jusqu'aux nuages.

11 Quand il mettait son habit de grand-prêtre,
quand il portait ses vêtements magnifiques
et montait à l'autel de Dieu,
il remplissait de beauté les cours du temple.
12 Debout, près du foyer de l'autel,
il recevait des mains des prêtres
les parts des *sacrifices.
Ses frères formaient comme une couronne autour de lui,
comme une plantation de *cèdres du Liban,
comme des troncs de palmier tout autour.
13 Les prêtres de la famille d'Aaron
étaient tous là,
dans leurs beaux vêtements.
Ils tenaient dans leurs mains
les offrandes pour le Seigneur,
devant toute l'assemblée d'Israël.
14 Simon achevait le service de l'autel
en disposant les offrandes
pour le Très-Haut, le Tout-Puissant.
15 Il avançait la main vers la *coupe,
il versait le vin, produit de la *vigne,
il le répandait au pied de l'autel.
C'était un parfum de bonne odeur
pour le Très-Haut, le Roi de l'univers.
16 Alors les prêtres poussaient des cris,
ils sonnaient
dans leurs trompettes de métal.
Ils faisaient entendre un son puissant
pour que le peuple
se souvienne du Très-Haut.
17 Aussitôt, d'un même mouvement,
le peuple se mettait à genoux,
le front contre le sol.
Ils adoraient leur Seigneur,
le Tout-Puissant, le Très-Haut.
18 Ensuite, les chanteurs
faisaient entendre leur louange.
Un chant puissant et doux
remplissait le temple.
19 Le peuple suppliait le Seigneur,
le Très-Haut.
Il restait en prière
devant le Dieu très bon
jusqu'à la fin de la cérémonie
au service du Seigneur.

20 Alors Simon descendait de l'autel.
Il élevait les mains
sur toute l'assemblée d'Israël,
et lui donnait par sa bouche
la *bénédiction du Seigneur.
Il avait ainsi l'honneur
de prononcer son nom.
21 L'assemblée
se mettait de nouveau à genoux,
le front contre le sol,
pour recevoir
la bénédiction du Très-Haut.

Prière finale

22 Et maintenant,
remerciez le Dieu de l'univers.
Partout, il accomplit
des actions extraordinaires,
il nous a fait grandir
depuis notre naissance,
il agit pour nous selon sa bonté.
23 Qu'il nous donne un cœur joyeux,
qu'il accorde la paix à notre temps,
comme autrefois en Israël !
24 Que sa bonté
reste fidèlement avec nous,
et qu'il nous délivre
tous les jours de notre vie !

Trois peuples détestés

25 Il y a deux peuples que je déteste,
et un troisième
qui n'est même pas un peuple.
26 Ce sont les habitants de la montagne de Séir,
les *Philistins,
et le peuple stupide qui habite à Sichem[f].

Ben Sirac et son livre

27 Jésus, fils de Sirac et petit-fils d'Élazar,
de Jérusalem,
a écrit dans ce livre un enseignement
riche de sagesse et de connaissances.
Il a répandu comme une pluie
la sagesse qui remplit son cœur.
28 Il est heureux,
celui qui reviendra sans cesse
à ces paroles.
Celui qui les gardera dans son cœur
deviendra un sage.
29 S'il les applique,
il sera fort en toutes circonstances,
car il respectera le Seigneur à chaque pas.

Prière de Jésus, fils de Sirac

51 1 Je veux te remercier,
Seigneur, toi qui es Roi.
Je veux chanter ta louange,
Dieu mon Sauveur.
C'est toi que je remercie,
2 car tu as été pour moi un protecteur.
Tu es venu à mon secours
et tu m'as sauvé de la mort.
Tu m'as tiré du piège de ceux
qui racontent des choses fausses,
de la bouche des menteurs.
Devant mes ennemis,
tu es venu à mon secours
et tu m'as sauvé.
3 Tu as montré ton immense bonté,
tu as été fidèle à ta réputation,
en m'arrachant
à ces gens prêts à me dévorer.
Tu m'as libéré du pouvoir
de ceux qui voulaient me tuer.
Tu m'as sauvé des nombreux malheurs
qui me sont arrivés.
4 Tu m'as empêché d'être étouffé
par le feu qui m'entourait,
au milieu de flammes
que je n'avais pas allumées.
5 Tu m'as fait échapper
à la profondeur du monde des morts,
aux paroles qui font du mal,
aux mensonges,
6 aux flèches d'une bouche mauvaise.
J'étais proche de la mort,
j'étais descendu à la porte
du monde des morts.
7 Mes ennemis m'entouraient
de tous les côtés,
personne ne venait à mon secours.

---

f **50.26** *Il s'agit des Samaritains. Voir 2 Rois 17.24-41.*

Je cherchais quelqu'un pour m'aider,
mais personne !
8 Alors je me suis souvenu de ta bonté,
Seigneur,
de tes actions depuis toujours.
Je le sais : tu délivres
ceux qui mettent leur espoir en toi,
tu les sauves
des mains de leurs ennemis.
9 Et depuis cette terre,
j'ai fait monter ma prière vers toi,
je t'ai supplié de me délivrer de la mort.
10 Je t'ai appelé :
« Seigneur, tu es mon Père,
ne m'abandonne pas
au moment du malheur,
quand je suis sans secours
devant les orgueilleux.
11 Je chanterai sans cesse ton nom,
je te dirai merci par mes chants. »
Alors tu as écouté ma prière.

12 Tu m'as empêché d'être détruit,
tu m'as délivré de cette période de malheur.

C'est pourquoi je veux te remercier,
Seigneur,
chanter ta louange,
et dire le bien que tu m'as fait.

À la recherche de la sagesse

13 Quand j'étais encore jeune,
avant d'aller un peu partout,
j'ai recherché ouvertement la sagesse
en priant le Seigneur.
14 Devant le temple, je l'ai demandée,
et je la chercherai
jusqu'à la fin de ma vie.
15 Quand elle s'est développée,
comme le *raisin qui mûrit,
elle a été la joie de mon cœur.
J'ai marché sur le bon chemin,
depuis ma jeunesse, j'ai suivi sa trace.
16 Je l'ai écoutée pendant quelque temps
et je l'ai reçue.
J'ai trouvé pour moi
un enseignement très riche.
17 Grâce à la sagesse, j'ai fait des progrès,
c'est pourquoi je remercie
celui qui me l'a apprise.
18 J'ai décidé de l'appliquer,
j'ai cherché le bien avec ardeur
et je n'ai pas été déçu.
19 J'ai lutté pour garder la sagesse,
j'ai fait très attention
pour obéir à la *loi de Dieu.
J'ai levé mes mains vers le *ciel,
et j'ai regretté
mes fautes involontaires envers elle.
20 Je suis resté tourné vers la sagesse
en me gardant *pur,
je l'ai retrouvée.
C'est elle qui, dès le début,
m'a rendu intelligent.
Elle ne m'abandonnera donc jamais.
21 J'avais très envie de m'attacher à elle,
c'est pourquoi j'ai obtenu ce bien précieux.
22 Pour me récompenser,
le Seigneur m'a donné de savoir parler.
Je me sers de ce don
pour chanter sa louange.
23 Approchez-vous de moi,
vous qui êtes ignorants.
Restez à l'école de la Sagesse.
24 Pourquoi dites-vous que vous en manquez
quand vous mourez de soif ?
25 Je le dis avec force :
« Achetez la sagesse sans argent.
26 Mettez votre cou sous son *joug
pour recevoir son enseignement.
Vous la trouverez tout près de vous.
27 Voyez de vos yeux :
je ne me suis pas beaucoup fatigué
avant de trouver un profond repos.
28 Recevez mon enseignement,
mettez-y le prix,
et grâce à elle,
vous gagnerez beaucoup d'or. »

29 Soyez dans la joie
à cause de la bonté du Seigneur,
n'ayez pas honte de chanter sa louange.
30 Faites ce que vous devez
avant le temps fixé,
le Seigneur vous donnera votre récompense
au jour fixé.

Les livres des prophètes

Les prophètes sont des hommes ou des femmes qui parlent de la part de Dieu.

Les prophètes de la Bible ont transmis leurs messages de plusieurs manières : en communiquant les paroles reçues de Dieu, en racontant des visions, en accomplissant des actes qui montrent ce que Dieu veut dire à son peuple. Les livres des prophètes contiennent les messages de prophètes particuliers.

Ces messages ont d'abord été annoncés oralement. Ils ont été mis par écrit ensuite. Ils sont parfois accompagnés de renseignements sur la vie du prophète. Chaque livre porte le nom d'un prophète.

Les livres les plus importants par leur longueur sont placés en premier : ce sont les livres d'Ésaïe, de Jérémie, d'Ézékiel et de Daniel. Le livre de Jérémie est suivi du livre des Lamentations, puis du livre de Baruc et de la Lettre de Jérémie écrits en grec. Le livre de Daniel comprend des suppléments écrits eux aussi en grec. Ensuite viennent les livres d'Osée, Joël, Amos, Abdias, Jonas, Michée, Nahoum, Habacuc, Sophonie, Aggée, Zakarie, Malachie. Ce sont des livres beaucoup plus courts, mais leur message est tout aussi important.

Les prophètes qui sont à l'origine de ces livres ont été très engagés dans l'histoire de leur temps. Ils ont parlé et agi à partir du 8ᵉ siècle avant J.-C.

Les prophètes du 8ᵉ siècle ont connu l'époque où les deux royaumes d'Israël (au nord) et de Juda (au sud) existaient encore. Ils ont critiqué le comportement social et religieux du peuple de Dieu. Ils lui ont reproché de ne pas respecter l'alliance établie par Dieu avec lui. Ils ont ainsi averti le peuple et ses dirigeants. Ils ont annoncé que leurs manières de vivre et d'agir les conduisaient à leur perte.

Les paroles des prophètes ont ensuite accompagné tous les événements douloureux de l'histoire du peuple de Dieu : la fin du royaume d'Israël (en 722 avant J.-C.), les menaces des Babyloniens, puis la destruction de Jérusalem et du temple (en 587 avant J.-C.). Ils ont annoncé et expliqué la perte du pays, du pouvoir politique et du temple de Dieu, ainsi que l'exil d'une partie de la population de Juda.

D'autres prophètes se sont levés au moment où les anciens habitants de Juda ont eu le droit de revenir dans leur pays, c'est-à-dire à partir de la fin du 6ᵉ siècle. Ils les ont encouragés à rebâtir le temple de Jérusalem et à trouver une nouvelle relation avec Dieu.

Le livre de Daniel répond à une situation particulière : celle où les croyants souffrent et risquent la mort à cause de leur foi. Ce livre fait connaître les projets cachés de Dieu pour aider les croyants à résister aux forces du mal. Les suppléments grecs insistent sur la foi de ceux qui souffrent pour Dieu et sur la sagesse de Daniel. Ils présentent une critique des faux dieux en se moquant d'eux.

Tous ces prophètes ont parlé du passé et du présent. Ils ont dénoncé ce qui allait mal et proposé des changements. Ils ont aussi parlé de l'avenir : celui que les êtres humains préparent par leurs actes, mais aussi celui que Dieu veut pour eux. En annonçant que Dieu juge son peuple et tous les humains, ils ont en même temps affirmé que Dieu veut les sauver.

Ésaïe

INTRODUCTION

En hébreu, Ésaïe veut dire « le Seigneur est le salut ». Cette phrase pourrait être le titre du livre qui porte le nom d'Ésaïe. En effet, dans ses différentes parties, ce livre affirme que le Seigneur, Dieu d'Israël, redonne à son peuple l'espoir et la vie.

Le livre d'Ésaïe comprend trois parties se rapportant à des périodes différentes de l'histoire.

• *La première partie (chapitres 1 à 39) concerne des événements qui se sont passés entre 740 et 700 avant J.-C. Pendant cette période, le prophète Ésaïe, porte-parole de Dieu à Jérusalem, annonce que* ***Dieu agit dans l'histoire de son peuple****. Ésaïe condamne les comportements injustes et les mauvaises pratiques religieuses. Dans le malheur, il appelle les Israélites à croire en Dieu et à lui faire confiance.*

La première partie du livre d'Ésaïe est composée de plusieurs messages du prophète :

- *Certains concernent les royaumes de Juda et d'Israël (chapitres 1 ; 2–12 ; 28–33).*
- *D'autres concernent les peuples étrangers (chapitres 13–23).*
- *Les chapitres 24–27 et 34–35 parlent de l'action à venir de Dieu en faveur de son peuple et contre ses ennemis.*
- *Les chapitres 36–39 racontent les relations entre le prophète Ésaïe et le roi Ézékias, au moment où les Assyriens menacent Jérusalem.*

Le nom d'Ésaïe se trouve uniquement dans cette première partie du livre.

• *La deuxième partie (chapitres 40 à 55) est quelquefois appelée « le Livre de la consolation d'Israël ». En effet, les paroles qui y sont dites de la part de Dieu veulent consoler le peuple et*

Rappels historiques

La deuxième partie du 8e siècle avant J.-C. est une époque troublée pour les royaumes d'Israël et de Juda. En effet, l'Assyrie devient de plus en plus puissante dans le Proche-Orient. Vers 734 avant J.-C., le royaume de Syrie et le royaume d'Israël, appelé aussi Éfraïm, s'allient. Ensemble, ils attaquent le royaume de Juda. Ils veulent l'obliger à combattre les Assyriens à leurs côtés.

En 722-721, les Assyriens prennent Samarie, la capitale du royaume d'Israël, et ils déportent une partie de la population de ce royaume.

En 701, les Assyriens attaquent Jérusalem et transforment Juda en un royaume qui dépend d'eux.

À la fin du 7e siècle avant J.-C., la domination des Babyloniens remplace celle des Assyriens.

En 587, les Babyloniens prennent Jérusalem. Ils déportent une partie de la population qui va alors vivre en exil. À partir de 550, un nouveau pouvoir, celui des Perses, apparaît.

En 539, le roi perse Cyrus autorise les populations exilées à rentrer dans leur pays. Les Judéens peuvent alors retourner en Juda et rebâtir le temple de Jérusalem.

lui rendre courage. La situation est différente de celle de la première partie. Les Assyriens ne dominent plus la région depuis longtemps. Les Babyloniens les ont remplacés, et une partie de la population de Juda vit en exil.

Les exilés se demandent si Dieu les a abandonnés. Le prophète rappelle ceci : Dieu est le créateur du monde et il est aussi le maître de l'histoire. Il fera revenir son peuple dans son pays, tout comme autrefois il l'a fait sortir d'Égypte. Le prophète affirme que ***le Dieu d'Israël est le seul vrai Dieu, celui de tous les êtres humains****. Certains peuples adorent d'autres dieux, mais ceux-ci ne valent rien parce qu'ils n'existent pas.*

À l'intérieur de cette partie, quatre poèmes parlent d'un mystérieux personnage, présenté comme « ***le serviteur du Seigneur*** *» (42.1-7 ; 49.1-6 ; 50.4-9 ; 52.13–53.12). Ce personnage a parfois les traits du peuple de Dieu, parfois ceux des gens du peuple qui obéissent à Dieu, et parfois encore ceux du roi perse Cyrus.*

- *La troisième partie (chapitres 55 à 66) concerne la période qui suit le retour des exilés dans la province de Juda, sans doute entre 537 et 520 avant J.-C.*

Le retour n'est pas toujours facile : l'injustice sociale est grande, certains adorent des faux dieux, et il y a des conflits entre les membres du peuple de Dieu. Une fois de plus, le rôle du prophète est d'annoncer une ***bonne nouvelle*** *à des gens découragés.*

Certains spécialistes pensent que le livre d'Ésaïe réunit les paroles de plusieurs prophètes. Pour eux, le prophète de la deuxième partie a parlé au moment où les Judéens étaient en exil. Celui de la troisième partie a parlé après leur retour d'exil. Le prophète de la première partie est bien sûr Ésaïe, qui a parlé au 8e siècle avant J.-C.

Une autre opinion est que le livre a un seul auteur, le prophète du 8e siècle nommé dans le premier verset (1.1). Dans ce cas, Dieu a fait connaître d'avance à son prophète les événements de l'avenir.

Dans ses trois parties, le livre d'Ésaïe présente le Seigneur comme le ***Dieu saint*** *d'Israël. Il rappelle le pouvoir créateur de Dieu et son action dans l'histoire. Le Dieu qui libère son peuple a aussi créé le ciel et la terre. Il prépare un ciel nouveau et une terre nouvelle, où tous les êtres humains pourront le reconnaître comme le seul vrai Dieu.*

PREMIÈRE PARTIE
1–39

1 [1]Voici la *vision qu'Ésaïe, fils d'Amots, a reçue au sujet du royaume de Juda et de la ville de Jérusalem. Il a vu ces choses à l'époque où Ozias, Yotam, Akaz, puis Ézékias étaient rois de Juda[a].

Le peuple du Seigneur ne connaît pas son Dieu

2 Ciel, écoute !
Et toi, la terre, tends l'oreille !
C'est le SEIGNEUR qui parle :
« J'ai fait grandir des enfants,
je les ai élevés,
mais ils se sont révoltés contre moi.
3 Un bœuf connaît son propriétaire.
Un âne connaît la mangeoire
où son maître lui apporte à manger.
Mais Israël ne connaît rien,
mon peuple ne comprend rien. »

a 1.1 *Ces rois ont dirigé Juda l'un après l'autre entre 781 et 687 avant J.-C.*

Le pays de Juda ressemble à un désert

4 Quel malheur, peuple coupable,
peuple chargé de crimes !
Vous êtes une race de bandits,
des fils pourris !
Vous avez abandonné le SEIGNEUR,
vous avez méprisé le Dieu *saint d'Israël,
vous lui avez tourné le dos.
5 Vous qui continuez
à vous révolter contre moi,
à quel endroit faut-il encore vous frapper ?
La tête est couverte de blessures,
le cœur tout entier est malade.
6 Des pieds à la tête,
plus rien n'est en bon état.
Partout il n'y a que blessures,
traces de coups, plaies ouvertes.
Personne ne les a nettoyées,
personne ne les a couvertes de bandages,
personne ne les a soignées avec de l'huile.
7 Votre pays ressemble
à un désert de tristesse.
Vos villes sont détruites par le feu,
des étrangers dévorent vos récoltes
sous vos yeux.
Vos champs sont détruits, bouleversés
comme après le passage des ennemis.
8 Seule la ville de *Sion est restée
comme un abri dans une *vigne,
comme une hutte dans un champ de légumes,
comme une ville entourée de soldats ennemis.
9 Si le SEIGNEUR de l'univers
n'avait pas laissé quelques personnes en vie
chez nous,
nous serions comme la ville de Sodome,
nous ressemblerions à Gomorrhe[b].

Le Seigneur déteste les sacrifices offerts par des criminels

10 Vous, les chefs et le peuple,
vous ne valez pas mieux
que les chefs corrompus
et la population de Sodome et Gomorrhe[c].
Écoutez donc
la parole du SEIGNEUR,
ouvrez vos oreilles
à l'enseignement de notre Dieu !
11 Le SEIGNEUR dit :
« À quoi me servent
vos nombreux *sacrifices ?
Vous brûlez entièrement des moutons
pour moi,
vous m'offrez la graisse des veaux.
J'en ai assez de tout cela.
Le sang des taureaux,
des agneaux et des boucs,
je n'en veux plus.
12 Quand vous venez vous présenter devant moi,
vous occupez inutilement les cours de mon temple.
Est-ce que je vous ai demandé cela ?
13 Arrêtez de m'apporter
des offrandes qui ne servent à rien !
La fumée, je l'ai en horreur.
Vous fêtez la *nouvelle lune
et le *sabbat,
vous organisez de grands rassemblements,
et en même temps,
vous commettez le mal.
Je ne peux plus supporter cela.
14 Je déteste vos fêtes de nouvelle lune
et vos cérémonies.
Elles sont un poids pour moi,
et je suis fatigué de les supporter.
15 Quand vous étendez les mains pour prier,
je détourne mon regard.
Même si vous faites beaucoup de prières,
je n'écoute pas.
Vos mains sont couvertes de sang.
16 Lavez-vous, rendez-vous *purs.
Éloignez de mes yeux vos actions mauvaises,
arrêtez de faire le mal.
17 Apprenez à faire le bien.
Cherchez à respecter le droit.

b 1.9 *Au sujet de la destruction de Sodome et Gomorrhe, voir Genèse 19.24-25.*

c 1.10 *Sodome et Gomorrhe : ces deux villes représentent des lieux dominés par le mal. Voir Genèse 19.*

Ramenez dans le bon chemin
celui qui écrase les autres par l'injustice.
Défendez les droits des orphelins,
prenez en main la cause des veuves. »

18 Le SEIGNEUR dit :
« Venez, nous allons discuter.
Même si vos péchés ont la couleur du sang,
ils prendront la couleur du lait.
S'ils sont rouges comme le feu,
ils deviendront aussi blancs que la *neige.
19 Si vous acceptez d'obéir,
vous pourrez manger
les bonnes choses du pays.
20 Mais si vous refusez,
si vous continuez
à vous révolter contre moi,
*l'épée vous dévorera. »
Voilà ce que le SEIGNEUR affirme.

Le Seigneur détruira le mal qui remplit Jérusalem

21 Comment la ville fidèle
est-elle devenue une *prostituée ?
Autrefois,
le droit était respecté à Jérusalem,
les gens vivaient en étant justes.
Mais maintenant,
la ville est remplie d'assassins.
22 Jérusalem,
ton argent s'est changé en déchets,
ton bon vin est mélangé avec de l'eau.
23 Tes chefs sont des révoltés
et ils s'associent avec des voleurs.
Ils aiment les cadeaux
et sont prêts à tout pour en recevoir.
Ils ne défendent pas les droits des orphelins
et ils refusent de prendre en main
la cause des veuves.

24 C'est pourquoi, voici ce que déclare
le SEIGNEUR de l'univers,
le Maître, le Dieu puissant d'Israël :
« Quel malheur !
Je me vengerai de mes adversaires,
je prendrai ma revanche sur mes ennemis !
25 Jérusalem, je me tournerai contre toi.
Je te rendrai pure
comme avec du sel,
je ferai fondre tes déchets,
j'enlèverai toutes tes impuretés.
26 Grâce à moi,
tes juges ressembleront à ceux d'autrefois,
tes conseillers seront comme ceux de jadis.
Ensuite, on pourra t'appeler
"Ville de la justice",
"Ville fidèle". »

27 *Sion sera sauvée
en respectant le droit.
Ses habitants qui reviendront vers Dieu
seront sauvés en pratiquant la justice.
28 Mais ce sera une catastrophe
pour les révoltés et les pécheurs.
Ce sera la fin
pour ceux qui abandonnent le SEIGNEUR.
29 Alors vous aurez honte des arbres sacrés
que vous aimiez tant.
Vous serez déçus des jardins
que vous avez choisis
pour y servir les faux dieux.
30 Vous ressemblerez à des arbres
qui perdent leurs feuilles,
ou à des jardins qui manquent d'eau.
31 L'homme fort deviendra comme de la paille,
et ses actions comme une étincelle.
Les deux brûleront ensemble,
et personne n'éteindra ce feu.

2 1 Voici le message qu'Ésaïe, fils d'Amots, a
reçu dans une *vision au sujet du royaume
de Juda et de la ville de Jérusalem[d].

Un jour, tous les peuples viendront à Jérusalem

2 Un jour, dans l'avenir,
la montagne du temple du SEIGNEUR
sera sûrement la plus haute des montagnes,
elle s'élèvera au-dessus des collines.
Alors tous les peuples viendront vers elle.
3 Beaucoup de peuples se mettront en route.

---

d **2.1** *Ce verset sert de titre aux chapitres 2 à 12.*

Ils diront : « Venez !
Montons à la montagne du SEIGNEUR,
allons au temple du Dieu de *Jacob.
Il nous enseignera ce qu'il veut de nous,
et nous suivrons le chemin qu'il nous montre. »
En effet,
l'enseignement du SEIGNEUR vient de *Sion.
Oui, sa parole nous arrive de Jérusalem.
4 Il rendra son jugement entre les peuples,
il sera un arbitre pour des peuples nombreux.
Avec leurs *épées,
ils fabriqueront des socs de charrue,
avec leurs lances,
ils feront des faucilles.
Un pays n'attaquera plus un autre pays,
les hommes ne s'entraîneront plus pour la guerre.
5 En route, famille de Jacob !
Marchons dans la lumière du SEIGNEUR !

Un jour, le Seigneur fera reconnaître sa puissance

6 SEIGNEUR, tu as abandonné ton peuple,
la famille de *Jacob.
Voici pourquoi :
son pays est rempli de devins venus de l'Orient.
Ceux qui lisent dans le ciel
sont aussi nombreux que chez les *Philistins.
Ton peuple fait des affaires avec les étrangers.
7 Son pays est rempli d'argent, d'or
et de trésors qu'on ne peut compter.
Il est rempli de chevaux
et de chars de guerre.
8 Son pays est rempli de faux dieux.
Tout le monde se met à genoux
devant des statues,
devant des objets fabriqués par des mains humaines.
9 C'est pourquoi tous les êtres humains
seront courbés et abaissés.
Ne les relève pas, SEIGNEUR !
10 Cachez-vous parmi les rochers.
Rentrez sous la terre
pour fuir le SEIGNEUR, qui fait trembler de peur,
pour fuir la lumière éblouissante de sa grandeur !
11 Ceux qui regardent les autres avec mépris
devront baisser les yeux,
les gens orgueilleux devront se courber.
Ce jour-là, le SEIGNEUR seul sera grand.
12 Le SEIGNEUR de l'univers garde un jour
où il agira contre tout ce qui est fier et orgueilleux,
contre tout ce qui se croit grand
pour l'abaisser.
13 Il agira contre tous les *cèdres du Liban,
ces arbres si élevés.
Il agira contre tous les chênes du *Bachan,
14 contre toutes les hautes montagnes,
contre toutes les collines élevées.
15 Il agira contre toutes les grandes tours
et contre tous les murs de défense,
16 contre tous les grands bateaux
et contre tous ceux qui transportent des marchandises précieuses.
17 Les gens orgueilleux devront se courber,
les gens fiers devront s'abaisser.
Ce jour-là, le SEIGNEUR seul sera grand.
18 Tous les faux dieux disparaîtront.

19 Entrez dans les abris des rochers
et dans les trous de la terre,
pour fuir le SEIGNEUR, qui fait trembler de peur,
pour fuir la lumière éblouissante de sa grandeur,
quand il se lève et secoue la terre.

20 Ce jour-là, les gens jetteront
aux rats et aux chauves-souris
leurs faux dieux en argent et en or,
les statues qu'ils ont fabriquées
pour se mettre à genoux devant elles.
21 Ils iront dans les abris des rochers
et dans les trous de la terre
pour fuir le SEIGNEUR, qui fait trembler de peur,
pour fuir la lumière éblouissante de sa grandeur,
quand il se lèvera pour secouer la terre.

22 Laissez donc les êtres humains !
Leur vie n'est qu'un souffle.
Alors qu'est-ce qu'ils valent ?

Le Seigneur va enlever tous ses appuis au royaume de Juda

3 1 Le SEIGNEUR de l'univers, le Maître,
va retirer de Jérusalem
et du royaume de Juda
toutes les réserves de nourriture et d'eau.
Il va leur enlever tous leurs appuis :
2 excellents soldats
et combattants ordinaires,
juges et *prophètes, devins et *anciens,
3 officiers et notables,
conseillers, magiciens et sorciers.
4 Le SEIGNEUR dit :
« Je leur donnerai pour chefs
des petits garçons,
qui les dirigeront selon leurs caprices. »
5 Les gens agiront avec violence
les uns envers les autres,
chacun envers son *prochain :
les jeunes maltraiteront les vieux,
ceux qui ne valent rien
maltraiteront les gens respectables.
6 Un homme saisira un de ses frères,
dans le clan de son père,
et il lui dira :
« Tu as encore un bon vêtement.
Sois donc notre chef
et prends en main ce grand désordre ! »
7 Ce jour-là, l'autre répondra :
« Je ne peux rien faire pour vous.
Chez moi,
il n'y a ni nourriture ni vêtement.
Vous ne pourrez pas faire de moi un chef. »
8 Jérusalem tombe,
le royaume de Juda s'écroule.
Ils se révoltent
contre la puissance du SEIGNEUR,
ils s'opposent à lui
par leurs paroles et par leurs actes.
9 Ils font des différences entre les gens,
et cela les accuse.
Comme les habitants de Sodome,
ils ne cachent pas leurs péchés
et ils en parlent devant tous.
Hélas, ils préparent leur propre malheur !

10 Vous pouvez dire qu'ils sont heureux,
ceux qui obéissent à Dieu.
Ils vont profiter de ce qu'ils ont fait.
11 Mais quel malheur pour les gens mauvais !
Tout ira mal pour eux.
On les traitera selon ce qu'ils ont fait.

12 Le SEIGNEUR dit : « Mon peuple,
ceux qui t'écrasent sont des enfants,
et ce sont des femmes qui te gouvernent.
Mon peuple, tes dirigeants te trompent,
ils te conduisent dans la mauvaise direction. »

Le Seigneur fait un procès aux chefs du peuple

13 Le SEIGNEUR est prêt pour un procès,
il se tient debout pour juger son peuple.
14 Il fait passer en jugement
les *anciens et les chefs de son peuple :
« C'est vous qui avez détruit ma *vigne.
Vous avez rempli vos maisons
des biens volés aux pauvres.
15 Vous écrasez mon peuple.
Pourquoi ?
Vous faites violence aux pauvres.
Pourquoi donc ? »
Voilà ce que déclare le Seigneur, DIEU de l'univers.

Le Seigneur va enlever leur beauté aux femmes de Jérusalem

16 Le SEIGNEUR dit :
« Les belles dames de *Sion sont fières.
Elles marchent le cou tendu,
cherchant à attirer les gens par leurs regards.
Elles vont à petits pas,
en faisant sonner les anneaux de leurs chevilles. »
17 Eh bien, le SEIGNEUR couvrira leur crâne de gale,
et elles auront le front nu.

18 Ce jour-là, le Seigneur leur enlèvera ce
qui les rend belles : anneaux aux chevilles,

colliers, bijoux en forme de croissant, [19] boucles d'oreille, bracelets, voiles, [20] foulards, chaînes fines, ceintures tressées, gris-gris et porte-bonheur, [21] bagues et anneaux pour le nez, [22] vêtements de fête et larges tuniques, capes, sacs à main, [23] miroirs, chemises de *lin, écharpes et châles.

24 L'odeur de pourriture
remplacera les parfums,
une simple corde
remplacera les ceintures.
À la place des tresses compliquées,
il y aura des têtes rasées.
À la place des vêtements de luxe,
il y aura des habits de deuil en toile de sac.
Les marques de la honte
remplaceront la beauté.

Les femmes de Jérusalem seront veuves

25 Jérusalem, tes hommes tomberont
sous les coups de *l'épée,
tes soldats mourront à la guerre.
26 Alors toute la ville se plaindra
et sera dans le deuil.
Comme une femme qui a tout perdu,
elle restera assise par terre.

4 1 Ce jour-là, sept femmes s'accrocheront
à un seul homme en lui disant :
« Nous nous chargerons de notre nourriture
et de nos vêtements.
Enlève seulement notre honte
en nous acceptant comme tes femmes ! »

Le Seigneur protégera ceux qui sont encore en vie à Jérusalem

2 Un jour, le SEIGNEUR fera germer dans le
pays quelque chose de magnifique et de glorieux. Les gens encore en vie en Israël seront fiers et honorés à cause de ce que le pays produira.
3 Alors ceux qui seront restés à Jérusalem, qui seront encore en vie à *Sion, on les appellera « *consacrés au SEIGNEUR ». Il s'agit, à Jérusalem, de tous ceux que le SEIGNEUR a inscrits dans son livre pour qu'ils aient la vie.
4 Tout d'abord, avec le souffle qui rend juste et *pur, le Seigneur lavera la saleté des belles dames de Jérusalem. Il nettoiera Sion du sang qu'elle a fait couler chez elle.
5 Puis sur toute la montagne de Sion, et sur tous ceux qui s'y rassembleront, il fera paraître un nuage pendant le jour, et de la fumée et des flammes lumineuses pendant la nuit. La *gloire du SEIGNEUR couvrira tout comme une tente immense,
6 comme un toit de feuilles qui donne de l'ombre contre la chaleur du jour. Elle servira d'abri et de refuge contre l'orage et la pluie.

Le peuple du Seigneur est comme une vigne qui produit de mauvais fruits

5 1 Laissez-moi chanter une chanson au nom
de mon ami. Elle parle de mon ami et de sa *vigne :

Mon ami avait une vigne
sur une petite colline au sol fertile.
2 Il a retourné la terre,
il a enlevé les pierres,
et dans sa vigne,
il a mis des plants de bonne qualité.
Il a construit une tour
pour surveiller la plantation
et il a aussi creusé un pressoir[e].
Il attendait de sa vigne du bon raisin,
mais elle n'a donné que du raisin acide.

3 Alors mon ami a dit :
« Vous qui habitez Jérusalem,
vous les gens de Juda,
c'est vous qui allez juger
entre ma vigne et moi.
4 J'ai tout fait pour ma vigne,
je ne pouvais rien faire de plus.
J'attendais du bon raisin,
mais elle n'a donné que du raisin acide.
Pourquoi donc ?

5 « Eh bien, je veux vous dire
ce que je vais faire à ma vigne :
j'arracherai la clôture qui l'entoure,

---

e **5.2** *Un pressoir est une grande cuve dans laquelle on écrase du raisin pour en tirer du vin.*

et les animaux mangeront les feuilles de ses plants.
Je démolirai son mur,
et les passants écraseront sa terre
en marchant dessus.
6 Je ferai d'elle une terre de brousse.
Personne ne coupera ses branches,
personne n'arrachera ses mauvaises herbes.
Des buissons d'épines
pousseront dans ma vigne,
et j'interdirai aux nuages
de laisser tomber la pluie sur elle. »

7 La vigne du SEIGNEUR de l'univers,
c'est Israël,
oui, la plantation qu'il aimait tant,
c'est le peuple de Juda.
Le SEIGNEUR attendait de lui
qu'il respecte le droit.
Mais partout, c'est l'injustice.
Il attendait de lui la justice.
Mais partout, ce sont les cris
des gens sans défense.

Six déclarations de malheur contre les chefs de Juda

8 Quel malheur pour ceux
qui ajoutent une maison à l'autre,
qui prennent un champ après l'autre.
Ils finissent par occuper toute la place,
et il n'y a plus qu'eux dans le pays !
9 Voici ce que le SEIGNEUR de l'univers
m'a fait entendre :
« Je le jure,
tous ces bâtiments seront détruits.
Ces maisons grandes et belles,
personne n'y habitera.
10 Trois hectares de *vigne
ne donneront pas cinquante litres de vin.
Celui qui sème cent kilos de *blé
en récoltera seulement dix. »

11 Quel malheur
pour ceux qui se lèvent tôt le matin
afin de courir après l'alcool,
et qui traînent tard le soir,
excités par le vin !
12 Ils mangent et boivent beaucoup trop
au son des *cithares et des harpes,
des tambourins et des flûtes.
Mais ils ne voient pas
que le SEIGNEUR agit,
ils ne regardent pas ce qu'il fait.
13 C'est pourquoi le SEIGNEUR dit :
« Mon peuple sera déporté,
parce qu'il n'a rien voulu savoir.
Les notables mourront de faim,
la foule mourra de soif. »
14 C'est pourquoi le monde des morts
s'ouvrira largement,
il ouvrira son immense bouche.
Les gens importants et la foule
y descendront ensemble
au milieu de leurs fêtes bruyantes.

15 Tous les humains devront se courber
et se faire petits,
les orgueilleux devront baisser les yeux.
16 Le SEIGNEUR de l'univers
montrera sa grandeur
en établissant le droit.
Le Dieu *saint montrera sa sainteté
en faisant respecter la justice.
17 Dans la ville détruite,
les moutons mangeront de l'herbe
comme dans leurs pâturages,
et les cabris qu'on fait grossir
trouveront leur nourriture.

18 Quel malheur
pour ceux qui sont attachés à leur faute
par les cordes du mensonge !
Ils traînent leur péché
comme on traîne une charrette.
19 Et ils disent :
« Que le SEIGNEUR se dépêche d'agir :
nous voulons voir cela !
Vite, que le projet du Dieu *saint d'Israël se réalise :
nous voulons le connaître ! »

20 Quel malheur pour ceux qui disent :
le mal, c'est bien,
le bien, c'est mal.
Ils changent la nuit en lumière,
et la lumière en nuit.
Ce qui est amer,

ils le rendent doux.
Ce qui est doux,
ils le rendent amer.

21 Quel malheur pour ces gens
qui se prennent pour des sages
et se croient intelligents !

22 Quel malheur pour ceux
qui sont très courageux pour boire
et très forts pour mélanger les alcools !
23 Ils libèrent le coupable
en échange d'un cadeau,
mais ils refusent
de rendre justice à l'innocent.
24 C'est pourquoi ils seront comme la paille
dévorée par le feu,
ou comme l'herbe sèche
qui disparaît dans les flammes.
Ils pourriront par les racines,
leurs fleurs s'envoleront
comme la poussière.
En effet, ils ont méprisé
l'enseignement du SEIGNEUR de l'univers,
ils ont rejeté
les paroles du Dieu saint d'Israël.

Le Seigneur est rempli de colère contre son peuple

25 C'est pourquoi le SEIGNEUR
brûle de *colère contre son peuple.
Il lève le poing contre lui et le frappe.
Les montagnes tremblent,
les morts restent dans les rues
comme les ordures.
Malgré tout cela,
la colère du SEIGNEUR ne se calme pas,
son poing reste levé.

26 Le SEIGNEUR dresse un signal
pour un peuple éloigné[f].
Il siffle pour l'appeler du bout du monde.
Et voici ce peuple, il arrive très vite,
d'un pas léger.
27 Parmi eux, personne n'est fatigué,
personne ne traîne les pieds,
personne n'a envie de dormir,
tous sont bien réveillés.
Aucun combattant n'a enlevé sa ceinture,
aucun n'a détaché ses sandales.
28 Leurs flèches sont pointues,
tous leurs arcs sont tendus.
Les sabots de leurs chevaux
sont durs comme pierre,
les roues de leurs chars
tournent comme un vent de tempête.
29 Les soldats rugissent comme des lions,
ils grognent comme des lionceaux.
Ils crient comme des bêtes sauvages
qui saisissent l'animal qu'elles ont attrapé
et qui l'emportent.
Personne ne peut les arracher à leurs griffes.

30 Pourtant, un jour,
le tonnerre grondera contre ce peuple,
comme la mer sous la tempête.
On regardera le pays,
mais nuit et malheur l'envelopperont.
D'épais nuages
couvriront la lumière du jour.

Ésaïe devient porte-parole du Seigneur

6 1 C'était l'année où le roi Ozias est mort[g].
Un jour, j'ai eu une *vision. Le Seigneur
était assis sur un siège royal très élevé. Son
vêtement remplissait le temple. 2 Des *anges
de feu se tenaient au-dessus de lui. Ils avaient
chacun six ailes : deux ailes pour se cacher le
visage, deux ailes pour se couvrir le bas du
corps, deux ailes pour voler. 3 Ils criaient
l'un à l'autre :
« *Saint, saint, saint
le SEIGNEUR de l'univers !
Sa *gloire remplit toute la terre ! »

4 Leur voix faisait trembler les portes sur leurs
gonds, le temple se remplissait de fumée.
5 Alors j'ai dit : « Malheur à moi ! Je suis
perdu ! Je suis un homme aux lèvres *impu-

f **5.26** *Un peuple éloigné : l'Assyrie, qui menace d'envahir le royaume de Juda.*
g **6.1** *Vers 740 avant J.-C. Voir 2 Rois 15.7.*

res, j'habite au milieu d'un peuple aux lèvres
impures, et mes yeux ont vu le Roi, le SEI-
GNEUR de l'univers ! »
6 Mais l'un des anges brillants a volé vers
moi. Il tenait dans sa main un charbon brûlant
qu'il avait pris avec des pinces sur *l'autel. 7 Il
m'a touché la bouche avec ce charbon brûlant
et m'a dit :

« Maintenant que ce charbon a touché tes lèvres,
ta faute est enlevée,
ton péché est pardonné. »

8 Alors j'ai entendu le Seigneur demander :
« Qui vais-je envoyer ? Qui sera notre porte-
parole ? » J'ai répondu : « Me voici, envoie-
moi. »

9 Le Seigneur m'a dit :
« Va dire à ce peuple :
"Vous écouterez bien,
mais vous ne comprendrez pas.
Vous regarderez bien,
mais vous ne verrez rien."
10 Ferme leur cœur,
rends-les sourds et aveugles.
Empêche leurs yeux de voir,
leurs oreilles d'entendre,
leur cœur de comprendre.
Ainsi, ils ne se tourneront pas vers moi
et ils ne seront pas guéris. »

11 J'ai demandé : « Jusqu'à quand, Seigneur ? » Il a répondu : « Jusqu'au moment
où les villes seront détruites, sans habitants,
où les maisons seront complètement vides,
où les champs deviendront un désert de tristesse. »

12 Oui, le SEIGNEUR enverra au loin
les gens de ce pays.
Beaucoup de champs seront abandonnés.
13 Et s'il reste un dixième de la population
dans le pays,
le feu le brûlera
comme on brûle un arbre abattu.
Il ne restera plus que le bas du tronc
avec les racines.
Mais ce tronc donnera naissance
à une semence voulue par Dieu.

Ésaïe communique un message du Seigneur au roi Akaz

7 1 C'était l'époque où Akaz, fils de Yotam et
petit-fils d'Ozias, était roi de Juda. Ressin,
roi de Syrie, et Péca, fils de Remalia et roi
d'Israël, sont venus attaquer la ville de Jérusalem[h]. Mais ils ne sont pas arrivés à
remporter la victoire. 2 On a dit à Akaz, de la
famille de David, et à ses ministres : « Les Syriens ont établi leur camp sur le territoire
d'Éfraïm[i]. » Le roi et son peuple ont été secoués par cette nouvelle comme les arbres
sont secoués par le vent.
3 Alors le SEIGNEUR a dit à Ésaïe : « Prends
avec toi ton fils Chéar-Yachoub[j]. Va trouver
Akaz. Il est au bout du canal du réservoir supérieur, sur la route qui conduit au champ des
Blanchisseurs. 4 Tu lui diras : Attention ! Reste
calme, n'aie pas peur. Ne te laisse pas décourager par la violente colère de Ressin le Syrien
et du fils de Remalia. Ces rois ne sont que
deux bouts de bois fumants. 5 C'est vrai, les
Syriens ainsi que Péca et les soldats d'Éfraïm
ont décidé de te faire du mal. Ils ont dit :
6 "Marchons contre le royaume de Juda !
Faisons-lui peur ! Forçons-le à s'unir à nous !
Établissons comme roi le fils de Tabéel[k]."
7 Mais voici ce que le Seigneur DIEU dit :
Cela ne tiendra pas, cela n'arrivera pas.
8-9 En effet, Damas est la capitale de Syrie, et
Ressin n'est chef qu'à Damas. Samarie est la
capitale d'Éfraïm et Péca n'est chef qu'à Sama-

---

h 7.1 Le roi de Syrie et le roi d'Israël ont attaqué le royaume de Juda vers 734 avant J.-C. Ils voulaient obliger Juda à combattre les Assyriens avec eux.

i 7.2 Éfraïm était la plus grande tribu israélite du Nord. Ce nom désigne ici l'ensemble du royaume du Nord ou royaume d'Israël.

j 7.3 Ce nom veut dire « un reste échappera (à la catastrophe) » ou « un reste reviendra (vers Dieu) ».

k 7.6 Les Syriens et les Israélites du Nord voulaient remplacer le roi Akaz, de la famille de David, par un roi étranger, le fils de Tabéel. Or, Dieu avait promis à David que le pouvoir royal resterait pour toujours dans sa famille. Voir 2 Samuel 7.16.

rie. Dans 65 ans, le peuple d'Éfraïm n'existera
plus. Si vous ne mettez pas toute votre
confiance dans le SEIGNEUR, vous ne pourrez
pas tenir. »

Le Seigneur annonce la naissance d'un enfant

10 Le SEIGNEUR a encore parlé au roi Akaz :
11 « Demande au SEIGNEUR ton Dieu de te
donner un signe au fond du monde des
morts, ou bien là-haut dans le *ciel. »
12 Mais Akaz a répondu : « Non, je ne demanderai rien, je ne veux pas provoquer le SEI-
GNEUR. » 13 Alors Ésaïe a dit : « Écoutez
donc, vous qui êtes de la famille du roi David ! Vous fatiguez les gens, et on dirait que
cela ne vous suffit pas. Vous fatiguez aussi
mon Dieu ! 14 Eh bien, le Seigneur lui-
même vous donnera un signe : la jeune
femme sera enceinte et elle mettra au
monde un fils. Elle l'appellera Emmanuel,
c'est-à-dire Dieu-avec-nous. 15 Il se nourrira
de crème et de miel, jusqu'au moment où
il saura rejeter le mal et choisir le bien.
16 Maintenant, tu as peur des rois de Syrie
et d'Israël. Pourtant, avant que cet enfant
soit capable de rejeter le mal et de choisir
le bien, les habitants de ces deux royaumes
auront abandonné leur pays. 17 Mais le SEI-
GNEUR enverra des jours de malheur contre
toi, contre ton peuple et contre ta famille.
Il n'y a pas eu de jours semblables depuis
que le royaume d'Israël s'est séparé du
royaume de Juda. Cela arrivera par l'intermédiaire du roi d'Assyrie. »

Les Assyriens envahiront le pays, qui se couvrira de buissons d'épines

18 Un jour, le SEIGNEUR,
d'un coup de sifflet,
fera venir les mouches
qui sont dans la région
où le Nil se jette dans la mer,
et les abeilles qui sont en Assyrie.
19 Toutes viendront se poser
dans les ravins pierreux,
dans les fentes des rochers,
dans tous les buissons
et à tous les points d'eau.

20 Ce jour-là,
le Seigneur se procurera un rasoir
de l'autre côté du fleuve Euphrate.
– Il s'agit du roi d'Assyrie. –
Oui, il vous rasera la tête,
tous les poils du corps
et même vos barbes[l].

21 Ce jour-là aussi,
chacun élèvera une vache et deux chèvres.
22 Elles donneront tant de lait
qu'on pourra manger de la crème.
Oui,
tous ceux qui seront restés dans le pays
se nourriront de crème et de miel.

23 Ce jour-là encore,
un champ de mille plants de *vigne
valant mille pièces d'argent,
sera abandonné aux buissons d'épines.
24 Tout le pays en sera couvert,
et des gens viendront y chasser
avec un arc et des flèches.
25 Par peur des buissons d'épines,
personne n'ira plus sur les collines
qu'on cultivait avec la houe.
Ce sera un pâturage pour les bœufs
et un parc à moutons.

Le fils d'Ésaïe porte un nom qui annonce le pillage du pays

8 1 Le SEIGNEUR m'a dit : « Prends une
grande tablette et écris dessus de façon lisible "Vite-les-richesses-Cours-au-pillage". »
2 J'ai montré la tablette à deux *témoins dignes de confiance : Ouria, le prêtre, et Zakarie, fils de Yebérékia. 3 Puis je me suis uni à
ma femme, la *prophétesse. Elle est devenue
enceinte et elle a mis au monde un fils. Alors
le SEIGNEUR m'a dit : « Appelle-le "Vite-les-
richesses-Cours-au-pillage". 4 En effet, avant
que ton enfant sache dire "Papa" ou "Ma-

l **7.20** *En traitant ainsi les prisonniers de guerre, on les couvrait de honte.*

man", on apportera au roi d'Assyrie les objets précieux de Damas et les richesses prises à Samarie. »

Les Assyriens arrivent comme un fleuve qui inonde tout

5 Le SEIGNEUR m'a dit encore :
6 « Le peuple de Juda méprise l'eau
du canal de Siloé qui coule doucement.
Et il se décourage devant Ressin
et devant le fils de Remalia[m].
7 Eh bien, je vais faire monter contre lui
l'eau abondante et violente de l'Euphrate,
c'est-à-dire le roi d'Assyrie
et sa grande puissance.
L'Euphrate montera de plus en plus
et débordera.
8 Il atteindra le royaume de Juda,
il débordera et l'inondera
en lui montant jusqu'au cou.
Il se répandra au loin
sur toute la surface de ton pays,
Emmanuel[n]. »

Les peuples ne peuvent rien contre le peuple de Dieu

9 Peuples, tremblez
et soyez morts de peur !
Soyez attentifs, pays du bout du monde !
Vous pouvez bien
vous préparer au combat,
la peur vous attend.
Oui, vous pouvez bien
vous préparer au combat,
la peur vous attend !
10 Faites donc des projets,
ils seront détruits.
Discutez de votre plan,
il ne tiendra pas.
En effet, Dieu est avec nous[o].

C'est le Seigneur qu'il faut respecter

11 Le SEIGNEUR m'a saisi et il m'a commandé
de ne pas imiter la conduite du peuple de
Juda. Il m'a dit :
12 « Ne parlez pas de complot
chaque fois que ces gens parlent de complot.
N'ayez pas peur de ce qui leur fait peur.
N'ayez pas peur d'eux.
13 Reconnaissez
que c'est le SEIGNEUR de l'univers
qui est *saint.
C'est lui que vous devez respecter,
c'est de lui que vous devez avoir peur.
14 Pour les deux royaumes d'Israël,
il sera un lieu saint[p],
une pierre qui fait perdre l'équilibre,
un rocher qui fait tomber.
Il sera un piège
pour les habitants de Jérusalem.
15 Beaucoup perdront l'équilibre
à cause de lui,
ils tomberont et se briseront.
Ils seront pris au piège
et ne pourront pas se dégager. »

Le prophète se tait et attend

16 Je garde ce message à l'abri, je mets cet
enseignement en sécurité : je le fais connaître
seulement à mes *disciples. 17 J'attends le SEI-
GNEUR. Pour le moment, il ne s'occupe plus
de la famille de *Jacob, mais je compte sur
lui. 18 Moi-même et les enfants que le SEIGNEUR
m'a donnés, nous servons de signes en Israël.
Nous servons d'avertissements de la part du
SEIGNEUR de l'univers qui habite sur la montagne de *Sion.

19 Certains disent : « Consultez ceux qui appellent les morts, les devins qui prédisent

m **8.6** *Le canal de Siloé amenait l'eau potable de la source du Guihon à l'intérieur de Jérusalem. Ressin était le roi de Syrie, et le fils de Remalia, Péca, était le roi d'Israël. Voir Ésaïe 7.1.*

n **8.8** *Voir Ésaïe 7.14.*

o **8.10** *Dieu est avec nous : voir Ésaïe 7.14 et 8.8.*

p **8.14** *Il sera un lieu saint, c'est-à-dire qu'il sera présent au milieu de son peuple. Comme le montre la suite du verset, la présence de Dieu entraîne aussi un jugement.*

l'avenir en parlant tout bas, de façon mystérieuse. Il est normal qu'un peuple consulte ses dieux, qu'il appelle les morts en faveur
des vivants. » Si on vous dit cela, 20 vous répondrez : « C'est à l'enseignement et à la parole du SEIGNEUR qu'il faut revenir. » Celui qui ne dit pas cela ne verra pas la lumière du matin.

La marche dans la nuit

21 Les gens traverseront le pays,
écrasés et affamés.
Parce qu'ils ont faim,
ils finiront par maudire leur roi
et leur Dieu.
Ils se tourneront vers le *ciel,
22 puis ils regarderont la terre.
Ils trouveront seulement le malheur,
l'obscurité, une angoisse effrayante
et la nuit noire.
23 Ceux qui sont dans cette nuit
ne peuvent pas s'en échapper.

Le peuple qui marche dans la nuit voit une grande lumière

Dans le passé,
le SEIGNEUR a couvert de honte
le territoire de Zabulon et celui de Neftali[q].
Mais dans l'avenir, il couvrira d'honneur
la route qui suit la mer,
la région à l'est du fleuve Jourdain
et la Galilée, région des étrangers.

9 1 Le peuple qui marche dans la nuit
voit une grande lumière.
Pour ceux qui vivent dans le pays de l'obscurité,
une lumière se met à briller.
2 SEIGNEUR, tu les inondes de bonheur,
tu fais grandir leur joie.
Ils se réjouissent devant toi
comme on se réjouit en faisant les récoltes,
comme on crie de joie
en partageant les richesses des ennemis vaincus.
3 Oui, tu arraches ton peuple
au pouvoir qui pèse sur lui.
Le bâton qui blesse ses épaules,
le fouet qui le frappe,
tu les brises comme tu l'as fait
le jour où tu as vaincu les Madianites[r].
4 Toutes les chaussures des ennemis
qui font trembler le sol,
tous les habits couverts de sang
sont dévorés par le feu.
5 Un enfant est né pour nous,
un fils nous est donné.
Il a reçu l'autorité d'un roi.
On lui donne pour nom :
Conseiller merveilleux, Dieu fort,
Père pour toujours, Prince de la paix.
6 Il étendra son autorité
et assurera une paix sans fin.
Il occupera le siège royal de David
et dirigera son royaume.
Il l'établira et le rendra solide
en faisant respecter le droit et la justice,
dès maintenant et pour toujours.
Voilà ce que le SEIGNEUR de l'univers fera
à cause de son brûlant amour.

La colère du Seigneur frappe le royaume d'Israël

7 Le Seigneur lance sa parole
contre le peuple de *Jacob,
oui, elle est tombée sur le royaume d'Israël.
8 Tout le monde le sait,
tout Éfraïm[s] et les habitants de Samarie le savent.
Le cœur plein d'orgueil, ces gens disaient :
9 « Les murs de briques sont tombés,
nous les reconstruirons
avec des pierres taillées.
Les poutres en bois ordinaire sont tombées,

q 8.23 *Zabulon et Neftali : les Assyriens ont pris ces territoires entre 734 et 732 avant J.-C., ainsi que les régions situées à l'est du Jourdain et la Galilée.*

r 9.3 *Voir Juges 7.*

s 9.8 *Éfraïm, c'est-à-dire le royaume d'Israël ou royaume du Nord. Sa capitale était Samarie.*

nous les remplacerons
par des poutres de *cèdre. »
10 Alors le SEIGNEUR a dressé contre Israël
les ennemis assyriens de Ressin[t]
et il a encouragé leurs adversaires :
11 les Syriens à l'est, les *Philistins à l'ouest.
Ceux-ci ont dévoré le royaume d'Israël
avec appétit.
Malgré cela,
la *colère du SEIGNEUR ne se calme pas,
son poing reste levé.

12 Le SEIGNEUR a frappé son peuple,
mais Israël n'est pas revenu vers lui,
il ne s'est pas tourné
vers le SEIGNEUR de l'univers.
13 Alors, en un jour,
le SEIGNEUR a coupé en Israël
la tête et la queue,
la branche de palmier et le roseau.
14 Les *anciens et les notables,
c'est la tête,
les *prophètes qui enseignent des mensonges,
c'est la queue.
15 Les dirigeants ont trompé ce peuple,
et ceux qu'ils dirigeaient
ont pris un mauvais chemin.
16 C'est pourquoi le Seigneur est sévère
avec leurs jeunes gens,
il n'a pas pitié de leurs orphelins
et de leurs veuves.
En effet, ce sont tous des gens mauvais
qui font le mal,
et tout ce qu'ils disent est horrible.
Malgré cela,
la colère du Seigneur ne se calme pas,
son poing reste levé.

17 Oui, la méchanceté brûle comme un feu
qui dévore les épines de toutes sortes.
Il gagne les buissons de la forêt
et fait monter vers le ciel
des colonnes de fumée.
18 À cause de la colère du SEIGNEUR de l'univers,
le pays est en flammes.
On dirait que le feu dévore le peuple.
Personne n'a pitié de son frère.
19 Les gens déchirent à droite
et ils ont encore faim.
Ils dévorent à gauche
et il ne sont pas rassasiés.
Chacun s'attaque à son *prochain :
20 la tribu de Manassé attaque celle d'Éfraïm,
la tribu d'Éfraïm attaque celle de Manassé,
et toutes les deux
sont contre la tribu de Juda.
Malgré cela,
la colère du SEIGNEUR ne se calme pas,
son poing reste levé.

Déclaration de malheur contre les grands du royaume de Juda

10 1 Quel malheur pour ceux
qui établissent des règles injustes,
qui mettent par écrit des lois
qui causent la misère des autres !
2 De cette façon, ils empêchent les pauvres
d'être jugés avec justice,
ils privent de leurs droits
ceux qui, dans mon peuple,
sont sans défense.
Ils volent les veuves,
ils pillent les orphelins.
3 Quand le SEIGNEUR agira,
quand le malheur arrivera de loin,
qu'est-ce que vous ferez ?
Chez qui fuirez-vous pour avoir de l'aide ?
Où laisserez-vous vos richesses ?
4 Vous pourrez seulement vous courber
au milieu des prisonniers,
ou tomber à terre au milieu des morts.
Malgré cela,
la colère du SEIGNEUR ne se calme pas,
son poing reste levé.

Déclaration de malheur contre l'Assyrie et son roi

5 Le SEIGNEUR dit :
« Quel malheur pour l'Assyrie,
qui est le fouet de ma *colère !

t 9.10 *Ressin : le roi de Syrie. Voir Ésaïe 7.1.*

Je montrerai cette colère
avec le bâton qu'elle tient à la main.
6 J'envoie ses soldats
contre une nation infidèle.
Je les dirige
contre le peuple qui me met en colère.
Que l'Assyrie le pille
et ramasse ses richesses !
Qu'elle marche sur lui
comme sur la boue des rues !
7 Mais l'Assyrie ne voit pas les choses ainsi,
elle juge autrement.
Elle pense seulement à détruire,
à faire disparaître
le plus de peuples possible.
8 Elle dit :
"Est-ce que tous mes généraux
ne sont pas des rois ?
9 J'ai traité la ville de Kalné
comme celle de Karkémich, n'est-ce pas ?
J'ai traité la ville de Hamath
comme celle d'Arpad,
et Samarie comme Damas[u].
10 J'ai su conquérir les royaumes des faux dieux,
là où leurs statues sont plus nombreuses
qu'à Jérusalem et à Samarie.
11 Ce que j'ai fait à Samarie et à ses dieux,
est-ce que je ne peux pas le faire
à Jérusalem et à ses statues ?" »

12 Quand le Seigneur aura fini tout son travail sur la montagne de *Sion et à Jérusalem,
il agira contre le roi d'Assyrie, contre son
cœur orgueilleux et son regard méprisant.
13 En effet, ce roi a dit :
« Tout ce que j'ai fait,
je l'ai fait grâce à mon pouvoir
et à ma sagesse,
parce que je suis intelligent.
J'ai supprimé les frontières des peuples,
j'ai volé leurs trésors,
j'ai fait descendre les rois de leur siège.
14 Comme on décroche un nid,
j'ai su prendre les richesses des peuples.
Comme on ramasse des œufs abandonnés,
j'ai ramassé tout ce qui était sur la terre.
Personne n'a battu des ailes,
ni ouvert le bec pour pousser un cri. »

15 Est-ce que la hache se vante
à la place de celui qui s'en sert ?
Est-ce que la scie se montre orgueilleuse
à la place de celui qui l'utilise ?
C'est comme si le fouet
faisait bouger le bras qui le lève,
ou comme si le bâton
dirigeait la main qui le tient.

16 C'est pourquoi le SEIGNEUR de l'univers,
le Maître,
va diminuer les biens des régions riches.
Sous leur beauté,
un feu va se répandre comme un incendie.
17 Le SEIGNEUR, lumière d'Israël,
deviendra un feu.
Les flammes du Dieu *saint
allumeront les buissons d'épines
et les brûleront en un seul jour.
18 Il détruira entièrement
les forêts magnifiques
et tous les arbres fruitiers.
Le pays[v] ressemblera à un malade
qui perd ses forces.
19 Il restera si peu d'arbres dans sa forêt
qu'un enfant pourra les compter.

Seule une petite partie du peuple de Dieu restera en vie en Israël

20 À ce moment-là, ceux qui seront restés en
vie en Israël, ceux qui seront restés du peuple
de *Jacob, ne continueront plus à s'appuyer
sur celui qui les frappe. Ils s'appuieront vraiment sur le SEIGNEUR, le Dieu *saint d'Israël.
Oui, un reste d'Israël se tournera vers le
Dieu fort. 21 Un reste reviendra[w]. 22 Pourtant,
Israël, même si ton peuple était aussi nom-

u 10.9 *Toutes ces villes ont été prises l'une après l'autre par les Assyriens à des époques différentes.*

v 10.18 *Le pays : il s'agit sans doute de l'Assyrie.*

w 10.21 *Voir Ésaïe 7.3 et la note.*

breux que les grains de sable au bord de la
mer, c'est un reste seulement qui reviendra
au SEIGNEUR. La destruction est décidée, la justice débordera comme un fleuve. [23] Oui, le
Seigneur, DIEU de l'univers, a décidé cette
destruction et il la réalisera dans tout le pays.

Un jour, le Seigneur libérera son peuple du pouvoir de l'Assyrie

[24] C'est pourquoi voici ce que dit le Seigneur, DIEU de l'univers : « Mon peuple, toi
qui habites à *Sion, n'aie pas peur de l'Assyrie. Elle te frappe avec le fouet, elle lève son
bâton contre toi, comme les Égyptiens le faisaient autrefois. [25] Mais dans très peu de
temps, ma *colère contre toi s'arrêtera, elle
cessera complètement. » [26] En effet, le SEI-
GNEUR de l'univers lèvera son fouet contre
l'Assyrie, comme il l'a fait contre les Madianites, au rocher d'Oreb. Il lèvera son bâton sur
la mer, comme il l'a fait contre l'Égypte[x].

[27] Ce jour-là,
il enlèvera la charge qui écrase ton épaule,
qui pèse sur ton cou comme un *joug.

Les ennemis approchent de Jérusalem

Les ennemis montent à Samarie,
[28] ils arrivent près d'Ayath.
Ils passent à Migron
et laissent leurs bagages à Mikmas.
[29] Ils traversent le chemin étroit
et disent : « Passons la nuit à Guéba. »
À Rama, les gens tremblent de peur.
À Guibéa, la ville de Saül,
les habitants fuient.
[30] Gens de Gallim, poussez des cris !
Fais attention, Laïcha !
Réponds, Anatoth !
[31] Les habitants de Madména se sauvent,
ceux de Guébim cherchent un abri.
[32] Ce jour-là, les ennemis s'arrêtent à Nob.
Ils lèvent le poing
pour menacer la montagne de *Sion,
la colline de Jérusalem.

[33] Le SEIGNEUR de l'univers, le Maître,
casse violemment les branches.
Les plus grands arbres sont coupés,
les plus hauts sont jetés à terre.
[34] Les buissons de la forêt
sont abattus à coups de hache,
les beaux *cèdres du Liban
tombent sur le sol.

Annonce d'un roi juste, de la famille de David

11 [1] Un fils sortira de la famille de Jessé[y],
comme une jeune branche
sort d'un vieux tronc.
Une nouvelle branche poussera
à partir de ses racines.
[2] L'esprit du SEIGNEUR reposera sur lui.
Il lui donnera la sagesse
et le pouvoir de bien juger.
Il l'aidera à prendre des décisions
et le rendra courageux.
Il lui fera connaître le SEIGNEUR
et lui apprendra à le respecter.
[3] Alors cet homme prendra plaisir
à respecter le SEIGNEUR.
Il ne jugera pas selon ce qu'il voit,
il ne décidera pas
d'après ce qu'il entend dire.
[4] Il jugera les pauvres avec justice,
il sera juste pour ceux qui, dans le pays,
sont sans défense.
Ses paroles frapperont ses habitants
comme un bâton.
Les mots qu'il prononcera
feront mourir les gens mauvais.
[5] La justice et la fidélité
seront pour lui comme la ceinture
qu'on porte sans cesse autour de la taille.
[6] Alors le *loup habitera avec l'agneau,
le léopard se couchera près du cabri.
Le veau et le jeune lion

---

x **10.26** *Défaite des Madianites au rocher d'Oreb : voir Juges 7.23-25.*
Bâton levé sur la mer : voir Exode 14.15-22.

y **11.1** *Jessé : le père du roi David. Voir 1 Samuel 16.18-19.*

mangeront ensemble.
Un petit garçon les conduira.
7 La vache et l'ourse
mangeront dans le même champ,
leurs petits auront le même abri.
Le lion mangera de l'herbe sèche
comme le bœuf.
8 Le bébé jouera sur le nid du serpent,
et le petit garçon pourra mettre la main
dans la cachette de la vipère.
9 Il n'y aura plus ni mal ni violence
sur toute la montagne *sainte du SEIGNEUR.
En effet, la connaissance du SEIGNEUR
remplira le pays,
comme l'eau remplit les mers.
10 Ce jour-là, le fils de Jessé
sera comme un signal dressé
pour les peuples de la terre.
Ils viendront lui demander conseil,
et la *gloire de Dieu brillera
là où il habitera.

Le retour des exilés

11 Ce jour-là, le Seigneur
étendra de nouveau son bras puissant
pour libérer le reste de son peuple :
ceux qui seront restés en vie en Assyrie,
en Basse-Égypte, en Haute-Égypte,
en *Éthiopie, en Élam, en Babylonie,
à Hamath-en-Syrie,
dans les îles de la mer et sur les côtes.
12 Il dressera un signal
pour avertir ces peuples de ce qu'il fera.
Il réunira les exilés d'Israël
et il rassemblera les gens de Juda
partis aux quatre coins du monde.
13 Alors Éfraïm[z] ne sera plus jaloux de Juda.
Les adversaires de Juda seront détruits,
et Juda ne sera plus l'ennemi d'Israël.
14 Vers l'ouest, ils se jetteront ensemble
sur les collines des *Philistins.
Vers l'est, ils pilleront les tribus du désert.
Édom et Moab tomberont en leur pouvoir,
et les Ammonites leur obéiront.
15 Le SEIGNEUR
videra le golfe d'Égypte de son eau.
Il menacera l'Euphrate en agitant la main.
Par son souffle puissant,
il divisera ce fleuve en sept rivières
qu'on pourra traverser avec des sandales.
16 Il y aura une route
pour les gens de son peuple
qui seront restés en vie en Assyrie.
Ce sera comme autrefois
pour leurs ancêtres,
quand ils sont sortis d'Égypte.

Louange au Dieu qui sauve

12 1 Peuple libéré, tu diras ce jour-là :
« SEIGNEUR, je te remercie.
Tu étais en *colère contre moi,
mais ta colère s'est calmée,
et tu me consoles.
2 Voici le Dieu qui m'a sauvé,
j'ai confiance, je n'ai plus peur.
Oui, ma force et mon chant,
c'est le SEIGNEUR.
Il est mon sauveur. »
3 Avec joie, vous puiserez de l'eau
aux sources du *salut.

4 Ce jour-là, vous direz :
« Chantez la louange du SEIGNEUR,
dites à haute voix qui est votre Dieu.
Faites connaître à tous les peuples
ce qu'il a fait.
5 Chantez pour le SEIGNEUR,
car il a accompli de grandes choses.
Annoncez-les au monde entier ! »
6 Toi qui habites *Sion,
pousse des cris de joie, crie avec passion !
Oui, il est grand, le Dieu *saint d'Israël
qui est au milieu de toi !

La fin de Babylone est proche

13 1 Voici le message sur Babylone
qu'Ésaïe, fils d'Amots, a reçu dans
une *vision.

2 Le SEIGNEUR dit :
« Sur une montagne nue,
dressez un signal.

z 11.13 *Éfraïm : voir Ésaïe 7.2 et la note.*

Poussez des cris
pour avertir les combattants.
Agitez les mains pour qu'ils entrent
par les portes des notables.
3 C'est moi qui ai donné des ordres
à ceux qui me sont *consacrés.
J'ai appelé mes meilleurs soldats,
ceux qui se réjouissent de ma victoire,
pour répandre ma *colère. »

4 Écoutez ce bruit sur les montagnes :
c'est le bruit d'une foule immense.
Écoutez ce grondement des royaumes,
des peuples rassemblés.
C'est le SEIGNEUR de l'univers,
qui inspecte ses troupes pour le combat.
5 Le SEIGNEUR
et ceux qui vont répandre sa colère
arrivent de très loin, de l'autre bout du ciel.
Ils vont détruire tout le pays.

6 Poussez des cris de deuil !
Le *jour du SEIGNEUR est bientôt là.
Il arrive
comme un malheur qui détruit tout,
envoyé par le *Tout-Puissant.
7 C'est pourquoi
tout le monde baisse les bras,
les gens sont découragés.
8 Ils sont effrayés,
ils ont toutes sortes de douleurs.
Ils se tordent de souffrance
comme une femme au moment d'accoucher.
Ils se regardent les uns les autres,
très étonnés.
Leur visage est brûlant.

9 Le voici, il arrive, le jour du SEIGNEUR.
C'est un jour sans pitié,
un jour débordant d'une violente colère.
Il va transformer la terre
en un désert de tristesse
et détruire les coupables.
10 Les étoiles du ciel et les groupes d'étoiles
ne répandront plus leur lumière.
Dès son lever, le soleil sera sombre,
et la lune ne brillera plus.
11 Le SEIGNEUR dit :
« Je punirai le monde pour sa méchanceté,
et les gens mauvais pour leurs crimes.
Je ferai disparaître le mépris des orgueilleux,
j'abaisserai l'orgueil des dictateurs.
12 Je rendrai les humains plus rares que l'or pur,
plus rares que l'or d'Ofir. »

13 C'est pourquoi, le ciel tremblera,
et la terre sera secouée sur ses fondations.
Cela arrivera à cause de la colère du SEIGNEUR de l'univers,
le jour où elle brûlera comme un feu.
14 Alors, comme une gazelle qu'on poursuit,
comme des moutons que personne ne rassemble,
chaque étranger rejoindra son peuple,
chacun fuira vers son pays.
15 Tous ceux qu'on trouvera
seront percés de flèches,
tous ceux qui seront pris
mourront par *l'épée.
16 Leurs bébés seront écrasés sous leurs yeux,
leurs maisons seront pillées,
on fera violence à leurs femmes.

17 Le SEIGNEUR dit :
« Je vais envoyer les Mèdes[a] contre eux.
Ces gens-là ne s'intéressent pas à l'argent
et ils méprisent l'or.
18 Leurs flèches renversent les jeunes gens,
ils sont sans pitié pour les bébés,
ils sont cruels avec les enfants. »

19 Pour Babylone,
la plus belle ville du royaume,
le magnifique bijou des Babyloniens,
ce sera la même catastrophe
que pour Sodome et Gomorrhe[b],
que Dieu a détruites.

a **13.17** *Les Mèdes : peuple de l'ancien Orient. Ce peuple a participé à la prise de Ninive, capitale de l'Assyrie, en 612 avant J.-C., puis à celle de Babylone, en 539 avant J.-C.*

b **13.19** *Sodome et Gomorrhe : voir Ésaïe 1.9 et la note.*

20 Personne n'y habitera plus jamais,
elle restera vide pour toujours.
Même les nomades n'y camperont plus,
même les bergers n'y conduiront plus leurs troupeaux.
21 Mais les chats sauvages
s'installeront dans cette ville,
les hiboux rempliront ses maisons.
Les autruches y habiteront,
et les boucs y danseront.
22 Les hyènes hurleront dans ses tours,
et les chacals dans ses riches palais.
Le moment de la fin de Babylone
est proche, il arrive.
Ses jours sont comptés.

Les Israélites exilés reviendront sur leur terre

14 1 Le SEIGNEUR aura pitié de *Jacob. Oui,
il montrera encore qu'il a choisi Israël.
Il installera les Israélites sur leur terre. Les
étrangers s'uniront à eux et ils feront partie
du peuple de Jacob.
2 Les autres peuples viendront chercher Israël pour le ramener dans son pays. Et là,
sur la terre qui appartient au SEIGNEUR, le peuple d'Israël prendra ces gens comme esclaves,
les hommes et les femmes. De cette façon, il
gardera prisonniers ceux qui l'avaient fait prisonnier, il sera le maître de ceux qui l'écrasaient.

Chant sur la mort du roi de Babylone

3 Israël, un jour, le SEIGNEUR te donnera du
repos après tes souffrances, après tes épreuves
et le dur esclavage que tu as connus. 4 À ce
moment-là, tu chanteras ce poème pour te
moquer du roi de Babylone :
Celui qui nous écrasait sous son pouvoir
a disparu !
C'est la fin de sa violence !
Hélas pour lui !
5 Le SEIGNEUR a détruit
le pouvoir des gens mauvais.
Il a brisé le bâton de commandement
6 qui, sans arrêt,
frappait les peuples avec colère,
les écrasait avec violence
et les faisait souffrir durement.
7 Maintenant, toute la terre est tranquille,
elle se repose.
Les gens poussent des cris de joie.
8 Même les arbres se réjouissent
à cause de ce qui t'arrive.
Les cyprès et les *cèdres du Liban disent :
« Depuis que tu es dans la tombe,
personne ne monte plus
pour nous abattre. »

9 En bas, le monde des morts se met à bouger
pour venir t'accueillir quand tu viendras.
Pour toi, il réveille les morts,
tous les grands de ce monde.
Il fait lever de leurs sièges
tous les rois des peuples.
10 Tous prennent la parole pour te dire :
« Toi aussi, tu es sans force comme nous.
Maintenant, tu nous ressembles ! »
11 Au son de tes *harpes,
ta grandeur est descendue
dans le monde des morts.
Tu as comme matelas la pourriture,
et les vers comme couverture.

12 Comment est-ce possible ?
Toi, l'étoile brillante du matin,
tu es tombée du ciel !
Tu as été jeté à terre,
toi qui renversais les peuples !
13 Tu pensais :
« Je monterai jusqu'au ciel,
je dresserai mon siège royal
au-dessus des étoiles de Dieu.
Je m'installerai sur la montagne
où les dieux se réunissent,
à l'extrême nord[c].
14 Je monterai au sommet des nuages,
je serai comme le Dieu très-haut. »
15 Mais tu es descendu
dans le monde des morts,

c 14.13 *Certaines religions de l'ancien Orient affirmaient que les dieux se réunissaient sur une montagne, à l'extrême nord, pour décider chaque année du sort des humains.*

jusqu'au fond du grand trou.
16 Ceux qui te voient
te regardent attentivement.
Ils se demandent :
« Est-ce bien lui,
l'homme qui faisait trembler la terre,
qui secouait les royaumes ?
17 Est-ce bien lui
qui changeait le monde en désert,
qui détruisait les villes
et refusait de libérer les prisonniers ? »

18 Tous les rois des peuples,
oui, tous, reposent avec honneur,
chacun dans sa tombe.
19 Mais toi, tu es jeté dehors,
loin de ta tombe.
Tu es comme un enfant mort à la naissance
qui dégoûte les gens.
Tu es comme un mort écrasé,
tu es couvert d'hommes tués,
transpercés par *l'épée
et déposés sur les pierres
au fond du grand trou.
20 Mais tu ne seras pas enterré avec eux,
parce que tu as détruit ton pays,
tu as fait disparaître ton peuple.
L'espèce des criminels
sera oubliée pour toujours.

21 Il faut se préparer à tuer les fils
pour les crimes de leurs pères.
Il ne faut pas qu'ils se lèvent
pour conquérir le monde
et couvrir de villes toute la terre.

22 Le SEIGNEUR de l'univers déclare : « Je me
dresserai contre les Babyloniens. Je supprimerai le nom de Babylone, ses habitants qui sont
restés en vie, leurs enfants et tous ceux qui
viendront après eux. 23 Je ferai de cette ville
un marécage, où les chouettes habiteront. Je
la balaierai avec un balai qui détruit. C'est
moi, le SEIGNEUR de l'univers, qui le déclare. »

Le Seigneur détruira le pouvoir des Assyriens

24 Le SEIGNEUR de l'univers fait ce serment :
« Je le jure,
ce que j'ai prévu, cela arrivera,
oui, ce que j'ai décidé, cela se réalisera.
25 Je détruirai le pouvoir des Assyriens dans mon pays,
je les écraserai sur mes montagnes.
Ils font peser leur pouvoir sur mon peuple
comme un *joug,
je l'enlèverai.
Ils placent sur ses épaules
une lourde charge,
je la ferai descendre. »
26 Voilà la décision
que le SEIGNEUR a prise
contre le monde entier,
voilà sa menace contre tous les peuples.
27 Quand le SEIGNEUR de l'univers
a pris une décision,
qui peut l'arrêter ?
Quand il lève son poing menaçant,
qui peut le détourner ?

Message contre les Philistins

28 Ce message a été donné l'année où le roi
Akaz est mort[d].
29 Le bâton qui vous frappait, *Philistins,
a été brisé,
mais ne vous réjouissez pas de cela.
En effet, une vipère sortira du serpent mort,
et la vipère donnera naissance
à un dragon[e] volant.
30 Les pauvres seront bien nourris,
les malheureux se reposeront en sécurité.
Mais vous, Philistins,
vos ennemis vous feront tous mourir de faim
et ils tueront ceux qui seront restés en vie.
31 Vous, *portes des villes, pleurez !
Vous, les villes, poussez des cris !
La Philistie tout entière est découragée

d **14.28** *Probablement vers 716 avant J.-C.*

e **14.29** *Un dragon : animal étrange qui existe dans les récits de l'ancien Orient. Il représente souvent les forces du mal. Il est méchant et il fait peur.*

parce qu'un nuage de fumée arrive du nord[f].
Chez les ennemis, personne ne s'éloigne
des troupes de combattants.
32 Quelle réponse donner
aux messagers des Philistins ?
Ceci : le SEIGNEUR lui-même a fondé *Sion.
C'est là que les pauvres de son peuple
seront en sécurité.

Message au sujet de Moab

15 1 Message au sujet de Moab.

Oui, en une nuit,
la ville d'Ar-en-Moab a été détruite,
en une nuit, elle a disparu.
Oui, en une nuit,
la ville de Quir-en-Moab a été détruite,
en une nuit, elle a disparu.
2 Les habitants de Dibon sont montés
au lieu sacré pour pleurer.
Les Moabites chantent des chants de deuil
à Nébo et à Mèdeba.
Toutes les têtes sont rasées,
toutes les barbes sont coupées[g].
3 Dans les rues,
ils portent des habits de deuil.
Sur les terrasses des maisons
et sur les places,
ils chantent des chants de deuil,
et tout le monde pleure.
4 À Hèchebon, à Élalé,
les gens appellent au secours.
On les entend jusqu'à Yahas.
C'est pourquoi les soldats de Moab
poussent des cris,
ils sont découragés.

5 J'appelle au secours pour aider Moab.
Ses habitants fuient jusqu'à Soar,
jusqu'à Églath-Selissia.
Ils montent la pente de Louhith
en pleurant.
Sur le chemin de Horonaïm, ils crient :
« Tout est détruit. Quel malheur terrible ! »
6 L'oasis de Nimrim
est devenue un désert de tristesse.
Les plantes sont sèches, l'herbe a disparu,
il n'y a plus rien de vert.
7 C'est pourquoi les gens prennent les biens
qui leur restent, ce qu'ils ont pu garder.
Ils les emportent plus loin,
au-delà du torrent des Peupliers.
8 On entend des appels au secours
tout autour du territoire de Moab.
On entend ces cris de deuil jusqu'à Églaïm,
jusqu'au puits d'Élim.

9 La rivière qui passe à Dimon
est pleine de sang.
Le Seigneur dit :
« Je vais envoyer à Dimon
de nouveaux malheurs :
un lion va attaquer
les Moabites encore en vie,
qui seront restés dans leur pays ! »

Moab demande l'aide de Jérusalem

16 1 Les chefs de Moab disent :
« Depuis le Rocher-au-désert,
envoyez des béliers au maître du pays[h],
au roi de Juda, sur la montagne de *Sion. »
2 Les femmes de Moab se trouvent
aux points de passage
du torrent de l'Arnon.
Elles ressemblent à des oiseaux qui fuient,
chassés loin de leur nid.

3 Les Moabites demandent à Jérusalem :
« Donne-nous un conseil,
prends une décision.
En plein jour,
couvre-nous pour nous protéger,
comme la nuit qui étend son ombre.
Cache nos réfugiés,
ne trahis pas ceux qui fuient.

---

f **14.31** *À cette époque, les ennemis du royaume de Juda ne pouvaient arriver que par le nord.*

g **15.2** *Avoir la tête rasée et la barbe coupée était une marque de deuil.*

h **16.1** *Les chefs de Moab proposaient sans doute d'envoyer ce cadeau au roi de Juda pour lui demander de l'aide.*

4 Laisse nos réfugiés habiter chez toi,
offre-leur un abri contre le destructeur.
Celui qui nous écrase ne vivra pas toujours,
les destructions vont s'arrêter.
Celui qui nous détruit va quitter notre pays.
5 Alors, grâce à ta bonté,
le pouvoir du roi sera solidement établi.
Il dirigera le royaume de David
avec fidélité.
Il sera comme un juge
attentif au respect des lois
et ardent pour faire justice. »

Jérusalem ne peut rien pour le royaume de Moab

6 Nous avons entendu parler
de l'orgueil de Moab.
Quel orgueil immense ! Quel mépris !
Quelle assurance ! Quelle prétention !
Mais ce qu'il dit est creux.
7 Maintenant,
les Moabites pleurent sur Moab,
tout le monde pleure.
Ils gémissent
en regrettant les gâteaux de raisin[i]
qu'on faisait à Quir-Hérès.
Ils sont complètement découragés.
8 Les plantations de Hèchebon sont sans vie,
comme les *vignes de Sibma.
Avant, le vin de ces vignes
rendait ivres les maîtres des peuples.
Elles s'étendaient jusqu'à Yazer,
elles poussaient
un peu partout dans le désert,
leurs branches s'étendaient
au-delà de la mer Morte.
9 C'est pourquoi je pleure
avec les gens de Yazer
sur les vignes de Sibma.
Je vais vous arroser de mes larmes,
toi, Hèchebon et toi, Élalé.
En effet, un cri de guerre est tombé
sur votre *raisin, sur votre récolte.
10 La joie débordante a disparu
de vos plantations d'arbres fruitiers.
Dans les vignes,
on n'entend plus ni chants ni cris de joie.
Plus personne n'écrase le vin
dans les cuves,
il n'y a plus de cris rythmés.
11 C'est pourquoi mon cœur pleure sur Moab.
Ma plainte est comme un air de *harpe.
Je gémis sur Quir-Hérès.

12 On voit le peuple de Moab se fatiguer
pour aller sur les hauteurs.
Il entre dans son lieu sacré pour prier,
mais cela ne sert à rien.

13 Voilà la parole que le SEIGNEUR a dite
autrefois au sujet de Moab. 14 Et maintenant,
le SEIGNEUR annonce : « Dans trois ans exactement, les grands de Moab et ses nombreux
habitants ne représenteront plus rien. Ceux
qui resteront seront peu de chose, très peu
de chose, rien d'important. »

Message contre Damas et Israël

17 1 Message au sujet de Damas.

Bientôt Damas ne sera plus une ville,
elle ne sera plus qu'un tas de pierres.
2 Les villes qui dépendent d'elle
seront abandonnées pour toujours.
Elles serviront aux troupeaux.
Ils s'installeront là,
et personne ne les dérangera.
3 Il n'y aura plus de murs de défense
en Éfraïm[j].
À Damas, il n'y aura plus de roi.
Ce qui restera des Syriens
ne sera pas plus important que les Israélites.
Voilà ce que le SEIGNEUR de l'univers déclare.

4 Ce jour-là, l'importance d'Israël diminuera,
il n'aura plus beaucoup de poids.
5 Ce sera comme après la récolte,
quand le paysan a ramassé le *blé
et rassemblé les *gerbes.

---

i **16.7** *Gâteaux de raisin : il s'agit sans doute d'offrandes au dieu de Moab pour obtenir son aide.*

j **17.3** *Voir Ésaïe 7.2 et la note.*

Ce sera comme dans la vallée des Refaïtes
après la récolte des épis.
6 Il restera d'Israël peu de chose.
Ce pays ressemblera à un *olivier
après la récolte des olives.
Il reste deux ou trois fruits
en haut de l'arbre,
et quatre ou cinq
sur les branches les plus chargées.
Voilà ce que déclare le SEIGNEUR,
Dieu d'Israël.

7 Ce jour-là, les êtres humains tourneront
leurs regards vers leur Créateur, ils lèveront
les yeux vers le Dieu *saint d'Israël. 8 Ils ne
tourneront plus les yeux vers les *autels qu'ils
ont fabriqués eux-mêmes. Ils ne regarderont
plus les *poteaux sacrés ni les brûle-parfums
qu'ils ont faits de leurs mains.

9 Ce jour-là, les villes bien protégées en Israël
deviendront un désert de tristesse. En effet,
elles seront abandonnées, comme les villes
des Hivites et des *Amorites ont été abandonnées autrefois à l'arrivée des Israélites.

10 Israël, tu as oublié le Dieu qui te sauve.
Tu ne te souviens pas
du Rocher qui te protège
C'est pourquoi
tu fais pousser des plantes agréables[k],
et tu sèmes des graines étrangères.
11 Le jour où tu les plantes,
tu les vois pousser.
Ce que tu as semé le matin
donne des fleurs le jour même.
Mais la récolte disparaît
quand la maladie arrive,
et c'est un mal qui ne guérit pas.

Le bruit des peuples ennemis disparaît devant la menace du Seigneur

12 Quel malheur !
Voici des peuples nombreux.
Le bruit qu'ils font
est pareil au grondement des mers.
Ils rugissent
comme les vagues puissantes d'une mer en colère.
13 Le rugissement des peuples
est pareil au rugissement des océans.
Le Seigneur les menace,
et ils fuient au loin.
Ils sont chassés comme la paille
par le vent des montagnes,
comme les nuages de poussière
par la tempête.
14 Le soir, c'est une peur terrible,
avant le matin, ils ont tous disparu.
Voilà ce qui arrivera
à ceux qui nous prennent tout,
voilà la part de ceux qui nous pillent.

Déclaration de malheur contre l'Éthiopie

18 1 Quel malheur
pour le pays des bateaux à deux voiles,
qui se trouve le long des fleuves *d'Éthiopie !
2 Il envoie des messagers[l]
qui voyagent sur le Nil
dans des barques de jonc !
Rentrez chez vous, messagers rapides.
Repartez vers votre peuple de haute taille,
à la peau brillante,
vers ce peuple qui fait peur ici et partout,
ce peuple puissant qui écrase ses ennemis.
Repartez dans votre pays traversé par des fleuves.
3 Vous tous, habitants du monde,
vous qui couvrez la terre,
regardez, quand on dressera un signal sur les montagnes,
écoutez, quand on fera entendre la corne de bélier !
4 En effet, le SEIGNEUR m'a dit :
« Depuis le lieu où j'habite,
je veux regarder et rester tranquille,

---

k **17.10** *Il s'agit sans doute de plantes sacrées utilisées pour obtenir la fertilité.*

l **18.2** *Ces messagers éthiopiens sont venus d'Égypte à Jérusalem vers 705 avant J.-C. Ils voulaient offrir leur aide à un moment où les Assyriens menaçaient le royaume de Juda.*

comme la chaleur brûlante en pleine lumière,
comme un nuage de rosée dans la chaleur de la récolte. »
5 Avant la récolte, quand la *vigne a fleuri,
quand les fleurs sont devenues des grappes qui mûrissent,
on coupe avec un outil
les branches inutiles,
les pousses et les feuilles.
6 De même,
les Éthiopiens seront abandonnés
aux aigles des montagnes
et aux bêtes sauvages.
Les aigles les dévoreront
pendant la belle saison,
et les bêtes sauvages
pendant la mauvaise saison.

7 Alors, on apportera des cadeaux au SEI-
GNEUR de l'univers, de la part de ce peuple
de haute taille et à la peau brillante, de ce peuple qui fait peur ici et partout, ce peuple puissant qui écrase ses ennemis, qui vit dans le
pays traversé par des fleuves. On apportera
ces cadeaux sur la montagne de *Sion, là où
habite le SEIGNEUR de l'univers.

Message au sujet de l'Égypte

19 1 Message au sujet de l'Égypte.

Voici le SEIGNEUR :
il arrive en Égypte,
monté sur un nuage rapide.
Les faux dieux de l'Égypte
tremblent devant lui,
et les Égyptiens se découragent.
2 Le SEIGNEUR dit :
« Je vais dresser les Égyptiens les uns contre les autres,
ils se battront entre eux,
frère contre frère, ami contre ami,
ville contre ville, royaume contre royaume.
3 Les Égyptiens se décourageront,
et je mettrai du désordre dans leurs projets.
Ils consulteront les faux dieux,
les sorciers, les esprits des morts
et les devins.
4 Je livrerai l'Égypte
au pouvoir d'un maître sans pitié,
un roi cruel la dirigera. »
Voilà ce que déclare le SEIGNEUR de l'univers,
le Maître.

5 L'eau disparaît du Nil,
ce fleuve est complètement sec.
6 Ses rivières sont pourries,
l'eau des canaux d'Égypte diminue,
ils sont en train de se vider.
Les roseaux et les joncs se fanent.
7 Les herbes le long du Nil
et près de l'endroit où il se jette dans la mer,
tout ce qui pousse au bord du fleuve
devient sec.
Le vent l'emporte, il ne reste plus rien.
8 Les pêcheurs se plaignent.
Tous ceux qui pêchent dans le Nil
sont dans la tristesse.
Ceux qui lancent leurs filets sur l'eau
perdent leurs forces.
9 Ceux qui travaillent le *lin sont déçus,
les femmes qui le démêlent,
les hommes qui le tissent
ont l'air malades, tellement ils sont inquiets.
10 Les tisserands sont sans force,
tous les ouvriers
qui gagnent leur vie de cette façon
sont désespérés.

11 Les chefs de la ville de Soan[m]
sont des fous.
Les sages qui conseillent le roi d'Égypte
forment un conseil stupide.
Ils lui disent :
« Je suis un fils des sages,
fils des rois d'autrefois. »
Comment osent-ils lui dire cela ?
12 Roi d'Égypte, où sont-ils donc, tes sages ?
Qu'ils t'apprennent
ce que le SEIGNEUR de l'univers a décidé
contre ton pays !
13 Les chefs de Soan sont devenus fous,

m **19.11** *Ville située au nord-est de l'Égypte.*

les chefs de Memphis[n] se trompent.
Ce sont les chefs des provinces
qui entraînent l'Égypte
sur un mauvais chemin.
14 Le SEIGNEUR leur a fait perdre la tête.
Oui, ces chefs entraînent l'Égypte
sur un mauvais chemin
dans tout ce qu'elle fait.
L'Égypte ressemble à un ivrogne
qui perd l'équilibre en vomissant.

15 Personne ne fait plus rien en Égypte, ni la
tête ni la queue, ni les branches de palmier ni
les roseaux[o].

Un jour, le Seigneur sera présent en Égypte

16 Un jour, les Égyptiens seront comme des
femmes. Ils trembleront de peur quand le SEI-
GNEUR de l'univers les menacera en levant le
poing. 17 Le pays de Juda sera pour eux un souvenir honteux. Chaque fois qu'on parlera de
ce pays devant eux, ils auront peur à cause
des décisions que le SEIGNEUR de l'univers a
prises contre eux.
18 Un jour, il y aura en Égypte cinq villes où
l'on parlera hébreu, et où les gens feront le
serment d'appartenir au SEIGNEUR de l'univers. L'une de ces villes s'appellera Ville-du-
soleil.
19 Un jour, il y aura un *autel pour le SEI-
GNEUR au centre de l'Égypte, et une pierre
dressée pour lui près de sa frontière. 20 Ce
sera un signe prouvant que le SEIGNEUR de
l'univers est présent en Égypte. Quand les
Égyptiens crieront vers le SEIGNEUR à cause
de ceux qui les écrasent par l'injustice, il
leur enverra un sauveur qui les défendra et
les délivrera. 21 Le SEIGNEUR se fera connaître
aux Égyptiens, et ce jour-là, les Égyptiens
connaîtront le SEIGNEUR. Ils le serviront en
lui offrant des *sacrifices et des dons. Ils feront
des promesses au SEIGNEUR et les réaliseront.
22 Le SEIGNEUR frappera les Égyptiens. Il les
frappera, mais il les guérira. Ils reviendront
vers le SEIGNEUR, et lui, il écoutera leurs demandes et les guérira.
23 Un jour, une route ira d'Égypte en Assyrie. Les Assyriens iront en Égypte, et les Égyptiens en Assyrie. Ensemble, ils serviront le
SEIGNEUR.
24 Un jour, le SEIGNEUR *bénira le monde :
Israël sera béni en troisième lieu, avec l'Égypte et l'Assyrie. 25 Le SEIGNEUR de l'univers bénira le monde en disant : « Je bénis l'Égypte,
mon peuple, l'Assyrie, que j'ai créée de mes
mains, et Israël, la part qui m'appartient. »

Avertissement pour l'Égypte et l'Éthiopie

20 1 C'était l'année où Sargon, le roi d'Assyrie[p], a envoyé le chef de son armée
contre la ville d'Asdod, en Philistie. Celui-ci
a attaqué la ville et l'a prise.
2 Trois ans avant, le SEIGNEUR avait dit à
Ésaïe, fils d'Amots : « Enlève l'habit de deuil
que tu portes autour des reins et retire tes sandales. » Ésaïe a obéi et s'est promené sans vêtements et les pieds nus.
L'année où Asdod a été prise, 3 le SEIGNEUR a
dit par l'intermédiaire d'Ésaïe : « Cela fait trois
ans que mon serviteur Ésaïe se promène sans
vêtements et les pieds nus. C'est un signe et
un avertissement pour l'Égypte et *l'Éthiopie.
4 Le roi d'Assyrie fera prisonniers les Égyptiens et déportera les Éthiopiens. Il emmènera
les jeunes et les vieux sans vêtements, les
pieds nus et les fesses découvertes. Ce sera
une honte pour les Égyptiens. 5 Ceux qui ont
mis leur confiance dans l'Éthiopie ou qui se
vantaient de l'aide de l'Égypte seront effrayés
et couverts de honte. »
6 Ce jour-là, ceux qui habitent sur les côtes
de la mer Méditerranée[q] diront : « Voilà ce qui
arrive à ceux sur qui nous comptions ! Nous
voulions nous réfugier chez eux pour recevoir
de l'aide et pour être délivrés du roi d'Assyrie.

---

n **19.13** *Memphis : ancienne capitale de Basse-Égypte.*

o **19.15** *Voir Ésaïe 9.13-14.*

p **20.1** *Sargon II a été roi d'Assyrie de 722 à 705 avant J.-C. Il a pris la ville d'Asdod en 711.*

q **20.6** *Les Philistins et sans doute aussi les gens du royaume de Juda.*

Alors, comment pourrons-nous être sauvés maintenant ? »

Message annonçant la fin de Babylone

21 1 Message au sujet du « désert près de la mer »[r].

Comme un vent violent
qui traverse la région du Néguev,
l'ennemi arrive du désert,
d'un pays qui fait peur.

2 Le Seigneur me fait voir
un spectacle terrible :
l'ancien allié devient traître,
le destructeur fait son travail.
Le Seigneur dit :
« Élamites, attaquez !
Mèdes[s], entourez la ville !
Je vais faire cesser tout son orgueil. »

3 C'est pourquoi mes reins tremblent.
Je souffre
comme une femme au moment d'accoucher.
Je suis trop bouleversé pour entendre,
trop effrayé pour voir quelque chose.
4 Je perds la tête, je tremble de peur.
J'attendais le soir pour me rafraîchir,
maintenant la nuit m'effraie.

5 On prépare le repas, on étend les tapis,
les gens mangent et boivent.
Tout à coup, quelqu'un crie :
« Debout, officiers !
Préparez vos armes ! »

6 Voici ce que le Seigneur me dit :
« Va, place un guetteur.
Il annoncera ce qu'il verra.
7 S'il voit des chars de guerre
tirés par deux chevaux,
des cavaliers sur des ânes,
des cavaliers sur des chameaux,
il doit faire attention, oui, très attention. »
8 Et le guetteur crie :
« Maître, je me tiens sur la tour
toute la journée,
je reste à mon poste de garde
toute la nuit.
9 Regardez ! Un homme arrive.
Il est sur un char de guerre
tiré par deux chevaux.
Il crie :
"Babylone est tombée,
Babylone est tombée !
Toutes les statues de ses dieux
sont par terre, en morceaux." »

10 Mon peuple, toi qui as été battu
comme du *blé sur la place,
voilà ce que j'ai appris
du SEIGNEUR de l'univers, Dieu d'Israël.
C'est la nouvelle que je t'apporte.

La nuit qui revient toujours

11 Message au sujet de Douma.

Une voix me crie de Séir[t] :
« Veilleur, qu'est-ce que tu dis de la nuit ?
Veilleur, qu'est-ce que tu dis de la nuit ? »
12 Le veilleur répond :
« Le matin vient, puis la nuit revient.
Si vous voulez encore poser la question,
posez-la, puis revenez une autre fois ! »

Message au sujet l'Arabie

13 Message au sujet de l'Arabie.

Vous allez passer la nuit
dans la brousse en Arabie,
caravanes[u] de Dédan.
14 Vous qui habitez à Téma,
allez porter de l'eau à ceux qui ont soif,
apportez de la nourriture à ceux qui fuient.

---

r **21.1** *Il s'agit de la Babylonie.*
s **21.2** *Les Élamites et les Mèdes vivaient dans l'Iran actuel.*
t **21.11** *Douma : oasis au nord de l'Arabie, à l'est du pays d'Édom. Séir : située au centre du pays d'Édom, sur la route de Jérusalem.*
u **21.13** *Une caravane est un groupe de voyageurs qui traversent le désert.*

15 Les gens ont fui devant la guerre,
devant les *épées prêtes à frapper,
devant les arcs tendus contre eux,
devant la violence des combats.
16 Voici, en effet, ce que le Seigneur m'a dit :
« Dans un an exactement, tout le prestige de
Quédar[v] disparaîtra. 17 Il restera très peu de
monde parmi les tireurs à l'arc, parmi les
combattants de Quédar. » Voilà ce que le SEI-
GNEUR, Dieu d'Israël, a dit.

Avertissement à Jérusalem

22 1 Message au sujet de « la vallée de la
vision »[w].

Habitants de Jérusalem,
pourquoi est-ce que vous montez tous sur
les toits ?
2 Jérusalem,
pourquoi es-tu une ville si bruyante
et si agitée, une ville en fête ?
Tes morts ne sont pas tombés à la guerre,
ils n'ont pas été tués au combat.
3 Tous tes officiers ont fui ensemble,
les tireurs à l'arc les ont faits prisonniers.
Tous ceux que les ennemis ont trouvés
ont été faits prisonniers ensemble,
pendant leur fuite.
4 C'est pourquoi je vous dis :
« Ne vous occupez plus de moi,
laissez-moi pleurer des larmes amères.
Mon peuple est détruit,
mais n'essayez pas de me consoler.
5 En effet, aujourd'hui,
le Seigneur, DIEU de l'univers,
nous a envoyé le désordre,
la défaite et la peur. »
Dans la vallée de la vision,
un grand mur tombe,
des appels au secours montent
vers les montagnes.
6 Les troupes d'Élam portent arcs et flèches.
Il y a des chars avec des combattants,
il y a des cavaliers.
Les soldats de Quir
préparent leur bouclier[x].
7 Jérusalem, tes plus belles vallées
sont remplies de chars de guerre,
et les cavaliers sont prêts à attaquer
devant tes portes.
8 Le royaume de Juda n'est plus protégé.

Ce jour-là, vous avez tourné les yeux
vers les armes gardées dans le bâtiment appelé « La Forêt »[y].
9 Vous avez vu toutes les fentes dans les murs
qui protègent la *Ville de David.
Vous avez fait des provisions d'eau
dans le réservoir inférieur.
10 Vous avez compté les maisons de Jérusalem,
vous en avez détruit certaines
pour rendre plus solides les murs de défense.
11 Vous avez fait un bassin entre les deux
murs
pour l'eau de l'ancien réservoir.
Mais vous n'avez pas tourné les yeux
vers celui qui est la cause de tous ces événements.
Il les préparait depuis longtemps,
mais vous ne l'avez pas vu.

12 Ce jour-là, le Seigneur, DIEU de l'univers,
vous demandait de pleurer,
de pousser des cris, de vous raser la tête
et de porter des habits de deuil.
13 Or, c'est la joie et les plaisirs :
les gens abattent des bœufs,
tuent des moutons,
ils mangent de la viande
et boivent du vin.
Vous dites : « Mangeons et buvons,
car demain nous mourrons ! »

---

v **21.16** *Quédar : région située au nord du désert d'Arabie.*

w **22.1** *Il s'agit peut-être d'une vallée située près de Jérusalem.*

x **22.6** *Les troupes d'Élam et les soldats de Quir venaient de Mésopotamie. Ils combattaient pour de l'argent dans l'armée assyrienne.*

y **22.8** *Il s'agit d'un bâtiment du palais royal.*

14 Mais le SEIGNEUR de l'univers
m'a fait entendre ce message :
« Je le jure,
cette faute ne sera pas pardonnée de toute votre vie. »
Voilà ce que dit le Seigneur, DIEU de l'univers.

Avertissement à un haut fonctionnaire du palais royal

15 Le Seigneur, DIEU de l'univers, m'a donné
cet ordre : « Va trouver ce Chebna, l'intendant, le maître de la maison du roi, et dis-lui :
16 Tu fais creuser une tombe ici, pour toi,
tu la fais tailler en hauteur,
tu te creuses un lieu de repos
dans le rocher.
Mais qu'est-ce qui est à toi ici ?
Est-ce que tu as des parents ici ?
17 Tu crois que tu es fort.
Eh bien, le SEIGNEUR va te rejeter au loin.
Il va t'entourer de cordes
18 et il t'enverra rouler comme une boule
dans un grand pays.
C'est là-bas que tu mourras,
avec tes chars magnifiques,
toi qui couvres de honte
la maison de ton maître ! »
19 Le SEIGNEUR dit :
« Je te chasserai de ton poste,
je t'arracherai de ta place.
20 Ce jour-là, je ferai appel
à mon serviteur Éliaquim, fils de Hilquia.
21 Je le couvrirai de ton vêtement,
je lui mettrai ta ceinture autour de la taille,
je lui donnerai ton pouvoir.
Il sera un père
pour les habitants de Jérusalem
et pour tout le royaume de Juda.
22 Je lui remettrai la clé de la maison de David.
S'il ouvre, personne ne fermera,
s'il ferme, personne n'ouvrira.
23 Je l'enfoncerai comme un piquet
dans un endroit solide,
et il donnera de l'honneur
à la famille de son père. »

24 Tous les membres de sa famille, proches
ou éloignés, seront accrochés à lui, comme
la petite vaisselle est accrochée à un piquet,
depuis les bols jusqu'aux cuvettes. Quelle
charge ! 25 Le SEIGNEUR de l'univers déclare :
« Un jour, le piquet cassera. Il avait pourtant
été enfoncé dans un endroit solide. Il cassera
et tombera. Alors la charge qu'il supportait
sera détruite. » Voilà ce que le SEIGNEUR a
dit.

Annonce de la destruction de Tyr et de Sidon

23 1 Message au sujet de Tyr[z].

Bateaux de pleine mer,
chantez un chant de deuil.
Le port de Tyr est détruit,
il n'y a plus de maisons.
Vous apprenez cette nouvelle
en arrivant de l'île de Chypre.
2 Gardez le silence,
vous qui habitez sur la côte,
gardez le silence,
vous, commerçants de Sidon,
qui envoyez vos messagers
3 en pleine mer.
Ce qu'on semait le long du Nil,
ce qu'on récoltait sur ses bords,
cela faisait la richesse de Sidon.
Cette ville était devenue
le marché des peuples.
4 Sois couverte de honte, Sidon,
toi qui es le refuge de la mer.
En effet, la mer parle ainsi :
« Je ne veux pas avoir de douleurs
ni mettre des enfants au monde.
Je ne veux pas élever des garçons
ni faire grandir des filles[a]. »
5 Quand l'Égypte apprendra cette nouvelle,

---

z **23.1** *Tyr et Sidon : deux ports de Phénicie, situés sur la côte de la mer Méditerranée.*

a **23.4** *Ces paroles veulent dire que les Phéniciens ne recevront plus les richesses de la mer. La mer est ici comparée à une femme. En effet, les gens de la région considéraient la mer comme l'épouse du peuple phénicien.*

elle tremblera comme en apprenant
ce qui est arrivé à Tyr.
6 Traversez la mer jusqu'à Tarsis[b],
chantez un chant de deuil,
vous, les habitants de la côte.
7 Est-ce que c'est là votre ville
autrefois si vivante,
cette ville très ancienne
qui envoyait des gens au loin
pour installer des maisons de commerce ?

8 La ville de Tyr
distribuait des couronnes de rois.
Ses marchands étaient des princes,
ses commerçants étaient des grands de ce monde.
Qui a décidé de détruire cette ville ?
9 – C'est le SEIGNEUR de l'univers,
pour détruire l'orgueil des gens qui sont honorés,
pour abaisser les grands de ce monde.
10 Tyr, cultive ta terre
comme la région du Nil,
parce que ton port n'existe plus.
11 Le SEIGNEUR a menacé la mer,
il a fait trembler les royaumes.
Il a donné l'ordre de détruire
les lieux bien protégés des *Cananéens.
12 Il a dit :
« Population de Sidon,
tu ne pourras plus faire la fête,
tu es comme une jeune fille
à qui on a fait violence.
Même si tu pars
et si tu traverses la mer
jusqu'à l'île de Chypre,
tu ne pourras pas te reposer
là-bas non plus.
13 Pense au pays des Babyloniens :
ce peuple n'existe plus.
L'Assyrie en a fait un pays
pour les bêtes sauvages.
Les Assyriens ont construit des tours pour l'attaquer.
Ils ont démoli ses palais,
ils l'ont transformé en un tas de pierres.
14 Bateaux de pleine mer,
chantez un chant de deuil,
parce que votre abri est détruit. »

15 Alors la ville de Tyr sera oubliée pendant
70 ans, le temps de la vie d'un roi. Au bout de
ces 70 ans, il arrivera à Tyr la même chose
qu'à la *prostituée dans cette chanson :
16 Prends une *harpe, fais le tour de la ville,
prostituée que tout le monde oublie !
Joue le mieux possible,
chante beaucoup de chansons,
pour que les gens se souviennent de toi !
17 Au bout de 70 ans, le SEIGNEUR agira à Tyr.
La ville recommencera à gagner de l'argent.
Elle se *prostituera avec tous les royaumes
qui sont sur la surface de la terre. 18 Mais ses
bénéfices, ce qu'elle gagnera sera *consacré
au SEIGNEUR. On ne l'entassera pas, on ne le
gardera pas en réserve. Ce qu'elle gagnera servira à nourrir, à rassasier ceux qui habitent en
présence du SEIGNEUR, et à leur donner des
vêtements magnifiques.

Le Seigneur détruit la terre et ses habitants

24 1 Le SEIGNEUR détruit la terre, il la pille.
Il bouleverse la surface de la terre,
il fait partir les habitants de tous côtés :
2 c'est la même chose
pour le prêtre et celui qui ne l'est pas,
pour le maître et l'esclave,
pour la maîtresse de maison et la servante,
pour le vendeur et l'acheteur,
pour celui qui prête et celui qui emprunte,
pour la personne qui a des dettes
et celle à qui l'on doit quelque chose.
3 La terre est complètement détruite,
totalement pillée,
parce que le SEIGNEUR l'a décidé.

4 La terre est en deuil, elle tombe en ruine,
le monde est défait, il tombe en ruine.
Le ciel aussi est défait
en même temps que la terre.

b 23.6 *Tarsis : cette ville était très loin du pays d'Israël, on ne sait pas où.*

5 Oui,
les humains ont rendu la terre *impure :
ils ont désobéi aux commandements du SEIGNEUR,
ils ont méprisé les règles,
ils ont brisé *l'alliance
qui les unissait à Dieu pour toujours.
6 C'est pourquoi la terre est dévorée
par la malédiction de Dieu,
et ses habitants sont punis.
Ils meurent, et il en reste très peu.
7 Le vin nouveau est en deuil,
la *vigne perd ses forces,
ceux qui avaient le cœur en fête gémissent.
8 Le son joyeux des *tambourins s'est arrêté,
les fêtes bruyantes sont finies,
la musique joyeuse de la harpe a cessé.
9 Les gens ne boivent plus de vin
en chantant,
les boissons alcoolisées
semblent amères pour les buveurs.

10 La ville déserte s'est écroulée,
toutes les maisons sont fermées,
personne ne peut plus entrer.
11 Dans les rues,
les gens crient pour avoir du vin,
il n'y a plus de joie,
la gaîté a été chassée du pays.
12 Dans la ville,
il ne reste que des tas de pierres,
sa *porte est démolie, elle est en ruine.

13 Oui, sur la terre, parmi les peuples,
il restera peu de chose,
comme sur les *oliviers
après la récolte des olives,
comme après la récolte du *raisin,
quand on cherche les dernières grappes.

Les habitants de la terre se réjouissent trop tôt

14 Ceux qui sont restés en vie élèvent la voix,
ils chantent la grandeur du SEIGNEUR.
Ils crient de joie
en arrivant des pays de l'ouest :
15 « Dans les régions de l'est,
rendez *gloire au SEIGNEUR,
chantez son nom
dans les îles de la mer et sur les côtes,
chantez le nom du SEIGNEUR, Dieu d'Israël ! »
16 Du bout du monde,
nous entendons ce chant :
« Gloire au Dieu *juste ! »
Mais moi, je dis :
« Je suis perdu, je suis perdu,
quel malheur pour moi ! »
Les traîtres trahissent.
Trahison ! Les traîtres trahissent.
17 La peur, le trou profond et les pièges,
tout cela est pour vous,
habitants de la terre.
18 Celui qui fuit les cris de peur
tombera au fond du trou.
S'il peut remonter du trou,
il sera pris au piège.
Les fenêtres du ciel[c]
s'ouvrent toutes grandes,
toute la terre tremble sur ses fondations.
19 La terre se déchire,
elle craque,
elle s'écroule.
20 Comme un ivrogne,
la terre perd l'équilibre,
elle penche comme une hutte sous le vent.
Elle tombe sous le poids de sa faute,
elle ne pourra pas se relever.

Un jour, le Seigneur de l'univers sera roi à Jérusalem

21 Ce jour-là, le SEIGNEUR agira là-haut contre
l'armée des étoiles, et ici-bas contre les rois de
la terre. 22 Ils seront rassemblés comme des
prisonniers dans un grand trou. Ils seront enfermés dans une prison. Longtemps après, ils
devront rendre des comptes.

---

c **24.18** *Les fenêtres du ciel sont des ouvertures par où la pluie tombe. Dans l'ancien Orient on se représentait le monde ainsi : la terre est comme une sorte de galette plate et ronde, entourée d'eau de tout côté. Le ciel est comme un toit solide au-dessus de la terre. Il la protège des eaux d'en haut. Sous la terre se trouve une mer formée par les eaux d'en bas. Voir Genèse 1.6-10.*

[23] La lune aura honte,
le soleil sera couvert de honte.
En effet, le SEIGNEUR de l'univers sera roi
à Jérusalem,
sur la montagne de *Sion.
Sa *gloire brillera
devant les *anciens de la ville.

Chant de reconnaissance

25 [1] SEIGNEUR, tu es mon Dieu.
Je reconnais ta grandeur
et je chante ton nom.
Oui, tu as réalisé des projets merveilleux.
Ils tiennent depuis longtemps,
ils sont solides et ne changent pas.
[2] Tu as fait de la ville un tas de pierres.
Cette ville bien protégée est démolie.
La ville forte des étrangers
n'est plus une ville,
on ne la reconstruira jamais.
[3] C'est pourquoi un peuple puissant
te rend *gloire,
les villes des peuples violents
te respectent.
[4] En effet, tu défends les faibles
avec puissance,
tu protèges les pauvres
quand ils sont dans le malheur.
Tu es un abri contre la pluie,
une ombre qui protège du soleil.
Oui, la colère des violents
est comme la pluie d'orage
contre un mur,
[5] comme la chaleur du soleil
sur une terre sèche.
Tu fais taire le bruit des étrangers.
Comme l'ombre d'un nuage diminue la chaleur,
tu fais taire le chant de victoire des violents.

Le Seigneur prépare un repas de fête pour tous les peuples

[6] Sur la montagne de *Sion,
le SEIGNEUR de l'univers,
préparera pour tous les peuples
un repas de viandes grasses
arrosé de bons vins,
un repas de viandes tendres et grasses
et de vins purs.
[7] Sur cette montagne,
il enlèvera le voile de deuil
qui enveloppe tous les peuples,
le drap des morts qui couvre tous les pays.
[8] Il détruira la mort pour toujours.
Le Seigneur DIEU
essuiera les larmes sur tous les visages.
Dans tout le pays,
il enlèvera la honte de son peuple.
Voilà ce que le SEIGNEUR a promis.

Le Seigneur sauve son peuple et renverse Moab

[9] Et ce jour-là, on dira :
« C'est lui, notre Dieu.
Nous comptions sur lui, et il nous a sauvés.
Oui, c'est dans le SEIGNEUR
que nous avons mis notre espoir.
Dansons de joie, réjouissons-nous :
il nous a sauvés !
[10] La main du SEIGNEUR
protège la montagne de *Sion. »

Mais Moab est écrasé sur place,
comme de la paille écrasée
dans un trou à fumier.
[11] Là, il remue les bras
comme un nageur les remue pour nager.
Mais malgré ses efforts,
le SEIGNEUR abaisse son orgueil.

[12] Et tes murs de défense
qui te protégeaient si bien, Moab,
le SEIGNEUR les a abattus, renversés,
jetés à terre dans la poussière.

Chant de confiance au Seigneur

26 [1] Ce jour-là, dans le pays de Juda,
les habitants chanteront :
« Nous avons une ville bien défendue.
Pour nous protéger,
le SEIGNEUR l'a entourée de deux murs.
[2] Ouvrez les portes !
Laissez entrer le peuple qui obéit à Dieu,
qui lui est fidèle.
[3] Il ne se laisse troubler par rien.
SEIGNEUR, tu lui donnes une paix sûre,

parce qu'il a confiance en toi.
4 Faites confiance au SEIGNEUR pour toujours,
oui, au SEIGNEUR,
solide Rocher qui dure toujours.
5 Il a fait tomber
ceux qui habitaient sur les hauteurs,
il a renversé la ville si bien protégée.
Il l'a abaissée, abaissée jusqu'à terre,
il l'a jetée dans la poussière.
6 Elle sera écrasée
par les gens sans importance,
par les pauvres qui marcheront sur elle. »

Prière au Seigneur Dieu

7 SEIGNEUR, le chemin de celui qui t'obéit
est un chemin droit.
Tu lui prépares une route bien droite.
8 Oui, SEIGNEUR,
sur le chemin que tu nous commandes de suivre,
nous mettons notre espoir en toi.
Notre seul désir, c'est de faire appel à toi,
de penser à toi.
9 Pendant la nuit,
moi aussi, je te cherche du fond du cœur.

Quand tu appliques tes jugements sur la terre,
les habitants du monde
apprennent à faire ce qui te plaît.
10 Mais si on a pitié des gens mauvais,
ils n'apprendront pas à faire ce qui te plaît.
Même dans le pays où l'on agit bien,
ils font le mal,
ils ne voient pas ta grandeur, SEIGNEUR.

11 SEIGNEUR,
ton poing est levé pour punir,
et ils ne le voient pas.
Mais ils verront avec quel brûlant amour
tu défends ton peuple,
et ils seront couverts de honte.
Ils seront dévorés par le feu
préparé pour tes ennemis.

12 SEIGNEUR, tu nous donnes la paix,
c'est toi qui réalises pour nous
tout ce que nous entreprenons.
13 SEIGNEUR notre Dieu,
d'autres maîtres que toi ont dominé sur nous.
Mais c'est toi seul que nous honorons.
14 Ces maîtres sont morts, ils ne revivront plus.
Ils ne sont plus que des ombres,
ils ne se relèveront plus.
Tu as agi pour les détruire,
tu as fait disparaître tout souvenir d'eux.
15 SEIGNEUR,
tu as fait grandir notre peuple,
tu as montré ta *gloire,
tu as fait grandir notre peuple,
tu as fait reculer toutes les frontières du pays.

16 SEIGNEUR, dans le malheur,
nous nous tournons vers toi.
Quand tu punis,
nous répétons des prières à voix basse.
17 SEIGNEUR, nous avons été devant toi
comme une femme au moment d'accoucher.
Elle souffre et crie de douleur.
18 Nous aussi, nous devions donner la vie,
nous avons souffert,
mais nous n'avons produit que du vent.
Nous n'avons pas apporté
le *salut à la terre,
nous n'avons pas donné
de nouveaux habitants au monde.

Les morts revivront, et le Seigneur détruira les forces du mal

19 Mon peuple, tes morts revivront,
ils se remettront debout.
Ceux qui sont couchés dans la poussière
se réveilleront et crieront de joie.
Le SEIGNEUR t'enverra une rosée de lumière,
et grâce à elle,
la terre fera revivre les morts.

20 Mon peuple, rentre chez toi
et ferme les portes derrière toi.
Cache-toi un petit moment,
le temps de laisser passer la *colère du SEIGNEUR.
21 Le SEIGNEUR sort déjà de sa maison.
Il va punir les habitants de la terre pour leurs fautes.

La terre laissera voir le sang répandu,
elle ne cachera plus les gens qui ont été tués.

27 1 Ce jour-là, avec sa grande *épée dure
et puissante, le SEIGNEUR agira contre
Léviatan, le serpent fuyant, Léviatan, le serpent plein de ruse. Et il tuera ce dragon de
la mer[d].

Chant du Seigneur pour sa vigne

2 Ce jour-là, chantez un chant
pour la *vigne au vin délicieux.
3 « Moi, le SEIGNEUR,
je suis le gardien de cette vigne.
Je l'arrose régulièrement.
Le jour et la nuit, je la garde
pour que personne ne lui fasse du mal.
4 Je ne suis plus en *colère contre elle.
Mais si je trouve des buissons d'épines,
je les combattrai et les brûlerai.
5 Si, au contraire,
quelqu'un se met sous ma protection,
il fera la paix avec moi,
oui, il fera la paix. »

Le Seigneur pardonnera au peuple d'Israël

6 Dans les temps qui viennent,
le peuple de *Jacob produira des racines,
Israël donnera des bourgeons et des fleurs.
Il remplira le monde de ses fruits.
7 Est-ce que le Seigneur
a frappé les gens de son peuple,
comme il a frappé ceux qui les frappaient ?
Est-ce qu'il les as tués,
comme il a tué ceux qui les tuaient ?
8 Non, mais il les a punis
en les chassant, en les envoyant en exil.
Il les a balayés par son souffle violent,
comme par un fort vent d'est.

9 Voici comment la faute de *Jacob sera effacée,
voici ce que le pardon de sa faute produira :
on écrasera toutes les pierres des *autels,
comme pour en faire de la poudre.
Les *poteaux sacrés et les brûle-parfums
ne seront plus debout.
10 Il n'y a plus personne
dans la ville bien protégée.
Elle est vide et abandonnée
comme un désert.
Les veaux viennent se nourrir à cet endroit,
ils s'y reposent
et mangent les feuilles des buissons.
11 Quand les branches sont sèches,
elle se cassent,
et des femmes viennent les brûler.

Ce peuple n'a rien compris.
C'est pourquoi
celui qui l'a créé n'a pas pitié de lui,
celui qui l'a formé ne lui pardonne pas.

Le retour de tous les Israélites exilés

12 Ce jour-là, le SEIGNEUR battra les épis
depuis le fleuve Euphrate
jusqu'au torrent d'Égypte.
Et vous, les Israélites,
il vous ramassera un à un, comme des épis.
13 Ce jour-là,
on fera entendre la grande corne de bélier.
Alors ceux qui étaient perdus en Assyrie,
ceux qui avaient été chassés en Égypte
arriveront tous.
Ils viendront se mettre à genoux devant le
SEIGNEUR,
sur la montagne *sainte, à Jérusalem.

Déclaration de malheur contre Samarie

28 1 Quel malheur pour Samarie !
Les buveurs du pays d'Éfraïm[e]
sont fiers de cette ville en forme de couronne.

---

d 27.1 *Léviatan ou le dragon de la mer est un animal étrange qui apparaît dans les récits de l'ancien Orient. Il représentait les forces du mal. Dans ce texte, il désigne sans doute le pays qui domine le peuple d'Israël.*

e 28.1 *Voir Ésaïe 7.2 et la note.*

Sur la colline qui domine la vallée fertile,
elle est magnifiquement décorée.
Mais elle ressemble à des fleurs sèches
sur la tête de buveurs endormis par le vin.
2 Voici quelqu'un de fort et de puissant.
C'est le Seigneur qui l'envoie.
Il ressemble à un orage de *grêle,
à une tempête qui détruit,
à de fortes pluies qui inondent tout.
Avec violence, cet homme renverse tout.
3 La ville en forme de couronne,
la fierté des buveurs d'Éfraïm
sera écrasée.
4 Elles seront écrasées, les fleurs sèches
qui la décoraient magnifiquement,
sur la colline qui domine la vallée fertile.
Samarie sera comme la première figue
mûre avant la récolte.
Dès que quelqu'un l'aperçoit,
il la prend et la mange aussitôt.
5 Un jour, le SEIGNEUR de l'univers sera lui-
même la magnifique couronne, le riche collier
des gens de son peuple qui seront restés en
vie. 6 Il donnera un esprit de justice à ceux
qui doivent rendre la justice. Il remplira de
force ceux qui repoussent les ennemis devant
la *porte de la ville.

Ceux qui ne veulent pas écouter se moquent d'Ésaïe

7 Même les prêtres et les *prophètes
disent n'importe quoi à cause du vin.
L'alcool leur fait perdre l'équilibre.
À cause de l'alcool,
ils disent n'importe quoi.
Ils sont troublés par le vin.
L'alcool leur fait perdre l'équilibre,
ils disent n'importe quoi
quand ils ont des *visions.
Ils ne voient pas clair
quand ils rendent leur jugement.
8 Toutes les tables
sont couvertes de ce qu'ils ont vomi,
tout est sale !
9 Ces buveurs demandent :
« À qui Ésaïe veut-il donner des enseignements ?
À qui explique-t-il ses messages ?
À des enfants qui viennent d'être sevrés ?
À des bébés qui viennent
de quitter le sein de leur mère ?
10 Écoutez-le :
"B-A-BA-BA, B-O-BO-BO,
D-A-DA-DA, D-O-DO-DO[f] !" »
11 Eh bien, maintenant,
le SEIGNEUR va parler à ce peuple
dans une langue étrangère,
avec des mots qu'il ne comprendra pas.
12 Pourtant, il leur avait dit :
« Ici, c'est un lieu tranquille.
Laissez se reposer celui qui est fatigué.
Ici, c'est un endroit calme. »
Mais ils n'ont pas voulu écouter.
13 C'est pourquoi le SEIGNEUR va leur dire de
la même façon : « B-A-BA-BA, B-O-BO-BO,
D-A-DA-DA, D-O-DO-DO ! » Alors, en marchant, ils tomberont sur le dos et ils se briseront les os. Ils seront pris au piège et faits
prisonniers.

Le Seigneur pose une pierre de fondation à Jérusalem

14 Vous, les moqueurs
qui dirigez ce peuple de Jérusalem,
écoutez donc la parole du SEIGNEUR :
15 « Vous dites :
Nous avons fait un pacte
avec la mort,
nous avons signé un accord
avec le monde des morts.
Quand la catastrophe arrivera,
elle ne viendra pas chez nous.
En effet, les mensonges sont notre abri,
ce qui est faux nous sert de cachette. »
16 C'est pourquoi,
voici la parole du Seigneur DIEU :
« Je pose à *Sion
une pierre de fondation très dure,
une pierre principale, solidement fixée.
Celui qui s'appuie sur elle ne tombera pas.

f **28.10** *Les prêtres et les prophètes se moquent d'Ésaïe en le comparant à un maître qui apprend à lire aux enfants.*

17 Le droit sera mon instrument de mesure,
la justice me servira de fil à plomb[g]. »

Mais la grêle emportera votre abri trompeur,
l'eau inondera votre cachette.
18 Votre alliance avec la mort
sera brisée,
votre accord avec le monde des morts
ne tiendra pas.
Quand la catastrophe arrivera,
elle vous écrasera.

19 Elle passera tous les matins, le jour et la
nuit. Chaque fois qu'elle passera, elle vous
emportera. Quand les gens comprendront
son message, ils seront morts de peur.
20 Oui, comme le proverbe le dit,
le lit sera trop petit
pour se coucher dessus,
la couverture sera trop étroite
pour se couvrir.
21 Le SEIGNEUR agira
comme sur la montagne de Perassim.
Il tremblera de *colère
comme dans la vallée de Gabaon[h],
pour agir et pour faire son travail.
Mais quelle action surprenante,
quel travail bizarre !
22 Et maintenant, arrêtez de vous moquer. Sinon vos chaînes vont se resserrer davantage.
Oui, le Seigneur, DIEU de l'univers, me l'a
dit : il a décidé de détruire tout le pays.

La sagesse du cultivateur vient de Dieu

23 Ouvrez vos oreilles, écoutez-moi !
Faites attention à mes paroles !
24 Le cultivateur qui veut semer
ne passe pas tout son temps
à labourer son champ,
à tracer des sillons
et à écraser les mottes de terre.
25 Mais il rend d'abord le sol plat, n'est-ce pas ?
Ensuite, il sème des épices
comme la nigelle et le cumin,
puis il met le blé, le millet et l'orge,
et enfin une autre *céréale au bord du champ.
26 C'est son Dieu qui lui a appris
cette façon de faire et qui l'instruit.

27 Personne ne sépare les graines de la nigelle
avec le traîneau qui sépare les grains des céréales.
Personne ne fait passer les roues d'un chariot sur le cumin.
Mais on bat ces petites plantes avec un bâton.
28 Quand le cultivateur sépare les grains du blé,
il ne bat pas les épis sans arrêt.
Il fait passer les roues du chariot et les animaux,
mais ceux-ci n'écrasent pas les grains.
29 Cette façon de travailler vient, elle aussi, du
SEIGNEUR de l'univers.
C'est un conseiller merveilleux,
son habileté est très grande.

Paroles de menace et d'espoir pour Jérusalem

29 1 Le SEIGNEUR dit :
« Hélas, Ariel, Ariel[i],
ville de Jérusalem que le roi David est venu attaquer !
Tu peux bien respecter toutes les fêtes,
année après année,
2 mais je vais t'écraser, Ariel.
Tu déborderas de plaintes et de larmes,
et tu seras pour moi
comme l'ariel de *l'autel
où l'on brûle les *sacrifices.
3 Je dresserai mon camp autour de toi.
Je lutterai contre toi avec des abris de combat,

---

g **28.17** *Le fil à plomb sert à contrôler si un mur est bien droit.*
h **28.21** *Sur la montagne de Perassim et à Gabaon, David a remporté la victoire sur les Philistins. Voir 2 Samuel 5.20.*
i **29.1** *Ariel : nom donné ici à la ville de Jérusalem. Ce mot désigne habituellement le foyer de l'autel où on brûlait les animaux.*

j'établirai contre toi des murs d'attaque.
4 Tu tomberas si bas
que ta voix semblera venir du cœur de la terre.
On l'entendra à peine à travers la poussière.
Elle semblera sortir de terre,
comme la voix d'un esprit
qui parle faiblement à travers la poussière.
5 La foule de tes ennemis
ressemble à un nuage de poussière,
les bandes de ceux qui t'écrasent
sont comme la paille emportée par le vent. »

Et tout à coup,
6 le SEIGNEUR de l'univers agit,
à travers le grondement du tonnerre,
avec un bruit terrible,
dans l'orage et la tempête,
et avec les flammes d'un feu destructeur.
7 La foule des pays qui te font la guerre, Ariel,
disparaît comme un rêve.
Tous ceux qui construisent autour de toi
des murs pour t'attaquer
et qui te serrent de près,
ils disparaissent
comme une *vision dans la nuit.

8 Quelqu'un qui a faim rêve qu'il mange,
mais quand il se réveille,
son estomac est vide.
Quelqu'un qui a soif rêve qu'il boit,
mais quand il se réveille,
il est fatigué, et sa gorge est sèche.
Ce sera la même chose
pour la foule des pays
qui font la guerre à la montagne de *Sion.

Même les prophètes et les voyants ne comprennent rien

9 Soyez étonnés
et restez sans rien dire.
Devenez aveugles
et restez sans rien voir.
Soyez ivres,
mais sans boire de vin.
Marchez de travers,
mais sans boire d'alcool.
10 En effet, le SEIGNEUR
a endormi votre intelligence,
il a empêché vos *prophètes de voir,
il a mis un voile sur le visage de vos voyants.

11 L'annonce de toutes ces choses est restée
pour vous comme les mots d'un livre fermé
avec de la cire. On le présente à quelqu'un
qui sait lire en lui disant : « Lis donc ceci ! »
Mais il répond : « Je ne peux pas, le document
est fermé. » 12 Ou bien on le donne à quelqu'un
qui ne sait pas lire, en lui disant : « Lis donc
cela ! » Mais il répond : « Je ne sais pas lire. »

Le Seigneur va continuer ses actions étonnantes

13 Le Seigneur dit de ce peuple :
« Ce peuple est près de moi en paroles.
Il m'honore avec sa bouche,
mais son cœur est très loin de moi.
Le respect qu'il a pour moi
n'est qu'un commandement enseigné par des humains.
14 C'est pourquoi je vais continuer
à étonner ce peuple
par des actions étonnantes.
Malgré leur sagesse,
les sages n'y comprendront rien,
malgré leur intelligence,
ses savants ne pourront rien expliquer. »
15 Quel malheur pour ces gens
qui agissent en secret
pour cacher leurs projets au SEIGNEUR !
Ils préparent leurs affaires dans l'ombre.
Ils disent : « Qui peut nous voir ?
Qui sait ce que nous faisons ? »
16 Pourtant, vous vous trompez totalement !
Est-ce qu'on peut confondre le potier avec l'argile ?
Est-ce que l'objet va dire de l'artisan :
« Ce n'est pas lui qui m'a fait » ?
Est-ce que le vase va dire du potier :
« Il ne sait pas travailler » ?

Le Seigneur va changer l'attitude de son peuple

17 Dans très peu de temps,
la forêt du Liban deviendra une plantation d'arbres fruitiers,

et la plantation deviendra une forêt.
18 Ce jour-là, les sourds entendront
ce qui est dit dans le livre.
Les aveugles sortiront de la nuit noire
et ils verront clair.
19 Les gens sans importance
trouveront une joie de plus en plus grande
dans le SEIGNEUR,
les plus pauvres danseront de joie
à cause du Dieu *saint d'Israël.
20 En effet, ce sera la fin des dictateurs,
et les orgueilleux disparaîtront.
Ils seront supprimés,
ceux qui cherchent à faire du mal aux autres,
21 qui accusent quelqu'un faussement,
qui tendent des pièges aux juges,
qui font condamner un innocent.
22 C'est pourquoi, voici la parole
que le SEIGNEUR, lui qui a sauvé Abraham,
adresse au peuple de *Jacob :
« Maintenant,
le peuple de Jacob ne sera plus déçu,
il ne sera plus couvert de honte.
23 En effet, eux et leurs enfants verront
ce que je ferai parmi eux.
Alors ils reconnaîtront qui je suis,
moi, le Dieu *saint de Jacob,
ils auront peur de me déplaire,
à moi, le Dieu d'Israël.
24 Ceux qui jugeaient faussement
commenceront à comprendre.
Ceux qui critiquaient tout
accepteront qu'on les instruise. »

Quel malheur pour ceux qui cherchent de l'aide en Égypte !

30 1 Le SEIGNEUR déclare :
Quel malheur pour vous,
enfants désobéissants !
Vous faites des projets
qui ne viennent pas de moi.
Vous passez des accords
contraires à ce que je veux.
Vous ajoutez une faute à l'autre.
2 Vous vous mettez en route pour l'Égypte,
mais vous ne m'avez pas demandé mon avis.
Vous voulez que le roi d'Égypte vous protège,
et vous cherchez un abri à l'ombre de son pays !
3 Mais la protection de ce roi
sera pour vous une déception.
L'abri que vous cherchez en Égypte
vous fera perdre votre honneur.
4 Vos chefs sont déjà à Soan,
vos messagers sont arrivés à Hanès[j].
5 Mais ils seront tous couverts de honte
à cause d'un peuple
qui ne peut rien faire pour eux.
Les Égyptiens ne donneront aucune aide
ni aucun avantage.
Ils vous apporteront seulement la honte
et vous feront perdre votre honneur.

6 Des bêtes chargées
traversent le désert du Néguev.
C'est une région de malheur
qui fait trembler de peur et d'angoisse.
Des lions et des lionnes,
des vipères et des dragons[k] volants
y habitent.
Vos messagers transportent leurs richesses
et leurs trésors sur le dos des ânes
et sur la bosse des chameaux.
Ce sont des cadeaux pour un peuple
qui ne peut rien faire pour eux.
7 Oui, l'aide de l'Égypte,
c'est du vent, elle ne vaut rien.
C'est pourquoi je dis de ce pays :
« Il bouge beaucoup, mais il ne fait rien. »

Avertissement pour l'avenir

8 Le SEIGNEUR dit à Ésaïe :
« Maintenant,
écris ces choses sur une tablette,
écris-les aussi sur un document,
devant les gens de Jérusalem.
Dans l'avenir,

j **30.4** *Soan et Hanès : villes situées au nord-est de l'Égypte.*
k **30.6** *Dragons : voir Ésaïe 14.29 et la note.*

cela servira de *témoin pour toujours. »
9 C'est un peuple désobéissant,
ce sont des menteurs,
des gens qui refusent d'écouter
l'enseignement du SEIGNEUR.
10 Ils disent aux *prophètes :
« N'ayez plus de *visions !
Ne nous annoncez pas ce qui est vrai !
Dites-nous des choses agréables,
annoncez-nous ce qui nous plaît,
même si c'est faux.
11 Éloignez-vous du bon chemin,
quittez la bonne route.
Ne nous parlez plus
du Dieu *saint d'Israël ! »

12 C'est pourquoi le Dieu saint d'Israël dit :
« Vous rejetez mes paroles.
Vous faites confiance
à ceux qui vous trompent et qui mentent,
et vous vous appuyez sur eux.
13 Eh bien, cette faute sera pour vous
comme une fente qui se creuse dans un grand mur.
Une bosse apparaît sur le mur,
et tout à coup, il s'écroule.
14 Le mur sera brisé en petits morceaux,
comme le plat d'un potier.
C'est sans espoir,
on ne peut plus trouver parmi eux
un morceau assez grand
pour prendre des charbons dans un feu
ou de l'eau dans une mare. »

Seule la confiance en Dieu donne de la force

15 Voici la parole du Seigneur,
le DIEU *saint d'Israël :
Vous serez sauvés seulement
en vous tournant vers moi
et en restant calmes.
Votre seule force,
c'est de rester tranquilles
et de mettre votre confiance en moi.
Mais vous ne voulez pas.
16 Vous dites :
« Non, nous fuirons à cheval. »
Eh bien, oui, vous fuirez.
Vous dites aussi :
« Nos chevaux iront très vite. »
Eh bien, ceux qui vous poursuivront
iront en effet très vite.
17 Un seul ennemi vous menacera,
et mille d'entre vous trembleront de peur.
Cinq ennemis vous menaceront,
et vous fuirez tous.
À la fin, ce qui restera de vous sera
comme un signal au sommet d'une montagne,
comme un drapeau sur une colline.

Le Seigneur montrera sa bonté à son peuple

18 Pourtant, le SEIGNEUR attend le moment
de vous montrer sa bonté,
il se lèvera pour vous montrer sa tendresse.
Oui, le SEIGNEUR est un Dieu *juste.
Ils sont heureux,
ceux qui l'attendent avec espoir.

19 Toi, le peuple de *Sion,
toi qui habites à Jérusalem,
tu ne pleureras plus.
Le SEIGNEUR te montrera sa bonté
quand tu crieras vers lui.
Dès qu'il t'entendra, il te répondra.
20 Quand tu seras dans le malheur,
le Seigneur te donnera de la nourriture.
Quand tu seras écrasé,
il te donnera à boire.
Celui qui t'enseigne ne se cachera plus,
et tu pourras le voir de tes yeux.
21 Tu entendras derrière toi ces paroles :
« Voici le chemin que tu dois prendre
pour aller à droite ou à gauche ! »

22 Tu considéreras comme *impures
les statues de tes faux dieux en bois ou en métal,
recouvertes d'argent et d'or.
Tu les jetteras comme des choses sales
et tu leur diras : « Ordure ! »
23 Alors le SEIGNEUR enverra la pluie
sur les graines que tu as semées.
La nourriture que la terre te donnera
sera abondante et excellente.
Ce jour-là, tes troupeaux iront manger
dans de grands pâturages.

24 Les bœufs et les ânes qui labourent la terre
mangeront de l'herbe délicieuse.
Cette herbe sera répandue par terre
avec la pelle et la fourche.
25 Le jour où tout le monde sera tué,
quand les tours de défense tomberont,
des rivières arroseront montagnes et collines.
26 Le jour où le SEIGNEUR
soignera les plaies de son peuple,
quand il guérira ses blessures,
la lune brillera comme le soleil,
et le soleil donnera en un seul jour
autant de lumière qu'en sept jours.

Le Seigneur combattra les Assyriens

27 Voici le SEIGNEUR, il arrive de loin.
Sa *colère est brûlante, écrasante.
Sa bouche est remplie de colère.
Sa parole est comme un feu dévorant,
28 son souffle est comme un torrent
qui déborde et monte jusqu'au cou.
Il vient secouer les peuples
d'un mouvement destructeur.
Il met entre leurs mâchoires
une tige de fer pour les conduire
là où ils ne veulent pas.

29 Vous, habitants de Jérusalem, vous
chanterez comme pendant une nuit de
fête. Vous aurez le cœur joyeux comme
ceux qui marchent au son de la flûte vers
la montagne du SEIGNEUR, vers Dieu, le Rocher d'Israël.
30 Le SEIGNEUR fera entendre sa voix terrible
et il fera voir la force de son bras.
Il montrera sa violente colère
parmi les flammes d'un feu dévorant,
accompagné d'une tempête de pluie
et d'un orage de *grêle.
31 En entendant la voix du SEIGNEUR,
l'Assyrie tremblera de peur
sous les coups de son bâton.

32 Les *tambourins et les harpes accompa-
gneront chaque coup que le SEIGNEUR lui donnera. Le SEIGNEUR menacera l'Assyrie en
agitant la main et il la combattra.
33 Un feu est préparé depuis longtemps.
Il est aussi pour le roi.
Dans un trou, large et profond,
on a placé en rond
beaucoup de bois pour le feu.
Le souffle du SEIGNEUR,
comme un fleuve de poussière brûlante,
allumera ce feu.

Quel malheur pour ceux qui cherchent de l'aide en Égypte !

31 1 Quel malheur pour ceux
qui vont chercher de l'aide en Égypte !
Ils comptent sur les chevaux,
ils font confiance aux chars
parce qu'il y en a beaucoup,
et aux cavaliers
parce qu'ils sont très forts.
Mais ils ne regardent pas
vers le Dieu *saint d'Israël.
Ils ne cherchent pas le SEIGNEUR.
2 Pourtant, lui aussi, il est habile :
il peut faire venir le malheur,
il ne retire pas ses menaces.
Il se lève contre le parti des gens mauvais
et contre l'aide de ceux qui font le mal.
3 Les Égyptiens ne sont que des hommes,
ils ne sont pas des dieux.
Leurs chevaux ne sont que des animaux,
ils ne sont rien de plus.
Quand le SEIGNEUR étend sa main,
celui qui devait aider tombe,
celui qui a demandé de l'aide s'écroule,
et c'est la mort pour tous les deux.

Le Seigneur protégera Jérusalem

4 Voici ce que le SEIGNEUR m'a dit :
« Quand le lion ou le lionceau rugit
pour garder l'animal qu'il a pris,
on fait appel contre lui à de nombreux bergers.
Mais il n'a pas peur de leurs cris.
Le bruit qu'ils font ne le trouble pas.
Ce sera pareil quand moi,
le SEIGNEUR de l'univers,
je descendrai sur la montagne de *Sion
pour faire la guerre. »

5 Comme un oiseau
qui vole au-dessus de ses petits,
le SEIGNEUR de l'univers protégera Jérusalem.
Il la défendra et la délivrera,
il la protégera et la sauvera.

6 Israélites, vous vous êtes complètement
détournés du SEIGNEUR. Revenez donc vers
lui. 7 Un jour, chacun de vous rejettera les
faux dieux d'argent et d'or qu'il s'est fabriqués de ses mains coupables.

8 L'Assyrie tombera
sous les coups d'une *épée
qui n'est pas celle des hommes.
L'épée qui la détruira
n'est pas une épée humaine.
Les Assyriens fuiront devant elle,
et leurs jeunes combattants
seront soumis aux travaux forcés.
9 Ils trembleront de peur.
Les plus solides s'enfuiront,
et les chefs, découragés,
abandonneront leur drapeau.
C'est le SEIGNEUR qui le déclare,
lui qui a sa flamme à *Sion,
un feu allumé à Jérusalem.

Quand le roi est juste, tout va bien

32 1 Il y aura un roi
qui gouvernera avec justice.
Les chefs dirigeront les gens
en respectant le droit.
2 Chacun sera comme un abri contre le vent,
comme un refuge contre la pluie,
comme l'eau qui coule dans le désert,
comme l'ombre d'un gros rocher dans un pays chaud.
3 Les yeux de ceux qui devraient voir
ne seront plus fermés,
les oreilles de ceux qui devraient entendre
écouteront bien.
4 Les gens étourdis
réfléchiront pour comprendre,
ceux qui parlent avec difficulté
s'exprimeront facilement et clairement.
5 On ne dira plus aux gens stupides :
« Vous êtes des gens dignes de respect. »
On ne dira plus à ceux qui trompent les autres :
« Vous êtes des gens de valeur. »

6 En effet, les gens stupides
disent des choses qui n'ont aucun sens.
Ils ne pensent qu'à faire du mal,
ils commettent des actes horribles
et ils insultent le SEIGNEUR.
Ils ne donnent pas à manger à celui qui a faim,
ils ne donnent rien à boire à celui qui a soif.
7 Ceux qui trompent les autres
font beaucoup de mal.
Ils préparent de mauvais coups
pour détruire les pauvres
par des mensonges.
Pourtant, ces malheureux réclament seulement ce qui leur est dû.
8 Mais les gens dignes de respect
ont seulement des intentions droites,
ils ne font que des actes de valeur.

Avertissement aux femmes de Jérusalem

9 Femmes qui vous croyez en sécurité,
levez-vous, écoutez-moi !
Filles sûres de vous,
écoutez mes paroles !
10 Dans un an et quelques jours,
vous qui êtes sûres de vous,
vous serez inquiètes.
Il n'y aura pas de *raisin à cueillir,
pas de récolte.

11 Tremblez,
femmes qui vous croyez en sécurité,
vous qui êtes sûres de vous,
soyez inquiètes !
Déshabillez-vous,
enlevez vos vêtements
et mettez un habit de deuil autour de votre taille.
12 Montrez votre tristesse,
pleurez sur la beauté des champs
et sur les *vignes chargées de fruits.
13 Pleurez sur la terre de mon peuple
qui se couvre de buissons d'épines,
pleurez sur toutes les maisons heureuses
de la ville en fête.

14 Le palais est abandonné,
il n'y a plus personne dans la ville bruyante.
Le quartier de l'Ofel[l] et la tour de garde
sont devenus pour toujours des terres abandonnées.
Là, les ânes sauvages trouvent leur bonheur
et les troupeaux peuvent manger de l'herbe.

Un jour, le Seigneur répandra son esprit

15 Un jour, le Seigneur
répandra sur nous son esprit.
Alors le désert deviendra une plantation d'arbres fruitiers,
et la plantation deviendra une vraie forêt.
16 Alors le droit sera respecté
dans le désert,
et la justice s'installera
dans la plantation d'arbres fruitiers.
17 La justice fera naître la paix,
elle apportera la tranquillité
et la sécurité pour toujours.

18 Le peuple du Seigneur
habitera dans un endroit paisible,
dans des maisons sûres,
dans des lieux tranquilles.

19 De la *grêle tombera sur la forêt,
et la ville s'écroulera.
20 Mais vous aurez de la chance :
vous pourrez semer partout,
il y aura beaucoup d'eau,
et vous pourrez laisser le bœuf et l'âne
se promener librement.

Malheur à celui qui détruit tout !

33 1 Malheur à toi qui détruis tout[m]
et qui n'es pas détruit !
Malheur à toi qui trahis les autres
et qui n'es pas trahi !
Quand tu auras fini de détruire,
tu seras détruit,
quand tu auras fini de trahir,
tu seras trahi.
2 SEIGNEUR, aie pitié de nous !
Nous mettons notre confiance en toi.
Chaque matin, sois notre force,
et notre sauveur au moment du malheur.

3 Quand les peuples entendent ta voix,
ils s'enfuient.
Dès que tu te mets debout,
ils partent de tous côtés.
4 Alors le pillage commence,
on croirait voir des criquets.
On se jette sur les richesses
comme un nuage de sauterelles.

5 Le SEIGNEUR est plus grand que tout,
car il habite un lieu élevé.
Il a établi à Jérusalem
le respect du droit et la justice.
6 Et toi, peuple du SEIGNEUR,
tu pourras vivre en sécurité.
La sagesse et la connaissance
sont des richesses qui sauvent.
Le respect du SEIGNEUR,
voilà ton trésor.

Le Seigneur va agir

7 Voici que les gens d'Ariel[n] poussent des cris dans les rues.
Les messagers de paix pleurent amèrement.
8 Les routes sont vides,
personne ne passe sur les chemins.
Les accords ne sont pas respectés,
les *témoins sont rejetés,
on méprise tout le monde.
9 Le pays en deuil se dessèche.
Les montagnes du Liban, couvertes de honte, sont toutes sèches.
La plaine du Saron ressemble à un désert.
Les monts du *Bachan et du Carmel n'ont plus d'arbres.

10 Le SEIGNEUR dit :
« Maintenant je vais agir,

l **32.14** *L'Ofel était un quartier de Jérusalem, situé au sud du temple et du palais royal.*

m **33.1** *Cette malédiction s'adresse sans doute à l'Assyrie.*

n **33.7** *Voir Ésaïe 29.1 et la note.*

maintenant je vais me lever,
je vais montrer ma grandeur.
11 Les projets que vous avez faits
ne sont que de l'herbe sèche.
Quand ils se réalisent,
c'est seulement de la paille.
12 Votre propre souffle
vous détruira comme un feu.
Les autres peuples seront brûlés
et deviendront de la cendre.
Comme des branches d'épines coupées,
ils seront jetés au feu.
13 Vous qui êtes loin,
écoutez ce que j'ai fait.
Et vous qui êtes près,
reconnaissez ma puissance. »
14 À *Sion, les coupables sont effrayés,
les gens mauvais tremblent de peur.
Ils demandent :
« Qui de nous pourra tenir
près de ce feu dévorant ?
Qui de nous pourra rester
près de ces flammes
qui ne s'éteignent jamais ? »
15 – C'est l'homme qui vit
en faisant ce qui est *juste,
et qui dit la vérité.
Voici comment il se conduit :
il refuse les avantages
obtenus par la violence,
il repousse ceux qui veulent l'acheter
avec des cadeaux.
Il ferme ses oreilles
quand on parle de tuer quelqu'un.
Il ferme les yeux
pour ne pas voir le mal.
16 Cet homme-là habitera en sécurité sur les hauteurs.
Il aura pour abri les fentes des rochers.
Il aura toujours à manger,
et toujours de l'eau à boire.

Jérusalem deviendra un lieu sûr

17 Tu pourras admirer le roi
dans toute sa beauté,
tu verras le pays dans toute son étendue.
18 Tu réfléchiras à ce qui t'effrayait
et tu te demanderas :
« Où sont donc les hommes
qui vérifiaient et comptaient les impôts ?
Où sont ceux
qui contrôlaient les murs de défense ? »
19 Tu ne verras plus ce peuple orgueilleux,
ces gens qui parlent une langue obscure,
une langue étrangère
que personne ne comprend.
20 Regarde Jérusalem, vois *Sion,
la ville de nos fêtes.
Elle t'apparaîtra comme un lieu sûr,
comme une tente qu'on ne déplace plus.
On n'arrachera jamais ses piquets,
on n'enlèvera jamais ses cordes.
21 C'est là que le SEIGNEUR montrera
qu'il est magnifique.
Ce sera une région de grands fleuves
et de larges canaux.
Les navires de guerre n'y passeront pas,
les grands bateaux ne la traverseront pas.

22 Le SEIGNEUR est notre chef,
c'est lui qui nous conduit.
Le SEIGNEUR est notre roi,
c'est lui qui nous sauve.

23 Les cordes des ennemis
ne sont plus serrées,
elles ne tiennent plus le mât du bateau[o].
On ne peut plus monter la voile.

C'est pourquoi on se partagera
d'immenses richesses.
Même les boiteux participeront au pillage.
24 Aucun habitant de Jérusalem ne dira :
« Je suis malade. »
Le peuple de cette ville
recevra le pardon de ses fautes.

Le Seigneur juge le peuple d'Édom

34 1 Peuples,
approchez-vous pour écouter,
populations, soyez attentives !
Que la terre écoute

o 33.23 *Le mât d'un bateau est un long poteau dressé sur le pont.*

avec tout ce qu'elle contient!
Que le monde entende
avec tout ce qu'il produit!
2 Le SEIGNEUR est en *colère
contre tous les peuples,
il est en colère contre toute leur armée.
Il a décidé de les détruire totalement,
il les livre à l'abattoir.
3 Leurs morts couvrent le sol,
leurs corps sentent la pourriture,
leur sang coule des montagnes
comme des torrents.
4 Toute l'armée des étoiles
tombe en mille morceaux.
Le ciel s'enroule comme un livre[p].
Tous les *astres tombent du ciel,
comme les feuilles mortes de la *vigne
ou du *figuier.
5 Dans le ciel,
*l'épée du SEIGNEUR est couverte de sang.
Elle tombe sur les Édomites,
sur le peuple qu'il a décidé de détruire entièrement.
6 L'épée du SEIGNEUR est pleine de sang,
couverte de graisse:
c'est comme le sang des agneaux et des boucs,
comme la graisse des reins des béliers.
À Bosra, la capitale,
le SEIGNEUR a préparé un sacrifice.
C'est une terrible destruction
au pays d'Édom.
7 Les buffles, les taureaux et les bœufs
tombent en même temps.
La terre est inondée de sang,
et le sol est couvert de graisse.
8 C'est le jour où le SEIGNEUR
se venge des Édomites,
l'année où le défenseur de *Sion
leur demande des comptes.
9 Les torrents du pays d'Édom
deviendront des fleuves de goudron,
son sol se changera en poussière brûlante.
Ce pays sera comme du goudron en feu
10 qui ne s'éteindra ni la nuit, ni le jour.
Une fumée qui ne finit pas
montera vers le ciel.
Ce pays deviendra un désert pour toujours,
personne ne passera plus par là.
11 Le hibou et la chouette l'occuperont,
la hulotte et le corbeau y habiteront.
Le SEIGNEUR détruira le pays.
Ce sera comme le grand vide
qui existait avant la création du monde.

12 Il n'y aura plus de notables
pour choisir un roi,
tous les chefs seront morts.
13 Des buissons d'épines
pousseront dans les palais,
des mauvaises herbes et des chardons
couvriront les murs de défense.
Les chacals habiteront là,
les autruches s'y installeront.
14 Les chats sauvages rencontreront les hyènes,
les boucs s'y retrouveront.
C'est là que Lilith, le mauvais esprit de la nuit,
s'installera et se reposera.
15 À cet endroit, le serpent fera son nid,
il déposera ses œufs et les couvera
jusqu'à la naissance des petits.
C'est là que les vautours se rassembleront.

16 Si vous consultez le livre du SEIGNEUR[q],
vous pourrez lire ces paroles:
Aucun de ces animaux ne manque,
aucun n'est absent.
C'est le SEIGNEUR
qui leur donne des ordres,
c'est son esprit qui les a rassemblés.
17 Il a *tiré au sort
la part de chacun d'eux,
il a pris sa corde
pour mesurer leurs parts de terre
dans le pays.

---

p **34.4** *À cette époque, les livres avaient la forme d'un rouleau.*

q **34.16** *Le livre du Seigneur: sans doute un livre contenant des paroles d'Ésaïe qui n'a pas été conservé.*

Ils le posséderont pour toujours.
De génération en génération,
ils habiteront là.

Les prisonniers reviennent à Jérusalem

35 [1] Désert et terre sèche,
soyez dans la joie !
Région sans eau, réjouis-toi et fleuris !
[2] Couvre-toi de fleurs des champs.
Réjouis-toi, réjouis-toi et crie de joie !
Le SEIGNEUR te rendra magnifique
comme les montagnes du Liban,
il te donnera la beauté du mont Carmel
et des plaines du Saron.
Alors tout le monde verra
la *gloire du SEIGNEUR,
la beauté de notre Dieu.

[3] Redonnez de la force aux bras fatigués,
rendez plus solides les genoux tremblants.
[4] Dites à ceux qui perdent courage :
« Soyez forts ! N'ayez pas peur !
Voici votre Dieu.
Il vient vous venger
et rendre à vos ennemis
le mal qu'ils vous ont fait,
il vient lui-même vous sauver. »

[5] Alors les yeux des aveugles verront clair,
les oreilles des sourds entendront.
[6] Les boiteux bondiront comme des gazelles,
et la bouche des muets s'ouvrira pour exprimer leur joie.
De l'eau jaillira dans le désert,
des fleuves couleront dans la terre sèche.
[7] Le sable brûlant se changera en lac,
la terre de la soif deviendra une région de sources.
À l'endroit où les chacals habitaient,
le roseau et le papyrus pousseront.

[8] Il y aura là une route
qu'on appellera « le chemin de Dieu ».
Aucune personne *impure n'y passera,
Il sera réservé au peuple du SEIGNEUR.
Les gens stupides ne viendront pas s'y perdre.
[9] On n'y rencontrera pas de lion,
pas de bête sauvage, aucune ne viendra là.
Seuls ceux que le SEIGNEUR aura libérés
prendront cette route.
[10] Ceux que le SEIGNEUR aura délivrés reviendront.
Ils arriveront à *Sion en criant de joie.
Un bonheur sans fin éclairera leur visage,
une joie débordante les accompagnera,
souffrance et plaintes disparaîtront.

Le roi d'Assyrie menace Jérusalem

36 [1] La quatorzième année où Ézékias
était roi de Juda, Sennakérib, le roi
d'Assyrie, est venu attaquer toutes les villes
bien protégées du royaume de Juda et il les a
prises[r]. [2] Le roi d'Assyrie se trouvait à Lakich. De là, il a envoyé son officier supérieur
au roi Ézékias, à Jérusalem, avec une armée
importante. L'officier s'est placé près du canal du réservoir supérieur, sur la route qui
conduit au champ des Blanchisseurs. [3] Alors
Éliaquim, fils de Hilquia et chef du palais
royal, est sorti de la ville à sa rencontre.
Le secrétaire Chebna et Yoa, fils d'Assaf et
porte-parole du roi, étaient avec lui. [4] L'officier supérieur assyrien leur a dit : « Allez
porter à Ézékias ce message du Grand Roi,
le roi d'Assyrie : Tu mets ta confiance en
quoi ? [5] Tu crois que de simples paroles remplacent un plan de bataille et le courage
pour faire la guerre ? En qui est-ce que tu
mets ta confiance pour oser te révolter
contre moi ? [6] Tu mets ta confiance dans
l'Égypte, ce roseau cassé qui perce la main
de celui qui s'appuie sur lui ! Oui, le Pharaon, roi d'Égypte, est comme ce roseau
cassé pour tous ceux qui mettent leur
confiance en lui. [7] Tu vas peut-être me répondre : "C'est dans le SEIGNEUR notre
Dieu que nous mettons notre confiance."
Pourtant, c'est toi, Ézékias, qui as supprimé
ses lieux sacrés et ses *autels. Et tu as
commandé aux gens de Juda et de Jérusalem

r 36.1 *Cette attaque des Assyriens a eu lieu en 701 avant J.-C.*

d'adorer le SEIGNEUR uniquement devant
*l'autel de cette ville.
8 « Eh bien, fais donc un pari avec mon maître, le roi d'Assyrie. Je suis prêt à te donner
2 000 chevaux si tu trouves des cavaliers
pour les monter. 9 Tu n'es même pas capable
de faire reculer un seul des plus petits serviteurs de mon maître ! Et tu mets ta confiance
dans l'Égypte pour avoir des chars et des chevaux ! 10 De plus, est-ce que mon maître est
venu dans ton pays pour le détruire sans l'accord du SEIGNEUR ? Non ! C'est le SEIGNEUR lui-
même qui lui a donné cet ordre ! »
11 Alors Éliaquim, Chebna et Yoa ont demandé à l'officier supérieur assyrien : « S'il
te plaît, parle-nous en araméen. En effet,
nous le comprenons. Évite de nous parler en
*hébreu, parce que tous les gens qui sont sur
les murs de la ville nous écoutent. » 12 Mais
l'officier supérieur a répondu : « Est-ce que
le message de mon maître est seulement
pour ton roi et pour toi ? Non, il est aussi
pour tous les gens qui sont sur les murs de
la ville. D'ailleurs, ils seront bientôt obligés
de manger leurs excréments et de boire leur
urine avec vous. »
13 Ensuite, l'officier supérieur assyrien s'est
mis debout et, en hébreu, il a crié d'une voix
forte : « Écoutez le message du Grand Roi, le
roi d'Assyrie : 14 Ne vous laissez pas tromper
par Ézékias. Il ne pourra pas vous délivrer.
15 Il vous dit de mettre votre confiance dans le
SEIGNEUR, qui va sûrement vous délivrer. Il affirme que cette ville ne tombera pas au pouvoir
du roi d'Assyrie. 16 N'écoutez pas Ézékias, mais
écoutez plutôt ce que vous dit le roi d'Assyrie :
Faites la paix avec moi, livrez-vous à moi. Alors
chacun de vous mangera les fruits de sa *vigne
et de son *figuier, chacun boira l'eau de sa citerne. 17 Ensuite, je reviendrai pour vous
conduire dans un pays comme le vôtre, dans
un pays de *blé et de vignes, qui donne du
pain et du vin. 18 Ne vous laissez pas tromper
par Ézékias quand il vous dit que le SEIGNEUR
va vous délivrer. Est-ce que les dieux des autres
peuples m'ont empêché de prendre leur pays ?
19 Qu'est-ce que les dieux de Hamath et d'Arpad ont fait ? Et ceux de Sefarvaïm ? Est-ce
qu'ils m'ont empêché de prendre la ville de
Samarie ? 20 Parmi tous les dieux de ces pays,
lequel a délivré son pays de mon pouvoir ?
Alors, est-ce que le SEIGNEUR peut m'empêcher
de prendre Jérusalem ? »
21 Tous ceux qui étaient là gardaient le silence, personne ne disait un mot. En effet, le
roi Ézékias leur avait commandé de se taire.
22 Après cela, Éliaquim, fils de Hilquia et
chef du palais royal, le secrétaire Chebna et
Yoa, fils d'Assaf et porte-parole du roi, ont
*déchiré leurs vêtements. Ils sont revenus au-
près d'Ézékias et lui ont raconté ce que l'officier supérieur assyrien avait dit.

Le roi Ézékias demande l'avis du prophète Ésaïe

37 1 Quand le roi Ézékias a entendu ces
paroles, il a *déchiré ses vêtements,
il a mis un habit de deuil et il est allé au temple du SEIGNEUR. 2 Il a envoyé Éliaquim, le chef
du palais, le secrétaire Chebna et les prêtres
les plus âgés chez le *prophète Ésaïe, fils
d'Amots. Ces hommes portaient aussi un habit de deuil. 3 Ils devaient communiquer au
prophète ces paroles d'Ézékias : « Aujour-
d'hui, c'est pour nous un jour de grande inquiétude, de punition et de honte. On le dit,
l'enfant est prêt à naître, mais sa mère
manque de force pour accoucher. 4 Le roi
d'Assyrie a envoyé son officier supérieur
pour insulter le Dieu vivant. Si seulement le
SEIGNEUR ton Dieu pouvait entendre ces insultes et le punir pour ce qu'il a dit ! Toi, Ésaïe,
prie le SEIGNEUR pour ceux de ton peuple qui
sont restés en vie. »
5 Les envoyés du roi Ézékias sont allés voir
Ésaïe. 6 Celui-ci leur a dit : « Vous porterez à
votre maître ce message du SEIGNEUR : Tu as
entendu les insultes que les officiers du roi
d'Assyrie ont lancées contre moi. N'aie pas
peur de ce qu'ils ont dit. 7 Leur roi va apprendre une nouvelle. Je vais alors lui donner
l'idée de retourner dans son pays, et là-bas je
le ferai mourir par *l'épée. »

Sennakérib, le roi d'Assyrie, menace encore Jérusalem

8 L'officier supérieur assyrien a appris que
le roi avait quitté Lakich. Il était en train de

combattre contre la ville de Libna. L'officier
est donc allé le trouver là-bas. 9 Mais le roi
d'Assyrie avait entendu dire que *l'Éthiopien
Tiraca, roi d'Égypte, venait l'attaquer. En recevant cette nouvelle, Sennakérib a envoyé
de nouveau des messagers à Ézékias, 10 le roi
de Juda. Ils lui ont dit : « Tu mets ta confiance
en Dieu et tu penses qu'il va m'empêcher de
prendre Jérusalem. Ne te laisse pas tromper
par lui. 11 Tu sais bien ce que les rois d'Assyrie
ont fait à tous les pays qu'ils ont détruits entièrement. Et toi, tu crois que tu seras délivré !
12 Quand les autres rois avant moi ont détruit
les villes de Gozan, Haran, Ressef et Telassar,
la capitale des Édénites, les dieux de ces peuples ne les ont pas délivrés. 13 Où sont les rois
de Hamath, Arpad, Laïr, Sefarvaïm, Héna et
Ava ? »

Prière du roi Ézékias

14 Ézékias a pris la lettre que les messagers assyriens avaient apportée et il l'a
lue. Puis il est allé au temple du SEIGNEUR
et il l'a ouverte devant le SEIGNEUR. 15 Ensuite il a fait cette prière : 16 « SEIGNEUR de
l'univers, Dieu d'Israël, toi qui es assis au-
dessus des *chérubins, c'est toi qui es le
seul Dieu de tous les royaumes du monde.
C'est toi qui as fait le ciel et la terre. 17 SEI-
GNEUR, écoute avec attention, regarde bien.
Entends les insultes que les messagers de
Sennakérib ont lancées contre toi, le Dieu
vivant ! 18 SEIGNEUR, c'est la vérité, les rois
d'Assyrie ont détruit les autres peuples et
leurs pays. 19 Ils ont jeté leurs dieux dans
le feu. En effet, ce n'étaient pas des dieux,
mais des statues en bois ou en pierre fabriquées par des mains humaines. 20 Mais toi,
SEIGNEUR notre Dieu, sauve-nous du pouvoir
de Sennakérib ! Alors tous les royaumes de
la terre sauront, SEIGNEUR, que toi seul, tu
es Dieu. »

Ésaïe communique la réponse du Seigneur

21 Alors Ésaïe, fils d'Amots, a envoyé ce
message à Ézékias : « Voici ce que le SEI-
GNEUR, Dieu d'Israël, répond à la prière que
tu lui as faite au sujet de Sennakérib, roi
d'Assyrie. 22 Voici les paroles que le SEIGNEUR
prononce contre lui :

La belle Jérusalem te méprise,
elle se moque de toi.
Oui, la belle ville de *Sion
secoue la tête en riant derrière ton dos.
23 Qui est celui que tu as insulté ?
À qui as-tu lancé des injures ?
Contre qui est-ce que tu as osé parler ?
Qui est celui que tu as regardé avec mépris ?
C'est moi, le Dieu *saint d'Israël.
24 Tu m'as insulté, moi le Seigneur,
par la bouche de tes serviteurs.

Tu as dit : "Moi, Sennakérib,
avec mes nombreux chars,
je suis monté sur le haut des montagnes,
jusqu'au sommet du Liban.
J'ai coupé ses plus beaux *cèdres
et ses plus beaux cyprès.
J'ai atteint sa montagne la plus haute,
et sa plus belle forêt.
25 Moi, j'ai creusé des puits et j'ai bu leur eau.
Je rendrai secs tous les canaux de l'Égypte,
en posant les pieds dans ce pays !"

26 Eh bien, Sennakérib,
tu ne sais donc pas ceci ?
Depuis longtemps,
c'est moi qui ai préparé ces événements.
J'ai formé ce projet autrefois,
et maintenant je le réalise.
J'ai décidé que tu transformerais
les villes bien protégées en tas de pierres.
27 Leurs habitants ne peuvent rien faire,
ils ont peur, ils sont couverts de honte.
Ils ressemblent à l'herbe des champs,
à la jeune herbe verte,
aux petites plantes sur les toits
séchées par le vent d'est.

28 Je connais tout de toi :
quand tu te lèves ou quand tu t'assois,
quand tu sors de chez toi ou quand tu rentres,
quand tu te mets en colère contre moi.
29 Oui, tu t'es mis en colère contre moi,
j'ai entendu tes paroles méprisantes.

C'est pourquoi je passerai un crochet dans
ton nez
et une tige de fer entre tes mâchoires.
Je te ramènerai chez toi
par la route que tu as prise pour venir ici.
30 Et toi, Ézékias, je te donne un signe : cette
année, vous mangerez le *blé qui a poussé
tout seul. L'année prochaine, ce sera la
même chose. Mais l'année suivante, vous
pourrez semer et récolter votre blé, planter
des *vignes et manger leurs fruits. 31 Ceux
du royaume de Juda qui sont restés en vie seront comme un jeune arbre. Ils enfonceront
leurs nouvelles racines dans la terre, ils porteront des fruits sur leurs branches. 32 Oui,
ceux qui restent sortiront de Jérusalem,
ceux qui sont encore en vie se mettront debout sur la montagne de *Sion. Voilà ce que
le SEIGNEUR de l'univers fera à cause de son
brûlant amour. » 33 Ésaïe a ajouté : « Et maintenant, voici ce qu'il dit au sujet du roi d'Assyrie : Il n'entrera pas dans cette ville, il n'y
lancera pas une seule flèche. Il ne luttera pas
contre elle. Il ne se protégera pas derrière
ses *boucliers pour l'attaquer. 34 Il repartira
par la route qu'il a prise pour venir ici. Il
n'entrera pas à Jérusalem. C'est moi, le SEI-
GNEUR, qui le déclare. 35 Je protégerai cette
ville et je la sauverai. Je ferai cela parce
que je suis Dieu, et que je suis fidèle à David, mon serviteur. »

Les Assyriens s'en vont, Sennakérib est tué

36 *L'ange du SEIGNEUR est arrivé dans le
camp assyrien et il a fait mourir 185 000 hommes. Le matin suivant, les soldats ont découvert tous ces morts. 37 Alors Sennakérib, roi
d'Assyrie, a fait démonter les tentes, il est retourné à Ninive et il est resté dans cette ville.
38 Un jour, il était en train de prier dans le
temple de Nisrok, son dieu. Deux de ses fils,
Adramélek et Saresser, l'ont tué et ont fui
au pays d'Ararat. Un autre de ses fils, Assaradon, est devenu roi à sa place.

Le roi Ézékias tombe malade et guérit

38 1 À cette époque-là, Ézékias était atteint d'une maladie qui entraîne la
mort. Le *prophète Ésaïe, fils d'Amots, est
venu le voir et lui a dit de la part du SEIGNEUR :
« Mets de l'ordre dans tes affaires. En effet, tu
vas mourir, la vie est finie pour toi. » 2 Alors
Ézékias s'est tourné vers le mur et il a fait
cette prière au SEIGNEUR : 3 « Ah ! SEIGNEUR, je
t'en prie, souviens-toi : j'ai vécu fidèlement
devant toi avec un cœur non partagé. J'ai
fait ce qui est bien à tes yeux. » Et Ézékias
pleurait beaucoup.
4 Le SEIGNEUR a donné l'ordre à Ésaïe 5 d'aller dire à Ézékias de sa part : « Moi, le SEI-
GNEUR, le Dieu de David, ton ancêtre, j'ai
entendu ta prière, j'ai vu tes larmes. Je vais
ajouter quinze années à ta vie ! 6 Je vous délivrerai de la main du roi d'Assyrie, toi et Jérusalem, et je protégerai cette ville. »
21 Ensuite, Ésaïe a donné cet ordre[s] :
« Apportez une pâte de *figues écrasées.
Appliquez-la sur la plaie du roi pour le guérir. »
22 Ézékias a demandé : « Quel signe me permettra de savoir que je pourrai de nouveau
aller au temple du SEIGNEUR ? » 7 Ésaïe a répondu : « Le SEIGNEUR te montrera qu'il tiendra sa promesse. Voici le signe qu'il te
donnera : 8 Sur l'escalier d'Akaz, qui était au
soleil, l'ombre est descendue. Eh bien, le SEI-
GNEUR la fera remonter de dix marches. »
Alors, le soleil est revenu sur les dix marches
que l'ombre avait couvertes.

Prière du roi Ézékias après sa guérison

9 Voici un poème d'Ézékias, roi de Juda. Il
l'a écrit après sa maladie, quand il a été guéri.
10 Moi, je me disais :
j'ai vécu seulement la moitié de ma vie
et je dois déjà partir.
C'est dans le monde des morts
que je dois passer le reste de mes années.
11 Je me disais aussi :

s **38.21-22** *Ces deux versets ont été mis ici parce que c'est la place qu'ils occupent dans le récit de 2 Rois 20, qui raconte la même histoire.*

je ne verrai plus le SEIGNEUR
sur la terre des vivants.
Je ne verrai plus aucun être humain
parmi les habitants du monde.
12 Ma vie m'est arrachée,
emportée loin de moi
comme une tente de berger.
Comme un tisserand
qui enroule son étoffe tissée,
j'arrive au bout du rouleau de ma vie.
Les fils sont coupés.
Dans la journée, SEIGNEUR,
tu en auras fini avec moi.
13 Avant le matin, je ne serai plus rien.
Comme un lion,
le SEIGNEUR a écrasé tous mes os.
Dans la journée, SEIGNEUR,
tu en auras fini avec moi.
14 Mes cris sont pareils
à ceux de l'hirondelle,
ma plainte ressemble
à celle de la tourterelle[t].
Mes yeux sont fatigués
de regarder vers le *ciel.
Seigneur, je suis abattu,
interviens en ma faveur !
15 Mais qu'est-ce que je peux dire au Seigneur ?
C'est lui qui m'a parlé
et qui a fait tout cela.
Je ne parviens pas à dormir
à cause de ma profonde tristesse.

16 Seigneur, tu as su ce qui m'est arrivé,
et tu m'as fait revivre.
Tu m'as rendu des forces,
tu m'as gardé en vie.
17 Ma profonde tristesse s'est changée en bonheur.
Oui, dans ton amour,
tu m'as évité la mort,
tu as jeté loin derrière toi tous mes péchés.
18 Dans le monde des morts,
personne ne te rend *gloire,
et les morts ne chantent pas ta louange.
Ceux qui descendent dans la tombe
ne comptent plus sur ta fidélité.
19 Seuls les vivants peuvent te rendre gloire,
comme moi aujourd'hui.
Les parents feront connaître à leurs enfants
ta fidélité.
20 SEIGNEUR, tu m'as sauvé.
Alors nous jouerons de nos *harpes
tous les jours de notre vie
dans ta maison, SEIGNEUR.

Le roi Ézékias reçoit les messagers de Babylone

39 1 À cette époque, le roi de Babylone,
Mérodak-Baladan, fils de Baladan, a
appris qu'Ézékias avait été malade et qu'il
était guéri. Alors il lui a envoyé des messagers
pour lui porter une lettre et un cadeau. 2 Ézékias s'est réjoui de leur arrivée. Il leur a fait
visiter la maison où il gardait les objets précieux, argent, or, parfums et huile parfumée.
Il leur a montré aussi tout son magasin d'armes et tout ce qui se trouvait dans ses réserves. Il ne leur a rien caché dans sa maison et
dans tout son royaume.
3 Ensuite, le *prophète Ésaïe est venu trouver le roi Ézékias et il lui a demandé : « Qu'est-ce que ces gens t'ont dit ? D'où venaient-ils ? »
Ézékias a répondu : « Ils sont venus me voir de
très loin, de Babylone. » 4 Ésaïe a continué :
« Qu'est-ce qu'ils ont vu dans ton palais ? »
Ézékias a dit : « Ils ont tout vu. Je leur ai montré tous mes trésors, je ne leur ai rien caché. »
5 Alors Ésaïe a dit à Ézékias : « Écoute la parole du SEIGNEUR de l'univers : 6 Un jour, tout
ce qui est dans ton palais, tout ce que les
rois précédents y ont mis, tout cela sera emporté à Babylone. Oui, le SEIGNEUR le dit, il
ne restera rien ici. 7 On emmènera là-bas plusieurs de ceux qui seront nés de toi. Ils serviront comme *eunuques dans le palais du roi
de Babylone. »
8 Ézékias a répondu à Ésaïe : « Cette parole
du SEIGNEUR que tu m'annonces est une bonne
chose. » Il pense en effet : « Pendant ma vie,
nous vivrons en paix et en sécurité. »

---

t **38.14** *La tourterelle est un oiseau de la famille des pigeons.*

DEUXIÈME PARTIE
40–55

Annonce de la venue du Seigneur

40 [1] Redonnez de l'espoir à mon peuple.
Oui, redonnez-lui de l'espoir,
dit votre Dieu.
[2] Rendez courage à Jérusalem.
Annoncez-lui à haute voix :
« Les travaux forcés sont terminés pour toi,
tu as fini de réparer ta faute,
le SEIGNEUR t'a fait payer
le prix total de tous tes péchés. »

[3] Quelqu'un crie :
« Dans le désert,
ouvrez un chemin pour le SEIGNEUR.
Dans ce lieu sec,
faites une bonne route pour notre Dieu.
[4] Remplissez de terre le creux des vallées,
abaissez les montagnes et les collines.
Changez en plaines toutes les pentes,
et les hauteurs en vallée.
[5] Alors la *gloire du SEIGNEUR paraîtra,
et tous les habitants de la terre la verront.
Voilà l'ordre du SEIGNEUR. »

[6] Quelqu'un me dit : « Crie ! »
Je demande :
« Qu'est-ce que je dois crier ? »
Il répond :
« Ceci : les êtres humains
sont comme l'herbe,
ils ne sont pas plus solides
que les fleurs des champs.
[7] Quand le souffle du SEIGNEUR passe sur elles,
l'herbe sèche et la fleur tombe.
– Oui, les êtres humains
sont aussi fragiles que l'herbe. –
[8] L'herbe sèche et la fleur tombe,
mais la parole de notre Dieu
tient toujours. »

Une bonne nouvelle : voici le Seigneur Dieu !

[9] Jérusalem,
monte sur une haute montagne.
Ville de *Sion,
crie de toutes tes forces.
Toi qui apportes une bonne nouvelle,
élève la voix, n'aie pas peur.
Dis aux villes de Juda :
« Voici votre Dieu !
[10] Voici le Seigneur DIEU.
Il vient avec puissance.
Il est assez fort pour gouverner.
Il rapporte ce qu'il a gagné,
il ramène la récompense de son travail[u].
[11] Comme un berger,
il garde son troupeau,
il le rassemble d'un geste de la main,
il porte les agneaux dans ses bras,
il conduit doucement les brebis
qui allaitent leurs petits. »

Dieu est au-dessus de tout

[12] Qui a mesuré l'eau de la mer
dans le creux de sa main ?
Qui a calculé la grandeur du ciel
en écartant les doigts ?
Qui a mesuré la poussière de la terre
en la mettant dans un seau ?
Qui a pesé les montagnes avec des poids,
et les collines sur une balance ?

[13] Qui a compris l'esprit du SEIGNEUR ?
À qui Dieu a-t-il confié son projet ?
[14] Qui Dieu a-t-il consulté
pour être éclairé,
pour apprendre à bien juger,

u **40.10** *Le prophète annonce ici que Dieu libère les gens de Juda partis en exil.*

pour recevoir des leçons de sagesse,
pour connaître ce qu'il faut comprendre ?
15 Les peuples sont comme une goutte d'eau au bord d'un seau,
comme un grain de sable sur une balance.
Les peuples éloignés sont aussi légers que la poussière.
16 Tous les animaux du Liban ne suffisent pas
pour offrir au SEIGNEUR un *sacrifice digne de lui.
Tous ses arbres ne suffisent pas
pour le feu de *l'autel.
17 Tous les peuples ne sont rien devant le SEIGNEUR,
ils ne comptent pas pour lui,
ils ne sont que du vent.

Personne n'est égal à Dieu

18 À qui comparer Dieu ?
À quoi peut-il ressembler ?
19 À une statue ?
C'est impossible !
Un artisan lui donne une forme,
un autre la recouvre d'or
et lui met des colliers d'argent.
20 Celui qui est trop pauvre pour faire une telle offrande
choisit un bois qui ne pourrit pas.
Puis il cherche un bon artisan,
capable de fabriquer une statue qui tienne debout.

21 Vous ne savez pas cela ?
Vous ne l'avez donc pas appris ?
Est-ce qu'on ne vous a pas annoncé ces choses depuis le début ?
Est-ce que vous n'avez pas compris
quelles sont les bases du monde ?
22 Le Seigneur a son siège royal
au-dessus du cercle de la terre,
et les êtres humains
sont pour lui comme des sauterelles.
Il a tendu le ciel comme un voile,
il l'a déroulé comme une tente
pour y habiter.
23 Il détruit les chefs de ce monde,
il réduit à zéro ceux qui le dirigent.
24 Ils viennent à peine d'être nommés,
ils viennent à peine de s'installer,
ils n'ont pas encore pris racine,
déjà le Seigneur souffle sur eux.
Alors ils sèchent, et la tempête les emporte comme de la paille.

25 Le Dieu *saint demande :
« À qui pouvez-vous me comparer ?
Qui peut être égal à moi ? »

26 Levez les yeux au ciel et voyez :
Qui a créé les étoiles ?
Qui les fait défiler
en bon ordre comme des soldats ?
Celui qui les appelle toutes par leur nom.
Sa puissance et son pouvoir sont si grands
qu'aucune étoile ne manque à l'appel.

Le Seigneur rend des forces à ceux qui sont faibles

27 Israël, peuple de *Jacob,
pourquoi est-ce que tu te plains en disant :
« Le SEIGNEUR ne voit pas ce qui m'arrive.
Il ne défend pas mon droit. »
28 Pourtant, le SEIGNEUR est Dieu
depuis toujours et pour toujours.
Tu ne sais pas cela ?
Tu ne l'as donc pas entendu dire ?
Il a créé toute la terre.
Il ne manque jamais de force,
il n'est jamais fatigué.
Personne ne peut mesurer la profondeur de son intelligence.
29 Il redonne des forces à celui qui en manque,
il rend courage à celui qui est épuisé.
30 Les jeunes eux-mêmes
deviennent faibles et se fatiguent.
Même les meilleurs tombent.
31 Mais ceux qui mettent leur espoir dans le SEIGNEUR
retrouvent des forces nouvelles.
Ils s'envolent comme des aigles,
ils courent sans se fatiguer,
ils avancent sans s'épuiser.

Le Seigneur met en route un nouveau conquérant

41 1 Le SEIGNEUR dit :
« Vous, les peuples éloignés,
gardez le silence pour m'écouter.

Reprenez courage,
vous, toutes les populations.
Avancez et parlez !
Oui, allons ensemble au tribunal.
2 À l'est, quelqu'un se met en route[v].
Il remporte la victoire
partout où il passe.
Qui l'a mis en route ?
Qui lui livre les peuples ?
Qui met les rois sous son pouvoir ?
Son *épée les change en poussière,
son arc les chasse
comme le vent emporte la paille.
3 Cet homme les poursuit,
il avance rapidement, en toute sécurité,
sans mettre les pieds à terre.
4 Qui a fait tout cela ?
C'est celui qui crée les événements
depuis le commencement.
C'est moi, le SEIGNEUR.
Je suis le premier,
et jusqu'à la fin, je reste le SEIGNEUR.
5 Les peuples éloignés ont vu
ce qui s'est passé
et ils ont eu peur.
Les gens du bout du monde
se sont approchés en tremblant.
6 Chacun aide son camarade,
l'un dit à l'autre : "Courage !"
7 Le sculpteur encourage celui
qui travaille l'or et l'argent.
L'artisan qui aplatit le métal au marteau
encourage le forgeron.
Il dit de son travail : "Ça va bien."
Puis on termine la statue d'un faux dieu
en la fixant avec des clous. »

Dieu vient au secours d'Israël, son peuple

8 « Mais toi, Israël, tu es mon serviteur,
*Jacob, tu es le peuple que j'ai choisi,
tu es né de mon ami Abraham.
9 Je suis allé te chercher
jusqu'au bout du monde,
je t'ai appelé
depuis les régions les plus éloignées.
Je t'ai dit : "Mon serviteur, c'est toi,
je t'ai choisi, je ne t'ai pas repoussé."
10 N'aie pas peur, je suis avec toi.
Ne regarde pas autour de toi
avec inquiétude.
Oui, ton Dieu, c'est moi.
Je te rends fort, je viens à ton secours
et je te protège
avec ma main puissante et victorieuse.
11 Tous ceux qui sont en colère contre toi
seront couverts de honte et d'insultes.
Ceux qui se disputent avec toi
seront détruits et mourront.
12 Ceux qui luttent contre toi,
tu les chercheras et tu ne les trouveras plus.
Ces gens qui te font la guerre
seront détruits et ils disparaîtront.
13 Moi, le SEIGNEUR, je suis ton Dieu.
Je te tiens par la main.
Je te dis : "N'aie pas peur,
je viens à ton secours."
14 « N'aie pas peur, peuple de Jacob,
petit ver de terre,
toi, faible reste d'Israël.
Le SEIGNEUR déclare :
Je viens à ton secours.
Celui qui te libère,
c'est moi, le Dieu *saint d'Israël.
15 Je vais faire de toi un outil tout neuf,
une herse[w] aux dents pointues.
Tu écraseras les montagnes,
tu les changeras en poussière,
et les collines, tu en feras de la paille.
16 Tu les jetteras en l'air,
et le vent les emportera
comme il emporte la paille.
La tempête les chassera de tous côtés.
Mais toi, tu crieras de joie
à cause du SEIGNEUR,
tu seras fier du Dieu saint d'Israël. »

---

v 41.2 *Il s'agit sans doute du roi perse Cyrus, qui a conquis le Proche-Orient à partir de 540 avant J.-C. en détruisant le pouvoir des Babyloniens.*

w 41.15 *Une herse est un outil avec des pointes et des lames de fer qui sert à écraser les mottes de terre après le labour.*

Le désert va fleurir

17 Les malheureux et les pauvres
cherchent de l'eau,
et ils n'en trouvent pas.
La soif sèche leur langue.
Eh bien, moi, le SEIGNEUR,
je vais leur répondre,
moi, le Dieu d'Israël,
je ne les abandonnerai pas.
18 Je ferai couler des fleuves
sur les hauteurs sans arbres,
et des sources au fond des vallées.
Je changerai le désert en lac,
et la terre sèche en oasis.
19 Dans le désert,
je planterai toutes sortes d'arbres,
des grands et des petits.
Dans les régions sans eau,
je mettrai ensemble
différentes espèces d'arbres.
20 Alors tout le monde verra ceci :
c'est le SEIGNEUR qui a réalisé ces choses,
c'est le Dieu *saint d'Israël qui les a créées.
Tout le monde le saura.
Tous feront attention et le comprendront.

Les faux dieux ne valent rien

21 Le SEIGNEUR,
le roi du peuple de *Jacob, dit :
« Vous, les dieux des autres peuples,
venez présenter votre cas,
donnez vos preuves.
22 Approchez et annoncez-nous
ce qui va se passer !
Qu'est-ce qui est déjà arrivé ?
Montrez-le, et nous y réfléchirons.
Ou bien annoncez-nous l'avenir,
et nous saurons ce qui arrivera.
23 Oui, annoncez-nous ce qui se passera.
Alors nous reconnaîtrons
que vous êtes des dieux.
Faites du bien ou du mal,
mais faites quelque chose.
Ainsi, nous verrons
et nous vous respecterons !
24 Mais vous n'êtes rien du tout,
ce que vous faites est en dessous de tout !
Celui qui vous choisit comme dieux
nous dégoûte comme vous nous dégoûtez.

25 « J'ai mis en route un homme
depuis le nord,
et il arrive.
Là où le soleil se lève,
je l'appelle par son nom[x].
Il écrase les dirigeants
comme on écrase la boue,
comme le potier écrase l'argile avec ses pieds.
26 Qui donc a annoncé cela dès le début
pour nous le faire connaître ?
Qui nous a avertis autrefois
pour que nous disions : « C'est la vérité » ?
Personne n'a rien annoncé,
personne n'a ouvert la bouche,
personne n'a même entendu une parole de vous !
27 C'est moi, le SEIGNEUR,
qui l'ai annoncé le premier à Jérusalem.
En effet, j'ai envoyé à *Sion un messager
pour apporter une bonne nouvelle.

28 « J'ai bien regardé :
je n'ai vu personne.
Parmi les dieux des autres peuples,
aucun ne donne un avis !
Il n'y a personne à consulter,
personne qui peut me répondre !
29 Ils ne sont rien, ils ne font rien.
Leurs statues sont du vent, du vide ! »

Le serviteur du Seigneur. Premier chant : le Seigneur présente son serviteur

42 1 Le SEIGNEUR dit :
« Voici mon serviteur.
Je le tiens par la main,
c'est lui que j'ai choisi avec joie.
J'ai mis mon esprit sur lui,

x 41.25 *Il s'agit sans doute de Cyrus, qui a conquis le Proche-Orient en commençant par le nord. Son pays était la Perse, à l'est de Juda.*

pour qu'il fasse connaître le droit aux peuples.
2 Il ne crie pas, il ne parle pas fort,
on n'entend pas sa voix dans la rue.
3 Il ne casse pas le roseau courbé.
Il n'éteint pas la flamme qui devient faible.
Mais il fait réellement connaître le droit.
4 Il ne se découragera pas,
il n'abandonnera pas
avant d'établir le droit sur la terre.
Les peuples éloignés
désirent recevoir son enseignement. »

5 Dieu, le SEIGNEUR,
a créé le ciel et il l'a déroulé.
Il a étendu la terre avec toutes les plantes.
Il donne la vie aux peuples qui l'habitent,
le souffle à ceux qui y vivent.
Voici ce qu'il dit à son serviteur :
6 « Moi, le SEIGNEUR,
je t'ai appelé par une décision juste.
Je te prends par la main,
c'est moi qui t'ai formé.
En toi,
je réalise mon *alliance avec le peuple,
tu es la lumière des habitants de la terre.
7 Tu ouvriras les yeux des aveugles,
tu feras sortir les prisonniers de leur prison,
tu retireras de leur cellule
ceux qui attendent dans le noir.

8 « Je suis "le SEIGNEUR",
voilà mon nom.
Je ne donnerai pas ma *gloire à un autre.
Je ne laisserai pas aux statues des faux
dieux
la louange qui me revient.
9 Les premiers événements sont déjà arrivés.
Maintenant, j'en annonce de nouveaux.
Je vous les fais connaître
avant qu'ils se réalisent. »

Que le monde entier chante la louange du Seigneur

10 Chantez au SEIGNEUR un chant nouveau.
Du bout du monde, chantez sa louange,
vous qui voyagez sur la mer,
vous qui la remplissez,
et vous, les peuples éloignés.
11 Qu'on entende des chants
dans les lieux habités du désert,
dans les campements des nomades de Quédar !
Que les habitants de la Roche
montrent leur joie
qu'ils poussent des cris de joie
du sommet des montagnes !
12 Que les peuples éloignés
rendent *gloire au SEIGNEUR,
qu'ils chantent à haute voix sa louange !
13 Le SEIGNEUR s'avance
comme un soldat courageux,
comme un combattant
il rassemble son courage.
Il pousse un puissant cri de guerre,
il agit comme un soldat courageux
contre ses ennemis.

Le Seigneur va réaliser son projet

14 Le SEIGNEUR dit :
« Depuis longtemps, j'ai gardé le silence,
je suis resté sans rien dire.
Mais maintenant, je vais crier.
Comme une femme au moment d'accoucher,
je gémis, je manque de souffle,
je respire mal.

15 « Je vais détruire montagnes et collines,
et y faire sécher tout ce qui pousse.
Je vais changer les fleuves en terre solide
et vider l'eau des lacs.
16 Je vais conduire les aveugles
sur une route inconnue,
je vais les faire marcher
sur des chemins qu'ils ne connaissent pas.
Devant eux, je vais changer la nuit en lumière,
je vais enlever les obstacles sous leurs
pieds.
Voilà ce que je veux faire,
je n'abandonnerai pas ce projet.

17 « Ceux qui font confiance aux faux dieux,
qui disent à leurs statues :
"Nos dieux, c'est vous",
ces gens-là vont reculer,
couverts de honte. »

Israël est un peuple sourd et aveugle

18 Vous qui êtes sourds, écoutez !
Vous qui êtes aveugles, regardez et voyez !

19 Si quelqu'un est aveugle et sourd,
c'est bien mon serviteur,
le messager que j'envoie.
– Oui, qui est aveugle
comme le peuple du SEIGNEUR ?
Qui est sourd
comme le serviteur du SEIGNEUR ?

20 Toi, peuple d'Israël,
tu as vu beaucoup de choses,
mais tu n'as rien retenu.
Tu as de bonnes oreilles,
mais tu n'as rien entendu.
21 Le SEIGNEUR, dans une décision juste,
a voulu montrer
combien sa loi est grande et belle.
22 Mais voici que vous êtes un peuple pillé.
On vous a tout pris.
Vous êtes tous enfermés
dans de grands trous,
assis dans des prisons.
Les ennemis vous ont pris
comme des richesses de guerre,
et personne n'est venu à votre secours.
Ils vous ont emmenés,
et personne n'a dit : « Rendez-les ! »

23 Qui parmi vous fait attention à cela ?
Qui va écouter ?
Qui va comprendre maintenant ?

24 Qui donc a livré Israël,
le peuple de *Jacob,
à ceux qui lui ont tout pris,
à ceux qui l'ont pillé ?
– C'est le SEIGNEUR, n'est-ce pas ?
En effet, nous avions péché contre lui,
son peuple n'a pas voulu suivre son chemin
ni écouter sa loi.
25 C'est pourquoi
le SEIGNEUR a répandu sur lui
sa violente *colère
et les horreurs de la guerre.
Celle-ci a mis le feu de tous côtés,
mais le peuple n'a rien compris.
Le feu a brûlé le peuple,
mais celui-ci n'a pas pris la chose au sérieux.

43 1 Maintenant, Israël,
le SEIGNEUR te dit ceci,
lui qui t'a créé et formé :
« N'aie pas peur, je te libère.
Je t'ai appelé par ton nom,
tu es à moi.
2 Quand tu traverseras l'eau profonde,
je serai avec toi,
quand tu passeras les fleuves,
tu ne te noieras pas.
Quand tu marcheras au milieu du feu,
il ne te brûlera pas,
les flammes ne te toucheront pas.
3 En effet, moi, le SEIGNEUR,
je suis ton Dieu.
Moi, le Dieu *saint d'Israël,
je suis ton sauveur.
Pour payer ta libération,
je donne l'Égypte,
je donne *l'Éthiopie et Séba
en échange de toi.
4 Oui, je tiens beaucoup à toi,
tu es précieux et je t'aime.
C'est pourquoi
je donne des peuples à ta place,
des êtres humains en échange de toi.

5 « N'aie pas peur, je suis avec toi.
De l'est, je vais faire revenir tes enfants,
de l'ouest, je les rassemblerai.
6 Je dis au nord : "Rends-les",
et au sud : "Ne les retiens pas."
Ramenez mes fils de ces pays éloignés
et mes filles du bout du monde.
7 Ramenez tous ceux qui portent mon nom,
tous ceux que j'ai créés, que j'ai formés,
que j'ai faits
pour qu'ils me rendent *gloire. »

Il n'y a pas d'autre Dieu que le Seigneur

8 Que ce peuple se présente !
Il a des yeux mais il ne voit pas,
il a des oreilles mais il n'entend pas.

9 Que les populations se réunissent,
que tous les peuples se rassemblent !

Parmi eux,
qui peut annoncer ce qui se passe ?
Qui peut nous dire ce qui est déjà arrivé ?
Qu'ils présentent leurs *témoins
pour montrer qu'ils ont raison !
Que les témoins les écoutent et disent :
« C'est la vérité ! »

10 Le SEIGNEUR déclare :
« Mes témoins, c'est vous, mon peuple.
Vous êtes le serviteur que moi, j'ai choisi.
Je veux que vous ayez confiance en moi,
que vous reconnaissiez
et compreniez que moi, je suis Dieu.
Avant moi, il n'y a eu aucun dieu,
et il n'y en aura pas après moi.
11 Le SEIGNEUR, c'est moi, et moi seul.
En dehors de moi,
il n'y a pas de sauveur.
12 C'est moi qui apporte le *salut,
qui l'annonce et qui le fais connaître.
C'est moi, et non pas un dieu étranger
qu'on peut trouver chez vous. »

Le SEIGNEUR déclare encore :
« Vous, vous êtes mes témoins,
et moi, je suis Dieu.
13 Oui, je le suis depuis le commencement,
et personne ne peut arracher quelqu'un de ma main.
Quand je fais quelque chose,
personne ne peut le changer. »

Le Seigneur envoie quelqu'un à Babylone

14 Voici ce que dit le SEIGNEUR,
votre libérateur, le Dieu *saint d'Israël :
« Pour vous,
j'envoie quelqu'un à Babylone.
Je vais faire tomber les *portes
qui protègent la ville.
Alors, chez les Babyloniens,
les cris de joie deviendront des chants de deuil.
15 Je suis le SEIGNEUR, votre Dieu saint,
le Créateur d'Israël, votre Roi. »

Le Seigneur ouvre un nouveau chemin dans le désert

16 Autrefois, le SEIGNEUR
a ouvert un chemin dans la mer,
une route à travers l'eau puissante.
17 Il a fait sortir des chars et des chevaux,
l'armée avec sa puissance militaire.
Ils sont tombés pour ne plus se relever.
Ils se sont éteints,
ils ont brûlé comme la mèche d'une lampe.
18 Maintenant, le SEIGNEUR dit :
« Ne pensez plus à ce qui est déjà arrivé,
oubliez le passé.
19 En effet,
je vais faire quelque chose de nouveau,
qui grandit déjà.
Est-ce que vous ne le voyez pas ?
Oui, je vais ouvrir un chemin
dans le désert,
je vais faire couler des fleuves
dans ce lieu sec.
20 Les animaux sauvages,
les chacals et les autruches
me rendront honneur
car j'ai fait couler de l'eau dans le désert,
des fleuves dans ce lieu sec.
Oui, je veux donner à boire
au peuple que j'ai choisi.
21 Ce peuple que j'ai formé pour moi
chantera ma louange. »

Les procès entre Dieu et son peuple

22 Le SEIGNEUR dit :
« Israël, ce n'est pas à moi
que tu as fait appel.
Mais tu t'es fatigué de moi,
peuple de *Jacob.
23 Et pourtant,
tu ne m'as pas apporté d'agneaux
comme *sacrifices,
tu ne m'as pas rendu *gloire en les offrant.
Je n'ai pas fait de toi un esclave
en exigeant des dons.
Je ne t'ai pas fatigué
en demandant de *l'encens.
24 Tu n'as pas dépensé ton argent
en achetant pour moi
des plantes parfumées,

tu ne m'as pas rassasié de la graisse
des animaux offerts en sacrifice.
Mais par tes fautes,
tu as fait de moi un esclave.
Tu m'as fatigué par tes péchés.
25 Pourtant, c'est moi, oui c'est moi
qui pardonne tes fautes,
parce que je le veux bien.
Et je ne m'en souviendrai plus.

26 « Rappelle-moi ce que tu me reproches,
et allons ensemble au tribunal.
Présente toi-même les faits
et prouve que tu as raison.
27 Déjà ton premier ancêtre a péché,
et tes porte-parole se sont révoltés contre moi[y].
28 Alors j'ai renversé les chefs
que j'avais établis,
j'ai livré le peuple de Jacob à la destruction,
j'ai abandonné Israël à ses ennemis qui l'insultent.

44 1 Et maintenant, écoute,
peuple de Jacob, mon serviteur,
Israël, toi que j'ai choisi.
2 Moi, le SEIGNEUR, je t'ai fait,
je t'ai formé dès avant ta naissance
et je viens à ton aide.
Voici donc ce que je dis :
N'aie pas peur, peuple de Jacob,
toi, Yechouroun[z],
mon serviteur que j'ai choisi.
3 En effet,
je ferai couler de l'eau sur le sol qui a soif,
des rivières sur la terre sèche.
Je répandrai mon esprit sur tes enfants,
et ma *bénédiction sur les enfants de tes enfants.
4 Ils pousseront et grandiront
comme l'herbe verte dans un champ,
comme des arbres au bord de l'eau.
5 L'un dira :
"J'appartiens au SEIGNEUR",
l'autre dira :
"Je fais partie de la famille de Jacob."
Un autre encore écrira sur sa main :
"Je suis au SEIGNEUR",
et il prendra comme nom Israël. »

En dehors du Seigneur, il n'y a pas de Dieu

6 Voici ce que dit le SEIGNEUR,
le roi et le libérateur d'Israël,
le SEIGNEUR de l'univers :
« Je suis au commencement
et à la fin de tout.
En dehors de moi, il n'y a pas de Dieu.
7 Qui est égal à moi ?
Qu'il le crie, qu'il l'annonce
et me l'explique !
Qu'il dise les choses qui sont arrivées
depuis que j'ai formé le premier peuple,
qu'il annonce ce qui va se passer !

8 « Vous, mon peuple, n'ayez pas peur,
ne tremblez pas.
Je vous ai annoncé cela
longtemps à l'avance,
je vous l'ai fait connaître.
Vous êtes mes *témoins.
Est-ce qu'il y a un Dieu en dehors de moi ?
Non, je suis votre solide rocher,
je n'en connais pas d'autre. »

Les fabricants de faux dieux ne sont rien

9 Ceux qui fabriquent les statues des faux dieux
ne sont rien,
et leurs beaux objets ne servent à rien.
Ces statues sont leurs *témoins à eux,
mais des témoins qui ne voient rien,
qui ne savent rien
et qui les couvrent de honte.
10 Fabriquer un dieu,
former une statue qui ne sert à rien,
c'est une chose stupide.
11 Tous ceux qui s'attachent à une statue

y **43.27** *Le premier ancêtre : il s'agit de Jacob. Voir Genèse 25.26 et 27.36. Les porte-parole du peuple, c'est-à-dire les prêtres et les prophètes.*

z **44.2** *Yechouroun : nom donné à Israël en Deutéronome 32.15 ; 33.5,26 et les notes. Ce nom veut peut-être dire : « Celui qui est honnête. » Il s'oppose alors à Jacob, qui veut dire : « Celui qui trompe. »*

se couvrent de honte.
Les artisans qui la fabriquent
ne sont que des hommes.
Qu'ils se rassemblent,
qu'ils se présentent tous !
Ils auront peur
et seront couverts de honte.

12 Le forgeron aiguise un ciseau
sur des charbons brûlants.
Il le travaille à coups de marteau,
avec la force de son bras.
Mais dès qu'il a faim, il n'a plus de force.
S'il ne boit pas d'eau, il est épuisé.

13 Le sculpteur mesure son morceau de bois
avec une corde.
Il dessine la statue du faux dieu
avec de la craie.
Il taille le bois avec un ciseau
et il le polit avec une lime.
Le sculpteur prend modèle
sur un être humain,
un homme très beau.
Et cette statue sera placée dans un lieu sacré.

14 Il a coupé un bel arbre comme le *cèdre,
il a choisi un arbre solide comme le chêne,
ou un autre grand arbre.
Il les a laissés grandir dans la forêt.
Ou bien il a planté un grand arbre
comme le pin,
et la pluie le fait pousser.
15 Le bois servira pour allumer du feu.
Les gens le prennent pour se chauffer
ou pour cuire leur nourriture.
Ou encore
ils en font un dieu pour l'adorer.
Ils fabriquent une statue
et s'inclinent devant elle.
16 Ils prennent la moitié du bois
pour faire du feu.
Ils font griller la viande,
ils la mangent et n'ont plus faim.
Ou bien ils se chauffent en disant :
« Ce bois chauffe bien,
cette flamme est agréable ! »
17 Avec le reste du bois,
ils fabriquent un dieu, une statue.
Ils s'inclinent devant elle,
l'adorent et font cette prière :
« Tu es mon dieu, sauve-moi ! »

18 Ces gens ne savent rien,
ils ne comprennent rien.
En effet,
leurs yeux et leur esprit sont bouchés,
ils ne peuvent pas voir,
ils ne peuvent pas comprendre.
19 Personne ne réfléchit en lui-même,
personne n'a assez de bon sens
ou d'intelligence pour se dire :
« J'ai brûlé la moitié du bois,
j'ai cuit ma nourriture sur les charbons,
et j'ai grillé la viande que je mange.
Est-ce que je vais fabriquer
une statue horrible avec l'autre moitié ?
Est-ce que je vais m'incliner
devant un morceau de bois ? »
20 Non, ces gens-là s'attachent
à ce qui est seulement de la cendre.
Leur esprit est dans l'erreur,
et ils raisonnent mal.
Ils ne sauveront pas leur vie.
Aucun d'eux ne dira :
« Ce que j'ai dans la main
est un faux dieu, c'est clair. »

Le Seigneur, créateur et libérateur d'Israël

21 « Israël, peuple de *Jacob,
souviens-toi de ceci :
Tu es mon serviteur.
Je t'ai formé
pour que tu sois à mon service.
Israël, je ne t'oublie pas.
22 J'ai balayé tes fautes comme un nuage,
j'ai chassé tes péchés comme le brouillard du matin.
Reviens vers moi, je suis ton libérateur. »

23 Oui, le SEIGNEUR agit.
Alors, toi, le ciel, chante de joie,
toi, profondeur de la terre, donne de la voix,
vous, les montagnes et les arbres des forêts,
criez de joie.

En effet, le SEIGNEUR a délivré son peuple,
il a montré sa *gloire en Israël !

24 Israël, le SEIGNEUR est ton libérateur,
il t'a formé dès avant ta naissance.
Il te dit :
« Je suis le SEIGNEUR.
C'est moi qui ai fait tout ce qui existe.
Moi seul, j'ai déroulé le ciel,
j'ai étendu la terre sans l'aide de personne.
25 Maintenant, j'enlève leur pouvoir
aux paroles des devins.
Je fais dire n'importe quoi
à ceux qui annoncent l'avenir.
Je ferme la bouche des sages,
et je prouve que leur science est stupide.
26 Mais je réalise les paroles de mes serviteurs,
et je fais réussir ce que mes envoyés ont annoncé.
Je dis de Jérusalem :
"Elle sera de nouveau habitée,
on relèvera ses murs détruits."
Je dis des villes de Juda :
"On les rebâtira."
27 À la mer profonde, je donne cet ordre :
"Deviens sèche,
je vais empêcher les fleuves de te remplir."
28 Je dis de Cyrus :
"Il est le berger[a] de mon peuple.
Il fera réussir tout ce que je veux.
Il commandera de rebâtir Jérusalem,
de reconstruire le temple." »

Le Seigneur a consacré le roi Cyrus

45 1 Le SEIGNEUR dit à Cyrus,
le roi qu'il a *consacré :
« Je t'ai pris par la main
pour mettre les peuples sous ton pouvoir.
Je veux enlever leur pouvoir aux rois,
et ouvrir devant toi les *portes fermées des villes.
2 Moi-même, je marcherai devant toi,
j'enlèverai les obstacles,
je détruirai les portes de bronze,
je briserai les verrous en fer.
3 Je te donnerai les trésors secrets
et les richesses cachées.
Alors tu sauras que le SEIGNEUR,
c'est moi.
Cyrus, je t'appelle par ton nom,
moi, le Dieu d'Israël.
4 À cause d'Israël, mon peuple,
le serviteur que j'ai choisi,
je t'ai appelé par ton nom.
Je te fais cet honneur,
et pourtant, tu ne me connais pas.
5 Le SEIGNEUR, c'est moi,
et il n'y en a pas d'autre.
Il n'y a pas de Dieu en dehors de moi.
Tu ne me connais pas,
mais je te donne la force d'agir.
6 Ainsi, de l'est à l'ouest,
tout le monde le saura :
il n'y a rien en dehors de moi.
Le SEIGNEUR, c'est moi,
il n'y en a pas d'autre.
7 Je forme la lumière et je crée la nuit,
je fais le bonheur et je crée le malheur,
oui, c'est moi, le SEIGNEUR, qui fais tout cela.

8 « *Ciel, de là-haut répands ta *justice
comme la rosée.
Que les nuages la fassent couler
comme la pluie !
Que la terre s'ouvre
pour que le *salut fleurisse
et que germe la justice !
Moi, le SEIGNEUR,
j'ai créé toutes ces choses. »

9 Quel malheur pour l'homme
qui se dispute avec celui qui l'a fait.
L'être humain est comme un plat en terre parmi d'autres.
Est-ce que l'argile dit à celui qui la modèle :
« Qu'est-ce que tu fais ?

---

a **44.28** *Cyrus : voir Ésaïe 41.2 et la note.*
Berger : dans l'Ancien Testament, les dirigeants d'un peuple étaient souvent appelés des bergers.

Ton plat ne vaut rien. »
10 Quel malheur pour celui
qui dit à un père :
« À quel drôle d'enfant as-tu donné la vie ! »
Et à une mère :
« Qu'est-ce que tu as mis au monde ? »
11 Voici ce que dit le SEIGNEUR,
le Dieu *saint d'Israël,
lui qui a formé son peuple :
« Vous me posez des questions
sur mes enfants.
Vous voulez me donner des ordres
au sujet de ce que j'ai fait.
Eh bien, cela me regarde !
12 C'est moi qui ai fait la terre,
et j'ai créé les humains qui l'habitent.
C'est moi qui ai étendu le ciel,
et je commande à l'armée des étoiles.
13 C'est moi qui ai mis en route cet homme[b]
par une décision juste,
et j'enlèverai les obstacles sur sa route.
C'est lui qui rebâtira Jérusalem, ma ville.
Il fera revenir les exilés qui m'appartiennent.
Ils n'auront rien à payer et rien à donner.
Voilà ce que dit le SEIGNEUR de l'univers. »

Dieu est au milieu du peuple d'Israël

14 Voici ce que le SEIGNEUR dit :
« Israël, le résultat du travail des Égyptiens,
l'argent des commerçants *éthiopiens,
les gens de Séba, ces géants,
tout cela passera chez toi et sera pour toi.
Ces peuples te suivront,
attachés avec des chaînes.
Ils se mettront à genoux devant toi,
et devant toi, ils affirmeront avec force :
"Dieu est seulement chez toi,
il n'y en a pas d'autre." »

15 Dieu d'Israël, toi qui sauves,
tu es vraiment un Dieu caché.

16 Ceux qui fabriquent des statues de faux dieux
sont couverts de honte et d'insultes.
Ils s'en vont tous ensemble
sous les insultes.
17 Mais le SEIGNEUR sauve le peuple d'Israël,
et il le sauve pour toujours.
Vous qui êtes son peuple,
vous ne serez plus jamais couverts de honte et d'insultes,
non, plus jamais.

Le Seigneur a créé le ciel et la terre

18 Le SEIGNEUR a créé le ciel.
Il est le Dieu qui a fait la terre,
il l'a formée et rendue solide.
Il ne l'a pas créée vide,
il l'a formée pour qu'on l'habite.
Voici ce qu'il dit : « Le SEIGNEUR, c'est moi,
il n'y en a pas d'autre.
19 Je n'ai pas parlé en secret,
dans un coin sombre de la terre.
Je n'ai pas dit aux enfants de *Jacob :
cherchez-moi dans le vide.
Moi, le SEIGNEUR, je dis ce qui est juste,
j'annonce ce qui est vrai. »

Tous les peuples reconnaîtront le vrai Dieu

20 Vous qui êtes restés en vie
parmi les peuples,
rassemblez-vous et venez !
Avancez tous ensemble.

Ils sont ignorants,
ceux qui portent leurs statues en bois
et prient un dieu qui ne peut pas les sauver.

21 Parlez, présentez vos preuves.
Discutez ensemble.
Qui a fait connaître à l'avance
ce qui arrive maintenant ?
Qui l'a annoncé depuis longtemps ?
Est-ce que ce n'est pas moi, le SEIGNEUR ?
Il n'y a pas d'autre Dieu que moi.
Un Dieu juste, un Dieu qui sauve,
il n'y en a pas d'autre que moi.
22 Vous qui habitez au bout du monde,
tournez-vous vers moi,

b **45.13** *Voir Ésaïe 41.2 et la note.*

et vous serez sauvés.
Oui, je suis Dieu, et il n'y en a pas d'autre.
23 Aussi vrai que je suis Dieu, je le jure,
ce qui sort de ma bouche est la vérité.
Voici une parole que je ne changerai pas :
tous les humains se mettront à genoux devant moi,
et ils affirmeront par un serment :
24 « C'est seulement auprès du SEIGNEUR
qu'on trouve la *justice et la puissance. »
Tous ceux qui ont lutté contre moi
viendront vers moi, couverts de honte.
25 Tous ceux qui sont nés d'Israël
obtiendront justice grâce à moi,
et ils en seront fiers.

Les faux dieux de Babylone sont tombés devant le vrai Dieu

46 1 Le dieu Bel est courbé,
le dieu Nébo est tombé.
Leurs statues sont placées sur des bœufs.
Autrefois, on les portait bien haut dans les cérémonies.
Maintenant, c'est une lourde charge
pour les animaux épuisés.
2 Les dieux sont courbés,
ils sont tombés tous ensemble.
Ils n'ont pas pu sauver leurs statues,
ils partent eux-mêmes en déportation.

3 Écoutez-moi, gens d'Israël,
vous, le reste du peuple de *Jacob.
J'ai pris soin de vous
depuis votre naissance.
Je vous ai portés
depuis que vous êtes venus au monde.
4 Je resterai le même jusqu'à votre vieillesse.
Je vous porterai jusqu'à ce que vous ayez les cheveux blancs.
C'est moi qui vous ai faits,
c'est moi qui vous porterai.
Oui, je prendrai soin de vous
et je vous sauverai.

5 À qui pouvez-vous me comparer ?
Qui peut être égal à moi ?
À qui est-ce que je ressemble ?
6 Certains sortent beaucoup d'or de leur poche.
Ils pèsent l'argent dans une balance.
Ils demandent à un fondeur
de leur fabriquer un dieu.
Ensuite, ils s'inclinent devant ce dieu
et ils l'adorent.
7 Puis ils le mettent sur leur épaule,
ils le transportent
et ils le placent quelque part.
Ils fixent la statue,
et elle ne bouge plus.
Si quelqu'un crie vers le dieu,
celui-ci ne répond pas.
Dans le malheur, il ne sauve personne.
8 Souvenez-vous de cela et reprenez courage !
Pensez-y, gens infidèles !

Dieu réalisera son projet

9 Rappelez-vous le passé,
les événements d'autrefois.
C'est moi qui suis Dieu,
et il n'y en a pas d'autre.
Il n'y a pas de Dieu comme moi.
10 Depuis le commencement,
j'ai annoncé ce qui devait arriver.
Longtemps à l'avance,
j'ai prédit ce qui ne s'est pas encore passé.
Je dis : mon projet se réalisera.
Tout ce que je veux, je le fais.
11 De très loin, de l'est,
j'appelle un homme
puissant comme un aigle.
C'est lui qui réalisera mes projets[c].
Ce que je dis, je le fais.
Le projet que j'ai formé, je le réalise.
12 Écoutez-moi,
vous qui avez la tête dure,
vous qui êtes si loin de ce qui est juste !
13 Je fais venir ma *justice,
elle n'est plus loin.
La libération est proche.
Je l'apporte moi-même à *Sion.
Oui, je donne à Israël
quelque chose de magnifique.

---

c **46.11** *Il s'agit de Cyrus, roi des Perses. Voir Ésaïe 41.2.*

Une catastrophe va atteindre Babylone

47 [1] Le SEIGNEUR dit :
« Ville de Babylone,
descends de ton siège royal
et assieds-toi dans la poussière.
Oui, assieds-toi par terre,
ville des Babyloniens.
Maintenant, on ne t'appellera plus
"Babylone, la fine",
"Babylone, la sensible".
2 Prends les pierres à écraser le grain
et prépare la farine.
Enlève ton voile, relève ta robe
et traverse les rivières les jambes nues.
3 Les gens te verront toute nue,
ils découvriront ce qui te fait honte.
Je vais me venger,
et personne ne m'en empêchera. »
4 Celui qui nous libère
s'appelle « le SEIGNEUR de l'univers ».
C'est le Dieu *saint d'Israël.

5 Assieds-toi en silence,
ville des Babyloniens,
cache-toi dans la nuit.
En effet, on ne t'appellera plus jamais
« Reine des royaumes ».
6 J'étais en *colère contre mon peuple.
Alors j'ai traité avec mépris
ceux qui m'appartenaient,
je les ai livrés entre tes mains.
Tu ne leur as montré aucune pitié,
tu as fait peser ton pouvoir
comme un *joug sur les gens âgés.
7 Tu as dit : « Je vivrai toujours,
je serai reine pour toujours. »
Tu n'as pas réfléchi à ces choses,
tu n'as pas pensé à l'avenir.

8 Maintenant, écoute ceci,
toi qui aimes le plaisir.
Tu es assise tranquillement en pensant :
« Je suis la meilleure,
personne n'est comme moi.
Je ne serai jamais veuve
et je ne perdrai pas mes enfants ! »
9 Eh bien, ces deux malheurs
vont t'arriver tout à coup.
En un seul jour,
tu perdras tes enfants
et tu deviendras veuve.
Toutes les pratiques des magiciens
et des charlatans
ne pourront pas empêcher cela.

10 Tu as mis ta confiance
dans tes actes mauvais et tu as pensé :
« Personne ne me voit. »
C'est ta fausse sagesse et ta fausse science
qui t'ont trompée.
Et tu as pensé :
« Je suis la meilleure,
personne n'est comme moi. »
11 Oui, un malheur va t'arriver,
tu ne sauras pas comment le détourner.
Une catastrophe va tomber sur toi,
tu ne pourras pas l'éviter.
Une tempête que tu ne peux pas prévoir
va se lever tout à coup contre toi.
12 Continue donc à consulter tous les magiciens et les charlatans.
Tu t'es fatiguée avec eux depuis ta jeunesse.
Tu pourras peut-être en retirer des avantages,
tu sauras peut-être faire peur aux autres.
13 Tu es fatiguée de recevoir tant de conseils !
Ceux qui observent le ciel,
qui lisent dans les étoiles
et annoncent chaque mois ce qui va t'arriver,
qu'ils viennent te sauver !
14 Ils seront comme de la paille,
un feu les brûlera.
Ils ne pourront pas sauver leur vie des flammes.
Et ce ne sera pas un feu de charbon pour la cuisine,
ni un petit feu de bois pour se chauffer !
15 Tu t'es fatiguée à consulter tous ces gens-là
depuis ta jeunesse.
Eh bien, voilà ce qu'ils sont pour toi !
Maintenant, ils partent dans tous les sens,
et aucun ne peut te sauver.

Le Seigneur annonce des choses nouvelles

48 [1] Écoutez, peuple de *Jacob,
vous qui portez le nom d'Israël
et qui êtes nés de Juda.

Vous faites des serments au nom du SEIGNEUR
et vous parlez des actions du Dieu d'Israël,
mais vous n'êtes ni sincères ni droits.
2 Pourtant, vous vous appelez
« Habitants de la ville *sainte »,
et vous vous appuyez sur le Dieu d'Israël,
lui qui a pour nom « le SEIGNEUR de l'univers ».
Écoutez ceci :
3 « Les premiers événements,
je les ai annoncés depuis longtemps.
Je les avais promis, je vous avais prévenus.
Tout à coup j'ai agi, et ils sont arrivés.
4 Vous êtes un peuple têtu, je le sais.
Vous ne voulez rien entendre
et vous avez la tête dure.
5 C'est pourquoi je vous ai annoncé
ces événements depuis longtemps.
Je vous ai prévenus avant qu'ils arrivent.
Je ne voulais pas que vous disiez :
"C'est mon dieu qui a tout fait,
c'est ma statue de bois ou de fer
qui a tout commandé."
6 Vous avez entendu ce que j'ai annoncé
et vous voyez que c'est arrivé.
Est-ce que vous n'allez pas le reconnaître ?

« À partir de maintenant,
j'annonce des choses nouvelles.
Je les ai gardées cachées,
et vous ne les connaissez pas encore.
7 Ce ne sont pas des choses anciennes,
c'est maintenant
que je vais créer ces événements.
Jusqu'à aujourd'hui,
vous n'en avez jamais entendu parler.
Je ne voulais pas que vous disiez :
"Nous étions déjà au courant."
8 Vous n'avez pas écouté, vous ne savez rien,
il y a longtemps que vous ne faites plus attention.
Je le sais, vous êtes des traîtres,
et on vous appelle "révoltés depuis la naissance".
9 Mais je suis Dieu,
c'est pourquoi je retiens ma *colère.
Je veux que vous chantiez ma louange.
Alors je suis patient avec vous,
je renonce à vous faire disparaître.
10 Je vous ai *purifiés dans le feu,
non pas dans celui qui purifie l'argent,
mais dans le feu du malheur.
11 Si j'ai agi ainsi,
c'est uniquement à cause de moi.
En effet, je n'accepte pas les insultes.
Je ne veux pas laisser à quelqu'un d'autre
la *gloire qui me revient. »

Le Seigneur envoie le roi Cyrus

12 Le Seigneur dit :
« Écoute-moi, peuple de *Jacob,
Israël, toi que j'ai appelé.
Je suis toujours le même,
je suis au commencement
et à la fin de tout.
13 Oui, c'est moi qui ai posé la terre sur ses fondations,
c'est moi qui ai étendu le ciel.
Dès que je les appelle,
ils se présentent aussitôt.
14 Vous tous, rassemblez-vous et écoutez :
J'ai un ami[d].
Il accomplira ce que je veux
contre Babylone,
il fera sentir mon pouvoir
aux Babyloniens.
Mais qui parmi vous a annoncé cela ?
15 C'est moi, moi seul qui ai parlé.
J'ai appelé cet homme,
je l'ai fait venir,
et je fais réussir ses actions. »

16 Approchez-vous de moi et écoutez :
Depuis le commencement,
je n'ai jamais parlé en secret.
Quand ces événements sont arrivés,
j'étais là.

Et maintenant, le Seigneur DIEU m'envoie
et il me donne son esprit.

d **48.14** *Il s'agit du roi perse Cyrus, qui a pris Babylone en 539 avant J.-C.*

Le Seigneur fait des reproches à son peuple

17 Voici ce que dit ton libérateur, le SEIGNEUR,
le Dieu *saint d'Israël :
« Ton Dieu, c'est moi, le SEIGNEUR.
Je t'enseigne ce qui est le meilleur pour toi.
C'est moi qui te conduis
sur le chemin où tu marches.
18 Si seulement tu avais fait attention à mes commandements !
Ta paix serait comme un fleuve
et ton bonheur comme les vagues de la mer.
19 Tes enfants et les enfants de leurs enfants
seraient aussi nombreux
que les grains de sable au bord de la mer.
Leur nom ne disparaîtrait jamais devant moi. »

Le peuple de Dieu sort de Babylone

20 Sortez de Babylone, fuyez ce pays.
Avec des cris de joie,
annoncez cette nouvelle,
répandez-la jusqu'au bout du monde.
Dites : « Le SEIGNEUR a libéré *Jacob, son serviteur. »
21 Dans le désert où il a conduit les Israélites,
ils n'ont pas eu soif.
Pour eux, il a fait sortir de l'eau du rocher,
il a fendu le rocher, et l'eau a coulé.

22 Le SEIGNEUR dit :
« Il n'y a pas de bonheur
pour les gens mauvais. »

Le serviteur du Seigneur. Deuxième chant : Israël, lumière des autres peuples

49 1 Écoutez-moi, peuples éloignés !
Soyez attentifs,
vous qui habitez au loin !
Le SEIGNEUR m'a appelé
dès avant ma naissance.
J'étais encore dans le ventre de ma mère
quand il a dit mon nom.
2 Il a fait de ma parole une *épée coupante.
Il m'a caché à l'ombre de sa main.
Il a fait de moi une flèche bien aiguisée,
il m'a abrité dans son sac de flèches.
3 Il m'a dit :
« Israël, tu es mon serviteur.
Par toi, je montrerai ma *gloire. »
4 Moi, je me suis dit :
« Je me suis donné du mal pour rien,
je me suis fatigué inutilement,
sans résultat. »
Pourtant, le SEIGNEUR me fera justice,
il garde en réserve ma récompense.
5 Et maintenant, le SEIGNEUR a parlé.
Il m'a formé dès avant ma naissance
pour que je sois son serviteur.
Il veut que je ramène vers lui les enfants de *Jacob,
que je rassemble le peuple d'Israël.
Le SEIGNEUR tient à moi,
et ma force, c'est mon Dieu.
6 Il m'a dit :
« Tu es à mon service
pour relever les tribus d'Israël
et pour ramener ceux qui sont restés en vie dans le peuple de Jacob.
Mais ce n'est pas tout.
Je vais faire de toi la lumière des autres peuples
pour que mon *salut arrive jusqu'au bout du monde. »

Le retour de tous les Israélites exilés

7 Le SEIGNEUR, le libérateur d'Israël,
son Dieu *saint, parle.
Voici ce qu'il te dit,
à toi qui es méprisé par les gens,
détesté de tous,
à toi qui es l'esclave des dictateurs :
« Quand les rois te verront,
ils se lèveront de leur siège.
Quand les chefs t'apercevront,
ils se mettront à genoux devant toi. »
Cela arrivera à cause du SEIGNEUR,
qui est fidèle,
à cause du Dieu saint d'Israël,
qui t'a choisi.
8 Le SEIGNEUR dit :
« Au bon moment, je t'ai répondu.
Quand le jour du *salut est arrivé,
je suis venu à ton secours.
C'est moi qui t'ai formé.

En toi
je réalise mon *alliance avec le peuple.
Je vais relever le pays d'Israël,
je vais de nouveau distribuer les parts
de cette terre maintenant détruite.
9 Je dis aux prisonniers,
à ceux qui vivent dans le noir :
"Sortez, venez à la lumière !"
Ils trouveront de la nourriture le long de la route,
ils pourront manger sur toutes les collines.
10 Ils n'auront plus faim,
ils n'auront plus soif.
Ils ne souffriront plus
du vent brûlant du désert
ni du soleil.
En effet, avec tendresse, je les conduirai,
je les mènerai au bord de sources fraîches.
11 Je changerai tous les chemins de montagne
en chemins faciles,
je referai les routes.
12 Les voici ! Ils reviennent de loin :
les uns du nord, les autres de l'ouest,
d'autres du sud, de l'Égypte. »

13 Ciel, applaudis !
Et toi, terre, réjouis-toi !
Montagnes, criez de joie !
Le SEIGNEUR redonne de l'espoir à son peuple,
il a pitié des malheureux.

Le Seigneur est le sauveur de son peuple

14 *Sion disait :
« Le SEIGNEUR m'a abandonnée,
mon maître m'a oubliée. »
15 Mais le SEIGNEUR répond :
« Est-ce qu'une femme oublie
le bébé qu'elle allaite ?
Est-ce qu'elle cesse de montrer sa tendresse
à l'enfant qu'elle a porté ?
Même si elle l'oubliait,
moi je ne t'oublierai jamais.
16 Vois, j'ai écrit ton nom
sur la paume de mes mains.
Je pense sans arrêt à tes murs de défense.

17 « Jérusalem,
ceux qui vont te reconstruire
se dépêchent d'arriver,
ceux qui t'ont détruite et écrasée
vont s'en aller.
18 Lève les yeux et regarde autour de toi :
tous tes enfants se rassemblent,
ils viennent à toi.
Je le déclare, moi le SEIGNEUR :
Aussi vrai que je suis vivant,
ils seront pour toi
comme un collier de perles,
comme la ceinture
qu'une fiancée se met autour de la taille.
19 Tu vis parmi les ruines,
tes quartiers sont détruits,
ton pays est un désert.
Mais il sera bientôt trop petit
pour ses habitants,
et ceux qui détruisaient ta vie
partiront loin de toi.
20 Tu étais comme une femme sans enfants.
Mais un jour, tes enfants te diront :
"Je suis à l'étroit.
Fais-moi de la place pour que je vive ici."
21 Et tu te poseras cette question :
"Qui m'a donné tous ces enfants ?
Je n'avais pas d'enfants,
et je ne pouvais pas en avoir.
J'étais exilée et abandonnée.
Ceux-là, qui donc les a élevés ?
Pendant que j'étais seule,
où étaient ces enfants ?" »

22 Voici ce que dit le Seigneur DIEU :
« Je vais faire signe aux autres peuples.
Je vais dresser un signal pour eux.
Jérusalem, ils ramèneront tes fils et tes filles
en les portant dans les bras.
23 Des rois élèveront tes enfants,
des filles de rois les nourriront.
Ils se mettront à genoux devant toi,
le front contre le sol.
Ils lècheront la poussière de tes pieds.
Alors tu le sauras :
je suis le SEIGNEUR,
et ceux qui mettent leur espoir en moi
ne seront pas déçus. »

24 Est-ce qu'on peut enlever à un combattant
les richesses prises à l'ennemi ?

Est-ce qu'on peut arracher un prisonnier
aux mains d'un dictateur ?
25 Le SEIGNEUR répond :
« Eh bien, oui, je vais enlever
au combattant son prisonnier,
je vais arracher au dictateur
ses richesses de guerre.
Jérusalem, je vais lutter moi-même
contre ceux qui t'attaquent,
et je sauverai moi-même tes enfants.
26 J'obligerai ceux qui t'écrasent
à manger leur propre chair.
Ils boiront leur propre sang
et deviendront ivres,
comme on devient ivre
en buvant du vin nouveau.
Alors tout être vivant reconnaîtra ceci :
Moi, le SEIGNEUR, je suis ton sauveur,
je suis ton libérateur,
moi, le Dieu puissant de *Jacob. »

Le Seigneur répond à la plainte de son peuple

50 1 Voici ce que le SEIGNEUR dit :
« Vous affirmez
que j'ai renvoyé Jérusalem, votre mère.
Eh bien, montrez-moi la lettre de divorce !
Vous affirmez que je vous ai vendus
comme esclaves pour payer mes dettes ?
Eh bien, dites-moi à qui.
Si vous avez été vendus,
c'est à cause de vos fautes.
Si votre mère a été renvoyée,
c'est à cause de vos péchés.
2 Quand je suis venu,
je n'ai trouvé personne. Pourquoi ?
Quand j'ai appelé,
personne ne m'a répondu. Pourquoi donc ?
Est-ce que je ne suis pas capable
de vous libérer ?
Est-ce que je n'ai pas la force
de vous sauver ?
Pourtant, par une simple parole menaçante,
je rends la mer sèche,
et je change les fleuves en désert.
Alors par manque d'eau,
les poissons meurent de soif et pourrissent.
3 De plus, je couvre le *ciel de noir
et lui mets un habit de deuil. »

Le serviteur du Seigneur. Troisième chant : confiance en Dieu dans la souffrance

4 Le Seigneur DIEU m'enseigne
ce que je dois dire
pour encourager celui qui n'a plus de force.
Chaque matin, il me réveille
pour que j'écoute comme un bon *disciple.
5 Le Seigneur DIEU m'ouvre l'oreille,
et je ne résiste pas,
je ne recule pas.
6 Je présente mon dos
à ceux qui me frappent,
je tends les joues
à ceux qui m'arrachent la barbe.
Je ne protège pas mon visage
contre ceux qui m'insultent
et qui crachent sur moi.
7 Le Seigneur DIEU vient à mon secours,
c'est pourquoi leurs insultes ne me touchent pas.
Je rends mon visage dur comme pierre.
Je sais que je ne serai pas vaincu.
8 Le SEIGNEUR est près de moi,
il me donnera raison.
Est-ce que quelqu'un veut me faire un procès ?
Allons ensemble au tribunal !
Est-ce que quelqu'un veut m'accuser ?
Qu'il s'avance vers moi !
9 Oui, le Seigneur DIEU vient à mon secours.
Qui peut alors me condamner ?
Mes ennemis s'useront tous
comme un vêtement mangé par les vers.
10 Qui parmi vous respecte le SEIGNEUR ?
Celui-là doit écouter son serviteur.
Qui marche dans la nuit
sans voir aucune lumière ?
Celui-là doit mettre sa confiance dans le SEIGNEUR
et s'appuyer sur son Dieu.
11 Mais vous tous qui allumez du feu,
qui vous entourez de flèches en flammes,
allez dans les flammes de votre feu,
au milieu des flèches que vous avez allumées.
C'est le SEIGNEUR qui vous fera mourir
dans de grandes souffrances.

Le Seigneur apporte une libération qui dure

51 [1] Le SEIGNEUR dit : « Écoutez-moi,
vous qui avez besoin d'être sauvés,
vous qui cherchez à me connaître.
Regardez dans quel rocher
vous avez été taillés,
dans quelle réserve de pierres
vous avez été pris.
2 Regardez Abraham, votre père,
et Sara, qui vous a mis au monde.
Abraham était sans enfant
quand je l'ai appelé.
Mais je l'ai *béni et j'ai fait de lui le père
d'un peuple nombreux. »

3 Le SEIGNEUR a pitié de *Sion,
il a pitié de ses ruines.
Il va changer cette ville sans habitants
en un lieu merveilleux.
De cette terre sèche,
il va faire un jardin d'Éden[e].
Il y aura là une joie débordante,
des chants de louange et de la musique.

4 Le SEIGNEUR dit :
« Vous, mon peuple, écoutez-moi,
vous, ma nation, soyez attentifs !
C'est moi qui vais donner la loi,
et le droit que j'établis éclairera les peuples.
5 Le *salut que j'apporte est tout proche,
la libération arrive.
Je vais juger les peuples avec puissance.
Les peuples éloignés mettront leur espoir
en moi.
Ils compteront sur mon pouvoir.
6 Levez les yeux vers le ciel,
regardez en bas sur la terre.
Le ciel disparaîtra comme de la fumée,
la terre s'usera comme un vêtement,
et ses habitants mourront comme des mouches.
Mais la libération sera définitive,
le salut que j'apporte n'aura pas de fin.
7 Écoutez-moi,
vous qui savez ce qui est juste,
vous qui portez ma loi dans votre cœur.
N'ayez pas peur des insultes des humains,
ne vous laissez pas troubler par leurs moqueries.
8 Les vers les mangeront
comme un vêtement,
et les insectes les dévoreront
comme de la laine.
Mais le salut que j'apporte n'aura pas de fin,
et la libération sera pour toutes les générations à venir. »

Prière pour que le Seigneur montre sa puissance

9 Réveille-toi, SEIGNEUR, réveille-toi !
Montre ta puissance !
Réveille-toi comme autrefois,
comme dans les temps très anciens.
C'est bien toi qui as détruit Rahab,
qui as transpercé ce dragon de la mer[f].
10 C'est toi aussi qui as séché la mer, l'océan immense.
Enfin, c'est toi qui as tracé une route au fond de la mer.
Et là, tu as fait passer ceux que tu avais libérés.

11 Ceux que le SEIGNEUR aura délivrés reviendront.
Ils arriveront à *Sion en criant de joie.
Un bonheur sans fin éclairera leur visage,
une joie débordante les accompagnera,
souffrance et plaintes disparaîtront.

C'est le Seigneur qui redonne de l'espoir à son peuple

12 Le SEIGNEUR dit :
« C'est moi qui vous redonne de l'espoir.
Oui, c'est moi.

e **51.3** *Voir Genèse 2.8-9.*

f **51.9** *Rahab ou le dragon de la mer est un animal étrange qui apparaît dans les récits de l'ancien Orient. Il vit dans la mer, qui représente les forces du mal. Dans ces récits, le dieu créateur a vaincu Rahab et toutes les forces mauvaises. Le texte affirme ici que c'est le Seigneur, Dieu d'Israël, qui a remporté cette victoire.*

Mon peuple,
pourquoi as-tu peur des êtres humains ?
Ils meurent tous,
ils finissent comme l'herbe.
13 Tu oublies le SEIGNEUR.
Pourtant, c'est lui qui t'a créé.
C'est lui qui a étendu le ciel
et qui a fondé la terre.
Sans cesse, tu trembles de peur
devant la colère du dictateur,
comme s'il était prêt à te détruire.
Mais où est-elle maintenant,
cette colère du dictateur ?
14 Le prisonnier désespéré
va bientôt être libéré.
Il ne mourra pas dans sa prison
et ne manquera plus de nourriture.
15 Ton Dieu, c'est moi, le SEIGNEUR.
C'est moi qui agite la mer
et qui fais gronder les vagues.
Mon nom est "le SEIGNEUR de l'univers".
16 Je mets en place le ciel,
je fonde la terre et je dis à *Sion :
"Tu es mon peuple.
Je mets mes paroles dans ta bouche,
je t'abrite à l'ombre de ma main." »

Jérusalem doit retrouver son courage

17 Réveille-toi, Jérusalem,
réveille-toi ! Debout !
Le SEIGNEUR t'a fait boire
la *coupe de sa colère.
Tu l'as bue entièrement,
et elle t'a fait tourner la tête.
18 Parmi tous les enfants que tu as mis au monde,
parmi tous ceux que tu as élevés,
aucun ne t'a prise par la main
pour te guider.
19 Les malheurs
te sont arrivés deux par deux :
violence et destruction,
famine et guerre.
Mais qui va te plaindre ?
Qui te redonnera de l'espoir ?
20 Tes enfants sont étendus par terre
à tous les coins de rue.
Comme des antilopes prises au piège,
ils restent là, sans force,
frappés par la colère du SEIGNEUR,
par la menace de ton Dieu.

21 C'est pourquoi, écoute ceci,
ville malheureuse :
tu es ivre, mais non à cause du vin.
22 Le SEIGNEUR, ton Maître, ton Dieu,
va défendre son peuple.
Voici ce qu'il dit :
« Je vais reprendre de tes mains
la coupe qui fait tourner la tête,
la coupe de ma colère.
Tu n'en boiras plus jamais.
23 Je la mettrai dans la main
de ceux qui te font souffrir.
Ils te disaient :
"Mets-toi par terre !
Nous allons marcher sur toi."
Et tu faisais de ton dos un passage,
un chemin sur lequel ils marchaient. »

La libération de Jérusalem

52 1 Réveille-toi, *Sion,
réveille-toi !
Montre ta puissance !
Jérusalem, ville *sainte,
mets tes vêtements magnifiques !
En effet, les étrangers, les gens *impurs
ne viendront plus jamais chez toi.
2 Secoue la poussière qui te couvre.
Lève-toi et reprends ta place,
Jérusalem, la prisonnière !
Enlève les chaînes de ton cou,
Sion, la prisonnière !

3 Voici ce que le SEIGNEUR dit à son peuple :
« Vous avez été vendus comme esclaves pour
rien, vous serez rachetés sans argent. » 4 Le
Seigneur DIEU dit encore : « Au début, mon
peuple est allé se réfugier en Égypte. À la
fin, c'est l'Assyrie qui l'a écrasé. 5 Et maintenant, qu'est-ce que je gagne ? déclare le SEI-
GNEUR. Mon peuple a été emmené prisonnier
pour rien. Ceux qui le dominent poussent des
cris de victoire, et sans cesse, ils insultent
mon nom. 6 C'est pourquoi, un jour, mon peuple va savoir qui je suis. Oui, il va savoir que
c'est moi qui dis : j'arrive ! »

Le Seigneur revient à Jérusalem

7 Quelle joie de voir arriver
sur les montagnes un messager
qui apporte une bonne nouvelle !
Il annonce la paix, le bonheur et le *salut.
Il te dit, Jérusalem :
« Ton Dieu est roi. »
8 Écoute les hommes
que tu as placés comme sentinelles.
Tous ensemble, ils crient de joie,
parce qu'ils voient de leurs propres yeux
le SEIGNEUR revenir à *Sion.
9 Ruines de Jérusalem,
poussez des cris de joie !
Le SEIGNEUR redonne de l'espoir
à son peuple,
il libère Jérusalem.
10 Devant tous les peuples,
il montre sa puissance *sainte.
Et jusqu'au bout du monde,
on verra comment notre Dieu nous sauve.

Le Seigneur conduit son peuple hors de Babylone

11 Partez, partez,
vous qui rapportez les ustensiles
réservés au service du SEIGNEUR !
Quittez Babylone !
Ne touchez à aucune chose *impure.
Restez purs en sortant de cette ville.
12 Cette fois-ci,
vous ne partez plus à toute vitesse,
vous ne quittez pas le pays
comme des gens qui fuient.
En effet, c'est le SEIGNEUR
qui marche à votre tête,
c'est le Dieu d'Israël
qui ferme la marche derrière vous.

Le serviteur du Seigneur. Quatrième chant : il est frappé pour les péchés de son peuple

13 Le SEIGNEUR dit :
« Mon serviteur réussira.
Il montera, il sera haut placé
et couvert d'honneur.
14 Beaucoup, en le voyant, sont effrayés,
tellement il est défiguré.
Il ne ressemble plus à un être humain.
15 Et maintenant, des peuples nombreux
seront étonnés à cause de lui,
les rois resteront devant lui sans rien dire.
En effet, ce qu'ils voient ne ressemble pas
à ce qu'on leur a raconté,
et ce qu'ils observent est différent
de ce qu'ils ont entendu dire. »

53 1 Qui a cru à la nouvelle
que nous avons apprise ?
Qui a reconnu la puissance du SEIGNEUR ?
2 Devant le SEIGNEUR,
le serviteur a grandi
comme une petite plante,
comme une racine
qui sort d'une terre sèche.
Il n'avait ni la beauté ni le prestige
qui attirent les regards.
Son apparence
n'avait rien pour nous plaire.
3 Tout le monde le méprisait et l'évitait.
C'était un homme qui souffrait,
habitué à la douleur.
Il était comme quelqu'un
que personne ne veut regarder.
Nous le méprisions,
nous le comptions pour rien.
4 Pourtant,
ce sont nos maladies qu'il supportait,
c'est de notre souffrance qu'il s'était chargé.
Et nous, nous pensions :
c'est Dieu qui le punit de cette façon,
c'est Dieu qui le frappe et l'abaisse.
5 Mais il était blessé à cause de nos fautes,
il était écrasé à cause de nos péchés.
La punition qui nous donne la paix
est tombée sur lui.
Et c'est par ses blessures
que nous sommes guéris.
6 Nous étions tous comme des moutons perdus,
chacun suivait son propre chemin.
Et le SEIGNEUR a fait retomber sur lui
nos fautes à nous tous.

7 On l'a fait souffrir,
mais lui, il a accepté cela,
il a gardé le silence.
Comme un agneau qu'on mène à l'abattoir,

comme un mouton qui ne crie pas quand on
lui coupe sa laine,
il a gardé le silence.
8 On l'a arrêté, jugé, puis supprimé.
Mais qui a fait attention
à ce qui lui arrivait ?
Oui, on l'a enlevé du monde des vivants.
Il a été frappé à mort
à cause des fautes de son peuple.
9 Il a été enterré avec les gens mauvais.
Sa tombe est avec les riches.
Pourtant, il n'avait rien fait de mal
et il n'avait jamais trompé personne.
10 Mais le SEIGNEUR donne raison
à son serviteur écrasé.
Et il a rétabli celui qui avait offert sa vie
à la place des autres.
Son serviteur aura des enfants
et il vivra encore longtemps.
Par lui, le SEIGNEUR réalisera son projet.
11 À cause des souffrances qu'il a supportées,
il verra la lumière,
il sera rempli de bonheur.
Mon serviteur, le vrai *juste,
rendra justes un grand nombre de gens,
parce qu'il s'est chargé de leurs péchés.
12 C'est pourquoi
je le mets au rang des plus grands.
Il partagera les richesses des ennemis avec
les puissants.
En effet, il a accepté librement de mourir
et d'être mis avec les bandits.
Oui, il a porté les péchés de beaucoup de
gens
et il est intervenu pour les coupables.

Jérusalem n'est plus comme une femme abandonnée

54 1 Réjouis-toi, Jérusalem,
toi qui n'avais pas d'enfant !
Pousse des cris de joie et sois heureuse,
toi qui ne connaissais pas les douleurs de
l'accouchement.
Le SEIGNEUR te dit :
« Toi, la femme abandonnée,
tu as maintenant plus d'enfants
que la femme qui a un mari.
2 Agrandis l'espace de ta tente,
tends des toiles plus larges pour t'abriter,
ne calcule pas tes dépenses.
Allonge les cordes et fixe bien tes piquets.
3 En effet, tu vas te répandre de tous côtés,
tes enfants vont prendre les pays voisins.
Ils vont repeupler les villes abandonnées.
4 N'aie pas peur,
tu ne seras plus couverte de honte.
Ne sois pas troublée,
on ne t'insultera plus.
Tu oublieras la honte
que tu ressentais quand tu étais jeune.
Tu ne te souviendras plus des insultes
qu'on te lançait quand tu étais veuve.
5 Voici pourquoi :
Tu vas avoir pour mari
celui qui t'a créée,
celui qui a pour nom "le SEIGNEUR de l'univers".
Celui qui te libère,
c'est le Dieu *saint d'Israël,
celui qu'on appelle "le Dieu de toute la
terre".
6 Comme une femme abandonnée,
tu étais complètement découragée.
Mais le SEIGNEUR t'a rappelée.
Oui, ton Dieu dit :
Est-ce que quelqu'un peut vraiment rejeter
la femme qu'il a choisie quand il était
jeune ?
7 Je t'ai abandonnée très peu de temps.
Mais, avec une grande tendresse,
je veux te reprendre.
8 J'étais très en *colère contre toi,
et j'ai refusé de te voir pendant un court
moment.
Mais avec un amour sans fin,
je te montre ma tendresse.
C'est moi, le SEIGNEUR, qui te dis cela,
moi qui te libère.

9 « Je vais agir comme au temps de Noé.
J'avais promis qu'il n'y aurait plus
de grande inondation sur la terre.
De même, je promets aujourd'hui
de ne plus me mettre en colère contre toi,
de ne plus te menacer.
10 Les montagnes peuvent bouger,
les collines peuvent changer de place,
mais l'amour que j'ai pour toi

ne changera jamais,
*l'alliance que j'ai établie avec toi
pour te rendre heureuse
ne bougera jamais.
C'est moi le SEIGNEUR qui te dis cela,
dans ma tendresse. »

Le Seigneur va rebâtir Jérusalem

11 « Malheureuse Jérusalem,
tu es battue par la tempête,
et personne ne te redonne de l'espoir.
Moi, le SEIGNEUR,
je vais te rebâtir avec des pierres colorées.
Tes fondations
seront en pierres précieuses bleues.
12 Le haut de tes murs
sera en pierres précieuses rouges,
tes portes seront en pierres
aussi transparentes que du verre.
Tous tes murs de défense
seront en pierres précieuses.
13 J'enseignerai tous tes enfants,
et ils vivront dans le bonheur.
14 Tu t'appuieras sur la justice.
Personne ne t'écrasera plus,
tu n'auras plus peur.
Personne ne t'effraiera plus,
tu ne seras plus menacée.
15 Si on vient t'attaquer, je n'y serai pour rien.
Celui qui t'attaquera tombera devant toi.
16 Regarde, c'est moi qui ai créé le forgeron,
lui qui souffle sur les charbons brûlants
et qui fabrique des armes de toutes sortes.
C'est moi aussi qui ai créé
l'homme capable de détruire ces armes.
17 Aucune arme faite pour t'attaquer
ne peut te faire de mal.
Et si quelqu'un veut t'accuser au tribunal,
tu pourras prouver qu'il a tort.

« Voilà la part que je réserve
à ceux qui sont mes serviteurs,
voilà comment je leur rends justice.
Moi, le SEIGNEUR, je le déclare. »

Les bienfaits de Dieu sont gratuits

55 1 « Vous tous qui avez soif,
voici de l'eau, venez !
Même si vous n'avez pas d'argent, venez !
Achetez à manger, c'est gratuit.
Venez,
achetez du vin et du lait sans argent.
2 Pourquoi dépenser de l'argent
pour quelque chose qui ne nourrit pas ?
Pourquoi vous fatiguer
pour quelque chose qui ne rassasie pas ?
Écoutez-moi bien,
alors vous aurez de bonnes choses à manger,
vous goûterez des choses délicieuses.
3 Tendez l'oreille et venez vers moi.
Écoutez, et vous vivrez. »

Le SEIGNEUR dit :
« Je ferai avec vous une *alliance
qui durera toujours.
Je vous assure pour toujours les bienfaits
que j'ai promis à David.
4 J'avais fait de lui
un *témoin de mon pouvoir
pour les peuples,
un chef qui commande des populations.
5 Toi aussi, Israël,
tu feras appel à des peuples inconnus,
et ces étrangers qui ne te connaissent pas
se dépêcheront de venir vers toi.
Ils viendront à cause de moi,
le SEIGNEUR ton Dieu,
le Dieu *saint d'Israël,
qui veux t'honorer. »

Les paroles du Seigneur atteignent leur but

6 Cherchez le SEIGNEUR
pendant qu'il se laisse trouver.
Faites appel à lui
pendant qu'il est près de vous.
7 Les gens mauvais
doivent abandonner leur conduite.
Celui qui fait le mal
doit abandonner ses pensées méchantes.
Tous doivent revenir vers le SEIGNEUR,
car il aura pitié d'eux.
Tous doivent revenir vers notre Dieu,
car il pardonne généreusement.

8 Le SEIGNEUR déclare :
« Vos pensées ne sont pas mes pensées,

mes façons de faire ne sont pas les vôtres.
9 Il y a une grande distance
entre mes façons de faire et les vôtres,
entre mes pensées et vos pensées.
Elle est aussi grande
que la distance entre le ciel et la terre.

10 « La pluie et la *neige tombent du ciel.
Elles n'y retournent pas sans produire un résultat :
elles arrosent la terre,
elles la rendent fertile
et font pousser les graines.
Ainsi, elles donnent des graines à semer
et de la nourriture à manger.
11 De la même façon,
la parole qui sort de ma bouche
ne revient pas vers moi sans résultat :
elle réalise ce que je veux,
elle accomplit la mission que je lui ai confiée. »

12 Vous quitterez Babylone dans la joie
et vous serez ramenés chez vous dans la paix.
Les montagnes et les collines
pousseront des cris de joie sur votre passage.
Tous les arbres de la campagne applaudiront.
13 Le cyprès poussera
à la place du buisson d'épines,
l'arbre de bonne odeur
remplacera les plantes piquantes.
Tout cela se passera
pour que le SEIGNEUR soit honoré.
Ce sera un signe qui durera toujours
et ne sera jamais détruit.

TROISIÈME PARTIE
56–66

Le temple sera une maison de prière pour tous les peuples

56 1 Voici ce que le SEIGNEUR dit :
« Respectez le droit,
faites ce qui est juste.
La libération que j'apporte
est sur le point d'arriver,
vous allez découvrir que je veux vous sauver.
2 Il est heureux,
celui qui fait ce que je dis,
qui s'y tient solidement.
Il est heureux,
celui qui respecte fidèlement le *sabbat,
qui évite toute action mauvaise. »

3 L'étranger qui s'est attaché au SEIGNEUR
ne doit pas penser :
« Le SEIGNEUR va sûrement
m'exclure de son peuple. »
*L'eunuque ne doit pas se dire :
« Je ne suis qu'un arbre sec. »
4 En effet, voici ce que le SEIGNEUR affirme :
« Certains eunuques respectent mes sabbats.
Ils choisissent de faire ce qui me plaît
et s'attachent à mon *alliance.
5 Eh bien,
à l'intérieur des murs de mon temple
je leur dresserai une pierre
pour y graver leur nom.
Cela aura plus de valeur pour eux
que des fils et des filles.
Le nom que je leur donnerai
restera pour toujours,
il ne sera jamais effacé. »

6 Certains étrangers
sont attachés au SEIGNEUR.
Ils l'honorent, ils l'aiment
et ils sont ses serviteurs.
De ceux-là, le SEIGNEUR dit :
« Tous ceux
qui respectent fidèlement le sabbat,
qui s'attachent à mon alliance,
7 je les ferai venir sur ma montagne *sainte,
je les remplirai de joie
dans ma maison de prière.
J'accepterai les *sacrifices et les dons
qu'ils m'offrent sur *l'autel.

Oui, on appellera ma maison
"Maison de prière pour tous les peuples". »

8 Le Seigneur DIEU,
lui qui a rassemblé les exilés d'Israël,
déclare :
« J'ai déjà rassemblé des gens autour d'eux,
et j'en rassemblerai encore d'autres avec
eux. »

Le peuple a de mauvais chefs

9 Vous tous, animaux des champs,
et vous, bêtes des forêts,
venez manger !

10 Les gardiens d'Israël sont tous des aveugles,
ils ne se rendent compte de rien.
Ce sont tous des chiens muets
qui ne peuvent même pas aboyer.
Ils restent couchés et ils rêvent,
ils aiment dormir.
11 Ce sont aussi des chiens qui dévorent tout,
qui n'ont jamais assez mangé.
Pourtant,
ils sont les bergers[g] de mon peuple !
Ils ne comprennent rien.
Ils font seulement ce qui leur plaît,
chacun, sans exception,
ne cherche que son intérêt.
12 Ils disent :
« Venez, nous allons chercher du vin.
Nous boirons des boissons fortes.
Demain, ce sera comme aujourd'hui :
il reste beaucoup de vin. »

57 1 Ceux qui obéissent à Dieu
sont mis à mort,
et personne n'y fait attention.
Ceux qui font le bien disparaissent,
et personne ne s'en aperçoit.
Oui, ceux qui obéissent à Dieu
disparaissent
à cause de la méchanceté des gens mauvais.
2 Mais la paix viendra,
et ceux qui agissent bien
pourront dormir tranquillement.

Contre les adorateurs des faux dieux

3 Vous, enfants de sorcière, approchez-vous.
Vous n'êtes qu'une bande *d'adultères
et de *prostituées.
4 Vous vous moquez de qui ?
Pour qui sont vos grimaces ?
À qui tirez-vous la langue ?
Oui, vous êtes des enfants infidèles,
vous êtes une bande de menteurs.
5 Vous brûlez de désir près des arbres sacrés,
sous tout arbre couvert de feuilles vertes.
Vous offrez des enfants en *sacrifice
au bord des torrents,
dans les creux des rochers.

6 Les pierres lisses du torrent sont pour toi,
c'est la part qui t'appartient, Israël.
C'est pour elles
que tu verses du vin en sacrifice,
que tu offres des dons.
Le Seigneur demande :
« Est-ce que je dois accepter cela ? »
7 Tu te prépares un lit
sur tous les lieux élevés.
C'est là que tu montes
pour offrir des sacrifices.
8 Tu as attaché ton fétiche
derrière le montant de la porte.
En te cachant de moi,
tu enlèves tes vêtements,
tu montes sur ton immense lit.
Tu as passé un accord avantageux avec tes
amants,
tu aimes coucher avec eux
et regarder la chose[h].

9 Tu es allée vers le grand roi[i]
avec de l'huile et des parfums,

---

g **56.11** *Dans l'ancien Orient, les dirigeants d'un peuple étaient souvent appelés des bergers.*

h **57.5-8** *Les versets 5 à 8 parlent des cultes pour obtenir la fécondité. Ils décrivent en particulier des coutumes pratiquées pour obtenir des dieux de bonnes récoltes et des enfants.*
La chose : c'est sans doute une façon de désigner le sexe de l'homme sans le nommer.

i **57.9** *Le « grand roi » désigne sans doute ici un faux dieu.*

tu as envoyé des messagers très loin d'ici.
Tu es descendue
jusque dans le monde des morts.
10 Tu as fait beaucoup d'efforts,
et cela t'a fatiguée.
Mais tu n'as pas dit :
« C'est inutile ! »
Tu as retrouvé tes forces,
alors tu as vaincu ta fatigue.

11 Qui te faisait si peur pour que tu mentes,
pour que tu m'oublies,
que tu ne penses plus à moi ?
Je gardais le silence depuis longtemps.
C'est pourquoi tu ne me respectais plus.
12 Mais je vais dire ouvertement ce que tu vaux.
Tu ne retireras aucun avantage de ce que tu fais.
Cela ne te portera pas bonheur.
13 Quand tu appelleras au secours,
qu'ils te sauvent,
tous tes horribles faux dieux !
Le vent les emportera tous,
un souffle les enlèvera.
Mais ceux qui se mettent sous ma protection
recevront le pays comme leur propriété
et ils posséderont ma montagne *sainte.

Dieu va guérir Israël, son peuple

14 Le SEIGNEUR a dit :
« Réparez la route,
vite, ouvrez un chemin,
enlevez les obstacles
sur le chemin de mon peuple. »
15 Voici ce que dit le Dieu *saint,
lui qui est au-dessus de tout
et qui a une habitation pour toujours :
« Moi, le Dieu saint, j'habite là-haut.
Mais je suis aussi avec les gens qu'on écrase
et qui ont un cœur de pauvre.
Je veux rendre la vie
à ceux qui ont un cœur de pauvre,
je veux rendre la vie à ceux qu'on écrase.
16 En effet, je ne veux pas
faire des reproches sans fin
ni être en *colère pour toujours.
Sinon, ceux que j'ai créés
perdraient le souffle de la vie.
17 Israël s'est rendu coupable
en désirant tout avec envie.
Cela m'a mis en *colère,
et dans ma colère, je l'ai frappé.
Je ne voulais plus le voir.
Or, il est têtu
et il a continué à suivre son propre chemin.
18 J'ai bien vu son comportement,
mais je le guérirai.
Je le guiderai, je lui rendrai courage.
À ceux qui sont dans le deuil,
19 je mettrai dans la bouche
des chants de louange. »
Le SEIGNEUR dit :
« Paix à celui qui est loin,
paix à celui qui est proche !
Oui, je guérirai mon peuple. »

20 Mais les gens mauvais
sont comme la mer agitée
qui ne peut pas se calmer,
ses vagues soulèvent la boue et la saleté.
21 Mon Dieu a dit :
« Il n'y a pas de paix
pour les gens mauvais. »

Comment plaire au Seigneur

58 1 Le SEIGNEUR dit :
« Crie à pleine voix ! Ne te retiens pas !
Fais résonner ta voix
comme une trompette !
Présente ses fautes à mon peuple,
leurs péchés aux enfants de *Jacob.
2 Tous les jours, ils me consultent,
ils veulent savoir ce que j'attends d'eux.
Ils ressemblent à un peuple
qui respecte la justice
et qui n'abandonne pas la loi de son Dieu.
Ils me demandent des jugements justes,
ils veulent que je sois proche d'eux.
3 Pourtant, ils me disent :
"Pourquoi *jeûner si tu ne le vois pas ?
Pourquoi nous faire petits
si tu ne le remarques pas ?"
Alors je réponds :
Le jour où vous jeûnez,
vous vous occupez aussi de vos affaires,
et vous agissez durement avec vos ouvriers.

[4] Quand vous jeûnez, vous vous disputez
et vous frappez les autres à coups de poing.
Ce n'est pas en jeûnant de cette manière
que vous ferez entendre votre voix là-haut.
[5] Le jeûne qui me plaît,
est-ce qu'il ressemble à cela ?
Est-ce une façon correcte
de vous faire petits devant moi ?
Pencher la tête comme un roseau,
mettre un habit de deuil,
se coucher dans la poussière,
est-ce que vous appelez cela un jeûne,
un jour qui me plaît ?
[6] Voici le jeûne qui me plaît :
libérer les gens enchaînés injustement,
enlever le *joug qui pèse sur eux,
rendre la liberté à ceux qu'on écrase,
bref, supprimer tout ce qui les rend esclaves.
[7] C'est partager ton pain avec celui qui a faim,
loger les pauvres qui n'ont pas de maison,
habiller ceux qui n'ont pas de vêtements.
C'est ne pas te détourner
de celui qui est ton frère. »
[8] Alors ta lumière jaillira comme l'aurore,
et ta plaie se fermera vite.
Tes bonnes actions marcheront devant toi,
et la *gloire du Seigneur
fermera la marche derrière toi.
[9] Quand tu appelleras,
le Seigneur répondra.
Quand tu crieras, il dira : « Je suis là ! »
Si tu fais disparaître de ton pays
ce qui écrase les autres,
les gestes de menace
et les paroles blessantes,
[10] alors ta lumière se lèvera dans la nuit,
ton obscurité sera comme la lumière de midi.
Ce sera la même chose
si tu partages ta nourriture
avec celui qui a faim,
si tu donnes à manger
à ceux qui sont dans la misère.
[11] Le Seigneur sera toujours ton guide.
Même en plein désert,
il te donnera à manger
et te rendra des forces.
Tu seras comme un jardin bien arrosé,
comme une source qui coule toujours.
[12] Tu relèveras les vieux murs détruits,
tu reconstruiras sur les fondations abandonnées depuis toujours.
On t'appellera
« le peuple qui ferme les fentes
et refait les rues de la ville ».

Comment respecter le sabbat

[13] « Supposons ceci :
Tu ne fais pas de démarches
le jour du *sabbat,
tu ne t'occupes pas de tes affaires
pendant ce jour qui m'est *consacré.
Tu appelles le sabbat "bonheur",
tu appelles le jour du Seigneur "jour honorable",
et tu l'honores en évitant les démarches, les affaires et les discussions.
[14] Alors tu trouveras ton bonheur en moi.
Je te ferai passer comme un vainqueur
sur les montagnes du pays.
Je te ferai profiter de la terre
que Jacob, ton ancêtre, a reçue en partage. »
Voilà ce que le Seigneur promet.

Les fautes mettent une barrière entre Dieu et son peuple

59 [1] La main du Seigneur
n'est pas trop faible
pour vous sauver, c'est sûr.
Il n'est pas trop sourd
pour vous entendre.
[2] Mais ce sont vos fautes
qui mettent une barrière
entre vous et votre Dieu.
S'il s'est détourné de vous
pour ne plus vous voir ni vous entendre,
c'est à cause de vos péchés.
[3] Vous avez du sang sur les mains,
vos fautes salissent vos doigts.
Votre bouche dit des mensonges,
vos lèvres laissent passer des méchancetés.
[4] Au tribunal,
vous portez plainte injustement.
Vous ne défendez pas les gens selon la vérité.

Vous vous appuyez sur le vide,
vous dites des choses fausses,
vous portez le mal en vous
et vous accouchez du malheur.
5-6 Vos actions
sont comme des œufs de vipère :
si quelqu'un en mange, il meurt.
Dès qu'on écrase un œuf,
il en sort une vipère.
Les toiles que vous tissez
ressemblent aux toiles d'araignée.
Elles ne permettent pas
de coudre des vêtements,
ni de se couvrir.
Elles ne servent qu'à créer le malheur.
Vos mains ne produisent que de la violence.
7 Vos pieds courent faire du mal,
vous êtes pressés de tuer des innocents.
Vous ne pensez qu'à faire le mal.
Partout où vous passez,
c'est la violence et la destruction.
8 Vous ne connaissez pas
le chemin de la paix,
on ne trouve pas le droit
là où vous marchez.
Vos chemins, vous les rendez tordus,
et celui qui les suit
ne connaîtra jamais la paix.

Le peuple de Dieu reconnaît ses fautes

9 C'est pourquoi
Dieu n'agit pas en notre faveur
et ne nous rend pas justice.
Nous espérions la lumière,
et nous sommes dans le noir.
Nous attendions le lever du jour,
et nous marchons dans la nuit.
10 Nous avançons
comme des aveugles le long d'un mur.
Nous cherchons notre chemin,
comme des gens qui ne voient pas clair.
En pleine journée, nous perdons l'équilibre
comme à la tombée de la nuit.
Nous sommes en bonne santé,
mais nous ressemblons à des morts.
11 Nous grognons tous
comme des animaux sauvages,
nous gémissons sans cesse
comme des *colombes.
Nous espérions que Dieu agirait,
mais il ne se passe rien.
Nous attendions qu'il nous sauve,
mais il reste loin de nous.

12 Oui, SEIGNEUR,
nous t'avons souvent désobéi.
Nos péchés nous accusent.
Nous pensons sans cesse à nos révoltes,
nous connaissons bien nos fautes.
13 SEIGNEUR, nous t'avons désobéi,
nous t'avons trahi,
nous avons fui loin de toi, notre Dieu.
Nous parlons seulement d'écraser les autres
et de nous révolter.
Notre cœur et notre tête
sont pleins de mensonges.
14 C'est pourquoi le respect du droit recule,
la justice est loin de nous.
Sur la place du marché,
la sincérité est près de tomber,
l'honnêteté n'y entre plus.
15 Oui, la sincérité a disparu,
et celui qui veut rester honnête
se fait tout arracher.

Le Seigneur va agir

Le SEIGNEUR a vu tout cela.
Il a trouvé que l'absence de droit
était une mauvaise chose.
16 Il a vu que personne ne réagissait,
il a été surpris
que personne ne fasse quelque chose.
Alors il a décidé d'agir lui-même,
et c'est sa *justice
qui lui en a donné la force.
17 Il a mis la justice
comme vêtement de combat,
il a posé sur sa tête le casque du *salut.
Il s'est couvert de l'habit de la vengeance.
Le vêtement qui l'enveloppe,
c'est son ardeur à combattre.
18 Il rendra aux gens ce qu'ils ont mérité.
Sa *colère est pour ses adversaires,
la punition est pour ses ennemis,
même pour les pays lointains.
19 Alors, de l'est à l'ouest,
tout le monde respectera
le nom du SEIGNEUR,

tous respecteront sa *gloire.
Oui, le SEIGNEUR arrivera comme un torrent
au creux d'une vallée,
poussé par la tempête.
20 Le SEIGNEUR viendra à Jérusalem
pour libérer ceux du peuple d'Israël
qui se détournent de leurs fautes.
C'est le SEIGNEUR qui le déclare.

21 Le SEIGNEUR ajoute : « Et moi, voici l'engagement que je prends envers ceux-là : Mon esprit est sur vous, et j'ai mis mes paroles dans
votre bouche. Elles sont pour vous, pour vos
enfants et pour les enfants de leurs enfants,
maintenant et pour toujours. Je ne vous les retirerai jamais. C'est moi, le SEIGNEUR, qui affirme cela. »

Jérusalem sera une lumière pour le monde

60 1 Debout, Jérusalem !
Brille avec éclat :
en effet, ta lumière arrive,
la *gloire du SEIGNEUR se lève sur toi !
2 Regarde : la nuit couvre la terre,
un brouillard enveloppe les peuples.
Mais sur toi, le SEIGNEUR se lève
et sa gloire brille sur toi.
3 Les autres peuples marchent vers ta lumière,
et les rois se dirigent vers la clarté
qui s'est levée sur toi.
4 Lève les yeux et regarde autour de toi !
Tous se rassemblent et viennent vers toi.
Tes fils arrivent de loin,
tes filles sont portées dans les bras.
5 En voyant cela, tu brilleras de joie,
ton cœur battra de bonheur.
En effet, les richesses de la mer
arriveront chez toi,
les trésors des autres peuples
parviendront jusqu'à toi, Jérusalem.
6 Des troupeaux de chameaux te couvriront,
de jeunes chameaux de Madian et d'Éfa.
Ils viendront tous de Saba[j].
Ils apporteront de l'or et de *l'encens
et ils chanteront devant tous
la louange du SEIGNEUR.
7 Le SEIGNEUR dit :
« Les troupeaux de Quédar
se rassembleront chez toi.
Tu pourras utiliser les béliers de Nebayoth[k]
pour tes cérémonies.
On les présentera sur mon *autel,
et ce *sacrifice me plaira.
J'honorerai ainsi la beauté de mon temple.

8 « Qui sont-ils, tous ces gens
qui volent comme un nuage,
qui ressemblent à des *colombes rentrant dans leurs nids ?
9 Les pays éloignés m'attendent avec espoir.
Les grands bateaux avancent en tête
pour ramener tes enfants de très loin,
avec leur argent et leur or.
Ils viennent me rendre gloire,
à moi, ton Dieu, le Dieu *saint d'Israël
qui te fais cet honneur. »
10 Le SEIGNEUR dit à Jérusalem :
« Des étrangers reconstruiront tes murs,
leurs rois seront à ton service.
Dans ma *colère, je t'avais frappée,
mais dans ma bonté, je te montre mon amour.
11 Tes portes seront toujours ouvertes.
On ne les fermera ni le jour ni la nuit.
Alors on fera entrer chez toi
les richesses des autres peuples,
ainsi que leurs rois, l'un après l'autre.

12 « Le peuple ou le royaume qui refusera de
te servir disparaîtra. Ces peuples-là seront
complètement détruits.

13 « Les beaux arbres
qui font la fierté du Liban,
les différents bois de construction
arriveront chez toi, Jérusalem.
Ils feront la beauté de mon *lieu saint.

j 60.6 *Madian et Éfa : tribus arabes. Saba : au sud de l'Arabie.*

k 60.7 *Quédar et Nebayoth : des tribus arabes.*

Ainsi, je rendrai glorieux
l'endroit où je suis présent.
14 Ceux qui t'ont fait souffrir durement
s'approcheront de toi en baissant la tête,
tous ceux qui t'ont méprisée
se mettront à genoux à tes pieds.
Ils t'appelleront "la Ville du SEIGNEUR",
"la *Sion du Dieu *saint d'Israël".

15 « Tu étais abandonnée, on te détestait,
et personne ne passait chez toi.
Maintenant, je te rendrai magnifique
pour qu'on se réjouisse à cause de toi
de génération en génération.
16 Tu te nourriras du lait des autres peuples,
tu mangeras les richesses de leurs rois.
Alors tu reconnaîtras ceci :
ton Sauveur, c'est moi, le SEIGNEUR.
Ton libérateur, c'est le Dieu puissant de *Jacob.
17 À la place du bronze, je ferai venir de l'or,
à la place du fer, je ferai venir de l'argent.
À la place du bois, je ferai venir du bronze,
à la place des pierres, je ferai venir du fer.
Grâce à moi, c'est la paix qui vous dirigera,
c'est la *justice qui vous gouvernera.
18 On n'entendra plus parler de violence
dans ton pays,
ni de destruction et de ruines
à l'intérieur de tes frontières.
Le nom de tes murs de défense sera "Salut".
Le nom de tes portes sera "Louange".

19 « Pour être éclairée,
tu n'auras plus besoin du soleil pendant le jour,
ni de la lune pendant la nuit.
Moi, le SEIGNEUR ton Dieu,
je serai pour toi une lumière sans fin
et je t'éclairerai de toute ma clarté.
20 Ton soleil ne se couchera plus,
ta lune ne disparaîtra plus.
Oui, moi, le SEIGNEUR,
je serai pour toi une lumière sans fin.
La période de ton deuil sera terminée.

21 « Tous tes habitants m'obéiront,
ils posséderont ce pays pour toujours.
Je les ai créés avec mes mains
pour qu'ils montrent ma *gloire.
Ils sont comme des plantes
que j'ai mises en terre moi-même.
22 Parmi eux, le plus petit
donnera naissance à mille personnes,
le plus faible
deviendra un peuple puissant.
Moi, le SEIGNEUR, je ferai cela très vite,
quand ce sera le moment. »

L'envoyé du Seigneur se présente

61 1 L'esprit du Seigneur DIEU est sur moi.
Oui, il m'a *consacré
pour apporter une bonne nouvelle
aux pauvres.
Il m'a envoyé pour guérir
ceux qui ont le cœur brisé,
pour annoncer aux déportés :
« Vous êtes libres ! »,
et à ceux qui sont en prison :
« Vous allez revoir la lumière du jour. »
2 Il m'a envoyé pour annoncer :
« C'est l'année
où vous verrez la bonté du SEIGNEUR ! »,
« C'est le jour
où notre Dieu se vengera de ses ennemis ! »
Il m'a envoyé pour redonner de l'espoir
à ceux qui sont en deuil.
3 Ils sont en deuil à cause de *Sion.
Mais je dois leur donner un beau turban,
pour remplacer la cendre sur leur tête.
Je dois verser sur eux une huile parfumée
qui marque la joie et non le deuil,
je dois leur mettre un vêtement de fête
pour remplacer le découragement.
Alors on les comparera
à des arbres qui honorent Dieu,
à une plantation qui montre la *gloire du SEIGNEUR.
4 Ils relèveront les murs écroulés d'autrefois,
ils reconstruiront les maisons détruites depuis longtemps.
Ils redresseront les villes démolies,
ce qui est resté en ruines
pendant plusieurs générations.
5 Des étrangers seront là
pour garder vos moutons et vos chèvres.

Des gens venus d'ailleurs
laboureront vos champs
et cultiveront vos *vignes.
6 Mais vous, vous aurez pour nom
« Prêtres du SEIGNEUR ».
On vous appellera
« Serviteurs de notre Dieu ».
Vous profiterez de la fortune des autres peuples
et vous vous vanterez de leurs richesses.

7 Le SEIGNEUR dit :
« Vous avez été complètement couverts de honte.
Votre part, c'étaient les horribles insultes
que les gens vous lançaient.
C'est pourquoi vous recevrez une double part dans leur pays
et vous vivrez dans une joie sans fin.
8 En effet, moi, le SEIGNEUR,
j'aime qu'on respecte le droit,
mais je déteste le vol criminel.
Je vous rendrai donc ce qui vous est dû,
je ferai avec vous une *alliance
qui durera toujours. »

9 Vos enfants seront célèbres
parmi tous les peuples,
et partout,
on connaîtra les enfants de leurs enfants.
Tous ceux qui les verront
les reconnaîtront à ceci :
ils forment un peuple *béni par le SEIGNEUR.

Jérusalem chante sa louange au Seigneur

10 Je déborde de joie à cause du SEIGNEUR.
Mon cœur se réjouit à cause de mon Dieu.
Oui, il me sauve
et me couvre de son *salut
comme d'une tunique,
il m'enveloppe de sa victoire
comme d'un vêtement.
Je ressemble au jeune marié
coiffé d'un turban de fête,
ou à une jeune mariée
couverte de bijoux.
11 Comme la terre fait sortir ses plantes,
comme un jardin fait germer ses graines,
de même, le Seigneur DIEU
fait germer la victoire et la louange
devant tous les peuples.

Jérusalem recevra un nom nouveau

62 1 Par amour pour toi, Jérusalem,
je ne me tairai pas.
Par amour pour toi, *Sion,
je ne resterai pas sans agir.
J'attends que ta libération
paraisse comme la lumière du matin,
et que ton *salut
brille comme une lampe allumée.
2 Alors tous les peuples verront
que le SEIGNEUR t'a sauvée,
et tous les rois verront ton honneur.
Alors tu recevras un nouveau nom,
que le SEIGNEUR choisira.
3 Tu seras comme une couronne magnifique dans la main du SEIGNEUR,
un turban royal dans la main de ton Dieu.
4 On ne t'appellera plus
« celle qui est abandonnée »,
on ne dira plus de ton pays
« c'est un désert de tristesse ».
Au contraire, on t'appellera
« celle qui plaît au SEIGNEUR »,
et on dira de ta terre
« la bien mariée ».
Oui, tu plairas vraiment au SEIGNEUR,
et ta terre aura un mari.
5 Comme un jeune homme
se marie avec une jeune fille,
ainsi celui qui te reconstruit
sera un mari pour toi.
Comme une jeune mariée
fait la joie de son mari,
tu feras la joie de ton Dieu.

6 Sur tes murs de défense, Jérusalem,
j'ai placé des gardiens.
Ils ne devront jamais se taire,
ni le jour ni la nuit.
« Vous, les veilleurs,
qui obligez le SEIGNEUR
à se souvenir de Jérusalem,
ne vous reposez pas.
7 Ne lui laissez pas de repos

avant qu'il ait rétabli Jérusalem,
avant qu'elle devienne un sujet de louange
sur toute la terre. »

8 Le SEIGNEUR a fait ce serment :
« Aussi vrai que je suis très puissant,
je ne laisserai plus jamais tes ennemis
se nourrir de ton *blé.
Les étrangers ne boiront plus ton vin
pour lequel tu t'es fatiguée.
9 Mais ceux qui auront ramassé le blé
le mangeront eux-mêmes
en chantant la louange du SEIGNEUR.
Ceux qui auront récolté le *raisin
boiront le vin eux-mêmes
dans les cours de mon temple *saint. »

10 Habitants de Jérusalem, sortez,
sortez vite de la ville !
Ouvrez le chemin à mon peuple.
Réparez la route, enlevez les pierres,
dressez un signal pour les peuples.
11 Le SEIGNEUR se fait entendre
jusqu'au bout du monde.
Dites donc à la ville de *Sion :
« Ton Sauveur arrive.
Il rapporte ceux qu'il a gagnés,
il ramène la récompense de son travail[l]. »
12 On les appellera « le peuple saint »,
« les libérés du SEIGNEUR ».
Et toi, Jérusalem, on ne t'appellera plus
« la ville abandonnée »,
mais « la ville désirée ».

Le Seigneur juge les peuples

63 1 Qui est celui-ci qui vient d'Édom,
de Bosra, sa capitale ?
Ses habits sont tachés de rouge.
Il porte des vêtements magnifiques,
il s'avance fièrement, sûr de sa force.
Le Seigneur dit : « C'est moi.
Je juge avec justice,
j'ai le pouvoir de vous sauver. »

2 Ton vêtement est taché de rouge,
tes habits ressemblent à ceux d'un homme
qui écrase le *raisin dans la cuve.
Pourquoi donc ?

3 – Oui, j'ai écrasé le raisin tout seul
dans la cuve.
Parmi les peuples,
personne n'était avec moi.
Alors dans ma grande *colère,
je les ai écrasés,
dans ma fureur, j'ai marché sur eux.
Leur sang a jailli sur mes habits,
et j'ai taché tous mes vêtements.
4 Dans mon cœur, je voulais me venger.
Le moment était venu
de libérer mon peuple.
5 J'ai regardé.
Personne pour m'aider !
J'étais très étonné.
Personne pour me soutenir !
Alors j'ai décidé d'agir moi-même,
et c'est ma colère
qui m'en a donné la force.
6 Dans ma grande colère,
j'ai écrasé des peuples,
je les ai rendus ivres de ma colère
et j'ai répandu leur sang par terre.

Rappel des bienfaits du Seigneur pour son peuple

7 Je veux rappeler les bienfaits du SEIGNEUR,
les raisons de chanter sa louange :
tout ce que le SEIGNEUR a fait pour nous,
sa grande bonté pour le peuple d'Israël,
tout ce qu'il a fait par amour,
et ses nombreux bienfaits.

8 Il a dit des gens d'Israël :
« Ils sont mon peuple,
ce sont mes enfants,
ils ne vont pas me tromper. »
Et il a été leur Sauveur.
9 Dans toutes leurs souffrances,
ce n'est pas un messager ou un *ange
qui les a sauvés,
mais c'est le SEIGNEUR lui-même.

l **62.11** *Voir Ésaïe 40.10 et la note.*

Dans son amour et sa pitié,
il les a libérés.
Il les a portés et soutenus
tout au long de leur histoire.
10 Mais eux, ils se sont révoltés,
ils ont blessé son esprit *saint.
Le SEIGNEUR est donc devenu un ennemi pour eux
et il s'est mis à les combattre.

11 Alors son peuple s'est souvenu du passé,
du temps où Moïse était avec lui :
« Où est-il, celui qui a fait remonter son peuple de la mer,
son troupeau avec ses bergers[m] ?
Où est-il, celui qui a mis son esprit saint au milieu d'eux ?
12 Pendant la marche,
c'est lui qui a soutenu Moïse
de son bras puissant.
Il a fendu les eaux devant eux
afin de se couvrir de *gloire
pour toujours.
13 C'est lui qui leur a fait traverser la mer profonde
comme un cheval traverse le désert.
Et ils ne sont pas tombés.
14 Ils ressemblaient à un troupeau
qui descend dans une vallée.
L'esprit du SEIGNEUR les conduisait
vers un lieu de repos. »

Oui, SEIGNEUR,
tu as conduit ton peuple de cette manière
pour te couvrir de *gloire !

Le peuple prie le Seigneur son Dieu

15 SEIGNEUR, regarde du haut du *ciel,
le lieu *saint et magnifique où tu habites,
vois ce qui nous arrive.
Où est ton brûlant amour pour nous ?
Où est ta puissance ?
Nous ne sentons plus ta tendresse
et ta bonté pour nous.
16 Pourtant, tu es notre père.
Abraham, notre ancêtre, ne sait rien de nous,
Jacob ne nous connaît pas.
Mais toi, SEIGNEUR, tu es notre père,
« notre libérateur »,
voilà ton nom depuis toujours.
17 SEIGNEUR, tu nous a laissés nous perdre
loin de ton chemin,
tu as laissé nos cœurs se fermer
et refuser de te respecter.
Pourquoi donc ?
Reviens, par amour pour nous
qui sommes tes serviteurs,
le peuple qui t'appartient !
18 Nous, ton peuple saint,
nous avons possédé le pays
pendant très peu de temps.
Nos ennemis ont écrasé ton *lieu saint.
19 Depuis longtemps,
c'est comme si tu n'étais plus notre roi,
comme si nous ne portions plus ton nom.
Ah ! si tu déchirais le ciel
et si tu descendais !
Les montagnes trembleraient devant toi.

64 1 Tu serais comme le feu
qui brûle les buissons,
ou qui fait bouillir l'eau.
Ainsi tu ferais savoir à tes ennemis
qui tu es.
Devant toi, les peuples trembleraient
2 quand tu ferais des choses terribles
qu'on n'attend pas.
Oui, tu descendrais,
et les montagnes trembleraient devant toi.
3 Aucun autre dieu que toi
n'agit de cette façon
pour ceux qui ont confiance en lui.
Non,
personne n'en a jamais entendu parler,
personne ne l'a jamais appris,
aucun œil ne l'a jamais vu.
4 Tu viens à la rencontre
de ceux qui pratiquent la justice avec joie,
qui se souviennent de toi pour suivre ton chemin.
Tu t'es mis en *colère

---

m **63.11** *Voir Ésaïe 44.28 et la note.*

à cause de nos fautes.
Mais nous serons sauvés
en suivant les chemins d'autrefois.
5 Nous sommes tous comme des gens *impurs,
et nos meilleures actions
sont aussi dégoûtantes qu'un linge taché de sang.
Nos fautes nous rendent semblables
à des feuilles mortes emportées par le vent.
6 Personne ne fait plus appel à toi,
personne ne se réveille pour s'attacher à toi.
En effet, tu ne veux plus nous voir
et tu nous as abandonnés au pouvoir de nos fautes.
7 Pourtant, SEIGNEUR, tu es notre père.
Nous sommes l'argile, et tu es le potier.
Tes mains nous ont tous formés.
8 Ne sois pas trop en colère, SEIGNEUR.
Ne te souviens pas pour toujours de nos fautes.
Regarde, nous t'en prions,
nous sommes tous ton peuple.
9 Tes villes *saintes n'ont plus d'habitants,
Jérusalem est devenue un désert,
*Sion est un tas de pierres abandonnées.
10 Le temple saint et magnifique,
où nos ancêtres chantaient ta louange,
a été brûlé.
Tout ce que nous aimions est en ruine.
11 SEIGNEUR, est-ce que ces malheurs
ne te touchent pas ?
Est-ce que tu peux garder le silence
et nous écraser
d'une honte insupportable ?

Le Seigneur jugera tous les membres de son peuple

65 1 Le SEIGNEUR dit :
« Je me suis laissé interroger,
mais on ne me demandait rien.
Je me suis laissé trouver,
mais personne ne me cherchait.
J'ai dit : "Je suis là, je suis là !",
à un peuple
qui ne faisait pas appel à moi.
2 J'ai sans cesse tendu les mains
vers un peuple infidèle,
vers des gens qui marchent sur un mauvais chemin
et font seulement ce qui leur plaît.
3 Ce peuple me provoque ouvertement et sans arrêt.
Ils font des *sacrifices dans les jardins.
Sur des briques,
ils brûlent des parfums pour les faux dieux.
4 Ils s'assoient dans les tombeaux,
ils habitent dans des grottes.
Ils mangent de la viande de porc,
et leurs plats sont remplis d'aliments *impurs.
5 Ils disent aux gens :
"N'approchez pas, ne me touchez pas.
Ce serait dangereux pour vous,
car je suis *consacré à Dieu."
Quand je vois tout ce que vous faites,
ma *colère prend feu
et elle brûle sans arrêt.
6 Mais j'ai bien noté tout cela.
Je ne garderai pas le silence
et je leur ferai payer très largement
7 leurs propres fautes,
ainsi que celles de leurs ancêtres.
Ceux-ci ont brûlé des parfums sur les montagnes
et ils m'ont insulté sur les collines.
Eh bien,
je leur ferai payer très largement
ce qu'ils ont fait autrefois.
C'est moi, le SEIGNEUR, qui l'affirme. »

8 Voici ce que le SEIGNEUR dit :
« Quand on trouve une grappe de *raisin bien mûre,
les gens disent : "Ne la détruisez pas,
elle va sûrement donner du bon vin."
Je ferai la même chose
à cause de ceux qui me servent.
Je ne détruirai pas tout.
9 Mais je donnerai des enfants
au peuple de *Jacob, à la tribu de Juda.
Ils posséderont mes montagnes.
Ceux que j'ai choisis les posséderont,
ceux qui me servent y habiteront.
10 Pour mon peuple,
pour ceux qui se tournent vers moi,

la plaine du Saron deviendra
un champ pour nourrir les moutons.
Et la vallée d'Akor[n] sera
un enclos pour les bœufs.

11 « Mais vous autres, vous m'abandonnez,
vous oubliez ma montagne *sainte,
vous offrez de la nourriture à Gad,
le dieu de la chance,
vous offrez des vins mélangés à Méni,
le dieu du destin.
12 Eh bien, je vous livrerai à vos ennemis.
Vous vous mettrez tous à genoux
pour être égorgés.
En effet, j'ai appelé,
et vous n'avez pas répondu.
J'ai parlé, et vous n'avez pas écouté.
Vous avez fait ce qui est mal à mes yeux,
vous avez choisi ce qui me déplaît.
13 C'est pourquoi, voici ce que je dis,
moi, le Seigneur DIEU :
ceux qui me servent mangeront,
mais vous, vous aurez faim.
Ceux qui me servent boiront,
mais vous, vous aurez soif.
Ceux qui me servent seront dans la joie,
mais vous, vous serez couverts de honte.
14 Ceux qui me servent crieront de joie,
le cœur rempli de bonheur,
mais vous, vous crierez de douleur,
le cœur rempli de peine.
Oui, vous gémirez, l'esprit brisé.
15 Ceux que j'ai choisis
se serviront de votre nom
uniquement pour lancer une malédiction :
"Que le Seigneur DIEU te fasse mourir
comme cette personne
ou cette autre personne !"
Mais pour ceux qui me servent,
on utilisera un autre nom.
16 Dans le pays, celui qui voudra
souhaiter le bonheur à quelqu'un
*bénira au nom du Dieu fidèle.
Celui qui fera un serment
jurera au nom du Dieu fidèle. »

Dieu créera un nouveau ciel et une nouvelle terre

Le SEIGNEUR dit :
« On oubliera les malheurs du passé,
ils disparaîtront loin de mes yeux.
17 En effet, je vais créer un *ciel nouveau
et une terre nouvelle.
Personne ne se souviendra plus du passé,
on n'y pensera plus du tout.
18 Débordez de joie,
réjouissez-vous sans cesse
à cause de ce que je vais créer.
De Jérusalem,
je vais faire une ville remplie de joie,
et de ses habitants
un peuple débordant de joie.
19 Je me réjouirai
à cause de Jérusalem,
je déborderai de joie
à cause de mon peuple.
On n'entendra plus de pleurs
ni d'appels au secours.
20 Il n'y aura plus de bébé
qui ne vit que quelques jours.
Les adultes ne mourront pas
avant d'être vieux.
Le plus jeune mourra à cent ans
et mourir avant cent ans,
sera considéré comme une malédiction.
21 Ils bâtiront des maisons
et les habiteront.
Ils planteront des *vignes
et mangeront le raisin.
22 Ils ne bâtiront plus de maisons
pour que d'autres y habitent à leur place,
ils ne planteront plus de vignes
pour que d'autres en mangent le raisin.
En effet, les gens de mon peuple
vivront aussi vieux que les arbres.
Ceux que j'ai choisis
pourront profiter du travail qu'ils ont fait.
23 Ils ne se fatigueront plus pour rien,
ils ne mettront plus des enfants au monde
pour les voir mourir.

n 65.10 *Voir Josué 7.24-26.*

Car ils forment la famille de ceux que je *bénis,
eux et leurs enfants.
24 Avant qu'ils m'appellent,
moi, je leur répondrai.
Ils n'auront pas fini de parler,
je les aurai déjà entendus.
25 Le *loup et l'agneau
mangeront ensemble,
le lion mangera de l'herbe sèche
comme le bœuf.
Le serpent se nourrira de poussière.
Il n'y aura plus ni mal ni violence
sur toute ma montagne *sainte.
C'est moi, le SEIGNEUR, qui le dis. »

Paroles du Seigneur au sujet du temple et des sacrifices

66 1 Voici ce que le SEIGNEUR dit :
« Le *ciel est mon siège royal,
et la terre est le lieu où je pose les pieds.
Quelle maison est-ce que vous pouvez me bâtir ?
Quel est le lieu où je peux habiter ?
2 Toutes ces choses,
c'est moi qui les ai faites.
Tout cela est à moi,
je vous le déclare, moi, le SEIGNEUR.
Mais celui que je regarde avec bonté,
c'est le malheureux qui est découragé,
celui qui écoute ma parole avec grand respect.
3 Or, pour les *sacrifices,
les gens abattent des bœufs,
mais en même temps,
ils tuent des hommes.
Ils égorgent des moutons,
mais en même temps,
ils offrent des chiens.
Ils me présentent une offrande,
mais en même temps,
ils répandent du sang de porc.
Ils brûlent de *l'encens pour moi,
mais en même temps,
ils honorent des faux dieux.
Ils ont choisi de faire ce qui leur plaît
et ils prennent plaisir
à ces choses horribles.
4 Eh bien, moi aussi, je choisis
de les abandonner
aux conséquences de leurs caprices.
Je ferai venir sur eux
ce qui leur fait peur.
En effet,
j'ai appelé, et personne n'a répondu,
j'ai parlé, et personne n'a écouté.
Ils ont fait ce qui est mal à mes yeux,
ils ont choisi ce qui me déplaît. »

Le Seigneur rend courage à son peuple et jugera tous les humains

5 Écoutez ce que le SEIGNEUR dit,
vous qui recevez sa parole
avec grand respect :
Certains de vos frères vous détestent
et vous chassent à cause de moi.
Ils disent en se moquant :
« Le SEIGNEUR n'a qu'à montrer sa *gloire,
alors nous pourrons voir votre joie ! »
Mais c'est eux qui seront couverts de honte.
6 Écoutez donc ce bruit qui vient de la ville,
ce bruit qui arrive du temple.
C'est le SEIGNEUR
qui est en train de rendre à ses ennemis
ce qu'ils méritent.

7 Avant de ressentir les douleurs de l'accouchement,
Jérusalem a donné naissance,
elle a mis au monde un garçon
avant de commencer à souffrir.
8 Est-ce qu'on a déjà entendu
ou vu une chose pareille ?
Est-ce qu'on peut mettre un pays au monde
en un seul jour ?
Est-ce qu'on accouche d'un peuple
d'un seul coup ?
Pourtant, c'est ce que Jérusalem a fait :
elle commençait à peine à souffrir,
et déjà elle avait mis ses enfants au monde !
9 Le SEIGNEUR ton Dieu demande :
« Si je permets à une mère
de porter son enfant pendant neuf mois,
est-ce pour empêcher l'enfant de naître ?
Si c'est moi qui donne la vie,

est-ce que je vais lui interdire
de voir le jour ? »

10 Vous qui aimez Jérusalem,
réjouissez-vous avec elle,
débordez de joie à cause d'elle.
Vous qui étiez en deuil
à cause de ses malheurs,
soyez fous de joie avec elle !
11 Alors elle vous rendra courage.
Vous serez rassasiés
comme des bébés qui tètent avec joie
le sein rempli de lait de leur mère.

12 En effet, voici ce que le SEIGNEUR dit :
« Je vais faire couler vers Jérusalem
le bonheur comme un fleuve,
et les richesses des peuples
comme un torrent qui déborde.
Je prendrai soin de vous
comme une mère le fait
pour le bébé qu'elle allaite.
Elle le porte sur son dos
et le caresse sur ses genoux.
13 Oui,
comme une mère console son enfant,
moi aussi, je vous consolerai.
À Jérusalem, vous serez consolés.
14 Quand vous vivrez cela,
votre cœur sera dans la joie,
et votre corps reprendra vie
comme l'herbe après la pluie. »

Le SEIGNEUR agira avec puissance
pour ceux qui le servent,
mais ses ennemis
sentiront le poids de sa *colère.
15 En effet, voici le SEIGNEUR :
il arrive dans un feu,
ses chars sont comme un vent de tempête.
Il vient montrer sa terrible colère
et menacer les gens par des flammes de feu.
16 Oui,
le SEIGNEUR vient juger tous les humains
par le feu et par *l'épée.
Il y aura beaucoup de morts.
17 Je parle ici des gens
qui se *purifient spécialement
pour entrer dans des jardins sacrés.
Ils se mettent derrière
quelqu'un qui est au milieu[o].
Ils mangent du porc ou du rat,
des choses horribles.
Ces gens-là mourront tous ensemble.
C'est le SEIGNEUR qui le déclare.

Le Seigneur se fera connaître de tous les peuples

18 Le SEIGNEUR dit : « Je sais ce qu'ils font et ce
qu'ils pensent. Je viens pour rassembler tous
les peuples de toutes les langues. Ils viendront
et verront ma *gloire. 19 Je mettrai un signe au
milieu d'eux. Ceux qui seront en vie après
mon jugement, je les enverrai vers les peuples
de Tarsis, de Poul, et de Loud, les spécialistes
du tir à l'arc. Je les enverrai chez les gens de
Toubal, de Yavan[p] et au loin dans les îles, là
où on n'a jamais entendu parler de moi, là où
on n'a jamais vu ma gloire. Et ils feront connaître ma gloire à ces peuples. 20 Ceux-ci ramèneront tous vos frères qui étaient chez eux : à
cheval, en char, en chariot couvert, sur des mulets et des chameaux, jusqu'à ma montagne
*sainte, à Jérusalem. Ce sera leur offrande
pour moi. Je la recevrai comme celle que les Israélites apportent à mon temple dans des plats
*purifiés. 21 Je choisirai certains hommes parmi
ces peuples pour en faire des prêtres et des
*lévites. Voilà ce que le SEIGNEUR déclare. »
22 Le SEIGNEUR déclare : « Le *ciel nouveau
et la terre nouvelle que je crée restent solides
devant moi. De même, votre nom et ceux qui

o **66.17** *Il s'agit sans doute d'un prêtre ou d'une femme prêtre au service du culte des faux dieux.*

p **66.19** *Tarsis : peut-être au sud de l'Espagne.*
Poul : région d'Afrique proche de l'Éthiopie (peut-être la Libye).
Loud : région proche de l'Égypte.
Toubal : région située dans la Turquie actuelle.
Yavan : la Grèce et ses îles.

naîtront de vous ne disparaîtront jamais devant moi.

23 Ainsi, à chaque fête de *nouvelle lune,
à chaque *sabbat,
tous les habitants de la terre viendront
se mettre à genoux devant moi, le SEIGNEUR.
24 En sortant de la ville,
on pourra voir les corps des gens
qui se sont révoltés contre moi.
Les vers qui les mangent
ne mourront jamais,
et le feu qui les dévore ne s'éteindra pas.
Ce sera quelque chose d'horrible
pour tous les habitants de la terre. »

Jérémie

INTRODUCTION

Jérémie devient prophète, c'est-à-dire porte-parole de Dieu, à Jérusalem, vers 626 avant J.-C., quand Josias est roi de Juda. Jérémie parle de la part de Dieu pendant plus de 40 ans.

À partir de la mort du roi Josias en 609, le royaume de Juda vit une période très troublée. Les rois et les responsables du peuple ne savent pas quelle politique choisir. Certains pensent qu'il faut demander du secours à l'Égypte : ils sont les plus nombreux. D'autres pensent qu'il faut accepter le pouvoir babylonien. Jérémie est de ceux-là.

En effet, Jérémie interprète la catastrophe qui vient comme la conséquence de l'infidélité du peuple. De la part de Dieu, il propose d' ***accepter l'épreuve*** *du pouvoir babylonien et* ***de l'exil*** *à Babylone. Si le peuple accepte de tout perdre, il pourra connaître une nouvelle relation avec Dieu. La lettre de Jérémie aux exilés (chapitre 29), ainsi que l'annonce d'une* ***nouvelle alliance*** *établie par Dieu (31.31-34 ; 32.40-41), décrivent cette relation renouvelée.*

Pour faire comprendre le sens de son message, Jérémie accomplit des ***actes prophétiques*** *: il fait pourrir sa ceinture pour montrer que le peuple est en train de pourrir (chapitre 13), il brise une cruche pour dire que le peuple va être brisé (chapitre 19), il achète un champ pour annoncer que le peuple reviendra dans son pays (chapitre 32).*

Malgré les difficultés, le prophète Jérémie remplit jusqu'au bout la mission que Dieu lui a confiée.

Voici comment le livre de Jérémie est composé :

- *Le chapitre 1 raconte comment Dieu appelle Jérémie à son service.*

Rappels historiques

Quand Jérémie commence à s'adresser aux habitants du royaume de Juda, les Assyriens dominent toute la région. Ils ont mis fin au royaume d'Israël vers 722 avant J.-C., mais leur puissance diminue. En 612, les Babyloniens prennent Ninive, la capitale de l'Assyrie, puis ils détruisent cet immense royaume.

En 597, Nabucodonosor, roi de Babylone, arrive jusqu'à Jérusalem. Le roi Yoaquim a succédé à Josias, son père. Il est tué pendant la bataille qui a lieu dans la ville. Son fils Yoakin, devenu roi à sa place, se rend aux Babyloniens. Nabucodonosor emmène alors le roi et une partie de la population dans son pays : c'est une première déportation. Sédécias, un autre fils de Josias, devient alors roi. Il se révolte contre les Babyloniens et provoque leur colère.

En 587 avant J.-C., Nabucodonosor prend Jérusalem. Il brûle la ville et le temple, et il fait prisonnier le roi Sédécias. Il emmène la population active à Babylone : c'est une deuxième déportation. Le royaume de Juda devient une province babylonienne. Les Babyloniens y installent Guedalia, un juif, comme gouverneur. Celui-ci est assassiné peu de temps après. Beaucoup des Judéens qui restent fuient alors en Égypte. Ils y emmènent Jérémie de force.

• *Les chapitres 2 à 24 contiennent des messages du prophète pour les habitants du Nord et du Sud. Ces chapitres contiennent aussi les plaintes que Jérémie adresse à Dieu (voir 11.18–12.6 ; 15.10-21 ; 17.14-18 ; 18.18-23 ; 20.7-18). En effet, Jérémie est un homme seul et il souffre de ce qui arrive à son peuple.*

• *Le chapitre 25 propose un résumé des paroles du prophète.*

• *Les chapitres 26 à 45 décrivent des moments importants de la vie de Jérémie. C'est peut-être Baruc, le secrétaire de Jérémie, qui les a écrits. Les chapitres 36 à 45 racontent les relations difficiles de Jérémie avec les rois Yoaquim et Sédécias, ainsi qu'avec les Judéens qui veulent se tourner vers l'Égypte. Ils montrent la souffrance du prophète fidèle à Dieu.*

• *Les chapitres 46 à 51 contiennent des messages contre les peuples étrangers.*

• *Le chapitre 52 raconte la prise et la destruction de Jérusalem.*

Comme le livre des Rois, le livre de Jérémie se termine sur un fait qui peut redonner de l'espoir : le roi de Babylone fait sortir de prison Yoakin, l'ancien roi de Juda, et il le traite avec bonté (voir 2 Rois 25.27-30).

---

1 1 Voici ce que Jérémie, fils de Hilkia, a dit
et fait. Jérémie était d'une famille de prêtres qui habitaient à Anatoth, dans le territoire
de la tribu de Benjamin. 2 La treizième année
où Josias, fils d'Amon, était roi de Juda[a], le SEI-
GNEUR a adressé sa parole à Jérémie pour la
première fois. 3 Il lui a encore parlé au temps
où Yoaquim, un fils de Josias, était roi de Juda.
Et il lui a parlé pour la dernière fois au cinquième mois de la onzième année où Sédécias, un autre fils de Josias, était roi. C'est à
ce moment-là que les habitants de Jérusalem
ont été déportés[b].

Le Seigneur appelle Jérémie à devenir son porte-parole

4 Voici les paroles que le SEIGNEUR m'a
adressées :

5 « Avant de te former dans le ventre de ta mère,
je te connaissais.
Avant ta naissance,
je t'ai choisi pour me servir.
J'ai fait de toi
mon porte-parole auprès des peuples. »

6 J'ai répondu : « Hélas ! Seigneur DIEU, je ne
sais pas parler, je suis trop jeune. »
7 Mais le SEIGNEUR m'a dit :
« Ne dis pas : "Je suis trop jeune."
Tu iras partout où je t'enverrai.
Tu diras tout ce que je te commanderai.
8 N'aie pas peur des gens !
En effet,
je suis avec toi pour te délivrer. »

Voilà ce que le SEIGNEUR m'a déclaré. 9 Ensuite, le SEIGNEUR a avancé la main. Il a touché
ma bouche et il a dit :
« Je mets mes paroles dans ta bouche.
10 Tu vois, aujourd'hui,
je te confie une mission
auprès des peuples et des royaumes.
Tu vas arracher et abattre,
détruire et démolir,
construire et planter. »

Jérémie voit une branche d'amandier et une marmite qui bout

11 Alors le SEIGNEUR m'a adressé sa parole :
« Jérémie, qu'est-ce que tu vois ? » J'ai ré-

---

a **1.2** *Vers 626 avant J.-C.*

b **1.3** *En juillet-août 587 avant J.-C.*
Yoaquim et Sédécias : voir 2 Rois 23.36–25.21 ; 2 Chroniques 36.

pondu : « Je vois une branche d'amandier, l'arbre qui veille[c]. » 12 Le SEIGNEUR m'a dit : « Tu as bien vu. En effet, je veille à réaliser ce que j'ai dit. »

13 Une deuxième fois, le SEIGNEUR m'a adressé sa parole : « Et maintenant, qu'est-ce que tu vois ? » J'ai répondu : « Je vois une marmite qui bout. Elle est penchée vers moi à partir du nord. »

14 Alors le SEIGNEUR m'a dit :
« En effet, c'est du nord[d]
que le malheur va se répandre
sur tous les habitants du pays.
15 Moi, le SEIGNEUR, je le déclare :
Je vais appeler tous les clans des royaumes du nord.
Ils arriveront.
Chacun de leurs rois installera son siège royal
devant les *portes de Jérusalem.
Ils entoureront ses murs,
ils attaqueront toutes les villes de Juda.
16 De cette façon,
je rendrai mon jugement
contre les habitants de ce pays.
En effet, ils ont vraiment mal agi :
ils m'ont abandonné,
ils se sont fabriqué des statues de dieux,
ils ont offert des *sacrifices à d'autres dieux
et ils les ont adorés.
17 Toi, Jérémie, prépare-toi donc.
Lève-toi ! Va leur annoncer
tout ce que je te commanderai.
Ne tremble pas de peur à cause d'eux,
sinon,
c'est moi qui te ferai trembler devant eux.
18 À partir d'aujourd'hui,
je te rends fort
comme une ville bien protégée.
Tu seras comme un pilier de fer,
comme un mur de bronze
devant tout le pays,
devant les rois de Juda,
les ministres, les prêtres
et les habitants du pays.
19 Ils te combattront,
mais ils ne pourront rien contre toi.
En effet,
je suis avec toi pour te délivrer.
Voilà ce que je déclare, moi, le SEIGNEUR. »

Israël a abandonné son Dieu pour des dieux qui ne servent à rien

2 1 Le SEIGNEUR m'a adressé sa parole. 2 Il
m'a demandé d'annoncer ceci à la population de Jérusalem :
« Voici le message du SEIGNEUR :
Je me souviens de ce que tu étais autrefois.
Quand tu étais jeune,
tu étais attachée à moi.
Quand tu étais ma fiancée,
tu m'aimais.
Tu me suivais au désert,
dans cette région où rien ne pousse.
3 Israël, tu étais à moi seul,
tu m'appartenais,
comme les premiers fruits de la récolte.
Ceux qui osaient toucher à toi
étaient coupables,
et il leur arrivait malheur.
Voilà ce que le SEIGNEUR déclare.

4 « Vous qui êtes de la famille de *Jacob,
tous les clans d'Israël,
écoutez ce message du SEIGNEUR !
5 Voici ce que le SEIGNEUR dit :
Est-ce que vos ancêtres
ont une faute à me reprocher ?
Ils se sont éloignés de moi
pour suivre des dieux qui ne valent rien
et devenir eux-mêmes des gens qui ne valent rien !
Pourquoi donc ?
6 Ils n'ont pas dit :
"Où est le SEIGNEUR
qui nous a fait monter d'Égypte,

c 1.11 *Le nom hébreu de l'amandier ressemble au mot « veiller ». En effet, cet arbre semble veiller pendant la saison froide, parce qu'il est le premier à fleurir ensuite.*

d 1.14 *Au temps de Jérémie, les ennemis qui menaçaient le royaume de Juda ne pouvaient arriver que par le nord. En effet, il était impossible de traverser le désert d'Arabie.*

qui nous a guidés à travers le désert,
région sauvage, pleine de ravins,
région sèche et sombre,
où personne ne passe,
où personne n'habite ?"
7 Je vous ai fait entrer dans un pays fertile,
pour que vous profitiez de ses fruits
et de ses richesses.
Ce pays était à moi,
mais à votre arrivée,
vous l'avez rendu *impur.
C'était ma propriété,
mais vous en avez fait quelque chose d'horrible.
8 Les prêtres ne demandent plus :
"Où est le SEIGNEUR ?"
Les spécialistes de la *loi ne me connaissent plus.
Les chefs se sont révoltés contre moi.
Les *prophètes ont parlé au nom du dieu *Baal
et ils ont suivi des dieux totalement incapables.
9 C'est pourquoi
je vais continuer à vous accuser,
et j'accuserai aussi les enfants de vos enfants.
Voilà ce que le SEIGNEUR déclare.

10 « Partez dans les îles grecques
et allez voir.
Allez chez les Arabes de Quédar[e]
et informez-vous.
Vous verrez
si ces gens-là agissent comme vous.
11 Est-ce qu'un peuple
a déjà changé ses dieux ?
D'ailleurs, ce ne sont même pas des dieux !
Mais moi, j'étais la fierté de mon peuple.
Eh bien, il m'a échangé
contre des dieux totalement incapables !
12 Habitants du *ciel,
cela doit vous bouleverser,
vous faire trembler,
vous paralyser d'horreur !
Moi, le SEIGNEUR, je le déclare.
13 Mon peuple a commis une double faute :
il m'a abandonné,
moi, la source d'eau fraîche qui donne la vie.
Et il a creusé des citernes.
Mais ces citernes sont fendues,
elles ne retiennent pas l'eau ! »

Il est horrible d'abandonner le Seigneur

14 « Est-ce qu'Israël est devenu un esclave
ou est-ce qu'il est né de parents esclaves ?
Non.
Or, les autres peuples le traitent
comme un prisonnier de guerre.
Pourquoi donc ?
15 Comme des lions, ils rugissent,
ils grondent contre lui.
Ils ont complètement détruit son pays.
Ils ont brûlé ses villes,
et plus personne n'y habite.
16 Même les gens de Memphis et de Tapanès
lui tondent le crâne[f].
17 Est-ce que tout cela n'est pas de ta faute,
Israël ?
Moi, le SEIGNEUR ton Dieu,
je te conduisais sur la route,
mais tu m'as abandonné.
18 Et maintenant,
à quoi te sert de partir en Égypte
pour aller boire l'eau du Nil ?
À quoi te sert de partir en Assyrie
pour aller boire l'eau de l'Euphrate ?
19 Sois puni par le mal que tu as fait !
Que tes infidélités retombent sur toi !
Ainsi tu verras et tu comprendras ceci :
il est vraiment horrible et amer
de m'abandonner,
moi, le SEIGNEUR ton Dieu.
Oui, tu as cessé de me respecter.
Voilà ce que déclare le Seigneur, DIEU de l'univers. »

---

e **2.10** *Quédar : au nord-est du désert d'Arabie.*

f **2.16** *Memphis et Tapanès : deux villes d'Égypte.*
Tondre le crâne : les vainqueurs tondaient le crâne aux prisonniers de guerre.

Israël est comme une femme infidèle

20 Le Seigneur dit :
« Israël, il y a longtemps
que tu te révoltes contre moi.
Tu as brisé tes liens avec moi
et tu as dit :
"Je ne veux plus être esclave."
En effet, sur n'importe quelle colline,
sous n'importe quel arbre vert,
tu te couches comme une *prostituée.
21 Je t'avais pourtant plantée
comme une *vigne de bonne qualité,
comme une plante sûre.
Et tu es devenue pour moi
une vigne sauvage
au fruit vraiment mauvais.
Comment est-ce possible ?
22 Moi, le Seigneur DIEU, je le déclare :
Même si tu te laves avec de la lessive,
même si tu utilises beaucoup de savon,
ta faute restera devant moi
comme une tache.
23 Comment peux-tu dire :
"Je ne me suis pas rendue *impure,
je n'ai pas adoré les *Baals" ?
Regarde comment tu agis dans la vallée[g] !
Reconnais ce que tu as fait.
Tu ressembles à une jeune chamelle
qui court en tous sens.
24 Tu es comme une ânesse sauvage,
habituée aux grands espaces.
Brûlante de désir, elle renifle le vent.
Au moment des amours,
rien ne peut la retenir.
Les ânes qui la cherchent
n'ont pas à se fatiguer.
Ils la trouvent dès qu'elle est en chaleur.
25 Fais attention, Israël !
Tu vas te blesser les pieds,
et ta gorge sera sèche !
Mais tu réponds :
"Ce n'est pas la peine d'insister !
J'aime les dieux étrangers
et je veux aller avec eux !"

26 Or vous, gens d'Israël,
peuple, rois et ministres,
prêtres et *prophètes,
vous allez être couverts de honte
comme un voleur quand il est surpris.
27 « Vous dites à une statue de bois :
"Tu es mon père !",
et à une statue de pierre :
"C'est toi qui m'as mis au monde !"
Au lieu de regarder vers moi,
vous me tournez le dos.
Mais dès que vous serez dans le malheur,
vous me direz :
"Vite, sauve-nous !"
28 Moi, je vous répondrai :
"Les dieux que vous avez fabriqués,
où sont-ils ?
Qu'ils viennent vous sauver
quand vous serez dans le malheur,
s'ils en sont capables !
En effet, vous avez autant de dieux
que de villes, gens de Juda."

*

29 « Moi, le SEIGNEUR je le déclare :
Vous m'accusez, pourquoi donc ?
Tous, vous vous êtes révoltés contre moi.
30 Je vous ai frappés,
mais cela n'a servi à rien.
Vous n'avez pas accepté la leçon.
Au contraire,
comme des lions cruels,
vous avez dévoré vos *prophètes.
31 – Vous, gens d'aujourd'hui, faites bien attention aux paroles du SEIGNEUR ! –
Israélites,
est-ce que je suis devenu pour vous
comme un désert
ou comme un pays où il fait toujours nuit ?
Mon peuple, pourquoi dites-vous :
"Nous allons où nous voulons.
Nous ne reviendrons pas vers toi" ?
32 Est-ce qu'une jeune fille oublie ses bijoux ?
Est-ce qu'une mariée oublie la ceinture de sa robe de mariage ?

---

g **2.23** *La vallée : sans doute la vallée de Hinnom, au sud de Jérusalem. Là, les gens offraient des sacrifices aux faux dieux. Voir, par exemple, Jérémie 7.31-32.*

Non, mais vous, mon peuple,
vous m'avez oublié
depuis si longtemps
qu'on ne peut plus compter les jours.

*

33 « Ah ! Tu sais bien t'y prendre
pour courir après l'amour !
Pour y arriver,
tu t'es même habituée au crime :
34 on trouve le sang des pauvres,
des innocents
même sur ton vêtement.
Pourtant, tu ne les as pas surpris
en train de forcer ta porte !
Malgré tout cela,
35 tu dis : "Je suis innocente.
La *colère du Seigneur va sûrement
se détourner de moi !"
Mais puisque tu affirmes :
"Je n'ai rien fait de mal",
je vais te juger.

*

36 « Avec facilité tu changes d'allié !
Pourtant, l'Égypte te décevra
autant que l'Assyrie autrefois.
37 De ce pays aussi, tu sortiras
les mains sur la tête en signe de honte.
En effet, moi, le SEIGNEUR,
je rejette ceux en qui tu mets ta confiance.
Ce n'est pas avec eux
que tu arriveras à quelque chose. »

Israël est comme une prostituée têtue

3 1 Le SEIGNEUR a dit : Supposons
qu'un homme renvoie sa femme.
Celle-ci le quitte
et devient la femme d'un autre.
Est-ce qu'il a le droit
de la reprendre comme femme[h] ?
Non ! En effet, le pays deviendrait *impur à cause de cela.
Mais toi, Israël, tu t'es *prostituée
avec beaucoup d'amants,
et tu voudrais revenir vers moi !
Voilà ce que le SEIGNEUR déclare.
2 Lève les yeux vers les collines et regarde.
Est-ce qu'il y a une seule colline
où tu n'as pas couché avec un amant ?
Comme un nomade du désert
qui attend ses victimes,
tu étais assise au bord du chemin
en attendant tes amants.
Tu as rendu le pays impur
par tes prostitutions
et ta mauvaise conduite.
3 Alors je n'ai pas envoyé de pluie,
il n'y a pas eu d'eau à la saison des pluies.
Mais tu es têtue,
tu as continué à te prostituer
et tu as refusé de reconnaître tes torts.
4 Et maintenant,
tu oses crier vers moi en disant :
« Mon père, toi, l'ami de ma jeunesse ! »
Tu te demandes :
5 « Est-ce qu'il m'en voudra toujours ?
Est-ce qu'il n'arrêtera pas d'être en colère contre moi ? »
Voilà ce que tu dis,
mais tu continues à faire le mal,
et cela, tu sais le faire !

La révolte d'Israël-la-changeante et de Juda-l'infidèle

6 Au temps du roi Josias, le SEIGNEUR m'a
dit : « Est-ce que tu as vu ce qu'elle a fait,
Israël-la-changeante[i] ? Elle est allée sur toutes
les hauteurs, sous tous les arbres verts, et là,
elle s'est *prostituée. 7 J'ai pensé : "Après
tout cela, elle reviendra vers moi." Mais
non ! Elle n'est pas revenue ! Et sa sœur,
Juda-l'infidèle, l'a bien vu. 8 J'ai renvoyé
Israël-la-changeante, puisqu'elle avait commis *l'adultère, et je lui ai donné une lettre
de divorce. Mais j'ai vu que sa sœur, Juda-
l'infidèle, n'a pas eu peur. Au contraire,
elle est allée se prostituer, elle aussi. 9 Elle

---

h **3.1** *Voir Deutéronome 24.1-4.*

i **3.6** *Josias a été roi de Juda de 640 à 609 avant J.-C.*
Israël désigne ici l'ancien royaume du Nord, alors que Juda, au verset 7, désigne le royaume du Sud.

a commis l'adultère avec les dieux de pierre
et de bois et, en se prostituant honteuse-
ment, elle a rendu le pays *impur. 10 Malgré
tout cela, Juda-l'infidèle, la sœur d'Israël,
n'est pas revenue vers moi de tout son
cœur. Elle n'était pas sincère.» Voilà ce
que le SEIGNEUR déclare.

11 Le SEIGNEUR dit encore: «Israël-la-
changeante paraît peu coupable si on la
compare à Juda-l'infidèle. 12 Va donc crier
ces paroles en direction du nord[j]:

"Reviens, Israël-la-changeante!
Je ne te montrerai pas un visage sévère.
Oui, je suis un ami fidèle,
je ne t'en veux pas pour toujours,
je le déclare, moi, le SEIGNEUR.
13 Reconnais seulement tes fautes:
tu t'es révoltée contre moi,
le SEIGNEUR ton Dieu.
Tu as couru dans tous les sens
chez les dieux étrangers,
sous tous les arbres verts,
et tu ne m'as pas écouté." »

Voilà ce que le SEIGNEUR déclare.

Les gens de Juda et ceux d'Israël reviendront dans leur pays

14 Le SEIGNEUR déclare: «Revenez, enfants
changeants. Votre maître, c'est moi! Je vous
prendrai, un dans une ville, deux autres
dans un village, et je vous ramènerai à *Sion.
15 Je vous donnerai des chefs qui me plaisent.
Ils vous dirigeront avec intelligence et
sagesse.»

16 Le SEIGNEUR déclare encore: «Quand cela
arrivera, vous aurez beaucoup d'enfants et
vous serez très nombreux dans le pays. Personne ne parlera plus du *coffre de l'alliance,
personne n'y pensera plus. On ne s'en
souviendra plus, on ne le regrettera plus.
Personne n'en fabriquera un autre. 17 À ce
moment-là, c'est Jérusalem qu'on appellera
"Siège royal du SEIGNEUR". Tous les peuples
se rassembleront là, auprès de moi. Ils abandonneront leurs intentions mauvaises.
18 Alors, gens de Juda, vous rejoindrez les
gens d'Israël. Ensemble vous reviendrez du
pays du nord[k] vers le pays que j'ai donné en
possession à vos ancêtres.»

Israël, le peuple changeant, reviendra vers le Seigneur

(a. Le Seigneur)

19 «Je me disais:
J'aimerais bien faire de toi un de mes fils.
J'aimerais te donner un pays merveilleux,
la plus belle propriété de la terre!
Je me disais: Tu m'appelleras "Mon père",
et tu ne me tourneras plus le dos.
20 Mais comme une femme infidèle à son mari,
vous avez été infidèles envers moi, gens d'Israël.
Moi, le SEIGNEUR, je le déclare.

21 «On entend des cris sur les hauteurs:
ce sont les Israélites
qui pleurent et qui supplient.
En effet,
ils se sont trompés de chemin,
ils m'ont oublié, moi, le SEIGNEUR leur Dieu.
22 Revenez vers moi,
enfants changeants,
je vous guérirai de vos infidélités!»

(b. Le peuple)

«Nous voici, nous venons vers toi,
parce que toi, SEIGNEUR, tu es notre Dieu.
23 C'est vrai,
tout ce bruit sur les montagnes,
les cultes qui se passent sur les collines,
trompent les gens.
C'est vrai,
c'est le SEIGNEUR notre Dieu qui sauve Israël.
24 Depuis notre jeunesse,
c'est *Baal qui a profité des efforts de nos parents.

j **3.12** *En 721 avant J.-C., les Assyriens ont déporté les habitants du royaume d'Israël vers le nord.*

k **3.18** *Voir Jérémie 3.12 et la note.*

Quelle honte !
Il a pris leurs moutons et leurs chèvres,
leurs bœufs,
leurs fils et leurs filles[l].
25 Couchons-nous dans notre honte !
Acceptons de perdre notre honneur.
En effet, nous et nos ancêtres,
nous avons toujours été infidèles
au SEIGNEUR notre Dieu,
depuis notre jeunesse jusqu'à aujourd'hui.
Nous n'avons pas écouté
ce que le SEIGNEUR notre Dieu nous disait. »

(c. Le Seigneur)

4 1 Le SEIGNEUR déclare :
« Si tu reviens, Israël,
c'est vers moi que tu dois revenir.
Si tu éloignes de mes yeux
tes horribles statues,
tu n'auras plus à aller de lieu en lieu.
2 Si tu es sincère, honnête et franc
quand tu fais des serments en disant :
"Je le jure par le SEIGNEUR vivant",
alors les autres peuples
me demanderont de les *bénir
et ils seront fiers de moi. »

3 Voici ce que le SEIGNEUR dit
aux gens de Juda et de Jérusalem :
« Défrichez pour vous un champ nouveau,
ne semez plus parmi les épines !
4 Vous êtes *circoncis,
alors soyez-le pour moi, le SEIGNEUR.
Gens de Juda, habitants de Jérusalem,
*consacrez-moi votre vie !
Sinon,
à cause du mal que vous avez commis,
ma *colère jaillira comme un feu.
Elle brûlera tout,
et personne ne pourra l'éteindre. »

Le Seigneur fait venir une catastrophe du nord

5 Annoncez la nouvelle en Juda,
répandez-la à Jérusalem.
Faites entendre la corne de bélier dans le pays,
criez à pleine voix et dites :
« Rassemblez-vous
dans les villes bien protégées ! »
6 Élevez un signal à *Sion.
Mettez-vous à l'abri,
ne restez pas où vous êtes !
Du nord[m],
le SEIGNEUR fait venir un malheur,
une véritable catastrophe.
7 Le lion est sorti de son buisson,
celui qui détruit les peuples arrive.
Il est sorti de son abri
pour détruire votre pays.
Vos villes seront des tas de pierres
sans habitants.
8 Mettez donc des habits de deuil,
pleurez et gémissez.
Non, le SEIGNEUR n'a pas détourné de nous
sa violente *colère.

9 Le SEIGNEUR déclare : « Quand cela arrivera,
le roi et les ministres seront découragés.
Les prêtres seront bouleversés,
les *prophètes seront effrayés.
10 Ils diront : "Ah ! Seigneur DIEU,
tu as vraiment trompé ce peuple
et les habitants de Jérusalem
quand tu as dit :
Vous connaîtrez la paix.
Or, *l'épée menace notre vie !" »

Les ennemis arrivent de tous côtés

(a. Le Seigneur)

11 À ce moment-là, le Seigneur dira
aux habitants de Jérusalem :
« Le vent brûlant des hauteurs
arrive du désert sur mon peuple.
Ce n'est pas un vent léger
qui permet de séparer les grains de la paille.
12 C'est un vent puissant
que j'ai appelé de là-bas.
Maintenant, je vais faire connaître
mon jugement contre eux. »

---

l **3.24** *Il s'agit des animaux et des enfants offerts en sacrifice à Baal et à d'autres dieux semblables.*
m **4.6** *Du nord : voir Jérémie 1.14 et la note.*

(b. Le peuple)

13 « Voici les ennemis :
ils avancent comme des nuages d'orage.
Leurs chars sont rapides comme la tempête,
leurs chevaux vont plus vite que les aigles.
Quel malheur ! Nous sommes perdus ! »

(c. Le Seigneur)

14 « Jérusalem, si tu veux être délivrée,
lave ton cœur de sa méchanceté.
Jusqu'à quand est-ce que tu garderas en toi
des pensées mauvaises ?
15 Écoute cette voix venant de Dan, au nord[n] :
elle annonce le malheur
qui arrive de la région montagneuse
d'Éfraïm.
16 Avertissez tous les peuples,
apprenez la nouvelle à Jérusalem :
les ennemis approchent,
ils viennent d'un pays éloigné.
Ils lancent leurs cris de guerre
contre les villes de Juda.
17 Ils entourent Jérusalem
comme les gardiens entourent un champ.
Le SEIGNEUR déclare :
"C'est parce qu'elle s'est révoltée contre
moi."
18 Jérusalem,
cela t'arrive à cause de ta conduite,
à cause du mal que tu as commis.
Oui, ton malheur est bien amer,
il te touche en plein cœur ! »

Jérémie est malade
à cause des malheurs
qu'il voit venir

19 Ah ! mon ventre ! mon ventre !
Je me tords de douleur !
Mon cœur va éclater !
Tout s'agite en moi !
Je ne peux pas me taire,
car j'ai entendu la trompette
et les cris de guerre.
20 On annonce catastrophe sur catastrophe.
Tout le pays est détruit.
Nos tentes sont détruites d'un seul coup,
nos abris disparaissent en un instant.
21 Jusqu'à quand est-ce que je devrai
voir les drapeaux de combat ?
Jusqu'à quand est-ce que je devrai
entendre les trompettes de guerre ?

22 Le SEIGNEUR dit :
« Mon peuple est stupide,
il ne me connaît pas.
Ce sont des enfants
qui ne réfléchissent pas,
ils ne comprennent rien.
Ils sont habiles pour faire le mal,
mais non pour faire le bien. »

23 Je regarde la terre :
elle est comme un grand vide.
Je regarde le ciel :
il n'y a plus de lumière.
24 Je regarde les montagnes :
elles tremblent,
toutes les collines sont secouées.
25 Je regarde :
il n'y a plus d'êtres humains,
et tous les oiseaux ont fui.
26 Je regarde :
ce pays fertile est devenu un désert,
toutes ses villes sont détruites.
C'est à cause du SEIGNEUR,
de sa violente *colère.

27 Voici ce que le SEIGNEUR dit :
« Le pays entier sera changé en désert,
mais je ne le détruirai pas complètement.
28 C'est pourquoi la terre est en deuil,
et là-haut, le ciel devient sombre.
Oui, j'ai dit ce que j'avais décidé,
je ne changerai pas d'avis,
je ne reviendrai pas en arrière. »

Jérusalem
sous les coups des tueurs

29 Devant le bruit des cavaliers
et des tireurs à l'arc,
les habitants de toutes les villes fuient.

n **4.15** *Dan, au nord : voir Jérémie 1.14 et la note.*

Ils entrent dans les buissons,
ils montent sur les rochers.
Toutes les villes sont abandonnées,
il n'y a plus personne.
30 Mais toi, Jérusalem,
qu'est-ce que tu vas faire ?
Tu portes des habits magnifiques
et des bijoux en or,
tu te mets du noir aux yeux
pour les agrandir.
Mais cela ne sert à rien de te faire belle.
Ceux qui couraient après toi
te méprisent,
ils veulent ta mort.
31 Oui, j'entends des cris
comme ceux d'une femme qui accouche,
des cris d'une jeune maman
qui met au monde son premier enfant.
Ce sont les cris de la ville de *Sion
qui gémit et tend les mains :
« Hélas !
Je meurs sous les coups des tueurs ! »

Dialogue entre Dieu et son prophète à propos de Jérusalem

(a. Le Seigneur)

5 1 « Allez partout
dans les rues de Jérusalem.
Regardez bien, renseignez-vous,
cherchez sur les places.
Si vous trouvez une personne
qui respecte le droit,
qui cherche à dire la vérité,
alors je pardonnerai à Jérusalem. »

(b. Jérémie)

2 Quand ils font des serments, ils disent :
« Je le jure, par le SEIGNEUR vivant... »
Mais leurs serments sont faux.
3 SEIGNEUR, c'est bien la vérité
que tu désires, n'est-ce pas ?
Tu les as frappés,
mais ils n'ont rien senti.
Tu étais sur le point de les détruire,
mais ils ont refusé la leçon.
Ils rendent leur visage plus dur que la pierre,
ils refusent de revenir vers toi.
4 J'ai pensé :
« Seuls les gens simples font cela.
Ils agissent sans réfléchir.
En effet,
ils ne savent pas
ce que le SEIGNEUR veut,
ni ce qu'il demande.
5 Je vais donc parler aux dirigeants.
Eux, ils savent ce que le SEIGNEUR veut
et ce qu'il demande. »
Mais non ! Ils sont tous pareils :
ils se sont révoltés,
ils ont brisé leurs liens avec Dieu.

6 C'est pourquoi le lion sort de la brousse et les attaque,
le *loup du désert les dévore.
Le léopard les attend près de leurs villes
et déchire tous ceux qui en sortent.
Oui, leurs fautes sont nombreuses,
et on ne peut pas compter
leurs infidélités.

(c. Le Seigneur)

7 « Comment alors te pardonner, Jérusalem ?
Tes enfants m'ont abandonné,
ils font des serments
par des dieux qui n'en sont pas.
Je leur ai donné tout ce qu'il fallait,
mais ils ont commis *l'adultère,
ils ont couru chez les *prostituées.
8 Des chevaux bien gras qui brûlent de désir,
voilà ce qu'ils sont !
Chacun appelle avec passion
la femme de son voisin.
9 Le SEIGNEUR déclare :
Est-ce que je ne dois pas agir
contre ces gens-là ?
Est-ce que je ne dois pas me venger
d'un peuple comme celui-là ?
10 Montez sur les terrasses de cette *vigne
et détruisez-la,
mais pas complètement !
Arrachez ses branches,
elles ne sont pas à moi.
11 Oui, le royaume de Juda
comme le royaume d'Israël
m'ont vraiment trahi. »
Voilà ce que le SEIGNEUR déclare.

Les conséquences de l'infidélité du peuple

12 Les gens de Juda
ne connaissent pas le SEIGNEUR.
Voici ce qu'ils disent :
« Le SEIGNEUR n'a aucun pouvoir.
Le malheur ne tombera pas sur nous.
Nous ne connaîtrons ni la guerre
ni la famine.
13 Les *prophètes ne sont que du vent !
Dieu ne leur a pas adressé sa parole.
Les malheurs qu'ils annoncent,
qu'ils retombent sur eux ! »

14 C'est pourquoi,
voici ce que dit le SEIGNEUR, Dieu de l'univers :
« Puisqu'ils parlent de cette façon,
les paroles que je mets dans ta bouche,
Jérémie,
vont devenir comme du feu.
Et ce peuple sera comme du bois
que le feu brûlera. »
15 Le SEIGNEUR déclare :
« Gens d'Israël,
je vais envoyer contre vous
un peuple qui vient de loin.
C'est un peuple
que personne ne peut vaincre,
et il est très ancien.
Vous ne connaissez pas sa langue
et vous ne comprenez pas ce qu'il dit.
16 Ses flèches répandent la mort,
ses soldats sont tous excellents.
17 Il dévorera tout :
vos récoltes et votre nourriture,
vos fils et vos filles,
vos moutons, vos chèvres et vos bœufs,
vos *vignes et vos *figuiers.
La guerre détruira les villes bien protégées
où vous pensez être en sécurité. »

18 Le SEIGNEUR déclare : « Pourtant, même à
ce moment-là, je ne vous détruirai pas complètement. 19 Et quand les gens demanderont :
"Pourquoi est-ce que le SEIGNEUR notre Dieu
nous a fait tout cela", toi, Jérémie, tu leur répondras : "Vous l'avez abandonné pour servir
des dieux étrangers dans votre pays. De la
même façon, vous servirez des étrangers
dans un pays qui n'est pas le vôtre." »

Les fautes du peuple de Dieu troublent l'ordre du monde

20 Le SEIGNEUR dit :
« Annoncez ce message
à la famille de *Jacob,
faites-le connaître aux gens de Juda.
21 Écoutez donc ceci,
peuple stupide et sans intelligence.
Vous avez des yeux,
et vous ne voyez pas clair,
vous avez des oreilles,
et vous n'entendez rien !
22 Le SEIGNEUR déclare :
Vous ne me respectez donc pas ?
Vous ne tremblez donc pas devant moi ?
C'est moi qui ai mis le sable comme limite à la mer.
C'est une frontière qui sera toujours là,
et la mer ne la traversera jamais.
Ses vagues peuvent se soulever,
elles restent sans force,
elles peuvent gronder,
elles ne la dépasseront pas.
23 Mais vous, vous êtes un peuple
qui n'écoute pas et se révolte.
Vous tournez le dos et vous partez.
24 Vous ne dites pas :
"Respectons le SEIGNEUR notre Dieu.
Il nous donne les pluies au bon moment,
pendant la première saison
et pendant la dernière.
Chaque année,
il garde pour nous
les semaines réservées aux récoltes."
25 Vos fautes ont dérangé tout cela,
vos péchés vous ont privés de ces bienfaits.
26 En effet, dans mon peuple,
il y a des gens mauvais.
Comme des chasseurs d'oiseaux,
ils se cachent et attendent.
Ils ont posé des pièges
pour attraper des humains.
27 Comme une cage pleine d'oiseaux,
leurs maisons sont remplies d'objets
obtenus de façon malhonnête.

Tous seront faits prisonniers,
hommes et femmes,
vieux et très vieux.
12 Leurs maisons passeront à d'autres,
avec leurs champs et leurs femmes.
Le SEIGNEUR déclare :
Je vais menacer les habitants de ce pays.
13 Voici pourquoi :
du plus petit au plus grand,
tous ne cherchent qu'à gagner quelque chose.
Depuis le *prophète jusqu'au prêtre,
tous sont malhonnêtes.
14 Ils ne prennent pas au sérieux
la catastrophe qui atteint mon peuple.
Ils disent : "Tout va bien, tout va bien !"
Pourtant tout va mal.
15 Est-ce qu'ils ont honte
des actes horribles qu'ils ont commis ?
Pas du tout !
Ils ne savent même pas
qu'ils devraient reconnaître leurs torts.
Le SEIGNEUR dit :
C'est pourquoi ils tomberont
avec ceux qui tombent.
Ils se retrouveront par terre
quand j'agirai contre eux.

16 « Voici ce que le SEIGNEUR dit :
Arrêtez-vous
sur la route que vous avez prise
et réfléchissez.
Renseignez-vous
sur les chemins d'autrefois.
Cherchez le bon chemin et suivez-le.
Alors vous trouverez le repos pour vous-mêmes.
Mais ils ont répondu :
"Nous ne le suivrons pas."
17 J'ai placé des veilleurs pour les prévenir :
Faites attention
quand vous entendrez la corne de bélier !
Mais ils ont répondu :
"On s'en moque."
18 Alors, vous les autres peuples, écoutez.
Que tous apprennent ce qui va leur arriver.
19 Écoutez, peuples du monde entier :
je vais faire venir le malheur sur ces gens-là.
C'est le résultat de leurs propres projets.
Ils n'ont pas fait attention
à ce que je leur ai dit
et ils ont rejeté mes enseignements.
20 À quoi cela sert-il
de faire venir pour moi *l'encens de Saba
et le roseau parfumé d'un pays lointain ?
Les animaux qu'ils m'offrent
en les brûlant sur *l'autel,
je ne les accepte pas,
leurs *sacrifices ne me plaisent pas.
21 Voici donc ce que le SEIGNEUR dit :
Devant ce peuple,
je vais mettre un obstacle
qui les fera tomber.
Ils mourront tous ensemble :
parents et enfants, voisins et amis. »

L'ennemi arrive du nord

(a. Le Seigneur)

22 Voici les paroles du SEIGNEUR :
« Un peuple arrive d'un pays du nord[p],
une grande nation se met en route
depuis le bout du monde.
23 Ses soldats tiennent leurs arcs
et leurs armes pointues.
Ils sont cruels et sans pitié.
Le bruit qu'ils font
ressemble au grondement de la mer.
Ils sont montés sur des chevaux,
ils sont rangés dans un ordre parfait,
pour te faire la guerre, Jérusalem. »

(b. Le peuple)

24 « En apprenant cette nouvelle.
nous sommes découragés.
L'angoisse nous serre la gorge
et nous souffrons
comme une femme au moment d'accoucher.
25 Ne sortez pas dans les champs,
n'allez pas sur les routes,
parce que l'ennemi est là et il tue.
La peur est partout. »

---

p **6.22** *Du nord : voir Jérémie 1.14 et la note.*

C'est pourquoi
ils sont devenus importants et riches,
28 gros et gras.
En faisant le mal,
ils dépassent toute limite.
Ils ne rendent pas la justice,
ils ne défendent pas les droits des orphelins,
sinon, ceux-ci pourraient s'en sortir.
Ils ne prennent pas en main la cause des pauvres.
29 Le SEIGNEUR déclare :
Est-ce que je ne dois pas agir
contre ces gens-là ?
Est-ce que je ne dois pas me venger
d'un peuple comme celui-là ?

30 « Des choses horribles et révoltantes
se passent dans le pays :
31 les *prophètes parlent au nom d'un faux dieu,
les prêtres s'enrichissent,
et mon peuple est d'accord !
Mais quand ce sera la fin,
qu'est-ce que vous ferez ? »

Un grand malheur menace Jérusalem

6 1 Quittez Jérusalem,
gens de Benjamin !
Mettez-vous à l'abri ailleurs.
Faites entendre la corne de bélier à Técoa,
élevez un signal à Beth-Kérem.
Oui, un malheur, une véritable catastrophe
arrive du côté du nord[o].
2 Voici que Jérusalem va être détruite,
cette ville belle et charmante !
3 Des gens arrivent vers elle,
comme des bergers avec leurs troupeaux.
Contre elle, tout autour,
ils dressent leurs tentes.
Chacun occupe sa place.
4 Ils crient :
« Debout ! Préparons la guerre !
Attaquons Jérusalem en pleine journée !
Quel dommage ! Le jour baisse,
les ombres du soir s'allongent.
5 Eh bien, attaquons-la en pleine nuit !
Détruisons ses belles maisons ! »

6 Voici ce que dit le SEIGNEUR de l'univers :
« Abattez des arbres
pour bâtir un mur d'attaque
contre Jérusalem. »
Chez elle, il n'y a que du mal,
c'est prouvé.
7 Elle fait jaillir sa méchanceté
comme une source fait jaillir son eau.
Chez elle, on n'entend parler
que de violence et de destruction.
Sans cesse, j'ai sous les yeux
souffrances et blessures.
8 « Jérusalem, laisse-toi corriger,
sinon je vais me détourner de toi,
et je vais faire de toi un endroit désert,
une terre sans habitants. »

Le peuple refuse d'écouter

(a. Le Seigneur)

9 Voici ce que dit le SEIGNEUR de l'univers :
« Ramassez tous ceux qui sont restés en vie en Israël,
comme on ramasse toutes les grappes de *raisin dans une vigne.
Repassez plusieurs fois votre main
le long des branches de la vigne,
comme le propriétaire à la récolte. »

(b. Jérémie)

10 À qui dois-je parler ?
Qui dois-je avertir pour qu'ils m'écoutent ?
Ils ont les oreilles bouchées,
ils ne peuvent pas être attentifs.
La parole du SEIGNEUR,
ils s'en moquent,
ils n'en veulent pas.
11 Je suis rempli de la *colère du SEIGNEUR,
je ne peux plus la retenir.

(c. Le Seigneur)

« Répands donc cette colère
sur les enfants dans les rues
et sur l'ensemble des jeunes gens.

---

o 6.1 *Du côté du nord : voir Jérémie 1.14 et la note.*

lent en *sacrifice leurs fils et leurs filles[v]. Je
n'ai pourtant pas commandé cela et je n'y ai
jamais pensé. »

32 Le SEIGNEUR déclare : « Le jour vient où on
n'appellera plus cet endroit "le Tofeth", ou
"la vallée de Hinnom", mais "la vallée du
massacre". C'est là qu'on enterrera les
morts[w], parce qu'il n'y aura pas de place ailleurs. 33 Les charognards et les chacals dévoreront les corps de ces gens-là, et personne ne
les chassera. 34 Dans les villes de Juda et
dans les rues de Jérusalem, je ferai taire les
bruits de fête, les cris de joie et les chants
des jeunes mariés. En effet, ce pays deviendra
un tas de ruines. »

8 1 Le SEIGNEUR déclare : « À ce moment-là,
des gens sortiront des tombes les os des
rois de Juda, des ministres, des prêtres, des
*prophètes et des habitants de Jérusalem.
2 Ils étaleront ces os un peu partout, devant
le Soleil, la Lune et l'Armée des étoiles que
ces morts ont aimés, suivis, consultés et adorés. C'est pourquoi personne ne ramassera
leurs os et ne les remettra dans une tombe.
Mais ils deviendront du fumier sur le sol.
3 Ceux qui resteront de cette population mauvaise partout où je les aurai chassés préfére-
ront la mort à la vie. » Voilà ce que le
SEIGNEUR de l'univers déclare.

Les gens de Jérusalem refusent de revenir vers le Seigneur

4 « Tu leur diras :
Voici ce que le SEIGNEUR dit :
"Quand quelqu'un tombe, il se relève,
quand quelqu'un se trompe de chemin,
il revient sur ses pas.
5 Mais le peuple de Jérusalem
s'est trompé de chemin
et il continue à se détourner de moi.
Pourquoi ?
Ces gens sont attachés aux faux dieux,
ils refusent de revenir vers moi.
6 Je les ai écoutés avec attention :
ce qu'ils disent n'a aucun sens.
Personne ne regrette ses mauvaises actions.
Personne ne se demande :
Qu'est-ce que j'ai fait ?
Tous se remettent à courir
comme un cheval fou dans une bataille.
7 Même une cigogne dans le ciel connaît
le moment où elle doit partir.
La tourterelle, l'hirondelle et la grive,
tous ces oiseaux savent
quand ils doivent revenir.
Mais mon peuple ne connaît pas
les règles que j'ai établies." »

La sagesse des sages ne leur sert à rien

8 Vous dites :
« Nous sommes des sages,
c'est nous qui possédons la *loi du SEIGNEUR. »
Mais comment pouvez-vous dire cela ?
En effet, les spécialistes de la loi
sont des menteurs qui tordent son sens.

9 Ces sages rejettent la parole du SEIGNEUR.
Alors, à quoi sert leur sagesse ?
Ils sont couverts de honte.
Ils ont peur, ils sont pris au piège.

Les gens disent que tout va bien

10 Le SEIGNEUR dit :
« Eh bien,
je vais donner leurs femmes à d'autres,
et leurs champs à ceux qui les prendront.
Voici pourquoi :
Du plus petit au plus grand,
tous ne cherchent qu'à gagner quelque chose.
Depuis le *prophète jusqu'au prêtre,
tous sont malhonnêtes.
11 Ils ne prennent pas au sérieux

---

v 7.31 *Vallée de Hinnom : voir Jérémie 2.23 et la note.*
Sacrifice d'enfants : voir Lévitique 18.21.

w 7.32 *La présence des morts rendra ce lieu impur. On ne pourra donc offrir aucun sacrifice à cet endroit, même pas aux faux dieux.*

la catastrophe qui atteint mon peuple.
Ils disent :
“Tout va bien, tout va bien !”
Pourtant tout va mal.
12 Est-ce qu'ils ont honte des actes horribles
qu'ils ont commis ?
Pas du tout !
Ils ne savent même pas
qu'ils devraient reconnaître leurs torts. »
Le SEIGNEUR dit :
« C'est pourquoi ils tomberont
avec ceux qui tombent.
Ils se retrouveront par terre
quand j'agirai contre eux. »

Il n'y a plus d'espoir !

(a. Le Seigneur)

13 Le SEIGNEUR déclare :
« Quand je veux faire la récolte chez eux,
il n'y a pas de *raisin sur la vigne,
pas de *figues sur le figuier.
Même leurs feuilles sont sèches.
Je vais donc les livrer aux passants. »

(b. Le peuple)

14 « Nous restons sans bouger,
pourquoi donc ?
Groupons-nous,
entrons dans les villes bien protégées
et attendons la mort.
Oui, le SEIGNEUR notre Dieu
nous empêche d'agir
et nous oblige à boire
de l'eau empoisonnée,
parce que nous avons péché contre lui.
15 Nous comptions sur la paix,
mais rien de bon n'arrive.
Nous attendions le moment de la guérison,
mais c'est la peur qui vient.
16 Déjà, l'ennemi est à Dan, au nord[x].
On entend le souffle puissant de ses chevaux
depuis cette ville.
Toute la terre tremble
au bruit qu'ils font.
Ils viennent pour dévorer le pays
et ce qu'il contient,
la ville et ses habitants. »

(c. Le Seigneur)

17 « Je vais envoyer contre vous
des serpents venimeux.
Rien ne pourra les empêcher
de vous mordre,
et ils vous mordront. »
Voilà ce que le SEIGNEUR déclare.

Jérémie souffre avec son peuple

(a. Jérémie)

18 Rien ne peut guérir mon chagrin,
mon cœur souffre en moi.
19 Écoutez,
mon peuple appelle au secours
d'un bout à l'autre du pays :
« Est-ce que le SEIGNEUR n'est plus à Jérusalem ?
Est-ce que la ville de *Sion n'a plus de roi ? »

(b. Le Seigneur)

« Ils m'ont mis en *colère
avec leurs statues,
avec les faux dieux étrangers,
qui ne valent rien.
Pourquoi donc ? »

(c. Jérémie)

20 La récolte est finie,
la saison chaude est terminée,
et nous ne sommes toujours pas sauvés !
21 Je suis brisé
à cause de la catastrophe qui atteint mon peuple.
La tristesse me saisit,
je suis désespéré.
22 Est-ce qu'en Galaad
il n'y a plus de plantes
pour calmer la douleur ?
Est-ce qu'il n'y a plus de médecin là-bas ?
Pourquoi la plaie de mon peuple
ne peut-elle pas se fermer ?
23 Si seulement ma tête était une fontaine,
et mes yeux une source de larmes !

x **8.16** *Dan, au nord : voir Jérémie 1.14 et la note.*

Je pourrais pleurer jour et nuit les morts de mon peuple.

Les gens du royaume de Juda sont corrompus

9 1 Ah ! je voudrais être au désert,
là où les voyageurs s'arrêtent.
Je laisserais mon peuple
et je m'en irais loin de lui.
C'est une bande de traîtres,
ils sont tous *adultères.
2 Le SEIGNEUR déclare :
« Leur langue
est aussi dangereuse qu'un arc.
Ils sont devenus maîtres du pays
non pas grâce à la vérité,
mais grâce au mensonge.
Oui, ils vont de crime en crime,
mais ils ne me connaissent pas.
3 Chacun doit se méfier de son ami.
Personne ne doit faire confiance à son frère.
Tout frère est un trompeur.
Comme Jacob[y],
il vous trompera sûrement.
Même un ami ne fait que dire
des choses fausses sur vous.
4 Chacun trompe son *prochain.
Personne ne dit la vérité,
tous ont pris l'habitude de mentir.
Ils agissent si mal
qu'ils ne peuvent pas revenir vers moi.
5 Ils passent d'un acte violent
à un autre acte violent,
d'un mensonge à un autre mensonge.
Ils refusent de me connaître.
Moi, le SEIGNEUR, je le déclare. »
6 C'est pourquoi,
voici ce que dit le SEIGNEUR de l'univers :
« Je vais les *purifier par le feu
et je verrai ce qu'ils valent.
Qu'est-ce que je peux faire d'autre
devant les fautes de mon peuple ?
7 La langue de ces gens-là
est comme une flèche qui tue.
Leur bouche dit des mensonges.
Ils parlent gentiment à leur prochain,
mais dans leur cœur,
ils lui tendent un piège. »
8 Le SEIGNEUR déclare :
« Est-ce que je ne dois pas agir contre eux ?
Est-ce que je ne dois pas me venger
d'un peuple comme celui-là ? »

Chant de deuil sur Jérusalem et Juda

(a. Le Seigneur)

9 Sur les montagnes,
je pleure et je me plains.
Je chante un chant de deuil
sur les pâturages du pays.
En effet, tout est brûlé,
plus personne ne passe.
On n'entend plus le bruit des troupeaux.
Tous ont fui,
les oiseaux et tous les autres animaux.
Il ne reste plus rien.
10 Le SEIGNEUR dit :
« Je vais faire de Jérusalem
un tas de pierres,
un abri pour les chacals.
Je vais transformer les villes de Juda
en un désert de tristesse,
où personne n'habite. »
11 Est-ce qu'il existe un homme
assez sage pour comprendre ces choses ?
Si le SEIGNEUR lui a parlé,
qu'il explique pourquoi le pays est détruit,
pourquoi il est brûlé
comme le désert où personne ne passe.

12 Le SEIGNEUR dit encore : « C'est parce
qu'ils ont abandonné l'enseignement que je
leur ai donné. Ils ne m'ont pas écouté, ils ne
m'ont pas suivi. 13 Ils ont suivi seulement leurs
propres intentions. Leurs parents leur avaient
fait connaître les *Baals, et ils ont suivi ces
dieux. 14 Eh bien, voici ce que je dis, moi, le
SEIGNEUR de l'univers, Dieu d'Israël : je vais
donner à ce peuple une plante amère à manger et de l'eau empoisonnée à boire. 15 Je
vais les faire partir de tous côtés parmi des
peuples qu'ils ne connaissent pas, ni eux ni

---

y **9.3** *Comme Jacob : voir Genèse 27.36 et la note.*

leurs parents. Et j'enverrai la guerre derrière eux pour les supprimer totalement. »
16 Voici le message du SEIGNEUR de l'univers :
« Pensez à appeler les pleureuses,
faites-les venir.
Envoyez chercher les meilleures. »

(b. Le peuple)

17 « Vite,
qu'elles chantent sur nous une plainte !
Que nos yeux débordent de larmes,
que l'eau inonde nos paupières ! »

(c. Jérémie)

18 Oui, on entend chanter une plainte
du côté de Jérusalem :
« Hélas, nous sommes détruits,
couverts de honte !
Nous devons quitter notre pays,
car nos maisons sont démolies. »
19 Vous, les femmes, écoutez donc
ces paroles du SEIGNEUR.
Ouvrez vos oreilles à ce qu'il dit.
Apprenez à vos filles ce chant de deuil,
que chacune enseigne à sa voisine
cette plainte chantée :
20 « La mort monte par nos fenêtres,
elle entre dans nos belles maisons.
Elle emporte les enfants dans les rues
et les jeunes sur les places. »

(d. Le Seigneur)

21 « Toi, Jérémie,
dis encore ce que je déclare,
moi, le SEIGNEUR :
"Les morts sont étendus par terre
comme du fumier sur les champs.
Ils ressemblent aux épis coupés,
abandonnés derrière ceux qui récoltent.
Personne ne les ramasse." »

La vraie sagesse,
c'est de connaître le Seigneur

22 Voici ce que le SEIGNEUR dit :
« Le sage ne doit pas se vanter de sa sagesse,
l'homme courageux ne doit pas se vanter de son courage,
le riche ne doit pas se vanter de sa richesse.
23 Si quelqu'un veut se vanter,
qu'il se vante
d'être assez intelligent pour me connaître.
En effet, moi, le SEIGNEUR,
je travaille pour établir la bonté,
le droit et la justice sur la terre.
Oui, c'est cela qui me plaît. »
Voilà ce que le SEIGNEUR déclare.

Contre ceux qui sont circoncis
seulement dans leur corps

24 Le SEIGNEUR déclare : « Le jour vient où
j'agirai contre tous ceux qui sont uniquement
*circoncis dans leur corps : 25 les Égyptiens,
Judéens, Édomites, Ammonites, Moabites, et
les habitants du désert, qui se rasent le visage
sur les côtés. En effet, tous ces peuples ne sont
pas vraiment circoncis, et les Israélites eux-
mêmes ne sont pas circoncis pour moi, le
SEIGNEUR. »

Le Dieu vivant
fera disparaître les faux dieux

10 1 Gens d'Israël, écoutez la parole que le
SEIGNEUR vous adresse ! 2 Voici ce qu'il
dit :
« N'imitez pas les autres peuples !
N'ayez pas peur
des signes qui viennent du *ciel.
Ce sont les autres peuples
qui en ont peur.
3 Oui, les coutumes des autres peuples
ne valent rien.
Ils coupent du bois dans la forêt,
et le sculpteur taille une statue de faux dieu avec un ciseau.
4 Il la décore avec de l'or ou de l'argent.
Il la fixe avec des clous et un marteau
pour qu'elle tienne bien debout.
5 Ces dieux
ressemblent à un épouvantail[z]
dans un champ de concombres.

z **10.5** *Un épouvantail est un objet placé dans les champs pour faire peur aux oiseaux. Il a souvent une forme humaine.*

Ils ne parlent pas.
Il faut les porter,
parce qu'ils ne peuvent pas marcher.
N'ayez pas peur d'eux :
ils ne peuvent pas faire de mal.
Mais ils ne peuvent pas faire de bien non plus. »

6 Personne n'est comme toi, SEIGNEUR.
Tu es grand,
ta puissance te rend célèbre.
7 Tous devraient te respecter,
roi des peuples !
C'est cela qui t'est dû.
En effet,
parmi tous les sages du monde,
dans tous les royaumes,
personne n'est comme toi.

8 Ces gens sont tous complètement stupides.
Leurs dieux ne peuvent rien leur apprendre,
ils sont en bois.
9 Un artisan les fabrique,
un fondeur de métaux les décore
avec des feuilles d'argent qui viennent de Tarsis
ou avec de l'or d'Oufaz.
Puis on les habille
avec du beau tissu rouge ou violet.
Ce sont des produits fabriqués par des artistes.
10 Mais le SEIGNEUR est un Dieu véritable,
il est le Dieu vivant, roi pour toujours.
Quand il se met en *colère,
la terre tremble,
et les peuples ne peuvent rien faire.

11 Voici ce qu'il faut leur dire : les dieux qui
n'ont fait ni le ciel ni la terre seront chassés de
la terre, et ils disparaîtront sous le ciel.

12 Le SEIGNEUR a montré sa puissance
en créant la terre,
il a montré sa sagesse
en établissant le monde,
il a montré son intelligence
en déroulant le ciel.
13 Quand sa voix gronde,
des torrents d'eau se groupent dans le ciel.
Il fait monter de gros nuages
du bout de la terre.
Il lance les éclairs pour que la pluie tombe.
Il fait sortir le vent de ses abris.
14 Alors les gens restent tous là,
stupides, sans comprendre.
Tous les fondeurs
ont honte de leurs faux dieux.
Ces statues sont trompeuses :
il n'y a en elles aucun souffle de vie.
15 Elles ne valent rien,
elles font seulement rire.
Le jour où le SEIGNEUR agira contre elles,
elles disparaîtront.
16 Mais Dieu, qui est le trésor d'Israël,
ne leur ressemble pas.
Lui, c'est le créateur de l'univers,
et la tribu d'Israël lui appartient.
Il a pour nom « SEIGNEUR de l'univers ».

Le malheur est proche

(a. Jérémie)

17 Jérusalem, toi qui es attaquée,
ramasse tes bagages par terre.
18 En effet, voici ce que le SEIGNEUR dit :
« Cette fois,
je jetterai au loin les habitants du pays,
comme la pierre d'une fronde.
Et je veillerai de très près
à les faire arriver au but. »

(b. Jérusalem)

19 « Hélas, quelle catastrophe pour moi !
Ma blessure ne peut pas guérir.
Je me disais :
ma souffrance est légère,
je peux la supporter.
20 Mais ma tente est détruite,
toutes ses cordes sont arrachées.
Mes enfants m'ont quittée,
ils sont partis.
Il n'y a plus personne
pour remonter ma tente,
pour tendre ma toile. »

(c. Jérémie)

21 Cela est arrivé à cause des chefs.
Ils ont été stupides,
ils n'ont pas cherché le SEIGNEUR.

C'est pourquoi ils n'ont pas réussi,
et tous ceux qu'ils dirigeaient
sont partis de tous côtés.
22 Écoutez le bruit qui approche.
C'est un grand bouleversement
qui vient du nord[a].
Il va faire des villes de Juda
un désert de tristesse,
un abri pour les chacals.

Jérémie prie au nom de son peuple

23 SEIGNEUR, je le sais,
les humains ne sont pas maîtres de leur vie.
Celui qui marche
n'est pas capable d'assurer ses pas.
24 Corrige-moi, SEIGNEUR, mais avec mesure.
Ne te fâche pas, sinon tu me briseras.
25 Mets-toi plutôt en *colère
contre les peuples qui ne te connaissent
pas,
contre les gens qui ne font pas appel à toi.
En effet, ils ont dévoré ton peuple,
ils l'ont dévoré complètement,
ils ont détruit son pays.

Le peuple de Dieu n'a pas respecté son alliance avec lui

11 1 Voici les paroles que le SEIGNEUR a
adressées à Jérémie : 2 « Respectez les
paroles de mon *alliance avec vous. Tu parleras aux gens de Juda et aux habitants de Jérusalem. 3 Tu leur diras : "Voici ce que dit le
SEIGNEUR, Dieu d'Israël : celui qui ne respecte
pas les paroles de cette alliance, qu'il soit maudit ! 4 Autrefois, j'ai fait sortir vos ancêtres
d'Égypte, de ce feu à fondre le fer. À ce moment-là, je leur ai déjà proposé cette alliance.
Je leur ai dit : Écoutez mes paroles, obéissez-
leur comme je vous le commande. Alors
vous serez mon peuple, et moi, je serai votre
Dieu. 5 Ainsi je tiendrai la promesse que j'ai
faite à vos ancêtres. Je leur donnerai un pays
qui *déborde de lait et de miel. C'est là où
vous êtes aujourd'hui." »
J'ai répondu : « Oui, SEIGNEUR. »

6 Le SEIGNEUR m'a encore dit : « Annonce ce
message dans les villes de Juda et dans les rues
de Jérusalem : "Respectez les paroles de cette
alliance et obéissez-leur. 7 Quand j'ai fait monter d'Égypte vos ancêtres, je les ai avertis avec
force. De la même façon, je passe mon temps à
vous avertir, vous aussi, en répétant : Écoutez
ce que je vous dis." 8 Mais ils n'ont pas
écouté, ils n'ont pas été attentifs. Ils ont suivi
leurs intentions mauvaises. Alors j'ai appliqué
contre eux toutes les paroles de cette alliance
qu'ils n'ont pas respectée malgré mes ordres. »

9 Ensuite le SEIGNEUR a ajouté : « Les gens
de Juda et les habitants de Jérusalem ont
fait un complot. 10 Ils ont répété les fautes
de leurs ancêtres, qui refusaient d'écouter
mes paroles. Ils ont suivi d'autres dieux
pour les adorer. Les gens d'Israël et ceux
de Juda ont brisé l'alliance que j'avais établie
avec leurs ancêtres.
11 « Eh bien, je le dis, moi, le SEIGNEUR : Je
vais faire venir sur eux un malheur auquel
ils ne pourront pas échapper. Quand ils m'appelleront au secours, je ne les écouterai pas.
12 Alors les habitants de Jérusalem et des autres villes de Juda appelleront au secours les
dieux auxquels ils offrent de *l'encens. Mais
ces dieux ne pourront pas les sauver au moment du malheur. 13 Le peuple de Juda a autant de dieux que de villes. Et à Jérusalem, il
a dressé autant *d'autels qu'il y a de rues,
pour offrir des *sacrifices à *Baal-la-Honte.
14 Et toi, Jérémie, ne me demande rien pour
ce peuple. Ne fais monter vers moi aucune
prière, aucun cri en leur faveur. Non, je
n'écouterai pas quand ils crieront vers moi
dans leur malheur. »

Le Seigneur détruira le peuple qu'il a planté comme un arbre

15 « Le peuple que j'aime,
moi, le SEIGNEUR,
réalise ses mauvaises intentions.

---

a **10.22** *Du nord : voir Jérémie 1.14 et la note.*

Qu'est-ce qu'il vient faire
dans mon temple ?
Les promesses qu'il me fait
ou la viande qu'il m'offre,
peuvent-elles éloigner de lui le malheur ?
Est-ce ainsi qu'il pense y échapper ?
16 Je lui avais donné un nom :
"*Olivier toujours vert
aux fruits magnifiques."
Mais dans un bruit terrible,
je mets le feu à ses feuilles,
et ses branches disparaissent. »

17 C'est le SEIGNEUR de l'univers qui l'a
planté. Mais maintenant, il lui annonce un
malheur à cause du mal que les gens d'Israël
et ceux de Juda ont commis. Ils ont en effet
mis le SEIGNEUR en *colère en offrant des
*sacrifices à *Baal.

Jérémie est menacé par les gens de son village

18 Le SEIGNEUR m'a prévenu, je suis au courant. Il m'a fait voir ce que mes ennemis préparent. 19 Moi, j'étais comme un agneau qui se
laisse facilement conduire à l'abattoir. Je ne
savais pas ce qu'ils préparaient contre moi.
Ils disaient : « Détruisons l'arbre en pleine
force ! Supprimons-le du monde des vivants,
et qu'on ne se souvienne plus de son nom ! »

20 Mais toi, SEIGNEUR de l'univers,
tu juges avec justice.
Tu examines les désirs
et les pensées de tous.
C'est à toi que je me confie
pour être défendu.
Alors je pourrai voir
comment tu me vengeras.

21 Eh bien, voici une parole du SEIGNEUR
contre les gens d'Anatoth[b] qui veulent ma
mort. Ils me disent : « Arrête de faire le *prophète au nom du SEIGNEUR, sinon nous te tuerons. » 22 Voici donc les paroles du SEIGNEUR
de l'univers : « Je vais agir contre ces gens-là.
Leurs jeunes gens seront tués à la guerre, leurs
fils et leurs filles mourront de faim. 23 L'année
où j'agirai contre les habitants d'Anatoth en
leur envoyant le malheur, personne ne restera
en vie. »

12

1 Toi, SEIGNEUR, tu es juste,
je ne peux rien te reprocher.
Pourtant,
je voudrais parler de justice avec toi :
Les gens mauvais réussissent dans la vie.
Pourquoi ?
Ceux qui te sont infidèles vivent en paix.
Pourquoi donc ?
2 Tu les as plantés, ils ont fait des racines,
ils grandissent, ils portent des fruits.
Ils ont toujours ton nom à la bouche,
pourtant leur cœur est loin de toi.
3 Mais moi, SEIGNEUR,
tu me connais, tu me vois,
tu sais bien que mon cœur est avec toi.
Les gens mauvais, mets-les de côté,
comme des moutons pour l'abattoir.
Mets-les à part
pour le jour de la destruction !

4 Jusqu'à quand le pays va-t-il être en deuil ?
Jusqu'à quand les champs vont-ils rester secs ?
Les bêtes et les oiseaux du pays meurent,
parce que ses habitants sont mauvais. Ils disent : « Jérémie ne sera plus là pour voir ce
qui nous arrive. »

5 Le SEIGNEUR me dit :
« Si tu ne peux pas suivre
ceux qui font la course à pied,
comment pourras-tu lutter
avec un cheval de course ?
Si tu te sens en sécurité
seulement dans un pays où tout va bien,
qu'est-ce que tu feras
dans les buissons le long du Jourdain ?

6 « En effet, même ceux de ta tribu, même
ceux de ta famille te trahissent. Ils rassemblent des gens contre toi, et tu ne le sais pas.

b **11.21** *Anatoth : c'était le village de Jérémie. Voir Jérémie 1.1 ; 32.7.*

N'aie pas confiance en eux quand ils te parlent gentiment. »

Le Seigneur abandonne son temple et son peuple

7 « J'abandonne ma maison,
je quitte ce qui m'appartient.
Je livre ce peuple très aimé
au pouvoir de ses ennemis.
8 Ceux qui m'appartiennent
se sont conduits avec moi
comme des lions de la brousse.
Ils ont rugi contre moi,
c'est pourquoi je les déteste.
9 Ceux qui m'appartiennent,
est-ce qu'ils sont maintenant
comme un oiseau de toutes les couleurs
attaqué de tous côtés par les vautours ?
Allez !
Rassemblez toutes les bêtes sauvages !
Faites-les venir pour le repas !
10 Beaucoup de bergers[c]
ont détruit ma *vigne.
Ils ont marché sur mon terrain,
ils ont changé ma propriété si agréable
en un désert de tristesse.
11 Oui, ils en ont fait une région
pleine de tristesse,
marquée par le deuil.
Devant moi,
tout est devenu un désert de tristesse,
le pays entier est détruit,
et cela laisse tout le monde indifférent. »

12 Sur les montagnes nues du désert,
des pillards arrivent.
*L'épée du SEIGNEUR dévore tout
d'un bout du pays à l'autre.
Personne n'échappe.
13 Vous aviez semé du *blé,
vous récoltez des buissons d'épines.
Vous vous êtes beaucoup fatigués,
mais cela ne sert à rien.
Ces récoltes sont une honte
à cause de la violente *colère du SEIGNEUR.

Paroles du Seigneur au sujet des mauvais voisins d'Israël

14 Voici ce que le SEIGNEUR dit au sujet des
mauvais voisins de mon peuple : « Ils ont touché à ce qui m'appartient, au territoire que
j'ai donné à Israël, mon peuple. Je vais les arracher de leur sol, mais je vais arracher aussi
le peuple de Juda du milieux d'eux. 15 Après
cela, j'aurai pitié d'eux de nouveau, et je
ramènerai chacun sur son territoire, chacun
dans son pays. 16 Ces voisins ont appris à
mon peuple à faire des serments au nom de
*Baal. Mais si, à leur tour, ils apprennent vrai-
ment à se conduire comme mon peuple doit le
faire, s'ils font des serments en mon nom en
disant "Je le jure par le SEIGNEUR vivant", alors
ils trouveront une place au milieu de mon
peuple. 17 Pourtant, si l'un de ces peuples ne
m'écoute pas, moi, le SEIGNEUR je le déclare :
je l'arracherai complètement de son sol et je
l'abandonnerai à la mort. »

Israël et Juda sont comme une ceinture abîmée

13 1 Voici ce que le SEIGNEUR m'a dit : « Va
acheter une ceinture en *lin et mets-la
autour de tes reins, mais ne la lave pas. » 2 J'ai
donc acheté une ceinture, comme le SEIGNEUR
me l'avait commandé, et je l'ai mise autour de
mes reins. 3 Une deuxième fois, le SEIGNEUR
m'a adressé sa parole : 4 « Prends la ceinture
que tu as achetée et que tu portes autour
des reins. Va à la rivière Fara. Tu la cacheras
là-bas dans le trou d'un rocher. » 5 Je suis
donc allé au Fara et j'ai caché la ceinture,
comme le SEIGNEUR me l'avait commandé.
6 Longtemps après, le SEIGNEUR m'a dit : « Retourne au Fara et, là-bas, prends la ceinture
que je t'ai commandé de cacher. » 7 Je suis
donc retourné au Fara, j'ai cherché la ceinture
et je l'ai retirée de l'endroit où je l'avais cachée. Mais j'ai constaté que la ceinture était
complètement pourrie et qu'elle ne pouvait
plus servir.

c **12.10** *Bergers : dans l'ancien Orient, les dirigeants d'un peuple étaient souvent appelés des bergers. Voir Jérémie 23.1-4.*

8 Alors le SEIGNEUR m'a adressé sa parole :
9 « Voici ce que je dis, moi, le SEIGNEUR : C'est
ainsi que je ferai pourrir l'orgueil de Juda, le
grand orgueil de Jérusalem. 10 C'est un peuple
mauvais. Il refuse d'écouter ce que je dis, il
suit seulement ses propres intentions. Il s'attache à d'autres dieux pour les servir et les adorer. Eh bien, que ce peuple devienne comme
cette ceinture qui ne sert plus à rien ! » 11 Le
SEIGNEUR déclare : « Comme un homme attache sa ceinture autour de ses reins, je m'étais
attaché le royaume d'Israël et le royaume de
Juda. Je voulais qu'ils soient mon peuple,
qu'ils me rendent célèbre et qu'ils me fassent
honneur. Je voulais être fier d'eux. Mais ils ne
m'ont pas écouté. »

Le Seigneur va briser les gens de son peuple

12 « Tu leur diras : "Voici la parole du SEI-
GNEUR, Dieu d'Israël : Des jarres sont faites
pour être remplies de vin." S'ils répondent :
"C'est sûr, nous le savons déjà", 13 alors tu
leur diras : "Voici ce que le SEIGNEUR dit : Je
vais rendre complètement ivres tous les habitants de ce pays, les rois qui occupent le siège
de David, les prêtres, les *prophètes et tous
les habitants de Jérusalem. 14 Puis je les briserai l'un contre l'autre, parents contre enfants,
moi, le SEIGNEUR, je le déclare. Je ne laisserai
personne en vie. Je n'aurai pas de bonté et
je serai sans pitié. Rien ne m'empêchera de
les détruire." »

Il faut écouter quand il est encore temps

15 Écoutez, tendez l'oreille,
ne soyez pas orgueilleux.
Le SEIGNEUR vous parle.
16 Rendez *gloire au SEIGNEUR votre Dieu
avant que la nuit vienne,
avant que vos pieds heurtent dans l'obscurité
une pierre sur les montagnes.
Vous attendez le jour,
mais le SEIGNEUR le change en nuit,
il le couvre d'un sombre nuage.
17 Si vous n'écoutez pas cet avertissement,
je pleurerai en secret
à cause de votre orgueil.
Mes yeux déborderont de larmes,
parce que le troupeau du SEIGNEUR part en
déportation.

Message du Seigneur pour la famille royale

18 Dis au roi et à la reine mère :
« Asseyez-vous par terre,
parce que votre magnifique couronne
est tombée de votre tête.
19 Les villes du sud sont fermées,
personne n'ouvre plus leurs *portes.
Oui, les habitants de Juda ont été déportés,
ils sont tous partis en exil. »

Jérusalem a perdu son honneur

20 « Jérusalem, lève les yeux et regarde :
tes ennemis arrivent du nord.
Où est le troupeau que je t'ai confié ?
Où sont les moutons qui te rendaient si
fière ?
21 Tu as habitué certains à être tes amis.
Qu'est-ce que tu diras
quand ces gens-là agiront contre toi
pour te dominer ?
Tu vas souffrir comme une femme au moment d'accoucher.
22 Alors tu demanderas :
"Pourquoi est-ce que cela nous arrive ?"
Eh bien, si on relève ton vêtement,
si on te fait violence,
c'est parce que tu as commis des fautes très
graves.

23 « Est-ce qu'un *Éthiopien
peut changer la couleur de sa peau ?
Est-ce qu'un léopard
peut enlever ses taches ?
Non !
Et vous qui avez l'habitude d'agir mal,
vous ne pouvez pas agir bien.
24 Je vais donc vous faire partir de tous côtés,
comme la paille légère
emportée par le vent du désert. »
25 Le SEIGNEUR déclare :
« Jérusalem, voici le sort qui t'attend,
la part que je garde pour toi.

En effet, tu m'as oublié
pour mettre ta confiance dans les faux dieux.
26 Moi aussi,
je vais relever ton vêtement jusqu'à ton visage,
et on te verra toute nue.
27 Ah ! tes *adultères,
tes appels passionnés,
ta *prostitution honteuse !
Sur les collines et dans les champs,
j'ai vu tes horribles faux dieux.
Quel malheur, Jérusalem,
tu ne veux pas te rendre *pure !
Cela va durer combien de temps encore ? »

Paroles du Seigneur au sujet de la sécheresse

14 1 Voici les paroles que le SEIGNEUR a
adressées à Jérémie au sujet de la sécheresse.

(a. Plainte)

2 « Le peuple de Juda est en deuil,
et ses villes perdent leurs forces.
Les gens sont tristes, assis par terre.
Le cri de Jérusalem monte vers le *ciel.
3 Les notables envoient leurs serviteurs
chercher de l'eau.
Ceux-ci arrivent près des citernes,
ils ne trouvent pas d'eau.
Ils reviennent avec leurs récipients vides.
Ils sont déçus,
ils sont tristes
et baissent la tête.
4 Partout, le sol est fendu,
parce que la pluie n'est pas tombée.
Alors les paysans sont déçus
et baissent la tête.
5 Il n'y a plus d'herbe.
Même la biche dans les champs
abandonne le petit
qu'elle vient de mettre au monde.
6 Les ânes sauvages s'arrêtent
sur les collines sans arbres.
Ils reniflent l'air comme des chacals.
Leurs yeux se fatiguent
à chercher de l'herbe,
mais il n'y en a plus. »

(b. Le peuple)

7 « Si nos fautes nous accusent,
fais quelque chose, SEIGNEUR,
à cause de ton nom.
Oui, nous t'avons souvent trahi,
nous sommes coupables envers toi.
8 SEIGNEUR,
Israël met son espoir en toi,
tu l'as sauvé au moment du malheur.
Et maintenant,
tu es comme un étranger dans ce pays,
comme un voyageur
de passage pour une seule nuit.
Pourquoi ?
9 Tu es comme un homme sans force,
comme un combattant qui ne peut sauver personne.
Pourquoi donc ?
Pourtant,
tu es au milieu de nous, SEIGNEUR,
nous sommes *consacrés à toi,
ne nous abandonne pas. »

(c. Le Seigneur)

10 Voici ce que le SEIGNEUR dit pour ce peuple : « Oui, ces gens-là aiment courir un peu
partout, selon leur envie. » Mais cela ne plaît
pas au SEIGNEUR. Maintenant il se souviendra
de leurs fautes et il punira leurs péchés.
11 Le SEIGNEUR m'a dit : « Ne me demande
rien pour le bonheur de ce peuple. 12 Même
s'ils *jeûnent, je n'écouterai pas leur prière.
Même s'ils m'apportent des *sacrifices et des
offrandes, je ne les accepterai pas. Mais je vais
les faire mourir par la guerre, la famine et la
peste. »

(d. Jérémie)

13 J'ai répondu : « Hélas ! Seigneur DIEU, les
*prophètes disent au peuple : "Vous ne
connaîtrez ni la guerre ni la famine, mais
Dieu vous donnera une paix véritable ici." »

(e. Le Seigneur)

14 Le SEIGNEUR m'a répondu : « Ces prophètes disent qu'ils parlent de ma part. C'est un
mensonge. Je ne les ai pas envoyés, je ne
leur ai rien commandé, je ne leur ai pas parlé.

Leurs visions sont des mensonges, ce qu'ils
annoncent ne vaut rien, ils l'inventent eux-
mêmes. 15 C'est pourquoi, voici ce que moi,
le SEIGNEUR, je dis contre ces prophètes:
"Ces hommes-là disent qu'ils parlent de ma
part, mais je ne les ai pas envoyés. Ils racontent qu'il n'y aura dans ce pays ni guerre ni famine. Or, c'est par la guerre et la famine qu'ils
disparaîtront tous ! 16 La famine et la guerre
tueront les gens à qui ils ont annoncé ces choses. Leurs corps seront jetés dans les rues de
Jérusalem et il n'y aura personne pour les enterrer, eux et leurs femmes, leurs fils et leurs
filles. Je ferai retomber sur eux le mal qu'ils
ont commis." »

Quatre malheurs vont frapper le peuple de Juda

(a. Plainte)

17 « Voici ce que tu leur diras : Si seulement
mes yeux débordaient de larmes,
sans arrêt, de jour et de nuit !
Oui, une véritable catastrophe
a frappé mon pauvre peuple.
Sa blessure ne peut vraiment pas guérir.
18 Quand je sors dans les champs,
je ne vois que des gens tués par la guerre.
Quand je rentre en ville,
je ne vois que des gens qui souffrent de la
faim.
Les *prophètes, les prêtres
circulent à travers le pays :
ils ne comprennent pas. »

(b. Le peuple)

19 « SEIGNEUR,
est-ce que tu as vraiment rejeté Juda ?
Est-ce que *Sion te dégoûte ?
Tu nous frappes,
et aucune guérison n'est possible.
Pourquoi donc ?
Nous comptions sur la paix,
mais rien de bon n'arrive.
Nous attendions le moment de la guérison,
mais c'est la peur qui vient.
20 SEIGNEUR, nous reconnaissons
que nous avons mal agi.
Nous reconnaissons
les fautes de nos ancêtres.
Nous avons péché contre toi.
21 À cause de ton nom,
ne repousse pas ton siège plein de *gloire[d],
ne le méprise pas.
Souviens-toi de *l'alliance
que tu as établie avec nous,
ne la brise pas.
22 Parmi les faux dieux des autres peuples,
est-ce qu'il y en a un qui peut envoyer la
pluie ?
Est-ce que c'est le ciel lui-même qui fait
tomber l'eau ?
Est-ce que ce n'est pas toi, SEIGNEUR ?
Notre Dieu,
nous mettons donc notre espoir en toi.
Oui, c'est toi qui fais toutes ces choses ! »

(c. Le Seigneur)

15 1 Le SEIGNEUR m'a dit : « Même si Moïse
et Samuel interviennent auprès de moi,
je resterai indifférent à ce peuple. Chasse-le
loin de moi, qu'il parte ! 2 Si les gens te demandent où ils doivent aller, tu leur répondras :
Voici ce que le SEIGNEUR dit :
Chacun doit suivre son chemin.
Pour les uns, ce sera la peste,
pour d'autres la guerre,
pour d'autres la famine,
d'autres enfin seront déportés. »

3 Le SEIGNEUR déclare : « J'agirai contre eux
de quatre manières : *l'épée les tuera, les
chiens les traîneront plus loin, les charognards et les chacals les dévoreront et les feront disparaître. 4 Ainsi, tous les royaumes
de la terre trembleront de peur en les voyant.
C'est le résultat du mal que Manassé, fils
d'Ézékias et roi de Juda, a commis à Jérusalem[e]. »

---

d 14.21 *Ton siège plein de gloire : sans doute le coffre de l'alliance, qui peut désigner le temple de Jérusalem ou la ville de Jérusalem elle-même.*

e 15.4 *Voir 2 Rois 21.1-16.*

Le Seigneur est fatigué d'avoir pitié

[5] Le SEIGNEUR dit :
« Qui donc aura pitié de toi, Jérusalem ?
Qui te plaindra ?
Qui fera un détour
pour demander comment tu vas ?
Personne !
[6] Le SEIGNEUR déclare :
C'est toi qui m'as repoussé,
tu m'as tourné le dos.
Alors j'ai agi contre toi
et je t'ai détruite.
Je suis fatigué d'avoir pitié.
[7] Dans chaque ville du pays,
j'ai levé mon van[f]
pour faire partir mon peuple de tous côtés.
Je l'ai détruit en le privant de ses enfants,
mais ils n'ont pas changé leur vie.
[8] J'ai rendu leurs veuves plus nombreuses
que les grains de sable au bord de la mer.
En plein midi,
j'ai envoyé le malheur
à la mère du jeune soldat.
Soudain, j'ai fait tomber sur elle
une peur terrible.
[9] Celle qui a eu sept enfants n'est plus rien.
Elle perd son souffle.
Pour elle,
le soleil s'est couché en plein jour.
Elle est couverte de honte,
elle a perdu son honneur.
Ceux qui sont restés en vie,
je les ferai mourir à la guerre,
en présence de leurs ennemis. »
Voilà ce que le SEIGNEUR déclare.

Jérémie se plaint, et le Seigneur lui répond

(a. Jérémie)

[10] Ma mère, c'est pour mon malheur
que tu m'as mis au monde !
Dans tout le pays,
les gens sont contre moi,
et ils m'en veulent.
Je n'ai pourtant pas prêté d'argent
et je n'ai pas demandé qu'on m'en prête.
Mais tout le monde me maudit !
[11] Pourtant le SEIGNEUR m'a dit :
Je le jure, je te délivrerai pour ton bonheur.
Je le jure,
j'amènerai l'ennemi à te supplier
au moment du malheur et du danger.
[12] Est-ce que le fer peut casser l'acier ou le bronze ?

(b. Le Seigneur)

[13] « Juda,
je vais livrer au pillage
tes richesses et tes trésors,
tu ne recevras rien en échange.
C'est la conséquence de toutes les fautes
que tu as commises sur tout ton territoire.
[14] Je ferai de toi l'esclave de tes ennemis
dans un pays que tu ne connais pas.
Oui, ma *colère a allumé un feu
qui va brûler contre vous. »

(c. Jérémie)

[15] Toi, SEIGNEUR, tu sais tout !
Pense à moi, agis en ma faveur.
Venge-moi de ceux qui me font du mal.
Ne me laisse pas souffrir
parce que tu es patient avec eux.
Reconnais ceci :
c'est à cause de toi
que je supporte des insultes.
[16] Quand tes paroles se présentaient à moi,
je les dévorais.
Elles me donnaient de la joie,
mon cœur était en fête.
En effet, je t'appartiens,
SEIGNEUR, Dieu de l'univers.
[17] Je ne me suis pas assis
au milieu des moqueurs pour m'amuser.
Mais tu m'as forcé à rester à l'écart,
parce que tu m'as rempli de colère.
[18] Ma souffrance est sans fin. Pourquoi ?
Ma blessure ne peut pas être guérie,

---

f **15.7** *Un van sert à jeter en l'air les grains pour les séparer de la paille, et celle-ci est alors emportée par le vent.*

elle ne veut pas se fermer. Pourquoi donc ?
Vraiment, tu es devenu pour moi
comme un ruisseau
tantôt plein d'eau, tantôt sec,
et sur lequel on ne peut pas compter.

(d. Le Seigneur)

19 Voici ce que le SEIGNEUR me dit :
« Si tu reviens vers moi,
je te reprendrai à mon service.
Si tu es prêt à dire des paroles de valeur
au lieu de choses sans importance,
tu seras de nouveau mon porte-parole.
C'est aux gens de Juda de revenir vers toi,
ce n'est pas à toi de revenir vers eux.
20 Devant eux, je te rendrai résistant
comme un mur de bronze
qu'on ne peut pas renverser.
Ils te combattront,
mais ils ne pourront rien contre toi.
Oui, je suis avec toi pour te sauver
et te délivrer.
Moi, le SEIGNEUR, je le déclare.
21 Je t'arracherai à la main des méchants,
je te délivrerai du pouvoir des gens violents. »

Jérémie doit rester seul pour annoncer le jugement de Dieu

16 1 Le SEIGNEUR m'a adressé sa parole en
disant : 2 « Tu ne dois pas te marier, tu
n'auras ni fils ni filles dans ce pays. 3 En effet, voici ce que moi, le SEIGNEUR, je dis au
sujet des fils et des filles qui naîtront dans
ce pays, au sujet des pères et des mères
qui leur donnent la vie. 4 Ils mourront de maladies graves. Personne ne pleurera sur eux
et personne ne les enterrera. Ils seront
comme du fumier sur le sol. Ils mourront à
la guerre ou à cause de la famine. Les charognards et les chacals dévoreront leurs
corps. »

5 Voici ce que le SEIGNEUR m'a encore dit :
« N'entre pas dans une maison où les gens
se réunissent à cause d'un deuil, ne va pas
aux funérailles. Ne présente tes condoléances
à personne, parce que j'ai retiré mon amitié,
ma bonté et mon affection à ce peuple. Je le
déclare, moi, le SEIGNEUR. 6 Dans ce pays,
les notables et les gens simples mourront.
Personne ne les enterrera et personne ne
pleurera sur eux. Personne ne montrera sa
tristesse en se faisant des incisions sur le corps
ou en se rasant la tête. 7 Personne ne partagera
la nourriture avec la famille en deuil pour la
consoler. Personne n'offrira à boire pour
consoler ceux qui ont perdu un père ou une
mère.

8 « N'entre pas non plus dans une maison où
on fait la fête. Ne t'assois pas avec les gens
pour manger et pour boire. 9 Voici ce que je
dis, moi, le SEIGNEUR de l'univers, Dieu d'Israël : "Je ferai taire ici les bruits de fête, les
cris de joie et les chants des jeunes mariés.
Cela se passera pendant votre vie et sous vos
yeux."

10 « Quand tu auras donné ce message à ce
peuple, quelqu'un te demandera peut-être :
"Pourquoi est-ce que le SEIGNEUR a décidé
ce grand malheur contre nous ? Qu'est-ce
que nous avons fait de mal ? Quelle est notre
faute envers le SEIGNEUR notre Dieu ?"
11 Alors tu répondras : "Voici ce que le SEI-
GNEUR déclare : C'est parce que vos ancêtres
m'ont abandonné, qu'ils ont suivi d'autres
dieux, qu'ils les ont adorés et qu'ils se sont
mis à genoux devant eux. Moi, ils m'ont
abandonné, ils n'ont pas obéi à mes enseignements. 12 Et vous, vous agissez encore
plus mal que vos ancêtres. Chacun de vous
suit son intention mauvaise au lieu d'écouter
ce que je dis. 13 C'est pourquoi je vais vous
chasser de ce pays. Vous irez dans un pays
que vous ne connaissez pas et que vos ancêtres ne connaissaient pas non plus. Là-bas,
jour et nuit, vous adorerez d'autres dieux.
En effet, moi, je ne vous montrerai plus ma
bonté." »

Le Seigneur fera revenir les exilés sur leur territoire

14 Le SEIGNEUR déclare : « Autrefois, on faisait des serments en disant : "Je le jure au
nom du SEIGNEUR vivant, qui a fait sortir
d'Égypte les Israélites." Eh bien, le jour

vient où on dira : 15 "Je le jure au nom du
SEIGNEUR vivant, qui a fait sortir les Israélites du pays du nord[g] et de tous les autres pays où il les avait chassés." Oui, je les ferai revenir sur le territoire que j'ai donné à leurs ancêtres. »

Aucun coupable n'échappera

16 Le SEIGNEUR déclare : « Je vais envoyer beaucoup de pêcheurs pour prendre ces gens. Ensuite, j'enverrai de nombreux chasseurs pour les chasser sur toutes les montagnes, sur toutes les collines et même dans les trous des rochers.
17 J'observe tout ce qu'ils font. Leurs actions ne sont pas cachées à mes yeux, je vois bien leur faute.
18 Je vais leur faire payer le prix total de leur crime, la faute elle-même et le prix de sa réparation. En effet, ils ont rendu *impur mon pays avec leurs horribles statues sans vie. Ils ont rempli ma propriété de leurs faux dieux détestables. »

Tous les peuples reconnaîtront le vrai Dieu

19 SEIGNEUR, tu es ma force,
tu me protèges avec puissance,
tu es mon abri au moment du malheur.
Les peuples viendront vers toi
du bout du monde.
Ils diront :
« Nos ancêtres n'ont reçu
que des mensonges,
des choses qui ne valent rien
et ne servent à rien.
20 Un être humain
ne peut pas se fabriquer des dieux.
Les objets qu'il fabrique
ne sont pas des dieux ! »
21 Le SEIGNEUR dit :
« Eh bien, cette fois-ci,
je vais vraiment leur faire connaître
mon pouvoir et ma puissance.
Ils sauront alors
que j'ai pour nom "le SEIGNEUR". »

La faute des gens de Juda les accuse

17 1 « La faute des gens de Juda
est comme un texte
gravé avec une pointe de fer
ou une pointe de diamant.
Elle est écrite sur leurs cœurs
et sur les coins relevés de *l'autel[h].
2 Ils pensent à leurs autels,
à leurs *poteaux sacrés
et aux arbres verts sur les collines élevées
comme ils pensent à leurs enfants.
3 Peuple de Juda,
toi qui adores les faux dieux
sur les montagnes, dans la campagne,
je vais livrer au pillage tes richesses,
tous tes trésors, ainsi que les lieux sacrés.
Je ferai cela
à cause des fautes que tu as commises
sur tout ton territoire.
4 Tu devras abandonner
le pays que tu possèdes,
celui que je t'avais donné.
Je ferai de toi l'esclave de tes ennemis
dans un pays que tu ne connais pas.
Oui, vous avez allumé le feu de ma *colère,
et il brûlera pour toujours. »

Le Seigneur bénit celui qui met sa confiance en lui

5 Voici ce que le SEIGNEUR dit :
« Celui qui éloigne son cœur de moi,
qui met sa confiance dans les hommes
et cherche sa force dans les moyens humains,
qu'il soit maudit !
6 Il ressemble à un buisson sur un sol stérile :
il ne verra pas le bonheur arriver.
Il restera parmi les pierres du désert,
sur une terre salée où personne n'habite.
7 Mais celui qui met sa confiance en moi
et qui s'appuie sur moi,
moi, le SEIGNEUR, je le *bénis.
8 Il ressemble
à un arbre planté au bord de l'eau,

---

g **16.15** *Du pays du nord : voir Jérémie 1.14 et la note.*
h **17.1** *C'était la partie la plus sacrée de l'autel.*

qui étend ses racines vers une rivière.
Quand la chaleur arrive,
il n'a peur de rien,
ses feuilles restent toujours vertes.
Même une année de sécheresse
ne l'inquiète pas,
il porte toujours des fruits.

9 « Le cœur humain
est plus trompeur que tout !
Personne ne peut le guérir,
personne ne peut le comprendre.

10 « Moi, le SEIGNEUR,
j'examine les pensées et les désirs de tous.
Ainsi,
je peux traiter chacun selon sa conduite,
selon le résultat de ses actions.
11 Celui qui devient riche
de façon malhonnête
ressemble à une poule
qui a couvé des œufs
qu'elle n'a pas pondus.
Au milieu de sa vie,
ses richesses l'abandonnent,
et à la fin, il est là, stupide. »

Le Seigneur seul donne la vie

12 Un siège royal plein de *gloire
domine le monde
depuis le commencement :
c'est le lieu de notre temple *saint.
13 SEIGNEUR,
Israël met son espoir en toi.
Tous ceux qui t'abandonnent,
qu'ils soient couverts de honte !
Ceux qui se détournent de toi,
qu'ils soient comme des noms
inscrits dans la poussière !
En effet, ils t'ont abandonné,
SEIGNEUR, toi, la source qui donne la vie.

Jérémie prie le Seigneur

14 Guéris-moi, SEIGNEUR, et je serai guéri.
Sauve-moi, et je serai sauvé.
Oui, c'est ta louange que je chante.
15 Les gens me disent :
« Et la menace du SEIGNEUR, où est-elle ?
Qu'il passe aux actes ! »
16 Moi, je ne t'ai pas obligé
à provoquer le malheur, SEIGNEUR.
Je n'ai pas souhaité
le jour de la catastrophe,
toi, tu le sais bien.
Ce que j'ai dit,
je l'ai dit en ta présence.
17 Ne me laisse donc pas trembler de peur,
toi qui es mon abri au moment du malheur.
18 Ceux qui me font souffrir,
qu'ils soient couverts de honte,
mais pas moi !
Qu'ils tremblent de peur, eux,
mais pas moi !
Fais venir sur eux le jour du malheur,
détruis-les complètement !

Règles pour le jour du sabbat

19 Voici ce que le SEIGNEUR m'a dit : « Va te
mettre à la *porte du Peuple, c'est par là que
les rois de Juda passent pour entrer ou sortir
de Jérusalem. Ensuite, tu te mettras aux autres
portes de la ville. 20 Voici ce que tu diras aux
rois et aux gens de Juda, ainsi qu'aux habitants de Jérusalem qui passent par ces portes :
“Écoutez la parole du SEIGNEUR. 21 Voici ce
qu'il dit : Le jour du *sabbat, faites très attention ! Ne transportez rien, ne faites pas
passer de charge par les portes de Jérusalem.
22 Ce jour-là, ne transportez rien hors de vos
maisons et n'accomplissez aucun travail.
Mais réservez ce jour pour moi, comme je
l'ai commandé à vos ancêtres. 23 Eux, ils n'ont
pas écouté, ils n'ont pas tendu l'oreille. Ils
avaient la tête dure, ils ont refusé d'entendre
et d'accepter la leçon.” »
24 Le SEIGNEUR déclare : « Mais vous, écoutez-
moi bien. Le jour du sabbat, ne faites passer
aucune charge par les portes de cette ville. Réservez ce jour pour moi et n'accomplissez aucun travail. 25 Alors, les rois qui occupent le
siège royal de David, qui se déplacent à cheval
ou sur un char, passeront toujours par les portes de la ville. Leurs ministres, les gens de
Juda et les habitants de Jérusalem passeront
aussi par là, et cette ville restera habitée
pour toujours. 26 Les gens viendront depuis
les villes de Juda, les environs de Jérusalem
et le territoire de Benjamin, depuis le *Bas-

Pays, le Haut-Pays et la région du Néguev. Ils viendront apporter au temple des *sacrifices complets ou d'autres sacrifices, des offrandes de *blé et *d'encens, des sacrifices de louange. 27 Mais vous ne m'écouterez peut-être pas : vous ne réserverez pas le jour du sabbat pour moi, et vous passerez par les portes de Jérusalem en portant des charges ce jour-là. Dans ce cas, je mettrai le feu à la ville. Il brûlera ses belles maisons et ne s'éteindra pas. »

Dieu donne une nouvelle chance au peuple

18 1 Le SEIGNEUR a adressé sa parole à Jérémie en disant : 2 « Jérémie, descends tout de suite chez le potier. Là, je te ferai entendre ce que j'ai à te dire. »

3 Je suis donc descendu chez le potier. Il était en train de travailler sur son tour[i]. 4 Mais le pot qu'il fabriquait à la main avait un défaut, ce qui arrive parfois. Alors le potier a fait un autre pot, comme cela lui plaisait. 5 Voici les paroles que le SEIGNEUR m'a adressées : 6 « Gens d'Israël, est-ce que je ne suis pas capable d'agir avec vous comme ce potier ? C'est moi, le SEIGNEUR, qui le déclare. Vous êtes dans ma main comme l'argile dans la main du potier. 7 Quelquefois, au sujet d'un peuple ou d'un royaume, je parle d'arracher, d'abattre et de détruire. 8 Mais si ce peuple abandonne le mal que j'ai condamné, alors je change d'avis au sujet du mal que je voulais lui faire. 9 Quelquefois, à propos d'un autre peuple ou d'un autre royaume, je parle de construire et de planter. 10 Mais si ce peuple ne m'écoute pas et fait ce qui est mal à mes yeux, alors je change d'avis au sujet du bien que j'ai promis de lui faire.

11 « Maintenant, Jérémie, parle aux gens de Juda et aux habitants de Jérusalem. Dis-leur : "Voici le message du SEIGNEUR : Je prépare un malheur contre vous, je forme des projets contre vous. Chacun de vous doit abandonner sa conduite mauvaise. Oui, améliorez votre façon de vivre et d'agir." 12 Mais ils répondront : "Peu importe ! Nous ferons ce que nous avons décidé, nous suivrons nos intentions mauvaises." »

Israël a oublié le Seigneur

13 Voici ce que le SEIGNEUR dit :
« Interrogez donc les gens des autres peuples.
Est-ce que vous avez déjà entendu des choses pareilles ?
La jeune Israël[j] a vraiment commis des actes horribles.
14 Est-ce que la *neige ne couvre pas toujours les rochers sauvages des montagnes du Liban ?
Est-ce que l'eau des torrents qui descend toute fraîche
peut s'arrêter de couler ?
Non !
15 Pourtant mon peuple m'a oublié !
Il offre des *sacrifices
à des dieux qui n'en sont pas.
Ces dieux le font tomber sur sa route.
Ils lui font quitter les chemins d'autrefois
pour marcher sur une piste non tracée.
16 Mon peuple a changé son pays
en un tas de pierres,
et sans cesse,
les gens poussent des cris d'horreur.
Les passants sont bouleversés
et ils secouent la tête.
17 Quand l'ennemi arrivera,
je ferai partir mon peuple de tous côtés,
comme la poussière
chassée par le vent d'est.
Le jour de leur malheur,
je leur tournerai le dos
au lieu de me tourner vers eux. »

Jérémie, menacé de mort, prie le Seigneur

18 Certains ennemis ont dit : « Allons-y ! Préparons un coup contre Jérémie ! Nous ne manquons pas de prêtres pour nous enseigner la loi, ni de sages pour nous donner des conseils.

---

i **18.3** *Le tour est un outil qui sert à fabriquer des récipients ronds en argile.*

j **18.13** *La jeune Israël : le Seigneur parle d'Israël comme d'une jeune femme.*

Nous ne manquons pas de *prophètes pour nous communiquer la parole de Dieu. Allons-y ! Attaquons-le en disant du mal de lui. Ne faisons pas attention à tout ce qu'il dit ! »

19 Mais toi, SEIGNEUR,
accorde-moi ton attention.
Écoute les paroles de ceux qui m'accusent.
20 Est-ce qu'on rend le mal pour le bien ?
Ils ont creusé un trou pour me faire tomber.
Pourtant, souviens-toi,
je me suis tenu devant toi
pour parler en leur faveur,
pour éloigner d'eux ta *colère.

21 Eh bien, livre leurs enfants à la famine,
qu'ils soient tués par *l'épée !
Que leurs femmes n'aient plus d'enfants,
qu'elles deviennent veuves !
Que leurs maris meurent d'une épidémie de peste !
Que les jeunes gens meurent à la guerre !
22 Qu'on entende des cris
sortir de leurs maisons
quand tout à coup tu enverras
des bandes armées contre eux !
En effet,
ils creusent un trou pour me prendre,
ils cachent des pièges sous mes pieds.

23 Toi, SEIGNEUR, tu connais bien
tout ce qu'ils préparent contre moi
pour me faire mourir.
Ne pardonne pas leur péché,
n'efface pas leur faute.
Qu'ils tombent devant toi !
Quand tu montreras ta *colère,
agis contre eux !

La cruche cassée

19 1 Voici ce que le SEIGNEUR a dit à Jérémie : « Va t'acheter une cruche en terre
chez le potier. Ensuite, prends avec toi quelques hommes du conseil des *anciens, gens
du peuple et prêtres. 2 Sors par la porte des
Pots cassés et va dans la vallée de Hinnom[k].
Et là, tu crieras le message que je te donnerai.
3 Tu diras : "Rois de Juda et habitants de Jérusalem, écoutez les paroles du SEIGNEUR. Voici
ce que dit le SEIGNEUR de l'univers, Dieu d'Israël : Je vais faire tomber un malheur sur ce
lieu. Ceux qui l'apprendront seront effrayés.
4 En effet, les gens de Juda m'ont abandonné.
À cause d'eux, on ne reconnaît plus cet endroit. Là, ils ont offert des *sacrifices à des
dieux étrangers. Ni eux, ni leurs ancêtres, ni
les rois de Juda ne les avaient connus. Ils ont
rempli ce lieu du sang de personnes innocentes. 5 Ils ont installé un lieu sacré pour le dieu
*Baal. Et là, ils brûlent leurs fils en *sacrifice.
Je n'ai pourtant pas commandé cela, je n'en ai
jamais parlé et je n'y ai jamais pensé !" »

6 Le SEIGNEUR déclare : « C'est pourquoi, le
jour vient où on n'appellera plus cet endroit
"le Tofeth" ou "la vallée de Hinnom", mais
"la vallée du massacre". 7 À cet endroit, je détruirai les projets de Juda et de Jérusalem. Je
ferai tomber leurs habitants à la guerre, devant leurs ennemis. Je me servirai de ceux
qui veulent leur mort. Je donnerai leurs corps
aux charognards et aux chacals pour qu'ils les
dévorent. 8 Je mettrai Jérusalem dans un tel
état que tout le monde poussera des cris d'horreur. Tous ceux qui passeront par là seront
bouleversés et crieront d'horreur en voyant
une telle destruction. 9 Des ennemis qui veulent leur mort entoureront leur ville pour l'attaquer. Ses habitants seront dans une si
grande misère qu'ils mangeront leurs enfants
et se dévoreront les uns les autres.

10 « Ensuite, tu casseras cette cruche sous
les yeux de ceux qui sont avec toi. 11 Tu leur
diras : "Voici les paroles du SEIGNEUR de l'univers : Je casserai ce peuple et cette ville
comme on casse une cruche en terre. Ce
sera définitif."

« On enterrera les morts même au Tofeth,
parce qu'il n'y aura plus de place ailleurs. »
12 Le SEIGNEUR déclare : « Je rendrai cette ville

k **19.2** *Voir Jérémie 2.23 et la note.*

et ses habitants semblables au Tofeth. 13 Les
maisons de Jérusalem et celles des rois de
Juda seront *impures, comme le Tofeth. En effet, sur les terrasses de toutes ces maisons, les
gens ont offert de *l'encens à l'Armée des étoiles et présenté des offrandes de vin à des
dieux étrangers. »

14 Ensuite, Jérémie est revenu du Tofeth, où
le SEIGNEUR l'avait envoyé parler de sa part. Il
est allé dans la cour du temple et il a dit à tout
le peuple : 15 « Voici le message du SEIGNEUR de
l'univers, Dieu d'Israël : "Je vais faire venir
sur cette ville et sur les villages voisins tous
les malheurs que j'ai annoncés contre elle.
En effet, les habitants ont la tête dure, ils refusent d'écouter ce que je dis." »

Pachehour attache Jérémie à un poteau

20 1 Le prêtre Pachehour, fils d'Immer,
était responsable de la police dans le
temple. Il a entendu Jérémie annoncer ces paroles de la part du SEIGNEUR. 2 Alors il a giflé le
*prophète et l'a fait attacher à un poteau, à la
porte supérieure de Benjamin, par laquelle on
entre au temple. 3 Le jour suivant, Pachehour a
fait détacher Jérémie du poteau. Celui-ci lui a
dit : « Le SEIGNEUR ne t'appellera plus Pachehour, mais "la-Peur-est-partout"[l]. 4 En effet,
voici ce que le SEIGNEUR dit : "Je vais te faire
trembler de peur, toi et tous tes amis. Ceux-
ci tomberont sous *l'épée de leurs ennemis,
et toi, tu les verras mourir. Je livrerai tous les
habitants de Juda au roi de Babylone. Il les déportera dans son pays, ou bien il les frappera
avec l'épée. 5 Toutes les richesses de Jérusalem, tout ce qu'elle a gagné par son travail,
tous ses objets précieux, tous les trésors des
rois de Juda, je livrerai tout cela à leurs ennemis. Ils le pilleront, ils le prendront et l'emporteront à Babylone. 6 Toi, Pachehour, et tous
ceux qui vivent avec toi, vous serez déportés.
Quand tu seras arrivé à Babylone, tu mourras.
Tu seras enterré là-bas, ainsi que tous tes amis
à qui tu as annoncé des mensonges." »

Jérémie se plaint à Dieu

7 SEIGNEUR, tu m'as trompé,
et je me suis laissé tromper.
Tu m'as pris de force
et tu as été le plus fort.
Chaque jour, les gens rient de moi,
tout le monde se moque de moi.
8 Chaque fois que je dois parler,
je dois crier et annoncer :
« Violence et destruction ! »
Oui, chaque jour,
à cause de la parole du SEIGNEUR,
les gens m'insultent et se moquent de moi.
9 Je me dis alors :
« Je ne penserai plus au SEIGNEUR,
je ne parlerai plus de sa part. »
Mais tout au fond de moi,
il y a comme un feu qui me brûle.
Je me fatigue pour être plus fort que lui,
et je n'y arrive pas.
10 J'entends beaucoup de gens
dire du mal de moi.
Ils m'appellent « la-Peur-est-partout ».
Certains disent : « Dénoncez-le ! »
D'autres répondent :
« Oui, dénonçons-le ! »
Mes amis eux-mêmes
attendent que je tombe.
Ils disent :
« Il se laissera peut-être surprendre.
Alors nous serons les plus forts
et nous nous vengerons de lui ! »
11 Mais le SEIGNEUR est avec moi,
il combat pour moi avec puissance.
Et ceux qui me font souffrir tomberont,
ils ne pourront rien contre moi.
Ils seront couverts de honte,
parce qu'ils n'auront pas été les plus forts.
Leur honte durera toujours,
et personne ne pourra l'oublier.
12 SEIGNEUR de l'univers, tu sais reconnaître
si quelqu'un est fidèle envers toi.
Tu connais nos désirs et nos pensées.
C'est à toi que j'ai demandé

---

l **20.3** *Pachehour : voir Jérémie 6.25 ; 20.10.*

de me défendre contre eux.
Montre-moi comment tu vas me venger.

13 Chantez la louange du SEIGNEUR !
Oui, il a arraché le malheureux
aux mains des gens méchants.

*

14 Ah ! Qu'il soit maudit,
le jour de ma naissance !
Que personne ne dise du bien
du jour où ma mère m'a mis au monde !
15 Qu'il soit maudit,
l'homme qui a rempli mon père de joie
en lui annonçant : « C'est un garçon ! »
16 Que cet homme ressemble aux villes
que le SEIGNEUR a renversées sans regret !
Qu'il entende des plaintes le matin,
et à midi des cris de guerre !
17 Si seulement Dieu m'avait laissé mourir
avant ma naissance !
Le corps de ma mère
m'aurait servi de tombe.
Elle m'aurait gardé en elle pour toujours.
18 Si je dois connaître tristesse et souffrance
et finir ma vie dans la honte,
pourquoi est-ce que je suis sorti de son ventre ?

Jérémie donne au roi Sédécias la réponse du Seigneur

21 1 Voici les paroles que le SEIGNEUR a
adressées à Jérémie pour le roi Sédécias[m]. Le roi avait envoyé chez Jérémie Pachehour, fils de Malkia, et le prêtre Sefania, fils de
Maasséya, pour lui dire : 2 « Consulte donc le
SEIGNEUR pour nous. En effet, Nabucodonosor,
le roi de Babylone, est en guerre contre nous.
Le SEIGNEUR accomplira peut-être un de ses
miracles pour le faire partir loin de nous. »
3 Alors Jérémie a dit à ces deux hommes :
« Vous porterez cette réponse à Sédécias.
4 Voici le message du SEIGNEUR, Dieu d'Israël :
"Vous luttez contre le roi de Babylone et
contre ses soldats qui vous attaquent. Mais
je vais obliger ceux qui combattent devant
les murs de défense à revenir à l'intérieur de
la ville. 5 Et je combattrai moi-même contre
vous avec ma violente et terrible *colère. Je
vous montrerai ainsi ma force et ma grande
puissance. 6 Je frapperai tout ce qui vit dans
cette ville : les êtres humains et les animaux.
Ils mourront tous d'une terrible épidémie de
peste. 7 Le SEIGNEUR déclare : Après cela, je livrerai au roi de Babylone Sédécias, le roi de
Juda, et ses ministres. Je lui livrerai aussi les
habitants de la ville qui seront restés en vie
après la peste, la guerre et la famine. Je les livrerai au pouvoir de leurs ennemis, à ceux qui
veulent leur mort. Nabucodonosor les fera
mourir. Il n'aura pas de bonté et il ne laissera
personne en vie. Il sera sans pitié." »
8 Le SEIGNEUR a aussi adressé à Jérémie ces
paroles pour le peuple : « Voici un message
du SEIGNEUR : Je vous donne le choix entre la
vie et la mort. Devant vous, il y a la route de
la vie et celle de la mort. 9 Tous ceux qui resteront à Jérusalem mourront par la guerre, la
famine ou la peste. Mais ceux qui sortiront
et se rendront aux Babyloniens qui vous attaquent, resteront en vie. Ils auront au moins
gagné cela. 10 Le SEIGNEUR déclare : Oui, je
vais me tourner contre Jérusalem pour lui
faire du mal et non du bien. Cette ville sera
livrée au roi de Babylone, et celui-ci y mettra
le feu. »

Message du Seigneur pour la famille royale de Juda

11 Voici un message pour la famille royale de
Juda.

« Écoutez la parole du SEIGNEUR,
12 gens de la famille de David.
Voici ce qu'il dit :
Dès le matin,
rendez une vraie justice.
Arrachez ceux qui subissent l'injustice
aux mains des gens qui les écrasent.
Sinon, à cause du mal que vous avez fait,
ma *colère jaillira comme un feu.
Elle brûlera tout,
et personne ne pourra l'éteindre.

---

m **21.1** *Sédécias, le dernier roi de Juda, a été roi de 597 à 587 avant J.-C. Voir 2 Rois 24.18-19 ; 25.1-7.*

[13] Le SEIGNEUR déclare :
Je suis contre vous qui habitez la vallée,
sur la partie plate du rocher[n].
En effet, vous dites :
"Personne ne pourra descendre nous attaquer
ni entrer dans nos abris."
[14] Le SEIGNEUR déclare :
J'agirai contre vous,
comme vos actes le méritent.
Je mettrai le feu à la Forêt de cèdre,[o]
et il dévorera tout ce qui l'entoure. »

22 [1] Voici ce que le SEIGNEUR a dit à Jérémie : « Descends au palais des rois de
Juda. Là, tu prononceras ces paroles. [2] Tu leur
diras : "Toi, le roi de Juda, qui occupes le siège
royal de David, écoute les paroles du SEIGNEUR.
Elles sont aussi pour tes ministres et pour ton
peuple, qui passent par les portes de ton palais."
[3] Voici les paroles du SEIGNEUR : Respectez le droit et pratiquez la justice. Arrachez
ceux qui subissent l'injustice aux mains des
gens qui les écrasent. Ne maltraitez pas les
étrangers, les orphelins ou les veuves, ne soyez
pas violents envers eux. Arrêtez de tuer des innocents en ce lieu.
[4] Si vous obéissez vraiment à
ces conseils, il y aura toujours des rois pour occuper le siège royal de David. Ils continueront à
se déplacer à cheval ou sur un char et à passer
par les portes de ce palais, eux et leurs ministres, ainsi que le peuple.
[5] Mais si vous n'écoutez pas ce que je dis, voici ce que je déclare :
aussi vrai que je suis Dieu, je le jure, moi, le SEIGNEUR, ce palais deviendra un tas de pierres. »

[6] Au sujet du palais du roi de Juda, voici ce
que le SEIGNEUR dit :
« Je te trouve aussi beau
que les forêts de Galaad
ou le sommet des montagnes du Liban.
Pourtant, c'est sûr,
je ferai de toi un désert, une ville morte.
[7] Contre toi, je ferai appel à des hommes
pour te détruire,
chacun avec ses outils.
Ils abattront tes belles colonnes de *cèdre
et ils les jetteront au feu. »

[8] Beaucoup d'étrangers passeront près de
Jérusalem. Ils s'interrogeront entre eux en disant : « Pourquoi est-ce que le SEIGNEUR a traité
cette grande ville de cette façon ? »
[9] On leur
répondra : « C'est parce que ses habitants se
sont mis à genoux devant d'autres dieux
pour les adorer. Ils ont ainsi abandonné leur
*alliance avec le SEIGNEUR leur Dieu. »

Appel à pleurer sur le roi Challoum

[10] Gens de Juda, ne pleurez pas
sur celui qui est mort, le roi Josias,
ne le plaignez pas.
Pleurez plutôt
sur celui qui s'en va, le roi Challoum[p].
En effet, il ne reviendra plus,
il ne reverra plus le pays où il est né.

[11] Challoum, fils de Josias, roi de Juda, est
devenu roi à la place de son père Josias et il
a dû partir d'ici. Voici ce que le SEIGNEUR a
dit à son sujet : « Il ne reviendra plus.
[12] Il
mourra dans le pays où on l'a déporté, il ne reverra plus son pays. »

Déclaration du Seigneur contre le roi Yoaquim

[13] « Quel malheur pour toi, Yoaquim[q] !
Tu te fais construire un palais
sans respecter la justice.
Tu ajoutes des étages
sans tenir compte du droit des gens.
Tu fais travailler les autres pour rien,

---

n **21.13** *Le palais du roi était placé à cet endroit, au pied du temple de Jérusalem.*

o **21.14** *Forêt de cèdre : c'est une façon indirecte de désigner le palais royal, qui avait de nombreuses colonnes en bois de cèdre. Voir Jérémie 22.7.*

p **22.10** *Challoum, appelé aussi Joakaz, a été roi pendant trois mois. Ensuite il a été déporté en Égypte. Voir 2 Rois 23.30-34.*

q **22.13** *Yoaquim : un autre fils de Josias a été roi de 609 à 598 avant J.-C. Voir 2 Rois 23.34–24.6.*

tu ne leur donnes pas leur salaire.
14 Tu penses :
"Je vais me faire construire un grand palais
avec des étages bien larges."
Tu perces des fenêtres,
tu couvres les murs avec du bois de *cèdre
et tu les peins en rouge.
15 Est-ce que tu veux montrer que tu es roi
en choisissant du cèdre
pour te faire remarquer ?
Ton père mangeait et buvait
comme tout le monde,
il respectait le droit,
il pratiquait la justice.
Et tout allait bien pour lui.
16 Il défendait les pauvres et les malheureux,
et tout allait bien.
Le SEIGNEUR déclare :
Celui qui agit de cette façon
montre qu'il me connaît.
17 Mais toi, tu ne cherches que ton intérêt.
Tu cherches seulement
à faire mourir des innocents
et à faire violence aux gens
en les écrasant par l'injustice. »

18 C'est pourquoi, voici ce que le SEIGNEUR
dit au sujet de Yoaquim, fils de Josias et roi
de Juda :
« Quand il mourra,
on ne chantera pas de chant de deuil.
Personne ne dira :
"Quel malheur, mon frère !
Quel malheur, ma sœur !"
Personne ne pleurera sur lui en disant :
"Quel malheur, mon Maître !
Quel malheur, notre Roi !"
19 On l'enterrera comme un âne.
On traînera son corps
et on le jettera
loin des portes de Jérusalem ! »

Message du Seigneur pour Jérusalem

20 « Jérusalem,
monte sur les montagnes du Liban pour crier.
Fais entendre ta voix
sur le plateau du *Bachan.
Pousse des cris
depuis les montagnes d'Abarim,
parce que tous tes amants sont perdus pour
toi.
21 Quand tu étais en sécurité, je t'ai parlé,
mais tu as répondu :
"Je n'écouterai pas."
C'est ce que tu as fait depuis ta jeunesse,
tu ne m'as jamais écouté !
22 Le vent emportera tous tes chefs.
Tes amants ont été déportés.
Toi, tu perdras ton honneur,
tu seras couverte de honte
à cause de tout le mal que tu as commis.
23 Maintenant, tu habites la forêt du Liban,
tu as ton nid dans les *cèdres[r].
Mais tu gémiras
quand les douleurs te surprendront,
quand tu souffriras
comme une femme au moment d'accoucher. »

Message du Seigneur sur Konia, fils du roi Yoaquim

24 « Voici ce que tu diras à Konia[s], fils de
Yoaquim et roi de Juda : "Le SEIGNEUR déclare : Aussi vrai que je suis vivant, je le
jure : Même si tu étais pour moi comme
un *sceau personnel porté à la main droite,
je t'arracherais de mon doigt. 25 Je te livre
aux mains de ceux qui veulent ta mort, à
ces gens qui te font trembler de peur,
c'est-à-dire à Nabucodonosor, le roi de Babylone, et à ses soldats. 26 Je vous chasserai,
toi et ta mère, dans un pays étranger où
vous n'êtes pas nés. Et c'est là que vous
mourrez. 27 De toutes vos forces, vous sou-
haiterez revenir, mais vous ne reviendrez
pas." »

28 Des gens demandent : « Cet homme, Konia, est-il est un plat cassé et bon à rien, un objet devenu inutile ? On l'a chassé, lui et ses

r **22.23** *À Jérusalem, le palais royal était construit en bois de cèdre qui venait des montagnes du Liban.*
s **22.24** *Konia ou Yekonia, appelé aussi Yoakin, a été roi trois mois en 597 avant J.-C. Voir 2 Rois 24.8-16.*

enfants, dans un pays qu'ils ne connaissent
pas. Pourquoi donc ? »

29 Mon pays, mon pays, écoute la parole du
SEIGNEUR ! 30 Voici ce qu'il dit : « Écrivez au sujet de Konia : Cet homme est sans enfant, sa
vie est un échec. Personne de sa famille ne
réussira à occuper le siège de David, à diriger
le pays de Juda. »

Contre les mauvais bergers qui dirigent le peuple

23 1-2 Le SEIGNEUR déclare : « Quel malheur ! Les bergers[t] qui dirigent mon
peuple détruisent les moutons de mon troupeau et les laissent partir de tous côtés ! »
C'est pourquoi, voici les paroles du SEIGNEUR,
Dieu d'Israël, contre ces bergers : « Vous
avez laissé partir mon troupeau de tous côtés, vous avez chassé mes moutons et vous
ne vous êtes pas occupés d'eux. Eh bien,
moi, je m'occuperai de vous à cause du
mal que vous avez commis. Moi, le SEIGNEUR,
je le déclare.
3 « Ensuite, je vais rassembler moi-même le
reste de mes moutons, dans tous les pays où je
les ai chassés. Et je les ramènerai dans leurs
pâturages. Là, ils deviendront très nombreux.
4 Je leur donnerai comme chefs de vrais bergers. Avec eux, mes moutons n'auront plus
peur, ils ne seront plus effrayés, et aucun ne
manquera jamais. » Voilà ce que le SEIGNEUR
déclare.

Le Seigneur promet un roi qui sera un vrai berger

5 Le SEIGNEUR déclare :
« Le jour vient
où je ferai naître un vrai fils de David.
Il gouvernera comme un bon roi,
il agira avec intelligence,
il fera respecter le droit et la justice
dans le pays.
6 À ce moment-là,
le royaume de Juda sera libéré,
et le peuple d'Israël vivra en sécurité.
Voici le nom qu'on lui donnera :
"Le-SEIGNEUR-est-notre-*salut[u]." »

7 Le SEIGNEUR déclare : « Oui, le jour vient
où personne ne dira plus : "Je le jure, par le
SEIGNEUR vivant, qui a fait sortir d'Égypte les
Israélites... !" 8 Mais on dira : "Je le jure, par
le SEIGNEUR vivant, qui a fait sortir les Israélites des pays du nord et de tous les pays où il
les avait chassés pour qu'ils habitent de nouveau dans leur pays !" »

Les prophètes et les prêtres n'ont aucun respect pour Dieu

9 Voici des paroles sur les *prophètes :

Mon cœur est brisé,
je tremble de tout mon corps.
Je suis comme quelqu'un qui a trop bu,
comme un homme possédé par le vin.
C'est à cause du SEIGNEUR, le Dieu *saint,
et à cause de ce qu'il m'a dit :
10 « Ce pays est rempli de gens
qui commettent *l'adultère.
Ils courent vers le mal,
ils ont beaucoup de courage
pour ce qui n'est pas bien.
À cause d'une malédiction,
ce pays est en deuil.
Les pâturages du pays
sont complètement secs. »
11 Le SEIGNEUR déclare :
« Même les prophètes et les prêtres
m'ont trahi.
Jusque dans mon temple,
on trouve des traces du mal qu'ils font.
12 C'est pourquoi,
leur chemin va devenir glissant.
Ils se cogneront dans la nuit
et ils tomberont.

---

t **23.1-2** *Bergers : voir Jérémie 12.10 et la note.*

u **23.6** *En hébreu, cette expression ressemble au nom du roi Sédécias. En Jérémie 33.16, elle est appliquée à Jérusalem.*

En effet,
je vais faire venir le malheur sur eux,
l'année où j'agirai contre eux. »
Voilà ce que le SEIGNEUR déclare.

Les prophètes de Jérusalem sont pires que ceux de Samarie

13 « Chez les *prophètes de Samarie[v],
j'ai vu des choses inacceptables.
Ils parlaient au nom du dieu *Baal
et ils trompaient Israël, mon peuple.
14 Mais chez les prophètes de Jérusalem,
je vois des choses horribles :
ils commettent *l'adultère,
ils vivent dans le mensonge,
ils soutiennent ceux qui font le mal.
Ainsi personne ne peut arrêter
de mal agir.
Pour moi, ils sont tous devenus
comme les gens de Sodome.
Les habitants de Jérusalem
ressemblent à ceux de Gomorrhe[w]. »
15 Eh bien,
voici ce que le SEIGNEUR de l'univers dit
au sujet de ces prophètes :
« Je vais leur donner une plante amère à manger,
et de l'eau empoisonnée à boire.
Voici pourquoi :
les prophètes de Jérusalem
sont une source *impure
qui se répand ensuite dans tout le pays. »

Les prophètes de Jérusalem trompent les gens

(a. Le Seigneur)

16 Voici ce que dit le SEIGNEUR de l'univers :
« N'écoutez pas
les paroles de ces *prophètes,
ils vous trompent.
Ce qu'ils vous annoncent,
ils l'inventent eux-mêmes.
Cela ne vient pas de moi.
17 À ceux qui se moquent de moi,
ils osent dire :
"Le SEIGNEUR a annoncé :
Pour vous, tout ira bien !"
À ceux qui suivent seulement leurs propres intentions, ils affirment :
"Le malheur ne vous touchera pas."
18 Mais qui a assisté à mon conseil ?
Qui a vu ma parole, qui l'a entendue ?
Qui a fait attention à mes paroles
et qui a compris ? »

(b. Jérémie)

19 La tempête du SEIGNEUR arrive,
sa *colère éclate.
Un vent violent souffle en tournant
et tombe sur la tête des gens mauvais.
20 La colère du SEIGNEUR ne s'arrêtera pas
avant de réaliser totalement
ce qu'il a décidé.
Plus tard, vous comprendrez cela.

(c. Le Seigneur)

21 « Ces prophètes, je ne les ai pas envoyés,
et pourtant ils courent.
Je ne leur ai rien dit,
et pourtant ils parlent en mon nom.
22 S'ils avaient assisté à mon conseil,
ils auraient fait connaître mes paroles
à mon peuple.
Ils détourneraient les gens
de leur conduite mauvaise,
et du mal qu'ils commettent. »

Le Seigneur est présent dans l'univers entier

23 Le SEIGNEUR déclare :
« Est-ce que je suis seulement le Dieu
de ce qui est près ?
Est-ce que je ne suis pas aussi le Dieu
de ce qui est loin ? »
24 Le SEIGNEUR déclare :
« Si quelqu'un se cache, je peux le voir.
Je suis partout, dans le ciel et sur la terre.
Vous ne savez donc pas cela ? »
Voilà ce que le SEIGNEUR déclare.

v **23.13** *Samarie : capitale de l'ancien royaume d'Israël.*

w **23.14** *Sodome et Gomorrhe représentent des villes dominées par le mal. Voir Genèse 19.1-29.*

Les prophètes inventent leurs rêves

25 « Moi, le Seigneur, j'entends les paroles
des *prophètes. Ils disent qu'ils parlent en
mon nom, mais ils mentent. Ils disent :
"J'ai fait un rêve, j'ai fait un rêve !"
26 Qu'est-ce qu'il y a dans la tête des *prophètes quand ils annoncent des mensonges,
des choses qu'ils inventent eux-mêmes ?
Cela va durer jusqu'à quand ? 27 Les ancêtres
de mon peuple m'ont oublié en suivant le
dieu *Baal. Eh bien, eux, avec leurs rêves,
c'est la même chose. Ils se les racontent entre eux et ainsi, ils cherchent à faire oublier
à mon peuple qui je suis. 28 Si un prophète a
un rêve, qu'il raconte son rêve ! Mais s'il reçoit un message de moi, qu'il l'annonce fidèlement ! »

Le SEIGNEUR déclare :
« Qu'est-ce qu'il y a de commun
entre la paille et les grains ?
Rien.
29 Est-ce que ma parole n'est pas
comme un feu ?
Est-ce qu'elle n'est pas
comme un marteau
qui casse le rocher ? »

30 Le SEIGNEUR déclare : « Eh bien, je vais
attaquer les prophètes qui se volent mes
paroles les uns aux autres. 31 Oui, déclare
le SEIGNEUR, je vais attaquer ces prophètes
qui utilisent leur propre bouche pour faire
des déclarations en mon nom. 32 Je vais
les attaquer. Leurs rêves ne sont que des
mensonges. Quand ils les racontent, ils
trompent mon peuple par leurs paroles
fausses et creuses. Moi, je ne les ai pas envoyés et je ne leur ai donné aucun ordre.
Ils ne peuvent rendre aucun service à
mon peuple. » Voilà ce que le SEIGNEUR déclare.

Est-ce que la parole du Seigneur est une charge pour les gens ?

33 Le SEIGNEUR déclare à Jérémie : « Quelqu'un du peuple, ou un *prophète, ou un prêtre, te demandera peut-être : "Quel est le
message du SEIGNEUR ? Quelle charge est-ce
qu'il place sur nous ?" Tu leur répondras :
"Le SEIGNEUR vous fait dire : c'est vous qui
êtes une charge[x], et je vais me débarrasser
de vous." 34 Quelqu'un du peuple, ou un prophète, ou un prêtre, parlera peut-être "d'une
charge placée sur lui par le SEIGNEUR". Eh
bien, j'agirai contre lui et sa famille. 35 Voici
ce que vous devez vous demander entre
vous : "Qu'est-ce que le SEIGNEUR a répondu ?
Qu'est-ce que le SEIGNEUR a dit ?" 36 Mais vous
ne devez plus parler "d'une charge placée sur
quelqu'un par le SEIGNEUR". Est-ce que la parole du SEIGNEUR est une charge ? Non, mais
si vous parlez ainsi, vous tordez la parole du
Dieu vivant, le SEIGNEUR de l'univers, notre
Dieu. 37 Oui, voici ce qu'il faut demander à
un prophète : "Qu'est-ce que le SEIGNEUR t'a
répondu ? Qu'est-ce que le SEIGNEUR t'a
dit ?" 38 Mais si vous continuez à parler d'une
"charge placée sur vous par le SEIGNEUR",
alors que je vous l'ai interdit, dans ce cas,
voici ce que je dis, moi, le SEIGNEUR : 39 Je
vais vous porter sur mon dos comme une
charge. Je vais me débarrasser de vous, ainsi
que de la ville que je vous ai donnée, à vos ancêtres et à vous. 40 Je vous couvrirai de honte
pour toujours, et vous ne retrouverez jamais
votre honneur. Tout le monde s'en souviendra. »

Le Seigneur fait voir deux paniers de figues à Jérémie

24 1 Nabucodonosor, roi de Babylone, a
déporté de Jérusalem le roi de Juda,
Yekonia[y], fils de Yoaquim, ainsi que les ministres de Juda, les forgerons et les artisans, pour
les amener à Babylone. Après cela, le SEIGNEUR

x 23.33 *Le prophète fait un jeu de mots. En hébreu, le même mot veut dire à la fois « message » et « charge ».*

y 24.1 *Yekonia : voir Jérémie 22.24 et la note.*

m'a fait voir deux paniers de *figues que quelqu'un avait placés devant le temple. 2 Un panier contenait des figues très belles, comme celles de la première récolte. L'autre panier contenait des figues gâtées. Elles étaient si mauvaises que personne ne pouvait les manger.

3 Le SEIGNEUR m'a demandé : « Jérémie, qu'est-ce que tu vois ? » J'ai répondu : « Je vois des figues. Celles qui sont belles sont très bonnes, celles qui sont gâtées sont si mauvaises que personne ne peut les manger. »

4 Alors le SEIGNEUR m'a adressé sa parole : 5 « Voici ce que je dis, moi, le SEIGNEUR, Dieu d'Israël : Ces belles figues, on les regarde avec plaisir. De la même façon, je regarde avec bonté les gens de Juda qui sont en exil, eux que j'ai chassés de ce pays jusqu'à Babylone. 6 Oui, je les regarde avec bonté et je les ramènerai dans ce pays. Je ne veux plus les démolir mais les reconstruire, je ne veux plus les arracher mais les replanter. 7 Je les rendrai capables de reconnaître que je suis le SEIGNEUR. Ils reviendront à moi de tout leur cœur. Ils seront mon peuple, et moi, je serai leur Dieu.

8 « Eh bien, voici ce que je dis, moi, le SEIGNEUR, au sujet de Sédécias[z], roi de Juda, de ses ministres, de ceux qui sont restés à Jérusalem et de ceux qui habitent maintenant en Égypte : Je les traiterai comme les figues gâtées, trop mauvaises pour être mangées. 9 Ils serviront d'exemple de malheur à tous les royaumes de la terre, et ceux-ci trembleront de peur en les voyant. Dans tous les pays où je les chasserai, on les prendra comme exemple quand on voudra couvrir quelqu'un de honte, se moquer de lui, lancer des insultes ou une malédiction. 10 J'enverrai parmi eux la guerre, la famine et la peste. Cela durera jusqu'à ce qu'ils disparaissent du pays que je leur ai donné, à leurs ancêtres et à eux. »

Résumé des paroles de Jérémie

25 1 La quatrième année où Yoaquim[a], fils de Josias, était roi, le SEIGNEUR a adressé sa parole à Jérémie au sujet de tout le peuple de Juda. C'était la première année où Nabucodonosor était roi de Babylone. 2 Le *prophète Jérémie a dit aux habitants de Jérusalem et aux autres Judéens : 3 « Depuis la treizième année où Josias[b], fils d'Amon, était roi de Juda jusqu'à aujourd'hui, j'ai passé mon temps à vous répéter la parole du SEIGNEUR. Cela fait 23 ans que je vous parle, mais vous n'avez pas écouté. 4 Le SEIGNEUR a passé son temps à vous envoyer l'un après l'autre ses serviteurs les prophètes. Mais vous n'avez pas tendu l'oreille pour écouter. 5 Il vous a dit : "Chacun de vous doit abandonner sa conduite mauvaise et le mal qu'il commet. Alors vous pourrez vivre dans le pays que je vous ai donné, à vos ancêtres et à vous, depuis toujours et pour toujours. 6 Ne suivez pas d'autres dieux pour les adorer et vous mettre à genoux devant eux. Ne me mettez pas en *colère en vous fabriquant des statues de faux dieux. Ainsi je ne vous ferai aucun mal." 7 Mais vous ne m'avez pas écouté, déclare le SEIGNEUR. Au contraire, vous m'avez mis en colère en vous fabriquant des statues de faux dieux, qui font votre malheur.

8 « Eh bien, voici le message du SEIGNEUR de l'univers : "Puisque vous n'avez pas écouté mes paroles, 9 j'envoie chercher tous les peuples du nord[c], je vais appeler mon serviteur, Nabucodonosor, le roi de Babylone. Je vais les faire venir contre ce pays, contre ses habitants et contre les pays voisins. Je vous détruirai tous, eux et vous. Je ferai de ce pays un lieu horrible, un tas de ruines pour toujours. Les gens pousseront des cris d'horreur, je le déclare, moi, le SEIGNEUR. 10 Chez vous, je ferai taire les bruits de fête, les cris de joie et les

z **24.8** *Sédécias : voir Jérémie 21.1 et la note.*
a **25.1** *Yoaquim : voir Jérémie 22.13 et la note.*
b **25.3** *Josias : voir Jérémie 3.6 et la note.*
c **25.9** *Nord : voir Jérémie 1.14 et la note.*

chants des jeunes mariés. J'arrêterai le bruit des pierres qui écrasent les grains, j'éteindrai la lumière de la lampe. [11] Le pays entier deviendra un tas de ruines, un lieu horrible. Pendant 70 ans, tous ces peuples seront sous le pouvoir du roi de Babylone."

[12] « Le SEIGNEUR déclare : "Quand ces 70 années seront finies, j'agirai contre le roi de Babylone et contre son peuple, à cause de leurs crimes. J'agirai contre le pays des Babyloniens et j'en ferai un désert de tristesse. [13] Je ferai tomber sur ce pays-là tous les malheurs que j'ai annoncés, qui sont écrits dans ce livre. C'est ce que le prophète Jérémie a annoncé de ma part contre tous les peuples. [14] À leur tour, les Babyloniens seront sous le pouvoir de pays puissants et de grands rois. Ainsi je leur ferai payer leurs actes, tout le mal qu'ils ont commis." »

Jérémie fait boire aux peuples la coupe de la colère de Dieu

[15] Voici ce que le SEIGNEUR, Dieu d'Israël, m'a dit : « Prends de ma main cette *coupe pour le vin, qui est remplie de ma colère. Donne-la à boire à tous les peuples vers lesquels je t'envoie. [16] Ils boiront, ils tomberont, ils deviendront fous quand ils verront tout ce que je vais détruire au milieu d'eux. »

[17] J'ai donc pris la coupe de la main du SEIGNEUR. Je l'ai fait boire à tous les peuples vers lesquels le SEIGNEUR m'a envoyé, [18] en commençant par Jérusalem et les autres villes de Juda, avec les rois et les ministres. J'ai transformé ces villes en un tas de ruines, en un lieu horrible. Cela devait faire pousser aux gens des cris d'horreur et servir d'exemple pour lancer une malédiction. C'est ce qui se passe aujourd'hui.

[19] Ensuite, c'était le tour des autres peuples :

– le Pharaon, roi d'Égypte, avec ses officiers, ses ministres et tout son peuple, [20] ainsi que tous les autres peuples qui vivent en Égypte ;

– les rois du pays d'Ous[d] ;

– les rois des *Philistins : ceux d'Ascalon, de Gaza, d'Écron et de ce qui reste d'Asdod ;

[21] – les Édomites, les Moabites et les Ammonites ;

[22] – tous les rois de Tyr, de Sidon et du territoire au-delà de la mer ;

[23] – les habitants de Dédan, Téma, Bouz[e] et ceux qui se rasent le visage sur les côtés ;

[24] – les rois d'Arabie et les peuples qui vivent dans le désert ;

[25] – tous les rois de Zimri[f], d'Élam et des Mèdes ;

[26] – tous les rois du nord, proches ou éloignés. Tous les royaumes du monde qui sont sur la surface de la terre devaient boire à cette coupe, l'un après l'autre. Le roi de Chéchak[g] devait boire après eux tous.

[27] Le SEIGNEUR m'a demandé de leur dire : « Voici les paroles du SEIGNEUR de l'univers, Dieu d'Israël : Buvez ! Devenez ivres et vomissez ! Tombez et restez par terre en voyant tous ceux que je vais détruire au milieu de vous. » [28] Il a ajouté : « Certains refuseront peut-être de prendre la coupe de ta main et d'y boire. Alors tu leur diras : "Vous y boirez quand même, c'est le SEIGNEUR de l'univers qui le dit." [29] J'envoie en effet le malheur en commençant par la ville qui m'est *consacrée, et vous, je vous laisserais de côté ? Non, vous ne serez pas laissés de côté. J'envoie la guerre contre tous les habitants du pays, je le déclare, moi, le SEIGNEUR de l'univers. »

[30] Le SEIGNEUR m'a encore dit : « Annonce-leur ce message de ma part et dis-leur :

De là-haut, le SEIGNEUR rugit.

d **25.20** *Le pays d'Ous était sans doute situé au sud-est de la mer Morte.*

e **25.23** *Dédan, Téma et Bouz : oasis d'Arabie.*

f **25.25** *Zimri : sans doute l'ancienne Arménie.*

g **25.26** *Chéchak : façon indirecte de désigner Babylone.*

De la maison qui lui est consacrée,
il élève la voix.
Il rugit contre sa propriété.
Il pousse des cris contre tous les habitants
du pays,
comme ceux qui écrasent le *raisin
pour obtenir du vin.
31 Le bruit qu'il fait
arrive jusqu'au bout du monde.
Le SEIGNEUR est en procès
contre les peuples,
il appelle tous les êtres humains
à son tribunal.
Les gens mauvais,
le SEIGNEUR va les faire mourir
de mort violente,
c'est lui qui le déclare. »

32 Voici les paroles du SEIGNEUR de l'univers :
« Le malheur se répand d'un pays à l'autre,
une tempête se lève depuis le bout du
monde. »

33 À cause du SEIGNEUR, il y aura des morts d'un bout du pays à l'autre. Quand ces choses arriveront, personne ne pleurera ces morts, personne ne ramassera leurs corps, personne ne les enterrera. Ils deviendront comme du fumier sur le sol.

34 Vous les chefs, bergers du troupeau,
chantez un chant de deuil,
poussez des cris,
roulez-vous par terre.
Oui, c'est votre tour d'être tués.
Vous tomberez et vous serez brisés
comme un plat précieux.

35 Pour les chefs, il n'y a pas d'abri,
les bergers du troupeau ne peuvent pas fuir.
36 J'entends leurs cris,
j'entends leurs plaintes.
En effet, le SEIGNEUR détruit leur pâturage.
37 À cause de sa violente *colère,
un silence de mort
couvre les champs paisibles.
38 Le lion a quitté ses buissons.
Leur pays est devenu un désert,
à cause de la guerre sans pitié
et de la violente colère du SEIGNEUR.

Jérémie parle dans la cour du temple de Jérusalem

26 1 Yoaquim[h], fils de Josias, était roi de
Juda depuis peu de temps. Le SEIGNEUR
a adressé sa parole à Jérémie en disant :
2 « Voici ce que je dis, moi, le SEIGNEUR : Va
te placer dans la cour du temple. Tu parleras
à tous ceux qui viennent des villes de Juda
pour m'adorer dans mon temple. Tu leur diras
toutes les paroles que je te commanderai.
N'en supprime pas un mot ! 3 Ils t'écouteront
peut-être, et chacun abandonnera peut-être
sa mauvaise façon de vivre. J'ai l'intention
de leur envoyer le malheur à cause du mal
qu'ils commettent. Mais s'ils écoutent, je
changerai d'avis. 4 Tu leur diras donc : Voici
les paroles du SEIGNEUR : "Écoutez-moi. Suivez
les enseignements que je vous ai donnés.
5 Écoutez les paroles de mes serviteurs les
*prophètes. J'ai passé mon temps à vous en
envoyer, mais vous ne les avez pas écoutés.
6 Si vous n'écoutez pas, je détruirai ce temple
comme j'ai détruit celui de Silo[i]. Et parmi tous
les peuples de la terre, je ferai de Jérusalem
l'exemple qu'on prendra pour lancer une
malédiction." »

Jérémie est menacé de mort

7 Les prêtres, les *prophètes et tout le peuple entendaient Jérémie dire ces paroles
dans la cour du temple. 8 Jérémie finissait
d'annoncer à tous ce que le SEIGNEUR lui avait
commandé. Alors les prêtres, les prophètes et
tout le peuple l'ont saisi en disant : « Tu mérites la mort ! 9 Tu oses annoncer de la part du
SEIGNEUR : "Ce temple sera détruit comme celui de Silo ! Jérusalem va être détruite et vidée
de ses habitants !" »

---

h **26.1** *Yoaquim : voir Jérémie 22.13 et la note.*
i **26.6** *Voir Jérémie 7.12 et la note.*

Tous ceux qui étaient au temple se sont rassemblés contre Jérémie. 10 Quand les ministres de Juda ont appris ce qui se passait, ils
sont montés du palais au temple. Puis ils se
sont réunis à l'entrée de la porte Neuve du
temple. 11 Les prêtres et les prophètes ont dit
aux ministres et à tout le peuple : « Cet
homme mérite la mort ! En effet, il a parlé
contre Jérusalem. Vous l'avez entendu de
vos propres oreilles ! »
12 Mais Jérémie a dit aux ministres et à
tout le peuple : « C'est le SEIGNEUR qui m'a
envoyé annoncer contre ce temple et contre
Jérusalem tout ce que vous venez d'entendre. 13 Maintenant, améliorez vos façons
d'agir. Écoutez l'appel du SEIGNEUR votre
Dieu. Alors il changera d'avis. Il ne vous enverra pas le malheur qu'il a annoncé. 14 Moi,
je suis entre vos mains. Faites de moi ce qui
vous semblera bon et juste. 15 Mais vous devez savoir une chose : si vous me faites mourir, vous, Jérusalem et tous ses habitants,
vous serez responsables de la mort d'un innocent. En effet, le SEIGNEUR m'a vraiment
envoyé pour vous faire entendre toutes ces
paroles. »
16 Alors les ministres et tout le peuple ont
dit aux prêtres et aux prophètes : « Cet
homme ne mérite pas la mort. Oui, c'est vraiment de la part du SEIGNEUR notre Dieu qu'il
nous a parlé. »
17 Ensuite, quelques hommes du conseil des
*Anciens se sont levés. Ils ont dit à toute l'as-
semblée du peuple : 18 « Quand Ézékias était
roi de Juda, il y avait un prophète, Michée
de Moréchet. Il a dit à tout le peuple de
Juda : Voici un message du SEIGNEUR de l'univers :

"*Sion deviendra un champ labouré,
oui, Jérusalem sera en ruine.
Et la montagne du temple
sera couverte de buissons d'épines[j]."

19 Est-ce que le roi Ézékias et les gens de Juda
ont fait mourir le prophète Michée pour cela ?
– Non, mais ils ont montré un grand respect
envers le SEIGNEUR, et ils ont cherché à lui
plaire. Alors le SEIGNEUR a changé d'avis, et il
n'a pas fait venir sur eux le malheur qu'il avait
annoncé. Mais nous, si nous condamnons cet
homme, nous nous ferons beaucoup de mal à
nous-mêmes. »

Le roi Yoaquim fait mourir le prophète Ouria

20 À cette époque, il y avait un autre *prophète qui parlait de la part du SEIGNEUR.
C'était Ouria, fils de Chemaya, de la ville de
Quiriath-Yéarim. Il parlait de la part du SEI-
GNEUR contre Jérusalem et contre le peuple
de Juda, exactement comme Jérémie. 21 Le
roi Yoaquim, tous ses officiers et ses ministres
ont appris ce qu'Ouria avait dit. Alors le roi a
cherché à le faire mourir. Quand Ouria a appris cela, il a eu peur et il a fui en Égypte.
22 Le roi Yoaquim a envoyé en Égypte Elnatan,
fils d'Akbor, avec quelques hommes. 23 Ils ont
ramené Ouria d'Égypte et l'ont conduit au roi.
Yoaquim l'a fait tuer, et son corps a été jeté
dans la fosse commune.
24 Mais Jérémie était protégé par Ahicam,
fils de Chafan[k]. Grâce à lui, Jérémie n'est
pas tombé entre les mains du peuple qui voulait le faire mourir.

Les jougs qui représentent le pouvoir du roi de Babylone

27 1 Yoaquim[l], fils de Josias, était roi de
Juda depuis peu de temps. Le SEIGNEUR
a adressé sa parole à Jérémie en disant : « Voici
ce que je dis, moi le SEIGNEUR : 2 Prépare des
bandes de cuir et des barres de bois pour fabriquer des *jougs. Puis mets-les sur ton cou.
3 Ensuite, donne-les aux ambassadeurs du roi
d'Édom, du roi de Moab, du roi des Ammoni-

---

j **26.18** *Voir Michée 3.12.*

k **26.24** *Voir 2 Rois 22.8-14.*

l **27.1** *Quelques manuscrits anciens portent au verset 1 le nom de Sédécias. Les versets 3 et 12 montrent que les événements de ce chapitre se passent au temps du roi Sédécias et non à celui de Yoaquim. Voir 2 Rois 24.18–25.7.*

tes, du roi de Tyr et du roi de Sidon qui sont venus à Jérusalem auprès de Sédécias, roi de Juda[m]. Alors chacun apportera un joug à son roi. 4 Tu leur commanderas de dire ceci à leurs maîtres : Voici un message du SEIGNEUR de l'univers, Dieu d'Israël : 5 C'est moi qui ai créé la terre, les êtres humains et les animaux qui sont sur la terre. Je les ai créés avec ma grande force et ma grande puissance, et je les donne à qui je veux. 6 Maintenant, j'ai décidé de livrer tous vos pays au pouvoir de Nabucodonosor, roi de Babylone, mon serviteur. Je mets à son service même les bêtes sauvages. 7 Tous les peuples le serviront, lui, puis son fils et son petit-fils. Cela durera jusqu'au moment où des peuples nombreux et des rois puissants obligeront son pays à les servir.

8 « Le SEIGNEUR déclare : Il est possible qu'un pays ou un royaume refuse de servir Nabucodonosor, de subir le pouvoir que le roi de Babylone fait peser sur lui comme un joug. Eh bien, j'agirai contre ce pays par la guerre, la famine et la peste. J'utiliserai le roi de Babylone pour détruire ce pays.

9 « Et vous, n'écoutez pas vos *prophètes, ni ceux qui prédisent l'avenir, ni ceux qui interprètent les rêves, ni ceux qui lisent dans le ciel, ni ceux qui pratiquent la magie. Ils vous disent tous : Vous ne tomberez pas sous le pouvoir du roi de Babylone. 10 Mais ce qu'ils vous annoncent est faux. Si vous les écoutez, vous serez chassés loin de votre pays. Oui, je vous ferai partir de tous côtés, et vous mourrez.

11 « Mais il y a une autre possibilité : un peuple accepte de subir le pouvoir que le roi de Babylone fait peser sur lui comme un joug, et il se met à son service. Dans ce cas, je laisserai ce peuple dans son pays, il pourra le cultiver et y habiter. Voilà ce que le SEIGNEUR déclare. »

12 Moi, Jérémie, j'ai parlé de la même façon à Sédécias, roi de Juda. Je lui ai dit : « Toi et ton peuple, vous devez accepter de subir le pouvoir que le roi de Babylone fait peser sur vous comme un joug. Mettez-vous à son service et au service de son peuple, et vous resterez en vie. 13 Pourquoi est-ce que vous voulez mourir, toi et ton peuple, par la guerre, la famine ou la peste ? C'est pourtant ce que le SEIGNEUR a annoncé au peuple qui ne servira pas le roi de Babylone. 14 Certains prophètes disent : "Vous ne tomberez pas sous le pouvoir du roi de Babylone." Ce qu'ils annoncent est faux, ne les écoutez donc pas. 15 Le SEIGNEUR déclare : "Je ne les ai pas envoyés. Ils disent qu'ils parlent de ma part, mais c'est faux. Si vous les écoutez, je vous chasserai d'ici, et vous mourrez, vous et les prophètes qui vous annoncent ces choses." »

16 Moi, Jérémie, j'ai parlé aussi aux prêtres et à tous ceux qui étaient là. Je leur ai dit : « Voici un message du SEIGNEUR : "N'écoutez pas les prophètes qui vous annoncent que les objets du temple seront bientôt ramenés de Babylone. Ce qu'ils vous annoncent est faux. 17 Ne les écoutez pas. Mettez-vous au service du roi de Babylone, et vous resterez en vie. Pourquoi est-ce que cette ville doit devenir un tas de pierres ?"

18 « Si ces hommes sont vraiment des prophètes, s'ils annoncent vraiment une parole de la part du SEIGNEUR, voici ce qu'ils doivent plutôt demander au SEIGNEUR de l'univers : qu'il ne laisse pas partir à Babylone les objets précieux qui restent encore dans le temple, dans le palais du roi de Juda ou dans la ville de Jérusalem. 19 Le SEIGNEUR a un message au sujet des colonnes, du grand bassin, des chariots et de tous les autres objets qui restent encore à Jérusalem. 20 En effet, Nabucodonosor, roi de Babylone, n'a pas tout emporté de Jérusalem à Babylone, quand il a déporté Yekonia[n], fils de Yoaquim et roi de Juda, ainsi que tous les notables de Jérusalem et de

---

m **27.3** *Édom, Moab et les Ammonites : peuples à l'est du fleuve Jourdain. Tyr et Sidon : ports de Phénicie. Les rois de ces peuples voulaient passer un accord avec le roi de Juda pour se révolter contre les Babyloniens.*

n **27.20** *Yekonia : voir Jérémie 22.24 et la note.*

Juda. 21 Voici donc le message du SEIGNEUR de l'univers, Dieu d'Israël, au sujet des objets précieux qui restent dans le temple, dans le palais du roi de Juda ou dans la ville de Jérusalem : 22 "Tous ces objets seront emportés à Babylone. Ils resteront là-bas jusqu'au moment où j'agirai pour les ramener ici." » Voilà ce que le SEIGNEUR déclare.

Qui dit vrai : le prophète Jérémie ou le prophète Hanania ?

28 1 La même année, c'est-à-dire la quatrième année où Sédécias[o] était roi de Juda, un jour du cinquième *mois, le *prophète Hanania, fils d'Azour, de la ville de Gabaon, se trouvait dans le temple. Il s'est mis à parler à Jérémie devant les prêtres et devant tout le peuple. Il a dit : 2 « Voici un message du SEIGNEUR de l'univers, Dieu d'Israël : "Je vais briser le pouvoir que le roi de Babylone fait peser sur vous comme un *joug. 3 Nabucodonosor, le roi de Babylone, a pris des objets dans le temple pour les emporter à Babylone. Eh bien, dans deux ans, à la même date, je ferai revenir ces objets ici. 4 Il a déporté à Babylone Yekonia, fils de Yoaquim et roi de Juda. Je le ramènerai ici, ainsi que tous les gens de Juda déportés avec lui. C'est moi, le SEIGNEUR, qui le déclare. Oui, je vais briser le pouvoir que le roi de Babylone fait peser sur vous comme un joug." »

5 Le prophète Jérémie a répondu au prophète Hanania, devant les prêtres et devant tous ceux qui étaient dans le temple : 6 « Oui, qu'il en soit ainsi ! Que le SEIGNEUR accomplisse ce que tu viens d'annoncer et qu'il ramène de Babylone tous les objets du temple ainsi que tous les exilés. 7 Pourtant, écoute bien ce que je vais te dire, à toi et à tout le peuple. 8 Il y a eu des prophètes longtemps avant toi et avant moi. Ils ont adressé leurs messages à beaucoup de pays et à des royaumes importants. Ils leur ont annoncé la guerre, le malheur et la peste. 9 Mais quand un prophète annonce la paix, comment savoir si c'est vraiment le SEIGNEUR qui l'envoie ? Eh bien, on le saura quand ses paroles se réaliseront. »

10 Alors le prophète Hanania a pris le joug que le prophète Jérémie portait sur son cou, et il l'a cassé. 11 Puis il a dit devant tous ceux qui étaient là : « Voici un message du SEIGNEUR : Dans deux ans, à la même date, je briserai de la même façon le pouvoir que Nabucodonosor, le roi de Babylone, fait peser sur tous les peuples comme un joug. »

Ensuite, le prophète Jérémie est parti de son côté.

12 Le prophète Hanania a donc brisé le joug que Jérémie portait sur son cou. Après cela, le SEIGNEUR a adressé cette parole à Jérémie : 13 « Va dire à Hanania : "Voici un message du SEIGNEUR : Tu as brisé un joug de bois. Eh bien, tu devras le remplacer par un joug de fer. 14 En effet, voici ce que dit le SEIGNEUR de l'univers, Dieu d'Israël : Je vais placer un joug de fer sur le cou de tous les peuples de la région. Ainsi, ils seront sous le pouvoir de Nabucodonosor, le roi de Babylone, et ils le serviront. Même les bêtes sauvages, je les mettrai sous son pouvoir." »

15 Puis Jérémie a encore dit au prophète Hanania : « Écoute bien, Hanania ! Tu rassures ce peuple avec des mensonges, mais le SEIGNEUR ne t'a pas envoyé. 16 C'est pourquoi, voici ce que le SEIGNEUR dit : "Je vais te chasser de la terre. Tu mourras cette année, parce que tu as poussé le peuple à se révolter contre le SEIGNEUR." »

17 Le prophète Hanania est mort le septième mois de cette année-là.

Jérémie a envoyé une lettre aux Judéens exilés à Babylone

29 1 Le *prophète Jérémie a envoyé de Jérusalem une lettre aux *anciens, aux prêtres, aux prophètes, et à toutes les autres personnes que Nabucodonosor avait déportées de Jérusalem à Babylone, 2 c'est-à-dire le roi Yekonia, la reine mère, les fonction-

o **28.1** *Sédécias : voir Jérémie 21.1 et la note.*

naires importants, les chefs de Juda et de Jérusalem, les forgerons et les artisans. 3 Jérémie a
donné sa lettre à Élissa, fils de Chafan, et à
Guemaria, fils de Hilquia. En effet, Sédécias,
roi de Juda, les a envoyés à Babylone, auprès
du roi Nabucodonosor. Cette lettre disait
ceci : 4 « Voici un message du SEIGNEUR de
l'univers, Dieu d'Israël, pour tous ceux qu'il
a fait déporter de Jérusalem à Babylone :
5 "Bâtissez des maisons et habitez-les. Plantez
des jardins et mangez ce qu'ils produisent.
6 Mariez-vous, ayez des fils et des filles. Choisissez des femmes pour vos fils et donnez vos
filles en mariage, pour qu'ils aient des enfants
à leur tour. Devenez nombreux là-bas, ne di-
minuez pas ! 7 Travaillez pour développer la
ville où le SEIGNEUR vous a exilés. Priez-le
pour cette ville, parce que votre bonheur dépend du bonheur de cette ville."
8 « Voici encore un message du SEIGNEUR de
l'univers, Dieu d'Israël : "Ne vous laissez pas
tromper par les prophètes qui vivent parmi
vous, ni par ceux qui prédisent l'avenir. Ne
faites pas attention à ceux qui veulent expliquer vos rêves. 9 Ils disent qu'ils parlent de
ma part, mais c'est faux. Je ne les ai pas
envoyés." Voilà ce que le SEIGNEUR déclare.

10 « Voici encore un message du SEIGNEUR :
"Quand le pouvoir de Babylone aura duré
70 ans[p], j'agirai en votre faveur. Je réaliserai
la bonne promesse que je vous ai faite : je
vous ramènerai ici, à Jérusalem. 11 Oui, moi,
le SEIGNEUR, je connais les projets que je forme
pour vous. Je le déclare : ce ne sont pas des
projets de malheur mais des projets de bonheur. Je veux vous donner un avenir plein
d'espérance. 12 Vous ferez appel à moi, vous
viendrez me prier, et je vous écouterai.
13-14 Vous me chercherez, et vous me trouverez. Oui, je le déclare, moi, le SEIGNEUR : si
vous me cherchez de tout votre cœur, je me
laisserai trouver par vous. Je vous rendrai votre ancienne situation, je vous rassemblerai de
tous les pays et de tous les lieux où je vous ai
chassés. Je vous ferai revenir ici, à l'endroit
d'où je vous ai déportés." Voilà ce que le SEI-
GNEUR déclare.

15 « Le SEIGNEUR vous dit tout cela parce que
vous affirmez : "Le SEIGNEUR nous a donné des
prophètes à Babylone."

16 « Et maintenant, voici ce que le SEIGNEUR
dit au sujet du roi qui occupe le siège de David[q]. Il dit la même chose au sujet de tous
ceux qui vivent encore à Jérusalem, vos frères
qui n'ont pas été déportés avec vous. 17 Voici
donc le message du SEIGNEUR de l'univers :
"Je vais envoyer contre eux la guerre, la famine et la peste. Je les ferai ressembler à des
*figues pourries, si mauvaises que personne
ne peut les manger. 18 Je les poursuivrai par
la guerre, la famine et la peste. Tous les royaumes de la terre trembleront de peur en les
voyant. Dans tous les pays où je les chasserai,
on les prendra comme exemple quand on voudra lancer une malédiction ou encore parler
d'une chose horrible, effrayante ou honteuse.
19 Pourquoi donc ? J'agirai ainsi parce qu'ils
n'ont pas écouté mes paroles, moi, le SEI-
GNEUR, je le déclare. Pourtant, j'ai passé mon
temps à leur envoyer mes serviteurs les *prophètes, mais ils ne les ont pas écoutés, moi, le
SEIGNEUR, je le déclare."
20 « Vous, les exilés que le SEIGNEUR a
envoyés de Jérusalem à Babylone, écoutez la
parole du SEIGNEUR !
21 « Voici un message du SEIGNEUR de l'univers, Dieu d'Israël, au sujet de Akab, fils de
Colaya, et Sidequia, fils de Maasséya. Tous
les deux disent qu'ils parlent de la part du SEI-
GNEUR, mais c'est faux. Eh bien, je vais les livrer à Nabucodonosor, roi de Babylone, qui
les fera tuer sous vos yeux. 22 Tous les gens
de Juda qui ont été déportés à Babylone utili-
seront le nom de ces deux hommes dans des
paroles de malédiction. En effet, ils diront :
"Que le SEIGNEUR te traite comme Sidequia
et comme Akab, que le roi de Babylone a fait

p **29.10** *Voir Jérémie 25.11.*

q **29.16** *Il s'agit du roi Sédécias. Voir Jérémie 21.1 et la note.*

griller au feu !" 23 Cela leur arrivera parce qu'ils ont fait une chose horrible en Israël, ils ont commis *l'adultère. Ils ont dit qu'ils parlaient de ma part, mais c'était un mensonge. Pourtant, je ne leur avais rien commandé. Je sais tout cela et j'en suis *témoin. » Voilà ce que le SEIGNEUR déclare.

Réactions à la lettre que Chemaya a envoyée de Babylone

24-25 Le SEIGNEUR de l'univers, Dieu d'Israël, a donné à Jérémie un message au sujet de Chemaya, du village de Néhélam. En effet, Chemaya avait envoyé de lui-même une lettre au prêtre Sefania, fils de Maasséya, aux autres prêtres et à tous ceux qui vivaient encore à Jérusalem. Voici ce qu'il avait écrit à Sefania : 26 « Le SEIGNEUR t'a établi comme prêtre à la place du prêtre Yoyada. Tu dois donc surveiller dans le temple les fous qui jouent au *prophète. Tu dois les attacher avec des chaînes et un collier de fer. 27 Mais tu n'as pas fait de reproches à Jérémie d'Anatoth, qui joue au prophète devant vous. Pourquoi donc ? 28 Il vient même de nous écrire ici à Babylone. Voici ce qu'il dit : "Vous resterez longtemps là-bas. Donc, bâtissez des maisons et habitez-les ! Plantez des jardins et mangez leurs produits." »

29 Mais le prêtre Sefania a lu la lettre de Chemaya à Jérémie. 30 Alors le SEIGNEUR a adressé sa parole à Jérémie en disant : 31 « Envoie le message suivant à tous les exilés : "Voici ce que le SEIGNEUR dit au sujet de Chemaya, du village de Néhélam : Chemaya vous a parlé en mon nom, mais je ne l'ai pas envoyé. Il vous a rassurés avec des mensonges. 32 Eh bien, moi, le SEIGNEUR, je le déclare : je vais agir contre Chemaya, contre ses enfants et les enfants de leurs enfants. Personne de sa famille ne verra le bien que je ferai à mon peuple. En effet, Chemaya a poussé mon peuple à se révolter contre moi. Voilà ce que le SEIGNEUR déclare." »

Promesses du Seigneur pour Israël et pour Juda

30 1 Le SEIGNEUR a adressé sa parole à Jérémie : 2 « Voici ce que je dis, moi, le SEIGNEUR, Dieu d'Israël. Mets par écrit tout ce que je t'ai dit. 3 Oui, je te déclare ceci : le jour vient où je rendrai son ancienne situation à Israël, mon peuple, et aussi à Juda[r]. Je les ferai revenir dans le pays que j'ai donné à leurs ancêtres, et ils le posséderont de nouveau. Moi, le SEIGNEUR, je le dis. »

4-5 Voici donc les paroles que le SEIGNEUR a dites à Jérémie pour Israël et pour Juda : « Voici un message du SEIGNEUR :

Nous avons entendu des cris de peur :
c'est une peur terrible, et non la paix.
6 Demandez aux gens et regardez :
est-ce qu'un homme peut mettre un enfant
au monde ?
Pourtant, je vois tous les hommes
les mains sur les reins,
comme une femme en train d'accoucher.
Pourquoi ?
Ils ont tous le visage très pâle,
pourquoi donc ?
7 Quel malheur ! C'est un jour terrible.
Aucun autre jour ne lui ressemble.
C'est un moment d'angoisse
pour les gens de *Jacob,
mais ils en seront délivrés. »

*

8 Le SEIGNEUR de l'univers déclare : « Le moment venu, je les délivrerai du pouvoir qui pèse sur eux comme un joug, je briserai leurs chaînes. Alors ils ne seront plus esclaves des étrangers, 9 mais ils me serviront, moi, le SEIGNEUR leur Dieu. Et ils serviront l'homme de la famille de David, leur roi, que je rétablirai pour eux. »

*

10 Le SEIGNEUR déclare :
« Toi, Israël, mon serviteur,

---

r **30.3** *Israël désigne ici l'ancien royaume du Nord, qui a été détruit par les Assyriens en 722-721 avant J.-C. Juda désigne le royaume du Sud, qui est tombé sous le pouvoir de Babylone avant la fin du ministère de Jérémie. Voir Jérémie 39.1-10 et le chapitre 52.*

n'aie pas peur.
Ne sois pas effrayé,
toi qui as *Jacob pour ancêtre.
Oui, je viens te sauver
en te faisant sortir de ces pays éloignés,
en ramenant tes enfants
du pays où ils sont en exil.
Israël, tu reviendras
et tu seras tranquille, en sécurité.
Plus personne ne te fera peur.
11 Moi, le SEIGNEUR, je le déclare :
je suis avec toi pour te sauver.
Je vais détruire tous les peuples
parmi lesquels je t'ai fait partir.
Mais toi, je ne veux pas te détruire.
Je t'ai corrigé,
c'est vrai,
mais avec justice.
En effet, je ne pouvais pas te traiter
comme si tu étais innocent ! »

*

12 Voici ce que le SEIGNEUR dit :
« Jérusalem,
ton mal terrible ne peut pas être soigné,
ta blessure ne peut pas être guérie.
13 Personne ne te défend.
D'habitude, on guérit les blessures,
mais pour toi, il n'y a pas de remède.
14 Tous tes amants t'oublient,
ils ne s'intéressent plus à toi.
Jérusalem, je t'ai frappée
comme si j'étais ton ennemi,
je t'ai punie sévèrement.
15 Tu cries à cause de ton mal,
à cause de ta douleur
que rien ne peut calmer.
Pourquoi donc ?
Je t'ai traitée de cette façon
parce que tes fautes étaient graves
et tes péchés nombreux.
16 Mais tous ceux qui te dévorent
seront dévorés.
Tous tes ennemis, sans exception,
seront déportés.
Ceux qui te volent seront volés,
tous ceux qui te pillent seront pillés.
17 Ils t'appellent "la renvoyée",
"*Sion qui n'intéresse plus personne".
Mais moi, le SEIGNEUR, je le déclare :
je vais soigner tes blessures
et t'apporter la guérison. »

*

18 Voici ce que le SEIGNEUR dit :
« Je vais rendre leur ancienne situation
aux familles d'Israël.
J'aurai pitié de leurs maisons.
Les villes détruites
seront reconstruites sur leurs ruines,
et les belles maisons
retrouveront leur ancienne place.
19 De l'extérieur,
on entendra des chants et des cris de joie.
Les enfants de *Jacob
ne diminueront pas,
je les rendrai nombreux.
Ils ne seront plus méprisés,
je les couvrirai d'honneur.
20 Ils seront comme autrefois.
De nouveau,
ils se rassembleront devant moi,
et j'agirai contre tous ceux qui les écrasent. »
21 Le SEIGNEUR déclare :
« C'est l'un d'entre eux
qui sera leur chef,
celui qui les dirigera
naîtra au milieu d'eux.
Je lui permettrai de s'approcher,
il viendra auprès de moi.
En effet, qui oserait risquer sa vie
en s'approchant de moi ?
22 Alors, vous serez mon peuple,
et moi, je serai votre Dieu. »

*

23 La tempête du SEIGNEUR arrive,
sa *colère éclate.
Un vent violent souffle en tournant
et tombe sur la tête des gens mauvais.
24 La violente colère du SEIGNEUR
ne s'arrêtera pas
avant de réaliser totalement
ce qu'il a décidé.
Plus tard, vous comprendrez cela.

*

31 1 Le SEIGNEUR déclare : « Le moment
viendra où je serai le Dieu de toutes
les familles d'Israël, et celles-ci formeront
mon peuple. »

Les Israélites du Nord reviennent dans leur pays

2 Voici ce que le SEIGNEUR dit :
« Dans le désert, j'ai montré ma bonté
au peuple qui a échappé à la mort.
Israël va donc pouvoir se reposer.
3 Le peuple disait :
"De loin, le SEIGNEUR s'est montré à moi."
Et je lui ai répondu :
"Je t'aime depuis toujours
et pour toujours.
C'est pourquoi
je reste profondément attaché à toi.
4 Je vais te remettre debout,
jeune Israël[s],
et tu seras reconstruite.
De nouveau,
tu prendras tes jolis *tambourins
pour aller danser avec les gens en fête.
5 De nouveau,
tu planteras des *vignes
sur les collines de Samarie,
et les *vignerons pourront profiter
des premières grappes de raisin.
6 Un jour viendra
où les veilleurs crieront sur les collines d'Éfraïm[t] :
Debout ! Montons à *Sion,
vers le SEIGNEUR notre Dieu !" »

*

7 Voici ce que le SEIGNEUR dit :
« Poussez des cris de joie pour Israël,
criez avec passion pour la première des nations !
Faites entendre votre louange
et dites :
"SEIGNEUR, sauve ton peuple,
sauve ceux qui sont restés en vie en Israël !"
8 En effet,
je vais les faire revenir des pays du nord
et les rassembler des pays les plus éloignés.
Tout le monde est là :
les aveugles, les boiteux,
même les femmes enceintes
et celles qui viennent d'accoucher.
C'est une grande assemblée qui revient.
9 Ils arrivent en pleurant,
et je les accompagne en les consolant.
Je les dirigerai vers des rivières pleines d'eau.
Je les ferai passer par un chemin sûr,
où ils ne risquent pas de tomber.
En effet, je suis un père pour Israël,
et Éfraïm est mon fils aîné[u]. »

*

10 Vous, les autres peuples,
écoutez la parole du SEIGNEUR :
Annoncez-la dans les îles lointaines.
Dites :
« Le SEIGNEUR avait fait partir Israël de tous côtés.
Maintenant, il le rassemble et il le garde
comme un berger garde son troupeau. »
11 Le SEIGNEUR a sauvé les gens d'Israël,
il les a délivrés
d'un ennemi plus fort qu'eux.
12 Ils arriveront en criant de joie
sur la colline de *Sion.
Leurs visages brilleront de joie
en recevant les bienfaits du SEIGNEUR :
du *blé, du vin nouveau, de l'huile fraîche,
des moutons, des chèvres et des bœufs.
Ils seront comme un jardin bien arrosé.
Ils ne risqueront plus de perdre leurs forces.
13 Alors les jeunes filles danseront de joie,
jeunes et vieux se réjouiront ensemble.
Je changerai leur deuil en fête,
je les consolerai.
Après la tristesse, ce sera la joie.
14 Je donnerai aux prêtres beaucoup de viande grasse[v]
et je couvrirai mon peuple de bienfaits.
Voilà ce que le SEIGNEUR déclare.

*

---

s 31.4 *Jeune Israël : voir Jérémie 18.13 et la note.*
t 31.6 *Éfraïm : voir Jérémie 7.15 et la note.*
u 31.9 *Voir le verset 6 et la note.*
v 31.14 *La viande grasse était considérée comme la meilleure partie des animaux offerts en sacrifice.*

15 Voici ce que le SEIGNEUR dit :
« Dans Rama, on entend une plainte,
des pleurs amers.
C'est Rachel qui pleure sur ses enfants.
Elle ne veut pas être consolée,
parce qu'ils ne sont plus. »
16 Mais voici ce que le SEIGNEUR lui dit :
« Ne gémis plus, arrête de pleurer !
Moi, le SEIGNEUR, je le déclare :
je récompenserai tes efforts.
Tes enfants reviendront du pays ennemi. »
17 Le SEIGNEUR déclare :
« Il y a de l'espoir pour ton avenir.
Tes enfants reviendront sur leur territoire.
18 J'ai bien entendu les gens d'Éfraïm[w]
se plaindre en disant :
"SEIGNEUR, tu nous as corrigés durement,
comme on corrige un jeune bœuf qui n'obéit pas.
Mais fais-nous revenir vers toi
pour que nous revenions vraiment vers toi.
En effet, c'est toi, SEIGNEUR, qui es notre Dieu.
19 Oui, nous sommes allés loin de toi,
mais maintenant, nous le regrettons.
Nous avons compris nos fautes,
et maintenant, nous les avouons.
Nous avons perdu notre honneur
et nous sommes couverts de honte.
Oui, nous avons mal agi
pendant notre jeunesse,
et nous en supportons les conséquences." »
20 Le SEIGNEUR dit :
« Éfraïm est mon fils très aimé,
je le préfère aux autres.
C'est pourquoi,
chaque fois que je parle contre lui,
je continue pourtant à penser à lui.
J'ai beaucoup de tendresse pour lui.
Oui, j'ai vraiment pitié de lui. »
Voilà ce que le SEIGNEUR déclare.

*

21 Plante des bornes le long de ta route,
place des signaux.
Fais attention à la route que tu as prise,
au chemin que tu as suivi.
Reviens, jeune Israël[x],
reviens dans ces villes qui sont à toi.
22 Fille révoltée,
jusqu'à quand iras-tu dans tous les sens ?
Oui, le SEIGNEUR a inventé
quelque chose de nouveau sur la terre :
c'est la femme qui va chercher à attirer son mari[y].

Le Seigneur va reconstruire Juda et Israël

23 Le SEIGNEUR de l'univers, Dieu d'Israël,
dit : « Quand je rendrai leur ancienne situation au pays de Juda et à ses villes, on dira
de nouveau ces paroles :
"Que le SEIGNEUR te *bénisse,
*sainte colline de *Sion,
lieu où le *salut habite !"

24 « Alors les gens de la campagne et ceux
des villes de Juda, les paysans et les nomades,
habiteront ensemble dans ce pays. 25 Oui, je
rafraîchirai ceux qui sont épuisés, je donnerai
tout ce qu'il faut à ceux qui n'ont plus de
force. »
26 Après cela, je me suis réveillé et j'ai
constaté que mon sommeil m'avait fait du
bien[z].
27 Le SEIGNEUR déclare : « Je vais bientôt répandre des hommes et des bêtes dans les
royaumes d'Israël et de Juda, comme on répand des graines dans un champ. 28 Jusqu'ici,
j'ai tout fait contre eux pour arracher et abattre, démolir, détruire et faire du mal. Mais
maintenant, je vais tout faire pour eux, afin
de reconstruire et de replanter, je le déclare,
moi, le SEIGNEUR. 29 Alors personne ne répétera plus ce proverbe :
"Les parents ont mangé des fruits verts,
mais ce sont les enfants qui ont mal aux dents."

---

w **31.18** *Voir Jérémie 7.15 et la note.*
x **31.21** *Jeune Israël : voir Jérémie 18.13 et la note.*
y **31.22** *Le peuple d'Israël est comparé à une femme fiancée au Seigneur.*
z **31.26** *C'est Jérémie qui parle. Pendant qu'il dormait, il a reçu de Dieu la promesse des versets 23 à 25.*

30 En effet, si quelqu'un mange des fruits
verts, c'est lui qui aura mal aux dents. Et chacun mourra seulement à cause de ses propres
fautes. »

Le Seigneur établit une nouvelle alliance avec Israël et Juda

31 Le SEIGNEUR déclare : « Dans peu de
temps, je vais établir une nouvelle *alliance
avec le peuple d'Israël et le peuple de Juda.
32 Elle sera différente de l'alliance que j'ai établie avec leurs ancêtres, quand je les ai pris
par la main pour les faire sortir d'Égypte.
Cette alliance, ils l'ont brisée, et pourtant,
j'étais leur maître. C'est moi, le SEIGNEUR,
qui le déclare. »
33 Le SEIGNEUR déclare encore : « Voici
*l'alliance que je vais établir avec le peuple
d'Israël à ce moment-là. Je mettrai mes enseignements au fond d'eux-mêmes, je les écrirai
sur leur cœur. Je serai leur Dieu, et ils seront
mon peuple. »
34 Le SEIGNEUR déclare : « Personne n'aura
plus besoin d'instruire son *prochain ou
son frère en disant : "Connaissez le SEI-
GNEUR !" En effet, tous me connaîtront, du
plus petit jusqu'au plus grand. Je pardonnerai
leurs fautes et je ne me souviendrai plus de
leurs péchés. »

Le Seigneur ne peut pas rejeter son peuple

35 Qui place le soleil pour éclairer le jour ?
Qui commande à la lune et aux étoiles
d'éclairer la nuit ?
Qui agite la mer pour faire gronder les
vagues ?
C'est le SEIGNEUR de l'univers.
Voilà son nom.
36 Eh bien, c'est lui qui déclare :
« Si j'accepte un jour
que ces lois de l'univers ne soient plus valables,
alors j'accepterai aussi
que tous les Israélites ne forment plus jamais une nation ! »
37 Voici ce que le SEIGNEUR dit :
« Si quelqu'un peut mesurer la hauteur du
ciel,
s'il peut connaître la profondeur de la
terre,
alors je rejetterai tous les Israélites,
à cause du mal qu'ils ont commis ! »
Voilà ce que le SEIGNEUR déclare.

*

38 Le SEIGNEUR déclare : « La ville de Jérusalem sera bientôt reconstruite pour moi,
depuis la tour de Hananéel jusqu'à la *porte
de l'Angle. 39 Les nouvelles limites de la ville
seront tracées d'abord vers l'ouest, vers la
colline de Gareb, et de là elles tourneront
vers Goa. 40 Toute la vallée des morts et des
cendres[a], tous les terrains qui vont jusqu'au
Cédron et jusqu'à l'angle de la porte des
Chevaux, à l'est, me seront *consacrés. On
n'arrachera plus rien, on ne détruira plus
rien à ces endroits. »

Jérémie achète un champ à Anatoth

32 1 La dixième année où Sédécias était
roi de Juda et la dix-huitième année
où Nabucodonosor était roi de Babylone[b], le
SEIGNEUR a adressé sa parole à Jérémie. 2 À
cette époque, l'armée du roi de Babylone attaquait Jérusalem. Le *prophète Jérémie, lui,
était enfermé au palais du roi de Juda, dans
la cour de garde. 3 C'est Sédécias qui l'avait
fait enfermer à cet endroit. En effet, il repro-
chait à Jérémie d'avoir annoncé ce message
du SEIGNEUR : « Je vais livrer Jérusalem au roi
de Babylone, et il prendra la ville. 4 Sédécias,
roi de Juda, n'échappera pas au pouvoir des
Babyloniens, je le livrerai au roi de Babylone,
c'est sûr. Il devra se présenter lui-même devant Nabucodonosor et lui répondre face à
face. 5 Le SEIGNEUR déclare : Sédécias sera emmené à Babylone et il y restera jusqu'au moment où je m'occuperai de lui. Si vous

---

a 31.40 *Vallée des morts et des cendres : sans doute de la vallée de Hinnom. Voir Jérémie 2.23 et la note. Les cendres : il s'agit des cendres des sacrifices.*

b 32.1 *C'est-à-dire en 587 avant J.-C.*

continuez à combattre les Babyloniens, vous n'arriverez à rien. »

6 Voici le récit de Jérémie : « Le Seigneur m'a adressé sa parole en disant : 7 "Ton cousin Hanaméel, fils de Challoum, va venir te trouver. Il va te demander d'acheter le champ qu'il possède à Anatoth. En effet, tu es son parent le plus proche. C'est donc toi qui as le droit de racheter ce champ[c]."

8 « Comme le Seigneur me l'avait annoncé, mon cousin Hanaméel est venu me trouver dans la cour de garde et il m'a dit : "Achète le champ que je possède à Anatoth, dans le territoire de Benjamin. En effet, tu es mon parent le plus proche. C'est donc toi qui as le droit de le racheter et de le posséder."

« Alors j'ai compris que c'était un ordre du Seigneur.

9 « J'ai donc acheté le champ d'Anatoth à mon cousin Hanaméel et j'ai payé le prix : 17 pièces d'argent. 10 J'ai écrit l'acte de vente deux fois. Devant des *témoins, j'ai fermé l'un des documents avec mon sceau personnel[d] et j'ai pesé l'argent sur une balance. 11 J'ai pris l'acte de vente qui était fermé comme la loi le demande, ainsi que l'autre document, resté ouvert. 12 J'ai donné les deux documents à Baruc, fils de Néria et petit-fils de Maasséya[e]. Mon cousin Hanaméel et les témoins qui avaient signé l'acte de vente étaient présents, avec tous les Judéens qui se trouvaient dans la cour de garde. 13 Alors j'ai dit à Baruc devant tous : 14 "Voici ce que dit le Seigneur de l'univers, Dieu d'Israël : Prends les deux actes de vente, celui qui est fermé et celui qui est ouvert. Mets-les dans un pot en terre pour qu'ils se conservent longtemps."

15 « En effet, voici les paroles du Seigneur de l'univers, Dieu d'Israël : "Dans ce pays, les gens achèteront de nouveau des maisons, des champs et des *vignes." »

Jérémie prie le Seigneur et lui pose une question

16 « Après avoir donné l'acte de vente à Baruc, fils de Néria, j'ai adressé cette prière au Seigneur : 17 Ah ! Seigneur Dieu, tu as créé le ciel et la terre par ta grande force et ta grande puissance ! Rien n'est trop difficile pour toi. 18 Tu montres ta bonté jusqu'à mille générations. Mais si des parents sont coupables, tu fais payer leurs fautes à leurs enfants. Tu es le Dieu grand et fort, tu as pour nom Seigneur de l'univers. 19 Tu formes de grands projets, tu les réalises avec puissance. Tu regardes avec attention ce que font les humains. Et tu traites alors chacun selon sa conduite, selon le résultat de ses actions.

20 « Autrefois, en Égypte, tu as accompli des actions extraordinaires et étonnantes. Jusqu'à ce jour, au milieu du peuple d'Israël et parmi tous les humains, tu montres qui tu es, comme on le voit maintenant. 21 Tu as fait sortir d'Égypte ton peuple Israël par des actions extraordinaires et étonnantes, par ta grande force et ta puissance terrible. 22 Tu avais promis par serment à nos ancêtres de leur donner ce pays qui *déborde de lait et de miel, et tu l'as fait. 23 Ils y sont entrés et ils en ont pris possession. Mais ils ne t'ont pas écouté, ils n'ont pas suivi tes enseignements, ils n'ont pas obéi à ce que tu commandais. Alors tu as fait venir tous ces malheurs qui arrivent aujourd'hui.

24 « Maintenant, les Babyloniens avancent leurs murs d'attaque tout près de la ville pour la prendre. Ils luttent contre elle, et elle tombera sûrement entre leurs mains à cause de la guerre, de la famine et de la peste. Ce que tu as annoncé arrive, et tu le vois bien. 25 Oui, Jérusalem est sur le point de tomber entre leurs mains ! Pourtant, Seigneur Dieu, tu m'as commandé d'acheter un champ à Anatoth et de le payer devant des *témoins. Pourquoi donc ? »

---

c **32.7** *Droit de racheter : voir Lévitique 25.25.*

d **32.10** *Mettre son sceau personnel sur un document, c'était le signer et le fermer en même temps.*

e **32.12** *Baruc était le secrétaire et l'ami de Jérémie.*

Le Seigneur répond à Jérémie

26 Voici les paroles que le SEIGNEUR a adressées à Jérémie : 27 « Moi, le SEIGNEUR, je suis le Dieu de tout ce qui vit. Est-ce qu'il y a quelque chose de trop difficile pour moi ? 28 C'est pourquoi, voici ce que je dis, moi, le SEIGNEUR : je vais livrer Jérusalem à Nabucodonosor, roi de Babylone, et à ses soldats. Il prendra cette ville. 29 Les Babyloniens qui sont en train de l'attaquer y entreront, et ils la détruiront en y mettant le feu. Sur les terrasses de certaines maisons, les gens ont offert de *l'encens à *Baal, et ils ont présenté des offrandes de vin à des dieux étrangers. Ils ont ainsi provoqué ma *colère. Eh bien, les Babyloniens mettront le feu à ces maisons-là.

30 « Je le déclare, moi, le SEIGNEUR, depuis leur jeunesse, les gens d'Israël et de Juda ont fait seulement ce qui est mal à mes yeux. Oui, les gens d'Israël ont passé leur temps à provoquer ma colère par toutes leurs actions. 31 En effet, la ville de Jérusalem a provoqué ma violente colère, depuis le jour où elle a été construite jusqu'à aujourd'hui. C'est pourquoi je ne veux plus la voir devant moi. 32 Les gens d'Israël et de Juda ont commis beaucoup de mal et ils ont provoqué ma colère, eux, leurs rois, leurs chefs, leurs prêtres, leurs *prophètes, les habitants de Jérusalem et les autres Judéens. 33 Au lieu de se tourner vers moi, ils m'ont tourné le dos. Pourtant, j'ai passé mon temps à les avertir, mais ils n'ont pas écouté, ils n'ont pas accepté la leçon. 34 Ils ont placé leurs statues horribles dans le temple qui m'est *consacré et ils l'ont rendu *impur. 35 Dans la vallée de Hinnom, ils ont installé des lieux sacrés pour le dieu *Baal. Et là, ils ont brûlé leurs fils et leurs filles en *sacrifice pour le dieu Molek[f]. Je n'ai pourtant pas commandé cela et je n'y ai jamais pensé. En faisant des choses aussi horribles, ils ont entraîné au mal le peuple de Juda.

36 « Vous affirmez au sujet de Jérusalem : "La guerre, la famine et la peste l'ont livrée au roi de Babylone." Eh bien, maintenant, voici ce que moi, le SEIGNEUR, Dieu d'Israël, je dis encore au sujet de cette ville : 37 J'étais furieux contre ses habitants. C'est pourquoi, dans ma violente colère, je les ai chassés de tous côtés dans de nombreux pays. Pourtant, je vais les rassembler, je vais les ramener ici et je les ferai vivre en toute sécurité. 38 Ils seront de nouveau mon peuple, et je serai leur Dieu. 39 Je leur donnerai un seul cœur et une même façon d'agir pour qu'ils me respectent toujours. Alors ils seront heureux, eux et leurs enfants après eux. 40 J'établirai avec eux une *alliance pour toujours. Sans cesse, je les accompagnerai pour leur faire du bien. Ainsi ils me respecteront profondément et ils ne s'éloigneront plus de moi. 41 Je serai heureux de leur faire du bien. De tout mon cœur et de tout mon être, je les installerai solidement dans ce pays. »

42 Voici ce que le SEIGNEUR dit encore : « C'est moi qui ai fait venir tout ce grand malheur sur le peuple de Juda. Et c'est moi aussi qui ferai venir pour lui tout le bonheur que je lui promets. 43 Vous dites : "Ce pays a été livré aux Babyloniens. Maintenant, c'est un désert, sans habitants et sans animaux." Pourtant, dans ce pays-là, on achètera de nouveau des champs. 44 Oui, de nouveau on achètera des champs dans le territoire de Benjamin, dans les environs de Jérusalem, dans les villes de Juda, dans celles du Haut-Pays, du *Bas-Pays et de la région du Néguev. Alors, les gens écriront des actes de vente, ils les fermeront avec des *sceaux, ils feront venir des *témoins. Oui, je rendrai leur ancienne situation aux habitants de ce pays. » Voilà ce que le SEIGNEUR déclare.

Le Seigneur promet un avenir pour Jérusalem

33 1 Jérémie était encore enfermé dans la cour de garde. Le SEIGNEUR lui a adressé sa parole encore une fois : 2 « Voici

---

f **32.35** *Vallée de Hinnom : voir Jérémie 2.23 et la note.*
Molek : c'est le nom du dieu des Ammonites. En hébreu, ce nom fait penser à deux mots : « roi » et « honte ».

le message de celui qui réalise les événements, qui les prépare et les met en place. C'est le SEIGNEUR, voilà son nom. 3 Fais appel à moi, et je te répondrai. Je te ferai connaître de grands secrets que tu ne connais pas. 4-5 Voici ce que je dis, moi, le SEIGNEUR, Dieu d'Israël, au sujet des maisons de Jérusalem et des habitations des rois de Juda. Elles sont détruites. Il est inutile de vous opposer aux murs d'attaque et de lutter contre les Babyloniens. Cela servira seulement à remplir la ville des corps de ceux que je frapperai dans ma violente *colère. Les habitants de Jérusalem ont commis tant de mal que je me détourne de cette ville.

6 « Pourtant, je vais la soigner et lui apporter la guérison. Je vais rendre la santé à ses maisons et je leur ferai connaître la paix et la sécurité. 7 Je ramènerai les prisonniers du peuple de Juda et du peuple d'Israël, et je leur rendrai leur ancienne situation. 8 Je les rendrai *purs de toutes les fautes qu'ils ont commises contre moi. Je leur pardonnerai leur révolte. 9 Alors je dirai avec plaisir le nom de Jérusalem. Cette ville me fera honneur, j'en serai fier devant tous les peuples de la terre. Ces peuples apprendront tout le bien que je vais lui faire. Ils trembleront de peur et seront effrayés en voyant tout le bonheur et toute la paix que je vais lui donner. »

*

10 Voici un message du SEIGNEUR : « Vous, les gens de Juda, vous dites : "Le pays est un désert, il n'y a plus d'habitants ni d'animaux." C'est vrai, les villes de Juda et les rues de Jérusalem sont désertes. Personne n'y habite, ni humains ni animaux. Eh bien, dans ce pays-là, on entendra de nouveau 11 des bruits de fête, des cris de joie et les chants des jeunes mariés. De nouveau, on entendra le chant de ceux qui apporteront au temple leurs *sacrifices de louange en disant :

"Dites merci au SEIGNEUR de l'univers,
car il est bon,
et son amour est pour toujours !"

Oui, je rendrai à ce pays son ancienne situation. » Voilà ce que le SEIGNEUR dit.

*

12 Voici encore un message du SEIGNEUR de l'univers : « Dans ce pays détruit, sans habitants et sans animaux, et dans toutes ses villes, il y aura de nouveau des endroits où les bergers feront reposer leurs moutons et leurs chèvres. 13 Dans les villes du Haut-Pays, dans celles du *Bas-Pays et de la région du Néguev, dans le territoire de Benjamin, dans les environs de Jérusalem et dans les autres villes de Juda, les moutons et les chèvres passeront de nouveau sous la main de celui qui les compte. » Voilà ce que le SEIGNEUR dit.

Le Seigneur réalisera ses promesses

14 Le SEIGNEUR déclare : « Le jour vient où je réaliserai la promesse que j'ai faite au peuple d'Israël et au peuple de Juda. 15 Quand ce sera le moment, je ferai naître un vrai fils de David. Il fera respecter le droit et la justice dans le pays. 16 À ce moment-là, le royaume de Juda sera libéré, les habitants de Jérusalem vivront en sécurité. Jérusalem aura pour nom "Le-SEIGNEUR-est-notre-salut"[g]. »

*

17 Voici un autre message du SEIGNEUR : « Il y aura toujours quelqu'un de la famille de David pour être roi du peuple d'Israël. 18 Il y aura toujours des prêtres de la famille de Lévi pour se tenir devant moi. Ils offriront des *sacrifices complets, ils feront monter vers moi la fumée des offrandes, et présenteront chaque jour des sacrifices de communion. »

*

19 Le SEIGNEUR a encore adressé sa parole à Jérémie : 20 « Voici ce que je dis, moi, le SEIGNEUR : Est-ce que vous pouvez briser mon accord avec le jour et avec la nuit ? Est-ce que vous pouvez empêcher le jour de suivre la nuit, et la nuit de suivre le jour ? Sûrement pas ! 21 Eh bien, *l'alliance que j'ai établie avec mon serviteur David ne peut pas être brisée non plus. C'est pourquoi il y aura toujours à Jérusalem quelqu'un de sa famille pour être

g **33.16** *Voir Jérémie 23.5-6.*

roi. De même, il y aura toujours des prêtres de la famille de Lévi pour me servir. Personne ne pourra empêcher cela. 22 On ne peut pas compter les étoiles du ciel ni les grains de sable au bord de la mer, tellement ils sont nombreux. Eh bien, je rendrai aussi nombreux les gens de la famille de David et ceux de la famille de Lévi qui me servent comme prêtres. »

*

23 Le SEIGNEUR a encore adressé sa parole à Jérémie : 24 « Est-ce que tu n'as pas entendu ce que les gens racontent ? Ils disent que j'ai rejeté Israël et Juda, les deux familles que j'avais choisies. En parlant ainsi, ils méprisent mon peuple. Pour eux, ce n'est même plus une nation. 25 Voici ce que je dis, moi, le SEIGNEUR : "J'ai passé un accord avec le jour et la nuit. J'ai fixé des lois au *ciel et à la terre. 26 Alors est-ce que je peux rejeter la famille de *Jacob et celle de mon serviteur David ? Est-ce que je peux refuser de choisir parmi eux les chefs qui gouverneront ceux qui sont nés d'Abraham, d'Isaac et de Jacob ? Sûrement pas ! J'ai pitié d'eux et je vais leur rendre leur ancienne situation." »

Message du Seigneur pour le roi Sédécias

34 1 Nabucodonosor était roi de Babylone. Avec toute son armée et avec les soldats de tous les royaumes de la terre et de tous les peuples qui étaient sous son pouvoir, il a attaqué Jérusalem et les autres villes de Juda. À cette époque, le SEIGNEUR a adressé sa parole à Jérémie en disant : 2 « Voici un message du SEIGNEUR, Dieu d'Israël : Va trouver Sédécias, roi de Juda, et dis-lui de ma part : Je vais livrer cette ville au roi de Babylone, il y mettra le feu. 3 Et toi, tu ne pourras pas lui échapper. Tu seras fait prisonnier et tu seras livré en son pouvoir. Tu devras te présenter toi-même devant lui et tu lui répondras en face. Ensuite tu iras à Babylone.

4 « Pourtant, Sédécias, roi de Juda, si tu écoutes ce que je te dis, tu ne mourras pas de mort violente, je l'affirme, moi, le SEIGNEUR. 5 Tu mourras dans la paix. Pour tes funérailles, on fera comme pour celles de tes ancêtres qui ont été rois avant toi. On brûlera des plantes parfumées, et on chantera pour toi ce chant de deuil : "Quel malheur ! Le roi est mort !" » Voilà ce que le SEIGNEUR déclare.

6 Le *prophète Jérémie a fait connaître ce message à Sédécias, roi de Juda, à Jérusalem. 7 Pendant ce temps, l'armée du roi de Babylone attaquait Jérusalem et les deux villes bien protégées de Juda qui résistaient encore : Lakich et Azéca.

Les gens de Juda ne respectent pas l'accord au sujet des esclaves

8 Le SEIGNEUR a encore adressé sa parole à Jérémie après les événements suivants : le roi Sédécias avait passé un accord avec tout le peuple de Jérusalem pour déclarer la libération des esclaves. 9 Chacun devait libérer ses esclaves hébreux, hommes et femmes. Personne ne devait plus faire travailler comme esclave un Judéen, un frère. 10 Alors toutes les autorités et tout le peuple qui avaient passé cet accord ont accepté de libérer leurs esclaves, hommes et femmes, et de ne plus les faire travailler comme esclaves. Chacun a respecté cet accord et libéré ses esclaves. 11 Mais après cela, ils ont changé d'avis, ils ont repris les hommes et les femmes qu'ils avaient libérés et ils les ont obligés de nouveau à travailler comme esclaves.

12 Alors le SEIGNEUR a adressé sa parole à Jérémie en disant : 13 « Voici un message du SEIGNEUR, Dieu d'Israël : Moi aussi, j'ai passé un accord. C'était avec vos ancêtres, quand je les ai fait sortir d'Égypte, où ils étaient esclaves. 14 Je leur avais dit : "Au bout de sept ans, chacun de vous libérera son frère hébreu qui s'est vendu à lui. Il sera votre esclave pendant six ans, et ensuite vous le libérerez[h]." Mais vos ancêtres ne m'ont pas écouté, ils n'ont pas fait attention à mes paroles. 15 Vous, au contraire, vous avez changé de comportement

h **34.14** *Voir Exode 21.2 et Deutéronome 15.12-15.*

et vous avez fait ce qui est juste à mes yeux.
Chacun, en effet, a déclaré que son *prochain
était libre. Vous avez même passé un accord
avec moi dans le temple qui m'est *consacré.
16 Mais vous avez changé d'avis et vous m'avez
traité avec mépris. Chacun de vous a repris les
esclaves, hommes et femmes, qu'il avait libérés. Et vous les obligez à travailler de nouveau
comme esclaves. »

17 Jérémie a ajouté : « Eh bien, voici le message du SEIGNEUR : Chacun de vous devait déclarer que son esclave hébreu, qui est son
frère, son *prochain, était libre. Mais vous
ne m'avez pas obéi. C'est pourquoi moi, le SEI-
GNEUR, je déclare ceci : je vais libérer contre
vous la guerre, la peste et la famine. Alors
tous les royaumes de la terre trembleront de
peur en vous voyant.

18-19 « Les autorités de Juda et de Jérusalem,
les fonctionnaires importants, les prêtres et
tous les hommes libres ont passé un accord
avec moi. Ils ont coupé en deux le veau du *sacrifice et ils sont passés entre les deux moitiés
de l'animal[i]. Mais ces gens-là n'ont pas respecté cet accord, ils n'ont pas tenu leur promesse. Je les traiterai donc comme le veau
qu'ils ont coupé en deux. 20 Je les livrerai au
pouvoir de leurs ennemis, à ceux qui veulent
leur mort. Leurs corps serviront de nourriture
aux charognards et aux chacals. 21 De la même
façon, je livrerai Sédécias, roi de Juda, et ses ministres au pouvoir de leurs ennemis, à ceux qui
veulent leur mort. Je les livrerai à l'armée du
roi de Babylone. Cette armée vient de se retirer
loin de vous, 22 mais je vais commander qu'elle
revienne pour attaquer Jérusalem. Ils prendront la ville et la brûleront. Et je ferai des villes
de Juda un désert sans aucun habitant. » Voilà
ce que le SEIGNEUR déclare.

L'exemple des Rékabites, qui respectent l'ordre de leur ancêtre

35 1 À l'époque de Yoaquim[j], fils de Josias
et roi de Juda, le SEIGNEUR a adressé sa
parole à Jérémie en lui disant : 2 « Va trouver
le clan des Rékabites, parle avec eux et fais-
les venir dans l'une des salles du temple. Là,
tu leur offriras du vin à boire. »

3 Jérémie est donc allé chercher Yazania, fils
d'Irméya et petit-fils de Habassinia. Il est allé
chercher aussi les frères et les fils de Yazania,
c'est-à-dire tout le clan des Rékabites. 4 Il les a
fait venir au temple, dans la salle des *disciples de Hanan, un homme de Dieu, fils d'Igda-
lia. Cette salle se trouvait à côté de la salle des
chefs, au-dessus de celle de Maasséya, fils de
Challoum, le prêtre chargé de surveiller l'entrée du temple. 5 Jérémie a posé des récipients
remplis de vin et des verres devant les membres du clan des Rékabites. Puis il leur a dit :
« Buvez un peu de vin ! »

6 Mais ils ont répondu : « Nous ne buvons
pas de vin. En effet, notre ancêtre Yonadab,
fils de Rékab, nous a donné cet ordre :

"Vous ne boirez jamais de vin,
ni vous, ni vos enfants.
7 Vous ne construirez pas de maisons,
vous ne cultiverez pas la terre,
vous ne planterez pas de *vigne
et vous n'en posséderez pas.
Mais vous habiterez sous des tentes
toute votre vie.
Ainsi
vous pourrez vivre longtemps dans ce pays
où vous habitez comme des étrangers."

8 Nous avons donc obéi à tout ce que notre
ancêtre Yonadab nous a commandé. Nous
ne buvons jamais de vin, ni nos femmes, ni
nos fils, ni nos filles. 9 Nous ne construisons
pas de maisons pour y habiter, nous ne possédons pas de vigne ni de champ cultivé,
10 mais nous habitons sous des tentes. Ainsi,
nous obéissons, et nous respectons tout ce
que notre ancêtre Yonadab nous a commandé.
11 Mais quand Nabucodonosor, roi de Babylone, a attaqué le pays, nous avons pensé : il
vaut mieux aller à Jérusalem pour échapper
à l'armée babylonienne et à l'armée syrienne.
En ce moment, nous habitons donc dans la
ville. »

i **34.18-19** *Voir Genèse 15.9-18.*

j **35.1** *Yoaquim : voir Jérémie 22.13 et la note.*

12 Alors le SEIGNEUR a adressé ces paroles à Jérémie : 13 « Parle maintenant aux gens de Juda et aux habitants de Jérusalem. Va leur dire : Voici un message du SEIGNEUR de l'univers, Dieu d'Israël, qui déclare : Est-ce que vous allez enfin accepter la leçon et écouter ce que je dis ? 14 Yonadab, fils de Rékab, avait commandé à ses enfants de ne pas boire de vin. Les Rékabites ont respecté ces paroles. Ils n'ont pas bu de vin jusqu'à aujourd'hui, parce qu'ils ont obéi à l'ordre de leur ancêtre. Et moi, le SEIGNEUR, j'ai passé mon temps à vous avertir, mais vous ne m'avez pas écouté. 15 J'ai passé mon temps à vous envoyer tous mes serviteurs les *prophètes. L'un après l'autre, ils vous ont dit : "Chacun de vous doit abandonner sa conduite mauvaise. Agissez comme il faut. Ne suivez pas d'autres dieux pour les adorer. Alors vous pourrez habiter le pays que je vous ai donné, à vous et à vos ancêtres." Mais vous n'avez pas tendu l'oreille, vous ne m'avez pas écouté. 16 Les Rékabites, eux, ont respecté l'ordre que leur ancêtre Yonadab leur avait donné. Mais vous, les gens de Juda, vous ne m'avez pas écouté ! »

17 Jérémie a ajouté : « C'est pourquoi, voici ce que dit le SEIGNEUR, Dieu de l'univers et Dieu d'Israël : "Je vais faire tomber sur vous, peuple de Juda et habitants de Jérusalem, tous les malheurs que je vous ai annoncés. En effet, je vous ai parlé, mais vous ne m'avez pas écouté. Je vous ai appelés, mais vous n'avez pas répondu." »

18 Ensuite, Jérémie a dit au clan des Rékabites : « Voici pour vous le message du SEIGNEUR de l'univers, Dieu d'Israël : "Vous avez obéi à l'ordre de votre ancêtre Yonadab. Vous avez respecté fidèlement tout ce qu'il vous avait commandé. 19 Eh bien, dans la famille de Yonadab, fils de Rékab, il y aura toujours quelqu'un qui se tiendra tous les jours devant moi."

« Voilà les paroles du SEIGNEUR de l'univers, Dieu d'Israël. »

Le roi Yoaquim brûle le rouleau qui contient les paroles de Jérémie

36 1 La quatrième année où Yoaquim[k], fils de Josias, était roi de Juda, le SEIGNEUR a adressé sa parole à Jérémie en disant : 2 « Depuis l'époque de Josias, je t'ai parlé au sujet du royaume d'Israël, du royaume de Juda et des pays étrangers. Maintenant, prends un rouleau de cuir et écris dessus toutes les paroles que je t'ai dites. 3 Les gens de Juda vont peut-être finir par comprendre que je veux leur envoyer le malheur. Alors chacun va peut-être abandonner sa conduite mauvaise, et je pourrai leur pardonner leurs fautes et leurs péchés. »

4 Jérémie a fait appel à Baruc[l], fils de Néria. Il a dicté toutes les paroles reçues du SEIGNEUR, et Baruc les a écrites sur un rouleau.

5 Puis Jérémie a dit à Baruc : « Je ne peux pas aller moi-même au temple. 6 Mais toi, vas-y le jour du *jeûne, et lis à haute voix les paroles du SEIGNEUR que je t'ai dictées. Tu les liras à tous ceux qui seront au temple, qui seront venus des villes de Juda. 7 Alors ils se mettront peut-être à prier le SEIGNEUR avec force, et chacun abandonnera peut-être sa conduite mauvaise. En effet, le SEIGNEUR a dit que sa *colère contre ce peuple était très grande. »

8 Baruc, fils de Néria, a fait tout ce que Jérémie lui avait demandé. Il est allé au temple pour lire les paroles du SEIGNEUR écrites sur le rouleau. 9 En effet, la cinquième année où Yoaquim, fils de Josias, était roi de Juda, le neuvième mois[m], on a décidé de faire une cérémonie de jeûne devant le SEIGNEUR. Toute la population de Jérusalem et tous les habitants des villes de Juda étaient là. 10 Dans le temple, Baruc a donc lu à haute voix et devant tous les paroles de Jérémie écrites sur le rouleau. Il se tenait dans la salle de Guemaria, fils de Cha-

k **36.1** *Yoaquim : voir Jérémie 22.13 et la note.*

l **36.4** *Baruc : voir Jérémie 32.12 et la note.*

m **36.9** *C'est-à-dire en novembre-décembre de l'année 604 avant J.-C., pendant la saison froide.*

fan, l'ancien secrétaire d'État. Cette salle était située dans la cour supérieure du temple, près de la porte Neuve.

11 Mika, fils de Guemaria et petit-fils de Chafan, a entendu les paroles du SEIGNEUR que Baruc a lues sur le rouleau. 12 Ensuite, il est descendu au palais du roi, jusqu'au bureau du secrétaire. Tous les ministres étaient réunis. Il y avait là le secrétaire d'État, Élichama, Delaya, fils de Chemaya, Elnatan, fils d'Akbor, Guemaria, fils de Chafan, Sidequia, fils de Hanania, et tous les autres ministres. 13 Mika leur a raconté tout ce qu'il avait entendu quand Baruc avait lu à haute voix devant tout le monde les paroles écrites sur le rouleau.

14 Alors les ministres ont envoyé Yehoudi, fils de Netania, petit-fils de Chélémia et arrière-petit-fils de Kouchi, pour dire à Baruc : « Viens et prends avec toi le rouleau que tu as lu devant la foule. » Baruc, fils de Néria, a donc pris le rouleau et il est venu les rejoindre. 15 Ils lui ont dit : « Assieds-toi et lis-nous ce rouleau ! » Baruc s'est mis à lire. 16 En entendant toutes ces paroles, les ministres étaient effrayés. Ils se sont regardés les uns les autres et ont dit à Baruc : « Il faut que nous disions tout cela au roi. »

17 Puis ils ont demandé à Baruc : « Racontenous comment tu as écrit tout cela. » 18 Baruc a répondu : « C'est Jérémie qui m'a dicté toutes ces paroles, et moi, je les ai écrites avec de l'encre sur le rouleau. » 19 Alors les ministres ont dit à Baruc : « Va-t'en, cache-toi, et Jérémie aussi. Personne ne doit savoir où vous êtes. »

20 Les ministres ont laissé le rouleau dans le bureau d'Élichama, le secrétaire d'État. Puis ils sont allés chez le roi, dans la cour du palais, et ils lui ont raconté tout ce qui s'était passé.

21 Alors le roi a envoyé Yehoudi chercher le rouleau. Celui-ci est allé le prendre dans le bureau d'Élichama, puis il s'est mis à le lire à haute voix devant le roi et devant tous les ministres qui étaient avec lui. 22 C'était le neuvième *mois de l'année, et le roi occupait le logement construit pour la saison froide. Il se tenait devant un feu allumé. 23 Chaque fois que Yehoudi avait fini de lire trois ou quatre passages, le roi les découpait avec un petit couteau d'écrivain et il les jetait au feu. Il a continué à faire cela jusqu'à ce que le rouleau soit complètement brûlé. 24 Le roi et tous ses officiers avaient bien compris toutes ces paroles. Mais cela ne leur avait pas fait peur, et ils n'avaient montré aucune tristesse. 25 Pourtant, Elnatan, Delaya et Guemaria avaient insisté auprès du roi pour qu'il ne brûle pas le rouleau. Mais celui-ci ne les a pas écoutés. 26 Et il a donné l'ordre à son fils Yéraméel, à Seraya, fils d'Azriel, et à Chélémia, fils d'Abdéel, d'arrêter le secrétaire Baruc et le *prophète Jérémie. Mais le SEIGNEUR les avait mis en sécurité.

27 Le roi avait donc brûlé le rouleau avec les paroles que Jérémie avait dictées à Baruc. Après cela, le SEIGNEUR a adressé sa parole à Jérémie : 28 « Prends un autre rouleau et écris de nouveau toutes les paroles qui étaient sur le premier rouleau, celui que Yoaquim, roi de Juda, a brûlé. 29 Et voici le message du SEIGNEUR au sujet de Yoaquim, roi de Juda : "Jérémie avait écrit : Le roi de Babylone va sûrement venir détruire ce pays. Il va tuer les êtres humains et les animaux. Tu as reproché cela à Jérémie et tu as brûlé le rouleau." 30 Eh bien, voici le message du SEIGNEUR : "Yoaquim n'aura personne de sa famille pour être roi après lui dans le royaume de David. Quand il sera mort, son corps restera dehors, livré à la chaleur du jour et au froid de la nuit. 31 J'agirai contre lui, contre ses enfants et les enfants de leurs enfants. J'agirai aussi contre ses officiers. Je leur ferai payer leurs fautes. Je ferai venir sur eux, sur les habitants de Jérusalem et sur les gens de Juda tous les malheurs que j'ai annoncés et auxquels ils n'ont pas cru." »

32 Jérémie a donc pris un autre rouleau. Il l'a donné au secrétaire Baruc, fils de Néria. Celui-ci a écrit dessus ce que Jérémie lui dictait : toutes les paroles du premier rouleau que le roi Yoaquim avait brûlé, et beaucoup d'autres semblables.

Jérémie répond aux envoyés du roi Sédécias

37 1 Nabucodonosor, roi de Babylone, a établi Sédécias, un fils de Josias, comme roi au pays de Juda. Sédécias a donc

remplacé Konia[n], fils de Yoaquim. 2 Mais personne n'a écouté les avertissements que le
SEIGNEUR donnait par l'intermédiaire du
*prophète Jérémie : ni le roi, ni ses officiers,
ni les gens de Juda.

3 Pourtant, le roi Sédécias a envoyé Youkal,
fils de Chélémia, et le prêtre Sefania, fils de
Maasséya, auprès du prophète Jérémie. Ils
lui ont dit : « Prie donc le SEIGNEUR notre
Dieu pour nous ! »

4 À ce moment-là, Jérémie n'avait pas encore été mis en prison. Il pouvait donc aller
et venir librement au milieu du peuple. 5 L'armée du Pharaon était sortie d'Égypte. En apprenant cette nouvelle, les Babyloniens, qui
étaient en train d'attaquer Jérusalem, se sont
éloignés un peu de la ville. 6 Alors le SEIGNEUR
a adressé sa parole au *prophète Jérémie en disant : 7 « Voici un message du SEIGNEUR, Dieu
d'Israël : "Allez dire au roi de Juda, qui vous
a envoyés pour me consulter : l'armée du Pharaon, qui était sortie pour vous aider, a fait
demi-tour et elle rentre en Égypte. 8 Les Babyloniens vont revenir attaquer Jérusalem. Ils la
prendront et ils y mettront le feu. 9 Voici ce
que je vous dis, moi, le SEIGNEUR : Ne vous
trompez pas en disant : Les Babyloniens sont
vraiment partis de chez nous. Non, ils ne partiront pas ! 10 Supposez ceci : Vous battez toute
l'armée babylonienne qui est en guerre contre
vous. Seuls des soldats blessés restent de cette
armée. Eh bien, chacun d'eux se mettra debout dans sa tente et ils viendront tous mettre
le feu à Jérusalem." »

Jérémie est arrêté

11 L'armée babylonienne s'est un peu éloignée de Jérusalem pour éviter l'armée du roi
d'Égypte. 12 Jérémie a voulu sortir de la ville
pour aller dans le territoire de Benjamin. Il devait recevoir une part de terre au milieu des
gens de sa famille. 13 Quand il est arrivé à la
porte de Benjamin, il a rencontré le chef des gardes appelé Iria. C'était un fils de Chélémia et un
petit-fils de Hanania. Iria a arrêté Jérémie le
*prophète en lui disant : « Tu es en train de pas-
ser aux Babyloniens ! » 14 Jérémie a répondu :
« C'est faux ! Je ne passe pas aux Babyloniens ! »

Mais Iria n'a pas écouté Jérémie. Il l'a arrêté
et l'a conduit à ses chefs. 15 Ceux-ci étaient en
colère contre le prophète et ils lui ont donné
des coups. Puis ils l'ont enfermé dans la maison du secrétaire d'État Yonatan, qu'on avait
transformée en prison. 16 Jérémie a été mis
dans une cave, et il est resté là longtemps.

17 Un jour, le roi Sédécias a envoyé quelqu'un le chercher. Il voulait l'interroger en secret dans son palais. Le roi lui a demandé :
« Est-ce que le SEIGNEUR t'a dit quelque chose
pour moi ? » Jérémie a répondu : « Oui, tu seras livré au roi de Babylone. » 18 Puis il a dit au
roi : « Vous m'avez fait mettre en prison. Mais
qu'est-ce que j'ai fait contre toi, contre tes
officiers ou contre les habitants de Jérusalem ?
19 Vos prophètes vous ont annoncé que le roi
de Babylone n'allait pas vous faire la guerre,
ni à vous ni à ce pays. Où sont maintenant
ces prophètes-là ? »

20 Enfin Jérémie a ajouté : « Maintenant,
mon roi, écoute-moi. Laisse-toi toucher par
ma demande : ne me renvoie pas chez le secrétaire d'État Yonatan, sinon je mourrai. »

21 Alors le roi Sédécias a donné cet ordre :
« Mettez Jérémie dans la cour de garde !
Qu'on lui donne tous les jours une galette de
pain venant de la rue des Boulangers, tant
qu'il y aura du pain dans la ville ! » Ainsi Jérémie est resté dans la cour de garde.

Jérémie est jeté dans une citerne

38 1 Chefatia, fils de Matan, Guedalia, fils
de Pachehour, Youkal, fils de Chélémia, et Pachehour, fils de Malkia, ont entendu
les paroles que Jérémie répétait à tout le
monde : 2 « Voici un message du SEIGNEUR :
"Celui qui restera dans cette ville mourra
par la guerre, la famine ou la peste. Mais celui
qui sortira pour se rendre aux Babyloniens
restera en vie. Il aura gagné au moins cela."

3 « Voici encore un message du SEIGNEUR :
"Je livrerai cette ville à l'armée du roi de
Babylone, c'est sûr, et celui-ci la prendra." »

---

n **37.1** *Konia : voir Jérémie 22.24 et la note.*

4 Ensuite, les officiers ont dit au roi Sédécias : « Il faut faire mourir Jérémie ! Ce qu'il dit décourage complètement les soldats et la population qui restent dans la ville. Ce n'est pas le bonheur du peuple que cet homme recherche, c'est son malheur. »

5 Alors le roi Sédécias leur a répondu : « Faites de lui ce que vous voulez. Je suis le roi, pourtant je ne peux rien contre vous. »

6 Les officiers ont donc pris Jérémie et ils l'ont jeté dans la citerne de Malkia, le fils du roi. Ils ont descendu Jérémie avec des cordes. Dans cette citerne qui se trouvait dans la cour de garde, il n'y avait pas d'eau, mais seulement de la boue. Et Jérémie s'est enfoncé dans la boue.

7 Or, un *Éthiopien, appelé Ébed-Mélek, était un serviteur important dans la maison du roi. Il a appris qu'on avait mis Jérémie dans la citerne. Le roi se tenait à la porte de Benjamin. 8 Alors Ébed-Mélek est allé trouver le roi et lui a dit : 9 « Mon seigneur le roi, tout ce que ces hommes ont fait au *prophète Jérémie, c'est mal ! Ils l'ont jeté dans une citerne. Il va mourir de faim dans son trou, parce qu'il n'y a plus de nourriture dans la ville. »

10 Alors le roi a donné cet ordre à Ébed-Mélek, l'Éthiopien : « Prends 30 hommes avec toi et fais remonter Jérémie de la citerne avant qu'il meure ! »

11 Ébed-Mélek a emmené les 30 hommes. Il est allé au palais du roi, dans une pièce située sous la salle du trésor. Là, il a pris quelques vieux chiffons. Il les a fait descendre pour Jérémie dans la citerne, avec des cordes. 12 Puis Ébed-Mélek, l'Éthiopien, a dit à Jérémie : « Mets ces vieux chiffons sous tes bras, et les cordes par-dessous. »

C'est ce que Jérémie a fait. 13 Alors les hommes ont tiré sur les cordes et ils l'ont fait remonter de la citerne. Après cela, Jérémie est resté dans la cour de garde.

Le roi Sédécias consulte Jérémie pour la dernière fois

14 Le roi Sédécias a envoyé quelqu'un chercher le *prophète Jérémie et il l'a fait venir à la troisième entrée du temple. Il lui a dit : « Je veux te poser une question, ne me cache rien. »

15 Jérémie a répondu à Sédécias : « Si je te dis la vérité, tu vas me faire mourir. Et si je te donne un conseil, tu ne le suivras pas. »

16 Mais le roi Sédécias a fait en secret ce serment à Jérémie : « Par le SEIGNEUR vivant qui nous a donné la vie, je le jure : je ne te ferai pas mourir. Et je ne te livrerai pas aux gens qui veulent ta mort. »

17 Alors Jérémie a dit à Sédécias : « Voici les paroles du SEIGNEUR, Dieu de l'univers et Dieu d'Israël : "Si tu sors pour te rendre aux officiers du roi de Babylone, tu sauveras ta vie et celle de ta famille. Et Jérusalem ne sera pas brûlée. 18 Mais si tu ne sors pas pour te rendre aux officiers du roi de Babylone, Jérusalem sera livrée aux Babyloniens. Ils y mettront le feu et toi, tu ne leur échapperas pas." » 19 Le roi Sédécias a répondu à Jérémie : « J'ai peur des Judéens qui sont passés aux Babyloniens. Je risque d'être livré à eux, et ils se moqueront de moi. »

20 Mais Jérémie lui a dit : « Non, tu ne seras pas livré à eux. Écoute donc ce que je te dis de la part du SEIGNEUR. Alors tout ira bien pour toi, et tu resteras en vie. 21 Mais si tu refuses de te rendre, voici ce que le SEIGNEUR m'a fait connaître : 22 toutes les femmes restées dans ton palais, on les conduira devant les officiers du roi de Babylone. Et elles chanteront en parlant de toi :

"Ils t'ont vraiment bien trompé,
tes meilleurs amis !
Tes pieds s'enfoncent dans la boue,
et eux, ils t'abandonnent !"

23 Oui, on conduira tes femmes et tes fils devant les Babyloniens, et toi, tu ne leur échapperas pas non plus. Le roi de Babylone te fera prisonnier et il mettra le feu à Jérusalem. »

24 Alors Sédécias a répondu à Jérémie : « Personne ne doit être au courant de ce que nous venons de dire, ainsi tu ne mourras pas. 25 Les officiers vont sûrement apprendre que j'ai parlé avec toi. Ils vont te demander ce que nous avons dit ensemble. Ils vont te dire : "Si tu ne nous caches rien, nous ne te tuerons pas." 26 Tu leur répondras : "J'ai

demandé avec force au roi de ne pas me renvoyer chez Yonatan. Sinon je mourrai." »

27 Tous les officiers sont en effet venus trouver Jérémie et ils lui ont posé des questions. Mais Jérémie leur a répondu comme le roi l'avait commandé. Alors, ils l'ont laissé tranquille, parce que personne n'avait entendu leur conversation. 28 Jérémie est donc resté dans la cour de garde jusqu'au jour où Jérusalem a été prise.

Les Babyloniens prennent Jérusalem

Voici ce qui est arrivé quand Jérusalem a été prise :

39 1 La neuvième année où Sédécias était roi de Juda, le dixième mois[o], Nabucodonosor, roi de Babylone, est venu attaquer Jérusalem avec toute son armée. 2 Deux ans plus tard, le quatrième mois[p], le 9 de ce mois, les Babyloniens ont fait un trou dans le mur qui protégeait la ville. 3 Alors tous les officiers du roi de Babylone sont entrés dans Jérusalem et se sont installés à la porte du Milieu. Il y avait là Nergal-Saresser, le chef de l'armée, Samgar-Nebo, Sar-Sekim, le chef des serviteurs du roi, et tous les autres officiers du roi de Babylone.

4 Dès que Sédécias, roi de Juda, et ses soldats les ont vus, ils ont fui. Ils sont sortis de Jérusalem pendant la nuit. Ils sont passés par le jardin du roi et par la porte située entre les deux murs. Puis ils ont pris le chemin qui mène à la vallée du Jourdain. 5 Mais les soldats babyloniens les ont poursuivis et ils ont rattrapé Sédécias dans la plaine de Jéricho. Les soldats l'ont fait prisonnier, puis ils l'ont conduit à Ribla[q], dans la région de Hamath, devant Nabucodonosor, roi de Babylone. Là, Nabucodonosor a jugé Sédécias. 6 De plus, le roi de Babylone a mis à mort à Ribla les fils de Sédécias sous les yeux de leur père, ainsi que tous les notables de Juda. 7 Ensuite, il a fait crever les yeux de Sédécias, il l'a fait attacher avec deux chaînes de bronze et l'a envoyé à Babylone.

8 À Jérusalem, les Babyloniens ont mis le feu au palais royal et aux maisons des habitants. Ils ont détruit les murs qui protégeaient la ville. 9 Puis Nebouzaradan, le chef des gardes, a déporté à Babylone les gens qui étaient restés dans la ville. Il a déporté aussi ceux qui s'étaient rendus au roi de Babylone ainsi que les derniers artisans. 10 Mais il a laissé dans le pays de Juda une partie des pauvres du pays, ceux qui ne possédaient rien, et il leur a distribué des *vignes et des champs.

Jérémie est libéré

11 Au sujet de Jérémie, le roi Nabucodonosor a donné cet ordre à Nebouzaradan, le chef des gardes : 12 « Va le chercher, veille sur lui pour que personne ne lui fasse du mal, et traite-le comme il le demandera. » 13 Nebouzaradan, le chef des gardes, s'est mis d'accord avec Nebouchazban, le chef des serviteurs du roi, Nergal-Saresser, le chef de l'armée, et avec les autres officiers du roi de Babylone. 14 Ils ont envoyé des gens chercher Jérémie dans la cour de garde pour le remettre à Guedalia, fils d'Ahicam et petit-fils de Chafan. Guedalia a permis à Jérémie de rentrer chez lui. Ainsi le *prophète a vécu au milieu du peuple.

Message du Seigneur pour Ébed-Mélek

15 Quand Jérémie était encore prisonnier dans la cour de garde, le SEIGNEUR lui avait adressé ces paroles : 16 « Va dire à Ébed-Mélek, *l'Éthiopien[r] : "Voici un message du SEIGNEUR de l'univers, Dieu d'Israël : J'ai annoncé non pas le bonheur mais le malheur aux habitants de Jérusalem. Eh bien, je vais réaliser ce que j'ai dit, et tu le verras bientôt. 17 Mais à ce moment-là, je te délivrerai, je le déclare, moi, le SEIGNEUR. Et tu ne seras pas livré aux gens qui

o **39.1** *Vers la fin décembre 589 avant J.-C.*
p **39.2** *Vers la fin juin 587 avant J.-C.*
q **39.5** *Ribla : ville de Syrie.*
r **39.16** *Voir Jérémie 38.7-13.*

te font peur. 18 Oui, c'est sûr, je te sauverai. Tu ne tomberas pas sous les coups de *l'épée et tu resteras en vie. Tu auras gagné au moins cela, parce que tu as mis ta confiance en moi. Voilà ce que le SEIGNEUR déclare." »

Jérémie se rend à Mispa, auprès du gouverneur Guedalia

40 1 Jérémie se trouvait attaché avec des chaînes parmi les prisonniers de Jérusalem et de Juda qui devaient être déportés à Babylone. Mais Nebouzaradan, le chef des gardes, l'a retiré du milieu des prisonniers et il l'a laissé partir de Rama.

Après cela, le SEIGNEUR a adressé sa parole à Jérémie. 2 Avant le départ de Jérémie, le chef des gardes l'a pris à part et lui a dit : « Le SEIGNEUR ton Dieu avait annoncé ce malheur contre Jérusalem, 3 et il l'a fait venir. Il a réalisé ce qu'il avait dit. En effet, vous n'avez pas écouté le SEIGNEUR et vous êtes coupables envers lui. Voilà pourquoi tout cela vous est arrivé. 4 Eh bien, j'enlève aujourd'hui les chaînes qui t'attachaient les mains. Si tu désires venir avec moi à Babylone, viens, et je veillerai sur toi. Si tu ne veux pas, ne viens pas. Tu es libre d'aller partout dans le pays. Va donc là où tu as envie d'aller. »

5 Comme Jérémie ne s'en allait pas, Nebouzaradan a ajouté : « Tu peux retourner auprès de Guedalia, fils d'Ahicam et petit-fils de Chafan. Le roi de Babylone l'a nommé gouverneur des villes de Juda. Habite avec lui au milieu de la population, ou bien va là où tu as envie d'aller. »

Ensuite, le chef des gardes a donné à Jérémie de la nourriture pour le voyage. Il lui a fait un cadeau puis il l'a laissé partir. 6 Jérémie est donc allé à Mispa, auprès de Guedalia. Il a habité avec lui au milieu de la population restée dans le pays.

Les Judéens se rassemblent autour de Guedalia

7 Dans la campagne, il y avait encore des groupes armés avec leurs officiers. Ils ont appris ceci : le roi de Babylone a chargé Guedalia, fils d'Ahicam, de gouverner le pays. Il lui a confié les pauvres, hommes, femmes et enfants, qui n'ont pas été déportés à Babylone. 8 Alors ces groupes sont venus rejoindre Guedalia à Mispa. Leur officiers étaient : Ismaël, fils de Netania, Yohanan et Yonatan, tous deux fils de Caréa, Seraya, fils de Tanehoumeth, les fils d'Éfaï de Netofa, et Yazania de Maaka. 9 Guedalia, fils d'Ahicam et petit-fils de Chafan, a dit aux officiers et à leurs hommes : « N'ayez pas peur de vous mettre au service des Babyloniens. Installez-vous dans le pays et mettez-vous au service du roi de Babylone. Alors tout se passera bien pour vous, je vous l'affirme. 10 Moi, je suis installé ici à Mispa pour vous représenter devant les Babyloniens qui viennent chez nous. Mais vous, récoltez du *raisin, des fruits et de l'huile. Gardez vos récoltes en réserve et installez-vous dans les villes que vous occupez. »

11 Le roi de Babylone a laissé une partie de la population dans le royaume de Juda et l'a confiée à Guedalia. Les Judéens qui vivaient parmi les Moabites, les Ammonites, les Édomites ou ailleurs ont tous appris cela. 12 Alors tous les Judéens sont revenus des différents endroits où ils étaient partis. Ils sont arrivés dans le pays de Juda, auprès de Guedalia, à Mispa. Là, ils ont récolté beaucoup de raisin et de fruits.

Ismaël, un membre de la famille royale, assassine Guedalia

13 Dans la campagne, il y avait donc des groupes armés. Un jour, Yohanan, fils de Caréa, ainsi que les autres officiers de ces groupes sont venus voir Guedalia[s] à Mispa. 14 Ils lui ont dit : « Baalis, le roi des Ammonites, a chargé Ismaël, fils de Netania, de t'assassiner. Est-ce que tu sais cela ? »

Mais Guedalia ne les a pas crus. 15 Pourtant Yohanan était venu le trouver en secret à Mispa et il lui avait dit : « Est-ce que tu veux

s **40.13** *Guedalia : voir Jérémie 40.5.*

que je supprime Ismaël ? Personne ne le saura. Pourquoi te laisser assassiner par lui ? S'il te tue, tous les Judéens rassemblés autour de toi, seront de nouveau chassés de tous côtés. Et ce qui reste encore du royaume de Juda disparaîtra. »

16 Mais Guedalia avait répondu à Yohanan : « Ne fais pas cela ! Ce que tu racontes sur Ismaël est faux ! »

41 1 Or le septième *mois de l'année, Ismaël, fils de Netania et petit-fils d'Élichama, est venu à Mispa auprès de Guedalia. Ismaël était de la famille royale et il avait été l'un des fonctionnaires importants du roi. Dix hommes l'accompagnaient. Pendant qu'ils mangeaient chez Guedalia, 2 tout à coup, Ismaël s'est levé avec ses dix hommes, et ils ont frappé Guedalia à coups *d'épée. C'est ainsi qu'ils ont tué celui que le roi de Babylone avait nommé gouverneur de Juda. 3 Ensuite, Ismaël a assassiné aussi tous les Judéens qui étaient à Mispa avec Guedalia, ainsi que les soldats babyloniens qui se trouvaient là.

Ismaël assassine un groupe de pèlerins

4 Deux jours après l'assassinat de Guedalia, personne n'était encore au courant de sa mort. 5 Des hommes sont arrivés de Sichem, de Silo et de Samarie. Ils étaient 80. Ils avaient la barbe coupée, les vêtements déchirés et le corps couvert d'incisions[t]. Ils portaient des offrandes de *blé et *d'encens pour aller les offrir au SEIGNEUR au temple de Jérusalem. 6 Ismaël est sorti de Mispa et il est allé à leur rencontre en pleurant. Après les avoir rejoints, il leur a dit : « Venez chez Guedalia, fils d'Ahicam. »

7 Ils sont donc entrés dans la ville. Aussitôt, Ismaël et ses hommes les ont assassinés et ont jeté leurs corps dans une citerne. 8 Mais dix hommes parmi eux avaient dit à Ismaël : « Ne nous tue pas. Nous avons caché des provisions dans les champs : du blé, de *l'orge, de l'huile et du miel. » Alors Ismaël avait renoncé à les tuer avec leurs camarades. 9 La citerne où Ismaël a fait jeter tous les corps est celle que le roi Asa avait fait creuser quand il était en guerre contre Bacha, roi d'Israël[u]. Elle était très grande. Ismaël l'a remplie des corps des hommes assassinés.

10 Ensuite, il a fait prisonniers tous ceux qui étaient restés à Mispa, ainsi que les filles du roi. Il a donc pris tous ceux que Nebouzaradan, le chef des gardes, avait confiés à Guedalia. Puis Ismaël est parti avec les prisonniers pour aller chez les Ammonites.

Les prisonniers d'Ismaël sont délivrés

11 Yohanan, fils de Caréa, et les officiers des groupes armés qui étaient avec lui ont appris tous les crimes d'Ismaël, fils de Netania. 12 Ils ont rassemblé alors tous leurs hommes pour aller l'attaquer. Ils l'ont rattrapé au grand étang de Gabaon. 13 Quand les prisonniers d'Ismaël ont vu Yohanan et les officiers qui l'accompagnaient, ils étaient pleins de joie. 14 Alors tous les gens qu'Ismaël avait emmenés de Mispa ont fait demi-tour et ils ont rejoint Yohanan. 15 Mais Ismaël a fui avec huit hommes devant Yohanan et il est allé chez les Ammonites.

16 Après cela, Yohanan et les officiers qui l'accompagnaient ont rassemblé tous ceux qui étaient restés en vie et qu'Ismaël avait emmenés de Mispa après l'assassinat de Guedalia. Il y avait les hommes, c'est-à-dire les soldats, ainsi que les femmes, les enfants, les *eunuques, c'est-à-dire tous ceux que Yohanan et les officiers avaient ramenés de Gabaon. 17 Ils sont partis et se sont arrêtés au campement de Kimeham, près de Bethléem. Ils voulaient ensuite aller en Égypte. 18 En effet, ils avaient peur des Babyloniens depuis qu'Ismaël avait assassiné Guedalia, le gouverneur de Juda nommé par le roi de Babylone.

---

t **41.5** *Les incisions, la barbe coupée et les vêtements déchirés étaient des marques de deuil et de tristesse.*

u **41.9** *Asa, Bacha : voir 1 Rois 15.9-24.*

Jérémie conseille aux officiers de ne pas partir en Égypte

42 1 Alors tous les officiers des groupes armés, en particulier Yohanan, fils de
Caréa, et Yezania[v], fils de Hochaya, ainsi que
tous ceux qui étaient là, petits et grands, sont
allés trouver 2 le *prophète Jérémie. Ils lui ont
dit : « S'il te plaît, accepte notre demande !
Prie le SEIGNEUR ton Dieu pour nous qui sommes restés en vie. Nous sommes seulement un
petit nombre, comme tu peux le voir. 3 Demande au SEIGNEUR ton Dieu de nous montrer
où nous devons aller et ce que nous devons
faire. »
4 Le prophète Jérémie leur a répondu : « J'ai
entendu ! Je vais prier le SEIGNEUR notre Dieu
comme vous le demandez. Ensuite, je vous
ferai connaître la réponse du SEIGNEUR, je ne
vous cacherai rien. »
5 Ils ont dit à Jérémie : « Nous promettons
de faire exactement ce que le SEIGNEUR ton
Dieu nous dira par ton intermédiaire. Qu'il
soit le *témoin vrai et sûr de notre promesse !
6 Nous te chargeons de consulter le SEIGNEUR
notre Dieu. Nous ferons ce qu'il nous dira,
que cela nous plaise ou non. Alors tout ira
bien pour nous, car nous écouterons le SEI-
GNEUR notre Dieu. » 7 Dix jours plus tard, le
SEIGNEUR a adressé sa parole à Jérémie.
8 Celui-ci a appelé Yohanan, fils de Caréa,
avec les autres officiers qui l'accompagnaient,
ainsi que les autres gens qui étaient là, petits
et grands. 9 Il leur a dit : « Vous m'avez chargé
de présenter votre demande au SEIGNEUR,
Dieu d'Israël. Voici ce qu'il dit :
10 "Si vous acceptez de rester dans ce pays,
je ne le détruirai plus,
je rebâtirai votre peuple.
Je ne vous arracherai plus,
je vous replanterai.
Je regretterai tout le mal que je vous ai fait.
11 Maintenant,
n'ayez plus peur du roi de Babylone.
Moi, le SEIGNEUR, je le déclare :
n'ayez plus peur de lui.
En effet, je suis avec vous pour vous sauver
et vous délivrer de son pouvoir.
12 J'agirai pour qu'il soit bon avec vous.
Il aura pitié de vous
et il vous laissera revenir
sur votre territoire." »
13 Jérémie a continué : « Vous refuserez
peut-être d'écouter le SEIGNEUR votre Dieu
en disant : "Non, nous ne resterons pas ici.
14 Nous irons plutôt en Égypte. Là-bas, nous
ne connaîtrons plus la guerre, nous n'entendrons plus l'appel de la trompette de guerre,
nous ne souffrirons plus de la faim. C'est là-
bas que nous voulons habiter." 15 Eh bien,
dans ce cas, vous, le reste du peuple de
Juda, écoutez la parole du SEIGNEUR. Voici le
message du SEIGNEUR de l'univers, Dieu d'Israël :
"Si vous décidez vraiment
d'aller en Égypte,
si vous partez pour vous réfugier là-bas,
16 alors la guerre, qui vous fait peur,
vous poursuivra jusque-là.
La faim, qui vous inquiète maintenant,
vous atteindra en Égypte,
et c'est là-bas que vous mourrez.
17 Tous ceux qui ont décidé
d'aller se réfugier en Égypte
mourront par la guerre,
la famine et la peste.
Personne n'échappera au malheur
que je vais faire venir sur eux." »
18 Jérémie a encore dit : « Voici les paroles
du SEIGNEUR de l'univers, Dieu d'Israël : "J'ai
répandu ma violente *colère contre les habitants de Jérusalem. De la même façon, je la répandrai contre vous, si vous allez en Égypte.
Alors on vous prendra comme exemple quand
on lancera une malédiction, quand on parlera
d'une chose horrible ou maudite, et quand on
voudra couvrir quelqu'un de honte." Et vous
ne reverrez plus jamais ce pays. »
19 Jérémie a ajouté : « Aujourd'hui, je vous
avertis sérieusement, vous, le reste du peuple

v **42.1** *Certains manuscrits ont : « Yezania, fils de Hanania, et Azaria, fils de Hochaya. »*

de Juda. C'est le SEIGNEUR qui vous commande de ne pas aller en Égypte. Vous devez le savoir. 20 Vous m'avez chargé de consulter le SEIGNEUR votre Dieu. Vous m'avez dit : "Prie pour nous le SEIGNEUR notre Dieu. Dis-nous exactement tout ce qu'il dira, et nous le ferons." Ce jour-là, vous avez fait une erreur qui va vous coûter la vie. 21 En effet, aujourd'hui, je vous donne la réponse du SEIGNEUR notre Dieu. Mais vous n'écoutez rien de ce qu'il vous dit par mon intermédiaire. 22 Eh bien, vous devez le savoir : vous allez mourir par la guerre, la famine ou la peste dans le pays où vous voulez aller vous réfugier. »

Jérémie est emmené de force en Égypte

43 1 Jérémie a fini de communiquer aux gens présents toutes les paroles rapportées ici. C'est le message que le SEIGNEUR leur Dieu leur a envoyé par son intermédiaire. 2 Alors Azaria, fils de Hochaya, Yohanan, fils de Caréa, et tous ces hommes orgueilleux disent à Jérémie : « Tu mens ! Le SEIGNEUR notre Dieu ne t'a pas chargé de nous dire : "N'allez pas en Égypte pour y habiter !" 3 Mais c'est Baruc[w], fils de Néria, qui te dresse contre nous. En effet, il veut nous livrer aux Babyloniens pour que ceux-ci nous tuent ou nous déportent à Babylone. »

4 Ainsi Yohanan, fils de Caréa, les autres officiers des groupes armés et les gens qui les accompagnaient ont refusé d'écouter le SEIGNEUR et de rester dans le pays de Juda. 5 Alors Yohanan et les autres chefs de groupes ont emmené tous les habitants de Juda restés en vie. C'étaient les gens qui avaient d'abord été chassés un peu partout dans les pays voisins et qui étaient ensuite revenus vivre en Juda. 6 Il y avait là des hommes, des femmes, des enfants, les filles du roi et toutes les autres personnes que Nebouzaradan, le chef des gardes, avait laissées avec Guedalia, fils d'Ahicam et petit-fils de Chafan. Ils ont aussi emmené le *prophète Jérémie et Baruc, fils de Néria. 7 Ils ont donc refusé d'obéir au SEIGNEUR. Ils sont partis en Égypte et ils sont arrivés à Tapanès.

Jérémie annonce que Nabucodonosor va envahir l'Égypte

8 À Tapanès, le SEIGNEUR a adressé sa parole à Jérémie en disant : 9 « Prends de grandes pierres. Mets-les dans le sol de la terrasse située à l'entrée du palais du roi d'Égypte, à Tapanès. Fais cela sous les yeux des hommes de Juda. 10 Puis tu leur diras : "Voici ce que m'a dit le SEIGNEUR de l'univers, Dieu d'Israël : Je vais envoyer chercher mon serviteur, Nabucodonosor, roi de Babylone. J'installerai son siège royal au-dessus des pierres que tu as mises dans le sol. C'est là qu'il dressera sa tente royale. 11 Quand il arrivera, il battra l'Égypte. Il fera mourir ceux qui doivent mourir, il déportera ceux qui doivent être déportés, il tuera par *l'épée ceux qui doivent être tués par l'épée. 12 Nabucodonosor mettra le feu aux temples des dieux de l'Égypte. Il brûlera les dieux ou bien il les emportera en Babylonie. Il s'appliquera à enlever à l'Égypte ses richesses, comme un berger s'applique à enlever les poux de son vêtement. Puis il quittera ce pays sans difficulté. 13 À Héliopolis, il brisera les monuments de pierre et il brûlera les temples des dieux égyptiens." »

Message du Seigneur pour les Judéens réfugiés en Égypte

44 1 Le SEIGNEUR a adressé sa parole à Jérémie. Elle concernait tous les gens de Juda qui vivaient en Égypte, dans les villes de Migdol, Tapanès, Memphis et dans la région de Patros. Jérémie leur a donc dit : 2 « Voici un message du SEIGNEUR de l'univers, Dieu d'Israël : Vous avez vu tous les malheurs que j'ai fait venir sur Jérusalem et sur les autres villes de Juda. Aujourd'hui, elles sont détruites, et il n'y a plus du tout d'habitants là-bas. 3 Cela est arrivé parce que les gens m'ont mis en *colère par le mal qu'ils ont commis. En effet, ils sont allés offrir des *sacrifices à des dieux étrangers et ils les ont adorés. Pourtant ils ne connaissent pas ces dieux-là. D'ailleurs, vous-mêmes et vos ancêtres, vous ne les

---

w **43.3** *Baruc : voir Jérémie 32.12 et la note.*

connaissiez pas non plus. 4 Et moi, j'ai passé
mon temps à vous envoyer tous mes serviteurs, les *prophètes. L'un après l'autre, ils
vous ont dit : "Ne faites pas ces choses horribles que je déteste !" 5 Mais vous n'avez pas
écouté, vous n'avez pas tendu l'oreille. Vous
n'avez pas abandonné le mal que vous faisiez,
et vous avez continué à offrir des sacrifices à
des dieux étrangers. 6 Alors j'ai répandu ma
violente colère. Elle a brûlé les villes de Juda
et les rues de Jérusalem. Celles-ci ne sont
plus que des tas de ruines et des endroits
déserts, comme on peut le voir aujourd'hui. »
7 Jérémie dit encore : « Et maintenant, voici
ce que dit le SEIGNEUR, Dieu de l'univers et
Dieu d'Israël : "Vous vous faites beaucoup
de mal à vous-mêmes. Pourquoi ? Est-ce que
vous voulez supprimer les hommes, les femmes, les jeunes et les bébés du peuple de
Juda ? Est-ce que vous souhaitez qu'il ne reste
plus rien de vous ? 8 Est-ce que vous cherchez
à provoquer ma colère par vos actions ? En
effet, vous offrez des sacrifices à des dieux
étrangers dans ce pays d'Égypte, où vous
êtes venus habiter. Est-ce que vous désirez
vraiment vous faire éliminer et devenir pour
tous les pays du monde un exemple de malédiction et de honte ? 9 Est-ce que vous avez oublié le mal commis dans le pays de Juda et
dans les rues de Jérusalem ? Ce sont vos parents, les rois de Juda, les femmes de Salomon,
vous-mêmes et vos femmes qui l'avez
commis. 10 Jusqu'à maintenant, personne ne
l'a regretté, personne ne m'a montré du respect, personne n'a obéi à l'enseignement et
aux commandements que je vous ai donnés,
à vous et à vos ancêtres." »
11 Jérémie a ajouté : « C'est pourquoi, voici
le message du SEIGNEUR de l'univers, Dieu d'Israël : "Je vais me tourner contre vous pour votre malheur, et je vais éliminer tout le peuple
de Juda. 12 Je prendrai ceux qui sont restés en
vie en Juda, qui sont venus se réfugier en
Égypte, et ils mourront tous. C'est dans ce
pays qu'ils mourront par la guerre ou par la famine, tous, petits et grands. Oui, ils mourront
de cette façon, et on les prendra comme
exemple quand on lancera une malédiction,
quand on parlera d'une chose horrible ou
maudite, et quand on voudra couvrir quelqu'un de honte. 13 J'agirai contre ceux qui se
sont installés en Égypte, comme j'ai agi contre
les gens de Jérusalem : par la guerre, la famine
et la peste. 14 Parmi ceux qui sont restés en vie
en Juda, et qui sont venus se réfugier en
Égypte, personne ne pourra fuir, personne
n'échappera à la mort. Personne ne reviendra
dans le pays de Juda, où ils désirent pourtant
revenir pour y habiter. Ils n'y reviendront
pas, sauf quelques-uns qui auront échappé à
la mort." »

En Égypte, les Judéens offrent des sacrifices à la Reine du ciel

15 Tous ceux qui étaient installés en Égypte,
à Patros, ont répondu à Jérémie. Il y avait là
tous les hommes, qui savaient que leurs femmes offraient des *sacrifices à des dieux étrangers. Il y avait aussi toutes les femmes,
rassemblées en grand nombre. Ils ont dit :
16 « Tu affirmes que tu nous parles de la part
du SEIGNEUR. Mais nous ne voulons pas t'écouter. 17 Nous continuerons plutôt à faire tout ce
que nous avons promis. Nous offrirons de
*l'encens et du vin à la déesse *Astarté, la Rei-
ne du ciel. Nous avons toujours fait cela, ainsi
que nos parents, nos rois et nos ministres,
dans les villes de Juda et dans les rues de Jérusalem. Nous avions alors assez à manger, tout
allait bien pour nous, et nous ne connaissions
pas le malheur. 18 Mais un jour, nous avons arrêté d'offrir de l'encens et du vin à la Reine du
ciel. Et depuis, nous manquons de tout et nous
mourons par la guerre et la famine. »
19 Les femmes ont dit encore : « Quand nous
offrons de l'encens et du vin à la Reine du ciel,
est-ce que nos maris ne sont pas d'accord avec
nous ? Quand nous faisons pour elle des gâteaux qui la représentent, quand nous lui offrons du vin, ils le savent bien. »
20 Mais Jérémie a dit à tous, hommes et
femmes, qui lui avaient répondu de cette façon : 21 « C'est vrai, vous offriez déjà de l'encens dans les villes de Juda et dans les rues
de Jérusalem, vous, vos parents, vos rois,
vos ministres et les autres gens de Juda. Et
le SEIGNEUR s'en est bien souvenu, il ne l'a

pas oublié. 22 Mais le SEIGNEUR n'a pas pu supporter vos actions mauvaises ni les choses horribles que vous avez faites. C'est pourquoi votre pays est devenu un tas de ruines, un lieu horrible, sans habitants, et on le prend comme exemple pour lancer une malédiction. Tout le monde peut voir cela aujourd'hui. 23 Voici pourquoi ce malheur vous a frappés : vous avez offert de l'encens à des dieux étrangers, vous avez péché contre le SEIGNEUR. Vous ne l'avez pas écouté, vous n'avez pas suivi son enseignement, ses commandements et ses conseils. Tout le monde peut voir cela aujourd'hui. »

24 Jérémie a dit encore à tous, hommes et femmes : « Vous tous, gens de Juda, qui êtes en Égypte, écoutez les paroles du SEIGNEUR. 25 Voici le message du SEIGNEUR de l'univers, Dieu d'Israël : Vous et vos femmes, vous avez dit : "Nous avons promis d'offrir de l'encens et du vin à la Reine du ciel. Et nous voulons tenir nos promesses." Eh bien, tenez-les, faites ce que vous avez dit ! 26 Mais vous tous, gens de Juda, qui habitez en Égypte, écoutez bien ce que je vous annonce ! Moi, le SEIGNEUR, je le jure par mon grand nom : dans toute l'Égypte, aucun homme de Juda ne prononcera plus jamais mon nom quand il fera un serment. Personne ne dira plus : "Par le Seigneur, le DIEU vivant..." 27 Je vais chercher à agir non pas pour leur bonheur mais pour leur malheur. Les gens de Juda qui sont en Égypte mourront par la guerre et la famine. Il n'en restera plus aucun. 28 Quelques-uns seulement échapperont à la guerre, et ils reviendront d'Égypte au pays de Juda. Alors le reste des gens de Juda réfugiés en Égypte sauront si c'est votre parole ou la mienne qui se réalise. 29 Moi, le SEIGNEUR, je le déclare : J'agirai contre vous ici, en Égypte. Je vous donnerai un signe. Ainsi vous verrez que mes paroles contre vous se réalisent pour votre malheur. Voici ce signe : 30 J'ai livré Sédécias, roi de Juda, à Nabucodonosor, roi de Babylone, son ennemi qui voulait sa mort. Eh bien, de la même façon, je vais livrer le roi d'Égypte, le Pharaon Hofra, à ses ennemis qui veulent sa mort. Voilà ce que je dis, moi, le SEIGNEUR. »

Message du Seigneur pour Baruc

45 1 C'était la quatrième année où Yoaquim, fils de Josias, était roi de Juda. Baruc[x], fils de Néria, a mis par écrit les paroles que le *prophète Jérémie lui dictait. Cette année-là, Jérémie a dit à Baruc : 2 « Baruc, voici pour toi un message du SEIGNEUR, Dieu d'Israël : 3 Tu dis : "Je suis très malheureux. Oui, je souffrais déjà, et le SEIGNEUR augmente encore ma tristesse. Je me fatigue à gémir, je ne trouve pas de repos." 4 Eh bien, voici le message que le SEIGNEUR m'a donné pour toi :

"Ce que j'ai construit, je le démolis,
ce que j'ai planté, je l'arrache,
et cela dans tout le pays.
5 Et toi, tu demandes pour toi-même
de grandes choses !
Ne demande rien.
En effet,
moi, le SEIGNEUR, je le déclare :
Je vais envoyer le malheur
sur tout ce qui vit.
Mais toi, voici ce que je te ferai gagner :
je te laisserai en vie partout où tu iras." »

46 1 Voici les paroles que le SEIGNEUR a adressées au *prophète Jérémie au sujet des peuples étrangers[y].

Le roi de Babylone bat les Égyptiens à Karkémich

2 Message au sujet de l'Égypte et de l'armée du Pharaon Néco, roi d'Égypte. La quatrième année où Yoaquim, fils de Josias, était roi de Juda, le roi d'Égypte se trouvait à Karkémich,

x 45.1 *Yoaquim : voir Jérémie 22.13 et la note.*
Baruc : voir Jérémie 32.12 et la note.
y 46.1 *Le verset 1 sert de titre aux chapitres 46 à 51.*

près du fleuve Euphrate. À cette époque, Nabucodonosor, roi de Babylone, a remporté la victoire sur lui[z].

3 « Préparez[a] les *boucliers,
les petits et les grands !
En avant pour la bataille !
4 Attelez les chevaux !
Partez, cavaliers !
Mettez vos casques, alignez-vous !
Préparez vos lances,
mettez vos *cuirasses ! »

5 Le SEIGNEUR déclare :
« Mais quoi ? Qu'est-ce que je vois ?
Ils sont effrayés, ils reculent !
Les combattants les meilleurs sont battus.
Ils fuient dans la terreur, sans se retourner.
La peur est partout.
6 Le plus rapide ne peut pas fuir,
le combattant le meilleur ne peut pas se sauver.
Là-bas, vers le nord,
sur les bords du fleuve Euphrate,
ils perdent l'équilibre et tombent.

7 « Qui donc ressemble au Nil qui monte,
à ce fleuve à l'eau débordante ?
8 C'est l'Égypte, qui se répand comme le Nil.
Elle disait :
"Comme le Nil qui monte,
comme son eau débordante,
je vais inonder la terre,
détruire les villes avec leurs habitants.
9 Chevaux, à l'attaque !
Chars, foncez !
En avant, les combattants les meilleurs :
gens *d'Éthiopie et de Pouth,
porteurs de *boucliers,
gens de Loud armés de l'arc !"
10 Mais pour le Seigneur, DIEU de l'univers,
ce jour-là est un jour de vengeance.
Il va se venger de ses ennemis.
*L'épée les dévore avec grand appétit,
elle est ivre de leur sang.
C'est comme un *sacrifice
pour le Seigneur, DIEU de l'univers,
au pays du nord,
sur les bords de l'Euphrate.
11 Pauvre Égypte, monte en Galaad
chercher une pommade pour tes blessures.
Mais cela ne sert à rien
de multiplier les remèdes,
ta blessure ne guérira pas.
12 Les peuples ont appris ta honte,
partout on entend ta plainte.
En effet, le combattant
a heurté un autre combattant,
et tous les deux perdent l'équilibre
et tombent. »

Nabucodonosor envahit l'Égypte

13 Le SEIGNEUR a adressé sa parole au *pro-
phète Jérémie au moment où le roi Nabucodonosor est arrivé pour attaquer l'Égypte :
14 « Annoncez la nouvelle en Égypte,
Faites-la connaître aux villes de Migdol,
Memphis et Tapanès.
Dites-leur :
"Debout ! Préparez-vous !"
La guerre a déjà détruit vos voisins !
15 Le taureau sacré[b] est renversé !
Pourquoi donc ?
Il n'a pas résisté
quand le SEIGNEUR l'a bousculé.
16 Le SEIGNEUR fait perdre l'équilibre
à de nombreux soldats,
et ils tombent.
Ils se disent entre eux :
"Allons, rentrons chez nous,
dans notre pays,
loin de cette guerre sans pitié !"
17 Voici le nom qu'on doit donner au Pharaon,
roi d'Égypte :
"Beaucoup-de-bruit !
Mais-rendez-vous-manqué !"

---

z **46.2** *Yoaquim : voir Jérémie 22.13 et la note.*
Karkémich : cette bataille a eu lieu en 605-604 avant J.-C.

a **46.3** *Aux versets 3 et 4, ce sont sans doute les officiers égyptiens qui parlent.*

b **46.15** *Ce taureau représentait le dieu qui protégeait la ville de Memphis.*

18 Le Roi qui a pour nom "Seigneur de l'univers" déclare ceci :
"Aussi vrai que je suis vivant,
l'ennemi va arriver.
C'est aussi sûr que la montagne du Tabor,
aussi sûr que le Carmel au-dessus de la mer."
19 « Habitants de l'Égypte,
c'est le moment pour vous
de préparer vos affaires
pour partir en déportation.
La ville de Memphis
va devenir un endroit horrible.
Elle sera détruite,
personne n'y habitera plus.

20 « L'Égypte était un bel animal.
Mais une mouche piquante
venue du nord
s'est posée sur elle.
21 Les soldats étrangers payés par l'Égypte
étaient très bien traités.
Mais eux aussi tournent le dos,
ils fuient tous ensemble.
Aucun ne résiste
quand le jour du malheur vient sur eux,
quand j'agis contre eux.
22 Les ennemis arrivent en foule
et se jettent sur l'Égypte
comme ceux qui coupent les arbres,
la hache à la main.
Alors les soldats égyptiens
fuient comme un serpent,
sans faire de bruit.
23 Le Seigneur déclare :
Ils abattent sa forêt,
une forêt où personne ne pouvait entrer.
En effet,
ils sont plus nombreux que les sauterelles,
personne ne peut les compter.
24 L'Égypte est couverte de honte :
elle est livrée
au pouvoir d'un peuple venu du nord. »

25 Le Seigneur de l'univers, Dieu d'Israël,
annonce : « Je vais agir contre Amon, le
dieu de la ville de Thèbes, contre l'Égypte,
ses dieux et ses rois, contre le Pharaon et
contre ceux qui comptent sur lui. 26 Je
vais les livrer à ceux qui veulent leur
mort : le roi Nabucodonosor de Babylone
et ses soldats.

« Mais plus tard, l'Égypte sera de nouveau habitée comme autrefois. » Voilà ce que le Seigneur déclare.

Le Seigneur sauvera Israël

27 « Toi, Israël, mon serviteur,
n'aie pas peur.
Ne sois pas effrayé,
toi qui as *Jacob pour ancêtre.
Oui, je viens te sauver
en te faisant sortir de ces pays éloignés,
en ramenant tes enfants
du pays où ils sont en exil.
Israël, tu reviendras
et tu seras tranquille, en sécurité.
Plus personne ne te menacera.
28 Toi, Israël mon serviteur,
n'aie pas peur.
Moi, le Seigneur, je suis avec toi,
je le déclare.
Je vais détruire les peuples
parmi lesquels je t'ai fait partir.
Mais toi, je ne vais pas te détruire.
Je t'ai corrigé, c'est vrai,
mais avec justice.
En effet, je ne pouvais pas te traiter
comme si tu étais innocent ! »

Message du Seigneur au sujet des Philistins

47 1 Le Seigneur a adressé sa parole au
*prophète Jérémie au sujet des
*Philistins. C'était avant que le roi d'Égypte
attaque Gaza. 2 Voici ce que le Seigneur a
dit :
« Une vague énorme arrive du nord.
Elle devient un torrent qui déborde.
Elle inonde le pays et ce qui s'y trouve,
les villes et leurs habitants.
Les gens crient au secours,
tous les habitants du pays chantent
un chant de deuil.
3 On entend les chevaux
frapper la terre de leurs sabots.

Les chars de guerre grondent,
leurs roues font un bruit terrible.
Alors les parents, découragés,
ne s'occupent plus de leurs enfants.
4 Pourquoi ? Parce que c'est le jour
où tout est détruit chez les Philistins.
Il n'y a plus personne
pour aider les villes de Tyr et de Sidon.
Le SEIGNEUR détruit tout chez les Philistins,
ces habitants de l'île de Kaftor[c] restés en vie.
5 À Gaza, les gens ont la tête rasée.
À Ascalon, tout le monde se tait.
Vous qui êtes les géants restés en vie,
jusqu'à quand vous ferez-vous des incisions[d] sur le corps ?
6 Vous dites : "Hélas, *épée du SEIGNEUR,
est-ce que tu ne vas jamais te reposer ?
Rentre dans ton étui,
reste tranquille, ne fais plus rien."
7 – Mais comment cette épée peut-elle se reposer ?
Le SEIGNEUR lui a donné des ordres.
Il lui a commandé
d'aller jusqu'à Ascalon
et au bord de la mer.
Voilà le but qu'il lui a fixé. »

Message du Seigneur au sujet de Moab

48 1 Message au sujet de Moab. Voici les paroles du SEIGNEUR de l'univers, Dieu d'Israël :
« Quel malheur pour la ville de Nébo[e] :
elle est détruite !
Quelle honte pour la ville de Quiriataïm :
elle est prise !
Quelle honte pour cette ville bien protégée :
elle est écrasée !
2 Ce qui faisait la fierté de Moab a disparu.
Des gens ont préparé le malheur de Hèchebon en disant :
"Allons ! Supprimons cette ville
du milieu des peuples !"
Toi aussi, Madmen,
tu seras détruite,
la guerre te rattrape.
3 On entend des cris venant de Horonaïm :
"Tout est détruit !
Quel malheur terrible !"
4 Le pays de Moab est brisé,
ses enfants poussent de grands cris.
5 Les gens montent la pente de Louhith
en pleurant.
Sur la descente de Horonaïm,
on entend des cris de désespoir :
6 "Partez d'ici, sauvez-vous !
Restez dans le désert,
comme l'âne sauvage !"
7 Moab,
tu comptais sur tes actions et sur tes trésors.
Mais tu seras pris, toi aussi.
Ton dieu Kemoch partira en exil
avec tes prêtres et tes chefs,
tous ensemble.
8 Celui qui détruit tout ira de ville en ville,
aucune ne sera oubliée.
La vallée disparaîtra,
le plateau sera détruit,
comme le SEIGNEUR l'a annoncé.
9 Donnez des ailes à Moab,
car il désire s'envoler !
Ses villes seront comme un désert de tristesse,
personne n'y habitera.
10 Qu'ils soient maudits,
ceux qui manquent d'énergie
en travaillant pour le SEIGNEUR !
Qu'ils soient maudits,
ceux qui empêchent le SEIGNEUR de détruire Moab !

*

c 47.4 *Kaftor : c'est sans doute l'île de Crète. Les Philistins venaient de là.*

d 47.5 *Les géants ou Anaquites : voir Josué 11.22.*
Tête rasée, incisions : ce sont des marques de deuil. Voir Jérémie 16.6.

e 48.1 *Cette ville était au pied de la montagne du Nébo, à l'est du fleuve Jourdain.*

11 « Moab vivait en paix
depuis sa jeunesse.
Il n'a jamais été déporté.
Il restait tranquille,
comme le vin qui repose sur ses déchets.
On ne l'avait jamais mis dans un autre récipient.
C'est pourquoi il avait gardé son bon goût
et tout son parfum. »

12 Le SEIGNEUR déclare : « C'est pourquoi le
moment arrive où je vais lui envoyer des
gens pour le mettre dans un autre récipient.
Ils videront les jarres dans lesquelles il se
trouve et ils les briseront. 13 Ce sera comme
pour le royaume d'Israël. Celui-ci avait mis
toute sa confiance dans le dieu de Béthel[f], et
ensuite il a eu honte de lui. De même, Moab
aura honte de son dieu Kemoch.

14 « Hommes de Moab,
comment pouvez-vous dire :
"Nous sommes des soldats courageux,
de vrais combattants" ?
15 Moab est détruit,
et on monte attaquer ses villes.
Les meilleurs de ses jeunes gens
sont conduits à l'abattoir. »

Voici ce que déclare le Roi qui a pour nom
« SEIGNEUR de l'univers » :
16 Moab sera bientôt détruit,
le malheur va tomber très vite
sur ce pays.
17 Vous tous,
peuples voisins qui le connaissez bien,
présentez-lui vos condoléances.
Dites : « Cette puissance si grande,
ce pouvoir magnifique est brisé,
comment est-ce possible ? »

*

18 Peuple de Dibon,
descends de ton siège d'honneur,
assieds-toi au milieu des ordures.
Oui, celui qui détruit Moab
arrive pour t'attaquer,
il détruit tes murs de protection.
19 Peuple d'Aroër,
va sur la route et guette les gens.
Demande à ceux qui fuient,
à ceux qui se sauvent :
« Qu'est-ce qui se passe ? »
20 Ils répondront :
« Moab est écrasé !
Ce pays est couvert de honte ! »
Criez, appelez au secours !
Annoncez sur les bords de l'Arnon :
Moab est détruit !

21 Le jugement du Seigneur frappe la région
du plateau et les villes de Holon, Yahas,
Méfaath, 22 Dibon, Nébo, Beth-Diblataïm,
23 Quiriataïm, Beth-Gamoul, Beth-Méon,
24 Querioth et Bosra. Il frappe toutes les villes
du pays de Moab, proches ou éloignées.

25 Le SEIGNEUR déclare :
« La force de Moab est cassée,
son pouvoir est brisé. »

26 Moab a cru qu'il était plus grand que
le SEIGNEUR. Qu'on lui donne donc à boire
jusqu'à ce qu'il vomisse son vin ! Alors
tout le monde se moquera de lui. 27 Toi,
Moab, tu te moquais d'Israël, n'est-ce
pas ? Israël n'était pourtant pas un voleur.
Alors, pourquoi est-ce que tu secouais la
tête en te moquant de lui, chaque fois
que tu en parlais ?

28 Gens de Moab, quittez les villes,
allez habiter dans les rochers.
Imitez la *colombe,
qui fait son nid dans le rocher,
au-dessus d'un ravin profond.

*

29 Nous avons entendu parler de l'orgueil de Moab.
Quel orgueil immense !
Quelle fierté !
Quelle assurance !
Quel mépris !
Quel air supérieur !

---

f **48.13** *Le dieu de Béthel : voir 1 Rois 12.28-29.*

30 « Moi, le Seigneur, je le déclare : Je
connais bien ses prétentions. Mais ce qu'il
dit est creux, et ce qu'il fait ne vaut
rien. »

31 C'est pourquoi
je chante un chant de deuil sur Moab,
j'appelle au secours
pour tous ses habitants.
Je gémis à cause des gens de Quir-Hérès.
32 Je pleure sur toi,
peuple de Sibma,
plus que sur les gens de Yazer.
Tu ressemblais à une *vigne.
Tes branches s'étendaient
au-delà de la mer Morte,
elles allaient jusqu'à Yazer.
Mais celui qui détruit tout
s'est jeté sur ton *raisin,
sur ta récolte.
33 La joie débordante a disparu
des plantations d'arbres fruitiers de Moab.
Il n'y a plus de vin dans les cuves,
il n'y a plus d'hommes
pour écraser le raisin,
leurs cris rythmés se sont tus.

34 Les habitants de Hèchebon appellent au
secours. On les entend jusqu'à Élalé et Yahas,
et depuis Soar jusqu'à Horonaïm et Églath-
Selissia. Même l'oasis de Nimrim est devenue
un désert de tristesse.

35 « Moi, le Seigneur, je le déclare : J'élimi-
nerai de Moab ceux qui vont sur les hauteurs
offrir des *sacrifices à leurs dieux. »

36 C'est pourquoi mon cœur pleure sur
Moab et sur les habitants de Quir-Hérès.
Ma plainte est comme un air de flûte : toutes les richesses qu'ils avaient amassées sont
perdues. 37 Tous les hommes ont rasé leur
tête, ils ont coupé leur barbe. Ils ont fait
des incisions sur leurs mains et ils portent
des habits de deuil. 38 Sur toutes les terrasses des maisons de Moab, sur toutes ses places, on entend seulement des chants de
deuil. « J'ai brisé Moab comme un pot devenu inutile. » Voilà ce que le Seigneur déclare. 39 Quoi ! Moab est écrasé ! Gémissez !
Moab a tourné le dos, quelle honte ! Tous
ses voisins se moquent de lui et ils sont effrayés.

*

40 Voici ce que le Seigneur dit : « L'ennemi
est comme un vautour qui vole en étendant
ses ailes au-dessus de Moab. »

41 Les villes sont prises,
les places bien protégées sont enlevées.

Alors les meilleurs combattants de Moab ont
peur comme une femme au moment d'accoucher.

42 Moab est détruit,
ce n'est plus un peuple.
Il a cru
qu'il était plus grand que le Seigneur.
43 Le Seigneur déclare :
« La peur, le trou profond et les pièges,
tout cela est pour vous,
habitants de Moab.
44 Celui qui fuit la peur
tombera au fond du trou.
S'il peut remonter du trou,
il sera pris au piège.
Oui, je vais amener tout cela sur Moab
l'année où j'agirai contre lui.
Je le déclare, moi, le Seigneur.
45 Ceux qui fuient n'ont plus de forces.
Ils se sont arrêtés à Hèchebon.
Mais un feu est sorti de la ville,
du palais du roi Sihon.
Les flammes sont allées dévorer
le pays de ce peuple bruyant,
depuis les frontières jusqu'au centre.
46 Quel malheur pour toi, Moab !
Peuple du dieu Kemoch,
te voilà perdu !
Tes fils et tes filles
sont emmenés prisonniers. »

47 Mais le Seigneur déclare :
« Un jour,
je rendrai à Moab son ancienne situation. »

Le jugement contre Moab s'arrête ici.

Message du Seigneur au sujet des Ammonites

49 1 Message au sujet des Ammonites. Voici ce que le SEIGNEUR dit :
« Le dieu Molek
a pris le territoire de Gad,
pourquoi ?
Les Ammonites[g]
occupent des villes israélites,
pourquoi donc ?
Est-ce que les Israélites n'ont pas de fils
pour recevoir ces villes en héritage ? »
2 C'est pourquoi le SEIGNEUR déclare :
« Je vais faire entendre le cri de guerre
à Rabba, la capitale des Ammonites.
Cette ville deviendra un tas de pierres,
les villages voisins seront brûlés.
À ce moment-là,
Israël reprendra ce qui lui appartenait. »
C'est le SEIGNEUR qui parle.
3 Habitants de Hèchebon,
chantez un chant de deuil :
« La ville d'Aï est détruite ! »
Villages voisins de Rabba,
criez au secours !
Mettez des habits de deuil,
chantez un chant de tristesse !
Allez un peu partout dans les enclos :
le dieu Molek part en exil
avec ses prêtres et ses chefs, tous ensemble.
4 Tu te vantais de ta vallée,
de tes champs couverts de récoltes,
Rabba, fille révoltée !
Tu comptais sur tes richesses.
Tu demandais :
« Qui osera m'attaquer ? »
5 Le Seigneur, DIEU de l'univers, déclare :
« Eh bien, je ferai entrer la peur chez toi,
elle viendra de tous les environs.
Vous serez tous chassés, chacun devant soi,
et il n'y aura personne
pour regrouper ceux qui fuient.

6 « Mais après cela,
je rendrai aux Ammonites
leur ancienne situation. »
Voilà ce que le SEIGNEUR déclare.

Message du Seigneur au sujet d'Édom

7 Message au sujet d'Édom[h]. Voici les paroles du SEIGNEUR de l'univers :

« Est-ce qu'il n'y a plus de sages à Téman ?
Est-ce que les gens intelligents ont perdu
leur bon sens ?
Est-ce que leur sagesse est gâtée ?
8 Fuyez ! Tournez le dos, habitants de Dédan !
Cachez-vous dans les trous des rochers !
Je fais venir la destruction sur vous,
famille d'Ésaü,
c'est le moment où j'agis contre vous.
9 Quand ceux qui récoltent le *raisin
viendront chez vous,
ils ne laisseront aucune grappe.
Quand des voleurs viendront
pendant la nuit,
ils détruiront tout ce qu'ils pourront.
10 C'est moi qui vous pillerai, famille d'Ésaü.
Je ferai connaître vos abris cachés,
vous ne pourrez plus y aller.
Tous vos enfants, vos frères, vos voisins
seront éliminés.
Personne ne vous dira :
11 "Laissez vos enfants orphelins,
je les élèverai,
et vos veuves pourront compter sur moi." »

12 Voici ce que le SEIGNEUR dit :
« Écoutez : ceux que je n'avais pas obligés à
boire la *coupe de ma colère ont dû la
boire malgré tout. Et toi, Édom, tu ne serais
pas puni ? Mais si ! Cette coupe de colère,
tu la boiras, c'est sûr ! 13 Je fais ce serment,
moi, le SEIGNEUR : aussi vrai que je suis
Dieu, ta capitale, Bosra, deviendra un lieu
horrible, un tas de ruines. On la prendra

---

g 49.1 *Molek : voir Jérémie 32.35 et la note.*
Les Ammonites : population installée à l'est du fleuve Jourdain.

h 49.7 *Édom : royaume au sud de la mer Morte. Les Édomites appartenaient à la famille d'Ésaü, frère de Jacob. Voir le livre d'Abdias.*

comme exemple pour lancer une malédiction ou pour couvrir quelqu'un de honte. Les villes voisines ne seront plus que des tas de pierres pour toujours. » Voilà ce que le SEIGNEUR déclare.

14 J'ai reçu un message du SEIGNEUR,
et un envoyé l'apporte à tous les peuples :
« Rassemblez-vous ! Marchez contre Édom !
Debout ! Attaquez ! »
15 « Oui, Édom, je vais faire de toi
le plus petit de tous les peuples,
celui que tout le monde regarde avec mépris.
16 Tu fais peur à tout le monde,
tu te crois au-dessus des autres,
mais tu te trompes.
Tu habites les trous des rochers,
tu t'es fixé sur les hauteurs.
Mais même si tu places ton nid
aussi haut que le nid du vautour,
je te jetterai en bas. »
Voilà ce que le SEIGNEUR déclare.

17 Édom deviendra un tas de ruines. Tous
ceux qui passeront près de lui seront bouleversés. Ils pousseront des cris d'horreur en
voyant une telle destruction. 18 Le SEIGNEUR
dit : « Ce sera la même catastrophe qu'à Sodome et Gomorrhe[i] et dans les villes voisines.
Il n'y aura plus chez toi aucun habitant, aucun être humain. »

19 Le SEIGNEUR dit :
« Je serai comme un lion
qui sort des buissons le long du Jourdain
vers une oasis.
Je ferai partir tout le monde en un instant.
Ensuite,
j'établirai à Édom le chef que je choisirai.
En effet, qui est comme moi ?
Qui peut me demander des comptes ?
Quel chef peut me résister ? »

20 Écoutez donc
ce que le SEIGNEUR a décidé contre Édom,
quels projets il a formés contre les habitants de Téman.
Ils seront traînés de force comme des bêtes,
même les plus petits, c'est sûr.
À cause d'eux,
leur enclos sera détruit, c'est certain.
21 Le bruit qu'ils font en tombant
fait trembler la terre.
On entend leurs cris
jusqu'à la *mer des Roseaux.

22 L'ennemi est comme un vautour qui monte dans le ciel, et qui vole en étendant ses ailes au-dessus de Bosra. Ce jour-là, les meilleurs combattants d'Édom auront peur comme une femme au moment d'accoucher.

Message du Seigneur au sujet de Damas

23 Message au sujet de Damas.
« Les villes de Hamath et d'Arpad[j]
ont appris une mauvaise nouvelle,
et elles sont couvertes de honte.
Elles sont inquiètes,
comme la mer agitée
qui ne peut pas se calmer.
24 Les habitants de Damas sont découragés,
ils se préparent à fuir.
Ils tremblent de peur.
Ils sont effrayés et ils souffrent
comme une femme au moment d'accoucher.
25 Elle est abandonnée,
cette ville célèbre,
cette ville joyeuse !
Comment est-ce possible ? »

26 Le SEIGNEUR de l'univers déclare : « C'est
pourquoi ce jour-là, ses jeunes gens tomberont sur les places, tous les soldats mourront.
27 Je mettrai le feu aux murs qui protègent
Damas. Il brûlera le palais de Ben-Hadad[k]. »

---

i **49.18** *Sodome et Gomorrhe : voir Genèse 19.24-25.*

j **49.23** *Damas : capitale du royaume de Syrie.*
Hamath et Arpad : autres villes syriennes.

k **49.27** *Ben-Hadad : nom porté par plusieurs anciens rois de Damas.*

Message du Seigneur au sujet des tribus arabes

28 Message au sujet des Arabes de Quédar[l]
et des royaumes de Hassor vaincus par Nabucodonosor, roi de Babylone. Le SEIGNEUR
dit :

« Debout ! Allez attaquer Quédar !
Détruisez tout chez les gens du désert !
29 Prenez leurs tentes et leurs troupeaux,
leurs abris et toutes leurs affaires !
Emmenez leurs chameaux
et criez à leur sujet :
“La peur est partout !” »
30 Le SEIGNEUR déclare :
« Habitants de Hassor,
fuyez, partez vite !
Cachez-vous dans les trous des rochers.
Oui, Nabucodonosor, roi de Babylone,
a fait des plans,
il a formé un projet contre vous. »

31 Le SEIGNEUR déclare :
« Debout !
Allez attaquer ce peuple sans souci.
Ils se croyaient en sécurité,
ils n'ont ni portes ni serrures,
ils vivent à l'écart.
32 Les ennemis voleront leurs chameaux
et leurs grands troupeaux,
ils les prendront
comme richesses de guerre.
Le SEIGNEUR déclare :
Je chasserai un peu partout
ces gens au visage rasé sur les côtés.
De partout, j'envoie le malheur sur eux.
33 La ville de Hassor deviendra
l'abri des chacals,
un désert de tristesse pour toujours.
Il n'y aura plus en elle aucun habitant,
aucun être humain. »

Message du Seigneur au sujet d'Élam

34 Le SEIGNEUR a adressé sa parole au *prophète Jérémie au sujet des Élamites. Sédécias[m] était alors roi de Juda depuis peu de
temps. 35 Voici ce que le SEIGNEUR de l'univers
a dit :

« Je vais casser les arcs des Élamites,
qui font toute leur puissance.
36 Du nord et du sud,
de l'est et de l'ouest,
j'envoie les quatre vents
en direction d'Élam.

« Je vais chasser les Élamites de tous côtés. Il y aura des réfugiés d'Élam dans tous les pays.

37 « Je ferai trembler les Élamites
devant leurs ennemis,
devant ceux qui veulent leur mort.
Le SEIGNEUR déclare :
Dans ma violente *colère,
je leur enverrai le malheur.
Je les poursuivrai par la guerre
jusqu'à ce qu'ils disparaissent.
38 Je supprimerai d'Élam le roi et ses ministres,
et je dresserai mon siège royal
dans ce pays. »
Voilà ce que le SEIGNEUR déclare.
39 Il déclare encore :
« Mais un jour,
je rendrai à Élam son ancienne situation. »

Annonce de la prise de Babylone et de la libération des Israélites

50 1 Voici la parole que le SEIGNEUR a
adressée à la ville de Babylone et à la
Babylonie par l'intermédiaire du *prophète
Jérémie[n].

---

l **49.28** *Quédar : tribu en Arabie du Nord.*

m **49.34** *Les Élamites vivaient à l'est de la Babylonie, autour de la ville de Suse, leur capitale. Ils étaient de très bons tireurs à l'arc.*
Sédécias : voir Jérémie 21.1 et la note.

n **50.1** *Ce verset forme un titre pour les chapitres 50 et 51.*

(a. Babylone)

2 « Annoncez cette nouvelle
à tous les peuples,
faites-la connaître en dressant des signaux,
faites-la connaître, ne cachez rien.
Dites : Babylone est prise !
C'est la honte pour ses statues,
le découragement total pour ses faux dieux.
Bel est couvert de honte,
oui, Mardouk[o] est complètement découragé.
3 Un peuple arrivant du nord[p] vient attaquer Babylone.
Il va faire de son pays
un désert de tristesse,
personne n'y habitera plus.
Hommes et bêtes, tous fuiront,
tous disparaîtront. »

(b. Israël)

4 Le SEIGNEUR déclare :
« À ce moment-là,
les gens d'Israël et les gens de Juda
viendront ensemble.
Ils marcheront en pleurant
pour me chercher,
moi, le SEIGNEUR leur Dieu.
5 Ils demanderont le chemin
qui conduit à *Sion,
ils tourneront leur visage vers la ville.
Ils viendront et ils se lieront à moi
par une *alliance qui dure toujours
et qu'ils n'oublieront jamais.
6 Les gens de mon peuple
étaient comme des moutons perdus.
Leurs bergers[q] les trompaient
en les laissant aller dans tous les sens
sur les montagnes.
Ils sont partis sur les montagnes,
puis sur les collines,
et ils ont oublié leur enclos.
7 Tous ceux qui les rencontraient
les dévoraient,
et leurs ennemis disaient :
"Nous ne faisons rien de mal !
En effet,
ces gens-là ont péché contre le SEIGNEUR,
qui est un abri sûr,
et en qui leurs ancêtres mettaient leur espoir." »

(c. Babylone)

8 « Enfuyez-vous de Babylone,
quittez le pays !
Soyez comme des boucs à la tête d'un troupeau.
9 Oui, je vais mettre en mouvement
plusieurs grands pays
et je les enverrai attaquer Babylone.
Ces peuples arriveront du nord,
ils se rangeront contre cette ville
et ils la prendront.
Un combattant habile
ne revient jamais les mains vides.
De même, les flèches de ces peuples
atteignent toujours leur but.
10 Le SEIGNEUR déclare :
Le pays des Babyloniens sera pillé,
et tous ceux qui le pilleront
emporteront autant de richesses qu'ils voudront.
11 Réjouissez-vous et dansez de joie,
vous qui avez détruit ce qui était à moi !
Bondissez comme de jeunes veaux dans l'herbe verte !
Hennissez comme des chevaux[r] !
12 Votre mère est toute couverte de honte,
celle qui vous a mis au monde a perdu son honneur.
Maintenant,
votre pays est le dernier de tous,
c'est un désert, une terre sèche. »

---

o **50.2** *Bel veut dire maître. C'est le titre que les Babyloniens donnaient à leur dieu Mardouk.*

p **50.3** *Un peuple arrivant du nord : le Nord représente ici l'ennemi.*

q **50.6** *Bergers : voir Jérémie 12.10 et la note.*

r **50.11** *Le Seigneur s'adresse ici aux Babyloniens. Leur mère (verset 12), c'est la Babylonie.*

13 À cause de la *colère du SEIGNEUR,
votre pays reste sans habitants,
c'est un immense désert de tristesse.
Tous ceux qui passent près de Babylone
sont bouleversés.
Ils poussent des cris d'horreur
en voyant une telle destruction.

14 Vous tous, tireurs à l'arc,
rangez-vous autour de Babylone
pour l'attaquer !
Tirez sur elle,
ne gardez pas vos flèches !
En effet,
elle est coupable envers le SEIGNEUR.
15 De tous côtés,
poussez contre elle les cris de guerre !
Elle lève les bras pour se rendre.
Ses tours tombent,
les murs qui la protègent s'écroulent.
Le SEIGNEUR se venge.
Vengez-vous donc de Babylone !
Faites-lui ce qu'elle a fait aux autres !
16 Éliminez de cette ville
ceux qui sèment
et ceux qui récoltent.
Devant les combats sans pitié,
que chacun rentre chez lui,
qu'il fuie dans son pays !

(d. Israël)

17 Israël était comme un mouton perdu
poursuivi par les lions.

Le premier qui en a mangé, c'est le roi d'Assyrie. Ensuite, Nabucodonosor, roi de Babylone, est venu, et il lui a brisé les os[s].
18 C'est pourquoi, voici les paroles du SEIGNEUR
de l'univers, Dieu d'Israël : « Je vais agir
contre le roi de Babylone et contre son pays,
comme j'ai agi contre le roi d'Assyrie. »

Le Seigneur va ramener Israël à son pâturage

19 « Moi, je vais ramener Israël
à son pâturage.
Il trouvera de quoi manger
sur la montagne du Carmel
et sur le plateau du *Bachan,
dans la région montagneuse d'Éfraïm
et au pays de Galaad.
Il mangera à sa faim.
20 C'est moi, le SEIGNEUR, qui le déclare.
À ce moment-là,
on cherchera les fautes d'Israël,
mais il n'y en aura pas.
On cherchera les péchés de Juda,
mais on n'en trouvera pas.
En effet, je pardonnerai à ceux
que je laisserai en vie. »

(e. Babylone)

21 Le SEIGNEUR déclare
à l'ennemi de Babylone :
« Lance une attaque
contre le pays de l'eau amère.
Attaque-le
et attaque les habitants de Pécod[t].
Tue-les, détruis-les jusqu'au dernier !
Fais tout ce que j'ai commandé.
22 Dans le pays,
on entend le bruit de la guerre.
Quelle catastrophe terrible !
23 Babylone était le marteau
qui écrasait le monde entier.
Il a été cassé en mille morceaux.
Comment est-ce possible ?
Babylone n'est plus qu'un lieu horrible
au milieu des peuples.
Comment est-ce possible ?
24 Babylone, je t'ai tendu un piège,
et tu as été prise sans t'en apercevoir.

---

s **50.17** *Le royaume d'Israël a d'abord été envahi par les Assyriens, qui ont pris Samarie en 722 ou 721 avant J.-C., puis le royaume lui-même. Ensuite, les Babyloniens ont pris Jérusalem et le royaume de Juda en 587 avant J.-C.*

t **50.21** *Le Seigneur s'adresse au peuple ennemi des Babyloniens. Le pays de l'eau amère était situé à l'endroit où le fleuve Euphrate se jette dans le Golfe Persique.*
Pécod était une partie de cette région.

Tu as été découverte et attrapée,
parce que tu t'es attaquée à moi, le SEIGNEUR. »

25 Le SEIGNEUR sort les armes de sa réserve
et il va montrer sa *colère.
Au pays de Babylone,
il y a du travail pour le Seigneur, DIEU de l'univers.
26 Venez de partout dans cette ville !
Ouvrez ses greniers,
faites des tas avec ses richesses
et détruisez-la !
Rien ne doit en rester.
27 Tuez tous ses meilleurs soldats,
menez-les à l'abattoir !
Quel malheur pour eux,
car c'est le moment
où le SEIGNEUR va agir contre eux !

(f. Israël)

28 Écoutez !
Ceux qui fuient le pays de Babylone,
ceux qui sont encore en vie
viennent annoncer à *Sion :
« Le SEIGNEUR notre Dieu t'a vengée,
il a vengé son temple. »

(g. Babylone)

29 Rassemblez tous les tireurs à l'arc,
lancez-les contre la ville de Babylone.
Entourez-la de tous côtés !
Ne laissez personne s'enfuir !
Traitez-la comme elle a traité les autres,
faites-lui ce qu'elle a fait aux autres !
Oui, elle a été orgueilleuse
envers le SEIGNEUR, le Dieu *saint d'Israël.

30 « C'est pourquoi ce jour-là, ses jeunes
gens tomberont sur les places, tous ses soldats
mourront. » Voilà ce que le SEIGNEUR déclare.

31 « Je t'en veux, orgueilleuse Babylone,
je le déclare,
moi, le Seigneur, DIEU de l'univers.
Maintenant, c'est ton tour,
c'est le moment où je vais agir contre toi.
32 L'orgueilleuse perd l'équilibre et tombe.
Personne ne la relèvera.
Je mets le feu à ses villes,
il brûlera tout ce qui les entoure. »

33 Voici ce que dit le SEIGNEUR de l'univers :
« Les gens d'Israël
sont écrasés par la violence,
et ceux de Juda aussi.
Ceux qui les ont déportés les retiennent,
ils refusent de les relâcher.
34 Moi, leur défenseur, je suis puissant,
j'ai pour nom "SEIGNEUR de l'univers".
Je vais les défendre avec force.
Ainsi je ferai trembler
les habitants de Babylone
et je rendrai la paix à la terre. »

Le Seigneur a formé le projet de détruire Babylone

35 Le SEIGNEUR déclare :
« Guerre aux Babyloniens,
aux habitants de Babylone,
à ses chefs et à ses sages !
36 Guerre à ses devins,
qu'ils disent n'importe quoi !
Guerre à ses soldats,
qu'ils soient découragés !
37 Guerre à ses chevaux et à ses chars,
aux étrangers qui combattent pour elle,
qu'ils deviennent
comme de faibles femmes !
Guerre à ses trésors,
qu'ils soient pillés !
38 Guerre à ses cours d'eau,
qu'ils deviennent secs,
En effet, c'est un pays de faux dieux.
Ils se vantent de leurs statues horribles.
39 C'est pourquoi les chats sauvages
habiteront à Babylone avec les hyènes,
les autruches s'y installeront.
Personne n'y habitera plus jamais,
cette ville restera vide pour toujours.
40 Le SEIGNEUR déclare :
ce sera la même catastrophe
qu'à Sodome, Gomorrhe[u]
et dans les villes voisines.

u **50.40** *Sodome et Gomorrhe : voir Genèse 19.24-25.*

Il n'y aura plus aucun habitant,
plus aucun être humain à Babylone.
41 Un peuple arrive du nord[v],
une grande nation.
Des rois nombreux se mettent en route
depuis le bout du monde.
42 Leurs soldats tiennent des arcs
et des armes pointues.
Ils sont cruels et sans pitié.
Le bruit qu'ils font
ressemble au grondement de la mer.
Ils sont montés sur des chevaux.
Ils sont rangés dans un ordre parfait
pour te faire la guerre, ville de Babylone !
43 En apprenant cette nouvelle,
le roi de Babylone est découragé,
l'angoisse lui serre la gorge,
et il souffre
comme une femme au moment d'accoucher.
44 Le SEIGNEUR dit :
Je serai comme un lion
qui sort des buissons le long du Jourdain
vers une oasis.
Je ferai partir tout le monde
en un instant.
Ensuite, j'établirai à Babylone
le chef que je choisirai.
En effet, qui est comme moi ?
Qui peut me demander des comptes ?
Quel chef peut me résister ? »

45 Écoutez donc
ce que le SEIGNEUR a décidé
contre Babylone,
quels projets il a formés
contre les habitants du pays.
Ils seront traînés de force comme des bêtes,
même les plus petits, c'est sûr.
Leur enclos sera détruit à cause d'eux,
c'est certain.
46 Quand on annonce :
« Babylone est prise ! »,
la terre tremble,
on entend de grands cris
dans tous les pays.

51 1 Voici un message du SEIGNEUR :
« Je vais faire souffler
un vent qui détruit
sur Babylone et sur ses habitants.
2 Je vais lancer contre elle
des étrangers qui chasseront ses habitants
comme la paille emportée par le vent.
Ils détruiront son pays.
En ce jour de malheur,
ils l'entoureront de tous côtés. »

3 Tireurs à l'arc,
lancez vos flèches
sur les tireurs de l'ennemi !
Et que les ennemis
ne se vantent pas de leur *cuirasse !
Ne laissez pas vivre ses jeunes soldats !
Détruisez toute son armée !
4 Les blessés resteront par terre
dans le pays de Babylone,
ceux qui sont morts au combat
couvriront les rues.
5 En effet, leur pays est rempli
de fautes contre le Dieu *saint d'Israël.
Mais Israël et Juda n'ont pas perdu
leur Dieu, le SEIGNEUR de l'univers.

6 Fuyez loin de Babylone !
Que chacun se sauve !
Ainsi vous ne mourrez pas
à cause de ses fautes.
Oui, c'est le moment
où le SEIGNEUR va se venger.
Il va lui rendre ce qu'elle mérite.
7 Babylone était une *coupe d'or
dans la main du SEIGNEUR.
Elle rendait ivre le monde entier.
Les peuples buvaient de son vin
jusqu'à devenir fous.
8 Tout à coup, Babylone est tombée,
elle s'est brisée.
« Chantez pour elle un chant de deuil !
Appliquez une pommade sur ses blessures,
elle guérira peut-être. »
9 – « Nous avons soigné Babylone,
mais elle ne guérit pas.

v **50.41** *Du nord : voir Jérémie 50.3 et la note.*

Alors laissons-la
et rentrons, chacun dans son pays !
Oui, le jugement qui tombe sur elle
dépasse toute mesure,
il monte jusqu'au ciel,
il touche les nuages.
10 Le SEIGNEUR nous a rendu justice.
Allons à *Sion raconter
ce que le SEIGNEUR notre Dieu a fait. »

11 Le SEIGNEUR a formé le projet de détruire
Babylone. C'est pourquoi il encourage les
rois des Mèdes à le réaliser. Le SEIGNEUR se
venge, il venge son temple.

Aiguisez vos flèches,
remplissez-en vos sacs.
12 Dressez le signal de l'attaque
contre les murs qui protègent Babylone !
Mettez plus de soldats aux postes de garde !
Placez des surveillants,
cachez des hommes pour attaquer !
Oui, le SEIGNEUR a formé un projet
et il réalise ce qu'il a dit
contre les habitants de Babylone.
13 Babylone,
toi qui habites au bord du grand fleuve[w],
toi qui possèdes de nombreux trésors,
pour toi, c'est la fin.
tu as assez volé les autres.
14 Le SEIGNEUR de l'univers a fait ce serment :
« Aussi vrai que je suis Dieu,
un nuage d'hommes va entrer chez toi,
pareil à un nuage de sauterelles.
Et ils pousseront contre toi
un cri de victoire. »

15 Le SEIGNEUR a montré sa puissance
en créant la terre.
Il a montré sa sagesse
en établissant le monde,
il a montré son intelligence
en déroulant le ciel.
16 Quand sa voix gronde,
des torrents d'eau se groupent
dans le ciel.
Il fait monter de gros nuages
du bout de la terre.
Il lance les éclairs pour que la pluie tombe.
Il fait sortir le vent de ses abris.
17 Alors les gens restent tous là,
stupides, sans comprendre.
Tous les fondeurs
ont honte de leurs faux dieux.
Leurs statues sont trompeuses :
il n'y a en elles aucun souffle de vie.
18 Elles ne valent rien,
elles font seulement rire.
Le jour où le SEIGNEUR agira contre elles,
elles disparaîtront.
19 Mais Dieu, qui est le trésor d'Israël,
ne leur ressemble pas.
Lui, il est le créateur de l'univers,
et la tribu d'Israël lui appartient.
Il a pour nom « SEIGNEUR de l'univers ».

La fin de Babylone

20 Le SEIGNEUR dit :
« Babylone,
tu as été pour moi un marteau,
une arme de guerre.
Avec toi j'ai écrasé des peuples
et détruit des royaumes.
21 Avec toi j'ai écrasé
des chevaux et leurs cavaliers,
des chars et leurs conducteurs.
22 Avec toi j'ai écrasé
des hommes et des femmes,
des jeunes et des vieux,
des garçons et des filles.
23 Avec toi, j'ai écrasé
des bergers et leurs troupeaux,
des laboureurs et leurs attelages,
des gouverneurs et des préfets.

24 « Mais voici ce que vous allez voir,
moi, le SEIGNEUR, je le déclare :
Je ferai payer à Babylone et aux Babyloniens
tout le mal qu'ils ont fait à *Sion.
25 Oui, je m'attaque à toi, Babylone,
déclare le SEIGNEUR.
Pour détruire,

---

w 51.13 *Le grand fleuve : l'Euphrate avec ses canaux.*

tu es aussi puissante qu'une montagne,
et tu détruis le monde entier !
Je vais lever mon bras contre toi,
je vais te faire rouler du haut des rochers,
te changer en montagne de feu.
26 On ne trouvera plus chez toi
aucune pierre principale,
aucune pierre de fondation pour les maisons.
Oui, tu seras pour toujours
un désert de tristesse. »
Voilà ce que le SEIGNEUR déclare.

27 Dressez le signal dans le pays,
faites entendre la corne de bélier chez les peuples !
Réunissez les peuples contre Babylone,
contre elle,
rassemblez les royaumes d'Ararat,
de Minni et d'Achekénaz[x].
Nommez des officiers
pour trouver des hommes
qui la combattent.
Envoyez des chevaux pour l'attaquer
comme un nuage de sauterelles.
28 Réunissez les peuples contre elle,
en particulier les rois des Mèdes,
leurs gouverneurs, leurs préfets
et tout le pays qu'ils dirigent.

29 La terre tremble, elle tremble de peur,
quand le SEIGNEUR réalise son projet
contre Babylone :
il change le pays de Babylone
en un désert de tristesse, sans habitants.

30 Les meilleurs soldats babyloniens
arrêtent de combattre,
ils se cachent dans des abris.
Leur courage a disparu,
ils ressemblent à de faibles femmes.
Les *portes de la ville sont ouvertes,
ses maisons brûlent.

31 Les messagers,
tous ceux qui portent les nouvelles,
courent l'un après l'autre
pour annoncer au roi de Babylone :
« Toute ta ville est prise,
32 les passages sont occupés,
les murs de protection sont brûlés,
les soldats découragés. »

33 Voici les paroles du SEIGNEUR de l'univers,
Dieu d'Israël :
« La pauvre Babylone est écrasée
comme une place où on bat le *blé.
C'est bientôt pour elle
le moment de la récolte. »

Le Seigneur vengera son peuple

(a. Plainte de Jérusalem)

34 « Nabucodonosor, le roi de Babylone,
m'a complètement dévorée,
il m'a abandonnée comme un plat vide.
Comme un dragon[y], il m'a avalée,
il a rempli son ventre
de mes biens les meilleurs,
puis il m'a chassée.
35 La population de Jérusalem dit :
Babylone nous a envoyé souffrances
et malheurs.
Qu'elle en subisse les conséquences !
Oui, les habitants de *Sion disent :
Les Babyloniens ont répandu mon sang.
Qu'ils en subissent les conséquences ! »

*

36 Voici un message du SEIGNEUR pour Jérusalem :
« Je vais te défendre moi-même,
et je te vengerai.
Je vais sécher le fleuve de Babylone
et retirer l'eau de ses sources.
37 Je vais changer cette ville
en un tas de pierres.
Elle abritera les chacals,
et les gens seront effrayés.

---

x 51.27 *Ces trois royaumes se trouvaient au nord de la Mésopotamie, c'est-à-dire au nord de l'Irak actuel.*

y 51.34 *Un dragon : animal étrange qui existe dans les récits de l'ancien Orient. Il représente souvent les forces du mal. Il est méchant et il fait peur.*

Ils pousseront des cris d'horreur,
et personne n'y habitera plus.
38 Actuellement, ses habitants
sont tous comme des lions qui rugissent,
ils grondent comme des bêtes sauvages.
39 Ils brûlent de désir,
et pendant ce temps,
je leur prépare un bon repas.
Je vais les faire boire
jusqu'à ce qu'ils soient ivres.
Ils s'endormiront pour toujours
et ne se réveilleront plus.
Moi, le SEIGNEUR, je le déclare.
40 Je les conduis à l'abattoir
comme des agneaux,
des béliers ou des boucs. »

(b. Chant de deuil sur Babylone)

41 La ville de Chéchak[z],
célèbre dans le monde entier,
est prise, elle est conquise !
Comment est-ce possible ?
Babylone n'est plus qu'un désert de tristesse
parmi les peuples.
Comment est-ce possible ?
42 La mer est montée contre elle,
ses vagues rugissantes l'ont recouverte.
43 Ses villes
sont devenues des lieux horribles.
Le pays est maintenant une terre sèche,
un lieu où personne n'habite,
où personne ne passe.
44 Le SEIGNEUR dit :
« J'agis contre Bel, le dieu de Babylone.
Je lui enlèverai de la bouche
ce qu'il est en train d'avaler.
Les peuples n'iront plus vers lui
en grand nombre.

« Les murs qui protègent Babylone
sont tombés.
45 Toi, peuple d'Israël, quitte cette ville !
Que chacun s'enfuie
pour se protéger de ma violente *colère !

46 « Ne vous découragez pas ! N'ayez pas
peur des nouvelles répandues dans le pays.
Une année, on dit une chose, l'année suivante, on dit autre chose : la violence se répand dans le pays, un dictateur en chasse un
autre.

47 « Bientôt,
j'agirai contre les faux dieux de Babylone.
Tout le pays sera couvert de honte.
Tous les morts resteront par terre
au milieu de la ville.
48 Ceux qui doivent la détruire
arriveront du nord.
Alors le ciel, la terre
et tout ce qu'ils contiennent
pousseront des cris de victoire à son sujet. »
Voilà ce que le SEIGNEUR déclare.

(c. Paroles du prophète)

49 Dans le monde entier,
beaucoup de morts sont tombés
pour Babylone.
De la même façon,
Babylone doit tomber
pour les Israélites
qui sont morts à cause d'elle.
50 Vous qui avez échappé à ses coups,
partez ! Ne restez pas ici !
Au loin, pensez au SEIGNEUR,
souvenez-vous de Jérusalem.

(d. Réponse du peuple)

51 Nous n'étions pas fiers
en entendant les insultes.
Nous étions couverts de honte
quand des étrangers sont entrés
dans le *lieu saint du SEIGNEUR.

(e. Paroles du Seigneur)

52 Le SEIGNEUR déclare :
« C'est pourquoi je vais bientôt agir
contre les faux dieux de Babylone.
Dans tout son pays,
on entendra les plaintes des blessés.

z **51.41** *Voir Jérémie 25.26 et la note.*

53 Même si Babylone monte
sur les hauteurs jusqu'au ciel,
même si elle se protège
derrière des murs
qu'on ne peut atteindre,
ceux qui la détruiront
arriveront jusqu'à elle.
C'est moi qui les enverrai. »
Voilà ce que le SEIGNEUR déclare.

(f. Paroles du prophète)

54 Écoutez :
on entend des appels au secours
venant de Babylone,
le bruit d'une catastrophe
arrive de ce pays.
55 Oui, le SEIGNEUR est en train de détruire la
ville,
il fait taire ses grands cris.
Les troupes des ennemis grondent
comme les vagues de la mer.
Leur bruit ressemble à celui du tonnerre.
56 En effet,
celui qui la détruira se rapproche.
Il va attaquer Babylone.
Il prendra ses meilleurs combattants,
il brisera leurs arcs de guerre.
Oui, le SEIGNEUR est un Dieu
qui sait se venger
et rendre à chacun ce qu'il mérite.

57 « Je rendrai ivres ses ministres et ses sages,
ses gouverneurs, ses préfets et ses meilleurs
combattants. Ils s'endormiront pour toujours,
ils ne se réveilleront plus. » Voilà ce que déclare le Roi qui a pour nom « SEIGNEUR de l'univers ».
58 Voici ce qu'il dit encore :
« Les larges murs qui protègent Babylone
sont complètement détruits,
ses hautes portes sont brûlées.
Les peuples se fatiguent pour rien,
les populations se donnent du mal pour du
feu ! »

Babylone disparaîtra
comme le message jeté dans l'Euphrate

59-60 Seraya, fils de Néria et petit-fils de
Maasséya, était l'aide de camp de Sédécias,
roi de Juda. La quatrième année où Sédécias
était roi, Seraya est allé avec lui à Babylone[a].
Jérémie avait mis par écrit sur un rouleau
tous les malheurs qui devaient arriver à Babylone, toutes les paroles contre cette ville.
61 Alors Jérémie dit à Seraya : « Quand tu arriveras à Babylone, tu t'appliqueras à lire toutes
ces paroles-là. 62 Puis tu diras : "SEIGNEUR, tu
as toi-même annoncé ceci : Babylone va être
détruite, il n'y aura plus d'habitants, ni hommes ni bêtes. Elle deviendra pour toujours
un désert de tristesse." 63 Quand tu auras
fini de lire ce rouleau, tu y attacheras une
pierre et tu le jetteras dans le fleuve Euphrate.
64 Tu diras : "Babylone disparaîtra de la même
façon. Elle ne se relèvera plus après les malheurs que le SEIGNEUR fait venir sur elle." »

« Les peuples se fatiguent[b]. »
Les paroles de Jérémie s'arrêtent ici.

Nabucodonosor
fait prisonnier le roi Sédécias

52 1 Sédécias est devenu roi à l'âge de
21 ans. Il a été roi à Jérusalem pendant
11 ans. Sa mère s'appelait Hamoutal. C'était
une fille d'Irméya, de Libna. 2 Sédécias a fait
ce qui est mal aux yeux du SEIGNEUR, exactement comme Yoaquim. 3 Ce qui s'est passé à
Jérusalem et dans le royaume de Juda a provoqué la *colère du SEIGNEUR. Finalement, il
a rejeté son peuple loin de lui.
Sédécias s'est révolté contre Nabucodonosor, le roi de Babylone. 4 Alors celui-ci est
venu attaquer Jérusalem avec toute son armée. Ses soldats ont installé leur camp devant
la ville et ils l'ont entourée de fossés. Ceci
s'est passé la neuvième année où Sédécias
était roi, le dixième *mois, le 10 du mois.

---

a **51.59-60** *Un aide de camp est un officier supérieur. Sédécias est allé à Babylone en 594 avant J.-C. Seraya était sans doute le frère de Baruc, l'ami et le secrétaire de Jérémie. Voir Jérémie 32.12.*

b **51.64** *Voir le verset 58.*

5 L'attaque a duré jusqu'à la onzième année où
Sédécias était roi[c].

6 La famine est devenue très grave à Jérusalem, et les habitants n'avaient plus rien à
manger. Le quatrième mois, le 9 du mois,
7 les Babyloniens ont fait un trou dans le
mur qui protégeait la ville. La nuit, tous les combattants de Juda ont fui. Les Babyloniens entouraient Jérusalem. Malgré cela, les combattants ont quitté la ville par la porte située entre les deux murs, près du jardin du roi. Ensuite, ils ont pris le chemin qui mène
à la vallée du Jourdain. 8 Mais les soldats babyloniens ont poursuivi le roi Sédécias et ils l'ont rattrapé dans la plaine de Jéricho. Alors
tous ses soldats l'ont abandonné. 9 Les Babyloniens l'ont fait prisonnier et ils l'ont conduit à Ribla, au pays de Hamath, devant le roi de Babylone. Là, celui-ci a jugé le roi
Sédécias. 10 C'est à Ribla aussi qu'il a mis à mort les fils de Sédécias sous les yeux de leur père, ainsi que tous les ministres de
Juda. 11 Ensuite, il a fait crever les yeux de Sédécias et l'a fait attacher avec deux chaînes de bronze. Puis il l'a envoyé ainsi à Babylone, où il l'a gardé prisonnier jusqu'au jour de sa mort.

Nebouzaradan détruit complètement Jérusalem

12 La dix-neuvième année où Nabucodonosor était roi, le cinquième mois, le 10 du mois[d], Nebouzaradan est entré à Jérusalem. C'était le chef des gardes du roi de Babylone, il faisait partie des hommes importants qui
l'entouraient. 13 Il a mis le feu au temple, au palais du roi de Juda, et à toutes les maisons de la ville, en particulier à toutes celles des no-
tables. 14 Les troupes babyloniennes qui étaient avec le chef des gardes ont détruit les murs autour de Jérusalem.

15 Ensuite, Nebouzaradan a déporté les gens qui étaient restés dans la ville : quelques familles pauvres et ceux qui s'étaient rendus au roi de Babylone, ainsi que les derniers artisans. 16 Mais il a laissé une partie
des pauvres du pays pour cultiver les *vignes et les champs.

17 Les Babyloniens ont brisé les colonnes de bronze qui étaient à l'entrée du temple, ainsi que les chariots et la grande cuve de bronze placés dans la cour. Ils ont emporté tout ce
bronze à Babylone. 18 Ils ont pris aussi les objets en bronze utilisés pour le service du temple : récipients pour les cendres, pelles, éteignoirs pour les lampes, *coupes pour le
sang et autres coupes. 19 Le chef des gardes a
pris aussi tous les objets en or et en argent : cuvettes, brûle-parfums, coupes pour le sang, récipients pour les cendres, chandeliers, cuillères et autres récipients.

20 Le roi Salomon avait fait fabriquer de nombreux objets en bronze pour le temple du SEIGNEUR : les deux colonnes, la grande cuve avec douze taureaux pour la porter et les chariots. On ne pouvait pas peser tout
ce métal. 21 Par exemple, les colonnes avaient chacune 9 mètres de haut et 6 mètres de tour. Elles étaient creuses, et le bronze avait 8 centimètres d'épaisseur.
22 Au-dessus de chaque colonne, il y avait une couronne de bronze, haute de 2 mètres et demi. Elle était décorée tout autour d'une natte en bronze et de fruits en bronze appelés grenades. Les deux colonnes et leurs décorations étaient les mêmes : 23 quatre-vingt-
seize grenades sur les côtés, c'est-à-dire cent fruits en tout, autour de la natte en bronze.

24 Le chef des gardes a fait arrêter le *grand-prêtre Seraya, son adjoint Sefania et les trois prêtres qui gardaient l'entrée du
temple. 25 Il a fait arrêter aussi un fonctionnaire responsable des militaires, puis sept personnes proches du roi. Il a fait arrêter encore le secrétaire du chef de l'armée, chargé de recruter les combattants, ainsi que 60 hommes de Juda. Tous ces gens se trouvaient

c **52.4-5** *L'attaque a commencé vers la fin décembre en 589 avant J.-C. Jérusalem a été prise en juillet-août 587.*

d **52.12** *C'est-à-dire en août 587 avant J.-C.*

alors à Jérusalem. 26 Nebouzaradan les a conduits auprès du roi de Babylone, à Ribla. 27 Celui-ci les a fait mourir à cet endroit, au pays de Hamath.

C'est de cette façon que le peuple de Juda a été déporté loin de son territoire.

28 Voici le nombre de personnes que Nabucodonosor a fait déporter :

la septième année : 3 023 Judéens ;

29 la dix-huitième année où il était roi : 832 personnes de Jérusalem ;

30 la vingt-troisième année, Nebouzaradan, le chef des gardes, a fait déporter encore 745 Judéens.

En tout : 4 600 personnes[e].

Le roi de Babylone libère Yoakin

31 Évil-Mérodak est devenu roi de Babylone 37 ans après la déportation du roi Yoakin de Juda. L'année où il est devenu roi, le douzième mois, le 25 du mois[f], Évil-Mérodak a rendu sa liberté à Yoakin, roi de Juda, et l'a fait sortir de prison. 32 Il lui a parlé avec bonté et lui a donné une place au-dessus des rois qui étaient avec lui à Babylone. 33 Yoakin a pu enlever ses habits de prisonnier et il a pris ses repas avec le roi de Babylone, tous les jours, sans exception. 34 Ainsi, chaque jour jusqu'à sa mort, Yoakin a reçu du roi de Babylone ce qui était nécessaire pour vivre.

---

e **52.30** ***Les Babyloniens ont déporté trois fois des populations de Juda : la première fois en 598-597 avant J.-C., la deuxième fois en 587 avant J.-C., au moment de la prise de Jérusalem, et la troisième fois en 582-581 avant J.-C.***

f **52.31** ***C'est-à-dire en 562 ou 561 avant J.-C. Yoakin : voir Jérémie 22.24 et la note.***

Lamentations

INTRODUCTION

Une lamentation est un ***chant de deuil*** *à l'occasion de la mort de quelqu'un.*

En 587 avant J.-C., le roi de Babylone, Nabucodonosor, a pris Jérusalem. Il a mis le feu à la ville, détruit le temple, déporté le roi et une partie de la population dans son pays. Le royaume de Juda a disparu.

Dans le livre des Lamentations, un poète inconnu pleure sur la ***destruction de Jérusalem*** *et sur la fin du royaume de Juda. Il se plaint du terrible malheur qui atteint son peuple.*

Le livre des Lamentations est formé de cinq ***poèmes****. Dans certains poèmes, chaque vers commence par une des 22 lettres de l'alphabet hébreu en suivant l'ordre de cet alphabet. C'est le cas des chapitres 1, 2 et 4. Ces chapitres ont chacun 22 versets. Dans le chapitre 3, ce sont des ensembles de vers – ou strophes – qui commencent chaque fois par une lettre différente de l'alphabet. Cette manière de faire soutient la mémoire.*

D'autres moyens poétiques sont aussi employés, comme les expressions figurées, les répétitions, les mots peu habituels. Ainsi, dans le livre des Lamentations, Jérusalem est appelée le plus souvent Sion. Sion est ici le nom poétique de la ville de Dieu.

Dans le livre des Lamentations, le poète affirme que le Seigneur a agi comme un ennemi de son peuple (voir le chapitre 2 et le début du chapitre 3). Les gens de son peuple lui demandent alors s'il les a complètement rejetés (voir 5.20-22). Ce genre de question apparaît aussi dans le livre de Job et dans les prières des Psaumes.

Qui est responsable de la catastrophe qui a atteint le peuple de Dieu ? Les Israélites reconnaissent leurs torts. Mais est-ce que tout est fini ? Ils espèrent malgré tout que l'amour de Dieu sera plus fort que sa colère. C'est pourquoi ils continuent à le prier.

Jérusalem est comme une veuve abandonnée !

1 [1] Hélas ! la voici abandonnée,
cette ville autrefois si peuplée !
Elle est comme une veuve,
celle qui était si célèbre
parmi tous les peuples.
La voilà esclave,
celle qui était une reine
parmi les provinces !
[2] Elle passe ses nuits à pleurer,
et ses joues sont couvertes de larmes.
Parmi ceux qui l'aimaient,
personne ne la console.
Tous ses amis l'ont trahie,
ils sont maintenant ses ennemis.
[3] Toute la population de Juda est en exil,
elle est écrasée de misère,
sous le poids d'un dur esclavage.
Elle vit parmi les autres peuples,
mais elle ne trouve pas où s'installer.
Ceux qui la poursuivaient l'ont rattrapée
dans un chemin sans issue.
[4] Les routes qui vont à *Sion sont en deuil,
personne ne vient plus
pour les jours de fête,
ses places publiques sont vides.

Ses prêtres gémissent,
ses jeunes filles sont dans la tristesse,
Sion elle-même
est remplie d'une douleur amère.
5 Ses adversaires ont été les plus forts,
ses ennemis sont bien tranquilles.
C'est le SEIGNEUR qui la fait souffrir
à cause de ses nombreuses fautes.
Ses jeunes enfants, prisonniers,
s'en vont, poussés par les vainqueurs.
6 La ville de Sion voit partir
tout ce qui faisait sa grandeur.
Ses ministres sont comme des animaux
qui ne trouvent pas d'herbe à manger.
Ils s'enfuient sans force
devant ceux qui les poursuivent.
7 Jérusalem, dans son malheur,
ne sait pas où aller.
Alors, elle se souvient
de toutes les choses précieuses
qu'elle possédait autrefois.
Quand son peuple
est tombé au pouvoir de ses ennemis,
personne n'est venu l'aider.
Ses ennemis la regardaient
et ils riaient parce qu'elle était détruite.
8 Jérusalem a commis des fautes graves,
c'est pourquoi elle est devenue une ordure.
Tous ceux qui la respectaient la méprisent,
parce qu'ils la voient toute nue.
Elle, elle tourne le dos et gémit.
9 Tout le monde voit sur elle
qu'elle est *impure.
Elle n'avait pas prévu ce qui allait arriver.
Elle est étonnée d'être tombée si bas,
et personne ne la console.
Elle dit :
« SEIGNEUR, regarde ma misère,
car mon ennemi se vante de sa force. »
10 Les vainqueurs
ont pris tous les trésors de Jérusalem.
Cette ville a même vu les autres peuples
entrer dans son *lieu saint.
Pourtant, SEIGNEUR, tu leur avais défendu
d'entrer dans ton assemblée.
11 Tous ses habitants gémissent,
ils cherchent de la nourriture.
Ils donnent ce qu'ils ont de plus précieux
pour avoir à manger,
pour reprendre des forces.
Jérusalem dit : « SEIGNEUR, regarde
et vois combien je suis méprisée. »

*

12 Vous tous qui passez par ici,
ce malheur ne vous a pas atteints.
Regardez et voyez :
est-ce qu'il y a une douleur
pareille à ma douleur,
pareille à celle que le SEIGNEUR
a fait tomber sur moi
le jour où sa violente *colère a éclaté ?
13 De là-haut, il a envoyé un feu,
qu'il a fait descendre dans mon corps.
Il a tendu un piège sous mes pieds
et m'a fait tomber en arrière.
Il a fait de moi une personne isolée,
sans cesse malade.
14 Il voit de près toutes mes fautes.
Il les a attachées ensemble
et les fait peser sur mes épaules.
Le Seigneur a diminué mes forces,
il m'a livré à des gens
contre lesquels je ne peux pas me défendre.
15 Le Seigneur a rejeté avec mépris
tous les combattants courageux
qui étaient chez moi.
Il a réuni une armée contre moi
pour briser mes jeunes soldats.
Il m'a écrasée
comme du *raisin au pressoir,
moi, la belle Jérusalem, ville de Juda.
16 Voilà pourquoi je pleure.
Mes yeux sont noyés de larmes,
car celui qui peut me consoler
et me rendre la vie
est loin de moi.
Mes enfants sont perdus,
parce que l'ennemi a été le plus fort.

*

17 Sion tend les mains,
mais il n'y a personne pour la consoler !
Le SEIGNEUR a donné l'ordre
aux voisins d'Israël d'attaquer ce peuple.
Au milieu d'eux,
Jérusalem est devenue une ordure.

*

18 « Le SEIGNEUR a eu raison d'agir ainsi,
car je me suis révoltée contre ses ordres.
Écoutez donc, tous les peuples,
et voyez ma douleur.
Mes jeunes filles et mes jeunes gens
ont été déportés.
19 J'ai appelé ceux qui m'aimaient,
mais ils ne veulent plus de moi.
Mes prêtres et mes *anciens
sont morts dans la ville,
pendant qu'ils cherchaient à manger
pour reprendre des forces.
20 SEIGNEUR, regarde mon malheur !
Mon corps tremble de fièvre,
et je suis toute bouleversée,
car je me suis vraiment révoltée !
Dans les rues,
*l'épée m'a enlevé mes enfants,
à la maison,
on se croirait chez les morts.
21 On m'entend gémir,
personne ne me console !
Mes ennemis ont tous appris mon malheur.
Ils se réjouissent de ce que tu m'as fait.
Fais donc venir le jour que tu as annoncé[a],
pour qu'ils deviennent comme moi !
22 Regarde bien toute leur méchanceté
et traite-les comme tu m'as traitée
à cause de tous mes péchés !
Oui, je passe mon temps à gémir
et je suis bien malade. »

Le Seigneur a agi comme un ennemi de son peuple !

2 1 Hélas ! Le Seigneur, dans sa *colère,
a couvert de nuages la ville de *Sion !
Du haut du ciel,
il a jeté jusqu'à terre
ce qui faisait l'honneur d'Israël[b].
Quand sa colère a éclaté contre Sion,
il a oublié
qu'elle était l'endroit où il pose ses pieds.
2 Le Seigneur a fait disparaître sans pitié
toutes les habitations de *Jacob, son peuple.
Dans sa fureur,
il a détruit les villes bien protégées de Juda.
Il a renversé le royaume et ses chefs
et les a traités avec mépris.
3 Dans sa violente colère,
il a brisé toute la puissance d'Israël.
Quand l'ennemi est arrivé,
le SEIGNEUR n'a pas voulu aider son peuple.
Mais il a allumé un incendie
qui a tout brûlé autour de lui.
4 Comme un ennemi, il a tendu son arc,
la main droite prête à tirer.
Comme un adversaire,
il a tué tous ceux
que nous aimions regarder.
Il a répandu sa colère
comme un feu sur le temple de Sion.
5 Le Seigneur a agi comme un ennemi.
Il a détruit Israël et tous ses palais.
Il a démoli ses murs de protection
et il a répandu partout tristesse et malheur
dans le peuple de Juda.
6 Il est entré de force dans son enclos,
il a démoli le lieu où il nous rencontrait.
À Sion, le SEIGNEUR a fait oublier
les jours de fête et de *sabbat.
Dans sa violente colère,
il a traité avec mépris le roi et les prêtres.
7 Le Seigneur a rejeté son *autel,
il a abandonné son *lieu saint.
Les murs de ses palais,
il les a livrés aux mains de l'ennemi.
Dans son temple,
il y avait autant de bruit qu'un jour de fête.
8 Le SEIGNEUR avait décidé de détruire
les murs qui protégeaient la ville de Sion.
Il ne s'est pas arrêté de détruire
jusqu'à ce que tout disparaisse.
Il a frappé les deux murs,
et tous deux sont tombés.
9 Les *portes de la ville se sont écroulées,
le SEIGNEUR a cassé leurs verrous.
Son roi et ses ministres
sont prisonniers chez les autres peuples.
Plus personne ne donne
l'enseignement du SEIGNEUR.

---

a **1.21** *Il s'agit du jour du Seigneur, où celui-ci doit juger les êtres humains.*
b **2.1** *L'honneur d'Israël : il s'agit de Jérusalem et du temple.*

Même les *prophètes
ne reçoivent plus de message de sa part.
10 Les *anciens de la ville de Sion
sont assis par terre,
ils ne disent rien.
Ils ont la tête couverte de poussière,
ils portent des habits de deuil.
Les jeunes filles de Jérusalem
baissent la tête vers la terre.

*

11 Mes yeux se fatiguent à pleurer,
je suis bouleversé,
mon cœur n'en peut plus
devant la catastrophe
qui touche mon peuple.
En effet, les tout petits enfants
perdent leurs forces
sur les places de la ville.
12 Ils demandent à leur mère
où trouver à manger et à boire.
Ils tombent comme des blessés
sur les places de la ville
et ils meurent
dans les bras de leur mère.

*

13 Jérusalem, je ne sais plus quoi te dire.
Ta situation ne ressemble à aucune autre.
Quel exemple te donner pour te consoler,
belle ville de Sion ?
Ton malheur est immense comme la mer.
Qui peut te guérir ?
14 Tes *prophètes n'ont vu pour toi
que des choses fausses et sans valeur.
Ils n'ont pas dénoncé ta faute,
ce qui aurait pu changer ta situation.
Ils ont inventé pour toi
mensonges et paroles trompeuses.
15 Tous ceux qui passent près de toi,
Jérusalem,
applaudissent parce que tu es détruite.
Ils poussent des cris d'horreur
et secouent la tête :
« Est-ce bien la ville qu'on appelait
"beauté parfaite"
et "joie de toute la terre" ? »
16 Tous tes ennemis parlent contre toi.
Avec mépris,
ils montrent leurs dents menaçantes
en disant :
« Nous l'avons avalée !
Voici enfin le jour que nous attendions.
Nous y sommes, nous le voyons ! »
17 Le SEIGNEUR a fait ce qu'il avait projeté,
il a réalisé ce qu'il avait annoncé,
ce qu'il avait décidé depuis longtemps :
il a détruit sans pitié.
Il a réjoui l'ennemi par ton malheur,
il a augmenté la puissance
de tes adversaires.

*

18 Peuple de *Sion,
crie d'un seul cœur vers le Seigneur.
Mur qui protèges la ville,
laisse couler tes larmes comme un torrent,
jour et nuit.
Ne te repose pas,
ne t'arrête pas de pleurer.
19 Lève-toi, crie à toutes les heures de la nuit.
Vide ton cœur en présence du Seigneur.
Élève tes mains vers lui
pour sauver tes jeunes enfants
qui meurent de faim à tous les carrefours.

*

20 Regarde, SEIGNEUR, et vois :
qui as-tu traité de cette façon ?
Faut-il vraiment
que des femmes mangent leurs enfants,
leurs petits tendrement aimés ?
Faut-il que des prêtres et des *prophètes
soient tués dans ton *lieu saint ?
21 Jeunes et vieux
sont étendus par terre dans les rues.
Mes jeunes filles et mes jeunes gens
sont tombés, tués par *l'épée.
Le jour où ta *colère a éclaté,
tu les as tués, assassinés sans pitié.
22 Comme pour un jour de fête,
tu as invité mes terribles voisins.
Le jour où ta colère a éclaté, SEIGNEUR,
personne n'a pu échapper,
personne n'est resté en vie.
Ceux que j'avais élevés
et aimés tendrement,
mon ennemi les a détruits.

Un homme dans le malheur espère malgré tout dans le Seigneur

3 1 Je suis l'homme[c] qui a connu le malheur
sous les coups de la fureur du SEIGNEUR.
2 Il m'a poussé devant lui,
il m'a fait marcher non dans la lumière
mais dans la nuit.
3 Oui, tous les jours,
il fait peser sa main sur moi,
et sur moi seul.

4 Il m'a usé de la tête aux pieds,
il m'a brisé les os.
5 Il m'a enfermé
en m'entourant de peine et de difficultés.
6 Il m'a fait habiter dans l'obscurité,
comme ceux qui sont morts depuis longtemps.

7 Le SEIGNEUR m'a entouré d'un mur
pour m'empêcher de sortir,
il m'a chargé de lourdes chaînes.
8 Même quand je crie
et appelle au secours,
il ferme ses oreilles à ma prière.
9 Il m'a barré la route
avec de grosses pierres,
il m'a conduit sur une fausse piste.

10 Le SEIGNEUR est pour moi
comme un animal sauvage prêt à bondir,
comme un lion caché dans un buisson.
11 Il m'a fait perdre mon chemin,
il m'a déchiré et détruit.
12 Il a tendu son arc
et dirigé ses flèches contre moi.

13 Il a planté toutes ses flèches
dans mes reins.
14 Tout mon peuple rit de moi.
Tous les jours,
les gens chantent des chansons
pour se moquer de moi.
15 Le SEIGNEUR m'a rempli
d'une souffrance amère,
il m'a donné du poison à boire.
16 Il m'a obligé
à briser des cailloux avec les dents,
il m'a écrasé dans la poussière.
17 Il m'a enlevé la paix,
j'ai oublié le bonheur.
18 Alors je dis :
Je n'ai plus d'avenir,
je n'attends plus rien du SEIGNEUR.
19 Je suis dans le malheur
et je ne sais pas où je vais.
Penser à mon malheur
est pour moi comme un poison amer.
20 J'y pense sans arrêt,
je ne peux pas oublier,
et je suis abattu.
21 Mais voici la pensée
qui me vient à l'esprit,
voici pourquoi j'espère :

22 La bonté du SEIGNEUR n'est pas épuisée,
il n'a pas fini de montrer son amour.
23 Chaque matin,
sa bonté et son amour sont tout neufs.
Oui, ta fidélité est immense !
24 Je me dis :
« Le SEIGNEUR est mon trésor. »
C'est pourquoi je compte sur lui.

25 Le SEIGNEUR est bon
pour celui qui met sa confiance en lui,
pour celui qui le cherche.
26 C'est une bonne chose
d'attendre en silence
le secours du SEIGNEUR.
27 C'est une bonne chose pour l'être humain
de se soumettre à des règles
dès sa jeunesse.

28 Quand le SEIGNEUR le fait souffrir,
il doit s'asseoir à l'écart et se taire.
29 Qu'il s'abaisse,
le visage dans la poussière !
Il y a peut-être de l'espoir !
30 Qu'il tende la joue à celui qui le frappe,
qu'il se laisse couvrir d'insultes !

---

c 3.1 *Il s'agit soit de l'auteur du livre, soit d'un homme qui représente le peuple.*

[31] En effet, le Seigneur
ne rejette pas les humains pour toujours.
[32] Même s'il fait souffrir,
il est plein d'amour,
car sa bonté est immense.
[33] Non,
ce n'est pas de bon cœur
que le Seigneur abaisse les humains
et les fait souffrir.

*

[34] Quand on écrase
tous les prisonniers d'un pays,
[35] quand on méprise
les droits d'un être humain
sous les yeux du Dieu très-haut,
[36] quand on fausse la justice
dans un procès,
est-ce que le Seigneur ne le voit pas ?

[37] Qui peut faire exister les choses
par sa seule parole ?
Est-ce que ce n'est pas le Seigneur
qui décide ?
[38] C'est bien par la parole du Dieu très-haut
que tout arrive,
le malheur et le bonheur.
[39] Alors celui qui reste en vie
malgré ses fautes,
pourquoi est-ce qu'il se plaint ?

[40] Examinons à fond notre conduite
et revenons au SEIGNEUR.
[41] Prions de tout notre cœur
en élevant les mains
vers le Dieu qui est au *ciel.
[42] Nous avons commis des fautes,
nous nous sommes révoltés,
et toi, tu n'as pas pardonné !

[43] Tu t'es enveloppé de *colère,
tu nous as poursuivis
et tu nous as tués sans pitié.
[44] Tu t'es caché dans un nuage
pour empêcher nos prières
de parvenir jusqu'à toi.
[45] Tu as fait de nous des ordures,
des objets dégoûtants
parmi les autres peuples.

[46] Tous nos ennemis parlent contre nous.
[47] Ce qui tombe sur nous,
c'est la peur et l'horreur,
la destruction et la catastrophe.
[48] Mes yeux sont inondés de larmes
à cause de la catastrophe
qui frappe mon peuple.

[49] Mes yeux pleurent sans arrêt.
Il n'y a pas de repos,
[50] jusqu'à ce que le SEIGNEUR se penche
du haut du ciel et regarde.
[51] Mes yeux me font mal
quand je vois
ce qui arrive aux villages voisins.

*

[52] Ceux qui m'en veulent sans raison
m'ont poursuivi
comme s'ils chassaient un oiseau.
[53] Ils m'ont enfermé tout vivant
dans une citerne,
et ils ont bouché l'ouverture
avec une pierre.
[54] L'eau montait plus haut que ma tête,
et j'ai dit :
« Je suis perdu. »

[55] Au fond du trou,
j'ai fait appel à toi, SEIGNEUR.
[56] Tu m'as entendu dire :
« Ne ferme pas tes oreilles
à mes soupirs et à mes cris. »
[57] Quand je t'ai appelé, tu t'es approché
et tu m'as dit : « N'aie pas peur ! »

[58] Seigneur, tu as pris ma défense,
tu m'as sauvé la vie.
[59] Tu as vu, SEIGNEUR,
le tort que les gens m'ont fait.
Rends-moi justice.
[60] Tu as vu
comment ils se sont vengés de moi,
tout ce qu'ils ont préparé contre moi.

[61] Tu as entendu leurs insultes, SEIGNEUR,
tout ce qu'ils ont préparé contre moi.
[62] Mes ennemis
ont de mauvaises intentions

et ils parlent contre moi tous les jours.
63 Qu'ils soient assis ou debout,
regarde-les :
ils font des chansons sur moi.

64 Rends-leur ce qu'ils m'ont fait, SEIGNEUR.
65 Ferme leur cœur.
Ce sera ta malédiction sur eux !
66 Poursuis-les avec colère
et chasse-les de la terre !

Jérusalem est détruite !

4 1 Hélas ! L'or ne brille plus,
ce métal précieux a perdu son éclat.
Les pierres *consacrées[d]
se retrouvent n'importe où.
2 Les habitants de *Sion,
aussi précieux que l'or pur,
sont considérés
comme de simples plats en terre,
fabriqués par un potier. Hélas !
3 Même chez les chacals
les mères présentent leurs mamelles
et allaitent leurs petits.
Mais mon peuple
est comme une mère cruelle,
comme l'autruche[e] dans le désert.
4 La langue du bébé colle à son palais,
à cause de la soif.
Les jeunes enfants
demandent de la nourriture,
mais personne ne leur en donne.
5 Ceux qui mangeaient des plats délicieux
meurent dans les rues.
Ceux qui ont été élevés dans la richesse
fouillent de leurs mains les tas d'ordures.
6 Les fautes de mon peuple sont plus graves
que les péchés de Sodome.
Cette ville a été détruite en un instant[f],
et personne n'a eu le temps
de faire quelque chose.
7 Nos princes étaient plus purs que la *neige,
leur peau était plus blanche que le lait.
Leur corps était plus éclatant que le corail,
leurs veines ressemblaient au saphir[g].
8 Mais maintenant, leur visage
est plus noir que le charbon,
dans les rues on ne les reconnaît plus.
Ils n'ont plus que la peau sur les os,
une peau sèche comme du bois.
9 Il vaut mieux mourir à la guerre
que mourir de faim,
épuisé par manque de nourriture.
10 Au moment
où la catastrophe a frappé mon peuple,
des mères pourtant pleines de tendresse
ont elles-mêmes fait cuire leurs enfants
pour les manger.

*

11 Le SEIGNEUR
est allé jusqu'au bout de sa *colère.
Il a répandu sa violente colère,
à Sion, il a allumé un incendie
qui a brûlé la ville jusqu'aux fondations.
12 Aucun roi de la terre
ni personne d'autre au monde
ne croyait que l'ennemi victorieux
allait entrer par les portes de Jérusalem.
13 Cela est arrivé
à cause des péchés des *prophètes
et des fautes des prêtres.
En effet,
ils ont tué en pleine ville
ceux qui obéissaient à Dieu.
14 Et maintenant,
les prophètes et les prêtres
vont en tous sens dans les rues,

---

d 4.1 *Pierres consacrées : les pierres du temple de Jérusalem, qui a été détruit en 587 avant J.-C., par Nabucodonosor, roi des Babyloniens.*

e 4.3 *L'autruche laisse ses œufs au soleil au lieu de les couver elle-même. C'est pourquoi elle est considérée comme une mauvaise mère.*

f 4.6 *Sodome représente une ville dominée par le mal. Voir Genèse 19.1-29.*

g 4.7 *Le corail est une sorte de pierre rouge.*
Le saphir est une pierre précieuse bleue.
Ces images indiquent que les princes avaient une excellente santé.

comme des aveugles.
Leurs vêtements sont tachés de sang,
et personne ne doit les toucher[h].
15 Quand ils arrivent, on crie :
« Éloignez-vous, ils sont *impurs !
Éloignez-vous ! Éloignez-vous !
Ne les touchez pas ! »
Ils fuient et ne savent pas où aller.
Mais les autres peuples disent :
« Ils ne peuvent pas rester chez nous. »
16 Le SEIGNEUR ne voulait plus les voir.
Il les a lui-même chassés de tous côtés.
Alors,
plus personne n'a respecté les prêtres,
personne n'a eu pitié des vieillards.

*

17 Sans cesse, nos yeux se fatiguent
à attendre un secours qui ne vient pas.
De nos postes de garde,
nous attendons l'arrivée d'un peuple
qui ne vient pas nous sauver.
18 On surveille nos pas,
nous ne pouvons donc pas
aller sur nos places.
Notre fin est proche,
notre vie est terminée, c'est la fin.
19 Ceux qui nous poursuivent
sont plus rapides que les aigles du ciel.
Ils nous rattrapent dans les montagnes,
ils nous tendent des pièges dans le désert.
20 Celui qui nous faisait vivre
est maintenant pris dans leurs pièges.
C'était le roi *consacré par le SEIGNEUR,
et nous disions de lui :
« Sous sa protection,
nous vivrons
au milieu des autres peuples. »

*

21 Tu peux bien te réjouir et danser de joie,
peuple d'Édom,
toi qui habites le pays d'Ous !
Pourtant, toi aussi,
tu boiras la *coupe de la colère de Dieu.
Tu deviendras ivre
et tu te montreras tout nu.
22 Ville de *Sion, tu as été assez punie.
On ne t'emmènera plus en déportation.
Mais toi, Édom,
le Seigneur punira ta faute,
il fera apparaître clairement tes péchés[i].

Les Israélites exilés prient le Seigneur

5 1 SEIGNEUR,
n'oublie pas ce qui nous est arrivé.
Regarde et vois comme on nous insulte.

2 Le pays que tu nous as donné
est passé à des étrangers,
nos maisons
sont entre les mains d'inconnus.
3 Nos pères ne sont plus là,
nous voilà orphelins.
Nos mères sont comme des veuves.
4 Notre eau, nous ne pouvons la boire
qu'en l'achetant,
notre bois, nous ne pouvons l'avoir
qu'en le payant.
5 Ceux qui nous font souffrir
ne nous lâchent pas.
Nous sommes épuisés,
il n'y a pas de repos pour nous.
6 Nous tendons la main
vers l'Égypte et l'Assyrie
pour avoir assez à manger.
7 Nos parents ont péché.
Ils ne sont plus là,
et c'est nous
qui portons le poids de leurs fautes.
8 Des esclaves sont nos maîtres,
et il n'y a personne
pour nous arracher à leur pouvoir.
9 À cause des bandits du désert
nous risquons notre vie
pour avoir de la nourriture.
10 À cause de la faim,
notre peau est brûlante de fièvre,

h **4.14** *Tout contact avec le sang rendait impur. Voir le verset 15 et Nombres 35.33-34.*

i **4.22** *Quand Jérusalem a été détruite, en 587 avant J.-C., les Édomites ont participé au pillage de la ville.*

comme si nous étions dans un four.
11 Nos ennemis ont fait violence
aux femmes dans *Sion,
et aux jeunes filles
dans les villes de Juda.
12 Ils ont eux-mêmes pendu des ministres,
ils n'ont montré aucun respect
pour les *anciens.
13 Des jeunes gens
portent la pierre qui sert à écraser le grain,
des garçons perdent l'équilibre
en transportant du bois[j].
14 Les vieillards
ne vont plus à la *porte de la ville,
et les jeunes gens ont cessé de chanter.
15 La joie a disparu de notre cœur,
nos danses joyeuses
se sont changées en deuil.
16 Nous avons perdu notre honneur.
Nous avons péché,
quel malheur pour nous !
17 Notre cœur est malade,
et nous ne voyons plus clair.
18 En effet, la montagne de *Sion
est devenue un désert
où les renards se promènent.

19 Mais toi, SEIGNEUR,
tu es roi pour toujours,
ton pouvoir royal
dure de génération en génération.
20 Est-ce possible que tu nous oublies
pour toujours,
que tu nous abandonnes
pour toute la vie ?
21 Fais-nous revenir vers toi, SEIGNEUR,
et nous reviendrons vraiment.
Renouvelle notre vie,
rends-la semblable à celle d'autrefois.
22 Est-ce que tu nous as vraiment rejetés
pour toujours ?
Est-ce que ta *colère dépasse tout ?

j **5.13** *Ces travaux étaient imposés aux prisonniers de guerre.*

Baruc

INTRODUCTION

Ce texte très court contient quatre parties. Elles semblent n'avoir aucun lien entre elles et appartiennent chacune à un genre particulier. On peut donc penser que chaque partie a été écrite par un auteur différent.

C'est sans doute entre 150 et 100 avant J.-C. qu'un auteur inconnu a rassemblé ces écrits, qui étaient en hébreu. Nous ne possédons maintenant que leur traduction en grec.

La présentation du livre (1.1-14) montre qu'une communauté juive vivant à l'étranger a voulu participer avec les Juifs de Jérusalem à une cérémonie religieuse importante destinée à réconcilier Dieu et son peuple.

Dans la suite du livre, le peuple reconnaît ses fautes et, dans le malheur, il appelle Dieu à son secours en lui rappelant ses promesses. Il s'interroge sur les ***souffrances de l'exil*** *et trouve la réponse dans une méditation sur la* ***Sagesse mystérieuse****, cachée, inconnue de tous les peuples. Mais Dieu l'a fait connaître à Israël en lui donnant sa loi. Un poème d'encouragement est la réponse de Dieu à la prière suppliante du peuple.*

Selon la coutume de l'époque, le livre est attribué à un personnage célèbre, Baruc, le secrétaire de Jérémie, qui vivait au 6ᵉ siècle avant J.-C.

Le livre de Baruc témoigne de ***la foi du peuple qui vit loin de son pays.*** *Il ressent cet exil comme une souffrance causée par ses péchés. C'est pourquoi il se tourne vers Jérusalem, la ville de ses ancêtres.*

Ce peuple est conscient que la loi donnée par Dieu est la vraie sagesse. Il se rappelle son histoire, que Dieu a rendue glorieuse par ses promesses et ses actions.

Les Juifs de Babylone envoient un message aux Juifs de Jérusalem

1 1 Voici un livre écrit à Babylone par Baruc. Cet homme était fils de Néria et petit-fils de Maasséya. Maasséya était fils de Sédécias et petit-fils d'Asadias. Asadias était fils de Hilquia. 2 Ce livre marque le cinquième anniversaire du jour où les Babyloniens ont pris et brûlé Jérusalem. Ceci s'est passé au cinquième mois, le 7 du mois[a]. 3 Baruc a lu ce livre devant Yekonia[b], fils de Yoakim, roi de Juda, et devant le peuple qui est venu écouter cette lecture. 4 Tous ceux qui vivaient à Babylone sur les bords du Soud[c] étaient là : les ministres, les princes proches du roi, les chefs de famille et tout le peuple, du plus petit jusqu'au plus grand. 5 Puis, ces gens ont pleuré. Ils ont *jeûné et prié devant le Seigneur. 6 Ensuite, ils ont rassemblé de l'argent, et chacun a donné selon ses moyens. 7 Ils ont envoyé cette somme à Jérusalem pour le prêtre Yoakim,

---

a **1.2** *D'après 2 Rois 25.8, Jérusalem a été prise vers la fin du mois de juillet 587 avant J.-C.*

b **1.3** *Yekonia : il s'agit du roi Yoakin.*

c **1.4** *Soud : c'est le nom d'une rivière ou d'un canal.*

fils de Hilquia et petit-fils de Challoum. Cet argent était aussi pour les autres prêtres et pour
tout le peuple qui se trouvait avec lui à Jérusalem.
8-9 Voici un certain temps, Nabucodonosor,
roi de Babylone, a déporté de Jérusalem Yekonia, ainsi que les chefs, les artisans, les ministres, et le peuple du pays pour les emmener à
Babylone. Après cela, Sédécias, fils de Josias et
roi de Juda, a fait fabriquer des objets en argent pour le temple de Jérusalem. Le 10 du
mois de Sivan[d], Baruc a repris ces objets qui
ont été emportés du temple du Seigneur. Il a
voulu les faire revenir au pays de Juda.
10 Et voici le message des exilés aux gens
de Jérusalem : « Nous vous envoyons de l'argent. Avec cet argent, achetez des animaux
pour les *sacrifices complets et les sacrifices
pour le pardon des péchés. Achetez aussi
de *l'encens. Vous présenterez ces sacrifices
et ces offrandes sur *l'autel du Seigneur notre
Dieu. 11 Priez aussi pour le roi Nabucodonosor de Babylone et pour son fils Baltazar. Demandez que leur vie dure aussi longtemps
que le ciel au-dessus de la terre. 12 Alors le
Seigneur nous donnera des forces, il nous
rendra la joie. Nous vivrons protégés par le
roi Nabucodonosor de Babylone et par son
fils Baltazar. Nous les servirons pendant longtemps et ils nous montreront leur bonté.
13 Priez aussi le Seigneur notre Dieu pour
nous. En effet, nous avons péché contre le
Seigneur notre Dieu, et jusqu'à aujourd'hui,
sa terrible *colère ne s'est pas détournée de
nous.
14 « Nous vous envoyons ce livre pour que
vous le lisiez devant tout le monde dans le
temple du Seigneur. Lisez-le pendant la
*fête des Huttes, et quand il sera bon de le
faire. »

LA PRIÈRE DES EXILÉS

Reconnaissance des péchés

15 Vous direz : Le Seigneur notre Dieu est
juste, mais nous, nous devons avoir honte,
comme aujourd'hui. Oui, nous, les gens de
Juda et les habitants de Jérusalem, 16 nous devons avoir honte, nous, nos rois, nos chefs,
nos prêtres, nos *prophètes et nos ancêtres.
17 Oui, nous avons péché contre le Seigneur.
18 Quand il nous a dit de suivre les commandements qu'il a placés devant nous, nous
n'avons pas obéi, nous n'avons pas écouté
les paroles du Seigneur notre Dieu. 19 Depuis
le jour où il a fait sortir d'Égypte nos ancêtres
jusqu'à aujourd'hui, nous n'avons pas obéi au
Seigneur notre Dieu. Nous avons agi sans réfléchir en n'écoutant pas ce qu'il nous disait.
20 C'est pourquoi, comme on le voit aujour-
d'hui, le malheur s'est attaché à nous avec la
malédiction. Le jour où il a fait sortir d'Égypte
nos ancêtres, pour nous donner un pays *débordant de lait et de miel, Moïse, son serviteur, a annoncé cette malédiction. 21 Il nous
a envoyé des prophètes, mais nous n'avons
pas écouté ce que le Seigneur Dieu nous disait
par leur intermédiaire. 22 Au contraire, chacun de nous, en suivant les pensées de son
cœur mauvais, a servi d'autres dieux. Il a
fait ce qui est mal aux yeux du Seigneur notre
Dieu.
2 1 Alors, le Seigneur a réalisé ce qu'il avait
annoncé contre nous : contre nos juges
qui rendent la justice en Israël, contre nos
rois et nos chefs, contre les gens d'Israël et
de Juda. 2 Il a frappé Jérusalem de grands
malheurs. Il n'y a jamais eu sous le ciel de
malheurs aussi grands que ceux-là. C'était
pourtant écrit dans la *loi de Moïse[e]. 3 Les
gens ont dû manger la chair de leurs fils et
de leurs filles. 4 De plus, il les a livrés au pouvoir de tous les royaumes qui les entouraient. Ainsi, tous les peuples voisins, chez

d **1.8-9** *Les artisans : voir Jérémie 24.1 ; 29.2.*
Sivan : fin mai. Sivan est le troisième mois du calendrier babylonien.

e **2.2** *Voir Lévitique 26.27-29 ; Deutéronome 28.53-57.*

qui le Seigneur les a envoyés, les ont insultés
et ils les ont couverts de honte. 5 Au lieu
d'être les maîtres, nous avons été esclaves.
En effet, nous avons péché contre le Seigneur notre Dieu, nous n'avons pas écouté
ce qu'il disait.

6 Le Seigneur notre Dieu est juste, mais
nous et nos ancêtres, nous sommes couverts
de honte, comme on le voit aujourd'hui. 7 Le
Seigneur a annoncé beaucoup de malheurs
contre nous, et ils nous ont frappés. 8 Nous
n'avons pas prié pour qu'il détourne chacun
de nous de ses penchants mauvais. 9 Le
Seigneur a préparé ces malheurs, et il les a
envoyés contre nous. Oui, tout ce que le
Seigneur nous a commandé de faire est juste.
10 Mais nous ne l'avons pas écouté, nous
n'avons pas suivi les commandements qu'il a
placés devant nous.

Appel à l'aide

11 Seigneur, Dieu d'Israël, tu as fait sortir
d'Égypte ton peuple avec vigueur, grâce à
ta force immense et à ta grande puissance,
par des actions étonnantes et extraordinaires. Tu as montré qui tu étais, comme nous
le voyons encore aujourd'hui. Et maintenant,
12 nous le reconnaissons : nous avons péché,
nous nous sommes révoltés, nous avons désobéi à tous tes commandements Seigneur,
notre Dieu. 13 Nous ne sommes plus qu'un
petit nombre parmi les autres peuples où tu
nous as envoyés. Détourne de nous ta *colère. 14 Écoute, Seigneur, ce que nous te demandons dans notre prière, délivre-nous à
cause de ce que tu es. Fais que ceux qui
nous ont déportés nous montrent leur bonté.
15 Alors, toute la terre saura que tu es le Seigneur notre Dieu et que nous, le peuple d'Israël, nous t'appartenons. 16 Seigneur, du haut
de ton temple *saint, regarde-nous et pense à
nous. Tends ton oreille vers nous et écoute-
nous. 17 Ouvre les yeux et vois. Si nous mourons, si notre esprit est séparé de notre
corps, si nous allons dans le monde des
morts, nous ne pourrons plus te rendre
*gloire ni reconnaître ta *justice, Seigneur.
18 Mais voici celui qui te rend gloire et reconnaît ta justice, Seigneur : c'est l'être humain
qui est profondément triste, qui marche
courbé et sans force, c'est la personne aux
yeux qui se troublent et qui a faim.

19 Ainsi, quand nous venons devant toi présenter notre prière et te supplier, Seigneur notre Dieu, nous ne nous appuyons pas sur les
mérites de nos ancêtres ou de nos rois. 20 En
effet, c'est contre nous que tu as envoyé ta violente colère. Tu avais annoncé cela par tes serviteurs les *prophètes en disant : 21 « Voici ce
que je dis, moi, le Seigneur : Courbez votre
dos et servez le roi de Babylone. Alors vous
resterez dans le pays que j'ai donné à vos ancêtres. 22 Mais si vous refusez de servir le roi
de Babylone, comme je vous le demande,
23 je ferai taire, dans les villes de Juda et à
Jérusalem, les chants de joie et de fête, les
cris de joie et les chansons des jeunes mariés.
Tout le pays deviendra un tas de pierres, il
sera vidé de ses habitants*f*. »

24 Mais nous n'avons pas écouté quand tu
nous disais de servir le roi de Babylone. Alors,
tu as réalisé ce que tu avais annoncé par l'intermédiaire de tes serviteurs les prophètes :
« Les os de vos rois et de vos ancêtres vont
être arrachés de leurs tombes. » 25 Nos ancêtres et nos rois sont morts dans de cruelles
souffrances, par la famine, la guerre et la peste.
Leurs corps sont restés dehors, livrés à la chaleur du jour et au froid de la nuit. 26 Et le temple qui t'était *consacré, tu l'as mis dans l'état
où il est aujourd'hui, à cause de la méchanceté
des peuples d'Israël et de Juda.

27 Pourtant, Seigneur notre Dieu, tu as agi
envers nous avec beaucoup d'indulgence et
une grande tendresse. 28 Tu avais annoncé
cela par ton serviteur Moïse, le jour où tu
lui as commandé d'écrire ta *loi en présence
des Israélites. Tu avais dit : 29 « Si vous ne
m'écoutez pas, la foule immense que vous
formez maintenant ne sera plus qu'un petit
nombre parmi les autres peuples où je vous
enverrai. 30 Je le sais, vous ne m'écouterez

---

f **2.23** *Voir Jérémie 7.34.*

pas, car vous êtes un peuple à la tête dure.
Mais là où vous serez déportés, vous vous
mettrez à réfléchir, 31 et vous saurez que le
Seigneur votre Dieu, c'est moi. Je vous donnerai un cœur attentif et des oreilles qui
écoutent. 32 Dans le pays où vous serez en
exil, vous chanterez ma louange et vous
vous souviendrez de moi. 33 Vous vous rappellerez ce qui est arrivé à vos ancêtres qui se
sont opposés à moi, le Seigneur. Vous n'aurez
plus la tête dure et vous vous détournerez de
vos mauvaises actions.

34 « Alors, je vous ramènerai au pays que j'ai
promis par serment à vos ancêtres, Abraham,
Isaac et Jacob, et vous en serez les maîtres. Je
ne diminuerai plus votre nombre, mais je vous
rendrai nombreux. 35 Et je ferai avec vous une
*alliance pour toujours. Je serai votre Dieu, et
vous serez mon peuple. Et je ne déporterai
plus mon peuple d'Israël loin du pays que je
lui ai donné.

3 1 « Seigneur tout-puissant, Dieu d'Israël,
c'est avec un cœur très inquiet et un esprit découragé que nous crions vers toi. 2 Seigneur, écoute-nous, aie pitié de nous, car nous
avons péché contre toi. 3 Toi, tu es roi pour
toujours, mais nous, nous sommes perdus
pour toujours. 4 Seigneur tout-puissant, Dieu
d'Israël, écoute l'appel des morts que nous
sommes. Nous sommes les enfants de ceux
qui ont péché contre toi, qui n'ont pas écouté
tes paroles, Seigneur notre Dieu. Alors les
malheurs ne nous ont pas lâchés. 5 Ne te souviens pas des fautes de nos ancêtres, mais en
ce moment, souviens-toi de ta puissance, et
que tu es Dieu. 6 Oui, le Seigneur notre
Dieu, c'est toi, et nous chanterons ta louange.
7 Tu as mis le respect dans nos cœurs pour que
nous fassions appel à toi. Dans notre exil, nous
chanterons ta louange. Oui, tout le mal que
nos ancêtres ont commis contre toi, nous
l'avons éloigné de nos cœurs. 8 Aujourd'hui,
nous sommes loin de chez nous, dans ce
pays où tu nous as envoyés. Là, nous sommes
insultés, et on nous lance des malédictions.
Nous sommes punis à cause de toutes les fautes de nos ancêtres, qui se sont détachés de
toi, Seigneur notre Dieu. »

LA SAGESSE

L'oubli de la Sagesse

9 Israélites, écoutez les commandements
qui donnent la vie.
Tendez l'oreille pour avoir la connaissance.
10 Vous habitez chez vos ennemis,
vous vieillissez dans un pays étranger.
Pourquoi donc ?
11 Vous êtes *impurs,
parce que vous touchez des morts.
Et vous faites partie de ceux
qui vivent dans le monde des morts.
Pourquoi ?
12 C'est que vous avez abandonné
la source de la sagesse.
13 Si vous aviez suivi le chemin de Dieu,
vous seriez pour toujours dans la paix.
14 Apprenez où se trouve la connaissance,
la force, l'intelligence.
Vous saurez alors
où trouver une longue vie,
un regard brillant de lumière et la paix.

Les humains ne peuvent atteindre la Sagesse

15 Qui a trouvé l'endroit
où habite la Sagesse[g] ?
Qui est entré dans la salle de ses trésors ?
16 Que sont devenus
les chefs des autres peuples,
ceux qui commandaient aux bêtes sauvages,
17 ceux qui charmaient les oiseaux ?
Où sont les gens
qui possédaient des biens sans limite,
qui mettaient en réserve l'or et l'argent
en qui les humains
mettaient leur confiance ?

g 3.15 *Voir Job 28.12-17 ; Proverbes 1.1-9.*

18 Où sont les artisans
qui travaillaient l'argent avec soin ?
– Mais ce qu'ils ont fait
n'a laissé aucune trace. –
19 Ils ont disparu, ils sont descendus
dans le monde des morts,
et d'autres ont pris leur place.
20 Des êtres plus jeunes sont nés
et ont habité sur la terre.
Mais ils n'ont pas connu
le chemin de la Sagesse,
21 ils n'ont pas su comment la trouver,
ils n'ont pas fait attention à elle.
Leurs enfants aussi
sont restés loin du chemin
que leurs parents avaient pris.

22 Personne n'a entendu parler
de la Sagesse en *Canaan,
et on ne l'a pas vue à Téman.
23 Même les gens de la famille d'Agar
qui la cherchent sur la terre,
même les commerçants
de Madian et de Téman[h],
les conteurs et les chercheurs de vérité
n'ont pas connu
le chemin qui conduit à la Sagesse.

24 Israélites, voyez comme l'univers,
cette maison de Dieu, est grand !
Comme il est étendu,
le monde qui lui appartient !
25 Il est immense et sans limites,
il est élevé et sans mesure !
26 C'est là que les géants sont nés,
ces hommes célèbres
dans les temps anciens,
de grande taille et excellents combattants[i].
27 Mais Dieu ne les a pas choisis
pour leur montrer le chemin de la Sagesse.
28 Ils sont morts,
car ils ont manqué d'intelligence,
ils ont disparu à cause de leur bêtise.

29 Qui est monté au ciel
pour prendre la Sagesse
et la faire descendre de là-haut ?
30 Qui a traversé la mer
pour la découvrir et la rapporter
en échange d'un or très pur ?
31 Personne ne connaît
le chemin de la Sagesse,
personne ne sait comment la trouver.

Dieu seul connaît la Sagesse et il l'a donnée à Israël

32 Par contre, Dieu qui connaît tout
connaît la Sagesse,
il l'a découverte
grâce à son intelligence.
Il a organisé la terre pour toujours
et l'a remplie d'animaux à quatre pattes[j].
33 Il envoie la lumière, et elle part.
Il la rappelle,
elle obéit en tremblant.
34 Les étoiles brillent joyeusement
à leur poste.
35 Dieu les appelle,
et elles répondent : « Présentes ! »
Elles brillent avec joie
pour celui qui les a créées.
36 C'est lui qui est notre Dieu,
personne n'est comme lui.
37 Il a découvert tout le chemin
qui conduit à la connaissance.
Il l'a montré
au peuple de *Jacob, son serviteur,
à Israël, son peuple très aimé.
38 Puis la Sagesse est apparue sur la terre,
et elle a vécu parmi les êtres humains.

4 1 La Sagesse, c'est le livre
des commandements de Dieu,
c'est la *loi qui existe pour toujours.
Tous ceux qui la suivent vivront,
ceux qui l'abandonnent mourront.
2 Revenez vers elle,
gens de la famille de *Jacob !

h 3.23 *Agar, Madian, Téman : ces trois noms désignent les peuples d'Arabie. Pour Agar, voir Genèse 16.15.*

i 3.26 *Voir Genèse 6.1-4 ; Sagesse 14.6.*

j 3.32 *Voir Job 28.23-27 ; Proverbes 8.22-31.*

Prenez-la.
À sa lumière, marchez vers sa clarté.
3 Ne laissez pas votre honneur à d'autres,
ne laissez pas vos privilèges à un peuple étranger.
4 Nous, les Israélites,
nous sommes heureux!
En effet, ce qui plaît à Dieu,
nous le connaissons.

CONSOLATION DU PEUPLE DE DIEU

Les exilés doivent reprendre courage

5 Courage, mon peuple,
toi qui gardes le souvenir d'Israël!
6 Vous avez été vendus aux autres peuples,
mais ce n'était pas pour vous détruire.
Dieu vous a livrés à vos ennemis,
parce que vous avez provoqué sa *colère.
7 Vous avez mis votre Créateur en colère
en offrant des *sacrifices non pas à lui
mais aux faux dieux.
8 Vous avez oublié le Dieu
qui existe pour toujours,
celui qui vous a élevés.
Et vous avez fait de la peine à Jérusalem,
la mère qui vous a nourris.
9 Elle a vu tomber sur vous la colère
venue de Dieu et elle a dit:
« Écoutez-moi, villes voisines de *Sion:
Dieu m'a envoyé une grande tristesse.
10 J'ai vu comment Dieu, l'Éternel,
a forcé mes fils et mes filles à partir en exil.
11 Je les avais élevés avec joie,
je les ai vus partir avec tristesse et avec peine.
12 Personne ne doit se réjouir
de me voir veuve
et abandonnée par beaucoup de monde.
Je suis restée seule
à cause du péché de mes enfants.
Ils se sont détournés de la *loi de Dieu.
13 Ils n'ont pas reconnu ses commandements,
ils n'ont pas vécu comme il l'ordonnait,
ils ont négligé le chemin juste
qu'il leur a enseigné.
14 Approchez, villes voisines de Sion!
Souvenez-vous que Dieu, l'Éternel,
a forcé mes fils et mes filles
à partir en exil.
15 Il a envoyé contre eux
un peuple venu de loin,
un peuple orgueilleux,
qui parlait une langue étrangère.
Ces gens-là
ne respectaient pas les vieillards,
ils étaient sans pitié pour les enfants.
16 Ils ont emmené
les enfants très aimés de la veuve,
ils l'ont laissée toute seule,
privée de ses filles. »

Jérusalem rend courage à ses enfants

17 Mes enfants, que faire pour vous aider?
18 Celui qui vous a envoyé ces malheurs,
c'est lui qui vous arrachera
aux mains de vos ennemis.
19 Mes enfants, allez, suivez votre chemin!
Moi, je reste ici, abandonnée et seule.
20 J'ai enlevé ma robe des jours de paix,
j'ai mis le vêtement de ceux qui supplient.
Je passerai ma vie
à crier vers Dieu, l'Éternel.
21 Courage, mes enfants!
Criez vers Dieu!
Il vous arrachera à la violence,
aux mains de vos ennemis.
22 Moi, j'espère en Dieu, l'Éternel.
J'attends qu'il vous libère.
Lui, le Dieu *saint, m'a donné cette joie:
l'Éternel, votre libérateur,
vous montrera bientôt sa bonté.
23 Je vous ai vus partir
avec tristesse et avec peine.
Mais Dieu vous rendra à moi
pour toujours
parmi les cris de joie et de fête.
24 Aujourd'hui, les villes voisines de *Sion
voient que vous êtes en exil.
Mais bientôt, elles verront la libération
qui viendra de votre Dieu.

Oui, celle-ci arrivera
avec la *gloire éclatante et magnifique de l'Éternel.
25 Mes enfants, supportez avec patience
la *colère que Dieu a fait peser sur vous.
Votre ennemi vous a fait souffrir,
mais vous le verrez bientôt par terre,
et vous mettrez votre pied sur son cou[k].
26 Mes faibles enfants sont partis
sur des chemins pénibles.
Ils ont été enlevés
comme un troupeau volé par l'ennemi.
27 Courage, mes enfants, criez vers Dieu !
Celui qui vous a exilés
se souviendra de vous.
28 Vous avez trouvé bon
de vous éloigner de Dieu.
Eh bien, maintenant, revenez vers lui
et faites dix fois plus d'efforts
pour le chercher.
29 Celui qui vous envoyé ces malheurs,
c'est lui qui vous sauvera.
Il vous apportera ainsi une joie
qui durera toujours.

Courage Jérusalem !

30 Courage, Jérusalem !
Dieu qui t'a appelée par ton nom
te consolera.
31 Quel malheur
pour les villes qui t'ont fait du mal
et qui se sont réjouies de te voir à terre !
32 Quel malheur pour les villes
qui ont pris tes enfants comme esclaves !
Quel malheur surtout
pour la ville[l] qui les a pris !
33 Elle s'est réjouie de te voir à terre,
elle était heureuse de ta destruction.
Eh bien, elle sera triste
d'être devenue elle-même un désert.
34 Je la priverai de ses nombreux habitants,
qui font sa joie,
et son orgueil se changera en deuil.
35 Dieu, l'Éternel, fera tomber sur elle
un feu qui la détruira pour longtemps.
Et elle abritera des esprits mauvais
pendant plus longtemps encore.

Jérusalem doit reprendre courage

36 Jérusalem,
regarde du côté où le soleil se lève
et vois la joie qui te vient de Dieu.
37 Regarde, ils arrivent,
les fils que tu as vus partir.
Ils arrivent tous ensemble,
de l'est à l'ouest,
sur l'ordre du Dieu *saint.
Ils sont pleins de joie
à cause de la *gloire de Dieu[m].

5 1 Jérusalem, quitte ton habit
de deuil et de misère.
Mets pour toujours le beau vêtement
de la *gloire de Dieu.
2 Prends l'habit du *salut,
celui qui vient de Dieu.
Pose sur ta tête comme une couronne
la présence glorieuse de l'Éternel.
3 Oui, Dieu va montrer ta beauté
à toute la terre.
4 Voici le nom que Dieu te donnera
pour toujours : « Paix par le salut »
et « Gloire par la fidélité à Dieu »[n].
5 Debout, Jérusalem !
Mets-toi sur la montagne
et regarde du côté où le soleil se lève.
Vois tes enfants rassemblés
de l'est à l'ouest,
sur l'ordre du Dieu *saint.
Ils sont joyeux,
car Dieu s'est souvenu d'eux.
6 Tu les as vus partir à pied,
emmenés par les ennemis.
Mais Dieu te les ramène,
portés en triomphe
comme sur un siège royal.
7 En effet, Dieu a donné cet ordre :

---

k 4.25 *Les vainqueurs faisaient ce geste sur les ennemis vaincus.*

l 4.32 *La ville : Babylone, qui représente aussi les pouvoirs qui ont dominé les Juifs.*

m 4.37 *Voir Ésaïe 43.5-7 ; 60.4-9.*

n 5.4 *Voir Jérémie 33.16.*

« Abaissez les hautes montagnes
et les collines anciennes.
Remplissez de terre les vallées.
Alors le sol deviendra plat[o],
et les Israélites
pourront marcher en sécurité,
accompagnés de la *gloire de Dieu. »

8 Sur l'ordre de Dieu,
les forêts et les arbres parfumés
donneront de l'ombre aux Israélites.
9 Oui, Dieu les ramènera dans la joie.
Il les éclairera de sa gloire,
il les accompagnera de son salut
et de sa bonté.

o **5.7** *Voir Ésaïe 40.3-4.*

Lettre de Jérémie

INTRODUCTION

Ce texte se présente comme une lettre écrite par le prophète Jérémie aux Juifs sur le point de partir en exil à Babylone. Mais il ne s'agit pas vraiment d'une lettre, et son auteur est inconnu. Il imite la lettre du prophète Jérémie aux Judéens exilés (Jérémie 29.1-23). L'auteur critique les faux dieux de Babylone en se moquant d'eux et de leurs statues. Il demande aux Juifs de ne pas se laisser attirer par eux. La Lettre de Jérémie a été écrite en hébreu entre 250 et 120 avant J.-C., mais on ne possède plus que sa traduction en grec.

- *But de la lettre*

*La **critique des faux dieux** fait partie d'une longue tradition, mais elle devient plus fréquente à l'époque des rois grecs d'Antioche de Syrie. L'auteur prend son modèle tout spécialement dans Ésaïe 44.9-20 et dans Jérémie 10.1-16.*

Pour l'auteur, chaque qualité retirée aux faux dieux peut être trouvée dans le Dieu d'Israël. Les statues des faux dieux sont fabriquées par des mains humaines, mais le Dieu qui a donné la loi n'est pas créé. Il est le Créateur et il existe pour toujours. Les faux dieux sont très nombreux, mais le Dieu tout-puissant est unique. Un temple les abrite comme dans une prison, mais Dieu est partout et il n'a pas de limite. Les faux dieux sont impuissants et ne servent à rien, mais Dieu veille sur tous les êtres avec bonté.

*Par cette critique vive, l'auteur affirme avec force que le **Dieu** qui a choisi le peuple d'Israël ne peut être représenté. Il se situe **au-delà de ce que l'être humain peut imaginer**.*

Le message de cet écrit est toujours actuel. En effet, beaucoup de valeurs fausses attirent les humains. Et elles invitent sans cesse les croyants à choisir des routes contraires à celles que Dieu leur propose pour être vraiment heureux.

Voici la copie de la lettre écrite par le *prophète Jérémie. Il l'a envoyée à ceux qui allaient être emmenés prisonniers à Babylone sur l'ordre du roi des Babyloniens. Jérémie veut leur annoncer ce que Dieu lui a commandé de dire[a].

Attention aux dieux des Babyloniens !

[1] Vous avez commis des péchés contre Dieu. Alors Nabucodonosor, roi des Babyloniens, vous emmènera prisonniers à Babylone.
[2] Vous resterez longtemps là-bas, pendant de nombreuses années, jusqu'à sept générations. Le Seigneur dit : « Ensuite, je vous ferai partir de là en paix. »
[3] À Babylone, vous verrez des dieux en bois, en argent et en or. On les transporte sur les épaules, et les Babyloniens les respectent beaucoup.
[4] C'est pourquoi, faites attention ! Ne devenez pas comme ces étrangers. N'ayez pas peur de leurs dieux
[5] quand vous verrez la foule à genoux, le front contre le sol, devant et

---

a Comparer avec *Jérémie 29.1-23.*

derrière eux. Mais dites plutôt dans votre cœur : « Maître, c'est toi qu'il faut adorer. » 6 En effet, le Seigneur a dit : « Mon *ange est avec vous, c'est lui qui prendra soin de vos vies. »

Que sont ces dieux ?

7 C'est un ouvrier qui a taillé la langue de ces dieux. L'or et l'argent recouvrent ces statues, mais ces dieux sont faux, et ils ne peuvent pas parler. 8 Pour eux, les gens prennent de l'or comme pour une jeune fille coquette. Ils en font des couronnes qu'ils mettent sur la tête de leurs dieux. 9 Il arrive même ceci : des prêtres volent cet or et cet argent pour leurs propres dépenses, ou ils en donnent aux *prostituées sacrées. 10 On couvre de vêtements ces dieux en bois, en argent et en or, comme s'ils étaient des hommes. Mais ils ne peuvent se défendre contre la rouille et les vers. 11 Quand on leur a mis de beaux habits rouges, on doit enlever de leur visage l'épaisse poussière du temple qui les recouvre. 12 L'un de ces dieux porte un bâton de commandement comme un gouverneur de province. Pourtant, il ne peut pas faire mourir celui qui l'a insulté. 13 Un autre dieu tient un couteau dans la main droite et une hache. Pourtant, il ne peut pas se protéger des soldats ni des voleurs. 14 On le voit : ce ne sont pas des dieux. N'ayez donc pas peur d'eux.

15 Les dieux que les gens placent dans les temples sont aussi inutiles que des plats cassés. 16 Leurs yeux sont couverts de la poussière soulevée par les pieds des visiteurs. 17 Quand quelqu'un a insulté le roi, on l'enferme à clé comme un condamné à mort. De la même façon, les prêtres ferment les temples avec des portes très solides, des serrures et des verrous pour empêcher les bandits de voler les dieux. 18 Ils allument aussi beaucoup de lampes, plus que pour eux-mêmes. Mais leurs dieux ne peuvent en voir aucune. 19 Ces dieux sont comme une des poutres de leur temple. On dit qu'elle est pourrie à l'intérieur. Les vers qui sortent de terre les mangent, eux et leurs vêtements, mais ils ne s'en rendent pas compte. 20 La fumée qui se répand dans le temple a noirci leur visage. 21 Des chauves-souris, des hirondelles et d'autres oiseaux se posent sur leur corps et sur leur tête. Il y a même des chats. 22 Vous le voyez bien : ce ne sont pas des dieux. N'ayez donc pas peur d'eux.

23 Si on ne nettoie pas l'or qui les recouvre pour les rendre beaux, eux ne le feront pas briller. Quand on les fait fondre, ils ne le sentent même pas ! 24 Les gens les ont achetés très cher. Pourtant il n'y a en eux aucun souffle de vie. 25 Ils ne peuvent pas marcher, on doit les porter sur les épaules. Ils montrent ainsi à tout le monde qu'ils ne valent rien. Ils font même honte à ceux qui s'occupent d'eux. 26 En effet, si l'un de ces dieux tombe à terre, il faut le relever. Et quand on l'a remis debout, il ne se déplacera pas tout seul. S'il penche, il ne peut pas se redresser. C'est comme si on présentait des offrandes à des morts. 27 Les prêtres revendent pour eux-mêmes les animaux que les gens offrent en *sacrifice aux dieux. Ou bien, leurs femmes en conservent une partie dans du sel, au lieu de les donner aux pauvres ou aux infirmes. Même les femmes qui sont *impures, parce qu'elles ont leurs règles ou parce qu'elles viennent d'accoucher, touchent les animaux offerts en sacrifice[b]. 28 Par ces exemples, vous le voyez bien : ce ne sont pas des dieux. N'ayez donc pas peur d'eux.

Les gens ont tort de les appeler des dieux

29 Comment peut-on les appeler « dieux » ? En effet, ce sont des femmes qui servent ces dieux d'or, d'argent et de bois[c]. 30 Dans les temples de ces dieux, les prêtres sont assis, couverts de vêtements déchirés. Ils ont les cheveux et la barbe rasés, la tête nue[d]. 31 Ils

b **27** *Voir Lévitique 12.4 ; 15.33.*

c **29** *En Israël, seuls les hommes étaient prêtres.*

d **30** *Les cheveux et la barbe rasés, la tête nue et les vêtements déchirés étaient des marques de deuil et de tristesse.*

crient comme des bêtes devant leurs dieux, comme s'ils étaient à un repas de deuil. 32 De plus, les prêtres volent les vêtements des dieux pour habiller leurs femmes et leurs enfants. 33 Si quelqu'un fait du bien ou du mal à ces dieux, ceux-ci ne peuvent pas le rendre. Ils ne peuvent pas non plus installer un roi ou le renverser. 34 De même, ils ne peuvent donner ni richesse ni pièce de monnaie. Si quelqu'un leur fait un *vœu et s'il ne le respecte pas, ces dieux ne réclament rien. 35 Ils ne peuvent pas sauver un homme de la mort ni arracher le plus faible au pouvoir d'un plus fort. 36 Ils ne peuvent pas rendre la vue à un aveugle ni délivrer quelqu'un de la misère. 37 Ils ne peuvent pas non plus avoir pitié des veuves, ni faire du bien aux orphelins. 38 Ces morceaux de bois recouverts d'or et d'argent ressemblent aux pierres tirées des montagnes. Ceux qui s'occupent d'eux seront couverts de honte. 39 Alors comment peut-on penser ou dire que ce sont des dieux ?

40 De plus, les prêtres babyloniens eux-mêmes les couvrent de honte. En effet, quand ils voient un homme qui ne peut pas parler, ils l'amènent auprès de leur dieu Bel, et ils demandent à Bel de faire parler ce muet, comme si leur dieu était capable de comprendre ! 41 Ces gens sont incapables de réfléchir à cela et d'abandonner leurs dieux, car ils manquent eux-mêmes d'intelligence ! 42 Les femmes s'entourent d'une corde, et elles se placent dans les rues pour brûler du son[e]. 43 Quand un passant invite l'une d'elles et couche avec elle, elle se moque de sa voisine : celle-ci n'a pas été choisie comme elle, et sa corde n'a pas été coupée. 44 Tout ce qui concerne ces dieux trompe les gens. Alors comment peut-on penser ou dire que ce sont des dieux ?

45 Ils ont été fabriqués par des sculpteurs et des artisans travaillant les métaux. Ils sont seulement ce que ces artisans ont voulu faire. 46 Ceux qui les ont fabriqués ne vivront pas longtemps. Alors comment les objets fabriqués peuvent-ils être des dieux ? 47 Ces artisans ne laissent à leurs enfants que mensonge et honte. 48 Quand une guerre ou des malheurs tombent sur ces dieux, les prêtres cherchent ensemble où se cacher avec eux. 49 Ces statues ne peuvent pas se sauver elles-mêmes de la guerre ou des malheurs. Alors comment ne pas comprendre qu'elles ne sont pas des dieux ? 50 Plus tard, on reconnaîtra que ces morceaux de bois recouverts d'or et d'argent trompent les gens. Tous les peuples et leurs rois le verront : ce ne sont pas des dieux, mais des objets fabriqués par des mains humaines. En eux, il n'y a rien qui vienne de Dieu. 51 Donc, c'est clair, ce ne sont pas des dieux. Qui peut dire le contraire ?

52 Ils ne sont pas capables d'établir un roi sur un pays ni de faire tomber la pluie pour les humains. 53 Ils ne peuvent pas juger leurs propres affaires ni aider celui qui subit une injustice. Ils ne sont bons à rien. Ils sont impuissants comme des corbeaux qui volent entre ciel et terre. 54 Si le feu tombe sur le temple de ces dieux en bois recouverts d'or ou d'argent, leurs prêtres s'enfuient et sauvent leur vie. Mais ces dieux resteront là à brûler comme des poutres au milieu des flammes. 55 Si un roi ou des ennemis les attaquent, ils sont incapables de s'opposer à eux. 56 Alors, comment peut-on accepter ou penser que ce sont des dieux ?

Les faux dieux ne servent à rien

57 Ces dieux en bois recouverts d'or et d'argent sont incapables de se sauver de la main des voleurs et des bandits. Quand ceux-ci arrachent de force leur or et leur argent, quand ils emportent les vêtements qui les couvrent, ces dieux ne peuvent pas s'aider eux-mêmes. 58 Un roi courageux à la guerre, ou un plat qui sert à son propriétaire, une porte qui protège ce qu'il y a dans une maison, ou encore un pilier en bois dans le palais d'un roi, tout cela est plus utile que ces faux dieux. 59 Le soleil, la

***e* 42** *Du son : quand on a écrasé le blé ou d'autres céréales, les restes forment le son ; ici, il s'agit sans doute d'un rite magique pour attirer les hommes.*

lune et les étoiles qui brillent pour nous servir
remplissent leur mission. [60] Quand l'éclair
jaillit, il montre lui aussi qu'il fait quelque
chose, de même le vent qui souffle partout.
[61] Quand Dieu commande aux nuages de recouvrir toute la terre, ils obéissent. La foudre,
que Dieu envoie d'en haut pour détruire montagnes et forêts, fait ce qui est commandé.
[62] Mais les dieux ne ressemblent en rien à
ces éléments de la nature. Ils n'ont ni leur
beauté ni leur puissance. [63] Ils ne sont pas capables de rendre la justice ni de faire du bien
aux humains. Alors on ne peut pas penser, ni
dire que ce sont des dieux. [64] Vous le savez
bien : ce ne sont pas des dieux. N'ayez donc
pas peur d'eux.

[65] En effet, ils ne sont pas capables de maudire les rois ni de les *bénir. [66] Ils ne peuvent
pas montrer aux peuples des signes extraordinaires dans le ciel, ni briller comme le soleil,
ni éclairer comme la lune. [67] Les animaux sauvages sont supérieurs à eux, car ils peuvent
fuir dans une cachette et s'aider eux-mêmes.
[68] Rien de cela ne nous montre qu'ils sont
des dieux. N'ayez donc pas peur d'eux.

[69] Dans un champ de concombres, un épouvantail[f] ne protège rien. C'est pareil avec les
dieux de ces gens-là, ces statues en bois recouvertes d'or et d'argent. [70] Ils sont encore
comme un buisson d'épines dans un jardin
où toutes sortes d'oiseaux viennent se poser,
ou comme un mort jeté dans l'obscurité d'une
tombe. [71] Quand vous verrez leurs vêtements
magnifiques et leurs habits en *lin pourrir sur
eux, vous comprendrez alors que ce ne sont
pas des dieux. Finalement, les vers les mangeront, et ils seront couverts de honte dans le
pays. [72] Il vaut mieux être quelqu'un qui obéit
à Dieu, et ne possède pas de statues. Une telle
personne ne sera pas couverte de honte.

---

f **69** *Un épouvantail est un objet à forme humaine. On le met dans les champs pour faire peur aux oiseaux et les empêcher de manger les graines et les fruits.*

Ézékiel

INTRODUCTION

Le prophète Ézékiel est un prêtre du temple de Jérusalem. En 597 avant J.-C., Nabucodonosor, roi de Babylone, attaque la ville. Il emmène une partie de ses habitants en exil en Babylonie. Ézékiel est parmi ceux-ci. Environ quatre ans plus tard, Dieu l'appelle à devenir son porte-parole. Du pays où il a été déporté, Ézékiel adresse des paroles de condamnation et d'avertissement aux Judéens qui sont avec lui et à ceux qui sont restés à Jérusalem. Il annonce aussi le jugement de Dieu contre des peuples étrangers. En exil, Ézékiel apprend que les Babyloniens ont pris Jérusalem et détruit le temple (587 avant J.-C.). Une deuxième déportation de population a lieu. Le peuple de Dieu a maintenant tout perdu : il n'a plus de pays, il n'a plus de roi et il n'a plus de temple pour rencontrer son Dieu. L'exil à Babylone, qui a commencé dix ans plus tôt, concerne maintenant davantage de gens et va sûrement durer. Ézékiel annonce alors aux Israélites qu'un avenir nouveau est devant eux.

Le livre d'Ézékiel s'ouvre par une ***vision*** *étonnante de la gloire de Dieu (chapitre 1). La* ***gloire de Dieu****, c'est sa présence et tout ce qui la fait connaître. Les images de la vision essaient de montrer la puissance et la force d'action de cette présence. Aux chapitres 8 à 11, une autre vision indique que la gloire de Dieu, c'est-à-dire Dieu lui-même, quitte le temple de Jérusalem, qui n'est plus digne de lui. Au chapitre 43 enfin, une dernière vision montre Dieu qui revient à Jérusalem dans un temple nouveau et qui le remplit de sa gloire.*

Dieu se fait connaître par ses ***jugements*** *et par ses* ***promesses pour l'avenir****. Alors tout le monde, le peuple d'Israël et les autres peuples, peut savoir qui est Dieu. Cette affirmation revient sans arrêt dans les chapitres 1 à 39 d'Ézékiel. À cause de cette* ***connaissance de Dieu****, chaque peuple, mais aussi chaque personne est responsable de ses actes (chapitres 18 et 33). Ainsi, les gens peuvent changer de comportement, recevoir un cœur nouveau, c'est-à-dire une volonté nouvelle. Dieu, qui accompagne son peuple en exil (voir 11.16), va aussi lui redonner la vie (chapitre 37). Comme Jérémie, Ézékiel annonce que Dieu va établir une* ***nouvelle alliance*** *avec son peuple (voir 34.25 et 37.26).*

Voici comment le livre d'Ézékiel est composé :

- *Les chapitres 1 à 24 contiennent des reproches et des menaces, prononcés après la première déportation. Les chapitres 1 à 3 racontent comment Dieu envoie Ézékiel vers les Israélites et l'établit comme guetteur chargé de les avertir. Ensuite, le prophète rappelle le passé des deux royaumes d'Israël et de Juda (chapitres 16 ; 20 ; 22–23). Il rappelle aussi ce qui se passe au moment où il parle, en particulier à Jérusalem et dans le temple (chapitres 8 et 22). Sur l'ordre de Dieu, Ézékiel accomplit des* ***actes prophétiques*** *pour montrer ce qui va arriver (chapitres 4 ; 5 ; 12 ; 24 ; etc.). Dieu va juger son peuple à cause des infidélités qu'il commet à son égard.*
- *Les chapitres 25 à 32 annoncent que Dieu juge aussi les peuples étrangers. Ceux-ci sont condamnés à cause du mal qu'ils ont fait au peuple d'Israël.*
- *Les chapitres 33 à 39 contiennent des messages prononcés après la destruction de Jérusalem en 587 avant J.-C. Ce sont surtout des messages d'encouragement et d'espérance. Gog, qui re-*

présente les ennemis du peuple de Dieu, ainsi que les forces du mal, est définitivement vaincu (chapitres 38 et 39).

• *Les chapitres 40 à 48 décrivent dans le détail* ***un temple*** *que Dieu fait voir à Ézékiel. C'est une vision de l'avenir. Le temple, c'est-à-dire la place donnée à Dieu, est au centre de la vie du peuple : tout y est mesuré et organisé, et les rôles de chacun sont définis. La source d'eau qui en sort donne à boire à tous les êtres vivants (47.1-12). Autour du temple, chacun a son territoire (47.13–48.29), et Jérusalem s'appelle « le Seigneur-est-là » (48.35).*

Le livre d'Ézékiel affirme ceci : Dieu va recréer son peuple et lui redonner le pays d'où il l'a fait partir.

Le Seigneur Dieu se montre à Ézékiel

1 1-3 L'année de mes trente ans, moi, Ézékiel,
fils du prêtre Bouzi, j'étais parmi les exilés
juifs, au bord du fleuve Kébar. C'était le quatrième mois, le cinquième jour. J'ai vu le *ciel
s'ouvrir, et Dieu s'est montré à moi. C'était la
cinquième année après la déportation du roi
Yoakin[a]. Là, dans le pays des Babyloniens, au
bord du Kébar, le SEIGNEUR m'a parlé et sa
puissance m'a saisi.

4 Voici ce que j'ai vu : un vent violent vient
du nord. Il amène un gros nuage entouré de
lumière. Des éclairs en sortent de tous côtés.
Son centre est en flammes, il brille comme de
l'or rougi au feu. 5 Au milieu, on dirait quatre
êtres vivants. Ils ressemblent à des hommes.
6 Chacun a quatre visages et quatre ailes.
7 Leurs jambes sont droites, leurs pieds ressemblent aux sabots d'un veau et ils brillent
comme du bronze poli. 8 Sous chaque aile, il
y a une main humaine. Leurs mains sont tour-
nées dans les quatre directions comme leurs
visages et leurs ailes. 9 Les bouts de leurs ailes
se touchent. Chacun avance droit devant soi
sans se retourner. 10 Chaque être a quatre visages : un visage humain devant, un visage de
lion à droite, un visage de taureau à gauche
et un visage d'aigle derrière. 11 Deux de leurs
ailes sont étendues vers le haut et elles se rejoignent, les deux autres ailes couvrent leurs
corps. 12 Chacun avance droit devant soi. Ils
vont là où ils veulent, sans se retourner. 13 Entre les êtres vivants, on aperçoit quelque
chose qui ressemble à des braises dans le
feu. C'est comme des torches qui bougent
sans arrêt. Le feu brille, et des éclairs en jaillissent. 14 Les êtres vivants vont et viennent aussi
vite que les éclairs.

15 Je les regarde et je vois une roue à terre à
côté de chaque être vivant. 16 Ces roues brillent comme une pierre précieuse. Elles ont
toute la même forme. Elles fonctionnent
comme si une roue se trouvait au milieu de
l'autre. 17 Elles peuvent avancer dans les quatre directions sans tourner sur elles-mêmes.
18 Elles forment un cercle immense qui fait
peur et elles sont couvertes de points brillants
tout autour. 19 Quand les êtres avancent, les
roues avancent à côté d'eux, quand ils s'élèvent au-dessus de la terre, elles s'élèvent
aussi. 20 Ils vont là où ils veulent, et les roues
avancent en même temps qu'eux. En effet, la
volonté des êtres fait marcher les roues.
21 Quand ils avancent, elles avancent, quand
ils s'arrêtent, elles s'arrêtent, quand ils s'élèvent au-dessus de la terre, les roues s'élèvent
aussi. En effet, la volonté des êtres fait marcher les roues.

22 Au-dessus des têtes des êtres vivants, il
y a quelque chose qui ressemble à un toit
aussi brillant que le cristal. 23 Sous ce toit,
chaque être a deux ailes dressées l'une
vers l'autre. Les deux autres ailes couvrent

---

a **1.1-3** *L'année de mes trente ans : l'hébreu dit « dans la trentième année » sans préciser davantage. Kébar : sans doute un canal relié à l'Euphrate, le grand fleuve traversant Babylone. Yoakin était roi depuis trois mois quand il a été déporté en Babylonie avec une partie de la population de Juda. C'était en 593-592 avant J.-C., voir 2 Rois 24.8-16.*

son corps. 24 J'entends le bruit de leurs ailes quand ils avancent. Ce bruit ressemble au grondement de la mer, au tonnerre, la voix du *Tout-Puissant, ou au bruit d'une armée nombreuse. Quand les êtres vivants s'arrêtent, ils replient leurs ailes. 25 Au-dessus du toit qui domine leurs têtes, on entend aussi du bruit. 26 Là, on voit comme une pierre de saphir[b] qui a la forme d'un siège de roi. Sur cette sorte de siège, tout en haut, il y a une forme qui ressemble à un être humain. 27 Je vois cette forme briller comme du métal poli, elle paraît entourée de feu. Au-dessus et au-dessous de ce qui ressemble à sa taille, je vois quelque chose comme du feu qui l'éclaire de tous côtés. 28 La lumière qui l'entoure ressemble à celle de l'arc-en-ciel qui brille dans les nuages un jour de pluie. C'est le reflet de la *gloire du SEIGNEUR. J'ai vu tout cela, je me suis mis à genoux, le front contre le sol. Alors j'ai entendu quelqu'un qui me parlait.

Le Seigneur envoie Ézékiel vers les Israélites

2 1 Celui qui parlait m'a dit : « Debout, toi qui n'es qu'un homme[c] ! Je vais t'adresser mes paroles. » 2 Pendant qu'il disait cela, l'esprit de Dieu est venu en moi et il m'a fait tenir debout. Alors j'ai écouté celui qui me parlait. Il m'a dit : 3 « Toi, l'homme, je t'envoie vers les Israélites, ce peuple de révoltés qui se sont dressés contre moi. Leurs ancêtres et eux aussi se sont opposés à moi jusqu'à maintenant. 4 Je t'envoie vers ces gens têtus qui ont le cœur fermé. Tu leur diras : "Voici les paroles du Seigneur DIEU." 5 Ils t'écouteront ou ils ne t'écouteront pas, parce que c'est une bande de révoltés. Mais ils sauront qu'il y a un *prophète parmi eux.

6 « Alors toi, l'homme, n'aie pas peur d'eux ni de leurs paroles. Ils diront le contraire de toi. Tu croiras vivre au milieu d'un buisson d'épines ou parmi des scorpions. N'aie pas peur de leurs paroles, ne sois pas effrayé devant eux. Oui, c'est un peuple de révoltés. 7 Tu leur diras ce que je te dirai. Ils t'écouteront ou ils ne t'écouteront pas, parce que ce sont des gens qui ont la tête dure.

8 « Toi, l'homme, écoute ce que je vais te dire. Ne te dresse pas contre moi, comme cette bande de révoltés ! Ouvre la bouche et mange ce que je vais te donner. »

9 Je regarde : une main est tendue vers moi. Elle tient un livre en forme de rouleau. 10 Elle le déroule devant moi. Des chants de tristesse et de deuil ainsi que des plaintes sont écrits des deux côtés du rouleau.

3 1 Celui qui parle me dit : « Toi, l'homme, mange ce qui est devant toi. Mange ce rouleau, puis va parler aux Israélites. »

2 J'ouvre la bouche, et il me fait manger le rouleau. 3 Ensuite, il me dit : « Toi, l'homme, remplis ton ventre, nourris-toi avec ce rouleau que je te donne. » Je le mange donc. Dans ma bouche, il est doux comme du miel.

4 Celui qui parle me dit : « Toi, l'homme, va vers les Israélites et répète-leur ce que je vais te dire. 5 Je ne t'envoie pas vers un peuple qui parle une langue étrangère difficile à comprendre. Je t'envoie vers le peuple d'Israël. 6 Si je t'envoyais vers les peuples nombreux qui parlent une langue étrangère difficile à comprendre, et qui est obscure pour toi, ils t'écouteraient. 7 Mais les Israélites, eux, ne voudront pas t'écouter, parce qu'ils ne veulent pas m'écouter. Oui, ils ont tous la tête dure, et leur cœur est fermé. 8 Je vais te rendre aussi têtu qu'eux, et ta tête sera aussi dure que leur tête. 9 Je la rendrai dure comme le diamant, plus dure que la pierre. N'aie pas peur d'eux, ne sois pas effrayé devant eux. Oui, c'est une bande de révoltés. » 10 Il continue : « Toi, l'homme, écoute de toutes tes oreilles ce que je vais te dire, reçois mes paroles dans ton cœur. 11 Ensuite, va vers tes frères israélites qui sont en exil ici. Parle-leur en disant : "Voici les paroles du

---

b **1.26** *Le saphir est une pierre précieuse, bleue et brillante.*

c **2.1** *Homme : le texte dit « fils d'homme ». Cette expression veut montrer la distance entre Dieu et son prophète. Souvent la traduction dit simplement « l'homme ».*

Seigneur DIEU." Ils écouteront ou ils n'écouteront pas, parle-leur quand même ! »

12 Alors l'esprit de Dieu me soulève de terre, et j'entends derrière moi ce grand cri : « Chantons la louange du SEIGNEUR là où il montre sa *gloire ! » 13 Les ailes des êtres vivants se heurtent les unes aux autres. J'entends le bruit qu'elles font en même temps que le bruit des roues. Cela fait un bruit terrible. 14 L'esprit qui m'a soulevé de terre m'emporte. Le SEIGNEUR me fait sentir durement sa puissance, et je m'en vais, le cœur triste et troublé. 15 J'arrive à Tel-Abib, auprès des exilés qui habitent au bord du fleuve Kébar[d]. Là, je suis resté sept jours avec eux, complètement bouleversé.

Le Seigneur établit Ézékiel comme guetteur

16 Après sept jours, le SEIGNEUR m'a adressé sa parole. Il m'a dit : 17 « Tu n'es qu'un homme, mais je fais de toi un guetteur pour le peuple d'Israël. Tu écouteras mes paroles et tu avertiras les Israélites de ma part. 18 Quand je dirai à l'homme mauvais : "Tu vas mourir", avertis-le. Dis-lui de laisser sa conduite mauvaise pour qu'il vive. Si tu ne l'avertis pas, l'homme mauvais mourra à cause de ses fautes. Mais toi, je te demanderai des comptes pour sa mort. 19 Voici ce qui peut arriver : tu avertis l'homme mauvais. Pourtant, il ne se détourne pas de sa méchanceté ni de sa mauvaise conduite. Alors cet homme-là mourra à cause de ses fautes, mais toi, tu sauveras ta vie. 20 Voici ce qui peut aussi arriver : Quelqu'un de *juste se détourne du bon chemin, et se met à faire le mal. Alors je le ferai tomber dans un piège, et il mourra. Si tu ne le préviens pas du danger, il mourra à cause de ses mauvaises actions. Ses bonnes actions d'autrefois ne compteront pas, et je te demanderai des comptes pour sa mort. 21 Au contraire, supposons ceci : tu avertis cet homme pour qu'il ne fasse pas le mal, et il ne le fait pas. Dans ce cas, il pourra vivre grâce à tes avertissements, et toi, tu sauveras ta vie. »

Le Seigneur impose le silence à Ézékiel pendant un certain temps

22 Le SEIGNEUR m'a saisi avec puissance et il m'a dit : « Debout, va dans la vallée et je te parlerai là-bas. » 23 Je me suis levé et je suis allé dans la vallée. À cet endroit, la *gloire du SEIGNEUR est apparue, comme je l'avais vue au bord du fleuve Kébar[e]. Je me suis mis à genoux, le visage contre le sol. 24 Alors l'esprit de Dieu est entré en moi et m'a relevé. Le SEIGNEUR m'a dit : « Va t'enfermer dans ta maison. 25 Toi, l'homme, écoute ! Des gens te mettront des cordes et ils t'attacheront. Alors tu ne pourras plus aller dehors pour être avec eux. 26 Je collerai ta langue dans ta bouche, et tu seras muet. Tu ne pourras plus faire de reproches à cette bande de révoltés. 27 Mais quand j'aurai quelque chose à leur dire, je t'ouvrirai la bouche. Ainsi tu pourras leur dire : "Voici les paroles du Seigneur DIEU." Ceux qui veulent écouter, qu'ils écoutent ! Ceux qui refusent de le faire, qu'ils n'écoutent pas ! Oui, c'est une bande de révoltés. »

La ville de Jérusalem va être attaquée

4 1 Le SEIGNEUR m'a dit encore : « Toi, l'homme, prends une brique et mets-la devant toi. Dessine sur elle une ville, Jérusalem. 2 Ensuite, montre qu'elle est entourée d'ennemis. Creuse des fossés contre elle, construis des murs d'attaque, installe des camps et des machines de guerre tout autour. 3 Puis prends une plaque de fer, place-la comme un mur entre toi et la ville. Regarde attentivement Jérusalem : elle est attaquée. C'est toi qui l'attaques. Ce que tu fais là sert à avertir le peuple d'Israël.

4 « Couche-toi sur le côté gauche. Tant que tu resteras couché ainsi, tu porteras sur toi les fautes du royaume d'Israël, tu en supporteras le poids. 5 Je te charge de faire cela un certain

---

d **3.15** *Kébar : voir Ézékiel 1.1-3 et la note.*

e **3.23** *Kébar : voir Ézékiel 1.1-3 et la note.*

nombre de jours. Il sera égal au nombre d'années pendant lesquelles le royaume d'Israël a péché[f]. Ainsi, pendant 390 jours, tu supporteras le poids de ses fautes. 6 Quand ce temps sera fini, couche-toi sur le côté droit et porte le poids des fautes du royaume de Juda pendant 40 jours. Je t'impose un jour pour chacune des années pendant lesquelles Juda a péché. 7 Ensuite, tu regarderas attentivement Jérusalem qui est attaquée. Tu étendras vers elle ton bras nu et tu parleras de ma part contre la ville. 8 Moi, je vais t'attacher avec des cordes. Ainsi, tu ne pourras pas te tourner d'un côté sur l'autre pendant tout le temps où tu menaceras Jérusalem[g].

9 « Prends du *blé, de *l'orge, des haricots, des lentilles, du mil et du blé dur. Mélange-les dans un récipient pour en faire du pain. Ce sera ta nourriture pendant les 390 jours où tu seras couché sur le côté. 10 Tu mangeras une part d'environ 200 grammes par jour : ce sera ta part jusqu'au jour suivant. 11 Tu boiras aussi de l'eau, ni trop ni trop peu, un litre par jour. 12 Ta nourriture aura la forme d'une galette d'orge, et cette galette, tu la feras cuire devant tout le monde, sur un tas d'excréments humains[h]. » 13 Le SEIGNEUR a ajouté : « C'est ainsi que les Israélites mangeront une nourriture *impure, au milieu des autres peuples où je vais les chasser. » 14 Alors je lui ai répondu : « Ah ! Seigneur DIEU, je n'ai jamais été impur. Depuis mon enfance jusqu'à maintenant, je n'ai jamais mangé d'animal mort naturellement ou déchiré par une bête sauvage[i]. Aucune viande impure n'est jamais entrée dans ma bouche. » 15 Le SEIGNEUR m'a dit : « Eh bien, je te permets de remplacer les excréments humains par ceux de la vache pour faire cuire ta nourriture. » 16 Il a ajouté : « Toi, l'homme, écoute ! Je vais détruire les réserves de pain à Jérusalem. Le pain et l'eau seront distribués en petites quantités, et à cause de cela les habitants vivront dans l'inquiétude. 17 Le pain et l'eau vont manquer, c'est pourquoi les gens seront découragés et ils perdront leurs forces à cause de leurs fautes. »

Le Seigneur va agir contre son peuple

5 1 Dieu m'a dit : « Toi, l'homme, tu prendras une *épée coupante et tu t'en serviras comme d'un rasoir. Tu couperas tes cheveux et ta barbe[j]. Tu les pèseras et tu les diviseras en trois parts. 2 Quand Jérusalem sera prise, tu en brûleras une première partie dans un feu au milieu de la ville. Tu prendras la deuxième partie et tu la frapperas avec ton épée autour de la ville. Tu répandras au vent la troisième partie, et moi, je la poursuivrai avec mon épée. 3 Mais tu garderas une petite quantité de poils et tu les mettras au fond de ta poche. 4 Tu prendras quelques poils, tu les jetteras dans le feu et tu les brûleras. Le feu s'étendra et brûlera tout le peuple d'Israël.

5 « Moi, le Seigneur DIEU, je dis ceci : Voilà ce qui arrivera à la ville de Jérusalem. Je l'avais placée au milieu des autres peuples, elle était entourée de pays étrangers. 6 Les habitants ont désobéi aux règles et aux lois que je leur avais données. Ils ont fait plus de mal que les autres peuples dans les pays qui les entourent. En effet, ils ont rejeté mes règles et mes lois, ils ne leur ont pas obéi. 7 Eh bien, moi, le Seigneur DIEU, voici ce que je dis : Vous avez causé plus de désordre que les autres peuples dans les pays qui vous entourent. Vous n'avez pas obéi à mes lois, vous n'avez pas suivi mes règles et vous n'avez même pas suivi celles des peuples qui vous entourent. 8 C'est pour-

---

f **4.5** *390 jours : Les années pendant lesquelles le royaume d'Israël a péché sont sans doute comptées à partir du moment où ce royaume s'est séparé de Juda, voir 1 Rois 12.19.*

g **4.8** *Voir Ézékiel 4.3.*

h **4.12** *Les excréments, considérées comme impurs, rendaient impure la nourriture cuite sur eux. Voir le verset 13.*

i **4.14** *La loi de Moïse interdit de manger une bête avec son sang. Voir Lévitique 17.12.*

j **5.1** *Tu couperas tes cheveux et ta barbe : Cela veut dire que les habitants de Jérusalem seront faits prisonniers et déportés. En effet, les vainqueurs rasaient ainsi leurs prisonniers.*

quoi moi, le Seigneur DIEU, voici ce que je dis : Je vais agir contre vous, habitants de Jérusalem. Je vais appliquer mon jugement en pleine ville sous les yeux des autres peuples. 9 À cause des actions horribles que vous avez commises, j'agirai contre vous comme je ne l'ai jamais fait, et je ne le ferai plus jamais. 10 Dans la ville, les parents mangeront leurs enfants, les enfants mangeront leurs parents. J'appliquerai mon jugement contre vous et je ferai partir de tous les côtés tous ceux qui seront encore en vie.

11 « Aussi vrai que je suis vivant, voici ce que je déclare, moi, le Seigneur DIEU : Vous avez rendu mon temple *impur par vos actions horribles et par vos faux dieux. Eh bien, moi, je passerai le rasoir sur vous[k], je n'aurai pas un regard indulgent pour vous, je serai sans pitié. 12 Une première partie des habitants mourra de la peste ou de la famine, à l'intérieur de la ville. Une deuxième partie sera tuée par *l'épée dans les environs. Je ferai s'en aller de tous côtés la troisième partie et je courrai derrière eux avec mon épée. 13 Je laisserai agir ma violente *colère, je la laisserai agir jusqu'au bout, et je me vengerai de vous. Alors vous le saurez : Celui qui vous a parlé, c'est moi, le SEIGNEUR, parce que je ne supporte pas votre infidélité. C'est pourquoi je laisserai ma violente colère agir contre vous jusqu'au bout. 14 Les habitants des pays qui vous entourent et tous ceux qui passeront par Jérusalem le verront : je ferai de cette ville un tas de pierres, et elle sera couverte de honte. 15 J'appliquerai mon jugement contre elle avec une colère violente et je lui ferai de terribles reproches. Les peuples qui l'entourent se moqueront de Jérusalem, ils l'insulteront. Mais cette ville leur servira aussi d'exemple, et ils seront effrayés. C'est moi, le SEIGNEUR, qui vous le dis.

16 « J'enverrai la famine contre vous pour vous tuer. Elle vous blessera autant que les flèches qui déchirent. Je vous ferai mourir de faim en détruisant vos réserves de pain. 17 J'enverrai contre vous la famine et des bêtes sauvages qui tueront vos enfants. La peste, la violence et la guerre vous supprimeront. C'est moi, le SEIGNEUR, qui vous le dis. »

Contre ceux qui adorent les faux dieux

6 1 Le SEIGNEUR m'a adressé sa parole. Il m'a dit : 2 « Toi, l'homme, tourne ton visage vers les montagnes d'Israël[l] et parle de ma part à leurs habitants. 3 Qu'ils écoutent ! Voici ce que moi, le Seigneur DIEU, j'ai à dire aux habitants des montagnes, des collines, des ravins et des vallées : Je vais faire venir la guerre contre vous, pour détruire vos lieux sacrés. 4 Des gens détruiront vos *autels, ils casseront vos brûle-parfums. Je ferai tomber vos morts devant vos faux dieux. 5 Je placerai les corps des Israélites devant les statues de leurs faux dieux et je répandrai leurs os autour de leurs autels. 6 Partout où vous habiterez, les villes seront détruites et les lieux sacrés seront supprimés. Des gens démoliront vos autels, qui ne serviront plus à rien. Ils casseront les statues de vos faux dieux, et elles n'existeront plus. Ils détruiront vos brûle-parfums et tout ce que vous avez fabriqué. 7 Je vous frapperai, et beaucoup parmi vous mourront. Alors vous saurez que le SEIGNEUR, c'est moi. 8 Pourtant, après cette guerre, je laisserai en vie certains parmi vous, et ils partiront de tous les côtés dans les autres pays. 9 Alors ces gens qui seront encore en vie se souviendront de moi parmi les peuples où ils seront déportés. Ils se rappelleront comment je les ai détruits. En effet, ils se sont *prostitués : leurs cœurs infidèles m'ont abandonné, et leurs yeux se sont attachés aux faux dieux. Alors ils seront dégoûtés d'eux-mêmes à cause des actions horribles qu'ils ont faites. 10 Et ils sauront que le SEIGNEUR, c'est moi. Je n'ai pas parlé inutilement quand j'ai annoncé ces malheurs à leur sujet. »

11 Voici les paroles du Seigneur DIEU : « Roule-toi par terre, pousse des cris et dis : "Hélas !", à cause de toutes les actions horri-

---

k **5.11** *Voir le verset 1 et la note.*

l **6.2** *Les gens rendaient un culte aux faux dieux sur ces montagnes.*

bles et honteuses des Israélites. Ils seront tués
à la guerre, ils mourront de faim et de la peste.
12 Ceux qui sont loin mourront de la peste,
ceux qui sont près seront tués à la guerre.
Ceux qui seront encore en vie après cela
mourront de faim. Je laisserai ma violente
*colère agir contre eux jusqu'au bout. 13 Alors
ils sauront que le SEIGNEUR, c'est moi. Leurs
morts seront par terre, au milieu de leurs
faux dieux, autour de leurs autels. Il y en
aura partout où ils offrent des *sacrifices à
leurs faux dieux. Il y en aura sur les sommets
des montagnes et des collines, sous les arbres
couverts de feuilles vertes, et à tous les autres
endroits où sont leurs faux dieux. 14 Je leur ferai sentir ma puissance, je détruirai leur pays.
Je ferai disparaître leurs habitants depuis le
désert au sud jusqu'à la ville de Ribla au
nord. Alors ils sauront que le SEIGNEUR, c'est
moi. »

Le Seigneur va envoyer sa colère contre son peuple

7 1 Le SEIGNEUR m'a adressé la parole. Il m'a
dit : 2 « Toi qui n'es qu'un homme, écoute
ce que moi, le Seigneur DIEU, j'annonce au
peuple d'Israël : C'est fini ! C'est fini pour
les quatre coins du pays. 3 Maintenant, c'est
fini pour vous : je vais envoyer ma *colère
contre vous. Je vous jugerai selon votre
conduite et je vous ferai payer vos actions horribles. 4 Je n'aurai pas un regard indulgent
pour vous, je serai sans pitié. Je vous ferai
payer votre conduite, et vous ne pourrez pas
cacher vos actions horribles. Alors vous saurez que le SEIGNEUR, c'est moi.
5 « Voici ce que je dis, moi, le Seigneur
DIEU : Regardez, le malheur arrive, un malheur jamais vu ! 6 C'est fini, c'est fini, le malheur se prépare à tomber sur vous, il arrive !
7 Habitants du pays, c'est votre tour. C'est le
moment, le jour du jugement est proche. Sur
les montagnes, plus de cris de joie, c'est la
peur. 8 Maintenant, je vais bientôt répandre
sur vous ma violente colère, je la laisserai
agir jusqu'au bout. Je vais vous juger selon votre conduite et vous faire payer vos actions
horribles. 9 Je n'aurai pas un regard indulgent
pour vous, je serai sans pitié. Je vous ferai
payer votre conduite, et vous ne pourrez pas
cacher vos actions horribles. Alors vous le saurez, c'est moi le SEIGNEUR qui vous frappe.
10 « Voici le jour du jugement, c'est votre
tour. La force mauvaise est partout, l'orgueil
se porte bien. 11 La violence est comme un bâton levé pour frapper. Il ne va rien rester de
vous, ni de votre richesse, ni de votre nombre,
ni de votre grandeur. 12 C'est le moment, le
jour du jugement est proche. Celui qui achète
ne doit pas se réjouir, celui qui vend ne doit
pas être triste. En effet, je suis en colère
contre le peuple tout entier. 13 Le vendeur ne
pourra pas retrouver ses marchandises, même
s'il reste en vie. En effet, la *vision qui
annonce la destruction de tout le peuple se
réalisera. Chacun vit dans le péché, c'est
pourquoi personne ne pourra retrouver des
forces. 14 On pourra bien sonner de la trompette et tout préparer, personne n'ira à la
guerre. En effet, je suis en colère contre le
peuple tout entier. »

Le Seigneur va agir contre les Israélites

15 « Dehors, ce sera la guerre, dedans, ce
sera la peste et la famine. À la campagne, les
gens seront tués à la guerre, en ville, ils mourront de faim et de la peste. 16 Ceux qui resteront en vie fuiront dans les montagnes.
Comme des *colombes qui gémissent, ils gémiront à cause de leurs péchés.
17 Leurs bras ne pourront plus rien porter,
leurs genoux seront sans force.
18 Ils mettront des étoffes de deuil,
ils trembleront de peur.
Leurs visages seront couverts de honte,
toutes les têtes seront rasées[m].
19 Il jetteront leur argent dans les rues,
leur or sera pour eux comme des ordures.
Le jour où le SEIGNEUR se mettra en colère,
leur argent et leur or
ne pourront pas les sauver.
Ils ne mangeront plus,

m **7.18** *Se raser la tête était un signe de deuil.*

leurs ventres resteront vides.
En effet, leur argent et leur or
ont été un piège pour eux.
20 Ils ont mis leur orgueil
dans la beauté de leurs trésors.
Ils ont fabriqué à partir d'eux
des statues de dieux
horribles et dégoûtantes.
Le SEIGNEUR dit :
À cause de cela,
ces dieux deviendront pour eux
comme des ordures.
21 Je laisserai des étrangers
piller leur richesse.
Je permettrai à des gens qui ne valent rien
de l'emporter comme une richesse de guerre,
tout cela sera traité avec mépris[n].
22 Je ne ferai rien
quand ils traiteront mon trésor[o]
avec mépris.
Des bandits viendront
et ils le rendront *impur.
23 Fabrique des chaînes[p],
parce que le pays est rempli d'assassins,
et la ville est pleine de violence.
24 Je ferai venir les peuples les plus cruels
qui prendront leurs maisons.
Je détruirai l'orgueil des gens puissants,
et on traitera leurs lieux sacrés
avec mépris.
25 La peur arrive.
Ils chercheront la paix,
mais ils ne la trouveront pas.
26 Les malheurs arriveront l'un après l'autre,
les mauvaises nouvelles ne cesseront pas.
Les gens demanderont au *prophète
d'avoir une *vision,
le prêtre n'enseignera plus rien,
les *anciens ne donneront plus de conseils.
27 Le roi sera dans le deuil,
le fils du roi sera désespéré,
et tous les gens du pays trembleront de peur.
J'agirai selon leur conduite,
je les jugerai comme ils le méritent.
Ainsi ils sauront que le SEIGNEUR, c'est moi. »

Ézékiel voit les faux dieux dans le temple de Jérusalem

8 1 C'était la sixième année après la déportation. Le sixième mois, le 5 du mois[q],
j'étais assis chez moi, et des *anciens de
Juda étaient assis devant moi. C'est là que la
puissance du Seigneur DIEU m'a saisi tout à
coup. 2 Voici ce que je vois[r] : Quelqu'un est
là. Il a une forme qui ressemble à un homme.
Au-dessous de ce qui a l'air d'être sa taille, son
corps est comme du feu. Au-dessus, il y a une
sorte de lumière, brillante comme de l'or
rougi au feu. 3 Il tend quelque chose comme
une main et me saisit par les cheveux. Alors,
dans cette *vision qui vient de Dieu, l'esprit
me soulève entre ciel et terre et m'emmène
à Jérusalem. Je me retrouve à l'intérieur de
la *porte nord de la ville, là où on a placé
une statue qui est une insulte à Dieu[s]. 4 Or
la *gloire du Dieu d'Israël m'apparaît à cet endroit, comme elle m'est déjà apparue dans la
vallée[t]. 5 Dieu me dit : « Toi, l'homme, regarde
vers le nord. » Je regarde dans cette direction.
À la porte du nord, il y a un *autel. La statue
qui est une insulte à Dieu se trouve près de
l'entrée qui conduit à l'autel. 6 Il ajoute :
« Toi, l'homme, est-ce que tu vois ce qu'ils
font ? Ici, les gens d'Israël commettent des actions horribles pour m'éloigner de mon *lieu

---

n **7.21** *Ici, le prophète annonce les actions des Babyloniens.*

o **7.22** *Mon trésor : peut-être le temple, ou encore Jérusalem ou le peuple d'Israël lui-même.*

p **7.23** *Fabrique des chaînes : cet ordre indique sans doute que les Israélites vont être faits prisonniers et déportés. En effet, les prisonniers étaient attachés avec des chaînes.*

q **8.1** *En septembre-octobre 592.*

r **8.2** *À partir d'ici jusqu'à la fin du chapitre 11, le texte raconte une nouvelle vision d'Ézékiel.*

s **8.3** *Cette statue représentait peut-être Tammouz, un dieu de Mésopotamie.*

t **8.4** *Voir Ézékiel 3.22-23.*

saint. Tu vas voir encore d'autres choses aussi horribles. »

7 Il me transporte à l'entrée de la cour du temple. Je vois qu'il y a un trou dans le mur. 8 Dieu me dit : « Toi, l'homme, fais un trou dans le mur. » Je fais un trou, et il y a alors un passage. 9 Il me dit : « Entre et regarde. Les gens font ici des choses horribles et dégoûtantes. » 10 J'entre et voici ce que je vois : autour de moi, les murs sont couverts de dessins qui représentent des serpents et des bêtes dégoûtantes. Tous les faux dieux des Israélites sont dessinés sur les murs. 11 Soixante-dix *anciens du peuple d'Israël sont debout devant les faux dieux. Parmi eux, il y a Yazania, fils de Chafan. Chacun tient un brûle-parfum à la main, et la fumée *d'encens monte vers le ciel. 12 Dieu me dit : « Toi, l'homme, est-ce que tu as vu ce que les anciens du peuple d'Israël font en se cachant, chacun à sa place devant son faux dieu. Ils disent : "Le SEIGNEUR ne peut pas nous voir, il a quitté le pays." » 13 Dieu ajoute : « Tu vas voir qu'ils commettent encore d'autres actions aussi horribles. »

14 Il me transporte vers la porte nord du temple. Des femmes sont assises à cet endroit et elles pleurent sur la mort de Tammouz[u]. 15 Il me demande : « Toi, l'homme, est-ce que tu as bien vu ? Tu vas voir des choses encore plus horribles que celles-ci. »

16 Il me transporte vers la cour intérieure du temple. À l'entrée du lieu saint, entre la cour et l'autel, il y a à peu près 25 hommes. Ils tournent le dos au *lieu saint et ils se mettent à genoux, le front contre le sol, dans la direction de l'est, pour adorer le soleil. 17 Dieu me demande : « Toi, l'homme, est-ce que tu vois ? Eh bien, ces gens de Juda ne se contentent pas des actions horribles qu'ils commettent ici. Ils remplissent en plus le pays de violence, ils font tout pour me mettre en *colère. Et maintenant, ils approchent une petite branche de leur nez[v]. 18 C'est pourquoi à mon tour, j'agirai avec une violente *colère. Je n'aurai pas un regard indulgent pour eux, je serai sans pitié. Ils pourront m'appeler à grands cris, je ne les écouterai pas. »

Le Seigneur agit contre Jérusalem

9 1 Le SEIGNEUR crie d'une voix forte : « Approchez, vous qui êtes chargés d'agir contre Jérusalem. Que chacun prenne son arme pour détruire la ville ! » 2 Six hommes arrivent de la porte supérieure, au nord du temple. Chacun a son arme pour détruire. Au milieu d'eux, il y a un homme habillé de *lin[w]. Il porte à la ceinture du matériel pour écrire dessus. Tous s'approchent et s'arrêtent devant *l'autel de bronze. 3 Alors, la *gloire du Dieu d'Israël qui est au-dessus des *chérubins, se lève pour se diriger vers l'entrée du temple. Le SEIGNEUR appelle l'homme habillé de lin qui porte une tablette à la ceinture. 4 Il lui dit : « Va dans les rues de Jérusalem. Tu verras ceux qui gémissent et qui pleurent à cause des actions horribles que les gens commettent dans cette ville. Tu leur feras une marque sur le front. » 5 Ensuite j'entends le SEIGNEUR dire aux autres : « Suivez cet homme dans la ville et tuez les habitants. N'ayez pas de regard indulgent pour eux, soyez sans pitié. 6 Tuez les vieillards, les jeunes gens et les jeunes filles, les enfants et les femmes ! Faites-les tous disparaître ! Mais tous ceux qui portent une marque sur le front, n'y touchez pas ! Commencez ici, à partir de mon *lieu saint. » Alors ils commencent par tuer les *anciens qui sont devant le temple. 7 Le SEIGNEUR donne cet ordre : « Rendez le temple *impur, remplissez ses cours de morts, puis sortez ! » Et ils partent tuer les habitants de la ville.

8 Pendant qu'ils continuent à tuer, je reste seul. Je me mets à genoux, le front contre le sol, et je crie : « Ah, Seigneur DIEU, en répan-

---

u 8.14 *Tammouz était un dieu de Mésopotamie, le pays des Babyloniens. Ceux-ci célébraient son deuil chaque année.*

v 8.17 *Il s'agit sans doute d'un geste religieux mésopotamien.*

w 9.2 *C'étaient les prêtres qui portaient des habits en lin.*

dant ainsi ta violente *colère contre Jérusalem, est-ce que tu vas tuer tous les Israélites qui restent ? » 9 Il me répond : « Les fautes des royaumes d'Israël et de Juda sont immenses : le pays est rempli de sang, la ville est pleine d'injustices. Oui, les gens disent : "Le SEIGNEUR a abandonné le pays, le SEIGNEUR ne peut rien voir." 10 Eh bien, moi, je n'aurai pas un regard indulgent pour eux, je serai sans pitié. Je ferai retomber sur leurs têtes le mal qu'ils ont fait. » 11 À ce moment-là, l'homme habillé de lin et portant une tablette à la ceinture vient rendre compte à Dieu : « J'ai fait ce que tu m'avais commandé. »

Dieu se montre de nouveau à Ézékiel

10 1 Je regarde : sur le toit qui est au-dessus de la tête des *chérubins, une pierre précieuse comme le saphir apparaît. Elle ressemble à un siège de roi. 2 Dieu dit à l'homme habillé de *lin : « Va entre les roues qui sont sous les chérubins. Prends à pleines mains des charbons brûlants entre les chérubins, et va les répandre sur la ville. » Je vois l'homme aller entre les roues.

3 À ce moment-là, les chérubins sont dans la partie droite du temple, et un nuage de fumée remplit la cour intérieure. 4 La *gloire du SEIGNEUR qui est au-dessus des chérubins se dirige vers l'entrée du temple. Alors le nuage vient remplir le temple et la gloire du SEIGNEUR remplit la cour de sa lumière. 5 On entend le bruit des ailes des chérubins jusque dans la cour extérieure. Ce bruit ressemble au tonnerre, la voix du Dieu tout-puissant. 6 L'homme habillé de lin est allé se placer près d'une roue. Il est venu là quand Dieu lui a donné l'ordre de prendre du feu entre les roues, au milieu des chérubins. 7 L'un des chérubins tend la main vers le feu qui est près de lui. Il prend des charbons brûlants et il les met dans la main de l'homme vêtu de lin. Celui-ci les prend et sort.

8 Quelque chose comme une main humaine apparaît sous les ailes des chérubins. 9 Je vois aussi quatre roues à côté des chérubins, une roue à côté de chacun. Ces roues brillent comme une pierre précieuse. 10 Toutes les quatre se ressemblent, et on dirait que chaque roue est au milieu de l'autre. 11 Elles peuvent avancer dans les quatre directions sans tourner sur elles-mêmes. Elles se dirigent dans la direction indiquée par la tête des chérubins sans tourner sur elles-mêmes. 12 Le corps, le dos, les mains et les ailes des chérubins, ainsi que leurs quatre roues, sont couvertes de points brillants tout autour. 13 J'entends une voix appeler ces roues « tornade ». 14 Chaque chérubin a quatre visages : le premier est le visage d'un chérubin, le deuxième est le visage d'un homme, le troisième est celui d'un lion, le quatrième est celui d'un aigle. 15 Les chérubins s'élèvent dans l'air. Ils sont semblables aux êtres vivants que j'ai vus sur le fleuve Kébar[x]. 16 Quand ils avancent, les roues avancent avec eux. Quand les chérubins étendent leurs ailes pour s'élever de terre, les roues restent à côté d'eux. 17 Quand ils s'arrêtent, elles s'arrêtent. Quand ils s'élèvent dans l'air, elles s'élèvent avec eux. En effet, la volonté des êtres vivants fait marcher les roues.

Ézékiel voit le Seigneur quitter le temple de Jérusalem

18 La *gloire du SEIGNEUR quitte l'entrée du temple et elle s'arrête au-dessus des *chérubins. 19 Les chérubins étendent leurs ailes pour partir. Je les vois s'élever de terre en même temps que les roues du char du SEIGNEUR. Ils s'arrêtent à l'est du temple, à l'entrée de la porte. La gloire du Dieu d'Israël brille au-dessus d'eux. 20 Près du fleuve Kébar[y], j'avais vu les mêmes êtres vivants au-dessous du Dieu d'Israël. Je comprends que ce sont des chérubins. 21 Chacun a quatre visages, quatre ailes et des sortes de mains humaines sous leurs ailes. 22 Leurs visages sont semblables aux visages que j'ai vus près du fleuve Kébar. Chacun avance droit devant soi.

---

x **10.15** *Kébar : voir Ézékiel 1.1-3 et la note.*

y **10.20** *Kébar : voir Ézékiel 1.1-3 et la note.*

Jérusalem va être jugée pour ses fautes

11 1 L'esprit du SEIGNEUR me soulève de
terre et il me transporte à la porte du
temple, située du côté où le soleil se lève. À
l'entrée de la porte, il y a 25 hommes. Parmi
eux, je vois Yazania, fils d'Azour, et Pelatia,
fils de Benaya. Ce sont deux chefs du peuple.
2 L'esprit me dit : « Toi, l'homme, écoute !
Voilà les gens qui ont l'intention de faire du
mal. Ils donnent de mauvais conseils dans Jérusalem. 3 Ils disent : "Ce n'est pas tout de
suite que nous bâtirons des maisons ici. Jérusalem est comme une marmite, et nous, nous
sommes la viande[z]." 4 C'est pourquoi, tu vas
parler contre eux. Oui, toi qui n'es qu'un
homme, sois *prophète et parle contre eux ! »
5 Alors l'esprit du SEIGNEUR me saisit et me
commande d'annoncer ceci : « Voici les paroles du SEIGNEUR : Je sais ce que vous dites, habitants d'Israël ! Et je connais ce que vous
pensez. 6 Vous avez tué beaucoup de gens
dans cette ville, vous avez rempli les rues de
morts. 7 C'est pourquoi, moi, le Seigneur
DIEU, je vous le dis : Jérusalem est bien comme
une marmite, mais la viande, c'est ceux que
vous avez tués. Et vous, je vous chasserai de
cette ville. 8 Vous avez peur de la guerre ! Eh
bien, je vous l'enverrai. Moi, le Seigneur
DIEU, je le déclare. 9 Je vous chasserai de Jérusalem, je vous livrerai aux mains des étrangers, j'appliquerai mon jugement contre
vous. 10 Je vous jugerai à l'intérieur des frontières d'Israël en vous faisant mourir à la guerre.
Alors vous saurez que le SEIGNEUR, c'est moi.
11 Jérusalem ne vous protégera pas comme
une marmite, vous ne serez pas les morceaux
de viande qu'elle conserve. Mais je vous jugerai à l'intérieur même des frontières d'Israël.
12 Alors vous saurez que le SEIGNEUR, c'est
moi. Vous n'avez pas suivi mes lois ni obéi à
mes règles. Mais vous avez suivi les coutumes
des peuples qui vous entourent. »
13 Pendant que je communique ce message,
Pelatia, fils de Benaya, meurt. Je tombe le visage contre le sol et je crie : « Ah, Seigneur
DIEU, tu veux donc faire disparaître tous les
Israélites qui restent ? »

Le Seigneur va faire revenir les Israélites exilés

14 Le SEIGNEUR m'a adressé sa parole. Il m'a
dit : 15 « Toi, l'homme, voici le conseil que les
habitants de Jérusalem donnent à tes frères,
aux gens de ta famille, à tous les Israélites exilés : "Restez loin d'ici, où le SEIGNEUR est présent. C'est à nous qu'il a donné ce pays en
partage." 16 Eh bien, tu diras à ceux qui ont
été déportés avec toi : Voici les paroles du Seigneur DIEU : "Je vous ai envoyés au loin, un
peu partout parmi des peuples étrangers. Malgré cela, je suis présent au milieu de vous
comme dans un *lieu saint." 17 C'est pourquoi
communique-leur ces paroles de ma part :
"Moi, le Seigneur DIEU, je vous rassemblerai
du milieu des différents peuples et pays où
vous avez dû partir. Et je vous donnerai à nouveau le pays d'Israël. 18 Quand vous serez revenus, vous supprimerez le culte horrible que
ses habitants rendent aux faux dieux. 19 Je
vous donnerai un cœur nouveau, je mettrai
en vous un esprit nouveau. J'enlèverai votre
cœur de pierre et je vous donnerai un cœur
de chair[a]. 20 Ainsi, vous suivrez les lois que
je vous ai données, vous ferez attention à
mes règles et vous leur obéirez. Vous serez
mon peuple, et je serai votre Dieu. 21 Mais
ceux qui adorent les faux dieux, et qui
commettent des actions horribles en suivant
les désirs de leur cœur, je leur ferai payer
leur conduite." » Voici ce que le Seigneur
DIEU déclare.

Le Seigneur quitte la ville de Jérusalem

22 Alors les *chérubins étendent leurs ailes,
et les roues se mettent à bouger en même

---

z 11.3 *Jérusalem est comme une marmite... : le sens de cette phrase n'est pas clair. Les deux chefs (verset 1) veulent sans doute faire croire aux habitants de Jérusalem qu'ils sont mieux protégés à l'intérieur de la ville que les Israélites déportés à Babylone.*

a 11.19 *Le cœur de chair est opposé au cœur de pierre. C'est un cœur ouvert à ce que Dieu veut.*

temps qu'eux. La gloire du Dieu d'Israël brille au-dessus d'eux. 23 Ensuite, la gloire du SEIGNEUR s'élève au-dessus du centre de la ville et elle s'arrête sur la montagne, à l'est de Jérusalem. 24 Au cours de la même *vision, l'esprit de Dieu me soulève de terre. Il me ramène auprès des exilés, dans le pays de Babylone, et la vision que Dieu m'a envoyée cesse. 25 Alors je raconte aux exilés tout ce que le SEIGNEUR m'a fait voir.

Ézékiel annonce la deuxième déportation

12 1 Le SEIGNEUR m'a adressé sa parole. Il m'a dit : 2 « Toi, l'homme, tu vis au milieu d'une bande de révoltés. Ils ont des yeux pour voir, mais ils ne voient pas. Ils ont des oreilles pour entendre, mais ils n'entendent pas. Oui, c'est une bande de révoltés. 3 Eh bien, toi, l'homme, rassemble les affaires nécessaires à un déporté, pendant la journée, sous les yeux de tous. Quitte ta maison comme un déporté qui part pour un autre lieu. Fais cela sous les yeux de tous. Alors ils comprendront peut-être qu'ils sont une bande de révoltés. 4 Tu sortiras tes affaires de chez toi pendant la journée et sous les yeux de tous. Et le soir, tu partiras sous leurs yeux comme quelqu'un qui va être déporté. 5 Toujours sous leurs yeux, tu feras un trou dans le mur et tu sortiras par là. 6 Sous leurs yeux, tu chargeras tes affaires sur ton épaule, et tu les emporteras pendant la nuit. Tu couvriras ton visage et tu ne pourras pas voir où tu vas. De cette façon, je fais de toi celui qui prévient les Israélites. » 7 J'ai agi comme le SEIGNEUR me l'avait commandé. En plein jour, j'ai sorti mon bagage, un bagage de déporté. Le soir, j'ai fait un trou dans le mur avec mes mains. Les gens m'ont vu partir dans la nuit, avec mon sac sur l'épaule.

8 Le matin suivant, le SEIGNEUR m'a adressé sa parole. Il m'a dit : 9 « Toi, l'homme, écoute ! Cette bande de révoltés, le peuple d'Israël, va sans doute te demander : "Qu'est-ce que tu fais là ?" 10 Réponds-leur : "Voici les paroles du Seigneur DIEU : C'est un avertissement pour celui qui gouverne à Jérusalem et pour tous les Israélites qui habitent là." 11 Dis-leur : Je vous préviens de ce qui va arriver. Ce que j'ai fait, voilà ce qu'on vous fera. Vous serez déportés, vous partirez en exil[b]. 12 Celui qui vous dirige mettra ses affaires sur son épaule dans la nuit, et il quittera la ville. On fera un trou dans le mur, et il sortira par là. Il couvrira son visage et il ne verra pas où il va. 13 Moi, le SEIGNEUR, je vais lui tendre un piège et je le ferai prisonnier. Je l'emmènerai dans le pays des Babyloniens, mais il ne pourra pas voir ce pays. C'est là-bas qu'il mourra[c]. 14 Je ferai partir de tous côtés tous ceux qui entourent votre chef, ses gardes et ses soldats. Puis je les poursuivrai avec mon *épée. 15 Quand je les ferai partir parmi les autres peuples et dans des pays étrangers, ils sauront que le SEIGNEUR, c'est moi. 16 Mais je laisserai quelques hommes échapper à la guerre, à la famine et à la peste. Alors ceux-là raconteront aux habitants des pays où ils iront toutes les actions horribles qu'ils ont faites. Et ces habitants sauront que le SEIGNEUR, c'est moi. »

17 Le SEIGNEUR m'a encore adressé sa parole : 18 « Toi, l'homme, mange ton pain en tremblant, bois ton eau dans la peur et l'inquiétude. 19 Puis tu diras aux gens du pays : "Voici les paroles du Seigneur DIEU : les habitants de Jérusalem qui sont restés dans le pays d'Israël mangeront leur pain dans l'inquiétude, ils boiront leur eau en tremblant de peur. En effet, leur pays va être détruit. Il ne restera plus rien, parce que ceux qui l'habitent l'ont rempli de violence. 20 Les villes n'auront plus d'habitants, et le pays deviendra un désert. Alors vous saurez que le SEIGNEUR, c'est moi." »

b **12.11** *Une première déportation a déjà eu lieu, voir Ézékiel 1.1-3. Ici, le prophète annonce une deuxième déportation.*

c **12.12-13** *Il s'agit du roi Sédécias. Les Babyloniens lui ont crevé les yeux avant de l'emmener en déportation à Babylone. Voir 2 Rois 25.4 ; Jérémie 52.7.*

Ce que le Seigneur a dit va se réaliser

21 Le SEIGNEUR m'a adressé sa parole : 22 « Toi, l'homme, écoute ! Vous répétez ce proverbe au sujet d'Israël : "Le temps passe et aucune *vision ne se réalise." Pourquoi donc ? 23 Eh bien, dis aux Israélites que moi, le Seigneur DIEU, je supprimerai l'habitude de dire ce proverbe. Personne ne le répétera plus en Israël. Dis-leur au contraire : "Voici le moment où toutes les visions vont se réaliser." 24 Il n'y aura plus de visions fausses ni de paroles trompeuses pour les Israélites. 25 En effet, c'est moi le SEIGNEUR qui parle. Et ce que j'annonce va se réaliser bientôt. Oui, c'est pendant votre vie, bande de révoltés, que je réaliserai ce que j'ai dit. » Voilà ce que le Seigneur DIEU déclare.

26 Le SEIGNEUR m'a encore adressé sa parole : 27 « Toi, l'homme, écoute ! Les Israélites disent : "Les visions d'Ézékiel se réaliseront dans très longtemps. Ce prophète parle pour beaucoup plus tard." 28 Eh bien, dis-leur ceci de ma part : "Moi, le Seigneur DIEU, je réaliserai bientôt tout ce que j'ai annoncé." » Voilà ce que le Seigneur DIEU déclare.

Contre les prophètes qui parlent en leur propre nom

13 1 Le SEIGNEUR m'a adressé sa parole. Il m'a dit : 2 « Toi, l'homme, dénonce en mon nom ceux qui se disent *prophètes en Israël et qui parlent en leur propre nom. Commande-leur d'écouter mes paroles. 3 Voici ce que moi, le Seigneur DIEU, je dis : Quel malheur pour les prophètes stupides qui n'ont rien vu mais qui suivent leur propre imagination ! 4 Israélites, vos prophètes sont comme les chacals au milieu des maisons détruites. 5 Ils ne sont pas allés réparer les trous des murs, ils n'ont pas construit de clôture pour vous protéger de la guerre, le jour où le SEIGNEUR agira. 6 Ils inventent leurs *visions et ils annoncent des choses fausses. Ils disent : "Le SEIGNEUR déclare." Pourtant, moi, le SEIGNEUR, je ne les ai pas envoyés. Or, ils espèrent que j'appuierai leurs paroles ! 7 Au contraire, je leur dis : Vous inventez vos visions et vous annoncez des choses fausses. Vous dites : "Le SEIGNEUR déclare", pourtant je n'ai pas parlé. 8 Eh bien, voici ce que j'affirme, moi, le Seigneur DIEU : puisque vous inventez vos messages, puisque vos visions sont fausses, je vais agir contre vous. » Voilà ce que le Seigneur DIEU déclare.

9 « Je montrerai ma puissance contre les prophètes qui inventent leurs visions et qui annoncent des choses fausses. Ils ne feront pas partie de l'assemblée de mon peuple. Leurs noms ne seront pas sur les listes du peuple d'Israël[d], et ils ne reviendront pas dans leur pays. De cette façon, ils sauront que le Seigneur DIEU, c'est moi.

10 « Les prophètes trompent mon peuple. Ils disent : "Tout va bien." Pourtant tout va mal. Les gens de mon peuple construisent un mur, eux, ils se contentent de le recouvrir de plâtre. 11 Eh bien, dis à ceux qui recouvrent le mur avec du plâtre : Votre mur va être détruit. Une grosse pluie va arriver, la *grêle va tomber, une tempête va éclater. 12 Quand le mur s'écroulera, des gens vous demanderont : À quoi a servi le plâtre avec lequel vous l'avez recouvert ? 13 Eh bien, voici ce que je dis, moi, le Seigneur DIEU : Dans ma violente *colère, je ferai éclater la tempête et j'enverrai des pluies abondantes. La grêle tombera avec violence et détruira tout. 14 Je renverserai le mur que vous avez recouvert de plâtre. Je le détruirai jusqu'en bas, et on verra ses fondations. Le mur s'écroulera, et vous serez écrasés sous ses pierres. Alors vous saurez que le SEIGNEUR, c'est moi. 15 Je laisserai ma violente colère agir jusqu'au bout contre le mur et contre ceux qui l'ont recouvert de plâtre. Je vous dirai : "Le mur est détruit. Ceux qui l'ont recouvert de plâtre sont morts. 16 Ils ne sont plus là, les prophètes d'Israël qui parlaient de l'avenir de Jérusalem. Leurs visions affirmaient que tout allait bien. Pourtant, tout allait mal." » Voilà ce que le Seigneur DIEU déclare.

---

d **13.9** *Voir Esdras 2 ; Néhémie 7.5-67.*

Contre les prophétesses qui parlent en leur propre nom

17 « Toi, l'homme, tourne maintenant ton visage vers les femmes d'Israël qui parlent en leur propre nom. Dénonce-les en mon nom. 18 Tu diras : "Voici les paroles du Seigneur Dieu : Quel malheur pour vous ! En effet, vous cousez des bracelets pour tous les poignets, vous faites des voiles pour les personnes de tous âges[e]. Et par là, vous avez un pouvoir sur leur vie. Vous voulez prendre la vie des gens de mon peuple et conserver votre propre vie ! 19 Vous me méprisez devant mon peuple pour quelques poignées *d'orge ou un peu de nourriture. Vous mentez à mon peuple qui croit vos mensonges. Vous faites alors mourir ceux qui ne doivent pas mourir, et vous faites vivre ceux qui ne doivent pas vivre. 20 C'est pourquoi, je vous le dis, moi, le Seigneur Dieu : Je vais agir contre vos bracelets avec lesquels vous prenez la vie des gens. Je les déchirerai en les arrachant de vos bras et je délivrerai ceux que vous avez fait prisonniers. 21 Je déchirerai aussi vos voiles et je libérerai mon peuple de vos mains. Il ne tombera plus dans vos pièges, et vous saurez que le Seigneur, c'est moi. 22 Par vos mensonges, vous avez découragé ceux qui agissent bien, et moi, je ne voulais pas leur faire du mal. Vous avez encouragé les gens mauvais à rester sur leur mauvais chemin et, ainsi, vous avez mis leur vie en danger. 23 Eh bien, vous n'inventerez plus vos *visions, vous n'annoncerez plus de choses fausses. Je délivrerai mon peuple de vos mains, et vous saurez que le Seigneur, c'est moi." »

Les Israélites doivent abandonner leurs faux dieux

14 1 Un jour, quelques *anciens d'Israël sont venus me voir et ils se sont assis devant moi. 2 Alors le Seigneur m'a adressé sa parole. Il m'a dit : 3 « Toi, l'homme, écoute ! Ces hommes-là portent leurs faux dieux dans leur cœur. Ils désirent sans cesse ce qui les fait tomber dans le péché. Est-ce que je vais me laisser interroger par eux ? 4 C'est pourquoi tu vas leur communiquer ce message : Voici ce que je leur dis, moi, le Seigneur Dieu : Supposons ceci : Un Israélite porte ses faux dieux dans son cœur, il désire sans cesse ce qui le fait tomber dans le péché et il vient voir un *prophète. Eh bien, c'est moi, le Seigneur, qui lui répondrai. Je le ferai en tenant compte des nombreux faux dieux qu'il adore. 5 De cette façon, je toucherai au cœur les Israélites qui se sont tous éloignés de moi à cause de leurs faux dieux. 6 C'est pourquoi, dis aux Israélites : Le Seigneur Dieu vous le demande : changez votre vie, abandonnez vos faux dieux, tournez le dos à toutes vos actions horribles.

7 « Voici ce qui peut aussi arriver : un Israélite ou un étranger qui habite en Israël s'est éloigné de moi. Il porte ses faux dieux dans son cœur, il désire sans cesse ce qui le fait tomber dans le péché et il vient voir un prophète pour connaître ce que je veux ! Eh bien, moi le Seigneur, je lui répondrai moi-même. 8 J'agirai contre cet homme. Son exemple sera cité comme un proverbe. Je le supprimerai de mon peuple. Vous saurez alors que le Seigneur, c'est moi.

9 « Voici ce qui peut encore arriver : un prophète fait l'erreur de répondre lui-même. Dans ce cas, c'est moi, le Seigneur, qui l'ai poussé à agir ainsi. Pourtant, je lui ferai sentir ma puissance, et je le supprimerai d'Israël, mon peuple. 10 Ce prophète-là et celui qui l'interroge sont tous deux responsables de la même faute. 11 De cette façon, les Israélites ne se perdront plus loin de moi. Ils ne seront plus *impurs à cause de toutes leurs fautes, mais ils seront mon peuple, et je serai leur Dieu. » Voilà ce que le Seigneur Dieu déclare.

Personne n'empêchera Dieu de condamner Jérusalem

12 Le Seigneur m'a adressé sa parole. Il m'a dit : 13 « Toi, l'homme, écoute ! Les habitants

e **13.18** *Ce verset décrit des pratiques de sorcellerie.*

d'un pays se rendront peut-être coupables envers moi en m'étant infidèles. Eh bien, je leur ferai sentir ma puissance. Je supprimerai leur nourriture, je leur enverrai la famine, je ferai mourir les humains et les animaux du pays. 14 Supposons que trois hommes semblables à Noé, Danel et Job[f], se trouvent parmi les habitants de ce pays. Ces trois hommes pourront seulement sauver leur vie grâce à leur fidélité. Moi, le Seigneur DIEU, je le déclare.

15 « Ou bien je lâcherai des bêtes féroces contre ce peuple. Les bêtes les tueront tous, et le pays deviendra un désert. Personne ne le traversera plus à cause de ces bêtes. 16 Supposons que ces trois hommes semblables à Noé, Danel et Job se trouvent parmi le peuple. Eh bien, aussi vrai que je suis vivant, voici ce que je déclare, moi, le Seigneur DIEU : ils ne pourront sauver personne, même pas leurs fils ni leurs filles. Seuls ces trois hommes seront sauvés, et le pays deviendra un désert.

17 « Ou encore, je ferai venir la guerre contre ce peuple, je commanderai à une armée de détruire le pays et de tuer les humains et les animaux. 18 Supposons que ces trois hommes semblables à Noé, Danel et Job se trouvent parmi ce peuple. Eh bien, aussi vrai que je suis vivant, voici ce que je déclare, moi, le Seigneur DIEU : ils ne pourront sauver personne, même pas leurs fils ni leurs filles. Seuls ces trois hommes seront sauvés.

19 « Ou bien j'enverrai une épidémie de peste à ce peuple. Je répandrai ma violente *colère contre lui par ce grand malheur qui tuera les humains et les animaux du pays. 20 Supposons que ces trois hommes semblables à Noé, Danel et Job se trouvent parmi ce peuple, eh bien, aussi vrai que je suis vivant, voici ce que je déclare, moi, le Seigneur DIEU : ils ne pourront sauver personne, même pas leurs fils ni leurs filles. Mais ces trois hommes pourront seulement sauver leur vie grâce à leur fidélité. »

21 Voici ce que le Seigneur DIEU m'a dit ensuite : « J'ai envoyé contre Jérusalem quatre grands malheurs : la guerre, la famine, les bêtes féroces et la peste pour tuer les humains et les animaux. 22 Pourtant, certaines personnes, des hommes et des femmes, sont restées en vie. Ils vont quitter Jérusalem et ils vous rejoindront. Quand vous verrez leur conduite et leurs actes, vous vous consolerez des malheurs que j'ai envoyés contre Jérusalem. 23 Vous serez consolés en les voyant. En effet, vous comprendrez que j'ai eu raison d'agir comme je l'ai fait contre cette ville. » Voilà ce que le Seigneur DIEU déclare.

La vigne du Seigneur va être brûlée

15 1 Le SEIGNEUR m'a adressé sa parole. Il m'a dit : 2 « Toi, l'homme, réponds ! Est-ce que le bois de la *vigne[g] est meilleur que tous les autres bois ? Est-ce que ses branches ont plus de valeur que celles des arbres de la forêt ? 3 Est-ce qu'on prend son bois pour fabriquer quelque chose ? Est-ce qu'on peut en faire un crochet pour pendre un ustensile ? 4 Non, il sert seulement à faire du feu. Et quand le feu a brûlé les deux bouts, le milieu du morceau de bois brûle aussi. Est-ce qu'il peut encore servir à quelque chose ? 5 Quand il était entier, il ne servait à rien. Maintenant que le feu l'a complètement brûlé, est-ce qu'on peut en faire quelque chose ? Rien du tout !

6 « Eh bien, voici ce que je dis, moi, le Seigneur DIEU : On préfère jeter au feu le bois de la vigne plutôt que le bois d'un arbre. De même, je brûlerai les habitants de Jérusalem. 7 Je vais agir contre eux. Ils croient qu'ils sont sortis du feu, mais le feu les dévorera. Et quand j'agirai contre eux, vous saurez que le SEIGNEUR, c'est moi. 8 Je ferai de leur pays un désert, parce qu'ils n'ont pas été fidèles envers moi. » Voilà ce que le Seigneur DIEU déclare.

---

f **14.14** *Noé, Danel et Job : trois hommes justes et sages bien connus dans l'ancien Orient. Seuls Noé et Job apparaissent ailleurs dans les textes bibliques.*

g **15.2** *Dans la Bible, la vigne représente souvent le peuple de Dieu.*

Le Seigneur s'est occupé de Jérusalem

16 1 Le SEIGNEUR m'a adressé sa parole. Il m'a dit : 2 « Toi, l'homme, montre à Jérusalem les actions horribles qu'elle a commises. 3 Tu lui diras : Voici les paroles du Seigneur DIEU pour Jérusalem : Le pays de tes ancêtres, c'est *Canaan, et tu es née là-bas. Ton père était un *Amorite et ta mère une Hittite[h]. 4 Le jour où tu es née, personne n'a coupé ton cordon. On ne t'a pas lavée dans l'eau pour te rendre *pure. On ne t'a pas frottée avec du sel, on ne t'a pas enveloppée dans un pagne. 5 Personne ne t'a regardée avec bonté pour te donner tous ces soins, personne n'a eu pitié de toi. Au contraire, on t'a jetée par terre le jour de ta naissance parce qu'on avait du dégoût pour toi. 6 Je suis passé près de toi, Jérusalem, je t'ai vue en train de t'agiter dans ton sang. Malgré le sang qui te couvrait, je t'ai dit de vivre ! Oui, je t'ai dit de vivre ! 7 Je t'ai fait grandir comme une plante des champs. Tu as poussé, tu t'es développée et tu es devenue la plus belle de toutes. Tes seins se sont formés et tes poils ont poussé. Mais tu étais complètement nue. 8 Plus tard, je suis passé de nouveau près de toi, Jérusalem. Je t'ai regardée et j'ai vu que c'était pour toi le moment d'aimer. Alors j'ai étendu mon vêtement sur toi pour te couvrir, parce que tu étais nue. J'ai juré de te rester fidèle et j'ai fait *alliance avec toi. Alors tu as été à moi, je le déclare, moi, le Seigneur DIEU.

9 « Je t'ai lavée dans l'eau, Jérusalem, j'ai nettoyé le sang qui était sur toi, je t'ai frottée avec de l'huile parfumée. 10 Je t'ai donné des habits brodés et des sandales de cuir fin. Je t'ai mis une ceinture de *lin et je t'ai couverte de soie. 11 Je t'ai ornée de bijoux, j'ai mis des bracelets à tes poignets et un collier à ton cou. 12 J'ai placé un anneau à ton nez, des boucles à tes oreilles et une très belle couronne sur ta tête. 13 Tes bijoux étaient en or et en argent, tes vêtements en lin, en soie et en tissu brodé. Pour te nourrir, tu prenais la farine la meilleure, du miel et de l'huile *d'olive. Alors tu es devenue très très belle, digne d'être reine. 14 À cause de ta beauté, Jérusalem, on parlait de toi dans le monde entier. En effet, tu étais d'une beauté parfaite, parce que je t'avais ornée de *gloire, je le déclare, moi, le Seigneur DIEU. »

Jérusalem s'est prostituée

15 « Mais tu as compté sur ta beauté, Jérusalem. Parce qu'on te connaissait partout, tu t'es prostituée[i]. Tu as couché avec tous les hommes qui passaient, tu leur appartenais. 16 Pour décorer les lieux sacrés, tu as pris certains de tes beaux pagnes colorés et tu t'es prostituée dessus[j]. Cela ne s'était jamais fait et cela ne se fera plus jamais. 17 Tu as pris les bijoux en or et en argent que je t'avais donnés pour fabriquer des faux dieux de sexe masculin. Puis tu t'es prostituée avec eux. 18 Tu les as couverts de tes vêtements brodés, tu leur as offert mon huile et mon *encens. 19 Pour leur plaire, tu leur as offert en *sacrifice toute la nourriture que je t'avais donnée : la meilleure farine, l'huile et le miel. Voilà ce qui est arrivé, moi, le Seigneur DIEU, je le déclare. 20 Jérusalem, tu as pris les fils et les filles que tu m'avais donnés, et tu les as offerts en sacrifice aux faux dieux comme nourriture ! Ta vie de prostituée n'était donc pas suffisante ? 21 Tu a tué mes enfants et tu les as fait brûler pour tes faux dieux ! 22 Quand tu commettais ces actions horribles, Jérusalem, quand tu te prostituais de cette façon, tu ne t'es pas souvenue de ta jeunesse. Tu as oublié le temps où tu

h **16.3** *C'est David qui a pris Jérusalem et l'a choisie comme capitale. Avant cela, cette ville était habitée par des Cananéens.*

i **16.15** *Dans les versets 15 à 43, l'image de la prostitution sert à décrire les infidélités d'Israël envers son Dieu. En effet, les Israélites ont souvent adopté les dieux et les coutumes religieuses des peuples avec lesquels ils étaient en relation.*

j **16.16** *Dans certaines religions de l'ancien Orient, des prostituées étaient au service des lieux sacrés. Les visiteurs s'unissaient à ces femmes pour obtenir de leurs dieux de bonnes récoltes, de beaux troupeaux ou des enfants.*

étais complètement nue, quand tu t'agitais dans ton sang.

23 « Après tout le mal que tu as fait, te voilà malheureuse. Oui, quel malheur pour toi ! Moi, le Seigneur DIEU, je le déclare. 24 Pourtant, tu as continué en te faisant des petites buttes, des endroits élevés[k] sur toutes les places. 25 Au début de chaque rue, tu t'es fait une petite butte et là, tu as utilisé ta beauté pour des actions horribles. Tu t'es offerte à tous ceux qui passaient, et tu t'es prostituée de plus en plus. 26 Jérusalem, tu t'es prostituée avec les Égyptiens, tes voisins au corps magnifique, et tu en as fait toujours davantage pour me mettre en *colère. 27 Alors je t'ai fait sentir ma puissance : je t'ai enlevé une partie de tes ressources. Je t'ai livrée à l'appétit de tes ennemies, les villes des *Philistins qui avaient honte de ta conduite horrible. 28 Mais tes désirs n'étaient pas satisfaits, alors tu t'es prostituée avec les Assyriens. Pourtant, tu n'étais pas encore rassasiée. 29 Tu as continué à te prostituer dans un pays de commerçants, celui des Babyloniens. Même avec ces gens-là, tu n'étais pas encore rassasiée. 30 Ah ! Tu es vraiment lâche, Jérusalem, je le déclare, moi, le Seigneur DIEU. En faisant tout cela, tu as agi comme la pire des prostituées. 31 Au début de chaque rue, tu t'es fait une petite butte. Tu as bâti des hauts-lieux sur toutes les places. Pourtant, tu n'as pas demandé d'argent comme les autres prostituées. 32 Mais tu as été comme la femme *adultère qui préfère des étrangers à son mari. 33 Toutes les prostituées reçoivent de l'argent, mais toi, tu as offert des cadeaux à tous tes amants. Tu les as payés pour qu'ils viennent de partout coucher avec toi. 34 En te prostituant de cette façon, tu as fait le contraire des autres prostituées. On ne te cherchait pas, on ne te payait pas, mais c'est toi qui donnais de l'argent. Tu as vraiment fait le contraire des autres !

35 « Eh bien, Jérusalem, toi qui te prostitues, écoute la parole du SEIGNEUR. 36 Voici ce que j'ai à te dire, moi, le Seigneur DIEU : Tu t'es montrée toute nue, tu as fait voir toutes les parties de ton corps en te prostituant avec tes amants et avec tes faux dieux horribles. Tu as même versé le sang de tes enfants en les offrant à tes dieux. 37 C'est pourquoi je vais rassembler tous les amants à qui tu as plu, tous ceux que tu as aimés et tous ceux que tu as détestés. Je les rassemblerai de partout contre toi, j'enlèverai tes vêtements devant eux, et ils te verront toute nue. 38 Jérusalem, je te condamnerai comme on condamne les femmes adultères et celles qui tuent les gens. Je te couvrirai de sang à cause de ma *colère et de ma jalousie. 39 Je te livrerai au pouvoir de tes amants. Ils écraseront tes buttes, ils détruiront tes hauts-lieux. Ils t'enlèveront tes vêtements, ils te prendront tes beaux bijoux et ils t'abandonneront toute nue. 40 Ensuite, ils exciteront la foule contre toi. Ils te tueront à coups de pierres, ils te déchireront à coups *d'épée, 41 ils mettront le feu à tes maisons. Ils appliqueront ainsi le jugement qui te condamne sous les yeux d'une foule de femmes. Je mettrai fin à ta vie de prostituée, et tu ne pourras plus payer tes amants. 42 Jusqu'au bout, je laisserai agir ma violente colère contre toi. Ensuite, quand je n'aurai plus de raison d'être jaloux, je serai calme de nouveau, je ne serai plus en colère. 43 Jérusalem, tu ne t'es pas souvenue de ce que j'ai fait pour toi dans ta jeunesse. Tu m'as provoqué par tes actes. Eh bien, moi, à mon tour, je te ferai payer ta conduite, je le déclare, moi, le Seigneur DIEU. En effet, tu as eu une conduite honteuse, en plus de toutes tes actions horribles avec les faux dieux. »

Jérusalem est pire que les autres villes

44 Le SEIGNEUR a dit encore : « Jérusalem, ceux qui font les proverbes diront à ton sujet : "Telle mère, telle fille !" 45 Oui, tu es bien la fille de ta mère, elle qui a détesté son mari et ses enfants. Tu es semblable à tes sœurs,

---

k **16.24** *Des petites buttes, des endroits élevés : les habitants de Jérusalem y plaçaient de petits autels où ils venaient mettre leurs offrandes.*

qui ont détesté leurs maris et leurs enfants. Votre mère était hittite et votre père était *amorite[l]. 46 Ta grande sœur, c'est Samarie, au nord, avec les petites villes voisines. Ta petite sœur, c'est Sodome, au sud, avec les petites villes voisines[m]. 47 Tu n'as pas seulement imité leur conduite, tu n'as pas seulement commis les mêmes actions horribles, c'était trop peu ! Ta conduite a été bien pire que celle des autres villes. 48 Aussi vrai que je suis vivant, moi, le Seigneur DIEU, voici ce que je te déclare, Jérusalem : Sodome, ta sœur, et les petites villes voisines, n'ont pas fait autant de mal que toi, et les petites villes autour de toi. 49 Voici les fautes de Sodome et de ses voisines : elles étaient orgueilleuses, elles mangeaient beaucoup trop, elles ne se faisaient pas de souci, elles n'ont pas aidé les pauvres ni les malheureux. 50 Elles sont devenues méprisantes et ont commis des actes horribles. Alors je les ai fait disparaître, comme tu le sais. 51 Samarie, elle, n'a pas fait la moitié du mal que tu as fait. Toi, Jérusalem, tu as commis beaucoup plus d'actes horribles qu'elle. Sodome et Samarie, tes sœurs, ont l'air innocentes, quand on les compare à toi. 52 Eh bien, maintenant, à ton tour, supporte la perte de ton honneur à cause de tes fautes. Oui, tu as commis des actes pires que tes sœurs. Ainsi, elles apparaissent plus *justes que toi, et on leur trouve des excuses. À ton tour, tu seras donc couverte de honte et tu souffriras d'avoir perdu ton honneur. 53 Je rendrai leur ancienne situation à ces villes : je changerai la situation de Sodome et des villes voisines, celle de Samarie et des villes voisines. Ensuite, je te rendrai aussi ton ancienne situation, Jérusalem. 54 Alors tu souffriras d'avoir perdu ton honneur, tu auras honte de tout ce que tu as fait : cela consolera ces villes. 55 Sodome, Samarie et les villes voisines retrouveront leur ancienne situation. Ce sera pareil pour toi, Jérusalem, et pour les villes voisines. 56 À l'époque où tu te vantais, tu disais du mal de Sodome. 57 C'était avant qu'on découvre ta méchanceté. Maintenant, c'est ton tour d'être insultée par les villes d'Édom et leurs villes voisines, ainsi que par les villes des *Philistins. De tous côtés, en effet, celles-ci disent qu'elles te méprisent. 58 Par là, tu supportes les conséquences des actes honteux et horribles que tu as commis. Moi, le SEIGNEUR, je le déclare.

59 « Voici ce que je dis, moi, le Seigneur DIEU : Tu t'es moquée de ton serment en brisant mon *alliance avec toi. C'est pourquoi j'agirai avec toi, Jérusalem, comme tu as agi avec moi. 60 Mais moi, je me souviendrai de l'alliance que j'ai faite avec toi quand tu étais jeune. J'établirai cette alliance avec toi pour toujours. 61 Tu réfléchiras à ta conduite et tu auras honte quand tu recevras tes grandes sœurs et tes petites sœurs. Je les mettrai sous ton pouvoir, comme si elles étaient tes filles. Pourtant, ceci n'entre pas dans l'alliance que j'ai faite avec toi. 62 Jérusalem, je ferai une alliance avec toi. Alors tu sauras que le SEIGNEUR, c'est moi. 63 Alors tu te souviendras du passé, tu seras couverte de honte et tu n'ouvriras plus la bouche, parce que tu as perdu ton honneur. Mais moi, je te pardonnerai tout ce que tu as fait. » Voilà ce que le Seigneur DIEU déclare.

L'histoire des deux aigles et de la vigne

17 1 Le SEIGNEUR m'a adressé sa parole. Il m'a dit : 2 « Toi, l'homme, présente une devinette aux Israélites en leur racontant une histoire. 3 Tu leur diras que moi, le Seigneur DIEU, je leur raconte ceci : C'est l'histoire du grand aigle aux larges ailes, aux longues plumes épaisses et de toutes couleurs. Cet oiseau vole jusqu'aux montagnes du Liban[n]. 4 Il casse la pointe d'un *cèdre. Il arra-

---

l **16.45** *Voir Ézékiel 16.3 et la note.*

m **16.46** *Samarie : ancienne capitale du royaume du Nord, qui s'est séparé du reste du pays après la mort de Salomon.*
Sodome représente la ville dominée par le mal. Voir Genèse 19.1-29.

n **17.3** *Grand aigle : cet aigle représente Nabucodonosor, le roi de Babylone, qui a vaincu Jérusalem.*

che sa branche la plus haute. Il l'emporte dans un pays de commerçants et la place dans une ville de marchands. 5 Il prend un autre plant[o] du pays d'Israël et le met dans une pépinière. Il le plante près d'un fleuve abondant, comme un arbre qui aime l'eau. 6 Ce plant grandit, il devient une *vigne magnifique, qui court sur le sol. Ses branches grandissent en direction de l'aigle, et ses racines poussent sous ses ailes. Cette vigne donne sans cesse de nouvelles branches. 7 Mais un deuxième grand aigle[p] arrive. Il a de larges ailes et des plumes nombreuses. Alors la vigne dirige ses racines vers lui et tourne ses branches de son côté. Elle espère recevoir encore plus d'eau que dans le sol où elle est plantée. 8 Pourtant, elle a été plantée dans une bonne terre, au bord d'un fleuve abondant. Elle peut donc produire des branches, porter des fruits et devenir une vigne magnifique.

9 « Et moi, le Seigneur DIEU, je demande : Est-ce que cette vigne peut se développer ? Est-ce que le premier aigle ne va pas arracher ses racines, enlever ses fruits ? Est-ce qu'ensuite, ses nouvelles branches ne vont pas sécher ? Pour l'arracher de terre, il n'aura pas besoin de beaucoup de force ni de beaucoup de gens. 10 La vigne a bien été plantée, mais elle ne pourra pas se développer. Quand le vent d'est soufflera sur elle, elle séchera complètement. Elle séchera sur la terre où elle devait pousser. »

Explication de l'histoire des deux aigles et de la vigne

11 Le SEIGNEUR m'a dit : 12 « Demande à cette bande de révoltés s'ils ne comprennent pas ce que cette histoire veut dire. Rappelle-leur ceci : Le roi de Babylone est entré à Jérusalem, il a pris le roi et les chefs, il les emmenés avec lui à Babylone. 13 Ensuite, il a choisi quelqu'un[q] de la famille royale. Il a signé un accord avec lui et lui a fait jurer de rester fidèle au roi de Babylone. Il a emmené les grands du pays 14 pour que le royaume reste petit, qu'il ne puisse pas se développer et qu'il respecte fidèlement l'accord signé. 15 Mais le nouveau roi s'est révolté contre le roi de Babylone. Il a envoyé des messagers en Égypte pour que ce pays lui donne des chevaux et beaucoup de soldats. Est-ce que celui qui a fait cela peut réussir ? Est-ce qu'il peut s'en sortir ? Non, il ne peut pas s'en sortir parce qu'il n'a pas respecté l'accord signé.

16 « Aussi vrai que je suis vivant, je le déclare, moi, le Seigneur DIEU : Le roi d'Israël mourra dans le pays du roi de Babylone qui l'a placé sur le siège royal. En effet, il n'a pas tenu compte du serment qu'il avait fait, il n'a pas respecté l'accord passé. Ainsi, c'est à Babylone que le roi d'Israël mourra. 17 Le roi d'Égypte ne pourra pas le défendre, même avec une grande armée et des troupes nombreuses. En effet, pendant la guerre, les Babyloniens bâtiront des murs d'attaque et ils creuseront des fossés pour tuer un grand nombre de gens. 18 En ne tenant pas compte du serment qu'il avait fait, le roi d'Israël n'a pas respecté l'accord signé. Il a agi ainsi et pourtant il avait donné sa parole. Donc, il ne s'en sortira pas.

19 « Aussi vrai que je suis vivant, voici ce que je déclare, moi, le Seigneur DIEU : Le roi d'Israël n'a pas tenu compte du serment qu'il avait fait devant moi. Il n'a pas respecté l'accord signé en mon nom. C'est pourquoi je le ferai payer pour cela. 20 Je vais lui tendre un piège et le faire prisonnier. Je l'emmènerai à Babylone et, là-bas, je le ferai condamner parce qu'il n'a pas été fidèle envers moi. 21 Ses meilleurs soldats seront tués à la guerre, et ceux qui resteront en vie partiront de tous côtés. Alors vous saurez que c'est moi, le SEIGNEUR, qui vous ai parlé. »

---

o 17.5 *Autre plant : cet autre plant représente Sédécias, que Nabucodonosor a désigné comme roi de Juda. Voir 2 Rois 24.17.*

p 17.7 *Un deuxième grand aigle : c'est le roi d'Égypte. Sédécias a essayé de se rapprocher de lui pour avoir de l'aide contre les Babyloniens.*

q 17.13 *Il s'agit du roi Sédécias.*

Le Seigneur promet un roi à Israël

22 Voici les paroles du Seigneur DIEU : « Je prendrai moi-même une jeune branche[r] à la pointe du *cèdre, au bout des grandes branches. Et je la planterai sur une très haute montagne. 23 Je la planterai sur une haute montagne d'Israël[s]. Cette tige développera ses branches, elle produira des graines, elle deviendra un cèdre magnifique. Des oiseaux de toutes sortes feront leurs nids dans ses branches et ils se reposeront sous son ombre. 24 Alors tous les arbres de la campagne sauront que le SEIGNEUR, c'est moi. Je diminue les arbres qui sont grands, je fais grandir les arbres qui sont petits. Je rends secs les arbres verts, je fais fleurir les arbres secs. Moi, le SEIGNEUR, j'ai parlé et je fais ce que je dis. »

Personne ne doit payer pour la faute de ses parents

18 1 Le SEIGNEUR m'a adressé sa parole. Il m'a dit : 2 « Dans le pays d'Israël, on entend répéter ce proverbe : "Les parents ont mangé des fruits verts, ce sont les enfants qui ont mal aux dents." Pourquoi donc ? 3 Aussi vrai que je suis vivant, voici ce que je vous dis, moi, le Seigneur DIEU : vous n'aurez plus à répéter ce proverbe en Israël. 4 En effet, la vie de chacun est à moi, celle des parents comme celle des enfants. Celui qui a péché, c'est lui qui mourra.

5 « Voici un exemple : Un homme agit bien, il respecte les lois et fait ce qui est juste. 6 Il ne prend pas de repas sacrés sur les montagnes, il ne sert pas les faux dieux des Israélites. Il ne salit pas l'honneur de la femme d'un autre, il ne s'unit pas à une femme pendant ses règles[t]. 7 Cet homme ne profite pas des autres, il rend ce qu'on lui a confié pour garantir une dette, il ne vole pas les gens, il donne à manger à celui qui a faim, il couvre d'un vêtement celui qui est nu. 8 Cet homme prête son argent sans intérêts, il n'en retire aucun avantage. Il se détourne de l'injustice et juge selon la vérité. 9 Il obéit à mes lois, il suit fidèlement mes règles. C'est un homme vraiment *juste, et il vivra. Moi, le Seigneur DIEU, je le déclare.

10 « Supposons ceci : Cet homme a un fils qui est violent, qui tue et commet toutes sortes d'actions du même genre. 11 Son père n'a rien fait de tout cela. Mais le fils, lui, prend des repas sacrés sur les montagnes. Il salit l'honneur de la femme des autres. 12 Il profite des pauvres et des malheureux, il vole les gens. Il ne rend pas ce qu'on lui a confié pour garantir une dette. Il sert les faux dieux et, ainsi, il commet des actions horribles. 13 Il prête son argent avec des intérêts et il en retire des avantages. Est-ce que ce fils-là vivra ? Sûrement pas ! Il commet toutes ces actions horribles, il mourra donc et il sera responsable de sa mort.

14 « Supposons encore ceci : Cet homme a lui-même un fils. Ce fils voit toutes les fautes que son père commet, mais il n'agit pas comme lui. 15 Il ne prend pas de repas sacrés sur les montagnes, il ne sert pas les faux dieux des Israélites. Il ne salit pas l'honneur de la femme d'un autre. 16 Il ne profite pas des autres, il ne demande pas qu'on lui confie un bien pour garantir une dette. Cet homme ne vole pas les gens, il donne à manger à celui qui a faim, il couvre d'un vêtement celui qui est nu. 17 Il se détourne de l'injustice. Il prête son argent sans intérêts, il n'en retire aucun avantage. Il suit mes règles, il obéit à mes lois. Eh bien, est-ce que cet homme va mourir à cause des fautes de son père ? Sûrement pas ! Il vivra. 18 C'est son père qui a écrasé les autres par l'injustice, qui les a volés, qui a fait du mal aux gens de son peuple. C'est donc lui qui mourra à cause de ses fautes.

---

r **17.22** *Cette jeune branche représente le futur roi d'Israël. Voir Ézékiel 34.23.*

s **17.23** *Haute montagne d'Israël : l'ensemble des collines sur lesquelles Jérusalem est construite, c'est-à-dire la ville de Jérusalem elle-même.*

t **18.6** *Sur les montagnes : voir Ézékiel 6.2 et la note.*
Pendant ses règles, la femme était considérée comme impure. Voir Lévitique 15.19-22.

19 « Vous demandez : "Le fils ne supporte pas les conséquences des fautes de son père ? Pourquoi donc ?" C'est parce qu'il a respecté les lois et qu'il a fait ce qui est juste. Il a vraiment obéi à tous mes commandements. À cause de cela, il vivra. 20 C'est la personne coupable qui doit mourir. Les enfants ne seront pas punis pour les péchés de leurs parents, les parents ne seront pas punis pour les fautes de leurs enfants. Celui qui agit bien sera récompensé pour ses actions justes, celui qui est mauvais sera puni pour ses actions mauvaises. »

Le Seigneur jugera chacun selon sa conduite

21 « Voici ce qui peut arriver : une personne mauvaise se détourne de toutes les fautes qu'elle a commises. Elle obéit à tous mes commandements, elle respecte les lois, elle fait ce qui est juste. Eh bien, c'est sûr, cette personne vivra, elle ne mourra pas. 22 Toutes ses fautes seront oubliées, elle vivra grâce au bien qu'elle a fait. 23 Est-ce que vraiment cela me fait plaisir de voir mourir les gens mauvais ? Je vous le déclare, moi, le Seigneur DIEU : ce que je veux, c'est qu'ils changent leurs façons de faire et qu'ils vivent. 24 Au contraire, voici une personne qui agissait bien, mais elle ne fait plus ce qui est juste. Elle fait le mal en imitant toutes les actions horribles des gens mauvais. À votre avis, est-ce qu'elle peut vivre ? Non ! On oubliera toutes les actions bonnes qu'elle a faites. Elle mourra, parce qu'elle n'est pas restée fidèle et qu'elle a fait le mal. 25 Pourtant vous dites : "La façon de faire du Seigneur n'est pas bonne !" Écoutez, vous, les Israélites, est-ce ma façon de faire qui n'est pas bonne ? Ce sont plutôt vos façons de faire qui sont mauvaises. 26 Prenons un exemple : Voici une personne qui agissait bien, mais elle ne fait plus ce qui est juste. Elle fait le mal et elle meurt. Eh bien, elle meurt à cause du mal qu'elle a fait. 27 Au contraire, une personne mauvaise se détourne du mal qu'elle commet, elle respecte les lois et fait ce qui est juste. Eh bien, elle sauvera sa vie. 28 Si elle se rend compte de ses mauvaises actions, si elle s'en détourne, elle vivra, c'est sûr, elle ne mourra pas. 29 Mais vous, les Israélites, vous dites : "La façon de faire du Seigneur n'est pas bonne." Eh bien, est-ce ma façon de faire qui n'est pas bonne ? Ce sont plutôt vos façons de faire qui sont mauvaises ! 30 C'est pourquoi, moi, le Seigneur DIEU, je vous le déclare, à vous les Israélites : je jugerai chacun de vous selon sa conduite. Changez donc votre vie, détournez-vous de vos fautes, et vous ne risquerez plus de tomber dans le mal. 31 Abandonnez toutes vos actions mauvaises, changez vos cœurs et vos esprits. Pourquoi vouloir mourir, Israélites ? 32 Moi, le Seigneur DIEU, je le déclare, je ne veux la mort de personne. Changez votre vie et vivez ! »

Chant de deuil : la lionne et ses petits

19 1 Le Seigneur m'a dit de chanter ce chant de deuil sur les chefs d'Israël :

2 « Votre mère,
c'était une lionne[u] parmi les autres lions.
Elle élevait ses petits
couchée au milieu des lionceaux.
3 Elle a entraîné l'un d'eux
tout particulièrement.
Il est devenu
un jeune lion plein de force[v].
Il a appris à déchirer un animal
et il a dévoré des êtres humains.
4 Les peuples étrangers
ont entendu parler de lui
et ils l'ont pris dans un piège.
Ils l'ont emmené en Égypte,
avec un crochet dans le nez.
5 La lionne a attendu longtemps.
Quand elle a vu
qu'il n'y avait plus d'espoir,
elle a pris un autre de ses petits.
Elle en a fait un lionceau plein de force.

---

u **19.2** *Ici, « cette lionne » représente la ville de Jérusalem ou bien la tribu de Juda.*

v **19.3** *Ce jeune lion représente sans doute le roi Joakaz. Voir 2 Rois 23.31-34.*

6 Il a vécu au milieu des lions
et il est devenu un jeune lion.
Il a appris à déchirer un animal
et il a dévoré des êtres humains.
7 Il a renversé leurs murs de défense,
il a détruit leurs villes.
En entendant ses rugissements,
les habitants du pays tremblaient de peur.
8 Alors d'autres peuples venus de partout
se sont groupés contre lui.
Ils lui ont tendu un piège
et l'ont fait tomber dedans.
9 Ils l'ont mis dans une cage,
attaché avec des crochets,
et ils l'ont conduit au roi de Babylone[w].
Ils l'ont mis en prison
pour qu'on n'entende plus sa voix
sur les montagnes d'Israël. »

Chant de deuil sur la vigne

10 « Votre mère ressemblait à une *vigne[x]
plantée au bord de l'eau.
Elle donnait beaucoup de fruits
et avait beaucoup de feuilles,
parce qu'elle était bien arrosée.
11 Ses branches étaient solides,
elles sont devenues des bâtons de rois.
Elle a poussé au-dessus des arbres.
Tout le monde la remarquait
à cause de sa hauteur
et de toutes ses branches.
12 Mais elle a été arrachée avec colère
et jetée par terre.
Le vent d'est a séché ses fruits,
et ils sont tombés.
Ses branches solides sont devenues sèches,
et on les a brûlées.
13 Maintenant, cette vigne est plantée
dans le désert,
dans un pays sec et sans eau.
14 Le feu a jailli de son tronc,
il a détruit ses branches et ses fruits.
Elle n'a plus de branche solide
qui pourrait devenir un bâton de roi. »

Ce poème se chante comme un chant de
deuil.

Rappel de l'histoire du peuple d'Israël et de son Dieu

20 1 C'était la septième année après la déportation. Le cinquième mois, le 10 du
mois[y], quelques *anciens d'Israël sont venus
me voir pour connaître la volonté du SEIGNEUR.
Ils se sont assis devant moi. 2 Alors le SEIGNEUR
m'a adressé sa parole. Il m'a dit : 3 « Toi,
l'homme, communique ce message de ma
part aux anciens d'Israël : "Vous êtes venus
pour savoir ce que je veux, n'est-ce pas ? Eh
bien, aussi vrai que je suis vivant, je ne me
laisserai pas interroger par vous, je le déclare,
moi, le Seigneur DIEU !"

4 « Toi qui n'es qu'un homme, est-ce que tu
veux vraiment les juger ? Raconte-leur les actions horribles que leurs ancêtres ont commises. 5 Dis-leur : Voici les paroles du Seigneur
DIEU : Le jour où j'ai choisi Israël, je me suis
engagé par serment envers tous les membres
de ce peuple. Je me suis fait connaître à eux
en Égypte. Voici le serment que j'ai fait : "Le
SEIGNEUR, votre Dieu, c'est moi." 6 Ce jour-
là, j'ai juré de les faire sortir d'Égypte pour
les conduire dans un pays que j'avais exploré
pour eux. C'était le plus beau de tous les pays,
un pays qui *déborde de lait et de miel. 7 Je
leur ai donné cet ordre : "Que chacun de
vous abandonne les dieux horribles qui attire
ses regards ! Ne vous rendez pas *impurs
en adorant les faux dieux de l'Égypte ! Le
SEIGNEUR votre Dieu, c'est moi."

8 « Mais vos ancêtres se sont révoltés contre
moi et ils n'ont pas voulu m'écouter. Aucun
n'a rejeté les dieux horribles qui attiraient
leurs regards, et personne n'a abandonné les
faux dieux d'Égypte. J'ai eu l'intention de répandre ma violente *colère contre eux, et de
la laisser agir jusqu'au bout en Égypte
même. 9 Mais, c'est pour mon honneur que
je ne l'ai pas fait. Je ne voulais pas que les peu-

w 19.9 *Il s'agit sans doute du roi Yoakin. Voir 2 Rois 24.15.*
x 19.10 *Une vigne : voir Ézékiel 15.2 et la note.*
y 20.1 *En juillet-août 591-590 avant J.-C. Sédécias est alors roi de Juda.*

ples parmi lesquels vos ancêtres vivaient me méprisent. En effet, ces peuples avaient bien vu que je m'étais montré aux Israélites pour les faire sortir d'Égypte. 10 Je les ai donc fait sortir de ce pays et je les ai conduits dans le désert. 11 Je leur ai donné mes lois, je leur ai appris mes règles, et elles font vivre ceux qui leur obéissent. 12 Je leur ai donné aussi le *sabbat. C'est un signe entre moi et eux pour leur rappeler que moi, le SEIGNEUR, je les *consacre à mon service. 13 Mais les Israélites se sont révoltés contre moi dans le désert. Ils n'ont pas obéi à mes lois, ils ont rejeté mes règles. Pourtant, elles font vivre ceux qui leur obéissent. Très souvent, ils ont traité le jour du *sabbat avec mépris. De nouveau, j'ai eu l'intention de répandre sur eux ma violente colère et de les faire mourir. 14 Mais c'est pour mon honneur que je ne l'ai pas fait. Je ne voulais pas que les peuples étrangers me méprisent. En effet, ils avaient vu que j'avais fait sortir d'Égypte vos ancêtres. 15 Mais dans le désert, je leur ai juré de ne pas les conduire dans le pays que je leur avais donné. C'était le plus beau de tous les pays, un pays qui *déborde de lait et de miel. 16 Voici pourquoi j'ai fait ce serment : ils n'ont pas tenu compte de mes règles, ils n'ont pas obéi à mes lois, ils ont traité avec mépris le jour du sabbat. En effet, leurs cœurs restaient attachés à leurs faux dieux. 17 Pourtant, j'ai eu trop pitié d'eux pour les détruire, et je ne les ai pas fait mourir dans le désert. »

Israël a passé son temps à désobéir à son Dieu

18 « Dans le désert, j'ai dit aux enfants de vos ancêtres : "N'obéissez pas aux lois de vos pères, ne suivez pas leurs coutumes, ne vous rendez pas *impurs en adorant leurs faux dieux. 19 Le SEIGNEUR votre Dieu, c'est moi ! Obéissez à mes lois, suivez mes règles et appliquez-les. 20 Consacrez-moi le jour du *sabbat. Ce sera un signe entre moi et vous : ainsi vous vous rappellerez que le SEIGNEUR votre Dieu, c'est moi." 21 Mais leurs enfants aussi se sont révoltés contre moi. Ils n'ont pas obéi à mes lois, ils n'ont pas suivi mes règles. Pourtant elles font vivre ceux qui leur obéissent. Ils ont traité avec mépris le jour du sabbat. J'ai eu l'intention de répandre ma violente *colère contre eux, et de la laisser agir jusqu'au bout dans le désert. 22 Mais, c'est pour mon honneur que je ne l'ai pas fait. Je ne voulais pas que les peuples étrangers me méprisent. En effet, ils avaient vu que j'avais fait sortir d'Égypte vos ancêtres. 23 Dans le désert, je leur ai juré de les envoyer un peu partout parmi d'autres peuples, dans des pays étrangers. 24 Voici pourquoi je leur ai juré cela : ils n'ont pas suivi mes règles, ils n'ont pas tenu compte de mes lois, ils ont traité avec mépris le jour du sabbat, ils se sont laissés attirer par les faux dieux de leurs ancêtres. 25 Je leur ai même donné des lois qui n'étaient pas bonnes et des règles qui ne font pas vivre[z]. 26 Je les ai laissés se rendre impurs. En effet, ils ont fait des offrandes qui les obligeaient à brûler leurs fils aînés. J'ai voulu qu'ils soient effrayés eux-mêmes de ce qu'ils faisaient : ainsi ils ont su que le SEIGNEUR, c'est moi. »

Le Seigneur va mettre fin à l'infidélité des Israélites

27 « Toi, l'homme, parle aux Israélites. Tu leur diras : Voici les paroles du Seigneur DIEU : Vos ancêtres m'ont encore insulté en étant infidèles envers moi. 28 J'avais fait le serment de leur donner un pays et je les ai conduits là-bas. Mais dans ce pays, ils ont vu les sommets des collines aux arbres couverts de feuilles. Et là, ils ont offert leurs *sacrifices. Ils m'ont mis en *colère par les dons, par les sacrifices de bonne odeur et les offrandes de vin qu'ils présentaient à ces endroits. 29 Alors je leur ai demandé : "Ces lieux sacrés où vous allez, qu'est-ce que c'est ?" Depuis ce temps, on appelle ces endroits des lieux sa-

z **20.25** *Ici, Ézékiel parle sans doute de la loi de l'offrande des premiers-nés. Voir v. 26 et Exode 13.1-2. Certains l'appliquaient sans tenir compte de la loi qui permettait de racheter les fils aînés. Voir Exode 13.12-13.*

crés. 30 C'est pourquoi tu diras aux Israélites : Voici les paroles du Seigneur DIEU : Ne vous rendez pas *impurs comme vos ancêtres, ne vous *prostituez pas en adorant leurs faux dieux horribles. 31 Maintenant encore, quand vous apportez vos dons, quand vous faites brûler vos enfants en sacrifice aux faux dieux, vous vous rendez impurs. Et vous pensez, Israélites, que je vais me laisser interroger par vous ? Sûrement pas ! Aussi vrai que je suis vivant, voici ce que je déclare, moi, le Seigneur DIEU : je ne me laisserai pas interroger par vous ! 32 Vous dites : Nous voulons être comme les autres peuples, comme les gens des autres pays, nous voulons adorer des arbres et des pierres. Mais ce que vous imaginez n'arrivera pas. 33 Aussi vrai que je suis vivant, voici ce que je déclare, moi, le Seigneur DIEU : j'agirai avec toute ma force et ma puissance, je répandrai ma violente *colère contre vous, et c'est ainsi que je vous dirigerai. 34 Je vous ferai sortir du milieu des différents peuples et je vous rassemblerai des pays où vous avez dû partir. En faisant cela, je vous montrerai toute ma force et toute ma puissance, et je me mettrai dans une violente colère contre vous. 35 Je vous conduirai au désert, à l'écart des autres peuples, et je vous demanderai des comptes, là, face à face[a]. 36 Je vous demanderai des comptes, comme j'ai demandé des comptes autrefois à vos ancêtres, dans le désert d'Égypte. Je le déclare, moi, le Seigneur DIEU. 37 Je vous forcerai à être mon troupeau et à respecter *l'alliance qui m'attache à vous. 38 Je chasserai de chez vous ceux qui se sont révoltés et qui m'ont désobéi. Je les ferai sortir des pays où ils habitent, mais ils n'iront pas dans le pays d'Israël. Ainsi vous saurez que le SEIGNEUR, c'est moi. 39 Voici ce que moi, le Seigneur DIEU, je vous dis à vous, Israélites : Chacun de vous peut aller adorer ses faux dieux ! Mais ensuite, vous serez bien forcés de m'obéir. Vous ne mépriserez plus mon *saint nom en offrant des dons à vos faux dieux. 40 En effet, tous les Israélites, tous ceux qui seront dans le pays me serviront sur ma montagne sainte, sur la haute montagne d'Israël[b]. Moi, le Seigneur DIEU, je le déclare. Là, je vous recevrai avec bonté, et j'accepterai tout ce que vous me *consacrerez, vos dons et le meilleur de ce que vous m'offrirez. 41 Je vous ferai sortir du milieu des peuples et je vous rassemblerai des pays où vous avez été envoyés un peu partout. Ensuite, je recevrai avec bonté vos sacrifices de bonne odeur. En agissant ainsi avec vous, je montrerai aux autres peuples que je suis le Dieu saint. 42 Je vous ramènerai en Israël, dans le pays que j'ai juré de donner à vos ancêtres. À ce moment-là, vous saurez que le SEIGNEUR, c'est moi. 43 Là, vous vous souviendrez de votre vie passée et de toutes vos actions qui vous ont rendus impurs. À cause de tout le mal que vous avez fait, vous serez dégoûtés de vous-mêmes. 44 Israélites, je ne tiendrai pas compte de votre vie et de vos actions mauvaises. Mais j'agirai avec vous de telle manière que vous m'honorerez. Alors vous saurez que le SEIGNEUR, c'est moi. » Voilà ce que le Seigneur DIEU déclare.

Ézékiel doit annoncer une mauvaise nouvelle pour le royaume de Juda

21 1 Le SEIGNEUR m'a adressé sa parole. Il m'a dit : 2 « Toi, l'homme, tourne ton visage vers le sud, adresse tes menaces et parle de ma part contre les habitants de la forêt du sud[c]. 3 Tu leur commanderas d'écouter les paroles que moi, le Seigneur DIEU, j'adresse à la forêt du sud : Je vais allumer un feu qui brûlera tous tes arbres verts et tous tes arbres secs. Les flammes ne s'éteindront pas, et tout le monde sera brûlé, du sud au nord. 4 Et tous verront ceci : c'est moi, le SEIGNEUR, qui l'ai allumé, et il ne

a **20.35** *Au désert : ici, il ne s'agit sans doute pas du désert au sens propre, mais de la solitude où Dieu parle à son peuple cœur à cœur, à l'écart des autres peuples.*

b **20.40** *Haute montagne d'Israël : voir Ézékiel 17.23 et la note.*

c **21.2** *Habitants de la forêt du sud : il s'agit sans doute de tous les habitants du royaume de Juda.*

s'éteindra pas. » 5 J'ai répondu : « Ah ! Seigneur Dieu ! Les gens disent déjà de moi :
"Celui-là ne sait parler qu'en devinettes." »
6 Le Seigneur m'a encore adressé sa parole :
7 « Toi, l'homme, tourne ton visage vers Jérusalem, adresse tes menaces contre les lieux
saints, parle de ma part contre le pays d'Israël.
8 Tu diras aux Israélites : Voici les paroles du
Seigneur : Je vais agir contre vous, je vais sortir mon *épée de son étui, je vais vous supprimer tous, les bons et les mauvais. 9 Oui, je
veux vous supprimer tous, les bons et les mauvais ! C'est pourquoi je sortirai mon épée de
son étui pour frapper tout le monde, du sud
au nord. 10 Et tout le monde saura ceci : Moi,
le Seigneur, j'ai sorti mon épée de son étui,
je ne la rentrerai plus. 11 Et toi, l'homme, désespéré et amer, tu gémiras sous les yeux de
tous. 12 Quand ils te demanderont pourquoi
tu gémis, tu leur répondras : J'ai appris une
mauvaise nouvelle, elle va se réaliser. Les
cœurs seront brisés, les bras ne pourront
plus rien porter, les genoux seront sans force,
tous seront découragés. C'est le moment !
Cela va se réaliser tout de suite. » Voilà ce
que le Seigneur Dieu déclare.

Le Seigneur frappe comme une épée aiguisée

13 Le Seigneur m'a adressé sa parole une
nouvelle fois. Il m'a dit : 14 « Toi, l'homme,
parle de ma part. Tu diras aux gens : Écoutez
les paroles du Seigneur :
Voici une *épée,
une épée aiguisée et brillante.
15 C'est pour tuer qu'elle a été aiguisée,
c'est pour lancer des éclairs
qu'elle a été frottée.
16 J'ai demandé qu'on la frotte
pour qu'on puisse s'en servir.
Elle est aiguisée et elle brille
pour armer la main du tueur.
17 Pousse des cris de désespoir,
toi, l'homme !
Cette épée est dirigée contre mon peuple,
et contre tous les chefs d'Israël.
Oui, ils seront tués
en même temps que lui.
Frappe-toi en signe de deuil.
18 Oui, c'est une épreuve très dure,
je le déclare, moi, le Seigneur Dieu.
19 Maintenant, toi, l'homme,
parle de ma part
et frappe du poing
une fois, deux fois, trois fois.
C'est l'épée de la mort,
l'épée qui tue tout le monde
et qui frappe partout.
20 J'ai voulu les décourager
et les faire tomber.
Devant chaque porte,
j'ai placé l'épée de la mort.
Elle est faite pour lancer des éclairs,
elle a été aiguisée pour mieux tuer.
21 Frappe à droite, frappe à gauche,
épée coupante !
Dirige ta pointe de tous côtés !
22 « À mon tour, je vais frapper du poing et je
laisserai agir ma violente colère jusqu'au bout,
c'est moi, le Seigneur qui le dis. »

L'attaque contre Jérusalem

23 Le Seigneur m'a adressé sa parole. Il m'a
dit : 24 « Toi, l'homme, trace deux routes pour
permettre au roi de Babylone de venir avec
son *épée. Ces deux routes doivent partir du
même pays. À l'entrée de chacune, écris sur
une pancarte le nom de la ville où elle
conduit. 25 Une des routes conduira les soldats
babyloniens à Rabba, la ville des Ammonites.
L'autre route les conduira en Juda, à la ville
bien protégée de Jérusalem. 26 Le roi de Babylone s'arrête au carrefour, à l'entrée des deux
routes pour consulter le sort. Il secoue les flèches, il interroge les petites statues sacrées, il
examine des foies d'animaux. 27 La flèche qui
indique Jérusalem est tombée dans sa main
droite. Il va commander d'aller tuer les gens
là-bas, en poussant des cris de guerre. Il placera des machines de combat contre les *portes de la ville. Il va élever des murs d'attaque
et creuser des fossés. 28 Les habitants de Jérusalem pensent que cette décision par le hasard
ne vaut rien. En effet, on leur a juré qu'ils seraient protégés. Mais le roi de Babylone leur
rappelle qu'ils n'ont pas tenu leur promesse.
Et il les prévient qu'il les fera prisonniers.
29 C'est pourquoi, moi, le Seigneur Dieu, je

vous dis ceci : Vous ne faites pas oublier vos
désobéissances, vous montrez vos péchés
dans tout ce que vous faites, et ainsi vous
me rappelez sans cesse vos fautes. Eh bien,
parce que vous avez attiré ainsi l'attention
sur vous, l'ennemi vous fera prisonniers.
30 « Et toi, chef d'Israël[d], tu as trahi de façon
honteuse ! Le moment vient où ton crime
va cesser. 31 Voici ce que j'annonce, moi, le
Seigneur DIEU : On t'enlèvera ton turban, on
ôtera ta couronne. Les choses vont changer !
Les gens simples seront élevés, et les gens importants seront abaissés. 32 Des ruines, toujours des ruines ! Voilà ce que je ferai de
Jérusalem : un tas de ruines ! J'ai donné à quelqu'un le pouvoir d'agir contre elle. La ville de
Jérusalem sera complètement détruite, mais
pas avant l'arrivée de cet homme-là[e]. »

L'attaque contre les Ammonites

33 Le Seigneur DIEU m'a dit encore : « Toi,
l'homme, parle aux Ammonites de ma part[f].
Ils ont insulté Israël. Eh bien, dis-leur : Voici
*l'épée, une épée sortie de son étui. Elle a été
aiguisée pour tuer, dévorer, lancer des éclairs.
34 Vous êtes en train de vous appuyer sur des
*visions fausses, on vous prédit des menson-
ges. Pendant ce temps, l'épée est prête à couper la tête aux gens mauvais et à ceux qui
font le mal. En effet, c'est le moment où leurs
fautes vont cesser. 35 Maintenant, replacez
vos épées dans leur étui. Je vous jugerai là où
vous avez été créés, dans le pays où vous êtes
nés. 36 Je répandrai ma violente *colère, j'enverrai son feu contre vous, je vous livrerai au
pouvoir de gens violents, qui savent seulement
détruire. 37 Vous serez dévorés par le feu, votre
sang sera répandu dans tout le pays. Ensuite,
personne ne se souviendra plus de vous. C'est
moi, le SEIGNEUR, qui le dis. »

Jérusalem est la ville du crime

22 1 Le SEIGNEUR m'a adressé sa parole.
Il m'a dit : 2 « Toi, qui n'es qu'un
homme, tu vas juger, oui, juger la ville de Jérusalem qui est remplie de crimes. Tu dois lui
faire comprendre ses actions horribles. 3 Tu
lui diras : Voici les paroles du Seigneur DIEU :
Jérusalem, tes habitants tuent des gens dans la
ville et, ainsi, ils préparent le moment où tu
seras détruite. Ils se fabriquent des statues
de faux dieux pour te rendre *impure. 4 Tu
es coupable à cause de toutes ces morts. Tu
es devenue impure à cause des statues que
tes habitants fabriquent. Par là, tu rapproches
le jour de ta mort, tu vas bientôt être détruite.
C'est pourquoi je te couvre de honte devant
les autres peuples, les gens de tous les pays
se moqueront de toi. 5 Tu as perdu ton honneur parce que tu es remplie de désordre. Et
tous les peuples, ceux qui sont loin comme
ceux qui sont proches, vont rire de toi.
6 « Chez toi, Jérusalem, parmi les chefs d'Israël, chacun se sert de son pouvoir pour tuer
les autres. 7 Chez toi, des gens méprisent leur
père et leur mère, ils écrasent les étrangers
par l'injustice, ils profitent des orphelins et
des veuves. 8 Ils traitent avec mépris ce qui
m'est *consacré, ils méprisent le jour du
*sabbat, qui m'est réservé. 9 Chez toi, certains
disent des mensonges sur les autres pour les
tuer. Tes habitants prennent des repas sacrés
sur les montagnes et ils vivent n'importe
comment. 10 Il y a des hommes qui couchent
avec la femme de leur père, ou qui font
violence aux femmes pendant leurs règles[g].
11 Les uns prennent la femme de leur *prochain, d'autres font violence à leur belle-fille
ou à leur demi-sœur, la fille de leur père, et
ils couchent avec elles. 12 Chez toi, Jérusalem,

---

d **21.30** *Chef d'Israël : il s'agit de Sédécias, roi de Juda. Après la fin du royaume du Nord, le royaume de Juda représente tout Israël comme peuple de Dieu.*

e **21.32** *Cet homme-là : il s'agit du roi Nabucodonosor. Ézékiel affirme que Dieu se sert de lui pour agir contre son peuple.*

f **21.33** *Les Ammonites avaient passé un accord avec le royaume de Juda et avec les autres peuples de la région. Ils voulaient se révolter contre les Babyloniens.*

g **22.10** *Pendant leurs règles : voir Ézékiel 18.6 et la note.*

les gens acceptent des cadeaux pour tuer. Ils prêtent de l'argent en demandant des intérêts très élevés, ils utilisent la violence pour voler leur *prochain. Et moi, ils m'oublient complètement, je le déclare, moi, le Seigneur Dieu.

13 « À mon tour, je vais lever le poing contre vous, habitants de Jérusalem, à cause de vos gains malhonnêtes et des assassinats que vous avez commis. 14 Est-ce que vous aurez assez de courage et de force le jour où j'agirai contre vous ? Moi, le Seigneur, j'ai parlé et je fais ce que je dis. 15 Je vous ferai partir de tous côtés parmi d'autres peuples, je vous enverrai un peu partout dans les autres pays. Je ferai cesser toutes vos actions impures. 16 Vous avez perdu votre honneur par votre faute, aux yeux des autres peuples, mais vous saurez alors que le Seigneur, c'est moi. »

17 Le Seigneur a continué ainsi : 18 « Toi, l'homme, écoute ! Les Israélites sont devenus comme des déchets de métaux. Ils sont comme les déchets de l'argent, du cuivre, de l'étain, du fer ou du plomb dans le feu du forgeron. 19 C'est pourquoi, moi, le Seigneur Dieu, je leur dis ceci : Vous êtes tous devenus des déchets de métaux. Je vais donc vous rassembler au milieu de Jérusalem. 20 On rassemble en tas la terre qui contient l'argent, le cuivre, le fer, le plomb ou l'étain au milieu d'un récipient. Ensuite, on allume un feu dessous pour la faire fondre. De la même manière, dans ma violente *colère, je vous rassemblerai, je vous mettrai sur le feu et je vous ferai fondre ! 21 Dans Jérusalem même, je vous mettrai en tas, j'allumerai contre vous le feu de ma colère, et vous fondrez comme des métaux. 22 Vous serez comme l'argent qui fond dans le feu. Alors vous saurez que c'est moi, le Seigneur, qui ai répandu ma violente colère contre vous. »

23 Le Seigneur m'a dit encore : 24 « Toi, l'homme, dis aux Israélites que leur pays ressemble à une terre sans pluie. Le jour de ma colère, elle n'a pas été arrosée. 25 Leurs chefs ressemblent à des lions rugissants qui déchirent la bête qu'ils ont attrapée. Ils tuent les gens, ils volent les richesses et les biens des autres, ils font beaucoup de veuves. 26 Leurs prêtres désobéissent à mes lois et ils ne respectent pas les lieux qui me sont consacrés. Ils ne font pas la différence entre ce qui est sacré et ce qui ne l'est pas. Ils n'enseignent pas aux gens à distinguer ce qui est pur et impur. Ils traitent avec mépris le jour du *sabbat. C'est pourquoi personne ne me respecte parmi eux. 27 Les chefs du peuple sont dans Jérusalem comme des *loups qui déchirent la bête qu'ils ont attrapée. Ils tuent les gens pour voler leurs biens. 28 Leurs *prophètes recouvrent tout cela sous une couche de plâtre. Ils racontent des *visions qu'ils inventent, ils annoncent des choses fausses. Ils disent : "Voici les paroles du Seigneur Dieu." Pourtant, moi, je ne leur ai pas parlé. 29 Partout dans le pays, les gens utilisent la force et la violence. Ils volent, ils profitent des pauvres et des malheureux, ils écrasent les étrangers sans respecter la justice. 30 J'ai cherché parmi eux quelqu'un qui construise un mur de défense, qui garde les murs en face de moi pour le bien du pays, afin que je ne le détruise pas. Mais je n'ai trouvé personne. 31 Alors j'ai répandu ma violente colère contre eux. Je les ai fait disparaître dans le feu de cette colère, je leur ai fait payer leurs actions mauvaises. » Voilà ce que le Seigneur Dieu déclare.

Samarie s'est prostituée

23 1 Le Seigneur m'a adressé sa parole. Il m'a dit : 2 « Toi, l'homme, écoute ! Voici l'histoire de deux sœurs, nées de la même mère. 3 Quand elles étaient jeunes, elles se sont *prostituées en Égypte. Là-bas, des hommes se sont amusés avec leurs seins, ils ont caressé leur poitrine de jeune fille. 4 La grande sœur s'appelait Ohola, la petite sœur s'appelait Oholiba. La première, c'est Samarie, la plus jeune, c'est Jérusalem. Elles étaient à moi, et elles ont mis au monde des garçons et des filles. 5 Mais Ohola s'est prostituée, et pourtant, elle était à moi. Elle a désiré avec passion ses voisins, les Assyriens, et elle en a fait ses amants. 6 Ils portaient de beaux habits rouges, car ils étaient gouverneurs et juges. Ils étaient tous jeunes, charmants et bons cavaliers. 7 Ohola s'est prostituée, avec tous ces fonctionnaires importants assyriens. Chaque fois qu'elle désirait avec passion un

de ces hommes, elle s'est rendu *impure en adorant leurs faux dieux. 8 Elle a continué à se prostituer comme elle l'avait fait en Égypte. Là-bas, quand elle était jeune, des hommes couchaient avec elle, ils caressaient sa poitrine de jeune fille, ils l'entraînaient à vivre n'importe comment. 9 C'est pourquoi je l'ai livrée aux mains de ses amants, les Assyriens qu'elle désirait avec passion. 10 Ils l'ont déshabillée complètement et ils l'ont tuée avec *l'épée. Ils ont pris ses fils et ses filles. C'est de cette façon qu'elle a été punie[h]. Et Ohola a servi d'exemple aux autres femmes. »

Jérusalem s'est prostituée

11 « Sa sœur Oholiba a vu tout cela. Pourtant, dans ses désirs passionnés, elle était encore pire qu'Ohola. Sa *prostitution a dépassé celle de sa sœur. 12 Elle a désiré avec passion ses voisins, les Assyriens. C'étaient des gouverneurs et des juges qui portaient des habits magnifiques. Ils étaient de bons cavaliers, tous jeunes et charmants. 13 J'ai vu qu'elle s'était rendu *impure, elle aussi : les deux sœurs avaient pris le même chemin. 14 Mais Oholiba s'est prostituée de façon encore pire que sa sœur. Un jour, elle a vu des hommes dessinés et peints en rouge sur un mur. Ils représentaient des Babyloniens. 15 Ils avaient des ceintures autour de la taille, ils portaient des turbans sur la tête. Ils ressemblaient à de beaux combattants. C'était le portrait fidèle des hommes qui vivent en Babylonie, leur pays. 16 En les voyant, elle les a désirés tout de suite avec passion et elle a envoyé des messagers dans leur pays. 17 Alors les Babyloniens sont venus coucher avec elle. Ils l'ont rendue impure en se *prostituant avec elle. Après avoir sali sa vie avec eux, elle les a détestés. 18 Elle s'est prostituée devant tout le monde, elle s'est montrée toute nue. Alors je me suis mis à la détester, comme j'avais fini par détester sa sœur. 19 Elle s'est prostituée de plus en plus, comme elle l'avait fait en Égypte, pendant sa jeunesse. 20 Là-bas, elle avait désiré avec passion des hommes qui vivaient n'importe comment. Leur vie sexuelle était comme celle des bêtes. C'étaient des ânes et des chevaux plutôt que des hommes. »

Le Seigneur va agir contre Jérusalem

21 « Oholiba, tu as recommencé à vivre n'importe comment comme pendant ta jeunesse : à ce moment-là, tu laissais les Égyptiens s'amuser avec tes seins, caresser ta poitrine de jeune fille. 22 C'est pourquoi, moi, le Seigneur DIEU, je te dis ceci : Je vais exciter contre toi tes amants, ceux que tu as fini par détester. Je vais les rassembler de partout contre toi. 23 Je vais faire venir les Babyloniens, tous les Chaldéens, les habitants de Pecod, Choa et Coa, et les Assyriens viendront avec eux. Je réunirai ces hommes jeunes et charmants, gouverneurs et juges, combattants et fonctionnaires importants, tous bons cavaliers. 24 Ils arriveront du nord sur des chars, sur toutes sortes de véhicules et avec une grande armée. Ils seront protégés par des *boucliers et des casques. Ils vont t'entourer de tous les côtés. Je vais leur présenter ta cause, et ils te jugeront selon leurs lois. 25 Je serai en *colère contre toi, Oholiba, c'est pourquoi ils te traiteront avec violence. Ils te couperont le nez et les oreilles. Les habitants qui resteront seront tués par *l'épée. Ils prendront tes fils et tes filles, et ceux qui seront encore en vie seront brûlés. 26 Ils t'enlèveront tes vêtements et prendront tes bijoux. 27 Oholiba, je mettrai fin à tes actions honteuses et à ta vie de *prostituée que tu as commencée en Égypte. Tu ne regarderas plus les hommes et tu ne te souviendras plus des Égyptiens.

28 « Moi, le Seigneur DIEU, je dis : Voilà, je vais te livrer entre les mains de ceux que tu détestes, de ceux que tu as fini par haïr. 29-30 Ils te feront beaucoup de mal parce qu'ils te détestent. Ils voleront tous les biens que tu as gagnés par ton travail. Ils te laisseront complètement nue, et tout le monde découvrira ta conduite honteuse de prostituée. Voici

---

h **23.10** *Les versets 9 et 10 rappellent le pillage de Samarie en 721 avant J.-C. par les Assyriens, et la déportation de ses habitants.*

pourquoi on agira ainsi avec toi : tu as vécu
n'importe comment, tu as couché avec n'importe qui, tu t'es prostituée avec les hommes
des autres peuples, tu t'es rendue *impure en
adorant leurs faux dieux. 31 Tu as suivi l'exemple de ta sœur, Ohola. À cause de cela, je te
ferai boire à toi aussi la *coupe de ma colère.
32 Voici ce que je dis, moi, le Seigneur DIEU :
Tu boiras la même coupe que ta sœur,
une coupe large et profonde.
Les gens riront de toi et se moqueront,
car la coupe est très pleine.
33 La souffrance te rendra ivre.
C'est une coupe de solitude
et de tristesse,
et ta sœur Samarie l'a déjà bue.
34 Tu la videras jusqu'au bout,
tu la casseras avec tes dents,
tu te déchireras les seins
avec les morceaux de cette coupe.
C'est moi, le Seigneur DIEU, qui parle,
et c'est ce que je déclare.
35 « C'est pourquoi voici ce que je dis : Jérusalem, tu m'as oublié, tu m'as abandonné. Alors
maintenant, tu vas supporter les conséquences de ta conduite honteuse de prostituée. »

Le Seigneur condamne Samarie et Jérusalem

36 Le SEIGNEUR m'a dit : « Toi, l'homme, tu
vas juger Ohola et Oholiba. Présente-leur toutes les actions horribles qu'elles ont commises. 37 Ce sont des femmes *adultères et elles
ont tué. Elles ont été adultères en adorant
leurs faux dieux. Elles ont tué en leur offrant
en *sacrifice les fils qu'elles avaient mis au
monde pour moi. 38 Et elles n'ont pas fait
que cela ! Elles ont rendu *impur mon *lieu
saint, et elles ont traité avec mépris le *sabbat qui m'est *consacré : tout cela le même
jour ! 39 En effet, le jour où elles ont brûlé leurs
fils pour leurs faux dieux, elles sont entrées
dans mon lieu saint, ma maison, pour le traiter avec mépris. 40 De plus, elles ont envoyé
un messager inviter des hommes de pays éloignés. Dès qu'ils ont reçu leur message, ils sont
arrivés auprès d'elles. Pour eux, elles s'étaient
lavées, elles avaient peint leurs paupières,
elles portaient des bijoux. 41 Ensuite, elles se
sont étendues sur des lits magnifiques. Devant
elles, elles avaient placé une table où elles
avaient mis *l'encens et l'huile parfumée qui
étaient à moi. 42 Beaucoup de gens étaient là,
et on entendait le bruit d'une foule sans souci.
Il y avait aussi des hommes arrivés de tous les
endroits du désert. Ils ont mis des bracelets
aux bras des deux sœurs et une couronne magnifique sur leur tête. 43 Alors j'ai pensé :
"Même celle qui est la plus usée par sa vie
d'adultère se livre encore à la prostitution !
44 Des hommes vont vers elle comme on va
chez une prostituée ! Comme chez des prostituées, des hommes sont venus chez Ohola et
Oholiba, ces femmes qui couchent avec n'importe qui !" 45 Mais des hommes justes vont
juger ces femmes, comme on juge les personnes *adultères et les assassins. En effet, elles
ont été adultères et elles ont du sang sur leurs
mains.
46 « Voici ce que je dis, moi, le Seigneur
DIEU : Rassemblez des gens contre elles !
Qu'on les fasse trembler de peur, qu'on leur
prenne tout ce qu'elles possèdent ! 47 Jetez-
leur des pierres, tuez-les à coups *d'épée ! Faites mourir leurs fils et leurs filles et brûlez
leurs maisons ! 48 Je mettrai fin aux actions
honteuses dans le pays. Cela servira d'exemple à toutes les femmes, et elles n'imiteront
plus la vie immorale des deux sœurs. 49 Ohola
et Oholiba, vous êtes responsables de vos actions immorales. Vous en supportez les conséquences, parce que vous avez adoré les faux
dieux. Alors vous saurez que le Seigneur
DIEU, c'est moi. »

Jérusalem est comme une marmite rouillée

24 1 C'était la neuvième année après
la déportation. Le dixième mois, le
10 du mois[i], le SEIGNEUR m'a adressé sa parole.
Il m'a dit : 2 « Toi, l'homme, mets par écrit la
date d'aujourd'hui. En effet, c'est aujourd'hui

i **24.1** *En décembre 589-janvier 588 avant J.-C.*

même que le roi de Babylone commence à attaquer Jérusalem. [3] Représente donc une petite scène devant les Israélites, cette bande de révoltés. Tu leur diras que c'est un message de ma part, moi, le Seigneur DIEU.

Prépare une marmite.
Remplis-la d'eau.
4 "Mets des morceaux de viande dedans,
tous les bons morceaux,
la cuisse et l'épaule.
Finis de la remplir avec les os les meilleurs.
5 Prends la viande très tendre des agneaux,
entasse les os au fond de la marmite.
Fais bouillir tout cela à gros bouillons.
Même les os doivent cuire.
6 Voici ce que je dis,
moi, le Seigneur DIEU:
Quel malheur
pour la ville remplie de sang!
Elle ressemble à une marmite rouillée
qu'on ne peut pas nettoyer.
Enlève tous les morceaux
les uns après les autres,
sans les *tirer au sort[j].
7 Le sang que Jérusalem a répandu
est encore dans la ville.
Il a été versé sur une pierre nue,
personne ne l'a versé par terre,
ni recouvert de poussière.
8 Moi, je laisse le sang sur la pierre nue,
là où il ne peut pas être caché,
pour qu'il provoque ma violente *colère
et appelle ma vengeance.
9 Oui, je le dis, moi, le Seigneur DIEU:
Quel malheur
pour la ville remplie de sang,
parce que je vais allumer
un grand feu de bois!
10 Fais un grand tas de bois,
allume le feu,
cuis et recuis la viande,
ajoute des herbes parfumées
et fais brûler les os jusqu'au bout.
11 Ensuite, mets la marmite vide
sur les braises pour qu'elle chauffe,
et que le métal devienne rouge.
Alors les saletés qui sont dedans disparaîtront,
et la rouille sera brûlée."

12 « Mais tous les efforts ne servent à rien.
Toute cette rouille qui la remplit ne part pas
au feu. [13] Jérusalem, tu es *impure parce que
tu as vécu n'importe comment. J'ai voulu te
rendre *pure, mais tu ne l'es pas devenue.
Eh bien, tu ne pourras pas être *purifiée avant
que je laisse agir jusqu'au bout ma violente colère contre toi. [14] Moi, le SEIGNEUR, j'ai parlé et
je fais ce que je dis. Je ne reculerai pas et je
n'aurai pas de pitié. Je ne regretterai rien.
Jérusalem, je te jugerai sur ta vie et sur tes
actes. » Voilà ce que le Seigneur DIEU déclare.

Ézékiel perd sa femme

15 Le SEIGNEUR m'a adressé sa parole. Il m'a
dit: [16] « Toi, l'homme, je vais t'enlever tout
d'un coup celle qui est la joie de tes yeux.
Tu ne lui feras pas de funérailles, tu ne gémiras pas et tu ne pleureras pas. [17] Ne montre pas
ta peine, ne suis pas les coutumes de deuil. Au
contraire, attache ton turban, garde tes chaussures aux pieds. Ne couvre pas ton visage et
ne mange pas la nourriture préparée pour
les funérailles. »
18 J'ai parlé au peuple le matin et le soir, ma
femme est morte. Le matin suivant, j'ai fait ce
que le SEIGNEUR m'avait commandé. [19] Les
gens m'ont demandé: « Explique-nous ce
que tu fais. » [20] Je leur ai répondu: « Voici ce
que le SEIGNEUR m'a chargé de vous dire, [21] à
vous, les Israélites: "Moi, le Seigneur DIEU,
je vais laisser les gens traiter mon *lieu saint
avec mépris. Pourtant, il vous rend fiers, il
est la joie de vos yeux et l'espoir de votre
vie. Vos fils et vos filles que vous avez laissés
à Jérusalem seront tués par *l'épée. [22] Vous
agirez alors comme Ézékiel. Vous ne couvrirez pas votre visage et vous ne mangerez pas
la nourriture préparée pour les funérailles.
23 Vous garderez vos turbans sur la tête et
vos chaussures aux pieds. Vous ne ferez pas

j **24.6** *Dans le cas présent, un tirage au sort pouvait désigner des personnes qui échappent au malheur. Or, personne n'y échappera.*

de funérailles et vous ne gémirez pas. 24 En
agissant ainsi, Ézékiel vous prévient de ce
qui va arriver. Vous agirez exactement
comme lui. Et quand cela arrivera, vous saurez que le Seigneur DIEU, c'est moi." »
25 Ensuite le SEIGNEUR m'a dit: « Toi,
l'homme, écoute ! Je vais leur enlever le lieu
saint qui est leur abri, la joie de leurs yeux,
le lieu où ils mettent leur fierté et leur espérance. Je leur enlèverai aussi leurs fils et leurs
filles. 26 Ce jour-là, quelqu'un qui sera encore
en vie viendra te faire connaître cette nouvelle. 27 Ce jour-là, tu ne seras plus muet, tu
retrouveras la parole et tu pourras parler
avec cet homme resté en vie. Tu seras celui
qui prévient les Israélites, et ils sauront que
le SEIGNEUR, c'est moi. »

Paroles du Seigneur contre les Ammonites

25 1 Le SEIGNEUR m'a adressé sa parole. Il
m'a dit: 2 « Toi, l'homme, tourne ton
visage vers les Ammonites et parle contre
eux de ma part. 3 Tu leur commanderas
d'écouter ce que je leur dis, moi, le Seigneur
DIEU : Quand mon *lieu saint a été traité avec
mépris, quand le pays d'Israël a été détruit,
quand les habitants de Juda sont partis en déportation, vous avez bien ri. 4 À cause de cela,
je vais laisser les nomades de l'est prendre votre pays. Ils installeront leurs campements
chez vous, ils dresseront leurs tentes chez
vous. Ce sont eux qui mangeront vos fruits
et boiront votre lait. 5 Je ferai de Rabba, votre
capitale, un pâturage pour les chameaux. Tout
le pays d'Ammon deviendra un parc à moutons. De cette façon, vous saurez que le SEI-
GNEUR, c'est moi.
6 « Voici ce que je dis, moi, le Seigneur
DIEU : Vous avez applaudi et sauté de joie en
apprenant les malheurs d'Israël. Vous vous
êtes réjouis du fond du cœur et vous avez
montré un profond mépris envers mon peuple. 7 Eh bien, à cause de cela, je vous ferai
sentir ma puissance, je vous livrerai à des peuples étrangers qui vous pilleront. Je supprimerai votre peuple, je ferai disparaître votre
pays, je vous détruirai complètement. Alors
vous saurez que le SEIGNEUR, c'est moi. »

Contre les Moabites

8 « Voici les paroles du Seigneur DIEU : Les
Moabites ont dit: "Le peuple de Juda est un
peuple comme les autres." 9 À cause de cela,
je ferai attaquer les villes qui défendent l'entrée du pays de Moab. Leurs ennemis les détruiront les unes après les autres, même les
plus belles comme Beth-Yechimoth, Baal-
Méon et Quiriataïm. 10 Je laisserai les nomades
de l'est prendre Moab comme ils ont pris
Ammon. Alors dans l'avenir, personne ne se
souviendra plus de Moab. 11 J'appliquerai
mon jugement contre les Moabites et, ainsi,
ils sauront que le SEIGNEUR, c'est moi. »

Contre les Édomites

12 « Voici les paroles du Seigneur DIEU : Les
Édomites*k* ont commis de terribles actes de
vengeance contre le peuple de Juda. C'est
pourquoi ils sont coupables. 13 À cause de
cela, je le dis, moi, le Seigneur DIEU : Je ferai
sentir ma puissance contre Édom, je ferai
mourir les humains et les animaux de ce
pays, je le détruirai depuis la ville de Téman
jusqu'à celle de Dédan. Ses habitants seront
tués à la guerre. 14 Je laisserai à Israël mon peuple le soin de me venger des Édomites. Les Israélites les traiteront comme ma violente
*colère le demande. De cette façon, les Édomi-
tes apprendront que cela coûte cher de pécher
contre moi. » Voilà ce que le Seigneur DIEU
déclare.

Contre les Philistins

15 « Voici les paroles du Seigneur DIEU : Les
*Philistins ont agi par vengeance, ils se sont
vengés avec un profond mépris, contre leurs
ennemis de toujours et ils les ont détruits.
16 À cause de cela, voici ce que je dis, moi, le
Seigneur DIEU : Je vais leur faire sentir ma
puissance. Je tuerai les Philistins, ces gens

---

k **25.12** *Les Édomites ont profité de la destruction du pays de Juda pour prendre une bonne partie de ses terres.*

de Kaftor[l] qui se sont installés au bord de la mer. 17 J'appliquerai contre eux une grande vengeance, une punition terrible. Alors ils sauront que le SEIGNEUR, c'est moi. »

Contre Tyr

26 1 La onzième année après la déportation[m], le premier jour du mois, le SEIGNEUR m'a adressé sa parole. Il m'a dit: 2 « Toi, l'homme, écoute ! Les habitants de Tyr se moquent de Jérusalem. Ils disent: "Ah ! Ah ! Elle est détruite, la ville où tous les peuples passaient ! C'est à notre tour de devenir riches. En effet, Jérusalem est un tas de pierres[n] !" 3 À cause de ces paroles, le Seigneur DIEU dit: Je vais agir contre toi, Tyr. Je soulèverai contre toi des peuples nombreux, comme la mer soulève ses vagues[o]. 4 Ils détruiront tes murs de défense et ils renverseront tes tours. Je ramasserai les débris de ses pierres, je laisserai seulement le rocher tout nu. 5 Tyr deviendra au milieu de la mer un lieu où les pêcheurs sècheront leurs filets. C'est moi, le Seigneur DIEU, qui parle, et c'est ce que je déclare. Des peuples étrangers viendront piller la ville de Tyr. 6 Ils détruiront les villes voisines sur la côte. Alors tout le monde saura que le SEIGNEUR, c'est moi.

7 « Voici ce que je dis encore, moi, le Seigneur DIEU: Contre toi, ville de Tyr, je vais faire venir du nord Nabucodonosor, le roi de Babylone, le plus grand des rois. Il viendra avec des chevaux, des chars, des cavaliers et une armée très nombreuse. 8 Il détruira les villes voisines sur la côte. Ensuite, les Babyloniens creuseront des fossés, ils construiront des murs d'attaque, ils dresseront contre toi, ville de Tyr, un mur de *boucliers. 9 Ils enfonceront tes murs avec leurs machines de guerre, ils détruiront tes tours avec des barres de fer. 10 Dans leur course, leurs nombreux chevaux te couvriront de poussière. Tes murs trembleront à cause du bruit des cavaliers et du roulement des chars. En effet, ils entreront par tes *portes, comme on entre dans une ville après qu'on a troué les murs. 11 Ils écraseront le sol de tes rues sous les sabots de leurs chevaux, ils tueront tes habitants par *l'épée et ils jetteront par terre tes colonnes puissantes[p]. 12 Ils voleront tes richesses et ils pilleront tes marchandises. Ils renverseront tes murs et ils détruiront tes riches maisons. Ils prendront leurs pierres, leurs bois et les débris qui resteront, et ils les jetteront au fond de la mer. 13 J'arrêterai tes chants, et on n'entendra plus la musique de tes *harpes. 14 Je ferai de toi un rocher tout nu, un lieu où les pêcheurs sècheront leurs filets. On ne te reconstruira pas. Oui, c'est moi le Seigneur DIEU qui parle, et c'est ce que je déclare.

15 « Voici ce que moi, le Seigneur DIEU, je dis à la ville de Tyr: Au moment où tu seras détruite, on tuera tout le monde à l'intérieur de tes murs, et on entendra les blessés gémir. À ce moment-là, ceux qui habitent les îles au loin trembleront de peur. 16 Les rois des peuples de la côte descendront de leurs sièges, ils quitteront leurs beaux vêtements et leurs habits brodés. Ils seront couverts de peur et ils s'assoiront par terre. Ils n'arrêteront pas de trembler et ils seront terriblement effrayés à cause de toi. 17 Ils chanteront sur toi ce chant de deuil:

Hélas, tu es détruite,
toi, la ville célèbre,
tu as disparu des mers !
Tes habitants étaient puissants
sur la mer,
et tous en avaient peur.
18 Maintenant les peuples de la côte

---

l **25.16** *Kaftor: sans doute l'île de Crète.*

m **26.1** *En 587 avant J.-C.*

n **26.2** *Tyr faisait beaucoup de commerce, et les commerçants devaient passer par Jérusalem. La destruction de cette ville va faire gagner plus d'argent à la ville de Tyr.*

o **26.3** *Ses vagues: Tyr était une ville construite sur une île, battue par les vagues.*

p **26.11** *Tes colonnes puissantes: il s'agit sans doute ici des deux colonnes situées à l'entrée du temple de Melkart, le principal dieu de Tyr.*

tremblent parce que tu n'existes plus,
ceux qui habitent les îles
sont effrayés parce que tu as disparu.
19 « Oui, je le dis, moi, le Seigneur DIEU : Je te
rendrai pareille aux villes détruites, qui n'ont
plus d'habitants. Je ferai monter du fond de la
mer de grandes quantités d'eau qui te noie-
ront. 20 Je te ferai descendre dans le monde
des morts, avec ceux qui sont dans les tombes,
et tu rejoindras les gens d'autrefois. Je te ferai
habiter sous la terre. Tu ressembleras aux
pierres anciennes, tu seras avec ceux qui
sont dans les tombes. Tu ne pourras pas en remonter et tu n'auras plus de place sur la terre
des vivants. 21 Tout le monde tremblera de
peur à cause de toi, parce que tu n'existeras
plus. On te cherchera, mais personne ne
te trouvera plus jamais. » Voilà ce que le
Seigneur DIEU déclare.

Chant de deuil sur la ville de Tyr

27 1 Le SEIGNEUR m'a adressé sa parole. Il
m'a dit : 2 « Toi, l'homme, chante un
chant de deuil sur la ville de Tyr. 3 Cette ville
est située à l'entrée de la mer et elle fait du
commerce avec beaucoup de peuples qui habitent les îles. Tu lui diras : Voici les paroles
du Seigneur DIEU :

Toi, ville de Tyr,
tu es fière de ta parfaite beauté.
4 Tu t'étends en pleine mer,
et ceux qui t'ont bâtie
t'ont rendue parfaitement belle.
5 Ils t'ont construite comme un bateau.
Ils ont pris des cyprès de Senir
pour fabriquer toutes les parties de ta coque.
Ils ont pris un *cèdre du Liban
pour faire ton mât[q].
6 Ils ont coupé des chênes du *Bachan
pour faire tes rames[r].
Ils ont construit ton pont
avec des cèdres des îles grecques,
ornés d'ivoire.
7 Ils ont tissé tes voiles
avec du *lin d'Égypte
qu'ils ont orné de broderies.
Elles te font reconnaître de loin.
Des toiles violettes et rouges
venant de l'île de Chypre
couvrent tes marchandises.
8 Tu emploies comme rameurs
des hommes de Sidon et d'Arvad.
Des Tyriens très habiles
dirigent ce bateau.
9 Des ouvriers de Byblos,
pleins d'expérience et habiles,
sont chargés de le réparer.
Tous les bateaux des mers
s'arrêtent chez toi,
et leurs marins achètent tes marchandises.
10 Des soldats de Perse,
de Loud et de Pouth[s]
servent dans ton armée.
Ils rangent chez toi leurs *boucliers et leurs casques,
ils te rendent célèbre.

11 « Des hommes d'Arvad surveillent tes murs
avec tes soldats, et des hommes de Gammad
gardent tes tours. Ils pendent leurs boucliers
aux murs qui t'entourent et, ainsi, ils rendent
ta beauté parfaite. »

Description de Tyr, capitale du commerce

12 « Les gens de Tarsis[t] échangent avec toi
des richesses nombreuses et de toutes sortes.
Ils paient tes marchandises avec de l'argent,
du fer ou encore de l'étain et du plomb.
13 Les peuples de la Grèce, de Toubal et de Méchek[u] font du commerce avec toi. Ils te ven-

q 27.5 *Senir : autre nom de la montagne de l'Hermon, au Liban.*
Le mât d'un bateau est un long poteau dressé sur le pont.

r 27.6 *Les rames sont des barres de bois qui servaient à faire avancer un bateau.*

s 27.10 *Loud est une région proche de l'Égypte.*
Pouth est une région d'Afrique proche de la Libye.

t 27.12 *Tarsis : cette ville était très loin du pays d'Israël, on ne sait pas où.*

u 27.13 *Toubal et Méchek : régions situées dans la Turquie actuelle.*

dent des esclaves et des objets en bronze en
échange de tes marchandises. 14 Les gens de
Beth-Togarma[v] te vendent des chevaux de travail, des chevaux de guerre et des mulets.
15 Les gens de Dédan font aussi du commerce
avec toi. Les habitants de nombreuses îles
viennent t'acheter des marchandises. Ils te
paient avec des défenses d'ivoire et du bois
d'ébène. 16 Les Édomites t'achètent beaucoup
de produits. En échange, ils te donnent des
pierres précieuses, de beaux tissus rouges,
des pagnes brodés, de la toile de *lin, du corail
et des rubis[w]. 17 Les peuples de Juda et d'Israël
font du commerce avec toi et te vendent du
*blé de Minnith[x], du mil, du miel, de l'huile
et de la résine parfumée. 18 Les habitants de
Damas t'achètent les nombreux produits que
tu fabriques en grande quantité, et des richesses de toutes sortes. Ils te paient avec du vin
de Helbon et de la laine de Sahar[y]. 19 Depuis
la ville d'Ouzal, les tribus de Dan et de Yavan[z]
paient ce qu'elles te doivent en échangeant du
fer forgé, de la cannelle et du roseau parfumé.
20 Les gens de Dédan te vendent des couvertures pour monter à cheval. 21 L'Arabie et tous
les chefs de Quédar[a] font du commerce avec
toi. Ils te paient avec des agneaux, des moutons et des chèvres. 22 Les commerçants de
Saba et de Ragma[b] échangent des produits
avec toi. Ils les achètent en te vendant des parfums de très bonne qualité, toutes sortes de
pierres précieuses et de l'or. 23 Les villes de
Haran, Kanné et Éden, les marchands de
Saba, les villes d'Assour et de Kilmad[c] font
du commerce avec toi. 24 Ils échangent avec
toi des vêtements très coûteux. Ils apportent
sur tes marchés de très beaux vêtements
violets, des habits brodés, des tapis de toutes
les couleurs, des cordes solidement tressées.
25 De grands bateaux transportent tes marchandises. »

Suite du chant de deuil sur Tyr

« Tyr, tu es remplie de produits,
tu es lourdement chargée,
comme un bateau en pleine mer.
26 Les rameurs
te font avancer en eau profonde,
et le vent d'est va te briser en pleine mer.
27 Tes richesses,
tes marchandises et ton commerce,
tes marins et tout le personnel,
ceux qui réparent tes bateaux,
les marchands qui font ton commerce,
les soldats qui te servent,
la foule qui se trouve chez toi,
tout va tomber dans la mer
le jour où tu vas couler.
28 Alors en entendant tes marins crier,
les habitants des côtes trembleront de peur.
29 Tous ceux qui tiennent les rames
quitteront leurs bateaux.
Les marins et tout le personnel
descendront à terre.
30 Ils gémiront sur toi
avec des plaintes amères.
Ils jetteront de la poussière sur leur tête
et se rouleront dans la cendre
en signe de tristesse.
31 À cause de toi, ils se raseront la tête
et porteront des habits de deuil.
Ils pleureront sur toi,
le cœur rempli de tristesse,
et ils se plaindront amèrement.

---

v **27.14** *Beth-Togarma : sans doute l'ancienne Arménie.*

w **27.16** *Le corail est une sorte de pierre calcaire, rouge ou blanche.*
Le rubis est une pierre précieuse rouge.

x **27.17** *Minnith : ville du pays des Ammonites. Elle a donné son nom à une variété de blé.*

y **27.18** *Helbon et Sahar : villes situées en Syrie.*

z **27.19** *Dan et Yavan : sans doute des tribus arabes.*
Ouzal était un lieu de passage pour les commerçants.

a **27.21** *Quédar : région d'Arabie.*

b **27.22** *Saba et Ragma : régions situées sans doute au sud de l'Arabie.*

c **27.23** *Haran, Kanné et Éden, Assour et Kilmad : villes de Mésopotamie.*

32 Dans leur douleur,
ils chantent sur toi ce chant de deuil,
ils font entendre cette plainte :
"Aucune ville
ne ressemblait à la ville de Tyr,
et maintenant,
la voici détruite en pleine mer !"
33 Quand les produits de ton commerce
sortaient de tes bateaux,
tu rassasiais beaucoup de peuples.
La grande quantité de tes biens
et de tes marchandises
faisait la richesse des rois de la terre.
34 Maintenant,
te voici brisée par les vagues,
disparue dans l'eau profonde.
Tes marchandises et tout ton personnel
ont coulé avec toi dans la mer.
35 Tous les habitants des îles
sont dans une profonde tristesse
à cause de toi.
Leurs rois tremblent de peur,
leur visage est bouleversé.
36 Les commerçants des peuples étrangers
poussent des cris d'horreur à ton sujet.
Tu effraies tout le monde,
tu es détruite pour toujours ! »

Paroles du Seigneur contre le roi de Tyr

28 1 Le SEIGNEUR m'a adressé sa parole. Il
m'a dit : 2 « Toi, l'homme, tu commu-
niqueras au roi de Tyr ce message que je lui
adresse, moi, le Seigneur DIEU : Le cœur plein
d'orgueil, tu as dit : "Je suis un dieu. Je suis assis comme un dieu sur un siège de roi, au
cœur de la mer." Tu te crois égal à un dieu.
Pourtant, tu n'es qu'un homme, tu n'es pas
un dieu. 3 Tu te crois plus sage que Danel[d].
Tu penses que tu peux comprendre les choses
les plus mystérieuses. 4 Grâce à ton habileté et
à ton intelligence, tu t'es fait une fortune, tu as
amassé de l'or et de l'argent dans tes trésors.
5 Grâce à tes grandes connaissances dans les
affaires commerciales, tu as augmenté ta richesse, et cette richesse a rempli ton cœur
d'orgueil.
6 « C'est pourquoi voici ce que je dis, moi, le
Seigneur DIEU : Tu te crois égal à un dieu. 7 À
cause de cela, je vais envoyer contre toi des
étrangers, le peuple le plus violent de tous.
Ils détruiront par *l'épée les beaux produits
de ta sagesse, ils mépriseront ta grandeur.
8 Ils te feront descendre dans la tombe, tu
mourras d'une mort violente en pleine mer.
9 Devant ceux qui vont te tuer, est-ce que tu
diras encore : "Je suis un dieu ?" Pourtant,
tu seras bien un homme et non un dieu dans
les mains de ceux qui te tueront. 10 Tu mourras de la mort honteuse des hommes qui ne
sont pas *circoncis, sous les coups des étrangers. C'est moi, le Seigneur DIEU qui parle,
et c'est ce que je déclare. »
11 Le SEIGNEUR m'a encore adressé sa parole.
Il m'a dit : 12 « Toi, l'homme, chante un chant
de deuil sur le roi de Tyr. Tu lui diras : Voici
les paroles du Seigneur DIEU : Tu as été un modèle de perfection, tu étais rempli de sagesse
et d'une beauté parfaite. 13 Tu vivais en
Éden, le jardin de Dieu, couvert de pierres
précieuses : rubis, topaze et diamant, chrysoli-
the, cornaline et jaspe, saphir, grenat et émeraude. Tu portais toutes sortes de bijoux en or,
préparés le jour où tu as été créé. 14 Je t'avais
choisi comme *chérubin protecteur, aux ailes
étendues. Tu vivais sur ma montagne *sainte,
tu te promenais au milieu des pierres de feu.
15 Tu t'es conduit parfaitement depuis le jour
où tu as été créé jusqu'au jour où le mal est apparu chez toi. 16 Ton commerce est devenu important. Cela t'a poussé à la violence, et tu as
fait le mal. Aussi, je te chasse de ma montagne
et je te mets au rang des gens ordinaires. Toi,
le chérubin protecteur, je vais te chasser du
milieu des pierres de feu. 17 Ton cœur est devenu orgueilleux à cause de ta beauté. Ta brillante réussite t'a fait perdre la tête. C'est
pourquoi je te jette par terre et je te présente
ainsi aux autres rois. 18 Dans la conduite de tes
affaires, tu as été souvent injuste et malhonnête. De cette façon, tu as traité les lieux
saints avec mépris. C'est pourquoi j'allume
dans ta ville un feu qui va te détruire. Je te

d **28.3** *Danel : voir Ézékiel 14.14 et la note.*

transformerai en cendres sous les yeux de tous ceux qui te regardent. 19 Tous les peuples qui te connaissent seront dans une profonde tristesse à cause de toi. Tu feras peur à tout le monde, tu seras détruit pour toujours. »

Paroles du Seigneur contre Sidon

20 Le SEIGNEUR m'a adressé sa parole. Il m'a dit : 21 « Toi, l'homme, tourne ton visage vers la ville de Sidon et parle contre elle de ma part. 22 Tu lui diras : Voici les paroles du Seigneur DIEU : Je vais agir contre toi, Sidon ! Ainsi, je vais montrer ma *gloire au milieu de la ville. Je ferai contre toi ce que j'ai décidé. Et tout le monde saura que le SEIGNEUR, c'est moi. Je montrerai par là que le Dieu *saint, c'est moi. 23 J'enverrai une épidémie de peste contre toi, et du sang coulera dans tes rues. Tes ennemis t'attaqueront de tous côtés, et beaucoup de tes habitants tomberont au milieu de la ville. Alors tout le monde saura que le SEIGNEUR, c'est moi. »

Le Seigneur promet qu'Israël vivra en sécurité

24 Le SEIGNEUR a dit encore : « Les peuples étrangers qui entourent Israël ne mépriseront plus ce peuple. Ils ne seront plus pour lui comme des buissons d'épines qui piquent et qui griffent. Alors tout le monde saura que le SEIGNEUR, c'est moi.

25 « Voici les paroles du Seigneur DIEU : Je rassemblerai les Israélites du milieu des peuples où je les ai envoyés un peu partout. Par là, je montrerai aux autres peuples que je suis le Dieu *saint. Les Israélites habiteront dans leur pays, celui que j'ai donné à mon serviteur *Jacob. 26 Là, ils vivront en sécurité, ils bâtiront des maisons et planteront des *vignes. Ils vivront en sécurité. En effet, j'appliquerai mon jugement contre les peuples voisins qui les méprisent. Alors ils sauront que le SEIGNEUR leur Dieu, c'est moi. »

Paroles du Seigneur contre l'Égypte

29 1 La dixième année après la déportation, le dixième mois, le 12 du mois[e], le SEIGNEUR m'a adressé sa parole. Il m'a dit : 2 « Toi, l'homme, tourne ton visage vers le Pharaon, roi d'Égypte, et parle contre lui de ma part et contre toute l'Égypte. 3 Voici ce que je lui dis, moi, le Seigneur DIEU : Je vais agir contre toi, Pharaon, roi d'Égypte. Tu es comme un grand crocodile, couché dans l'eau du Nil. Tu dis : "Le fleuve est à moi, c'est moi qui l'ai fait." 4 Eh bien, je vais mettre des crochets à tes mâchoires. Je collerai à tes écailles les poissons de ton fleuve. Je te tirerai du Nil avec tous les poissons collés à tes écailles. 5 Je vous jetterai dans le désert, toi et tous ces poissons. Tu mourras sur le sol. Personne ne te ramassera, personne ne te mettra dans une tombe. Je te donnerai comme nourriture aux bêtes sauvages et aux oiseaux. 6 Alors tous les habitants de l'Égypte sauront que le SEIGNEUR, c'est moi.

« L'appui que tu as apporté aux Israélites a été aussi léger que l'appui d'un roseau. 7 Quand ils se sont appuyés sur toi, tu t'es cassé. Tu leur as déchiré toute l'épaule et tu as paralysé leur courage. 8 C'est pourquoi voici ce que je dis, moi, le Seigneur DIEU : Je vais envoyer la guerre contre toi, et je ferai mourir les humains et les bêtes de ton pays. 9 L'Égypte sera détruite et elle deviendra un désert. Alors tout le monde saura que le SEIGNEUR, c'est moi.

« Tu as dit : "Le Nil est à moi. C'est moi qui l'ai fait." 10 Eh bien, à cause de cela, j'agirai contre toi et contre ton fleuve. Je ferai de l'Égypte un tas de pierres, le pays deviendra un désert depuis Migdol jusqu'à la ville d'Assouan[f] et aux frontières de *l'Éthiopie. 11 Aucun humain, aucun animal ne passeront par là, et l'Égypte restera 40 ans sans habitants. 12 Je ferai de l'Égypte le désert le plus nu de tous les déserts. Ses villes seront les plus dé-

---

e **29.1** *En décembre 588-janvier 587 avant J.-C.*

f **29.10** *Migdol : ville située tout au nord de l'Égypte. Assouan : autre ville d'Égypte située tout au sud.*

truites de toutes les villes. Pendant 40 ans, je ferai partir les Égyptiens de tous côtés parmi les autres peuples, un peu partout dans les autres pays.

13 « Voici ce que je dis, moi, le Seigneur DIEU : Au bout de 40 ans, je rassemblerai les Égyptiens du milieu des peuples où ils ont dû partir. 14 Je ramènerai les prisonniers, je les ferai revenir dans le sud de l'Égypte, le pays où ils sont nés. Là, ils formeront un petit royaume, 15 le plus petit de tous les royaumes, et ils ne s'élèveront plus au-dessus des autres peuples. Je diminuerai leur nombre, et ils ne pourront plus jamais dominer les autres. 16 Les Israélites n'auront plus aucune raison de mettre leur confiance en eux. Ils ne seront donc plus poussés à pécher en se tournant vers les Égyptiens. Alors tout le monde saura que le SEIGNEUR, c'est moi. »

Le roi Nabucodonosor va prendre l'Égypte

17 La vingt-septième année après la déportation, le premier mois[g], le premier jour du mois, le SEIGNEUR m'a adressé sa parole. Il m'a dit : 18 « Toi, l'homme, écoute ! Nabucodonosor, le roi de Babylone, a obligé son armée à faire des travaux très pénibles contre Tyr. Ses soldats ont perdu tous leurs cheveux, et leurs épaules sont blessées. Pourtant ni le roi ni son armée n'ont retiré de Tyr aucun avantage des actions qu'ils ont menées contre cette ville. 19 Eh bien, à cause de cela, voici ce que je dis, moi, le Seigneur DIEU : Je vais livrer l'Égypte à Nabucodonosor, roi de Babylone. Il pillera complètement le pays, il le détruira. Là, il prendra ses richesses de guerre et il les distribuera comme salaire à ses soldats. 20 Je lui donne l'Égypte pour le payer de ses services. En effet, son armée a travaillé pour moi. Je le déclare, moi, le Seigneur DIEU. 21 À ce moment-là, j'augmenterai la force des Israélites. Et toi, Ézékiel, je te donnerai le pouvoir de leur parler. Alors ils sauront que le SEIGNEUR, c'est moi. »

Le Seigneur montrera sa colère contre l'Égypte

30 1 Le SEIGNEUR m'a adressé sa parole. Il m'a dit : 2 « Toi, l'homme, parle de ma part et dis : Voici les paroles du Seigneur DIEU : Gémissez sur ce jour de malheur. 3 Oui, il arrive, il est très proche, le *jour du SEIGNEUR. Ce sera un jour de nuages sombres, ce sera le moment où les autres peuples seront jugés. 4 La guerre entrera en Égypte, les gens trembleront de peur jusqu'en *Éthiopie. On tuera les Égyptiens, on volera leurs richesses et on détruira leur pays. 5 Des gens d'Éthiopie, de Pouth et de Loud, d'Arabie et de Libye, et même des Israélites, tomberont à la guerre. 6 Je le dis, moi, le SEIGNEUR : De Migdol au nord jusqu'à Assouan au sud, ceux qui défendent l'Égypte seront tués au combat, et la puissance pleine d'orgueil des Égyptiens tombera. Moi, le Seigneur DIEU, je le déclare. 7 L'Égypte deviendra le désert le plus nu de tous les déserts. Ses villes ne seront plus que des tas de pierres. 8 Quand je brûlerai tout le pays et que ses défenseurs seront brisés, alors tout le monde saura que le SEIGNEUR, c'est moi. 9 Ce jour-là, des messagers partiront en bateau. Ils iront de ma part faire trembler l'Éthiopie qui se croit en sécurité. Et le jour où je détruirai l'Égypte, ses habitants trembleront de peur. Ce jour-là est proche !

10 « Voici ce que je dis, moi, le Seigneur DIEU : Je me servirai de Nabucodonosor, roi de Babylone, pour faire disparaître tous les habitants d'Égypte. 11 Lui et son peuple, le plus brutal de tous, viendront détruire ce pays. Ils feront la guerre aux Égyptiens et ils rempliront le pays de morts. 12 Je rendrai secs les canaux du Nil et je livrerai le pays à des gens mauvais. Je détruirai le pays et toutes ses richesses par l'intermédiaire d'étrangers. Je le dis, moi, le SEIGNEUR.

13 « Voici ce que je dis encore, moi, le Seigneur DIEU : Je supprimerai les faux dieux et leurs statues qui sont à Memphis. Il n'y aura plus de dirigeants en Égypte, et je répandrai

g 29.17 *En mars-avril 571 avant J.-C.*

la peur dans tout le pays. 14 Je détruirai
l'Égypte du Sud, je brûlerai la ville de Soan,
j'appliquerai mon jugement contre la ville de
Thèbes. 15 Je répandrai ma violente *colère
contre Sin, la ville qui protège l'Égypte. Et je
supprimerai les nombreux habitants de Thèbes. 16 Je mettrai le feu à l'Égypte. Les habitants de Sin trembleront de peur. On fera un
trou dans les murs de Thèbes, et la ville sera
inondée. 17 On tuera à la guerre les jeunes
gens de Héliopolis et de Pi-Besseth, et on déportera les autres habitants. 18 Quand je casserai la puissance de l'Égypte et que sa force
orgueilleuse disparaîtra, le jour ne se lèvera
pas sur Tapanès. Un nuage sombre couvrira
la ville, et les gens des régions voisines seront
déportés. 19 J'appliquerai mon jugement
contre l'Égypte, et tout le monde saura que
le SEIGNEUR, c'est moi. »

Le roi de Babylone est un outil dans la main de Dieu

20 La onzième année après la déportation, le
premier mois, le 7 du mois[h], le SEIGNEUR m'a
adressé sa parole. Il m'a dit : 21 « Toi, l'homme,
écoute ! J'ai cassé le bras[i] du Pharaon, roi
d'Égypte. Personne ne lui a fait de pansement,
personne ne lui a donné de remède. Personne
ne lui a mis une bande de tissu pour qu'il retrouve la force de tenir une *épée. 22 Et maintenant, voici ce que je dis, moi, le Seigneur
DIEU : Je vais agir contre le Pharaon, roi
d'Égypte. Je vais lui casser les deux bras : celui
qui est en bon état sera comme celui qui est
déjà cassé. Alors je ferai tomber l'épée de sa
main. 23 Je ferai partir les Égyptiens de tous côtés, parmi les autres peuples, je les enverrai
un peu partout dans les autres pays. 24 Je rendrai plus forts les bras du roi de Babylone et je
mettrai mon épée dans sa main. Je casserai les
bras du roi d'Égypte, et celui-ci gémira comme
un homme blessé à mort. 25 Oui, je rendrai
plus forts les bras du roi de Babylone, et les
bras du roi d'Égypte tomberont sans force. Je
mettrai mon épée dans les mains du roi de Babylone et il l'agitera contre l'Égypte. Alors tout
le monde saura que le SEIGNEUR, c'est moi.
26 Je ferai partir les Égyptiens de tous côtés,
parmi les autres peuples, je les enverrai un
peu partout dans les autres pays. Alors tout
le monde saura que le SEIGNEUR, c'est moi. »

Le roi d'Égypte est comparé à un cèdre

31 1 La onzième année après la déportation, le troisième mois, le premier
jour du mois[j], le SEIGNEUR m'a adressé sa
parole. Il m'a dit : 2 « Toi, l'homme, dis au
Pharaon, roi d'Égypte, et à la foule de gens
qu'il gouverne :

Tu ressembles à qui,
toi qui es si puissant ?
3 Tu ressembles à un *cèdre du Liban
aux branches magnifiques,
couvrant tout de son ombre.
Il est si haut
que son sommet touche les nuages.
4 La pluie l'a fait grandir,
un immense lac sous la terre
l'a fait pousser vers le haut.
L'eau se rassemble autour de ses racines,
puis elle coule vers tous les arbres
de la campagne.
5 Grâce à cette eau abondante,
il est plus haut que tous les arbres
de la campagne.
Ses branches sont nombreuses,
et ses jeunes branches s'étendent au loin.
6 Tous les oiseaux
font leurs nids dans ses branches,
toutes les bêtes sauvages
font leurs petits sous ses jeunes branches,
et de nombreux peuples
habitent à son ombre.
7 C'est un arbre magnifique,
il est haut et grand,
ses branches sont très étendues.
En effet, ses racines plongent
dans un sol rempli d'eau.

---

h **30.20** *En mars-avril 587 avant J.-C.*
i **30.21** *Le bras : ici, le bras représente la force.*
j **31.1** *En mai-juin 587 avant J.-C.*

8 Dans le jardin de Dieu[k],
aucun cèdre ne lui ressemble,
aucun cyprès n'a de branches aussi belles,
aucun arbre ne donne autant d'ombre,
aucun n'est aussi beau que lui.
9 Je lui ai donné des branches magnifiques,
et tous les arbres d'Éden, le jardin de Dieu,
sont jaloux de lui. »

Le roi d'Égypte sera brisé comme le cèdre

10 « Maintenant, moi, le Seigneur DIEU, je
dis : Le *cèdre a grandi, il a touché les nuages
et il est devenu orgueilleux. 11 C'est pourquoi
je l'abandonne et je le livre au pouvoir du chef
des peuples[l]. Celui-ci traitera le cèdre selon le
mal qu'il a fait. 12 Alors des étrangers, les plus
violents des peuples, le coupent et l'abandonnent là. Toutes ses branches tombent. Elles
couvrent les montagnes et les vallée du pays.
Et les gens de tous les peuples qui vivaient à
l'ombre du cèdre le quittent et abandonnent
le pays. 13 Tous les oiseaux se posent sur le
tronc coupé, et toutes les bêtes sauvages marchent sur ses branches. 14 De cette façon,
aucun arbre bien arrosé, rempli d'eau, ne
pourra plus pousser. Le sommet du cèdre ne
touchera plus les nuages, il ne pourra plus se
vanter de sa grandeur. En effet, les arbres et
les humains, tous doivent mourir un jour. Ils
iront sous la terre avec ceux qui sont descendus dans la tombe.

15 « Voici ce que je dis, moi, le Seigneur
DIEU : Le jour où le cèdre descendra dans le
monde des morts, je mettrai la nature en
deuil. À cause de lui, j'empêcherai de couler
l'immense lac qui est sous la terre, j'arrêterai
ses fleuves et retiendrai l'eau abondante. À
cause de lui, les montagnes du Liban deviendront sombres, et tous les arbres de la campagne sècheront. 16 Quand je ferai descendre cet
arbre dans le monde des morts, avec ceux qui
sont dans la tombe, les peuples en l'entendant
tomber se mettront à trembler de peur. Dans
le monde d'en bas, tous les arbres d'Éden, les
arbres les plus beaux et les mieux arrosés des
montagnes du Liban, se réjouiront. 17 Eux
aussi descendront avec le cèdre dans le
monde des morts, avec les morts de la guerre.
Ils l'ont soutenu et ont vécu à l'ombre de sa
puissance au milieu des peuples.

18 « Dans le jardin d'Éden, aucun arbre n'est
aussi magnifique et aussi grand que toi. Pourtant, je te ferai descendre avec ces arbres sous
la terre. Là, tu seras couché avec des hommes
non *circoncis et avec des morts de la guerre.
Voilà ce qui va arriver au roi d'Égypte et à tout
son peuple. » C'est le Seigneur DIEU qui le
déclare.

Chant de deuil sur l'Égypte et sur son roi

32 1 La douzième année après la déportation, le douzième mois, le premier
jour du mois[m], le SEIGNEUR m'a adressé sa parole. Il m'a dit : 2 « Toi, l'homme, chante ce
chant de deuil sur le Pharaon, roi d'Égypte :
Tu ressembles
à un jeune lion parmi les peuples.
Mais tu es aussi
comme un crocodile dans la mer.
Tu t'agites dans ton grand fleuve,
tu le salis avec tes pattes,
tu remues son eau.
3 Voici les paroles du Seigneur DIEU : Beaucoup de peuples vont se rassembler. À ce moment-là, je lancerai sur toi mon filet, et on te
tirera sur le bord, dans ses mailles. 4 Je te jetterai par terre au milieu des champs. Alors
tous les oiseaux pourront tomber sur toi, et
toutes les bêtes sauvages mangeront ta chair.
5 Je répandrai ce qui restera de toi sur les montagnes et j'en remplirai les vallées. 6 J'arro-
serai la terre de ton sang. Il couvrira les
montagnes et remplira les torrents. 7 Quand
tu cesseras de vivre, je couvrirai le ciel d'un
voile, les étoiles deviendront sombres. Je couvrirai le soleil de nuages, et la lune perdra sa
clarté. 8 À cause de toi, je rendrai sombres toutes les lumières du ciel et je plongerai ton pays

---

k **31.8** *Le jardin de Dieu : c'est le jardin d'Éden. Voir les versets 9 et 18 et voir Genèse 2.8.*

l **31.11** *Le chef des peuples : il s'agit de Nabucodonosor, roi de Babylone.*

m **32.1** *En février-mars 585 avant J.-C.*

dans la nuit. Je le déclare, moi, le Seigneur DIEU. 9 Beaucoup de peuples seront bouleversés quand je ferai parvenir la nouvelle de ta destruction jusque dans les pays que tu ne connais pas. 10 À cause de toi, beaucoup de peuples seront dans la tristesse. Leurs rois seront effrayés quand je lancerai mon *épée devant eux. Le jour où tu tomberas, ils n'arrêteront pas de trembler, chacun ayant peur pour sa vie.

11 « Voici les paroles du Seigneur DIEU : L'armée du roi de Babylone va tomber sur toi. 12 J'enverrai les combattants les plus violents de tous les peuples tuer tous tes habitants. Ils détruiront l'Égypte orgueilleuse, et tout son peuple disparaîtra. 13 Je ferai mourir tous les animaux que tu possèdes au bord du Nil. Les pieds des humains ou les sabots des bêtes ne troubleront plus son eau. 14 Je la laisserai reposer et je ferai couler les rivières aussi tranquillement que l'huile. Je le déclare, moi, le Seigneur DIEU. 15 Je ferai de l'Égypte un désert. Je viderai le pays de tout ce qu'il contient et je ferai mourir tous les habitants. À ce moment-là, tout le monde saura que le SEIGNEUR, c'est moi.

16 « Voilà le chant de deuil que les femmes de tous les peuples chanteront sur l'Égypte et sur ses nombreux habitants. C'est le Seigneur DIEU qui le déclare. »

Chant de deuil sur les peuples vaincus

17 La douzième année après la déportation, le 15 du mois[n], le SEIGNEUR m'a adressé sa parole. Il m'a dit : 18 « Toi, l'homme, gémis sur tous les Égyptiens. Que ton chant de deuil les fasse descendre avec les autres peuples puissants dans la profondeur de la terre, là où descendent les morts. 19 Dis-leur : Est-ce que vous êtes plus sympathiques que les autres ? Descendez dans la tombe avec les autres hommes non *circoncis tués à la guerre ! 20 Oui, les Égyptiens tomberont à la guerre. Maintenant les *épées sont prêtes à frapper. Qu'elles envoient à la mort l'Égypte et tous ses habitants ! 21 Dans le monde des morts, les combattants les plus courageux et les anciens alliés des Égyptiens diront : "Ils descendent se coucher parmi nous, ces hommes non circoncis tués à la guerre !"

22 « Le roi d'Assyrie est là avec son armée. Les tombes de ses soldats l'entourent. Ils ont tous été tués à la guerre. 23 Leurs tombes se trouvent au fond du monde des morts, autour de la tombe du roi. Ils ont tous été tués à la guerre, eux qui faisaient trembler de peur le monde des vivants.

24 « Le roi d'Élam[o] est là, avec son armée. Les tombes de ses soldats l'entourent. Ils ont tous été tués à la guerre. Ces hommes non circoncis, qui faisaient trembler de peur le monde des vivants, sont descendus sous la terre. Et maintenant, ils sont couverts de honte, avec tous ceux qui sont chez les morts. 25 Oui, le roi d'Élam est couché avec son armée parmi les morts de la guerre. Les tombes de ses soldats l'entourent. Tous ces hommes non circoncis ont été tués à la guerre. À cause d'eux, on tremblait de peur dans le monde des vivants. Et maintenant, ils sont couverts de honte, avec tous ceux qui sont morts, tués à la guerre.

26 « Les rois de Méchek et de Toubal[p] sont là avec leur armée. Les tombes de leurs soldats les entourent. Tous ces hommes non circoncis ont été tués à la guerre. À cause d'eux, on tremblait de peur dans le monde des vivants. 27 On ne les a pas enterrés avec les combattants glorieux d'autrefois, qui faisaient trembler de peur le monde des vivants. Ces combattants descendaient dans le monde des morts avec leurs armes. On plaçait leur *épée sous leur tête et leur *bouclier sur leur corps. 28 À votre tour, vous, les Égyptiens, vous serez brisés, et on vous enterrera parmi les hommes non circoncis tués à la guerre.

29 « Les Édomites[q], les rois et leurs chefs sont là aussi. Malgré leur courage, on les a

n **32.17** *Sans doute le douzième mois comme au verset 1.*

o **32.24** *Élam : pays à l'est de la Babylonie.*

p **32.26** *Méchek et Toubal : voir Ézékiel 27.13 et la note.*

q **32.29** *Les Édomites : voir Ézékiel 25.12 et la note.*

mis avec ceux qui sont morts à la guerre. On les a enterrés avec les hommes non circoncis qui sont descendus chez les morts.

30 « Tous les chefs des peuples du nord sont là aussi avec les habitants de Sidon, qui sont descendus chez les morts. Ils étaient si courageux qu'ils faisaient trembler les gens de peur. Mais maintenant, ces hommes non circoncis sont couchés avec ceux qui sont morts à la guerre. Et ils sont couverts de honte, avec tous ceux qui sont chez les morts.

31 « Quand le roi d'Égypte verra tous ces combattants, il sera moins découragé à cause de son armée. En effet, lui et ses soldats mourront à la guerre. Moi, le Seigneur DIEU, je le déclare. 32 Oui, j'ai laissé le roi d'Égypte effrayer le monde des vivants, mais maintenant, lui-même et ses soldats vont être enterrés parmi les hommes non circoncis tués à la guerre. » Voilà ce que le Seigneur DIEU déclare.

Le Seigneur établit Ézékiel comme guetteur

33 1 Le SEIGNEUR m'a adressé sa parole. Il m'a dit : 2 « Toi, l'homme, rappelle aux Israélites ce qui se passe quand je fais venir la guerre contre un pays. Ses habitants choisissent parmi eux un homme comme guetteur. 3 Quand le guetteur voit venir des soldats ennemis, il sonne de la trompette pour avertir le peuple. 4 Supposons ceci : Quelqu'un entend la trompette, mais il ne tient pas compte de l'avertissement. L'ennemi arrive et le tue. Eh bien, cet homme-là est lui-même responsable de sa mort. 5 Il a entendu la trompette et il n'a pas tenu compte de l'avertissement. Il est donc responsable de sa mort. S'il en avait tenu compte, il serait resté en vie. 6 Mais voici ce qui peut arriver : Le guetteur voit venir les soldats ennemis. Il ne sonne pas de la trompette, et le peuple n'est pas averti. L'ennemi arrive et tue quelqu'un. C'est la faute du guetteur, et je lui demanderai des comptes pour cela.

7 « Ézékiel, toi qui n'es qu'un homme, je fais de toi un guetteur pour le peuple d'Israël. Tu écouteras mes paroles et tu avertiras les Israélites de ma part. 8 Supposons ceci : Je dois prévenir un homme mauvais qu'il va mourir sûrement. Mais tu ne l'avertis pas, tu ne lui demandes pas de changer sa vie. Alors, cet homme mourra à cause de ses fautes, mais je te demanderai des comptes pour sa mort. 9 Au contraire, tu avertis l'homme mauvais, tu lui demandes de changer sa vie, mais il ne le fait pas. Cet homme-là mourra à cause de ses fautes, mais toi, tu sauveras ta vie. »

L'homme mauvais qui revient vers Dieu vivra

10 « Toi, l'homme, dis aux Israélites : Vous parlez ainsi : "Nos fautes et nos péchés pèsent sur nous. À cause d'eux, nous sommes sans forces. Comment pouvons-nous vivre ?" 11 Eh bien, aussi vrai que je suis vivant, voici ce que je vous déclare, moi, le Seigneur DIEU : La mort des gens mauvais ne me fait pas plaisir. Ce que je veux, c'est qu'ils changent leurs façons de faire et qu'ils vivent. Je vous en prie, abandonnez vos habitudes mauvaises. Pourquoi mourir, Israélites ?

12 « Et toi, l'homme, dis encore ceci aux gens de ton peuple : Si un homme *juste se met un jour à agir mal, le bien qu'il a fait avant ne le sauvera pas. Si un homme mauvais se met un jour à quitter son mauvais chemin, le mal qu'il a fait avant ne causera pas sa perte. Ainsi, la bonne conduite d'un homme juste ne lui permettra pas de rester en vie, le jour où il fera le mal. 13 Supposons ceci : Je promets la vie à un homme juste. Mais il pense que sa bonne conduite passée suffit, et il se met à faire le mal. Eh bien, ses bonnes actions d'avant ne compteront pas, et il mourra à cause du mal qu'il a fait. 14 Au contraire, j'avertis un homme mauvais qu'il mourra sûrement. Mais celui-ci quitte son mauvais chemin et il se met à respecter les lois et à faire ce qui est juste. Eh bien, cet homme-là ne mourra pas. 15 Voici ce qu'il peut faire : il rend l'objet qu'on lui a remis pour garantir une dette, ou il rend ce qu'il a volé. Ou encore il obéit aux lois qui donnent la vie et ne commet plus de mauvaises actions. Eh bien, cet homme vivra sûrement, il ne mourra pas. 16 Ses fautes d'avant ne compteront pas,

et il vivra parce qu'il a respecté les lois et la justice.

17 « Les Israélites disent : "La façon de faire du Seigneur n'est pas bonne." Mais c'est leur façon de faire qui n'est pas bonne ! 18 Si un homme juste se met un jour à pécher et à faire le mal, il en mourra. 19 Si un homme mauvais se met un jour à quitter son mauvais chemin pour respecter les lois et la justice, il vivra grâce à cela.

20 « Alors vous, les Israélites, vous dites : "La façon de faire du Seigneur n'est pas bonne." Eh bien, vous devez le savoir : Je jugerai chacun de vous selon sa conduite. »

Le pays d'Israël sera détruit

21 La douzième année après la déportation, le dixième mois, le 5 du mois[r], un homme qui était encore en vie après la prise de Jérusalem, est venu m'annoncer : « La ville est tombée ! »

22 Le soir avant son arrivée, le SEIGNEUR m'avait fait sentir sa puissance en me rendant la parole. Quand cet homme est arrivé le matin suivant, je n'étais plus muet[s], je pouvais parler. 23 Alors le SEIGNEUR m'a adressé sa parole. Il m'a dit : 24 « Toi, l'homme, écoute ! Les gens qui sont restés en Israël dans les villes détruites disent : "Abraham était seul, et pourtant il a possédé tout le pays. Nous qui sommes nombreux, c'est nous qui devons posséder le pays maintenant." 25 Eh bien, dis-leur : Voici les paroles du Seigneur DIEU : Vous mangez la viande avec le sang[t], vous adorez les faux dieux, vous tuez des gens. Alors comment pouvez-vous posséder le pays ? 26 Vous comptez seulement sur vos armes. Vous commettez des actions horribles, vous, les hommes, vous prenez les femmes des autres, comment pouvez-vous posséder le pays ?

27 « Dis-leur de ma part : Aussi vrai que je suis vivant, moi, le Seigneur DIEU, je vous avertis : ceux qui sont restés dans les villes détruites mourront de façon violente, ceux qui habitent à la campagne seront mangés par les bêtes sauvages. Ceux qui se cachent dans les montagnes et dans les trous des rochers mourront d'une épidémie de peste. 28 Je détruirai le pays, j'en ferai un désert. La puissance qui rendait ses habitants si orgueilleux disparaîtra. Les montagnes d'Israël seront désertes, personne ne passera plus par là. 29 Je changerai complètement ce pays en désert, à cause de toutes les actions horribles que les Israélites ont commises. À ce moment-là, ils sauront que le SEIGNEUR, c'est moi.

30 « Toi, l'homme, écoute ! Les Israélites parlent de toi le long des murs de la ville ou aux portes de leurs maisons. Ils se disent entre eux : "Allons donc écouter ce que le SEIGNEUR dit." 31 Alors ils viennent nombreux s'asseoir devant toi. Ils écoutent tes paroles, mais ils ne leur obéissent pas. Ils font ce qui leur plaît et ils cherchent seulement leur intérêt. 32 Toi, tu es pour eux comme un chanteur agréable, qui a une belle voix et qu'une bonne musique accompagne. Ils écoutent tes paroles, mais ils ne leur obéissent pas. 33 C'est pourquoi, quand ces événements arriveront – et ils vont arriver bientôt – ils sauront qu'il y avait un *prophète parmi eux. »

Contre les chefs d'Israël

34 1 Le SEIGNEUR m'a adressé sa parole. Il m'a dit : 2 « Toi qui n'es qu'un homme, parle comme un *prophète contre les chefs du peuple d'Israël. Parle comme un prophète et dis-leur : Voici les paroles du Seigneur DIEU : Quel malheur pour vous, bergers[u] d'Israël ! Vous vous occupez seulement de vous-mêmes ! Est-ce que les bergers ne doivent pas s'occuper des moutons ? 3 Vous, au contraire, vous buvez le lait des brebis, vous prenez leur laine pour vous habiller, vous tuez les bêtes les plus grosses. Mais les moutons, vous ne vous en occupez

---

r **33.21** *En décembre 587-janvier 586 avant J.-C.*

s **33.22** *Je n'étais plus muet : voir Ézékiel 3.26 ; 24.27.*

t **33.25** *La viande avec le sang : voir Ézékiel 4.14 et la note.*

u **34.2** *Bergers : dans l'ancien Orient, les dirigeants d'un peuple étaient souvent appelés des bergers.*

pas. 4 Vous n'avez pas rendu des forces aux moutons qui étaient faibles. Vous n'avez pas guéri ceux qui étaient malades. Vous n'avez pas soigné ceux qui avaient une patte cassée. Vous n'avez pas ramené ceux qui s'étaient éloignés du troupeau. Vous n'avez pas cherché ceux qui étaient perdus. Mais vous avez dominé les moutons avec violence et dureté. 5 Les moutons sont partis de tous côtés parce qu'ils n'avaient pas de berger. Et toutes les bêtes sauvages les ont dévorés. 6 Mon troupeau est allé se perdre sur les montagnes et sur les collines. Mes moutons sont partis de tous côtés dans tout le pays. Personne ne va les chercher, personne ne s'en occupe. 7 C'est pourquoi, bergers d'Israël, écoutez ce que je vous dis. 8 Aussi vrai que je suis vivant, voici ce que je déclare, moi, le Seigneur DIEU : Mon troupeau est dans les mains des voleurs. Toutes les bêtes sauvages ont pris les moutons et les ont dévorés, parce qu'ils n'avaient pas de berger. Mes bergers ne sont pas allés les chercher. Mais ces bergers s'occupent d'eux-mêmes, ils ne s'occupent pas de mon troupeau. 9 C'est pourquoi, bergers d'Israël, écoutez ce que je vous dis. 10 Moi, le Seigneur DIEU, je vous préviens. Je vais agir contre vous, les bergers. Je vous reprendrai mon troupeau, je vous empêcherai de le diriger. Alors vous ne pourrez plus profiter d'eux. J'arracherai mes moutons de votre bouche, et ils ne serviront plus à vous nourrir.

11 « Voici ce que je dis, moi, le Seigneur DIEU : À partir de maintenant, j'irai moi-même chercher mes moutons et je m'occuperai d'eux. 12 Quand un berger se trouve au milieu d'un troupeau parti de tous côtés, il s'occupe de ses moutons. De la même façon, je m'occuperai de mon troupeau. J'irai délivrer les moutons partout où ils sont partis, dans le brouillard et dans la nuit. 13 Je les ferai sortir des pays étrangers, je les rassemblerai et je les ramènerai dans leur pays. Je les conduirai sur les montagnes d'Israël, dans les vallées, dans les meilleurs endroits du pays. 14 Je les conduirai dans un bon pâturage, et ils auront leurs champs d'herbe sur les montagnes du pays d'Israël. Là, mes moutons pourront se reposer dans de beaux champs d'herbe. Ils mangeront dans des endroits fertiles, sur les montagnes d'Israël. 15 C'est moi qui serai le berger de mon troupeau, c'est moi qui le ferai se reposer. Moi, le Seigneur DIEU, je le déclare. 16 Le mouton perdu, j'irai le chercher, celui qui s'est éloigné, je le ramènerai. Celui qui a une patte cassée, je le soignerai. Celui qui est malade, je lui rendrai des forces. Mais celui qui est gros et fort, je le supprimerai. Je serai un berger juste. »

Dieu vient aider son peuple

17 « Moi, le Seigneur DIEU, voici ce que je dis à mon troupeau : Je vais être juge entre les moutons, entre les béliers et les boucs. 18 Certains parmi vous ne se contentent pas de manger l'herbe du meilleur pâturage. Pourquoi ? Ils vont encore écraser l'herbe qui reste. Pourquoi donc ? Boire de l'eau claire, cela ne vous suffit pas ? Pourquoi est-ce que vous troublez avec vos pattes ce que vous ne buvez pas ? 19 Les autres moutons doivent manger ce que vos pattes ont écrasé et boire l'eau que vous avez troublée. 20 C'est pourquoi moi, le Seigneur DIEU, je vous dis ceci : Je vais être juge entre les moutons gras et les moutons maigres de mon troupeau. 21 Vous avez heurté les bêtes faibles avec l'épaule et le côté, vous leur avez donné des coups de cornes. Finalement, vous les avez chassées un peu partout en dehors du pâturage. 22 Je viens donc aider mes moutons, pour qu'ils ne soient plus volés. Je serai juge entre eux et vous. 23 À la tête de mon troupeau, je vais mettre un seul berger qui s'occupera de lui. Ce sera un roi comme mon serviteur David[v]. Lui, il s'occupera des bêtes du troupeau et il sera leur berger. 24 Moi, le SEIGNEUR, je serai leur Dieu, et ils auront un roi semblable à mon serviteur David.

v **34.23** *Comme mon serviteur David : le roi David a été quelquefois présenté comme le modèle du roi promis par Dieu pour l'avenir.*

C'est moi, le SEIGNEUR, qui le dis. 25 Je ferai
avec mon troupeau une *alliance de paix et
je supprimerai du pays les animaux sauvages.
Alors mes bêtes pourront habiter en sécurité
dans le désert et elles dormiront dans les buissons. 26 Je les laisserai vivre près de ma montagne *sainte. Je ferai tomber la pluie au bon
moment, et cette eau leur fera du bien.
27 Les arbres porteront des fruits, la terre donnera ses récoltes. Chacun vivra en sécurité
dans le pays. Je briserai tout ce qui écrase
les gens de mon peuple. Je les délivrerai de
ceux qui les rendent esclaves. À ce moment-
là, ils sauront que le SEIGNEUR, c'est moi.
28 Les étrangers ne les voleront plus, les animaux sauvages ne les dévoreront plus. Ils vivront en sécurité, et personne ne les fera
plus trembler. 29 Je leur donnerai une plantation bien connue pour ses bonnes récoltes.
Ils ne souffriront plus de la famine dans le
pays. Les autres peuples ne les couvriront
plus de honte. 30 Tout le monde le saura :
moi, le SEIGNEUR leur Dieu, je suis avec eux,
et le peuple d'Israël est vraiment mon peuple.
Je le déclare, moi, le Seigneur DIEU. 31 Oui,
vous, les humains, vous êtes mon troupeau,
et je m'occupe de vous. Oui, votre Dieu, c'est
moi. » Voilà ce que le Seigneur DIEU déclare.

Paroles du Seigneur contre les Édomites

35 1 Le SEIGNEUR m'a adressé sa parole. Il
m'a dit : 2 « Toi, l'homme, tourne ton
visage vers la région des montagnes d'Édom[w]
et parle de ma part contre ses habitants. 3 Dis-
leur : Voici les paroles du Seigneur DIEU : Je
vais agir contre vous ! Je montrerai ma puissance contre toi, Édom, je te détruirai et je
te changerai en désert. 4 Je ferai de tes villes
des tas de pierres, ton pays sera complètement
détruit. Alors tu sauras que le SEIGNEUR, c'est
moi. 5 Tu as toujours détesté les Israélites.
Au moment de leur malheur, quand leurs crimes ont pris fin, tu les a attaqués par *l'épée[x].
6 C'est pourquoi, aussi vrai que je suis vivant,
voici ce que je déclare, moi, le Seigneur DIEU :
Je répandrai le sang chez toi. Oui, le sang que
tu as répandu demande à être vengé. Tu as
versé le sang sans hésiter, eh bien, ton sang
sera versé, lui aussi. 7 Je détruirai ton pays,
Édom, je le changerai en désert et je tuerai
tous ceux qui passeront par là. 8 Je couvrirai
tes montagnes de morts. Tous ceux qui seront
tués à la guerre tomberont sur tes collines,
dans tes vallées, dans le lit de tes torrents.
9 Je changerai pour toujours ton pays en désert, les villes n'auront plus d'habitants. Alors
tu sauras que le SEIGNEUR, c'est moi.
10 « Tu as dit : "Les deux royaumes d'Israël
et de Juda seront à moi, je vais prendre ces
pays où le SEIGNEUR habite." 11 Tu étais jaloux
d'eux et tu as agi contre eux avec violence. Tu
les détestais. Eh bien, aussi vrai que je suis vivant, voici ce que je déclare, moi, le Seigneur
DIEU : Je te traiterai de la même façon. Ainsi, je
montrerai aux Israélites qui je suis, quand je
te demanderai des comptes. 12 Tu le sauras
alors, j'ai entendu tes insultes quand tu as
dit : "Les montagnes d'Israël sont détruites.
Elles sont à nous maintenant ! Nous pouvons
les prendre !" 13 Vous m'avez parlé avec mépris, vos paroles contre moi étaient pleines
d'orgueil : moi, je les ai bien entendues.
14 « Voici ce que je dis, moi, le Seigneur
DIEU : Quand tous les peuples seront dans la
joie, je te détruirai complètement. 15 Tu t'es
réjoui quand tu as vu détruire Israël, mon peuple. Eh bien, je te traiterai de la même façon.
Tes montagnes, ton pays tout entier seront
détruits. Alors tout le monde saura que le
SEIGNEUR, c'est moi. »

Les Israélites reviendront dans leur pays

36 1 « Toi, l'homme, parle maintenant de
ma part au sujet des montagnes d'Israël. Demande-leur d'écouter les paroles que
je leur dis, 2 moi, le Seigneur DIEU : Vos enne-

w 35.2 *Montagnes d'Édom : au sud de la mer Morte.*

x 35.5 *Les Édomites ont toujours été les ennemis des Israélites. Voir Nombres 20.20 et le livre d'Abdias. Ici, Ézékiel parle de la prise de Jérusalem en 587 avant J.-C.*

mis se sont moqués en disant : "Ah ! Ah ! Maintenant, les vieilles montagnes d'Israël sont à
nous !" 3 Eh bien, toi, l'homme, parle de ma
part aux Israélites : Voici ce que j'ai à leur
dire, moi, le Seigneur Dieu : De tous côtés, les
gens ont voulu vous détruire et vous faire disparaître. Ils ont voulu vous prendre, et vous êtes
tombés au pouvoir des autres peuples. Ceux-ci
se sont moqués de vous et vous ont insultés.
4 Eh bien, communique-leur mon message :
Montagnes d'Israël, écoutez mes paroles !
Moi, le Seigneur Dieu, je le dis aux montagnes
et aux collines, aux torrents et aux vallées. Je le
dis aux tas de ruines et aux villes abandonnées,
pillées et insultées par les autres peuples qui les
entourent. 5 Oui, moi, le Seigneur Dieu, dans le
feu de ma *colère, je l'affirme, je parle contre
les autres peuples et contre Édom tout entier.
Avec une joie débordante et un profond mépris, ils ont pris mon pays pour piller ses pâturages. 6 C'est pourquoi, toi, l'homme, parle de
ma part au pays d'Israël. Tu diras aux montagnes et aux collines, aux torrents et aux vallées
que moi, le Seigneur Dieu, je vais laisser agir
ma violente colère. Je leur dis : Les autres peuples vous ont couverts de honte. 7 Eh bien, moi,
le Seigneur Dieu, je le jure : les peuples qui vous
entourent seront couverts de honte à leur tour !
8 À ce moment-là, sur les montagnes d'Israël,
les arbres feront pousser leurs branches et produiront des fruits pour vous, Israélites, mon
peuple. En effet, vous retournerez bientôt
dans votre pays. 9 Oui, je viens vers vous, je
me tourne vers vous, vos champs seront de
nouveau labourés, et il y aura de nouveau des
semences dans votre sol. 10 Dans tout le pays
d'Israël, je vais vous rendre nombreux. Les villes seront de nouveau habitées, et ce qui a été
détruit sera reconstruit.

11 « Partout, les gens et les animaux deviendront nombreux. Vous aurez des enfants, vous
deviendrez nombreux. Le pays sera aussi peu-
plé qu'autrefois, et vous aurez plus de richesses qu'avant. Alors vous saurez que le
Seigneur, c'est moi. 12 Je vous ferai marcher
partout dans le pays, Israélites, mon peuple.
Vous le posséderez, il sera à vous, et il ne
vous privera plus jamais de vos enfants.
13 Voici ce que je dis, moi, le Seigneur Dieu :
On raconte que le pays d'Israël dévore ses habitants, qu'il prive son peuple de ses enfants.
14 Eh bien, le pays ne dévorera plus ses habitants, il ne privera plus son peuple de ses enfants. Moi, le Seigneur Dieu, je le déclare. 15 Je
ne te ferai plus entendre les insultes et les moqueries des autres peuples. En effet, votre
pays ne fera plus mourir vos enfants. » Voilà
ce que le Seigneur Dieu déclare.

Le Seigneur va rassembler les Israélites

16 Le Seigneur m'a adressé sa parole. Il m'a
dit : 17 « Toi, l'homme, écoute ! Quand les Israélites habitaient encore dans leur pays, ils se
sont vraiment mal conduits, et ils ont rendu
leur pays *impur. Leur vie a été aussi impure
que le sang d'une femme pendant ses règles[y].
18 Ils ont rendu le pays impur par le sang qu'ils
ont répandu là-bas et par leurs faux dieux. C'est
pourquoi j'ai répandu sur eux ma violente *colère. 19 Je les ai fait partir parmi les autres peuples, dans des pays étrangers. Ainsi, je les ai
jugés selon leur conduite et leurs actions.

20 « Dans tous les pays où ils sont allés, les
gens ont méprisé mon *saint nom à cause
d'eux. En effet, ils disaient : "C'était le peuple
du Seigneur, c'est son pays qu'ils ont quitté."
21 Et cela m'a ému de voir ceci : mon saint nom
était méprisé dans les pays étrangers à cause
des Israélites qui arrivaient chez eux. 22 C'est
pourquoi, dis-leur : Voici les paroles du Seigneur Dieu : Ce que je vais faire, gens d'Israël,
je ne le ferai pas à cause de vous. Je le ferai
pour faire respecter mon saint nom. Oui,
des gens l'ont méprisé à cause de vous, dans
les pays où vous êtes allés. 23 À cause de
vous, les autres peuples ont méprisé mon
nom. Eh bien, je leur montrerai que je suis
le Dieu grand et saint. Et je ferai cela en me
servant de vous. Alors ces peuples sauront
que le Seigneur, c'est moi, je le déclare,
moi, le Seigneur Dieu.

---

y **36.17** *Pendant ses règles : voir Ézékiel 18.6 et la note.*

24 « Je vous retirerai du milieu des autres peuples et, des pays où vous habitez, je vous rassemblerai et je vous ramènerai sur votre terre. 25 Je verserai sur vous de l'eau *pure, et vous serez purs. Je vous purifierai de toutes vos actions impures que vous faites pour les faux dieux. 26 Je vous donnerai un cœur nouveau, je mettrai en vous un esprit nouveau. J'enlèverai votre cœur de pierre et je vous donnerai un cœur de chair[z]. 27 Je mettrai en vous mon esprit. Ainsi je vous rendrai capables d'obéir à mes lois, de respecter et de faire ce que je vous ai commandé. 28 Alors vous habiterez le pays que j'ai donné à vos ancêtres. Vous serez mon peuple, et je serai votre Dieu. 29 Je vous délivrerai de toutes vos actions impures. Je ne vous enverrai plus de famine, mais je ferai pousser le *blé, et vous en récolterez en grande quantité. 30 Grâce à moi, vos arbres donneront beaucoup de fruits, et vos champs produiront des récoltes abondantes. Alors vous ne connaîtrez plus la honte d'avoir faim devant les autres peuples. 31 À ce moment-là, vous vous souviendrez de votre conduite mauvaise et de vos actes qui n'étaient pas bons. 32 Vous devez le savoir, ce n'est pas à cause de vous que j'agirai, je le déclare, moi, le Seigneur DIEU. Vous devriez plutôt avoir honte et regretter votre conduite, gens d'Israël !

33 « Voici ce que je dis, moi, le Seigneur DIEU : Quand je vous purifierai de toutes vos fautes, grâce à moi, les villes seront de nouveau habitées, et ce qui a été détruit sera reconstruit. 34 Les champs abandonnés seront de nouveau labourés, et les passants ne verront plus de terres non cultivées. 35 Et on dira : "Ce pays détruit est devenu comme le jardin d'Éden[a]. Les villes qui étaient devenues des tas de pierres, qui avaient été détruites et abandonnées, ont été reconstruites et des gens y habitent de nouveau." 36 Alors les pays qui existeront encore autour de vous le sauront : moi, le SEIGNEUR, je reconstruis les villes détruites, et je replante ce qui était arraché. C'est moi, le SEIGNEUR, qui ai parlé, et je fais ce que je dis.

37 « Voici ce que j'affirme, moi, le Seigneur DIEU : Je laisserai de nouveau les Israélites me prier et je leur répondrai en les rendant aussi nombreux que les moutons d'un troupeau. 38 Autrefois, pendant les grandes fêtes, Jérusalem était remplie d'animaux qui devaient être offerts en *sacrifices. Ils venaient par troupeaux entiers. Eh bien, les gens qui reviendront habiter vos villes détruites seront aussi nombreux. Alors tout le monde saura que le SEIGNEUR, c'est moi. »

Ézékiel voit le Seigneur rendre la vie à des morts

37 1 Le SEIGNEUR m'a saisi avec puissance. Son esprit m'a emmené, et je me suis trouvé dans une vallée remplie d'os. 2 Le SEIGNEUR me fait faire le tour de l'endroit. Les os sont très nombreux et complètement secs. 3 Alors le Seigneur me demande : « Dis-moi, l'homme, est-ce que ces os peuvent revivre ? » Je lui réponds : « Seigneur DIEU, c'est toi qui le sais ! » 4 Il me dit alors : « Parle à ces os comme un *prophète. Dis-leur : Vous qui êtes secs, écoutez la parole du SEIGNEUR ! 5 Voici ce que le Seigneur DIEU vous dit : Je vais faire venir en vous un souffle de vie, et vous vivrez. 6 Je mettrai sur vous des nerfs, je ferai pousser sur vous de la chair, je vais vous couvrir de peau. Je mettrai en vous un souffle de vie, et vous vivrez. Alors vous saurez que le SEIGNEUR, c'est moi. » 7 Je dis ces paroles de la part du SEIGNEUR, comme il me l'a commandé. Pendant que je parle, j'entends un grand bruit, celui d'objets qui remuent : les os se rapprochent les uns des autres. 8 Je regarde : il y a sur eux des nerfs. De la chair pousse, la peau les couvre. Mais il n'y a pas de souffle de vie en eux. 9 Alors le Seigneur me dit : « Toi qui n'es qu'un homme, parle au souffle de vie[b] de ma part, parle-lui ainsi :

---

z **36.26** *Voir Ézékiel 11.19 et la note.*

a **36.35** *Jardin d'Éden : voir Ézékiel 31.8 et la note.*

b **37.9** *Le mot traduit par « souffle de vie » peut signifier aussi « esprit ». Il est traduit de cette façon au verset 14.*

Souffle de vie, voici ce que le Seigneur DIEU te
dit : Viens du nord, du sud, de l'est et de
l'ouest, souffle sur ces morts, et ils vivront. »
10 Je dis ces paroles de la part du SEIGNEUR,
comme il me l'a commandé. Alors le souffle
de vie entre dans les morts, et ils reçoivent
la vie. Ils se tiennent debout, c'est une armée
immense.
11 Ensuite le SEIGNEUR me dit : « Toi,
l'homme, écoute ! Ces os représentent tout
le peuple d'Israël. Les Israélites disent :
"Nous sommes comme des os secs, notre espoir est mort, nous sommes perdus !" 12 Eh
bien, annonce-leur ces paroles de ma part :
Moi, le Seigneur DIEU, je vous le dis, je
vais ouvrir vos tombes et je vous en ferai sortir, vous, mon peuple. Je vous ramènerai sur
la terre d'Israël. 13 Quand j'ouvrirai vos tombes, quand je vous en ferai sortir, vous mon
peuple, vous saurez que le SEIGNEUR, c'est
moi ! 14 Je mettrai en vous mon esprit[c], et
vous vivrez. Je vous installerai sur votre
terre. Alors vous le saurez : c'est moi, le SEI-
GNEUR, qui ai parlé, et je fais ce que je dis. »
Voilà ce que le SEIGNEUR déclare.

Le Seigneur va réunir les deux royaumes d'Israël

15 Le SEIGNEUR m'a adressé sa parole. Il m'a
dit : 16 « Toi, l'homme, prends un morceau de
bois et écris dessus ces mots : "Juda et les Israélites de ce royaume." Ensuite, prends un
autre morceau de bois et écris dessus : "Joseph, ou Éfraïm, et les Israélites de ce royaume[d]." 17 Mets les deux morceaux bout à
bout, pour qu'ils forment un seul morceau
dans ta main. 18 Les gens de ton peuple
vont te demander : "Explique-nous ce que
cela veut dire." 19 Tu leur répondras que
moi, le Seigneur DIEU, je leur annonce
ceci : Je vais prendre le morceau de bois
qui représente Joseph et les Israélites de ce
royaume. Je vais le mettre avec le morceau
de bois qui représente le royaume de Juda.
Dans ma main, tous deux formeront un
seul morceau.
20 « Toi, l'homme, garde dans ta main les
morceaux de bois sur lesquels tu as écrit,
pour que tout le monde les voie. 21 Puis tu
leur diras : Voici les paroles du Seigneur
DIEU : Israélites, je vous retirerai du milieu
des peuples où vous êtes allés. Je vous rassemblerai et je vous ramènerai sur votre
terre. 22 Je ferai de vous un seul peuple sur
les montagnes d'Israël. Vous aurez tous le
même roi. Vous ne formerez plus deux
pays et vous ne serez plus divisés en deux
royaumes. 23 Vous ne vous rendrez plus
*impurs en adorant vos faux dieux, en
commettant des actions horribles et toutes
sortes de fautes. Je vous libérerai de toutes
les infidélités que vous avez commises envers moi. Je vous rendrai purs. Vous serez
mon peuple, et je serai votre Dieu. 24 Vous
aurez un roi semblable à mon serviteur David[e]. Il sera le seul berger pour vous tous.
Vous respecterez mes lois, vous garderez
mes règles et vous leur obéirez. 25 Vous habiterez dans le pays que j'ai donné à mon serviteur Jacob, où vos ancêtres ont vécu. Vous
vivrez là pour toujours, vous, vos enfants et
les enfants de leurs enfants. Vous aurez pour
toujours un roi semblable à mon serviteur
David. 26 Je ferai avec vous une *alliance de
paix qui durera toujours. Je vous établirai
dans ce pays et je vous rendrai nombreux.
Je mettrai mon temple au milieu de vous
pour toujours. 27 J'habiterai au milieu de
vous. Je serai votre Dieu, et vous serez
mon peuple. 28 Quand mon temple sera au
milieu de vous pour toujours, les autres
peuples sauront ceci : le SEIGNEUR, c'est
moi, et j'ai *consacré Israël à mon service
pour toujours. »

---

c **37.14** *Esprit : voir le verset 9 et la note.*

d **37.16** *Juda, c'est-à-dire le royaume du Sud.*
Joseph, père d'Éfraïm, désigne ici les tribus du royaume du Nord. Ce royaume a été détruit par les Assyriens en 721 avant J.-C.

e **37.24** *David : voir Ézékiel 34.23 et la note.*

Paroles du Seigneur contre Gog

38 [1] Le SEIGNEUR m'a adressé sa parole. Il m'a dit : [2] « Toi, l'homme, tourne ton visage vers Gog. C'est le grand chef des peuples de Toubal et de Méchek, au pays de Magog[f]. Parle de ma part contre lui. [3] Tu lui diras : Voici les paroles du Seigneur DIEU : Je vais agir contre toi, grand chef des peuples de Méchek et de Toubal. [4] Je vais mettre des crochets à tes mâchoires et je vais te traîner de force. Je te ferai sortir de ton pays, toi et toute ton armée, chevaux et cavaliers, tous couverts de vêtements magnifiques. Vous formerez une troupe nombreuse de soldats armés de *boucliers et *d'épées. [5] Les soldats de Perse, *d'Éthiopie et de Pouth porteront tous des boucliers et des casques et ils iront avec toi. [6] Gomer et toutes ses troupes, Beth-Togarma, situé complètement au nord, et toutes ses troupes, partiront avec toi, ainsi que beaucoup d'autres peuples. [7] Prépare-toi, sois prêt, toi et toute cette foule réunie autour de toi, c'est toi qui dois les commander. [8] Dans plusieurs années, beaucoup plus tard, je t'enverrai contre le pays d'Israël. À ce moment-là, ses habitants auront échappé à la guerre. Ils auront quitté les pays où ils habitaient. Ils seront rassemblés sur les montagnes d'Israël, qui étaient restées longtemps sans habitants. Après avoir quitté les autres peuples, ils vivront tous en sécurité. [9] Toi, ton armée et tes nombreux alliés, vous les attaquerez. Vous tomberez sur eux comme une tempête, vous couvrirez leur pays comme une montagne de nuages.

[10] « Moi, le Seigneur DIEU, je le dis : À ce moment-là, beaucoup d'idées te viendront à l'esprit, et tu formeras un projet qui apporte le malheur. [11] Tu décideras d'attaquer un pays sans défense. Là, les gens sont tranquilles et vivent en sécurité. Les villes ne sont pas protégées par des murs et elles sont sans portes et sans serrures. [12] Tu iras là-bas pour prendre des richesses de guerre et piller. Tu attaqueras des gens qui habitent de nouveau dans des villes autrefois détruites. Ils se sont rassemblés en quittant des pays étrangers. Ils possèdent des troupeaux et des biens, ils habitent le centre du monde[g]. [13] Les habitants de Saba et de Dédan, les commerçants de Tarsis[h] et des villes voisines te demanderont : "Est-ce pour piller que tu as rassemblé ton armée ? Est-ce pour prendre de l'argent et de l'or, des troupeaux et des biens, pour emporter beaucoup de richesses de guerre ?"

[14] « Toi, l'homme, parle de ma part et dis à Gog : Voici les paroles du Seigneur DIEU : Quand Israël, mon peuple, vivra en sécurité, tu partiras. [15] Tu viendras de ton pays, situé complètement au nord, avec des soldats de nombreux pays. Vous serez tous montés sur des chevaux, vous serez très nombreux et vous formerez une armée puissante. [16] Tu viendras attaquer Israël, mon peuple, et tu couvriras son pays comme un nuage couvre la terre. Cela arrivera dans très longtemps. Je t'enverrai attaquer mon pays. Alors les autres peuples sauront que le Dieu *saint, c'est moi. Je leur montrerai cela en me servant de toi, Gog.

[17] « Voici ce que je dis, moi, le Seigneur DIEU : Autrefois, j'ai parlé de toi par l'intermédiaire de mes serviteurs, les *prophètes d'Israël. Pendant de nombreuses années, ils ont annoncé que je t'enverrai attaquer mon peuple. [18] Mais le jour où tu attaqueras Israël, Gog, je me mettrai dans une violente *colère, je le déclare, moi, le Seigneur DIEU. [19] Dans ma violente colère, je le jure : ce jour-là, il y aura un grand tremblement de terre en Israël. [20] Les poissons de la mer, les oiseaux du ciel, les bêtes sauvages, les serpents qui rampent sur le sol et les êtres humains sur la terre,

---

f **38.2** *Toubal et Méchek : voir Ézékiel 27.13 et la note.*
Gog... au pays de Magog : voir Genèse 10.2-3. Gog et Magog représentent ici les ennemis du peuple de Dieu.

g **38.12** *Le centre du monde : sans doute Jérusalem. Voir Ézékiel 5.5.*

h **38.13** *Tarsis : voir Ézékiel 27.12 et la note.*

tous trembleront de peur devant moi. Les montagnes seront renversées, les rochers tomberont par terre, aucun mur ne restera debout. 21 Sur toutes mes montagnes, je te ferai la guerre, Gog, je le déclare, moi, le Seigneur DIEU. Tes soldats se tueront entre eux. 22 Je te condamnerai à supporter une épidémie de peste et à mourir au combat. J'enverrai sur toi, sur ton armée et sur tes nombreux alliés des torrents de pluie et de *grêle, avec du feu et de la poussière brûlante. 23 De cette façon, je montrerai à tous les peuples que je suis le Dieu grand et saint. Alors ils sauront que le SEIGNEUR, c'est moi. »

Nouvelles menaces contre Gog

39 1 Le Seigneur me dit : « Toi, l'homme, parle de ma part contre Gog et dis-lui : Voici les paroles du Seigneur DIEU : Je vais agir contre toi, Gog, le grand chef des peuples de Méchek et de Toubal[i]. 2 Je te ferai sortir de ton pays situé complètement au nord. Je t'obligerai à le quitter pour aller attaquer les montagnes d'Israël. 3 Puis je te frapperai : je casserai ton arc dans ta main gauche, je ferai tomber tes flèches de ta main droite. 4 Toi, toute ton armée et tes nombreux alliés, vous mourrez sur les montagnes d'Israël. Je laisserai les charognards et les bêtes sauvages dévorer vos corps. 5 Tu mourras en pleine campagne, comme je l'ai annoncé, je le déclare, moi, le Seigneur DIEU. 6 Je mettrai le feu au pays de Magog et chez les habitants des îles, qui se croient en sécurité. Alors ils sauront que le SEIGNEUR, c'est moi. 7 Je ferai connaître à Israël, mon peuple, combien je suis *saint. Je ne laisserai plus mépriser mon saint nom, et les autres peuples sauront que le SEIGNEUR, le Dieu saint d'Israël, c'est moi. 8 Oui, ces événements vont arriver, ils commencent à se réaliser. C'est le jour du jugement que j'ai annoncé. Moi, le Seigneur DIEU, je le déclare. 9 Les Israélites sortiront de leurs villes. Ils allumeront un feu, ils brûleront les armes de leurs ennemis. Tous les *boucliers, petits et grands, les arcs et les flèches, les *épées et les lances, tout cela fera un feu pendant sept ans. 10 Ils ne ramasseront plus de bois dans la campagne et ils n'en couperont plus dans les forêts. En effet, c'est avec ces armes qu'ils feront du feu. Ils voleront ceux qui les ont volés, ils pilleront ceux qui les ont pillés. Moi, le Seigneur DIEU, je le déclare.

11 « À ce moment-là, je donnerai à Gog un lieu pour l'enterrer, là, en Israël. Ce sera dans la vallée des Passants, à l'est de la mer Morte, et cette tombe barrera la route aux passants. C'est là qu'on enterrera Gog et toute son armée. On appellera cet endroit "Vallée de la Foule de Gog". 12 Les Israélites mettront sept mois pour enterrer tous les soldats et rendre ainsi le pays *pur. 13 Tous les habitants de la région feront ce travail, et ils en seront fiers le jour où je leur montrerai ma *gloire. Moi, le Seigneur DIEU, je le déclare. 14 Après ces sept mois, on choisira des hommes qui passeront tout leur temps à parcourir le pays. Ils le rendront pur en cherchant et en enterrant les corps qui couvrent encore le sol. 15 Ils parcourront le pays dans tous les sens. Quand quelqu'un trouvera des os humains, il dressera un tas de pierres à côté d'eux. Cela servira de marque. Alors ceux qui creusent les tombes viendront prendre ces os et ils les enterreront dans la Vallée de la Foule de Gog. 16 Il y aura même une ville appelée Hamona, c'est-à-dire Foule. À la fin, le pays sera pur. »

17 Le Seigneur DIEU me dit encore : « Toi, l'homme, dis de ma part aux oiseaux de toutes sortes et aux bêtes sauvages : Venez de partout, rassemblez-vous pour participer au *sacrifice que je vais offrir pour vous. Ce sera un grand sacrifice sur les montagnes d'Israël. Vous mangerez de la chair et vous boirez du sang. 18 Vous mangerez les corps des combattants courageux et vous boirez le sang des chefs de ce monde, offerts en sacrifice à la place des béliers, des agneaux, des boucs et des veaux gras du *Bachan. 19 Vous pourrez manger de la graisse tant que vous voudrez, et boire du sang jusqu'à devenir ivres. Voilà

---

i **39.1** *Gog, Méchek et Toubal : voir Ézékiel 38.2 et la note.*

le sacrifice que j'offre pour vous. 20 À ce grand repas, vous mangerez tant que vous voudrez des chevaux et des cavaliers, des soldats et des combattants de toutes sortes. Moi, le Seigneur DIEU, je le déclare.

21 « Je montrerai ma *gloire aux autres peuples. Ils verront tous comment je me sers de mon pouvoir pour appliquer mon jugement. 22 À partir de ce moment-là, les Israélites sauront que le SEIGNEUR, leur Dieu, c'est moi. »

Résumé des paroles d'Ézékiel

23 « Les autres peuples comprendront ceci : Les Israélites ont été déportés à cause de leurs fautes, parce qu'ils n'ont pas été fidèles envers moi, le SEIGNEUR. C'est pourquoi je me suis détourné d'eux. Je les ai livrés au pouvoir de leurs ennemis, et ils ont tous été tués à la guerre. 24 Je me suis détourné d'eux et je les ai traités en tenant compte de leurs actes *impurs et de leurs fautes.

25 « Eh bien, voici ce que je dis, moi, le Seigneur DIEU : À partir de maintenant, je vais avoir pitié des Israélites, de ceux qui sont nés de *Jacob. Je vais ramener leurs prisonniers, et j'exigerai de tous le respect dû à mon *saint nom. 26 Alors ils oublieront leur honte et toutes les infidélités qu'ils ont commises envers moi. Ils habiteront en sécurité sur leur terre, et personne ne les fera plus trembler de peur. 27 Je les ferai sortir des pays de leurs ennemis, et je les rassemblerai pour les ramener chez eux. En me servant d'eux, je montrerai à beaucoup de peuples que le Dieu saint, c'est moi. 28 Quand je rassemblerai les Israélites sur leur terre, je ne laisserai personne dans les pays où je les avais déportés. À ce moment-là, les Israélites sauront que le SEIGNEUR, leur Dieu, c'est moi. 29 Je donnerai mon esprit au peuple d'Israël et je ne me détournerai plus de lui. » Voilà ce que le Seigneur DIEU déclare.

DIEU FAIT VOIR UN TEMPLE NOUVEAU À ÉZÉKIEL
40–48

Le début de la vision

40 1 La vingt-cinquième année après la déportation, au début de l'année, le 10 du mois, 14 ans après la prise de Jérusalem[j], le même jour exactement, le SEIGNEUR m'a saisi avec puissance et il m'a emmené là-bas. 2 Pendant une *vision, Dieu m'a transporté en Israël. Il m'a laissé sur une montagne très haute. Sur son côté sud, il y a un groupe de bâtiments semblables à ceux d'une ville. 3 Il m'a conduit là-bas, et voici ce que j'ai vu : un homme qui ressemble à du bronze se trouve debout près d'une porte. Il tient à la main une corde en *lin et un roseau pour mesurer. 4 Il me dit : « Toi, l'homme, ouvre bien tes yeux et tes oreilles. Fais très attention à tout ce que je vais te faire voir. En effet, c'est pour regarder cela qu'on t'a conduit ici. Ensuite, tu raconteras aux Israélites tout ce que tu auras vu. »

La cour extérieure et ses portes

5 Voici ce que je vois : un mur extérieur entoure le temple de tous les côtés. L'homme tient à la main son roseau long de 6 mesures. Chaque mesure a un peu plus de 50 centimètres. Avec lui, il mesure le mur. Il a 6 mesures d'épaisseur et 6 mesures de haut. 6 Il va à la porte qui est à l'est du temple. Il monte les marches. Puis il prend la dimension de cet espace[k] : en tout 6 mesures de profondeur. 7 Chaque pièce des gardiens, située le long du passage central de la porte, est un carré de 6 mesures de côté. Les murs qui les séparent sont épais de 5 mesures. Une entrée de 6 mesures de long se trouve avant la salle située en face du temple. 8-9 L'homme prend

j **40.1** *En 573 avant J.-C.*

k **40.6** *Dans cette vision d'Ézékiel, les portes du temple comprennent un espace qui ouvre sur un passage central. De chaque côté de ce passage, il y a des pièces séparées par des murs.*

aussi la dimension de cette salle intérieure.
Elle a 8 mesures de profondeur, et ses murs
extérieurs ont 2 mesures d'épaisseur. À l'intérieur de la porte, c'est la salle la plus proche
du temple. 10 Les six pièces des gardiens de
la porte, située à l'est du temple, ont toutes
les mêmes dimensions. Il y en a trois de
chaque côté du passage central. Les murs
qui les séparent ont tous la même épaisseur.
11 L'homme mesure encore l'espace sur lequel
la porte peut s'ouvrir : il a 10 mesures de large.
Le passage central a en tout 13 mesures de
large. 12 Devant les pièces des gardiens, qui
sont des carrés de 6 mesures de côté, il y a
une barrière haute d'une demi-mesure. Elle
est située de chaque côté du passage.
13 L'homme mesure la distance entre le mur
du fond d'une de ces pièces et le mur de la
pièce située en face, de l'autre côté du passage : il y a 25 mesures. 14 Il prend aussi la dimension de la salle qui est entourée de tous
les côtés par la cour extérieure du temple.
Cette salle a 20 mesures de large. 15 Entre l'espace de la porte d'entrée, située dans le mur
extérieur, et l'espace de la porte d'entrée de
la cour intérieure, il y a 50 mesures. 16 Des fenêtres avec des grillages se trouvent tout autour des bâtiments, sur les murs des pièces
de l'entrée[l], et sur les murs qui séparent ces
pièces. Il y en a aussi sur les murs intérieurs
de la salle. Et ces murs sont décorés avec
des branches de palmier.

17 L'homme me conduit dans la cour extérieure du temple. Cette cour est recouverte
de plaques de pierre dure ou dalles. Elle est
entourée de 30 salles. 18 Les dalles couvrent
le sol autour des différentes portes. Le niveau des salles est plus bas que celui de
la cour intérieure. 19 L'homme mesure la
distance entre le mur de la porte d'entrée
du temple donnant sur la cour extérieure,
et le mur de la cour intérieure. Il trouve
100 mesures. Ceci pour le côté est. 20 Puis il
passe du côté nord. Il mesure la longueur
et la largeur de la porte nord qui conduit
à la cour extérieure. 21 Elle comprend un
passage central et trois pièces pour les gardiens de chaque côté du passage. Les murs
et la salle ont les mêmes dimensions que
ceux de la porte est. La porte nord a en
tout 50 mesures de long et 25 mesures de
large. 22 La salle, les fenêtres et les décorations faites avec des branches de palmier
ont les mêmes dimensions que celles des autres portes. Pour arriver à la porte nord, on
monte sept marches. La salle se trouve en
face de l'escalier. 23 En face de la porte
nord, il y a une porte qui ouvre sur la
cour intérieure. C'est la même chose que
du côté est. L'homme mesure la distance entre les deux portes : il y a 100 mesures.
24 Ensuite, il me conduit du côté sud, où il
y a aussi une porte. Il mesure les pièces
des gardiens, la salle et les murs. Ils ont
les mêmes dimensions que ceux des autres
portes. 25 Là aussi, il y a des fenêtres tout
autour de la porte et de la salle. Elles sont
comme celles de l'est et du nord. La porte
sud a en tout 50 mesures de long et 25 mesures de large. 26 Pour arriver à la porte sud,
on monte sept marches. La grande salle se
trouve en face de l'escalier. Les murs intérieurs sont décorés avec des branches de palmier, à droite et à gauche du passage
central. 27 En face de cette porte, il y a
une autre porte qui ouvre sur la cour intérieure. L'homme mesure la distance entre les
deux portes sud. Il y a 100 mesures.

La cour intérieure et ses portes

28 Ensuite, l'homme me conduit dans la
cour intérieure, par la porte sud. Il mesure
cette porte. Elle a les mêmes dimensions
que les portes du mur extérieur. 29 Les pièces
des gardiens, la salle et les murs de séparation
ont les mêmes dimensions que ceux des autres portes. Il y a des fenêtres tout autour de
la salle. La porte sud a en tout 50 mesures
de long et 25 mesures de large[m]. 30 Tout autour, il y a une salle de 25 mesures de long

l **40.16** *Ces pièces servent à surveiller les entrées du temple.*

m **40.29** *Pour la valeur d'une mesure, voir Ézékiel 40.5.*

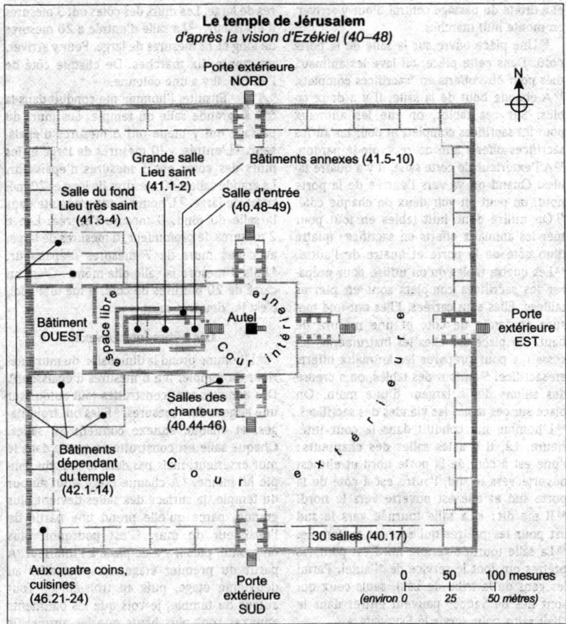

et de 5 mesures de large. 31 Cette salle donne
sur la cour extérieure. Les murs intérieurs
sont décorés avec des branches de palmier.
Pour y arriver, on monte huit marches.
32 Puis l'homme me fait passer par la porte
de l'est pour entrer dans la cour intérieure.
Il mesure la porte : elle a les mêmes dimensions que les autres portes. 33 Les pièces des
gardiens, la salle et les murs de séparation
ont les mêmes dimensions que ceux des autres portes. Il y a des fenêtres tout autour de
la porte et de la salle. La porte a en tout 50 mesures de long et 25 mesures de large. 34 La
salle donne sur la cour extérieure. Les murs
intérieurs sont décorés avec des branches de
palmier, à gauche et à droite du passage central. Pour y arriver, on monte huit marches.
35 Ensuite, l'homme me conduit à la porte
nord. Il la mesure. Cette porte a les mêmes dimensions que les autres. 36 Elle a aussi des salles pour les gardiens, des murs de séparation,
une salle avec des fenêtres tout autour. La
porte nord a en tout 50 mesures de long et
25 mesures de large. 37 La salle donne sur la
cour extérieure. Les murs intérieurs sont décorés avec des branches de palmier, à gauche

et à droite du passage central. Pour y arriver,
on monte huit marches.
38 Une pièce ouvre sur la salle de la porte
nord. Dans cette pièce, on lave les animaux
tués pour être offerts en *sacrifices complets.
39 À chaque bout de la salle, il y a deux tables. Sur ces tables, on tue les animaux
pour les sacrifices complets et pour les autres
sacrifices offerts afin de recevoir le pardon.
40 À l'extérieur de cette salle, il y a quatre tables. Quand on va vers l'entrée de la porte
nord, on peut en voir deux de chaque côté.
41 On utilise donc huit tables en tout pour
tuer les animaux offerts en sacrifice : quatre
d'un côté de la porte et quatre de l'autre.
42 Les quatre tables qu'on utilise pour préparer les sacrifices complets sont en pierres
taillées. Elles sont carrées. Elles ont une mesure et demie de côté et une mesure de
haut. On place sur elles les instruments nécessaires pour préparer les animaux offerts
en sacrifice. 43 Autour des tables, on a creusé
des sillons de la largeur d'une main. On
place sur ces tables les viandes des sacrifices.
44 L'homme me conduit dans la cour intérieure. Là, il y a les salles des chanteurs :
l'une est à côté de la porte nord et elle est
ouverte vers le sud, l'autre est à côté de la
porte sud et elle est ouverte vers le nord.
45 Il me dit : « La salle tournée vers le sud
est pour les prêtres qui servent au temple.
46 La salle tournée vers le nord est pour les
prêtres qui font le service de *l'autel. Parmi
les gens de la tribu de Lévi, seuls ceux qui
sont nés de Sadoc[n] peuvent entrer dans le
*lieu saint pour servir le SEIGNEUR. »

Le temple

47 L'homme mesure la cour intérieure. Elle
est carrée et a 100 mesures de côté[o]. *L'autel
se trouve devant le temple. 48 L'homme me
conduit dans la salle d'entrée du temple. Les
murs du passage qui y conduit ont chacun
5 mesures d'épaisseur, et l'entrée a 14 mesures de large. Les murs des côtés ont 3 mesures
d'épaisseur. 49 La salle d'entrée a 20 mesures
de long et 12 mesures de large. Pour y arriver,
on monte dix marches. De chaque côté de
l'entrée, il y a une colonne.

41 1 Ensuite, l'homme me conduit dans la
grande salle du temple. Les murs du
passage qui y mène ont 6 mesures d'épaisseur. 2 L'entrée a 10 mesures de large et les
murs des côtés ont 5 mesures d'épaisseur.
La grande salle a 40 mesures de long et 20 mesures de large. 3 L'homme entre ensuite dans
la salle du fond. Il mesure l'entrée. Elle a
2 mesures de profondeur, 6 mesures de large,
avec des murs de 7 mesures d'épaisseur.
4 Puis il mesure la salle elle-même. C'est un
carré de 20 mesures de côté. Il me dit : « Ici,
c'est le *lieu très saint. »

Les bâtiments annexes

5 L'homme prend la dimension du mur intérieur du temple. Il a 6 mesures d'épaisseur[p].
Des annexes sont construites tout autour sur
une largeur de 4 mesures. 6 Elles ont trois étages, et chaque annexe contient 30 salles.
Chaque salle est construite en partie dans le
mur extérieur, mais pas dans le mur du temple lui-même. 7 À chaque étage, tout autour
du temple, la surface des salles devient plus
grande, parce qu'elle prend une partie de
l'épaisseur du mur. C'est pourquoi, plus
on monte, plus il y a de place à l'intérieur. À
partir du premier étage, on peut aller au
deuxième étage, puis au troisième. 8 Tout
autour du temple, je vois que les bâtiments
annexes sont plus hauts que les autres. Ils
ont 6 mesures de plus. 9-10 Le mur extérieur
des annexes a 5 mesures d'épaisseur. Sur les
côtés, il y a des salles qui touchent le mur
extérieur du temple, et tout autour, il y a
encore des salles. Entre ces salles et les autres,
il y a un espace libre de 20 mesures, tout
autour du temple. 11 Les bâtiments annexes
ouvrent sur cet espace libre par deux portes :

n **40.46** *Sadoc : le prêtre choisi par Salomon dans la tribu de Lévi. Voir 1 Rois 2.35.*
o **40.47** *Pour la valeur d'une mesure, voir Ézékiel 40.5.*
p **41.5** *Pour la valeur d'une mesure, voir Ézékiel 40.5.*

une au nord et une au sud. Le mur qui entoure cet espace a 5 mesures d'épaisseur. 12 À l'ouest du temple, il y a un bâtiment en face de l'espace libre. Il a 90 mesures de long et 70 mesures de large. Ses murs ont 5 mesures d'épaisseur. 13 L'homme prend la dimension du temple. Il a 100 mesures de long. L'espace libre, le bâtiment situé à l'ouest et ses murs ont également 100 mesures de long en tout. 14 La partie du temple située à l'est et les espaces libres de chaque côté ont 100 mesures de large en tout. 15 L'homme mesure aussi la longueur du bâtiment situé derrière le temple. Avec les passages qui existent d'un côté et de l'autre, cela fait 100 mesures de long.

L'intérieur du temple

Les murs de l'entrée, de la grande salle et de la salle du fond sont recouverts de bois. 16 Les cadres des fenêtres, les couloirs situés tout autour sur trois étages, sont aussi recouverts de bois. Il y a du bois partout, depuis le sol jusqu'aux fenêtres, et même les fenêtres sont couvertes de lames de bois. 17 À l'extérieur du temple et à l'intérieur, depuis la porte d'entrée jusqu'à la salle du fond, tous les murs sont décorés. 18 Des sculptures représentent des *chérubins et des branches de palmier. Il y a toujours une branche de palmier entre deux chérubins. Chaque chérubin a deux visages : 19 un visage d'homme tourné vers une branche de palmier, un visage de lion tourné vers une autre branche. On trouve ces sculptures tout autour du temple. 20 Les chérubins et les branches de palmier sont sculptés sur les murs, depuis le sol jusqu'au-dessus des portes. 21 La porte de la grande salle a des montants carrés.

Devant le *lieu saint, on voit quelque chose qui ressemble à 22 un *autel en bois. Il a 3 mesures de haut et 2 mesures de large[q]. Il a des coins, un support et des côtés en bois. L'homme me dit : « C'est la table qui est placée devant le SEIGNEUR. »

23 Le temple et le lieu saint ont deux portes. L'une ouvre sur la grande salle, l'autre sur le *lieu très saint. 24 Ces portes ont deux battants. 25 Sur les portes de la grande salle, on a sculpté des chérubins et des branches de palmier, comme sur les murs. À l'extérieur, un bord en bois se trouve au-dessus de l'entrée. 26 Sur les murs de l'entrée, il y a des fenêtres avec des grillages et des décorations représentant des feuilles de palmier.

Les bâtiments dépendant du temple

42 1 Ensuite, l'homme me fait sortir dans la cour extérieure du côté nord. Il me conduit derrière le temple, vers des salles situées en face de l'espace libre et en face du bâtiment. 2 Cet ensemble a 100 mesures de long et 50 mesures de large. 3 D'un côté, il est situé en face de l'espace qui entoure le temple sur 20 mesures de large. De l'autre côté, il donne sur les dalles de la cour extérieure. Il comprend des couloirs sur trois étages. 4 Devant les salles, du côté de la cour intérieure, il y a une allée de 10 mesures de large et de 100 mesures de long. On entre dans ce bâtiment du côté nord. 5 Les salles du troisième étage sont plus petites que les salles des autres étages. En effet, les couloirs prennent davantage de place au troisième étage qu'au deuxième et au premier. 6 Les terrasses s'étendent l'une au-dessus de l'autre, sur trois étages. Elles ne sont pas soutenues par des colonnes, comme les autres bâtiments de la cour. Plus on monte, plus les salles sont petites. 7 Du côté de la cour extérieure, le mur qui est le long des salles a 50 mesures de long. 8 Les salles elles-mêmes ont 50 mesures de long. Mais les salles qui donnent sur le temple ont 100 mesures de long. 9 Sous ces salles, du côté est du bâtiment, il y a une entrée pour ceux qui viennent de la cour extérieure. 10 Cette entrée se trouve à l'endroit où le mur de la cour commence.

Du côté sud, il y a encore des salles situées en face de l'espace libre et du bâtiment qui sont derrière le temple. 11 Devant ces salles, il y a une allée. Elles sont aussi longues et aussi larges que les salles situées au nord. Leurs en-

q **41.22** *Pour la valeur d'une mesure, voir Ézékiel 40.5.*

trées, leurs sorties, leur organisation sont les mêmes. 12 Les portes de ces bâtiments situés au sud sont pareilles à celles du nord. Au début de l'allée, il y a une entrée face au mur qui protège le *lieu saint. On y arrive du côté est. 13 L'homme me dit : « Les salles du nord et du sud qui donnent sur la cour sont des salles réservées à Dieu. Là, les prêtres qui peuvent entrer dans le lieu saint mangent les offrandes très *saintes. C'est là qu'ils doivent mettre les offrandes très saintes : les dons et les animaux des différents *sacrifices offerts pour recevoir le pardon de Dieu, car ce lieu est saint. 14 De plus, les prêtres qui sont entrés dans le lieu saint ne peuvent pas aller directement dans la cour extérieure en sortant. Ils doivent laisser dans ces salles les vêtements sacrés qu'ils ont mis pour servir le SEIGNEUR. Ils mettent d'autres habits avant d'aller là où le peuple se réunit. »

Les mesures du mur extérieur

15 Quand l'homme a fini de mesurer les bâtiments intérieurs du temple, il me fait sortir par la porte située à l'est. Alors il se met à mesurer l'espace qui entoure le temple. 16 Avec le roseau à mesurer, il trouve 500 mesures de long pour le côté est[r]. 17-19 Il mesure aussi les côtés nord, sud et ouest avec le roseau. Il trouve partout la même longueur, c'est-à-dire 500 mesures. 20 Il mesure ainsi le mur qui entoure le temple sur ses quatre côtés. Le mur forme un carré de 500 mesures de côté. Il sert à séparer l'espace sacré et celui qui ne l'est pas.

Le Seigneur revient dans le temple de Jérusalem

43 1 L'homme me conduit vers la porte située à l'est du temple. 2 Alors je vois la *gloire du Dieu d'Israël. Elle arrive de l'est. Le bruit qu'elle fait ressemble au bruit de la mer, et elle éclaire la terre de sa lumière[s]. 3 Ce que je vois ressemble à ce que j'avais vu autrefois, quand le SEIGNEUR était venu détruire Jérusalem, et quand j'étais au bord du fleuve Kébar[t]. Alors je me mets à genoux, le front contre le sol. 4 La gloire du SEIGNEUR entre dans le temple par la porte qui est à l'est. 5 L'esprit de Dieu me soulève de terre et il me transporte dans la cour intérieure. Je vois que la gloire du SEIGNEUR remplit le temple. 6 J'entends une voix qui vient de l'intérieur du temple. Pendant ce temps, l'homme qui m'a conduit se tient près de moi. 7 Cette voix me dit : « Toi qui n'es qu'un homme, écoute ! Ici, c'est le lieu de mon siège royal, le sol où je pose les pieds. J'habiterai là parmi les Israélites, pour toujours. Le peuple d'Israël et ses rois ne mépriseront plus mon *saint nom : ils ne se *prostitueront plus et ils n'enterreront plus ici les corps de leurs rois morts. 8 Les rois ont placé les entrées de leur palais et les montants de leurs portes à côté des entrées et des montants de porte de mon temple. Il y a un seul mur de séparation entre mon temple et leur maison. Ils ont méprisé mon saint nom. En effet, ils ont commis des actions horribles. C'est pourquoi je les ai détruits dans ma *colère. 9 Maintenant, les Israélites vont arrêter de se prostituer. Ils éloigneront de moi les corps de leurs rois morts, et j'habiterai parmi eux pour toujours.

10 « Et toi, l'homme, décris le temple aux Israélites. Qu'ils aient honte à cause de leurs fautes et qu'ils étudient avec attention le plan de ce bâtiment ! 11 S'ils ont vraiment honte de ce qu'ils ont fait, montre-leur un plan du temple, la place des bâtiments, des entrées et des sorties, toute son organisation. Donne-leur par écrit et mets-leur sous les yeux les lois et les règles qu'ils doivent respecter dans ce lieu. Alors ils pourront les respec-

r **42.16** *Pour le roseau à mesurer et la mesure, voir Ézékiel 40.5.*

s **43.2** *Ézékiel avait vu la gloire du Dieu d'Israël s'éloigner vers l'est. Maintenant, il la voit revenir de l'est. Voir Ézékiel 10.19 et 11.23.*

t **43.3** *Pour détruire Jérusalem : voir Ézékiel 9.1.*
Quand j'étais... Kébar : voir Ézékiel 1.1-3 et la note.

ter et leur obéir. 12 Voici la règle principale au sujet du temple : tout l'espace qui l'entoure au sommet de la montagne doit être considéré comme très *saint. »

L'autel et les sacrifices

13 Voici les mesures de *l'autel. L'unité de mesure vaut un peu plus de 50 centimètres. L'autel est entouré d'un fossé qui a 1 mesure de profondeur et 1 mesure de large. Du côté extérieur, le bord du fossé a une demi-mesure de haut. Voici la hauteur de l'autel : 14 il a 2 mesures de haut depuis la base, à la surface du sol, jusqu'au premier support d'en bas. Chaque côté de ce support a 1 mesure de moins que la base. Au-dessus de ce premier support, il y en a un deuxième, haut de 4 mesures. Chaque côté de ce deuxième support a 1 mesure de moins que le premier. 15 Au-dessus du deuxième support, il y a le foyer. Celui-ci a 4 mesures de haut et ses quatre coins sont relevés. 16 Le foyer forme un carré de 12 mesures de côté. 17 Le deuxième support est aussi un carré de 14 mesures de côté. Du côté extérieur, son bord a une demi-mesure de haut, et tout autour, il y a un petit canal d'une mesure. Pour arriver à ce deuxième support, on monte des marches situées du côté est.

18 L'homme me dit : « Toi, l'homme, écoute ce que le Seigneur DIEU te commande : Le jour où l'autel sera construit pour offrir des *sacrifices complets et pour répandre le sang des animaux, voici les règles à suivre : 19 Tu donneras un taureau aux *prêtres-lévites, de la famille de Sadoc[u]. Ce sont les seuls qui ont le droit de s'approcher de moi pour me servir, je le déclare, moi, le Seigneur DIEU. On offrira ce taureau en sacrifice pour recevoir mon pardon. 20 Tu prendras de son sang. Puis tu en mettras sur les quatre *coins relevés de l'autel, sur les quatre coins du deuxième support, et sur le bord qui l'entoure. De cette façon, tu *purifieras l'autel et tu le *consacreras. 21 Ensuite, tu feras emporter le taureau offert en sacrifice, et on le brûlera dans un endroit réservé pour cela, en dehors du *lieu saint. 22 Le deuxième jour, tu prendras un bouc sans défaut. Tu l'offriras aussi en sacrifice pour recevoir le pardon. Tu purifieras l'autel, comme tu l'as fait avec le taureau. 23 Quand tu auras fini ce sacrifice, tu prendras dans le troupeau un taureau et un bélier sans défaut. 24 Tu me les présenteras à moi, le SEIGNEUR. Les prêtres jetteront du sel sur eux[v] et ils me les offriront en sacrifice complet. 25 Pendant sept jours, tu offriras chaque jour un bouc en sacrifice pour recevoir le pardon, avec un taureau et un bélier sans défaut, pris dans le troupeau. 26 Ainsi, pendant sept jours, on purifiera l'autel et on le consacrera pour le mettre en service. 27 Quand ces sept jours seront finis, le huitième jour et les jours suivants, les prêtres offriront sur l'autel les sacrifices complets et les sacrifices de communion pour le peuple. Alors je montrerai ma bonté envers vous. » Voilà ce que le Seigneur DIEU déclare.

La porte d'entrée située à l'est est réservée au prince

44 1 L'homme me ramène à la porte extérieure située à l'est du *lieu saint. Elle est fermée. 2 Le SEIGNEUR me dit : « Cette porte restera fermée, personne ne l'ouvrira. Personne n'y passera, parce que moi, le SEIGNEUR, Dieu d'Israël, je suis entré par là. Elle doit donc rester fermée. 3 Mais le prince pourra s'asseoir là pour prendre le repas sacré devant moi, parce qu'il est celui qui gouverne. Pour entrer à cet endroit et en sortir, il passera par la salle située près de la porte d'entrée. »

Les étrangers ne pourront pas entrer dans ce temple

4 Ensuite, l'homme me conduit par la porte du nord jusque devant le temple. Je regarde et je vois la *gloire du SEIGNEUR qui remplit le temple. Je tombe à genoux, le front contre le

u **43.19** *Sadoc : voir Ézékiel 40.46 et la note.*

v **43.24** *Le sel rend pur et, quelquefois, il est aussi le signe de l'alliance entre deux personnes. Voir Lévitique 2.13 ; Nombres 18.19.*

sol. 5 Le SEIGNEUR me dit : « Toi, l'homme, fais très attention. Ouvre bien tes yeux et tes oreilles. Écoute tout ce que je vais te dire au sujet des lois et des règles de mon temple. Fais surtout attention à celles qui concernent le droit d'entrer dans le *lieu saint et d'en sortir.

6 « Tu diras aux Israélites, à ces révoltés : Moi, le Seigneur DIEU, je vous le dis, j'en ai assez des actes horribles que vous avez commis, vous, les Israélites. 7 Au moment où vous me présentiez la part de nourriture qui me revenait, la graisse et le sang des *sacrifices, vous faisiez entrer dans mon lieu saint des étrangers non *circoncis et qui ne m'obéissent pas. De cette façon, vous avez traité mon temple avec mépris. Par tous vos actes horribles, vous avez brisé *l'alliance qui vous attache à moi. 8 Vous n'avez pas assuré vous-mêmes le service dans mon lieu saint, mais vous avez chargé ces étrangers de le faire à votre place. 9 Moi, le Seigneur DIEU, je le dis : aucun étranger non circoncis et qui ne m'obéit pas n'entrera plus dans mon lieu saint, même s'il vit parmi les Israélites. »

Règles pour les lévites

10 « Les *lévites se sont éloignés de moi au moment où le peuple d'Israël a pris un mauvais chemin et m'a abandonné pour suivre ses faux dieux. Eh bien, ils supporteront les conséquences de leurs fautes. 11 Dans mon *lieu saint, ils me serviront en gardant les portes du temple et en ayant diverses tâches. Ils pourront tuer les animaux offerts pour les *sacrifices complets et pour les autres sacrifices. Ils seront au service du peuple. 12 Ils ont été à son service quand il suivait les faux dieux et ils ont entraîné les Israélites dans le péché. C'est pourquoi voici ce que je déclare, moi, le Seigneur DIEU : Je vais agir contre eux, et ils supporteront les conséquences de leurs fautes. 13 Ils ne s'approcheront pas de moi pour être mes prêtres. Ils ne s'approcheront pas des objets qui me sont réservés ni du *lieu très saint. Ainsi, ils supporteront les conséquences des actes honteux et horribles qu'ils ont faits. 14 Je les chargerai seulement des tâches moins importantes au service du temple. Là, ils accompliront tout le travail qui doit se faire. »

Règles pour les prêtres

15 « Les *prêtres-lévites, nés de Sadoc[w], ont assuré le service de mon *lieu saint quand les Israélites s'éloignaient de moi, le SEIGNEUR. C'est pourquoi eux seuls pourront venir me servir. Ils pourront m'offrir la graisse et le sang des *sacrifices. Moi, le Seigneur DIEU, je le déclare. 16 Eux seuls entreront dans mon lieu saint, et ils s'approcheront de la table réservée à mon service[x]. Ils respecteront les règles de ce service. 17 Avant de passer par les portes de la cour intérieure, ils mettront des vêtements de *lin. Ils ne porteront pas d'habits en laine pendant qu'ils feront leur service dans la cour intérieure et dans le temple. 18 Ils porteront des turbans de lin sur la tête et un pagne de lin autour de la taille. Ils ne porteront pas de ceinture pour ne pas transpirer. 19 Quand ils retourneront dans la cour intérieure, là où le peuple se trouve, ils enlèveront les vêtements portés pendant leur service. Ils les laisseront dans les salles du lieu saint et ils mettront d'autres habits. De cette façon, le peuple ne touchera pas leurs vêtements sacrés[y].

20 « Les prêtres ne se raseront pas la tête. Ils ne laisseront pas non plus pousser leurs cheveux librement, mais ils les couperont avec soin. 21 Aucun prêtre ne boira de vin avant d'entrer dans la cour intérieure. 22 Un prêtre ne se mariera pas avec une femme veuve ou divorcée. Il prendra pour femme une jeune fille israélite, ou la veuve d'un autre prêtre.

23 « Les prêtres enseigneront à mon peuple à faire la différence entre ce qui est sacré et

---

w **44.15** *Sadoc : voir Ézékiel 40.46 et la note.*

x **44.16** *Cette table est sans doute celle sur laquelle on plaçait les pains offerts à Dieu.*

y **44.19** *Les Israélites croyaient qu'il était dangereux de toucher un objet sacré. Pour eux, une force s'en dégageait et elle pouvait détruire ceux qui n'avaient pas le droit de le toucher.*

ce qui ne l'est pas, entre ce qui est *pur et ce
qui est *impur. 24 Ils rendront la justice dans
les procès et ils jugeront en tenant compte
de mes lois. Ils respecteront aussi les règles
et les commandements que j'ai donnés pour
les fêtes religieuses. Ils devront me *consacrer le jour du *sabbat.

25 « Un prêtre ne doit pas s'approcher d'un
mort, sinon il sera impur. Mais il pourra s'approcher du corps de son père, de sa mère,
d'un de ses enfants, d'un de ses frères ou
d'une sœur non mariée. 26 Ensuite, il devra
se rendre pur, puis il attendra sept jours avant
de servir au temple. 27 Le jour où il entrera de
nouveau dans la cour intérieure du lieu saint,
il offrira un *sacrifice pour recevoir mon pardon. Moi, le Seigneur DIEU, je le déclare.
28 Les prêtres me serviront. Ils ne recevront
aucune propriété en Israël, car la part qui
leur revient, c'est moi. 29 Comme nourriture,
ils auront les offrandes et les animaux offerts
en sacrifice pour recevoir le pardon des péchés. Tout ce qui est mis à part pour moi en
Israël, ce sera pour eux. 30 Les prêtres recevront la première partie des récoltes et tout
ce qui est pris pour moi sur les richesses des
Israélites. Les gens leur donneront leur meilleure farine pour que je *bénisse leurs maisons. 31 Mais les prêtres ne mangeront pas
les oiseaux ni les autres animaux morts naturellement ou déchirés par une bête sauvage. »

Les terres réservées

45 1 « Quand vous diviserez le pays d'Israël entre les tribus, vous mettrez de
côté pour le SEIGNEUR une part de terre qui lui
sera *consacrée. Elle aura 25 000 mesures de
long et 20 000 mesures de large[z]. Toute la surface de cette terre sera considérée comme entièrement *sainte. 2 On gardera pour le temple
un terrain carré de 500 mesures de côté. Autour, il y aura un espace libre de 50 mesures
de large. 3 À l'intérieur de ce carré, on mesurera un espace de 25 000 mesures de long sur
10 000 mesures de large. Ce sera la place du
*lieu saint, le plus saint de tous. 4 Cette partie
du pays sera sainte. On la mettra à part pour
les prêtres qui sont au service du SEIGNEUR
dans le lieu saint. Leurs maisons seront construites sur cette terre, et ce sera un endroit réservé au lieu saint. 5 Une autre partie de 25 000
mesures de long sur 10 000 mesures de large
appartiendra aux *lévites qui sont au service
du temple. Là, ils posséderont des villes où ils
habiteront. 6 Le long de cette terre réservée
au SEIGNEUR, on mesurera encore une terre de
25 000 mesures de long sur 5 000 mesures de
large. Là, on construira une ville où chaque Israélite aura le droit d'habiter. 7 Pour le prince,
vous garderez un espace situé de chaque côté
de la terre réservée au SEIGNEUR et à la ville.
Cette terre s'étendra à l'ouest jusqu'à la mer
Méditerranée et à l'est jusqu'à la frontière est
d'Israël. 8 De cette façon, les princes auront
leur terre en Israël. Ils ne profiteront plus du
peuple du SEIGNEUR, ils laisseront le reste du
pays aux tribus d'Israël. »

Les droits et les devoirs du prince

9 Voici les paroles du Seigneur DIEU : « Princes d'Israël, cela suffit ! Mettez fin à la violence et au pillage ! Respectez les lois et la
justice, arrêtez de voler les biens de mon peuple ! Moi, le Seigneur DIEU, je vous le
commande.

10 « Ayez des balances justes, des mesures
justes. 11 La mesure pour les *céréales appelée
éfa, et la mesure pour les liquides appelée
bath, doivent être les mêmes. Chacune est la
dixième partie de l'unité de mesure, appelée
homer[a]. 12 La pièce d'argent vaudra 20 pièces
de monnaie, et 60 pièces de monnaie feront
une mine[b].

13 « Voici les parts que vous prendrez sur vos
récoltes : vous offrirez un soixantième de vos
récoltes de *blé ou *d'orge, 14 et un centième

---

z **45.1** *Pour la valeur d'une mesure, voir Ézékiel 40.5.*

a **45.11** *L'unité de mesure, appelée homer était de 450 litres, ce qui représente environ 300 kilos de céréales. L'éfa représente donc environ 30 kilos, et le bath 45 litres.*

b **45.12** *La mine était de 680 grammes environ.*

de votre huile. Vous mesurerez l'huile avec la mesure pour les liquides ou bath. C'est le dixième de l'unité de mesure ou homer, et le dixième d'un kor, qui est égal à l'homer. 15 Dans les pâturages d'Israël, vous prendrez un animal sur 200 moutons ou chèvres. Vous le donnerez pour les offrandes, pour les *sacrifices complets ou les sacrifices de communion. Alors vous recevrez le pardon de vos péchés. Moi, le Seigneur DIEU, je le déclare.

16 « Tous les habitants du pays devront apporter leurs parts au prince d'Israël. 17 En effet, le prince sera chargé de donner ce qu'il faut pour les sacrifices complets et les offrandes de farine et de vin pendant les fêtes : en particulier celle de la *nouvelle lune, les jours de *sabbat et toutes les cérémonies du peuple d'Israël. Le prince présentera les sacrifices pour les fautes, les offrandes, les sacrifices complets et les sacrifices de communion. Alors il recevra le pardon des péchés du peuple d'Israël. »

18 Le Seigneur DIEU dit encore : « Le premier mois, le premier jour du mois[c], vous offrirez un jeune taureau sans défaut pour *purifier le *lieu saint. 19 Le prêtre prendra du sang de cet animal et il en mettra sur les montants de la porte du temple, sur les quatre coins du support de *l'autel et sur les montants des portes de la cour intérieure. 20 Le 7 du mois, vous recommencerez pour celui qui a commis des fautes sans le vouloir ou sans le savoir. De cette façon, vous purifierez le temple.

21 « Le 14 de ce premier mois, vous commencerez la *fête de la Pâque. Cette fête durera 7 jours, pendant lesquels vous mangerez des pains sans *levain. 22 Le premier jour de la Pâque, le prince offrira un taureau en sacrifice, afin de recevoir le pardon pour lui et pour tout le peuple. 23 Pendant les 7 jours de la fête, il m'offrira chaque jour 7 taureaux et 7 béliers sans défaut en sacrifice complet. Chaque jour, il offrira aussi un bouc pour recevoir le pardon. 24 Enfin, il donnera 30 kilos de *blé et 6 litres d'huile pour chaque taureau et chaque bouc offerts.

25 « Pour la *fête des Huttes, qui commence le septième mois, le 15 du mois, le prince fera la même chose que pour la fête de la Pâque : chaque jour, pendant 7 jours, il offrira les mêmes sacrifices pour recevoir le pardon, les mêmes sacrifices complets et les mêmes offrandes de blé et d'huile. »

Règles spéciales pour le prince

46 1 Voici les paroles du Seigneur DIEU : « La porte de la cour intérieure située à l'est restera fermée pendant les six jours où on travaille. Mais elle sera ouverte le jour du *sabbat et à la fête de la *nouvelle lune. 2 Le prince viendra de la cour extérieure et il passera par la salle près de l'entrée. Il restera près du montant de la porte pendant que les prêtres offriront ses *sacrifices complets et ses sacrifices de communion. À l'entrée, il se mettra à genoux, le front contre le sol, puis il sortira. On ne fermera pas la porte avant le soir. 3 En effet, les jours de sabbat et de nouvelle lune, le peuple du pays viendra à cette porte pour m'adorer, moi, le SEIGNEUR.

4 « Le jour du sabbat, le prince me présentera 6 agneaux et un bélier sans défaut pour les offrir en sacrifice complet. 5 De plus, il offrira 30 kilos de *blé avec chaque bélier, et la quantité qu'il voudra avec les agneaux. Il ajoutera 6 litres d'huile pour 30 kilos de blé. 6 Les jours de nouvelle lune, il offrira 1 taureau, 6 agneaux et 1 bélier qui doivent être sans défaut. 7 Il offrira 30 kilos de blé avec chaque taureau et avec chaque bélier, et la quantité de blé qu'il pourra avec les agneaux. Il ajoutera 6 litres d'huile pour 30 kilos de blé. 8 Le prince entrera et sortira par le même chemin, en passant par la salle près de l'entrée. 9 Puis, quand le peuple du pays viendra m'adorer, moi, le SEIGNEUR, les jours de grande fête, ceux qui sont entrés par la porte nord sortiront par la porte sud. Ceux qui sont entrés par la porte sud sortiront par la porte nord. Personne ne sortira par la porte où il est entré, mais tous repartiront par la porte opposée. 10 Le prince

c **45.18** *C'est-à-dire en mars-avril.*

devra entrer et sortir en même temps que le
peuple. »

Règles pour les sacrifices

11 « Les jours de fête et pour les grandes cérémonies, l'offrande sera de 30 kilos de *blé
pour chaque taureau et pour chaque bélier.
Pour les agneaux, ce sera la quantité que le
prince voudra. On ajoutera 6 litres d'huile
pour 30 kilos de blé.
12 « Si le prince fait une offrande volontaire
au SEIGNEUR, un *sacrifice complet ou un sacrifice de communion, on doit lui ouvrir la porte
située à l'est du temple. Il offrira ses sacrifices
de la même façon que le jour du *sabbat. Dès
qu'il sera sorti, on fermera la porte.
13 « Chaque jour, on offrira au SEIGNEUR un
agneau d'un an sans défaut en sacrifice
complet. Cette offrande se fera tous les matins. 14 Chaque matin, on offrira aussi au SEI-
GNEUR 5 kilos de farine ainsi que 2 litres
d'huile pour mélanger à la farine. Les règles
de cette offrande de chaque jour sont valables
pour toujours. 15 Chaque matin, on offrira au
SEIGNEUR l'agneau, la farine et l'huile en sacrifice complet, et cela pour toujours. »

L'héritage des fils du prince

16 Voici les paroles du Seigneur DIEU : « Si le
prince donne une partie de ce qu'il possède à
l'un de ses fils, ce don passera dans l'héritage
du fils. Et cela appartiendra ensuite aux enfants de celui-ci. C'est une propriété reçue
par héritage. 17 Mais si le prince donne une
partie de ce qu'il possède à l'un de ses serviteurs, ce don appartiendra au serviteur jusqu'à l'année de la libération seulement[d].
Ensuite, ce don reviendra au prince. Ce sont
seulement les enfants du prince qui peuvent
hériter de ce qu'il possède. 18 Le prince n'a
pas le droit de prendre ce qui appartient à
quelqu'un du peuple en lui enlevant sa propriété. Mais ce qu'il donnera en héritage à
ses fils, il le prendra sur ce qu'il possède. Alors
dans le peuple, personne ne sera chassé de sa
propriété. »

Les cuisines du temple

19 Ensuite, l'homme me fait passer par l'entrée qui est à côté de la porte nord. Il m'emmène vers les salles du lieu saint réservées
aux prêtres. Il me montre un endroit, dans
le fond, à l'ouest. 20 Il me dit : « C'est là que
les prêtres feront bouillir la viande des animaux offerts en *sacrifice pour recevoir le pardon de Dieu. C'est là aussi qu'ils feront cuire
les offrandes. De cette façon, on ne portera
rien dans la cour extérieure, et le peuple ne
touchera pas ce qui est sacré[e]. »
21 Puis l'homme me conduit dans la cour extérieure et il me fait passer devant ses quatre
coins. À chaque coin, il y a une cour. 22 Ces
quatre cours sont petites et elles ont toutes
les mêmes dimensions : 40 mesures de long
et 30 mesures de large[f]. 23 Chaque cour est
entourée d'un mur de pierre. Le long du
mur, on a construit des fours. 24 L'homme
me dit : « Ce sont les cuisines. Là, les serviteurs du temple font bouillir la viande des animaux que le peuple offre en sacrifice. »

La source du temple

47 1 L'homme qui me conduit me fait revenir à l'entrée du temple. Je regarde :
de l'eau sort du sol, sous l'entrée, vers l'est.
En effet, le devant du temple est à l'est. L'eau
coule du côté sud du temple et passe au sud de
*l'autel. 2 L'homme me fait sortir par la porte
du nord. Puis il me fait faire le tour par l'extérieur, jusqu'à la porte de l'est. Là, l'eau coule
encore au sud de la porte. 3 L'homme s'éloigne vers l'est. Il tient une corde à la main
avec laquelle il compte 1000 mesures[g]. Il
me fait traverser l'eau. J'en ai jusqu'aux che-

d **46.17** *L'année de la libération : tous les 50 ans, les Israélites devaient rendre la liberté à leurs frères qui étaient devenus esclaves pour payer leurs dettes. Voir Lévitique 25.8-55.*

e **46.20** *Voir Ézékiel 44.19 et la note.*

f **46.22** *Pour la valeur d'une mesure, voir Ézékiel 40.5.*

g **47.3** *Pour la valeur d'une mesure, voir Ézékiel 40.5.*

villes. 4 Il compte encore 1 000 mesures et il me fait traverser l'eau. J'en ai jusqu'aux genoux. Il compte encore 1 000 mesures et il me fait traverser. J'en ai jusqu'aux reins. 5 Il compte encore 1 000 mesures : l'eau a monté. Elle forme maintenant un torrent, je ne peux pas passer. Il faudrait nager pour pouvoir le traverser. 6 Alors il me dit : « Toi, l'homme, est-ce que tu as vu ? » Il m'emmène un peu plus loin, puis il me ramène près du torrent. 7 Alors je vois beaucoup d'arbres sur chaque bord. 8 L'homme me dit : « Ce torrent coule vers l'est du pays, il descend dans la vallée du Jourdain et il se jette dans la mer Morte. Quand il arrive à la mer, il transforme son eau, qui devient bonne[h]. 9 Partout où l'eau du torrent arrivera, tous les êtres vivants pourront vivre et se reproduire. Il y aura beaucoup de poissons. En effet, cette eau transforme l'eau de la mer, et la vie apparaît partout où le torrent arrive. 10 À partir de maintenant, depuis En-Guédi jusqu'à En-Églaïm, il y aura des pêcheurs. Ils mettront leurs filets à sécher au bord de la mer. Là, on trouvera autant d'espèces de poissons que dans la mer Méditerranée. 11 Mais les autres étendues d'eau qui sont près de la mer resteront salées. Elles serviront de réserves de sel. 12 Sur chaque bord du torrent, toutes sortes d'arbres fruitiers pousseront. Leurs feuilles ne sècheront pas, et ces arbres donneront toujours des fruits. Chaque mois, ils produiront une nouvelle récolte, car l'eau qui les arrose vient du *lieu saint. On mangera leurs fruits et on utilisera leurs feuilles comme médicaments. »

Le Seigneur établit de nouvelles frontières pour le pays d'Israël

13 Voici les paroles du Seigneur DIEU : « Je vais vous indiquer les frontières du pays que vous partagerez entre les 12 tribus d'Israël. La tribu de Joseph recevra deux parts[i]. 14 Vous distribuerez le pays entre vous en parts égales. En effet, j'ai juré de le donner à vos ancêtres, il vous revient donc en héritage. 15 Au nord, la frontière partira de la mer Méditerranée. Elle suivra la route qui passe par Hetlon, Lebo-Hamath, Sedad. 16 Ensuite, elle traversera les villes de Berota et Sibraïm situées entre le royaume de Damas et le royaume de Hamath. Enfin, la frontière suivra la route de Hasser-Tikon, qui est près de la frontière de Hauran. 17 Cette frontière ira donc de la mer Méditerranée jusqu'à Hassar-Énan. Au nord, elle touchera les royaumes de Damas et de Hamath. Voilà pour le côté nord. 18 À l'est, la frontière partira d'un endroit situé entre Damas et Hauran. Elle suivra la vallée du Jourdain, entre la région de Galaad et le pays d'Israël, et elle ira jusqu'à Tamar, sur la mer Morte. Voilà pour le côté est. 19 Au sud, la frontière ira de Tamar à l'oasis de Meriba de Cadès. Elle descendra le long du torrent d'Égypte[j] jusqu'à la mer Méditerranée. Voilà pour le côté sud. 20 À l'ouest, la mer Méditerranée servira de frontière depuis le sud jusqu'à Lebo-Hamath au nord. Voilà pour le côté ouest. 21 Vous partagerez le pays entre les tribus d'Israël. 22 Vous le distribuerez entre vous en *tirant au sort. Vous le partagerez aussi avec les étrangers qui habiteront au milieu de vous et qui auront des enfants dans le pays. Vous devez les traiter comme des Israélites, comme des membres du peuple. Ils recevront une part de terre parmi les tribus d'Israël. 23 Chacun d'eux recevra sa part dans la tribu où il habitera. » Voilà ce que le Seigneur DIEU déclare.

Les parts des tribus du nord

48 1 « Voici les noms des tribus avec leurs parts. La part de Dan sera tout au nord, le long de la route qui passe par Hetlon, Lebo-

---

h 47.8 *La mer Morte est très salée. Aucun animal ne peut y vivre.*

i 47.13 *Jacob a adopté Éfraïm et Manassé, les fils de Joseph. Voir Genèse 48. Ils sont donc comptés parmi les tribus d'Israël avec les autres fils de Jacob. C'est pourquoi Joseph reçoit deux parts.*

j 47.19 *Le torrent d'Égypte : sans doute le torrent qui se jette dans la mer Méditerranée, à 80 kilomètres au sud de Gaza.*

Hamath et Hassar-Énan, près des royaumes de
Damas et de Hamath. Elle s'étendra de la frontière est jusqu'à la mer Méditerranée à
l'ouest. 2 Le long de la part de Dan, de l'est à
l'ouest, il y aura la part d'Asser. 3 Le long de
la part d'Asser, il y aura celle de Neftali. 4 Le
long de la part de Neftali, il y aura celle de Manassé. 5 Le long de la part de Manassé, il y aura
celle d'Éfraïm. 6 Le long de la part d'Éfraïm, il
y aura celle de Ruben. 7 Le long de la part de
Ruben, il y aura celle de Juda. »

La part du Seigneur

8 « Le long de la part de Juda, depuis la frontière est jusqu'à la mer Méditerranée à
l'ouest, une partie du pays restera libre. Elle
sera aussi longue que la part de chaque tribu.
Sa largeur sera de 25 000 mesures[k]. Au milieu, il y aura le *lieu saint. 9 La terre que
vous prendrez pour le SEIGNEUR sur cette partie du pays aura 25 000 mesures de long et
20 000 mesures de large. 10 Vous prendrez
une partie de cette terre pour les prêtres.
Elle aura 25 000 mesures de l'est à l'ouest et
10 000 mesures du nord au sud. Au centre,
il y aura le lieu saint du SEIGNEUR. 11 Cette région appartiendra aux prêtres *consacrés,
nés de Sadoc[l]. Ils ont assuré fidèlement le service du SEIGNEUR. Ils ne se sont pas éloignés de
Dieu comme les *lévites, quand les Israélites
s'éloignaient de lui. 12 C'est pourquoi ils recevront une part de la terre spécialement réservée au SEIGNEUR. Elle sera à côté de celle des
lévites. 13 La part des lévites sera comme celle
des prêtres. Toutes les deux auront 25 000
mesures de long et 10 000 mesures de large.
14 Personne ne pourra échanger de la terre,
en vendre ou en donner dans cette partie du
pays, la plus importante de toutes. En effet,
elle est réservée au SEIGNEUR. »

Les parts de la ville et du prince

15 « Sur cette partie réservée, il restera un
terrain de 5 000 mesures de large sur
25 000 mesures de long. Ce terrain ne sera
pas sacré. Il sera pour la ville, ses logements
et ses quartiers extérieurs. Au centre, il y
aura la ville. 16 Elle formera un carré de
4 500 mesures de côté. 17 Sur les quatre côtés
de la ville, il y aura un espace libre de 250
mesures de large. 18 Le long de la partie réservée au Seigneur, il restera un terrain à
l'est de la ville et un autre à l'ouest. Tous
les deux auront 10 000 mesures. Les récoltes
serviront à nourrir ceux qui travaillent pour
la ville. 19 Les travailleurs de la ville, qui viendront de toutes les tribus d'Israël, le cultiveront. 20 Les terres réservées au Seigneur et
celles possédées par la ville formeront un
carré de 25 000 mesures de côté. Le terrain
de la ville en occupera le quart. 21 Le reste
des terres sera pour le prince. Sa propriété
sera située de chaque côté des terres réservées pour le Seigneur et des terres possédées
par la ville. Elle s'étendra le long des autres
parts, sur une largeur de 25 000 mesures,
vers l'est jusqu'à la frontière et vers l'ouest
jusqu'à la mer Méditerranée. Les terres réservées au Seigneur et le lieu saint seront
donc au centre de cette région. 22 Les terres
des *lévites et les terres possédées par la ville
seront situées au milieu de la propriété du
prince. Les terres du prince se trouveront
entre la part de Juda au nord et la part de
Benjamin au sud. »

La part des tribus du sud

23 « Voici les parts des autres tribus : de la
frontière est jusqu'à la mer Méditerranée à
l'ouest, il y aura la part de Benjamin. 24 Le
long de la part de Benjamin, de l'est à l'ouest,
il y aura celle de Siméon. 25 Le long de la part
de Siméon, il y aura celle d'Issakar. 26 Le long
de la part d'Issakar, il y aura celle de Zabulon.
27 Le long de la part de Zabulon, il y aura celle
de Gad. 28 La frontière située au sud de la terre
de Gad sera la frontière du pays. Elle ira de Tamar, à l'est, jusqu'à l'oasis de Meriba de Cadès. Ensuite, elle ira le long du torrent
d'Égypte[m] jusqu'à la mer Méditerranée.

k **48.8** *Pour la valeur d'une mesure, voir Ézékiel 40.5.*

l **48.11** *Sadoc : voir Ézékiel 40.46 et la note.*

m **48.28** *Le torrent d'Égypte : voir Ézékiel 47.19 et la note.*

[29] Voilà le pays que vous partagerez entre les
tribus d'Israël en *tirant au sort. Il sera leur
propriété. Moi, le Seigneur DIEU, je le déclare. »

Les 12 portes de Jérusalem

[30-31] « Voici les 12 entrées de la ville de Jérusalem. Chacune portera le nom d'une tribu
d'Israël. Au nord, le mur aura 4 500 mesures
de long[n]. Il comprendra trois *portes : la porte
de Ruben, la porte de Juda et la porte de Lévi.
[32] À l'est, le mur aura aussi 4 500 mesures de
long. Il comprendra trois portes : la porte de
Joseph, la porte de Benjamin et la porte de
Dan. [33] Au sud, ce sera la même chose : le
mur aura 4 500 mesures de long. Il comprendra trois portes : la porte de Siméon, la porte
d'Issakar et la porte de Zabulon. [34] À l'ouest,
le mur aura la même longueur et comprendra
trois portes : la porte de Gad, la porte d'Asser
et la porte de Neftali. [35] Le mur qui entoure Jérusalem aura en tout 18 000 mesures.

« À partir de ce jour, le nom de la ville sera
"le SEIGNEUR-est-là". »

---

n **48.30-31** *Pour la valeur d'une mesure, voir Ézékiel 40.5.*

Daniel

INTRODUCTION

Le livre de Daniel est écrit pour une période difficile de l'histoire des Israélites. Pendant cette période, les membres du peuple de Dieu souffrent beaucoup à cause de leur foi. Certains ont même la tentation de l'abandonner. Dans cette situation, le livre de Daniel encourage les croyants à rester fidèles à Dieu en résistant au pouvoir de leurs ennemis.

La traduction grecque a ajouté trois longs passages qui ne se trouvent pas dans le texte hébreu (3.24-90 ; 13.1-63 et 14.1-42).

Dans sa forme hébraïque, le livre de Daniel est composé de deux parties :

- *La première partie (chapitres 1 à 6) raconte l'histoire de Daniel et de ses trois amis. Les quatre jeunes gens ont été déportés par Nabucodonosor, le roi de Babylone. Grâce à Daniel, qui explique les rêves du roi (chapitres 2 et 4), ils obtiennent des postes élevés au service de celui-ci. Mais ils supportent aussi de grandes souffrances qui permettent de voir la solidité de leur foi (chapitres 3 et 6). Cette première partie présente des Juifs qui remportent la victoire au milieu des épreuves.*
- *La deuxième partie (chapitres 7 à 12) raconte trois **visions** que Dieu a envoyées à Daniel. Elles sont présentées comme des visions qui font connaître l'avenir. Elles concernent les pouvoirs qui ont dominé l'un après l'autre le Proche-Orient. Elles se rapportent en particulier au pouvoir d'un roi qui s'attaque au culte rendu à Dieu. C'est ce qui s'est passé à l'époque d'Antiochus Épiphane (voir 8.9-14,23-25 ; 11.21-45), qui a été roi de 175 à 164 avant J.-C. Cette partie montre les Juifs écrasés par la violence des pouvoirs qui les dominent. La question est : jusqu'à quand ? Le livre de Daniel affirme que **Dieu jugera un jour les pouvoirs humains** et qu'il établira son royaume qui durera toujours (7.9-14).*

Ce livre a été écrit au 2e siècle avant J.-C., quand Antiochus Épiphane dominait la région où vivaient les Juifs. L'auteur raconte comment, quatre siècles auparavant, les Babyloniens ont fait souffrir les déportés. Cela ressemble à ce qui se passe au moment où l'auteur écrit. Celui-ci raconte des rêves et des visions annonçant ceci : différents pouvoirs vont se succéder, et un roi va détruire le culte de Dieu. Au 2e siècle, les croyants savent que ces choses se sont passées. En disant que Dieu l'avait annoncé d'avance, le livre les encourage à résister aux forces du mal et à rester fidèles à Dieu.

*Le livre de Daniel **fait connaître des réalités inconnues ou cachées**. Faire connaître ces réalités, ce n'est pas prédire l'avenir comme un devin. C'est permettre aux croyants de conserver leur espoir et leur foi. Le moment de la fin, c'est-à-dire le temps où Dieu établira son royaume, reste un secret qui appartient Dieu. Mais la période des souffrances et des épreuves est une période limitée. C'est ce que signifie la durée de trois ans et demi (voir 7.25 ; 8.14, etc.). En effet, trois et demi, la moitié de sept, exprime ce qui est incomplet. Les croyants peuvent donc être sûrs que leurs souffrances auront une fin, et que cette fin sera heureuse pour eux.*

Les suppléments grecs au livre de Daniel :

- *La prière d'Azaria et le chant des trois jeunes gens (3.24-90)*

Cette partie contient quatre textes indépendants les uns des autres :

- *Une prière pleine de tristesse (3.24-45) : elle concerne des moments très durs, pendant lesquels le roi grec Antiochus Épiphane a fait souffrir les Juifs à cause de leur foi.*
- *Un récit (3.46-51), qui raconte comment l'ange a protégé trois jeunes amis de Daniel. Il a en effet calmé le feu violent de la fournaise où ils ont été jetés. Pourtant, ce feu a brûlé les Babyloniens qui se trouvaient près de la fournaise.*
- *Un chant de louange adressé au Seigneur, « Dieu des ancêtres » (3.52-56).*
- *Un psaume (3.57-90) qui invite à remercier le Seigneur. Il invite à cela le ciel et tout ce qui s'y trouve (versets 57-63), certains éléments du monde créé (versets 64-67), puis la terre et tout ce qui s'y trouve (versets 74-87), et enfin tous les êtres humains (versets 88-90).*

Ces quatres textes changent la façon de comprendre les événements exprimée par le texte hébreu de Daniel. Celui-ci attire l'attention sur la richesse et la puissance de Nabucodonosor. Le texte grec de 3.24-90 fait ressortir ***la foi de ceux qui souffrent pour Dieu****, ainsi que* ***la toute-puissance de Dieu****. Au lieu d'insister sur les sentiments du roi, il s'intéresse à ceux qui sont fidèles à Dieu.*

- *Suzanne (13.1-63)*

Le but du récit est de montrer qu'avec l'aide de Dieu, une femme peut rester fidèle à son mari et remporter la victoire sur le mal. Il montre aussi la sagesse de Daniel. Les deux vieillards, « fils de Canaan » (13.56), représentent les non-Juifs et les Juifs qui ont abandonné leur foi au temps du roi grec Antiochus Épiphane. Ceux-ci voulaient persuader les Juifs fidèles d'abandonner leur foi, d'avoir une vie sexuelle immorale et de commettre l'adultère. En agissant ainsi, ils auraient brisé l'alliance établie avec eux par le Seigneur. Quand Suzanne dit : « Je préfère tomber entre vos mains sans rien faire de mal, plutôt que de pécher devant le Seigneur » (13.23), elle exprime la foi des Juifs qui préféraient ***mourir plutôt que de trahir leur foi****.*

- *Bel et le grand serpent (14.1-42)*

Ces deux récits sont une ***critique des faux dieux****, que les Juifs avaient l'habitude d'attaquer de cette manière au 2e siècle avant J.-C. Ces deux événements appartiennent à l'ensemble des histoires sur Daniel qui utilisent les problèmes de nourriture pour rendre ridicules les faux dieux et leurs prêtres.*

(Dans cette édition de la Bible, les suppléments grecs sont imprimés en italique.)

Daniel et ses amis entrent au service du roi de Babylone

1 [1] La troisième année où Yoaquim est roi de
Juda, Nabucodonosor, le roi de Babylone,
vient attaquer Jérusalem[a]. [2] Le Seigneur livre
Yoaquim, le roi de Juda, au pouvoir de Nabucodonosor et il le laisse prendre une partie des
ustensiles sacrés du temple de Dieu. Nabucodonosor emmène des prisonniers à Babylone
et il met les ustensiles dans le temple de ses
dieux, dans la salle du trésor.
[3] Ensuite, le roi donne cet ordre à Achepé-
naz, le chef du personnel : « Parmi les Israéli-

---

a 1.1 *Yoaquim a été roi de Juda de 609 à 598 avant J.-C.*
Nabucodonosor a été roi de Babylone de 605 à 562 avant J.-C.

tes, choisis quelques garçons de la famille du roi ou de familles nobles. 4 Ces jeunes gens ne doivent avoir aucun défaut physique. Ils doivent être beaux, remplis de sagesse, instruits et intelligents. Ainsi, ils pourront entrer à mon service dans mon palais. Ils apprendront l'écriture et la langue des Babyloniens. 5 Chaque jour, ils recevront la même nourriture et le même vin que moi. Leur instruction durera trois ans. Ensuite, ils entreront à mon service. »

6 Parmi les jeunes gens choisis, il y a Daniel, Hanania, Michaël et Azaria. Ils sont de la tribu de Juda. 7 Le chef du personnel leur donne de nouveaux noms. Daniel reçoit le nom de Beltassar, Hanania celui de Chadrac. Michaël reçoit le nom de Méchak, et Azaria reçoit celui d'Abed-Négo. 8 Daniel est bien décidé à ne pas devenir *impur en mangeant de la nourriture du roi et en buvant de son vin. Alors, il demande au chef du personnel de ne pas l'obliger à devenir impur. 9 Dieu permet que le chef du personnel accepte la demande de Daniel avec bonté et compréhension. 10 Mais il répond à Daniel : « C'est le roi lui-même qui a décidé ce que vous devez manger et boire, toi et tes amis. J'ai peur d'une chose : vous n'aurez peut-être pas aussi bonne mine que les autres jeunes gens de votre âge. Si le roi voit cela, je risque d'être tué à cause de vous. »

11 Le chef du personnel a demandé à un serviteur de s'occuper de Daniel, Hanania, Michaël et Azaria. Daniel dit à cet homme : 12 « S'il te plaît, fais un essai avec nous pendant dix jours. Donne-nous seulement des légumes à manger et de l'eau à boire. 13 Ensuite, tu pourras comparer notre mine à la mine des jeunes gens qui mangent comme le roi. À ce moment-là, tu agiras envers nous suivant ce que tu constateras. » 14 Le serviteur accepte cette demande et il fait un essai avec Daniel et ses amis pendant dix jours. 15 Au bout des dix jours, ceux-ci ont meilleure mine que tous les jeunes gens qui mangent comme le roi. Et ils se portent mieux qu'eux. 16 Alors le serviteur enlève de leur table la nourriture et le vin prévus pour eux. Il leur sert seulement des légumes. 17 Dieu rend ces quatre jeunes gens savants et intelligents en ce qui concerne la littérature et la sagesse. De plus, Daniel sait interpréter les *visions et les rêves.

18 Le roi Nabucodonosor a fixé une date pour qu'on lui présente les jeunes gens choisis. Ce jour-là, le chef du personnel les conduit devant lui. 19 Le roi parle avec eux tous, mais personne n'est comme Daniel, Hanania, Michaël et Azaria. Ils entrent donc au service du roi. 20 Le roi leur pose des questions sur des sujets qui demandent de la sagesse et de l'intelligence. Et il trouve leurs réponses dix fois meilleures que celles des devins et des magiciens de son royaume. 21 Daniel reste au service de Nabucodonosor jusqu'au moment où Cyrus devient roi de Babylone[b].

Aucun sage de Babylone ne peut expliquer le rêve de Nabucodonosor

2 1 Pendant la deuxième année où Nabucodonosor est roi, il fait un rêve. Son esprit est troublé et il ne dort plus. 2 Le roi commande d'appeler les magiciens, les devins, les sorciers et les voyants pour qu'ils lui disent ce qu'il a rêvé. Ils arrivent et se présentent devant le roi. 3 Celui-ci leur dit : « J'ai fait un rêve qui m'a beaucoup troublé. Dites-moi ce que j'ai rêvé. » 4 Les voyants répondent au roi en araméen[c] : « Longue vie à toi, notre roi ! Raconte-nous ton rêve, et nous te l'expliquerons. » 5 Le roi répond : « J'ai décidé ceci : si vous ne me dites pas ce que j'ai

---

b **1.21** *Cyrus, le roi de Perse, est devenu aussi roi de Babylone vers 539 avant J.-C.*

c **2.4** *L'araméen a commencé à être une langue parlée dans tout le Proche-Orient ancien à partir du 8e siècle avant J.-C. Daniel 2.4 à 7.28 est écrit en araméen. Le reste du livre est écrit en hébreu.*

rêvé et si vous ne m'expliquez pas ce rêve, je vous ferai couper en morceaux, et vos maisons deviendront des tas d'ordures. 6 Au contraire, si vous me racontez mon rêve et si vous me l'expliquez, je vous donnerai beaucoup de cadeaux et de grands honneurs. Racontez-moi donc mon rêve et dites-moi ce qu'il signifie. »

7 Les voyants disent encore une fois au roi : « Notre roi, raconte-nous ton rêve, et nous l'expliquerons. » 8 Mais le roi répond : « Vous voulez gagner du temps, je le vois bien. En effet, vous savez que ma décision est vraiment prise. 9 Si vous ne me racontez pas mon rêve, le jugement sera le même pour tous. Vous vous êtes mis d'accord pour me dire des paroles fausses et des mensonges. Vous attendez que la situation change. Or, je veux que vous me racontiez mon rêve. Ainsi, je saurai que vous pouvez l'expliquer. » 10 Les voyants répondent : « Notre roi, personne sur la terre n'est capable de donner la réponse que tu demandes. Et aucun roi, même grand et puissant, n'a jamais demandé une chose pareille à un devin, un magicien ou un voyant. 11 Ce que tu demandes est difficile, et personne ne peut te donner la réponse, sauf les dieux. Mais ils n'habitent pas parmi les humains. »

12 Alors le roi se met dans une violente colère et il commande de faire mourir tous les sages[d] de Babylone. 13 La décision du roi devient officielle, et les sages doivent être mis à mort. On cherche aussi Daniel et ses amis pour qu'ils soient tués.

Dieu fait connaître à Daniel le sens du rêve de Nabucodonosor

14-15 Ariok, le chef des gardes du roi, est en route pour tuer les sages de Babylone. Daniel lui parle avec sagesse et prudence. Il dit à Ariok, officier du roi : « Le roi a pris une décision très dure. Pourquoi donc ? » Ariok lui explique ce qui s'est passé. 16 Daniel va tout de suite trouver le roi. Il lui demande de lui laisser un peu de temps pour pouvoir lui expliquer son rêve.

17 Daniel rentre chez lui. Il raconte ce qui s'est passé à ses amis Hanania, Michaël et Azaria. 18 Il leur demande : « Priez le Dieu qui est au ciel pour que, dans sa bonté, il nous fasse connaître ce rêve mystérieux. Ainsi, nous ne mourrons pas avec les autres sages de Babylone. » 19 Alors pendant la nuit, une *vision fait connaître à Daniel le sens du rêve mystérieux. Et Daniel se met à chanter la louange du Dieu qui est au ciel.

20 Il dit :
« Chantons la louange de Dieu en tout temps !
La sagesse et la puissance sont à lui.
21 C'est lui qui transforme les temps et les événements,
c'est lui qui renverse les rois
et qui les établit.
Il donne la sagesse aux sages
et la connaissance à ceux qui sont capables de comprendre.
22 C'est lui qui fait connaître
les secrets les plus difficiles.
Il sait ce qui est caché dans la nuit,
et la lumière brille auprès de lui.

23 « Toi, le Dieu de mes ancêtres,
je te remercie et je chante ta louange.
Tu m'as donné la sagesse et la force.
Tu m'as fait connaître
ce que nous t'avons demandé.
Oui, tu nous as fait comprendre
ce qui inquiète le roi. »

24 Ensuite, Daniel va chez Ariok qui doit faire mourir les sages de Babylone, sur l'ordre du roi. Il entre et lui dit : « Ne fais pas mourir les sages de Babylone ! Conduis-moi devant le roi, et je lui expliquerai son rêve. »

25 Aussitôt, Ariok conduit Daniel auprès du roi et il lui dit : « Mon roi, parmi les exilés de Juda, j'ai trouvé un homme qui peut t'expliquer ton rêve. »

d **2.12** *« Les sages » désignent ici les devins, les magiciens, les sorciers et les voyants (voir le verset 2).*

Le rêve de Nabucodonosor : la statue aux pieds en terre

26 Le roi demande à Daniel, appelé aussi
Beltassar : « Est-ce que tu peux me raconter
le rêve que j'ai eu et me l'expliquer ? » 27 Daniel lui répond : « Mon roi, aucun sage, aucun
magicien, aucun devin, aucun de ceux qui lisent dans les étoiles n'est capable de raconter
le rêve mystérieux que tu demandes d'expliquer. 28 Mais dans le *ciel, il y a un Dieu qui
donne l'explication des mystères. Roi Nabucodonosor, c'est lui qui te fait connaître ce qui
arrivera plus tard. Voici ce que tu as vu en
rêve pendant que tu dormais : 29 Quand tu
t'es couché, mon roi, tu t'es mis à penser à
ce qui arrivera plus tard. Et celui qui donne
l'explication des mystères t'a fait connaître
cela. 30 J'ai reçu l'explication de ton rêve mystérieux. Pourtant je ne suis pas plus sage
qu'un autre. Mais il faut bien que quelqu'un
t'explique le sens de ton rêve et que tu
connaisses ainsi ce qui trouble ton esprit.
31 Mon roi, voici ce que tu as vu dans ton
rêve : Une statue était devant toi. Elle était immense, très brillante et elle faisait peur. 32 Sa
tête était en or fin, sa poitrine et ses bras en
argent, son ventre et ses cuisses en bronze.
33 Ses jambes étaient en fer, et ses pieds
étaient moitié en fer et moitié en terre cuite.
34 Tu étais en train de regarder la statue : tout à
coup, une pierre s'est détachée toute seule
d'une montagne. Elle est venue frapper les
pieds en fer et en terre cuite de la statue et
elle les a écrasés. 35 Alors elle a écrasé ensemble le fer, la terre cuite, le bronze, l'a[illegible] qui
et l'or. Ils sont devenus de la po[illegible]ole au mo-
s'est envolée comme la paill[illegible]vent les a empor-
ment où on bat les grains. [illegible] Et la pierre qui a
tés sans laisser de [illegible]est devenue une grande mon-
frappé la s[illegible]a rempli toute la terre.
[illegible] « Voilà ce que tu as vu en rêve, mon roi.
Maintenant, voici le sens de ce rêve : 37 Tu es
le plus grand de tous les rois. Le Dieu qui est
au ciel t'a donné le pouvoir royal, la puissance, la force et l'honneur. 38 Il a placé
sous ton autorité les êtres humains, les animaux et les oiseaux, partout où ils habitent.
Il t'a établi comme maître sur eux tous. La
tête en or, c'est toi ! 39 Un autre royaume
moins puissant que le tien viendra après
toi. Puis un troisième royaume, représenté
par le bronze, s'étendra sur toute la terre.
40 Un quatrième royaume, dur comme le
fer, viendra ensuite. Le fer casse tout, il
écrase tout et réduit tout en poussière. Eh
bien, ce royaume écrasera et brisera tous
les autres royaumes[e]. 41 Tu as vu les pieds
et les doigts de pieds de la statue : une partie
était en terre cuite et l'autre partie en fer.
Cela veut dire que ce royaume sera divisé.
Il aura en partie la force du fer, comme le
fer que tu as vu mélangé à la terre cuite.
42 Mais les doigts de pieds, moitié en fer et
moitié en terre cuite, signifient qu'une partie
de ce royaume sera forte et l'autre faible.
43 L'union du fer et de la terre cuite n'est
pas solide. De même, dans ce royaume divisé, des rois s'uniront par des mariages,
mais ces unions ne seront pas solides. 44 À
l'époque où ces rois auront le pouvoir, le
Dieu qui est au ciel établira un royaume
qui ne sera jamais détruit. Le pouvoir de ce
royaume ne passera jamais à un autre peuple. Il écrasera tous les autres royaumes et
les détruira. Mais lui, il durera toujours.
45 Tu as vu la pierre qui s'est détachée toute
seule de la montagne. Elle a écrasé le fer, le
[illegible]onze, la terre cuite, l'argent et l'or de la
statue. Eh bien, c'est elle qui représente ce
royaume. Le grand Dieu t'a fait connaître
ce qui arrivera plus tard. Ton rêve représente vraiment la réalité, et mon interprétation est digne de confiance. »

46 Alors le roi Nabucodonosor s'incline jusqu'à terre devant Daniel pour l'honorer. Il
commande de présenter à Daniel des offrandes et du parfum. 47 Puis le roi lui dit : « Oui,
votre Dieu est le plus grand de tous les dieux.

e **2.40** *Les différentes matières qui composent la statue représentent les royaumes des Babyloniens, des Mèdes, des Perses, des Grecs, et peut-être aussi celui des Romains.*

Il est le maître des rois. Il fait comprendre ce
qui est mystérieux, puisque tu as pu m'expliquer le mystère de mon rêve. »
48 Ensuite, le roi couvre Daniel d'honneurs.
Il lui offre beaucoup de cadeaux, des cadeaux
magnifiques. Il l'établit comme gouverneur de
toute la province de Babylone et comme chef
de tous les sages. 49 À la demande de Daniel, le
roi désigne Chadrac, Méchak et Abed-Négo
pour administrer la province de Babylone.
Daniel, lui, reste à la cour du roi.

Le roi donne l'ordre d'adorer une statue d'or

3 1 Le roi Nabucodonosor commande une
statue d'or, haute de trente mètres et
large de trois mètres. Il la fait dresser dans
la plaine de Doura, dans la province de Babylone. 2 Ensuite, il envoie des messagers pour
réunir les satrapes[f], les préfets, les gouverneurs, les conseillers, les trésoriers, les juges, les hommes de loi et tous les autres
chefs des provinces. Ces fonctionnaires importants doivent venir à une cérémonie en
l'honneur de la statue que le roi vient de
faire dresser. 3 Alors tous se rassemblent et
se placent devant la statue pour la cérémonie.
4 Le maître de cérémonie crie avec force :
« Gens de tous les peuples, de tous les pays,
et parlant toutes les langues, écoutez cet ordre : 5 Vous entendrez jouer de la trompette,
de la flûte, de la cithare, de la harpe et de toutes sortes *d'instruments de musique. Alors
vous vous inclinerez jusqu'à terre et vous adorerez la statue d'or que le roi Nabucodonosor
a fait dresser. 6 Si quelqu'un refuse de s'incliner devant elle et de l'adorer, il sera aussitôt
jeté dans la fournaise[g]. »
7 Ainsi, dès que les gens de tous les peuples,
de tous les pays et parlant toutes les langues
entendent jouer de la trompette, de la flûte,
de la cithare, de la harpe et de toutes sortes
d'instruments de musique, ils s'inclinent jusqu'à terre. Ils adorent la statue d'or que le
roi Nabucodonosor a fait dresser.

Les amis de Daniel refusent d'adorer la statue

8 Aussitôt après, certains Babyloniens viennent accuser les *Juifs. 9 Ils disent au roi Nabucodonosor : « Longue vie à toi, notre roi !
10 C'est toi-même, notre roi, qui as donné
cet ordre : "Chacun devra s'incliner pour
adorer la statue d'or dès qu'il entendra jouer
de la trompette, de la flûte, de la cithare, de
la harpe et de toutes sortes *d'instruments
de musique. 11 Si quelqu'un refuse de s'incliner et d'adorer la statue, il sera aussitôt jeté
dans la fournaise[h]." 12 Notre roi, tu as désigné les Juifs Chadrac, Méchak et Abed-
Négo pour administrer la province de Babylone. Eh bien, ces gens-là n'ont pas respecté
tes ordres. Ils ne servent pas tes dieux et ils
n'ont pas adoré la statue d'or que tu as fait
dresser. »
13 Alors Nabucodonosor est rempli d'une
violente colère. Il commande de lui amener
Chadrac, Méchak et Abed-Négo. On les
conduit tout de suite devant le roi. 14 Le roi
leur dit : « J'ai appris que vous refusez de servir mes dieux. Vous n'adorez pas la statue d'or
que j'ai fait dresser. Est-ce que c'est vrai ?
15 Vous allez entendre de nouveau le son de
la trompette, de la flûte, de la cithare, de la
harpe et de toutes sortes d'instruments de musique. Est-ce que vous êtes prêts à vous incliner à ce moment-là pour adorer la statue que
j'ai faite ? Si vous ne l'adorez pas, vous serez
jetés aussitôt dans la fournaise. Quel est le
[illegible] peut vous délivrer de mon pouvoir ? »
16 Chadrac, Méchak et Abed-Négo répondent
au roi Nabucodonosor : « Notre roi, il n'est
pas nécessaire de te répondre là-dessus. 17 Notre Dieu, celui que nous servons, est capable
de nous délivrer de cette fournaise [illegible]
pouvoir, et il nous délivrera, notre roi. 18 Et
même s'il ne le fait pas, tu dois savoir ceci,

---

f 3.2 *Les satrapes étaient les administrateurs des provinces du royaume babylonien.*

g 3.6 *La fournaise : il s'agit d'un feu très violent.*

h 3.11 *Voir Daniel 3.6 et la note.*

notre roi : nous ne servirons pas tes dieux et
nous n'adorerons pas la statue d'or que tu as
fait dresser. »
19 Nabucodonosor est très en colère, et son
visage devient dur envers Chadrac, Méchak
et Abed-Négo. Il commande de chauffer la
fournaise sept fois plus que d'habitude.
20 Ensuite, il donne cet ordre aux soldats
les plus forts de son armée : « Attachez Chadrac, Méchak et Abed-Négo ! Puis jetez-les
dans la fournaise ! » 21 Aussitôt après, les soldats attachent ces trois hommes avec leur
costume, leurs chaussures, leurs chapeaux
et tous leurs vêtements, et ils les jettent
dans la fournaise. 22 Pour obéir à l'ordre sévère du roi, on a chauffé la fournaise le
plus possible. Alors les flammes brûlent
complètement les soldats qui sont venus jeter Chadrac, Méchak et Abed-Négo dans le
feu. 23 Et Chadrac, Méchak et Abed-Négo
tombent tout attachés au milieu de la fournaise.

La prière d'Azaria

24 *Les trois hommes, Hanania, Azaria et Mi-*
chaël[i], *marchent au milieu du feu. Ils chan-*
tent la louange du Seigneur Dieu. 25 *Ensuite*
Azaria, debout, au milieu du feu, fait cette
prière :

26 *Sois remercié et reçois notre louange,*
Seigneur, Dieu de nos ancêtres !
Gloire à ton nom pour toujours !
27 *Tout ce que tu as fait pour nous est juste.*
Toutes tes actions sont vraies,
tes chemins sont droits
et tu juges toujours avec vérité.

28 *Oui, tu es vraiment juste.*
Tu as porté un jugement juste
quand tu nous a envoyé tous ces malheurs,
à nous et à Jérusalem,
*la ville *sainte de nos ancêtres.*
Tu nous as traités avec vérité et justice
à cause de nos péchés.
29 *En effet, nous avons péché,*
nous avons fait le mal
en nous éloignant de toi,
nous avons beaucoup péché.
Nous n'avons pas écouté tes commandements,
30 *nous ne les avons pas respectés,*
nous ne les avons pas suivis.
Pourtant,
tu nous les avais donnés pour notre bonheur.
31 *Oui, le malheur que tu nous as envoyé,*
tout ce que tu nous as fait est juste.
C'est un malheur vraiment mérité.
32 *Tu nous as livrés*
au pouvoir de nos ennemis,
ces gens mauvais et détestables
qui se révoltent contre toi.
Tu nous as soumis
au pouvoir d'un roi injuste,
le plus mauvais de toute la terre[j].
33 *C'est pourquoi, maintenant,*
nous, tes serviteurs qui t'adorons,
nous ne pouvons même plus ouvrir la bouche,
nous sommes tout couverts de honte.
34 *Pour la *gloire de ton nom,*
ne nous abandonne pas pour toujours !
*Ne détruis pas *l'alliance*
que tu as établie avec nous.
35 *À cause d'Abraham ton ami,*
d'Isaac et de Jacob, tes fidèles serviteurs,
ne nous retire pas ta tendresse.
36 *Tu leur avais fait cette promesse :*
vos enfants et les enfants de leurs enfants
seront aussi nombreux
que les étoiles du ciel
et que les grains de sable au bord de la mer.
37 *Seigneur, nous sommes devenus*
le peuple le plus petit du monde.
Aujourd'hui, sur toute la terre,
nous ne sommes plus rien du tout
à cause de nos péchés.
38 *De nos jours, il n'y a plus de chef,*

---

i **3.24** *Voir Daniel 1.7 ; 3.88.*

j **3.32** *Ce roi injuste est Nabucodonosor, roi de Babylone. C'est aussi Antiochus Épiphane, qui a beaucoup fait souffrir les Juifs. Voir Daniel 7.25 et la note.*

plus de prophète ni de roi.
Nous ne pouvons plus
offrir de *sacrifices complets,
ni présenter des offrandes
de farine ou *d'encens.
Nous n'avons plus de lieu sacré
pour te présenter les premiers produits
de nos récoltes et recevoir ton pardon.
39 Pourtant, Seigneur, accueille-nous
à cause de notre orgueil brisé,
de notre cœur déchiré.

Reçois-nous comme si nous te présentions
en sacrifices complets des béliers,
des taureaux et des milliers d'agneaux gras.
40 Le profond regret de nos fautes,
voilà le sacrifice
que nous t'offrons aujourd'hui.
Donne-nous de te suivre jusqu'au bout.
En effet, il n'y a pas de honte
pour ceux qui mettent leur confiance en toi.

41 Et maintenant,
nous te suivons de tout notre cœur,
nous te respectons
et nous cherchons ta présence.
42 Ne nous laisse pas dans la honte,
mais agis envers nous avec bonté,
selon ton immense amour.
43 Délivre-nous par des actions merveilleuses
et donne de la *gloire à ton nom, Seigneur.
44 Tous ceux qui font du mal à tes serviteurs,
qu'ils soient couverts de honte !
Qu'ils perdent leur honneur
et qu'ils n'aient plus aucun pouvoir !
Que leur force soit détruite !
45 Apprends-leur
que tu es l'unique Dieu et Seigneur,
plein de gloire sur toute la terre !

Le chant des trois amis de Daniel

46 Les serviteurs du roi ont donc jeté les
trois jeunes gens dans le feu. Sans cesse ils
mettent dans ce feu du bois et plusieurs autres choses pour qu'il brûle bien. 47 Les flammes sont immenses[k]. 48 Elles se répandent
tout autour et brûlent les Babyloniens qui se
trouvent près de cet endroit. 49 Mais *l'ange
du Seigneur descend au milieu du feu auprès
d'Azaria et de ses compagnons. Il repousse
les flammes vers l'extérieur, 50 et le feu devient aussi frais qu'un vent léger chargé de
gouttes d'eau. Il ne les touche pas du tout, il
ne leur fait aucun mal.

51 Alors au milieu des flammes, les trois jeunes gens se mettent à chanter d'une seule
voix pour rendre *gloire à Dieu et lui dire
merci :
52 Sois remercié, Seigneur,
Dieu de nos ancêtres.
À toi, toute louange
et toute gloire pour toujours !
Sois remercié, Seigneur,
pour ton nom glorieux et *saint.
À toi, toute louange
et toute gloire pour toujours !
53 Sois remercié
dans ton temple saint rempli de gloire.
À toi, tout honneur
et toute gloire pour toujours !
54 Sois remercié,
toi qui es assis au-dessus des *chérubins[l]
et qui vois jusqu'au fond des mers.
À toi, toute louange
et toute gloire pour toujours !
55 Sois remercié,
toi qui es assis sur ton siège de roi.
À toi, tout honneur
et toute gloire pour toujours !
56 Sois remercié, maître du ciel.
À toi, tout honneur
et toute gloire pour toujours !

57 Toutes les créatures du Seigneur,
remerciez le Seigneur.
À lui, tout honneur
et toute gloire pour toujours !

---

k **3.47** *Le texte dit : « Les flammes montent jusqu'à 49 coudées. » Cette mesure s'obtient en multipliant 7 x 7. Le nombre indique quelque chose d'infiniment grand.*

l **3.54** *Voir Exode 25.18-22.*

58 *Vous, les cieux,*
remerciez le Seigneur.
À lui, tout honneur
et toute gloire pour toujours !
59 **Anges du Seigneur,*
remerciez le Seigneur.
À lui, tout honneur
et toute gloire pour toujours !
60 *Toutes les eaux au-dessus du ciel*[m]*,*
remerciez le Seigneur.
À lui, tout honneur
et toute gloire pour toujours !
61 *Toutes les puissances du ciel*[n]*,*
remerciez le Seigneur.
À lui, tout honneur
et toute gloire pour toujours !
62 *Vous, soleil et lune,*
remerciez le Seigneur.
À lui, tout honneur
et toute gloire pour toujours !
63 *Vous, étoiles du ciel,*
remerciez le Seigneur.
À lui, tout honneur
et toute gloire pour toujours !
64 *Vous, pluies et gouttes d'eau,*
remerciez le Seigneur.
À lui, tout honneur
et toute gloire pour toujours !
65 *Vous, les vents, remerciez le Seigneur.*
À lui, tout honneur
et toute gloire pour toujours !
66 *Vous, feu et chaleur,*
remerciez le Seigneur.
À lui, tout honneur
et toute gloire pour toujours !
67 *Vous, froid et chaleur,*
remerciez le Seigneur.
À lui, tout honneur
et toute gloire pour toujours !
68 *Vous, gouttes d'eau et petites pluies,*
remerciez le Seigneur.
À lui, tout honneur
et toute gloire pour toujours !
69 *Vous, les nuits et les jours,*
remerciez le Seigneur.
À lui, tout honneur
et toute gloire pour toujours !
70 *Vous, la lumière et l'obscurité,*
remerciez le Seigneur.
À lui, tout honneur
et toute gloire pour toujours !
71 *Vous, le gel et le froid,*
remerciez le Seigneur.
À lui, tout honneur
et toute gloire pour toujours !
72 *Vous, la glace et la neige,*
remerciez le Seigneur.
À lui, tout honneur
et toute gloire pour toujours !
73 *Vous, éclairs et nuages,*
remerciez le Seigneur.
À lui, tout honneur
et toute gloire pour toujours !
74 *Que la terre remercie le Seigneur.*
À lui, tout honneur
et toute gloire pour toujours !
75 *Vous, montagnes et collines,*
remerciez le Seigneur.
À lui, tout honneur
et toute gloire pour toujours !
76 *Toutes les plantes de la terre,*
remerciez le Seigneur.
À lui, tout honneur
et toute gloire pour toujours !
77 *Et vous, mers et rivières,*
remerciez le Seigneur.
À lui, tout honneur
et toute gloire pour toujours !
78 *Vous, les sources,*
remerciez le Seigneur.
À lui, tout honneur
et toute gloire pour toujours !
79 *Vous, gros poissons,*
et vous, toutes les bêtes qui nagez dans l'eau,
remerciez le Seigneur.
À lui, tout honneur
et toute gloire pour toujours !

---

m 3.60 *Voir Genèse 1.6-7.*

n 3.61 *Les puissances du ciel sont les nombreux êtres du ciel qui sont au service du Seigneur. Voir Psaume 103.21.*

80 *Vous, tous les oiseaux du ciel,*
remerciez le Seigneur.
À lui, tout honneur
et toute gloire pour toujours !
81 *Vous, animaux sauvages et troupeaux,*
remerciez le Seigneur.
À lui, tout honneur
et toute gloire pour toujours !
82 *Vous, les êtres humains,*
remerciez le Seigneur.
À lui, tout honneur
et toute gloire pour toujours !
83 *Peuple d'Israël, remercie le Seigneur.*
À lui, tout honneur
et toute gloire pour toujours !
84 *Vous, les prêtres, remerciez le Seigneur.*
À lui, tout honneur
et toute gloire pour toujours !
85 *Serviteurs du Seigneur,*
remerciez le Seigneur.
À lui, tout honneur
et toute gloire pour toujours !
86 *Vous qui êtes fidèles au Seigneur*
de tout votre être,
remerciez le Seigneur.
À lui, tout honneur
et toute gloire pour toujours !
87 *Vous, les petits*
qui aimez le Seigneur,
remerciez le Seigneur.
À lui, tout honneur
et toute gloire pour toujours !
88 *Hanania, Azaria et Michaël,*
remerciez le Seigneur !
À lui, tout honneur
et toute gloire pour toujours !
Il nous a délivrés du monde des morts,
il nous a sauvés du pouvoir de la mort,
il nous a arrachés aux flammes
d'un feu terrible !
89 *Chantez la louange du Seigneur,*
car il est bon,
et son amour est pour toujours[o] !
90 *Vous tous qui adorez le Seigneur,*
le plus grand de tous les dieux,
remerciez-le.
Chantez-le, chantez sa louange.
Oui, son amour est pour toujours !

Dieu sauve du feu les amis de Daniel

91(24) Soudain, le roi Nabucodonosor se lève.
Il est très étonné et il demande à ses ministres : « Est-ce que nous n'avons pas jeté dans
la fournaise[p] trois hommes attachés ? » Les ministres répondent : « Mais si, notre roi. »
92(25) Le roi leur dit : « Pourtant, je vois quatre
hommes non attachés qui marchent au milieu
du feu. Ils n'ont aucune blessure, et le
quatrième ressemble à un être du *ciel. »
93(26) Nabucodonosor s'approche de l'ouverture de la fournaise. Il crie : « Chadrac, Méchak et Abed-Négo, serviteurs du Dieu très-
haut, sortez et venez ! » Ils sortent tous les
trois du milieu du feu. 94(27) Les satrapes[q], les
préfets, les gouverneurs et les ministres du
roi se réunissent pour regarder attentivement
les trois jeunes gens. Le feu n'a pas touché
leurs corps, leurs cheveux n'ont pas brûlé,
leurs vêtements ne sont pas abîmés, et ils ne
sentent pas l'odeur du feu. 95(28) Alors le roi
se met à dire : « Remercions le Dieu de Chadrac, de Méchak et d'Abed-Négo ! Ses serviteurs ont eu confiance en lui et ils ont
désobéi à mes ordres. Ils ont préféré livrer
leur corps au feu plutôt que de servir et
d'adorer un autre dieu que leur Dieu. C'est
pourquoi ce Dieu a envoyé son *ange pour
sauver ses serviteurs. 96(29) Je donne un ordre
qui concerne les gens de tous les peuples, de
tous les pays et parlant toutes les langues. Le
voici : si quelqu'un dit du mal du Dieu de Chadrac, de Méchak et d'Abed-Négo, on le coupera en morceaux, et sa maison deviendra
un tas d'ordures. En effet, aucun autre dieu
ne peut sauver de cette façon. » 97(30) Ensuite,
le roi donne des places d'honneur à Chadrac,
Méchak et Abed-Négo, dans la province de
Babylone.

---

o **3.89** *Ce refrain revient plusieurs fois dans les Psaumes. Voir, par exemple, Psaumes 106.1 ; 136.2.*

p **3.91** *Voir Daniel 3.6 et la note.*

q **3.94** *Satrapes : voir Daniel 3.2 et la note.*

Le deuxième rêve de Nabucodonosor : le grand arbre

98(31) Le roi Nabucodonosor envoie ce message aux gens de tous les peuples, de tous
les pays et parlant toutes les langues, qui habitent dans le monde entier : « Je vous souhaite
une grande paix ! 99(32) Il m'a semblé bon d'annoncer les actions extraordinaires et étonnantes que le Dieu très-haut a accomplies pour
moi.

100(33) Oui, ses actions sont grandes,
elles sont très puissantes.
Ce Dieu sera roi pour toujours,
son pouvoir royal durera de génération en génération.

4 1 « Moi, Nabucodonosor, je vivais heureux et en paix dans le palais où j'habite.
2 Une nuit où j'étais couché sur mon lit, j'ai
eu un rêve qui m'a effrayé. En effet, ce que
j'ai vu m'a fait très peur. 3 Alors j'ai donné
l'ordre de réunir auprès de moi tous les sages de Babylone[r] pour qu'ils m'expliquent
ce rêve. 4 Quand les devins, les magiciens,
les voyants et ceux qui lisent dans les étoiles
sont arrivés, je leur ai raconté mon rêve,
mais ils n'ont pas pu l'expliquer. 5 Ensuite,
Daniel est arrivé chez moi. Cet homme a
reçu le nom de Beltassar, formé sur le nom
de mon dieu[s]. Il a en lui l'esprit des dieux
saints. Je lui ai raconté mon rêve et je lui
ai dit : 6 Beltassar, chef des devins, je sais
que l'esprit des dieux saints habite en toi.
Aucun mystère ne te dépasse. Explique-moi
donc mon rêve. 7 J'étais couché sur mon lit,
voici ce que j'ai vu :

Au centre de la terre,
il y a un arbre très élevé.
8 L'arbre grandit et devient puissant.
Il touche le ciel,
et jusqu'au bout du monde
les gens peuvent le voir.
9 Ses feuilles sont belles.
Il porte beaucoup de fruits.
Il peut donner de la nourriture à tous.
Les bêtes des champs
s'abritent sous son ombre,
les oiseaux
font leurs nids dans ses branches.
Chaque être vivant tire sa nourriture de lui.

10 « Toujours couché sur mon lit, je vois un
*ange de Dieu, gardien du monde, descendre
du ciel. 11 Il crie avec force :

Abattez cet arbre, coupez ses branches,
arrachez ses feuilles, jetez ses fruits.
Que les bêtes fuient son ombre,
et les oiseaux ses branches.
12 Mais laissez dans la terre
le bas du tronc avec les racines,
au milieu de l'herbe des champs.
Entourez-le d'une chaîne de fer et de bronze.
Que les gouttes de rosée le couvrent,
qu'il mange de l'herbe comme les animaux.
13 Que son cœur change
pour qu'il ne soit plus une personne humaine.
Qu'il devienne comme un animal.
Ensuite, qu'il reste ainsi pendant sept ans.

14 Les anges de Dieu, gardiens du monde, font
connaître cette décision. Ainsi, tous les êtres
vivants apprennent que le Dieu très-haut est
le maître des royaumes humains. Il donne le
pouvoir royal à qui il veut et il peut même le
donner au plus simple des hommes.

15 « Voilà le rêve que j'ai fait, moi, le roi
Nabucodonosor. Toi, Beltassar, explique-moi
ce rêve. Aucun sage de mon royaume n'a pu
me faire connaître ce qu'il veut dire. Mais
toi, tu le peux, puisque l'esprit des dieux
saints habite en toi. »

Daniel explique le rêve de Nabucodonosor

16 Pendant un moment, Daniel, appelé aussi
Beltassar, a très peur, et ses pensées sont trou-
blées. Le roi lui dit : « Beltassar, ne te laisse
pas troubler par ce rêve et par ce qu'il veut
dire. » Beltassar répond : « Maître, j'aimerais
vraiment que ce rêve soit pour ceux qui te dé-

r **4.3** *Voir Daniel 2.12 et la note.*
s **4.5** *Il s'agit de Bel, le dieu principal des Babyloniens.*

testent, que son explication concerne tes ennemis ! 17 Tu as vu un arbre qui a grandi et qui est devenu puissant. Il touchait le *ciel, et les gens du monde entier pouvaient le voir. 18 Ses feuilles étaient belles. Il portait beaucoup de fruits. Il pouvait donner de la nourriture à tous. Les bêtes des champs s'abritaient sous son ombre et les oiseaux faisaient leurs nids dans ses branches. 19 Eh bien, mon roi, cet arbre, c'est toi ! Tu es devenu grand et puissant. Ta grandeur a atteint le ciel, et ton pouvoir royal s'est étendu jusqu'au bout du monde. 20 Ensuite, tu as vu un *ange de Dieu, gardien du monde, descendre du ciel. Il a dit : “Abattez l'arbre et détruisez-le. Mais laissez dans la terre le bas du tronc avec les racines, au milieu de l'herbe des champs. Entourez-le d'une chaîne de fer et de bronze. Que les gouttes de rosée le couvrent, et qu'il partage le sort des animaux pendant sept ans.” 21 Mon roi, le Dieu très-haut a pris une décision à ton sujet, la voici : 22 Tu vas être chassé du milieu des humains. Tu vivras parmi les bêtes sauvages. Tu mangeras de l'herbe comme les bœufs. Tu seras couvert de gouttes de rosée. Cela durera sept ans. Au bout de ce temps, tu reconnaîtras ceci : le Dieu très-haut est le maître des royaumes humains et il donne le pouvoir royal à qui il veut. 23 Voici ce que signifie l'ordre de laisser le bas du tronc de l'arbre et les racines : tu retrouveras ton pouvoir royal quand tu auras compris que le Dieu qui est au ciel est le maître de tout. 24 C'est pourquoi, je te prie, mon roi, d'accepter mon conseil : abandonne tes péchés en agissant de manière juste. Aie pitié des pauvres et répare ainsi le mal que tu as commis. De cette façon, tu continueras peut-être à être heureux. »

Ce que Daniel a annoncé au roi se réalise

25 Tout ce que Daniel a annoncé au roi arrive. 26 En effet, un an plus tard, le roi se promène sur le toit en terrasse du palais de Babylone. 27 Il dit : « Cette ville est bien la grande Babylone que j'ai bâtie pour en faire ma ville royale. Je l'ai construite grâce à mon immense pouvoir et pour faire honneur à ma grandeur. » 28 Le roi n'a pas encore fini de parler qu'une voix vient du ciel et dit : « Roi Nabucodonosor, écoute ce message : le pouvoir royal t'est enlevé ! 29 Tu vas être chassé du milieu des humains. Tu vivras parmi les bêtes sauvages et tu mangeras de l'herbe comme les bœufs. Cela durera sept ans. Au bout de ce temps, tu reconnaîtras ceci : le Dieu très-haut est le maître des royaumes humains et il donne le pouvoir royal à qui il veut. »

30 Cette parole se réalise aussitôt : Nabucodonosor est chassé du milieu des humains, il mange de l'herbe comme les bœufs, son corps est couvert de gouttes de rosée. Ses cheveux poussent comme les plumes de l'aigle, et ses ongles sont aussi longs que des griffes d'oiseau.

Le roi Nabucodonosor guérit

31 Plus tard, Nabucodonosor dit : « À la fin des sept années, je lève les yeux vers le *ciel et je retrouve l'intelligence. Alors je remercie le Dieu très-haut. Je chante sa louange et je rends *gloire à celui qui vit pour toujours. Son pouvoir royal n'a pas de fin, il est roi de génération en génération. 32 Les habitants de la terre ne sont rien devant lui. Il traite comme il veut les habitants du ciel et les habitants de la terre. Personne ne peut s'opposer à son pouvoir ni lui dire : Qu'est-ce que tu fais ? 33 À ce moment-là, je retrouve l'intelligence. Je retrouve aussi l'honneur et la grandeur qui montrent mon immense pouvoir. Mes ministres et mes fonctionnaires importants viennent me chercher. Je retrouve mon pouvoir royal et je reçois encore plus d'honneurs qu'avant. 34 C'est pourquoi maintenant, moi, Nabucodonosor, je chante la louange du Roi qui est au ciel. J'annonce sa grandeur et je lui rends gloire. Il agit toujours avec vérité et justice. Il a même le pouvoir d'abaisser les orgueilleux. »

Pendant un repas offert par le roi Baltazar, une main écrit sur le mur

5 1 Un jour, le roi Baltazar fait un grand repas pour mille de ses fonctionnaires importants. Il se met à boire du vin en leur

présence. 2 Quand il a goûté le vin, il commande d'apporter les *coupes d'or et d'argent que son père Nabucodonosor a prises dans le temple de Jérusalem. Il veut s'en servir pour boire avec ses fonctionnaires importants, ses femmes de deuxième rang et ses autres femmes. 3 Les serviteurs apportent donc les coupes d'or venant du temple de Dieu à Jérusalem. Le roi les prend pour boire du vin avec tous ceux qui sont là. 4 Quand tous ont fini de boire, ils chantent les louanges des dieux d'or et d'argent, de bronze et de fer, de bois et de pierre.

5 Tout à coup, une main humaine apparaît près du porte-lampes. Elle se met à écrire sur le mur blanc du palais royal, et le roi voit cette main en train d'écrire. 6 Alors son visage devient très pâle, son esprit est troublé. Il perd son assurance et il tremble de tout son corps. 7 En criant très fort, il donne l'ordre de faire venir les sages de Babylone, les magiciens, les voyants et ceux qui lisent dans les étoiles. Il leur dit : « Si quelqu'un peut lire ce qui est écrit et m'expliquer ce que cela signifie, je lui ferai porter des vêtements magnifiques. Je lui ferai mettre un collier d'or autour du cou, et il deviendra un des principaux gouverneurs du royaume. »

8 Les sages au service du roi entrent tous. Mais ils ne peuvent pas lire ce qui est écrit pour expliquer au roi ce que cela signifie. 9 Le roi Baltazar a très peur et il devient encore plus pâle. Ses fonctionnaires importants aussi sont troublés.

Daniel explique ce qui est écrit sur le mur

10 La mère du roi entend les cris de son fils et des fonctionnaires importants. Elle entre dans la salle à manger et elle dit au roi : « Longue vie à toi, mon roi ! Que tes pensées ne te troublent pas et que ton visage retrouve sa couleur ! 11 Dans ton royaume, il y a un homme en qui habite l'esprit des dieux saints. Quand ton père vivait, cet homme a montré une intelligence claire et une sagesse semblable à la sagesse des dieux. C'est pourquoi ton père, le roi Nabucodonosor, l'a établi comme chef des devins, des magiciens, des voyants et de ceux qui lisent dans les étoiles. 12 Il possède un esprit extraordinaire, il sait juger de tout et il est intelligent. Il sait aussi expliquer les rêves, comprendre les questions compliquées, trouver des solutions aux problèmes difficiles. Fais donc venir Daniel, à qui ton père a donné le nom de Beltassar. Il t'expliquera ce qui est écrit sur le mur. »

13 Daniel est conduit auprès du roi et celui-ci lui demande : « Est-ce que tu es Daniel, ce juif exilé que le roi, mon père, a fait venir de Juda ? 14 Voici ce que j'ai entendu dire : l'esprit des dieux habite en toi, et tu possèdes une intelligence claire et une sagesse extraordinaire. 15 J'ai fait venir des sages et des magiciens pour lire ce qui est écrit sur le mur. Je voulais qu'ils me l'expliquent, mais ils n'ont pas pu. 16 J'ai appris que toi, tu es capable de comprendre les questions obscures et de trouver des solutions aux problèmes difficiles. Si tu peux lire ce qui est écrit ici et si tu me l'expliques, je te ferai porter des vêtements magnifiques, je te ferai mettre un collier d'or autour du cou, et tu deviendras un des principaux gouverneurs du royaume. »

17 Daniel répond au roi : « Je t'en prie, garde tes cadeaux pour toi ou donne-les à d'autres ! Moi, je vais te lire ce qui est écrit et t'expliquer ce message. 18 Mon roi, le Dieu très-haut a fait de ton père Nabucodonosor un grand roi, puissant et glorieux. 19 À cause de la grandeur que Dieu lui avait donnée, les gens de tous les peuples, de tous les pays et parlant toutes les langues tremblaient de peur devant lui. Il faisait mourir ou laissait vivre qui il voulait, il élevait ou abaissait qui il voulait. 20 Mais il est devenu orgueilleux, et l'orgueil a fermé son cœur. Alors il a été renversé de son siège royal et il a perdu son honneur. 21 Il a été chassé du milieu des humains, et il est devenu comme les bêtes. Il habitait parmi les ânes sauvages, il mangeait de l'herbe comme les bœufs. Son corps était couvert de gouttes de rosée. Cela a duré jusqu'au moment où il a reconnu ceci : le Dieu très-haut est le maître des royaumes humains et il donne le pouvoir royal à qui il veut. 22 Et toi, Baltazar, son fils, tu savais très bien tout cela. Pourtant, ton orgueil n'a pas diminué. 23 Tu t'es dressé contre le Seigneur qui est

au ciel, tu as fait apporter les *coupes sacrées
venant de son temple. Vous les avez prises
pour boire du vin, toi, tes fonctionnaires importants, tes femmes de deuxième rang et
tes autres femmes. De plus, tu as chanté les
louanges des dieux d'argent et d'or, de bronze
et de fer, de bois et de pierre. Pourtant, ces
dieux ne voient pas, ils n'entendent pas, ils
ne comprennent rien. Tu n'as pas rendu
*gloire au Dieu qui tient ta vie en son pouvoir
et qui la conduit. 24 C'est pourquoi Dieu a envoyé une main pour écrire les mots que tu as
vus. 25 Les voici : MENÉ, MENÉ, TEKEL et
PARSIN. 26 Et voici ce qu'ils veulent dire :
MENÉ veut dire "compté" : Dieu a compté
les jours de ton pouvoir royal et il a décidé
sa fin. 27 TEKEL veut dire "pesé" : tu as été
pesé sur une balance, et ton poids n'a pas
été jugé suffisant. 28 PERÈS[t] veut dire "divisé" : ton royaume a été divisé pour être livré
aux Mèdes et aux Perses. »

29 Aussitôt Baltazar commande d'habiller
Daniel avec des vêtements magnifiques et de
lui mettre un collier d'or autour du cou. Il
fait annoncer que Daniel devient un des principaux gouverneurs du royaume.

30 La nuit suivante, Baltazar, roi de Babylone, est tué.

6 1 C'est Darius, le Mède, qui reçoit le pouvoir royal à l'âge de 62 ans.

Les ennemis de Daniel lui tendent un piège

2 Darius décide de désigner 120 satrapes[u]
chargés de gouverner son royaume. 3 Il place
trois chefs au-dessus d'eux. Pour empêcher
qu'on fasse du tort au roi, les satrapes doivent
rendre compte du gouvernement de leurs provinces à ces chefs. Daniel est l'un d'eux. 4 Par
ses qualités extraordinaires, Daniel est supérieur aux deux autres chefs et à tous les satrapes. Le roi a donc l'intention de le nommer
gouverneur de tout le royaume. 5 Alors les
autres chefs et les satrapes cherchent une raison d'accuser Daniel au sujet des affaires du
royaume. Mais ils ne trouvent aucune faute
ni aucune erreur à lui reprocher, parce qu'il
est très honnête. 6 Ces hommes se disent entre eux : « Nous n'avons rien trouvé pour accuser Daniel. Trouvons une raison dans sa
façon d'obéir à la loi de son Dieu. »

7 Les deux chefs et les satrapes vont aussitôt
trouver le roi. Ils lui disent : « Longue vie à toi,
roi Darius ! 8 Les chefs du royaume, les préfets, les satrapes, les ministres et les gouverneurs se sont réunis. Voici leur conseil : tu
devrais publier une loi pour interdire, pendant 30 jours, d'adresser une prière à quelqu'un d'autre que toi, dieu ou être humain.
Si quelqu'un le fait pendant ce temps, il devra
être jeté dans la fosse aux lions. 9 Notre roi,
publie donc une loi pour établir cette interdiction et signe-la. De cette façon, personne ne
pourra la changer. En effet, dans la coutume
des Mèdes et des Perses, une loi ne peut pas
être changée. » 10 Alors le roi Darius signe la
loi.

Daniel est jeté dans la fosse aux lions

11 Quand Daniel apprend que le roi a signé
cette loi, il entre dans sa maison. À l'étage supérieur, il y a des fenêtres qui s'ouvrent en direction de Jérusalem. Daniel a l'habitude de se
mettre à genoux trois fois par jour pour prier
son Dieu et chanter sa louange. Ce jour-là, il
agit comme les autres jours. 12 Très vite, ses
ennemis arrivent chez lui. Ils le trouvent en
train de prier et de supplier son Dieu. 13 Alors
ils vont chez le roi et lui disent : « Est-ce que tu
n'as pas signé une loi qui interdit, pendant
30 jours, de prier quelqu'un d'autre que toi,
dieu ou être humain ? Si quelqu'un le fait,
est-ce qu'on ne doit pas le jeter dans la fosse
aux lions ? » Le roi leur répond : « Oui, c'est
ce que j'ai décidé, et chez les Mèdes et les Perses, la loi ne change pas. » 14 Les ennemis de
Daniel disent : « Pourtant, notre roi, un exilé
de Juda, Daniel, ne montre aucun respect
pour toi, ni pour l'interdiction que tu as si-
gnée. Il prie son Dieu trois fois par jour. »

---

t **5.28** *PARSIN et PERÈS sont deux formes du même mot araméen. Voir Daniel 2.4 et la note.*

u **6.2** *Voir Daniel 3.2 et la note.*

15 Quand le roi entend cela, il est très triste.
Il a l'intention de sauver la vie de Daniel et,
jusqu'au coucher du soleil, il cherche un
moyen pour le faire. 16 Mais les ennemis de
Daniel reviennent très vite chez le roi et lui disent : « Notre roi, tu le sais, selon la loi des
Mèdes et des Perses, personne ne peut changer une interdiction ou une loi que le roi a si-
gnée. » 17 Alors le roi donne cet ordre :
« Emmenez Daniel et jetez-le dans la fosse
aux lions ! » Le roi dit à Daniel : « Seul ton
Dieu que tu sers fidèlement pourra te sauver. »

18 Des gens apportent une grande pierre
qu'ils placent sur l'ouverture de la fosse. Le
roi applique sur la pierre son sceau[v], ainsi
que celui de ses fonctionnaires importants.
Personne ne pourra donc changer la situation
de Daniel. 19 Ensuite, le roi retourne dans son
palais pour la nuit. Il refuse de manger. Il se
couche seul, sans femmes, et il n'arrive pas
à dormir.

Daniel sort vivant de la fosse aux lions

20 Très tôt le matin, le roi se lève. Il se dépêche d'aller à la fosse aux lions. 21 Et, approchant de la fosse, il appelle Daniel d'une
voix triste : « Daniel, serviteur du Dieu vivant,
toi qui le sers si fidèlement, est-ce que ton
Dieu a pu te délivrer des lions ? » 22 Daniel répond : « Longue vie à toi, mon roi ! 23 Oui,
mon Dieu a envoyé son *ange, qui a fermé la
gueule des lions. Ceux-ci ne m'ont fait aucun
mal. En effet, Dieu m'a jugé innocent, et envers toi, mon roi, je n'ai commis aucune faute
non plus. » 24 Le roi est plein de joie et il
donne l'ordre de faire sortir Daniel de la fosse.
Dès que Daniel est sorti, les gens constatent
qu'il n'est blessé nulle part, parce qu'il a cru
en son Dieu. 25 Puis le roi donne l'ordre d'arrêter les hommes qui ont dénoncé Daniel. Il
les fait jeter dans la fosse aux lions, avec leurs
femmes et leurs enfants. Les lions les attaquent et écrasent tous leurs os avant qu'ils
touchent le fond de la fosse.

26 Ensuite, le roi Darius écrit aux gens de
tous les peuples, de tous les pays et parlant
toutes les langues, qui habitent dans le monde
entier : « Je vous souhaite une grande paix !
27 « Voici l'ordre que je donne : Dans tout le
royaume qui est sous mon pouvoir, tous doivent trembler de peur devant le Dieu de Daniel et le respecter.

C'est lui le Dieu vivant,
il existe pour toujours.
Il est roi pour toujours,
son pouvoir n'aura pas de fin.
28 Il délivre et il sauve.
Il accomplit des actions extraordinaires et
étonnantes
au *ciel et sur la terre.
C'est lui qui a sauvé Daniel du pouvoir des
lions. »

29 Daniel occupe un poste important pendant que Darius est roi, puis pendant que
Cyrus, le Perse, est roi[w].

Première vision de Daniel : les quatre bêtes

7 1 Pendant la première année où Baltazar
est roi à Babylone, Daniel fait un rêve. Il
est couché sur son lit et il a des *visions.
Plus tard, il écrit son rêve. 2 Voici comment
il raconte ce qu'il a vu en rêve pendant la
nuit : « Le vent vient des quatre coins du
*ciel. Il soulève la grande mer.[x] 3 Quatre bêtes
énormes montent de la mer. Aucune ne ressemble à l'autre. 4 La première est comme
un lion et elle a des ailes d'aigle. Pendant
que je regarde, on lui arrache les ailes. On la
soulève au-dessus du sol. Elle se dresse sur ses
deux pattes de derrière comme un être humain et elle reçoit une intelligence humaine.
5 La deuxième bête ressemble à un ours. Elle

---

v 6.18 *Le sceau servait d'habitude à marquer des objets personnels. Ici, il est comme la signature du roi et des fonctionnaires importants sur la pierre.*

w 6.29 *Cyrus, le roi de Perse, a été aussi roi de Babylone de 539 à 528 avant J.-C. Voir Daniel 1.21.*

x 7.2 *L'explication de la première vision se trouve aux versets 15 à 27 de ce chapitre. La mer représente ici le lieu où les forces du mal sont réunies.*

se dresse sur un côté et elle tient trois côtes
dans sa gueule, entre ses dents. Elle reçoit
cet ordre : "Lève-toi complètement ! Mange
beaucoup de viande !" 6 Après cela, je regarde
et je vois une autre bête. Elle ressemble à un
léopard. Elle a quatre ailes d'oiseau sur le dos
et quatre têtes. Elle reçoit le pouvoir de dominer le monde. 7 Après cela, je continue à regarder ce qui apparaît dans mon rêve pendant
la nuit. La quatrième bête que je vois est terrible et effrayante. Sa force est extraordinaire.
Elle a de grandes dents en fer, elle mange et
déchire tout ce qu'elle trouve. Ce qu'elle ne
mange pas, elle l'écrase avec ses pattes. Elle
est différente des trois autres bêtes et elle a
dix cornes. 8 Je regarde les cornes. Une nouvelle corne, plus petite, se met à pousser
parmi les autres et elle fait tomber trois cornes. Cette corne a des yeux comme ceux
d'un être humain et une bouche qui dit des
paroles pleines d'orgueil. »

Suite de la première vision : Dieu juge les pouvoirs humains

9 « Je continue à regarder. On installe des
sièges royaux. Un vieillard vient s'asseoir.
Son vêtement est blanc comme le lait. Les cheveux de sa tête sont comme de la laine pure[y].
Son siège formé de flammes a des roues de feu
ardent. 10 Un fleuve de feu jaillit et coule devant le vieillard. Des millions de personnes
le servent, des dizaines de millions se tiennent debout devant lui. Alors les juges du tribunal s'assoient, et les livres[z] sont ouverts.

11 « Je regarde toujours, parce que la petite
corne fait beaucoup de bruit en disant des paroles pleines d'orgueil. Pendant que je regarde, la quatrième bête est tuée. On détruit
son corps en le jetant dans un feu violent.
12 Les autres bêtes perdent leur pouvoir,
mais elles peuvent encore vivre pendant un
certain temps, jusqu'à une date fixée. 13 Je
continue à regarder ce qui m'apparaît pendant
la nuit. Un être semblable à un homme[a] arrive
avec les nuages du ciel. Il avance vers le vieillard et il est conduit devant lui. 14 Il reçoit la
puissance, la *gloire et le pouvoir d'un roi.
Alors les gens de tous les peuples, de tous
les pays et parlant toutes les langues se mettent à le servir. Sa puissance est une puissance
qui dure toujours et qui n'aura pas de fin. Son
royaume ne sera jamais détruit. »

Explication de la première vision

15 Moi, Daniel, je suis très inquiet à cause de
ce que je vois. En effet, c'est effrayant. 16 Je
m'approche de quelqu'un qui se tient là et je
lui demande : « Qu'est-ce que tout cela signifie vraiment ? » Il me donne cette explication :
17 « Les quatre bêtes énormes représentent
quatre rois qui apparaîtront sur la terre[b].
18 Après eux, le peuple qui appartient au
Dieu très-haut recevra un pouvoir royal qu'il
gardera sans fin et pour toujours. » 19 Ensuite,
je veux comprendre ce que représente la quatrième bête, qui est différente des trois autres.
Elle est effrayante avec ses dents de fer et ses
griffes de bronze. Elle mange et elle déchire
tout ce qu'elle trouve. Ce qu'elle ne mange
pas, elle l'écrase avec ses pattes. 20 Je demande aussi ce que représentent les dix
cornes que cette bête a sur la tête. Que
représente la corne qui s'est mise à pousser
et qui a fait tomber trois cornes ? Cette corne
a des yeux et une bouche qui dit des paroles
pleines d'orgueil. Elle semble plus grande
que les autres. 21 Je la regarde : elle fait la
guerre au peuple qui appartient à Dieu et
elle est en train de gagner le combat contre
lui. 22 Mais le vieillard s'avance et il rétablit

---

y **7.9** *L'expression traduite par « vieillard » désigne Dieu. La couleur blanche représente la pureté.*

z **7.10** *Pour les religions de l'ancien Orient, tous les actes des êtres humains étaient écrits au ciel, dans des livres.*

a **7.13** *Le texte araméen dit : un fils d'homme. Au verset 14, Dieu donne à ce « fils d'homme » une puissance qui n'a pas de fin. Dans des textes juifs écrits après le livre de Daniel, le « fils de l'homme » désigne l'être humain véritable qui existera à la fin des temps.*

b **7.17** *Ces quatre rois ont été ceux des royaumes babylonien, perse, mède et grec. Voir aussi Daniel 2.40 et la note.*

la justice pour le peuple qui appartient au Dieu très-haut. Quand c'est le moment, ce peuple reçoit un pouvoir royal.

23 Celui que j'interroge m'explique : « La quatrième bête représente un quatrième royaume sur la terre. Il est différent de tous les autres. Ce royaume mangera tout ce qui existe sur la terre, il écrasera tout sous ses pieds et il déchirera tout. 24 Les dix cornes représentent dix rois. Ils seront à la tête de ce royaume l'un après l'autre. Un onzième roi[c], différent des autres, prendra le pouvoir et il renversera trois rois. 25 Il parlera contre le Dieu très-haut et il fera souffrir le peuple qui lui appartient. Il aura l'intention de changer les jours des fêtes et la *loi du peuple de Dieu. Ce peuple sera en son pouvoir pendant trois ans et demi. 26 Ensuite, il y aura dans le *ciel un jugement qui enlèvera le pouvoir à ce royaume. Ainsi il disparaîtra et sera détruit. 27 Le pouvoir, la puissance et la grandeur de tous les royaumes de la terre seront pour le peuple qui appartient au Dieu très-haut. Le pouvoir de ce peuple durera toujours, et tous les royaumes lui obéiront et le serviront. »

28 Le récit finit ici. Moi Daniel, je suis vraiment effrayé par mes pensées. Je deviens très pâle et je réfléchis à tout cela.

Deuxième vision de Daniel : le bélier et le bouc

8 1 La troisième année où Baltazar est roi, moi, Daniel, j'ai de nouveau une *vision[d]. 2 Voici ce que je vois : Je suis dans la citadelle de Suse, dans la province d'Élam, au bord de la rivière Oulaï. 3 Pendant que je regarde, je vois un bélier qui se tient au bord de la rivière. Il a deux grandes cornes, mais celle qui a poussé la deuxième est plus grande que l'autre. 4 Je vois le bélier donner des coups de corne en direction de l'ouest, du nord et du sud. Aucune autre bête n'est capable de lui résister. Personne ne peut délivrer quelqu'un de son pouvoir. Il fait ce qui lui plaît et devient de plus en plus fort.

5 Pendant que je réfléchis à ce que je vois, un bouc arrive de l'ouest. Il se déplace très rapidement sur toute la terre. Ce bouc a une corne remarquable entre les yeux. 6 Il se dirige vers le bélier à deux cornes que j'ai vu au bord de la rivière. Il court vers lui de toutes ses forces. 7 Je le vois s'approcher du bélier. Il est en colère contre lui. Il le frappe avec violence et lui casse les deux cornes. Le bélier ne peut pas lui résister. Alors le bouc le jette par terre et l'écrase sous ses pattes. Personne ne peut délivrer le bélier de son pouvoir. 8 Le bouc devient de plus en plus fort. Mais au moment où sa force est la plus importante, sa grande corne se casse. À sa place, quatre autres cornes remarquables se mettent à pousser vers les quatre coins de la terre.

9 Une nouvelle corne sort de la plus petite des cornes du bouc. Elle grandit beaucoup vers le sud, vers l'est et vers le plus beau des pays[e]. 10 Elle se dresse contre les habitants du ciel[f]. Elle jette par terre certains d'entre eux avec plusieurs étoiles, et elle les écrase totalement. 11 Cette corne attaque même le chef[g] des habitants du ciel, elle supprime le *sacrifice offert chaque jour et elle rend *impur le *lieu saint. 12 Par ces actions mauvaises, le sacrifice de chaque jour tombe en son pouvoir, ainsi que les habitants du ciel. Elle détruit la vraie foi et elle réussit tout ce qu'elle fait.

13 Puis j'entends un *ange qui parle. Un autre ange lui demande : « Les événements que

---

c **7.24** *Dix rois : sans doute les dix rois grecs qui ont dominé la Syrie et la Babylonie après Alexandre le Grand, à partir de 323 avant J.-C.*
Le onzième roi : il s'agit sans doute du roi grec Antiochus Épiphane (175-164 avant J.-C.), qui a fait beaucoup souffrir le peuple d'Israël (voir le verset 25).

d **8.1** *L'explication de la deuxième vision se trouve aux versets 15 à 26 de ce chapitre.*

e **8.9** *Le plus beau des pays désigne ici le pays d'Israël.*

f **8.10** *Les habitants du ciel, c'est-à-dire du lieu où Dieu est, peuvent désigner le peuple qui appartient à Dieu, ou bien les êtres célestes.*

g **8.11** *Ce chef est Dieu.*

cette vision annonce dureront combien de temps ? Jusqu'à quand le sacrifice de chaque jour sera-t-il supprimé ? Les actions mauvaises qui détruisent tout dureront combien de temps ? Jusqu'à quand le lieu saint et les habitants du ciel seront-ils écrasés ? » 14 Le premier ange lui répond : « Il faut que 2 300 soirs et matins[h] passent d'abord. Ensuite, le lieu saint sera de nouveau utilisé. »

Explication de la deuxième vision

15 Moi, Daniel, je regarde cette *vision et j'essaie de la comprendre. Pendant ce temps, je vois quelqu'un qui ressemble à un homme. Il vient se placer devant moi. 16 J'entends une voix qui vient de la rivière Oulaï. Elle crie : « Gabriel[i], explique à Daniel ce qu'il voit. » 17 Gabriel s'approche de l'endroit où je suis. J'ai très peur et je me jette à terre, le front contre le sol. Mais il me dit : « Daniel, tu n'es qu'un homme. Pourtant tu dois comprendre que cette *vision concerne le moment de la fin. » 18 Pendant que Gabriel me parle, je m'évanouis, le front contre le sol. Il me touche et me relève. 19 Puis il me dit : « Je vais te faire connaître ce qui arrivera au moment fixé, quand la *colère de Dieu cessera. 20 Le bélier à deux cornes que tu as vu représente les royaumes des Mèdes et des Perses. 21 Le bouc, c'est le royaume grec. La grande corne entre ses yeux représente le premier roi[j]. 22 Quand cette corne a été cassée, quatre autres cornes[k] ont poussé à sa place. Ce sont les quatre royaumes qui remplaceront le premier, mais ils ne seront pas aussi puissants que lui. 23 Quand ces royaumes n'existeront plus, quand les gens mauvais auront répandu toute leur méchanceté, un roi se lèvera[l]. Il sera plein d'orgueil et très habile pour tromper les autres. 24 Sa puissance grandira, mais elle ne viendra pas de lui. Il détruira tout avec une grande violence, il réussira tout ce qu'il fera, il tuera des gens puissants, ainsi que le peuple qui appartient à Dieu. 25 Il sera très habile. C'est pourquoi il arrivera à tromper les autres. Dans son orgueil, il tuera beaucoup de gens qui se croiront en sécurité. Il se lèvera contre le plus grand de tous les chefs[m]. À ce moment-là, il sera détruit. Pourtant, aucun homme n'agira contre lui. 26 Voilà l'explication véritable de ce que tu as vu au sujet des soirs et matins[n]. Mais ne parle pas de cette vision maintenant. En effet, les événements qu'elle annonce auront lieu à une époque lointaine. 27 À ce moment-là, moi, Daniel, je m'évanouis et ensuite, je suis malade pendant plusieurs jours. Quand je suis guéri, je m'occupe des affaires du roi. Je suis encore troublé par cette vision, parce que je ne la comprends pas. »

Daniel prie

9 1-2 Darius, fils de Xerxès, d'origine mède, devient roi des Babyloniens. Pendant la première année où il est roi, moi, Daniel, je consulte les Livres Saints. Alors je comprends le sens des paroles que le SEIGNEUR a dites au *prophète Jérémie. Elles traitent des 70 années[o] pendant lesquelles la ville de Jérusalem restera détruite. 3 Je me mets à *jeûner, je m'habille avec des vêtements de deuil et je me couvre la tête de cendre. Puis je me tourne vers le Seigneur Dieu pour le prier et le supplier. 4 Moi, Da-

h **8.14** *Le texte additionne les soirs et les matins. Cela fait donc 1 150 jours, ou environ 3 ans et demi. C'est la durée pendant laquelle Antiochus Épiphane a fait souffrir les Juifs.*

i **8.16** *Gabriel est un des rares anges nommés dans la Bible.*

j **8.21** *Ce roi est Alexandre le Grand, qui a conquis tout le Proche-Orient à la fin du 4e siècle avant J.-C.*

k **8.22** *À la mort d'Alexandre, quatre de ses généraux ont pris le pouvoir et se sont partagé son royaume.*

l **8.23** *Il s'agit d'Antiochus Épiphane. Voir Daniel 7.24 et la note.*

m **8.25** *Ce chef est Dieu.*

n **8.26** *Voir Daniel 8.14.*

o **9.1-2** *Voir Jérémie 25.11-12 et 29.10.*

niel, j'adresse au SEIGNEUR mon Dieu cette prière pour avouer les fautes de mon peuple : « Ah ! Seigneur, Dieu grand et terrible, tu gardes ton *alliance et ton amour envers ceux qui t'aiment et qui obéissent à tes commandements. 5 Nous avons désobéi, nous avons fait le mal, nous sommes coupables, nous nous sommes révoltés contre toi, nous nous sommes détournés de tes commandements et de tes règles. 6 Nous n'avons pas écouté tes serviteurs les prophètes. Ils ont parlé de ta part à nos rois, à nos chefs, à nos ancêtres et au peuple tout entier. 7 Toi, Seigneur, tu es *juste, et nous avons honte devant toi. Oui, aujourd'hui, les habitants de Jérusalem et tous les gens du royaume de Juda sont couverts de honte, ainsi que tout le peuple d'Israël, ceux qui sont proches et ceux qui sont loin. En effet, beaucoup de gens de notre peuple se trouvent un peu partout dans les pays où tu les as chassés, car ils n'ont pas été fidèles envers toi. 8 Oui, SEIGNEUR, comme nos ancêtres, nous avons honte devant toi, nous, nos rois et nos chefs, car nous avons péché contre toi. 9 Nous nous sommes révoltés contre toi, Seigneur notre Dieu, et pourtant, dans ton amour tu nous pardonnes. 10 Tu nous as demandé d'obéir aux lois que tu nous donnais par tes serviteurs les prophètes, mais nous ne t'avons pas écouté. 11 Tout le peuple d'Israël a désobéi à ta *loi. Il s'est éloigné de toi pour ne pas écouter tes enseignements. Nous avons péché contre toi, notre Dieu. Alors la malédiction contenue dans la loi de Moïse, ton serviteur, est tombée sur nous. 12 Tu as agi comme tu l'as annoncé à notre sujet et au sujet des chefs qui nous dirigent. Tu as envoyé de grands malheurs sur nous, à Jérusalem. Personne n'a jamais vu des malheurs pareils ailleurs sur la terre. 13 Tous ces malheurs nous sont arrivés selon ce qui est écrit dans la loi de Moïse. Et nous, SEIGNEUR notre Dieu, nous ne t'avons pas supplié de calmer ta *colère, nous ne nous sommes pas éloignés de nos fautes, nous avons oublié que tu fais vraiment ce que tu dis. 14 C'est pourquoi tu as décidé de faire venir ces malheurs sur nous. En effet, SEIGNEUR notre Dieu, tu es juste dans toutes tes actions, mais nous ne t'avons pas écouté.

15 « Seigneur notre Dieu, par ta puissance, tu as fait sortir d'Égypte ton peuple. Ainsi, tu es devenu célèbre jusqu'à aujourd'hui. Mais nous avons désobéi et nous avons mal agi. 16 Seigneur, tu as toujours montré ta fidélité. Alors abandonne ta violente *colère contre Jérusalem, ta ville, ta montagne *sainte. En effet, à cause de nos péchés et des fautes de nos ancêtres, tous ceux qui nous entourent insultent Jérusalem et ton peuple. 17 Maintenant donc, Seigneur notre Dieu, écoute la prière et les demandes que je t'adresse en te suppliant. À cause de toi-même, Seigneur, regarde avec bonté ton *lieu saint qui est détruit. 18 Écoute attentivement, mon Dieu ! Ouvre les yeux et regarde notre ville complètement détruite, cette ville qui t'appartient. Quand nous te présentons nos demandes, nous ne le faisons pas parce que nos actions sont justes, mais parce que tu nous aimes avec tendresse. 19 Seigneur, écoute-nous ! Seigneur, pardonne-nous ! Seigneur, sois attentif ! À cause de toi-même, mon Dieu, agis rapidement pour cette ville et ce peuple qui t'appartiennent. »

L'ange Gabriel explique à Daniel le sens des 70 périodes

20 Je continue à prier, à avouer mes péchés et ceux d'Israël mon peuple. Je supplie le SEIGNEUR mon Dieu au sujet de la montagne sainte[p]. 21 Pendant que je parle, *l'ange Gabriel[q], que j'ai déjà vu dans la *vision d'avant, s'approche de moi en volant rapidement. C'est le moment du *sacrifice du soir. 22 Il me donne ces explications : « Daniel, je viens maintenant te rendre capable de comprendre. 23 Quand tu as commencé à prier Dieu, une parole est venue de sa part, et je suis là pour te la faire connaître,

---

p **9.20** *Il s'agit de la colline où se trouvait le temple de Jérusalem, et de la ville elle-même.*

q **9.21** *Voir Daniel 8.16 et la note.*

parce que Dieu t'aime. Comprends bien ce que je vais te dire au sujet de ce que tu as vu dans la vision. 24 Une période de 70 fois sept ans a été fixée en ce qui concerne ton peuple et la ville *sainte. Ce temps est nécessaire pour que le mal s'arrête, pour qu'il n'y ait plus de péché, pour que les fautes soient pardonnées. Ce temps est nécessaire pour que la *justice de Dieu apparaisse, pour que les visions et les paroles prophétiques se réalisent, pour que le *lieu très saint du temple soit de nouveau *consacré. 25 Tu dois savoir et comprendre ceci : un jour, il y a eu un message qui annonçait le retour des exilés et la reconstruction de Jérusalem. Eh bien, à partir de ce jour-là jusqu'à la venue d'un chef choisi par Dieu, il doit y avoir sept périodes de sept ans. Ensuite, pendant 62 périodes de sept ans, les exilés pourront revenir et reconstruire la ville et ses murs de défense, mais ce sera une période difficile[r]. 26 À la fin de ces 62 périodes, on tuera un homme consacré[s], et personne ne le défendra. Puis un chef viendra avec son armée détruire la ville et le lieu saint. Pourtant, ce chef finira sous les coups de la *colère de Dieu. Mais jusqu'à sa mort, il fera la guerre et il détruira tout comme cela a été décidé. 27 Pendant la dernière période de sept ans, il obligera beaucoup de gens à faire ce qu'ils ne veulent pas. Après trois ans et demi, il fera cesser les *sacrifices et les offrandes. Cet homme destructeur commettra ses actions horribles avec rapidité jusqu'à ce que lui-même soit détruit comme cela a été décidé. »

Troisième vision de Daniel : l'homme habillé d'un vêtement de lin

10 1 La troisième année où Cyrus est roi de Perse[t], Daniel, appelé aussi Beltassar, reçoit un message de la part de Dieu. Celui-ci annonce de façon sûre de grandes difficultés. Daniel réfléchit beaucoup et il comprend le sens du message grâce à une *vision.

2 À cette époque, moi, Daniel, je reste dans le deuil pendant trois semaines. 3 Pendant tout ce temps, je ne mange aucune nourriture délicieuse. Je ne prends ni viande, ni vin, et je ne peigne pas mes cheveux. 4 Le premier *mois, le 24 du mois, je me trouve au bord du Tigre, le grand fleuve. 5 Je lève les yeux et je vois un homme vêtu d'habits en *lin, avec une ceinture en or pur autour de la taille. 6 Son corps ressemble à une pierre précieuse, son visage brille comme l'éclair. Ses yeux ressemblent à des torches allumées, ses bras et ses jambes brillent comme un métal poli. Ses paroles font un bruit pareil à celui d'une foule. 7 Moi, Daniel, je suis le seul à voir cet homme apparaître. Les gens qui sont avec moi ne voient rien. Pourtant, ils ont très peur et ils courent se cacher. 8 Je reste donc seul à regarder cette vision étonnante. Mes forces s'en vont, mon visage change de couleur et devient très pâle. Je suis très faible. 9 J'entends l'homme dire quelque chose. Au son de sa voix, je m'évanouis et je tombe, le front contre le sol. 10 Alors une main me touche et me fait tenir tout tremblant sur mes genoux et mes mains. 11 L'homme dit : « Daniel, toi que Dieu aime, fais un effort pour comprendre les paroles que je vais te dire. Mets-toi debout, car je suis envoyé auprès de toi maintenant. » En entendant cela, je me relève en tremblant. 12 Il ajoute : « N'aie pas peur, Daniel ! En effet, tu as voulu comprendre ce qui se passait. Pour cela, tu t'es abaissé devant Dieu. C'est pourquoi, depuis le premier jour, Dieu a entendu ta prière. Et je suis venu t'apporter la réponse. 13 Mais *l'ange qui protège le royaume des Perses s'est opposé à moi pendant 21 jours. Ensuite, Michel[u], l'un des principaux anges, est venu m'aider. J'ai donc été retenu auprès des rois

r 9.25 *Voir Jérémie 25.11-12 et 29.10.*

s 9.26 *Il s'agit sans doute du prêtre Onias III, tué en 171 avant J.-C.*

t 10.1 *Vers 536-535 avant J.-C. Voir Daniel 1.21 et la note.*

u 10.13 *Michel : l'ange qui protège Israël. Voir le verset 21.*

de Perse. 14 Et maintenant, je viens pour te faire comprendre ce qui va arriver à ton peuple plus tard. Oui, voici encore une vision pour ces jours-là. »

15 Pendant qu'il me parle, je regarde par terre et je ne peux dire un seul mot. 16 Mais quelqu'un qui ressemble à un homme touche mes lèvres. Je peux de nouveau ouvrir la bouche et parler. Je dis à celui qui se tient devant moi : « Mon seigneur, à cause de cette vision, je suis très inquiet et je n'ai plus de forces. 17 Je ne suis pas quelqu'un d'important, et maintenant, je n'ai plus ni force ni souffle. Alors, mon seigneur, comment est-ce que je peux parler à quelqu'un comme toi ? » 18 Aussitôt celui qui ressemble à un homme me touche encore une fois pour me rendre des forces. 19 L'autre personnage me dit : « Toi que Dieu aime, n'aie pas peur ! Sois en paix. Reprends courage, retrouve tes forces ! » Pendant qu'il me parle, mes forces reviennent et je dis : « Mon seigneur, tu peux me parler, parce que tu m'as rendu des forces. » 20-21 Il me demande alors : « Est-ce que tu sais pourquoi je suis venu auprès de toi ? Je suis venu t'annoncer ce que dit le livre où la vérité est écrite[v]. Pourtant, je dois encore combattre l'ange qui protège la Perse. Au moment où je pars là-bas, l'ange qui protège la Grèce arrive. Et personne ne m'aide à lutter contre ces deux ennemis, sauf Michel, l'ange qui protège Israël.

11 1 Je l'ai moi-même aidé et soutenu la première année où Darius le Mède était roi. 2 Et maintenant, je vais te dire de façon sûre ce qui va arriver.

La guerre entre les rois du Nord et du Sud

« Trois rois viendront l'un après l'autre à la tête de la Perse. Un quatrième viendra ensuite, il aura plus de richesses que tous les autres. Quand ses richesses l'auront rendu puissant, il fera tout pour attaquer le royaume grec. 3 Mais un roi guerrier viendra à la tête de la Grèce. Il aura un grand pouvoir et il fera ce qui lui plaît[w]. 4 Pourtant, quand son pouvoir sera bien établi, son royaume se brisera. Il sera divisé en quatre parties aux quatre coins de la terre, mais non pas entre ses fils. En effet, le pouvoir royal sera partagé entre d'autres hommes, mais leur pouvoir ne sera pas aussi puissant que le sien.

5 « Celui qui sera roi au Sud[x] deviendra fort. Mais l'un de ses généraux sera plus fort que lui et son pouvoir sera plus étendu que le sien. 6 Après quelques années, ils passeront un accord : la fille du roi du Sud se mariera avec le roi du Nord pour réaliser l'accord. Mais elle ne gardera pas son pouvoir. Son mari ne restera pas en vie, et leur fils non plus. Elle mourra avec son père, son mari et ceux qui l'auront amenée au Nord[y]. 7 Quelqu'un de sa famille prendra la place de son père. Il viendra menacer l'armée du Nord dans ses villes bien défendues. Il attaquera cette armée et sera victorieux. 8 Il emportera en Égypte les statues des dieux du pays comme richesses de guerre. Il emportera aussi les ustensiles précieux en argent et en or utilisés pour ces dieux. Puis, pendant plusieurs années, il ne fera rien contre le roi du Nord. 9 Pourtant, le roi du Nord viendra dans le royaume du Sud, puis il rentrera dans son pays.

10 « Les fils du roi du Nord prépareront la guerre et rassembleront des troupes très nombreuses. L'un d'eux ira au combat et, avec ses soldats, il passera la frontière comme un torrent qui déborde. En retournant dans son pays, il attaquera une ville bien protégée de l'ennemi. 11 Alors le roi du Sud se mettra en

---

v 10.20-21 *Il s'agit ou bien d'un livre dans le ciel où les événements de la terre sont inscrits, ou bien des écrits des prophètes.*

w 11.3 *Il s'agit d'Alexandre le Grand, qui a pris le pouvoir dans cette région vers 323 avant J.-C.*

x 11.5 *Roi au Sud : il s'agit du roi d'Égypte. Les versets 5 à 20 racontent les luttes entre ceux qui ont succédé à Alexandre le Grand, en Égypte, au sud, et en Syrie-Babylonie, au nord.*

y 11.6 *Le roi du Nord : il s'agit du roi de Syrie. Bérénice, fille de Ptolémée II, roi d'Égypte, est devenue la femme d'Antiochus II, roi de Syrie, vers 250 avant J.-C. Bérénice, son mari et leur enfant ont été empoisonnés.*

colère et partira combattre le roi du Nord. Celui-ci rassemblera des troupes nombreuses, mais elles tomberont au pouvoir du roi du Sud. 12 Le roi du Sud deviendra orgueilleux. Il fera mourir des milliers de soldats. Pourtant, malgré cela, sa puissance ne durera pas. 13 Le roi du Nord rassemblera de nouvelles troupes, plus nombreuses que les premières. Après quelques années, il reviendra avec cette grande armée et un matériel de guerre important.

14 « À cette époque-là, beaucoup de gens se dresseront contre le roi du Sud. Même des hommes violents de ton peuple, Daniel, se soulèveront contre lui. Ils voudront réaliser ce qui a été annoncé dans une certaine *vision, mais ils ne réussiront pas. 15 Le roi du Nord viendra. Il construira des murs d'attaque contre une ville bien protégée, et il la prendra. L'armée du Sud, malgré ses troupes excellentes, ne pourra pas lui résister. Elle n'aura pas la force de tenir devant lui. 16 Le roi du Nord, en avançant, fera ce qui lui plaît, et personne ne lui résistera. Il s'installera dans le plus beau des pays[z], en détruisant tout sur son passage. 17 Ensuite, il décidera d'agir avec toute la puissance de son royaume. Il fera semblant d'agir honnêtement : il donnera sa fille en mariage au roi du Sud pour arriver à détruire le pays de son ennemi. Mais son projet ne réussira pas. 18 Puis le roi du Nord s'intéressera aux régions de la côte et il en prendra plusieurs. Mais un chef militaire étranger[a] détruira son orgueil et lui fera subir les conséquences de son attitude. 19 Alors le roi du Nord s'occupera des villes bien protégées de son pays. Mais cela ne lui servira à rien. Il mourra, et on ne le verra plus.

20 « Celui qui remplacera le roi du Nord enverra un homme piller le plus beau bâtiment du royaume[b]. Mais peu de jours après, ce nouveau roi sera tué, non pas à la guerre mais en secret. »

Le roi du Nord, ennemi du peuple de Dieu

21 « Celui qui viendra ensuite[c] est quelqu'un qui mérite le mépris. Il n'aura pas le droit de recevoir le pouvoir royal. Mais il le prendra par des moyens malhonnêtes pendant que le pays sera en paix. 22 Aucune armée puissante ne pourra le vaincre. Il les écrasera toutes et il tuera même un chef du peuple de *l'alliance[d]. 23 Ce roi passera des accords avec d'autres et il s'en servira pour tromper les gens. Sa puissance deviendra de plus en plus grande, mais ceux qui le soutiendront seront peu nombreux. 24 Pendant que le pays sera en paix, il ira dans les régions les plus riches de la province. Là, il fera ce que ses ancêtres n'ont jamais fait : il pillera le pays et il distribuera les biens volés et les richesses à ceux qui le soutiennent. Il aura même l'intention d'attaquer des murs de défense. Mais cela ne durera qu'un certain temps.

25 « Il sera sûr de sa force et de son courage. C'est pourquoi il partira avec une grande armée contre le roi du Sud. Celui-ci se préparera à la guerre avec une armée nombreuse et très puissante. Mais il n'arrivera pas à résister au roi du Nord, car on préparera un complot contre lui. 26 En effet, ceux qui l'entourent le feront tomber. Son armée perdra la guerre, et parmi les soldats, il y aura beaucoup de morts. 27 Les deux rois mangeront à la même table, mais, dans leur cœur, ils chercheront à se faire du mal. Ils se diront seulement des mensonges. Leurs paroles n'auront aucun résultat, car ce ne sera pas encore le moment de la fin. 28 Le roi du Nord retournera dans son pays avec de grandes richesses. En passant, il agira selon ses projets contre le peuple avec qui Dieu a fait *alliance. Puis il rentrera chez lui.

---

z **11.16** *Voir Daniel 8.9 et la note.*

a **11.18** *Un chef militaire étranger : sans doute un Romain.*

b **11.20** *Il s'agit du temple de Jérusalem.*

c **11.21** *Il s'agit d'Antiochus Épiphane. Voir Daniel 7.24 et la note.*

d **11.22** *Voir Daniel 9.26 et la note.*

29 « Au moment fixé, le roi du Nord ira de nouveau dans le royaume du Sud. Mais cette fois-ci, les choses ne se passeront pas comme la première fois. 30 Des gens de l'ouest[e] arriveront par bateau et viendront l'attaquer. Il sera découragé et repartira. Il sera très en colère et tournera sa colère contre le peuple avec qui Dieu a fait alliance. Mais il se mettra d'accord avec ceux qui abandonneront l'alliance avec Dieu. 31 Il enverra des soldats devant les murs qui protègent le temple. Et, en entrant dans le *lieu saint, les soldats le rendront *impur. Ils interdiront le *sacrifice offert chaque jour à Dieu. Ils placeront sur *l'autel “l'horreur destructrice”[f]. 32 Le roi lui-même, par ses promesses fausses, amènera les gens à rejeter l'alliance. Mais ceux qui connaissent leur Dieu continueront d'agir avec courage. 33 Les plus intelligents parmi ceux-ci instruiront beaucoup d'autres personnes. Mais pendant quelque temps, certains d'entre eux seront tués, d'autres brûlés, d'autres encore seront privés de leurs biens et mis en prison. 34 Pendant cette période de souffrance, ils ne recevront pas beaucoup d'aide. En effet, beaucoup de ceux qui iront avec eux ne seront pas sincères. 35 Parmi les gens intelligents, plusieurs mourront. Et leur mort servira à *purifier le peuple et à le préparer pour le moment de la fin.

– Ce moment n'est pas encore venu. –

36 « Le roi fera ce qui lui plaît. Il sera plein d'orgueil, il croira qu'il est au-dessus de tous les dieux. Il dira des choses qu'on n'a pas le droit de dire contre le Dieu qui est au-dessus des dieux. Il réussira jusqu'au jour où la *colère de Dieu apparaîtra. Alors Dieu réalisera ce qu'il a décidé. 37 Ce roi ne respectera même pas les dieux de ses ancêtres, ni le dieu préféré des femmes[g]. En effet, il se croira au-dessus de tous les dieux et il n'en respectera aucun. 38 À la place, il honorera le dieu qui protège les villes, un dieu que ses ancêtres n'ont pas connu. Il lui offrira de l'or, de l'argent, des pierres précieuses et d'autres objets de valeur. 39 Il attaquera les villes bien défendues avec l'aide de ce dieu étranger. Il couvrira d'honneurs ceux qui acceptent ce dieu comme maître. Il les désignera comme chefs d'un grand nombre de gens et il leur donnera des terres pour les récompenser.

40 « Quand ce sera le moment de la fin, le roi du Sud attaquera le roi du Nord. Mais celui-ci se lancera contre le roi du Sud avec ses chars, ses cavaliers et de nombreux bateaux. Il entrera avec son armée dans plusieurs pays. Il traversera les frontières comme un torrent qui déborde. 41 Il pénétrera dans le plus beau des pays[h], et beaucoup de gens mourront. Mais les habitants d'Édom, de Moab et les chefs des Ammonites échapperont à ses coups. 42 Le roi du Nord étendra son pouvoir sur d'autres pays, et même l'Égypte ne lui échappera pas. 43 Il saisira les trésors de l'Égypte : or, argent et objets de valeur. Les Libyens et les *Éthiopiens se soumettront à lui. 44 Mais des nouvelles venant de l'est et du nord lui feront très peur. Il se mettra dans une violente colère et il partira pour tuer un grand nombre de gens. 45 Il dressera ses tentes royales entre la mer et la montagne *sainte du plus beau des pays. Et c'est là qu'il terminera sa vie, sans personne pour l'aider. »

L'annonce d'un réveil de la mort

12 1 *L'ange me dit encore : « À ce moment-là, Michel, le chef des anges qui protège ton peuple, paraîtra. Ce sera un temps de grande souffrance. Depuis que les nations existent et jusqu'à ce moment-là, il n'y a jamais eu un temps semblable. Alors tous ceux de ton peuple qui ont leur nom écrit dans le livre de Dieu[i] seront sauvés. 2 Beaucoup de gens qui dorment dans la poussière

---

e **11.30** *Il s'agit des Romains.*

f **11.31** *L'horreur destructrice : sans doute la statue du dieu des Grecs, ou un autre objet qui le représente. Sa présence sur l'autel détruit le culte rendu à Dieu.*

g **11.37** *Il s'agit sans doute du dieu Tammouz, adoré par les Babyloniens.*

h **11.41** *Voir Daniel 8.9 et la note.*

i **12.1** *Le livre de Dieu : le livre où sont écrits les noms des amis de Dieu.*

de la tombe se réveilleront : les uns afin de vivre avec Dieu pour toujours, les autres afin de vivre dans la honte et le malheur pour toujours. 3 Les gens intelligents brilleront comme le ciel de lumière au-dessus de nos têtes. Ils ont montré aux autres comment être fidèles à Dieu et ils brilleront pour toujours comme les étoiles.

4 « Daniel, ces paroles sont un secret. Ne fais pas connaître ce livre avant le moment de la fin. À ce moment-là, beaucoup de gens le liront, et leur connaissance grandira. »

L'homme vêtu de lin encourage Daniel à résister jusqu'au bout

5 Pendant que moi, Daniel, je regarde cette vision[j], deux autres hommes apparaissent, debout, de chaque côté du fleuve. L'homme qui porte des habits de *lin se tient au-dessus de l'eau du fleuve. 6 L'un des deux hommes lui demande : « À quel moment ces faits extraordinaires s'arrêteront-ils ? » 7 L'homme vêtu d'habits de lin lève les deux mains vers le *ciel et je l'entends dire : « Je le jure, au nom du Dieu qui vit pour toujours, ces faits dureront trois ans et demi. Ils s'arrêteront quand la force du peuple de Dieu sera complètement détruite. »

8 Moi, Daniel, j'entends ces paroles, mais je ne les comprends pas. Alors je demande : « Mon seigneur, comment tout cela finira-t-il ? » 9 Il me répond : « Va en paix, Daniel. Ces paroles doivent rester totalement cachées jusqu'au moment de la fin. 10 Beaucoup de gens seront *purifiés, préparés, lavés par les souffrances. Les gens mauvais ne pourront pas comprendre et continueront à faire le mal. Mais les gens intelligents comprendront ce qui arrive. 11 À partir du moment où on ne pourra plus offrir à Dieu le *sacrifice de chaque jour et où l'horreur destructrice[k] sera placée sur *l'autel, il y aura 1 290 jours. 12 Ils seront heureux, ceux qui réussiront à attendre 1 335 jours[l] ! 13 Et toi, Daniel, reste fidèle jusqu'au bout ! Alors tu pourras te reposer, puis tu te relèveras pour recevoir ta récompense à la fin des temps. »

SUZANNE

Deux anciens tombent amoureux de Suzanne

13 *1 À Babylone, il y a un homme appelé Yoakim. 2 Il a pris pour femme Suzanne, fille de Helkias. Elle est très belle et respecte le Seigneur. 3 Ses parents sont des personnes fidèles à Dieu, et ils ont élevé leur fille selon la *loi de Moïse. 4 Yoakim est très riche. Il a un grand parc près de sa maison. Beaucoup de Juifs viennent le voir, parce qu'ils l'honorent plus que tous les autres.*

*5 Cette année-là, on a nommé comme juges deux *anciens du peuple juif. Le Seigneur a parlé d'eux quand il a dit : « Le mal est venu de Babylone par des anciens chargés de rendre la justice, par des hommes qui font semblant de diriger le peuple[m]. » 6 Ces anciens vont régulièrement chez Yoakim. Tous ceux qui ont des procès viennent les trouver. 7 Chaque fois que les gens partent, vers midi, Suzanne entre dans le parc de son mari pour se promener. 8 Les deux anciens la voient chaque jour entrer et se promener à cet endroit. Ils se mettent à la désirer. 9 Ils en perdent la tête. Ils détournent leurs yeux pour ne plus regarder le Dieu qui est au ciel et pour ne plus se souvenir des justes jugements qu'ils doivent rendre.*

10 Tous les deux brûlent d'un amour violent pour Suzanne, mais ils ne se disent pas ce qui les fait souffrir. 11 En effet, chacun a honte

---

j **12.5** *Il s'agit de la vision racontée à partir de Daniel 10.4.*
k **12.11** *Voir Daniel 11.31 et la note.*
l **12.12** *Voir Daniel 7.25 ; 9.27 ; 12.7.*
m **13.5** *Cette phrase ne se trouve pas sous cette forme dans l'Ancien Testament.*

d'avouer à l'autre son envie de s'unir à elle.
12 Pourtant, chaque jour, ils attendent impa-
tiemment une occasion de la voir. 13 Un jour,
vers midi, ils se quittent en disant : « Rentrons
chez nous, c'est l'heure du repas. » 14 Mais ensuite, ils reviennent tous les deux et se trouvent l'un en face de l'autre. Alors ils sont
bien obligés de dire pourquoi, et chacun
avoue son désir pour Suzanne. Ils cherchent
ensemble le moment où ils pourront la trouver
seule.

Les anciens accusent Suzanne

15 Les *anciens attendent donc une occasion favorable. Un jour, Suzanne entre
dans le parc comme les deux jours précédents. Deux jeunes servantes l'accompagnent. Elle a envie de se baigner, parce
qu'il fait chaud. 16 Il n'y a personne à cet endroit, sauf les deux anciens qui sont cachés
et qui la guettent. 17 Suzanne dit aux jeunes
filles : « Allez chercher de l'huile et des parfums. Puis vous fermerez les portes du parc
pour que je me baigne. » 18 Les jeunes servantes obéissent. Elles ferment les portes
du parc. Puis elles sortent par une porte
de côté pour aller chercher ce que Suzanne
a demandé. Elles ne voient pas les anciens,
car ils se sont cachés. 19 Dès que les jeunes
filles sont parties, les deux hommes sortent
de leur cachette. Ils courent vers Suzanne
20 et lui disent : « Les portes du parc sont fermées. Personne ne nous voit. Nous te désirons, accepte donc de coucher avec nous !
21 Si tu refuses, nous t'accuserons d'être restée seule avec un jeune homme. Nous dirons
que c'est la raison pour laquelle tu as renvoyé les jeunes filles. » 22 Suzanne gémit et
dit : « Je suis prise au piège de tous les côtés.
Si je vous cède, je vais mourir[n]. Si je résiste,
je ne vous échapperai pas. 23 Mais je préfère
tomber entre vos mains sans rien faire de
mal, plutôt que de pécher devant le Seigneur. »
24 Alors Suzanne pousse un grand cri[o]. Les
deux anciens se mettent aussi à crier en l'ac-
cusant. 25 L'un d'eux court ouvrir les portes
du parc. 26 Les gens de la maison entendent
les cris dans le parc. Ils arrivent très vite par
la porte de côté pour voir ce qui se passe.
27 Les anciens racontent leur histoire. Les serviteurs sont couverts de honte, car personne
n'a jamais dit une chose de ce genre au sujet
de Suzanne.
28 Le jour suivant, les gens se réunissent
chez Yoakim son mari. Les deux anciens arrivent. Ils veulent faire du mal à Suzanne et sont
bien décidés à obtenir sa condamnation à
mort. Devant tout le monde, ils donnent cet
ordre : 29 « Envoyez chercher Suzanne, fille
d'Helkias et femme de Yoakim ! » On va la
chercher tout de suite. 30 Elle arrive avec ses
parents, ses enfants et toute sa famille. 31 Suzanne est vraiment gracieuse et très belle.
32 Elle porte un voile. Les anciens, ces gens
mauvais, donnent l'ordre de lui enlever son
voile pour jouir de sa beauté. 33 Toute sa famille et ceux qui la voient se mettent à pleurer. 34 Alors les deux anciens se lèvent au
milieu de tous, et ils posent leurs mains sur
la tête de Suzanne[p]. 35 Celle-ci, en larmes,
lève les yeux vers le *ciel, parce que son
cœur est plein de confiance dans le Seigneur.
36 Les anciens disent : « Nous nous prome-
nions seuls dans le jardin. Cette femme est arrivée avec deux servantes. Elle a fermé les
portes, puis elle a renvoyé les servantes.
37 Un jeune homme qui était caché là s'est approché d'elle et il a couché avec elle. 38 Nous
étions au bout du parc. Quand nous avons vu
cette conduite horrible, nous avons couru vers
eux. 39 Nous les avons vus coucher ensemble,
mais nous n'avons pas pu prendre le jeune
homme. En effet, il était plus fort que nous.

---

n **13.22** *Si Suzanne cède, on la condamnera à mort parce qu'elle a trompé son mari. Voir Lévitique 20.10 ; Deutéronome 22.22. Deux témoins suffisaient pour condamner quelqu'un à mort. Voir Deutéronome 17.6. Si je résiste, je ne vous échapperai pas.*

o **13.24** *Ce cri pouvait protéger Suzanne. Voir Deutéronome 22.23-27.*

p **13.34** *Ils posent leurs mains... : comparer Lévitique 24.14.*

*Il a ouvert la porte du parc et s'est enfui. 40 Elle, nous l'avons prise et nous lui avons demandé: "Qui est ce jeune homme?" 41 Mais elle n'a pas voulu nous le dire. De cela, nous sommes *témoins.»*

*L'assemblée croit ces hommes, parce qu'ils sont anciens du peuple et juges. Suzanne est donc condamnée à mort. 42 Alors elle crie d'une voix forte: «Dieu éternel, tu connais ce qui est caché, tu connais chaque événement avant qu'il arrive. 43 Tu sais que ces hommes ont *témoigné faussement contre moi. Tu le vois, je vais mourir, et pourtant, je n'ai rien fait de ce qu'ils ont inventé contre moi dans leur méchanceté.»*

Le jugement de Daniel

*44 Le Seigneur écoute la prière de Suzanne. 45 Au moment où elle est conduite à la mort, Dieu inspire l'esprit d'un jeune garçon, Daniel. 46 Il se met à crier d'une voix forte: «Cette femme est innocente, je ne veux pas qu'elle meure!» 47 Tout le peuple se tourne vers lui et lui demande: «Qu'est-ce que tu veux dire?» 48 Alors debout, au milieu du peuple, Daniel leur dit: «Est-ce que vous êtes fous, Israélites? Vous avez condamné une femme d'Israël sans l'interroger, sans connaître les faits. 49 Retournez au tribunal! Ces hommes ont *témoigné faussement contre elle.» 50 Tout le monde revient donc rapidement. Les autres *anciens disent à Daniel: «Viens t'asseoir au milieu de nous et dis-nous ce que tu penses, car Dieu t'a déjà donné la sagesse d'un ancien.» 51 Daniel leur dit: «Séparez bien ces deux hommes l'un de l'autre, je vais les interroger.» 52 On les sépare. Alors Daniel fait venir le premier. Il lui dit: «Tu as vieilli en faisant le mal. Autrefois, tu as commis beaucoup de péchés. Maintenant, tu vas en supporter les conséquences. 53 Tu as rendu des jugements injustes. Ainsi, tu as condamné les innocents et relâché les coupables. Pourtant, le Seigneur a dit: "Ne faites pas mourir l'innocent ni celui qui est honnête[q]." 54 Eh bien, si tu as vraiment vu Suzanne avec un jeune homme, dis-nous sous quel arbre tu les as vus coucher ensemble?» L'ancien répond: «Sous un lentisque.» 55 Daniel dit: «Voilà justement le mensonge qui va te retomber sur la tête! En effet, Dieu a déjà donné l'ordre à l'un de ses *anges de te fendre par le milieu.» 56 Daniel le renvoie. Il fait venir l'autre ancien et lui dit: «Fils de *Canaan et non de Juda, la beauté de cette femme t'a fait perdre la tête, le désir a perdu ton cœur. 57 Avant, vous agissiez ainsi avec les femmes du royaume d'Israël. Comme elles avaient peur, elles couchaient avec vous. Mais une femme de Juda ne peut pas accepter votre conduite horrible. 58 Eh bien, dis-nous sous quel arbre tu les as vus coucher ensemble?» L'ancien répond: «Sous un chêne vert.» 59 Daniel dit: «Voilà justement le mensonge qui va te retomber sur la tête, à toi aussi! En effet, l'ange de Dieu attend, *l'épée à la main, pour te fendre par le milieu. Il va vous faire mourir tous les deux!»*

*60 Alors toute l'assemblée pousse de grands cris. Elle chante la louange de Dieu qui sauve ceux qui mettent leur espoir en lui. 61 Puis les gens se retournent contre les deux anciens. Daniel a prouvé qu'ils étaient de faux *témoins en se servant de leurs propres paroles. Ces deux hommes ont voulu agir avec méchanceté contre une femme de leur peuple. Eh bien, les Israélites agissent envers eux de la même façon 62 et, selon la *loi de Moïse, ils les font mourir[r]. Ce jour-là, une vie innocente est sauvée. 63 Helkias et sa femme chantent la louange de Dieu à cause de leur fille Suzanne, ainsi que Yoakim, son mari, et toute sa famille. En effet, la conduite de Suzanne est restée sans reproche.*

64 Et à partir de ce jour-là, les gens pensent beaucoup de bien de Daniel.

---

q **13.53** *Voir Exode 23.7.*

r **13.62** *Voir Deutéronome 19.16-21.*

BEL ET LE GRAND SERPENT

Daniel et les prêtres de Bel

14 1 *Astyage, roi des Mèdes, rejoint ses ancêtres, et Cyrus, le Perse, devient roi après lui*[s]*.* 2 *Le roi honore Daniel plus que tous ses autres conseillers, et il a l'habitude de se confier à lui.*

3 *Or, il y a chez les Babyloniens une statue qui représente le dieu Bel*[t]*. Chaque jour, ils lui offrent environ 500 kilos de farine, 40 moutons et 250 litres de vin.* 4 *Le roi honore cette statue et il va l'adorer tous les jours. Daniel, lui, adore son Dieu. Un jour, le roi lui demande : « Tu n'adores pas Bel, pourquoi donc ? »* 5 *Daniel répond : « Je n'honore pas les statues fabriquées par les hommes. J'adore seulement le Dieu vivant qui a créé le ciel et la terre et qui est le maître de tous les êtres vivants. »* 6 *Alors le roi lui dit : « Tu crois donc que Bel n'est pas un dieu vivant ? Est-ce que tu ne vois pas tout ce qu'il mange et boit chaque jour ? »* 7 *Daniel se met à rire et il dit : « Mon roi, tu dois savoir la vérité. Cette statue est en terre au dedans et en bronze au dehors, et elle n'a jamais rien mangé ni bu. »* 8 *Le roi se met en colère. Il fait venir les prêtres de Bel et leur dit : « Si vous ne me dites pas qui mange la nourriture offerte à la statue, vous mourrez. Mais si vous donnez la preuve que c'est Bel, Daniel mourra, parce qu'il a insulté notre dieu. »* 9 *Daniel dit au roi : « Que l'on fasse tout ce que tu as dit ! »*

10 *Les prêtres de Bel sont 70, sans compter leurs femmes et leurs enfants. Le roi va donc au temple de Bel avec Daniel.* 11 *Alors les prêtres lui disent : « Notre roi, nous allons sortir du temple. Et toi, tu vas offrir à notre dieu la nourriture et le vin mélangé*[u]*. Ensuite, tu fermeras la porte et tu poseras sur elle ton *sceau.* 12 *Demain matin, quand tu reviendras, tu verras que Bel a tout mangé. Sinon, tu nous condamneras à mort. Dans le cas contraire, c'est Daniel qui sera condamné à mort, parce qu'il nous a accusés faussement. »* 13 *Les prêtres de Bel sont sûrs d'eux et pleins d'orgueil. En effet, ils ont creusé un passage secret qui arrive sous la table du temple. C'est par là qu'ils viennent tous les jours enlever les offrandes.*

14 *Dès que les prêtres sont sortis du temple, le roi présente la nourriture à Bel. Ensuite, Daniel fait apporter de la cendre par ses serviteurs. Ils en répandent une fine couche sur tout le sol du temple. Seul le roi est *témoin de cela. Puis tous sortent, ils ferment la porte, ils appliquent sur elle le sceau du roi, et s'en vont.* 15 *Pendant la nuit, les prêtres de Bel viennent comme d'habitude, avec leurs femmes et leurs enfants. Ils mangent et ils boivent tout ce qui a été offert.* 16 *Le jour suivant, le roi se lève tôt le matin et va au temple avec Daniel.* 17 *Le roi lui demande : « Est-ce que mon sceau a été touché ? » Daniel répond au roi : « Non, personne n'y a touché. »* 18 *On ouvre la porte. Le roi regarde la table et il dit aussitôt : « Tu es grand, Bel, en toi, il n'y a aucun mensonge ! »* 19 *Daniel se met à rire et il empêche le roi d'entrer dans le temple. Il lui dit : « Regarde le sol. Est-ce que tu reconnais ces traces ? »* 20 *Le roi dit : « Je vois des traces d'hommes, de femmes et d'enfants ! »*

21 *Le roi est en colère. Il fait arrêter les prêtres avec leurs femmes et leurs enfants. Les prêtres doivent lui montrer le passage secret qu'ils prennent pour venir manger ce qu'il y a sur la table.* 22 *Alors le roi les fait mourir et il livre la statue de Bel à Daniel. Celui-ci la détruit, ainsi que son temple.*

Daniel et le grand serpent

23 *Il y a aussi chez les Babyloniens un grand serpent, et ils lui rendent un culte.*

---

s **14.1** *Cyrus est devenu roi des Perses en 558 avant J.-C. Il a pris le royaume des Mèdes en 550. Voir Esdras 1.1.*

t **14.3** *Bel : un des noms de Mardouk, le grand dieu des Babyloniens.*

u **14.11** *Autrefois, le vin était souvent mélangé avec du miel ou des plantes parfumées.*

[24] *Un jour, le roi dit à Daniel: «Tu ne peux
pas me dire que celui-ci n'est pas un dieu vivant. Adore-le!»* [25] *Daniel répond: «C'est le
Seigneur mon Dieu que j'adore. Oui, lui seul
est un Dieu vivant.* [26] *Mon roi, si tu le permets, je tuerai ce grand serpent sans *épée
ni bâton.» Le roi lui donne cette permission.*
[27] *Alors Daniel prend de la colle, de la
graisse et des poils épais. Il fait bouillir
tout cela, puis il forme des petites boules
et les jette dans la gueule du serpent. L'animal les avale et il crève. Alors Daniel dit:
«Voilà ce que vous honorez!»*

[28] *Quand les Babyloniens apprennent ce
qui s'est passé, ils entrent dans une violente
colère et se révoltent contre le roi. Ils disent: «Le roi est devenu juif! Il a laissé détruire Bel, il a fait mourir le grand serpent, il
a tué les prêtres!»* [29] *Ensuite, ils vont trouver
le roi et lui disent: «Livre-nous Daniel,
sinon, nous te ferons mourir, toi et ta famille.»*

[30] *Le roi comprend que leur menace est sérieuse. Il voit qu'il est obligé de leur livrer Daniel.* [31] *Les Babyloniens jettent Daniel dans la
fosse aux lions, et il reste là six jours.*

[32] *Dans la fosse, il y a sept lions. Chaque
jour, on leur donne deux hommes morts et
deux moutons. Mais ce jour-là, on ne leur
donne rien, pour qu'ils dévorent Daniel.*

[33] *À ce moment-là, le *prophète Habacuc se
trouve dans le pays de Juda. Il vient de cuire sa
nourriture et de la mettre dans un panier avec
du pain en petits morceaux. Il va porter ce repas aux ouvriers qui font la récolte dans les
champs.* [34] **L'ange du Seigneur lui dit: «Porte
ce repas à Daniel. Il est à Babylone, dans la
fosse aux lions.»* [35] *Habacuc répond: «Seigneur, je n'ai jamais vu Babylone, je ne
connais pas cette fosse.»* [36] *Alors l'ange du
Seigneur le prend par les cheveux et il l'emporte ainsi jusqu'à Babylone, avec la force
du vent. Il le dépose à Babylone, au-dessus
de la fosse.* [37] *Habacuc appelle: «Daniel! Daniel! Prends le repas que Dieu t'envoie!»*
[38] *Daniel dit: «Mon Dieu, tu t'es souvenu de
moi! Tu n'abandonnes pas ceux qui t'aiment!»*

[39] *Daniel se met à manger. Pendant ce
temps, l'ange de Dieu ramène aussitôt Habacuc dans son pays.*

[40] *Le septième jour, le roi vient chanter un
chant de deuil pour Daniel. Il arrive près de la
fosse et regarde. Il voit Daniel assis là.* [41] *Alors
le roi dit d'une voix forte: «Tu es grand, Seigneur, Dieu de Daniel! Il n'y a pas d'autre
Dieu que toi[v]!»* [42] *Puis il commande qu'on retire Daniel de cet endroit. Et il fait jeter dans
la fosse ceux qui ont voulu le perdre. Les lions
les dévorent aussitôt, sous les yeux du roi[w].*

---

v **14.41** *Voir Daniel 3.26-28.*
w **14.42** *Comparer Daniel 6.24-25.*

Osée

INTRODUCTION

Osée devient le porte-parole de Dieu dans le royaume du Nord, ou royaume d'Israël, vers 750 avant J.-C. Il le reste pendant plus de 25 ans, jusqu'à la fin de ce royaume, quand les Assyriens prennent la capitale, Samarie (vers 722-721 avant J.-C.).

*À l'époque où Osée parle, le royaume d'Israël est en train de perdre sa puissance. De nombreux coups d'État secouent le pays. L'**injustice** se développe : les riches sont de plus en plus riches, et les pauvres deviennent de plus en plus pauvres. De plus, la **religion des Cananéens** qui habitent avec les Israélites a une grande influence sur les habitants.*

*Le livre d'Osée commence par un **acte prophétique** : sur l'ordre de Dieu, Osée prend pour femme une prostituée. Il a avec elle trois enfants. Les noms de ces enfants indiquent ce qui va arriver aux habitants d'Israël. Le prophète montre ainsi quel est le comportement des Israélites et ce qu'il entraîne. Son expérience douloureuse lui permet de parler de **l'amour de Dieu**, un amour qui accepte la souffrance. En effet, les Israélites sont comme une femme qui court après ses amants : ils se tournent vers d'autres dieux que le Seigneur, leur Dieu. À travers son histoire personnelle, Osée parle de la relation difficile entre Dieu et son peuple, qui ne lui est pas fidèle.*

Il est possible de diviser le livre d'Osée en deux grandes parties.
- *La première partie (chapitres 1–3) affirme que Dieu aime un peuple qui l'a abandonné. Mais Dieu ne renonce pas à son amour qui est plus fort que tout. Cette partie contient des discours qui indiquent le jugement de Dieu (1.2-9 ; 2.4-17 ; 3.1-4). Chacun d'eux est suivi d'une promesse (2.1-3 ; 2.18-25 ; 3.5).*
- *La deuxième partie (4.1–14.1) parle encore de l'amour de Dieu. Mais cet amour est exigeant : Dieu n'accepte pas que les gens de son peuple agissent n'importe comment. Cette partie est, elle aussi, construite sur des déclarations de jugement (4.1–11.7 ; 12.1–14.1), accompagnées de promesses (11.8-11 ; 14.2-9).*

Les versets 2-10 du chapitre 14 forment la conclusion de tout le livre.

L'histoire entre Dieu et son peuple est une histoire d'amour. Elle commence par l'amour de Dieu (voir en particulier 11.1-4). Dieu maintient cet amour envers et contre tout. Il espère et attend une réponse de la part de son peuple (5.15–6.6 ; 14.2-9). Le prophète Osée fait comprendre à ses lecteurs que l'amour de Dieu est sans limite.

---

1 [1] Voici les paroles que le SEIGNEUR a dites à Osée, fils de Beéri, à l'époque où Jéroboam, fils de Yoas, était roi d'Israël. C'était aussi l'époque des rois de Juda : Ozias, Yotam, Akaz et Ézékias[a].

Osée prend pour femme une prostituée

[2] Voici le début des paroles que le SEIGNEUR a adressées à son peuple par l'intermédiaire d'Osée. Il a dit à Osée :

---

a 1.1 *Jéroboam II a été roi du royaume d'Israël (royaume du Nord) de 787 à 747 avant J.-C.*

« Va prendre pour femme
une *prostituée sacrée[b].
Les enfants qu'elle te donnera
seront des enfants de prostituée.
En effet, les gens de ce pays
se *prostituent en adorant
d'autres dieux que moi, le SEIGNEUR. »

3 Alors Osée est allé prendre pour femme
Gomer, fille de Diblaïm. Elle lui a donné un
fils. 4 Le SEIGNEUR a dit à Osée :

« Appelle-le "Izréel".
En effet, je vais bientôt agir
contre la famille royale de Jéhu
à cause du sang répandu à Izréel[c].
Je vais supprimer le pouvoir royal en Israël.
5 Ce jour-là,
je briserai la force de l'armée d'Israël
dans la vallée d'Izréel. »

6 Gomer, de nouveau enceinte, a mis au
monde une fille. Le SEIGNEUR a dit à Osée :

« Tu l'appelleras "Mal-Aimée".
En effet, je ne montrerai plus d'amour
aux gens d'Israël,
je ne les aimerai plus du tout.

7 Mais j'aimerai toujours les gens de Juda. Moi,
le SEIGNEUR leur Dieu, je les sauverai, et cela
sans utiliser l'arc, *l'épée ou les autres armes
de guerre, les chevaux ou les cavaliers. »
8 Gomer a sevré Mal-Aimée. Ensuite, enceinte une nouvelle fois, elle a mis au monde
un autre fils. 9 Le SEIGNEUR a dit à Osée :

« Appelle-le "Pas mon peuple".
En effet, vous, les gens d'Israël,
vous n'êtes plus mon peuple,
et moi, je ne suis plus rien pour vous. »

Le Seigneur reconnaît Juda et Israël comme son peuple

2 1 Un jour, les gens d'Israël
seront aussi nombreux
que les grains de sable au bord de la mer.
On ne pourra pas du tout les compter.
Dieu ne leur dira plus :
« Vous n'êtes pas mon peuple. »
Au contraire, il les appellera
« Fils du Dieu vivant ».
2 Alors les gens de Juda et ceux d'Israël
seront de nouveau unis.
Ils se donneront un seul chef
et ils seront les maîtres du pays.
Ce sera le grand jour d'Izréel[d].
3 Dites à vos frères « Mon Peuple »,
et à vos sœurs « Bien Aimée ».

Comme une femme infidèle, Israël a oublié son Dieu

4 Le SEIGNEUR dit :
« Faites un procès à Israël, votre mère,
oui, faites-lui un procès.
En effet, elle n'est plus ma femme,
et je ne suis plus son mari.

« Sur le visage,
elle porte les marques d'une *prostituée.
Qu'elle les efface !
Entre les seins,
elle porte les signes de son *adultère.
Qu'elle les enlève !
5 Sinon, je vais la mettre toute nue,
comme elle était le jour de sa naissance.
Je rendrai le territoire d'Israël
semblable au désert,
je le changerai en terre sèche.
Je la ferai mourir de soif.

6 « Je n'aimerai pas ses enfants :
ce sont les enfants d'une prostituée.
7 En effet, leur mère est une prostituée,
celle qui les a mis au monde
s'est couverte de honte.
Oui, elle a dit :
"Je suivrai mes amants

---

b **1.2** *Une prostituée sacrée s'unissait aux hommes qui venaient adorer le dieu Baal et la déesse Astarté. Les Cananéens croyaient que ces dieux donnaient beaucoup de récoltes, beaucoup de troupeaux et beaucoup d'enfants.*

c **1.4** *À Izréel, Jéhu a tué toute la famille du roi Akab. Voir 2 Rois 9–10.*

d **2.2** *Le grand jour d'Izréel : voir les versets 24-25 du même chapitre et comparer avec Osée 1.4.*

qui me donnent ma nourriture et mon eau,
ma laine et mon *lin,
mon huile et mon vin."

8 « C'est pourquoi moi, le SEIGNEUR,
je vais lui barrer la route
avec des buissons d'épines.
Je l'entourerai d'une clôture,
et elle ne trouvera plus son chemin.
9 Elle va courir derrière ses amants,
mais elle ne les rejoindra pas.
Elle les cherchera,
mais ne les trouvera pas.
Alors elle dira :
"Je vais retourner chez mon premier mari.
Oui, autrefois,
j'étais plus heureuse que maintenant."

10 « Elle n'a pas reconnu ceci :
c'est moi qui lui ai donné le *blé,
le vin nouveau et l'huile fraîche.
Je lui ai donné de l'argent et de l'or,
mais elle s'en est servie pour *Baal.
11 C'est pourquoi
je viendrai reprendre mon blé
au moment de la récolte,
et mon vin nouveau
au moment où il sera prêt.
J'arracherai ma laine et mon lin
qui devaient la couvrir.
12 Maintenant, je la montrerai toute nue
sous les yeux de ses amants,
et personne ne la délivrera de mon pouvoir.
13 J'arrêterai ce qui la réjouit,
ses pèlerinages,
ses fêtes de *nouvelle lune,
ses *sabbats et toutes ses cérémonies.
14 Je détruirai ses *vignes et ses *figuiers.
Elle disait : "C'est le salaire
que mes amants m'ont donné."
Moi, le SEIGNEUR,
je les changerai en buissons,
et les bêtes sauvages les mangeront.
15 J'agirai contre elle
à cause du temps passé à honorer les Baals.
Elle leur offrait de *l'encens.
Pour eux,
elle portait des anneaux et des colliers.
Elle suivait ses amants,
et moi, elle m'oubliait. »
Voilà ce que le SEIGNEUR déclare.
16 « C'est pourquoi je vais l'attirer à moi,
je vais la conduire au désert
et je retrouverai sa confiance.
17 Et là, je lui rendrai ses vignes,
et je ferai de la Vallée d'Akor[e]
– cette vallée du malheur –
la porte de l'espérance.
Là, elle me suivra
comme pendant sa jeunesse,
comme au moment de la sortie d'Égypte. »

Israël, la fiancée du Seigneur

18 Le SEIGNEUR déclare :
« Ce jour-là,
elle m'appellera "mon mari",
elle ne m'appellera plus "mon *Baal",
c'est-à-dire mon Maître.
19 J'enlèverai de sa bouche le nom des Baals,
et personne ne se souviendra plus d'eux.
20 Alors je ferai pour mon peuple
une *alliance avec les animaux des champs,
avec les oiseaux du ciel
et les petites bêtes de la terre.
Je supprimerai dans le pays
les arcs, les *épées et les armes de guerre.
Et je permettrai aux habitants
de dormir tranquillement.
21 Israël, tu seras ma fiancée,
et ce sera pour toujours.
Tu seras ma fiancée,
et la dot que je donnerai,
ce sera la fidélité et la *justice,
l'amour et la tendresse.
22 Oui, la dot que je donnerai
sera la confiance.
Alors tu sauras que je suis le SEIGNEUR. »
23 Le SEIGNEUR déclare :
« Ce jour-là, je répondrai
à ce que le ciel attend de moi,
et le ciel répondra
à ce que la terre attend de lui[f].

e **2.17** *Vallée d'Akor : voir Josué 7.24-26.*

f **2.23** *La terre attend la pluie pour les récoltes, et la pluie vient du ciel si Dieu l'envoie.*

24 La terre répondra
à ce que le *blé, le vin nouveau et l'huile
fraîche attendent d'elle.
Et eux tous répondront
à l'attente de la vallée d'Izréel,
la vallée où je sème.
25 Oui, dans le pays,
j'en ferai pour moi une vallée où je sème.
J'aimerai Mal-aimée.
Je dirai à “Pas mon peuple” :
“Mon peuple, c'est toi”,
et lui me dira : “Mon Dieu !” »

Osée continue à aimer une femme infidèle

3 1 Le SEIGNEUR m'a dit : « Continue à aimer
cette femme infidèle qui aime un autre
homme. Aime-la comme moi, le SEIGNEUR,
j'aime les gens d'Israël. Pourtant, ils se tournent vers d'autres dieux et ils aiment les gâteaux de raisin[g]. »
2 J'ai donc repris ma femme. Pour cela, j'ai
payé 15 pièces d'argent et j'ai donné 600 litres
*d'orge.
3 Je lui ai dit : « Tu resteras à la maison
pendant longtemps, tu ne te *prostitueras
plus, tu ne coucheras plus avec aucun homme,
et moi-même, je ne coucherai plus avec toi. »

4 En effet, pendant longtemps les gens d'Israël resteront sans roi, sans chefs, sans pierres
sacrées. Ils n'offriront plus de *sacrifices, ils
n'auront plus d'objets sacrés[h] pour consulter
Dieu.
5 Ensuite, ils reviendront vers le SEI-
GNEUR, leur Dieu, ils se tourneront vers lui,
et vers leur roi, né de la famille de David.
Dans l'avenir, ils viendront en tremblant de
peur chercher le SEIGNEUR pour obtenir ses
bienfaits.

Dieu fait un procès à Israël

4 1 Le SEIGNEUR est en procès
avec les habitants du pays.
Gens d'Israël, écoutez ses paroles :
« Ici, il n'y a plus de fidélité ni de bonté.
Dans ce pays, les habitants
ne me connaissent plus comme Dieu.
2 Partout ils lancent des malédictions,
ils mentent,
ils tuent,
ils enlèvent des gens par la force.
Ils commettent *l'adultère,
ils agissent avec violence,
ils passent leur temps à tuer.
3 C'est pourquoi
le pays sera complètement sec.
Tous les habitants vont perdre leurs forces,
en même temps que les bêtes des champs,
et les oiseaux du ciel.
Même les poissons de la mer
vont disparaître. »

Les prêtres sont coupables

4 Le SEIGNEUR dit :
« Attention !
On ne doit pas accuser n'importe qui,
ni faire des reproches à tout le monde.
C'est avec vous, les prêtres,
que je suis en procès.
5 Vous allez faire fausse route
en plein jour.
La nuit, comme vous,
les *prophètes aussi feront fausse route,
et je ferai taire Israël, votre mère.
6 Mon peuple meurt,
parce qu'il ne me connaît pas.
Vous, vous n'avez pas voulu me connaître.
C'est pourquoi je ne veux plus de vous,
vous ne serez plus mes prêtres.
Vous avez oublié l'enseignement de votre
Dieu,
alors, à mon tour, j'oublierai vos enfants.

7 « Tous les prêtres sans exception
ont péché contre moi.
Eh bien, je changerai ce qui fait leur fierté
en quelque chose de honteux.
8 Ils mangent la viande des *sacrifices
offerts par mon peuple quand il a péché.
Ils n'ont qu'une envie :

---

g 3.1 *Les gens d'Israël offraient ces gâteaux aux faux dieux.*

h 3.4 *En Israël, autrefois, on utilisait des objets sacrés pour connaître la volonté ou le jugement de Dieu.*

que mon peuple commette des fautes[i].
9 Mais je traiterai les prêtres comme le peuple :
j'agirai contre eux à cause de leur conduite
et je leur rendrai ce qu'ils ont fait.
10 Ils mangeront,
mais ils auront toujours faim.
Ils se *prostitueront[j],
mais il n'auront pas d'enfants.
Oui, ils m'ont abandonné,
moi, le SEIGNEUR, pour se prostituer.

11 « La prostitution et le vin
les rendent fous.
12 Ils consultent une statue en bois,
et c'est un morceau de bois
qui leur donne la réponse.
Un vent de *prostitution souffle sur eux
et les fait sortir du bon chemin.
Alors ils se prostituent
en s'éloignant de moi, leur Dieu.
13 Ils font des repas sacrés
sur le sommet des montagnes.
Ils brûlent de *l'encens sur les collines,
sous les arbres verts à l'ombre agréable.
C'est pourquoi vos filles se prostituent
et vos belles-filles trompent leur mari.
14 Je n'agirai pas contre vos filles
parce qu'elles se prostituent,
ni contre vos belles-filles
parce qu'elles trompent leur mari.
C'est contre vous, les prêtres, que j'agirai
parce que vous allez à l'écart
avec des *prostituées,
vous partagez les repas sacrés
avec les prostituées de vos temples.
"Un peuple qui ne comprend rien
est un peuple perdu",
comme dit le proverbe.

15 « Toi, Israël, tu te prostitues.
Mais il ne faut pas que Juda
commette la même faute.
N'allez pas au lieu sacré du Guilgal,
ne montez pas à Beth-Aven.
Ne faites pas de serment en disant :
"Par le SEIGNEUR vivant..." »

16 Israël s'est montré aussi têtu qu'une
vache qui refuse de travailler. Alors est-ce
que maintenant, le SEIGNEUR va traiter son
peuple comme de jeunes moutons qu'on
emmène dans de grands pâturages ? 17 Les
gens d'Éfraïm[k] sont attachés aux faux dieux.
Laissez-les ! 18 Quand ils ont fini de boire
plus qu'il ne faut, ils se prostituent. Ils
préfèrent la honte à leur honneur. 19 Le vent
les emportera sur ses ailes, et ils auront honte
de leurs sacrifices.

Les chefs agissent mal

5 1 Le SEIGNEUR dit :
« Vous, les prêtres, écoutez bien,
vous les chefs d'Israël, soyez attentifs,
et vous, gens de la maison du roi,
ouvrez l'oreille !
Vous deviez rendre la justice.
Pourtant, à Mispa,
vous avez pris les gens au piège.
Sur le mont Tabor,
vous leur avez tendu un filet.
2 À Chittim, ils ont creusé un grand trou.
Eh bien, moi, je vais les punir tous.

3 « Moi, je connais bien la tribu d'Éfraïm[l],
et Israël n'a pas de secret pour moi.
Vous avez poussé Éfraïm à se *prostituer
et maintenant,
tout Israël est rendu *impur. »

---

i **4.8** *Quand les gens commettaient des fautes, ils offraient des sacrifices pour recevoir le pardon de Dieu. Une part de la viande des sacrifices revenait aux prêtres. Plus il y avait de sacrifices, plus les prêtres en profitaient !*

j **4.10** *Voir Osée 1.2 et la note.*

k **4.17** *Éfraïm : la plus grande tribu israélite du Nord. Ce nom désigne ici l'ensemble du royaume du Nord ou royaume d'Israël.*

l **5.3** *La tribu d'Éfraïm : la plus grande tribu israélite du Nord.*

4 Ce que les gens d'Israël ont fait
ne leur permet pas
de revenir vers leur Dieu.
Oui, un vent de *prostitution
souffle parmi eux,
et ils ne connaissent pas le SEIGNEUR.
5 L'orgueil d'Israël *témoigne contre lui.
Israël et Éfraïm tombent
à cause de leur faute.
De même Juda tombe avec eux.
6 Avec leurs moutons et leurs bœufs,
qu'ils vont offrir en *sacrifice,
ils cherchent le SEIGNEUR.
Mais ils ne le trouveront pas,
parce qu'il est parti loin d'eux.
7 Ils n'ont pas été fidèles envers le SEIGNEUR,
ils ont mis au monde des enfants illégitimes[m].
Maintenant,
d'ici un mois, leur pays sera détruit.

Le Seigneur jugera Éfraïm et Juda de la même façon

8 Le Seigneur dit : « Faites entendre la corne de bélier à Guibéa,
sonnez de la trompette à Rama !
Prévenez les gens de Beth-Aven.
L'ennemi va t'attaquer par-derrière,
tribu de Benjamin.
9 Le jour où je punirai la tribu d'Éfraïm,
elle deviendra un désert.
Ce que j'annonce ainsi
au sujet des tribus d'Israël
est tout à fait sûr.
10 Les chefs de Juda
se conduisent comme des gens
qui déplacent les bornes de leur champ[n].
Mais je vais répandre sur eux
l'eau de ma *colère.

11 « Éfraïm[o] est écrasé par l'injustice,
ses droits ne sont pas respectés,
parce qu'il a voulu courir derrière le vent.
12 Eh bien, moi,
je serai comme une plaie profonde
pour Éfraïm,
comme une blessure qui ne guérit pas
pour les gens de Juda.
13 Éfraïm a reconnu qu'il était malade,
et Juda a reconnu qu'il était blessé.
Alors Éfraïm s'est tourné vers l'Assyrie,
il a envoyé des messagers
au Grand Roi[p] de ce pays.
Mais celui-ci ne peut pas vous guérir
ni fermer votre plaie.
14 En effet, c'est moi, le Seigneur,
qui attaque Éfraïm comme un lion,
et qui lutte contre Juda comme un jeune lion.
C'est moi qui vais vous déchirer.
Puis je partirai
en vous emportant comme un mouton,
et personne ne vous sauvera. »

Le Seigneur demande un amour vrai

15 « Moi, le SEIGNEUR, je pars,
je vais rentrer chez moi
jusqu'à ce qu'ils reconnaissent leurs fautes
et se tournent vers moi.
Quand ils seront dans le malheur,
ils me chercheront. »

6 1 Alors vous dites :
« Allons, revenons vers le SEIGNEUR.
C'est lui qui nous a blessés,
il nous guérira.
C'est lui qui nous a frappés,
il soignera nos plaies.
2 Il nous rendra la vie après deux jours.
Le troisième jour, il nous relèvera,
et nous vivrons devant lui.
3 Alors reconnaissons le SEIGNEUR comme Dieu.
Cherchons vraiment à le connaître.

---

m 5.7 *Ces enfants illégitimes sont des enfants de prostituées, voir Osée 2.6 et 7.*

n 5.10 *Cela veut dire que les chefs de Juda profitent des attaques des Assyriens contre Israël pour déplacer leurs frontières vers le nord.*

o 5.11 *Éfraïm : voir Osée 4.17 et la note.*

p 5.13 *Le Grand Roi : il s'agit de Téglath-Phalasar III, roi d'Assyrie. Voir 2 Rois 15.29-30 ; 17.3.*

Sa venue est sûre
comme la venue du matin.
Il viendra à nous comme la pluie,
comme la dernière pluie de la saison
qui arrose la terre. »

4 Le SEIGNEUR vous répond :
« Que faire pour toi, Éfraïm[q] ?
et pour toi, Juda ?
Votre amour pour moi
est comme le nuage du matin,
comme les gouttes d'eau de la nuit
qui disparaissent aussitôt.
5 C'est pourquoi je vous ai combattus,
en vous envoyant des *prophètes,
j'ai prononcé contre vous des menaces de mort.
Mon jugement jaillit
comme la lumière.
6 Oui, je désire l'amour
et non les *sacrifices d'animaux.
Je veux qu'on me reconnaisse comme Dieu
plutôt que de brûler des animaux
sur *l'autel. »

Les gens d'Israël commettent des crimes

7 « Mais vous, dans la ville d'Adam,
vous n'avez pas respecté mon *alliance,
vous n'avez pas été fidèles envers moi.
8 Galaad est une ville de gens mauvais,
remplie de traces de sang.
9 Comme des bandits prêts à attaquer,
une bande de prêtres tue les gens
sur la route de Sichem.
Oui, ils font des actions honteuses !
10 Dans le pays d'Israël,
j'ai vu des choses horribles :
là, Éfraïm[r] se *prostitue,
oui, Israël est rendu *impur à cause de cela.

11 « Pour toi aussi, Juda,
c'est bientôt le moment de la récolte.
Ce sera quand je rendrai à mon peuple
son ancienne situation. »

7 1 Au moment où je veux guérir Israël,
je vois les fautes des gens d'Éfraïm,
les crimes des gens de Samarie[s].
Oui, ils sont malhonnêtes,
les voleurs entrent de force dans les maisons,
les bandits agissent dans les rues.
2 Et ils ne réfléchissent pas à ceci :
tout le mal qu'ils font,
je m'en souviens.
Maintenant, leurs actes les entourent,
je les vois sans cesse.

Israël se révolte contre Dieu

3 « Par leur méchanceté,
ils amusent le roi,
par leurs mensonges,
ils distraient les ministres.
4 Ils commettent tous *l'adultère.
Ils sont comme un four brûlant
que le boulanger ne surveille plus.
Il ne le regarde plus
depuis le moment où il a fait la pâte
jusqu'à ce qu'elle lève.
5 Quand c'est la fête de leur roi,
les ministres se rendent malades
en buvant trop de vin.
Ils se moquent des gens,
et le roi fait comme eux.
6 Ceux qui préparent un mauvais coup
sont brûlants comme un four.
Pendant toute la nuit, leur colère dort,
mais le matin, elle se réveille
et brûle comme un grand feu.
7 Ils sont tous chauffés comme un four,
et ils suppriment leurs chefs.
Tous leurs rois sont tombés,
personne n'a fait appel à moi.

8 « Éfraïm[t] se mélange aux autres peuples.
Il est comme une galette

q 6.4 *Éfraïm : voir Osée 4.17 et la note.*
r 6.10 *Éfraïm : voir Osée 4.17 et la note.*
s 7.1 *Samarie : capitale du royaume d'Israël.*
t 7.8 *Éfraïm : voir Osée 4.17 et la note.*

qu'on n'a pas retournée.
9 Des étrangers mangent ses forces,
et il ne le voit pas.
Il a déjà des cheveux blancs
et il ne le sait pas.
10 Le peuple d'Israël est orgueilleux,
et son orgueil montre ses erreurs.
Israël n'est pas revenu vers moi,
le SEIGNEUR son Dieu.
Malgré tout ce qui est arrivé,
il ne m'a pas cherché.
11 Éfraïm est comme une *colombe naïve,
il ne réfléchit pas.
Il fait appel à l'Égypte,
puis il va en Assyrie.
12 Pendant ce temps,
je jette mon filet sur les gens d'Éfraïm,
je les fais tomber comme des oiseaux.
Je les prends au piège
quand je les entends se rassembler.

13 « Quel malheur pour les gens d'Éfraïm !
Ils ont fui loin de moi !
Ils seront détruits
parce qu'ils se sont révoltés contre moi.
Ils disent des mensonges contre moi.
Alors, comment pourrai-je les délivrer ?
14 Quand ils m'appellent au secours,
ils ne sont pas sincères.
Mais ils gémissent sur leur lit,
ils se font des incisions sur le corps
pour obtenir du *blé et du vin nouveau.
De cette façon, ils font le contraire
de ce que je veux.
15 Pourtant, je leur avais donné des forces.
Mais ils ont de mauvaises intentions
contre moi.
16 S'ils reviennent vers quelqu'un,
ce n'est pas vers moi.
Ils sont comme un arc tordu.
Leurs chefs mourront à la guerre
parce qu'ils parlent mal de moi,
et en Égypte,
les gens se moqueront d'eux. »

Qui sème le vent récolte la tempête

8 1 Soufflez dans vos cornes de bélier
pour prévenir les gens.
Le malheur tombe comme un aigle
sur le pays du SEIGNEUR.

Le SEIGNEUR dit :
« Ils n'ont pas respecté mon *alliance
et ils n'ont pas été fidèles à mon enseignement.
2 Ils crient vers moi :
"Mon Dieu, nous sommes Israël,
nous te connaissons, nous !"
3 Mais ils ont rejeté ce qui est bien,
et leurs ennemis les poursuivront.
4 Ils nomment des rois,
mais sans mon accord.
Ils choisissent des ministres,
mais sans me le dire.
Avec leur argent et leur or,
ils font des statues de faux dieux.
C'est un bon moyen de tout perdre !
5 Gens de Samarie,
rejetez donc votre veau d'or[u] !
Vous m'avez mis en *colère.
Vous n'êtes pas capables
de mener une vie sans fautes.
Jusqu'à quand cela durera-t-il ?
6 Votre veau vient d'Israël,
c'est un artisan qui l'a fait.
Il n'est pas dieu, lui !
Oui, le veau de Samarie
tombera en morceaux.
7 Puisque vous semez le vent,
vous récolterez la tempête.
"*Blé sans épi ne donne pas de farine."
Et s'il en donne,
des étrangers la mangeront.
8 « Israël a été avalé.
Maintenant il est parmi les peuples
comme un objet sans valeur.
9 Éfraïm est parti en Assyrie,

---

u 8.5 *Samarie : voir Osée 7.1 et la note.*
Votre veau d'or : il s'agit sans doute du veau d'or que Jéroboam Ier a installé au lieu sacré de Béthel. Voir 1 Rois 12.28-29.

il est comme un âne sauvage qui agit seul.
Pourtant, il a payé pour avoir des amants[v].
10 Il fait des cadeaux aux autres peuples.
Mais maintenant,
je vais les mettre ensemble,
et ils vont bientôt souffrir
sous la charge du plus puissant des rois[w].
11 Éfraïm a dressé de nombreux *autels
pour enlever le péché,
mais ces autels lui ont servi à pécher.
12 Je pourrais écrire mille commandements pour lui,
ils seraient pour lui comme une chose étrangère.
13 Ils m'offrent des *sacrifices,
parce qu'ils veulent manger de la viande.
Mais moi, le SEIGNEUR,
je n'accepte pas leurs sacrifices.
Maintenant,
je vais me souvenir de leurs fautes,
j'agirai contre eux à cause de leurs péchés.
Ils devront retourner en Égypte.

14 « Israël s'est construit des palais
et il m'a oublié, moi, son Créateur.
De son côté, Juda a bâti
beaucoup de villes bien protégées.
Mais je mettrai le feu à ses villes,
et il dévorera leurs belles maisons. »

Israël va être déporté parmi d'autres peuples

9 1 Israël, ne déborde pas de joie
comme les autres peuples.
En effet, tu t'es éloigné de ton Dieu
en te *prostituant.
Tu aimes recevoir ta récompense pour cela,
partout où on bat le *blé[x].
2 Mais le blé qu'on bat sur la place
et l'huile qu'on récolte au pressoir
ne seront pas pour toi.
Le vin nouveau que tu attends,
tu ne l'auras pas.
3 Les gens d'Éfraïm[y] ne pourront pas rester
dans le pays du SEIGNEUR.
Ils retourneront en Égypte
ou ils iront en Assyrie.
Là, ils mangeront de la nourriture *impure.
4 Alors ils ne verseront plus de vin
en offrande pour le SEIGNEUR,
leurs *sacrifices ne lui plairont pas.
Pour eux, la nourriture sera
comme une nourriture de deuil :
tous ceux qui en mangent
deviennent impurs.
Leur pain les nourrira,
mais ils ne pourront le faire entrer
dans la Maison du SEIGNEUR.

5 Qu'est-ce que vous ferez
le jour de la Rencontre,
le jour de la fête du SEIGNEUR ?
6 Quand vous quitterez votre pays détruit,
l'Égypte vous accueillera,
mais la ville de Memphis
sera votre tombeau.
Les mauvaises herbes
couvriront vos objets précieux,
les buissons d'épines
rempliront vos maisons.
7 C'est le moment
où le SEIGNEUR va agir contre vous.
Oui, c'est le moment
de rendre des comptes,
Israël doit le savoir.
Vous dites : « Ce *prophète est fou,
cet homme inspiré dit n'importe quoi. »
Eh bien, si je suis fou,

---

v 8.9 *Éfraïm : voir Osée 4.17 et la note.*
Il a payé pour avoir des amants : le dernier roi d'Israël, Osée, fils d'Éla, s'est mis sous le pouvoir de l'Assyrie. Voir 2 Rois 17.3.

w 8.10 *Le plus puissant des rois : il s'agit du roi d'Assyrie. Les gens du royaume d'Israël sont partis en déportation dans son pays.*

x 9.1 *Cette phrase veut sans doute dire ceci : la récolte du blé est le salaire que le dieu Baal donne à ceux qui l'adorent. Pour Osée, ces gens se prostituent, car ils abandonnent ainsi le Seigneur, leur Dieu.*

y 9.3 *Éfraïm : voir Osée 4.17 et la note.*

c'est à cause de vos nombreux crimes,
des violentes attaques
que vous menez contre moi.

8 Celui qui veille pour protéger Éfraïm,
c'est moi, le prophète.
Je suis avec mon Dieu.
Or, les gens me tendent des pièges
partout où je vais.
Ils m'attaquent
jusque dans la maison de mon Dieu.
9 Vous êtes tombés au plus profond du mal,
comme autrefois à Guibéa[z].
Dieu se souviendra de vos crimes,
il agira contre vous
à cause de vos péchés.

Depuis longtemps Israël a déçu le Seigneur

10 Le SEIGNEUR dit :
« Autrefois,
j'ai trouvé les gens d'Israël délicieux
comme des *raisins dans le désert.
J'ai découvert vos ancêtres avec plaisir,
comme la première *figue
qu'on trouve sur un *figuier.
Mais dès leur arrivée à Beth-Péor,
ils se sont *consacrés au *Baal-la-Honte[a].
Et ils sont devenus aussi détestables
que le dieu qu'ils aimaient.
11 Maintenant, la fierté des gens d'Éfraïm
va s'envoler comme un oiseau :
il n'y aura plus d'enfants,
plus de femmes enceintes,
on ne donnera même plus la vie !
12 Et même s'ils élèvent des enfants,
je les en priverai
pour qu'il ne reste plus personne.
Oui, vraiment,
quel malheur pour les gens d'Éfraïm
quand je m'éloignerai d'eux !
13 Éfraïm, comme je le vois,
fait de ses enfants
des animaux qu'on tue à la chasse.
Il les laisse partir à la rencontre du chasseur.

14 « Oui, SEIGNEUR,
il faut faire quelque chose, mais quoi ?
Rends plutôt leurs femmes stériles,
qu'elles soient incapables d'allaiter ! »

15 Le SEIGNEUR dit encore :
« Toute leur méchanceté est apparue
au lieu sacré du Guilgal[b].
C'est là que j'ai commencé
à les détester.
À cause de leurs actions mauvaises,
je les chasserai de ma maison,
je ne les aimerai plus.
Tous leurs chefs sont contre moi.
16 Éfraïm a reçu des coups.
Ses racines sont sèches,
il ne produira plus de fruits.
Même si les femmes ont encore des enfants,
je ferai mourir les fruits précieux
de leur ventre. »

17 Mon Dieu rejettera les gens d'Éfraïm,
parce qu'ils ne l'ont pas écouté.
Ils iront un peu partout
parmi les peuples étrangers.

La fin du royaume d'Israël

10 1 Israël était une *vigne
qui produisait des fruits
en abondance.
Plus il portait de fruits,
plus il construisait *d'autels.
Plus son pays était riche,
plus ses pierres sacrées étaient belles.
2 Les gens d'Israël sont faux.
Maintenant ils vont le payer :
le SEIGNEUR lui-même
va briser leurs autels,
il va détruire leurs pierres sacrées.
3 Ils disent maintenant :

z 9.9 *Voir Juges 19–21.*
a 9.10 *Voir Nombres 25.*
b 9.15 *Voir en particulier 1 Samuel 15.12,21.*

« Nous n'avons pas respecté le SEIGNEUR,
c'est pourquoi nous n'avons pas de roi.
Mais aujourd'hui,
qu'est-ce qu'un roi pourrait faire
pour nous ? »
4 Ils parlent beaucoup,
ils font de faux serments,
ils signent des accords.
Mais le respect du droit est pour eux
comme une herbe à poison
qui pousse dans un champ labouré.

5 Les habitants de Samarie ont peur
pour le veau d'or de Beth-Aven.
Son peuple et ses prêtres
lui font des funérailles[c].
Ils peuvent bien danser de joie
à cause de sa beauté.
Maintenant, elle a disparu !
6 Le veau aussi sera emporté en Assyrie.
Il servira de cadeau
pour le Grand Roi de ce pays.
Éfraïm[d] sera abaissé,
oui, Israël aura honte de ses projets.
7 C'est la fin de Samarie.
Son roi est comme un bout de bois
qui flotte sur l'eau.
8 On détruira les lieux sacrés,
eux qui étaient le grand péché d'Israël.
Les buissons d'épines et les chardons
monteront sur leurs autels.
Les gens de Samarie diront aux montagnes :
« Cachez-nous ! »
Ils diront aux collines :
« Tombez sur nous ! »

Israël récoltera ce qu'il a semé

9 Depuis le crime de Guibéa[e],
Israël a péché et il n'a pas changé !
Il est normal que la guerre atteigne
ces pécheurs à Guibéa.
10 Le SEIGNEUR dit :
« Je vais venir les punir.
Des peuples vont se réunir contre eux
pour punir leurs deux fautes[f].

11 « Éfraïm est une jeune vache bien dressée
qui aimait battre le *blé.
Moi, quand j'ai vu le beau cou
qu'elle avait,
j'ai voulu l'atteler pour travailler :
Juda labourera,
Israël passera la herse[g].
12 Si vous semez ce qui est juste,
vous récolterez la bonté.
Défrichez pour vous un nouveau champ.
C'est le moment de me chercher,
moi, le SEIGNEUR,
en attendant que je vienne
faire pleuvoir sur vous la *justice.
13 Mais vous avez cultivé la méchanceté,
vous avez récolté le mal
et vous avez mangé le fruit du mensonge.

« Israël, tu as compté sur tes propres forces,
sur tes nombreux combattants.
14 C'est pourquoi la bataille rugira
dans ton peuple,
et toutes tes villes bien protégées
seront détruites.

---

c **10.5** *Samarie : voir Osée 7.1 et la note.*
Lui font des funérailles : Ceux qui adoraient le dieu Baal croyaient que celui-ci mourait et revenait à la vie selon les saisons. Ils faisaient donc des cérémonies de deuil pour ce dieu.

d **10.6** *Le Grand Roi de ce pays : voir Osée 5.13 et la note.*
Éfraïm : voir Osée 4.17 et la note.

e **10.9** *Guibéa : voir Osée 9.9 et la note.*

f **10.10** *Ces deux fautes sont sans doute les deux veaux d'or adorés à Béthel et à Dan. Voir Osée 8.5 et la note.*

g **10.11** *Éfraïm : voir Osée 4.17 et la note.*
La herse est un outil avec des pointes et des lames de fer qui sert à écraser les mottes de terre après le labour.

Elles seront comme Beth-Arbel.
Quand le roi Chalman a attaqué cette ville,
il a écrasé les mères et leurs enfants[h].
15 Gens d'Israël,
je vous traiterai de cette façon
parce que vous êtes trop méchants.
Dès le lever du soleil,
ce sera la fin du roi d'Israël. »

L'amour de Dieu pour Israël, son fils

11 1 Le SEIGNEUR dit :
« Quand Israël était jeune,
je l'ai aimé,
et je l'ai appelé, lui, mon fils,
à sortir d'Égypte.
2 Mais ensuite, plus je l'appelais,
plus il s'éloignait de moi.
Mon peuple offre des *sacrifices aux *Baals.
Ils brûlent de *l'encens devant les faux dieux.
3 Pourtant, j'ai appris à marcher à Éfraïm[i]
en le tenant par les bras.
Mais il n'a pas compris
que je prenais soin de lui.
4 Je l'ai guidé avec douceur,
j'étais attaché à lui par l'amour.
J'étais pour lui comme quelqu'un
qui soulève son petit enfant
tout contre sa joue.
Je me baissais pour lui donner à manger.

5 « Le peuple d'Israël
ne retournera pas en Égypte,
Mais ce sera l'Assyrie qui sera son maître.
En effet, il a refusé de revenir vers moi.
6 C'est pourquoi
la guerre se répand dans ses villes,
elle détruit ce qui les protège,
elle démolit tout,
parce qu'Israël fait de mauvais projets.
7 Mon peuple m'a rejeté
et il prend plaisir à être infidèle.
On l'appelle à se mettre debout,
mais c'est inutile.

8 « Est-il possible que je t'abandonne, Éfraïm,
que je te trahisse, Israël ?
Est-ce que je peux te traiter
comme la ville d'Adma,
te rendre semblable à Séboïm[j] ?
Je suis bouleversé,
et je tremble de la tête aux pieds.
9 Je ne laisserai pas éclater
ma violente *colère,
je ne reviendrai pas détruire Éfraïm.
En effet, je suis Dieu, moi,
je ne suis pas un homme.
Chez toi, Éfraïm, je suis le Dieu *saint
et je ne viendrai pas avec colère. »
10 Les déportés avancent
en suivant le SEIGNEUR,
qui rugit comme un lion.
En l'entendant rugir,
ses fils arrivent de l'ouest en tremblant.
11 Ils arrivent d'Égypte
en tremblant, comme des petits oiseaux,
ils viennent d'Assyrie
comme un vol de *colombes.
« Je les ferai habiter dans leurs pays. »
Voilà ce que le SEIGNEUR déclare.

Les gens d'Israël sont menteurs depuis le début

12 1 Le SEIGNEUR dit :
« Le peuple d'Éfraïm[k]
m'entoure de mensonge.
Oui, les gens d'Israël
m'enveloppent de tromperie.
Les gens de Juda sont encore avec moi,
mais ils restent attachés à d'autres dieux. »

---

h **10.14** *Beth-Arbel : ville située à l'est du fleuve Jourdain. Chalman était sans doute un roi de Moab.*

i **11.3** *Éfraïm : voir Osée 4.17 et la note.*

j **11.8** *Les villes d'Adma et de Séboïm étaient proches de Sodome et Gomorrhe. Toutes ces villes ont été détruites en même temps. Voir Deutéronome 29.22.*

k **12.1** *Éfraïm : voir Osée 4.17 et la note.*

2 Éfraïm fournit de l'huile aux Égyptiens
et il a signé un accord avec les Assyriens.
Ainsi, il se nourrit de vent
et il court derrière le vent d'est[l]
toute la journée.
Partout il répand les mensonges
et les pillages.

3 Le SEIGNEUR est en procès
avec les gens de Juda.
Il va agir contre le peuple de *Jacob
à cause de sa mauvaise conduite,
il va traiter ce peuple selon ses actes.
4 Quand Jacob était encore dans le ventre de sa mère,
il a pris la place de son frère.
Une fois devenu adulte,
il a lutté contre Dieu[m].
5 Il a lutté contre un *ange,
et celui-ci a gagné le combat.
Jacob s'est mis à pleurer
et il a supplié l'ange.
À Béthel, Jacob a rencontré Dieu,
et depuis, Dieu nous parle à cet endroit.
6 C'est là que le Dieu de l'univers,
celui qui s'appelle « le SEIGNEUR », a dit :
7 « Tu dois revenir vers moi, ton Dieu.
Montre-toi bon, respecte le droit
et compte toujours sur moi, ton Dieu. »

8 Le SEIGNEUR dit :
« Éfraïm, comme les *Cananéens,
tu tiens à la main une balance fausse.
Tu aimes tromper les gens.
9 Tu dis : "Oui, je suis devenu riche,
j'ai gagné une fortune.
Mais je n'ai rien fait de mal,
je n'ai pas commis de faute
en gagnant cet argent !"
10 Moi, le SEIGNEUR, je suis ton Dieu
depuis que tu es sorti d'Égypte.
Je te ferai de nouveau habiter
sous des tentes
comme autrefois,
quand je vous rencontrais[n].
11 À cette époque-là,
je parlais aux *prophètes,
je leur envoyais de nombreuses visions.
Et par les prophètes,
j'annonce encore mes projets.
12 Les gens de Galaad ont fait du mal,
et il ne reste rien d'eux.
Au lieu sacré du Guilgal,
ils ont offert des taureaux en *sacrifice.
Et maintenant leurs *autels
ne sont plus que des tas de pierres
dans les champs labourés. »

13 Jacob a fui en Haute-*Mésopotamie.
Il s'est mis au service d'un autre homme
pour obtenir une femme.
Oui, pour une femme,
il a gardé les troupeaux.
14 Mais c'est par un prophète
que le SEIGNEUR a fait sortir d'Égypte
le peuple d'Israël,
c'est un prophète qui l'a gardé[o].
15 Les gens d'Éfraïm
ont causé à Dieu une peine amère.
Leur Seigneur fera retomber sur eux
les conséquences de leurs crimes
et de leurs insultes.

Le royaume d'Israël va être détruit

13 1 Quand Éfraïm[p] parlait,
tout le monde tremblait de peur.
Il avait une place importante en Israël.
Mais il s'est rendu coupable
parce qu'il a adoré le dieu *Baal,
et il en est mort.
2 Et aujourd'hui,
les gens d'Éfraïm continuent à faire le mal :

---

l **12.2** *Le vent d'est est un vent qui sèche tout et change les pays en désert. Ici, il représente l'Assyrie.*

m **12.4** *Il a pris la place de son frère : voir Genèse 25.26 ; 27.35-36.*
Il a lutté contre Dieu : voir Genèse 32.25-29.

n **12.10** *Voir Lévitique 23.42-43.*

o **12.14** *Il s'agit de Moïse. Voir Deutéronome 18.18.*

p **13.1** *Éfraïm : voir Osée 4.17 et la note.*

ils se font des statues en métal fondu,
ils fabriquent des faux dieux
avec leur argent et grâce à leur habileté.
De simples artisans les ont fabriqués.
Pourtant ils disent :
« Offrez-leur des *sacrifices ! »
Des êtres humains embrassent des veaux !
3 C'est pourquoi
ils seront comme le nuage du matin,
comme les gouttes d'eau vite disparues.
Ils seront comme la paille qui s'envole
loin de la place où on bat le *blé,
comme la fumée qui sort d'une ouverture.

4 « Pourtant, Israël,
moi, je suis le SEIGNEUR ton Dieu,
depuis que tu es sorti d'Égypte.
En dehors de moi,
tu ne connais pas d'autre Dieu.
En dehors de moi,
il n'y a pas de sauveur.
5 Moi, je t'ai connu au désert,
au pays de la sécheresse.
6 Je t'ai conduit au pâturage,
et tu as pu manger à ta faim.
Mais quand tu as été rassasié,
tu es devenu orgueilleux
et tu m'as oublié.
7 Alors je suis devenu comme un lion
pour vous,
comme un léopard sur le chemin,
prêt à attaquer.
8 Je suis tombé sur vous
comme une ourse à qui on a enlevé ses petits.
J'ai déchiré votre poitrine.
Comme une lionne, je vous dévore,
et les bêtes sauvages
vous déchireront en mille morceaux.

9 « Maintenant, tu es détruit, Israël !
Moi seul, je pouvais te secourir.
10 Eh bien, ton roi, où est-il,
pour qu'il te sauve ?
Et dans toutes tes villes,
où sont tes chefs ?
Autrefois, tu m'avais dis :
"Donne-moi un roi et des chefs."
11 Alors je t'ai donné des rois,
parce que j'étais en *colère contre toi.
Et je les ai repris, car j'étais furieux.

12 « La preuve des fautes d'Éfraïm est bien conservée,
celle de ses péchés est dans un lieu sûr.
13 Pour lui, c'est le moment des douleurs
comme pour une naissance.
Mais Éfraïm est un enfant
qui manque de sagesse.
Il refuse de sortir du ventre de sa mère[q].
14 Et moi, le SEIGNEUR,
est-ce que je dois l'arracher
au pouvoir du monde des morts ?
Est-ce que je dois le sauver de la mort ?
Mort, où est ton arme ?
Mort, où est ton pouvoir de tuer ?
Je n'aurai pas un regard de pitié pour Éfraïm.
15 Pendant qu'Éfraïm se développe parmi ses frères,
le vent d'est arrive, il vient du désert[r].
C'est moi, le SEIGNEUR qui l'envoie.
Alors les sources n'ont plus d'eau,
les puits sont secs.
Le vent emporte le trésor,
tous les objets précieux. »

14 1 Les habitants de Samarie[s]
devront payer pour leurs fautes,
parce qu'ils se sont opposés à leur Dieu.
Ils mourront à la guerre,
leurs bébés seront écrasés,
leurs femmes enceintes auront le ventre ouvert.

Israël guérira en revenant vers le Seigneur

2 Reviens, Israël, vers le SEIGNEUR ton Dieu.
C'est ta faute qui t'a fait tomber.

q 13.13 *Cela veut dire qu'en refusant de se tourner vers Dieu, Éfraïm refuse de naître à la vie.*
r 13.15 *Voir Osée 12.2 et la note.*
s 14.1 *Samarie : voir Osée 7.1 et la note.*

3 Revenez vers le SEIGNEUR
en lui apportant ces paroles :
« Pardonne nos fautes
et accepte ce que nous offrons de bon.
À la place des taureaux,
nous t'offrirons en *sacrifice
les paroles de notre bouche.
4 L'Assyrie ne peut pas nous sauver.
Nous ne monterons plus sur des chevaux de combat.
Les statues que nous avons fabriquées nous-mêmes,
nous ne les appellerons plus "Notre Dieu".
En effet, toi seul, tu as pitié des orphelins. »

5 Le SEIGNEUR dit :
« Je guérirai Israël de son infidélité.
Je l'aimerai de bon cœur,
car je ne suis plus en *colère contre lui.
6 Pour Israël,
je serai comme la rosée du matin,
il fleurira comme un lys,
il enfoncera ses racines dans le sol
comme les arbres du Liban.
7 Ses branches se développeront,
il sera beau comme *l'olivier,
et il répandra l'odeur agréable
des montagnes du Liban.
8 Les habitants d'Israël reviendront
s'asseoir à mon ombre.
Ils cultiveront de nouveau le *blé,
ils fleuriront comme la *vigne,
ils seront célèbres comme le vin du Liban.
9 Éfraïm, est-ce qu'il y a encore quelque chose de commun
entre moi et les faux dieux ?
Moi, je te réponds et je veille sur toi.
Moi, je suis comme un cyprès,
un arbre toujours vert[t].
C'est moi qui te donne tes récoltes. »

10 Celui qui a la sagesse comprendra
tout ce qui vient d'être dit.
Celui qui est intelligent
en connaîtra le sens.
Oui, les chemins du SEIGNEUR sont droits.
Ceux qui lui obéissent
marcheront dessus,
mais ceux qui s'opposent à lui
perdront l'équilibre.

---

t **14.9** *Éfraïm : voir Osée 4.17 et la note.*
Le cyprès est un arbre toujours vert. Ici, il représente la vie. C'est pourquoi Dieu, qui est source de cette vie, est comparé au cyprès.

Joël

INTRODUCTION

Le livre de Joël n'indique pas qui était ce prophète ni à quelle époque il a vécu. Ses paroles peuvent concerner tous les temps. Les versets 2 et 3 du chapitre 1 invitent d'ailleurs à les communiquer de génération en génération.

L'annonce de la venue du ***jour du Seigneur*** *est le sujet principal du livre. Il s'agit du jour où Dieu intervient. Il intervient d'abord contre son peuple (1.15–2.11). Israël est jugé en fonction de son attitude à l'égard de Dieu. Le prophète Joël lance un appel pour que les Israélites prennent Dieu au sérieux. Alors la venue de son jour leur offre une chance d'être sauvés (3.5). En ce qui concerne les autres peuples, ils sont jugés en fonction de leur attitude à l'égard d'Israël.*

Voici comment le livre est composé :

- *Dans une première partie (1.1–2.11), le prophète décrit deux malheurs : une catastrophe agricole et la venue du jour du Seigneur.*

Le pays est envahi par des insectes, et une grande sécheresse détruit les récoltes (1.4-14). Ce premier malheur annonce le deuxième. En effet, le jour du Seigneur arrive lui aussi comme un malheur qui détruit tout (1.15-20). Celui-ci est décrit avec des images de guerre et de catastrophe (2.1-11).

- *Dans une deuxième partie (2.12-27), le prophète appelle le peuple à* ***changer sa façon de vivre****. Et il affirme que Dieu aura pitié de lui.*

Les appels du prophète, déjà présents au chapitre 1, sont repris en 2.12-17. Le prophète demande à tous de prier, de jeûner et de revenir vers leur Dieu. Dieu promet en retour de rétablir la vie avec une grande abondance (2.18-27).

- *La troisième partie (chapitres 3 et 4) concerne de nouveau le jour du Seigneur. Ce jour-là, Dieu donnera son* ***esprit*** *à tous ceux de son peuple. Ils feront appel à lui et ils seront sauvés (3.1-5). Dieu jugera les autres peuples (4.1-17). Israël, le peuple de Dieu, connaîtra le bonheur (4.18-21).*

Il n'est pas possible de savoir si les catastrophes du livre de Joël sont des événements réels. Il peut s'agir aussi de visions du prophète. En tout cas, le prophète dit avec force qu'il faut parfois tout perdre pour chercher Dieu de nouveau et recevoir la vie de lui.

---

1 1 Le SEIGNEUR a adressé sa parole à Joël, fils
de Petouel.

Les insectes et la sécheresse arrivent

2 Écoutez, vous, les *anciens,
ouvrez tous vos oreilles, habitants de Juda !
Est-ce qu'une chose pareille
est arrivée pendant votre vie
ou pendant la vie de vos ancêtres ?
3 Racontez cela à vos enfants.
Vos enfants le raconteront
à leurs enfants,
et leurs enfants le diront
à ceux qui viendront après eux.

[4] Ce que les chenilles ont laissé
de la récolte,
les sauterelles l'ont mangé.
Ce que les sauterelles ont laissé,
les hannetons l'ont mangé.
Ce que les hannetons ont laissé,
les criquets l'ont mangé.
[5] Réveillez-vous, ivrognes, et pleurez!
Tous les buveurs de vin, gémissez!
Le vin nouveau
ne coulera plus dans votre bouche.
[6] Une armée d'insectes attaque notre pays.
Ils sont puissants,
et on ne peut pas les compter.
Ils dévorent comme les dents du lion,
comme les mâchoires de la lionne.
[7] Ils font de nos *vignes un désert,
ils détruisent complètement
nos *figuiers,
ils les mangent,
ils enlèvent leur écorce,
et leurs petites branches
deviennent blanches.
[8] Gémissez
comme une jeune femme en deuil
qui pleure le mari qu'elle vient de prendre.
[9] Personne n'apporte plus au temple
d'offrandes de farine
ni d'offrandes de vin.
C'est pourquoi les prêtres
qui sont au service du SEIGNEUR
sont en deuil.
[10] Les champs sont détruits,
la terre est remplie de tristesse.
Il n'y a plus de *blé,
plus de vin nouveau,
plus d'huile fraîche.
[11] Les cultivateurs sont découragés,
les vignerons gémissent.
Le blé et *l'orge sont détruits,
toutes les récoltes sont perdues.
[12] La vigne est desséchée,
les figuiers ne produisent plus rien.
Grenadiers, palmiers-dattiers
et pommiers,
tous les arbres fruitiers sont secs.
Oui, la joie a disparu
parmi les humains.

Le prophète appelle au jeûne et à la prière

[13] Vous, les prêtres,
prenez vos habits de deuil et pleurez.
Vous êtes en service
à *l'autel du SEIGNEUR,
eh bien, gémissez!
Vous êtes les serviteurs de notre Dieu,
eh bien, passez la nuit dans la tristesse.
En effet,
les gens n'apportent plus au temple
d'offrandes de farine
ni d'offrandes de vin.
[14] Donnez l'ordre de *jeûner,
organisez une grande cérémonie.
Réunissez les *anciens
et tous les habitants du pays
dans le temple du SEIGNEUR, votre Dieu,
et criez vers lui.

Le jour du Seigneur est bientôt là

[15] Hélas, quel jour terrible!
Le *jour du SEIGNEUR est bientôt là.
Il arrive
comme un malheur qui détruit tout,
envoyé par le *Tout-Puissant.
[16] Notre nourriture
disparaît sous nos yeux,
la joie et la gaieté
quittent le temple de notre Dieu.
[17] Les graines semées ont séché
sous les mottes de terre.
Les greniers sont vides,
les magasins ont été détruits,
parce que le *blé a séché.
[18] Écoutez
comme les animaux gémissent!
Les troupeaux de bœufs
vont de tous côtés,
parce qu'ils n'ont plus de pâturages.
Même les moutons souffrent.

Le prophète prie

[19] SEIGNEUR, je crie vers toi!
Le feu dévore
les pâturages de la campagne,
les flammes brûlent
tous les arbres des champs.

20 Même les bêtes sauvages
se tournent vers toi,
car les points d'eau sont secs.
Le feu dévore
les pâturages de la campagne.

Le jour du Seigneur arrive

2 1 Sonnez de la trompette à *Sion,
poussez des cris sur la montagne du SEIGNEUR.
Vous, les habitants du pays, tremblez,
car le *jour du SEIGNEUR arrive,
il est bientôt là.
2 C'est un jour sombre,
couvert de nuages noirs,
un jour de brouillard et de nuit.
L'armée des insectes arrive.
Ils sont nombreux et puissants,
pareils à la nuit qui couvre les montagnes.
On n'a jamais vu quelque chose de pareil
et on ne le verra plus jamais
jusqu'aux générations les plus éloignées.
3 Ils sont comme les flammes
d'un feu dévorant,
ils détruisent tout devant eux
et derrière eux.
Avant leur arrivée,
la terre était comme le jardin d'Éden[a].
Maintenant,
elle est aussi sèche qu'un désert.
Personne ne reste en vie derrière eux.
4 Ils sont pareils aux chevaux de combat,
ils courent comme des cavaliers.
5 Ils font du bruit
comme des chars de guerre
qui bondissent sur les montagnes,
ou comme des flammes
qui brûlent l'herbe sèche.
Ils arrivent
comme une armée puissante,
rangée pour la bataille.
6 En les voyant,
les gens sont effrayés,
tous les visages changent de couleur.
7 Ces insectes courent
comme des soldats,
ils montent sur les murs
comme des combattants.
Ils suivent chacun leur chemin,
sans s'écarter de leur route.
8 Aucun d'eux ne bouscule son voisin,
chacun va droit devant soi.
Ils foncent à travers les flèches,
sans s'éloigner les uns des autres.
9 Ils courent vers la ville,
ils montent sur les murs de défense,
ils entrent dans les maisons,
par les fenêtres, comme des voleurs.
10 Quand ils arrivent, la terre tremble,
le ciel semble tomber.
Le soleil et la lune deviennent sombres,
les étoiles ne brillent plus.
11 Le SEIGNEUR fait entendre sa voix
à la tête de son armée.
Les troupes qui obéissent à ses ordres
sont très nombreuses et puissantes.
Oui, il est grand, le jour du SEIGNEUR.
Il est terrible,
et personne ne peut le supporter.

C'est le moment de revenir vers le Seigneur

12 Le SEIGNEUR déclare :
« Revenez vers moi de tout votre cœur,
c'est encore le moment.
Jeûnez, pleurez,
chantez des chants de deuil !
13 Ce ne sont pas vos vêtements qu'il faut *déchirer,
c'est votre cœur qu'il faut changer. »
Oui, revenez vers le SEIGNEUR, votre Dieu.
Il est plein de tendresse et de pitié,
patient, plein d'amour,
et il regrette ses menaces.
14 Qui sait ?
Il regrettera peut-être sa décision
et vous fera encore du bien.
Alors vous pourrez apporter
des offrandes de farine
et des offrandes de vin
au SEIGNEUR, votre Dieu.

a 2.3 *Voir Genèse 2.8-9.*

C'est le moment de jeûner et de supplier le Seigneur

15 Sonnez de la trompette à Jérusalem,
commandez un temps de *jeûne,
organisez une cérémonie.
16 Convoquez le peuple
pour une assemblée *sainte.
Réunissez les vieillards,
les jeunes gens et même les bébés.
Que les nouveaux mariés
quittent leur chambre de mariage.
17 Que les prêtres au service du SEIGNEUR
pleurent dans le temple,
entre l'entrée et *l'autel.
Qu'ils prient ainsi : « SEIGNEUR,
aie pitié de nous, ton peuple.
Ne permets pas que la honte couvre
ceux qui t'appartiennent.
Ne permets pas que les autres peuples
se moquent de nous en disant :
"Et leur Dieu, qu'est-ce qu'il fait ?" »

Le Seigneur répond à son peuple

18 Le SEIGNEUR est plein d'amour pour son pays,
il a pitié de son peuple.
19 Voici ce qu'il lui répond :
« Voyez, je vais vous redonner
du *blé, du vin nouveau,
de l'huile fraîche.
Vous en aurez autant que vous voudrez.
Je ne permettrai plus
que les autres peuples vous couvrent de honte.
20 Je chasserai vos ennemis
qui viennent du nord,
je les repousserai
vers des régions désertes et sèches.
Leurs premières troupes,
je les ferai tomber dans la mer Morte,
leurs dernières troupes,
je les jetterai dans la mer Méditerranée.
Les corps des soldats morts
répandront une odeur horrible
qui empoisonnera l'air. »

Oui, le SEIGNEUR fait de grandes choses.
21 Toi, la terre, n'aie pas peur !
Danse de joie et réjouis-toi,
car le SEIGNEUR fait de grandes choses !
22 Vous, les bêtes des champs,
n'ayez pas peur.
L'herbe du désert repousse,
les arbres portent des fruits,
les *figuiers et les *vignes
offrent leur richesse.
23 Et vous, habitants de Jérusalem,
dansez de joie et réjouissez-vous
à cause du SEIGNEUR, votre Dieu.
Après la saison sèche,
il vous envoie la pluie comme un bienfait,
il la fait tomber selon les saisons,
comme autrefois.
24 Les greniers sont remplis de grains,
les cuves débordent de vin nouveau
et d'huile fraîche.
25 Le SEIGNEUR dit :
« Les chenilles et les sauterelles,
les hannetons et les criquets,
cette grande armée d'insectes
que j'ai envoyés contre vous,
ont dévoré vos récoltes[b].
Eh bien, je vais remplacer
ce que vous avez perdu.
26 Vous mangerez à votre faim
et vous chanterez ma louange.
Moi, le SEIGNEUR votre Dieu,
je fais pour vous des actions magnifiques.
Mon peuple ne sera plus jamais couvert de honte.
27 Alors vous comprendrez ceci :
je suis présent au milieu de vous, Israélites,
je suis le SEIGNEUR votre Dieu,
et il n'y en a pas d'autre.
Non, mon peuple
ne sera plus jamais couvert de honte. »

b **2.25** *Voir Joël 1.4,6-7.*

Le Seigneur donnera son esprit à tous

3 1 Le SEIGNEUR dit :
« Après cela,
je donnerai mon esprit à tous.
Vos fils et vos filles parleront de ma part.
J'enverrai des rêves à vos vieillards,
je ferai voir des choses nouvelles
à vos jeunes gens.
2 À ce moment-là, je donnerai mon esprit
même aux serviteurs et aux servantes.
3 Et je ferai des actions extraordinaires
au ciel et sur la terre.
Il y aura du sang, du feu
et des nuages de fumée.
4 Le soleil deviendra sombre,
et la lune sera rouge comme du sang.
Ensuite, le *jour du SEIGNEUR viendra,
ce jour grand et terrible. »
5 Alors
tous ceux qui feront appel au SEIGNEUR
seront sauvés.
Le SEIGNEUR l'a promis :
à Jérusalem, sur le mont *Sion,
certains resteront en vie après cela.
Ce seront tous ceux que le SEIGNEUR appelle.

Le Seigneur juge les peuples

4 1 Le SEIGNEUR dit : « En ce temps-là,
je rendrai à Juda et à Jérusalem
leur ancienne situation.
2 Je rassemblerai tous les autres peuples,
je les ferai descendre dans la vallée
appelée "Le SEIGNEUR juge".
Là, je les ferai passer en jugement
à cause de ce qu'ils ont fait
à Israël, le peuple qui m'appartient.
Ils l'ont fait partir de tous côtés
chez les autres peuples
et ils se sont partagé mon pays.
3 Ils se sont distribué les gens
de mon peuple en les *tirant au sort.
Ils ont vendu les garçons
pour se payer des *prostituées,
ils ont vendu les filles
pour se payer du vin
et ils ont bu !
4 Vous, gens de Tyr et de Sidon[c],
et vous tous qui habitez les régions des Philistins,
qu'est-ce que vous me voulez ?
Est-ce que vous voulez vous venger sur moi ?
Si vous voulez cela,
je ferai très vite retomber la vengeance
sur vos têtes.
5 Vous avez pris mon argent et mon or,
vous avez emporté dans vos temples
mes trésors les plus précieux.
6 Vous avez vendu aux Grecs
les habitants de Juda et de Jérusalem
pour les éloigner de leur pays !
7 Eh bien, je vais les ramener
de l'endroit où vous les avez vendus
et je ferai retomber la vengeance
sur vos têtes.
8 Je vendrai vos fils et vos filles
aux habitants de Juda.
Ils les revendront aux Sabéens[d]
qui vivent loin d'ici. »
C'est le SEIGNEUR qui le dit.

Le Seigneur va venir dans la vallée du Jugement

9 Annoncez ceci aux autres peuples :
« Préparez la guerre,
réveillez vos combattants.
Que tous les soldats se mettent en route !
10 Faites des *épées avec vos socs de charrue !
Fabriquez des lances avec vos faucilles.
Que même les plus faibles se disent :
nous sommes des combattants courageux.
11 Vous, tous les peuples voisins,
dépêchez-vous d'arriver.
Rassemblez-vous ! »
Toi, SEIGNEUR,
fais descendre tes combattants à cet endroit.

---

c 4.4 *Tyr et Sidon : deux ports de Phénicie situés sur la côte de la mer Méditerranée.*
d 4.8 *Les Sabéens habitaient au sud de l'Arabie.*

12 Le SEIGNEUR dit :
« Que les autres peuples
se mettent en route,
qu'ils viennent dans la vallée
appelée "Le SEIGNEUR juge" !
Oui, c'est là que je m'assoirai
pour juger tous les peuples voisins.
13 Lancez la faucille,
car la récolte est mûre.
Venez les écraser,
car le pressoir est plein
et les cuves débordent.
Oui, leur méchanceté est immense. »
14 Des foules très nombreuses
arrivent dans la vallée du Jugement.
Il est proche,
le jour où le SEIGNEUR va venir dans cette vallée.
15 Le soleil et la lune deviennent sombres,
les étoiles ne brillent plus.
16 Le SEIGNEUR rugit
depuis la montagne de *Sion.
Oui, il fait entendre sa voix
depuis Jérusalem.
Le ciel et la terre tremblent.
Mais le SEIGNEUR protège son peuple,
il protège les Israélites avec puissance.
17 Il leur dit :
« Alors vous comprendrez ceci :
je suis le SEIGNEUR, votre Dieu,
j'habite à *Sion, ma montagne *sainte.
Oui, Jérusalem sera un lieu saint,
les étrangers n'y entreront plus. »

Annonce de bonheur pour le peuple d'Israël

18 « Ce jour-là,
le vin nouveau inondera les collines,
le lait débordera sur les montagnes,
l'eau coulera dans toutes les rivières du pays de Juda,
une source sortira du temple du SEIGNEUR
et elle arrosera la vallée de Chittim[e].
19 L'Égypte n'aura plus d'habitants,
le pays d'Édom deviendra un désert.
En effet, ils ont fait violence aux habitants de Juda
en tuant des gens innocents dans leur pays.
20-21 Oui, j'affirme qu'ils sont innocents !
Mais le pays de Juda
sera habité pour toujours,
ainsi que Jérusalem à toutes les époques.
Et moi, le SEIGNEUR, j'habite à *Sion. »

---

e **4.18** *Vallée de Chittim : située sans doute près de la mer Morte.*

Amos

INTRODUCTION

Vers 760 avant J.-C., Amos, un éleveur de troupeaux du royaume de Juda, va dans le royaume d'Israël, au nord, pour y parler de la part de Dieu. Jéroboam II est roi depuis plusieurs années. Le pays vit dans le calme, car l'Assyrie le laisse tranquille. Le roi fait du commerce avec les peuples étrangers, et le pays est de plus en plus riche.

Dans cette si tuation de richesse et de paix, Amos annonce la fin du royaume d'Israël (2.6-16 ; 3–6 ; 7.11 ; etc.).

Amos parle de façon très dure contre les Israélites : il annonce leur condamnation par Dieu. En effet, les Israélites ne respectent pas les lois que Dieu a données pour que tout le monde puisse vivre : ils ***méprisent les règles du droit****. Les plus forts écrasent les plus faibles, et la justice est traînée par terre (voir 5.7). Alors les pratiques religieuses ne veulent plus rien dire (4.4-5 ; 5.21-27). Les fautes des Israélites les mènent à la mort (voir le chapitre 5).*

Amos parle en particulier à Samarie, la capitale, centre du pouvoir et de la richesse. Il parle aussi à Béthel, le principal lieu saint du royaume d'Israël. Là, il entre en conflit avec le prêtre Amassia (7.1-17). Après cela, Amos est sans doute chassé d'Israël.

Il est possible de trouver trois grandes parties dans le livre d'Amos :

- *Les chapitres 1 et 2 placent la condamnation d'Israël dans le cadre d'un jugement qui atteint les peuples voisins de Juda et d'Israël (1.1–2.3). Ces peuples sont jugés pour des crimes contre l'humanité. Juda est jugé pour sa désobéissance à Dieu (2.4-5). Le péché d'Israël est à la fois social et religieux (2.6-16).*
- *Les chapitres 3 à 6 développent les reproches faits à Israël en 2.6-16. Le peuple choisi et libéré par Dieu (2.10-11 ; 3.1-2, etc.) est devenu un peuple qui écrase les plus faibles. Il insulte Dieu par sa conduite. C'est pourquoi Dieu le condamne.*
- *Les chapitres 7 à 9 racontent cinq* ***visions*** *du prophète. Les deux premières (7.1-3,4-6) permettent de montrer la patience de Dieu. Les deux suivantes (7.7-9 ; 8.1-3) concernent*

la condamnation du peuple par Dieu. La dernière (9.1-4) indique comment Dieu réalise son jugement.

La fin du chapitre 9 (versets 11-15) parle du temps où Dieu redonnera la vie à son peuple. Tout au long du livre, le prophète affirme sa foi dans le Seigneur, le Dieu qui crée, dirige et juge l'univers (1.2 ; 4.13 ; 5.8-9 ; 9.5-6).

Amos est avant tout le prophète de la ***justice de Dieu****. Il dit avec force ce que Dieu n'accepte pas. En cela, ses paroles concernent tous les peuples et tous les temps.*

---

1 1 Voici les paroles d'Amos, un éleveur de
troupeaux, du village de Técoa. Deux ans
avant le tremblement de terre, le SEIGNEUR lui
a fait voir ce qu'il faudrait dire au sujet du
royaume d'Israël. C'était l'époque où Ozias
était roi de Juda et où Jéroboam, fils de Yoas,
était roi d'Israël[a]. 2 Amos disait :
« Le SEIGNEUR rugit comme un lion
depuis la montagne de *Sion.
Oui, il fait entendre sa voix
depuis Jérusalem.
Les pâturages sont en très mauvais état,
le sommet du mont Carmel est tout sec. »

Annonce d'un jugement du Seigneur

a. Contre les Syriens

3 Voici ce que le SEIGNEUR dit :
« J'ai beaucoup de crimes à reprocher
aux Syriens de Damas.
Le plus grave est celui-ci :
ils ont écrasé les habitants de Galaad
sous des herses de fer[b].
C'est pourquoi je ne changerai pas
la décision que j'ai prise :
4 Je mettrai le feu
au palais des rois de Syrie,
oui, je brûlerai
le palais de Hazaël et de Ben-Hadad.
5 Je ferai sauter les verrous des *portes
de la ville de Damas.
Je supprimerai le roi de cette vallée où l'on fait le mal,
le roi qui gouverne cette ville de plaisirs.
Et le peuple syrien
sera renvoyé à Quir[c], en exil. »
C'est le SEIGNEUR qui le dit.

b. Contre les Philistins

6 Voici ce que le SEIGNEUR dit :
« J'ai beaucoup de crimes à reprocher
aux *Philistins de Gaza.
Le plus grave est celui-ci :
ils ont déporté les habitants de villages entiers
pour les livrer aux Édomites.
C'est pourquoi je ne changerai pas
la décision que j'ai prise :
7 Je mettrai le feu
aux murs de la ville de Gaza,
et il dévorera ses belles maisons.
8 Je supprimerai le roi d'Asdod,
et le roi qui gouverne Ascalon.
J'attaquerai la ville d'Écron[d]
et les Philistins restés en vie mourront. »
C'est le Seigneur DIEU qui le dit.

---

a 1.1 *Ozias a été roi de Juda (royaume du Sud) de 780 à 746 environ avant J.-C. Jéroboam a été roi d'Israël (royaume du Nord) à la même période.*

b 1.3 *Damas : capitale de la Syrie.*
Galaad : territoire israélite à l'est du fleuve Jourdain.
Sous des herses de fer : la herse est un outil avec des pointes et des lames de fer qui sert à écraser les mottes de terre après le labour. Ici, les herses représentent la dureté des Syriens envers leurs ennemis vaincus.

c 1.5 *Quir : les Syriens venaient de cette région. Voir Amos 9.7.*

d 1.8 *Gaza (versets 6 et 7), Asdod, Ascalon, Écron : quatre des principales villes philistines.*

c. Contre les Phéniciens

9 Voici ce que le SEIGNEUR dit :
« J'ai beaucoup de crimes à reprocher
aux Phéniciens de Tyr.
Le plus grave est celui-ci :
ils n'ont pas respecté les accords
qui les unissaient à Israël
comme à des frères.
En effet, ils ont déporté
les habitants de villages entiers
pour les livrer aux Édomites.
C'est pourquoi je ne changerai pas
la décision que j'ai prise :
10 Je mettrai le feu
aux murs de la ville de Tyr,
et il dévorera ses belles maisons. »

d. Contre les Édomites

11 Voici ce que le SEIGNEUR dit :
« J'ai beaucoup de crimes à reprocher
aux gens d'Édom[e].
Le plus grave est celui-ci :
ils ont poursuivi leurs frères d'Israël,
*l'épée à la main.
Ils n'ont eu aucune pitié pour eux.
Dans leur colère,
ils ne s'arrêtent pas de tuer,
ils gardent une haine qui ne finit jamais.
C'est pourquoi je ne changerai pas
la décision que j'ai prise :
12 Je mettrai le feu à leur ville de Téman,
et il dévorera les belles maisons
de la ville de Bosra. »

e. Contre les Ammonites

13 Voici ce que le SEIGNEUR dit :
« J'ai beaucoup de crimes à reprocher
aux Ammonites.
Le plus grave est celui-ci :
en voulant agrandir leur pays,
ils ont ouvert le ventre des femmes enceintes du pays de Galaad.
C'est pourquoi je ne changerai pas
la décision que j'ai prise :
14 Je mettrai le feu
aux murs de la ville de Rabba.
Et il dévorera ses belles maisons,
le jour du combat,
parmi les cris de guerre,
dans la tempête d'un jour d'orage.
15 Leur roi partira en déportation
et ses chefs avec lui. »
C'est le SEIGNEUR qui le dit.

f. Contre les Moabites

2 1 Voici ce que le SEIGNEUR dit :
« J'ai beaucoup de crimes à reprocher
aux gens de Moab.
Le plus grave est celui-ci :
ils ont brûlé les os du roi d'Édom
et ils en ont fait de la cendre[f].
C'est pourquoi je ne changerai pas
la décision que j'ai prise :
2 Je mettrai le feu au pays de Moab,
il dévorera les belles maisons
de la ville de Quérioth.
Moab mourra
au milieu d'un grand bruit,
au milieu des cris de guerre
et au son de la corne de bélier.
3 J'enlèverai le roi qui le gouverne
et je ferai mourir tous ses chefs avec lui. »
C'est le SEIGNEUR qui le dit.

g. Contre les habitants de Juda

4 Voici ce que le SEIGNEUR dit :
« J'ai beaucoup de crimes à reprocher
aux gens de Juda.
Le plus grave est celui-ci :
ils ont rejeté mes enseignements,
ils n'ont pas obéi à mes commandements
et ils se sont trompés
comme leurs ancêtres
qui suivaient les faux dieux,
et ces dieux les ont trompés eux aussi.

---

e **1.11** *Édom : royaume situé au sud de la mer Morte. Les Édomites appartenaient à la famille d'Ésaü, frère de Jacob. Voir le livre d'Abdias.*

f **2.1** *Moab : royaume situé à l'est de la mer Morte.*
Brûler les os : en brûlant les os, les gens croyaient faire disparaître complètement la personne.

C'est pourquoi je ne changerai pas
la décision que j'ai prise :
5 Je mettrai le feu au pays de Juda,
il dévorera les belles maisons
de Jérusalem. »

h. Contre les Israélites du royaume du Nord

6 Voici ce que le SEIGNEUR dit :
« J'ai beaucoup de crimes à reprocher
aux gens d'Israël.
C'est pourquoi je ne changerai pas
la décision que j'ai prise.
Ils vendent l'innocent comme esclave,
pour avoir de l'argent.
Ils vendent le malheureux
pour avoir une paire de sandales.
7 Ils mettent la tête des pauvres
dans la poussière.
Ils ne respectent pas le droit des petits.
Le père et le fils
couchent avec la même femme
et ainsi, ils insultent mon honneur.
8 Dans tous les lieux de culte,
ils dorment sur les vêtements
qu'ils ont pris aux pauvres[g].
Dans la maison de leur dieu,
ils boivent le vin qu'ils ont pris aux gens.
9 Pourtant, moi, j'ai détruit pour vous
les populations *amorites.
Ces gens étaient
aussi grands que les *cèdres
et aussi forts que les chênes.
Je les ai entièrement détruits.
10 Autrefois, moi,
je vous ai fait sortir d'Égypte.
Et je vous ai conduits dans le désert
pendant 40 ans
pour que vous possédiez
le pays des Amorites.
11 Plus tard, parmi vos fils,
j'en ai appelé certains
pour qu'ils deviennent *prophètes.
Et parmi vos jeunes gens,
j'en ai appelé d'autres
pour qu'ils se *consacrent à moi par un vœu[h].
Est-ce que ce n'est pas la vérité,
gens d'Israël ?
Moi, le SEIGNEUR, je le déclare.
12 Mais vous avez fait boire du vin
à ceux qui avaient promis de ne pas en boire.
Et vous avez interdit aux prophètes
de parler de ma part.
13 « Eh bien, moi, maintenant,
je vous écraserai,
comme une charrette pleine de marchandises
écrase tout sur son passage.
14 Même les plus rapides
ne pourront pas fuir,
même les plus forts
ne pourront pas utiliser leur force,
même les meilleurs soldats
ne pourront pas sauver leur vie.
15 Celui qui lance les flèches ne résistera pas,
le coureur ne s'échappera pas,
l'homme à cheval ne sauvera pas sa vie.
16 Ce jour-là, le plus courageux fuira tout nu. »
Voilà ce que le SEIGNEUR déclare.

3 1 Gens d'Israël, vous êtes la famille que le
SEIGNEUR a ramenée d'Égypte. Écoutez ce
qu'il dit contre vous :
2 « Parmi toutes les familles de la terre,
je me suis occupé tout particulièrement de vous.
C'est pourquoi
j'agirai contre vous
à cause de tous vos crimes. »

Quand le Seigneur parle, un prophète se lève

3 Est-ce que deux hommes marchent ensemble,
quand ils n'ont pas décidé de le faire ?

---

g **2.8** *Voir Exode 22.24-26.*

h **2.11** *Se consacrer au Seigneur par un vœu, c'était se mettre au service du Seigneur en devenant nazir. Voir Nombres 6.1-21.*

4 Est-ce que le lion rugit dans la forêt
quand il n'a pas trouvé
une bête à manger?
Est-ce que le jeune lion
gronde dans son abri
quand il n'a rien pris?
5 Est-ce que le petit oiseau
tombe dans un piège
quand il n'y a rien pour l'attirer?
Est-ce qu'un piège se referme
quand il n'a rien attrapé?
6 Est-ce qu'on lance un signal de guerre dans une ville
sans effrayer les habitants?
Est-ce qu'un malheur arrive dans une ville,
si le SEIGNEUR ne l'a pas envoyé?
7 De la même façon,
le Seigneur DIEU n'agit pas
sans faire connaître ses intentions
à ses serviteurs les *prophètes.

8 Quand le lion rugit,
qui n'a pas peur?
Quand le Seigneur DIEU parle,
qui ose ne pas annoncer son message?

Jugement du Seigneur contre la ville de Samarie

9 Sur les toits des belles maisons
de la ville d'Asdod,
sur les toits des belles maisons d'Égypte,
criez et dites:
« Rassemblez-vous
sur les hauteurs de Samarie[i],
voyez les nombreux désordres
et la violence qui s'y trouvent. »
10 Le SEIGNEUR déclare:
« Certains entassent
dans leurs belles maisons
tout ce que la violence et le vol
leur rapportent.
Ces gens-là ne savent pas
agir de façon honnête. »
11 C'est pourquoi, ville de Samarie,
moi, le Seigneur DIEU, je te dis:
« Tes ennemis entoureront le pays,
ils détruiront tes murs de défense,
ils pilleront tes belles maisons. »
12 Voici ce que le SEIGNEUR dit:
« Quand le lion a pris un mouton,
le berger arrache de sa gueule
deux pattes et un bout d'oreille.
Il arrivera la même chose
aux Israélites qui vivent à Samarie,
allongés sur un divan
ou sur les coussins d'un lit:
on n'en sauvera que des petits morceaux. »

Jugement du Seigneur contre les femmes de Samarie

13 Le Seigneur DIEU,
le Dieu de l'univers, déclare:
« Écoutez
et faites connaître ces avertissements
à la famille de *Jacob:
14 Le jour où j'agirai contre le peuple d'Israël
à cause de ses crimes,
j'agirai contre les autels de Béthel[j].
On cassera les *coins relevés de l'autel,
et ils tomberont par terre.
15 Je démolirai les maisons de la saison froide
et celles de la saison chaude[k].
Je détruirai les maisons décorées d'ivoire,
les grandes maisons disparaîtront. »
Voilà ce que le SEIGNEUR déclare.

4 1 Vous, les femmes de Samarie[l],
grasses comme les vaches du *Bachan,
écoutez cette parole:
vous écrasez les pauvres par l'injustice,
vous mettez à terre les malheureux
et vous dites à vos maris:
« Apporte donc à boire! »
2 Le Seigneur DIEU a fait ce serment:

---

i 3.9 *Samarie: capitale du royaume d'Israël.*

j 3.14 *Béthel: lieu sacré où le roi Jéroboam Ier a installé un lieu de culte. Voir 1 Rois 12.27-29, voir aussi Amos 7.13.*

k 3.15 *Les riches avaient une maison pour la saison froide et une autre maison pour la saison chaude.*

l 4.1 *Samarie: voir Amos 3.9 et la note.*

« Aussi vrai que je suis le Dieu *saint,
le jour arrive
où des gens vous enlèveront
et traîneront chacune d'entre vous
comme des poissons pris avec un crochet,
ou avec des piques pour la pêche.
3 Vous sortirez de la ville
par les ouvertures des murs,
chacune droit devant soi.
Et on vous jettera vers le nord du pays. »
Voilà ce que le SEIGNEUR déclare.

Jugement sur une religion qui ne vaut rien

4 « Gens d'Israël,
continuez à vous révolter contre moi
en allant au temple de Béthel,
révoltez-vous encore davantage
en allant au Guilgal[m],
vous pécherez encore plus !
Le jour suivant votre arrivée,
offrez vos *sacrifices,
et le troisième jour présentez vos dons.
5 Faites brûler sur *l'autel du pain levé
pour vos sacrifices de louange.
Annoncez devant tous
les dons volontaires que vous me faites,
puisque c'est cela que vous aimez,
gens d'Israël ! »
Voilà ce que le Seigneur DIEU déclare.

Les avertissements de Dieu n'ont servi à rien

6 « Moi, dans toutes vos villes,
je vous ai envoyé la famine.
Je vous ai privé de nourriture
dans tous vos villages,
mais vous n'êtes pas revenus vers moi. »
Voilà ce que le SEIGNEUR déclare.

7 « Je vous ai refusé la pluie
pendant les trois mois avant la récolte.
J'ai fait tomber la pluie
sur une ville et non sur une autre.
Un champ a reçu de la pluie,
un autre champ privé de pluie
est devenu sec.
8 Les habitants allaient de ville en ville
pour avoir de l'eau à boire,
mais ils n'en trouvaient pas assez.
Pourtant
vous n'êtes pas revenus vers moi. »
Voilà ce que le SEIGNEUR déclare.

9 « J'ai frappé vos *céréales de maladie
en les faisant sécher
ou pourrir dans les champs.
J'ai détruit vos jardins et vos *vignes,
les criquets ont dévoré vos *figuiers
et vos *oliviers.
Pourtant
vous n'êtes pas revenus vers moi. »
Voilà ce que le SEIGNEUR déclare.

10 « J'ai envoyé contre vous une épidémie
comme celle qui avait frappé les animaux
en Égypte.
J'ai laissé les ennemis tuer vos jeunes gens
pendant qu'on prenait vos chevaux.
L'horrible odeur des morts
est montée jusqu'à vos narines.
Pourtant
vous n'êtes pas revenus vers moi. »
Voilà ce que le SEIGNEUR déclare.

11 « J'ai tout renversé chez vous,
comme autrefois à Sodome et Gomorrhe[n].
Et vous avez été comme un bout de bois
sauvé du feu.
Pourtant
vous n'êtes pas revenus vers moi. »
Voilà ce que le SEIGNEUR déclare.

12 « C'est pourquoi, Israël, tu vas voir
comment je vais te traiter.
Étant donné ce que je vais te faire,
prépare-toi à me rencontrer,
moi, ton Dieu. »

---

m 4.4 *Béthel : voir Amos 3.14 et la note.*
Guilgal : lieu sacré de la vallée du Jourdain.

n 4.11 *Voir Genèse 19.24-25.*

Le Seigneur est le Dieu qui a créé l'univers

13 C'est lui qui a formé les montagnes.
Il a créé le vent,
il fait connaître ses projets aux humains.
Il change en nuit la lumière du matin,
il marche sur les hauteurs de la terre.
Son nom est:
le SEIGNEUR, Dieu de l'univers.

Chant de deuil du prophète sur le peuple d'Israël

5 1 Gens d'Israël, écoutez ces paroles, ce
chant de deuil que je chante sur vous:
2 Israël est comme une jeune fille morte.
Elle est tombée,
elle ne se relèvera plus.
Elle est étendue par terre,
dans son pays,
personne pour la mettre debout!

3 En effet, voici ce que le Seigneur DIEU dit
au sujet du peuple d'Israël:
« La ville qui envoie 1000 hommes à la guerre
n'en retrouvera plus que 100,
le village qui en envoie 100
n'en retrouvera plus que 10. »

Le Seigneur appelle à changer de vie

4 Voici ce que le SEIGNEUR dit
au peuple d'Israël:
« Si vous voulez vivre,
c'est moi que vous devez chercher.
5 Mais ne me cherchez pas au temple de Béthel.
N'entrez pas au lieu sacré du Guilgal.
Ne passez pas à celui de Berchéba[o].
Oui, les gens du Guilgal
seront déportés,
et Béthel, la maison de Dieu,
deviendra "maison des faux dieux". »
6 Si vous voulez vivre,
c'est le SEIGNEUR que vous devez chercher.
Sinon, il viendra sur la famille de Joseph[p]
comme un feu.
Il brûlera tout à Béthel,
et personne ne pourra l'éteindre.
7 Hélas!
le droit est devenu une chose amère,
la justice est traînée par terre.

Le Seigneur est le maître de l'univers

8 C'est lui qui a fait les groupes d'étoiles:
les Pléiades et Orion.
Il change l'ombre épaisse
en lumière du matin,
il cache le jour
pour que la nuit apparaisse.
Il appelle l'eau de la mer
et la répand sur la terre.
Son nom est: le SEIGNEUR.
9 Il permet qu'on attaque l'homme fort
et qu'on détruise la ville bien protégée.

Le Seigneur appelle à faire le bien

10 Vous détestez
celui qui fait des reproches aux gens du tribunal,
vous n'aimez pas celui qui dit la vérité.

11 Vous écrasez le pauvre par l'injustice,
vous lui prenez de force
une part de sa récolte.
Eh bien, à cause de cela,
vous n'habiterez pas
dans les maisons en pierres taillées
que vous avez bâties,
vous ne boirez pas le vin
des belles *vignes
que vous avez plantées.
12 Oui, je le sais, vos crimes sont nombreux,
vos fautes sont très graves:
vous êtes les ennemis des innocents,
vous acceptez des cadeaux malhonnêtes.

---

o 5.5 *Béthel et Guilgal: voir Amos 4.4 et la note.*
Berchéba: lieu sacré au sud du territoire de Juda.

p 5.6 *La famille de Joseph: cette expression désigne ici le royaume du Nord ou royaume d'Israël.*

Au tribunal, vous empêchez
qu'on rende la justice aux pauvres.

13 Ce temps-ci est un temps de malheur.
C'est pourquoi l'homme sage se tait.
14 Cherchez à faire ce qui est bien
et non ce qui est mal.
Ainsi vous vivrez,
et le SEIGNEUR, Dieu de l'univers,
sera vraiment avec vous,
comme vous le dites.
15 Détestez ce qui est mal,
aimez ce qui est bien.
Au tribunal, faites respecter le droit.
Alors le SEIGNEUR, Dieu de l'univers,
aura peut-être pitié
des gens de la famille de Joseph
qui sont restés en vie.

16 Eh bien, le SEIGNEUR Dieu,
le Dieu de l'univers, dit ceci :
« Sur toutes les places publiques,
on va entendre des chants de deuil.
Dans toutes les rues, les gens diront :
"Quel malheur ! Quel malheur !"
On invitera les paysans pour le deuil,
les pleureuses pour les chants de funérailles.
17 Dans toutes les plantations de vignes,
il y aura des chants de deuil,
quand je passerai au milieu de vous. »
C'est le SEIGNEUR qui le dit.

Le jour du Seigneur sera un jour sombre

18 Quel malheur pour ceux qui attendent
le *jour du SEIGNEUR avec impatience !
Ce jour du SEIGNEUR,
qu'est-ce qu'il sera pour vous ?
Un jour plein de lumière ?
– Non : un jour sombre !
19 Il fera penser à un homme
qui fuit devant un lion
et qui rencontre un autre animal sauvage.
Puis cet homme entre chez lui,
il appuie la main contre le mur
et se fait mordre par un serpent !
20 Est-ce que le jour du SEIGNEUR
sera plein de lumière ?
– Non, ce sera un jour sombre,
un jour noir, sans aucune clarté.

Jugement du Seigneur contre les cérémonies religieuses

21 Je déteste vos pèlerinages,
ils ne sont rien pour moi,
Je ne peux plus supporter vos rassemblements.
22 Les animaux complètement brûlés
et les produits de la terre
que vous m'offrez,
ils ne me plaisent pas.
Vos *sacrifices de bêtes grasses,
je ne les regarde même pas.
23 Arrêtez de crier vos cantiques
à mes oreilles.
Je ne veux plus entendre
la musique de vos *harpes.
24 Mais faites jaillir le droit
comme une source,
laissez la justice s'écouler
comme une rivière débordante !
25 Gens d'Israël, pendant les 40 ans que vous
êtes restés au désert, vous ne m'avez offert
ni sacrifices ni produits de la terre. 26 Mais
aujourd'hui, vous portez les statues que
vous avez fabriquées vous-mêmes : celle de
Sakouth, votre roi et votre dieu, et celle de
Kéwan, votre étoile et votre dieu[q] ?
27 Eh bien, je vais vous déporter
plus loin que Damas.
C'est le SEIGNEUR qui le dit.
Son nom est « le Dieu de l'univers ».

Jugement contre le gaspillage des riches

6 1 Quel malheur
pour vous qui vivez bien tranquilles
sur la colline de Jérusalem,
et pour vous qui vous croyez en sécurité
sur la colline de Samarie[r] !

q 5.26 *Sakouth et Kéwan étaient des dieux assyriens.*

r 6.1 *Voir Amos 3.9 et la note.*

On dit que vous êtes les meilleurs
parmi les nations.
Et vos frères israélites
se tournent vers vous !
2 Allez donc à Kalné et regardez !
Ensuite, allez de là jusqu'à Hamath,
la grande ville.
Puis descendez à Gath
chez les *Philistins.
Est-ce que vous valez mieux
que ces royaumes ?
Est-ce que votre pays est plus grand
que leurs pays ?
3 Vous cherchez à repousser
le jour du malheur.
Mais vous faites venir
le jour de la violence.
4 Vous êtes couchés sur des lits décorés d'ivoire,
vous êtes étendus sur vos divans
pour manger les meilleurs agneaux du troupeau
et les veaux les plus gros de l'étable.
5 Vous chantez au son de la harpe.
Comme David, vous inventez
de nouveaux instruments de musique.
6 Vous buvez du vin
dans de grandes *coupes,
vous vous parfumez
avec de l'huile fine,
mais la famille de Joseph[s] va être détruite,
et cela ne vous fait rien !

7 C'est pourquoi maintenant,
vous serez les premiers à être déportés.
Et vous disparaîtrez,
bande de paresseux !

La ville de Samarie va être détruite

8 Le Seigneur DIEU, le Dieu de l'univers,
a fait ce serment :
« Aussi vrai que je suis Dieu,
l'orgueil du royaume d'Israël me dégoûte,
je déteste ses belles maisons.
Je livrerai à ses ennemis la ville de Samarie[t]
avec tout ce qu'elle contient. »

9 S'il reste dix hommes dans une famille, ils
mourront. 10 Alors un parent sortira les morts
de la maison pour les brûler. S'il reste quelqu'un en vie dans la dernière pièce de la maison, le parent lui demandera : « Est-ce qu'il y a
encore des gens avec toi ? » L'autre répondra :
« Non, il n'y a plus personne. » Il ajoutera :
« Tais-toi ! Ce n'est pas le moment de dire le
nom du SEIGNEUR[u] ! »
11 En effet,
le SEIGNEUR n'a qu'à donner un ordre :
alors les grandes maisons sont détruites,
et les petites tombent en morceaux !

Certaines victoires ne servent à rien

12 Est-ce que les chevaux
courent sur les rochers ?
Est-ce qu'on laboure dessus
avec des bœufs ?
Vous avez changé le droit en poison.
Et la justice est devenue une chose amère.
Pourquoi donc ?

13 Vous vous réjouissez à cause de votre victoire à Lodebar, la ville qui n'est rien. Vous dites : « C'est bien grâce à notre force que nous
avons pris la ville de Carnaïm, la ville de la
puissance. » 14 Mais le SEIGNEUR, Dieu de l'univers, déclare : « Royaume d'Israël, je vais dresser un pays[v] contre vous. Il vous écrasera
depuis Lebo-Hamath au nord jusqu'au torrent
de la Araba, au sud. »

Première vision d'Amos : les criquets

7 1 Voici ce que le Seigneur DIEU m'a fait
voir : il était en train de former des criquets. C'était au moment où l'herbe, coupée
une première fois pour le roi, recommençait
à pousser. 2 Et quand les criquets finissaient

s 6.6 *Famille de Joseph : voir Amos 5.6 et la note.*
t 6.8 *Voir Amos 3.9 et la note.*
u 6.10 *Ceux qui sont encore en vie ont sans doute peur d'attirer l'attention du Seigneur.*
v 6.14 *Il s'agit de l'Assyrie.*

de manger toute l'herbe du pays, j'ai dit : « Seigneur DIEU, je t'en prie, pardonne à ton peuple ! Sinon, qu'est-ce qu'il va devenir ? Il est
si petit ! » 3 Alors le SEIGNEUR a changé d'avis.
Il a dit : « Cela n'arrivera pas. »

Deuxième vision : le feu

4 Voici encore ce que le Seigneur DIEU m'a
fait voir : il faisait appel au feu pour accomplir
un jugement. La chaleur séchait l'eau qui est
sous la terre et elle brûlait le pays d'Israël.
5 Alors j'ai dit : « Seigneur DIEU, je t'en prie, arrête. Sinon, qu'est-ce que ton peuple va devenir ? Il est si petit ! » 6 Et le SEIGNEUR a changé
d'avis. Il a dit : « Cela n'arrivera pas non
plus. »

Troisième vision : le fil à plomb

7 Voici ce que le Seigneur m'a fait voir ensuite : il était debout près d'un mur et il tenait
à la main un fil à plomb[w]. 8 Le SEIGNEUR m'a
demandé : « Amos, qu'est-ce que tu vois ? »
J'ai répondu : « Un fil à plomb. » Le Seigneur
a continué : « Je constate ceci : mon peuple
est comme un mur qui n'est pas droit. Maintenant, je ne lui pardonnerai plus.
9 Je détruirai les lieux sacrés
des gens de la famille d'Isaac,
je démolirai les lieux *saints d'Israël,
je ferai la guerre
à la famille royale de Jéroboam[x]. »

Le prêtre Amassia chasse Amos de Béthel

10 Amassia, le prêtre de la ville de Béthel[y], a
envoyé un message à Jéroboam, le roi d'Israël :
« Amos cherche à renverser ton pouvoir dans
le royaume d'Israël. Les gens du pays ne peuvent plus supporter ses discours. 11 En effet,
voici ce qu'il dit :
"Jéroboam mourra assassiné,
et les habitants d'Israël
seront déportés loin de leur pays." »

12 Ensuite Amassia a dit à Amos : « Va-t'en,
voyant, retourne en Juda ! Là-bas, tu pourras
gagner ta vie en jouant au *prophète ! 13 Mais
ici, à Béthel, arrête de faire le prophète ! En
effet, c'est le lieu *saint du roi, le temple du
royaume. » 14 Amos a répondu à Amassia :
« Je n'étais pas prophète et je ne viens pas
d'une école de prophètes. J'élevais des bœufs
et je m'occupais des *figuiers sauvages.
15 Mais le SEIGNEUR m'a pris quand j'étais derrière le troupeau et il m'a dit : "Va parler de
ma part à Israël, mon peuple." 16 Mais toi,
Amassia, tu me dis : "Ne parle pas de la part
de Dieu contre Israël, ne bavarde pas contre
la famille d'Isaac[z] !" 17 Eh bien, voici ce que
le SEIGNEUR dit :
Ta femme deviendra une *prostituée dans
la ville.
On tuera tes fils et tes filles.
On mesurera la terre que tu possèdes
pour la distribuer à d'autres.
Et toi, tu mourras dans un pays *impur,
et les habitants d'Israël
seront déportés loin de leur pays. »

Quatrième vision d'Amos : le panier de fruits

8 1 Le Seigneur DIEU m'a fait voir encore un
panier de fruits mûrs. 2 Il m'a demandé :
« Amos, qu'est-ce que tu vois ? » J'ai répondu :
« Un panier de fruits mûrs. » Alors le SEIGNEUR
m'a dit :
« C'est la fin pour Israël, mon peuple,
comme pour des fruits mûrs.
Maintenant, je ne lui pardonnerai plus.
3 Le jour où j'agirai,
je le déclare, moi le Seigneur DIEU,
les chanteuses du palais du roi
chanteront des chants de deuil.
Il y aura beaucoup de morts.
On jettera les corps partout.
Tout sera silencieux. »

---

w 7.7 *Le fil à plomb est un outil de maçon. Il est formé d'une corde et d'un poids au bout de la corde. Il sert à voir si un mur est droit.*

x 7.9 *Jéroboam était le fils de Yoas, roi d'Israël. Voir 2 Rois 14.15-16, 23-29.*

y 7.10 *Voir Amos 3.14 et la note.*

z 7.16 *La famille d'Isaac : cette expression désigne ici le royaume du Nord ou royaume d'Israël.*

Les commerçants malhonnêtes entraînent la catastrophe

4 Écoutez bien,
vous qui marchez sur la tête des pauvres,
et qui voulez supprimer les gens simples du pays !
5 Vous dites : « Vite,
que la fête de la *nouvelle lune finisse !
Alors nous pourrons vendre notre grain.
Que la fin du *sabbat arrive vite !
Alors nous pourrons ouvrir nos greniers.
Nous allons diminuer la marchandise,
augmenter les prix
et fausser les balances.
6 Nous pourrons acheter les faibles et les pauvres comme esclaves,
pour le prix d'une paire de sandales.
Nous vendrons même les déchets de *blé. »

7 Le SEIGNEUR fait ce serment :
« Israël est fier de son pays.
Eh bien, je le jure par ce pays,
je n'oublierai jamais vos façons de faire. »
8 C'est pourquoi la terre tremblera.
Tous les habitants seront en deuil.
Comme le Nil en Égypte,
quand il déborde,
elle se soulèvera complètement,
puis elle retombera.

9 Le Seigneur DIEU déclare :
« Ce jour-là,
je ferai coucher le soleil en plein midi,
et il fera nuit sur la terre en plein jour.
10 Je changerai vos fêtes en deuil,
et tous vos chants seront des chants de funérailles.
Tout le monde portera le tissu de deuil
autour de la taille.
Toutes les têtes seront rasées
comme pour la mort d'un fils unique.
Et tout cela finira
comme un jour rempli d'une tristesse amère. »

11 Le Seigneur DIEU déclare :
« Le jour vient où j'enverrai la famine
dans le pays.
Les gens auront faim,
mais non de nourriture.
Ils auront soif,
mais non pour boire de l'eau.
Ils auront faim et soif
d'entendre ce que je dis.
12 Ils iront un peu partout,
du sud du pays vers l'ouest,
puis du nord vers l'est,
pour chercher à entendre
la parole du SEIGNEUR,
mais il ne la trouveront pas.

13 « Ce jour-là,
les belles jeunes filles
et les jeunes hommes
seront épuisés par la soif.
14 Certains font des serments
par le faux dieu de Samarie.
Ils jurent en disant :
"Je le jure par ton dieu, Dan !"
ou : "Je le jure par le chemin sacré
qui conduit à Berchéba[a] !"
Eh bien, ceux-là tomberont
et ils ne se relèveront pas. »

Cinquième vision d'Amos : le lieu saint est détruit

9 1 J'ai vu le Seigneur debout sur *l'autel. Il a
dit : « Frappe le haut des colonnes, et que
leurs bases soient secouées.
Casse-les,
et qu'elles tombent sur la tête des gens.
Si certains sont encore en vie,
je les ferai mourir par *l'épée.
Personne ne pourra fuir,
personne ne restera en vie.
2 S'ils arrivent à entrer dans le monde des morts,
j'irai là-bas pour les prendre.
S'ils montent jusqu'au *ciel,
j'irai là-haut pour les faire descendre.

a **8.14** *Dan : lieu où le roi Jéroboam Ier a installé un lieu de culte. Voir 1 Rois 12.28-29. Berchéba : voir Amos 5.5 et la note.*

3 S'ils vont se cacher
au sommet du mont Carmel,
j'irai les chercher et je les prendrai.
S'ils veulent échapper à mon regard,
en allant au fond de la mer,
je commanderai au serpent de la mer
de les mordre.
4 S'ils vont chez leurs ennemis
comme prisonniers,
je donnerai l'ordre de les tuer.
Je les surveillerai,
non pour leur bonheur
mais pour leur malheur. »

Le Seigneur est le juge de la terre

5 Le Seigneur, DIEU de l'univers,
touche la terre de sa main,
et elle tremble.
Tous ses habitants sont en deuil.
Comme le Nil en Égypte, quand il déborde,
elle se soulève tout entière
puis elle retombe.
6 Dieu a bâti ses chambres dans le ciel,
qui couvre la terre comme un toit.
Il appelle l'eau de la mer
et la répand sur la terre.
Son nom est : le SEIGNEUR.

Le Seigneur juge le royaume coupable d'Israël

7 Le SEIGNEUR déclare :
« Gens d'Israël,
est-ce que vous êtes plus précieux pour moi
que les *Éthiopiens ?
Je vous ai fait sortir d'Égypte,
mais j'ai aussi fait sortir
les *Philistins de Kaftor
et les Syriens de Quir[b].
Vous ne savez donc pas cela ? »

8 Le Seigneur DIEU regarde avec attention
le royaume coupable d'Israël.
Il déclare :
« Je vais le supprimer de la terre.
Pourtant,
je ne supprimerai pas complètement
les gens de la famille de *Jacob.
9 Oui, je vais donner des ordres :
parmi tous les peuples,
je vais secouer le peuple d'Israël,
comme on secoue les grains avec un tamis,
et aucune pierre ne tombe par terre[c].
10 Tous les coupables de mon peuple
mourront à la guerre.
Pourtant, ils disent :
"Le malheur n'arrivera pas,
il ne nous touchera pas !" »

Après le malheur, Dieu relèvera son peuple

11 « La ville de David
est comme une hutte
qui ne tient pas debout.
Un jour, moi, le SEIGNEUR,
je fermerai ses ouvertures,
je relèverai ses pierres,
je la reconstruirai comme elle était avant.
12 Alors le peuple d'Israël pourra reprendre
les anciennes terres du royaume d'Édom[d]
et des autres peuples
qui m'ont connu autrefois.
Moi, le SEIGNEUR, je le déclare
et je le ferai. »

13 Le SEIGNEUR déclare encore :
« Le jour vient
où les récoltes seront si abondantes
qu'elles dureront jusqu'au moment du labour.
De même, la récolte du *raisin
durera jusqu'au moment où l'on sème le *blé.
Alors le vin nouveau coulera sur les collines,
et elles seront inondées.
14 Je rendrai son ancienne situation
à mon peuple Israël.

---

b **9.7** *Kaftor : sans doute l'île de Crète.*
Quir : voir Amos 1.5 et la note.

c **9.9** *Le tamis servait à séparer les grains des pierres. Seuls les grains tombaient par terre.*

d **9.12** *Édom : voir Amos 1.11 et la note.*

Ils rebâtiront les villes détruites
et ils les habiteront de nouveau.
Ils planteront des *vignes
et ils boiront du vin.
Ils cultiveront des jardins
et ils mangeront leurs produits.

15 Je replanterai mon peuple
sur sa terre.
On ne les chassera plus de la terre
que je leur ai donnée.
Voilà ce que j'annonce,
moi, le SEIGNEUR votre Dieu. »

Abdias

INTRODUCTION

Abdias est le livre le plus court de l'Ancien Testament, presenté comme la vision d'un prophète. Il contient 21 versets qui expriment le jugement de Dieu contre ***Édom****, un petit peuple vivant au sud-est de Juda.*

Dans le livre d'Abdias, comme dans d'autres textes, Édom et ***Ésaü*** *désignent le même peuple. Ésaü est en effet l'ancêtre des Édomites (voir Genèse 36.9,43). Le livre de la Genèse raconte les relations difficiles entre Ésaü et son frère jumeau Jacob, ancêtre des Israélites (voir Genèse 25–35). Dans le récit biblique qui suit la Genèse, les membres des familles des* ***deux frères*** *sont souvent* ***ennemis****.*

Le livre d'Abdias parle sans doute de la période la plus dure de l'histoire d'Israël. C'est le moment où le royaume de Juda vient d'être brisé par les Babyloniens. Quand Jérusalem est détruite en 587 avant J.-C., les Édomites participent au pillage de la ville. D'après Ézékiel 35, ils en profitent même pour occuper des territoires de la Judée du sud. C'est pourquoi Édom est accusé d'avoir trahi ses liens avec Juda, un peuple frère (voir les versets 10-11).

Voici comment le livre est composé :

- *Annonce de la destruction d'Édom (versets 1-9).*
- *Cause de cette destruction (versets 10-16) : la faute des Édomites, de la famille d'Ésaü, vis-à-vis des gens de la famille de Jacob.*
- *Annonce de la victoire d'Israël (versets 16-21). Israël a déjà été jugé (verset 16a), le tour des autres peuples arrive (verset 16b).*

Le livre d'Abdias parle des difficultés de la vie entre des peuples qui sont frères. Il montre que la violence produit la violence. Le livre de Jonas suit Abdias dans l'ordre des livres bibliques. L'histoire qu'il raconte apprend aux lecteurs que les peuples ennemis d'Israël peuvent recevoir le pardon de Dieu. Ces deux livres se complètent.

---

1 Voici ce que le Seigneur DIEU a fait connaître à Abdias dans une *vision. Voici les paroles qu'il a dites sur Édom[a].

Le Seigneur annonce la destruction d'Édom

Le Seigneur
nous fait entendre ce message
qu'un envoyé apporte aux autres peuples :
« Debout ! Allons attaquer Édom ! »
2 Le SEIGNEUR dit :
« Édom, je vais te rendre petit
parmi les peuples.
Tu seras le plus méprisé de tous.
3 Ton grand orgueil te trompe !
Tu habites dans les trous des rochers,

---

a 1 *Édom : royaume situé au sud de la mer Morte. Les Édomites appartenaient à la famille d'Ésaü, le frère de Jacob. Voir le verset 6 et Genèse 25.20.*

tu bâtis tes maisons sur les hauteurs.
Tu te dis :
"Qui peut me faire descendre ?"
4 Même si tu montes aussi haut que le vautour,
si tu places ton nid parmi les étoiles,
je te jetterai en bas.
C'est moi, le SEIGNEUR, qui le déclare.
5 Si des voleurs ou des pillards
viennent chez toi pendant la nuit,
ils prendront tout ce qu'ils peuvent,
et il ne te restera rien du tout.
Si des ouvriers viennent cueillir
du *raisin dans ta vigne,
ils laisseront seulement quelques grappes.
6 De la même façon, chez vous,
gens de la famille d'Ésaü[b],
on a fouillé partout,
même vos richesses cachées
sont découvertes.
7 On vous chasse de votre pays,
tous vos alliés vous trahissent
et vous détruisent.
Ceux qui mangeaient avec vous
tendent des pièges sous vos pas.
On dit de vous : "Ils ont perdu la tête."
8 Oui, je le déclare, moi, le SEIGNEUR :
le jour de ma *colère,
je ferai mourir
les sages du pays d'Édom,
je ne laisserai sur ses montagnes
aucun homme intelligent.
9 Tes combattants seront paralysés
par la peur, ville de Téman.
Alors tous les habitants du pays
seront tués. »

La faute des Édomites

10 « Vous avez pillé et tué vos frères,
les gens de la famille de Jacob[c].
C'est pourquoi
vous serez couverts de honte
et vous serez détruits pour toujours.
11 Vous êtes restés à l'écart
au moment où leurs ennemis
leur ont tout pris,
quand les étrangers
sont entrés dans leur ville.
Quand ces gens-là ont *tiré au sort
les richesses de Jérusalem,
vous aussi, vous avez fait comme eux[d].
12 Édom, tu ne devais pas te réjouir
en voyant tes frères
au moment où ils étaient perdus.
Tu ne devais pas être joyeux
au moment où ils étaient détruits,
ni les insulter
au moment où le malheur les frappait.
13 Tu ne devais pas
entrer dans la ville de mon peuple
au moment où il était détruit.
Tu ne devais pas
te réjouir de son malheur
au moment où il était perdu,
ni prendre ses richesses
au moment où il était pillé.
14 Tu ne devais pas
te placer aux carrefours
pour tuer ceux qui fuyaient,
ni livrer aux ennemis
ceux qui étaient toujours en vie
au moment du malheur.
15 Oui, il est proche,
le jour où moi, le SEIGNEUR,
je jugerai tous les peuples.
On te fera ce que tu as fait aux autres.
Tes actes mauvais retomberont sur ta tête. »

La victoire des Israélites

16 « Vous les Israélites,
vous avez déjà bu la *coupe de ma *colère
sur ma montagne *sainte.
Eh bien, les autres peuples
la boiront de la même façon, sans s'arrêter.
Ils la boiront jusqu'à être ivres,
puis ils disparaîtront totalement.

---

b **6** *Voir la note sur le verset 1.*

c **10** *Les gens de la famille de Jacob : il s'agit ici des habitants de Juda.*

d **11** *Ceci s'est passé en 597 et 587 avant J.-C., quand les soldats de Nabucodonosor ont pris Jérusalem.*

17 Alors ceux qui seront toujours en vie
viendront se réfugier
sur la montagne de *Sion.
Ce sera de nouveau un lieu *saint,
et les familles de Jacob
reprendront leur pays
à ceux qui le leur ont pris.
18 Les familles de Jacob et de Joseph
seront comme un feu.
Elles détruiront totalement
les gens de la famille d'Ésaü,
comme de la paille.
Personne ne restera en vie.
C'est moi, le SEIGNEUR, qui le dis. »

19 Les gens du sud de Juda prendront les
montagnes d'Édom, ceux de la plaine prendront le pays des *Philistins. Ils occuperont
la région de la tribu d'Éfraïm et la Samarie.
Les gens de la tribu de Benjamin prendront
la région de Galaad.
20 Les exilés du royaume d'Israël, au nord,
formeront une véritable armée. Ils prendront
la Phénicie jusqu'à Sarepta. Les exilés de Jérusalem qui sont à Sefarad, occuperont les villes
du sud. 21 Ils remporteront la victoire et ils
monteront sur la montagne de *Sion. De là,
ils gouverneront Édom.
Le SEIGNEUR sera roi !

Jonas

INTRODUCTION

Le livre de Jonas ressemble à une parabole, c'est-à-dire une histoire racontée pour faire réfléchir. C'est le récit des aventures d'un prophète différent des autres. Dieu lui donne l'ordre d'aller à Ninive et de parler durement aux habitants de la ville. Ninive a été la capitale de l'Assyrie au 7ᵉ siècle avant J.-C. Les Assyriens ont alors écrasé sous leur pouvoir les petits peuples du Proche-Orient. Dans la Bible, la ville de Ninive représente un pouvoir injuste et cruel (voir le livre de Nahoum). Jonas n'a pas envie d'aller là-bas. Il fuit le plus loin possible pour ne pas obéir à l'ordre de son Dieu.

Le livre de Jonas raconte comment Dieu fait ***l'éducation de son prophète.***

- *Au chapitre 1, Jonas apprend que la fuite loin de Dieu est impossible. Jonas part sur un bateau dans la direction opposée à celle où il doit aller. Mais Dieu lance un vent violent sur la mer. Tout le monde est en danger. Les marins sont des étrangers non juifs. Ils font comprendre à Jonas qu'il est responsable du malheur qui atteint le bateau, son équipage et ses passagers. Et ils reconnaissent le Dieu de Jonas.*
- *Au chapitre 2, Jonas apprend ce que veut dire être loin de Dieu. En effet, celui-ci l'envoie au fond de la mer, dans le ventre d'un poisson. Dans la Bible, la mer est l'endroit où se trouvent les forces du mal et de la mort. Au fond de la mer, Jonas prie pour rester en vie. Il reconnaît que seul Dieu peut le sauver, et par avance il lui dit merci.*
- *Au chapitre 3, Jonas obéit enfin à Dieu et part à Ninive. Il annonce la destruction de la ville. Mais les habitants de Ninive et le roi lui-même sont prêts à abandonner leur mauvaise conduite. Comme au chapitre 1, des étrangers reconnaissent Dieu.*
- *Au chapitre 4, Jonas est en colère parce que Dieu ne détruit pas Ninive. Mais Dieu n'abandonne pas son prophète. Il prend soin de lui. Il lui fait comprendre qu'il ne souhaite pas la mort des méchants. Il souhaite au contraire que ceux-ci changent de conduite et vivent.*

À la fin du récit, Dieu pose une question à Jonas. Le texte ne donne pas la réponse du prophète. La question est posée ainsi à tous ceux qui lisent le récit. Comment accepter que ***Dieu aime des étrangers et pardonne à ceux qui font le mal****?*

Jonas veut fuir loin du Seigneur

1 [1] Un jour, le SEIGNEUR adresse cet ordre à
Jonas, le fils d'Amittaï : [2] « Debout, va à Ninive[a], la grande ville. Tu menaceras ses habitants en disant : "Le SEIGNEUR en a assez de
voir vos actions mauvaises." »
[3] Jonas se met en route, mais pour fuir à Tarsis, loin du SEIGNEUR. Il arrive à Jaffa[b]. Là, il
trouve un bateau qui part pour Tarsis. Il paie

---

a 1.2 *Ninive a été la capitale de l'empire assyrien au 7ᵉ siècle avant J.-C.*

b 1.3 *Tarsis : cette ville était très loin du pays d'Israël, on ne sait pas où. Jaffa : port au bord de la mer Méditerranée.*

son voyage. Puis il monte dans le bateau, pour aller avec les marins à Tarsis, loin du Seigneur.

4 Mais le Seigneur lance sur la mer un vent violent, et la tempête est si forte que le bateau risque de se casser. 5 Les marins ont peur, chacun crie vers son dieu. Ils jettent à la mer tous les objets qui sont dans le bateau pour le rendre plus léger. Pendant ce temps, Jonas est descendu au fond du bateau, il s'est couché et dort profondément. 6 Le capitaine du bateau s'approche de lui et lui dit : « Quoi ? Tu dors ! Lève-toi, crie vers ton dieu ! Il pensera peut-être à nous, et nous ne mourrons pas. » 7 Puis, les marins se disent entre eux : « Pour connaître le responsable du malheur qui nous arrive, *tirons au sort. » Ils tirent au sort, et le sort tombe sur Jonas. 8 Alors les marins lui disent : « Notre malheur vient de toi. Dis-nous : qu'est-ce que tu fais ici ? D'où viens-tu ? De quel pays et de quel peuple es-tu ? » 9 Jonas répond : « Je suis *hébreu, et c'est le Seigneur que j'adore, le Dieu qui est au *ciel, celui qui a fait la mer et la terre. » 10 Puis il leur raconte son histoire. Les marins ont très peur. Ils disent à Jonas : « Qu'est-ce que tu as fait là ! » En effet, maintenant, ils savent que Jonas fuit loin du Seigneur. Ils lui demandent : 11 « Qu'est-ce que nous allons faire de toi pour que la mer se calme autour de nous ? » En effet, les vagues montent de plus en plus. 12 Jonas répond aux marins : « Prenez-moi et jetez-moi à la mer. Ainsi la mer deviendra calme autour de vous. Oui, je le sais, cette violente tempête vous attaque à cause de moi. » 13 Les marins rament pour rejoindre la côte, mais ils n'y arrivent pas. Les vagues montent de plus en plus contre eux. 14 Ils prient le Seigneur et disent : « Ah ! Seigneur, ne nous fais pas mourir à cause de cet homme ! Ne nous rends pas non plus responsables de la mort d'un innocent. En effet, c'est toi, Seigneur, qui as fait ce que tu as voulu. »

15 Puis, ils prennent Jonas et ils le jettent à la mer. Alors la colère de la mer se calme. 16 Ensuite, les hommes sont remplis d'un grand respect envers le Seigneur. Ils lui offrent un sacrifice et ils lui font des promesses avec serment.

Jonas prie le Seigneur

2 1 Le Seigneur envoie un grand poisson pour avaler Jonas. Jonas reste dans le ventre du poisson trois jours et trois nuits. 2 Dans le ventre du poisson, il prie le Seigneur son Dieu. 3 Il dit :

« Je suis très malheureux.
Alors je crie vers toi, Seigneur,
et tu me réponds.
De la profondeur de la mort,
j'appelle au secours
et tu entends ma voix.
4 Tu m'as jeté dans un trou profond
au cœur de la mer,
et l'eau m'entoure.
Toutes tes vagues et toute ton eau
tombent sur moi.
5 Et moi, je dis :
"Tu m'as chassé loin de tes yeux.
Pourtant,
je veux revoir ton temple *saint."
6 L'eau m'arrive jusqu'au cou.
La mer m'entoure.
Des herbes s'enroulent
autour de ma tête.
7 Je suis descendu
jusqu'au pied des montagnes.
Je suis dans le monde des morts,
et les portes sont fermées à clé derrière moi,
pour toujours.
Mais toi, Seigneur mon Dieu,
tu me fais remonter vivant de ce trou.
8 Seigneur mon Dieu,
je vais bientôt mourir.
Alors je me souviens de toi, Seigneur,
et ma prière monte près de toi
dans ton temple saint.
9 Ceux qui adorent les faux dieux
n'ont aucune chance d'être sauvés.
10 Mais moi, je chanterai ta louange,
je t'offrirai des sacrifices.
Je tiendrai
les promesses que je t'ai faites.
Oui, c'est toi qui sauves, Seigneur ! »

11 Alors le Seigneur donne cet ordre au poisson : « Rejette Jonas sur la terre ! » Et aussitôt le poisson obéit.

Jonas obéit à l'ordre du Seigneur et va à Ninive

3 1 Une deuxième fois, le SEIGNEUR dit à Jonas : 2 « Debout ! Va à Ninive[c], la grande ville. Annonce-lui le message que je te donne. » 3 Alors Jonas se lève. Il part, mais cette fois, il va à Ninive, comme le SEIGNEUR l'a demandé. Ninive est une ville extraordinairement grande. Il faut trois jours pour la traverser. 4 Jonas entre dans la ville, il marche pendant un jour entier. Il annonce aux gens : « Dans quarante jours, Ninive sera détruite ! » 5 Aussitôt, les gens de Ninive croient à la parole de Dieu. Ils décident de ne rien manger. Tous mettent des habits de deuil, les riches comme les pauvres. 6 Le roi de Ninive apprend la nouvelle. Il se lève de son siège. Il enlève son habit royal, il met un habit de deuil, et s'assoit sur de la cendre. 7 Puis le roi et ses ministres donnent cet ordre : « Criez dans la ville ces paroles : "Il est interdit aux habitants et aux bêtes, bœufs, moutons et chèvres, de manger et de boire[d] ! 8 Tout le monde doit mettre des habits de deuil, les gens et les bêtes ! Chacun doit crier vers Dieu de toutes ses forces. Chacun doit abandonner sa mauvaise conduite et arrêter les actions violentes qu'il fait ! 9 Qui sait ? Dieu changera peut-être d'avis. Il abandonnera sa colère contre nous, et nous ne mourrons pas." »

10 Dieu voit leurs efforts pour abandonner leur mauvaise conduite. Il change d'avis. Il regrette le mal qu'il voulait leur faire, et il ne le fait pas.

Jonas se met en colère, et le Seigneur lui parle

4 1 Jonas n'est pas content du tout, vraiment pas du tout. Il se met en colère. 2 Il fait cette prière au SEIGNEUR : « Ah ! SEIGNEUR, je le savais bien quand j'étais encore dans mon pays. C'est pourquoi je me suis dépêché de fuir à Tarsis[e]. Je le savais bien, tu es plein de tendresse et de pitié, patient, plein d'amour, et tu regrettes tes menaces. 3 Maintenant, SEIGNEUR, laisse-moi mourir. Oui, je préfère la mort à la vie. » 4 Le SEIGNEUR répond à Jonas : « Est-ce que tu as raison de te mettre en colère ? » 5 Jonas sort de la ville et il s'arrête à l'est de Ninive. Là, il se construit un abri et s'assoit dessous, à l'ombre. Il veut voir ce qui va se passer dans la ville. 6 Alors le SEIGNEUR Dieu fait pousser une plante au-dessus de Jonas. De cette façon, il aura de l'ombre et sera guéri de sa mauvaise humeur. Jonas est rempli de joie à cause de la plante. 7 Mais le jour suivant, un peu avant le lever du soleil, Dieu envoie un ver. Le ver pique la plante, et la plante sèche. 8 Puis, quand le soleil se lève, Dieu envoie de l'est un vent brûlant. Le soleil tape sur la tête de Jonas. Il va bientôt s'évanouir. Alors il souhaite la mort et dit : « Je préfère la mort à la vie. » 9 Dieu demande à Jonas : « Est-ce que tu as raison de te mettre en colère à cause de cette plante ? » Jonas répond : « Oui, j'ai bien raison de me mettre en colère et de souhaiter la mort ! » 10 Le SEIGNEUR lui dit : « Toi, tu as pitié de cette plante. Pourtant, elle ne t'a demandé aucun travail. Ce n'est pas toi qui l'as fait pousser. En une nuit elle a grandi, en une nuit elle a séché. 11 À Ninive, il y a plus de 120 000 habitants qui ne savent pas ce qui est bon pour eux. Il y a aussi beaucoup d'animaux. Alors, est-ce que je ne peux pas, moi, avoir pitié de cette grande ville de Ninive ? »

---

c **3.2** *Voir Jonas 1.1 et la note.*

d **3.7** *Certains peuples d'Orient avaient sans doute la coutume de faire participer les animaux au deuil.*

e **4.2** *Voir Jonas 1.3 et la note.*

Michée

INTRODUCTION

Le prophète Michée parle de la part de Dieu, entre 740 et 700 avant J.-C. dans le royaume de Juda, comme Ésaïe à la même époque.

À cette époque, les Assyriens menacent les deux royaumes de Juda et d'Israël. Ils mettent fin à Israël, le royaume du Nord, et détruisent sa capitale, Samarie, en 722-721 avant J.-C. Michée avertit les habitants de Juda : ils vont avoir le même sort que les habitants du Nord. Jérusalem, leur capitale, sera détruite tout comme Samarie.

Le livre de Michée présente **le procès de Dieu contre son peuple** *(voir 6.1-4). Les principales accusations concernent l'injustice et la violence sociales (2.1-5 ; 6.9-16 ; 7.1-7). Les principaux accusés sont les responsables du peuple : les chefs politiques, les juges, les prêtres, les prophètes (voir 3.1-12). Le message de Michée est difficile à accepter et donne lieu à une discussion. Certains disent le contraire du prophète (2.6-13). Ce sont des prophètes qui trompent les gens (3.5-8).*

Jérusalem, la ville choisie par Dieu, est devenue une ville criminelle. C'est pourquoi sa population sera déportée (4.10). Le **messie attendu,** *c'est-à-dire le chef choisi par Dieu pour gouverner avec justice, viendra du petit village de Bethléem (5.1-4). Dans le livre de Michée, Bethléem s'oppose à Jérusalem. Bethléem est le lieu de la naissance du roi David, alors que Jérusalem est le lieu de son pouvoir royal. Or, le pouvoir, à Jérusalem, est devenu injuste et orgueilleux. Jérusalem doit changer complètement si elle veut redevenir la ville de Dieu. Michée avertit ceux qui l'écoutent : ils doivent réfléchir et se demander ce que Dieu attend de son peuple (voir 6.6-8). Michée annonce à la fois le jugement de Dieu qui condamne et les chemins qui permettent de vivre. Chez les prophètes, ces deux annonces vont ensemble.*

Le livre de Michée présente deux sortes de messages :
- *Dieu va juger et condamner son peuple : 1–3 et 6.1–7.7.*
- *Dieu promet aussi de le sauver : 4–5 et 7.8-20.*

Ces messages concernent le **jugement** *et le* **salut**. *Le salut, c'est la possibilité de vivre devant Dieu. Les annonces de jugement et de salut sont mêlées l'une à l'autre, parce que le jugement et le salut vont ensemble. Il ne faut pas en faire deux réalités séparées. En effet, quand Dieu condamne les humains, il leur montre par là ce qui les empêche de vivre. Il leur offre donc en même temps la possibilité de se tourner vers la vie.*

1 [1] Le SEIGNEUR a adressé sa parole à Michée,
du village de Morécheth. C'était l'époque
où Yotam, Akaz, puis Ézékias étaient rois du
pays de Juda. Voici ce que le SEIGNEUR lui a
fait connaître dans une *vision au sujet des
villes de Samarie et de Jérusalem[a].

Le Seigneur accuse son peuple

2 Vous, tous les peuples, écoutez !
Toi, la terre et tes habitants,
faites attention !
Le Seigneur DIEU va vous accuser
depuis son lieu *saint.
3 Oui, le SEIGNEUR sort du lieu où il habite.
Il descend
et marche sur les hauteurs de la terre.
4 Sous ses pas, les montagnes fondent,
les vallées se fendent,
comme la cire fond devant le feu,
comme l'eau coule sur une pente.
5 Cela arrive
parce que le peuple de Jacob[b] a péché.
En effet, le royaume d'Israël
n'a pas été fidèle.
Qui pousse le peuple de Jacob
à pécher ?
C'est Samarie, n'est-ce pas ?
Qui pousse le peuple de Juda
à adorer les faux dieux ?
C'est Jérusalem, n'est-ce pas ?
6 Le SEIGNEUR dit :
« À cause de cela,
je vais faire de Samarie
un champ de débris,
une terre où on pourra planter
seulement de la *vigne.
Je ferai rouler ses pierres dans la vallée,
je détruirai
ce qui protège ses fondations.
7 Toutes les statues de ses faux dieux
seront brisées,
tous les cadeaux qu'elle a reçus
seront jetés dans le feu.
Je briserai les statues de ses dieux.
En effet, Samarie les a fabriquées
avec le salaire
de ses *prostituées sacrées[c].
Et le métal de ses statues cassées
servira à son tour
à payer d'autres prostituées. »

Le malheur arrive jusqu'à Jérusalem

8 C'est pourquoi je vais chanter
un chant de deuil et gémir.
Je marcherai sans chaussures
et tout nu.
Je gémirai comme les chacals,
je ferai entendre ma plainte
comme les autruches.
9 En effet, les coups qui frappent Samarie[d]
sont sans remède.
Ils atteignent même le pays de Juda
et les portes de Jérusalem,
là où habite mon peuple.
10 Gens de Juda,
n'annoncez pas cette nouvelle
dans la ville de Gath,
ne pleurez pas.
À Beth-Léafra,
roulez-vous dans la poussière,
en signe de deuil[e].
11 Habitants de Chafir,
partez en exil, honteux et nus.
Les habitants de Saanan
n'osent pas sortir de leur ville.
Les gens de Beth-Essel

---

a **1.1** *L'époque de Yotam, Akaz et Ézékias va de 740 à 687 avant J.-C. environ. Samarie était la capitale du royaume du Nord ou royaume d'Israël. Les Assyriens l'ont prise en 722 ou 721 avant J.-C. Jérusalem était la capitale du royaume du Sud ou royaume de Juda.*

b **1.5** *Le peuple de Jacob : cette expression désigne ici le royaume du Nord ou royaume d'Israël.*

c **1.7** *Voir Osée 1.2 et la note.*

d **1.9** *Voir Michée 1.1 et la note.*

e **1.10-15** *Dans ces versets, le prophète fait des jeux de mots entre les noms des villes et ce qu'ils signifient. Toutes ces villes, situées dans le royaume de Juda, sont menacées par les armées assyriennes.*

chantent des chants de deuil.
Cette ville ne peut pas vous aider.
12 Les habitants de Maroth
tremblent de peur pour leurs biens.
En effet,
le malheur envoyé par le SEIGNEUR
arrive aux portes de Jérusalem.
13 Habitants de Lakich,
attelez vos chevaux aux chars[f].
Vous avez été infidèles
comme les gens d'Israël,
et les habitants de Jérusalem à leur tour
ont imité vos mauvaises actions.
14 C'est pourquoi vous devez vous séparer
des habitants de Morécheth,
près de Gath[g].
Et la ville d'Akzib
n'apportera aucun soutien
aux rois du peuple d'Israël.
15 Habitants de Marécha,
le SEIGNEUR fera venir un conquérant
contre vous.
Les chefs remarquables d'Israël iront
se cacher dans la grotte d'Adoullam.
16 Arrachez-vous les cheveux,
habitants de Jérusalem,
rasez vos têtes en signe de deuil,
à cause de vos enfants,
que vous aimez tant !
Que votre tête soit nue
comme le cou du vautour,
parce qu'on va déporter ces enfants
loin de vous.

Contre ceux qui volent les gens

2 1 Malheur à ceux qui, pendant la nuit,
préparent de mauvais coups
et projettent de faire du mal !
Dès que le jour se lève,
ils passent aux actes,
quand ils en ont le pouvoir.
2 S'ils ont envie des champs des autres,
ils les saisissent.
S'ils veulent leurs maisons,
ils les prennent.
Ils font violence à des hommes
et à leurs familles,
à des propriétaires
et à ce qu'ils possèdent.
3 C'est pourquoi le SEIGNEUR dit :
« Je prépare un malheur
contre les gens de votre bande.
Vous ne pourrez pas l'éviter,
vous ne marcherez plus la tête haute.
Oui, le temps qui vient
est un temps de malheur. »
4 À ce moment-là,
les gens feront sur vous cette chanson,
ils chanteront ce chant de deuil :
« On nous a tout pris.
Notre peuple n'a plus de terres.
Ceux qui nous pillent
partagent nos champs entre eux.
Pourquoi
est-ce qu'ils nous prennent tout ? »
5 Eh bien, quand le peuple du SEIGNEUR
distribuera de nouveau les terres,
personne parmi vous ne recevra de part.

Ceux qui inventent des mensonges

6 Certains bavardent en me disant :
« Arrête tes bavardages.
On ne doit pas bavarder pour dire
que nous serons sûrement
couverts de honte.
7 Est-ce que le peuple d'Israël
est maudit ?
Est-ce que le SEIGNEUR
manque de patience ?
Est-ce qu'il a l'habitude
d'agir de cette façon ? »
Moi, je parle pour faire du bien
à ceux qui mènent une vie droite.
8 Mais à vous, le SEIGNEUR dit :
« Vous vous conduisez avec mon peuple
comme des ennemis.
À ceux qui reviennent de la guerre
et qui avancent en toute sécurité,
vous arrachez le vêtement de dessus.
9 Les femmes de mon peuple,

f 1.13 *Attelez vos chevaux : pour fuir devant les Assyriens.*
g 1.14 *Vous devez vous séparer : parce que les Assyriens vont prendre Morécheth.*

vous les chassez
des maisons qu'elles aiment.
A leurs enfants,
vous arrachez pour toujours
l'honneur que je leur ai donné[h].
10 Levez-vous, partez !
Ce n'est plus le moment de vous reposer !
Votre pays est devenu *impur
à cause de vos péchés.
C'est pourquoi
vous souffrirez cruellement. »
11 Et il y a des gens qui bavardent
et inventent des mensonges.
Ils disent :
« Vous allez boire du vin et de l'alcool. »

Et ces bavards annoncent encore :
12 « Moi, le SEIGNEUR,
je veux rassembler
toute la famille de *Jacob.
Oui, je veux réunir
tous ceux du peuple d'Israël
qui sont restés en vie.
Je vais les regrouper
comme des moutons dans leur enclos,
comme un troupeau dans son pâturage.
Ils formeront une foule bruyante.
13 Celui qui ouvre le chemin
marche à votre tête.
Vous êtes libérés,
vous passez la porte et vous sortez.
C'est le SEIGNEUR, votre roi,
qui vous conduit. »

Contre les mauvais chefs

3 1 Or, moi je vous le dis :
« Écoutez donc,
chefs de la famille de Jacob,
vous, les juges du peuple d'Israël[i].
C'est à vous de connaître
ce qui est juste, n'est-ce pas ?
2 Mais vous détestez ce qui est bien,
et vous aimez le mal.
Vous arrachez aux autres la peau
et la chair qui couvrent leurs os. »
3 Oui, ces gens-là
mangent la vie de mon peuple.
Ils lui arrachent la peau
et lui brisent les os.
Ils le coupent en morceaux,
comme de la viande dans une marmite.
4 C'est pourquoi,
quand ils crieront vers le SEIGNEUR,
le SEIGNEUR ne leur répondra pas.
À ce moment-là,
il leur cachera son visage
à cause des mauvaises actions
qu'ils ont commises.

Contre les prophètes qui trompent le peuple

5 Voici ce que le SEIGNEUR dit sur les prophètes qui trompent mon peuple :
« Si on les nourrit bien
ils annoncent la paix.
Mais ils font la guerre
à ceux qui ne leur mettent rien
dans la bouche.
6 C'est pourquoi,
pour vous les prophètes, c'est la nuit.
Vous ne verrez plus rien.
Pour vous, c'est l'obscurité.
Vous ne pourrez plus rien deviner.
Le soleil disparaîtra pour vous,
le jour deviendra sombre. »
7 Les voyants et les charlatans
seront couverts de honte.
Tous cacheront leur visage,
parce que Dieu ne leur répond plus.

8 Au contraire, moi,
grâce à l'esprit du SEIGNEUR,
je suis rempli de force,
du sens de la justice et de courage.
Je peux faire connaître
leur révolte et leur péché
aux gens de la famille de *Jacob,
le peuple d'Israël.

---

h **2.9** *Cet honneur vient sans doute des champs donnés par Dieu au moment du partage du pays de Canaan.*

i **3.1** *Famille de Jacob, peuple d'Israël : ici, il s'agit de tout le peuple d'Israël, comme en Michée 2.12.*

Michée annonce la destruction de Jérusalem

9 Écoutez donc,
chefs de la famille de Jacob,
vous, les juges du peuple d'Israël.
Vous détestez ce qui est juste,
ce qui est droit, vous le tordez.
10 Vous bâtissez la richesse de *Sion
sur les assassinats.
Oui, vous bâtissez Jérusalem
sur l'injustice.
11 Les juges rendent leurs jugements
en échange de cadeaux,
les prêtres enseignent la *loi
en se faisant payer,
les *prophètes prédisent l'avenir
pour de l'argent.
Et ils s'appuient sur le SEIGNEUR
en disant :
« Le SEIGNEUR est avec nous,
le malheur ne tombera pas sur nous. »
12 Et pourtant, à cause de vous,
Sion deviendra un champ labouré,
oui, Jérusalem sera en ruine.
Et la montagne du temple
sera couverte de buissons d'épines.

Un jour, tous les peuples viendront à Jérusalem

4 1 « Un jour, dans l'avenir,
la montagne du temple du SEIGNEUR
sera sûrement la plus haute des montagnes,
elle s'élèvera au-dessus des collines.
Alors des peuples viendront vers elle.
2 Beaucoup de gens d'autres pays
se mettront en route.
Ils diront :
"Venez, montons à la montagne
du SEIGNEUR,
au temple du Dieu de Jacob.
Il nous enseignera ce qu'il veut de nous,
et nous suivrons
le chemin qu'il nous montre.
En effet,
l'enseignement du SEIGNEUR vient de *Sion.
Oui, sa parole nous arrive de Jérusalem."
3 Il rendra son jugement
entre des peuples nombreux,
il sera un arbitre
pour des peuples puissants et éloignés.
Avec leurs *épées,
ils fabriqueront des socs de charrue,
avec leurs lances,
ils feront des faucilles.
Un pays n'attaquera plus un autre pays,
les hommes ne s'entraîneront plus pour la guerre.
4 Chacun cultivera tranquillement
sa *vigne ou son *figuier,
et personne ne viendra le déranger. »
Voilà ce que le SEIGNEUR de l'univers affirme.

5 Dans tous autres peuples,
chacun obéit à ses dieux.
Nous, nous obéissons au SEIGNEUR,
notre Dieu pour toujours.

Le Seigneur sera roi à Jérusalem

6 Le SEIGNEUR déclare :
« Ce jour-là, je rassemblerai les blessés,
je regrouperai ceux qui sont en exil
et ceux que j'ai traités durement.
7 Avec les blessés,
je ferai un peuple qui restera en vie.
Oui, avec ceux qui sont en exil,
je ferai un peuple puissant.
Alors, moi, le SEIGNEUR, je serai leur roi
sur la montagne de *Sion,
à partir de ce moment-là
et pour toujours.
8 Et toi, colline de Jérusalem,
tu veilles sur le peuple
comme un berger
du haut d'un endroit élevé.
Tu vas bientôt
retrouver ton pouvoir d'autrefois.
Tu seras de nouveau
la capitale du royaume. »

Les projets du Seigneur pour Jérusalem

9 Habitants de Jérusalem,
maintenant, vous poussez des cris.
Pourquoi ?
Vous souffrez
comme une femme qui accouche.
Pourquoi donc ?

Est-ce que vous n'avez plus de roi ?
Est-ce que vos conseillers sont morts ?

10 Souffrez et gémissez
comme une femme qui accouche.
En effet, maintenant, vous allez sortir
de la ville et camper dans les champs,
vous irez jusqu'à Babylone.
Là, vous serez libérés,
là, le SEIGNEUR vous arrachera
au pouvoir de vos ennemis.
11 Et maintenant, beaucoup de peuples
se sont rassemblés contre vous.
Ils disent :
« Enlevons l'honneur de leur ville,
regardons avec plaisir
Jérusalem qui est détruite. »
12 Ces gens-là ne connaissent pas
les projets du SEIGNEUR.
Ils n'ont pas compris ses intentions.
Lui, il veut les rassembler
comme les gerbes de *blé
sur la place où on bat le grain.
13 Le SEIGNEUR dit :
« Debout ! Battez le blé,
habitants de Jérusalem !
Je vous rendrai aussi forts
qu'un bœuf aux cornes de fer
et aux sabots de bronze.
Vous écraserez beaucoup de peuples.
Les richesses que vous leur prendrez,
vous me les réserverez,
à moi, le SEIGNEUR,
le maître de toute la terre. »
14 Maintenant,
faites-vous des incisions en signe de deuil,
habitants de Jérusalem,
vous qui rassemblez vos soldats.
Vos ennemis vous entourent
pour vous attaquer.
Et à coups de bâton,
ils frappent au visage
le chef du peuple d'Israël.

Le chef promis viendra de Bethléem

5 1 Le SEIGNEUR dit :
« Et toi, Bethléem Éfrata,
tu es un petit village
parmi ceux des clans de Juda.
Pourtant, celui qui doit gouverner Israël,
je le ferai sortir de chez toi.
Il appartient
à une famille très ancienne. »
2 Le SEIGNEUR va abandonner son peuple
pendant un certain temps.
Ensuite, le jour viendra
où la femme qui doit accoucher
aura un fils.
Ceux qui seront encore en vie après l'exil
viendront rejoindre les autres Israélites.
3 Et lui, le chef annoncé,
il se lèvera et il sera leur berger
par la puissance du SEIGNEUR,
par la présence glorieuse
du SEIGNEUR son Dieu.
Les gens de son peuple
vivront en sécurité.
En effet, sa puissance s'étendra
jusqu'au bout du monde.
4 C'est lui qui donnera la paix.

« Si les Assyriens entrent dans notre pays
et s'ils pénètrent dans nos palais,
nous enverrons contre eux
des chefs très nombreux.
5 Avec leurs armes,
ils conquerront l'Assyrie,
le pays de Nemrod,
et ils le domineront.

« Le chef promis
nous délivrera des Assyriens
s'ils passent nos frontières
et s'ils entrent dans notre pays. »

Les Israélites restés en vie montreront leur force

6 Les Israélites qui sont restés en vie
au milieu de peuples nombreux
seront comme les gouttes de rosée
que le SEIGNEUR envoie,
comme les gouttes de pluie sur l'herbe.
Ils ne comptent pas
sur les êtres humains,
ils n'attendent rien d'eux.
7 Les Israélites qui sont restés en vie
dans les autres pays,
au milieu de peuples nombreux,

seront forts comme un lion
parmi les animaux de la forêt,
comme un jeune lion
dans un troupeau de moutons.
Partout où il passe,
il saisit et déchire des bêtes,
et personne ne peut les délivrer.

8 « Peuple d'Israël[j], attaque tes ennemis,
fais disparaître tous tes adversaires ! »

Le Seigneur supprimera les fausses sécurités

9 Le SEIGNEUR déclare :
« Voici ce qui arrivera ce jour-là :
je supprimerai vos chevaux,
et je supprimerai vos chars.
10 Je détruirai les villes de votre pays,
je démolirai tous vos murs de défense.
11 Je supprimerai vos pratiques magiques.
Chez vous,
plus personne ne lira dans le ciel.
12 Je supprimerai vos faux dieux
et vos pierres dressées.
Vous n'adorerez plus les objets
que vous avez fabriqués vous-mêmes.
13 J'arracherai vos *poteaux sacrés
et je détruirai vos villes.
14 Puis, dans une grande *colère,
je me vengerai des autres peuples
qui ne m'ont pas obéi. »

Le Seigneur accuse son peuple

6 1 Écoutez ce que le SEIGNEUR me dit :
« Va faire un procès pour me défendre !
Présente mon point de vue
devant les montagnes
et devant les collines. »
2 Montagnes,
et vous, les fondations solides de la terre,
écoutez le SEIGNEUR
qui est en procès avec son peuple.
Oui, le SEIGNEUR
est en procès avec son peuple,
il demande des comptes à Israël.
3 Il lui dit : « Mon peuple,
qu'est-ce que je t'ai fait ?
En quoi est-ce que je t'ai fatigué ?
Réponds-moi !
4 Je t'ai fait sortir d'Égypte.
Je t'ai délivré de l'esclavage.
Je t'ai donné comme chefs
Moïse, Aaron et Miriam, leur sœur.
Est-ce que tu me reproches cela ?
5 Mon peuple, souviens-toi !
Balac, le roi de Moab,
voulait te faire du mal.
Souviens-toi de ce que Balaam, le fils de Béor,
lui a répondu.
Ensuite, tu es passé de Chittim
jusqu'au Guilgal[k].
Tu as pu voir les actions extraordinaires
que moi, le SEIGNEUR, j'ai faites pour toi. »

Ce que le Seigneur attend de son peuple

6 « Qu'est-ce que je dois offrir
quand je me mets à genoux
devant le SEIGNEUR,
le Dieu très-haut ?
Est-ce que je dois lui offrir
des jeunes taureaux
et les brûler entièrement en *sacrifice ?
7 Est-ce que le SEIGNEUR veut
des milliers de béliers,
des milliers et des milliers
de torrents d'huile ?
Est-ce que je dois offrir mon fils aîné
pour qu'il pardonne mes fautes
et mes infidélités ? »

8 – Le SEIGNEUR te fait savoir ce qui est bien.
Voici ce qu'il demande
à tout être humain :
faire ce qui est *juste,

---

j **5.8** *En hébreu, le sujet des verbes « attaque » et « fais disparaître » n'est pas indiqué. Certains pensent qu'il s'agit d'Israël, d'autres pensent qu'il s'agit de Dieu.*

k **6.5** *Balac et Balaam : voir Nombres 22–24.*
De Chittim jusqu'au Guilgal : voir Josué 3.1–4.24.

aimer agir avec bonté
et vivre avec son Dieu dans la simplicité.

Contre les gens malhonnêtes

9 Le SEIGNEUR parle
aux habitants de la ville.
Il sauvera ceux qui le respectent.
« Écoutez, gens de la tribu de Juda,
vous tous qui êtes réunis dans la ville !
10 Dans la maison des gens mauvais,
on trouve toujours des biens
obtenus de façon malhonnête,
et ils se servent de mesures fausses.
C'est une chose horrible.
Est-ce que je peux supporter cela ?
11 Certains se servent de balances fausses
et ils mettent dans leur sac des poids faus-
sés.
Est-ce que je vais juger
qu'ils sont innocents ?
12 Les riches de cette ville
profitent des pauvres.
Ses habitants sont des menteurs,
ils ouvrent la bouche pour tromper.
13 C'est pourquoi, j'ai commencé
à vous donner des coups,
à vous détruire à cause de vos péchés.
14 Vous mangerez,
mais vous aurez encore faim.
Vous connaîtrez la famine.
Vous mettrez de la nourriture en réserve,
mais elle ne se conservera pas.
Et si vous conservez quelque chose,
je le détruirai par la guerre.
15 Vous sèmerez,
mais vous ne pourrez pas récolter.
Vous écraserez des *olives,
mais vous n'utiliserez pas l'huile.
Vous écraserez du *raisin,
mais vous ne boirez pas de vin.
16 Vous imitez
la mauvaise conduite du roi Omri,
de son fils Akab[l] et de sa famille.
Vous suivez leurs façons de faire.
Alors je vais détruire votre ville,
et ainsi, les autres se moqueront
de vous qui l'habitez.
Vous serez couverts de la honte
qui couvre mon peuple. »

Le prophète se plaint

7 1 Quel malheur pour moi !
Je suis comme un homme
qui sort au moment de la récolte,
qui va chercher du *raisin
quand il n'y a plus rien.
Pas une grappe à manger !
Aucune *figue nouvelle
que j'aime tant !
2 Les amis de Dieu ont disparu du pays,
il n'y a plus personne d'honnête.
Tous cherchent une occasion pour tuer.
Chacun tend un piège à son *prochain.
3 Ils sont très forts pour faire le mal.
Les chefs se font payer,
les juges demandent des cadeaux,
les grands disent clairement
ce qu'ils veulent recevoir.
Ils se mettent ensemble
pour réaliser leurs mauvaises actions.
4 Le meilleur d'entre eux
est comme un tas d'herbes piquantes,
pire qu'un buisson d'épines.

Voici le jour de votre punition.
Vos sentinelles, les *prophètes,
l'ont annoncé.
Vous vivez déjà dans la peur.
5 Ne croyez pas
ceux qui sont proches de vous,
ne faites pas confiance à vos amis.
Attention ! N'ouvrez pas la bouche,
même pas devant votre femme.
6 En effet, le fils insulte son père,
la fille se lève contre sa mère,
la belle-fille contre sa belle-mère.
Chacun a pour ennemis
les gens de sa famille.

7 Mais moi, je me tourne vers le SEIGNEUR,
j'attends Dieu qui va me sauver.
Lui, mon Dieu, m'écoutera.

---

l **6.16** *Omri et Akab ont été rois du royaume du Nord ou royaume d'Israël. Voir 1 Rois 16.23-33.*

Le peuple d'Israël a confiance en Dieu

8 Vous, nos ennemis,
ne vous réjouissez pas à cause de nous.
Si nous sommes tombés,
nous nous relèverons.
Si nous sommes dans la nuit,
le SEIGNEUR est notre lumière.
9 Nous devons supporter
la *colère du SEIGNEUR,
parce que nous avons péché contre lui.
Mais un jour viendra
où il défendra notre cause
et nous fera justice.
Il nous conduira vers la lumière
et nous couvrira de ses bienfaits.
10 Quand nos ennemis verront cela,
ils seront couverts de honte.
Eux, ils nous demandaient :
« Et le SEIGNEUR, votre Dieu, que fait-il ? »
On les écrasera
comme de la boue dans les rues,
et nous verrons cela.
11 Le jour vient où les murs de votre capitale
seront reconstruits.
Ce jour-là, votre territoire sera agrandi.
12 Alors, vos frères[m] reviendront chez vous,
depuis l'Assyrie et l'Égypte,
des bords du Nil et de l'Euphrate,
du bord des mers
et des régions des montagnes.
13 Le reste du monde deviendra un désert
à cause de la méchanceté
de ses habitants.

Prière du peuple

14 SEIGNEUR,
conduis avec ton bâton de berger
le peuple qui est à toi.
Il est tout seul dans une terre sèche
entourée d'arbres fruitiers.
Conduis-le comme autrefois
dans les pâturages du *Bachan
et du pays de Galaad !
15 Comme à l'époque
où tu nous as fait sortir d'Égypte,
montre-nous des actions extraordinaires !
16 Les autres peuples les verront
et ils seront couverts de honte,
malgré toute leur puissance.
Ils ne sauront pas quoi dire
et ils ne voudront rien entendre.
17 Ils lécheront la poussière
comme le serpent,
comme les bêtes qui rampent sur la terre.
En tremblant,
ils sortiront de leurs solides abris
vers toi, SEIGNEUR, notre Dieu.
Ils auront très peur de ta puissance.
18 Est-ce qu'il y a un dieu comme toi ?
Toi, tu enlèves les fautes,
tu pardonnes les péchés
des gens de ton peuple
qui sont restés en vie.
Ta *colère ne dure pas toujours,
mais tu nous montres ta bonté avec plaisir.
19 De nouveau, tu auras pitié de nous,
tu écraseras nos péchés
et tu jetteras toutes nos fautes
au fond de la mer !
20 Tu montreras ta fidélité
aux gens de la famille de *Jacob,
ton amitié
à ceux de la famille d'Abraham,
comme tu l'as promis autrefois par serment
à nos ancêtres.

---

m **7.12** *Vos frères : il s'agit sans doute des Israélites exilés dans les pays voisins.*

Nahoum

INTRODUCTION

Le livre de Nahoum a pour sujet la fin de la ville de Ninive et la fin du pouvoir des Assyriens. Ceux-ci ont dominé les petits peuples du Proche-Orient au cours des 8ᵉ et 7ᵉ siècles avant J.-C. Ils étaient connus pour leur manière orgueilleuse et cruelle de gouverner.

Le livre n'indique pas à quelle époque le prophète a communiqué sa vision. Les Babyloniens ont pris Ninive, la capitale assyrienne, en 612 avant J.-C. Nahoum a dû annoncer la destruction de la ville peu avant cette date.

Il est possible de trouver trois parties dans le livre de Nahoum :

- *L'introduction affirme que Dieu est le maître de l'univers (1.2-8). C'est un maître à la fois exigeant et bon.*
- *La partie suivante est composée de messages qui s'adressent tantôt aux habitants de Juda, tantôt à la ville de Ninive (1.9–2.3). Le prophète voit ce qu'il annonce et il parle donc au présent. Dieu montre sa puissance en détruisant Ninive. Par là même, il libère les habitants de Juda.*
- *Ensuite, le prophète décrit la fin de Ninive et du pouvoir que la ville représente (2.4–3.19). Il le fait en se réjouissant de cette victoire sur les forces du mal.*

Quand le prophète se réjouit de la mort des ennemis de son peuple, il se réjouit que Dieu ne permette pas au mal de triompher. Le message du prophète ne concerne pas uniquement Ninive. Il concerne ceux qui dominent les autres de façon brutale et ceux qui souffrent sous cette domination. Ce message affirme que ***tous les pouvoirs injustes ont une fin.***

---

1 [1] Ce livre contient un message sur la ville de Ninive[a]. Dieu a fait connaître ce message dans une *vision au *prophète Nahoum, du village d'Elcoch.

Le Seigneur est un Dieu terrible et bon

[2] Le SEIGNEUR est un Dieu exigeant,
il punit ses ennemis,
sa *colère est terrible.
Il punit ses adversaires,
il n'oublie pas le mal qu'ils font.

[3] Le SEIGNEUR est patient,
sa puissance est grande,
mais il ne laisse pas le coupable
sans punition.
Quand il passe,
une violente tempête apparaît.
Les nuages sont la poussière
que ses pas soulèvent.
[4] Il menace la mer, et elle devient sèche,
il vide toutes les rivières.
Alors les pâturages du *Bachan
et la montagne du Carmel perdent toute vie,

---

a 1.1 *Ninive était la capitale de l'empire assyrien au 7ᵉ siècle avant J.-C. Ninive désigne aussi l'empire lui-même, comme c'est souvent le cas des noms de capitales.*

les fleurs du Liban se fanent.
5 Les montagnes tremblent à cause de lui,
et les collines sont secouées.
Devant lui, la terre est bouleversée,
le monde entier et tous ses habitants.
6 Qui peut tenir devant sa colère ?
Qui peut rester vivant
quand cette colère brûle tout ?
Elle se répand comme un incendie,
les rochers se fendent devant lui.
7 Le SEIGNEUR est bon.
Il est un abri quand tout va mal.
Il prend soin de ceux qui comptent sur lui,
8 quand le malheur passe
comme un torrent.
Mais il détruit ses ennemis
et il les chasse dans la nuit de la mort.

Messages pour Juda et pour la ville de Ninive

Aux chefs de Juda

9 Qu'est-ce que vous pensez
du SEIGNEUR ?
Lui, il détruit ses ennemis,
ils ne vous écraseront pas
une deuxième fois.
10 Ils sont pareils
à un buisson d'épines emmêlées,
eux qui boivent comme des ivrognes.
Ils seront complètement brûlés
comme de la paille sèche.

À Ninive

11 Quelqu'un qui prépare
de mauvais coups contre le SEIGNEUR,
un homme qui a des projets destructeurs[b]
est sorti de toi, Ninive.

Aux gens de Juda

12 Voici ce que le SEIGNEUR
dit aux gens de Juda :
« Même si vos ennemis
sont nombreux et puissants,
ils seront détruits, ils disparaîtront.
Je vous ai abaissés, je ne le ferai plus.
13 Maintenant,
je brise le pouvoir qui vous écrase
et je détache vos chaînes. »

Aux habitants de Ninive

14 Contre vous, habitants de Ninive,
voici ce que le SEIGNEUR décide :
« Vous n'aurez plus d'enfants
qui porteront votre nom.
Dans le temple de vos dieux,
je détruirai vos statues
en bois ou en métal.
Je prépare votre tombe,
parce que vous êtes peu de chose. »

Aux habitants de Juda

2 1 Habitants de Juda, un messager
qui apporte une bonne nouvelle
arrive sur les montagnes :
il annonce la paix !
Organisez vos fêtes,
tenez vos promesses envers Dieu.
L'homme aux projets destructeurs[c]
ne passera plus jamais chez vous.
Il n'a plus de forces.

À Ninive

2 Une armée monte pour t'attaquer, Ninive.
Soldats, gardez les murs de défense,
surveillez les routes,
préparez-vous pour la bataille,
rassemblez toutes vos forces.
3 Des bandits ont pillé
ceux qui sont nés de Jacob.
Ils ont détruit
les branches de cette *vigne.
Or, le SEIGNEUR lui rend sa fierté,
oui, il rend sa fierté à Israël.

La ville de Ninive est prise et pillée

4 Les soldats de l'armée ennemie
portent des *boucliers peints en rouge
et des habits rouges.
Les chars alignés pour le combat

---

b **1.11** *Il s'agit sans doute du roi d'Assyrie.*
c **2.1** *Voir Nahoum 1.11 et la note.*

brillent comme des flammes,
les lances commencent à bouger.
5 Les chars foncent pour attaquer
à travers les rues et les places.
Ils ressemblent à des torches allumées,
ils vont aussi vite que l'éclair.
6 Le roi de Ninive fait appel
à ses chefs d'armée,
mais ils avancent en hésitant.
Les ennemis
courent vers les murs de défense,
ils se mettent derrière un abri.
7 Tout à coup,
les portes qui donnent sur les fleuves
sont enfoncées,
le palais du roi est pris.
8 Les ennemis
enlèvent la statue de la déesse
et l'emmènent en exil.
Les femmes qui lui rendent un culte
gémissent comme des *colombes.
Elles se frappent la poitrine
en signe de tristesse.
9 Ninive est comme un bassin
qui perd toute son eau.
On crie : « Arrêtez-vous, arrêtez-vous ! »,
mais parmi les gens qui fuient,
personne ne se retourne.
10 Pillez l'argent, pillez l'or !
Les richesses de Ninive sont sans fin,
la ville déborde d'objets précieux.
11 Tout est volé, cassé, écrasé.
Les gens sont découragés,
leurs jambes plient,
ils tremblent de tout leur corps
et leurs visages sont défaits.

Ninive est comme un lion vaincu

12 La ville où vivaient les lions[d],
qu'est-elle devenue ?
Les jeunes lions
y recevaient leur nourriture.
Quand le lion partait la chercher,
personne ne touchait à ses petits.
13 Le lion tuait et déchirait des animaux
pour la lionne et les lionceaux.
Il remplissait ses tanières
avec la viande déchirée des bêtes
qu'il chassait.

14 Le SEIGNEUR de l'univers déclare :
« Je vais agir contre toi, Ninive !
Je brûlerai tes chars de guerre,
ils deviendront de la fumée.
Tes jeunes gens,
semblables à des lionceaux,
seront tués à la guerre.
J'arrêterai tes pillages sur la terre,
on n'entendra plus
les ordres de tes messagers. »

Ninive est remplie de morts

3 1 Quel malheur pour Ninive,
la ville où le sang coule !
Elle est remplie de mensonge, de violence,
et les pillages ne cessent pas !
2 Et voici que dans la ville,
les fouets claquent,
les roues se heurtent,
les chevaux galopent,
les chars de guerre bondissent.
3 Les cavaliers s'élancent,
les armes brillent comme des flammes,
les lances étincellent.
Il y a des morts partout,
les corps s'entassent,
personne ne peut les compter,
les soldats heurtent les corps !

Ninive sera punie durement à cause de ses infidélités

4 Ninive s'est *prostituée
des milliers de fois.
Elle était belle et gracieuse,
elle utilisait ses charmes
comme une magicienne.
Par sa prostitution et ses charmes,
elle a rendu esclaves
des peuples nombreux.

---

d **2.12** *L'image du lion représente le pouvoir des Assyriens, et ses tanières (verset 13) ou abris désignent la ville de Ninive.*

5 Le SEIGNEUR de l'univers lui déclare :
Je vais agir contre toi.
Je relèverai ton vêtement
jusqu'à ton visage,
je te montrerai toute nue
aux autres peuples.
Ainsi les autres royaumes
verront ta honte.
6 Je vais te couvrir d'ordures
pour enlever ton honneur.
Je ferai de toi un exemple.
7 Alors tous ceux qui te verront
fuiront en criant :
« Ninive est détruite !
Qui aura pitié d'elle ?
Où trouver pour toi, Ninive,
des gens qui te rendent courage ? »

Ninive va être traitée comme la ville de Thèbes

8 Ninive, est-ce que tu vaux mieux
que Thèbes[e] ?
Cette ville était située sur les canaux du Nil,
entourée d'eau.
Le Nil la protégeait aussi solidement
qu'un mur de défense.
9 *L'Éthiopie et l'Égypte
faisaient sa puissance,
qui était immense.
Les gens de Pouth et de Libye
étaient ses alliés.
10 Pourtant, les habitants de Thèbes,
eux aussi,
ont dû partir en exil comme prisonniers.
Leurs ennemis ont écrasé
même les jeunes enfants de la ville
à tous les carrefours.
Ils ont *tiré au sort tous ses chefs[f],
et ils ont attaché tous ses notables
avec des chaînes.
11 À ton tour, Ninive,
tu seras ivre de souffrance
et tu te cacheras à cause de ta honte.
À ton tour, tu chercheras un abri
contre tes ennemis.

Ninive va tomber

12 Tous tes murs de défense
ressemblent aux premières *figues mûres.
Quand on secoue le figuier,
elles tombent dans la bouche
de celui qui veut les manger.
13 Tes combattants
sont comme des femmes sans force.
Les portes de ton pays
sont largement ouvertes devant tes ennemis,
le feu a détruit leurs verrous.
14 Habitants de Ninive,
faites des provisions d'eau
pour supporter l'attaque.
Protégez vos murs de défense,
écrasez l'argile avec vos pieds,
et préparez les moules à briques[g].
15 Mais vous mourrez brûlés par le feu
ou tués au combat.
Vos ennemis vous dévoreront
comme les criquets qui mangent tout.

La ville de Ninive reste sans habitants

Ninive, tes habitants
étaient aussi nombreux que des criquets.
16 Chez toi, il y avait plus de commerçants
que d'étoiles dans le ciel.
Maintenant, ils ont disparu
comme les criquets qui s'envolent.
17 Vos gardiens étaient aussi nombreux
que des criquets.
Vos fonctionnaires ressemblaient
à un nuage d'insectes
qui se posent sur les buissons
quand il fait froid.
Dès que le soleil brille,
ils s'envolent tous on ne sait où.
Où sont-ils ?

---

e **3.8** *Thèbes : cette ville, située en Égypte, avait été prise et pillée en 663 avant J.-C. par le roi d'Assyrie, Assourbanipal.*

f **3.10** *On tirait au sort les chefs vaincus pour les partager entre les vainqueurs.*

g **3.14** *Les briques serviront à réparer les murs de défense.*

La défaite de l'Assyrie sera définitive

18 Roi d'Assyrie,
tes chefs dorment pour toujours
dans la mort, tes généraux ne bougent plus,
ton peuple est parti de tous côtés,
dans les montagnes,
et personne ne le rassemble.
19 Ta défaite est définitive,
tes blessures ne peuvent être guéries.
Tous ceux qui reçoivent des nouvelles de toi
applaudissent à ton malheur.
En effet, qui n'a pas souffert
de tes actions cruelles ?
Elles étaient sans fin !

Habacuc

INTRODUCTION

Le livre d'Habacuc concerne l'une des époques les plus difficiles dans l'histoire du peuple de Dieu. Les Babyloniens sont en train de développer leur pouvoir. Ils mettront fin au royaume de Juda en détruisant Jérusalem et le temple en 587 avant J.-C. Habacuc est prophète sans doute à la fin du 7e siècle, quand la catastrophe approche.

- *Les deux premiers chapitres rapportent une discussion entre Habacuc et Dieu.*

Le prophète demande à Dieu pourquoi il se tait devant le mal. Il lui pose les questions suivantes : Pendant combien de temps faut-il crier vers Dieu pour que la violence cesse (1.2) ? Jusqu'à quand les pouvoirs malhonnêtes vont-ils agir (2.6b) ? Pourquoi tout cela arrive-t-il (1.3,13,14) ?

Dieu répond d'abord que les Babyloniens amèneront avec eux un mal encore plus terrible que la violence actuelle (1.6-11). Le prophète reprend alors ses questions. Son rôle de prophète est d'apporter les plaintes des humains à Dieu et d'attendre sa réponse (2.1). Dieu répond ainsi : ***ceux qui lui sont fidèles pourront vivre*** *(2.4), mais ceux qui agissent mal finiront par faire leur propre malheur (2.7,10-11,16-17,19b).*

- *Le chapitre 3 a la forme d'un* ***psaume****. Il chante les grandes actions de Dieu et raconte comment celui-ci montre sa présence. C'est Dieu qui a le dernier mot, et non les forces du mal.*

Le livre d'Habacuc présente un prophète qui ne renonce pas à ***protester contre le mal****. Il interroge Dieu (1.1–2.1). Il pleure sur l'injustice et la violence qui font le malheur des humains (2.6b-20). Il communique la réponse que Dieu lui demande d'écrire (2.2-4). Parce qu'il mène ce combat, il reçoit la vision de Dieu, qui se rend présent sur la terre entière (chapitre 3).*

Ce livre contient les questions que les peuples et les personnes se posent dans les moments troublés de leur histoire. Beaucoup de gens l'ont lu et le lisent dans les situations difficiles.

---

1 1 Voici le message que Dieu a fait connaître au *prophète Habacuc dans une *vision.

Le prophète fait appel au Seigneur

2 SEIGNEUR, je vais t'appeler au secours
pendant combien de temps ?
Tu n'écoutes pas !
Je crie contre la violence,
mais tu ne sauves pas !
3 Pourquoi
est-ce que tu me fais voir le mal ?
Pourquoi
regardes-tu notre misère sans réagir ?
Partout autour de moi,
les gens pillent
et agissent avec violence.
Il n'y a que des procès et des disputes.
4 Personne n'applique les lois,
personne ne rend la justice comme il faut.
L'homme mauvais
attaque celui qui est honnête,
et les juges
rendent des jugements injustes.

Le Seigneur répond : les Babyloniens arrivent

5 Le Seigneur dit :
« Observez bien ce qui se passe
parmi les autres peuples,
soyez étonnés et très surpris !
Oui, quelque chose d'extraordinaire
va arriver pendant votre vie.
Si on vous raconte cela,
vous ne le croirez pas !
6 Je fais venir les Babyloniens,
ce peuple violent et sans pitié.
Ils vont partout sur la terre
pour conquérir les régions
qui ne sont pas à eux[a].
7 Ce sont des gens terribles et effrayants.
Ils décident seuls de leurs droits
et de leur pouvoir.
8 Leurs chevaux courent plus vite
que les léopards,
ils sont plus rapides
que les *loups qui vont chasser le soir.
Leurs cavaliers arrivent de loin
et bondissent.
Ils volent comme l'aigle
qui tombe sur un animal pour le dévorer.
9 Ils arrivent tous pour piller,
le visage tendu en avant par l'envie.
Ils rassemblent des prisonniers,
aussi nombreux que les grains de sable.
10 Ces gens-là se moquent des rois.
Ils traitent avec mépris
ceux qui gouvernent.
Ils n'ont pas peur
des villes bien protégées :
ils font des terrasses de terre
pour les prendre toutes.
11 Ils passent comme une tornade
et continuent leur chemin.
Pour eux, ce qui compte c'est leur force :
elle est leur dieu. »

Le prophète fait de nouveau appel au Seigneur

12 Depuis toujours,
c'est toi qui es le SEIGNEUR,
tu es mon Dieu, tu es *saint
et tu ne meurs pas.
SEIGNEUR, tu as choisi les Babyloniens
pour nous juger.
Toi, mon solide Rocher,
tu les as chargés de nous punir.
13 Tu as les yeux trop purs
pour regarder le mal,
tu ne peux pas accepter
de voir le malheur.
Pourtant, tu regardes sans rien dire
ceux qui trompent les autres.
Quand les gens mauvais détruisent
ceux qui sont plus justes qu'eux,
tu ne dis rien.
14 Tu traites les humains
comme les poissons,
comme les petites bêtes
qui n'ont pas de maître.
Oui, pourquoi ?
15 Les Babyloniens prennent les gens
comme le poisson pris au crochet.
Ils les ramènent dans leurs filets,
et ils sont fous de joie.
16 Ils offrent des *sacrifices à leurs filets,
ils brûlent de *l'encens en leur honneur.
En effet, grâce à eux,
ils attrapent beaucoup de poissons
et mangent une nourriture délicieuse.
17 Est-ce qu'ils arrêteront un jour
d'utiliser leurs filets
pour tuer sans pitié les autres peuples ?

2 1 Moi, je veux rester à mon poste de garde,
je resterai debout sur le mur de défense.
J'attendrai pour savoir
ce que Dieu me dira
et comment il répondra à mes plaintes.

---

a 1.6 *Le pouvoir des Babyloniens a duré de 626 à 539 avant J.-C. Le roi Nabucodonosor l'a étendu à tous les peuples du Proche-Orient.*

Le Seigneur répond : les orgueilleux ne tiendront pas

2 Alors le SEIGNEUR m'a répondu :
« Écris ce que je te fais connaître.
Écris-le clairement sur des tablettes,
pour qu'on le lise facilement.
3 Les choses que je te fais voir arriveront,
mais seulement au moment fixé.
Elles vont bientôt se réaliser,
ce n'est pas un mensonge.
Attends avec confiance,
même si c'est long.
Oui, c'est sûr,
elles arriveront sans retard.
4 Écris :
Celui qui a de mauvaises intentions
perd ses forces.
Mais celui qui est fidèle à Dieu est *juste
et ainsi, il a la vie.
5 Oui, les richesses font du mal :
Les orgueilleux ne restent pas en place.
Ils ouvrent largement la bouche
comme le monde des morts.
Comme la mort,
ils ne sont jamais rassasiés.
Ils regroupent autour d'eux
tous les pays,
ils tiennent tous les peuples
sous leur pouvoir.
6 Mais tous ceux qu'ils ont conquis
vont lancer contre eux des critiques,
des paroles moqueuses et blessantes. »

Cinq déclarations de malheur contre ceux qui agissent avec violence

« Voici ce qu'ils diront :
Quel malheur pour vous !
Vous entassez des biens
qui ne sont pas à vous.
Jusqu'à quand ?
Vos dettes
sont de plus en plus importantes !
7 Ceux qui vous ont prêté de l'argent
arriveront tout d'un coup.
Ils se réveilleront
et vous feront trembler.
Ils vous voleront à leur tour.
8 Vous pillez beaucoup de peuples.
Alors les peuples qui restent
vous pilleront de la même façon.
En effet, vous répandez le sang,
vous agissez avec violence
contre les pays, les villes et leurs habitants !

9 « Quel malheur pour vous !
Vous gardez pour vos parents
des biens obtenus de façon malhonnête.
Cela vous permet
d'avoir une bonne situation
pour éviter d'être touchés par le malheur.
10 Vos projets
couvriront vos parents de honte.
En détruisant de nombreux peuples,
vous vous détruisez vous-mêmes.
11 Même les pierres des murs
crieront pour vous accuser,
et les bois qui soutiennent la maison
leur répondront.

12 « Quel malheur pour vous !
Vous construisez
et développez vos villes
par des assassinats et par l'injustice.
13 C'est pourquoi les peuples se fatiguent
pour du feu,
les populations se donnent du mal
pour rien.
Est-ce que tout cela ne vient pas
du SEIGNEUR de l'univers ?
14 Oui, tous connaîtront
la *gloire du SEIGNEUR,
elle remplira la terre
comme l'eau remplit les mers.

15 « Quel malheur pour vous !
Vous donnez à boire aux autres
une boisson dangereuse comme du poison.
Vous voulez qu'ils deviennent ivres
pour les voir tout nus.
16 Mais vous, vous serez couverts de honte
et non d'honneur !
Buvez à votre tour
et montrez-vous tout nus !
Le SEIGNEUR vous obligera à boire
la *coupe de sa colère,
et votre honneur se changera en honte.

17 Oui,
la violence commise contre le Liban[b]
se répandra chez vous.
Vous avez tué des animaux.
Alors des animaux
vous feront trembler de peur.
Tout cela arrivera
parce que vous répandez le sang,
parce que vous agissez avec violence
contre les pays, les villes et leurs habitants.
18 À quoi sert de fabriquer des faux dieux ?
Ce sont seulement des statues en métal
qui font croire à des choses fausses.
C'est un artisan qui les a fabriquées,
et elles ne parlent pas.
Alors pourquoi cet artisan
met-il sa confiance en elles ?

19 « Quel malheur pour vous !
Vous dites à un morceau de bois :
"Réveille-toi !"
Vous dites à une statue en pierre,
qui ne parle pas :
"Arrête de dormir !"
Pourtant,
ils ne peuvent rien vous apprendre.
C'est vrai,
ces statues sont recouvertes
d'or et d'argent,
mais il n'y a aucun souffle de vie en elles !
20 Le SEIGNEUR, lui,
habite dans son temple *saint.
Que toute la terre se taise devant lui ! »

Le prophète chante les grandes actions de Dieu

3 1 Voici une prière du *prophète Habacuc.
Il l'a chantée comme un chant de deuil.
2 SEIGNEUR, j'ai entendu parler
de tes grandes actions.
SEIGNEUR, je tremble devant elles.
Pendant notre vie,
montre des actions semblables,
pendant notre vie,
fais-les connaître.
Même si tu es en *colère,
souviens-toi de ta tendresse.

3 Dieu arrive de Téman,
le Dieu *saint
vient des montagnes de Paran.
Sa grandeur couvre le ciel
et la terre est remplie de sa louange.
4 Il brille comme la lumière.
Des rayons sortent de sa main,
là où se cache sa puissance.
5 Une épidémie de peste avance devant lui,
et la fièvre brûlante marche derrière lui.
6 Quand il s'arrête,
la terre tremble.
Quand il regarde les peuples,
ceux-ci ont peur de lui.
Les montagnes de toujours se fendent
et les collines anciennes sont renversées,
elles qui étaient autrefois son chemin.
7 Je vois les gens de Kouchan
se courber sous le malheur
dans leurs tentes,
et les gens de Madian trembler de peur
dans leurs abris.
8 SEIGNEUR, est-ce contre les rivières
que tu es en colère ?
Oui, est-ce contre les rivières ?
Est-ce contre la mer
que tu es furieux ?
Tu montes sur les nuages
comme sur un char de victoire.
9 Tu prépares ton arc,
et ses flèches sont les serments
que tu as faits dans ta colère.
La terre s'ouvre,
et des torrents jaillissent.
10 Les montagnes te voient :
elles tremblent de peur.
L'eau tombe avec violence,
le grand océan rugit,
il lance ses vagues jusqu'au ciel.
11 Devant la lumière de tes flèches qui volent,
devant les éclairs de ta lance,
le soleil et la lune restent sans bouger.

b **2.17** *La violence contre le Liban : sans doute le fait que Nabucodonosor, roi de Babylone, a détruit beaucoup de grands arbres du Liban pour construire ses palais et ses temples.*

12 Rempli de colère, tu avances sur la terre,
furieux, tu écrases les autres peuples.
13 Tu es sorti pour sauver ton peuple,
pour sauver le roi que tu as *consacré.
Tu renverses le chef du clan des gens mauvais,
tu détruis complètement ses alliés.
14 Tu perces la tête des chefs ennemis
avec leurs propres flèches.
Ils arrivaient en courant
comme une tornade
pour nous chasser de tous côtés.
Ils poussaient des cris de joie
comme s'ils allaient dévorer un pauvre
en se cachant dans leur abri.
15 Tu avances dans la mer avec tes chevaux,
au milieu des vagues puissantes.

16 J'entends tout ce bruit
et je suis bouleversé.
Ma bouche tremble de peur,
mon corps devient très faible.
Mes jambes ne tiennent plus debout.
En silence,
j'attends le jour du malheur
pour aller combattre
le peuple qui nous attaque.
17 Les *figuiers ne fleurissent plus,
les *vignes ne donnent plus de raisin,
les *oliviers ne portent plus d'olives,
les champs ne produisent aucune nourriture.
Il n'y a plus de moutons dans les bergeries,
plus de bœufs dans les abris.

18 Mais moi,
je trouve ma joie dans le SEIGNEUR,
je suis heureux
à cause du Dieu qui me sauve.
19 Le Seigneur DIEU est ma force.
Il me rend aussi rapide que les biches,
il me fait marcher sur les hauteurs.

Pris dans le livre du chef de chorale. Avec instruments à cordes.

Sophonie

INTRODUCTION

Le prophète Sophonie parle de la part de Dieu au temps de Josias, roi de Juda, entre 640 et 609 avant J.-C. Cette époque est une époque troublée, entre le moment où le pouvoir assyrien est fort (début du 7e siècle) et celui où le pouvoir babylonien se développe (fin du 7e siècle). Le prophète répond à ceux qui se demandent si Dieu s'intéresse vraiment aux êtres humains et à leur histoire. Il annonce que Dieu va intervenir de plusieurs manières :

- *Dieu jugera les habitants de Juda et de Jérusalem : 1.2–2.3 et 3.1-8.*
- *Il détruira les peuples voisins de Juda : 2.4-15.*
- *Il transformera l'attitude des peuples et des habitants de Jérusalem : 3.9-20.*

L'action de Dieu concerne la ***terre entière*** *et tous ceux qui l'habitent. Jérusalem et le peuple de Dieu y occupent une place particulière. Ce qui leur arrive a du sens pour tous les êtres humains.*

Le prophète annonce que le ***jour du Seigneur*** *est proche. Il le présente comme le jour du sacrifice (1.7-8). Un sacrifice a deux aspects : la destruction et la transformation. Le premier aspect est développé de 1.8 à 3.8 : Jérusalem et les peuples non juifs seront détruits. Le deuxième aspect est développé à partir de 3.9 : les peuples non juifs et Jérusalem seront purifiés. Le jour du Seigneur est le jour où Dieu jugera les peuples et les êtres humains. C'est donc aussi le jour où la vie pourra recommencer à neuf.*

La faute des habitants de Jérusalem, c'est de ne pas chercher le Seigneur (1.6 et 3.2). Cela les entraîne à adorer des faux dieux (1.4-5,8-9) et ils oublient leur Dieu (1.12). Leurs richesses (1.11-12,18) et leur orgueil (3.11) les conduisent alors à l'injustice et à la violence. Les reproches adressés à Jérusalem (1.2–2.3 et 3.1-8) précèdent et suivent les paroles de menace contre les autres peuples (2.4-15). Jérusalem est devenue comme ces peuples situés à l'ouest (Philistins), à l'est (Moab et Amon), au sud (Éthiopie) et au nord (Assyrie). Ses habitants ne savent plus que Dieu est présent au milieu de leur ville.

Le prophète affirme que ***le changement viendra des gens « simples et pauvres »*** *(3.9-20). Ceux-ci ne compteront pas sur eux-mêmes. Ils attendront tout du Seigneur, contrairement à la population de Jérusalem au moment où le prophète parle.*

Si Dieu juge toute la terre (1.2–3.8), c'est pour que toute la terre soit transformée et lui rende un culte (3.9-10). La fin du livre de Sophonie montre que Dieu sera présent à Jérusalem, au milieu des peuples rassemblés.

---

1 [1] Le SEIGNEUR a adressé sa parole à Sophonie, à l'époque où Josias, fils d'Amon, était roi de Juda. Sophonie était fils de Kouchi. Kouchi était fils de Guedalia, Guedalia était fils d'Amaria, et Amaria était fils d'Ézékias.

Le Seigneur va agir contre toute la terre

2 Le SEIGNEUR déclare :
« Je vais tout enlever
de la surface de la terre.

3 Je vais enlever les êtres humains
et les bêtes,
les oiseaux du ciel
et les poissons de la mer,
je vais enlever les gens mauvais
et ce qui les fait mal agir.
Je supprimerai les êtres humains
de la surface de la terre. »

Le Seigneur va agir contre le royaume de Juda et contre Jérusalem

4 « Je vais agir contre Juda
et contre tous les habitants de Jérusalem.
Je supprimerai de ce lieu
ce qui reste du culte de *Baal,
et même le souvenir
des prêtres de ce dieu.
5 Je ferai disparaître ceux qui montent
sur les toits en terrasses
pour adorer les *astres.
Je supprimerai ceux qui m'adorent
tout en faisant des serments
par le dieu Molek[a].
6 Moi le SEIGNEUR, je supprimerai
ceux qui me tournent le dos
qui ne me cherchent pas
et ne me consultent pas. »

7 Taisez-vous devant le Seigneur DIEU,
parce que le jour où il viendra est proche.
Oui, le SEIGNEUR a préparé un *sacrifice,
il a déjà *purifié ses invités.

8 Le SEIGNEUR dit :
« Le jour du sacrifice,
j'agirai contre les chefs,
les fils du roi et tous ceux
qui s'habillent comme des étrangers.
9 Ce jour-là,
j'agirai contre tous ceux qui sautent
par-dessus l'entrée du temple[b].
J'agirai aussi contre tous ceux
qui remplissent la maison de leur maître
de richesses obtenues par la violence
et le mensonge. »
10 Le SEIGNEUR déclare :
« Ce jour-là, à Jérusalem,
on entendra de grands cris
à la porte des Poissons,
des hurlements dans le Quartier Neuf,
et un grand bruit sur les collines.
11 Poussez des hurlements,
habitants de la ville Basse,
parce que tous les commerçants
vont mourir,
tous ceux qui pèsent l'argent
vont être tués.
12 À ce moment-là, j'allumerai une lampe
pour fouiller la ville de Jérusalem.
J'agirai contre les habitants
qui vivent sans rien faire,
comme le vin qui repose sur ses dépôts.
Ils disent :
"Le SEIGNEUR ne peut rien faire,
ni en bien ni en mal."
13 Eh bien, on pillera leurs richesses,
on détruira leurs maisons.
Ils construisent des maisons,
mais ils ne les habiteront pas.
Ils plantent des *vignes,
mais ils n'en boiront pas le vin. »

Le jour du Seigneur est proche

14 Le grand *jour du SEIGNEUR est proche,
il est proche, il arrive très vite.
Ce jour-là,
on entendra des cris terribles.
Même les plus courageux
appelleront au secours.
15 Ce sera un jour de *colère,
de malheur et de peur,
un jour de destruction et de mort,
de nuit et d'obscurité,
un jour de nuages et de brouillard.
16 Ce jour-là, on entendra les soldats
sonner de la trompette
et pousser des cris de guerre
contre les villes entourées de murs
et contre leurs hautes tours.

a 1.5 *Molek était le dieu principal des Ammonites. Voir Lévitique 18.21.*
b 1.9 *Il s'agit d'une pratique religieuse liée au culte des faux dieux.*

17 Le SEIGNEUR dit :
« Les gens ont péché contre moi.
Alors je les plongerai dans le malheur,
et ils marcheront en hésitant
comme des aveugles.
On répandra leur sang
comme de la poussière,
et leurs corps pourriront
comme des ordures. »

18 Leur argent et leur or
ne pourront pas les sauver,
le jour où le SEIGNEUR se mettra en colère.
Le feu de sa violente colère
détruira toute la terre.
Oui, ce sera terrible.
Le SEIGNEUR va détruire
tous les habitants de la terre.

Appel à se tourner vers le Seigneur

2 1-2 Vous allez être chassés
comme la paille
qui disparaît en un jour.
La violente *colère du SEIGNEUR
va tomber sur vous.
Oui, le jour de sa colère
va arriver pour vous.
Eh bien, vous qui n'avez jamais honte,
réfléchissez, rentrez en vous-mêmes,
avant que tout cela arrive.
3 Tournez-vous vers le SEIGNEUR,
vous, les gens simples du pays,
vous qui obéissez à ses commandements.
Pratiquez ce qui est *juste,
faites-vous petits devant Dieu.
Alors vous serez peut-être à l'abri
le jour où le SEIGNEUR
montrera sa colère.

Le Seigneur menace les peuples de l'ouest

4 La ville de Gaza va être abandonnée,
Ascalon sera détruite.
Les habitants d'Asdod seront chassés en plein jour
et la ville d'Écron[c] sera démolie.
5 Quel malheur pour vous,
gens venus de Kaftor[d]
qui vivez au bord de la mer !
Voici le jugement
que le SEIGNEUR prononce contre vous :
« Canaan, pays des *Philistins,
je vais te détruire,
t'enlever tes habitants.
6 Ton pays situé le long de la mer
va être changé en pâturages,
en champs d'herbe pour les bergers,
en enclos pour les moutons. »
7 Les gens du peuple de Juda
qui sont restés en vie
occuperont cette région.
Ils y conduiront leurs troupeaux
et le soir, ils iront dormir
dans les maisons d'Ascalon.
En effet, le SEIGNEUR, leur Dieu,
agira en leur faveur
et il changera leur sort.

Le Seigneur menace les peuples de l'est

8 « J'ai entendu les insultes des Moabites
et les moqueries des Ammonites[e].
Ils ont insulté mon peuple
et ils ont agrandi leur pays
en lui prenant des terres.
9 Eh bien, voici ce que je déclare,
moi, le SEIGNEUR de l'univers,
Dieu d'Israël :
Aussi vrai que je suis vivant,
Moab deviendra
comme la ville de Sodome,
et les Ammonites deviendront
comme la ville de Gomorrhe[f].
Leur pays deviendra
un buisson d'épines, une mine de sel,
il sera détruit pour toujours.

---

c 2.4 *Gaza, Ascalon, Asdod, Écron : quatre des principales villes philistines.*

d 2.5 *Il s'agit sans doute des habitants de l'île de Crète.*

e 2.8 *Les Moabites et les Ammonites étaient des peuples installés à l'est du fleuve Jourdain et de la mer Morte.*

f 2.9 *Sodome, Gomorrhe : voir Genèse 19.24-25.*

Les gens de mon peuple
qui sont restés en vie
les pilleront,
les habitants de mon pays
qui sont restés vivants
les prendront. »
10 Voilà ce qu'ils recevront
à cause de leur orgueil.
Oui, ils ont insulté
le peuple du SEIGNEUR de l'univers
et ils ont agrandi leur pays
en lui prenant des terres.
11 Le SEIGNEUR sera terrible pour eux,
il détruira tous les dieux de la terre.
Alors, même les peuples les plus éloignés
l'adoreront, chacun dans son pays.

Le Seigneur menace les peuples du sud et du nord

12 « Vous aussi, *Éthiopiens,
je vous ferai mourir à la guerre. »

13 Le Seigneur agira aussi
contre la région du nord,
il fera de l'Assyrie un tas de pierres.
Il détruira la ville de Ninive[g],
et elle deviendra
un endroit sec comme le désert.
14 Des troupeaux
s'installeront au milieu d'elle.
Des bêtes de toutes sortes,
le hibou et la chouette,
passeront la nuit en haut de ses colonnes.
On entendra les cris des oiseaux
aux fenêtres des maisons.
Dès l'entrée,
on ne verra que des tas de pierres,
les poutres de *cèdre seront arrachées.
15 Voilà ce que Ninive,
cette ville si fière, deviendra.
Ses habitants se croyaient en sécurité
et ils pensaient :
« Personne n'est comme nous ! »
Eh bien, Ninive
est devenue un tas de pierres,
un abri pour les animaux !
Tous ceux qui passent près d'elle
poussent des cris d'horreur
et font des gestes de mépris.

Jérusalem n'a pas écouté l'appel du Seigneur

3 1 Quel malheur
pour la ville révoltée et corrompue[h],
remplie de dictateurs !
2 Elle n'a pas écouté l'appel du SEIGNEUR,
elle n'a pas accepté ses avertissements,
elle n'a pas eu confiance dans le SEIGNEUR,
elle ne s'est pas rapprochée de son Dieu.
3 Ses chefs sont comme des lions rugissants,
ses juges sont comme des *loups
qui vont chasser le soir,
et le matin, n'ont plus rien à manger.
4 Ses *prophètes sont des bandits,
des gens qui trompent les autres.
Ses prêtres ne respectent pas ce qui est à Dieu
et ils désobéissent à sa *loi.
5 Pourtant,
le SEIGNEUR est présent dans la ville,
il ne fait rien d'injuste.
Chaque matin, il rend son jugement.
Malgré cela, les gens mauvais agissent
sans avoir honte.

6 Le SEIGNEUR dit :
« J'ai fait disparaître des peuples,
j'ai démoli leurs murs de défense,
j'ai rendu leurs rues désertes :
personne n'y passe plus !
Leurs villes ont été détruites :
il n'y a plus aucun habitant.
7 Je me suis dit :
"Maintenant la ville va me respecter,
elle va accepter mes avertissements.
Alors je ne réaliserai pas les menaces
lancées contre elle
et je ne la détruirai pas."

---

g **2.13** *Ninive a été la capitale de l'empire assyrien au 7e siècle avant J.-C. Voir le livre de Nahoum.*

h **3.1** *Il s'agit de la ville de Jérusalem. Dans tout ce passage, le prophète ne dit pas son nom. Ainsi, il la met au même rang que Ninive. Voir Sophonie 2.15.*

Mais non !
Ses habitants se sont dépêchés
de faire de mauvaises actions. »
8 Le SEIGNEUR déclare :
« Eh bien, attendez-vous au jour
où je viendrai vous accuser !
J'ai décidé de réunir les autres peuples,
de rassembler les royaumes,
pour répandre sur eux ma violente *colère.
Oui, le feu de ma colère
dévorera la terre tout entière. »

Le Seigneur changera l'attitude des peuples

9 « Oui,
je *purifierai la bouche des peuples.
Alors ils pourront tous me prier,
moi, le SEIGNEUR,
et ils me serviront d'un même cœur.
10 Ceux qui m'adorent
et qui se trouvent dans tous les pays,
viendront de plus loin que les fleuves *d'Éthiopie
et ils m'apporteront leurs offrandes. »

Le Seigneur laissera dans son peuple des gens simples et pauvres

11 « Ce jour-là, mon peuple,
tu n'auras plus honte
de toutes tes mauvaises actions,
de ce que tu as fait contre moi.
En effet, à ce moment-là,
j'enlèverai de chez toi
tous ces gens qui rient avec orgueil,
et tu arrêteras de te vanter
sur ma montagne *sainte.
12 Je laisserai parmi vous
uniquement les gens simples et pauvres.
Ils trouveront en moi une protection.
13 Les gens du peuple d'Israël
qui seront restés en vie
ne feront plus le mal,
et ils ne diront plus de mensonges.
Ils ne tromperont plus les autres
avec leurs paroles.
Ils pourront manger et dormir,
et personne ne leur fera peur. »

Jérusalem va être reconstruite

14 Chante et danse, ville de *Sion !
Poussez des cris de joie, habitants d'Israël !
Oui, réjouis-toi de tout ton cœur,
Jérusalem !
15 Le SEIGNEUR a retiré
les accusations qui pesaient sur vous,
il a fait partir vos ennemis.
Le SEIGNEUR, le roi d'Israël,
est au milieu de vous,
vous ne devez plus avoir peur du malheur.
16 Ce jour-là, on dira à Jérusalem :
« N'aie pas peur, ville de Sion,
ne te décourage pas !
17 Le SEIGNEUR, ton Dieu, est au milieu de toi.
C'est lui le héros qui remporte la victoire.
Il est rempli de joie à cause de toi,
son amour te donne une vie nouvelle.
Il danse pour toi avec des cris de joie,
18 comme pendant les jours de fête. »

Le SEIGNEUR dit :
« Je vais écarter de toi le malheur,
Jérusalem,
pour que tu ne sois plus
couverte de honte.
19 À ce moment-là,
je vais faire mourir tous ceux
qui vous ont écrasés par l'injustice.
À ce moment-là, je soignerai vos blessés,
je ramènerai ceux qui sont en exil.
Je vous mettrai à l'honneur,
et votre nom sera connu dans tous les pays
où vous avez été couverts de honte.
20 À ce moment-là, je vous ferai revenir,
à ce moment-là, je vous rassemblerai.
Sous vos yeux,
je changerai votre situation.
Alors votre nom sera connu,
et je vous mettrai à l'honneur
parmi tous les peuples de la terre. »
C'est le SEIGNEUR qui a parlé.

Aggée

INTRODUCTION

Ce livre contient cinq petits ***discours*** *du prophète Aggée. Celui-ci les a prononcés de la part de Dieu à Jérusalem, entre août et décembre de l'année 520, au 6e siècle avant J.-C. Un certain nombre d'habitants de Juda avaient été emmenés en exil à Babylone au début du même siècle. À partir de 538 avant J.-C., ces Juifs ont pu rentrer dans leur pays. Ceux qui sont revenus les premiers ont commencé à* ***rebâtir le temple*** *de Jérusalem. Assez vite cependant, ils ont rencontré des difficultés et ils se sont découragés.*

Les discours du prophète s'adressent premièrement aux responsables du peuple, le gouverneur Zorobabel et le grand-prêtre Yéchoua. Ils leur demandent de retrouver leur courage et de reprendre les travaux du temple. Ils leur communiquent aussi des promesses de Dieu concernant l'avenir.

Le prophète demande à ceux qui l'écoutent de réfléchir à la situation où ils se trouvent (1.5; 2.15-19). La pauvreté générale vient du fait que le temple n'est pas reconstruit (1.1-14). Par ailleurs, le peuple ne rend pas à Dieu le culte qui convient (2.10-20). Le prophète annonce que la beauté du nouveau temple dépassera celle du premier (2.1-9). Il annonce aussi à Zorobabel que Dieu l'a tout spécialement choisi pour être à son service (2.20-23).

Les habitants de Juda ont entendu les paroles de Dieu prononcées par Aggée. Ils ont entrepris de reconstruire le temple.

Les Juifs revenus d'exil ont devant eux un avenir à préparer. Ils attendent une nouvelle action de Dieu, grâce à un ***serviteur*** *choisi par lui. Dans cette situation, l'attente doit être active. Le rôle du prophète est alors de réveiller le courage et la foi en Dieu.*

C'est le moment de reconstruire le temple

1 1 La deuxième année où Darius est roi de
Perse, le sixième mois, le premier jour du
mois, le SEIGNEUR adresse sa parole à Aggée,
le *prophète. Il lui demande de parler de sa
part au gouverneur de Juda, Zorobabel, fils
de Chéaltiel[a], et au *grand-prêtre Yéchoua,
fils de Yossadac. 2-3 Alors Aggée annonce
ceci de la part du SEIGNEUR: « Voici les paroles du SEIGNEUR de l'univers: Ces gens-là disent que ce n'est pas encore le moment de
reconstruire mon temple[b]. 4 Eh bien, est-ce
que c'est le moment d'habiter dans vos maisons bien décorées pendant que mon temple
est un tas de pierres? 5 Maintenant, je vous
le demande, moi, le SEIGNEUR de l'univers, réfléchissez à ce que vous faites. 6 Vous avez
semé beaucoup, mais récolté peu. Vous man-

a **1.1** *La deuxième année, le sixième mois: c'est-à-dire fin août 520 avant J.-C. Zorobabel, fils de Chéaltiel, était de la famille du roi David. Le roi de Perse l'a désigné comme gouverneur de Juda.*

b **1.2-3** *Ces gens-là, ce sont les exilés revenus de Babylone. Le temple de Jérusalem a été détruit par les Babyloniens en 587 avant J.-C.*

gez, mais pas à votre faim. Vous buvez, mais pas autant que vous voulez. Vous portez des vêtements, mais vous avez froid. Vous gagnez votre vie, mais votre argent va dans un sac troué. 7 Je vous le dis encore, moi, le SEIGNEUR de l'univers, réfléchissez à ce que vous faites. 8 Montez sur les collines, rapportez du bois, et reconstruisez mon temple. Alors cela me plaira, et j'en recevrai de la *gloire, je le dis, moi, le SEIGNEUR. 9 Vous attendiez beaucoup de vos champs, et vous avez récolté peu. Ce que vous avez rapporté chez vous, j'ai soufflé dessus, et tout a disparu. Pourquoi donc ? Je vous le demande, moi, le SEIGNEUR de l'univers. Eh bien, c'est parce que mon temple est un tas de pierres, pendant que chacun de vous s'occupe avec soin de sa propre maison. 10 C'est pourquoi aucune pluie n'est tombée, et la terre n'a rien donné. 11 J'ai fait venir la sécheresse dans le pays : sur les collines, dans les champs de *blé, dans les *vignes, dans les plantations *d'oliviers et sur les autres cultures. Les humains et les animaux en ont souffert, et tout votre travail a été perdu. »

12 Zorobabel, fils de Chéaltiel, le grand-prêtre Yéchoua, fils de Yossadac, et tous ceux qui sont revenus d'exil[c] écoutent les paroles du SEIGNEUR, leur Dieu, prononcées par le prophète Aggée. Ainsi Aggée remplit la mission que le SEIGNEUR lui a confiée. Et le peuple reconnaît l'autorité du SEIGNEUR. 13 Puis Aggée, l'envoyé du SEIGNEUR, leur adresse ce message de sa part : « Je suis avec vous, je vous le déclare, moi, le SEIGNEUR. »

14 Alors le SEIGNEUR réveille le courage de Zorobabel, gouverneur de Juda et fils de Chéaltiel, de Yéchoua, le grand-prêtre, fils de Yossadac, et de tous ceux qui sont revenus d'exil. Ils viennent travailler pour reconstruire le temple de leur Dieu, le SEIGNEUR de l'univers, 15 le sixième mois de la même année, le 24 du mois.

La beauté du nouveau temple dépassera celle du premier

2 1 La même année, la deuxième année où Darius est roi, le septième mois, le 21 du mois[d], le SEIGNEUR demande de nouveau au *prophète Aggée de parler de sa part. 2 Il lui dit d'adresser ce message au gouverneur de Juda, Zorobabel, fils de Chéaltiel[e], au *grand-prêtre Yéchoua, fils de Yossadac, et à tous ceux qui sont revenus d'exil : 3 « Est-ce que l'un de vous se souvient encore de la beauté de l'ancien temple ? Et maintenant, qu'est-ce que vous voyez ? Il n'en reste rien. 4 C'est pourquoi, moi, le SEIGNEUR, je vous déclare : Courage, Zorobabel ! Courage, Yéchoua, fils de Yossadac, toi qui es grand-prêtre ! Courage, tous les gens du pays ! Mettez-vous au travail, je suis avec vous, je vous le déclare, moi, le SEIGNEUR de l'univers. 5 Je vous ai fait cette promesse quand vous êtes sortis d'Égypte. Et mon esprit se tient au milieu de vous, n'ayez pas peur ! 6 Oui, voici ce que je dis, moi, le SEIGNEUR de l'univers : Dans peu de temps, je vais secouer le ciel et la terre, la mer et la terre solide. 7 Je vais bouleverser les autres peuples. Leurs richesses arriveront ici en grande quantité. Je remplirai ce temple de beauté, je l'affirme, moi, le SEIGNEUR de l'univers. 8 En effet, l'argent est à moi, l'or est à moi, 9 et la beauté de ce nouveau temple dépassera celle du premier. Dans ce lieu, je vous donnerai la paix. Moi, le SEIGNEUR de l'univers, je le déclare. »

Le peuple est impur

10 Toujours pendant la deuxième année où Darius est roi, le neuvième mois, le 24 du mois[f], le SEIGNEUR de l'univers adresse de nouveau sa parole à Aggée, le *prophète.

11 Voici ce qu'il dit : « Demande aux prêtres de juger ce cas : 12 Quelqu'un a dans une partie de son vêtement un morceau de viande

---

c **1.12** *Revenus d'exil : voir les versets 2-3 et la note.*

d **2.1** *C'est-à-dire début octobre 520 avant J.-C. Voir Aggée 1.1 et la note.*

e **2.2** *Voir Aggée 1.1 et la note.*

f **2.10** *C'est-à-dire en décembre 520 avant J.-C. Voir Aggée 1.1 et la note.*

venant d'un *sacrifice. Ensuite son vêtement
touche du pain, des légumes, du vin, de
l'huile ou un autre aliment. Est-ce que cet aliment devient sacré ? » Les prêtres répondent à
Aggée : « Non. »
13 Aggée leur présente un autre cas : « Supposons maintenant que quelqu'un est devenu
*impur parce qu'il a touché le corps d'un
mort. Il touche ensuite un aliment. Est-ce
que cet aliment devient impur ? » Les prêtres
répondent : « Oui. »
14 Aggée leur dit : « Eh bien, voici ce que le
SEIGNEUR déclare : "C'est la même chose pour
les habitants de ce pays et pour tout le travail
qu'ils font. Tout ce qu'ils m'offrent sur *l'autel
est impur." »

C'est le moment de réfléchir

15 Le SEIGNEUR dit encore : « Maintenant,
réfléchissez à ce qui va arriver à partir
d'aujourd'hui et plus tard ! Avant que vous
commenciez à reconstruire mon temple en
plaçant des pierres les unes sur les autres,
16 qu'est-ce qui se passait ? Quand quelqu'un
allait chercher 20 mesures de grain au grenier, il en trouvait seulement 10. Quand quelqu'un allait chercher 50 litres de vin à la cuve,
il en trouvait seulement 20. 17 Je le déclare,
moi, le SEIGNEUR : J'ai détruit tout ce que
vous avez fait : j'ai fait sécher les *céréales,
ou bien elles ont pourri dans les champs. J'ai
fait tomber de la *grêle, et vous n'êtes pas revenus vers moi, le SEIGNEUR. 18 Réfléchissez
donc à ce qui va arriver à partir d'aujourd'hui
et plus tard ! C'est le 24 du neuvième mois, et
les fondations du temple ont été posées aujourd'hui, ne l'oubliez pas. 19 Il ne reste plus
de grain dans les greniers. Les *vignes, les *figuiers, les grenadiers[g] et les *oliviers n'ont
rien donné. Eh bien, à partir d'aujourd'hui,
je vais vous couvrir de bienfaits. »

Promesses du Seigneur à Zorobabel

20 Le même jour, le 24 du mois[h], le SEIGNEUR
adresse une deuxième fois sa parole à Aggée.
21 Il lui demande de parler au gouverneur de
Juda, Zorobabel, fils de Chéaltiel, et de lui
dire : « Moi, le SEIGNEUR de l'univers, je vais
secouer le ciel et la terre. 22 Je vais renverser
les rois et détruire la puissance des royaumes
de la terre. Je renverserai les chars et leurs
conducteurs. Les chevaux seront abattus, et
les cavaliers se tueront les uns les autres.
23 Mais ce jour-là, Zorobabel, toi mon serviteur, je te prendrai pour faire de toi mon
*sceau personnel. En effet, c'est toi que j'ai
choisi. Voilà ce que je déclare, moi, le SEI-
GNEUR de l'univers. »

---

g **2.19** *Les grenadiers sont des arbres fruitiers qui donnent des fruits appelés des grenades.*
h **2.20** *Voir Aggée 2.1 et la note.*

Zakarie

INTRODUCTION

*Le livre du prophète Zakarie présente à ses lecteurs l'**espoir d'un temps nouveau**.*

Il leur montre comment les Juifs revenus d'exil attendent la venue de ce temps.

Ce livre est composé de deux parties très différentes l'une de l'autre.

• *La première partie (chapitres 1–8) contient des **messages** et donne les dates où ils ont été prononcés. Le prophète les communique de la part de Dieu entre 520 et 518 avant J.-C. Ils concernent la reconstruction du temple de Jérusalem et la préparation de l'avenir, comme ceux du prophète Aggée, qui a parlé à la même époque.*

– *Un appel à changer de vie forme l'introduction (1.1-6).*

– *Cet appel est suivi d'un récit de Zakarie qui raconte huit **visions** (1.7–6.15). Ce que le prophète voit permet de comprendre à la fois les événements du présent et les événements que Dieu prépare pour l'avenir.*

*Après le retour d'exil, les Juifs espèrent commencer une nouvelle époque de leur histoire. Ils attendent pour cela un messie, c'est-à-dire un homme choisi et envoyé par Dieu pour établir la paix et la justice. Les quatrième et cinquième visions de Zakarie, placées au centre de son récit, concernent le grand-prêtre Yéchoua et le gouverneur Zorobabel, de la famille du roi David (3.1–4.14). Tous les deux semblent être considérés comme des **envoyés de Dieu**. Cependant, la conclusion du récit des visions (6.9-15) donne ce rôle à Yéchoua, le grand-prêtre. Cela montre que les Juifs attendaient comme messie soit un prêtre, soit quelqu'un de la famille royale.*

– *Les chapitres 7 et 8 rappellent que le Seigneur est à la fois le Dieu qui juge son peuple et le Dieu qui le sauve.*

• *La deuxième partie du livre de Zakarie (chapitres 9–14) est formée de **discours**. Ceux-ci annoncent comment Dieu va agir en faveur de son peuple. Ils présentent celui que Dieu enverra pour établir la paix et la justice, d'abord comme un **roi victorieux et humble** (9.9), puis comme un berger rejeté (11.7) et enfin comme un envoyé mis à mort (12.9-10).*

– *Les chapitres 9 à 11 affirment que Dieu libérera son peuple tout entier et le rendra fort. Ils expliquent aussi les malheurs du présent.*

– *Les chapitres 12 à 14 montrent que le peuple nouveau, sauvé par Dieu, va naître à travers de grandes crises. Il sera jugé et débarrassé de tout ce qui le rend mauvais. Alors Dieu pourra devenir roi sur toute la terre.*

LES VISIONS DE ZAKARIE
1–8

Le Seigneur appelle les Israélites à changer de vie

1 1 La deuxième année où Darius est roi de Perse[a], le huitième mois, le SEIGNEUR adresse sa parole au *prophète Zakarie, fils de Bérékia et petit-fils d'Iddo. 2-3 Il lui demande de dire ceci aux Israélites : « Voici ce que j'affirme, moi, le SEIGNEUR de l'univers : je me suis mis dans une violente *colère contre vos ancêtres. Mais revenez vers moi, le SEIGNEUR, et je reviendrai vers vous, je le déclare, moi, le SEIGNEUR de l'univers. 4 N'imitez pas vos ancêtres. Autrefois, les prophètes leur ont lancé cet appel de ma part : "Abandonnez votre mauvaise conduite et vos actions mauvaises." Mais ils ne m'ont pas écouté et ils n'ont pas fait attention à moi. 5 Vos ancêtres ne sont plus là, et les prophètes sont morts. 6 Pourtant, les paroles et les ordres que j'ai donnés à mes serviteurs les prophètes ont finalement touché vos ancêtres. Alors ils ont changé de conduite et ils ont dit : "Le SEIGNEUR de l'univers avait décidé de nous traiter selon notre conduite et nos actes. Et c'est ce qu'il a fait." »

Première vision : les chevaux

7 La deuxième année où Darius est roi, le onzième mois, ou mois de Chebath[b], le 24 du mois, le SEIGNEUR adresse sa parole au *prophète Zakarie, fils de Bérékia et petit-fils d'Iddo. Zakarie raconte : 8 Cette nuit-là, je vois un homme monté sur un cheval roux. Il se tient au milieu d'arbres verts, au fond d'une vallée. Derrière lui, il y a des chevaux roux, bruns et blancs. 9 Je demande au cavalier : « Que représentent ces chevaux, mon seigneur ? » *L'ange chargé de me parler me répond : « Je vais te l'expliquer. » 10 Et du milieu des arbres verts où il se trouve, il me dit : « Le SEIGNEUR les a envoyés parcourir la terre. » 11 Alors les cavaliers s'adressent à l'ange du SEIGNEUR qui se tient au milieu des arbres verts et ils disent : « Nous avons parcouru toute la terre. Tout est calme et tranquille. » 12 Alors l'ange du SEIGNEUR dit : « SEIGNEUR de l'univers, voici 70 ans[c] que tu es en *colère contre Jérusalem et les autres villes de Juda. Tu vas attendre combien de temps encore avant d'avoir pitié d'elles ? »

13 Alors le SEIGNEUR répond avec bonté à l'ange qui parle avec moi. Il lui dit des paroles encourageantes.

Le Seigneur va avoir pitié de Jérusalem

14 *L'ange chargé de me parler me demande d'annoncer ce message de la part du SEIGNEUR de l'univers :

« J'aime Jérusalem
et la montagne de *Sion
d'un amour brûlant.
15 Mais je suis très en *colère
contre les peuples trop sûrs d'eux.
En effet,
au moment où ma colère contre Israël
n'était pas encore très grande,
ces peuples ont augmenté son malheur.
16 C'est pourquoi voici ce que je dis,
moi, le SEIGNEUR de l'univers,
je vais me tourner de nouveau
vers Jérusalem avec bonté.
Là, on reconstruira mon temple
et on rebâtira la ville. »

17 Ensuite, l'ange me demande d'annoncer cet autre message de la part du SEIGNEUR de l'univers :

« Mes villes vont de nouveau
être remplies de bonnes choses.
De nouveau, je choisirai Jérusalem
et je lui rendrai courage. »

---

a **1.1** *Darius a été roi de Perse de 522 à 486 avant J.-C.*
b **1.7** *C'est-à-dire vers le 15 février 519 avant J.-C.*
c **1.12** *Voir Jérémie 25.11 et 29.10.*

Deuxième vision : les cornes et les forgerons

2 [1] Je lève les yeux et je vois quatre cornes. [2] Je demande à *l'ange chargé de
me parler : « Qu'est-ce que ces cornes représentent ? » Il me répond : « Elles représentent les pays puissants qui ont chassé de
tous côtés les habitants de Juda, d'Israël et
de Jérusalem. » [3] Ensuite, le SEIGNEUR me
fait voir quatre forgerons. [4] Je demande :
« Qu'est-ce qu'ils viennent faire ? » Il me répond : « Ils viennent pour effrayer et détruire les pays puissants qui ont attaqué le
pays de Juda. Ils ont chassé ses habitants
de tous côtés, et personne n'a pu leur résister. »

Troisième vision : la corde à mesurer

[5] Moi, Zakarie, je lève les yeux et voici ce
que je vois : un homme tient à la main une
corde pour mesurer. [6] Je lui demande : « Où
vas-tu ? » Il me répond : « Je vais mesurer Jérusalem pour connaître sa largeur et sa longueur. » [7] *L'ange chargé de me parler
s'avance, et un autre ange vient à sa rencontre. [8] Alors l'ange chargé de me parler lui
dit : « Va vite dire au jeune homme qui tient
la corde : "Jérusalem doit rester une ville ouverte, sans murs de défense. En effet, les
gens et les bêtes qui vivront là seront très
nombreux. [9] Voici ce que le SEIGNEUR déclare :
Moi-même, je serai là comme un mur de feu
autour de la ville, et au milieu d'elle, je montrerai ma *gloire !" »

Le Seigneur appelle les exilés à rentrer à Jérusalem

[10] Le SEIGNEUR déclare :
« Allez ! Allez,
vous que j'ai chassés de tous côtés,
au nord et au sud,
à l'est et à l'ouest,
fuyez maintenant,
quittez le pays du nord[d].
[11] Allez ! Gens de Jérusalem,
vous qui habitez à Babylone,
partez vite ! »
[12] Le SEIGNEUR de l'univers m'a chargé d'un
message important. Voici ce qu'il dit au sujet
des peuples qui vous ont pillés :
« Celui qui vous attaque
attaque mon trésor le plus précieux.
[13] Oui, je vais agir contre les autres peuples.
Alors ceux qui ont été leurs esclaves
les pilleront à leur tour. »
Quand cela arrivera, vous saurez que c'est le
SEIGNEUR de l'univers qui m'a envoyé.
[14] Le SEIGNEUR déclare encore :
« Crie de joie, réjouis-toi, Jérusalem.
Voici que je viens.
Je vais habiter au milieu de toi.
[15] Ce jour-là, des peuples nombreux
s'attacheront à moi, le SEIGNEUR.
Ils deviendront mon peuple.
Mais c'est au milieu de toi que j'habiterai. »
Quand cela arrivera, vous saurez que c'est le
SEIGNEUR de l'univers qui m'a envoyé vers
vous.
[16] Juda sera de nouveau
la propriété du SEIGNEUR
dans le pays qui est à lui.
Et Jérusalem sera de nouveau
la ville qu'il a choisie pour lui.
[17] Que tous se taisent devant le SEIGNEUR !
Oui, il se réveille
et il sort de sa maison *sainte.

Quatrième vision : le grand-prêtre Yéchoua

3 [1] Le SEIGNEUR me fait voir le *grand-prêtre
Yéchoua. Il est debout devant *l'ange du
SEIGNEUR. *Satan, l'Accusateur, se tient à la
droite de Yéchoua pour l'accuser. [2] L'ange
du SEIGNEUR dit à l'Accusateur : « Que le SEI-
GNEUR te fasse taire, Satan ! Oui, qu'il te fasse
taire, lui qui a choisi Jérusalem ! Est-ce que Yéchoua n'est pas comme un morceau de bois
tiré du feu[e] ? »

---

d **2.10** *Le pays du nord désigne ici l'empire babylonien.*

e **3.2** *Le grand-prêtre Yéchoua est revenu de l'exil à Babylone avec un groupe d'autres Juifs.*

3 Yéchoua, debout devant l'ange, est couvert d'habits sales. 4 L'ange commande à
ceux qui sont avec lui de lui enlever ses habits. Puis il dit à Yéchoua : « Regarde, je t'ai
enlevé tes fautes, et tu pourras mettre des habits de fête. »
5 Il commande aussi de mettre un turban
propre sur la tête de Yéchoua. On lui met
donc un turban et des habits propres en présence de l'ange. 6 Ensuite l'ange du SEIGNEUR
déclare à Yéchoua : 7 Voici une promesse du
SEIGNEUR de l'univers :

« Si tu fais ce que je dis,
si tu obéis à mes commandements,
tu seras responsable de mon temple et de
ses cours.
Je te placerai parmi ceux
qui sont ici à mon service.
8 Écoute, Yéchoua,
toi qui es *grand-prêtre,
et écoutez, vous aussi,
les prêtres qui êtes avec lui.
En effet,
votre présence à vous les prêtres
annonce ce qui va arriver.
Je vais faire venir mon serviteur,
celui qui s'appelle Germe[f].
9 Devant Yéchoua, je place une pierre.
Sur cette seule pierre,
il y a sept points brillants[g].
Je vais écrire moi-même
quelque chose dessus,
et en un seul jour,
je vais enlever les fautes de ce pays.
Moi, le SEIGNEUR de l'univers,
je le déclare.
10 Ce jour-là, vous vous inviterez
les uns les autres dans vos *vignes
et à l'ombre de vos *figuiers. »

Cinquième vision : le porte-lampes et les oliviers

4 1 *L'ange chargé de me parler vient et il
me réveille comme si j'étais en train de
dormir. 2 Il me demande : « Qu'est-ce que tu
vois ? » Je réponds : « Je vois un porte-lampes
tout en or. En haut, il y a un réservoir pour
l'huile. Il porte sept lampes et chacune a
sept flammes. 3 Deux *oliviers sont près du réservoir, l'un à sa droite, l'autre à sa gauche. »
4 Je demande à l'ange chargé de me parler :
« Qu'est-ce que cela représente, mon seigneur ? » 5 Il me répond : « Tu ne sais donc
pas cela ? » Je lui dis : « Non. » 6a Alors il m'explique[h] :

10b « Les sept lampes représentent les yeux du
SEIGNEUR. Ils surveillent toute la terre. » 11 Je
lui demande encore : « Et les deux oliviers, à
droite et à gauche du porte-lampes, qu'est-ce
qu'ils représentent ? » 12 Je lui demande aussi :
« Et les deux branches d'olivier qui laissent
couler l'huile dorée par les deux tuyaux en
or, qu'est-ce qu'elles représentent ? » 13 Il me
répond : « Tu ne sais donc pas cela ? » Je lui
réponds : « Non, mon seigneur. » 14 Alors il
m'explique : « Ce sont les deux hommes[i]
*consacrés avec de l'huile au service du Sei-
gneur de toute la terre. »

Promesses du Seigneur au sujet de Zorobabel

6b *L'ange me charge de dire cette parole à
Zorobabel[j] : Voici le message du SEIGNEUR de
l'univers :

« Ce n'est pas par le courage
ni par la violence que tu agiras,
mais c'est par mon esprit. »

---

f 3.8 *Ce nom désigne sans doute quelqu'un qui doit devenir roi. Il pourrait être le messie attendu par le peuple d'Israël, c'est-à-dire le roi choisi par Dieu pour établir la paix et la justice.*

g 3.9 *Certains pensent que cette pierre représente le temple. Les sept points brillants représentent sans doute Dieu qui protège son peuple.*

h 4.6a *Les versets 6b à 10a, qui parlent de Zorobabel, coupent la réponse de l'ange. Ils ont été placés après le verset 14.*

i 4.14 *Il s'agit sans doute du grand-prêtre Yéchoua et du gouverneur Zorobabel.*

j 4.6b *Zorobabel était de la famille du roi David. Les gens attendaient un roi sauveur ou messie venant de cette famille.*

7 Il ajoute :
« Est-ce que cette grande montagne[k]
est un obstacle ?
Zorobabel la changera en plaine.
Il en sortira la pierre principale du temple.
Et les gens crieront :
"Bravo ! Bravo pour elle !" »
8 Le SEIGNEUR me donne cet autre message :
9 « Zorobabel
a posé les fondations du temple.
C'est lui aussi qui le finira. »
Quand cela arrivera, vous saurez que c'est le
SEIGNEUR de l'univers qui m'a envoyé vers
vous.
10a Il ne faut pas mépriser
les petits efforts du début.
Il faut plutôt se réjouir
en voyant Zorobabel
commencer à reconstruire le temple.

Sixième vision : le livre de la malédiction

5 1 Je lève de nouveau les yeux et je vois
un livre en forme de rouleau qui vole
dans l'air.
2 *L'ange me demande : « Qu'est-ce que tu
vois ? » Je réponds : « Je vois un rouleau qui
vole dans l'air. Il a dix mètres de long et
cinq mètres de large. » 3 Alors l'ange me dit :
« C'est le texte de la malédiction qui va être
lancée contre tout le pays. Sur un côté du rouleau, il est écrit que tous les voleurs seront
chassés du pays. Sur l'autre côté, il est écrit
que tous ceux qui font des serments faux seront également chassés du pays. 4 Le SEIGNEUR
de l'univers déclare : "J'ai lancé cette malédiction pour qu'elle entre dans les maisons des
voleurs et chez toute personne qui fait de
faux serments en se servant de mon nom.
Elle y restera et détruira tout, même les poutres et les pierres." »

Septième vision : la Méchanceté

5 *L'ange chargé de me parler s'avance et
me dit : « Lève les yeux et regarde ce qui apparaît là. » 6 Je lui demande : « Qu'est-ce que cela
représente ? » Il répond : « C'est un récipient
qui contient les fautes de tout le pays. »
7 À ce moment-là, le couvercle de plomb qui
est sur le récipient se soulève. Je vois une
femme assise dans le récipient. 8 L'ange me
dit : « Cette femme, c'est la Méchanceté. »
Ensuite, il la repousse à l'intérieur du récipient et il remet le couvercle. 9 Puis je lève
les yeux et je vois deux femmes qui apparaissent. Elles ont des ailes comme celles de la
cigogne et elles volent poussées par le vent.
Elles prennent le récipient et l'emportent entre la terre et le ciel. 10 Je demande à l'ange :
« Où emportent-elles le récipient ? » 11 Il me
répond : « En *Mésopotamie. Là-bas, elles
construiront un temple pour la Méchanceté.
Elles la fixeront à un endroit, et elle ne bougera plus. »

Huitième vision : les quatre chars

6 1 Je lève de nouveau les yeux et je vois
quatre chars. Ils avancent entre deux
montagnes de bronze. 2 Des chevaux roux
sont attelés au premier char. Des chevaux
noirs sont attelés au deuxième, 3 des chevaux blancs sont attelés au troisième et
des chevaux avec des taches brunes au
quatrième. 4 Je demande à l'ange chargé
de me parler : « Mon seigneur, qu'est-ce
qu'ils représentent ? » 5 Il me répond : « Ce
sont les quatre vents du ciel. Ils étaient
près du Seigneur de toute la terre et maintenant, ils s'en vont. » 6 Le char tiré par les
chevaux noirs part vers le nord. Les chevaux blancs partent vers l'ouest. Les chevaux avec des taches vont vers le sud.
7 Les chevaux bruns s'avancent. Ils ont
très envie de parcourir la terre. Le Seigneur leur dit : « Allez parcourir la terre. »
C'est ce qu'ils font. 8 Alors le Seigneur
m'appelle et me dit : « Regarde : ceux qui
partent vers le nord vont faire descendre
mon esprit[l] sur cette région. »

---

k 4.7 *Il s'agit sans doute de la montagne formée par les pierres du temple détruit.*

l 6.8 *Le nord : voir Zakarie 2.10 et la note.*
Faire descendre mon esprit : on peut aussi comprendre « faire descendre ma colère ». En effet, le terme traduit par esprit peut aussi vouloir dire colère.

Promesses du Seigneur au sujet de Yéchoua

9 Le SEIGNEUR me donne cet ordre : 10 « Accepte les dons apportés par Heldaï, Tobia et
Yedaya de la part des déportés. Ils viennent
d'arriver de Babylone. Tu iras aujourd'hui
même chez Yosia, fils de Sefania, où ils sont
allés. 11 Tu prendras de l'argent et de l'or
pour faire une couronne et tu la poseras sur
la tête du *grand-prêtre Yéchoua, fils de Yossadac. 12 Tu lui diras : Voici le message du SEI-
GNEUR de l'univers : Il y a ici un homme qui
s'appelle Germe[m].

La vie germera là où il est,
et c'est lui qui rebâtira mon temple.
13 Oui, c'est lui qui le rebâtira.
Il portera les habits d'un roi.
Il occupera un siège royal
pour gouverner le peuple.
Un prêtre se tiendra près de lui,
et tous les deux s'entendront parfaitement.

14 La couronne restera dans le temple du SEI-
GNEUR, en souvenir de Heldaï, Tobia, Yedaya,
et de la bonté de Yosia, fils de Sefania. »

15 Ceux qui sont loin viendront rebâtir le
temple du SEIGNEUR. Alors vous le saurez :
c'est bien le SEIGNEUR de l'univers qui m'a envoyé vers vous. Cela arrivera si vous obéissez
vraiment au SEIGNEUR votre Dieu.

Est-ce vraiment pour Dieu que les Israélites jeûnent ?

7 1 La quatrième année où Darius est roi, le
neuvième mois ou mois de Kisleu[n], le 4
du mois, le SEIGNEUR m'adresse sa parole.
2-3 Les habitants de Béthel ont envoyé Saresser
et Réguem-Mélek avec des délégués au temple
du SEIGNEUR de l'univers. Ils doivent demander à Dieu de montrer sa bonté et poser cette
question aux prêtres et aux *prophètes : « Est-
ce que nous devons toujours pleurer et *jeûner le cinquième mois de l'année[o], comme
nous le faisons depuis si longtemps ? » 4 Alors
le SEIGNEUR de l'univers me donne l'ordre 5 de
faire connaître sa réponse aux prêtres et à tous
les habitants du pays :

« Depuis 70 ans, vous jeûnez
et vous chantez des chants de deuil
pendant les cinquième et septième[p] mois.
Mais est-ce vraiment pour moi
que vous jeûnez ?
6 Et quand vous mangez et buvez,
c'est bien dans votre intérêt,
n'est-ce pas ? »

7 Autrefois déjà, les prophètes ont fait ces
reproches de la part du SEIGNEUR. À ce moment-là, les habitants de Jérusalem et des villes qui l'entourent vivaient en paix, la région
du Néguev et le *Bas-Pays étaient habités.

8-9 Le SEIGNEUR de l'univers me demande de
dire ces paroles :

« Rendez des jugements justes,
soyez bons et pleins de tendresse
les uns envers les autres.
10 N'écrasez pas par l'injustice
les veuves et les orphelins,
les étrangers et les pauvres.
N'ayez pas de mauvaises intentions
les uns envers les autres. »

11 Mais autrefois déjà, les gens ont refusé
d'écouter. Ils ont tourné le dos et ils ont fermé
leurs oreilles pour ne pas entendre. 12 Ils ont
rendu leur cœur dur comme le diamant. Ils
ont refusé d'entendre l'enseignement et les
paroles que le SEIGNEUR de l'univers leur a
donnés par son esprit, par l'intermédiaire
des prophètes d'autrefois. Alors le SEIGNEUR
s'est mis dans une violente *colère 13 et il a
dit :

« Ils n'ont pas voulu m'écouter
quand je leur ai demandé d'obéir.
De même, je n'ai pas voulu les écouter
quand ils m'ont demandé de l'aide.

---

m **6.12** *Voir Zakarie 3.8 et la note.*
n **7.1** *C'est-à-dire en novembre 518 avant J.-C.*
o **7.2-3** *Ce jeûne rappelait la prise de Jérusalem en juillet 587 avant J.-C.*
p **7.5** *Pendant le septième mois : c'est-à-dire en septembre, pour rappeler la mort du gouverneur Guedalia. Voir 2 Rois 25.25 ; Jérémie 41.1-3.*

14 Je les ai fait partir
parmi toutes sortes de peuples
qu'ils ne connaissaient pas.
Ainsi, leur pays a été détruit
après leur départ.
Personne n'y allait
et personne n'en revenait.
Ce pays si agréable,
il l'ont transformé en tas de ruines. »

Le Seigneur donne un avenir à Jérusalem et à son peuple

8 1 Le SEIGNEUR de l'univers m'adresse la
parole. Voici ce qu'il me dit :
2 « Moi, le SEIGNEUR,
j'aime Jérusalem d'un amour brûlant.
Cet amour me dévore comme un feu.
3 C'est pourquoi je reviens à *Sion.
Oui, j'habite de nouveau dans Jérusalem.
Jérusalem s'appellera "Ville fidèle",
et la montagne du SEIGNEUR de l'univers
s'appellera "Montagne sainte".
4 Les vieux et les vieilles reviendront
s'asseoir sur les places de Jérusalem,
en s'appuyant sur un bâton
à cause de leur âge.
5 Les places de la ville
seront pleines d'enfants, garçons et filles,
qui joueront là. »
6 Le SEIGNEUR de l'univers déclare :
« Pour les Israélites qui sont restés en vie,
cela peut paraître impossible.
Mais est-ce que je dois juger cela impossible,
moi, le SEIGNEUR de l'univers ?
7 Oui, je le dis,
je vais sauver mon peuple
en le ramenant des pays de l'est
et des pays de l'ouest.
8 Je vais les ramener
pour qu'ils habitent dans Jérusalem.
Ils seront mon peuple,
et je serai pour eux un Dieu fidèle et juste. »

9 Voici ce que le SEIGNEUR de l'univers dit :
« Quand vous avez posé les fondations
pour reconstruire mon temple,
les *prophètes ont fait des promesses.
Eh bien, reprenez courage,
parce qu'en ce moment,
vous entendez les mêmes promesses.
10 Avant,
personne ne payait le travail des gens,
et le travail des bêtes ne faisait rien gagner.
À cause des ennemis,
personne ne pouvait se déplacer en sécurité.
En effet, j'avais lancé tous les humains
les uns contre les autres.
11 Mais maintenant, je le déclare,
moi, le SEIGNEUR de l'univers :
je ne traiterai plus comme autrefois
les gens de ce peuple qui sont restés en vie.
12 Je répandrai la paix sur la terre,
les *vignes donneront du raisin,
la terre produira des récoltes,
le ciel fera tomber la pluie.
Je donnerai tous ces bienfaits en partage
aux gens de mon peuple qui sont restés en vie.
13 Royaumes de Juda et d'Israël,
parmi les autres peuples,
vous avez été
l'exemple d'un peuple maudit.
Mais maintenant, je vous sauve.
Vous serez alors
l'exemple d'un peuple *béni.
N'ayez plus peur, reprenez courage ! »

14 Voici les paroles du SEIGNEUR de l'univers :
« Quand vos ancêtres m'ont mis en *colère,
j'ai décidé de vous faire du mal,
et je n'ai pas changé d'avis.
15 Maintenant, au contraire,
j'ai décidé de vous faire du bien,
habitants de Jérusalem
et de tout le royaume de Juda.
N'ayez pas peur.
16 Voici les règles que vous suivrez :
Dites-vous la vérité les uns aux autres.
Dans vos tribunaux,
rendez des jugements justes
qui feront la paix.
17 N'ayez pas de mauvaises intentions
les uns envers les autres.
Refusez de faire de faux serments.
Toutes ces mauvaises actions,

je les déteste,
je le déclare, moi, le SEIGNEUR. »

Les jours de jeûne deviendront des jours de fête

18 Le SEIGNEUR de l'univers m'adresse la parole : 19 « Les *jeûnes que vous faites pendant
le quatrième mois de l'année, pendant le cinquième, le septième et le dixième mois[q]
deviendront maintenant pour le peuple de
Juda des jours de fête pleins de joie et de
gaieté.

« Alors, aimez la vérité et la paix. »

Tous les peuples viendront à Jérusalem

20 Voici les paroles du SEIGNEUR de l'univers :

« Oui, des peuples étrangers,
venant de nombreuses villes,
arriveront de nouveau à Jérusalem.
21 Les habitants d'une ville diront
aux habitants d'une autre ville :
"Venez,
nous partons prier le SEIGNEUR de l'univers
et chercher sa présence."
Ils répondront : "Nous y allons aussi."
22 Oui, des peuples nombreux et puissants
viendront à Jérusalem
chercher ma présence et me prier.
23 Je le dis : à ce moment-là, dix étrangers,
parlant chacun une langue différente,
saisiront un *Juif par son vêtement
et ils lui diront :
"Nous voulons aller avec vous.
En effet, nous avons appris
que Dieu est avec vous." »

ISRAËL ET LES AUTRES PEUPLES

Les peuples voisins d'Israël ne l'écraseront plus

9 1 Message du SEIGNEUR.
Sa parole arrive dans la région de Hadrak[r]
et elle s'arrête à Damas.
En effet, le SEIGNEUR regarde
non seulement les tribus d'Israël,
mais aussi tous les humains.
2 Il parle également à Hamath,
près de Damas,
et aux villes de Tyr et de Sidon,
qui sont très habiles.
3 Tyr a construit des murs de défense.
Elle a entassé autant d'argent
qu'il y a de poussière dans les rues,
et autant d'or
qu'il y a de boue sur les chemins.
4 Mais le Seigneur va la conquérir.
Il fera tomber dans la mer
ses murs de défense,
et un incendie brûlera cette ville.
5 En voyant cela,
la ville d'Ascalon sera effrayée,
Gaza tremblera de peur,
Écron aussi
parce que Tyr ne la soutiendra plus.
Il n'y aura plus de roi à Gaza
et plus d'habitants à Ascalon.
6 Une population mélangée
habitera à Asdod[s].
Le SEIGNEUR dit :
« De cette façon,
je détruirai l'orgueil des *Philistins.
7 J'enlèverai de leur bouche
la viande qui contient du sang
et celle qui a été offerte aux faux dieux.
Ceux qui seront restés en vie parmi eux
m'appartiendront
comme s'ils étaient un clan de Juda.
Les habitants d'Écron
entreront dans mon peuple

q 8.19 *Le jeûne du quatrième mois rappelait le premier trou fait par les Babyloniens dans le mur qui protégeait Jérusalem. Pour les jeûnes des cinquième et septième mois, voir Zakarie 7.3,5 et les notes. Le jeûne du dixième mois rappelait le moment où les Babyloniens ont commencé à attaquer Jérusalem.*

r 9.1 *Hadrak était une ville au nord de la Syrie.*

s 9.6 *Gaza, Écron, Ascalon, Asdod : quatre des principales villes philistines.*

comme les Jébusites l'ont fait[t].
8 Je surveillerai mon pays tout autour
pour le défendre
contre les ennemis qui vont et viennent.
Aucun chef étranger
ne viendra plus écraser mon peuple.
En effet, maintenant, je veille sur lui. »

Le roi attendu établira la paix

9 Danse de toutes tes forces, ville de *Sion !
Oui, pousse des cris de joie, Jérusalem !
Regarde ! Ton roi vient vers toi.
Il est *juste, victorieux et humble.
Il est monté sur un âne,
sur un ânon, le petit d'une ânesse.
10 À Éfraïm[u],
il supprimera les chars de guerre,
et à Jérusalem,
il supprimera les chevaux.
Il cassera les arcs de combat.
Il établira la paix parmi les peuples.
Il sera le maître
de la mer Morte à la mer Méditerranée,
et du fleuve Euphrate à l'autre bout du pays.

Le Seigneur libérera les prisonniers

11 Le SEIGNEUR dit :
« À cause de *l'alliance
que j'ai faite avec vous,
confirmée par le sang versé[v],
je vais libérer ceux qui sont prisonniers
au fond d'une citerne sans eau.
12 Prisonniers pleins d'espoir,
revenez dans votre ville bien protégée !
Aujourd'hui même, je vous l'annonce,
je vous donnerai le double
de ce que vous avez.
13 Je prendrai le pays de Juda
comme un arc de guerre.
Éfraïm sera la flèche.
Jérusalem, j'enverrai tes fils
attaquer ceux de Grèce.
Je me servirai d'eux
comme de *l'épée d'un combattant. »
14 Alors
le SEIGNEUR apparaîtra au-dessus d'eux,
et sa flèche partira comme l'éclair.
Le Seigneur DIEU sonnera de la trompette,
il avancera avec les orages venant du sud.
15 Le SEIGNEUR de l'univers
protégera les gens de son peuple.
Ils détruiront et écraseront
les pierres des frondes.
Ils répandront le sang de leurs ennemis
comme si c'était du vin.
Ils le feront couler
comme le sang des *sacrifices
dans les *coupes d'offrande,
ou comme le sang versé
sur les *coins relevés de l'autel.
16 Et ce jour-là,
le SEIGNEUR leur Dieu les sauvera,
comme un berger sauve son troupeau.
Comme les pierres précieuses d'une couronne,
ils brilleront dans son pays.
17 Ils seront vraiment heureux !
Ils seront vraiment beaux !
Le *blé donnera de la force
aux jeunes gens,
et le vin nouveau en donnera
aux jeunes filles.

Seul le Seigneur donne la pluie

10 1 Demandez la pluie au SEIGNEUR
quand les champs ont besoin d'eau.
C'est lui qui produit les orages.
Il fera tomber beaucoup d'eau
et il donnera à chacun de l'herbe
dans son champ.
2 Les faux dieux prédisent des mensonges,
les devins voient des choses fausses.
Les rêves qu'ils racontent sont creux,
ils consolent avec du vent.

---

t 9.7 *Viande qui contient du sang : Genèse 9.4 interdit de manger de la viande qui contient du sang. ...comme les Jébusites : après la conquête de Jérusalem par le roi David, ses habitants, les Jébusites, ont vécu en paix avec les Israélites.*

u 9.10 *Éfraïm représente ici l'ancien royaume d'Israël ou royaume du Nord.*

v 9.11 *Il s'agit sans doute de l'alliance du Sinaï, qui a été établie par une cérémonie accompagnée de sacrifices. Voir Exode 24.4-8.*

C'est pourquoi le peuple est parti,
comme un troupeau malheureux
parce qu'il n'a pas de berger.

Le Seigneur ramènera son peuple et le rendra fort

3 « Je me suis mis en *colère
contre les mauvais bergers,
je vais agir contre les boucs[w].
Oui, moi, le SEIGNEUR de l'univers,
je vais agir en faveur de mon troupeau,
le peuple de Juda.
J'en ferai mon beau cheval de combat.
4 Des chefs de toutes sortes
viendront de Juda,
solides comme la pierre principale d'une maison,
durs comme un piquet de tente,
forts comme un arc de guerre.
5 Ils ressembleront à des soldats courageux.
Ils écraseront ceux qui les combattent
comme la boue dans les rues.
Ils lutteront ainsi
parce que moi, le SEIGNEUR,
je suis avec eux.
Les cavaliers ennemis
seront couverts de honte.
6 Je rendrai courage au peuple de Juda,
je sauverai le peuple d'Israël.
Je les ramènerai chez eux,
parce que j'ai pitié d'eux.
Ils seront comme si je ne les avais pas rejetés.
Oui, je suis le SEIGNEUR, leur Dieu,
et je répondrai à leurs prières.
7 Les hommes d'Éfraïm[x] seront courageux
comme des héros.
Ils seront joyeux
comme s'ils avaient bu du vin.
En les voyant, leurs enfants se réjouiront,
et ils danseront de joie à cause du SEIGNEUR.
8 Je vais appeler les gens de mon peuple
pour les rassembler.
Oui, je vais les libérer,
et ils seront aussi nombreux qu'avant.
9 Je les ai répandus de tous côtés
parmi les autres peuples,
comme on sème des graines.
Mais dans les pays éloignés,
ils se souviendront de moi.
Ils vivront là-bas avec leurs enfants,
puis ils reviendront.
10 Je les ramènerai d'Égypte,
et de l'Assyrie, je les rassemblerai.
Je les conduirai dans la région de Galaad
et dans les montagnes du Liban.
Mais malgré cela,
il n'y aura pas assez de place pour eux.
11 Ils traverseront la mer du malheur[y].
Moi, le SEIGNEUR,
je frapperai les vagues de la mer.
Même le fond du Nil sera sec.
L'Assyrie orgueilleuse sera renversée,
l'Égypte perdra son pouvoir.
12 Je donnerai des forces à mon peuple,
et ils feront ce qui me plaît.
Moi, le SEIGNEUR, je le déclare. »

Les pays puissants sont détruits

11 1 Montagnes du Liban,
ouvrez vos portes,
et que le feu dévore vos *cèdres !
2 Faites entendre vos plaintes, cyprès,
car les cèdres sont tombés,
ces arbres magnifiques ont été détruits.
Faites entendre vos plaintes,
chênes du *Bachan,
car votre épaisse forêt est abattue.
3 Écoutez les bergers des peuples se plaindre,
car leur puissance a disparu.
Écoutez les jeunes lions rugir,
car le long du Jourdain,
leurs buissons magnifiques sont détruits.

---

w 10.3 *Les mauvais bergers et les boucs : il s'agit de chefs, sans doute étrangers, qui veulent diriger le peuple d'Israël.*

x 10.7 *Voir Zakarie 9.10 et la note.*

y 10.11 *Il s'agit de la mer des Roseaux que les Israélites ont traversée en sortant d'Égypte. Voir Exode 14.21-22.*

Histoire du berger rejeté

4 Le SEIGNEUR mon Dieu me donne cet ordre : « Deviens le berger des moutons qui
doivent être tués. 5 Ceux qui les achètent
les tuent et ils croient qu'ils ne font rien de
mal. Ceux qui les vendent disent : "Remercions le SEIGNEUR, nous voilà riches !" Leurs
bergers n'ont même pas pitié d'eux. 6 Moi,
le SEIGNEUR, je le déclare : je n'aurai plus pitié
des habitants de la terre. Je vais livrer chaque
être humain au pouvoir de son voisin et de
son roi. Les rois abîmeront complètement la
terre, et je ne délivrerai personne de leurs
mains. »

7 Je suis donc devenu le berger des moutons
que les marchands malhonnêtes avaient l'intention de tuer. J'ai pris deux bâtons de berger. J'ai appelé le premier « Amitié », et le
deuxième « Union », et je me suis occupé
des moutons. 8 En un mois, j'ai renvoyé leurs
trois bergers. Puis j'ai perdu patience avec les
moutons, et eux, de leur côté, ne pouvaient
plus me supporter. 9 Alors je leur ai dit : « Je
ne m'occuperai plus de vous. Ceux qui doivent mourir, qu'ils meurent ! Ceux qui
doivent disparaître, qu'ils disparaissent ! Et
ceux qui vivront encore après cela, qu'ils se
mangent les uns les autres ! »

10 Ensuite, j'ai pris mon bâton « Amitié » et
je l'ai cassé. Ainsi, j'ai brisé *l'alliance que le
SEIGNEUR avait établie avec tous les peuples.
11 L'alliance a donc été brisée à ce moment-
là. Les marchands malhonnêtes qui me regardaient ont compris ceci : c'est le SEIGNEUR qui
parlait à travers mes actes. 12 Alors je leur ai
dit : « Si cela vous semble bon, donnez-moi
mon salaire. Sinon, peu importe ! » Ils ont
compté mon salaire : 30 pièces d'argent[z].
13 Le SEIGNEUR m'a dit : « C'est tout ce que je
vaux pour eux ! Porte cette somme magnifique chez le fondeur ! » J'ai pris les 30 pièces
d'argent et je les ai portées chez le fondeur,
dans le temple du SEIGNEUR[a]. 14 Ensuite, j'ai
cassé mon deuxième bâton « Union ». Ainsi,
j'ai brisé ce qui unissait Juda et Israël comme
des frères.

15 Le SEIGNEUR m'a encore commandé ceci :
« Maintenant, tu vas faire comme si tu étais
un berger stupide. 16 En effet, je vais envoyer
dans le pays un nouveau berger : il ne s'occupera pas des moutons disparus, il n'ira pas
chercher les moutons perdus, il ne soignera
pas les blessés, il ne donnera rien à manger
à ceux qui sont en bonne santé. Mais il mangera la viande des plus gros et il arrachera
leurs sabots. »

17 Quel malheur pour le berger stupide
qui abandonne son troupeau !
Qu'il perde le bras et l'œil droit à la guerre !
Que son bras soit complètement paralysé
et qu'il ne voie plus rien du tout de l'œil
droit !

Jérusalem sera attaquée, mais le Seigneur sauvera la ville

12 1 Voici un message du SEIGNEUR au sujet
d'Israël.
Le SEIGNEUR qui a déroulé le ciel,
posé les fondations de la terre
et formé l'esprit humain déclare :
2 « Je vais faire de Jérusalem une *coupe remplie du vin de ma colère. Elle fera tourner la
tête à tous les peuples voisins. Quand Jérusalem sera attaquée, tous les habitants de Juda
perdront la tête. 3 Oui, à ce moment-là, je
ferai de Jérusalem un bloc de pierre que
personne ne peut soulever. Tous ceux qui
voudront la soulever se blesseront. C'est
pourquoi tous les peuples de la terre s'uniront contre la ville. 4 À ce moment-là, je le
déclare, moi, le SEIGNEUR : je frapperai tous
les chevaux de peur, et leurs cavaliers deviendront fous. Je veillerai sur Juda, mais je
rendrai aveugles tous les chevaux des autres
peuples. 5 Les chefs de Juda se diront en eux-
mêmes : "Les habitants de Jérusalem sont
forts, parce que leur Dieu, c'est le SEIGNEUR
de l'univers." 6 À ce moment-là, je rendrai

z 11.12 *C'était le prix d'un esclave. Voir Exode 21.32.*
a 11.13 *Le fondeur faisait fondre les pièces offertes par les croyants pour fabriquer des barres de métal.*

les chefs de Juda pareils à un feu qui prend
sous un tas de bois, ou à une poignée de
paille allumée sous les *gerbes. Ils détruiront
de tous côtés les peuples qui les entourent.
Mais les habitants de Jérusalem continueront
à habiter à cet endroit. »
7 Le SEIGNEUR sauvera d'abord les familles
de Juda. Alors les gens de la famille de David
et les habitants de Jérusalem ne se croiront
pas au-dessus des autres gens de Juda. 8 À ce
moment-là, le SEIGNEUR protégera les habitants
de Jérusalem : les plus faibles parmi eux deviendront aussi forts que David. Les gens de
la famille de David seront pour eux comme
Dieu à leurs yeux, comme *l'ange du SEI-
GNEUR.

Tout le pays fera les cérémonies de deuil

9 Le Seigneur dit : « À ce moment-là, je chercherai à détruire tous les peuples qui viendront attaquer Jérusalem. 10 Je répandrai sur
les gens de la famille de David et sur les habitants de Jérusalem un esprit de bonté et de
prière. Ils regarderont vers moi, à cause de celui qu'ils ont transpercé. Ils chanteront pour
lui un chant de deuil comme on le fait à la
mort d'un fils unique. Ils pleureront sur lui
comme on pleure quand on perd son premier
enfant. 11 À ce moment-là, il y aura à Jérusalem
une cérémonie de deuil aussi importante que
pour Hadad-Rimmon, dans la vallée de Méguiddo[b]. 12 Chaque clan du pays fera la cérémonie de deuil séparément :
– le clan de la famille de David à part, les
hommes d'un côté, les femmes de l'autre,
– le clan de la famille de Natan à part, les
hommes d'un côté, les femmes de l'autre,
13 – le clan de la famille de Lévi à part, les
hommes d'un côté, les femmes de l'autre,
– le clan de la famille de Chiméi à part, les
hommes d'un côté, les femmes de l'autre.
14 De la même façon, tous les autres clans feront la cérémonie de deuil séparément, les
hommes d'un côté, les femmes de l'autre.

13 1 « À ce moment-là, une source coulera
pour laver les fautes et les impuretés
des gens de la famille de David et des habitants de Jérusalem. »

Le Seigneur chassera les faux prophètes du pays

2 Le SEIGNEUR de l'univers déclare : « À ce
moment-là, j'enlèverai les faux dieux du
pays, et on ne dira plus leurs noms. Je chasserai du pays les faux *prophètes et je vous enlèverai l'envie d'adorer les faux dieux. 3 Si
quelqu'un veut encore faire le prophète, son
père et sa mère eux-mêmes lui diront : "Tu
dois mourir, car tu dis des mensonges au
nom du SEIGNEUR." Et pendant qu'il parlera
faussement de ma part, son père et sa mère
le feront mourir. 4 À ce moment-là, les prophètes auront honte de faire les prophètes et de
raconter ce qu'ils voient. Ils n'oseront plus
tromper les gens en portant l'habit en peau
de bête des prophètes[c]. 5 Mais chacun dira :
"Je ne suis pas un prophète, je suis un cultivateur, moi. Je possède des champs depuis ma
jeunesse." 6 Et si quelqu'un lui demande :
"Ces blessures sur ta poitrine, qu'est-ce que
c'est ?" il répondra : "J'ai été blessé dans la
maison de mes amis[d]." »

Le peuple nouveau reconnaît le Seigneur comme son Dieu

7 Voici ce que le SEIGNEUR de l'univers
déclare :
« *Épée, réveille-toi contre mon berger,
contre mon ami courageux.
Tue le berger,
alors les moutons partiront de tous côtés,
et j'attaquerai les petits du troupeau. »

---

b **12.11** *Hadad-Rimmon était la déesse phénicienne des plantes. Ses adorateurs croyaient qu'elle mourait à la fin des récoltes et qu'elle revenait à la vie à la saison des pluies. Son culte était important dans la vallée de Méguiddo.*

c **13.4** *Certains prophètes portaient ce costume spécial.*

d **13.6** *Certains prophètes se faisaient des incisions sur le corps.*

8 Le Seigneur ajoute : « Les deux tiers des
habitants du pays mourront, un tiers d'entre
eux pourront rester en vie. 9 Ceux qui vivront encore, je les ferai passer par le feu,
je les rendrai *purs comme on *purifie l'argent, j'examinerai ce qu'ils valent, comme
on examine l'or. Alors ils feront appel à
moi et je leur répondrai. Je dirai : "Vous
êtes mon peuple", et eux diront : "Seigneur,
tu es notre Dieu." »

Le Seigneur deviendra roi sur toute la terre

14 1 Le *jour du Seigneur est proche,
habitants de Jérusalem.
Les autres peuples
partageront vos richesses sous vos yeux.
2 Le Seigneur rassemblera tous les autres peuples
pour attaquer votre ville.
Ils vont prendre Jérusalem,
ils vont piller les maisons,
ils feront violence aux femmes.
La moitié des habitants sera déportée,
mais le reste du peuple ne quittera pas la ville.
3 Alors le Seigneur va combattre les autres peuples.
Il luttera
comme il lutte toujours en temps de guerre.
4 Ce jour-là,
il se tiendra sur le mont des Oliviers,
près de Jérusalem, à l'est de la ville.
Le mont des Oliviers se fendra au milieu,
et une grande vallée se formera
d'est en ouest.
Une moitié du mont ira vers le nord,
et l'autre moitié vers le sud.
5 Vous fuirez par cette vallée
formée entre les montagnes,
car elle ira jusqu'à Assal.
Vous fuirez comme vos ancêtres
à l'époque d'Ozias, roi de Juda,
le jour du tremblement de terre.
Alors le Seigneur, mon Dieu, arrivera,
avec tous les *anges qui le servent.
6 Ce jour-là,
on n'aura plus besoin de lumière.
Il ne fera plus froid, il ne gèlera plus.
7 À un moment que seul le Seigneur connaît,
il fera toujours clair.
Il n'y aura plus de jour ni de nuit.
Même le soir, la lumière brillera.
8 Ce jour-là,
une source jaillira de Jérusalem.
La moitié de son eau coulera vers la mer Morte,
l'autre moitié ira vers la Méditerranée.
Elle coulera toute l'année,
à la saison sèche et à la saison des pluies.
9 Le Seigneur deviendra roi
sur toute la terre.
Ce jour-là, le Seigneur seul
sera adoré comme Dieu,
et les gens prieront uniquement en son nom.
10 Toute la région autour de Jérusalem
sera changée en plaine,
depuis Guéba au nord de la ville
jusqu'à Rimmon au sud.
Jérusalem se tiendra sur la hauteur
et la ville s'étendra
depuis la *porte de Benjamin
jusqu'à la porte de l'Angle,
là où était la vieille porte.
Elle ira de la tour de Hananéel
jusqu'aux pressoirs du Roi.
11 La ville sera habitée,
elle ne sera plus détruite,
et les gens y vivront en sécurité.
12 Voici les malheurs
que le Seigneur fera tomber
sur les peuples qui ont combattu contre Jérusalem :
leur chair pourrira
pendant qu'ils sont encore vivants.
Leurs yeux pourriront dans leurs trous,
et leur langue pourrira dans leur bouche.
13 Ce jour-là, le Seigneur les remplira
d'une peur terrible.
Ils lutteront les uns contre les autres,
et chacun attaquera son voisin.
14 Les hommes de Juda combattront dans Jérusalem.
Ils prendront toutes les richesses
des pays voisins : or, argent,
vêtements en grande quantité.
Ils les entasseront autour de la ville.

15 Tous les animaux des camps ennemis,
chevaux et mulets, chameaux et ânes,
seront frappés des mêmes malheurs que les
humains.
16 À partir de ce jour-là,
ceux qui seront encore en vie
dans les peuples qui ont combattu contre
Jérusalem,
iront chaque année dans cette ville.
Là, ils adoreront le SEIGNEUR,
le roi de l'univers,
et ils célébreront la *fête des Huttes.
17 Si l'un des peuples de la terre
ne va pas à Jérusalem
pour adorer le SEIGNEUR, le roi de l'univers,
la pluie ne tombera pas sur son pays.
18 Si les Égyptiens
ne vont pas à Jérusalem pour la fête des Huttes,
un malheur les frappera
comme les autres peuples qui n'iront pas à
cette fête.
19 Ce sera la punition de l'Égypte
et de tous les peuples qui n'iront pas à cette
fête.
20 Ce jour-là, on écrira
« *consacré au SEIGNEUR »
même sur les petites cloches des chevaux.
Les marmites du temple
seront aussi sacrées que les *coupes
qui contiennent le sang des animaux,
devant *l'autel des sacrifices.
21 Toutes les marmites
qui sont à Jérusalem et dans le pays de Juda
seront consacrées au SEIGNEUR de l'univers.
Ceux qui viendront offrir des sacrifices
s'en serviront pour faire cuire la viande.
Quand ce jour arrivera,
il n'y aura plus de commerçants
dans le temple du SEIGNEUR de l'univers.

Malachie

INTRODUCTION

Le livre de Malachie a sans doute été écrit vers 450 avant J.-C.

Les Juifs qui avaient été en exil sont de nouveau installés dans leur pays depuis presque un siècle. Ils ont entendu les appels des prophètes Aggée et Zakarie. Ils ont reconstruit le temple de Jérusalem (520 à 515 avant J.-C.). Mais, depuis, ce qu'ils espéraient n'est pas arrivé. Le peuple et le pays n'ont pas trouvé une nouvelle grandeur. Alors les gens n'ont plus de courage ni d'intérêt concernant l'avenir.

Le prophète Malachie imagine des ***discussions*** *entre Dieu et ceux à qui il s'adresse. C'est ainsi que le prophète parle de la part de Dieu. Ces discussions ont pour sujet la* ***situation sociale et religieuse****, qui est mauvaise. Les prêtres ne respectent pas le Seigneur (1.6-14). Les règles que Dieu a données ne sont pas suivies (2.1-9 et 10-16). Les gens trompent Dieu (3.6-11).*

Pourtant Dieu a choisi le peuple d'Israël et il l'aime (1.2-5). C'est là le point de départ des paroles du prophète. Malachie invite le peuple à changer : il lui rappelle que Dieu juge les humains et qu'un jour il montrera sa justice (2.17–3.5 et 3.13-21). Par ailleurs, le prophète annonce aussi que Dieu enverra le ***messager*** *qui doit préparer sa venue (3.1).*

Dieu a donné aux humains des lois pour vivre. Il a envoyé également des prophètes. La conclusion du livre de Malachie réunit ces deux éléments : la loi et les prophètes (3.22-24). Cette conclusion propose de se souvenir des dons de Dieu et d'attendre sa venue. C'est un message encore actuel pour se préparer à rencontrer Dieu.

---

1 1 Voici le message que le SEIGNEUR a
envoyé aux Israélites, par l'intermédiaire
de Malachie.

Le Seigneur aime les Israélites

2 Le SEIGNEUR déclare à son peuple : « Moi,
le SEIGNEUR, je vous aime, mais vous, vous
me demandez : "Où est la preuve de ton
amour ?" » Je vous réponds : « Est-ce qu'Ésaü
n'était pas le frère de Jacob ? Pourtant j'ai préféré Jacob 3 à Ésaü. Les gens de la famille
d'Ésaü occupaient une région montagneuse.
J'en ai fait un désert et j'ai livré leur pays
aux chacals. 4 Ces gens-là, les Édomites[a], diront peut-être : "Nous avons été écrasés,
mais nous reconstruirons nos villes démolies." Voici ce que je dis, moi, le SEIGNEUR de
l'univers : Ils peuvent reconstruire, moi, je démolirai ce qu'ils feront ! On les appellera :
"Pays-des-gens-mauvais" et "Peuple-contre-
qui-le-SEIGNEUR-est-sans-cesse-en-*colère".
5 Vous, les Israélites, vous verrez cela et vous
direz : "Le SEIGNEUR est grand, même en dehors du pays d'Israël !" »

Le Seigneur fait des reproches aux prêtres

6 « Moi, le SEIGNEUR de l'univers, voici ce
que je dis aux prêtres : Un fils honore son
père, un serviteur respecte son maître.

---

a 1.4 *Les Édomites appartenaient à la famille d'Ésaü.*

Vous m'appelez votre père, mais est-ce que vous m'honorez ? Vous m'appelez votre maître, mais est-ce que vous me respectez ? Vous me méprisez et vous demandez : "En quoi est-ce que nous t'avons méprisé ?" 7 Vous apportez sur mon *autel de la nourriture *impure. Et vous demandez : "En quoi est-ce que nous ne t'avons pas respecté ?" Eh bien, c'est en disant : "L'autel du SEIGNEUR est sans importance." 8 Quand vous m'offrez un animal aveugle, est-ce que c'est bien ? Quand vous m'offrez un animal boiteux ou malade, est-ce que c'est bien ? Présentez donc cet animal à votre gouverneur ! Est-ce qu'il sera content ? Est-ce qu'il vous recevra avec bonté ? Je vous le demande, moi, le SEIGNEUR de l'univers. 9 Maintenant, essayez de me prier, moi, votre Dieu, pour que j'aie pitié de vous. Est-ce que je vous recevrai avec bonté après ce que vous avez fait ? Je vous le demande, moi, le SEIGNEUR de l'univers. 10 Il vaudrait mieux que l'un de vous ferme les portes du temple. Ainsi, vous n'irez pas allumer du feu sur mon autel pour rien. En effet, moi, le SEIGNEUR de l'univers, je n'ai aucun plaisir à vous voir, et les offrandes que vous me présentez ne me plaisent pas. 11 D'un bout de la terre à l'autre, les autres peuples reconnaissent ma grandeur. Partout, ils brûlent de *l'encens en mon honneur et ils me présentent des offrandes *pures. Je le dis, moi, le SEIGNEUR de l'univers, les autres peuples reconnaissent ma grandeur. 12 Mais vous, vous ne la respectez pas quand vous dites : "L'autel du Seigneur est impur, et la nourriture que nous en retirons est vraiment peu de chose !" 13 Vous dites aussi : "Quel travail décourageant !" Vous me méprisez, moi, le SEIGNEUR de l'univers ! Vous m'apportez des animaux volés, boiteux ou malades. Eh bien, je vous le demande : Est-ce que je peux accepter de vous ces offrandes ? 14 Quelqu'un a peut-être de beaux animaux dans son troupeau. S'il fait un *vœu et s'il m'offre un animal en mauvais état, malheur à lui ! En effet, moi, le SEIGNEUR de l'univers, je le dis : je suis un grand roi, et les autres peuples ont peur de ma puissance. »

Le Seigneur avertit les prêtres de ce qui va leur arriver

2 1-2 « Moi, le SEIGNEUR de l'univers, je vous avertis, vous, les prêtres : Écoutez-moi et prenez les choses au sérieux pour m'honorer comme vous le devez. Sinon, je lancerai sur vous une malédiction, et je changerai la *bénédiction en malédiction. Oui, je le ferai puisque personne parmi vous ne prend les choses au sérieux. 3 Je lance déjà des menaces contre les gens de votre famille. Je vous jetterai du fumier à la figure, le fumier des animaux offerts pendant vos fêtes, et on vous balaiera avec lui. 4 Alors vous saurez ceci : C'est moi, le SEIGNEUR de l'univers, qui vous ai donné cet avertissement. Je veux garder *l'alliance établie avec les *lévites. 5 Par cette alliance, je leur ai donné la vie et la paix, pour qu'ils me respectent, et ils m'ont respecté, ils ont tremblé devant moi. 6 Ils ont enseigné la vérité et ils n'ont pas menti. Ils ont mené une vie droite en accord avec moi et ils ont détourné beaucoup de gens du mal. 7 Oui, c'est le rôle du prêtre d'enseigner la connaissance de Dieu, c'est le prêtre que les gens consultent pour connaître la *loi. En effet, il est le porte-parole du SEIGNEUR de l'univers. 8 Moi, le SEIGNEUR de l'univers, je le dis : Vous, les prêtres, au contraire, vous vous êtes éloignés du chemin. Par votre enseignement, vous avez trompé beaucoup de monde, vous avez brisé mon alliance avec les lévites. 9 Eh bien, à mon tour, je vais pousser tout le peuple à vous mépriser et à vous abaisser. En effet, vous ne m'obéissez pas et vous faites des différences entre les gens quand vous appliquez la loi. »

Les gens de Juda trahissent leurs promesses de deux façons

10 Est-ce que nous n'avons pas tous un seul père ? Est-ce que ce n'est pas un seul Dieu qui nous a créés ? Pourtant, nous ne sommes pas fidèles les uns aux autres, et ainsi, nous ne respectons pas *l'alliance entre Dieu et nos ancêtres. Pourquoi donc ? 11 Les gens de Juda ont trahi leurs promesses. Ils ont fait des choses horribles à Jérusalem et dans tout

le pays. En effet, ils ont traité avec mépris le *lieu saint que le SEIGNEUR aime : ils se sont mariés avec des femmes qui adorent des dieux étrangers. 12 Si quelqu'un agit ainsi, que le SEIGNEUR supprime toute sa famille du peuple d'Israël ! Qu'il n'y ait plus personne pour présenter des offrandes en son nom au SEIGNEUR de l'univers !

13 Voici ce que vous faites encore : vous couvrez de larmes *l'autel du SEIGNEUR. Vous pleurez et vous vous plaignez, car le SEIGNEUR ne fait plus attention à vos offrandes et il ne les accepte plus. 14 Vous vous demandez pourquoi. C'est parce que vous aviez promis devant lui de rester fidèles à la femme choisie pendant votre jeunesse. Mais vous l'avez trahie ! C'était pourtant votre compagne, et vous vous étiez engagés envers elle. 15 Est-ce que le SEIGNEUR n'a pas fait de vous une seule personne avec elle, un seul corps animé du même souffle de vie ? Et qu'est-ce que cette personne unique veut ? Avoir les enfants que Dieu donne, n'est-ce pas ? Faites attention à vous-mêmes ! Ne trahissez pas la femme que vous avez choisie pendant votre jeunesse ! 16 En effet, voici ce que dit le SEIGNEUR, Dieu d'Israël : « Si quelqu'un renvoie sa femme parce qu'il la déteste, il est coupable de violence. » C'est le SEIGNEUR de l'univers qui parle. Faites donc attention à vous-mêmes ! Ne trahissez pas vos promesses !

Le Seigneur va envoyer son messager

17 Vous fatiguez le SEIGNEUR avec vos discours. Vous dites : « Comment est-ce que nous le fatiguons ? » Vous le fatiguez quand vous dites : « Ceux qui font le mal, le SEIGNEUR les regarde avec bonté. Il approuve ces gens-là. » Vous dites aussi : « Le Dieu qui juge avec justice, que fait-il ? »

3 1 Voici la réponse du SEIGNEUR de l'univers : « Je vais envoyer mon messager. Il préparera le chemin pour moi. Tout à coup, le Seigneur que vous désirez arrivera dans son temple. Voici le messager de *l'alliance que vous attendez, il arrive. » 2 Qui pourra résister quand il viendra ? Qui pourra rester debout quand il se montrera ? Car il est comme le feu du fondeur, comme la lessive du blanchisseur. 3 Il s'installera pour fondre l'argent au feu et pour le rendre pur. Il *purifiera les prêtres de la famille de Lévi, ils les rendra purs comme on rend purs l'or et l'argent. Alors ils pourront présenter les offrandes au SEIGNEUR en respectant les règles. 4 Ainsi, les offrandes des gens de Jérusalem et des autres habitants de Juda plairont au SEIGNEUR, comme autrefois, dans le passé. 5 Oui, le SEIGNEUR de l'univers le dit : « Je viendrai au milieu de vous pour vous juger. Je me dépêcherai d'accuser les sorciers, ceux qui commettent *l'adultère, ceux qui font des serments faux, ceux qui paient mal leurs ouvriers, ceux qui écrasent les veuves et les orphelins par l'injustice, ceux qui traitent mal les étrangers, tous ceux qui ne me respectent pas. »

Invitation à revenir vers le Seigneur

6 « Moi, le SEIGNEUR, je ne change pas. Et vous, vous êtes toujours les enfants de Jacob[b] ! 7 Tout comme vos ancêtres, vous vous êtes éloignés de mes enseignements, vous ne les avez pas suivis. Revenez vers moi, et je reviendrai vers vous, je le dis, moi, le SEIGNEUR de l'univers. Mais vous demandez : "Comment pouvons-nous revenir vers toi ?" 8 Je vous réponds : "Est-ce qu'un être humain peut tromper Dieu ? Pourtant, vous me trompez !" Vous demandez encore : "En quoi t'avons-nous trompé ?" Je vous réponds : "Quand vous devez donner le dixième de vos biens et quand vous me faites des offrandes." 9 Malheur à vous ! Vous êtes maudits parce que vous me trompez, vous, le peuple tout entier. 10 Apportez donc réellement le dixième de vos biens dans la salle du trésor, pour qu'il y ait toujours de la nourriture dans le temple. Je l'affirme, moi, le SEIGNEUR de l'univers : vous pouvez vérifier que je dis la vérité. Vous verrez alors que j'ouvrirai pour vous les réservoirs d'eau du ciel, et que je vous couvrirai de bienfaits abondants.

b **3.6** *Le texte rappelle ainsi que Jacob a souvent trompé les autres. Voir Genèse 27.36.*

11 Pour vous, je détournerai les criquets : ils ne
détruiront pas vos récoltes, ils n'empêcheront
pas vos *vignes de donner du raisin. Je le promets, moi, le SEIGNEUR de l'univers. 12 Tous les
autres peuples diront que vous êtes heureux,
car la vie sera très agréable dans votre pays, je
le dis, moi le SEIGNEUR de l'univers. »

Un jour le Seigneur montrera sa justice

13 Le SEIGNEUR dit : « Vous dites contre moi
des paroles dures. Et vous demandez :
"Qu'est-ce que nous avons dit entre nous
contre toi ?" 14 Eh bien, voici ce que vous
avez dit : "Servir Dieu, cela ne sert à rien.
Nous avons gardé ses commandements.
Nous avons fait devant lui des cérémonies
de deuil, mais pour rien ! 15 Nous le voyons
maintenant : les gens heureux, ce sont les
orgueilleux. Et tout réussit à ceux qui font le
mal. Même s'ils provoquent Dieu, ils s'en
tirent toujours !" »

16 Alors ceux qui respectent le SEIGNEUR se
sont parlé les uns aux autres. Le SEIGNEUR les
a écoutés avec attention. On a écrit devant lui
les noms de ceux qui le respectent et qui l'honorent. 17 Ensuite, le SEIGNEUR de l'univers a
dit : « Le jour où j'agirai, ils seront pour moi
comme un trésor personnel. Je serai bon
pour eux, comme un père est bon envers
son fils qui le sert. 18 Et vous verrez de nouveau la différence entre ceux qui m'obéissent
et ceux qui ne m'obéissent pas, entre ceux qui
me servent et ceux qui ne me servent pas.
19 Moi, le SEIGNEUR de l'univers, je le dis :
Mon *jour arrive, il est brûlant comme le
feu. Ce jour-là, tous les orgueilleux et tous
ceux qui font le mal seront comme de la paille.
Ils seront complètement brûlés. Je ne leur laisserai ni racines ni branches. 20 Mais pour vous
qui respectez mon pouvoir, le soleil de *justice se lèvera. Il apportera la guérison dans
ses rayons. Vous sortirez en bondissant de
joie, comme des veaux bien nourris. 21 Et le
jour où j'agirai, moi, le SEIGNEUR de l'univers,
vous marcherez sur les gens mauvais. Ils seront comme de la poussière sous vos pieds. »

Le Seigneur enverra le prophète Élie

22 « Souvenez-vous de la *loi de Moïse, mon
serviteur. Sur le mont *Horeb, je lui ai donné
des lois et des règles pour tout le peuple d'Israël.

23 « Avant la venue du *jour du SEIGNEUR, ce
jour grand et terrible, je vous enverrai le
*prophète Élie[c]. 24 Il fera la paix entre les pè-
res et leurs enfants, ainsi qu'entre les enfants
et leurs pères. Alors, je ne viendrai pas
détruire votre pays. »

---

c **3.23** *Voir 1 Rois 17–21 et 2 Rois 2.1-17.*

LE NOUVEAU TESTAMENT

Le Nouveau Testament est composé de 27 écrits qui ont été réunis au début du christianisme pour former un seul livre. Il est rédigé en grec. C'était la langue parlée au premier siècle avant J.-C. dans les pays qui entourent la mer Méditerranée. Ces pays faisaient partie de l'immense empire romain. Les Romains avaient le pouvoir politique, mais la culture était grecque.

Comme l'Ancien Testament, le Nouveau Testament est écrit dans un cadre culturel et religieux différent de celui des lecteurs actuels. Une traduction ne peut pas supprimer ces différences. Ainsi, par exemple, dans la culture et la langues grecques, chacun dit « tu » à tout le monde. Le respect, l'affection ou le mépris sont exprimés autrement. La traduction Parole de Vie *a choisi de garder ce « tu » partout, même s'il paraît peu naturel.*

Le Nouveau Testament est la deuxième partie de la Bible chrétienne. Le mot « testament » vient d'un mot qui signifie aussi « alliance ». Une alliance est un traité de solidarité entre des personnes ou des peuples. Dans la Bible, c'est toujours Dieu qui a l'initiative de l'alliance avec les êtres humains. Le Premier Testament, que les chrétiens appellent Ancien Testament, réunit les écrits de la première alliance. Ces écrits forment les Livres Saints des Juifs, c'est-à-dire des membres du peuple d'Israël en tant que peuple de Dieu.

Le Nouveau Testament parle de l'alliance renouvelée par Jésus de Nazareth. Il s'agit de l'alliance que Dieu établit par son Fils Jésus-Christ ou nouvelle alliance. Elle met fin à la séparation qui s'était installée entre Juifs et non-Juifs. Elle concerne tous les êtres humains. La personne, l'enseignement et les actions de Jésus sont au cœur du Nouveau Testament.

Jésus et les premiers chrétiens étaient juifs. Les Livres Saints étaient les textes qu'ils lisaient pour entrer en relation avec Dieu. C'est pourquoi les auteurs du Nouveau Testament en citent de nombreux passages. Ceux-ci les aident à mieux comprendre la personne et le message de Jésus.

Jésus de Nazareth

Au début du premier siècle, les gens se posaient beaucoup de questions sur Dieu. Un grand nombre de maîtres enseignaient à ce sujet. Jésus apparaît dans les années 30. Il est de Nazareth en Galilée, une des régions de l'ancien pays d'Israël, occupé alors par les Romains. C'est un maître juif. Il enseigne, il guérit des malades et il accueille tous ceux qui viennent à lui. Il dit des choses étonnantes sur Dieu et sur l'amour de Dieu pour tous. Les chefs religieux de son temps le font condamner à mort par les Romains, et il est cloué sur une croix.

Jésus avait des disciples, c'est-à-dire des gens qui écoutaient son enseignement et le suivaient. Or, ceux-ci affirment que Dieu l'a réveillé de la mort : Jésus est vivant, même s'ils ne peuvent plus le voir.

Très vite, les disciples de Jésus répandent leur foi. Voici ce qu'ils annoncent : Jésus est le Messie que le peuple juif attendait, c'est-à-dire celui que Dieu a choisi pour sauver les êtres humains. En grec, « Messie » se dit « Christ ». De nouvelles communautés religieuses naissent un peu partout. Elles donnent à Jésus le nom de Jésus-Christ. Leurs membres s'appellent les chrétiens, c'est-à-dire ceux qui croient en Jésus, le Christ.

Les livres du Nouveau Testament

Au début, les disciples de Jésus ont parlé de leur maître de façon orale. Ils ont dit comment Jésus avait changé leur vie. Au bout d'un certain temps, avec la disparition des premiers témoins, il a été nécessaire de mettre par écrit ce qui concerne Jésus. C'est ainsi que le Nouveau Testament est né.

Le Nouveau Testament commence par les quatre évangiles. Le mot évangile vient du grec. Il signifie « bonne nouvelle ». Les quatre évangiles présentent, chacun à sa manière, la personne de Jésus. Ils sont suivis du livre des Actes des Apôtres. Ce livre raconte comment des apôtres, c'est-à-dire des envoyés de Jésus-Christ, ont répandu son message. C'est d'une certaine façon le journal des débuts de l'Église chrétienne.

Les lettres de l'apôtre Paul et d'autres lettres viennent ensuite. Paul écrit à des chrétiens et à des communautés chrétiennes de son temps. Il répond à leurs problèmes et à leurs besoins particuliers. Il s'adresse à des Églises ou à des personnes précises. D'autres auteurs écrivent aussi pour soutenir et enseigner les jeunes Églises. En tout, il y a 21 lettres.

Le dernier livre du Nouveau Testament, l'Apocalypse, a pour but d'encourager les chrétiens dans un temps de crise. Les forces du mal semblent plus puissantes que tout. Pourtant Jésus-Christ est déjà vainqueur du mal. Par lui, Dieu remportera un jour une victoire totale et définitive.

Les évangiles

Les quatre évangiles présentent ce que Jésus a enseigné, comment il a vécu, comment il est mort et comment Dieu l'a réveillé de la mort.

Les auteurs des évangiles

Les auteurs des évangiles sont des témoins. Leur but n'est pas de raconter la vie de Jésus comme on le fait dans un livre d'histoire. Chacun des évangélistes dit comment il a compris la personne de Jésus et ce qu'il a retenu de son enseignement. Nous apprenons ainsi à connaître Jésus sous différents points de vue. Les traditions anciennes disent que les auteurs s'appelaient Matthieu, Marc, Luc et Jean. C'est pourquoi les titres de ces livres sont Évangile, ou Bonne Nouvelle, selon Matthieu, selon Marc, selon Luc, selon Jean.

Le plan des évangiles

Les évangiles de Matthieu, Marc et Luc suivent le même plan général. Ils racontent et expliquent :
- *les débuts de la vie publique de Jésus (message de Jean-Baptiste, baptême de Jésus et son épreuve au désert)*
- *les activités de Jésus en Galilée*
- *son voyage à Jérusalem*
- *ce qui se passe à Jérusalem, et ce qui se passe après la mort de Jésus.*

Par ailleurs, les évangiles de Matthieu et de Luc commencent avec des récits de la naissance et de l'enfance de Jésus.

L'évangile de Jean a un plan différent. Jésus voyage sans cesse entre la Galilée et la région de Jérusalem. Les événements de sa vie et son enseignement ne sont pas toujours les mêmes que dans les autres évangiles.

Les quatre évangiles ont d'abord été écrits pour des communautés particulières. Cela explique en partie leurs différences dans la manière de présenter Jésus. Ceux qui les lisent maintenant peuvent y rencontrer la personne de Jésus-Christ dans toute sa richesse.

Bonne Nouvelle selon Matthieu

INTRODUCTION

La Bonne Nouvelle selon Matthieu s'adresse à des chrétiens d'origine juive. Ils connaissent bien les livres de l'Ancien Testament. Matthieu présente Jésus comme celui qui réalise ce qui est annoncé dans ces livres. Il les cite très souvent. Quand Matthieu écrit, les chrétiens d'origine juive ont été chassés des maisons de prière juives. Ils forment des communautés qui accueillent aussi des non-Juifs.

Pour Matthieu, Jésus est ***le Maître*** *qui dit avec autorité ce que Dieu demande aux croyants. Ce maître propose une nouvelle manière de comprendre les règles qui viennent de l'Ancien Testament. Jésus est aussi* ***le Messie*** *que les Juifs attendent. En parlant du royaume des cieux, il proclame ceci : Dieu est roi, et son pouvoir se manifeste déjà sur la terre.*

La Bonne Nouvelle selon Matthieu suit le plan général des trois premiers évangiles.
À l'intérieur de ce plan, Matthieu groupe des paroles de Jésus dans ***cinq grands discours****: Le discours des chapitres 5 à 7, ou discours sur la montagne, constitue une règle de vie pour les disciples de Jésus. Elle concerne à la fois les relations humaines et les relations avec Dieu. Le discours du chapitre 10 donne des ordres et des conseils à ceux qui partent annoncer la Bonne Nouvelle. Le discours du chapitre 13 groupe des histoires que Jésus raconte pour faire comprendre ce qui se passe quand Dieu est roi. Le discours du chapitre 18 explique comment on peut vivre ensemble entre frères et sœurs dans une communauté chrétienne. Le discours des chapitres 24 et 25 dit comment les disciples peuvent attendre la victoire finale de Dieu.*
Avant et après ces discours, des récits racontent comment Jésus guérit des malades, donne à manger aux foules, raconte des histoires qui font réfléchir, discute avec les maîtres juifs.

Au début de l'évangile, Matthieu parle de la naissance et de l'enfance de Jésus, le roi des Juifs (chapitres 1 et 2). À la fin de l'évangile, Jésus, le roi des Juifs, est condamné à mort et cloué sur une croix (chapitre 27). Mais Dieu le réveille de la mort. Jésus se montre à ses disciples. Il leur demande d'annoncer la Bonne Nouvelle à tous les peuples de la terre (chapitre 28).

Avant sa naissance, Jésus est appelé ***Emmanuel****, ce qui veut dire «* ***Dieu avec nous*** *» (1.23). L'évangile de Matthieu se termine avec cette promesse de Jésus : « Et moi, je suis avec vous tous les jours jusqu'à la fin du monde » (28.20). Jésus est la présence de Dieu au milieu des êtres humains.*

Les ancêtres de Jésus

1 [1] Voici la liste des ancêtres de Jésus-Christ :
David est l'ancêtre de Jésus-Christ, et
Abraham est l'ancêtre de David.
[2] Abraham est le père d'Isaac. Isaac est le
père de Jacob. Jacob est le père de Juda et
ses frères. [3] Juda est le père de Pérès et de
Zéra, leur mère est Tamar. Pérès est le père
de Hesron. Hesron est le père de Ram. [4] Ram

est le père d'Amminadab. Amminadab est le
père de Nachon. Nachon est le père de Salma.
5 Salma est le père de Booz, la mère de Booz
est Rahab. Booz est le père d'Obed, la mère
d'Obed est Ruth. Obed est le père de Jessé.
6 Jessé est le père du roi David.

David est le père de Salomon, la mère de Salomon était la femme d'Urie. 7 Salomon est le
père de Roboam. Roboam est le père d'Abia.
Abia est le père d'Asa. 8 Asa est le père de Josaphat. Josaphat est le père de Joram. Joram
est le père d'Ozias. 9 Ozias est le père de Yotam. Yotam est le père d'Akaz. Akaz est le
père d'Ézékias. 10 Ézékias est le père de Manassé. Manassé est le père d'Amon. Amon
est le père de Josias. 11 Josias est le père de Yekonia et ses frères. À ce moment-là, on emmène les Israélites prisonniers à Babylone.

12 Après cela, Yekonia est le père de Chéaltiel. Chéaltiel est le père de Zorobabel. 13 Zorobabel est le père d'Abihoud. Abihoud est
le père d'Éliakim. Éliakim est le père d'Azor.
14 Azor est le père de Sadoc. Sadoc est le
père d'Akim. Akim est le père d'Élioud.
15 Élioud est le père d'Éléazar. Éléazar est le
père de Matthan. Matthan est le père de Jacob. 16 Jacob est le père de Joseph. Joseph a
pris Marie pour femme, et Marie est la mère
de Jésus, qu'on appelle *Christ.

17 Voici le total : il y a 14 générations depuis
Abraham jusqu'à David. Il y a 14 générations
depuis David jusqu'à ce qu'on emmène les Israélites prisonniers à Babylone. Ensuite, il y a
encore 14 générations jusqu'au Christ.

La naissance de Jésus

18 Voici comment Jésus-Christ est né. Marie, sa mère, est promise en mariage à Joseph.
Mais, avant d'habiter avec Joseph, Marie attend un enfant par la puissance de l'Esprit
Saint. 19 Joseph, son fiancé, est un homme
*juste. Il ne veut pas accuser Marie devant
tout le monde, alors il décide de la renvoyer
en secret. 20 Au moment où il pense à cela,
*l'ange du Seigneur se montre à lui dans un
rêve. L'ange lui dit : « Joseph, fils de David,
n'aie pas peur de prendre chez toi Marie, ta
femme. Oui, l'enfant qui est dans son ventre
vient de l'Esprit Saint. 21 Elle va mettre au
monde un fils, et toi, tu l'appelleras Jésus[a].
En effet, c'est lui qui sauvera son peuple de
ses péchés. »

22 Ainsi se réalise ce que le *prophète a dit
de la part du Seigneur :

23 « La jeune fille attendra un enfant.
Elle mettra au monde un fils.
On l'appellera Emmanuel,
ce qui veut dire "Dieu avec nous". »[b]

24 Quand Joseph se réveille, il fait ce que
l'ange du Seigneur lui a commandé. Il prend
sa femme chez lui, 25 mais il ne s'unit pas à
elle jusqu'au jour où Marie met au monde
un fils. Joseph donne à l'enfant le nom de
Jésus.

Des sages de l'est viennent adorer Jésus

2 1 Jésus naît à Bethléem, en Judée, au moment où *Hérode le Grand est roi. Alors,
des sages viennent de l'est et arrivent à Jérusalem. 2 Ils demandent : « Où est le roi des Juifs
qui vient de naître ? Nous avons vu son étoile
se lever à l'est, et nous sommes venus l'adorer. »

3 Quand le roi Hérode apprend cela, il est
troublé, et tous les habitants de Jérusalem
aussi. 4 Le roi réunit tous les chefs des *prêtres de son peuple avec les *maîtres de la
loi. Il leur demande : « À quel endroit est-ce
que le *Messie doit naître ? » 5 Ils lui répondent : « Le Messie doit naître à Bethléem, en
Judée. En effet, le *prophète a écrit :

6 "Et toi, Bethléem, du pays de Juda,
tu n'es sûrement pas
la moins importante des villes de Juda.
Oui, un chef va venir de chez toi,
il sera le berger
de mon peuple, *Israël[c]." »

---

a 1.21 *Le nom « Jésus » veut dire : Dieu sauve.*

b 1.23 *Ésaïe 7.14 cité d'après l'ancienne traduction grecque, et voir Ésaïe 8.8,10.*

c 2.6 *Voir Michée 5.1.*

7 Alors Hérode fait appeler les sages en secret. Il leur demande : « À quel moment est-ce que l'étoile est apparue ? » 8 Ensuite il les envoie à Bethléem en disant : « Allez vous renseigner exactement sur l'enfant. Quand vous l'aurez trouvé, venez me prévenir, et moi aussi, j'irai l'adorer. »

9-10 Après ces paroles du roi, les sages se mettent en route. Ils aperçoivent l'étoile qu'ils ont vue à l'est. Ils sont remplis d'une très grande joie en la voyant. L'étoile avance devant eux. Elle arrive au-dessus de l'endroit où l'enfant se trouve, et elle s'arrête là. 11 Les sages entrent dans la maison, et ils voient l'enfant avec Marie, sa mère. Ils se mettent à genoux et adorent l'enfant. Ensuite, ils ouvrent leurs bagages et ils lui offrent des cadeaux : de l'or, de *l'encens et de la myrrhe[d]. 12 Après cela, Dieu les avertit dans un rêve de ne pas retourner chez Hérode. Alors ils prennent un autre chemin pour rentrer dans leur pays.

Le départ en Égypte

13 Quand les sages sont partis, *l'ange du Seigneur se montre à Joseph dans un rêve. L'ange lui dit : « Lève-toi, prends avec toi l'enfant et sa mère. Pars vite pour l'Égypte ! Reste là-bas. Je te dirai quand tu dois revenir. En effet, *Hérode va chercher l'enfant pour le faire mourir. »

14 Joseph se lève, il prend avec lui l'enfant et sa mère et il part pour l'Égypte, pendant la nuit. 15 Il reste là-bas jusqu'à la mort d'Hérode le Grand. Ainsi se réalise ce que le *prophète a dit de la part du Seigneur : « J'ai appelé mon fils à sortir d'Égypte. »[e]

Hérode le Grand fait tuer tous les petits enfants de Bethléem

16 Quand *Hérode voit que les sages l'ont trompé, il est très en colère. Les sages lui ont dit à quel moment l'étoile est apparue. C'est pourquoi il donne l'ordre de tuer tous les enfants qui ont deux ans ou moins de deux ans, à Bethléem et dans les environs. 17 Ainsi s'est réalisée cette parole du *prophète Jérémie :

18 « Dans Rama, on entend une plainte,
des pleurs amers et des cris de deuil.
C'est Rachel qui pleure sur ses enfants.
Elle ne veut pas être consolée,
parce qu'ils ne sont plus. »[f]

Le retour d'Égypte et l'arrivée à Nazareth

19 Après la mort d'Hérode, *l'ange du Seigneur se montre à Joseph dans un rêve, en Égypte. 20 L'ange lui dit : « Lève-toi, prends avec toi l'enfant et sa mère et retourne dans le pays *d'Israël. En effet, ceux qui voulaient tuer l'enfant sont morts. »

21 Joseph se lève, il prend avec lui l'enfant et sa mère et il retourne dans le pays d'Israël. 22 Mais il apprend qu'Arkélaos est roi de Judée, depuis la mort d'Hérode, son père. Alors Joseph a peur d'aller en Judée. Le Seigneur lui parle dans un rêve, et Joseph va dans la région de Galilée. 23 Il vient habiter dans une ville qui s'appelle Nazareth. Ainsi les choses se passent comme les *prophètes l'avaient annoncé : « On l'appellera Nazaréen. »

Jean-Baptiste annonce : « Changez votre vie ! »

3 1 À ce moment-là, Jean-Baptiste paraît dans le désert de Judée. Il annonce : 2 « Changez votre vie ! Oui, le *Royaume des cieux est tout près de vous ! »

3 Le *prophète Ésaïe a parlé de Jean quand il a dit :

« Quelqu'un crie dans le désert :
"Préparez la route du Seigneur !
Faites-lui des chemins bien droits !" »[g]

4 Jean porte un vêtement en poils de chameau. Il a une ceinture de cuir autour de la taille. Il mange des sauterelles et du miel sauvage. 5 Alors les habitants de Jérusalem, de toute la Judée et de toute la région du Jourdain

d **2.11** *La myrrhe est un parfum précieux tiré d'une plante.*
e **2.15** *Osée 11.1.*
f **2.18** *Jérémie 31.15.*
g **3.3** *Ésaïe 40.3 cité d'après l'ancienne traduction grecque.*

viennent vers Jean. 6 Ils avouent leurs péchés devant tout le monde, et Jean les baptise dans l'eau du Jourdain.

7 Beaucoup de *Pharisiens et de *Sadducéens viennent pour que Jean les baptise. En voyant cela, Jean leur dit : « Espèce de vipères ! La *colère de Dieu va venir, et vous croyez que vous pouvez l'éviter ? Qui vous a dit cela ? 8 Faites donc de bonnes actions pour montrer que vous avez changé votre vie ! 9 Ne vous mettez pas à penser : "Notre ancêtre, c'est Abraham." Oui, je vous le dis, vous voyez ces pierres, ici. Eh bien, Dieu peut les changer pour en faire des enfants d'Abraham ! 10 Déjà la hache est prête à attaquer les racines des arbres. Tous les arbres qui ne produisent pas de bons fruits, on va les couper et les jeter dans le feu ! 11 Moi, je vous baptise dans l'eau, pour montrer que vous changez votre vie. Mais celui qui vient après moi est plus puissant que moi. Je ne suis pas digne de lui enlever ses sandales. Lui, il vous baptisera avec le feu de l'Esprit Saint. 12 Dans la cour, il tient son van[h] dans les mains pour séparer le grain de la paille. Il va ranger son grain dans le grenier, mais la paille, il va la brûler dans le feu qui ne s'éteint pas. »

Le baptême de Jésus

13 Alors Jésus vient de la Galilée jusqu'au Jourdain. Il arrive auprès de Jean pour que Jean le baptise, 14 mais Jean n'est pas d'accord. Il dit à Jésus : « C'est moi qui ai besoin d'être baptisé par toi, et c'est toi qui viens vers moi ! » 15 Jésus lui répond : « Accepte cela pour le moment. Oui, c'est ainsi que nous devons faire tout ce que Dieu demande. » Alors Jean accepte. 16 Dès que Jésus est baptisé, il sort de l'eau. Au même moment, le *ciel s'ouvre. Jésus voit l'Esprit de Dieu qui descend comme une *colombe et qui vient sur lui. 17 Une voix vient du ciel et dit : « Celui-ci est mon Fils très aimé. C'est lui que j'ai choisi avec joie. »

L'esprit du mal tente Jésus dans le désert

4 1 Alors l'Esprit de Dieu conduit Jésus dans le désert, pour que l'esprit du mal le tente. 2 Pendant 40 jours et 40 nuits, Jésus ne mange rien. Ensuite il a faim. 3 L'esprit du mal s'approche de Jésus pour le tenter et il lui dit : « Si tu es le Fils de Dieu, dis à ces pierres : "Changez-vous en pains !" » 4 Jésus lui répond : « Dans les Livres Saints on lit : "Le pain ne suffit pas à faire vivre l'homme. Celui-ci a besoin aussi de toutes les paroles qui sortent de la bouche de Dieu[i]." »

5 Alors l'esprit du mal emmène Jésus à Jérusalem, la ville *sainte. Il le place au sommet du temple, 6 et il lui dit : « Si tu es le Fils de Dieu, jette-toi en bas ! En effet, dans les Livres Saints on lit :

"Dieu commandera à ses *anges
de te porter dans leurs bras
pour que tes pieds
ne heurtent pas les pierres[j]." »

7 Jésus lui répond : « Dans les Livres Saints on lit aussi : "Tu ne dois pas provoquer le Seigneur ton Dieu[k]." »

8 L'esprit du mal emmène encore Jésus sur une très haute montagne. Il lui montre tous les royaumes du monde, avec leur richesse, 9 et il lui dit : « Mets-toi à genoux devant moi pour m'adorer, et je vais te donner tout cela. » 10 Jésus lui dit : « Va-t'en, *Satan ! En effet, dans les Livres Saints on lit : "C'est le Seigneur ton Dieu que tu dois adorer, et c'est lui seul que tu dois servir[l]." »

11 Alors l'esprit du mal laisse Jésus. Des *anges s'approchent de Jésus, et ils lui donnent à manger.

---

h **3.12** *Le van sert à jeter en l'air les grains pour les séparer de la paille. Celle-ci est alors emportée par le vent.*

i **4.4** *Deutéronome 8.3 cité d'après l'ancienne traduction grecque.*

j **4.6** *Psaume 91.11-12 cité d'après l'ancienne traduction grecque.*

k **4.7** *Deutéronome 6.16.*

l **4.10** *Deutéronome 6.13.*

Jésus commence à annoncer la Bonne Nouvelle en Galilée

12 Jean a été mis en prison. Quand Jésus apprend cela, il part pour la Galilée. 13 Il ne reste
pas à Nazareth et il va habiter à Capernaüm,
au bord du lac, dans la région de Zabulon et
de Neftali. 14 Ainsi se réalise cette parole du
*prophète Ésaïe :
15 « Pays de Zabulon et de Neftali,
près de la mer,
de l'autre côté du Jourdain,
Galilée,
pays de ceux qui ne sont pas juifs !
16 Le peuple qui habite dans la nuit
a vu une grande lumière.
Pour ceux qui vivent dans le sombre pays
de la mort,
une lumière a brillé. »[m]
17 À partir de ce moment, Jésus se met à
annoncer : « Changez votre vie ! Oui, le
*Royaume des cieux est tout près de vous ! »

Jésus appelle les premiers disciples

18 Jésus marche au bord du lac de Galilée. Il
voit deux frères : Simon, qu'on appelle Pierre,
et André son frère. Ce sont des pêcheurs, et ils
sont en train de jeter un filet dans le lac. 19 Jésus leur dit : « Venez avec moi, et je ferai de
vous des pêcheurs d'hommes. » 20 Aussitôt,
ils laissent leurs filets et ils suivent Jésus.
21 En allant un peu plus loin, Jésus voit deux
autres frères : Jacques et Jean, les fils de Zébédée. Ils sont dans la barque avec leur père Zébédée. Ils réparent leurs filets. Jésus les
appelle. 22 Aussitôt ils laissent leur barque et
leur père et ils suivent Jésus.

Jésus enseigne et guérit les foules

23 Jésus va dans toute la Galilée. Il enseigne
dans les maisons de prière juives, il annonce
la Bonne Nouvelle du *Royaume, il guérit les
gens de toutes leurs maladies et de toutes
leurs douleurs. 24 On entend parler de Jésus
dans toute la Syrie. On lui amène tous ceux
qui souffrent : ceux qui ont des maladies et
des douleurs de toutes sortes, ceux qui ont
des esprits mauvais, ceux qui ont des crises
nerveuses. On lui amène aussi les paralysés.
Jésus les guérit. 25 Des foules nombreuses suivent Jésus. Elles viennent de Galilée, de la région des Dix Villes[n], de Jérusalem, de Judée et
de la région à l'est du Jourdain.

Le vrai bonheur

5 1 Jésus voit les foules qui sont venues. Il
monte sur la montagne, il s'assoit et ses
*disciples viennent auprès de lui. 2 Jésus
prend la parole et il les enseigne en disant :
3 « Ils sont heureux,
ceux qui ont un cœur de pauvre,
parce que le *Royaume des cieux est à eux !
4 Ils sont heureux,
ceux qui pleurent,
parce que Dieu les consolera !
5 Ils sont heureux,
ceux qui sont doux,
parce qu'ils recevront la terre comme un
don de Dieu !
6 Ils sont heureux,
ceux qui ont faim et soif d'obéir à Dieu,
parce qu'ils seront satisfaits !
7 Ils sont heureux,
ceux qui sont bons pour les autres,
parce que Dieu sera bon pour eux !
8 Ils sont heureux,
ceux qui ont le cœur *pur,
parce qu'ils verront Dieu !
9 Ils sont heureux,
ceux qui font la paix autour d'eux,
parce que Dieu les appellera ses fils.
10 Ils sont heureux,
ceux qu'on fait souffrir
parce qu'ils obéissent à Dieu.
Oui, le Royaume des cieux est à eux !
11 Vous êtes heureux
quand on vous insulte,
quand on vous fait souffrir,
quand on dit contre vous toutes sortes de
mauvaises paroles

m **4.16** *Ésaïe 8.23–9.1 cité librement.*
n **4.25** *Cette région est située au sud-est du lac de Galilée.*

et de mensonges
à cause de moi.
12 Soyez dans la joie, soyez heureux,
parce que Dieu vous prépare
une grande récompense !
En effet, c'est ainsi qu'on a fait souffrir
les *prophètes qui ont vécu avant vous. »

Les disciples sont le sel de toute la terre et la lumière du monde

13 « Vous êtes le sel de toute la terre. Mais
quand le sel perd son goût, comment lui rendre son bon goût ? Il ne sert plus à rien. On le
jette dehors et les gens marchent dessus.
14 « Vous êtes la lumière du monde. Quand
une ville est construite sur une montagne,
elle ne peut pas être cachée. 15 Et quand on allume une lampe, ce n'est pas pour la mettre
sous un seau ! Au contraire, on la met bien
en haut, et elle brille pour tous ceux qui
sont dans la maison. 16 De la même façon, votre lumière doit briller devant tout le monde.
Alors les autres verront le bien que vous faites. Ils pourront chanter la *gloire de votre
Père qui est dans les *cieux. »

Jésus est venu donner tout son sens à la loi

17 « Ne pensez pas que je suis venu pour
supprimer la *loi de Moïse ou l'enseignement
des *prophètes. Je ne suis pas venu pour les
supprimer, mais pour leur donner tout leur
sens. 18 Je vous le dis, c'est la vérité : tant
que le ciel et la terre dureront, on ne supprimera rien de la loi. On ne supprimera ni la
plus petite lettre, ni le plus petit détail, et
cela jusqu'à la fin du monde.
19 « Supposons ceci : quelqu'un désobéit à
un seul commandement, le plus petit de la
loi, et il apprend aux autres à désobéir aussi.
Eh bien, cette personne-là sera la plus petite
dans le *Royaume des cieux. Mais si quelqu'un obéit à la loi et apprend aux autres à
obéir aussi, cette personne-là sera importante dans le Royaume des cieux. 20 Oui, je
vous le dis, obéissez à la loi mieux que les
*maîtres de la loi et que les *Pharisiens. Si-
non, vous n'entrerez pas dans le Royaume
des cieux. »

Au sujet de la colère

21 « Vous avez appris qu'on a dit à vos ancêtres : "Tu ne dois tuer personne.[o] Celui qui
tue quelqu'un, on l'amènera devant le juge."
22 Mais moi, je vous dis : Si quelqu'un se met
en colère contre son frère ou sa sœur, on
l'amènera devant le juge. Si quelqu'un dit à
son frère ou à sa sœur : "Imbécile !", on
l'amènera devant le tribunal. Si quelqu'un
insulte son frère ou sa sœur, cette personne
mérite la terrible punition de Dieu.
23 « Donc supposons ceci : tu viens présenter ton offrande à Dieu sur *l'autel. À ce moment-là, tu te souviens que ton frère ou ta
sœur a quelque chose contre toi. 24 Alors,
laisse ton offrande à cet endroit, devant l'autel. Et va d'abord faire la paix avec ton frère
ou ta sœur. Ensuite, reviens et présente ton
offrande à Dieu.
25 « Quand tu es encore sur la route du tribunal avec ton adversaire, mets-toi vite d'accord avec lui. Sinon, il va te livrer au juge, le
juge va te livrer à la police, et on va te jeter en
prison. 26 Je te le dis, c'est la vérité : tu ne sortiras pas de là si tu ne paies pas tout l'argent
que tu dois ! »

Au sujet de l'adultère

27 « Vous avez appris qu'on a dit à nos ancêtres : "Ne commets pas *d'adultère."[p] 28 Mais
moi, je vous dis : celui qui regarde la femme
d'un autre avec envie, celui-là, dans son
cœur, a déjà couché avec cette femme. 29 Si
ton œil droit te fait tomber dans le péché, arrache-le, et jette-le loin de toi. Pour toi, il vaut
mieux perdre une seule partie de ton corps.
C'est mieux que de garder ton corps tout entier et d'être jeté dans le lieu de souffrance.
30 Si ta main droite te fait tomber dans le péché, coupe-la, et jette-la loin de toi. Pour toi,

---

o **5.21** *Exode 20.13 ; Deutéronome 5.17.*
p **5.27** *Exode 20.14 ; Deutéronome 5.18.*

il vaut mieux perdre une seule partie de ton corps. C'est mieux que de garder ton corps tout entier et d'aller dans le lieu de souffrance. »

Au sujet du renvoi des femmes

31 « On a dit aussi : "Celui qui renvoie sa femme doit lui remettre une lettre de divorce."[q] 32 Mais moi, je vous dis : un homme ne doit pas renvoyer sa femme, sauf quand le mariage est contraire à la *loi[r]. En effet, quand un homme renvoie sa femme, il la pousse à commettre un *adultère, parce qu'elle va se remarier. Et quand un homme se marie avec une femme renvoyée, il commet un adultère. »

Au sujet des serments

33 « Vous avez appris aussi qu'on a dit à vos ancêtres : "Tu ne dois pas être infidèle à tes serments. Mais tu dois faire tout ce que tu as juré devant le Seigneur."[s] 34 Mais moi, je vous dis : ne faites pas du tout de serments. Ne jurez pas par le ciel, parce que c'est là que Dieu habite. 35 Ne jurez pas par la terre, parce que c'est l'endroit où il pose ses pieds. Ne jurez pas par Jérusalem, parce que c'est la ville du Grand Roi. 36 Et ne jure pas par ta tête, parce que tu ne peux pas rendre un seul cheveu de ta tête blanc ou noir. 37 Dites simplement "oui" ou "non". Ce qu'on dit en plus vient de l'esprit du mal. »

Au sujet de la vengeance

38 « Vous avez appris qu'on a dit : "Œil pour œil et dent pour dent."[t] 39 Mais moi, je vous dis : si quelqu'un vous fait du mal, ne vous vengez pas. Au contraire, si quelqu'un te frappe sur la joue droite, tends-lui aussi l'autre joue. 40 Si quelqu'un veut te conduire au tribunal pour prendre ta chemise, laisse-lui aussi ton vêtement. 41 Si quelqu'un te force à faire un kilomètre à pied, fais-en deux avec lui. 42 Quand on te demande quelque chose, donne-le. Quand on veut t'emprunter quelque chose, ne tourne pas le dos. »

Au sujet de l'amour des ennemis

43 « Vous avez appris qu'on a dit : "Tu dois aimer ton *prochain[u] et détester ton ennemi." 44 Mais moi, je vous dis : aimez vos ennemis. Priez pour ceux qui vous font souffrir. 45 Alors vous serez vraiment les enfants de votre Père qui est dans les *cieux. En effet, il fait lever son soleil sur les méchants et sur les bons. Il fait tomber la pluie sur ceux qui se conduisent bien et sur ceux qui se conduisent mal. 46 Si vous aimez seulement ceux qui vous aiment, quelle récompense est-ce que Dieu va vous donner ? Même les *employés des impôts font la même chose que vous ! 47 Et si vous saluez seulement vos frères et vos sœurs, qu'est-ce que vous faites d'extraordinaire ? Même les gens qui ne connaissent pas Dieu font la même chose que vous ! 48 Soyez donc parfaits, comme votre Père dans les cieux est parfait ! »

Comment donner aux pauvres ?

6 1 « Attention ! Quand vous faites ce que la *loi de Dieu demande, ne le faites pas devant tout le monde pour que les gens vous regardent. Sinon, votre Père qui est dans les *cieux ne vous donnera pas de récompense.

2 « Donc, quand tu donnes de l'argent aux pauvres, ne cherche pas à te faire remarquer. Les gens faux agissent ainsi, dans les maisons de prière et dans les rues. Ils cherchent les compliments des autres. Je vous le dis, c'est la vérité : ils ont déjà leur récompense. 3 Mais toi, quand tu donnes de l'argent aux pauvres avec ta main droite, ta main gauche ne doit pas le savoir. 4 Ainsi, ce que tu donnes reste secret. Dieu, ton Père, voit ce que tu fais en secret et il te récompensera. »

---

q **5.31** *Deutéronome 24.1.*
r **5.32** *Voir Lévitique 18.6-18 ; Actes 15.20,29.*
s **5.33** *Voir Lévitique 19.12 ; Nombres 30.3 ; Deutéronome 23.22-24.*
t **5.38** *Voir Exode 21.23-25 ; Lévitique 24.19-20 ; Deutéronome 19.21.*
u **5.43** *Lévitique 19.18.*

Comment prier ?

5 « Quand vous priez, ne faites pas comme les hommes faux. Ils aiment prier debout, dans les maisons de prière et au coin des rues, pour que tout le monde les voie. Je vous le dis, c'est la vérité : ils ont déjà leur récompense. 6 Mais toi, quand tu veux prier, va dans la pièce la plus cachée de la maison. Ferme la porte et prie ton Père qui est là, même dans cet endroit secret. Ton Père voit ce que tu fais en secret et il te récompensera.

7 « Quand vous priez, ne parlez pas sans arrêt, comme ceux qui ne connaissent pas Dieu. Ils croient que Dieu va les écouter parce qu'ils parlent beaucoup. 8 Ne faites pas comme eux. En effet, votre Père sait ce qu'il vous faut, avant que vous le demandiez. »

Le « Notre Père »

9 « Vous devez donc prier de cette façon :
"Notre Père qui es dans les *cieux,
ton nom est *saint.
Fais que tout le monde le connaisse !
10 Fais venir ton *Royaume.
Fais que ta volonté se réalise
sur la terre comme dans le *ciel.
11 Donne-nous aujourd'hui le pain qu'il nous faut.
12 Pardonne-nous le mal que nous avons commis,
comme nous pardonnons
à ceux qui nous ont fait du mal.
13 Et ne permets pas que nous soyons tentés.
Mais libère-nous de l'esprit du mal."[v]

14 « En effet, si vous pardonnez leurs fautes aux autres, votre Père qui est dans les cieux vous pardonnera aussi. 15 Mais si vous ne pardonnez pas aux autres, votre Père ne vous pardonnera pas vos fautes non plus. »

Comment jeûner ?

16 « Quand vous *jeûnez, ne prenez pas un air triste comme les gens faux. Ils changent de visage, pour que tout le monde voie qu'ils jeûnent. Je vous le dis, c'est la vérité : ils ont déjà leur récompense. 17 Mais toi, quand tu jeûnes, lave-toi le visage et parfume-toi la tête. 18 Ainsi, tu ne montreras pas aux autres que tu jeûnes. Mais ton Père le verra, lui qui est là dans cet endroit secret. Ton Père voit ce que tu fais en secret et il te récompensera. »

Les richesses de la terre et les richesses auprès de Dieu

19 « Ne cherchez pas à posséder beaucoup de richesses sur la terre. Là, les insectes et la rouille détruisent tout. Les voleurs entrent dans les maisons et ils volent. 20 Mais cherchez à posséder beaucoup de richesses auprès de Dieu. Là, les insectes et la rouille ne détruisent rien, les voleurs n'entrent pas et ils ne peuvent pas voler. 21 Oui, là où tu mets tes richesses, c'est là aussi que tu mettras ton cœur. »

Vivre dans la lumière

22 « Les yeux sont la lampe du corps. Donc, si tes yeux ne sont pas malades, ton corps tout entier est dans la lumière. 23 Mais si tes yeux sont malades, ton corps tout entier est dans la nuit. Alors, si la lumière qui est en toi est comme la nuit, ta nuit est bien noire ! »

Il faut choisir entre Dieu et l'argent

24 « Personne ne peut servir deux maîtres. En effet, ou bien il détestera l'un et il aimera l'autre, ou bien il sera fidèle à l'un et il méprisera l'autre. Vous ne pouvez pas servir à la fois Dieu et l'argent ! »

Dieu donne tout ce qui est nécessaire à la vie

25 « C'est pourquoi je vous dis : ne vous faites pas de souci pour votre vie ni pour votre corps. Ne vous demandez pas : "Qu'est-ce que nous allons manger ? Avec quoi est-ce que nous allons nous habiller ?" Oui, votre vie est plus importante que la nourriture,

---

v 6.13 *Plusieurs textes anciens ajoutent : « Car pour toujours, tu es le roi, tu es le maître et tu montres ta *gloire. »*

et votre corps est plus important que les vêtements. 26 Regardez les oiseaux. Ils ne sèment pas, ils ne moissonnent pas. Ils ne
mettent pas de récoltes dans les greniers.
Et votre Père qui est dans les *cieux les
nourrit ! Vous valez beaucoup plus que les
oiseaux !

27 « Ce n'est pas en vous faisant du souci
que vous pouvez ajouter un seul jour à votre
vie ! 28 Pourquoi alors vous faire du souci
pour les vêtements ? Observez les fleurs des
champs, regardez comment elles poussent.
Elles ne filent pas et elles ne tissent pas.
29 Pourtant, je vous le dis : même Salomon,
avec toute sa richesse, n'a jamais eu de vêtements aussi beaux qu'une seule de ces fleurs.
30 L'herbe est aujourd'hui dans les champs, et
demain on la jettera au feu. Et pourtant, Dieu
l'habille de vêtements magnifiques. Vous qui
n'avez pas beaucoup de foi, vous pouvez
être sûrs d'une chose : Dieu en fera au moins
autant pour vous !

31 « Ne soyez pas inquiets en vous demandant : "Qu'est-ce que nous allons manger ?
Qu'est-ce que nous allons boire ? Avec quoi
est-ce que nous allons nous habiller ?" 32 En
effet, les gens qui ne connaissent pas Dieu
cherchent tout cela sans arrêt. Vous avez besoin de toutes ces choses, et votre Père qui
est dans les cieux le sait bien. 33 Cherchez
d'abord le *Royaume de Dieu et ce que Dieu
demande. Il vous donnera tout le reste en
plus.

34 « Donc, ne vous faites pas de souci pour
demain. Demain se fera du souci pour lui-
même. La fatigue d'aujourd'hui suffit pour
aujourd'hui ! »

Ne pas juger les autres

7 1 « Ne jugez pas les autres, et Dieu ne
vous jugera pas. 2 En effet, Dieu vous jugera comme vous jugez les autres. Et il vous
donnera comme vous donnez aux autres !
3 Tu regardes le bout de paille qui est dans
l'œil de ton frère. Mais le tronc d'arbre qui
est dans ton œil, tu ne le remarques pas !
Pourquoi donc ? 4 Comment peux-tu dire à
ton frère : "Laisse-moi enlever le bout de
paille qui est dans ton œil" ? Et toi, tu as
un tronc d'arbre dans le tien ! 5 Homme
faux ! Enlève d'abord le tronc d'arbre qui
est dans ton œil ! Ensuite, tu verras assez
clair pour enlever le bout de paille dans l'œil
de ton frère ! »

6 « Ne donnez pas aux chiens ce qui est à
Dieu. Ils peuvent se retourner contre vous
pour vous déchirer. Ne jetez pas vos perles
précieuses devant les cochons. Ils peuvent
les écraser en marchant dessus. »

Celui qui demande reçoit

7 « Demandez, et on vous donnera. Cherchez, et vous trouverez. Frappez à la porte,
et on vous ouvrira. 8 Oui, celui qui demande
reçoit. Celui qui cherche trouve. Et si quelqu'un frappe à la porte, on lui ouvre. 9 Quand
votre enfant vous demande du pain, qui parmi
vous lui donne une pierre ? 10 Quand il vous
demande du poisson, qui lui donne un serpent ? 11 Vous, vous êtes mauvais, et pourtant,
vous donnez de bonnes choses à vos enfants.
Alors, ceci est encore plus sûr : votre Père qui
est dans les *cieux donnera de bonnes choses
à ceux qui les lui demandent. »

Le résumé de la loi

12 « Faites pour les autres tout ce que vous
voulez qu'ils fassent pour vous. Voilà ce que
la *loi de Moïse et les livres des *prophètes
commandent. »

Les deux chemins

13 « Entrez par la porte étroite. En effet, la
porte qui ouvre sur la mort est large, et le chemin pour y aller est facile. Beaucoup de gens
passent par là. 14 Mais la porte qui ouvre sur
la vie est étroite, et le chemin pour y aller
est difficile. Ceux qui le trouvent ne sont pas
nombreux. »

Les faux prophètes

15 « Faites attention aux faux *prophètes ! Ils
viennent à vous, habillés avec des peaux de
moutons. Mais au-dedans, ce sont des *loups
féroces. 16 Vous les reconnaîtrez en voyant ce
qu'ils font. On ne cueille pas du *raisin sur des
cactus ! On ne cueille pas des *figues sur des
plantes piquantes ! 17 Oui, un bon arbre pro-

marche" ? 6 Eh bien, vous devez le savoir : le *Fils de l'homme a le pouvoir de pardonner les péchés sur la terre. » Alors Jésus dit au paralysé : « Lève-toi, prends ta natte et rentre chez toi. »

7 L'homme se lève et il rentre chez lui. 8 Quand les foules voient cela, elles ont peur. Elles disent : « *Gloire à Dieu ! Il a donné un très grand pouvoir aux hommes ! »

Jésus appelle Matthieu à le suivre

9 Jésus s'en va. En passant, il voit un homme appelé Matthieu assis au bureau des impôts. Jésus lui dit : « Suis-moi ! » Matthieu se lève et il suit Jésus.

10 Ensuite, Jésus prend un repas dans la maison de Matthieu. Beaucoup *d'employés des impôts et de pécheurs viennent manger avec Jésus et ses *disciples. 11 En voyant cela, les *Pharisiens disent aux disciples de Jésus : « Votre maître mange avec les employés des impôts et avec les pécheurs. Pourquoi donc ? »

12 Jésus les a entendus et il dit : « Les gens en bonne santé n'ont pas besoin de médecin. Ce sont les malades qui en ont besoin. 13 Allez donc apprendre le sens de cette phrase des Livres Saints : "Je désire l'amour, et non les *sacrifices d'animaux."[z] En effet, je ne suis pas venu appeler ceux qui se croient *justes, mais ceux qui se reconnaissent pécheurs. »

Jésus parle du jeûne

14 Alors les *disciples de Jean-Baptiste s'approchent de Jésus et lui disent : « Les *Pharisiens et nous-mêmes, nous *jeûnons souvent. Mais tes disciples à toi ne jeûnent pas. Pourquoi donc ? » 15 Jésus leur dit : « Est-ce que les invités à un mariage peuvent être tristes, quand le marié est avec eux ? Mais le moment va venir où on leur enlèvera le marié. Alors ils jeûneront.

16 « Personne ne met un morceau de tissu neuf sur un vieux vêtement. Sinon, le morceau neuf arrache une partie du vieux vêtement, et le trou dans le vieux vêtement est encore plus grand ! 17 Personne ne met du vin nouveau dans de vieilles *outres, sinon, les outres éclatent, le vin coule par terre et les outres sont abîmées. Mais on met du vin nouveau dans des outres neuves. Ainsi le vin et les outres se conservent bien. »

Jésus guérit une femme et rend la vie à une petite fille

18 Pendant que Jésus leur dit cela, un notable arrive. Il se met à genoux devant Jésus et lui dit : « Ma fille vient de mourir. Mais va poser ta main sur sa tête, et elle vivra. » 19 Jésus se lève et suit le notable. Les *disciples de Jésus viennent aussi.

20 Il y a là une femme qui est malade. Elle perd du sang depuis douze ans. Elle s'approche de Jésus par-derrière et elle touche le bord de son vêtement. 21 En effet, elle se dit : « Si seulement je touche son vêtement, je serai guérie ! » 22 Jésus se retourne, il la voit et lui dit : « Reprends courage ! Ta foi t'a sauvée. » Et au même moment la femme est guérie.

23 Jésus arrive à la maison du notable. Il voit les musiciens prêts pour l'enterrement et la foule qui fait du bruit. 24 Il leur dit : « Allez-vous-en ! La petite fille n'est pas morte, mais elle dort. » Les gens se moquent de lui. 25 On fait sortir la foule. Jésus entre dans la maison, il prend la petite fille par la main, et elle se lève. 26 Dans toute la région, on se met à raconter cela.

Jésus guérit deux aveugles

27 Jésus s'en va. Deux aveugles se mettent à le suivre en criant : « *Fils de David, aie pitié de nous ! »

28 Jésus entre dans la maison. Les aveugles s'approchent de lui, et Jésus leur dit : « Est-ce que vous croyez que je peux faire cela ? » Ils lui répondent : « Oui, Seigneur. » 29 Alors Jésus touche leurs yeux en disant : « Que les choses se passent pour vous comme vous avez cru ! » 30 Leurs yeux sont guéris. Jésus leur parle sévèrement en disant : « Attention !

z 9.13 *Osée 6.6.*

Personne ne doit le savoir ! » 31 Mais quand les aveugles sont sortis, ils parlent de Jésus dans toute la région.

Jésus guérit un homme muet

32 Au moment où les aveugles sortent, on amène à Jésus un homme qui est muet, à cause d'un esprit mauvais. 33 Jésus chasse l'esprit mauvais, et le muet se met à parler. Les foules sont très étonnées et elles disent : « On n'a jamais vu cela en *Israël ! » 34 Mais les *Pharisiens disent : « C'est le chef des esprits mauvais qui donne à Jésus le pouvoir de chasser ces esprits ! »

Jésus a pitié des foules

35 Jésus passe dans toutes les villes et dans tous les villages. Il enseigne dans les maisons de prière juives, il annonce la Bonne Nouvelle du *Royaume, il guérit toutes les maladies et toutes les douleurs. 36 Jésus voit les foules et son cœur est plein de pitié. En effet, les gens sont fatigués et découragés, comme des moutons qui n'ont pas de berger. 37 Alors Jésus dit à ses *disciples : « Il y a une grande récolte à faire, mais les ouvriers ne sont pas assez nombreux. 38 Demandez donc au propriétaire de la récolte d'envoyer encore des ouvriers pour faire sa récolte. »

Les douze apôtres

10 1 Jésus appelle ses douze *disciples. Il leur donne le pouvoir de chasser les esprits mauvais et de guérir toutes les maladies et toutes les douleurs. 2 Voici les noms de ces douze *apôtres : d'abord Simon qu'on appelle Pierre et André, son frère, Jacques et son frère Jean, les fils de Zébédée, 3 Philippe et Barthélemy, Thomas et Matthieu *l'employé des impôts, Jacques le fils d'Alphée et Thaddée, 4 Simon le nationaliste[a] et Judas Iscariote, celui qui va livrer Jésus.

Jésus envoie les douze apôtres annoncer la Bonne Nouvelle

5 Jésus envoie les douze *apôtres dans le pays. Il leur donne ces ordres et ces conseils : « N'allez pas chez les gens qui ne sont pas juifs, n'entrez pas dans les villes de Samarie. 6 Allez plutôt vers les gens *d'Israël qui sont comme des moutons perdus. 7 Sur les chemins, annoncez : "Le *Royaume des cieux est tout près de vous !" 8 Guérissez les malades, rendez la vie aux morts, guérissez les *lépreux, chassez les esprits mauvais. Vous avez reçu gratuitement, donnez donc gratuitement. 9 N'emportez pas d'or, pas d'argent, pas de monnaie dans votre poche. 10 Ne prenez pas de sac pour le voyage. Emportez un seul vêtement. Ne prenez pas de sandales ni de bâton. En effet, l'ouvrier doit recevoir sa nourriture.

11 « Quand vous entrez dans une ville ou un village, cherchez quelqu'un qui est prêt à vous accueillir. Restez chez cette personne jusqu'au moment où vous quitterez l'endroit. 12 Quand vous entrez dans une maison, dites : "Que Dieu vous donne la paix !" 13 Si les habitants de la maison sont prêts à recevoir la paix, que votre salutation leur donne la paix ! Mais s'ils ne sont pas prêts à vous recevoir, reprenez votre salutation de paix ! 14 Quand on ne vous accueille pas et qu'on n'écoute pas vos paroles dans une maison ou dans une ville, partez de là et secouez la poussière de vos pieds[b]. 15 Je vous le dis, c'est la vérité : le jour où Dieu jugera les gens, il sera moins sévère avec les habitants de Sodome et de Gomorrhe[c] qu'avec les habitants de cette ville ! »

Ce qui va arriver aux disciples de Jésus

16 « Écoutez ! Je vous envoie comme des moutons au milieu des *loups. Soyez donc prudents comme les serpents, et innocents

---

a **10.4** *À l'époque de Jésus, les nationalistes étaient des Juifs qui résistaient aux Romains en luttant pour l'indépendance de leur pays.*

b **10.14** *Ce geste veut dire que les disciples ne s'occupent plus des gens de cette ville. Ils ne veulent rien leur devoir, pas même la poussière qui est sous leurs pieds.*

c **10.15** *Sodome et Gomorrhe : ces deux villes représentent des lieux dominés par le mal. Voir Genèse 19.*

comme les *colombes. 17 Faites attention ! Des
gens vous livreront aux tribunaux. Ils vous
frapperont à coups de fouet dans leurs maisons de prière. 18 On vous conduira devant
des gouverneurs et des rois, à cause de moi.
Alors vous serez mes *témoins devant eux et
devant ceux qui ne sont pas juifs. 19 Quand
on vous emmènera, ne soyez pas inquiets en
vous demandant : “Comment allons-nous parler ? Qu'est-ce que nous allons dire ?” Oui, à
ce moment-là, Dieu vous donnera les paroles
qu'il faut dire. 20 En effet, ce n'est pas vous
qui parlerez, mais c'est l'Esprit de votre Père
qui parlera par vous.

21 « Le frère livrera son frère pour qu'on le
tue. Le père fera la même chose avec son enfant. Les enfants deviendront les ennemis de
leurs parents et ils les feront condamner à
mort. 22 Tout le monde vous détestera à cause
de moi. Mais celui qui résistera jusqu'à la fin,
Dieu le sauvera. 23 Quand on vous fera souffrir
dans une ville, partez dans une autre. Je vous
le dis, c'est la vérité : quand le *Fils de
l'homme viendra, vous ne serez pas encore
passés dans toutes les villes *d'Israël.

24 « Le *disciple n'est pas plus savant que
son maître. Le serviteur n'est pas plus important que son patron. 25 Pour le disciple, il suffit
de devenir comme son maître. Pour le serviteur, il suffit de devenir comme son patron.
On a dit au chef de la famille : “Tu es *Satan.” Donc, on insultera encore plus les membres de sa famille. »

Avoir confiance en Dieu

26 « N'ayez pas peur des gens. Tout ce qui
est caché, on pourra le découvrir et tout ce
qui est secret, on pourra le connaître. 27 Ce
que je vous dis dans la nuit, répétez-le en plein
jour. Ce que vous entendez dans le creux de
l'oreille, criez-le sur les places. 28 N'ayez pas
peur des gens qui tuent le corps. Ils ne peuvent pas tuer la vie qui est en vous. Celui
que vous devez respecter avec confiance, c'est
Dieu. Lui, il a le pouvoir de vous faire mourir
tout entiers dans le lieu de souffrance. 29 Est-
ce qu'on ne vend pas deux petits oiseaux
pour presque rien ? Pourtant, quand l'un
d'eux tombe par terre, c'est votre Père qui
permet cela. 30 Pour vous, Dieu connaît
même le nombre de vos cheveux. 31 Donc,
n'ayez pas peur ! Pour Dieu, vous êtes plus importants que beaucoup de petits oiseaux !

32 « Si quelqu'un dit devant tout le monde :
“J'appartiens à Jésus”, alors moi aussi, devant
mon Père qui est dans les *cieux, je dirai :
“Cette personne m'appartient.” 33 Mais si
quelqu'un dit devant tout le monde : “Je n'appartiens pas à Jésus”, alors moi aussi, devant
mon Père qui est dans les cieux, je dirai :
“Cette personne ne m'appartient pas.” »

Jésus n'est pas venu apporter la paix, mais le combat

34 « Ne pensez pas que je suis venu apporter
la paix sur la terre. Je ne suis pas venu apporter la paix, mais le combat. 35 En effet, je suis
venu séparer l'homme et son père, la fille et sa
mère, la belle-fille et sa belle-mère. 36 On aura
pour ennemis les gens de sa famille. »

Les disciples doivent être prêts à donner leur vie comme Jésus

37 « Celui qui aime son père ou sa mère plus
que moi n'est pas digne de moi. Celui qui
aime son fils ou sa fille plus que moi n'est
pas digne de moi. 38 Celui qui ne prend pas
sa croix[d] et qui ne me suit pas, celui-là n'est
pas digne de moi. 39 Celui qui veut garder sa
vie la perdra. Celui qui perdra sa vie à cause
de moi la retrouvera. »

Si quelqu'un reçoit les disciples, c'est Jésus qu'il reçoit

40 « Si quelqu'un vous reçoit, c'est moi qu'il
reçoit. Et la personne qui me reçoit, reçoit
aussi celui qui m'a envoyé. 41 Si quelqu'un reçoit un *prophète parce que c'est un prophète, il aura la récompense qu'on donne à
un prophète. Si quelqu'un reçoit une personne fidèle à Dieu parce qu'elle est fidèle,

---

d **10.38** *Prendre sa croix veut dire : être prêt à donner sa vie comme Jésus.*

il aura la récompense qu'on donne à une personne fidèle. Je vous le dis, c'est la vérité : 42 si quelqu'un donne à boire un verre d'eau fraîche à l'un de ces petits parce que c'est mon *disciple, il aura sûrement sa récompense. »

11 1 Quand Jésus a fini de donner ces ordres et ces conseils à ses douze disciples, il part de là. Et il va dans les villes de la région pour enseigner et annoncer la Bonne Nouvelle.

La question de Jean-Baptiste

2 Jean-Baptiste, dans sa prison, a entendu parler du *Christ et de ce qu'il fait. Il envoie quelques-uns de ses *disciples, 3 pour demander à Jésus : « Est-ce que tu es le *Messie qui doit venir ? Ou bien devons-nous en attendre un autre ? » 4 Jésus leur répond : « Allez raconter à Jean ce que vous entendez et ce que vous voyez : 5 les aveugles voient clair, les boiteux marchent bien, les *lépreux sont guéris, les sourds entendent, les morts se réveillent, les pauvres reçoivent la Bonne Nouvelle. 6 Il est heureux, celui qui ne refuse pas de croire en moi ! »

Jésus parle de Jean-Baptiste

7 Les *disciples de Jean repartent. Jésus se met à parler de Jean aux foules qui sont là. Il leur dit : « Qu'est-ce que vous êtes allés regarder dans le désert ? Un roseau secoué par le vent ? 8 Non ! Alors, qu'est-ce que vous êtes allés voir ? Un homme habillé de vêtements élégants ? Mais ceux qui ont de beaux vêtements habitent dans les palais des rois. 9 Qu'est-ce que vous êtes allés voir ? Un *prophète ? Oui, je vous le dis, et même plus qu'un prophète ! 10 En effet, Jean est celui que les Livres Saints annoncent quand Dieu dit : "Moi, je vais envoyer mon messager devant toi. Il préparera le chemin pour toi[e]." »
11 Jésus ajoute : « Je vous le dis, c'est la vérité : il n'y a jamais eu un homme plus important que Jean-Baptiste. Pourtant, celui qui est le plus petit dans le *Royaume des cieux est plus important que lui. 12 Depuis le temps où Jean baptisait jusqu'à maintenant, on attaque le Royaume des cieux avec violence, et les gens violents cherchent à le prendre. 13 Jusqu'à Jean, la *loi et tous les prophètes ont annoncé ce qui allait arriver. 14 Et si vous voulez me croire, Jean, c'est *Élie qui devait revenir ! 15 Celui qui a des oreilles, qu'il écoute !

16 « À qui est-ce que je vais comparer les gens d'aujourd'hui ? Ils ressemblent à des enfants assis sur la place du village. Les uns crient aux autres : 17 "Pour vous, nous avons joué un air de flûte, mais vous n'avez pas dansé. Nous avons chanté un chant de funérailles, mais vous n'avez pas pleuré !" 18 En effet, Jean-Baptiste est venu. Il ne mange pas, il ne boit pas, et les gens disent : "Il est fou !" 19 Le *Fils de l'homme est venu, il mange et il boit. Et les gens disent : "Regardez, cet homme pense seulement à manger et à boire ! Il est l'ami des *employés des impôts et des pécheurs." Mais quand on voit ce que fait la sagesse de Dieu, on reconnaît qu'elle agit bien. »

Les villes qui refusent de croire

20 Alors Jésus se met à faire des reproches aux villes où il a accompli la plupart de ses miracles. En effet, les habitants n'ont pas changé leur vie. 21 Jésus leur dit : « Quel malheur pour toi, ville de Corazin ! Quel malheur pour toi, ville de Bethsaïda ! C'est chez vous que Dieu a fait des choses extraordinaires, et non à Tyr et à Sidon. S'il avait fait ces choses là-bas, leurs habitants auraient changé leur vie depuis longtemps. Ils l'auraient montré en prenant des sacs comme habits et en mettant de la cendre sur leur corps ! 22 Oui, je vous le dis, le jour où Dieu jugera les gens, il sera moins sévère avec les habitants de Tyr et de Sidon qu'avec vous !

23 « Et toi, ville de Capernaüm, est-ce que Dieu te fera monter jusqu'au *ciel ? Au contraire, il te fera descendre chez les morts ! C'est chez toi que Dieu a fait de grandes choses, et non à Sodome. S'il avait fait ces choses-là à Sodome, cette ville existerait encore au-

e **11.10** *Malachie 3.1, voir aussi Exode 23.20.*

jourd'hui ! 24 Oui, je vous le dis, le jour où Dieu jugera les gens, il sera moins sévère avec les habitants de Sodome[f] qu'avec les tiens ! »

Jésus fait connaître son Père aux petits

25 Peu de temps après, Jésus dit : « Père, Seigneur du *ciel et de la terre, je te dis merci. En effet, ce que tu as caché aux sages et aux savants, tu l'as fait connaître aux petits. 26 Oui, Père, tu l'as bien voulu.

27 « Mon Père m'a tout donné. Personne ne connaît le Fils, sauf le Père. Personne ne connaît le Père, sauf le Fils. Mais le Fils veut montrer le Père à d'autres pour qu'ils le connaissent aussi. »

Venir auprès de Jésus pour trouver le repos

28 « Venez auprès de moi, vous tous qui portez des charges très lourdes et qui êtes fatigués, et moi je vous donnerai le repos. 29 Je ne cherche pas à vous dominer. Prenez donc, vous aussi, la charge[g] que je vous propose, et devenez mes *disciples. Ainsi, vous trouverez le repos pour vous-mêmes. 30 Oui, la charge que je mettrai sur vous est facile à porter, ce que je vous donne à porter est léger. »

Le Fils de l'homme est maître du sabbat

12 1 Peu de temps après, Jésus traverse des champs. C'est un jour de *sabbat. Ses *disciples ont faim. Ils se mettent à arracher des épis et ils mangent les grains. 2 Quand les *Pharisiens voient cela, ils disent à Jésus : « Regarde ce que tes disciples font ! Le jour du sabbat, c'est interdit ! » 3 Jésus leur répond : « Vous n'avez pas lu ce que David a fait[h] ? Un jour, il avait faim, et ceux qui étaient avec lui avaient faim aussi. 4 Il est entré avec eux dans la maison de Dieu, et ils ont mangé les pains qui étaient offerts à Dieu. Pourtant, ils n'avaient pas le droit d'en manger, ni David, ni ceux qui l'accompagnaient. Seuls les prêtres avaient le droit d'en manger ! 5 Ou encore, est-ce que vous n'avez pas lu ceci dans la *loi : le jour du sabbat, les prêtres dans le temple ne respectent pas le repos du sabbat ? Pourtant, ils ne sont pas coupables ! 6 Mais je vous le dis, il y a ici quelque chose de plus important que le temple ! 7 Vous avez accusé ces hommes qui ne sont pas coupables. En effet, vous, vous ne savez pas le sens de cette phrase des Livres Saints : "Je désire l'amour, et non les *sacrifices d'animaux[i]." »

8 Jésus dit encore : « Le *Fils de l'homme est maître du sabbat. »

Jésus guérit un homme à la main paralysée

9 Jésus quitte cet endroit et il va dans la maison de prière juive. 10 Là, il y a un homme qui a la main paralysée. Les gens veulent avoir une raison pour accuser Jésus, alors ils lui demandent : « Est-ce qu'on a le droit de guérir quelqu'un, le jour du *sabbat ? » 11 Jésus leur répond : « Par exemple, vous avez un seul mouton, et le jour du sabbat, il tombe dans un trou. Vous allez sûrement le prendre pour le sortir du trou ! 12 Et un homme est beaucoup plus important qu'un mouton ! Donc, on a le droit de faire du bien, le jour du sabbat. » 13 Alors Jésus dit à l'homme : « Tends ta main ! » L'homme tend sa main, et elle est guérie, elle redevient comme l'autre main.

14 Les *Pharisiens sortent et ils se réunissent pour voir comment faire mourir Jésus.

Jésus est le serviteur que Dieu a choisi

15 Quand Jésus apprend cela, il quitte cet endroit. Beaucoup de gens le suivent. Jésus les

---

f **11.24** *Voir Matthieu 10.15 et la note.*

g **11.29** *Jésus parle ici de la nouvelle façon de vivre qu'il propose. Elle ne rend pas les gens esclaves, au contraire, elle les rend libres.*

h **12.3** *Voir 1 Samuel 21.2-7.*

i **12.7** *Osée 6.6, déjà cité en Matthieu 9.13.*

guérit tous 16 et il leur commande sévèrement : « Ne dites pas qui je suis ! » 17 Ainsi se
réalise ce que le *prophète Ésaïe a annoncé :
18 « Dieu dit :
"Voici mon serviteur que j'ai choisi,
celui que j'aime.
Je l'ai choisi avec joie.
Je mettrai mon Esprit Saint sur lui,
et il annoncera le droit aux peuples.
19 Il ne se disputera avec personne,
il ne criera pas.
On ne l'entendra pas faire des discours dans
les rues.
20 Il ne cassera pas le roseau abîmé,
il n'éteindra pas la flamme qui faiblit.
Il agira de cette façon,
jusqu'à ce qu'il donne la victoire au droit,
21 et les peuples espéreront en lui." »[j]

Jésus chasse les esprits mauvais

22 Des gens amènent à Jésus un homme qui
est aveugle et muet à cause d'un esprit mauvais. Jésus le guérit. Alors l'homme se met à
parler et il voit clair. 23 Toutes les foules sont
très étonnées et elles disent : « Cet homme
est peut-être le *Fils de David ! »
24 Mais quand les *Pharisiens entendent
cela, ils disent : « Cet homme ne chasse les esprits mauvais qu'avec le pouvoir de *Satan,
qui est leur chef. »
25 Jésus connaît leurs pensées et il leur dit :
« Quand les habitants d'un royaume font la
guerre entre eux, ce royaume est détruit.
Quand les gens d'une ville ou d'une famille
se battent entre eux, cette ville ou cette famille ne peuvent pas continuer à exister.
26 Si Satan, l'esprit du mal, chasse l'esprit du
mal, il est en guerre contre lui-même. Alors,
comment son royaume peut-il continuer à
exister ? 27 Vous dites : "C'est Satan qui lui
donne le pouvoir de chasser les esprits mauvais." Mais alors, qui donne à vos amis le pouvoir de chasser ces esprits ? Ainsi vos amis
eux-mêmes montrent que vous avez tort.
28 Mais moi, c'est l'Esprit de Dieu qui me
donne le pouvoir de chasser les esprits mauvais. Le *Royaume de Dieu est donc arrivé
jusqu'à vous !
29 « Quand quelqu'un veut entrer dans la
maison d'un homme fort et prendre ses richesses, il doit d'abord attacher l'homme
fort. Alors il pourra tout prendre dans la maison.
30 « Celui qui n'est pas avec moi est contre
moi. Celui qui ne m'aide pas à rassembler le
troupeau, il le fait partir de tous les côtés.
31 C'est pourquoi, je vous le dis : les gens recevront le pardon pour tous leurs péchés et pour
toutes leurs insultes contre Dieu. Mais si quelqu'un insulte l'Esprit Saint, il ne recevra pas le
pardon. 32 Si quelqu'un parle contre le *Fils de
l'homme, il recevra le pardon. Mais s'il parle
contre l'Esprit Saint, il ne recevra pas le pardon, ni dans cette vie, ni dans la vie qui
va venir. »

L'arbre et ses fruits

33 « Si un arbre est bon, ses fruits seront
bons. Si un arbre est malade, ses fruits seront
mauvais. En effet, on reconnaît un arbre à ses
fruits. 34 Espèce de vipères ! Vous êtes mauvais ! Alors, comment est-ce que vous pouvez
dire de bonnes choses ? En effet, ce qui remplit le cœur de quelqu'un, voilà ce qui sort
de sa bouche. 35 La personne qui est bonne
tire le bien de son cœur qui est plein de bonnes choses. La personne qui est mauvaise tire
le mal de son cœur qui est plein de mauvaises
choses. 36 Oui, je vous le dis, le jour où Dieu
jugera les gens, ils devront rendre compte de
toutes les paroles inutiles qu'ils ont dites.
37 En effet, c'est d'après tes paroles que Dieu
dira si tu es innocent ou coupable. »

Jésus répond à ceux qui lui demandent un miracle

38 Alors, quelques *maîtres de la loi et quelques *Pharisiens disent à Jésus : « Maître, fais
un miracle devant nous ! »
39 Jésus leur répond : « Les gens d'aujourd'hui sont mauvais et infidèles à Dieu,
ils demandent un miracle. Mais les gens ver-

j **12.21** *Ésaïe 42.1-4 cité d'après l'ancienne traduction grecque.*

ront un seul miracle : ce qui est arrivé au *prophète Jonas. 40 Oui, Jonas a passé trois jours et trois nuits dans le ventre du grand poisson. De la même façon, le *Fils de l'homme passera trois jours et trois nuits dans la terre. 41 Les gens de Ninive ont changé leur vie quand ils ont entendu Jonas[k]. Et il y a ici quelqu'un de plus important que Jonas ! C'est pourquoi, quand Dieu jugera les gens, les habitants de Ninive se lèveront en face des gens d'aujourd'hui et ils les accuseront ! 42 La reine du pays du Sud[l] est venue du bout du monde, pour entendre les paroles pleines de sagesse de Salomon. Et il y a ici quelqu'un de plus important que Salomon ! C'est pourquoi, quand Dieu jugera les gens, la reine du pays du Sud se lèvera en face des gens d'aujourd'hui, et elle les accusera ! »

Le retour de l'esprit mauvais

43 « Quand un esprit mauvais est sorti d'une personne où il habitait, il va et vient dans des endroits secs. Il cherche un lieu pour se reposer, mais il n'en trouve pas. 44 Alors il se dit : "Je vais retourner dans ma maison que j'ai quittée." Il y retourne. Il voit que la maison est vide, balayée, bien arrangée. 45 Il va donc chercher sept autres esprits encore plus mauvais que lui. Ils entrent et ils s'installent dans la maison. Après cela, cette personne est dans un état encore plus grave qu'au début ! Eh bien, c'est ce qui arrivera aux gens mauvais d'aujourd'hui ! »

La vraie famille de Jésus

46 Jésus est en train de parler aux foules, quand sa mère et ses frères arrivent. Ils sont dehors et ils cherchent à lui parler. 47 Quelqu'un dit à Jésus : « Regarde ! Ta mère et tes frères sont là, dehors. Ils cherchent à te parler. » 48 Jésus lui répond : « Qui est ma mère ? Qui sont mes frères ? » 49 Et il montre de la main ses *disciples en disant : « Voici ma mère et mes frères. 50 Oui, si quelqu'un fait la volonté de mon Père qui est dans les *cieux, cette personne est mon frère, ma sœur, ma mère. »

L'histoire du semeur

13 1 Ce jour-là, Jésus sort de la maison, et il va s'asseoir au bord du lac. 2 Des foules nombreuses se rassemblent autour de lui, c'est pourquoi il monte dans une barque et il s'assoit. Toute la foule reste au bord de l'eau. 3 Jésus enseigne beaucoup de choses aux gens en utilisant des comparaisons. Il leur dit : « Le semeur va au champ pour semer. 4 Pendant qu'il sème, une partie des graines tombe au bord du chemin. Les oiseaux viennent et ils mangent tout. 5 Une partie des graines tombe dans les pierres, là où il n'y a pas beaucoup de terre. Elles poussent tout de suite, parce que la terre n'est pas profonde. 6 Mais, quand le soleil est très chaud, il brûle les petites plantes. Et elles sèchent, parce qu'elles n'ont pas de racines. 7 Une autre partie des graines tombe au milieu des plantes épineuses. Ces plantes poussent et les étouffent. 8 Une autre partie des graines tombe dans la bonne terre et produit des épis : les uns donnent 100 grains, d'autres 60, d'autres 30 ! » 9 Et Jésus ajoute : « Celui qui a des oreilles, qu'il écoute ! »

Pourquoi Jésus utilise des comparaisons

10 Les *disciples s'approchent de Jésus et lui demandent : « Pourquoi est-ce que tu leur parles avec des comparaisons ? » 11 Jésus leur répond : « Dieu vous donne, à vous, de connaître les vérités cachées du *Royaume des cieux, mais il ne donne pas cela aux autres. 12 En effet, celui qui a quelque chose, on lui donnera encore plus et il aura beaucoup plus. Mais celui qui n'a rien, on lui enlèvera même le peu de choses qu'il a. 13 Donc, je leur parle avec des comparaisons parce qu'ils regardent, mais ils ne voient pas. Ils entendent, mais ils n'écoutent pas et ne compren-

k **12.41** *Voir Jonas 1 à 4.*

l **12.42** *Voir 1 Rois 10.1-10.*

nent pas. 14 Ainsi, il leur arrive ce que le *prophète Ésaïe a annoncé :

"Dieu dit :
Vous entendrez bien,
mais vous ne comprendrez pas.
Vous regarderez bien,
mais vous ne verrez pas.
15 Oui, la tête de ce peuple
est devenue dure.
Ils ont bouché leurs oreilles,
ils ont fermé les yeux.
Ils ne voulaient pas voir avec leurs yeux,
entendre avec leurs oreilles,
comprendre avec leur cœur.
Ils ne voulaient pas changer leur vie,
alors je n'ai pas pu les guérir !"[m]

16 « Mais vous, vous êtes heureux : vos yeux voient et vos oreilles entendent. 17 Je vous le dis, c'est la vérité : beaucoup de prophètes, beaucoup de gens fidèles à Dieu ont désiré voir ce que vous voyez, mais ils ne l'ont pas vu. Ils ont désiré entendre ce que vous entendez, mais ils ne l'ont pas entendu. »

L'histoire de la Parole

18 « Écoutez donc ce que l'histoire du semeur veut dire. 19 Le bord du chemin où la graine tombe, ce sont les gens qui entendent la parole du *Royaume et qui ne comprennent pas. L'esprit du mal arrive et il arrache ce qu'on a semé dans leur cœur. 20 Le sol plein de pierres, ce sont les gens qui entendent la Parole, et qui la reçoivent aussitôt avec joie. 21 Mais la Parole n'a pas de racines en eux, ils changent facilement d'avis. Alors, quand il y a une difficulté, ou quand on les fait souffrir à cause de la Parole, ils abandonnent tout de suite. 22 Le sol couvert de plantes épineuses, ce sont les gens qui entendent la Parole, mais qui s'inquiètent pour les choses de ce monde. Ils cherchent de fausses richesses. À cause de cela, la Parole est étouffée et elle ne produit rien. 23 La bonne terre, ce sont les gens qui entendent la Parole et qui comprennent. Ils donnent des fruits : les uns 100, d'autres 60, d'autres 30. »

La mauvaise herbe

24 Jésus utilise pour eux une autre comparaison : « Le *Royaume des cieux ressemble à ceci : Un homme a semé du bon grain dans son champ. 25 Une nuit, pendant que tout le monde dort, son ennemi arrive. Il sème de la mauvaise herbe au milieu du bon grain et il s'en va. 26 Les plantes poussent, elles produisent les épis, et la mauvaise herbe paraît aussi. 27 Les serviteurs vont dire au propriétaire : "Maître, tu as semé du bon grain dans ton champ, n'est-ce pas ? D'où vient donc cette mauvaise herbe ?" 28 Il leur répond : "C'est un ennemi qui a fait cela." Les serviteurs lui disent : "Est-ce que tu veux que nous allions enlever la mauvaise herbe ?" 29 Le propriétaire leur dit : "Non ! En enlevant la mauvaise herbe, vous risquez d'arracher aussi les épis. 30 Laissez tout pousser ensemble jusqu'à la récolte. Et, au moment de la récolte, je dirai aux ouvriers : Enlevez d'abord la mauvaise herbe, faites des tas pour la brûler. Ensuite, ramassez les épis et mettez la récolte dans mon grenier." »

La graine de moutarde

31 Jésus utilise pour eux une autre comparaison : « Le *Royaume des cieux ressemble à ceci : Un homme a pris une graine de moutarde pour la semer dans son champ. 32 C'est la plus petite de toutes les graines, mais quand elle a poussé, c'est la plus grande des plantes. Elle devient un arbre, et les oiseaux viennent faire leurs nids dans ses branches. »

La levure

33 Jésus utilise pour eux une autre comparaison : « Le *Royaume des cieux ressemble à ceci : Une femme prend de la levure et la mélange à 25 kilos de farine. Et toute la pâte lève ! »

Jésus utilise des comparaisons pour annoncer des choses cachées

34 Tout cela, Jésus le dit aux foules avec des comparaisons. Il leur parle toujours avec des

m **13.15** *Ésaïe 6.9-10 cité d'après l'ancienne traduction grecque.*

comparaisons, 35 pour réaliser ce que le *prophète a annoncé :

« Je leur parlerai avec des comparaisons.
J'annoncerai des choses cachées depuis la
création du monde. »[n]

Jésus explique l'histoire de la mauvaise herbe

36 Alors Jésus laisse les foules et il s'en va à
la maison. Ses *disciples s'approchent de lui
et lui demandent : « Explique-nous l'histoire
de la mauvaise herbe dans le champ. » 37 Jésus leur répond : « Celui qui sème le bon
grain, c'est le *Fils de l'homme. 38 Le champ,
c'est le monde. Le bon grain, ce sont les
gens qui appartiennent au *Royaume. La mauvaise herbe, ce sont les gens qui appartiennent à l'esprit du mal. 39 L'ennemi qui a
semé la mauvaise herbe, c'est l'esprit du
mal. La récolte, c'est la fin du monde, et les
ouvriers, ce sont les *anges. 40 On a ramassé
la mauvaise herbe pour la brûler dans le feu.
Eh bien, la même chose arrivera à la fin du
monde. 41 Le Fils de l'homme enverra ses anges. Ils enlèveront de son Royaume tous ceux
qui font tomber les autres dans le péché et
tous ceux qui font le mal. 42 Ils les jetteront
dans le grand feu. Là, ces gens pleureront et
ils grinceront des dents[o]. 43 Mais ceux qui
sont fidèles à Dieu brilleront comme le soleil
dans le Royaume de leur Père. Celui qui a
des oreilles, qu'il écoute ! »

Le trésor caché

44 « Le *Royaume des cieux ressemble à
ceci : Il y a un trésor caché dans un champ.
Un homme trouve le trésor et il le cache de
nouveau. Il est plein de joie, il va vendre
tout ce qu'il a et il achète ce champ. »

La perle

45 « Le *Royaume des cieux ressemble encore à ceci : Un marchand cherche de belles
perles. 46 Il trouve une perle qui a beaucoup
de valeur. Alors, il va vendre tout ce qu'il a
et il achète la perle. »

Le filet

47 « Le *Royaume des cieux ressemble encore à ceci : On jette un filet dans le lac et il
ramène toutes sortes de poissons. 48 Quand
le filet est plein, les pêcheurs le tirent au
bord de l'eau. Ils s'assoient. Ils ramassent les
bons poissons dans des paniers et ils rejettent
ceux qui ne valent rien. 49 À la fin du monde,
ce sera la même chose. Les *anges viendront
séparer les méchants et les *justes. 50 Ils jetteront les méchants dans le grand feu. Là, ils
pleureront et grinceront des dents[p]. »

Conclusion

51 Jésus demande à ses *disciples : « Est-ce
que vous avez compris tout cela ? » Ils lui répondent : « Oui. » 52 Jésus leur dit : « Un *maître de la loi qui devient disciple du *Royaume
des cieux, voici à qui il ressemble : il est
comme un maître de maison qui tire de son
trésor des choses nouvelles et des choses anciennes. »

Les gens de Nazareth ne croient pas en Jésus

53 Quand Jésus a fini d'enseigner avec ces
comparaisons, il quitte cet endroit. 54 Il va
dans la ville de Nazareth où il a grandi et
il se met à enseigner les gens dans leur maison de prière. Ils sont très étonnés et ils disent : « Qui lui a donné cette sagesse ? Qui
lui a donné le pouvoir de faire ces miracles ?
55 Pourtant, c'est bien le fils du charpentier !
Sa mère s'appelle Marie, et il a pour frères
Jacques, Joseph, Simon et Jude ! 56 Ses sœurs
vivent toutes chez nous ! Alors, qui lui a
donné cette sagesse et ce pouvoir ? » 57 Et
cela les empêche de croire en Jésus. Jésus
leur dit : « Un *prophète est respecté partout, sauf dans sa ville et dans sa maison. »
58 À Nazareth, Jésus ne peut pas faire beau-

---

n **13.35** *Psaume 78.2.*
o **13.42** *Voir Matthieu 8.12 et la note.*
p **13.50** *Voir Matthieu 8.12 et la note.*

coup de miracles, parce que les gens ne croient pas.

La mort de Jean-Baptiste

14 1 À ce moment-là, *Hérode Antipas, le gouverneur de Galilée, entend parler de Jésus. 2 Il dit à ses serviteurs : « Cet homme, c'est Jean-Baptiste ! Il s'est réveillé de la mort ! C'est pourquoi il a le pouvoir de faire des miracles. »

3-4 Voici l'histoire de la mort de Jean-Baptiste. Hérode a pris pour femme Hérodiade, la femme de son frère Philippe. Jean dit à Hérode : « Tu n'as pas le droit de prendre cette femme. » Alors Hérode fait arrêter Jean, il le fait attacher et mettre en prison. 5 Hérode veut faire mourir Jean, mais il a peur du peuple. En effet, les gens pensent que Jean est un *prophète.

6 Le jour de l'anniversaire d'Hérode, la fille d'Hérodiade danse devant les invités. Elle plaît à Hérode, 7 et il lui fait ce serment : « Je te donnerai tout ce que tu me demanderas. » 8 Sa mère, Hérodiade, la pousse à répondre : « Donne-moi la tête de Jean-Baptiste, ici, sur un plat. »

9 Le roi devient tout triste. Mais comme il a fait un serment devant les invités, il commande de donner la tête à la jeune fille. 10 Il envoie quelqu'un dans la prison pour couper la tête de Jean. 11 On apporte la tête sur un plat, on la donne à la jeune fille, et la jeune fille l'apporte à sa mère. 12 Les *disciples de Jean viennent prendre son corps et ils l'enterrent. Et ils vont annoncer à Jésus ce qui s'est passé.

Jésus nourrit une grande foule

13 Quand Jésus apprend cela, il part, seul, dans une barque pour aller dans un endroit isolé, loin des gens. Mais les foules l'apprennent. Elles sortent des villes et elles suivent Jésus en marchant au bord de l'eau. 14 Quand Jésus descend de la barque, il voit une grande foule. Son cœur est plein de pitié pour eux, et il guérit leurs malades.

15 Le soir arrive. Les *disciples s'approchent de Jésus et ils disent : « Il est déjà tard et cet endroit est isolé. Renvoie les gens dans les villages. Là, ils pourront acheter quelque chose à manger. » 16 Jésus leur répond : « Ils n'ont pas besoin d'y aller. Donnez-leur vous-mêmes à manger. » 17 Ils lui disent : « Nous avons ici seulement cinq pains et deux poissons. » 18 Jésus leur dit : « Apportez-les-moi. »

19 Ensuite, il commande aux foules de s'asseoir sur l'herbe. Jésus prend les cinq pains et les deux poissons. Il lève les yeux vers le *ciel et dit une prière de *bénédiction. Il partage les pains et les donne aux disciples, puis les disciples les donnent aux foules. 20 Tous mangent autant qu'ils veulent. On emporte les morceaux qui restent : cela remplit douze paniers ! 21 Il y a environ 5 000 hommes qui ont mangé, sans compter les femmes et les enfants.

Jésus marche sur l'eau

22 Tout de suite après, Jésus oblige ses *disciples à monter dans la barque. Il veut qu'ils passent avant lui de l'autre côté du lac. Pendant ce temps, il veut faire partir les foules. 23 Jésus les renvoie donc, puis il monte dans la montagne pour prier. Quand la nuit arrive, Jésus est là, seul. 24 La barque est déjà assez loin de la terre. Le vent souffle contre la barque, et les vagues viennent la frapper. 25 Vers la fin de la nuit, Jésus vient vers ses disciples en marchant sur l'eau. 26 Quand les disciples le voient marcher sur l'eau, ils sont effrayés, ils disent : « C'est un fantôme[q] ! » Et ils se mettent à crier, parce qu'ils ont peur. 27 Mais Jésus leur parle tout de suite en disant : « Rassurez-vous, c'est moi ! N'ayez pas peur ! »

28 Alors Pierre lui dit : « Seigneur, si c'est bien toi, donne-moi l'ordre de venir vers toi sur l'eau. » 29 Jésus lui dit : « Viens ! » Pierre sort de la barque et il se met à marcher sur l'eau pour aller vers Jésus. 30 Mais, en voyant qu'il y a du vent, il a peur, il commence à s'enfoncer dans l'eau. Alors il crie : « Seigneur,

q **14.26** *Certaines personnes croient qu'il existe des fantômes. Pour elles, un fantôme est un mort qui revient parmi les vivants, sous une forme qui fait peur.*

sauve-moi ! » 31 Aussitôt, Jésus tend la main à
Pierre, il le saisit et lui dit : « Tu n'as pas beaucoup de foi ! Tu n'as pas eu confiance. Pourquoi ? » 32 Ils montent tous les deux dans la
barque, et le vent s'arrête de souffler. 33 Alors
les disciples qui sont dans la barque se mettent à genoux devant Jésus en lui disant :
« Vraiment, tu es Fils de Dieu ! »

Jésus guérit les malades dans la région de Génésareth

34 Jésus et ses *disciples finissent de traverser le lac et ils arrivent dans la région de
Génésareth. 35 Les gens de cet endroit reconnaissent Jésus. Dans toute la région, ils vont
dire que Jésus est là. On lui amène tous les
malades. 36 On supplie Jésus : « Laisse-les toucher seulement le bord de ton vêtement ! » Et
tous ceux qui le touchent sont guéris.

La tradition des ancêtres

15 1 Alors, des *Pharisiens et des *maîtres
de la loi viennent de Jérusalem pour
voir Jésus. Ils lui disent : 2 « Tes *disciples
n'obéissent pas à la tradition des ancêtres.
En effet, avant de manger, ils ne se lavent
pas les mains. Pourquoi donc ? » 3 Jésus leur
répond : « Et vous, à cause de votre tradition,
vous n'obéissez pas au commandement de
Dieu. Pourquoi ? 4 En effet, Dieu a dit : "Respecte ton père et ta mère." Il a dit aussi : "Celui qui maudit son père et sa mère, il faut le
faire mourir."[r] 5 Mais vous, vous dites aux
gens : "Tu peux dire à ton père ou à ta
mère : J'aurais bien quelque chose à te donner
pour t'aider. Malheureusement, je dois le donner à Dieu. 6 Alors, tu n'es plus obligé de respecter ton père." Ainsi, à cause de votre
tradition, vous supprimez la parole de Dieu.
7 Hommes faux ! Ésaïe avait raison quand il a
parlé de vous. Il a dit de la part de Dieu :
8 "Ce peuple me respecte en paroles seulement,
mais son cœur est très loin de moi.
9 Ils me font des prières et des sacrifices,
mais cela ne vaut rien.
En effet, ce qu'ils enseignent avec assurance,
ce sont des commandements humains[s]." »

Ce qui rend une personne impure

10 Ensuite, Jésus appelle la foule et il dit aux
gens : « Écoutez-moi, et comprenez bien ceci.
11 Ce qui entre dans la bouche ne rend pas une
personne *impure. Mais ce qui sort de la bouche, voilà ce qui rend une personne impure. »
12 Alors les *disciples s'approchent de Jésus
et lui demandent : « Tes paroles ont choqué
les *Pharisiens, est-ce que tu le sais ? » 13 Jésus
leur répond : « Toutes les plantes que mon
Père qui est au *ciel n'a pas plantées, on les arrachera. 14 Laissez-les ! Ce sont des aveugles
qui conduisent des aveugles. Quand un aveugle conduit un autre aveugle, ils vont tomber
tous les deux dans un trou ! »
15 Alors Pierre dit à Jésus : « Explique-nous
cette comparaison. » 16 Jésus lui répond :
« Vous non plus, vous n'êtes pas encore capables de comprendre ? 17 Tout ce qui entre dans
la bouche de quelqu'un passe dans son ventre,
et ensuite, cela sort de son corps. Vous ne
comprenez pas cela ? 18 Mais ce qui sort de la
bouche vient du cœur. Voilà ce qui rend une
personne impure. 19 En effet, les mauvaises
pensées sortent du cœur. Alors les gens tuent
les autres, ils commettent *l'adultère, ils ont
une vie immorale, ils volent. Ils mentent devant le tribunal et ils disent du mal des autres.
20 Voilà ce qui rend une personne impure.
Mais quand on ne se lave pas les mains avant
de manger, cela ne rend pas impur. »

Une femme non juive croit en Jésus

21 Ensuite, Jésus quitte cet endroit et il va
dans la région de Tyr et de Sidon. 22 Une
femme de cette région, une Cananéenne[t], ar-

r **15.4** *Exode 20.12 ; Deutéronome 5.16 et Exode 21.17.*

s **15.9** *Ésaïe 29.13 cité d'après l'ancienne traduction grecque.*

t **15.22** *Cette femme n'est pas juive. Le nom de Cananéen désigne parfois les habitants de la région de Tyr et Sidon.*

rive. Elle se met à crier : « Seigneur, *Fils de David, aie pitié de moi ! Ma fille a un esprit mauvais en elle, elle va très mal. »
23 Mais Jésus ne lui répond pas un mot. Ses *disciples s'approchent de lui et lui disent : « Fais partir cette femme ! Elle n'arrête pas de crier derrière nous ! » 24 Jésus répond : « Dieu m'a envoyé seulement pour les gens *d'Israël, qui sont comme des moutons perdus. » 25 Mais la femme vient se mettre à genoux devant lui en disant : « Seigneur, aide-moi ! » 26 Jésus lui répond : « Ce n'est pas bien de prendre la nourriture des enfants et de la jeter aux petits chiens. » 27 La femme lui dit : « Seigneur, tu as raison. Pourtant, les petits chiens mangent les miettes qui tombent de la table de leurs maîtres. » 28 Alors Jésus répond à la femme : « Ta foi est grande ! Que les choses se passent pour toi comme tu le veux ! » Et au même moment, sa fille est guérie.

Jésus guérit beaucoup de malades

29 Ensuite, Jésus quitte cet endroit et il s'en va au bord du lac de Galilée. Il monte sur la montagne et là, il s'assoit. 30 Des foules nombreuses viennent vers lui. Elles amènent avec elles des boiteux, des aveugles, des infirmes, des muets et beaucoup d'autres malades. Elles les déposent aux pieds de Jésus, et il les guérit. 31 Les foules sont très étonnées : en effet, elles voient les muets qui parlent, les infirmes qui sont guéris, les boiteux qui marchent bien et les aveugles qui voient clair. Et elles disent : « *Gloire au Dieu d'Israël ! »

Jésus nourrit encore une grande foule

32 Jésus appelle ses *disciples et leur dit : « J'ai pitié de cette foule. Depuis trois jours déjà, ils sont avec moi et ils n'ont rien à manger. Je ne veux pas leur demander de rentrer chez eux sans manger. Ils n'auront peut-être pas la force de continuer leur chemin ! » 33 Les disciples lui disent : « Dans cet endroit désert, où pouvons-nous trouver des pains pour nourrir une si grande foule ? » 34 Jésus leur demande : « Vous avez combien de pains ? » Ils lui répondent : « Sept. Et nous avons aussi quelques petits poissons. »
35 Jésus commande à la foule de s'asseoir par terre. 36 Il prend les sept pains et les poissons, il remercie Dieu, il les partage et les donne aux disciples. Puis les disciples les donnent aux foules. 37 Tous mangent autant qu'ils veulent. On emporte les morceaux qui restent : cela remplit sept paniers ! 38 Il y a 4 000 hommes qui ont mangé, sans compter les femmes et les enfants !

39 Ensuite, Jésus renvoie les foules. Il monte dans la barque et il va dans la région de Magadan.

Les Pharisiens et les Sadducéens demandent un miracle

16 1 Les *Pharisiens et les *Sadducéens s'approchent de Jésus. Ils veulent lui tendre un piège. Ils lui demandent : « Fais un miracle devant nous ! Ainsi tu nous prouveras que c'est Dieu qui t'envoie. » 2 Jésus leur répond : « Au coucher du soleil, quand le ciel est rouge, vous dites : "Il va faire beau." 3 Et le matin, quand le ciel est rouge foncé, vous dites : "Aujourd'hui, il va faire mauvais temps." Quand vous regardez le ciel, vous savez quel temps il va faire. Mais les choses qui se passent maintenant, vous ne savez pas ce qu'elles veulent dire. Pourquoi donc ? 4 Les gens d'aujourd'hui sont mauvais et infidèles à Dieu. Ils demandent un miracle. Mais les gens verront un seul miracle : ce qui est arrivé au *prophète Jonas[u]. » Ensuite, Jésus les laisse et il s'en va.

Les disciples ne comprennent rien

5 Les *disciples passent de l'autre côté du lac. Ils ont oublié de prendre du pain. 6 Jésus leur dit : « Faites attention ! Méfiez-vous du *levain des *Pharisiens et des *Sadducéens ! » 7 Alors les disciples pensent : « Nous n'avons pas pris de pain. »

8 Jésus sait qu'ils pensent cela et il leur dit : « Vous n'avez pas beaucoup de foi ! Pourquoi

u **16.4** *Voir Matthieu 12.41 et la note.*

est-ce que vous pensez : "Nous n'avons pas de
pain" ? 9 Vous ne comprenez pas encore ? Souvenez-vous des cinq pains pour les 5 000
hommes ! Ce jour-là, vous avez emporté
combien de paniers ? 10 Souvenez-vous des
sept pains pour les 4 000 hommes ! Ce jour-
là, vous avez emporté combien de paniers ?
11 Je vous ai dit : "Méfiez-vous du levain des
Pharisiens et des Sadducéens." Vous ne
comprenez donc pas que je ne vous parlais
pas de pain ? » 12 Alors les disciples comprennent : Jésus ne leur a pas dit de se méfier du
levain du pain. Mais ils doivent se méfier de
l'enseignement des Pharisiens et des Sadducéens.

Pierre affirme que Jésus est le Messie

13 Jésus arrive dans la région de Césarée de
Philippe. Il demande à ses *disciples : « Pour
les gens, qui est le *Fils de l'homme ? » 14 Ils
lui répondent : « Les uns disent que tu es
Jean-Baptiste. D'autres disent que tu es
*Élie. D'autres encore disent que tu es Jéré-
mie ou l'un des autres *prophètes. » 15 Jésus
leur dit : « Mais vous, qu'est-ce que vous dites ? Qui suis-je ? » 16 Simon-Pierre lui répond :
« Tu es le *Messie, le Fils du Dieu vivant. »
17 Alors Jésus lui dit : « Simon, fils de Jean, tu
es heureux. En effet, ce n'est pas une personne humaine qui t'a fait connaître cela,
mais c'est mon Père qui est dans les *cieux.
18 Et moi, je te dis ceci : Tu es Pierre, et sur
cette pierre, je construirai mon Église, et la
puissance de la mort ne pourra rien contre
elle. 19 Je te donnerai les clés du *Royaume
des cieux. Ce que tu refuseras sur la terre,
on le refusera dans les cieux. Ce que tu ac-
cueilleras sur la terre, on l'accueillera dans
les cieux. » 20 Alors Jésus donne cet ordre à
ses disciples : « Ne dites à personne que je
suis le Messie. »

Jésus annonce qu'il doit mourir et se réveiller de la mort

21 À partir de ce moment, Jésus-Christ
commence à annoncer clairement à ses *disciples : « Il faut que j'aille à Jérusalem. Je
vais beaucoup souffrir à cause des *anciens,
des chefs des *prêtres et des *maîtres de la
loi. Ils vont me faire mourir. Et le troisième
jour, je me réveillerai de la mort. » 22 Alors
Pierre prend Jésus à part et il se met à lui faire
des reproches. Il lui dit : « Seigneur, que Dieu
te protège ! Non, cela ne t'arrivera pas ! »
23 Mais Jésus se retourne et il dit à Pierre :
« Va-t'en ! Passe derrière moi, *Satan ! Tu es
en train de me tendre un piège. En effet, tu
ne penses pas comme Dieu, mais comme les
hommes ! »

Comment suivre Jésus ?

24 Ensuite Jésus dit à ses *disciples : « Si
quelqu'un veut venir avec moi, il ne doit
plus penser à lui-même. Il doit porter sa
croix[v] et me suivre. 25 En effet, celui qui
veut sauver sa vie la perdra. Mais celui qui
perdra sa vie à cause de moi, la retrouvera.
26 Si une personne gagne toutes les richesses
du monde, mais si elle perd sa vie, à quoi
cela lui sert-il ? Qu'est-ce qu'on peut payer
en échange de la vie ? 27 Oui, le *Fils de
l'homme va venir avec ses *anges, dans la
*gloire de son Père. Alors il récompensera
chacun selon ses actions. 28 Je vous le dis, c'est
la vérité : quelques-uns ici ne mourront pas
avant de voir le Fils de l'homme venir comme
roi. »

Pierre, Jacques et Jean voient Jésus dans la gloire de Dieu

17 1 Six jours après, Jésus emmène avec lui
Pierre, Jacques et Jean le frère de Jacques. Il les conduit sur une haute montagne,
loin des gens. 2 Sous leurs yeux, Jésus change
d'aspect. Son visage brille comme le soleil et
ses vêtements deviennent blancs comme la lumière. 3 Tout à coup, les trois *disciples voient
Moïse et *Élie qui parlent avec Jésus. 4 Alors
Pierre dit à Jésus : « Seigneur, c'est une bonne
chose pour nous d'être ici. Si tu le veux, je
vais faire ici trois abris, un pour toi, un pour
Moïse et un pour Élie. »

---

v **16.24** *Voir Matthieu 10.38 et la note.*

5 Pendant qu'il parle, un nuage brillant arrive et les couvre de son ombre. Une voix
vient du nuage et dit : « Celui-ci est mon Fils
très aimé. C'est lui que j'ai choisi avec joie.
Écoutez-le ! »
6 Quand les disciples entendent cela, ils
tombent, le front contre le sol. Ils ont très
peur. 7 Jésus s'approche, il les touche et leur
dit : « Relevez-vous ! N'ayez pas peur ! » 8 Les
disciples lèvent les yeux, et ils ne voient
plus que Jésus seul.
9 Pendant qu'ils descendent de la montagne, Jésus leur donne cet ordre : « Ne dites à
personne ce que vous avez vu, jusqu'à ce
que le *Fils de l'homme se réveille de la
mort. » 10 Alors les disciples demandent à Jésus : « Les *maîtres de la loi disent : "Élie
doit venir d'abord." Pourquoi donc ? » 11 Jésus
leur répond : « Oui, Élie doit venir pour tout
remettre en ordre. 12 Mais, je vous le dis,
Élie est déjà venu. Les gens ne l'ont pas reconnu et lui ont fait tout ce qu'ils ont voulu.
De la même façon, ils feront souffrir le Fils
de l'homme. » 13 Alors les disciples comprennent que Jésus leur parle de Jean-Baptiste.

Jésus guérit un enfant qui a un esprit mauvais

14 Jésus et ses *disciples arrivent près de la
foule. Un homme s'approche de Jésus et il se
met à genoux devant lui. 15 Il dit : « Seigneur,
aie pitié de mon fils. Il a un esprit qui le secoue et il souffre beaucoup. Souvent il tombe
dans le feu ou dans l'eau. 16 Je l'ai amené à tes
disciples, mais ils n'ont pas pu le guérir. »
17 Jésus répond : « Vous, les gens d'aujourd'hui, vous n'avez pas la foi, vous faites
le mal ! Je vais rester avec vous combien de
temps encore ? Je vais vous supporter
combien de temps encore ? Amenez-moi l'enfant ici ! » 18 Jésus menace l'esprit mauvais, et
il sort de l'enfant. Au même moment, l'enfant
est guéri.
19 Quand les disciples sont seuls avec Jésus,
ils s'approchent de lui et lui disent : « Et nous,
nous n'avons pas pu chasser cet esprit. Pourquoi donc ? » 20 Jésus leur répond : « Parce que
vous n'avez pas beaucoup de foi. Je vous le dis,
c'est la vérité : si votre foi est aussi petite qu'une
graine, vous pourrez dire à cette montagne :
"Pars d'ici et va là-bas", et elle le fera. Rien
ne sera impossible pour vous. [21] »

Une deuxième fois, Jésus annonce qu'il va mourir et se réveiller de la mort

22 Les *disciples sont réunis en Galilée. Jésus leur dit : « Le *Fils de l'homme va être livré
aux mains des hommes. 23 Ils vont le faire
mourir, et le troisième jour, il se réveillera
de la mort. » Les disciples sont tout tristes à
cause de cela.

Jésus et Pierre paient l'impôt du temple

24 Jésus et ses *disciples arrivent à Capernaüm. Ceux qui font payer l'impôt du temple
s'approchent de Pierre et lui demandent :
« Est-ce que votre maître paie l'impôt du temple ? » 25 Pierre répond : « Oui. »
Ensuite il va dans la maison. Aussitôt, Jésus
prend la parole et il dit à Pierre : « Simon,
qu'est-ce que tu en penses ? Qui doit payer
les impôts et les taxes aux rois de ce monde ?
Est-ce que ce sont les gens du pays ou les
étrangers ? » 26 Pierre répond : « Les étrangers. » Jésus lui dit : « Donc, les gens du pays
ne sont pas obligés de payer ? 27 Mais ceux
qui font payer l'impôt du temple ne comprendront pas cela. C'est pourquoi, va pêcher dans
le lac. Prends le premier poisson qui viendra,
ouvre-lui la bouche. Tu trouveras une pièce
d'argent. Prends-la et donne-la pour payer
mon impôt et le tien. »

Qui est le plus important dans le Royaume des cieux ?

18 1 À ce moment-là, les *disciples s'approchent de Jésus et lui demandent : « Qui
est le plus important dans le *Royaume des
cieux ? » 2 Jésus appelle un enfant, il le place
devant eux 3 et il dit : « Je vous l'affirme, c'est
la vérité : si vous ne changez pas pour devenir
comme des enfants, vous n'entrerez pas dans
le Royaume des cieux. 4 Donc, si quelqu'un se
fait petit comme cet enfant, il sera le plus important dans le Royaume des cieux. 5 Et si
quelqu'un reçoit un enfant comme celui-ci, à
cause de moi, c'est moi qu'il reçoit. »

Attention de ne pas tomber dans le péché

6 « Supposons ceci : quelqu'un fait tomber
dans le péché l'un de ces petits qui croient
en moi. Eh bien, il vaut mieux qu'on attache
une grosse pierre au cou de cette personne
et qu'on la jette au fond de la mer. 7 Quel malheur ! Dans le monde, il y a tant d'occasions
de tomber dans le péché ! Bien sûr, ces occasions existeront toujours. Mais malheur à la
personne qui provoque ces occasions !
8 « Si ta main ou ton pied te font tomber
dans le péché, coupe-les et jette-les loin de
toi. Pour toi, il vaut mieux entrer dans la vraie
vie avec une seule main ou un seul pied. C'est
mieux que de garder tes deux mains et tes
deux pieds et d'être jeté là où la souffrance
brûle toujours comme un feu. 9 Si ton œil te
fait tomber dans le péché, arrache-le et jette-
le loin de toi. Pour toi, il vaut mieux entrer
dans la vraie vie avec un seul œil. C'est mieux
que de garder tes deux yeux, et d'être jeté
dans le feu du lieu de souffrance. »

L'histoire du mouton perdu

10 « Attention ! Ne méprisez aucun de ces
petits ! Oui, je vous le dis, leurs *anges dans
les *cieux sont toujours avec mon Père qui
est dans les cieux. [11]
12 « Qu'est-ce que vous pensez de cette histoire ? Un homme a 100 moutons, et l'un des
moutons se perd. L'homme laisse les 99 moutons dans la montagne et il part chercher celui
qui s'est perdu. 13 Je vous le dis, c'est la vérité :
s'il le trouve, il est tout joyeux pour ce mouton, beaucoup plus que pour les 99 qui ne
se sont pas perdus. 14 De la même façon, votre
Père qui est dans les cieux ne veut pas qu'un
seul de ces petits se perde. »

Comment agir avec celui qui fait du mal

15 « Si ton frère te fait du mal, va le voir et
fais-lui des reproches quand tu es seul avec
lui. S'il t'écoute, tu as gagné ton frère. 16 S'il
ne t'écoute pas, retourne le voir avec une ou
deux personnes. De cette façon, "on jugera
l'affaire avec deux ou trois *témoins[w]". 17 S'il
refuse de les écouter, dis-le à l'Église. S'il refuse d'écouter l'Église, traite-le comme un
non-Juif ou comme un *employé des impôts.
18 « Je vous le dis, c'est la vérité : tout ce que
vous refuserez sur la terre, on le refusera dans
le *ciel. Tout ce que vous accueillerez sur la
terre, on l'accueillera dans le ciel. »
19 « Je vous le dis encore, c'est la vérité : si
deux d'entre vous, sur la terre, se mettent
d'accord pour prier au sujet d'une affaire,
mon Père qui est dans les *cieux fera pour
eux ce qu'ils demandent. 20 Oui, quand deux
ou trois sont réunis en mon nom, je suis là
au milieu d'eux. »

Le serviteur qui refuse de pardonner

21 Alors Pierre s'approche de Jésus et lui demande : « Seigneur, quand mon frère me fait
du mal, je devrai lui pardonner combien de
fois ? Jusqu'à 7 fois ? » 22 Jésus lui répond :
« Je ne te dis pas jusqu'à 7 fois, mais jusqu'à
70 fois 7 fois. 23 C'est pourquoi le *Royaume
des cieux ressemble à ceci : Un roi veut régler
ses comptes avec ses serviteurs. 24 Il
commence. On lui amène un serviteur qui
lui doit des millions de pièces d'argent. 25 Le
serviteur ne peut pas rembourser. Alors le
roi donne cet ordre : "Vendez-le comme esclave ! Vendez aussi sa femme, ses enfants et
tout ce qu'il a ! Et qu'il paie sa dette !"
26 Mais le serviteur se met à genoux devant
le maître et il lui dit : "Sois patient avec moi,
et je te rembourserai tout !" 27 Le maître est
plein de pitié pour son serviteur. Il supprime
sa dette et le laisse partir.
28 « Le serviteur sort. Il rencontre un de
ses camarades de travail qui lui doit 100 pièces d'argent. Le serviteur le saisit. Il lui
serre le cou et lui dit : "Rembourse ce que
tu me dois !" 29 Son camarade se jette à ses
pieds et il le supplie en disant : "Sois patient
avec moi, et je te rembourserai !" 30 Mais le
serviteur refuse. Il fait jeter son camarade en
prison, en attendant qu'il rembourse sa

w **18.16** *Deutéronome 19.15.*

dette. 31 Les autres serviteurs voient ce qui est arrivé. Ils sont vraiment tristes, ils vont tout raconter à leur maître. 32 Alors le maître fait venir le serviteur et il lui dit : "Mauvais serviteur ! J'ai supprimé toute ta dette parce que tu m'as supplié. 33 Toi aussi, tu devais avoir pitié de ton camarade, comme j'ai eu pitié de toi !" 34 Le maître est en colère. Il envoie le serviteur en prison pour le punir. Le serviteur restera là en attendant qu'il rembourse toute sa dette. » 35 Et Jésus ajoute : « Mon Père qui est dans les *cieux vous fera la même chose, si chacun de vous ne pardonne pas à ses frères et sœurs de tout son cœur. »

Un homme ne doit pas renvoyer sa femme

19 1 Quand Jésus a fini de dire cela, il quitte la Galilée. Et il va dans la région de la Judée qui est de l'autre côté du Jourdain. 2 Des foules nombreuses le suivent, et là, il guérit les gens.

3 Des *Pharisiens s'approchent de lui. Ils veulent lui tendre un piège et lui demandent : « Est-ce qu'un homme a le droit de renvoyer sa femme pour n'importe quelle raison ? » 4 Jésus leur répond : « Vous n'avez pas lu ce qui est écrit dans les Livres Saints ? "Au commencement, Dieu a créé l'homme et la femme."[x] 5 Et Dieu a dit : "À cause de cela, l'homme quittera son père et sa mère pour vivre avec sa femme. Et les deux deviendront comme une seule personne."[y] 6 Ainsi, ils ne sont plus deux, mais ils sont comme une seule personne. Ne séparez donc pas ce que Dieu a uni. » 7 Les Pharisiens lui disent : « Mais quand un homme renvoie sa femme, Moïse a commandé à l'homme de donner à sa femme une lettre de divorce. Pourquoi donc ? » 8 Jésus leur répond : « Moïse vous a permis de renvoyer votre femme, parce que votre cœur est fermé. Mais au commencement, cela ne se passait pas de cette façon. 9 Vraiment, je vous le dis, un homme ne doit pas renvoyer sa femme, sauf quand le mariage est contraire à la *loi. En effet, quand un homme renvoie sa femme et se marie avec une autre, il commet un *adultère. »

10 Les *disciples de Jésus lui disent : « Si les choses se passent ainsi entre l'homme et la femme, il vaut mieux ne pas se marier ! » 11 Jésus leur répond : « Tout le monde n'est pas capable d'accepter cela. Mais Dieu donne à quelques-uns de pouvoir l'accepter. 12 Il y a des gens qui ne se marient pas, parce qu'ils ne peuvent pas le faire : pour certains c'est depuis leur naissance. D'autres, c'est parce qu'on les a empêchés de le faire en les rendant *eunuques. Et il y a des gens qui ne se marient pas à cause du *Royaume des cieux. Celui qui peut accepter cette parole, qu'il l'accepte ! »

Jésus accueille des enfants

13 Des gens amènent des enfants à Jésus, pour qu'il pose les mains sur eux en disant une prière. Mais les *disciples font des reproches aux gens. 14 Alors Jésus dit aux disciples : « Laissez les enfants venir à moi. Ne les empêchez pas. En effet, le *Royaume des cieux appartient à ceux qui sont comme eux. » 15 Jésus pose les mains sur la tête des enfants. Ensuite il quitte cet endroit.

Le jeune homme riche et Jésus

16 Tout à coup, un homme s'approche de Jésus et lui demande : « Maître, qu'est-ce que je dois faire de bon pour avoir la vie avec Dieu pour toujours ? » 17 Jésus lui répond : « Pourquoi est-ce que tu m'interroges sur ce qui est bon ? Un seul est bon, c'est Dieu. Si tu veux entrer dans la vie avec Dieu, obéis aux commandements. » 18 L'homme lui dit : « Quels commandements ? » Jésus répond : « Ne tue personne. Ne commets pas *d'adultère. Ne vole pas. Ne *témoigne pas faussement contre quelqu'un. 19 Respecte ton père et ta mère. Aime ton *prochain comme toi-même. »[z]

---

x **19.4** *Genèse 1.27 ; 5.2.*
y **19.5** *Genèse 2.24.*
z **19.19** *Exode 20.12-16 ; Deutéronome 5.16-20 et Lévitique 19.18.*

20 Le jeune homme lui dit : « J'ai obéi à tout
cela. Qu'est-ce que je dois faire encore ? »
21 Jésus lui dit : « Si tu veux être parfait, va,
vends ce que tu as, et donne l'argent aux pauvres. Alors tu auras des richesses auprès de
Dieu. Ensuite, viens et suis-moi. » 22 Mais
quand le jeune homme entend cela, il s'en
va tout triste parce qu'il possède beaucoup
de choses.

23 Jésus dit à ses *disciples : « Je vous le dis,
c'est la vérité : pour quelqu'un de riche, c'est
très difficile d'entrer dans le *Royaume des
cieux. 24 Je vous dis encore ceci : est-ce qu'un
chameau peut passer facilement par le trou
d'une aiguille ? Eh bien, pour un riche, c'est
encore plus difficile d'entrer dans le Royaume
de Dieu ! » 25 Quand les disciples entendent
cela, ils sont très étonnés et ils disent : « Mais
alors, qui peut être sauvé ? » 26 Jésus les regarde et leur dit : « Pour les hommes, c'est impossible, mais pour Dieu, tout est possible. »

27 Alors Pierre dit à Jésus : « Écoute ! Nous,
nous avons tout quitté et nous t'avons suivi.
Donc pour nous, qu'est-ce qui va se passer ? »
28 Jésus leur répond : « Je vous le dis, c'est la vérité : dans le monde nouveau, le *Fils de
l'homme sera assis sur son siège glorieux. Et
vous qui m'avez suivi, vous serez assis sur
douze sièges, pour juger les douze tribus *d'Israël. 29 Et tous ceux qui ont quitté maisons, frères, sœurs, père, mère, enfants ou champs à
cause de moi, tous ceux-là recevront cent fois
plus et ils auront aussi en partage la vie avec
Dieu pour toujours. 30 Parmi ceux qui sont les
premiers maintenant, beaucoup seront les derniers. Et parmi ceux qui sont les derniers maintenant, beaucoup seront les premiers. »

L'histoire des ouvriers dans la vigne

20 1 « Le *Royaume des cieux ressemble
à ceci : Un propriétaire sort, le matin,
de bonne heure. Il veut embaucher des ouvriers pour sa *vigne. 2 Il décide avec les ouvriers de leur donner une pièce d'argent[a]
pour la journée, et il les envoie à la vigne.
3 À neuf heures du matin, il sort de nouveau.
Il voit d'autres ouvriers qui sont là sur la
place et qui ne font rien. 4 Il leur dit :
"Vous aussi, allez travailler dans ma vigne,
et je vous donnerai un salaire juste." 5 Les
ouvriers vont à la vigne. Le propriétaire
sort encore à midi et à trois heures de
l'après-midi, et il fait la même chose. 6 Enfin, vers cinq heures de l'après-midi, il
sort. Il trouve d'autres ouvriers qui sont là
sur la place et il leur demande : "Pourquoi
est-ce que vous restez là, toute la journée,
sans rien faire ?" 7 Ils lui répondent : "Parce
que personne ne nous a embauchés." Le propriétaire leur dit : "Vous aussi, allez travailler dans ma vigne."

8 « Quand le soir arrive, le propriétaire de
la vigne dit à son serviteur : "Appelle les
ouvriers et donne à chacun son salaire.
Commence par ceux que j'ai embauchés en
dernier et finis par ceux que j'ai embauchés
en premier." 9 Ceux qui ont travaillé à partir
de cinq heures de l'après-midi arrivent, et ils
reçoivent chacun une pièce d'argent. 10 Ceux
qui ont travaillé les premiers arrivent à leur
tour et ils pensent : "Nous allons recevoir davantage." Mais eux aussi reçoivent chacun
une pièce d'argent. 11 En la recevant, ils critiquent le propriétaire 12 et ils disent : "Ces ouvriers sont arrivés en dernier. Ils ont travaillé
pendant une heure seulement, et tu les as
payés comme nous ! Pourtant nous avons supporté la fatigue toute la journée, et nous avons
travaillé sous le soleil !" 13 Le propriétaire répond à l'un d'eux : "Mon ami, je ne suis pas
injuste avec toi. Tu étais bien d'accord avec
moi pour recevoir une pièce d'argent pour la
journée. 14 Prends ton salaire et va-t'en. Je
veux donner à cet ouvrier arrivé en dernier
autant qu'à toi. 15 J'ai le droit de faire ce que
je veux avec mon argent, n'est-ce pas ? Est-
ce que tes pensées sont mauvaises parce que
je suis bon ?" » 16 Et Jésus ajoute : « Ainsi, les
derniers seront les premiers, et les premiers
seront les derniers. »

---

a 20.2 *À l'époque de Jésus, une pièce d'argent correspondait au salaire d'un ouvrier pour une journée de travail.*

Une troisième fois, Jésus annonce qu'il va mourir et se réveiller de la mort

17 Jésus monte à Jérusalem. Il prend les
douze *apôtres à part et il leur dit, tout en
marchant : 18 « Écoutez ! Nous montons à Jérusalem. Le *Fils de l'homme va être livré aux
chefs des prêtres et aux *maîtres de la loi. Ils
vont le condamner à mort 19 et le livrer à ceux
qui ne connaissent pas Dieu. Ceux-ci vont se
moquer de lui, ils le frapperont à coups de
fouet. Puis ils vont le clouer sur une croix,
et le troisième jour, il se réveillera de la
mort. »

La demande de la mère de Jacques et Jean

20 Alors la mère des fils de Zébédée s'approche de Jésus avec ses fils. Elle se met à genoux
devant lui pour lui demander quelque chose.
21 Jésus lui dit : « Qu'est-ce que tu veux ? »
Elle répond : « Voici mes deux fils. Promets-
moi qu'ils seront assis, l'un à ta droite et l'autre à ta gauche, quand tu seras roi. » 22 Jésus
dit : « Vous ne savez pas ce que vous demandez. Est-ce que vous pouvez boire la *coupe
de souffrance que je vais boire ? » Ils lui répondent : « Nous le pouvons. » 23 Jésus leur dit :
« Oui, vous boirez ma coupe. Mais je ne
peux pas décider qui sera assis à ma droite
ou à ma gauche. C'est mon Père qui a préparé
ces places pour certains. »
24 Les dix autres *disciples entendent cela
et ils se mettent en colère contre les deux frères. 25 Alors Jésus les appelle auprès de lui et il
leur dit : « Vous le savez, les chefs des peuples
les commandent comme des maîtres. Et les
gens importants font peser leur pouvoir sur
les autres. 26 Mais entre vous, cela ne doit
pas se passer ainsi. Au contraire, si l'un de
vous veut être important, il doit être votre serviteur. 27 Et si l'un de vous veut être le premier, il doit être votre esclave. 28 De la
même façon, le *Fils de l'homme n'est pas
venu pour être servi. Mais il est venu pour servir et donner sa vie pour libérer un grand
nombre de gens. »

Jésus guérit deux aveugles

29 Jésus et ses *disciples sortent de Jéricho.
Une foule nombreuse suit Jésus. 30 Deux aveugles sont assis au bord du chemin. Ils apprennent que Jésus passe par là, alors ils se mettent
à crier : « Seigneur, *Fils de David, aie pitié de
nous ! » 31 La foule leur fait des reproches et
leur dit : « Taisez-vous ! » Mais les aveugles
crient encore plus fort : « Seigneur, Fils de David, aie pitié de nous ! » 32 Jésus s'arrête, il les
appelle et leur demande : « Qu'est-ce que vous
voulez ? Qu'est-ce que je peux faire pour
vous ? » 33 Ils lui disent : « Seigneur, ouvre
nos yeux. » 34 Jésus est plein de pitié pour
eux, il touche leurs yeux. Aussitôt, les aveugles voient clair et ils suivent Jésus.

Jésus entre à Jérusalem

21 1 Jésus et ses *disciples approchent de
Jérusalem. Ils sont près de Bethfagé,
vers le mont des Oliviers. Alors Jésus envoie
deux disciples, 2 en leur disant : « Allez au
village qui est devant vous. Là, vous verrez
tout de suite une ânesse attachée avec une
corde, et son petit âne avec elle. Détachez-la
et amenez-les-moi. 3 On va peut-être vous
dire quelque chose, vous répondrez : "Le Seigneur en a besoin." Et on les laissera partir
tout de suite. »
4 Ainsi se réalise ce que le *prophète a dit
de la part du Seigneur :
5 « Dites à la ville de *Sion :
Regarde ! Ton roi vient vers toi !
Il est plein de douceur.
Il est monté sur une ânesse
et sur un ânon,
le petit d'une bête qui porte des charges. »[b]
6 Les disciples partent et ils font tout ce que
Jésus leur a commandé. 7 Ils amènent l'ânesse
et l'ânon. Ils posent des vêtements sur eux, et
Jésus s'assoit dessus. 8 Beaucoup de gens étendent des vêtements sur le chemin. D'autres
coupent des branches d'arbres et ils les met-

b **21.5** *Voir Zakarie 9.9.*

tent sur le chemin. 9 Les foules qui marchent
devant Jésus et celles qui le suivent crient :
« *Gloire au *Fils de David ! Que Dieu *bénisse celui qui vient en son nom ! Gloire à
Dieu au plus haut des *cieux ! »
10 Quand Jésus entre à Jérusalem, toute la
ville est bouleversée. Les habitants demandent : « Qui est cet homme ? » 11 Les foules répondent : « C'est le prophète Jésus, de la ville
de Nazareth en Galilée. »

Jésus dans le temple

12 Jésus entre dans le temple. Il chasse tous
ceux qui vendent et achètent dans le temple.
Il renverse les tables de ceux qui changent de
l'argent et les chaises des marchands de *colombes.[c] 13 Il leur dit : « Dans les Livres Saints,
Dieu a dit : "On appellera ma maison : Maison
de prière." Mais vous, vous en avez fait un
abri pour les voleurs.[d] »
14 Des aveugles et des boiteux s'approchent
de Jésus dans le temple, et il les guérit. 15 Les
chefs des *prêtres et les *maîtres de la loi
voient les choses étonnantes que Jésus vient
de faire. Ils voient aussi les enfants qui crient
dans le temple : « *Gloire au *Fils de David ! »
Alors ils se mettent en colère. 16 Et ils disent à
Jésus : « Est-ce que tu entends ce que ces enfants disent ? » Jésus leur répond : « Oui.
Vous n'avez donc pas lu cette phrase dans
les Livres Saints : "La bouche des enfants et
des bébés dit ta *gloire, comme tu l'as voulu[e]" ? »
17 Ensuite Jésus les quitte. Il sort de la ville
pour aller à Béthanie. Il passe la nuit là-bas.

Le figuier sans fruit

18 Le matin suivant, en revenant à la ville,
Jésus a faim. 19 Il voit un *figuier au bord du
chemin. Il s'approche de l'arbre, mais il ne
trouve que des feuilles. Alors il dit au figuier :
« Tu n'auras plus jamais de fruits ! » Et aussitôt
le figuier devient tout sec. 20 Quand les *disciples voient cela, ils sont très étonnés et ils disent : « Comment est-ce que le figuier a pu
sécher tout de suite ? » 21 Jésus leur répond :
« Je vous le dis, c'est la vérité : si vous avez
la foi et si vous n'hésitez pas, vous pourrez
faire ce que j'ai fait au figuier. Vous pourrez
même dire à cette montagne : "Va-t'en et
jette-toi dans la mer !" Et cela arrivera. 22 Si
vous avez la foi, vous recevrez tout ce que
vous demanderez dans la prière. »

Qui a donné à Jésus le pouvoir d'agir ainsi ?

23 Jésus entre dans le temple et il se met à
enseigner. Alors les chefs des *prêtres et les
*anciens du peuple s'approchent de lui. Ils
lui demandent : « De quel droit est-ce que tu
fais ces choses ? Qui t'a donné le pouvoir de
les faire ? » 24 Jésus leur répond : « Moi aussi,
je vais vous poser une seule question, répondez-moi. Ensuite, je vous dirai de quel droit
je fais ces choses. 25 Qui a envoyé Jean baptiser ? Est-ce que c'est Dieu ou les hommes ? »
Ils pensent : « Si nous répondons : "C'est
Dieu", Jésus va nous dire : "Vous n'avez pas
fait confiance à Jean. Pourquoi donc ?"
26 Mais si nous répondons : "Ce sont les hommes", alors, attention à la foule ! » En effet,
tout le monde pense que Jean était un *prophète. 27 C'est pourquoi ils répondent à Jésus :
« Nous ne savons pas. » Et Jésus leur dit :
« Moi non plus, je ne vous dis pas de quel droit
je fais ces choses. »

L'histoire des deux fils

28 Jésus dit encore : « Qu'est-ce que vous
pensez de cette histoire ? Un homme a deux
fils. Il dit au premier : "Mon fils, va travailler
aujourd'hui dans la *vigne." 29 Le fils répond :
"Je ne veux pas." Plus tard, il regrette sa réponse et il y va. 30 Le père dit la même chose
au deuxième fils. Le fils répond : "Oui, père,
j'y vais." Mais il n'y va pas. 31 Lequel des

---

c **21.12** *Les Juifs venus des pays étrangers changent leur argent. Ensuite, ils peuvent acheter les animaux pour les sacrifices et payer l'impôt du temple.*

d **21.13** *Voir Ésaïe 56.7 et Jérémie 7.11.*

e **21.16** *Psaume 8.3 cité d'après l'ancienne traduction grecque.*

deux fils a fait la volonté du père ? » Les chefs religieux lui répondent : « C'est le premier. » Jésus leur dit : « Je vous le dis, c'est la vérité : les *employés des impôts et les *prostituées entrent avant vous dans le *Royaume de Dieu. 32 En effet, Jean-Baptiste est venu à vous, en montrant le chemin *juste, et vous ne lui avez pas fait confiance. Pourtant les employés des impôts et les prostituées lui ont fait confiance. Vous avez bien vu cela, mais ensuite, vous n'avez pas changé votre cœur pour faire confiance à Jean. »

Les vignerons méchants

33 « Écoutez une autre histoire : Un propriétaire plante une *vigne. Il l'entoure d'un mur, il creuse un trou pour le pressoir[f] à raisin. Il construit une tour pour surveiller la vigne. Ensuite, il laisse la vigne à des vignerons et il part en voyage. 34 Au moment où on récolte le raisin, il envoie ses serviteurs vers les vignerons, pour aller chercher son raisin. 35 Mais les vignerons prennent les serviteurs, ils frappent le premier, ils tuent le deuxième et ils font mourir le troisième à coups de pierres. 36 Le propriétaire envoie encore d'autres serviteurs, plus nombreux que les premiers. Mais les vignerons leur font la même chose. 37 Enfin, le propriétaire leur envoie son fils en se disant : "Ils respecteront mon fils." 38 Mais quand les vignerons voient le fils, ils se disent entre eux : "C'est lui qui sera le propriétaire plus tard ! Venez ! Tuons-le, et la vigne sera à nous !" 39 Ils prennent le fils, ils le font sortir de la vigne et le tuent. » 40 Jésus demande : « Quand le propriétaire de la vigne viendra, qu'est-ce qu'il va faire à ces vignerons ? » 41 Les chefs religieux répondent à Jésus : « Il va tuer sans pitié ces gens méchants. Il louera la vigne à d'autres vignerons, et au moment de la récolte, ces vignerons lui donneront le raisin. »

42 Alors Jésus leur dit : « Vous avez sûrement lu ces phrases dans les Livres Saints :

"La pierre que les maçons ont rejetée
est devenue la pierre principale de la maison.
C'est le Seigneur qui a fait cela.
Quelle chose merveilleuse pour nous[g] !" »

43-44 Si quelqu'un tombe sur cette pierre, son corps sera brisé. Si cette pierre tombe sur quelqu'un, elle l'écrasera. C'est pourquoi, je vous le dis, Dieu vous enlèvera le *Royaume et il le donnera à un peuple qui produira les fruits du Royaume.

45 Les chefs des *prêtres et les *Pharisiens entendent les comparaisons de Jésus, et ils comprennent que Jésus parle d'eux. 46 Ils cherchent à l'arrêter, mais ils ont peur des foules. En effet, les gens pensent que Jésus est un *prophète.

L'histoire du grand repas de mariage

22 1 Jésus se met encore à parler aux foules en utilisant des comparaisons. Il leur dit : 2 « Le *Royaume des cieux ressemble à ceci : Un roi prépare un grand repas pour le mariage de son fils. 3 Il envoie ses serviteurs appeler les invités au repas, mais les invités ne veulent pas venir. 4 Il envoie encore d'autres serviteurs pour dire aux invités : "Maintenant, le repas est prêt ! J'ai fait tuer mes bœufs et mes bêtes bien grasses. Tout est prêt, venez au repas de mariage !" 5 Mais les invités n'y font pas attention, et ils s'en vont, l'un à son champ, l'autre à son commerce. 6 Les autres prennent les serviteurs, ils leur font du mal et ils les tuent. 7 Le roi se met en colère. Il envoie ses soldats tuer les assassins et brûler leur ville. 8 Ensuite il dit à ses serviteurs : "Le repas de mariage est prêt, mais les invités n'étaient pas dignes de le manger. 9 Allez donc aux croisements des chemins et invitez au repas tous les gens que vous rencontrerez." 10 Les serviteurs partent sur les chemins, ils rassemblent tous les gens qu'ils trouvent, les mauvais et les bons. Ainsi la salle de fête est pleine de monde.

11 « Le roi entre pour regarder les invités, il voit un homme qui n'a pas le vêtement de

---

f **21.33** *Un pressoir est une grande cuve dans laquelle on écrase du raisin pour en tirer du vin.*

g **21.42** *Psaume 118.22-23 cité d'après l'ancienne traduction grecque.*

fête. 12 Il lui dit: "Mon ami, comment? Tu es
entré ici sans le vêtement de fête!" L'homme
ne répond rien. 13 Alors le roi dit aux serviteurs: "Attachez-lui les mains et les pieds et
jetez-le dehors, dans la nuit. Là, il pleurera
et il grincera des dents[h]."»
14 Et Jésus ajoute: «Oui, Dieu appelle un
grand nombre de gens, mais il n'y en a pas
beaucoup qui sont choisis.»

Est-il permis de payer l'impôt à l'empereur?

15 Alors les *Pharisiens se réunissent. Ils
cherchent comment prendre Jésus au piège
en le faisant parler. 16 Ils envoient vers Jésus
quelques-uns de leurs *disciples avec des
gens du parti *d'Hérode. Ces gens-là disent à
Jésus: «Maître, nous le savons, tu dis la vérité. Tu enseignes en toute vérité ce que
Dieu nous demande de faire. Tu n'as peur
de personne, parce que tu ne regardes pas
l'importance des gens. 17 Dis-nous donc ce
que tu penses: est-il permis ou non de payer
l'impôt à l'empereur romain?»
18 Mais Jésus connaît leur méchanceté et il
leur dit: «Hommes faux! Pourquoi est-ce
que vous me tendez un piège? 19 Montrez-
moi l'argent qui sert à payer l'impôt!» Ils lui
apportent une pièce d'argent[i]. 20 Jésus leur
dit: «Sur cette pièce, il y a l'image et le
nom de quelqu'un. De qui donc?» 21 Ils lui répondent: «De l'empereur.» Alors Jésus leur
dit: «Eh bien, rendez à l'empereur ce qui
est à l'empereur. Et rendez à Dieu ce qui est
à Dieu.» 22 Quand ils entendent cela, ils sont
très étonnés. Ils laissent Jésus et s'en vont.

Est-ce que les morts se relèveront?

23 Le même jour, des *Sadducéens s'approchent de Jésus. Les Sadducéens pensent que
les morts ne se relèveront pas. Ils interrogent
Jésus 24 en lui disant: «Maître, Moïse a dit:
"Si un homme meurt sans avoir d'enfants,
son frère doit se marier avec la veuve. Ainsi,
il donnera des enfants au frère qui est mort."[j]
25 Eh bien, supposons ceci: chez nous, il y a
sept frères. Le premier se marie et il meurt
sans avoir d'enfants. Il laisse donc sa femme
au deuxième frère. 26 Il arrive la même chose
au deuxième frère, puis au troisième et enfin
à tous les sept. 27 Après eux tous, la femme
meurt aussi. 28 Quand les morts se relèveront,
parmi les sept frères, qui sera le mari de cette
femme? En effet, chacun a été son mari.»
29 Jésus leur répond: «Vous vous trompez,
parce que vous ne connaissez ni les Livres
Saints, ni la puissance de Dieu. 30 Quand les
morts se relèveront, les hommes et les femmes ne se marieront pas. Mais ils vivront
comme les *anges auprès de Dieu. 31 Au sujet
des morts qui se relèvent, vous avez sûrement
lu cette parole de Dieu: 32 "Je suis le Dieu
d'Abraham, le Dieu d'Isaac et le Dieu de Jacob[k]." Dieu n'est pas le Dieu des morts,
mais il est le Dieu des vivants.»
33 Les foules entendent cela. Cet enseignement de Jésus les étonne beaucoup.

Quel est le commandement le plus important?

34 Les *Pharisiens apprennent que Jésus a
fermé la bouche aux *Sadducéens. Alors les
Pharisiens se réunissent. 35 L'un d'eux, un
*maître de la loi, veut tendre un piège à Jésus
et il lui demande: 36 «Maître, dans la *loi,
quel est le commandement le plus important?» 37 Jésus lui répond: «"Tu dois aimer
le Seigneur ton Dieu de tout ton cœur, de
tout ton être et de toute ton intelligence."[l]
38 C'est le plus important et le premier des
commandements. 39 Et voici le deuxième
commandement, qui est aussi important que
le premier: "Tu dois aimer ton *prochain
comme toi-même."[m] 40 Toute la loi de Moïse

h 22.13 *Voir Matthieu 8.12 et la note.*
i 22.19 *Pièce d'argent: voir la note sur Matthieu 20.2.*
j 22.24 *Voir Genèse 38.8; Deutéronome 25.5-6.*
k 22.32 *Exode 3.6,15-16.*
l 22.37 *Deutéronome 6.5.*
m 22.39 *Lévitique 19.18.*

et tout l'enseignement des *prophètes dépendent de ces deux commandements. »

Le Messie et David

41 Les *Pharisiens sont réunis, et Jésus leur demande : 42 « Qu'est-ce que vous pensez du *Messie ? Il est le fils de qui ? » Ils lui répondent : « Il est le fils de David. » 43 Jésus leur dit : « David, rempli de l'Esprit Saint, l'a appelé "Maître". Pourquoi donc ? 44 En effet, David a dit :

"Le Seigneur déclare à mon Maître :
Viens t'asseoir à ma droite,
je vais mettre tes ennemis sous tes pieds."[n]

45 « David appelle le Messie "Maître". Alors, comment est-ce que le Messie peut être aussi fils de David ? »

46 Parmi les Pharisiens, aucun ne peut répondre un seul mot à Jésus. Et, à partir de ce jour-là, personne n'ose plus lui poser de questions.

Jésus critique les chefs religieux

23 1 Alors Jésus dit aux foules et à ses *disciples : 2 « Les *maîtres de la loi et les *Pharisiens sont chargés d'expliquer la *loi de Moïse. 3 Donc, vous devez leur obéir et vous devez faire tout ce qu'ils vous disent, mais n'agissez pas comme eux. En effet, ils ne font pas ce qu'ils disent. 4 Ils rassemblent des charges très lourdes et ils les mettent sur les épaules des gens. Mais eux, ils refusent d'y toucher, même avec un seul doigt ! 5 Toutes leurs actions, ils les font pour que les gens les regardent. Ainsi, ils agrandissent les petites boîtes qu'ils portent sur le front et sur le bras. Ils allongent aussi les franges de leurs vêtements.[o] 6 Ils choisissent les premières places dans les grands repas et les premiers sièges dans les maisons de prière. 7 Ils aiment qu'on les salue sur les places de la ville et que les gens les appellent "Maître". 8 Mais vous, ne vous faites pas appeler "Maître". En effet, vous avez un seul Maître et vous êtes tous frères. 9 N'appelez personne sur la terre "Père". En effet, vous avez un seul Père, celui qui est dans les *cieux. 10 Ne vous faites pas non plus appeler "Conseiller". En effet, vous avez un seul Conseiller, le *Christ. 11 Le plus important parmi vous doit se mettre à votre service. 12 Celui qui veut être au-dessus des autres recevra la dernière place. Et celui qui prend la dernière place sera mis au-dessus des autres. »

« Quel malheur pour les chefs religieux ! »

13 « Quel malheur pour vous, *maîtres de la loi et *Pharisiens, quand vous êtes des hommes faux ! Vous fermez la porte du *Royaume des cieux devant les gens. Vous-mêmes, vous n'entrez pas et vous ne laissez pas entrer ceux qui le veulent. [14]

15 « Quel malheur pour vous, maîtres de la loi et Pharisiens, quand vous êtes des hommes faux ! Vous voyagez partout, sur terre et sur mer, pour gagner même un seul homme à la *loi de Moïse. Et, quand c'est fait, vous en faites quelqu'un qui mérite la punition de Dieu, deux fois plus que vous.

16 « Quel malheur pour vous ! Vous êtes des guides aveugles quand vous dites : "Si quelqu'un jure par le temple, cela ne vaut rien. Mais si quelqu'un jure par l'or du temple, il doit faire ce qu'il a juré." 17 Ne soyez pas bêtes et aveugles ! L'or appartient au temple, donc il appartient à Dieu. Alors, qu'est-ce qui est le plus important ? L'or ou le temple ? 18 Vous dites aussi : "Si quelqu'un jure par *l'autel, cela ne vaut rien. Mais si quelqu'un jure par l'offrande qui est sur l'autel, il doit faire ce qu'il a juré." 19 Vous êtes aveugles ! Qu'est-ce qui est le plus important ? L'offrande ou l'autel qui rend cette offrande sacrée ? 20 Donc, celui qui jure par l'autel, jure par l'autel et par tout ce qu'il y a dessus. 21 Celui qui jure par le temple, jure par le temple et par Dieu qui habite le

n **22.44** *Psaume 110.1.*

o **23.5** *Les Juifs mettent des passages des Livres Saints dans des petites boîtes qu'ils portent sur eux. Ils mettent aussi des franges, ou bandes de tissu, au bord de leurs vêtements. Ainsi, ils peuvent se rappeler les commandements de Dieu.*

temple. 22 Celui qui jure par le *ciel jure par le
siège de Dieu et par Dieu qui est assis dessus.
23 « Quel malheur pour vous, maîtres de la
loi et Pharisiens, quand vous êtes des hommes
faux ! Vous donnez à Dieu le dixième de certaines plantes, menthe, légumes et épices. Et
vous abandonnez ce qu'il y a de plus important dans la Loi, c'est-à-dire être *juste, bon,
fidèle. Pourtant, c'est cela qu'il fallait faire,
sans oublier le reste. 24 Vous êtes des guides
aveugles ! Vous filtrez l'eau pour enlever un
moustique, mais vous avalez un chameau !
25 « Quel malheur pour vous, maîtres de la
loi et Pharisiens, quand vous êtes des hommes
faux ! Vous nettoyez l'extérieur du verre et du
plat. Mais dedans, ils sont pleins de ce que
vous avez volé et arraché aux gens ! 26 Pharisien aveugle ! Nettoie d'abord l'intérieur du
plat, et alors l'extérieur aussi deviendra propre.
27 « Quel malheur pour vous, maîtres de la
loi et Pharisiens, quand vous êtes des hommes
faux ! Vous ressemblez à des tombes peintes
en blanc. À l'extérieur, elles ont l'air belles.
Mais à l'intérieur, elles sont remplies d'os
des morts et de toutes sortes de choses pourries. 28 De la même façon, à l'extérieur, devant les gens, vous avez l'air d'obéir à Dieu,
mais à l'intérieur, vous êtes pleins de mensonge et de mal.
29 « Quel malheur pour vous, maîtres de la
loi et Pharisiens, quand vous êtes des hommes
faux ! Vous construisez des tombes pour les
*prophètes. Vous décorez les tombes de
ceux qui ont obéi à Dieu. 30 Et vous dites :
"Si nous avions vécu au temps de nos ancêtres, nous n'aurions pas été d'accord avec
eux pour tuer les prophètes !" 31 Ainsi, vous
le montrez vous-mêmes : vous êtes les fils de
ceux qui ont tué les prophètes ! 32 Eh bien,
continuez ! Allez encore plus loin que vos ancêtres ! 33 Serpents ! Espèce de vipères ! Vous
ne pourrez pas éviter la punition de Dieu !
34 C'est pourquoi, écoutez : je vais vous envoyer des prophètes, des sages, des gens
pour vous enseigner. Vous tuerez les uns, et
vous les clouerez sur des croix. Vous frappe-
rez les autres à coups de fouet dans vos maisons de prière et vous les poursuivrez de
ville en ville. 35 Ainsi, c'est vous que Dieu va
punir pour le meurtre de tous ceux qui lui
ont obéi. D'abord il y a eu le meurtre d'Abel
le juste. Et à la fin il y a eu le meurtre de Zakarie, le fils de Barakie. Vous l'avez tué entre
l'autel et le *lieu saint. 36 Je vous le dis, c'est
la vérité : Dieu va punir les gens d'aujourd'hui
pour tout cela. »

Jésus et Jérusalem

37 « Habitants de Jérusalem ! Habitants de
Jérusalem ! Vous faites mourir les *prophètes
et vous tuez ceux que Dieu vous envoie en
leur jetant des pierres. Très souvent, j'ai voulu
vous rassembler, comme une poule rassemble
ses poussins sous ses ailes, mais vous n'avez
pas voulu. 38 Eh bien, Dieu va abandonner votre temple ! 39 En effet, je vous le dis, bientôt
vous ne me verrez plus jusqu'au jour où
vous direz : "Que Dieu *bénisse celui qui
vient en son nom !" »

Jésus annonce que le temple sera détruit

24 1 Jésus sort du temple et il s'en va.
Alors ses *disciples s'approchent de
lui pour lui montrer les bâtiments du temple.
2 Jésus leur dit : « Vous voyez tout cela ? Je
vous le dis, c'est la vérité : ici, il ne restera
pas une seule pierre sur une autre. Tout sera
détruit. »

Ce qui arrivera avant la fin du monde

3 Jésus s'assoit sur le mont des Oliviers. Ses
*disciples s'approchent. Ils sont seuls avec lui
et ils lui demandent : « Dis-nous : quand est-ce
que cela va arriver ? Comment allons-nous savoir que c'est le moment de ta venue et de la
fin du monde ? » 4 Jésus leur répond : « Faites
attention ! Ne vous laissez pas tromper ! 5 En
effet, beaucoup de gens vont venir en prenant
mon nom. Ils diront : "C'est moi le *Messie !"
Et ils vont tromper beaucoup de monde.
6 Vous allez entendre parler de guerres proches ou lointaines. Attention, n'ayez pas
peur ! Oui, tout cela doit arriver, mais ce ne
sera pas encore la fin. 7 Un peuple se battra
contre un autre peuple, et un roi se battra
contre un autre roi. Dans plusieurs régions,

il y aura la famine et la terre tremblera. 8 Tous ces événements seront comme les premières douleurs de l'accouchement. »

Ce qui arrivera aux disciples de Jésus

9 « Alors, on vous livrera pour vous faire souffrir et on vous tuera. Tous ceux qui ne connaissent pas Dieu vous détesteront à cause de moi, 10 et beaucoup de gens abandonneront la foi. Ils se trahiront les uns les autres et ils se détesteront. 11 Beaucoup de faux *prophètes viendront et ils tromperont beaucoup de monde. 12 Le mal deviendra de plus en plus fort. À cause de cela, beaucoup de gens auront moins d'amour. 13 Mais celui qui résistera jusqu'à la fin, Dieu le sauvera. 14 On annoncera au monde entier cette Bonne Nouvelle du *Royaume, pour que tous ceux qui ne connaissent pas Dieu l'entendent. Alors ce sera la fin. »

Les gens souffriront beaucoup

15 « Vous verrez celui qu'on appelle "le Destructeur horrible". Il sera placé dans le *lieu saint. Le *prophète Daniel[p] a parlé de lui. – Celui qui lit cela doit bien comprendre ! –

16 « À ce moment-là, ceux qui seront en Judée devront fuir dans les montagnes. 17 Celui qui sera sur la terrasse ne devra pas descendre pour aller chercher des affaires dans sa maison. 18 Celui qui sera dans son champ ne devra pas retourner chez lui pour prendre son vêtement. 19 Quel malheur, ces jours-là pour les femmes enceintes et pour celles qui allaitent leur bébé ! 20 Priez Dieu pour ne pas être obligés de partir vous cacher pendant la mauvaise saison, ou un jour de *sabbat. 21 En effet, à ce moment-là, les gens souffriront beaucoup. Personne n'a jamais souffert comme cela depuis le commencement du monde jusqu'à maintenant. Et personne ne souffrira plus jamais comme cela. 22 Si Dieu n'avait pas décidé de diminuer le nombre de ces jours-là, personne ne pourrait sauver sa vie ! Mais il a décidé de diminuer le nombre de ces jours-là, à cause des gens qu'il a choisis.

23 « Alors, quand quelqu'un vous dira : "Regardez ! Le *Messie est ici !" ou : "Il est là !", ne le croyez pas. 24 En effet, des faux messies et des faux prophètes vont venir. Ils feront des choses très étonnantes et des miracles, pour tromper, si possible, même ceux que Dieu a choisis. 25 Voilà ! Je vous ai prévenus !

Le Fils de l'homme viendra

26 « Quand on vous dira : "Regardez, le *Messie est dans le désert !", n'y allez pas. Quand on vous dira : "Regardez, il se cache ici !", ne le croyez pas. 27 En effet le *Fils de l'homme viendra comme l'éclair qui brille d'un bout du ciel à l'autre. 28 Là où il y aura le cadavre, les charognards se rassembleront.[q]

29 « Ces jours-là, les gens souffriront beaucoup, et, tout de suite après, le soleil ne brillera plus, la lune ne donnera plus de lumière. Les étoiles tomberont du ciel et les puissances du ciel trembleront. 30 Alors, dans le ciel, on verra le signe qui annonce le Fils de l'homme. Et tous les peuples de la terre crieront et pleureront. Ils verront le Fils de l'homme arriver sur les nuages du ciel, avec toute sa puissance et toute sa *gloire. 31 La grande trompette sonnera. Et le Fils de l'homme enverra ses *anges, et ils rassembleront ceux qu'il a choisis, des quatre coins de la terre, d'un bout du monde à l'autre. »

Comparaison avec le figuier

32 « Comprenez bien la comparaison avec le *figuier. Quand les branches deviennent tendres, quand ses feuilles poussent, vous le savez, la nouvelle saison est bientôt là. 33 De la même façon, quand vous verrez tout cela, vous devez le savoir : le *Fils de l'homme sera bientôt là. Il est à votre porte. 34 Je vous le dis, c'est la vérité : quand cela arrivera, les gens d'aujourd'hui ne seront pas tous morts. 35 Le ciel et la terre disparaîtront, mes paroles ne disparaîtront jamais. »

---

p **24.15** *Voir Daniel 9.27 ; 11.31 ; 12.11.*

q **24.28** *Ce proverbe veut sans doute dire que personne n'échappera au jugement de Dieu.*

Personne ne sait quand le Seigneur viendra

36 « Mais le jour et l'heure où ces choses arriveront, personne ne les connaît : ni les *anges auprès de Dieu, ni le Fils. Le Père est
seul à les connaître. 37 Quand le *Fils de
l'homme viendra, il se passera la même chose
qu'au temps de Noé. 38 À ce moment-là, avant
la grande inondation, les gens mangeaient, buvaient. Ils se mariaient ou donnaient leurs filles en mariage. Puis Noé est entré dans le
bateau. 39 Les gens n'ont rien compris, jusqu'au moment où la grande inondation est venue et les a tous emportés. Quand le Fils de
l'homme viendra, ce sera la même chose.
40 Alors deux hommes seront dans leur
champ, on prendra l'un et on laissera l'autre.
41 Deux femmes travailleront à écraser du
grain, on prendra l'une et on laissera l'autre.
42 Restez donc éveillés : vous ne savez pas
quel jour votre Seigneur viendra. 43 Comprenez ceci : le maître de maison ne sait pas à
quelle heure de la nuit le voleur va venir. Sinon, il resterait éveillé et il ne laisserait pas
le voleur entrer chez lui. 44 C'est pourquoi,
vous aussi, soyez prêts. En effet, le Fils de
l'homme viendra, mais vous ne savez pas à
quel moment. »

Le serviteur fidèle et intelligent

45 « Le serviteur fidèle et intelligent, qui est-
ce ? C'est celui auquel le maître a dit : "Je te
confie ce travail : donne à manger aux autres
serviteurs, quand il le faut." 46 Il est heureux,
ce serviteur, si son maître arrive et le trouve
en train de faire ce travail ! 47 Je vous le dis,
c'est la vérité : le maître lui confiera toutes
ses richesses. 48 Mais supposons ceci : le serviteur est mauvais. Il se dit : "Mon maître ne revient pas vite", 49 et il se met à frapper ses
camarades de travail, il mange et il boit avec
les ivrognes. 50 Alors le maître va venir un
jour où son serviteur ne l'attend pas, et à
une heure qu'il ne connaît pas. 51 Il chassera
ce serviteur, il le punira comme Dieu punit
les hommes faux, et le serviteur pleurera et
grincera des dents[r]. »

L'histoire des dix jeunes filles

25 1 « Alors le *Royaume des cieux ressemblera à ceci : Dix jeunes filles prennent leurs lampes et elles sortent pour aller à
la rencontre du marié. 2 Cinq d'entre elles
sont imprudentes et cinq d'entre elles sont sages. 3 Les jeunes filles imprudentes prennent
leurs lampes, mais elles n'emportent pas de
réserve d'huile. 4 Les jeunes filles sages prennent leurs lampes et elles emportent de l'huile
dans des récipients. 5 Le marié ne vient pas
tout de suite. Toutes les jeunes filles ont sommeil et elles s'endorment.

6 « Au milieu de la nuit, on entend un cri :
"Voici le marié ! Sortez pour aller à sa rencontre !" 7 Alors toutes les jeunes filles se réveillent et elles préparent leurs lampes. 8 Les
imprudentes disent aux sages : "Nos lampes
s'éteignent. Donnez-nous un peu de votre
huile." 9 Mais les sages leur répondent :
"Non ! Il n'y en a pas assez pour nous et
pour vous. Allez plutôt chez les commerçants
et achetez de l'huile pour vous." 10 Les imprudentes vont donc acheter de l'huile, mais pendant ce temps, le marié arrive. Les jeunes
filles qui sont prêtes entrent avec lui dans la
salle du mariage, et on ferme la porte. 11 Plus
tard, les autres jeunes filles arrivent et elles
disent : "Seigneur, Seigneur, ouvre-nous la
porte !" 12 Mais le marié répond : "Je vous le
dis, c'est la vérité : je ne vous connais
pas." » 13 Et Jésus ajoute : « Restez donc éveillés, parce que vous ne connaissez ni le jour ni
l'heure. »

L'histoire des trois serviteurs

14 « Le *Royaume des cieux ressemble à
ceci : Un homme part en voyage. Il appelle
ses serviteurs et leur confie ses richesses.
15 Il donne à chacun selon ce qu'il peut faire.
Il donne à l'un 500 pièces d'or, à un autre
200, à un troisième 100, et il part. 16 Le serviteur qui a reçu les 500 pièces d'or s'en va tout

---

r **24.51** *Voir Matthieu 8.12 et la note.*

de suite faire du commerce avec cet argent et
il gagne encore 500 pièces d'or. 17 Celui qui a
reçu les 200 pièces d'or fait la même chose et
il gagne encore 200 pièces d'or. 18 Mais celui
qui a reçu les 100 pièces d'or s'en va faire
un trou dans la terre et il cache l'argent de
son maître.

19 « Longtemps après, le maître de ces serviteurs revient. Il leur demande ce qu'ils ont fait
avec son argent. 20 Le serviteur qui a reçu les
500 pièces d'or s'approche et il présente encore 500 pièces d'or en disant : "Maître, tu
m'as confié 500 pièces d'or. Voici encore
500 pièces d'or que j'ai gagnées." 21 Son maître lui dit : "C'est bien. Tu es un serviteur bon
et fidèle. Tu as été fidèle pour une petite
chose, je vais donc te confier beaucoup de
choses. Viens et réjouis-toi avec moi." 22 Le
serviteur qui a reçu les 200 pièces d'or
s'approche et il dit : "Maître, tu m'as confié
200 pièces d'or. Voici encore 200 pièces
d'or que j'ai gagnées." 23 Son maître lui dit :
"C'est bien. Tu es un serviteur bon et fidèle.
Tu as été fidèle pour une petite chose, je vais
donc te confier beaucoup de choses. Viens et
réjouis-toi avec moi." 24 Enfin, celui qui a reçu
les 100 pièces d'or s'approche et il dit : "Maître, je le savais : tu es un homme dur. Tu récoltes ce que tu n'as pas semé, tu ramasses ce
que tu n'as pas planté. 25 J'ai eu peur et je
suis allé cacher tes pièces d'or dans la terre.
Les voici ! Tu as ton argent." 26 Son maître
lui répond : "Tu es un serviteur mauvais et paresseux ! Tu le savais : je récolte ce que je n'ai
pas semé, je ramasse ce que je n'ai pas planté.
27 Donc tu devais mettre mon argent à la
banque. De cette façon, à mon retour, je
pouvais reprendre l'argent avec les intérêts !
28 Enlevez-lui donc les 100 pièces d'or.
Donnez-les à celui qui a 1 000 pièces d'or.
29 Oui, celui qui a quelque chose, on lui donnera encore plus et il aura beaucoup plus.
Mais celui qui n'a rien, on lui enlèvera
même le peu de chose qu'il a ! 30 Et ce serviteur inutile, jetez-le dehors dans la nuit. Là,
il pleurera et il grincera des dents[s]. »

Le Fils de l'homme viendra juger le monde

31 « Quand le *Fils de l'homme viendra dans
sa *gloire, avec tous ses *anges, il s'assoira sur
son siège de roi tout-puissant. 32 On rassemblera tous les peuples devant lui. Et il séparera
les gens les uns des autres, comme le berger
sépare les moutons des chèvres. 33 Il placera
les moutons à sa droite et les chèvres à sa gauche. 34 Alors le roi dira à ceux qui sont à sa
droite : "Venez, vous que mon Père *bénit.
Recevez le *Royaume que Dieu vous a préparé
depuis la création du monde. 35 En effet,
j'ai eu faim, et vous m'avez donné à manger.
J'ai eu soif, et vous m'avez donné à boire.
J'étais un étranger, et vous m'avez accueilli.
36 J'étais nu, et vous m'avez donné des vêtements. J'étais malade, et vous m'avez visité.
J'étais en prison, et vous êtes venus me
voir." 37 Alors ceux qui ont obéi à Dieu diront
au roi : "Seigneur, quand est-ce que nous
t'avons vu ? Tu avais donc faim, et nous
t'avons donné à manger ? Tu avais donc soif,
et nous t'avons donné à boire ? 38 Tu étais un
étranger, et nous t'avons accueilli ? Tu étais
donc nu, et nous t'avons donné des vêtements ? 39 Tu étais malade ou en prison, et
nous sommes venus te voir ? Quand donc ?"
40 Et le roi leur répondra : "Je vous le dis, c'est
la vérité : chaque fois que vous avez fait cela à
l'un de mes frères, à l'un des plus petits, c'est
à moi que vous l'avez fait."

41 « Ensuite, le roi dira à ceux qui sont à sa
gauche : "Allez-vous-en loin de moi, Dieu
vous maudit ! Allez dans le feu qui ne s'éteint
pas, et qu'on a préparé pour l'esprit du mal et
pour ses *anges ! 42 En effet, j'ai eu faim, et
vous ne m'avez pas donné à manger. J'ai eu
soif, et vous ne m'avez pas donné à boire.
43 J'étais un étranger, et vous ne m'avez pas
accueilli. J'étais nu, et vous ne m'avez pas
donné de vêtements. J'étais malade et en prison, et vous ne m'avez pas visité." 44 Alors
eux aussi diront au roi : "Seigneur, quand
est-ce que nous t'avons vu ? Tu avais donc

s **25.30** *Voir Matthieu 8.12 et la note.*

faim et soif, tu étais un étranger, tu étais donc
nu, malade ou en prison ? Et nous ne t'avons
pas aidé ? Quand donc ?" 45 Et le roi leur répondra : "Je vous le dis, c'est la vérité : chaque
fois que vous n'avez rien fait pour l'un de ces
plus petits, vous n'avez rien fait pour moi non
plus." 46 Et ils partiront pour recevoir une punition qui dure toujours. Mais ceux qui ont
obéi à Dieu partiront pour recevoir la vie
avec Dieu pour toujours. »

Les chefs décident de faire mourir Jésus

26 1 Quand Jésus a fini d'enseigner tout
cela, il dit à ses *disciples : 2 « Vous le
savez, dans deux jours, c'est la fête de la
*Pâque. Le *Fils de l'homme va être livré
pour qu'on le cloue sur une croix. »
3 Alors les chefs des prêtres et les *anciens
du peuple se réunissent dans le palais de
Caïphe, le *grand-prêtre. 4 Ils décident d'arrêter Jésus en secret et de le faire mourir. 5 Ils disent : « Il ne faut pas l'arrêter pendant la fête,
sinon le peuple va se révolter. »

Une femme met du parfum sur la tête de Jésus

6 Jésus est à Béthanie dans la maison de Simon le *lépreux. 7 Alors, pendant le repas,
une femme s'approche de lui, avec un très
beau vase, plein d'un parfum très cher. Elle
verse le parfum sur la tête de Jésus. 8 Quand
les *disciples voient cela, ils ne sont pas
contents du tout et ils disent : « Elle a gaspillé
ce parfum ! Pourquoi ? 9 On pouvait le vendre
très cher et ensuite donner l'argent aux pauvres ! » 10 Jésus entend cela et il dit : « Pourquoi est-ce que vous faites de la peine à
cette femme ? Ce qu'elle a fait pour moi est
une bonne action. 11 Vous aurez toujours des
pauvres avec vous, mais moi, vous ne m'aurez pas toujours. 12 Elle a mis du parfum sur
mon corps : d'avance, elle m'a préparé pour
la tombe. 13 Je vous le dis, c'est la vérité : partout où on annoncera cette Bonne Nouvelle,
dans le monde entier, on racontera ce que
cette femme a fait, et on se souviendra
d'elle. »

Judas décide de livrer Jésus aux chefs des prêtres

14 Alors l'un des douze *apôtres, appelé Judas Iscariote, va voir les chefs des *prêtres
15 et il leur dit : « Qu'est-ce que vous voulez
me donner, si je vous livre Jésus ? » Les chefs
des prêtres lui donnent 30 pièces d'argent[t].
16 À partir de ce moment, Judas cherche une
bonne occasion pour leur livrer Jésus.

Jésus fait préparer le repas de la Pâque

17 C'est le premier jour de la fête des *Pains
sans levain. Les *disciples s'approchent de Jésus et lui disent : « Nous allons te préparer le
repas de la *Pâque. Où veux-tu le manger ? »
18 Jésus leur dit : « Allez à la ville, chez telle
personne, et dites-lui : "Le maître dit : Le moment est arrivé pour moi. C'est chez toi que je
vais manger le repas de la Pâque avec mes disciples." » 19 Les disciples font ce que Jésus leur
a commandé et ils préparent le repas de la
Pâque.

Jésus annonce qu'un des disciples va le livrer

20 C'est le soir. Jésus s'installe pour le repas
avec les douze *apôtres. 21 Pendant qu'ils sont
en train de manger, Jésus dit : « Je vous l'affirme, c'est la vérité : l'un de vous va me
livrer. » 22 Les *disciples deviennent tout
tristes et ils se mettent à lui demander l'un
après l'autre : « Seigneur, est-ce que c'est
moi ? » 23 Jésus leur répond : « Celui qui a
mis la main avec moi dans le même plat[u], c'est
lui qui va me livrer. 24 Le *Fils de l'homme va
mourir, comme les Livres Saints l'annoncent.
Mais quel malheur pour celui qui livre le Fils
de l'homme ! Pour cet homme-là, ce serait une
bonne chose de ne pas être né ! » 25 Judas, celui qui va livrer Jésus, lui demande : « Maître,
est-ce que c'est moi ? » Jésus lui répond :
« C'est toi qui le dis. »

---

t **26.15** *Voir Zakarie 11.12.*
u **26.23** *Selon la coutume, chacun se sert avec la main dans le plat commun.*

Le repas du Seigneur

26 Pendant le repas, Jésus prend du pain. Il dit la prière de *bénédiction, il partage le pain et le donne à ses *disciples en disant : « Prenez et mangez, ceci est mon corps. » 27 Ensuite il prend une *coupe de vin. Il remercie Dieu et il donne la coupe à ses disciples en disant : « Buvez-en tous. 28 Oui, ceci est mon sang, le sang de *l'alliance de Dieu. Il est versé pour un grand nombre de gens, pour le pardon des péchés. 29 Je vous le dis, je ne boirai plus de ce vin, jusqu'au jour où je boirai le vin nouveau, avec vous, dans le *Royaume de mon Père. »

Jésus annonce l'abandon de Pierre

30 Ils chantent les psaumes[v] de la fête. Ensuite ils vont au mont des Oliviers. 31 Alors Jésus dit à ses *disciples : « Cette nuit, vous allez tous m'abandonner. En effet, dans les Livres Saints on lit :

"Je vais tuer le berger,
et les moutons du troupeau
partiront de tous les côtés[w]." »

32 Jésus ajoute : « Mais, quand je me réveillerai de la mort, je vous attendrai en Galilée. »

33 Pierre lui dit : « Tous les autres t'abandonneront peut-être, mais moi, je ne t'abandonnerai jamais ! » 34 Jésus lui répond : « Je te le dis, c'est la vérité : cette nuit, avant que le coq chante, tu diras trois fois que tu ne me connais pas. » 35 Pierre lui dit : « Même si je dois mourir avec toi, je ne dirai jamais que je ne te connais pas ! » Et tous les disciples disent la même chose.

Jésus prie à Gethsémané

36 Jésus arrive avec ses *disciples à un endroit appelé Gethsémané. Il leur dit : « Asseyez-vous ici, pendant que je vais prier là-bas. »

37 Il emmène avec lui Pierre et les deux fils de Zébédée. Il commence à être triste et très effrayé. 38 Alors il leur dit : « Mon cœur est triste jusqu'à mourir. Restez ici, restez éveillés avec moi. » 39 Il va un peu plus loin, il se jette par terre, le front contre le sol. Et il prie en disant : « Mon Père, si c'est possible, éloigne de moi cette *coupe de souffrance ! Pourtant, ne fais pas comme je veux, mais comme tu veux ! »

40 Jésus revient vers les trois disciples et les trouve endormis. Il dit à Pierre : « Vous n'avez pas pu rester éveillés avec moi, même pendant une heure ! 41 Restez éveillés et priez pour pouvoir résister quand l'esprit du mal vous tentera. Vous désirez faire le bien, mais vous n'avez pas la force de résister au mal. »

42 Une deuxième fois, Jésus va plus loin, et il prie en disant : « Mon Père, si tu ne peux pas éloigner cette coupe de moi, si je dois la boire, fais que j'obéisse à ta volonté. »

43 Il revient encore vers les disciples et les trouve endormis. Ils ne peuvent pas garder leurs yeux ouverts.

44 Jésus les quitte, il s'éloigne encore. Et, pour la troisième fois, il prie en disant les mêmes paroles. 45 Ensuite, il revient vers les disciples et leur dit : « Vous dormez encore et vous vous reposez ? Attention, c'est le moment ! Le *Fils de l'homme va être livré aux pécheurs ! 46 Levez-vous, allons ! Voyez, l'homme qui me livre est arrivé ! »

Jésus est arrêté

47 Pendant que Jésus dit cela, Judas, l'un des douze *apôtres, arrive. Il y a avec lui une foule nombreuse de gens avec des armes et des bâtons. Ils viennent de la part des chefs des *prêtres et des *anciens du peuple. 48 Judas, celui qui livre Jésus, a déjà expliqué à la foule ce qu'il va faire. Il leur a dit : « L'homme que je vais embrasser, c'est lui ! Arrêtez-le. » 49 Judas s'approche tout de suite de Jésus en disant : « Salut, Maître ! » Et il l'embrasse. 50 Jésus lui répond : « Mon ami, fais ce que tu dois faire. »

Alors les gens s'approchent, ils mettent la main sur Jésus et ils l'arrêtent. 51 Un des *dis-

---

v **26.30** *Il s'agit des Psaumes 113 à 118, chantés à la fin du repas de la Pâque.*
w **26.31** *Zakarie 13.7.*

ciples de Jésus prend son *épée. Il attaque le serviteur du *grand-prêtre et lui coupe l'oreille. 52 Jésus lui dit : « Remets ton épée à sa place. En effet, tous ceux qui prennent des armes seront tués par des armes. 53 Tu crois que je ne pourrais pas appeler mon Père ? Il m'enverrait tout de suite plus de douze armées *d'anges. 54 Mais alors, ce que les Livres Saints disent ne se réaliserait pas ! En effet, ils disent que les choses doivent se passer de cette façon. »

55 Ensuite Jésus dit à la foule : « Vous êtes venus me prendre avec des épées et des bâtons, comme pour arrêter un bandit ! Tous les jours, j'étais assis dans le temple et j'enseignais, pourtant, vous ne m'avez pas arrêté ! 56 Tout cela réalise ce que les *prophètes ont dit dans les Livres Saints. » Alors tous les disciples abandonnent Jésus et ils partent en courant.

Jésus devant le Tribunal religieux

57 Ceux qui ont arrêté Jésus l'emmènent chez Caïphe, le *grand-prêtre. Là, les *maîtres de la loi et les *anciens sont réunis. 58 Pierre suit Jésus de loin, jusqu'à la cour de la maison du grand-prêtre. Il entre dans la cour et il s'assoit avec les serviteurs. Il veut voir comment cela va finir.

59 Les chefs des prêtres et tout le *Tribunal religieux cherchent une fausse raison d'accuser Jésus, pour le condamner à mort. 60 Mais ils n'en trouvent pas. Pourtant, beaucoup de faux *témoins viennent dire des mensonges contre Jésus. À la fin, deux hommes arrivent et ils disent : 61 « Cet homme a dit : "Je peux détruire le temple de Dieu et le reconstruire en trois jours." » 62 Alors le grand-prêtre se lève et il dit à Jésus : « Tu ne réponds rien ? Qu'est-ce que ces gens disent contre toi ? » 63 Mais Jésus se tait. Le grand-prêtre lui dit : « Au nom du Dieu vivant, je te demande de répondre : Est-ce que tu es le *Messie, le Fils de Dieu ? » 64 Jésus lui répond : « C'est toi qui le dis. Mais je vous l'affirme, à partir de maintenant, vous verrez le *Fils de l'homme assis à droite du *Tout-Puissant. Il viendra sur les nuages du ciel. »

65 Alors le grand-prêtre *déchire ses vêtements et dit : « Il a insulté Dieu ! Nous n'avons plus besoin de témoins ! Vous venez d'entendre l'insulte ! 66 Qu'est-ce que vous en pensez ? » Ils lui répondent : « Il doit mourir. »

67 Alors ils crachent sur le visage de Jésus et ils le frappent à coups de poing. D'autres lui donnent des gifles 68 en disant : « Messie, devine ! Dis-nous qui t'a frappé ! »

Pierre affirme trois fois qu'il ne connaît pas Jésus

69 Pierre est assis dehors dans la cour. Une servante s'approche de lui et elle lui dit : « Toi aussi, tu étais avec Jésus, cet homme de Galilée ! » 70 Mais devant tout le monde, Pierre répond : « Non, je ne sais pas ce que tu veux dire ! »

71 Ensuite, il s'en va vers la porte de la cour. Une autre servante le voit et elle dit à ceux qui sont là : « Celui-ci était avec Jésus de Nazareth ! » 72 Encore une fois, Pierre répond : « Non ! Je ne connais pas cet homme, je le jure ! »

73 Un peu plus tard, ceux qui sont là s'approchent de Pierre et lui disent : « Sûrement, tu es un des *disciples, toi aussi ! En effet, on le reconnaît à ta façon de parler. » 74 Alors Pierre se met à dire : « Que Dieu me punisse si je mens ! Je ne connais pas cet homme, je le jure ! » Et au même moment un coq chante. 75 Pierre se souvient que Jésus lui a dit : « Avant que le coq chante, tu diras trois fois que tu ne me connais pas. » Pierre sort de la cour et il pleure beaucoup.

Jésus est conduit chez Pilate

27 1 Le matin, de bonne heure, les chefs des *prêtres et les *anciens du peuple décident tous ensemble de faire mourir Jésus. 2 Ils le font attacher, ils l'emmènent et le livrent à Pilate, le gouverneur romain.

La mort de Judas

3 Judas, celui qui a livré Jésus, voit qu'on l'a condamné. Alors il regrette ce qu'il a fait et il va rendre les 30 pièces d'argent aux chefs des *prêtres et aux *anciens. 4 Il leur dit : « J'ai péché, j'ai livré un innocent à la mort. » Ils lui répondent : « Cela nous est égal. C'est ton affaire ! » 5 Judas jette l'argent dans le temple

et il part. Ensuite il va se pendre. 6 Les chefs des prêtres ramassent l'argent en disant : « Nous n'avons pas le droit de le mettre avec les offrandes du temple. En effet, c'est le prix du sang. »

7 Ils se mettent d'accord et avec cet argent, ils achètent le champ du potier. Là, on enterrera les étrangers. 8 Voilà pourquoi ce champ s'appelle encore aujourd'hui le « champ du sang ». 9 Ainsi se réalise ce que le *prophète Jérémie a dit : « Ils ont pris les 30 pièces d'argent. C'est la somme que le peuple d'Israël a décidé de payer pour lui. 10 Ils les ont données pour acheter le champ du potier. C'est ce que le Seigneur m'a commandé de leur dire[x]. »

Jésus devant Pilate

11 On amène Jésus devant Pilate, le gouverneur. Le gouverneur l'interroge en lui disant : « Est-ce que tu es le roi des Juifs ? » Jésus lui répond : « C'est toi qui le dis. »

12 Ensuite, les chefs des *prêtres et les *anciens accusent Jésus, mais il ne répond rien. 13 Alors Pilate lui dit : « Tu n'entends pas tout ce qu'ils disent contre toi ? » 14 Mais Jésus ne donne aucune réponse à ce qu'ils disent, et le gouverneur est très étonné.

Jésus est condamné à mort

15 À chaque fête de la *Pâque, le gouverneur a l'habitude de libérer un prisonnier, celui que la foule veut. 16 À ce moment-là, il y a un prisonnier célèbre. Il s'appelle Jésus Barabbas. 17 Les gens se sont rassemblés, et Pilate leur demande : « Je vais vous libérer un prisonnier. Qui voulez-vous : Jésus Barabbas ou Jésus qu'on appelle *Messie ? » 18 En effet, Pilate sait bien qu'ils lui ont livré Jésus par jalousie.

19 Pendant que Pilate est assis au tribunal, sa femme envoie quelqu'un pour lui dire : « Ne t'occupe pas de l'affaire de cet homme innocent ! Cette nuit, dans un rêve, j'ai beaucoup souffert à cause de lui. »

20 Les chefs des *prêtres et les *anciens poussent la foule à demander Barabbas et à faire mourir Jésus. 21 Le gouverneur leur dit : « Je vais vous libérer un prisonnier. Lequel des deux voulez-vous ? » Ils répondent : « Barabbas ! » 22 Pilate leur demande : « Qu'est-ce que je vais donc faire de Jésus qu'on appelle Messie ? » Tout le monde répond : « Cloue-le sur une croix ! » 23 Pilate leur dit : « Qu'est-ce qu'il a donc fait de mal ? » Mais ils se mettent à crier encore plus fort : « Cloue-le sur une croix ! » 24 Pilate voit qu'il n'arrive à rien, et l'agitation est de plus en plus grande. Alors il prend de l'eau et il se lave les mains devant la foule en disant : « Je ne suis pas responsable de la mort de cet homme. C'est votre affaire ! » 25 Tout le peuple lui répond : « Nous acceptons d'être responsables de la mort de cet homme, nous et nos enfants ! » 26 Alors Pilate leur libère Barabbas. Il fait frapper Jésus à coups de fouet et il le livre aux soldats pour qu'ils le clouent sur une croix.

Les soldats se moquent de Jésus

27 Alors les soldats romains emmènent Jésus dans le palais du gouverneur. Ils rassemblent toute la troupe autour de lui. 28 Pour se moquer de lui, ils lui enlèvent ses vêtements et lui mettent un habit rouge[y]. 29 Ils tressent une couronne avec des branches épineuses et la posent sur sa tête. Ils lui placent un roseau[z] dans la main droite. Ensuite, ils se mettent à genoux devant lui et ils se moquent de lui en disant : « Salut, roi des Juifs ! »

30 Ils crachent sur lui et ils prennent le roseau pour le frapper sur la tête. 31 Quand ils ont fini de se moquer de Jésus, ils lui enlèvent l'habit rouge et lui remettent ses vêtements. Après cela, ils l'emmènent pour le clouer sur une croix.

Les soldats clouent Jésus sur une croix

32 Quand les soldats sortent de la ville, ils rencontrent un homme de Cyrène, appelé Si-

---

x **27.10** *Voir Zakarie 11.12-13 ; Jérémie 18.2-3 ; 19.1-2 ; 32.6-15.*

y **27.28** *Un habit rouge : c'est l'habit que les soldats romains portaient.*

z **27.29** *Ce roseau remplace le bâton du roi.*

mon. Ils l'obligent à porter la croix de Jésus. 33 Ils arrivent dans un endroit appelé Golgotha, ce qui veut dire « Le lieu du Crâne ». 34 Ils donnent à boire à Jésus du vin mélangé avec un liquide amer. Jésus le goûte et il ne veut pas en boire.

35 Ensuite, les soldats le clouent sur une croix. Ils *tirent au sort pour savoir qui aura ses vêtements. Puis ils les partagent entre eux, 36 et ils s'assoient là pour garder Jésus.

37 Au-dessus de sa tête, il y a une pancarte, elle indique pourquoi il est condamné. On a écrit : « C'est Jésus, le roi des Juifs. » 38 Les soldats clouent aussi deux bandits sur des croix à côté de Jésus, l'un à sa droite et l'autre à sa gauche.

39 Les gens qui passent par là secouent la tête et ils insultent Jésus 40 en disant : « Tu voulais détruire le temple et le reconstruire en trois jours. Eh bien, si tu es le Fils de Dieu, sauve-toi toi-même et descends de la croix ! »

41 Les chefs des *prêtres avec les *maîtres de la loi et les *anciens se moquent de Jésus. Ils disent : 42 « Il a sauvé les autres, mais il ne peut pas se sauver lui-même ! C'est le roi *d'Israël ! Maintenant, il n'a qu'à descendre de la croix, alors nous croirons en lui. 43 Il a fait confiance à Dieu. Eh bien, si Dieu l'aime, il n'a qu'à le sauver maintenant ! En effet, cet homme a dit : "Je suis Fils de Dieu." » 44 Même les bandits qu'on a cloués sur des croix à côté de Jésus l'insultent de la même façon.

La mort de Jésus

45 À partir de midi, il fait nuit dans tout le pays jusqu'à trois heures de l'après-midi. 46 Vers trois heures, Jésus crie très fort : « Éli, Éli, lema sabaktani ? » Cela veut dire : « Mon Dieu, mon Dieu, pourquoi m'as-tu abandonné [a] ? »
47 Parmi ceux qui sont là, certains l'entendent et disent : « Il appelle *Élie ! » 48 Aussitôt, l'un d'eux part en courant. Il prend une éponge et la trempe dans du vinaigre. Il met l'éponge au bout d'un roseau et la présente à Jésus pour qu'il boive. 49 Mais les autres disent : « Attends ! Nous allons voir si Élie vient le sauver ! »

50 De nouveau, Jésus pousse un grand cri et il meurt. 51 À ce moment-là, le grand rideau qui est dans le temple se déchire en deux morceaux, depuis le haut jusqu'en bas. La terre tremble, les rochers se fendent. 52 Les tombes s'ouvrent, et les corps de beaucoup d'amis de Dieu, qui étaient morts, se réveillent. 53 Plus tard, quand Jésus se réveille de la mort, ils sortent des tombes. Ils entrent dans Jérusalem, la ville *sainte, et ils se montrent à beaucoup de gens.

54 L'officier romain et les soldats qui gardent Jésus avec lui voient que la terre tremble. Ils voient aussi tout ce qui se passe. Alors ils ont très peur et ils disent : « Vraiment, cet homme était Fils de Dieu ! » 55 Beaucoup de femmes sont là, elles regardent de loin. Elles ont suivi Jésus depuis la Galilée, pour le servir. 56 Parmi elles, il y a Marie de Magdala, Marie la mère de Jacques et de Joseph, et la mère des fils de Zébédée.

Joseph met Jésus dans une tombe

57 C'est le soir, un homme riche arrive. Il est de la ville d'Arimathée et s'appelle Joseph. Lui aussi est *disciple de Jésus. 58 Il va voir Pilate, le gouverneur, et lui demande le corps de Jésus. Alors Pilate commande de lui donner le corps. 59 Joseph le prend et l'enveloppe dans un drap neuf. 60 Il met le corps dans la tombe qu'il vient de faire creuser pour lui-même dans le rocher. Ensuite, il roule une grosse pierre pour fermer l'entrée de la tombe, et il s'en va. 61 Marie de Magdala et l'autre Marie sont là, assises en face de la tombe.

Des soldats gardent la tombe

62 Le jour suivant arrive. C'est le jour qui suit la préparation du *sabbat. Les chefs des *prêtres et les *Pharisiens se réunissent chez *Pilate. 63 Et ils lui disent : « Excellence, nous nous souvenons d'une chose. Ce menteur a dit, quand il était encore vivant : "Après trois

a 27.46 *Psaume 22.2.*

jours, je me réveillerai de la mort.'' 64 Donc,
commande que des soldats gardent la tombe
jusqu'au troisième jour, sinon, ses *disciples
pourront venir voler son corps. Ils diront ensuite au peuple : "Il s'est réveillé de la
mort !" Ce dernier mensonge serait encore
plus grave que le premier ! » 65 Pilate leur
dit : « Voici des soldats ! Allez ! Faites garder
la tombe comme vous voulez ! » 66 Ils vont préparer la garde de la tombe. Ils bloquent la
pierre de l'entrée et ils mettent les soldats
pour la surveiller.

Jésus s'est réveillé de la mort

28 1 Après le *sabbat, le dimanche, au lever du jour, Marie de Magdala et l'autre Marie vont voir la tombe. 2 Tout à coup, il y
a un grand tremblement de terre. Un *ange du
Seigneur descend du *ciel. Il vient rouler la
pierre de la tombe et il s'assoit dessus. 3 Il
brille comme un éclair et ses vêtements sont
très blancs. 4 Les soldats qui gardent la tombe
sont effrayés. Ils se mettent à trembler et ils
deviennent comme des morts.

5 L'ange dit aux femmes : « Vous, n'ayez pas
peur. Je sais que vous cherchez Jésus, celui
qu'on a cloué sur une croix. 6 Il n'est pas ici,
il s'est réveillé de la mort, comme il l'a dit. Venez voir l'endroit où il était couché. 7 Ensuite,
allez vite dire à ses *disciples : "Il s'est réveillé
de la mort et il vous attend en Galilée. Vous le
verrez là-bas." Voilà ce que j'ai à vous dire. »

8 Les femmes quittent vite la tombe. Elles
ont peur, mais elles sont très joyeuses. Elles
courent annoncer la nouvelle aux disciples
de Jésus. 9 Tout à coup, Jésus vient à leur rencontre et il leur dit : « Je vous salue ! » Elles
s'approchent de lui, elles saisissent ses pieds
et l'adorent. 10 Alors Jésus leur dit : « N'ayez
pas peur. Allez dire à mes frères de partir
pour la Galilée. Ils me verront là-bas. »

L'histoire que les soldats racontent

11 Les femmes sont en route. Pendant ce
temps, quelques soldats qui gardaient la
tombe vont à la ville. Ils vont annoncer aux
chefs des *prêtres tout ce qui est arrivé.
12 Les chefs des prêtres se réunissent avec les
*anciens. Ils décident ensemble de donner
une grosse somme d'argent aux soldats. 13 Et
ils leur disent : « Voilà ce que vous raconte-
rez : "Les *disciples de Jésus sont venus pendant la nuit et ils ont volé son corps pendant
que nous dormions." 14 Si le gouverneur apprend cela, nous lui expliquerons l'affaire, et
vous n'aurez pas d'ennuis. » 15 Les soldats
prennent l'argent et ils font ce qu'on leur a
dit. À cause de cela, on raconte cette histoire
encore aujourd'hui parmi les habitants de la
Judée.

Jésus se montre à ses disciples

16 Les onze *disciples partent pour la Galilée. Ils arrivent sur la montagne où Jésus
leur a dit d'aller. 17 En voyant Jésus, ils l'adorent mais certains hésitent à croire. 18 Jésus
s'approche et leur dit : « J'ai reçu tout pouvoir
au *ciel et sur la terre. 19 Allez chez tous les
peuples pour que les gens deviennent mes disciples. Baptisez-les au nom du Père, du Fils et
de l'Esprit Saint. 20 Apprenez-leur à obéir à
tous les commandements que je vous ai donnés. Et moi, je suis avec vous tous les jours,
jusqu'à la fin du monde. »

Bonne Nouvelle selon Marc

INTRODUCTION

La Bonne Nouvelle selon Marc s'adresse à des chrétiens qui n'étaient pas tous d'origine juive. C'est l'évangile le plus court. Il ne contient pas de récit de l'enfance de Jésus. On n'y trouve pas non plus de longs discours de Jésus. Par contre, il offre beaucoup de récits de rencontres, de guérisons et de discussions. Dans certains cas, il fournit des détails qui ne sont pas dans les autres évangiles.

La Bonne Nouvelle selon Marc suit le plan général des trois premiers évangiles. Mais le récit a la forme d'un drame. Dès la première ligne, il présente Jésus comme ***le Fils de Dieu*** *(1.1). Vers la fin de l'évangile, le Fils de Dieu meurt, cloué sur une croix (15.39).*

Dans la première moitié du livre (1.1–8.26), Jésus ne veut pas que les gens découvrent tout de suite qui il est. Il guérit les malades, il chasse les esprits mauvais, il parle avec autorité. Les gens se demandent : « Qui est cet homme ? » Mais Jésus dit à ceux qui pensent le connaître : « Ne dites à personne qui je suis. »

La deuxième moitié du livre (8.27–16.20) amène à comprendre comment Jésus est Fils de Dieu.

Les gens religieux de l'empire romain admiraient les grands hommes qui étaient un peu comme des dieux. Ces hommes faisaient des actions extraordinaires, ils avaient du succès, ils étaient vainqueurs de toutes les difficultés.

Or, Jésus est Fils de Dieu en acceptant d'être tout à fait un homme et en obéissant à Dieu. Cela le conduit à souffrir et à mourir. Même les disciples de Jésus ne comprennent pas cela tout de suite. Ils abandonnent Jésus au moment où il va être condamné à mort. C'est un officier romain qui déclare en voyant mourir Jésus : « Vraiment, cet homme était Fils de Dieu ! »

Quand Jésus parle de lui-même, il se présente comme le ***Fils de l'homme****. Cette expression désigne celui à qui Dieu donne tout pouvoir, même le pouvoir de juger et de pardonner. Elle signifie aussi que Jésus a été vraiment un homme. Elle indique le mystère qui entoure sa personne et sa mission.*

La Bonne Nouvelle selon Marc pose la question : ***« Qui est Jésus ? »*** *Personne ne peut répondre tout de suite. Le livre de Marc fait suivre le chemin que Jésus a suivi. Il aide à comprendre peu à peu qui est Jésus.*

Jean-Baptiste lance cet appel : « Changez votre vie ! »

1 1 La Bonne Nouvelle de Jésus-Christ, Fils
de Dieu, commence ici. 2 Dans le livre
du *prophète Ésaïe, on lit :
« Moi, Dieu, je vais envoyer mon messager
devant toi,
pour préparer ton chemin.
3 Quelqu'un crie dans le désert :
"Préparez la route du Seigneur !
Faites-lui des chemins bien droits !" »[a]
4 Ainsi Jean-Baptiste vient dans le désert. Il
lance cet appel : « Faites-vous baptiser, pour
montrer que vous voulez changer votre vie,
et Dieu pardonnera vos péchés. » 5 Tous les
habitants de la région de Judée et de la ville
de Jérusalem viennent vers Jean. Ils avouent
leurs péchés devant tout le monde, et Jean
les baptise dans l'eau du Jourdain.
6 Jean porte un vêtement en poils de chameau et il a une ceinture de cuir autour de
la taille. Il mange des sauterelles et du miel
sauvage. 7 Il annonce : « Celui qui va venir
après moi est plus puissant que moi. Je ne
suis pas digne de me baisser pour lui enlever
ses sandales. 8 Moi, je vous ai baptisés dans
l'eau, mais lui, il vous baptisera dans l'Esprit
Saint. »

Le baptême de Jésus

9 Alors Jésus arrive de Nazareth, village de
Galilée. Jean le baptise dans le Jourdain.
10 Au moment où Jésus sort de l'eau, il voit
le *ciel s'ouvrir. Et il voit l'Esprit Saint descendre sur lui comme une *colombe. 11 Une
voix vient du ciel et lui dit : « Tu es mon
fils très aimé. C'est toi que j'ai choisi avec
joie. »

L'esprit du mal tente Jésus dans le désert

12 Tout de suite après, l'Esprit Saint envoie
Jésus dans le désert. 13 Pendant 40 jours, il
reste dans le désert et il est tenté par *Satan.
Jésus est avec les bêtes sauvages, et les *anges le servent.

Jésus annonce la Bonne Nouvelle en Galilée

14 Un jour, Jean est mis en prison. Alors Jésus va en Galilée. Il annonce la Bonne Nouvelle de Dieu 15 et il dit : « Le moment décidé
par Dieu est arrivé, et le *Royaume de Dieu
est tout près de vous. Changez votre vie et
croyez à la Bonne Nouvelle ! »

Jésus appelle les premiers disciples

16 Jésus marche le long du lac de Galilée. Il
voit Simon et André, le frère de Simon. Ce
sont des pêcheurs, et ils sont en train de jeter
un filet dans le lac. 17 Jésus leur dit : « Venez
avec moi, et je ferai de vous des pêcheurs
d'hommes. » 18 Aussitôt, ils laissent leurs filets
et ils suivent Jésus.
19 En allant un peu plus loin, Jésus voit
Jacques et Jean, deux frères. Ce sont les
fils de Zébédée. Ils sont dans leur barque
et réparent leurs filets. 20 Aussitôt Jésus les
appelle. Ils laissent leur père Zébédée dans
la barque avec les ouvriers, et ils s'en vont
avec Jésus.

Jésus guérit un homme qui a un esprit mauvais

21 Jésus et ses *disciples arrivent à la ville de
Capernaüm. Le jour du *sabbat, Jésus entre
dans la maison de prière et il se met à enseigner. 22 Ceux qui l'entendent sont très étonnés par sa façon d'enseigner. En effet, il
n'enseigne pas comme les *maîtres de la loi,
il le fait avec l'autorité que Dieu lui donne.
23 Juste à ce moment, un homme qui a un
esprit mauvais en lui entre dans la maison
de prière. Il se met à crier : 24 « Jésus de Nazareth, qu'est-ce que tu nous veux ? Est-ce que
tu es venu pour notre malheur ? Je sais bien
qui tu es, tu es le *Saint que Dieu a envoyé ! »
25 Jésus menace l'esprit mauvais en lui disant :
« Tais-toi et sors de cet homme ! » 26 L'esprit
mauvais secoue l'homme avec force et sort
de lui en poussant un grand cri. 27 Tous sont
très étonnés et ils se demandent entre eux :

---

a **1.3** *Ésaïe 40.3 cité d'après l'ancienne traduction grecque.*

« Qu'est-ce qui se passe ? Cet homme enseigne d'une façon nouvelle et avec assurance.
Il commande même aux esprits mauvais, et
ils lui obéissent ! » 28 Alors les gens se mettent
à parler de Jésus dans toute la région de la
Galilée.

Jésus guérit la belle-mère de Pierre

29 Jésus sort de la maison de prière et tout
de suite après, il va chez Simon et André. Jacques et Jean l'accompagnent. 30 La belle-mère
de Simon est couchée, avec de la fièvre. Aussitôt, on parle d'elle à Jésus. 31 Jésus s'approche, il lui prend la main, il la fait lever et
la fièvre la quitte. Ensuite la belle-mère de
Simon se met à les servir.

Jésus guérit beaucoup de malades

32 Le soir, après le coucher du soleil, les
gens amènent à Jésus tous les malades et
tous ceux qui ont des esprits mauvais.
33 Tous les habitants de la ville sont rassemblés devant la porte de la maison. 34 Jésus guérit toutes sortes de malades. Il chasse aussi
beaucoup d'esprits mauvais et il ne les laisse
pas parler, parce qu'ils savent qui est Jésus.

Jésus part de Capernaüm pour annoncer la Bonne Nouvelle

35 Le matin suivant, pendant qu'il fait encore nuit, Jésus se lève et sort de la maison.
Il va dans un endroit désert, et là, il se met à
prier. 36 Simon et ceux qui sont avec lui partent le chercher. 37 Ils le trouvent et lui disent : « Tout le monde te cherche. » 38 Jésus
leur répond : « Allons ailleurs, dans les villages
voisins. Là-bas aussi, je dois annoncer la
Bonne Nouvelle. En effet, c'est pour cela
que je suis venu. » 39 Et Jésus va dans toute
la Galilée. Il annonce la Bonne Nouvelle
dans les maisons de prière et il chasse les esprits mauvais.

Jésus guérit un lépreux

40 Un *lépreux s'approche de Jésus. Il se
met à genoux devant lui et lui demande son
aide en disant : « Si tu le veux, tu peux me
guérir. » 41 Jésus est plein de pitié pour lui. Il
tend la main, touche le lépreux et lui dit :
« Je le veux, sois guéri. » 42 Aussitôt la lèpre
quitte le malade, il est guéri. 43 Jésus parle
sévèrement à l'homme. Aussitôt après, il
le chasse en lui disant : 44 « Attention, ne
dis rien à personne ! Mais va te montrer au
*prêtre et offre le *sacrifice que Moïse a
commandé. Ainsi, tous auront la preuve que
tu es guéri. » 45 L'homme s'en va, mais il se
met à raconter partout, et à tout le monde,
ce qui s'est passé. C'est pourquoi Jésus ne
peut plus se montrer dans une ville, il reste
en dehors, dans des endroits déserts. Et les
gens viennent à lui de tous les côtés.

Jésus guérit un homme paralysé

2 1 Quelques jours après, Jésus revient à Capernaüm. On apprend qu'il est à la maison. 2 Beaucoup de monde se rassemble, et il
ne reste plus de place, même pas dehors devant la porte. Jésus leur annonce la parole de
Dieu. 3 Des gens arrivent pour lui amener un
homme paralysé. Quatre personnes portent le
malade, 4 mais, à cause de la foule, ils ne peuvent pas le placer devant Jésus. Alors, ils enlèvent une partie du toit au-dessus de l'endroit
où Jésus se trouve. Et, par ce trou, ils font descendre le paralysé couché sur sa natte.
5 Quand Jésus voit leur foi, il dit au paralysé :
« Tes péchés sont pardonnés. »

6 Quelques *maîtres de la loi sont assis dans
la maison et ils pensent : 7 « Quoi ? Cet
homme insulte Dieu ! Personne ne peut pardonner les péchés ! Dieu seul peut le faire ! »
8 Jésus comprend tout de suite ce que les maîtres de la loi pensent et il leur dit : « Pourquoi
avez-vous ces pensées-là ? 9 Qu'est-ce qui est
plus facile ? Dire au paralysé : "Tes péchés
sont pardonnés", ou lui dire : "Lève-toi,
prends ta natte et marche" ? 10 Eh bien, vous
devez le savoir : le *Fils de l'homme a le pouvoir de pardonner les péchés sur la terre. »
Alors Jésus dit au paralysé : 11 « Je te le demande, lève-toi, prends ta natte et rentre
chez toi ! »

12 Aussitôt, l'homme se lève devant tout le
monde, il prend sa natte et il sort. Tous les
gens sont très étonnés et ils disent : « Nous
n'avons jamais vu une chose pareille ! Vraiment, Dieu est grand ! »

Jésus appelle Lévi à le suivre

13 Jésus retourne au bord du lac de Galilée.
Une foule nombreuse vient auprès de lui, et il
les enseigne. 14 En passant, Jésus voit Lévi, le
fils d'Alphée, assis au bureau des impôts.
Jésus lui dit : « Suis-moi. » Lévi se lève et il
suit Jésus.

15 Ensuite, Jésus prend un repas dans la maison de Lévi. Beaucoup de gens mangent avec
Jésus et ses *disciples : ce sont des *employés
des impôts et des pécheurs. Ils sont nombreux
à suivre Jésus. 16 Des *Pharisiens, *maîtres de
la loi, sont là. Ils voient que Jésus mange avec
les pécheurs et avec les employés des impôts.
Alors ils disent aux disciples de Jésus : « Votre
maître mange avec les employés des impôts et
avec les pécheurs. Pourquoi donc ? »

17 Jésus les a entendus et il leur dit : « Les
gens en bonne santé n'ont pas besoin de médecin, ce sont les malades qui en ont besoin.
Je ne suis pas venu appeler ceux qui se croient
*justes, mais ceux qui se reconnaissent pé-
cheurs. »

Jésus parle du jeûne

18 Un jour, les *disciples de Jean-Baptiste et
les *Pharisiens sont en train de *jeûner. Des
gens viennent dire à Jésus : « Les disciples de
Jean et les disciples des Pharisiens sont en
train de jeûner, mais tes disciples à toi ne jeûnent pas. Pourquoi donc ? » 19 Jésus leur répond : « Est-ce que les invités à un mariage
peuvent jeûner quand le marié est avec
eux ? Pendant tout le temps où le marié est
avec eux, les invités mangent et boivent.
20 Mais le moment va venir où on leur enlèvera le marié. Alors, ce jour-là, ils jeûneront.

21 « Personne ne coud un morceau de tissu
neuf sur un vieux vêtement. Sinon, le morceau neuf arrache une partie du vieux vêtement, et le trou dans le vieux vêtement est
encore plus grand ! 22 Personne ne met du
vin nouveau dans de vieilles *outres. Sinon,
le vin fait éclater les outres, et on perd à la
fois le vin et les outres. Au contraire, il faut
mettre le vin nouveau dans des outres neuves. »

Le Fils de l'homme est le maître du sabbat

23 Un jour de *sabbat, Jésus traverse des
champs. Ses *disciples se mettent à arracher
des épis le long du chemin. 24 Les *Pharisiens
disent à Jésus : « Regarde, pourquoi est-ce que
tes disciples agissent ainsi ? Le jour du sabbat,
c'est interdit ! » 25 Jésus leur répond : « Vous
n'avez jamais lu ce que David a fait[b] ? Un
jour, il avait faim et ceux qui étaient avec lui
avaient faim aussi, mais ils n'avaient rien à
manger. 26 Il est entré dans la maison de
Dieu. C'était au temps où Abiatar était
*grand-prêtre. David a mangé les pains qui
étaient offerts à Dieu, et il en a donné aussi
à ceux qui l'accompagnaient. Pourtant, seuls
les prêtres avaient le droit d'en manger ! »
27 Et Jésus ajoute : « Dieu a fait le sabbat pour
les êtres humains, il n'a pas fait les êtres humains pour le sabbat. 28 C'est pourquoi le
*Fils de l'homme est le maître même du sab-
bat. »

Jésus guérit un homme à la main paralysée

3 1 Ensuite, Jésus retourne dans la maison
de prière. Là, il y a un homme qui a la
main paralysée. 2 Les gens regardent Jésus
avec attention pour voir s'il va guérir cet
homme un jour de *sabbat. En effet, ils cherchent une raison de l'accuser. 3 Jésus dit à
l'homme qui a la main paralysée : « Lève-toi,
ici, devant tout le monde ! » 4 Ensuite, il dit à
ceux qui sont là : « Le jour du sabbat, qu'est-ce
qu'il est permis de faire ? Du bien ou du mal ?
De sauver la vie de quelqu'un, ou de le laisser
mourir ? » Mais ils ne répondent pas. 5 Jésus
les regarde tous avec colère, il est triste parce
qu'ils ne veulent pas comprendre. Il dit à
l'homme : « Tends ta main ! » L'homme tend
sa main et elle est guérie ! 6 Les *Pharisiens
sortent de la maison de prière.

Aussitôt, ils se réunissent avec les gens du
parti *d'Hérode Antipas, pour voir comment
faire mourir Jésus.

---

b **2.25** *Voir 1 Samuel 21.2-7.*

Une foule nombreuse vient trouver Jésus

7 Jésus part avec ses *disciples vers le lac de
Galilée. Une foule nombreuse le suit. Les gens
viennent de Galilée, de Judée, 8 de Jérusalem,
de l'Idumée[c], de la région qui est de l'autre
côté du Jourdain et des environs de Tyr et
de Sidon. Cette grande foule vient voir Jésus,
parce qu'elle a appris tout ce qu'il fait. 9 Alors
Jésus dit à ses disciples : « Préparez-moi une
barque, pour que la foule ne m'écrase pas ! »
10 En effet, Jésus a guéri beaucoup de gens,
et tous ceux qui souffrent de maladies se précipitent sur lui pour le toucher. 11 Quand les
esprits mauvais voient Jésus, ils se jettent
à ses pieds en criant : « Tu es le Fils de
Dieu ! » 12 Mais Jésus leur commande sévèrement : « Ne dites pas qui je suis. »

Jésus choisit les douze apôtres

13 Ensuite, Jésus va dans la montagne. Il appelle les hommes qu'il veut, et ils viennent auprès de lui. 14 Parmi eux, il en choisit douze, et
il leur donne le nom *d'apôtres. Il les choisit
pour les avoir avec lui et pour les envoyer annoncer le *Royaume de Dieu. 15 Il leur donne
aussi le pouvoir de chasser les esprits mauvais. 16 Voici les douze apôtres : Simon, à qui
Jésus donne le nom de Pierre ; 17 Jacques, fils
de Zébédée, et Jean, frère de Jacques : Jésus
leur donne le nom de Boanergès, c'est-à-dire
« les hommes pareils au tonnerre » ; 18 André,
Philippe, Barthélemy, Matthieu, Thomas, Jacques fils d'Alphée, Thaddée, Simon qu'on appelle le nationaliste[d] 19 et Judas Iscariote, celui
qui va livrer Jésus.

La famille de Jésus veut l'emmener loin de la foule

20 Jésus revient à la maison. Une grande
foule se rassemble de nouveau. Alors Jésus
et ses *disciples n'ont même pas le temps de
manger ! 21 Les gens de la famille de Jésus apprennent cela et ils se mettent en route pour
venir le prendre. En effet, ils disent : « Jésus
est devenu fou ! »

Jésus répond à ceux qui l'accusent

22 Les *maîtres de la loi, qui sont venus de
Jérusalem, disent : « Jésus a en lui *Satan, le
chef des esprits mauvais ! Et c'est Satan qui
lui donne le pouvoir de chasser ces esprits. »
23 Alors Jésus appelle les maîtres de la loi et
il leur dit, en utilisant des comparaisons :
« Comment Satan, l'esprit du mal, peut-il
chasser l'esprit du mal ? 24 Quand les habitants
d'un royaume font la guerre entre eux, ce
royaume ne peut pas continuer à exister.
25 Et quand les gens d'une famille se battent
entre eux, cette famille ne pourra pas continuer à exister. 26 Si Satan est en guerre contre
lui-même, ou si Satan n'est pas d'accord avec
lui-même, son pouvoir ne peut pas durer.
Pour lui, c'est la fin.
27 « Si quelqu'un veut entrer dans la maison
d'un homme fort et voler toutes ses richesses,
il doit d'abord attacher l'homme fort. Ensuite,
il peut tout voler dans la maison.
28 « Je vous le dis, c'est la vérité : les gens
recevront le pardon pour tous leurs péchés
et pour toutes leurs insultes contre Dieu.
29 Mais si quelqu'un insulte l'Esprit Saint, il
ne pourra jamais recevoir le pardon. Il reste
toujours coupable. »
30 Jésus parle de cette façon aux maîtres de
la loi parce qu'ils ont dit : « Il a un esprit mauvais en lui. »

La vraie famille de Jésus

31 Ensuite, la mère et les frères de Jésus
arrivent. Ils restent dehors et ils envoient
quelqu'un dans la maison pour l'appeler.
32 Beaucoup de gens sont assis autour de Jésus,
et on lui dit : « Ta mère et tes frères sont là,
dehors, ils veulent te voir. » 33 Jésus répond :
« Qui est ma mère ? Qui sont mes frères ? »
34 Il regarde les gens qui sont assis autour de

---

c 3.8 *L'Idumée : territoire situé au sud de la Judée.*

d 3.18 *À l'époque de Jésus, les nationalistes étaient des Juifs qui résistaient aux Romains en luttant pour l'indépendance de leur pays.*

lui, et il dit : « Voici ma mère et mes frères. 35 Oui, si quelqu'un fait la volonté de Dieu, cette personne est mon frère, ma sœur, ma mère. »

L'histoire du semeur

4 1 De nouveau, Jésus se met à enseigner, au bord du lac. Une foule très nombreuse se rassemble autour de lui. C'est pourquoi il monte dans une barque qui est sur le lac, et il s'assoit. La foule reste à terre, au bord de l'eau. 2 Jésus leur enseigne beaucoup de choses en utilisant des comparaisons. Dans son enseignement, il leur dit : 3 « Écoutez ! Le semeur va au champ pour semer. 4 Pendant qu'il sème, une partie des graines tombe au bord du chemin. Les oiseaux viennent et ils mangent tout. 5 Une autre partie des graines tombe dans les pierres, là où il n'y a pas beaucoup de terre. Elles poussent tout de suite, parce que la terre n'est pas profonde. 6 Mais, quand le soleil est très chaud, il brûle les petites plantes. Et elles sèchent, parce qu'elles n'ont pas de racines. 7 Une autre partie des graines tombe au milieu des plantes épineuses. Ces plantes poussent et étouffent les graines. Alors celles-ci ne donnent rien. 8 Une autre partie des graines tombe dans la bonne terre. Les plantes poussent, elles se développent et produisent des épis : les uns donnent 30 grains, d'autres 60, et d'autres 100 ! » 9 Et Jésus ajoute : « Celui qui a des oreilles pour écouter, qu'il écoute ! »

Pourquoi Jésus utilise des comparaisons

10 Quand Jésus est loin de la foule, les douze *apôtres et ceux qui sont avec Jésus lui demandent : « Pourquoi est-ce que tu utilises des comparaisons ? » 11 Jésus leur répond : « Dieu vous donne, à vous, la vérité cachée du *Royaume de Dieu, mais les autres gens entendent seulement les comparaisons. 12 Ainsi,

"ils regardent, mais ils ne voient pas.
Ils entendent, mais ils ne comprennent pas.
S'ils comprenaient, ils se tourneraient vers Dieu,
et Dieu leur pardonnerait[e]." »

L'histoire de la Parole

13 Ensuite, Jésus dit à ceux qui sont là : « Vous ne comprenez pas l'histoire du semeur ? Alors, comment allez-vous comprendre toutes les histoires qui parlent du *Royaume ? 14 Le semeur sème la parole de Dieu. 15 Certaines graines sont tombées au bord du chemin. Le bord du chemin, ce sont les gens qui entendent la Parole. Mais *Satan arrive tout de suite et il enlève la Parole semée dans leur cœur. 16 D'autres graines sont tombées dans les pierres. Le sol plein de pierres, ce sont les gens qui entendent la Parole, et qui la reçoivent aussitôt avec joie. 17 Mais la Parole n'a pas de racines en eux, ils changent facilement d'avis. Ensuite, quand il y a une difficulté, ou quand on veut les faire souffrir à cause de la Parole, ils abandonnent tout de suite. 18 D'autres graines sont tombées au milieu des plantes épineuses. Le sol couvert de plantes épineuses, ce sont les gens qui entendent la Parole, 19 mais qui s'inquiètent pour les choses de ce monde. Ils cherchent de fausses richesses et ils ont beaucoup d'autres désirs. À cause de cela, la Parole est étouffée, et elle ne produit rien. 20 D'autres graines sont tombées dans la bonne terre. La bonne terre, ce sont les gens qui entendent la Parole et qui la reçoivent. Ils donnent des fruits : les uns 30, d'autres 60, d'autres 100 ! »

Écouter avec attention

21 Jésus leur dit encore : « Quand quelqu'un apporte une lampe, ce n'est pas pour la mettre sous un seau ou sous un lit ! Au contraire, il la place bien en haut. 22 Tout ce qui est caché, on pourra le voir, tout ce qui est secret, cela paraîtra en pleine lumière. 23 Celui qui a des oreilles pour écouter, qu'il écoute ! » 24 Jésus leur dit encore : « Faites bien attention à ce que vous entendez ! Dieu vous donnera comme vous donnez aux autres, et même, il

---

e **4.12** *Ésaïe 6.9-10 cité d'après l'ancienne traduction grecque.*

fera plus que vous ! 25 En effet, celui qui a quelque chose, on lui donnera encore plus. Mais celui qui n'a rien, on lui enlèvera même le peu de choses qu'il a. »

Les graines qui poussent toutes seules

26 Jésus dit encore : « Le *Royaume de Dieu ressemble à ceci : Un homme sème des graines dans son champ. 27 Ensuite, il continue à dormir pendant la nuit et à se lever chaque jour. Et pendant ce temps, les graines poussent et grandissent, mais cet homme ne sait pas comment. 28 La terre fait elle-même pousser d'abord la plante, puis l'épi, enfin les grains dans l'épi. 29 Et, dès que les grains sont mûrs, on se met au travail avec la faucille, parce que c'est le moment de la récolte. »

La graine de moutarde

30 Jésus dit encore : « À quoi peut-on comparer le *Royaume de Dieu ? Avec quelle histoire est-ce qu'on peut en parler ? 31 Le Royaume de Dieu ressemble à une graine de moutarde. Quand on la sème dans la terre, c'est la plus petite de toutes les graines du monde. 32 Mais ensuite, elle pousse et elle devient la plus grande de toutes les plantes. Elle a des branches si grandes que les oiseaux peuvent faire leurs nids sous son ombre. »

33 Jésus annonce à tout le monde la parole de Dieu, en racontant beaucoup d'histoires de cette sorte. Il le fait dans la mesure où ils peuvent comprendre. 34 Jésus leur parle toujours avec des comparaisons. Mais, quand il est seul avec ses *disciples, il leur explique tout.

Jésus calme la tempête

35 Le soir de ce jour-là, Jésus dit à ses *disciples : « Allons de l'autre côté du lac ! »

36 Ils quittent la foule, et les disciples font partir la barque où Jésus se trouve. Il y a d'autres barques à côté d'eux. 37 Un vent très violent se met à souffler. Les vagues se jettent sur la barque, et beaucoup d'eau entre déjà dans la barque. 38 Jésus est à l'arrière, il dort, la tête sur un coussin. Ses disciples le réveillent et lui disent : « Maître, nous allons mourir ! Cela ne te fait rien ? »

39 Jésus se réveille. Il menace le vent et dit au lac : « Silence ! Calme-toi ! » Alors le vent s'arrête de souffler, et tout devient très calme. 40 Jésus dit à ses disciples : « Pourquoi est-ce que vous avez peur ? Vous n'avez donc pas encore de foi ? » 41 Mais les disciples sont effrayés et ils se disent entre eux : « Qui donc est cet homme ? Même le vent et l'eau lui obéissent ! »

Jésus guérit un homme qui a un esprit mauvais

5 1 Jésus et ses *disciples arrivent de l'autre côté du lac, dans le pays des Géraséniens. 2 Jésus descend de la barque. Aussitôt, un homme sort du cimetière et vient à sa rencontre. Cet homme a un esprit mauvais en lui. 3 Il habite parmi les tombes. Personne ne peut plus le tenir attaché, même avec une chaîne. 4 En effet, on a souvent attaché ses mains et ses pieds avec des chaînes, mais il les a toutes cassées et personne n'a la force de le faire tenir tranquille. 5 Tout le temps, le jour et la nuit, il vit parmi les tombes et sur les collines. Il pousse des cris et se blesse avec des pierres.

6 Quand il voit Jésus de loin, il court et se met à genoux devant lui. 7 Il crie d'une voix forte : « Jésus, Fils du Dieu très-haut, qu'est-ce que tu me veux ? Je t'en prie, au nom de Dieu, ne me fais pas de mal ! » 8 Il dit cela parce que Jésus lui donne cet ordre : « Esprit mauvais, sors de cet homme ! » 9 Jésus demande à l'homme : « Comment t'appelles-tu ? » Il lui répond : « Je m'appelle "Armée", parce que nous sommes nombreux. » 10 Et il supplie Jésus en insistant : « Ne chasse pas ces esprits loin du pays ! »

11 Il y a là un grand troupeau de cochons. Ils cherchent leur nourriture près de la colline. 12 Les esprits mauvais supplient Jésus en disant : « Envoie-nous dans ces cochons. Laisse-nous entrer en eux ! » 13 Jésus leur donne la permission. Alors les esprits mauvais sortent de l'homme et ils entrent dans les cochons. Le troupeau compte à peu près 2 000 cochons. Ils se précipitent tous du haut de la pente dans le lac et ils se noient.

14 Les gardiens du troupeau partent en courant, ils vont raconter la nouvelle dans la ville

et dans les villages. Les gens viennent voir ce qui s'est passé. 15 Ils arrivent auprès de Jésus et voient l'homme qui avait les esprits mauvais. Il est assis, maintenant, il porte des vêtements et il est normal. Alors les gens ont peur. 16 Ceux qui ont tout vu racontent aux autres ce qui est arrivé à l'homme aux esprits mauvais, et ce qui est arrivé aux cochons. 17 Les gens se mettent à supplier Jésus en disant : « Quitte notre pays ! »

18 Jésus monte dans la barque. L'homme qui avait les esprits mauvais lui demande : « S'il te plaît, je veux rester avec toi ! » 19 Jésus n'accepte pas, mais il lui dit : « Retourne chez toi, dans ta famille. Raconte tout ce que le Seigneur a fait pour toi et comment il a eu pitié de toi. » 20 L'homme s'en va. Il se met à annoncer dans la région des Dix Villes[f] tout ce que Jésus a fait pour lui, et tout le monde est très étonné.

Jésus guérit une femme et rend la vie à une petite fille

21 Quand Jésus revient en barque de l'autre côté du lac, une grande foule se rassemble autour de lui. Il est au bord du lac. 22 Un des chefs de la maison de prière arrive. Il s'appelle Jaïrus. Il voit Jésus, se jette à ses pieds 23 et il le supplie en insistant : « Ma petite fille est mourante. Viens poser les mains sur sa tête pour qu'elle guérisse et qu'elle vive ! » 24 Jésus s'en va avec lui. Une foule nombreuse l'accompagne et les gens sont très serrés autour de Jésus.

25 Dans la foule, il y a une femme qui perd du sang depuis douze ans. 26 Elle a beaucoup souffert chez de nombreux médecins. Elle a dépensé tout son argent, mais elle ne va pas mieux, au contraire, elle va plus mal. 27 Cette femme a entendu parler de Jésus. Alors elle vient dans la foule derrière lui, et elle touche son vêtement. 28 En effet, elle se dit : « Si je touche au moins ses vêtements, je serai guérie. » 29 Aussitôt son sang s'arrête de couler et elle se rend compte qu'elle est guérie de sa maladie. 30 Au même moment, Jésus sent qu'une force est sortie de lui. Il se retourne au milieu de la foule et il demande : « Qui a touché mes vêtements ? » 31 Ses *disciples lui répondent : « Tu le vois bien, la foule est très serrée autour de toi, et tu demandes : "Qui m'a touché ?" » 32 Mais Jésus regarde autour de lui, pour voir qui a fait cela. 33 La femme tremble de peur, parce qu'elle sait ce qui lui est arrivé. Elle vient se jeter aux pieds de Jésus et elle lui dit toute la vérité. 34 Jésus lui dit : « Ta foi t'a sauvée. Va en paix et sois guérie de ta maladie. »

35 Pendant que Jésus dit cela, des gens arrivent de la maison de Jaïrus et ils disent à celui-ci : « Ta fille est morte, ne dérange plus le maître. » 36 Mais Jésus a entendu ces mots et il dit au chef de la maison de prière : « N'aie pas peur, crois seulement ! » 37 Il ne permet à personne de l'accompagner, sauf à Pierre, Jacques et Jean, le frère de Jacques. 38 Ils arrivent à la maison de Jaïrus. Là, il y a beaucoup de bruit. Jésus voit que les gens pleurent et poussent de grands cris. 39 Il entre dans la maison et leur dit : « Pourquoi faites-vous tout ce bruit ? Et pourquoi est-ce que vous pleurez ? La petite fille n'est pas morte, mais elle dort. »

40 Les gens se moquent de lui. Alors Jésus fait sortir tout le monde, il prend avec lui le père et la mère de l'enfant et ses trois disciples. Il entre dans la pièce où la petite fille se trouve. 41 Il la prend par la main et lui dit : « Talita koum ! » Cela veut dire : « Petite fille, je te le dis, lève-toi ! »

42 La petite fille se lève tout de suite et elle se met à marcher. Elle a douze ans. Ceux qui sont là sont très étonnés, 43 mais Jésus leur demande avec force : « Ne dites rien à personne. » Ensuite il leur dit : « Donnez-lui quelque chose à manger. »

Les gens de Nazareth ne croient pas en Jésus

6 1 Jésus quitte cet endroit et il va à Nazareth, la ville où il a grandi. Ses *disciples l'accompagnent. 2 Le jour du *sabbat, il se

f **5.20** *Région située au sud-est du lac de Galilée.*

met à enseigner dans la maison de prière. Il y a beaucoup de gens. En l'écoutant, ils sont très étonnés et ils disent : « Qui lui a appris tout cela ? Cette sagesse qu'il a reçue, qu'est-ce que c'est ? Et ces miracles qu'il fait, comment les fait-il ? 3 Pourtant, c'est bien le charpentier, le fils de Marie, le frère de Jacques, de José, de Jude et de Simon, et ses sœurs vivent ici chez nous ! » Cela empêche les gens de Nazareth de croire en Jésus. 4 Alors Jésus leur dit : « Un *prophète est respecté partout, sauf dans sa ville, dans sa famille et dans sa maison. » 5 Jésus ne peut faire aucun miracle à Nazareth. Pourtant, il guérit quelques malades en posant les mains sur leur tête. 6 Et il s'étonne parce que les gens ne croient pas.

Jésus envoie les douze apôtres

Ensuite, Jésus va enseigner dans tous les villages qui sont autour de Nazareth. 7 Il appelle les douze *apôtres et il se met à les envoyer deux par deux. Il leur donne pouvoir sur les esprits mauvais. 8 Voici ce qu'il leur commande : « Pour la route, ne prenez rien avec vous, sauf un bâton : pas de pain, pas de sac, pas d'argent dans votre poche. 9 Mettez des sandales, mais emportez un seul vêtement. » 10 Jésus leur dit encore : « Quand on vous recevra dans une maison, restez-y jusqu'au moment où vous quitterez l'endroit. 11 Quand les gens ne voudront pas vous accueillir quelque part, quand ils ne voudront pas vous écouter, partez en secouant la poussière de vos pieds[g]. De cette façon, vous leur montrerez qu'ils ont mal agi. »
12 Les *disciples partent et ils demandent aux gens : « Changez votre vie ! » 13 Ils chassent beaucoup d'esprits mauvais, et ils guérissent beaucoup de malades, en versant de l'huile sur eux.

Hérode et Jésus

14 Le roi *Hérode Antipas entend parler de Jésus, parce qu'il est devenu célèbre. Les uns disent : « C'est Jean-Baptiste qui s'est réveillé de la mort ! Voilà pourquoi il a le pouvoir de faire des miracles. » 15 D'autres disent : « C'est un *prophète, comme un des prophètes d'autrefois. » 16 Quand Hérode entend cela, il dit : « C'est Jean-Baptiste ! Je lui ai fait couper la tête, mais il s'est réveillé de la mort ! »

La mort de Jean-Baptiste

17-18 Voici l'histoire de la mort de Jean-Baptiste. *Hérode Antipas a pris pour femme Hérodiade, la femme de son frère Philippe. Jean dit à Hérode : « Tu n'as pas le droit de prendre la femme de ton frère. » Alors Hérode lui-même commande d'arrêter Jean, il le fait attacher et mettre en prison. 19 Hérodiade déteste Jean et elle veut le faire mourir. Mais elle n'y arrive pas, 20 parce qu'Hérode respecte Jean. Il sait que c'est un homme *juste et *saint, et il le protège. Quand Hérode écoute Jean, il ne sait plus ce qu'il faut penser. Pourtant, il aime bien l'écouter.

21 Mais un jour, Hérodiade trouve une bonne occasion pour faire mourir Jean. C'est l'anniversaire d'Hérode et celui-ci donne un grand repas. Il invite les notables, les chefs de l'armée et les gens importants de Galilée. 22 La fille d'Hérodiade entre dans la salle et elle se met à danser. Elle plaît à Hérode et à ceux qui mangent avec lui. Alors le roi dit à la jeune fille : « Demande-moi ce que tu veux, et je te le donnerai. » 23 Puis il lui fait ce serment : « Je te donnerai ce que tu me demanderas, même la moitié de mon royaume. » 24 La jeune fille sort et dit à sa mère : « Qu'est-ce que je vais demander ? » Sa mère lui répond : « Demande la tête de Jean-Baptiste. »

25 La jeune fille se dépêche de retourner auprès du roi et elle lui dit : « Je veux que tu me donnes tout de suite, sur un plat, la tête de Jean-Baptiste. » 26 Le roi devient tout triste. Mais il n'ose pas repousser sa demande, parce qu'il a fait un serment devant les invités. 27 Aussitôt, il donne cet ordre à un soldat : « Va, et apporte-moi la tête de Jean. » Le soldat

---

g **6.11** *Ce geste veut dire que les disciples ne s'occupent plus des gens de cette ville. Ils ne veulent rien leur devoir, pas même la poussière qui est sous leurs pieds.*

part et il va dans la prison pour couper la tête de Jean. 28 Il apporte la tête sur un plat, il la donne à la jeune fille, et la jeune fille la donne à sa mère. 29 Quand les *disciples de Jean apprennent cela, ils viennent prendre son corps et ils le mettent dans une tombe.

Jésus nourrit une grande foule

30 Les *apôtres se réunissent auprès de Jésus. Ils lui racontent tout ce qu'ils ont fait et ce qu'ils ont enseigné. 31 Jésus leur dit : « Venez avec moi dans un endroit isolé, loin de tout le monde, pour vous reposer un peu. » En effet, il y a beaucoup de gens qui vont et viennent, et les apôtres n'ont même pas le temps de manger.

32 Ils partent dans une barque, seuls, pour aller dans un endroit isolé. 33 Mais les gens les voient partir, et beaucoup les reconnaissent. Alors ils viennent en courant de toutes les villes et ils arrivent avant Jésus et ses disciples.

34 Quand Jésus descend de la barque, il voit une grande foule. Son cœur est plein de pitié. En effet, les gens sont comme des moutons sans berger, et il se met à leur enseigner beaucoup de choses. 35 Il est déjà tard. Les disciples s'approchent de Jésus et lui disent : « Il est déjà tard et cet endroit est isolé. 36 Renvoie les gens dans les fermes et les villages des environs. Là, ils pourront acheter quelque chose à manger. » 37 Jésus répond à ses disciples : « Donnez-leur vous-mêmes à manger ! » Ils lui disent : « Est-ce que nous devons aller acheter du pain pour 200 pièces d'argent[h] ? Ainsi nous leur donnerons à manger. » 38 Jésus leur dit : « Vous avez combien de pains ? Allez voir. » Ils se renseignent et lui répondent : « Nous avons cinq pains et deux poissons. »

39 Jésus donne cet ordre à ses disciples : « Dites à tout le monde de s'asseoir par groupes sur l'herbe verte. » 40 Les gens s'assoient, par groupes de 100 et par groupes de 50. 41 Jésus prend les cinq pains et les deux poissons. Il lève les yeux vers le *ciel et dit une prière de *bénédiction. Il partage les pains et les donne aux disciples. Alors les disciples les distribuent à la foule. Jésus partage aussi les deux poissons entre tout le monde. 42 Tous mangent autant qu'ils veulent. 43 On emporte les morceaux de pain et les poissons qui restent : cela remplit douze paniers ! 44 Et il y a 5 000 hommes qui ont mangé.

Jésus marche sur l'eau

45 Tout de suite après, Jésus oblige ses *disciples à monter dans la barque. Il veut qu'ils passent avant lui de l'autre côté du lac, vers la ville de Bethsaïda. Pendant ce temps, il veut faire partir la foule. 46 Jésus la renvoie donc, puis il s'en va dans la montagne pour prier. 47 Quand la nuit arrive, la barque est au milieu du lac, et Jésus est seul, à terre. 48 Il voit que ses disciples ont du mal à ramer, parce que le vent souffle contre eux. Alors, vers la fin de la nuit, Jésus vient vers eux en marchant sur l'eau, il veut les dépasser. 49 Les disciples le voient marcher sur l'eau et ils croient que c'est un fantôme[i]. Ils se mettent à crier. 50 En effet, tous le voient et ils sont effrayés. Mais Jésus leur parle tout de suite en disant : « Rassurez-vous, c'est moi ! N'ayez pas peur ! »

51 Il monte à côté d'eux dans la barque, et le vent s'arrête de souffler. Les disciples sont profondément étonnés. 52 En effet, ils n'ont pas compris ce qui s'est passé, quand Jésus a partagé les pains. Leur cœur est fermé.

Jésus guérit des malades dans la région de Génésareth

53 Jésus et ses *disciples finissent de traverser le lac et ils arrivent dans la région de Génésareth. 54 Ils descendent de la barque et les gens reconnaissent Jésus tout de suite.

---

h **6.37** *À l'époque de Jésus, une pièce d'argent correspondait au salaire d'un ouvrier pour une journée de travail. Voir Matthieu 20.2.*

i **6.49** *Certaines personnes croient qu'il existe des fantômes. Pour elles, un fantôme est un mort qui revient parmi les vivants, sous une forme qui fait peur.*

55 Alors ils courent dans toute la région. Ils se
mettent à apporter les malades sur leurs nattes, partout où ils entendent dire : « Jésus est
là ! » 56 Partout où Jésus va, dans les villages,
les villes, les fermes, les gens viennent mettre
les malades sur les places et ils le supplient :
« Laisse-les seulement toucher le bord de ton
vêtement ! » Et tous ceux qui le touchent
sont guéris.

La tradition des ancêtres

7 1 Les *Pharisiens et quelques *maîtres de
la loi sont venus de Jérusalem, et ils se
rassemblent autour de Jésus. 2 Ils voient que
certains *disciples mangent avec des mains
*impures, c'est-à-dire non lavées selon la cou-
tume religieuse.

3 En effet, les Pharisiens et tous les autres
Juifs obéissent à la tradition de leurs ancêtres :
avant de manger, ils se lavent toujours les
mains avec soin. 4 Quand ils reviennent de la
place publique, ils se lavent toujours avant de
manger. Ils respectent aussi beaucoup d'autres coutumes qu'ils ont reçues des ancêtres :
par exemple, la façon de laver les verres, les
pots et les plats.

5 C'est pourquoi les Pharisiens et les maîtres de la loi disent à Jésus : « Tes disciples
ne vivent pas selon la tradition des ancêtres.
Ils mangent avec des mains impures. Pourquoi
donc ? » 6 Jésus leur répond : « Vous êtes des
hommes faux ! Ésaïe avait raison quand il a
parlé de vous de la part de Dieu. On lit
en effet :

"Ce peuple me respecte en paroles seulement,
mais son cœur est très loin de moi.
7 Ils me font des prières et des *sacrifices,
mais cela ne vaut rien.
En effet,
ce qu'ils enseignent avec assurance,
ce sont des commandements humains[j]." »

8 Jésus dit encore : « Vous abandonnez le
commandement de Dieu, vous obéissez à la
tradition des hommes. 9 Vous êtes très habiles
pour abandonner le commandement de Dieu
et pour garder votre tradition à vous ! 10 En
effet, Moïse a dit : "Respecte ton père et ta
mère." Il a dit aussi : "Celui qui maudit son
père ou sa mère, il faut le faire mourir."[k]
11 Mais vous, vous dites aux gens : "Tu peux
dire à ton père ou à ta mère : J'aurais bien
quelque chose à te donner pour t'aider. Malheureusement, c'est Corban, c'est-à-dire une
offrande pour Dieu." 12 Ainsi vous leur permettez de ne plus rien faire pour leur père
ou pour leur mère. 13 Ainsi, vous vous servez
de votre tradition pour supprimer la parole
de Dieu ! Et vous faites beaucoup d'autres choses comme celle-là ! »

Ce qui rend une personne impure

14 Ensuite, Jésus appelle de nouveau la foule
et il dit aux gens : « Vous tous, écoutez-moi et
comprenez bien ceci. 15 Aucune chose de l'extérieur ne peut rendre une personne *impure
quand elle entre en elle. Au contraire, ce qui
sort du cœur, voilà ce qui rend une personne
impure. [16] »

17 Jésus quitte la foule et il entre dans la maison. Alors ses *disciples l'interrogent sur
ce qu'il vient de dire. 18 Jésus leur répond :
« Vous non plus, vous n'êtes pas encore capables de comprendre ? Aucune chose de l'extérieur ne peut rendre une personne impure
quand elle entre en elle. Vous ne comprenez
donc pas cela ? 19 Ces choses n'entrent pas
dans son cœur, mais dans son ventre, et ensuite elles sortent du corps. » Par ces paroles,
Jésus montre qu'on peut manger de tous les
aliments.

20 Il leur dit encore : « Ce qui sort d'une personne, voilà ce qui la rend impure. 21 En effet,
les mauvais désirs sortent de l'intérieur, du
cœur humain. Ainsi, les gens ont une vie immorale, ils volent, ils tuent les autres, 22 ils
commettent *l'adultère, ils veulent avoir toujours plus. Ils font du mal aux autres, ils
les trompent. Ils se conduisent n'importe
comment, ils sont jaloux. Ils disent du mal

---

j **7.7** *Ésaïe 29.13 cité d'après l'ancienne traduction grecque.*

k **7.10** *Exode 20.12 ; Deutéronome 5.16 et Exode 21.17.*

des autres, ils sont orgueilleux, ils manquent de sagesse. 23 Tout ce mal sort de l'intérieur d'une personne et la rend impure. »

Une femme non juive croit en Jésus

24 Ensuite, Jésus quitte cet endroit et il va dans la région de Tyr. Il entre dans une maison et il ne veut pas qu'on sache qu'il est là, mais les gens l'apprennent. 25-26 En effet, une femme entend parler de Jésus. Cette femme n'est pas juive, elle est née en Syrie, dans la région de Phénicie. Sa fille a un esprit mauvais en elle. La mère vient aussitôt se jeter aux pieds de Jésus et elle lui dit : « Je t'en prie, chasse l'esprit mauvais de ma fille ! » 27 Jésus lui dit : « Laisse d'abord les enfants manger leur part. Ce n'est pas bien de prendre la nourriture des enfants et de la jeter aux petits chiens. » 28 La femme lui répond : « Seigneur, pourtant même les petits chiens mangent les miettes que les enfants laissent tomber sous la table. » 29 Jésus lui dit : « À cause de cette parole, l'esprit mauvais est sorti de ta fille, tu peux rentrer chez toi. » 30 La femme rentre chez elle et elle trouve son enfant couchée sur le lit. L'esprit mauvais est sorti de la fille.

Jésus guérit un homme sourd et muet

31 Ensuite, Jésus quitte la région de Tyr. Il passe par Sidon. Il revient vers le lac de Galilée en traversant la région des Dix Villes[l]. 32 Des gens lui amènent un homme qui est sourd et qui parle difficilement. Ils supplient Jésus : « Pose la main sur sa tête ! » 33 Alors Jésus emmène l'homme avec lui, loin de la foule. Il met les doigts dans ses oreilles, puis il lui touche la langue avec sa main mouillée de salive. 34 Ensuite, Jésus lève les yeux vers le *ciel, il pousse un soupir et dit : « Effata ! » Cela veut dire : « Ouvre-toi ! »

35 Aussitôt, les oreilles de l'homme s'ouvrent, sa langue est guérie et il peut parler normalement. 36 Jésus donne cet ordre aux gens : « Ne dites rien à personne ! » Mais chaque fois qu'il leur commande cela, les gens racontent encore plus ce que Jésus a fait. 37 Ils sont profondément étonnés et ils disent : « Tout ce qu'il fait est vraiment bien ! Il fait entendre les sourds et il fait parler les muets ! »

Jésus nourrit 4 000 personnes

8 1 Un autre jour, une grande foule se rassemble de nouveau. Les gens n'ont rien à manger. Alors Jésus appelle ses *disciples et il leur dit : 2 « J'ai pitié de cette foule. Depuis trois jours déjà, ils sont avec moi et ils n'ont rien à manger. 3 Si je leur dis de rentrer chez eux, sans manger, ils n'auront pas la force de continuer leur chemin. En effet, quelques-uns sont venus de loin. » 4 Ses disciples lui répondent : « Comment peut-on donner à manger à tous ces gens, ici, dans cet endroit désert ? » 5 Jésus leur demande : « Vous avez combien de pains ? » Ils lui disent : « Sept. »

6 Jésus commande à la foule de s'asseoir par terre. Il prend les sept pains et il remercie Dieu. Il partage les pains et les donne aux disciples pour qu'ils les distribuent à la foule. 7 Ils ont encore quelques petits poissons. Jésus dit une prière de *bénédiction pour les poissons et il demande à ses disciples de les distribuer aussi. 8 Les gens mangent autant qu'ils veulent. Les disciples emportent sept paniers pleins de morceaux qui restent. 9 Et pourtant, il y avait environ 4 000 personnes ! Ensuite, Jésus les renvoie. 10 Tout de suite après, il monte dans la barque avec ses disciples et il va dans la région de Dalmanouta.

Les Pharisiens demandent un miracle à Jésus

11 Des *Pharisiens arrivent et se mettent à discuter avec Jésus. Ils veulent lui tendre un piège et lui disent : « Fais un miracle devant nous ! Ainsi tu nous prouveras que c'est Dieu qui t'envoie ! » 12 Jésus pousse un grand soupir et dit : « Pourquoi est-ce que les gens d'aujourd'hui demandent un miracle ? Je vous le dis, c'est la vérité : les gens d'aujourd'hui ne verront aucun miracle. » 13 En-

---

l 7.31 *Voir Marc 5.20 et la note.*

suite, Jésus quitte les Pharisiens, il monte dans la barque et il part de l'autre côté du lac.

Les disciples ne comprennent rien

14 Les *disciples ont oublié de prendre du pain. Ils ont un seul pain avec eux dans la barque. 15 Jésus leur donne cet ordre : « Faites attention ! Méfiez-vous du *levain des *Pharisiens et du levain *d'Hérode ! » 16 Alors les disciples se disent entre eux : « Nous n'avons pas de pain. »

17 Jésus s'en aperçoit et leur demande : « Pourquoi est-ce que vous dites entre vous : "Nous n'avons pas de pain" ? Est-ce que vous ne savez pas encore ? Vous ne comprenez pas encore ? Vous avez donc l'intelligence fermée ? 18 Vous avez des yeux, est-ce que vous ne voyez pas ? Vous avez des oreilles, est-ce que vous n'entendez pas ? Souvenez-vous donc ! 19 Quand j'ai partagé les cinq pains pour les 5 000 hommes, vous avez emporté des paniers pleins de morceaux. Combien ? » Ils répondent : « Douze paniers. » 20 Jésus continue : « Et quand j'ai partagé les sept pains pour les 4 000 personnes, vous avez emporté des paniers pleins de morceaux. Combien ? » Ils répondent : « Sept paniers. » 21 Alors Jésus leur dit : « Et vous ne comprenez pas encore ? »

Jésus guérit un aveugle à Bethsaïda

22 Jésus et ses *disciples arrivent à Bethsaïda. Les gens amènent un aveugle et ils demandent à Jésus de le toucher. 23 Jésus prend l'aveugle par la main et le conduit en dehors du village. Il met de la salive sur les yeux de l'homme, il pose les mains sur lui et lui demande : « Est-ce que tu vois quelque chose ? » 24 L'aveugle ouvre les yeux et il dit : « Je vois les gens, je les vois comme des arbres, mais ils marchent. » 25 Jésus pose encore une fois les mains sur les yeux de l'aveugle, et celui-ci voit clairement. Il est guéri et il distingue tout, même de loin. 26 Jésus lui dit : « Retourne chez toi et ne rentre pas dans le village. »

Pierre affirme que Jésus est le Messie

27 Jésus part avec ses *disciples vers les villages voisins de Césarée de Philippe. Sur le chemin, il demande à ses disciples : « Pour les gens, qui suis-je ? » 28 Les disciples lui répondent : « Les uns disent que tu es Jean-Baptiste. D'autres disent que tu es *Élie. D'autres encore disent que tu es l'un des *prophètes. » 29 Jésus leur demande : « Mais vous, qu'est-ce que vous dites ? Qui suis-je ? » Pierre lui répond : « Tu es le *Messie. » 30 Alors Jésus leur commande sévèrement : « Ne dites rien à personne ! »

Jésus annonce qu'il va mourir et se relever de la mort

31 Ensuite, Jésus commence à enseigner ceci à ses *disciples : « Il faut que le *Fils de l'homme souffre beaucoup. Les *anciens, les chefs des *prêtres et les *maîtres de la loi ne voudront pas de lui. Ils le feront mourir. Et, trois jours après, il se relèvera de la mort. » 32 Il leur dit cela très clairement. Alors Pierre prend Jésus à part et il se met à lui faire des reproches. 33 Jésus se retourne, il regarde ses disciples et il fait des reproches à Pierre. Il lui dit : « Va-t'en ! Passe derrière moi, *Satan ! Tu ne penses pas comme Dieu, mais comme les hommes ! »

Les disciples doivent être prêts à donner leur vie comme Jésus

34 Ensuite, Jésus appelle la foule avec ses *disciples et il leur dit : « Si quelqu'un veut venir avec moi, il ne doit plus penser à lui-même. Il doit porter sa croix[m] et me suivre. 35 En effet, celui qui veut sauver sa vie la perdra. Mais celui qui perdra sa vie à cause de moi et de la Bonne Nouvelle, il la sauvera. 36 Si une personne gagne toutes les richesses du monde, mais si elle perd sa vie, à quoi cela lui sert-il ? 37 Qu'est-ce qu'on peut payer en échange de la vie ? 38 Les gens d'aujourd'hui sont pécheurs et infidèles à Dieu. Si quelqu'un a honte de moi et de mes paroles

m **8.34** *Porter sa croix veut dire : être prêt à donner sa vie comme Jésus.*

au milieu de ces gens-là, alors moi, le *Fils de l'homme, j'aurai honte de lui quand je viendrai avec les *anges *saints, dans la *gloire de mon Père. »

9 1 Jésus leur dit encore : « Je vous le dis, c'est la vérité : quelques-uns ici ne mourront pas avant de voir le *Royaume de Dieu venir avec puissance. »

Pierre, Jacques et Jean voient Jésus dans la gloire de Dieu

2 Six jours après, Jésus emmène avec lui Pierre, Jacques et Jean. Il les conduit sur une haute montagne, loin des gens. Là, ils sont seuls avec lui. Sous leurs yeux, Jésus change d'aspect. 3 Ses vêtements deviennent extraordinairement brillants. Personne sur la terre ne peut rendre des vêtements aussi blancs. 4 Les trois *disciples voient aussi *Élie et Moïse, qui parlent avec Jésus. 5 Alors Pierre dit à Jésus : « Maître, c'est une bonne chose pour nous d'être ici. Nous allons faire trois abris, un pour toi, un pour Moïse, et un pour Élie. »

6 En effet, Pierre ne sait pas quoi dire. Il est effrayé et les autres disciples aussi. 7 Un nuage arrive et les couvre de son ombre. Une voix vient du nuage et dit : « Celui-ci est mon Fils très aimé. Écoutez-le ! » 8 Les disciples regardent autour d'eux, mais soudain, ils ne voient plus personne. Jésus est seul avec eux.

9 Pendant qu'ils descendent de la montagne, Jésus leur donne cet ordre : « Ne racontez à personne ce que vous avez vu, jusqu'à ce que le *Fils de l'homme se relève de la mort. » 10 Ils obéissent à cette parole, mais ils se demandent entre eux : « Qu'est-ce que cela veut dire, "se relever de la mort" ? » 11 Ensuite ils demandent à Jésus : « Les *maîtres de la loi disent : "Élie doit venir d'abord." Pourquoi donc ? » 12 Jésus leur dit : « Oui, Élie doit venir d'abord pour tout remettre en ordre. Mais dans les Livres Saints, on lit aussi : "Le Fils de l'homme doit beaucoup souffrir, et on le méprisera." Pourquoi donc ? 13 Pourtant, je vous le dis, Élie est déjà venu, et les gens lui ont fait tout ce qu'ils ont voulu, comme les Livres Saints l'ont annoncé. »

Jésus guérit un enfant qui a un esprit mauvais

14 Quand ils arrivent auprès des autres *disciples, ils voient une grande foule autour d'eux. Des *maîtres de la loi sont en train de discuter avec eux. 15 En voyant Jésus, la foule est très étonnée. Tout de suite, les gens courent vers lui pour le saluer. 16 Jésus demande à ses disciples : « De quoi est-ce que vous discutez avec eux ? »

17 Quelqu'un dans la foule lui répond : « Maître, je t'ai amené mon fils. Il a en lui un esprit mauvais qui l'empêche de parler. 18 Cet esprit peut le prendre n'importe où. Alors il le jette par terre, l'enfant a de la salive qui sort de sa bouche, il grince des dents, et son corps devient raide. J'ai demandé à tes disciples de chasser cet esprit mauvais, mais ils n'ont pas eu la force de le faire. » 19 Jésus leur dit : « Vous, les gens d'aujourd'hui, vous n'avez pas la foi ! Je vais rester avec vous combien de temps encore ? Je vais vous supporter combien de temps encore ? Amenez-moi l'enfant ! »

20 On lui amène l'enfant. Quand l'esprit mauvais voit Jésus, aussitôt il secoue l'enfant avec force. Celui-ci tombe, il se roule par terre, et de la salive sort de sa bouche. 21 Jésus demande au père : « Cela lui arrive depuis quand ? » Le père répond : « Depuis qu'il est petit. 22 L'esprit l'a souvent poussé dans le feu et dans l'eau, pour le faire mourir. Mais si tu peux faire quelque chose, aie pitié de nous et aide-nous ! » 23 Jésus lui répond : « Pourquoi est-ce que tu dis : "Si tu peux faire quelque chose..." ? Tout est possible pour celui qui croit ! » 24 Aussitôt le père de l'enfant se met à crier : « Je crois ! Mais aide-moi, parce que je n'ai pas assez de foi ! »

25 Jésus voit qu'une foule nombreuse se rassemble. Alors il menace l'esprit mauvais en lui disant : « Esprit qui empêches de parler et d'entendre, sors de cet enfant et ne rentre plus jamais en lui ! C'est un ordre ! » 26 L'esprit pousse des cris, il secoue l'enfant avec force et il sort. L'enfant a l'air d'être mort, et beaucoup de gens disent : « Il est mort. » 27 Mais Jésus le prend par la main,

il l'aide à se lever, et l'enfant se met debout.
28 Ensuite Jésus rentre à la maison. Quand
ses disciples sont seuls avec lui, ils lui demandent : « Et nous, nous n'avons pas pu chasser
cet esprit. Pourquoi donc ? » 29 Jésus leur répond : « C'est seulement par la prière qu'on
peut faire sortir ce genre d'esprit. »

Une deuxième fois, Jésus annonce qu'il va mourir et se relever de la mort

30 Ils quittent cet endroit et ils traversent la
Galilée. Jésus ne veut pas qu'on sache où il
est. 31 En effet, il enseigne ceci à ses *disciples : « Le *Fils de l'homme va être livré aux
mains des hommes. Ils vont le faire mourir,
et trois jours après, il se relèvera de la
mort. » 32 Mais les disciples ne comprennent
pas ce qu'il leur dit, et ils ont peur de lui poser
des questions.

Qui est le plus important parmi les disciples ?

33 Ils arrivent à Capernaüm. Quand ils sont
dans la maison, Jésus demande à ses *disciples : « De quoi est-ce que vous avez discuté
en marchant ? » 34 Mais les disciples se taisent.
En effet, sur le chemin, ils ont discuté entre
eux pour savoir qui était le plus important.
35 Alors Jésus s'assoit, il appelle les douze
*apôtres et leur dit : « Si quelqu'un veut être
le premier, il doit être le dernier de tous et
le serviteur de tous. »
36 Ensuite il prend un enfant, il le met au
milieu du groupe, l'embrasse et il dit aux disciples : 37 « Si quelqu'un reçoit un de ces enfants à cause de moi, c'est moi qu'il reçoit.
Et cette personne qui me reçoit, ce n'est pas
moi qu'elle reçoit, elle reçoit celui qui m'a envoyé. »

Celui qui n'est pas contre Jésus est pour lui

38 Jean dit à Jésus : « Maître, nous avons vu
quelqu'un qui chasse les esprits mauvais en
ton nom. Nous avons voulu l'empêcher de le
faire, parce qu'il n'est pas avec nous. » 39 Jésus lui dit : « Ne l'empêchez pas. En effet, si
quelqu'un fait un miracle en mon nom, il ne
peut pas dire du mal de moi tout de suite
après. 40 Celui qui n'est pas contre nous, est
pour nous. 41 Je vous le dis, c'est la vérité : si
une personne vous donne à boire un verre
d'eau, parce que vous appartenez au *Christ,
elle recevra sa récompense. »

Attention de ne pas tomber dans le péché

42 « Supposons ceci : quelqu'un fait tomber
dans le péché l'un de ces petits qui croient
en moi. Eh bien, il vaut mieux qu'on attache
une grosse pierre au cou de cette personne,
et qu'on la jette dans la mer. 43 Si ta main te
fait tomber dans le péché, coupe-la. En effet,
pour toi, il vaut mieux entrer dans la vraie
vie avec une seule main. C'est mieux que de
garder tes deux mains, et d'aller dans le lieu
de souffrance, là où la souffrance brûle toujours comme un feu. [44] 45 Si ton pied te fait
tomber dans le péché, coupe-le. Pour toi, il
vaut mieux entrer dans la vraie vie avec un
seul pied. C'est mieux que de garder les
deux pieds, et d'être jeté dans le lieu de souffrance. [46] 47 Si ton œil te fait tomber dans le
péché, arrache-le. Pour toi, il vaut mieux entrer dans le *Royaume de Dieu avec un seul
œil. C'est mieux que de garder les deux
yeux, et d'être jeté dans le lieu de souffrance.
48 Là, les vers ne meurent pas et la souffrance
brûle toujours comme un feu. 49 Tout le
monde passera par le feu de la souffrance et
recevra du sel pour devenir *pur. 50 Le sel
est une bonne chose. Mais quand le sel perd
son goût, comment lui rendre son bon goût ?
Ayez du sel en vous-mêmes et vivez en paix
les uns avec les autres. »

Un homme ne doit pas renvoyer sa femme

10 1 Ensuite, Jésus quitte cet endroit. Il va
dans la région de Judée, qui est de l'autre côté du Jourdain. De nouveau, les foules se
rassemblent auprès de lui, et il les enseigne,
comme il en a l'habitude.
2 Des *Pharisiens s'approchent de Jésus, ils
veulent lui tendre un piège et lui demandent :
« Est-ce qu'un homme a le droit de renvoyer
sa femme ? » 3 Jésus leur demande à son
tour : « Quel est le commandement que Moïse

vous a donné ? » 4 Ils lui répondent : « Moïse a permis à l'homme d'écrire une lettre de divorce pour renvoyer sa femme. » 5 Jésus leur dit : « Moïse a écrit ce commandement pour vous, parce que votre cœur est fermé. 6 Mais au commencement, quand Dieu a créé le monde, "il a fait l'homme et la femme. 7 C'est pourquoi l'homme quittera son père et sa mère pour vivre avec sa femme. 8 Et les deux deviendront comme une seule personne."[n] Ainsi, ils ne sont plus deux, mais ils sont comme une seule personne. 9 Ne séparez donc pas ce que Dieu a uni. »

10 Quand les *disciples sont de retour à la maison, ils posent encore des questions à Jésus. 11 Il leur dit : « Quand un homme renvoie sa femme et se marie avec une autre, il commet un *adultère envers la première. 12 Et quand une femme quitte son mari et se marie avec un autre, elle commet un adultère. »

Jésus bénit des enfants

13 Des gens amènent des enfants à Jésus pour qu'il les touche. Mais les *disciples leur font des reproches. 14 En voyant cela, Jésus se met en colère et il dit à ses disciples : « Laissez les enfants venir à moi. Ne les empêchez pas. En effet, le *Royaume de Dieu appartient à ceux qui sont comme les enfants. 15 Je vous le dis, c'est la vérité : si quelqu'un ne reçoit pas le Royaume de Dieu comme un enfant, cette personne ne pourra jamais y entrer. » 16 Ensuite, Jésus embrasse les enfants et il les *bénit en posant les mains sur leur tête.

L'homme riche et Jésus

17 Au moment où Jésus veut partir, un homme arrive en courant. Il se met à genoux devant lui et lui demande : « Bon maître, qu'est-ce que je dois faire pour recevoir la vie avec Dieu pour toujours ? » 18 Jésus lui répond : « Pourquoi m'appelles-tu bon ? Personne n'est bon, sauf Dieu ! 19 Tu connais les commandements : Ne tue personne. Ne commets pas *d'adultère. Ne vole pas. Ne *témoigne pas faussement contre quelqu'un. Ne fais pas de mal aux autres. Respecte ton père et ta mère.[o] »

20 L'homme lui dit : « Maître, j'obéis à tout cela depuis ma jeunesse. » 21 Jésus le regarde avec amour et lui dit : « Une seule chose te manque : va, vends ce que tu as et donne l'argent aux pauvres. Alors tu auras des richesses auprès de Dieu. Ensuite, viens et suis-moi. » 22 Mais quand cet homme entend cela, il prend un air sombre et il s'en va tout triste parce qu'il possède beaucoup de choses.

23 Jésus regarde ses *disciples qui sont autour de lui, et il leur dit : « Pour ceux qui ont des richesses, c'est vraiment difficile d'entrer dans le *Royaume de Dieu ! » 24 Les disciples sont très étonnés par ces paroles, mais Jésus leur dit encore : « Mes amis, c'est vraiment difficile d'entrer dans le Royaume de Dieu ! 25 Est-ce qu'un chameau peut passer facilement par le trou d'une aiguille ? Eh bien, pour un riche, c'est encore plus difficile d'entrer dans le Royaume de Dieu. » 26 Les disciples sont de plus en plus étonnés et ils se disent entre eux : « Mais alors, qui peut être sauvé ? » 27 Jésus les regarde et leur dit : « Pour les hommes, c'est impossible, mais non pour Dieu. En effet, pour Dieu, tout est possible. »

28 Alors Pierre lui dit : « Écoute ! Nous, nous avons tout quitté pour te suivre. » 29 Jésus lui répond : « Je vous le dis, c'est la vérité : si quelqu'un quitte maison, frères, sœurs, mère, père, enfants et champs à cause de moi et de la Bonne Nouvelle, 30 cette personne recevra cent fois plus dès maintenant, dans ce monde. Elle recevra des maisons, des frères, des sœurs, des mères, des enfants et des champs. En même temps, elle souffrira à cause de moi. Et dans le monde qui vient, elle recevra la vie avec Dieu pour toujours. 31 Parmi ceux qui sont les premiers maintenant, beaucoup se-

n **10.8** *Genèse 1.27 et 2.24.*

o **10.19** *Exode 20.12-16 ; Deutéronome 5.16-20.*

ront les derniers. Et parmi ceux qui sont les
derniers maintenant, beaucoup seront les
premiers. »

Une troisième fois, Jésus annonce qu'il va mourir et se relever de la mort

32 Jésus et ceux qui le suivent sont en route,
ils montent à Jérusalem. Jésus marche devant
eux. Ses disciples sont effrayés, et ceux qui les
accompagnent ont peur. De nouveau, Jésus
prend avec lui les douze *apôtres pour leur
parler. Il se met à leur dire ce qui va bientôt
lui arriver : 33 « Écoutez ! Nous montons à Jérusalem. Le *Fils de l'homme va être livré
aux chefs des *prêtres et aux *maîtres de la
loi. Ils vont le condamner à mort et le livrer
à ceux qui ne connaissent pas Dieu. 34 Ceux-
ci vont se moquer de lui, ils cracheront sur
lui, ils le frapperont à coups de fouet, puis
ils le feront mourir. Mais trois jours après, il
se relèvera de la mort. »

La demande de Jacques et de Jean

35 Ensuite, Jacques et Jean, les deux fils de
Zébédée, viennent auprès de Jésus et ils lui
disent : « Maître, nous allons te demander
quelque chose, et nous souhaitons que tu
acceptes. » 36 Jésus leur dit : « Qu'est-ce que
vous voulez que je fasse pour vous ? » 37 Ils
lui répondent : « Quand tu seras dans ta
*gloire, permets-nous de nous asseoir à côté
de toi, l'un à ta droite et l'autre à ta gauche. »
38 Jésus leur dit : « Vous ne savez pas ce que
vous demandez. Est-ce que vous pouvez boire
la *coupe de souffrance que je vais boire ? Est-
ce que vous pouvez être plongés dans la souffrance, comme je vais l'être ? » 39 Ils lui répondent : « Nous le pouvons. » Jésus leur dit :
« Oui, vous boirez la coupe que je vais boire,
et vous serez plongés dans la souffrance
comme moi. 40 Mais je ne peux pas décider
qui sera assis à ma droite ou à ma gauche.
C'est Dieu qui a préparé ces places pour certains, c'est à eux qu'il les donnera. »

41 Les dix autres *disciples entendent cela
et ils se mettent en colère contre Jacques et
Jean. 42 Alors Jésus les appelle auprès de lui
et il leur dit : « Vous le savez, ceux qu'on
regarde comme les chefs des peuples les
commandent comme des maîtres. Et les gens
importants font peser leur pouvoir sur les autres. 43 Mais entre vous, cela ne se passe pas
ainsi. Au contraire, si l'un de vous veut être
important, il doit être votre serviteur. 44 Et si
l'un de vous veut être le premier, il doit être
l'esclave de tous. 45 En effet, le *Fils de
l'homme n'est pas venu pour être servi. Il
est venu pour servir et donner sa vie pour libérer un grand nombre de gens. »

Jésus guérit l'aveugle Bartimée

46 Jésus et ses *disciples arrivent à Jéricho,
puis ils sortent de la ville avec une grande
foule. Un aveugle appelé Bartimée, fils de Ti-
mée, est assis au bord du chemin, c'est un
mendiant. 47 Quand il apprend que Jésus de
Nazareth arrive, il se met à crier : « Jésus,
*Fils de David, aie pitié de moi ! » 48 Beaucoup
de gens lui font des reproches et lui disent :
« Tais-toi ! » Mais l'aveugle crie encore plus
fort : « Fils de David, aie pitié de moi ! » 49 Jésus s'arrête et dit : « Appelez-le. » Les gens
appellent l'aveugle en lui disant : « Courage !
Lève-toi, il t'appelle ! »

50 L'aveugle jette son manteau, il se lève
d'un bond et il va vers Jésus. 51 Jésus lui
demande : « Qu'est-ce que tu veux ? Qu'est-
ce que je peux faire pour toi ? » L'aveugle lui
dit : « Maître, fais que je voie comme avant ! »
52 Jésus lui dit : « Va ! Ta foi t'a sauvé ! » Aussitôt l'aveugle voit comme avant et il se met à
suivre Jésus sur le chemin.

Jésus entre à Jérusalem

11 1 Jésus et ses *disciples approchent de
Jérusalem. Ils sont près de Bethfagé et
de Béthanie, vers le mont des Oliviers. Jésus
envoie deux disciples 2 en leur disant : « Allez
dans le village qui est devant vous. Là, vous
verrez tout de suite un petit âne attaché
avec une corde. Personne ne s'est encore assis
sur lui. Détachez-le, et amenez-le ici. 3 Quelqu'un va peut-être vous demander : "Pourquoi est-ce que vous faites cela ?" Vous
répondrez : "Le Seigneur en a besoin, mais il
va le renvoyer ici tout de suite." »

4 Les disciples partent. Ils trouvent un petit âne dehors, dans la rue, attaché à la porte d'une maison. Ils le détachent. 5 Des gens sont là. Quelques-uns leur demandent : « Qu'est-ce que vous faites ? Pourquoi est-ce que vous détachez ce petit âne ? »

6 Les disciples répondent ce que Jésus a dit, et on les laisse partir. 7 Les disciples amènent le petit âne auprès de Jésus. Ils mettent leurs vêtements sur l'âne, et Jésus s'assoit dessus. 8 Beaucoup de gens étendent leurs vêtements sur le chemin. D'autres y mettent des branches vertes qu'ils ont coupées dans les champs. 9 Ceux qui marchent devant Jésus et ceux qui le suivent crient : « *Gloire à Dieu ! Que Dieu *bénisse celui qui vient en son nom ! 10 Que Dieu bénisse le *Royaume qui vient, le royaume de David notre ancêtre ! Gloire à Dieu au plus haut des *cieux ! »

11 Jésus arrive à Jérusalem et il entre dans le temple. Après qu'il a tout regardé autour de lui, il part pour Béthanie avec les douze *apôtres. En effet, c'est déjà le soir.

Le figuier sans figues

12 Le jour suivant, ils sortent de Béthanie. Jésus a faim. 13 Il voit de loin un *figuier avec des feuilles et il s'approche pour chercher des fruits. Mais, quand il est près de l'arbre, il ne trouve que des feuilles. En effet, ce n'est pas la saison des figues. 14 Alors Jésus dit au figuier : « Personne ne mangera plus jamais de tes fruits ! » Et ses *disciples entendent cela.

Jésus dans le temple

15 Ils arrivent à Jérusalem. Jésus entre dans le temple. Il se met à chasser ceux qui vendent et ceux qui achètent dans le temple. Il renverse les tables de ceux qui changent de l'argent[p], il renverse aussi les chaises des marchands de *colombes. 16 Et il ne laisse personne transporter des objets à travers le temple. 17 Ensuite, il enseigne ceci aux gens : « Dans les Livres Saints, Dieu a dit : "On appellera ma maison : Maison de prière pour tous les peuples." » Et Jésus ajoute : « Mais vous, vous en avez fait un abri pour les voleurs ! »[q]

18 Les chefs des *prêtres et les *maîtres de la loi apprennent ce qui se passe. Ils cherchent comment faire mourir Jésus. En effet, ils ont peur de lui parce que toute la foule admire son enseignement. 19 Quand le soir arrive, Jésus et ses *disciples sortent de la ville.

La foi et la prière

20 Le matin suivant, en passant le long du chemin, ils voient le *figuier. Il est complètement sec jusqu'aux racines. 21 Pierre se souvient de ce qui s'est passé et il dit à Jésus : « Maître, regarde ! Tu as jeté une malédiction au figuier, il est devenu tout sec ! » 22 Alors Jésus dit à ses *disciples : « Croyez en Dieu. 23 Supposons ceci : quelqu'un dit à cette montagne : "Va-t'en et jette-toi dans la mer !" Je vous le dis, c'est la vérité, si cette personne n'hésite pas dans son cœur, mais si elle croit que sa parole va se réaliser, alors Dieu la réalisera. 24 C'est pourquoi je vous le dis : quand vous priez pour demander quelque chose, croyez que vous l'avez reçu, et Dieu vous le donnera. 25 Et quand vous êtes debout pour prier, pardonnez à ceux qui vous ont fait du mal. Alors votre Père qui est dans les *cieux vous pardonnera aussi vos fautes. [26] »

Qui a donné à Jésus le pouvoir d'agir ainsi ?

27 De nouveau, Jésus et ses *disciples entrent dans Jérusalem. Pendant que Jésus marche dans le temple, les chefs des *prêtres, les *maîtres de la loi et les *anciens s'approchent de lui. 28 Ils lui demandent : « De quel droit est-ce que tu fais ces choses ? Qui t'a donné le pouvoir de les faire ? » 29 Jésus leur dit : « Je vais vous poser une seule question, répondez-moi. Ensuite, je vous dirai de quel droit je

p 11.15 *Les Juifs venus des pays étrangers changent leur argent. Ensuite, ils peuvent acheter les animaux des sacrifices et payer l'impôt du temple.*

q 11.17 *Ésaïe 56.7 et Jérémie 7.11.*

fais ces choses. 30 Qui a envoyé Jean baptiser ?
Est-ce que c'est Dieu ou les hommes ? »
31 Ils discutent entre eux et se disent : « Si
nous répondons : "C'est Dieu", Jésus va
nous dire : "Vous n'avez pas cru ce que Jean
disait. Pourquoi donc ?" 32 Mais si nous répondons : "Ce sont les hommes", alors... » Ils ont
peur de la foule. En effet, tout le monde pense
que Jean était vraiment un *prophète. 33 C'est
pourquoi ils répondent à Jésus : « Nous ne
savons pas. » Et Jésus leur dit : « Moi non
plus, je ne vous dis pas de quel droit je fais
ces choses. »

Les vignerons méchants

12 1 Après cela, Jésus se met à leur parler
en utilisant des comparaisons. Il leur
dit : « Un homme plante une *vigne. Il l'entoure d'un mur, il creuse un trou pour le pressoir[r] à raisin, il construit une tour pour
surveiller la vigne. Ensuite, il laisse la vigne
à des vignerons et il part en voyage. 2 Au moment de la récolte, il envoie un serviteur vers
les vignerons pour aller chercher son raisin.
3 Mais les vignerons prennent le serviteur,
ils le frappent et le renvoient sans rien lui donner. 4 Le maître envoie un autre serviteur. Les
vignerons le frappent à la tête et l'insultent.
5 Le maître envoie encore un autre serviteur,
et les vignerons le tuent. Le maître envoie encore beaucoup d'autres serviteurs. Les vignerons frappent les uns et ils tuent les autres.
6 Le maître n'a plus que son fils très aimé. Il
l'envoie en dernier vers les vignerons, en se
disant : "Ils respecteront mon fils." 7 Mais
ces vignerons méchants se disent entre eux :
"C'est lui qui sera le propriétaire plus tard !
Venez ! Tuons-le, et la vigne sera à nous !"
8 Ils prennent le fils, ils le tuent et ils jettent
son corps en dehors de la vigne. » 9 Jésus demande : « Qu'est-ce que le propriétaire de la
vigne va faire ? Il va venir, il va tuer les vignerons, et il donnera la vigne à d'autres. 10 Vous
avez sûrement lu ces phrases dans les Livres
Saints :

"La pierre que les maçons ont rejetée
est devenue la pierre principale de la maison.
11 C'est le Seigneur qui a fait cela.
Quelle action magnifique à nos yeux[s] !" »

12 Les chefs religieux cherchent un moyen
pour arrêter Jésus. En effet, ils comprennent
qu'il a raconté cette histoire contre eux.
Mais ils ont peur de la foule. Alors ils laissent
Jésus et s'en vont.

Est-il permis de payer l'impôt à l'empereur ?

13 Les chefs religieux envoient auprès de
Jésus des *Pharisiens et des gens du parti
*d'Hérode Antipas. Ils veulent lui tendre un
piège en le faisant parler. 14 Ils viennent dire
à Jésus : « Maître, nous le savons, tu dis la
vérité et tu n'as peur de personne. Tu ne
regardes pas l'importance des gens, mais tu
enseignes en toute vérité ce que Dieu nous demande de faire. Dis-nous : est-il permis ou non
de payer l'impôt à l'empereur romain ? Est-ce
que nous devons payer, oui ou non ? »
15 Mais Jésus comprend que ce sont des
hommes faux et il leur dit : « Pourquoi est-ce
que vous me tendez un piège ? Faites-moi
voir une pièce d'argent[t]. » 16 Ils lui apportent
une pièce d'argent et Jésus leur dit : « Sur
cette pièce, il y a l'image et le nom de quelqu'un. De qui donc ? » Ils lui répondent :
« De l'empereur. » 17 Alors Jésus leur dit :
« Rendez à l'empereur ce qui est à l'empereur
et rendez à Dieu ce qui est à Dieu. » Et ils sont
très étonnés par la réponse de Jésus.

Est-ce que les morts se relèveront ?

18 Quelques *Sadducéens s'approchent de
Jésus. Les Sadducéens pensent que les morts
ne se relèveront pas. Ils interrogent Jésus en
lui disant : 19 « Maître, Moïse a écrit pour

---

r **12.1** *Un pressoir est une grande cuve dans laquelle on écrase du raisin pour en tirer du vin.*

s **12.11** *Psaume 118.22-23.*

t **12.15** *À l'époque de Jésus, une pièce d'argent correspondait au salaire d'un ouvrier pour une journée de travail.*

nous dans la *loi : "Un homme et une femme sont mariés. S'ils n'ont pas d'enfants et si l'homme meurt, son frère doit se marier avec la veuve. Ainsi, il donnera des enfants au frère qui est mort."[u] 20 Eh bien, supposons ceci : Il y a sept frères. Le premier se marie et il meurt sans laisser d'enfants. 21 Le deuxième se marie avec la veuve et il meurt sans laisser d'enfants. Il arrive la même chose au troisième 22 et aux autres aussi. Les sept frères meurent sans laisser d'enfants. Après eux tous, la femme meurt à son tour. 23 Quand les morts se relèveront, elle sera la femme de qui ? En effet, chacun des sept frères a été son mari. » 24 Jésus leur dit : « Vous vous trompez ! Est-ce que vous savez pourquoi ? Parce que vous ne connaissez ni les Livres Saints, ni la puissance de Dieu. 25 Quand les morts se relèveront, les hommes et les femmes ne se marieront pas, mais ils vivront comme les *anges auprès de Dieu. 26 Au sujet des gens qui se relèveront, vous avez sûrement lu, dans le livre de Moïse, l'histoire du buisson. C'est là que Dieu a dit à Moïse : "Je suis le Dieu d'Abraham, le Dieu d'Isaac et le Dieu de Jacob."[v] 27 Dieu n'est pas le Dieu des morts, mais il est le Dieu des vivants. Donc, vous vous trompez complètement. »

Quel est le commandement le plus important ?

28 Un *maître de la loi les a entendus discuter. Il voit que Jésus a bien répondu aux *Sadducéens. Alors il s'approche de lui et lui demande : « Quel est le plus important de tous les commandements ? » 29 Jésus lui répond : « Voici le commandement le plus important : "Écoute, *Israël ! Le Seigneur notre Dieu est le seul Seigneur. 30 Tu dois aimer le Seigneur ton Dieu de tout ton cœur, de tout ton être, de toute ton intelligence et de toute ta force."[w] 31 Et voici le deuxième commandement : "Tu dois aimer ton *prochain comme toi-même."[x] Il n'y a pas de commandement plus important que ces deux-là. »

32 Le maître de la loi dit à Jésus : « Très bien, maître ! Ce que tu as dit est vrai. Le Seigneur est le seul Dieu, il n'y a pas d'autre Dieu que lui. 33 Nous devons l'aimer de tout notre cœur, de toute notre intelligence et de toute notre force. Et nous devons aimer notre *prochain comme nous-mêmes. C'est beaucoup mieux que de brûler des animaux pour Dieu, et de lui offrir d'autres *sacrifices. » 34 Jésus voit que le maître de la loi a répondu de façon intelligente. Alors il lui dit : « Tu n'es pas loin du *Royaume de Dieu. » Et personne n'ose plus poser de questions à Jésus.

Le Messie et David

35 Jésus enseigne dans le temple. Il pose cette question : « Les *maîtres de la loi disent que le *Messie est fils de David. Mais comment peuvent-ils dire cela ? 36 David lui-même, rempli de l'Esprit Saint, a dit :

"Le Seigneur déclare à mon Maître :
Viens t'asseoir à ma droite,
je vais mettre tes ennemis sous tes pieds[y]." »

37 David lui-même dit que le Messie est son Maître. Alors, comment le Messie peut-il être aussi fils de David ?

Ne pas agir comme les maîtres de la loi

Une foule nombreuse écoute Jésus avec plaisir. 38 Jésus dit dans son enseignement : « Attention ! Ne faites pas comme les *maîtres de la loi ! Ils aiment se promener avec de grands vêtements, ils aiment qu'on les salue sur les places de la ville. 39 Ils choisissent les premiers sièges dans les maisons de prière et les premières places dans les grands repas. 40 Ils prennent aux veuves tout ce qu'elles ont, et en même

u 12.19 *Voir Genèse 38.8 ; Deutéronome 25.5-10.*
v 12.26 *Exode 3.2 ; 3.6,15-16.*
w 12.30 *Deutéronome 6.4-5.*
x 12.31 *Lévitique 19.18.*
y 12.36 *Psaume 110.1.*

temps, ils font de longues prières, pour faire semblant d'être bons. À cause de cela, Dieu les punira encore plus que les autres. »

La veuve pauvre

41 Dans le temple, il y a un endroit où les gens donnent de l'argent en offrande. Jésus s'assoit en face et il regarde ce qu'ils font. De nombreux riches mettent beaucoup d'argent. 42 Une veuve pauvre arrive, et elle met deux pièces qui ont très peu de valeur. 43 Alors Jésus appelle ses *disciples et leur dit : « Je vous le dis, c'est la vérité : cette veuve pauvre a donné plus que tous les autres. 44 En effet, tous les autres ont mis de l'argent qu'ils avaient en trop. Mais elle, qui manque de tout, elle a donné tout ce qu'elle possédait, tout ce qu'elle avait pour vivre. »

Jésus annonce que le temple sera détruit

13 1 Ensuite, Jésus sort du temple, et un de ses *disciples lui dit : « Maître, regarde ! Quelles belles pierres ! Quels grands bâtiments ! » 2 Jésus lui dit : « Tu vois ces grands bâtiments. Eh bien, il ne restera pas ici une seule pierre sur une autre, tout sera détruit. »

Ce qui arrivera avant la fin du monde

3 Jésus s'assoit sur le mont des Oliviers, en face du temple. Pierre, Jacques, Jean et André sont seuls avec lui et lui demandent : 4 « Dis-nous : Quand est-ce que cela va arriver ? Comment allons-nous savoir que c'est le moment ? » 5 Alors Jésus se met à leur dire : « Attention, ne vous laissez pas tromper ! 6 Beaucoup de gens vont venir en prenant mon nom. Ils diront : "C'est moi le *Messie !" Ils vont tromper beaucoup de monde. 7 Vous allez entendre parler de guerres proches et lointaines. N'ayez pas peur ! Oui, tout cela doit arriver, mais ce ne sera pas encore la fin. 8 Un peuple se battra contre un autre peuple, et un roi se battra contre un autre roi. Dans plusieurs régions la terre tremblera, et il y aura la famine. Ces événements seront comme les premières douleurs de l'accouchement. »

Ce qui arrivera aux disciples de Jésus

9 « Mais vous, écoutez bien ce qui va vous arriver ! Des gens vous livreront aux tribunaux. On vous frappera dans les maisons de prière, on vous conduira devant des gouverneurs et des rois, à cause de moi. Alors vous serez mes *témoins devant eux. 10 En effet, il faut d'abord annoncer la Bonne Nouvelle à tous les peuples. 11 Et quand on vous emmènera pour vous juger, ne soyez pas inquiets d'avance en vous demandant : "Qu'est-ce que nous allons dire ?" Vous direz les paroles que Dieu vous donnera à ce moment-là. En effet, ce n'est pas vous qui parlerez, mais c'est l'Esprit Saint. 12 Le frère livrera son frère pour qu'on le tue, le père fera la même chose avec son enfant. Les enfants deviendront les ennemis de leurs parents et ils les feront condamner à mort. 13 Tout le monde vous détestera à cause de moi, mais celui qui résistera jusqu'à la fin, Dieu le sauvera. »

Les gens souffriront beaucoup

14 « Vous verrez celui qu'on appelle "le Destructeur horrible" placé là où il ne doit pas être. » Celui qui lit ces choses doit bien comprendre !

À ce moment-là, ceux qui seront en Judée devront fuir dans les montagnes. 15 Celui qui sera sur la terrasse ne devra pas descendre pour chercher quelque chose dans sa maison. 16 Celui qui sera dans son champ ne devra pas retourner chez lui pour prendre son vêtement. 17 Ces jours-là, quel malheur pour les femmes enceintes et pour celles qui allaitent leur bébé ! 18 Priez Dieu pour que cela n'arrive pas pendant la mauvaise saison. 19 En effet, ces jours-là, les gens souffriront beaucoup. Personne n'a jamais souffert comme cela, depuis le commencement du monde quand Dieu a tout créé, jusqu'à maintenant. Et personne ne souffrira plus jamais comme cela. 20 Si le Seigneur Dieu n'avait pas décidé de diminuer le nombre de ces jours-là, personne ne pourrait sauver sa vie ! Mais il a décidé de diminuer le nombre de ces jours à cause des gens qu'il a choisis. 21 Quand quelqu'un vous dira : « Regardez, le *Messie est ici ! » ou bien : « Regardez, le Messie est là ! », ne le croyez pas. 22 En effet, des faux messies et des faux *prophètes vont venir. Ils feront des choses étonnantes et des miracles, pour tromper, si possible, même ceux que Dieu a choisis. 23 Donc, vous, faites attention ! Je vous ai prévenus de tout ce qui va arriver.

Le Fils de l'homme viendra

24 « Ces jours-là, les gens souffriront beaucoup. Ensuite, le soleil ne brillera plus, la lune ne donnera plus sa lumière. 25 Les étoiles tomberont du ciel et les puissances qui sont dans le *ciel trembleront. 26 Alors, on verra arriver le *Fils de l'homme entouré de nuages, avec toute sa puissance et toute sa *gloire. 27 Il enverra les *anges et il rassemblera ceux qu'il a choisis, des quatre coins de la terre, d'un bout du monde à l'autre. »

La comparaison avec le figuier

28 « Comprenez bien la comparaison avec le *figuier. Quand ses branches deviennent tendres, quand ses feuilles poussent, vous le savez, la nouvelle saison est bientôt là. 29 De la même façon, quand vous verrez ces choses arriver, vous devez le savoir : le *Fils de l'homme sera bientôt là, il est à votre porte. 30 Je vous le dis, c'est la vérité : quand cela arrivera, les gens d'aujourd'hui ne seront pas tous morts. 31 Le ciel et la terre disparaîtront, mais mes paroles ne disparaîtront jamais. »

Personne ne sait quand le Seigneur viendra

32 « Mais le jour et l'heure où ces choses arriveront, personne ne les connaît : ni les *anges de Dieu ni le Fils. Le Père est seul à les connaître. 33 Faites attention ! Ne dormez pas. En effet, vous ne savez pas quand ce moment viendra. 34 Pensez, par exemple, à un homme qui part en voyage. Il quitte sa maison et la confie à ses serviteurs. Il donne à chacun un travail à faire et il commande au gardien de la porte de rester éveillé. 35 Restez donc éveillés ! En effet, vous ne savez pas quand le maître de la maison va venir. Ce sera peut-être le soir, ou au milieu de la nuit, ou quand le coq chante, ou le matin. 36 S'il revient tout à coup, il ne faut pas qu'il vous trouve endormis. 37 Ce que je vous dis, je le dis à tous : restez éveillés ! »

Les chefs religieux veulent faire mourir Jésus

14 1 Dans deux jours, c'est la fête de la *Pâque et la fête des Pains sans levain. Les chefs des prêtres et les *maîtres de la loi cherchent un moyen pour arrêter Jésus en secret et pour le faire mourir. 2 En effet, ils se disent : « Il ne faut pas l'arrêter pendant la fête. Sinon, le peuple va se révolter. »

Une femme met du parfum sur la tête de Jésus

3 Jésus est à Béthanie, dans la maison de Simon le *lépreux. Il est en train de manger. Une femme arrive, avec un très beau vase plein d'un parfum très cher, fait avec du nard[z] pur. Elle casse le vase et elle verse le parfum sur la tête de Jésus. 4 Alors quelques-uns des invités ne sont pas contents du tout et ils se disent entre eux : « Elle a gaspillé ce parfum ! Pourquoi ? 5 On pouvait le vendre pour plus de 300 pièces d'argent[a] et ensuite donner l'argent aux pauvres ! »

Ils critiquent la femme. 6 Mais Jésus leur dit : « Laissez-la tranquille ! Pourquoi est-ce que vous l'ennuyez ? Ce qu'elle a accompli pour moi est une bonne action. 7 Vous aurez toujours des pauvres avec vous. Et vous pourrez leur faire du bien chaque fois que vous le voudrez. Mais moi, vous ne m'aurez pas toujours. 8 Cette femme a fait ce qu'elle a pu. Elle a mis du parfum sur mon corps : d'avance, elle l'a préparé pour la tombe. 9 Je vous le dis, c'est la vérité : partout où on annoncera la Bonne Nouvelle, dans le monde entier, on racontera ce que cette

z **14.3** *Le nard est un parfum précieux tiré d'une plante.*

a **14.5** *Voir Marc 6.37 et la note.*

femme vient de faire et on se souviendra d'elle. »

Judas décide de livrer Jésus

10 Judas Iscariote, l'un des douze *apôtres, va voir les chefs des *prêtres. Il veut leur livrer Jésus. 11 Les chefs sont très contents d'entendre cela et ils promettent de donner de l'argent à Judas. Celui-ci cherche une bonne occasion pour leur livrer Jésus.

Jésus fait préparer le repas de la Pâque

12 C'est le premier jour de la fête des *Pains sans levain, le jour où on doit tuer les agneaux pour la *Pâque. Les *disciples disent à Jésus : « Nous allons te préparer le repas de la Pâque. Où veux-tu le manger ? » 13 Jésus envoie deux de ses disciples en disant : « Allez à la ville, et vous rencontrerez un homme qui porte un pot d'eau. Suivez-le. 14 Il entrera dans une maison, et vous direz au propriétaire de la maison : "Le maître te demande : Où est la pièce où je vais manger le repas de la Pâque avec mes disciples ?" 15 En haut de la maison, le propriétaire vous montrera une grande pièce toute prête avec tout ce qu'il faut. C'est là que vous préparerez le repas pour nous. » 16 Les disciples partent et ils vont à la ville. Ils trouvent tout comme Jésus leur a dit et ils préparent le repas de la Pâque.

Jésus annonce qu'un des disciples va le livrer

17 C'est le soir. Jésus arrive avec les douze *apôtres. 18 Ils s'installent pour le repas et ils se mettent à manger. Alors Jésus déclare : « Je vous le dis, c'est la vérité : l'un de vous va me livrer. C'est l'un de ceux qui mangent avec moi. » 19 Les disciples deviennent tristes et ils demandent à Jésus, l'un après l'autre : « Est-ce que c'est moi ? » 20 Jésus leur dit : « C'est l'un d'entre vous, les douze apôtres, celui qui met la main avec moi dans le même plat[b]. 21 Le *Fils de l'homme va mourir, comme les Livres Saints l'annoncent. Mais quel malheur pour celui qui livre le Fils de l'homme ! Pour cet homme-là, ce serait une bonne chose de ne pas être né ! »

Le repas du Seigneur

22 Pendant le repas, Jésus prend du pain. Il dit la prière de *bénédiction, il partage le pain et le donne à ses *disciples en disant : « Prenez, ceci est mon corps. » 23 Ensuite, il prend une *coupe de vin. Il remercie Dieu, il donne la coupe à ses disciples et ils en boivent tous. 24 Jésus leur dit : « Ceci est mon sang, le sang de *l'alliance de Dieu. Il est versé pour un grand nombre de gens. 25 Je vous le dis, c'est la vérité : je ne boirai plus de vin jusqu'au jour où je boirai le vin nouveau dans le *Royaume de Dieu. »

Jésus annonce l'abandon de Pierre

26 Jésus et les *disciples chantent les psaumes[c] de la fête. Ensuite, ils vont au mont des Oliviers. 27 Jésus leur dit : « Vous allez tous m'abandonner. En effet, on lit dans les Livres Saints :

"Je vais tuer le berger,
et les moutons partiront de tous les côtés[d]." »

28 Jésus ajoute : « Mais, quand je me réveillerai de la mort, je vous attendrai en Galilée. » 29 Pierre lui dit : « Tous les autres t'abandonneront peut-être, mais pas moi ! » 30 Jésus lui répond : « Je te le dis, c'est la vérité : aujourd'hui, cette nuit même, avant que le coq chante deux fois, toi, tu diras trois fois que tu ne me connais pas. » 31 Mais Pierre insiste : « Même si je dois mourir avec toi, je ne dirai jamais que je ne te connais pas ! » Et tous disent la même chose.

Jésus prie à Gethsémané

32 Ensuite, ils vont à un endroit appelé Gethsémané. Jésus dit à ses *disciples : « Asseyez-vous ici pendant que je vais prier. »

---

b **14.20** *Selon la coutume, chacun se servait avec la main dans le plat commun.*
c **14.26** *Il s'agit des Psaumes 113 à 118, chantés à la fin du repas de la Pâque.*
d **14.27** *Zakarie 13.7.*

33 Il emmène avec lui Pierre, Jacques et
Jean. Il commence à être inquiet et très effrayé, 34 et il leur dit : « Mon cœur est triste
jusqu'à mourir. Restez ici, ne dormez pas. »
35 Il va un peu plus loin. Il se jette par terre
et il demande à Dieu d'éloigner ce moment
de souffrance, si c'est possible. 36 Il dit :
« Abba, Père, pour toi tout est possible. Éloigne de moi cette *coupe de souffrance ! Pourtant, ne fais pas ce que je veux, mais ce que tu
veux. »

37 Jésus revient vers les trois disciples et il
les trouve endormis. Il dit à Pierre : « Simon,
tu dors ? Tu n'as pas eu la force de rester
éveillé, même pendant une heure ? 38 Restez
éveillés et priez pour pouvoir résister quand
l'esprit du mal vous tentera. Vous désirez faire
le bien, mais vous n'avez pas la force de résister au mal. »

39 Jésus s'éloigne encore et il fait la même
prière. 40 Il revient vers les trois disciples et
les trouve endormis. Ils ne peuvent pas garder
leurs yeux ouverts et ils ne savent pas quoi lui
dire.

41 Une troisième fois, Jésus s'éloigne et il
revient. Il dit à ses disciples : « Vous dormez
encore et vous vous reposez ? C'est fini ! C'est
le moment ! Le *Fils de l'homme va être livré
aux mains des pécheurs ! 42 Levez-vous,
allons ! Voyez, l'homme qui me livre est
arrivé ! »

Jésus est arrêté

43 Au même moment, pendant que Jésus
dit cela, Judas, l'un des douze *apôtres, arrive. Il y a avec lui une foule de gens avec
des armes et des bâtons. Ils viennent de la
part des chefs des *prêtres, des *maîtres de
la loi et des *anciens. 44 Judas, celui qui livre
Jésus, a déjà expliqué à la foule ce qu'il va
faire. Il leur a dit : « L'homme que je vais embrasser, c'est lui ! Arrêtez-le, emmenez-le et
gardez-le bien ! » 45 En arrivant, Judas s'approche tout de suite de Jésus, et il lui dit : « Maître ! » Puis il l'embrasse. 46 Alors les gens
mettent la main sur Jésus et ils l'arrêtent.
47 Un des *disciples prend son *épée. Il frappe
le serviteur du *grand-prêtre et lui coupe
l'oreille. 48 Jésus leur dit : « Vous êtes venus
me prendre avec des armes et des bâtons,
comme pour arrêter un bandit ! 49 Tous les
jours, j'étais avec vous dans le temple et j'enseignais. Pourtant, vous ne m'avez pas arrêté.
Mais, de cette façon, ce que les Livres Saints
ont dit se réalise. »

50 Tous les disciples abandonnent Jésus et
ils partent en courant. 51 Un jeune homme
suit Jésus. Il est couvert seulement d'un
drap. On l'arrête, 52 mais il laisse le drap et il
part en courant, tout nu.

Jésus devant le Tribunal religieux

53 Ils emmènent Jésus chez le *grand-prêtre.
Là, tous les chefs des prêtres, les *anciens et
les *maîtres de la loi se réunissent. 54 Pierre
suit Jésus de loin et il entre chez le grand-
prêtre. Il s'assoit dans la cour avec les serviteurs et il se chauffe près du feu.

55 Les chefs des prêtres et tout le *Tribunal
religieux cherchent une raison d'accuser Jésus pour le condamner à mort, mais ils n'en
trouvent pas. 56 En effet, beaucoup de *témoins disent des mensonges contre Jésus,
mais ils ne sont pas d'accord entre eux.
57 Quelques-uns se lèvent et ils accusent Jésus
en disant ce mensonge : 58 « Nous l'avons entendu dire : "Je détruirai ce temple que les
hommes ont construit. Et en trois jours, j'en
bâtirai un autre qui ne sera pas construit par
les hommes." » 59 Mais même ces témoins-là
ne sont pas d'accord entre eux. 60 Alors le
grand-prêtre se lève devant tout le monde
et il demande à Jésus : « Tu ne réponds
rien ? Qu'est-ce que ces gens disent contre
toi ? » 61 Mais Jésus se tait, il ne répond
rien. De nouveau, le grand-prêtre lui demande : « Est-ce que tu es le *Messie, le Fils
du Dieu que nous adorons ? » 62 Jésus lui répond : « Oui, je le suis. Et vous verrez le
*Fils de l'homme assis à la droite du Dieu
tout-puissant, et venir parmi les nuages du
ciel. »

63 Alors le grand-prêtre *déchire ses vêtements et il dit : « Nous n'avons plus besoin
de témoins ! 64 Vous l'avez entendu insulter
Dieu. Qu'est-ce que vous en pensez ? » Tout
le monde condamne Jésus et dit qu'il doit
mourir.

65 Quelques-uns se mettent à cracher sur lui. Ils couvrent son visage, ils le frappent à coups de poing et lui disent : « Qui t'a frappé ? Devine ! » Les serviteurs prennent Jésus et lui donnent des gifles.

Pierre affirme trois fois qu'il ne connaît pas Jésus

66 Pierre est en bas, dans la cour. Une servante du *grand-prêtre arrive. 67 Elle voit Pierre qui se chauffe, elle le regarde et lui dit : « Toi aussi, tu étais avec Jésus de Nazareth ! » 68 Mais Pierre répond : « Non ! Je ne comprends pas et je ne sais pas ce que tu veux dire ! »

Ensuite, il va à l'entrée de la cour. Alors un coq chante. 69 La servante voit Pierre et elle recommence à dire à ceux qui sont là : « Cet homme est un des *disciples ! » 70 Mais Pierre dit encore une fois : « Non ! Pas du tout ! »

Un peu plus tard, ceux qui sont là disent de nouveau à Pierre : « Sûrement, tu es un des disciples ! En effet, tu es de Galilée, toi aussi ! » 71 Pierre se met à dire : « Que Dieu me punisse si je mens ! Je ne connais pas cet homme, je le jure ! » 72 Au même moment, un coq chante une deuxième fois. Alors Pierre se souvient que Jésus lui a dit : « Avant que le coq chante deux fois, tu diras trois fois que tu ne me connais pas. » Et Pierre se met à pleurer.

Jésus est conduit chez Pilate

15 1 Le matin, de bonne heure, les chefs des *prêtres se réunissent avec les *anciens, les *maîtres de la loi et tout le *Tribunal religieux, pour prendre une décision. Ils font attacher Jésus, ils l'emmènent et le livrent à *Pilate. 2 Pilate demande à Jésus : « Est-ce que tu es le roi des Juifs ? »
Jésus lui répond : « C'est toi qui le dis. »

3 Les chefs des prêtres accusent Jésus de beaucoup de choses. 4 Pilate demande encore à Jésus : « Tu ne réponds rien ? Tu entends tout ce qu'ils disent contre toi ? » 5 Mais Jésus ne répond plus rien, et Pilate est très étonné.

Jésus est condamné à mort

6 À chaque fête de *Pâque, *Pilate libère un prisonnier, celui que la foule veut. 7 Un homme appelé Barabbas est en prison avec ses camarades. Ils ont tué quelqu'un quand ils se sont révoltés contre les Romains. 8 La foule arrive chez Pilate. Les gens se mettent à lui demander : « Fais pour nous ce que tu as l'habitude de faire ! » 9 Pilate leur répond : « Est-ce que vous voulez que je vous libère le roi des Juifs ? »

10 En effet, Pilate le sait bien : les chefs des *prêtres lui ont livré Jésus par jalousie. 11 Mais les chefs des prêtres poussent la foule à dire : « Libère-nous Barabbas ! » 12 Pilate leur demande encore : « Qu'est-ce que je vais donc faire de celui que vous appelez le roi des Juifs ? » 13 Ils répondent en criant : « Cloue-le sur une croix ! » 14 Pilate leur dit : « Qu'est-ce qu'il a donc fait de mal ? » Mais ils crient encore plus fort : « Cloue-le sur une croix ! » 15 Pilate veut faire plaisir à la foule, il leur libère Barabbas. Il fait frapper Jésus à coups de fouet, puis il le livre aux soldats pour qu'ils le clouent sur une croix.

Les soldats se moquent de Jésus

16 Les soldats amènent Jésus à l'intérieur de la cour, c'est-à-dire dans le palais du gouverneur, et ils appellent toute la troupe. 17 Pour se moquer de Jésus, ils lui mettent un vêtement en beau tissu rouge[e]. Ils tressent une couronne avec des branches épineuses et ils la posent sur sa tête. 18 Ils se mettent à le saluer en lui disant : « Salut, roi des Juifs ! »

19 Ils le frappent sur la tête avec un roseau et ils crachent sur lui. Ils se mettent à genoux pour s'incliner jusqu'à terre devant lui. 20 Quand ils ont fini de se moquer de lui, ils lui enlèvent le vêtement rouge et ils lui remettent ses habits. Ensuite, ils l'emmènent dehors pour le clouer sur une croix.

e **15.17** *Cette sorte de tissu servait à faire les vêtements des rois ou des personnages importants.*

Les soldats clouent Jésus sur une croix

21 Un homme de Cyrène, appelé Simon, le
père d'Alexandre et de Rufus, passe par là
en revenant des champs. Les soldats l'obligent
à porter la croix de Jésus. 22 Ils conduisent Jésus à un endroit appelé Golgotha, ce qui veut
dire « Le lieu du Crâne ». 23 Ils veulent lui faire
boire du vin mélangé avec de la myrrhe[f]. Mais
Jésus n'en prend pas.

24 Ensuite, les soldats le clouent sur une
croix. Ils *tirent au sort pour savoir qui aura
ses vêtements, puis ils les partagent entre
eux. 25 Il est neuf heures du matin quand ils
le clouent sur la croix. 26 Il y a une pancarte
qui indique pourquoi Jésus est condamné.
Dessus, on a écrit : « Le roi des Juifs ». 27 Les
soldats clouent aussi deux bandits sur des
croix, à côté de Jésus : l'un à sa droite et l'autre à sa gauche. [28]

29 Les gens qui passent par là secouent la
tête et ils insultent Jésus en disant : « Eh !
Tu voulais détruire le temple et le reconstruire en trois jours ! 30 Eh bien, sauve-toi
toi-même en descendant de la croix ! »

31 De même, les chefs des *prêtres et les
*maîtres de la loi se moquent de Jésus. Et ils
se disent entre eux : « Il a sauvé les autres,
mais il ne peut pas se sauver lui-même !
32 Maintenant, le *Messie, le roi *d'Israël,
n'a qu'à descendre de la croix ! Si nous voyons
cela, alors nous croirons en lui ! » Et ceux
qu'on a cloués sur des croix à côté de Jésus
l'insultent aussi.

La mort de Jésus

33 À midi, il fait nuit dans tout le pays, jusqu'à trois heures de l'après-midi. 34 À trois
heures, Jésus crie d'une voix forte : « Éloï,
Éloï, lema sabaktani ? » Cela veut dire :
« Mon Dieu, mon Dieu, pourquoi m'as-tu
abandonné ? »[g]

35 Parmi ceux qui sont là, certains l'entendent et disent : « Il appelle *Élie ! » 36 L'un
d'eux part en courant. Il trempe une éponge
dans du vinaigre. Il met l'éponge au bout
d'un roseau et la présente à Jésus pour qu'il
boive. Il dit : « Attendez ! Nous allons voir si
Élie vient le descendre de la croix ! » 37 Mais
Jésus pousse un grand cri et il meurt.

38 Le grand rideau qui est dans le temple se
déchire en deux morceaux, depuis le haut
jusqu'en bas. 39 L'officier romain qui est en
face de Jésus voit comment il est mort et il
dit : « Vraiment, cet homme était Fils de
Dieu ! »

40 Quelques femmes aussi sont là et elles regardent de loin. Parmi elles, il y a Marie de
Magdala, Marie, la mère de Jacques le Jeune
et de José, et Salomé. 41 Elles ont suivi Jésus
et l'ont servi quand il était en Galilée. Il y a
là aussi beaucoup d'autres femmes qui étaient
montées avec lui à Jérusalem.

Joseph met Jésus dans une tombe

42 Le soir est déjà là. C'est le jour où on prépare la fête, c'est-à-dire le jour avant le *sabbat. 43 Joseph, de la ville d'Arimathée, arrive.
C'est un notable du *Tribunal religieux. Il attend, lui aussi, le *Royaume de Dieu. Courageusement, il va chez *Pilate et il lui
demande le corps de Jésus. 44 Pilate est étonné
d'apprendre que Jésus est déjà mort. Il fait venir l'officier romain et lui pose cette question :
« Est-ce qu'il est mort depuis longtemps ? »
45 L'officier romain le renseigne, puis Pilate
permet à Joseph de prendre le corps de Jésus.
46 Joseph achète un drap. Il descend le corps
de la croix, il l'enveloppe dans le drap et le
met dans une tombe creusée dans le rocher.
Ensuite, il roule une grosse pierre pour fermer
l'entrée de la tombe. 47 Marie de Magdala et
Marie, mère de José, regardent l'endroit où
on met Jésus.

Jésus s'est réveillé de la mort

16 1 Quand le *sabbat est fini, Marie de
Magdala, Marie la mère de Jacques et
Salomé achètent des huiles parfumées pour al-

f **15.23** *La myrrhe est un parfum précieux tiré d'une plante.*
g **15.34** *Psaume 22.2.*

ler les mettre sur le corps de Jésus. 2 Le dimanche matin, très tôt, au moment où le soleil se
lève, elles partent vers la tombe. 3 Elles se disent entre elles : « Qui va rouler pour nous la
pierre à l'entrée de la tombe ? »
4 Mais les femmes regardent et elles voient
qu'on a déjà roulé la pierre, pourtant elle est
très grande. 5 Elles entrent dans la tombe,
elles voient un jeune homme, assis à droite,
en vêtement blanc. Alors les femmes sont ef-
frayées. 6 Mais il leur dit : « N'ayez pas peur !
Vous cherchez Jésus de Nazareth, celui qu'on
a cloué sur une croix. Il s'est réveillé de la
mort, il n'est pas ici. Voici l'endroit où on
l'avait mis. 7 Maintenant, allez dire à Pierre
et aux autres *disciples : "Jésus vous attend
en Galilée. Vous le verrez là-bas, comme il
vous l'a dit." »
8 Les femmes sortent de la tombe et partent
en courant. Elles tremblent, elles sont bouleversées, et elles ne disent rien à personne,
parce qu'elles ont peur.[h]

Jésus se montre à Marie de Magdala

9 Le dimanche matin, Jésus s'est relevé de la
mort. Il se montre d'abord à Marie de Magdala. Il avait guéri cette femme en chassant
sept esprits mauvais qui étaient en elle. 10 Marie de Magdala va raconter aux *disciples ce
qu'elle a vu. Les disciples sont dans le deuil,
ils pleurent. 11 Ils entendent Marie leur dire :
« Jésus est vivant ! Je l'ai vu ! » Mais ils ne la
croient pas.

Jésus se montre à deux disciples

12 Deux *disciples sont en route pour sortir
de la ville. Jésus se montre à eux d'une autre
façon. 13 Les deux disciples reviennent le raconter aux autres, mais on ne les croit pas,
eux non plus.

Jésus se montre aux onze apôtres

14 Enfin, Jésus se montre aux onze *apôtres,
pendant qu'ils sont en train de manger. Il
leur fait des reproches en leur disant : « Vous
ne croyez pas et vous ne voulez rien comprendre ! Vous n'avez pas cru ceux qui m'ont vu vivant ! » 15 Ensuite Jésus leur dit : « Allez dans le
monde entier, annoncez la Bonne Nouvelle à
tous. 16 Celui qui croira et sera baptisé, celui-
là sera sauvé. Celui qui ne croira pas, celui-là
sera condamné. 17 Et ceux qui croiront, voici
comment ils montreront la *gloire de Dieu :
en mon nom, ils chasseront les esprits mauvais,
ils parleront des langues nouvelles. 18 Ils pourront prendre des serpents dans leurs mains,
et s'ils boivent du poison, cela ne leur fera aucun mal. Ils poseront les mains sur la tête des
malades, et les malades seront guéris. »
19 Après que le Seigneur Jésus leur a dit cela,
il est enlevé au *ciel et il s'assoit à la droite de
Dieu. 20 Les *disciples partent pour annoncer
partout la Bonne Nouvelle. Le Seigneur travaille avec eux et il leur donne le pouvoir de
faire des choses étonnantes. De cette façon,
il montre que les paroles des disciples sont
vraies.

h **16.8** *Certains manuscrits anciens s'arrêtent après le verset 8 et ne contiennent pas les versets 9 à 20. Ceux-ci résument les récits des autres évangiles sur ce qui s'est passé quand Jésus s'est relevé de la mort.*

Bonne Nouvelle selon Luc

INTRODUCTION

Le même auteur, appelé Luc, a écrit deux livres, la Bonne Nouvelle selon Luc et les Actes des Apôtres. Dans son premier livre, Luc s'adresse à des chrétiens qui ne sont pas d'origine juive et qui parlent grec. Il leur explique le sens des mots difficiles et les coutumes juives qu'ils ne connaissent pas. Ainsi, les non-Juifs du monde entier et de tous les temps peuvent comprendre que Jésus est leur ***Sauveur.***

La Bonne Nouvelle selon Luc suit le plan général des trois premiers évangiles. Mais le livre développe particulièrement le récit du voyage de Jésus depuis la Galilée jusqu'à Jérusalem (9.51 à 19.28). Dans ce récit de ***la marche vers Jérusalem****, là où Jésus doit mourir, Luc raconte des événements et des histoires qui ne sont pas dans les autres évangiles. C'est, par exemple, la visite de Jésus chez Marthe et Marie (10.38-42), l'histoire du bon Samaritain (10.29-37), celle du père qui retrouve son fils perdu (15.11-32).*

L'auteur indique ce qui est pour lui particulièrement important dans le message et la vie de Jésus :
Dieu a envoyé Jésus-Christ pour sauver tous ceux qui sont prêts à l'accueillir. Jésus s'intéresse particulièrement aux gens méprisés : les pécheurs, les petits, les pauvres, les malades, les étrangers.
Les chrétiens auxquels Luc s'adresse possédaient sûrement des richesses. Luc rapporte plusieurs histoires racontées par Jésus qui parlent de la richesse, par exemple en 12.16-21 et au chapitre 16. Il propose aux disciples de Jésus d'utiliser la richesse pour Dieu et pour les autres.

Les disciples de Jésus sont en route avec lui, ils sont prêts à changer de vie, ils comprennent que Dieu est bon et aime tous les êtres humains. Dans les pays occupés par les Romains, les gens disent : « L'empereur est Seigneur. » Mais les chrétiens disent : « C'est Jésus-Christ qui est Seigneur. » En effet, Dieu a réveillé Jésus de la mort et lui a donné autorité sur tout. Dans l'évangile de Luc, Jésus est appelé ***Seigneur*** *plus souvent que dans les autres évangiles.*

Le livre de la Bonne Nouvelle selon Luc se termine à Jérusalem (chapitre 24), là où il a commencé (chapitres 1 et 2). Jésus s'est montré vivant à ses disciples, et ils sont très joyeux. Dès le début de sa vie publique, Jésus est rempli de l'esprit qui vient de Dieu, l'Esprit Saint (chapitres 3 et 4). Les disciples de Jésus vont aussi le recevoir (24.49). Comme Jésus, ils peuvent prier et chanter la bonté de Dieu.

Luc présente son livre

1 1-2 Certains ont vu depuis le début ce que
Dieu a fait chez nous. Ensuite, ils ont annoncé sa parole. Puis, ils nous ont raconté
tout cela et beaucoup d'entre nous ont
commencé à en écrire l'histoire. 3 Alors, je
me suis renseigné avec soin sur tout ce qui s'est
passé depuis le début, et j'ai décidé, moi aussi,
d'écrire un récit bien composé. Je fais cela pour
toi, très cher Théophile. 4 Ainsi, tu pourras voir
que tu as reçu des enseignements solides.

Zakarie et Élisabeth

5 Au moment où *Hérode le Grand est roi
de Judée, il y a un *prêtre appelé Zakarie. Il
fait partie de la famille d'Abia, une famille
de prêtres. Sa femme appartient au clan
*d'Aaron et elle s'appelle Élisabeth. 6 Tous
les deux sont *justes devant Dieu, ils obéissent parfaitement aux lois et aux commandements du Seigneur. 7 Ils n'ont pas d'enfant
parce qu'Élisabeth ne peut pas en avoir, et
ils sont déjà vieux tous les deux.

Un ange annonce à Zakarie qu'il aura un fils

8 Un jour, Zakarie fait son travail de prêtre
dans le temple de Dieu parce que c'est le
tour de sa famille. 9 Selon la coutume des
prêtres, on choisit quelqu'un pour entrer
dans le *lieu saint du Seigneur. Et ce jour-
là, c'est Zakarie qui entre pour offrir *l'encens. 10 Tout le peuple de Dieu prie dehors
au moment où on brûle l'encens. 11 Alors
un *ange du Seigneur se montre à Zakarie.
L'ange se tient à droite de *l'autel où on
brûle l'encens. 12 Quand Zakarie le voit, il
est ému et il a très peur, 13 mais l'ange lui
dit : « N'aie pas peur, Zakarie. Oui, Dieu a
entendu ta prière. Élisabeth, ta femme, te
donnera un fils, tu l'appelleras Jean. 14 Alors
tu seras rempli de bonheur et de joie, et
quand ton fils naîtra, beaucoup d'autres personnes seront dans la joie. 15 En effet, il sera
quelqu'un d'important pour le Seigneur. Il
ne boira ni vin, ni aucun autre alcool. Il
sera déjà rempli de l'Esprit Saint dans le ventre de sa mère. 16 Il ramènera beaucoup de
gens *d'Israël vers le Seigneur leur Dieu.
17 Il viendra comme messager de Dieu avec
l'esprit et la puissance du prophète *Élie.
Comme Élie, ton fils fera la paix entre les parents et leurs enfants. Il changera le cœur de
ceux qui n'obéissent pas à Dieu, et ils se
mettront à penser comme des personnes
*justes. Ainsi il formera pour le Seigneur
un peuple bien préparé[a]. »
18 Zakarie dit à l'ange : « Comment savoir que
c'est vrai ? Je suis bien vieux et ma femme
aussi est âgée. » 19 L'ange lui répond : « Moi,
je suis Gabriel, je me tiens devant Dieu pour
le servir. Il m'a envoyé pour te parler et
pour t'annoncer cette bonne nouvelle.
20 Mais tu n'as pas cru à mes paroles. Tu vas
donc devenir muet, et tu ne pourras plus parler jusqu'au jour où tout cela se réalisera. Oui,
ce que je t'ai dit arrivera au moment que Dieu
a fixé. »

21 Pendant ce temps, le peuple attend Zakarie. Les gens s'étonnent de le voir rester si
longtemps dans le lieu saint. 22 Quand il sort,
il ne peut pas leur parler, il leur fait des signes
et il reste muet. Alors les gens comprennent
qu'il a vu dans le lieu très saint quelque chose
venant de Dieu.

23 Puis, quand Zakarie a fini son temps de
service dans le temple, il rentre chez lui.
24 Après cela, sa femme Élisabeth devient enceinte et pendant cinq mois, elle se cache
dans sa maison. Elle se dit : 25 « Voilà ce que
le Seigneur a fait pour moi : J'avais honte devant mon peuple parce que je n'avais pas d'enfant. Mais maintenant le Seigneur s'est
occupé de moi, il a enlevé ma honte. »

L'ange Gabriel annonce à Marie : « Tu auras un fils »

26 Élisabeth est enceinte depuis six mois.
Voici que Dieu envoie l'ange Gabriel dans
une ville de Galilée appelée Nazareth. 27 Il
l'envoie chez une jeune fille, promise en mariage à un homme appelé Joseph. Joseph a
pour ancêtre le roi David, et le nom de la
jeune fille est Marie. 28 L'ange entre chez
elle et lui dit : « Réjouis-toi ! Le Seigneur
Dieu t'a montré son amour d'une manière
particulière. Il est avec toi. »

29 En entendant cela, Marie est très émue,
elle se demande : « Que veut dire cette façon
de saluer ? » 30 L'ange lui dit : « N'aie pas
peur, Marie ! Oui, Dieu t'a montré son amour
d'une manière particulière. 31 Tu vas attendre
un enfant, tu mettras au monde un fils, et tu

a 1.17 *Voir Malachie 3.23-24.*

l'appelleras Jésus. 32 Personne ne sera aussi important que lui. On l'appellera Fils du Très-Haut. Le Seigneur Dieu lui donnera le royaume de David, son ancêtre. 33 Il sera le roi du peuple *d'Israël pour toujours, et son pouvoir ne finira jamais. » 34 Marie dit à l'ange : « Comment cela va-t-il arriver ? En effet, je ne vis pas avec un homme. » 35 L'ange lui répond : « L'Esprit Saint viendra sur toi et la puissance du Très-Haut te couvrira comme l'ombre. C'est pourquoi l'enfant qui va naître sera *saint, et on l'appellera Fils de Dieu. 36 Écoute ! Élisabeth, qui est de ta famille, elle aussi est enceinte et elle aura un fils. Pourtant elle est vieille. On disait qu'elle ne pouvait pas avoir d'enfant, et maintenant, elle est enceinte depuis six mois ! 37 Non, rien n'est impossible pour Dieu ! » 38 Marie répond : « Je suis la servante du Seigneur. Que Dieu fasse pour moi ce que tu as dit ! » Alors l'ange la quitte.

Marie rend visite à Élisabeth

39 Peu de temps après, Marie s'en va. Elle marche vite vers les montagnes, dans une ville de Judée. 40 Elle entre dans la maison de Zakarie et salue Élisabeth. 41 Quand Élisabeth entend la salutation de Marie, l'enfant remue dans son ventre. Alors Élisabeth est remplie de l'Esprit Saint. 42 Elle dit d'une voix forte : « Dieu te *bénit plus que toutes les autres femmes, et il bénit aussi l'enfant que tu portes en toi ! 43 La mère de mon Seigneur vient chez moi ! Quel honneur pour moi ! 44 Oui, quand mes oreilles ont entendu ta salutation, l'enfant a remué de joie dans mon ventre. 45 Tu es heureuse ! En effet, tu as fait confiance au Seigneur, et ce qu'il t'a dit arrivera. » 46 Marie dit alors : « Oui, vraiment, le Seigneur est grand ! Je le chante ! 47 Mon cœur est dans la joie à cause de Dieu qui me sauve. 48 Il a fait attention à moi, sa servante sans importance. Oui, à partir de maintenant, les gens de tous les temps diront mon bonheur. 49 Le Dieu tout-puissant a fait pour moi des choses magnifiques. Son nom est *saint. 50 Il sera plein de bonté pour toujours envers ceux qui le respectent avec confiance. 51 Il agit avec beaucoup de puissance, il chasse ceux qui ont le cœur orgueilleux. 52 Il renverse les rois de leurs sièges, et il relève les petits. 53 Il donne beaucoup de richesses à ceux qui ont faim, et les riches, il les renvoie les mains vides. 54 Il vient au secours du peuple *d'Israël, son serviteur. Il n'oublie pas de montrer sa bonté. 55 Voilà ce qu'il a promis à nos ancêtres, à Abraham et à sa famille pour toujours. »

56 Marie reste avec Élisabeth pendant trois mois environ, puis elle retourne chez elle.

La naissance de Jean

57 C'est le moment où Élisabeth doit accoucher, et elle met au monde un fils. 58 Ses voisins et les gens de sa famille apprennent cela. Le Seigneur est grand ! Il a été très bon pour elle, et ils sont dans la joie avec Élisabeth. 59 Une semaine plus tard, ils viennent pour faire *circoncire l'enfant. Ils veulent lui donner le nom de son père : Zakarie, 60 mais sa mère prend la parole : « Non, il s'appellera Jean. » 61 Ils lui disent : « Dans ta famille, personne ne porte ce nom-là ! »

62 Et ils font des signes au père pour lui demander : « Comment veux-tu l'appeler ? » 63 Zakarie demande quelque chose pour écrire. Il écrit : « Son nom est Jean. » Tous sont très étonnés. 64 Au même moment, Zakarie peut de nouveau parler : il chante la bonté de Dieu. 65 Alors tous les voisins ont peur, et dans toute la région des montagnes de Judée, on raconte tout ce qui s'est passé. 66 Tous ceux qui apprennent cela le gardent dans leur cœur. Ils se demandent : « Quel sera l'avenir de cet enfant ? »

En effet, la puissance du Seigneur est avec lui.

Zakarie chante la bonté de Dieu

67 Puis Zakarie, le père de l'enfant, est rempli de l'Esprit Saint. Alors il parle comme un *prophète : 68 « Chantons la louange du Seigneur, Dieu *d'Israël. Il vient au secours de son peuple, il le rend libre. 69 Il nous donne un grand Sauveur dans la famille de David, son serviteur. 70 Il avait annoncé cela depuis longtemps. Oui, il avait dit par les *saints prophètes : 71 "Je vous sauverai de vos ennemis et de la main de ceux qui vous détestent."

72 Ainsi, Dieu a été bon pour nos ancêtres. Aujourd'hui encore, il se souvient de son *alliance sainte. 73 C'est le serment qu'il avait fait à Abraham, notre ancêtre. Oui, il avait dit en parlant de nous : 74 "J'arracherai tes enfants aux mains de leurs ennemis, alors ils pourront me servir sans avoir peur. 75 Ils pourront être saints et *justes devant moi, tous les jours de leur vie." » 76 Zakarie dit encore : « Et toi, mon enfant, on t'appellera prophète du Très-Haut. Tu marcheras devant le Seigneur, pour préparer son chemin. 77 Voici ce que tu annonceras à son peuple : Dieu vous sauve en pardonnant vos péchés ! 78 Oui, notre Dieu est plein de tendresse et de bonté. Il a fait briller sur nous une lumière venue d'en haut, comme celle du soleil levant. 79 Elle éclairera ceux qui vivent dans la nuit et dans l'ombre de la mort, elle guidera nos pas sur la route de la paix. »

Jean grandit

80 L'enfant grandit et peu à peu, il devient adulte. Il vit dans un endroit désert jusqu'au jour où il va se montrer au peuple *d'Israël.

La naissance de Jésus

2 1 À cette époque, l'empereur Auguste donne l'ordre de compter les habitants de tous les pays. 2 C'est la première fois qu'on fait cela. À ce moment-là, Quirinius est gouverneur de Syrie. 3 Tout le monde va se faire inscrire, chacun dans la ville de ses ancêtres. 4 Joseph quitte donc la ville de Nazareth en Galilée pour aller en Judée, à Bethléem. C'est la ville du roi David. En effet, David est l'ancêtre de Joseph. 5 Joseph va se faire inscrire avec Marie, sa femme, qui attend un enfant.

6 Pendant qu'ils sont à Bethléem, le moment arrive où Marie doit accoucher. 7 Elle met au monde un fils, son premier enfant. Elle l'enveloppe dans une couverture et elle le couche dans une mangeoire[b]. En effet, il n'y a pas de place pour eux dans la salle où logent les gens de passage.

Un ange annonce la bonne nouvelle aux bergers

8 Dans la même région, il y a des bergers. Ils vivent dans les champs, et pendant la nuit, ils gardent leur troupeau. 9 Un *ange du Seigneur se présente devant eux. La *gloire du Seigneur les enveloppe de lumière, alors ils ont très peur. 10 L'ange leur dit : « N'ayez pas peur. Oui, je viens vous annoncer une bonne nouvelle qui sera une grande joie pour tout votre peuple. 11 Aujourd'hui, dans la ville de David, un Sauveur est né pour vous. C'est le *Christ, le Seigneur. 12 Voici comment vous allez le reconnaître : vous trouverez un petit enfant enveloppé dans une couverture et couché dans une mangeoire. »

13 Tout à coup, il y a avec l'ange une troupe nombreuse qui vient du *ciel. Ils chantent la louange de Dieu : 14 « Gloire à Dieu au plus haut des *cieux, et sur la terre paix à ceux que Dieu aime ! »

Les bergers vont à Bethléem

15 Ensuite, les *anges quittent les bergers et retournent au *ciel. Alors les bergers se disent entre eux : « Allons jusqu'à Bethléem, et voyons ce qui est arrivé, ce que le Seigneur Dieu nous a fait connaître. »

16 Ils partent vite et ils trouvent Marie, Joseph et le petit enfant couché dans la mangeoire[c]. 17 Quand ils le voient, ils racontent ce que l'ange leur a dit sur cet enfant. 18 Tous ceux qui entendent les bergers sont étonnés de leurs paroles. 19 Marie retient tout ce qui s'est passé, elle réfléchit à cela dans son cœur. 20 Ensuite les bergers repartent. Ils rendent *gloire à Dieu et chantent sa louange pour tout ce qu'ils ont vu et entendu. En effet, tout s'est passé comme l'ange l'avait annoncé.

La circoncision de Jésus

21 Une semaine plus tard, c'est le moment de *circoncire l'enfant. On lui donne le nom

---

b **2.7** *Une mangeoire est un grand récipient où les animaux reçoivent leur nourriture.*

c **2.16** *Voir Luc 2.7 et la note.*

de Jésus. C'est le nom que l'ange a indiqué à Marie avant qu'elle soit enceinte.

Marie et Joseph vont présenter Jésus au temple

22 Après cela, le moment arrive où Marie et Joseph doivent faire la cérémonie de *purification, comme la *loi de Moïse le demande. Alors ils amènent l'enfant à Jérusalem pour le présenter au Seigneur. 23 En effet, la loi du Seigneur dit : « Il faut donner au Seigneur le premier garçon né dans une famille. »[d] 24 Marie et Joseph offrent aussi le *sacrifice que la loi du Seigneur demande : deux tourterelles ou deux jeunes pigeons[e].

Siméon remercie Dieu pour Jésus

25 À Jérusalem, il y a un homme appelé Siméon. Cet homme est *juste et fidèle à Dieu et il attend celui qui doit être la force du peuple *d'Israël. L'Esprit Saint est avec Siméon 26 et il lui a dit à l'avance : « Tu ne mourras pas avant de voir le *Messie du Seigneur Dieu. » 27 Alors, Siméon, poussé par l'Esprit Saint, va dans le temple. À ce moment-là, les parents de Jésus amènent leur enfant pour faire ce que la *loi du Seigneur demande pour lui. 28 Siméon prend l'enfant dans ses bras, il remercie Dieu en disant : 29 « Maintenant, Seigneur, tu peux laisser ton serviteur mourir dans la paix, comme tu l'as dit. 30 Oui, mes yeux ont vu le *salut que tu nous donnes. 31 Tu l'as préparé devant tous les peuples. 32 C'est la lumière qui te fera connaître au monde entier, c'est la *gloire de ton peuple Israël. »

33 Le père et la mère de l'enfant sont étonnés de ce que Siméon dit de lui. 34 Siméon les *bénit et il dit à Marie, la mère de Jésus : « À cause de ton enfant, beaucoup en Israël vont tomber ou se relever. Il sera un *signe de Dieu, mais les gens le rejetteront. 35 Ainsi on connaîtra les pensées cachées dans le cœur de beaucoup de personnes. Et toi, Marie, la souffrance te transpercera comme une lance. »

Anne remercie Dieu pour Jésus

36 Il y a aussi une femme *prophète qui s'appelle Anne. C'est la fille de Phanouel, de la tribu d'Asser. Elle est très vieille. Elle a vécu avec son mari pendant sept ans, 37 puis elle est devenue veuve. Elle a 84 ans. Anne ne quitte pas le temple et elle sert Dieu nuit et jour, en *jeûnant et en priant. 38 Elle est là en même temps que Siméon et se met à remercier Dieu. Elle parle de l'enfant à tous ceux qui attendent la libération de Jérusalem.

Jésus grandit à Nazareth

39 Quand les parents de Jésus ont fait tout ce que la *loi du Seigneur demande, ils retournent en Galilée, à Nazareth, leur ville. 40 L'enfant grandit et se développe. Il est rempli de sagesse, et le Dieu d'amour est avec lui.

À douze ans, Jésus va au temple de Jérusalem

41 Chaque année, les parents de Jésus vont à Jérusalem pour la fête de la *Pâque. 42 Quand Jésus a douze ans, il vient avec eux, comme c'est la coutume. 43 Après la fête, ils repartent, mais l'enfant Jésus reste à Jérusalem, et ses parents ne s'en aperçoivent pas. 44 Ils pensent que l'enfant est avec les autres voyageurs. Ils marchent pendant une journée, puis ils se mettent à le chercher parmi leurs parents et leurs amis. 45 Mais ils ne le trouvent pas. Alors ils retournent à Jérusalem en le cherchant. 46 Le troisième jour, ils trouvent l'enfant dans le temple. Il est assis au milieu des maîtres juifs, il les écoute et leur pose des questions. 47 Tous ceux qui entendent l'enfant sont surpris par ses réponses pleines de sagesse. 48 Quand ses parents le voient, ils sont vraiment très étonnés, et sa mère lui dit : « Mon enfant, pourquoi est-ce que tu nous as fait cela ? Regarde ! Ton père et moi, nous étions très inquiets en te cherchant. » 49 Il leur répond : « Vous m'avez cherché, pourquoi ? Vous ne savez donc pas

---

d **2.23** *Voir Exode 13.2,12,15 ; Nombres 18.15-16.*

e **2.24** *Voir Lévitique 12.8. La tourterelle est un oiseau de la famille des pigeons.*

que je dois être dans la maison de mon Père ? » 50 Mais ses parents ne comprennent pas cette parole.

51 Ensuite, Jésus retourne avec eux à Nazareth. Il obéit à ses parents. Sa mère garde toutes ces choses dans son cœur. 52 Jésus grandit, sa sagesse se développe et il se rend agréable à Dieu et aux hommes.

Jean lance un appel à changer de vie

3 1 Maintenant, Tibère est empereur depuis 15 ans. Ponce Pilate est préfet de Judée. *Hérode Antipas gouverne la Galilée. Philippe, le frère d'Hérode Antipas, gouverne l'Iturée et la Trachonite. Lysanias gouverne l'Abilène. 2 Hanne et Caïphe sont *grands-prêtres. À ce moment-là, dans le désert, Dieu adresse sa parole à Jean, le fils de Zakarie, 3 et Jean va dans toute la région du Jourdain. Il lance cet appel : « Faites-vous baptiser, pour montrer que vous voulez changer votre vie, et Dieu pardonnera vos péchés. » 4 En effet, dans le livre du *prophète Ésaïe, on lit :

« Quelqu'un crie dans le désert :
Préparez la route du Seigneur !
Faites-lui des chemins bien droits !
5 On remplira tous les ravins,
on aplatira toutes les montagnes et toutes les collines.
Les tournants de la route deviendront droits,
on remettra les mauvais chemins en bon état,
6 et tous verront que Dieu veut les sauver ! »[f]

7 Des foules viennent pour que Jean les baptise. Jean leur dit : « Espèce de vipères ! La *colère de Dieu va venir, et vous croyez que vous pouvez l'éviter ? Qui vous a dit cela ? 8 Faites donc de bonnes actions pour montrer que vous avez changé votre vie ! Ne vous mettez pas à penser : "Notre ancêtre, c'est Abraham." Oui, je vous le dis, vous voyez ces pierres, ici. Eh bien, Dieu peut les changer pour en faire des enfants d'Abraham ! 9 Déjà la hache est prête à attaquer les racines des arbres. Tous les arbres qui ne produisent pas de bons fruits, on va les couper et les jeter dans le feu ! »

10 Alors les foules demandent à Jean : « Qu'est-ce qu'il faut faire ? » 11 Il leur répond : « Celui qui a deux vêtements doit en donner un à celui qui n'en a pas. Celui qui a de la nourriture doit en donner à celui qui n'en a pas. »

12 Des *employés des impôts viennent aussi pour que Jean les baptise. Ils demandent à Jean : « Maître, qu'est-ce qu'il faut faire ? » 13 Jean leur répond : « Vous savez ce qu'on doit payer pour l'impôt. Ne demandez pas plus. »

14 Des militaires demandent à Jean : « Et nous, qu'est-ce que nous devons faire ? » Il leur dit : « Ne prenez d'argent à personne, ni par la force, ni par le mensonge. Contentez-vous de votre salaire. »

Jean annonce celui qui vient

15 Le peuple attend ce qui va arriver, et tous se demandent en eux-mêmes : « Jean est peut-être le *Messie ? » 16 Alors Jean leur répond à tous : « Moi, je vous baptise avec de l'eau, mais il vient, celui qui est plus puissant que moi. Je ne suis pas digne de lui enlever ses sandales. Lui, il vous baptisera avec le feu de l'Esprit Saint. 17 Dans la cour, il tient son van[g] dans les mains pour séparer le grain de la paille. Il va ranger son grain dans le grenier, mais la paille, il va la brûler dans le feu qui ne s'éteint pas ! »

18 Jean donne au peuple beaucoup d'autres conseils, et ainsi, il lui annonce la Bonne Nouvelle.

Hérode Antipas met Jean en prison

19 Le gouverneur *Hérode a pris Hérodiade, la femme de son frère. Il a fait encore beaucoup d'autres mauvaises actions. À cause de

f **3.6** *Ésaïe 40.3-5 cité d'après l'ancienne traduction grecque.*

g **3.17** *Le van sert à jeter en l'air les grains pour les séparer de la paille. Celle-ci est alors emportée par le vent.*

tout cela, Jean fait des reproches à Hérode. 20 Alors Hérode fait une mauvaise action de plus : il met Jean en prison.

Le baptême de Jésus

21 Quand tout le peuple est baptisé, Jésus aussi est baptisé. Au moment où il prie, le *ciel s'ouvre, 22 et l'Esprit Saint descend sur lui sous la forme d'une *colombe. Une voix vient du ciel et dit : « Tu es mon Fils très aimé. C'est toi que j'ai choisi avec joie[h]. »

Les ancêtres de Jésus

23 Jésus a environ 30 ans quand il commence à annoncer la Bonne Nouvelle. On pense qu'il est fils de Joseph. Joseph est fils d'Héli. 24 Héli est fils de Matthat. Matthat est fils de Lévi. Lévi est fils de Melki. Melki est fils de Jannaï. Jannaï est fils de Joseph. 25 Joseph est fils de Mattatias. Mattatias est fils d'Amos. Amos est fils de Nahoum. Nahoum est fils d'Esli. Esli est fils de Naggaï. 26 Naggaï est fils de Maath. Maath est fils de Mattatias. Mattatias est fils de Séméïn. Séméïn est fils de Yosec. Yosec est fils de Yoda. 27 Yoda est fils de Yohanan. Yohanan est fils de Rhésa. Rhésa est fils de Zorobabel. Zorobabel est fils de Chéaltiel. Chéaltiel est fils de Néri. 28 Néri est fils de Melki. Melki est fils d'Addi. Addi est fils de Kosam. Kosam est fils d'Elmadam. Elmadam est fils d'Er. 29 Er est fils de Yéchoua. Yéchoua est fils d'Éliézer. Éliézer est fils de Yorim. Yorim est fils de Matthat. Matthat est fils de Lévi. 30 Lévi est fils de Siméon. Siméon est fils de Juda. Juda est fils de Joseph. Joseph est fils de Yonam. Yonam est fils d'Éliakim. 31 Éliakim est fils de Méléa. Méléa est fils de Menna. Menna est fils de Mattata. Mattata est fils de Natan. Natan est fils de David. 32 David est fils de Jessé. Jessé est fils d'Obed. Obed est fils de Booz. Booz est fils de Sala. Sala est fils de Nachon. 33 Nachon est fils d'Amminadab. Amminadab est fils d'Admin. Admin est fils d'Arni. Arni est fils de Hesron. Hesron est fils de Pérès. Pérès est fils de Juda. 34 Juda est fils de Jacob. Jacob est fils d'Isaac. Isaac est fils d'Abraham. Abraham est fils de Téra. Téra est fils de Nahor. 35 Nahor est fils de Seroug. Seroug est fils de Réou. Réou est fils de Péleg. Péleg est fils d'Éber. Éber est fils de Chéla. 36 Chéla est fils de Quénan. Quénan est fils d'Arpaxad. Arpaxad est fils de Sem. Sem est fils de Noé. Noé est fils de Lémek. 37 Lémek est fils de Matusalem. Matusalem est fils d'Hénok. Hénok est fils de Yéred. Yéred est fils de Malaléel. Malaléel est fils de Quénan. 38 Quénan est fils d'Énos. Énos est fils de Seth. Seth est fils d'Adam. Adam est fils de Dieu.

L'esprit du mal tente Jésus dans le désert

4 1 Jésus, rempli d'Esprit Saint, revient du Jourdain, et l'Esprit Saint le conduit dans le désert. 2 Là, pendant 40 jours, l'esprit du mal tente Jésus. Celui-ci ne mange rien pendant ces jours-là, ensuite, il a faim. 3 Alors l'esprit du mal lui dit : « Si tu es le Fils de Dieu, dis à cette pierre : "Change-toi en pain !" » 4 Jésus lui répond : « Dans les Livres Saints on lit : "Le pain ne suffit pas à faire vivre l'homme[i]." »

5 L'esprit du mal l'emmène plus haut, en un instant, il montre à Jésus tous les royaumes de la terre, 6 et il lui dit : « Je vais te donner tout le pouvoir et la richesse de ces royaumes. Oui, je suis le maître de tout cela, et je le donne à qui je veux. 7 Donc, mets-toi à genoux devant moi pour m'adorer, et tout cela sera à toi. » 8 Jésus lui répond : « Dans les Livres Saints on lit : "C'est le Seigneur ton Dieu que tu dois adorer, et c'est lui seul que tu dois servir[j]." »

9 Alors l'esprit du mal conduit Jésus à Jérusalem. Il le place au sommet du temple et lui dit : « Si tu es le Fils de Dieu, jette-toi d'ici jusqu'en bas ! 10 En effet, dans les Livres Saints on lit :

"Dieu commandera à ses *anges
de te garder.

---

h **3.22** *Voir Psaume 2.7 ; Ésaïe 42.1.*
i **4.4** *Deutéronome 8.3.*
j **4.8** *Deutéronome 6.13-14.*

11 Ils te porteront dans leurs bras
pour que tes pieds ne heurtent pas les pierres[k]." »
12 Jésus lui répond : « Dans les Livres Saints on
lit :
"Tu ne dois pas provoquer le Seigneur ton
Dieu[l]." »
13 L'esprit du mal a complètement fini de
tenter Jésus, il le quitte jusqu'au moment
que Dieu a fixé.

Jésus revient en Galilée

14 Jésus, rempli de la force de l'Esprit Saint,
revient en Galilée. Les gens commencent à
parler de lui dans toute la région. 15 Il enseigne
dans les maisons de prière, et tout le monde
dit beaucoup de bien de lui.

Jésus annonce la Bonne Nouvelle

16 Jésus vient à Nazareth où il a été élevé. Le
jour du *sabbat, il entre dans la maison de
prière, c'est son habitude. Il se lève pour faire
la lecture des Livres Saints. 17 On lui donne le
livre du *prophète Ésaïe. Jésus ouvre le livre
et trouve le passage suivant :
18 « L'Esprit du Seigneur est sur moi.
Oui, il m'a choisi
pour apporter la Bonne Nouvelle aux pauvres.
Il m'a envoyé
pour annoncer aux prisonniers :
Vous êtes libres !
et aux aveugles :
Vous verrez clair de nouveau !
Il m'a envoyé pour libérer
ceux qui ne peuvent pas se défendre,
19 pour annoncer :
C'est l'année où vous verrez la bonté du
Seigneur ! »[m]
20 Jésus ferme le livre, il le rend au serviteur
et s'assoit. Dans la maison de prière, tous ont
les yeux fixés sur lui. 21 Alors il leur dit :
« Vous avez entendu ce que les Livres Saints
annoncent. Eh bien, aujourd'hui, cela s'est
réalisé. »
22 Tout le monde est dans l'admiration et
s'étonne des paroles merveilleuses qui sortent
de sa bouche. Ils disent : « Pourtant, cet
homme-là, c'est bien le fils de Joseph ! » 23 Jésus leur dit : « Vous allez certainement me citer ce proverbe : "Médecin, guéris-toi toi-
même !" Et vous allez me dire : "Nous avons
appris tout ce que tu as fait à Capernaüm.
Fais donc les mêmes choses ici, dans ton village !" » 24 Puis Jésus ajoute : « Oui, je vous
le dis, c'est la vérité, un prophète n'est jamais
bien reçu dans son village. 25 Vraiment, je
vous le dis : à l'époque du prophète *Élie, il
y avait beaucoup de veuves dans le peuple
*d'Israël. En ce temps-là, pendant trois ans
et demi, la pluie n'est pas tombée, et c'était
la famine dans tout le pays. 26 Pourtant, Dieu
n'a pas envoyé Élie pour aider une veuve d'Israël. Il l'a envoyé chez une veuve qui vivait à
Sarepta, dans la région de Sidon. 27 À l'époque
du prophète Élisée, il y avait aussi beaucoup
de *lépreux dans le peuple d'Israël. Pourtant,
Élisée n'a guéri aucun lépreux d'Israël, mais il
a guéri Naaman le Syrien[n]. »
28 Dans la maison de prière, tout le monde
est très en colère en entendant cela. 29 Ils se
lèvent tous et font sortir Jésus du village. Ils
l'emmènent en haut de la colline sur laquelle
leur village est construit, et ils veulent le jeter
en bas. 30 Mais Jésus passe au milieu d'eux et
continue sa route.

Jésus guérit un homme qui a un esprit mauvais

31 Jésus va à Capernaüm, ville de Galilée, et
le jour du *sabbat, il enseigne les gens. 32 Ils
sont très étonnés par sa façon d'enseigner.
En effet, Jésus parle avec l'autorité que Dieu
lui donne.
33 Dans la maison de prière, il y a un homme
qui a un esprit mauvais en lui. Il crie très fort :

---

k **4.11** *Psaume 91.11-12.*
l **4.12** *Deutéronome 6.16.*
m **4.19** *Ésaïe 61.1-2.*
n **4.27** *Voir 2 Rois 5.1-14.*

34 « Eh ! Jésus de Nazareth, qu'est-ce que tu
nous veux ? Est-ce que tu es venu pour notre
malheur ? Je sais bien qui tu es, tu es le
*Saint que Dieu a envoyé ! » 35 Jésus le menace
et lui dit : « Tais-toi, et sors de cet homme ! »

L'esprit mauvais jette l'homme par terre devant tout le monde et il sort de l'homme sans
lui faire de mal. 36 Tous sont très étonnés. Ils
se demandent entre eux : « La parole de cet
homme, qu'est-ce que c'est ? Il commande
aux esprits mauvais avec assurance et avec
force, et ils sortent ! » 37 Alors on parle de Jésus dans toute la région.

Jésus guérit des malades

38 Jésus quitte la maison de prière et il entre
chez Simon. La belle-mère de Simon souffre
d'une forte fièvre, et on demande à Jésus de
faire quelque chose pour elle. 39 Il se penche
sur elle, menace la fièvre, et la fièvre la quitte.
Aussitôt, la belle-mère de Simon se lève et elle
se met à les servir.

40 Au coucher du soleil, tous ceux qui ont
des malades de toutes sortes les conduisent à
Jésus. Il pose la main sur la tête de chacun et il
les guérit. 41 Des esprits mauvais sortent de
beaucoup de malades en criant : « Tu es le
Fils de Dieu ! » Mais Jésus les menace et il
ne les laisse pas parler, parce qu'ils savent
que Jésus est le *Messie.

Jésus part annoncer la Bonne Nouvelle en Judée

42 Quand il fait jour, Jésus sort de la ville et il
va dans un endroit désert. Une foule de gens
se met à le chercher. Ils rejoignent Jésus et
veulent le retenir pour qu'il ne les quitte
pas. 43 Mais Jésus leur dit : « Je dois aussi apporter la Bonne Nouvelle du *Royaume de
Dieu aux autres villes. Oui, c'est pour cela
que Dieu m'a envoyé. » 44 Et il annonce la
Bonne Nouvelle dans les maisons de prière
de Judée.

Jésus appelle les premiers disciples

5 1 Un jour, Jésus est au bord du lac de Génésareth. Une foule nombreuse est tout
près de lui, pour écouter la parole de Dieu.
2 Jésus voit deux barques au bord du lac.
Les pêcheurs en sont descendus, et ils lavent
leurs filets. 3 Jésus monte dans l'une des barques, celle de Simon. Il demande à celui-ci :
« Éloigne-toi un peu du bord. » Jésus s'assoit
dans la barque et il se met à enseigner les
foules.

4 Quand il a fini de parler, il dit à Simon :
« Avance là-bas où l'eau est profonde, et jetez
vos filets pour attraper du poisson. » 5 Simon
lui répond : « Maître, nous avons travaillé
toute la nuit sans rien prendre. Mais tu nous
dis de jeter les filets, je vais le faire. »

6 Ils jettent les filets et ils prennent un très
grand nombre de poissons. Leurs filets
commencent à se déchirer. 7 Pour demander
de l'aide, ils font signe à ceux qui les accompagnent dans l'autre barque. Ceux-ci arrivent.
Ils remplissent les deux barques de poissons,
et les barques pleines s'enfoncent dans l'eau !
8 En voyant cela, Simon-Pierre tombe à genoux devant Jésus et il dit : « Seigneur, éloigne-toi de moi ! Oui, je suis un homme
pécheur ! »

9 En effet, Simon et tous ceux qui sont avec
lui sont effrayés, parce qu'ils ont pris beaucoup de poissons. 10 Jacques et Jean, les fils
de Zébédée, qui accompagnent Simon, sont
effrayés aussi. Mais Jésus dit à Simon : « N'aie
pas peur ! À partir de maintenant, ce sont des
gens que tu prendras. » 11 Alors ils ramènent
les barques à terre, ils laissent tout et suivent
Jésus.

Jésus guérit un lépreux

12 Un jour, Jésus se trouve dans une ville. Un
homme couvert de *lèpre arrive. En voyant Jésus, l'homme se jette devant lui, le front
contre le sol, et il lui fait cette prière : « Seigneur, si tu le veux, tu peux me guérir ! »
13 Jésus tend la main, il touche le lépreux en
disant : « Je le veux. Sois guéri ! » Et aussitôt
la lèpre le quitte. 14 Jésus donne cet ordre à
l'homme : « Ne dis rien à personne, mais va
te montrer au *prêtre. Tu offriras le *sacrifice
que Moïse a commandé, ainsi, tous auront la
preuve que tu es guéri. »

15 Les gens parlent de plus en plus de Jésus.
Des foules nombreuses se rassemblent pour

l'écouter et pour se faire guérir de leurs maladies. 16 Mais Jésus part seul dans des endroits isolés et il prie.

Jésus guérit un homme paralysé

17 Un jour, Jésus est en train d'enseigner. Des *Pharisiens et des *maîtres de la loi sont assis à côté de lui. Ils sont venus de tous les villages de Galilée et de Judée, et de la ville de Jérusalem. La puissance du Seigneur Dieu est avec Jésus, pour qu'il guérisse des malades. 18 Des hommes arrivent, ils portent sur une natte quelqu'un qui est paralysé. Les hommes cherchent à faire entrer le malade dans la maison et à le placer devant Jésus. 19 Mais ils n'arrivent pas à le faire entrer à cause de la foule. Alors ils montent sur le toit, ils font une ouverture à travers les tuiles, et ils descendent le malade sur sa natte, au milieu de tous, devant Jésus. 20 Quand Jésus voit leur foi, il dit au malade : « Tes péchés te sont pardonnés. »

21 Les maîtres de la loi et les Pharisiens se mettent à penser : « Qui est cet homme ? Il insulte Dieu ! Personne ne peut pardonner les péchés, Dieu seul peut le faire ! » 22 Mais Jésus connaît leurs pensées et il leur dit : « Pourquoi avez-vous ces pensées-là ? 23 Qu'est-ce qui est plus facile ? Dire : "Tes péchés te sont pardonnés" ou dire : "Lève-toi et marche" ? 24 Eh bien, vous devez savoir ceci : le *Fils de l'homme a le pouvoir de pardonner les péchés sur la terre. » Alors Jésus dit au paralysé : « Lève-toi, prends ta natte et rentre chez toi ! »

25 Aussitôt, l'homme se lève devant tout le monde. Il prend la natte sur laquelle il était couché et il rentre chez lui en disant : « *Gloire à Dieu ! » 26 Tous les gens sont très étonnés et ils ont peur. Ils disent aussi : « Gloire à Dieu ! Aujourd'hui, nous avons vu des choses extraordinaires ! »

Jésus appelle Lévi à le suivre

27 Après cela, Jésus sort et il voit un *employé des impôts. Cet homme s'appelle Lévi. Il est assis à son bureau. Jésus lui dit : « Suis-moi ! » 28 L'homme se lève, il laisse tout et suit Jésus.

29 Ensuite, Lévi offre à Jésus un grand repas dans sa maison. Il y a beaucoup de gens qui mangent avec eux : des employés des impôts et aussi d'autres personnes. 30 Les *Pharisiens et leurs amis, des *maîtres de la loi, critiquent cela. Ils disent aux *disciples de Jésus : « Vous mangez et vous buvez avec les employés des impôts et avec les pécheurs. Pourquoi donc ? » 31 Jésus leur répond : « Les gens en bonne santé n'ont pas besoin de médecin. Ce sont les malades qui en ont besoin. 32 Je ne suis pas venu appeler ceux qui se croient *justes. Je suis venu appeler ceux qui se reconnaissent pécheurs, pour qu'ils changent leur vie. »

Jésus parle du jeûne

33 Les *Pharisiens disent à Jésus : « Les *disciples de Jean-Baptiste *jeûnent souvent et ils font des prières. Nos disciples font la même chose, mais tes disciples à toi mangent et boivent ! » 34 Jésus leur répond : « Le jour du mariage, est-ce que vous pouvez obliger les invités à jeûner, quand le marié est avec eux ? 35 Mais le moment va venir où on leur enlèvera le marié. Alors, ces jours-là, ils jeûneront. »

36 Jésus utilise aussi pour eux cette comparaison : « Personne n'arrache un morceau à un vêtement neuf pour le coudre sur un vieux vêtement. Sinon, on déchire le vêtement neuf, et le morceau neuf ne va pas avec le vieux vêtement ! 37 Personne ne met du vin nouveau dans de vieilles *outres. Sinon, le vin nouveau fait éclater les outres, il coule par terre, et les outres sont abîmées. 38 Mais il faut mettre le vin nouveau dans des outres neuves. 39 Personne ne veut boire du vin nouveau quand il a bu du vin vieux. En effet, on dit : "Le vieux est meilleur !" »

Le Fils de l'homme est maître du sabbat

6 1 Un jour de *sabbat, Jésus traverse des champs. Ses *disciples arrachent des épis, ils les frottent dans leurs mains et ils mangent les grains. 2 Quelques *Pharisiens disent : « Pourquoi est-ce que vous faites cela ? Le jour du sabbat, c'est interdit ! » 3 Jésus leur répond : « Vous n'avez donc pas lu ce

que David a fait[o] ? Un jour, il avait faim, et
ceux qui étaient avec lui avaient faim aussi.
4 Il est entré dans la maison de Dieu, et il a
pris les pains qui étaient offerts à Dieu. Il en
a mangé et il en a donné à ceux qui l'accompagnaient. Pourtant, seuls les *prêtres avaient le
droit d'en manger ! » 5 Jésus dit encore aux
Pharisiens : « Le *Fils de l'homme est maître
du sabbat. »

Jésus guérit un homme à la main paralysée

6 Un autre jour de *sabbat, Jésus entre dans
la maison de prière, et il enseigne. Là, il y a un
homme qui a la main droite paralysée. 7 Les
*maîtres de la loi et les *Pharisiens regardent
Jésus avec attention pour voir s'il va guérir
quelqu'un un jour de sabbat. En effet, ils cherchent une raison de l'accuser. 8 Mais Jésus
connaît leurs pensées. Il dit à l'homme qui a
la main paralysée : « Lève-toi ! Viens ici, devant tout le monde ! » L'homme se lève et il
s'avance. 9 Jésus dit aux maîtres de la loi et
aux Pharisiens : « Je vous demande une
chose : le jour du sabbat, qu'est-ce qu'il est
permis de faire ? Du bien ou du mal ? De sauver la vie de quelqu'un ou de la détruire ? »
10 Jésus les regarde tous, ensuite il dit à
l'homme : « Tends ta main ! » L'homme le
fait, et sa main est guérie !
11 Mais les maîtres de la loi et les Pharisiens
sont très en colère. Ils se demandent entre
eux : « Qu'est-ce que nous pouvons faire
contre Jésus ? »

Jésus choisit les douze apôtres

12 Un jour, Jésus va dans la montagne pour
prier et il passe toute la nuit à prier Dieu.
13 Quand il fait jour, il appelle ses *disciples.
Parmi eux, il en choisit douze, et il leur donne
le nom *d'apôtres. 14 Les voici : Simon, à qui
Jésus donne le nom de Pierre, André le frère
de Simon, Jacques, Jean, Philippe, Barthélemy, 15 Matthieu, Thomas, Jacques le fils
d'Alphée, Simon qu'on appelle le nationaliste[p], 16 Jude le fils de Jacques, et Judas Iscariote,
celui qui va livrer Jésus.

Les gens viennent écouter Jésus et se faire guérir

17 Jésus descend de la montagne avec les
*apôtres et il s'arrête dans un endroit plat.
Là, il y a un grand nombre de ses *disciples.
Il y a aussi une grande foule de gens de toute
la Judée, de Jérusalem et des environs de Tyr
et Sidon, villes de la côte. 18 Les gens sont venus pour écouter Jésus et pour se faire guérir
de leurs maladies. Jésus guérit aussi ceux que
des esprits mauvais font souffrir. 19 Toute la
foule cherche à le toucher parce qu'une force
sort de lui, et il les guérit tous.

Le bonheur et le malheur

20 Alors Jésus regarde ses *disciples, et il
dit : « Vous êtes heureux, vous les pauvres,
parce que le *Royaume de Dieu est à vous !
21 Vous êtes heureux,
vous qui avez faim maintenant,
parce que vous serez nourris d'une manière
abondante !
Vous êtes heureux,
vous qui pleurez maintenant,
parce que vous rirez !
22 Vous êtes heureux
quand les gens vous détestent,
quand ils vous rejettent,
quand ils vous insultent,
quand ils disent du mal de vous à cause du
*Fils de l'homme.
23 À ce moment-là,
réjouissez-vous et dansez de joie !
Oui, Dieu vous prépare
une grande récompense !
En effet,
leurs ancêtres ont agi de cette façon
avec les *prophètes !
24 Mais quel malheur pour vous, les riches,
parce que vous avez déjà votre bonheur !
25 Quel malheur pour vous

o **6.3** *1 Samuel 21.2-7.*

p **6.15** *À l'époque de Jésus, les nationalistes étaient des Juifs qui résistaient aux Romains en luttant pour l'indépendance de leur pays.*

qui avez maintenant tout ce qu'il vous faut,
parce que vous aurez faim !
Quel malheur pour vous
qui riez maintenant,
parce que vous serez dans le deuil et vous
pleurerez !
26 Quel malheur pour vous,
quand tous les gens disent du bien de vous !
En effet,
leurs ancêtres ont agi de cette façon
avec les faux prophètes. »

L'amour des ennemis

27 « Mais je vous dis ceci, à vous qui m'écoutez : Aimez vos ennemis, faites du bien à ceux
qui vous détestent. 28 Souhaitez du bien à
ceux qui vous souhaitent du mal, priez pour
ceux qui disent du mal de vous. 29 Quand
quelqu'un te frappe sur une joue, tends-lui
aussi l'autre joue. Quand quelqu'un te prend
ton vêtement, ne refuse pas non plus ta chemise. 30 Donne à tous ceux qui te demandent
quelque chose. Et quand quelqu'un te prend
ce qui est à toi, ne le réclame pas. 31 Faites
pour les autres tout ce que vous voulez qu'ils
fassent pour vous. 32 Si vous aimez ceux qui
vous aiment, il n'y a pas de quoi vous dire
merci ! En effet, même les pécheurs aiment
ceux qui les aiment. 33 Si vous faites du bien
à ceux qui vous font du bien, il n'y a pas de
quoi vous dire merci ! Même les pécheurs
font comme vous ! 34 Et si vous prêtez de l'argent à ceux qui vont sûrement vous le rendre,
il n'y a pas de quoi vous dire merci ! Même les
pécheurs prêtent de l'argent aux pécheurs,
pour qu'on leur rende la même somme.
35 Au contraire, aimez vos ennemis, faites du
bien et prêtez de l'argent sans espérer recevoir quelque chose en retour. Alors vous aurez une grande récompense, et vous serez
les fils du Très-Haut. Il est bon, lui, pour
ceux qui ne lui disent pas merci et pour les
méchants. »

Ne pas juger les autres

36 « Soyez pleins de bonté, comme votre Père est plein de bonté. 37 Ne jugez pas
les autres, et Dieu ne vous jugera pas. Ne
condamnez pas les autres, et Dieu ne vous
condamnera pas. Pardonnez-leur, et Dieu
vous pardonnera. 38 Donnez, et Dieu vous
donnera. On versera beaucoup de grains
dans la grande poche de votre vêtement. Les
grains seront bien secoués, serrés, ils déborderont ! En effet, Dieu vous donnera comme
vous donnez aux autres ! » 39 Jésus utilise aussi
pour eux cette comparaison : « Est-ce qu'un
aveugle peut conduire un autre aveugle ?
Non ! Ils tomberont tous les deux dans un
trou ! 40 Le *disciple n'est pas plus savant
que son maître, mais tous les disciples bien
formés seront comme leur maître.
41 « Tu regardes le bout de paille dans l'œil
de ton frère. Mais le tronc d'arbre qui est dans
ton œil à toi, tu ne le remarques pas ! Pourquoi donc ? 42 Comment peux-tu dire à ton
frère : "Mon frère, laisse-moi enlever le bout
de paille qui est dans ton œil" ? Et toi, tu ne
vois même pas le tronc d'arbre qui est dans
le tien ! Homme faux ! Enlève d'abord le tronc
d'arbre qui est dans ton œil ! Ensuite tu verras
assez clair pour enlever le bout de paille dans
l'œil de ton frère ! »

L'arbre et ses fruits

43 « Un bon arbre ne produit pas de mauvais
fruits et un arbre malade ne produit pas de
bons fruits. 44 On reconnaît les arbres à leurs
fruits. On ne cueille pas des *figues sur des
plantes piquantes, on ne récolte pas du *raisin sur des cactus. 45 La personne qui est
bonne tire le bien de son cœur qui est plein
de bonnes choses. La personne qui est mauvaise tire le mal de son cœur qui est plein
de mauvaises choses. Oui, ce qui remplit le
cœur de quelqu'un, voilà ce qui sort de sa
bouche. »

Les deux maisons

46 « Vous m'appelez : "Seigneur ! Seigneur !", mais vous ne faites pas ce que je
dis. Pourquoi donc ? 47 Celui qui vient à
moi, qui écoute mes paroles et m'obéit, je
vais vous montrer à qui il ressemble : 48 il ressemble à quelqu'un qui construit une maison.
Il a creusé la terre, il a creusé profondément,
et il a posé les fondations sur de la pierre. Au
moment de l'inondation, les eaux de la rivière

se jettent sur cette maison, mais elles ne peuvent pas la faire bouger. En effet, la maison est bien construite. 49 Mais celui qui écoute mes paroles et ne fait pas ce que je dis, voici à qui il ressemble : il ressemble à quelqu'un qui a construit une maison sur le sol, sans faire de fondations. Quand les eaux de la rivière se jettent sur elle, la maison tombe tout de suite, elle est complètement détruite ! »

Jésus guérit le serviteur d'un officier romain

7 1 Quand Jésus a fini de dire tout cela aux gens, il entre dans la ville de Capernaüm. 2 Là, il y a un officier de l'armée romaine. Cet officier a un serviteur très malade qui est mourant, et il l'aime beaucoup. 3 Quand l'officier entend parler de Jésus, il envoie quelques *anciens des Juifs pour lui demander : « Viens sauver mon serviteur ! » 4 Les anciens arrivent auprès de Jésus, et ils le supplient en disant : « Cet homme mérite que tu fasses cela pour lui ! 5 En effet, il aime notre peuple, et c'est lui qui a fait construire notre maison de prière. »

6 Alors Jésus va avec les anciens. Il est presque arrivé à la maison. À ce moment-là, l'officier envoie des amis pour lui dire : « Seigneur, ne te dérange pas, je ne suis pas digne que tu entres chez moi. 7 Voilà aussi pourquoi je n'ai pas osé venir moi-même vers toi. Mais dis seulement un mot, et mon serviteur sera guéri. 8 Moi, j'obéis à un chef et je commande à des soldats. Je dis à l'un : "Va !" et il va. Je dis à un autre : "Viens !" et il vient. Je dis à mon serviteur : "Fais ceci !" et il le fait. »

9 Quand Jésus entend cela, il admire l'officier. Il se retourne et dit à la foule qui le suit : « Je vous le dis, même dans le peuple *d'Israël, je n'ai jamais trouvé une foi aussi grande. »

10 Les amis que l'officier romain a envoyés retournent chez lui et ils trouvent le serviteur en bonne santé.

Jésus rend la vie au fils d'une veuve

11 Ensuite, Jésus va dans une ville appelée Naïn. Ses *disciples et une grande foule marchent avec lui. 12 Au moment où il arrive à l'entrée de la ville, on conduit un mort au cimetière. C'est le fils unique d'une veuve. Beaucoup de gens de la ville accompagnent cette femme. 13 Quand le Seigneur la voit, il est plein de pitié pour elle et il lui dit : « Ne pleure pas. » 14 Il s'avance et il touche le cercueil. Les porteurs s'arrêtent. Jésus dit : « Jeune homme, réveille-toi ! C'est un ordre ! » 15 Alors le mort s'assoit et il se met à parler. Jésus le rend à sa mère. 16 Tous les gens sont effrayés, ils disent : « *Gloire à Dieu ! Un grand *prophète est arrivé chez nous ! Dieu est venu au secours de son peuple ! » 17 Dans toute la Judée et dans les environs, on raconte ce que Jésus a fait.

La question de Jean-Baptiste

18 Les *disciples de Jean vont raconter toutes ces choses à leur maître. Alors Jean appelle deux de ses disciples. 19 Il les envoie vers le Seigneur pour lui demander : « Est-ce que tu es le *Messie qui doit venir ? Ou bien devons-nous en attendre un autre ? » 20 Les disciples arrivent auprès de Jésus et lui disent : « Jean-Baptiste nous a envoyés vers toi pour te demander : "Est-ce que tu es le Messie qui doit venir ? Ou bien devons-nous en attendre un autre ?" »

21 À ce moment-là, Jésus guérit beaucoup de malades, d'infirmes et de gens qui ont des esprits mauvais, et il donne la vue à beaucoup d'aveugles. 22 Ensuite, il répond aux disciples de Jean : « Allez raconter à Jean ce que vous avez vu et entendu : les aveugles voient clair, les boiteux marchent bien, les *lépreux sont guéris, les sourds entendent, les morts se réveillent, les pauvres reçoivent la Bonne Nouvelle. 23 Il est heureux, celui qui ne refuse pas de croire en moi ! »

Jésus parle de Jean

24 Les *disciples envoyés par Jean repartent, et Jésus se met à parler de Jean aux foules qui sont là. Il leur dit : « Qu'est-ce que vous êtes allés regarder dans le désert ? Un roseau secoué par le vent ? 25 Non ! Alors, qu'est-ce que vous êtes allés voir ? Un homme habillé de vêtements élégants ? Mais ceux qui ont

de beaux vêtements et qui vivent dans la richesse habitent dans les palais des rois!
26 Qu'est-ce que vous êtes allés voir? Un
*prophète? Oui, je vous le dis, et même plus
qu'un prophète! En effet, Jean est celui que
les Livres Saints annoncent 27 quand Dieu dit:

"Je vais envoyer mon messager devant toi.
Il préparera le chemin pour toi[q]." »

28 Jésus ajoute: « Je vous le dis: il n'y a jamais
eu un homme plus important que Jean. Pourtant, celui qui est le plus petit dans le
*Royaume de Dieu est plus important que
lui. 29 Tout le monde a écouté Jean, même
les *employés des impôts. Ils ont dit: "Dieu
veut nous sauver!", et ils ont demandé le baptême de Jean. 30 Mais les *Pharisiens et les
*maîtres de la loi ont refusé ce que Dieu vou-
lait pour eux, ils n'ont pas voulu du baptême
de Jean. » 31 Jésus dit encore: « À qui est-ce
que je vais comparer les gens d'aujourd'hui?
À qui ressemblent-ils? 32 Ils ressemblent à
des enfants assis sur la place du village. Les
uns crient aux autres: "Pour vous, nous avons
joué un air de flûte, mais vous n'avez pas
dansé! Nous avons chanté un chant de funérailles, mais vous n'avez pas pleuré!" 33 En effet, Jean-Baptiste est venu, il ne mange pas de
pain, il ne boit pas de vin, et vous dites: "Il est
fou!" 34 Le *Fils de l'homme est venu, il
mange et il boit, et vous dites: "Regardez!
Cet homme pense seulement à manger et à
boire! Il est l'ami des pécheurs et des employés des impôts!" 35 Mais tous ceux qui acceptent la sagesse de Dieu reconnaissent
qu'elle agit bien. »

Jésus dans la maison de Simon le Pharisien

36 Un *Pharisien invite Jésus à manger avec
lui. Jésus entre dans la maison du Pharisien et
il se met à table. 37 À ce moment-là, une
femme de la ville arrive, c'est une *prostituée. Elle a appris que Jésus est dans la maison
du Pharisien. Elle apporte un très beau vase,
plein de parfum, 38 et elle se place derrière Jésus, à ses pieds. Elle pleure. Elle se met à
mouiller les pieds de Jésus avec ses larmes.
Ensuite, elle les essuie avec ses cheveux,
elle les embrasse et elle verse du parfum dessus. 39 Le Pharisien qui a invité Jésus voit cela.
Il se dit: « Cet homme n'est sûrement pas un
*prophète! En effet, la femme qui le touche
est une prostituée, et il ne le sait pas! »
40 Alors Jésus dit au Pharisien: « Simon, j'ai
quelque chose à te dire. » Le Pharisien répond: « Parle, maître. » 41 Jésus dit: « Quelqu'un a prêté de l'argent à deux hommes.
L'un des deux lui doit 500 pièces d'argent,
et l'autre 50, 42 mais ils ne peuvent pas rembourser. Alors celui qui a prêté l'argent supprime leur dette à tous les deux. Quel est
celui qui l'aimera le plus? » 43 Simon répond:
« À mon avis, c'est celui à qui il a supprimé la
plus grosse dette. » Jésus lui dit: « Tu as raison. »

44 Puis il se tourne vers la femme, et il dit à
Simon: « Tu vois cette femme? Je suis entré
dans ta maison, et tu ne m'as pas versé d'eau
sur les pieds. Mais elle, elle m'a mouillé les
pieds avec ses larmes et elle les a essuyés
avec ses cheveux. 45 Tu ne m'as pas embrassé,
mais elle, depuis qu'elle est entrée, elle m'embrasse sans cesse les pieds. 46 Tu n'as pas versé
de parfum sur ma tête, mais elle, elle a versé
du parfum sur mes pieds. 47 C'est pourquoi je
te dis une chose: ses nombreux péchés sont
pardonnés, et c'est pour cela qu'elle a montré
beaucoup d'amour. Mais celui à qui on pardonne peu montre peu d'amour. » 48 Et Jésus
dit à la femme: « Tes péchés sont pardonnés. » 49 Ceux qui mangent avec lui se mettent
à penser: « Qui est cet homme? Il ose même
pardonner les péchés! »
50 Mais Jésus dit à la femme: « Ta foi t'a sauvée. Va en paix! »

Les douze apôtres et quelques femmes accompagnent Jésus

8 1 Ensuite, Jésus va dans les villes et les villages. Il annonce partout la Bonne Nouvelle du *Royaume de Dieu. Les douze
*apôtres sont avec lui. 2 Il y a aussi quelques
femmes. Avant, elles avaient des esprits mau-

q 7.27 *Malachie 3.1, voir aussi Exode 23.20.*

vais et elles étaient malades, et Jésus les a guéries. Les voici : Marie, appelée Marie de Magdala. Sept esprits mauvais sont sortis d'elle.
3 Jeanne, la femme de Chouza, un des fonctionnaires *d'Hérode Antipas, Suzanne et plusieurs autres. Avec leur argent, elles aident
Jésus et ses *disciples.

L'histoire du semeur

4 Une grande foule se rassemble, des gens
de toutes les villes viennent vers Jésus. Alors
Jésus utilise une comparaison : 5 « Le semeur
va au champ pour semer ses graines. Pendant
qu'il sème, une partie des graines tombe au
bord du chemin. On marche dessus, et les oiseaux mangent tout. 6 Une autre partie des
graines tombe dans les pierres. Elles poussent,
mais les plantes deviennent sèches parce
qu'elles n'ont pas assez d'eau. 7 Une autre partie des graines tombe au milieu des plantes
épineuses. Les plantes poussent en même
temps qu'elles, et elles les étouffent. 8 Une autre partie des graines tombe dans la bonne
terre. Les plantes poussent et produisent des
épis : chacun donne 100 grains. » Et Jésus dit
d'une voix forte : « Celui qui a des oreilles
pour écouter, qu'il écoute ! »

Pourquoi Jésus utilise des comparaisons

9 Les *disciples de Jésus lui demandent :
« Qu'est-ce que cette histoire veut dire ? »
10 Il leur répond : « Dieu vous donne, à vous,
de connaître les vérités cachées du *Royaume
de Dieu, mais les autres gens entendent seulement des comparaisons. Ainsi,

> "ils regardent, mais ils ne voient pas,
> ils entendent, mais ils ne comprennent pas[r]." »

L'histoire de la Parole

11 Jésus dit à ses *disciples : « Voici ce que
l'histoire veut dire : Les graines, c'est la parole
de Dieu. 12 Le bord du chemin, ce sont les gens
qui entendent la Parole. Mais l'esprit du mal
arrive, il enlève la Parole de leur cœur, pour
les empêcher de croire et ainsi d'être sauvés.
13 Le sol plein de pierres, ce sont les gens qui
entendent la Parole et qui la reçoivent avec
joie, mais la Parole n'a pas de racines en
eux. Ils croient pendant un moment seulement, ensuite, quand il y a une difficulté, ils
abandonnent. 14 D'autres graines sont tombées dans les plantes épineuses. Ce sont les
gens qui entendent la Parole. Mais les soucis,
les richesses et les plaisirs de la vie étouffent
ce qui grandit en eux, et ils ne peuvent pas
donner de fruits mûrs. 15 D'autres graines
sont tombées dans la bonne terre. Ce sont
les gens qui entendent la Parole avec un
cœur bon et sincère. Ils la gardent et ils donnent des fruits en restant fidèles. »

Écouter avec attention

16 « Quand quelqu'un allume une lampe, ce
n'est pas pour la couvrir avec un seau, ou pour
la mettre sous un lit. Au contraire, il la place
bien en haut. Alors, ceux qui entrent voient
la lumière. 17 Oui, tout ce qui est caché, on
pourra le voir. Tout ce qui est secret, on
pourra le connaître, et cela paraîtra en pleine
lumière. 18 Faites donc attention à votre façon
d'écouter ! En effet, celui qui a quelque chose,
on lui donnera encore plus. Mais celui qui n'a
rien, on lui enlèvera même le peu de choses
qu'il a. »

La vraie famille de Jésus

19 La mère et les frères de Jésus viennent le
voir, mais ils ne peuvent pas arriver jusqu'à
lui à cause de la foule. 20 Alors on annonce à
Jésus : « Ta mère et tes frères sont là, dehors,
ils veulent te voir. » 21 Mais Jésus dit à tout le
monde : « Ma mère et mes frères, ce sont les
gens qui écoutent la parole de Dieu et qui
lui obéissent. »

Jésus calme la tempête

22 Un jour, Jésus monte dans une barque
avec ses *disciples. Il leur dit : « Allons de l'autre côté du lac ! » Et ils partent. 23 Pendant la
traversée, Jésus s'endort. Soudain, un vent
violent se met à souffler sur le lac, l'eau entre

r 8.10 *Ésaïe 6.9 cité d'après l'ancienne traduction grecque.*

dans la barque, et ils sont en danger. 24 Les disciples s'approchent de Jésus et ils le réveillent
en disant : « Maître, maître, nous allons mourir ! » Jésus se réveille. Il menace le vent et les
grosses vagues. Alors la tempête s'arrête, et
tout devient calme. 25 Jésus dit aux disciples :
« Où est votre foi ? » Ils ont très peur et ils
sont étonnés. Ils se disent entre eux : « Qui
donc est cet homme ? Il commande même
au vent et à l'eau, et ils lui obéissent ! »

Jésus guérit un homme qui a des esprits mauvais

26 Jésus et ses *disciples arrivent au pays des
Géraséniens, qui est en face de la Galilée.
27 Quand Jésus descend de la barque, un
homme de la ville vient à sa rencontre. Cet
homme a des esprits mauvais en lui. Depuis
longtemps, il ne met plus de vêtements et il
n'habite plus dans une maison, mais il vit
dans un cimetière. 28-29 Souvent, l'esprit mauvais le saisit, et on attache les mains et les
pieds de l'homme avec des chaînes pour le
garder. Mais l'homme casse les chaînes, et
l'esprit mauvais l'emmène dans des endroits
déserts. Quand l'homme voit Jésus, il tombe
à ses pieds en poussant des cris et il dit d'une
voix forte : « Jésus, Fils du Dieu très-haut,
qu'est-ce que tu me veux ? Je t'en prie, ne
me fais pas de mal ! » En effet, Jésus commandait à l'esprit mauvais de sortir de lui. 30 Jésus
demande à l'homme : « Quel est ton nom ? » Il
répond : « Je m'appelle "armée". » Il dit cela
parce que beaucoup d'esprits mauvais étaient
entrés en lui. 31 Les esprits supplient Jésus en
disant : « Ne nous envoie pas dans la prison
des esprits mauvais. »

32 Il y a là un grand troupeau de cochons qui
cherchent leur nourriture dans la montagne.
Les esprits mauvais supplient Jésus en disant :
« Permets-nous d'entrer dans ces cochons ! »
Jésus leur donne la permission. 33 Alors les esprits mauvais sortent de l'homme et ils entrent dans les cochons. Tout le troupeau se
précipite du haut de la pente dans le lac et il
se noie.

34 Quand les gardiens du troupeau voient ce
qui s'est passé, ils partent en courant. Ils vont
raconter la nouvelle dans la ville et dans les
villages. 35 Les gens viennent voir ce qui s'est
passé. Ils arrivent auprès de Jésus et trouvent
l'homme que les esprits mauvais ont quitté. Il
est assis aux pieds de Jésus. Maintenant il
porte des vêtements et il est normal. Alors
les gens ont peur. 36 Ceux qui ont tout vu racontent aux autres comment l'homme aux esprits mauvais a été guéri. 37 Dans le pays des
Géraséniens, tout le monde dit à Jésus : « Va-
t'en loin de nous ! » En effet, ils ont très peur.
Jésus monte dans la barque pour repartir.
38 L'homme que les esprits mauvais ont quitté
demande à Jésus : « S'il te plaît, laisse-moi aller avec toi ! » Mais Jésus le renvoie en disant :
39 « Retourne chez toi ! Raconte tout ce que
Dieu a fait pour toi ! » L'homme s'en va et,
dans toute la ville, il annonce tout ce que Jésus
a fait pour lui.

Jésus guérit une femme et rend la vie à une petite fille

40 Tout le monde attendait Jésus de l'autre
côté du lac. Quand il revient, la foule l'accueille. 41 À ce moment-là, un homme arrive.
Il s'appelle Jaïrus. C'est le chef d'une maison
de prière. Il se jette aux pieds de Jésus et lui
demande de venir dans sa maison. 42 En effet,
sa fille unique, qui a douze ans, est mourante.
Sur la route Jésus est presque étouffé par la
foule. 43 Il y a là une femme qui est malade.
Depuis douze ans, elle perd du sang. Elle a dépensé tout son argent chez les médecins, mais
personne n'a pu la guérir. 44 Elle arrive derrière Jésus et elle touche le bord de son vêtement. Aussitôt son sang s'arrête de couler.
45 Jésus demande : « Qui m'a touché ? » Tous
répondent : « Ce n'est pas nous ! » Pierre dit
à Jésus : « Maître, ce sont les gens autour de
toi qui te serrent ! » 46 Mais Jésus dit : « Quelqu'un m'a touché. Oui, j'ai senti qu'une force
était sortie de moi. »

47 La femme voit qu'elle ne peut pas rester
cachée. Alors, en tremblant, elle vient se jeter
aux pieds de Jésus. Devant tout le monde, elle
raconte pourquoi elle a touché Jésus et
comment elle a été guérie tout de suite. 48 Jésus lui dit : « Ta foi t'a sauvée, va en paix ! »

49 Pendant que Jésus dit cela, quelqu'un arrive de chez Jaïrus, le chef de la maison de

prière. Il lui dit : « Ta fille est morte, ne dérange plus le maître ! » 50 Jésus l'entend et il
dit à Jaïrus : « N'aie pas peur ! Crois seulement, et ta fille sera sauvée ! »
51 Jésus arrive à la maison. Avec lui, il laisse
entrer seulement Pierre, Jean et Jacques avec
le père et la mère de la petite fille. 52 Tous les
gens pleurent et ils sont dans le deuil à cause
d'elle. Jésus leur dit : « Ne pleurez pas ! Elle
n'est pas morte, elle dort. »
53 Les gens se moquent de lui. En effet, ils
savent qu'elle est morte. 54 Mais Jésus prend
la main de la petite fille et il l'appelle en disant : « Mon enfant, réveille-toi ! » 55 Elle revient à la vie et elle se lève tout de suite.
Jésus commande de lui donner à manger.
56 Ses parents sont vraiment très étonnés,
mais Jésus leur donne cet ordre : « Ne dites à
personne ce qui s'est passé ! »

Jésus envoie les douze apôtres

9 1 Jésus réunit les douze *apôtres. Il leur
donne la force et le pouvoir de chasser
tous les esprits mauvais et de guérir les maladies. 2 Ensuite, il les envoie annoncer le
*Royaume de Dieu et guérir les malades. 3 Il
leur dit : « Pour la route, n'emportez rien
avec vous : pas de bâton, pas de sac, pas de
nourriture, pas d'argent. Prenez un seul vêtement chacun. 4 Quand on vous reçoit dans
une maison, restez-y, c'est de là que vous repartirez. 5 Quand les gens ne vous accueillent
pas, quittez leur ville en secouant la poussière
de vos pieds[s]. De cette façon, vous leur montrerez qu'ils ont mal agi. »
6 Les *disciples partent et ils vont de village
en village. Partout, ils annoncent la Bonne
Nouvelle et ils guérissent les malades.

Hérode Antipas se demande qui est Jésus

7 *Hérode, le gouverneur, entend parler de
tout ce qui se passe. Il ne sait pas ce qu'il
faut penser. En effet, les uns disent de Jésus :
« C'est Jean qui s'est réveillé de la mort ! »
8 D'autres disent : « C'est *Élie qui apparaît ! »
D'autres encore disent : « Un des *prophètes
d'autrefois s'est relevé de la mort ! » 9 Mais
Hérode dit : « Jean, je lui ai fait couper la
tête moi-même. Qui donc est cet homme ?
J'entends dire tant de choses à son sujet ! »
Et Hérode cherche à voir Jésus.

Jésus nourrit une grande foule

10 Les *apôtres reviennent et ils racontent à
Jésus tout ce qu'ils ont fait. Jésus les emmène
loin des gens, vers une ville appelée Bethsaïda, 11 mais les foules apprennent cela et
elles le suivent. Jésus les accueille, il leur parle
du *Royaume de Dieu et il guérit ceux qui en
ont besoin.
12 C'est bientôt la fin du jour. Les douze apôtres s'approchent de Jésus et lui disent : « Renvoie les gens dans les villages et les maisons
des environs. Là, ils trouveront un lieu pour
loger et quelque chose à manger. En effet,
ici, nous sommes dans un endroit désert. »
13 Mais Jésus leur répond : « Donnez-leur
vous-mêmes à manger. » Les *disciples disent : « Nous avons seulement cinq pains et
deux poissons. Est-ce que nous devons aller
acheter à manger pour tout ce monde ? » 14 Il
y a environ 5 000 hommes. Jésus dit à ses disciples : « Faites asseoir les gens par groupes de
50 à peu près. »
15 Ils obéissent et font asseoir tout le monde.
16 Jésus prend les cinq pains et les deux poissons. Il lève les yeux vers le *ciel, il dit une
prière de *bénédiction sur les pains et sur
les poissons. Il les partage et les donne aux disciples. Alors les disciples les distribuent à la
foule. 17 Tous mangent autant qu'ils veulent,
et on emporte dans douze paniers les morceaux qui restent.

Pierre affirme que Jésus est le Messie

18 Un jour, Jésus prie dans un endroit isolé
et ses *disciples sont avec lui. Jésus leur demande : « Pour les foules, qui suis-je ? » 19 Les
disciples répondent : « Les uns disent que tu

---

s 9.5 *Ce geste veut dire que les disciples ne s'occupent plus des gens de cette ville. Ils ne veulent rien leur devoir, pas même la poussière qui est sous leurs pieds.*

es Jean-Baptiste, d'autres disent que tu es *Élie. D'autres encore disent que tu es un *prophète d'autrefois qui s'est relevé de la mort. » 20 Jésus leur dit : « Mais vous, qu'est-ce que vous dites ? Qui suis-je ? » Pierre répond : « Tu es le *Messie de Dieu ! » 21 Jésus leur commande sévèrement : « Ne dites cela à personne ! » 22 Et il continue en disant : « Il faut que le *Fils de l'homme souffre beaucoup. Les *anciens, les chefs des *prêtres et les *maîtres de la loi ne voudront pas de lui. Ils le feront mourir. Et le troisième jour, il se réveillera de la mort. »

Comment suivre Jésus ?

23 Ensuite Jésus dit à tous : « Si quelqu'un veut venir avec moi, il ne doit plus penser à lui-même. Chaque jour, il doit porter sa croix[t] et me suivre. 24 En effet, celui qui veut sauver sa vie la perdra. Mais celui qui perd sa vie à cause de moi la sauvera. 25 Si une personne gagne toutes les richesses du monde, mais si elle perd sa vie ou si elle se détruit elle-même, à quoi cela lui sert-il ? 26 Si quelqu'un a honte de moi et de mes paroles, moi, le *Fils de l'homme, j'aurai honte de lui quand je viendrai dans ma *gloire et dans la gloire du Père et des *anges *saints. 27 Oui, je vous le dis, c'est la vérité, quelques-uns ici ne mourront pas avant de voir le *Royaume de Dieu. »

Pierre, Jean et Jacques voient Jésus dans la gloire de Dieu

28 Environ huit jours après avoir dit ces paroles, Jésus emmène avec lui Pierre, Jean et Jacques et il monte sur la montagne pour prier. 29 Pendant que Jésus prie, son visage change, et son vêtement devient blanc comme la lumière de l'éclair. 30 Soudain, il y a deux hommes qui parlent avec lui. C'est Moïse et *Élie. 31 On les voit entourés de la *gloire de Dieu. Ils parlent avec Jésus de sa mort prochaine à Jérusalem. 32 Pierre et ceux qui sont avec lui dorment très profondément. Quand ils se réveillent, ils voient la gloire de Jésus et les deux hommes qui sont avec lui. 33 Au moment où Moïse et Élie vont quitter Jésus, Pierre lui dit : « Maître, c'est une bonne chose pour nous d'être ici. Nous allons faire trois abris : un pour toi, un pour Moïse, et un pour Élie. » Mais Pierre ne sait pas ce qu'il dit.

34 Pendant qu'il parle, un nuage arrive et il les couvre de son ombre. Au moment où ils entrent dans le nuage, les *disciples ont peur. 35 Une voix vient du nuage et elle dit : « Celui-ci est mon Fils, c'est lui que j'ai choisi. Écoutez-le ! » 36 Quand la voix parle, Jésus se retrouve seul. Les disciples gardent le silence, et, ces jours-là, ils n'ont raconté à personne ce qu'ils ont vu.

Jésus guérit un enfant qui a un esprit mauvais

37 Le jour suivant, Jésus et les trois *disciples descendent de la montagne. Une grande foule vient à la rencontre de Jésus. 38 Dans la foule, un homme crie : « Maître, s'il te plaît, occupe-toi de mon fils ! C'est mon seul enfant ! 39 Souvent, un esprit le saisit et, tout à coup, il le fait crier, il le secoue très fort, et de la salive sort de la bouche de l'enfant. L'esprit lui fait beaucoup de mal et il le quitte difficilement. 40 J'ai demandé à tes disciples de chasser cet esprit, mais ils n'ont pas été capables de le faire. » 41 Jésus dit : « Vous, les gens d'aujourd'hui, vous n'avez pas la foi et vous faites le mal. Je vais rester avec vous et vous supporter combien de temps encore ? » Ensuite, Jésus dit à l'homme : « Amène ton fils ici ! »

42 Pendant que l'enfant arrive, l'esprit mauvais le jette par terre et le secoue très fort. Mais Jésus menace l'esprit mauvais, il guérit l'enfant et le rend à son père. 43 Tous les gens sont très étonnés. Ils disent : « Vraiment, Dieu est grand ! »

Une deuxième fois, Jésus annonce qu'il va mourir

Tous admirent tout ce que Jésus fait. Alors il dit à ses *disciples : 44 « Ouvrez

t 9.23 *Porter sa croix veut dire : être prêt à donner sa vie comme Jésus.*

vos oreilles pour retenir ce que je vais vous
dire : le *Fils de l'homme va être livré aux
mains des hommes. » 45 Mais les disciples
ne comprennent pas cette parole, elle n'est
pas claire pour eux, alors ils ne voient pas
ce qu'elle veut dire. Et ils n'osent pas demander à Jésus : « Qu'est-ce que tu as voulu
dire ? »

Qui est le plus important parmi les disciples ?

46 Les *disciples discutent entre eux. Ils se
demandent : « Parmi nous, qui est le plus important ? » 47 Jésus sait qu'ils discutent de cela.
Alors il prend un enfant, il le met à côté de lui
48 et il dit à ses disciples : « Si quelqu'un reçoit
cet enfant à cause de moi, c'est moi qu'il reçoit. Et la personne qui me reçoit, reçoit aussi
celui qui m'a envoyé. Oui, celui qui est le
moins important parmi vous tous, voilà le
plus important ! »

Celui qui n'est pas contre les disciples de Jésus est pour eux

49 Alors Jean dit à Jésus : « Maître, nous
avons vu quelqu'un qui chasse les esprits
mauvais en ton nom. Nous avons voulu l'empêcher de faire cela, parce qu'il ne fait pas partie de notre groupe. » 50 Jésus répond à Jean :
« Ne l'empêchez pas. En effet, celui qui n'est
pas contre vous est pour vous. »

Jésus prend la route de Jérusalem

51 Le moment approche où Jésus doit quitter
ce monde. Alors il décide avec assurance de
prendre la route de Jérusalem. 52 Il envoie
des messagers devant lui. Les messagers partent, et ils entrent dans un village de *Samarie pour préparer la venue de Jésus. 53 Mais
les habitants ne veulent pas le recevoir parce
qu'il marche vers Jérusalem. 54 En voyant cela,
les *disciples Jacques et Jean disent à Jésus :
« Seigneur, si tu veux, nous allons commander
au feu de descendre du *ciel et de détruire ces
gens-là ! »

55 Mais Jésus se retourne vers eux, il leur
fait des reproches. 56 Et ils partent vers un autre village.

Tout quitter pour suivre Jésus

57 Ils sont en route, et quelqu'un vient dire à
Jésus : « Je te suivrai partout où tu iras. » 58 Jésus lui répond : « Les renards ont des trous
pour s'abriter, et les oiseaux ont des nids.
Mais le *Fils de l'homme n'a pas d'endroit
pour se reposer. » 59 Jésus dit à quelqu'un
d'autre : « Suis-moi ! » Mais l'homme répond :
« Seigneur, permets-moi d'aller d'abord enterrer mon père. » 60 Jésus lui dit : « Laisse les
morts enterrer leurs morts ! Toi, va annoncer
le *Royaume de Dieu ! » 61 Quelqu'un d'autre
encore dit à Jésus : « Seigneur, je vais te suivre, mais d'abord, permets-moi d'aller dire
adieu à ma famille. » 62 Jésus lui dit : « Celui
qui commence à labourer et qui regarde en arrière, celui-là n'est pas capable de travailler
pour le Royaume de Dieu. »

Jésus envoie 72 disciples annoncer le Royaume de Dieu

10 1 Après cela, le Seigneur choisit 72 autres *disciples. Il les envoie deux par
deux devant lui, dans toutes les villes et tous
les endroits où lui-même doit aller. 2 Il leur
dit : « Il y a une grande récolte à faire, mais
les ouvriers ne sont pas assez nombreux. Demandez donc au propriétaire de la récolte d'envoyer encore des ouvriers pour faire sa récolte.
3 Allez ! Je vous envoie comme des agneaux au
milieu des *loups. 4 N'emportez pas d'argent,
pas de sac, pas de sandales. Sur le chemin, ne
vous arrêtez pas pour saluer les gens.

5 « Quand vous entrez dans une maison, dites d'abord : "Paix à cette maison !" 6 Si un
ami de la paix habite là, votre paix restera
avec lui, sinon, elle reviendra à vous. 7 Restez
dans cette maison, mangez et buvez ce qu'on
vous donne. En effet, l'ouvrier doit recevoir
un salaire. Ne passez pas de maison en maison. 8 Quand vous entrez dans une ville où
les habitants vous reçoivent, mangez ce qu'on
vous présente. 9 Guérissez les malades qui
sont là et dites à tous : "Maintenant le
*Royaume de Dieu est près de vous !"
10 Mais quand vous entrez dans une ville où
les habitants ne vous reçoivent pas, allez sur
les places publiques et dites aux gens :

[11] "Nous enlevons même la poussière de votre ville qui est collée sous nos pieds, et nous vous la rendons[u] ! Mais vous devez le savoir : le Royaume de Dieu est tout près de vous."
[12] Oui, je vous le dis, le jour où Dieu jugera les gens, il sera moins sévère avec les habitants de Sodome[v] qu'avec les habitants de cette ville ! »

Les villes qui refusent de croire

[13] « Quel malheur pour toi, ville de Corazin ! Quel malheur pour toi, ville de Bethsaïda ! C'est chez vous que Dieu a fait des choses extraordinaires, et non à Tyr et à Sidon. S'il avait fait ces choses là-bas, leurs habitants auraient changé leur vie depuis longtemps. Ils l'auraient montré en prenant des sacs pour s'habiller et en mettant de la cendre sur leur corps !
[14] C'est pourquoi le jour où Dieu jugera les gens, il sera moins sévère avec les habitants de Tyr et de Sidon qu'avec vous !
[15] « Et toi, ville de Capernaüm, est-ce que Dieu te fera monter jusqu'au *ciel ? Au contraire, il te fera descendre chez les morts ! »
[16] Jésus dit encore à ses *disciples : « Si une personne vous écoute, c'est moi qu'elle écoute. Si une personne ne vous reçoit pas, c'est moi qu'elle ne reçoit pas. Et si elle ne me reçoit pas, elle ne reçoit pas celui qui m'a envoyé. »

Les 72 disciples reviennent

[17] Ensuite, les 72 *disciples reviennent. Ils sont pleins de joie et ils disent : « Seigneur, même les esprits mauvais nous obéissent, quand nous leur donnons des ordres en ton nom ! »
[18] Jésus leur dit : « Je voyais *Satan qui tombait du *ciel comme un éclair.
[19] Écoutez ! Je vous ai donné le pouvoir de marcher sans danger sur les serpents et les scorpions, et d'écraser toute la puissance de l'esprit mauvais. Rien ne pourra vous faire du mal.
[20] Pourtant, ne soyez pas joyeux parce que les esprits mauvais vous obéissent, mais soyez joyeux parce que Dieu a écrit votre nom dans les cieux ! »

Jésus fait connaître son Père aux petits

[21] Au même moment, Jésus est rempli de joie par l'Esprit Saint. Il dit : « Père, Seigneur du *ciel et de la terre, je te dis merci. En effet, ce que tu as caché aux sages et aux savants, tu l'as fait connaître aux petits. Oui, Père, tu l'as bien voulu.
[22] « Mon Père m'a tout donné. Personne ne connaît le Fils, sauf le Père. Personne ne connaît le Père, sauf le Fils. Mais le Fils veut montrer le Père à d'autres pour qu'ils le connaissent aussi. »
[23] Ensuite, Jésus se tourne vers ses *disciples et il leur dit, à eux seuls : « Vous êtes heureux de voir ce que vous voyez !
[24] Oui, je vous le dis : beaucoup de *prophètes et de rois ont voulu voir ce que vous voyez, mais ils ne l'ont pas vu ! Ils ont voulu entendre ce que vous entendez, mais ils ne l'ont pas entendu ! »

Aimer Dieu et le prochain

[25] Alors un *maître de la loi arrive. Il veut tendre un piège à Jésus et lui demande : « Maître, qu'est-ce que je dois faire pour recevoir la vie avec Dieu pour toujours ? »
[26] Jésus lui dit : « Qu'est-ce qui est écrit dans la *loi ? Comment est-ce que tu le comprends ? »
[27] L'homme répond : « Tu dois aimer le Seigneur ton Dieu de tout ton cœur, de tout ton être, de toute ta force et de toute ton intelligence. Et tu dois aimer ton *prochain comme toi-même[w]. »
[28] Jésus lui dit : « Tu as bien répondu. Fais cela et tu vivras. »

L'histoire du bon Samaritain

[29] Mais le maître de la loi veut montrer que sa question est juste. Il demande à Jésus : « Et qui est mon *prochain ? »
[30] Jésus répond : « Un homme descend de Jérusalem à Jéricho. Des bandits l'attaquent. Ils lui prennent ses

u **10.11** *Voir Luc 9.5 et la note.*
v **10.12** *Sodome : cette ville représente un lieu dominé par le mal. Voir Genèse 19.1-29.*
w **10.27** *Deutéronome 6.5 et Lévitique 19.18.*

vêtements, ils le frappent et ils s'en vont en le
laissant à moitié mort. 31 Par hasard, un *prêtre descend aussi sur cette route. Quand il
voit l'homme, il passe de l'autre côté de la
route et continue son chemin. 32 Un *lévite
fait la même chose. Il arrive à cet endroit, il
voit l'homme, il passe de l'autre côté de la
route et continue son chemin. 33 Mais un *Samaritain en voyage arrive près de l'homme. Il
le voit, et son cœur est plein de pitié pour lui.
34 Il s'approche, il verse de l'huile et du vin sur
ses blessures et il lui met des bandes de tissu.
Ensuite, il le fait monter sur sa bête, il l'emmène dans une maison pour les voyageurs et
il s'occupe de lui. 35 Le jour suivant, le Samaritain sort deux pièces d'argent, il les donne au propriétaire de la maison, et il lui dit :
"Occupe-toi de cet homme. Ce que tu dépenseras en plus pour lui, je le rembourserai moi-
même quand je reviendrai par ici." » 36 Et Jésus demande : « À ton avis, lequel des trois
voyageurs a été le *prochain de l'homme
attaqué par les bandits ? » 37 Le maître de la
loi répond : « C'est celui qui a été bon pour
lui. » Alors Jésus lui dit : « Va, et toi aussi,
fais la même chose ! »

Marthe et Marie reçoivent Jésus

38 Jésus est en route avec ses *disciples. Il
entre dans un village. Là, une femme qui s'appelle Marthe le reçoit dans sa maison. 39 Elle a
une sœur qui s'appelle Marie. Marie s'assoit
aux pieds du Seigneur et elle écoute ce qu'il
dit. 40 Marthe est très occupée par tout ce qu'il
faut préparer. Elle vient auprès de Jésus et elle
lui dit : « Seigneur, ma sœur me laisse seule
pour tout préparer, cela ne te fait rien ? Dis-
lui donc de m'aider ! » 41 Le Seigneur lui répond : « Marthe, Marthe, tu es inquiète et tu
as du souci pour beaucoup de choses, 42 mais
une seule est nécessaire. Marie a choisi ce qui
est vraiment bon, et personne ne lui enlèvera
cela. »

Jésus apprend à prier à ses disciples

11 1 Un jour, quelque part, Jésus est en
train de prier. Quand il a fini, un de
ses *disciples lui dit : « Jean-Baptiste a appris
à prier à ses disciples. Toi aussi, Seigneur,
apprends-nous à prier. » Jésus leur dit :
2 « Quand vous priez, dites ceci :
Père,
ton nom est *saint.
Fais que tout le monde le connaisse !
Fais venir ton *Royaume !
3 Chaque jour, donne-nous le pain qu'il nous
faut !
4 Pardonne-nous nos péchés !
Oui, nous-mêmes, nous pardonnons
à tous ceux qui nous ont fait du mal.
Et ne permets pas
que nous soyons tentés par le mal ! »

Celui qui demande reçoit

5 Jésus leur dit encore : « Supposons ceci :
Vous avez un ami, vous allez chez lui au milieu
de la nuit et vous lui dites : "Mon ami, prête-
moi trois pains. 6 En effet, un de mes amis vient
d'arriver de voyage chez moi, et je n'ai rien à
lui offrir !" 7 Votre ami vous répond peut-être
de l'intérieur de la maison : "Laisse-moi tranquille ! J'ai déjà fermé la porte. Mes enfants
et moi, nous sommes couchés. Je ne peux pas
me lever pour te donner du pain." 8 Eh bien,
pourtant, je vous le dis : votre ami va se lever
et il va vous donner tout ce qu'il vous faut ! Il
ne le fera peut-être pas seulement parce qu'il
est votre ami, mais parce que vous continuez
à demander sans vous gêner.
9 « C'est pourquoi, moi, je vous le dis : demandez, et on vous donnera. Cherchez, et
vous trouverez. Frappez à la porte, et on
vous ouvrira. 10 Oui, celui qui demande reçoit.
Celui qui cherche trouve, et celui qui frappe à
la porte, on lui ouvre. 11 Chez vous, quand un
enfant demande du poisson à son père, le père
ne lui donne pas un serpent à la place du poisson ! 12 Et quand un enfant demande un œuf,
son père ne lui donne pas un scorpion !
13 Vous, vous êtes mauvais, et pourtant vous
savez donner de bonnes choses à vos enfants.
Alors ceci est encore plus sûr : le Père qui est
au *ciel donnera l'Esprit Saint à ceux qui le lui
demandent ! »

Jésus chasse les esprits mauvais

14 Un jour, Jésus guérit un homme muet en
chassant l'esprit mauvais qui est en lui. L'es-

prit mauvais sort de l'homme, et le muet se met à parler. Alors les foules qui sont là sont très étonnées. 15 Mais certains disent : « C'est *Satan, le chef des esprits mauvais, qui donne à Jésus le pouvoir de chasser ces esprits ! » 16 D'autres veulent tendre un piège à Jésus. Ils lui disent : « Fais un miracle devant nous, ainsi tu prouveras que c'est Dieu qui t'envoie. »

17 Mais Jésus connaît leurs pensées, il leur dit : « Quand les habitants d'un royaume font la guerre entre eux, le royaume est détruit, et les maisons tombent les unes sur les autres. 18 Vous dites : "C'est Satan qui lui donne le pouvoir de chasser les esprits mauvais !" Donc Satan est en guerre contre lui-même ! Mais alors, comment est-ce que son royaume va continuer à exister ? 19 Si Satan me donne le pouvoir de chasser les esprits mauvais, alors, qui donne à vos amis le pouvoir de chasser ces esprits ? C'est pourquoi vos amis eux-mêmes montrent que vous avez tort. 20 Mais moi, c'est Dieu qui me donne le pouvoir de chasser les esprits mauvais. Donc le *Royaume de Dieu est arrivé jusqu'à vous !

21 « Quand un homme fort et bien armé garde sa maison, ses richesses sont en sécurité. 22 Il n'a pas peur, parce qu'il est bien armé. Mais quand un homme plus fort que lui arrive, le plus fort est vainqueur. Il prend même les armes de l'homme fort et il distribue tout ce qu'il a pris.

23 « Celui qui n'est pas avec moi est contre moi. Celui qui ne m'aide pas à rassembler le troupeau, il le fait partir de tous les côtés. »

Le retour de l'esprit mauvais

24 « Quand un esprit mauvais est sorti d'une personne où il habitait, il va et vient dans des endroits secs. Il cherche un lieu pour se reposer, mais il n'en trouve pas. Alors il se dit : "Je vais retourner dans la maison que j'ai quittée." 25 Il y retourne, il voit que la maison est balayée et bien en ordre. 26 Il va donc chercher sept autres esprits encore plus mauvais que lui. Ils entrent et ils s'installent dans la maison. Après cela, la personne est dans un état encore plus grave qu'au début ! »

Ils sont heureux, ceux qui écoutent la parole de Dieu !

27 Quand Jésus a dit cela, une femme dans la foule lui dit d'une voix forte : « Elle est heureuse, la femme qui t'a porté dans son ventre et qui t'a nourri de son lait ! » 28 Mais Jésus répond : « Dis plutôt : "Ils sont heureux, ceux qui écoutent la parole de Dieu et qui lui obéissent !" »

Jésus répond à ceux qui lui demandent un miracle

29 Des foules très nombreuses viennent autour de Jésus, alors il se met à leur dire : « Les gens d'aujourd'hui sont mauvais. Ils demandent un miracle, mais les gens verront un seul miracle : ce qui est arrivé au *prophète Jonas. 30 En effet, Jonas[x] a été un *signe pour les habitants de Ninive. De la même façon, le *Fils de l'homme sera un signe pour les gens d'aujourd'hui. 31-32 Les habitants de Ninive ont changé leur vie quand ils ont entendu Jonas. Et il y a ici quelqu'un de plus important que Jonas ! C'est pourquoi, quand Dieu jugera les gens, les habitants de Ninive se lèveront en face des gens d'aujourd'hui et ils les accuseront ! La reine du pays du Sud est venue du bout du monde pour entendre les paroles pleines de sagesse de Salomon. Et il y a ici quelqu'un de plus important que Salomon ! C'est pourquoi, le jour du jugement, la reine du pays du Sud se lèvera en face des gens d'aujourd'hui et elle les accusera ! »

Vivre dans la lumière

33 « Quand quelqu'un allume une lampe, ce n'est pas pour la cacher ou pour la couvrir avec un seau. Au contraire, il la place bien en haut, et ceux qui entrent dans la maison voient la lumière. 34 Les yeux sont la lampe de ton corps. Quand tes yeux ne sont pas malades, ton corps tout entier est dans la lu-

---

x **11.30** *Voir Jonas 1 à 4.*

mière. Mais quand tes yeux sont malades, ton
corps est dans la nuit. 35 Donc, fais attention !
Ta lumière ne doit pas être sombre comme la
nuit. 36 Si ton corps tout entier est éclairé,
sans rien de sombre, il est tout entier dans
la lumière, comme lorsque la lampe t'éclaire
vivement. »

Jésus critique les chefs religieux

37 Quand Jésus a fini de parler, un *Pharisien l'invite à manger avec lui. Jésus entre
dans la maison du Pharisien et il se met à
table. 38 Le Pharisien est étonné de voir que Jésus ne se lave pas les mains avant le repas.
39 Alors le Seigneur dit au Pharisien : « Vous,
les Pharisiens, vous nettoyez l'extérieur du
verre et de l'assiette ! Mais, à l'intérieur,
dans votre cœur, vous avez envie de voler
les autres et vous êtes méchants ! 40 Vous ne
comprenez rien ! Dieu a fait l'extérieur et il
a fait aussi l'intérieur ! 41 Donnez donc aux
pauvres ce qui est dans votre assiette. De cette
façon, pour vous tout sera *pur.

42 « Quel malheur pour vous, Pharisiens !
En effet, vous donnez à Dieu un dixième de
certaines plantes, menthe, plantes sauvages
et légumes du jardin. Mais vous oubliez d'être
justes avec les gens et d'aimer Dieu. Pourtant,
c'est cela qu'il fallait faire, sans oublier le
reste.

43 « Quel malheur pour vous, Pharisiens !
Vous aimez être assis au premier rang dans
les maisons de prière, et vous aimez qu'on
vous salue sur les places de la ville.

44 « Quel malheur pour vous ! Vous êtes
comme des tombes qu'on ne voit pas, et les
gens marchent dessus sans le savoir ! » 45 Un
des *maîtres de la loi dit à Jésus : « Maître,
en disant cela, tu nous insultes, nous aussi ! »
46 Jésus lui répond : « Quel malheur pour vous
aussi, maîtres de la loi ! En effet, vous demandez aux gens de porter des charges très lourdes, et vous, vous n'y touchez pas, même
avec un seul doigt !

47 « Quel malheur pour vous ! Vous construisez des tombes pour les *prophètes, et
ce sont vos ancêtres qui les ont tués ! 48 De
cette façon, vous montrez que vous êtes d'accord avec ce que vos ancêtres ont fait. Eux,
ils ont tué les prophètes, et vous, vous construisez les tombes des prophètes ! 49 C'est
pourquoi Dieu a dit avec sagesse : "Je vais
leur envoyer des prophètes et des *apôtres.
Ils vont en tuer quelques-uns et faire souffrir
d'autres." 50 Depuis la création du monde,
on a tué beaucoup de prophètes, et ce sont
les gens d'aujourd'hui que Dieu va punir.
51 D'abord, on a tué Abel et, à la fin, on a
tué Zakarie, dans la cour du temple, entre
*l'autel et le *lieu très saint. Oui, je vous le
dis, Dieu va punir les gens d'aujourd'hui
pour tout cela !

52 « Quel malheur pour vous, maîtres de la
loi ! Vous avez fermé la route qui conduit
vers Dieu. Vous-mêmes, vous n'avez pas pris
cette route, et ceux qui veulent la prendre,
vous les empêchez de passer ! »

53 Quand Jésus sort de la maison, les maîtres
de la loi et les Pharisiens sont très en colère
contre lui. Ils se mettent à lui poser beaucoup
de questions. 54 En effet, ils veulent lui tendre
des pièges et prendre une de ses paroles pour
l'accuser.

Parler ouvertement

12 1 Pendant ce temps, des milliers de gens
sont venus autour de Jésus. Ils se marchent sur les pieds, parce que la foule est
très nombreuse. Jésus commence par dire à
ses *disciples : « Faites attention au *levain
des *Pharisiens : ne soyez pas des gens faux.
2 Tout ce qui est caché, on pourra le découvrir. Tout ce qui est secret, on pourra le
connaître. 3 C'est pourquoi, ce que vous dites
pendant la nuit, les gens l'entendront en plein
jour. Ce que vous dites dans le creux de
l'oreille, dans la chambre, les gens le crieront
sur les places. »

Avoir confiance en Dieu

4 « Je vous dis ceci, à vous, mes amis : n'ayez
pas peur des gens qui tuent le corps, mais qui,
après cela, ne peuvent rien faire de plus. 5 Qui
devez-vous respecter ? Je vais vous le dire. Celui que vous devez respecter avec confiance,
c'est Dieu. Lui, il a le pouvoir de vous jeter
dans le lieu de souffrance après votre mort.
Oui, je vous le dis, c'est lui que vous devez

respecter avec confiance ! 6 Est-ce qu'on ne
vend pas cinq petits oiseaux pour presque
rien ? Pourtant, Dieu s'occupe de chacun
d'eux. 7 Il connaît même le nombre de vos
cheveux. N'ayez pas peur ! Pour Dieu, vous
êtes plus importants que beaucoup de petits
oiseaux ! »

L'Esprit Saint aide les disciples à parler devant les hommes

8 « Je vous dis encore ceci : si quelqu'un dit
devant tout le monde : "J'appartiens à Jésus",
alors le *Fils de l'homme dira devant les *anges de Dieu : "Cette personne m'appartient."
9 Mais si quelqu'un dit devant tout le monde :
"Je n'appartiens pas à Jésus", alors le Fils de
l'homme dira devant les anges de Dieu :
"Cette personne ne m'appartient pas." 10 Si
quelqu'un parle contre le Fils de l'homme,
cette personne recevra le pardon. Mais si
elle insulte l'Esprit Saint, elle ne recevra pas
le pardon. 11 Quand on vous emmènera pour
vous juger dans les maisons de prière, ou devant les chefs ou les autorités, ne soyez pas inquiets en vous demandant : "Comment nous
défendre ? Qu'est-ce que nous allons dire ?"
12 En effet, à ce moment-là, l'Esprit Saint
vous enseignera ce qu'il faut dire. »

Ce qui arrive à celui qui cherche les richesses pour lui-même

13 Quelqu'un dans la foule dit à Jésus : « Maître, commande à mon frère de partager notre
héritage avec moi ! » 14 Jésus lui répond : « Je
ne suis pas là pour juger vos affaires ni pour
partager vos richesses ! » 15 Ensuite Jés[illegible] dit
à tout le monde : « Attention ! Ne [illegible]erche[illegible]
pas à avoir toujours plus de choses ! En [illegible]'il
la vie de quelqu'un ne dépend pas de [illegible]
possède, même s'il est très riche. [illegible]istoire :
16 Alors Jésus leur raconte [illegible]produisent
« Un homme riche a des ter[illegible]de : "Qu'est-
une bonne récolte. 17 Il [illegible] assez de place
ce que je vais faire ? [illegible] 18 Alors il se dit :
pour mettre ma[illegible]ire : je vais démolir
"Voilà ce que [illegible]struire de plus grands.
mes greni[illegible] récolte et mes richesses.
J'y mett[illegible]dirai à moi-même : Mon ami,
19 En[illegible]
tu as là beaucoup de richesses, pour de nombreuses années. Repose-toi, mange, bois,
amuse-toi !" 20 Mais Dieu lui dit : "Tu es
fou ! Cette nuit, je vais te reprendre ta vie.
Et tout ce que tu as mis dans tes greniers,
qui va l'avoir ?" » 21 Jésus ajoute : « Voilà ce
qui arrive à celui qui cherche des richesses
pour lui-même, mais qui n'est pas riche pour
Dieu ! »

Dieu donne tout ce qui est nécessaire à la vie

22 Jésus dit à ses *disciples : « C'est pourquoi
je vous dis : Ne vous faites pas de souci pour
votre vie ni pour votre corps. Ne vous demandez pas : "Qu'est-ce que nous allons manger ?
Avec quoi est-ce que nous allons nous habiller ?" 23 Oui, votre vie est plus importante
que la nourriture, et votre corps est plus important que les vêtements. 24 Regardez les oiseaux ! Ils ne sèment pas, ils ne récoltent
pas, ils n'ont pas de réserve ni de grenier,
mais Dieu les nourrit ! Et vous valez beaucoup
plus que les oiseaux ! 25 Ce n'est pas en vous
faisant du souci que vous pouvez ajouter un
seul jour à votre vie !

26 « Si vous n'arrivez même pas à cela, pourquoi alors vous faire du souci pour les autres
choses ? 27 Observez les fleurs des champs, regardez comment elles poussent ! Elles ne filent pas et elles ne tissent pas. Pourtant, je
vous le dis : même Salomon, avec toute sa richesse, n'a jamais eu de vêtements aussi
beaux qu'une seule de ces fleurs. 28 L'herbe
est aujourd'hui dans les champs et demain,
on la jettera au feu, et pourtant, Dieu l'habille
de vêtements magnifiques. Vous qui n'avez
pas beaucoup de foi, vous pouvez être sûrs
d'une chose : Dieu en fera au moins autant
pour vous. 29 Et vous, ne cherchez pas ce
que vous allez manger ou ce que vous allez
boire, ne soyez pas inquiets. 30 En effet, les
gens qui ne connaissent pas Dieu cherchent
tout cela sans arrêt. Vous avez besoin de ces
choses et Dieu, votre Père, le sait bien.
31 Cherchez plutôt son *Royaume, et il vous
donnera tout le reste en plus. 32 N'aie pas
peur, petit troupeau ! Votre Père a choisi de
vous donner le Royaume ! »

Mettre ses richesses auprès de Dieu

33 « Vendez ce que vous avez et donnez
l'argent aux pauvres. Faites-vous des porte-
monnaie qui ne s'usent pas. Mettez vos richesses auprès de Dieu. Là, elles ne s'abîmeront pas. Les voleurs ne peuvent pas les
prendre, et les insectes ne peuvent pas les détruire. 34 Oui, là où vous mettez vos richesses,
c'est là aussi que vous mettrez votre cœur. »

Être prêt à recevoir le Fils de l'homme

35 « Restez en vêtements de travail et gardez
vos lampes allumées ! 36 Soyez comme des
gens qui attendent leur maître au retour
d'un mariage. Et, quand il arrivera et frappera,
les serviteurs lui ouvriront la porte. 37 Ils sont
heureux, ces serviteurs, si, en arrivant, le maître les trouve éveillés ! Oui, je vous le dis, c'est
la vérité, il mettra son vêtement de travail, il
fera asseoir ses serviteurs pour le repas et il
passera pour leur servir à manger. 38 Si le maître revient à minuit, ou plus tard encore, et s'il
trouve ses serviteurs éveillés, alors ils sont
heureux !

39 « Comprenez ceci : le maître de maison
ne sait pas à quelle heure le voleur va venir.
Sinon, il ne laisserait pas le voleur entrer
chez lui. 40 Vous aussi, soyez prêts. En effet,
le *Fils de l'homme viendra, mais vous ne savez pas à quel moment. »

Le serviteur fidèle et intelligent

41 Alors Pierre dit à Jésus : « Seigneur, est-ce
que tu racontes cette histoire pour nous seulement, ou pour tout le monde ? » 42 Le Seigneur
lui répond : « Le serviteur fidèle et intelligent,
qui est-il ? C'est celui auquel le maître a dit :
"Je te confie ce travail : donne à manger aux
gens qui sont à mon service, au bon moment."
43 Il est heureux, ce serviteur, si son maître, à
son retour, le trouve en train de faire ce travail ! 44 Vraiment, je vous le dis, le maître lui
confiera toutes ses richesses. 45 Mais supposons ceci : le serviteur se dit : "Mon maître
ne revient pas vite !" Et il se met à frapper
les autres serviteurs et les servantes. Il mange,
il boit, il devient ivre. 46 Alors le maître viendra un jour où son serviteur ne l'attend pas,
et à une heure qu'il ne connaît pas. Il chassera
ce serviteur et il le traitera comme on traite
ceux qui ne sont pas fidèles.

47 « Ce serviteur sait ce que son maître veut,
mais il ne prépare rien et il ne fait pas ce que
son maître veut. C'est pourquoi on lui donnera beaucoup de coups. 48 Mais si un serviteur ne sait pas ce que son maître veut et s'il
agit mal, on lui donnera peu de coups. Si on
donne beaucoup de choses à quelqu'un, on
lui demandera aussi beaucoup. Si on confie
beaucoup de choses à quelqu'un, on lui demandera encore plus. »

Jésus n'est pas venu apporter la paix, mais la division

49 « Je suis venu apporter un feu sur la
terre, et je voudrais vraiment qu'il soit déjà allumé ! 50 Je dois recevoir un baptême et j'attends avec grande impatience que cela se
réalise. 51 Ne pensez pas que je suis venu apporter la paix sur la terre. Au contraire, je
vous le dis, à cause de moi, les gens ne seront
pas d'accord entre eux. 52 À partir de maintenant, quand cinq personnes vivront dans la
même maison, elles ne seront pas d'accord.
Elles seront trois contre deux et deux contre
trois. 53 Le père ne sera pas d'accord avec le
fils, et le fils ne sera pas d'accord avec le
père. La mère ne sera pas d'accord avec la
fille, et la fille ne sera pas d'accord avec la
mère. La belle-mère ne sera pas d'accord
avec la belle-fille, et la belle-fille ne sera pas
d'accord avec la belle-mère. »

Faire à temps ce qui convient

54 Jésus dit encore aux foules : « Quand vous
voyez un nuage venir de l'ouest, vous dites
tout de suite : "Il va pleuvoir", et c'est ce
qui arrive. 55 Quand le vent du sud souffle,
[illegible] : "Il va faire chaud", et c'est ce
[illegible] Hommes faux ! En regardant la
terre et [illegible] vous savez quel temps il va
faire ! Et [illegible] qui se passent maintenant,
vous ne sav[illegible] qu'elles veulent dire.
Pourquoi ? [illegible]
57 « Vous ne jug[illegible]
qu'il convient de [illegible]
58 Par exemple, quand [illegible] vous-mêmes ce
[illegible]urquoi donc ?
[illegible]ant le tribu-

nal avec ton adversaire, essaie de te mettre d'accord avec lui, pendant que vous êtes en route. Sinon, il va te traîner devant le juge. Le juge va te livrer à la police, et les policiers vont te jeter en prison. 59 Je te dis une chose : "Tu ne sortiras pas de là si tu ne paies pas tout l'argent que tu dois !" »

La nécessité de changer de vie

13 1 À ce moment-là, des gens viennent raconter ceci à Jésus : « *Pilate a fait tuer des Galiléens, au moment où ils offraient des *sacrifices à Dieu. » 2 Jésus leur répond : « Qu'est-ce que vous en pensez ? Est-ce que ces Galiléens sont morts de cette façon, parce qu'ils ont commis plus de péchés que tous les autres Galiléens ? 3 Non, mais je vous préviens : changez votre vie, sinon vous allez tous mourir comme eux ! 4 Et ces 18 personnes que la tour de Siloé a écrasées en tombant, qu'est-ce que vous en pensez ? Est-ce qu'elles étaient plus coupables que tous les autres habitants de Jérusalem ? 5 Non, mais je vous préviens : changez votre vie, sinon vous allez tous mourir comme ces gens-là ! »

L'arbre qui ne donne pas de fruits

6 Ensuite, Jésus leur dit cette histoire : « Un homme a un *figuier planté dans son champ. Il vient chercher des *figues, mais il n'en trouve pas. 7 Alors il dit à son ouvrier : "Regarde ! Depuis trois ans, je viens chercher des figues sur ce figuier et je n'en trouve pas. Coupe-le ! Ce n'est pas la peine qu'il use la terre inutilement !" 8 L'ouvrier lui répond : "Maître, laisse-le encore cette année. Je vais creuser la terre tout autour, je vais mettre de l'engrais. 9 De cette façon, l'année prochaine, il donnera peut-être des figues. Sinon tu le feras couper." »

Le jour du sabbat, Jésus guérit une femme malade

10 Un jour de *sabbat, Jésus est train d'enseigner dans une maison de prière. 11 Là, il y a une femme, malade depuis 18 ans, à cause d'un esprit mauvais. Elle est toujours penchée en avant et elle ne peut vraiment pas se tenir droite. 12 Quand Jésus la voit, il l'appelle et dit à la femme : « Ta maladie est finie. »

13 Il pose les mains sur elle. Aussitôt, la femme se tient droite et elle dit : « *Gloire à Dieu ! » 14 Mais le chef de la maison de prière est très en colère, parce que Jésus a guéri quelqu'un le jour du sabbat. Alors le chef dit à la foule : « Il y a six jours où on doit travailler. Venez donc vous faire guérir ces jours-là et non le jour du sabbat ! » 15 Mais le Seigneur répond : « Hommes faux ! Le jour du sabbat, chacun de vous détache de la mangeoire[y] son bœuf ou son âne pour le mener boire. 16 Et cette femme, qui est de la famille d'Abraham, *Satan l'avait attachée depuis 18 ans. Est-ce qu'il ne fallait pas la délivrer de sa maladie, le jour du sabbat ? » 17 Pendant que Jésus dit cela, ses adversaires sont pleins de honte. Mais toute la foule est dans la joie, parce que Jésus fait des choses magnifiques.

À quoi comparer le Royaume de Dieu ?

18 Ensuite, Jésus dit : « À quoi ressemble le *Royaume de Dieu ? À quoi est-ce que je vais le comparer ? 19 Il ressemble à ceci : Un homme a pris une graine de moutarde[z] pour la semer dans son jardin. La graine a poussé, elle est devenue un arbre, et les oiseaux ont fait leurs nids dans ses branches. »

20 Jésus dit encore : « À quoi est-ce que je vais comparer le Royaume de Dieu ? 21 Il ressemble à ceci : Une femme prend de la levure et la mélange à 25 kilos de farine, et toute la pâte lève ! »

Qui va entrer dans le Royaume de Dieu ?

22 Jésus va dans les villes et les villages, et il enseigne. Il marche vers Jérusalem. 23 Quelqu'un lui demande : « Seigneur, est-ce que Dieu va sauver seulement un petit nombre de gens ? » Jésus répond à tous : 24 « Faites

y **13.15** *Voir Luc 2.7 et la note.*

z **13.19** *La moutarde est une plante qui donne des graines toutes petites.*

des efforts pour entrer par la porte étroite. Oui, je vous le dis, beaucoup de gens essaieront d'entrer et ils ne pourront pas.

25 « Le moment viendra où le maître de maison se lèvera et il fermera la porte. Vous, vous serez dehors. Vous vous mettrez à frapper à la porte en disant : "Maître, ouvre-nous !", mais il vous répondra : "Je ne sais pas qui vous êtes !" 26 Alors vous lui direz : "Nous avons mangé et bu avec toi. Tu as enseigné dans les rues de nos villes." 27 Mais il vous dira encore : "Je ne sais pas qui vous êtes. Allez-vous-en loin de moi, vous tous qui faites le mal !" 28 Alors vous pleurerez et vous grincerez des dents[a]. En effet, vous verrez Abraham, Isaac et Jacob et tous les *prophètes, dans le *Royaume de Dieu. Mais vous, on vous mettra dehors ! 29 Des gens viendront de l'est, de l'ouest, du nord et du sud. Ils prendront le grand repas dans le Royaume de Dieu. 30 Maintenant, il y a des gens qui sont les derniers : ils seront les premiers. Maintenant, il y a des gens qui sont les premiers : ils seront derniers. »

Jésus doit mourir à Jérusalem

31 À ce moment-là, quelques *Pharisiens s'approchent de Jésus et ils lui disent : « Va-t'en ! Pars loin d'ici ! *Hérode Antipas veut te faire mourir. » 32 Jésus leur répond : « Allez dire de ma part à cet homme trompeur comme un renard : "Aujourd'hui et demain je chasse des esprits mauvais, je guéris des gens et, le troisième jour, je finirai ce que je fais. 33 Mais aujourd'hui, demain et le jour suivant, je dois continuer ma route. En effet, il est impossible pour un *prophète de mourir en dehors de Jérusalem."

34 « Habitants de Jérusalem ! Habitants de Jérusalem ! Vous faites mourir les prophètes et vous tuez ceux que Dieu vous envoie en leur jetant des pierres ! Très souvent, j'ai voulu vous rassembler, comme une poule rassemble ses poussins sous ses ailes, mais vous n'avez pas voulu. 35 Eh bien ! Dieu va abandonner votre temple. Je vous le dis : vous ne me verrez plus, jusqu'au jour où vous direz : "Que Dieu *bénisse celui qui vient en son nom !" »

Le jour du sabbat, Jésus guérit un malade

14 1 Un jour de *sabbat, Jésus entre dans la maison d'un chef des *Pharisiens pour y prendre un repas. Les gens qui sont là regardent Jésus avec attention. 2 Un homme se trouve devant lui. Il a le corps tout gonflé à cause d'une maladie. 3 Alors Jésus demande aux *maîtres de la loi et aux Pharisiens : « Le jour du sabbat, est-ce qu'on a le droit de guérir quelqu'un ? ou est-ce que c'est interdit ? » 4 Mais ils ne répondent pas. Jésus se tourne vers le malade, il le guérit et lui dit de partir. 5 Ensuite Jésus dit aux maîtres de la loi et aux Pharisiens : « Supposons ceci : le jour du sabbat, votre fils ou votre bœuf tombe dans un puits. Vous allez sûrement le tirer de là tout de suite ! » 6 Et ils ne peuvent rien répondre à cela.

Jésus conseille de choisir la dernière place

7 Jésus voit que les invités choisissent les premières places à table. Alors il leur donne ce conseil : 8 « Quand quelqu'un t'invite à un repas de mariage, ne va pas t'asseoir à la première place. En effet, on a peut-être invité quelqu'un de plus important que toi. 9 Et celui qui vous a invités tous les deux va te dire : "Donne-lui ta place." Alors, plein de honte, tu devras t'asseoir à la dernière place. 10 Au contraire, quand quelqu'un t'invite, va t'asseoir à la dernière place. De cette façon, celui qui t'a invité te dira en arrivant : "Mon ami, prends une meilleure place." Alors, tous ceux qui sont à table avec toi verront combien tu es respecté. 11 En effet, celui qui veut être au-dessus des autres, on lui donnera la dernière place. Et celui qui prend la dernière place, on le mettra au-dessus des autres. »

---

a **13.28** *Cette expression veut dire ceci : les gens qui seront dehors seront tristes et jaloux en voyant le bonheur des amis de Dieu.*

Jésus conseille d'inviter les pauvres

12 Ensuite, Jésus dit à celui qui l'a invité : « Quand tu donnes un grand repas, à midi ou le soir, n'invite ni tes amis, ni tes frères et sœurs, ni les gens de ta famille, ni des voisins riches. En effet, ils t'inviteront à leur tour et ils te rendront ce que tu as fait pour eux. 13 Au contraire, quand tu offres un repas de fête, invite des pauvres, des infirmes, des boiteux, des aveugles. 14 Alors tu seras heureux parce qu'ils ne peuvent pas te rendre cela. Mais Dieu te rendra cela le jour où il relèvera de la mort ceux qui lui ont obéi. »

L'histoire des invités au grand repas

15 En entendant ces paroles, un de ceux qui sont à table dit à Jésus : « Il est heureux, celui qui prendra son repas dans le *Royaume de Dieu ! »

16 Jésus lui répond par cette histoire : « Un homme prépare un grand repas et il invite beaucoup de monde. 17 À l'heure du repas, il envoie son serviteur dire aux invités : "Venez ! Maintenant, c'est prêt !" 18 Mais tous les invités, l'un après l'autre, se mettent à s'excuser. Le premier dit au serviteur : "Je viens d'acheter un champ et je dois aller le voir. Je t'en prie, excuse-moi." 19 Un autre dit : "Je viens d'acheter cinq paires de bœufs et je vais les essayer. Je t'en prie, excuse-moi." 20 Un autre dit : "Je viens de me marier, c'est pourquoi je ne peux pas venir." 21 Le serviteur revient chez son maître et il lui raconte tout cela. Alors le maître de maison se met en colère et il dit à son serviteur : "Va vite sur les places et dans les rues de la ville, et amène ici les pauvres, les infirmes, les aveugles et les boiteux." 22 Après un moment, le serviteur vient dire : "Maître, on a fait ce que tu as commandé, et il y a encore de la place." 23 Le maître dit au serviteur : "Va sur les chemins et près des champs. Ceux que tu rencontreras, oblige-les à entrer chez moi. Ainsi, ma maison sera pleine. 24 En effet, je te dis une chose : parmi ces premiers invités, personne ne mangera de mon repas !" »

Les disciples de Jésus doivent tout laisser

25 Plus tard, Jésus est en route, et des foules nombreuses l'accompagnent. Il se tourne vers elles et il dit : 26 « Celui qui vient à moi doit m'aimer plus que son père, sa mère, sa femme, ses enfants, ses frères, ses sœurs et même plus que sa vie. Sinon, cette personne ne peut pas être mon *disciple. 27 Celui qui ne porte pas sa croix[b] et qui ne me suit pas, celui-là ne peut pas être mon disciple.

28 « En effet, quand l'un de vous veut construire une grande maison, il commence par s'asseoir et il calcule : "Combien est-ce que cela va coûter ? Est-ce que j'ai assez d'argent pour aller jusqu'au bout ?" 29 Mais s'il pose les fondations sans pouvoir finir la maison, tous ceux qui verront cela se mettront à se moquer de lui. 30 Ils diront : "Cet homme a commencé à construire, mais il n'a pas pu finir !" 31 Et quand un roi part en guerre contre un autre roi, il commence par s'asseoir et il se demande : "J'ai 10 000 soldats. Est-ce que je peux aller combattre mon ennemi qui vient m'attaquer avec 20 000 soldats ?" 32 S'il ne peut pas, il envoie des messagers à l'autre roi, pendant qu'il est encore loin, et il demande à faire la paix. » 33 Jésus ajoute : « Ainsi, parmi vous, si quelqu'un ne laisse pas tout ce qu'il possède, cette personne ne peut pas être mon disciple.

34 « Oui, le sel est une bonne chose, mais quand le sel perd son goût, comment le lui rendre ? 35 On ne peut plus l'utiliser pour la terre ni pour l'engrais. On le jette dehors. Celui qui a des oreilles pour écouter, qu'il écoute ! »

Un homme retrouve son mouton perdu

15 1 Les *employés des impôts et les pécheurs s'approchent tous de Jésus pour l'écouter. 2 Les *Pharisiens et les *maî-

b **14.27** *Voir Luc 9.23 et la note.*

tres de la loi critiquent Jésus et disent : « Cet homme accueille les pécheurs et il mange avec eux ! »

3 Alors Jésus leur raconte cette histoire : 4 « Parmi vous, un homme a 100 moutons et il en perd un. Bien sûr, il va laisser les 99 moutons dans les champs et il part chercher celui qui est perdu, jusqu'à ce qu'il le trouve. 5 Quand il l'a trouvé, il est tout joyeux. Il met le mouton sur ses épaules, 6 puis il rentre chez lui. Il appelle ses amis et ses voisins et leur dit : "Venez, réjouissez-vous avec moi ! Oui, j'ai retrouvé mon mouton qui était perdu !" 7 Je vous le dis, c'est la même chose : quand un seul pécheur change sa vie, Dieu est dans la joie. Sa joie est plus grande que pour 99 personnes *justes qui n'ont pas besoin de changer leur vie ! »

Une femme retrouve sa pièce d'argent perdue

8 « Écoutez encore : Une femme a 10 pièces d'argent[c] et elle en perd une. Bien sûr, elle va allumer une lampe et balayer la maison. Elle cherche la pièce avec soin, jusqu'à ce qu'elle la trouve. 9 Quand elle l'a trouvée, elle appelle ses amies et ses voisines et leur dit : "Venez, réjouissez-vous avec moi ! Oui, j'ai retrouvé la pièce d'argent que j'avais perdue !" 10 Je vous le dis, c'est la même chose : quand un seul pécheur change sa vie, il y a de la joie parmi les *anges de Dieu ! »

Un père retrouve son fils perdu

11 Jésus dit encore : « Un homme a deux fils. 12 Le plus jeune dit à son père : "Père, donne-moi ma part d'héritage." Alors le père partage ses richesses entre ses deux fils. 13 Quelques jours après, le plus jeune fils vend tout ce qu'il a reçu et il part avec l'argent dans un pays éloigné. Là, il se conduit très mal et il dépense tout son argent. 14 Quand il a tout dépensé, une grande famine arrive dans le pays, et le fils commence à manquer de tout. 15 Il va travailler pour un habitant de ce pays. Cet homme l'envoie dans les champs garder les cochons. 16 Le fils a envie de manger la nourriture des cochons, mais personne ne lui en donne. 17 Alors il se met à réfléchir. Il se dit : "Chez mon père, tous les ouvriers ont assez à manger, et même ils en ont trop ! Et moi, ici, je meurs de faim ! 18 Je vais partir pour retourner chez mon père et je vais lui dire : Père, j'ai péché contre Dieu et contre toi. 19 Je ne mérite plus d'être appelé ton fils. Fais comme si j'étais l'un de tes ouvriers." 20 Il part pour retourner chez son père.

« Le fils est encore loin. Mais son père le voit et il est plein de pitié pour lui. Il court à sa rencontre, il le serre contre lui et l'embrasse. 21 Alors le fils dit à son père : "Père, j'ai péché contre Dieu et contre toi, je ne mérite plus d'être appelé ton fils." 22 Mais le père dit à ses serviteurs : "Vite ! Apportez le plus beau vêtement et habillez mon fils. Mettez-lui une bague au doigt et des sandales aux pieds. 23 Amenez le veau qu'on a fait grossir et tuez-le. Mangeons et faisons la fête. 24 Oui, mon fils qui est là était mort et il est revenu à la vie. Il était perdu et il est retrouvé !" Ils commencent à faire la fête.

25 « Pendant ce temps, le fils aîné travaillait dans les champs. Quand il revient et s'approche de la maison, il entend de la musique et des danses. 26 Il appelle un des serviteurs et il lui demande ce qui se passe. 27 Le serviteur lui répond : "C'est ton frère qui est arrivé. Et ton père a fait tuer le gros veau, parce qu'il a retrouvé son fils en bonne santé." 28 Alors le fils aîné se met en colère et il ne veut pas entrer dans la maison. Le père sort pour lui demander d'entrer, 29 mais le fils aîné répond à son père : "Écoute ! Depuis de nombreuses années, je travaille pour toi. Je n'ai jamais refusé d'obéir à tes ordres. Pourtant, tu ne m'as jamais donné une petite chèvre pour faire la fête avec mes amis. 30 Ton fils qui est là a mangé tout ton argent avec des filles, mais quand il arrive, tu fais tuer le gros veau pour lui !" 31 Le père lui répond : "Mon enfant,

---

c **15.8** *À l'époque de Jésus, une pièce d'argent correspondait au salaire d'un ouvrier pour une journée de travail.*

toi, tu es toujours avec moi, et tout ce qui est à moi est à toi. 32 Mais il fallait faire la fête et nous réjouir. En effet, ton frère qui est là était mort et il est revenu à la vie. Il était perdu et il est retrouvé." »

Le serviteur habile

16 1 Jésus raconte cette histoire à ses *disciples : « Un homme riche a un serviteur, responsable de sa maison. Des gens viennent lui dire : "Ton serviteur gaspille toutes tes richesses." 2 Alors le maître appelle son serviteur et il lui dit : "Qu'est-ce que j'entends dire de toi ? Rends-moi tous les comptes de la maison. Maintenant, tu ne pourras plus t'occuper de mes affaires !" 3 Le serviteur se dit : "Mon maître ne veut plus que je m'occupe de ses affaires. Qu'est-ce que je vais faire ? Travailler la terre, je n'en ai pas la force. Devenir mendiant, j'en ai honte. 4 Je sais ce que je vais faire ! Alors, quand mon maître va me retirer mon travail, des gens me recevront chez eux." 5 Et il appelle, un par un, tous ceux qui doivent quelque chose à son maître. Il demande au premier : "Tu dois combien à mon maître ?" 6 L'homme lui répond : "100 tonneaux d'huile." Le serviteur lui dit : "Voici ton papier. Vite, assieds-toi et écris 50." 7 Ensuite le serviteur demande à un autre : "Et toi, tu dois combien ?" L'homme lui répond : "100 sacs de grains." Le serviteur lui dit : "Voici ton papier. Écris 80." 8 Alors le maître dit du bien de ce serviteur malhonnête, parce qu'il a été habile. Les gens de ce monde sont plus habiles entre eux que ceux qui appartiennent à la lumière. »

Personne ne peut servir à la fois Dieu et l'argent

9 Jésus ajoute : « Et moi, je vous dis : Faites-vous des amis avec l'argent trompeur ! Ainsi, quand l'argent n'existera plus, Dieu vous recevra dans sa maison pour toujours. 10 Quand on peut faire confiance à quelqu'un pour une toute petite chose, on peut lui faire confiance aussi pour une grande. Et quand on est malhonnête pour une toute petite chose, on est malhonnête aussi pour une grande. 11 C'est pourquoi, si on ne peut pas vous faire confiance pour l'argent trompeur, qui va vous confier les vraies richesses ? 12 Et si on ne peut pas vous faire confiance pour les richesses qui ne sont pas à vous, qui va vous confier ce qui est à vous ?

13 « Aucun serviteur ne peut servir deux maîtres. En effet, ou bien il détestera l'un et il aimera l'autre, ou bien il sera fidèle à l'un et il méprisera l'autre. Vous ne pouvez pas servir à la fois Dieu et l'argent. »

Quelques paroles de Jésus

14 Les *Pharisiens qui aiment l'argent entendent tout cela et ils se moquent de Jésus. 15 Jésus leur dit : « Vous, vous faites croire aux gens que vous êtes *justes. Mais Dieu connaît vos cœurs. Oui, ce qui paraît important pour les hommes, c'est une chose horrible pour Dieu.

16 « Jusqu'à Jean-Baptiste, c'était le temps de la *loi de Moïse et des *prophètes. Mais depuis Jean-Baptiste, on annonce la Bonne Nouvelle du *Royaume de Dieu, et tous font des efforts pour entrer dans le Royaume. 17 Pourtant, le ciel et la terre disparaîtront plus facilement qu'une seule petite lettre du texte de la loi.

18 « Quand un homme renvoie sa femme et se marie avec une autre, il commet un *adultère. Et quand un homme se marie avec une femme renvoyée, il commet un adultère. »

L'homme riche et Lazare

19 Ensuite Jésus raconte cette histoire : « Il y a un homme riche qui s'habille avec des vêtements très beaux et très chers. Chaque jour, il fait une grande fête. 20 Un pauvre, appelé Lazare, est couché devant la porte du riche. Il est couvert de plaies. 21 Il a très envie de manger ce qui tombe de la table du riche. Mais ce sont plutôt les chiens qui viennent lécher ses plaies. 22 Un jour, le pauvre meurt. Les *anges l'emportent auprès d'Abraham. Le riche meurt aussi, et on l'enterre. 23 Mais chez les morts, il souffre beaucoup. Alors il lève les yeux, et de loin, il voit Abraham et Lazare à côté de lui. 24 Le riche se met à crier : "Abraham, mon père, aie pitié de moi ! En-

voie Lazare, pour qu'il mette le bout de son
doigt dans l'eau, et il me rafraîchira la langue. En effet, je souffre beaucoup dans ce
feu." 25 Abraham lui répond : "Mon enfant,
rappelle-toi : pendant ta vie, tu as reçu le bonheur, et Lazare, lui, a reçu le malheur.
Maintenant, ici, il est consolé, et toi, tu souf-
fres. 26 De plus, entre vous et nous, il y a un
très grand trou. Ainsi, ceux qui veulent aller
d'ici chez vous ne peuvent pas le faire, et on
ne peut pas non plus traverser le trou pour venir chez nous." 27 Le riche lui dit : "Père, je
t'en prie, envoie donc Lazare dans la maison
de mon père. 28 En effet, j'ai cinq frères, Lazare ira les prévenir pour qu'ils ne viennent
pas, eux aussi, dans ce lieu de souffrance."
29 Abraham lui répond : "Tes frères ont Moïse
et les *prophètes, ils doivent les écouter !"
30 Le riche lui dit : "Abraham, mon père,
cela ne suffit pas. Si quelqu'un de chez les
morts vient les voir, ils changeront leur
vie." 31 Mais Abraham lui dit : "Ils n'écoutent
pas Moïse ni les prophètes. Alors, même si
quelqu'un se lève de la mort, ils ne seront
pas convaincus." »

Conseils de Jésus

17 1 Jésus dit à ses *disciples : « Il y aura
toujours des occasions de tomber
dans le péché. Mais quel malheur pour celui
qui fait tomber les autres dans le péché !
2 Supposons ceci : on lui attache une grosse
pierre au cou et on le jette dans la mer. Eh
bien, cela vaut mieux pour lui que de pousser un seul de ces petits à faire le mal. 3 Faites attention !

« Si ton frère fait le mal, fais-lui des reproches. Et s'il le regrette, pardonne-lui. 4 S'il te
fait du mal sept fois par jour et si sept fois
par jour, il revient te dire : "Je regrette", tu
lui pardonneras. »

Le pouvoir de la foi

5 Les *apôtres disent au Seigneur : « Donne-
nous une foi plus grande ! » 6 Le Seigneur répond : « Si votre foi est aussi petite qu'une
graine, vous pouvez dire à cet arbre : "Arrache tes racines d'ici et va te planter dans la
mer !", il vous obéira. »

Les disciples de Jésus sont des serviteurs ordinaires

7 « Supposons ceci : l'un de vous a un serviteur. Il laboure les champs ou il garde les
troupeaux. Quand le serviteur revient des
champs, vous ne lui dites pas : "Va vite manger !" 8 Au contraire, vous lui dites : "Prépare
mon repas. Ensuite, change de vêtement,
viens me servir pendant que je mange et
que je bois. Après, tu mangeras et tu boiras
à ton tour." 9 Vous ne remerciez pas votre serviteur parce qu'il a fait ce que vous avez
commandé.

10 « C'est la même chose pour vous maintenant. Quand vous faites tout ce que Dieu vous
commande, dites : "Nous sommes des serviteurs ordinaires, nous avons fait seulement
ce que nous devions faire." »

Jésus guérit dix lépreux

11 Jésus marche vers Jérusalem. Il traverse la
Samarie et la Galilée. 12 Il entre dans un village, et dix *lépreux viennent à sa rencontre.
13 Ils restent assez loin de Jésus et ils se mettent à crier : « Jésus, maître, aie pitié de
nous ! » 14 Jésus les voit et il leur dit : « Allez
vous montrer aux prêtres. »

Pendant qu'ils y vont, ils sont guéris.
15 Quand l'un d'eux voit qu'il est guéri, il revient et, à pleine voix, il dit : « *Gloire à
Dieu ! » 16 Il se jette aux pieds de Jésus, le
front contre le sol, et il le remercie. Cet
homme est un *Samaritain. 17 Alors Jésus
dit : « Tous les dix ont été guéris. Et les
neuf autres, où sont-ils ? 18 Parmi eux tous,
personne n'est revenu pour dire "Gloire à
Dieu". Il n'y a que cet étranger ! » 19 Et Jésus
dit au Samaritain : « Lève-toi, va, ta foi t'a
sauvé. »

Le Royaume de Dieu est déjà là

20 Les *Pharisiens demandent à Jésus :
« Quand le *Royaume de Dieu va-t-il venir ? »
Il leur répond : « Le Royaume de Dieu ne vient
pas comme une chose qu'on voit. 21 On ne
dira pas : "Il est ici" ou : "Il est là-bas". En effet, le Royaume de Dieu est au milieu de
vous. »

Le jour où le Fils de l'homme viendra

22 Ensuite Jésus dit à ses *disciples : « Le moment va venir où vous désirerez voir le *Fils de l'homme au moins pendant un jour, et vous ne le verrez pas. 23 Des gens vous diront : "Il est là-bas" ou : "Il est ici", mais n'y allez pas, n'y courez pas. 24 En effet, le jour où le Fils de l'homme viendra, ce sera comme l'éclair. Il apparaît tout à coup, et sa lumière va d'un bout du ciel à l'autre. 25 Mais il faut d'abord que le Fils de l'homme souffre beaucoup, et que les gens d'aujourd'hui le rejettent. 26 Le jour où le Fils de l'homme viendra, il se passera la même chose qu'au temps de Noé[d]. 27 Les gens mangeaient, buvaient, ils se mariaient ou donnaient leurs filles en mariage. Puis Noé est entré dans le bateau, il y a eu une grande inondation, et tous ces gens sont morts. 28 Ou bien il se passera la même chose qu'au temps de Loth. Les gens mangeaient et buvaient, achetaient et vendaient, plantaient et construisaient. 29 Mais le jour où Loth a quitté Sodome[e], Dieu a fait tomber du ciel une pluie de feu et de poussière brûlante, et tous ces gens sont morts. 30 Le jour où le Fils de l'homme apparaîtra, il se passera la même chose.

31 « Ce jour-là, celui qui sera sur la terrasse ne devra pas descendre pour aller chercher ses affaires dans sa maison. Et celui qui sera dans son champ ne devra pas retourner chez lui. 32 Rappelez-vous la femme de Loth[f]. 33 Celui qui cherche à garder sa vie la perdra. Celui qui perd sa vie la conservera. 34 Oui, je vous le dis : cette nuit-là, deux personnes seront sur le même lit. On prendra l'une et on laissera l'autre. 35 Deux femmes seront en train d'écraser du grain ensemble. On prendra l'une et on laissera l'autre. [36] » 37 Les disciples demandent à Jésus : « Seigneur, cela se passera à quel endroit ? » Il leur répond : « Là où il y aura le cadavre, les charognards se rassembleront[g]. »

L'histoire du mauvais juge et de la veuve

18 1 Jésus raconte une histoire aux *disciples pour leur montrer ceci : il faut toujours prier et ne pas se décourager. 2 Il leur dit : « Dans une ville, il y a un juge. Il ne respecte pas Dieu et il se moque des gens. 3 Dans cette ville, il y a aussi une veuve. Souvent, elle va chez le juge pour lui dire : "Fais-moi justice contre mon adversaire !" 4 Pendant longtemps, le juge ne veut pas. Ensuite il se dit : "Je ne respecte pas Dieu et je me moque des gens, 5 mais cette veuve me fatigue. C'est pourquoi je vais lui faire justice. Alors elle ne viendra plus m'ennuyer sans arrêt." » 6 Le Seigneur ajoute : « Écoutez bien ce qu'il dit, ce mauvais juge ! 7 Eh bien, est-ce que Dieu ne va pas faire justice à ses amis qui crient vers lui jour et nuit ? Est-ce qu'il les fait attendre ? 8 Je vous le dis : il va leur faire justice bien vite. Mais quand le *Fils de l'homme viendra, est-ce qu'il trouvera des croyants sur la terre ? »

Le Pharisien et l'employé des impôts

9 Certains croyaient être *justes et ils méprisaient tous les autres. Pour eux, Jésus raconte cette histoire : 10 « Deux hommes vont au temple pour prier. L'un est *Pharisien, l'autre est *employé des impôts. 11 Le Pharisien se met devant. Voici comment il prie dans son cœur : "Mon Dieu, je te remercie parce que je ne suis pas comme les autres. Ils sont voleurs, injustes, *adultères. Et je te remercie parce que je ne suis pas comme cet employé des impôts. 12 Je *jeûne deux fois par semaine. Je te donne le dixième de tout ce que je gagne." 13 L'employé des impôts reste derrière, il ne veut même pas lever les yeux vers le *ciel. Mais il se frappe la poitrine pour deman-

d **17.26** *Voir Genèse 6.5-12 ; 7.6-23.*

e **17.29** *Sodome : voir Luc 10.12 et la note.*

f **17.32** *Voir Genèse 19.26.*

g **17.37** *Ce proverbe veut sans doute dire que personne n'échappera au jugement de Dieu.*

der pardon et il dit : "Mon Dieu, aie pitié de
moi ! Je suis un homme pécheur." » 14 Jésus
ajoute : « Oui, je vous le dis, l'employé des impôts rentre chez lui, et Dieu le considère
comme une personne *juste. Ce n'est pas le
cas du Pharisien. En effet, celui qui veut être
au-dessus des autres, on lui donnera la dernière place. Et celui qui prend la dernière
place, on le mettra au-dessus des autres. »

Le Royaume de Dieu est pour ceux qui ressemblent aux enfants

15 Des gens amènent aussi les bébés à Jésus
pour qu'il les touche. En voyant cela, les *disciples leur font des reproches. 16 Mais Jésus
fait approcher les bébés et il dit : « Laissez
les enfants venir à moi, ne les empêchez
pas ! En effet, le *Royaume de Dieu appartient
à ceux qui sont comme les enfants. 17 Je vous
le dis, c'est la vérité : si quelqu'un ne reçoit
pas le Royaume de Dieu comme un enfant,
cette personne ne pourra jamais y entrer. »

Un homme riche et Jésus

18 Un chef juif demande à Jésus : « Bon maître, qu'est-ce que je dois faire pour recevoir la
vie avec Dieu pour toujours ? » 19 Jésus lui répond : « Pourquoi m'appelles-tu "bon" ? Personne n'est bon, sauf Dieu. 20 Tu connais les
commandements : Ne commets pas *d'adultère. Ne tue personne. Ne vole pas. Ne *témoigne pas faussement contre quelqu'un.
Respecte ton père et ta mère[h]. »
21 L'homme lui dit : « J'obéis à tout cela depuis
ma jeunesse. » 22 Jésus l'entend et il lui répond : « Une seule chose te manque encore :
tout ce que tu as, vends-le et distribue l'argent
aux pauvres, alors tu auras des richesses auprès de Dieu. Ensuite, viens et suis-moi. »
23 Mais quand l'homme entend cela, il devient
tout triste parce qu'il est très riche.

24 Jésus voit que l'homme est triste et il dit :
« Pour ceux qui ont des richesses, c'est vraiment difficile d'entrer dans le *Royaume de
Dieu ! 25 Est-ce qu'un chameau peut passer facilement par le trou d'une aiguille ? Eh bien,
pour quelqu'un de riche, c'est encore plus difficile d'entrer dans le Royaume de Dieu ! »
26 Ceux qui écoutent Jésus lui disent : « Mais
alors, qui peut être sauvé ? » 27 Jésus répond :
« Ce qui est impossible pour les hommes est
possible pour Dieu. »

28 Pierre dit à Jésus : « Écoute, nous, nous
avons quitté ce que nous avions, et nous
t'avons suivi. » 29 Jésus répond : « Je vous le
dis, c'est la vérité : si quelqu'un a quitté maison, femme, frères, parents ou enfants à cause
du Royaume de Dieu, 30 cette personne recevra beaucoup plus dans ce monde. Et dans le
monde qui vient, elle recevra la vie avec Dieu
pour toujours. »

Jésus annonce encore qu'il va mourir et se relever de la mort

31 Jésus prend les douze *apôtres avec lui et
il leur dit : « Écoutez ! Nous montons à Jérusalem, et tout ce que les *prophètes ont écrit au
sujet du *Fils de l'homme, cela va arriver.
32 En effet, on va le livrer à ceux qui ne
connaissent pas Dieu. Ceux-ci vont se moquer
de lui, ils l'insulteront, ils cracheront sur lui.
33 Ils le frapperont à coups de fouet, puis ils
le feront mourir. Et le troisième jour, il se relèvera de la mort. » 34 Mais les *disciples ne
comprennent rien à cela. Pour eux, ces paroles ne sont pas claires, et ils ne savent pas ce
que Jésus veut dire.

Jésus guérit un aveugle à Jéricho

35 Jésus approche de Jéricho. Un aveugle est
assis au bord du chemin, et il est en train de
mendier. 36 Il entend une foule qui passe et
il demande aux gens : « Qu'est-ce que c'est ? »
37 Les gens lui répondent : « C'est Jésus de Nazareth qui passe. » 38 Alors il se met à crier :
« Jésus, *Fils de David, aie pitié de moi ! »
39 Les gens qui marchent devant lui font des
reproches. Ils lui disent : « Tais-toi ! » Mais
l'aveugle crie encore plus fort : « Fils de David,
aie pitié de moi ! » 40 Jésus s'arrête et il donne
cet ordre aux gens : « Amenez-le auprès de
moi ! » Quand l'aveugle est auprès de lui, Jé-

---

h **18.20** *Exode 20.12-16 ; Deutéronome 5.16-20.*

sus lui demande : 41 « Qu'est-ce que tu veux ?
Qu'est-ce que je peux faire pour toi ? » L'aveugle lui dit : « Seigneur, fais que je voie comme
avant ! » 42 Jésus lui répond : « Vois ! Ta foi t'a
sauvé ! » 43 Et aussitôt, l'aveugle voit comme
avant. Il suit Jésus en disant : « *Gloire à
Dieu ! » En voyant cela, tout le peuple chante
la louange de Dieu.

Jésus et Zachée

19 1 Jésus entre dans Jéricho et il traverse
la ville. 2 Là, il y a un homme appelé Zachée. C'est le chef des *employés des impôts.
Il est riche. 3 Il cherche à voir qui est Jésus,
mais il ne le peut pas. En effet, il y a beaucoup
de monde et Zachée est petit. 4 Il court devant
et il monte sur un arbre pour voir Jésus qui va
passer par là. 5 Quand Jésus arrive à cet endroit, il lève les yeux et il dit à Zachée : « Zachée, descends vite ! Aujourd'hui, je dois
m'arrêter chez toi ! »

6 Alors Zachée descend vite et il reçoit Jésus
avec joie. 7 Tous ceux qui voient cela critiquent Jésus et disent : « Voilà que Jésus s'arrête chez un pécheur ! »

8 Mais Zachée, debout, dit au Seigneur :
« Écoute, Seigneur ! Je vais donner la moitié
de mes richesses aux pauvres. Et si j'ai pris
trop d'argent à quelqu'un, je vais lui rendre
quatre fois plus ! » 9 Alors Jésus lui dit : « Aujourd'hui, Dieu a sauvé les gens de cette maison. Oui, Zachée aussi est de la famille
d'Abraham ! 10 En effet, le *Fils de l'homme
est venu chercher et sauver ce qui était
perdu. »

L'histoire des trois serviteurs

11 Les gens écoutent les paroles de Jésus.
Alors, il continue en racontant une histoire.
En effet, il est près de Jérusalem, et les gens
pensent que le *Royaume de Dieu va paraître
tout de suite. 12 Donc Jésus leur dit : « Un
homme, d'une famille de notables, part dans
un pays éloigné. Là-bas, on doit le faire roi
de son pays, ensuite, il reviendra. 13 Avant de
partir, il appelle ses dix serviteurs. Il donne
une pièce d'or d'une grande valeur à chacun
et il leur dit : "Faites du commerce, et gagnez
de l'argent jusqu'à mon retour !" 14 Mais les
gens de son pays le détestent. Ils envoient
des délégués derrière lui pour dire : "Nous
ne voulons pas que cet homme soit notre roi."

15 « Pourtant, on le fait roi de son pays, et
il revient. Il fait appeler ses serviteurs à qui il
a donné de l'argent, il veut savoir ce qu'ils
ont gagné. 16 Le premier serviteur arrive et
il dit : "Maître, j'ai gagné dix pièces d'or
avec celle que tu m'as donnée." 17 Le roi
lui répond : "C'est bien, tu es un bon serviteur. Tu as été fidèle pour une toute petite
affaire. C'est pourquoi je te nomme gouverneur de dix villes." 18 Le deuxième serviteur
vient et il dit : "Maître, j'ai gagné cinq pièces
d'or avec celle que tu m'as donnée." 19 Le roi
lui répond : "Et toi, je te nomme gouverneur
de cinq villes." 20 Un autre serviteur vient et
il dit : "Maître, voici ta pièce d'or. Je l'ai
mise de côté dans un morceau de tissu.
21 En effet, j'avais peur de toi. Tu es un
homme dur, tu prends ce que tu n'as pas apporté, tu récoltes ce que tu n'as pas semé."
22 Le roi lui répond : "Tu es un mauvais serviteur ! Je vais te juger d'après tes paroles à
toi. Tu le savais : je suis un homme dur, je
prends ce que je n'ai pas apporté, je récolte
ce que je n'ai pas semé. 23 Donc, pourquoi
est-ce que tu n'as pas mis mon argent à la
banque ? Ainsi, à mon retour, je pouvais reprendre l'argent avec les intérêts !" 24 Ensuite, le roi dit à ceux qui sont là :
"Enlevez-lui sa pièce d'or, et donnez-la à celui qui en a dix !" 25 Ils lui disent : "Maître, il
a déjà dix pièces !" 26 Le roi répond : "Je
vous le dis : celui qui a quelque chose, on
lui donnera encore plus. Mais celui qui n'a
rien, on lui enlèvera même le peu de choses
qu'il a ! 27 Et mes ennemis, ces gens qui
n'ont pas voulu que je sois leur roi, ame-
nez-les ici et tuez-les devant moi !" »
28 Après qu'il a dit cela, Jésus part devant
et il monte à Jérusalem.

Jésus entre à Jérusalem

29 Jésus arrive près de Bethfagé et de Béthanie, vers la colline appelée « mont des Oliviers ». Il envoie deux *disciples 30 en leur
disant : « Allez dans le village qui est devant
vous. Quand vous serez entrés, vous trouve-

rez un petit âne attaché. Personne ne s'est jamais assis sur lui. Détachez-le et amenez-le ici. 31 Quelqu'un va peut-être vous demander : "Pourquoi est-ce que vous détachez cet âne ?" Vous répondrez : "Le Seigneur en a besoin." »

32 Les deux disciples partent et ils trouvent les choses comme Jésus leur a dit. 33 Ils détachent le petit âne, et les propriétaires de l'animal demandent : « Pourquoi est-ce que vous détachez ce petit âne ? » 34 Les disciples répondent : « Le Seigneur en a besoin. » 35 Ils amènent l'âne près de Jésus, ils mettent des vêtements sur l'âne, et ils font monter Jésus dessus. 36 Jésus avance, et les gens étendent des vêtements sur la route devant lui. 37 Jésus arrive sur le chemin qui descend du mont des Oliviers. Alors toute la foule des disciples est pleine de joie. Et ils se mettent à chanter la bonté de Dieu d'une voix forte. Oui, ils ont vu Jésus faire des choses extraordinaires ! 38 Ils disent : « Que Dieu *bénisse le roi qui vient en son nom ! Paix dans le *ciel et gloire à Dieu au plus haut des cieux ! »

39 Quelques *Pharisiens sont dans la foule. Ils disent à Jésus : « Maître, fais taire tes disciples ! » 40 Jésus répond : « Je vous le dis : si eux se taisent, les pierres crieront ! »

Jésus pleure à cause de Jérusalem

41 Jésus approche de Jérusalem et il voit la ville. Alors il pleure à cause d'elle. 42 Il dit : « Jérusalem, tu n'as pas su aujourd'hui comment trouver la paix. Hélas ! Maintenant, tes yeux n'ont pas voulu voir. 43 Le moment va venir pour toi où tes ennemis construiront un mur pour t'attaquer. Ils vont se mettre autour de toi et te serrer de tous les côtés. 44 Ils vont t'écraser, toi et tes habitants. Ils ne te laisseront pas une seule pierre sur une autre. En effet, tu n'as pas reconnu le moment où Dieu est venu pour te faire du bien. »

Jésus chasse les vendeurs du temple

45 Jésus entre dans le temple et il se met à chasser les vendeurs. 46 Il leur dit : « Dans les Livres Saints, Dieu a dit : "Ma maison sera une maison de prière." Mais vous, vous en avez fait un abri pour les voleurs[i] ! »

47 Tous les jours, Jésus enseigne dans le temple. Les chefs des *prêtres, les *maîtres de la loi et aussi les notables du peuple cherchent à le faire mourir. 48 Mais ils ne savent pas comment s'y prendre. En effet, tout le peuple écoute Jésus avec beaucoup d'attention.

Qui a donné à Jésus le pouvoir d'agir ainsi ?

20 1 Jésus enseigne dans le temple et il annonce la Bonne Nouvelle aux gens. Un jour, les chefs des *prêtres, les *maîtres de la loi et les *anciens arrivent. 2 Ils demandent à Jésus : « Dis-nous : de quel droit est-ce que tu fais ces choses ? Qui t'a donné le pouvoir de les faire ? » 3 Jésus leur répond : « Moi aussi, je vais vous poser une question. Dites-moi : 4 qui a envoyé Jean baptiser ? Est-ce que c'est Dieu ou les hommes ? »

5 Alors ils réfléchissent entre eux et ils se disent : « Si nous répondons : "C'est Dieu", Jésus va nous dire : "Vous n'avez pas fait confiance à Jean, pourquoi donc ?" 6 Et si nous répondons : "Ce sont les hommes", tout le peuple va nous jeter des pierres pour nous tuer ! En effet, tous croient que Jean était un *prophète. » 7 Alors ils répondent à Jésus : « Nous ne savons pas. » 8 Jésus leur dit : « Moi non plus, je ne vous dis pas de quel droit je fais ces choses. »

Les vignerons méchants

9 Ensuite, Jésus raconte cette histoire au peuple : « Un homme plante une *vigne. Il la confie à des vignerons et il part en voyage pour longtemps. 10 Au moment de la récolte, il envoie un serviteur vers les vignerons pour aller chercher son raisin. Mais les vignerons frappent le serviteur et ils le renvoient sans rien lui donner. 11 Le propriétaire envoie un autre serviteur. Les vignerons le frappent, l'insultent et ils le renvoient sans rien lui donner. 12 Le propriétaire leur envoie un troisième serviteur. Les vignerons le blessent lui

i **19.46** *Voir Ésaïe 56.7 et Jérémie 7.11.*

aussi et ils le chassent. 13 Alors le propriétaire de la vigne se dit : "Qu'est-ce que je vais faire ? Je vais leur envoyer mon fils très aimé, ils vont sans doute le respecter." 14 Mais quand les vignerons voient le fils, ils se disent entre eux : "C'est lui qui sera le propriétaire plus tard. Tuons-le, et la vigne sera à nous !" 15 Ils le font sortir de la vigne et ils le tuent. » Jésus demande : « Qu'est-ce que le propriétaire de la vigne va faire ? 16 Il va venir, il va tuer les vignerons et il donnera la vigne à d'autres. » En entendant cela, les gens disent : « Non, jamais ! »

17 Alors Jésus les regarde et il leur dit : « Que veut dire cette phrase des Livres Saints :

"La pierre que les maçons ont rejetée
est devenue la pierre principale de la maison[j] ?" »

18 Tous ceux qui tombent sur cette pierre auront le corps brisé. Et si cette pierre tombe sur quelqu'un, elle l'écrasera.

Est-il permis de payer l'impôt à l'empereur ?

19 Les *maîtres de la loi et les chefs des *prêtres comprennent que Jésus a raconté cette histoire contre eux. C'est pourquoi ils cherchent à l'arrêter tout de suite, mais ils ont peur du peuple. 20 Alors ils surveillent Jésus et ils envoient vers lui des hommes qui font semblant d'être fidèles à Dieu. Ces gens-là veulent trouver des erreurs dans les paroles de Jésus. Ainsi, on pourra le livrer au gouverneur, qui a pouvoir et autorité sur le pays. 21 Ils lui posent cette question : « Maître, nous le savons, tu dis et tu enseignes des choses justes. Tu ne regardes pas l'importance des gens, mais tu enseignes en toute vérité ce que Dieu nous demande de faire. 22 Dis-nous : est-il permis ou non de payer l'impôt à l'empereur romain ? »

23 Mais Jésus comprend que c'est un piège et il leur dit : 24 « Montrez-moi une pièce d'argent[k]. Sur cette pièce, il y a l'image et le nom de quelqu'un. De qui donc ? » Ils répondent : « De l'empereur. » 25 Alors Jésus leur dit : « Eh bien, rendez à l'empereur ce qui est à l'empereur, et rendez à Dieu ce qui est à Dieu. » 26 Le peuple écoute. Les maîtres de la loi et les chefs des prêtres ne peuvent pas trouver d'erreurs dans les paroles de Jésus. Ils sont très étonnés de sa réponse et ils se taisent.

Est-ce que les morts se relèveront ?

27 Quelques *Sadducéens s'approchent de Jésus. Les Sadducéens ne croient pas que les morts se relèveront. Ils posent cette question à Jésus : 28 « Maître, Moïse a écrit pour nous dans la *loi : "Un homme a un frère marié. Si ce frère meurt sans enfants, l'homme doit se marier avec la veuve. Ainsi il donnera des enfants à son frère qui est mort."[l] 29 Eh bien, supposons ceci : il y a donc sept frères. Le premier se marie et il meurt sans enfants. 30 Le deuxième se marie avec la veuve et il meurt sans enfants. 31 Il arrive la même chose au troisième et aux autres aussi. Les sept frères meurent sans laisser d'enfants. 32 Finalement, la femme meurt à son tour. 33 Quand les morts se relèveront, elle sera la femme de qui ? En effet, chacun des sept frères a été son mari. » 34 Jésus leur répond : « Dans ce monde, les hommes et les femmes se marient. 35 Certains, Dieu les juge dignes de vivre dans le monde qui vient, et donc de se relever de la mort. Mais ces hommes et ces femmes ne se marient plus. 36 En effet, ils ne peuvent plus mourir, parce qu'ils sont comme les *anges. Ils sont fils de Dieu, parce que Dieu les a relevés de la mort. 37 Et Moïse a montré clairement que les gens se réveillent de la mort. En effet, quand Moïse raconte l'histoire du buisson, il appelle le Seigneur "le Dieu d'Abraham, le Dieu d'Isaac et le Dieu de Jacob[m]". »

j **20.17** *Psaume 118.22.*
k **20.24** *Pièce d'argent : voir la note sur Luc 15.8.*
l **20.28** *Voir Genèse 38.8 ; Deutéronome 25.5-6.*
m **20.37** *Voir Exode 3.2,6.*

38 Jésus ajoute : « Dieu n'est pas le Dieu des morts, mais il est le Dieu des vivants, parce que tous vivent pour lui. » 39 Quelques *maîtres de la loi disent à Jésus : « Maître, tu as bien parlé. » 40 Et ils n'osent plus lui poser d'autres questions.

Le Messie et David

41 Alors Jésus leur dit : « Les gens disent que le *Messie est fils de David. Mais comment peuvent-ils dire cela ? 42 En effet, dans le livre des Psaumes, David lui-même dit :

"Le Seigneur déclare à mon Maître :
Viens t'asseoir à ma droite,
43 je vais mettre tes ennemis sous tes pieds[n]."

44 Donc David appelle le Messie "Maître". Alors comment le Messie peut-il être aussi fils de David ? »

Ne pas agir comme les maîtres de la loi

45 Tout le peuple écoute Jésus. Alors il dit à ses *disciples : 46 « Attention ! Ne faites pas comme les *maîtres de la loi ! Ils aiment se promener avec de grands vêtements. Ils aiment qu'on les salue sur les places de la ville. Ils choisissent les premiers sièges dans les maisons de prière et les premières places dans les grands repas. 47 Ils prennent aux veuves tout ce qu'elles ont, et en même temps, ils font de longues prières, pour faire semblant d'être bons. À cause de cela, Dieu les punira encore plus que les autres. »

La veuve pauvre

21 1 Dans le temple, Jésus regarde autour de lui. Il voit des gens riches qui mettent leurs offrandes à l'endroit réservé pour cela. 2 Il voit aussi une veuve très pauvre, elle met deux pièces qui ont très peu de valeur. 3 Jésus dit : « Vraiment, je vous le dis, cette veuve pauvre a donné plus que tous les autres. 4 En effet, tous les autres ont mis de l'argent qu'ils avaient en trop. Mais elle qui manque de tout, elle a donné tout ce qu'elle avait pour vivre. »

Jésus annonce que le temple sera détruit

5 Ensuite, des gens parlent du temple et disent : « Il est magnifique, avec ses belles pierres et les objets offerts à Dieu ! » 6 Jésus leur répond : « Vous voyez tout cela : eh bien, un jour viendra où tout sera détruit. Il ne restera pas une seule pierre sur une autre. »

Ce qui arrivera avant la fin du monde

7 Ils demandent à Jésus : « Maître, quand est-ce que cela va arriver ? Comment allons-nous le savoir ? » 8 Jésus leur répond : « Faites attention, ne vous laissez pas tromper ! En effet, beaucoup de gens vont venir, en prenant mon nom. Ils diront : "C'est moi le *Messie" et : "Le moment est arrivé". Ne les suivez pas. 9 Vous allez entendre parler de guerres et de révolutions, ne soyez pas effrayés. Oui, tout cela doit arriver d'abord, mais la fin ne sera pas pour tout de suite. » 10 Puis Jésus leur dit : « Un peuple se battra contre un autre peuple, un roi se battra contre un autre roi. 11 Il y aura de grands tremblements de terre, et, dans plusieurs régions, il y aura la famine et de graves maladies. On verra des choses terribles dans le ciel, et les gens auront très peur. »

Ce qui arrivera aux disciples de Jésus

12 « Mais, avant tout cela, on vous arrêtera et on vous fera souffrir. On vous livrera aux maisons de prière pour vous juger, et on vous mettra en prison. On vous conduira devant des rois et des gouverneurs à cause de moi. 13 Alors vous pourrez être mes *témoins. 14 Mettez-vous ceci dans la tête : vous ne devez pas préparer d'avance ce que vous allez dire pour vous défendre. 15 En effet, moi je vous donnerai des paroles de sagesse, et vos adversaires ne pourront pas discuter ni vous répondre. 16 Même votre père et votre mère, vos frères, vos parents, vos amis vous livreront, et ils feront condamner à mort plusieurs d'entre vous. 17 Tout le monde vous détestera à cause de moi. 18 Mais pas un cheveu de votre

n **20.43** *Psaume 110.1.*

tête ne sera perdu. 19 Résistez ! C'est ainsi que vous sauverez vos vies. »

Ce qui arrivera à Jérusalem

20 « Vous verrez les armées ennemies tout autour de Jérusalem. Alors vous saurez que la ville sera bientôt détruite. 21 À ce moment-là, ceux qui seront en Judée devront fuir dans les montagnes. Ceux qui seront dans la ville devront la quitter. Ceux qui seront dans les champs ne devront pas entrer dans la ville. 22 Voilà comment Dieu punira son peuple ces jours-là. C'est écrit dans les Livres Saints et cela arrivera ! 23 Quel malheur, ces jours-là, pour les femmes enceintes et pour celles qui allaitent leur bébé ! Oui, les gens de ce pays souffriront beaucoup. Le peuple recevra sa punition. 24 On tuera certains avec des armes, les autres, on les emmènera prisonniers dans tous les pays. Des gens qui ne connaissent pas Dieu détruiront complètement Jérusalem, mais cela durera seulement jusqu'au moment où leur temps sera fini. »

Le Fils de l'homme viendra

25 « Dans le soleil, la lune et les étoiles, on verra des choses étonnantes. Les tempêtes de la mer feront beaucoup de bruit, et tous les habitants de la terre seront très inquiets et effrayés. 26 Des gens vont mourir de peur en pensant à tout ce qui va arriver sur la terre. En effet, les puissances du *ciel trembleront. 27 Alors on verra arriver le *Fils de l'homme entouré d'un nuage, avec toute sa puissance et toute sa *gloire. 28 Quand tout cela commencera à arriver, redressez-vous et relevez la tête ! Oui, Dieu vous rendra bientôt libres ! »

La comparaison avec le figuier

29 Et Jésus utilise pour eux cette comparaison : « Regardez le *figuier et tous les autres arbres ! 30 Quand vous voyez que leurs feuilles commencent à pousser, vous le savez, la nouvelle saison est bientôt là. 31 De la même façon, quand vous verrez ces choses arriver, vous, vous devez le savoir : le *Royaume de Dieu sera bientôt là. 32 Je vous le dis, c'est la vérité : quand cela arrivera, les gens d'aujourd'hui ne seront pas tous morts. 33 Le ciel et la terre disparaîtront, mes paroles ne disparaîtront jamais. »

Le Fils de l'homme viendra quand personne ne l'attend

34 « Attention ! Ne passez pas tout votre temps à faire la fête, à boire, ou à vous faire du souci pour votre vie. Sinon, le jour du *Fils de l'homme viendra quand vous ne l'attendez pas. 35 Le filet prend les poissons par surprise. De la même façon, ce jour-là surprendra tous les habitants de la terre. 36 Ne dormez pas, priez sans cesse. Alors vous aurez la force de supporter tout ce qui va arriver, et de vous tenir debout devant le Fils de l'homme. »

37 Pendant la journée, Jésus enseigne dans le temple, et le soir, il s'en va passer la nuit sur la colline appelée « mont des Oliviers ». 38 Le matin, tout le peuple vient au temple auprès de Jésus pour l'écouter.

Judas décide de livrer Jésus

22 1 C'est bientôt la fête de la *Pâque, la fête où on mange du pain sans *levain. 2 Les chefs des *prêtres et les *maîtres de la loi cherchent un moyen pour faire mourir Jésus, mais ils ont peur du peuple. 3 Alors *Satan entre dans Judas, qu'on appelle aussi Iscariote. Il fait partie des douze *apôtres. 4 Judas va trouver les chefs des prêtres et les chefs des gardes du temple. Il discute avec eux sur le moyen de leur livrer Jésus. 5 Les chefs sont très contents et ils promettent de donner de l'argent à Judas. 6 Celui-ci est d'accord. Il cherche une bonne occasion pour leur livrer Jésus loin de la foule.

Jésus fait préparer le repas de la Pâque

7 Pendant la fête des *Pains sans levain, le jour arrive où on doit tuer les agneaux pour le repas de la *Pâque. 8 Jésus envoie Pierre et Jean en disant : « Allez nous préparer le repas de la Pâque. » 9 Ils lui demandent : « Où allons-nous le préparer ? Qu'est-ce que tu veux ? » 10 Jésus leur répond : « Quand vous entrerez dans la ville, vous rencontrerez un homme qui porte un pot d'eau. Suivez-le jusqu'à la

maison où il va entrer. 11 Vous direz au propriétaire de la maison : "Le Maître te demande : Où est la salle où je vais manger le
repas de la Pâque avec mes *disciples ?"
12 En haut de la maison, le propriétaire vous
montrera une grande pièce avec tout ce qu'il
faut. C'est là que vous préparerez le repas. »
13 Les disciples partent. Ils trouvent tout
comme Jésus leur a dit, et ils préparent le repas de la Pâque.

Le repas du Seigneur

14 Quand l'heure est venue, Jésus s'installe
pour le repas avec les *apôtres. 15 Il leur dit :
« J'ai beaucoup désiré manger ce repas de la
*Pâque avec vous, avant de souffrir. 16 Oui, je
vous le dis, je ne mangerai plus ce repas jusqu'au jour où Dieu l'offrira dans son
*Royaume. »

17 Ensuite, on donne une *coupe de vin à
Jésus. Il remercie Dieu, puis il dit : « Prenez
cette coupe et partagez ce vin entre vous.
18 Oui, je vous le dis, à partir de maintenant,
je ne boirai plus de vin jusqu'à ce que le
Royaume de Dieu arrive. »

19 Ensuite, Jésus prend du pain, il remercie
Dieu, il partage le pain et le donne aux *disciples en disant : « Ceci est mon corps donné
pour vous. Faites cela en souvenir de moi. »

20 À la fin du repas, Jésus prend aussi la
coupe de vin. Il dit : « Cette coupe est la nouvelle *alliance de Dieu, parce que mon sang
est versé pour vous. 21 Mais regardez ! La
main de celui qui me livre prend la nourriture
avec moi. 22 Oui, le *Fils de l'homme va vers la
mort comme Dieu l'a décidé. Mais quel malheur pour cet homme qui le livre ! »

23 Alors les disciples commencent à se demander entre eux : « Lequel de nous va faire
cela ? »

Qui est le plus important parmi les disciples ?

24 Ensuite les *disciples se mettent à se disputer. Ils se demandent : « Lequel de nous est
le plus important ? » 25 Jésus leur dit : « Les
rois des peuples les commandent comme des
chefs, et ceux qui ont le pouvoir sur eux veulent qu'on les appelle "amis du peuple".
26 Mais vous, ne faites pas comme eux ! Au
contraire, le plus important parmi vous doit
être comme le plus jeune, et celui qui
commande doit être comme celui qui sert.
27 En effet, qui est le plus important ? Celui
qui prend son repas ou celui qui sert ? C'est
celui qui prend son repas. Eh bien, moi, je
suis au milieu de vous comme celui qui sert.
28 Vous, vous êtes restés avec moi quand on
était contre moi. 29 Et moi, je peux vous donner le *Royaume, comme mon Père me l'a
donné. 30 Alors vous mangerez et vous boirez
avec moi dans mon Royaume, et vous serez assis sur des sièges de rois pour juger les douze
tribus du peuple *d'Israël. »

Jésus annonce l'abandon de Simon-Pierre

31 Jésus dit à Simon-Pierre : « Simon, Simon,
écoute ! *Satan a demandé de pouvoir vous secouer tous comme on secoue le grain dans un
van[o] pour le séparer de la paille. 32 Mais moi,
j'ai prié pour toi, j'ai demandé que tu ne per-
des pas la foi. Et toi, quand tu reviendras à
moi, rends tes frères plus forts. » 33 Pierre lui
dit : « Seigneur, je suis prêt à aller en prison
avec toi et même à mourir avec toi ! » 34 Jésus
lui répond : « Oui, Pierre, je te le dis : aujour-
d'hui, avant que le coq chante, tu diras trois
fois que tu ne me connais pas. »

À partir de maintenant, les disciples devront se défendre

35 Ensuite Jésus dit à ses *disciples :
« Quand je vous ai envoyés sans argent,
sans sac ni sandales, est-ce que vous avez
manqué de quelque chose ? » Ils répondent :
« Nous n'avons manqué de rien. » 36 Il leur
dit : « Maintenant, au contraire, celui qui a
de l'argent doit le prendre. Celui qui a un
sac doit le prendre aussi. Celui qui n'est
pas armé doit vendre son vêtement pour
acheter une arme. 37 Dans les Livres Saints,
on lit : "Les gens ont pris cet homme pour

---

o **22.31** *Voir Luc 3.17 et la note.*

un bandit." Oui, je vous le dis, il faut que
cela m'arrive. En effet, pour moi, tout est
bientôt fini. » 38 Les disciples lui disent :
« Seigneur, voici deux *épées. » Jésus leur répond : « Cela suffit. »

Jésus va prier au mont des Oliviers

39 Jésus sort et il va au mont des Oliviers, selon son habitude. Ses *disciples le suivent.
40 Quand il arrive à cet endroit, il leur dit :
« Priez pour pouvoir résister quand l'esprit
du mal vous tentera. » 41 Jésus s'éloigne des
disciples, il va quelques mètres plus loin. Il
se met à genoux et il prie 42 en disant :
« Père, si tu veux, éloigne de moi cette
*coupe de souffrance ! Pourtant, ne fais pas
ce que je veux, mais ce que tu veux. » 43 Alors
un *ange du ciel se montre à lui pour lui redonner du courage. 44 Jésus a peur et il est
très inquiet, il prie avec plus de force encore.
Sa sueur devient comme des gouttes de sang
qui tombent par terre.

45 Après qu'il a prié, il se relève, il revient
vers les disciples. Il les trouve en train de dormir : ils sont fatigués parce qu'ils sont tristes.
46 Il leur dit : « Pourquoi est-ce que vous dormez ? Levez-vous et priez pour pouvoir résister quand l'esprit du mal vous tentera. »

Jésus est arrêté

47 Pendant que Jésus dit cela, une foule de
gens arrive. Celui qui s'appelle Judas, l'un
des douze *apôtres, marche devant eux. Il
vient auprès de Jésus pour l'embrasser. 48 Jésus lui dit : « Judas, c'est en embrassant le
*Fils de l'homme que tu le livres ! »

49 Les *disciples de Jésus voient ce qui va se
passer. Ils lui demandent : « Seigneur, est-ce
que nous devons nous servir de *l'épée ? »
50 L'un d'eux frappe le serviteur du *grand-
prêtre et il lui coupe l'oreille droite. 51 Mais Jésus prend la parole : « Laissez faire ! Cela suffit. » Il touche l'oreille du serviteur et le
guérit. 52 Ensuite, Jésus dit aux chefs des prêtres, aux chefs des gardes du temple et aux
*anciens qui sont venus l'arrêter : « Vous
êtes venus avec des épées et des bâtons,
comme pour prendre un bandit ! 53 Pourtant,
tous les jours, j'étais avec vous dans le temple,
et vous n'avez pas cherché à m'arrêter. Mais
pour vous, maintenant, c'est le moment, c'est
le moment où les forces du mal agissent dans
la nuit. »

Pierre affirme trois fois qu'il ne connaît pas Jésus

54 Ils prennent Jésus, ils l'emmènent et ils le
font entrer dans la maison du *grand-prêtre.
Pierre les suit de loin. 55 On a allumé un feu
au milieu de la cour. Des gens sont assis
autour du feu, et Pierre s'assoit avec eux.
56 Une servante voit Pierre assis près du feu.
Elle le regarde avec attention et elle dit :
« Cet homme aussi était avec Jésus ! » 57 Mais
Pierre répond à la femme : « Non, je ne le
connais pas ! »

58 Peu de temps après, un autre voit Pierre
et il lui dit : « Tu es bien un des *disciples
de Jésus, toi aussi ! » Mais Pierre dit à cet
homme : « Non, ce n'est pas vrai ! »

59 Une heure plus tard environ, un autre encore insiste en disant : « C'est sûr, celui-là
aussi était avec Jésus ! En effet, il est de Galilée. » 60 Mais Pierre répond : « Je ne sais pas
ce que tu veux dire. »

Au même moment, pendant qu'il parle encore, un coq se met à chanter. 61 Le Seigneur
se retourne et il regarde Pierre dans les
yeux. Alors Pierre se rappelle ce que le Seigneur lui avait dit. Il lui avait dit : « Aujour-
d'hui, avant que le coq chante, tu diras trois
fois que tu ne me connais pas. » 62 Pierre
sort de la cour et il pleure beaucoup.

Les gardes frappent Jésus et l'insultent

63 Les hommes qui gardent Jésus se moquent de lui et ils le frappent. 64 Ils cachent
son visage et ils lui demandent : « Qui t'a
frappé ? Devine ! » 65 Et ils lui disent beaucoup
d'autres choses pour l'insulter.

Jésus devant le Tribunal religieux

66 Quand il fait jour, les *anciens du peuple,
les chefs des *prêtres et les *maîtres de la loi
se réunissent. Ils font amener Jésus devant
leur *Tribunal, 67 et ils lui demandent : « Est-
ce que tu es le *Messie ? Dis-le-nous ! » Jésus
leur répond : « Si je vous le dis, vous ne me

croirez pas, 68 et si je vous pose une question, vous ne me répondrez pas. 69 Mais à partir de maintenant, le *Fils de l'homme va être assis à la droite du Dieu Puissant. » 70 Alors tous lui disent : « Donc, toi, tu es le Fils de Dieu ? » Jésus leur répond : « Vous le dites vous-mêmes, je le suis. » 71 Alors ils disent : « Nous n'avons plus besoin de *témoins ! En effet, nous avons entendu nous-mêmes les paroles de sa bouche. »

Jésus devant Pilate

23 1 Ensuite, ils se lèvent tous ensemble, et ils amènent Jésus chez *Pilate. 2 Là, ils se mettent à accuser Jésus en disant : « Nous avons trouvé cet homme en train de pousser notre peuple à la révolte. Il empêche les gens de payer l'impôt à l'empereur. Il dit qu'il est lui-même le *Messie, un roi. » 3 Pilate demande à Jésus : « Est-ce que tu es le roi des Juifs ? » Jésus lui répond : « C'est toi qui le dis. »

4 Pilate dit aux chefs des *prêtres et à la foule : « Je ne trouve pas de raison pour condamner cet homme. » 5 Mais les gens insistent en disant : « Dans son enseignement, il pousse le peuple à la révolte. Il a commencé en Galilée, puis il est allé dans toute la Judée, et maintenant, il est venu ici. »

6 Pilate entend cela et il demande : « Est-ce que cet homme est galiléen ? » 7 On lui répond que Jésus est de Galilée. C'est *Hérode Antipas qui gouverne cette région, et il est, lui aussi, à Jérusalem à ce moment-là. Alors Pilate envoie Jésus chez Hérode.

Jésus devant Hérode Antipas

8 *Hérode est très content de voir Jésus. En effet, il a entendu parler de lui, et depuis longtemps, il a envie de le rencontrer. Il espère qu'il va le voir faire quelque chose d'extraordinaire. 9 Il lui pose beaucoup de questions, mais Jésus ne lui répond rien. 10 Les chefs des *prêtres et les *maîtres de la loi sont aussi venus chez Hérode, et ils accusent Jésus avec force. 11 Hérode et ses soldats insultent Jésus et ils se moquent de lui. Pour cela, ils lui mettent un vêtement magnifique. Ensuite Hérode renvoie Jésus chez *Pilate. 12 Avant, Hérode Antipas et Pilate étaient ennemis. Ce jour-là, ils deviennent amis.

Jésus est condamné à mort

13 *Pilate réunit les chefs des *prêtres, les autorités et le peuple. 14 Il leur dit : « Vous m'avez amené cet homme en me disant : "Il pousse notre peuple à la révolte !" Alors je l'ai interrogé devant vous. Vous, vous l'accusez, mais moi, je n'ai pas trouvé de raison pour le condamner. 15 *Hérode Antipas n'en a pas trouvé non plus puisqu'il l'a renvoyé chez nous. Cet homme n'a donc rien fait pour mériter de mourir. 16 C'est pourquoi je vais le faire frapper, ensuite je vais le libérer. [17] »

18 Les gens se mettent à crier tous ensemble : « Fais mourir cet homme ! Libère-nous Barabbas ! » 19 Barabbas a tué quelqu'un quand les gens se sont révoltés contre les Romains dans la ville. C'est pour cela qu'il est en prison.

20 Pilate veut libérer Jésus, et de nouveau il parle à la foule. 21 Mais les gens crient : « Cloue-le sur une croix ! Sur une croix ! »

22 Une troisième fois, Pilate prend la parole et dit : « Qu'est-ce que cet homme a fait de mal ? Je ne trouve pas de raison pour le faire mourir. C'est pourquoi je vais le faire frapper et le libérer. » 23 Mais les gens insistent en criant très fort : « Cloue-le sur une croix ! » Et leurs cris sont les plus forts. 24 Alors Pilate décide de faire ce que la foule demande. 25 Il libère celui qu'ils ont demandé, Barabbas. Pourtant on l'avait mis en prison parce qu'il avait tué quelqu'un pendant une révolte contre les Romains. Et Pilate livre Jésus à la foule en leur disant : « Faites-lui ce que vous voulez ! »

On emmène Jésus pour le faire mourir

26 Les soldats emmènent Jésus. Ils rencontrent Simon, un homme de Cyrène, qui revient des champs. Ils l'obligent à mettre la croix sur son dos, pour qu'il la porte derrière Jésus.

27 Une grande foule suit Jésus. Des femmes pleurent et sont dans le deuil à cause de lui. 28 Jésus se retourne vers elles et leur dit :

« Femmes de Jérusalem, ne pleurez pas à cause de moi ! Au contraire, pleurez à cause de vous et de vos enfants. 29 Oui, le moment va venir où on dira : "Elles sont heureuses, les femmes qui ne peuvent pas avoir d'enfant, celles qui n'en ont jamais eu et qui n'ont pas allaité de bébé !" 30 Alors les gens se mettront à dire aux montagnes : "Tombez sur nous !" et aux collines : "Cachez-nous !" 31 En effet, si on fait du mal à l'arbre vert, qu'est-ce qu'on fera donc à l'arbre mort ? »

32 On emmène aussi deux autres hommes, des bandits, pour les faire mourir avec Jésus.

Les soldats clouent Jésus sur une croix

33 Ils arrivent à l'endroit appelé « Le Crâne ». Là, les soldats clouent Jésus sur une croix. Ils clouent aussi les deux bandits, l'un à sa droite, l'autre à sa gauche. 34 Jésus dit : « Père, pardonne-leur, ils ne savent pas ce qu'ils font. »

Les soldats *tirent au sort pour savoir qui aura ses vêtements. Puis ils les partagent entre eux. 35 Le peuple est là et il regarde. Les chefs des Juifs se moquent de Jésus en disant : « Il a sauvé les autres. Eh bien, il n'a qu'à se sauver lui-même, s'il est vraiment le *Messie, celui que Dieu a choisi ! » 36-37 Les soldats aussi se moquent de Jésus. Ils s'approchent de lui et ils lui offrent du vinaigre en disant : « Si tu es le roi des Juifs, sauve-toi toi-même ! » 38 Au-dessus de Jésus, on a mis une pancarte avec ces mots : « C'est le roi des Juifs. »

39 Un des bandits cloués sur une croix insulte Jésus en disant : « Tu dis que tu es le Messie. Alors, sauve-toi toi-même et sauve-nous aussi ! » 40 Mais le deuxième bandit fait des reproches au premier en lui disant : « Tu es condamné à mort comme cet homme, et tu ne respectes même pas Dieu ? 41 Pour toi et moi, la punition est juste. Oui, nous l'avons bien méritée, mais lui, il n'a rien fait de mal ! » 42 Ensuite il dit à Jésus : « Jésus, souviens-toi de moi, quand tu viendras comme roi. » 43 Jésus lui répond : « Je te le dis, c'est la vérité : aujourd'hui, tu seras avec moi dans le paradis[p]. »

La mort de Jésus

44-45 Quand il est presque midi, le soleil s'arrête de briller. Dans tout le pays, il fait nuit jusqu'à trois heures de l'après-midi. Le rideau qui est dans le temple se déchire au milieu, en deux morceaux. 46 Jésus pousse un grand cri, il dit : « Père, je remets ma vie dans tes mains.[q] »
Et, après qu'il a dit cela, il meurt. 47 L'officier romain voit ce qui est arrivé, et il dit : « *Gloire à Dieu ! Vraiment, cet homme était un *juste ! »

48 Beaucoup de gens sont venus pour regarder ce spectacle. Ils voient ce qui est arrivé. Alors, tous rentrent chez eux, pleins de tristesse. 49 Tous les amis de Jésus et les femmes qui l'ont accompagné depuis la Galilée se tiennent assez loin. Ils regardent ce qui se passe.

Joseph met Jésus dans une tombe

50-51 Il y a là un homme appelé Joseph, de la ville juive d'Arimathée. Il fait partie du *Tribunal religieux. C'est un homme bon et *juste, il attend le *Royaume de Dieu. Il n'est pas d'accord avec ce que le Tribunal a décidé et fait. 52 Joseph va voir *Pilate, il lui demande le corps de Jésus. 53 Ensuite, Joseph descend le corps de la croix, il l'enveloppe dans un drap et il le met dans une tombe creusée dans le rocher. Dans cette tombe, on n'a encore enterré personne. 54 C'est vendredi, et le *sabbat va commencer.

55 Les femmes qui ont accompagné Jésus depuis la Galilée viennent avec Joseph. Elles voient la tombe, elles regardent comment on place le corps de Jésus. 56 Ensuite elles rentrent chez elles. Elles préparent l'huile et les parfums pour son corps, mais, le jour du sabbat, elles ne travaillent pas. En effet, c'est interdit par la *loi.

---

p **23.43** *Le mot paradis désigne le lieu où les amis de Dieu vivent en sa présence après leur mort.*

q **23.46** *Psaume 31.6.*

Jésus s'est réveillé de la mort

24 1 Le dimanche matin, très tôt, les femmes vont vers la tombe. Elles apportent l'huile et les parfums qu'elles ont préparés. 2 Elles voient qu'on a roulé la pierre qui fermait la tombe. 3 Elles entrent, mais elles ne trouvent pas le corps du Seigneur Jésus. 4 Elles ne savent pas ce qu'il faut penser. Tout à coup, deux hommes se présentent devant elles, ils portent des vêtements très brillants. 5 Les femmes ont peur et baissent la tête. Les deux hommes leur disent : « Pourquoi cherchez-vous parmi les morts celui qui est vivant ? 6 Il n'est pas ici, mais il s'est réveillé de la mort. En effet, rappelez-vous ce qu'il vous a dit quand il était encore en Galilée : 7 "Le *Fils de l'homme doit être livré au pouvoir des pécheurs. Ils vont le clouer sur une croix, et le troisième jour, il se relèvera de la mort." »

8 Alors les femmes se souviennent des paroles de Jésus. 9 Elles quittent la tombe et elles vont raconter tout cela aux onze disciples et à tous les autres. 10 Ces femmes, ce sont Marie-Madeleine, Jeanne, Marie la mère de Jacques, et d'autres femmes encore. Elles racontent tout cela aux *apôtres, 11 mais les apôtres pensent qu'elles disent n'importe quoi, et ils ne les croient pas. 12 Pourtant, Pierre se lève et court vers la tombe. Il se penche et voit seulement les linges qui ont entouré le corps. Il rentre chez lui, très étonné de ce qui est arrivé.

Deux disciples rencontrent Jésus

13 Le même jour, deux *disciples vont à un village appelé Emmaüs. C'est à deux heures de marche de Jérusalem. 14 Ils parlent ensemble de tout ce qui vient de se passer. 15 Pendant qu'ils parlent et qu'ils discutent, Jésus lui-même s'approche et il marche avec eux. 16 Les disciples le voient, mais quelque chose les empêche de le reconnaître. 17 Jésus leur demande : « Vous discutiez de quoi en marchant ? » Alors les disciples s'arrêtent, ils ont l'air triste. 18 L'un d'eux, appelé Cléopas, lui répond : « Tous les habitants de Jérusalem savent ce qui est arrivé ces jours-ci ! Et toi seul, tu ne le sais pas ? » 19 Il leur dit : « Quoi donc ? » Ils lui répondent : « Ce qui est arrivé à Jésus de Nazareth. C'était un grand *prophète. Sa parole était puissante et il faisait des choses extraordinaires devant Dieu et devant tout le peuple. 20 Nos chefs des *prêtres et nos dirigeants l'ont livré pour le faire condamner à mort. On l'a cloué sur une croix. 21 Et nous, nous espérions que c'était lui qui allait libérer *Israël. Mais, voici déjà le troisième jour depuis que c'est arrivé. 22 Pourtant, quelques femmes de notre groupe nous ont beaucoup étonnés. Ce matin, très tôt, elles sont allées à la tombe. 23 Elles n'ont pas trouvé le corps de Jésus et elles sont revenues nous dire : "Des *anges se sont montrés à nous. Ils nous ont dit : Jésus est vivant !" 24 Quelques-uns de notre groupe sont allés à la tombe, eux aussi. Ils ont tout trouvé comme les femmes l'avaient dit, mais Jésus, ils ne l'ont pas vu ! » 25 Alors Jésus leur dit : « Vous ne comprenez rien ! Votre cœur met beaucoup de temps à croire ce que les prophètes ont annoncé ! 26 Il fallait que le *Messie souffre de cette façon et que Dieu lui donne sa *gloire ! » 27 Et Jésus leur explique ce que les Livres Saints disent à son sujet. Il commence par les livres de Moïse, ensuite, il continue par tous les livres des prophètes.

28 Ils arrivent près du village où les disciples devaient aller. Jésus fait semblant d'aller plus loin. 29 Mais les deux hommes lui disent en insistant : « Reste avec nous ! C'est le soir et bientôt il va faire nuit. » Jésus entre dans la maison pour rester avec eux. 30 Il se met à table avec eux. Il prend le pain et dit la prière de *bénédiction. Ensuite, il partage le pain[r] et il le leur donne. 31 Alors, les disciples voient clair et ils reconnaissent Jésus. Mais, au même moment, Jésus disparaît. 32 Ils se disent l'un à l'autre : « Oui, il y avait comme un feu

---

r **24.30** *Voir Luc 22.19.*

dans notre cœur, pendant qu'il nous parlait sur la route et nous expliquait les Livres Saints ! »

33 Ils se lèvent et ils retournent tout de suite à Jérusalem. Ils arrivent dans la ville, là où les onze *disciples et tous les autres sont réunis. 34 Tous disent aux deux disciples : « C'est bien vrai, le Seigneur s'est réveillé de la mort ! Simon l'a vu ! » 35 Les deux disciples leur racontent ce qui s'est passé sur la route et ils disent : « Nous avons reconnu Jésus quand il a partagé le pain. »

Jésus se montre à ses disciples

36 Pendant qu'ils disent cela, Jésus lui-même se montre au milieu d'eux et il dit : « La paix soit avec vous ! »

37 Les *disciples sont effrayés, ils ont très peur. En effet, ils croient voir un esprit. 38 Mais Jésus leur dit : « Pourquoi êtes-vous troublés ? Pourquoi penser en vous-mêmes : "Qu'est-ce qui se passe ?" 39 Regardez mes mains et mes pieds, c'est bien moi ! Touchez-moi et regardez-moi ! Un esprit n'a pas de corps, et moi, vous voyez que j'en ai un ! »

40 En disant cela, il leur montre ses mains et ses pieds. 41 Les disciples sont pleins de joie et très étonnés, ils n'arrivent pas encore à croire. Alors Jésus leur demande : « Est-ce que vous avez ici quelque chose à manger ? » 42 Ils lui donnent un morceau de poisson grillé. 43 Jésus le prend et il le mange devant eux. Ensuite il leur dit : 44 « Quand j'étais encore avec vous, je vous ai dit : "Tout ce que disent à mon sujet la *loi de Moïse, les livres des *prophètes et les Psaumes, tout cela doit se réaliser." »

45 Alors Jésus leur ouvre l'intelligence pour qu'ils comprennent les Livres Saints. 46 Il leur dit : « Voici ce qui est écrit dans les Livres Saints : le *Messie va souffrir et, le troisième jour, il se relèvera de la mort. 47 En son nom, voici ce qu'on annoncera à tous les peuples, en commençant par Jérusalem : "Changez votre vie, et Dieu pardonnera vos péchés !" 48 C'est vous qui êtes les *témoins de cela. 49 Et moi, je vais vous envoyer ce que mon Père a promis, mais vous devez rester dans la ville en attendant de recevoir la puissance de Dieu. »

Jésus quitte ses disciples

50 Ensuite Jésus emmène ses *disciples près du village de Béthanie. Il lève les mains pour les *bénir. 51 Pendant qu'il les bénit, il les quitte et monte auprès de Dieu. 52 Pendant ce temps, les disciples l'adorent. Ensuite, ils retournent à Jérusalem, très joyeux. 53 Ils passent tout leur temps dans le temple et ils chantent la louange de Dieu.

Bonne Nouvelle selon Jean

INTRODUCTION

La Bonne Nouvelle selon Jean a sans doute été écrite pour des communautés chrétiennes vivant en Syrie ou en Asie Mineure, la Turquie actuelle

Le livre a un plan, un contenu et un vocabulaire différents des autres évangiles. Il donne beaucoup d'importance au sens caché des paroles et des actes de Jésus.

• *La première partie du livre (chapitres 1 à 12) raconte sept actions extraordinaires de Jésus. Elles sont appelées des* ***signes*** *parce qu'elles montrent que Jésus est le Fils de Dieu. Cette partie raconte aussi des rencontres de Jésus, par exemple avec un chef religieux juif (chapitre 3), avec une femme de Samarie (chapitre 4), avec des malades (chapitres 5 et 9). Dans son enseignement, Jésus se présente comme le pain qui permet de vivre, le berger qui conduit les êtres humains vers Dieu le Père, et la lumière qui éclaire le monde. Jésus montre ainsi à tous qui il est.*

• *La deuxième partie du livre (chapitres 13 à 21) prépare et raconte le moment où* ***Jésus doit quitter le monde pour aller vers son Père****. Jésus parle à ses disciples, il leur donne des conseils pour le temps où il ne sera plus avec eux (chapitres 13 à 16). Puis Jésus prie Dieu, son Père, et lui confie ses disciples (chapitre 17).*

Le récit des événements qui entourent la mort de Jésus (chapitres 18 et 19) a beaucoup d'éléments communs avec ceux de Matthieu, Marc et Luc sur le même sujet.

Le jour de Pâques, Jésus se montre vivant à ses disciples (chapitres 20 et 21). L'auteur de l'évangile dit alors ceci : il a écrit son livre pour que ceux qui n'ont pas vu Jésus croient, eux aussi, en lui (20.29-31).

La Bonne Nouvelle selon Jean parle très souvent des Juifs comme d'un groupe particulier. L'expression désigne les adversaires de Jésus, en général les chefs religieux qui s'opposent à lui. Jésus lui-même est juif et ses premiers disciples aussi. Quand Jean parle des Juifs, l'expression n'a pas un sens national. Cela concerne tous les êtres humains qui s'opposent à Jésus-Christ.

L'évangile de Jean ne raconte pas la naissance de Jésus ni le début de sa vie publique. Mais dans une longue introduction, il explique que ***Jésus-Christ est la Parole de Dieu****, qui existe avec Dieu depuis toujours (1.1-18). Jésus, Parole de Dieu, est venu vivre avec les êtres humains. Ainsi ils peuvent devenir enfants de Dieu. Dans sa vie sur la terre, Jésus reste dans une relation très forte avec le Père. Il est* ***l'envoyé du Père*** *dans le monde. Tous ceux qui cherchent Dieu avec amour peuvent le connaître par lui.*

Jésus-Christ est la Parole qui vient de Dieu

1 1 Au commencement, la Parole[a] existait
déjà. La Parole était avec Dieu et la Parole
était Dieu. 2 Au commencement, la Parole
était avec Dieu. 3 Par elle, Dieu a fait toutes
choses et il n'a rien fait sans elle. 4 En elle, il
y a la vie, et la vie est la lumière des êtres humains. 5 La lumière brille dans la nuit, mais la
nuit ne l'a pas reçue.

6 Dieu a envoyé un homme qui s'appelait
Jean[b]. 7 Il est venu comme *témoin pour être
le témoin de la lumière, afin que tous croient
par lui. 8 Il n'était pas la lumière, mais il était
le témoin de la lumière.

9 La Parole est la vraie lumière. En venant
dans le monde, elle éclaire tous les êtres humains.

10 La Parole était dans le monde, et Dieu a
fait le monde par elle, mais le *monde ne l'a
pas reconnue. 11 La Parole est venue dans
son peuple, mais les gens de son peuple ne
l'ont pas reçue. 12 Pourtant certains l'ont reçue
et ils croient en elle. À ceux-là, la Parole a
donné le pouvoir de devenir enfants de
Dieu. 13 Et ils sont devenus enfants de Dieu
en naissant non par la volonté d'un homme
et d'une femme, mais de Dieu.

14 La Parole est devenue un homme, et il a
habité parmi nous. Nous avons vu sa *gloire.
Cette gloire, il la reçoit du Père. C'est la gloire
du Fils unique, plein d'amour et de vérité.

15 Jean est son témoin. Il affirme d'une voix
forte : C'est de lui que j'ai parlé quand j'ai dit :
« L'homme qui vient après moi est plus important que moi, parce qu'il existait déjà avant
moi. »

16 Oui, nous avons tous reçu une part de sa
richesse, nous avons tous été remplis de son
amour, et de plus en plus. 17 Dieu nous a
donné la *loi par Moïse, mais l'amour et la vérité sont venus par Jésus-Christ. 18 Personne
n'a jamais vu Dieu. Mais le Fils unique, qui
est Dieu et qui vit auprès du Père, nous l'a
fait connaître.

Le témoignage de Jean-Baptiste

19-20 Les chefs juifs de Jérusalem envoient
des *prêtres et des *lévites pour demander à
Jean : « Qui es-tu ? » Jean ne refuse pas de répondre. Voici son *témoignage. Il dit très clairement : « Je ne suis pas le *Messie. » 21 Les
prêtres et les lévites lui demandent : « Mais
alors, qui es-tu ? Est-ce que tu es *Élie ? »
Jean répond : « Non. » Ils lui demandent encore : « Est-ce que tu es le *Prophète ? » Jean
répond : « Non. » 22 Alors ils lui disent : « Qui
es-tu ? Nous devons donner une réponse à
ceux qui nous ont envoyés. Qu'est-ce que tu
dis de toi-même ? » 23 Jean répond avec une
parole du prophète Ésaïe : « Je suis celui qui
crie dans le désert :

"Préparez un chemin bien droit
pour le Seigneur[c]." »

24 Parmi les hommes envoyés vers Jean, il y
a des *Pharisiens. 25 Ils lui posent une question : « Tu n'es pas le Messie, tu n'es pas
Élie et tu n'es pas le Prophète. Alors pourquoi
est-ce que tu baptises ? » 26 Jean leur répond :
« Moi, je baptise dans l'eau. Mais au milieu
de vous, il y a quelqu'un que vous ne connaissez pas. 27 Il vient après moi, et je ne suis pas
digne de lui enlever ses sandales. » 28 Tout
cela se passe à Béthanie, de l'autre côté du
Jourdain, là où Jean baptise.

Jésus est le Fils de Dieu

29 Le jour suivant, Jean voit Jésus qui vient
vers lui. Et il dit : « Voici *l'agneau de Dieu
qui enlève le péché du monde. 30 C'est de
lui que j'ai parlé quand j'ai dit : "L'homme
qui vient après moi est plus important que
moi, parce qu'il existait avant moi." 31 Moi,
je ne le connaissais pas. Mais je suis venu baptiser dans l'eau pour le faire connaître au peuple *d'Israël. »

---

a **1.1** *Cette Parole, c'est Jésus, voir v. 14.*
b **1.6** *Il s'agit de Jean-Baptiste.*
c **1.23** *Ésaïe 40.3 cité d'après l'ancienne traduction grecque.*

32 Et voici le *témoignage de Jean : « J'ai vu l'Esprit Saint descendre du *ciel comme une *colombe et il est resté sur Jésus. 33 Moi, je ne le connaissais pas. Mais Dieu, qui m'a envoyé baptiser dans l'eau, c'est lui qui m'a dit : "Tu verras l'Esprit Saint descendre et rester sur un homme. Et c'est lui qui baptise dans l'Esprit Saint." 34 Moi, j'ai vu et j'en suis témoin : cet homme-là, c'est le Fils de Dieu. »

Jésus appelle ses premiers disciples

35 Le jour suivant, Jean est là de nouveau avec deux de ses *disciples. 36 Il regarde avec attention Jésus qui passe et il dit : « Voici *l'agneau de Dieu. »

37 Les deux disciples de Jean entendent ces paroles et ils suivent Jésus. 38 Jésus se retourne. Il voit que les disciples le suivent et il leur demande : « Qu'est-ce que vous cherchez ? » Ils lui répondent : « Rabbi, où est-ce que tu habites ? » Le mot « Rabbi » veut dire « Maître ».

39 Jésus leur répond : « Venez, et vous verrez. » Ils viennent, ils voient où Jésus habite et ils restent avec lui ce jour-là. Il est environ quatre heures de l'après-midi.

40 L'un des deux hommes qui ont entendu les paroles de Jean et qui ont suivi Jésus s'appelle André. C'est le frère de Simon-Pierre. 41 André rencontre d'abord son frère Simon et il lui dit : « Nous avons trouvé le *Messie. » Le mot « Messie » veut dire « Christ ».

42 Il conduit Simon auprès de Jésus. Jésus regarde Simon avec attention et il lui dit : « Tu es Simon, le fils de Jean. Tu t'appelleras Céphas. » Ce nom veut dire « Pierre ».

43 Le jour suivant, Jésus décide de partir pour la Galilée. Il rencontre Philippe et il lui dit : « Suis-moi ! » 44 Philippe est de Bethsaïda, le village d'André et de Pierre. 45 Ensuite, Philippe rencontre Nathanaël et il lui dit : « Dans la *loi, Moïse a parlé de quelqu'un. Les *prophètes aussi en ont parlé. C'est Jésus, le fils de Joseph. Il est de la ville de Nazareth. » 46 Nathanaël dit à Philippe : « De Nazareth, est-ce qu'il peut sortir quelque chose de bon ? » Philippe lui répond : « Viens, tu verras. »

47 Jésus voit Nathanaël qui vient à lui et il dit à son sujet : « Voici un vrai Israélite. Cet homme-là ne sait pas mentir. » 48 Nathanaël demande à Jésus : « Comment est-ce que tu peux me connaître ? » Jésus lui répond : « Avant que Philippe t'appelle, je t'ai vu. Tu étais sous le *figuier. » 49 Alors Nathanaël lui dit : « Maître, tu es le Fils de Dieu, tu es le roi *d'Israël ! » 50 Jésus lui répond : « Je t'ai dit : "Je t'ai vu sous le figuier", et c'est pour cela que tu crois ? Tu verras des choses beaucoup plus grandes ! »

51 Et Jésus ajoute : « Oui, je vous le dis, c'est la vérité, vous verrez le *ciel ouvert et les *anges de Dieu qui montent et descendent au-dessus du *Fils de l'homme. »

À Cana, Jésus change l'eau en vin

2 1 Le troisième jour, il y a un mariage dans le village de Cana, en Galilée. La mère de Jésus est là. 2 On a aussi invité Jésus et ses *disciples au mariage. 3 À un moment, il n'y a plus de vin. Alors la mère de Jésus lui dit : « Les gens n'ont plus de vin. » 4 Jésus lui répond : « Mère, qu'est-ce que tu me veux ? Ce n'est pas encore le moment pour moi. » 5 La mère de Jésus dit aux serviteurs : « Faites tout ce qu'il vous dira. »

6 Il y a là six grands récipients de pierre. Les Juifs se servent de l'eau qu'ils contiennent pour se rendre *purs selon leur coutume. Dans chaque récipient, on peut mettre une centaine de litres. 7 Jésus dit aux serviteurs : « Remplissez ces récipients avec de l'eau. » Les serviteurs les remplissent jusqu'au bord. 8 Jésus leur dit : « Maintenant, prenez de cette eau et apportez-la au responsable du repas. » Les serviteurs lui en portent. 9 Le responsable du repas goûte l'eau, qui est devenue du vin. Il ne sait pas où on a pris ce vin. Mais les serviteurs qui ont pris de l'eau dans les récipients le savent. Alors le responsable du repas appelle le marié 10 et il lui dit : « Tout le monde sert d'abord le bon vin. Et quand les invités ont beaucoup bu, on sert du vin moins bon. Mais toi, tu as gardé le bon vin jusqu'à maintenant ! »

11 C'est le premier *signe étonnant que Jésus fait. Cela se passe à Cana, en Galilée. Jésus montre ainsi sa *gloire, et ses disciples croient en lui. 12 Ensuite il va à Capernaüm, avec sa

mère, ses frères et ses disciples. Ils y restent seulement quelques jours.

Jésus chasse les vendeurs du temple de Jérusalem

13 C'est bientôt la fête juive de la *Pâque, et Jésus va à Jérusalem. 14 Dans le temple, il trouve des gens qui vendent des bœufs, des moutons et des *colombes. Il trouve aussi des gens qui changent de l'argent. Ils sont installés à leurs tables.[d] 15 Alors Jésus fait un fouet avec des cordes. Il chasse du temple tous ces gens-là avec les moutons et les bœufs. Il jette par terre les pièces de ceux qui changent l'argent et il renverse leurs tables. 16 Il dit aux marchands de colombes : « Enlevez cela d'ici ! Ne faites pas de la maison de mon Père une maison de commerce ! » 17 Les *disciples de Jésus se rappellent cette phrase des Livres Saints : « Seigneur, j'aime beaucoup ta maison. Cet amour me brûle comme un feu. »

18 Alors des chefs juifs disent à Jésus : « Fais un signe extraordinaire devant nous. Ainsi tu nous prouveras que tu as le droit de faire cela. » 19 Jésus leur répond : « Détruisez ce temple, et en trois jours, je le remettrai debout. »

20 Ils lui disent : « On a mis 46 ans pour construire ce temple, et toi, en trois jours, tu vas le remettre debout ! »

21 Mais quand Jésus parlait du temple, il parlait de son corps. 22 C'est pourquoi, quand Jésus se réveillera du milieu des morts, ses disciples se souviendront qu'il a dit cela. Alors ils croiront à ce que disent les Livres Saints et aux paroles de Jésus.

Jésus sait ce qu'il y a dans le cœur des gens

23 Pendant la fête de la *Pâque, Jésus est à Jérusalem. Quand les gens voient les *signes étonnants qu'il fait, beaucoup croient en lui. 24 Mais Jésus n'a pas confiance en eux, parce qu'il les connaît tous. 25 Il n'a pas besoin qu'on le renseigne sur les gens. Lui, il sait ce qu'il y a dans le cœur humain.

La rencontre de Jésus avec Nicodème

3 1 Parmi les *Pharisiens, il y a un homme appelé Nicodème. C'est un chef juif. 2 Il vient trouver Jésus quand il fait nuit. Il lui dit : « Maître, nous le savons, Dieu t'a envoyé pour nous enseigner. Personne ne peut faire les *signes étonnants que tu fais si Dieu n'est pas avec lui. » 3 Jésus lui répond : « Je te le dis, c'est la vérité, personne ne peut voir le *Royaume de Dieu, s'il ne naît pas de nouveau. » 4 Nicodème dit à Jésus : « Comment est-ce que quelqu'un peut naître quand il est vieux ? Est-ce qu'il peut retourner dans le ventre de sa mère et naître une deuxième fois ? » 5 Jésus répond : « Je te le dis, c'est la vérité, personne ne peut entrer dans le Royaume de Dieu, s'il ne naît pas d'eau et d'Esprit. 6 Ceux qui sont nés d'un père et d'une mère appartiennent à la famille des humains. Et ceux qui sont nés de l'Esprit Saint appartiennent à l'Esprit Saint. 7 Ne sois pas étonné parce que je t'ai dit : "Vous devez naître de nouveau." 8 Le vent souffle où il veut, et tu entends le bruit qu'il fait. Mais tu ne sais pas d'où il vient ni où il va. C'est la même chose pour tous ceux qui sont nés de l'Esprit Saint. » 9 Alors Nicodème demande à Jésus : « Comment cela peut-il se faire ? » 10 Jésus répond : « Tu es un maître connu en *Israël et tu ne sais pas cela ! 11 Je te le dis, c'est la vérité, nous parlons de ce que nous savons. Nous sommes *témoins des choses que nous avons vues, mais vous n'acceptez pas notre témoignage. 12 Quand je vous parle des choses de la terre, vous ne me croyez pas. Alors, quand je vous parlerai des choses du *ciel, comment pourrez-vous me croire ? 13 Pourtant personne n'est monté au ciel, sauf le *Fils de l'homme, qui est descendu du ciel. 14 Dans le désert, Moïse a placé le serpent de bronze en haut d'un poteau, devant tous. De la même façon, le Fils de l'homme doit être placé en haut[e], devant tous. 15 Ainsi, tous ceux qui croient en lui auront la vie avec Dieu pour toujours.

---

d **2.14** *Les Juifs venus des pays étrangers changent leur argent. Ensuite, ils peuvent acheter les animaux pour les sacrifices et payer l'impôt du temple.*

e **3.14** *Par ces mots, Jésus parle à la fois de sa mort sur la croix et de son retour auprès de Dieu.*

16 « Oui, Dieu a tellement aimé le monde qu'il a donné son Fils unique. Ainsi, tous ceux qui croient en lui ne se perdront pas loin de Dieu, mais ils vivront avec lui pour toujours. 17 En effet, Dieu n'a pas envoyé son Fils dans le monde pour condamner le monde, mais il l'a envoyé pour qu'il sauve le monde. 18 Celui qui croit au Fils n'est pas condamné. Mais celui qui ne croit pas, celui-là est déjà condamné parce qu'il n'a pas cru au Fils unique de Dieu.

19 « Et voici comment on est condamné : la lumière est venue dans le monde, mais les gens ont préféré la nuit à la lumière parce qu'ils font le mal. 20 Tous ceux qui font le mal détestent la lumière et ils ne vont pas vers la lumière. En effet, ils ont peur qu'on découvre leurs mauvaises actions. 21 Mais ceux qui font la volonté de Dieu vont vers la lumière. Ainsi, on voit clairement ce qu'ils font, on voit qu'ils obéissent à Dieu. »

Jean-Baptiste et Jésus

22 Après cela, Jésus et ses *disciples vont dans la région de Judée. Il reste là avec eux et il baptise. 23 À Énon, près de Salim, Jean baptise lui aussi. En effet, il y a beaucoup d'eau à cet endroit. Les gens viennent vers lui, et il les baptise. 24 À ce moment-là, Jean n'a pas encore été mis en prison.

25 Alors quelques disciples de Jean se mettent à discuter avec un autre Juif. Ils parlent de la façon de se rendre *purs selon la coutume. 26 Ils viennent trouver Jean et ils lui disent : « Maître, de l'autre côté du Jourdain, il y avait quelqu'un avec toi. Tu as donné ton *témoignage sur lui. Eh bien, maintenant il baptise, et tout le monde va le trouver ! » 27 Jean leur répond : « Personne ne reçoit un pouvoir, sauf si Dieu le donne. 28 Vous-mêmes, vous êtes témoins que j'ai dit : "Je ne suis pas le *Messie. Mais je suis celui qui a été envoyé devant lui." 29 Celui qui a la mariée, c'est le marié. Mais l'ami du marié reste près de lui. Il l'écoute et il est tout joyeux d'entendre la voix du marié. Je suis donc dans la joie, et maintenant, ma joie est complète. 30 Lui, Jésus, doit prendre de plus en plus de place, et moi de moins en moins.

31 « Celui qui vient d'en haut est au-dessus de tous. Celui qui vient de la terre appartient à la terre et il parle des choses de la terre. Mais celui qui vient du *ciel est au-dessus de tous. 32 Il rend témoignage des choses qu'il a vues et entendues. Mais personne n'accepte son témoignage. 33 Celui qui accepte son témoignage montre bien que Dieu dit la vérité. 34 Celui que Dieu a envoyé dit les paroles de Dieu. En effet, Dieu lui donne l'Esprit Saint totalement.

35 « Le Père aime le Fils et il a tout mis dans ses mains. 36 Celui qui croit au Fils a la vie avec Dieu pour toujours. Celui qui refuse de croire au Fils ne verra pas cette vie, mais la *colère de Dieu restera sur lui. »

La rencontre de Jésus avec une femme de Samarie

4 1-3 Les *Pharisiens entendent dire : « Jésus a plus de *disciples que Jean et il baptise plus que Jean ! » Mais en fait, Jésus ne baptise personne, seuls ses disciples baptisent. Quand Jésus apprend ce qu'on raconte, il quitte la Judée et il retourne en Galilée. 4 Pour cela, il doit traverser la Samarie.

5 Il arrive près d'une ville de Samarie appelée Sychar. Elle est près du champ que Jacob a donné à son fils Joseph. 6 À cet endroit, il y a le puits de Jacob. Jésus est fatigué par le voyage, et il s'assoit au bord du puits. Il est à peu près midi.

7 Une femme de Samarie vient chercher de l'eau. Jésus lui dit : « Donne-moi à boire. » 8 Ses disciples sont allés à la ville pour acheter à manger. 9 La femme *samaritaine dit à Jésus : « Comment ? Toi, un Juif, tu me demandes à boire, à moi, une Samaritaine ? » En effet, les Juifs n'ont pas de contacts avec les Samaritains.

10 Jésus lui répond : « Tu ne connais pas le don de Dieu. Tu ne connais pas celui qui te dit : "Donne-moi à boire." Sinon, c'est toi qui demanderais à boire, et je te donnerais une eau pleine de vie. » 11 La femme lui dit : « Seigneur, tu n'as rien pour puiser de l'eau, et le puits est profond. Cette eau pleine de vie, où peux-tu la prendre ? 12 Toi, est-ce que tu es plus grand que Jacob, notre ancêtre ? C'est

lui qui nous a donné ce puits. Et lui-même, avec ses fils et ses bêtes, il a bu l'eau de ce puits. » 13 Jésus lui répond : « Si quelqu'un boit de cette eau, il aura encore soif. 14 Mais s'il boit l'eau que je lui donnerai, il n'aura plus jamais soif. Au contraire, l'eau que je lui donnerai deviendra en lui une source, et cette source donne la vie avec Dieu pour toujours. » 15 La femme lui dit : « Seigneur, donne-moi cette eau. Alors je n'aurai plus soif, et je n'aurai plus besoin de venir puiser de l'eau ici. » 16 Jésus lui dit : « Va appeler ton mari et reviens ici. » 17 La femme lui répond : « Je n'ai pas de mari. » Jésus lui dit : « Tu as raison de dire : "Je n'ai pas de mari." 18 En effet, tu as eu cinq maris, et l'homme que tu as maintenant, ce n'est pas ton mari. Tu as dit la vérité. » 19 Alors la femme lui dit : « Seigneur, tu es un *prophète, je le vois ! 20 Nos ancêtres samaritains ont adoré Dieu sur cette montagne. Et vous, les Juifs, vous dites : "Le lieu où il faut adorer, c'est Jérusalem." » 21 Jésus lui répond : « Crois-moi, le moment arrive où vous n'irez plus ni sur cette montagne ni à Jérusalem pour adorer le Père. 22 Vous, les Samaritains, vous adorez ce que vous ne connaissez pas. Nous, les Juifs, nous adorons ce que nous connaissons. En effet, le *salut que Dieu donne vient des Juifs. 23-24 Mais le moment arrive, et c'est maintenant, où Dieu donne son Esprit. Alors ceux qui adorent vraiment le Père vont l'adorer avec l'aide de l'Esprit Saint et comme le Fils l'a montré. Oui, le Père cherche des gens qui l'adorent de cette façon. Ils doivent l'adorer avec l'aide de l'Esprit Saint et comme le Fils l'a montré. » 25 La femme dit à Jésus : « Je sais que le *Messie va venir, celui qu'on appelle Christ. Quand il viendra, il nous expliquera tout. » 26 Jésus lui répond : « Le Christ, c'est moi qui te parle. »

27 À ce moment-là, ses disciples reviennent. Ils sont étonnés parce que Jésus parle avec une femme. Pourtant personne ne lui demande : « Qu'est-ce que tu veux ? » ou : « Pourquoi est-ce que tu parles avec elle ? »

28 Alors la femme laisse son récipient à cet endroit. Elle part à la ville et elle dit aux gens : 29 « Venez voir ! J'ai rencontré un homme qui m'a dit tout ce que j'ai fait. C'est peut-être le Messie ! » 30 Les gens sortent de la ville et ils viennent voir Jésus.

31 Pendant ce temps, les disciples de Jésus insistent : « Maître, mange donc ! » 32 Mais il leur dit : « J'ai à manger une nourriture que vous ne connaissez pas. » 33 Alors les disciples se demandent entre eux : « Est-ce que quelqu'un lui a apporté de la nourriture ? »

34 Jésus leur dit : « Dieu m'a envoyé dans le monde. Ma nourriture, c'est de faire ce que Dieu veut et de réaliser jusqu'au bout le travail qu'il m'a donné. 35 Vous-mêmes, vous dites : "Encore quatre mois et ce sera la récolte." Mais moi, je vous dis : levez les yeux et regardez les champs ! Les épis sont déjà mûrs pour la récolte. 36 Celui qui récolte reçoit déjà sa récompense et il rassemble tout pour vivre toujours avec Dieu. Alors celui qui sème et celui qui récolte sont joyeux tous les deux. 37 En effet, il est bien vrai, ce proverbe : "Quelqu'un sème, un autre récolte." 38 Je vous ai envoyés récolter là où vous n'avez pas travaillé. D'autres ont travaillé et vous, vous profitez de leur fatigue. »

39 Beaucoup de Samaritains de la ville de Sychar se mettent à croire en Jésus à cause des paroles de la femme. En effet, elle leur a affirmé : « Cet homme m'a dit tout ce que j'ai fait. » 40 Quand les gens arrivent auprès de Jésus, ils lui demandent : « Reste chez nous ! » Et pendant deux jours, Jésus reste là. 41 Alors les Samaritains sont encore plus nombreux à croire en lui, parce que c'est lui-même qui leur parle. 42 Ils disent à la femme : « Maintenant, nous ne croyons plus seulement à cause de ce que tu as dit. Mais nous l'avons entendu nous-mêmes. Et nous le savons : le Sauveur du monde, c'est vraiment lui ! »

Jésus guérit le fils d'un fonctionnaire important

43 Deux jours après, Jésus quitte cet endroit et il va en Galilée. 44 Lui-même avait affirmé : « Un *prophète n'est pas respecté dans son pays. » 45 Mais quand il arrive en Galilée, les Galiléens le reçoivent bien. En effet, eux aussi sont allés à Jérusalem pour la fête de la *Pâque et ils ont vu tout ce que Jésus a fait.

46 Jésus revient donc à Cana, en Galilée, où
il a changé l'eau en vin. Il y a là un fonctionnaire important. Son fils est malade à Capernaüm. 47 Le fonctionnaire entend dire que
Jésus arrive de Judée en Galilée. Alors il va
le trouver et il lui dit : « Je t'en prie, viens à
Capernaüm pour guérir mon fils. Il est mourant. » 48 Jésus lui dit : « Vous voulez voir des
*signes et des choses extraordinaires, sinon,
vous ne croyez pas ! » 49 Le fonctionnaire lui
répond : « Seigneur, viens chez moi avant
que mon enfant meure ! » 50 Jésus lui dit :
« Va chez toi ! Ton fils est bien vivant. »

L'homme croit à la parole de Jésus et il part.
51 Il est encore sur le chemin quand ses serviteurs viennent à sa rencontre. Ils lui disent :
« Ton enfant est bien vivant ! » 52 Le fonctionnaire leur demande : « À quelle heure est-ce
qu'il s'est trouvé mieux ? » Ils lui répondent :
« Hier, à une heure de l'après-midi, la fièvre
l'a quitté. » 53 Le père s'aperçoit que c'est
l'heure où Jésus lui a dit : « Ton fils est bien vivant. » Alors le fonctionnaire croit en Jésus et
toute sa famille aussi.

54 C'est le deuxième signe étonnant que
Jésus fait. Cela se passe quand il revient de
Judée en Galilée.

Jésus guérit un homme paralysé

5 1 Ensuite il y a une fête juive, et Jésus va à
Jérusalem. 2 À Jérusalem, près de la porte
des Moutons, se trouve une piscine avec cinq
rangées de colonnes. En hébreu, on l'appelle
Bethzata. 3 Sous ces colonnes, beaucoup de
malades sont couchés : des aveugles, des boiteux, des paralysés. [4] 5 Parmi eux, il y a un
homme malade depuis 38 ans. 6 Jésus voit
qu'il est couché et il apprend que cet homme
est malade depuis déjà longtemps. Il lui
demande : « Est-ce que tu veux guérir ? » 7 Le
malade lui répond : « Seigneur, je n'ai personne pour me descendre dans la piscine
quand l'eau se met en mouvement. Et pendant que j'essaie d'y aller, un autre descend
avant moi. » 8 Jésus lui dit : « Lève-toi, prends
ta natte et marche ! » 9 Aussitôt, l'homme est
guéri. Il prend sa natte et il se met à marcher.

Cela se passe le jour du *sabbat. 10 Alors
des chefs juifs disent à l'homme guéri :
« C'est le jour du sabbat, et tu n'as pas le
droit de porter ta natte. » 11 Il leur répond :
« Celui qui m'a guéri m'a dit : "Prends ta
natte et marche !" » 12 Ces gens lui demandent : « Qui est cet homme qui t'a dit :
"Prends ta natte et marche" ? » 13 Mais celui
qui a été guéri n'en sait rien. En effet, Jésus
est parti, parce qu'il y avait beaucoup de
monde à cet endroit.

14 Plus tard, Jésus le rencontre dans le temple et il lui dit : « Maintenant tu es guéri. Ne
commets plus de péché, sinon il t'arrivera
quelque chose de plus grave. » 15 L'homme
va dire aux chefs juifs : « C'est Jésus qui m'a
guéri. » 16 Alors ils cherchent à faire du mal à
Jésus, parce qu'il a guéri quelqu'un le jour du
sabbat. 17 Mais Jésus leur dit : « Mon Père travaille depuis toujours, et moi aussi, je travaille. » 18 À cause de cette parole, les chefs
juifs cherchent encore plus à faire mourir Jésus. En effet, Jésus ne respecte pas le sabbat.
Mais surtout il dit que Dieu est son Père, et
ainsi, il se fait égal à Dieu.

Le Père a donné tout son pouvoir à son Fils

19 Jésus reprend la parole et dit : « Oui, je
vous le dis, c'est la vérité, le Fils ne peut décider lui-même ce qu'il doit faire. Il voit ce que
le Père fait et il fait seulement cela. Ce que le
Père fait, le Fils le fait aussi. 20 Le Père aime le
Fils et il lui montre tout ce qu'il fait. Il lui montrera des actions encore plus grandes, et vous
serez très étonnés. 21 En effet, le Père réveille
les morts et il leur donne la vie. De la même
façon, le Fils donne la vie à qui il veut. 22 Et
le Père ne juge personne, mais il a donné au
Fils tout le pouvoir pour juger. 23 Ainsi, tous
respecteront le Fils, comme tous respectent
le Père. Le Père a envoyé le Fils. Si quelqu'un
ne respecte pas le Fils, il ne respecte pas non
plus le Père.

24 « Oui, je vous le dis, c'est la vérité, si
quelqu'un écoute mes paroles et croit au
Père qui m'a envoyé, il vit avec Dieu pour
toujours. Il n'est pas condamné, mais il est
passé de la mort à la vie. 25 Oui, je vous le
dis, c'est la vérité, le moment arrive, et c'est
maintenant : les morts vont entendre la voix

du Fils de Dieu, et ceux qui l'entendront vivront. 26 Le Père possède la vie, le Fils aussi possède la vie. C'est le Père qui lui a donné cela. 27 Et il a donné au Fils le pouvoir de juger, parce qu'il est le *Fils de l'homme. 28 Ne soyez pas étonnés de toutes ces choses. Le moment arrive où tous les morts qui sont dans les tombes entendront la voix du Fils de l'homme. 29 Alors ils sortiront de leurs tombes. Ceux qui ont fait le bien se relèveront de la mort pour vivre. Ceux qui ont fait le mal se relèveront de la mort pour être condamnés. »

Le Fils de Dieu a plusieurs témoins

30 « Je ne peux rien faire par moi-même. Je juge d'après ce que le Père me dit, et mon jugement est juste. En effet, je ne cherche pas à faire ce que je veux, mais à faire la volonté de celui qui m'a envoyé.

31 « Si je suis *témoin pour moi-même, ce que je dis n'est pas valable. 32 Mais c'est quelqu'un d'autre qui est mon témoin, et je sais que son témoignage à mon sujet est vrai. 33 Vous, vous avez envoyé des messagers à Jean-Baptiste, et il a rendu témoignage à la vérité. 34 Moi, je n'ai pas besoin qu'un homme soit mon témoin. Mais je dis cela pour que vous soyez sauvés. 35 Jean était comme une lampe qu'on allume et qui éclaire. Et pendant un moment, vous avez accepté de vous réjouir à sa lumière.

36 « Mais j'ai pour moi un témoignage plus grand que celui de Jean. En effet, le travail que le Père m'a donné à faire, le travail que je fais, me rend témoignage et il montre que le Père m'a envoyé. 37 Et le Père qui m'a envoyé est aussi mon témoin. Mais vous n'avez jamais écouté sa voix et vous n'avez jamais vu son visage. 38 Vous ne croyez pas celui que le Père a envoyé. C'est pourquoi vous n'accueillez pas ses paroles.

39 « Vous étudiez les Livres Saints et vous pensez trouver en eux la vie avec Dieu pour toujours. Et ce sont les Livres Saints qui me rendent témoignage. 40 Mais vous ne voulez pas venir à moi pour avoir la vraie vie.

41 « Je ne désire pas que les gens me fassent des compliments, 42 mais je vous connais : vous n'avez pas en vous d'amour pour Dieu. 43 Moi, je suis venu de la part de mon Père, et vous ne voulez pas me recevoir. Mais quand quelqu'un d'autre décide lui-même de venir, vous le recevez. 44 Vous aimez vous faire des compliments les uns aux autres, mais vous ne cherchez pas la *gloire qui vient de Dieu seul. Alors comment pouvez-vous croire ?

45 « Ne pensez pas que je vous accuserai devant mon Père. Vous mettez votre espoir en Moïse, et c'est Moïse qui vous accusera. 46 En effet, si vous croyiez en Moïse, vous croiriez aussi en moi. Oui, Moïse a parlé de moi dans ses livres, 47 mais vous ne croyez pas ce que Moïse a écrit. Alors comment pouvez-vous croire ce que je dis ? »

Jésus nourrit une grande foule

6 1 Après cela, Jésus s'en va de l'autre côté du lac de Galilée, qu'on appelle aussi lac de Tibériade. 2 Une grande foule le suit. En effet, les gens ont vu les *signes étonnants qu'il a faits en guérissant les malades. 3 Jésus monte sur une montagne et là, il s'assoit avec ses *disciples. 4 C'est un peu avant la fête juive de la *Pâque. 5 Jésus regarde et il voit une grande foule qui vient vers lui. Il demande à Philippe : « Où allons-nous acheter des pains pour qu'ils mangent ? » 6 Jésus dit cela pour voir ce que Philippe va répondre, mais il sait déjà ce qu'il va faire.

7 Philippe lui répond : « Même avec 200 pièces d'argent[f], cela ne suffit pas pour que chacun reçoive un petit morceau de pain. » 8 Un autre disciple, André, le frère de Simon-Pierre, dit à Jésus : 9 « Il y a là un petit garçon qui a cinq pains *d'orge et deux petits poissons. Mais qu'est-ce que c'est pour tant de gens ? » 10 Jésus dit : « Faites asseoir tout le monde. » Il y a beaucoup d'herbe à cet endroit et les gens s'assoient. Ils sont à peu près

f **6.7** *À l'époque de Jésus, une pièce d'argent correspondait au salaire d'un ouvrier pour une journée de travail. Voir Matthieu 20.2.*

5 000. 11 Alors Jésus prend les pains, il remercie Dieu et il les distribue aux gens qui sont là.
Il fait la même chose avec les poissons. Il leur
en donne autant qu'ils veulent. 12 Quand ils
ont assez mangé, Jésus dit à ses disciples :
« Ramassez les morceaux qui restent, il ne
faut rien perdre. » 13 Les disciples les ramassent, ils remplissent douze paniers avec les
morceaux des cinq pains d'orge qui restent
après le repas.

14 En voyant le signe étonnant que Jésus
vient de faire, les gens disent : « C'est vraiment lui le *Prophète, celui qui devait venir
dans le monde. » 15 Mais Jésus le sait : ils
vont venir le prendre pour le faire roi. Alors
il s'éloigne de nouveau dans la montagne,
tout seul.

Jésus marche sur l'eau

16 Quand le soir arrive, les *disciples de Jésus descendent au bord du lac. 17 Ils montent
dans une barque et ils vont vers Capernaüm,
de l'autre côté du lac. Il fait déjà nuit, Jésus
ne les a pas encore rejoints. 18 Le vent souffle
fort et il y a beaucoup de vagues. 19 Les disciples ont fait à peu près cinq kilomètres. À ce
moment-là, ils voient Jésus marcher sur le
lac et s'approcher de la barque. Alors ils ont
peur. 20 Mais Jésus leur dit : « C'est moi,
n'ayez pas peur. »

21 Ils veulent le prendre dans la barque,
mais aussitôt, la barque arrive à l'endroit où
ils allaient.

La foule cherche Jésus

22 La foule est restée de l'autre côté du lac.
Le jour suivant, les gens voient qu'une seule
barque est partie. Ils le savent, Jésus n'est
pas monté dans la barque avec ses *disciples.
Les disciples sont partis seuls. 23 Mais d'autres
barques viennent de Tibériade. Elles arrivent
près de l'endroit où les gens ont mangé le pain
après la prière de remerciement du Seigneur.
24 La foule voit que Jésus et ses disciples ne
sont pas là. Alors ils montent dans les barques
et ils vont à Capernaüm pour chercher Jésus.

Jésus est le pain qui donne la vie

25 Les gens trouvent Jésus de l'autre côté du
lac et ils lui demandent : « Maître, quand est-
ce que tu es arrivé ici ? » 26 Jésus leur répond :
« Oui, je vous le dis, c'est la vérité : vous me
cherchez seulement parce que vous avez
mangé autant de pain que vous avez voulu.
Mais vous ne me cherchez pas parce que
vous avez vu des *signes étonnants. 27 Ne travaillez pas pour la nourriture qui s'abîme.
Mais travaillez pour la nourriture qui dure et
qui donne la vie avec Dieu pour toujours.
Cette nourriture, le *Fils de l'homme vous la
donnera. En effet, le Père, qui est Dieu lui-
même, a donné son pouvoir au Fils. » 28 Les
gens demandent à Jésus : « Qu'est-ce que
nous devons faire pour accomplir les actions
que Dieu veut ? » 29 Jésus leur répond : « Voici
l'action que Dieu veut : vous devez croire en
celui qu'il a envoyé. » 30 Alors ils lui disent :
« Fais-nous voir un signe extraordinaire. Alors
nous te croirons. Quelle action est-ce que tu
fais ? 31 Dans le désert, nos ancêtres ont mangé
la manne. On lit cela dans les Livres Saints :
"Dieu leur a donné à manger du pain qui vient
du ciel[g]." »
32 Jésus leur répond : « Oui, je vous le dis, c'est
la vérité : ce n'est pas Moïse qui vous a donné
le pain du ciel, mais c'est mon Père qui vous
donne le vrai pain du ciel. 33 Oui, le pain de
Dieu, c'est celui qui descend du ciel et qui
donne la vie au monde. » 34 Alors les gens disent à Jésus : « Seigneur, donne-nous toujours
ce pain-là ! » 35 Jésus leur répond : « Le pain
qui donne la vie, c'est moi. Si quelqu'un vient
à moi, il n'aura jamais faim. S'il croit en moi, il
n'aura jamais soif. 36 Mais je vous l'ai dit : vous
m'avez vu, et pourtant vous ne croyez pas.
37 Tous ceux que le Père me donne viendront
à moi, et celui qui vient à moi, je ne le mettrai
pas dehors. 38 Oui, je suis descendu du ciel
pour faire la volonté de celui qui m'a envoyé.
Je ne suis pas venu pour faire ce que je veux.
39 Voici la volonté de celui qui m'a envoyé : je
ne dois perdre aucun de ceux qu'il m'a don-

---

g **6.31** *La manne : voir Exode 16.13-15,31.*

nés, mais je dois les relever de la mort, le dernier jour. 40 Voici la volonté de mon Père:
tous ceux qui voient le Fils et qui croient en
lui vivront avec Dieu pour toujours. Et moi,
le dernier jour, je les relèverai de la mort. »
41 Les *Juifs critiquent Jésus, parce qu'il a
dit: « Le pain qui descend du ciel, c'est
moi. » 42 Et ils disent: « Cet homme-là, c'est
Jésus, le fils de Joseph! Nous connaissons
son père et sa mère! Comment est-ce qu'il
peut dire maintenant: "Je suis descendu
du ciel"? » 43 Jésus leur répond: « Ne faites
plus de critiques! 44 Le Père, c'est celui qui
m'a envoyé. Personne ne peut venir à moi,
sauf si le Père l'attire. Et moi, le dernier
jour, je le relèverai de la mort. 45 Voici ce
que les *prophètes ont écrit: "Dieu enseignera tous les êtres humains." Tous ceux
qui écoutent le Père et qui reçoivent son enseignement, tous ceux-là viennent à moi.
46 Personne n'a vu le Père, sauf celui qui vient
de Dieu. Lui, il a vu le Père.
47 « Oui, je vous le dis, c'est la vérité: si
quelqu'un croit, il vit avec Dieu pour toujours.
48 Le pain qui donne la vie, c'est moi. 49 Dans
le désert, vos ancêtres ont mangé la manne et
ils sont morts. 50 Mais si quelqu'un mange le
pain descendu du ciel, il ne mourra pas.
51 Le pain vivant qui est descendu du ciel, c'est
moi. Celui qui mange de ce pain vivra pour
toujours. Et le pain que je donnerai, c'est
mon corps, je le donne pour la vie du
monde. » 52 Alors les Juifs se disputent. Ils disent: « Comment cet homme peut-il nous
donner son corps à manger? » 53 Jésus leur
dit: « Oui, je vous le dis, c'est la vérité: si
vous ne mangez pas le corps du *Fils de
l'homme et si vous ne buvez pas son sang,
vous n'aurez pas la vie en vous. 54 Si quelqu'un mange mon corps et boit mon sang, il
vit avec Dieu pour toujours. Et moi, le dernier
jour, je le relèverai de la mort. 55 Mon corps
est une vraie nourriture et mon sang est une
vraie boisson. 56 Si quelqu'un mange mon
corps et boit mon sang, il vit en moi, et moi
je vis en lui. 57 Le Père qui m'a envoyé est vivant, et moi, je vis par le Père. De la même façon, celui qui me mange vivra par moi.
58 Voici le pain qui est descendu du ciel: il
n'est pas comme le pain que vos ancêtres
ont mangé. Eux, ils sont morts, mais si quelqu'un mange ce pain, il vivra pour toujours. »
59 Tout cela, Jésus l'enseigne à Capernaüm,
dans la maison de prière.

Certains disciples quittent Jésus

60 En entendant Jésus, beaucoup de ses
*disciples disent: « Ces paroles sont dures à
entendre. Qui peut continuer à les écouter? »
61 Jésus s'aperçoit que ses disciples critiquent ce qu'il dit. Il leur demande: « Ces paroles sont un obstacle pour vous? 62 Alors,
quand vous verrez le *Fils de l'homme monter
là où il était avant, qu'est-ce que vous direz?
63 C'est l'Esprit Saint qui donne la vie,
l'homme tout seul ne peut rien faire. Les paroles que je vous ai dites viennent de l'Esprit
Saint et elles donnent la vie. 64 Mais, parmi
vous, il y en a qui ne croient pas. »
En effet, Jésus connaît depuis le début ceux
qui ne croient pas en lui et celui qui va le livrer. 65 Et Jésus ajoute: « Voilà pourquoi je
vous ai dit: "Personne ne peut venir à moi,
si le Père ne lui donne pas de venir." »
66 À partir de ce moment, beaucoup de disciples s'en vont et ils n'accompagnent plus
Jésus. 67 Alors Jésus dit aux douze *apôtres:
« Est-ce que vous voulez partir, vous aussi? »
68 Simon-Pierre lui répond: « Seigneur, à qui
pouvons-nous aller? Tu as les paroles qui permettent de vivre avec Dieu pour toujours.
69 Et nous, nous croyons et nous savons que
toi, tu es le *Saint venu de Dieu. » 70 Jésus
leur répond: « C'est moi qui vous ai choisis,
vous, les douze apôtres, et pourtant, l'un de
vous est un esprit mauvais. » 71 En disant
cela, Jésus parle de Judas, fils de Simon Iscariote. En effet, c'est Judas qui va livrer Jésus,
et Judas est l'un des douze apôtres.

Les frères de Jésus ne croient pas en lui

7 1 Après cela, Jésus continue à aller dans
toute la Galilée. En effet, il ne veut pas
aller en Judée, parce que les chefs juifs cherchent à le faire mourir. 2 C'est bientôt la
*fête juive des Huttes. 3 Les frères de Jésus
lui disent: « Quitte la région et va en Judée,
ainsi tes *disciples aussi pourront voir les

actions que tu fais ! 4 Quand on veut être
connu, on ne cache pas ce qu'on fait. Tu
fais de grandes choses, alors, montre-toi au
monde ! » 5 En effet, même les frères de Jésus
ne croient pas en lui. 6 Mais Jésus leur répond : « Pour moi, ce n'est pas encore le
bon moment, pour vous, c'est toujours le
bon moment. 7 Le monde ne peut pas vous
détester. Moi, il me déteste parce que j'affirme que ses actions sont mauvaises.
8 Vous, allez à la fête. Moi, je ne vais pas à
cette fête, parce que pour moi, le bon moment n'est pas encore arrivé. »

9 Jésus leur dit cela et il reste en Galilée.
10 Mais quand ses frères sont partis à la fête, Jésus y va, lui aussi, sans se montrer, en secret.

Pendant la fête, Jésus enseigne dans le temple de Jérusalem

11 Pendant la fête, des chefs juifs cherchent
Jésus. Ils demandent : « Où est-il ? »

12 Dans la foule, les gens discutent beaucoup de lui. Les uns disent : « C'est quelqu'un
de bien. » D'autres disent : « Non, il trompe
les gens. » 13 Mais personne n'ose parler de
lui à haute voix, parce qu'ils ont peur de leurs
chefs.

14 C'est déjà le milieu de la fête. Jésus va au
temple et il se met à enseigner. 15 Les chefs
juifs sont étonnés et ils disent : « Cet homme
n'a pas étudié et pourtant il est savant.
Comment est-ce possible ? » 16 Jésus leur répond : « Mon enseignement ne vient pas de
moi, mais il vient de celui qui m'a envoyé.
17 Celui qui veut faire la volonté de Dieu saura
si mon enseignement vient de Dieu ou si mes
paroles viennent de moi. 18 Quand une personne parle, si ses paroles viennent d'elle-
même, elle cherche la *gloire pour elle-
même. Mais quand quelqu'un cherche la
gloire pour celui qui l'a envoyé, il dit la vérité,
il n'y a rien de faux en lui. 19 C'est Moïse qui
vous a donné la *loi, n'est-ce pas ? Et pourtant,
aucun de vous n'obéit à la loi. Alors, pourquoi
est-ce que vous cherchez à me tuer ? » 20 Les
gens disent à Jésus : « Tu as un esprit mauvais
en toi. Qui donc cherche à te tuer ? » 21 Jésus
leur répond : « J'ai fait une seule action, et
vous êtes tous étonnés. 22 La *circoncision ne
vient pas de Moïse, elle vient de ses ancêtres.
Mais Moïse vous a donné l'ordre de circoncire
les garçons. C'est pourquoi, même le jour du
*sabbat, vous acceptez de circoncire quel-
qu'un. 23 Le jour du sabbat, vous pouvez circoncire un garçon sans désobéir à la loi de
Moïse. Moi, le jour du sabbat, j'ai guéri un
homme tout entier et vous êtes en colère
contre moi. Pourquoi donc ? 24 Ne jugez plus
d'après ce que vous voyez, mais jugez de façon
juste. »

Est-ce que Jésus est le Messie ?

25 Quelques habitants de Jérusalem disent :
« Cet homme, c'est bien celui qu'on cherche
à tuer ? 26 Regardez ! Il parle devant tout le
monde, et personne ne lui dit rien. Est-ce
que nos chefs ont vraiment reconnu qu'il est
le *Messie ? 27 Mais cet homme, nous savons
d'où il vient. Quand le Messie viendra, personne ne saura d'où il vient. »

28 À ce moment-là, Jésus enseigne dans le
temple, il dit d'une voix forte : « Vous me
connaissez donc ? Vous savez donc d'où je
viens ? Pourtant, ce n'est pas moi qui ai décidé
de venir. Mais celui qui m'a envoyé mérite votre confiance. Lui, vous ne le connaissez pas,
29 moi, je le connais. Oui, je viens de chez lui,
et c'est lui qui m'a envoyé. »

30 Alors les gens cherchent à arrêter Jésus,
mais personne ne peut le prendre. En effet,
pour lui, ce n'est pas encore le moment.
31 Pourtant, dans la foule, beaucoup de gens
croient en lui. Ils disent : « Quand le Messie
viendra, est-ce qu'il fera plus de *signes étonnants que cet homme-là ? »

Les Pharisiens envoient des gens pour arrêter Jésus

32 Les *Pharisiens entendent tout ce que la
foule dit de Jésus, à voix basse. Alors les chefs
des *prêtres et les Pharisiens envoient les gardes du temple. 33 Jésus dit : « Je suis encore
avec vous pour peu de temps. Ensuite j'irai retrouver celui qui m'a envoyé. 34 Vous me chercherez et vous ne me trouverez pas, parce que
vous ne pouvez pas aller là où je vais. »
35 Alors les *Juifs se demandent entre eux :

« Où va-t-il aller ? À un endroit où nous ne
pourrons pas le trouver ? Est-ce qu'il va aller
chez les Juifs qui vivent parmi les Grecs[h] ?
Est-ce qu'il va enseigner aux Grecs ? 36 Il
nous a dit : "Vous me chercherez et vous ne
me trouverez pas. Vous ne pouvez pas aller
là où je vais." Qu'est-ce que ces paroles veulent dire ? »

Jésus annonce l'Esprit Saint

37 Le dernier jour de la fête est le plus important. Ce jour-là Jésus, debout, dit d'une
voix forte : « Si quelqu'un a soif, il peut venir
à moi et boire. 38 Celui qui croit en moi, "des
fleuves d'eau couleront de son cœur, et cette
eau donne la vie". On lit cela dans les Livres
Saints. »

39 Par ces mots, Jésus parle de l'Esprit de
Dieu. Ceux qui croient en Jésus vont recevoir
cet Esprit, mais, à ce moment-là, l'Esprit Saint
n'est pas encore venu. En effet, Dieu n'a pas
encore montré la *gloire de Jésus.

Les gens ne sont pas d'accord

40 La foule entend les paroles de Jésus, et
quelques-uns disent : « C'est vraiment lui le
*Prophète ! » 41 D'autres disent : « C'est lui le
*Messie ! » Mais d'autres encore disent : « Le
Messie ne peut pas venir de Galilée ! 42 En effet, on lit dans les Livres Saints : "Le Messie
sera de la famille de David. Le Messie viendra
de Bethléem, le village de David[i]." »
43 Ainsi, à cause de Jésus, les gens ne sont pas
d'accord entre eux. 44 Certains veulent l'arrêter, mais personne ne peut le prendre.

45 Les gardes du temple reviennent auprès
des chefs des *prêtres et des *Pharisiens.
Ceux-ci leur demandent : « Vous n'avez pas
amené Jésus ! Pourquoi ? » 46 Les gardes répondent : « Personne n'a jamais parlé comme
cet homme ! » 47 Alors les Pharisiens leur disent : « Il vous a trompés, vous aussi ! 48 Aucun de nos chefs, aucun de nous Pharisiens
n'a cru en cet homme ! 49 Et cette foule qui
croit en lui, elle ne connaît pas notre *loi.
Ce sont des gens que Dieu rejette ! »

50 Nicodème est un de ces Pharisiens. C'est
lui qui était allé trouver Jésus quelque temps
avant. Il dit aux autres : 51 « D'après notre
loi, nous ne pouvons pas condamner un
homme de cette façon ! Nous devons d'abord
l'entendre et savoir ce qu'il a fait ! » 52 Mais
les autres lui répondent : « Est-ce que tu es
de Galilée, toi aussi ? Étudie les Livres Saints
et tu verras : un prophète ne peut pas venir
de Galilée. » 53 Ensuite, chacun s'en va dans
sa maison.

La femme adultère

8 1 Jésus va au mont des Oliviers. 2 Le matin
suivant, de bonne heure, il retourne dans
le temple, et tout le monde vient auprès de lui.
Jésus s'assoit et se met à enseigner. 3 Les
*maîtres de la loi et les *Pharisiens amènent
une femme et ils la placent devant tout le
monde. On vient de la surprendre en train
de commettre un *adultère. 4 Les maîtres de
la loi et les Pharisiens disent à Jésus : « Maître,
on a surpris cette femme juste au moment où
elle commettait un adultère. 5 Dans la *loi,
Moïse nous a commandé de tuer ces fem-
mes-là en leur jetant des pierres. Et toi,
qu'est-ce que tu dis ? »

6 Ils disent cela pour lui tendre un piège. En
effet, ils veulent avoir une raison pour l'accuser. Mais Jésus se baisse et il se met à faire des
traits sur le sol, avec son doigt. 7 Les maîtres
de la loi et les Pharisiens continuent à l'interroger. Alors Jésus se redresse et leur dit :
« Parmi vous, celui qui n'a jamais commis de
péché, qu'il lui jette la première pierre ! »

8 Ensuite, Jésus se baisse de nouveau et il se
remet à faire des traits sur le sol. 9 Quand les
gens entendent ces paroles, ils s'en vont l'un
après l'autre, les plus vieux d'abord. Jésus
reste seul avec la femme, et elle est toujours
là devant lui. 10 Jésus se redresse et lui dit :
« Où sont-ils ? Personne ne t'a condamnée ? »

h **7.35** *Grecs : personnes de l'empire romain parlant le grec, qui était la langue officielle. Certaines de ces personnes vivaient dans le pays des Juifs.*

i **7.42** *Voir 2 Samuel 7.12 ; Psaume 89.4-5 ; Jérémie 23.5 ; Michée 5.1.*

11 La femme lui répond : « Personne, Seigneur. » Jésus lui dit : « Moi non plus, je ne te condamne pas. Tu peux t'en aller, et maintenant, ne commets plus de péché. »

Jésus est la lumière du monde

12 De nouveau, Jésus parle à la foule. Il dit : « La lumière du monde, c'est moi. Si quelqu'un me suit, il ne marchera pas dans la nuit, mais il aura la lumière qui donne la vie. » 13 Alors les *Pharisiens lui disent : « Tu es *témoin pour toi-même, donc, ce que tu dis n'est pas valable ! » 14 Jésus leur répond : « Oui, je suis témoin pour moi-même, mais ce que je dis est vrai. En effet, je sais d'où je suis venu, et je sais où je vais. Mais vous, vous ne savez pas d'où je viens, et vous ne savez pas où je vais. 15 Vous jugez à la manière humaine. Moi, je ne juge personne, 16 et même quand je juge, mon jugement est juste. En effet, je ne suis pas seul pour juger, je suis avec le Père qui m'a envoyé. 17 Dans votre *loi, on lit : "Quand deux témoins disent la même chose, on doit croire ce qu'ils disent."[j] 18 Je suis témoin pour moi-même, et le Père qui m'a envoyé est aussi mon témoin. » 19 Les Pharisiens lui demandent : « Où est ton père ? » Jésus leur répond : « Vous ne me connaissez pas et vous ne connaissez pas mon Père non plus. En effet, si vous me connaissiez, vous connaîtriez aussi mon Père. »

20 Jésus leur dit cela au moment où il enseigne dans le temple. Il est près de l'endroit où on met les offrandes. Personne ne l'arrête parce que pour lui, ce n'est pas encore le moment.

Jésus annonce son départ auprès du Père

21 Jésus leur dit encore : « Je vais partir, et vous me chercherez, mais vous allez mourir dans votre péché. Vous ne pouvez pas aller là où je vais. » 22 Alors les *Juifs se disent : « Est-ce qu'il va se tuer ? En effet, il dit : "Vous ne pouvez pas aller là où je vais." » 23 Jésus leur dit : « Vous, vous êtes d'en bas, et moi, je suis d'en haut. Vous appartenez à ce monde, et moi, je n'appartiens pas à ce monde. 24 C'est pourquoi je vous ai dit : "Vous allez mourir dans vos péchés." Oui, vous allez mourir dans vos péchés si vous ne croyez pas que moi, "Je suis". » 25 Ils lui demandent : « Qui es-tu ? » Jésus leur répond : « Depuis le début, je vous le dis. 26 J'ai beaucoup de choses à dire sur vous et beaucoup à juger. Mais celui qui m'a envoyé dit la vérité, et ce que j'ai appris de lui, je le dis au monde. »

27 Ils ne comprennent pas qu'il leur parle du Père. 28 Alors Jésus leur dit : « Quand vous placerez le *Fils de l'homme en haut[k], vous saurez que moi, "Je suis." Vous saurez que je ne fais rien par moi-même, mais je dis ce que le Père m'a enseigné. 29 Celui qui m'a envoyé est avec moi. Il ne m'a pas laissé seul parce que je fais toujours ce qui lui plaît. » 30 Au moment où Jésus dit cela, beaucoup de gens croient en lui.

La vérité vient de Dieu

31 Jésus dit aux Juifs qui ont cru en lui : « Si vous restez fidèles à mes paroles, vous serez vraiment mes *disciples. 32 Vous connaîtrez la vérité, et la vérité vous rendra libres. » 33 Ils lui disent : « Nous sommes de la famille d'Abraham et nous n'avons jamais été esclaves de personne. Comment peux-tu nous dire : "Vous deviendrez libres" ? » 34 Jésus leur répond : « Oui, je vous le dis, c'est la vérité : tous ceux qui commettent des péchés sont esclaves du péché. 35 L'esclave ne reste pas toujours dans la famille. Le fils, lui, reste dans la famille pour toujours. 36 Donc si le Fils vous rend libres, vous serez vraiment libres. 37 Je sais que vous êtes de la famille d'Abraham. Mais vous cherchez à me faire mourir, parce que vous n'acceptez pas mes paroles. 38 Moi, je dis ce que j'ai vu chez mon Père. Mais vous, vous faites ce que vous avez appris de votre père. » 39 Ils lui répon-

j **8.17** *Voir Deutéronome 17.6 ; 19.15.*
k **8.28** *Voir Jean 3.14 et la note.*

dent : « Notre père, c'est Abraham. » Jésus
leur dit : « Si vous étiez les enfants d'Abraham, vous feriez comme Abraham. 40 Moi, je
vous ai dit la vérité que j'ai apprise de Dieu.
Pourtant, maintenant, vous cherchez à me
faire mourir. Abraham n'a pas fait cela.
41 Vous, vous faites comme votre père. » Ils
lui répondent : « Nous ne sommes pas des enfants illégitimes[l]. Nous avons un seul Père,
c'est Dieu. »
42 Jésus leur dit : « Si Dieu était votre Père,
vous m'aimeriez. En effet, je suis venu de
Dieu et je suis ici à cause de lui. Ce n'est
pas moi qui ai décidé de venir, mais c'est
Dieu qui m'a envoyé. 43 Vous ne comprenez
pas ce que je dis, pourquoi ? Parce que vous
ne pouvez pas écouter mes paroles. 44 Votre
père, c'est l'esprit du mal, et vous voulez faire
ce que votre père désire. Lui, c'est un assassin
depuis le début. Il n'est jamais resté dans la
vérité, parce qu'il n'y a pas de vérité en lui.
Sa façon normale de parler, c'est de dire des
mensonges. En effet, il est menteur, et c'est
le père du mensonge. 45 Mais moi, je dis la vérité, et c'est pourquoi vous ne me croyez pas.
46 Parmi vous, qui peut prouver que j'ai
commis des péchés ? Je dis la vérité, mais
vous ne me croyez pas. Pourquoi donc ? 47 Si
une personne appartient à Dieu, elle écoute
les paroles de Dieu. Mais vous, vous ne
m'écoutez pas, parce que vous n'appartenez
pas à Dieu. »

Jésus et Abraham

48 Alors les *Juifs disent à Jésus : « Nous
avons bien raison de dire : "Tu es un *Samaritain, et il y a en toi un esprit mauvais." »
49 Jésus leur répond : « Non, il n'y a pas d'esprit mauvais en moi, mais je respecte mon
Père. Et vous, vous ne me respectez pas.
50 Je ne cherche pas ma *gloire. Il y a quelqu'un qui cherche ma gloire et qui juge.
51 Oui, je vous le dis, c'est la vérité : si quelqu'un obéit à mes paroles, il ne mourra
jamais. » 52 Les Juifs disent à Jésus : « Maintenant, nous le savons, il y a en toi un esprit
mauvais. Abraham est mort, les *prophètes
aussi, et toi, tu dis : "Si quelqu'un obéit à
mes paroles, il ne mourra jamais." 53 Est-ce
que tu es plus important qu'Abraham, notre
père ? Lui, il est mort, les prophètes aussi
sont morts. Tu te prends pour qui ? » 54 Jésus
leur répond : « Je ne cherche pas à me donner
de la gloire moi-même, sinon ma gloire ne
vaudrait rien. C'est mon Père qui me donne
de la gloire. Vous dites de lui : "Il est notre
Dieu", 55 mais vous ne le connaissez pas.
Moi, je le connais. Si je disais : "Je ne le
connais pas", je serais un menteur, comme
vous. Mais je le connais et j'obéis à sa parole.
56 Abraham, votre père, a été dans la joie. En
effet, il a espéré voir le jour où j'allais venir.
Il l'a vu et il a été rempli de joie. » 57 Les Juifs
disent à Jésus : « Tu n'as pas encore 50 ans et
tu as vu Abraham ? » 58 Jésus leur répond :
« Oui, je vous le dis, avant qu'Abraham existe,
"Je suis". »
59 Alors ils ramassent des pierres pour les
lancer sur Jésus, mais il se cache et il sort du
temple.

Jésus guérit un aveugle

9 1 Sur le chemin, Jésus voit un homme qui
est aveugle depuis sa naissance. 2 Les
*disciples de Jésus demandent : « Maître,
cet homme est aveugle depuis sa naissance.
Donc, qui a péché, lui ou ses parents ? » 3 Jésus répond : « Ni lui ni ses parents. Mais
puisqu'il est aveugle, on va reconnaître clairement que Dieu agit pour lui. 4 Pendant
le jour, nous devons accomplir le travail de
Celui qui m'a envoyé. La nuit arrive, et
personne ne pourra travailler. 5 Pendant que
je suis dans le monde, je suis la lumière
du monde. »
6 Après que Jésus a dit cela, il crache par
terre. Avec sa salive, il fait de la boue et il
met la boue sur les yeux de l'aveugle. 7 Ensuite, il lui dit : « Va te laver dans l'eau, à Siloé. » Le nom « Siloé » veut dire « Envoyé ».
L'aveugle y va et il se lave. Quand il revient, il
voit clair.

---

l **8.41** *Les enfants illégitimes sont souvent nés d'un père inconnu.*

8 Cet homme était un mendiant. Ses voisins et ceux qui avaient l'habitude de le voir avant disent : « Est-ce que ce n'est pas l'aveugle qui était assis et qui mendiait ? » 9 Les uns disent : « Oui, c'est lui. » D'autres disent : « Non, c'est quelqu'un qui lui ressemble. » Mais l'homme dit : « C'est bien moi. » 10 Alors les gens lui demandent : « Tes yeux se sont ouverts comment ? » 11 Il répond : « L'homme qu'on appelle Jésus a fait de la boue. Il l'a mise sur mes yeux et il m'a dit : "Va à Siloé et lave-toi." J'y suis allé, je me suis lavé et maintenant je vois clair. » 12 Les gens lui demandent : « Où est-il, cet homme ? » Il répond : « Je ne sais pas. »

Les Pharisiens interrogent l'aveugle guéri

13 On conduit chez les *Pharisiens l'homme qui, avant, était aveugle. 14 Le jour où Jésus a fait de la boue et a ouvert les yeux de l'aveugle, c'était le jour du *sabbat. 15 Les Pharisiens, eux aussi, demandent à l'homme : « Tu vois clair maintenant ? Qu'est-ce qui s'est passé ? » L'homme leur dit : « Il m'a mis de la boue sur les yeux. Je me suis lavé, et maintenant je vois. » 16 Quelques Pharisiens disent : « L'homme qui a fait cela ne vient pas de Dieu. En effet, il ne respecte pas le jour du sabbat. » Mais d'autres disent : « Un homme qui est pécheur ne pourrait pas faire des *signes aussi étonnants. »
Les Pharisiens ne sont pas d'accord entre eux.

17 Alors ils demandent encore à l'homme qui était aveugle : « Et toi, qu'est-ce que tu dis de celui qui t'a ouvert les yeux ? » Il répond : « C'est un *prophète. »

18 Mais les chefs juifs ne veulent pas croire que cet homme était aveugle, et que, maintenant, il voit clair. C'est pourquoi ils font venir ses parents, 19 et ils leur demandent : « Est-ce que cet homme est bien votre fils ? Vous dites qu'il est aveugle depuis sa naissance ? Maintenant il voit. Qu'est-ce qui s'est donc passé ? » 20 Les parents de l'homme répondent : « Nous le savons : c'est bien notre fils, et il était aveugle depuis sa naissance. 21 Maintenant il voit clair. Mais ce qui s'est passé, nous ne le savons pas. Qui lui a ouvert les yeux ? Nous ne savons pas. Interrogez-le ! Il est assez grand, il répondra lui-même ! » 22 Les parents disent cela parce qu'ils ont peur des chefs juifs. En effet, ceux-ci se sont déjà mis d'accord. Ils vont chasser de la maison de prière tous ceux qui affirment : « Jésus est le *Messie ! » 23 C'est pourquoi les parents de l'homme disent : « Il est assez grand, interrogez-le ! »

24 Alors, pour la deuxième fois, les Pharisiens appellent l'homme qui était aveugle, et ils lui disent : « Dis la vérité devant Dieu ! Nous, nous le savons, celui qui t'a guéri est un homme pécheur. » 25 Il leur répond : « Je ne sais pas si c'est un pécheur. Mais je sais une seule chose : j'étais aveugle et maintenant je vois clair. » 26 Ils lui demandent : « Qu'est-ce qu'il t'a fait ? Comment est-ce qu'il t'a ouvert les yeux ? » 27 L'homme leur répond : « Je vous l'ai déjà dit, mais vous n'avez pas écouté. Vous voulez l'entendre une deuxième fois, pourquoi donc ? Vous avez peut-être envie de devenir les *disciples de Jésus, vous aussi ! »

28 Alors ils se mettent à l'insulter. Ils lui disent : « C'est toi qui es le disciple de cet homme, nous, nous sommes les disciples de Moïse ! 29 Nous, nous savons que Dieu a parlé à Moïse, mais cet homme-là, nous ne savons pas d'où il vient. » 30 L'aveugle guéri leur répond : « Voilà une chose étonnante ! Il m'a ouvert les yeux, et pourtant vous ne savez pas d'où il vient ! 31 Nous le savons, Dieu n'écoute pas les pécheurs. Mais il écoute celui qui est fidèle envers lui et qui fait sa volonté. 32 On n'a jamais entendu dire : quelqu'un a ouvert les yeux d'un homme qui est né aveugle. 33 L'homme qui fait cela vient de Dieu, sinon, il ne pourrait rien faire. » 34 Ils lui répondent : « Depuis ta naissance, tu es tout entier dans le péché, et tu veux nous apprendre quelque chose ? » Alors ils le mettent dehors.

Les vrais aveugles

35 Jésus apprend que les *Pharisiens ont mis dehors l'aveugle guéri. Jésus va donc le trouver et il lui dit : « Est-ce que toi, tu crois au *Fils de l'homme ? » 36 L'homme lui répond : « Seigneur, qui est-ce ? Je veux croire en lui. » 37 Jésus lui dit : « Eh bien, tu le vois :

celui qui te parle maintenant, c'est lui. » 38 L'homme dit : « Seigneur, je crois. » Et il se met à genoux devant Jésus.

39 Ensuite Jésus dit : « Je suis venu dans ce monde pour que les aveugles voient clair et pour que ceux qui voient clair deviennent aveugles. Voilà le jugement. » 40 Quelques Pharisiens sont là. Ils entendent les paroles de Jésus et ils lui demandent : « Est-ce que nous sommes aveugles, nous aussi ? » 41 Jésus leur répond : « Si vous étiez aveugles, vous ne seriez pas pécheurs. Mais, en fait, vous dites : "Nous voyons clair." C'est pourquoi vous restez des pécheurs. »

Jésus est le bon berger

10 1 « Oui, je vous le dis, c'est la vérité : si quelqu'un n'entre pas par la porte dans l'enclos des moutons, mais s'il passe par-dessus le mur à un autre endroit, c'est un voleur et un bandit. 2 Mais celui qui entre par la porte, c'est le berger des moutons. 3 Le gardien lui ouvre la porte, et les moutons écoutent la voix du berger. Il appelle ses moutons chacun par son nom et il les conduit dehors. 4 Quand il les a tous fait sortir, il marche devant eux. Et ses moutons le suivent, parce qu'ils connaissent sa voix. 5 Ils ne suivront jamais quelqu'un d'autre. Au contraire, ils fuiront loin de lui, parce qu'ils ne connaissent pas la voix des autres personnes. »

6 Jésus utilise cette comparaison, mais les gens ne comprennent pas ce qu'il veut dire.

7 Alors Jésus ajoute : « Oui, je vous le dis, c'est la vérité : la porte pour les moutons, c'est moi. 8 Tous ceux qui sont venus avant moi sont des voleurs et des bandits. Mais les moutons ne les ont pas écoutés. 9 La porte, c'est moi. Celui qui entre en passant par moi sera sauvé. Il pourra entrer et sortir et il trouvera de la nourriture. 10 Le voleur vient seulement pour voler, tuer et détruire. Moi, je suis venu pour que les gens aient la vie, et pour que cette vie soit abondante.

11 « Je suis le bon berger. Le bon berger donne sa vie pour ses moutons. 12 Celui qui n'est pas le berger travaille seulement pour de l'argent, les moutons ne lui appartiennent pas. Alors quand il voit le *loup arriver, il abandonne les moutons et il part en courant. Le loup emporte des moutons et il fait partir le troupeau de tous les côtés. 13 En effet, l'homme qui travaille seulement pour de l'argent ne s'occupe pas bien des moutons. 14-15 Le bon berger, c'est moi. Le Père me connaît, et je connais le Père. De la même façon, je connais mes moutons, et mes moutons me connaissent. Je donne ma vie pour eux. 16 J'ai encore d'autres moutons qui ne sont pas dans cet enclos. Eux aussi, je dois les conduire. Ils écouteront ma voix, alors il y aura un seul troupeau et un seul berger.

17 « Le Père m'aime parce que je donne ma vie, et je la recevrai à nouveau. 18 Personne ne prend ma vie, mais je la donne moi-même. J'ai le pouvoir de la donner et j'ai le pouvoir de la recevoir à nouveau. C'est l'ordre que mon Père m'a donné. »

19 Encore une fois, les *Juifs ne sont pas d'accord entre eux, à cause des paroles de Jésus. 20 Parmi eux, beaucoup disent : « Il a un esprit mauvais en lui ! Il est fou ! Pourquoi est-ce que vous l'écoutez ? » 21 Mais d'autres disent : « Un homme qui a un esprit mauvais ne parle pas de cette façon. Et un esprit mauvais ne peut pas ouvrir les yeux des aveugles. »

Certains croient en Jésus, d'autres refusent de croire

22 C'est la saison froide. À Jérusalem, c'est la fête de la Dédicace du temple[m]. 23 Jésus va et vient dans le temple, le long des Colonnes de Salomon. 24 Des Juifs se rassemblent autour de Jésus et ils lui disent : « Tu nous fais attendre ! Jusqu'à quand ? Si tu es le *Messie, dis-le nous clairement. » 25 Jésus leur répond : « Je vous l'ai déjà dit, mais vous ne croyez pas. Les actions que je fais de la part de mon

m **10.22** *Cette fête rappelle le jour où Judas Maccabée a consacré de nouveau l'autel du temple, vers 164 avant J.-C. En effet, le temple avait été rendu impur peu de temps auparavant.*

Père me rendent *témoignage. 26 Mais vous
ne croyez pas, parce que vous ne faites pas
partie de mes moutons. 27 Mes moutons écoutent ma voix. Moi, je les connais et ils me suivent. 28 Je leur donne la vie avec Dieu pour
toujours. Ils ne mourront jamais, et personne
ne pourra les arracher de ma main. 29 Mon
Père me les a donnés, et mon Père est plus
puissant que tout. Personne ne peut rien arracher de la main du Père. 30 Mon Père et moi,
nous sommes un. »

31 De nouveau, des Juifs ramassent des
pierres, pour les jeter sur Jésus. 32 Alors il
leur dit : « Devant vous, j'ai fait beaucoup
de bonnes actions de la part du Père. Pour laquelle de ces actions voulez-vous me tuer à
coups de pierres ? » 33 Ils lui répondent :
« Ce n'est pas pour une bonne action que
nous voulons te tuer à coups de pierres,
mais parce que tu insultes Dieu. En effet,
tu es seulement un homme et tu veux te faire
Dieu ! » 34 Jésus leur dit : « Dans votre *loi, on
lit cette parole de Dieu : "Vous êtes des
dieux."[n] 35 Dans cette parole des Livres
Saints, Dieu parle aux êtres humains et il
les appelle des dieux ! Or personne ne peut
supprimer ce qu'il y a dans les Livres Saints.
36 Moi, le Père m'a choisi et il m'a envoyé
dans le monde, et je dis : "Je suis Fils de
Dieu." Mais vous, vous dites que j'insulte
Dieu. Pourquoi donc ? 37 Si je ne fais pas les
actions de mon Père, ne me croyez pas !
38 Mais si je les fais, croyez-moi, ou croyez
au moins à mes actions. De cette façon,
vous saurez de mieux en mieux que le Père
est en moi, et que je suis dans le Père. »
39 Alors, de nouveau, ils cherchent à arrêter
Jésus, mais il leur échappe.

40 Jésus retourne de l'autre côté du Jourdain, là où Jean baptisait au début. Jésus reste
à cet endroit. 41 Beaucoup de gens viennent le
trouver et disent : « Jean n'a rien fait d'extraordinaire. Mais, tout ce qu'il a dit de Jésus,
c'était vrai. » 42 Et là, beaucoup de gens
croient en Jésus.

La mort de Lazare

11 1 Il y a un homme malade appelé Lazare.
Il habite à Béthanie, le village de Marie
et de sa sœur Marthe. 2 Marie est la femme
qui a versé du parfum sur les pieds du Seigneur et qui les a essuyés avec ses cheveux.
C'est le frère de Marie, Lazare, qui est malade. 3 Les deux sœurs envoient quelqu'un
dire à Jésus : « Seigneur, ton ami est malade. »
4 Quand Jésus entend cela, il dit : « La maladie
de Lazare ne va pas le faire mourir, mais elle
va servir à montrer la *gloire de Dieu. Ainsi
elle donnera de la gloire au Fils de Dieu. »

5 Jésus aime Marthe et sa sœur, et Lazare.
6 Il apprend que Lazare est malade, et pourtant, pendant deux jours, Jésus reste là où il
est. 7 Ensuite il dit à ses *disciples : « Retournons en Judée. » 8 Ses disciples lui disent :
« Maître, l'autre jour, des *Juifs cherchaient
à te tuer en te jetant des pierres, et tu veux retourner là-bas ? » 9 Jésus leur répond : « Il y a
douze heures dans une journée. Si on marche
pendant le jour, on ne tombe pas, parce qu'on
voit clair. 10 Mais si on marche pendant la nuit,
on tombe, parce qu'on ne voit pas clair. »
11 Ensuite Jésus ajoute : « Notre ami Lazare
s'est endormi, mais je vais aller le réveiller. »
12 Les disciples lui disent : « Seigneur, s'il s'est
endormi, il guérira. » 13 Jésus a voulu dire :
« Lazare est mort », mais les disciples croient
qu'il parle du sommeil normal. 14 Alors Jésus
leur dit clairement : « Lazare est mort. 15 Je
n'étais pas là-bas et je m'en réjouis, à cause
de vous. De cette façon, vous pourrez croire
en moi. Mais allons auprès de Lazare. »
16 Alors Thomas, appelé aussi le Jumeau, dit
aux autres disciples : « Allons-y nous aussi,
pour mourir avec Jésus ! »

Jésus est la vie

17 Quand Jésus arrive, il apprend qu'on a
mis Lazare dans la tombe il y a quatre jours
déjà. 18 Béthanie est près de Jérusalem, à trois
kilomètres environ. 19 C'est pourquoi beau-

n 10.34 *Psaume 82.6.*

coup de Juifs sont venus chez Marthe et Marie, pour les consoler de la mort de leur frère.

20 Marthe apprend que Jésus arrive et elle part à sa rencontre. Marie reste assise à la maison. 21 Marthe dit à Jésus : « Seigneur, si tu avais été là, mon frère ne serait pas mort. 22 Mais, même maintenant, Dieu te donnera tout ce que tu lui demanderas, j'en suis sûre. » 23 Jésus lui dit : « Ton frère se relèvera de la mort. » 24 Marthe lui répond : « Oui, je le sais, il se relèvera de la mort quand tous les morts se relèveront, le dernier jour. » 25 Jésus lui dit : « Celui qui relève de la mort, c'est moi. La vie, c'est moi. Celui qui croit en moi aura la vie, même s'il meurt. 26 Et tous ceux qui vivent et qui croient en moi ne mourront jamais. Est-ce que tu crois cela ? » 27 Marthe répond à Jésus : « Oui, Seigneur, je crois que tu es le *Messie, le Fils de Dieu, celui qui devait venir dans le monde. »

Jésus pleure à cause de la mort de Lazare

28 Après que Marthe a dit cela, elle part appeler sa sœur Marie. Elle lui dit tout bas : « Le Maître est là et il te demande de venir. »

29 Quand Marie entend cela, elle se lève tout de suite et elle va trouver Jésus. 30 Jésus n'est pas encore entré dans le village. Il est toujours à l'endroit où Marthe l'a rencontré. 31 Des Juifs sont dans la maison avec Marie, pour la consoler. Ils voient qu'elle s'est levée tout de suite et qu'elle est sortie. Ils pensent : elle part vers la tombe, pour pleurer là-bas. Alors ils la suivent. 32 Marie arrive à l'endroit où Jésus se trouve. Quand elle le voit, elle se jette à ses pieds et lui dit : « Seigneur, si tu avais été là, mon frère ne serait pas mort. » 33 Jésus voit qu'elle pleure. Les Juifs qui sont venus avec elle pleurent aussi. Alors Jésus est bouleversé et troublé. 34 Il demande : « Où est-ce que vous l'avez mis ? » Ils lui répondent : « Seigneur, viens et tu verras. » 35 Jésus se met à pleurer. 36 Les Juifs disent : « Regardez ! Il aimait beaucoup Lazare ! » 37 Mais d'autres disent : « Il a ouvert les yeux de l'aveugle, et il n'a pas pu empêcher Lazare de mourir ? »

Jésus rend la vie à Lazare

38 De nouveau, Jésus est bouleversé et il part vers la tombe. C'est une grotte avec une grosse pierre placée devant l'entrée. 39 Jésus dit : « Enlevez la pierre ! » Marthe, la sœur du mort, lui dit : « Seigneur, il doit déjà sentir mauvais. Il est dans la tombe depuis quatre jours. » 40 Mais Jésus lui répond : « Je t'ai dit : "Si tu crois, tu verras la *gloire de Dieu." »

41 On enlève donc la pierre. Jésus lève les yeux vers le *ciel et il dit : « Père, je te dis merci, parce que tu m'as écouté. 42 Tu m'écoutes toujours, je le sais. Mais je dis cela à cause des gens qui sont autour de moi. Ainsi, ils pourront croire que tu m'as envoyé. » 43 Ensuite Jésus crie d'une voix forte : « Lazare, sors de là ! » 44 Et Lazare sort, lui qui était mort. Il a les pieds et les mains attachés avec des bandes de tissu. Son visage est enveloppé dans un linge. Jésus dit aux gens : « Enlevez-lui tout cela et laissez-le partir. »

Les chefs religieux décident de faire mourir Jésus

45 Beaucoup de Juifs sont allés chez Marie et ils ont vu ce que Jésus a fait. Ils se mettent à croire en lui. 46 Mais certains d'entre eux vont trouver les *Pharisiens et ils leur racontent ce que Jésus a fait. 47 Alors les chefs des *prêtres et les Pharisiens réunissent le *Tribunal religieux et ils disent : « Cet homme fait beaucoup de *signes étonnants. Qu'est-ce que nous allons faire ? 48 Si nous le laissons continuer, tout le monde va croire en lui. Ensuite, les Romains[o] vont agir, ils vont détruire notre temple et notre nation ! »

49 L'un des chefs juifs, nommé Caïphe, est *grand-prêtre, cette année-là. Il leur dit : « Vous n'y comprenez rien ! 50 Réfléchissez donc ! Pour vous, il vaut mieux qu'un seul homme meure pour le peuple. De cette façon, la nation entière ne sera pas détruite. »

---

o **11.48** *Au temps de Jésus, le pays des Juifs était une colonie romaine.*

51 Les paroles de Caïphe ne viennent pas de lui-même. En effet, cette année-là, c'est lui qui est grand-prêtre, et il parle comme un *prophète. Il annonce que Jésus doit mourir pour la nation juive. 52 Il doit mourir non seulement pour cette nation, mais aussi pour rassembler en un seul peuple les enfants de Dieu qui sont de tous les côtés.

53 À partir de ce jour-là, les chefs décident de faire mourir Jésus. 54 C'est pourquoi il cesse d'aller et venir en public parmi le peuple. Mais il s'en va près du désert, dans un village appelé Éfraïm, et il reste là avec ses *disciples. 55 C'est bientôt la fête juive de la *Pâque. Beaucoup de gens quittent leur région et ils vont à Jérusalem, avant la fête, pour se rendre *purs. 56 Ils sont dans le temple et ils cherchent Jésus. Ils se disent les uns aux autres : « Qu'est-ce que vous en pensez ? Jésus ne viendra sûrement pas à la fête ! » 57 Les chefs des prêtres et les *Pharisiens ont donné cet ordre : « Si quelqu'un sait où Jésus se trouve, il doit venir le dire. Alors nous ferons arrêter Jésus. »

Marie verse du parfum sur les pieds de Jésus

12 1 Six jours avant la fête de la *Pâque, Jésus va à Béthanie. C'est le village de Lazare, l'homme qu'il a réveillé de la mort. 2 Là, on offre un repas à Jésus. Marthe sert le repas, et Lazare est un de ceux qui mangent avec lui. 3 Marie prend un demi-litre d'un parfum très cher, fait avec du nard[p] pur, et elle le verse sur les pieds de Jésus. Ensuite, elle les essuie avec ses cheveux, et l'odeur du parfum remplit toute la maison. 4 Alors Judas Iscariote, l'un des *disciples de Jésus, celui qui va le trahir, se met à dire : 5 « Il fallait vendre ce parfum pour 300 pièces d'argent[q] et donner l'argent aux pauvres ! » 6 Judas ne dit pas cela parce qu'il pense aux pauvres, mais parce que c'est un voleur. C'est lui qui garde le porte-monnaie et il prend ce qu'on met dedans. 7 Mais Jésus dit : « Laisse-la tranquille ! Elle a fait cela d'avance pour le jour où on me mettra dans la tombe. 8 Vous aurez toujours des pauvres avec vous, mais moi, vous ne m'aurez pas toujours. »

Les chefs décident de faire mourir Lazare

9 Une grande foule de Juifs apprend que Jésus est à Béthanie. Ils y vont non seulement à cause de Jésus, mais aussi pour voir Lazare, que Jésus a réveillé de la mort. 10 Alors les chefs des *prêtres décident de faire mourir aussi Lazare. 11 En effet, à cause de lui, beaucoup de Juifs les quittent et ils croient en Jésus.

Jésus entre à Jérusalem

12 Le jour suivant, la grande foule qui est venue pour la fête de la *Pâque apprend que Jésus arrive à Jérusalem. 13 Les gens prennent des branches de palmiers et ils vont à sa rencontre en dehors de la ville. Ils crient : « *Gloire à Dieu ! Que le Seigneur *bénisse celui qui vient en son nom, le Roi *d'Israël ! »

14 Jésus trouve un petit âne et il s'assoit dessus. On lit cela dans les Livres Saints :

15 « N'aie pas peur, ville de *Sion !
Regarde ! Ton roi arrive !
Il est assis sur un petit âne. »[r]

16 Les *disciples ne comprennent pas tout de suite ce qui se passe. Mais plus tard, quand Jésus recevra de Dieu la gloire, ils se souviendront : la foule a réalisé ces paroles des Livres Saints qui avaient été dites à son sujet.

17 Beaucoup de gens étaient avec Jésus quand il a dit : « Lazare, sors de là ! » et quand il l'a réveillé de la mort. Et ils racontent ce qu'ils ont vu. 18 C'est pourquoi la foule vient à la rencontre de Jésus. En effet, elle a appris le *signe étonnant qu'il a fait.

19 Alors les *Pharisiens se disent les uns aux autres : « Vous voyez, vous n'arriverez à rien. Voilà que tout le monde marche derrière Jésus ! »

---

p **12.3** *Le nard est un parfum précieux tiré d'une plante.*

q **12.5** *Voir Jean 6.7 et la note.*

r **12.15** *Voir Zakarie 9.9.*

Celui qui veut servir Jésus doit le suivre

20 Quelques Grecs[s] aussi sont venus à Jérusalem, pour adorer Dieu pendant la fête. 21 Ils s'approchent de Philippe, qui est du village de Bethsaïda, en Galilée, et ils lui demandent : « Nous voulons voir Jésus. »

22 Philippe va le dire à André, ensuite, tous les deux vont le dire à Jésus. 23 Jésus leur répond : « Maintenant, c'est le moment où le *Fils de l'homme va recevoir de Dieu la *gloire. 24 Oui, je vous le dis, c'est la vérité : le grain de *blé tombé dans la terre doit mourir, sinon, il reste seul. Mais s'il meurt, il donne beaucoup de grains. 25 Celui qui aime sa vie la perdra. Mais si quelqu'un aime Dieu plus que sa vie dans ce monde, cette personne gardera sa vie et elle vivra avec Dieu pour toujours. 26 Celui qui veut me servir doit me suivre, et mon serviteur sera là où je suis. Mon Père récompensera celui qui me servira. »

Jésus parle de sa mort

27 « Maintenant, mon cœur est troublé. Est-ce que je vais dire : "Père, sauve-moi de ce qui va arriver en ce moment" ? Mais c'est pour cela que je suis venu, pour ce moment. 28 Père, rends ton nom glorieux. » Alors, une voix vient du *ciel et dit : « Je l'ai déjà rendu glorieux, et je le rendrai glorieux de nouveau. » 29 La foule qui est là et qui a entendu dit : « C'est un coup de tonnerre. » D'autres disent : « Un *ange a parlé à Jésus. » 30 Mais Jésus dit : « Ce n'est pas pour moi que cette voix a parlé, mais c'est pour vous. 31 Maintenant, Dieu va juger ce monde et maintenant, il va jeter dehors le chef mauvais de ce monde. 32 Et moi, quand on me placera en haut[t], au-dessus de la terre, j'attirerai à moi tous les êtres humains. » 33 En disant cela, Jésus montre comment il va mourir. 34 La foule lui répond : « Dans les livres de la *loi, nous avons appris que le *Messie vivra pour toujours. Alors, comment peux-tu dire : "On doit placer le *Fils de l'homme en haut" ? Ce Fils de l'homme, qui est-ce ? » 35 Jésus leur dit : « La lumière est encore avec vous pour un peu de temps. Marchez pendant que vous avez la lumière. De cette façon, la nuit ne vous surprendra pas. Celui qui marche dans la nuit ne sait pas où il va. 36 Pendant que vous avez la lumière, croyez en la lumière, ainsi, vous appartiendrez à la lumière. »

Après que Jésus a dit cela, il s'en va et il se cache loin de la foule.

« Seigneur, qui a cru ce que nous disions ? »

37 Jésus a fait beaucoup de *signes étonnants devant les gens, pourtant, ils ne croient pas en lui. 38 Ainsi ce que le *prophète Ésaïe a dit se réalise :

« Seigneur, qui a cru ce que nous disions ?
À qui le Seigneur
a-t-il montré sa puissance ? »[u]

39 Ces gens ne peuvent pas croire. En effet, Ésaïe a dit aussi :

40 « Dieu a rendu leurs yeux aveugles.
Il a fermé leur intelligence.
De cette façon,
leurs yeux ne peuvent pas voir,
leur intelligence ne peut pas comprendre,
ils ne peuvent pas se tourner vers Dieu,
alors Dieu ne peut pas les guérir ! »[v]

41 Ésaïe a dit cela parce qu'il a vu la *gloire de Jésus et qu'il parle de lui.[w]

42 Pourtant, beaucoup de chefs juifs eux-mêmes se mettent à croire en Jésus. Mais, à cause des *Pharisiens, ils ne le disent pas tout haut : ils ont peur d'être chassés de la maison de prière. 43 En effet, ils préfèrent les

---

s **12.20** *Voir Jean 7.35 et la note.*

t **12.32** *Voir Jean 3.14 et la note.*

u **12.38** *Ésaïe 53.1 cité d'après l'ancienne traduction grecque.*

v **12.40** *Ésaïe 6.9-10.*

w **12.41** *Voir Ésaïe 6.1.*

compliments qui viennent des hommes à ceux
qui viennent de Dieu.

Jésus est la lumière

44 Jésus dit d'une voix forte : « Celui qui
croit en moi, ne croit pas seulement en moi,
il croit aussi en celui qui m'a envoyé. 45 Celui
qui me voit, voit aussi celui qui m'a envoyé.
46 Moi, la lumière, je suis venu dans le monde.
Ainsi, tous ceux qui croient en moi ne restent
pas dans la nuit.

47 « Si quelqu'un écoute mes paroles, mais
ne leur obéit pas, ce n'est pas moi qui le
condamne. En effet, je ne suis pas venu pour
condamner le monde, mais pour sauver le
monde. 48 Si quelqu'un ne veut pas de moi
et refuse mes paroles, il sera jugé. Le dernier
jour, ce sont mes paroles qui le condamne-
ront. 49 Mes paroles ne viennent pas de moi-
même, mais elles viennent du Père qui m'a
envoyé. Il m'a commandé lui-même tout ce
que je devais dire et annoncer. 50 Et je le
sais, le commandement du Père donne la vie
pour toujours. Tout ce que je dis, je le dis
comme le Père me l'a dit. »

Jésus lave les pieds de ses disciples

13 1 C'est le dernier jour avant la fête de la
*Pâque. Jésus sait que le grand moment
arrive pour lui : il doit quitter ce monde et aller auprès du Père. Il a toujours aimé ses amis
qui sont dans le monde, et il les aime jusqu'au
bout.

2 Jésus et ses *disciples prennent le repas du
soir. L'esprit du mal a déjà mis dans le cœur
de Judas, le fils de Simon Iscariote, l'intention
de livrer Jésus. 3 Mais Jésus est venu de Dieu
et il va auprès de Dieu. Jésus sait cela, et il
sait aussi que le Père a tout mis dans ses
mains. 4 Pendant le repas, il se lève, il enlève
son vêtement de dessus et il prend un linge
pour le serrer autour de sa taille. 5 Ensuite, il
verse de l'eau dans une cuvette. Il se met à laver les pieds de ses disciples et à les essuyer
avec le linge qu'il a autour de la taille. 6 Il arrive près de Simon-Pierre, qui lui dit : « Toi,
Seigneur, tu veux me laver les pieds ? » 7 Jésus
lui répond : « Maintenant, tu ne sais pas ce
que je fais, mais tu comprendras plus tard. »
8 Pierre lui dit : « Non ! Tu ne me laveras jamais les pieds ! » Jésus lui dit : « Si je ne te
lave pas les pieds, tu ne pourras pas être
avec moi. » 9 Simon-Pierre lui dit : « Alors, Seigneur, ne me lave pas seulement les pieds,
mais aussi les mains et la tête ! » 10 Jésus lui répond : « Celui qui s'est baigné n'a pas besoin
de se laver, sauf les pieds. En effet, il est propre tout entier, il est *pur. Vous, vous êtes
purs, mais pas tous. » 11 Jésus sait qui va le livrer, c'est pourquoi il dit : « Vous n'êtes pas
tous purs. »

12 Quand Jésus a fini de laver les pieds de ses
disciples, il remet son vêtement et il s'assoit. Il
leur dit : « Est-ce que vous comprenez ce que
je vous ai fait ? 13 Vous m'appelez "Maître" et
"Seigneur", et vous avez raison : je suis Maître et Seigneur. 14 Alors si moi, le Seigneur et
le Maître, je vous ai lavé les pieds, vous aussi,
vous devez vous laver les pieds les uns aux autres. 15 Je vous ai donné un exemple : ce que je
vous ai fait, faites-le vous aussi. 16 Oui, je vous
le dis, c'est la vérité : le serviteur n'est pas
plus important que son maître, l'envoyé n'est
pas plus important que celui qui l'envoie.
17 Maintenant, vous savez tout cela. Vous
serez heureux si vous le faites.

18 « Je ne parle pas de vous tous, je connais
ceux que j'ai choisis. Mais ce qui est écrit dans
les Livres Saints doit se réaliser. En effet, on
lit : "Celui qui partageait ma nourriture est devenu mon ennemi."[x] 19 Je vous le dis maintenant, avant que cela arrive. De cette façon,
quand cela arrivera, vous croirez que "Je
suis". 20 Oui, je vous le dis, c'est la vérité : si
quelqu'un reçoit celui que j'envoie, c'est
moi qu'il reçoit. Et la personne qui me reçoit
reçoit aussi celui qui m'a envoyé. »

Judas va livrer Jésus

21 Après que Jésus a dit ces paroles, son
cœur est troublé et il déclare : « Oui, je vous
le dis, c'est la vérité : l'un de vous va me li-

---

x **13.18** *Psaume 41.10.*

vrer. » 22 Les *disciples se regardent les uns les
autres, ils ne savent pas de qui Jésus veut parler. 23 L'un des disciples, celui que Jésus aime,
est assis à côté de Jésus. 24 Simon-Pierre fait un
geste pour dire à ce disciple : « Demande à Jésus de qui il parle. » 25 Alors le disciple se penche vers Jésus et il lui demande : « Seigneur,
qui est-ce ? » 26 Jésus lui répond : « Je vais
tremper dans le plat un morceau de pain. Celui à qui je vais donner le morceau, c'est lui
qui va me livrer. » Jésus trempe dans le plat
un morceau de pain et il le donne à Judas,
fils de Simon Iscariote. 27 Judas le prend, et
aussitôt *Satan entre en lui. Jésus dit à Judas :
« Fais vite ce que tu dois faire. »

28 Parmi les disciples qui sont là, personne
ne comprend pourquoi Jésus dit cela. 29 C'est
Judas qui garde l'argent, alors quelques-uns
pensent que Jésus a voulu dire : « Va acheter
ce qu'il faut pour la fête », ou : « Va donner
quelque chose aux pauvres. » 30 Judas prend
donc le morceau de pain et aussitôt, il sort
de la maison. C'est la nuit.

Le commandement nouveau

31 Quand Judas est sorti, Jésus dit : « Maintenant, le *Fils de l'homme reçoit de Dieu la
*gloire, et ainsi Dieu montre sa gloire en lui.
Si le Fils montre la gloire de Dieu, 32 Dieu
montrera lui-même la gloire du Fils et il va
bientôt la montrer. 33 Mes enfants, je suis encore avec vous pour peu de temps, ensuite
vous allez me chercher. Mais je vous dis maintenant ce que j'ai déjà dit aux *Juifs : "Vous ne
pouvez pas aller là où je vais." 34 Je vous donne
un commandement nouveau : aimez-vous les
uns les autres. Oui, aimez-vous les uns les autres, comme je vous ai aimés. 35 Ayez de
l'amour les uns pour les autres. Alors tout le
monde saura que vous êtes mes *disciples. »

Jésus annonce l'abandon de Pierre

36 Simon-Pierre dit à Jésus : « Seigneur, où
vas-tu ? » Jésus lui répond : « Là où je vais, tu
ne peux pas me suivre maintenant, mais tu
me suivras plus tard. » 37 Pierre lui dit : « Seigneur, je ne peux pas te suivre maintenant ?
Pourquoi donc ? Je suis prêt à donner ma vie
pour toi ! » 38 Jésus lui répond : « Tu es vraiment prêt à donner ta vie pour moi ? Oui, je
te le dis, c'est la vérité : avant que le coq
chante, tu diras trois fois que tu ne me connais
pas. »

Jésus est le chemin qui conduit au Père

14 1 Jésus dit à ses *disciples : « Ne soyez
pas inquiets, croyez en Dieu et croyez
aussi en moi. 2 Dans la maison de mon Père,
il y a beaucoup d'endroits pour habiter. C'est
pourquoi je vous ai dit : "Je vais vous préparer
une place." 3 Et, quand je serai allé vous préparer une place, je reviendrai et je vous prendrai avec moi. De cette façon, vous serez vous
aussi là où je suis. 4 Et le chemin qui conduit là
où je vais, vous le connaissez. » 5 Thomas lui
dit : « Seigneur, nous ne savons pas où tu
vas. Comment est-ce que nous pourrions
connaître le chemin ? » 6 Jésus lui répond :
« Le chemin, la vérité, la vie, c'est moi. Personne ne va au Père sans passer par moi. 7 Si
vous me connaissez, vous connaîtrez aussi
mon Père. À partir de maintenant, vous le
connaissez et vous l'avez vu. » 8 Philippe dit
à Jésus : « Seigneur, montre-nous le Père, et
cela nous suffit. » 9 Jésus lui répond : « Philippe, je suis avec vous depuis si longtemps,
et tu ne me connais pas ? Celui qui m'a vu a
vu le Père. Comment peux-tu dire : "Montre-nous le Père" ? 10 Je vis dans le Père et le
Père vit en moi. Tu ne crois pas cela ? Les paroles que je vous dis ne viennent pas de moi,
mais le Père habite en moi, et c'est lui qui agit.
11 Croyez-moi quand je vous dis : "Je vis dans
le Père, et le Père vit en moi." Sinon, croyez
au moins à cause de mes actions.

12 « Oui, je vous le dis, c'est la vérité : si
quelqu'un croit en moi, il fera lui aussi les actions que je fais. Cette personne fera même
des actions encore plus grandes, parce que
je vais près du Père. 13 Tout ce que vous demanderez en mon nom, je le ferai. De cette façon, le Fils montrera la *gloire du Père. 14 Si
vous me demandez quelque chose en mon
nom, je le ferai. »

Le Père va envoyer l'Esprit Saint

15 « Si vous m'aimez, vous obéirez à mes
commandements, 16 et moi, je prierai le

Père. Et il vous donnera quelqu'un d'autre
pour vous aider, quelqu'un qui sera avec
vous pour toujours : 17 c'est l'Esprit de vérité.
En effet, le *monde ne peut pas le recevoir,
parce qu'il ne le voit pas et ne le connaît
pas. Vous, vous connaissez l'Esprit de vérité,
parce qu'il reste avec vous, il habite en vous.

18 « Je ne vous laisserai pas orphelins, je reviendrai vers vous. 19 Dans peu de temps, le
monde ne me verra plus. Vous, vous me verrez vivant, et vous vivrez vous aussi. 20 Ce
jour-là, vous comprendrez que je vis dans
mon Père, que vous vivez en moi et moi en
vous.

21 « Si quelqu'un connaît mes commandements et leur obéit, il m'aime vraiment.
Mon Père aimera celui qui m'aime, et moi
aussi, j'aimerai celui qui m'aime, et je me
montrerai à lui. » 22 Jude, qui n'est pas Judas
Iscariote, dit à Jésus : « Seigneur, tu dois te
montrer à nous et pas au monde, pourquoi ? »
23 Jésus lui répond : « Si quelqu'un m'aime, il
obéira à mes paroles. Mon Père l'aimera,
nous irons à lui et nous habiterons chez lui.
24 La personne qui ne m'aime pas n'obéit pas
à mes paroles. Ce que je vous dis maintenant
ne vient pas de moi, mais cela vient du Père
qui m'a envoyé. 25 Je vous ai dit ces choses
pendant que je suis encore avec vous. 26 Le
Père enverra en mon nom l'Esprit Saint, celui
qui doit vous aider. Il vous enseignera tout et
il vous rappellera tout ce que je vous ai dit.

27 « Je vous laisse la paix, je vous donne ma
paix. Je ne vous la donne pas comme le monde
la donne. Ne soyez pas inquiets et n'ayez pas
peur. 28 Vous avez entendu, je vous ai dit : "Je
m'en vais, mais je reviendrai auprès de vous."
Est-ce que vous m'aimez vraiment ? Alors,
soyez joyeux de savoir que je vais auprès du
Père ! En effet, le Père est plus important
que moi. 29 Je vous le dis maintenant, avant
que cela arrive. De cette façon, quand cela arrivera, vous croirez. 30 Je ne vais plus parler
beaucoup avec vous, parce que le chef mauvais de ce monde vient. Il ne peut rien me
faire, 31 mais il vient parce que le monde
doit savoir une chose : j'aime le Père et
je fais tout ce que le Père m'a commandé.
Levez-vous, partons d'ici ! »

Jésus est la vraie vigne

15 1 « La vraie *vigne, c'est moi, et mon
Père est le vigneron. 2 Il enlève toutes
mes branches qui ne donnent pas de fruits
et il taille toutes les branches qui donnent
des fruits. Ainsi elles en donneront encore.
3 Les paroles que je vous ai dites vous ont
déjà taillés. 4 Restez attachés à moi, comme
moi je reste attaché à vous. Une branche ne
peut pas donner de fruits toute seule, elle
doit rester sur la vigne. De la même façon,
vous ne pouvez pas donner de fruits, si vous
ne restez pas attachés à moi.

5 « Je suis la vigne, vous êtes les branches. Si
quelqu'un reste attaché à moi comme je suis
attaché à lui, il donne beaucoup de fruit. En
effet, sans moi, vous ne pouvez rien faire.
6 Celui qui ne reste pas attaché à moi, on le
jette dehors, comme les branches. Alors les
branches deviennent sèches, on les ramasse,
on les jette dans le feu, et elles brûlent. 7 Si
vous restez attachés à moi, et si mes paroles
restent en vous, demandez ce que vous voulez, et vous l'aurez. 8 Donnez beaucoup de
fruits et soyez ainsi mes *disciples, alors
vous montrerez la *gloire de mon Père. 9 Je
vous ai aimés comme le Père m'a aimé. Restez
dans mon amour. 10 J'ai obéi aux commandements de mon Père et je reste dans son amour.
De la même façon, si vous obéissez à mes
commandements, vous resterez dans mon
amour.

11 « Je vous ai dit cela pour que vous ayez ma
joie et pour que votre joie soit complète.
12 Voici mon commandement : aimez-vous les
uns les autres, comme je vous ai aimés. 13 Si
quelqu'un donne sa vie pour ses amis, c'est
la plus grande preuve d'amour. 14 Vous êtes
mes amis si vous faites ce que je vous commande. 15 Je ne vous appelle plus serviteurs.
En effet, le serviteur ne sait pas ce que son
maître fait. Je vous appelle mes amis, parce
que je vous ai fait connaître tout ce que j'ai
entendu chez mon Père. 16 Ce n'est pas vous
qui m'avez choisi, mais c'est moi qui vous ai
choisis. Je vous ai envoyés produire des fruits,
et des fruits qui durent. Ainsi, mon Père vous
donnera tout ce que vous lui demanderez en

mon nom. 17 Ce que je vous commande, c'est
de vous aimer les uns les autres. »

Le monde déteste Jésus et ses amis

18 « Le *monde vous déteste, mais vous
devez le savoir, il m'a détesté avant vous.
19 Vous n'appartenez pas au monde. Sinon, le
monde vous aimerait, parce que vous seriez à
lui. Mais je vous ai choisis et tirés du monde,
et vous n'appartenez pas au monde. C'est
pourquoi le monde vous déteste. 20 Souvenez-
vous de ce que je vous ai dit : "Le serviteur
n'est pas plus important que son maître." Les
gens m'ont fait souffrir et ils chercheront à
vous faire souffrir aussi. Ils n'ont pas obéi à
mes paroles, et ils n'obéiront pas non plus
aux vôtres.

21 « Ils vous feront tout cela à cause de moi,
parce qu'ils ne connaissent pas celui qui m'a
envoyé. 22 Si je n'étais pas venu, si je ne leur
avais pas parlé, ils n'auraient pas de péché.
Mais maintenant, ils n'ont pas d'excuse pour
leur péché.

23 « Celui qui me déteste déteste aussi mon
Père. 24 Si je n'avais pas fait chez eux des actions que personne d'autre n'a faites, ils n'auraient pas de péché. Mais maintenant, ils ont
vu ce que j'ai fait et ils nous détestent, moi et
mon Père. 25 Dans leur *loi, on lit : "Ils m'ont
détesté sans raison."[y] Ils nous détestent pour
que cette parole se réalise.

26 « Je vais vous envoyer de la part du Père
celui qui va vous aider. C'est l'Esprit de vérité
qui vient du Père. Quand il viendra, c'est lui
qui sera mon *témoin. 27 Et vous, vous serez
mes témoins, parce que vous avez été avec
moi depuis le début. »

16 1 Je vous ai dit cela pour que vous ne
perdiez pas la foi. 2 On vous chassera
des maisons de prière. Et même le moment arrive où tous ceux qui vous tueront croiront
servir Dieu de cette façon. 3 Ils feront cela
parce qu'ils n'ont connu ni le Père ni moi.
4 Je vous l'ai dit à l'avance, ainsi, quand ce moment arrivera, vous vous souviendrez que je
vous l'ai dit.

L'Esprit de vérité va venir

« Je ne vous ai pas dit ces choses dès le début, parce que j'étais avec vous. 5 Maintenant,
je m'en vais auprès de celui qui m'a envoyé.
Et aucun de vous ne me demande : "Où vas-
tu ?" 6 Mais votre cœur est plein de tristesse
parce que je vous ai dit cela. 7 Pourtant, je
vous dis la vérité : il vaut mieux pour vous
que je parte. En effet, si je ne pars pas, celui
qui doit vous aider ne viendra pas à vous,
mais si je pars, je vous l'enverrai. 8 Et quand
il viendra, il montrera au *monde qu'il se
trompe au sujet du péché, au sujet de ce qui
est *juste et au sujet du jugement. 9 Le monde
se trompe au sujet du péché, parce que les
gens ne croient pas en moi. 10 Le monde se
trompe au sujet de ce qui est juste, parce
que je vais près du Père, et que vous ne me
verrez plus. 11 Le monde se trompe au sujet
du jugement, parce que le chef mauvais de
ce monde est déjà jugé.

12 « J'ai encore beaucoup de choses à vous
dire. Mais vous n'avez pas la force de les entendre maintenant. 13 Quand l'Esprit de vérité
viendra, il vous conduira dans la vérité tout
entière. En effet, il ne dira pas des choses
qui viennent de lui. Mais il dira tout ce qu'il
entendra et il vous annoncera ce qui doit arriver. 14 L'Esprit de vérité montrera ma *gloire,
parce qu'il recevra ce qui est à moi et il vous
l'annoncera. 15 Tout ce qui est à mon Père est
aussi à moi. C'est pourquoi je vous ai dit :
"L'Esprit de vérité recevra ce qui est à moi
et il vous l'annoncera."

16 « Dans peu de temps, vous ne me verrez
plus, et peu de temps après, vous me reverrez. »

17 Alors quelques *disciples de Jésus se disent entre eux : « Il nous a dit : "Dans peu
de temps, vous ne me verrez plus. Et peu
de temps après, vous me reverrez." Il nous
a dit aussi : "Je m'en vais auprès du Père."
Qu'est-ce que cela veut dire ? » 18 Les disciples disent encore : « Quand Jésus nous dit :
"Dans peu de temps", qu'est-ce que cela

y **15.25** *Psaumes 35.19 ; 69.5.*

veut dire ? Nous ne comprenons pas de quoi
il parle. »
19 Jésus le sait, les disciples veulent lui poser
des questions. Il leur dit : « Vous cherchez entre vous le sens de ces paroles : "Dans peu de
temps, vous ne me verrez plus, et peu de
temps après, vous me reverrez." 20 Eh bien,
je vous le dis, c'est la vérité : vous pleurerez
et vous serez dans le deuil. Le monde, lui,
sera dans la joie. Vous serez tristes, mais votre
tristesse deviendra de la joie.
21 « Quand une femme va accoucher, c'est
le moment pour elle de souffrir. Mais quand
l'enfant est né, elle ne se souvient plus de sa
souffrance. Elle est dans la joie parce qu'elle
a mis un enfant au monde. 22 Vous aussi,
maintenant, vous êtes tristes, mais je vous re-
verrai. Alors votre cœur sera dans la joie, et
cette joie, personne ne pourra vous l'enlever.
23 « Ce jour-là, vous ne me poserez plus aucune question. Oui, je vous le dis, c'est la vérité, le Père vous donnera tout ce que vous lui
demanderez en mon nom. 24 Jusqu'à maintenant, vous n'avez rien demandé en mon
nom. Demandez, et vous recevrez, alors votre
joie sera complète. »

Jésus a vaincu le monde

25 « Je vous ai dit tout cela en utilisant des
comparaisons. Mais le moment arrive où je
n'utiliserai plus de comparaisons, je vous parlerai du Père clairement. 26 Ce jour-là, vous
prierez en mon nom, et je ne vous dis pas
que je prierai le Père pour vous. 27 En effet,
vous m'aimez et vous croyez que je suis
venu de Dieu. C'est pourquoi le Père lui-
même vous aime. 28 Je suis venu du Père et
je suis entré dans le monde. Maintenant, je
quitte le monde et je m'en vais près du
Père. » 29 Les *disciples de Jésus lui disent :
« Voilà, maintenant tu parles clairement, tu
ne parles plus en utilisant des comparaisons.
30 Maintenant, nous savons que tu sais tout,
et tu n'as pas besoin qu'on te pose des questions. Pour cela, nous croyons que tu es
venu de Dieu. » 31 Jésus leur répond : « Vous
croyez maintenant ? 32 Eh bien ! Le moment
arrive, et il est déjà là, où vous partirez de
tous les côtés, chacun pour soi, et vous me
laisserez seul. Pourtant je ne suis pas seul,
parce que le Père est avec moi. 33 Je vous ai
dit cela pour que par moi, vous ayez la paix.
Dans le monde, vous allez souffrir. Mais soyez
courageux : j'ai vaincu le monde. »

Jésus prie pour ses disciples

17 1 Après que Jésus a dit cela, il lève les
yeux vers le *ciel et il prie : « Père, le
moment est arrivé. Donne de la *gloire à ton
Fils, pour que ton Fils te donne de la gloire.
2 Tu lui as donné le pouvoir sur tous les êtres
humains. Alors il donnera la vie pour toujours
à tous ceux que tu lui as donnés. 3 Et la vie
pour toujours, c'est te connaître, toi, le seul
vrai Dieu, et connaître celui que tu as envoyé,
Jésus-Christ. 4 Je t'ai donné de la gloire sur la
terre et j'ai fini tout ce que tu m'as donné à
faire. 5 Maintenant, Père, donne-moi cette
gloire que j'avais auprès de toi avant que le
monde existe.
6 « J'ai fait connaître ton nom aux hommes.
Tu les as pris dans le monde pour me les donner. Ils étaient à toi, tu me les as donnés, et ils
ont obéi à ta parole. 7 Maintenant, tout ce que
tu m'as donné, ils savent que cela vient de toi.
8 En effet, je leur ai donné les paroles que tu
m'as données. Ils les ont reçues, ils savent
vraiment que je suis venu de toi et ils croient
que tu m'as envoyé.
9 « Moi, je prie pour eux. Je ne prie pas pour
le *monde, mais je prie pour ceux que tu m'as
donnés. Oui, ils sont à toi. 10 Tout ce qui est à
moi est à toi. De même, tout ce qui est à toi est
à moi, et ma gloire apparaît en eux.
11 « Maintenant, je ne suis plus dans le
monde, mais eux, ils sont dans le monde. Et
moi, je vais auprès de toi. Père *saint, garde-
les par la force de ton nom, le nom que tu
m'as donné. Ainsi, ils seront un, comme toi
et moi, nous sommes un. 12 Quand j'étais
avec eux, je les ai gardés par la force de ton
nom, le nom que tu m'as donné. Je les ai protégés, et aucun d'eux ne s'est perdu, sauf celui
qui devait se perdre. Ainsi ce qui est écrit dans
les Livres Saints s'est réalisé.
13 « Maintenant, Père, je vais auprès de toi.
Mais, je dis ces paroles dans le monde, pour
qu'ils aient en eux-mêmes ma joie, une joie to-

tale. 14 Moi, je leur ai donné ta parole, et le monde les a détestés. En effet, ils n'appartiennent pas au monde, comme moi, je n'appartiens pas au monde. 15 Je ne te demande pas de les retirer du monde mais je te demande de les protéger du Mauvais[z]. 16 Ils n'appartiennent pas au monde, comme moi, je n'appartiens pas au monde. 17 Fais qu'ils soient entièrement à toi par la vérité. Ta parole est la vérité. 18 Tu m'as envoyé dans le monde, de la même façon, je les envoie dans le monde. 19 Pour eux, je m'offre moi-même entièrement à toi. Alors, ils seront, eux aussi, entièrement à toi par la vérité.

20 « Je ne prie pas seulement pour mes *disciples. Je prie aussi pour ceux qui croiront en moi à cause de leur parole. 21 Que tous soient un ! Père, tu vis en moi et je vis en toi. De la même façon, que tous soient un en nous, ainsi le monde croira que tu m'as envoyé.

22 « Et moi, je leur ai donné la gloire que tu m'as donnée. Alors ils seront un, comme nous sommes un, 23 moi en eux et toi en moi, ainsi ils seront parfaitement un. Alors le monde saura que tu m'as envoyé, et que tu les aimes comme tu m'aimes.

24 « Père, tu me les as donnés. Je veux qu'ils soient, eux aussi, avec moi, là où je vais. De cette façon, ils verront ma gloire, la gloire que tu m'as donnée. En effet, tu m'as aimé avant la création du monde. 25 Père *juste, le monde ne t'a pas connu, mais moi, je t'ai connu, et mes disciples ont reconnu que tu m'as envoyé. 26 Je leur ai fait connaître ton nom et je vais encore te faire connaître à eux. Ainsi, l'amour que tu as pour moi sera en eux, et moi aussi, je serai en eux. »

Les soldats arrêtent Jésus

18 1 Après que Jésus a dit cela, il part avec ses *disciples, de l'autre côté du torrent du Cédron. Là, il y a un jardin où il entre avec ses disciples. 2 Judas, celui qui va livrer Jésus, connaît cet endroit. En effet, Jésus est souvent venu là avec ses disciples. 3 Judas conduit une troupe de soldats et des gardes du temple. Ils viennent de la part des chefs des *prêtres et des *Pharisiens. Ils arrivent dans le jardin avec des torches, des lampes et des armes. 4 Jésus sait tout ce qui va lui arriver. Il s'avance et leur demande : « Qui cherchez-vous ? » 5 Les soldats lui répondent : « Jésus de Nazareth. » Il leur dit : « C'est moi. »

Avec les soldats, il y a aussi Judas, celui qui livre Jésus. 6 Au moment où Jésus leur dit : « C'est moi », les soldats reculent et tombent par terre. 7 Il leur demande une deuxième fois : « Qui cherchez-vous ? » Ils lui disent : « Jésus de Nazareth. » 8 Jésus leur répond : « Je vous l'ai dit, c'est moi. Si c'est moi que vous cherchez, laissez partir ceux-là ! »

9 De cette façon, ce que Jésus a annoncé se réalise : « Père, je n'ai perdu aucun de ceux que tu m'as donnés. » 10 Simon-Pierre porte une *épée. Il la sort de son étui, il frappe le serviteur du *grand-prêtre et lui coupe l'oreille droite. Ce serviteur s'appelle Malkus. 11 Mais Jésus dit à Pierre : « Remets ton épée dans son étui. La *coupe de souffrance que le Père m'a donnée, est-ce que je ne vais pas la boire ? »

12 Alors, la troupe des soldats, leur commandant et les gardes des chefs juifs arrêtent Jésus et ils l'attachent avec des cordes.

Les soldats emmènent Jésus chez Hanne

13 Ils emmènent d'abord Jésus chez Hanne[a]. Hanne est le beau-père de Caïphe, et cette année-là, Caïphe est le *grand-prêtre. 14 C'est Caïphe qui a donné ce conseil aux chefs juifs : « Il vaut mieux qu'un seul homme meure pour le peuple. »

Pierre affirme qu'il n'est pas disciple de Jésus

15 Simon-Pierre et un autre *disciple suivent Jésus. Le *grand-prêtre connaît cet autre

---

z **17.15** *Le Mauvais est un des noms de l'esprit du mal.*

a **18.13** *Hanne a été grand-prêtre de 6 à 15 après J.-C. Il a ensuite gardé son titre et une grande influence au Tribunal religieux.*

disciple, c'est pourquoi celui-ci entre avec Jésus dans la cour du grand-prêtre. 16 Mais Pierre reste dehors, près de la porte. Alors l'autre disciple, celui que le grand-prêtre connaît, sort de la cour. Il parle à la femme qui garde la porte et il fait entrer Pierre. 17 La servante qui garde la porte dit à Pierre : « Tu es bien un des disciples de cet homme, toi aussi ? » Pierre lui répond : « Non. Pas du tout ! »

18 Il fait froid, les serviteurs et les gardes du temple ont allumé un feu. Ils sont là et ils se chauffent. Pierre est avec eux et il se chauffe aussi.

Hanne, le grand-prêtre, interroge Jésus

19 Le *grand-prêtre pose des questions à Jésus sur ses *disciples et sur ce qu'il enseigne. 20 Jésus lui répond : « J'ai parlé à tout le monde en public. J'ai toujours enseigné dans les maisons de prière et dans le temple, là où tous les Juifs se rassemblent. Je n'ai rien dit en secret. 21 Pourquoi est-ce que tu m'interroges ? Ce que j'ai dit, demande-le à ceux qui m'ont écouté. Ils savent bien ce que j'ai dit. »

22 Quand Jésus dit cela, un des gardes du temple qui est là lui donne une gifle. Il lui dit : « C'est de cette façon que tu réponds au grand-prêtre ? » 23 Jésus dit au garde : « Si j'ai mal parlé, montre ce que j'ai dit de mal. Mais si j'ai bien parlé, pourquoi est-ce que tu me frappes ? »

24 Alors Hanne envoie Jésus chez Caïphe, le grand-prêtre. Jésus reste attaché.

Pierre dit encore qu'il n'est pas disciple de Jésus

25 Pendant ce temps, Simon-Pierre reste dans la cour, il se chauffe. On lui dit : « Tu es bien un des *disciples de cet homme, toi aussi ? » Pierre répond : « Non, ce n'est pas vrai ! » 26 Il y a là un serviteur du *grand-prêtre. C'est à quelqu'un de sa famille que Pierre a coupé l'oreille. Ce serviteur dit à Pierre : « C'est bien toi que j'ai vu avec Jésus dans le jardin ? » 27 Mais Pierre dit encore une fois : « Non, ce n'est pas moi ! » Et au même moment, un coq se met à chanter.

Pilate interroge Jésus

28 Ensuite, les soldats emmènent Jésus de chez Caïphe au palais du gouverneur romain. C'est le matin très tôt. Les chefs juifs n'entrent pas dans le palais. Ils veulent rester *purs et pouvoir manger le repas de la *Pâque. 29 C'est pourquoi le gouverneur Pilate sort du palais. Il vient les trouver et il leur demande : « De quoi accusez-vous cet homme ? » 30 Les chefs lui répondent : « Si nous t'avons livré cet homme, c'est qu'il a fait du mal. » 31 Alors Pilate leur dit : « Prenez-le vous-mêmes et jugez-le d'après votre *loi. » Ils lui répondent : « Nous n'avons pas l'autorisation de faire mourir quelqu'un. »

32 De cette façon, la parole que Jésus a dite peut se réaliser. En effet, il a déjà indiqué de quelle mort il allait mourir. 33 Pilate rentre donc dans le palais. Il fait venir Jésus et lui dit : « Est-ce que tu es le roi des Juifs ? » 34 Jésus lui répond : « Pourquoi est-ce que tu demandes cela ? Est-ce que tu as pensé à cela toi-même, ou est-ce que d'autres te l'ont dit de moi ? » 35 Pilate lui dit : « Est-ce que je suis juif, moi ? Les gens de ton peuple et les chefs des *prêtres t'ont livré à moi. Qu'est-ce que tu as fait ? » 36 Jésus lui répond : « Mon royaume n'appartient pas à ce monde. Si mon royaume appartenait à ce monde, j'aurais des gens sous mes ordres. Ils auraient lutté pour qu'on ne me livre pas aux chefs juifs. Mais non, mon royaume n'est pas d'ici. » 37 Pilate lui demande : « Donc, tu es roi ? » Jésus lui répond : « C'est toi qui le dis. Moi, je suis né et je suis venu dans le monde pour rendre *témoignage à la vérité. Tous ceux qui appartiennent à la vérité écoutent mes paroles. » 38 Pilate dit à Jésus : « Qu'est-ce que la vérité ? »

Après que Pilate a dit ces mots, il sort de nouveau du palais. Il va trouver ceux qui accusent Jésus et leur dit : « Moi, je ne trouve aucune raison de condamner cet homme. 39 Votre coutume veut que je vous libère un prisonnier pour la fête de la Pâque. Est-ce que vous voulez que je vous libère le roi des Juifs ? » 40 Alors ils se mettent à crier : « Non ! Pas celui-là, mais Barabbas ! » Pourtant, ce Barabbas est un bandit.

19 1 Alors Pilate commande d'emmener
Jésus et de le frapper à coups de fouet.
2 Les soldats tressent une couronne avec des
branches épineuses. Et, pour se moquer de
Jésus, ils la posent sur sa tête. Ils lui mettent
aussi un vêtement de chef en beau tissu rouge.
3 Ils s'approchent de lui et lui disent : « Salut,
roi des Juifs ! » Et ils lui donnent des gifles.
4 Pilate sort encore une fois et dit aux Juifs :
« Écoutez ! Je vais vous amener Jésus dehors.
Ainsi, vous comprendrez que je ne trouve aucune raison de le condamner. » 5 Alors Jésus
sort. Il porte la couronne d'épines et le
vêtement rouge. Pilate leur dit : « Voici
l'homme ! »
6 Quand les chefs des *prêtres et les gardes
du temple voient Jésus, ils se mettent à crier :
« Cloue-le sur une croix ! Sur une croix ! »
Pilate leur dit : « Prenez-le vous-mêmes et
clouez-le sur une croix. Moi, je ne trouve aucune raison de le condamner. » 7 La foule lui
répond : « Nous avons une *loi, et d'après
cette loi, il doit mourir. En effet, il a dit qu'il
était le Fils de Dieu. »
8 Quand Pilate entend ces mots, il a encore
plus peur. 9 Il rentre dans le palais et il demande à Jésus : « D'où viens-tu ? » Mais Jésus
ne lui répond pas. 10 Alors Pilate lui dit : « Tu
ne veux pas me parler, à moi ? Tu ne sais
donc pas que j'ai le pouvoir de te libérer et
que j'ai aussi le pouvoir de te clouer sur une
croix ? » 11 Jésus lui répond : « Tu n'as sur
moi aucun pouvoir, sauf celui que Dieu te
donne. C'est pourquoi celui qui m'a livré à
toi est plus coupable que toi. »
12 À partir de ce moment, Pilate cherche à
libérer Jésus, mais la foule se met à crier :
« Si tu libères cet homme, tu n'es pas un
ami de l'empereur ! Tous ceux qui disent :
"Je suis roi" sont des ennemis de l'empereur ! » 13 Quand Pilate entend ces mots, il
fait amener Jésus dehors. Il s'assoit sur un
siège, à l'endroit appelé « Cour pavée », qu'on
appelle en hébreu « Gabbata ».
14 C'est la veille de la fête de la *Pâque, vers
midi. Pilate dit aux Juifs : « Voici votre roi. »
15 Mais ils se mettent à crier : « À mort ! À
mort ! Cloue-le sur une croix ! » Pilate leur
dit : « Est-ce que je vais clouer votre roi sur
une croix ? » Les chefs des prêtres répondent :
« Notre seul roi, c'est l'empereur ! » 16 Alors il
leur livre Jésus pour qu'on le cloue sur une
croix.

Les soldats clouent Jésus sur une croix

On emmène donc Jésus. 17 Il sort de la ville,
en portant lui-même sa croix. Il va vers un
endroit appelé « Le lieu du Crâne », qu'on
appelle en hébreu « Golgotha ». 18 Là, les
soldats clouent Jésus sur la croix. Ils clouent
aussi deux autres hommes sur des croix,
l'un à la droite de Jésus, l'autre à sa gauche.
19 *Pilate a donné l'ordre de faire une pancarte et de la fixer sur la croix. Il a fait écrire
dessus : « Jésus de Nazareth, le roi des Juifs ».
20 Beaucoup de Juifs lisent cette pancarte. En
effet, l'endroit où on a mis Jésus sur la croix
est près de la ville, et la pancarte est écrite
en hébreu, en latin et en grec. 21 Les chefs
des *prêtres disent à Pilate : « Ne laisse pas
ce qui est écrit : "Le roi des Juifs". Mais fais
écrire : "Cet homme a dit : Je suis le roi des
Juifs." » 22 Pilate leur répond : « Ce que j'ai
écrit, je le laisse écrit. »
23 Quand les soldats ont cloué Jésus sur la
croix, ils prennent ses habits. Ils en font quatre parts, une pour chaque soldat. Ils prennent
aussi son grand vêtement. C'est un vêtement
sans couture, il est tissé d'un seul morceau, de
haut en bas. 24 Les soldats se disent entre eux :
« Ne le déchirons pas. Mais *tirons au sort
pour savoir qui aura ce vêtement. »
Ainsi, ce qui est écrit dans les Livres Saints
se réalise :

« Entre eux, ils ont partagé mes habits.
Et ils ont tiré au sort
pour savoir qui aura mon vêtement. »[b]

Voilà ce que les soldats ont fait.
25 Près de la croix de Jésus, il y avait sa
mère, la sœur de sa mère, Marie la femme
de Clopas et Marie de Magdala. 26 Jésus voit
sa mère. Il voit, auprès d'elle, le *disciple qu'il

---

b **19.24** *Psaume 22.19.*

aime. Jésus dit : « Mère, voici ton fils. » 27 Ensuite il dit au disciple : « Voici ta mère. » Alors, à partir de ce moment, le disciple prend Marie chez lui.

La mort de Jésus

28 Après cela, Jésus sait que tout est fini. Tout ce qu'on lit dans les Livres Saints doit arriver. C'est pourquoi Jésus dit : « J'ai soif.[c] » 29 Il y a là un récipient plein de vinaigre. Les soldats trempent une éponge dans le vinaigre, ils mettent l'éponge au bout d'une branche d'hysope[d] et ils l'approchent de la bouche de Jésus. 30 Jésus prend le vinaigre. Ensuite il dit : « Tout est fini. » Il baisse la tête et il meurt.

Un soldat perce le côté de Jésus

31 C'est le jour où on prépare le *sabbat. Les chefs juifs ne veulent pas que les corps restent sur les croix pendant le sabbat. En effet, ce sabbat est un jour particulièrement important[e]. Ils vont donc demander à *Pilate : « Fais-leur casser les jambes et fais enlever les corps ! » 32 Les soldats viennent auprès des hommes mis en croix avec Jésus. Ils cassent les jambes du premier, puis celles du deuxième. 33 Quand ils arrivent auprès de Jésus, ils voient qu'il est déjà mort. Alors ils ne lui cassent pas les jambes, 34 mais un des soldats perce le côté de Jésus avec sa lance. Du sang et de l'eau en sortent aussitôt. 35 Celui qui vous dit cela a été *témoin de ce qui s'est passé, et son témoignage est vrai. Celui-là sait qu'il dit la vérité. De cette façon, vous aussi, vous pourrez croire. 36 Tout cela est arrivé pour réaliser ce que les Livres Saints ont annoncé : « Aucun de ses os ne sera brisé. »[f] 37 On lit aussi dans les Livres Saints :

« Ils regarderont
celui qu'ils ont transpercé. »[g]

Joseph et Nicodème mettent Jésus dans une tombe

38 Joseph, de la ville d'Arimathée, était un *disciple de Jésus, mais en secret. En effet, il avait peur des chefs juifs. Après la mort de Jésus, il va demander à *Pilate la permission d'emporter son corps. Pilate est d'accord. Alors Joseph arrive et il emporte le corps de Jésus. 39 Nicodème vient aussi. C'est lui qui était allé trouver Jésus pendant la nuit. Il apporte un mélange de myrrhe[h] et d'autres parfums qui pèse environ 30 kilos. 40 Joseph et Nicodème prennent le corps de Jésus. Ils l'enveloppent dans des bandes de tissu, en mettant le mélange de parfums. Chez les Juifs, c'est la coutume pour enterrer les morts. 41 À l'endroit où on a cloué Jésus sur une croix, il y a un jardin. Dans ce jardin, il y a une tombe neuve, où on n'a jamais enterré personne. 42 C'est le jour où les Juifs préparent le *sabbat, et la tombe est toute proche. C'est pourquoi Joseph et Nicodème mettent Jésus dans cette tombe.

La tombe vide

20 1 Le dimanche matin, très tôt, Marie de Magdala part vers la tombe. Il fait encore nuit. Il y avait une grosse pierre à l'entrée et Marie voit qu'on l'a enlevée. 2 Alors elle part en courant, elle va trouver Simon-Pierre et l'autre *disciple, celui que Jésus aimait. Elle leur dit : « On a enlevé le Seigneur de la tombe, et nous ne savons pas où on l'a mis ! »

3 Pierre et l'autre disciple partent, ils vont vers la tombe. 4 Ils courent tous les deux ensemble, mais l'autre disciple court plus vite

---

c **19.28** *Voir Psaumes 22.16 ; 69.22.*

d **19.29** *L'hysope est une petite plante de bonne odeur. Elle était utilisée dans les cérémonies de purification.*

e **19.31** *Ce sabbat a lieu pendant une période de fête, sans doute celle de la Pâque.*

f **19.36** *Voir Exode 12.46 ; Nombres 9.12 ; Psaume 34.21.*

g **19.37** *Voir Zakarie 12.10.*

h **19.39** *La myrrhe est un parfum précieux tiré d'une plante. Les Juifs, comme d'autres peuples, répandaient de la myrrhe sur le corps des morts avant de les enterrer.*

que Pierre et il arrive le premier à la tombe. 5 Il se penche et il voit les bandes de tissu posées par terre, mais il n'entre pas. 6 Simon-Pierre arrive après lui. Il entre dans la tombe, il regarde les bandes de tissu posées par terre. 7 Il regarde aussi le linge qu'on avait mis sur la tête de Jésus. Ce linge n'est pas posé avec les bandes de tissu, il est enroulé à part, à un autre endroit. 8 Alors l'autre disciple, celui qui est arrivé le premier à la tombe, entre, lui aussi. Il voit et il croit. 9 En effet, les disciples n'avaient pas encore compris ce que les Livres Saints annonçaient : Jésus doit se relever de la mort. 10 Ensuite les deux disciples retournent chez eux.

Jésus se montre à Marie de Magdala

11 Marie est restée dehors, près de la tombe, et elle pleure. En pleurant, elle se penche vers la tombe, 12 elle voit deux *anges habillés avec des vêtements blancs. Ils sont assis à l'endroit où on avait mis le corps de Jésus, l'un à la place de la tête, et l'autre à la place des pieds. 13 Les anges demandent à Marie : « Pourquoi est-ce que tu pleures ? » Elle leur répond : « On a enlevé mon Seigneur, et je ne sais pas où on l'a mis. »

14 En disant cela, elle se retourne et elle voit Jésus qui est là. Mais elle ne sait pas que c'est Jésus. 15 Jésus lui demande : « Pourquoi est-ce que tu pleures ? Qui cherches-tu ? » Marie croit que c'est le jardinier. Alors elle lui dit : « Si c'est toi qui as emporté le corps de Jésus, dis-moi où tu l'as mis, et j'irai le prendre. » 16 Jésus lui dit : « Marie ! » Elle le reconnaît et lui dit en hébreu : « Rabbouni ! » Cela veut dire : Maître.

17 Jésus lui dit : « Ne me retiens pas ! En effet, je ne suis pas encore monté vers le Père. Mais va trouver mes frères et dis-leur de ma part : "Je monte vers mon Père. Il est aussi votre Père. Je monte vers mon Dieu. Il est aussi votre Dieu." »

18 Alors Marie de Magdala va annoncer aux disciples : « J'ai vu le Seigneur. » Et elle leur raconte ce qu'il a dit.

Jésus se montre à ses disciples

19 Le soir de ce même dimanche, les *disciples sont réunis dans une maison. Ils ont fermé les portes à clé parce qu'ils ont peur des chefs juifs. Jésus vient et se tient au milieu d'eux. Il leur dit : « La paix soit avec vous ! »

20 Après qu'il a dit cela, il leur montre ses mains et son côté. Les disciples sont remplis de joie en voyant le Seigneur. 21 Jésus leur dit encore une fois : « La paix soit avec vous ! Comme le Père m'a envoyé, moi aussi, je vous envoie. »

22 Après ces paroles, il souffle sur eux et il leur dit : « Recevez l'Esprit Saint. 23 Quand vous pardonnerez les péchés à quelqu'un, Dieu donnera son pardon. Quand vous refuserez ce pardon à quelqu'un, Dieu le refusera aussi. »

Jésus se montre à Thomas

24 Quand Jésus est venu dans la maison, Thomas appelé le Jumeau, l'un des douze *apôtres, n'était pas avec eux. 25 Les autres *disciples lui disent : « Nous avons vu le Seigneur ! » Mais Thomas leur répond : « Je veux voir la marque des clous dans ses mains. Je veux mettre mon doigt à la place des clous, et je veux mettre ma main dans son côté. Sinon, je ne croirai pas. »

26 Le dimanche suivant, les disciples sont de nouveau réunis dans la maison, Thomas est avec eux. Ils ont fermé les portes à clé. Jésus vient et il se tient au milieu d'eux. Il leur dit : « La paix soit avec vous ! » 27 Ensuite il dit à Thomas : « Avance ton doigt ici et regarde mes mains. Avance ta main et mets-la dans mon côté. Arrête de douter et crois. » 28 Thomas lui répond : « Mon Seigneur et mon Dieu ! » 29 Jésus lui dit : « Tu crois parce que tu m'as vu. Ils sont heureux, ceux qui n'ont pas vu et qui croient. »

Pourquoi ce livre ?

30 Devant ses *disciples, Jésus a encore fait beaucoup d'autres *signes étonnants, mais on ne les a pas racontés dans ce livre. 31 Ceux qu'on a racontés ici vous permettent de croire que Jésus est le *Messie, le Fils de Dieu. Alors, si vous croyez, vous aurez la vie par lui.

Jésus au bord du lac de Tibériade

21 1 Après cela, Jésus se montre encore à
ses *disciples, au bord du lac de Tibériade. Voici comment il se montre à eux.
2 Simon-Pierre, Thomas appelé le Jumeau, Nathanaël qui est du village de Cana en Galilée,
les fils de Zébédée et deux autres disciples
sont ensemble. 3 Simon-Pierre leur dit : « Je
vais à la pêche. » Ils lui disent : « Nous aussi,
nous venons avec toi. »

Ils partent et ils montent dans la barque,
mais cette nuit-là, ils ne prennent rien.
4 Quand il commence à faire jour, Jésus se
tient au bord de l'eau, mais les disciples ne savent pas que c'est Jésus. 5 Jésus leur dit : « Eh,
les enfants, est-ce que vous avez du poisson ? »
Ils lui répondent : « Non. » 6 Jésus leur dit :
« Jetez le filet à droite de la barque, et vous
trouverez. » Ils le jettent et ils prennent tellement de poissons qu'ils ne peuvent plus tirer
le filet de l'eau. 7 Alors le disciple que Jésus
aime dit à Pierre : « C'est le Seigneur ! »

Quand Simon-Pierre entend : « C'est le Seigneur », il met son vêtement de dessus, parce
qu'il l'avait enlevé, et il se jette dans l'eau.
8 Les autres disciples reviennent avec la
barque, en tirant le filet plein de poissons.
Ils ne sont pas très loin du bord, à 100 mètres
environ. 9 Ils descendent à terre et là, ils
voient un feu avec du poisson dessus et du
pain. 10 Jésus leur dit : « Apportez donc quelques poissons que vous venez de prendre. »

11 Simon-Pierre monte dans la barque et il
tire sur la terre le filet plein de 153 gros poissons. Le filet ne se déchire pas, pourtant, il y a
beaucoup de poissons. 12 Jésus dit aux disciples : « Venez manger ! » Aucun des disciples
n'ose lui demander : « Qui es-tu ? » Ils savent
bien que c'est le Seigneur. 13 Jésus s'approche.
Il prend le pain et le donne aux disciples. Il
leur donne aussi du poisson. 14 C'est la troisième fois que Jésus se montre aux disciples
depuis qu'il s'est réveillé de la mort.

Jésus et Pierre

15 Après le repas, Jésus demande à Simon-
Pierre : « Simon, fils de Jean, est-ce que tu
as plus d'amour pour moi que ceux-ci ? »
Pierre lui répond : « Oui, Seigneur, tu sais
que je t'aime. » Jésus lui dit : « Prends soin
de mes agneaux. » 16 Une deuxième fois, Jésus lui demande : « Simon, fils de Jean, est-
ce que tu m'aimes ? » Pierre lui répond :
« Oui, Seigneur, tu sais que je t'aime. » Jésus
lui dit : « Sois le berger de mes moutons. »
17 Une troisième fois, Jésus lui demande : « Simon, fils de Jean, est-ce que tu m'aimes ? »
Pierre est triste parce que Jésus lui demande
une troisième fois : « Est-ce que tu m'aimes ? » Et il dit à Jésus : « Seigneur, tu sais
tout, tu sais bien que je t'aime. » Jésus lui
dit : « Prends soin de mes moutons. 18 Oui,
je te le dis, c'est la vérité : quand tu étais
jeune, tu mettais toi-même ta ceinture et tu
allais où tu voulais. Quand tu seras vieux,
tu étendras les mains. Un autre te mettra ta
ceinture et il te conduira là où tu ne veux
pas. » 19 Par ces paroles, Jésus annonce de
quelle façon Pierre va mourir et donner de
la *gloire à Dieu. Ensuite Jésus dit à Pierre :
« Suis-moi ! »

Jésus et le disciple qu'il aime

20 Pierre se retourne et il voit derrière eux
le *disciple que Jésus aime. Pendant le repas,
ce disciple s'était penché vers Jésus. Il lui avait
demandé : « Seigneur, quel est celui qui va te
livrer ? » 21 Pierre voit ce disciple et il demande à Jésus : « Seigneur, et lui ? Qu'est-ce
qui va lui arriver ? » 22 Jésus lui répond : « Si
je veux qu'il vive jusqu'à ce que je vienne,
qu'est-ce que cela peut te faire ? Toi, suis-
moi ! » 23 Alors on a raconté dans la communauté que ce disciple n'allait pas mourir. Pourtant Jésus n'avait pas dit : « Il ne va pas
mourir. » Mais il avait dit : « Si je veux qu'il
vive jusqu'à ce que je vienne, qu'est-ce que
cela peut te faire ? »

24 C'est ce disciple qui est *témoin pour toutes ces choses et qui les a écrites. Et nous le
savons, son témoignage est vrai.

25 Jésus a encore fait beaucoup d'autres choses. Si on les écrivait toutes l'une après l'autre, à mon avis, le monde entier ne pourrait
pas contenir les livres qu'on écrirait.

Actes des Apôtres

INTRODUCTION

Le livre des Actes des Apôtres est la suite de la Bonne Nouvelle selon Luc. Il raconte comment les apôtres, c'est-à-dire les envoyés de Jésus, ont répandu son message. Ils l'ont annoncé d'abord à Jérusalem, puis dans les régions voisines, et ensuite dans les pays qui entourent la mer Méditerranée. Ils ont ainsi réalisé ***la mission*** *que Jésus leur a donnée (Luc 24.47-48 et Actes 1.8).*

• *Au début du livre des Actes, Jésus monte au ciel auprès de Dieu (1.9). Maintenant, il n'est plus présent de la même manière, mais il envoie aux apôtres l'Esprit Saint, qui vient de Dieu (chapitre 2). Cet Esprit leur permet d'annoncer les grandes choses que Dieu réalise. D'un bout à l'autre du livre des Actes, l'Esprit Saint conduit de nouveaux croyants vers Jésus.*

• *Jusqu'au chapitre 12,* ***l'apôtre Pierre*** *est le personnage le plus important dans le récit du livre des Actes.*

Les disciples de Jésus sont des Juifs. Ils continuent à aller au temple de Jérusalem et ils parlent de leur maître. Mais tout comme Jésus, ils ont des difficultés avec les chefs religieux (chapitres 3 à 8).

Les croyants vont alors un peu partout en Judée, en Samarie et au-delà. Ils annoncent la Bonne Nouvelle également à ceux qui ne sont pas juifs (chapitres 8 à 12). Cela est une grande nouveauté. En ce temps-là, seuls les Juifs connaissaient le Dieu unique. Ils pensaient que les gens d'une autre religion ne pouvaient pas le connaître. Mais Jésus-Christ permet à tous les êtres humains d'être en relation avec Dieu. Des communautés chrétiennes, ou Églises, naissent. Elles sont de plus en plus nombreuses, et elles sont composées de Juifs et de non-Juifs.

• *À partir du chapitre 13,* ***l'apôtre Paul*** *prend la suite de Pierre dans le récit du livre des Actes. Paul a été appelé par Jésus-Christ (chapitre 9). L'Église d'Antioche de Syrie le choisit avec d'autres compagnons pour annoncer la Bonne Nouvelle de Jésus au loin. Les chapitres 13 à 28 racontent ses voyages missionnaires. Ils disent comment l'Évangile se répand autour de la Méditerranée et jusqu'à Rome, la capitale de l'empire.*

La Bonne Nouvelle de Jésus-Christ selon Luc présente le temps de Jésus. Avec le livre des Actes des Apôtres, ***le temps de l'Église*** *commence. C'est le temps où les croyants chrétiens annoncent toujours et partout le message de Jésus, le Christ. Ils l'annoncent aux gens de toutes cultures et de toutes religions, aux petits et aux grands, aux riches et aux pauvres.*

Luc présente son livre

1 1 Cher Théophile, dans mon premier livre, j'ai raconté tout ce que Jésus a fait et enseigné depuis le début 2 jusqu'au jour où il est monté au *ciel. Il a choisi des hommes comme *apôtres, et avant de monter au ciel, il leur a donné ses commandements par la force de l'Esprit Saint.

Jésus promet l'Esprit Saint

3 Après sa mort, Jésus se présente à ses *apôtres, et il leur prouve de plusieurs façons qu'il est bien vivant. Pendant 40 jours, il se montre à eux et il leur parle du *Royaume de Dieu. 4 Un jour, pendant qu'il mange avec eux, il leur donne cet ordre : « Ne quittez pas Jérusalem, mais attendez ce que le Père a promis. Moi-même, je vous l'ai déjà annoncé : 5 Jean a baptisé avec de l'eau, mais vous, dans quelques jours, vous serez baptisés dans l'Esprit Saint. »

Jésus monte au ciel

6 Les *apôtres sont donc réunis avec Jésus et ils lui demandent : « Seigneur, est-ce maintenant que tu vas rétablir le royaume *d'Israël ? » 7 Jésus leur répond : « Vous n'avez pas besoin de connaître le temps et le moment où ces choses doivent arriver. C'est mon Père qui décide cela, lui seul a le pouvoir de le faire. 8 Mais vous allez recevoir une force, celle de l'Esprit Saint qui descendra sur vous. Alors vous serez mes *témoins à Jérusalem, dans toute la Judée et la Samarie, et jusqu'au bout du monde. »

9 Après que Jésus a dit cela, il monte au *ciel sous les yeux de ses apôtres. Ensuite, un nuage le cache, et ils ne le voient plus.

10 Mais pendant que Jésus s'éloigne, les apôtres continuent à regarder le ciel. Tout à coup, deux hommes en vêtements blancs sont à côté d'eux. 11 Ils disent aux apôtres : « Hommes de Galilée, vous restez là à regarder le ciel. Pourquoi donc ? Jésus vous a quittés pour aller vers le ciel. Et il reviendra de la même façon que vous l'avez vu aller vers le ciel. »

Le groupe des apôtres

12 Alors les *apôtres quittent la colline appelée « mont des Oliviers » et ils retournent à Jérusalem. Ce n'est pas très loin, à un kilomètre environ. 13 Quand ils arrivent à Jérusalem, ils vont dans une pièce, en haut d'une maison, c'est là qu'ils ont l'habitude de se réunir. Il y a Pierre, Jean, Jacques et André, Philippe et Thomas, Barthélemy et Matthieu, Jacques le fils d'Alphée, Simon le nationaliste[a] et Jude le fils de Jacques. 14 Tous prient fidèlement d'un seul cœur. Avec eux, il y a quelques femmes, Marie la mère de Jésus, et les frères de Jésus.

Matthias remplace Judas

15 Un jour, les croyants sont réunis, ils sont à peu près 120. Pierre se lève au milieu d'eux et il dit : 16 « Frères, ce que le Saint-Esprit a annoncé dans les Livres Saints, cela devait se réaliser. Par la bouche de David, le Saint-Esprit a parlé de Judas. Ce Judas est devenu le guide de ceux qui ont arrêté Jésus. 17 Pourtant il faisait partie de notre groupe *d'apôtres et il avait reçu sa part de travail comme nous. 18 Avec l'argent qu'on lui a donné pour son crime, Judas a acheté un champ, et là, il est tombé en avant. Son ventre s'est ouvert et tous ses intestins sont sortis. 19 Tous les habitants de Jérusalem ont appris cela. C'est pourquoi, dans leur langue, ils ont appelé ce champ "Hakeldama", c'est-à-dire "le champ du sang".

20 « Dans le livre des Psaumes, on lit :
"Que sa maison devienne vide,
et que personne ne l'habite."
« On lit aussi :
"Un autre homme
doit le remplacer dans son travail."[b]

21 « Des hommes nous ont accompagnés pendant tout le temps où le Seigneur Jésus a

---

a **1.13** *À l'époque de Jésus, les nationalistes étaient des Juifs qui résistaient aux Romains en luttant pour l'indépendance de leur pays.*

b **1.20** *Voir Psaumes 69.26 et 109.8.*

marché avec nous : 22 depuis que Jean l'a baptisé jusqu'au jour où il est monté au *ciel. Il
faut donc qu'un de ces hommes devienne
avec nous *témoin que Jésus s'est relevé de
la mort. »
23 Alors on en présente deux : Joseph, appelé Barsabbas, appelé aussi Justus, et Matthias. 24 Les croyants se mettent à prier en
disant : « Seigneur, tu connais le cœur de
tous, montre-nous lequel de ces deux hommes
tu choisis. 25 Il sera apôtre et il prendra le travail que Judas a laissé pour aller à la place qui
est la sienne. »
26 Ensuite, on *tire au sort pour savoir qui le
Seigneur va choisir. C'est Matthias qui est
choisi, et on l'ajoute au groupe des onze apôtres.

L'Esprit Saint vient sur les croyants

2 1 Quand le jour de la Pentecôte[c] arrive, les
croyants sont réunis tous ensemble au
même endroit. 2 Tout à coup un bruit vient
du *ciel. C'est comme le souffle d'un violent
coup de vent. Le bruit remplit toute la maison
où ils sont assis. 3 Alors ils voient apparaître
des langues, comme des langues de feu. Elles
se séparent et se posent sur chacun d'eux.
4 Tous sont remplis de l'Esprit Saint et ils se
mettent à parler d'autres langues. C'est l'Esprit qui leur donne de faire cela.
5 À Jérusalem, il y a des Juifs venus de tous
les pays du monde. Ce sont des gens fidèles à
Dieu. 6 Quand ils entendent ce bruit, ils se rassemblent en foule. Ils sont profondément surpris, parce que chacun entend les croyants
parler dans sa langue. 7 Ils sont très étonnés
et pleins d'admiration et ils disent : « Tous
ces gens qui parlent sont bien des Galiléens.
8 Alors, comment chacun de nous peut-il les
entendre parler dans la langue de ses parents ?
9 Nous venons du pays des Parthes, de Médie,
d'Élam, de *Mésopotamie, de Judée et de Cappadoce, du Pont et de la province d'Asie, 10 de
Phrygie, de Pamphylie. Nous venons aussi
d'Égypte, de la partie de la Libye qui est près
de Cyrène, de Rome, 11 de Crète et d'Arabie.
Parmi nous, certains sont juifs, et d'autres
aussi obéissent à la *loi de Moïse. Et pourtant,
chacun de nous les entend annoncer dans sa
langue les grandes choses que Dieu a faites. »
12 Ils sont tous très étonnés et ne savent pas
quoi penser. Ils se disent entre eux : « Qu'est-
ce que cela veut dire ? » 13 Mais d'autres se
moquent des croyants en disant : « Ils sont
complètement ivres ! »

Pierre parle à la foule

14 Alors Pierre, debout avec les onze *apôtres, se met à dire d'une voix forte : « Frères
juifs, et vous tous qui habitez à Jérusalem,
vous devez comprendre ce qui se passe. Écoutez bien ce que je vais dire. 15 Ces gens ne sont
pas ivres, comme vous le pensez. En effet, il
est seulement neuf heures du matin. 16 Mais
ce que le *prophète Joël a annoncé, cela arrive
maintenant. Voici ses paroles :
17 "Dieu dit : Dans les derniers jours,
je donnerai mon Esprit à tous.
Vos fils et vos filles parleront de ma part.
Je ferai voir des choses nouvelles à vos jeunes gens,
j'enverrai des rêves à vos vieillards.
18 Oui, en ces jours-là,
je donnerai mon Esprit
à mes serviteurs et à mes servantes,
et ils parleront de ma part.
19 Je ferai des choses extraordinaires
en haut dans le *ciel
et des choses étonnantes en bas sur la terre.
Il y aura du sang, du feu
et des nuages de fumée.
20 Le soleil deviendra sombre
et la lune sera rouge comme du sang.
Ensuite, le *jour du Seigneur viendra,
ce jour grand et magnifique.
21 Alors tous ceux qui feront appel au Seigneur
seront sauvés."[d]

---

c **2.1** *La Pentecôte est le nom grec de la fête des Moissons, qui avait lieu 50 jours après celle de la Pâque. Pour la communauté chrétienne cette fête deviendra la fête du don du Saint-Esprit.*

d **2.21** *Joël 3.1-5 cité d'après l'ancienne traduction grecque.*

22 « Frères israélites, écoutez ce que je vais
dire : Dieu vous a montré qui était Jésus de
Nazareth. En effet, au milieu de vous, Dieu
a fait par Jésus des miracles, des choses extraordinaires et étonnantes, vous le savez
bien. 23 Cet homme, on vous l'a livré. Dieu savait cela d'avance, et l'avait décidé. Vous avez
supprimé Jésus en le faisant clouer sur une
croix par des gens qui ne connaissaient pas
Dieu. 24 Mais Dieu l'a relevé en le délivrant
des douleurs de la mort. En effet, la mort
n'avait pas le pouvoir de le garder. 25 David a
parlé de Jésus en disant :

"Je voyais sans cesse le Seigneur devant
moi.
Oui, quand il est près de moi,
je ne tombe pas.
26 Alors mon cœur se réjouit
et ma bouche chante de joie.
Et même dans la tombe,
mon corps reposera plein d'espérance.
27 Non, tu ne m'abandonneras pas
dans le monde des morts,
tu ne laisseras pas ton ami fidèle
pourrir dans la tombe.
28 Tu m'as montré
les chemins qui conduisent à la vie,
tu me rempliras de joie par ta présence[e]." »

29 Pierre ajoute : « Frères, je peux vous le dire
très clairement : notre ancêtre David est mort,
on l'a enterré, et sa tombe est encore chez
nous aujourd'hui. 30 Mais David était prophète et il savait que Dieu lui avait fait ce serment :

"Je mettrai un de tes enfants
sur ton siège royal."[f]

31 « David avait prévu que le *Christ allait se
relever de la mort. En effet, il a dit :

"Dieu ne l'abandonnera pas
dans le monde des morts,
et son corps ne pourrira pas
dans la tombe."[g]

32 « Ce Jésus, Dieu l'a relevé de la mort,
nous en sommes tous *témoins. 33 Dieu l'a
fait monter jusqu'à sa droite, il a reçu du
Père l'Esprit Saint promis et il nous l'a donné.
Voilà ce que vous voyez et entendez maintenant. 34 David n'est pas monté au ciel, et pourtant il a dit :

"Le Seigneur déclare à mon Maître :
viens t'asseoir à ma droite,
35 je vais mettre tes ennemis sous tes pieds."[h]

36 « Tout le peuple *d'Israël doit donc le savoir de façon très sûre : ce Jésus que vous avez
cloué sur une croix, Dieu l'a fait Seigneur et
Christ. »

Trois mille personnes s'ajoutent au groupe des croyants

37 Quand les gens entendent cela, ils sont
très émus, ils demandent à Pierre et aux autres *apôtres : « Frères, qu'est-ce que nous devons faire ? » 38 Pierre leur répond : « Changez
votre vie ! Chacun de vous doit se faire baptiser au nom de Jésus-Christ. Ainsi, Dieu pardonnera vos péchés et il vous donnera
l'Esprit Saint. 39 En effet, la promesse de
Dieu est pour vous et pour vos enfants. Elle
est pour tous ceux qui sont loin, pour tous
ceux que le Seigneur notre Dieu appellera. »
40 Pierre parle encore longtemps pour les
persuader et les encourager. Il leur dit : « Les
gens d'aujourd'hui sont mauvais. Quittez-les,
et Dieu vous sauvera. »
41 Ceux qui acceptent la parole de Pierre se
font baptiser. Ce jour-là, à peu près 3 000 personnes s'ajoutent au groupe des croyants.

La vie des croyants

42 Régulièrement et fidèlement, les croyants
écoutent l'enseignement des *apôtres. Ils vivent comme des frères et des sœurs, ils partagent le pain[i] et ils prient ensemble. 43 Les
apôtres font beaucoup de choses extraordinai-

e **2.28** *Psaume 16.8-11 cité d'après l'ancienne traduction grecque.*
f **2.30** *Psaume 132.11.*
g **2.31** *Psaume 16.10.*
h **2.35** *Psaume 110.1.*
i **2.42** *Le partage du pain rappelle le dernier repas de Jésus avec ses disciples. Voir Luc 22.19.*

res et étonnantes, et les gens sont frappés de cela. 44 Tous les croyants sont unis et ils mettent en commun tout ce qu'ils ont. 45 Ils vendent leurs propriétés et leurs objets de valeur, ils partagent l'argent entre tous, et chacun reçoit ce qui lui est nécessaire. 46 Chaque jour, d'un seul cœur, ils se réunissent fidèlement dans le temple. Ils partagent le pain dans leurs maisons, ils mangent leur nourriture avec joie et avec un cœur simple. 47 Ils chantent la louange de Dieu, et tout le peuple les aime. Et chaque jour, le Seigneur ajoute à leur communauté ceux qui sont sauvés.

Pierre et Jean guérissent un infirme

3 1 Un jour, Pierre et Jean vont au temple pour la prière de trois heures de l'après-midi. 2 Près de la porte du temple appelée « la Belle Porte », il y a un homme infirme depuis sa naissance. Chaque jour, on l'apporte et on le dépose là. Il demande de l'argent à ceux qui entrent dans le temple. 3 L'infirme voit Pierre et Jean qui vont entrer, il leur demande de l'argent. 4 Pierre et Jean tournent les yeux vers lui et Pierre lui dit : « Regarde-nous ! » 5 L'homme les regarde avec attention. Il pense : « Ils vont me donner quelque chose. » 6 Pierre lui dit : « Je n'ai pas d'argent, je n'ai pas d'or, mais ce que j'ai, je te le donne : Au nom de Jésus-Christ de Nazareth, lève-toi et marche ! »

7 Pierre prend l'homme par la main droite pour l'aider à se lever. Aussitôt les pieds et les chevilles de l'infirme deviennent solides. 8 Il se lève d'un bond et se met à marcher. Il entre avec Pierre et Jean dans le temple, il marche, il saute, il chante la louange de Dieu. 9 Toute la foule le voit marcher et chanter la louange de Dieu. 10 Les gens le reconnaissent : c'est lui qui était assis à la Belle Porte du temple pour mendier. Alors ils sont effrayés et très étonnés à cause de ce qui est arrivé à l'infirme.

Pierre parle à la foule dans le temple

11 L'homme ne quitte plus Pierre et Jean. Toute la foule est très étonnée, elle court vers eux, le long des colonnes appelées « Colonnes de Salomon ». 12 En voyant cela, Pierre dit à la foule : « Frères israélites, ce qui est arrivé vous étonne ? Pourquoi donc ? Pourquoi est-ce que vous nous regardez de cette façon ? Vous avez l'air de penser : c'est Pierre et Jean qui ont fait marcher cet homme, parce qu'ils sont eux-mêmes puissants et fidèles à Dieu. Mais non ! 13 Le Dieu d'Abraham, d'Isaac et de Jacob, le Dieu de nos ancêtres, a donné de la *gloire à son serviteur Jésus. Vous, vous l'avez livré, vous l'avez rejeté devant *Pilate. Pourtant celui-ci avait décidé de le libérer. 14 Vous, vous avez rejeté celui qui est *saint et *juste et vous avez demandé que Pilate vous libère un assassin. 15 Vous avez fait mourir le maître de la vie, mais Dieu l'a réveillé de la mort, nous en sommes *témoins. 16 Maintenant, vous voyez cet homme et vous le connaissez : c'est le nom de Jésus qui l'a guéri parce que nous croyons en lui. C'est la foi en Jésus qui lui a donné toute la santé, devant vous tous.

17 « Pourtant, frères, je le sais bien, vous et vos chefs, vous avez agi de cette façon parce que vous ne saviez pas la vérité. 18 Mais Dieu a réalisé ainsi ce qu'il avait annoncé par la bouche de tous les *prophètes. Il avait dit que le *Messie allait souffrir. 19 Changez donc votre vie et revenez vers Dieu, pour qu'il efface vos péchés. 20 Alors le Seigneur vous donnera des moments de repos et il enverra le Messie qu'il a choisi d'avance pour vous, c'est-à-dire Jésus. 21 Mais pour le moment, il faut que Jésus-Christ reste au *ciel, jusqu'au jour où tout sera remis en ordre. Depuis longtemps, Dieu a annoncé cela par la bouche des saints prophètes. 22 En effet, Moïse a dit : "Le Seigneur votre Dieu vous enverra un prophète comme moi, ce sera un de vos frères. Vous écouterez tout ce qu'il vous dira. 23 Ceux qui ne l'écouteront pas ne feront plus partie du peuple de Dieu et ils mourront."[j] 24 Et les prophètes qui ont parlé depuis Samuel ont tous annoncé, l'un après l'autre, ce qui arrive ces jours-ci. 25 C'est pour vous aussi qu'ils ont parlé. Dieu a fait *alliance avec vos ancêtres,

j **3.23** *Voir Deutéronome 18.15,18-19.*

quand il a dit à Abraham : "Par les enfants de tes enfants, je *bénirai toutes les familles de la terre."[k] Et cette alliance est pour vous. 26 C'est d'abord pour vous que Dieu a fait venir son serviteur. Il l'a envoyé pour vous bénir, et il détournera chacun de vous de ses mauvaises actions. »

Pierre et Jean devant le Tribunal religieux

4 1 Pierre et Jean sont en train de parler à la foule, quand les *prêtres, le chef des gardes du temple et les *Sadducéens arrivent près d'eux. 2 Ils sont très en colère parce que Pierre et Jean enseignent la foule. Les deux *apôtres annoncent que les morts peuvent revenir à la vie. En effet, ils disent : « Jésus s'est relevé de la mort. » 3 Ils arrêtent Pierre et Jean et ils les mettent en prison jusqu'au jour suivant, car c'est déjà le soir. 4 Beaucoup de ceux qui ont entendu la parole de Dieu deviennent croyants. Ils sont à peu près 5 000 personnes.

5 Le jour suivant, les chefs religieux, les *anciens et les *maîtres de la loi se rassemblent à Jérusalem. 6 Il y a Hanne le *grand-prêtre, Caïphe, Jean, Alexandre et tous ceux qui sont de la famille du grand-prêtre. 7 Ils font amener Pierre et Jean devant eux et ils leur demandent : « Vous avez guéri l'infirme par quel pouvoir ? Vous avez fait cela au nom de qui ? » 8 Alors Pierre, rempli de l'Esprit Saint, leur dit : « Chefs du peuple et anciens, 9 nous avons fait du bien à un infirme, et aujourd'hui on nous demande comment cet homme a été guéri. 10 Vous tous et tout le peuple *d'Israël, vous devez savoir une chose : c'est par le nom de Jésus-Christ de Nazareth que cet homme est là devant vous, en bonne santé. Ce Jésus-Christ, vous l'avez cloué sur une croix, mais Dieu l'a réveillé de la mort. 11 Les Livres Saints disent de lui :

"La pierre que vous, les constructeurs, avez
 rejetée
est devenue la pierre principale."[l]

Cette pierre, c'est Jésus.

12 « C'est lui seul qui peut nous sauver. En effet, dans le monde entier, Dieu n'a donné aux hommes personne d'autre pour nous sauver. »

13 Les membres du *Tribunal religieux sont très étonnés. Ils voient que Pierre et Jean parlent avec assurance. Et en même temps, ils se rendent compte que ce sont des hommes simples et sans instruction. Ils reconnaissent que Pierre et Jean étaient avec Jésus. 14 Ils voient aussi l'homme guéri, debout à côté des deux apôtres. Ceux du Tribunal ne trouvent rien à répondre. 15 Alors ils leur donnent cet ordre : « Sortez de la salle du Tribunal ! » Et ils se mettent à discuter entre eux. 16 Ils disent : « Qu'est-ce que nous allons faire de ces gens-là ? Ils ont fait un miracle, c'est sûr, et tous les habitants de Jérusalem le savent, nous ne pouvons pas dire le contraire. 17 Mais il faut éviter que cette nouvelle se répande partout dans le peuple. Nous allons donc les menacer, pour qu'ils ne parlent plus à personne du nom de Jésus. » 18 Ils appellent Pierre et Jean et leur disent : « Arrêtez complètement de parler et d'enseigner au nom de Jésus. » 19 Mais les deux apôtres leur répondent : « Qu'est-ce qui est *juste aux yeux de Dieu : vous écouter, vous, ou écouter Dieu ? Décidez vous-mêmes ! 20 En tout cas, nous ne pouvons pas nous taire sur ce que nous avons vu et entendu. »

21 Ceux du Tribunal menacent encore les deux apôtres, ensuite ils les libèrent. Ils n'ont pas trouvé de raison pour les punir. En effet, tout le peuple chante la *gloire de Dieu à cause de ce qui est arrivé. 22 L'homme qui a été guéri par ce miracle a plus de 40 ans.

Les croyants prient

23 Quand Pierre et Jean sont libérés, ils vont voir leurs amis et ils leur racontent tout ce que les chefs des *prêtres et les *anciens ont dit. 24 Ils entendent cela. Alors tous se mettent à prier Dieu d'un seul cœur en disant : « Maître, c'est toi qui as fait le ciel, la terre, la mer et tout ce qu'ils contiennent. 25 Tu as donné

k **3.25** *Genèse 22.18 ; 26.4.*
l **4.11** *Psaume 118.22.*

ton Esprit Saint à David, notre ancêtre et ton
serviteur. Tu as dit par sa bouche :

"Les peuples s'agitent, pourquoi ?
Ils font des projets, mais pour rien.
26 Les rois de la terre se préparent au combat.
Ceux qui ont le pouvoir se réunissent
contre le Seigneur
et contre le roi choisi par lui."[m]

27 « C'est bien vrai, *Hérode Antipas et
Ponce *Pilate se sont réunis dans cette ville,
avec les étrangers et les tribus *d'Israël.
C'était contre Jésus, ton serviteur *saint, que
tu as choisi comme *Messie. 28 De cette façon,
ils ont fait tout ce que tu as décidé d'avance,
tout ce que tu as voulu avec puissance. 29 Et
maintenant, Seigneur, vois comme ils nous
menacent. Donne à tes serviteurs d'annoncer
ta parole avec une totale assurance. 30 Étends
la main pour qu'il y ait des guérisons, des choses étonnantes et extraordinaires, par le nom
de Jésus, ton serviteur saint. »

31 Quand ils ont fini de prier, l'endroit où ils
sont réunis se met à trembler. Ils sont tous
remplis de l'Esprit Saint et ils annoncent la parole de Dieu avec assurance.

Les croyants mettent tout en commun

32 La foule des croyants est très unie par le
cœur et par l'esprit. Personne ne dit : « Cela,
c'est à moi ! », mais ils mettent tout en
commun. 33 Avec une grande force, les *apôtres *témoignent que Jésus s'est relevé de la
mort, et Dieu leur montre son amour de mille
manières. 34 Parmi eux, personne ne manque
de rien. En effet, tous ceux qui ont des
champs ou des maisons les vendent, ils apportent l'argent de ce qu'ils ont vendu 35 et ils le
donnent aux apôtres. Ensuite, on distribue
l'argent, et chacun reçoit ce qui lui est nécessaire.

36 Il y a ainsi un certain Joseph, un *lévite
né à Chypre. Les apôtres l'appellent Barnabas,
ce qui veut dire « l'homme qui encourage ».
37 Il a un champ, il le vend, il apporte l'argent
et le donne aux apôtres.

Le mensonge d'Ananias et de Saphira

5 1 Un homme appelé Ananias, en accord
avec sa femme Saphira, vend une propriété. 2 Toujours avec l'accord de sa femme,
il garde une partie de l'argent pour lui. Ananias apporte le reste et le donne aux *apôtres. 3 Mais Pierre lui dit : « Ananias, tu as
ouvert ton cœur à *Satan. Pourquoi donc ?
Tu as menti à l'Esprit Saint et tu as gardé
une partie de l'argent du champ. 4 Tu pouvais
garder le champ, ou bien tu pouvais le vendre
et faire ce que tu voulais avec l'argent.
Comment est-ce que tu as pu décider dans
ton cœur d'agir ainsi ? Ce n'est pas à nous
que tu as menti, mais c'est à Dieu ! »

5 En entendant ces paroles, Ananias tombe
et il meurt. Tous ceux qui apprennent cela
ont très peur. 6 Les jeunes gens viennent envelopper le corps et ils l'emportent pour l'enterrer.

7 À peu près trois heures plus tard, la femme
d'Ananias arrive. Elle ne sait pas ce qui s'est
passé. 8 Pierre lui demande : « Dis-moi, est-ce
que vous avez vendu le champ pour cette
somme-là ? » Elle répond : « Oui, pour cette
somme-là. » 9 Alors Pierre lui dit : « Comment
est-ce que toi et ton mari, vous avez pu décider ensemble de provoquer l'Esprit du Seigneur ? Écoute, ceux qui viennent d'enterrer
ton mari sont là, à la porte. Ils vont t'emporter, toi aussi. »

10 Au même moment, la femme tombe aux
pieds de l'apôtre et elle meurt. Les jeunes
gens entrent et ils voient qu'elle est morte.
Ils l'emportent et l'enterrent auprès de son
mari. 11 Toute l'Église et tous ceux qui apprennent ce qui s'est passé ont très peur.

Les apôtres font beaucoup de choses extraordinaires

12 Les *apôtres font beaucoup de choses
étonnantes et extraordinaires dans le peuple.
Les croyants se réunissent tous ensemble le
long des Colonnes de Salomon, 13 mais personne d'autre n'ose venir avec eux. Pourtant

m **4.26** *Psaume 2.1-2.*

les gens disent beaucoup de bien d'eux. 14 Une
foule de plus en plus grande d'hommes et de
femmes croient au Seigneur et ils s'ajoutent
au groupe des croyants. 15 Et même, on sort
les malades dans les rues, on les place sur
des lits ou des nattes. En effet, les gens espèrent ceci : quand Pierre passera, son ombre
touchera au moins l'un ou l'autre parmi eux.
16 Une foule de gens vient aussi des villages
qui sont près de Jérusalem. Ils amènent des
malades et des gens qui ont des esprits mauvais, et tous sont guéris.

Les apôtres sont arrêtés

17 Alors le *grand-prêtre et tous ceux qui
sont avec lui, c'est-à-dire le groupe des *Sadducéens, sont très jaloux et ils décident
d'agir. 18 Ils arrêtent les *apôtres et les mettent
dans la prison publique. 19 Mais, pendant la
nuit, un *ange du Seigneur ouvre les portes
de la prison. Il fait sortir les apôtres et leur
dit : 20 « Allez dans le temple. Et là, annoncez
au peuple toutes les paroles de la vie nouvelle. »

21 Les apôtres obéissent. Le matin, très tôt,
ils vont dans le temple et ils se mettent à enseigner.

À ce moment-là, le grand-prêtre et ceux qui
sont avec lui réunissent le *Tribunal religieux,
c'est-à-dire le Conseil des *anciens du peuple
*d'Israël. Ils envoient chercher les apôtres à la
prison, 22 mais quand les gardes arrivent à la
prison, ils ne les trouvent pas. Ils retournent
au Tribunal et ils apportent cette nouvelle :
23 « Nous avons trouvé la prison très bien fermée. Les gardiens étaient devant les portes,
mais quand nous avons ouvert, nous n'avons
trouvé personne à l'intérieur ! »

24 Le chef des gardes du temple et les chefs
des prêtres entendent cela, et ils sont très
étonnés au sujet des apôtres. Ils se demandent
ce qui va arriver. 25 Mais quelqu'un vient et
leur dit : « Les hommes que vous avez mis
en prison sont maintenant dans le temple et
ils enseignent le peuple ! »

26 Alors le chef des gardes part avec ses soldats. Ils ramènent les apôtres, mais ils ne leur
font pas de mal. En effet, ils ont peur que le
peuple leur lance des pierres.

Les apôtres devant le Tribunal

27 Les gardes amènent les *apôtres devant le
*Tribunal religieux. Le *grand-prêtre les inter-
roge. 28 Il leur dit : « Nous vous avions sévèrement interdit d'enseigner au nom de cet
homme-là, mais vous, vous avez rempli Jérusalem de votre enseignement ! Vous voulez
donc nous rendre responsables de sa mort ! »
29 Pierre et les autres apôtres répondent : « Il
faut obéir à Dieu plutôt qu'aux hommes.
30 Vous, vous avez tué Jésus en le clouant sur
une croix, mais le Dieu de nos ancêtres l'a réveillé de la mort. 31 Dieu l'a élevé par sa puissance. Il l'a fait Chef et Sauveur, pour que le
peuple *d'Israël change sa vie et reçoive le
pardon de ses péchés. 32 Nous sommes *témoins de tout cela, nous et l'Esprit Saint,
que Dieu a donné à ceux qui lui obéissent. »

33 Quand les membres du Tribunal entendent ces paroles, ils sont furieux et ils veulent
faire mourir les apôtres. 34 Mais parmi eux,
quelqu'un se lève. C'est un *Pharisien appelé
Gamaliel. Il est *maître de la loi, et tout le peuple le respecte. Il demande de faire sortir les
apôtres un moment 35 et il dit : « Israélites, faites attention à ce que vous allez leur faire. 36 Il
n'y a pas longtemps, on a vu un homme appelé
Theudas. Il disait qu'il était quelqu'un d'important, et 400 hommes environ l'ont suivi.
Mais on l'a tué, et tous ceux qui étaient avec
lui sont partis de tous les côtés et ils ont tous
disparu. 37 Ensuite, on a vu Judas le Galiléen.
Il a entraîné beaucoup de monde avec lui.
C'était au moment où l'empereur avait donné
l'ordre de compter les habitants du pays. Mais
Judas est mort, lui aussi, et tous ceux qui
étaient avec lui sont partis de tous les côtés.
38 Maintenant donc, je vous dis une chose :
ne vous occupez plus de ces gens-là et
laissez-les partir. Si leur projet et leur action
viennent des hommes, cela disparaîtra.
39 Mais si leur projet et leur action viennent
de Dieu, vous ne pourrez pas les faire disparaître. Attention, il ne faut pas que Dieu nous
trouve parmi ses ennemis ! »

Les gens du Tribunal sont d'accord avec Gamaliel. 40 Ils font venir les apôtres et ils les font
frapper. Ils leur commandent de ne plus parler

au nom de Jésus, puis ils les libèrent. 41 Les
apôtres quittent le Tribunal. Ils sont tout
joyeux parce que Dieu les a jugés dignes de
souffrir pour le nom de Jésus. 42 Chaque
jour, dans le temple et dans les maisons, ils
continuent à enseigner et à annoncer cette
Bonne Nouvelle : Jésus est le *Messie.

On choisit sept hommes pour aider les apôtres

6 1 À ce moment-là, le nombre des *disciples devient de plus en plus grand, et les
Juifs qui parlent grec se plaignent des Juifs
du pays. Ils disent : « Chaque jour, au moment
où on distribue la nourriture, on oublie les
veuves de notre groupe. » 2 Alors les douze
*apôtres réunissent l'ensemble des autres dis-
ciples, et ils leur disent : « Nous ne devons pas
cesser d'annoncer la parole de Dieu pour nous
occuper des repas. 3 C'est pourquoi, frères,
choisissez parmi vous sept hommes que tout
le monde respecte, remplis d'Esprit Saint et
de sagesse. Nous leur confierons le service
des repas 4 et nous, nous continuerons fidèlement à prier et à annoncer la parole de Dieu. »
5 L'assemblée entière est d'accord avec eux.
On choisit Étienne, un homme rempli de foi
et d'Esprit Saint. On choisit aussi Philippe,
Procore, Nicanor, Timon, Parménas et Nico-
las, un homme d'Antioche de Syrie, qui obéit
à la *loi de Moïse. 6 On les amène devant les
apôtres. Les apôtres prient pour eux en posant
les mains sur leur tête.
7 La parole de Dieu est de plus en plus
connue. À Jérusalem, il y a de plus en plus
de disciples. De très nombreux prêtres juifs
croient en Jésus.

Étienne est arrêté

8 Dieu a donné à Étienne sa force et son
amour. Alors il fait des choses extraordinaires
et étonnantes dans le peuple. 9 Des Juifs de Cyrène et d'Alexandrie ont l'habitude d'aller
dans la maison de prière appelée « Maison
de prière des esclaves libérés ». Avec des Juifs
de Cilicie et de la province d'Asie, ils se mettent à discuter avec Étienne, 10 mais ils ne peuvent pas avoir raison contre lui. En effet,
l'Esprit Saint lui donne la sagesse pour parler.
11 Alors ils paient des gens pour qu'ils disent :
« Nous avons entendu Étienne parler contre
Moïse et contre Dieu. »
12 Ainsi, ils excitent le peuple, les *anciens et
les *maîtres de la loi. Puis ils s'approchent
d'Étienne, ils l'arrêtent et le conduisent devant le *Tribunal. 13 Ils amènent aussi de
faux *témoins qui disent : « Cet homme parle
sans arrêt contre le *saint temple et contre la
*loi de Moïse ! 14 Nous l'avons entendu dire :
"Jésus de Nazareth détruira ce temple et il
changera les coutumes que Moïse nous a données." »
15 Tous les membres du Tribunal regardent
Étienne. Son visage ressemble à celui d'un
*ange.

Le discours d'Étienne

7 1 Le *grand-prêtre demande à Étienne :
« Ce qu'on dit de toi, est-ce que c'est
vrai ? » 2 Étienne répond : « Frères et pères,
écoutez-moi. Le Dieu glorieux s'est montré à
Abraham notre ancêtre, quand celui-ci était
en *Mésopotamie. C'était avant qu'Abraham
parte habiter à Haran. 3 Dieu lui a dit : "Quitte
ton pays et ta famille et va dans le pays que je
te montrerai."[n] 4 Alors Abraham a quitté le
pays des Babyloniens et il est allé habiter à Haran. Ensuite, le père d'Abraham est mort, et
Dieu a fait passer Abraham de Haran dans le
pays où vous habitez maintenant. 5 Là, Dieu
n'a donné aucune propriété à Abraham, pas
même un petit morceau de terrain. Mais il
lui a fait cette promesse : "Je te donnerai ce
pays, tu le posséderas, toi et tes enfants après
toi." Pourtant Abraham n'avait pas d'enfant.
6 Dieu lui a dit : "Les enfants de tes enfants vivront dans un pays étranger. Là, ils deviendront esclaves, et on leur fera du mal
pendant 400 ans." 7 Mais Dieu a dit aussi :
"Moi, je jugerai le peuple qui fera d'eux ses
esclaves. Ensuite, ils partiront et ils viendront
m'adorer ici."[o] 8 Puis Dieu a fait *alliance

n **7.3** *Genèse 12.1.*
o **7.6-7** *Voir Genèse 15.13-14 et Exode 3.12.*

avec Abraham. Le signe qui montre cette alliance, c'est la *circoncision. Ainsi, Abraham
a circoncis son fils Isaac une semaine après
sa naissance. Isaac a circoncis son fils Jacob,
et Jacob a circoncis ses fils, nos douze ancêtres.

9 « Nos ancêtres ont été jaloux de leur frère
Joseph. Ils l'ont vendu comme esclave en
Égypte. Mais Dieu était avec Joseph, 10 il l'a
délivré de toutes ses souffrances. Il lui a donné
la sagesse pour parler au Pharaon, roi
d'Égypte. Il lui a donné aussi d'être agréable
à ce roi. Celui-ci l'a nommé gouverneur
d'Égypte et responsable de toutes ses affaires.
11 Mais voilà qu'il y a une famine dans toute
l'Égypte et tout le pays de *Canaan. Les gens
souffrent beaucoup, et nos ancêtres ne trouvent plus de nourriture. 12 Jacob entend dire
qu'il y a du *blé en Égypte, il envoie nos ancêtres une première fois. 13 Quand ils y vont
pour la deuxième fois, Joseph se fait reconnaître par ses frères. Alors le roi d'Égypte apprend quelle est la famille de Joseph.
14 Joseph envoie chercher son père Jacob et
toute sa famille. En tout, il y a 75 personnes.
15 Jacob vient donc en Égypte, il meurt là, et
nos ancêtres aussi. 16 On transporte leurs
corps à Sichem, et on les enterre dans la
tombe qu'Abraham a achetée avec de l'argent
aux fils de Hamor, à Sichem.

17 « Le moment approche où Dieu va faire ce
qu'il a promis à Abraham. Notre peuple devient alors de plus en plus nombreux en
Égypte. 18 Mais un jour, un nouveau roi
commence à gouverner. Ce roi n'a pas connu
Joseph. 19 Il trompe notre peuple et il fait du
mal à nos ancêtres. Il les oblige à abandonner
leurs bébés, pour qu'ils meurent. 20 C'est à ce
moment-là que Moïse vient au monde. Il est
très beau, et Dieu l'aime. Pendant trois
mois, Moïse est nourri dans la maison de
son père. 21 Ensuite il est abandonné. La fille
du roi d'Égypte le prend chez elle et elle
l'élève comme son propre fils. 22 Ainsi Moïse
apprend toute la science des Égyptiens. C'est
un homme qui parle et agit avec puissance.

23 « Quand il a 40 ans, il décide d'aller voir
ses frères, les Israélites. 24 Il voit un Égyptien
faire du mal à un Israélite. Moïse veut défendre l'homme attaqué et, pour le venger, il tue
l'Égyptien. 25 Il pense: "Mes frères vont
comprendre que Dieu veut se servir de moi
pour les sauver", mais les Israélites ne
comprennent pas. 26 Le jour suivant, Moïse
en rencontre deux qui se battent. Il veut faire
la paix entre eux et il leur dit: "Mes amis,
vous êtes frères. Pourquoi est-ce que vous
vous faites du mal?" 27 Mais celui qui est en
train d'attaquer son frère repousse Moïse et
lui dit: "Qui t'a demandé d'être notre chef
et notre juge? 28 Est-ce que tu veux me tuer
comme tu as tué l'Égyptien hier?" 29 Quand
Moïse entend cela, il s'enfuit. Il va vivre à
l'étranger, dans le pays de Madian. Là, il a
deux fils.

30 « Au bout de 40 ans, dans le désert du
mont Sinaï, un *ange se montre à Moïse,
dans la flamme d'un buisson en feu.
31 Quand Moïse voit cela, il est étonné. Il
s'approche pour regarder. Alors il entend le
Seigneur lui dire: 32 "Je suis le Dieu de tes
ancêtres, le Dieu d'Abraham, d'Isaac et de Jacob." Moïse tremble de peur et il n'ose plus
regarder. 33 Le Seigneur lui dit: "Enlève tes
sandales. En effet, cet endroit est un lieu
*saint. 34 J'ai vu la souffrance de mon peuple
en Égypte, je l'ai entendu gémir. Je suis descendu pour le libérer. Et maintenant, va, je
t'envoie en Égypte."[p]

35 « Avant, les Israélites avaient rejeté
Moïse en lui disant: "Qui t'a demandé d'être
notre chef et notre juge?" Eh bien, ce même
Moïse, Dieu l'envoie pour conduire et libérer
son peuple. Il lui commande cela par l'intermédiaire de l'ange que Moïse a vu dans le
buisson. 36 C'est Moïse qui a fait sortir
d'Égypte les Israélites. Il a accompli des choses extraordinaires et étonnantes, en Égypte,
à la *mer Rouge et au désert, pendant
40 ans. 37 C'est encore Moïse qui a dit aux
Israélites: "Dieu vous enverra un *prophète
comme moi, ce sera un de vos frères."[q]

p **7.27-34** *Voir Exode 2.14–3.10.*

q **7.37** *Deutéronome 18.15.*

38 Quand le peuple était rassemblé au désert,
Moïse était là. Il servait d'intermédiaire entre
l'ange qui lui parlait sur le mont Sinaï et nos
ancêtres. Ainsi, Moïse recevait de Dieu les paroles de vie pour nous les faire connaître.

39 « Mais nos ancêtres n'ont pas voulu lui
obéir, ils l'ont repoussé, ils voulaient retourner en Égypte. 40 Ils ont dit à *Aaron : "Fais-
nous des dieux qui marchent devant nous.
En effet, ce Moïse nous a fait sortir d'Égypte,
mais nous ne savons pas ce qu'il est devenu."[r]
41 Alors ils fabriquent un veau et ils offrent un
sacrifice à cette statue. Ils sont si contents
d'avoir ce veau qu'ils font une fête. 42 Mais
Dieu ne les regarde plus, il les laisse adorer
les étoiles du ciel. On lit cela dans le livre
des prophètes :

"Peuple *d'Israël,
est-ce que vous m'avez offert
des animaux et d'autres *sacrifices,
pendant 40 ans, dans le désert ?
43 Non ! Mais vous avez porté la tente du dieu
Molok.
Vous avez porté l'étoile de votre dieu Réphan.
Ce sont les objets que vous avez faits
pour les adorer.
C'est pourquoi je vous emmènerai prisonniers, plus loin que Babylone."[s]

44 « Dans le désert, nos ancêtres avaient la
*tente de la rencontre avec Dieu. Moïse l'a
construite comme Dieu l'a commandé. Il l'a
faite d'après le modèle qu'il a vu. 45 Plus
tard, les enfants de nos ancêtres ont reçu cette
tente à leur tour. Avec Josué, ils ont occupé le
pays des peuples que Dieu a chassés devant
eux. Ils ont amené la tente dans ce pays, et
elle est restée là jusqu'au temps de David.
46 David plaisait à Dieu. Alors il lui a demandé
l'autorisation de construire un abri pour le
Dieu de Jacob. 47 Mais c'est Salomon qui a
construit une maison pour Dieu.

48 « Pourtant le Très-Haut n'habite pas dans
des maisons construites par les hommes. Il a
dit cela par le prophète :

49 "Le ciel est mon siège royal,
et la terre est le lieu où je pose mes pieds.
Quelle maison est-ce que vous pourrez me
bâtir ?
Quel est le lieu où je peux habiter ?
50 En effet, c'est moi qui ai créé tout cela[t]." »

51 Étienne dit encore aux gens du *Tribunal : « Vous êtes des hommes têtus, vos cœurs
et vos oreilles sont fermés à Dieu. Vous résistez toujours à l'Esprit Saint. Vous êtes comme
vos ancêtres ! 52 Ils ont fait souffrir tous les
prophètes ! Ils ont même tué ceux qui annonçaient la venue du *Juste. Et maintenant,
vous, vous avez livré le Juste et vous l'avez
tué ! 53 Vous avez reçu la *loi de Dieu par l'intermédiaire des anges[u], mais vous n'avez pas
obéi à cette loi ! »

La mort d'Étienne

54 Quand les gens du *Tribunal entendent
cela, ils deviennent furieux. Ils grincent des
dents, parce qu'ils sont en colère contre
Étienne. 55 Mais lui, rempli de l'Esprit Saint,
regarde vers le *ciel : il voit la *gloire de
Dieu, et Jésus debout à la droite de Dieu.
56 Il dit : « Je vois le ciel ouvert et le *Fils de
l'homme debout à la droite de Dieu. »

57 Alors ceux qui ont entendu ces paroles
poussent de grands cris et se bouchent les
oreilles. Ils se précipitent tous ensemble sur
Étienne, 58 ils le font sortir de la ville et se mettent à lui jeter des pierres. Ils ont laissé leurs
vêtements aux pieds d'un jeune homme appelé Saul. 59 Pendant qu'on lui jette des pierres, Étienne prie en disant : « Seigneur Jésus,

---

r **7.40** *Exode 32.1,23.*

s **7.43** *Amos 5.25-27 cité d'après l'ancienne traduction grecque.*
Molok, appelé Molek dans l'Ancien Testament, était un dieu cananéen. On pensait qu'il fallait lui offrir des êtres humains en sacrifice.
Réphan était un ancien dieu de Babylone.

t **7.49-50** *Ésaïe 66.1-2.*

u **7.53** *D'après une tradition juive, Dieu a fait connaître sa loi à Moïse en se servant des anges.*

reçois ma vie. » 60 Ensuite, il tombe à genoux
et il crie de toutes ses forces : « Seigneur, pardonne-leur ce péché ! » Après qu'il a dit cela, il
meurt.

8 1 Et Saul est d'accord avec ceux qui ont tué
Étienne.

L'Église de Jérusalem commence à souffrir très durement

Ce jour-là, on commence à faire souffrir très
durement l'Église de Jérusalem. Tous les
croyants, sauf les *apôtres, s'en vont un peu
partout dans les régions de Judée et de Samarie. 2 Des gens fidèles à Dieu enterrent
Étienne et ils pleurent beaucoup sur lui.
3 Mais il y a Saul : il veut détruire l'Église. Il
va dans toutes les maisons, il fait sortir les
croyants, les hommes et les femmes, et il les
jette en prison.

Philippe annonce la Bonne Nouvelle en Samarie

4 Les croyants qui sont partis de tous les
côtés vont d'un endroit à l'autre, en annonçant la Bonne Nouvelle. 5 Philippe va dans
une ville de *Samarie, et là, il annonce le
*Messie. 6 D'un commun accord, les habi-
tants viennent en foule, et ils écoutent avec
attention ce qu'il dit. En effet, ils entendent
parler des choses extraordinaires qu'il fait et
ils les voient. 7 Des esprits mauvais sortent
de nombreux malades, en poussant de
grands cris, beaucoup de paralysés et d'infirmes sont guéris. 8 Alors la joie est grande
dans cette ville.

9 Un homme appelé Simon habite dans
cette ville depuis un certain temps. Il pratique
la magie et il étonne beaucoup les gens de Samarie. Il dit qu'il est quelqu'un d'important,
10 et tous, les plus jeunes comme les plus
vieux, l'écoutent avec attention. On dit :
« Cet homme, c'est la puissance de Dieu, celle
qu'on appelle la "Grande Puissance" ! »

11 Depuis longtemps, Simon étonne beaucoup les gens avec sa magie, c'est pourquoi
ils l'écoutent avec attention. 12 Mais maintenant, Philippe leur annonce la Bonne Nouvelle de Jésus-Christ et du *Royaume de
Dieu. Tous ceux qui le croient, des hommes
et des femmes, se font baptiser. 13 Même Simon devient croyant, il se fait baptiser et il
ne quitte plus Philippe. En voyant les miracles
et les choses extraordinaires qui arrivent,
c'est lui qui est très étonné !

14 À Jérusalem, les *apôtres apprennent que
les gens de Samarie ont reçu la parole de Dieu,
ils leur envoient donc Pierre et Jean. 15 Quand
les deux apôtres arrivent en Samarie, ils
prient pour que les croyants reçoivent l'Esprit
Saint. 16 En effet, l'Esprit Saint n'est encore
descendu sur personne parmi eux. Ils ont seulement été baptisés au nom du Seigneur Jésus.
17 Alors Pierre et Jean posent les mains sur leur
tête, et ils reçoivent l'Esprit Saint.

18 Simon voit que les croyants reçoivent
l'Esprit Saint quand les apôtres posent les
mains sur leur tête. C'est pourquoi il offre
de l'argent à Pierre et à Jean 19 en leur disant :
« Donnez-moi ce pouvoir, à moi aussi. De
cette façon, quand je poserai les mains sur la
tête de quelqu'un, cette personne recevra
l'Esprit Saint. » 20 Mais Pierre lui répond :
« Que ton argent soit détruit, et toi aussi ! Tu
as cru que tu pouvais acheter avec de l'argent
ce que Dieu donne gratuitement. 21 Ce qui se
passe ici n'est pas pour toi, tu n'as pas le droit
d'y participer ! En effet, pour Dieu, ton intention est mauvaise. 22 Ce que tu as fait est mal,
reconnais cela et prie le Seigneur. Il va peut-
être pardonner ces mauvaises pensées.
23 Oui, je le vois, tu es rempli d'envie et prisonnier du péché ! » 24 Simon répond à Pierre
et à Jean : « Priez vous-mêmes le Seigneur
pour moi, alors rien de ce que vous avez dit
ne pourra m'arriver. »

25 Les deux apôtres rendent *témoignage en
annonçant la parole du Seigneur, puis ils retournent à Jérusalem. En chemin, ils font
connaître la Bonne Nouvelle dans beaucoup
de villages de Samarie.

Philippe rencontre un fonctionnaire éthiopien

26 *L'ange du Seigneur dit à Philippe : « Pars
vers le sud, sur la route qui va de Jérusalem à
Gaza. En ce moment, il n'y a personne sur la
route. » 27 Philippe part tout de suite. En chemin, il voit un homme. C'est un *eunuque

*éthiopien, un fonctionnaire important. C'est lui qui s'occupe de toutes les richesses de Candace, la reine d'Éthiopie. Il est venu à Jérusalem pour adorer Dieu 28 et il retourne chez lui. Il est assis dans une voiture à cheval et lit le livre du *prophète Ésaïe. 29 L'Esprit Saint dit à Philippe : « Avance, va jusqu'à cette voiture ! »

30 Philippe y va en courant. Il entend l'Éthiopien qui lit le livre du prophète Ésaïe. Philippe lui demande : « Est-ce que tu comprends ce que tu lis ? » 31 L'homme répond : « Comment est-ce que je peux comprendre ? Personne ne m'explique ! » Et il invite Philippe à monter dans la voiture et à s'asseoir à côté de lui. 32 Il est en train de lire ce passage d'Ésaïe :

« Il est comme un mouton
qu'on mène à la boucherie,
comme un agneau qui ne crie pas
quand on lui coupe sa laine.
Il garde le silence.
33 On le compte pour rien
et on ne lui fait pas justice.
Qui pourra parler de ses enfants ?
Personne !
En effet, on a supprimé sa vie de la terre. »[v]

34 L'Éthiopien demande à Philippe : « S'il te plaît, dis-moi : le prophète parle de qui ? De lui-même ou de quelqu'un d'autre ? »

35 Alors Philippe prend la parole. À partir de ce passage des Livres Saints, il lui annonce la Bonne Nouvelle de Jésus. 36 Ils continuent leur chemin et arrivent à un endroit où il y a de l'eau. L'Éthiopien dit à Philippe : « Voici de l'eau. Qu'est-ce qui empêche que je sois baptisé ? » [37]

38 Il fait arrêter la voiture. Philippe et l'Éthiopien descendent tous les deux dans l'eau, et Philippe le baptise. 39 Quand ils sortent de l'eau, l'Esprit du Seigneur enlève Philippe. L'Éthiopien ne le voit plus, mais il continue son chemin, tout joyeux. 40 Philippe se retrouve à Azoth, puis il part pour Césarée. En chemin, il annonce la Bonne Nouvelle dans toutes les villes où il passe.

Le Seigneur Jésus appelle Saul

9 1 Pendant ce temps, Saul ne pense qu'à menacer et à faire mourir les *disciples du Seigneur. Il va voir le *grand-prêtre 2 et lui demande des lettres pour les chefs juifs de Damas. Alors, si Saul trouve des gens, des hommes ou des femmes, qui suivent le chemin de Jésus, il pourra les arrêter et les emmener à Jérusalem.

3 Saul est encore sur la route et il approche de Damas. Tout à coup, une lumière venue du *ciel brille autour de lui. 4 Il tombe par terre et il entend une voix qui lui dit : « Saul, Saul, pourquoi est-ce que tu me fais souffrir ? » 5 Il demande : « Seigneur, qui es-tu ? » La voix répond : « Je suis Jésus, c'est moi que tu fais souffrir. 6 Mais relève-toi et entre dans la ville, là, on te dira ce que tu dois faire. »

7 Les gens qui voyagent avec Saul se sont arrêtés. Ils n'osent pas dire un mot. Ils entendent la voix, mais ils ne voient personne. 8 Saul se relève, il a les yeux ouverts, mais il est aveugle. On le prend par la main pour le conduire à Damas. 9 Et pendant trois jours, il reste aveugle, il ne mange rien et il ne boit rien.

10 À Damas, il y a un disciple appelé Ananias. Le Seigneur se montre à lui et lui dit : « Ananias ! » Ananias répond : « Oui, Seigneur, me voici ! » 11 Le Seigneur lui dit : « Va tout de suite dans la rue Droite, entre dans la maison de Judas, et demande un certain Saul de Tarse. Il est en train de prier, 12 et voici ce que je lui ai montré : un homme appelé Ananias est entré et il a posé les mains sur sa tête pour qu'il retrouve la vue. » 13 Ananias répond : « Seigneur, j'ai entendu beaucoup de gens parler de cet homme. Je sais tout le mal qu'il a fait à tes disciples, à Jérusalem. 14 Et les chefs des prêtres lui ont donné le pouvoir d'arrêter ici également tous ceux qui font appel à ton nom. » 15 Mais le Seigneur dit à Ananias : « Va trouver cet homme. Je l'ai choisi et je vais me servir de lui. Il fera connaître mon nom aux peuples étrangers, à leurs

---

v **8.32-33** *Ésaïe 53.7-8 cité d'après l'ancienne traduction grecque.*

rois et aussi au peuple *d'Israël. 16 Je lui montrerai moi-même tout ce qu'il doit souffrir à
cause de mon nom. »
17 Ananias part et arrive dans la maison. Il
pose les mains sur la tête de Saul en lui disant :
« Saul, mon frère, c'est le Seigneur qui m'envoie. C'est ce Jésus qui s'est montré à toi sur la
route où tu marchais. Il m'envoie pour que tu
retrouves la vue et que tu sois rempli de l'Esprit Saint. » 18 À ce moment-là, des sortes
d'écailles tombent des yeux de Saul, et il retrouve la vue. Il se lève et il est baptisé.
19 Puis il mange et il reprend des forces.

Saul annonce la Bonne Nouvelle à Damas

Saul reste quelques jours avec les *disciples
à Damas. 20 Il se met aussitôt à annoncer dans
les maisons de prière des Juifs : « Jésus est le
Fils de Dieu ! » 21 Tous ceux qui l'entendent
sont très étonnés et ils disent : « Mais cet
homme-là, c'est bien lui qui faisait souffrir à
Jérusalem ceux qui prient au nom de Jésus !
Il est même venu ici pour arrêter les croyants
et pour les amener aux chefs des *prêtres ! »
22 Mais Saul parle avec encore plus d'assurance. Il prouve que Jésus est le *Messie. Et
les Juifs qui habitent Damas ne savent plus
ce qu'il faut lui répondre.
23 Au bout d'un certain temps, ils décident
de faire mourir Saul. 24 Mais Saul apprend
cela. Jour et nuit, on surveille les *portes de
la ville, pour le prendre et le faire mourir.
25 Une nuit, les disciples de Saul le mettent
dans un grand panier, et ils le font descendre
de l'autre côté du mur de la ville.

Saul à Jérusalem

26 Quand Saul arrive à Jérusalem, il essaie
d'entrer dans le groupe des *disciples, mais
tous ont peur de lui. En effet, personne ne
croit que Saul est vraiment un disciple.
27 Alors Barnabas le prend avec lui et il l'emmène voir les *apôtres. Barnabas leur raconte
ceci : « Sur la route, Saul a vu le Seigneur, et le
Seigneur lui a parlé. À Damas, Saul a annoncé
avec assurance la Bonne Nouvelle au nom de
Jésus. » 28 À partir de ce moment, Saul est avec
les apôtres. Il va et vient avec eux dans Jérusalem, il annonce avec assurance la Bonne Nouvelle au nom du Seigneur. 29 Il rencontre les
Juifs qui parlent grec et discute avec eux,
mais eux cherchent à le faire mourir.
30 Quand les croyants apprennent cela, ils
conduisent Saul à Césarée, puis ils le font partir pour Tarse.
31 À ce moment-là, l'Église est en paix, dans
toute la Judée, la Galilée et la Samarie. Elle
grandit et elle vit en respectant le Seigneur
avec confiance. Avec l'aide de l'Esprit Saint,
les croyants deviennent de plus en plus nombreux.

Pierre guérit Énée

32 Pierre voyage dans tout le pays. Un jour, il
va chez les croyants qui habitent à Lydda.
33 Là, il trouve un homme appelé Énée. Cet
homme est couché sur son lit depuis huit
ans, il est paralysé. 34 Pierre lui dit : « Énée, Jésus-Christ te guérit ! Lève-toi et fais toi-même
ton lit ! » L'homme se lève tout de suite.
35 Tous les habitants de Lydda et de Saron
voient cela, alors ils se tournent vers le Seigneur.

Pierre ramène Tabita à la vie

36 À Joppé, il y avait une femme croyante appelée Tabita. En grec, on traduit ce nom par
« Dorcas », ce qui veut dire « gazelle ». Elle
passait tout son temps à faire le bien et à aider
les pauvres. 37 Un jour, elle tombe malade et
elle meurt. On lave son corps et on le met
dans une pièce en haut de la maison. 38 Les
*disciples de Joppé apprennent que Pierre
est à Lydda, et Lydda n'est pas loin de Joppé.
Alors ils envoient deux hommes pour dire à
Pierre : « S'il te plaît, viens vite chez nous ! »
39 Pierre part avec eux tout de suite. Quand
il arrive, on le conduit dans la pièce en haut
de la maison. Toutes les veuves s'approchent
de lui en pleurant. Elles lui montrent les chemises et les vêtements que Dorcas faisait
quand elle vivait encore. 40 Pierre fait sortir
tout le monde, il se met à genoux et il prie. Ensuite, il se tourne vers le corps et dit : « Tabita,
lève-toi ! »

Tabita ouvre les yeux et, quand elle voit
Pierre, elle s'assoit. 41 Pierre lui prend la
main et l'aide à se lever. Ensuite, il appelle

les croyants et les veuves et il leur montre Tabita vivante. 42 Tous les habitants de Joppé apprennent ce qui s'est passé, et beaucoup se
mettent à croire au Seigneur. 43 Pierre reste
assez longtemps à Joppé. Il habite chez Simon,
un artisan qui travaille le cuir.

Un ange de Dieu se montre à Corneille

10 1 À Césarée, il y a un homme appelé
Corneille. Il est officier dans le régiment romain appelé « régiment italien ».
2 Avec toute sa famille, il adore Dieu fidèlement. Il aide beaucoup les pauvres du peuple
juif et prie Dieu régulièrement. 3 Un jour, vers
trois heures de l'après-midi, un *ange de Dieu
se montre à lui, Corneille le voit clairement.
L'ange entre chez lui et lui dit : « Corneille ! »
4 Celui-ci regarde l'ange et il a peur. Il dit :
« Qu'est-ce qu'il y a, Seigneur ? » L'ange lui répond : « Dieu a accepté tes prières et les dons
que tu fais aux pauvres, il ne t'oublie pas.
5 Maintenant, envoie des hommes à Joppé
pour faire venir un certain Simon qu'on appelle aussi Pierre. 6 Il habite chez un autre Simon, un artisan qui travaille le cuir. Sa maison
est au bord de la mer. »

7 Ensuite, l'ange qui parlait à Corneille s'en
va. Alors Corneille appelle deux serviteurs et
un de ses soldats. Celui-ci est à son service depuis longtemps, et c'est un homme fidèle à
Dieu. 8 Corneille leur raconte tout ce qui s'est
passé et il les envoie à Joppé.

L'Esprit Saint avertit Pierre

9 Le jour suivant, les serviteurs et le soldat
sont en route et ils approchent de la ville de
Joppé. Vers midi, Pierre monte sur la terrasse
de la maison pour prier. 10 Il commence à avoir
faim et il veut manger. Pendant qu'on lui prépare un repas, Pierre voit quelque chose qui
vient de Dieu. 11 Il voit le *ciel ouvert et un objet qui descend du ciel. Cet objet ressemble à
une grande toile qu'on tient par les quatre
coins. Elle vient se poser par terre. 12 Dedans,
il y a toutes sortes d'animaux : des animaux à
quatre pattes, ceux qui rampent sur la terre et
des oiseaux. 13 Une voix dit : « Pierre, lève-toi !
Tue et mange ! » 14 Pierre répond : « Non, Seigneur ! Je n'ai jamais mangé de nourriture interdite ou *impure ! » 15 Il entend la voix une
deuxième fois. Elle lui dit : « Ce que Dieu a
rendu pur, ne dis pas que c'est interdit ! »
16 Cela se produit trois fois, et tout de suite
après, l'objet est emporté dans le ciel.

17 Pierre ne sait pas ce qu'il faut en penser.
Il se demande : « Que veut dire ce que j'ai
vu ? » Pendant ce temps, les hommes envoyés
par Corneille ont cherché la maison de Simon.
Et maintenant, ils sont là, devant la porte. 18 Ils
appellent et demandent : « Est-ce que Simon-
Pierre habite ici ? »

19 Pierre est toujours en train de réfléchir à
ce qu'il a vu, mais l'Esprit Saint lui dit : « Il y a
ici trois hommes qui te cherchent. 20 Descends tout de suite et pars avec eux sans hésiter ! C'est moi qui les ai envoyés. » 21 Pierre
descend et dit aux hommes : « Vous cherchez
quelqu'un ? C'est moi ! Pourquoi êtes-vous venus ? » 22 Ils lui répondent : « Nous venons de
la part de Corneille, un officier romain. C'est
un homme droit qui adore Dieu, et tous les
Juifs disent du bien de lui. Un *ange de Dieu
est venu lui donner ce conseil : "Fais venir
Pierre dans ta maison et écoute ce qu'il va te
dire." » 23 Alors Pierre fait entrer les trois
hommes dans la maison et il les reçoit pour
la nuit.

Pierre va chez Corneille

Le jour suivant, Pierre part tout de suite
avec les trois hommes. Quelques croyants de
la ville de Joppé l'accompagnent. 24 Le lendemain, il arrive à Césarée. Corneille l'attend
déjà, il a rassemblé les gens de sa famille et
ses meilleurs amis. 25 Au moment où Pierre arrive, Corneille vient à sa rencontre. Il se jette
à ses pieds pour le saluer avec grand respect.
26 Mais Pierre le relève en lui disant : « Lève-
toi ! Je ne suis qu'un homme, moi aussi ! »
27 Et tout en parlant avec Corneille, il entre
dans la maison. Là, Pierre voit beaucoup de
gens rassemblés. 28 Il leur dit : « Vous le savez,
un Juif n'a pas le droit d'être l'ami d'un étranger ni d'entrer dans sa maison. Mais Dieu
vient de me montrer une chose : je ne dois
pas penser qu'une personne est *impure et
qu'il faut l'éviter. 29 Je suis venu sans hésiter
quand vous m'avez appelé. Je voudrais donc

savoir pourquoi vous m'avez fait venir. » 30 Corneille répond : « Il y a trois jours, à cette heure-ci, à trois heures de l'après-midi, je priais dans ma maison. Tout à coup, un homme aux vêtements brillants s'est trouvé devant moi 31 et il m'a dit : "Corneille, Dieu a entendu ta prière. Il n'a pas oublié les dons que tu fais aux pauvres. 32 Envoie des gens à Joppé, pour faire venir Simon qu'on appelle aussi Pierre. Il habite au bord de la mer, dans la maison d'un autre Simon, un artisan qui travaille le cuir." 33 J'ai immédiatement envoyé des gens chez toi, et tu as bien voulu venir. Maintenant, nous sommes tous ici devant Dieu, nous sommes prêts à écouter tout ce que le Seigneur t'a commandé de nous dire. »

Pierre parle chez Corneille

34 Alors Pierre prend la parole et dit : « Maintenant, je comprends vraiment que Dieu accueille tout le monde. 35 Si quelqu'un le respecte avec confiance et fait ce qui est *juste, cette personne plaît à Dieu. C'est vrai dans tous les pays. 36 Dieu a envoyé sa parole au peuple *d'Israël : il lui a annoncé la Bonne Nouvelle de la paix par Jésus-Christ, qui est le Seigneur de tous. 37 Tout a commencé après que Jean a lancé cet appel : "Faites-vous baptiser !" Vous savez ce qui est arrivé, d'abord en Galilée, puis dans toute la Judée. 38 Vous savez comment Dieu a répandu la puissance de l'Esprit Saint sur Jésus de Nazareth. Jésus est passé partout en faisant le bien. Il guérissait tous ceux qui étaient prisonniers de l'esprit du mal, parce que Dieu était avec lui. 39 Et nous, nous sommes *témoins de tout ce qu'il a fait dans le pays des Juifs et à Jérusalem. On l'a supprimé en le clouant sur une croix. 40 Mais, le troisième jour, Dieu l'a réveillé de la mort et il lui a donné de se montrer 41 non pas à tout le peuple, mais à nous. En effet, Dieu nous a choisis d'avance comme témoins. Quand Jésus s'est relevé de la mort, nous avons mangé et bu avec lui. 42 Il nous a commandé d'annoncer la Bonne Nouvelle au peuple et de rendre ce témoignage : Jésus est celui que Dieu a choisi pour juger les vivants et les morts. 43 Tous les *prophètes ont parlé de lui en disant : "Toute personne qui croit en Jésus reçoit par son nom le pardon des péchés." »

L'Esprit Saint descend sur des gens qui ne sont pas juifs

44 Pendant que Pierre parle encore, l'Esprit Saint descend sur tous ceux qui écoutent la parole de Dieu. 45 Les croyants d'origine juive qui sont venus avec Pierre sont très étonnés. En effet, Dieu donne largement l'Esprit Saint même à ceux qui ne sont pas juifs ! 46 Les croyants entendent ces gens parler en langues inconnues et chanter la grandeur de Dieu. Alors Pierre dit : 47 « Maintenant, ces gens ont reçu l'Esprit Saint comme nous. On ne peut donc pas les empêcher d'être baptisés dans l'eau. »

48 Et Pierre commande de les baptiser au nom de Jésus-Christ. Alors tous lui demandent de rester quelques jours avec eux.

À Jérusalem, Pierre raconte ce qui s'est passé

11 1 Les *apôtres et les croyants qui sont en Judée apprennent ceci : ceux qui ne sont pas juifs ont reçu, eux aussi, la parole de Dieu. 2 Quand Pierre revient à Jérusalem, les croyants d'origine juive se mettent à discuter avec lui. 3 Ils lui disent : « Tu es entré chez des gens qui ne sont pas *circoncis et tu as mangé avec eux ! »

4 Alors Pierre raconte tout ce qui s'est passé depuis le début. Il leur dit : 5 « J'étais dans la ville de Joppé et je priais. J'ai vu quelque chose qui venait de Dieu. Un objet est descendu vers moi. Il ressemblait à une grande toile qu'on tenait par les quatre coins. Elle est descendue du *ciel et elle est arrivée jusqu'à moi. 6 J'ai regardé avec attention ce qu'il y avait dans la toile, et j'ai vu des animaux à quatre pattes, des animaux qui rampent sur la terre et des oiseaux. 7 J'ai entendu une voix qui me disait : "Pierre, lève-toi ! Tue et mange !" 8 J'ai répondu : "Non, Seigneur ! Aucune nourriture interdite ou *impure n'est jamais entrée dans ma bouche." 9 Une deuxième fois, j'ai entendu la voix qui venait du ciel. Elle disait : "Ce que

Dieu a rendu pur, ne dis pas que c'est interdit !" 10 Cela s'est produit trois fois, ensuite
tout est remonté dans le ciel. 11 Au même
moment, trois hommes sont arrivés à la maison où j'étais. On les avait envoyés de Césarée pour me faire venir. 12 L'Esprit Saint m'a
dit : "Pars avec eux sans hésiter." Les six frères que j'ai amenés ici m'ont accompagné à
Césarée, et nous sommes entrés dans la maison de Corneille. 13 Voici ce que Corneille
nous a raconté : "J'ai vu un *ange dans ma
maison. Il m'a dit : Envoie des hommes à
Joppé pour faire venir Simon qu'on appelle
aussi Pierre. 14 Il te dira les paroles par lesquelles Dieu va te sauver, toi et toute ta famille." 15 Après cela, moi, Pierre, j'ai
commencé à parler à Corneille et aux autres.
Pendant que je parlais, l'Esprit Saint est descendu sur eux, comme il est descendu sur
nous au début. 16 Je me suis souvenu de cette
parole du Seigneur : "Jean a baptisé avec de
l'eau. Mais vous, vous serez baptisés dans
l'Esprit Saint." 17 Dieu leur a fait le même
don qu'à nous quand nous avons cru au Seigneur Jésus-Christ. Donc, est-ce que moi, je
pouvais empêcher Dieu d'agir ? » 18 En entendant ces paroles, les croyants deviennent
plus calmes. Ils disent : « *Gloire à Dieu !
Oui, c'est vrai, ceux qui ne sont pas juifs
peuvent aussi changer leur vie et entrer
dans la vraie vie ! C'est Dieu qui leur donne
cela. »

L'Église d'Antioche de Syrie

19 Après la mort d'Étienne, on a commencé
à faire souffrir les croyants, et ils sont partis de
tous les côtés. Ils sont allés jusqu'en Phénicie,
à Chypre et à Antioche, mais ils ont annoncé
la parole de Dieu seulement aux Juifs. 20 Pourtant, certains parmi eux, de Chypre et de Cyrène, viennent à Antioche, et ils annoncent la
Bonne Nouvelle du Seigneur Jésus à des gens
qui ne sont pas juifs. 21 La puissance du Seigneur est avec eux, c'est pourquoi beaucoup
deviennent croyants et se tournent vers le Seigneur.
22 Les membres de l'Église de Jérusalem apprennent cela, alors ils envoient Barnabas à
Antioche. 23 Barnabas arrive et il voit que
Dieu montre son amour de mille manières
aux croyants. Il en est très heureux, il les encourage tous à rester fidèles au Seigneur de
tout leur cœur. 24 En effet, Barnabas est un
homme bon, rempli d'Esprit Saint et de foi.
Un grand nombre de personnes s'unissent
ainsi au Seigneur.
25 Ensuite, Barnabas part pour la ville de
Tarse, il va chercher Saul. 26 Il le trouve et
l'emmène à Antioche de Syrie. Tous les
deux passent une année entière dans cette
Église. Ils enseignent beaucoup de monde.
Et c'est à Antioche que, pour la première
fois, les *disciples sont appelés chrétiens.
27 Un jour, des *prophètes viennent de Jérusalem à Antioche. 28 L'un d'eux s'appelle Agabus. Poussé par l'Esprit Saint, il annonce qu'il
va bientôt y avoir une grande famine sur toute
la terre. Et cette famine a lieu en effet au
temps où Claude est empereur. 29 Alors les
disciples décident ceci : chacun va donner ce
qu'il peut pour qu'on l'envoie aux croyants
qui habitent en Judée. 30 Les disciples font
cela. Ils envoient leurs dons aux *anciens de
Judée par l'intermédiaire de Barnabas et de
Saul.

Jacques est tué et Pierre est arrêté

12 1 À ce moment-là, le roi *Hérode
Agrippa Ier se met à faire du mal à certains membres de l'Église. 2 Il fait tuer par des
soldats Jacques, le frère de Jean. 3 Il voit que
cela plaît aux *Juifs, alors il fait aussi arrêter
Pierre. C'est au moment de la fête des *Pains
sans levain. 4 Hérode fait donc arrêter Pierre
et le met en prison. Il commande à quatre
groupes de quatre soldats de le garder. Il
veut le faire juger devant le peuple après la
fête de la *Pâque. 5 Les soldats gardent Pierre
dans la prison, mais les membres de l'Église
prient sans cesse Dieu pour lui.

L'ange du Seigneur fait sortir Pierre de prison

6 *Hérode est sur le point de faire juger
Pierre devant le peuple. La nuit avant le jugement, Pierre est en train de dormir entre deux
soldats. Il est attaché avec deux chaînes, et des
gardiens sont devant la porte pour le surveil-

ler. 7 Tout à coup, *l'ange du Seigneur est là,
une lumière brille dans la cellule de la prison.
L'ange réveille Pierre en lui touchant le côté.
Il lui dit : « Lève-toi vite ! » Alors les chaînes
tombent de ses mains.
8 L'ange lui dit : « Mets ta ceinture et attache
tes sandales. » Pierre obéit. L'ange lui dit :
« Mets ton vêtement de dessus et suis-moi. »
9 Pierre sort de la cellule et le suit. Il pense
que tout cela n'est pas réel, il croit rêver.
10 Pierre et l'ange passent devant le premier
groupe de soldats, puis devant le deuxième
groupe. Ils arrivent à une porte en fer qui
donne sur la ville. La porte s'ouvre toute seule
devant eux et ils sortent. Ils vont au bout de la
rue, et tout à coup, l'ange quitte Pierre.
11 Alors Pierre se rend compte de ce qui est arrivé et il dit : « Maintenant, je vois bien que
c'est vrai : le Seigneur a envoyé son ange et
il m'a délivré du pouvoir d'Hérode. Il m'a protégé aussi de tout le mal que le peuple juif voulait me faire. »
12 Quand Pierre comprend cela, il va à la
maison de Marie, la mère de Jean, celui qu'on
appelle aussi Marc. Là, beaucoup de croyants
sont réunis et ils prient. 13 Pierre frappe à la
porte d'entrée. Une servante, appelée Rhodè,
vient répondre. 14 Elle reconnaît la voix de
Pierre et elle est tellement contente qu'elle
ne pense pas à ouvrir la porte. Elle court annoncer aux autres : « Pierre est là, devant la
porte ! » 15 Les autres lui disent : « Tu es
folle ! » Mais elle insiste : « Il est là, c'est
vrai ! » Ils lui disent : « Alors, c'est son
double ! »
16 Pierre continue à frapper. Enfin, ils ouvrent la porte, ils voient Pierre et sont très
étonnés. 17 De la main, Pierre leur fait signe
de se taire. Il leur raconte comment le Seigneur l'a fait sortir de prison. Il leur dit encore : « Annoncez cela à Jacques[w] et aux
autres chrétiens. »
Puis il sort et s'en va ailleurs.
18 Quand il fait jour, il y a une grande agitation parmi les soldats, ils se demandent ce que
Pierre est devenu. 19 Hérode le fait chercher
partout, mais on ne le trouve pas. Alors il interroge les soldats qui le gardaient, et il
commande de les faire mourir. Ensuite, Hérode quitte la Judée, il va à Césarée où il reste
un certain temps.

La mort du roi Hérode Agrippa Ier

20 *Hérode est très en colère contre les habitants de Tyr et de Sidon. Eux se mettent d'accord pour aller le voir. Pour cela, ils paient
Blastus, le gardien de la chambre du roi, et
ils vont demander à Hérode de faire la paix.
En effet, la nourriture de Tyr et de Sidon vient
du pays d'Hérode.
21 On choisit un jour. Ce jour-là, Hérode
met son vêtement de roi, il prend place sur
son siège et fait un discours au peuple. 22 Les
gens répondent en criant : « Ce n'est pas un
homme qui parle, c'est un dieu ! » 23 Mais au
même moment, un *ange du Seigneur frappe
Hérode parce que le roi a voulu pour lui-
même la *gloire qui appartient à Dieu. Il est
mangé par les vers et il meurt.
24 La parole de Dieu est de plus en plus
connue. 25 Barnabas et Saul ont fini leur mission au service des croyants de Jérusalem. Ils
repartent et emmènent avec eux Jean, appelé
aussi Marc.

L'Esprit Saint choisit Barnabas et Saul

13 1 Dans l'Église d'Antioche de Syrie, il y
a des *prophètes et des hommes qui enseignent. Ce sont Barnabas, Siméon appelé le
Noir, Lucius de Cyrène, Manaën, qui a été
élevé avec *Hérode Antipas, et enfin Saul.
2 Un jour, ils sont réunis pour prier le Seigneur
et ils *jeûnent. Alors l'Esprit Saint leur dit :
« Mettez à part Barnabas et Saul pour faire le
travail que je vais leur demander. »
3 Ils continuent à jeûner et à prier. Ensuite,
ils posent les mains sur la tête de Barnabas et
de Saul et ils les laissent partir.

Barnabas et Saul vont à Chypre

4 Donc, l'Esprit Saint envoie Barnabas et
Saul. Ils vont à Séleucie et, de là, ils prennent

w **12.17** *Ici, il s'agit du chef de la communauté de Jérusalem.*

le bateau pour l'île de Chypre. 5 Ils arrivent à Salamine et ils annoncent la parole de Dieu dans les maisons de prière des Juifs. Jean-Marc est avec eux pour les aider.

6 Ils traversent toute l'île et arrivent à Paphos. Là, ils rencontrent un Juif appelé Bar-Jésus. Celui-ci pratique la magie et veut faire croire qu'il est *prophète. 7 Il vit dans le palais du gouverneur Sergius Paulus. Ce gouverneur est un homme intelligent. Il fait venir Barnabas et Saul, parce qu'il veut entendre la parole de Dieu. 8 Mais Élymas (c'est le nom grec du magicien) est contre Barnabas et Saul, il ne veut pas que le gouverneur devienne croyant. 9 Saul, appelé aussi Paul, est rempli de l'Esprit Saint. Alors il regarde Élymas 10 et lui dit : « Espèce de menteur, tu trompes tout le monde ! Fils de *Satan, tu es contre tout ce qui est bon ! La volonté du Seigneur est droite et toi, tu la rends toute tordue ! Est-ce que tu vas arrêter ? 11 Maintenant, écoute, tu vas devenir aveugle. Pendant un certain temps, tu ne verras plus la lumière du soleil. »

Aussitôt, tout devient sombre pour Élymas, il est dans la nuit, il tourne en rond, il cherche quelqu'un pour le conduire par la main. 12 Le gouverneur voit ce qui est arrivé et devient croyant. En effet, l'enseignement au sujet du Seigneur l'a touché profondément.

Paul et Barnabas à Antioche de Pisidie

13 Paul et ceux qui l'accompagnent prennent le bateau à Paphos et ils vont à Pergé en Pamphylie. Alors Jean-Marc les quitte et retourne à Jérusalem. 14 Ensuite, Paul et Barnabas quittent Pergé et ils arrivent à Antioche de Pisidie. Le jour du *sabbat, ils entrent dans la maison de prière des Juifs et ils s'assoient. 15 On fait la lecture dans les livres de la *loi et des *prophètes. Puis les chefs de la maison de prière disent à Paul et Barnabas : « Frères, est-ce que vous voulez dire quelques mots aux gens pour les encourager ? Vous pouvez parler ! » 16 Paul se lève, il fait signe de la main et dit : « Israélites et vous qui adorez Dieu, écoutez-moi ! 17 Le Dieu de notre peuple *Israël a choisi nos ancêtres. Il a fait grandir ce peuple pendant qu'il vivait à l'étranger en Égypte. Ensuite, Dieu l'a fait sortir d'Égypte par sa puissance. 18 Pendant à peu près 40 ans, il a pris soin de son peuple dans le désert. 19 Il a détruit sept nations dans le pays de *Canaan et il a donné leurs terres comme propriété à notre peuple. 20 Tout cela a duré à peu près 450 ans. Puis Dieu a donné des chefs à nos ancêtres, jusqu'à l'époque du prophète Samuel. 21 Ensuite nos ancêtres ont demandé un roi, et Dieu leur a donné Saül, le fils de Quich, de la tribu de Benjamin. Saül a été roi pendant 40 ans.

22 « Après cela, Dieu l'a rejeté et il a donné David comme roi à nos ancêtres. Dieu parle de David en disant : "J'ai trouvé David, le fils de Jessé. C'est un homme qui me plaît, il fera tout ce que je veux." 23 Dans la famille de David, Dieu a fait naître, comme il l'avait promis, un Sauveur pour le peuple d'Israël : c'est Jésus. 24 Avant que Jésus vienne, Jean-Baptiste a lancé cet appel à tout le peuple d'Israël : "Faites-vous baptiser, pour montrer que vous voulez changer votre vie !" 25 À la fin de sa mission, Jean-Baptiste disait : "À votre avis, qui suis-je ? Je ne suis pas le *Messie ! Mais écoutez, il vient après moi, et je ne suis pas digne de lui enlever ses sandales." » Paul dit encore : 26 « Frères, c'est à nous tous que Dieu envoie cette parole pour nous sauver. Il l'envoie à vous, les enfants d'Abraham, et à vous qui adorez Dieu. 27 Les habitants de Jérusalem et leurs chefs n'ont pas compris qui est Jésus. Ils n'ont pas compris les paroles des prophètes qu'on lit chaque sabbat. Mais ils ont fait ce que ces prophètes annonçaient : ils ont condamné Jésus. 28 Ils n'ont pas trouvé de raison pour le faire mourir, pourtant, ils ont demandé à *Pilate de le tuer. 29 Ils ont fait tout ce que les Livres Saints annonçaient au sujet de Jésus. Ensuite, ils l'ont descendu de la croix et ils l'ont mis dans une tombe. 30 Mais Dieu l'a réveillé de la mort, 31 et pendant plusieurs jours, Jésus s'est montré à ceux qui l'avaient accompagné de la Galilée jusqu'à Jérusalem. Maintenant, ils sont les *témoins de Jésus devant le peuple. 32 Et nous, nous vous annonçons cette Bonne

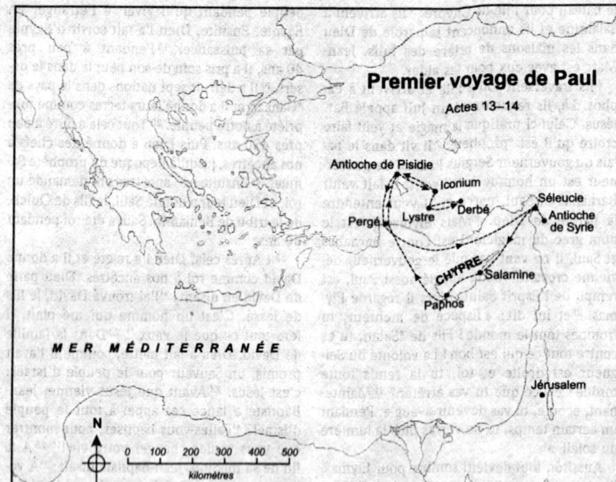

Nouvelle : ce que Dieu a promis à nos ancêtres, [33] il l'a fait pour nous, leurs enfants, il a relevé Jésus de la mort. On lit dans le Psaume 2 :

"Tu es mon Fils.
Aujourd'hui, moi, je suis devenu ton Père."[x]

[34] « Dieu a relevé Jésus de la mort, son corps ne retournera plus pourrir dans la tombe. Dieu l'avait annoncé en disant :

"Je vous donnerai
ce que j'ai promis à David,
ce qui est *saint et vrai."[y]

[35] « On lit aussi dans un autre passage :

"Tu ne laisseras pas celui qui t'appartient
pourrir dans la tombe."[z]

[36] « Pendant sa vie, David a été le serviteur de Dieu : il a fait ce que Dieu voulait. Quand il est mort, on l'a enterré auprès de ses ancêtres, et il a pourri dans la tombe. [37] Mais Jésus n'a pas pourri dans la tombe : Dieu l'a réveillé de la mort. [38] Frères, vous devez savoir une chose : grâce à Jésus, on vous annonce aujourd'hui que vos péchés sont pardonnés. La *loi de Moïse n'a pas pu vous libérer de vos péchés, [39] mais tous ceux qui croient en Jésus sont complètement libérés. [40-41] Donc, faites attention ! Les prophètes ont dit :

"Gens orgueilleux, regardez !
Soyez étonnés, puis disparaissez !
En effet, pendant votre vie,
je vais faire quelque chose d'extraordinaire,
et si on vous le raconte,
vous ne le croirez pas !"[a]

« Il ne faut pas que cela vous arrive. »

---

x **13.33** *Psaume 2.7.*
y **13.34** *Ésaïe 55.3 cité d'après l'ancienne traduction grecque.*
z **13.35** *Psaume 16.10 cité d'après l'ancienne traduction grecque.*
a **13.40-41** *Voir Habacuc 1.5.*

42 Ensuite, Paul et Barnabas sortent de la maison de prière. On leur demande de revenir le sabbat suivant, et de parler des mêmes choses. 43 Après la réunion, beaucoup de Juifs et d'autres gens qui obéissent à la loi de Moïse accompagnent Paul et Barnabas. Paul et Barnabas parlent avec eux, ils les encouragent à rester fidèles au Dieu d'amour.

Paul et Barnabas se tournent vers les non-Juifs

44 Le *sabbat suivant, presque tous les habitants d'Antioche de Pisidie se rassemblent pour entendre la parole du Seigneur. 45 Quand les Juifs voient cette foule, ils sont remplis de jalousie, ils se mettent à dire tout le contraire de Paul et ils l'insultent. 46 Alors Paul et Barnabas disent avec assurance : « C'est d'abord à vous, les Juifs, que nous devions annoncer la parole de Dieu. Mais vous la rejetez, et vous trouvez sans doute que vous n'êtes pas dignes de vivre avec Dieu pour toujours ! C'est pourquoi nous irons maintenant vers ceux qui ne sont pas juifs. 47 Le Seigneur nous l'a commandé en disant :

"J'ai fait de toi
la lumière des autres peuples.
Ainsi tu annonceras
jusqu'au bout du monde
que Dieu sauve[b] !" »

48 Ceux qui ne sont pas juifs entendent cela et ils sont tout joyeux. Ils remercient le Seigneur pour sa parole. Tous ceux que Dieu a choisis pour vivre toujours avec lui deviennent croyants.

49 Dans tout le pays, la parole du Seigneur est de plus en plus connue. 50 Mais les Juifs entraînent avec eux des femmes de rang élevé qui adorent Dieu ainsi que les notables de la ville. Ils poursuivent Paul et Barnabas pour leur faire du mal et ils les chassent de leur pays. 51 Les deux hommes partent en secouant la poussière de leurs pieds[c], et ils vont à Iconium. 52 À Antioche, les *disciples restent remplis de joie et de l'Esprit Saint.

Paul et Barnabas à Iconium

14 1 À Iconium, c'est la même chose qu'à Antioche : Paul et Barnabas entrent dans la maison de prière des Juifs. Ils annoncent la parole de Dieu. Alors une grande foule de Juifs et de non-Juifs deviennent croyants. 2 Mais certains Juifs refusent de croire. Ils entraînent avec eux ceux qui ne sont pas juifs et ils les poussent à penser du mal des frères. 3 Malgré tout, Paul et Barnabas restent assez longtemps à Iconium. Ils parlent avec assurance, pleins de confiance dans le Seigneur. Ils parlent de son amour, et le Seigneur montre que leurs paroles sont vraies. En effet, il leur permet de faire des choses étonnantes et extraordinaires. 4 Les habitants de la ville ne sont pas d'accord entre eux. Les uns sont pour les Juifs, les autres sont pour les *apôtres.

5 Les Juifs et ceux qui ne sont pas juifs, avec leurs chefs, décident d'attaquer Paul et Barnabas et de les tuer en leur jetant des pierres. 6 Mais les deux hommes apprennent cela, ils partent donc vers les villes de la Lycaonie, à Lystre, à Derbé et dans les environs. 7 Là aussi, ils annoncent la Bonne Nouvelle.

Paul et Barnabas à Lystre

8 À Lystre, il y a un homme qui ne peut pas se tenir debout. Depuis sa naissance, il est infirme et n'a jamais pu marcher. 9 Un jour, il écoute Paul parler. Paul le regarde et il voit que l'homme a la foi pour être guéri. 10 Alors il lui dit d'une voix forte : « Debout, mets-toi sur tes pieds ! » L'homme se lève d'un bond et se met à marcher. 11 La foule voit ce que Paul a fait. Elle dit en lycaonien, qui est la langue du pays : « Les dieux ont pris un corps d'homme et ils sont descendus chez nous ! »

12 Ils appellent Barnabas « Zeus » et Paul « Hermès »[d]. En effet, c'était Paul qui parlait.

---

b **13.47** *Ésaïe 49.6.*

c **13.51** *Ce geste veut dire que Paul et Barnabas ne s'occupent plus des gens de cette ville. Ils ne veulent rien leur devoir, pas même la poussière qui est sous leurs pieds.*

d **14.12** *Dans la religion des Grecs, Zeus était le chef des dieux, et Hermès était leur messager.*

À l'entrée de la ville, il y a un temple pour le dieu Zeus. 13 Le prêtre de ce temple amène devant les portes des taureaux ornés de couronnes de fleurs. Avec la foule, il veut offrir un *sacrifice aux *apôtres. 14 Quand Paul et Barnabas apprennent cela, ils *déchirent leurs vêtements et ils se précipitent au milieu de la foule en criant : 15 « Mes amis, pourquoi est-ce que vous faites cela ? Nous sommes des hommes comme vous ! Nous vous apportons la Bonne Nouvelle. Alors abandonnez ces dieux qui ne valent rien ! Tournez-vous vers le Dieu vivant : il a fait le ciel, la terre, la mer et tout ce qu'ils contiennent. 16 Autrefois, il a laissé tous les peuples suivre leurs chemins. 17 Pourtant, Dieu a toujours montré son amour. En effet, il vous a envoyé du ciel les pluies et les récoltes au bon moment. Il vous a donné la nourriture et il a rempli vos cœurs de joie. »

18 Malgré ces paroles, Paul et Barnabas ont du mal à empêcher la foule de leur offrir un sacrifice.

19 Des Juifs arrivent d'Antioche de Pisidie et d'Iconium, ils se mettent à persuader la foule. Alors on lance des pierres sur Paul et on le traîne en dehors de la ville. En effet, on pense qu'il est mort. 20 Mais quand les *disciples se rassemblent autour de lui, Paul se relève et rentre dans la ville. Le jour suivant, il part avec Barnabas pour Derbé.

Paul et Barnabas retournent à Antioche de Syrie

21 Dans la ville de Derbé, Paul et Barnabas annoncent la Bonne Nouvelle. Beaucoup de gens deviennent *disciples. Ensuite, Paul et Barnabas retournent à Lystre, à Iconium et à Antioche de Pisidie. 22 Ils encouragent les disciples et leur demandent avec force de rester fidèles à la foi. Ils leur disent : « Nous devons traverser beaucoup de souffrances pour entrer dans le *Royaume de Dieu. »

23 Paul et Barnabas choisissent des *anciens pour chaque Église. Ils prient et ils *jeûnent, puis ils confient au Seigneur ces anciens qui croient en lui. 24 Ensuite, Paul et Barnabas traversent la Pisidie et arrivent en Pamphylie. 25 À Pergé, ils annoncent la parole de Dieu. Après cela, ils vont à Attalie 26 et de là, ils prennent le bateau pour retourner à Antioche de Syrie. C'est dans cette ville qu'on les avait confiés au Dieu d'amour pour le travail qu'ils viennent de faire.

27 En arrivant à Antioche de Syrie, Paul et Barnabas réunissent les membres de l'Église. Ils leur disent tout ce que Dieu a fait avec eux. Ils leur racontent comment Dieu a ouvert la porte de la foi à ceux qui ne sont pas juifs. 28 Paul et Barnabas restent assez longtemps avec les disciples.

Discussion sur la circoncision à Antioche de Syrie

15 1 Quelques hommes de Judée viennent à Antioche de Syrie. Voici ce qu'ils enseignent aux frères : « Vous devez vous faire *circoncire, comme la *loi de Moïse le commande, sinon vous ne pouvez pas être sauvés. » 2 Paul et Barnabas ne sont pas d'accord avec ces hommes et ils discutent vivement avec eux. Alors on décide ceci : Paul, Barnabas et quelques autres vont aller à Jérusalem. Ils parleront de cette affaire avec les *apôtres et les *anciens.

3 Donc, l'Église d'Antioche leur donne ce qu'il faut pour le voyage. Ils traversent la Phénicie et la Samarie, ils racontent comment ceux qui ne sont pas juifs se sont tournés vers le Seigneur. Et cela donne une grande joie à tous les croyants. 4 Les envoyés arrivent à Jérusalem. Ils sont reçus par l'Église, les apôtres et les anciens, et ils leur racontent tout ce que Dieu a fait avec eux.

Une décision est prise à Jérusalem

5 Mais quelques *Pharisiens qui sont devenus croyants se mettent à dire : « Il faut *circoncire les croyants qui ne sont pas juifs et leur commander d'obéir à la *loi de Moïse. »

6 Les *apôtres et les *anciens se réunissent pour examiner cette affaire. 7 Ils discutent beaucoup, alors Pierre prend la parole et dit : « Frères, vous le savez, Dieu m'a choisi parmi vous depuis longtemps, pour que j'annonce la Bonne Nouvelle aux non-Juifs. Ainsi, ils l'entendront et deviendront croyants. 8 Dieu connaît le cœur des gens.

Il a montré qu'il accueillait ceux qui ne sont
pas juifs. En effet, il leur a donné l'Esprit
Saint comme à nous. 9 Dieu n'a pas fait de
différence entre eux et nous. Il a rendu
leur cœur *pur parce qu'ils ont cru.
10 Donc, maintenant, pourquoi est-ce que
vous voulez provoquer Dieu ? Vous voulez
mettre sur les épaules des *disciples un poids
que nos ancêtres n'ont pas pu porter, et nous
non plus ! 11 Au contraire, nous sommes sauvés par l'amour du Seigneur Jésus, exactement comme eux ! Voilà ce que nous
croyons. »
12 Tous ceux qui sont réunis là se taisent.
Ensuite, on écoute Barnabas et Paul, ils racontent toutes les choses étonnantes et extraordinaires que Dieu a faites par eux chez ceux qui
ne sont pas juifs. 13 Quand ils ont fini, Jacques
se met à dire : « Frères, écoutez-moi. 14 Simon
vient de nous expliquer une chose : depuis le
commencement, Dieu a décidé de choisir
parmi ceux qui ne sont pas juifs un peuple
qui lui appartienne. 15 Et les paroles des *prophètes sont en accord avec cela. En effet, dans
les Livres Saints on lit :
16 "Le Seigneur dit :
Plus tard, je reviendrai.
Je reconstruirai la maison de David
qui est tombée.
Je rebâtirai sa maison détruite
et je la remettrai debout.
17 Alors, les autres habitants du monde
chercheront le Seigneur,
oui, tous les peuples
que j'ai appelés pour être à moi.
Voilà ce que le Seigneur dit.[e]
18 Il a fait connaître ces choses-là
depuis très longtemps." »
19 Jacques dit encore : « Donc, voici ce que je
pense : il ne faut pas faire trop de difficultés
à ceux qui ne sont pas juifs et qui se tournent
vers le Seigneur. 20 Mais il faut leur écrire
ceci : "Ne mangez pas la viande qu'on a offerte aux faux dieux, elle est *impure. Respectez les lois du mariage. Ne mangez pas de
viande qui contient encore du sang."[f] 21 En effet, depuis longtemps déjà, des gens annoncent la loi de Moïse dans chaque ville, et, à
chaque *sabbat, on la lit dans les maisons de
prière. »

Les apôtres et les anciens envoient une lettre aux croyants d'Antioche de Syrie

22 Alors les *apôtres et les *anciens, avec
toute l'Église, décident de choisir parmi eux
des délégués. Ils vont les envoyer à Antioche
de Syrie avec Paul et Barnabas. Ils choisissent
Jude, appelé aussi Barsabbas, et Silas, des
hommes qui ont de l'autorité parmi les frères. 23 Ils leur confient cette lettre : « Les apôtres et les anciens saluent les croyants qui ne
sont pas juifs et qui vivent à Antioche et dans
les provinces de Syrie et de Cilicie. 24 Nous
avons appris ceci : Des gens de chez nous
sont venus vous troubler et vous inquiéter
par leurs paroles, mais nous ne leur avions
pas demandé de le faire. 25 C'est pourquoi
nous avons décidé tous ensemble de choisir
des délégués et de vous les envoyer. Ils accompagnent nos chers amis Barnabas et
Paul, 26 qui ont livré leur vie au service de notre Seigneur Jésus-Christ. 27 Donc, nous vous
envoyons Jude et Silas, ils vont vous dire directement ce que nous vous écrivons dans
cette lettre. 28 En effet, l'Esprit Saint et
nous-mêmes avons décidé de ne pas vous
charger davantage. Mais vous devez obéir
aux commandements suivants, qui sont obligatoires : 29 Ne mangez pas la viande qu'on a
offerte aux faux dieux, elle est *impure. Ne
mangez pas de viande qui contient encore
du sang. Respectez les lois du mariage[g]. Si
vous obéissez à cela, vous agirez très bien.
Nous vous saluons fraternellement. »
30 On laisse partir Paul, Barnabas, Jude et Silas. Ils vont à Antioche de Syrie. Là, ils réunissent le groupe des croyants et ils leur donnent

---

e **15.16-17** *Amos 9.11-12 cité d'après l'ancienne traduction grecque.*

f **15.20** *Voir Lévitique 18.6-18 et Lévitique 17.10-16.*

g **15.29** *Voir Actes 15.20 et la note.*

la lettre. [31] On en fait la lecture, et tous sont remplis de joie parce qu'elle les encourage. [32] Jude et Silas, qui sont *prophètes, parlent beaucoup aux croyants pour les encourager et les rendre plus forts. [33] Ils restent un certain temps à Antioche de Syrie. Ensuite, les croyants les laissent partir en leur souhaitant bon voyage. Jude et Silas retournent vers ceux qui les ont envoyés. [34]

[35] Paul et Barnabas restent à Antioche. Avec beaucoup d'autres, ils enseignent et annoncent la parole du Seigneur.

Paul et Barnabas se séparent

[36] Après un certain temps, Paul dit à Barnabas : « Retournons visiter les croyants dans toutes les villes où nous avons annoncé la parole du Seigneur. Nous verrons comment ils vont. »

[37] Barnabas veut emmener avec eux Jean, appelé aussi Marc, [38] mais Paul pense qu'il ne faut pas le faire. En effet, Jean-Marc les a quittés en Pamphylie et il ne les a plus accompagnés dans leur travail. [39] Paul et Barnabas ne sont pas du tout d'accord et ils finissent par se séparer. Barnabas emmène Jean-Marc et prend le bateau pour Chypre, [40] Paul choisit Silas. Les croyants confient Paul à l'amour du Seigneur, et il s'en va. [41] Il traverse la Syrie et la Cilicie, en encourageant les Églises.

Timothée accompagne Paul et Silas

16 [1] Paul arrive à Derbé, puis à Lystre. Là, il y a un *disciple appelé Timothée. Sa mère est une *Juive devenue chrétienne, mais son père n'est pas juif. [2] Les chrétiens qui vivent à Lystre et à Iconium disent beaucoup de bien de Timothée. [3] Paul veut l'emmener avec lui. Alors il le *circoncit à cause des Juifs qui vivent dans cette région. En effet, ils savent tous que le père de Timothée n'est pas juif. [4] Paul et Silas passent de ville en ville. Ils annoncent aux chrétiens les décisions des

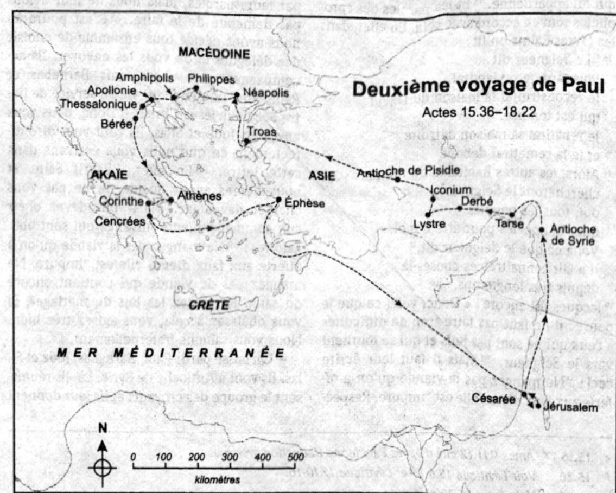

*apôtres et des *anciens de Jérusalem et ils leur demandent d'obéir à ces décisions. 5 Les Églises deviennent plus fortes dans la foi, et le nombre des croyants augmente chaque jour.

Paul est appelé en Macédoine

6 L'Esprit Saint empêche Paul et Silas d'annoncer la parole de Dieu dans la province d'Asie. Alors ils traversent la Phrygie et la Galatie, 7 ils arrivent près de la Mysie et essaient d'aller en Bithynie. Mais l'Esprit de Jésus ne leur permet pas d'y aller. 8 C'est pourquoi ils traversent la Mysie et vont au port de Troas. 9 Une nuit, Paul voit en rêve un homme de Macédoine qui est debout. Il demande à Paul avec force : « Passe en Macédoine et viens nous aider ! » 10 Tout de suite après cela, nous[h] cherchons à aller en Macédoine. Nous sommes sûrs que Dieu nous appelle à annoncer la Bonne Nouvelle là-bas.

À Philippes, Lydie croit au Seigneur

11 Nous prenons le bateau à Troas et nous allons directement vers l'île de Samothrace. Le jour suivant, nous partons pour Néapolis 12 et, de là, nous allons à Philippes. C'est la ville la plus importante de la région de Macédoine et c'est une colonie romaine. Nous restons là quelque temps. 13 Le jour du *sabbat, nous sortons de la ville pour aller près d'une rivière. En effet, nous pensons : « Là, il y a sûrement un lieu de prière pour les Juifs. » Nous nous asseyons et nous parlons avec les femmes qui sont réunies à cet endroit. 14 L'une d'elles s'appelle Lydie, elle est née à Thyatire. C'est une marchande de très beaux tissus rouges et elle adore Dieu. Cette femme nous écoute, et le Seigneur ouvre son cœur pour qu'elle soit attentive aux paroles de Paul. 15 Elle reçoit le baptême avec toute sa famille puis elle nous invite en disant : « Si vous pensez que je crois vraiment au Seigneur, venez habiter chez moi ! » Et elle nous oblige à accepter.

Paul et Silas en prison à Philippes

16 Un jour, nous allons au lieu de prière. Une servante vient à notre rencontre, il y a en elle un esprit qui lui permet de dire l'avenir. Elle raconte aux gens ce qui va leur arriver. De cette façon, ses maîtres gagnent beaucoup d'argent. 17 Elle se met à nous suivre, Paul et nous, en criant : « Ces hommes sont les serviteurs du Dieu très-haut ! Ils vous montrent le chemin pour être sauvés. » 18 La servante fait cela pendant plusieurs jours. À la fin, Paul se met en colère, il se retourne et commande à l'esprit : « Au nom de Jésus-Christ, sors de cette femme ! » Et l'esprit sort tout de suite. 19 Les maîtres de la servante voient qu'ils ne peuvent plus se servir d'elle pour gagner de l'argent. Alors ils arrêtent Paul et Silas et ils les traînent sur la place de la ville, devant les autorités. 20 Ils les amènent aux juges romains en disant : « Ces hommes font de l'agitation dans notre ville. Ils sont juifs 21 et ils enseignent de nouvelles coutumes. Mais nous, les Romains, nous n'avons pas le droit de les accepter ni de les suivre. »

22 La foule se met en colère contre Paul et Silas. Les juges romains font arracher les vêtements des deux hommes et ils commandent qu'on les frappe à coups de fouet. 23 Quand on les a bien frappés, on les jette en prison et on commande au gardien de les surveiller avec soin. 24 Dès que le gardien reçoit cet ordre, il les met au fond de la prison et il fixe leurs pieds dans des blocs de bois.

25 Vers minuit, Paul et Silas sont en train de prier et de chanter la louange de Dieu. Les autres prisonniers les écoutent. 26 Tout à coup, il y a un violent tremblement de terre. Les murs de la prison se mettent à bouger, aussitôt, toutes les portes s'ouvrent et les chaînes de tous les prisonniers tombent. 27 Le gardien se réveille, il voit que les portes de la prison sont ouvertes, alors il prend son arme et veut se tuer. En effet, il pense que les prisonniers se

h **16.10** ***À partir d'ici, l'auteur parle en disant « nous » dans un certain nombre de passages. En effet, il a sans doute participé à plusieurs voyages de Paul.***

sont échappés. 28 Mais Paul crie de toutes ses forces : « Ne te fais pas de mal ! Nous sommes tous là ! »

29 Le gardien demande de la lumière. Il se précipite à l'intérieur de la cellule, il tremble de peur et se jette aux pieds de Paul et de Silas. 30 Ensuite, il les fait sortir et leur demande : « Messieurs, qu'est-ce que je dois faire pour être sauvé ? » 31 Ils lui répondent : « Crois au Seigneur Jésus, alors tu seras sauvé, toi et ta famille. » 32 Ils lui annoncent la parole du Seigneur, à lui et à tous ceux qui vivent dans sa maison. 33 Au même moment, en pleine nuit, le gardien emmène Paul et Silas et lave leurs blessures. Aussitôt, il reçoit le baptême, lui et toute sa famille.

34 Il fait monter Paul et Silas dans sa maison et leur offre à manger. Avec toute sa famille, il est rempli de joie, parce qu'il a cru en Dieu. 35 Quand il fait jour, les juges romains envoient des gardes pour dire au gardien : « Libère ces hommes ! » 36 Le gardien vient annoncer à Paul : « Les juges m'ont commandé de vous libérer. Vous pouvez donc sortir et aller en paix ! » 37 Mais Paul dit aux gardes : « Ils ne nous ont pas jugés et ils nous ont fait battre à coups de fouet devant tout le monde ! Pourtant, nous sommes citoyens romains ! Ensuite, ils nous ont jetés en prison, et maintenant, ils veulent nous faire sortir en secret ? Eh bien non, ils doivent venir eux-mêmes nous libérer ! »

38 Les gardes vont raconter tout cela aux juges romains. Les juges ont peur en apprenant que Paul et Silas sont citoyens romains. 39 Ils viennent s'excuser, puis ils les font sortir de prison et leur demandent de quitter la ville. 40 Paul et Silas sortent de prison et vont chez Lydie. Ils rencontrent les frères et sœurs chrétiens, ils les encouragent et ils partent.

Paul et Silas à Thessalonique

17 1 Paul et Silas passent par Amphipolis et Apollonie et ils arrivent à Thessalonique. Là, il y a une maison de prière juive. 2 Paul va y rencontrer les Juifs selon son habitude, et pendant trois *sabbats, il discute avec eux. À partir des Livres Saints, 3 il explique et montre ceci : « Le *Messie devait souffrir et se relever de la mort. Et le Messie, c'est Jésus que je vous annonce. »

4 Quelques Juifs sont touchés par ces paroles et ils vont avec Paul et Silas. Beaucoup de Grecs qui adorent Dieu vont aussi avec eux ainsi qu'un certain nombre de femmes qui appartiennent à des familles de notables. 5 Mais d'autres Juifs sont très jaloux de cela. Ils prennent avec eux des voyous qu'ils ont trouvés dans les rues. Ils rassemblent la foule et font de l'agitation dans la ville. Ils vont à la maison de Jason pour y chercher Paul et Silas. En effet, ils veulent les amener devant le peuple. 6 Mais ils ne les trouvent pas, ils traînent donc Jason et quelques chrétiens devant les juges de la ville. Et ils se mettent à crier : « Ces hommes ont fait de l'agitation dans le monde entier, et maintenant, ils sont ici. 7 Jason les a reçus chez lui. Tous ces gens-là agissent contre les lois de l'empereur, ils disent qu'il y a un autre roi, Jésus. »

8 Ces paroles frappent beaucoup la foule et les juges. 9 Alors Jason et les autres chrétiens doivent payer une forte somme d'argent, puis les juges les libèrent.

Paul et Silas à Bérée

10 Dès qu'il fait nuit, les chrétiens font partir Paul et Silas pour Bérée. Les deux hommes arrivent dans cette ville et vont à la maison de prière des Juifs. 11 Les Juifs de Bérée sont plus accueillants que ceux de Thessalonique. Ils reçoivent la parole de Dieu avec beaucoup d'intérêt. Chaque jour, ils étudient les Livres Saints pour voir si les paroles de Paul sont exactes. 12 Beaucoup d'entre eux deviennent croyants. Parmi les Grecs, des femmes de rang élevé et un certain nombre d'hommes deviennent croyants également. 13 Mais les Juifs de Thessalonique apprennent que Paul annonce aussi la parole de Dieu à Bérée. Alors ils viennent dans cette ville pour troubler et exciter les gens. 14 Aussitôt, les chrétiens font partir Paul en direction de la mer, mais Silas et Timothée restent à Bérée. 15 Ceux qui conduisent Paul l'amènent jusqu'à Athènes. Ensuite, ils repartent et ils vont dire à Silas et à Timothée : « Paul vous demande de venir le rejoindre le plus vite possible. »

Paul à Athènes

16 Paul attend Silas et Timothée à Athènes. Il
voit que, dans la ville, on adore beaucoup de
faux dieux. C'est pourquoi il est vraiment
triste. 17 Dans la maison de prière, il discute
avec des Juifs et avec d'autres gens qui adorent Dieu. Et, sur la place de la ville, il discute
tous les jours avec ceux qui passent. 18 Il y a
même des maîtres épicuriens et stoïciens[i]
qui parlent avec lui. Les uns disent : « C'est
un bavard ! Qu'est-ce qu'il veut dire ? » D'autres disent : « Il a l'air d'annoncer des dieux
étrangers. » En effet, Paul annonce la Bonne
Nouvelle de Jésus. Il annonce aussi que les
morts se relèveront.

19 Ils emmènent donc Paul avec eux. Ils le
conduisent devant le Conseil de la ville et
lui disent : « Est-ce que nous pouvons connaître ce nouvel enseignement que tu donnes ?
20 Tu nous parles sans cesse de choses étranges, et nous voudrions savoir ce que cela
veut dire. » 21 En effet, tous les Athéniens et
les étrangers qui habitent à Athènes passent
leur temps à raconter ou à écouter les idées
nouvelles.

22 Alors Paul, debout devant le Conseil de la
ville, se met à dire : « Athéniens, je vois que
vous êtes des gens très religieux, en toutes
choses. 23 En passant dans vos rues, j'ai regardé vos monuments sacrés. J'ai même vu
un *autel où ces mots sont écrits : "Au dieu inconnu." Eh bien, moi, je viens vous annoncer
ce que vous adorez sans le connaître. 24 Le
Dieu qui a fait le monde et tout ce qu'il
contient, c'est le Seigneur du ciel et de la
terre. Il n'habite pas dans des temples construits par les hommes. 25 Il n'a pas besoin
qu'on le fasse vivre, rien ne lui manque. En effet, c'est lui qui donne à tous la vie, le souffle
et tout le reste. 26 À partir d'un seul homme, il
a créé tous les peuples pour qu'ils habitent sur
toute la terre. Il a tracé les limites de leurs
pays, il a fixé le moment des saisons. 27 Dieu
a fait cela pour que les gens le cherchent.
Même s'ils ont des difficultés pour le chercher, ils vont peut-être le trouver. En réalité,
il n'est pas loin de chacun de nous. 28 C'est
par lui que nous vivons, que nous nous dépla-
çons et que nous avons la vie. Certains de vos
poètes l'ont déjà dit : "Oui, nous sommes ses
enfants."

29 « Ainsi, nous sommes les enfants de
Dieu. Donc, nous ne devons pas penser
que Dieu ressemble à des statues d'or, d'argent ou de pierre que les gens ont fabriquées
ou imaginées. Les humains ont fabriqué ces
choses parce qu'ils ne connaissaient pas
Dieu. 30 Mais Dieu ne tient plus compte de
ce temps-là. Maintenant, il appelle tous les
habitants de tous les pays à changer leur
vie. 31 En effet, Dieu a fixé un jour où il va
juger le monde entier avec *justice. Il a
choisi un homme pour cela et il l'a relevé
de la mort. De cette façon, Dieu a montré
à tous que cet homme était bien le juge qu'il
avait choisi. »

32 Quand les Grecs entendent dire que Dieu
peut relever quelqu'un de la mort, les uns se
moquent de Paul, les autres disent : « Nous
t'écouterons parler de cela une autre fois ! »

33 Alors Paul les quitte. 34 Pourtant,
quelques-uns vont avec lui et deviennent
croyants. Parmi eux, il y a Denys, du Conseil
d'Athènes, une femme appelée Damaris et
d'autres encore.

Paul à Corinthe

18 1 Après cela, Paul part d'Athènes et va à
Corinthe. 2 Là, il rencontre un Juif appelé Aquilas qui est né dans la région du
Pont. Il vient d'arriver d'Italie avec sa femme
Priscille. En effet, l'empereur Claude a donné
l'ordre à tous les Juifs de quitter Rome. Paul va
chez Aquilas et Priscille. 3 Il a le même métier
qu'eux : ils fabriquent des tentes. C'est pourquoi Paul reste chez eux, et ils travaillent ensemble. 4 Chaque *sabbat, Paul discute dans la

---

i **17.18** *Les Épicuriens approuvent l'enseignement d'un sage appelé Épicure. Ils pensent que le hasard gouverne le monde et ils cherchent à éviter la souffrance. Les Stoïciens suivent l'enseignement d'un sage appelé Zénon. Ils cherchent à connaître les lois de la nature pour leur obéir.*

maison de prière et il essaie de persuader les Juifs et les non-Juifs.

5 Quand Silas et Timothée arrivent de Macédoine, Paul passe tout son temps à annoncer la parole de Dieu. Il explique aux Juifs que Jésus est le *Messie, 6 mais ils sont contre Paul et l'insultent. Alors Paul secoue ses vêtements[j] et leur dit : « Ce qui va vous arriver, ce sera de votre faute, moi, je n'en suis pas responsable ! À partir de maintenant, j'irai vers ceux qui ne sont pas juifs. »

7 Paul sort de la maison de prière. Il va chez un certain Titius Justus, un homme qui adore Dieu. Il habite à côté de la maison de prière. 8 Crispus, le chef de la maison de prière, se met à croire au Seigneur, avec toute sa famille. Beaucoup de Corinthiens deviennent croyants en écoutant Paul et ils reçoivent le baptême.

9 Une nuit, le Seigneur se montre à Paul et lui dit : « N'aie pas peur, continue à parler, ne te tais pas ! 10 Oui, je suis avec toi, et personne ne pourra t'arrêter pour te faire du mal. En effet, dans cette ville, les gens qui m'appartiennent sont nombreux. » 11 Paul reste à Corinthe pendant un an et demi. Il enseigne aux gens la parole de Dieu.

Paul devant le gouverneur Gallion

12 Au temps où Gallion est gouverneur romain de l'Akaïe[k], les Juifs sont tous contre Paul. Ils l'amènent devant le tribunal 13 et ils disent : « Cet homme pousse les gens à adorer Dieu d'une façon contraire à la *loi ! » 14 Paul veut répondre, mais Gallion leur dit : « Il ne s'agit pas d'un crime ni d'une faute grave, sinon je vous écouterais, bien sûr, vous les Juifs. 15 Mais vous vous disputez au sujet de mots, de noms et de votre loi à vous, donc, c'est votre affaire ! Je ne veux pas être juge pour ces choses-là ! » 16 Et Gallion les renvoie du tribunal. 17 Alors tous prennent Sostène, le chef de la maison de prière. Ils se mettent à le frapper devant le tribunal, mais Gallion ne s'en occupe pas.

Paul retourne à Antioche de Syrie

18 Paul reste encore assez longtemps à Corinthe, ensuite, il quitte les chrétiens. Il prend le bateau pour la Syrie, avec Priscille et Aquilas. Avant cela, il s'est fait raser la tête à Cencrées parce qu'il a fait un *vœu. 19 Ils arrivent à Éphèse, c'est là que Paul laisse Priscille et Aquilas. Il va à la maison de prière et discute avec les Juifs. 20 Ceux-ci lui demandent : « Reste encore avec nous ! » Mais Paul ne veut pas, 21 il les quitte en leur disant : « Je reviendrai chez vous une autre fois, si Dieu le veut. »

Ensuite, il part d'Éphèse en bateau. 22 Paul arrive à Césarée. Il va d'abord à Jérusalem pour saluer l'Église, puis il part pour Antioche de Syrie. 23 Il reste un certain temps dans cette ville puis il repart. Il traverse la Galatie et la Phrygie et il encourage tous les *disciples.

Apollos à Éphèse et à Corinthe

24 Un Juif, né à Alexandrie, arrive à Éphèse. Son nom est Apollos. Il parle bien et connaît parfaitement les Livres Saints. 25 On lui a appris à suivre le chemin du Seigneur. Avec beaucoup d'ardeur, il annonce et enseigne exactement la Bonne Nouvelle de Jésus, mais il connaît seulement le baptême de Jean. 26 Il se met donc à parler avec assurance dans la maison de prière des Juifs. Quand Priscille et Aquilas l'entendent, ils le prennent chez eux et lui enseignent plus exactement encore le chemin du Seigneur. 27 Apollos veut aller en Akaïe[l]. Les chrétiens l'encouragent à partir. Ils écrivent une lettre aux *disciples de là-bas, pour leur dire de bien recevoir Apollos. Quand il arrive, il est très utile aux croyants, parce que Dieu le soutient. 28 En effet, devant tout le monde, il parle si bien que les Juifs ne trouvent rien à lui répon-

---

j **18.6** *Par ce geste, Paul montre qu'il ne veut plus s'occuper d'eux.*

k **18.12** *L'Akaïe : nom ancien de la partie sud de la Grèce.*

l **18.27** *Voir Actes 18.12 et la note.*

dre. Il se sert des Livres Saints pour prouver que Jésus est le *Messie.

Paul à Éphèse

19 1 Pendant qu'Apollos est à Corinthe, Paul traverse la région des montagnes et il arrive à Éphèse. Là, il trouve quelques *disciples 2 et leur demande : « Quand vous êtes devenus croyants, est-ce que vous avez reçu l'Esprit Saint ? » Ils répondent : « Mais nous n'avons même pas entendu dire qu'il y a un Esprit Saint ! » 3 Paul leur demande : « Quel baptême avez-vous reçu ? » Ils répondent : « Le baptême de Jean. » 4 Paul leur dit : « Jean a baptisé ceux qui voulaient changer leur vie. Et il disait au peuple : "Croyez en celui qui va venir après moi, c'est-à-dire en Jésus !" »

5 Quand les croyants d'Éphèse entendent cela, ils se font baptiser au nom du Seigneur Jésus. 6 Paul pose les mains sur leur tête et ils reçoivent l'Esprit Saint. Alors ils se mettent à s'exprimer en langues inconnues et à parler au nom de Dieu. 7 Ces hommes sont une douzaine.

8 Paul va à la maison de prière des Juifs et là, pendant trois mois, il parle avec assurance. Il annonce le *Royaume de Dieu et il essaie de persuader ceux qui l'écoutent. 9 Mais certains ne veulent rien entendre et refusent de croire, ils se moquent de cet enseignement devant tout le monde. Alors Paul les quitte, il emmène avec lui les disciples et, tous les jours, il discute avec eux dans l'école de Tyrannus. 10 Cela dure deux ans. Ainsi, tous ceux qui vivent dans la province d'Asie, les Juifs et les non-Juifs, peuvent entendre la parole du Seigneur.

Les fils de Skéva

11 Dieu fait des actions extraordinaires par l'intermédiaire de Paul. 12 Alors on apporte aux malades des linges et des mouchoirs qui ont touché son corps. Les malades sont débarrassés de leurs maladies et les esprits mauvais s'en vont. 13 Il y a aussi certains Juifs qui vont d'un endroit à un autre. Ils essaient de chasser les esprits mauvais des malades en prononçant le nom du Seigneur Jésus. Ils disent : « Au nom de ce Jésus que Paul annonce, sortez ! C'est un ordre ! »

14 Un *grand-prêtre juif, Skéva, a sept fils qui font justement cela. 15 Mais l'esprit mauvais leur répond : « Jésus, je le connais, et Paul, je sais qui il est. Mais vous, qui êtes-vous ? » 16 Et l'homme qui a l'esprit mauvais en lui attaque les fils de Skéva. Il est plus fort qu'eux et il leur fait beaucoup de mal. Alors ils sortent de sa maison en courant, ils sont nus et blessés. 17 Tous les habitants d'Éphèse, les Juifs et les non-Juifs, apprennent cela. Ils sont tous pleins de respect et disent : « Le nom du Seigneur Jésus est grand ! » 18 Beaucoup de gens deviennent croyants et viennent avouer à haute voix ce qu'ils ont fait. 19 Parmi ceux qui pratiquaient la magie, beaucoup apportent leurs livres et les brûlent devant tout le monde. On calcule le prix de ces livres et on trouve que cela fait 50 000 pièces d'argent[m]. 20 Ainsi, par la puissance du Seigneur, la parole de Dieu est de plus en plus connue et de plus en plus solide.

L'agitation à Éphèse

21 Après cela, Paul décide de traverser la Macédoine et l'Akaïe[n] pour aller à Jérusalem. Il dit :

« Ensuite, j'irai aussi à Rome, il le faut. » 22 Il envoie en Macédoine deux de ses aides, Timothée et Éraste, mais lui-même reste encore un peu dans la province d'Asie.

23 À ce moment-là, il y a une grande agitation à cause du chemin du Seigneur. 24 En effet, un bijoutier, appelé Démétrius, fabrique des petits temples en argent de la déesse Artémis[o]. Pour ce travail, il donne aux artisans un

---

m **19.19** *Une pièce d'argent correspondait au salaire d'un ouvrier pour une journée de travail.*

n **19.21** *Voir Actes 18.12 et la note.*

o **19.24** *Artémis était une déesse considérée comme la mère de la nature. Les gens la priaient pour avoir de belles récoltes et de beaux troupeaux.*

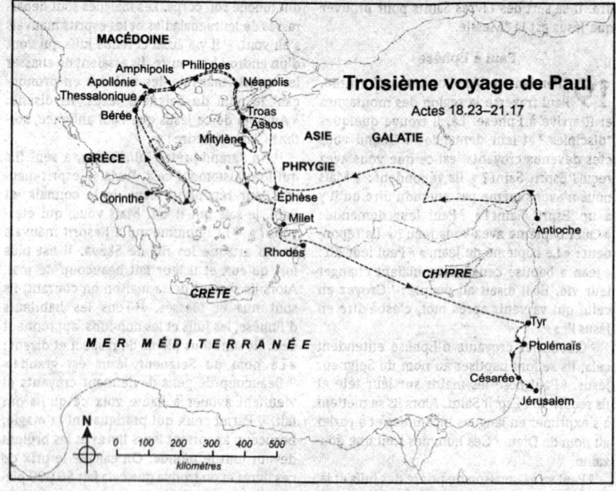

bon salaire. 25 Alors Démétrius réunit les artisans et tous ceux qui vivent de ce métier. Il leur dit : « Mes amis, vous le savez, c'est grâce à ce travail que nous vivons bien. 26 Mais ce Paul dit que les dieux fabriqués par les hommes ne sont pas des dieux. Et il a réussi à en persuader beaucoup de gens, non seulement ici, mais dans presque toute la province d'Asie. Vous avez entendu parler de tout cela et vous le constatez. 27 Cela risque de faire du tort à notre métier. De plus, le temple de la grande déesse Artémis va peut-être perdre de son importance. On ne dira plus : "Artémis est une grande déesse !" Pourtant, tout le monde l'adore dans la province d'Asie et sur la terre entière. » 28 Quand les gens entendent cela, ils se mettent en colère et ils crient : « C'est une grande déesse, l'Artémis des Éphésiens ! » 29 Alors l'agitation se répand dans toute la ville, et tout le monde se précipite au théâtre public. On entraîne aussi Gaïus et Aristarque, deux Macédoniens qui accompagnent Paul dans son voyage. 30 Paul veut se présenter devant la foule, mais les *disciples l'empêchent de le faire. 31 Quelques fonctionnaires importants de la province d'Asie sont des amis de Paul. Ils lui envoient des gens pour lui donner ce même conseil : « Ne te montre pas au théâtre ! » 32 Pendant ce temps, dans la foule, il y a beaucoup de bruit et d'agitation. Les uns crient une chose, les autres en crient une autre, et la plupart des gens ne savent même pas pourquoi ils sont rassemblés. 33 Les Juifs poussent au premier rang un certain Alexandre, et quelques-uns lui expliquent ce qui se passe. Alors Alexandre lève la main, il veut parler à la foule. 34 Mais on apprend qu'il est juif, alors, pendant à peu près deux heures, tout le monde crie d'une seule voix : « C'est une grande déesse, l'Artémis des Éphésiens ! » 35 Enfin, le secrétaire de la ville réussit à calmer la foule et il dit : « Éphésiens, tout le monde le sait, la ville d'Éphèse est chargée de protéger le tem-

ple de la grande déesse Artémis ainsi que sa
statue tombée du *ciel. 36 Personne ne peut
dire le contraire. Donc, vous devez vous calmer et réfléchir avant d'agir. 37 Vous avez
amené ces hommes ici, pourtant ils n'ont
rien fait de mal contre le temple et ils n'ont
pas insulté notre déesse. 38 Démétrius et ses
artisans veulent peut-être accuser quelqu'un.
Eh bien, il existe des juges et il y a des jours
où le tribunal est ouvert. Allez donc devant
les juges ! 39 Si vous avez quelque chose d'autre à demander, on verra cela à l'assemblée
qui applique la loi. 40 En effet, nous risquons
d'être accusés de révolte à cause de ce qui
s'est passé aujourd'hui. Nous ne pouvons donner aucune raison pour expliquer ce rassemblement. » 41 Quand le secrétaire a fini de
parler, il renvoie les gens chez eux.

Paul en Macédoine et en Grèce

20 1 Quand l'agitation est terminée, Paul
réunit les *disciples et les encourage.
Ensuite, il leur dit adieu et prend la route de
la Macédoine. 2 Il traverse cette région et là,
il encourage les croyants en leur parlant longuement. Puis il arrive en Grèce. 3 Paul y reste
trois mois. Au moment de prendre le bateau
pour la Syrie, il apprend que des Juifs veulent
lui faire du mal. Alors il décide de retourner
par la Macédoine. 4 Voici ceux qui l'accompagnent : Sopater, le fils de Pyrus, originaire de
Bérée, Aristarque et Secundus, de Thessalonique, Gaïus, de Derbé, et Timothée, Tychique et Trophime de la province d'Asie.
5 Ce groupe est parti avant nous, il nous attend
à Troas 6 et nous, nous prenons le bateau au
port de Philippes, après la fête des *Pains
sans levain. Cinq jours plus tard, nous retrou-
vons le groupe à Troas et nous y restons une
semaine.

Paul à Troas

7 Le samedi soir, nous sommes réunis pour
partager le pain[p]. Paul prend la parole devant
les frères et les sœurs chrétiens. Puisqu'il doit
partir le jour suivant, il continue à parler jusqu'à minuit. 8 Nous sommes réunis dans la
pièce qui est en haut de la maison. Là, il y a
beaucoup de lampes allumées. 9 Un jeune
homme, appelé Eutyque, est assis sur le bord
de la fenêtre. Paul continue à parler longtemps. Eutyque s'endort profondément. Pris
par le sommeil, il tombe du troisième étage
et, quand on veut le relever, il est déjà mort.
10 Alors Paul descend, il se penche sur lui et
le prend dans ses bras en disant : « Ne soyez
pas inquiets, il est vivant ! »

11 Ensuite Paul remonte, il partage le pain et
mange. Il parle encore longtemps jusqu'au lever du soleil, puis il s'en va. 12 Après cela, on
emmène le garçon bien vivant, et tous sont
vraiment consolés.

Paul va de Troas à Milet

13 Nous partons les premiers en bateau pour
aller à Assos et là, nous prendrons Paul avec
nous. En effet, il avait décidé d'y aller par la
route. 14 Paul nous retrouve à Assos, nous le
prenons sur le bateau et nous allons à Mity-
lène. 15 De là, nous repartons en bateau et
nous arrivons le lendemain devant Kio. Le
jour suivant, nous arrivons à Samos et le
jour d'après à Milet. 16 En effet, Paul a décidé
de passer devant Éphèse sans s'arrêter, il ne
veut pas perdre de temps dans la province
d'Asie. Il est pressé parce qu'il veut être à Jérusalem le jour de la Pentecôte[q], si possible.

Paul dit adieu aux anciens d'Éphèse

17 De Milet, Paul envoie des gens à Éphèse
pour faire venir les *anciens de l'Église.
18 Quand ils sont auprès de lui, Paul leur dit :
« Vous savez comment j'ai vécu avec vous, depuis le premier jour où je suis arrivé dans la
province d'Asie. 19 J'ai servi le Seigneur sans
orgueil, en pleurant et en souffrant parce
que certains Juifs me voulaient du mal.
20 Tout ce qui pouvait vous être utile, je vous
l'ai dit. Devant tout le monde et dans vos maisons, je vous ai annoncé la parole de Dieu, je

p **20.7** *Voir Actes 2.42 et la note.*
q **20.16** *Voir Actes 2.1 et la note.*

vous l'ai enseignée. 21 J'ai appelé les Juifs et
aussi les non-Juifs à se tourner vers Dieu et à
croire en notre Seigneur Jésus, 22 et maintenant, je vais à Jérusalem. C'est l'Esprit Saint
qui m'oblige à faire cela. Je ne sais pas ce
qui va m'arriver là-bas. 23 Mais en tout cas,
dans chaque ville, l'Esprit Saint me dit que
je vais souffrir et aller en prison. 24 Pour
moi, ma vie ne compte pas. Ce que je veux,
c'est aller jusqu'au bout de ma mission. Je
veux faire tout ce que le Seigneur Jésus m'a
demandé, c'est-à-dire rendre *témoignage à
la Bonne Nouvelle de l'amour de Dieu.

25 « Je suis passé parmi vous tous en annonçant le *Royaume de Dieu, et maintenant, je le
sais, vous ne verrez plus mon visage. 26 C'est
pourquoi, aujourd'hui, je vous le dis avec
force : j'ai fait ce que j'ai pu pour vous tous.
Si, plus tard, vous ne tenez pas compte de
mon enseignement, je n'en suis pas responsable. 27 En effet, je vous ai annoncé tout ce
que Dieu avait décidé, je n'ai rien caché.
28 Faites bien attention à vous-mêmes et à
tout le troupeau que l'Esprit Saint vous a
donné à garder. Prenez soin de l'Église de
Dieu. Il a donné son sang pour la sauver.
29 Après mon départ, je le sais, des gens pareils
à des bêtes féroces viendront parmi vous et feront du mal au troupeau. 30 Et même parmi
vous, certains se mettront à dire des mensonges et ils entraîneront les *disciples derrière
eux. 31 Restez donc éveillés ! Et rappelez-
vous : pendant trois ans, nuit et jour, je vous
ai sans cesse donné des conseils à chacun jusqu'à en pleurer.

32 « Maintenant, je vous confie à Dieu et à sa
parole d'amour. Cette parole a le pouvoir de
construire votre communauté. Par elle aussi,
Dieu peut donner les bienfaits qu'il réserve
à ceux qui lui appartiennent. 33 Je n'ai désiré
ni l'argent, ni l'or, ni les vêtements de personne. 34 Vous le savez vous-mêmes : j'ai travaillé de mes mains pour gagner ma vie et la
vie de ceux qui m'accompagnent. 35 Je vous
l'ai toujours montré : il faut travailler de cette
façon pour aider les pauvres. Et il faut se rappeler ce que le Seigneur Jésus lui-même a dit :
"Il y a plus de bonheur à donner qu'à recevoir." »

36 Quand Paul a fini de parler, il se met à
genoux et prie avec tous. 37 Alors tous se
mettent à pleurer, ils se jettent dans les
bras de Paul et l'embrassent. 38 Ils sont surtout tristes parce qu'il a dit : « Vous ne verrez
plus mon visage. » Ensuite, ils l'accompagnent jusqu'au bateau.

Paul va à Jérusalem

21 1 Nous quittons les *anciens d'Éphèse,
nous partons en bateau et nous allons
directement à Cos. Le jour suivant, nous arrivons à Rhodes et de là, nous allons à Patara.
2 Nous trouvons un bateau qui va en Phénicie,
nous le prenons et nous partons. 3 Nous arrivons près de Chypre, qu'on peut voir du bateau. Nous passons au sud de cette île et
nous continuons vers la Syrie. Nous descendons à Tyr, c'est là que le bateau doit déchar-
ger ses marchandises. 4 À Tyr, nous trouvons
les *disciples et nous restons une semaine
avec eux. Poussés par l'Esprit Saint, ils disent
à Paul : « Ne va pas à Jérusalem ! » 5 Mais au
bout d'une semaine, nous repartons pour
continuer notre voyage. Tous nous accompagnent en dehors de la ville, avec les femmes
et les enfants. Nous nous mettons à genoux
au bord de la mer et nous prions. 6 Ensuite,
nous nous disons adieu, puis nous montons
sur le bateau, et les disciples retournent
chez eux.

7 Nous terminons notre voyage en bateau
en allant de Tyr à Ptolémaïs. Là, nous saluons
les chrétiens et nous restons un jour avec eux.
8 Le jour suivant, nous repartons et nous arrivons à Césarée. Nous allons dans la maison de
Philippe qu'on appelle « Messager de la Bonne
Nouvelle ». Nous restons chez lui. Philippe est
l'un des sept hommes choisis à Jérusalem pour
le service des repas[r]. 9 Il a quatre filles qui ne
sont pas mariées et qui parlent au nom de
Dieu. 10 Nous sommes là depuis plusieurs
jours. Un *prophète, appelé Agabus, arrive

---

r **21.8** *Voir Actes 6.5 et 8.5-40.*

de Judée. 11 Il vient nous voir. Il prend la ceinture de Paul et s'attache les mains et les pieds. Il dit : « Voici ce que l'Esprit Saint annonce : "À Jérusalem, des chefs juifs vont attacher ainsi le propriétaire de cette ceinture. Ils vont le livrer à ceux qui ne sont pas juifs." »

12 Quand nous entendons cela, nous et ceux de Césarée, nous demandons à Paul avec force de ne pas aller à Jérusalem. 13 Mais il répond : « Qu'est-ce que vous avez à pleurer et à me fendre le cœur ? Moi, pour le nom du Seigneur Jésus, je suis prêt à me laisser attacher et à mourir à Jérusalem. » 14 Nous ne pouvons pas le persuader, alors nous n'insistons pas. Nous disons : « Que le Seigneur Jésus fasse ce qu'il a décidé ! »

15 Après quelques jours, nous nous préparons et partons pour Jérusalem. 16 Des disciples de la ville de Césarée nous accompagnent. Ils nous conduisent chez un certain Mnason, de l'île de Chypre, qui est disciple depuis longtemps. C'est chez lui que nous allons passer la nuit.

Paul rencontre les anciens de Jérusalem

17 Quand nous arrivons à Jérusalem, les frères nous reçoivent avec joie. 18 Le jour suivant, Paul vient avec nous chez Jacques. Là, tous les *anciens de l'Église sont réunis. 19 Paul les salue puis il raconte en détail tout ce que Dieu a fait chez les non-Juifs en se servant de lui. 20 Quand les anciens entendent cela, ils chantent la *gloire de Dieu et ils disent à Paul : « Frère, tu vois, des milliers de Juifs sont devenus chrétiens et tous suivent fidèlement la *loi. 21 Voici ce qu'on leur raconte sur toi : tu apprends à tous les Juifs qui vivent au milieu d'autres peuples à abandonner la loi de Moïse. Tu leur dis de ne pas *circoncire les enfants, et de ne pas suivre les coutumes juives. 22 Qu'est-ce qu'il faut faire ? En effet, ils vont sûrement apprendre que tu es ici. 23 Fais donc ce que nous allons te dire : nous avons ici quatre hommes qui ont fait un *vœu. 24 Emmène-les, fais avec eux la cérémonie de *purification et paie leurs dépenses. Alors ils pourront se faire raser la tête, et tout le monde va le savoir : les choses qu'on raconte sur toi sont fausses. Mais on verra que toi aussi, tu obéis à la loi. 25 Nous avons écrit à ceux qui ne sont pas juifs et qui sont devenus croyants. Nous leur avons dit ce que nous avons décidé : "Vous ne devez pas manger la viande qu'on a offerte aux faux dieux. Ne mangez pas de viande qui contient encore du sang. Respectez les lois du mariage[s]." »

26 Alors Paul emmène ces quatre hommes. Le jour suivant, il commence avec eux la cérémonie de purification, puis il va dans le temple. Là, il fait savoir le jour où on offrira le *sacrifice pour chacun d'eux, quand la purification sera finie.

Paul est arrêté dans le temple

27 Les sept jours de la *purification sont presque finis. Des Juifs de la province d'Asie voient Paul dans le temple, ils excitent toute la foule et ils arrêtent Paul. 28 Ils crient : « Gens *d'Israël, au secours ! Le voilà, l'homme qui donne partout et à tout le monde un enseignement contre notre peuple, contre notre *loi et contre ce temple ! Il a même fait entrer des non-Juifs ici, et il a rendu *impur ce lieu *saint. » 29 En effet, à Jérusalem, les Juifs ont vu Trophime d'Éphèse qui accompagnait Paul, et ils pensent que Paul l'a fait entrer dans le temple.

30 Il y a de l'agitation dans toute la ville, et le peuple arrive en foule. Ils arrêtent Paul et l'entraînent en dehors du temple. Tout de suite après, on ferme ses portes. 31 Les gens cherchent à tuer Paul, mais le commandant des soldats romains apprend que l'agitation s'est répandue dans toute la ville de Jérusalem. 32 Il prend immédiatement avec lui des soldats et des officiers et il court vers la foule. Quand les gens voient le commandant et les soldats, ils cessent de frapper Paul. 33 Alors le commandant s'approche, il fait arrêter Paul et il donne l'ordre de l'attacher avec deux chaînes. Puis il demande : « Qui est cet homme ? Qu'est-ce qu'il a fait ? » 34 Mais

s **21.25** *Voir Actes 15.20 et la note.*

dans la foule, les uns crient une chose, les autres en crient une autre. Comme le commandant ne peut rien apprendre de sûr à cause du
bruit, il donne l'ordre d'emmener Paul dans la
caserne. 35 Quand Paul arrive près de l'escalier, les soldats doivent le porter, parce que
la foule est très violente. 36 En effet, tout le
peuple le suit en criant : « À mort ! »

Paul s'adresse à ses frères juifs

37 Au moment où on va faire entrer Paul
dans la caserne, il dit au commandant : « Est-
ce que je peux dire un mot ? » Le commandant
répond : « Tu sais le grec ? 38 Donc, tu n'es pas
l'Égyptien qui, ces temps-ci, a fait un complot
et qui a emmené au désert 4 000 terroris-
tes ? » 39 Paul dit : « Moi, je suis juif, de la ville
de Tarse en Cilicie. Je suis citoyen d'une ville
célèbre. S'il te plaît, permets-moi de parler au
peuple ! »
40 Le commandant le permet. Paul, debout
sur les marches, fait signe de la main au peuple. Alors il y a un grand silence, et Paul leur
dit dans la langue des Juifs :

22 1 « Frères et pères, écoutez ce que je
vais dire maintenant pour me défendre. »
2 Quand ils entendent Paul parler dans leur
langue, ils sont encore plus calmes. Paul continue : 3 « Je suis juif. Je suis né à Tarse en Cilicie, mais j'ai été élevé ici, à Jérusalem, et j'ai
eu Gamaliel comme maître. Il m'a enseigné de
façon très exacte la *loi de nos ancêtres. J'étais
plein d'ardeur pour Dieu, comme vous tous
aujourd'hui. 4 J'ai fait souffrir jusqu'à la mort
ceux qui suivaient le chemin de Jésus. J'ai
fait arrêter et jeter en prison des hommes et
des femmes. 5 Le *grand-prêtre et tout le
Conseil des *anciens peuvent dire que c'est
vrai. En effet, ils m'ont donné des lettres d'autorisation pour les frères juifs de Damas.
Alors, je suis parti pour arrêter les chrétiens
qui étaient là-bas, pour les emmener à Jérusalem et les faire punir. »

Paul raconte l'appel du Seigneur

6 « J'étais en route et j'approchais de Damas. Tout à coup, vers midi, une grande lumière venant du *ciel a brillé autour de moi.
7 Je suis tombé par terre et j'ai entendu une
voix qui me disait : "Saul, Saul, pourquoi
est-ce que tu me fais souffrir ?" 8 J'ai demandé : "Seigneur, qui es-tu ?" La voix m'a
répondu : "Je suis Jésus de Nazareth, c'est
moi que tu fais souffrir." 9 Ceux qui étaient
avec moi voyaient la lumière, mais ils n'entendaient pas celui qui me parlait. 10 J'ai demandé : "Seigneur, qu'est-ce que je dois
faire ?" Le Seigneur m'a répondu : "Relève-
toi, va à Damas, et là, on te dira tout ce que
tu dois faire." 11 J'étais devenu aveugle à cause
de cette lumière si brillante. Alors ceux qui
m'accompagnaient m'ont pris par la main et
ils m'ont conduit à Damas.
12 « Là, il y avait un homme appelé Ananias.
Il était fidèle à Dieu et à la *loi de Moïse. Tous
les Juifs qui habitent Damas disaient du bien
de lui. 13 Ananias est venu me trouver et il
m'a dit : "Saul, mon frère, retrouve la vue !"
Et au même moment, j'ai vu Ananias clairement. 14 Il m'a dit aussi : "Le Dieu de nos ancêtres t'a choisi d'avance pour que tu connaisses
ce qui lui plaît. Il t'a choisi pour que tu voies
Jésus, le *Juste, et que tu entendes sa voix.
15 En effet, tu dois être son *témoin, devant
le monde entier. Tu annonceras ce que tu as
vu et entendu. 16 Et maintenant, pourquoi attendre ? Viens, reçois le baptême et le pardon
de tes péchés en faisant appel à son nom !"
17 « Ensuite, je suis retourné à Jérusalem.
Un jour, je priais dans le temple, et le Seigneur
s'est montré à moi. 18 Je l'ai vu et il m'a dit :
"Dépêche-toi, sors vite de Jérusalem ! En
effet, ses habitants n'accepteront pas ton témoignage à mon sujet." 19 J'ai répondu : "Seigneur, ils le savent bien, j'allais dans les
maisons de prière chercher ceux qui croient
en toi. Je les jetais en prison et je les faisais frapper. 20 Et quand on a fait mourir Étienne, ton
témoin, j'étais là, moi aussi. J'étais d'accord
avec ceux qui le tuaient et je gardais leurs vêtements." 21 Le Seigneur m'a dit : "Va, je t'envoie
au loin, vers tous ceux qui ne sont pas juifs." »

Paul et le commandant romain

22 Les gens ont écouté Paul jusqu'au moment où il dit ces mots, mais maintenant, ils
se mettent à crier : « Supprimez cet homme !

À mort ! Il ne mérite pas de vivre ! » 23 Ils poussent des cris, ils jettent leurs vêtements en l'air et font voler la poussière. 24 Alors le commandant des soldats romains donne cet ordre : « Faites entrer Paul dans la caserne et frappez-le à coups de fouet pour l'obliger à parler ! Je veux savoir pourquoi la foule crie contre lui de cette façon. » 25 On va attacher Paul pour le fouetter. Mais à ce moment-là, il dit à l'officier qui est présent : « Vous voulez fouetter un citoyen romain que vous n'avez même pas jugé ! Est-ce que vous en avez le droit ? » 26 Quand l'officier entend cela, il va prévenir le commandant : « Qu'est-ce que tu allais faire ! Cet homme est citoyen romain ! » 27 Alors le commandant vient trouver Paul et lui demande : « Dis-moi, est-ce que tu es citoyen romain ? » Paul répond : « Oui. » 28 Le commandant lui dit : « Moi, j'ai dû acheter très cher le droit de devenir citoyen romain. » Paul répond : « Et moi, je le suis depuis ma naissance ! »

29 Ceux qui voulaient frapper Paul pour l'obliger à parler le laissent aussitôt. Quand le commandant se rend compte qu'il a fait attacher un citoyen romain avec des chaînes, il a peur.

Paul devant le Tribunal religieux

30 Le commandant veut savoir de façon sûre pourquoi des chefs juifs accusent Paul. Donc, le jour suivant, il donne l'ordre aux chefs des *prêtres et à tout le *Tribunal religieux de se réunir. Il libère Paul de ses chaînes, il le fait amener et le place devant eux.

23 1 Paul regarde en face les membres du Tribunal et il dit : « Frères, j'ai toujours vécu pour Dieu jusqu'à maintenant et je n'ai rien à me reprocher. »

2 Mais le *grand-prêtre Ananias commande à ceux qui sont près de Paul : « Frappez-le sur la bouche ! » 3 Alors Paul lui dit : « C'est toi que Dieu va frapper, espèce de mur blanchi[t] ! Tu es assis là pour me juger d'après la loi, et tu donnes l'ordre de me frapper, c'est contraire à la loi ! »

4 Ceux qui sont près de Paul lui disent : « Tu insultes le grand-prêtre de Dieu ! » 5 Paul répond : « Frères, je ne savais pas que c'était le grand-prêtre. En effet, dans les Livres Saints on lit : "Tu ne diras pas de mal du chef de ton peuple[u]." »

6 Paul le sait : certains membres du Tribunal sont *Sadducéens et d'autres sont *Pharisiens. C'est pourquoi devant eux, il dit d'une voix forte : « Frères, je suis Pharisien et fils de Pharisien. Comme eux, j'ai l'espoir que les morts se relèveront, et c'est pour cela qu'on me juge. » 7 Au moment où Paul dit cela, les Pharisiens et les Sadducéens se mettent à se disputer, et l'assemblée se divise en deux camps. 8 En effet, les Sadducéens disent : « Les morts ne se relèvent pas, les *anges et les esprits n'existent pas. » Mais les Pharisiens croient le contraire. 9 Tout le monde se met à crier. Quelques *maîtres de la loi du groupe des Pharisiens se lèvent et disent avec force : « Nous trouvons que cet homme n'a rien fait de mal. Un esprit ou un *ange lui a peut-être parlé. »

10 Ils se disputent de plus en plus. Le commandant a peur qu'ils ne mettent Paul en morceaux. Alors il donne cet ordre aux soldats : « Descendez ! Faites sortir Paul du Tribunal et ramenez-le à la caserne ! »

11 La nuit suivante, le Seigneur se montre à Paul et dit : « Courage ! Tu as été mon *témoin ici, à Jérusalem. Il faut aussi que tu sois mon témoin à Rome. »

Un piège est tendu à Paul

12 Le jour suivant, certains Juifs se réunissent en secret. Ils jurent devant Dieu : « Nous ne mangerons rien et nous ne boirons rien avant de tuer Paul ! » 13 Ceux qui ont juré cela sont plus de 40. 14 Ils vont voir les chefs des *prêtres et les *anciens et ils leur disent : « Voici ce que nous avons juré devant Dieu : nous ne

---

t **23.3** *Paul utilise peut-être cette comparaison pour dire qu'Ananias est un homme faux. Voir Matthieu 23.27.*

u **23.5** *Exode 22.27.*

prendrons aucune nourriture avant de tuer Paul. 15 Maintenant donc, les autres membres du *Tribunal doivent nous accompagner chez le commandant romain, et vous lui demanderez de faire venir Paul devant vous. Vous direz que vous voulez étudier son affaire de façon plus exacte. De notre côté, nous sommes prêts à le tuer avant qu'il arrive ici. »

16 Mais un neveu de Paul, le fils de sa sœur, entend parler de ce piège. Il va à la caserne, il entre et prévient Paul. 17 Alors Paul appelle un des officiers et lui dit : « Conduis ce jeune homme chez le commandant : il a quelque chose à lui annoncer. »

18 L'officier emmène le jeune homme, il le conduit chez le commandant et dit : « Le prisonnier Paul m'a appelé, il m'a demandé de t'amener ce jeune homme. Il a quelque chose à t'annoncer. » 19 Le commandant prend le jeune homme par la main, il l'emmène à l'écart et lui demande : « Qu'est-ce que tu as à me dire ? » 20 Le jeune homme répond : « Certains Juifs sont d'accord pour te demander d'emmener Paul demain devant leur *Tribunal. Ils diront qu'ils veulent étudier son affaire de façon plus exacte, 21 mais ne les crois pas. En effet, plus de 40 hommes vont tendre un piège à Paul. Ils ont juré devant Dieu de ne rien manger et de ne rien boire avant de le tuer. Maintenant ils sont prêts, ils n'attendent plus que ta réponse. » 22 Alors le commandant dit au jeune homme : « Ne raconte à personne ce que tu viens de me dire. » Puis il le laisse partir.

Paul devant le gouverneur Félix

23 Le commandant appelle deux de ses officiers, il leur dit : « Rassemblez 200 soldats, 70 cavaliers et 200 hommes armés. Ils doivent être prêts à partir pour Césarée à neuf heures du soir. 24 Préparez aussi des chevaux pour conduire Paul en toute sécurité devant le gouverneur Félix. » 25 Ensuite, le commandant écrit une lettre. La voici : 26 « Claudius Lysias envoie ses salutations à son Excellence le gouverneur Félix. 27 Les Juifs ont pris cet homme que je t'envoie et ils allaient le tuer. Alors je suis arrivé avec mes soldats et je l'ai délivré. En effet, j'ai appris qu'il était citoyen romain. 28 J'ai voulu savoir pourquoi certains Juifs l'accusaient, donc, je l'ai amené devant leur *Tribunal. 29 J'ai vu qu'ils discutaient avec Paul au sujet de leur *loi, voilà pourquoi ils l'accusaient. Mais il n'y a aucune raison pour le faire mourir ou pour le mettre en prison. 30 On m'a prévenu que ces gens voulaient lui tendre un piège. C'est pourquoi je t'ai envoyé cet homme tout de suite. J'ai demandé à ceux qui l'accusent de porter plainte contre lui devant toi. »

31 Les soldats font ce que le commandant leur a ordonné. Ils emmènent Paul et, pendant la nuit, ils le conduisent jusqu'à Antipatris. 32 Le jour suivant, les soldats retournent à la caserne et ils laissent les cavaliers continuer la route. 33 Les cavaliers arrivent à Césarée, ils donnent la lettre au gouverneur et lui amènent Paul. 34 Le gouverneur lit la lettre et demande à Paul : « De quelle région es-tu ? » Paul répond : « De Cilicie. » 35 Le gouverneur lui dit : « Je t'interrogerai quand ceux qui t'accusent seront là. » Et il commande de garder Paul dans le palais *d'Hérode le Grand.

Tertullus accuse Paul

24 1 Cinq jours après, le *grand-prêtre Ananias arrive à Césarée avec quelques *anciens et un avocat appelé Tertullus. Ils viennent porter plainte contre Paul devant le gouverneur Félix. 2 On fait venir Paul. Tertullus se met à l'accuser en disant à Félix : « Excellence, nous vivons vraiment dans la paix, grâce à toi et aux changements que tu as décidés pour notre peuple. 3 Nous recevons ces bienfaits toujours et partout en te remerciant très sincèrement. 4 Mais je ne veux pas te prendre trop de temps. C'est pourquoi je te demande de nous écouter avec bonté pendant quelques instants. 5 Nous avons trouvé que cet homme est très dangereux. Il provoque du désordre chez les Juifs du monde entier, et c'est le chef du groupe des Nazaréens[v].

v **24.5** *Le Nazaréen est un nom donné à Jésus. Voir Matthieu 2.23. Ce nom a servi aussi à désigner les premiers chrétiens.*

6 Il a même essayé de faire certaines choses montrant qu'il ne respecte pas notre temple sacré, et nous l'avons arrêté. [7] 8 Interroge cet homme, ainsi tu pourras voir toi-même que toutes nos accusations contre lui sont vraies. » 9 Les Juifs sont d'accord avec Tertullus et ils disent : « Oui, c'est exact. »

Paul se défend

10 Le gouverneur fait signe à Paul de parler. Paul prend la parole : « Je le sais, tu es le juge de notre peuple depuis de nombreuses années. Donc, je suis plein de confiance pour me défendre devant toi. 11 Tu peux le vérifier toi-même : il y a tout juste douze jours, je suis arrivé à Jérusalem pour adorer Dieu. 12 Et nulle part, on ne m'a trouvé en train de discuter avec quelqu'un ou d'exciter la foule : ni dans le temple, ni dans les maisons de prière, ni dans la ville. 13 Tout ce que ces gens disent maintenant contre moi, ils ne peuvent pas le prouver. 14 Mais je peux affirmer ceci devant toi : je sers le Dieu de nos ancêtres en suivant le chemin du Seigneur. Pour eux, ce chemin est faux, mais moi, je crois tout ce qui est écrit dans les livres de la *loi et des *prophètes. 15 Il y a quelque chose que j'espère. Et ceux qui m'accusent ont aussi cet espoir : c'est que Dieu relèvera les morts, les mauvais comme les bons. 16 C'est pourquoi j'essaie de me conduire correctement devant Dieu et devant les hommes.

17 « Après de nombreuses années, je suis revenu à Jérusalem pour apporter de l'argent à mon peuple et des offrandes à Dieu. J'étais donc dans le temple, et c'est là qu'ils m'ont trouvé. 18 Je venais de faire la cérémonie de *purification. Il n'y avait pas de foule avec moi, il n'y avait aucun désordre. 19 Mais quelques frères juifs de la province d'Asie étaient là. S'ils ont quelque chose contre moi, ils devraient être là devant toi pour m'accuser. 20 Ou bien, quand on m'a conduit devant leur *Tribunal, est-ce que les gens d'ici ont découvert que j'étais coupable ? Dans ce cas, ils doivent le dire. 21 Devant les membres du Tribunal, j'ai crié, debout : "J'ai l'espoir que Dieu relèvera les morts." Est-ce à cause de cette seule phrase qu'on me juge devant vous ? »

22 Félix est bien renseigné sur le chemin du Seigneur. Il renvoie le jugement à plus tard en disant aux Juifs : « Je jugerai votre affaire quand le commandant Lysias viendra. » 23 Il donne cet ordre à l'officier : « Garde Paul en prison, mais sans l'attacher. N'empêche pas ses amis de lui rendre des services. »

Paul en prison

24 Quelques jours plus tard, Félix arrive avec sa femme Drusille, qui est juive. Il envoie chercher Paul et il l'écoute parler de la foi en Jésus-Christ. 25 Paul se met à expliquer comment vivre pour plaire à Dieu, comment être maître de soi. Il dit aussi que Dieu va juger tout le monde. Alors Félix a peur et dit à Paul : « Maintenant, assez pour aujourd'hui ! Quand j'aurai le temps, je te rappellerai. » 26 Le gouverneur Félix espère aussi que Paul va lui donner de l'argent. C'est pourquoi il le fait venir assez souvent pour parler avec lui.

27 Au bout de deux ans, Félix est remplacé par Porcius Festus, mais comme il veut faire plaisir aux *Juifs, il laisse Paul en prison.

Paul devant le gouverneur Festus

25 1 Depuis trois jours, Festus est arrivé dans la province. Il fait alors le voyage de Césarée à Jérusalem. 2 Là, les chefs des *prêtres et les notables juifs se présentent devant lui et ils portent plainte contre Paul. Ils insistent 3 et demandent à Festus : « Nous t'en prions, fais venir Paul à Jérusalem. » En effet, certains Juifs veulent tendre un piège à Paul et le tuer sur la route. 4 Mais Festus leur répond : « Paul est en prison à Césarée, et moi-même, je vais bientôt repartir. 5 Vos chefs n'ont qu'à venir avec moi à Césarée. Si cet homme a fait quelque chose de mal, ils l'accuseront. »

6 Festus passe seulement huit à dix jours à Jérusalem, puis il retourne à Césarée. Le jour suivant, il siège au tribunal et commande de faire venir Paul. 7 Celui-ci arrive. Les chefs juifs qui sont venus de Jérusalem l'entourent et l'accusent de nombreuses fautes graves,

mais ils ne peuvent rien prouver. 8 Paul se défend en disant : « Je n'ai rien fait de mal, ni contre la *loi de mon peuple, ni contre le temple, ni contre l'empereur. » 9 Festus veut faire plaisir aux chefs qui sont là et il demande à Paul : « Est-ce que tu veux aller à Jérusalem ? Là-bas, on te jugera devant moi pour cette affaire. » 10 Paul répond : « Je suis devant le tribunal de l'empereur, et c'est là qu'on doit me juger. Je n'ai rien fait de mal contre le peuple juif, tu le sais très bien toi-même. 11 Si je suis coupable et si j'ai fait quelque chose qui mérite la mort, je ne refuse pas de mourir. Mais s'il n'y a rien de vrai dans ce qu'ils disent contre moi, alors personne n'a le droit de me livrer à eux. Je fais appel à l'empereur ! » 12 Festus parle avec ses conseillers. Ensuite il dit à Paul : « Tu as fait appel à l'empereur, tu iras donc devant l'empereur. »

Paul devant le roi Agrippa II

13 Quelques jours plus tard, le roi *Agrippa et Bérénice, sa sœur, arrivent à Césarée pour saluer Festus. 14 Ils restent là plusieurs jours. Et Festus explique l'affaire de Paul au roi. Il lui dit : « Il y a ici un homme que Félix a laissé en prison. 15 Quand je suis allé à Jérusalem, les chefs des *prêtres et les *anciens des Juifs sont venus porter plainte contre lui et ils m'ont demandé de le condamner. 16 Je leur ai répondu : "Les Romains n'ont pas l'habitude de livrer quelqu'un de cette façon. L'accusé doit d'abord rencontrer ceux qui l'accusent, et il doit pouvoir se défendre contre leurs accusations." 17 Donc, les chefs religieux sont venus ici avec moi, et sans retard, le jour suivant, je me suis assis au tribunal, et j'ai commandé de faire venir cet homme. 18 Ses accusateurs sont arrivés. Je pensais qu'ils allaient lui reprocher certaines choses graves, mais non ! 19 Ils se sont disputés avec lui au sujet de leur religion et d'un certain Jésus. Cet homme est mort, mais Paul dit qu'il est vivant. 20 Je ne savais pas quelle décision prendre. Alors j'ai demandé à Paul s'il voulait aller à Jérusalem. Là-bas, on le jugerait pour cette affaire. 21 Mais il a fait appel. En effet, il veut que l'empereur le juge. J'ai donc commandé de le garder en prison pour le moment. Ensuite, je l'enverrai devant l'empereur. » 22 Agrippa dit à Festus : « Moi aussi, je voudrais bien entendre cet homme. » Festus lui répond : « Tu l'entendras demain. »

23 Le jour suivant, Agrippa et Bérénice arrivent avec un cortège important. Ils entrent dans la salle du tribunal, avec les chefs militaires et les notables de la ville. Festus donne un ordre, et on amène Paul. 24 Alors Festus dit : « Roi Agrippa, et vous tous qui êtes là avec nous, regardez cet homme. Toute la foule des Juifs est venue me voir à son sujet, à Jérusalem et ici, en criant : "Il n'a plus le droit de vivre !" 25 Moi, je trouve qu'il n'a rien fait pour mériter la mort, mais il a fait appel à l'empereur. J'ai donc décidé d'envoyer cet homme auprès de lui. 26 Je ne peux rien écrire de sûr à son sujet, c'est pourquoi je l'ai amené devant vous, et surtout devant toi, roi Agrippa. Interroge-le et ensuite, j'aurai quelque chose à écrire. 27 En effet, envoyer un prisonnier sans expliquer pourquoi on l'accuse, à mon avis, cela n'a pas de sens. »

Paul se défend devant Agrippa

26 1 *Agrippa dit à Paul : « Tu as le droit de te défendre. » Alors Paul fait un signe de la main et il se défend en disant : 2 « Roi Agrippa, aujourd'hui je suis vraiment heureux de pouvoir me défendre devant toi contre toutes les accusations de mes frères juifs. 3 En effet, tu connais très bien toutes leurs coutumes et leurs discussions. Pour cela, je te demande de m'écouter avec patience.

4 « Tous les Juifs connaissent ma vie depuis ma jeunesse. Ils savent comment j'ai vécu depuis le début, au milieu de mon peuple et à Jérusalem. 5 J'étais membre du parti le plus sévère de notre religion, le parti des *Pharisiens. Ils peuvent dire que c'est vrai, s'ils le veulent. En effet, ils me connaissent depuis longtemps. 6 Et maintenant, voici pourquoi on me juge : j'espère en la promesse que Dieu a faite à nos ancêtres. 7 Les douze tribus de notre peuple espèrent aussi que Dieu va réaliser cette promesse, et elles le servent sans cesse, nuit et jour. Roi Agrippa, moi

aussi, j'espère cela. Voilà pourquoi mes frères juifs m'accusent. 8 Vous, les Juifs, vous ne voulez pas croire que Dieu réveille de la mort. Pourquoi donc ?

9 « Moi-même, j'ai pensé que je devais combattre le nom de Jésus de Nazareth par tous les moyens. 10 C'est ce que j'ai fait à Jérusalem. J'ai jeté en prison beaucoup de croyants. En effet, les chefs des *prêtres m'avaient permis de le faire. Et quand on les condamnait à mort, je donnais mon accord. 11 Je passais dans toutes les maisons de prière. Je faisais souffrir les croyants pour les forcer à insulter le nom de Jésus. J'étais vraiment fou de colère contre eux et je les poursuivais jusque dans les villes étrangères. »

Paul raconte l'appel du Seigneur au roi Agrippa

12 « C'est ainsi qu'un jour, je suis allé à Damas. Les chefs des *prêtres m'avaient envoyé là-bas avec le pouvoir d'arrêter les croyants. 13 J'étais sur la route, roi *Agrippa, et vers midi, j'ai vu une lumière qui venait du *ciel. Elle était plus forte que la lumière du soleil, et elle brillait autour de moi et de ceux qui m'accompagnaient. 14 Nous sommes tous tombés par terre, et j'ai entendu une voix qui me disait dans la langue des Juifs : "Saul, Saul, pourquoi est-ce que tu me fais souffrir ? Pourquoi résistes-tu comme le bœuf sous les coups de son maître ? C'est inutile !" 15 J'ai demandé : "Seigneur, qui es-tu ?" Le Seigneur m'a répondu : "Je suis Jésus, c'est moi que tu fais souffrir. 16 Maintenant debout, relève-toi ! Voici pourquoi je me suis montré à toi : je t'ai choisi pour être mon serviteur. Tu seras mon *témoin pour annoncer comment tu m'as vu aujourd'hui. Tu annonceras aussi ce que je te montrerai plus tard. 17 Je t'envoie vers ton peuple et vers les autres peuples et je te protégerai contre eux. 18 Alors, tu vas leur ouvrir les yeux, ils sortiront de la nuit pour revenir à la lumière. Ils ne seront plus sous le pouvoir de *Satan, mais ils reviendront à Dieu. S'ils croient en moi, ils recevront le pardon de leurs péchés et une place avec ceux qui appartiennent à Dieu." »

Paul raconte ce qu'il a fait depuis Damas

19 « Roi *Agrippa, à partir de ce moment, je n'ai pas désobéi à ce que j'avais vu et qui venait de Dieu. 20 Au contraire, voici ce que j'ai dit d'abord aux gens de Damas, puis de Jérusalem, aux habitants de toute la Judée et aux peuples qui ne connaissent pas Dieu : "Changez votre vie et tournez-vous vers Dieu. Faites de bonnes actions pour montrer que vous avez changé votre vie." 21 À cause de cela, les Juifs m'ont arrêté dans le temple et ils ont essayé de me tuer. 22 Mais jusqu'à aujourd'hui, Dieu m'a toujours aidé, et je continue à être son *témoin devant tous, les petits et les grands. Les *prophètes et Moïse ont parlé de ce qui devait arriver, moi, je ne dis rien de plus. 23 Je dis seulement : le *Messie a souffert, il s'est levé le premier de la mort et il doit annoncer la lumière à notre peuple et aux autres peuples. »

Paul essaie de communiquer sa foi

24 Paul est en train de se défendre de cette façon, quand Festus se met à crier : « Paul tu es fou ! Tu as trop étudié et tu deviens fou ! » 25 Paul lui répond : « Excellence, je ne suis pas fou, je dis des paroles sages et raisonnables. 26 Le roi est au courant de tout cela, c'est pourquoi je parle avec assurance devant lui. Je suis sûr qu'il connaît toutes ces choses. En effet, cela n'est pas arrivé dans un endroit caché. 27 Eh bien, roi *Agrippa, est-ce que tu crois aux paroles des *prophètes ? Tu y crois, je le sais. » 28 Agrippa répond à Paul : « Bientôt, tu vas me persuader de devenir chrétien ! » 29 Paul lui dit : « Ah, si seulement, cela arrivait, tôt ou tard, avec l'aide de Dieu ! Toi, et vous qui m'écoutez aujourd'hui, je souhaite que vous deveniez comme moi, ces chaînes en moins ! » 30 Le roi, le gouverneur, Bérénice et ceux qui sont avec eux se lèvent. 31 Ils sortent et se disent entre eux : « Cet homme n'a rien fait pour mériter la mort ou la prison. » 32 Agrippa dit à Festus : « On pourrait le libérer, mais il a fait appel à l'empereur. »

On envoie Paul à Rome

27 1 La décision est prise de nous faire
partir en bateau pour l'Italie. On
confie Paul et quelques autres prisonniers à
un officier romain appelé Julius. Il fait partie
d'un groupe de soldats au service de l'empereur. 2 Nous montons sur un bateau de la ville
d'Adramytte, qui doit aller vers les ports de la
province d'Asie. Puis nous partons. Il y a avec
nous Aristarque, un Macédonien de Thessalonique. 3 Le jour suivant, nous arrivons à Sidon.
Julius est bon avec Paul, il lui permet d'aller
voir ses amis et de profiter de leurs services.
4 Ensuite nous repartons, mais les vents soufflent contre nous, alors nous passons du côté
abrité de l'île de Chypre. 5 Puis nous traver-
sons la mer de Cilicie et de Pamphylie et
nous arrivons à Myre, en Lycie. 6 Là, l'officier
romain trouve un bateau d'Alexandrie qui va
vers l'Italie. Il nous fait monter sur ce bateau.
7 Pendant plusieurs jours, nous avançons
lentement, et nous arrivons avec beaucoup
de difficulté devant la ville de Cnide, mais le
vent nous empêche de continuer dans cette
direction. Alors nous allons vers le côté abrité
de l'île de Crète, en passant par le cap Sal-
moné. 8 Nous suivons la côte difficilement et
nous arrivons à un endroit appelé « Les Bons
Ports », près de la ville de Lasée.
9 Mais nous avons perdu beaucoup de
temps, et cela devient dangereux de continuer
le voyage. En effet, le jour du *jeûne de septembre est passé. Paul veut donner son avis
10 et il dit : « Mes amis, je vois bien que le
voyage va être dangereux. Le bateau et ses
marchandises vont être abîmés, et nous risquons même de perdre la vie. »
11 Mais l'officier romain fait plus confiance
au capitaine et au propriétaire du bateau
qu'aux paroles de Paul. 12 De plus, le port n'est
pas bon pour y passer la mauvaise saison.
Donc, presque tous les gens du bateau décident de repartir de là. Ils veulent atteindre,
si possible, un port de Crète appelé Phénix.
Ce port est tourné vers le sud-ouest et le
nord-ouest. Ils veulent passer la mauvaise saison là-bas.

La tempête sur la mer

13 Un vent du sud se met à souffler doucement, et les gens du bateau croient que leur
projet va réussir. Ils partent et ils essaient
d'avancer le long de l'île de Crète. 14 Mais
peu de temps après, un vent de tempête, appelé « vent du nord-est », vient de l'île et il

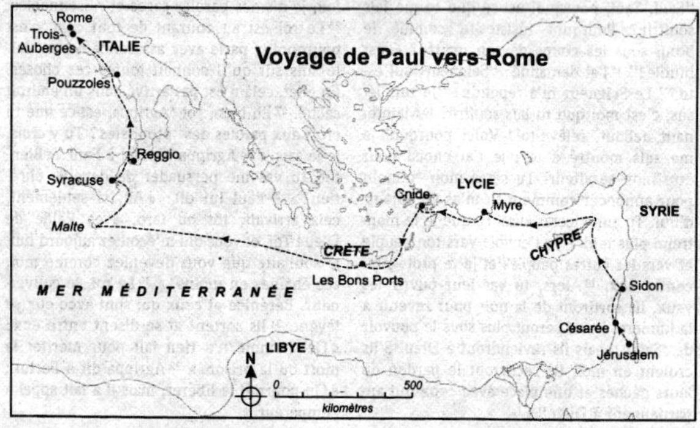

souffle très fort. 15 Le bateau est entraîné, il ne peut pas résister au vent, et nous nous laissons emporter. 16 Nous passons du côté abrité d'une petite île appelée Cauda. Ainsi, avec beaucoup de difficulté, nous arrivons à reprendre le canot de sauvetage. 17 Nous le faisons remonter sur le bateau, puis les marins attachent des cordes de secours autour du bateau. Ils ont peur d'être jetés sur les bancs de sable du golfe de Libye. Alors ils lâchent dans la mer l'ancre flottante[w] et se laissent entraîner par le vent. 18 Le jour suivant, la tempête continue à nous secouer avec force. C'est pourquoi les marins jettent des marchandises à la mer, 19 et le lendemain, ils font descendre dans l'eau le mât[x] et les voiles du bateau. 20 Pendant plusieurs jours, on ne peut pas voir le soleil ni les étoiles. La tempête reste toujours aussi forte. Nous n'espérons plus du tout être sauvés.

21 Nous n'avons rien mangé depuis longtemps. Alors Paul se tient debout devant tout le monde et il dit : « Mes amis, il fallait m'écouter et ne pas quitter la Crète. Vous auriez évité la tempête et vous n'auriez pas perdu les marchandises. 22 Mais maintenant, je vous le demande : soyez courageux ! En effet, personne ne va mourir, nous perdrons seulement le bateau. 23 Cette nuit, le Dieu à qui j'appartiens et que je sers m'a envoyé son *ange. 24 Il m'a dit : "Paul, n'aie pas peur ! Tu dois être jugé devant l'empereur, et à cause de toi, Dieu laisse en vie tous ceux qui voyagent avec toi." 25 Mes amis, courage ! J'ai confiance en Dieu. Oui, ce que Dieu m'a dit va arriver. 26 Nous devons être jetés sur la côte d'une île. »

27 C'est la quatorzième nuit, et la tempête nous emporte toujours sur la mer Méditerranée. Vers minuit, les marins ont l'impression que nous approchons d'une terre. 28 Ils lancent un poids tenu par une corde et ils trouvent que l'eau est profonde de 37 mètres. Un peu plus loin, ils recommencent et ils trouvent que l'eau est profonde de 28 mètres. 29 Ils ont peur que le bateau ne touche les rochers. C'est pourquoi ils jettent quatre ancres à l'arrière et ils attendent le lever du jour avec impatience. 30 Les marins font descendre le canot de sauvetage à la mer en disant : « Nous allons jeter des ancres à l'avant du bateau. » Mais ce n'est pas vrai, ils veulent s'échapper du bateau. 31 Paul dit à l'officier et aux soldats : « Si ces hommes ne restent pas sur le bateau, vous ne pouvez pas être sauvés. »

32 Alors les soldats coupent les cordes du canot et ils le laissent partir sur la mer.

33 En attendant le lever du jour, Paul invite tout le monde à manger quelque chose. Il leur dit : « Aujourd'hui, cela fait 14 jours que vous attendez, et vous êtes restés sans rien manger. 34 Je vous invite donc à prendre de la nourriture, vous en avez besoin pour être sauvés. En effet, vous ne perdrez rien, même pas un cheveu de vos têtes. »

35 Après ces paroles, Paul prend du pain. Il remercie Dieu devant tout le monde, puis il partage le pain[y] et se met à manger. 36 Alors tous reprennent courage et ils mangent aussi. 37 En tout, nous sommes 276 personnes sur le bateau. 38 Quand ils ont assez mangé, ils jettent le *blé à la mer pour rendre le bateau plus léger.

Tous les passagers sont sauvés

39 Quand le jour se lève, les marins ne reconnaissent pas la terre, mais ils voient une baie avec une plage. Ils décident de conduire le bateau jusque-là, si possible. 40 C'est pourquoi ils détachent les ancres et ils les laissent dans la mer. En même temps, ils défont les cordes du gouvernail, puis ils mettent une voile à l'avant du bateau. Alors le vent le pousse et ils avancent vers la plage. 41 Mais ils touchent un banc de sable, et le bateau ne peut plus bouger. L'avant est enfoncé

w **27.17** *L'ancre flottante est un gros morceau de bois tiré par le bateau. Elle lui permet de rester dans la direction du vent.*

x **27.19** *Un mât est un long poteau dressé sur le pont du bateau.*

y **27.35** *Voir Actes 2.42 et la note.*

dans le sable et il ne peut plus sortir, puis les vagues, violentes cassent l'arrière.

42 Les soldats veulent tuer les prisonniers, pour que personne ne s'échappe en nageant. 43 Mais l'officier romain veut sauver Paul et il empêche les soldats de faire ce qu'ils ont décidé. Il commande à ceux qui savent nager de sauter dans l'eau les premiers et d'aller vers la terre. 44 Les autres vont les suivre sur des planches ou sur les restes du bateau. De cette façon, ils arrivent à terre et tous sont sauvés.

Paul dans l'île de Malte

28 1 Après cela, nous apprenons que l'île s'appelle Malte. 2 Ses habitants sont très bons pour nous. Ils allument un grand feu et ils nous accueillent tous autour du feu. En effet, la pluie s'est mise à tomber et il fait froid. 3 Paul ramasse un tas de bois mort et il le jette dans le feu. Mais une vipère sort du tas de bois à cause de la chaleur et elle s'accroche à la main de Paul. 4 Quand les habitants de l'île voient la vipère pendue à la main de Paul, ils se disent entre eux : « Cet homme est sûrement un assassin. Il a échappé à la mer, mais la *justice de Dieu ne lui permet pas de vivre. »

5 Alors Paul secoue la vipère dans le feu et il ne souffre pas du tout. 6 Les autres croient que Paul va enfler ou qu'il va tomber mort tout à coup. Ils attendent longtemps, mais ils voient que rien de mal n'arrive à Paul. Alors ils changent d'avis et ils disent : « C'est un dieu ! »

7 Près de cet endroit, il y a la propriété du principal notable de l'île. Il s'appelle Publius. Pendant trois jours, il nous reçoit et il nous loge comme des amis dans sa maison. 8 Le père de Publius est couché, il a de la fièvre et la dysenterie. Paul va le voir, il prie en posant la main sur sa tête et il le guérit. 9 Alors tous les autres malades de l'île viennent voir Paul, et celui-ci les guérit. 10 Les gens nous montrent beaucoup de respect. Quand nous partons, ils nous donnent tout ce qu'il faut pour le voyage.

Paul arrive à Rome

11 Au bout de trois mois, nous partons sur un bateau d'Alexandrie. C'est le « Castor et Pollux » qui avait passé la mauvaise saison dans l'île. 12 Nous arrivons à Syracuse et nous y restons trois jours. 13 De là, nous suivons la côte et nous allons à Reggio. Le jour suivant, le vent du sud se met à souffler, et en deux jours, nous arrivons à Pouzzoles. 14 Dans cette ville, nous trouvons des chrétiens qui nous invitent à passer une semaine chez eux. Et voici comment nous allons à Rome. 15 Les chrétiens de Rome ont appris que nous arrivions. Ils viennent à notre rencontre jusqu'au Marché d'Appius et aux Trois-Auberges. Quand Paul les voit, il remercie Dieu et reprend courage. 16 Nous arrivons à Rome. On permet à Paul d'habiter dans un logement privé avec un soldat pour le garder.

Paul annonce le Royaume de Dieu

17 Trois jours plus tard, Paul invite les notables juifs de Rome à venir chez lui. Quand ils sont réunis, il leur dit : « Frères, je n'ai rien fait contre notre peuple, ni contre les coutumes de nos ancêtres. Pourtant, on m'a arrêté à Jérusalem et on m'a livré aux Romains. 18 Ceux-ci m'ont interrogé et ils voulaient me libérer. En effet, ils n'avaient pas trouvé de raison pour me condamner à mort. 19 Mais les chefs juifs n'étaient pas d'accord, et j'ai été obligé de faire appel à l'empereur romain. Pourtant, je ne veux pas accuser mon peuple. 20 Voilà pourquoi j'ai demandé à vous voir et à parler avec vous. Vous savez ce que le peuple *d'Israël espère, oui, c'est à cause de cela que je suis attaché avec ces chaînes. » 21 Les notables juifs lui répondent : « Nous n'avons reçu aucune lettre de Judée à ton sujet. Aucun de nos frères n'est venu ici pour faire un rapport ou pour nous dire du mal de toi. 22 Mais nous voulons que tu nous expliques toi-même ce que tu penses. En effet, nous le savons, partout il y a des gens qui disent du mal de ton groupe. »

23 Les notables juifs choisissent avec Paul un jour pour le rencontrer, et ce jour-là, ils reviennent le voir chez lui. Cette fois, ils sont plus nombreux. Depuis le matin jusqu'au soir, Paul leur donne des explications et il leur annonce avec force le *Royaume de Dieu. Il leur parle de Jésus et il essaie de les

persuader. Pour cela, il se sert de la *loi de
Moïse et des livres des *prophètes. 24 Les
uns sont persuadés par ce qu'il dit, mais les
autres refusent de croire. 25 Au moment de
partir, ils ne sont toujours pas d'accord entre
eux. Paul leur dit seulement : « L'Esprit Saint
avait raison quand il a dit à vos ancêtres, par
la bouche du prophète Ésaïe :
26 "Va voir ce peuple et dis-lui :
Vous entendrez bien,
mais vous ne comprendrez pas.
Vous regarderez bien,
mais vous ne verrez pas.
27 Oui, ce peuple ne veut pas comprendre.
Ils ont bouché leurs oreilles,
ils ont fermé leurs yeux.
Ils n'ont pas voulu voir avec leurs yeux,
entendre avec leurs oreilles,
comprendre avec leur cœur.
Ils n'ont pas voulu se tourner vers moi.
C'est pourquoi je n'ai pas pu les guérir[z]." »
28 Paul dit encore : « Vous devez savoir une
chose : Dieu a envoyé la Bonne Nouvelle du
*salut à ceux qui ne sont pas juifs. Eux, ils
l'écouteront ! »
[29] 30 Paul reste encore deux années entières dans le logement qu'il a loué, et il reçoit
tous ceux qui viennent le voir. 31 Il annonce
le Royaume de Dieu et dans son enseignement, il présente le Seigneur Jésus-Christ
avec beaucoup d'assurance et en toute liberté.

z **28.27** *Ésaïe 6.9-10 cité d'après l'ancienne traduction grecque.*

Lettre aux Romains

INTRODUCTION

Quand Paul écrit aux chrétiens de Rome, il termine son troisième voyage missionnaire. Il veut continuer son voyage jusqu'à Rome, où il n'est pas encore allé, puis plus loin à l'ouest jusqu'en Espagne, pour y annoncer la Bonne Nouvelle (15.22-24). Sa lettre a pour but de préparer sa venue et de présenter son enseignement aux chrétiens de la ville.

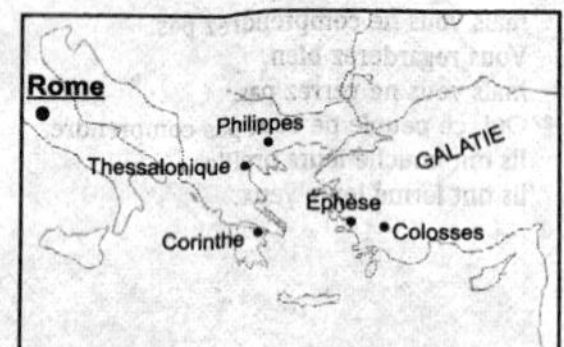

La lettre aux Romains est un exposé très complet du message que Paul annonce. Il le résume en disant : « Dieu reconnaît les êtres humains comme justes quand ils croient en lui, et cette foi suffit » (1.17).

Il développe trois aspects de ce message :

- *Les chapitres 1 à 8 concernent la **relation entre l'obéissance** à des lois religieuses **et la foi** en Dieu que Jésus-Christ rend possible. L'Église de Rome est composée surtout de chrétiens qui ne sont pas d'origine juive. Mais les Juifs sont nombreux à Rome, et certains Juifs sont devenus chrétiens. Ceux-ci continuent d'obéir à des règles de la loi religieuse juive. Est-ce que les non-Juifs devenus chrétiens doivent y obéir aussi ? Cette question a beaucoup troublé les jeunes Églises. Paul dit que tous les êtres humains sont pécheurs, les non-Juifs et les Juifs. Or, aucune loi religieuse ne libère totalement du péché. Mais tous les êtres humains peuvent être sauvés, avec l'aide de l'Esprit Saint parce que Jésus-Christ les conduit à Dieu.*
- *Les chapitres 9 à 11 concernent les **relations entre Israël**, le peuple choisi par Dieu, **et les chrétiens**. Comme un arbre, la foi chrétienne a ses racines dans le sol juif. Pourtant le peuple juif dans son entier n'est pas devenu chrétien. Paul dit que Dieu continue d'aimer et d'appeler son peuple. Un jour, avec tous les autres peuples, celui-ci reconnaîtra la bonté de Dieu manifestée en Jésus-Christ.*
- *Les chapitres 12 à 15 concernent **la manière de vivre dans l'Église de Jésus-Christ**. Paul explique comment rendre un culte à Dieu et vivre en paix avec les autres. Il recommande à ceux qui ont une foi solide de comprendre ceux qui ont une foi plus faible. Dieu libère tous les êtres humains du péché et de la mort. Maintenant, ils peuvent vivre unis entre eux et unis au Christ avec l'aide de l'Esprit Saint.*
- *La lettre aux Romains se termine par de nombreuses salutations (chapitre 16). Elle cite beaucoup de noms d'hommes et de femmes. Les chrétiens d'autrefois deviennent ainsi proches de ceux d'aujourd'hui.*

Salutation

1 1 Moi, Paul, serviteur du *Christ Jésus, je
vous écris. Dieu m'a appelé pour être
*apôtre et il m'a mis à part pour annoncer sa
Bonne Nouvelle.
2 Cette Bonne Nouvelle, Dieu l'a promise
depuis longtemps, par ses *prophètes, dans
les Livres Saints. 3 Elle parle de son Fils:
Comme être humain, il est né dans la famille
de David, son ancêtre. 4 Par l'Esprit Saint,
Dieu l'a établi dans sa puissance de Fils de
Dieu, quand il l'a fait se lever de la mort. C'est
Jésus-Christ, notre Seigneur. 5 Par lui, j'ai reçu
le don d'être apôtre, pour l'honneur du
Christ, afin d'amener les gens de tous les peuples à croire en lui et à lui obéir. 6 Vous aussi,
vous faites partie de ces gens-là, puisque Jésus-
Christ vous a appelés.
7 Vous tous qui êtes à Rome, Dieu vous aime
et il vous a appelés à vivre pour lui. Que Dieu
notre Père et le Seigneur Jésus-Christ vous
*bénissent et vous donnent la paix!

Paul souhaite aller voir les chrétiens de Rome

8 Tout d'abord, je remercie mon Dieu par
Jésus-Christ pour vous tous, parce qu'on parle
de votre foi dans le monde entier. 9 Quand
j'annonce la Bonne Nouvelle du Fils de
Dieu, je sers Dieu de tout mon cœur. Et lui,
il sait que je dis la vérité: quand je prie, je
dis toujours vos noms, 10 et je demande sans
cesse de pouvoir aller chez vous, si Dieu le
veut. 11 Oui, j'ai très envie de vous voir pour
partager avec vous les dons de l'Esprit Saint,
alors vous serez plus forts. 12 Ou plus exactement, quand je serai auprès de vous, la foi
que nous avons, vous et moi, nous encouragera tous.
13 Frères et sœurs chrétiens, je ne veux pas
que vous ignoriez ceci: j'ai eu plusieurs fois
l'intention d'aller chez vous, mais jusqu'à
maintenant, je n'ai pas pu le faire. J'espérais obtenir de bons résultats, chez vous comme dans
les autres pays. 14 Je dois m'occuper de tous, des
gens civilisés et de ceux qui ne le sont pas, des
gens instruits et des ignorants. 15 Je désire donc
vivement vous annoncer la Bonne Nouvelle, à
vous aussi qui habitez à Rome.

La Bonne Nouvelle est la puissance de Dieu

16 Je n'ai pas honte d'annoncer la Bonne
Nouvelle. Elle est la puissance de Dieu pour
sauver tous ceux qui croient: les Juifs d'abord,
les autres ensuite. 17 En effet, la Bonne Nouvelle montre ceci: Dieu reconnaît les êtres humains comme *justes quand ils croient en lui,
et cette foi suffit. Oui, dans les Livres Saints,
on lit: « Celui qui croit en Dieu est juste, et
ainsi, il aura la vie. »[a]

Le péché de ceux qui ne sont pas juifs

18 Du haut du *ciel, Dieu montre sa *colère
parce que les êtres humains sont pécheurs et
parce qu'ils font le mal. Par leurs mauvaises
actions, ils empêchent la vérité d'agir. 19 Oui,
ce qu'on peut connaître de Dieu est clair pour
eux, parce que Dieu les a éclairés. 20 La puissance sans limites de Dieu et ce qu'il est lui-
même sont des réalités qu'on ne voit pas.
Mais depuis la création du monde, l'intelligence peut les connaître à travers ce qu'il a
fait. Les êtres humains sont donc sans excuse.
21 En effet, ils ont connu Dieu, mais ils ne lui
ont pas rendu *gloire et ils ne l'ont pas remercié. Pourtant, c'est ce qu'on doit faire pour
Dieu. Au contraire, leurs idées sont devenues
fausses, et leur cœur sans intelligence a perdu
la lumière. 22 Ils disent qu'ils ont la sagesse,
mais ils sont devenus fous. 23 Au lieu d'adorer
le Dieu glorieux qui ne meurt pas, ils ont
adoré des objets. Ces objets représentent
une personne, qui doit mourir, ou bien des oiseaux, des animaux à quatre pattes et des serpents.
24 À cause de cela, Dieu les a laissés faire les
actions mauvaises qu'ils voulaient, et ainsi, ils
salissent eux-mêmes leurs corps de façon honteuse. 25 Ils ont remplacé le vrai Dieu par des
faux dieux, ils ont adoré et ils ont servi ce que

a **1.17** *Habacuc 2.4 cité d'après l'ancienne traduction grecque.*

Dieu a créé à la place du Créateur. Louange à lui pour toujours ! *Amen !

26 C'est pourquoi Dieu les a laissés suivre des désirs qui les couvrent de honte. Leurs femmes ne couchent plus avec des hommes, mais elles couchent avec d'autres femmes, et cette façon de faire va contre la nature. 27 Les hommes font la même chose. Ils ne couchent plus avec des femmes, mais ils brûlent de désir les uns pour les autres. Ils couchent ensemble et c'est une honte ! Ainsi, ils reçoivent eux-mêmes la punition que leur conduite mauvaise entraîne.

28 Comme ils n'ont pas voulu reconnaître Dieu, Dieu les a laissés suivre leur intelligence tordue, et ils font ce qu'on ne doit pas faire. 29 Ils sont pleins de toutes sortes d'injustice. Ils font le mal, ils veulent ce qui appartient aux autres, ils sont méchants, ils sont pleins de jalousie. Ils tuent, ils se disputent, ils trompent les autres, ils agissent n'importe comment. Ils racontent des mensonges sur les gens, 30 ils disent du mal d'eux. Ils sont ennemis de Dieu, ils insultent les autres, ils sont orgueilleux, ils se vantent, ils trouvent tous les moyens pour faire le mal. Ils n'obéissent pas à leurs parents. 31 Ils sont stupides, ils ne tiennent pas leurs promesses, ils sont sans cœur et sans pitié. 32 Pourtant, ils connaissent bien le jugement de Dieu. Ceux qui agissent ainsi méritent la mort. Eh bien, non seulement ils font ces choses-là, mais encore ils approuvent ceux qui les font !

Le jugement de Dieu

2 1 Toi qui juges les autres, tu es donc sans excuse, peu importe qui tu es. Tu juges les autres, mais tu fais comme eux ! Alors, en jugeant, c'est toi-même que tu condamnes. 2 Oui, nous le savons, Dieu juge avec vérité ceux qui agissent ainsi. 3 Toi, tu juges ceux qui font ces choses-là, mais tu fais comme eux ! À ton avis, est-ce que tu vas échapper au jugement de Dieu ? 4 Dieu est très bon, très patient, il sait attendre. Est-ce que tu t'en moques ? Cette bonté de Dieu te pousse à changer ta vie, tu ne le sais donc pas ? 5 Tu refuses de comprendre, tu ne veux pas changer. C'est pourquoi tu prépares contre toi une grande *colère pour le jour de la colère. Ce jour-là, Dieu va montrer qu'il juge les gens avec justice. 6 « Il récompensera chacun selon ses actes. »[b] 7 Ceux qui cherchent toujours à faire le bien pour obtenir la *gloire, l'honneur et la vie qui ne finit pas, à ceux-là, Dieu donnera de vivre avec lui pour toujours. 8 Ceux qui se révoltent contre lui, qui n'obéissent pas à la vérité mais qui se laissent diriger par ce qui est mauvais, à ceux-là, Dieu montrera son immense colère. 9 Le malheur et la peur frapperont tous ceux qui font le mal, les Juifs d'abord, les autres ensuite. 10 Au contraire, Dieu donnera la gloire, l'honneur et la paix à tous ceux qui font le bien, aux Juifs d'abord, aux autres ensuite. 11 En effet, Dieu ne fait pas de différence entre les gens.

12 Tous ceux qui commettent des péchés sans connaître la *loi de Moïse mourront aussi, même s'ils n'ont pas cette loi. Mais tous ceux qui commettent des péchés en connaissant la loi de Moïse seront jugés par cette loi. 13 Ceux qui se contentent d'écouter la loi de Moïse ne sont pas *justes aux yeux de Dieu, mais Dieu rendra justes ceux qui obéissent à cette loi. 14 Ceux qui ne sont pas juifs ne connaissent pas la loi de Moïse. Pourtant, certains font naturellement ce que cette loi commande. Ces gens-là n'ont pas de loi, ils sont une loi pour eux-mêmes. 15 Par là, ils montrent une chose : les actes que la loi demande sont écrits dans leur cœur, leur *conscience est *témoin de cela. Et le fait qu'ils sont capables tantôt de s'accuser de leurs fautes, tantôt de se défendre, le prouve également. 16 On le verra bien le jour du jugement. Selon la Bonne Nouvelle que j'annonce, ce jour-là, Dieu jugera par Jésus-Christ tout ce qui est caché dans la vie des gens.

Les Juifs et la loi

17 Toi qui portes le nom de Juif, tu t'appuies sur la *loi et tu es fier de ton Dieu. 18 Tu

---

b **2.6** *Voir Psaume 62.13 ; Proverbes 24.12.*

connais sa volonté, et avec l'aide de la loi, tu
es capable de choisir ce qui est bien. 19 Tu es
sûr d'être le guide des aveugles, la lumière
de ceux qui sont dans la nuit, 20 le professeur
des ignorants, le maître des petits. Oui, tu es
sûr que la loi te présente parfaitement la
connaissance et la vérité. 21 Eh bien, toi qui
enseignes les autres, tu ne t'enseignes pas
toi-même ! Tu recommandes de ne pas voler,
mais tu voles ! 22 Tu interdis *l'adultère, mais
toi, tu le commets. Tu détestes les faux dieux,
mais tu voles ce qui est dans leurs temples !
23 Tu es fier d'avoir la loi, mais tu n'obéis
pas à la loi, et par là, tu enlèves à Dieu son
honneur. 24 En effet, dans les Livres Saints
on lit : « À cause de vous, ceux qui ne sont
pas juifs insultent le nom de Dieu. »[c]

25 C'est vrai, quand tu fais ce que la loi demande, la *circoncision est utile. Mais quand
tu n'obéis pas à la loi, même si tu es circoncis,
tu es comme un homme qui n'est pas circoncis. 26 Supposons ceci : un homme n'est pas
circoncis, mais il obéit à la loi de Dieu. Est-
ce que Dieu ne va pas faire comme s'il était
circoncis ? 27 Cet homme-là n'est pas circoncis
dans son corps, mais il obéit à la loi. Eh bien,
c'est lui qui te jugera, toi qui n'obéis pas à la
loi. Et pourtant, tu as la loi écrite et la circoncision ! 28 Non, le vrai Juif, ce n'est pas celui
qui se conduit extérieurement comme un
Juif, et la vraie circoncision, ce n'est pas la
marque faite sur le corps. 29 Le vrai Juif, c'est
celui qui est juif au-dedans, et la vraie circoncision, c'est celle du cœur. Elle vient de l'Esprit de Dieu et non de la loi écrite. Le vrai Juif
ne reçoit pas sa louange des gens, il la reçoit
de Dieu.

Personne n'est juste

3 1 Eh bien, qu'est-ce qu'un Juif a de plus
que les autres ? Est-ce qu'il y a un avantage à être *circoncis ? 2 Oui, un grand avantage à tous points de vue ! D'abord, c'est aux
Juifs que Dieu a confié ses paroles. 3 Mais
alors, si certains Juifs n'ont pas été fidèles,
est-ce que cela va empêcher Dieu d'être fidèle ? 4 Sûrement pas ! Reconnaissons plutôt
ceci : Dieu dit la vérité, et tous les êtres humains sont menteurs. En effet, les Livres
Saints disent en parlant de Dieu :

« On doit te reconnaître *juste
dans tes paroles.
Et si on te juge,
tu dois gagner ton procès. »[d]

5 Mais si le mal que nous faisons sert à montrer que Dieu est juste, que dire ? Est-ce que
Dieu n'est pas injuste quand il nous frappe
de sa *colère ? (Ici, je parle comme tout le
monde.) 6 Sûrement pas ! En effet, si Dieu était
injuste, comment pourrait-il juger le monde ?

7 Mais si, par mon mensonge, la vérité de
Dieu apparaît plus clairement pour montrer
sa *gloire, alors pourquoi est-ce que moi, je
suis encore condamné comme pécheur ?
8 Certains nous insultent, et ces gens-là méritent d'être condamnés. Ils nous accusent de
dire : « Faisons le mal pour qu'il en sorte du
bien ! » Alors pourquoi ne pas faire ce mal ?

9 Mais quoi ? Est-ce que nous, les Juifs, nous
sommes au-dessus des autres ? Pas du tout !
J'ai déjà montré une chose : les Juifs et ceux
qui ne sont pas juifs sont tous sous le pouvoir
du péché. 10 Dans les Livres Saints, on lit :

« Aucun être humain n'est juste,
même pas un seul !
11 Personne n'est intelligent,
personne ne cherche Dieu !
12 Tous ont quitté le bon chemin,
ils sont tous corrompus.
Personne ne fait le bien,
même pas un seul !
13 Leur gorge est comme une tombe ouverte.
Avec leur langue, ils trompent les autres.
Sous leurs lèvres,
c'est le poison de la vipère.
14 Leur bouche est pleine de malédictions
et de paroles blessantes.
15 Avec leurs pieds,
ils courent rapidement pour aller tuer.
16 Ils détruisent tout sur leur passage

c **2.24** *Ésaïe 52.5 cité d'après l'ancienne traduction grecque.*

d **3.4** *Psaume 51.6 cité d'après l'ancienne traduction grecque.*

et ils sèment le malheur.
17 Le chemin de la paix,
ils ne le connaissent pas.
18 Ils n'ont aucun respect pour Dieu. »[e]
19 Pourtant, nous le savons, tout ce que la
*loi dit, elle le dit pour ceux qui doivent obéir
à la loi. Alors personne ne peut donner d'excuse, et le monde entier est reconnu coupable
devant Dieu. 20 C'est pourquoi, aux yeux de
Dieu, personne ne sera juste en faisant ce
que la loi demande. En effet, la loi permet seulement aux gens de savoir qu'ils ont péché.

La foi en Jésus-Christ rend juste

21 Mais maintenant, Dieu a montré de
quelle façon il nous rend *justes sans la *loi.
La loi de Moïse elle-même et les *prophètes
prouvent cela. 22 Dieu rend justes les êtres humains par leur foi en Jésus-Christ. Il le fait
pour tous ceux qui croient au *Christ, parce
qu'il n'y a pas de différence entre eux :
23 tous ont péché et tous sont privés de la
*gloire de Dieu. 24 Mais dans sa bonté, Dieu
les rend justes gratuitement par Jésus-Christ,
qui les libère du péché. 25-26 Dieu l'a offert
en *sacrifice. Alors par sa mort, le Christ obtient le pardon des péchés pour ceux qui
croient en lui. Ainsi Dieu a voulu montrer
qu'il est toujours juste : il l'était autrefois,
quand il a été patient et n'a pas puni les péchés des êtres humains. Mais il est juste aujourd'hui, puisqu'il veut à la fois être juste et
rendre justes ceux qui croient en Jésus.
27 Alors, est-ce qu'il y a encore des raisons
de se vanter ? Non, pas du tout ! Pourquoi
donc ? Parce que, ce qui compte, ce n'est
pas d'obéir à la loi, c'est de croire. 28 Oui,
nous pensons ceci : les êtres humains sont
rendus justes parce qu'ils croient, et non
parce qu'ils font ce que la loi demande.
29 Ou alors, est-ce que Dieu est seulement le
Dieu des Juifs ? Est-ce qu'il n'est pas aussi le
Dieu des autres ? Si, bien sûr, il est aussi le
Dieu des autres peuples, 30 parce qu'il n'y a
qu'un seul Dieu. C'est lui qui va rendre justes
les Juifs à cause de leur foi, c'est lui aussi qui
va rendre justes les autres peuples à cause de
leur foi. 31 Donc, quand nous croyons, est-ce
que nous rendons la loi inutile ? Sûrement
pas ! Au contraire, nous donnons à la loi toute
sa valeur.

L'exemple d'Abraham

4 1 Maintenant, qu'est-ce que nous allons
dire sur Abraham, notre ancêtre ?
Qu'est-ce qu'il a obtenu par lui-même ? 2 Si
Abraham a été reconnu comme *juste à cause
de ce qu'il a fait, il peut se vanter, mais pas devant Dieu. 3 En effet, voici ce que disent les Livres Saints : « Abraham a cru en Dieu, alors
Dieu l'a reconnu comme juste en tenant
compte de sa foi. »[f] 4 Quand quelqu'un fait
des efforts pour recevoir une récompense,
il la reçoit. Ce n'est pas un cadeau, c'est
quelque chose qu'on lui doit. 5 Supposons au
contraire que quelqu'un ne fait rien pour recevoir une récompense. Cependant il croit
en Celui qui rend juste le pécheur. Alors
Dieu tient compte de sa foi et le reconnaît
comme juste. 6 Et David chante son bonheur,
le bonheur de celui que Dieu reconnaît
comme juste, sans tenir compte de ses actes :
7 « Voici des gens heureux :
Dieu a enlevé leurs fautes,
il a pardonné leurs péchés.
8 Voici l'homme heureux :
le Seigneur ne tient pas compte
de sa faute. »[g]

Ce n'est pas la circoncision qui rend juste

9 Est-ce que ce bonheur est seulement pour
les Juifs, ou bien est-ce qu'il est aussi pour les
autres peuples ? Nous avons dit : « Abraham a
cru en Dieu, alors Dieu l'a reconnu comme
*juste en tenant compte de sa foi. » 10 Mais
quand Dieu l'a-t-il reconnu comme juste ?

---

e **3.10-18** *Voir Psaumes 14.1-3 et 53.2-4; 5.10 et 140.4; 10.7 cités d'après l'ancienne traduction grecque; Ésaïe 59.7-8; Psaume 36.2 cité d'après l'ancienne traduction grecque.*

f **4.3** *Genèse 15.6.*

g **4.8** *Psaume 32.1-2.*

Après sa *circoncision ou avant? Non pas
après, mais avant! 11 Avant d'être circoncis,
Abraham était juste parce qu'il croyait en
Dieu. Ensuite seulement, il a reçu la marque
de la circoncision. Celle-ci montrait que
Dieu le reconnaissait comme juste à cause
de sa foi. De cette façon, Abraham est devenu
le père de tous ceux qui croient en Dieu,
même s'ils ne sont pas circoncis. Ceux-là,
Dieu les reconnaît comme justes. 12 Abraham
est devenu aussi le père des circoncis. Je
veux parler de ceux qui ne sont pas seulement
circoncis dans leur corps, mais qui suivent en
même temps l'exemple de notre père Abraham : lui, il a cru en Dieu avant d'être circoncis.

La promesse de Dieu est pour tous ceux qui croient

13 Dieu a promis à Abraham, et à ceux qui
allaient naître de lui, qu'ils recevraient la terre.[h] Mais cette promesse, Dieu ne l'a pas faite
parce qu'Abraham a obéi à la *loi. Il l'a faite
parce qu'il a reconnu Abraham comme *juste
à cause de sa foi. 14 Si les biens promis étaient
seulement pour ceux qui obéissent à la loi, la
foi ne servirait à rien, et la promesse de Dieu
n'aurait plus de valeur. 15 En effet, la loi produit la *colère de Dieu, mais quand il n'y a
pas de loi, on ne peut pas désobéir à la loi.

16 Pour cette raison, c'est en croyant qu'on
reçoit les biens promis, et c'est vraiment un
don gratuit. Alors la promesse est valable
pour tous ceux qui sont nés d'Abraham. Elle
est valable, non seulement pour ceux qui
sont soumis à la loi, mais également pour
ceux qui croient comme Abraham, notre
père à tous. 17 Oui, les Livres Saints le disent :
« J'ai fait de toi le père de beaucoup de peuples. »[i] Abraham est notre père devant Dieu
en qui il a cru. C'est le Dieu qui donne la
vie aux morts et qui appelle à exister ce qui
n'existe pas encore. 18 Il n'y avait plus d'espoir, et pourtant Abraham a espéré. Il a cru
en Dieu et pour cela, il est devenu « le père
de beaucoup de peuples ». Les Livres Saints
le disent : « Ceux qui vont naître de toi seront
très nombreux. »[j] 19 La foi d'Abraham est restée solide, pourtant il avait à peu près 100 ans.
Et il le savait : son corps était déjà comme
mort et Sara ne pouvait pas avoir d'enfant.
20 Devant la promesse de Dieu, il n'a pas
manqué de confiance. Au contraire, sa foi l'a
rempli de force, et il a rendu *gloire à Dieu.
21 Il était sûr d'une chose : ce que Dieu a promis, il est assez puissant pour le faire. 22 C'est
pourquoi Dieu a reconnu Abraham comme
*juste[k]. 23 Quand les Livres Saints disent :
« Dieu l'a reconnu comme juste », ces paroles
ne sont pas pour Abraham seulement. 24 Elles
sont aussi pour nous, et Dieu tiendra compte
de notre foi. En effet, nous croyons en lui, qui
a réveillé Jésus notre Seigneur de la mort.
25 Jésus a été livré à cause de nos fautes,
mais Dieu l'a réveillé de la mort pour nous
rendre justes.

Par Jésus, Dieu nous a réconciliés avec lui

5 1 Oui, nous avons été rendus *justes en
croyant, et maintenant nous sommes en
paix avec Dieu, par notre Seigneur Jésus-
Christ. 2 Nous croyons et, par Jésus, nous pouvons nous approcher du Dieu d'amour en qui
nous vivons maintenant. Et nous sommes fiers
parce que nous espérons recevoir la *gloire de
Dieu. 3 Bien plus, nous sommes fiers parce
que nous souffrons. Nous le savons : la souffrance rend patient, 4 et quand quelqu'un est
patient, il reste fidèle malgré les difficultés.
Celui qui est fidèle garde l'espérance, 5 et
cette espérance ne trompe pas. En effet,
Dieu a répandu son amour dans nos cœurs
par l'Esprit Saint qu'il nous a donné.

6 Oui, quand nous étions encore sans force,
le *Christ est mort pour les gens mauvais, au
moment décidé par Dieu. 7 Déjà, pour une

h **4.13** *Voir Genèse 12.2-3 ; 17.4-6 ; 22.15-18.*
i **4.17** *Genèse 17.5.*
j **4.18** *Genèse 15.5.*
k **4.22** *Voir Genèse 15.6.*

personne juste, on ne serait guère prêt à
mourir. Pour une personne qui fait le bien,
on aurait peut-être le courage de mourir.
8 Mais voici comment Dieu a prouvé son
amour pour nous : le Christ est mort pour
nous, et pourtant, nous étions encore pécheurs. 9 Maintenant, son *sacrifice nous a
rendus justes. Alors, c'est sûr, le Christ va
nous sauver aussi de la *colère de Dieu.
10 Oui, quand nous étions les ennemis de
Dieu, il nous a réconciliés avec lui par la
mort de son Fils. Puisqu'il nous a réconciliés,
alors c'est sûr, Dieu va aussi nous sauver par
la vie de son Fils. 11 Ce n'est pas tout ! Nous
sommes fiers de Dieu à cause de notre Seigneur Jésus-Christ, qui nous a maintenant
réconciliés avec Dieu.

Adam et Jésus-Christ

12 Le péché est entré dans le monde à cause
d'un seul homme, Adam, et le péché a amené
la mort. Alors la mort a touché tous les êtres
humains parce que tous ont péché. 13 Avant
que Dieu donne la *loi à Moïse, le péché était
dans le monde, mais quand il n'y a pas de loi,
on ne tient pas compte du péché. 14 Pourtant,
depuis le temps d'Adam jusqu'à Moïse,
la mort a été très puissante. Elle a frappé
même ceux qui n'ont pas péché comme
Adam, qui a désobéi à l'ordre de Dieu.

Adam représentait celui qui allait venir.
15 Mais il y a une grande différence entre le
don gratuit de Dieu et la faute d'Adam. Oui,
à cause de la faute d'un seul homme, Adam,
un grand nombre de gens sont morts. Mais
le don gratuit de Dieu est beaucoup plus important. Ce don, Dieu l'a accordé par un
seul homme, Jésus-Christ, et ainsi, il a répandu généreusement ses bienfaits sur un
grand nombre de gens. 16 Le don de Dieu produit un autre résultat que le péché d'un seul
homme. En effet, après le péché d'un seul,
Adam, le jugement de Dieu a eu pour résultat de condamner les êtres humains. Au
contraire, le don gratuit de Dieu a eu pour
résultat de les rendre *justes malgré leurs
nombreuses fautes. 17 Oui, par un seul
homme, par la faute d'un seul, la mort a
frappé tout le monde. Mais par le seul Jésus-
Christ, les êtres humains reçoivent beaucoup
plus de Dieu : il leur donne gratuitement ses
bienfaits et il les rend justes. Par le *Christ,
ils vivront et ils seront rois avec lui.

18 Finalement, la faute d'un seul a eu pour
résultat de condamner tous les êtres humains.
De même, l'action juste d'un seul a pour résultat de rendre justes tous les êtres humains,
et par là, ils ont la vie. 19 Autrefois, un seul
homme a refusé d'obéir à Dieu, et un grand
nombre de gens sont devenus pécheurs. De
même, un seul homme a obéi, et un grand
nombre de gens seront rendus justes.

20 La loi est arrivée, et les fautes sont devenues de plus en plus nombreuses. Mais là où
les péchés sont devenus de plus en plus nombreux, les bienfaits de Dieu ont été plus nombreux encore. 21 Autrefois, le péché avait tout
pouvoir pour donner la mort. De même maintenant, la bonté de Dieu a tout pouvoir pour
rendre justes les êtres humains, et ainsi nous
pouvons recevoir la vie avec Dieu pour toujours, par Jésus-Christ notre Seigneur.

Être baptisé, c'est mourir et vivre avec le Christ

6 1 Alors, qu'est-ce que cela veut dire ? Est-
ce que nous devons continuer à pécher
pour que les bienfaits de Dieu se répandent
en abondance ? 2 Sûrement pas ! Nous sommes passés par une mort qui nous a séparés
du péché. Alors, comment pouvons-nous
vivre encore dans le péché ? 3 Vous le savez
bien : notre baptême, en nous unissant au
*Christ Jésus, nous a tous unis à sa mort.
4 Donc, par le baptême, nous avons été plongés avec lui dans la mort. Mais la puissance
glorieuse du Père a réveillé le Christ de la
mort, pour que, nous aussi, nous vivions
d'une vie nouvelle.

5 En effet, nous avons été totalement unis à
lui au moment où nous sommes morts avec
lui. De même, nous serons unis à lui en
nous levant comme lui de la mort. 6 Comprenons bien ceci : ce que nous étions avant a
été cloué sur la croix avec le Christ. Alors le
péché qui fait partie de nous-mêmes est détruit, et nous ne sommes plus esclaves du péché. 7 Oui, celui qui est mort est libéré du

péché. 8 Mais si nous sommes morts avec le
Christ, nous croyons que nous vivrons aussi
avec lui. 9 Nous le savons bien : depuis que
le Christ s'est réveillé de la mort, il ne doit
plus mourir, la mort n'a plus de pouvoir sur
lui. 10 Le Christ est mort, et sa mort l'a séparé
totalement du péché, une fois pour toutes.
Maintenant il est vivant, et sa vie est tout entière pour Dieu. 11 De même, vous aussi, vous
devez penser ceci : vous êtes morts en étant
totalement séparés du péché, mais, en étant
unis à Jésus-Christ, vous êtes vivants pour
Dieu.

12 Donc le péché ne doit plus avoir de pouvoir sur votre corps qui mourra un jour, et
vous ne devez plus obéir aux désirs mauvais
de votre corps. 13 Ne mettez plus votre corps
au service du péché, comme un moyen pour
faire le mal. Au contraire, mettez-vous au service de Dieu, comme des vivants revenus de la
mort. Servez-vous de votre corps comme d'un
moyen pour faire ce qui est *juste. 14 Ce n'est
plus la loi qui vous commande, mais c'est
l'amour de Dieu pour vous. Le péché ne
peut donc plus avoir de pouvoir sur vous.

Être libéré du péché pour devenir serviteur de Dieu

15 Ce n'est plus la loi qui nous commande,
mais c'est l'amour de Dieu pour nous. Alors,
est-ce une raison pour faire le mal ? Sûrement
pas ! 16 Vous ne savez pas ceci ? Quand vous
vous mettez au service de quelqu'un comme
esclaves, vous êtes les esclaves du maître à
qui vous obéissez. Alors, ou bien vous êtes esclaves du péché, et le péché vous conduit à la
mort, ou bien vous êtes serviteurs de Dieu, et
Dieu vous rend *justes parce que vous lui
obéissez. 17 Remercions Dieu ! Autrefois,
vous étiez esclaves du péché. Maintenant,
vous avez obéi de tout votre cœur à l'enseignement donné à tous et que vous avez
reçu. 18 Vous avez été libérés du péché et
vous êtes au service de ce qui est juste.
19 J'utilise une comparaison humaine parce
que vous avez du mal à comprendre. Autrefois, comme des esclaves, vous aviez mis votre
corps au service d'une vie immorale et pleine
de désordre, et le résultat, c'était la désobéissance à Dieu. De même, aujourd'hui, comme
des esclaves, mettez votre corps au service de
ce qui est juste, et le résultat, ce sera une vie
qui plaît à Dieu.

20 Quand vous étiez esclaves du péché, faire
ce qui est juste ne vous intéressait pas ! 21 Et à
ce moment-là, quelles actions avez-vous faites ? Aujourd'hui, vous en avez honte, parce
que le résultat, c'est la mort. 22 Mais maintenant, vous êtes libérés du péché et vous êtes
devenus les serviteurs de Dieu. Ainsi, vous faites des actions qui plaisent à Dieu, et le résultat, c'est la vie avec Dieu pour toujours.
23 Oui, avec le péché, ce qu'on gagne, c'est
la mort. Mais avec Dieu, ce qu'on reçoit gratuitement, c'est la vie avec lui pour toujours,
en union avec le *Christ Jésus, notre Seigneur.

Servir Dieu d'une façon nouvelle

7 1 Frères et sœurs chrétiens, je parle à des
gens qui connaissent la *loi. La loi a de
l'autorité sur nous seulement pendant notre
vie. Vous savez sûrement cela. 2 Par exemple,
une femme mariée est liée à son mari par la
loi, pendant qu'il est vivant. Mais quand il
meurt, cette femme est libérée de la loi qui
l'attachait à lui. 3 Si elle devient la femme
d'un autre homme pendant que son mari est
vivant, on dit qu'elle est *adultère. Mais
quand son mari meurt, elle est libérée de la
loi. Elle peut devenir la femme d'un autre
homme, elle ne sera pas adultère. 4 Pour
vous, mes frères et mes sœurs, c'est la
même chose. Vous êtes unis au *Christ mort
pour nous sur la croix, donc vous êtes totalement séparés de la loi. Vous appartenez à
quelqu'un d'autre, et cet autre, c'est celui
qui s'est réveillé de la mort. Et ainsi, nous pouvons servir Dieu utilement. 5 Oui, autrefois,
quand nous faisions n'importe quoi, nos désirs mauvais utilisaient la loi pour agir dans
notre corps, et le résultat, c'était la mort.
6 Mais maintenant, nous sommes totalement
séparés de ce qui nous écrasait. Alors nous
pouvons servir Dieu d'une façon nouvelle,
en obéissant à l'Esprit Saint, et nous ne servons plus Dieu à la manière d'autrefois, en
obéissant à la loi de Moïse.

À quoi sert la loi ?

7 Alors, qu'est-ce que cela veut dire ? Est-ce
que la *loi appartient au péché ? Sûrement
pas ! Mais j'ai connu le péché seulement par
la loi. En effet, je ne pouvais pas connaître
les désirs mauvais sans ce commandement
de la loi : « Tu n'auras pas de désirs mauvais. »[l] 8 Le péché a profité de l'occasion, il
s'est servi du commandement pour produire
en moi toutes sortes de désirs mauvais. Le péché, c'est une chose morte, s'il n'y a pas de
loi. 9 Autrefois, quand il n'y avait pas de loi,
j'étais vivant. Mais quand le commandement
est venu, c'est le péché qui est devenu vivant,
10 et moi, je suis mort. C'est pourquoi le
commandement qui devait me conduire à la
vie m'a conduit à la mort. 11 Oui, le péché a
profité de l'occasion, il s'est servi du commandement pour me tromper et ainsi, il m'a fait
mourir.

12 Mais la loi est *sainte, et le commandement est saint, juste et bon. 13 Alors, est-ce
qu'une chose bonne peut faire mourir ? Sûrement pas ! Mais le péché s'est servi d'une
chose bonne pour me donner la mort. De
cette façon, le commandement a permis de reconnaître combien le péché est mauvais et de
montrer toute sa violence.

L'être humain est dominé par le péché

14 Oui, nous le savons, la *loi vient de Dieu,
mais moi, je suis un homme faible, vendu
comme esclave au péché. 15 Vraiment, ce
que je fais, je ne le comprends pas. Ce que
je veux, je ne le fais pas, et ce que je déteste,
je le fais. 16 Si je fais ce que je ne veux pas, je
reconnais que la loi est bonne. 17 Alors, ce
n'est pas moi qui agis, c'est le péché qui habite en moi. 18 Oui, je le sais, le bien n'habite
pas en moi, je veux dire en moi qui suis faible.
Pour moi, vouloir le bien, c'est possible, mais
faire le bien, c'est impossible. 19 En effet, le
bien que je veux, je ne le fais pas, et le mal
que je ne veux pas, je le fais. 20 Si je fais ce
que je ne veux pas, ce n'est pas moi qui
agis, mais c'est le péché qui habite en moi.

21 Ainsi, je découvre cette loi : quand je
veux faire le bien, c'est le mal qui se présente
à moi. 22 Au fond de moi-même, la loi de Dieu
me plaît. 23 Mais je trouve dans mon corps une
autre loi, elle lutte contre la loi avec laquelle
mon intelligence est d'accord. Cette loi me
fait prisonnier de la loi du péché qui est en
moi. 24 Me voilà bien malheureux ! Qui va
me libérer de ce corps qui me conduit vers
la mort ? 25 Remercions Dieu par Jésus-Christ
notre Seigneur !

Ainsi, avec mon intelligence, j'accepte la loi de Dieu, mais avec ma faiblesse, j'obéis à la loi du péché.

L'Esprit de Dieu rend libre

8 1 Maintenant, ceux qui sont unis au
*Christ Jésus ne peuvent plus être
condamnés. 2 En effet, quand quelqu'un est
uni au Christ Jésus, la loi pour lui, c'est l'Esprit Saint qui donne la vie. Cette loi m'a libéré
de la loi du péché et de la mort. 3 La *loi de
Moïse ne pouvait pas faire cela, parce que la
faiblesse des êtres humains l'a empêchée
d'agir. Mais Dieu a pu le faire : il a envoyé
son Fils dans un corps semblable à celui des
pécheurs pour les libérer du péché. Par là,
Dieu a condamné le péché qui agit dans les
êtres humains. 4 Il a agi ainsi pour que nous
soyons capables de vivre comme la loi le demande. Ainsi, ce n'est plus une façon de
voir humaine qui nous dirige, c'est l'Esprit
Saint. 5 En effet, ceux qui suivent leur façon
de voir obéissent à leurs désirs humains,
mais ceux qui suivent l'Esprit Saint obéissent
à ce que l'Esprit désire. 6 Quand quelqu'un
suit ses désirs humains, il va vers la mort,
quand quelqu'un suit l'Esprit Saint, il va vers
la vie et vers la paix. 7 Oui, les désirs humains
sont ennemis de Dieu, ils n'obéissent pas à la
loi de Dieu. Pour eux, c'est même impossible.
8 Et ceux qui suivent ces désirs ne peuvent pas
plaire à Dieu.

l 7.7 *Voir Exode 20.17 ; Deutéronome 5.21.*

9 Or, vous, vous ne suivez plus ces désirs,
vous suivez l'Esprit de Dieu parce qu'il habite
en vous. Si quelqu'un n'a pas l'Esprit du
Christ, il n'appartient pas au Christ. 10 Mais
le Christ est en vous. Bien sûr, votre corps
va mourir à cause du péché. Mais, puisque
vous avez été rendus *justes, l'Esprit Saint
vous donne la vie. 11 Dieu a réveillé Jésus de
la mort. Si l'Esprit de Dieu habite en vous,
ce Dieu qui a réveillé le Christ de la mort donnera la vie par son Esprit à vos corps qui doivent mourir.

12 C'est pourquoi, frères et sœurs, nous
avons une dette. Ce n'est pas envers nos
désirs humains que nous avons une dette :
nous ne devons pas vivre comme ils le demandent. 13 Si vous vivez en suivant ces désirs,
vous mourrez. Au contraire, si, avec l'aide
de l'Esprit Saint, vous faites disparaître vos façons de faire égoïstes, vous vivrez. 14 En effet,
tous ceux que l'Esprit de Dieu conduit sont
enfants de Dieu. 15 Et l'Esprit que vous avez
reçu ne fait pas de vous des esclaves qui ont
encore peur, mais il fait de vous des enfants
de Dieu. Et par cet Esprit, nous crions vers
Dieu en lui disant : « Abba ! Père ! » 16 L'Esprit
Saint lui-même nous donne ce *témoignage :
nous sommes enfants de Dieu. 17 Alors, si
nous sommes enfants de Dieu, nous recevrons
en partage les biens promis par Dieu à son
peuple, et ces biens, nous les recevrons avec
le Christ. Oui, si nous participons à ses souffrances, nous participerons aussi à sa *gloire.

Dieu veut faire participer les êtres humains à sa gloire

18 Comparons les souffrances d'aujourd'hui
avec la *gloire que Dieu nous montrera clairement plus tard. À mon avis, elles sont peu de
chose. 19 Oui, le monde créé par Dieu attend
avec impatience le moment où Dieu montrera
la gloire de ses enfants. 20 Ce monde est tombé
sous le pouvoir de forces qui n'ont aucune valeur. Ce n'est pas lui qui a voulu cela, mais
c'est Dieu qui l'a mis sous ce pouvoir[m]. Pourtant, il y a encore de l'espoir pour ce monde.
21 Lui aussi, il sera libéré des forces qui le détruisent et qui le rendent esclave. Alors il par-
ticipera à la liberté et à la gloire des enfants de
Dieu. 22 Nous le savons, tout le monde créé gémit et souffre encore maintenant, comme une
femme qui accouche, 23 mais il n'est pas le
seul. Nous aussi, nous gémissons dans notre
cœur en attendant d'être vraiment enfants
de Dieu et de devenir complètement libres.
Pourtant, nous avons déjà reçu l'Esprit Saint,
comme première part des dons que Dieu
a promis. 24 En effet, nous sommes sauvés,
mais en espérance seulement. Quand on voit
ce qu'on espère, on n'appelle plus cela espérer. Les choses qu'on voit, est-ce qu'on peut
encore les espérer ? 25 Espérer ce que nous
ne voyons pas, c'est l'attendre avec beaucoup
de patience.

26 De plus, l'Esprit Saint aussi vient nous aider, nous qui sommes faibles. Nous ne savons
pas prier comme il faut. Alors l'Esprit Saint
lui-même prie pour nous, avec des gémisse-
ments que la bouche ne peut pas redire.
27 Mais Dieu voit le fond des cœurs, il sait ce
que l'Esprit veut demander. Oui, l'Esprit Saint
prie comme Dieu le veut pour ceux qui lui appartiennent.

28 Nous savons encore une chose : Dieu fait
tout pour le bien de ceux qui ont de l'amour
pour lui. Ceux-là, il les a appelés selon son
projet. 29 En effet, ceux que Dieu a choisis
d'avance, il a aussi décidé d'avance de les faire
ressembler à son Fils. Ainsi, son Fils sera
l'aîné d'une grande famille. 30 Ceux que
Dieu a choisis d'avance, il les a aussi appelés.
Ceux qu'il a appelés, il les a aussi rendus
*justes, et ceux qu'il a rendus justes, il leur a
aussi donné sa gloire.

Rien ne peut séparer de l'amour de Dieu

31 Que dire de plus ? Si Dieu est pour nous,
qui sera contre nous ? 32 Même à son Fils,
Dieu n'a pas évité la souffrance, mais il l'a livré pour nous tous. Alors, avec son Fils, il va
tout nous donner gratuitement. 33 Qui peut accuser ceux que Dieu a choisis ? Personne ! En

m **8.20** *Voir Genèse 3.17.*

effet, Dieu les rend *justes. 34 Qui peut les
condamner ? Personne ! En effet, le *Christ Jésus est mort, de plus, il s'est réveillé de la
mort : il est à la droite de Dieu et il prie
pour nous. 35 Qui peut nous séparer de
l'amour du Christ ? Est-ce que c'est le malheur ? ou l'inquiétude ? la souffrance venant
des autres ? ou bien la faim, la pauvreté ? les
dangers ou la mort ? 36 Les Livres Saints disent :

« À cause de toi,
nous risquons sans arrêt la mort.
On nous traite comme des moutons de boucherie. »[n]

37 Mais dans tout ce qui nous arrive, nous
sommes les grands vainqueurs par celui qui
nous a aimés. 38-39 Oui, j'en suis sûr, rien ne
pourra nous séparer de l'amour que Dieu
nous a montré dans le Christ Jésus, notre Seigneur. Ni la mort, ni la vie, ni les *anges, ni les
esprits, ni le présent, ni l'avenir, ni tous ceux
qui ont un pouvoir, ni les forces d'en haut, ni
les forces d'en bas, ni toutes les choses créées,
rien ne pourra nous séparer de l'amour de
Dieu !

Dieu a choisi le peuple d'Israël

9 1 Je suis uni au *Christ, donc, je vais dire la
vérité, je ne vais pas mentir. Ma *conscience guidée par l'Esprit Saint me dit aussi
que c'est vrai. 2 Mon cœur est plein d'une
grande tristesse et je souffre sans cesse.
3 Oui, je souhaiterais moi-même être rejeté
par Dieu et séparé du Christ pour mes frères
et sœurs juifs. Ils sont du même peuple que
moi, 4 ce sont des Israélites. Dieu a fait d'eux
ses enfants, il leur a montré sa *gloire, il a fait
*alliance avec eux, il leur a donné la *loi, le
culte, les promesses 5 et les ancêtres célèbres[o]. C'est dans leur peuple que le Christ
est né comme être humain, lui qui est Dieu
au-dessus de tout. Louange à lui pour toujours ! *Amen ! 6 Pourtant la promesse de
Dieu n'a pas été sans résultat. En effet, ceux
qui sont nés d'Israël n'appartiennent pas
tous au vrai peuple *d'Israël. 7 Et ceux qui
sont nés dans la famille d'Abraham ne sont
pas tous ses vrais enfants. Oui, Dieu a dit à
Abraham : « Les enfants que je t'ai promis,
tu les auras par Isaac. »[p] 8 Voici le sens de
ces paroles : ce ne sont pas les enfants nés
de la volonté d'un homme et d'une femme
qui sont les enfants de Dieu. Les vrais enfants,
ce sont les enfants nés de la promesse de Dieu.
9 Voici les paroles de la promesse : « Je reviendrai dans un an, et Sara aura un fils. »[q]

10 Ce n'est pas tout : il y a aussi Rébecca. Elle
a eu deux enfants du même père, notre ancêtre Isaac. 11-13 Ses enfants n'étaient pas encore
nés, ils n'avaient encore fait ni bien ni mal.
Pourtant Dieu a dit à Isaac : le frère aîné servira le plus jeune. Les Livres Saints le disent :
« J'ai préféré Jacob à Ésaü. »[r] Ceci s'est passé
pour que le projet de Dieu se réalise. Dieu
choisit les gens librement, ce choix ne dépend
pas de leurs actes, mais il dépend seulement
de Dieu qui les appelle.

14 Qu'est-ce que cela veut dire ? Est-ce que
Dieu est injuste ? Sûrement pas ! 15 En effet,
il a dit à Moïse : « J'aurai pitié de qui je veux
avoir pitié, je serai bon avec qui je veux être
bon. »[s] 16 Donc la bonté de Dieu ne dépend
pas de ce que les gens veulent, ni de leurs efforts, mais elle dépend seulement de Dieu qui
a pitié. 17 Dans les Livres Saints, Dieu dit au roi
d'Égypte : « Je t'ai fait roi pour montrer ma
puissance en toi et pour faire connaître mon
nom sur toute la terre. »[t] 18 On le voit, Dieu
a pitié de qui il veut, et il ferme le cœur de
qui il veut.

---

n **8.36** *Psaume 44.23.*
o **9.5** *Ces ancêtres sont Abraham, Isaac, Jacob et ses fils.*
p **9.7** *Genèse 21.12.*
q **9.9** *Voir Genèse 18.10-14.*
r **9.11-13** *Voir Genèse 25.23 ; Malachie 1.2-3.*
s **9.15** *Exode 33.19.*
t **9.17** *Exode 9.16 cité d'après l'ancienne traduction grecque.*

Dieu choisit les gens librement

19 Mais alors, tu vas me dire : « Dieu fait encore des reproches, pourquoi donc ? En effet,
qui peut résister à ce qu'il veut ? » 20 Mais qui
es-tu, toi, pour discuter avec Dieu ? Est-ce que
le plat demande à celui qui l'a fait : « Pourquoi
est-ce que tu m'as fait comme cela ? » 21 Est-ce
que le potier ne peut pas faire ce qu'il veut
avec son argile ? Avec la même terre, est-ce
qu'il ne peut pas faire un joli plat et un plat ordinaire ?
22 Dieu a voulu montrer sa *colère et faire
connaître sa puissance. Pourtant, les êtres humains qui méritaient sa colère et qui allaient
être condamnés, il les a supportés avec beaucoup de patience. 23 Aux autres, il a montré sa
pitié. Il a voulu leur faire connaître sa grande
*gloire, il les a préparés à recevoir cette gloire.
24 Et ces gens-là, c'est nous. Il nous a appelés
non seulement parmi les Juifs, mais aussi
parmi ceux qui ne sont pas juifs. 25 Dieu dit
cela dans le livre du *prophète Osée :

« Celui qui n'était pas mon peuple,
je l'appellerai "Mon Peuple".
Le peuple que je n'aimais pas,
je l'appellerai "Peuple Aimé".
26 Et là où on avait dit aux gens :
"Vous n'êtes pas mon peuple",
on les appellera fils du Dieu vivant. »[u]

27 De son côté, Ésaïe annonce au sujet du
peuple *d'Israël : « Même si les Israélites deviennent aussi nombreux que les grains de
sable au bord de la mer, seule une partie d'entre eux sera sauvée. 28 En effet, le Seigneur
fera sur la terre ce qu'il a dit, rapidement et
jusqu'au bout. »[v]
29 Ésaïe a dit aussi par avance :

« Le Dieu tout-puissant
nous a laissé quelques enfants.
Sinon,
nous serions devenus
comme la ville de Sodome,
comme la ville de Gomorrhe. »[w]

Dieu rend justes tous ceux qui croient en Jésus-Christ

30 Qu'est-ce que cela veut dire ? Eh bien,
des gens qui ne sont pas juifs ont été rendus
*justes en croyant. Pourtant, ils ne cher-
chaient pas à être justes. 31 Au contraire, le
peuple *d'Israël cherchait à devenir juste par
la *loi, pourtant, il n'y est pas arrivé. 32 Pourquoi ? Parce que cette *justice, les Juifs ne l'attendaient pas de la foi, ils croyaient l'obtenir
par leurs actes. Ils ont heurté la pierre qui
fait perdre l'équilibre. 33 En effet, dans les
Livres Saints, Dieu dit :

« Je pose dans la ville de *Sion
une pierre qui fait perdre l'équilibre,
un rocher qui fait tomber.
Mais celui qui s'appuie sur ce rocher
ne le regrettera pas. »[x]

Juifs et non-Juifs ont le même Seigneur

10 1 Frères et sœurs chrétiens, je désire de
tout mon cœur que les Juifs soient sauvés, et je demande cela à Dieu pour eux.
2 Oui, je peux le dire : ils sont pleins d'ardeur
pour Dieu, mais cette ardeur n'est pas éclairée
par la connaissance. 3 Ils n'ont pas compris
comment Dieu rend *justes les êtres humains,
ils ont cherché à imposer leur façon d'être justes. Ainsi, ils ont refusé le chemin que Dieu
prend pour rendre justes les êtres humains.
4 En effet, la *loi de Moïse a atteint son but :
c'est le *Christ, et maintenant Dieu rend justes tous ceux qui croient en Jésus-Christ.
5 Quand Moïse parle de la justice qui vient
de la loi, il dit : « La loi donnera la vie à celui
qui obéit à tous ses commandements. »[y]
6 Mais voici comment il parle de la justice
qui vient de la foi : Ne dis pas dans ton
cœur : « Qui montera au *ciel ? » pour faire

u **9.26** *Voir Osée 2.1-3 ; 2.25.*
v **9.27-28** *Ésaïe 10.22-23 cité d'après l'ancienne traduction grecque.*
w **9.29** *Ésaïe 1.9 cité d'après l'ancienne traduction grecque. Voir aussi Genèse 19.23-28.*
x **9.33** *Ésaïe 28.16 cité d'après l'ancienne traduction grecque.*
y **10.5** *Lévitique 18.5.*

descendre le Christ. 7 Ne dis pas non plus : « Qui va descendre dans le ventre de la terre ? » Le Christ est déjà remonté du milieu des morts. 8 Alors voici comment les Livres Saints parlent de la justice : « La parole est tout près de toi, dans ta bouche et dans ton cœur. »[z] Cette parole, c'est le message de la foi que nous annonçons. 9 Est-ce que ta bouche affirme devant tous que Jésus est le Seigneur ? Est-ce que tu crois dans ton cœur que Dieu l'a réveillé de la mort ? Dans ce cas, tu seras sauvé. 10 En effet, quand nous croyons de tout notre cœur, Dieu nous rend justes, quand nous affirmons notre foi devant tous, il nous sauve. 11 Oui, les Livres Saints disent : « Ceux qui croient en lui ne le regretteront pas. »[a] 12 Alors, il n'y a pas de différence entre les Juifs et ceux qui ne sont pas juifs. Tous ont le même Seigneur, il donne ses bienfaits à tous ceux qui font appel à lui. 13 Les Livres Saints le disent : « Tous ceux qui feront appel au Seigneur seront sauvés. »[b]

Annoncer la Bonne Nouvelle

14 Mais comment s'adresser au Seigneur si on ne croit pas en lui ? Et comment croire au Seigneur si on n'a pas entendu parler de lui ? Et comment entendre parler de lui si personne ne l'annonce ? 15 Et comment annoncer si personne n'est envoyé pour cela ? Les Livres Saints le disent bien : « Quelle joie de voir arriver ceux qui apportent de bonnes nouvelles. »[c] 16 Mais tous n'ont pas obéi à la Bonne Nouvelle. Oui, Ésaïe le dit : « Seigneur, qui a cru à notre message ? »[d] 17 On devient croyant quand on écoute le message, et ce message, c'est la parole du *Christ.

18 Alors je demande : Est-ce que les Juifs n'ont pas entendu cette parole ? Mais si ! En effet, les Livres Saints disent :

« On a entendu la voix des messagers
sur la terre entière,
et leurs paroles sont allées
jusqu'au bout du monde. »[e]

19 Alors je demande : Est-ce que le peuple *d'Israël n'a pas compris ? Dieu a déjà dit par la bouche de Moïse :

« Je vous rendrai jaloux
de ceux qui ne forment pas un vrai peuple.
Je vous mettrai en colère
contre un peuple sans intelligence. »[f]

20 Et Ésaïe ose même annoncer de la part de Dieu :

« Ceux qui ne me cherchaient pas,
ceux-là m'ont trouvé.
Et je me suis montré à ceux
qui ne me demandaient rien. »[g]

21 Mais au sujet du peuple d'Israël, Dieu dit : « Toute la journée, j'ai tendu les mains vers un peuple qui n'obéit pas et qui est contre moi. »[h]

Dieu n'a pas rejeté le peuple *d'Israël

11 1 Alors je demande : Est-ce que Dieu a rejeté son peuple ? Sûrement pas ! La preuve, moi, je suis israélite, de la famille d'Abraham, de la tribu de Benjamin. 2 Dieu n'a pas rejeté son peuple, qu'il a choisi d'avance. Dans les Livres Saints, *Élie se plaint à Dieu du peuple *d'Israël. Vous connaissez sûrement ses paroles. 3 Voici ce qu'il dit : « Seigneur, ils ont tué tes *prophètes, ils ont détruit tes *autels. Moi seul, je suis resté et ils veulent me tuer. »[i] 4 Quelle est la réponse de

z 10.8 *Voir Deutéronome 30.12-14.*
a 10.11 *Ésaïe 28.16 cité d'après l'ancienne traduction grecque.*
b 10.13 *Joël 3.5.*
c 10.15 *Ésaïe 52.7.*
d 10.16 *Ésaïe 53.1 cité d'après l'ancienne traduction grecque.*
e 10.18 *Psaume 19.5 cité d'après l'ancienne traduction grecque.*
f 10.19 *Deutéronome 32.21.*
g 10.20 *Ésaïe 65.1 cité d'après l'ancienne traduction grecque.*
h 10.21 *Ésaïe 65.2 cité d'après l'ancienne traduction grecque.*
i 11.3 *1 Rois 19.10,14.*

respecter les uns les autres. 11 Servez le Seigneur activement, sans paresse et de tout votre cœur. 12 Soyez dans la joie à cause de votre espérance. Restez patients dans le malheur, continuez à prier fidèlement. 13 Aidez les chrétiens qui en ont besoin, recevez bien ceux qui viennent chez vous.

14 Souhaitez du bien à ceux qui vous font souffrir, souhaitez du bien et non du mal. 15 Soyez dans la joie avec ceux qui sont dans la joie, pleurez avec ceux qui pleurent. 16 Soyez bien d'accord entre vous. Ne cherchez pas de grandes choses, mais laissez-vous attirer par ce qui est simple. Ne vous prenez pas pour des sages.

17 Ne rendez à personne le mal pour le mal, cherchez à faire le bien devant tous. 18 Autant que possible, si cela dépend de vous, vivez en paix avec tous. 19 Amis très chers, ne vous vengez pas vous-mêmes, mais laissez la *colère de Dieu agir. En effet, dans les Livres Saints, le Seigneur Dieu dit : « À moi la vengeance ! C'est moi qui donnerai à chacun ce qu'il mérite ! »[r] 20 Mais il dit aussi : « Si ton ennemi a faim, donne-lui à manger, s'il a soif, donne-lui à boire. Alors, si tu fais cela, c'est comme si tu mettais des charbons brûlants sur sa tête. »[s] 21 Ne te laisse pas vaincre par le mal, mais sois vainqueur du mal par le bien.

Les autorités sont au service de Dieu pour conduire au bien

13 1 Chacun doit obéir aux autorités placées au-dessus de nous. En effet, toute autorité vient de Dieu, et c'est Dieu qui donne leur place à celles qui existent. 2 Alors, si quelqu'un lutte contre les autorités, il lutte contre l'ordre voulu par Dieu, et ceux qui refusent de leur obéir seront condamnés. 3 Quand on fa[illegible]ités le bien, on ne doit pas avoir peur des a[illegible] d'elles officielles, mais on doit avoir [illegible]x pas avoir quand on fait le mal. Tu ne v[illegible]e bien et tu re- peur des autorités ? Alors f[illegible] Oui, les autorités cevras leurs félicitatio[illegible] sont au service de Dieu pour te conduire au bien. Mais si tu fais le mal, tu dois avoir peur, car les autorités ont le pouvoir de punir, et ce n'est pas pour rien ! Quand les autorités punissent, elles sont au service de Dieu, elles montrent la *colère de Dieu contre celui qui fait le mal. 5 C'est pourquoi il faut leur obéir, non seulement pour éviter la colère de Dieu, mais encore parce que notre *conscience nous le demande.

6 C'est aussi pour cela que vous payez des impôts. En effet, les fonctionnaires qui les demandent sont chargés de ce travail par Dieu. 7 Donnez à chacun ce que vous lui devez. Si c'est l'impôt, payez l'impôt, si c'est une taxe, payez-la. Si c'est l'obéissance, obéissez, si c'est le respect, soyez respectueux.

Aimer les autres, c'est obéir à la loi de Dieu

8 N'ayez aucune dette envers personne, sauf la dette de l'amour que vous devez avoir entre vous. Celui qui aime les autres obéit parfaitement à la *loi. 9 En effet, vous connaissez les commandements : « Ne commets pas *d'adultère. Ne tue personne. Ne vole pas. Ne désire pas ce qui ne t'appartient pas. » Ces commandements et tous les autres sont contenus dans cette parole : « Aime ton *prochain comme toi-même ! »[t] 10 Quand on aime, on ne fait aucun mal à son *prochain. Par conséquent, aimer, c'est obéir parfaitement à la loi.

Être prêt quand le Christ viendra

11 Vous connaissez le temps où nous sommes : c'est le moment de sortir de votre sommeil ! En effet, quand nous avons cru au *Christ, le *salut était encore loin, maintenant, il est plus près de nous. 12 La nuit est bientôt finie, le jour va se lever. Alors, débarrassons-nous des actions mauvaises commises pendant la nuit. Prenons les armes utilisées en pleine lumière. 13 Menons une vie honnête,

---

r 12.19 [illegible]éronome 32.35.
s 12.[illegible] *Proverbes 25.21-22 cité d'après l'ancienne traduction grecque.*
t [illegible].9 *Voir Exode 20.13-17 ; Deutéronome 5.17-21 ; Lévitique 19.18.*

comme en plein jour : évitons de trop manger
ou de trop boire. N'ayons pas une vie immorale, ne nous conduisons pas n'importe
comment, évitons les disputes et les jalousies.
[14] Soyez semblables au Seigneur Jésus-Christ.
Ne vous laissez pas entraîner vers le mal par
vos mauvais désirs.

Ne pas juger les autres pour une question de nourriture

14 [1] Accueillez celui qui n'a pas une foi solide, ne critiquez pas ce qu'il pense.
[2] Par exemple, quelqu'un croit qu'il peut manger de tout, mais quelqu'un d'autre qui n'a pas
une foi solide mange seulement des légumes.
[3] Celui qui mange de tout ne doit pas mépriser
celui qui ne mange pas certains aliments. Et
celui qui ne mange pas certains aliments ne
doit pas juger celui qui mange de tout, car
Dieu l'a accueilli. [4] Qui es-tu, toi, pour juger
le serviteur d'un autre ? S'il reste debout ou
s'il tombe, c'est l'affaire de son maître. Et il
restera debout, parce que le Seigneur est capable de le soutenir.

[5] Quelqu'un pense que certains jours sont
plus importants que d'autres, quelqu'un d'autre pense qu'ils sont tous pareils. Chacun doit
être bien persuadé de ce qu'il pense. [6] Celui
qui fait des différences entre les jours fait
cela pour le Seigneur. Celui qui mange de
tout fait cela pour le Seigneur, car il remercie
Dieu. Et celui qui ne mange pas de tout fait
cela pour le Seigneur, et lui aussi remercie
Dieu. [7] Personne parmi nous ne vit pour soi-
même, et personne ne meurt pour soi-
même. [8] Si nous vivons, nous vivons pour le
Seigneur, si nous mourons, nous mourons
pour le Seigneur. Alors, en vivant ou en mourant, nous appartenons au Seigneur. [9] Oui, le
*Christ est mort et il est revenu à la vie,
pour être le Seigneur des morts et des vivants.
[10] Mais toi, pourquoi juger ta sœur ou ton frère
chrétiens ? Et toi, pourquoi les mépriser ? En
effet, nous devrons tous nous présenter devant le tribunal de Dieu. [11] Dans les Livres
Saints, on lit :

« Moi, le Seigneur vivant, je le jure,
tous les êtres humains
se mettront à genoux devant moi
et tous me rendront *gloire. »[u]

[12] Ainsi chacun de nous devra rendre des
comptes à Dieu.

Chercher ce qui sert la paix

[13] Arrêtons donc de nous juger les uns les
autres. Mais voici plutôt ce que vous devez
décider : ne mettez rien devant votre frère
ou votre sœur pour leur faire perdre l'équilibre, ou pour les pousser au mal. [14] Je le sais
et, grâce au Seigneur Jésus, j'en suis sûr :
rien n'est *impur. Mais si quelqu'un pense
qu'une chose est impure, elle devient impure pour lui. [15] Si tu fais de la peine à ton
frère ou à ta sœur à cause de ce que tu manges, tu ne vis plus selon l'amour. Pour une
question de nourriture, ne va pas détruire
un frère ou une sœur pour qui le *Christ
est mort ! [16] Ce que vous jugez bon pour
vous, cela ne doit pas donner aux autres l'occasion de le trouver mauvais. [17] En effet, le
*Royaume de Dieu n'est pas une question
de nourriture et de boisson. Le Royaume
de Dieu, c'est la *justice, la paix et la joie
données par l'Esprit Saint. [18] Celui qui sert
le Christ de cette façon plaît à Dieu, et les
gens lui donnent raison.

[19] Alors cherchons ce qui sert la paix et ce
qui construit la communauté. [20] Ne détruis
pas le travail de Dieu pour une question de
nourriture ! C'est vrai, tous les aliments
sont purs. Mais manger quelque chose qui
pousse les autres au mal, ce n'est pas bien.
[21] Ce qui est bien, c'est, par exemple, de ne
pas manger de viande, de ne pas boire de
vin, en un mot, de ne rien prendre qui
p[illegible] faire tomber dans le péché ton frère
ou ta [illegible] [22] Ce que tu crois sur cette question, gard[illegible]le pour toi devant Dieu. Il est
heureux, ce[illegible] qui ne se sent pas coupable
quand il décide [illegible]agir ! [23] Celui qui mange
un aliment en n'éta[illegible]pas sûr de bien faire,
celui-là, Dieu le condam[illegible] En effet, il n'agit

u 14.11 *Ésaïe 45.23 cité d'après l'ancienne traduction grecque.*

SEIGNEUR et vous. Et je vous ai fait connaître ce
qu'il disait. En effet, devant le feu, vous avez
eu peur et vous n'avez pas voulu monter sur
la montagne. Le SEIGNEUR a dit[r]:
6 « Je suis le SEIGNEUR ton Dieu. C'est moi qui
t'ai fait sortir d'Égypte, où tu étais esclave.
7 « Tu ne dois pas avoir d'autres dieux que
moi.
8 « Ne fabrique pas de statues de dieux. Ne représente pas ce qu'il y a là-haut dans le *ciel,
en bas sur la terre, ou dans l'eau sous la terre.
9 Ne te mets pas à genoux devant ces dieux, ne
les adore pas. En effet, le SEIGNEUR ton Dieu,
c'est moi, et je suis un Dieu exigeant. Je punis
la faute de ceux qui me détestent. Je punis
aussi leurs enfants, jusqu'à la troisième ou la
quatrième génération. 10 Mais je montre ma
bonté pendant des milliers de générations à
ceux qui m'aiment et qui obéissent à mes
commandements.
11 « Ne te sers pas de mon nom m'importe
comment. Moi, le SEIGNEUR ton Dieu, je déclare coupable celui qui se sert de mon nom
n'importe comment.
12 « Prends soin de me réserver le jour du
*sabbat, comme je te l'ai commandé, moi, le
SEIGNEUR ton Dieu. 13 Pendant six jours, travaille pour faire tout ce que tu as à faire.
14 Mais le septième jour, c'est le sabbat qui
m'est réservé, à moi, le SEIGNEUR ton Dieu.
Personne ne doit travailler ce jour-là, ni toi,
ni ton fils, ni ta fille, ni ton serviteur, ni ta servante, ni ton bœuf, ni ton âne, ni tes autres
animaux, ni l'étranger installé dans ton pays.
Ainsi, ton serviteur et ta servante pourront
se reposer comme toi. 15 Souviens toi : tu as
été esclave en Égypte, et je t'ai fait sortir de
ce pays avec grande puissance. C'est pourquoi, moi, le SEIGNEUR ton Dieu, je t'ai
commandé de respecter le jour du sabbat.
16 « Respecte ton père et ta mère, comme je te
l'ai commandé. Ainsi, tu vivras longtemps et
tu seras heureux dans le pays que moi, le SEI-
GNEUR ton Dieu, je te donnerai.
17 « Ne tue personne.
18 « Ne commets pas *d'adultère.
19 « Ne vole pas[s].
20 « Ne *témoigne pas faussement contre ton
*prochain.
21 « Ne désire pas pour toi la femme de ton
*prochain. N'aie pas envie de sa maison, ni
de son esclave, ni de sa servante, ni de son
bœuf, ni de son âne. Ne désire rien de ce
qui est à lui. »
22 Voilà les commandements que le SEI-
GNEUR vous a donnés d'une voix puissante,
du milieu du feu, de la fumée et du nuage
épais. Il vous a parlé, à vous tous qui étiez rassemblés au pied de la montagne, et il n'a rien
ajouté. Ensuite, il a écrit ces commandements
sur deux tablettes de pierre qu'il m'a données.

Moïse est le porte-parole de Dieu

23 Moïse continue : Quand vous avez entendu cette voix qui est sortie de l'obscurité,
sur la montagne en feu, vos chefs de tribus
et vos *anciens se sont approchés de moi.
24 Ils m'ont dit : « Le SEIGNEUR notre Dieu a
montré devant nous sa *gloire et sa grandeur.
Nous avons entendu sa voix qui sortait du milieu du feu. Aujourd'hui, nous le voyons bien :
Dieu parle aux êtres humains et pourtant,
ceux-ci restent en vie. 25 Mais maintenant,
nous risquons de mourir brûlés par ce grand
feu. À quoi cela servira-t-il ? Si nous écoutons
encore la voix du SEIGNEUR notre Dieu, nous
allons sûrement mourir ! 26 En effet, un être
humain qui a entendu, comme nous, le Dieu
vivant lui parler du milieu du feu, n'est jamais
resté en vie. 27 C'est donc toi, Moïse, qui dois
t'approcher du SEIGNEUR notre Dieu pour
écouter toutes ses paroles. Tu nous les répéteras, nous les écouterons et nous leur obéirons. » 28 Le SEIGNEUR a entendu ce que vous
me disiez et il m'a déclaré : « J'ai entendu ce
que le peuple t'a dit. Ils ont eu raison de parler

---

r 5.5 *Ces paroles de Dieu, appelées aussi les dix commandements, se trouvent également en Exode 20.1-17, avec de légères différences.*

s 5.19 *Voir Exode 20.15 et la note.*

ainsi. 29 Je souhaite que leur cœur soit toujours prêt à me respecter et à obéir à tous
mes commandements. Alors, eux et leurs enfants seront toujours heureux. 30 Va leur dire
maintenant de retourner dans leurs tentes.
31 Mais toi, reste ici auprès de moi. Je vais te
donner tous les commandements, les lois et
les règles que tu devras leur enseigner. Ils devront les suivre dans le pays que je leur donne
en partage. »
32 Moïse continue à dire aux Israélites :
Efforcez-vous donc de faire ce que le SEIGNEUR
votre Dieu vous a commandé, sans vous en
écarter, ni à droite, ni à gauche. 33 Marchez
toujours sur le chemin que le SEIGNEUR
votre Dieu vous a montré. Alors vous resterez
en vie, vous serez heureux et vous vivrez
longtemps dans le pays que vous allez
posséder.

Le Seigneur, Dieu d'Israël, est le seul Seigneur

6 1 Moïse dit : Voici les commandements,
les lois et les règles que le SEIGNEUR votre
Dieu m'a ordonné de vous enseigner. Il veut
que vous leur obéissiez dans le pays que
vous allez bientôt posséder. 2 Ainsi, tous les
jours de votre vie, vous respecterez le SEI-
GNEUR votre Dieu, vous, vos enfants et les enfants de leurs enfants. Et, en obéissant à ces
lois et à ces commandements que je vous
donne, vous vivrez longtemps. 3 Israélites,
vous écouterez ces commandements et vous
ferez tout pour leur obéir. Alors vous serez
heureux et vous deviendrez un peuple nombreux dans ce pays qui *déborde de lait et
de miel. Voilà ce que le SEIGNEUR, le Dieu de
vos ancêtres, vous a promis.
4 « Écoute, peuple d'Israël, le SEIGNEUR notre Dieu est le seul SEIGNEUR. 5 Tu dois aimer
le SEIGNEUR ton Dieu de tout ton cœur, de
tout ton être et de toute ta force. 6 Les
commandements que je te donne aujourd'hui
resteront dans ton cœur. 7 Tu les enseigneras
à tes enfants. Tu en parleras quand tu seras assis chez toi, quand tu marcheras sur la route,
quand tu te coucheras et quand tu te lèveras.
8 Pour ne pas les oublier, tu les attacheras sur
ton bras et sur ton front. 9 Tu les écriras sur les
montants de la porte de ta maison et sur les
*portes de tes villes. »

Le peuple d'Israël ne doit pas oublier son Dieu

10 Moïse dit : Le SEIGNEUR votre Dieu a promis à vos ancêtres Abraham, Isaac et Jacob,
de vous conduire dans le pays qu'il vous
donne. Quand il vous aura fait entrer dans
ce pays, vous trouverez là des villes grandes
et belles que vous n'avez pas bâties, 11 des maisons remplies de toutes sortes de bonnes choses que vous n'y avez pas mises. Vous
trouverez là des puits que vous n'avez pas
creusés, des *vignes et des *oliviers que vous
n'avez pas plantés. Quand vous aurez mangé à
votre faim, 12 alors faites attention ! N'oubliez
pas le SEIGNEUR qui vous a fait sortir d'Égypte,
où vous étiez esclaves. 13 Vous respecterez le
SEIGNEUR votre Dieu, vous le servirez et vous
ferez des serments seulement en son nom.
14 Vous ne suivrez pas d'autres dieux, les
dieux des peuples qui vivront autour de
vous. 15 En effet, le SEIGNEUR votre Dieu, qui
est au milieu de vous, est un Dieu exigeant.
Attention ! Ne le mettez pas en *colère. Il
pourrait vous supprimer de la surface de la
terre. 16 Ne provoquez pas le SEIGNEUR votre
Dieu, comme vous l'avez fait à Massa[t]. 17 Respectez fidèlement les commandements, les
enseignements et les lois que le SEIGNEUR votre Dieu vous a donnés. 18 Faites ce qui est
droit, ce qui plaît au SEIGNEUR. Alors vous
serez heureux et vous pourrez posséder le
beau pays que le SEIGNEUR a promis à vos ancêtres. 19 Vous repousserez loin de vous tous vos
ennemis, comme le SEIGNEUR l'a promis.
20 Plus tard, vos enfants vous demanderont :
« Pourquoi est-ce que le SEIGNEUR notre Dieu
vous a donné ces enseignements, ces lois et
ces règles ? » 21 Vous leur répondrez : « Nous
étions esclaves du roi d'Égypte, mais le SEI-
GNEUR nous a fait sortir de son pays, par sa

t **6.16** *Massa : voir Exode 17.1-7.*

donne aujourd'hui. 12 Vous mangerez à votre
faim, vous bâtirez de belles maisons et vous
les habiterez. 13 Vos bœufs, vos moutons et
vos chèvres seront nombreux. Vous aurez
beaucoup d'argent, beaucoup d'or et des
biens de toutes sortes. 14 Alors, ne devenez
pas orgueilleux. N'oubliez pas le SEIGNEUR
votre Dieu. C'est lui qui vous a fait sortir
d'Égypte, où vous étiez esclaves. 15 C'est lui
qui vous a fait traverser le désert grand et terrible, plein de serpents venimeux et de scorpions. Dans cette terre complètement sèche
où on meurt de soif, le SEIGNEUR a fait sortir
pour vous de l'eau du rocher le plus dur
16 Dans ce désert, il vous a donné la manne[x],
une nourriture que vos ancêtres ignoraient.
Il vous a fait connaître des difficultés pour
voir ce que vous valiez, et finalement pour
vous faire du bien. 17 Attention ! Ne dites
jamais dans votre cœur : « Nous sommes devenus riches par nous-mêmes, grâce à nos
seules forces. » 18 Rappelez-vous : c'est le
SEIGNEUR votre Dieu qui vous donne la force
d'obtenir ces richesses. Et ainsi aujourd'hui
encore, il respecte *l'alliance qu'il a faite
avec vos ancêtres.

19 Si vous oubliez le SEIGNEUR votre Dieu, si
vous suivez d'autres dieux, si vous les servez,
si vous vous mettez à genoux devant eux, je
vous avertis aujourd'hui : vous disparaîtrez
complètement. 20 Oui, si vous n'écoutez pas
le SEIGNEUR votre Dieu, vous disparaîtrez
comme les peuples que le SEIGNEUR va détruire
à votre arrivée.

Le peuple d'Israël n'est pas meilleur que les autres

9 1 Moïse dit : Israélites, écoutez ! Vous allez
bientôt traverser le fleuve Jourdain. Vous
allez chasser des peuples plus nombreux et
plus puissants que vous. Vous allez prendre
leurs grandes villes protégées par des murs
qui montent jusqu'au ciel. 2 Vous allez vaincre
les Anaquites, ces hommes puissants et très
grands. Vous le savez, on dit d'eux : « Qui
peut tenir debout devant les gens de la famille
d'Anaq ? » 3 Bientôt, vous allez reconnaître
ceci : c'est le SEIGNEUR votre Dieu qui marche
lui-même devant vous, comme un feu qui détruit tout. Il fera disparaître ces gens-là, il les
abattra devant vous. Vous les chasserez,
vous les ferez disparaître très vite, comme le
SEIGNEUR vous l'a promis.

4 Quand le SEIGNEUR notre Dieu les aura
chassés devant vous, ne pensez pas : « Si le SEI-
GNEUR nous permet d'aller posséder ce pays,
c'est parce que nous le méritons. » Non, c'est
parce qu'ils ont fait le mal que le SEIGNEUR
chasse ces peuples devant vous. 5 Si vous arrivez à posséder leur pays, ce n'est pas parce
que vous le méritez ou parce que vous avez
le cœur droit. En réalité, le SEIGNEUR votre
Dieu chassera ces peuples devant vous, parce
qu'ils ont fait le mal. C'est aussi pour tenir la
promesse qu'il a faite à vos ancêtres Abraham,
Isaac et Jacob. 6 Vous devez donc le reconnaître : si le SEIGNEUR votre Dieu vous donne ce
bon pays en partage, ce n'est pas parce que
vous le méritez. En effet, vous êtes un peuple
à la tête dure.

Le veau d'or : Moïse rappelle la faute du peuple

7 Moïse dit : Souvenez-vous : dans le désert,
vous avez mis en *colère le SEIGNEUR votre
Dieu[y]. N'oubliez jamais cela. Depuis le jour
où vous êtes sortis d'Égypte jusqu'à votre arrivée ici, vous vous êtes révoltés contre le SEI-
GNEUR. 8 Au mont *Horeb, vous avez mis le
SEIGNEUR en colère. Sa colère était si grande
qu'il voulait vous détruire. 9 J'étais monté
sur la montagne pour recevoir les *tablettes
de pierre avec les paroles de *l'alliance que
le SEIGNEUR avait faite avec vous. Je suis resté
40 jours et 40 nuits sur la montagne. Là, je
n'ai rien mangé et je n'ai rien bu. 10 Le SEI-
GNEUR Dieu m'a donné les deux tablettes de
pierre où il avait écrit de sa main tous ses

x **8.16** *La manne : voir Deutéronome 8.3 et la note.*
y **9.7** *Voir Exode 32.*

commandements. Il vous les avait communiqués du milieu du feu, sur la montagne, le jour où vous étiez tous rassemblés.

11 Après ces 40 jours et ces 40 nuits, le SEIGNEUR m'a donné ces deux tablettes de pierre avec les paroles de l'alliance. 12 Ensuite il m'a dit : « Vite, descends tout de suite d'ici. En effet, ton peuple, que tu as fait sortir d'Égypte, est tombé dans un grand péché. Ils ont quitté rapidement le chemin que je leur avais montré. Ils se sont fabriqué un veau en métal fondu ! » 13 Puis le SEIGNEUR a ajouté : « Je le vois, ce peuple est un peuple à la tête dure. 14 Laisse-moi faire : je vais les détruire et je ferai disparaître leur souvenir de la terre. Ensuite, je ferai naître de toi un peuple plus puissant et plus nombreux qu'eux. » 15 Je suis descendu de la montagne qui était en feu. Je tenais des deux mains les deux tablettes de pierre avec les paroles de l'alliance. 16 J'ai bien vu, en effet, que vous aviez péché contre le SEIGNEUR votre Dieu. Vous aviez fabriqué un veau en métal fondu. Vous aviez vite quitté le chemin que le SEIGNEUR vous avait montré. 17 Alors j'ai jeté les deux tablettes de pierre que je tenais et je les ai cassées sous vos yeux.

Le veau d'or : Moïse a prié pour le peuple

18 Moïse dit : Puis je suis tombé à genoux devant le SEIGNEUR. Et je suis resté là de nouveau 40 jours et 40 nuits. Je n'ai rien mangé et je n'ai rien bu à cause de tous vos péchés. Vous aviez fait ce qui est mal aux yeux du SEIGNEUR et vous l'aviez mis dans une grande *colère. 19 C'était une colère si violente que le SEIGNEUR voulait vous détruire. Oui, j'avais peur de cette colère. Mais cette fois encore, le SEIGNEUR a entendu ma prière. 20 Le SEIGNEUR était aussi dans une violente colère contre Aaron. Il voulait le faire mourir, mais j'ai prié également pour Aaron. 21 J'ai pris le veau que vous aviez fabriqué, le produit de votre péché, et je l'ai mis dans le feu. Puis je l'ai cassé en morceaux, je l'ai écrasé en poussière fine et j'ai jeté cette poussière dans le torrent qui descend de la montagne[z].

22 De la même façon, à Tabéra, à Massa, à Quibroth-Taava, vous avez aussi mis le SEIGNEUR en colère. 23 À Cadès-Barnéa, le SEIGNEUR voulait vous envoyer en *Canaan. Il vous a dit : « Allez prendre le pays que je vous donne en partage. » Mais vous n'avez pas obéi aux ordres du SEIGNEUR votre Dieu. Vous n'avez pas eu confiance en lui et vous ne l'avez pas écouté. 24 Depuis que le SEIGNEUR vous connaît, vous vous révoltez contre lui.

25 Quand le SEIGNEUR a parlé de vous faire mourir, je me suis mis à genoux devant lui pendant 40 jours et 40 nuits. 26 Je lui ai fait cette prière : « Seigneur DIEU, ne détruis pas ton peuple. Il t'appartient. Tu l'as libéré grâce à ta grande force, tu l'as fait sortir d'Égypte grâce à ta puissance. 27 Souviens-toi de tes serviteurs Abraham, Isaac et Jacob. Ne fais pas attention au caractère têtu de ce peuple, à sa méchanceté, à ses péchés. 28 Tu nous as fait sortir d'Égypte. Il ne faut pas que là-bas, les gens disent : "Le SEIGNEUR n'était pas capable de faire entrer les Israélites dans le pays qu'il leur avait promis. Il les détestait. Il les a fait sortir pour les faire mourir dans le désert." 29 Pourtant, SEIGNEUR, ils sont ton peuple, ils t'appartiennent. Tu les as libérés grâce à ta grande force et à toute ta puissance. »

Le veau d'or : Dieu a pardonné au peuple

10 1 Moïse dit : Alors le SEIGNEUR m'a donné cet ordre : « Taille deux *tablettes de pierre comme les premières. Fabrique aussi un coffre en bois. Ensuite monte vers moi sur la montagne. 2 J'écrirai sur ces tablettes les commandements qui étaient sur les premières que tu as cassées. Puis tu mettras ces tablettes dans le coffre. » 3 J'ai donc fabriqué un coffre en bois d'acacia, j'ai taillé deux tablettes de pierre comme les premières et je les ai emportées sur la montagne. 4 Le SEIGNEUR a écrit sur les nouvelles tablettes, comme sur les premières, les dix commande-

z **9.21** *Voir Exode 32.20.*

ments qu'il vous avait communiqués du milieu du feu. C'était le jour où vous étiez rassemblés au pied de la montagne. Puis il m'a
donné ces tablettes. 5 Je suis redescendu de
la montagne et je les ai placées dans le coffre
que j'avais fabriqué. Elles sont restées là,
comme le SEIGNEUR me l'avait commandé.

6 – Les Israélites ont quitté les puits de
Bené-Yacan pour Mosséra. C'est là qu'Aaron
est mort et a été enterré. Son fils Élazar est devenu prêtre à sa place. 7 De là, ils sont allés à
Goudgoda, et de Goudgoda, ils sont allés à Yotbata, où on trouve plusieurs torrents. 8 À ce
moment-là, le SEIGNEUR a mis à part les gens
de la tribu de Lévi pour faire les travaux suivants : porter le *coffre de l'alliance, se tenir
devant le SEIGNEUR pour être à son service,
dire les *bénédictions en son nom. Les *lévites font ces travaux encore aujourd'hui.
9 C'est pourquoi ils n'ont pas reçu une partie
du pays en partage, ni des biens, comme leurs
frères. C'est le SEIGNEUR qui est leur part, selon ce que le SEIGNEUR votre Dieu leur avait
dit. –

10 Je suis resté sur la montagne 40 jours et
40 nuits, comme la première fois. Cette fois
encore, le SEIGNEUR a entendu ma prière et il
a renoncé à vous détruire. 11 Puis il m'a dit :
« En route ! Va te mettre à la tête du peuple.
Ils doivent aller posséder le pays que j'ai juré
à leurs ancêtres de leur donner ! »

Ce que le Seigneur attend de son peuple

12 Moïse dit : Et maintenant, Israélites,
qu'est-ce que le SEIGNEUR votre Dieu attend
de vous ? Il attend seulement que vous le respectiez en faisant sa volonté, en l'aimant et
en le servant de tout votre cœur et de tout
votre être. 13 Il vous demande d'obéir à ses
commandements et à ses lois. Je vous les
donne aujourd'hui pour que vous soyez heureux. 14 Oui, le SEIGNEUR votre Dieu est le maître du ciel immense, de la terre et de tout ce
qu'elle contient. 15 Autrefois, c'est seulement
à vos ancêtres que le SEIGNEUR s'est attaché
pour les aimer. Et maintenant, c'est vous, les
enfants de leurs enfants, qu'il a choisis parmi
tous les peuples. Vous le voyez bien aujour-
d'hui. 16 Soyez donc totalement *consacrés
au SEIGNEUR et ne vous révoltez plus contre
lui. 17 Oui, le SEIGNEUR votre Dieu est le plus
grand des dieux et le plus grand des seigneurs.
Il est le Dieu grand, puissant et terrible. Il ne
fait pas de différence entre les gens et il ne se
laisse pas acheter par des cadeaux. 18 Il prend
la défense des orphelins et des veuves. Il montre son amour pour les étrangers installés chez
vous en leur donnant de la nourriture et des
vêtements. 19 Vous aussi, aimez donc les étrangers, car vous avez été des étrangers en
Égypte.

20 Respectez le SEIGNEUR votre Dieu, servez-
le. Restez attachés à lui seul et faites des serments seulement en son nom. 21 Vous devez
chanter sa louange. Il est votre Dieu. C'est
lui qui a fait pour vous les choses grandes et
terribles que vous avez vues de vos yeux.
22 Vos ancêtres étaient seulement 70 quand
ils sont arrivés en Égypte. Et maintenant, le
SEIGNEUR votre Dieu vous a rendus aussi nombreux que les étoiles du ciel.

Ce que Dieu a fait pour le peuple

11 1 Moïse dit : Aimez le SEIGNEUR votre
Dieu, obéissez chaque jour à ce qu'il
vous dit, à ses lois, à ses règles et à ses
commandements. 2 Aujourd'hui, je ne parle
pas à vos enfants. Eux, ils n'ont pas vu ni
connu ce que le SEIGNEUR votre Dieu a fait.
Mais je vous parle à vous qui avez été *témoins de sa grandeur, de toute sa force et de
toute sa puissance. 3 Vous avez vu ses actions
étonnantes en Égypte, ce qu'il a fait contre le
Pharaon, roi d'Égypte, et contre tous les Égyptiens. 4 Il a agi aussi contre son armée, ses chevaux et ses chars. En effet, il a ramené sur eux
l'eau de la *mer des Roseaux, quand les Égyptiens vous poursuivaient. Il les a fait disparaître pour toujours. 5 Il a agi pour vous dans le
désert jusqu'à votre arrivée ici. 6 Il a agi contre
Datan et Abiram, les fils d'Éliab, de la tribu de
Ruben. Devant tous les Israélites, la terre s'est
ouverte et elle les a avalés avec leurs familles,
leurs tentes et tous ceux qui étaient d'accord
avec eux. 7 Oui, vous avez vu de vos yeux les
grandes actions du SEIGNEUR. 8 Vous obéirez
donc à tous les commandements que je vous
donne aujourd'hui. Alors vous aurez les forces

nécessaires pour entrer dans le pays que vous allez posséder, 9 et vous pourrez y vivre longtemps. Le SEIGNEUR a juré de donner ce pays à vos ancêtres, à leurs enfants et aux enfants de leurs enfants. C'est un pays qui *déborde de lait et de miel.

L'avenir du peuple dépend de son obéissance à Dieu

10 Moïse dit : Le pays que vous allez posséder n'est pas comme l'Égypte que vous avez quittée. Là-bas, vous semiez et vous deviez arroser les champs vous-mêmes comme on arrose un jardin. 11 Mais le pays que vous allez posséder est un pays de montagnes et de vallées arrosé par les pluies. 12 Le SEIGNEUR votre Dieu en prend soin et il garde les yeux fixés sur lui du début à la fin de l'année.

13 Si vous obéissez fidèlement aux commandements que je vous donne aujourd'hui de la part de Dieu, si vous aimez et servez le SEIGNEUR votre Dieu de tout votre cœur et de tout votre être, 14 le SEIGNEUR fera tomber la pluie sur vos terres au bon moment, en automne et au printemps[a]. Alors vous aurez de bonnes récoltes, du *blé, du vin et de l'huile. 15 Il fera aussi pousser l'herbe dans vos champs pour vos animaux, et vous, vous mangerez autant que vous voudrez.

16 Mais attention ! Ne vous laissez pas entraîner, ne vous détournez pas du bon chemin, pour servir d'autres dieux et pour vous mettre à genoux devant eux. 17 Si vous faites cela, le SEIGNEUR se mettra en *colère contre vous, il fermera le ciel et il n'y aura plus de pluie. La terre ne produira plus de récoltes, et vous disparaîtrez rapidement du bon pays que le SEIGNEUR vous donne. 18 Les commandements que je vous communique, mettez-les en vous, dans votre cœur. Pour ne pas les oublier, attachez-les sur votre bras et sur votre front. 19 Vous les enseignerez à vos enfants. Vous leur parlerez quand vous serez chez vous, quand vous marcherez sur la route, quand vous vous coucherez et quand vous vous lèverez. 20 Vous les écrirez sur les montants de la porte de vos maisons et sur les *portes de vos villes. 21 Alors vous et vos enfants, vous vivrez dans ce pays que le SEIGNEUR a juré de donner à vos ancêtres. Vous y vivrez aussi longtemps que le ciel sera au-dessus de la terre.

22 Oui, obéissez avec soin à tous les commandements que je vous communique. Aimez le SEIGNEUR votre Dieu, faites ce qu'il veut et restez fidèlement attachés à lui. 23 Si vous faites cela, il chassera devant vous les autres peuples, plus nombreux et plus puissants que vous, et vous prendrez leurs terres. 24 Tous les endroits où vous marcherez seront à vous. Votre territoire ira du désert, au sud, jusqu'aux montagnes du Liban, au nord. Il s'étendra du fleuve Euphrate[b], à l'est, jusqu'à la mer Méditerranée, à l'ouest. 25 Personne ne pourra tenir debout devant vous. Partout où vous irez dans le pays, le SEIGNEUR votre Dieu répandra la peur et la terreur de vous, comme il vous l'a promis.

26 Écoutez : aujourd'hui, je vous donne le choix entre la *bénédiction et la malédiction. 27 Aujourd'hui, je vous donne les commandements du SEIGNEUR votre Dieu. Si vous obéissez à ces commandements, la bénédiction sera sur vous. 28 Mais supposons ceci : vous n'obéissez pas à ces commandements. Vous abandonnez le chemin que je vous montre aujourd'hui. Et vous suivez d'autres dieux, que vous ne connaissez pas. Dans ce cas, la malédiction sera sur vous.

29 Quand le SEIGNEUR votre Dieu vous aura fait entrer dans le pays que allez posséder, vous direz une bénédiction du sommet du mont Garizim et une malédiction du sommet du mont Ébal[c]. 30 Ces montagnes sont au-delà

---

a **11.14** *Dans certaines régions du monde, il n'y a que deux saisons. Mais dans d'autres régions, il y en a quatre : le printemps, l'été, l'automne et l'hiver.*

b **11.24** *Voir Deutéronome 1.7 et la note.*

c **11.29** *Voir Deutéronome 27.4-7. Le mont Garizim et le mont Ébal dominaient la ville de Sichem au sud et au nord.*

Salutation

1 1 Moi, Paul, j'ai été appelé à être *apôtre du *Christ Jésus parce que Dieu l'a voulu. Avec Sostène notre frère, 2 j'écris à l'Église de Dieu qui est à Corinthe, à ceux qui appartiennent à Dieu par le Christ Jésus. Dieu les appelle à vivre pour lui, avec tous ceux qui, partout, font appel au nom de notre Seigneur Jésus-Christ, leur Seigneur et le nôtre.

3 Que Dieu notre Père et le Seigneur Jésus-Christ vous *bénissent et vous donnent la paix !

Dieu nous donne ses bienfaits par Jésus-Christ

4 Sans cesse, je remercie Dieu à votre sujet, à cause des bienfaits qu'il vous a donnés par le *Christ Jésus. 5 Oui, par le Christ, Dieu vous a donné toutes les richesses, toutes celles de la parole et toutes celles de la connaissance. 6 On vous a annoncé le Christ, et vous y croyez avec beaucoup de force. 7 Alors maintenant, aucun don de Dieu ne vous manque, à vous qui attendez que notre Seigneur Jésus-Christ paraisse. 8 C'est lui qui vous rendra forts jusqu'au bout. Ainsi personne ne pourra rien vous reprocher, le jour où le Seigneur Jésus-Christ viendra. 9 Il est fidèle, le Dieu qui vous a appelés à vivre unis avec son Fils, Jésus-Christ notre Seigneur.

L'Église de Corinthe est divisée

10 Frères et sœurs chrétiens, au nom de notre Seigneur Jésus-Christ, je vous le demande, soyez tous d'accord entre vous. Parmi vous, pas de divisions ! Soyez très unis, ayez un même esprit et une même pensée. 11 Oui, mes frères et mes sœurs, les gens de la famille de Chloé m'ont appris qu'il y a des disputes entre vous. 12 Voici ce que je veux dire : chacun de vous affirme des choses différentes. L'un dit : « Moi, j'appartiens à Paul. » L'autre dit : « Moi, à Apollos. » Un autre encore : « Moi, j'appartiens à Pierre. » Et un autre dit : « Moi, au *Christ. » 13 Est-ce que le Christ est divisé ? Est-ce que c'est Paul qui a été cloué sur une croix pour vous ? Est-ce que c'est au nom de Paul que vous avez été baptisés ?

14 Je remercie Dieu, parce que je n'ai baptisé aucun de vous, sauf Crispus et Gaïus. 15 Alors personne ne peut dire que vous avez été baptisés en mon nom. 16 Ah ! si, j'ai baptisé aussi la famille de Stéphanas. En tout cas, je ne crois pas avoir baptisé quelqu'un d'autre. 17 Le Christ ne m'a pas envoyé baptiser, mais il m'a envoyé annoncer la Bonne Nouvelle sans me servir des paroles de la sagesse humaine. Ainsi, la mort du Christ sur la croix ne perd pas son pouvoir.

Jésus-Christ, puissance et sagesse de Dieu

18 Oui, le message de la croix est une folie pour ceux qui perdent leur vie loin de Dieu. Mais pour ceux que Dieu sauve, c'est-à-dire pour nous, il est puissance de Dieu. 19 Dans les Livres Saints, on lit :

« Je détruirai la sagesse des sages
et je rejetterai l'intelligence
des gens intelligents. »[a]

20 Qu'est-ce que le sage peut dire encore ? Et l'homme instruit ? Et celui qui discute bien dans ce monde ? Qu'est-ce qu'ils peuvent dire encore ? Dieu a montré que la sagesse de ce monde est une folie.

21 En effet, le monde avec sa sagesse n'a pas reconnu Dieu en voyant la sagesse de Dieu. Alors Dieu a décidé de sauver ceux qui croient grâce au message que nous annonçons, et ce message semble fou. 22 Les Juifs demandent des signes étonnants, et ceux qui ne sont pas juifs cherchent la sagesse. 23 Mais nous, nous annonçons un *Messie cloué sur une croix. Les Juifs ne peuvent absolument pas accepter cela, et ceux qui ne sont pas juifs pensent que c'est une folie. 24 Mais pour ceux que Dieu appelle, Juifs et non-Juifs, le *Christ est la puissance de Dieu et la sagesse de Dieu. 25 Oui, la folie de Dieu est plus sage que la sagesse des hommes, et la faiblesse de Dieu est plus forte que la force des hommes.

---

a 1.19 *Ésaïe 29.14 cité d'après l'ancienne traduction grecque.*

26 Frères et sœurs, regardez qui vous êtes,
vous qui avez reçu l'appel de Dieu. Parmi
vous, il n'y a pas beaucoup de sages du point
de vue humain, pas beaucoup de gens puissants, pas beaucoup de gens importants.
27 Mais pour couvrir de honte les sages, Dieu
a choisi ce qui semble fou dans le monde.
Pour couvrir de honte ce qui est fort, Dieu a
choisi ce qui est faible dans le monde.
28 Pour détruire ce qui est important, Dieu a
choisi ce qui est petit dans le monde. Il a
choisi ce qu'on méprise, ce qui n'est rien du
tout. 29 Dieu a fait cela pour que personne
ne puisse se vanter devant lui. 30 C'est lui
qui vous a unis au Christ Jésus, et le Christ
est devenu pour nous la sagesse qui vient de
Dieu. Par lui, Dieu nous rend *justes, il nous
choisit pour lui et il nous libère du péché.
31 Alors, comme les Livres Saints le disent :
« Si quelqu'un veut se vanter, qu'il se vante
à cause du Seigneur. »[b]

Paul a annoncé le Christ cloué sur une croix

2 1 Moi-même, frères et sœurs chrétiens, je
suis venu chez vous pour vous annoncer
le projet caché de Dieu. Mais je ne l'ai pas fait
avec des paroles compliquées ni avec des
connaissances extraordinaires. 2 En effet, au
milieu de vous, je n'ai rien voulu savoir, sinon
Jésus-Christ, et Jésus-Christ cloué sur une
croix. 3 Moi-même, devant vous, j'ai été faible,
j'avais peur, je tremblais. 4 Ma parole et mon
enseignement n'avaient rien à voir avec les discours convaincants de la sagesse humaine.
Mais c'est la puissance de l'Esprit Saint qui apparaissait clairement dans ce que je disais.
5 Ainsi votre foi ne peut pas s'appuyer sur la sagesse humaine, mais sur la puissance de Dieu.

La sagesse de Dieu

6 Pourtant, c'est bien une sagesse que nous
enseignons aux chrétiens adultes dans la foi.
Mais cette sagesse n'est pas la sagesse de ce
monde. Ce n'est pas la sagesse des puissances
mauvaises de ce monde[c], qui seront détruites.
7 Nous, nous enseignons la sagesse mystérieuse de Dieu qui était restée cachée. Mais
avant que le monde existe, Dieu avait préparé
cette sagesse pour nous donner de la *gloire.
8 Aucune puissance mauvaise de ce monde
n'a connu cette sagesse. Si ces puissances
l'avaient connue, elles n'auraient pas fait
clouer sur une croix le Seigneur plein de
gloire. 9 En effet, les Livres Saints disent :

« Il y a des choses
que les yeux ne voient pas.
Les oreilles ne les entendent pas,
les êtres humains n'y ont jamais pensé.
Eh bien, ces choses-là,
Dieu les a préparées
en faveur de ceux qui ont de l'amour pour
lui. »[d]

10 Et c'est à nous que Dieu les a fait connaître
par l'Esprit Saint. En effet, l'Esprit Saint
connaît tout, même les secrets les plus profonds de Dieu. 11 Les secrets d'une personne
humaine, qui les connaît ? Personne, sauf
l'esprit humain qui est en elle. De même les
secrets de Dieu, qui les connaît ? Personne,
sauf l'Esprit de Dieu. 12 Nous, nous n'avons
pas reçu l'esprit du *monde, nous avons
reçu l'Esprit qui vient de Dieu. Alors nous
pouvons reconnaître les dons que Dieu nous
a faits. 13 Nous ne parlons pas de ces dons
avec les mots que la sagesse humaine enseigne, nous en parlons avec les mots que l'Esprit
de Dieu nous enseigne. Ainsi nous expliquons
les choses de l'Esprit de Dieu avec les mots
qui viennent de cet Esprit.

14 Celui qui pense seulement de manière
humaine n'accepte pas ce qui vient de l'Esprit
de Dieu. Pour lui, c'est une folie, et il ne peut
pas comprendre cela. Oui, c'est seulement
l'Esprit Saint qui permet de bien juger ces choses. 15 Et celui qui a l'Esprit Saint peut juger de

---

b 1.31 *Voir Jérémie 9.22-23.*

c 2.6 *Ici, Paul parle sans doute des mauvais gouvernants et des forces mauvaises invisibles qui les poussent à agir.*

d 2.9 *Voir Ésaïe 64.3.*

sa sœur, Olympas et tous les chrétiens qui
sont avec eux.
16 Saluez-vous les uns les autres en vous embrassant comme des frères et sœurs chrétiens.
Toutes les Églises du Christ vous envoient
leurs salutations.

Conseils de Paul

17 Frères et sœurs, voici ce que je vous demande : méfiez-vous des gens qui divisent la
communauté. Ils risquent de faire tomber
dans le péché les croyants en parlant contre
l'enseignement que vous avez reçu. N'allez
plus avec eux ! 18 En effet, ces gens-là ne servent pas le *Christ notre Seigneur, ils servent
leur ventre ! Avec leurs paroles mielleuses et
leurs beaux discours, ils trompent les gens
simples. 19 Oui, votre obéissance, tout le
monde la connaît. Alors, à cause de vous, je
suis dans la joie. Mais je veux que vous soyez
pleins de sagesse pour faire le bien et toujours attentifs à éviter le mal. 20 Le Dieu de
la paix va bientôt écraser *Satan sous vos
pieds.
Que notre Seigneur Jésus vous *bénisse !
21 Timothée, qui travaille avec moi, vous salue. Lucius, Jason et Sosipater qui sont de ma
famille vous saluent aussi.
22 C'est moi, Tertius, qui écris cette lettre[e].
Je vous salue dans le Seigneur qui nous unit.
23 Gaïus vous salue. J'habite chez lui, et
toute l'Église se réunit dans sa maison. Éraste,
le trésorier de la ville, vous salue ainsi que
Quartus, notre frère. [24]

À Dieu seul la gloire !

25 Rendons *gloire à Dieu ! Il a le pouvoir de
vous rendre forts par la Bonne Nouvelle que
j'apporte en annonçant Jésus-Christ. Par cette
Bonne Nouvelle, Dieu fait connaître le mystère caché depuis toujours 26 et qui, maintenant, a été mis en pleine lumière. Alors tous
les peuples qui ne sont pas juifs peuvent le
connaître par les livres des *prophètes. Le
Dieu qui existe depuis toujours a donné cet ordre, pour que tous les peuples croient en lui et
lui obéissent.
27 Rendons gloire à Dieu, le seul qui possède
la sagesse ! À lui la gloire par Jésus-Christ,
pour toujours ! *Amen !

e **16.22** *Tertius était le secrétaire de Paul.*

Première lettre aux Corinthiens

INTRODUCTION

Paul a fondé l'Église de Corinthe pendant son second voyage missionnaire. Corinthe est une des villes les plus importantes de la Grèce, riche à cause de ses deux ports. Il y a de nombreux esclaves et des gens pauvres. Beaucoup de personnes vivent n'importe comment.

À cette époque, les Corinthiens suivent toutes sortes d'idées et de religions. La plupart des membres de l'Église appartenaient à l'une de ces nombreuses religions avant de devenir chrétiens.

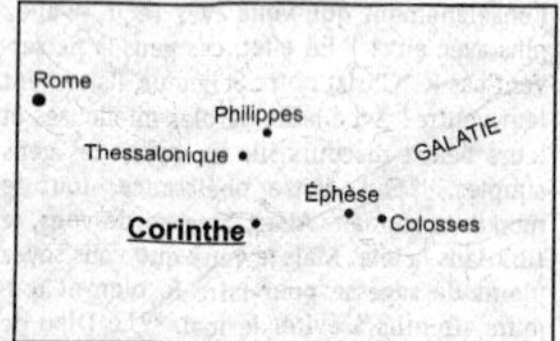

Paul reçoit des nouvelles de la communauté (voir 1.11 et 7.11). Les chrétiens de Corinthe sont troublés par beaucoup de questions qui concernent la société et les relations avec les autres religions. Paul y répond dans la première lettre aux Corinthiens.

- *Dans les chapitres 1 à 4, Paul parle des chrétiens de Corinthe et de ceux qui leur ont annoncé la Bonne Nouvelle. Il y a des disputes et l'Église de Corinthe est divisée. Chacun choisit le parti de celui qui l'a enseigné contre un autre (1.10-13 ; 4.6). Or, c'est le message annoncé qui est important : le Christ, ou envoyé de Dieu, a été cloué sur une croix.* ***Ce message dépasse la sagesse humaine*** *(1.18–2.15). Les envoyés de Jésus-Christ sont tous des serviteurs de Dieu qui travaillent ensemble (chapitre 3).*
- *De 5.1 à 11.16, Paul répond à des problèmes pratiques et dit* ***comment les chrétiens sont des gens libres*** *(voir chapitre 9). Porter le nom de chrétien et se conduire mal, cela ne peut pas être accepté dans la communauté (chapitres 5 et 6). Paul répond aussi aux questions des Corinthiens sur le mariage (chapitre 7), sur leur comportement face aux coutumes des autres religions (chapitres 8 à 10). Dans tous ces domaines, il invite les chrétiens à chercher l'intérêt des autres et à les respecter.*
- *De 11.17 à 14.40, Paul traite de la vie dans la communauté chrétienne. Il fait des remarques sur les causes des divisions. Il explique ce qui construit* ***l'unité de l'Église*** *locale. Chaque membre de la communauté a une valeur. En effet, les chrétiens sont comme un corps : chaque partie du corps est utile à l'ensemble. L'amour guide la vie de la communauté (chapitre 13).*
- *Le chapitre 15 rappelle que Dieu a réveillé Jésus de la mort, et qu'* ***un jour, les morts se relèveront*** *aussi. Si les chrétiens croient cela, leur vie et leur foi ont un sens.*
- *Comme les autres lettres, celle-ci se termine par des nouvelles et des salutations (chapitre 16).*

Les Corinthiens ne sont pas des chrétiens parfaits. Pourtant Paul remercie Dieu à leur sujet (1.4-9). Les difficultés et les erreurs existent dans la vie de toutes les Églises. Malgré cela, Dieu continue à donner ses bienfaits et à appeler les chrétiens à une vie plus fidèle.

pas en accord avec sa foi, et quand on n'est
pas en accord avec la foi, on commet un péché.

Suivre l'exemple du Christ

15 1 Nous qui sommes forts, nous devons
porter la faiblesse de ceux qui n'ont
pas cette force, nous ne devons pas chercher
ce qui nous plaît. 2 Chacun de nous doit chercher à plaire aux autres pour le bien, pour
construire la communauté. 3 Le *Christ, lui,
n'a pas cherché ce qui lui plaisait. Au
contraire, les Livres Saints disent : « Les insultes de ceux qui t'insultent sont tombées sur
moi. »[v] 4 En effet, tous les Livres Saints écrits
autrefois ont été écrits pour nous instruire.
Ils doivent nous donner patience et courage,
pour que nous possédions l'espérance. 5 La patience et le courage viennent de Dieu. Que
Dieu vous rende donc capables d'être bien
d'accord entre vous, en suivant l'exemple du
Christ Jésus ! 6 Alors, d'un même cœur et
d'une même bouche, vous pourrez rendre
*gloire à Dieu, le Père de notre Seigneur
Jésus-Christ. 7 Accueillez-vous les uns les autres, comme le Christ vous a accueillis pour
la gloire de Dieu. 8 Je vous le dis, Dieu est fidèle. C'est pourquoi le Christ est devenu le
serviteur des Juifs, pour accomplir les promesses faites par Dieu aux ancêtres. 9 Et les non-
Juifs rendent gloire à Dieu à cause de sa bonté.
En effet, les Livres Saints disent :

« Pour cela, je te fêterai
parmi tous les peuples
et je chanterai en l'honneur de ton nom. »[w]

10 Les Livres Saints disent encore :

« Peuples, réjouissez-vous
avec le peuple que Dieu a choisi. »[x]

11 « Pays du monde entier,
chantez la louange du Seigneur !
Tous les peuples,
chantez la grandeur de Dieu ! »[y]

12 Ésaïe dit aussi :

« Un homme de la famille de Jessé va venir.
Il se lèvera
pour gouverner les autres peuples,
et ces peuples mettront leur espoir en lui. »[z]

13 Que Dieu, qui donne l'espérance, vous
remplisse de paix et de joie à cause de votre
foi ! Alors vous serez pleins d'espérance par
la puissance de l'Esprit Saint.

Paul, serviteur du Christ

14 Frères et sœurs, personnellement j'en
suis sûr, vous êtes vous-mêmes pleins de
bonne volonté. Vous savez tout ce qu'il faut
connaître et vous êtes capables de vous donner des conseils les uns aux autres. 15 Pourtant, quelquefois dans cette lettre, je n'ai
pas hésité à vous rappeler ce que vous avez
déjà appris. Je l'ai fait parce que Dieu, dans
sa bonté, 16 a fait de moi le serviteur du
*Christ Jésus pour ceux qui ne sont pas juifs.
Il m'a mis à part pour annoncer sa Bonne
Nouvelle. Alors, ceux qui ne sont pas juifs
pourront devenir une offrande agréable à
Dieu, et c'est l'Esprit Saint qui rend cette offrande digne d'être pour Dieu. 17 C'est pourquoi, uni au Christ Jésus, je peux être fier
du travail que j'ai fait pour Dieu. 18 En effet,
si j'ose parler de quelque chose, c'est seulement de ce que le Christ a fait par moi. Par
moi, il a amené ceux qui ne sont pas juifs à
obéir à Dieu. Il a fait cela par des paroles et
par des actes, 19 par des signes puissants et
extraordinaires, avec la force de l'Esprit de
Dieu. Et depuis Jérusalem jusqu'à la région
d'Illyrie[a], j'ai annoncé pleinement la Bonne
Nouvelle du Christ. 20 Mais j'ai voulu annoncer la Bonne Nouvelle seulement dans les
régions qui ne connaissaient pas encore le
Christ. J'ai fait cela pour ne pas construire

---

v **15.3** *Psaume 69.10.*
w **15.9** *2 Samuel 22.50 ; Psaume 18.50.*
x **15.10** *Deutéronome 32.43.*
y **15.11** *Psaume 117.1.*
z **15.12** *Ésaïe 11.10.*
a **15.19** *L'Illyrie : province romaine située au nord de la Grèce.*

sur des fondations préparées par quelqu'un
d'autre. 21 J'ai suivi ce que les Livres Saints
disent :

« Ceux à qui on ne l'a pas annoncé
vont le voir,
ceux qui n'ont rien entendu à son sujet
vont comprendre. »[b]

Les voyages de Paul

22 Et c'est ce qui m'a toujours empêché d'aller chez vous. 23 Mais maintenant, j'ai terminé
mon travail dans ces régions. Comme j'ai très
envie d'aller chez vous depuis plusieurs années, 24 je le ferai quand j'irai en Espagne.
Oui, j'espère vous voir en allant là-bas, et je
compte sur votre aide pour y aller, en tout
cas, je resterai avec vous pendant quelque
temps. 25 Mais maintenant, je vais à Jérusalem, pour rendre service aux membres du
peuple de Dieu qui sont dans cette ville.
26 En effet, les chrétiens de Macédoine et
d'Akaïe[c] ont décidé de donner de l'argent
pour les chrétiens de Jérusalem qui sont pauvres. 27 Ils ont décidé de les aider, mais en réalité, c'est une dette qu'ils avaient envers eux.
Les chrétiens de Macédoine et d'Akaïe ne
sont pas d'origine juive, pourtant, ils ont
reçu les richesses spirituelles des Juifs de Jérusalem devenus chrétiens. Alors, à leur tour, ils
doivent partager leurs richesses matérielles
avec eux. 28 Quand j'aurai réglé cette affaire,
quand j'aurai remis l'argent à la communauté
de Jérusalem, j'irai en Espagne en passant
chez vous. 29 Et je le sais, quand j'irai chez
vous, je viendrai avec toute la *bénédiction
du *Christ.

30 Frères et sœurs, luttez avec moi quand
vous priez Dieu pour moi. Je vous le demande
par notre Seigneur Jésus-Christ et par l'amour
que l'Esprit Saint nous donne. 31 Priez pour
que je ne tombe pas entre les mains des
gens de Judée qui ne croient pas au Christ.
Priez pour que les chrétiens acceptent de
bon cœur l'aide que j'apporte à Jérusalem.
32 Alors je pourrai venir chez vous dans la
joie, et si Dieu le veut, je pourrai me reposer
un peu avec vous. 33 Que le Dieu de paix soit
avec vous tous ! *Amen !

Salutations

16 1 Je vous recommande Phébé, notre
sœur, qui travaille au service de l'Église
de Cencrées. 2 Recevez-la au nom du Seigneur, comme des chrétiens doivent le faire.
Aidez-la chaque fois qu'elle a besoin de
vous. Elle a aidé elle-même beaucoup de
gens et elle m'a aidé aussi.

3 Saluez Priscille et Aquilas, qui travaillent
avec moi au service du *Christ Jésus. 4 Ils
ont risqué leur vie pour sauver la mienne, et
je ne suis pas le seul qui doit leur dire merci.
Il y a aussi toutes les Églises qui ne sont pas
d'origine juive. 5 Saluez également la communauté qui se réunit dans leur maison. Saluez
mon ami Épaïnète. Il est le premier qui a
cru au Christ dans la province d'Asie[d]. 6 Saluez Marie : elle a beaucoup travaillé pour
vous. 7 Saluez Andronicus et Junias. Ils sont
de ma famille et ils étaient en prison avec
moi. Ce sont des *apôtres de grande valeur,
ils étaient même chrétiens avant moi.

8 Saluez Ampliatus, mon ami dans le Seigneur. 9 Saluez Urbain, qui travaille avec
nous au service du Christ, et Stakis mon
ami. 10 Saluez Apellès, qui s'est montré un
vrai chrétien. Saluez les gens de la maison
d'Aristobule. 11 Saluez Hérodion, qui est de
ma famille. Saluez les gens de la maison
de Narcisse qui croient au Seigneur. 12 Saluez Tryphène et Tryphose. Elles travaillent
beaucoup pour le Seigneur. Saluez mon
amie Perside. Elle aussi a beaucoup travaillé
pour le Seigneur. 13 Saluez Rufus, que le Seigneur a choisi, et saluez sa mère, qui est
aussi une mère pour moi. 14 Saluez Asyn-
crite, Phlégon, Hermès, Patrobas, Hermas
ainsi que les frères et sœurs qui sont avec
eux. 15 Saluez Philologue et Julius, Néré et

---

b **15.21** *Ésaïe 52.15 cité d'après l'ancienne traduction grecque.*

c **15.26** *L'Akaïe : nom ancien de la partie sud de la Grèce.*

d **16.5** *La province romaine d'Asie correspondait à une partie de la Turquie actuelle.*

tout, mais lui, personne ne peut le juger. 16 Les Livres Saints disent :

« Qui connaît la pensée du Seigneur ?
Qui peut lui donner des conseils ? »[e]

Eh bien, nous, nous avons la pensée du *Christ.

Les chrétiens appartiennent au Christ

3 1 Pour moi, frères et sœurs chrétiens, je n'ai pas pu vous parler comme à des personnes qui ont l'Esprit Saint. Je vous ai parlé seulement comme à des personnes faibles, à des chrétiens qui sont encore des bébés dans la foi. 2 Je vous ai donné du lait à boire, et non une nourriture solide, parce que vous ne pouviez pas la supporter. Même maintenant, vous ne pouvez toujours pas la supporter, 3 parce que vous êtes encore faibles. En effet, parmi vous, il y a de la jalousie et des disputes. Alors, est-ce que vous n'êtes pas des gens faibles ? Est-ce que votre façon de vivre n'est pas encore bien humaine ? 4 Quand l'un de vous dit : « Moi, j'appartiens à Paul », quand un autre dit : « Moi, j'appartiens à Apollos », est-ce que ces paroles ne sont pas encore bien humaines ?

5 Apollos, c'est qui ? Et Paul, c'est qui ? Nous sommes seulement des serviteurs de Dieu. C'est par nous que vous êtes devenus croyants, et chacun de nous a travaillé selon les dons que Dieu lui a faits. 6 Moi, j'ai planté, Apollos a arrosé, mais c'est Dieu qui a fait pousser. 7 Celui qui plante n'est rien, celui qui arrose n'est rien. Mais celui qui fait pousser est tout, et c'est Dieu. 8 Entre celui qui plante et celui qui arrose, il n'y a pas de différence. Mais Dieu donne à chacun sa récompense, selon son travail. 9 Car nous travaillons ensemble au service de Dieu, et vous êtes le champ de Dieu.

Vous êtes aussi la maison de Dieu. 10 Selon le don que Dieu m'a fait, j'ai placé les fondations comme un bon constructeur. Un autre construit dessus. Mais chacun doit faire attention à la façon de construire dessus. 11 Les fondations sont déjà là : c'est Jésus-Christ. Personne ne peut en placer d'autres. 12 On peut construire sur ces fondations avec de l'or, de l'argent, des pierres précieuses, du bois, du foin ou de la paille. 13 Peu importe ! Le travail de chacun sera visible, et on le connaîtra le jour du jugement. Ce jour-là, il y aura un grand feu, et ce feu montrera la qualité du travail de chacun. 14 Si quelqu'un a construit une maison qui résiste au feu, celui-là recevra une récompense. 15 Au contraire, si son travail est brûlé, il perdra tout. Lui, il sera sauvé, mais comme quelqu'un qui traverse le feu pour s'échapper.

16 Vous êtes le temple de Dieu, et l'Esprit de Dieu habite en vous. Vous ne savez donc pas cela ? 17 Si quelqu'un détruit le temple de Dieu, celui-là, Dieu le détruira. Oui, le temple de Dieu est *saint, et ce temple, c'est vous.

18 Personne ne doit se tromper sur soi-même. Si quelqu'un parmi vous se prend pour un sage, à la manière des gens de ce monde, qu'il devienne fou pour être vraiment sage ! 19 En effet, la sagesse des gens de ce monde est une folie pour Dieu. C'est pourquoi les Livres Saints disent : « Dieu attrape les sages au piège de leurs mensonges. »[f] 20 Ils disent aussi : « Le Seigneur connaît les pensées des sages, il sait qu'elles ne valent rien. »[g] 21 Alors, personne ne doit se vanter à cause d'un être humain, car tout vous appartient : 22 Paul, Apollos ou Pierre, le monde, la vie, la mort, le présent, l'avenir. Tout vous appartient, 23 mais vous, vous appartenez au *Christ, et le Christ appartient à Dieu.

Les apôtres du Christ sont à la dernière place

4 1 On doit nous considérer comme les serviteurs du *Christ et les responsables chargés de faire connaître les mystères de Dieu. 2 Finalement, ce qu'on demande à des

---

e **2.16** *Ésaïe 40.13 cité d'après l'ancienne traduction grecque.*

f **3.19** *Voir Job 5.13.*

g **3.20** *Psaume 94.11 cité d'après l'ancienne traduction grecque.*

responsables, c'est d'être fidèles. 3 Moi, cela
m'est égal : vous pouvez me juger, un tribunal
humain peut me juger, mais je ne me juge pas
moi-même. 4 Je pense que je n'ai rien à me reprocher, mais cela ne veut pas dire que je suis
innocent. Mon juge, c'est le Seigneur. 5 Ne jugez donc pas avant le moment où le Seigneur
viendra. C'est lui qui éclairera ce qui est caché dans la nuit, il mettra les pensées des
cœurs en pleine lumière. Alors, chacun recevra de Dieu les félicitations qu'il mérite.

6 Frères et sœurs chrétiens, à propos de ce
que j'ai dit, j'ai pris Apollos et moi-même
comme exemples à cause de vous. J'ai voulu
vous apprendre le sens de ce proverbe :
« Rien au-delà de ce qui est écrit. » Alors personne ne se vantera en choisissant le parti
d'un homme contre un autre. 7 En effet, qui
te rend supérieur aux autres ? Tout ce que
tu as, c'est Dieu qui te l'a donné, n'est-ce
pas ? Et si tu l'as reçu, pourquoi te vanter,
comme si tu ne l'avais pas reçu ?

8 Vous avez déjà tout ce que vous voulez !
Vous êtes déjà riches ! Vous êtes devenus
rois, mais nous, nous ne le sommes pas ! Si
vous l'étiez vraiment, nous pourrions, nous
aussi, être rois avec vous ! 9 Mais à mon avis,
Dieu nous a mis, nous les *apôtres, à la dernière place, comme des condamnés à mort.
Oui, nous sommes devenus comme un spectacle pour le monde entier, pour les *anges et
pour les hommes. 10 Nous sommes fous à
cause du Christ, mais vous, vous êtes des
chrétiens sages. Nous sommes faibles, mais
vous, vous êtes forts. On vous respecte beaucoup, mais nous, on nous méprise. 11 Jusqu'à
maintenant encore, nous avons faim, nous
avons soif, nous n'avons pas de vêtements.
On nous fait du mal, et nous ne pouvons jamais rester au même endroit. 12 Nous nous fatiguons à travailler de nos mains[h]. On nous
insulte, mais nous souhaitons du bien. On
nous fait souffrir, mais nous le supportons.
13 On dit du mal de nous, mais nous encourageons les autres. Jusqu'à maintenant, pour les
gens, nous sommes comme les ordures du
monde, comme des choses sales que tous rejettent.

Paul parle à ses enfants très aimés

14 Je ne vous écris pas cela pour vous faire
honte. Mais vous êtes mes enfants très aimés,
alors je veux vous avertir. 15 En effet, même si
10 000 personnes vous apprennent à vivre
avec le *Christ, vous n'avez pas plusieurs pères. C'est moi qui vous ai donné la vie, celle
du Christ Jésus, en vous annonçant la Bonne
Nouvelle. 16 Donc, je vous le demande avec
force : suivez mon exemple. 17 Et pour cela,
je vous envoie Timothée, mon fils très aimé
et fidèle dans le Seigneur. Il vous rappellera
les règles qui me guident dans ma vie avec
le Christ. C'est cela que j'enseigne partout,
dans toutes les Églises.

18 Certains ont pensé que je n'allais pas revenir chez vous, et ils se sont vantés de cela.
19 Mais si le Seigneur le veut, j'irai bientôt
chez vous, et je m'intéresserai non pas aux paroles de ces orgueilleux, mais à ce qu'ils sont
capables de faire. 20 Car le *Royaume de Dieu,
ce n'est pas une affaire de paroles mais de
puissance[i]. 21 Qu'est-ce que vous voulez ?
Que je vienne chez vous avec un fouet, ou
bien avec un cœur plein d'amour et de douceur ?

À Corinthe, des chrétiens se conduisent mal

5 1 On entend dire partout que, chez vous,
certains ont une vie immorale. Et leur façon de vivre est si mauvaise qu'on ne la
trouve même pas chez ceux qui ne connaissent pas Dieu ! Il paraît que l'un de vous a
pris la femme de son père[j] ! 2 Et vous vous

---

h **4.12** *Voir Actes 18.3.*

i **4.20** *Cette « puissance » est celle de l'Esprit Saint, qui change la vie des chrétiens et les fait agir comme Dieu veut.*

j **5.1** *Cette femme n'est pas sa mère. Son père a dû se remarier. Voir Lévitique 18.8 ; Deutéronome 23.1.*

gonflez d'orgueil ! Vous devriez plutôt être pleins de tristesse ! Vous devriez chasser de votre communauté l'homme qui vit de cette façon. 3 Moi, je suis loin de vous, mais je suis près de vous en esprit. Eh bien, j'ai déjà jugé l'homme qui a fait cela, comme si j'étais parmi vous. 4 Réunissez-vous au nom du Seigneur Jésus, je serai avec vous en esprit. Et, avec la puissance de notre Seigneur Jésus, 5 livrez cet homme à *Satan[k] ! Son corps sera détruit, mais par là, lui-même pourra être sauvé le jour où le Seigneur viendra.

6 Vous avez bien tort d'être pleins d'orgueil ! Un peu de *levain fait lever toute la pâte, vous ne savez donc pas cela ? 7 Enlevez le vieux levain du péché pour devenir *purs. Alors, vous serez comme une pâte nouvelle et sans levain, ce que vous êtes déjà. En effet, le *Christ a été offert en *sacrifice, comme notre agneau de Pâque[l]. 8 Fêtons donc la Pâque avec du pain sans levain, avec un cœur pur et sincère[m]. Ne mangeons pas le pain fait avec du vieux levain, le levain des mauvaises actions et du mal.

9 Dans une autre lettre, je vous ai écrit : « N'ayez pas de contact avec les gens qui ont une vie immorale. » 10 Je ne voulais pas parler de tous ceux qui, dans ce monde, ont une vie immorale. Je ne parlais pas non plus de tous les voleurs, de tous les avares, ou de tous ceux qui adorent les faux dieux. Dans ce cas, vous devriez sortir du monde ! 11 Non, je vous ai écrit : « N'ayez pas de contact avec celui qui porte le nom de chrétien et qui a une vie immorale. » Je parlais du chrétien qui est voleur, ou qui adore les faux dieux, ou qui insulte les autres. Je parlais de celui qui boit trop ou qui aime l'argent. Ne mangez même pas avec cet homme-là !

12-13 Est-ce que c'est à moi de juger ceux qui ne sont pas chrétiens ? Ceux-là, c'est Dieu qui les jugera. Vous, vous devez juger ceux de votre communauté. Les Livres Saints le disent : « Chassez l'homme mauvais du milieu de vous. »[n]

Les procès entre chrétiens

6 1 Quand vous avez une querelle entre vous, vous faites juger l'affaire par des juges qui ne connaissent pas Dieu, et non par des gens qui appartiennent à Dieu. Comment osez-vous faire cela ? 2 Ceux qui appartiennent à Dieu jugeront le monde, vous ne savez donc pas cela ? Et si c'est vous qui devez juger le monde, est-ce que vous n'êtes pas capables de juger les affaires peu importantes ? 3 C'est nous qui jugerons les *anges, vous ne savez donc pas cela ? Alors, nous pouvons bien juger les affaires de cette vie ! 4 Pourtant, quand vous avez des procès pour des affaires de ce genre, vous prenez comme juges des gens que l'Église compte pour rien ! 5 Je le dis, et c'est une honte pour vous. Il n'y a donc parmi vous aucune personne sage, capable de servir d'arbitre entre un chrétien et un autre ? 6 Mais un chrétien est en procès contre un autre, et cela devant des juges qui ne croient pas au *Christ !

7 En tout cas, pour vous, c'est déjà un échec d'avoir des procès entre vous ! Pourquoi est-ce que vous ne préférez pas supporter l'injustice ? Pourquoi est-ce que vous ne laissez pas plutôt les autres voler ce qui est à vous ? 8 Au contraire, c'est vous qui êtes injustes, c'est vous qui volez les autres ! Et ces autres sont vos frères et sœurs chrétiens ! 9 Ceux qui font le mal n'auront pas de place dans le *Royaume de Dieu. Vous ne savez donc pas cela ? Attention, comprenez bien ceci : ceux qui ont une vie immorale, ceux qui adorent les faux dieux, ceux qui sont *adultères, les hommes qui couchent avec des jeunes gens, 10 les voleurs, les avares, ceux qui boivent trop, ceux qui insultent les autres, les bandits, ces gens-là n'auront

k **5.5** *Paul veut dire sans doute : renvoyez cet homme de votre communauté.*

l **5.7** *Voir Exode 13.7 ; 12.21.*

m **5.8** *Voir Exode 12.15-20 ; Deutéronome 16.3.*

n **5.12-13** *Deutéronome 17.7 cité d'après l'ancienne traduction grecque.*

pas de place dans le Royaume de Dieu !
[11] Voilà ce que certains parmi vous étaient
autrefois. Mais notre Dieu vous a lavés du
péché, il vous a choisis pour lui, il vous
a rendus *justes au nom du Seigneur Jésus-
Christ et par l'Esprit Saint.

Le corps est le temple de l'Esprit Saint

[12] Certains disent : « Tout m'est permis. »
Oui, mais tout n'est pas bon pour vous.
« Tout m'est permis », c'est vrai, mais je ne
veux pas être esclave de quelque chose.
[13] Vous dites aussi : « La nourriture est pour
le ventre, et le ventre est pour la nourriture. »
Oui, mais Dieu détruira la nourriture et le
ventre. D'autre part, on ne peut pas faire
n'importe quoi avec son corps. Le corps est
pour le Seigneur, et le Seigneur est pour le
corps. [14] Dieu a réveillé de la mort le Seigneur,
et nous aussi, il nous réveillera de la mort par
sa puissance.

[15] Vos corps font partie du corps du
*Christ, vous ne savez donc pas cela ? Eh
bien, est-ce que je vais prendre une partie
du corps du Christ pour en faire une partie
du corps d'une *prostituée ? Sûrement pas !
[16] Celui qui s'unit à une prostituée devient
avec elle un seul corps, vous ne savez donc
pas cela ? En effet, les Livres Saints disent :
« Les deux deviendront comme une seule
personne. »[o] [17] Mais celui qui s'unit au Seigneur, dans son cœur, devient comme une
seule personne avec lui.

[18] Évitez à tout prix de faire n'importe quoi
avec votre corps. Tous les autres péchés que
les gens peuvent commettre sont à l'extérieur
du corps. Mais si quelqu'un fait n'importe
quoi avec son corps, il fait quelque chose de
mal contre son corps. [19] Vous le savez : votre
corps est le temple de l'Esprit Saint. Cet Esprit
est en vous, et Dieu vous l'a donné. Vous ne
vous appartenez pas à vous-mêmes. [20] Dieu
vous a achetés très cher pour vous rendre libres. Alors rendez *gloire à Dieu par votre
corps !

Paul répond à des questions sur le mariage

7 [1] Maintenant, je réponds à ce que vous
m'avez écrit. Pour un homme, c'est une
bonne chose de ne pas avoir de femme.
[2] Pourtant, pour éviter une vie immorale,
chaque homme doit avoir sa femme, chaque
femme doit avoir son mari. [3] L'homme doit
faire son devoir de mari envers sa femme, et
la femme doit faire son devoir de femme envers son mari. [4] La femme ne peut pas faire
ce qu'elle veut de son corps : son corps est à
son mari. Le mari ne peut pas faire ce qu'il
veut de son corps : son corps est à sa femme.
[5] Ne refusez pas de vous unir l'un à l'autre.
Mais il y a une exception : si vous voulez
mieux prier, mettez-vous d'accord tous les
deux pour agir ainsi pendant peu de temps.
Ensuite, retournez ensemble, sinon, vous risquez de ne plus être maîtres de votre corps, et
*Satan peut en profiter pour vous tenter.

[6] Ce que je dis là, ce n'est pas un ordre, mais
une possibilité que je vous accorde. [7] J'aimerais mieux que tout le monde soit comme
moi, mais chacun reçoit de Dieu un don particulier : l'un celui-ci, l'autre celui-là.

[8] Pourtant, à ceux qui ne sont pas mariés et
aux veuves, je dis : si vous restez comme moi,
c'est une bonne chose pour vous. [9] Mais si
vous ne pouvez pas être maîtres de votre
corps, mariez-vous ! Il vaut mieux se marier
que brûler de désir.

[10-11] À ceux qui sont mariés, voici ce que je
commande, ou plutôt, ce n'est pas moi, c'est
le Seigneur : le mari ne doit pas renvoyer sa
femme, et la femme ne doit pas quitter son
mari. Si elle est séparée de son mari, qu'elle
reste seule, ou alors qu'elle fasse la paix
avec lui.

[12] Aux autres[p], voici ce que je dis, et cette
fois, c'est moi qui le dis, et non le Seigneur :
si un chrétien a une femme qui n'est pas chrétienne, et si cette femme veut continuer à vivre avec lui, il ne doit pas la renvoyer. [13] Si une
chrétienne a un mari qui n'est pas chrétien, et

---

o **6.16** *Genèse 2.24.*

p **7.12** *Les « autres », ce sont les hommes ou les femmes mariés avec quelqu'un qui n'est pas chrétien.*

si celui-ci veut continuer à vivre avec elle, elle ne doit pas renvoyer son mari. 14 En effet, le mari qui n'est pas chrétien est proche de Dieu, parce qu'il est uni à sa femme. La femme qui n'est pas chrétienne est proche de Dieu, parce qu'elle est unie à son mari. Sinon, vos enfants seraient comme des enfants séparés de Dieu, mais en réalité, ils sont proches de Dieu. 15 Pourtant, si celui qui n'est pas chrétien veut partir, il peut le faire. Dans ce cas, celui qui est chrétien, le mari ou la femme, n'est plus lié à l'autre, car Dieu vous appelle à vivre dans la paix. 16 Toi qui es chrétienne, est-ce que tu es sûre de sauver ton mari ? Et toi qui es chrétien, est-ce que tu es sûr de sauver ta femme ?

L'appel de Dieu ne change pas la situation de chacun

17 Quand Dieu vous a appelés, vous viviez dans la situation que le Seigneur vous avait donnée. Donc, à part ce que je viens de dire, chacun doit continuer à vivre dans cette situation. Voilà la règle que je donne dans toutes les Églises. 18 Quand Dieu t'a appelé, est-ce que tu étais *circoncis ? Eh bien, reste circoncis ! Tu n'étais pas circoncis ? Alors ne te fais pas circoncire ! 19 Être circoncis, cela ne signifie rien. Ne pas être circoncis, cela ne signifie rien non plus. Ce qui est important, c'est de faire ce que Dieu commande. 20 Chacun doit rester dans la situation où il était, quand Dieu l'a appelé. 21 Quand Dieu t'a appelé, est-ce que tu étais esclave ? Ne sois pas inquiet pour cela ! Mais si tu peux devenir un homme libre, profites-en ! 22 En effet, l'esclave que le Seigneur a appelé est devenu libre : il appartient au Seigneur. L'homme libre que le Seigneur a appelé est devenu l'esclave du *Christ. 23 Dieu vous a achetés très cher pour vous rendre libres. Ne devenez donc pas esclaves des hommes. 24 Frères et sœurs chrétiens, chacun doit rester devant Dieu dans la situation où il était, quand Dieu l'a appelé.

Le cas de ceux qui ne sont pas mariés

25 Pour ceux qui ne sont pas mariés, je n'ai pas d'ordre du Seigneur. Mais je donne mon avis : c'est l'avis d'un homme digne de confiance, parce que le Seigneur a été bon pour lui.

26 Voici ce que je pense : à cause des difficultés actuelles, c'est une bonne chose de ne pas être marié. Oui, il est bon pour chacun de rester comme il est. 27 Est-ce que tu as une femme ? Ne cherche pas à la quitter. Tu n'as pas de femme ? Ne cherche pas à te marier. 28 Pourtant, si tu te maries, tu ne commets pas de péché. Et si une jeune fille se marie, elle ne commet pas de péché. Mais les gens mariés auront beaucoup à souffrir dans leur vie de tous les jours, et moi, je voudrais vous éviter cela.

29 Frères et sœurs chrétiens, je vous le dis, il reste peu de temps. Dès maintenant, ceux qui ont une femme doivent vivre comme s'ils n'en avaient pas. 30 Ceux qui pleurent doivent vivre comme s'ils ne pleuraient pas. Ceux qui sont dans la joie doivent vivre comme s'ils n'étaient pas dans la joie. Ceux qui achètent doivent vivre comme si les choses achetées n'étaient pas à eux. 31 Ceux qui profitent de ce monde doivent vivre comme s'ils n'en profitaient pas. En effet, le monde d'aujourd'hui ne va pas durer toujours.

32 Je voudrais que vous n'ayez pas de soucis. Celui qui n'est pas marié s'occupe des affaires du Seigneur, il cherche à plaire au Seigneur. 33 Mais celui qui est marié s'occupe des affaires du monde, il cherche à plaire à sa femme, 34 et ainsi, il est partagé. La femme qui n'est pas mariée ou la jeune fille s'occupent des affaires du Seigneur. Elles cherchent à lui appartenir totalement en lui donnant toute leur personne. Mais la femme mariée s'occupe des affaires du monde, elle cherche à plaire à son mari.

35 Je vous dis cela dans votre intérêt, et non pour vous tendre un piège. Je souhaite que vous choisissiez ce qui est le mieux, en vous attachant au Seigneur et à lui seul.

Le cas des fiancés qui décident de ne pas se marier

36 Un jeune homme désire fortement sa fiancée. Il pense qu'il risque de mal agir avec elle, et qu'ils doivent se marier. Alors il

doit faire comme il veut. Tous deux n'ont qu'à
se marier, ce jeune homme ne commet pas de
péché. 37 Mais il peut décider fermement dans
son cœur de ne pas se marier et de ne pas coucher avec sa fiancée. S'il décide vraiment cela
dans son cœur, sans être forcé et en restant
maître de ses désirs, il fait bien de ne pas se
marier. 38 Ainsi celui qui se marie avec sa fiancée agit bien, mais celui qui ne se marie pas
avec elle fait encore mieux.

Le cas des veuves

39 La femme reste liée à son mari pendant
tout le temps qu'il vit. Si son mari meurt,
elle est libre de se marier avec l'homme
qu'elle veut, mais à une condition : cet
homme doit être chrétien. 40 Pourtant, à
mon avis, elle sera plus heureuse si elle reste
comme elle est. Et moi aussi, je crois avoir
l'Esprit de Dieu !

La viande des sacrifices offerts aux faux dieux

8 1 La question des animaux offerts en *sacrifice aux faux dieux, c'est sûr, « nous
la connaissons tous », comme vous dites.
Mais cette connaissance gonfle d'orgueil. Au
contraire, l'amour construit la communauté !
2 Si quelqu'un croit connaître quelque chose,
il ne sait pas encore comment il faut connaître. 3 Mais si quelqu'un aime Dieu, Dieu le
connaît.

4 Donc, est-ce qu'on peut manger la viande
des animaux offerts aux faux dieux ? Les faux
dieux n'existent pas dans le monde, nous le
savons bien, et il n'y a qu'un seul Dieu.
5 Bien sûr, certains disent qu'il y a des dieux
au *ciel et sur la terre. Et c'est vrai, pour
eux il y a plusieurs dieux et plusieurs seigneurs. 6 En tout cas, pour nous, il n'y a qu'un
seul Dieu : c'est le Père. Tout vient de lui, et
c'est pour lui que nous vivons. Et il n'y a
qu'un seul Seigneur : c'est Jésus-Christ. Tout
existe par lui, et c'est par lui que nous vivons.

7 Mais tous ne savent pas cela ! Jusqu'à présent, certains avaient l'habitude de prier les
faux dieux. Maintenant encore, ils mangent
la viande des sacrifices, comme si elle était
vraiment offerte aux faux dieux. Leur *conscience est fragile, et ils se sentent salis par
cette nourriture. 8 Pourtant, ce n'est pas la
nourriture qui nous rapproche de Dieu. Si
nous n'en mangeons pas, nous ne perdons
rien, si nous en mangeons, nous ne gagnons
rien non plus.

9 Vous êtes libres de faire ce que vous voulez. Mais attention, cette liberté ne doit pas
faire tomber les chrétiens fragiles dans le péché ! 10 En effet, toi qui connais la vérité, si
on te voit en train de manger dans un temple
de faux dieux, qu'est-ce qui va se passer ? Tu
vas peut-être entraîner quelqu'un qui a une
conscience fragile à manger, lui aussi, la
viande des animaux offerts aux faux dieux.
11 Et, à cause de ta connaissance, ce chrétien
fragile va tomber, lui pour qui le *Christ est
mort ! 12 Quand vous péchez de cette façon
contre vos frères et vos sœurs, et quand
vous blessez leur conscience fragile, c'est
contre le Christ que vous péchez. 13 C'est
pourquoi, si la nourriture doit faire tomber
mes frères et mes sœurs chrétiens dans le péché, je ne mangerai plus jamais de viande,
pour ne pas les faire tomber.

Comment Paul annonce la Bonne Nouvelle

9 1 Moi aussi, je suis libre de faire ce que je
veux. Est-ce que je ne suis pas *apôtre ?
Est-ce que je n'ai pas vu Jésus notre Seigneur ?
Est-ce que vous n'êtes pas le résultat de mon
travail au service du Seigneur ? 2 Si, pour certains, je ne suis pas un apôtre, pour vous, du
moins, je le suis. Oui, vous êtes la preuve
que j'ai bien fait mon travail d'apôtre au service du Seigneur.

3 Voici ma réponse à ceux qui m'accusent :
4 est-ce que nous n'avons pas le droit de recevoir de la nourriture et de la boisson pour notre travail ? 5 Est-ce que nous n'avons pas le
droit d'emmener avec nous une femme chrétienne ? Les autres apôtres, les frères du Seigneur et Pierre font cela[q] ! 6 Ou bien est-ce
que Barnabas et moi, nous sommes les seuls

q **9.5** *Paul parle ici des femmes des apôtres mariés.*

qui devons gagner notre vie ? 7 Quand quelqu'un est dans l'armée, il ne paie pas pour faire son service militaire. Quand quelqu'un cultive un arbre, il mange ses fruits. Ou bien, quand quelqu'un garde un troupeau, il boit le lait des bêtes.

8 Est-ce que ces façons de faire sont seulement des coutumes humaines ? Est-ce que la *loi ne dit pas la même chose ? 9 En effet, dans la loi de Moïse, on lit : « Quand le bœuf travaille pendant la récolte, ne l'empêche pas de manger des épis. »[r] Est-ce que Dieu s'occupe des bœufs ? 10 Ou bien est-ce qu'il parle surtout pour nous ? Oui, c'est pour nous que ces paroles sont écrites. Celui qui laboure doit labourer, en espérant récolter quelque chose. Celui qui travaille pendant la récolte doit espérer recevoir des épis. 11 Nous avons semé en vous les bienfaits de l'Esprit Saint. Alors, si nous récoltons une partie de vos richesses matérielles, est-ce que c'est extraordinaire ? 12 Si certains ont le droit de faire cela chez vous, nous l'avons beaucoup plus qu'eux !

Mais nous n'avons pas profité de ce droit. Au contraire, nous supportons tout pour ne pas gêner la Bonne Nouvelle du *Christ. 13 Ceux qui font le service du temple, c'est le temple qui les nourrit. Ceux qui offrent des *sacrifices sur *l'autel reçoivent leur part de ces sacrifices. Vous ne savez donc pas cela ? 14 De la même façon, ceux qui annoncent la Bonne Nouvelle doivent vivre de cette Bonne Nouvelle, c'est le Seigneur qui l'a commandé[s].

15 Mais moi, je n'ai profité de rien de tout cela, et je n'écris pas ici pour réclamer ces droits. Plutôt mourir ! Non, personne ne m'enlèvera cette raison d'être fier. 16 Pour moi, annoncer la Bonne Nouvelle, ce n'est pas une raison d'être fier, car je ne peux pas faire autrement. Quel malheur pour moi si je n'annonce pas la Bonne Nouvelle ! 17 Si c'était moi qui avais choisi ce travail, oui, j'aurais droit à un salaire. Mais comme je ne peux pas faire autrement, je fais simplement ce que je dois. 18 Alors, quel est mon salaire ? C'est d'offrir la Bonne Nouvelle gratuitement. Je l'annonce sans profiter des droits qu'elle me donne.

19 Personne parmi vous ne peut me forcer à faire quelque chose. Pourtant, j'ai voulu devenir le serviteur de tous, pour gagner le plus de gens possible. 20 Avec les Juifs, je vis comme un Juif, pour gagner les Juifs. Avec ceux qui obéissent à la loi de Moïse, j'obéis à la loi, pour gagner ceux qui lui obéissent. Pourtant, je ne suis pas obligé d'obéir à cette loi. 21 Avec ceux qui ne connaissent pas la loi de Moïse, je vis comme si je n'avais pas cette loi, pour gagner ceux qui ne la connaissent pas. Pourtant, j'ai la loi de Dieu, puisque j'obéis à la loi du Christ. 22 Avec les chrétiens fragiles, je vis comme si j'étais fragile, pour gagner ceux qui sont fragiles. Je me donne entièrement à tous, pour en sauver sûrement quelques-uns. 23 Et tout cela, je le fais à cause de la Bonne Nouvelle, pour participer à ses richesses.

L'entraînement des coureurs

24 Au stade, tous les coureurs font la course, mais un seul gagne le prix. Vous ne savez donc pas cela ? Alors courez pour gagner le prix ! 25 Tous les sportifs s'entraînent, en se privant de beaucoup de choses. Eux, ils le font pour gagner une récompense qui ne dure pas, nous, c'est pour une récompense qui dure. 26 C'est pourquoi, moi, je cours, mais pas au hasard. Je suis comme un boxeur, mais je ne donne pas de coups dans le vide. 27 Je traite mon corps durement, j'en suis totalement maître. Sinon, moi qui ai annoncé le message aux autres, je risque ensuite d'être éliminé.

L'exemple du peuple d'Israël au désert

10 1 Frères et sœurs chrétiens, je veux vous rappeler ce qui est arrivé à nos ancêtres. Ils ont tous été protégés par le nuage, ils ont tous traversé la mer Rouge[t].

---

r **9.9** *Deutéronome 25.4.*

s **9.14** *Voir Matthieu 10.10 ; Luc 10.7.*

t **10.1** *Voir Exode 13.21-22 ; 14.22-29.*

2 Ils ont tous été baptisés dans le nuage et
dans la mer, en étant unis à Moïse. 3 Ils ont
tous mangé la même nourriture spirituelle
4 et ils ont bu la même boisson spirituelle.
En effet, ils ont bu à un rocher spirituel qui
les suivait[u], et ce rocher, c'était le *Christ.
5 Pourtant, parmi eux, presque personne n'a
plu à Dieu, c'est pourquoi ils sont morts
dans le désert[v].

6 Ces choses-là sont arrivées pour nous servir d'exemples. Alors nous n'aurons pas envie de faire le mal comme nos ancêtres[w].
7 N'adorez pas les faux dieux, comme certains parmi eux l'ont fait. Les Livres Saints
racontent cela : « Le peuple s'est assis pour
manger et pour boire. Ensuite, les gens se
sont mis debout pour s'amuser. »[x] 8 N'ayons
pas une vie immorale en agissant comme certains d'entre eux l'ont fait, et 23 000 sont
morts en un seul jour[y]. 9 Ne provoquons
pas le Seigneur, comme certains parmi eux
l'ont fait, et des serpents les ont fait mourir.
10 Enfin, ne nous plaignons pas, comme certains parmi eux l'ont fait, et *l'ange de la
mort les a détruits.

11 Ces choses-là sont arrivées à nos ancêtres pour nous servir d'exemples. On les a
écrites pour nous avertir, nous qui sommes
bientôt arrivés à la fin des temps. 12 C'est
pourquoi celui qui se croit solide doit faire attention à ne pas tomber. 13 Toutes les tenta-
tions que vous avez rencontrées étaient
normales pour des hommes et des femmes.
Dieu est fidèle, et il ne permettra pas que
vous soyez tentés au-dessus de vos forces.
Quand vous serez tentés, Dieu vous donnera
la force de le supporter et le moyen d'en sortir.

Les Corinthiens ne doivent pas aller aux cérémonies en l'honneur des faux dieux

14 C'est pourquoi, mes amis très chers, n'allez pas aux cérémonies en l'honneur des faux
dieux ! 15 Je vous parle comme à des personnes
sages. Jugez vous-mêmes ce que je dis. 16 Nous
remercions Dieu pour la *coupe de bénédiction. Quand nous la buvons, est-ce que nous
n'entrons pas en communion avec le sang
du *Christ ? Quand nous mangeons le pain
que nous partageons[z], est-ce que nous n'entrons pas en communion avec le corps du
Christ ? 17 Il y a un seul pain. Alors, tous ensemble, nous sommes un seul corps, parce
que nous mangeons tous un seul pain.

18 Voyez les Israélites : ceux qui mangent
des animaux offerts en *sacrifice sur *l'autel
sont en communion avec Dieu. 19 Qu'est-ce
que je veux dire ? Que la viande offerte aux
faux dieux vaut quelque chose ? Ou bien que
les faux dieux valent quelque chose ? 20 Non !
Mais je veux dire que ces sacrifices sont offerts aux esprits mauvais, et non à Dieu. Et
je ne veux pas que vous soyez en communion
avec les esprits mauvais. 21 Vous ne pouvez
pas boire à la fois à la coupe du Seigneur et
à la coupe des esprits mauvais. Vous ne pouvez pas prendre part à la fois au repas du Seigneur et aux repas des esprits mauvais[a]. 22 Ou
bien, est-ce que nous voulons rendre le Seigneur jaloux ? Est-ce que nous sommes plus
forts que lui ?

Agir en tout pour la gloire de Dieu

23 Certains disent : « Tout est permis. » Oui,
mais tout n'est pas bon. « Tout est permis »,

u **10.3-4** *Voir Exode 16.4-35 ; Deutéronome 8.3 ; Nombres 20.8-11.*
v **10.5** *Voir Nombres 14.16,23,29-30.*
w **10.6** *Voir Nombres 11.4,34.*
x **10.7** *Exode 32.6.*
y **10.8** *Voir Nombres 25.1-9.*
z **10.16** *Ce verset décrit le repas du Seigneur : les chrétiens prennent ce repas pour rappeler le dernier repas de Jésus avec ses disciples, voir Luc 22.19. Voir aussi 1 Corinthiens 11.23-26.*
a **10.21** *Les gens qui ne connaissaient pas le Dieu unique avaient l'habitude de manger ensemble après avoir offert des sacrifices à leurs dieux. C'étaient des repas sacrés.*

c'est vrai, mais tout ne construit pas la communauté. 24 Personne ne doit chercher son intérêt à soi, mais plutôt celui des autres.

25 Tout ce qu'on vend au marché, mangez-en sans poser de question, avec une *conscience tranquille. 26 En effet, tout appartient au Seigneur : la terre et tout ce qu'elle contient[b].

27 Par exemple, quelqu'un qui n'est pas chrétien vous invite, et vous acceptez son invitation. Alors mangez la nourriture qu'on vous offre, avec une conscience tranquille. 28 Mais on vous dira peut-être : « C'est de la viande offerte en *sacrifice aux faux dieux. » Alors, n'en mangez pas, à cause de celui qui vous a dit cela, et pour des raisons de conscience. 29 Je parle de sa conscience à lui et non de la vôtre.

Mais est-ce que la conscience de quelqu'un d'autre va juger ce que je fais librement ? Pourquoi donc ? 30 Quand je mange en remerciant Dieu, je dis merci pour la nourriture. Alors, on ne peut pas dire du mal de moi, à cause de cette nourriture.

31 Donc, quand vous mangez, quand vous buvez, ou quand vous faites autre chose, agissez en tout pour la *gloire de Dieu. 32 Ne faites tomber personne dans le péché par votre façon d'agir : ni les Juifs, ni ceux qui ne sont pas juifs, ni l'Église de Dieu. 33 Faites comme moi ! J'essaie de plaire à tous dans toutes mes actions. Je ne cherche pas mon intérêt, je cherche l'intérêt de tous pour qu'ils soient sauvés.

11 1 Imitez-moi, comme moi j'imite le *Christ.

La tenue des hommes et des femmes pendant le culte

2 Je vous félicite : vous vous souvenez toujours de moi et vous gardez mon enseignement, comme je vous l'ai donné. 3 Pourtant, je veux que vous compreniez ceci : le chef de tout homme, c'est le *Christ, le chef de la femme, c'est l'homme, le chef du Christ, c'est Dieu. 4 Un homme qui, en public, prie ou qui parle au nom de Dieu avec la tête couverte ne respecte pas son chef[c]. 5 Une femme qui, en public, prie ou qui parle au nom de Dieu sans avoir la tête couverte ne respecte pas son chef. C'est exactement comme si elle avait la tête rasée. 6 Si une femme ne se couvre pas la tête, alors, qu'elle se fasse raser la tête ! Mais si c'est une honte pour une femme d'avoir les cheveux coupés ou rasés, elle doit avoir la tête couverte. 7 L'homme, lui, ne doit pas avoir la tête couverte. Il est l'image et la *gloire de Dieu, mais la femme est la gloire de l'homme. 8 En effet, Dieu n'a pas fait l'homme à partir du corps de la femme, mais il a fait la femme à partir du corps de l'homme. 9 Et Dieu n'a pas créé l'homme pour la femme, il a créé la femme pour l'homme. 10 C'est pourquoi, à cause des *anges, la femme doit avoir la tête couverte. Cela montre son autorité. 11 Pourtant, devant le Seigneur, la femme ne va pas sans l'homme, et l'homme ne va pas sans la femme. 12 En effet, Dieu a fait la femme à partir du corps de l'homme. Mais l'homme vient au monde grâce à la femme, et tout vient de Dieu.[d]

13 Jugez vous-mêmes : quand une femme prie Dieu sans avoir la tête couverte, est-ce que c'est bien ? 14 C'est une honte pour l'homme de porter des cheveux longs ! La nature vous apprend cela. 15 Mais pour la femme, c'est un honneur, car elle a reçu des cheveux longs pour lui servir de voile. 16 Et si quelqu'un veut encore discuter à ce sujet, nous n'avons pas cette habitude, et les Églises de Dieu non plus !

Le repas du Seigneur

17 Puisque je suis en train de faire des remarques, je n'ai pas à vous féliciter. Vos réunions vous font plus de mal que de bien. 18 Tout d'abord, quand vous vous réunissez

b **10.26** *Voir Psaume 24.1.*

c **11.4** *Les mots « tête » et « chef » traduisent le même mot grec.*

d **11.7-12** *Voir Genèse 1.26-27 et 2.18-23.*

en assemblée, il y a des divisions parmi vous. On me l'a dit, et je crois que c'est vrai en partie. 19 D'ailleurs, il faut qu'il y ait des divisions parmi vous. Ainsi, on peut voir clairement ceux qui, parmi vous, sont vraiment fidèles. 20 Donc, quand vous vous réunissez tous ensemble, ce n'est pas le repas du Seigneur[e] que vous prenez. 21 Non, chacun se dépêche de manger son repas à lui, et l'un a faim pendant que l'autre boit trop. 22 Est-ce que vous n'avez pas des maisons pour manger et pour boire ? Ou bien est-ce que vous vous moquez de l'Église de Dieu ? Est-ce que vous voulez faire honte à ceux qui n'ont rien ? Que vous dire ? Est-ce que je vais vous féliciter ? Non, sur ce point, je ne vous félicite pas !

23 Voici la tradition que moi, j'ai reçue du Seigneur et que je vous ai fait connaître : la nuit où le Seigneur Jésus a été livré, il a pris du pain. 24 Il a remercié Dieu, puis il a partagé le pain et il a dit : « Ceci est mon corps. Il est pour vous. Faites cela en souvenir de moi. » 25 Après le repas, le Seigneur a pris aussi la *coupe de vin et il a dit : « Cette coupe est la nouvelle *alliance de Dieu, parce que mon sang est versé pour vous. Toutes les fois que vous en boirez, faites cela en souvenir de moi. » 26 En effet, chaque fois que vous mangez ce pain et que vous buvez cette coupe, vous annoncez la mort du Seigneur, jusqu'à ce qu'il vienne.

27 C'est pourquoi celui qui mange le pain du Seigneur, ou qui boit sa coupe sans respect, celui-là est coupable envers le corps et le sang du Seigneur. 28 Alors, chacun doit bien réfléchir à sa façon de vivre. Ensuite, qu'il mange ce pain et boive cette coupe. 29 Car celui qui mange le pain et qui boit la coupe, sans reconnaître le corps du Seigneur, celui-là se condamne lui-même, en mangeant et en buvant. 30 C'est pourquoi parmi vous, il y a beaucoup de malades et de gens sans force, et plusieurs sont morts. 31 Si nous examinions notre conduite, Dieu ne nous jugerait pas. 32 Mais le Seigneur nous juge et nous corrige, pour que nous ne soyons pas condamnés avec le monde.

33 Alors, mes frères et mes sœurs, quand vous vous réunissez pour manger, attendez-vous les uns les autres. 34 Si quelqu'un a faim, il doit manger chez lui. Ainsi, quand vous vous réunirez, Dieu ne vous jugera pas. Pour les autres questions, je les réglerai quand je viendrai.

Les dons de l'Esprit Saint

12 1 Frères et sœurs chrétiens, au sujet des dons de l'Esprit Saint, je ne veux pas que vous restiez ignorants.

2 Autrefois, vous ne connaissiez pas encore Dieu. Vous le savez, vous étiez entraînés vers les faux dieux qui ne parlent pas, vous ne pouviez pas leur résister. 3 C'est pourquoi je veux vous faire savoir une chose : si quelqu'un parle avec l'aide de l'Esprit de Dieu, il ne peut pas dire : « Que Jésus soit maudit ! » Et sans l'aide de l'Esprit Saint, personne ne peut dire : « Jésus est le Seigneur. »

4 Oui, il y a des dons différents, mais c'est le même Esprit qui les donne. 5 Il y a des façons de servir différentes, mais on sert le même Seigneur. 6 Il y a des activités différentes, mais c'est le même Dieu qui les produit toutes en tous. 7 Chacun reçoit le don de montrer la puissance de l'Esprit Saint, et cela pour le bien de tous. 8 L'un reçoit de l'Esprit le don de parler avec sagesse, l'autre reçoit du même Esprit le don de faire connaître Dieu. 9 Un autre reçoit de ce même Esprit le don d'une foi très solide, un autre reçoit de cet unique Esprit le don de guérir les malades. 10 Un autre peut faire des actions extraordinaires, un autre peut parler au nom de Dieu, un autre sait faire la différence entre ce qui vient de l'Esprit Saint et ce qui ne vient pas de lui. Un autre peut parler en des langues inconnues, un autre peut les traduire. 11 Mais tout cela, c'est le seul et même Esprit Saint qui le rend possible. Il distribue ses dons à chacun comme il veut.

---

e **11.20** *Le repas du Seigneur : voir les versets 23 à 26, et 1 Corinthiens 10.16 et la note.*

La communauté chrétienne forme le corps du Christ

12 Utilisons une comparaison. Le corps
forme un tout, et pourtant, il a plusieurs parties. Malgré leur nombre, toutes les parties
du corps ne forment qu'un seul corps. Pour
le *Christ, c'est la même chose. 13 Tous, Juifs
et non-Juifs, esclaves et personnes libres,
nous avons reçu le baptême dans un seul Esprit Saint, pour former un seul corps. Nous
avons tous bu à la source de cet unique Esprit.

14 En effet, le corps n'a pas qu'une seule partie, il en a plusieurs. 15 Le pied peut dire :
« Moi, je ne suis pas une main, donc, je ne
fais pas partie du corps. » Pourtant, il fait
quand même partie du corps. 16 L'oreille
peut dire : « Je ne suis pas un œil, donc, je
ne fais pas partie du corps. » Pourtant, elle
fait quand même partie du corps. 17 Si dans
le corps, il n'y avait que les yeux, comment
pourrait-on entendre ? S'il n'y avait que les
oreilles, comment pourrait-on sentir les
odeurs ? 18 Mais Dieu a placé chaque partie
dans le corps, comme il l'a voulu. 19 Si l'ensemble se compose d'une seule partie, il n'y
a pas de corps. 20 Il y a donc plusieurs parties,
mais un seul corps.

21 L'œil ne peut pas dire à la main : « Je n'ai
pas besoin de toi ! » Et la tête ne peut pas dire
aux pieds : « Je n'ai pas besoin de vous ! » 22 Au
contraire, même les parties du corps qui semblent les plus faibles sont nécessaires. 23 Et les
parties que nous jugeons les moins respectables, nous les respectons davantage. Celles
qu'on ne doit pas voir, nous nous en occupons
avec plus de soin. 24 Les parties de notre corps
qu'on peut voir n'ont pas besoin de tous ces
soins. Mais Dieu a fait le corps en donnant
plus d'honneur aux parties les moins respectables. 25 Alors il n'y a pas de division dans le
corps. Au contraire, toutes ses parties prennent soin les unes des autres. 26 Si une partie
du corps souffre, toutes les autres parties souffrent avec elle. Si une partie est à l'honneur,
toutes les autres partagent sa joie.

27 Vous, vous êtes le corps du Christ, et chacun de vous est une partie de ce corps. 28 Dans
l'Église, Dieu a placé au premier rang : les
*apôtres, au deuxième rang : les *prophètes,
au troisième rang : ceux qui enseignent. Ensuite, il y a ceux qui font des actions extraordinaires, puis ceux qui ont le don de guérir. Il
y a ceux qui aident les autres et ceux qui dirigent. Enfin, il y a ceux qui ont le don de parler
en langues inconnues. 29 Tous ne sont pas apôtres, tous ne sont pas prophètes. Tous n'enseignent pas, tous ne font pas des actions
extraordinaires. 30 Tous n'ont pas le don de
guérir, tous ne parlent pas en langues inconnues, et tous ne les traduisent pas. 31 Cherchez donc à avoir les dons les plus grands !

Mais maintenant, je vais vous montrer un
chemin meilleur que les autres.

L'amour est au-dessus de tout

13 1 Je peux parler les langues des hommes
et les langues des *anges. Mais si je
n'aime pas les autres, je suis seulement une
cloche qui sonne, une *cymbale bruyante.
2 Je peux avoir le don de parler au nom de
Dieu, je peux comprendre tous les mystères
et posséder toute la connaissance. Je peux
avoir une foi assez grande pour déplacer les
montagnes. Mais si je n'aime pas les autres,
je ne suis rien ! 3 Je peux distribuer toutes
mes richesses à ceux qui ont faim, je peux livrer mon corps au feu. Mais si je n'aime pas
les autres, je n'y gagne rien !

4 L'amour est patient, l'amour rend service.
Il n'est pas jaloux, il ne se vante pas, il ne se
gonfle pas d'orgueil. 5 L'amour ne fait rien
de honteux. Il ne cherche pas son intérêt, il
ne se met pas en colère, il ne se souvient
pas du mal. 6 Il ne se réjouit pas de l'injustice,
mais il se réjouit de la vérité. 7 L'amour excuse
tout, il croit tout, il espère tout, il supporte
tout.

8 L'amour ne disparaît jamais. Les paroles
dites au nom de Dieu s'arrêteront, le don
de parler en langues inconnues disparaîtra,
la connaissance finira. 9 En effet, nous ne
connaissons pas tout, et les paroles dites au
nom de Dieu ne sont pas complètes. 10 Mais
quand tout deviendra parfait, ce qui n'est
pas complet disparaîtra.

11 Quand j'étais enfant, je parlais comme un
enfant, je pensais comme un enfant. Mainte-

nant, je suis un homme et je n'agis plus comme un enfant. 12 À présent, nous ne voyons pas les choses clairement, nous les voyons comme dans un miroir[f], mais plus tard, nous verrons face à face. À présent, je ne connais pas tout, mais plus tard, je connaîtrai comme Dieu me connaît.

13 Maintenant, trois choses sont toujours là : la foi, l'espérance et l'amour. Mais la plus grande des trois, c'est l'amour.

Les dons de l'Esprit Saint doivent servir à tous

14 1 Cherchez avant tout à aimer les autres. Désirez les dons de l'Esprit Saint, surtout le don de parler au nom de Dieu. 2 Si quelqu'un parle en langues inconnues, il ne parle pas aux gens, mais à Dieu. Personne ne le comprend. Avec l'aide de l'Esprit Saint, il dit des choses mystérieuses. 3 Mais si quelqu'un parle au nom de Dieu, il parle aux gens : il construit la communauté, il encourage et il console. 4 Celui qui parle en langues inconnues ne construit que lui-même. Au contraire, celui qui parle au nom de Dieu construit la communauté tout entière.

5 Je souhaite que vous parliez tous en langues inconnues, mais j'aime encore mieux que vous parliez au nom de Dieu. Parler au nom de Dieu, cela vaut mieux que de parler en langues inconnues, sauf si quelqu'un traduit pour construire la communauté. 6 Frères et sœurs chrétiens, prenons un exemple : je viens vous voir et je vous parle en langues inconnues. Si mes paroles ne vous apportent rien, ni message clair, ni connaissance, ni parole de la part de Dieu, ni enseignement, est-ce que je vous rends service ?

7 C'est la même chose pour les instruments de musique, comme la flûte ou la *cithare. Si leurs sons ne sont pas différents, comment distinguer la musique que chacune joue ? 8 Et si la trompette ne sonne pas clairement, qui va se préparer pour le combat ? 9 Pour vous, c'est pareil ! Si vous parlez avec des mots qu'on ne comprend pas, comment savoir ce que vous dites ? Vos paroles sont du vent ! 10 Il y a beaucoup de langues différentes sur la terre, et toutes veulent dire quelque chose. 11 Si je ne connais pas la langue de la personne qui me parle, je suis pour elle un étranger, et elle est une étrangère pour moi. 12 Pour vous, c'est pareil ! Puisque vous désirez les dons de l'Esprit Saint, cherchez-les toujours davantage, mais pour construire la communauté rassemblée.

13 C'est pourquoi celui qui parle en langues inconnues doit prier pour avoir le don de les traduire. 14 Si je prie en langues inconnues, mon cœur est en prière, mais mon intelligence ne travaille pas. 15 Alors que faire ? Je prierai avec mon cœur, mais je prierai aussi avec mon intelligence. Je chanterai avec mon cœur, mais je chanterai aussi avec mon intelligence. 16 Si tu remercies Dieu seulement avec ton cœur, le croyant qui n'y connaît rien ne sait pas ce que tu dis. Alors, comment pourra-t-il répondre « *Amen » à ta prière de remerciement ? 17 Cette prière est sans doute très belle, mais elle n'aide pas les autres à faire des progrès.

18 Grâce à Dieu, je parle en langues inconnues plus que vous tous. 19 Mais dans l'assemblée des chrétiens, j'aime mieux dire cinq paroles claires que 10 000 mots inconnus. De cette façon, j'apprends aussi quelque chose aux autres.

20 Frères et sœurs, quand vous réfléchissez, ne soyez pas des enfants. Pour faire le mal, oui, soyez des bébés, mais pour réfléchir, soyez des adultes. 21 Dans les Livres Saints, le Seigneur dit :

« Je parlerai au peuple *d'Israël
par des gens qui parlent une langue étrangère,
par la bouche d'étrangers.
Et pourtant, ils ne m'écouteront pas. »[g]

22 Donc, quand quelqu'un parle en langues inconnues, c'est un *signe pour ceux qui ne croient pas, mais cela ne sert à rien pour

---

f 13.12 *Les miroirs anciens étaient faits en métal poli. Ils n'étaient pas très clairs.*
g 14.21 *Voir Ésaïe 28.11-12.*

ceux qui croient. Quand on parle au nom de Dieu, c'est un signe pour ceux qui croient, mais cela ne sert à rien pour ceux qui ne croient pas.

23 Par exemple, toute l'Église est rassemblée, et tous parlent en langues inconnues. Des croyants qui n'y connaissent rien ou des incroyants arrivent. Ils vont penser que vous êtes fous ! 24 Au contraire, tous parlent au nom de Dieu. L'incroyant ou le croyant qui n'y connaît rien arrive. Alors, tout ce qu'il entend le fait réfléchir, et il se sent jugé par tous. 25 Les choses cachées au fond de son cœur deviennent claires, et il tombe à genoux, le visage sur le sol. Il adore Dieu et il dit : « Oui, Dieu est vraiment parmi vous ! »

Les réunions de la communauté

26 Alors, frères et sœurs chrétiens, qu'est-ce qu'il faut faire ? Quand vous êtes réunis, chacun peut chanter ou enseigner, faire connaître une chose cachée, ou bien traduire ce qu'on vient de dire. Mais tout cela doit servir à construire la communauté. 27 Si des gens veulent parler en langues inconnues, deux personnes peuvent le faire, trois au plus, mais l'une après l'autre, et il faut traduire. 28 S'il n'y a personne pour traduire, ils doivent se taire, chacun parlera seulement à lui-même et à Dieu. 29 Deux ou trois peuvent parler au nom de Dieu. Les autres doivent examiner ce qu'ils disent. 30 Mais si Dieu donne un message à quelqu'un d'autre, celui qui est en train de parler doit se taire. 31 Oui, vous pouvez tous parler au nom de Dieu, mais l'un après l'autre. Alors tous recevront l'enseignement et seront encouragés. 32 Ceux qui parlent au nom de Dieu restent maîtres du don que Dieu leur fait. 33 En effet, Dieu n'est pas pour le désordre, mais pour la paix.

Comme cela se fait dans toutes les Églises chrétiennes, 34 les femmes doivent se taire dans les assemblées. Elles n'ont pas l'autorisation de prendre la parole, elles doivent rester tranquilles et écouter, comme la *loi le dit. 35 Si elles veulent une explication, elles doivent interroger leur mari à la maison. Pour une femme, parler dans une assemblée, cela ne se fait pas[h].

36 Ou bien, vous pensez peut-être que la parole de Dieu est venue de chez vous ? Est-ce que vous êtes les seuls à l'avoir reçue ? 37 Si quelqu'un croit parler au nom de Dieu ou de l'Esprit Saint, il doit reconnaître une chose : ce que je vous écris est un commandement du Seigneur. 38 Mais s'il ne reconnaît pas cela, Dieu ne le connaît pas non plus.

39 Alors, frères et sœurs, vous devez désirer parler au nom de Dieu. N'empêchez pas les autres de parler en langues inconnues, 40 mais tout doit se passer avec calme et dans l'ordre.

Le Christ s'est réveillé de la mort

15 1 Frères et sœurs chrétiens, je vous rappelle la Bonne Nouvelle que je vous ai annoncée. Vous l'avez reçue, et aujourd'hui encore, vous êtes attachés à elle. 2 Cette Bonne Nouvelle vous sauve, si vous la gardez comme je vous l'ai annoncée, sinon, votre foi ne sert à rien.

3 Je vous ai donné avant toutes choses l'enseignement que j'ai reçu moi-même : le *Christ est mort pour nos péchés, comme les Livres Saints l'avaient annoncé. 4 On l'a mis au tombeau, et le troisième jour, Dieu l'a réveillé de la mort, comme les Livres Saints l'avaient annoncé. 5 Il s'est montré à Pierre puis aux douze *apôtres. 6 Ensuite, il s'est montré à plus de 500 frères et sœurs à la fois. Presque tous sont encore vivants, quelques-uns sont morts. 7 Ensuite, il s'est montré à Jacques, puis à tous les apôtres.

8 Finalement, après les autres, il s'est montré à moi aussi, à moi qui le méritais le moins. 9 Oui, je suis le plus petit des apôtres. Je ne mérite même pas de porter le nom d'apôtre, parce que j'ai fait souffrir l'Église de Dieu.

---

h **14.34-35** *Ici, il s'agissait sans doute pour les femmes de ne pas interrompre le culte de la communauté en demandant des explications ou peut-être en donnant des enseignements. Comparer avec 1 Corinthiens 11.5.*

10 Mais grâce à l'amour de Dieu, je suis devenu
l'homme que je suis, et cet amour a donné de
bons résultats en moi. J'ai travaillé plus que
tous les apôtres. En réalité, ce n'est pas moi
qui ai travaillé, c'est l'amour de Dieu qui
agit en moi. 11 En tout cas, que cela vienne
de moi ou d'eux, voilà la Bonne Nouvelle
que nous annonçons et voilà ce que vous
avez cru.

Dieu réveillera les morts

12 Nous annonçons que le *Christ s'est réveillé de la mort. Pourtant, parmi vous, certains disent : « Les morts ne se relèveront
plus. » Comment peuvent-ils dire cela ? 13 Si
les morts ne se relèvent plus, le Christ non
plus ne s'est pas réveillé de la mort. 14 Et si
le Christ ne s'est pas réveillé de la mort,
nous n'avons rien à annoncer, et vous n'avez
rien à croire. 15 Si vraiment les morts ne se réveillent pas, cela veut dire que Dieu n'a pas réveillé le Christ de la mort. Dans ce cas, nous
sommes de faux *témoins de Dieu. En effet,
nous avons été témoins contre Dieu, en affirmant qu'il a réveillé le Christ de la mort. 16 Si
les morts ne se réveillent pas, le Christ non
plus ne s'est pas réveillé de la mort. 17 Et si
le Christ ne s'est pas réveillé de la mort, votre
foi est vide, et vous êtes encore dans vos péchés. 18 Alors, ceux qui sont morts en croyant
au Christ sont perdus. 19 Si nous avons mis notre espérance dans le Christ pour cette vie
seulement, nous sommes les plus malheureux
de tous !

20 Mais en réalité, le Christ s'est réveillé du
milieu des morts. Parmi les morts, le Christ
s'est réveillé le premier, pour que les autres
morts se réveillent aussi. 21 C'est par un
homme, Adam, que la mort est venue. C'est
aussi par un homme, le Christ, que les morts
se relèvent. 22 Tous les êtres humains meurent, parce qu'ils sont unis à Adam. De
même, tous vont recevoir la vie, parce qu'ils
sont unis au Christ, 23 mais chacun à son
rang. Le Christ, le premier, s'est déjà réveillé
de la mort. Ensuite, ceux qui sont au Christ se
réveilleront quand il viendra. 24 Puis, à la fin,
le Christ détruira toutes les forces mauvaises
qui ont puissance et autorité sur nous. Alors
il remettra son pouvoir de roi à Dieu le
Père. 25 À ce moment-là, Dieu mettra tous
ses ennemis sous les pieds du Christ. En attendant, il faut que le Christ ait tout pouvoir.
26 Le dernier ennemi qui sera détruit, c'est
la mort. 27 Oui, « Dieu a tout mis sous ses
pieds[i] ». Mais quand le Christ dira : « Maintenant, tout est en mon pouvoir », cela voudra
dire : tout, sauf Dieu. En effet, c'est Dieu qui
donne au Christ le pouvoir sur toutes choses.
28 Oui, c'est Dieu qui lui donnera tout pouvoir. Et quand le Fils aura pouvoir sur toutes
choses, alors lui-même sera sous le pouvoir
de Dieu. Ainsi, Dieu sera tout entier en tous.

29 Certains se font baptiser pour les morts.
À quoi cela leur sert-il ? En tout cas, si les
morts ne se réveillent pas, pourquoi ces
gens-là se font-ils baptiser à leur place ? 30 Et
nous, pourquoi est-ce que nous menons sans
arrêt une vie dangereuse ? 31 Je risque la
mort tous les jours. C'est vrai, frères et sœurs,
aussi vrai que je suis fier de vous dans le
Christ Jésus, notre Seigneur. 32 À Éphèse, j'ai
lutté contre des gens, de vraies bêtes sauvages. Si c'est seulement pour des raisons humaines, qu'est-ce que j'ai gagné ? Si les
morts ne se réveillent pas, « mangeons et buvons, car demain nous mourrons[j] ».

33 Attention ! « Les mauvais amis poussent à
faire le mal. »[k] 34 Retrouvez votre bon sens, il
le faut, et ne péchez pas ! Oui, il y en a parmi
vous qui ne connaissent pas Dieu. Je dis cela,
et c'est une honte pour vous.

Comment les morts se réveillent-ils ?

35 Mais quelqu'un peut demander :
comment les morts se réveillent-ils ? Quelle
sorte de corps vont-ils avoir ? 36 Réfléchis
donc ! Quand tu sèmes une graine, elle doit

---

i **15.27** *Psaume 110.1.*
j **15.32** *Voir Ésaïe 22.13.*
k **15.33** *Ici, Paul cite le poète grec Ménandre.*

d'abord mourir avant de devenir une plante
vivante. 37 Et qu'est-ce que tu sèmes ? Tu ne
sèmes pas la plante qui va pousser, tu sèmes
seulement une graine, peut-être un grain de
*blé ou une autre semence. 38 Ensuite, Dieu
donne à cette graine le corps qu'il veut, et il
donne à chaque graine le corps qui est le sien.

39 Aucune chair ne ressemble à une autre. Il
y a une différence entre la chair des humains
et la chair des animaux, entre la chair des oiseaux et la chair des poissons.

40 Il y a aussi des corps célestes et des corps
terrestres. Mais la beauté des corps célestes
n'est pas la même que la beauté des corps terrestres. 41 La beauté du soleil n'est pas la
beauté de la lune, et leur beauté n'est pas celle
des étoiles. Et même chaque étoile a une
beauté différente de celle des autres étoiles.

42 Quand les morts se relèveront, ce sera
la même chose. Ce qu'on met dans la terre
comme une graine, c'est un corps qui doit
pourrir. Mais quand il se réveille de la mort,
il ne peut plus pourrir. 43 Ce qu'on met dans
la terre, c'est un corps qui ne vaut plus rien.
Mais quand il se réveille de la mort, il est plein
de *gloire. Ce qu'on met dans la terre, c'est un
corps faible. Mais quand il se réveille de la
mort, il est plein de force. 44 Le corps qu'on
met dans la terre comme une graine, c'est
un simple corps humain. Mais quand il se réveille de la mort, l'Esprit Saint lui donne la
vie. Il y a donc un corps qui est un simple
corps humain. Mais il y a aussi un corps qui
reçoit la vie de l'Esprit Saint. 45 Dans les Livres
Saints, on lit : « Adam, le premier homme,
c'est un simple être humain qui a reçu la
vie. » Le dernier Adam est rempli de l'Esprit
Saint, qui donne la vie[l]. 46 Ce qui vient
d'abord, ce n'est pas l'être qui vit par l'Esprit
Saint, c'est le simple être humain. L'être qui
vit par l'Esprit Saint vient après. 47 Dieu a modelé le premier homme avec de la terre. Cet
homme-là vient de la terre, mais le deuxième
homme vient du *ciel. 48 Ceux qui viennent
de la terre sont comme celui que Dieu a modelé avec de la terre. Ceux qui viennent du
ciel sont comme celui qui est venu du ciel.
49 Nous avons ressemblé d'abord à l'homme
modelé avec de la terre. Plus tard, nous ressemblerons aussi à l'homme qui vient du ciel.

50 Frères et sœurs chrétiens, voici ce que
j'affirme : ce qui est fait de chair et de sang
ne peut pas participer au *Royaume de Dieu.
Et ce qui doit pourrir ne peut pas posséder
la vie qui ne finit pas.

51 Maintenant, je vais vous dire une chose
mystérieuse : nous ne mourrons pas tous,
mais tous, nous serons transformés. 52 Cela
se fera très vite, en un clin d'œil, quand la
trompette sonnera le dernier jour. Oui, la
trompette sonnera. Alors les morts se réveilleront pour une vie qui ne finit pas, et nous,
nous serons transformés. 53 En effet, ce qui
pourrit doit recevoir la vie qui ne finit pas.
Et ce qui meurt doit recevoir la vie qui dure
toujours. 54 Quand cela arrivera, ce qui doit
pourrir recevra la vie qui ne finit pas. Et ce
qui doit mourir recevra la vie qui dure toujours. Donc, tout se passera comme les Livres
Saints le disent :

« Une victoire totale
a fait disparaître la mort.
55 Mort, où est ta victoire ?
Mort, où est ton arme ? »[m]

56 L'arme de la mort, c'est le péché, et la loi
rend le péché plus puissant. 57 Mais remercions Dieu qui nous donne la victoire par notre Seigneur Jésus-Christ.

58 Alors, mes frères et mes sœurs très aimés, soyez forts, soyez solides ! Travaillez toujours mieux au service du Seigneur. Vous le
savez, en le servant, vous ne travaillez pas
pour rien.

L'argent rassemblé pour l'Église de Jérusalem

16 1 Au sujet de l'argent à rassembler pour
les chrétiens de Jérusalem, j'ai donné
des règles aux Églises de Galatie. Suivez-les,
vous aussi. 2 Tous les dimanches, chacun de

l **15.45** *Pour le premier Adam, voir Genèse 2.7. Le dernier Adam, c'est le Christ.*
m **15.55** *Voir Ésaïe 25.8 ; Osée 13.14.*

vous doit mettre à part, chez lui, l'argent
qu'il a pu économiser. Ainsi, on n'attendra
pas mon arrivée pour rassembler l'argent.
3 Quand je serai là, j'enverrai à Jérusalem les
gens que vous avez choisis. Je leur donnerai
des lettres de recommandation, et ils apporteront vos dons. 4 Si je dois y aller aussi, ils voya-
geront avec moi.

Paul va voyager

5 Je viendrai chez vous en passant par la Macédoine, car je vais traverser cette province.
6 Je resterai peut-être un certain temps chez
vous, peut-être même pendant toute la mauvaise saison. Alors vous me donnerez les
moyens de continuer ma route. 7 Je ne veux
pas vous voir seulement en passant. J'espère
rester chez vous un certain temps, si le Seigneur le permet.

8 Mais je resterai à Éphèse jusqu'à la Pentecôte[n]. 9 Là, j'aurai l'occasion de pouvoir faire
un grand travail, pourtant, il y a beaucoup
d'ennemis.

10 Si Timothée vient, prenez soin de lui,
pour qu'il se sente bien accueilli au milieu
de vous. En effet, il travaille au service du Seigneur comme moi. 11 Personne ne doit donc le
mépriser. Mais donnez-lui les moyens de revenir auprès de moi, le cœur en paix. Je l'attends avec les frères.

12 Au sujet de notre frère Apollos, je l'ai
beaucoup encouragé à aller chez vous avec
les autres frères, mais il ne veut pas du
tout partir maintenant. Il viendra quand il
pourra.

Derniers conseils et salutations

13 Restez éveillés, gardez une foi solide !
Soyez courageux, soyez forts ! 14 Faites tout
avec amour.

15 Encore une demande, frères et sœurs.
Vous le savez, Stéphanas et sa famille ont
été les premiers chrétiens d'Akaïe[o] et ils se
sont mis au service des autres chrétiens.
16 Alors obéissez à des gens comme eux et à
tous ceux qui travaillent activement avec
eux.

17 Je suis heureux de la visite de Stéphanas,
de Fortunatus et d'Akaïcus. Il vous ont remplacés auprès de moi. 18 Oui, ils m'ont rassuré
et ils vous ont rassurés, vous aussi. Reconnaissez la valeur de gens comme eux.

19 Les Églises de la province d'Asie[p] vous saluent. Aquilas et Priscille, et la communauté
qui se réunit chez eux, vous saluent bien
dans le Seigneur. 20 Tous les chrétiens qui
sont ici vous saluent.

Saluez-vous les uns les autres en vous embrassant comme des frères et des sœurs.

21 Moi, Paul, j'écris cette salutation de ma
main.

22 Si quelqu'un n'aime pas le Seigneur, que
Dieu le rejette !

Marana tha – Viens, Seigneur ![q]

23 Que le Seigneur Jésus vous *bénisse !

24 Je vous aime tous dans le *Christ Jésus.

---

n 16.8 *La Pentecôte est le nom grec de la fête des Moissons, qui avait lieu 50 jours après celle de la Pâque. Pour la communauté chrétienne, cette fête deviendra la fête du don du Saint-Esprit.*

o 16.15 *L'Akaïe : nom ancien de la partie sud de la Grèce.*

p 16.19 *La province romaine d'Asie correspondait à une partie de la Turquie actuelle.*

q 16.22 *Marana tha : mots araméens. Jésus et les premiers chrétiens vivant dans les régions juives parlaient cette langue.*

Deuxième lettre aux Corinthiens

INTRODUCTION

Depuis la première lettre de Paul, des nouvelles sont venues de Corinthe, et des lettres ont été envoyées sans doute d'un côté comme de l'autre (voir 2.3). Les relations entre Paul et la communauté sont devenues plus mauvaises. Avant d'aller à Corinthe une nouvelle fois, Paul écrit pour essayer de changer cette situation.

- *Dans les chapitres 1 à 7, Paul défend sa manière d'être* ***apôtre****, c'est-à-dire envoyé de Jésus-Christ. C'est pour lui un* ***service****. Son seul but est de faire connaître Dieu le Père et Jésus-Christ en tout lieu. Dans la mission qu'il a reçue, les difficultés, les souffrances et les dangers sont nombreux. Il les supporte avec patience. En faisant ainsi son portrait, Paul espère persuader les Corinthiens de ne pas rejeter sa personne et son enseignement.*
- *Dans les chapitres 8 et 9, Paul demande aux chrétiens de Corinthe de donner généreusement aux chrétiens de Jérusalem, qui sont pauvres. Les biens que les uns ont en trop doivent servir à ceux qui en manquent. À l'époque où Paul écrit, Corinthe est une ville riche. Le commerce y est très développé, et l'argent a beaucoup d'importance. Ces chapitres font réfléchir sur la solidarité. Jésus-Christ, qui était riche, s'est fait pauvre, afin de rendre les êtres humains riches par sa pauvreté (8.9). Cela rend la* ***solidarité*** *humaine possible.*
- *Dans les chapitres 10 à 13, Paul oppose deux manières d'être apôtre de Jésus-Christ. L'Église de Corinthe est troublée par des gens qui annoncent un autre message que Paul (11.3-4). Les membres de la communauté sont attirés par le modèle qu'ils proposent. Ils se présentent comme de grands apôtres. Ils parlent facilement. Ils ont du succès. Ils se félicitent eux-mêmes de leur réussite. Cela correspond à un modèle courant dans les religions qui existent à Corinthe.*

Paul propose une autre image de l'apôtre. ***L'envoyé de Jésus-Christ se fait petit*** *pour rendre les autres grands. Il accepte d'être faible parce qu'il attend de recevoir sa force de Dieu. Il ne demande rien pour lui-même, ni honneur, ni richesse. Paul rappelle qu'il a annoncé la Bonne Nouvelle gratuitement aux Corinthiens sans leur demander d'argent. C'est une manière de dire que l'amour de Dieu pour les êtres humains est entièrement gratuit. Dieu ne demande rien en échange.*

Salutation

1 [1] Moi, Paul, je suis *apôtre du *Christ Jésus
parce que Dieu l'a voulu. Avec Timothée
notre frère, j'écris à l'Église de Dieu qui est
à Corinthe. J'écris aussi à tous ceux qui appartiennent à Dieu, et qui se trouvent dans
l'Akaïe[a] entière.
[2] Que Dieu notre Père et le Seigneur Jésus-Christ vous *bénissent et vous donnent la
paix !

---

a **1.1** *L'Akaïe : nom ancien de la partie sud de la Grèce.*

Paul remercie Dieu

3 Rendons *gloire à Dieu, le Père de notre
Seigneur Jésus-Christ ! Il est le Père plein de
bonté et le Dieu qui nous encourage toujours.
4 Il nous donne du courage dans toutes nos
souffrances. Ainsi, il nous rend capables d'encourager tous ceux qui souffrent, et nous leur
donnons le courage que nous-mêmes, nous
recevons de Dieu. 5 En effet, comme nous
participons aux nombreuses souffrances du
*Christ, de la même façon, nous recevons
beaucoup d'encouragements par le Christ.
6 Si nous souffrons, c'est pour vous encourager
et pour que vous soyez sauvés. Si nous sommes encouragés, c'est pour vous encourager
à supporter les mêmes souffrances que nous.
7 Nous sommes vraiment pleins de confiance
quand nous pensons à vous. En effet, vous participez à nos souffrances, mais nous le savons,
vous participez en même temps à l'encouragement que nous recevons.

8 Oui, frères et sœurs chrétiens, nous voulons vous faire connaître ceci : dans la
province d'Asie[b], nous avons supporté de
grandes souffrances. Leur poids était très
lourd, il a dépassé nos forces, nous avons
même cru mourir. 9 Nous étions sûrs d'être
condamnés à mort. Ainsi, nous ne pouvions
plus mettre notre confiance en nous-mêmes,
nous devions mettre notre confiance en
Dieu, qui réveille les morts. 10 C'est Dieu qui
nous a délivrés de ce danger de mort et il
nous délivrera encore. Oui, nous avons
confiance en lui, il nous délivrera encore.
11 Vous aussi, vous nous aidez en priant pour
nous. Ainsi, nous recevrons de Dieu des bienfaits, grâce aux prières de beaucoup de personnes. C'est pourquoi beaucoup aussi
pourront remercier Dieu pour nous.

Paul change ses projets de voyage

12 Voici pourquoi nous sommes fiers, et notre *conscience en est *témoin : nous avons
agi simplement et sincèrement avec tout le
monde et surtout avec vous. Cela nous venait
de Dieu, c'est la bonté de Dieu qui nous guidait, et non la sagesse humaine. 13-14 En effet,
dans nos lettres, nous vous écrivons seulement ce que vous lisez et ce que vous comprenez, et rien d'autre. Il y a une chose que vous
avez comprise en partie, mais j'espère que
vous la comprendrez totalement. Cette chose,
la voici : vous pouvez être fiers de nous,
comme nous serons fiers de vous, le jour où
le Seigneur Jésus viendra.

15 J'étais sûr de cela, c'est pourquoi je voulais passer d'abord chez vous, pour vous donner de la joie deux fois. 16 De chez vous, je
voulais aller en Macédoine, et à mon retour
de Macédoine, je voulais revenir chez vous,
pour que vous me donniez les moyens d'aller
en Judée. 17 Quand j'ai décidé cela, est-ce que
j'ai agi sans réfléchir ? Ou bien, quand je
prends une décision, est-ce que je fais seulement ma volonté en disant à la fois « oui » et
« non » ? 18 Dieu lui-même le sait bien : ce
que nous vous disons, ce n'est pas à la fois
« oui » et « non ». 19 Silas, Timothée et moi,
nous vous avons annoncé le Fils de Dieu, Jésus
le *Christ. Eh bien, Jésus n'a pas été « oui » et
« non », mais il a toujours été « oui ». 20 En effet, Jésus, est le « oui » à tout ce que Dieu a
promis. C'est donc aussi par Jésus que nous disons notre « oui » à Dieu pour lui rendre
*gloire. 21 Et c'est Dieu lui-même qui nous
rend forts avec vous, pour le Christ. C'est lui
qui nous a mis à part, 22 qui a posé sa marque
sur nous. Il a mis l'Esprit Saint dans nos
cœurs, et cet Esprit est la première part des
biens qu'il va nous donner.

23 Je prends Dieu comme témoin, je dis la
vérité. Plutôt mourir que mentir ! Je ne suis
pas revenu à Corinthe, parce que je n'ai pas
voulu vous faire de la peine. 24 Nous ne cherchons pas à vous dire ce que vous devez
croire. En effet, votre foi est solide, mais
nous souhaitons travailler avec vous à votre
joie.

2 1 Voici ce que j'ai décidé : je ne reviendrai
pas chez vous, si cela doit vous rendre tristes. 2 Si moi, je vous rends tristes, qui peut en-

---

b **1.8** *La province romaine d'Asie correspondait à une partie de la Turquie actuelle.*

core me donner de la joie ? Est-ce que ce n'est
pas justement celui que j'ai rendu triste ? 3 À
mon arrivée chez vous, certains risquaient
de me rendre triste. Pourtant, c'est eux qui
devaient me donner de la joie. C'est la raison
pour laquelle je vous ai écrit[c]. J'en suis sûr :
quand je suis joyeux, vous pouvez être joyeux,
vous aussi. 4 Oui, je vous ai écrit en pleurant
beaucoup, j'avais le cœur plein de tristesse
et d'inquiétude. Pourtant, je n'ai pas écrit
pour vous rendre tristes, je l'ai fait pour
vous montrer l'amour très grand que j'ai
pour vous.

Paul pardonne à celui qui l'a insulté

5 Si quelqu'un a causé de la tristesse, ce
n'est pas à moi. C'est plutôt à vous tous qu'il
en a causé. Mais il ne faut pas exagérer l'affaire. 6 Pour cet homme-là, les reproches de
la communauté suffisent. 7 C'est pourquoi,
maintenant, vous devez plutôt lui pardonner
et l'encourager, sinon, une tristesse trop
grande risque de le décourager complètement. 8 Alors je vous le demande, montrez-
lui que vous l'aimez. 9 En effet, voici pourquoi je vous ai écrit : je voulais voir si vous
étiez prêts à obéir en toutes choses.
10 Quand vous pardonnez à quelqu'un, moi
aussi, je lui pardonne. Quand je pardonne,
si toutefois j'ai quelque chose à pardonner,
je pardonne à cause de vous en présence
du *Christ. 11 De cette façon, *Satan ne
nous trompe pas. Oui, nous connaissons
bien ses intentions.

Paul à Troas

12 Je suis arrivé à Troas pour annoncer la
Bonne Nouvelle du *Christ, car le Seigneur
me donnait l'occasion de pouvoir travailler
là. 13 Pourtant, j'étais très inquiet, parce que
je n'avais pas trouvé Tite, mon frère. C'est
pourquoi j'ai dit au revoir aux gens de Troas
et je suis parti pour la Macédoine.

Jésus-Christ donne la victoire

14 Remercions Dieu ! Par le *Christ, il nous
emmène toujours dans le défilé qui fête sa victoire, et il se sert de nous pour faire connaître
le Christ en tout lieu. C'est comme une bonne
odeur qui se répand partout. 15 Oui, nous sommes comme un parfum agréable que le Christ
offre à Dieu. Ce parfum est pour ceux que
Dieu sauve, il est aussi pour ceux qui perdent
leur vie loin de Dieu. 16 Pour ceux qui se perdent, c'est une odeur de mort qui donne la
mort. Pour les autres, c'est une odeur de vie
qui donne la vie. Mais qui est capable de faire
un tel travail ? 17 Nous ne sommes pas comme
beaucoup de gens qui font du commerce avec
la parole de Dieu. Nous, nous disons la vérité
de la part de Dieu, devant Dieu, comme des
serviteurs du Christ.

Les chrétiens sont les serviteurs d'une alliance nouvelle

3 1 Est-ce que nous devons recommencer à
nous mettre en avant ? Certains ont besoin de vous montrer des lettres de recommandation ou de vous en demander. Est-ce
que nous en avons besoin aussi ? 2 Notre lettre, c'est vous. Elle est écrite dans nos cœurs,
tout le monde la connaît et la lit. 3 Oui, c'est
clair, le *Christ lui-même a écrit cette lettre,
et c'est nous qui l'avons apportée. Elle n'est
pas écrite avec de l'encre, mais avec l'Esprit
du Dieu vivant. Elle n'est pas gravée dans la
pierre[d], mais elle est gravée dans des cœurs
humains.

4 Devant Dieu, nous sommes sûrs de cela, à
cause du Christ. 5 Nous ne pensons pas que
nous sommes capables de faire quelque chose
tout seuls, mais c'est Dieu qui nous a rendus
capables de faire ce que nous faisons. 6 C'est
lui qui nous a rendus capables d'être les serviteurs d'une *alliance nouvelle. Cette alliance
ne dépend pas de la *loi écrite, mais de l'Esprit

---

c **2.3** *L'apôtre parle d'une lettre sans doute perdue pour nous.*

d **3.3** *Ici, Paul pense à la loi de Moïse. Voir Exode 24.12. Le prophète Jérémie avait annoncé que la loi nouvelle allait être écrite dans le cœur des gens. Voir Jérémie 31.33 ; Ézékiel 11.19 ; 36.26-27.*

Saint. La loi écrite donne la mort, mais l'Esprit
Saint donne la vie.

7 Les paroles de cette loi étaient gravées
dans la pierre, et Moïse était au service de
cette loi qui donne la mort. Malgré cela, ce
service lui donnait une grande *gloire. Et à
cause de la gloire qui brillait sur son visage,
les Israélites ne pouvaient pas le regarder[e].
Pourtant, cette gloire ne durait pas. 8 Mais
le service de l'Esprit Saint donnera une
gloire encore plus grande. 9 Le service de la
loi qui condamne à mort était déjà plein de
gloire. Alors le service de l'Esprit qui rend
*juste donnera encore beaucoup plus de
gloire. 10 Ainsi, devant cette gloire extraordinaire, la gloire qui a brillé autrefois n'est
plus rien. 11 Les choses qui ne durent pas
étaient pleines de gloire. Alors les choses
qui durent seront encore beaucoup plus glorieuses.

12 Avec cette espérance, nous sommes
pleins de confiance. 13 Nous ne faisons pas
comme Moïse qui mettait un voile sur son visage. De cette façon, les Israélites ne pouvaient pas voir la fin d'une gloire qui ne
durait pas. 14 Mais leur intelligence s'est fermée, et jusqu'à aujourd'hui, quand ils lisent
les livres de l'ancienne *alliance[f], le même
voile est encore là. Non, il n'est pas enlevé,
sauf pour celui qui est uni au Christ. 15 En effet, jusqu'à aujourd'hui, chaque fois que les Israélites lisent les livres de Moïse, un voile
couvre leur cœur. 16 Mais chaque fois que les
gens se tournent vers le Seigneur, le voile
tombe[g]. 17 Le Seigneur ici, c'est l'Esprit Saint.
Et quand l'Esprit du Seigneur est présent, la liberté est là. 18 Notre visage à nous tous est
sans voile, et la gloire du Seigneur se reflète
sur nous, comme dans un miroir. Alors le Seigneur, qui est l'Esprit, nous transforme. Il
nous rend semblables à lui, avec une gloire
toujours plus grande.

Paul et les apôtres souffrent avec Jésus

4 1 Dieu, dans sa bonté, nous a confié ce service, c'est pourquoi nous ne sommes pas
découragés. 2 Nous avons rejeté les moyens
malhonnêtes qu'on utilise en se cachant.
Nous agissons honnêtement et nous ne défor-
mons pas la parole de Dieu. Au contraire,
nous montrons clairement la vérité, et ainsi,
nous faisons appel à la *conscience de tous devant Dieu. 3 Pourtant, notre Bonne Nouvelle
reste cachée pour certains, pour ceux qui perdent leur vie loin de Dieu 4 et qui ne croient
pas. Le dieu mauvais de ce monde[h] a rendu
leur intelligence aveugle. Alors ils ne voient
pas briller la lumière qui est dans la Bonne
Nouvelle. C'est la lumière de la *gloire du
*Christ, lui qui est l'image de Dieu. 5 Non,
ce que nous annonçons, ce n'est pas nous-
mêmes, mais Jésus-Christ le Seigneur. Et
nous, nous sommes vos serviteurs à cause de
Jésus. 6 Dieu a dit : « Que la lumière brille au
milieu de l'obscurité ! »[i] Et c'est lui-même
qui a brillé dans nos cœurs. Il a voulu nous
éclairer, en nous faisant connaître sa gloire,
qui brille sur le visage du Christ.

7 Mais nous qui portons ce trésor, nous
sommes comme des plats en argile. Ainsi,
on voit bien que cette puissance extraordinaire vient de Dieu, et non de nous. 8 Les
gens nous attaquent de tous côtés, mais
nous ne sommes pas écrasés. Ils nous font
beaucoup de difficultés, mais nous ne sommes pas abattus. 9 Ils nous font souffrir,
mais Dieu ne nous abandonne pas. Ils nous
jettent par terre, mais nous ne sommes pas
tués. 10 Nous portons toujours la mort de Jésus dans notre corps, alors on peut voir aussi
la vie de Jésus dans notre corps. 11 Nous sommes vivants, mais nous risquons sans arrêt la
mort à cause de Jésus. Ainsi on peut voir

---

e **3.7** *Voir Exode 34.29-35.*
f **3.14** *Les livres de l'ancienne alliance sont les livres de l'Ancien Testament.*
g **3.16** *Voir Exode 34.34.*
h **4.4** *Le dieu mauvais de ce monde, c'est l'esprit du mal.*
i **4.6** *Genèse 1.3.*

aussi la vie de Jésus dans notre corps qui doit
mourir. 12 De cette façon, la mort agit en
nous, mais la vie agit en vous.
13 Les Livres Saints disent : « J'ai cru, c'est
pourquoi j'ai parlé. »[j] La même foi nous fait
agir. Nous croyons, nous aussi, et c'est pourquoi nous parlons. 14 Oui, nous le savons :
Dieu a réveillé le Seigneur Jésus de la mort.
Il nous réveillera, nous aussi, avec Jésus et il
nous placera avec vous, auprès de lui. 15 Tout
ce qui arrive, c'est pour vous. De cette façon,
puisque les bienfaits de Dieu se répandent de
plus en plus, vous serez toujours plus nombreux à le remercier et à lui rendre gloire
tous ensemble.

La gloire à venir durera toujours

16 C'est pourquoi nous ne sommes pas découragés. Et même si notre corps s'use petit
à petit, ce qui est au fond de nous devient
chaque jour nouveau. 17 Oui, nos souffrances
actuelles sont légères et durent peu de temps,
mais elles nous préparent une *gloire extraordinaire. Cette gloire dure toujours et elle est
beaucoup plus grande que nos souffrances.
18 Nous, nous ne cherchons pas ce qu'on
peut voir, nous cherchons les choses qu'on
ne voit pas. En effet, ce qu'on peut voir ne
dure pas longtemps, mais les choses qu'on
ne voit pas durent toujours.
5 1 Sur la terre, nous habitons dans un corps.
Il est comme une tente qui sera détruite
un jour. Mais nous le savons, dans les *cieux,
nous avons une maison qui dure toujours.
C'est Dieu qui l'a faite, ce ne sont pas les hommes. 2 Et maintenant, nous gémissons, nous
cherchons de toutes nos forces à mettre sur
nous cet autre vêtement, notre maison du
ciel. 3 En effet, si cette maison du ciel nous
couvre, Dieu ne nous trouvera pas nus. 4 Pendant que nous habitons notre tente de la terre,
nous gémissons comme sous une charge trop
lourde. C'est vrai, nous ne voulons pas quitter
notre corps. Mais nous voulons mettre sur lui
le vêtement du ciel pour que la vie transforme
ce qui doit mourir. 5 Celui qui nous a préparés
pour cette vie-là, c'est Dieu. Il nous a donné
l'Esprit Saint, comme première part des biens
que nous allons recevoir de lui.
6 Donc, nous sommes toujours pleins de
courage. Mais nous le savons, pendant que
nous habitons dans notre corps, nous habitons loin du Seigneur. 7 En effet, nous vivons
dans la foi et nous ne voyons encore rien.
8 Oui, nous sommes pleins de courage et
nous aimons mieux quitter ce corps pour aller habiter près du Seigneur. 9 Mais ce que
nous voulons avant tout, c'est lui plaire,
soit en restant dans ce corps, soit en le quittant. 10 Nous devrons tous nous présenter
devant le tribunal du *Christ. Alors chacun
recevra ce qui lui revient pour ce qu'il
aura fait en bien ou en mal, pendant sa vie
sur la terre.

Dieu a réconcilié le monde avec lui par le Christ

11 Respecter Dieu avec confiance, nous savons ce que cela veut dire. C'est pourquoi
nous cherchons à persuader les gens. Dieu
nous connaît parfaitement, et j'espère que
vous aussi, au fond de vos cœurs, vous nous
connaissez parfaitement. 12 Nous n'allons pas
chercher encore une fois à nous mettre en
avant, mais nous voulons vous donner l'occasion d'être fiers de nous. Alors vous pourrez
répondre à ceux qui se vantent pour des choses visibles, et non pour ce qui est dans le
cœur. 13 Si nous avons été fous, c'est pour
Dieu. Si nous sommes raisonnables, c'est
pour vous. 14 L'amour du *Christ remplit notre
cœur quand nous pensons à ceci : un seul
homme est mort pour tous, c'est le Christ,
donc, tous participent à sa mort. 15 Il est
mort pour tous, ainsi les vivants ne vivent
plus pour eux-mêmes. Ils vivent pour le Christ
qui est mort pour eux et qui, pour eux, s'est
réveillé de la mort.
16 C'est pourquoi, maintenant, nous ne
connaissons plus personne d'une façon humaine. Si nous avons connu le Christ de
cette façon, maintenant, ce n'est plus ainsi

---

j 4.13 *Psaume 116.10 cité d'après l'ancienne traduction grecque.*

que nous le connaissons. [17] Alors, si quelqu'un est uni au Christ, il est créé à nouveau. Ce qui est ancien est fini, ce qui est nouveau est là. [18] Tout cela vient de Dieu. Il nous a réconciliés avec lui par le Christ et il nous a demandé d'annoncer cette réconciliation. [19] Oui, c'est Dieu qui a réconcilié le monde avec lui, par le Christ. Il ne tient plus compte des fautes des êtres humains et il nous charge d'annoncer cette parole de réconciliation.

[20] C'est donc de la part du Christ que nous prenons la parole. En réalité, par nous, c'est Dieu lui-même qui vous lance un appel : au nom du Christ, acceptez d'être réconciliés avec Dieu. Cela, nous vous le demandons avec force. [21] Le Christ était sans péché, mais Dieu l'a chargé de notre péché. Alors maintenant, par le Christ, Dieu nous a rendus *justes.

6 [1] Nous qui travaillons avec Dieu, nous vous le demandons : ne gaspillez pas les dons que vous avez reçus de lui. [2] En effet, Dieu a dit :

« Au bon moment,
j'ai entendu ta prière.
Quand le jour du *salut est arrivé,
je suis venu à ton secours. »[k]

Eh bien, maintenant, c'est vraiment le bon moment, maintenant, c'est le jour où Dieu nous sauve.

[3] Nous ne voulons pas que les gens critiquent notre travail. C'est pourquoi nous essayons de ne pas mettre d'obstacles sur leur chemin. [4] Au contraire, nous montrons en toutes choses que nous sommes serviteurs de Dieu. Ainsi, nous supportons avec beaucoup de patience les malheurs, les souffrances, la peur, [5] les coups, les prisons, les attaques de la foule. Nous supportons toutes sortes de fatigues, le manque de sommeil, la faim. [6] Nous menons une vie *pure, nous montrons que nous connaissons les choses de Dieu. Nous sommes patients, nous sommes bons. L'Esprit Saint est avec nous. Nous aimons sincèrement, [7] nous annonçons la vérité, et Dieu nous donne sa force pour cela. Nous prenons comme arme ce qui est juste, pour attaquer ou pour nous défendre. [8] Les gens nous mettent à l'honneur et ils nous couvrent de honte. Ils disent du mal de nous et aussi du bien. Ils nous prennent pour des menteurs, pourtant, nous disons la vérité. [9] Ils nous traitent comme des inconnus, et pourtant, on nous connaît bien. Ils nous considèrent comme des mourants, et pourtant, nous sommes bien vivants. Ils nous punissent, mais sans nous tuer. [10] Ils nous rendent tristes, et pourtant nous sommes toujours joyeux. Ils croient que nous sommes pauvres, pourtant, nous rendons les autres riches. Ils croient que nous n'avons rien, pourtant, nous possédons tout.

[11] Amis de Corinthe, nous vous avons parlé librement, nous vous avons ouvert notre cœur largement. [12] Il n'est pas fermé pour vous, ce sont vos cœurs qui sont fermés. [13] Je vous parle comme un père à ses enfants. Faites comme nous : ouvrez votre cœur largement, vous aussi !

Un croyant doit être fidèle à Dieu

[14] N'allez pas avec ceux qui ne croient pas en Dieu, vous ne pouvez pas vivre ensemble. Ce qui est *juste et ce qui est contraire à Dieu, est-ce que cela va ensemble ? Est-ce que la lumière va avec la nuit ? [15] Est-ce que le *Christ peut être d'accord avec *Satan ? Est-ce qu'un croyant peut aller avec celui qui ne croit pas en Dieu ? [16] Qu'est-ce qu'il y a de commun entre la maison de Dieu et les faux dieux ? Nous, nous sommes la maison du Dieu vivant. Dieu l'a dit :

« Je vais habiter
et vivre au milieu d'eux.
Je serai leur Dieu,
et ils seront mon peuple. »

[17] C'est pourquoi le Seigneur Dieu dit :

« Quittez ces gens-là et allez loin d'eux !
Ne touchez pas à ce qui est *impur,
et moi, je vous accueillerai. »

[18] Le Seigneur tout-puissant dit encore :

k **6.2** *Ésaïe 49.8.*

«Je serai pour vous un père,
et vous serez pour moi des fils et des filles. »[l]

7 1 Amis très chers, ces promesses sont pour
vous. Alors lavons-nous de tout ce qui
abîme notre corps et notre cœur. Cherchons
à être parfaitement *saints en respectant
Dieu avec confiance.

La joie de Paul

2 Faites-nous une place dans vos cœurs.
Nous n'avons été injustes envers personne,
nous n'avons détruit la foi de personne,
nous n'avons profité de personne. 3 Je ne dis
pas cela pour vous condamner. Je l'ai déjà
dit : vous êtes dans nos cœurs, et nous sommes toujours ensemble, morts ou vivants.
4 J'ai une grande confiance en vous, je suis
très fier de vous. Je suis plein de courage, je
suis rempli d'une très grande joie, malgré toutes nos souffrances.

5 En effet, quand nous sommes arrivés en
Macédoine, nous n'avons pas eu de repos.
Au contraire, nous avons rencontré toutes sortes de difficultés : des luttes autour de nous, et
la peur dans notre cœur. 6 Mais Dieu, qui
donne du courage à ceux qui sont découragés,
nous a consolés par l'arrivée de Tite. 7 Ce n'est
pas seulement l'arrivée de Tite qui nous a
consolés, c'est aussi l'encouragement que
vous lui avez donné. Il nous a dit que vous
aviez très envie de me voir. Il nous a parlé
de votre tristesse, de votre ardeur à me défendre. Alors ma joie a été encore plus grande.

8 Si mon autre lettre vous a rendus tristes, je
ne le regrette pas[m]. Oui, je le sais bien, cette
lettre vous a rendus tristes pendant un certain
temps. Je l'ai peut-être regretté, 9 mais maintenant, je suis dans la joie. Ce n'est pas à cause
de votre tristesse, mais parce que cette tristesse a changé votre cœur. Elle a plu à Dieu,
et ainsi, nous ne vous avons fait aucun mal.
10 En effet, la tristesse qui plaît à Dieu change
notre cœur. De cette façon, nous pouvons être
sauvés et nous n'avons pas à regretter cette
tristesse. Mais la tristesse qui ne change pas
le cœur produit la mort. 11 Votre tristesse a
plu à Dieu. Regardez maintenant les résultats !
Mais oui, quelle rapidité pour agir, quelles excuses ! Quels regrets ! Quelle peur de mal
faire ! Quelle envie de me revoir ! Quelle ardeur ! Quelle volonté de punir le coupable !
En tout cas, dans cette affaire, vous avez montré que vous étiez innocents.

12 Ainsi, je ne vous ai pas écrit à cause de celui qui vous a fait du mal. Je ne vous ai pas
écrit non plus à cause de celui qui a supporté
ce mal. Mais j'ai voulu vous montrer devant
Dieu que vous étiez prêts à agir activement
pour nous. 13 Voilà ce qui nous a encouragés.

En plus de cet encouragement, nous avons
été encore plus heureux à cause de la joie de
Tite. Oui, vous tous, vous l'avez rassuré.
14 Devant lui, c'est vrai, je me suis montré assez fier de vous, mais je n'en ai pas honte.
Nous vous avons toujours dit la vérité, et
cela prouve une chose : j'ai eu raison de me
vanter à votre sujet devant Tite. 15 Il se rappelle combien vous étiez tous prêts à obéir,
et comment vous l'avez reçu avec grand respect et en tremblant. C'est pourquoi son
amour pour vous est encore plus grand. 16 Je
suis heureux de pouvoir compter sur vous
pour tout.

L'aide aux chrétiens de Jérusalem

8 1 Frères et sœurs chrétiens, nous voulons
vous faire connaître ceci : Dieu a montré
ses bienfaits dans les Églises de Macédoine.
2 Beaucoup de souffrances les ont mises à
l'épreuve, mais elles sont restées très joyeuses. Et elles ont donné beaucoup, sans
compter, malgré leur très grande pauvreté.
3 Les chrétiens ont donné ce qu'ils pouvaient,
et même plus que cela, j'en suis *témoin. Ils
l'ont fait, et pourtant, on ne leur a rien demandé. 4 Ils nous ont réclamé de pouvoir par-

l **6.16-18** *Voir Lévitique 26.12 et Ézékiel 37.27 ; Ésaïe 52.11 ; Jérémie 31.9 ; 2 Samuel 7.14 ; Ésaïe 43.6 et Osée 2.1.*

m **7.8** *Voir 2 Corinthiens 2.3 et la note.*

ticiper à cette aide pour les chrétiens de Jérusalem. Ils ont beaucoup insisté. [5] Ils ont offert leur personne au Seigneur, ensuite à nous, parce que Dieu le voulait. Cela a dépassé notre attente. [6] Nous avons donc insisté auprès de Tite. Il avait commencé chez vous cette action pour les chrétiens de Jérusalem. Nous lui avons demandé de la mener jusqu'au bout. [7] Vous avez tout en abondance : vous êtes des croyants, vous parlez très bien. Vous connaissez les choses de Dieu et vous êtes toujours prêts à agir. Vous avez de l'amour pour nous. Alors, pour ces dons, montrez-vous aussi très généreux.

[8] Ce n'est pas un ordre que je vous donne. Je vous ai seulement raconté avec quelle rapidité les autres Églises ont agi. De cette façon, je vous donne l'occasion de montrer que votre amour est vrai. [9] En effet, vous connaissez le don généreux de notre Seigneur Jésus-Christ. Il était riche, mais pour vous, il s'est fait pauvre, afin de vous rendre riches par sa pauvreté.

[10] Je vous donne mon avis dans cette affaire. Voici ce qui est bon pour vous : vous avez été les premiers à faire quelque chose pour les chrétiens de Jérusalem. Vous avez été aussi les premiers à décider cette action l'année dernière. [11] Donc, maintenant, menez-la jusqu'au bout avec les moyens que vous avez. Quand vous l'avez décidée, vous avez montré beaucoup de bonne volonté. Alors, avec la même volonté, vous allez mener cette action jusqu'au bout. [12] Quand on donne de bon cœur, les gens nous reçoivent bien avec ce qu'on a. Ils ne nous demandent pas ce qu'on n'a pas.

[13] Il ne s'agit pas de vous rendre très pauvres pour aider les autres. Non, ce qu'il faut, c'est l'égalité. [14] Maintenant, ce que vous avez en trop servira à ceux qui manquent de quelque chose. Ainsi, un jour, quand vous manquerez de quelque chose, ce qu'ils auront en trop vous servira. Cela fera l'égalité. [15] Les Livres Saints le disent :

« Celui qui a récolté beaucoup
n'a rien en trop.
Celui qui a récolté peu de choses
ne manque de rien. »[n]

Tite et d'autres chrétiens sont partis à Corinthe

[16] Remercions Dieu ! Je désire beaucoup vous aider. Eh bien, Dieu a mis dans le cœur de Tite le même désir. [17] Tite a accepté notre demande, et avec plus d'ardeur encore, il a lui-même décidé d'aller chez vous. [18] Avec lui, nous avons envoyé un autre frère. Toutes les Églises disent du bien de celui-ci, à cause de son travail pour annoncer la Bonne Nouvelle. [19] Ce n'est pas tout ! Les Églises l'ont désigné, pour qu'il vienne avec nous distribuer l'aide reçue. C'est un service que nous devons rendre, pour la *gloire du Seigneur lui-même. Ainsi, nous montrons notre bonne volonté.

[20] On nous a confié beaucoup d'argent. Nous voulons éviter des reproches sur notre façon de rendre ce service. [21] Nous cherchons ce qui est bien, non seulement aux yeux de Dieu, mais aussi aux yeux des hommes.

[22] Avec ceux qui sont partis, nous avons aussi envoyé notre frère. Il désire vraiment aider les autres. Cela, nous l'avons vu souvent et en beaucoup d'occasions. Maintenant, il a totalement confiance en vous et donc, il désire encore plus vivement rendre service. [23] Tite, c'est mon compagnon, il travaille avec moi pour vous. Nos frères, ce sont les envoyés des Églises. Ils agissent pour la gloire du *Christ. [24] Aussi, montrez-leur que vous les aimez vraiment. Alors les Églises en seront sûres et elles sauront que nous avons raison d'être fiers de vous.

Dieu aime celui qui donne avec joie

9 [1] Pour l'aide à apporter aux chrétiens de Jérusalem, c'est inutile de vous écrire. [2] Je connais votre bonne volonté. Avec les gens de Macédoine, je me suis vanté à votre sujet. Je leur ai dit : « Les chrétiens de la pro-

n **8.15** *Exode 16.18.*

vince d'Akaïe[o] sont prêts à donner depuis
l'année dernière. » Et votre ardeur à rendre
service a entraîné presque tout le monde.
3 Pourtant, je vous envoie ces frères, pour
que vous soyez vraiment prêts, comme je l'ai
dit. Dans cette affaire, j'étais fier de vous, il ne
faut pas que ce soit pour rien. 4 En effet, si les
gens de Macédoine viennent avec moi et ne
vous trouvent pas prêts, j'ai peur d'une chose :
nous qui sommes sûrs de vous, nous allons
être couverts de honte, et vous aussi, évidem-
ment ! 5 C'est pourquoi j'ai pensé qu'il fallait
demander aux frères d'aller chez vous avant
nous. Ils vont s'occuper des dons généreux
que vous avez déjà promis, ils vont les recueillir. Ainsi on verra que vous donnez de bon
cœur, et non avec regret.

6 Il faut le savoir : celui qui sème peu de
graines récolte peu, et celui qui sème beaucoup de graines récolte beaucoup. 7 Chacun
doit donner ce qu'il a décidé dans son cœur,
sans tristesse et sans être forcé. En effet,
Dieu aime celui qui donne avec joie. 8 Dieu
a le pouvoir de vous donner en abondance
toutes sortes de bienfaits. Aussi vous aurez
toujours tout ce qu'il vous faut, et vous aurez
encore suffisamment pour faire de bonnes actions. 9 Les Livres Saints disent :

« Il donne généreusement aux pauvres,
sa bonté dure toujours. »[p]

10 C'est Dieu qui donne les graines au semeur et le pain pour la nourriture. Il vous
donnera les graines à vous aussi, il les multi-
pliera et les fera pousser. Ainsi votre bonté
produira beaucoup de fruits. 11 Dieu vous
rendra riches de mille manières, et vous
pourrez vous montrer très généreux. Alors
beaucoup remercieront Dieu pour ces dons
que nous leur ferons de votre part. 12 Par
cette offrande, vous rendez service aux chrétiens de Jérusalem. De cette façon, vous leur
donnez ce qui leur manque. De plus, vous
les encouragez tous à remercier Dieu du
fond du cœur. 13 Vous montrez que vous
obéissez à la Bonne Nouvelle du *Christ.
Vous mettez généreusement en commun ce
que vous avez, avec les chrétiens de Jérusalem et avec tous. À cause de tout cela, ils reconnaîtront la valeur de ce service et ils
rendront *gloire à Dieu. 14 Dieu vous a donné
en abondance de grands bienfaits. Pour cela,
ils vous montreront leur amour en priant
pour vous. 15 Remercions Dieu pour ses bienfaits extraordinaires !

Paul se défend contre ceux qui l'accusent

10 1 Moi, Paul, je vous fais une demande
personnelle à cause de la douceur et
de la bonté du *Christ. On dit que je suis timide quand je suis en face de vous, et énergique avec vous quand je suis loin ! 2 Je vous
en prie, ne m'obligez pas à être énergique
quand je serai parmi vous ! Mais certains pensent que nous agissons pour des raisons humaines. Alors, oui, contre ceux-là, je veux
utiliser toute mon énergie. 3 Nous sommes
des hommes, c'est vrai, pourtant, nous ne luttons pas d'une façon humaine. 4 Non, les armes qui nous servent à lutter ne sont pas
des armes humaines. Mais leur force vient
de Dieu pour détruire tout ce qui lui résiste.
Nous détruisons les façons de penser qui
sont fausses. 5 Nous renversons tous les raisonnements que des orgueilleux opposent à
la connaissance de Dieu. Nous voulons changer l'esprit des gens pour qu'ils obéissent au
Christ. 6 Et quand votre obéissance sera parfaite, nous serons prêts à punir tout acte de désobéissance.

7 Regardez les choses en face ! Si quelqu'un
est persuadé d'appartenir au Christ, il doit
être sûr d'une chose une fois pour toutes :
s'il appartient au Christ, nous aussi ! 8 Le Seigneur nous a donné l'autorité, pour construire
votre communauté, et non pour la détruire. Je
suis peut-être trop fier de cela, mais je ne vais
pas en avoir honte. 9 Je ne veux pas avoir l'air
de chercher à vous faire peur par mes lettres.
10 En effet, certains disent : « Les lettres de
Paul sont sévères et énergiques. Mais quand

---

o **9.2** *Akaïe : voir 2 Corinthiens 1.1 et la note.*
p **9.9** *Psaume 112.9 cité d'après l'ancienne traduction grecque.*

il est au milieu de nous, il est faible, et ce qu'il dit ne vaut rien. » 11 Celui qui parle ainsi, doit être sûr d'une chose : quand nous sommes absents, nous vous écrivons des lettres sévères. Quand nous serons présents, nous agirons aussi avec sévérité, il n'y aura pas de différence.

12 Certains pensent beaucoup de bien d'eux-mêmes, nous n'osons pas nous égaler ou nous comparer à eux. Ils se prennent eux-mêmes comme mesure pour se mesurer et se comparer aux autres. Ils sont stupides ! 13 Mais nous, nous n'allons pas dépasser la mesure en nous vantant ! Quand Dieu nous a conduits jusqu'à vous, il a fixé des limites à notre champ d'action, et nous allons les prendre comme mesure. 14 Quand nous sommes allés chez vous, nous n'avons pas dépassé ces limites. Nous sommes vraiment arrivés les premiers jusqu'à vous avec la Bonne Nouvelle du Christ. 15 Nous ne dépassons pas la mesure en nous vantant à cause du travail des autres. Mais nous espérons une chose : votre foi fera des progrès, et nous pourrons agrandir notre champ d'action, parmi vous, mais sans dépasser les limites fixées[q]. 16 Ensuite, nous annoncerons la Bonne Nouvelle dans des régions situées plus loin que chez vous. Nous ne voulons pas travailler dans le champ d'action des autres et nous vanter d'activités qu'ils ont déjà faites.

17 Si quelqu'un veut se vanter, qu'il se vante à cause du Seigneur[r]. 18 Qui a de la valeur ? Ce n'est pas celui qui se félicite lui-même, c'est celui que le Seigneur félicite.

Paul et les faux apôtres

11 1 Ah ! si vous pouviez supporter que je sois un peu fou ! Eh bien oui, supportez-moi ! 2 Je vous aime d'un amour jaloux, et ce très grand amour vient de Dieu. En effet, je vous ai promis en mariage à un seul mari : le *Christ. Oui, je vous présente à lui comme une jeune fille très *pure. 3 Mais rappelez-vous : le serpent a trompé Ève par son mensonge. Alors j'ai peur d'une chose : qu'on vous donne des idées fausses et que vous ne soyez plus fidèlement et sincèrement attachés au Christ comme avant. 4 Par exemple, quelqu'un arrive. Il vous annonce un autre Jésus, un Jésus que nous n'avons jamais annoncé. Ou bien vous recevez un autre esprit, un esprit que vous n'avez jamais reçu. Ou encore on vous annonce une Bonne Nouvelle que vous n'avez jamais reçue non plus. Et vous supportez très bien cela !

5 Pourtant, je pense que j'ai autant de valeur que vos espèces de grands *apôtres. 6 D'accord, je ne sais pas très bien parler. Mais pour la connaissance de Dieu, c'est autre chose ! Nous vous avons toujours montré cela clairement, dans tout ce que nous avons fait.

7 Quand je vous ai annoncé la Bonne Nouvelle de Dieu, je me suis fait petit pour vous rendre grands, en vous l'annonçant gratuitement. Est-ce que c'est une faute ? 8 Quand je travaillais pour vous, j'étais payé par d'autres Églises, j'ai pris leur argent pour vous aider. 9 Quand j'étais chez vous, j'ai eu besoin d'argent, mais je ne vous ai rien demandé. Les frères venus de Macédoine m'ont apporté ce qu'il me fallait. J'ai toujours évité d'être un poids pour vous et je l'éviterai toujours. 10 Personne ne m'empêchera d'être fier de cela dans toute l'Akaïe[s]. Grâce au Christ qui est en moi, je peux dire que c'est vrai. 11 Pourquoi est-ce que je dis cela ? Parce que je ne vous aime pas ? Mais si, Dieu sait que je vous aime.

12 Ce que je fais, je le ferai encore. Alors ceux qui veulent une occasion pour se vanter d'agir comme nous, ces gens-là n'en auront pas ! 13 Ce sont de faux apôtres, des ouvriers malhonnêtes. Ils font semblant d'être des apôtres du Christ. 14 Rien d'étonnant à cela : *Satan lui-même fait semblant d'être un *ange de lumière. 15 Pour les serviteurs de Satan, faire semblant d'accomplir ce qui est *juste,

---

q **10.15** *Voir Romains 15.17-21.*

r **10.17** *Voir 1 Corinthiens 1.31.*

s **11.10** *Akaïe : voir 2 Corinthiens 1.1 et la note.*

c'est donc facile. Mais leur vie finira comme leurs actions le méritent.

Les souffrances de Paul

16 Je le répète, ne pensez pas que je suis fou ! Ou bien alors, acceptez que je sois fou, et je pourrai, moi aussi, me vanter un peu. 17 Ce que je vais dire, je ne le dis pas comme le Seigneur le veut, je le dis comme un fou. En effet, je suis sûr d'avoir des raisons de me vanter. 18 Beaucoup se vantent pour des raisons humaines. Eh bien, moi aussi, je vais me vanter. 19 Vous qui êtes des personnes sages, vous supportez volontiers ceux qui ne le sont pas. 20 Les gens vous rendent esclaves, ils profitent de vous, ils volent tout ce que vous avez, ils vous méprisent, ils vous frappent au visage, et vous supportez tout cela ! 21 J'ai honte de le dire, nous avons été trop faibles !

Pourtant, si quelqu'un ose se vanter de quelque chose, je vais l'oser, moi aussi, même si je parle comme un fou. 22 Ils sont *Hébreux ? Moi aussi ! Israélites ? Moi aussi ! De la famille d'Abraham ? Moi aussi ! 23 Des serviteurs du *Christ ? Je le suis bien plus qu'eux ! En disant cela, je parle encore comme un fou ! J'ai travaillé plus qu'eux, j'ai été en prison plus souvent qu'eux. On m'a frappé encore beaucoup plus, et j'ai été en danger de mort plus souvent qu'eux. 24 Cinq fois, les *Juifs m'ont donné les 39 coups de fouet[t]. 25 Trois fois, les Romains m'ont frappé durement, une fois, on m'a jeté des pierres pour me tuer. Trois fois, j'ai été sur un bateau qui a coulé, et une fois, j'ai passé un jour et une nuit dans l'eau. 26 J'ai fait beaucoup de voyages et j'ai connu beaucoup de dangers : dangers à cause des rivières, des bandits, de mes frères juifs ou des non-Juifs, dangers dans les villes, dangers dans le désert, dangers sur la mer, dangers des faux frères. 27 J'ai fait des travaux très fatigants et j'ai souvent manqué de sommeil. J'ai eu faim et soif et j'ai souvent manqué de nourriture. J'ai eu froid et j'ai manqué de vêtements. 28 Et je n'ai pas parlé de la chose la plus importante : mon souci de toutes les Églises. J'y pense tous les jours. 29 Quand quelqu'un est faible, moi aussi, je me sens faible. Quand quelqu'un commet des péchés, cela me fait mal à moi aussi.

30 S'il faut se vanter, je vais me vanter d'être faible. 31 Je ne mens pas, Dieu, le Père du Seigneur Jésus le sait bien. *Gloire à lui pour toujours ! 32 Quand j'étais à Damas, le gouverneur au service du roi Arétas a fait garder les *portes de la ville pour m'arrêter. 33 Mais on m'a fait descendre par la fenêtre dans un grand panier, le long du mur de la ville, et j'ai pu lui échapper[u].

Paul est heureux de souffrir pour le Christ

12 1 Est-ce que je dois me vanter ? Cela ne sert à rien ! Pourtant je vais parler de ce que le Seigneur m'a fait voir et m'a fait connaître. 2 Je connais un *disciple du *Christ[v]. Il y a 14 ans, Dieu a enlevé cet homme jusqu'au plus haut des *cieux. Est-ce que c'était avec son corps ? Je n'en sais rien. Est-ce que c'était sans son corps ? Je n'en sais rien, mais Dieu le sait. 3-4 Je le sais, Dieu a enlevé cet homme jusqu'au paradis[w]. Est-ce que c'était avec son corps ou sans son corps ? Je n'en sais rien, mais Dieu le sait. Là, il a entendu des paroles qu'on ne peut pas dire avec des mots. Ces paroles, personne n'a le droit de les répéter. 5 Pour celui-là, je me vanterai. Mais pour moi, je me vanterai seulement parce que je suis faible. 6 Si je voulais me vanter, je ne serais pas fou, je dirais seulement la vérité, mais je ne le fais pas. Ainsi, on me jugera, seulement en voyant ce que je fais, et seulement en entendant ce que je dis, sans rien de plus.

7 Ce que le Seigneur m'a fait connaître est extraordinaire. Alors, pour éviter que je me

t **11.24** *Voir Deutéronome 25.3.*

u **11.33** *Voir Actes 9.23-25.*

v **12.2** *Ce disciple, c'est Paul lui-même.*

w **12.3-4** *Le mot paradis désigne ici le lieu où les amis de Dieu vivent en sa présence après leur mort.*

vante de cela, j'ai reçu dans mon corps comme
une blessure : un envoyé de *Satan est chargé
de me frapper pour m'empêcher de me vanter. 8 Trois fois, j'ai prié le Seigneur de me délivrer de cette souffrance. 9 Mais le Seigneur
m'a dit : « Mon amour te suffit. Ma puissance
se montre vraiment quand tu es faible. » Donc
je me vanterai surtout parce que je suis faible.
Alors la puissance du Christ habitera en moi.
10 C'est pourquoi les faiblesses, les insultes, les
difficultés, les souffrances et les soucis que je
connais pour le Christ, je les accepte avec joie.
Oui, quand je suis faible, c'est à ce moment-là
que je suis fort.

Paul est inquiet pour les chrétiens de Corinthe

11 Vous voyez, je deviens fou ! Vous m'avez
forcé à cela. C'est vous qui deviez vanter mes
qualités. En effet, je n'ai rien de moins que vos
espèces de grands *apôtres, et pourtant je ne
suis rien ! 12 Vous avez vu chez vous ma patience très grande, des signes étonnants, des
faits extraordinaires, des actions puissantes.
Cela montre que je suis un apôtre. 13 Qu'est-
ce que vous avez eu de moins que les autres
Églises ? Une chose : je ne vous ai rien coûté.
Vous trouvez que ce n'est pas juste ? Alors pardonnez-moi !
14 Je suis prêt à venir chez vous pour la troisième fois et je ne vous coûterai rien. Ce n'est
pas votre argent que je veux, c'est vous ! D'habitude, les petits enfants ne gagnent pas d'argent pour leurs parents, mais ce sont les
parents qui doivent gagner de l'argent pour
leurs enfants. 15 Moi, je donnerai facilement
de l'argent pour vous, et même je donnerai
ma vie tout entière. Est-ce que vous m'aimerez moins parce que je vous aime plus ?
16 D'accord, je n'ai pas été un poids pour
vous. Mais d'après certains, je ne suis pas
franc et je vous ai pris au piège par des mensonges ! 17 Regardez tous ceux que je vous ai
envoyés : est-ce que j'ai utilisé un seul d'entre
eux pour profiter de vous ? 18 J'ai insisté pour
que Tite aille vous voir, et j'ai envoyé un frère
avec lui[x]. Est-ce que Tite a profité de vous ?
Est-ce que lui et moi, nous n'avons pas marché dans la même direction, en suivant le
même chemin ?
19 Depuis un bon moment, vous pensez
peut-être que nous cherchons à nous défendre
devant vous. Non ! Nous parlons devant Dieu,
comme le *Christ le veut. Et tout cela, amis
très chers, nous le faisons pour construire votre communauté. 20 J'ai bien peur de ceci :
quand j'arriverai chez vous, vous serez peut-
être différents de ce que j'attends. Et moi, je
serai peut-être différent de ce que vous attendez. J'ai peur de trouver chez vous des disputes, de la jalousie, de la colère, des querelles
de personnes, des jugements mauvais sur les
autres, des bavardages méchants, de l'orgueil,
du désordre. 21 J'ai encore peur d'une chose : à
ma prochaine visite, Dieu va peut-être me
couvrir de honte devant vous. Je devrai peut-
être pleurer sur beaucoup d'entre vous qui
continuent à commettre des péchés comme
autrefois. En effet, maintenant, ils ne se sont
pas encore tournés vers Dieu. Ils mènent
une vie immorale et mauvaise, ils se conduisent n'importe comment.

Derniers conseils de Paul

13 1 C'est la troisième fois que je vais chez
vous. « Pour juger toute affaire, on doit
entendre au moins deux ou trois *témoins. »[y]
2 Je parle à ceux qui ont commis des péchés
autrefois, et à tous les autres. Aujourd'hui, je
ne suis pas parmi vous, mais je le redis comme
pendant ma deuxième visite : quand je reviendrai, j'agirai sévèrement avec tous, 3 puisque
vous voulez la preuve que le *Christ parle
par moi. Quand il agit pour vous, il n'est pas
faible, au contraire, il montre sa puissance
parmi vous. 4 C'est vrai, le Christ a été cloué
sur une croix à cause de sa faiblesse, mais il
est vivant à cause de la puissance de Dieu.
Et nous aussi, nous sommes faibles parce
que nous sommes unis au Christ. Mais nous

---

x **12.18** *Paul a déjà parlé de ce frère : voir 2 Corinthiens 8.22.*
y **13.1** *Voir Deutéronome 19.15 ; Matthieu 18.16 ; 1 Timothée 5.19 ; Hébreux 10.28.*

Lettre aux Galates

INTRODUCTION

La lettre de Paul aux Galates est adressée à des Églises situées au nord de la Turquie actuelle. Paul a fondé certaines de ces Églises au cours de ses deuxième et troisième voyages missionnaires. Mais après lui, d'autres gens sont venus annoncer un message différent. Comme beaucoup d'autres Églises, les communautés de Galatie sont composées de chrétiens d'origine juive et de chrétiens venant d'autres religions. Les chrétiens d'origine juive obéissent toujours à certaines règles de la loi religieuse juive. Cette loi interdit de manger avec les gens d'autres religions et commande aux hommes de se faire circoncire. Les adversaires de Paul pensent que tous les chrétiens doivent obéir à cette loi. Ensuite seulement, ils peuvent croire en Jésus-Christ. Ce message est contraire à la Bonne Nouvelle de Jésus-Christ. Paul écrit aux Galates à ce sujet.

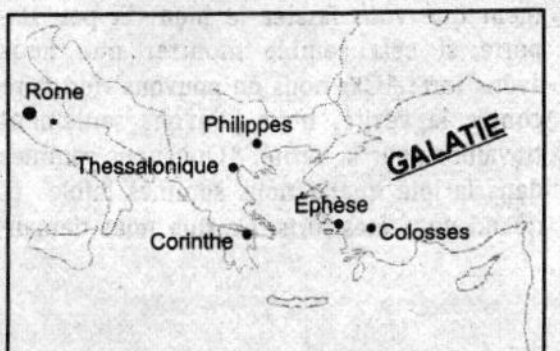

Paul veut persuader les Galates que seule la foi en Jésus-Christ permet d'être dans une relation juste et bonne avec Dieu. Il explique cela en trois étapes.

- *Aux chapitres 1 et 2, il raconte sa propre histoire. Lui, un Juif, est devenu un envoyé de Jésus-Christ auprès des non-Juifs. Les responsables de l'Église de Jérusalem ont été d'accord avec lui : les chrétiens d'origine non juive ne sont pas obligés d'obéir aux lois religieuses juives. Paul a eu à ce sujet une dispute avec l'apôtre Pierre (2.11-21). Il lui a rappelé ceci : les êtres humains sont* ***accueillis par Dieu parce qu'ils croient à Jésus-Christ****, et non parce qu'ils obéissent à des règles religieuses.*

- *Dans les chapitres 3 et 4, Paul s'appuie sur des textes de l'Ancien Testament pour défendre son message. La loi religieuse permet de faire progresser les êtres humains, mais la promesse de Dieu existe avant la loi. Cette promesse est réalisée en Jésus-Christ.* ***Tous les êtres humains ont la même valeur pour Dieu.*** *Ils sont unis à Dieu et unis les uns aux autres par Jésus-Christ (voir 3.28). Cela concerne les personnes de différentes origines religieuses (Juifs et non-Juifs), de différentes conditions sociales (esclaves et personnes libres) et de sexes différents (hommes et femmes).*

- *Aux chapitres 5 et 6, Paul explique comment les chrétiens sont des gens libres. Celui qui croit n'a plus le souci de se rendre juste par lui-même (voir 3.11). Il est* ***libre pour les autres.*** *En effet,* ***la loi du Christ*** *n'est pas composée de règles, mais elle demande de porter les charges les uns des autres (6.2). Être libre, c'est être responsable des autres en se laissant conduire par l'esprit qui vient de Dieu.*

serons vivants avec lui, à cause de la puissance
de Dieu, comme vous le verrez.
5 Interrogez-vous, voyez si vous vivez
comme des croyants, examinez-vous. Vous
reconnaissez bien que Jésus-Christ est en
vous, n'est-ce pas ? Ou alors, vous ne pouvez pas donner des preuves de votre foi.
6 Mais nous, nous pouvons en donner, et
j'espère que vous le reconnaîtrez. 7 Nous demandons à Dieu que vous ne fassiez rien de
mal. Ce n'est pas pour vous prouver que
nous avons raison. Non, nous voulons seulement que vous fassiez le bien. Et peu importe si cela semble montrer que nous
avons tort ! 8 Car nous ne pouvons rien faire
contre la vérité, nous pouvons seulement
travailler pour la vérité. 9 Oui, nous sommes
dans la joie quand nous sommes faibles et
quand vous êtes forts. Ce que nous demandons dans nos prières, c'est que vous soyez
parfaits. 10 Voilà pourquoi je vous écris
quand je suis encore loin de vous : je ne
veux pas avoir besoin de me montrer sévère
quand je serai auprès de vous. En effet, le
Seigneur m'a donné l'autorité pour construire votre communauté, et non pour la détruire.
11 Maintenant, frères et sœurs chrétiens,
soyez dans la joie. Cherchez à être parfaits,
encouragez-vous et soyez d'accord entre
vous. Vivez dans la paix, et le Dieu d'amour
et de paix sera avec vous.
12 Saluez-vous les uns les autres en vous embrassant comme des frères et des sœurs.
Tous les chrétiens vous saluent.
13 Que le Seigneur Jésus-Christ vous *bénisse ! Que l'amour de Dieu et l'Esprit Saint
qui nous unit soient avec vous tous !

Salutation

1 1-2 Moi, Paul, *apôtre, avec tous les frères
et sœurs chrétiens qui sont avec moi,
j'écris aux Églises de Galatie. Ce ne sont pas
des hommes qui m'ont fait apôtre. Je ne le
suis pas par l'intermédiaire d'un homme,
mais par Jésus-Christ et par Dieu le Père,
qui l'a réveillé de la mort.
3 Que Dieu, notre Père, et le Seigneur Jésus-
Christ vous *bénissent et vous donnent la
paix ! 4 Le Seigneur Jésus a donné sa vie pour
nous sauver de nos péchés. Il nous a arrachés
à ce monde mauvais, comme Dieu notre Père
l'a voulu. 5 Rendons *gloire à Dieu pour toujours ! *Amen.

Il y a une seule Bonne Nouvelle

6 Dieu vous a appelés gratuitement par le
*Christ, et je m'étonne que vous lui tourniez
le dos si vite pour aller vers une autre Bonne
Nouvelle. 7 Cela ne veut pas dire qu'il y a une
autre Bonne Nouvelle, non ! Il y a seulement
des gens qui sèment le désordre chez vous
et qui veulent changer la Bonne Nouvelle
du Christ. 8 Nous vous avons déjà annoncé
la Bonne Nouvelle. Eh bien, si quelqu'un,
même nous, ou un *ange du ciel, vous annonce une Bonne Nouvelle différente, que
Dieu le rejette ! 9 Nous l'avons déjà dit, et je
le redis maintenant : si quelqu'un vous annonce une Bonne Nouvelle différente de celle
que vous avez reçue, que Dieu le rejette !
10 Alors, est-ce que je cherche à être d'accord avec les hommes ou avec Dieu ? Est-ce
que je cherche à plaire aux hommes ? Si je
voulais encore plaire aux hommes, je ne serais
plus serviteur du Christ.

Dieu a choisi Paul comme apôtre

11 Frères et sœurs chrétiens, je vous le dis, la
Bonne Nouvelle que j'ai annoncée ne vient
pas des êtres humains. 12 D'ailleurs, je ne l'ai
pas reçue ou apprise par un homme, mais
c'est Jésus-Christ qui me l'a fait connaître[a].
13 En effet, vous avez entendu parler de ma
conduite d'autrefois, quand je suivais la religion juive. Vous savez avec quelle violence
je faisais souffrir l'Église de Dieu et voulais
la détruire. 14 À ce moment-là, je faisais plus
de progrès dans la religion juive que beaucoup
de camarades juifs de mon âge. Je les dépas-
sais, quand je défendais de toutes mes forces
les traditions de mes ancêtres.
15 Mais Dieu m'a choisi dès le ventre de ma
mère et, dans sa bonté, il m'a appelé. 16 Un
jour, il a décidé de me faire connaître son
Fils pour que je l'annonce à ceux qui ne sont
pas juifs. Alors, je n'ai demandé conseil à personne, 17 je ne suis pas monté à Jérusalem
pour rencontrer ceux qui étaient *apôtres
avant moi. Mais je suis parti tout de suite en
Arabie, puis je suis revenu à Damas. 18 Trois
ans après, je suis monté à Jérusalem pour faire
la connaissance de Céphas[b], et je suis resté
15 jours avec lui. 19 Je n'ai pas vu d'autre
apôtre, sauf Jacques, le frère du Seigneur.
20 Ce que je vous écris là, je le dis devant
Dieu : ce n'est pas un mensonge.
21 Ensuite, je suis allé dans les régions de
Syrie et de Cilicie. 22 Mais les communautés
chrétiennes de Judée ne m'avaient jamais
vu. 23 Elles avaient entendu dire seulement
ceci : « Avant, cet homme nous faisait souffrir.
Maintenant, il annonce la Bonne Nouvelle de
la foi qu'il voulait détruire autrefois. » 24 Et les
chrétiens rendaient *gloire à Dieu à cause de
moi.

L'accord des apôtres à Jérusalem

2 1 Puis, 14 ans après, je suis retourné à Jérusalem avec Barnabas, j'ai pris aussi Tite
avec moi. 2 J'y suis retourné parce que Dieu
m'avait dit de le faire. À Jérusalem, j'ai présenté aux chrétiens la Bonne Nouvelle que
j'annonce à ceux qui ne sont pas juifs. Je l'ai
aussi présentée aux responsables de l'Église
dans une réunion à part. En effet, je ne voulais
pas que mon travail d'aujourd'hui et d'hier
soit perdu. 3 Mais on n'a même pas obligé

a **1.12** *Voir Actes 9.3-6.*
b **1.18** *Céphas est l'apôtre Pierre.*

Tite, qui était avec moi et qui est grec, à se
faire *circoncire. 4 Pourtant, des faux frères
le voulaient. Ils étaient venus au milieu de
nous comme des ennemis. Ils venaient voir
comment nous utilisions notre liberté, cette liberté qui nous vient du *Christ Jésus. Ils voulaient nous rendre esclaves. 5 Mais nous
n'avons pas voulu céder à ces gens-là, même
pas un moment, afin de garder pour vous la
vérité de la Bonne Nouvelle.
6 Il y avait aussi les responsables de l'Église.
D'ailleurs, ce qu'ils étaient, ce n'est pas important pour moi, car Dieu ne fait pas de différence entre les gens. Ces responsables ne
m'ont pas obligé à faire quelque chose en
plus. 7 Au contraire, ils ont vu ceci : Dieu
m'avait demandé d'annoncer la Bonne Nouvelle à ceux qui ne sont pas juifs, et il avait demandé à Pierre de l'annoncer aux Juifs. 8 Dieu
a fait de Pierre *l'apôtre des Juifs et il a fait de
moi l'apôtre de ceux qui ne sont pas juifs.
9 Jacques, Céphas et Jean, sont considérés
comme les chefs de l'Église. Eh bien, eux, ils
ont reconnu le don que Dieu m'avait fait. Ils
nous ont tendu la main, à moi et à Barnabas,
pour montrer qu'ils étaient d'accord avec
nous. Nous devions partir vers les non-Juifs,
et eux, ils devaient aller vers les Juifs. 10 Ils
nous ont seulement demandé de nous souvenir des pauvres de leur Église, et je l'ai fait
de tout mon cœur.

À Antioche de Syrie, Paul fait des reproches à Céphas

11 Mais quand Céphas est arrivé à Antioche
de Syrie, je me suis opposé à lui devant tout
le monde, parce qu'il avait tort. 12 En effet,
avant l'arrivée de certaines personnes proches de Jacques, Céphas mangeait avec les
frères qui ne sont pas d'origine juive. Mais
quand les autres sont arrivés, il s'est éloigné,
il n'est plus allé avec les non-Juifs, il avait
peur des chrétiens qui défendaient les coutumes juives. 13 Tous les autres frères d'origine
juive ont été aussi faux que lui, et leur
conduite fausse a même entraîné Barnabas !
14 Eh bien, j'ai vu qu'ils ne marchaient pas
droit selon la vérité de la Bonne Nouvelle.
Alors j'ai dit à Céphas devant tout le monde :
« Toi, Juif, tu as vécu ici comme ceux qui ne
sont pas juifs, tu n'as pas vécu selon la *loi
de Moïse. Mais maintenant, tu veux forcer
ceux qui ne sont pas juifs à faire comme
les Juifs ! Pourquoi donc ? »

Juifs et non-Juifs sont sauvés en croyant au Christ

15 Nous, nous sommes des Juifs de naissance ! Nous n'appartenons pas à d'autres
peuples, qui ignorent la *loi de Dieu ! 16 Pourtant, nous le savons, les êtres humains ne sont
pas rendus *justes parce qu'ils obéissent à la
loi de Moïse, mais seulement parce qu'ils
croient en Jésus-Christ. Et nous aussi, nous
avons cru au *Christ Jésus pour être reconnus
comme justes. Nous avons été reconnus
comme justes en croyant au *Christ, et non
pas en obéissant à la loi. Non, « personne ne
sera juste aux yeux de Dieu en obéissant à la
loi »[c]. 17 Nous, nous cherchons à être reconnus
comme justes grâce au Christ. Mais si on nous
trouve pécheurs, nous aussi, qu'est-ce que
cela veut dire ? Que le Christ est au service
du péché ? Sûrement pas ! 18 En effet, si je retourne à la loi que j'ai abandonnée, je me
condamne moi-même. 19 Moi, c'est à cause
de la loi que j'ai cessé de vivre pour la loi[d].
Tout ceci est arrivé afin que je vive pour
Dieu. Avec le Christ, je suis mort sur la croix.
20 Je vis, mais ce n'est plus moi qui vis, c'est le
Christ qui vit en moi. Maintenant, ma vie humaine, je la vis en croyant au Fils de Dieu, qui
m'a aimé et qui a donné sa vie pour moi. 21 Je
ne veux pas rendre inutile ce don de Dieu. En
effet, si c'est la loi qui rend juste, le Christ est
mort pour rien !

---

c 2.16 *Voir Psaume 143.2 ; Romains 3.20,23.*

d 2.19 *Autrefois, pour plaire à Dieu et être juste, Paul ne vivait que pour la loi de Moïse. En croyant au Christ, il a découvert que cette loi ne rendait pas juste. C'est pourquoi il a cessé de vivre pour la loi.*

Paul pose une question aux Galates

3 1 Galates stupides, qui vous a jeté un sort ? Pourtant, on vous a mis devant les yeux Jésus-Christ cloué sur une croix ! 2 Je veux que vous répondiez seulement à cette question : l'Esprit Saint, est-ce que vous l'avez reçu parce que vous avez obéi à la *loi, ou parce que vous avez cru à la Bonne Nouvelle ? 3 Mais vous avez perdu la tête ! Au début, vous avez compté sur l'Esprit Saint, et maintenant, est-ce que vous allez compter sur vos seules forces ? 4 Tout ce que vous avez vécu, est-ce que c'est pour rien ? D'ailleurs, pour rien, c'est impossible ! 5 Dieu vous donne son Esprit et il fait chez vous tant de choses extraordinaires ! Est-ce qu'il fait cela parce que vous obéissez à la loi, ou bien parce que vous croyez à la Bonne Nouvelle ?

Personne ne devient juste par la loi

6 Abraham a cru en Dieu, et pour cela, Dieu l'a considéré comme un homme *juste[e]. 7 Comprenez bien une chose : la vraie famille d'Abraham, ce sont les croyants. 8 D'ailleurs, les Livres Saints ont prévu ceci : Dieu devait rendre justes les non-Juifs à cause de leur foi. C'est pourquoi les Livres Saints ont annoncé d'avance à Abraham cette bonne nouvelle : « Dieu *bénira tous les peuples à travers toi. »[f] 9 Alors, ceux qui croient, Dieu les bénira avec Abraham, le croyant.

10 Oui, une malédiction frappe ceux qui comptent sur l'obéissance à la *loi. En effet, les Livres Saints disent : « Celui qui n'obéit pas sans cesse à tout ce qui est écrit dans le livre de la loi, celui-là sera maudit. »[g] 11 Personne ne devient juste devant Dieu par la loi, c'est clair ! On lit aussi : « Celui qui croit en Dieu est juste, et ainsi, il aura la vie. »[h] 12 Mais la loi ne dépend pas de la foi. Au contraire, « la loi donnera la vie à celui qui obéit à tous ses commandements »[i].

13 Mais le *Christ nous a libérés à grand prix de la malédiction de la loi. C'est lui qui a été frappé de malédiction pour nous. En effet, les Livres Saints disent : « La malédiction frappe celui qui est pendu à un arbre. »[j] 14 Cela s'est passé ainsi pour que les non-Juifs reçoivent la bénédiction d'Abraham par le Christ Jésus. Alors, par la foi, nous pouvons recevoir ce que Dieu a promis, c'est-à-dire l'Esprit Saint.

La promesse de Dieu est plus ancienne que la loi

15 Frères et sœurs chrétiens, prenons un exemple dans nos coutumes. Quand quelqu'un a fait son testament selon les règles, personne ne peut rejeter ce texte ni lui ajouter quelque chose. 16 Eh bien, il en est de même avec les promesses que Dieu a faites à Abraham et à celui qui allait naître de lui. Il n'est pas dit : « et à ceux qui allaient naître de lui », comme s'il y avait plusieurs personnes. Non, il n'y a qu'une seule personne. En effet, dans les Livres Saints on lit : « et à celui qui va naître de toi[k]. » Cette personne, c'est le *Christ. 17 Voici ce que je veux dire : Dieu a commencé par faire un testament selon les règles. La *loi de Moïse est arrivée 430 ans plus tard. Mais elle n'enlève rien à la valeur du testament, sinon, la promesse de Dieu perdrait toute sa force. 18 Si l'héritage vient de la loi, il ne vient plus de la promesse. Pourtant, c'est par la promesse que Dieu a montré son amour à Abraham.

L'utilité de la loi est limitée dans le temps

19 Alors, pourquoi la *loi ? C'était une chose en plus. Elle servait à faire connaître les fautes

---

e **3.6** *Voir Genèse 15.6.*
f **3.8** *Genèse 12.3.*
g **3.10** *Deutéronome 27.26 cité d'après l'ancienne traduction grecque.*
h **3.11** *Habacuc 2.4 cité d'après l'ancienne traduction grecque.*
i **3.12** *Voir Lévitique 18.5 ; Romains 10.5.*
j **3.13** *Deutéronome 21.23.*
k **3.16** *Voir Genèse 12.7.*

jusqu'à l'arrivée de celui qui allait naître d'Abraham. C'est pour lui que Dieu avait fait sa promesse. Ce sont les *anges qui ont fait connaître la loi, et c'est un homme qui a servi d'intermédiaire[l]. 20 Mais on n'a pas besoin d'intermédiaire quand il n'y a qu'une seule personne, et Dieu, lui, est seul[m].

21 Alors, qu'est-ce que cela veut dire ? Que la loi est contraire aux promesses de Dieu ? Sûrement pas ! Si une loi pouvait donner la vie, et si les êtres humains avaient reçu cette loi, eh bien, oui, la loi pourrait les rendre *justes. 22 Mais les Livres Saints disent que le monde entier est sous le pouvoir du péché. Voici pourquoi : la promesse de Dieu devait se réaliser pour tous les croyants, à cause de leur foi en Jésus-Christ.

23 Avant que le temps de croire au *Christ arrive, la loi nous gardait prisonniers. Il fallait attendre le moment où Dieu nous ferait connaître cette foi. 24 La loi a été notre surveillant jusqu'à l'arrivée du Christ pour que nous soyons rendus *justes par la foi. 25 Maintenant, le temps de croire au Christ est arrivé. Donc, nous ne dépendons plus de ce surveillant.

26 Oui, en croyant au Christ Jésus, vous êtes tous fils de Dieu. 27 Tous, vous avez été baptisés dans le Christ et vous êtes devenus semblables à lui. 28 Il n'y a donc plus de différence entre les Juifs et les non-Juifs, entre les esclaves et les personnes libres, entre les hommes et les femmes. En effet, vous êtes tous un dans le Christ Jésus. 29 Et si vous appartenez au Christ, vous êtes donc la famille d'Abraham, vous êtes héritiers comme Dieu l'a promis.

Les chrétiens ne sont plus des esclaves, mais des enfants de Dieu

4 1 Voici ce que je pense : quand l'héritier est encore enfant, il n'est pas différent d'un esclave. Pourtant, c'est lui qui sera le propriétaire de tout. 2 Mais il doit obéir à des personnes qui s'occupent de lui et de ses affaires, jusqu'au jour fixé par son père. 3 Pour nous, c'est la même chose. Avant, nous étions comme des enfants, nous étions esclaves des forces du *monde. 4 Mais quand le moment décidé par Dieu est arrivé, Dieu a envoyé son Fils. Il est né d'une femme et il a vécu sous la *loi de Moïse. 5 Il est venu pour rendre la liberté à ceux qui vivent sous la loi, et pour faire de nous des enfants de Dieu.

6 Oui, vous êtes vraiment ses enfants. La preuve, c'est que Dieu a envoyé dans nos cœurs l'Esprit de son Fils, l'Esprit qui nous fait dire : « Abba ! Père ! » 7 Donc, tu n'es plus un esclave, mais un enfant de Dieu. Et comme tu es son enfant, Dieu te donnera l'héritage qu'il garde pour ses enfants.

Les Galates risquent d'être de nouveau esclaves de la loi

8 Autrefois, vous ne connaissiez pas Dieu et vous étiez esclaves de forces qui ne sont pas réellement des dieux. 9 Mais maintenant, vous connaissez Dieu, ou plutôt, c'est Dieu qui vous connaît. Alors, comment pouvez-vous obéir de nouveau à des forces sans pouvoir et sans valeur ? Est-ce que vous voulez être de nouveau leurs esclaves ? 10 Vous donnez trop d'importance à certains jours, mois, saisons ou années ! 11 J'ai peur d'avoir travaillé pour vous inutilement !

12 Frères et sœurs chrétiens, je vous le demande, agissez comme moi, puisque je suis devenu comme vous. Vous ne m'avez fait aucun mal. 13 Vous savez à quelle occasion je vous ai annoncé la Bonne Nouvelle pour la première fois. J'étais malade, 14 mon corps n'était pas beau à voir, et pourtant, vous ne m'avez pas laissé de côté, vous n'avez pas été dégoûtés. Au contraire, vous m'avez reçu comme un messager de Dieu, et même comme le *Christ Jésus. 15 Où est votre joie d'autrefois ? Oui, vraiment, j'en suis *témoin, si vous aviez pu vous arracher les yeux pour

---

l **3.19** *D'après la tradition juive, Dieu a fait connaître sa loi à Moïse sur le mont Sinaï en se servant des anges. Et Moïse a été l'intermédiaire entre les anges et le peuple.*

m **3.20** *Voir Deutéronome 6.4.*

me les donner, vous l'auriez fait. 16 Et maintenant, est-ce que je suis devenu votre ennemi parce que je vous dis la vérité ?

17 Ces gens-là s'intéressent à vous, mais ils ne sont pas sincères. Ils veulent seulement vous séparer de moi pour que vous vous intéressiez à eux. 18 Ce qui est bon, c'est de montrer de l'intérêt pour le bien, à tout moment, et pas seulement quand je suis au milieu de vous ! 19 Mes petits enfants, je souffre de nouveau pour vous, comme si je vous mettais au monde. Et cela va durer jusqu'à ce que le *Christ soit formé en vous. 20 Je voudrais bien être auprès de vous en ce moment, pour vous parler autrement. En effet, je ne sais pas comment faire avec vous.

Agar et Sara représentent deux alliances

21 Dites-moi, vous qui voulez obéir à la *loi, est-ce que vous n'entendez pas ce qu'elle dit ? 22 Voici ce qu'elle dit : « Abraham a eu deux fils : un avec Agar, qui était une esclave, un avec Sara, qui était une femme libre. »[n] 23 Le fils de l'esclave est né selon la volonté d'un homme et d'une femme, mais le fils de la femme libre est né à cause de la promesse de Dieu.[o] 24 Cette histoire a encore un autre sens. Les femmes sont comme les deux *alliances. La première alliance vient du mont Sinaï, elle met au monde des enfants esclaves : c'est Agar, 25 et Agar, c'est le mont Sinaï en Arabie. Elle représente aussi l'actuelle ville de Jérusalem[p] qui est esclave avec ses enfants. 26 Mais la Jérusalem d'en haut est libre, et c'est elle qui est notre mère. 27 En effet, les Livres Saints disent :

« Réjouis-toi,
toi qui n'as pas d'enfant !
Pousse des cris de joie,
toi qui n'as pas connu
les douleurs de l'accouchement !
Oui, la femme abandonnée
aura plus d'enfants
que la femme qui a un mari ! »[q]

28 Et vous, frères et sœurs, comme Isaac, vous êtes des enfants nés selon la promesse de Dieu. 29 Mais autrefois, le fils d'Abraham né selon la volonté d'un homme et d'une femme a fait souffrir le fils qui est né selon l'Esprit de Dieu. Et maintenant, c'est encore la même chose. 30 Eh bien, que disent les Livres Saints ? « Chasse la femme esclave et son fils ! Non, le fils de l'esclave ne doit pas hériter avec le fils de la femme libre ! »[r] 31 Frères et sœurs, nous ne sommes donc pas les enfants d'une esclave, nous sommes les enfants de la femme libre.

Le Christ rend libre

5 1 Le *Christ nous a libérés pour que nous soyons vraiment libres. Alors, résistez ! Ne vous laissez plus attacher avec les chaînes de l'esclavage !

2 Moi, Paul, je vous le dis : si vous vous faites *circoncire, le Christ ne vous servira plus à rien. 3 Encore une fois, je tiens à le dire à tout homme qui se fait circoncire : il est obligé d'obéir à toute la *loi. 4 Vous qui cherchez à devenir *justes par la loi, vous vous êtes séparés du Christ, vous avez perdu ce que Dieu vous a donné. 5 Pour nous qui croyons, nous espérons que Dieu nous rendra justes, et c'est l'Esprit Saint qui nous fait attendre cela avec impatience. 6 Quand quelqu'un vit uni au Christ Jésus, être circoncis ou ne pas être circoncis, cela n'a aucune importance ! Ce qui compte, c'est de croire et de montrer sa foi en aimant.

7 Vous étiez bien partis. Qui vous a barré la route et vous empêche d'obéir à la vérité ? 8 Cet empêchement ne vient pas de Dieu qui vous appelle ! 9 Un peu de *levain fait lever toute la pâte.[s] 10 Pourtant, le Seigneur me donne confiance à votre sujet : vous ne pense-

n **4.22** *Voir Genèse 16.15 ; 21.2.*
o **4.23** *Voir Genèse 17.16.*
p **4.25** *Ici, Jérusalem représente la religion juive.*
q **4.27** *Ésaïe 54.1.*
r **4.30** *Voir Genèse 21.10.*
s **5.9** *Ici, le levain représente ceux qui ont trompé les Galates.*

rez pas autrement que moi. Mais tous ceux qui sèment le désordre chez vous, seront condamnés sans exception.

11 Et moi, frères et sœurs, est-ce que j'annonce encore que nous avons besoin d'être circoncis ? Si oui, pourquoi est-ce qu'on continue à me faire souffrir ? En effet, si j'annonce cela, la croix du Christ n'est plus un obstacle pour personne ! 12 Eh bien, ceux qui sèment le désordre chez vous n'ont qu'à se mutiler[t] complètement !

Les Galates doivent se mettre au service les uns des autres

13 Vous, frères et sœurs, vous avez été appelés à la liberté, mais cette liberté ne doit pas être une excuse pour vos désirs mauvais ! Au contraire, mettez-vous au service les uns des autres avec amour. 14 Toute la *loi de Moïse est contenue dans un seul commandement : « Tu dois aimer ton *prochain comme toi-même. »[u] 15 Mais si vous vous mordez et si vous vous blessez les uns les autres, attention, vous allez vous détruire ! 16 C'est pourquoi je dis : laissez l'Esprit Saint conduire votre vie, ainsi vous ne suivrez pas vos désirs mauvais. 17 Ces désirs mauvais luttent contre l'Esprit Saint, et l'Esprit Saint lutte contre ces désirs. Entre eux, c'est la guerre, et le résultat, c'est que vous n'arrivez pas à faire ce que vous voulez. 18 Mais si l'Esprit Saint vous conduit, vous ne dépendez plus de la loi.

19 Ce que les désirs mauvais produisent, on le voit bien : ils mènent une vie immorale et mauvaise, ils se conduisent n'importe comment. 20 Ils adorent les faux dieux, ils pratiquent la sorcellerie. Ils détestent les autres, ils se disputent, ils sont jaloux. Ils se mettent en colère, ils cherchent à passer devant tout le monde, ils se divisent en partis et en groupes opposés. 21 Ils veulent ce que les autres possèdent, ils boivent trop, ils mangent trop et ils font encore bien d'autres choses semblables. Je vous avertis et je l'ai déjà dit : ceux qui font ces choses-là n'auront pas de place dans le *Royaume de Dieu.

22 Au contraire, voici ce que l'Esprit Saint produit : amour, joie, paix, patience, bonté, service, confiance dans les autres, 23 douceur, maîtrise de soi[v]. La loi n'est sûrement pas contre ces choses-là. 24 Ceux qui appartiennent au *Christ Jésus ont cloué sur la croix les désirs mauvais qui les entraînaient. 25 Puisque l'Esprit Saint nous fait vivre, laissons-nous conduire par cet Esprit.

Chacun récolte ce qu'il a semé

26 Ne soyons pas orgueilleux ! Entre nous, pas de disputes ! Entre nous, pas de jalousie !

6 1 Frères et sœurs chrétiens, l'Esprit Saint vous conduit. Alors, si vous voyez quelqu'un en train de commettre une faute, ramenez-le sur le bon chemin avec douceur. Attention à vous ! Je le dis à chacun de vous : tu peux être tenté de faire le mal, toi aussi. 2 Portez les charges les uns des autres, et ainsi, vous obéirez à la loi du *Christ. 3 Si quelqu'un se croit important, lui qui n'est rien, il se trompe ! 4 Chacun doit regarder avec attention ce qu'il fait. S'il trouve une raison d'être content de lui, il doit la trouver en lui seul, sans se comparer aux autres. 5 Oui, chacun sera responsable de ses actes.

6 Celui qui reçoit la parole de Dieu doit partager ses biens avec celui qui lui donne cet enseignement.

7 Ne vous trompez pas à ce sujet : Dieu ne permet pas qu'on se moque de lui. Chacun récolte ce qu'il a semé. 8 Si quelqu'un sème ce qui plaît à ses désirs mauvais, il récoltera ce que ses désirs produisent, c'est-à-dire la destruction. Mais s'il sème ce qui plaît à l'Esprit Saint, il récoltera ce que l'Esprit Saint produit, c'est-à-dire la vie avec Dieu pour toujours. 9 Faisons le bien sans nous décourager. Oui, si nous allons jusqu'au bout, nous récolterons quand le moment sera venu. 10 Alors, pendant le temps qui nous reste, travaillons pour le

---

t **5.12** *« Se mutiler » veut dire ici : couper l'organe mâle de reproduction.*

u **5.14** *Lévitique 19.18.*

v **5.23** *« Être maître de soi », c'est refuser d'obéir à ses désirs mauvais.*

bien de tous, surtout pour ceux qui partagent
notre foi.

Salutations

11 Regardez ces grosses lettres : je vous écris
de ma main ! 12 Ceux qui vous obligent à être
*circoncis, ces gens-là veulent se faire bien
voir pour des raisons humaines. Leur seul
but est d'éviter de souffrir à cause de la croix
du *Christ. 13 Ces hommes qui se font circoncire n'obéissent pas à la loi ! Et pourtant, ils
veulent que vous soyez circoncis pour se vanter de votre circoncision. 14 Moi, je veux me
vanter d'une seule chose : c'est de la croix
de notre Seigneur Jésus-Christ. Par la croix,
le *monde est mort pour moi, et moi aussi,
je suis mort pour le monde. 15 Être circoncis
ou ne pas être circoncis, cela n'a pas d'importance ! Ce qui compte, c'est que Dieu nous
crée à nouveau. 16 Pour ceux qui obéissent à
mon enseignement, je dis : que la paix et la
bonté de Dieu soient sur eux, et sur le peuple
de Dieu tout entier !

17 Maintenant, personne ne doit plus me
faire de difficultés ! En effet, je porte sur
mon corps la marque des souffrances de Jésus.

18 Frères et sœurs, que notre Seigneur Jésus-
Christ vous *bénisse ! *Amen.

Lettre aux Éphésiens

INTRODUCTION

La lettre aux chrétiens d'Éphèse est sans doute écrite pour plusieurs communautés d'Asie Mineure, la Turquie actuelle. Cette lettre, écrite en prison (3.1 ; 4.1), rassemble et résume les derniers enseignements de Paul à ces Églises. Elle est destinée à des chrétiens qui ne sont pas d'origine religieuse juive.

L'idée la plus importante de la lettre aux Éphésiens est celle du ***projet de Dieu.*** *C'est un mystère qui était caché et que Jésus a fait connaître. Ce projet de Dieu existe depuis toujours. Il se réalise avec Jésus-Christ. Il concerne la création tout entière, les cieux et la terre. Il permet l'unité des êtres humains entre eux et l'unité entre les êtres humains et Dieu. Dans ce projet, l'Église tient une grande place. Quand l'auteur parle de l'Église, il s'agit d'une réalité vécue dans les Églises locales, mais qui les dépasse. L'auteur de la lettre en parle en employant de nombreuses comparaisons. l'Église est comme le corps du Christ. Ce corps grandit sans cesse. Elle est comme une maison construite à partir du Christ. Les chrétiens continuent à la construire. Elle est unie au Christ d'une façon aussi mystérieuse qu'une femme à son mari.*

• *Dans les chapitres 1 à 3, l'auteur insiste sur l'unité rendue possible, parce que Jésus a donné sa vie sur la croix. Les chrétiens d'origine non juive forment un seul peuple avec ceux d'origine juive. Ils reçoivent de Dieu les mêmes bienfaits.* ***Le Christ a détruit le mur de la haine*** *et rapproché ceux qui étaient séparés. Il apporte ainsi la paix à tous.*

• *Dans les chapitres 4 à 6, l'auteur appelle les chrétiens à garder la foi, l'unité et la paix que Dieu leur donne. Ils sont encouragés à* ***vivre d'une manière nouvelle.*** *L'auteur donne des conseils pour les relations à l'intérieur de la famille (5.21 - 6.9). Pour bien comprendre ces conseils, il faut connaître la société de l'époque. La règle était que les femmes obéissent à leurs maris. Les maris étaient les chefs. L'auteur de la lettre parle surtout aux maris. S'ils sont les chefs, ils doivent l'être comme le Christ, qui a donné sa vie. C'est tout à fait nouveau de dire aux maris d'aimer ainsi leurs femmes (5.25-33). C'est aussi tout à fait nouveau pour l'époque de dire aux maîtres qu'ils ont un maître dans les cieux (6.9).*

Salutation

1 [1] Moi, Paul, je suis *apôtre du *Christ Jésus parce que Dieu l'a voulu. J'écris à ceux qui appartiennent à Dieu, qui se trouvent à Éphèse et qui croient au Christ Jésus.

[2] Que Dieu notre Père et le Seigneur Jésus-Christ vous *bénissent et vous donnent la paix !

Dans le Christ, Dieu réalise son projet de salut

[3] Louange à Dieu, le Père de notre Seigneur Jésus-Christ ! En effet, il nous a *bénis dans le *Christ en nous communiquant les dons de son Esprit qui viennent du *ciel. [4] Avant la création du monde, Dieu nous a choisis dans le Christ pour que nous soyons *saints et

sans défaut devant ses yeux. Dieu nous aime
5 et, depuis toujours, il a voulu que nous deve-
nions ses fils par Jésus-Christ. Il a voulu cela
dans sa bonté. 6 Alors chantons la *gloire de
Dieu pour la grandeur de ses bienfaits ! Il
nous les donne généreusement par son Fils
très aimé. 7 Dans le Christ, par son sang[a],
nous sommes libérés du mal, et nos péchés
sont pardonnés, tellement la bonté de Dieu
est grande ! 8 Oui, Dieu nous a couverts de
ses bienfaits. Il nous a donné toute la sagesse
et l'intelligence. 9 Il nous a fait connaître son
mystère, c'est-à-dire ce que, dans sa bonté, il
voulait faire dans le Christ depuis toujours.
10 Ce projet, Dieu voulait le réaliser au temps
choisi par lui : rassembler tout ce qui est
dans les cieux et ce qui est sur la terre, sous
un seul chef, le Christ.

11 Et dans le Christ, Dieu nous a donné notre part au *salut en nous choisissant d'avance
selon son projet. Il a fait tout cela parce qu'il
l'a décidé et voulu. 12 Alors, nous qui avons
été les premiers à mettre notre espoir dans
le Christ, chantons la gloire de Dieu !

13 Dans le Christ, vous aussi, vous avez entendu la parole vraie, la Bonne Nouvelle qui
vous sauve. Ensuite, vous avez cru dans le
Christ, et Dieu vous a marqués d'un signe.
Cette marque, c'est l'Esprit Saint qu'il a promis. 14 Cet Esprit est la première part des biens
que nous allons recevoir de Dieu. Nous les
posséderons quand nous serons entièrement
libérés du mal. Alors chantons la gloire de
Dieu !

Paul prie pour les chrétiens

15 Voici ce que j'ai appris : vous croyez au
Seigneur Jésus et vous aimez tous ceux qui
lui appartiennent. C'est pourquoi, depuis
que je sais cela, 16 je dis vos noms quand je
prie, et sans cesse je remercie Dieu à cause
de vous. 17 Je demande au Dieu de notre Seigneur Jésus-Christ, le Père rempli de *gloire,
de vous donner la sagesse. Alors vous décou-
vrirez Dieu et vous le connaîtrez vraiment.
18 Je lui demande d'ouvrir les yeux de votre intelligence. Ainsi, vous pourrez connaître l'espérance qu'il vous a donnée en vous appelant.
Vous connaîtrez la richesse magnifique des
biens qu'il donne à ceux qui lui appartiennent. 19 Vous connaîtrez la puissance extraordinaire que Dieu a montrée pour nous qui
croyons en lui. Sa puissance et sa force,
20 Dieu les a montrées dans le *Christ quand
il l'a réveillé de la mort, quand il l'a fait asseoir
à sa droite dans les *cieux. 21 Ainsi, le Christ
est placé au-dessus de toutes les forces et de
toutes les puissances qui ont autorité et pouvoir. Il est au-dessus de tout ce qui existe,
non seulement dans le monde d'aujourd'hui,
mais aussi dans le monde qui vient. 22 Oui,
Dieu a tout mis sous les pieds du Christ. Il a
mis le Christ au-dessus de tout, et il l'a donné
comme tête à l'Église. 23 L'Église est le corps
du Christ. En elle, le Christ est totalement
présent, lui en qui Dieu habite totalement.

Dieu donne la vie avec le Christ

2 1 Autrefois, vous étiez morts à cause de
vos fautes, à cause de vos péchés. 2 Vous
viviez dans le péché en suivant les forces de
ce *monde. Vous obéissiez au chef des puissances mauvaises qui règnent entre *ciel et
terre. Ce chef, c'est l'esprit du mal qui agit
maintenant chez ceux qui désobéissent à
Dieu. 3 Autrefois, nous aussi, nous faisions
tous partie de ces gens-là quand nous vivions
selon nos désirs mauvais. Nous obéissions à
ces désirs et à nos pensées mauvaises. À cause
de notre nature, nous méritions la *colère de
Dieu comme les autres.

4 Mais Dieu est riche en pitié et il nous aime
d'un grand amour. 5 C'est pourquoi, à nous
qui étions morts à cause de nos fautes, il
nous a donné la vie avec le *Christ. Oui,
vous êtes sauvés grâce à la bonté de Dieu.
6 Avec le Christ Jésus, il nous a réveillés de
la mort et avec lui encore, il nous a fait asseoir
dans les *cieux. 7 Ainsi, en montrant sa bonté
pour nous dans le Christ Jésus, Dieu a voulu
prouver pour toujours la richesse extraordinaire de ses bienfaits. 8 En effet, vous êtes sau-

a 1.7 *« Par son sang », cela veut dire par sa mort.*

vés grâce à la bonté de Dieu, et parce que vous
croyez. Cela ne vient pas de vous, c'est Dieu
qui vous donne le *salut. 9 Ce salut ne vient
pas de vos actions à vous, donc personne ne
peut se vanter ! 10 Oui, c'est Dieu qui nous a
faits. Il nous a créés dans le Christ Jésus
pour que nous menions une vie riche en actions bonnes. Et ces actions, Dieu les a préparées pour que nous les fassions.

Grâce à la mort du Christ, Juifs et non-Juifs forment un seul peuple

11 Les Juifs portent la marque de la *circoncision sur leur corps et ils aiment s'appeler
« les circoncis ». Vous qui n'êtes pas juifs de
naissance, vous ne portez pas cette marque
sur votre corps, et ils vous appellent « les
non-circoncis ». Eh bien, rappelez-vous ce
que vous étiez autrefois : 12 vous étiez sans
*Messie, vous n'aviez aucun droit dans le
peuple *d'Israël. La promesse faite par Dieu
dans ses alliances avec son peuple n'était
pas pour vous. Vous étiez sans espérance et
sans Dieu dans le monde. 13 Mais maintenant,
dans le *Christ Jésus, vous qui étiez loin, vous
êtes devenus proches par le sang du Christ.
14 Oui, c'est lui qui est notre paix. Avec les
Juifs et les non-Juifs, il a fait un seul peuple.
En donnant sa vie sur la croix, le Christ a détruit le mur de haine qui les séparait. 15 Il a
enlevé toute valeur à la *loi de Moïse, à ses
commandements et à ses règles. Alors, avec
les Juifs et les non-Juifs, le Christ a créé un
seul peuple nouveau en union avec lui, et
ainsi, il a fait la paix entre eux. 16 En mourant
sur la croix, il a réuni les Juifs et les non-Juifs
en un seul corps, et il les a réconciliés avec
Dieu. Par la croix, il a détruit la haine. 17 Il
est venu annoncer la Bonne Nouvelle de la
paix pour vous qui étiez loin, et aussi pour
ceux qui étaient proches. 18 En effet, en passant par le Christ, Juifs et non-Juifs, nous
pouvons nous approcher du Père, grâce à
l'unique Esprit Saint.

19 C'est pourquoi vous n'êtes plus des étrangers, ni des gens de passage. Mais vous faites
partie du peuple de Dieu, vous en avez tous
les droits et vous êtes de la famille de Dieu.
20 Vous êtes devenus la maison qui a pour fondations les *apôtres et les *prophètes. La
pierre principale, c'est le Christ Jésus lui-
même. 21 C'est en union avec le Christ que
toutes les pierres de la maison tiennent ensemble. Et cette maison s'agrandit pour
former un temple *saint dans le Seigneur.
22 C'est en union avec le Christ que vous
aussi, vous faites partie de la maison qui est
construite. Et vous formez avec tous les autres
un lieu où Dieu habite par son Esprit.

Paul annonce le mystère que Dieu réalise par le Christ

3 1 Moi, Paul, je suis prisonnier du *Christ
Jésus pour vous qui n'êtes pas juifs.
2 Vous avez sans doute entendu parler du service que Dieu, dans sa bonté, m'a chargé d'accomplir pour vous, afin de réaliser son projet.
3 Il m'a ouvert les yeux pour me faire connaître ce projet caché, je viens de vous en parler
un peu. 4 En lisant ma lettre, vous pouvez voir
combien je connais le mystère que Dieu réalise par le Christ. 5 Ce mystère, Dieu ne l'avait
pas fait connaître aux ancêtres. Mais aujour-
d'hui, il vient de le faire connaître par son Esprit à ses *apôtres *saints et à ses *prophètes.
6 Voici ce mystère : en étant unis au Christ Jésus par la Bonne Nouvelle, ceux qui ne sont
pas juifs reçoivent en partage les mêmes biens
que les Juifs. Ils font partie du même corps, ils
participent à la même promesse.

7 Dieu, dans sa bonté, m'a donné d'être serviteur de cette Bonne Nouvelle, grâce à l'action de sa puissance. 8 Moi, je suis le plus
petit de tous les chrétiens. Pourtant j'ai reçu
ce don : annoncer à ceux qui ne sont pas juifs
la richesse très profonde du Christ. 9 J'ai également reçu le don de montrer clairement
comment Dieu accomplit ce mystère. Lui qui
est le Créateur de toutes choses, il avait caché
en lui ce mystère depuis toujours. 10 Alors
maintenant, par l'Église, tous ceux qui ont autorité et pouvoir dans les *cieux peuvent
connaître la sagesse de Dieu. Cette sagesse,
Dieu la montre de mille manières, 11 selon le
projet qu'il avait fait depuis toujours. Ce projet, il l'a réalisé dans le Christ Jésus, notre Seigneur. 12 Nous sommes unis au Christ et nous
croyons en lui. Nous avons donc la liberté

de nous approcher de Dieu avec confiance.
13 C'est pourquoi je vous le demande : ne
vous laissez pas décourager par les souffrances
que je supporte pour vous. Elles vous donnent
la vraie *gloire.

L'amour du Christ

14 C'est pourquoi je me mets à genoux devant Dieu le Père, 15 de qui toute famille reçoit
son nom dans les *cieux et sur la terre. 16 Oui,
je lui demande de vous rendre forts par son Esprit, tellement sa *gloire est grande. Ainsi,
vous pourrez être des chrétiens solides.
17 Que le *Christ habite dans vos cœurs par
la foi ! Plongez vos racines dans l'amour et
soyez solidement construits sur cet amour.
18 Alors vous serez capables de comprendre
avec tous les chrétiens la largeur, la longueur,
la hauteur et la profondeur de l'amour du
Christ. 19 Vous connaîtrez cet amour qui dépasse tout ce qu'on peut connaître. Vous recevrez toute la vie de Dieu, et il habitera
totalement en vous.

20 Dieu agit en nous avec puissance. Et
quand nous lui demandons quelque chose,
il peut faire beaucoup plus ! Oui, sa puissance dépasse tout ce qu'on peut imaginer !
21 À lui la gloire, dans l'Église et par le Christ
Jésus, dans tous les temps et pour toujours !
*Amen.

L'unité de l'Église est dans le Christ

4 1 Voici ce que je vous demande avec force,
moi qui suis prisonnier pour le Seigneur :
vivez en accord avec l'appel que vous avez
reçu de lui. 2 Soyez simples, doux et patients,
supportez-vous les uns les autres avec amour.
3 Cherchez toujours à rester unis par l'Esprit
Saint, c'est lui qui vous unit en faisant la
paix entre vous. 4 Il y a un seul corps et un
seul Esprit Saint. Dieu vous a appelés aussi à
une seule espérance. 5 Il y a un seul Seigneur,
une seule foi, un seul baptême. 6 Il y a un seul
Dieu et Père de tous, il est au-dessus de tous, il
agit par tous, il habite en tous. 7 Dieu nous a
donné ses bienfaits, mais le *Christ a mesuré
à chacun sa part. 8 Dans les Livres Saints, on
lit :

« Quand il est monté très haut,
il a emmené des prisonniers.
Il a fait des dons aux êtres humains. »[b]

9 « Il est monté. » Qu'est-ce que cela veut
dire ? Avant de monter, le Christ est d'abord
descendu dans les régions les plus profondes
de la terre. 10 Celui qui est descendu, c'est
aussi celui qui est « monté » plus haut que
tous les *cieux. Ainsi il a pu remplir le monde
entier. 11 Voici les « dons » que le Christ a
faits : les uns ont reçu le don d'être *apôtres,
ou bien d'être *prophètes, ou bien d'annoncer
la Bonne Nouvelle. D'autres ont reçu le don
de conduire le peuple de Dieu, ou encore
d'enseigner. 12 Par ces dons, le Christ a voulu
former ceux qui appartiennent à Dieu. Ainsi,
ils peuvent accomplir leur service de chrétiens pour construire le corps du Christ.
13 Alors tous ensemble, nous aurons peu à
peu une même foi et une même connaissance
du Fils de Dieu. Finalement, nous serons des
chrétiens adultes et nous atteindrons la taille
parfaite du Christ. 14 Nous ne serons plus des
bébés. Nous ne ressemblerons plus à un petit
bateau poussé dans tous les sens par les vagues de la mer. Nous ne serons plus emportés
de tous les côtés par le vent des idées fausses.
Les gens ne nous tromperont plus avec leurs
mensonges habiles. 15 Mais en disant la vérité
avec amour, nous grandirons en tout vers celui qui est la tête, le Christ. 16 C'est par lui que
toutes les parties du corps tiennent ensemble
et sont unies. Beaucoup d'articulations servent à unir le corps, et quand chaque partie
du corps fait son travail, le corps grandit et
se construit lui-même dans l'amour.

La vie nouvelle dans le Christ

17 C'est pourquoi, je vous dis ceci et j'insiste
au nom du Seigneur : ne vivez plus comme
ceux qui ne connaissent pas Dieu. Leurs pensées ne mènent à rien. 18 Leur intelligence est
dans la nuit, et ils ne participent pas à la vie de
Dieu. En effet, ils sont ignorants parce que

b **4.8** *Cité librement d'après Psaume 68.19.*

leur cœur est fermé. 19 Ils ne savent plus ce
qui est bien et ce qui est mal, et ils se conduisent n'importe comment. Toutes les actions
immorales qu'ils ont envie de faire, ils les
font sans se gêner.
20 Vous, ce n'est pas de cette façon que vous
avez appris à connaître le *Christ. 21 Mais est-
ce que c'est bien du Christ que vous avez entendu parler ? Est-ce que c'est lui qu'on vous a
enseigné, selon la vérité qui est en Jésus ? 22 Si
oui, vous devez laisser votre vie d'autrefois.
Avant, vous étiez pleins de désirs trompeurs
qui vous détruisaient. Eh bien, ce que vous
étiez avant, il faut vous en débarrasser comme
d'un vieux vêtement. 23 Comprenez les choses d'une façon nouvelle, selon l'Esprit de
Dieu. 24 Et, comme si vous mettiez un vêtement neuf, devenez une personne nouvelle.
Cette personne nouvelle est créée comme
Dieu veut : la vérité la rend *juste et *sainte.
25 Alors ne mentez plus. Chacun doit dire la
vérité à son *prochain, parce que tous ensemble, nous faisons partie d'un même corps.
26 Quand vous vous mettez en colère, ne
commettez pas de péché. Votre colère doit
cesser avant le coucher du soleil. 27 Ne laissez
aucune place en vous à l'esprit du mal. 28 Le
voleur ne doit plus voler, il doit plutôt faire
tous ses efforts pour travailler de ses mains
honnêtement. Ainsi, il pourra donner quelque
chose à celui qui a besoin d'une aide. 29 Aucune parole mauvaise ne doit sortir de votre
bouche. Dites seulement des paroles utiles
qui aident les autres selon leurs besoins, et
qui font du bien à ceux qui vous entendent.
30 Dieu vous a marqués de son Esprit Saint[c],
alors ne faites pas de peine à cet Esprit. En effet, c'est lui qui vous assure qu'un jour, Dieu
vous libérera complètement de vos péchés.
31 Ne gardez pas dans votre cœur le mal qu'on
vous a fait. Ne vous énervez pas, ne vous mettez pas en colère, faites disparaître de chez
vous les cris, les insultes, le mal sous toutes
ses formes. 32 Soyez bons les uns pour les autres, ayez un cœur plein de tendresse. Pardonnez-vous les uns aux autres, comme Dieu vous
a pardonné dans le Christ.

Vivre dans la lumière

5 1 Vous êtes les enfants que Dieu aime,
eh bien, imitez-le. 2 Vivez dans l'amour
comme le *Christ : il nous a aimés et il a donné
sa vie pour nous, comme une offrande et un
*sacrifice agréable à Dieu.
3 Vous appartenez à Dieu, donc, chez vous,
on ne doit même pas entendre parler de certaines choses. Par exemple, faire toutes sortes
d'actions immorales et mauvaises, chercher à
avoir tout pour soi. 4 Pas de paroles grossières
ni stupides ni sales, cela ne se fait pas ! Mais
quand vous parlez, faites-le plutôt pour remercier Dieu. 5 Vous devez savoir ceci : ceux qui
mènent une vie immorale ou mauvaise ne participeront pas au *Royaume du Christ et de
Dieu. Les gens qui veulent tout pour eux n'y
participeront pas non plus. En effet, tout vouloir pour soi, c'est une façon d'adorer les faux
dieux.
6 Personne ne doit vous tromper avec des
paroles creuses. À cause de tout cela, la *colère de Dieu vient sur les gens qui refusent
de lui obéir. 7 Ne faites donc pas comme
eux ! 8 Oui, avant, vous étiez dans la nuit,
mais maintenant, en étant unis au Seigneur,
vous êtes dans la lumière. Vivez comme des
gens qui appartiennent à la lumière. 9 Ce
que la lumière produit, c'est toute action
bonne, *juste et vraie. 10 Cherchez ce qui plaît
au Seigneur. 11 Les actions qui appartiennent à
la nuit ne produisent rien de bon. N'y participez pas, au contraire, dénoncez-les ! 12 Oui, ce
que ces gens-là font en cachette, on a honte
d'en parler. 13 Pourtant, quand on dénonce
ce qu'ils font, leurs actions apparaissent en
pleine lumière. 14 En effet, tout ce qui apparaît
clairement devient lumière. C'est pourquoi
on dit :

« Réveille-toi, toi qui dors.
Lève-toi du milieu des morts,
et le Christ t'éclairera de sa lumière. »

c **4.30** *Voir Éphésiens 1.13.*

15 Faites bien attention à votre conduite. Ne vivez pas sans réfléchir, vivez plutôt comme des sages 16 qui savent profiter du temps que Dieu leur laisse. Les jours que nous vivons sont mauvais. 17 C'est pourquoi, ne soyez pas stupides, mais comprenez bien la volonté du Seigneur.

18 Ne buvez pas trop de vin : la boisson pousse les gens à se détruire. Mais soyez remplis de l'Esprit Saint. 19 Ensemble, dites des psaumes, des hymnes, des cantiques qui viennent de cet Esprit. Chantez la louange du Seigneur de tout votre cœur. 20 Remerciez Dieu le Père toujours et pour tout, au nom de notre Seigneur Jésus-Christ.

Les relations entre maris et femmes

21 Obéissez les uns aux autres par respect pour le *Christ, 22 les femmes à leur mari comme au Seigneur. 23 En effet, le mari est le chef de sa femme, comme le Christ est le chef de l'Église. Le Christ est le Sauveur de l'Église qui est son corps. 24 Comme l'Église obéit au Christ, les femmes doivent obéir pour tout à leur mari.

25 Maris, aimez votre femme comme le Christ a aimé l'Église. Il a donné sa vie pour elle, 26 afin qu'elle soit *sainte : il l'a rendue *pure par l'eau et par la Parole[d]. 27 Il a voulu que l'Église se présente devant lui pleine de *gloire, sans tache, sans ride, sans aucun défaut. Il a voulu qu'elle soit sainte et sans reproche. 28 À son tour, un mari doit aimer sa femme comme il aime son corps. Aimer sa femme, c'est s'aimer soi-même. 29 Non, personne n'a jamais détesté son corps. Au contraire, on le nourrit, on en prend soin, comme le Christ le fait pour son Église. 30 Est-ce que nous ne faisons pas partie du corps du Christ ? Dans les Livres Saints on lit : 31 « C'est pourquoi l'homme quittera son père et sa mère pour s'attacher à sa femme et les deux deviendront comme une seule personne. »[e] 32 Ce mystère est grand, et moi, je vous dis qu'il s'agit du Christ et de l'Église. 33 Mais il s'agit aussi de vous : chacun doit aimer sa femme comme lui-même, et la femme doit respecter son mari.

Les relations entre enfants et parents

6 1 Enfants, obéissez à vos parents, comme le Seigneur le veut, c'est votre devoir. 2 « Respecte ton père et ta mère », voilà le premier commandement que Dieu a donné avec une promesse. 3 Cette promesse, la voici : « Alors tu seras heureux et tu vivras longtemps sur la terre. »[f]

4 Et vous, les parents, ne poussez pas vos enfants à la révolte. Mais pour les élever, corrigez-les et donnez-leur des conseils qui viennent du Seigneur.

Les relations entre esclaves et maîtres

5 Esclaves, obéissez à vos maîtres sur la terre avec beaucoup de respect, d'un cœur sincère, comme vous obéissez au *Christ. 6 Ne les servez pas seulement quand ils vous surveillent, comme pour plaire à des hommes. Mais obéissez comme des serviteurs du Christ qui font de tout leur cœur ce que Dieu veut. 7 Servez vos maîtres de bon cœur, comme si vous serviez le Seigneur et non des hommes. 8 Vous le savez : ce que chacun fait de bien, il le retrouvera près du Seigneur, qu'il soit esclave ou homme libre.

9 Et vous, les maîtres, agissez de la même façon avec vos esclaves. Laissez de côté les menaces. Vous le savez : vous et eux, vous avez le même Maître dans les *cieux, et lui, il ne fait pas de différence entre les gens.

Prendre les armes de Dieu

10 Enfin, devenez forts avec la force très puissante du Seigneur. 11 Prenez avec vous toutes les armes de Dieu, pour pouvoir résister aux pièges de l'esprit du mal. 12 Non, ce n'est pas contre des êtres humains que nous

---

d **5.26** *Purification par l'eau : voir Ézékiel 36.25 ; Tite 3.5, et la Parole : voir Jean 15.3.*

e **5.31** *Genèse 2.24.*

f **6.2-3** *Voir Exode 20.12 ; Deutéronome 5.16.*

devons lutter. Mais c'est contre des forces très
puissantes qui ont autorité et pouvoir. Nous
devons lutter contre les puissances qui dirigent le monde de la nuit, contre les esprits
mauvais qui habitent entre le *ciel et la terre.
13 C'est pourquoi prenez toutes les armes de
Dieu. Ainsi, dans les mauvais jours, vous
pourrez résister, et après avoir bien lutté,
vous resterez debout.

14 Alors, debout ! Prenez la vérité comme
ceinture, mettez la *justice comme *cuirasse.
15 Prenez comme sandales l'ardeur pour annoncer la Bonne Nouvelle de la paix. 16 Toujours et partout, prenez le *bouclier de la foi.
Avec lui, vous pourrez éteindre les flèches
brûlantes de l'esprit du mal. 17 Recevez aussi
le casque du *salut et *l'épée de l'Esprit Saint,
c'est-à-dire la parole de Dieu. 18 Priez sans
cesse. Faites toutes vos prières et vos demandes par l'Esprit Saint ! Soyez bien attentifs et
priez toujours fidèlement pour tous les chrétiens. 19 Priez aussi pour moi, afin que Dieu
mette sa Parole dans ma bouche. Alors j'annoncerai avec courage le mystère de la Bonne
Nouvelle. 20 Je suis le porte-parole de la Bonne
Nouvelle, et pour elle, je suis attaché avec des
chaînes. Priez pour que je parle avec courage,
comme je dois le faire.

Salutations

21 Je veux que vous aussi, vous connaissiez
ma situation et ce que je fais. Tychique, mon
frère et mon ami, qui sert fidèlement le Seigneur, vous donnera toutes les nouvelles.
22 Je l'envoie exprès chez vous pour vous
dire comment nous allons, et pour vous encourager.

23 Que Dieu le Père et notre Seigneur Jésus-
Christ donnent aux frères et sœurs chrétiens
la paix, l'amour et la foi ! 24 Que Dieu *bénisse tous ceux qui aiment notre Seigneur
Jésus-Christ d'un amour qui ne meurt pas !

Lettre aux Philippiens

INTRODUCTION

Paul a fondé l'Église de Philippes au cours de son second voyage missionnaire. C'est la première Église fondée par Paul en Europe. La ville de Philippes se trouve au nord-est de la Grèce, dans la province de Macédoine.

La lettre de Paul aux chrétiens de Philippes montre les relations fortes qui existent entre l'apôtre et la communauté. Paul veut les rendre encore plus fortes. Il est en prison. Il souffre de ne pas pouvoir agir et s'occuper des Philippiens. Il leur dit la tendresse qu'il a pour eux. Il dit aussi qu'il est inquiet. En effet, d'autres personnes leur annoncent le Christ pour de mauvaises raisons et veulent les influencer (1.15-17 ; 2.21 ; 3.2 et 18). Paul espère envoyer à Philippes des compagnons de travail pour soutenir la communauté et avoir des nouvelles (2.19-30). Pour leur part, les chrétiens de Philippes ont envoyé des cadeaux à Paul (4.10-20). La lettre aux Philippiens remercie les chrétiens de Philippes, leur donne des conseils et les encourage dans leur foi.

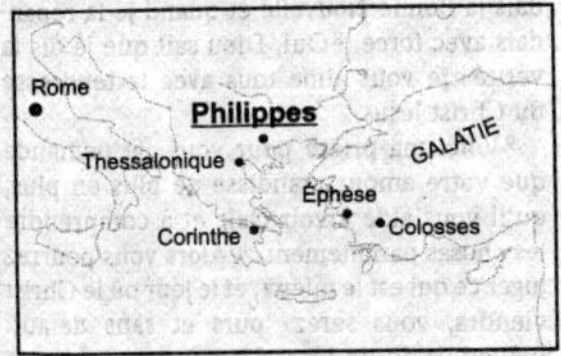

Paul met devant les yeux des Philippiens ***la vie et la mort du Seigneur Jésus*** *(2.6-11). Jésus a laissé tout ce qu'il avait. À cause de cela, Dieu l'a placé au-dessus de tout et de tous. De la même manière, Paul a laissé les avantages que son passé religieux lui donnait (3.3-10). Il accepte maintenant de souffrir pour Jésus-Christ. Il est en prison, et il est prêt à donner sa vie. Il espère se réveiller un jour de la mort. L'apôtre propose aux Philippiens de suivre son exemple (3.17 ; 4.9).*

Tout au long de la lettre, Paul dit la joie que la foi lui donne. Il encourage les Philippiens à ***vivre dans la joie****. Cette joie est présente au milieu de la faiblesse et des difficultés, quand les chrétiens sont unis entre eux et avec le Seigneur Jésus.*

Salutation

1 [1] Nous, Paul et Timothée, nous sommes les serviteurs du *Christ Jésus. Nous écrivons à tous ceux qui appartiennent à Dieu grâce au Christ Jésus, à leurs responsables et à leurs diacres[a], et qui se trouvent tous à Philippes.
[2] Que Dieu notre Père et le Seigneur Jésus-Christ vous *bénissent et vous donnent la paix !

---

a 1.1 *Diacre traduit le mot grec qui veut dire serviteur. Les diacres aident les responsables de l'Église. Ils sont surtout chargés du service des pauvres et des malades.*

Paul remercie Dieu

3 Chaque fois que je pense à vous, je remercie Dieu. 4 Chaque fois que je prie pour vous tous, je prie avec joie, 5 parce que vous m'avez aidé à répandre la Bonne Nouvelle depuis le premier jour jusqu'à maintenant. 6 Je suis sûr d'une chose : Dieu qui a commencé en vous un si bon travail va le continuer jusqu'au bout, jusqu'au jour où le *Christ Jésus viendra. 7 J'ai bien raison d'avoir ces sentiments-là pour vous tous, parce que je vous porte dans mon cœur. En effet, vous participez tous au don que Dieu m'a fait : aujourd'hui où je suis en prison, comme hier, quand je défendais la Bonne Nouvelle et quand je la répandais avec force. 8 Oui, Dieu sait que je dis la vérité : je vous aime tous avec la tendresse du Christ Jésus.

9 Voici ma prière pour vous : je demande que votre amour grandisse de plus en plus, qu'il vous aide à voir clair et à comprendre les choses parfaitement. 10 Alors vous pourrez juger ce qui est le mieux, et le jour où le Christ viendra, vous serez *purs et sans défaut. 11 Avec l'aide de Jésus-Christ, votre vie sera remplie d'actions *justes pour la *gloire et la louange de Dieu.

La Bonne Nouvelle se répand

12 Frères et sœurs chrétiens, je veux vous dire une chose : en réalité, ce qui m'est arrivé a servi à faire avancer la Bonne Nouvelle. 13 En effet, tous les fonctionnaires du gouverneur et tous les autres savent maintenant que je suis en prison parce que je sers le *Christ. 14 Presque tous les chrétiens, en voyant que je suis en prison, ont une plus grande confiance dans le Seigneur. Alors ils ont deux fois plus de courage pour annoncer sans peur la parole de Dieu.

15-17 Certains annoncent le Christ avec un cœur bon, ils le font par amour. Ils savent que je suis en prison pour défendre la Bonne Nouvelle. Mais d'autres le font par jalousie. Ils veulent s'opposer à moi et ils annoncent le Christ pour passer les premiers. Leurs raisons sont malhonnêtes, et de cette façon, ils pensent rendre plus dure ma vie en prison.

18 Leurs intentions peuvent être droites ou tordues, peu importe ! En tout cas, ils annoncent tous le Christ ! C'est pourquoi je suis dans la joie et je me réjouirai encore. 19 En effet, le résultat, je le connais : je serai sauvé par votre prière et avec l'aide de l'Esprit de Jésus-Christ. 20 Je désire que cela arrive, et je l'espère vivement. Je ne le regretterai pas, au contraire, je garde une grande confiance. Aujourd'hui comme toujours, on verra en moi que le Christ est grand, soit par ma vie soit par ma mort. 21 Oui, pour moi, vivre, c'est le Christ, et si je dois mourir, j'y gagne ! 22 Mais si, en continuant à vivre, je peux faire un travail utile, je ne sais pas quoi choisir. 23 Je suis tiré des deux côtés : j'ai envie de quitter cette vie pour être avec le Christ, et c'est en effet beaucoup mieux ! 24 Mais rester sur la terre, c'est plus utile à cause de vous. 25 C'est pourquoi je sais que je vais rester, j'en suis sûr. Je serai auprès de vous tous pour vous aider à faire des progrès et à croire avec joie. 26 Ainsi, quand je reviendrai chez vous, vous serez encore plus fiers à cause de moi, dans le Christ Jésus.

Le combat pour la Bonne Nouvelle

27 Mais vivez comme la Bonne Nouvelle du *Christ le demande. Ainsi, si je viens, je vous verrai, et si je ne viens pas, j'entendrai parler de vous. Alors je saurai que vous restez solides, très unis entre vous, et que vous luttez ensemble et d'un même cœur, pour garder la foi que la Bonne Nouvelle apporte. 28 Je saurai aussi que vous n'avez pas peur de vos ennemis. Pour eux, c'est la preuve qu'ils sont perdus. Pour vous, c'est la preuve que vous êtes sauvés, et cela vient de Dieu. 29 C'est lui qui vous a donné non seulement de croire au Christ, mais encore de souffrir pour lui. 30 En effet, nous luttons ensemble, vous et moi. Autrefois, j'ai lutté sous vos yeux et je continue à lutter, vous le savez.

Le Christ s'est fait serviteur

2 1 Le *Christ vous rend plus forts. Son amour vous donne du courage et son Esprit vous unit. Vous êtes pleins de tendresse et de pitié les uns pour les autres. C'est vrai,

n'est-ce pas ? 2 Eh bien, remplissez-moi de joie en vous mettant d'accord. Ayez un même amour, un même cœur, une même pensée. 3 Ne faites rien pour passer devant les autres ou pour que les autres vous admirent, cela ne vaut rien. Au contraire, soyez simples et pensez que les autres sont meilleurs que vous. 4 Ne cherchez pas votre intérêt à vous, mais cherchez l'intérêt des autres. 5 Entre vous, conduisez-vous comme des gens unis au *Christ Jésus.

6 Lui, il est l'égal de Dieu, parce qu'il est Dieu depuis toujours. Pourtant, cette égalité, il n'a pas cherché à la garder à tout prix pour lui. 7 Mais tout ce qu'il avait, il l'a laissé. Il s'est fait serviteur, il est devenu comme les hommes, et tous voyaient que c'était bien un homme. 8 Il s'est fait plus petit encore : il a obéi jusqu'à la mort, et il est mort sur une croix[b] ! 9 C'est pourquoi Dieu l'a placé très haut et il lui a donné le nom qui est au-dessus de tous les autres noms. 10 Alors tous ceux qui sont dans le *ciel, sur la terre et chez les morts tomberont à genoux quand ils entendront le nom de Jésus. 11 Et tous reconnaîtront ceci : Jésus-Christ est le Seigneur, pour la *gloire de Dieu le Père.

La responsabilité des chrétiens dans le monde

12 C'est pourquoi, amis très chers, obéissez à Dieu comme vous l'avez toujours fait. Obéissez-lui, non seulement quand je suis là, mais encore plus maintenant que je suis absent. Avec un grand respect pour Dieu et en tremblant, travaillez pour être sauvés. 13 Dieu travaille en vous et il vous rend capables de vouloir et de faire les actions qui lui plaisent.

14 Faites tout sans vous plaindre et sans discuter. 15 Ainsi vous serez innocents, on n'aura rien à vous reprocher. Vous serez des enfants de Dieu sans défaut, au milieu de gens malhonnêtes et mauvais. Parmi ces gens-là, vous brillez comme des lumières dans le monde, 16 parce que vous apportez la parole de vie. Le jour où le *Christ viendra, je pourrai être fier de vous. Et, on le verra bien : je n'aurai pas travaillé pour rien, je ne me serai pas fatigué pour rien !

17 Mon sang, c'est-à-dire ma vie, sera peut-être ajouté comme une offrande au *sacrifice que votre foi présente à Dieu. Pourtant, cela me rend heureux, et je me réjouis avec vous tous. 18 Vous aussi, soyez heureux et réjouissez-vous avec moi !

Paul envoie Timothée et Épafrodite aux chrétiens de Philippes

19 Le Seigneur Jésus me fait espérer que je pourrai bientôt vous envoyer Timothée. Ainsi j'aurai des nouvelles de vous, et elles me donneront du courage. 20 En effet, à part Timothée, personne ne porte les mêmes soucis que moi, personne ne s'occupe vraiment de vous. 21 Tous cherchent leur intérêt, et non celui de Jésus-Christ. 22 Mais vous le savez, Timothée a montré ce qu'il valait. Il a travaillé avec moi au service de la Bonne Nouvelle, comme un fils auprès de son père. 23 Donc, c'est lui que j'espère vous envoyer dès que je verrai clair dans ma situation. 24 Et le Seigneur me rend sûr d'une chose : je vais bientôt venir chez vous, moi aussi.

25 Pourtant, je pense qu'il faut vous renvoyer Épafrodite. C'est mon frère. Il travaille et combat avec moi, et vous l'avez envoyé pour me servir quand j'en avais besoin. 26 Il désire beaucoup vous revoir tous et il est inquiet parce que vous avez appris sa maladie. 27 Oui, il a été malade et bien près de mourir. Mais Dieu a eu pitié de lui, et pas seulement de lui, mais de moi aussi. Alors il m'a évité une tristesse encore plus grande. 28 C'est pourquoi je me dépêche de vous le renvoyer. Ainsi, quand vous le verrez, vous serez de nouveau dans la joie, et moi, je serai moins triste. 29 Recevez-le avec grande joie comme un frère chrétien. Respectez beaucoup les gens comme lui, 30 parce qu'il a vu la mort de près en travaillant pour le *Christ. Il a risqué sa vie pour me rendre service quand vous ne pouviez pas le faire vous-mêmes.

---

b **2.8** *Au temps de Jésus, c'étaient les bandits qu'on faisait mourir sur une croix.*

Paul met sa confiance en Jésus seul

3 1 Et maintenant, mes frères et mes sœurs,
soyez dans la joie à cause du Seigneur!
Cela ne me dérange pas de vous écrire les mêmes choses, et pour vous, c'est plus sûr ! 2 Attention aux mauvais ouvriers, à ces chiens[c]
qui donnent trop d'importance à la *circoncision ! 3 Les vrais circoncis, c'est nous. En effet,
nous servons Dieu avec l'aide de son Esprit,
nous nous vantons à cause du *Christ Jésus,
nous ne mettons pas notre confiance en
nous-mêmes. 4 Pourtant, moi, je pourrais
avoir confiance en moi-même. Si quelqu'un
d'autre peut penser qu'il a raison d'avoir
confiance en lui-même, moi, je peux le penser
encore plus. 5 J'ai été *circoncis huit jours
après ma naissance, je suis né Israélite, de la
tribu de Benjamin. Tous mes ancêtres sont
juifs, et j'obéissais à la *loi de Moïse, comme
un *Pharisien fidèle. 6 J'y tenais tellement
que j'ai fait souffrir l'Église. Au sujet de la
*justice qui vient de la loi, on ne pouvait
rien me reprocher. 7 J'ai cru gagner beaucoup
avec ces choses-là, mais maintenant, à cause
du Christ, je trouve que c'est une perte.
8-9 Connaître le Christ Jésus mon Seigneur,
voilà le plus important. À mon avis, tout ce
qu'on gagne, ce n'est rien à côté de cette
connaissance. Pour lui, j'ai tout abandonné.
Pour gagner le Christ et pour être uni à lui,
je considère toutes ces choses-là comme des
ordures. Je ne suis pas *juste parce que j'obéis
à la loi, mais parce que je crois au Christ. C'est
Dieu qui rend juste, et il rend juste celui qui
croit. 10 La seule chose que je veux, c'est
connaître le Christ, et connaître la puissance
qui l'a fait se lever de la mort. Ce que je
veux, c'est souffrir avec lui et lui ressembler
dans sa mort. 11 Ainsi, j'espère que je pourrai,
moi aussi, me lever de la mort.

Courir vers le but !

12 Je ne veux pas dire que j'ai déjà atteint le
but, ou que je suis déjà parfait ! Mais je continue à courir pour saisir le prix, parce que le
*Christ Jésus m'a déjà saisi. 13 Non, frères et
sœurs, je ne pense pas que j'ai déjà obtenu
le prix. Mais j'oublie la route qui est derrière
moi, je suis tendu en avant, et je fais la seule
chose importante : 14 courir vers le but pour
gagner le prix. Dieu nous appelle d'en haut
à le recevoir par le Christ Jésus.

15 Nous qui sommes des chrétiens adultes,
nous devons penser de cette façon. Et si, sur
un point, vous pensez autrement, Dieu vous
éclairera aussi là-dessus. 16 En tout cas, continuons la même route que nous avons suivie
jusqu'à maintenant !

17 Frères et sœurs, imitez-moi. Nous avons
donné l'exemple. Alors regardez ceux qui vivent en suivant cet exemple. 18 Oui, je vous
l'ai dit souvent, et je le dis aujourd'hui en
pleurant : beaucoup de gens vivent comme
des ennemis de la croix du Christ[d]. 19 Ils finiront par se perdre. Leur dieu, c'est leur ventre, et ce qui doit les couvrir de honte, ils
s'en vantent[e] ! Eux, ils pensent seulement
aux choses de la terre. 20 Notre patrie à nous
est dans les *cieux, et celui que nous attendons comme Sauveur, le Seigneur Jésus-
Christ, viendra des cieux. 21 Alors il changera
notre faible corps pour le rendre semblable à
son corps glorieux. En effet, il est assez puissant pour tout mettre sous son pouvoir.

Conseils

4 1 Mes frères et mes sœurs très aimés, j'ai
très envie de vous revoir. Vous êtes ma
joie et vous me faites honneur. C'est pourquoi, amis très chers, restez fidèlement unis
au Seigneur.

---

c **3.2** *Le mot « chien » est employé ici comme insulte. Voir Matthieu 7.6.*

d **3.18** *La mort du Christ sur la croix ne veut rien dire pour eux. Ils n'acceptent pas de souffrir comme lui.*

e **3.19** *Leur dieu, c'est leur ventre : il s'agit sans doute de gens qui font très attention de ne pas manger les aliments interdits par la loi de Moïse.*
Ce qui doit les couvrir de honte : il s'agit sans doute de la circoncision, considérée par certains comme une honte.

2 Évodie et Syntique, je vous le demande
avec force, soyez d'accord entre vous en
restant unies au Seigneur. 3 Et toi aussi qui
travailles fidèlement avec moi, je te le
demande, aide ces deux femmes. Elles ont
lutté pour la Bonne Nouvelle avec moi, avec
Clément et avec les autres frères qui
travaillent avec moi. Leurs noms sont écrits
dans le livre de la vie[f].

4 Soyez toujours dans la joie en étant unis au
Seigneur ! Je le répète, soyez dans la joie !

5 Soyez bons avec tout le monde. Le Seigneur vient bientôt ! 6 Ne soyez inquiets de
rien, mais demandez toujours à Dieu ce qu'il
vous faut. Et quand vous priez, faites vos demandes avec un cœur reconnaissant. 7 Ainsi
la paix de Dieu, qui dépasse tout ce que
nous pouvons comprendre, gardera vos cœurs
et vos pensées unis au *Christ Jésus.

8 En tout cas, frères et sœurs, voici ce qui
doit vous intéresser : tout ce qui est vrai et mérite d'être respecté, tout ce qui est *juste et
*pur, tout ce qu'on peut aimer et approuver,
tout ce qui est très bon et ce qui mérite des félicitations. 9 Faites ce que vous avez appris de
moi, ce que vous avez reçu et entendu de moi,
ce que vous m'avez vu faire. Et le Dieu qui
donne la paix sera avec vous.

Paul remercie les Philippiens pour leurs cadeaux

10 J'ai eu beaucoup de joie dans le Seigneur.
En effet, finalement, vous avez pu montrer de
nouveau votre intérêt pour moi. Cet intérêt,
vous l'aviez, mais vous n'aviez pas eu l'occasion de le montrer. 11 Je ne dis pas cela parce
que j'ai besoin de quelque chose ! Non, j'ai appris à me contenter de ce que j'ai. 12 Je sais vivre dans la pauvreté, je sais vivre dans la
richesse. Toujours et partout, j'ai appris à
être rassasié et à avoir faim, à vivre avec beaucoup et avec peu. 13 Je suis capable de tout cela
grâce au *Christ qui me rend fort. 14 Pourtant,
vous avez bien fait de prendre part à mes souffrances.

15 Vous le savez, vous, mes amis de Philippes : quand on commençait à annoncer la
Bonne Nouvelle, j'ai quitté la Macédoine. Et
à ce moment-là, aucune autre Église ne s'est
occupée de mon salaire et de mes dépenses,
vous avez été les seuls à m'aider. 16 Déjà,
quand j'étais à Thessalonique, vous m'avez
envoyé plusieurs fois ce qui me manquait.
17 Cela ne veut pas dire que je cherche des cadeaux ! Ce que je cherche, c'est que vous en
retiriez un bénéfice. 18 J'ai tout ce qu'il faut,
et même plus ! J'ai reçu ce qu'Épafrodite m'a
apporté de votre part, et maintenant, j'ai vraiment tout. Vos cadeaux sont comme une offrande agréable, un *sacrifice que Dieu
accepte et qui lui plaît. 19 Et mon Dieu vous
donnera tout ce qui vous manque par le
*Christ Jésus, tellement sa *gloire est grande.
20 Rendons gloire à Dieu notre Père pour toujours ! *Amen !

Salutations

21 Saluez dans le *Christ Jésus tous ceux qui
appartiennent à Dieu. Les frères et les sœurs
qui sont avec moi vous saluent. 22 Tous les
chrétiens vous saluent, surtout ceux qui
travaillent au service de l'empereur.

23 Que le Seigneur Jésus-Christ vous *bénisse !

---

f **4.3** *Toi qui travailles : on ne sait pas à qui Paul parle ici.*
Le livre de la vie : selon les Livres Saints, le nom des amis de Dieu est écrit dans un grand livre.
Voir Apocalypse 3.5.

Lettre aux Colossiens

INTRODUCTION

Colosses est une ville située dans l'ouest de l'Asie Mineure, la Turquie actuelle. Paul n'a sans doute jamais rendu visite à la communauté chrétienne de cette ville. Celle-ci a été fondée par Épafras, un de ses compagnons de travail (1.7 ; 4.12).

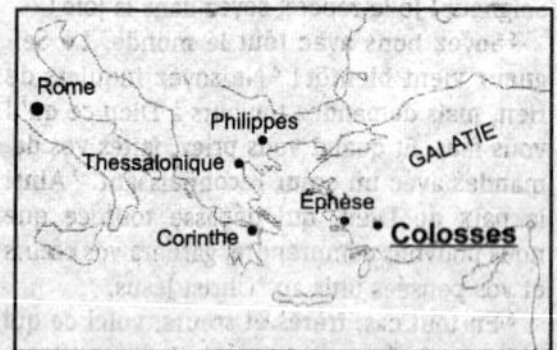

Paul a appris que des gens trompent les chrétiens dans l'Église de Colosses. Ils donnent des enseignements contraires au message de la Bonne Nouvelle de Jésus-Christ. Ils proposent aux Colossiens de suivre leurs anciennes coutumes, et même de rendre un culte à certaines forces qui agissent dans le monde. Paul est en prison, il ne peut pas se déplacer. Il écrit donc aux Colossiens.

La lettre aux Colossiens présente un portrait du Christ, c'est-à-dire celui que Dieu a choisi et envoyé pour sauver les êtres humains. À Colosses, les gens ont peur des forces qu'on ne voit pas, mais qui ont un pouvoir dans le monde. Or, ***le Christ est plus fort*** *que celles-ci. En mourant sur la croix, il a enlevé leur pouvoir aux fautes humaines. Et Dieu a enlevé leur pouvoir à toutes les forces et à toutes les puissances, en redonnant la vie au Christ, son Fils. Le Christ est aussi la tête de l'Église, qui est comme un corps formé de tous les croyants. Il est le chef des croyants, c'est-à-dire celui qui les conduit dans une vie nouvelle avec Dieu. Par leur baptême, les croyants participent à la mort et à la vie du Christ. Ils deviennent des personnes nouvelles.*

- *Dans la première partie de la lettre (1.1 - 2.5), un chant célèbre* ***le Christ comme le Seigneur du monde et de l'Église*** *(1.15-20). Avant ce chant se trouve une prière au sujet des Colossiens (1.3-14). Après ce chant, Paul rappelle sa lutte au service de l'Église (1.24 - 2.5).*
- *Ensuite, l'auteur dit aux chrétiens de Colosses de faire attention (2.6-23). Ils ne doivent pas écouter ceux qui enseignent des idées fausses, mais rester dans la foi qu'ils ont reçue.*
- *Enfin, la lettre donne des conseils pour mener une* ***vie nouvelle*** *dans la communauté, dans la famille et dans la société (3.1 - 4.6).*
- *La lettre se termine par des salutations (4.7-18).*

Le message de la lettre aux Colossiens est toujours actuel. Le Christ libère les êtres humains de toutes les forces ennemies. Il les libère aussi de tout ce qui les divise et les sépare.

Salutation

1 1 Moi, Paul, je suis *apôtre du *Christ Jésus
parce que Dieu l'a voulu. Avec Timothée
notre frère, j'écris 2 à ceux qui appartiennent
à Dieu et qui sont à Colosses, nos frères et
sœurs qui croient au Christ.
Que Dieu notre Père vous *bénisse et vous
donne la paix !

Paul remercie Dieu

3 Nous remercions toujours Dieu, le Père de
notre Seigneur Jésus-Christ, quand nous
prions pour vous. 4 Oui, voici ce que nous
avons appris : vous croyez au *Christ Jésus et
vous aimez tous ceux qui appartiennent à
Dieu. 5 En effet, vous espérez ce que Dieu a
préparé pour vous dans les *cieux. Quand la
Bonne Nouvelle, qui est la Parole vraie, est arrivée chez vous, elle vous a fait connaître cette
espérance. 6 Cette Bonne Nouvelle donne des
résultats et se développe aussi dans le monde
entier. Chez vous, c'est la même chose depuis
que vous avez entendu parler de la bonté de
Dieu, depuis que vous avez vraiment compris
que Dieu vous aime. 7 Épafras, qui est notre
ami et qui travaille avec nous, vous a enseigné
cela. Il nous remplace auprès de vous comme
un fidèle serviteur du Christ, 8 et il nous a fait
connaître l'amour que l'Esprit Saint a mis en
vous.
9 C'est pourquoi, nous aussi, depuis que
nous connaissons ces nouvelles, nous prions
sans cesse pour vous. Et nous demandons à
Dieu de vous donner toute la sagesse et l'intelligence qui viennent de son Esprit. Ainsi vous
pourrez connaître entièrement ce qu'il attend
de vous. 10 Vous pourrez vivre comme le Seigneur le veut et faire tout ce qui lui plaît.
Vous accomplirez toutes sortes d'actions bonnes et vous connaîtrez Dieu de plus en plus.
11 Sa puissance magnifique vous rendra forts
pour tout. Alors vous résisterez et vous supporterez tout avec patience. 12 Avec joie, remerciez le Père : il vous a rendus capables
de recevoir les biens qu'il garde pour ceux
qui lui appartiennent dans le royaume de la lumière. 13 Il nous a arrachés au pouvoir de la
nuit et il nous a fait passer dans le royaume
de son Fils très aimé. 14 Par ce Fils, nous sommes libérés, nos péchés sont pardonnés.

Chant de louange au Christ, le Seigneur du monde

15 Le *Christ est l'image du Dieu qu'on ne
peut voir. Il est le Fils premier-né au-dessus
de toutes les choses créées. 16 En effet, c'est
en lui que Dieu a tout créé dans les *cieux
et sur la terre : les choses qu'on voit et celles
qu'on ne voit pas, les forces et les esprits qui
ont autorité et pouvoir. Tout est créé par lui et
pour lui. 17 Le Christ existe avant toute chose,
et tout ce qui existe ne tient que par lui.
18 C'est lui qui est la tête du corps, c'est-à-
dire de l'Église. Il est le commencement, celui
qui, le premier, s'est levé de la mort, pour être
le premier de tous, toujours et partout. 19 Oui,
Dieu a voulu habiter totalement dans son Fils,
20 et il a voulu tout réconcilier avec lui, par son
Fils et pour son Fils. Par le sang que son Fils a
versé sur la croix, Dieu a fait la paix sur la
terre et dans les cieux.
21 Vous, autrefois, vous étiez des étrangers
pour Dieu, vous étiez ses ennemis. En effet,
vous pensiez à faire le mal et vous le faisiez !
22 Mais maintenant, Dieu vous a réconciliés
avec lui par la mort de son Fils, qui a souffert
dans son corps humain. Alors vous pouvez
vous présenter devant Dieu en étant *saints,
*purs et sans faute. 23 Mais vous devez rester
solides et forts dans la foi. Ne vous éloignez
pas de la Bonne Nouvelle : elle est notre espérance. Vous l'avez entendue, on l'a annoncée
à tout ce qui existe sous le ciel, et moi, Paul, je
suis devenu le serviteur de cette Bonne Nouvelle.

Paul souffre et lutte au service de l'Église

24 Maintenant, je suis heureux de souffrir
pour vous. En effet, dans mon corps, je continue à participer aux souffrances du *Christ
pour son corps, c'est-à-dire pour l'Église.
25 Je suis devenu le serviteur de l'Église,
pour faire le travail que Dieu m'a demandé :
je dois vous annoncer la parole de Dieu tout
entière. 26 Cette Parole, c'est le mystère caché
à toutes les générations depuis toujours. Maintenant, Dieu l'a montré clairement à ceux qui

lui appartiennent. 27 Il a voulu leur faire
connaître la grandeur de ce mystère et sa richesse, pour tous les peuples. Ce mystère, le
voici : le Christ est au milieu de vous, et par
lui, vous espérez participer à la *gloire de
Dieu. 28 C'est ce Christ que nous annonçons.
Nous donnons à chacun des conseils et un enseignement avec toute la sagesse possible,
pour que tous deviennent adultes dans le
Christ. 29 C'est pourquoi je travaille et je lutte
avec la force du Christ qui agit en moi avec
puissance.

2 1 Oui, je veux vous faire savoir ceci : je
dois lutter durement pour vous, pour les
chrétiens de Laodicée et pour tous ceux qui
ne m'ont jamais vu de leurs yeux. 2 Je veux
qu'ainsi leur cœur soit plein de courage, qu'ils
soient unis dans l'amour et totalement remplis
d'intelligence. Alors, ils connaîtront le projet
caché de Dieu. C'est le Christ qui le réalise,
3 et tous les trésors de la sagesse et de la
connaissance sont cachés en lui.

4 Je dis cela pour que personne ne vous
trompe avec de beaux discours. 5 Bien sûr, je
suis loin de vous, mais mon cœur est avec
vous. Je suis content de voir que, chez vous,
tout se passe dans l'ordre, et que votre foi au
Christ reste solide.

Le Christ seul donne la vie

6 Vous avez reçu le *Christ Jésus comme
Seigneur. Eh bien, vivez unis à lui. 7 Plongez
vos racines en lui, construisez votre vie sur
lui. Restez solidement dans la foi qu'on vous
a apprise et remerciez Dieu avec beaucoup
d'ardeur.

8 Attention ! Personne ne doit vous prendre
au piège avec les idées fausses de la sagesse
humaine. Ce sont des mensonges creux qui
s'appuient sur des traditions humaines, sur
les forces du *monde, et non pas sur le Christ.
9 Dieu habite totalement dans le corps glorieux du Christ. 10 Et vous participez totalement à la vie du Christ, lui, le chef de toutes
les forces qui ont autorité et pouvoir.

11 C'est dans le Christ que vous avez été
*circoncis. Cette circoncision, ce n'est pas la
main d'un homme qui l'a faite. Elle vient du
Christ, et par là, il a enlevé ce qui vous entraînait au mal. 12 Par le baptême, vous avez été
mis dans la tombe avec le Christ, mais avec
lui, vous avez été réveillés de la mort. En effet,
vous avez cru dans la puissance de Dieu qui a
réveillé le Christ de la mort. 13 Vous, vous
étiez morts à cause de vos fautes, et aussi
parce que vous n'étiez pas des circoncis.
Mais Dieu vous a rendu la vie avec le Christ.
Il nous a pardonné toutes nos fautes, 14 il a effacé le document de nos dettes qui nous accusait, et qui était contre nous à cause des règles
établies. Et il l'a détruit en le clouant sur la
croix. 15 Dieu a enlevé leur puissance aux esprits qui avaient autorité et pouvoir. Il a présenté ces esprits devant tout le monde et il
les a traînés comme des prisonniers dans le
défilé victorieux de son Fils.

16 Donc, personne ne doit vous condamner
à cause de ce que vous mangez ou buvez, ou
au sujet des fêtes, de la *nouvelle lune et du
*sabbat. 17 Tout cela, c'est l'ombre de ce qui
doit venir, mais ce qui existe réellement, c'est
le Christ. 18 Personne ne doit vous priver de la
victoire. Je pense aux gens qui se font tout petits devant les *anges pour leur rendre un
culte. Et ils donnent aussi trop d'importance
aux choses qu'ils voient en rêve. Ces gens-là
ont des idées trop humaines, cela les gonfle
d'orgueil. 19 Ils ne s'attachent pas au Christ,
qui est la tête. Pourtant, c'est la tête qui
donne au corps ce qui est nécessaire. Par
elle, les articulations et les muscles tiennent
bien ensemble, et c'est Dieu qui fait grandir
ce corps.

20 Vous êtes morts avec le Christ, et les forces du monde ne comptent plus pour vous.
Mais vous faites comme si votre vie était encore sous le pouvoir de ces choses-là. Pourquoi est-ce que vous obéissez à ces règles :
21 « Ne prends pas ceci ! Ne goûte pas cela !
N'y touche pas ! » 22 Elles sont faites pour des
choses qui disparaissent dès qu'on s'en sert.
Ce sont des règles et des enseignements in-
ventés par les êtres humains ! 23 C'est vrai :
rendre un culte, se faire tout petits devant
les anges, faire souffrir son corps, tout cela paraît sage. Pourtant, ces règles ne valent rien,
elles servent seulement à satisfaire des désirs
humains.

La vie ancienne et la vie nouvelle

3 1 C'est avec le *Christ que vous avez été réveillés de la mort. Cherchez donc les choses d'en haut, là où le Christ se trouve, assis à la droite de Dieu. 2 Le but de votre vie est en haut et non sur la terre. 3 Oui, vous êtes passés par la mort, et votre vie est cachée avec le Christ en Dieu. 4 Le Christ est votre vie. Quand il paraîtra, vous aussi, vous paraîtrez avec lui et vous participerez à sa *gloire.

5 C'est pourquoi, faites mourir ce qui en vous appartient à la terre : par exemple, mener une vie immorale ou *impure, désirer des choses honteuses et mauvaises, chercher à avoir tout pour soi, ce qui est une façon d'adorer les faux dieux. 6 Voilà ce qui attire la *colère de Dieu sur ceux qui refusent de lui obéir. 7 Autrefois, vous aussi, vous agissiez ainsi quand vous viviez de cette manière.

8 Mais maintenant, rejetez tout cela : colère, violence, méchanceté. Ne lancez plus d'insultes ni de paroles grossières ! 9 Ne vous mentez plus les uns aux autres. En effet, ce que vous étiez avant avec vos façons de vivre, vous vous en êtes débarrassés comme d'un vieux vêtement. 10 Et, comme si vous aviez mis un vêtement neuf, vous êtes devenus une personne nouvelle. Cette personne se renouvelle sans cesse et elle ressemble de plus en plus à son Créateur. C'est ainsi que vous pourrez connaître Dieu pleinement. 11 Maintenant, il n'y a plus des non-Juifs et des Juifs, des *circoncis et des non-circoncis. Il n'y a plus des étrangers, des non-civilisés. Il n'y a plus des esclaves et des personnes libres. Mais il y a le Christ : il est tout et il est en tous.

12 Dieu vous a choisis, il veut que vous soyez à lui et il vous aime. Donc, faites-vous un cœur plein de tendresse et de pitié, un cœur simple, doux, patient. 13 Supportez-vous les uns les autres et pardonnez-vous si quelqu'un a un reproche à faire à un autre. Le Seigneur vous a pardonné, agissez comme lui ! 14 Et surtout, aimez-vous : l'amour est le lien qui unit parfaitement. 15 Que la paix du Christ dirige vos cœurs ! Dieu vous a appelés à cette paix pour former un seul corps. Dites-lui toujours merci. 16 Que la parole du Christ habite parmi vous avec toute sa richesse. Donnez-vous des enseignements et des conseils avec toute la sagesse possible. Remerciez Dieu de tout votre cœur, en chantant des psaumes, des hymnes et des cantiques qui viennent de l'Esprit Saint. 17 Tout ce que vous pouvez dire ou faire, faites-le au nom du Seigneur Jésus, en remerciant par lui Dieu le Père.

Les relations nouvelles

18 Femmes, obéissez à votre mari, comme vous devez le faire dans le Seigneur.

19 Maris, aimez votre femme et ne soyez pas durs avec elle.

20 Enfants, obéissez à vos parents en toutes choses, voilà ce qui plaît au Seigneur.

21 Parents, n'agacez pas vos enfants, sinon ils vont se décourager.

22 Esclaves, obéissez en toutes choses à vos maîtres sur la terre. Ne les servez pas seulement quand ils vous surveillent, comme pour plaire à des hommes. Mais servez-les avec un cœur sincère parce que vous respectez le Seigneur avec confiance. 23 Tout ce que vous faites, faites-le de bon cœur, comme pour le Seigneur, et non pour des hommes. 24 En effet, vous le savez, le Seigneur va vous récompenser : vous recevrez les biens qu'il garde pour son peuple. Le Maître, c'est le *Christ, c'est lui que vous servez. 25 Celui qui fait le mal, on le punira pour le mal qu'il a fait, et on ne fera pas de différence entre les gens.

4 1 Maîtres, traitez tous vos esclaves de façon juste et honnête. Oui, vous le savez, vous aussi, vous avez un Maître au *ciel.

Conseils

2 Continuez à prier fidèlement, ainsi vous serez toujours prêts à remercier Dieu. 3 Priez aussi pour nous : que Dieu nous donne l'occasion d'annoncer sa Parole. Ainsi je pourrai parler du mystère que Dieu réalise par le *Christ, pour lequel je suis en prison. 4 Priez donc pour que je parle de lui ouvertement, comme je dois le faire.

5 Avec ceux qui ne sont pas chrétiens, conduisez-vous avec sagesse. Profitez du

temps que Dieu vous laisse. 6 Que vos paroles
soient toujours agréables, intéressantes. Répondez à chacun comme il faut.

Salutations

7 Tychique vous donnera toutes les nouvelles à mon sujet. C'est un frère et un ami, un
serviteur fidèle qui est avec moi au service
du Seigneur. 8 Je vous l'envoie surtout pour
vous donner de nos nouvelles et pour vous encourager. 9 Onésime, ce frère fidèle et très
aimé, est avec Tychique. C'est quelqu'un de
chez vous. Ensemble, ils vous raconteront
tout ce qui se passe ici.

10 Aristarque, qui est en prison avec moi,
vous salue. Marc, le cousin de Barnabas,
vous salue aussi. Vous avez reçu des conseils
au sujet de Marc. S'il vient chez vous,
recevez-le bien. 11 Jésus, qu'on appelle Justus,
vous salue également. Parmi les Juifs devenus
chrétiens, ce sont les seuls qui travaillent avec
moi pour le *Royaume de Dieu. Ils m'ont
donné du courage.

12 Épafras, qui est de chez vous, vous salue.
Ce serviteur du *Christ Jésus combat pour
vous dans ses prières. En effet, il demande
que vous restiez parfaitement chrétiens et
toujours en accord avec ce que Dieu veut.
13 Il travaille beaucoup pour vous, pour les
chrétiens de Laodicée et pour ceux de Hiérapolis[a] : j'en suis *témoin. 14 Luc, notre ami médecin, vous salue, ainsi que Démas.

15 Saluez les frères et sœurs chrétiens qui
sont à Laodicée, avec Nimfa et avec la communauté qui se réunit dans sa maison. 16 Lisez
cette lettre chez vous. Ensuite, donnez-la à
l'Église de Laodicée pour que les chrétiens
de cette ville la lisent aussi. Et vous, lisez la
lettre qui arrivera de Laodicée. 17 Dites à Arkippe : « Attention ! Tu es chargé d'un travail
au service du Seigneur, fais-le correctement ! »

18 Voici la salutation que moi, Paul, je vous
écris de ma main. Souvenez-vous que je suis
en prison !

Que Dieu vous *bénisse !

---

a **4.13** *Laodicée et Hiérapolis étaient deux villes voisines de Colosses.*

Première lettre aux Thessaloniciens

INTRODUCTION

Paul a fondé l'Église de Thessalonique au cours de son second voyage missionnaire. Il est arrivé dans cette ville après avoir quitté la ville de Philippes. Thessalonique est située au nord-est de la Grèce, dans la province de Macédoine. C'est une ville commerçante. De nombreux étrangers y habitent, en particulier une importante population juive. Certains Juifs n'ont pas été d'accord avec l'enseignement de Paul et ils l'ont chassé. Paul écrit aux Thessaloniciens qui ont accepté la foi nouvelle. Il continue ainsi son enseignement auprès d'eux. Les spécialistes de la Bible pensent qu'il s'agit de la première lettre écrite par Paul à des chrétiens. Dans ce cas, c'est aussi le plus ancien écrit du Nouveau Testament.

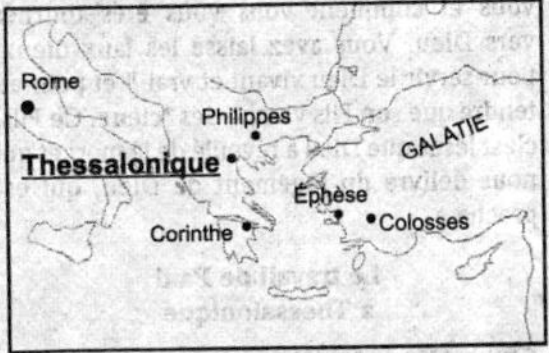

*Les chapitres 1 à 3 nous renseignent sur les relations de Paul avec les Thessaloniciens. Paul a reçu de bonnes nouvelles de la communauté. Il rappelle le travail qu'il a fait chez elle. Il dit combien il désire la revoir. Dans les chapitres 4 et 5, Paul encourage les Thessaloniciens à progresser dans la vie chrétienne. Il répond aux questions qui troublent la jeune communauté. Les premiers chrétiens attendaient que Jésus revienne bientôt. Or, certains membres de la communauté meurent, et le Seigneur Jésus n'est pas encore là. Les chrétiens se demandent ce que ces morts vont devenir. Paul dit que **les morts comme les vivants sont unis à Jésus-Christ**. Un jour, tous se réveilleront de la mort. Il est important d'attendre la venue du Seigneur Jésus, mais personne n'en connaît la date. L'essentiel est de vivre avec le Seigneur, et comme le Seigneur le demande.*

Salutation

1 [1] Moi, Paul, avec Silas et Timothée, j'écris
à l'Église de Thessalonique qui appartient
à Dieu le Père et au Seigneur Jésus-Christ.
Que Dieu vous *bénisse et vous donne la paix !

Paul remercie Dieu pour la foi des chrétiens

[2] Sans cesse, nous remercions Dieu pour
vous tous et nous disons vos noms dans nos
prières. [3] Devant Dieu notre Père, nous nous
souvenons toujours de vous. Oui, votre foi
est active, votre amour vous fait agir, et votre
espérance en notre Seigneur Jésus-Christ est
solide. [4] Frères et sœurs chrétiens, nous le savons, Dieu vous aime et il vous a choisis pour
être à lui. [5] En effet, la Bonne Nouvelle que
nous vous avons annoncée n'est pas arrivée
chez vous seulement en paroles, mais aussi
avec la puissance et l'aide de l'Esprit Saint.
De plus, nous étions sûrs de ce que nous disions. En effet, vous savez comment nous
avons vécu parmi vous pour votre bien. [6] Et
vous, vous avez suivi notre exemple et celui

du Seigneur : vous avez reçu la Parole dans de grandes souffrances, avec la joie donnée par l'Esprit Saint. 7 Ainsi, vous êtes devenus un modèle pour tous ceux qui croient, en Macédoine et en Akaïe[a]. 8 En effet, c'est de chez vous que la parole du Seigneur est partie pour se faire entendre en Macédoine et en Akaïe. De plus, on sait partout que vous croyez en Dieu, nous n'avons donc pas besoin d'en parler. 9 Les gens racontent en parlant de nous comment vous nous avez reçus chez vous et comment vous vous êtes tournés vers Dieu. Vous avez laissé les faux dieux, pour servir le Dieu vivant et vrai 10 et pour attendre que son Fils vienne des *cieux. Ce Fils, c'est Jésus que Dieu a réveillé de la mort et qui nous délivre du jugement de Dieu, qui est proche.

Le travail de Paul à Thessalonique

2 1 Frères et sœurs chrétiens, vous le savez bien, nous ne sommes pas allés chez vous pour rien ! 2 Vous le savez aussi, nous avons d'abord souffert dans la ville de Philippes, où on nous a insultés. Mais ensuite, Dieu nous a donné le courage de vous annoncer sa Bonne Nouvelle au milieu de beaucoup de difficultés. 3 Nos paroles ne s'appuient pas sur des choses fausses, nous n'avons pas de mauvaises intentions, nous ne cherchons pas à tromper ! 4 Au contraire, Dieu nous a trouvés capables et il nous a confié sa Bonne Nouvelle. Maintenant, quand nous parlons, ce n'est pas pour plaire aux hommes, c'est pour plaire à Dieu, qui voit le fond de notre cœur. 5 Vous le savez, nous n'avons jamais parlé pour flatter les gens, et notre intention, ce n'était pas de gagner de l'argent, Dieu en est *témoin. 6 Nous n'avons cherché les félicitations de personne, ni de vous, ni de quelqu'un d'autre. 7 Pourtant, nous, les *apôtres du *Christ, nous pouvions faire peser notre autorité sur vous. Au contraire, quand nous étions avec vous, nous avons été pleins de douceur, comme une mère qui prend soin de ses enfants. 8 À cause de notre tendresse pour vous, nous étions prêts à vous donner non seulement la Bonne Nouvelle de Dieu, mais aussi notre vie. Notre amour pour vous était devenu si grand ! 9 Frères et sœurs, vous vous souvenez de notre travail et de notre fatigue. Nous avons travaillé nuit et jour pour ne rien vous coûter, et c'est ainsi que nous vous avons annoncé la Bonne Nouvelle de Dieu.

10 Avec vous les croyants, nous avons agi d'une manière parfaite et juste. On ne pouvait rien nous reprocher, vous êtes témoins de cela, et Dieu avec vous. 11 Vous le savez aussi : avec chacun de vous, nous avons été comme un père avec ses enfants. 12 Nous vous avons donné des conseils et des encouragements. Nous vous avons demandé avec force de vivre comme Dieu le veut, lui qui vous appelle à entrer dans son *Royaume pour participer à sa *gloire.

Les Thessaloniciens ont bien accueilli la parole de Dieu

13 Sans cesse nous remercions Dieu pour une autre raison encore : quand vous avez reçu de nous la parole de Dieu, vous ne l'avez pas reçue comme une parole humaine, mais comme la parole de Dieu. Oui, elle vient vraiment de Dieu et elle agit en vous, les croyants. 14 En effet, frères et sœurs, vous avez imité les Églises de Dieu qui sont en Judée et qui sont unies au *Christ Jésus. Vous avez souffert à cause des gens de votre pays, comme ces Églises ont souffert à cause des *Juifs. 15 Ils ont tué le Seigneur Jésus et les *prophètes, et ils nous ont fait souffrir, nous aussi. Ils ne plaisent pas à Dieu, ils sont ennemis de tout le monde ! 16 Ils nous empêchent d'annoncer à ceux qui ne sont pas juifs le message qui doit les sauver. Ainsi, ils complètent la somme des péchés qu'ils ont toujours commis. Mais finalement, la *colère de Dieu est tombée sur eux.[b]

---

a 1.7 *L'Akaïe : nom ancien de la partie sud de la Grèce.*

b 2.14-16 *Paul, qui était juif, se montre ici très sévère pour certains de ses frères qui s'opposent à la Bonne Nouvelle. Ailleurs, l'avis de Paul est différent. Voir Romains 11.28-32.*

Paul désire revoir les chrétiens de Thessalonique

17 Frères et sœurs, nous avons été séparés
de vous pendant un certain temps, loin des
yeux mais non pas loin du cœur ! Nous dési-
rions beaucoup vous revoir et nous avons
tout fait pour cela. 18 Nous avons voulu vous
rendre visite plusieurs fois, en tout cas, moi,
Paul, j'ai voulu le faire, mais *Satan nous en
a empêchés. 19 Oui, notre raison d'espérer, notre joie, c'est vous. Quand notre Seigneur
Jésus-Christ viendra, vous serez pour nous la
récompense qu'on donne aux vainqueurs, et
devant lui, nous serons fiers de vous. 20 C'est
vrai, vous êtes notre fierté et notre joie !

3 1 Aussi, comme nous ne pouvions plus attendre, nous avons décidé de rester seuls
à Athènes. 2 Et nous vous avons envoyé notre
frère Timothée qui travaille avec Dieu pour
annoncer la Bonne Nouvelle du *Christ.
Nous l'avons envoyé pour qu'il rende votre
foi solide et vous donne du courage. 3 Ainsi,
personne ne se laissera troubler par les
souffrances d'aujourd'hui. Vous savez vous-
mêmes qu'elles font partie du projet de Dieu
pour nous. 4 Quand nous étions chez vous,
nous vous avons annoncé d'avance que nous
allions souffrir durement, et c'est ce qui s'est
passé, vous le savez. 5 C'est pourquoi, comme
je ne pouvais plus attendre, j'ai envoyé Timothée prendre des nouvelles de votre foi. J'avais
peur d'une chose : l'esprit du mal vous avait
peut-être tentés, et dans ce cas, nous aurions
travaillé pour rien.

6 Maintenant, Timothée vient d'arriver de
chez vous. Il nous a apporté de bonnes nouvelles de votre foi et de votre amour. Il nous
a dit que vous gardez toujours un bon souvenir de nous et que vous désirez nous revoir,
comme nous désirons vous revoir. 7 Alors,
frères et sœurs, au milieu de tous nos malheurs et de nos souffrances, votre foi nous
a encouragés. 8 Maintenant, nous revivons
parce que vous restez forts dans le Seigneur.
9 Comment remercier Dieu pour vous, à
cause de la grande joie que vous nous donnez devant lui ? 10 Nuit et jour, voici ce que
nous lui demandons avec force : qu'il nous
permette de vous revoir et de compléter ce
qui manque à votre foi.

11 Que Dieu lui-même, notre Père, et que
notre Seigneur Jésus-Christ nous ouvrent la
route pour aller jusqu'à vous ! 12 Que le Seigneur fasse grandir de plus en plus l'amour
que vous avez les uns pour les autres et pour
tous ! Que cet amour ressemble à notre amour
pour vous ! 13 Ainsi, le Seigneur remplira vos
cœurs de sa force. Et quand notre Seigneur Jésus viendra avec tous ceux qui lui appartiennent, vous serez *saints devant Dieu notre
Père, et on ne pourra rien vous reprocher.

Vivre comme le Seigneur le demande

4 1 Frères et sœurs chrétiens, vous avez appris de nous comment vous devez vivre
pour plaire à Dieu, et c'est bien de cette façon
que vous vivez. Mais faites encore des progrès ! Nous vous demandons et nous vous
conseillons cela au nom du Seigneur Jésus.
2 En effet, vous connaissez les conseils que
nous vous avons donnés de la part du Seigneur
Jésus. 3 Ce que Dieu veut, c'est que vous soyez
entièrement à lui. N'ayez pas une vie immorale. 4 Chacun de vous doit bien choisir sa
femme pour mener une vie digne de respect,
qui plaît à Dieu. 5 Ne vous laissez pas entraîner par les mauvais désirs, comme les autres
qui ne connaissent pas Dieu. 6 À ce sujet, personne ne doit faire de tort à sa sœur ou à son
frère chrétiens, ni les tromper. Le Seigneur
punit tout cela, nous l'avons déjà dit et redit.
7 En effet, Dieu ne nous a pas appelés à vivre
n'importe comment, mais à vivre pour lui.
8 C'est pourquoi celui qui rejette ces conseils
ne rejette pas un homme, c'est Dieu qu'il rejette, lui qui vous donne son Esprit Saint.

9 D'autre part, vous n'avez pas besoin qu'on
vous écrive sur l'amour entre frères et sœurs
chrétiens. Vous avez vous-mêmes appris de
Dieu à vous aimer les uns les autres. 10 D'ailleurs, c'est ce que vous faites envers tous les
chrétiens dans toute la Macédoine, mais
nous vous encourageons à faire encore des
progrès. 11 Cherchez à vivre en paix, occupez-
vous de vos affaires, travaillez de vos mains,
comme nous vous l'avons demandé. 12 Alors
ceux qui ne sont pas chrétiens respecteront

votre façon de vivre. De plus, vous ne dépen-
drez pas des autres.

Dieu relèvera ceux qui sont morts

13 Frères et sœurs, nous voulons vous faire
connaître la vérité au sujet des morts. Ainsi
vous ne serez pas tristes comme les autres
qui n'ont aucune espérance. 14 Nous croyons
que Jésus est mort et qu'il s'est relevé de la
mort. Donc, de la même façon, ceux qui
sont morts avec Jésus en croyant en lui,
Dieu les réunira à Jésus.

15 Oui, voici ce que nous disons, d'après une
parole du Seigneur : nous qui serons encore
vivants quand le Seigneur viendra, nous ne
passerons pas avant ceux qui sont morts.
16 On entendra un signal, la voix du chef des
*anges, le son de la trompette de Dieu. Alors
le Seigneur lui-même descendra du *ciel.
Ceux qui sont morts en croyant au *Christ,
se relèveront de la mort les premiers. 17 Ensuite, nous qui serons encore vivants, nous serons emportés ensemble avec eux sur les
nuages, en montant vers le Seigneur pour le
rencontrer. Et ainsi nous serons avec le Seigneur pour toujours. 18 Alors, encouragez-
vous les uns les autres avec ces paroles.

Personne ne sait quand le Seigneur viendra

5 1 Frères et sœurs, au sujet de la date et du
moment où le Seigneur viendra, vous
n'avez pas besoin qu'on vous écrive. 2 Vous
le savez très bien vous-mêmes, le *jour du Seigneur arrivera comme un voleur dans la nuit.
3 Quand les gens diront : « Quelle paix ! Quelle
sécurité ! », alors tout à coup, ce sera la catastrophe. Elle tombera sur eux comme les douleurs sur la femme enceinte, et ils ne pourront
pas y échapper. 4 Mais vous, frères et sœurs,
vous n'êtes pas dans la nuit, et ce jour-là ne
peut pas vous surprendre comme un voleur.
5 En effet, tous, vous appartenez à la lumière,
vous appartenez au jour. Nous ne vivons pas
dans la nuit, nous ne vivons pas dans l'obscurité. 6 Ne dormons pas comme les autres, mais
restons éveillés et soyons sobres. 7 Ceux qui
dorment dorment la nuit. Ceux qui boivent
trop boivent la nuit. 8 Mais nous, nous appartenons au jour : alors, soyons sobres ! Prenons
la foi et l'amour comme vêtements de combat.
Mettons comme casque l'espérance d'être
sauvés. 9 Dieu ne nous a pas appelés pour
nous juger, mais pour que nous obtenions le
*salut, par notre Seigneur Jésus-Christ. 10 Jé-
sus est mort pour nous afin que, vivants ou
morts, nous vivions unis à lui. 11 Alors, encouragez-vous les uns les autres et construisez la
communauté comme vous le faites déjà.

Derniers conseils et salutations

12 Frères et sœurs, nous vous demandons
ceci : respectez ceux qui travaillent parmi
vous comme responsables. Le Seigneur vous
les a donnés pour vous conseiller. 13 Montrez-
leur beaucoup de respect et d'amour à
cause de ce qu'il font. Soyez en paix entre
vous.

14 Frères et sœurs, nous vous demandons encore ceci : faites des reproches aux paresseux.
Donnez du courage à ceux qui n'en ont pas
beaucoup, soutenez les faibles, soyez patients
envers tous. 15 Attention, personne ne doit rendre le mal pour le mal ! Mais cherchez toujours
à faire le bien, entre vous et avec tous.

16 Soyez toujours joyeux, 17 priez sans cesse,
18 remerciez Dieu en toute occasion. C'est ce
qu'il attend de vous qui êtes unis au *Christ
Jésus.

19 N'empêchez pas l'Esprit Saint d'agir,
20 ne méprisez pas les paroles des *prophètes.
21 Examinez tout avec soin et retenez ce qui
est bon. 22 Évitez le mal sous toutes ses formes.

23 Que le Dieu de la paix lui-même vous
fasse vivre totalement pour lui. Qu'il garde
toute votre personne, votre esprit, votre âme
et votre corps. Alors on ne pourra rien vous reprocher quand notre Seigneur Jésus-Christ
viendra. 24 Celui qui vous a appelés est fidèle :
il agira pour cela.

25 Frères et sœurs, priez pour nous.

26 Saluez tous les chrétiens en les embrassant comme des frères et des sœurs.

27 Je vous le demande au nom du Seigneur :
lisez cette lettre à tous les chrétiens.

28 Que l'amour de notre Seigneur Jésus-
Christ soit avec vous !

Deuxième lettre aux Thessaloniciens

INTRODUCTION

Cette seconde lettre reprend un sujet que Paul a déjà traité dans la première. Plus le temps passe, plus les chrétiens sont troublés par le fait que ***le Seigneur Jésus n'est pas encore revenu.*** *À Thessalonique, certains disent que le jour du Seigneur est déjà arrivé (2.2). D'autres refusent de travailler (3.6-12). Ils pensent que ce n'est pas la peine, parce que le Seigneur va bientôt venir.*

Dans cette seconde lettre, l'auteur développe donc son enseignement. La foi chrétienne ne supprime pas l'histoire humaine. Elle ne supprime pas non plus les difficultés et les souffrances. Le jour où Jésus viendra, le mal sera enfin détruit (1.5-9). Pour le moment, le mal agit dans le monde de façon cachée (2.1-12). L'auteur le décrit comme une personne qu'il appelle « le Mauvais ». Il s'agit d'une puissance qui réunit toutes les forces mauvaises. Quelque chose retient cette puissance de se montrer tout à fait. Quand elle se montrera vraiment telle qu'elle est, elle sera détruite. Mais ce n'est pas encore le moment. Voilà ce que cela veut peut-être dire : ***Quand Jésus viendra comme le Seigneur du monde,*** *les êtres humains reconnaîtront le mal pour ce qu'il est. Alors le mal n'aura plus aucun pouvoir.*

Cette lettre invite les chrétiens à ne pas croire trop vite qu'ils sont arrivés au but. Leur attente ne doit pas les empêcher de vivre la vie de tous les jours et de prendre leurs responsabilités dans le monde.

Salutation

1 1 Moi, Paul, avec Silas et Timothée, j'écris
à l'Église de Thessalonique qui appartient
à Dieu notre Père et au Seigneur Jésus-
Christ.
2 Que Dieu le Père et le Seigneur Jésus-
Christ vous *bénissent et vous donnent la
paix !

Le Seigneur viendra pour juger le monde

3 Frères et sœurs chrétiens, nous devons
sans cesse remercier Dieu pour vous. Cela
est juste, parce que votre foi fait de grands progrès, et l'amour que chacun de vous a pour les
autres grandit de plus en plus. 4 C'est pourquoi nous disons aux autres Églises de Dieu
combien nous sommes fiers de vous. En effet,
vous restez fidèles et vous gardez la foi, malgré les souffrances et les difficultés que vous
connaissez.
5 Ces souffrances montrent que Dieu juge
avec *justice. En effet, elles vous rendront dignes du *Royaume de Dieu pour lequel vous
souffrez. 6 Oui, Dieu fera ce qui est juste : il
fera souffrir ceux qui vous font souffrir. 7 À
vous qui souffrez, Dieu vous donnera le repos
avec nous, quand le Seigneur Jésus apparaîtra.
Il viendra du *ciel avec ses *anges puissants,
8 au milieu d'un grand feu. Et il punira ceux
qui ne connaissent pas Dieu et qui n'obéissent
pas à la Bonne Nouvelle de notre Seigneur Jésus. 9 Voilà la punition pour ces gens-là : ils seront détruits pour toujours, loin du Seigneur
et loin de sa puissance glorieuse. 10 Ceci se
passera le jour où le Seigneur viendra. Alors
ceux qui lui appartiennent lui rendront
*gloire, tous ceux qui croient en lui l'admire-

ront. Vous serez parmi eux, parce que vous avez cru au *témoignage que nous vous avons donné.

11 C'est pourquoi nous prions sans cesse pour vous. Voici ce que nous demandons à notre Dieu : qu'il vous fasse vivre en accord avec l'appel que vous avez reçu de lui. Que par sa puissance, il vous aide à faire tout le bien que vous souhaitez, qu'il rende votre foi active ! 12 De cette façon, grâce à vous, le nom de notre Seigneur Jésus recevra de la gloire, et lui aussi vous donnera de la gloire. Tout cela est un don de notre Dieu et du Seigneur Jésus-Christ.

Ce qui arrivera avant la venue du Seigneur

2 1 Frères et sœurs, notre Seigneur Jésus-Christ va venir, et nous serons rassemblés auprès de lui. À ce sujet, voici ce que nous vous demandons : 2 si quelqu'un vous dit que le *jour du Seigneur est arrivé, n'allez pas perdre la tête trop vite, ne vous laissez pas effrayer. On peut vous donner cette nouvelle comme une parole qui vient de Dieu, ou bien comme une parole ou une lettre qui vient de nous. 3 Ne laissez personne vous tromper par n'importe quel mensonge. En effet, ce jour n'arrivera pas avant la grande révolte contre Dieu. Le Mauvais[a], celui qui est condamné, doit d'abord se faire connaître. 4 C'est l'Ennemi. Il s'opposera à tout ce qui est *saint et à tout ce que les gens adorent. Il osera s'asseoir lui-même dans le temple de Dieu et il affirmera qu'il est Dieu[b].

5 Quand j'étais encore avec vous, je vous en ai parlé, est-ce que vous l'avez oublié ? 6 Et maintenant, vous savez ce qui le retient. Ainsi, il se montrera seulement au moment prévu. 7 La puissance mystérieuse du Mauvais est déjà en train d'agir. Quand ce qui le retient encore ne sera plus là, il n'agira plus en se cachant. 8 Alors le Mauvais sera découvert, et le Seigneur Jésus le fera mourir par le souffle de sa bouche. Il le détruira en apparaissant avec puissance. 9 Quand le Mauvais viendra avec la force de *Satan, il fera toutes sortes d'actions puissantes, il fera des choses étonnantes et extraordinaires pour tromper les gens. 10 Par toutes sortes d'actions mauvaises, il trompera les gens qui se perdent. Et ils se perdent parce qu'ils n'ont pas reçu et aimé la vérité qui pouvait les sauver. 11 À cause de cela, Dieu leur envoie une force trompeuse qui les fait croire au mensonge. 12 Alors, tous ceux qui n'ont pas cru à la vérité, mais qui ont pris plaisir à faire le mal, seront condamnés.

Appel à être des croyants solides

13 Frères et sœurs très aimés du Seigneur, nous devons remercier Dieu à votre sujet en toute occasion. En effet, Dieu vous a choisis depuis le début pour vous sauver. Et vous êtes sauvés parce que le Saint-Esprit rend votre vie *sainte, et parce que vous croyez à la vérité. 14 Il vous a appelés à cela par la Bonne Nouvelle que nous vous avons annoncée, pour que vous participiez à la *gloire de notre Seigneur Jésus-Christ. 15 Alors, frères et sœurs, résistez et gardez solidement l'enseignement que nous vous avons donné, en paroles ou par lettre.

16 Dieu notre Père nous a aimés et il nous a donné gratuitement un encouragement qui dure toujours et une espérance solide. Nous lui demandons, ainsi qu'à notre Seigneur Jésus-Christ lui-même, 17 de remplir vos cœurs de courage. Qu'ils vous donnent la force de faire toujours le bien en actes et en paroles !

Appel à prier pour Paul

3 1 Enfin, frères et sœurs, priez pour nous. Demandez que la parole du Seigneur se répande rapidement et qu'on l'honore partout, comme on le fait chez vous. 2 Priez aussi pour que nous soyons libérés des gens mauvais et méchants. En effet, tout le monde ne croit pas en Dieu.

3 Mais le Seigneur est fidèle, il vous rendra forts et il vous protégera contre le Mauvais[c]. 4 Le Seigneur nous donne confiance à votre su-

a 2.3 *Le Mauvais est un des noms de l'esprit du mal.*
b 2.4 *Voir Daniel 11.36 ; Ézékiel 28.2.*
c 3.3 *Voir 2 Thessaloniciens 2.3 et la note.*

jet. Nous sommes sûrs d'une chose : vous suivez les conseils que nous vous donnons et
vous continuerez à les suivre.
5 Que le Seigneur dirige vos cœurs ! Alors
vous aimerez Dieu et vous serez patients
comme le *Christ.

Appel à travailler comme Paul

6 Frères et sœurs, nous vous donnons cet ordre, au nom du Seigneur Jésus-Christ : n'allez
pas avec les chrétiens qui sont paresseux et
qui ne suivent pas l'enseignement reçu de
nous. 7 Vous, vous savez bien comment faire
pour suivre notre exemple. Chez vous, nous
n'avons pas vécu comme des paresseux.
8 Nous n'avons demandé à personne la nourriture que nous avons mangée. Mais nous avons
travaillé durement et nous nous sommes fatigués nuit et jour, nous avons travaillé pour ne
rien vous coûter. 9 Bien sûr, nous avions le
droit de recevoir votre aide, mais nous avons
voulu être pour vous un exemple à imiter.
10 En effet, quand nous étions chez vous,
nous vous avons donné ce conseil : celui qui
ne veut pas travailler, qu'il ne mange pas
non plus !
11 Pourtant, nous entendons dire ceci :
parmi vous, certains sont paresseux, ils ne
font rien, mais ils se mêlent des affaires
des autres. 12 À ces gens-là, nous donnons
ce conseil, ou plutôt cet ordre, au nom du
Seigneur Jésus-Christ : travaillez dans le
calme pour gagner vous-mêmes votre nourriture.
13 Et vous, frères et sœurs, continuez à
faire le bien sans vous décourager. 14 Si certains n'obéissent pas à ce que nous disons
dans cette lettre, prenez cela aux sérieux.
N'allez plus avec eux pour qu'ils aient honte.
15 Mais ne les traitez pas comme des ennemis, donnez-leur des conseils comme à des
chrétiens.

Salutation finale

16 Que le Seigneur de la paix vous donne lui-
même la paix, toujours et en toute occasion !
Que le Seigneur soit avec vous tous !
17 La salutation est de ma main à moi, Paul.
Voilà comment je signe toutes mes lettres :
c'est mon écriture.
18 Que l'amour de notre Seigneur Jésus-
Christ soit avec vous tous !

Première lettre à Timothée

INTRODUCTION

Le nom de Timothée est souvent cité dans le livre des Actes et dans les lettres de Paul. En effet, Timothée a été un compagnon de travail de Paul. Il l'a accompagné dans beaucoup de ses voyages. Paul lui a confié plusieurs missions difficiles, en particulier à Thessalonique et à Corinthe.

Deux lettres sont adressées à Timothée. Elles sont écrites quand les fondations de la foi chrétienne sont déjà posées. Il s'agit maintenant d'organiser les Églises et de rendre leur foi plus forte.

La première lettre donne des ***conseils aux chrétiens, aux responsables*** *de communauté, et* ***à Timothée*** *lui-même.*

Un certain nombre de chrétiens enseignent des erreurs (1.3-7 ; 4.1-4 ; 6.3-5). Ils pensent que le monde matériel est mauvais. C'est pourquoi ils rejettent le mariage et le fait de manger certains aliments. Or, tout ce que Dieu a fait est bon. Timothée doit rappeler cela aux chrétiens.

Les communautés chrétiennes se sont organisées. Elles ont des responsables. Ce sont les chefs des communautés, les diacres qui les aident et assurent le service des pauvres et des malades, et les anciens qui président les assemblées et enseignent.

Ces communautés ont besoin de vivre dans le calme et d'être acceptées par la société. L'auteur de la lettre donne des conseils pour le culte et la prière (chapitre 2). Il indique aussi comment les responsables de l'Église doivent vivre (chapitre 3).

Timothée est fils d'un père grec et d'une mère chrétienne d'origine juive. Il a été formé par Paul et il est pour lui comme un fils. Il est devenu un dirigeant, responsable d'Églises. La lettre l'invite à rester un bon serviteur de Jésus-Christ. Elle lui indique comment prendre soin des différents membres des communautés, et ce qu'il doit enseigner et recommander à chacun (chapitres 4 à 6).

Salutation

1 [1] Moi, Paul, je suis *apôtre du *Christ Jésus, parce que Dieu notre Sauveur et le
Christ Jésus notre espérance m'en ont donné
l'ordre.
[2] Timothée, c'est à toi que j'écris, toi qui es
pour moi un vrai fils dans la foi. Que Dieu le
Père et le Christ Jésus notre Seigneur te *bénissent, qu'ils te montrent leur amour et te
donnent la paix !

Attention à ceux qui enseignent des erreurs !

[3] Comme je te l'ai demandé en partant pour
la Macédoine, reste à Éphèse. Là-bas, certains
chrétiens enseignent des erreurs. Interdis-
leur de faire cela. [4] Qu'ils abandonnent les histoires fausses et les longues listes d'ancêtres !
Cela soulève seulement des questions inutiles
et ne sert pas le projet de Dieu, connu par la
foi. [5] L'ordre que je donne ici a pour but de

faire grandir l'amour qui vient d'un cœur *pur, d'une *conscience bonne et d'une foi sincère. 6 Certains ont quitté ce chemin, et ils se sont perdus dans des discussions qui ne mènent à rien. 7 Au sujet de la *loi de Moïse, ils veulent être des maîtres, mais ils ne savent pas ce qu'ils disent. Ils ne connaissent pas ce qu'ils affirment avec tant de force.

8 Oui, nous le savons, la loi de Moïse est bonne, si on s'en sert comme il faut. 9 Comprenons une chose : la loi n'est pas faite pour ceux qui sont fidèles à Dieu. Elle est faite pour ceux qui refusent d'obéir, pour les révoltés, pour les méchants et pour les pécheurs. La loi est pour ceux qui ne respectent pas Dieu ni les choses de Dieu, pour ceux qui tuent leur père ou leur mère, pour les assassins. 10 La loi est pour les gens qui ont une vie immorale, pour les hommes qui couchent avec des jeunes gens, pour les marchands d'esclaves. La loi est aussi pour les menteurs et ceux qui font des serments faux. Elle est pour tous ceux qui agissent, d'une façon ou d'une autre, contre l'enseignement juste. 11 Cet enseignement se trouve dans la Bonne Nouvelle qui fait connaître le Dieu plein de *gloire. Dieu, qui veut notre bonheur, m'a confié cette Bonne Nouvelle.

Paul remercie le Christ

12 Je remercie le *Christ Jésus notre Seigneur. Il m'a jugé digne de confiance en me prenant à son service et il m'a donné la force nécessaire. 13 Pourtant, avant, je l'avais insulté, je l'avais fait souffrir, j'avais été violent. Mais Dieu a eu pitié de moi. J'agissais ainsi sans savoir ce que je faisais. En effet, je ne croyais pas au Christ. 14 Mais la bonté de notre Seigneur pour moi a été immense : j'ai reçu la foi, et aussi l'amour qui vient du Christ Jésus. 15 Voici une parole sûre, qui mérite d'être acceptée par tous : le Christ Jésus est venu dans le monde pour sauver les pécheurs. Et moi, je suis le premier des pécheurs. 16 Mais Dieu a eu pitié de moi. Alors le Christ Jésus a pu montrer toute sa patience pour moi, le premier des pécheurs. C'est un exemple pour ceux qui croiront en lui et qui recevront la vie avec Dieu pour toujours. 17 Que tout le monde honore Dieu et lui rende *gloire pour toujours. Il est le Roi qui vit sans fin, qui ne meurt pas, que personne ne voit, le Dieu unique ! *Amen.

18 Timothée, mon fils, voilà l'enseignement que je te confie. Il est en accord avec les paroles que des *prophètes ont dites sur toi autrefois. Ces paroles te donneront du courage, et tu pourras mener le beau combat 19 avec foi et avec une *conscience bonne. Quelques-uns ont refusé d'écouter leur conscience et ainsi ils ont perdu la foi. 20 Parmi eux, il y a Hyménée et Alexandre. Je les ai livrés à *Satan[a]. Ainsi, ils apprendront à ne plus insulter Dieu.

Pour qui prier ?

2 1 Avant tout, je recommande ceci : il faut faire des demandes à Dieu, le prier, le supplier et le remercier pour tous les êtres humains. 2 Il faut prier pour ceux qui nous gouvernent et pour toutes les autorités. Alors nous pourrons mener une vie calme et tranquille en étant fidèles à Dieu et en nous conduisant bien. 3 Voilà ce qui est beau et ce qui plaît à Dieu notre Sauveur. 4 Il veut que tous soient sauvés et arrivent à connaître la vérité. 5 En effet, il y a un seul Dieu. Il y a aussi un seul intermédiaire entre Dieu et les êtres humains : c'est un être humain, le *Christ Jésus, 6 qui a donné sa vie pour libérer tous les humains. C'est là le *témoignage que le Christ a donné au moment fixé par Dieu. 7 Et c'est à cause de ce témoignage que Dieu a fait de moi un messager et un *apôtre. Il m'a chargé d'enseigner aux non-Juifs ce qu'il faut croire et ce qui est vrai. Je dis la vérité, je ne mens pas.

Le comportement des hommes et des femmes

8 Je veux donc que les hommes prient partout, en levant les mains vers le *ciel. Ils doivent le faire avec un cœur *pur, en abandonnant toute colère et toute dispute.

a 1.20 *L'auteur veut sans doute dire : « je les ai renvoyés de la communauté. »*

9 Je veux aussi que les femmes s'habillent correctement. Elles doivent avoir une tenue digne et simple, sans coiffure compliquée. Elles ne doivent pas porter de bijoux en or, ni de perles ou d'habits trop chers. 10 Mais elles doivent montrer leur beauté par leurs bonnes actions. Cela convient à des femmes qui affirment leur amour pour Dieu. 11 Pendant l'enseignement, les femmes doivent rester tranquilles en écoutant avec respect. 12 Je ne leur permets pas d'enseigner ni de dire aux hommes ce qu'ils doivent faire. Elles doivent donc garder le silence. 13 En effet, Dieu a d'abord fait Adam, ensuite il a fait Ève. 14 Et ce n'est pas Adam qui s'est laissé tromper, c'est la femme : elle s'est laissée tromper, puis elle a désobéi à Dieu. 15 Pourtant, elle sera sauvée en ayant des enfants, mais à une condition : elle doit garder fidèlement la foi et l'amour et mener une vie simple qui plaît à Dieu.

Les responsables de l'Église

3 1 Voici une parole sûre : si quelqu'un veut être un des principaux responsables de l'Église, il désire une belle fonction. 2 Alors il faut que ce responsable soit sans défaut. Il doit s'être marié une seule fois, être sobre, raisonnable et correct. Il doit bien recevoir les gens qui viennent chez lui. Il faut qu'il soit capable d'enseigner. 3 Il ne doit pas être buveur ni violent, mais doux et calme. Qu'il n'aime pas l'argent ! 4 Il doit bien diriger sa famille et avoir des enfants qui obéissent avec respect. 5 Si quelqu'un ne sait pas diriger sa famille, comment peut-il s'occuper de l'Église de Dieu ? 6 Le responsable ne doit pas être un nouveau chrétien, sinon l'orgueil peut le rendre aveugle. Et il risque d'être condamné comme l'esprit du mal. 7 Il faut aussi que les non-chrétiens pensent du bien de ce responsable. Alors personne ne dira de mal de lui, et il ne tombera pas dans les pièges de l'esprit du mal.

Les diacres

8 Il faut aussi que les diacres[b] soient des hommes respectables et sincères. Ils ne doivent pas boire trop de vin, ni chercher à gagner de l'argent de façon malhonnête. 9 Il faut qu'ils gardent la vérité de la foi avec une *conscience *pure. 10 On doit d'abord les examiner. Ensuite, si on n'a rien à leur reprocher, ils pourront servir comme diacres. 11 Les femmes qui sont diacres doivent aussi être respectables. Elles ne doivent pas dire du mal des autres, elles doivent être sobres et dignes de confiance en toutes choses. 12 Les diacres doivent s'être mariés une seule fois. Il faut qu'ils dirigent bien leurs enfants et leur famille. 13 Oui, ceux qui font bien leur travail de diacre seront honorés. Ils auront beaucoup d'assurance, parce qu'ils croient au *Christ Jésus.

La connaissance que la foi nous donne

14 Je t'écris tout cela en espérant aller te voir bientôt. 15 Mais si je n'arrive pas tout de suite, tu sauras par cette lettre comment te conduire dans la famille de Dieu. Cette famille, c'est l'Église du Dieu vivant, qui soutient et protège la vérité. 16 Oui, c'est sûr, elle est grande, la connaissance mystérieuse que la foi nous donne :

Le *Christ s'est montré en devenant un homme,
et il était *juste,
l'Esprit Saint l'a prouvé.
Il a été vu par les *anges
et on l'a fait connaître chez tous les peuples.
Sur la terre, on a cru en lui,
et dans le *ciel, il a reçu la *gloire de Dieu.

Tout ce que Dieu a fait est bon

4 1 L'Esprit Saint le dit clairement : dans les derniers temps, certains abandonneront la foi. Ils suivront les idées fausses, et les enseignements qui viennent des esprits mauvais. 2 Des gens faux et menteurs les

---

b 3.8 *Diacre traduit le mot grec qui veut dire serviteur. Les diacres aident les responsables de l'Église. Ils sont surtout chargés du service des pauvres et des malades.*

tromperont par leurs paroles. Ces gens-là ont
une *conscience marquée par l'erreur comme
au fer rouge. 3 Ils interdiront le mariage, ils interdiront aussi de manger certains aliments.
Pourtant, c'est Dieu qui a créé ces aliments.
Les croyants qui connaissent la vérité peuvent
donc les manger en lui disant merci. 4 Oui,
tout ce que Dieu a créé est bon. Rien n'est à
rejeter, mais il faut tout prendre en remerciant Dieu. 5 En effet, la parole de Dieu et la
prière font que ces choses deviennent agréables à Dieu.

Comment être un bon serviteur du Christ Jésus

6 Enseigne tout cela aux frères et sœurs
chrétiens. Alors tu seras un bon serviteur du
*Christ Jésus, tu montreras que tu es nourri
des paroles de la foi et de l'enseignement
juste. Cet enseignement, tu l'as suivi fidèlement. 7 Mais rejette les histoires fausses et
contraires à la foi. Entraîne-toi plutôt à rester
fidèle à Dieu. 8 L'entraînement du corps est
utile, mais à peu de chose. Au contraire, la fidélité à Dieu est utile à tout. En effet, à celui
qui est fidèle à Dieu, la vie est promise pour
maintenant et pour plus tard. 9 C'est là une parole sûre, qui mérite d'être reçue par tous.
10 Oui, nous travaillons durement et nous
combattons, parce que nous avons mis notre
espérance dans le Dieu vivant. Il est le Sauveur de tous, surtout de ceux qui croient.
11 Voilà ce que tu dois commander et enseigner.

L'exemple à donner aux croyants

12 Personne ne doit te mépriser parce que tu
es jeune. Mais toi, montre l'exemple aux
croyants, par tes paroles, ta vie, ton amour,
ta foi, ta *pureté. 13 En attendant ma venue, ap-
plique-toi à lire les Livres Saints aux chrétiens,
à les encourager, à les enseigner. 14 N'oublie
pas le don de l'Esprit Saint qui est en toi. Tu
l'as reçu quand les *prophètes ont parlé et
quand le groupe des *anciens a posé les mains
sur ta tête[c]. 15 Fais tout cela avec grand soin,
donne-toi à ce travail entièrement, alors tous
verront tes progrès. 16 Fais attention à ta façon
de vivre et à ton enseignement. Reste fidèle
dans tout cela. Oui, si tu agis ainsi, tu te sauveras toi-même, ainsi que ceux qui t'écoutent.

5 1 Ne parle pas durement à un homme âgé.
Mais donne-lui des conseils comme s'il
était ton père. Conseille les jeunes gens
comme des frères, 2 les femmes âgées comme
des mères. Conseille aussi les jeunes femmes
comme des sœurs, en toute *pureté.

Les veuves dans la communauté

3 Prends soin des veuves, de celles qui sont
vraiment seules. 4 Mais si une veuve a des enfants ou des petits-enfants, il faut qu'ils apprennent ceci : c'est d'abord eux qui doivent
s'occuper de leur famille. De cette façon, ils
rendront à leurs parents et à leurs grands-parents ce qu'ils ont reçu d'eux. Voilà ce qui
plaît à Dieu. 5 La veuve qui n'a personne
pour s'occuper d'elle, et qui reste complètement seule, a mis sa confiance en Dieu. Jour
et nuit, elle prie et supplie Dieu sans cesse.
6 Mais la veuve qui cherche seulement son
plaisir, elle est déjà morte, même si elle paraît
vivante. 7 Voilà aussi ce que tu dois rappeler
aux veuves, pour qu'on n'ait rien à leur reprocher. 8 Si quelqu'un ne s'occupe pas de sa
famille, surtout de ses parents les plus
proches, il a rejeté la foi, il est plus mauvais
qu'un incroyant.

9 Au groupe des veuves, inscris seulement
une femme qui a au moins 60 ans. Elle doit
s'être mariée une seule fois. 10 Il faut qu'on
la connaisse pour tout ce qu'elle a fait de
bien : elle a élevé ses enfants, elle a bien
reçu ceux qui venaient chez elle, elle a lavé
les pieds des chrétiens[d], elle a aidé les malheureux, elle a fait toutes sortes de bonnes
actions.

11 Mais n'inscris pas les veuves qui sont jeunes. En effet, quand leurs désirs les éloignent
du *Christ, elles veulent se remarier. 12 Alors

c **4.14** *Ce geste servait à désigner quelqu'un pour un service dans la communauté.*
d **5.10** *Geste d'accueil chez les peuples d'Orient.*

elles sont coupables, parce qu'elles ne sont pas fidèles à la promesse qu'elles ont faite au Christ. 13 Comme elles n'ont rien à faire, elles prennent l'habitude d'aller de maison en maison. Non seulement elles ne font rien, mais encore elles bavardent. Elles s'occupent de ce qui ne les regarde pas, elles disent n'importe quoi. 14 Je veux donc que les jeunes veuves se remarient, qu'elles aient des enfants, qu'elles dirigent leur maison. Alors, elles ne donneront pas à nos ennemis l'occasion de dire du mal de nous. 15 En effet, il y a déjà quelques veuves qui se sont perdues en suivant *Satan. 16 Quand une femme croyante a des veuves dans sa famille, elle doit les aider. Ainsi, l'Église n'aura pas à s'en charger et elle pourra aider les veuves qui sont vraiment seules.

Les anciens dans la communauté

17 Quand les *anciens dirigent bien l'Église, ils méritent de recevoir un salaire double. Ils le méritent surtout quand ils travaillent durement au service de la Parole et pour enseigner. 18 En effet, les Livres Saints le disent : « Quand le bœuf travaille pendant la récolte, ne l'empêche pas de manger les épis. » Et encore : « L'ouvrier doit recevoir un salaire. »[e] 19 Il faut deux ou trois *témoins pour accuser un ancien. Sinon, n'accepte pas qu'on l'accuse. 20 Fais des reproches devant tout le monde à ceux qui commettent des péchés. Alors les autres aussi auront peur de mal faire.

21 Voici ce que je te demande avec force devant Dieu, devant le *Christ Jésus, et devant les *anges de Dieu : respecte tout cela sans être injuste, sans faire de différence entre les gens. 22 Ne te presse pas de poser les mains sur la tête de quelqu'un[f]. Ne participe pas aux péchés des autres. Toi-même, garde-toi *pur.

23 Ne bois pas seulement de l'eau. Prends un peu de vin à cause de ton estomac, puisque tu es souvent malade.

24 On s'aperçoit tout de suite des péchés de certaines personnes avant même de les juger. Au contraire, chez d'autres, on s'en aperçoit seulement plus tard. 25 Les bonnes actions, elles aussi, se voient tout de suite. Même celles qu'on ne voit pas tout de suite ne peuvent pas rester cachées.

Les esclaves et leurs maîtres

6 1 Tous ceux qui sont esclaves doivent penser ceci : leurs maîtres sont dignes d'un grand respect. Alors on ne se moquera pas du nom de Dieu ni de notre enseignement. 2 Les esclaves qui ont des maîtres croyants sont leurs frères. Mais ce n'est pas une raison pour que ces esclaves leur manquent de respect. Au contraire, ils doivent les servir encore mieux. En effet, ces maîtres qui profitent de leurs services sont des croyants aimés de Dieu.

Tous les malheurs viennent de l'amour de l'argent

Voilà ce que tu dois enseigner et recommander. 3 Il y a des gens qui enseignent des erreurs. Ils ne suivent pas les vraies paroles de notre Seigneur Jésus-Christ, ni l'enseignement qui va avec notre foi. 4 Ce sont des gens que l'orgueil rend aveugles. Ce sont des ignorants, des malades qui discutent et se battent sur des mots. Cela provoque des jalousies, des disputes, des insultes, des soupçons méchants, 5 des discussions sans fin entre personnes qui ont l'intelligence tordue. Ils ne voient plus la vérité. Ils pensent que la foi en Dieu est un moyen pour devenir riches.

6 C'est vrai, la foi en Dieu est une grande richesse, à une condition : il faut se contenter de ce qu'on a. 7 Nous n'avons rien apporté sur cette terre, et nous ne pouvons rien emporter non plus. 8 Alors, si nous avons de quoi manger et nous habiller, cela doit nous suffire. 9 Mais ceux qui veulent devenir riches tombent dans la tentation. De nombreux désirs stupides et dangereux les prennent au

e **5.18** *Voir Deutéronome 25.4 ; 1 Corinthiens 9.9 ; Matthieu 10.10 ; Luc 10.7.*
f **5.22** *Voir 1 Timothée 4.14 et la note.*

piège. Ils conduisent les gens vers la mort et
les détruisent. 10 Oui, la racine de tous les malheurs, c'est l'amour de l'argent. Plusieurs
l'ont trop cherché, c'est pourquoi ils se sont
perdus loin de la foi. Ils ont beaucoup souffert,
et c'est leur faute.

Conseils à Timothée

11 Mais toi, homme de Dieu, évite ces choses-là. Cherche à être *juste, sois fidèle à
Dieu. Vis avec foi, amour, patience et douceur. 12 Combats le beau combat au service
de la foi, afin de vivre avec Dieu pour toujours. C'est pour cette vie qu'il t'a appelé.
Tu as reconnu cela le jour où tu as affirmé
clairement ta foi devant beaucoup de *témoins. 13 Et maintenant, je te donne un ordre
en présence de Dieu, qui donne la vie à toutes choses. Je le fais aussi en présence du
*Christ Jésus qui a rendu un beau témoi-
gnage devant Ponce *Pilate. 14 Garde le
commandement que tu as reçu, en restant
sans tache et sans défaut, jusqu'au jour où
notre Seigneur Jésus-Christ paraîtra. 15 C'est
Dieu qui fera paraître le Christ au moment
qu'il a fixé. Il est la source du bonheur et
le seul maître de tout, le Roi des rois et le
Seigneur des seigneurs. 16 Il est le seul qui
ne meurt pas. Il habite une lumière que
nous ne pouvons pas atteindre. Personne
ne l'a vu, personne ne peut le voir. À lui
honneur et puissance pour toujours ! *Amen.

Conseils aux riches

17 Recommande aux riches de ce monde de
ne pas être orgueilleux. Qu'ils ne mettent pas
leur confiance dans une richesse qui ne dure
pas, mais qu'ils la mettent en Dieu. C'est lui
qui nous donne toutes choses généreusement
pour que nous en profitions. 18 Dis-leur de
faire le bien, d'être riches en actions bonnes.
Qu'ils donnent de bon cœur et partagent avec
les autres. 19 Ainsi ils mettront en réserve pour
l'avenir un trésor beau et solide et ils pourront
posséder la vraie vie.

Salutation

20 Timothée, garde fidèlement ce que Dieu
t'a confié. Évite les discours creux et contraires à la foi, les critiques présentées par une
fausse connaissance. 21 Certains ont cru posséder cette connaissance et ils se sont éloignés
de la foi.

Que l'amour de Dieu soit avec vous !

Deuxième lettre à Timothée

INTRODUCTION

La deuxième lettre à Timothée contient les dernières recommandations de l'apôtre Paul. Paul est en prison (2.9), il est abandonné par beaucoup (1.15 ; 4.10-16), il sait qu'il va bientôt mourir (4.6). Il dit adieu à Timothée, son compagnon de travail, qu'il aime comme un fils.

La lettre rappelle la vie de Paul : son travail comme apôtre, son enseignement, ses souffrances à cause de la Bonne Nouvelle. L'auteur donne des conseils à Timothée. Il l'encourage d'abord à prendre sa part de souffrance dans le travail pour le Christ (2.1-13). Il lui recommande ensuite d'annoncer correctement la parole de Dieu (2.14 – 4.15). Pour cela, Timothée doit éviter les querelles de mots, tourner le dos à ceux qui commettent des erreurs, imiter la conduite de Paul. Et avant tout, il doit être fidèle à ce que Paul et les autres maîtres chrétiens ont enseigné.

Quand les premiers grands témoins de Jésus disparaissent, ceux qui continuent leur œuvre après eux suivent leur trace. Pour cela, ils ont à ***garder fidèlement le message*** *qu'ils ont reçu de leurs maîtres. Ils doivent aussi lire les Livres Saints. À l'époque où les lettres à Timothée sont* *écrites, ces livres sont ceux de l'Ancien Testament et peut-être déjà certains écrits du Nouveau Testament. Tous ces textes « sont utiles pour enseigner la vérité, pour persuader, pour corriger les erreurs, pour former à une vie juste » (3.16).*

Salutation

1 1 Moi, Paul, je suis *apôtre du *Christ
Jésus, parce que Dieu l'a voulu. Je suis
chargé d'annoncer la vie promise que le
Christ Jésus nous donne.
2 Timothée, mon fils très aimé, c'est à toi
que j'écris. Que Dieu le Père et le Christ Jésus
notre Seigneur te *bénissent. Qu'ils te montrent leur amour et te donnent la paix !

Paul remercie Dieu

3 Nuit et jour, quand je prie, je dis toujours
ton nom. Et je remercie Dieu, que je sers avec
une *conscience *pure, comme mes ancêtres
l'ont fait. 4 En me rappelant tes larmes[a], j'ai
très envie de te voir pour être rempli de
joie. 5 Je me souviens de la foi sincère qui est
en toi. C'était déjà celle de ta grand-mère Loïs
et de ta mère Eunice, et cette foi est en toi
aussi, j'en suis sûr.

Le beau trésor confié à Timothée

6 C'est pourquoi je te rappelle ceci : garde
bien vivant le don de Dieu, que tu as reçu
quand j'ai posé les mains sur ta tête[b]. 7 En effet, l'Esprit Saint que Dieu nous a donné ne
nous rend pas timides. Au contraire, cet Esprit
nous remplit de force, d'amour et de maîtrise
de soi.
8 N'aie donc pas honte de rendre *témoignage à notre Seigneur, et n'aie pas honte de
moi qui suis en prison pour lui. Mais souffre
avec moi pour la Bonne Nouvelle avec la puissance de Dieu. 9 Dieu nous a sauvés et il nous a
appelés pour que nous soyons à lui. Il n'a pas
fait cela à cause de nos actes, mais parce qu'il
l'a décidé. C'est un don gratuit qu'il nous a
fait dans le *Christ Jésus, avant que le monde
existe. 10 Maintenant, ce don est devenu visible
quand notre Sauveur, le Christ Jésus, est apparu. C'est lui qui a enlevé son pouvoir à la
mort et, par la Bonne Nouvelle, il a fait connaître la vie qui ne meurt pas.
11 Dieu m'a chargé d'annoncer cette Bonne
Nouvelle comme *apôtre, et de l'enseigner.
12 C'est pour cela que je souffre maintenant,
mais je n'en ai pas honte. En effet, je sais en
qui j'ai mis ma confiance. Et, j'en suis sûr,
Dieu est assez puissant pour protéger jusqu'au
dernier jour ce qu'il m'a confié. 13 Prends
comme modèle les paroles vraies que tu as reçues de moi. Tu les as reçues avec la foi et
l'amour que le Christ Jésus nous donne.
14 On t'a confié un beau trésor. Garde-le avec
l'aide de l'Esprit Saint qui habite en nous.
15 Tu le sais, tous ceux de la province
d'Asie[c] m'ont abandonné, entre autres Phy-
gèle et Hermogène. 16 Que le Seigneur montre
sa bonté à la famille d'Onésiphore. En effet, il
m'a souvent encouragé et il n'a pas eu honte
de moi, qui suis en prison. 17 Au contraire,
dès son arrivée à Rome, il m'a cherché partout
et il m'a trouvé. 18 Que le Seigneur Jésus lui
donne de recevoir la bonté de Dieu le jour
du jugement ! Oui, tu sais très bien tous les
services qu'il m'a rendus à Éphèse.

Conseils pour être un bon soldat du Christ

2 1 Toi, mon fils, cherche à devenir toujours
plus fort grâce à l'amour du *Christ Jésus.
2 Ce que tu m'as entendu enseigner devant de
nombreux *témoins, confie-le à des gens sûrs.
Ils doivent être capables eux-mêmes de l'enseigner aussi à d'autres.
3 Prends ta part de souffrance, comme un
bon soldat du Christ Jésus. 4 Un soldat qui

---

a 1.4 *Timothée a pleuré au moment où Paul l'a quitté à Éphèse. Voir 1 Timothée 1.3.*
b 1.6 *Voir 1 Timothée 4.14 ; 5.22.*
c 1.15 *La province romaine d'Asie correspondait à une partie de la Turquie actuelle.*

sert dans l'armée et qui veut plaire à son chef
ne s'occupe pas des affaires de la vie civile.
5 Un sportif ne peut gagner le prix que s'il
joue selon les règles. 6 Les fruits de la récolte
sont d'abord pour le cultivateur qui a beaucoup travaillé. 7 Réfléchis à ce que je dis, et
le Seigneur te fera tout comprendre.

8 Souviens-toi de Jésus-Christ : il s'est réveillé de la mort, il est né dans la famille de
David, son ancêtre, selon la Bonne Nouvelle
que j'annonce. 9 À cause de cette Bonne Nouvelle, je souffre et je suis même attaché avec
des chaînes comme un bandit. Mais la parole
de Dieu n'est pas enchaînée. 10 C'est pourquoi
je supporte tout pour ceux que Dieu a choisis.
Alors, eux aussi seront sauvés par le *Christ
Jésus, et ainsi ils auront la *gloire qui dure toujours. 11 Voici une parole sûre :

si nous sommes morts avec le Christ[d],
avec lui nous vivrons.
12 Si nous résistons, avec lui,
nous serons rois.
Si nous le rejetons,
lui aussi nous rejettera.
13 Si nous ne sommes pas fidèles,
lui, il reste fidèle.
En effet, il ne peut pas faire
le contraire de ce qu'il dit.

L'annonce correcte de la Bonne Nouvelle

14 Rappelle cela à tous. Devant Dieu, demande-leur avec force de ne pas se battre
sur les mots. Cela ne sert à rien, sauf à démolir
ceux qui écoutent. 15 Tâche de te présenter à
Dieu comme un homme solide, un ouvrier
qui peut être content de son travail et qui annonce correctement la vraie Parole de Dieu.
16 Évite les discours creux et contraires à la
foi. Oui, ceux qui les font s'éloigneront de
Dieu de plus en plus. 17 Leurs discours seront
comme une plaie infectée qui s'élargit. Parmi
ces gens-là, il y a Himéné et Philète. 18 Ils se
sont éloignés de la vérité. Ils disent que
Dieu nous a déjà relevés de la mort et ainsi,
ils renversent la foi de certains. 19 Pourtant,
les solides fondations que Dieu a posées résistent. Voici les paroles qui sont écrites sur
elles : « Le Seigneur connaît ceux qui sont à
lui. »[e] Et encore : « Celui qui dit : J'appartiens
au Seigneur, doit s'éloigner du mal. »

20 Dans une belle maison, il n'y a pas seulement des plats en or et en argent, il y a aussi
des plats en bois et en terre. Les uns servent
les jours de fête, les autres servent tous les
jours. 21 Celui qui se débarrasse de ces enseignements faux, il ressemble à un plat qu'on
utilise les jours de fête. On le gardera pour
le Seigneur. Il sera utile à son maître et il servira pour faire tout ce qui est bien.

Pas de discussions inutiles et stupides

22 Fuis les désirs mauvais de la jeunesse.
Cherche la *justice, la foi, l'amour, la paix
avec ceux qui prient le Seigneur d'un cœur
*pur. 23 Mais rejette les discussions inutiles
et stupides. Tu le sais, elles provoquent des
disputes. 24 Et un serviteur du Seigneur ne
doit pas se disputer. Il doit être aimable avec
tous, capable d'enseigner et de supporter les
critiques. 25 Il doit répondre avec douceur à
ceux qui sont contre lui. En effet, Dieu leur
donnera peut-être l'occasion de changer leur
façon de penser pour connaître la vérité.
26 Ils sortiront des pièges de l'esprit du mal,
qui les retenait prisonniers. Ils ne feront
plus sa volonté et ainsi, ils pourront de nouveau penser correctement.

Ce qui arrivera dans les derniers jours du monde

3 1 Tu dois le savoir : dans les derniers
jours, il y aura des moments difficiles.
2 Les gens seront égoïstes, amis de l'argent.
Ils se vanteront, ils seront orgueilleux, ils insulteront Dieu. Ils désobéiront à leurs parents, ils ne seront plus capables de dire
merci. Ils ne respecteront plus les choses
de Dieu. 3 Ils seront durs, sans pitié, ils diront du mal des autres. Ils mèneront une
vie de désordre, ils seront cruels, ennemis

---

d **2.11** *Voir Romains 6.5,8.*
e **2.19** *Voir Nombres 16.5.*

du bien. 4 Ils trahiront les autres, ils seront violents. L'orgueil les rendra aveugles. Ils aimeront le plaisir au lieu d'aimer Dieu. 5 Ils feront semblant d'être fidèles à Dieu, mais en réalité, ils rejetteront la puissance de la foi. Tourne le dos à ces gens-là. 6 Certains d'entre eux ont l'habitude d'aller dans les maisons. Et ils prennent dans leurs pièges des femmes faibles, chargées de péchés, qui n'ont pas une foi solide. Ces femmes sont entraînées par toutes sortes de désirs. 7 Elles sont toujours en train d'apprendre, mais elles ne peuvent jamais arriver à connaître la vérité. 8 Autrefois, Jannès et Jambrès étaient contre Moïse[f]. De même, ces gens-là sont contre la vérité. Ce sont des hommes qui ont l'intelligence tordue, et leur foi ne vaut rien. 9 Mais ils n'iront pas très loin. En effet, tous verront leurs erreurs, comme autrefois on a vu les erreurs de Jannès et de Jambrès.

L'utilité des Livres Saints

10 Mais toi, tu m'as suivi en tout : tu as écouté mon enseignement, tu as imité ma conduite, tu as connu mes projets, ma foi, ma patience, mon amour, ma fidélité. 11 Tu sais les dures attaques et les souffrances que j'ai connues à Antioche de Pisidie, à Iconium, à Lystre. Oui, j'ai beaucoup souffert. Pourtant, le Seigneur m'a délivré de tout cela. 12 D'ailleurs, tous ceux qui veulent vivre fidèlement en étant unis au *Christ Jésus, on les fera souffrir. 13 Mais les gens mauvais et les charlatans iront toujours plus loin dans le mal. Ils tromperont les autres, et on les trompera à leur tour. 14 Toi, garde solidement ce que tu as appris et ce que tu as accepté comme quelque chose de sûr. Tu sais quels maîtres t'ont appris cela. 15 Oui, tu connais les Livres Saints depuis ton enfance, ils sont capables de te donner la sagesse. Cette sagesse conduit au *salut quand on croit en Jésus-Christ. 16 Tous les Livres Saints ont été écrits avec l'aide de Dieu. Ils sont utiles pour enseigner la vérité, pour persuader, pour corriger les erreurs, pour former à une vie *juste. 17 Grâce aux Livres Saints, l'homme de Dieu sera parfaitement préparé et formé pour faire tout ce qui est bien.

Dernières recommandations de Paul

4 1 Voici ce que je te demande avec force, devant Dieu et devant le *Christ Jésus qui viendra juger les vivants et les morts et qui va paraître comme roi : 2 annonce la parole de Dieu, insiste toujours, même si ce n'est pas le bon moment. Corrige les erreurs, fais des reproches et encourage avec beaucoup de patience, en cherchant toujours à enseigner. 3 En effet, un moment viendra où certains ne voudront plus écouter l'enseignement juste. Mais ils suivront plutôt leurs désirs. Ils feront appel à une foule de maîtres qui leur diront ce qu'ils ont envie d'entendre. 4 Ils fermeront leurs oreilles à la vérité et ils les ouvriront pour écouter des histoires fausses. 5 Mais toi, sois raisonnable en toutes choses. Supporte la souffrance, travaille à annoncer la Bonne Nouvelle, sois un parfait serviteur de Dieu.

6 Pour moi, voici le moment où ma vie va être offerte à Dieu comme un *sacrifice. Je vais bientôt mourir. 7 J'ai combattu le beau combat, j'ai fini ma course, j'ai gardé la foi. 8 Et maintenant, le prix de la victoire m'attend. C'est la juste récompense que le Seigneur, le juste juge, va me donner le jour du jugement. Il me la donnera à moi, mais il la donnera aussi à tous ceux qui attendent avec amour le moment où il paraîtra.

Remarques personnelles

9 Tâche de venir me rejoindre très vite. 10 En effet, Démas m'a abandonné, parce qu'il aime trop les choses de cette terre. Il est parti à Thessalonique. Crécens est parti en Galatie, et Tite en Dalmatie. 11 Seul Luc est avec moi. Prends Marc et amène-le avec toi, il m'est très utile pour le service de Dieu. 12 J'ai envoyé Tychique à Éphèse. 13 Quand tu viendras, apporte le vêtement que j'ai laissé à Troas chez Carpos. Apporte aussi les livres, surtout les parchemins[g].

---

f **3.8** *Jannès et Jambrès : la tradition juive appelait ainsi les magiciens d'Égypte. Voir Exode 7.11,22.*
g **4.13** *Parchemins : rouleaux en peau de mouton ou de chèvre sur lesquels on écrivait.*

14 Alexandre le forgeron m'a fait beaucoup
de mal. Le Seigneur lui donnera ce que ses actes méritent. 15 Méfie-toi de lui, toi aussi ! En
effet, il s'est opposé durement à ce que nous
avons dit.

16 La première fois que je me suis défendu
au tribunal, personne ne m'a aidé, tous m'ont
abandonné. Que Dieu ne les punisse pas !
17 Mais le Seigneur, lui, était auprès de moi,
il m'a donné sa force. Alors j'ai pu annoncer
jusqu'au bout la Bonne Nouvelle. Tous ceux
qui ne sont pas juifs l'ont entendue, et j'ai
été délivré de la gueule du lion[h]. 18 Le Seigneur me délivrera de tout mal, il me sauvera
en me faisant entrer au *ciel, dans son
*Royaume. Rendons *gloire au Seigneur pour
toujours ! *Amen.

Salutations

19 Salue Priscille et Aquilas, et aussi la famille d'Onésiphore. 20 Éraste est resté à Corinthe. J'ai laissé Trophime à Milet parce qu'il
était malade. 21 Tâche de venir avant la mauvaise saison.

Eubule, Pudens, Linus, Claudia, ainsi que
tous les frères et sœurs chrétiens te saluent.

22 Que le Seigneur soit avec toi ! Qu'il vous
*bénisse tous !

h **4.17** *Voir Psaume 22.22.*

Lettre à Tite

INTRODUCTION

Tite a été un compagnon de travail de Paul. Il a joué un rôle important dans les moments difficiles que Paul a connus avec la communauté de Corinthe. Quand la lettre lui est adressée, Tite est sur l'île de Crète. Là, il aide la communauté chrétienne à s'organiser.

L'auteur rappelle à Tite les ***qualités nécessaires des responsables*** *d'une Église (1.5-16). Il lui donne des conseils au sujet des relations avec les différents membres de la communauté : personnes âgées, jeunes femmes, jeunes gens, esclaves (2.1-15). Jésus-Christ a donné sa vie, afin de libérer les êtres humains de tout mal (2.14) :* ***la vie nouvelle des chrétiens*** *s'appuie sur cela.*

À l'époque où les lettres à Timothée et la lettre à Tite sont écrites, les chrétiens ont compris que Jésus ne reviendra pas tout de suite. Ils doivent apprendre à vivre dans un temps qui dure.

Salutation

1 1 Moi, Paul, je suis serviteur de Dieu et *apôtre de Jésus-Christ.

Dieu m'a chargé d'amener à la foi ceux qu'il a choisis. Il m'a chargé de leur faire connaître la vérité, pour qu'ils vivent en étant fidèles à Dieu. 2 Ainsi ils peuvent espérer la vie avec Dieu pour toujours. Dieu, qui ne ment pas, nous a promis cette vie depuis toujours. 3 Au moment qu'il a fixé, Dieu notre Sauveur a communiqué sa Parole à travers le message qu'il m'a confié et qu'il m'a commandé d'annoncer.

4 Tite, c'est à toi que j'écris. Tu es pour moi un vrai fils dans la foi qui nous unit. Que Dieu le Père et le *Christ Jésus notre Sauveur te *bénissent et te donnent la paix !

Les qualités d'un responsable de communauté

5 Je t'ai laissé dans l'île de Crète pour que tu finisses de tout organiser. Dans chaque ville, tu dois nommer des *anciens, comme je te l'ai commandé. 6 Un ancien doit mener une vie sans faute. Il doit s'être marié une seule fois. Ses enfants doivent être chrétiens, et on ne doit pas pouvoir les accuser de se conduire mal ou de désobéir. 7 Le principal responsable de l'Église est chargé des affaires de Dieu, il doit donc mener une vie sans faute. Qu'il ne soit pas orgueilleux, ni coléreux, ni buveur, ni violent. Qu'il ne cherche pas à gagner de l'argent de façon malhonnête. 8 Il doit bien recevoir les gens qui viennent chez lui et aimer ce qui est bien. Il doit être raisonnable, juste, *saint, maître de lui. 9 Il doit être solidement attaché à la parole qui mérite d'être crue, qui est en accord avec ce qui est enseigné. Alors, il sera capable d'encourager les autres en leur donnant un enseignement juste. Il pourra montrer l'erreur de ceux qui sont contre son enseignement.

Certaines personnes enseignent des choses fausses

10 Oui, il y a beaucoup de gens qui n'obéissent à personne, surtout parmi les Juifs devenus chrétiens. Ils trompent les gens avec leurs paroles qui ne veulent rien dire. 11 Il faut leur fermer la bouche. En effet, ils bouleversent des familles entières. Ils enseignent ce qu'il

ne faut pas, pour gagner de l'argent de façon malhonnête. 12 C'est un Crétois lui-même, un de leurs sages, qui a dit : « Les Crétois ont toujours été des menteurs, des bêtes méchantes, des paresseux qui ne pensent qu'à leur ventre ! » 13 Et ce qu'il affirme est vrai. C'est pourquoi, fais-leur des reproches sévères, pour qu'ils croient de façon juste. 14 Ils ne doivent pas faire attention aux histoires juives qui sont fausses. Ils ne doivent pas obéir aux commandements de gens qui tournent le dos à la vérité. 15 Tout est *pur pour ceux qui sont purs. Mais pour ceux qui sont impurs et qui refusent de croire, rien n'est pur. Leur intelligence et leur *conscience sont abîmées. 16 Ils affirment qu'ils connaissent Dieu, mais ce qu'ils font prouve le contraire. Ils font horreur, ils n'obéissent à personne et ils sont incapables de faire quelque chose de bien.

L'enseignement aux personnes âgées

2 1 Mais toi, dis ce qui est en accord avec l'enseignement juste. 2 Demande aux hommes âgés d'être sobres, respectables, raisonnables, solides dans la foi, dans l'amour et la patience. 3 De même, demande aux femmes âgées de mener une vie qui plaît à Dieu. Elles ne doivent pas dire du mal des autres, ni être esclaves de la boisson. Qu'elles enseignent ce qui est bien. 4 Qu'elles apprennent donc aux jeunes femmes à aimer leur mari et leurs enfants, 5 à être des personnes raisonnables et *pures. Elles doivent s'occuper de leur maison, être aimables, obéir à leur mari. Alors on ne pourra pas dire du mal de la parole de Dieu.

L'encouragement aux jeunes gens

6 Encourage aussi les jeunes gens à être raisonnables. 7 Toi-même, donne en toutes choses l'exemple d'une bonne conduite : sois sincère et sérieux quand tu enseignes. 8 Que tes paroles soient justes pour qu'on ne les critique pas. Ainsi, nos ennemis ne trouveront aucun mal à dire de nous et ils seront couverts de honte.

Au sujet des esclaves

9 Il faut que les esclaves obéissent à leurs maîtres en toutes choses. Ils doivent chercher à leur plaire en évitant de se disputer avec eux 10 et de les voler. Qu'ils soient toujours parfaitement fidèles à leurs maîtres. Alors, en toutes choses, ils feront honneur à l'enseignement de Dieu notre Sauveur.

En attendant le jour où Jésus paraîtra

11 Oui, Dieu a montré son amour qui sauve tous les êtres humains. 12 Cet amour nous apprend à rejeter ce qui est mauvais et les désirs de ce monde. Ainsi, nous pourrons mener sur cette terre une vie raisonnable, *juste et fidèle à Dieu, 13 en attendant le merveilleux jour que nous espérons. Ce jour-là, notre grand Dieu et Sauveur Jésus-Christ paraîtra dans sa *gloire. 14 Il a donné sa vie pour nous, afin de nous libérer de tout mal. Il a voulu faire de nous un peuple *pur, un peuple qui soit à lui, toujours prêt à faire le bien.

15 Voilà ce que tu dois dire avec toute ton autorité, pour encourager ou pour faire des reproches. Ne laisse personne te mépriser.

La vie nouvelle des chrétiens

3 1 Rappelle à tous qu'ils doivent être soumis aux chefs et aux autorités. Il faut qu'ils leur obéissent et soient prêts à faire tout ce qui est bien. 2 Qu'ils n'insultent personne et qu'ils évitent les disputes. Qu'ils soient bons et montrent sans cesse de la douceur envers tous. 3 Autrefois, nous ne comprenions rien, nous non plus. Nous refusions d'obéir à Dieu, nous étions dans l'erreur, esclaves de toutes sortes de désirs et de plaisirs. Nous menions une vie mauvaise, nous étions jaloux. On nous détestait, et nous nous détestions les uns les autres. 4 Mais Dieu notre Sauveur a montré sa bonté et son amour pour les êtres humains. 5 Et il nous a sauvés, non pas à cause des actions *justes que nous avons pu faire, mais parce qu'il a eu pitié de nous. Il nous a sauvés par le bain de la nouvelle naissance et par l'Esprit Saint qui nous donne une vie nouvelle. 6 Cet Esprit Saint, Dieu l'a répandu généreusement sur nous, par Jésus-Christ notre Sauveur. 7 Ainsi, puisque Dieu, dans son amour, nous rend justes, nous pourrons recevoir sa vie pour toujours, comme nous l'espérons.

Conseils à Tite

[8] Voilà une parole sûre, et je veux que tu insistes beaucoup là-dessus. Alors tous ceux qui croient en Dieu s'appliqueront à faire le bien parfaitement. Ceci est bon et utile à tous. [9] Mais évite les recherches qui n'ont pas de sens : les listes des ancêtres, les disputes et les discussions sur la *loi de Moïse. Tout cela est inutile et ne vaut rien. [10] Celui qui divise la communauté, donne-lui un avertissement puis un deuxième. Ensuite, écarte-le. [11] Tu le sais, une personne de ce genre est sur un mauvais chemin. En continuant à pécher, elle se condamne elle-même.

Salutations

[12] Je vais t'envoyer Artémas ou Tychique. Quand ils seront arrivés, tâche de venir me retrouver à Nicopolis. C'est là que j'ai décidé de passer la mauvaise saison. [13] Occupe-toi bien du voyage de Zénas l'avocat et d'Apollos, pour qu'ils ne manquent de rien. [14] Nos frères et sœurs chrétiens aussi doivent apprendre à faire le bien parfaitement. Ainsi, ils pourront répondre aux besoins urgents et ils serviront à quelque chose.

[15] Tous ceux qui sont avec moi te saluent. Salue nos amis qui ont la même foi que nous.

Que Dieu vous *bénisse tous !

Lettre à Philémon

INTRODUCTION

Philémon est un ami de l'apôtre Paul. Paul lui a annoncé la Bonne Nouvelle, et il est devenu chrétien. C'est sans doute un homme riche. Il possède des esclaves. Onésime, un esclave de Philémon, s'est enfui de chez son maître. Il a rencontré Paul dans la prison où celui-ci se trouve. Il est devenu chrétien, lui aussi. Paul renvoie Onésime à son maître avec une lettre. Comment Philémon va-t-il recevoir Onésime ?

La lettre de Paul à Philémon est adressée aussi à la communauté qui se réunit dans sa maison (verset 2). Elle traite d'un problème qui concerne la communauté tout entière.

À cette époque, l'économie de l'empire romain repose sur l'esclavage. La moitié sans doute des habitants de l'empire sont des esclaves. Ils travaillent dans toutes les activités et dépendent entièrement de leurs maîtres. La fuite d'un esclave est punie d'une manière très dure, souvent par la mort.

Dans sa lettre, Paul demande à Philémon d'accueillir Onésime comme un frère bien-aimé. En effet ***tous, personnes libres et esclaves, sont frères et sœurs dans le Christ****. Mais Paul ne donne pas d'ordre à Philémon. Il veut que Philémon décide lui-même de ce qu'il fera.*

Les premiers chrétiens ne pouvaient pas changer brusquement l'organisation sociale de leur temps. Mais la foi en Jésus-Christ transforme la manière de vivre les réalités sociales. Le message d'amour a des conséquences dans la vie privée et dans la vie publique.

Salutation

1 Moi, Paul, prisonnier du *Christ Jésus,
j'écris cette lettre avec Timothée, notre frère.
Elle est pour toi, Philémon, notre ami qui
travailles avec nous. 2 Elle est aussi pour Ap-
pia, notre sœur, et pour Arkippe qui combat
avec nous. Elle est encore pour la communauté qui se réunit dans ta maison. 3 Que
Dieu notre Père et le Seigneur Jésus-Christ
vous *bénissent et vous donnent la paix !

Paul remercie Dieu à cause de Philémon

4 Philémon, quand je prie, je dis toujours
ton nom et je remercie mon Dieu à cause
de toi. 5 En effet, j'entends parler de ton
amour pour tous les croyants et de ta foi envers le Seigneur Jésus. 6 Je demande à Dieu
que cette foi qui nous unit, toi et moi, donne
de bons résultats. Fais donc connaître tout le
bien que nous pouvons réaliser pour servir le
*Christ. 7 Frère, j'ai été très heureux et
consolé parce que ton amour a encouragé
les chrétiens.

Paul présente une demande en faveur d'Onésime

8 J'ai quelque chose à te demander. Avec le
*Christ, j'ai toute liberté pour te dire ce que tu
dois faire. 9 Pourtant, j'aime mieux te présenter cette demande au nom de l'amour. Oui,
moi, le vieux Paul, moi qui suis maintenant
prisonnier du Christ Jésus, 10 je te présente
cette demande pour Onésime. Il est devenu
mon fils, ici en prison. 11 Autrefois, il ne t'a

servi à rien, mais maintenant, il nous rend service[a], à toi comme à moi.
12 Je le renvoie chez toi, lui qui est une partie de moi-même. 13 J'aurais bien voulu le garder auprès de moi. Il m'aurait rendu service à
ta place, dans la prison où je suis à cause de la
Bonne Nouvelle. 14 Mais je n'ai pas voulu faire
quelque chose sans ton accord. Je ne veux pas
t'obliger à cette bonne action, je préfère que
tu la fasses librement.
15 Onésime a peut-être été séparé de toi un
moment seulement, mais tu vas le retrouver
pour toujours. 16 En effet, maintenant, il n'est
plus seulement un esclave, il est beaucoup
mieux qu'un esclave, c'est un frère très
aimé. Moi, je l'aime beaucoup, mais toi, tu
dois l'aimer encore plus, parce que c'est un
être humain et parce qu'il est chrétien.
17 C'est pourquoi, si tu penses que je suis
ton ami, reçois-le comme si c'était moi. 18 Et
s'il t'a fait du tort ou s'il te doit quelque chose,
mets cela sur mon compte. 19 Moi, Paul, j'écris
ces mots de ma main : c'est moi qui paierai. Je
ne veux pas te rappeler que toi aussi, tu me
dois quelque chose, et c'est ta vie ! 20 Alors,
frère, rends-moi ce service à cause du Seigneur. Rassure-moi au nom du Christ !
21 Je t'écris en étant sûr que tu feras ce que
je demande, et je sais que tu feras encore plus.
22 En même temps, prépare-moi un logement.
En effet, je l'espère, à cause de vos prières, je
serai bientôt avec vous de nouveau.

Salutations

23 Épafras vous salue, il est en prison avec
moi à cause du *Christ Jésus. 24 Vous avez
aussi le salut de Marc, Aristarque, Démas et
Luc, qui travaillent avec moi.
25 Que le Seigneur Jésus-Christ vous *bénisse !

a 11 *En grec, « Onésime » veut dire « qui sert à quelque chose ».*

Lettre aux Hébreux

INTRODUCTION

La lettre aux Hébreux ne porte aucun nom d'auteur. Elle n'indique pas non plus à qui elle s'adresse. L'auteur est de culture grecque, mais il connaît très bien les textes de l'Ancien Testament. Il écrit à des chrétiens qui sont sans doute d'origine juive. Ces chrétiens sont découragés. Ils ont perdu l'enthousiasme et les certitudes du début. Certains ont même envie d'abandonner leur foi. L'auteur de la lettre veut compléter l'enseignement reçu et leur rendre courage.

***Par le Christ,** l'envoyé de Dieu, **les êtres humains entrent en relation avec Dieu** (1.1–2.18). Le Christ est en effet le Fils de Dieu, il est vraiment ce que Dieu est (1.3). Il est aussi devenu vraiment un homme. En mourant comme un être humain, il a enlevé sa force à l'esprit du mal (2.14).*

Grâce au Christ, les croyants peuvent s'approcher de Dieu avec confiance (3.1–5.10). En effet, Jésus-Christ est arrivé jusqu'à Dieu, et Dieu l'a établi grand-prêtre. Dans l'Ancien Testament, le grand-prêtre est celui qui peut s'approcher le plus près de Dieu, en entrant dans le lieu très saint. Il offre des sacrifices pour obtenir le pardon des péchés. Maintenant, Jésus-Christ est l'unique grand-prêtre. La lettre aux Hébreux est le seul écrit du Nouveau Testament qui affirme cela.

L'auteur de la lettre explique longuement comment Jésus est le grand-prêtre des croyants (5.11–10.31). Il l'est d'une façon tout à fait différente des grands-prêtres juifs.

*Un récit de l'Ancien Testament permet de l'expliquer. Il s'agit de Genèse 14.17-20 qui parle de la rencontre d'Abraham avec un personnage étrange appelé Melkisédec. Comme Melkisédec, Jésus est grand-prêtre sans venir d'une tribu de prêtres. Il n'a pas été établi prêtre selon des règles et des commandements humains. Les prêtres sont nombreux et ils meurent. **Jésus-Christ est grand-prêtre pour toujours et il vit pour toujours.** Il est entré au ciel, où Dieu habite. C'est là qu'il nous conduit.*

Dans la première alliance, les prêtres répétaient sans cesse les mêmes offrandes pour obtenir le pardon de Dieu. Ils tuaient des animaux pour cela. Or, le Christ a offert sa vie une fois pour toutes et pour toujours. Les chrétiens marchent donc maintenant sur un chemin nouveau. Ils ne doivent pas retourner en arrière.

***La foi des ancêtres** est donnée en **exemple aux croyants.** Cet exemple les encourage à traverser les difficultés et les épreuves actuelles (11.1–12.13). À partir de 12.14, la fin de la lettre explique comment les chrétiens peuvent vivre avec Dieu, avec les autres, et former une vraie communauté.*

Dieu a parlé par son Fils

1 [1] Autrefois, Dieu a parlé aux ancêtres par
les *prophètes, et il leur a parlé souvent
et de mille manières. [2] Maintenant, en ces
jours qui sont les derniers, Dieu nous a parlé
par son Fils. C'est par ce Fils qu'il a créé le
monde, et c'est lui que Dieu a choisi pour
entrer en possession de toutes choses.
[3] Toute la *gloire de Dieu brille sur lui. Ce
Fils est vraiment ce que Dieu est, et sa parole
puissante soutient le monde. Il a lavé
les êtres humains de leurs péchés, puis il
s'est assis dans les *cieux à la droite du
Dieu très puissant.

Le Fils de Dieu est plus important que les anges

[4] Le Fils est bien plus important que les
*anges. En effet, Dieu lui a donné un nom
plus grand que leur nom. [5] Il n'a jamais dit à
un ange :

« Tu es mon Fils.
Aujourd'hui, moi, je suis devenu ton Père. »

Il n'a jamais dit non plus à un ange :

« Moi, je serai un Père pour lui,
et lui sera un Fils pour moi. »[a]

[6] Mais quand Dieu a envoyé son Fils premier-né
dans le monde, il a dit :

« Tous les anges de Dieu
doivent l'adorer. »[b]

[7] Voici ce que Dieu a dit au sujet des anges :

« J'utilise les anges comme j'utilise les vents,
ils me servent comme le font les éclairs. »[c]

[8] Mais Dieu a dit à son Fils :

« Tu es Dieu, ton pouvoir royal
durera toujours.
Tu gouvernes ton peuple avec *justice,
[9] tu aimes ce qui est juste,
tu détestes le mal.
C'est pourquoi Dieu,
ton Dieu, t'a choisi pour lui
en versant sur ta tête une huile de fête.
Il t'a préféré aux autres rois. »[d]

[10] Dieu a dit aussi :

« Au commencement,
c'est toi, Seigneur, qui as créé la terre,
et tes mains ont formé le ciel.
[11] Tout cela disparaîtra,
mais toi, tu es toujours là.
Le ciel et la terre
s'useront comme des habits,
[12] tu les plieras comme un vêtement,
oui, ils seront changés comme des habits.
Mais toi, tu restes toujours le même,
et ta vie ne finit pas. »[e]

[13] Dieu n'a jamais dit à un ange :

« Viens t'asseoir à ma droite,
je vais mettre tes ennemis sous tes pieds. »[f]

[14] Est-ce que les anges ne sont pas tous des esprits
qui servent Dieu ? Dieu les envoie en
mission : ils aident ceux qui doivent entrer
en possession du *salut.

Le salut annoncé a prouvé sa valeur

2 [1] C'est pourquoi faisons davantage attention
aux paroles que nous avons entendues,
sinon, nous allons nous tromper de
chemin. [2] La parole que Dieu a donnée par
l'intermédiaire des *anges s'est montrée
vraie[g]. Certains ne l'ont pas respectée, ils ne
lui ont pas obéi, et ils ont tous reçu ce qu'ils
méritaient. [3] Alors nous, comment éviterons-nous
cela, si nous passons à côté d'un *salut
si grand ? Ce salut, c'est le Seigneur qui a
commencé à l'annoncer. Puis ceux qui ont entendu
parler de ce salut l'ont confirmé pour

---

a 1.5 *Voir Psaume 2.7 ; 2 Samuel 7.14 ; 1 Chroniques 17.13.*

b 1.6 *Deutéronome 32.43 cité d'après l'ancienne traduction grecque.*

c 1.7 *Psaume 104.4 cité d'après l'ancienne traduction grecque.*

d 1.8-9 *Psaume 45.7-8.*

e 1.10-12 *Psaume 102.26-28 cité d'après l'ancienne traduction grecque.*

f 1.13 *Psaume 110.1.*

g 2.2 *Il s'agit de la loi donnée au peuple d'Israël sur le mont Sinaï. D'après une tradition juive, Dieu a fait connaître sa loi à Moïse en se servant des anges.*

nous. 4 Dieu lui-même a montré que leurs paroles étaient vraies par des signes étonnants,
des faits extraordinaires et toutes sortes d'actions puissantes, et Dieu a aussi montré cela
en distribuant les dons de l'Esprit Saint
comme il l'a voulu.

Jésus est mort pour tous les êtres humains

5 Nous parlons du monde qui doit venir. Ce
n'est pas aux *anges que Dieu a donné le pouvoir sur ce monde. 6 En effet, il y a cette parole :
« Qu'est-ce que l'homme, ô Dieu,
pour que tu penses à lui ?
Qu'est-ce qu'un être humain
pour que tu prennes soin de lui ?
7 Tu as placé les êtres humains en dessous
des anges
pendant quelque temps,
tu les as couverts de *gloire et d'honneur,
8 tu as tout mis à leurs pieds,
sous leur autorité. »[h]
Dieu a donné aux êtres humains le pouvoir
sur toutes choses. Il n'a donc rien laissé en dehors de leur pouvoir. Pourtant aujourd'hui,
nous le voyons bien, les humains n'ont pas encore pouvoir sur tout.
9 Mais qu'est-ce que nous voyons aussi ? Jésus a été pendant quelque temps en dessous
des anges, mais maintenant, il est couvert de
gloire et d'honneur. Pourquoi ? Parce qu'il a
souffert et parce qu'il est mort. Et grâce à la
bonté de Dieu, Jésus est mort pour tous les
êtres humains. 10 C'est Dieu qui a fait le
monde, et le monde existe pour lui. Or, il a
voulu qu'un grand nombre de ses enfants participent à sa gloire. Puisque c'est Jésus qui les
sauve, il fallait que Dieu le rende parfait au
moyen de la souffrance.
11 Jésus *purifie les humains de leurs péchés. Eh bien, celui qui rend pur et ceux qui
sont devenus purs ont tous le même Père.
C'est pourquoi il n'a pas honte de les appeler
ses frères et ses sœurs. 12 En effet, Jésus dit à
Dieu :
« J'annoncerai ton nom
à mes frères et à mes sœurs.
Au milieu de l'assemblée,
je chanterai ta louange. »[i]
13 Jésus dit aussi :
« Moi, j'aurai entièrement confiance en
Dieu. »
Et encore :
« Me voici, moi et les enfants que Dieu m'a
donnés. »[j]
14 Ces enfants-là ont quelque chose en
commun : ce sont des êtres humains. L'esprit
du mal avait le pouvoir de les faire mourir. À
cause de cela, Jésus, lui aussi, est devenu un
être humain, pour enlever sa force à l'esprit
du mal en mourant lui-même. 15 Les gens
étaient comme des esclaves pendant toute
leur vie, parce qu'ils avaient peur de la
mort. En mourant, Jésus les a libérés. 16 En effet, il ne vient pas aider les anges, mais il vient
aider ceux qui sont de la famille d'Abraham.
17 C'est pourquoi il devait ressembler entièrement à ses frères et à ses sœurs. Ainsi, il est
devenu un *grand-prêtre plein de bonté et fidèle dans le service de Dieu, pour obtenir le
pardon des péchés du peuple. 18 Oui, Jésus a
souffert lui-même et il a été tenté. Il peut
donc aider ceux qui sont tentés.

Jésus reçoit plus de gloire que Moïse

3 1 Frères et sœurs chrétiens, vous qui avez
reçu l'appel de Dieu, regardez Jésus. Dieu
l'a envoyé pour être notre *grand-prêtre, et
c'est par lui que nous croyons. 2 Autrefois,
Moïse a été fidèle dans toute la maison de
Dieu[k]. De même, comme Moïse, Jésus a été fidèle à Dieu, qui a fait de lui un grand-prêtre.
3 Mais Jésus reçoit plus de *gloire que Moïse.
En effet, celui qui construit une maison est
plus honoré que la maison. 4 Chaque maison
est construite par quelqu'un, et celui qui cons-

---

h **2.8** *Psaume 8.5-7.*
i **2.12** *Psaume 22.23.*
j **2.13** *Ésaïe 8.17-18 cité d'après l'ancienne traduction grecque.*
k **3.2** *Voir Nombres 12.7.*

truit tout, c'est Dieu. 5 Autrefois, Moïse a été
fidèle dans toute la maison de Dieu. Il était un
serviteur et il devait être *témoin de ce que
Dieu allait dire. 6 Mais maintenant, le *Christ
est fidèle comme Fils, placé à la tête de la maison de Dieu. Sa maison, c'est nous, à une
condition : nous devons garder confiance et
être fiers de ce que nous espérons.

Dieu prépare le repos pour ceux qui croient

7 C'est pourquoi, comme l'Esprit Saint le
dit :

« Aujourd'hui,
si vous entendez la voix de Dieu,
8 ne fermez pas votre cœur,
comme autrefois
quand vous vous êtes révoltés contre lui.
À ce moment-là, dans le désert,
vous l'avez provoqué. »

9 Et Dieu a dit :

« Dans ce désert,
vos ancêtres m'ont provoqué
pour voir ce que j'allais faire.
Pourtant, ils avaient vu ce que j'avais fait
10 pendant 40 ans.
Alors je me suis mis en *colère contre ces
gens-là
et j'ai dit : Leur cœur se trompe sans cesse.
Ils ne veulent pas connaître ce que j'attends
d'eux.
11 Dans ma colère, j'ai fait ce serment :
Ils n'entreront jamais dans le pays
où je leur ai préparé le repos ! »[l]

12 Frères et sœurs, attention ! Parmi vous,
personne ne doit avoir un cœur mauvais qui
ne croit pas, ni abandonner le Dieu vivant.
13 Aujourd'hui, Dieu continue à vous appeler.
Alors chaque jour, donnez-vous du courage les
uns aux autres pendant que vous entendez cet
appel. Ainsi le péché ne vous trompera pas, et
parmi vous, personne ne refusera d'obéir.
14 Nous travaillons maintenant avec le
*Christ, mais à une condition : nous devons
garder solidement jusqu'à la fin la confiance
que nous avions quand nous sommes devenus
croyants.

15 Les Livres Saints disent :

« Aujourd'hui,
si vous entendez la voix de Dieu,
ne fermez pas votre cœur,
comme autrefois
quand vous vous êtes révoltés contre
lui ! »[m]

16 Qui a entendu la voix de Dieu ? Qui l'a
fatigué ? Ce sont tous ceux que Moïse a fait
sortir d'Égypte. 17 Dieu s'est mis en colère
pendant 40 ans. Contre qui ? Contre ceux
qui ont péché, et ce sont les mêmes qui sont
morts dans le désert. 18 Dieu a fait ce serment :
« Ils n'entreront jamais dans le pays où je leur
ai préparé le repos. » Pour qui a-t-il fait ce serment ? Pour ceux qui n'ont pas obéi.[n] 19 Et en
effet, nous voyons ceci : ils n'ont pas pu entrer
dans le repos de Dieu parce qu'ils n'ont pas
cru.

4 1 Mais Dieu nous l'a promis : nous entrerons dans son repos, et cette promesse
est toujours valable. Alors attention, personne
parmi vous ne doit penser qu'il arrive trop
tard ! 2 On nous a annoncé la Bonne Nouvelle
comme à nos ancêtres, mais la parole qu'ils
ont entendue ne leur a servi à rien. Quand
ils l'ont entendue, ils ne l'ont pas reçue en
croyant en elle. 3 Nous, nous avons cru, nous
pouvons donc entrer dans le repos de Dieu.
Dieu l'a dit :

« Dans ma colère, j'ai fait ce serment :
Ils n'entreront jamais dans le pays
où je leur ai préparé le repos. »

Pourtant, Dieu a fini son travail depuis la création du monde. 4 En effet, il y a cette parole au
sujet du septième jour : « Et Dieu s'est reposé
le septième jour de tout son travail. »[o] 5 Dieu
en parle aussi quand il dit : « Ils n'entreront jamais dans le pays où je leur ai préparé le re-

---

l **3.7-11** *Psaume 95.7-11 cité d'après l'ancienne traduction grecque.*
m **3.15** *Psaume 95.7-8 cité d'après l'ancienne traduction grecque.*
n **3.18** *Voir Nombres 14.1-35 ; Psaume 95.11.*
o **4.4** *Genèse 2.2.*

pos. » 6 Ceux qui ont reçu la Bonne Nouvelle
les premiers n'ont pas obéi. Alors ils ne sont
pas entrés dans le repos de Dieu. D'autres
peuvent donc encore y entrer. 7 C'est pourquoi Dieu fixe de nouveau un jour, et il l'appelle « aujourd'hui ». Il a parlé de ce jour-là
beaucoup plus tard, par la bouche de David,
dans le texte déjà cité :

« Aujourd'hui,
si vous entendez la voix de Dieu,
ne fermez pas votre cœur ! »

8 Si Josué avait conduit le peuple dans le repos de Dieu, Dieu ne parlerait pas, après cela,
d'un autre jour. 9 Cela veut dire qu'il y a encore un repos pour le peuple de Dieu. Il ressemble au repos du septième jour. 10 En
effet, celui qui entre dans le repos de Dieu,
se repose, lui aussi, de son travail, comme
Dieu s'est reposé du sien. 11 C'est pourquoi,
cherchons de tout notre cœur à entrer dans
ce repos. Ainsi personne ne tombera en suivant le mauvais exemple de ceux qui n'ont
pas obéi.

12 La parole de Dieu est vivante, elle est
pleine de force. Elle coupe mieux qu'une
*épée qui coupe des deux côtés. La parole
de Dieu entre en nous en profondeur. Elle
va jusqu'au fond de notre cœur, jusqu'aux articulations et jusqu'à la moelle. Elle juge les intentions et les pensées du cœur. 13 Rien n'est
caché pour Dieu. Tout ce qu'il a fait se présente ouvertement devant ses yeux. Son regard découvre tout, et c'est à lui que nous
devons rendre compte.

C'est Dieu qui a établi Jésus comme grand-prêtre

14 Nous avons un *grand-prêtre puissant qui
est arrivé jusqu'à Dieu : c'est Jésus, le Fils de
Dieu. Alors gardons solidement ce que nous
croyons. 15 Le grand-prêtre que nous avons est
capable de souffrir avec nous de nos faiblesses.
En effet, comme nous, il a été tenté en toutes
choses, mais lui n'a pas péché. 16 Approchons-
nous donc avec confiance du Dieu puissant qui
nous aime. Près de lui, nous recevrons le pardon, nous trouverons son amour, et ainsi, il
nous aidera au bon moment.

5 1 Chaque grand-prêtre est choisi parmi les
êtres humains, il est chargé de servir Dieu
en leur faveur. Il offre les dons et les *sacrifices pour les péchés. 2 Le grand-prêtre a lui-
même beaucoup de faiblesses. Il peut donc
comprendre les ignorants et ceux qui se trompent. 3 Parce qu'il est faible, il doit offrir des
sacrifices pour les péchés, non seulement
pour le peuple, mais aussi pour lui-même.
4 Personne ne peut se donner l'honneur d'être
grand-prêtre. C'est Dieu qui appelle à cela,
comme il a appelé *Aaron.

5 Pour le *Christ, c'est pareil. Ce n'est pas
lui qui s'est donné l'honneur de devenir
grand-prêtre. Il l'a reçu de Dieu, qui a dit :

« Tu es mon Fils.
Aujourd'hui, moi,
je suis devenu ton Père. »[p]

6 Dieu a dit encore :

« Tu es prêtre pour toujours,
à la façon de Melkisédec. »[q]

7 Le Christ, pendant sa vie sur terre, a
adressé à Dieu des prières et des supplica-
tions, avec de grands cris et des larmes. Il a
prié Dieu, qui pouvait le sauver de la mort.
Et Dieu l'a écouté, parce qu'il est resté fidèle.
8 Le Christ est le Fils de Dieu, c'est vrai, mais
par toutes ses souffrances, il a appris à obéir.
9 Dieu l'a rendu parfait. Alors maintenant,
ceux qui obéissent au Christ reçoivent par
lui le *salut qui dure toujours. 10 Oui, Dieu
l'a établi grand-prêtre à la façon de Melkisédec.

Le danger d'abandonner la foi

11 À ce sujet, nous avons beaucoup de choses à dire, mais elles sont difficiles à expliquer. En effet, vous êtes devenus lents à
comprendre. 12 Vous aviez le temps de devenir
des maîtres ! Mais maintenant, vous avez besoin qu'on vous apprenne de nouveau les premières vérités de l'enseignement de Dieu.

---

p **5.5** *Psaume 2.7.*
q **5.6** *Psaume 110.4.*

Vous n'êtes plus capables de manger de la
nourriture solide, vous avez besoin de lait.
13 Celui qui continue à boire du lait, c'est un
bébé. Il ne peut donc pas discuter de ce qui
est juste. 14 Par contre, la nourriture solide
est pour les adultes. Par leur expérience, ils
ont entraîné leur *conscience à faire la différence entre le bien et le mal.

6 1 C'est pourquoi, laissons derrière nous les
premières leçons sur le *Christ et passons
à un enseignement d'adulte. Ne revenons pas
sur ce qui fait la base de cet enseignement,
c'est-à-dire l'abandon des actions qui conduisent à la mort et la foi en Dieu ; 2 les baptêmes
et l'imposition des mains[r]; le réveil des morts
et le jugement définitif. 3 Nous allons donc
présenter un enseignement d'adulte, si Dieu
le permet.

4 Prenons le cas de ceux qui sont retombés
dans leur ancienne vie : ils ont été éclairés par
la lumière de Dieu. Ils ont goûté au don du
*ciel et ils ont reçu l'Esprit Saint. 5 Ils ont
aimé la belle parole de Dieu, ils ont senti la
puissance des forces du monde qui vient.
6 Et pourtant ils sont retombés dans leur ancienne vie. Ces gens-là, on ne peut pas les
amener une deuxième fois à changer leur
vie. En effet, ils clouent de nouveau le Fils
de Dieu sur la croix, et ils donnent aux autres
l'occasion de l'insulter.

7 Prenons l'exemple d'un champ : sa terre
boit l'eau des nombreuses pluies qui tombent.
Elle produit des plantes utiles à ceux qui la
font cultiver. Alors Dieu *bénit cette terre.
8 Mais si elle produit des buissons d'épines
et des chardons, elle ne vaut rien. Dieu va
bientôt la rejeter, et on finira par y mettre le
feu.

9 Nous parlons ainsi, mais en même temps,
nous sommes sûrs que vous, frères et sœurs
très aimés, vous êtes sur la bonne route, celle
qui conduit au *salut. 10 Dieu n'est pas injuste.
Il ne peut pas oublier ce que vous faites, ni
l'amour que vous avez montré pour lui.
Vous avez montré cet amour autrefois en servant les autres chrétiens, et vous le faites
encore maintenant. 11 Nous souhaitons seulement que chacun de vous reste actif jusqu'à
la fin. Alors tout ce que vous espérez se réalisera. 12 Ne devenez pas paresseux, mais
vivez comme ceux qui croient et qui sont patients. Ceux-là reçoivent les biens que Dieu a
promis.

La promesse de Dieu ne peut pas changer

13 Quand Dieu a fait la promesse à Abraham,
il l'a faite avec un serment. Mais personne
n'était plus grand que Dieu pour être *témoin de ce serment. Alors Dieu l'a fait par
lui-même. 14 Il a dit : « Oui, vraiment, je te
*bénirai et je te donnerai une grande famil-
le. »[s] 15 Abraham a attendu avec patience,
et il a reçu ce que Dieu lui avait promis.
16 Quand les gens font un serment, ils ont besoin d'un témoin plus grand qu'eux. Le serment rend leur parole sûre, et ainsi, on ne
peut plus dire le contraire. 17 Avec Abraham,
c'est la même chose. Sa famille devait recevoir
les biens promis par Dieu. Dieu a voulu montrer clairement qu'il ne changerait jamais
d'avis. C'est pourquoi il a ajouté un serment
à sa promesse. 18 Une promesse et un serment,
voilà deux choses qu'on ne peut pas changer.
Dans sa promesse et dans son serment, Dieu
ne peut donc absolument pas mentir, et cela
nous encourage beaucoup. Ainsi nous avons
tout laissé pour saisir l'espérance qui nous
est offerte. 19 Pour notre vie, cette espérance
est comme une ancre[t]. Elle traverse même le
rideau du temple dans le *ciel et elle est fixée

---

r **6.2** *Les baptêmes : il s'agit ou bien des gestes de purification des Juifs et des non-Juifs, ou bien de l'ensemble des actes qu'on faisait pour le baptême chrétien. Il peut s'agir aussi du baptême de Jean-Baptiste et du baptême chrétien.*
L'imposition des mains : ici, le fait de poser les mains sur la tête de quelqu'un doit lui communiquer l'Esprit Saint. Voir 1 Timothée 4.14.

s **6.14** *Voir Genèse 22.16-17.*

t **6.19** *L'ancre est un gros morceau de fer attaché à un bateau avec une chaîne. On jette l'ancre au fond de l'eau pour empêcher le bateau de bouger.*

solidement. 20 C'est là que Jésus est entré avant nous et pour nous. Il est devenu *grand-prêtre pour toujours à la façon de Melkisédec.

Melkisédec est prêtre d'une manière particulière

7 1 Ce Melkisédec était roi de Salem, et *prêtre du Dieu très-haut. Abraham revenait du combat où il avait vaincu les rois. Melkisédec est allé à sa rencontre et il a *béni Abraham. 2 Et Abraham lui a donné un dixième de tout ce qu'il avait pris. Le nom de Melkisédec veut dire « roi de justice ». De plus, Melkisédec est roi de Salem[u], et cela veut dire « roi de paix ». 3 Il n'a pas de père, ni de mère, ni d'ancêtres. On ne parle jamais de sa naissance ni de sa mort. Il ressemble au Fils de Dieu : il reste prêtre pour toujours.

4 Voyez combien Melkisédec est important ! Même Abraham, notre ancêtre, lui a donné un dixième de ce qu'il avait gagné dans la bataille. 5 La *loi de Moïse commande ceci aux prêtres de la famille de Lévi : ils doivent demander au peuple *d'Israël un dixième de tout ce qu'il a[v]. Ils le demandent au peuple, c'est-à-dire à leurs frères, qui sont pourtant de la famille d'Abraham. 6 Or, Melkisédec, lui, n'appartenait pas à la famille de Lévi. Et pourtant, il a reçu d'Abraham un dixième de ce qu'il avait gagné. Et Melkisédec a béni celui qui avait reçu les promesses de Dieu. 7 Sans aucun doute, c'est le plus grand qui bénit le plus petit. 8 Les prêtres qui reçoivent un dixième des biens du peuple, ce sont des hommes qui doivent mourir un jour. Melkisédec aussi a reçu un dixième des biens, mais lui, il est toujours vivant, comme les Livres Saints le disent. 9 Ce sont les fils de la famille de Lévi qui reçoivent un dixième des biens du peuple. Pourtant, on peut dire que Lévi, lui aussi, a payé cet impôt, par l'intermédiaire d'Abraham. 10 En effet, Abraham est son ancêtre. Et d'une certaine façon, Lévi était déjà dans le corps de son ancêtre, quand Abraham a rencontré Melkisédec.

11 Dans la loi du peuple d'Israël, ce sont les fils de la famille de Lévi qu'on doit choisir comme prêtres. Ils sont prêtres à la façon *d'Aaron. Mais leur façon d'être prêtres n'était pas parfaite, sinon, pourquoi avoir un autre prêtre, à la façon de Melkisédec ? Cela ne serait pas nécessaire. 12 Or, si la façon d'être prêtre n'est plus la même, la loi aussi doit changer. 13 Ces paroles sont dites au sujet de notre Seigneur. Lui, il appartient à une autre tribu, et dans cette tribu, personne ne s'est jamais occupé du service de *l'autel. 14 Tout le monde le sait, notre Seigneur est né dans la tribu de Juda. Eh bien, Moïse n'a pas parlé de cette tribu quand il a parlé des prêtres.

Jésus est prêtre à la façon de Melkisédec

15 Voici pourquoi les choses sont encore plus claires : un autre *prêtre est venu, et il ressemble à Melkisédec. 16 Il n'est pas prêtre selon une règle et selon des commandements humains. Il est devenu prêtre par la puissance d'une vie qui ne peut pas finir. 17 C'est vrai, les Livres Saints le disent :

« Tu es prêtre pour toujours
à la façon de Melkisédec. »[w]

18 L'ancienne règle était imparfaite et inutile, alors on l'a supprimée. 19 La *loi de Moïse n'a rien produit de parfait. Mais une espérance meilleure nous est donnée, et par elle, nous nous approchons de Dieu.

20 De plus, il y a eu un serment. Les autres sont devenus prêtres sans serment. 21 Mais pour Jésus, Dieu a fait un serment quand il lui a dit :

« Le Seigneur a fait ce serment,
et il ne reprendra pas sa parole :
tu es prêtre pour toujours. »[x]

---

u **7.1-2** *Voir Genèse 14.17-20.*
v **7.5** *Voir Nombres 18.21.*
w **7.17** *Psaume 110.4.*
x **7.21** *Psaume 110.4.*

22 C'est pourquoi, avec Jésus, nous sommes
sûrs d'avoir une *alliance meilleure.
23 Il y a encore une différence : les autres
prêtres ont été très nombreux, parce que la
mort les empêchait de rester toujours prêtres.
24 Mais Jésus, lui, vit pour toujours, et jamais
personne d'autre ne sera prêtre à sa place.
25 C'est pourquoi il peut sauver pour toujours
ceux qui s'approchent de Dieu avec son aide.
En effet, Jésus est toujours vivant, il peut donc
toujours prier Dieu pour eux.
26 Jésus est le *grand-prêtre qu'il nous fallait. Il est *saint, innocent et sans faute, il
est séparé des pécheurs, et Dieu l'a placé
plus haut que tout. 27 Jésus n'est pas
comme les autres grands-prêtres. Il n'a
pas besoin d'offrir des *sacrifices chaque
jour, d'abord pour ses péchés à lui, ensuite
pour ceux du peuple. Il a fait cela une fois
pour toutes en s'offrant lui-même. 28 La loi
de Moïse établit comme grands-prêtres des
hommes imparfaits. Mais le serment de
Dieu, qui vient après la loi, établit comme
grand-prêtre le Fils devenu parfait pour toujours.

Jésus est le vrai grand-prêtre

8 1 Voici le point le plus important de ce que
nous voulons dire : nous avons bien un tel
*grand-prêtre. Il s'est assis dans les *cieux, à la
droite du Dieu très-puissant. 2 Il accomplit son
service dans le *lieu saint, c'est-à-dire dans la
vraie *tente. C'est le Seigneur qui l'a plantée,
ce n'est pas un être humain.
3 Chaque grand-prêtre est établi pour offrir
des dons et des *sacrifices. Jésus, lui aussi,
doit donc avoir quelque chose à offrir. 4 Si
le *Christ était sur la terre, il ne serait
même pas prêtre. En effet, il y a ici déjà
des prêtres qui offrent des dons, comme la
*loi de Moïse le demande. 5 Ces prêtres ser-
vent dans le temple. Mais ce qu'ils font est
au service de la copie, de l'ombre de ce
qui existe en réalité dans les cieux. En effet,
quand Moïse s'est mis à construire la tente,
Dieu lui a dit : « Regarde, tu feras tout suivant le modèle que je t'ai montré sur la montagne. »[y] 6 Jésus, lui, est chargé d'un service
beaucoup plus important que celui des autres prêtres. En effet, il sert d'intermédiaire
pour une *alliance meilleure, établie sur
des promesses meilleures.

Dieu a promis une alliance nouvelle

7 La première *alliance[z] n'était pas sans défaut. Sinon, c'était inutile de la remplacer par
une deuxième. 8 Mais en fait, voici ce que
Dieu reproche à son peuple :
« Le Seigneur dit :
Les jours viennent
où je vais établir une alliance nouvelle
avec le peuple *d'Israël
et avec le peuple de Juda.
9 Elle ne sera pas comme l'alliance
que j'ai établie avec leurs ancêtres,
le jour où je les ai pris par la main
pour les faire sortir d'Égypte.
Le Seigneur dit encore :
Ils n'ont pas été fidèles à mon alliance.
Alors, moi aussi, je les ai abandonnés.
10 Le Seigneur ajoute :
Voici l'alliance que je vais établir
avec le peuple d'Israël après ces jours-là.
Je leur donnerai de l'intelligence
pour connaître mes lois,
j'écrirai celles-ci dans leur cœur.
Je serai leur Dieu et ils seront mon peuple.
11 Personne n'aura plus à enseigner
quelqu'un de son pays ou son frère.
En effet, on n'aura plus besoin de lui dire :
"Connais le Seigneur !"
Tous me connaîtront,
tous, du plus petit jusqu'au plus grand.
12 Je pardonnerai leurs fautes
et je ne me souviendrai plus de leurs péchés. »[a]
13 Quand Dieu parle d'une alliance nouvelle, il
rend ancienne la première alliance. Et ce qui

---

y **8.5** *Exode 25.40.*
z **8.7** *Il s'agit de l'alliance du mont Sinaï. Voir Exode 24.3-8.*
a **8.8-12** *Jérémie 31.31-34 cité d'après l'ancienne traduction grecque.*

est ancien et qui devient vieux, cela va bientôt disparaître.

Les sacrifices de la première alliance

9 1 La première *alliance avait des règles pour le culte et un lieu réservé à Dieu sur la terre. 2 Pour cela, on avait planté une *tente. Dans la première partie appelée « le *lieu saint », il y avait le chandelier et la table avec les pains offerts à Dieu. 3 Puis, derrière le deuxième rideau, c'était l'autre partie de la tente. On l'appelait « le lieu très saint ». 4 Là, il y avait un *autel en or pour brûler les parfums. Il y avait aussi le *coffre de l'alliance tout couvert d'or. Ce coffre contenait un récipient en or rempli de manne[b] et le bâton *d'Aaron qui avait fleuri. De plus, il contenait les pierres où les paroles de l'alliance étaient gravées. 5 Au-dessus du coffre, il y avait les statues des *chérubins glorieux qui indiquaient la présence de Dieu. Leurs ailes couvraient de leur ombre le couvercle du coffre. Mais ce n'est pas le moment d'entrer dans les détails.

6 La tente se compose donc de deux parties. Les *prêtres entrent tous les jours dans la première partie de la tente pour célébrer le culte. 7 Mais seul le *grand-prêtre entre dans la deuxième partie de la tente, et seulement une fois par an. À cet endroit, il doit apporter du sang d'animal et l'offrir à Dieu, pour lui-même et pour les fautes du peuple. 8 Voici ce que le Saint-Esprit veut montrer par là : le chemin du lieu très saint n'est pas encore ouvert, tant que la première partie de la tente existe. 9 C'est une image pour aujourd'hui. Elle veut dire ceci : les dons et les sacrifices offerts à Dieu ne peuvent pas rendre parfait le cœur de celui qui célèbre ce culte. 10 Ce sont seulement des règles humaines au sujet de la nourriture, de la boisson, des différents bains qui rendent *pur. Ces règles étaient valables jusqu'au moment où Dieu allait changer les choses.

Le Christ a offert sa vie comme sacrifice

11 Mais le *Christ est venu comme *grand-prêtre pour nous accorder les biens qui sont déjà là. Il est passé par une *tente plus grande et plus parfaite. Celle-ci n'a pas été faite par des mains humaines, c'est-à-dire qu'elle n'appartient pas à notre monde créé. 12 Le Christ est entré une fois pour toutes dans le *lieu saint, auprès de Dieu. Il n'a pas offert le sang des boucs et des jeunes taureaux, mais il a offert son sang à lui, et il nous a libérés pour toujours. 13 Selon la coutume, on répand le sang des boucs et des taureaux et les cendres d'une vache brûlée sur ceux qui ont fait une faute. Ensuite, leur corps est *purifié de cette faute, et ils peuvent de nouveau célébrer le culte. 14 Si cela est vrai, le sang du Christ doit être encore beaucoup plus puissant. En effet, par l'Esprit Saint, le Christ s'est offert lui-même à Dieu, comme une victime sans défaut. Ainsi il purifiera notre *conscience abîmée par des actions qui conduisent à la mort. Alors, nous pourrons servir le Dieu vivant.

Le sang est le signe de l'alliance avec Dieu

15 C'est pourquoi le Christ est l'intermédiaire pour une *alliance nouvelle, un testament[c] nouveau. Il est mort pour libérer les êtres humains des fautes commises quand ils étaient soumis à la première alliance. Alors ceux que Dieu a appelés peuvent recevoir les biens qu'il a promis et qui durent toujours.

16 Quand il y a un testament, il faut prouver la mort de celui qui l'a fait. 17 En effet, un testament est valable seulement après la mort. Quand celui qui l'a fait vit encore, le testament n'a pas de valeur. 18 C'est pourquoi, même la première alliance a dû commencer avec le sang. 19 Devant tout le peuple, Moïse a lu d'abord tous les commandements, comme on les trouve dans la *loi. Puis, il a pris le sang des jeunes taureaux et des boucs, avec de l'eau. Ensuite, il a lancé des gouttes de sang

---

b **9.4** *La manne : voir Exode 16.13-15,31.*

c **9.15** *En grec, le même mot veut dire à la fois testament et alliance.*

sur le livre de la loi et sur tout le peuple avec
une branche d'hysope[d] et avec de la laine
rouge. 20 Et il a dit : « Ceci est le sang de l'alliance que Dieu vous commande de respecter. »[e] 21 Puis, de la même façon, il a lancé
du sang sur la *tente et sur tous les objets utilisés pour le service de Dieu. 22 D'après la loi,
presque tout devient *pur avec le sang. Mais si
on ne répand pas de sang, les péchés ne sont
pas pardonnés.

Le Christ s'est offert à Dieu une fois pour toutes

23 Si on doit *purifier ainsi les copies de ce
qui est dans les *cieux, alors ce qui est dans
les cieux a besoin de *sacrifices bien meilleurs. 24 En effet, le *Christ n'est pas entré
dans un temple fait par des mains humaines,
ce temple-là est seulement la copie du vrai
*lieu saint. Mais c'est dans le ciel même que
le Christ est entré où il se présente maintenant en notre faveur devant Dieu. 25 Chaque
année, le *grand-prêtre juif entre dans le lieu
très saint avec du sang qui n'est pas le sien.
Mais le Christ, lui, n'est pas entré dans le
ciel pour s'offrir plusieurs fois. 26 Sinon, il aurait dû souffrir plusieurs fois depuis la création
du monde. En fait, maintenant, en ces temps
qui sont les derniers, le Christ s'est montré
une fois pour toutes. De cette façon, il a détruit le péché en s'offrant lui-même en sacrifice. 27 Les êtres humains meurent une seule
fois, ensuite Dieu les juge. 28 De même, le
Christ s'est offert en sacrifice une fois pour
toutes, pour enlever les péchés d'un grand
nombre de personnes. Il se montrera une
deuxième fois, non plus pour enlever le péché, mais pour sauver ceux qui l'attendent.

Le Christ supprime les anciens sacrifices

10 1 La *loi de Moïse ne reproduit pas exactement ce qui existe, elle est seulement
l'ombre des biens qui seront donnés plus tard.
Elle demande qu'on offre sans arrêt, chaque
année, toujours les mêmes *sacrifices. C'est
pourquoi elle ne peut absolument pas rendre
parfaits ceux qui s'approchent de Dieu. 2 Sinon, ceux qui rendent ce culte à Dieu seraient
lavés de leurs péchés une fois pour toutes. Ils
ne se sentiraient plus du tout coupables, et on
n'offrirait plus aucun sacrifice. 3 Mais bien au
contraire, ces sacrifices rappellent chaque année le souvenir des péchés, 4 parce que le sang
des taureaux et des boucs ne peut pas enlever
les péchés.
5 C'est pourquoi, au moment où le *Christ
va entrer dans le monde, il dit à Dieu :
« Tu n'as pas voulu de sacrifices
ni d'offrandes,
mais tu m'as fait un corps.
6 Les animaux brûlés sur *l'autel
et les sacrifices pour les péchés
ne te plaisent pas.
7 Alors je t'ai dit :
"Me voici, je viens faire ce que tu veux.
C'est ce qui est écrit à mon sujet
dans les Livres Saints." »[f]
8 Le Christ dit d'abord : « Tu n'as pas voulu de
sacrifices, ni d'offrandes, ni d'animaux brûlés
sur l'autel, ni de sacrifices pour les péchés, ils
ne te plaisent pas. » Et pourtant, la loi demande qu'on offre tous ces sacrifices. 9 Le
Christ dit ensuite : « Me voici, je viens faire
ce que tu veux. » Le Christ supprime les anciens sacrifices, il les remplace par le sien.
10 Jésus-Christ a fait ce que Dieu voulait. Il a offert son corps une fois pour toutes, et nous
sommes alors libérés du péché.
11 Chaque prêtre se tient debout tous les
jours pour faire le service de Dieu. Il offre souvent les mêmes sacrifices, mais ceux-ci ne
pourront jamais enlever les péchés. 12 Au
contraire, le Christ a offert un seul sacrifice
pour les péchés, puis il s'est assis pour toujours à la droite de Dieu. 13 Maintenant, il attend que Dieu mette ses ennemis sous ses

---

d **9.19** *L'hysope est une petite plante de bonne odeur. Elle était utilisée dans les cérémonies de purification.*

e **9.19-20** *Voir Exode 24.3-8.*

f **10.7** *Psaume 40.7-9 cité d'après l'ancienne traduction grecque.*

pieds. 14 Avec une seule offrande, il a rendu
parfaits pour toujours ceux qui sont libérés
du péché.
15 L'Esprit Saint nous l'affirme aussi en disant d'abord :
16 « Le Seigneur dit :
Voici *l'alliance que je vais établir avec eux
après ces jours-là.
Je mettrai mes lois dans leur cœur,
et je les écrirai dans leur intelligence. »
17 Puis il ajoute :
« Je ne me souviendrai plus de leurs péchés
ni de leurs fautes. »[g]
18 Et quand les péchés sont pardonnés, on n'a
plus besoin d'offrande pour les enlever.

Le Christ a ouvert un chemin nouveau

19 Frères et sœurs chrétiens, nous sommes
sûrs de pouvoir entrer librement dans le
*lieu très saint parce que Jésus a répandu
son sang. 20 Il a ouvert pour nous un chemin
nouveau et vivant à travers le rideau du temple, c'est-à-dire à travers son corps humain.
21 Et nous avons un *grand-prêtre placé à la
tête de la maison de Dieu. 22 Notre cœur est
nettoyé de tout ce qui le rend coupable, et notre corps a été lavé dans une eau pure. Alors
approchons-nous de Dieu avec un cœur sincère et en croyant avec assurance. 23 Affirmons ce que nous espérons sans nous
décourager. Oui, Dieu a fait des promesses
et il est fidèle. 24 Prenons soin les uns des autres pour nous encourager à aimer et à faire le
bien. 25 N'abandonnons pas nos assemblées
comme certains qui ont pris l'habitude de ne
plus venir. Au contraire, aidons-nous davantage les uns les autres puisque, vous le voyez,
le *jour du Seigneur est proche.
26 Nous avons appris à connaître la vérité.
Après cela, si nous péchons exprès, aucun
*sacrifice ne peut plus enlever les péchés.
27 Il n'y a plus qu'à attendre en tremblant ce
qui va arriver, c'est-à-dire le jugement et un
feu terrible qui brûlera les ennemis de Dieu.
28 Quand quelqu'un n'obéit pas à la *loi de
Moïse, deux ou trois *témoins doivent dire
s'il est coupable. Dans ce cas, on le tue sans
pitié[h]. 29 Celui qui méprise le Fils de Dieu mé-
ritera une punition encore plus dure, n'est-ce
pas ? En effet, celui-là ne respecte pas le sang
de *l'alliance qui l'a libéré du péché. Il insulte
l'Esprit Saint qui nous fait connaître la bonté
de Dieu. 30 Oui, nous connaissons celui qui a
dit : « À moi la vengeance. Je donnerai à chacun ce qu'il mérite ! » Il a dit aussi : « Le Seigneur jugera son peuple. »[i] 31 C'est terrible
de tomber entre les mains du Dieu vivant !
32 Rappelez-vous ce qui s'est passé autrefois
quand vous avez reçu la lumière de Dieu. Tout
de suite après, vous avez beaucoup souffert et
vous avez résisté en combattant durement.
33 Ou bien on vous a insultés et on vous a
fait souffrir devant tout le monde, ou encore,
vous avez soutenu ceux qu'on traitait de cette
façon. 34 En effet, vous avez souffert avec ceux
qui étaient en prison. Vous avez accepté avec
joie qu'on vous arrache vos biens, parce que
vous le saviez : vous possédiez une richesse
plus grande et qui dure toujours. 35 Alors ne
perdez pas votre confiance, grâce à elle,
vous recevrez une grande récompense.
36 Vous avez besoin de patience pour faire ce
que Dieu veut et obtenir ce qu'il promet.
37 En effet, les Livres Saints disent :
« Encore un peu de temps,
très peu de temps,
et celui qui vient sera là,
il va venir bientôt. »
38 Dieu dit :
« Celui qui croit en moi est *juste,
et par là, il aura la vie.
Mais s'il retourne en arrière,
je ne mettrai plus ma joie en lui. »[j]
39 Nous, nous ne faisons pas partie de ceux qui
retournent en arrière et qui se perdent. Nous
croyons en Dieu, et nous serons sauvés.

---

g **10.16-17** *Jérémie 31.33-34, déjà cité en Hébreux 8.8-12.*
h **10.28** *Voir Deutéronome 19.15.*
i **10.30** *Deutéronome 32.35-36.*
j **10.37-38** *Habacuc 2.3-4 cité d'après l'ancienne traduction grecque.*

La foi de nos ancêtres israélites

11 1 Croire en Dieu, c'est une façon de posséder déjà les biens qu'on espère, c'est être persuadé que les choses qu'on ne voit pas existent vraiment. 2 Quand on donne nos ancêtres en exemple, c'est à cause de leur foi.

3 Nous croyons en Dieu, alors nous comprenons que sa Parole a créé le monde. Ainsi les choses qu'on voit ont été faites à partir de choses qu'on ne voit pas.

4 Abel a cru en Dieu, alors il a offert un *sacrifice meilleur que celui de Caïn. Parce qu'Abel a cru, Dieu lui-même a accepté ses dons et lui a fait savoir qu'il était *juste. Abel est mort, et pourtant, à cause de sa foi, son message se fait encore entendre[k].

5 Hénok a cru en Dieu, alors il a été enlevé dans les *cieux pour ne pas connaître la mort. On ne pouvait plus le retrouver parce que Dieu l'avait enlevé auprès de lui. Les Livres Saints disent : Hénok a été enlevé. Mais ils disent encore : Avant d'être enlevé, Hénok plaisait à Dieu[l]. 6 Personne ne peut plaire à Dieu s'il ne croit pas. Celui qui s'approche de Dieu doit croire ceci : Dieu existe et il récompense ceux qui le cherchent.

7 Noé a cru en Dieu. Dieu lui a annoncé des événements qu'on ne voyait pas encore. Alors Noé a pris la parole de Dieu au sérieux, il a construit un bateau pour sauver sa famille. En faisant cela, il a condamné le *monde, et à cause de sa foi, Dieu a reconnu que c'était un homme juste.

8 Abraham a cru en Dieu, alors il a répondu à son appel, il a obéi. Il est parti vers un pays que Dieu devait lui donner à posséder, et il est parti sans savoir où il allait. 9 Abraham a cru en Dieu, alors il est allé habiter comme un étranger dans le pays promis par Dieu. Il a habité sous des tentes avec Isaac et Jacob. Eux aussi ont reçu la même promesse qu'Abraham. 10 Abraham attendait la ville qui a des fondations solides[m]. Et c'est Dieu qui a fait les plans de cette ville, c'est lui qui l'a construite.

11 Sara a cru en Dieu, alors Dieu l'a rendue capable d'avoir un enfant. Pourtant elle était très vieille, mais elle était sûre d'une chose : Dieu tient ses promesses. 12 C'est pourquoi un seul ancêtre, Abraham, qui allait bientôt mourir, a donné la vie à une grande famille. Les enfants de cette famille sont aussi nombreux que les étoiles du ciel ou que les grains de sable au bord de la mer, et on ne peut pas les compter.

13 Tous ces gens sont morts en croyant en Dieu. Ils n'ont pas reçu les biens que Dieu avait promis, mais ils les ont vus et les ont salués de loin. Et ils ont affirmé qu'ils étaient des étrangers et des voyageurs sur la terre[n]. 14 En affirmant cela, ils montraient clairement qu'ils cherchaient une patrie. 15 Ils ne pensaient pas à celle qu'ils avaient quittée. Sinon, ils avaient bien le temps de retourner chez eux ! 16 En fait, c'est une patrie meilleure qu'ils cherchaient, c'est la patrie du ciel. C'est pourquoi Dieu n'a pas honte d'être appelé leur Dieu. En effet, il leur a préparé une ville.

17 Abraham a cru en Dieu. Mais Dieu voulait voir ce qu'Abraham allait faire, et il lui a demandé d'offrir Isaac en sacrifice. Alors Abraham a offert son fils unique, pourtant il avait déjà reçu les promesses de Dieu. 18 En effet, Dieu lui avait dit : « Par Isaac, tu auras des fils qui porteront ton nom. »[o] 19 Mais Abraham a pensé : Dieu a même le pouvoir de réveiller quelqu'un de la mort. C'est pourquoi Dieu lui a rendu son fils, comme si celui-ci revenait de la mort.

20 Isaac a cru en Dieu, alors il a *béni Jacob et Ésaü pour des événements à venir.

21 Jacob a cru en Dieu, alors, au moment de mourir, il a béni tous les fils de Joseph, l'un

k **11.4** *Voir Genèse 4.3-10.*

l **11.5** *Voir Genèse 5.18-24 cité d'après l'ancienne traduction grecque.*

m **11.10** *Il s'agit sans doute de la nouvelle Jérusalem, voir le verset 16 et Hébreux 12.22.*

n **11.13** *Voir Genèse 23.4.*

o **11.17-18** *Voir Genèse 21.12 ; 22.1-14.*

après l'autre. Et, en s'appuyant sur son bâton, il a adoré Dieu.

22 Joseph a cru en Dieu. Alors, à la fin de sa vie, il a parlé du moment où les Israélites allaient quitter l'Égypte. Et il a donné des ordres pour dire ce qu'on devait faire de son corps.

23 Les parents de Moïse ont cru en Dieu. Alors, quand leur fils est né, ils l'ont caché pendant trois mois. Ils ont vu que l'enfant était beau. Ils n'ont pas eu peur de désobéir à l'ordre du roi.

24 Moïse a cru en Dieu. Alors, quand il est devenu grand, il n'a pas voulu qu'on dise de lui : « Moïse est le fils de la fille du roi d'Égypte. » 25 Il a choisi de souffrir avec le peuple de Dieu. Pourtant il pouvait avoir une vie agréable pendant quelque temps, mais il n'aurait pas obéi à Dieu. 26 Les trésors de l'Égypte étaient grands. Mais pour Moïse, recevoir des insultes comme le *Messie allait en recevoir avait beaucoup plus de valeur. En effet, il regardait plus loin, vers la récompense à venir.

27 Moïse a cru en Dieu, alors il a quitté l'Égypte sans avoir peur de la colère du roi. Il est resté solide comme s'il voyait le Dieu invisible. 28 Moïse a cru en Dieu, alors il a fait célébrer la *Pâque, il a fait répandre du sang sur les portes des maisons. Ainsi *l'ange de la mort n'a pas touché aux fils aînés des Israélites.

29 Les Israélites ont cru en Dieu, alors ils ont traversé la *mer Rouge comme une terre sèche. Mais quand les Égyptiens ont essayé de passer, l'eau les a noyés.

30 Les Israélites ont cru en Dieu. Alors ils ont fait le tour de Jéricho pendant sept jours, et les murs de la ville sont tombés. 31 Rahab, la *prostituée, a cru en Dieu. Alors on ne l'a pas tuée avec les ennemis de Dieu, parce qu'elle avait bien accueilli les espions[p] israélites.

32 Qu'est-ce que je peux dire encore ? Le temps va me manquer pour parler en détail de Gédéon, Barac, Samson, Jefté, David, Samuel et des *prophètes. 33 Parce que ces hommes ont cru en Dieu, ils ont vaincu des royaumes. Ils ont fait ce qui est *juste, ils ont reçu ce que Dieu avait promis, ils ont fermé la gueule des lions. 34 Ils ont éteint des feux violents, ils ont évité d'être tués par *l'épée. Ils sont tombés malades et ils ont retrouvé des forces. Pendant les guerres, ils ont été courageux, ils ont repoussé des armées étrangères. 35 Des femmes ont cru en Dieu. Alors elles ont retrouvé leurs morts, parce que ceux-ci sont revenus à la vie.

D'autres hommes ont été torturés[q] mais ils n'ont pas voulu qu'on les délivre. En effet, ils préféraient revenir de la mort à une vie meilleure. 36 D'autres ont supporté des insultes et des coups de fouet. On a attaché certains avec des chaînes et on les a mis en prison. 37 On les a tués en leur jetant des pierres, ou bien on les a sciés en deux, ou on les a tués par l'épée. D'autres sont allés d'un endroit à un autre, habillés avec des peaux de moutons ou des peaux de chèvres. Ils manquaient de tout. On les faisait beaucoup souffrir et on les traitait vraiment mal. 38 Pourtant le monde n'était pas digne de ces gens-là. Ils sont allés d'un endroit à un autre, dans les déserts, dans les montagnes, dans les abris des rochers et dans les trous de la terre.

39 Ils ont tous cru en Dieu, c'est pour cela qu'on les a donnés en exemple, mais ils n'ont pas reçu ce que Dieu avait promis. 40 En effet, Dieu avait prévu quelque chose de meilleur encore pour nous. C'est pourquoi ils ne devaient pas devenir parfaits sans nous.

Appel à avoir plus de courage dans les difficultés

12 1 Cette grande foule de *témoins nous entoure. Rejetons donc, nous aussi, tout ce qui nous empêche d'avancer, rejetons

---

p **11.31** *Un espion est une personne chargée de recueillir des renseignements secrets dans un pays étranger. Voir Josué 6.12-21.*

q **11.35** *Voir 1 Rois 17.17-24 ; 2 Rois 4.18-37.*
Torturer, c'est faire souffrir quelqu'un très violemment, quelquefois jusqu'à la mort.

le péché qui nous enveloppe si facilement! Courons jusqu'au bout la course qu'on nous propose. 2 Regardons toujours Jésus. C'est lui qui fait naître la foi et qui la rend parfaite. Il a accepté de mourir sur une croix sans avoir honte. En effet, il voyait d'avance la joie qu'il allait recevoir, et maintenant, il est assis à la droite de Dieu.

3 Oui, pensez à Jésus. Les pécheurs étaient contre lui, mais il a tout supporté. Alors ne vous laissez pas vaincre par le découragement! 4 En combattant contre le péché, vous n'avez pas encore résisté jusqu'à la mort! 5 Vous avez oublié le conseil que Dieu vous donne comme à des fils :

« Mon fils, quand le Seigneur te corrige,
fais attention !
Ne te décourage pas
quand il te fait des reproches !
6 Le Seigneur corrige celui qu'il aime,
il frappe tous ceux qu'il reconnaît comme
ses fils. »[r]

7 C'est pour être corrigés que vous souffrez. Dieu vous traite comme ses fils. Quel est le fils que son père ne corrige pas ? 8 Si Dieu ne vous corrige pas comme tous ses enfants, vous êtes des enfants illégitimes[s], vous n'êtes pas de vrais fils. 9 Nous avons eu des pères sur cette terre, ils nous ont corrigés et nous les respections. Alors, c'est sûr, nous devons obéir davantage à Dieu notre Père pour avoir la vie. 10 Oui, nos pères nous corrigeaient pendant quelque temps selon leurs idées à eux. Mais Dieu, c'est pour notre bien qu'il nous corrige, il veut nous rendre *saints, comme lui. 11 Sur le moment, une correction ne fait pas plaisir, elle donne de la tristesse. Mais plus tard, ceux qui ont été formés de cette façon deviennent *justes et trouvent ainsi la paix.

12 C'est pourquoi redressez vos bras fatigués et rendez plus forts vos genoux tremblants. 13 Faites de bonnes pistes pour vos pieds. Alors celui qui boite ne se tordra pas la cheville, au contraire, il guérira.

Recommandations et avertissements

14 Cherchez à vivre en paix avec tout le monde et à mener une vie qui plaît à Dieu. Sans cela, personne ne verra le Seigneur. 15 Attention, personne ne doit refuser ce que Dieu fait pour lui ! Parmi vous, aucune plante amère ne doit pousser pour troubler la communauté avec son poison. 16 Attention, ne menez pas une vie immorale ! Respectez les choses *saintes. Ne faites pas comme Ésaü qui, pour un seul repas, a vendu son droit de fils aîné ! 17 Plus tard, vous le savez, il a voulu recevoir la *bénédiction de son père, mais il a été rejeté. Il a essayé, en pleurant, d'amener son père à changer d'avis, mais il n'a pas réussi.

18 Quand vous vous êtes approchés de Dieu, vous n'êtes pas venus vers une montagne qu'on pouvait toucher : il n'y avait pas de grand feu, pas d'obscurité, pas de nuit, pas d'orage. 19 Vous n'avez entendu ni le son de la trompette, ni le bruit de paroles. Les Israélites qui ont entendu ce bruit ont refusé d'écouter un mot de plus. 20 Ils n'ont pas pu supporter cet ordre : « Celui qui touchera la montagne, même si c'est un animal, on le tuera en lui jetant des pierres. » 21 Ce qu'on voyait était effrayant. Alors Moïse a dit : « Je suis effrayé et je tremble. »[t]

22 Mais vous vous êtes approchés de la montagne de *Sion et de la ville du Dieu vivant. C'est la Jérusalem du *ciel où des millions *d'anges sont en fête. 23 Vous vous êtes approchés de l'assemblée des premiers-nés[u] de Dieu qui ont leurs noms écrits dans les cieux. Vous vous êtes approchés de Dieu, qui juge le monde entier. Vous vous êtes approchés des personnes *justes qui sont devenues parfaites.

---

r **12.5-6** *Proverbes 3.11-12 cité d'après l'ancienne traduction grecque.*

s **12.8** *Les enfants illégitimes sont souvent nés d'un père inconnu.*

t **12.20-21** *Voir Exode 19.12-13 ; Deutéronome 9.19.*

u **12.23** *Les « premiers-nés » représentent tous les disciples du Christ, hommes et femmes, qui vivent auprès de Dieu. Voir Exode 4.22.*

24 Vous vous êtes approchés de Jésus, qui a répandu son sang pour nous rendre *purs. Il est
l'intermédiaire d'une *alliance nouvelle que
Dieu a établie avec nous, et son sang répandu
parle plus fort que celui d'Abel.

25 Attention, ne refusez pas d'écouter celui
qui vous parle ! Sur la terre, Moïse a averti les
Israélites, mais ils ont refusé de l'écouter, et
ils n'ont pas échappé à la punition. Nous, c'est
du ciel que Dieu nous parle. Si nous lui tournons le dos, nous serons punis, c'est sûr !
26 Autrefois, la voix de Dieu a fait trembler la
terre. Aujourd'hui, Dieu nous fait cette promesse : « Encore une fois, je ferai trembler
non seulement la terre mais aussi le ciel. »[v]
27 Les mots « encore une fois » annoncent
ceci : les choses créées, qui peuvent être bouleversées, disparaîtront. Ainsi, les choses qui
ne peuvent pas être bouleversées continueront à exister.

28 Nous, nous recevons un *royaume que
personne ne peut faire bouger. Alors remercions Dieu et servons-le d'une façon qui lui
plaise, avec confiance et respect. 29 Oui, notre
Dieu est un feu qui détruit.

La vraie communauté

13 1 Continuez à vous aimer comme des
frères et sœurs chrétiens. 2 N'oubliez
pas de bien recevoir ceux qui viennent chez
vous. Quelques-uns, en faisant cela, ont reçu
des *anges sans le savoir. 3 Pensez aux prisonniers, comme si vous étiez en prison avec eux.
Pensez à ceux qu'on torture, comme si c'était
vous qu'on torturait.

4 Tous doivent respecter le mariage. Mari et
femme doivent rester fidèles l'un à l'autre.
Dieu jugera ceux qui ont une vie immorale
et ceux qui sont *adultères.

5 Ne soyez pas attachés à l'argent, soyez
contents de ce que vous avez. En effet, Dieu
lui-même a dit : « Non, je ne te laisserai pas,
je ne t'abandonnerai pas. »[w] 6 Alors nous pouvons dire avec confiance :

« Le Seigneur vient à mon secours,
je n'aurai pas peur.
Aucun être humain ne peut me faire de
mal. »[x]

7 Souvenez-vous de vos anciens responsables qui vous ont annoncé la parole de Dieu.
Regardez comment ils ont fini leur vie et imitez leur foi. 8 Jésus-Christ est le même, hier,
aujourd'hui et pour toujours. 9 Ne vous laissez
pas tromper par toutes sortes d'enseignements bizarres. Si c'est la bonté de Dieu qui
nous encourage, c'est bien, mais les règles
au sujet de la nourriture n'ont jamais servi à
ceux qui les suivent.

10 Nous, nous avons un *autel[y], et les *prêtres juifs n'ont pas le droit de manger ce qui
vient de cet autel. En effet, eux, ils servent
dans le temple. 11 Là, le *grand-prêtre juif apporte le sang des animaux dans le *lieu très
saint pour enlever les péchés, et les corps de
ces animaux sont brûlés en dehors du camp[z].
12 C'est pourquoi Jésus, lui aussi, est mort en
dehors de Jérusalem[a], pour libérer le peuple
de ses péchés avec son sang à lui. 13 Sortons
donc à sa rencontre en dehors du camp, en
supportant les mêmes insultes que lui. 14 Sur
la terre, nous habitons une ville qui ne durera
pas toujours, mais nous cherchons la ville qui
existera plus tard. 15 Par Jésus, offrons sans
cesse à Dieu un *sacrifice de louange, c'est-
à-dire des chants qui le reconnaissent comme
Seigneur. 16 N'oubliez pas de faire le bien et de
partager ce que vous avez, voilà les sacrifices
qui plaisent à Dieu.

17 Obéissez à vos responsables et soyez-leur
soumis. Ils veillent sur vous parce qu'ils devront rendre des comptes à Dieu. Alors, si
vous obéissez, ils feront leur travail avec

---

v **12.26** *Aggée 2.6 cité d'après l'ancienne traduction grecque.*

w **13.5** *Voir Deutéronome 31.6,8 ; Josué 1.5.*

x **13.6** *Psaume 118.6 cité d'après l'ancienne traduction grecque.*

y **13.10** *Il s'agit de l'autel du lieu très saint du ciel où le Christ est entré. Voir aussi Hébreux 9.11-14.*

z **13.11** *Voir Lévitique 16.27.*

a **13.12** *Voir Jean 19.17-20.*

joie. Sinon, ils le feront en se plaignant, et
vous n'y gagnerez rien.
18 Priez pour nous. Nous sommes sûrs que
nous n'avons rien à nous reprocher. En effet,
nous cherchons toujours à bien faire. 19 Je
vous le demande avec force, priez pour que
je revienne plus vite parmi vous.

Prière

20 C'est Dieu qui nous donne la paix. Il a fait
remonter de chez les morts notre Seigneur Jésus, qui est le grand berger des moutons. Et le
sang de son *sacrifice a obtenu pour nous une
*alliance qui dure toujours. 21 Que ce Dieu
vous rende capables d'agir toujours bien
pour faire ce qu'il veut ! Qu'il accomplisse
en nous par Jésus-Christ ce qui lui plaît ! Rendons *gloire à Jésus-Christ pour toujours !
*Amen !

Nouvelles et salutations

22 Frères et sœurs, je vous le demande,
écoutez avec patience ces paroles d'encouragement. En effet, ma lettre n'est pas très longue. 23 Voici une nouvelle : notre frère
Timothée a été libéré. S'il arrive assez vite,
j'irai vous voir avec lui.
24 Saluez tous vos responsables et tous les
chrétiens. Ceux d'Italie vous saluent.
25 Que l'amour de Dieu soit avec vous tous !

Lettre de Jacques

INTRODUCTION

La lettre de Jacques a la forme d'un discours : c'est un ***enseignement*** *et un* ***encouragement*** *pour des Églises installées un peu partout dans le monde. Les communautés à qui l'auteur écrit sont sans doute composées de chrétiens d'origine juive. Ceux-ci vivent en contact avec la culture grecque qui domine dans l'empire romain.*

La lettre de Jacques propose aux chrétiens une ***sagesse****, c'est-à-dire une manière de* ***conduire leur vie en accord avec leur foi****. Les croyants demandent cette sagesse à Dieu, et Dieu la leur donne (1.2-8 ; 3.13-18). Alors ils peuvent résister à tout ce qui détruit l'être humain : les difficultés de la vie (1.2-4), le désir d'être riche (1.9-11 ; 5.1-6), l'envie de faire le mal (1.2-18 ; 4.1-9), l'orgueil (4.13-16). La lettre affirme ceci : croire en Dieu amène à agir. On ne peut pas vivre dans une bonne relation avec Dieu et ne pas le montrer dans ses actes (2.14-26). Agir, c'est être responsable de soi-même en résistant au mal. C'est aussi être responsable des autres : prendre soin de ceux qui sont dans le besoin, ne pas juger les autres ni se placer au-dessus d'eux, contrôler ses paroles (voir 3.1-12). L'auteur écrit à des gens qui sans doute ne sont pas riches (voir 2.6), mais la richesse les attire et ils ont envie de la posséder. La lettre leur demande de ne pas mépriser les pauvres à cause de leur pauvreté (2.1-13). Elle dit : la richesse est mauvaise à cause de l'usage que les riches en font (5.1-6).*

S'aider les uns les autres, prier les uns pour les autres, ramener ceux qui se perdent loin de la vérité : voilà ce que la fin de la lettre propose aux chrétiens.

Salutation

1 1 Moi, Jacques, serviteur de Dieu et du Seigneur Jésus-Christ, je salue le peuple de
Dieu répandu un peu partout dans le monde
entier.

Résister dans les difficultés

2 Mes frères et mes sœurs chrétiens, quand
vous rencontrez des difficultés de toutes sortes, soyez très heureux. 3 Vous le savez, si votre foi reste solide dans les difficultés, celles-ci
vous rendent plus résistants. 4 Il faut que vous
résistiez jusqu'au bout, alors vous serez vraiment parfaits et vous ne manquerez de rien.
5 Si quelqu'un parmi vous manque de sagesse, il doit la demander à Dieu, et Dieu lui
donnera cette sagesse. En effet, Dieu donne
à tous généreusement, sans faire de reproches. 6 Mais il faut qu'il demande avec foi,
sans douter. Celui qui doute ressemble à
une grosse vague de la mer que le vent soulève
et agite. 7 Celui-là ne doit pas penser qu'il va
recevoir quelque chose du Seigneur. 8 C'est
quelqu'un qui ne sait pas choisir sa route : tantôt il avance, tantôt il recule.

Pauvreté et richesse

9 Le chrétien qui est pauvre et petit peut
être fier, parce que Dieu lui donne une place
importante. 10 Le chrétien qui est riche doit
être fier, parce que Dieu le rend petit. En effet, le riche ne dure pas. Il est comme la fleur
d'une plante sauvage : 11 le soleil se lève avec
sa chaleur brûlante, il sèche la plante, la fleur
tombe et elle perd sa beauté. De la même fa-

çon, un jour, le riche va être balayé avec toutes ses activités.

Dieu ne pousse personne au mal

12 Il est heureux, l'homme qui résiste dans les difficultés. En effet, quand il aura montré sa valeur, il recevra la vie. C'est la récompense que Dieu a promise à ceux qui lui donnent leur amour. 13 Quand quelqu'un a envie de faire le mal, il ne doit pas dire : « C'est Dieu qui me pousse au mal. » Dieu ne peut pas avoir envie de faire le mal et il ne pousse personne au mal. 14 Chacun est poussé au mal par son désir mauvais qui l'attire et l'entraîne. 15 Et quand on laisse faire ce désir, il donne naissance au péché. Puis, quand le péché a grandi, il donne naissance à la mort.

16 Mes frères et mes sœurs très aimés, ne vous trompez pas. 17 Tout ce qui nous arrive de bon, tous les plus beaux cadeaux viennent d'en haut. Ils viennent de Dieu, le créateur du soleil et des étoiles. Chez lui, il n'y a pas de changement, pas de mouvement, pas d'ombre. 18 Dieu a voulu nous donner la vie par la parole de vérité. Alors nous sommes d'une certaine façon au premier rang de tout ce qu'il a créé.

Écouter la parole de Dieu et faire ce qu'elle dit

19 Mes frères et mes sœurs très aimés, vous devez savoir ceci : chacun doit être rapide pour écouter, mais lent pour parler, lent pour se mettre en colère. 20 Un homme en colère ne fait pas ce qui est juste aux yeux de Dieu. 21 Alors, rejetez tout ce qui salit, tout ce qui rend mauvais. Recevez avec douceur la parole que Dieu a plantée en vous, elle peut vous sauver la vie.

22 Ne vous contentez pas de l'écouter, mais faites ce qu'elle dit, sinon, vous vous trompez vous-mêmes. 23 Oui, celui qui écoute la parole et qui ne fait pas ce qu'elle dit, voici à qui il ressemble : il ressemble à un homme qui regarde son visage dans un miroir. Il se voit tel qu'il est, 24 il se regarde, puis il s'en va et il oublie tout de suite comment il est. 25 Au contraire, voici quelqu'un qui étudie avec attention la loi parfaite qui rend libre. Il reste attaché à cette loi, il écoute la parole, il ne l'oublie pas et il fait ce qu'elle dit. Cet homme-là sera heureux dans ce qu'il fera.

26 Si quelqu'un croit être un bon chrétien, mais n'est pas maître de sa langue, il se trompe lui-même, et sa façon de pratiquer la religion ne vaut rien. 27 Aux yeux de Dieu notre Père, voici la façon parfaite de pratiquer la religion : prendre soin des orphelins et des veuves dans leur malheur, ne pas se laisser salir par les choses du *monde.

Faire des différences entre les gens, c'est désobéir à la loi

2 1 Mes frères et mes sœurs, vous croyez en Jésus-Christ, notre Seigneur plein de *gloire. Alors ne faites pas de différence entre les gens. 2 Prenons un exemple : un homme vient là où vous êtes réunis. Il porte une bague en or et des habits très beaux. Un pauvre vient à la même réunion, il est mal habillé. 3 Vous montrez plus de respect à l'homme qui porte les beaux habits et vous lui dites : « Vous, asseyez-vous ici, à cette bonne place ! » Au pauvre, vous dites : « Toi, reste debout ! » ou bien : « Assieds-toi là, par terre, à mes pieds ! » 4 Quand vous agissez ainsi, est-ce que vous ne faites pas des différences entre vous ? Est-ce que vous ne jugez pas avec un cœur mauvais ?

5 Écoutez, mes frères et mes sœurs très aimés ! Est-ce que Dieu ne choisit pas justement ceux qui sont pauvres aux yeux du *monde ? Il veut les rendre riches en leur donnant la foi, il veut qu'ils reçoivent le *Royaume promis à ceux qui ont de l'amour pour lui. 6 Mais vous, vous méprisez les pauvres ! Pourtant, qui vous écrase ? Qui vous traîne devant les tribunaux ? Ce sont les riches, n'est-ce pas ? 7 Ce sont les riches qui se moquent du beau nom que Dieu vous a donné.

8 Les Livres Saints disent : « Aime ton *prochain comme toi-même. » C'est la loi du *Royaume, et si vous obéissez à cette règle, vous agissez bien. 9 Mais si vous faites des différences entre les gens, vous péchez, et la *loi de Moïse vous condamne parce que vous désobéissez. 10 Oui, celui qui suit toute la loi, mais qui désobéit à un seul commandement est coupable envers toute

la loi. [11] En effet, Dieu a dit : « Ne commets pas *d'adultère. » Mais il a dit aussi : « Ne tue personne. » Donc, par exemple, tu ne commets pas d'adultère, mais tu assassines quelqu'un. En faisant cela, tu désobéis à la loi. [12] Parlez et vivez comme des gens qui vont être jugés par une loi qui rend libre. [13] Oui, au moment du jugement, il n'y aura pas de pitié pour ceux qui n'ont pas eu pitié des autres. Mais même quand Dieu juge, il est plein de pitié.

Croire sans agir fait mourir la foi

[14] Mes frères et mes sœurs, quelqu'un dira peut-être : « Je crois en Dieu. » Mais s'il n'agit pas pour le montrer, cela sert à quoi ? Est-ce que cette foi peut le sauver ? [15] Par exemple, un frère ou une sœur n'ont pas de vêtements, ils n'ont pas à manger tous les jours. [16] Parmi vous, quelqu'un leur dit : « Allez en paix ! Allez vous habiller, et bon appétit ! » Mais ces paroles servent à quoi, si vous ne leur donnez pas ce qu'il faut pour vivre ? [17] Pour la foi, c'est la même chose. Si tu crois en Dieu, mais si tu n'agis pas, ta foi est complètement morte.

La foi n'existe pas sans les actes

[18] Quelqu'un dira peut-être : « Tu as la foi, moi, j'ai les actes ! » Je répondrai : « Montre-moi comment ta foi peut exister sans les actes. Et moi, je vais te montrer par mes actes que ma foi existe. » [19] Tu crois qu'il y a un seul Dieu ? Tu as raison. Les esprits mauvais le croient aussi, et même, ils tremblent de peur. [20] Tu es stupide ! Est-ce que tu veux la preuve que la foi sans les actes ne sert à rien ? [21] Abraham notre ancêtre, comment est-ce que Dieu l'a reconnu comme *juste ? C'est quand il a offert son fils Isaac sur *l'autel, n'est-ce pas ? [22] Tu vois, sa foi agissait par ses actes, et ceux-ci l'ont rendue parfaite ! [23] Alors, ce que les Livres Saints disent s'est réalisé : « Abraham a cru en Dieu. Pour cela, Dieu l'a reconnu comme juste »[a], et il l'a appelé son ami. [24] Vous voyez, Dieu reconnaît quelqu'un comme juste aussi à cause de ses actes, et pas seulement à cause de sa foi.

[25] Pour Rahab, la *prostituée, c'est la même chose[b]. Dieu l'a reconnue comme juste à cause de ce qu'elle a fait. En effet, elle a reçu chez elle des messagers du peuple *d'Israël et elle les a aidés à partir par un autre chemin. [26] Oui, sans le souffle, le corps est mort, de même aussi, sans les actes, la foi est morte.

Le pouvoir de la langue

3 [1] Mes frères et mes sœurs, ne vous mettez pas tous à enseigner ! Vous le savez, nous qui enseignons, on nous jugera plus sévèrement que les autres. [2] Nous faisons tous beaucoup d'erreurs. Si quelqu'un parle sans faire d'erreur, il est parfait, il peut être maître de tout son corps. [3] Quand nous mettons une tige en fer dans la bouche des chevaux pour les faire obéir, nous pouvons diriger tout leur corps. [4] Regardez les bateaux ! Ils sont grands, et ce sont des vents très forts qui les font avancer. Pourtant, c'est avec un petit morceau de bois qu'on les dirige, et ils vont là où le pilote veut. [5] La langue, c'est pareil. C'est une petite partie du corps, pourtant elle peut se vanter de grandes choses.

Regardez ! Il faut seulement une petite flamme pour mettre le feu à une grande forêt. [6] La langue aussi est comme une flamme, c'est là que le mal habite. Elle fait partie de notre corps et elle le salit tout entier. Notre langue met le feu à notre vie, de la naissance jusqu'à la mort ! Ce feu vient du lieu de souffrance lui-même. [7] Les êtres humains sont capables de faire obéir tous les animaux : bêtes sauvages et oiseaux, serpents et poissons. [8] Mais la langue, personne ne peut la faire obéir ! C'est une chose mauvaise qui ne reste jamais tranquille, et elle est pleine d'un poison qui donne la mort. [9] Avec la langue, nous chantons la louange de notre Seigneur et Père. Avec elle aussi, nous jetons des malédictions aux êtres humains que Dieu a faits à son image. [10] *Bénédiction et malédiction sortent de la même

---

a **2.23** *Voir Genèse 15.6.*
b **2.25** *Josué 2.1-21.*

bouche ! Mes frères et mes sœurs, cela ne va pas ! 11 Est-ce que la même source fait couler de l'eau douce et de l'eau amère ? 12 Est-ce qu'un *figuier peut donner des *olives ? Est-ce qu'une *vigne peut donner des figues ? De même, une source d'eau salée ne peut pas donner de l'eau douce.

La sagesse qui vient d'en haut

13 Est-ce qu'il y a quelqu'un de sage parmi vous ? Est-ce qu'il y a quelqu'un d'intelligent ? Alors il doit le montrer par sa bonne conduite, par des actes faits avec douceur et sagesse. 14 Mais si vous avez dans votre cœur une jalousie amère et l'envie de passer devant les autres, ne vous vantez pas. Ne dites pas de paroles contraires à la vérité ! 15 Cette sagesse-là ne vient pas d'en haut. Elle appartient à la terre, elle est humaine, elle ressemble à celle des esprits mauvais. 16 Quand les gens sont jaloux, quand ils ont envie de passer devant les autres, il y a du désordre et toutes sortes d'actions mauvaises. 17 Mais la sagesse d'en haut donne d'abord un cœur *pur, puis elle apporte paix et douceur. Elle cherche à unir, elle est pleine de bonté et elle produit des actions bonnes. Elle ne fait pas de différence entre les gens, et elle n'est pas fausse. 18 Ceux qui aiment la paix répandent la paix autour d'eux, comme des semences, et les fruits qu'ils récoltent, ce sont des actions *justes.

Contre les disputes

4 1 D'où viennent les disputes ? D'où viennent les luttes entre vous ? Est-ce qu'elles ne viennent pas des désirs mauvais qui luttent dans vos corps ? 2 Vous voulez quelque chose et vous ne pouvez pas l'avoir ? Alors vous êtes prêts à tuer. Vous êtes jaloux et vous ne pouvez pas obtenir ce que vous désirez ? Alors vous luttez et vous vous battez. Vous n'avez pas ce que vous voulez, parce que vous ne le demandez pas à Dieu ! 3 Vous demandez et vous ne recevez rien ? C'est que vous demandez mal ! Vous demandez seulement pour satisfaire vos désirs mauvais. 4 Vous trompez Dieu ! Vous ne savez donc pas ceci : aimer le *monde, c'est détester Dieu. Celui qui veut être l'ami du monde devient l'ennemi de Dieu. 5 Ce n'est sûrement pas pour rien que les Livres Saints disent : « Dieu aime très vivement l'esprit qu'il a mis en nous. » 6 Mais Dieu nous fait un cadeau plus grand encore. En effet, les Livres Saints disent aussi : « Dieu résiste aux orgueilleux. Il est bon pour les petits. »[c] 7 Alors obéissez à Dieu, mais résistez à l'esprit du mal, et il va fuir loin de vous. 8 Approchez-vous de Dieu, il s'approchera de vous. *Purifiez-vous, vous qui êtes pécheurs ! Nettoyez vos cœurs, vous qui êtes faux ! 9 Soyez tristes, mettez des habits de deuil, pleurez ! Changez vos rires en larmes et votre joie en tristesse ! 10 Faites-vous petits devant le Seigneur, et il vous honorera.

Ne pas juger les autres

11 Frères et sœurs chrétiens, ne dites pas de mal les uns des autres ! Celui qui dit du mal d'un frère ou d'une sœur, ou qui les juge, dit du mal de la *loi et il juge la loi. Et si tu juges la loi, tu n'obéis plus à la loi, tu es son juge. 12 C'est Dieu seul qui donne la loi et qui est juge, lui seul peut sauver et faire mourir. Mais toi qui juges ton *prochain, tu te prends pour qui ?

Les dangers de la richesse

13 Maintenant, faites attention, vous qui dites : « Aujourd'hui ou demain, nous irons dans cette ville, nous resterons là-bas une année. Nous ferons du commerce, nous gagnerons de l'argent. » 14 Pourtant, vous ne savez même pas comment vous vivrez demain. Oui, vous êtes comme un petit nuage qui est là quelques instants et qu'on ne voit plus ensuite. 15 Au contraire, vous devez dire : « Si le Seigneur le veut, nous vivrons, et nous ferons ceci ou bien cela. » 16 Mais non ! Vous vous vantez avec des paroles pleines d'orgueil. Se vanter de cette façon, c'est mauvais ! 17 Celui qui sait faire le bien et ne le fait pas, se rend coupable d'un péché.

---

c **4.6** *Proverbes 3.34 cité d'après l'ancienne traduction grecque.*

5 1 Maintenant, faites attention, vous, les riches ! Pleurez ! Criez à cause des malheurs qui vont venir sur vous ! 2 Votre richesse est pourrie, les vers mangent vos vêtements ! 3 Votre or et votre argent rouillent, et leur rouille va vous accuser, elle va dévorer votre corps comme un feu. Le monde va bientôt finir, pourtant vous conservez des richesses en réserve ! 4 Et même, vous gardez pour vous le salaire des ouvriers qui font la récolte dans vos champs ! Alors ils se plaignent, et les cris de ces ouvriers arrivent aux oreilles de Dieu, le Seigneur tout-puissant ! 5 Sur la terre, vous avez vécu au milieu des richesses, vous avez fait ce qui vous plaisait. Vous avez bien mangé pendant que des gens mouraient. 6 Vous avez condamné les innocents et vous les avez tués. Ils ne vous ont pas résisté.

Patience, le Seigneur vient !

7 Frères et sœurs chrétiens, soyez patients, le Seigneur vient ! Regardez le cultivateur. Il attend avec patience les belles récoltes de la terre, depuis les premières jusqu'aux dernières. 8 Vous aussi, soyez patients ! Courage, le Seigneur vient bientôt !

9 Frères et sœurs, ne vous plaignez pas des autres, pour que Dieu ne vous juge pas. Voici le juge, il est à votre porte ! 10 Frères et sœurs, les *prophètes, qui ont parlé au nom du Seigneur, ont souffert avec patience. Prenez-les comme exemples. 11 Voyez ! Les gens qui résistent dans les difficultés, nous disons qu'ils sont heureux. Vous avez entendu l'histoire de Job, l'homme patient. Vous savez ce que le Seigneur lui a donné à la fin. Oui, le Seigneur est plein de tendresse et de pitié.

12 Surtout, mes frères et mes sœurs, ne faites pas de serments. Ne prenez pas comme *témoin le *ciel, la terre ou autre chose ! Dites simplement oui quand c'est oui, et non quand c'est non, alors Dieu ne vous jugera pas.

La prière pour les malades

13 Parmi vous, est-ce que quelqu'un souffre ? Il doit prier. Est-ce que quelqu'un est heureux ? Il doit chanter pour le Seigneur. 14 Est-ce que quelqu'un est malade ? Il doit appeler les responsables de l'Église. Ils verseront de l'huile sur lui et ils prieront pour lui, au nom du Seigneur. 15 S'ils prient avec confiance, cette prière sauvera le malade. Le Seigneur le mettra debout, et, s'il a péché, Dieu lui pardonnera. 16 Alors reconnaissez vos péchés les uns devant les autres. Priez les uns pour les autres afin d'être guéris. La prière d'un homme *juste est très puissante. 17 *Élie était un homme tout à fait comme nous. Il a beaucoup prié pour que la pluie ne tombe pas, et la pluie n'est pas tombée sur la terre pendant trois ans et demi. 18 Puis il a prié encore une fois, et le ciel a donné de la pluie, la terre a produit ses récoltes.

Ramener ceux qui se perdent loin de la vérité

19 Mes frères et mes sœurs, parmi vous, quelqu'un peut se perdre loin de la vérité, et un frère ou une sœur peut le ramener. 20 Eh bien, vous devez savoir ceci : si une personne ramène un pécheur de la mauvaise route où il se trouve, il le sauve de la mort. Et à cause de cette action, Dieu va pardonner beaucoup de péchés.

Première lettre de Pierre

INTRODUCTION

La première lettre de Pierre est adressée aux chrétiens de cinq provinces romaines situées au nord et à l'est de l'Asie Mineure, la Turquie actuelle. Ils vivent là comme des étrangers parce qu'ils sont chrétiens (1.1 ; 2.11). Ils sont méprisés et rejetés par la société. Ils sont accusés faussement et peut-être même menacés de mauvais traitements.

L'auteur écrit pour soutenir leur foi et leur espérance, et les encourager à vivre comme le peuple choisi par Dieu.

La première lettre de Pierre s'adresse à des chrétiens d'origines religieuses diverses. Maintenant ils sont nés de nouveau. Ils ne se conduisent plus comme leurs ancêtres ni comme les gens de leur entourage (1.13–2.4). ***Ils forment le peuple de Dieu*** *(2.4-10). Ils peuvent supporter les difficultés et les souffrances parce qu'ils ont une espérance qui les fait vivre (1.3,13,21 ; 3.15).*

Dieu a relevé Jésus-Christ de la mort : voilà ce qui fonde l'espérance chrétienne. Cette espérance conduit à accepter les insultes et les mauvais traitements comme Jésus l'a fait. Jésus a souffert, il a été insulté et il a été rejeté. Il n'a pas rendu le mal pour le mal, mais il a mis sa confiance en Dieu (4.12-19). La première lettre de Pierre affirme ceci : la vie et la mort de Jésus-Christ sont un modèle pour le chrétien.

Ce modèle indique ***comment vivre avec les non-chrétiens et dans la communauté chrétienne****. La lettre donne en particulier des conseils à ceux qui sont dans une position inférieure (2.18–3.6). Il s'agit des serviteurs qui ont un patron non chrétien, et des femmes qui ont un mari non chrétien. Leur comportement peut faire comprendre aux autres ce qu'est la foi chrétienne. Dans la communauté, l'amour et le respect des uns pour les autres guident les responsables, les jeunes et chacun des membres (5.1-7 ; 1.22–2.3). Cette manière de vivre montre à ceux de l'extérieur qu'on ne peut rien reprocher aux chrétiens.*

Adresse et salutation

1 [1] Moi, Pierre, *apôtre de Jésus-Christ, j'écris à ceux que Dieu a choisis et qui vivent comme des étrangers dans les provinces du Pont, de la Galatie, de la Cappadoce, de l'Asie et de la Bithynie[a]. [2] Dieu le Père vous a choisis d'avance comme il l'avait prévu. Il a fait de vous un peuple *saint par son Esprit, pour que vous obéissiez à Jésus-Christ et pour que son sang répandu vous rende *purs.

Que Dieu vous *bénisse et vous donne la paix en abondance !

Louange à Dieu, qui sauve les croyants

[3] Chantons la louange de Dieu, le Père de notre Seigneur Jésus-Christ ! Dans sa grande bonté, il nous a fait naître une deuxième fois en relevant Jésus-Christ de la mort. Nous

---

a 1.1 *Ces provinces romaines se trouvaient en Asie Mineure, dans la Turquie actuelle.*

avons ainsi une espérance qui fait vivre, 4 et
nous pouvons attendre avec joie les biens
que Dieu garde pour nous. Il les garde pour
vous dans les *cieux, là où ils ne peuvent s'abîmer, ni être salis, ni disparaître. 5 Et vous-
mêmes, si vous croyez, le Dieu puissant
vous garde pour vous sauver. Ce *salut, on
le connaîtra à la fin des temps.

6 C'est pourquoi vous êtes remplis de joie,
même si toutes sortes de difficultés doivent
vous rendre tristes pendant un peu de temps.
7 Ces difficultés servent à montrer la qualité
de votre foi. L'or peut s'abîmer, pourtant on
le met dans le feu, pour voir s'il est pur. C'est
pareil pour votre foi. Elle est plus précieuse que
l'or, mais elle aussi est mise à l'épreuve. Alors,
quand Jésus-Christ paraîtra, vous recevrez
honneur, louange et *gloire, à cause de la qualité de votre foi. 8 Jésus, vous ne l'avez pas vu,
et pourtant vous l'aimez. Vous ne le voyez pas
maintenant, et pourtant vous croyez en lui.
C'est pourquoi vous êtes remplis d'une très
grande joie, une joie si grande qu'on ne peut
même pas en parler. 9 Cette joie, vous l'avez
parce que vous êtes sauvés. Voilà la récompense que vous gagnez en croyant en Jésus.

10 Les *prophètes ont fait beaucoup de recherches au sujet de ce salut. Par avance, ils
ont parlé du don que vous alliez recevoir.
11 L'Esprit du *Christ était en eux, et il a annoncé par avance les souffrances que le Christ
allait supporter et la *gloire qui allait suivre.
Les prophètes ont cherché à comprendre à
quel moment et de quelle façon ces choses allaient arriver. 12 Voici ce que Dieu leur a appris : le message qu'ils donnaient n'était pas
pour eux, mais pour vous. Maintenant, ceux
qui annoncent la Bonne Nouvelle vous ont
communiqué ce message, avec la puissance
de l'Esprit Saint envoyé du ciel. Et ce message,
les *anges eux-mêmes désirent beaucoup le
connaître.

Appel à une conduite sainte

13 C'est pourquoi, soyez prêts à l'action !
Restez attentifs ! Mettez toute votre espérance
dans le don que vous allez recevoir, quand
Jésus-Christ paraîtra. 14 Obéissez à Dieu, ne
suivez donc pas les désirs que vous aviez
autrefois, avant de connaître le *Christ.
15 Dieu vous a appelés et il est *saint, alors
vous aussi, devenez saints dans toute votre
conduite. 16 En effet, les Livres Saints disent :
« Soyez saints, parce que moi, je suis saint. »[b]

17 Dans vos prières, vous appelez « Père »
celui qui juge chacun selon ce qu'il a fait,
sans faire de différence entre les gens. Alors,
vivez en respectant Dieu avec confiance, pendant que vous êtes sur la terre. 18 La façon de
vivre que vous avez reçue de vos ancêtres ne
menait à rien. Mais vous le savez, Dieu a payé
un grand prix pour vous libérer de cette façon
de vivre. En effet, il ne l'a pas fait avec des
choses qui peuvent s'abîmer, comme l'or ou
l'argent. 19 Mais il vous a libérés avec le sang
précieux du Christ, qui est comme un
*agneau sans défaut et sans tache. 20 Dieu l'a
choisi avant la création du monde, et pour votre bien, il l'a fait connaître maintenant, en
ces temps qui sont les derniers. 21 C'est par
le Christ que vous croyez en Dieu, qui l'a réveillé de la mort et lui a donné la *gloire. Voilà
pourquoi vous mettez votre foi et votre espérance en Dieu.

L'amour des uns pour les autres

22 En obéissant à la vérité, vous êtes devenus *purs, pour aimer sincèrement vos frères
et vos sœurs chrétiens. Aimez-vous donc les
uns les autres, de tout votre cœur. 23 La parole
de Dieu vous a fait naître de nouveau. Et cette
Parole n'est pas comme une graine qui meurt.
Elle est vivante, elle ne meurt pas, elle dure
toujours. 24 En effet, les Livres Saints disent :

« Tous les êtres humains
sont comme l'herbe,
et tout ce qui les rend importants
est comme la fleur des champs.
L'herbe sèche et la fleur tombe,
25 mais la parole du Seigneur dure toujours. »[c]

Cette Parole, c'est la Bonne Nouvelle qu'on
vous a annoncée.

---

b **1.16** *Lévitique 19.2.*

c **1.24-25** *Ésaïe 40.6-8 cité d'après l'ancienne traduction grecque.*

2 1 Rejetez donc tout ce qui est mal. Ne
trompez personne, ne soyez pas faux, ne
soyez pas jaloux, ne dites pas du mal des autres. 2 Comme des bébés qui viennent de naître, désirez le lait de la parole de Dieu. C'est
un lait sans mélange. Alors, en le buvant,
vous grandirez et vous serez sauvés. 3 En effet,
les Livres Saints le disent : « Vous avez goûté
comme le Seigneur est bon. »[d]

Les croyants sont le peuple de Dieu

4 Approchez-vous du Seigneur Jésus. Il est la
pierre vivante. Les gens l'ont rejetée, mais
Dieu l'a choisie, et elle est précieuse à ses
yeux. 5 Approchez-vous de lui. Alors, vous
aussi, comme des pierres vivantes, vous servirez à construire la maison de l'Esprit Saint.
Vous formerez une communauté de *prêtres
*saints, pour offrir des *sacrifices selon l'Es-
prit de Dieu, et Dieu les acceptera à cause
de Jésus-Christ. 6 En effet, les Livres Saints
disent de la part de Dieu :

« Regardez !
J'ai choisi une pierre précieuse
et je la pose dans la ville de *Sion
comme pierre principale.
Celui qui s'appuie sur elle
ne sera pas déçu. »[e]

7 Pour vous qui croyez, cette pierre vous
donne de l'honneur. Mais pour ceux qui ne
croient pas,

« la pierre que les constructeurs ont rejetée,
est devenue la pierre principale de la maison. »

8 Et ailleurs ils disent :

« C'est une pierre qui fait perdre l'équilibre,
un rocher qui fait tomber. »[f]

Les gens se cognent contre elle parce qu'ils refusent de croire à la parole de Dieu, et c'est
cela qui devait leur arriver.

9 Mais vous, vous êtes la race choisie, la
communauté des prêtres du Roi, la nation
sainte. Vous êtes le peuple que Dieu a choisi
pour annoncer les grandes choses qu'il a faites. Il vous a appelés à sortir de la nuit, pour
vous conduire vers sa lumière magnifique.
10 Autrefois, vous n'étiez pas le peuple de
Dieu, mais maintenant, vous êtes son peuple.
Autrefois, Dieu n'avait pas pitié de vous, mais
maintenant, il a pitié de vous.

**Se conduire
comme des serviteurs de Dieu**

11 Amis très chers, vous êtes des gens de
passage et des étrangers sur cette terre. C'est
pourquoi je vous le demande : ne suivez pas
les désirs mauvais qui luttent contre vous.
12 Au milieu de ceux qui ne connaissent pas
Dieu, ayez une belle conduite. Alors, s'ils
vous accusent faussement de faire le mal, ils
verront vos bonnes actions, et ainsi, le jour
où Dieu viendra, ils lui rendront *gloire.

13 Obéissez aux autorités à cause du Seigneur : au roi parce qu'il est le chef de tous,
14 et aussi aux gouverneurs. Le roi les envoie
pour punir ceux qui font le mal et féliciter
ceux qui font le bien. 15 Dieu veut ceci : par
vos bonnes actions, fermez la bouche aux
gens stupides et ignorants. 16 Conduisez-vous
comme des personnes libres, mais votre liberté ne doit pas devenir comme une couverture pour cacher des actes mauvais.
Conduisez-vous plutôt comme des serviteurs
de Dieu. 17 Ayez du respect pour tout le
monde. Aimez vos frères et vos sœurs chrétiens. Honorez Dieu, respectez le roi.

Marcher sur les traces du Christ

18 Vous, les serviteurs, obéissez à vos patrons avec respect. Obéissez non seulement
aux patrons qui sont bons et aimables, mais
aussi à ceux qui sont difficiles. 19 Vous supportez peut-être des souffrances que vous ne méritez pas, et cela, parce que vous voulez rester
fidèles à Dieu. Eh bien, c'est une belle chose.
20 En effet, si vous avez fait le mal, quel mérite
avez-vous à supporter les coups ? Mais si vous

---

d **2.3** *Psaume 34.9.*

e **2.6** *Ésaïe 28.16 cité d'après l'ancienne traduction grecque.*

f **2.7-8** *Voir Psaume 118.22 ; Ésaïe 8.14.*

souffrez avec patience quand vous avez fait le
bien, c'est une belle chose devant Dieu.
21 Oui, c'est à cela que Dieu vous a appelés.
Le *Christ aussi a souffert pour vous, il vous
a montré le chemin, pour que vous suiviez
ses traces. 22 Lui, il n'a pas fait le mal, il n'a
jamais trompé personne. 23 Lui, quand on l'a
insulté, il n'a pas rendu l'insulte. Quand il
a souffert, il n'a menacé personne, mais il a
mis sa confiance en Dieu qui juge avec justice.
24 Sur le bois de la croix, il a porté lui-même
nos péchés dans son corps. C'est pourquoi
nous avons cessé de vivre pour le péché et
nous pouvons mener une vie qui plaît à
Dieu. C'est par ses blessures qu'il vous a guéris. 25 Oui, vous étiez comme des moutons
perdus, mais maintenant, vous êtes revenus
vers le berger qui protège vos vies.

Les relations entre femmes et maris

3 1 De façon semblable, vous, les femmes,
obéissez à votre mari. Alors, même si votre mari ne croit pas à la parole de Dieu, il
sera gagné à la foi par votre conduite, et
cela, sans paroles. 2 En effet, il verra combien
votre vie est *pure et pleine de respect. 3 Votre beauté ne doit pas être extérieure : coiffure compliquée, bijoux en or, robes trop
élégantes. 4 Elle doit être cachée à l'intérieur
de vous-mêmes. Un cœur doux et calme,
voilà la beauté qui a beaucoup de valeur
pour Dieu, et elle ne disparaît pas. 5 Autrefois, les femmes croyantes qui espéraient
en Dieu avaient cette beauté-là, parce qu'elles obéissaient à leur mari. 6 Par exemple,
Sara obéissait à Abraham, et elle l'appelait
« Mon maître ». Maintenant, vous êtes ses filles, si vous faites le bien sans vous laisser
troubler par aucune peur.

7 Et vous, les maris, prenez soin de votre
femme dans la vie commune. Les femmes
sont plus fragiles, vous devez en tenir compte.
Traitez-les avec respect puisque comme vous,
elles recevront le don de la vraie vie. Si vous
faites cela, rien ne vous arrêtera dans vos prières.

Appel à faire le bien

8 Enfin, ayez tous les mêmes pensées et les
mêmes sentiments, aimez-vous comme des
frères et des sœurs. Soyez bons, et faites-
vous petits les uns devant les autres. 9 Ne rendez pas le mal pour le mal, ne rendez pas l'insulte pour l'insulte. Au contraire, répondez :
« Que Dieu te *bénisse ! » En effet, quand
Dieu vous a appelés, c'était pour vous donner
une bénédiction. 10 Les Livres Saints disent :

« Est-ce que tu veux avoir une vie agréable
et connaître des jours heureux ?
Alors ne dis pas de mal des autres.
Évite les mensonges.
11 Fuis le mal, et fais le bien.
Recherche la paix et poursuis-la.
12 Oui, les yeux du Seigneur se tournent vers
ceux qui lui obéissent.
Ses oreilles entendent leurs cris,
mais il s'oppose à ceux qui font le mal. »[g]

13 Si vous cherchez à faire le bien de tout votre cœur, qui vous fera du mal ? 14 Et puis, si
un jour vous souffrez parce que vous faites
le bien, quel bonheur pour vous ! N'ayez pas
peur des gens et ne vous laissez pas troubler !
15 Mais reconnaissez dans vos cœurs que le
*Christ seul est *saint, il est votre Seigneur.
Quand on vous demande pourquoi vous espérez, soyez toujours prêts à donner des explications. 16 Mais faites-le avec douceur et respect,
avec une *conscience *pure. Alors, quand des
gens vous accusent faussement sur un point,
quand ils vous insultent parce que vous vous
conduisez en chrétiens, ils seront couverts
de honte. 17 Oui, il vaut mieux souffrir en faisant le bien, si Dieu veut cela, plutôt que de
souffrir en faisant le mal.

La victoire du Christ

18 En effet, le *Christ lui-même est mort une
fois pour toutes pour les péchés des êtres humains. Lui qui était innocent, il est mort pour
des coupables, afin de vous conduire à Dieu.
Lui, il a été tué dans son corps, mais l'Esprit
Saint lui a rendu la vie. 19 Alors il est allé annon-

g **3.10-12** *Psaume 34.13-17 cité d'après l'ancienne traduction grecque.*

cer la Bonne Nouvelle aux morts qui étaient en
prison. 20 Ces morts sont ceux qui ont désobéi
à Dieu autrefois, quand Dieu faisait durer sa patience. C'était au moment où Noé construisait
son bateau. Peu de personnes, huit en tout,
sont entrées dans ce bateau et ont été sauvées
à travers l'eau. 21 C'est une image du baptême
qui vous sauve aujourd'hui, vous aussi. Le sens
du baptême n'est pas d'enlever les saletés du
corps, mais de répondre à l'appel de Dieu
avec une *conscience *pure. Le baptême vous
sauve, parce que Jésus-Christ s'est levé de la
mort. 22 Il est monté au *ciel, il est à la droite
de Dieu. Maintenant, les *anges et les esprits
qui ont du pouvoir et de la puissance sont
sous son autorité.

La vie nouvelle des croyants

4 1 Le *Christ a souffert dans son corps.
Alors, vous aussi, soyez sûrs d'une chose :
le chrétien qui souffre dans son corps a laissé
le péché. Pour vous, cette pensée doit être
une arme de combat. 2 Pendant le temps qui
vous reste à vivre sur la terre, ne suivez pas
les mauvais désirs humains, mais suivez la volonté de Dieu. 3 Oui, autrefois, vous avez trop
souvent voulu faire comme ceux qui ne
connaissent pas Dieu. Vous vous conduisiez
n'importe comment, vous étiez jaloux, ivrognes. Vous mangiez trop, vous buviez trop,
vous adoriez les faux dieux, ce qui est une
chose horrible. 4 Maintenant, ces gens-là
sont surpris. Vous n'allez plus avec eux,
vous ne participez plus à leur vie qui déborde
d'actions honteuses, et ils vous insultent.
5 Mais ils rendront compte de leurs actes à
Dieu, qui est prêt à juger les vivants et les
morts. 6 C'est pour cela que la Bonne Nouvelle
a été annoncée même aux morts. Ils ont été jugés selon ce qu'ils ont fait, comme tous les humains. Mais maintenant, grâce à l'Esprit Saint,
ils peuvent vivre selon Dieu.

La vie dans la communauté

7 C'est bientôt la fin du monde. Alors soyez
des sages, et restez sobres pour pouvoir prier.
8 Avant tout, aimez-vous de tout votre cœur,
parce que « l'amour efface beaucoup de péchés »[h]. 9 Recevez-vous les uns les autres
dans vos maisons sans vous plaindre. 10 Mettez-vous au service des autres, selon le don
que chacun a reçu. Soyez comme de bons serviteurs qui prennent soin des dons variés de
Dieu. 11 Celui qui parle doit être le porte-
parole de Dieu. Celui qui sert doit servir
avec la force que Dieu donne. Alors, tous
rendront *gloire à Dieu en toutes choses par
Jésus-Christ. À lui la gloire et la puissance
pour toujours ! *Amen.

Souffrir à cause de la foi chrétienne

12 Amis très chers, vous êtes dans le feu de
la souffrance. Ne soyez pas surpris, ce n'est
pas étonnant ! Ce feu va montrer ce que
vous valez. 13 Si vraiment vous participez aux
souffrances du *Christ, soyez joyeux. Alors,
quand vous verrez sa *gloire, vous serez également heureux et pleins de joie. 14 Si on vous
insulte parce que vous êtes *disciples du
Christ, quel bonheur pour vous ! L'Esprit de
Dieu, l'Esprit glorieux est sur vous ! 15 Parmi
vous, si quelqu'un souffre, il ne faut pas que
cela lui arrive parce qu'il a tué, parce qu'il a
volé, parce qu'il a fait le mal, ou parce qu'il
a semé le désordre. 16 Mais s'il souffre parce
qu'il est chrétien, il ne doit pas avoir honte.
Il doit plutôt remercier Dieu de pouvoir porter
le nom du Christ.

17 Oui, c'est le début du jugement, et il
commence par la famille de Dieu. S'il
commence par nous, qu'est-ce qui va arriver
à la fin à ceux qui ne veulent pas croire à la
Bonne Nouvelle de Dieu ? 18 Les Livres Saints
disent :

« C'est déjà difficile
pour des gens qui font le bien,
d'être sauvés.
Alors, les gens mauvais et les pécheurs,
qu'est-ce qu'ils vont devenir ? »[i]

19 Ainsi, ceux qui souffrent en faisant ce que
Dieu veut doivent se confier à leur Créateur,
qui est fidèle, et continuer à faire le bien.

---

h **4.8** *Voir Proverbes 10.12 ; Jacques 5.20.*
i **4.18** *Proverbes 11.31 cité d'après l'ancienne traduction grecque.*

Conseils aux anciens de la communauté

5 1 Maintenant, je parle aux *anciens qui sont au milieu de vous. Moi, je suis ancien comme vous. J'ai été *témoin des souffrances du *Christ et je dois participer à la *gloire qui va paraître. 2 Prenez soin du troupeau que Dieu vous a confié. Ne faites pas cela par devoir, mais de bon cœur, comme Dieu le désire. Agissez non pour gagner de l'argent, mais par amour. 3 Avec ceux que Dieu vous a confiés, ne soyez pas des chefs durs, mais devenez les modèles du troupeau. 4 Ainsi quand le Chef des bergers viendra, vous recevrez pour toujours une récompense pleine de gloire.

Conseils à tous les chrétiens

5 Vous, les jeunes, obéissez aux *anciens ! Et vous tous, faites-vous petits les uns devant les autres. Les Livres Saints disent : « Dieu résiste aux orgueilleux, mais il est bon pour les petits. »[j] 6 Faites-vous petits sous la main puissante de Dieu, pour qu'il vous honore quand le moment sera venu. 7 Mettez tous vos soucis dans la main de Dieu, parce qu'il prend soin de vous.

8 Soyez sobres, restez éveillés ! Votre ennemi, l'esprit du mal, est comme le lion qui rugit. Il va partout et cherche quelqu'un à dévorer. 9 Résistez-lui en restant solides dans la foi. Vous le savez, dans le monde entier, vos frères et sœurs chrétiens souffrent comme vous. 10 Vos souffrances vont durer un certain temps. Mais Dieu, qui nous aime tant, vous a appelés à participer à sa *gloire sans fin, en étant unis au *Christ. Alors il va vous rendre parfaits, solides et forts, et on ne pourra plus vous faire tomber. 11 À lui la puissance pour toujours. *Amen !

Salutations

12 Je vous écris ces quelques mots par Silas. Pour moi, c'est un frère fidèle. Je vous envoie cette lettre, pour vous donner du courage et pour vous dire : voilà le vrai don de Dieu, restez attachés à ce don !

13 L'Église qui est à Babylone vous salue. Dieu l'a choisie comme vous. Marc, mon fils[k], vous salue aussi. 14 Saluez-vous tous en vous embrassant avec amour.

Paix à vous tous qui êtes unis dans le *Christ !

Deuxième lettre de Pierre

INTRODUCTION

Cette lettre est adressée aux chrétiens en général. Elle a la forme d'un discours d'adieu. L'auteur dit que le moment de sa mort est proche (1.13). Il écrit pour que les croyants se souviennent de son enseignement.

La lettre leur demande de ***conserver les qualités*** *qui viennent* ***de leur foi*** *et de* ***rester fidèles aux enseignements*** *reçus (chapitre 1). Elle combat ensuite les faux maîtres qui enseignent des mensonges et se conduisent n'importe comment (chapitre 2). Puis elle parle du jour où le Seigneur Jésus viendra (chapitre 3). Les chrétiens de la première génération sont morts, et Jésus n'est pas revenu. Beaucoup sont troublés et ne comprennent pas ce retard. Mais, pendant*

j **5.5** *Proverbes 3.34 cité d'après l'ancienne traduction grecque.*

k **5.13** *Pour Pierre, « Babylone », c'est la ville de Rome.*
Mon fils : façon de dire que Marc est un disciple de Pierre, qui l'aime comme si c'était son fils.

que les croyants l'attendent, ***Dieu montre sa patience.*** *Il donne à tous les êtres humains l'occasion de changer de vie.*

Pour les soutenir dans leur foi, les chrétiens ont les écrits des prophètes de l'Ancien Testament. Ils ont aussi l'enseignement reçu des témoins de Jésus-Christ (3.2). Au moment où la deuxième lettre de Pierre est écrite, certaines lettres de Paul sont connues (3.15). Il ne faut pas vouloir comprendre et expliquer les textes tout seul (1.20), ni sans réfléchir (3.16). L'aide des autres chrétiens et de l'Esprit Saint est ici nécessaire.

Salutation

1 1 Moi, Simon-Pierre, serviteur et *apôtre de Jésus-Christ, j'écris à ceux qui ont reçu une foi aussi précieuse que la nôtre, par la générosité de Jésus-Christ, notre Dieu et notre Sauveur.

2 Vous connaissez Dieu et Jésus notre Seigneur. Alors, qu'ils vous *bénissent et vous donnent la paix en abondance !

Les qualités chrétiennes

3 Dans sa puissance, Dieu nous a donné tout ce qu'il faut pour vivre en lui restant fidèles. En effet, il nous a fait connaître celui qui nous a appelés à participer à sa *gloire et à sa bonté. 4 Par cette gloire et cette puissance, Dieu nous a donné des promesses très grandes et précieuses. Alors, en recevant ce qu'il a promis, vous pourrez sortir de ce *monde pourri par des désirs mauvais et vous pourrez être unis avec Dieu lui-même. 5 C'est pourquoi, faites tous les efforts que vous pouvez pour croire, et en même temps pour mener une vie honnête. Menez une vie honnête, et en même temps apprenez à connaître ce que Dieu veut. 6 Connaissez ce que Dieu veut, et en même temps soyez maîtres de vous-mêmes. Soyez maîtres de vous-mêmes, et en même temps soyez patients. Soyez patients, et en même temps fidèles à Dieu. 7 Soyez fidèles à Dieu, et en même temps ayez de l'amitié pour vos frères et sœurs chrétiens. Ayez de l'amitié pour eux et aussi de l'amour. 8 Voilà les qualités que vous devez posséder. Et si vous les possédez en abondance, vous serez actifs et vous serez capables de mieux connaître notre Seigneur Jésus-Christ. 9 Mais si quelqu'un ne possède pas ces qualités, il ne voit pas clair et il ressemble à un aveugle. Il oublie qu'il a été lavé de ses péchés d'autrefois.

10 Alors, frères et sœurs, faites encore plus d'efforts pour rester fidèles à l'appel de Dieu et au choix qu'il a fait de vous. Si vous vivez de cette façon, vous ne risquez pas de tomber dans le mal. 11 Oui, Dieu vous ouvrira largement l'entrée du *Royaume sans fin, du Royaume de Jésus-Christ, notre Seigneur et notre Sauveur.

La fidélité à l'enseignement reçu

12 C'est pourquoi, je veux toujours vous rappeler ces choses. Pourtant, vous les connaissez déjà et vous restez fidèles à la vérité que vous avez reçue. 13 Mais je crois juste de réveiller votre attention en vous rappelant ces choses, pendant que je suis encore sur cette terre. 14 Je le sais, le moment de ma mort est proche. Notre Seigneur Jésus-Christ me l'a fait savoir. 15 Mais, après mon départ, vous pourrez garder le souvenir de ces enseignements en toute occasion, je ferai tout pour cela.

16 En effet, ce n'est pas avec des histoires fausses et compliquées que nous vous avons fait connaître la venue puissante de notre Seigneur Jésus-Christ. Mais nous l'avons vu de nos yeux, lui, dans toute sa grandeur. 17 Oui, il a reçu honneur et *gloire de Dieu le Père, au moment où la voix de ce Dieu puissant a dit : « Celui-ci est mon Fils très aimé, c'est lui que j'ai choisi avec joie. » 18 Cette voix est venue du *ciel, nous l'avons entendue nous-mêmes quand nous étions avec Jésus sur la montagne *sainte.[a]

---

a **1.17-18** *Voir Matthieu 17.1-5 ; Marc 9.2-7 ; Luc 9.28-35.*

19 De plus, nous avons la parole des *prophètes. Elle est très solide, et vous avez raison de la regarder avec attention. En effet, elle est comme une lampe qui brille dans un endroit obscur, en attendant que la lumière du jour paraisse et que l'étoile du matin éclaire vos cœurs. 20 Tout d'abord, vous devez savoir ceci : personne ne doit expliquer tout seul les *prophéties des Livres Saints. 21 En effet, personne n'a jamais communiqué une prophétie par sa seule volonté. Mais c'est avec l'aide de l'Esprit Saint que des gens ont parlé de la part de Dieu.

Ceux qui enseignent des mensonges seront punis

2 1 Autrefois, il y a eu des faux *prophètes dans le peuple. Parmi vous, il y aura aussi des faux maîtres. Ils donneront habilement des enseignements trompeurs et ils iront jusqu'à rejeter le Maître qui les a sauvés. Ainsi, ils vont attirer rapidement sur eux le malheur qui les détruira. 2 Beaucoup de gens les suivront en se conduisant n'importe comment. À cause d'eux, on se moquera du chemin de la vérité. 3 Et parce qu'ils ont très envie de gagner de l'argent, ils vous tromperont par des histoires inventées. Mais depuis longtemps déjà, leur condamnation est prête, et le malheur va rapidement tomber sur eux.

4 En effet, Dieu n'a pas laissé sans punition les *anges qui ont péché, mais il les a plongés dans le lieu de souffrance. Il les a attachés avec des chaînes dans la nuit et là, il les garde jusqu'au jour du jugement. 5 Le monde d'autrefois, Dieu ne l'a pas laissé sans punition. Mais quand il a noyé le monde de ses ennemis au moment de la grande inondation, il a sauvé seulement Noé, lui qui annonçait la justice[b] que Dieu demande, et sept autres personnes. 6 Dieu a aussi condamné les villes de Sodome et de Gomorrhe en les détruisant par le feu. Cela devait servir d'exemple aux gens mauvais, pour leur montrer ce qui allait leur arriver[c]. 7-8 Loth habitait au milieu de gens qui se conduisaient n'importe comment, mais lui-même était un homme juste. Il était très triste à cause de leur conduite. En effet, il les voyait et il les entendait, et jour après jour, son cœur d'homme *juste souffrait beaucoup de leurs actions mauvaises. Mais Dieu l'a délivré de ces gens-là. 9 Cela montre donc que le Seigneur peut délivrer de la souffrance ceux qui lui sont fidèles. Et il peut garder en réserve les gens mauvais, pour les punir le jour du jugement. 10 Il punira surtout ceux qui suivent les mauvais désirs de leur corps. Ceux-là cherchent seulement à faire des actions *impures et ils méprisent l'autorité du Seigneur.

Ces faux maîtres ont trop confiance en eux. Ils sont orgueilleux et ils n'ont pas peur d'insulter les esprits glorieux du *ciel. 11 Même les anges ne jugent pas ces esprits et ils ne les insultent pas devant le Seigneur. Pourtant les anges sont plus forts et plus puissants que ces faux maîtres. 12 Ces gens-là sont comme des animaux sans intelligence, faits pour être pris dans des pièges et pour être tués. Ils insultent ce qu'ils ne connaissent pas et ils mourront comme ces animaux. 13 C'est la punition qu'ils vont recevoir pour leurs mauvaises actions. Ils aiment satisfaire leurs désirs mauvais en plein jour. Quand ils font la fête avec vous, ils prennent plaisir à vous mentir, et leur présence est dégoûtante et honteuse. 14 Leurs yeux ne font que chercher des femmes, ils ont toujours envie de commettre des péchés, ils attirent ceux qui sont faibles. Ce sont des hommes qui cherchent toujours à gagner quelque chose. La malédiction est sur eux ! 15 Ils ont abandonné le bon chemin et ils se sont perdus. Ils ont suivi la route de Balaam, le fils de Bosor[d], à qui on a offert de l'argent pour faire le mal. Et Balaam s'est laissé attirer par cet argent, 16 mais il a entendu des reproches pour sa faute : une ânesse muette s'est mise à parler avec une voix

---

b **2.5** *Voir Genèse 6.1–7.24.*

c **2.6** *Voir Genèse 19.24.*

d **2.15-16** *Voir Nombres 22.2-35; 31.16.*

humaine et elle a arrêté l'action stupide du *prophète Balaam.

17 Ces faux maîtres sont comme des sources sans eau, comme des nuages poussés par un vent violent. Dieu leur a réservé une place dans la nuit la plus noire. 18 Oui, avec leurs discours ronflants complètement creux, ils attirent ceux qui viennent à peine d'abandonner la vie avec des gens dans l'erreur. Pour cela, ils se servent des désirs honteux du corps, 19 et ils leur promettent la liberté. Pourtant, eux-mêmes sont esclaves des plaisirs qui les détruisent. En effet, quand une chose nous domine, nous sommes ses esclaves. 20 Ceux qui connaissent Jésus-Christ, notre Seigneur et notre Sauveur, ont abandonné les mauvaises influences du *monde, mais ils peuvent se laisser reprendre et se laisser vaincre par elles. Alors leur situation est finalement bien pire qu'avant. 21 Ils ont connu le chemin qui mène à la justice, mais ils ont abandonné les commandements de Dieu qu'on leur avait appris. Dans ce cas, il aurait mieux valu qu'ils ne connaissent pas ce chemin. 22 Maintenant, ce qui leur est arrivé montre la vérité de ce proverbe : « Le chien mange de nouveau ce qu'il a vomi »[e], et « le cochon qui vient d'être lavé recommence à se rouler dans la boue ».

Le Seigneur va venir

3 1 Amis très chers, voici déjà la deuxième lettre que je vous écris. Dans ces deux lettres, je fais appel à vos souvenirs pour vous aider à penser d'une manière correcte. 2 Souvenez-vous des paroles que les *saints *prophètes ont dites autrefois. Souvenez-vous aussi des commandements que les *apôtres vous ont enseignés : ce sont les commandements du Seigneur, le Sauveur. 3 Tout d'abord, voici ce que vous devez savoir : dans les derniers jours, des gens vont venir. Ils vivront en suivant seulement leurs désirs mauvais. 4 Ils se moqueront de vous en disant : « Jésus a promis de venir, n'est-ce pas ? Eh bien, où est-il ? En effet, nos pères sont morts[f], pourtant, tout est comme avant, depuis la création du monde ! » 5 En disant cela, ils oublient une chose : le ciel et la terre ont été créés voici très longtemps. Par sa parole, Dieu a fait sortir la terre de l'eau et il l'a formée avec de l'eau. 6 C'est également avec de l'eau, l'eau de la grande inondation, que le monde d'autrefois a été détruit[g]. 7 De la même façon, la parole de Dieu garde en réserve le ciel et la terre d'aujourd'hui pour le jour où les ennemis de Dieu seront jugés. Ce jour-là, le ciel et la terre seront détruits par le feu.

8 En tout cas, amis très chers, n'oubliez pas ceci : pour le Seigneur, un jour est comme 1 000 ans, et 1 000 ans sont comme un jour. 9 Le Seigneur va bientôt accomplir sa promesse. Pourtant, certains disent qu'il est en retard. En fait, il est patient avec vous, il ne veut pas que certains meurent pour toujours, mais il veut que tous arrivent à changer leur vie.

10 Le *jour du Seigneur viendra comme un voleur. Ce jour-là, le ciel disparaîtra avec un bruit terrible, le feu détruira les étoiles du ciel, la terre et les actions de ses habitants seront jugées. 11 Puisque tout cela doit disparaître, vous comprenez bien quel genre de vie vous devez mener. Vous devez vous conduire comme Dieu veut et lui rester fidèles. 12 Vous attendez que le jour de Dieu arrive et vous souhaitez qu'il vienne vite. Ce jour-là, le feu détruira le ciel, et les étoiles fondront dans une chaleur brûlante. 13 Dieu a promis un ciel nouveau et une terre nouvelle où la *justice habitera. Oui, c'est ce que nous attendons[h].

Appel à faire attention

14 C'est pourquoi, amis très chers, en attendant ce jour, faites des efforts pour être

---

e **2.22** *Proverbes 26.11.*

f **3.4** *Ici, il s'agit sans doute des tout premiers chrétiens de la communauté.*

g **3.5-6** *Voir Genèse 1.6-9 ; 7.11.*

h **3.13** *Voir Ésaïe 65.17 ; 66.22.*

sans défaut et sans tache, en paix avec Dieu.
15 Et dites-vous une chose : c'est à cause de la
patience du Seigneur que vous pouvez être
sauvés. Voilà ce que Paul, notre frère et notre ami, a voulu vous dire dans ses lettres. Il
le dit avec la sagesse que Dieu lui a donnée.
16 C'est ce qu'il écrit dans toutes ses lettres,
quand il parle de ce sujet. Il y a des passages
difficiles à comprendre, alors les gens qui
sont ignorants et sans formation en changent
le sens. Ils font d'ailleurs la même chose
avec d'autres passages des Livres Saints. En
agissant ainsi, ils se détruisent eux-mêmes.

17 Mais vous, amis très chers, maintenant je
vous ai prévenus. Faites donc attention, ne
vous laissez pas tromper par les erreurs des
ennemis de Dieu. Ainsi vous pourrez rester
solides dans la foi. 18 Que l'amour et la
connaissance de Jésus-Christ, notre Seigneur
et notre Sauveur, grandissent en vous. Rendons-lui *gloire, dès maintenant et pour toujours ! *Amen !

Lettres de Jean

INTRODUCTION

Trois lettres du Nouveau Testament sont connues comme les lettres de Jean. La première de ces lettres n'indique aucun nom d'auteur. L'auteur de la deuxième et de la troisième lettre se présente comme « l'ancien ». C'est un responsable d'Église respecté des gens à qui il écrit.

La première lettre ne dit pas à qui elle s'adresse. La deuxième lettre est adressée à la « Dame que Dieu a choisie et à ses enfants », c'est-à-dire à une communauté chrétienne et à ses membres. La troisième est adressée à un chrétien du nom de Gaïus. Celui-ci appartient à une communauté où il y a des problèmes entre les chrétiens. Ces trois lettres sont écrites pour des communautés qui connaissent bien l'évangile selon Jean.

Le temps a passé depuis que le message de Jésus-Christ a été annoncé pour la première fois. Les chrétiens qui lisent la Bonne Nouvelle selon Jean ne sont pas d'accord sur la manière de comprendre son message. Certains ont quitté leurs communautés. D'autres jettent le trouble parmi elles. Ils refusent de croire que le Christ soit devenu un être humain. Alors ils n'ont pas besoin de Jésus : sa vie et sa mort n'ont pas de sens pour eux. Ils disent : « Nous n'avons pas de péché », « Nous connaissons Dieu », « Nous sommes dans la lumière ». Mais leur vie montre le contraire.

L'auteur des lettres de Jean recommande aux chrétiens de ne pas suivre les idées fausses sur Jésus et sur Dieu. Les enfants de Dieu croient que ***Jésus-Christ est vraiment devenu un être humain****. Ceux qui disent le contraire sont ennemis du Christ. Les croyants doivent rester fidèles au message qu'ils ont entendu depuis le début. Ce message l'affirme :* ***aimer Dieu et Jésus, c'est aimer les autres****. Ce que les chrétiens vivent doit être en accord avec ce qu'ils croient.*

Première lettre de Jean

La parole de Dieu donne la vie

1 1 Nous vous annonçons la Parole qui donne
la vie et qui existe depuis toujours. Nous
l'avons entendue, nous l'avons vue de nos
yeux, nous l'avons regardée avec attention,
nous l'avons touchée de nos mains. 2 Oui, la
vie s'est montrée, et nous l'avons vue. Nous
en sommes *témoins, et nous vous annonçons
cette vie avec Dieu pour toujours. Elle était
près du Père et elle s'est montrée à nous.
3 Cette vie, nous l'avons vue et nous l'avons
entendue. Nous vous l'annonçons à vous
aussi, ainsi vous serez unis à nous. Ensemble,
nous serons unis au Père et à son Fils Jésus-
Christ. 4 Nous vous écrivons cela pour que
notre joie soit totale.

Marcher dans la lumière

5 Voici le message que nous avons entendu
de la bouche de Jésus-Christ, et nous vous
l'annonçons : Dieu est lumière, en lui, il n'y
a pas de nuit. 6 Nous disons peut-être : nous
sommes unis à Dieu. Mais si, en même temps,
nous marchons dans la nuit, nous mentons et
nous ne faisons pas sa volonté. 7 Dieu est dans
la lumière. Alors, si nous aussi, nous marchons dans la lumière, nous sommes unis les
uns aux autres, et le sang de Jésus, son Fils,
nous *purifie de tous les péchés.

8 Nous disons peut-être : « Nous n'avons
pas de péché. » Mais nous nous trompons,
et la vérité n'est pas en nous. 9 Dieu fait ce
qu'il promet et il est *juste. Alors, si nous
avouons nos péchés, il nous les pardonnera
et il enlèvera tout le mal qui est en nous.
10 Nous disons peut-être : « Nous n'avons
pas commis de péchés. » Dans ce cas, nous
faisons de Dieu un menteur, et sa parole
n'est pas en nous.

2 1 Mes enfants, je vous écris ces choses-là
pour que vous évitiez de commettre des
péchés. Mais si quelqu'un commet des péchés, nous avons un défenseur devant le
Père : c'est Jésus-Christ, le *juste. 2 Lui, il s'est
offert en *sacrifice, pour que Dieu pardonne
nos péchés. Et Dieu pardonne non seulement
nos péchés à nous, mais aussi les péchés du
monde entier.

Le commandement nouveau

3 Si nous gardons les commandements de
Dieu, nous savons que nous connaissons
Dieu. 4 Si quelqu'un dit : « Je connais Dieu »,
mais s'il n'obéit pas à ses commandements,
c'est un menteur, la vérité n'est pas en lui.
5 Mais celui qui obéit à la parole de Dieu, son
amour pour Dieu est vraiment parfait. Ainsi
nous savons que nous sommes unis à Dieu.
6 Si quelqu'un dit : « Je reste uni à Dieu », il
doit vivre comme Jésus-Christ a vécu.

7 Amis très chers, ce n'est pas un commandement nouveau que je vous écris, c'est un
commandement ancien. Vous l'avez reçu depuis le début[a]. Ce commandement ancien,
c'est la parole que vous avez entendue. 8 Et
pourtant, je vous écris un commandement
nouveau[b], qui est vraiment nouveau en Jésus
et doit l'être en vous. En effet, la nuit s'en va
et la vraie lumière brille déjà.

9 Si quelqu'un dit : « Je suis dans la lumière », mais s'il déteste son frère ou sa
sœur, celui-là est encore dans la nuit. 10 Celui
qui aime son frère ou sa sœur reste dans la lumière, il ne risque pas de tomber dans le péché. 11 Mais celui qui déteste son frère ou sa

---

a **2.7** *C'est-à-dire depuis que les chrétiens ont reçu la Bonne Nouvelle de Jésus-Christ.*

b **2.8** *Voir Jean 13.34.*

sœur est dans la nuit, il marche dans la nuit. Il ne sait pas où il va, la nuit l'a rendu aveugle.

Appel à faire ce que Dieu veut

12 Mes enfants, dans cette lettre, je vous dis : « Dieu pardonne vos péchés grâce au nom du *Christ. » 13 Vous, les parents, je vous dis : « Vous connaissez celui qui existe depuis toujours. » Vous, les jeunes, je vous dis : « Vous avez vaincu le Mauvais[c]. »

14 Vous, les enfants, je vous dis encore : « Vous connaissez le Père. » Vous, les parents, je vous dis encore : « Vous connaissez celui qui existe depuis toujours. » Vous, les jeunes, je vous dis encore : « Vous êtes forts, la parole de Dieu reste en vous, et vous avez vaincu le Mauvais. »

15 N'aimez pas le *monde ni ce qui est dans le monde. Si quelqu'un aime le monde, il n'aime pas Dieu le Père. 16 Voici ce qu'on trouve dans le monde : les mauvais désirs que chacun porte en soi, l'envie de posséder ce qu'on voit, et l'orgueil qui vient de la richesse. Eh bien, tout cela ne vient pas du Père, mais du monde. 17 Le monde ne dure pas, et les mauvais désirs ne durent pas non plus. Mais celui qui fait ce que Dieu veut, celui-là vit pour toujours.

Des ennemis du Christ sont dans la communauté

18 Mes enfants, c'est bientôt la fin des temps. Vous avez entendu dire : « L'ennemi[d] du *Christ arrive. » Maintenant, beaucoup d'ennemis du Christ sont déjà là. C'est pourquoi nous le savons : c'est bientôt la fin des temps. 19 Ces gens-là sont partis de notre communauté, mais ils n'étaient pas nos frères et nos sœurs. S'ils avaient été nos frères et nos sœurs, ils seraient restés avec nous. Maintenant, c'est clair : ces gens-là n'étaient pas nos frères et nos sœurs.

20 Mais vous, vous avez reçu l'Esprit de Dieu, c'est le Christ qui vous l'a donné. Voilà pourquoi vous tous, vous connaissez la vérité. 21 Je ne vous ai pas écrit : « Vous ignorez la vérité », mais je vous ai écrit : « Vous connaissez la vérité, et aucun mensonge ne peut venir de la vérité. »

22 Qui est le menteur ? C'est celui qui dit : « Jésus n'est pas le Christ. » Voilà l'ennemi du Christ, il rejette et le Père et le Fils ! 23 Tous ceux qui rejettent Jésus le Fils, rejettent aussi le Père. Celui qui accepte le Fils accepte aussi le Père.

24 C'est pourquoi, gardez en vous les paroles entendues depuis le début. Si les paroles entendues depuis le début restent en vous, vous aussi, vous resterez unis au Fils et au Père. 25 Oui, le Christ nous l'a promis : nous vivrons avec Dieu pour toujours.

26 Voilà ce que je voulais vous écrire sur ceux qui veulent vous tromper. 27 Quant à vous, le Christ vous a donné son Esprit, et cet Esprit habite en vous. Alors vous n'avez pas besoin d'un maître. En effet, c'est l'Esprit Saint qui vous apprend tout, et ce qu'il vous apprend est vrai, ce n'est pas un mensonge. C'est pourquoi, restez unis au Christ, comme l'Esprit Saint vous l'a appris.

28 Oui, mes enfants, restez unis au Christ. Alors, quand il paraîtra, nous serons pleins de confiance. Ce jour-là, nous ne serons pas couverts de honte devant lui.

Les enfants de Dieu ne commettent plus de péchés

29 Vous savez que le *Christ est *juste. Alors reconnaissez ceci : tous ceux qui font ce qui est juste, sont enfants de Dieu.

3 1 Voyez : le Père nous aime tellement qu'il nous appelle ses enfants, et c'est vrai, nous sommes ses enfants ! Mais le *monde ne nous connaît pas, parce qu'il n'a pas connu Dieu. 2 Amis très chers, dès maintenant, nous sommes enfants de Dieu, mais ce que nous serons plus tard, cela reste encore caché. Voici ce que nous savons :

---

c **2.13** *Le Mauvais est un des noms de l'esprit du mal.*

d **2.18** *L'auteur affirme ici qu'à la fin des temps, l'opposition à Dieu et au Christ se montrera de façon absolue sous la forme d'une personne. Voir 2 Thessaloniciens 2.3-4.*

quand le Christ paraîtra, nous le verrons comme il est, alors nous lui ressemblerons. 3 Tous ceux qui espèrent cela du Christ se rendent *purs comme lui est pur.

4 Tous ceux qui commettent des péchés luttent contre Dieu. En effet, commettre des péchés, c'est lutter contre Dieu. 5 Vous le savez : Jésus-Christ est venu pour enlever les péchés, et en lui il n'y a pas de péché. 6 Tous ceux qui restent unis à lui ne commettent plus de péchés. Tous ceux qui commettent des péchés ne voient pas Jésus-Christ, ils ne le connaissent pas non plus.

7 Mes enfants, faites attention, ne vous laissez pas tromper ! Si quelqu'un fait ce qui est juste, il est juste comme Jésus-Christ est juste. 8 Si quelqu'un commet des péchés, il appartient à l'esprit du mal, parce que l'esprit du mal est pécheur depuis le début. Pourquoi le Fils de Dieu est-il venu ? Il est venu pour détruire les actions de l'esprit du mal.

9 Tous ceux qui sont enfants de Dieu ne commettent plus de péchés. En effet, la parole de Dieu reste en eux comme une semence. Ils ne peuvent plus commettre de péchés, parce qu'ils sont enfants de Dieu. 10 Voici comment on distingue les enfants de Dieu et les enfants de l'esprit du mal : tous ceux qui ne font pas ce qui est juste, ou qui n'aiment pas leurs frères et leurs sœurs, ils n'appartiennent pas à Dieu.

Le message de l'amour

11 En effet, voici le message que vous avez entendu depuis le début : aimons-nous les uns les autres. 12 Ne faisons pas comme Caïn. Il appartenait au Mauvais[e] et il a tué son frère. Pourquoi est-ce qu'il l'a tué ? Parce que les actions de Caïn étaient mauvaises, et celles de son frère étaient *justes.

13 Frères et sœurs chrétiens, le *monde vous déteste, ne soyez pas surpris de cela. 14 Mais nous, nous avons de l'amour les uns pour les autres. C'est pourquoi, nous le savons : autrefois, nous étions morts, mais maintenant, nous sommes entrés dans la vie. En effet, celui qui n'aime pas reste dans la mort. 15 Tous ceux qui détestent un frère ou une sœur sont des assassins, et, vous le savez, un assassin n'a pas en lui la vie avec Dieu pour toujours. 16 Aimer, qu'est-ce que c'est ? Maintenant, nous le savons : Jésus a donné sa vie pour nous. Donc, nous aussi, nous devons donner notre vie pour nos frères et nos sœurs. 17 Voici un exemple : quelqu'un est riche. Il voit un frère ou une sœur qui est dans le besoin et il ferme son cœur. Est-ce qu'on peut dire qu'il aime Dieu ? 18 Mes enfants, n'aimons pas avec des paroles et avec de beaux discours, mais avec des actes. Ces actes montrent que notre amour est vrai.

19 Par là, nous saurons que nous appartenons à la vérité, et devant Dieu, nous rendrons la paix à notre cœur. 20 En effet, si notre cœur nous accuse, nous le savons, Dieu est plus grand que notre cœur et il connaît tout. 21 Amis très chers, si notre cœur ne nous accuse pas, nous sommes pleins de confiance devant Dieu 22 et nous recevons de lui tout ce que nous demandons. Pourquoi ? Parce que nous obéissons à ses commandements et nous faisons ce qui lui plaît. 23 Voici ce que Dieu commande : nous devons croire au nom de son Fils, Jésus-Christ, et nous aimer les uns les autres, comme le *Christ l'a commandé. 24 Celui qui obéit aux commandements de Dieu, il vit en Dieu et Dieu vit en lui. Oui, Dieu vit en nous, à cause de l'Esprit Saint qu'il nous a donné.

Comment reconnaître l'Esprit de Dieu

4 1 Amis très chers, ne croyez pas tous ceux qui disent : « Nous avons l'Esprit Saint. » Mais examinez-les avec attention pour savoir si ces gens ont vraiment l'Esprit de Dieu. En effet, beaucoup de faux *prophètes sont venus dans le monde. 2 Voici comment vous reconnaissez l'Esprit de Dieu. Tous ceux qui affirment : « Jésus-Christ est vraiment devenu un être humain », ceux-là appartiennent à Dieu.

---

e **3.12** *Voir 1 Jean 2.13 et la note.*

3 Mais ceux qui ne veulent pas affirmer cela n'appartiennent pas à Dieu, ils appartiennent à l'ennemi du *Christ. Vous avez entendu dire : « L'ennemi du Christ arrive », et maintenant, il est déjà dans le monde[f].

4 Vous, mes enfants, vous appartenez à Dieu et vous avez vaincu les faux prophètes. Voici pourquoi : l'Esprit de Dieu qui est en vous est plus puissant que l'ennemi du Christ qui est dans le *monde. 5 Les faux prophètes, eux, appartiennent au monde. C'est pourquoi ils parlent comme le monde, et le monde les écoute. 6 Nous, au contraire, nous appartenons à Dieu. Celui qui connaît Dieu nous écoute, celui qui n'appartient pas à Dieu ne nous écoute pas. Voilà comment nous reconnaissons l'Esprit de Dieu, qui est vrai, et l'esprit du mal, qui est menteur.

L'amour vient de Dieu

7 Amis très chers, aimons-nous les uns les autres, parce que l'amour vient de Dieu. Tous ceux qui aiment sont enfants de Dieu et ils connaissent Dieu. 8 Ceux qui n'aiment pas ne connaissent pas Dieu, parce que Dieu est amour. 9 Voici comment Dieu nous a montré son amour : il a envoyé son Fils unique dans le monde, pour que nous vivions par lui. 10 Alors, l'amour, qu'est-ce que c'est ? Ce n'est pas nous qui avons aimé Dieu, c'est lui qui nous a aimés. Il nous a tellement aimés qu'il a envoyé son Fils. Celui-ci s'est offert en *sacrifice pour nous, c'est pourquoi Dieu pardonne nos péchés.

11 Amis très chers, puisque Dieu nous a aimés de cette façon, nous aussi, nous devons nous aimer les uns les autres. 12 Personne n'a jamais vu Dieu, mais si nous nous aimons les uns les autres, Dieu vit en nous, et son amour en nous est parfait.

13 Voici comment nous reconnaissons que nous vivons en Dieu et que Dieu vit en nous : il nous a donné son Esprit Saint. 14 Le Père a envoyé son Fils pour sauver le monde. Nous, nous avons vu cela et nous en rendons *témoignage. 15 Si quelqu'un affirme : « Jésus est le Fils de Dieu », Dieu vit en lui, et lui, il vit en Dieu. 16 Et nous, nous avons connu l'amour que Dieu a pour nous, et nous avons cru à cet amour.

Dieu est amour. Si quelqu'un vit dans l'amour, il vit en Dieu, et Dieu vit en lui. 17 Si l'amour est parfait en nous, nous pouvons être pleins de confiance pour le jour où Dieu nous jugera. Pourquoi ? Parce que notre vie dans le monde ressemble à celle de Jésus-Christ. 18 Quand on aime, on n'a pas peur L'amour parfait chasse la peur. En fait, on a peur quand on attend une punition. Celui qui a peur n'aime donc pas de façon parfaite.

19 Mais nous, nous aimons, parce que Dieu nous a aimés le premier. 20 Si quelqu'un dit : « J'aime Dieu », et s'il déteste son frère ou sa sœur, c'est un menteur. En effet, celui qui n'aime pas un frère ou une sœur qu'il voit, il ne peut pas aimer Dieu qu'il ne voit pas. 21 Voici le commandement que Dieu nous a donné : celui qui aime Dieu doit aussi aimer son frère et sa sœur.

La foi donne la victoire sur le monde

5 1 Tous ceux qui croient que Jésus est le *Christ sont enfants de Dieu. Et ceux qui aiment Dieu le Père aiment aussi ses enfants. 2 Comment savoir que nous aimons les enfants de Dieu ? Nous les aimons si nous aimons Dieu et si nous obéissons à ses commandements. 3 Oui, aimer Dieu, c'est garder ses commandements. Et ses commandements ne sont pas difficiles, 4 parce que tous ceux qui sont enfants de Dieu peuvent vaincre le *monde. Et ce qui nous rend vainqueurs du monde, c'est notre foi. 5 Qui donc est vainqueur du monde ? C'est seulement celui qui croit que Jésus est le Fils de Dieu.

Les témoins de Jésus-Christ

6 Jésus-Christ, c'est lui qui est venu avec l'eau et le sang[g]. Il est venu, non pas avec l'eau seulement, mais avec l'eau et aussi avec le

---

f **4.3** *Voir 1 Jean 1.18 et la note.*

g **5.6** *Ici, l'auteur parle sans doute du baptême de Jésus et de sa mort.*

sang. L'Esprit de Dieu est *témoin que cela est
vrai. En effet, l'Esprit de Dieu est la vérité. 7 Il
y a trois témoins : 8 l'Esprit, l'eau et le sang, et
les trois sont d'accord. 9 Quand des êtres humains sont témoins de quelque chose, nous
les croyons. Mais quand Dieu est témoin, c'est
bien plus fort ! Et voici le témoignage de Dieu :
il a rendu témoignage à son Fils. 10 Celui qui
croit au Fils de Dieu porte ce témoignage
dans son cœur. Celui qui ne croit pas en
Dieu, celui-là fait de Dieu un menteur ! Il ne
croit pas au témoignage que Dieu a rendu à
son Fils. 11 Voici ce témoignage : Dieu nous a
donné la vie avec lui pour toujours, et son
Fils est la source de cette vie. 12 Celui qui a
le Fils a la vie, celui qui n'a pas le Fils n'a
pas la vie.

La vie avec Dieu

13 Je vous ai écrit cette lettre pour vous faire
savoir ceci : vous qui croyez au Fils de Dieu,
vous avez la vie avec Dieu pour toujours.
14 Voici pourquoi nous sommes pleins de
confiance devant Dieu : quand nous lui demandons quelque chose qu'il trouve bon
pour nous, il nous écoute. 15 Nous le savons,
Dieu écoute toutes nos demandes. Alors, ce
que nous lui demandons, nous l'obtenons,
c'est sûr !

16 Si quelqu'un voit son frère ou sa sœur
commettre un péché, un péché qui ne conduit
pas à la mort, il doit prier. Alors Dieu donnera
la vie à ce frère ou à cette sœur, si vraiment
son péché ne conduit pas à la mort. Mais il y
a un péché qui conduit à la mort, et je ne dis
pas de prier pour ce péché-là. 17 Toutes les actions mauvaises sont des péchés, mais il y a
des péchés qui ne conduisent pas à la mort.

18 Nous le savons, tous ceux qui sont enfants
de Dieu ne commettent plus de péché. En effet, le Fils de Dieu les protège, et le Mauvais[h]
ne peut pas les toucher.

19 Nous le savons, nous appartenons à Dieu,
mais le monde entier est sous le pouvoir du
Mauvais.

20 Nous le savons, le Fils de Dieu est venu. Il
nous a donné l'intelligence pour connaître le
vrai Dieu, et nous restons unis au vrai Dieu
par son Fils Jésus-Christ. Lui, il est le vrai
Dieu et il est la vie pour toujours.

21 Mes enfants, faites attention ! Ne suivez
pas les faux dieux !

h **5.18** *Voir 1 Jean 2.13 et la note.*

Deuxième lettre de Jean

Salutation

[1] Moi, *l'ancien, j'écris à la Dame que Dieu
a choisie et à ses enfants[a] que j'aime vraiment.
Je ne suis pas le seul à vous aimer, il y a aussi
tous ceux qui connaissent la vérité. [2] Nous
vous aimons parce que la vérité reste en
nous, et elle sera avec nous pour toujours.

[3] Que Dieu le Père et Jésus-Christ, le Fils du
Père, nous donnent *bénédiction, pardon et
paix, dans la vérité et l'amour !

La vérité et l'amour

[4] J'ai été très heureux de trouver que certains de tes enfants vivent dans la vérité,
comme le Père nous l'a commandé. [5] Et
maintenant, chère Dame, voici ce que je te
demande : aimons-nous les uns les autres !
Ce n'est pas un commandement nouveau
que je t'écris ici, c'est le commandement
que nous avons depuis le début[b]. [6] Aimer,
c'est vivre selon les commandements de
Dieu. Et voici le commandement que vous
avez entendu depuis le début : vivez dans
l'amour !

Attention aux menteurs !

[7] Beaucoup de menteurs sont allés partout
dans le monde. Ils ne reconnaissent pas que
Jésus-Christ est vraiment devenu un être humain. Ces gens-là sont des menteurs et des ennemis du *Christ. [8] Faites attention à vous !
Alors vous ne perdrez pas le résultat de notre
travail et vous recevrez toute votre récompense.

[9] Tous ceux qui ne gardent pas l'enseignement du Christ, mais lui ajoutent quelque
chose, ils n'acceptent pas Dieu. Celui qui
garde l'enseignement du Christ accepte le
Père et aussi le Fils. [10] Si quelqu'un vient à
vous et n'apporte pas cet enseignement, ne
le recevez pas chez vous, ne lui dites pas :
« Sois le bienvenu ! » [11] Si vous lui dites :
« Sois le bienvenu ! », vous participez au mal
que cette personne fait.

Salutations

[12] J'ai beaucoup de choses à vous dire, mais
je n'ai pas voulu le faire avec du papier et de
l'encre. En effet, j'espère aller chez vous et
vous parler face à face, pour que nous soyons
parfaitement heureux.

[13] Les enfants de ta Sœur[c], celle que Dieu a
choisie, t'envoient leurs salutations.

---

a 1 *Cette Dame est sans doute une communauté chrétienne. Ses enfants sont les chrétiens de cette communauté.*

b 5 *La « Dame » voir 2 Jean 1 et la note. « Depuis le début » voir 1 Jean 2.7 et la note.*

c 13 *La Sœur est sans doute la communauté chrétienne où l'auteur se trouve.*

Troisième lettre de Jean

Salutation

1 Moi, *l'ancien, j'écris à Gaïus, cet ami très
cher que j'aime vraiment.
2 Ami très cher, je souhaite que tu te portes
bien à tous points de vue. Ta vie chrétienne
est bonne, je souhaite que ta santé soit aussi
bonne.

Gaïus vit dans la vérité

3 J'ai été très heureux quand des frères sont
arrivés. En effet, ils ont rendu *témoignage à
la vérité qui est en toi : oui, tu vis dans la vérité. 4 Ma plus grande joie, c'est d'apprendre
que mes enfants vivent dans la vérité.
5 Ami très cher, tu prends soin des chrétiens, et pourtant, ce sont des étrangers.
Quand tu fais cela, tu agis comme un
croyant. 6 Devant la communauté, ils ont
rendu témoignage à ton amour. Aide-les
dans leur voyage d'une façon qui plaise à
Dieu. 7 En effet, c'est pour le nom du
*Christ qu'ils ont pris la route, et ils n'ont
rien demandé à ceux qui ne connaissent
pas Dieu. 8 Alors nous, nous devons aider
ces frères et ces sœurs, pour travailler avec
eux au service de la vérité.

Les problèmes de la communauté

9 J'ai écrit une petite lettre à la communauté, mais Diotrèphe, qui aime passer devant les autres, n'accepte pas notre autorité.
10 C'est pourquoi, quand je viendrai, je parlerai de ce qu'il fait, de tout le mal qu'il dit
contre nous. Et cela ne lui suffit pas : il refuse
de recevoir les autres chrétiens. Et quand certains veulent les recevoir, il les empêche de le
faire et il les chasse de la communauté.
11 Ami très cher, n'imite pas ce qui est mal,
mais imite ce qui est bien. Celui qui fait le
bien appartient à Dieu, celui qui fait le mal
ne connaît pas Dieu.
12 Tout le monde rend un bon *témoignage
à Démétrius, la vérité elle-même parle pour
lui. Nous aussi, nous lui rendons témoignage,
et tu sais que notre témoignage est vrai.

Salutations

13 J'ai beaucoup de choses à te dire, mais je
ne veux pas le faire avec une plume et de l'encre. 14 J'espère te revoir bientôt, et nous parlerons face à face.
15 Que la paix soit avec toi !

Les amis d'ici te saluent. Salue aussi les amis de là-bas, chacun en particulier.

Lettre de Jude

INTRODUCTION

La lettre de Jude est adressée aux chrétiens en général. Son message est proche de celui de la deuxième lettre de Pierre. En effet, son auteur combat ceux qui enseignent des mensonges et se conduisent n'importe comment. On peut comparer les versets 6 à 13 de cette lettre à 2 Pierre, chapitre 2.

L'auteur de cette lettre utilise des récits de l'Ancien Testament. Il en tire des enseignements pour les chrétiens de son temps. Il emploie aussi des récits venant de livres juifs qui ne font pas partie des Livres Saints (v. 9,14 et 15).

L'auteur décrit de manière violente comment Dieu punit ceux qui rejettent son message d'amour (versets 3 à 13). Mais il dit aussi : il faut avoir pitié d'eux et les aider à échapper à la colère de Dieu (versets 22-23). Si la lettre de Jude et les récits qu'elle utilise sont **violents**, *c'est* **pour empêcher le mal et le malheur**. *Cette violence n'a pas pour but de détruire, mais de sauver.*

Salutation

1 Moi, Jude, serviteur de Jésus-Christ et frère de Jacques, j'écris à ceux que Dieu le Père a appelés. Il les aime et il les garde par Jésus-Christ.
2 Que Dieu vous donne en abondance son pardon, sa paix et son amour !

Ceux qui enseignent des mensonges seront punis

3 Amis très chers, je désirais beaucoup vous écrire au sujet du *salut qui est pour nous tous. Mais maintenant, je suis obligé de le faire, afin de vous encourager. Luttez pour cette foi que Dieu a donnée de façon définitive à ceux qui lui appartiennent.
4 Je vous écris parce que des hommes mauvais sont venus en secret parmi vous. Ils tordent le message d'amour de notre Dieu, afin de pouvoir se conduire n'importe comment, et ils rejettent Jésus-Christ, notre seul Maître et Seigneur. Depuis longtemps, les Livres Saints ont annoncé leur punition.
5 Vous connaissez très bien tout ce que je vais vous dire. Pourtant, je veux vous rappeler ceci : le Seigneur a sauvé son peuple de l'Égypte, ensuite, il a fait mourir ceux qui n'ont pas voulu croire.
6 Rappelez-vous l'histoire de certains *anges : ils n'ont pas gardé le pouvoir qu'ils avaient, mais ils ont quitté l'endroit où ils étaient. Alors Dieu les garde pour toujours en prison, dans la nuit, en attendant le grand jour du jugement.
7 Rappelez-vous l'histoire de Sodome, de Gomorrhe et des villes voisines[a] : elles ont fait le mal de la même façon. Leurs habitants se conduisaient de façon immorale et voulaient coucher avec des êtres d'une autre nature. Maintenant, ils sont punis dans un feu qui dure toujours, et ainsi ils servent d'exemple.

---

a 7 *Voir Genèse 19.1-29.*

8 Au milieu de vous, ces gens mauvais agissent comme les habitants de ces villes. Ils imaginent des choses qui sont fausses. Alors ils suivent les mauvais désirs de leur corps, ils méprisent l'autorité du Seigneur, ils insultent les anges glorieux. 9 Même Michel, le chef des anges, n'a pas fait cela, pourtant, il a discuté avec l'esprit du mal au sujet du corps de Moïse[b]. Eh bien, dans cette dispute, il n'a pas osé l'insulter en le jugeant. Il a dit seulement : « Que le Seigneur te punisse ! » 10 Par contre, ces gens mauvais insultent ce qu'ils ne connaissent pas. Et ce qu'ils savent d'une façon naturelle, comme des animaux sans intelligence, même cela ne sert qu'à les détruire. 11 Quel malheur pour eux ! Ils ont suivi le même chemin que Caïn, ils ont menti pour de l'argent comme Balaam, ils sont morts parce qu'ils se sont révoltés comme Coré[c]. 12 Oui, ce sont eux qui mettent en danger les repas que vous prenez entre chrétiens. Là, ils mangent et ils boivent en abondance, sans aucune honte, en ne pensant qu'à eux. Ils sont comme des nuages emportés par le vent et qui ne donnent pas de pluie. Ils sont comme des arbres sans fruits au moment de la récolte, déracinés et complètement morts. 13 Ils répandent leurs actions honteuses comme la mer rejette son écume sur la plage. Ils sont comme des étoiles qui ne savent plus où aller, et Dieu leur a gardé pour toujours une place dans la nuit la plus noire.

14 Hénok, le septième de nos ancêtres après Adam, a d'avance parlé de ces gens-là en disant : « Voici, le Seigneur vient avec des millions d'anges 15 pour juger le monde entier. Il va condamner tous les gens mauvais, pour toutes les actions mauvaises qu'ils ont commises contre lui. Il va condamner ces pécheurs orgueilleux pour toutes les insultes qu'ils ont dites contre lui. » 16 Ces gens-là ne sont jamais contents. Ils se plaignent sans arrêt et ils vivent en suivant leurs désirs mauvais. Ils font des discours ronflants et ils félicitent les autres par intérêt.

Conseils aux chrétiens

17-18 Mais vous, amis très chers, souvenez-vous des paroles que les *apôtres de notre Seigneur Jésus-Christ ont dites autrefois : « Dans les derniers temps, des gens se moqueront de vous et ils vivront loin de Dieu, en suivant leurs désirs mauvais. » 19 Ce sont eux qui divisent les chrétiens. Ils ont des idées humaines et ils n'ont pas l'Esprit de Dieu. 20 Mais vous, amis très chers, construisez votre vie sur votre foi très *sainte. Priez avec l'aide de l'Esprit Saint. 21 Restez dans l'amour de Dieu. Mettez votre confiance en notre Seigneur Jésus-Christ. Dans sa bonté, il vous donnera la vie avec Dieu pour toujours.

22 Ayez pitié de ceux qui n'ont pas une foi solide. 23 Sauvez-les en les éloignant du feu du jugement. Ayez aussi pitié des autres. Mais attention, évitez tout contact avec eux : même leurs habits sont salis par leurs mauvaises actions !

Rendre gloire à Dieu !

24-25 Rendons *gloire au Dieu unique qui nous sauve par Jésus-Christ, notre Seigneur ! Il peut vous empêcher de tomber dans le mal, il peut vous faire paraître sans défaut et pleins de joie devant lui dans sa gloire. À lui soient la gloire, la grandeur, la puissance et l'autorité depuis toujours, maintenant et pour toujours ! *Amen.

---

b 9 *Ici, l'auteur parle d'une histoire qui ne se trouve pas dans les Livres Saints.*

c 11 *Caïn : voir Genèse 4.3-8. Balaam : voir Nombres 31.16. Coré : voir Nombres 16.1-35.*

Apocalypse

INTRODUCTION

Le mot « apocalypse » est un mot grec qui veut dire révélation. Révéler, c'est faire connaître des réalités inconnues ou cachées.

L'auteur du livre de l'Apocalypse écrit sans doute à la fin du premier siècle après J.-C. À cette époque, l'empereur romain veut être adoré comme un dieu. Certains chrétiens souffrent à cause de leur foi, mais d'autres n'ont pas ce courage.

Le livre de l'Apocalypse utilise des comparaisons et des images. La plupart viennent de l'Ancien Testament. Les chiffres et les couleurs veulent dire quelque chose de particulier. Par exemple, le chiffre sept représente ce qui est complet, et le chiffre six ce qui est incomplet. Le blanc représente la victoire, et le rouge la violence. Il y a beaucoup d'autres images. La mer est le lieu où les forces du mal sont réunies. Le dragon représente l'esprit du mal, et les bêtes sont au service du dragon. Babylone représente souvent dans la Bible une ville où le pouvoir est mauvais. Ici, c'est Rome, la capitale de l'empire romain.

- *La première partie de l'Apocalypse (1.1 - 3.22) contient **sept lettres** à sept Églises de la province romaine d'Asie, dans la Turquie actuelle. Le livre tout entier est adressé à ces sept Églises (1.4,11). À travers elles, **l'auteur parle à toutes les Églises**.*
- *Dans la deuxième partie du livre (4 - 20) l'auteur est transporté dans le ciel. Il voit des choses étonnantes et il les décrit. Dans les chapitres 4 à 11, il montre d'abord comment Jésus-Christ permet d'ouvrir et de comprendre les livres de l'Ancien Testament. Il montre aussi que la Bonne Nouvelle de Jésus-Christ concerne tous les peuples. Les chapitres 12 à 20 décrivent ensuite le grand **combat contre les forces du mal**. Jésus le Vivant est présenté sous les traits d'un agneau. **L'Agneau de Dieu**, qui a donné sa vie comme un agneau innocent, **remporte la victoire**.*

*Les chapitres 21 et 22 annoncent la **nouvelle création** que Dieu prépare. Dans cette création, il y a une ville, Jérusalem, qui descend du ciel comme un cadeau de Dieu. Ces deux chapitres terminent l'Apocalypse, mais aussi toute la Bible. Ils reprennent certains sujets du début de la Bible. En Genèse 3.24, les chérubins ferment l'entrée du chemin qui conduit à l'arbre de vie. En Apocalypse 22.2, l'arbre qui donne la vie est au milieu de la place de la ville. Ses feuilles servent à guérir tous les êtres humains.*

*Le livre de l'Apocalypse est écrit pour une époque de crise, où le mal semble être plus fort que tout. Ce livre encourage les croyants à **résister** à ces forces du mal et à **attendre** la victoire finale de Dieu.*

Ce livre contient ce que Jésus-Christ a fait connaître

1 1 Ce livre contient les réalités cachées que
Jésus-Christ a fait connaître clairement.
Dieu lui a fait connaître ces réalités, pour montrer à ses serviteurs ce qui doit arriver bientôt.
Le *Christ les a fait comprendre à son serviteur
Jean en lui envoyant son *ange. 2 Voici ce que
Jean a affirmé : tout ce que j'ai vu, c'est bien
la parole de Dieu, et c'est bien le *témoignage
de Jésus-Christ. 3 Il est heureux, celui qui lit ce
livre ! Ils sont heureux, ceux qui écoutent ces
paroles venues de Dieu et qui obéissent aux
choses écrites ici ! Oui, le moment fixé pour
ces événements est bientôt là.

Salutations aux sept Églises d'Asie

4 Moi, Jean, j'écris aux sept Églises de la
province d'Asie[a].
Que Dieu, qui est, qui était et qui vient,
vous donne la *bénédiction et la paix ! Que
les sept esprits qui sont devant son siège de
roi vous les donnent ! 5 Et que Jésus-Christ
vous les donne, lui, le *témoin fidèle ! Il est
le Fils premier-né, qui s'est levé du milieu
des morts. Il est aussi le chef des rois de la
terre.
Jésus-Christ nous aime et il nous a libérés
de nos péchés par son sang[b]. 6 Il a fait de
nous les membres du *Royaume de Dieu, il a
fait de nous des *prêtres, pour servir Dieu son
Père. À Jésus-Christ soient la *gloire et la puissance pour toujours ! *Amen.
7 Regardez : il vient au milieu des nuages,
et tous le verront,
même ceux qui l'ont transpercé[c].
Tous les peuples de la terre seront en deuil
à cause de lui.
Oui ! Amen.
8 Le Seigneur Dieu dit : « Je suis l'Alpha et
l'Oméga[d], le premier et le dernier, je suis celui qui est, qui était et qui vient, je suis le
*Tout-Puissant. »

Jean voit le Christ dans sa gloire

9 Moi, Jean votre frère, je souffre avec vous.
Avec vous, j'appartiens au *Royaume de Dieu,
avec vous, je reste patient en étant uni à Jésus.
Je suis déporté dans l'île de Patmos, parce que
j'ai annoncé la parole de Dieu et que j'ai été le
*témoin de Jésus. 10 Le jour du Seigneur[e], l'Es-
prit Saint me saisit, et derrière moi, j'entends
une voix puissante, comme le son d'une trompette. 11 Elle dit : « Ce que tu vois, écris-le dans
un livre. Ensuite, envoie-le aux sept Églises
suivantes : à Éphèse, Smyrne, Pergame, Thyatire, Sardes, Philadelphie et Laodicée. »
12 Je me retourne pour voir qui me parle et
je vois sept lampes en or. 13 Au milieu des lampes, il y a quelqu'un qui ressemble à un
homme. Il porte un vêtement long et une ceinture en or autour de la taille. 14 Sa tête et ses
cheveux sont blancs comme de la laine, d'un
blanc très clair. Ses yeux brillent comme du
feu. 15 Ses pieds semblent faits d'un métal
très solide que le feu a rendu brillant. Sa
voix est aussi forte que le bruit des vagues
de la mer. 16 Dans sa main droite, il tient
sept étoiles. Une *épée pointue qui coupe
des deux côtés sort de sa bouche. Son visage
brille comme le soleil à midi. 17 Quand je le
vois, je tombe à ses pieds comme si j'étais
mort. Mais il pose sa main droite sur moi et
il dit : « N'aie pas peur ! Je suis le premier et
le dernier, 18 je suis le Vivant. J'étais mort,
mais maintenant, je suis vivant pour toujours
et j'ai le pouvoir sur la mort et sur le monde

a 1.4 *La province romaine d'Asie correspondait à une partie de la Turquie actuelle. Elle avait pour capitale la ville d'Éphèse.*

b 1.5 *Par son sang, cela veut dire par sa mort.*

c 1.7 *Voir Zakarie 12.10 ; Jean 19.37.*

d 1.8 *Alpha et Oméga sont la première et la dernière lettres de l'alphabet grec. Comme en Apocalypse 21.6 et 22.13, cette expression veut dire « le premier et le dernier » ou « le commencement et la fin ».*

e 1.10 *C'est-à-dire le jour où les chrétiens rendent un culte au Seigneur.*

des morts. 19 Écris donc ce que tu as vu, ce qui
se passe maintenant et ce qui doit arriver ensuite. 20 Voici le sens caché des sept étoiles
que tu vois dans ma main droite, et des sept
lampes en or : les sept étoiles sont les *anges
des sept Églises, et les sept lampes sont les
sept Églises. »

Lettre à l'Église d'Éphèse

2 1 « Écris à *l'ange de l'Église qui est à
Éphèse :

« Voici le message de celui qui tient les sept
étoiles dans sa main droite et qui marche au
milieu des sept lampes en or. 2 Je connais
tout ce que tu fais, je connais tes efforts et ta
patience. Je le sais, tu ne peux pas supporter
les gens mauvais. Certains disent qu'ils sont
*apôtres, mais ils ne le sont pas. Tu as vu ce
qu'ils valaient, tu as compris qu'ils mentaient.
3 Tu restes patient : tu as souffert à cause de
moi et tu n'as pas été découragé. 4 Mais j'ai
un reproche à te faire : tu ne m'aimes plus
comme au début. 5 Souviens-toi : tu avais
bien commencé et puis tu es tombé. Change
ta vie et agis comme tu agissais au début. Si
tu ne changes pas, je vais m'approcher de toi
et je vais enlever ta lampe de sa place. 6 Pourtant, tu as quelque chose de bon : comme moi,
tu détestes les actions du groupe des Nicolaïtes[f].

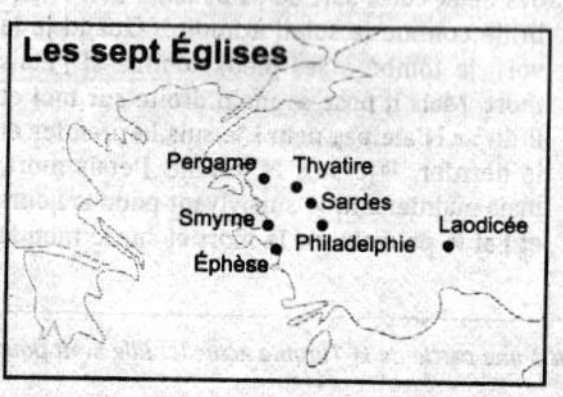

7 « Celui qui a des oreilles, qu'il écoute ce
que l'Esprit Saint dit aux Églises !

« Aux vainqueurs, je donnerai à manger les
fruits de l'arbre de vie qui est dans le jardin de
Dieu[g]. »

Lettre à l'Église de Smyrne

8 « Écris à *l'ange de l'Église qui est à
Smyrne :

« Voici le message de celui qui est le premier et le dernier, qui était mort et qui est
de nouveau vivant. 9 Je connais ta souffrance
et ta pauvreté, pourtant tu es riche ! Je connais
les insultes méchantes que certains te lancent.
Ils disent qu'ils sont juifs, mais ils ne le sont
pas, ils forment la communauté de *Satan.
10 Tu vas souffrir, mais n'aie pas peur. Écoute :
l'esprit du mal va jeter certains d'entre vous
en prison, pour voir ce que vous valez, et
vous souffrirez pendant dix jours. Sois fidèle
jusqu'à la mort, et je te donnerai la vie en
récompense.

11 « Celui qui a des oreilles, qu'il écoute ce
que l'Esprit Saint dit aux Églises !

« La deuxième mort ne pourra pas faire de
mal aux vainqueurs. »

Lettre à l'Église de Pergame

12 « Écris à *l'ange de l'Église qui est à Pergame :

« Voici le message de celui qui porte *l'épée
pointue coupant des deux côtés. 13 Je sais où tu
habites : le siège de *Satan est à cet endroit,
mais tu restes solidement attaché à moi. Antipas, mon *témoin fidèle, a été tué chez vous,
là où Satan habite. Pourtant, tu as continué à
croire en moi, même à ce moment-là. 14 Mais
j'ai un petit reproche à te faire : chez toi, il y a
des gens qui suivent l'enseignement de Balaam[h]. Balaam conseillait à Balac de tendre
un piège aux Israélites. Il voulait qu'ils mangent les animaux offerts en *sacrifice aux
faux dieux et qu'ils abandonnent le vrai

---

f **2.6** *Les Nicolaïtes : seul le livre de l'Apocalypse parle de ce groupe qui donnait un enseignement faux. Le contenu de cet enseignement n'est pas connu. Voir Apocalypse 2.15.*

g **2.7** *Voir Genèse 2.8-9.*

h **2.14** *Ici, le nom de Balaam renvoie à quelqu'un qui donne de mauvais conseils, voir Nombres 31.16.*

Dieu. 15 De plus, chez toi, il y a aussi d'autres
gens qui suivent l'enseignement du groupe
des Nicolaïtes[i]. 16 Alors, change ta vie ! Sinon,
je vais arriver chez toi tout de suite pour les
combattre avec l'épée qui sort de ma bouche.
17 « Celui qui a des oreilles, qu'il écoute ce
que l'Esprit Saint dit aux Églises !
« Aux vainqueurs, je donnerai de la manne
cachée[j]. Je donnerai à chacun un caillou
blanc, et, sur ce caillou, un nom nouveau
sera écrit. Personne ne connaît ce nom, sauf
celui qui le reçoit. »

Lettre à l'Église de Thyatire

18 « Écris à *l'ange de l'Église qui est à Thyatire :
« Voici le message du Fils de Dieu. Celui-ci
a des yeux brillants comme du feu, et ses pieds
semblent faits d'un métal très solide. 19 Je
connais tout ce que tu fais, ton amour, ta foi,
les services que tu rends et ta patience, et
maintenant, tu fais encore plus de choses
qu'au début. 20 Mais j'ai un reproche à te
faire : tu laisses agir Jézabel[k]. Cette femme
dit qu'elle parle de la part de Dieu. Mais elle
trompe mes serviteurs, elle leur apprend à
abandonner le vrai Dieu et à manger les animaux offerts en *sacrifice aux faux dieux.
21 Je lui ai laissé du temps pour qu'elle change
sa vie, mais elle ne veut pas, elle veut continuer à se *prostituer. 22 Alors voilà : je vais la
jeter sur un lit de souffrance, avec ceux qui
ont commis *l'adultère avec elle. Elle va beaucoup souffrir et les autres aussi. Mais s'ils
changent leur vie et n'agissent plus comme
elle, cela ne leur arrivera pas. 23 Je vais faire
mourir ses enfants. Ainsi toutes les Églises le
sauront : je suis celui qui connaît les pensées
et les désirs des êtres humains. Je rendrai à
chacun de vous selon ce qu'il a fait.
24 « Mais vous, les autres chrétiens de Thyatire, vous n'êtes pas d'accord avec l'enseignement de ces gens-là. Vous ne cherchez pas à
connaître ce qu'ils appellent les secrets profonds de *Satan. Et je vous le dis : je ne vous
force pas à faire quelque chose de plus.
25 Mais, ce que vous avez, gardez-le solidement jusqu'à ma venue. 26-28 Ceux qui continueront à me servir jusqu'à la fin, voilà les
vainqueurs, et je leur donnerai le pouvoir
que j'ai reçu de mon Père. Je leur donnerai
le pouvoir sur les peuples. Ils les dirigeront
très durement et ils les briseront comme on
brise des plats en terre. Je leur donnerai également l'étoile du matin[l].
29 « Celui qui a des oreilles, qu'il écoute ce
que l'Esprit Saint dit aux Églises ! »

Lettre à l'Église de Sardes

3 1 « Écris à *l'ange de l'Église qui est à Sardes :
« Voici le message de celui qui a les sept
esprits de Dieu et les sept étoiles. Je connais
tout ce que tu fais. Les gens croient que tu es
vivant, mais tu es mort ! 2 Réveille-toi ! Rends
plus solide ce qui reste vivant en toi mais risque
de mourir. J'ai constaté que tes actions ne sont
pas parfaites aux yeux de mon Dieu. 3 Rappelle-
toi donc l'enseignement que tu as reçu et
entendu. Garde-le et change ta vie. Si tu ne te
réveilles pas, je viendrai te prendre par surprise
comme un voleur. Tu ne sauras pas à quel
moment je viendrai. 4 Pourtant, quelques-uns
parmi vous, à Sardes, n'ont pas sali leurs
vêtements. Ceux-là viendront avec moi en
vêtements blancs, parce qu'ils le méritent.
5 Ainsi, les vainqueurs porteront des vêtements
blancs. Je n'effacerai pas leur nom du livre de
vie[m], j'affirmerai devant mon Père et devant
ses anges : "Ces personnes m'appartiennent."

i **2.15** *Voir Apocalypse 2.6 et la note.*

j **2.17** *La manne est la nourriture que Dieu a donnée aux Israélites dans le désert. Ici, la manne cachée peut désigner la nouvelle nourriture que Dieu donne en Jésus-Christ (Jean 6.49-51).*

k **2.20** *Le nom de Jézabel renvoie ici à quelqu'un qui s'oppose à Dieu. Voir 1 Rois 16.31 ; 19.1-2 ; 2 Rois 9.22,30.*

l **2.26-28** *L'étoile du matin représente le Christ. Voir Apocalypse 22.16.*

m **3.5** *Livre de vie : selon les Livres Saints, le nom des amis de Dieu est écrit dans un grand livre au ciel.*

6 « Celui qui a des oreilles, qu'il écoute ce que l'Esprit Saint dit aux Églises ! »

Lettre à l'Église de Philadelphie

7 « Écris à *l'ange de l'Église qui est à Philadelphie :

« Voici le message
de celui qui est *saint et qui dit la vérité.
Il tient la clé du roi David,
il ouvre et personne ne peut fermer,
il ferme et personne ne peut ouvrir.

8 « Je connais tout ce que tu fais. Regarde : j'ai placé devant toi une porte ouverte, personne ne peut la fermer. Tu n'as pas beaucoup de force, pourtant tu as gardé ma parole et tu n'as pas dit que tu ne me connaissais pas. 9 Les gens de la communauté de *Satan disent qu'ils sont juifs, mais ils ne le sont pas, ils mentent. Eh bien, voici ce que je leur ferai : je les forcerai à se mettre à genoux devant toi, et ils reconnaîtront que je t'aime. 10 Tu as gardé fidèlement ma parole, alors moi aussi, je te garderai au moment du malheur. Oui, le malheur viendra sur le monde entier, pour voir la valeur des habitants de la terre. 11 Je viens bientôt. Tiens solidement ce que tu as, ainsi personne ne prendra ta récompense. 12 Les vainqueurs, j'en ferai des colonnes dans le temple de mon Dieu, et ils n'en sortiront jamais. Sur ces vainqueurs, j'écrirai le nom de mon Dieu et le nom de la ville de mon Dieu. Cette ville, c'est la Jérusalem nouvelle, qui descend du *ciel, envoyée par mon Dieu. Sur eux, j'écrirai aussi le nom nouveau que j'ai reçu.

13 « Celui qui a des oreilles, qu'il écoute ce que l'Esprit Saint dit aux Églises ! »

Lettre à l'Église de Laodicée

14 « Écris à *l'ange de l'Église qui est à Laodicée :

« Voici le message de celui qui est vraiment le Oui[n] de Dieu. Il est le *témoin fidèle qui dit la vérité, il est à l'origine de tout ce que Dieu a créé. 15 Je connais tout ce que tu fais : tu n'es ni froid ni brûlant. Si seulement tu pouvais être froid ou brûlant ! 16 Mais comme tu es tiède, ni froid ni brûlant, je vais te vomir de ma bouche. 17 Tu dis : je suis riche, j'ai gagné beaucoup d'argent, je n'ai besoin de rien. Mais en fait, tu es malheureux, tu mérites la pitié, tu es pauvre, aveugle et nu, et tu ne sais même pas cela. 18 C'est pourquoi, voici ce que je te conseille : achète chez moi de l'or que le feu a rendu pur, et tu deviendras riche. Achète des vêtements blancs pour te couvrir, ainsi tu ne seras pas nu et tu n'auras plus honte. Achète un médicament pour le mettre dans tes yeux, et tu verras clair. 19 Tous ceux que j'aime, je les corrige et je les punis. Montre donc plus d'ardeur et change ta vie ! 20 Voilà : je me tiens à la porte et je frappe. Si quelqu'un entend ma voix et ouvre la porte, j'entrerai chez lui, je mangerai avec lui et il mangera avec moi. 21 Moi, je suis vainqueur et je suis allé m'asseoir avec mon Père sur son siège royal. Alors, les vainqueurs, je les ferai asseoir aussi sur mon siège royal.

22 « Celui qui a des oreilles, qu'il écoute ce que l'Esprit Saint dit aux Églises ! »

Dans le ciel, tous chantent la gloire de Dieu

4 1 Après cela, je vois encore autre chose. Dans le *ciel, une porte est ouverte. J'avais déjà entendu une voix puissante, comme le son d'une trompette. Cette même voix me dit : « Monte ici, et je vais te montrer ce qui doit arriver ensuite. »

2 Aussitôt, l'Esprit Saint me saisit, et je vois le siège d'un roi installé dans le ciel. Quelqu'un est assis sur ce siège. 3 Celui qui est assis brille comme des pierres précieuses vertes et rouges. Un cercle brillant entoure le siège, sa lumière est verte comme celle d'une pierre précieuse. 4 Autour du siège royal, il y a 24 sièges. Sur ces sièges, 24 *anciens sont assis. Ils ont des vêtements blancs. Sur la tête, ils portent une couronne d'or. 5 Des éclairs, des bruits et des coups de

---

n 3.14 *Le Christ est celui en qui Dieu réalise ses promesses. Voir 2 Corinthiens 1.20.*

tonnerre partent du siège de roi, et devant ce
siège, sept lampes allumées brûlent. Ce sont
les sept esprits de Dieu. 6 Devant le siège de
roi, il y a comme une mer aussi transparente
que du verre.

Au milieu, autour de ce siège, il y a quatre
êtres vivants qui sont couverts d'yeux devant
et derrière. 7 Le premier être vivant ressemble
à un lion, le deuxième à un jeune taureau. Le
troisième a un visage semblable à celui d'un
être humain, le quatrième ressemble à un aigle qui vole. 8 Les quatre êtres vivants ont chacun six ailes. Ils ont des yeux partout, sur les
ailes et sous les ailes. Jour et nuit, ils chantent
sans cesse :

« *Saint, Saint, Saint,
le Seigneur, le Dieu tout-puissant,
celui qui est, qui était et qui vient ! »

9 Ils chantent la *gloire de celui qui est assis
sur le siège royal, de celui qui est vivant
pour toujours. Ils l'honorent et le remercient. 10 Et chaque fois que les êtres vivants
chantent, les 24 anciens tombent à genoux
devant celui qui est assis sur le siège. Ils adorent celui qui est vivant pour toujours. Ils jettent leurs couronnes devant le siège en
disant :

11 « Seigneur notre Dieu,
tu es digne de recevoir
la gloire, l'honneur et la puissance.
C'est toi qui as créé toutes choses,
tu as voulu qu'elles existent,
et elles ont été créées. »

L'Agneau, seul digne d'ouvrir le livre

5 1 Je vois un livre en forme de rouleau. Il est
dans la main droite de celui qui est assis
sur le siège royal. Ce rouleau est écrit des
deux côtés et il est fermé avec sept attaches
en cire. 2 Je vois un *ange puissant. Il crie
d'une voix forte : « Qui est digne de défaire
les attaches et d'ouvrir le livre ? »

3 Mais dans le *ciel, sur la terre et sous la
terre, personne ne peut ouvrir le livre, personne ne peut regarder ce qu'il y a dedans.
4 Alors je pleure beaucoup. En effet, personne n'est digne d'ouvrir le livre, personne
n'est digne de regarder ce qu'il y a dedans.
5 Mais un des *anciens me dit : « Ne pleure
pas ! Regarde : il est vainqueur, le lion de la
tribu de Juda, l'homme de la famille du roi
David. Il va défaire les sept attaches et ouvrir
le livre. »

6 Alors je vois un *Agneau debout. Il est
près du siège royal, au milieu des quatre êtres
vivants et des anciens. L'Agneau semble offert
en *sacrifice. Il a sept cornes et sept yeux. Les
yeux sont les sept esprits que Dieu envoie
dans le monde entier. 7 L'Agneau s'avance, il
vient prendre le livre dans la main droite de
celui qui est assis sur le siège royal. 8 Quand
l'Agneau a pris le livre, les quatre êtres vivants
et les 24 anciens tombent à genoux devant lui.
Chacun tient une *harpe, et des *coupes en
or, pleines de parfum. Ce sont les prières de
ceux qui appartiennent à Dieu. 9 Ils chantent
un chant nouveau :

« Tu es digne de prendre le livre
et de défaire ses attaches.
Oui, tu as été offert en *sacrifice.
Avec ton sang, tu as racheté pour Dieu
des gens de toute tribu et de toute langue,
de tous les peuples et de tous les pays.
Tu les as offerts à Dieu,
10 tu as fait d'eux les membres du *Royaume
de Dieu.
Tu as fait d'eux des *prêtres
pour servir notre Dieu,
et ils seront rois sur le monde entier. »

11 Je regarde encore et j'entends des *anges
très nombreux. Ils sont des millions et des millions autour du siège royal, autour des êtres
vivants et des anciens. 12 Ils chantent avec
force :

« L'Agneau sacrifié est digne de recevoir
puissance, richesse, sagesse, force,
honneur, *gloire et louange ! »

13 Et j'entends aussi tout ce que Dieu a créé
dans le ciel, sur la terre, sous la terre et sur
la mer. Tout ce qui existe dans le monde
chante :

« Louange, honneur,
gloire et pouvoir pour toujours
à celui qui est assis sur le siège royal,
ainsi qu'à l'Agneau ! »

14 Et les quatre êtres vivants disent :
« *Amen ! » Les anciens tombent à genoux et
ils adorent.

L'Agneau défait six attaches du livre

6 1 Alors je vois *l'Agneau qui défait la première des sept attaches du livre. À ce moment-là, j'entends un des quatre êtres vivants.
D'une voix aussi forte que le tonnerre, il crie :
« Viens ! » 2 Ensuite je vois un cheval blanc.
Son cavalier tient un arc. Il reçoit un prix, il
est déjà vainqueur et il part pour être encore
vainqueur.
3 Puis l'Agneau défait la deuxième attache.
À ce moment-là, j'entends le deuxième être
vivant. Il crie : « Viens ! » 4 Alors un autre cheval arrive, il est rouge comme du feu. Son cavalier reçoit le pouvoir d'enlever la paix de la
terre, ainsi les gens vont se tuer les uns les autres. Il reçoit une grande lance.
5 Ensuite, l'Agneau défait la troisième attache. À ce moment-là, j'entends le troisième
être vivant. Il crie : « Viens ! », et je vois un
cheval noir. Son cavalier tient une balance à
la main. 6 J'entends comme une voix au milieu
des quatre êtres vivants. Elle dit : « Un kilo de
*blé pour une journée de travail et trois kilos
*d'orge pour une journée de travail, mais ne
touche pas à l'huile ni au vin ! »
7 Puis l'Agneau défait la quatrième attache. À ce moment-là, j'entends le quatrième
être vivant. Il crie : « Viens ! » 8 Je vois un
cheval vert pâle. Son cavalier s'appelle « la
Mort », et le monde des morts marche derrière lui. Ils reçoivent le pouvoir sur le quart
de la terre. Ainsi ils vont tuer ses habitants
avec *l'épée, la famine, tout ce qui apporte
la mort et avec les bêtes sauvages de la
terre.
9 Ensuite, l'Agneau défait la cinquième attache. À ce moment-là, je vois sous *l'autel ceux
qu'on a fait mourir. On les a tués à cause de la
parole de Dieu, et parce qu'ils ont été ses *témoins. 10 Ils crient d'une voix forte : « Maître
*saint et vrai, tu vas juger les habitants de la
terre, tu vas les punir parce qu'ils nous ont
tués. Mais est-ce que tu vas attendre encore
longtemps ? » 11 Alors chacun reçoit un vêtement blanc. On leur demande d'attendre
encore un peu. En effet, parmi ceux qui
servent Dieu avec eux et parmi leurs frères
et sœurs, beaucoup doivent être tués comme
eux. Maintenant, ils ne sont pas encore tous
là.
12 Je vois de nouveau l'Agneau. Il défait la
sixième attache. À ce moment-là, il y a un violent tremblement de terre. Le soleil devient
noir comme un vêtement de deuil, et toute
la lune devient rouge comme du sang. 13 Les
étoiles tombent du ciel sur la terre comme
les *figues vertes tombent d'un figuier secoué
par le vent. 14 Le ciel disparaît peu à peu,
comme un tapis qu'on enroule, toutes les
montagnes et les îles sont arrachées de leur
place. 15 Les rois de la terre, les personnages
importants, les chefs militaires, les riches et
les puissants, tous les esclaves et toutes les
personnes libres se cachent dans les abris
des montagnes et parmi les rochers. 16 Ils disent aux montagnes et aux rochers : « Tombez
sur nous. Cachez-nous loin de celui qui est assis sur le siège royal. Cachez-nous loin de la
*colère de l'Agneau. 17 Oui, le grand jour de
leur colère est arrivé. Qui peut vivre encore ? »

Les serviteurs de Dieu reçoivent une marque sur le front

7 1 Après cela, je vois quatre *anges debout
aux quatre coins de la terre. Ils retiennent
les quatre vents de la terre : ainsi aucun vent
ne peut souffler sur la terre, ni sur la mer ni
sur aucun arbre. 2 Je vois un autre ange, il
monte du côté où le soleil se lève. Il tient ce
qui sert à mettre la marque du Dieu vivant.
Il crie avec force aux quatre anges qui ont
reçu le pouvoir de faire du mal à la terre et à
la mer : 3 « Attention ! Ne faites pas de mal à la
terre, ni à la mer ni aux arbres ! Nous devons
d'abord mettre une marque sur le front des
serviteurs de notre Dieu. » 4 Et j'entends dire
le nombre de ceux qui reçoivent la marque de
Dieu. Il y a 144 000 personnes de toutes les
tribus du peuple *d'Israël : 5 12 000 de la tribu
de Juda, 12 000 de la tribu de Ruben, 12 000
de la tribu de Gad, 6 12 000 de la tribu d'Asser,
12 000 de la tribu de Neftali, 12 000 de la
tribu de Manassé, 7 12 000 de la tribu de Siméon, 12 000 de la tribu de Lévi, 12 000 de
la tribu d'Issakar, 8 12 000 de la tribu de Zabulon, 12 000 de la tribu de Joseph, 12 000 de la

tribu de Benjamin.[o] Tous reçoivent la marque
de Dieu.

Des gens de tous les pays sont auprès de Dieu et de l'Agneau

9 Après cela, je regarde encore. Je vois une
très grande foule : ce sont des gens de tous les
pays, de toutes les tribus, de tous les peuples
et de toutes les langues. Personne ne peut les
compter. Ils sont debout devant le siège du roi
et devant *l'Agneau. Ils portent des vêtements
blancs et ils tiennent une palme à la main.
10 Ils crient d'une voix forte :

« Notre Dieu qui est assis sur le siège royal
et l'Agneau,
ce sont eux qui nous sauvent. »

11 Tous les *anges sont groupés autour du
siège, autour des *anciens et des quatre êtres
vivants. Ils tombent, le front contre le sol,
devant le siège royal et ils adorent Dieu.
12 Ils disent :

« *Amen ! Merci !
Louange, *gloire, sagesse,
honneur, puissance et force
à notre Dieu pour toujours ! Amen ! »

13 L'un des anciens me demande : « Ces
gens qui portent des vêtements blancs, qui
sont-ils et d'où viennent-ils ? »
14 Je lui réponds : « Maître, c'est toi qui le
sais. » Il me dit : « Ce sont les gens qu'on a
fait beaucoup souffrir. Ils ont lavé leurs vêtements dans le sang de l'Agneau, et ainsi leurs
vêtements sont devenus blancs.

15 C'est pourquoi
ils se tiennent devant le siège de Dieu.
Ils servent Dieu nuit et jour
dans son temple,
et celui qui est assis sur le siège royal
les protégera.
16 Ils n'auront plus faim, ils n'auront plus soif,
le soleil et la chaleur ne les brûleront plus.
17 Oui, l'Agneau qui est près du siège royal
sera leur berger.
Il les conduira vers des sources d'eau,
d'une eau qui donne la vie,
et Dieu essuiera toutes les larmes de leurs
yeux. »

L'Agneau défait la septième attache du livre

8 1 *L'Agneau défait la septième attache du
livre. À ce moment-là, il y a dans le *ciel
un silence d'environ une demi-heure. 2 Et je
vois les sept *anges qui se tiennent devant
Dieu. Ils reçoivent sept trompettes.
3 Un autre ange vient se placer près de
*l'autel. Il porte un brûle-parfum en or et il re-
çoit beaucoup de parfums. Il les offre donc
avec les prières de tous ceux qui appartiennent à Dieu, sur l'autel en or qui est devant
le siège royal. 4 De la main de l'ange, la fumée
des parfums monte devant Dieu avec les prières de tous ceux qui lui appartiennent. 5 Puis
l'ange prend le brûle-parfum, il le remplit
avec le feu de l'autel et il le jette sur la terre.
Alors il y a des coups de tonnerre, des bruits,
des éclairs et un tremblement de terre.

Les quatre premières trompettes sonnent

6 Les sept *anges qui tiennent les sept trompettes se préparent à en sonner.
7 Le premier fait sonner sa trompette. De la
glace et du feu mélangés de sang tombent sur
la terre. Le tiers de la terre brûle, le tiers des
arbres brûle, et toute l'herbe verte brûle.
8 Le deuxième ange fait sonner sa trompette. Quelque chose comme une grande
montagne de feu tombe dans la mer. Le tiers
de la mer devient du sang, 9 le tiers des animaux qui vivent dans la mer est tué, et le tiers
des bateaux est détruit.
10 Le troisième ange fait sonner sa trompette. Une grande étoile tombe du *ciel, elle
brûle comme une flamme immense. Elle
tombe sur le tiers des fleuves et sur les sources
d'eau. 11 L'étoile s'appelle « Poison amer ». Le
tiers de l'eau devient amer, et beaucoup de

---

o **7.4-8** *144 000, ou 12 000 multiplié par 12, c'est-à-dire 12 000 personnes de chaque tribu. 12 000 : douze est le nombre des tribus du peuple d'Israël. C'est aussi un chiffre qui représente ce qui est parfait. Mille indique une très grande quantité.*

gens meurent, parce que l'eau est empoisonnée.
12 Le quatrième ange fait sonner sa trompette. Le tiers du soleil, le tiers de la lune et
le tiers des étoiles sont frappés. Les parties
frappées deviennent noires : le jour perd un
tiers de sa lumière et la nuit aussi.
13 Je regarde encore. Un aigle vole très haut
dans le ciel. Je l'entends crier avec force :
« Malheur ! Quel malheur pour les habitants
de la terre ! Quel malheur pour eux, quand
les trois autres anges feront sonner leurs trompettes ! »

La cinquième trompette sonne

9 1 Le cinquième *ange fait sonner sa trompette. Je vois une étoile qui tombe du
ciel sur la terre. Elle reçoit la clé du puits
qui conduit au trou sans fond, là où les esprits mauvais sont en prison. 2 L'étoile ouvre
le puits du trou sans fond et de la fumée
monte. Elle ressemble à la fumée d'un grand
feu. Alors le soleil et l'air deviennent sombres, à cause de la fumée du puits. 3 Des sauterelles sortent de cette fumée et elles
couvrent la terre. Elles reçoivent le même
pouvoir que les scorpions de la terre. 4 On
leur défend de faire du mal à l'herbe, aux
plantes et aux arbres. Elles ont le droit de
faire du mal seulement aux gens qui ne portent pas sur le front la marque de Dieu.
5 Elles n'ont pas le droit de les faire mourir,
mais seulement de les faire beaucoup souffrir
pendant cinq mois. La douleur qu'elles causent ressemble à la douleur causée par la
piqûre des scorpions. 6 À ce moment-là, les
gens chercheront la mort et ne la trouveront
pas. Ils voudront mourir, mais la mort s'éloignera d'eux.
7 Les sauterelles ressemblent à des chevaux prêts pour le combat. Sur la tête, elles
portent quelque chose qui ressemble à des
couronnes d'or. Leurs visages sont comme
des visages humains. 8 Leurs cheveux sont
comme des cheveux de femme, et leurs
dents sont comme celles du lion. 9 Elles semblent habillées de fer et le bruit de leurs ailes
ressemble au bruit de chars tirés par plusieurs chevaux qui courent au combat.
10 Ces sauterelles ont des queues comme celles des scorpions, avec une pointe piquante.
Et c'est avec leurs queues qu'elles peuvent
faire du mal aux gens pendant cinq mois.
11 Le roi des sauterelles, c'est l'ange du trou
sans fond. En hébreu, il s'appelle Abaddon,
et en grec Apollyon, c'est-à-dire « le Destructeur ».
12 Le premier malheur est passé. Après cela,
deux malheurs doivent encore venir.

La sixième trompette sonne

13 Le sixième *ange fait sonner sa trompette. J'entends une voix qui vient des coins
de *l'autel en or placé devant Dieu. 14 La
voix dit au sixième ange qui tient la trompette : « Libère les quatre anges qui sont attachés près du grand fleuve Euphrate. »
15 On libère les quatre *anges. Ils étaient préparés pour l'heure, le jour, le mois et l'année où ils devaient tuer le tiers des
habitants de la terre. 16 On me dit combien
il y a de soldats à cheval : ils sont 200 millions. 17 Je regarde, et voici comment les chevaux et leurs cavaliers m'apparaissent : Ils
portent des *cuirasses rouges comme du
feu, bleu foncé comme une pierre précieuse,
et jaunes comme de la poussière brûlante.
Les têtes des chevaux sont comme des têtes
de lion. Leurs bouches crachent du feu, de
la fumée et de la poussière brûlante. 18 Le
feu, la fumée et la poussière brûlante qui
sortent de la bouche des chevaux sont trois
grands malheurs. Ils tuent le tiers des habitants de la terre. 19 Le pouvoir des chevaux
se trouve dans leurs bouches et dans leurs
queues. Leurs queues ressemblent à des serpents, elles ont des têtes et elles s'en servent
pour faire du mal.
20 Ces grands malheurs n'ont pas tué tout le
monde. Les gens qui restent ne changent pas
leur vie. Ils continuent à adorer les esprits
mauvais et les faux dieux qui ne peuvent pas
voir, ni entendre, ni marcher. En effet, ils les
ont fabriqués eux-mêmes avec de l'or, de l'argent, du métal solide, de la pierre ou du bois.
21 Ces gens-là continuent à tuer, à pratiquer la
sorcellerie, à mener une vie immorale et à
voler.

L'ange et le petit livre

10 1 Je vois un autre *ange puissant qui descend du *ciel. Un nuage l'enveloppe comme un vêtement, un cercle brillant entoure sa tête. Son visage est comme le soleil, ses jambes sont comme des colonnes de feu. 2 Dans sa main, il tient un petit livre ouvert. Il pose le pied droit sur la mer et le pied gauche sur la terre. 3 Il crie d'une voix forte comme un lion qui rugit. Quand il a crié, sept coups de tonnerre se font entendre. 4 Après les sept coups de tonnerre, je veux me mettre à écrire ce que les sept coups de tonnerre ont dit. À ce moment-là, j'entends du ciel une voix qui me dit : « Cache ce que les sept coups de tonnerre ont dit. N'écris rien ! »

5 Alors l'ange que j'ai vu debout sur la mer et sur la terre lève la main droite vers le ciel. 6 Il fait un serment au nom de Dieu qui vit pour toujours, qui a fait le ciel, la terre, la mer et tout ce qu'ils contiennent. L'ange dit : « Il ne reste plus de temps maintenant. 7 Mais au moment où le septième ange commencera à sonner de la trompette, le projet caché de Dieu sera accompli. Il a annoncé cela à ses serviteurs, les *prophètes. »

8 La voix du ciel que j'ai déjà entendue me parle encore. Elle dit : « Va prendre le livre ouvert dans la main de l'ange qui se tient debout sur la mer et sur la terre. »

9 Je m'avance vers l'ange et lui demande de me donner le petit livre. Il me dit : « Prends-le et mange-le. Il sera amer pour ton ventre, mais dans ta bouche, il sera doux comme du miel. »

10 Je prends le petit livre de la main de l'ange et je le mange. Dans ma bouche, il est doux comme du miel. Mais quand je l'ai mangé, il devient amer pour mon ventre. 11 Ensuite on me dit : « Tu dois encore parler au nom de Dieu, au sujet de beaucoup de peuples et de pays, de beaucoup de gens de toutes langues et au sujet de beaucoup de rois. »

Les deux témoins

11 1 Puis quelqu'un me donne un roseau qui ressemble à un bâton pour mesurer. Il me dit : « Va mesurer le temple de Dieu et *l'autel. Compte aussi ceux qui adorent dans le temple, 2 mais la cour extérieure du temple, laisse-la. Ne la mesure pas, parce qu'on l'a laissée à ceux qui ne connaissent pas Dieu. Ils détruiront tout dans la ville *sainte pendant 42 mois. 3 Et j'enverrai mes deux *témoins habillés avec des vêtements de deuil. Ils parleront au nom de Dieu pendant 1260 jours[p]. »

4 Ces deux témoins sont les deux *oliviers et les deux lampes qui se tiennent devant le Seigneur de la terre. 5 Si quelqu'un veut leur faire du mal, un feu sort de leur bouche et détruit leurs ennemis. Oui, celui qui veut leur faire du mal mourra de cette façon. 6 Ces témoins ont le pouvoir d'empêcher la pluie de tomber pendant le temps où ils parlent au nom de Dieu. Ils ont le pouvoir de changer l'eau en sang. Ils peuvent frapper la terre de toutes sortes de grands malheurs, aussi souvent qu'ils veulent.

7 Mais quand ils auront fini de rendre témoignage, la bête qui monte du trou sans fond va leur faire la guerre, elle va les vaincre et les tuer. 8 Leurs corps resteront sur la place de la grande ville, là où leur Seigneur a été cloué sur une croix. Cette ville porte les noms de « Sodome » et « Égypte »[q]. 9 Des gens de tous les peuples, de toutes les tribus, de toutes les langues, de tous les pays viendront pour regarder leurs corps pendant trois jours et demi. Ils ne permettront pas qu'on les enterre. 10 Les habitants de la terre seront heureux à cause de la mort de ces deux *prophètes. Ils seront dans la joie, ils se feront des cadeaux, parce que ces deux hommes les ont fait beaucoup souffrir. 11 Mais après ces

---

p **11.2-3** *42 mois ou 1260 jours représentent trois ans et demi, c'est-à-dire une période limitée dans le temps.*

q **11.8** *Dans l'Ancien Testament, « Sodome » représente souvent la ville dominée par le mal. « L'Égypte » représente les ennemis du peuple d'Israël qui adorent les faux dieux.*

trois jours et demi, un souffle de vie qui vient
de Dieu entre dans le corps des prophètes, et
ils se mettent debout. Alors ceux qui les regardent ont très peur. 12 Puis les deux prophètes
entendent une voix forte qui vient du *ciel.
Elle leur dit : « Montez ici ! », et ils montent
au ciel, dans un nuage, sous les yeux de leurs
ennemis. 13 À ce moment-là, il y a un violent
tremblement de terre. La deuxième partie
de la ville s'écroule et 7 000 personnes meurent dans le tremblement de terre. Ceux qui
vivent encore sont effrayés et ils rendent
*gloire au Dieu qui est au ciel.

14 Le deuxième malheur est passé, mais le
troisième malheur va venir bientôt.

La septième trompette sonne

15 Le septième *ange fait sonner sa trompette. Dans le *ciel, on entend des voix fortes.
Elles disent :

« Maintenant, le pouvoir de gouverner le
monde
est à Dieu notre Seigneur et à son *Messie.
Il sera roi pour toujours. »

16 Les 24 *anciens, qui sont assis sur leurs sièges devant Dieu, tombent par terre, le front
contre le sol et ils adorent Dieu 17 en disant :

« Seigneur, Dieu tout-puissant,
toi qui es et qui étais,
nous te remercions.
Tu t'es servi de ta grande puissance
et maintenant, tu es roi.
18 Les peuples se sont mis en colère,
mais c'est ta *colère qui est venue.
Pour les morts,
c'est le moment du jugement.
C'est le moment où tu vas récompenser
tes serviteurs les *prophètes,
ceux qui t'appartiennent,
qui te respectent avec confiance,
les petits et les grands.
C'est le moment où tu vas détruire
ceux qui détruisent la terre. »

19 Dans le ciel, le temple de Dieu s'ouvre.
On voit le *coffre de l'alliance dans son temple. Alors il y a des éclairs, des bruits, des
coups de tonnerre, un tremblement de terre
et une forte pluie de glace.

La femme et le dragon

12 1 Un grand *signe apparaît dans le
*ciel : c'est une femme. Le soleil l'enve-
loppe comme un vêtement, la lune est sous
ses pieds. Sur la tête, elle porte une couronne
de douze étoiles. 2 Elle va bientôt mettre au
monde un enfant, et les souffrances de l'accouchement la font crier.

3 Un autre signe apparaît dans le ciel : c'est
un grand dragon[r]. Il est rouge comme le feu, il
a sept têtes et dix cornes, et sur chaque tête, il
porte une couronne. 4 Avec sa queue, il balaie
le tiers des étoiles du ciel et il les jette sur la
terre. Le dragon se place devant la femme
qui va accoucher, pour dévorer l'enfant dès
sa naissance. 5 La femme met au monde un
fils. C'est ce garçon qui va diriger tous les peuples très durement. Mais cet enfant est emporté auprès de Dieu et de son siège royal.
6 Alors la femme s'enfuit dans le désert. Là,
Dieu lui a préparé une place, pour qu'on lui
donne à manger pendant 1 260 jours[s].

7 Puis il y a un combat dans le ciel. Michel et
ses *anges luttent contre le dragon. Le dragon
lutte, lui aussi, avec ses anges, 8 mais il n'est
pas le plus fort. Ils n'ont pas le droit de rester
dans le ciel, 9 et le grand dragon est jeté dehors. Ce dragon, c'est le serpent des premiers
jours, il est appelé l'esprit du mal et *Satan, il
trompe le monde entier. Il est donc jeté sur la
terre et ses anges avec lui.

10 J'entends une voix forte dans le ciel. Elle
dit :

« Maintenant,
c'est le moment où Dieu sauve,
maintenant,
notre Dieu est roi avec puissance,
maintenant,

---

r **12.3** *Dragon : cet animal étrange représente l'esprit du mal. Voir Apocalypse 12.9 ; 20.2.*

s **12.6** *1 260 jours, ou trois ans et demi, est la période pendant laquelle le dragon a le pouvoir d'agir. Voir Apocalypse 13.5 et la note sur 11.2-3.*

son *Messie montre son pouvoir.
En effet, il a été jeté dehors,
celui qui accusait nos frères et nos sœurs
devant notre Dieu,
celui qui les accusait jour et nuit.
11 Mais eux, ils l'ont vaincu
grâce au sang de *l'Agneau
et en rendant *témoignage à la parole de
Dieu.
Ils ont accepté de donner leur vie
et de mourir.
12 Soyez donc dans la joie,
vous, le ciel et ses habitants!
Mais quel malheur pour vous,
la terre et la mer!
L'esprit du mal est descendu chez vous
et il est très en colère,
parce qu'il a peu de temps et il le sait. »
13 Quand le dragon voit qu'il a été jeté sur la
terre, il poursuit la femme qui a mis au monde
un garçon. 14 Mais la femme reçoit les deux ailes du grand aigle. Elle peut donc s'envoler
dans le désert, à l'endroit préparé pour elle,
loin du serpent. Là, elle reçoit de la nourriture
pendant trois ans et demi. 15 Alors le serpent
crache de l'eau comme un fleuve derrière la
femme, pour que l'eau l'emporte. 16 Mais la
terre vient aider la femme: la terre s'ouvre
et elle avale le fleuve que le dragon a craché.
17 Le dragon est très en colère contre la femme
et il part faire la guerre contre le reste de ses
enfants, ceux-là qui obéissent aux commandements de Dieu et qui sont les *témoins de
Jésus. 18 Puis le dragon se place au bord de
la mer.

La bête qui sort de la mer

13 1 Ensuite, je vois une bête qui sort de la
mer. Elle a dix cornes et sept têtes. Sur
chaque corne, il y a une couronne, et sur
chaque tête, il y a un nom qui insulte Dieu.
2 La bête que je vois ressemble à un léopard.
Ses pattes sont comme celles d'un ours et sa
gueule est comme celle d'un lion. À cette
bête, le dragon[t] donne sa puissance, son siège
royal et un très grand pouvoir. 3 L'une des têtes de la bête semble blessée à mort, mais
maintenant, sa blessure est guérie. Alors toute
la terre admire cela et elle suit la bête. 4 Tout
le monde adore le dragon, parce qu'il a donné
le pouvoir à la bête. Ils adorent aussi la bête en
disant : « Qui est comme la bête? Qui peut
lutter contre elle ? »
5 La bête reçoit l'autorisation de dire des paroles pleines d'orgueil et des insultes contre
Dieu. Elle reçoit le pouvoir d'agir pendant
42 mois[u]. 6 La bête se met à insulter Dieu:
elle insulte le nom de Dieu, le lieu où il habite
et aussi les habitants du *ciel. 7 Elle a le droit
de faire la guerre à ceux qui appartiennent à
Dieu et de les vaincre. Elle reçoit le pouvoir
sur toutes les tribus, sur tous les peuples,
sur des gens de toutes langues et sur tous les
pays. 8 Tous les habitants de la terre vont
l'adorer, sauf ceux qui ont leur nom écrit
dans le livre de vie[v], depuis la création du
monde. Ce livre appartient à *l'Agneau offert
en *sacrifice.
9 Celui qui a des oreilles doit bien écouter!
10 Si quelqu'un doit être prisonnier,
il sera fait prisonnier.
Si quelqu'un doit mourir par les armes,
il mourra par les armes.
Pour ceux qui appartiennent à Dieu, c'est le
moment d'être patient et de croire.

La bête qui sort de la terre

11 Ensuite, je vois une autre bête qui sort de
la terre. Elle a deux cornes comme celles d'un
agneau, mais elle parle comme un dragon[w].
12 Elle a tout le pouvoir de la bête qui est sortie
de la mer et elle se sert de ce pouvoir devant la
bête de la mer. La bête de la mer a été blessée
à mort, mais elle a été guérie. La bête qui vient
de la terre oblige la terre et ses habitants à
adorer la bête de la mer. 13 La bête de la terre

---

t **13.2** *Voir Apocalypse 12.3 et la note.*
u **13.5** *Voir Apocalypse 11.2-3 et la note.*
v **13.8** *Voir Apocalypse 3.5 et la note.*
w **13.11** *Voir Apocalypse 12.3 et la note.*

fait des choses extraordinaires. Devant tout le
monde, elle fait même descendre sur la terre
un feu qui vient du *ciel. 14 Ainsi, elle trompe
les habitants de la terre. En effet, elle a reçu le
pouvoir d'accomplir ces choses extraordinaires devant la bête de la mer. Elle demande
aux habitants de la terre de faire une statue
de la bête de la mer. Une lance avait blessé
cette bête-là, mais elle est bien vivante. 15 La
bête de la terre reçoit le pouvoir de donner
la vie à la statue de cette bête. Alors cette statue peut même parler, elle peut aussi tuer tous
ceux qui ne veulent pas l'adorer. 16 Elle oblige
tout le monde, petits et grands, riches et pauvres, personnes libres et esclaves, à recevoir
une marque sur la main droite ou sur le front.
17 Si quelqu'un veut acheter ou vendre
quelque chose, il doit porter une marque :
cette marque, c'est le nom de la bête, ou le
chiffre qui représente son nom.
18 C'est le moment de montrer de la sagesse.
Celui qui est intelligent peut comprendre le
chiffre de la bête parce qu'il représente le
nom d'un homme. Son chiffre est 666[x].

Le chant de ceux que l'Agneau a rachetés

14 1 Je regarde encore : je vois *l'Agneau
debout sur la montagne de *Sion.
Avec lui, il y a 144 000 personnes[y]. Le nom
de l'Agneau et le nom de son Père sont écrits
sur leurs fronts. 2 J'entends une voix qui vient
du *ciel. On dirait le bruit des vagues de la
mer, ou le bruit d'un grand coup de tonnerre.
La voix que j'entends ressemble au son des
*harpes quand des musiciens en jouent.
3 Ces milliers de personnes chantent un chant
nouveau devant le siège royal, devant les quatre êtres vivants et devant les *anciens. Personne ne peut apprendre ce chant, sauf les
144 000 qui viennent de la terre. Ils ont été rachetés très cher.
4 Eux, ils n'ont pas sali leur vie avec des
*prostituées, ils n'ont eu aucun contact avec
elles. Eux, ils suivent l'Agneau partout où il
va. Ils ont été rachetés très cher parmi les
êtres humains, ainsi, ils sont offerts les premiers à Dieu et à l'Agneau. 5 Jamais ils n'ont
ouvert la bouche pour mentir, ils sont sans
défaut.

Des anges annoncent le jugement de Dieu

6 Puis je vois un autre *ange qui vole très
haut dans le *ciel. Il doit annoncer aux habitants de la terre une Bonne Nouvelle qui est
pour toujours. Il doit l'annoncer à tous les
pays, à toutes les tribus, aux gens de toutes
langues et à tous les peuples. 7 Cet ange dit
d'une voix forte : « Respectez Dieu avec
confiance et chantez sa *gloire ! Oui, c'est le
moment où il va juger le monde. Adorez celui
qui a fait le ciel et la terre, la mer et les sources
d'eau. »
8 Un deuxième ange suit le premier. Il dit :
« Elle est tombée, elle est tombée, la grande
Babylone[z] ! Elle a donné en abondance son
vin à boire à tous les peuples, et boire son
vin, c'est se *prostituer comme elle. »
9 Un troisième ange suit les deux premiers.
Il dit d'une voix forte : « Si quelqu'un adore la
bête et sa statue, s'il reçoit sa marque sur le
front et sur la main, 10 il boira, lui aussi, le
vin de la colère de Dieu. Ce vin sera fort et
Dieu le versera dans la *coupe de sa colère.
Ces gens-là souffriront durement dans le feu
et dans la poussière brûlante, devant les anges
*saints et devant *l'Agneau. 11 La fumée du feu
qui les fait souffrir durement monte pour toujours. Ceux qui adorent la bête et sa statue,

---

x 13.18 *Certains pensent que 666 correspond au nom de l'empereur romain Néron. En effet, en hébreu et en grec, les lettres de l'alphabet ont des valeurs de chiffre. D'autres pensent que ce chiffre marque ce qui est tout à fait humain. En effet, le chiffre 7 représente ce qui est complet, et le chiffre 6 ce qui est incomplet.*

y 14.1 *Voir Apocalypse 7.4-8 et la note.*

z 14.8 *Babylone : ancienne capitale de l'empire babylonien. Cette ville représente le pouvoir qui lutte contre Dieu. Ici, elle désigne la ville de Rome, la capitale de l'empire romain. Voir Apocalypse 17.1-2 ; 18.2-24.*

ceux qui ont reçu la marque de son nom, souffrent sans cesse jour et nuit. »
12 Pour ceux qui appartiennent à Dieu, qui
obéissent à ses commandements et qui
croient en Jésus, c'est le moment d'être patients. 13 Puis j'entends une voix qui vient du
ciel. Elle dit : « Écris : "Ils sont heureux dès
maintenant, ceux qui meurent au service du
Seigneur." L'Esprit Saint dit : "C'est vrai, ils
peuvent se reposer de leurs efforts. En effet,
leurs actions parlent pour eux." »

Dieu juge les peuples de la terre

14 Je regarde encore et je vois un nuage
blanc. Quelqu'un qui ressemble à un homme
est assis sur le nuage. Sur la tête, il porte une
couronne d'or, et dans la main, il a une faucille bien aiguisée. 15 Un autre *ange sort du
temple. Il crie d'une voix forte à celui qui
est assis sur le nuage : « Utilise ta faucille et
fais la récolte, c'est le moment de récolter,
parce que la terre est mûre pour la récolte. »
16 Alors celui qui est assis sur le nuage fait passer sa faucille sur la terre, et la récolte est faite
sur toute la terre.
17 Ensuite, un autre ange sort du temple du
*ciel. Lui aussi, il tient une faucille bien aigui-
sée.
18 Puis un autre ange vient de *l'autel. Il
peut commander au feu et il crie d'une voix
forte à celui qui tient la faucille bien aiguisée :
« Utilise ta faucille bien aiguisée et récolte les
grappes de la *vigne sur la terre ! Le raisin est
mûr. » 19 L'ange fait passer sa faucille sur la
terre. Il récolte le raisin sur la vigne de la
terre, il le jette dans le grand pressoir de la
*colère de Dieu. 20 On écrase le raisin dans
le pressoir en dehors de la ville, et du sang
coule du pressoir. Le sang se répand sur 300
kilomètres et il monte jusqu'à la mâchoire
des chevaux.

Les sept anges et les derniers malheurs

15 1 Je vois dans le *ciel un autre *signe. Il
est grand et très étonnant : sept *anges
tiennent sept grands malheurs, et ces malheurs sont les derniers. En effet, la *colère
de Dieu va s'arrêter avec eux.
2 Je vois comme une mer aussi transparente
que du verre et pleine de flammes. Je vois
ceux qui ont vaincu la bête, sa statue et le chiffre qui représente son nom. Ils sont debout
sur cette mer transparente, et ils tiennent
les *harpes de Dieu. 3 Ils chantent le chant
de Moïse, le serviteur de Dieu, et le chant
de *l'Agneau :

« Seigneur, Dieu tout-puissant,
tes actions sont grandes et merveilleuses.
Roi des peuples,
tes projets sont justes et vrais.
4 Qui peut refuser de te respecter avec
confiance
et de chanter ta *gloire ?
Oui, toi seul, tu es *saint.
Les habitants de tous les pays viendront
et ils se mettront à genoux devant toi,
parce que tous peuvent voir tes actions
justes. »

5 Ensuite, je vois dans le ciel le temple qui
abrite la *tente de la rencontre. Il s'ouvre
6 et les sept anges qui tiennent les sept grands
malheurs sortent du temple. Ils portent des
vêtements en *lin blanc et brillant. Des ceintures d'or entourent leur taille. 7 Un des quatre
êtres vivants donne aux sept anges sept *coupes en or. Elles sont pleines de la *colère du
Dieu qui vit pour toujours. 8 Une fumée remplit le temple, à cause de la gloire de Dieu et
de sa puissance. Personne ne peut entrer dans
le temple, jusqu'à la fin des sept grands malheurs apportés par les sept anges.

Les sept coupes de la colère de Dieu

16 1 J'entends une voix forte qui vient du
temple. Elle dit aux sept *anges : « Allez
verser sur la terre les sept *coupes de la colère
de Dieu. »
2 Le premier ange part et il verse sa coupe
sur la terre. Une plaie mauvaise et douloureuse frappe les gens qui portent la marque
de la bête et qui adorent sa statue.
3 Le deuxième ange verse sa coupe dans la
mer. L'eau devient comme le sang d'un
mort, et dans la mer, tous les êtres vivants
meurent.
4 Le troisième ange verse sa coupe dans les
fleuves et dans les sources d'eau. Alors l'eau

devient du sang. 5 Et j'entends l'ange de l'eau.
Il dit :
« Toi qui es et qui étais, toi le *saint,
tu es juste en jugeant de cette façon.
6 En effet, puisqu'ils ont versé le sang
de ton peuple et des *prophètes,
tu leur as donné du sang à boire.
Ils ont ce qu'ils méritent. »
7 Puis j'entends une voix qui vient de *l'autel.
Elle dit :
« Oui, Seigneur, Dieu tout-puissant,
tes jugements sont vrais et justes. »
8 Le quatrième ange verse sa coupe sur le
soleil, et le soleil reçoit le pouvoir de brûler
les gens par son feu. 9 Alors les gens sont brûlés par une chaleur terrible et ils insultent le
nom du Dieu qui a le pouvoir d'envoyer ces
grands malheurs. Mais ils ne changent pas
leur vie et ils refusent de reconnaître la grandeur de Dieu.
10 Le cinquième ange verse sa coupe sur le
siège de la bête. Et la nuit enveloppe le
royaume de la bête. Les gens se mordent la
langue, tellement ils souffrent. 11 Ils insultent
le Dieu qui est au *ciel, à cause de leurs souffrances et de leurs plaies, mais ils continuent à
faire le mal.
12 Le sixième ange verse sa coupe dans le
grand fleuve Euphrate, et le fleuve devient
sec. Ainsi les rois, qui viennent du côté où
le soleil se lève, pourront passer. 13 Ensuite,
je vois sortir trois esprits mauvais de la gueule
du dragon[a], de la gueule de la bête et de la
bouche du faux *prophète. Ces esprits ressemblent à des grenouilles. 14 Ce sont des esprits
envoyés par *Satan, qui font des choses extraordinaires. Ils vont trouver les rois du
monde entier, ils veulent les réunir pour le
combat du grand jour du Dieu tout-puissant.
15 Le Seigneur dit : « Voilà, je viens comme
un voleur. Il est heureux, celui qui ne s'endort
pas et qui garde ses vêtements à côté de lui.
Ainsi, il ne marchera pas tout nu et il n'aura
pas honte quand les gens le verront. »
16 Les esprits mauvais réunissent les rois à
un seul endroit. En hébreu, on appelle cet endroit « Harmaguédon ».
17 Le septième ange verse sa coupe dans
l'air. Une voix forte sort du temple, elle vient
du siège de Dieu et dit : « Maintenant, c'est
fait ! » 18 Alors, il y a des éclairs, des bruits,
des coups de tonnerre et un tremblement de
terre très violent. Depuis qu'il y a des êtres
humains sur la terre, on n'a jamais vu un
tremblement de terre comme celui-là. 19 La
grande ville se fend en trois parties, et les villes de tous les pays s'écroulent. Dieu se souvient de la grande ville de Babylone[b]. Il lui
donne à boire une coupe pleine du vin de sa
terrible colère. 20 Toutes les îles disparaissent,
et on ne trouve plus les montagnes. 21 Des gros
blocs de glace tombent du ciel sur les gens.
Les gens insultent Dieu, à cause du grand malheur de cette pluie de glace. En effet, ce malheur est vraiment terrible.

Le jugement de Babylone

17 1 L'un des sept *anges qui tiennent les
sept *coupes s'avance vers moi. Il me
dit : « Viens. Je vais te montrer le jugement
de la grande *prostituée. C'est une grande
ville située au bord de beaucoup d'eau. 2 Les
rois de la terre se sont prostitués avec elle.
Les habitants de la terre sont devenus ivres
en se prostituant comme elle. »
3 L'Esprit Saint vient en moi, et l'ange me
transporte au désert. Alors je vois une femme
assise sur une bête rouge. Cette bête a sept têtes et dix cornes et elle est couverte de noms
qui insultent Dieu. 4 La femme est enveloppée
d'un vêtement en beau tissu rouge, elle est
couverte d'or brillant, de pierres précieuses
et de perles. Dans sa main, elle tient une
*coupe en or pleine des actions horribles et
impures de sa vie de prostituée. 5 Sur son
front, un nom mystérieux est écrit : « La
grande ville de Babylone[c], la mère des prostituées et des actions horribles qui ont lieu sur

---

a **16.13** *Voir Apocalypse 12.3 et la note.*
b **16.19** *Voir Apocalypse 14.8 et la note.*
c **17.5** *Voir Apocalypse 14.8 et la note.*

la terre. » 6 Je vois que la femme est ivre. Elle a
bu en abondance le sang de ceux qui appartiennent à Dieu, le sang des *témoins de Jésus.

Quand je la vois, je suis vraiment très surpris. 7 Alors l'ange me dit : « Tu es surpris.
Pourquoi donc ? Moi, je vais t'expliquer un secret mystérieux à propos de cette femme qui
est portée par la bête. Je vais t'expliquer aussi
un secret mystérieux à propos de la bête aux
sept têtes et aux dix cornes. 8 La bête que tu
as vue, elle a existé, mais elle n'est plus
rien. Elle va monter du trou sans fond et elle
va être détruite. Certains habitants de la terre
n'ont pas leur nom écrit dans le livre de vie[d]
depuis la création du monde. Ces gens-là
vont être surpris en voyant la bête. En effet,
elle existait autrefois, maintenant, elle
n'existe plus, mais elle reviendra.

9 « C'est le moment de comprendre les choses avec sagesse. Les sept têtes sont les sept
collines où la femme habite. Elles sont aussi
sept rois. 10 Parmi eux, cinq sont tombés, le
sixième gouverne en ce moment. Le septième
n'est pas encore venu, mais quand il viendra,
il restera peu de temps. 11 La bête, qui existait
autrefois et qui n'existe plus, est elle-même
un huitième roi. Elle fait aussi partie des
sept rois et elle va être détruite.

12 « Les dix cornes que tu as vues sont dix
rois qui ne gouvernent pas encore. Mais ils recevront le pouvoir de gouverner avec la bête
pendant une heure. 13 Tous ces rois veulent
une seule chose : mettre leur puissance et
leur pouvoir au service de la bête. 14 Ils vont
lutter contre *l'Agneau, mais l'Agneau sera
vainqueur, parce qu'il est le Seigneur des seigneurs et le Roi des rois. Ceux que Dieu a appelés et choisis, ses fidèles, seront aussi
vainqueurs avec lui. » 15 Ensuite, l'ange dit :
« Tu as vu le bord de l'eau, où habite la prostituée, c'est-à-dire la grande ville. Là sont des
peuples, des foules, des pays et des gens de
toutes langues. 16 Les dix cornes que tu as
vues et la bête détesteront la prostituée. Elles
lui enlèveront tout ce qu'elle a et elles la mettront toute nue. Elles mangeront son corps et
elles jetteront ses restes dans le feu. 17 Oui,
Dieu a mis dans leur cœur le désir de réaliser
son projet. Les dix cornes, c'est-à-dire les rois,
seront d'accord entre eux pour mettre leur
pouvoir au service de la bête. Cela durera jusqu'au moment où les paroles de Dieu seront
réalisées.

18 « Et la femme que tu as vue, c'est la
grande ville qui dirige les rois de la terre. »

Babylone est détruite

18 1 Ensuite, je vois encore un *ange qui
descend du *ciel. Il a un grand pouvoir
et sa *gloire éclaire la terre. 2 Il crie d'une voix
forte :

« Elle est tombée, elle est tombée,
la grande Babylone[e] !
C'est là que les esprits mauvais habitent
maintenant.
Tous les esprits *impurs,
tous les oiseaux impurs et dégoûtants
se réfugient dans cette ville.
3 Oui, elle a donné en abondance
le vin de sa *prostitution à tous les peuples.
Les rois de la terre
se sont prostitués avec elle,
et les commerçants de la terre
sont devenus riches
à cause de son immense richesse. »
4 Et j'entends une autre voix qui vient du ciel.
Elle dit :
« Mon peuple,
sors de Babylone !
Ainsi, tu ne participeras pas à ses péchés,
tu ne souffriras pas à cause des grands malheurs qui vont la frapper.
5 Oui, ses péchés montent jusqu'au ciel,
et Dieu se souvient
des actions mauvaises de cette ville.
6 Traitez-la comme elle a traité les autres,
rendez-lui deux fois ce qu'elle a fait.
Dans la *coupe où elle a mélangé sa boisson,
versez-lui une boisson deux fois plus forte.

---

d **17.8** *Voir Apocalypse 3.5 et la note.*

e **18.2** *Voir Apocalypse 14.8 et la note.*

7 Elle a beaucoup aimé la gloire et la richesse.
Rendez-lui donc autant de souffrance et de deuil !
Elle dit dans son cœur :
"Je suis assise sur un siège de reine,
je ne suis pas veuve,
je ne serai jamais en deuil."
8 C'est pourquoi,
voici les grands malheurs qui sont pour elle :
la mort, le deuil et la famine.
Ils vont tomber sur elle en un seul jour,
et le feu va la brûler.
Oui, le Seigneur Dieu qui la juge
est puissant. »
9 Des rois de la terre se sont prostitués avec
elle, ils ont profité de son immense richesse.
Alors, en voyant la fumée du feu qui la brûle,
ils pleureront sur cette ville et ils seront en
deuil à cause d'elle. 10 Ils resteront loin d'elle,
parce qu'ils auront peur de ses grandes souffrances. Ils diront :
« Malheur ! Malheur !
Babylone, grande ville, ville puissante,
une heure a suffi pour que Dieu te juge ! »
11 Les commerçants de la terre pleurent
aussi et ils sont en deuil à cause d'elle. En
effet, personne n'achète plus leurs marchandises : 12 or, argent, pierres précieuses et perles, toile fine, soie et beau tissu rouge,
toutes sortes de bois rares, toutes sortes
d'objets en ivoire, en bois précieux, en métal solide, en fer ou en belle pierre, 13 cannelle et autres épices, myrrhe et autres
parfums, *encens, vin, huile, farine et *céréales, bœufs et moutons, chevaux et chars,
esclaves et prisonniers. 14 Les commerçants
disent à la ville :
« Tous les produits que tu voulais avoir
ont disparu de chez toi.
Tout ce qui est richesse et beauté
est perdu pour toi.
Tout cela, on ne le trouvera plus jamais. »
15 Les commerçants qui sont devenus riches
en faisant du commerce dans cette ville resteront loin d'elle. Ils auront peur de ses grandes
souffrances, ils pleureront et ils seront en
deuil. 16 Ils crieront :
« Malheur ! Malheur !
Cette grande ville portait des vêtements en toile fine
et en beau tissu rouge.
Elle était couverte d'or,
de pierres précieuses et de perles,
17 mais une heure a suffi
pour détruire tant de richesses ! »
Tous les capitaines des bateaux, tous ceux
qui voyagent sur la mer, les marins et les pêcheurs restent loin d'elle. 18 Quand ils voient
la fumée du feu qui la brûle, ils crient : « Il
n'y a jamais eu de ville comme cette grande
ville ! » 19 Ils jettent de la poussière sur leur
tête, ils pleurent et poussent des cris de deuil.
Ils disent :
« Malheur ! Malheur !
Cette grande ville a couvert de ses richesses
tous ceux qui ont des bateaux sur la mer,
mais une heure a suffi pour la détruire ! »
20 Ciel, réjouis-toi !
La ville est détruite !
Réjouissez-vous aussi,
vous qui appartenez à Dieu, *apôtres et *prophètes !
Oui, Dieu l'a jugée pour le mal qu'elle vous a fait.
21 Alors un ange puissant prend une pierre
aussi lourde qu'une meule pour écraser le
grain. Il la jette dans la mer en disant :
« Voilà comment Babylone, la grande ville,
sera abattue d'un seul coup !
On ne la verra plus jamais !
22 On n'entendra plus chez toi la musique
de ceux qui jouent de la *harpe,
de la flûte et de la trompette.
On ne trouvera plus chez toi
ni métier ni artisan,
on n'entendra plus chez toi
le bruit du grain qu'on écrase.
23 La lumière de la lampe
ne brillera plus chez toi.
Chez toi, on n'entendra plus
la voix du jeune marié et de sa femme.
Voici pourquoi :
tes commerçants étaient les plus puissants de la terre,
et ta sorcellerie a trompé tous les peuples.
24 De plus,
chez toi a coulé le sang des *prophètes,

le sang de ceux qui appartiennent à Dieu,
et de tous ceux qu'on a tués sur la terre. »

Chant de victoire dans le ciel

19 [1] Ensuite, j'entends la voix forte d'une
foule très nombreuse dans le *ciel.
Elle dit :

« Chantez la louange du Seigneur !
Notre Dieu nous sauve,
à lui soient la *gloire et la puissance !
2 Ses jugements sont vrais et justes.
Il a condamné la grande *prostituée[f].
Elle salissait la terre avec sa prostitution.
Dieu l'a punie
parce qu'elle a tué ses serviteurs ! »

3 De nouveau, on entend la foule. Elle dit :

« Chantez la louange du Seigneur !
Oui, la fumée du feu qui brûle la ville
monte pour toujours. »

4 Les 24 *anciens et les quatre êtres vivants[g]
se mettent à genoux. Ils adorent Dieu, qui
est assis sur le siège royal, en disant :
« *Amen ! Chantez la louange du Seigneur ! »
5 Alors, une voix vient du siège de roi. Elle
dit :

« Chantez la louange de notre Dieu,
vous, tous ses serviteurs,
vous qui le respectez avec confiance,
les petits et les grands ! »

6 Puis j'entends la voix forte d'une foule très
nombreuse. On dirait le bruit des vagues de
la mer ou le bruit de grands coups de tonnerre. Cette voix dit :

« Chantez la louange de Dieu !
Oui, maintenant le Seigneur,
notre Dieu tout-puissant,
gouverne comme roi.
7 Réjouissons-nous, soyons heureux
et rendons-lui gloire !
En effet, c'est maintenant le mariage de
*l'Agneau.
Celle qu'il a choisie pour lui
s'est faite belle.
8 Pour vêtement,
elle a reçu un habit de toile fine,
brillante et pure.
La toile fine, ce sont les actions *justes
de ceux qui appartiennent à Dieu. »

9 *L'ange me dit : « Écris : "Ils sont heureux, les invités au repas de mariage de
l'Agneau !" » Puis il ajoute : « Ce sont les paroles de Dieu lui-même. »
10 Alors je me mets à genoux aux pieds de
l'ange pour l'adorer. Mais il me dit : « Attention, ne fais pas cela ! Je suis un serviteur
comme toi et comme tes frères et tes sœurs
qui sont les *témoins de Jésus. C'est Dieu
que tu dois adorer. »
Oui, être témoin de Jésus, c'est annoncer
que les *prophètes ont dit la vérité.

Le cavalier monté sur un cheval blanc

11 Ensuite, je vois le *ciel ouvert. Il y a un
cheval blanc, et son cavalier s'appelle Fidèle
et Vrai. Il juge et combat au moyen de la justice. 12 Ses yeux brillent comme du feu, il
porte beaucoup de couronnes sur la tête. Un
nom est écrit sur lui que personne ne connaît,
sauf lui. 13 Il est habillé d'un vêtement couvert
de sang et il s'appelle « Parole de Dieu ». 14 Les
armées du ciel le suivent sur des chevaux
blancs. Tous portent un vêtement de toile
fine, blanche et pure. 15 Une *épée pointue
sort de la bouche de ce cavalier, pour frapper
les peuples de la terre. Il les dirigera très durement. Il écrasera le *raisin dans le pressoir
à vin de la terrible *colère du Dieu tout-
puissant. 16 Sur son vêtement et sur sa jambe,
un nom est écrit : « Roi des rois et Seigneur
des seigneurs ».
17 Puis je vois un *ange debout dans le soleil.
Il crie d'une voix forte à tous les oiseaux qui
volent très haut dans le ciel : « Venez, réunissez-vous pour le grand repas de Dieu ! 18 Venez manger les rois, les chefs, les puissants,
venez manger les chevaux et leurs cavaliers.
Venez manger tous les êtres humains, les personnes libres et les esclaves, les petits et les
grands ! »

f **19.2** *La grande prostituée : voir Apocalypse 14.8 et la note.*
g **19.4** *Voir Apocalypse 4.4-8.*

19 Et je vois la bête, les rois de la terre et
leurs armées. Ils sont réunis pour combattre
le cavalier et son armée. 20 La bête est faite
prisonnière et le faux *prophète avec elle.
Ce faux prophète avait fait des choses extraordinaires devant la bête. Et ainsi, il avait
trompé ceux qui avaient reçu la marque de
la bête et qui adoraient sa statue. La bête
et le faux prophète sont jetés tout vivants
dans le lac de feu et de poussière brûlante.
21 L'épée qui sort de la bouche du cavalier
tue ceux qui restent, et tous les oiseaux se
nourrissent de leurs corps.

Les témoins du Christ sont rois avec lui pendant que Satan est attaché

20 1 Ensuite, je vois un *ange qui descend
du *ciel. Dans sa main, il tient la clé du
trou sans fond et une chaîne énorme. 2 Il saisit
le dragon[h]. Ce dragon, c'est le serpent des premiers jours, c'est-à-dire l'esprit du mal ou
*Satan. L'ange l'attache avec la chaîne pour
1000 années. 3 Il le jette dans le trou sans
fond, puis il ferme le trou à clé et il met les
verrous. Ainsi, le dragon ne pourra plus tromper les peuples avant la fin des 1000 années.
Après cela, il sera libéré pour un peu de
temps.

4 Et je vois des sièges royaux. Ceux qui
viennent s'asseoir dessus reçoivent le pouvoir de juger. Je vois aussi ceux qu'on a
fait mourir. Voici pourquoi on les a tués:
ils ont été les *témoins de Jésus et ils ont annoncé la parole de Dieu. Ils n'ont pas adoré
la bête ni sa statue. Ils n'ont pas reçu sa
marque sur le front, ni sur la main. Eux,
ils sont revenus à la vie et ils sont rois
avec le *Christ pendant 1000 années. 5 Ce
sont les premiers que Dieu a relevés du milieu des morts. Les autres morts ne reviendront pas à la vie avant la fin des 1000
années. 6 Ils sont vraiment heureux, ceux
que Dieu relève de la mort les premiers, et
Dieu les aime. La deuxième mort n'a pas
de pouvoir sur eux. Ils sont *prêtres de
Dieu et du Christ, et ils sont rois avec le
Christ pendant les 1000 années.

Les forces du mal sont détruites

7 Quand les 1 000 années seront finies,
*Satan sera libéré de sa prison. 8 Et il partira
tromper les peuples qui sont dans le monde
entier, c'est-à-dire Gog et Magog[i]. Satan va
les réunir pour faire la guerre. Ils sont aussi
nombreux que les grains de sable au bord
de la mer. 9 Ils avancent sur toute la surface
de la terre, ils entourent le camp de ceux
qui appartiennent à Dieu, la ville très aimée
de Dieu. Mais un feu descend du *ciel et
il détruit les peuples que Satan a réunis.
10 Puis l'esprit du mal qui les trompait est
jeté dans le lac de feu et de poussière brûlante, près de la bête et du faux *prophète.
Ils souffriront durement jour et nuit pour
toujours.

Les morts sont jugés et la mort est détruite

11 Ensuite, je vois un grand siège royal tout
blanc, avec quelqu'un qui est assis dessus.
La terre et le ciel disparaissent devant lui, et
on ne les revoit plus. 12 Et je vois les morts,
les grands et les petits, debout devant le siège
royal, et des livres sont ouverts. Puis un autre
livre est ouvert: c'est le livre de vie[j]. Et les
morts sont jugés selon ce qu'ils ont fait,
comme c'est écrit dans les livres. 13 La mer
rend les morts qu'elle contient. La mort et le
monde des morts rendent aussi leurs morts,
et chacun est jugé selon ce qu'il a fait. 14 Puis
la mort et le monde des morts sont jetés dans
le lac de feu. Le lac de feu, c'est la deuxième
mort. 15 Et si quelqu'un n'a pas son nom écrit
dans le livre de vie, il est jeté dans le lac de
feu.

---

h **20.2** *Voir Apocalypse 12.3 et la note.*

i **20.8** *Gog et Magog: le prophète Ézékiel appelle ainsi les ennemis du peuple de Dieu. Voir Ézékiel 38–39.*

j **20.12** *Voir Apocalypse 3.5 et la note.*

Le ciel nouveau et la terre nouvelle

21 1 Ensuite, je vois un *ciel nouveau et une terre nouvelle. En effet, le premier ciel et la première terre ont disparu, la mer n'existe plus. 2 Et je vois la ville *sainte, la Jérusalem nouvelle. Elle descend du ciel, envoyée par Dieu. Elle s'est faite belle comme une jeune mariée qui attend son mari. 3 Alors j'entends une voix forte qui vient du siège royal. Elle dit : « Maintenant, la maison de Dieu est au milieu des êtres humains. Il va habiter avec eux. Ils seront ses peuples, Dieu lui-même sera avec eux et il sera leur Dieu. 4 Il essuiera toutes les larmes de leurs yeux. La mort n'existera plus, il n'y aura plus ni deuil, ni cris, ni souffrance. Oui, le monde ancien a disparu. »

5 Celui qui est assis sur le siège royal prend la parole et dit : « Maintenant, je transforme ce qui existe, tout devient nouveau. » Puis il ajoute : « Écris : "Ces paroles sont sûres et vraies." » 6 Et il me dit : « Maintenant c'est fait ! Je suis l'Alpha et l'Oméga[k], le premier et le dernier, le commencement et la fin. Celui qui a soif, je lui donnerai à boire gratuitement de l'eau de la source qui donne la vie. 7 Le vainqueur recevra tout cela en partage. Je serai son Dieu et lui sera mon fils. 8 Mais voici ceux qui iront dans le lac plein de feu et de poussière brûlante : les lâches, ceux qui n'ont pas été fidèles, ceux qui commettent des actions horribles, les assassins, les gens immoraux, les sorciers, ceux qui adorent les faux dieux, tous les menteurs. Pour ces gens-là, c'est la deuxième mort. »

La Jérusalem nouvelle

9 Et voici l'un des sept *anges qui tiennent les sept *coupes, pleines des sept derniers grands malheurs. Il vient me dire : « Viens, je vais te montrer la jeune mariée, celle que *l'Agneau a choisie pour lui. »

10 L'Esprit Saint vient en moi et il me transporte sur une grande montagne. Elle est très haute. Il me montre la ville *sainte, Jérusalem qui descend du *ciel, envoyée par Dieu. 11 La *gloire de Dieu l'éclaire de sa lumière. Elle brille comme une pierre précieuse, comme une pierre verte aussi transparente que du verre. 12 Les murs de la ville sont hauts et épais. La ville a 12 *portes, et 12 anges les gardent. Sur les portes, des noms sont écrits, ce sont les noms des 12 tribus du peuple *d'Israël. 13 Il y a trois portes de chaque côté de la ville : trois à l'est, trois au nord, trois au sud, trois à l'ouest. 14 Les murs de la ville sont posés sur 12 pierres de fondation, et sur ces pierres, il y a les noms des 12 *apôtres de l'Agneau.

15 L'ange qui me parle tient quelque chose pour mesurer : c'est un roseau en or. Il mesure la ville, ses portes et ses murs. 16 La ville est carrée : sa longueur est égale à sa largeur. L'ange la mesure avec le roseau : il y a 12 000 mesures en longueur, en largeur et en hauteur. 17 L'ange mesure les murs : il y a 144 mesures. L'ange utilise les mesures habituelles. 18 Les murs de la ville sont construits en pierres précieuses vertes. La ville est en or pur, aussi transparent que du verre. 19 Les pierres de fondation qui portent les murs de la ville sont décorées avec des pierres précieuses de toutes sortes. La première pierre de fondation est une pierre précieuse verte, la deuxième est bleue, la troisième a plusieurs couleurs. La quatrième est bleu-vert, 20 la cinquième est rouge comme le sang, la sixième est rouge foncé. La septième est vert clair, la huitième est rose, la neuvième est jaune. La dixième est jaune-vert, la onzième est rouge-orange, la douzième est violette. 21 Les 12 portes sont 12 perles, et chaque porte est faite d'une seule perle. La place de la ville est en or pur transparent comme du verre.

22 Mais dans la ville, je ne vois pas de temple, parce que son temple, c'est le Seigneur, le Dieu tout-puissant, ainsi que l'Agneau. 23 Pour être éclairée, la ville n'a pas besoin du soleil ni de la lune. La gloire de Dieu l'éc-

---

k **21.6** *Voir Apocalypse 1.8 et la note.*

laire, et sa source de lumière, c'est l'Agneau.
24 Les peuples marcheront éclairés par sa lumière, les rois de la terre apporteront leurs
richesses à la ville. 25 Ses portes ne seront
jamais fermées, parce que dans cette ville, il
n'y aura plus de nuit. 26 Là, on apportera les richesses et les trésors des peuples. 27 Rien
*d'impur ne pourra entrer dans cette ville,
les gens qui commettent des actions horribles
et les menteurs n'y entreront pas non plus.
Mais ceux qui ont leur nom écrit dans le livre
de vie[l] de l'Agneau, ceux-là seulement pourront y entrer.

22 1 Ensuite, l'ange me montre un fleuve
d'eau qui donne la vie. Il brille comme
du verre, il sort du siège de Dieu et de
l'Agneau 2 et il coule au milieu de la place de
la ville. Là, entre deux parties du fleuve, il y a
l'arbre de vie. Il donne des fruits 12 fois dans
l'année, une fois par mois, et ses feuilles servent à guérir les peuples. 3 Il n'y aura plus
de malédiction.

Le siège de Dieu et de l'Agneau sera dans la
ville, et les serviteurs de Dieu l'adoreront. 4 Ils
verront son visage et son nom sera écrit sur
leurs fronts. 5 Il n'y aura plus de nuit, personne n'aura besoin de la lumière d'une
lampe, ni de la lumière du soleil. En effet, le
Seigneur Dieu répandra sa lumière sur ses serviteurs, et ils seront rois pour toujours.

Jésus annonce qu'il vient bientôt

6 Ensuite, *l'ange me dit : « Ces paroles sont
sûres et vraies. Le Seigneur Dieu donne l'Esprit Saint aux *prophètes. Il a envoyé son
ange, pour montrer à ses serviteurs ce qui
doit arriver bientôt. »

7 Jésus dit : « Écoute, je viens bientôt. Il est
heureux, celui qui obéit aux paroles de Dieu
contenues dans ce livre. »

8 Celui qui a entendu ces choses et qui les a
vues, c'est moi, Jean. Maintenant, j'ai fini de
les entendre et de les voir et je me mets à genoux aux pieds de l'ange. C'est lui qui m'a
montré ces choses, et je veux l'adorer.
9 Mais l'ange me dit : « Attention, ne fais pas
cela ! Je suis serviteur comme toi, comme tes
frères et sœurs *prophètes, et comme ceux
qui obéissent aux paroles contenues dans ce
livre. C'est Dieu que tu dois adorer. » 10 Puis
il me dit encore : « Ne garde pas secrètes les
paroles de Dieu qui sont dans ce livre. En effet, le moment fixé pour ces événements est
bientôt là. 11 Celui qui est mauvais, qu'il continue à faire le mal ! Celui qui aime ce qui est
*impur, qu'il continue à aimer ce qui est im-
pur ! Mais celui qui est bon, qu'il continue à
faire le bien ! Et celui qui vit pour Dieu, qu'il
continue à vivre pour Dieu ! »

12 Jésus dit : « Écoute, je viens bientôt. J'apporte avec moi ma récompense. Je vais la donner à chacun selon ce qu'il a fait. 13 Je suis
l'Alpha et l'Oméga[m], le premier et le dernier,
le commencement et la fin. »

14 Ils sont heureux, ceux qui lavent leurs vêtements. Ainsi, ils auront le droit de manger le
fruit de l'arbre qui donne la vie, ils auront le
droit d'entrer dans la ville par les *portes.
15 Mais qu'ils restent dehors, ceux qui vivent
n'importe comment ! Qu'ils restent dehors,
les sorciers, les gens immoraux ! Qu'ils restent
dehors, les assassins, ceux qui adorent les
faux dieux, ceux qui aiment le mensonge et
qui mentent !

16 « Moi, Jésus, j'ai envoyé mon ange pour
affirmer aux Églises : tout cela est vrai. Je
suis né dans la famille du roi David, je suis
l'étoile brillante du matin. »

17 L'Esprit de Dieu et la jeune mariée disent : « Viens ! »

Celui qui entend doit dire : « Viens ! »

Celui qui a soif doit venir. Celui qui le veut
recevra gratuitement l'eau qui donne la vie.

Fin

18 À tous ceux qui entendent les paroles de
Dieu écrites dans ce livre, voici ce que moi,
Jean, j'affirme : si quelqu'un ajoute quelque
chose à tout cela, Dieu lui ajoutera les grands
malheurs décrits dans ce livre. 19 Si quelqu'un

---

l **21.27** *Voir Apocalypse 3.5 et la note.*
m **22.13** *Voir Apocalypse 1.8 et la note.*

enlève quelque chose aux paroles *prophétiques de ce livre, Dieu lui enlèvera sa part des promesses de ce livre : il ne pourra pas manger les fruits de l'arbre qui donne la vie, ni entrer dans la ville *sainte.

20 Jésus affirme que tout cela est vrai et il dit : « Oui, je viens bientôt ! » *Amen ! Viens, Seigneur Jésus !

21 Que le Seigneur Jésus vous *bénisse tous !

La Bible et l'histoire

Le temps des ancêtres	
• Les grands ancêtres du peuple d'Israël : Abraham, Isaac, Jacob-Israël.	avant le 13e siècle avant J.-C.
La sortie d'Égypte	
• Les Israélites sortent d'Égypte sous la conduite de Moïse.	avant 1200 avant J.-C.
Entrée en Canaan et période des juges	
• Les Israélites entrent au pays de Canaan sous la conduite de Josué. • Des chefs appelés les juges les délivrent de leurs ennemis.	entre 1200 et 1030 avant J.-C.
Période des rois	
• Saül, premier roi des Israélites, dans les territoires du sud.	de 1030 à 1010 avant J.-C.
• David, roi de tout Israël. • Choix de Jérusalem comme capitale.	de 1010 à 970 avant J.-C.
• Salomon, roi de tout Israël. • Construction du temple de Jérusalem.	de 970 à 933 avant J.-C.
• Séparation entre le Nord (Israël) et le Sud (Juda).	933 avant J.-C.
• Les Assyriens détruisent Samarie et mettent fin au royaume d'Israël.	722 avant J.-C.
• Les Babyloniens détruisent Jérusalem, mettent fin au royaume de Juda, et emmènent en exil une partie de la population.	587 avant J.-C.
Période de l'exil	
• Les Judéens (habitants de Juda) sont en exil en Babylonie	depuis 587 avant J.-C.
• Cyrus prend Babylone et libère les exilés.	538 avant J.-C.
Période des Perses	
• Les Perses dominent le Proche-Orient.	de 538 à 333 avant J.-C.
• Retour des exilés et reconstruction du temple de Jérusalem.	entre 521 et 515 avant J.-C.
• Réformes de Néhémie puis d'Esdras.	vers 445 et 400 avant J.-C.
Période des Grecs	
• Les Grecs dominent le Proche-Orient. • La Judée est soumise aux rois grecs d'Égypte, puis à ceux de Syrie.	de 333 à 142 avant J.-C.
• Révolte de Judas Maccabée.	de 167 à 164 avant J.-C.
• Indépendance des Juifs.	de 142 à 63 avant J.-C.
Période des Romains	
• Les Romains dominent les pays autour de la mer Méditerranée.	de 63 avant J.-C. à 135 après J.-C.
• Début de la vie publique de Jésus.	vers 27 après J.-C.
• Mort de Jésus.	vers 30 après J.-C.
• Voyages de l'apôtre Paul.	entre 45 et 60 après J.-C.
• Destruction du temple de Jérusalem.	70 après J.-C.

VOCABULAIRE

Aaron Aaron, le frère de Moïse, a été son associé quand Dieu a fait sortir les Israélites d'Égypte (voir Exode 6.20). Dieu a choisi Aaron pour être l'ancêtre de tous les prêtres israélites (voir Lévitique 8.1–9.24).

Achéra Voir Baal.

Adultère À l'époque de l'Ancien Testament, l'adultère pour un homme est le fait de prendre la femme d'un autre Israélite pour coucher avec elle (voir Lévitique 20.10). Pour une femme, c'est le fait d'aller avec un autre homme que son mari. L'adultère est considéré du point de vue du tort que l'on fait à quelqu'un d'autre. À l'époque du Nouveau Testament, l'idée que le mari et la femme doivent être fidèles l'un à l'autre commence à se développer (voir Hébreux 13.4).
Le terme d'adultère est aussi employé pour décrire l'infidélité du peuple de Dieu. Quand celui-ci adore d'autres dieux, il se conduit comme une femme infidèle (Jérémie 3.8).

Agneau de Dieu 1. À la fête de la Pâque, les Juifs mangent un agneau pour rappeler comment leurs ancêtres sont sortis d'Égypte (Exode 12.1-14).
2. Dans le livre d'Ésaïe, le *prophète compare le serviteur du Seigneur à un agneau innocent (Ésaïe 53.7). Le serviteur supporte les conséquences du mal qui existe dans le monde. Il donne sa vie comme un agneau offert en sacrifice. C'est dans ce sens que Jean-Baptiste appelle Jésus « agneau de Dieu » (Jean 1.29,36).
3. Dans l'Apocalypse, Jésus, l'Agneau de Dieu, combat les forces du mal et libère le peuple de Dieu. Il est ainsi l'Agneau vivant et vainqueur.

Agrippa Voir Hérode.

Alliance Dieu fait alliance avec des personnes ou un peuple, quand il les choisit pour vivre en relation avec eux. Il leur donne alors des règles de vie qui respectent cette alliance.
Dieu a d'abord fait alliance avec Noé, Abraham, Isaac, Jacob et avec le peuple d'Israël. Ensuite, Dieu propose une alliance à tous les êtres humains par son Fils, Jésus-Christ. Les livres de la Bible qui parlent de cette nouvelle alliance forment le Nouveau Testament.

Amen Mot hébreu qui signifie « oui, c'est vrai ». Les premières communautés chrétiennes ont utilisé ce mot dans leur culte, sans le traduire, en particulier à la fin des prières.

Amorites Avant l'arrivée des Israélites, il y avait d'autres populations en *Canaan. Parfois les Amorites désignent une de ces populations. L'Ancien Testament nomme aussi les Amalécites, les Guirgachites, les Hittites, les Hivites, les Horites, les Jébusites et les Perizites. Souvent, les Amorites désignent tous ceux qui habitaient dans le pays avant les Israélites.

Ancien Dans l'Ancien Testament, les anciens sont des chefs de famille ou de clan. Les anciens d'une même ville formaient un conseil de responsables qui dirigeaient cette ville et rendaient la justice.
Dans le Nouveau Testament, les anciens sont des responsables religieux. Plusieurs

anciens ou chefs religieux faisaient partie du tribunal religieux juif.
Les chefs des premières communautés chrétiennes étaient appelés les anciens.

Ange Envoyé ou messager de Dieu. Dans l'Ancien Testament, l'ange du Seigneur désigne souvent Dieu lui-même ou l'action de Dieu lui-même. Les anges peuvent aussi représenter une personne ou un groupe auprès de Dieu (voir Apocalypse 1.20).

Apôtre Un apôtre est un envoyé de Jésus-Christ. Le groupe des douze apôtres est formé des douze *disciples que Jésus a choisis pour être plus spécialement avec lui et annoncer la Bonne Nouvelle. Voir Marc 3.13-19.

Astarté, Astartés Voir Baal.

Astres Comme les étoiles, les astres sont dans le ciel et donnent de la lumière. Les plus importants sont la lune et le soleil. Dans l'ancien Orient, ils étaient souvent adorés comme des dieux.

Autel Table de pierre pour offrir les *sacrifices. Dans le temple de Jérusalem, il y avait deux autels : un pour les sacrifices d'animaux et un pour les offrandes de parfum.

Baal, Baals Baal était un dieu adoré par les *Cananéens. Le mot « baal » veut dire « le maître », « le propriétaire ». Baal était considéré comme un dieu, maître de la nature, qui peut donner de bonnes récoltes, de beaux troupeaux, des enfants. Plusieurs dieux de même type étaient appelés des Baals. L'Ancien Testament est très violent contre le culte qui leur était rendu. *Astarté* était une déesse de l'amour et de la vie, souvent associée au dieu Baal. *Achéra* était également une déesse de l'amour et de la vie adorée par les *Cananéens. Les *poteaux sacrés* représentaient la déesse Achéra.

Bachan Région de plateaux située sur la rive est du Jourdain. Les pluies y étaient abondantes. C'était une région de bons pâturages, et sa terre était très fertile.

Bas-Pays Région située entre la plaine qui longe la mer Méditerranée et la montagne de Juda. Voir par exemple Josué 10.40 ; 15.33-36.

Bénédiction, bénir Quand Dieu bénit une personne, cela veut dire qu'il lui fait du bien. Il lui donne, par exemple, des récoltes abondantes, de nombreux enfants et une longue vie. C'est particulièrement le cas dans l'Ancien Testament. Dans le Nouveau Testament, la bénédiction de Dieu apporte surtout le *salut et la paix.
Quand quelqu'un bénit une personne, il demande à Dieu de la bénir : il appelle ainsi le bonheur sur elle.

Blé Voir Céréale.

Bouclier Habit de guerre qui protège les combattants. Autrefois, le bouclier était le plus souvent une grande plaque en bois.
Au sens figuré, le bouclier peut être une personne ou un objet qui protège du mal et du malheur. Dans les Psaumes, en particulier, Dieu est un bouclier pour ceux qui le prient.

Calendrier
MOIS
Dans l'Israël ancien, l'année commençait vers le 15 mars. Les mois de l'année sont souvent nommés d'après leur ordre dans le temps : le premier mois, le deuxième mois, etc. En partant du premier mois (mars-avril), on peut donc savoir de quelle période de l'année il s'agit.
– Mois des *Épis* : le premier mois de l'année, en mars-avril. Ce mois est aussi appelé Nisan.
– Mois de *Nisan* : autre nom du mois des Épis.
Cependant quelques textes utilisent le ca-

lendrier cananéen, où l'année commençait vers le 15 septembre.
FÊTES
– La *fête des Pains sans levain* rappelle aux Juifs comment leurs ancêtres sont sortis d'Égypte (Exode 12.34-39). Cette fête a lieu juste après la fête de la *Pâque.
– La *fête des Moissons*, après les premières récoltes, célébrée à Jérusalem, avait lieu 50 jours après la fête de la Pâque (voir Lévitique 23.15-22). C'était d'abord une fête agricole. Ensuite cette fête servait aussi à rappeler aux Israélites que Dieu leur a donné sa loi et fait alliance avec eux sur le mont Sinaï.
– La *fête des Huttes* avait lieu après la récolte du raisin, des olives et des fruits. Elle rappelait le séjour des Israélites au désert. Ils la célébraient en habitant pendant une semaine dans des huttes (voir Lévitique 23.33-43).

Canaan, Cananéen Canaan est l'ancien nom de la grande région située entre la mer Méditerranée et le fleuve Jourdain. Dans l'Ancien Testament, c'est le pays que Dieu promet de donner aux Israélites quand ceux-ci sortent d'Égypte. Les Israélites s'y installent et vivent là avec d'autres populations, souvent désignées sous le terme général de Cananéens, ou parfois sous celui *d'Amorites. La religion et les coutumes des Cananéens sont présentées comme dangereuses pour les Israélites quand ceux-ci veulent les imiter. C'est pourquoi Canaan a souvent un sens négatif dans les textes.

Cèdre Arbre très beau qui pousse dans les pays méditerranéens. Un cèdre peut atteindre 30 mètres de haut. Il est signe de grandeur et de puissance. Autrefois les cèdres poussaient en très grande quantité sur les montagnes du Liban.

Céréale Plante avec des grains comme le riz, le maïs ou le mil. Le blé, l'orge, l'épeautre sont des céréales.

Chérubin Les chérubins étaient représentés sous la forme de lions avec deux ailes et un visage d'homme. C'étaient des êtres mystérieux au service de Dieu. Sur le coffre de l'alliance, deux chérubins formaient une sorte de siège pour indiquer la présence du Seigneur Dieu. Dieu lui-même n'était pas représenté.

Christ Voir Messie.

Ciel, cieux 1. Le ciel ou les cieux désignent la région de l'univers située au-dessus de la terre. Dans l'ancien Orient, les gens pensaient que les dieux habitaient là.
2. Dans la Bible également, ces mots peuvent désigner le lieu où Dieu se trouve.
3. Enfin, quelquefois le ciel désigne Dieu lui-même. Voir Royaume des cieux.

Circoncire, circoncision Circoncire, c'est enlever la peau qui entoure l'extrémité du sexe des hommes. La circoncision est la marque de *l'alliance que Dieu a établie avec les Israélites. Les mots circoncire et circoncision peuvent aussi avoir un sens figuré. Voir par exemple Colossiens 3.11.

Citadelle Une citadelle était un endroit protégé par des murs. Le palais royal se trouvait souvent là (comme à Suse, voir Esther 1.2). Au 2e siècle avant J.-C., les rois grecs ont construit dans Jérusalem, où ils étaient installés, un ensemble de bâtiments militaires pour se protéger. Cette partie de la ville s'appelait la Citadelle.

Cithare Voir Instruments de musique.

Coffre de l'alliance, coffre sacré C'était le coffre en bois qui contenait les *tablettes de l'alliance, c'est-à-dire les tables en pierre sur lesquelles se trouvaient les paroles que Dieu avait données à Moïse sur le mont Sinaï. Voir Exode 25.10-22. Il représentait la présence de Dieu au milieu de son peuple (Nombres 10.33-36).

Coins relevés de l'autel C'était la partie la plus sacrée de *l'autel.

Colère de Dieu Dieu se met en colère parce qu'il ne peut absolument pas accepter les péchés des êtres humains. C'est pour cela qu'il doit les juger et les condamner. La colère de Dieu veut détruire le mal, et son amour veut en libérer les êtres humains. Cette colère et cet amour ne peuvent pas être séparés.

Colombe Oiseau de la famille des pigeons. Dans certaines cultures, la colombe représente la douceur, le charme, la pureté. Elle peut aussi être un signe de paix.

Consacrer, consécration 1. Quand Dieu consacre une personne, cela veut dire qu'il la choisit pour remplir une mission particulière. Un prêtre ou une autre personne peuvent être chargés d'indiquer ce choix de Dieu par un geste, par exemple en versant de l'huile sur la tête de quelqu'un, ou par une cérémonie.
2. Quand un être humain consacre une personne ou un objet, il les choisit pour une fonction précise au service de Dieu, ou il les met à part pour Dieu.

Conscience La conscience aide les êtres humains à savoir ce qui est bien et ce qui est mal.

Coupe Petit récipient en terre ou en métal. Au sens figuré, le mot peut désigner un récipient qui contient de la souffrance, ou encore la *colère ou le jugement de Dieu. Le mot peut désigner aussi quelque chose de précieux, ou encore la coupe utilisée pour le repas du Seigneur (1 Corinthiens 10.16,21).

Cuirasse Une cuirasse est un habit de guerre en métal qui protège le corps. Autrefois, les soldats portaient des cuirasses pour se protéger des armes et des flèches.
Au sens figuré, la cuirasse est une protection contre les dangers ou le mal.

Cymbale Voir Instruments de musique.

Déborder de lait et de miel Un pays qui déborde de lait et de miel est un pays riche en troupeaux (lait) et en cultures (miel). Dans l'Ancien Testament, l'expression désigne le pays que Dieu a promis et donné aux Israélites.

Déchirer ses vêtements Les anciens Israélites déchiraient parfois leurs vêtements pour montrer leur grande tristesse au moment d'un malheur : maladie, mort, faute, insultes, etc.

Disciple Un disciple est quelqu'un qui écoute l'enseignement d'un maître. Les disciples de Jésus sont ceux qui l'écoutent et le suivent.

Égorger Égorger, c'est tuer un être vivant en lui coupant la gorge. On égorgeait les animaux des *sacrifices pour les vider de leur sang. Voir Lévitique 1.5.

Élie Élie est un *prophète de l'Ancien Testament. Voir 1 Rois 17–19. À partir d'une certaine époque, les Juifs pensaient qu'Élie reviendrait juste avant l'arrivée du *Messie. Voir Malachie 3.22-23.

Employé des impôts À l'époque de Jésus, les employés des impôts travaillaient pour les Romains. Ils prenaient de l'argent sur toutes les marchandises. Souvent, ils n'étaient pas honnêtes et devenaient très riches. C'est pourquoi les Juifs ne les aimaient pas.

Encens L'encens donne une bonne odeur quand on le brûle. Les Israélites l'utilisaient pour la prière et les *sacrifices au temple de Jérusalem.

Épée Arme qui ressemble à un couteau assez long. Dans un sens plus large, le terme désigne aussi la guerre ou toute forme de mort violente.
L'épée peut être aussi, au sens figuré, une arme du croyant (Éphésiens 6.17).

Éthiopie, éthiopien L'Éthiopie ancienne, située au sud de l'Égypte, couvrait une partie du Soudan et de l'Éthiopie actuels.

Eunuque Les eunuques sont des hommes à qui on a enlevé les organes sexuels, par force ou parce qu'ils l'ont choisi. Dans l'ancien Orient, ils occupaient souvent des postes importants dans les palais royaux.

Fête Voir Calendrier.

Figue, figuier Les figues sont les fruits du figuier. Le figuier est un arbre qui pousse dans les pays qui entourent la mer Méditerranée.

Fils de David Les Israélites attendaient un Messie, c'est-à-dire un homme choisi par Dieu pour sauver leur peuple. Ils lui donnaient aussi le nom de « Fils de David ». En effet, le Messie était souvent attendu dans la famille du roi David.

Fils de l'homme Cette expression a son origine dans l'Ancien Testament (Daniel 7.13-14). Dans le Nouveau Testament, elle désigne celui à qui Dieu donne tout pouvoir, même le pouvoir de juger et de pardonner. Pourtant le Fils de l'homme doit souffrir et mourir. Dans les évangiles, Jésus emploie cette expression pour parler de lui-même.

Forteresse Une forteresse est un ensemble de constructions qui servent à protéger des ennemis une ville, une région ou même un pays.

Gerbe Une gerbe est formée de tiges de *céréales, blé ou orge, attachées ensemble.

Gloire Dans la Bible, le mot « gloire » indique l'importance et la puissance de quelqu'un. La gloire de Dieu montre qui il est. C'est avant tout sa présence, qui agit avec force et qui est capable de donner la vie. La gloire de Dieu apparaît de façon particulière dans la personne de Jésus. Les croyants peuvent participer à cette gloire en étant transformés par Dieu.
Rendre gloire à Dieu, c'est reconnaître sa grandeur et sa puissance.

Grand-prêtre 1. Dans l'Ancien Testament, le grand-prêtre est le seul prêtre qui peut entrer dans la partie du temple appelée « le lieu très saint ». C'est donc lui qui peut s'approcher le plus près de Dieu.
2. Au temps de Jésus, le grand-prêtre était aussi le chef politique et religieux du peuple juif. Il présidait le Tribunal religieux.
3. Dans la lettre aux Hébreux, Jésus-Christ est présenté comme le vrai et le seul grand-prêtre, celui qui conduit les croyants auprès de Dieu lui-même. Voir Prêtre.

Grêle La grêle est une pluie de cailloux de glace.

Harpe Voir Instruments de musique.

Hébreux Nom ancien des Israélites.

Hérode Dans le Nouveau Testament, plusieurs rois portent le nom d'Hérode :
1. Hérode le Grand a été roi de tout le pays des Juifs à partir de 37 avant J.-C. et jusqu'à la naissance de Jésus (Matthieu 2.22 ; Luc 1.5).
2. Hérode Antipas était le fils d'Hérode le Grand. Il a été roi de Galilée, une partie du pays des Juifs, de 4 avant J.-C. à 39 après J.-C. C'est lui qui a fait tuer Jean-Baptiste (Matthieu 14.1-11).
3. Hérode Agrippa Ier a été roi de tout le pays des Juifs de 41 à 44 après J.-C. (Actes 12.1-23). Il était le petit-fils d'Hérode le Grand.
4. Agrippa II a été roi de territoires situés au nord et au nord-est du pays des Juifs à partir de 48 après J.-C. Selon Actes 26, c'est devant lui que l'apôtre Paul a présenté sa défense.

Horeb Autre nom du mont Sinaï, situé entre le golfe de Suez et le golfe d'Aqaba.

Impur Voir Pur.

Instruments de musique La Bible nomme plusieurs sortes d'instruments de musique :
– les instruments à cordes comme la harpe, la cithare, la lyre, la guitare
– les instruments à vent comme la trompette, la flûte, le cor
– les instruments qu'on frappe pour rythmer un chant ou une danse comme le tambour, le tambourin, les cymbales, les sistres.

Israël Israël est d'abord le nom que Dieu donne à Jacob (Genèse 32.29). C'est aussi celui du peuple avec qui Dieu a fait alliance (voir Exode 34.27).
Dans l'Ancien Testament, Israël est le nom du pays où les tribus qui sont nées des fils de Jacob s'installent. Dans certains cas, Israël désigne les dix tribus du nord qui se sont séparées de celles du sud après la mort de Salomon et ont formé le royaume du Nord ou royaume d'Israël (voir 1 Rois 12).
Mais, dans l'Ancien comme dans le Nouveau Testament, Israël désigne le plus souvent l'ensemble du peuple dans sa relation avec Dieu. Au temps de Jésus, les Juifs forment ce peuple.

Jacob Jacob est le fils d'Isaac et le petit-fils d'Abraham. Il a reçu le nom d'Israël et il a donné son nom au peuple choisi par Dieu. Ses fils sont les ancêtres des douze tribus d'Israël. Jacob désigne souvent Israël en tant que peuple de Dieu. Quelquefois le nom de Jacob est utilisé pour désigner le royaume du Nord ou royaume d'Israël.

Jeûne, jeûner Jeûner, c'est ne pas manger pendant un certain temps. Les croyants jeûnent pour des raisons religieuses.

Joug Le joug est un morceau de bois qu'on met sur la tête d'un bœuf pour le faire travailler. Dans la Bible, ce mot désigne souvent un travail écrasant et l'absence de liberté.

Jour du Seigneur L'expression « le jour du Seigneur » se trouve surtout dans les livres prophétiques. C'est le jour où Dieu doit juger les peuples et les êtres humains. Les *prophètes affirment que le peuple de Dieu doit être jugé, tout comme les autres, avant de recevoir le *salut (Joël 1.15 ; Amos 5.18-20 ; Joël 3.1-5).
Le Nouveau Testament reprend l'attente de ce jour comme celui où le *Christ reviendra (1 Thessaloniciens 5.2 ; Philippiens 2.16, etc.).

Juifs Le mot « juif » vient de « judéen », c'est-à-dire habitant du royaume de Juda. Le nom de Juifs est donné depuis le 4e siècle avant J.-C. à tous les membres du peuple d'Israël, en tant que peuple de Dieu. Après l'exil des Judéens dans l'empire babylonien, certains Juifs sont rentrés dans leur ancien pays (voir Esdras 2.1), mais beaucoup d'autres sont restés là où ils se trouvaient (voir Esther 3.6).
Jésus, ses disciples et les premiers apôtres étaient juifs. Mais, dans certains textes du Nouveau Testament, l'expression « les Juifs » désigne les adversaires de Jésus ou des chrétiens. À l'époque de Jésus et des premiers chrétiens, beaucoup de Juifs vivaient à l'extérieur de leur pays, un peu partout dans l'empire romain (voir Actes 2.5-11).

Juste, justice 1. Dieu est juste parce qu'il est fidèle à l'alliance qu'il a établie avec son peuple et avec l'humanité. La justice de Dieu est différente de celle des hommes, elle a pour but de sauver les êtres humains (voir Psaume 98.2-3). C'est pour cela qu'elle peut aussi montrer sa *colère (voir Romains 2.5).
2. Un être humain est juste quand il vit comme Dieu le demande. Ce qui est juste est ce qui est en accord avec ce que Dieu veut.

3. Dieu rend les êtres humains justes par Jésus-Christ.
4. Le Juste est un nom donné à Jésus dans le livre des Actes (Actes 7.52 ; 22.14).

Lèpre, lépreux Dans la Bible, le mot lèpre désigne diverses maladies de la peau. Les gens qui avaient une de ces maladies étaient appelés lépreux et considérés comme *impurs (Lévitique 13–14).

Levain Le levain est un morceau de pâte ancienne ajouté à de la pâte nouvelle. Ainsi toute la pâte lève. Alors on la fait cuire pour qu'elle devienne du pain.
Dans le Nouveau Testament, le mot levain a souvent un sens figuré : il désigne alors le mal, qui peut se répandre comme le levain se répand dans la pâte.
Pour la fête des Pains sans levain, voir Calendrier.

Lévite Les lévites faisaient partie de la tribu de Lévi, l'une des douze tribus d'Israël. Ils ont été choisis pour porter le *coffre sacré et servir Dieu (Deutéronome 10.8). Plus tard, ils ont été employés au temple de Jérusalem pour aider les prêtres dans leur travail. Voir aussi Prêtres-lévites.

Lieu saint, lieu très saint Le lieu saint était la grande salle de la *tente de la rencontre ou du temple de Jérusalem. Un rideau séparait cette salle en deux parties. La partie qui se trouvait devant le rideau s'appelait « lieu saint », celle qui se trouvait derrière le rideau s'appelait « lieu très saint ». Seul le *grand-prêtre pouvait entrer dans le lieu très saint une fois par an.
Dans un sens plus large, le lieu saint peut désigner la tente de la rencontre ou le temple de Jérusalem, ou encore le ciel, où Dieu se trouve (voir Psaume 102.20).

Lin Le lin est une plante qui donne des fils et sert à fabriquer des tissus. Ces tissus sont fins et de qualité supérieure. Les prêtres portaient des vêtements en lin (Lévitique 16.4).

Loi 1. Ce mot désigne d'abord les commandements de Dieu pour le peuple d'Israël, en particulier ceux que Moïse a donnés à ce peuple sur le mont Sinaï (voir Exode 20). L'ensemble de ces commandements est souvent appelé la loi de Moïse ou la loi de Dieu, ou encore la loi du Seigneur.
2. Quelquefois, la loi désigne les livres qui contiennent ces commandements, c'est-à-dire les cinq premiers livres de la Bible.
3. Dans le Nouveau Testament, le terme loi désigne parfois tout l'Ancien Testament (Jean 10.34).

Loup Le loup est une bête sauvage qui attaque les troupeaux.

Maître de la loi À l'époque de Jésus, les maîtres de la loi étudiaient et expliquaient les enseignements de l'Ancien Testament, en particulier la *loi de Moïse.

Mer des Roseaux, mer Rouge Les Israélites ont traversé la mer des Roseaux quand ils sont sortis d'Égypte (Exode 14.2 et 15–16). Personne ne sait où se trouvait exactement cette grande étendue d'eau. En grec, le nom de cette mer est la mer Rouge.

Mésopotamie Grande région qui correspond en partie à l'Irak actuel. Mésopotamie veut dire « entre les fleuves ». La Mésopotamie s'étend d'un côté et de l'autre des fleuves Tigre et Euphrate. La Haute-Mésopotamie est située dans la partie nord du fleuve Euphrate.
Les Babyloniens, qui ont dominé le Proche-Orient de la fin du 7e siècle au milieu du 6e siècle avant J.-C., venaient de la partie sud de la Mésopotamie.

Messie Messie vient d'un mot hébreu qui désigne une personne choisie par Dieu pour un rôle particulier. Dans l'Ancien Testament, c'est le cas des rois et des grands-prêtres. Pour marquer ce choix, quelqu'un leur versait de l'huile sur la tête. Peu à peu le mot « Messie » a désigné

le Roi Sauveur que tout le peuple attendait.
Les auteurs du Nouveau Testament affirment que Jésus est le Messie. En grec, Messie se dit « Christ ».

Mois Voir Calendrier.

Monde Le monde, c'est tout ce que Dieu a créé, c'est-à-dire tout ce qui existe.
Dans le Nouveau Testament, « le monde » désigne parfois les puissances qui, à l'intérieur du monde, s'opposent à Dieu.

Neige Dans certains pays, la neige tombe du ciel quand il fait très froid. Elle ressemble à du coton très blanc.

Nouvelle lune Le jour de la nouvelle lune était le premier jour du mois. C'était un jour de fête religieuse.

Olive, olivier L'olivier est un petit arbre qui pousse dans les pays qui entourent la mer Méditerranée. Il donne des olives. Ces fruits peuvent servir à fabriquer de l'huile.

Orge Voir Céréale.

Outre Grand sac fait en peau de chèvre. Il est utilisé pour conserver ou pour transporter des liquides : eau, lait, vin.

Pains sans levain (fête des) Voir Calendrier.

Pâque (fête de la) La fête de la Pâque est la plus grande fête religieuse des Juifs. Elle rappelle comment Dieu a libéré les Israélites, qui étaient esclaves en Égypte (Deutéronome 16.1-8). À l'époque de Jésus, la fête était célébrée à Jérusalem.
La fête chrétienne de Pâques rappelle le réveil de Jésus de la mort.

Pharisiens Les Pharisiens étaient des Juifs qui voulaient obéir parfaitement à la *loi de Moïse. Pour cela, ils suivaient la tradition de leurs ancêtres dans tous ses détails. Ainsi, ils pensaient qu'ils vivaient en accord avec ce que Dieu veut.

Philistins Les Philistins habitaient en Canaan, dans la plaine qui s'étend le long de la côte de la mer Méditerranée. Ils ont longtemps été de grands ennemis des Israélites.

Pilate Pilate, appelé aussi Ponce Pilate, a été gouverneur romain de la province de Judée de 26 à 36 après J.-C.

Porte de la ville Dans l'ancien Orient, les villes étaient entourées de murs. Les gens entraient et sortaient de la ville par des portes. La vie sociale avait lieu près de ces portes. Les gens se rassemblaient là, faisaient des affaires et, souvent aussi, le tribunal se tenait à cet endroit. Les portes étaient fermées le soir ou en cas de danger.

Poteaux sacrés Voir Baal.

Prêtre Dans l'Ancien Testament, les prêtres sont des hommes *consacrés à Dieu. Ils sont chargés d'établir la relation entre le peuple ou les croyants et Dieu. Ils offrent les *sacrifices de leur part et célèbrent le culte.
Les prêtres-lévites sont des hommes de la tribu de Lévi chargés d'aider les prêtres dans le *lieu saint. Les autres lévites, au contraire, vivent un peu partout dans le pays, voir Deutéronome 12.12 et 18.6.
Au temps de Jésus, les prêtres juifs célèbrent le culte et offrent les sacrifices uniquement dans le temple de Jérusalem.
Certains textes du Nouveau Testament proposent aux chrétiens de servir Dieu comme des prêtres d'une nouvelle sorte (voir 1 Pierre 2.9).

Prochain 1. Dans l'Ancien Testament, le prochain, au sens large, désigne quelqu'un qui appartient au peuple d'Israël.
2. Dans le Nouveau Testament, le prochain n'est pas seulement quelqu'un de son propre peuple ou de sa propre famille. Cela peut être même un ennemi.

Pour Jésus, c'est aussi toute personne de qui l'on peut s'approcher pour lui faire du bien. Voir Matthieu 5.43-48 ; Luc 10.29-37.

Prophète, prophétesse, prophétiser Des prophètes existaient dans tout l'ancien Orient. Le plus souvent, ils avaient une fonction auprès des rois.

Dans la Bible, les prophètes de Dieu sont ses porte-parole. Ils communiquent des messages de sa part. Certains prophètes disent qu'ils parlent de la part de Dieu alors que ce n'est pas vrai. Ce sont des prophètes de mensonge ou faux prophètes.

1. Dans l'Ancien Testament, il y a de nombreux prophètes. Les paroles de certains d'entre eux se trouvent dans les livres des prophètes.

2. Le Nouveau Testament parle aussi de certains prophètes, mais leurs paroles n'ont pas été écrites.

Prostituée, se prostituer, prostitution Une prostituée est une femme qui couche avec des hommes pour de l'argent.

Dans certaines religions de l'ancien Orient, des gens se prostituaient dans les lieux sacrés. C'était une manière de s'unir aux dieux pour obtenir d'eux des bienfaits divers. En Israël, cette prostitution sacrée était interdite (voir Deutéronome 23.18).

Au sens figuré, se prostituer, c'est s'opposer à Dieu et lui être infidèle en adorant les faux dieux (voir Ézékiel 16.15-43 ; Apocalypse 14.8 ; 17.1).

Pur, impur, purification, purifier, pureté 1. Pour l'Ancien Testament, il faut être pur pour rester en relation avec Dieu. Quelqu'un est pur quand il respecte certaines règles. Ces règles concernent la vie religieuse et morale, mais aussi la manière de manger, de s'habiller, etc. Ce qui est pur, c'est ce qui n'a pas de défaut physique ou moral, ce qui n'est pas mélangé à autre chose, ce qui n'est pas en contact avec des objets interdits, comme les cadavres, le sang, etc. Ceux qui désobéissent aux règles de pureté sont impurs. Pour devenir purs de nouveau, ils doivent faire des gestes ou une cérémonie de purification.

2. Pour le Nouveau Testament, la pureté consiste à obéir à la volonté de Dieu et à mettre au premier plan l'amour dans les relations avec les autres. Cela brise certaines règles anciennes de pureté (voir par exemple Marc 7.14-20 ; Romains 14.13-18).

Raisin Le raisin est le fruit de la *vigne. Il sert à faire le vin.

Royaume de Dieu, royaume des cieux L'expression « Royaume de Dieu » veut dire que Dieu est roi. Elle désigne aussi le monde où Dieu va être roi, ou encore le temps où Dieu va être roi.

Dans le Nouveau Testament, le Royaume de Dieu commence avec Jésus. Il est déjà là, mais son plein développement est encore attendu.

La Bonne Nouvelle selon Matthieu emploie l'expression « Royaume des cieux » au lieu de « Royaume de Dieu ». Voir Ciel, cieux.

Sabbat Le sabbat est le septième jour de la semaine israélite, c'est-à-dire le samedi. L'Ancien Testament en fait un jour réservé à Dieu, pendant lequel personne ne doit travailler. Voir Exode 20.8-11 et Deutéronome 5.12-15.

Sacrifice 1. Dans l'Ancien Testament, les sacrifices sont des offrandes faites à Dieu pour être en relation avec lui, ou pour obtenir de lui le pardon des péchés, ou encore pour le remercier de ses dons. Il y a plusieurs sortes de sacrifices :

– les sacrifices complets sont entièrement brûlés (Lévitique 1)

– les sacrifices de communion sont partagés entre les prêtres et ceux qui donnent les offrandes. Ils sont mangés sur place après la cérémonie (Lévitique 3)

– les sacrifices pour obtenir le pardon des péchés (Lévitique 4 et 5)

2. Le Nouveau Testament considère que les anciens sacrifices ne sont plus nécessaires. Jésus-Christ, en mourant librement sur la

croix pour les êtres humains, les a libérés du péché. La Sainte Cène ou Eucharistie rappelle cette offrande de Jésus.
À la place de sacrifices, les chrétiens peuvent offrir à Dieu leur nouvelle manière de vivre, ainsi que leur louange. Pour l'apôtre Paul, ils ne doivent pas participer aux sacrifices que les croyants d'autres religions offrent à leurs dieux.

Sadducéens Les Sadducéens sont les membres d'un groupe religieux juif. Ce sont le plus souvent des *prêtres. Ils expliquent la loi de Moïse d'une autre façon que les *Pharisiens. Par exemple, ils ne croient pas que les gens se réveillent de la mort.

Saint, sainteté 1. Dieu est saint. Il est différent de tout. Il est Dieu.
2. Une personne ou un objet qui appartient à Dieu est saint. Le Saint de Dieu désigne le *Christ. Il appartient à Dieu d'une façon spéciale. L'Esprit Saint est l'esprit de Dieu.
3. Dans le Nouveau Testament l'expression les « Livres Saints » désigne les livres de l'Ancien Testament.
Voir aussi Lieu saint.

Salut Le salut est d'abord le fait d'être délivré de la pauvreté, de la maladie et des malheurs divers qui atteignent les êtres humains. Dans la Bible, le mot salut a aussi un sens beaucoup plus large. Le salut que Dieu donne permet de vivre avec lui et libère de toutes les forces du mal.
Dans le Nouveau Testament, Jésus annonce ce salut et, en même temps, il le rend possible par sa mort sur la croix. Le salut permet de tenir debout lors du jugement de Dieu. Il est offert à tous les êtres humains. Quand il sera totalement là, il n'aura pas de fin.

Samarie, Samaritains Les Samaritains étaient les habitants de la Samarie. Cette région se trouve entre la Judée et la Galilée. Les Samaritains se sont séparés des autres Juifs parce qu'ils n'ont pas gardé les mêmes traditions religieuses. À cause de cela, les Juifs du temps de Jésus les méprisaient.

Satan Satan est le nom de l'esprit du mal. Il représente les forces qui s'opposent à la fois aux êtres humains et à Dieu lui-même.

Sceau Un sceau est un petit objet gravé en creux. Il servait à marquer les objets personnels, ou à signer les lettres ou les documents. On pouvait le porter au doigt comme une bague ou bien autour du cou comme un cordon.

Signe Un signe montre, annonce ou fait comprendre quelque chose.
Dans la Bonne Nouvelle selon Jean, Jésus fait des signes qui montrent qu'il est le Fils de Dieu.

Sion Sion est la colline de Jérusalem située au sud du temple. C'est la plus ancienne partie de la ville. Ce nom désigne aussi l'endroit où le temple se trouve, ou même toute la ville de Jérusalem. Sion est souvent employé comme nom poétique pour désigner Jérusalem.

Tablettes de l'alliance Les tablettes de l'alliance sont les deux pierres plates sur lesquelles Dieu a écrit les paroles de l'alliance qu'il a données à Moïse sur le mont Sinaï (1 Rois 8.9).

Tambourin Voir Instruments de musique.

Témoignage, témoigner, témoin 1. Devant un tribunal, le témoin est celui qui doit dire la vérité sur ce qu'il a vu et entendu. Jésus, le Fils de Dieu, dit la vérité sur Dieu son Père, devant tous.
2. Témoigner, c'est dire avec force devant tout le monde que quelque chose est vrai ou faux. Dans le cœur des croyants, l'Esprit de Dieu témoigne que les paroles de Jésus sont vraies.
3. Le témoignage est la parole sûre dite par un témoin qui ne ment pas.

Tente de la rencontre, tente sacrée Quand les Israélites vivaient dans le désert, ils n'avaient pas de temple. Dieu se montrait à Moïse dans la tente de la rencontre, appelée aussi tente sacrée. C'était le lieu où Dieu était présent.

Tirer au sort Tirer au sort, c'est désigner quelqu'un ou quelque chose à l'aide de petits objets.

Tout-Puissant Un des noms anciens de Dieu. Ce nom indique que Dieu est au-dessus de tout. Il est celui qui garde les êtres humains et le monde, même si cela ne se voit pas toujours.

Tribunal religieux Ce tribunal jugeait les affaires religieuses des Juifs. Il était formé de 71 personnes. Son président était le *grand-prêtre.

Vigne, vigneron La vigne est un arbuste ou petit arbre qui produit du raisin. Le mot vigne désigne aussi la plantation où l'on cultive ces arbustes. Un vigneron est un homme qui s'occupe de la vigne. La vigne représente parfois Israël, le peuple de Dieu (voir Ésaïe 5.7). En Jean 15.1-5, Jésus se présente comme la vraie vigne de Dieu.

Ville de David Partie de la ville de Jérusalem protégée par de grands murs, où David s'est installé. Voir 2 Samuel 5.7-9.

Vision Une vision est le fait de voir autrement qu'avec les yeux. Les visions prophétiques communiquent ce que Dieu fait voir aux *prophètes. Elles permettent de comprendre certaines situations du présent ou elles annoncent l'avenir.

Vœu Un vœu est une promesse faite à Dieu pour lui demander quelque chose ou pour lui dire merci.

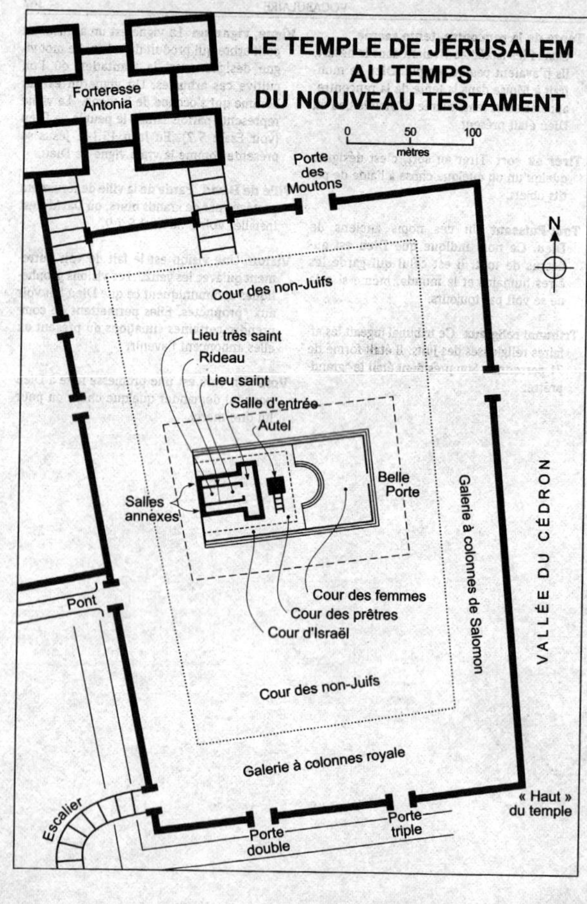
LE TEMPLE DE JÉRUSALEM
AU TEMPS
DU NOUVEAU TESTAMENT
0
50
100
mètres
N
Forteresse
Antonia
Porte
des
Moutons
Cour des non-Juifs
Lieu très saint
Rideau
Lieu saint
Salle d'entrée
Autel
Salles
annexes
Belle
Porte
Galerie à colonnes de Salomon
VALLÉE DU CÉDRON
Cour des femmes
Cour des prêtres
Cour d'Israël
Pont
Cour des non-Juifs
Galerie à colonnes royale
Escalier
Porte
double
Porte
triple
« Haut »
du temple

Liste alphabétique des livres bibliques

La numérotation des pages reprend à 1 au début du Nouveau Testament.
Les numéros précédés de NT concernent ces pages.

Photocomposition : Compos-Juliot, Paris
Imprimé au Belarus

07164